DICCIONARIO

日本語 ▼ スペイン語

小学館 和西辞典

[編集委員代表]
小池和良

[編集委員]
安富雄平
廣康好美
小池ゆかり

SHOGAKUKAN
JAPONÉS-
ESPAÑOL

小学館

刊行のことば

　本辞典は「日本語話者がスペイン語で発信するために編まれた辞書」です。日本語を母語とする人が、日本語の意味内容をできるだけ正確にスペイン語に訳すことができる辞書を、という方針で作られました。以下の4点が本書の特長です：

(1) コロケーション重視
日本語でよく使われる語と語の習慣的な結合（コロケーション）を用例として積極的に採用し、その意味内容をできるだけ忠実に表すスペイン語を示すことを心がけました。語彙の体系も文法も全く異なる日本語をスペイン語にする場合、単なる「単語の置き換え」では意味を正確に伝えることはできません。そのため、本辞典では語と語の意味の対応ではなく、コロケーションを中心とした句のレベルでの意味の対応を重視しました。また動詞を主語に応じて適切な時制に活用させ、スペイン語で文が作れるように配慮しました。

(2) 新語・専門用語・外来語の採用
技術革新や情報化が進む昨今、世の中の動きは速く、それに伴って専門用語を含む新しい言葉が次々と生まれ、外来語と共に日常生活で頻繁に使われています。本書では、様々な分野の新語・専門用語・外来語を積極的に採用しました。

(3) 日本特有の語彙
スペイン語の学習者が日本の習慣や料理、あるいは伝統行事をスペイン語で説明する機会は少なくないと思います。そのような状況に対応できるように、簡潔に訳語を提示し、必要に応じて説明訳もつけました。

(4) 見易いレイアウト
探している言葉が迅速に見つかるようレイアウトを工夫し、見易さを重視しました。

　スペイン語は、話者の人口が多いこと（推定4億2千万人）、使用地域に地理的な広がりがあること（21の国と地域）、国連の公用語であることなどから、その重要性は改めて強調するには及びません。本辞典が、スペイン語圏の人々とスペイン語でコミュニケーションをとるための助けとなり、その結果、日本とスペイン語圏のつながりがより緊密になることに寄与できれば、編者にとってこれ以上の喜びはありません。

　本辞典の編纂・出版のために、執筆、校正、編集、印刷に至るまで、多くの方々のご協力をいただきました。ここに感謝の意を表したいと思います。特に本辞典刊行に向け4年余りにわたりご尽力いただいた小学館、編者の質問に常に的確な回答を提供し続けてくれたスペイン王立アカデミー、そして何より執筆・校閲作業の遅れを辛抱強く見守り、様々な形で編者を支えてくれた編集担当の佐怒賀正美氏に心よりお礼申し上げます。

編集委員代表　小池和良

『小学館　和西辞典』関係者

【編集委員代表】　小池和良（拓殖大学教授）

【編集委員】
安富雄平（拓殖大学教授）　廣康好美（上智大学講師）
小池ゆかり（スペイン語会議通訳者）

【執筆・校閲者】
大谷香　仮屋浩子　小池和良　小池ゆかり　下村友紀子　土屋亮
濱松法子　本間芳江　廣澤明彦　廣康好美　松下直弘　安富雄平
Germán Míguez Vargas　Concepción Ruiz Tinoco　Karla Toledo Velarde

【スペイン語校閲者】
Enrique Almaraz Romo　Oscar Javier Mendoza García
Germán Míguez Vargas　Vicente Otamendi Daunizeau

【編集校正協力者】　神野純也　柴田岳大　小池れいな
Mario García-Page Sánchez　Josefa Vivancos Hernández

【装丁】　ディー・ディー・エル　笹岡俊夫

〔制作企画〕金田玄彦　〔資材〕坂野弘明　〔制作〕鈴木敦子　〔販売〕福島真実
〔宣伝〕阿部慶輔　〔編集〕佐怒賀正美

この辞典の使い方

I 全体構成

(1) 見出し語
　見出し語数は約2万7千語で、派生語・複合語を含めると約5万5千語である。

(2) 配列・表記
　アルファベット表記からカタカナ語見出しへの対応表を冒頭にABC順に配置した。その他の見出しは「あいうえお」順に並べた。見出し語は「ひらがな表記・漢字表記・カタカナ表記」の順に太字で示した。漢字表記は主なものを採り上げたが、複数ある場合は、半角スラッシュ「/」で併記した。カタカナ語は「カタカナ表記」で示し、必要に応じてアルファベット表記を加えた。
　　(例) **DVD** ディーブイディー
　　(例) **あいかぎ** 合鍵　duplicado *m.* de una llave
　　(例) **あいきょう** 愛嬌/愛敬　gracia *f.*, atractivo *m.*
　　(例) **アイシーユー** ICU　unidad *f.* de cuidados intensivos (略 UCI)

(3) 囲み
　見出し語に関連する語句や術語、あるいは会話表現などは、コラムにしてまとめて表示した。

(4) 写真
　見出し語に関連した写真を掲載した。

(5) 付録
　「世界の国々」として、国名・地名形容詞・首都を付録として掲載した。

II 記号・字体

(1) 記号

❶、❷など　・・・白抜き数字で語義の区分を示した。

カンマ「,」　・・・訳語を併記した。
　　(例) **あらいなおす** 洗い直す　(もう一度洗う) volver a lavar, hacer otro lavado, relavar; (調べ直す) volver a examinar, reexaminar

セミコロン「;」　・・・語義が大きく異なる訳語を区切った。
　　(例) **あら** 粗　(魚のあら) restos *mpl.* de pescado; (欠点) defecto *m.*

‖　・・・見出し語を含む用例の開始を示した。

／　・・・複数の用例の区切りを示した。
　　(例) **あらだてる** 荒立てる‖声を荒立てる levantar la voz／事を荒立てる complicar las cosas,《慣用》「enredar [liar] la madeja

▶ 派生語　・・・動詞形・形容詞形・副詞形などの派生語は改行して太字で示した。
　　(例) **あらた** 新た
　　　　▶**新たな** nue*vo*[*va*], o*tro*[*tra*], reciente
　　　　▶**新たに** nuevamente, de nuevo, (最近) recientemente
　　　　▶**新たにする** renovar, actualizar

◪ 複合語　・・・見出し語を含む複合語は改行して太字で示した。

(iv)

  (例) **あり 蟻** hormiga *f.*
    ◪ 女王蟻 hormiga *f.* reina
    ◪ 働き蟻 hormiga *f.* obrera
    ◪ 蟻塚 hormiguero *m.*

〔慣用〕 ・・・見出し語を含む日本語の慣用表現は改行して示した。
  (例) 〔慣用〕板につく（慣れる）acostumbrarse《a》

〔諺〕 ・・・見出し語を含む日本語の諺は改行して示した。
  (例) 〔諺〕去る者日々に疎し《諺》Ojos que no ven, corazón que no siente.

《慣用》 ・・・訳語が慣用表現であることを示す。
  (例) 〔慣用〕痛い所をつく《慣用》poner el dedo en la llaga

《諺》 ・・・訳文が諺であることを示す。
  (例) 〔諺〕急がば回れ《諺》Vísteme despacio, que tengo prisa.

「 [ ]
  「 ・・・言い換えの対象となる欧文の元の語の始まりを示す
  [ ] ・・・言い換え語句を示す
  (例) 開会のあいさつ discurso *m.* 「inaugural [de inauguración]
    《discurso *m.* inaugural, discurso *m.* de inauguraciónの訳語がある》
  (例) 〜と相性がいい[悪い] llevarse 「bien [mal] con ALGUIEN
    《「〜と相性がいい」はllevarse bien con ALGUIEN, 「〜と相性が悪い」はllevarse mal con ALGUIEN》

( ) ・・・以下の目的で使用した。
  ¶ 訳語の省略可能語句の表示
  (例) **バイク** moto(cicleta) *f.*《moto *f.* とmotocicleta *f.* の訳語がある》
  (例) 夜を徹して議論する discutir (durante) toda la noche
    《discutir durante toda la noche と discutir toda la noche が可能》
  ¶ 補足説明や訳語の意味の明確化
  (例) **ソプラノ** soprano *m.*, (歌手) soprano *com.*
  ¶ 略語の表示
  (例) **デオキシリボかくさん デオキシリボ核酸** ácido *m.* desoxirribonucleico (略 ADN)
    《ácido *m.* desoxirribonucleico の略語は ADN》
  ¶ 動物を表す名詞の補足情報
  (例) castor *m.*(雄・雌) 《雄も雌もcastor（男性名詞）》
  (例) comadreja *f.*(雄・雌) 《雄も雌もcomadreja（女性名詞）》

《 》 ・・・以下の目的で使用した。
  ¶ 文法事項や文法的な注釈の表示
  (例) **は 歯** diente *m.*,《集合名詞》dentadura *f.*
    《dentaduraは「集合名詞」》
  ¶ 動詞・形容詞・名詞と結合する前置詞(句)を示すため
  (例) **ろんじる 論じる** （議論する）discutir《de》,（扱う）tratar《de》,《格式語》versar《sobre, acerca de》
  ¶ 元素記号の表示
  (例) **チタン** 《化学》titanio *m.*《記号 Ti》

¶ 地域差・文体差・外国語・専門語などの表示。(Ⅳを参照)

〚 〛 ・・・構文情報を示すために用いた。
  (例) **のぞましい 望ましい** ‖ ～することが望ましい Es deseable que 〚+接続法〛.
    《Es deseable queの後の動詞は接続法になることを示す》

⇒ ・・・類義語、関連語などの参照を示す。
  (例) **あさめし 朝飯** ⇒ちょうしょく(朝食)
    《「朝食」の見出しを参照せよ》
  (例) **あらがう 抗う** resistirse 《a》⇒ていこう(⇒抵抗する)
    《「ていこう 抵抗」の見出しの「抵抗する」を参照せよ》

≫ ・・・参照先の語(句)が同じ見出し語内の派生語や合成語にあることを示す
  (例) 〔慣用〕目を掛ける ≫目に掛ける
    〔慣用〕目をかすめる ≫目を盗む
    《同じ見出し語の慣用表現の「目に掛ける」「目を盗む」を「参照せよ」》

／ ・・・用例間の区切りには全角スラッシュを用いた。
  (例) ベンチに座る sentarse en un banco ／ ベンチに入る entrar en el banquillo ／ ベンチに戻る volver al banquillo

/ ・・・他動詞と自動詞を併記した場合には半角スラッシュを用いた。
  (例) ▶**憤慨させる/憤慨する** indignar/indignarse
    《「憤慨させる」の訳語は indignar、「憤慨する」の訳語は indignarse であることを示す》

¦ ・・・複数の文章例の区切りに破断縦線を用いた。
  (例) 商売が上がったりだ Me va muy mal el negocio. ¦《慣用》No vendo (ni) una escoba.

(2) 書体

ボールドイタリック
  ¶ *su／suyo／sí／consigo* など 文脈に応じて変化することを示す。
  (例) あたりを見回す mirar a *su* alrededor
    《たとえば、主語がyoの場合はMiro a *mi* alrededorとなる》
  (例) 師と仰ぐ respetar a ALGUIEN como *su* maes*tro*
    《次のように*su, -tro*の部分が変わることを示す：La respeto como *mi* maes*tra*.》

イタリック
  ¶ 訳語の動詞句の主語になる語句を示す
  (例) 夜が更ける avanzar *la noche*
    《la noche が avanzarの文法上の主語になることを示す：La noche avanza.（夜が更ける）》

  ¶ 外国語を示す。
  (例) 保安官《英語》*sheriff m.*

ボールドイタリック[*イタリック*]
  名詞と形容詞の性の表示は、以下の字体と[ ]を併用した。
  (例) maes*tro*[*tra*] *mf.*《maestroが男性名詞、maestraが女性名詞》
  (例) ambi*guo*[*gua*] 《ambiguoが男性形、ambiguaが女性形》

大文字のALGO, ALGUIEN
　　訳語にあるALGO は「物・事」を、ALGUIEN は「人」を示す。
　　　(例) 油で揚げる freír ALGO con aceite
　　　　《ALGOの部分には「油で揚げる」ことのできる何か(patataなど)がくる》
　　　(例) 長所を挙げる enumerar las virtudes de ALGUIEN
　　　　《ALGUIENの部分には人を示す語句がくる》

III 名詞の性と数

　名詞の性数表示には以下の記号を使用した。
m.	男性名詞	(例)	saludo *m.*
f.	女性名詞	(例)	casa *f.*
mf.	男性名詞・女性名詞	(例)	maes*tro*[*tra*] *mf.*
			《maestroが男性名詞、maestraが女性名詞》
com.	男女同形名詞	(例)	estudiante *com.*
m(f).	曖昧性の名詞	(例)	vodka *m(f).*《男性名詞での使用が多い》
f(m).	曖昧性の名詞	(例)	dote *f(m).*《女性名詞での使用が多い》
mpl.	男性名詞複数形	(例)	celos *mpl.*
fpl.	女性名詞複数形	(例)	ruinas *fpl.*
m.[=pl.]	男性名詞・単複同形	(例)	análisis *m.[=pl.]*《複数形もanálisis》
f.[=pl.]	女性名詞・単複同形	(例)	amarilis *f.[=pl.]*《複数形もamarilis》
com.[=pl.]	男女同形・単複同形	(例)	guardaespaldas *com.[=pl.]*
			《複数形もguardaespaldas》

IV さまざまなラベル

　地域差・文体差・外国語・専門語を示すために以下のラベルを用いた。

(1) 地域差
《スペイン》《中南米》《中米》《南米》《メキシコ》《キューバ》《コロンビア》《ペルー》《アルゼンチン》　など

(2) 文体差
《話》話し言葉や口語　《格式語》格式語　《文章語》書き言葉
《幼児語》幼児言葉　《俗語》俗語　《隠語》隠語
《掲示》掲示に使用される　など

(3) 外国語
他の言語の語句がそのまま使用される場合は(　)で元の言語を示した。
《英語》《フランス語》《ドイツ語》《イタリア語》《ポルトガル語》《中国語》《韓国語》《日本語》《アラビア語》《ラテン語》　など

(4) 専門語
《物理》物理学　《化学》化学　《数学》数学　《言語》言語学　《生物》生物学
《修辞》修辞学　《解剖》解剖学　《心理》心理学　《人類》人類学　など

V 新正字法

　スペイン語の表記は、原則として2010年に出版された『スペイン語正字法』(*Ortografía de la lengua española*)に準拠した。しかし、『スペイン語正字法』が推奨する表記が、実際のスペイン語に浸透していない場合は、頻度の高い表記を採用した(例. medio ambiente)。

ADHD エーディーエイチディー ⇒ちゅうい（注意欠陥・多動性障害）

AM エーエム　AM *f.*, amplitud *f.* modulada

AMeDAS アメダス　sistema *m.* automático de adquisición de datos meteorológicos（英語のAutomated Meteorological Data Acquisition Systemの略）

BCG ビーシージー　bacilo *m.* de Calmette y Guérin（略BCG）

BGM ビージーエム　música *f.* de fondo

BS ビーエス　satélite *m.* de transmisión

BSE ビーエスイー　(牛海綿状脳症) EEB (encefalopatía *f.* espongiforme bovinaの略)

CAD キャド　《IT》diseño *m.* asistido por「ordenador [computadora]

cc シーシー　copia *f.* de carbón

CD シーディー　disco *m.* compacto, compacto *m.*, CD *m.*

CG シージー　computación *f.* gráfica

CM シーエム　anuncio *m.*「publicitario [comercial]

CPU シーピーユー　《IT》unidad *f.* central de proceso（略UCP）

CT シーティー　(スキャン) tomografía *f.* computarizada

DNA ディーエヌエー　ácido *m.* desoxirribonucleico（略ADN）

DTP ディーティーピー　autoedición *f.*, publicación *f.* de escritorio

DV ディーブイ　(ドメスティック・バイオレンス) violencia *f.*「doméstica [en el hogar]

DVD ディーブイディー　disco *m.* versátil digital, DVD *m.*[=*pl.*]

Eビジネス イービジネス　「negocio *m.* [comercio *m.*] electrónico

Eブック イーブック　(電子書籍) libro *m.*「electrónico [digital]

Eメール イーメール　correo *m.* electrónico

ES細胞 イーエスさいぼう　célula *f.* madre embrionaria

ETC イーティーシー　cobro *m.* electrónico de peajes, telepeaje *m.*

EU イーユー　Unión *f.* Europea（略UE）

FAO エフエーオー ⇒こくれん(国連)

FAQ エフエーキュー　preguntas *fpl.* (más) frecuentes

FAX ファックス　fax *m.*, telefax *m.*

FM エフエム　FM *f.*, frecuencia *f.* modulada

GATT ガット　(英語の The General Agreement on Tariffs and Trade「関税および貿易に関する一般協定」の略) GATT *m.*, Acuerdo *m.* General sobre Comercio y Aranceles

GDP ジーディーピー　(国内総生産) producto *m.*「interno [interior] bruto（略PIB）

GNP ジーエヌピー　(国民総生産) producto *m.* nacional bruto（略PNB）

GPS ジーピーエス　(全地球測位網) sistema *m.* de posicionamiento global, GPS *m.*[=*pl.*]

HIV エイチアイブイ　VIH *m.* (virus *m.* de la inmunodeficiencia humanaの略)

HTML エイチティーエムエル　HTML *m.*, lenguaje *m.* de「marcado [marcas] hipertexto

IC アイシー　(集積回路) circuito *m.* integrado

ICU アイシーユー　unidad *f.* de cuidados intensivos（略UCI）

IDカード アイディーカード　carné *m.* de identidad,（スペインの）DNI *m.* (documento *m.* nacional de identidadの略)

IH アイエイチ　calentamiento *m.* por inducción

IPアドレス アイピーアドレス　dirección *f.* IP

iPS細胞 アイピーエスさいぼう　célula *f.* madre pluripotente inducida

ISO アイエスオー　Organización *f.* Internacional para la Estandarización

IT アイティー　tecnología *f.* de la información

Jリーグ ジェイリーグ　Liga *f.* Japonesa de Fútbol Profesional

JR ジェイアール　Ferrocarriles *mpl.* de Japón

KO ケーオー　K.O. *m.*,《中南米》nocaut *m.*

Lサイズ エルサイズ　talla *f.* L, talla *f.* grande

LAN ラン　《IT》red *f.* de área local

LED エルイーディー　led *m.*

mコマース エムコマース　comercio *m.* móvil

Mサイズ エムサイズ　talla *f.* M, talla *f.* mediana

MP3 エムピースリー　MP3 *m.* (eme, pe, tresと読む)

MRI エムアールアイ　imagen *f.* por resonancia magnética（略IRM）, tomografía *f.* por resonancia magnética（略TRM）

NAFTA ナフタ　(北米自由貿易協定) Tratado *m.* de Libre Comercio de América del Norte（略TLCAN）

NATO ナトー　(北大西洋条約機構) Organización *f.* del Tratado del Atlántico Norte（略OTAN）

NG エヌジー　toma *f.* falsa

NGO エヌジーオー　organización *f.* no gubernamental（略ONG）

NPO エヌピーオー　organización *f.* sin ánimo de lucro（略OSAL）, organización *f.* no lucrativa（略ONL）

OB オービー　(卒業生) gradua*do*[da] *mf.*, ex estudiante *com.*, ex alum*no*[na] *mf.*

OCR オーシーアール　(光学式文字読取装置) lector *m.* óptico de caracteres,（光学式文字

認識) reconocimiento *m*. óptico de caracteres

ODA オーディーエー （政府開発援助）「Asistencia *f*. [Ayuda *f*.] Oficial para el Desarrollo (略 AOD)

OK オーケー De acuerdo. ¦ Está bien. ¦ Vale.

OL オーエル empleada *f*. de oficina

OPEC オペック ⇒せきゆ（⇒石油輸出国機構）

OS オーエス 《IT》(オペレーティングシステム) sistema *m*. operativo (略 SO)

PDF ピーディーエフ 《英語》 PDF *m*., formato *m*. de documento portátil

PK ピーケー （ペナルティキック）penalti *m*.

PKF ピーケーエフ （国連平和維持軍）Fuerzas *fpl*. de Paz de la ONU, cascos *mpl*. azules

PKO ピーケーオー （国連平和維持活動）Operaciones *fpl*. de Paz de la ONU

PL法 ピーエルほう （製造物責任法）Ley *f*. de Responsabilidad Civil del Fabricante

POS ポス （販売時点情報管理）sistema *m*. de punto de venta

PPM ピーピーエム partes *fpl*. por millón (略 ppm)

PR ピーアール （広報活動）relaciones *fpl*. públicas, (広告) anuncio *m*. de publicidad, (広く知らせること) divulgación *f*.

PTA ピーティーエー Asociación *f*. de Padres y Profesores

PTSD ピーティーエスディ （心的外傷後ストレス障害）trastorno *m*. por estrés postraumático (略 TEPT)

ROM ロム 《IT》memoria *f*. de solo lectura, memoria *f*. ROM

Sサイズ エスサイズ talla *f*. S, talla *f*. pequeña

SARS サーズ （重症急性呼吸器症候群） síndrome *m*. respiratorio agudo y severo (略 SRAS)

SDカード エスディーカード tarjeta *f*. SD

SF エスエフ ciencia *f*. ficción

SGML エスジーエムエル 《IT》lenguaje *m*. SGML, estándar *m*. de lenguaje de marcado generalizado

SL エスエル （蒸気機関車）locomotora *f*. de vapor

SOHO ソーホー 《《英語》*small office home office*の略》microempresa *f*.; (太陽探査機) Observatorio *m*. Solar y Helioesférico

SOS エスオーエス SOS *m*. (ese, o, ese または sosと読む), señal *f*. de socorro

Tシャツ ティーシャツ camiseta *f*.

TPO ティーピーオー circunstancias *fpl*.

Uターン ユーターン cambio *m*. de sentido, vuelta *f*. en U

UFO ユーフォー ovni *m*. (objeto *m*. volador no identificado の略)

UHF ユーエイチエフ frecuencia *f*. ultra alta

URL ユーアールエル 《IT》 URL *m*., localizador *m*. de recursos uniforme

USB ユーエスビー 《IT》 USB *m*.

UV ユーブイ rayos *mpl*. ultravioleta(s)

Vネック ブイネック escote *m*. de pico

VIP ビップ vip *com*.

VIP ブイアイピー vip *com*.

VTR ブイティーアール vídeo *m*.

Web ウェブ 《英語》web *f*., red *f*. informática

X線 エックスせん rayos *mpl*. X

XML エックスエムエル 《IT》 lenguaje *m*. XML, lenguaje *m*. de marcas extensible

YMCA ワイエムシーエー （キリスト教青年会）Asociación *f*. Cristiana de Jóvenes

あ

アーカイブ archivo *m*. ‖ アーカイブを見る ver [consultar] un archivo ／ アーカイブを作成する crear un archivo ／ アーカイブを公開する abrir un archivo al público

アーケード 《建築》 arcada *f*.
◪ アーケード商店街 galería *f*. (comercial)

アース (接地) toma *f*. de (conexión a) tierra, tierra *f*., masa *f*.
▶ アースする conectar a tierra

アーチ arco *m*.
◪ アーチ橋 puente *m*. en arco
◪ アーチダム presa *f*. de [en] arco

アーチェリー tiro *m*. con arco

アームチェア sillón *m*., butaca *f*.

アーモンド (実) almendra *f*., (木) almendro *m*.
◪ アーモンドチョコレート (板チョコ) tableta *f*. de chocolate con almendras
◪ アーモンドバター mantequilla *f*. [manteca *f*.] de almendra

アール área *f*. ‖ 1アールは100平方メートルに相当する Un área equivale a 100 metros cuadrados.

あい 愛 amor *m*., cariño *m*. ⇒ あいじょう(愛情) ‖ 愛と憎しみ el amor y el odio ／ 愛が芽生える nacer el amor ／ 愛に満ちた lle*no*[*na*] de amor ／ 愛におぼれる dejarse llevar por el amor ／ 愛を告げる declarar el amor 《a》／ 永遠の愛を誓う jurar amor eterno 《a》／ 愛をつらぬく mantener el amor ／ 愛をはぐくむ cultivar el amor

あい 藍 añil *m*.
◪ 藍色 añil *m*., color *m*. añil
◪ 藍染 teñido *m*. de añil
🕮 青は藍より出でて藍より青し 《諺》El discípulo supera al maestro. ¦ 《諺》El discípulo que sale diestro pronto vence a su maestro.

あいあいがさ 相合傘
▶ 相合傘で compartiendo un paraguas

アイアン 《ゴルフ》 hierro *m*.

あいいれない 相容れない ser incompatible《con》

アイエイチ IH calentamiento *m*. por inducción
◪ アイエイチ調理器 cocina *f*. de inducción

アイエスオー ISO Organización *f*. Internacional para la Estandarización

あいえんか 愛煙家 fuma*dor*[*dora*] *mf*.

あいかぎ 合鍵 duplicado *m*. de una llave, (マスターキー) llave *f*. maestra

あいかわらず 相変わらず como siempre, como antes ‖ 相変わらず残業が続いている Se siguen haciendo horas extras. ／ 景気は相変わらず低迷している La economía sigue sin recuperarse [en recesión].

あいがん 哀願 súplica *f*.
▶ 哀願する rogar, suplicar, implorar

あいがん 愛玩
▶ 愛玩する mimar
◪ 愛玩動物 animal *m*. de compañía

あいきょう 愛嬌/愛敬 gracia *f*., atractivo *m*. ‖ 愛嬌がある tener gracia ／ 愛嬌のある gracio*so*[*sa*], simpátic*o*[*ca*] ／ 愛嬌を振りまく derrochar amabilidad
◪ 愛敬者 persona *f*. graciosa

あいくるしい 愛くるしい cariño*so*[*sa*]

あいけん 愛犬 per*ro*[*rra*] *mf*. queri*do*[*da*]
◪ 愛犬家 amante *com*. de los perros

あいこ ‖ これでおあいこだ《慣用》Quedamos [Estamos] en paz.

あいご 愛護
▶ 愛護する proteger, tratar con cariño
◪ 動物愛護 protección *f*. de los animales ⇒ どうぶつ(動物)

あいこう 愛好
▶ 愛好する amar
◪ 愛好家/愛好者 amante *com*.《de》, aficiona*do*[*da*] *mf*.《a》

あいこうしん 愛校心 amor *m*. a *su* escuela

あいこく 愛国 amor *m*. a la patria
▶ 愛国的 patriótic*o*[*ca*]
◪ 愛国者 patriota *com*.
◪ 愛国心 amor *m*. patrio, espíritu *m*. patriótico, patriotismo *m*.

あいことば 合い言葉 contraseña *f*.,《慣用》santo y seña *m*.,（標語）lema *m*.

アイコン icono *m*. ‖ アイコンをクリックする cliquear [pinchar, hacer un clic en] el icono

あいさい 愛妻 querida [amada] esposa *f*.
◪ 愛妻家 buen marido *m*. ‖ 彼は愛妻家だ Él es un buen marido.
◪ 愛妻弁当 comida *f*. para llevar preparada por *su* mujer

あいさつ 挨拶 saludo *m*. ‖ あいさつの言葉 palabras *fpl*. de saludo ／ 開会のあいさつ discurso *m*. inaugural [de inauguración] ／ 時候のあいさつ saludos *mpl*. de cortesía ／ あいさつをかわす saludarse, intercam-

あいじ

biarse saludos ／ あいさつを受ける recibir el saludo de ALGUIEN ／ あいさつを返す「responder [contestar] al saludo ／ 彼にはあいさつのしようがない No hay manera de saludarlo.
(慣用) とんだごあいさつだね ¡Vaya unas formas de saludar son esas!
▶あいさつする saludar
◪挨拶状 carta *f*. de「cortesía [saludo]

あいじ 愛児 quer*ido*[*da*] hi*jo*[*ja*] *mf*., ador*ado*[*da*] hi*jo*[*ja*] *mf*.

アイシー IC （集積回路）circuito *m*. integrado
◪ICカード tarjeta *f*. inteligente

アイシーユー ICU （集中治療室）unidad *f*. de cuidados intensivos（略 UCI）

アイシャドー sombra *f*. de ojos ‖ アイシャドーをつける ponerse sombra de ojos ／ アイシャドーを塗る pintarse los ojos

あいしゅう 哀愁 melancolía *f*., tristeza *f*. ‖ 哀愁をそそる causar melancolía
▶哀愁を帯びた melancól*ico*[*ca*] ‖ 哀愁を帯びたメロディー melodía *f*. teñida de melancolía

あいしょう 相性 ‖ ～と相性がいい[悪い] llevarse「bien [mal] con ALGUIEN

あいしょう 愛称 apodo *m*., nombre *m*. hipocorístico

あいじょう 愛情 amor *m*., cariño *m*., afecto *m*. ‖ 愛情を注ぐ poner amor《en》／ 愛情をもつ「sentir [tener] amor ／ 愛情がわく「surgir [nacer] el amor ／ 愛情が冷める「perderse [desvanecerse] el amor ／ 愛情が深い tener un amor profundo

あいしょうか 愛唱歌 canción *f*. favorita
あいじん 愛人 amante *com*., quer*ido*[*da*] *mf*.

アイス
◪アイスキャンデー polo *m*.
◪アイスクリーム helado *m*.
◪アイスクリーム店 heladería *f*.

アイスクリーム店

◪アイスコーヒー café *m*.「con hielo [frío]
◪アイススケート patinaje *m*. sobre hielo ‖ アイススケート靴 patines *mpl*.「de [sobre] hielo
◪アイスダンス danza *f*. sobre hielo
◪アイスティー té *m*.「con hielo [frío]
◪アイスバーン nieve *f*. helada
◪アイスホッケー *hockey m*. sobre hielo

あいず 合図 señal *f*., seña *f*. ‖ 救助の合図を送る lanzar una señal de socorro ／ 手で合図をする hacer una seña con la mano ／ 合図に用いる utilizar ALGO como señal
▶合図する hacer「señas [señales]

あいする 愛する amar, querer ‖ 愛しているよ Te quiero.

あいせき 相席
▶相席する compartir una mesa

あいそ 愛想 ‖ 愛想のよい simpát*ico*[*ca*], amigable ／ 愛想の悪い antipát*ico*[*ca*], poco amable ／ 僕は彼女には愛想が尽きた Estoy harto de ella. ／ 誰かに愛想を尽かされる perder la simpatía de ALGUIEN ／ 愛想を振りまく derrochar amabilidad
(慣用) お愛想お願いします（お勘定を）La cuenta, por favor.
◪愛想笑い sonrisa *f*. de cortesía,《慣用》risa *f*. de conejo ‖ 愛想笑いをする sonreír por cortesía
◪愛想づかし ‖ 愛想づかしを言う《慣用》cantar las cuarenta《a》

アイソトープ isótopo *m*.

あいだ 間
❶（空間）espacio *m*., intervalo *m*. ‖ 学生たちの間で entre los estudiantes ／ 広島と神戸の間に entre Hiroshima y Kobe ／ 本の間にしおりをはさむ insertar un marcador en las páginas ／ 間に入る／間に立つ（仲介する）mediar《en》, intermediar《en》／ 座席の間をあける dejar un espacio entre los asientos ／ 行と行の間をつめる reducir el espacio entre las líneas ／ 島の間を縫って進む ir sorteando las islas ／ 間を取りもつ mediar《en》／ 間を隔てる dividir, separar

❷（時間）‖ 午後5時から6時の間に entre las cinco y las seis de la tarde ／ しばらくの間 durante「un rato [cierto tiempo] ／ その間に mientras tanto ／ コーヒーを飲んでいる間、ショパンが流れていた Mientras tomaba café, se oía música de Chopin. ／ 地震の間、彼女は落ち着いていた Durante todo el tiempo que duró el terremoto, ella mantuvo la calma.

あいたいする 相対する enfrentarse《con, a》‖ 相対する見解 opiniones *fpl*.「enfrentadas [opuestas]

あいだがら 間柄 relación *f*. ‖ 親しい間柄である tener una íntima amistad《con》

あいちゃく 愛着 apego *m*., cariño *m*. ‖ 愛着を抱く／愛着をもつ tener「cariño [apego]《a》, apegarse《a》／ 愛着を感じる sentir apego《por》／愛着を失う perder el apego《a》／愛着が深い tener un profundo cariño《a》／この上着にはとても愛着がある Le tengo mucho cariño a esta chaqueta.

あいちょう 哀調‖哀調を帯びた melancólico[ca], triste

あいつ ese, ese tipejo

あいつぐ 相次ぐ‖今週、鉄道事故が相次いだ Esta semana se han producido sucesivos accidentes ferroviarios.
▶相次いで sucesivamente, u*no*[na] tras o*tro*[tra]‖最近この界隈でひったくりが相次いで起きている Últimamente en este barrio, hay continuamente robos por tirón.

あいづち 相槌‖相槌を打つ mostrar *su* asentimiento,（頭を動かして）asentir con「la cabeza [un movimiento de cabeza]

あいて 相手 （相棒）compañe*ro*[ra] *mf.*,（敵）enemi*go*[ga] *mf.*,（対抗者）oponente *com.*,（競争相手）rival *com.*, contrincante *com.*‖子供の相手をする「jugar con [entretener a] los niños／動物を相手にする仕事 trabajo *m.* con animales／相手にしない（無視する）no hacer caso《a》,《慣用》hacer caso omiso《de》／相手になる（受けて立つ）aceptar el desafío de ALGUIEN／私では到底彼の相手にならない《慣用》No le llego ni a la suela del zapato.／相手にとって不足はない ser un digno rival, ser un rival de peso／相手の弱みにつけこむ aprovecharse del punto débil de ALGUIEN
▣遊び相手‖遊び相手がいない no tener a nadie con quien jugar

アイディア idea *f.* ⇒かんがえ(考え)‖私によいアイディアが浮かんだ Se me ha ocurrido una buena idea.
▣アイディア商品 producto *m.* comercial original
▣アイディアマン persona *f.* con muchas ideas originales

アイティー IT tecnología *f.* de la información
▣IT革命 revolución *f.* informática
▣IT家電 electrodomésticos *mpl.* inteligentes
▣IT業界 sector *m.* de la informática
▣IT産業 industria *f.* informática

アイディーカード IDカード carné *m.* de identidad,（スペインの）DNI *m.*（documento *m.* nacional de identidadの略）

あいてどる 相手取る‖その地区の住民たちは工場を相手どって訴訟を起こした Los vecinos del barrio presentaron una demanda contra la fábrica.

アイテム ítem *m.*

アイデンティティー identidad *f.*

あいとう 哀悼 condolencia *f.*, pésame *m.*‖哀悼の意を表す「expresar [mostrar, manifestar] *sus* condolencias

あいどく 愛読
▶愛読する‖新聞を愛読する abonarse a un periódico／私は推理小説を愛読している Me gusta leer novelas policíacas.
▣愛読者 lec*tor*[tora] *mf.* asi*duo*[dua],（新聞などの）abona*do*[da] *mf.*, suscrip*tor*[tora] *mf.*
▣愛読書 libro *m.* favorito

アイドリング （自動車の）ralentí *m.*, parada *f.* con el motor encendido
▣アイドリングストップ《掲示》Apagar el motor durante las paradas
▣アイドリングストップ機構 sistema *m.* de「ralentí [detención y arranque] automático del motor

アイドル ídolo *m.*
▣アイドル歌手 ídolo *m.* de la canción

あいにく por desgracia, desgraciadamente‖あいにく本日は満席です（劇場などが）Lamentablemente están agotadas todas las localidades.
[慣用] おぁいにくさま Lo siento.
▶あいにくな/あいにくの inconveniente, inoportu*no*[na]‖あいにくなことに雨が降っている Lo malo es que está lloviendo.／あいにくの雨 lluvia *f.* inoportuna

アイヌ ainu *com.*
▣アイヌ語 ainu *m.*,「lengua *f.* [idioma *m.*] ainu

あいのり 相乗り
▶相乗りする‖タクシーに相乗りする compartir un taxi《con》

アイバンク banco *m.* de ojos

あいはんする 相反する ser incompatible《con》

アイピーアドレス IPアドレス《IT》dirección *f.* IP

アイピーエスさいぼう iPS細胞 célula *f.* madre pluripotente inducida

あいびき 合い挽き mezcla *f.* de carne picada de cerdo y vaca

あいぶ 愛撫 caricia *f.*
▶愛撫する acariciar, hacer caricias《a》

あいべや 相部屋‖相部屋になる compartir una habitación／他の方と相部屋でよろしいですか ¿No le importa compartir la habitación con otra persona?

あいぼう 相棒 compañe*ro*[ra] *mf.*, pareja *f.*

アイボリー marfil *m.*, color *m.* marfil

あいま 合間‖仕事の合間に en los ratos libres del trabajo,《慣用》a ratos perdidos
[慣用] 合間を縫う aprovechar los ratos libres

あいまい 曖昧
▶あいまい(さ) ambigüedad *f.*, vaguedad *f.*, imprecisión *f.*
▶あいまいな ambi*guo*[gua], equívo*co*[ca],

あいまって

(不明確な) va*go*[*ga*], impreci*so*[*sa*] ‖ 意味があいまいな語 palabra *f*. de significado vago / あいまいな態度をとる「tomar [adoptar] una actitud ambigua, no decir ni sí ni no / あいまいな説明をする dar una explicación vaga
▶あいまいに con ambigüedad, con vaguedad, sin precisión

あいまって 相俟って ‖ 私たちのチームは運と努力が相まってリーグ優勝した Nuestro equipo ganó la liga gracias al esfuerzo y a la buena suerte.

あいよう 愛用 ‖ 愛用の自転車 bicicleta *f*. favorita
▶愛用する usar habitualmente ‖ 辞書を愛用する usar siempre un diccionario

アイライナー delineador *m*. de ojos

あいらしい 愛らしい cariño*so*[*sa*], gracio*so*[*sa*]

アイロン plancha *f*. ‖ アイロンをかける planchar, pasar la plancha
▫アイロンがけ plancha *f*., planchado *m*.
▫アイロン台 tabla *f*. de planchar

あう 会う ver, encontrarse 《con》‖ 人に会う ver a ALGUIEN / またお会いしましょうね Nos vemos de nuevo. / 以前にお会いしましたね Nos conocemos, ¿verdad? / 山本さんにお会いしたいのですが Quisiera ver al Sr. Yamamoto. / またいつかお会いできるのを楽しみにしています Espero que podamos vernos de nuevo algún día.
〔慣用〕会うは別れの始め El encuentro es el comienzo de la despedida.

あう 合う (適合する) adaptarse 《a》, ajustarse 《a》, (計算が) cuadrar, (一致す る) coincidir 《con》‖ 目に合った眼鏡 gafas *fpl*. graduadas / 和室に合う家具 mueble *m*. apropiado para un cuarto de estilo japonés / 場に合った服装 vestido *m*. 「adecuado [apropiado] para la ocasión / 足に合わない靴 zapatos *mpl*. mal ajustados / このネクタイは君のワイシャツに合わない Esta corbata no va bien con la camisa que llevas. / 事実と合う coincidir con el hecho / 基準に合う cumplir (con) la norma de ALGO / 調子が合う estar acorde 《con》, ir a tono 《con》/ 答えが合う acertar en la respuesta / 数字が合う Las cifras cuadran. / 時計が合っている El reloj está en hora. / 私は君と意見が合う Comparto la opinión contigo.

あう 遭う/遇う encontrarse 《con》⇒そうぐう(遭遇)‖ 事故に遭う「tener [sufrir] un accidente / 災難に遭う「sufrir [tener] un contratiempo / 嵐に遭う encontrarse con una tormenta, sorprender *una tormenta* a ALGUIEN / つらい目に遭う「experimentar [padecer] sufrimiento, sufrir, 《慣用》《話》ser el rigor de las desdichas

アウェー ‖ アウェーで戦う jugar「fuera de casa [en campo contrario]

アウト 《英語》out *m*.
▶アウトにする/アウトになる「poner [hacer] *out*/ser pues*to*[*ta*] *out*
▫アウトカウント número *m*. de *outs*

アウトサイダー persona *f*. de fuera, (部外者) intru*so*[*sa*] *mf*., (疎外された人) margina*do*[*da*] *mf*.

アウトソーシング subcontratación *f*., externalización *f*.
▫アウトソーシングサービス servicio *m*. de 「subcontratación [externalización]

アウトドア al aire libre
▫アウトドアスポーツ deporte *m*. al aire libre

アウトプット 《英語》*output m*., salida *f*.
▶アウトプットする descargar *output*, producir una salida

アウトライン (概要) resumen *m*., esquema *m*., (輪郭) contorno *m*., perfil *m*.
▫アウトラインフォント tipografía *f*. libre

アウトレット 《英語》*outlet m*.

アウトロー bandi*do*[*da*] *mf*., bandole*ro*[*ra*] *mf*.

あえぐ 喘ぐ jadear, resollar, (苦しむ) sufrir ‖ 苦しげにあえぐ jadear angustiosamente / 重荷にあえぐ soportar una carga pesada / 生活苦にあえぐ pasar estrecheces / 不景気にあえぐ sufrir una depresión económica / あえぎあえぎ走る correr jadeando

あえて ‖ あえて～する「atreverse a [osar]『+不定詞』, (危険を冒して) aventurarse a『+不定詞』/ あえて反対意見を言う atreverse a decir una opinión en contra

あえもの 和え物 ensalada *f*. de verduras cocidas aliñadas

あえる 和える mezclar, aliñar ‖ 野菜を酢で和える aliñar verduras con vinagre

あえん 亜鉛 zinc *m*., cinc *m*.(記号 Zn)

あお 青 azul *m*.
▶青い/蒼い azul ‖ 青い空 cielo *m*. azul / 蒼い顔 cara *f*. pálida / 実が青い tener el fruto verde
▶蒼くなる (顔色が) ponerse páli*do*[*da*]
▫青リんご manzana *f*. verde

あおあお 青青
▶青々と con verdor

あおいきといき 青息吐息
▶青息吐息である《慣用》「estar [encontrarse] con el agua al cuello

あおぐ 仰ぐ mirar hacia arriba ‖ 星空を仰ぐ「ver [mirar, contemplar] el cielo estrellado / 天を仰ぐ mirar hacia el cielo / 師と仰ぐ respetar a ALGUIEN como *su* maes*tro* / 指図を仰ぐ pedir instrucciones 《a》/ 教えを仰ぐ pedir lecciones 《a》/ 援助を仰ぐ

「pedir [solicitar] ayuda《a》／毒を仰ぐ tragar veneno

あおぐ 扇ぐ/煽ぐ　abanicar‖うちわであおぐ（自分を）abanicarse con un paipái／火をあおぐ abanicar para avivar la brasa

あおくさい 青臭い　（草の匂いがする）oler a verde；（未熟な）inmadur*o*[*ra*]，《話》verde

あおざかな 青魚　pescado *m*. azul

あおざめる 青ざめる　palidecer, ponerse pálid*o*[*da*]

あおじゃしん 青写真　cianotipia *f*., cianotipo *m*.，（構想）proyecto *m*.‖新しい発電所の青写真を作る「hacer [elaborar] un plano de la nueva central eléctrica

あおじろい 青白い/蒼白い　pálid*o*[*da*]

あおしんごう 青信号　semáforo *m*.　（en）verde ⇒しんごう（信号）‖青信号になるのを待つ esperar a que se ponga verde el semáforo

あおすじ 青筋　（静脈）vena *f*.「superficial [cutánea]
慣用　青筋を立てて怒る《慣用》montar en cólera

あおぞら 青空　cielo *m*. azul
■青空市場 mercado *m*. al aire libre, mercadillo *m*.
■青空駐車 青空駐車する「aparcar [estacionar] en la calle

あおにさい 青二才　niñato *m*., mocoso *m*., bisoño *m*.‖青二才である《慣用》「estar con [tener, traer] la leche en los labios,《慣用》estar recién salido del cascarón

あおば 青葉　hoja *f*. verde

あおみ 青み　color *m*. azulado
▶青みを帯びた/青みがかった azulad*o*[*da*]

あおむけ 仰向け
▶仰向けに bocarriba, tendid*o*[*da*] de espaldas‖仰向けになる「tumbarse [acostarse] bocarriba

あおむし 青虫　oruga *f*.

あおもの 青物　（野菜）verdura *f*.，（青魚）pescado *m*. azul
■青物市場 mercado *m*. de frutas y verduras

あおる 煽る　avivar,（扇動する）agitar‖火をあおる「aviver [atizar] el fuego／人気をあおる aumentar la popularidad／労働者をあおってストをさせる agitar a los obreros para que hagan huelga／強風にあおられて高速道路でトラックが横転した Un fuerte viento volcó un camión en la autopista.
▶煽り‖不況のあおりを食う sufrir las consecuencias de la recesión económica

あか 赤　rojo *m*.，（左翼）roj*o*[*ja*] *mf*.
▶赤い/赤の roj*o*[*ja*]‖赤い血 sangre *f*. roja／赤い実 fruto *m*. rojo／赤い羽根 pluma *f*. roja／目が赤い tener los ojos rojos
▶赤く‖赤く燃える arder vivamente／顔が赤くなる ruborizarse, enrojecerse
慣用　赤の他人‖私にとって赤の他人 persona *f*. totalmente ajena a mí
■赤鉛筆 lápiz *m*. rojo
■赤ワイン vino *m*. tinto, tinto *m*.

あか 垢　mugre *f*.，（軽蔑的に）roña *f*.‖垢を落とす quitar la mugre
▶垢まみれの/垢だらけの mugrient*o*[*ta*]

あかあか 赤赤
▶赤々と‖火が赤々と燃える El fuego arde vivamente.

アカウント　cuenta *f*.‖アカウントを作成する abrir una cuenta, registrarse como usuari*o*[*ria*]／アカウントを設定する configurar la cuenta

あかぎれ 皹/皸　grietas *fpl*.‖私は手にあかぎれができた Se me han formado grietas en las manos.

あかげ 赤毛　pelo *m*. rojo
▶赤毛の（人）pelirroj*o*[*ja*]（*mf*.）

あかし 証　prueba *f*., testimonio *m*.‖身のあかしを立てる probar *su* inocencia／私がこの世に生きたあかし prueba *f*. de que he vivido en este mundo

あかじ 赤字　déficit *m*., números *mpl*. rojos‖赤字を出す arrojar un déficit／赤字を抱える tener déficit, estar en déficit,《話》andar en números rojos／赤字を埋める cubrir el déficit／売れ行きが落ちて会社は赤字だ La empresa está en déficit debido a la caída en sus ventas.
▶赤字の deficitari*o*[*ria*]
▶赤字化する entrar en déficit
■赤字額 monto *m*. del déficit
■赤字経営 administración *f*. deficitaria
■赤字国債 bonos *mpl*. del Estado para cubrir el déficit
■赤字財政 finanzas *fpl*. deficitarias
■赤字路線 línea *f*. deficitaria

アカシア　acacia *f*.

あかしお 赤潮　marea *f*. roja

あかしんごう 赤信号　semáforo *m*.（en）rojo ⇒しんごう（信号）

あかす 明かす‖夜を明かす velar,《慣用》pasar la noche en blanco／身の上を明かす revelar *su* procedencia／本心を明かす「revelar [manifestar] *su* verdadera intención／種を明かす enseñar el truco de ALGO／真相を明かす revelar la verdad de ALGO／情報の提供元をけっして明かしてはならない No se debe revelar nunca la fuente de una información.

あかちゃん 赤ちゃん　⇒あかんぼう（赤ん坊）

あかつき 暁　amanecer *m*.‖～で暁を迎える amanecer《en》／暁を待つ esperar el amanecer／成功の暁には cuando se「consiga [logre, obtenga] el éxito

あがったり 上がったり‖商売が上がったりだ

アカデミー academia f.
- アカデミー賞 ｜アカデミー賞をとる ganar un premio Óscar

アカデミック
▶ アカデミックな académico[ca] ‖ アカデミックな雰囲気 ambiente m. académico

あかてん 赤点 suspenso m. ‖ 数学で赤点をとる tener un suspenso en Matemáticas

あかぬける 垢抜ける refinarse, pulirse

アカペラ
▶ アカペラで《音楽》a capela ‖ アカペラで歌う cantar a capela

あかみ 赤み color m. rojizo
▶ 赤みを帯びた rojizo[za]

あかみ 赤身 (肉の) magro m., carne f. magra

あがめる 崇める adorar

あからがお 赤ら顔 cara f.「enrojecida [rojiza], (血色のよい) cara f. rubicunda

あからさま
▶ あからさまな directo[ta]
▶ あからさまに ‖ あからさまに述べる decir sin tapujos ／ あからさまに不満を表す manifestar abiertamente su descontento

あからめる 赤らめる enrojecerse, sonrojarse, ruborizarse, ponerse rojo[ja]

あかり 明かり luz f., 《集合名詞》iluminación f. ‖ 月の明かりから「luz f. [claridad f.] de la luna, claro m. de luna ／ 家々の明かり las luces de las casas ／ 雪明かり「luz f. [reflejo m.] de la nieve ／ 明かりがつく encenderse la luz ／ 明かりが消える apagarse la luz ／ 明かりをつける/明かりをともす encender la luz ／ 明かりがさす entrar la luz
- 明かり取り/明かり窓 (天窓) tragaluz m., claraboya f.

あがり 上がり (上昇) subida f., (売上げ) venta f.
- 上がり口 entrada f.

あがりこむ 上がり込む entrar《en》

あがりさがり 上がり下がり subida f. y bajada f., (変動) fluctuaciones fpl.
▶ 上がり下がりする subir y bajar, (変動する) fluctuar

あがる 上がる subir, ascender《a》, elevarse《a》, (向上する) mejorar(se), (緊張する) ponerse nervioso[sa] ‖ 高い所へ上がる subir a lo alto ／ 階段を上がる subir por la escalera, subir las escaleras ／ 花火が上がる lanzarse fuegos artificiales ／ 学校へ上がる (入学する) entrar en una escuela ／ 気温が上がる「subir [elevarse, aumentar] el nivel《de》／ 物価が上がる subir los precios ／ 料理の腕が上がる progresar en la cocina ／ 試験で上がる ponerse nervioso[sa] en el examen ／ ここ2年間、株式市場は上がったり下がったりしている En los últimos dos años la bolsa ha experimentado subidas y bajadas.

あがる 挙がる ‖ 誘拐犯が挙がった Quedó detenido el autor del secuestro. ／ リストに君の名が挙がっている Tu nombre figura en la lista.

あがる 揚がる (揚げ物が) estar frito[ta] ‖ 魚が揚がる desembarcarse el pescado ／ 意気が揚がる「subir [fortalecerse, robustecerse] la moral

あかるい 明るい claro[ra], luminoso[sa], (性格が) alegre ‖ 明るい日差し luminosos rayos mpl. de sol ／ 明るい色 color m. claro ／ 明るい子 niño[ña] mf. alegre ／ 明るい町 ciudad f. agradable y alegre ／ 空が明るい El cielo está claro. ／ 電灯が明るい La lámpara alumbra mucho. ／ 雰囲気が明るい tener un ambiente「acogedor [agradable] ／ 未来が明るい tener un futuro「prometedor [halagüeño] ／ 法律に明るい entender de derecho ／ この地域の地理に明るい conocer bien esta zona
▶ 明るさ claridad f., luminosidad f.
▶ 明るく ‖ 明るく生きる vivir alegremente

あかるみ 明るみ ‖ 明るみに出る《慣用》salir a la luz ／ 大臣(男性)の贈収賄への関与が明るみに出た Salió a la luz la implicación del ministro en el soborno. ／ 明るみに出す《慣用》sacar a la luz ALGO

あかんたい 亜寒帯 zona f. subártica
- 亜寒帯気候 clima m. subártico

あかんべえ (説明訳) acción f. de tirar del párpado inferior hacia abajo en señal de burla

あかんぼう 赤ん坊 《スペイン》bebé m., 《中南米》bebé com., bebe[ba] mf.

あき 秋 otoño m. ‖ 秋が深まる avanzar el otoño
▶ 秋の otoñal ‖ 秋の空 cielo m. 「otoñal [de otoño]

あき 空き (欠員) vacante f.
- 空き時間 tiempo m. libre
- 空き部屋 habitación f.「libre [desocupada] ‖ 空き部屋を探す buscar una habitación libre ／ 空き部屋はありますか ¿Hay alguna habitación libre?
- 空き容量 (IT) memoria f. disponible

あき 飽き cansancio m., aburrimiento m.

あきあき 飽き飽き
▶ あきあきする cansarse《de, con》, aburrirse《de, con》‖ 私はこの単調な仕事にはあきあきだ Estoy más que harto[ta] de este monótono trabajo.

あきかぜ 秋風 ‖ 秋風が立ち始めた Ha empezado a soplar viento otoñal.

あきかん 空き缶 lata f. vacía

あきぐち 秋口 comienzo m. del otoño

あきさめ 秋雨 lluvia *f.* 「de otoño [otoñal]

あきす 空き巣 robo *m.* a 「domicilios [casas], (人) la*drón*[*drona*] *mf.*

あきたりない 飽き足りない insatisfacto*rio*[*ria*], no satisfacto*rio*[*ria*]

あきち 空き地 descampado *m.*

あきっぽい 飽きっぽい poco constante, inconstante, (移り気な) capricho*so*[*sa*], (格式語) veleido*so*[*sa*] ‖ 彼女は飽きっぽい Ella no tiene perseverancia.

あきない 商い ⇒しょうばい (商売)

あきなう 商う comerciar 《con, en》‖ 魚を商う dedicarse al negocio del pescado／骨董品を商う comerciar con antigüedades

あきばれ 秋晴れ día *m.* despejado de otoño

あきびん 空き瓶 botella *f.* vacía

あきや 空き家 casa *f.* deshabitada

あきらか 明らか
▶ 明らかな cla*ro*[*ra*], evidente, ob*vio*[*via*], 《格式語》manifies*to*[*ta*] ‖ 明らかな証拠 prueba *f.* evidente／これは環境破壊の明らかな例である Esto es un claro ejemplo de la destrucción del medio ambiente.
▶ 明らかである/明らかだ‖ ～は明らかだ Es evidente que [+直説法]／～は誰の目にも明らかだ Salta a la vista que [+直説法]／それは火を見るより明らかだ Eso「es [está] más claro que el agua.
▶ 明らかに claramente, evidentemente, obviamente, 《慣用》a ojos vistas, 《慣用》a toda luz, a todas luces ‖ 明らかに君が悪い A todas luces tú tienes la culpa.
▶ 明らかにする aclarar, esclarecer, 《慣用》poner de manifiesto ALGO ‖ 根拠を明らかにする aclarar el fundamento 《de》
▶ 明らかになる aclararse, esclarecerse, descubrirse, 《慣用》ponerse de manifiesto ‖ 失業者の実態が明らかになる Se pone de manifiesto la situación real de los desempleados.

あきらめ 諦め renuncia *f.*, (甘受) resignación *f.* ‖ あきらめが悪い no resignarse／あきらめが肝心だ Lo importante es aprender a resignarse.

あきらめる 諦める renunciar 《a》, (断念) desistir de [+不定詞] ‖ 大学進学をあきらめる desistir de ir a la universidad／結婚をあきらめる「renunciar a [desistir de] casarse／きっぱりあきらめる renunciar por completo 《a》, desistir por completo 《de》／潔くあきらめる renunciar a ALGO resueltamente／私はペルー行きは半ばあきらめていた Casi (yo) había renunciado a ir a Perú.／息子が死んだとあきらめる Me hago a la idea de que mi hijo está muerto.
▶ あきらめて con resignación ‖ あきらめて～する resignarse a [+不定詞]

あきる 飽きる cansarse 《de》, aburrirse 《de》‖ ～するのに飽きる cansarse de [+不定詞]／勉強に飽きる cansarse de estudiar／遊びに飽きる cansarse de「jugar [divertirse]／～しても飽きない no cansarse de [+不定詞]／飽きることを知らない ser incapaz de「cansarse [aburrirse], ser incansable／飽きるほど～する hartarse de [+不定詞]

アキレスけん アキレス腱 tendón *m.* de Aquiles, (弱点) punto *m.* débil ‖ アキレス腱を切る romperse el tendón de Aquiles

あきれはてる 呆れ果てる 《慣用》《話》quedarse de piedra

あきれる 呆れる quedarse「atóni*to*[*ta*] [boquiabier*to*[*ta*], estupefac*to*[*ta*]] ‖ あきれた顔 cara *f.* atónita／あきれた人だ《慣用》ser un caso／あきれたものだ ¡Hay que ver!／君のずうずうしさにはあきれてものも言えない《慣用》Tu frescura me ha dejado con la boca abierta.

あく 悪 mal *m.*, maldad *f.* ‖ 悪に染まる descarriarse

あく 灰汁 solución *f.* de ceniza, (スープの) espuma *f.*, (渋み) amargor *m.* ‖ あくが強い人 persona *f.* con mucho carácter／スープのあくをとる espumar「la sopa [el caldo]／ナスのあくを抜く quitar el amargor a la berenjena

あく 空く (容器が) quedarse vací*o*[*a*], (席が) quedarse libre ‖ 穴が空く「producirse [hacerse] *un agujero*／部屋が空く quedarse desocupada *la habitación*／時間が空く tener tiempo libre／席が空く quedarse libre *el asiento*／この席は空いていますか ¿Está libre este asiento?／女性秘書のポストが空いた Ha quedado vacante el puesto de secretaria.
[慣用] 手が空く quedar libre de trabajo

あく 開く abrir(se) ‖ 目が開く abrirse *los ojos*／ドアが開く abrir(se) *una puerta*／幕が開く「abrirse [subirse, levantarse] *el telón*／お店は何時に開きますか ¿A qué hora se abre la tienda?／美術館は今日開いていますか (開館) ¿Está abierto hoy el museo?
[慣用] 開いた口がふさがらない《慣用》quedarse「con la boca abierta [boquiabier*to*[*ta*]]

アクアラング 《商標》escafandra *f.* autónoma

あくい 悪意 malicia *f.*, mala intención *f.*, 《格式語》malevolencia *f.* ‖ 悪意のある malicio*so*[*sa*], malévo*lo*[*la*]／悪意のない sin malicia

あくうん 悪運 mala suerte *f.*, 《慣用》mala sombra *f.* ‖ 悪運が強い《慣用》tener siete vidas (como los gatos)

あくえいきょう 悪影響 mala influencia *f.* ‖ 悪影響を及ぼす ejercer una mala influen-

cia《sobre, en》, afectar《a》
あくかんじょう 悪感情 malos sentimientos *mpl.*, aversión *f.*
あくじ 悪事 mala acción *f.*, maldad *f.* ‖ 悪事を働く cometer una mala acción, hacer maldades
[諺] 悪事千里を走る《諺》Las malas noticias vuelan.
あくしつ 悪質
▶悪質な malicio*so[sa]* ‖ 悪質な犯罪 delito *m.* abominable
アクシデント accidente *m.* → じこ（事故）
あくしゅ 握手 apretón *m.* de manos ‖ 握手を交わす estrechar [darse] la(s) mano(s)
▶握手する estrechar la mano「a [de] ALGUIEN
あくしゅう 悪臭 mal olor *m.*, peste *f.*, hedor *m.* ‖ 悪臭を放つ apestar, despedir mal olor
あくしゅう 悪習 vicio *m.*, malos hábitos *mpl.* ‖ 悪習に染まる enviciarse, viciarse
あくしゅみ 悪趣味 mal gusto *m.*
▶悪趣味な de mal gusto, hortera
あくじゅんかん 悪循環 círculo *m.* vicioso ‖ 悪循環に陥る entrar en un círculo vicioso ／ 悪循環から抜け出す salir del círculo vicioso ／ 悪循環を断つ romper el círculo vicioso
アクション acción *f.*
▣アクション映画（ジャンル）cine *m.* de acción,（作品）película *f.* de acción
▣アクションシーン escena *f.* de acción
▣アクションスター estrella *f.* de acción
あくせい 悪性
▶悪性の malig*no[na]*
▣悪性インフレ hiperinflación *f.*
▣悪性腫瘍 tumor *m.* maligno
あくせく あくせく働く trabajar「sin descanso [sin tregua, a destajo]
アクセサリー accesorios *mpl.* ‖ アクセサリーを身につける ponerse accesorios ／ アクセサリー売り場 sección *f.* de accesorios
アクセス acceso *m.* ‖ 都心へのアクセスがいい tener (un) fácil acceso al centro de la ciudad
▶アクセスする acceder《a》‖ 情報にアクセスする acceder a una información ／ 公式サイトにアクセスする acceder al sitio oficial ／ インターネットにアクセスしやすくする facilitar el acceso a Internet
▣アクセス権 derecho *m.* de acceso
▣アクセス数 número *m.* de visitas
▣アクセス制限 control *m.* de acceso a red ‖ 有害サイトアクセス制限 filtro *m.* de contenido
▣アクセスタイム tiempo *m.* de acceso
アクセスポイント （無線LANの）punto *m.* de acceso inalámbrico ‖ アクセスポイントに接続する conectar al punto de acceso ／ アクセスポイントを設定する configurar el punto de acceso
アクセル acelerador *m.* ‖ アクセルを踏む pisar el acelerador, acelerar
あくせんくとう 悪戦苦闘
▶悪戦苦闘する luchar con todas las fuerzas,《慣用》remover cielo y tierra
アクセント acento *m.* ‖ アクセントがある llevar acento ／ アクセントがない no llevar acento ／ アクセントを置く acentuar, poner acento《en》／ アクセントをつける acentuar
あくたい 悪態 palabrota *f.*
▶悪態をつく decir palabrotas,《慣用》echar sapos y culebras, soltar tacos
あくだま 悪玉 villano *m.*
▣悪玉コレステロール colesterol *m.* malo
あくてん 悪天 mal tiempo *m.*
あくどい perver*so[sa]*, malva*do[da]*, mali-cio*so[sa]* ‖ あくどい商売 negocio *m.* abusivo
あくとう 悪党 malva*do[da] mf.*, ma*lo[la] mf.*, píca*ro[ra] mf.*,《話》canalla *com.*
あくとく 悪徳
▣悪徳業者 comerciante *com.*「fraudulen-*to[ta]* [sin escrúpulos]
▣悪徳商法 estafa *f.*, negocio *m.* fraudulento
▣悪徳弁護士 aboga*do[da] mf.* malva*do[da]*
あくにん 悪人 ma*lo[la] mf.*, malva*do[da] mf.*
あくぬき 灰汁抜き ⇒あく（灰汁）
あくび 欠/欠伸 bostezo *m.* ‖ あくびをかみ殺す／あくびをこらえる「reprimir [contener] un bostezo ／ 私はあくびが出そうだ Me dan ganas de bostezar.
▶あくびする bostezar, dar un bostezo
あくひつ 悪筆 mala letra *f.*,《慣用》letra *f.* de médico
▶悪筆である（字が下手である）tener「mala letra [letra de médico]
▣悪筆家 persona *f.* que tiene mala letra,（誤字の多い）cacógra*fo[fa] mf.*
あくひょう 悪評 fama *f.* [reputación *f.*] ‖ 悪評を買う ganarse mala fama
あくぶん 悪文 mala redacción *f.*, redacción *f.* deficiente,（難解な）texto *m.*「enrevesado [farragoso]
あくへい 悪弊 mala costumbre *f.*
あくへき 悪癖 vicio *m.*
あくま 悪魔 diablo *m.*, demonio *m.* ‖ 心に悪魔がすむ tener el diablo metido en el cuerpo ／ 悪魔にたましいを売る vender *su* alma al diablo
▶悪魔の（ような）diabólic*o[ca]* ‖ 悪魔のささやき tentación *f.* del diablo

◪悪魔払い exorcismo *m.* ‖ 悪魔払いをする exorcizar

あくまで ‖ あくまで戦う luchar hasta el final

あくむ 悪夢 pesadilla *f.* ‖ 悪夢にうなされる tener una pesadilla ／ 悪夢のような一夜を過ごす pasar una noche de pesadillas ／ 悪夢からさめる despertarse de una pesadilla ／ 悪夢から解き放たれる salir de una pesadilla

あくめい 悪名 mala「fama *f.* [reputación *f.*]‖ 悪名高い conoci*do*[*da*] por *su* mala fama

あくやく 悪役 villano *m.*

あくゆう 悪友 mal amigo *m.*, mala amiga *f.*,《話》amigote *m.*

あくよう 悪用 abuso *m.*, uso *m.* indebido ‖ 個人情報の悪用 uso *m.* indebido de datos personales

▶悪用する abusar《de》, hacer uso indebido《de》

あぐら 胡座 ‖ あぐらをかく sentarse con las piernas cruzadas en el suelo
[慣用] あぐらをかく（いい気になる）《慣用》dormirse「en [sobre] los laureles

あくりょう 悪霊 espíritu *m.*「maligno [demoníaco]‖ 悪霊に取りつかれる estar poseí*do*[*da*] por un espíritu maligno

あくりょく 握力 fuerza *f.* de「la mano [agarre]‖ 握力が強い tener fuerza en las manos ／ 握力が弱い tener poca fuerza en las manos

◪握力計 dinamómetro *m.* de mano

アクリル
◪アクリル樹脂 resina *f.* acrílica
◪アクリル繊維 tejido *m.* acrílico

あくる 明くる siguiente ‖ 明くる朝 la mañana siguiente ／ 明くる日 el día siguiente ／ 明くる年 el año siguiente

あくろ 悪路 camino *m.* malo

アクロバット acrobacia *f.*,（人）acróbata *com.*

◪アクロバット飛行 vuelo *m.* acrobático, acrobacia *f.* aérea

あげあし 揚げ足 ‖ 揚げ足を取る criticar a ALGUIEN por su desliz

あけがた 明け方 madrugada *f.*, amanecer *m.*

▶明け方に al amanecer

あげく 挙句/揚句 ‖ 考えたあげく después de mucho pensar ／ さんざん言い争ったあげく después de haber discutido acaloradamente ／ そのあげく／あげくの果てに《慣用》para remate,《慣用》para colmo (de「males [desgracias])

あけくれる 明け暮れる enfrascarse《en》‖ 読書に明け暮れる no hacer otra cosa que leer libros

あげしお 上げ潮 marea *f.* creciente

あけすけ ‖ あけすけにものを言う hablar sin「tapujos [reservas]

あげぞこ 上げ底 ‖ 上げ底の箱 caja *f.*「con el fondo elevado [de doble fondo]

あけっぱなし 開けっ放し ‖ 戸を開けっ放しにする dejar abierta la puerta de par en par

あけっぴろげ 開けっ広げ ‖ あけっぴろげな性格の de carácter「extrovertido [extravertido]

あげはちょう 揚羽蝶 papiliónidos *mpl.*,（キアゲハ）macaón *m.*

あけはなす 開け放す ‖ 窓を開けはなす abrir la ventana de par en par

あけぼの 曙 amanecer *m.*, alba *f.*, albor *m.*

あげもの 揚げ物 fritura *f.*, fritos *mpl.*

あける 明ける terminar, acabar ‖ 夜が明ける amanecer,《慣用》「abrir [despuntar, rayar, romper] el día ／ 年が明ける cambiar *el año* ／ 寒が明ける terminar *el invierno* ／ 梅雨が明ける terminar *la temporada de lluvias* ／ 年季が明ける terminar *el período de aprendizaje*
[慣用] 明けても暮れても《慣用》día y noche, noche y día
[慣用] 明けましておめでとう《慣用》¡Feliz Año Nuevo!

あける 空ける （内容物を）vaciar,（間隔・空間を）dejar espacio ‖ 穴を空ける hacer un agujero ／ 中身を空ける vaciar el contenido ／ 行を空ける dejar espacio entre renglones, ampliar el interlineado ／ 道を空ける ceder el paso ／ 席を空ける ceder el asiento ／ 予定を空ける hacer un hueco en la agenda ／ 家を空ける estar ausente de *su* domicilio

あける 開ける abrir ‖ 窓を開ける abrir la ventana ／ ふたを開ける quitar la tapa, destapar ／ 店を開ける abrir la tienda ／ 幕を開ける「abrir [subir, levantar] el telón ／ 初日を開ける estrenar un espectáculo

あげる 上げる ❶ subir, elevar ‖ 顔を上げる levantar la cara ／ 頭を上げる levantar la cabeza ／ 煙を上げる（火山が）despedir humo volcánico ／ 腕を上げる progresar《en》, desarrollar la「habilidad [destreza]／ 効果を上げる surtir efecto, aumentar la eficacia ／ 利益を上げる obtener ganancias ／ スピードを上げる aumentar la velocidad ／ 家に上げる invitar a pasar a casa ／ 息子を学校に上げる mandar a *su* hijo a la escuela ／ 酔って（吐く）vomitar después de haber bebido

❷（動詞に付いて）‖ 小麦粉をこねあげる amasar bien la harina

❸（「〜して）やる」の丁寧表現）‖ 〜してあげる ofrecerse a〚＋不定詞〛, tener la amabilidad de〚＋不定詞〛／ 席を譲ってあげる tener la amabilidad de ceder el asiento《a》／ 空港まで車で送ってあげるよ Te llevo en co-

あげる 挙げる levantar ‖ 手を挙げる levantar la mano ／ 例を挙げる「poner [citar] un ejemplo ／ (誰かの)長所を挙げる enumerar las virtudes de ALGUIEN ／ 名を挙げる「mencionar el [hacer mención del] nombre de ALGUIEN ／ 全力を挙げる hacer todo lo posible ／ 式を挙げる celebrar una ceremonia ／ 犯人(男性)を挙げる detener al autor

あげる 揚げる freír ‖ 油で揚げる freír ALGO con aceite

あけわたす 明け渡す desocupar, desalojar, evacuar, (引き渡す)entregar ‖ 家を明け渡す desocupar y entregar la casa

あご 顎 mandíbula f. ‖ あごがはずれる desencajarse *la mandíbula*
- (慣用)あごで使う mandar autoritariamente, ser *un[una]* mand*ón[dona]*
- (慣用)あごを出す《慣用》「ir [estar] con la lengua fuera
- ◪顎ひげ barba f.
- ◪顎ひも barboquejo m.

アコースティックギター guitarra f. acústica

アコーディオン acordeón m.
- ◪アコーディオン奏者 acordeonista com.
- ◪アコーディオンドア puerta f. acordeón
- ◪アコーディオンカーテン cortina f. acordeón

あこがれ 憧れ sueño m., ensueño m., (熱望)anhelo m., afán m. ‖ 未知へのあこがれ atracción f. por lo desconocido ／ 強いあこがれを感じる sentir admiración《por》
▶ あこがれの ‖ あこがれの人 ídolo m. ／ あこがれのまなざし mirada f. de admiración ／ あこがれの大学 universidad f. soñada ／ 私のあこがれの町トレド Toledo, 「mi ciudad soñada (ciudad de mis ensueños)」／ あこがれの的である ser objeto de admiración de ALGUIEN

あこがれる 憧れる soñar, 「albergar [abrigar] un sueño, (切望する)anhelar ‖ 東京での生活にあこがれる soñar con vivir en Tokio

あさ 麻 cáñamo m., (亜麻)lino m.
- ◪麻縄 cuerda f. de cáñamo
- ◪麻布 tela f. de cáñamo

あさ 朝 mañana f. ‖ 朝から晩までde la mañana a la noche ／ 私は朝は7時に起きます Me levanto a las siete todas las mañanas. ／ 明日の朝一番に君に電話します Lo primero que haré mañana por la mañana es llamarte por teléfono.
- ◪朝稽古 entrenamiento m. matinal

あざ 痣 mancha f., (打撲)moratón m., moretón m., cardenal m., 《医学》equimosis f.[=pl.] ‖ 私は左の頬にあざがある Tengo una mancha en la mejilla izquierda.

あさい 浅い poco profun*do[da]*, 《アルゼンチン・パラグアイ・ウルグアイ》pla*yo[ya]* ‖ 浅いやぶ matorral m.「claro [poco denso]／ 浅い緑 verde m. claro ／ 川が浅い El río「es poco profundo [tiene poca profundidad]. ／ 傷は浅い La herida es leve. ／ 春が浅い Acaba de comenzar la primavera. ／ 眠りが浅い tener un sueño ligero ／ 考えが浅い ser irreflexi*vo[va]* ／ 経験が浅い tener「poca [escasa, corta] experiencia ／ 私たちは知り合って日が浅い Hace poco que nos conocemos.

あさいち 朝市 「mercadillo m. [mercado m.] matinal

あさがお 朝顔 dondiego m. de día

あさがた 朝方 durante la mañana

あさぐろい 浅黒い oscu*ro[ra]*, more*no[na]*

あざけり 嘲り burla f., mofa f.

あざける 嘲る burlarse《de》, mofarse《de》‖ 他人をあざける burlarse de los demás

あさごはん 朝御飯 desayuno m. ⇒ちょうしょく(朝食)

あさせ 浅瀬 (海・川)banco m., (川)vado m.

あさって 明後日 pasado mañana

あさつゆ 朝露 rocío m. matinal

あさねぼう 朝寝坊 (人)dormi*lón[lona]* mf.
▶ 朝寝坊する levantarse tarde, quedarse dormi*do[da]*

あさはか 浅はか
▶ 浅はかな(人) irreflexi*vo[va]* (mf.)
▶ 浅はかに irreflexivamente, sin mucho pensar

あさばん 朝晩 por la mañana y por la tarde, (一日中)día y noche

あさひ 朝日 sol m. de la mañana

あさましい 浅ましい (下劣な)vil, ba*jo[ja]*, ruin, mezqui*no[na]*, (惨めな)miserable ‖ 浅ましい見 pensamiento m. mezquino ／ 浅ましい行為 acto m. mezquino ／ 浅ましい行動 comportamiento m. despreciable ／ 浅ましい世の中 mundo m. canallesco ／ 浅ましい姿 figura f. miserable ／ 浅ましい根性 vileza f.

あざみ 薊 cardo m., abrojo m.

あざむく 欺く engañar ‖ まんまと人を欺く (慣用)engañar como a un tonto a ALGUIEN ／ 敵を欺く engañar al enemigo ／ 昼を欺く明るさの más lumino*so[sa]* que la luz del día ／ 雪を欺く白さの más blan*co[ca]* que la nieve

あさめし 朝飯 ⇒ちょうしょく(朝食)‖ 朝飯を食う tomar el desayuno
- (慣用)朝飯前 ‖ それぐらいは朝飯前だ《慣用》Eso está chupado. ¦《慣用》Eso es pan comido.

あさもや 朝靄 neblina f. matinal

あざやか 鮮やか

▶鮮やかな（明るい）claro[ra], (見事な) brillante, maravillo*so*[sa], (機敏な) ágil, (色ž) vi*vo*[va] ‖ 鮮やかな色 color *m*. vivo／鮮やかな画像 imagen *f*. nítida／緑が鮮やかな木々 árboles *mpl*. con un verdor brillante／鮮やかな一撃を加える dar un golpe certero《en》／鮮やかな手並みで con gran destreza

▶鮮やかに ‖ 自然の色を鮮やかに再現する reproducir fielmente los colores naturales／鮮やかにゴールを決める marcar un gol espectacular／鮮やかにモーツァルトの曲を演奏する interpretar「magistralmente [brillantemente] una pieza de Mozart

あさやけ 朝焼け crepúsculo *m*. 「matinal [de la mañana]

あさゆう 朝夕 ⇒あさばん(朝晩)

あざらし 海豹 foca *f*. (雄・雌)

あさり 浅蜊 almeja *f*.

あさる 漁る buscar ‖ えさをあさる buscar comida／ごみ箱をあさる buscar en la basura／資料をあさる andar buscando datos／ブランド品を買いあさる andar comprando productos de marca

アザレア azalea *f*.

あざわらう 嘲笑う burlarse《de》, mofarse《de》

あし 足/脚 ❶ pie *m*., (脚) pierna *f*., (動物の) pata *f*., (イカ・タコの) tentáculo *m*. ‖ 足の甲 dorso *m*. del pie, empeine *m*.／足の裏 planta *f*. del pie／足の先まで hasta la punta de los pies／机の脚 pata *f*. de la mesa／飛行機の脚 tren *m*. de aterrizaje／足のあるバッター batea*dor*[dora] *mf*. que「tiene pierna [corre rápido]／足で歩く caminar con los pies／足が大きい tener los pies grandes／足が小さい tener los pies pequeños／足が速い correr rápido／足が遅い correr lento／足が強い tener las piernas fuertes／足が弱い tener las piernas「débiles [flojas]／足がつる tener un calambre en la pierna／足がつかない (水中で) no hacer pie／お湯で足を洗う lavarse los pies con agua caliente／足を止める detenerse, pararse／脚を組む cruzar las piernas／脚が長い tener las piernas largas／脚が短い tener las piernas cortas／脚が太い tener las piernas「gordas [gruesas]／脚が細い tener las piernas delgadas

❷《慣用表現》

[足が・脚が]

(慣用)脚が言うことを聞かない No me responden las piernas.

(慣用)足がすくむ ‖ 山の頂上に着くと私は足がすくんでしまった Al llegar a la cima del monte se me paralizaron las piernas.

(慣用)足が地につく《慣用》tener los pies「sobre [en] la tierra

(慣用)足がつく descubrirse la pista de ALGUIEN

(慣用)足が出る gastar más de lo previsto

(慣用)足が棒になる《慣用》no (poder) tenerse「en [de] pie

(慣用)足が乱れる ⇒あしなみ(足並み)‖ 鉄道事故で1万人を超える通勤客の足が乱れた Un accidente ferroviario afectó a más de diez mil pasajeros que iban al trabajo.

(慣用)足が向く ‖ 映画館へ足が向いた Me entraron ganas de ir al cine.

[足に]

(慣用)足に任せる caminar sin rumbo fijo

[足の]

(慣用)足の踏み場もない《慣用》estar patas arriba

[足を]

(慣用)足を洗う《慣用》lavarse las manos, volver al buen camino

(慣用)足を入れる《慣用》poner los pies《en》

(慣用)足を奪われる quedarse sin medio(s) de transporte

(慣用)足を延ばす ir《hasta》, (くつろぐ) sentirse a *sus* anchas

(慣用)足を運ぶ venir, visitar

(慣用)足を引っ張る《慣用》cruzarse en el camino de ALGUIEN, 《慣用》poner la zancadilla《a》

(慣用)足を向けて寝られない estar en deuda de por vida con ALGUIEN

あし 葦 caña *f*.

あじ 味 sabor *m*., gusto *m*. ‖ 味がよい sabro*so*[sa], ri*co*[ca]／味がわるい insípi*do*[da]／味が濃い sala*do*[da]／味が薄い so*so*[sa]／バナナの味がする saber a plátano／手作りの味 sabor *m*. casero／軽い味 sabor *m*. suave／味が落ちる perder sabor／味をつける sazonar, aderezar, aliñar, (塩味) salar／この香辛料を入れると料理によい味が出る Esta especia da un buen sabor a la comida.／味をみる probar／味を感じ分ける distinguir el sabor《de》／読書の味を覚える「conocer [experimentar] el placer de la lectura／味のある人 persona *f*. interesante／味もそっけもない人 persona *f*. insulsa／貧乏の味を知る conocer lo que es la pobreza

(慣用)味な気分である sentirse a gusto

(慣用)味を占める ‖ 味をしめたら株をやめるのはむずかしい Es difícil dejar de jugar a la bolsa después de haber ganado dinero con facilidad.

あじ 鯵 chicharro *m*., jurel *m*.

アジア Asia

▶アジアの asiático[ca]

◪アジア人 asiático[ca] *mf*.

◪東南アジア Asia Sudoriental, Sudeste *m*. Asiático

あしあと

▣東アジア Asia「del Este [Oriental]
▣南アジア Asia「del Sur [Meridional]
▣アジア競技大会 Juegos *mpl.* Asiáticos
▣アジア太平洋経済協力会議 (APEC) Foro *m.* de Cooperación Económica Asia-Pacífico

あしあと 足跡 pisada *f.*, huella *f.* ‖ 足跡を残す dejar huellas ／ 足跡をたどる seguir las huellas《de》

アジェンダ agenda *f.*

あしおと 足音 pisadas *fpl.*, pasos *mpl.* ‖ 足音を立てる dar pisadas ／ 足音を忍ばせて歩く caminar「de puntillas [a hurtadillas]

あしか 海驢 lobo *m.* marino(雄・雌)

あしがかり 足掛かり punto *m.* de apoyo, (糸口)indicio *m.*, pista *f.* ‖ 出世の足掛かりにする utilizar ALGO como trampolín para *su* promoción

あしかけ 足掛け ‖ 私がペルーへ来て足掛け5年になる Han pasado cinco años desde que vine a Perú.

あしかせ 足枷 grilletes *mpl.*, (束縛)ataduras *fpl.* ‖ 足枷をはめる poner los grilletes《a》／ 円高が経済成長の足枷になる La apreciación del yen constituye un obstáculo para el crecimiento económico.

あしがため 足固め 《レスリング》《英語》leg hold *m.*,《建築》travesaño *m.*
(慣用)足固めをする ‖ 次回の選挙の足固めをする hacer preparativos para las próximas elecciones

あしからず 悪しからず ‖ あしからずご了承ください Le「ruego [pido] que no se lo tome a mal.

あしくび 足首 tobillo *m.* ‖ 足首をひねる/足首を捻挫する torcerse el tobillo, hacerse un esguince en el tobillo

あじけない 味気無い so*so*[sa], insípi*do*[da]

あしこし 足腰 ‖ 足腰が立たない (慣用)no poder tenerse「en [de] pie ／ 足腰を鍛える (下半身を) fortalecer las piernas, (体を) fortalecer el cuerpo

あじさい 紫陽花 hortensia *f.*

アシスタント ayudante *com.*, asistente *com.*

アシスト 《スポーツ》asistencia *f.*
▶アシストする 《スポーツ》dar una asistencia ‖ ゴールをアシストする asistir el gol

あした 明日 mañana
(諺)明日は明日の風が吹く (慣用)Mañana será otro día.

あじつけ 味付け aliño *m.*, aderezo *m.*
▶味付けする sazonar, aderezar, aliñar
▣味付け海苔 alga *f.* seca「sazonada [condimentada]

あしでまとい 足手纏い ‖ 足手まといになる ser un estorbo《para》

あしどめ 足止め ‖ 足止めをくう verse obligado[da] a permanecer

あしどり 足取り paso *m.*, (経路)pista *f.* ‖ 足取りをたどる seguir la pista de ALGUIEN

あしなみ 足並み ‖ 足並みを揃える (歩調を合わせる)《慣用》llevar el paso, (団結する)solidarizarse ／ 足並みを揃えて en coordinación《con》／ この件に関して党内の足並みが揃わない No hay acuerdo entre los miembros del partido sobre este tema.

あしならし 足慣らし
▶足慣らしをする hacer precalentamiento

あしば 足場 (建築用の)andamio *m.* ‖ 足場を組む montar un andamio ／ 足場を固める consolidar las bases

あしばや 足早
▶足早に「a [con] paso ligero ‖ 足早に通りすぎる pasar corriendo ／ 足早にやって来る venir corriendo

あしぶみ 足踏み
▶足踏みする marcar el paso, (停滞する)estancarse

あじみ 味見 degustación *f.*
▶味見する probar, degustar, catar

あしもと 足下/足元 ‖ 足もとに気をつけて(歩く時) Cuidado con lo que pisas. ¦ Cuidado al pisar. ／ 足もとから崩れる desmoronarse, derrumbarse ／ 足もとにうずくまる agacharse, acurrucarse ／ 足もとがおぼつかない caminar con paso inseguro ／ 足もとの明るいうちに antes de que「sea de noche [oscurezca]
(慣用)足もとに火がついている《慣用》「encontrarse [estar] con el agua al cuello
(慣用)足もとにも及ばない《慣用》no llegar ni a la suela del zapato a ALGUIEN
(慣用)足もとを見る tocar el punto débil de ALGUIEN
▣足元灯 luz *f.* de cortesía

あしらう ‖ 上手にあしらう(応対する) tratar con habilidad a ALGUIEN ／ 軽くあしらう tratar con desdén a ALGUIEN

あじわい 味わい sabor *m.* ‖ 深い味わい sabor *m.* profundo ／ ひなびた味わい sabor *m.* rústico ／ 旬の果物の味わい sabor *m.* de la fruta del tiempo ／ 味わいの深い言葉 frase *f.* con un profundo significado ／ 原文の味わい encanto *m.* del texto original ／ 伝統的なアンダルシア料理の味わいを伝える transmitir el sabor de la comida tradicional andaluza

あじわう 味わう saborear, (作品を)apreciar, (経験する)experimentar ‖ 味を味わう saborear, disfrutar del sabor de ALGO ／ 苦しみを味わう「sufrir [padecer, experimentar] dolor ／ 悲しみを味わう「sentir [experimentar] tristeza ／ じっくり味わう saborear detenidamente, saborear con「fruición [deleite] ／ 勝利の喜びを味わう saborear el

placer de la victoria, paladear el gusto de la victoria ／ 詩情を味わう degustar el sabor poético
[慣用] 骨の髄まで味わう saborear al máximo
あす 明日 →あした(明日)
[諺] 明日はわが身 Cualquier día nos puede pasar eso a todos.
あずかり 預かり
◪ 預かり金 depósito *m*.
◪ 預かり証 (受領証) recibo *m*. de depósito, (控え) resguardo *m*.
あずかる 預かる/与る (保管する) guardar, encargarse 《de》‖ 荷物を預かる guardar el equipaje ／ 荷物を預かっていただけますか ¿Podría guardar mi equipaje? ／ 子供を預かる hacerse cargo del cuidado de un niño ／ 乗客の命を預かる tener a *su* cargo la vida de los pasajeros ／ 経理を預かる encargarse de la contabilidad
あずき 小豆 judía *f*. roja
あずけいれ 預け入れ
◪ 預け入れ手荷物 equipaje *m*. facturado‖ 預け入れ手荷物引換証「resguardo *m*. [comprobante *m*.] de facturación
あずける 預ける (荷物を) consignar, (お金を) depositar, (任せる) encargar‖ 手荷物を預かり所に預ける dejar el equipaje en la consigna ／ コートをクロークに預ける dejar *su* abrigo en el guardarropa ／ 貴重品をフロントに預ける dejar *sus* objetos de valor en la recepción ／ 銀行にお金を預ける depositar dinero en un banco ／ 命を預ける dejar *su* vida en manos de ALGUIEN ／ 帳場を預ける encargar a ALGUIEN la contabilidad ／ 一件を預ける dejar la solución de un asunto en manos de ALGUIEN ／ 娘を親戚に預ける confiar a *su* hija a un[una] pariente ／ 脱走兵の身柄を警察に預ける dejar a un desertor a cargo de la policía
アスパラガス espárrago *m*.
アスピリン 《商標》aspirina *f*.‖ アスピリンを処方する recetar aspirinas
アスファルト asfalto *m*.‖ アスファルトを敷く asfaltar
◪ アスファルト舗装 asfaltado *m*.
アスベスト asbesto *m*., amianto *m*.‖ アスベストを吸い込む inhalar fibras de amianto
アスペルガーしょうこうぐん アスペルガー症候群 「síndrome *m*. [trastorno *m*.] de Asperger
あせ 汗 sudor *m*.‖ 玉のような汗をかく《話》 sudar la gota gorda ／ 脂汗 sudor *m*. grasiento ／ 冷や汗 sudor *m*. frío ／ 汗の結晶 fruto *m*. del sudor ／ 汗をかく sudar, transpirar ／ 汗を流す (水で) lavarse, (精を出す) sudar ／ タオルで自分の汗をふく secarse el sudor con una toalla ／ 汗がたれる caer *sudor* ／ 汗が出る salir *sudor* a ALGUIEN ／ 汗が流れる correr *el sudor* a ALGUIEN ／ 汗が吹き出す brotar *sudor* ／ 汗にまみれる estar「bañado[da] [empapado[da]] en sudor
アセスメント evaluación *f*.
◪ 環境アセスメント evaluación *f*. de impacto ambiental, evaluación *f*. (medio)ambiental
アセチレン acetileno *m*.
あせばむ 汗ばむ resudar, sudar ligeramente
あせみず 汗水 →あせ(汗)‖ 汗水たらして働く《慣用》trabajar sudando la gota gorda
あせも 汗疹 sudamina *f*., sarpullido *m*.‖ 私は顔にあせもができた Me han salido sarpullidos en la cara.
あせり 焦り impaciencia *f*., nerviosismo *m*.‖ 焦りの色 muestra *f*. de impaciencia ／ 焦りを感じる sentir impaciencia ／ 焦りがつのる「aumentar [crecer] *la impaciencia*
あせる 焦る ponerse impaciente, impacientarse, atosigarse
あせる 褪せる desteñirse‖ 色が褪せる desteñirse, perder el color ／ 色が褪せたジーパン vaqueros *mpl*. desteñidos
アセロラ (木) acerolo *m*., (実) acerola *f*.
あぜん 啞然‖ あぜんとする →あきれる(呆れる)
あそこ allí‖ あそこのホテル el hotel de allí ／ あそこまで行こう Vamos a ir hasta allí.
あそび 遊び juego *m*., (気晴らし) diversión *f*., entretenimiento *m*., (娯楽) pasatiempo *m*., (機械の) holgura *f*., juego *m*.‖ 遊びに行く ir a jugar ／ 遊びにふける entregarse a jugar ／ どろんこ遊びをする jugar con la tierra ／ ハンドルの遊び holgura *f*. del volante ／ ほんの遊びで por simple pasatiempo ／ 遊び半分で medio en broma
◪ 遊び着 ropa *f*. para jugar
◪ 遊び心‖ 遊び心がある tener un espíritu de diversión
◪ 遊び道具 juguete *m*.
◪ 遊び仲間 amigo[ga] *mf*. de juego
◪ 遊び人 (道楽者) vividor[dora] *mf*.
◪ 遊び部屋 habitación *f*. de recreo
あそぶ 遊ぶ jugar, (楽しむ) pasarlo bien, divertirse, entretenerse, disfrutar‖ 仲良く遊ぶ jugar「amigablemente [amistosamente]／ 子供たちが遊んでいる声 voces *fpl*. de los niños que juegan ／ 遊んで暮らす vivir sin trabajar, 《慣用》vivir del cuento, 《慣用》darse la「buena vida [gran vida]／ 空想の世界に遊ぶ vivir en un mundo de fantasía ／ 一球遊ぶ《野球》malgastar una bola ／ 遊びほうける dedicarse a jugar sin pensar en nada ／ 遊んでいる土地 terreno *m*. en desuso
あだ 仇‖ 仇を討つ vengarse
あたい 値/価 valor *m*., (値段) precio *m*.‖

高い値 precio m. 「alto [elevado] / 値をつける poner un precio
▶️**値する** merecer, valer ‖ この番組は見るに値しない No vale la pena ver este programa.

あたえる 与える　dar, proporcionar, (授与する) conceder, otorgar, (贈る) regalar ‖ えさを与える dar de comer《a》/ 賞を与える conceder un premio《a》/ 損害を与える causar perjuicio, perjudicar / 影響を与える ejercer influencia《en》/ 印象を与える causar impresión / 不安を与える causar inquietud《a》, poner inquie*to*[*ta*]《a》/ 感動を与える causar emoción《a》, dar una gran alegría《a》/ 力を与える dar 「fuerza [energía]《a》/ 安らぎを与える 「proporcionar [dar] alivio《a》/ 才能を与えられた do*ta*do[*da*] de talento

あたかも ‖ 彼女はあたかもすべてを知っているかのように話す Ella habla como si lo supiera todo.

あたたかい 暖かい/温かい　caliente, cáli*do*[*da*], templa*do*[*da*] ‖ 温かい手袋 guantes mpl. calientes / 温かいご飯 arroz m. caliente / 温かいスープ sopa f. caliente / 暖かい色 color m. cálido / 温かい心 corazón m. cálido / 温かい人柄 persona f. de carácter bondadoso / 温かいもてなし cálido recibimiento m. / 暖かい交流 intercambio m. amistoso / 暖かい季節 estación f. 「cálida [templada] / ぽかぽか暖かい Hace un calor agradable.
〔慣用〕ふところが暖かい tener dinero, tener la billetera llena
▶️**暖かな/温かな** cáli*do*[*da*]
▶️**暖かく/温かく** ‖ 温かく見守る observar con cariño / 温かく迎える recibir con hospitalidad a ALGUIEN / 体を温かくする mantener el cuerpo caliente / 温かくして寝てください Duerma bien abriga*do*[*da*].

あたたかさ 暖かさ/温かさ　calor m., afecto m., calidez f.

あたたかみ 暖かみ/温かみ　afecto m., amor m.

あたたまる 温まる/暖まる ‖ 体が温まる calentarse, entrar en calor / 部屋が暖まる calentarse la habitación

あたためる 温める/暖める　calentar, abrigar ‖ 体を温める calentarse, (防寒して) abrigarse / 卵を温める (鳥が) empollar huevos / スープを温める calentar la sopa / 大地を温める calentar la tierra / 部屋を暖める calentar una habitación / 日光に暖められる calentarse con el sol / 旧交を温める ver a *su* vie*jo*[*ja*] ami*go*[*ga*], renovar *su* antigua amistad《con》/ 計画を温める gestar un proyecto
〔慣用〕ベンチを温める《慣用》chupar banquillo

アタック　ataque m.
アタッシュケース　maletín m.
あだな 綽名/渾名　apodo m., mote m. ‖ あだ名をつける poner un 「apodo [mote]《a》, apodar / あだ名で呼ぶ llamar a ALGUIEN por el apodo

あたふた
▶️**あたふたと**　precipitadamente, apresuradamente

アダプター　adaptador m.

あたま 頭　cabeza f. ‖ 頭のてっぺん coronilla f. / 頭から水に飛び込む tirarse de cabeza al agua / 一人あたま por cabeza / くぎの頭 cabeza f. de clavo / 頭が良い ser inteligente, ser lis*to*[*ta*] / 頭が悪い ser poco inteligente, ser ton*to*[*ta*] / 頭が痛い (頭痛がする) tener dolor de cabeza / 心配事で頭がいっぱいである tener la cabeza llena de preocupaciones / 頭がおかしい《慣用》estar mal de la cabeza / 私は頭がくらくらする《慣用》Me da vueltas la cabeza. ¦《慣用》Tengo la cabeza como un bombo. / ある考えが頭に浮かんだ《慣用》Se me ha pasado por la cabeza una idea. / 頭に描く tener ALGO en la cabeza / 頭に置く tener presente ALGO / 窓から頭を出す asomar la cabeza por la ventana / 頭を使う 「utilizar [usar] la cabeza
〔慣用〕頭が上がらない estar en deuda de por vida con ALGUIEN
〔慣用〕頭が重い sentir la cabeza pesada, (気が重い) sentirse deprimi*do*[*da*]
〔慣用〕頭が固い《慣用》tener la cabeza 「dura [cuadrada]
〔慣用〕頭が切れる ser 「muy inteligente [perspicaz, una lumbrera],《慣用》no tener un pelo de tonto
〔慣用〕頭が下がる《慣用》quitarse el sombrero
〔慣用〕頭が低い ser una persona modesta
〔慣用〕頭隠して尻隠さず《慣用》esconder la cabeza bajo el ala como el avestruz
〔慣用〕頭が古い tener una mentalidad antigua
〔慣用〕頭から湯気を立てている ponerse furio*so*[*sa*],《慣用》echar chispas
〔慣用〕頭にくる《慣用》montar en cólera
〔慣用〕頭の黒いねずみ la*drón*[*drona*] mf.
〔慣用〕頭のてっぺんから足のつま先まで《慣用》de (los) pies a (la) cabeza
〔慣用〕頭を痛める (悩む) tener un quebradero de cabeza,《慣用》「llevar [traer] de cabeza ALGO a ALGUIEN
〔慣用〕頭を抱える《慣用》llevarse las manos a la cabeza, salir con las manos en la cabeza ‖ 彼女は息子の病気に頭を抱えている La enfermedad de su hijo la tiene muy preocupada.
〔慣用〕頭を下げる bajar la cabeza, (屈服する)

「agachar [bajar, doblar] la cabeza
(慣用)頭をひねる/頭をしぼる《慣用》calentarse la cabeza, (慣用)devanarse los sesos
(慣用)頭を冷やす calmarse
(慣用)頭を丸める（剃る）raparse la cabeza, cortarse el pelo al rape, (出家する)《慣用》tomar「el hábito [los hábitos]
(慣用)頭をもたげる（浮かび上がる）surgir, (台頭する)《慣用》ganar terreno ‖ 疑惑が頭をもたげる「surgir [nacer] una duda

あたまうち 頭打ち ‖ 頭打ちになる llegar a su「techo [tope]

あたまかず 頭数 número m. de personas ‖ 頭数をそろえる「reunir [conseguir] el número necesario de personas

あたまきん 頭金 entrada f. ‖ 車の頭金を払う pagar la entrada del coche

あたまごなし 頭ごなし
▶頭ごなしに/頭ごなしに叱る reprender a ALGUIEN sin atender a razones

あたまでっかち 頭でっかち
▶頭でっかちである（頭が大きい）tener la cabeza grande, (知識偏重である) ser demasiado teórico[ca]

あたまわり 頭割り ‖ 費用を頭割りにする pagar a escote los gastos, ir a medias con los gastos → わりかん（割り勘）

あたらしい 新しい nuevo[va], （新鮮な）fresco[ca], (最近の) reciente ‖ 魚が新しい El pescado está fresco. ／記憶に新しい estar fresco[ca] en la memoria ／新しい年 año m. nuevo ／新しい父 nuevo padre m., (継父) padrastro m. ／新しい経験 experiencia f. nueva ／新しい時代 nueva época f. ／新しい驚き nueva sorpresa f. ／新しい発見 nuevo「descubrimiento m. [hallazgo m.] ／新しい感覚を持つ tener una nueva sensibilidad ／新しい技術 nueva tecnología f. ／新しい気持ちで con (el) ánimo renovado ／この本を新しいのと取り替えてください Cambie este libro por uno nuevo, por favor.
▶新しく(再び) nuevamente, (最近) recientemente ‖ 新しく承認された法律 ley f. recientemente aprobada ／毛髪が新しく生え変わる volver a「salir [crecer] el pelo a ALGUIEN ／新しく予約する reservar「de nuevo [nuevamente].
▶新しくする/新しくなる renovar/renovarse, actualizar/actualizarse ‖ 家具を新しくする renovar el mobiliario

あたり 辺り （周囲）alrededores mpl., contorno m. ‖ 辺りを見回す mirar a su alrededor ／腹の辺りが痛む tener un dolor en la zona del vientre ／辺り一面に por todas partes ／この辺り por aquí ／その辺り por ahí ／辺りかまわず sin pensar en su alrededor ／年末あたりに hacia finales de año

あたり 当たり （的中）acierto m. ‖ 一人当たり por persona ／強い当たりの打球「bola f. [pelota f.] fuertemente bateada
▶当たりくじ boleto m. premiado

あたりさわり 当たり障り ‖ あたりさわりのない話題 tema m. superficial, tema m. que no compromete a nadie

あたりちらす 当たり散らす descargar su ira contra todos, enfadarse con todos

あたりどし 当たり年 año m. de buena suerte

あたりはずれ 当たり外れ ‖ 当たり外れのない商売 negocio m. seguro

あたりまえ 当たり前
▶〜するのは当たり前である Es lógico que 『+接続法』.
▶当たり前の natural, lógico[ca] ‖ 当たり前のことをする《慣用》《話》hacer como Dios manda ／当たり前の生活を送る llevar una vida normal

あたる 当たる （ぶつかる）chocar 《con》, (的中する) acertar, (成功する) tener éxito, (相応する) equivaler 《a》, corresponder 《a》 ‖ 風が当たる pegar el viento《contra》／日に当たる exponerse al sol, (日光浴をする) tomar el sol ／ストーブに当たる calentarse con una estufa ／当たって砕けろ Inténtalo a ver qué pasa. ／つらく当たる ser duro[ra] con ALGUIEN ／ここは日が当たらない Aquí no da el sol. ／辞書に当たる consultar en un diccionario ／本人に当たる preguntar a la persona en cuestión ／天気予報が当たった Ha acertado el pronóstico del tiempo. ／看護に当たる dedicarse a cuidar enfermos ／命日に当たる coincidir con el día del fallecimiento ／卒業に当たって con motivo de la graduación (académica)
▶〜するに当たらない No hace falta 『+不定詞』.
(慣用)当たらずとも遠からず No acierta pero va acercándose a la respuesta.

アダルト
▶アダルトサイト página f. 「pornográfica [erótica]
▶アダルトショップ tienda f. de sexo, 《英語》sex shop m.
▶アダルトビデオ vídeo m. erótico

あちこち ‖ あちこち探しまわる buscar ALGO「por todas partes [aquí y allá] ／あちこち見る mirar a un lado y a otro ／あちこちに電話をかける llamar por teléfono a todas partes

あちら allá, allí ‖ 化粧室はあちらです El lavabo está allí. ／あちらのご婦人が大臣です Aquella señora es la ministra.
(慣用)あちらを立てればこちらが立たず No se puede satisfacer a todos.

あちらこちら ⇒あちこち

あっ ‖ あっという間に en un instante,《慣用》en un abrir y cerrar de ojos／子供たちはあっという間に大きくなる Los niños crecen sin darnos cuenta.

あつあつ 熱熱‖カルロスとマルタは熱々だ Carlos y Marta están superenamorados.

あつい 厚い grueso[sa], gordo[da]‖厚い本 libro m. grueso／厚い雲 nube f. densa／壁が厚い La pared es gruesa.／信仰が厚い ser devoto[ta]／人情が厚い tener sentimientos muy humanos

▶厚く‖山頂は雪で厚く覆われている La cima del monte está cubierta de un grueso manto de nieve.／～していただき厚く御礼申し上げます Le agradezco「sinceramente [de todo corazón]」que『+接続法』.

あつい 暑い/熱い caluroso[sa], cálido[da], caliente,（燃えるように）ardiente‖熱い食べ物 comida f. caliente／熱い砂 arena f. caliente／熱い思い sentimientos mpl. ardientes／熱い仲 relación f. apasionada／熱いスープが欲しい Quiero tomar una sopa caliente.／胸が熱くなる conmoverse／ぎらぎらと暑い Hace un calor abrasador.／暑い盛りに en días de grandes calores／暑い日がつづく Continúan los días calurosos.

あつえん 圧延 laminación f., laminado m.
▶圧延する laminar
◨熱間圧延 laminación f. en caliente
◨冷間圧延 laminación f. en frío
◨圧延機 laminador m., laminadora f.

あっか 悪化 empeoramiento m., deterioro m.,（病気の）agravamiento m.
▶悪化する empeorar(se), agravarse, deteriorarse, experimentar un empeoramiento
▶悪化させる empeorar, agravar, deteriorar‖インフレの進行が事態を一層悪化させた La creciente inflación agravó aún más la situación.

あつかい 扱い（応対）trato m., tratamiento m.,（操作）manejo m.‖老人扱いする tratar a ALGUIEN como un anciano

あつかう 扱う tratar,（道具を）manejar, manipular,（応対する）tratar《con》,（商品を）comerciar《en》,（担当する）encargarse《de》, hacerse cargo《de》‖輸入品を扱う「comerciar en [vender]」productos importados／機械を扱う manejar una máquina／子供を扱う tratar con niños／大人として扱う tratar a ALGUIEN como un adulto／動物を扱った物語 historia f. que trata「sobre [de]」los animales／器用に扱う manejar ALGO con「maña [habilidad]」／乱暴に扱う tratar con violencia, maltratar／軽々しく扱う tratar ALGO a la ligera／事件を大きく扱う dedicar un espacio importante a un caso

あつかましい 厚かましい fresco[ca], descarado[da], 厚かましいお願い petición f. atrevida／厚かましい人 fresco[ca] mf., descarado[da] mf.
▶厚かましく‖厚かましくも～する tener el「descaro [atrevimiento]」de『+不定詞』

あつがみ 厚紙 papel m. grueso,（ボール紙）cartón m.

あつがり 暑がり
▶暑がりの(人) caluroso[sa]（mf.）

あっかん 悪漢 ⇒あくとう(悪党)

あっかん 圧巻 clímax m.[=pl.], momento m. culminante‖物語の圧巻 momento m. culminante de una historia／文化祭の圧巻(目玉) plato m. fuerte de la fiesta cultural
▶圧巻の‖圧巻のゴール el gol más brillante

あつかん 熱燗 sake m. caliente‖熱燗を1本お願いします Un sake caliente, por favor.

あつぎ 厚着
▶厚着する ponerse mucha ropa, abrigarse

あつくるしい 暑苦しい bochornoso[sa], sofocante‖暑苦しい天気だ Hace un calor sofocante.

あっけ 呆気‖あっけにとられる ⇒あきれる(呆れる)

あつげしょう 厚化粧
▶厚化粧する pintarse mucho,「darse [usar]」mucho maquillaje, maquillarse en exceso

あっけない 呆気ない demasiado fácil, poco satisfactorio[ria]‖あっけない幕切れ final m. sin emoción／あっけないほど操作が簡単な携帯電話 un móvil sencillísimo de manejar

あっけらかん
▶あっけらかんと《慣用》como si tal cosa

あつさ 厚さ grosor m., espesor m.‖この本は厚さ4センチだ Este libro tiene cuatro centímetros de「grosor [grueso].

あつさ 暑さ calor m.‖夏の暑さをしのぐ「llevar [tolerar, soportar]」el calor veraniego

あっさく 圧搾 compresión f.
▶圧搾する prensar
◨圧搾機 prensa f., compresor m.‖ワイン圧搾機 prensa f. de vino

あっさり（たやすく）fácilmente,（簡素に）con sencillez
▶あっさりした（単純な）simple, sencillo[lla],（容易な）fácil‖あっさりした食べ物 comida f. no grasienta

あっしゅく 圧縮 compresión f.
▶圧縮する comprimir,（文章を）resumir‖データを圧縮する comprimir datos
◨圧縮空気 aire m. comprimido
◨圧縮ファイル《IT》「fichero m. [archivo m.]」comprimido
◨圧縮率 compresibilidad f.

あっしょう 圧勝 victoria f.「aplastante

[abrumadora, arrolladora]
- 圧勝する lograr una victoria「aplastante [abrumadora, arrolladora]

あっする 圧する　（圧力を加える）presionar,（威圧する）imponerse《a》, imponer‖敵を圧する imponerse al enemigo／会場を圧する（聴衆を）dominar la audiencia／人を圧する風格 figura *f.* carismática

あっせい 圧制　opresión *f.*, tiranía *f.*

あっせん 斡旋
- 斡旋する actuar de media*dor*[*dora*], servir de intermedia*rio*[*ria*],《格式語》interponer *sus* buenos oficios

あっち ⇒あちら

あつで 厚手
- 厚手の grue*so*[*sa*], gor*do*[*da*]

あっとう 圧倒
- 圧倒的(な) abruma*dor*[*dora*], aplastante‖圧倒的勝利 ⇒あっしょう(圧勝)／圧倒的多数で por mayoría「abrumadora [aplastante, arrolladora]／インターネットには圧倒的な量の情報が存在する En la red existe una abrumadora cantidad de información.
- 圧倒的に abrumadoramente, aplastantemente‖男性の喫煙者の比率は女性より圧倒的に多い La proporción de hombres fumadores es abrumadoramente superior a la de mujeres fumadoras.
- 圧倒する abrumar, aplastar‖敵を圧倒する「aplastar [imponerse] al enemigo／景色の美しさに圧倒される quedar abruma*do*[*da*] por la belleza del paisaje／精神力に圧倒される ser domina*do*[*da*] mentalmente

アットホーム
- アットホームな‖アットホームな雰囲気 ambiente *m.* hogareño

アットマーク　arroba *f.*‖アットマークをつける poner el símbolo arroba

アットランダム ⇒アトランダム

あっぱく 圧迫　presión *f.*
- 圧迫する presionar‖増税が消費者の家計を圧迫する La subida de los impuestos ahoga la economía de los consumidores.
- 圧迫感 opresión *f.*‖圧迫感を感じる sentirse oprimi*do*[*da*]
- 圧迫骨折 fractura *f.* por compresión

あっぱれ 天晴れ
- あっぱれな‖あっぱれな演技 actuación *f.*「brillante [admirable]

アップ‖髪をアップにする recogerse el pelo／写真をアップにする aumentar una foto(grafía)
- アップする‖最低賃金をアップする subir el salario mínimo

アップグレード
- アップグレードする（航空機などで）acceder a una clase superior a la reservada

アップツーデート
- アップツーデートな‖アップツーデートな話題 tema *m.* de candente actualidad

アップデート　actualización *f.*
- アップデートする actualizar‖ソフトをアップデートする actualizar un programa

アップリケ　aplique *m.*, aplicaciones *fpl.*, adorno *m.*‖蝶のアップリケのついた con aplique de mariposa

アップル　manzana *f.*
- アップルジュース zumo *m.* de manzana
- アップルパイ tarta *f.* de manzana

アップロード
- アップロードする colgar‖ホームページにファイルをアップロードする colgar un archivo en la página web

あつまり 集まり　reunión *f.*,（集団）grupo *m.*

あつまる 集まる　juntarse, reunirse, concentrarse‖食糧が集まる llegar *los víveres*／会議室に集まる reunirse en la sala de reuniones／デモの参加者が公園に集まった Se concentraron manifestantes en el parque.

あつみ 厚み ⇒あつさ(厚さ)

あつめる 集める　juntar, reunir,（収集する）coleccionar,（まとめる）agrupar‖人を集める reunir gente／スタッフ全員を会議室に集める reunir a todo el personal en la sala de reuniones／落ち葉を集める juntar las hojas caídas／寄付を集める「hacer [realizar] una colecta／情報を集める recoger información／陶器を集める coleccionar cerámica／同情を集める「inspirar [despertar] compasión／人気を集める「ganar [conseguir, adquirir] popularidad

あつらえ 誂え‖あつらえの服 traje *m.* hecho a (la) medida

あつらえむき 誂え向き
- あつらえ向きの‖散歩にはおあつらえ向きの天気 tiempo *m.* ideal para pasear

あつらえる 誂える　pedir, encargar‖料理をあつらえる pedir un plato／洋服をあつらえる hacerse un vestido a medida／あつらえたように como he*cho*[*cha*] de encargo

あつりょく 圧力　presión *f.*‖大気の圧力 presión *f.* atmosférica／強い圧力 presión *f.* fuerte, fuerte presión *f.*／マスコミの圧力 presión *f.* de los medios de comunicación／圧力が高い La presión es fuerte.／圧力を受ける someterse a una presión／圧力を加える/圧力をかける ejercer presión《sobre》, presionar／労働組合は会社に賃上げの圧力をかけた El sindicato presionó a la empresa para que diera un aumento salarial.／圧力に屈する「ceder [rendirse, plegarse] a una presión／圧力をはねのける vencer una presión／政治的圧力に押されて、彼は辞任する決心をした Él decidió dimitir ante la

あつれき

- ■圧力計 manómetro *m*.
- ■圧力団体 grupo *m*. de presión
- ■圧力鍋 olla *f*. 「exprés [a presión]」

あつれき　軋轢　fricciones *fpl*., conflicto *m*. ∥ 両国間に軋轢が生じた「Han surgido [Se han producido]」fricciones entre ambos países.

あて　当て∥当てがない（頼る人がいない）no tener a quien recurrir／当てがはずれる/当てがくるう verse defrauda*do*[da] en *sus* expectativas／当てもなくさまよう vagar sin「rumbo fijo [objeto]」／当てにする contar《con》, confiar《en》／当てになる（信頼できる）fiable／当てにならない情報 información *f*. poco fiable

あて　宛て∥～宛ての手紙 carta *f*. para ALGUIEN

あてがう　宛う∥お菓子をあてがう dar golosinas《a》／部屋をあてがう asignar una habitación《a》／継ぎをあてがう echar un remiendo／酸素マスクを口にあてがう aplicar la máscara de oxígeno a la boca／手を腰にあてがって《慣用》con los brazos en jarras

あてこすり　当て擦り　ironía *f*., pulla *f*.

あてこする　当て擦る　「lanzar [tirar]」pullas《a》

あてさき　宛先　destino *m*.
- ■宛先ラベル etiqueta *f*. del destinatario

あていすい　当て推量　⇒あてずっぽう（当てずっぽう）

あてずっぽう　当てずっぽう　conjetura *f*., suposición *f*.∥当てずっぽうを言う「hacer [decir]」conjeturas

あてつけ　当て付け　⇒あてこすり（当て擦り）

あてつける　当て付ける　⇒あてこする（当て擦る）

あてな　宛名　destina*rio*[ria] *mf*.

あてはずれ　当て外れ　decepción *f*., desilusión *f*.

あてはまる　当て嵌まる　corresponder《a》, coincidir《con》,（適用される）aplicarse《a》∥当てはまる言葉 palabra *f*. adecuada／この規則はすべてのケースに当てはまる Esta norma es aplicable a todos los casos.／ぴたりと当てはまる encajar perfectamente《en》／条件に当てはまる「reunir [cumplir]」los requisitos

あてはめる　当て嵌める　（適用する）aplicar,（合わせる）adaptar∥ソフトボールのルールを野球に当てはめる aplicar las reglas del sóftbol al béisbol／自分に当てはめて考える ponerse en el lugar de ALGUIEN

あでやか　艶やか
- ▶あでやかな fascinante, encanta*dor*[dora], gracio*so*[sa]∥あでやかな舞い baile *m*. encantador
- ▶あでやかに con gracia, graciosamente

あてる　当てる　（ぶつける）hacer chocar,（的中させる）acertar, adivinar,（あてがう）asignar, destinar, dedicar∥手を額に当てる（自分で）ponerse la mano en la frente／焦点を当てる enfocar／むちを当てる dar un latigazo《a》／日に当てる exponer ALGO al sol／株で当てる ganar mucho dinero en la bolsa／クイズ番組の答えを当てる acertar las respuestas de un concurso／的に当てる《慣用》「hacer [dar, acertar en la]」diana／新婚夫婦に当てられる verse obliga*do*[da] a ver lo mucho que se quieren los recién casados／外来語に漢字を当てる escribir un extranjerismo con caracteres chinos／先生（男性）に当てられる ser designa*do*[da] por el profesor

あてる　充てる　destinar, dedicar∥時間を充てる dedicar tiempo《a》／GDPの2パーセントを軍事費に充てる dedicar el 2%（dos por ciento）del PIB a los gastos militares

あてる　宛てる　dirigir∥～に宛てた手紙 carta *f*. dirigida a ALGUIEN

あてレコ　当てレコ　doblaje *m*.

あと∥私はあと3か月任期が残っている Aún me quedan tres meses en el cargo.／あとどのくらいコンサートは続きますか ¿Cuánto tiempo más va a durar el concierto?

あと　後∥後を追う（追跡する）perseguir, seguir detrás《de》／後をつける perseguir／後を受ける tomar el relevo de ALGUIEN／後を任せる dejar el resto en manos de ALGUIEN／後から考える pensar después／交通事故があとを絶たない No dejan de ocurrir accidentes de circulación.
- 慣用 後がない《慣用》encontrarse en un callejón sin salida
- 慣用 後から後から u*no*[na] tras o*tro*[tra]
- 慣用 後にも先にも∥あんなこわい思いをしたのは後にも先にもあの時だけだ Ni antes ni después pasé tanto miedo como en aquella ocasión.
- 慣用 後の祭りである《慣用》¡A buenas horas（mangas verdes）!
- 慣用 後は野となれ山となれ Después de nosotros, el diluvio.
- 慣用 後へ引かない《慣用》no dar *su* brazo a torcer
- 慣用 後を引く《慣用》traer cola
- ▶後の（順番）siguiente
- ▶後で（時間）más tarde, después, luego∥食事の後で después de「la comida [comer]」／仕事の後で después del trabajo
- ▶後に（位置）atrás, detrás∥一番後に着く ser *el*[la] últi*mo*[ma] en llegar／後につく ponerse detrás de ALGUIEN／後に回す aplazar, posponer, dejar ALGO para más tarde／マドリードを後にする「abandonar

[dejar atrás] Madrid ／ 主イエスの後に従う seguir a Jesucristo
あと 跡 huella *f*., marca *f*., rastro *m*., señal *f*. ‖ 足の跡 pisada *f*., huella *f*. ／ 傷の跡 cicatriz *f*. ／ 城の跡 ruinas *fpl*. de un castillo ／ 成長の跡 huella *f*. del crecimiento ／ 努力した跡 huella *f*. de los esfuerzos《de》／ 跡をくらます marcharse,《慣用》desaparecer de escena ／ 跡を継ぐ/跡を取る heredar, suceder
諺 立つ鳥跡を濁さず Un ave que se va deja bien ordenado el nido.
あとあし 後足 pata *f*. trasera
《慣用》後足で砂をかける《慣用》jugar una mala pasada a quien le *debe*,《慣用》dar una puñalada trapera a quien le *debe*
あとあじ 後味 regusto *m*. ‖ 後味がいい tener buen sabor de boca ／ 後味の悪い思いをさせる《慣用》dejar mal sabor de boca a ALGUIEN
あとあと 後後 en el futuro
あとおし 後押し apoyo *m*.
▶後押しする apoyar, dar apoyo《a》
あとがき 後書き epílogo *m*.
あとかた 跡形
▶跡形もなく sin dejar ningún rastro
あとかたづけ 後片付け ‖ パーティーの後で家の後片付けをする「ordenar [limpiar, arreglar] la casa después de la fiesta
あとがま 後釜 sucesor[sora] *mf*.
あとくされ 後腐れ ‖ 後腐れがないように para que no haya problemas en el futuro
あどけない inocente, ingenuo[nua] ‖ あどけない少女 niña *f*. inocente ／ あどけない表情 gesto *m*. inocente ／ 顔があどけない tener la cara「inocente [ingenua] ／ 子供のようにあどけない inocente como *un[una]* niño[ña]
あとさき 後先 ‖ 後先考えずに行動する actuar sin pensar en las consecuencias
あとしまつ 後始末 ⇒ あとかたづけ(後片付け) ‖ 息子の借金の後始末をする pagar la deuda de *su* hijo
あとずさり 後ずさり
▶後ずさりする retroceder
あとち 跡地 ‖ 工場の跡地 antiguo terreno *m*. de una fábrica
あとつぎ 跡継ぎ sucesor[sora] *mf*., heredero[ra] *mf*.
あととり 跡取り heredero[ra] *mf*.
アドバイザー consejero[ra] *mf*., asesor[sora] *mf*.
アドバイス consejo *m*. ⇒ じょげん(助言) ‖ 税務上のアドバイスをする dar asesoramiento fiscal《a》
▶アドバイスする aconsejar, dar un consejo《a》
あとばらい 後払い pago *m*. aplazado

▶後払いで（つけで）al fiado,（代金引換えで）contra reembolso ‖ 後払いで買う comprar al fiado
▶後払いする pagar después
アドバルーン globo *m*. de publicidad
《慣用》アドバルーンを揚げる（反応を見る）lanzar un globo sonda
アドバンテージ 《スポーツ》ventaja *f*.
アトピー atopia *f*.
▶アトピー性（の）atópico[ca]
◼アトピー性皮膚炎 dermatitis *f*.[=*pl*.] atópica, eccema *m*. atópico
アドベンチャー aventura *f*.
あとまわし 後回し
▶後回しにする posponer, postergar, aplazar, dejar ALGO para más tarde
あとめ 跡目 (跡継ぎ) heredero[ra] *mf*., sucesor[sora] *mf*. ‖ 跡目を継ぐ heredar《de》
あともどり 後戻り retroceso *m*.
▶後戻りする retroceder, volver hacia atrás
アトラクション atracciones *fpl*.
アトランダム
▶アトランダムに al azar ‖ アトランダムに選ぶ elegir al azar
アトリエ estudio *m*., taller *m*.
アドリブ improvisación *f*.,（演劇の）morcilla *f*. ‖ アドリブを入れる improvisar, meter morcillas
▶アドリブで improvisadamente
アドレス dirección *f*.
◼アドレス帳 directorio *m*.
アドレナリン adrenalina *f*.
▶アドレナリンの adrenalínico[ca]
あな 穴 agujero *m*.,（空いた所）hueco *m*.,（地面の）hoyo *m*.,（欠点）defecto *m*. ‖ 深い穴 hoyo *m*. profundo ／ 針の穴 ojo *m*. de aguja ／ キツネの穴「madriguera *f*. [guarida *f*.] de zorros ／ 穴だらけの道 camino *m*. lleno de baches ／ 穴を掘る cavar un hoyo ／ 穴を開ける hacer un agujero, agujerear,（損失を出す）causar una pérdida ／ 壁に穴を開ける agujerear una pared ／ 穴を埋める tapar un agujero,（地面の）llenar un hoyo,（赤字の）cubrir el déficit,《慣用》tapar agujeros,（欠員を）cubrir la vacante ／ 穴に埋める enterrar en un hoyo ／ 穴が開く producirse *un agujero*
《慣用》穴を当てる ganar un dineral en una apuesta
《慣用》穴があくほど見る《慣用》clavar「los ojos [la vista]《en》,《慣用》mirar de hito (en hito)
《慣用》穴があったら入りたい《慣用》¡Trágame tierra!
諺 針の穴から天のぞく formar prejuicios
アナーキスト anarquista *com*.
あなうま 穴馬 caballo *m*. no favorito,（比喩的に）candidato[ta] *mf*. no favorito[ta]

あなうめ 穴埋め
- 穴埋めする‖赤字を穴埋めする cubrir el déficit
- 穴埋め記事 artículo *m.* para llenar la página
- 穴埋めテスト examen *m.* consistente en llenar los espacios en blanco

アナウンサー locu*tor*[*tora*] *mf.*

アナウンス
- アナウンスする anunciar por altavoz

あながち‖彼の言っていることはあながちうそとは言えない No se puede decir que lo que dice él sea una mentira del todo.

あなご 穴子 congrio *m.*
- 穴子丼 tazón *m.* de arroz con congrio asado en salsa de soja
- 穴子焼き congrio *m.* asado

あなた usted
- あなたは/あなたが usted
- あなたの su 『+名詞』,『名詞+』su*yo*[*ya*],『名詞+』de usted‖あなたの傘 su paraguas, el paraguas de usted
- あなたに le
- あなたを (男性) lo, le, (女性) la

あなたがた あなた方
- あなた方は/あなた方が ustedes
- あなた方の su 『+名詞』,『名詞+』su*yo*[*ya*],『名詞+』de ustedes
- あなた方に les
- あなた方を los, (全員女性の場合) las

あなどる 侮る despreciar, menospreciar ⇒けいべつ(軽蔑)‖山を侮る「menospreciar [perder el respeto a] la montaña / 侮りがたい対戦相手 adversa*rio*[*ria*] *mf.* de cuidado

あなば 穴場 (釣りの) buen caladero *m.*‖京都観光の穴場 lugar *m.* turístico poco conocido de Kioto

アナログ
- アナログ時計 reloj *m.*「analógico [de agujas]
- アナログ放送 transmisión *f.* analógica

あに 兄 hermano *m.* mayor

アニミズム animismo *m.*

アニメ ⇒アニメーション

アニメーション animación *f.*
- アニメーション映画 cine *m.* de「animación [dibujos animados]

あによめ 兄嫁 cuñada *f.*,「mujer *f.* [esposa *f.*] del hermano mayor

あね 姉 hermana *f.* mayor

あねったい 亜熱帯 zona *f.* subtropical
- 亜熱帯気候 clima *m.* subtropical
- 亜熱帯植物 planta *f.* subtropical

アネモネ anemona *f.*, anémona *f.*

あの aquel 『+男性名詞』, aquella 『+女性名詞』

あのころ あの頃 en aquel entonces

あのてこのて あの手この手‖あの手この手を使う agotar todos los resortes,《慣用》tocar todas las teclas

あのとき あの時 entonces

あのよ あの世 《慣用》el otro mundo,《慣用》el más allá

アノラック anorak *m.*

アパート apartamento *m.*,（ワンルームタイプ）estudio *m.*‖アパートを借りる alquilar un apartamento（「貸す」という意味もあるので注意）

あばく 暴く descubrir,（暴露）revelar‖隠れ家を暴く「descubrir [localizar] el escondrijo de ALGUIEN / 正体を暴く「arrancar [quitar] la máscara a ALGUIEN / スキャンダルを暴く descubrir un escándalo de ALGUIEN / 過去を暴く revelar el pasado de ALGUIEN

あばた 痘痕 picadura *f.* de viruela
- 〔諺〕あばたもえくぼ《諺》El amor es ciego.
- あばた面 cara *f.* picada de viruelas

あばらぼね 肋骨 costilla *f.*

あばらや 荒ら屋 chabola *f.*, casucha *f.*, choza *f.*, casa *f.* en ruinas

あばれる 暴れる（暴力的行為をする）cometer actos violentos,（騒ぐ）alborotar, armar「alboroto [jaleo],（動物が）volverse aumen*to*[*ta*]‖外で暴れる（騒ぐ）armar jaleo en la calle / 政界で暴れる moverse con desenvoltura en el mundo de la política / 台風が暴れる causar estragos *un tifón* / 馬が暴れる desbocarse *un caballo*

アパレル indumentaria *f.*
- アパレル産業 industria *f.* indumentaria

アバンギャルド vanguardia *f.*

アピール（呼びかけ）llamamiento *m.*, apelación *f.*
- アピール(を)する hacer un llamamiento《a》‖平和へのアピールをする hacer un llamamiento en favor de la paz

あびせる 浴びせる‖水を浴びせる echar agua《sobre, en, a》/ 質問を浴びせる「bombardear [acribillar] a preguntas a ALGUIEN / 罵詈雑言を浴びせる「soltar [proferir] improperios《a》

あひる 家鴨 pato *m.*,（雌）pata *f.*, ánade *m*(*f*).

あびる 浴びる recibir‖水を浴びる echarse agua fría,（シャワーを）ducharse con agua fría / ひとふろ浴びる darse un baño / 日差しを浴びる tomar el sol / ほこりを浴びる recibir polvo, llenarse de polvo / 放射線を浴びる exponerse a la radiación / 砲火を浴びる recibir fuego de artillería / 非難を浴びる recibir reproches / 嘲笑を浴びる recibir burlas, ser objeto de burlas / 浴びるように飲む beber como un cosaco, ponerse como una cuba
- 《慣用》脚光を浴びる ser el foco de atención,

《慣用》estar en (el) candelero
あぶ 虻 tábano *m.*
[諺]虻蜂取らず《諺》La avaricia rompe el saco.
あぶく 泡 burbuja *f.* →あわ(泡)
◪あぶく銭‖あぶく銭を稼ぐ ganar dinero fácil
アフターケア (術後の)cuidados *mpl.* pos(t)operatorios
アフターサービス servicio *m.* posventa
あぶない 危ない (危険な) peligro*so[sa]*, arriesga*do[da]*,《中南米》riesgo*so[sa]*, (不安定な) insegu*ro[ra]*,《動詞》peligrar‖危ないところで命拾いをする salvarse de un peligro de muerte,《慣用》salvar la piel／危ない目にあう pasar por un peligro／それは危ない話だ《慣用》El asunto me huele a chamusquina.／危ない手つきで con manos torpes, con torpeza／危ない関係 relación *f.* peligrosa／人質(男性)の命が危ない La vida del rehén「está en peligro [corre peligro].／息子の卒業が危ない Peligra la graduación de mi hijo.／私の職が危ない Mi puesto está en peligro.¦Peligra mi puesto.／会社が危ない La empresa está en peligro de quiebra.／天気が危ない El tiempo está inestable.¦(雨が降りそうだ) Amenaza lluvia.
[慣用]危ない橋を渡る correr peligro, arriesgarse
あぶなく 危なく‖私は危なく階段から落ちるところだった Por poco me caigo por la escalera.
あぶなげ 危なげ
▶危なげない segu*ro[ra]*
◪危なげなく con mayor seguridad
あぶなっかしい 危なっかしい insegu*ro[ra]*‖彼女の運転は危なっかしい Ella conduce「con imprudencia [imprudentemente].
アブノーマル
▶アブノーマルな anormal
あぶら 油/脂 (油) aceite *m.*, (脂) grasa *f.*‖油で揚げる freír ALGO con aceite／油でいためる freír ALGO con poco aceite／油をさす(機械に) engrasar, lubricar／魚の脂 grasa *f.* de pescado／脂が出る (調子が出る) estar en *su* mejor momento／脂がのっている魚 pescado *m.* rico en grasas
▶油の aceite*ro[ra]*‖油のしみ mancha *f.* de aceite
[慣用]油が切れる quedarse sin energía
[慣用]油を絞る reñir, regañar, reprender,《慣用》「cantar [leer] la cartilla a ALGUIEN
[慣用]油を売っている perder el tiempo charlando
[慣用]油を流したよう《慣用》como una balsa de aceite

◪油揚げ《日本語》*aburaage m.*, loncha *f.* de tofu frita
◪脂汗 sudor *m.* grasiento
◪油紙 papel *m.*「aceite [aceitoso]
◪油差し aceitera *f.*, alcuza *f.*

油の種類

ごま油 aceite *m.* de sésamo／植物油 aceite *m.* vegetal／紅花油 aceite *m.* de「alazor [cártamo]／菜種油 aceite *m.* de colza／やし油 aceite *m.* de coco／コーン油 aceite *m.* de maíz／オリーブ油 aceite *m.* de oliva／食用油 aceite *m.* comestible

---

あぶらえ 油絵 pintura *f.* al óleo‖油絵を描く pintar al óleo
あぶらぎる 脂ぎる
▶脂ぎった grasien*to[ta]*‖脂ぎった男 hombre *m.* con mucha vitalidad
あぶらっこい 脂っこい grasien*to[ta]*, aceito*so[sa]*‖脂っこい食べ物は控えなさい Evite comer alimentos grasientos.
あぶらみ 脂身 grasa *f.*, (豚の) manteca *f.*
あぶらむし 油虫 pulgón *m.*, áfido *m.*, (ゴキブリ) cucaracha *f.*
アフリカ África
▶アフリカの africa*no[na]*
◪アフリカ人 africa*no[na] mf.*
◪北アフリカ África del Norte
◪南アフリカ África del Sur, Sudáfrica
◪アフリカ大陸 continente *m.* africano
アプリケーション aplicación *f.*, programa *m.*, (申請) solicitud *f.*‖アプリケーションを開く abrir una aplicación
◪アプリケーションソフト aplicación *f.* informática
あぶる 焙る/炙る asar ligeramente‖手を火にあぶって暖める calentarse las manos al fuego／海苔をあぶる asar ligeramente el alga *nori*／パンを火にあぶる acercar el pan al fuego sin que llegue a quemarse
あふれる 溢れる rebosar《de》, (氾濫する) desbordarse, (人・物で) abarrotarse《de》‖川があふれる desbordarse un río／喜びがあふれる rebosar (de) alegría／人があふれる abarrotarse de gente／輸入品があふれている estar lle*no[na]* de productos importados／浴槽から水があふれ出した Empezó a rebosar el agua de la bañera.／その子の目に涙があふれた Los ojos del niño se llenaron de lágrimas.／朝の光が部屋にあふれた La luz de la mañana inunda la habitación.／活気にあふれる rebosar (de) energía／若さにあふれる rebosar juventud
あぶれる‖仕事にあぶれる no poder conse-

guir trabajo, estar sin trabajo

アプローチ aproximación f. ‖ 問題解決のためには、異なるアプローチを取る必要がある Es necesario tomar un enfoque diferente para solucionar el problema.
▶**アプローチする** aproximarse

あべこべ
▶**あべこべの** inverso[sa], invertido[da], contrario[ria] ‖ あべこべの方向に en sentido [inverso [contrario]
▶**あべこべに** al revés ‖ 靴を左右あべこべに履く ponerse los zapatos al revés
▶**あべこべだ** ‖ 順序があべこべだ El orden está invertido.

アベック pareja f.

アペリティフ aperitivo m. ‖ アペリティフを飲む tomar un aperitivo

アベレージ (平均) promedio m., (野球の打率) promedio m. de bateo

あへん 阿片 opio m. ‖ 阿片を吸う fumar opio
◨**阿片戦争** 《歴史》Guerra f. del Opio

アポイントメント (会う約束) cita f.

あほう 阿呆 ⇒ばか(馬鹿)

アボカド aguacate m., 《南米》palta f.

アポストロフィ apóstrofo m.

あほらしい 阿呆らしい ⇒ばかばかしい(馬鹿馬鹿しい)

あま 尼 monja f.
◨**尼寺** templo m. de monjas

あま 亜麻 lino m.

あま 海女 buceadora f., mujer f. buzo

あまあし 雨足/雨脚 ‖ 雨足が強まる La lluvia arrecia. / 雨足が弱まる La lluvia amaina.

あまい 甘い dulce ‖ 甘い味 sabor m. dulce / 甘い物 dulces mpl. / 甘い香り aroma m. dulce / 甘いささやき susurro m. dulce / 甘い言葉 palabras fpl. [dulces [melosas]] / 甘い顔を示す mostrarse permisivo[va] 《con》/ (自分の)子供に甘い ser [blando[da] [indulgente] con su hijo[ja]] / 点が甘い ser indulgente con las notas, 《慣用》tener manga ancha con las notas / 生徒に甘い先生 maestro[tra] mf. permisivo[va] con los alumnos / 読みが甘い tener previsiones optimistas / ねじが甘い El tornillo está flojo.
▶**甘く** ‖ 人を甘く見る menospreciar, desestimar, 《慣用》tener en poco a ALGUIEN / 海を甘く見る menospreciar el mar, perder el respeto al mar
▶**甘くする** (食べ物を) dulcificar, endulzar
〔慣用〕甘い汁を吸う 《慣用》chupar del bote

あまえ 甘え dependencia f.

あまえる 甘える comportarse como un [una] niño[ña] mimado[da], (依存する) ser dependiente 《de》‖ 母親に甘える(子供が) estar mimoso[sa] con su madre / 親に甘える depender de sus padres / 好意に甘える abusar de la amabilidad de ALGUIEN

あまえんぼう 甘えん坊 mimado[da] mf., niño[ña] mf. dependiente

あまがえる 雨蛙 rana f. de zarzal (雄・雌)

あまがさ 雨傘 paraguas m.[=pl.] ‖ 雨傘を差す abrir el paraguas

あまガッパ 雨合羽 impermeable m., chubasquero m. ⇒レインコート

あまぐ 雨具 ropa f. impermeable, artículos mpl. para la lluvia

あまくだり 天下り 《日本語》amakudari m., (説明訳) retiro m. anticipado de altos funcionarios a puestos lucrativos en empresas privadas
◨**天下り先** empresa f. en la que trabaja un alto funcionario retirado

あまくち 甘口
▶**甘口の** dulce, de sabor [dulce [suave]] ‖ 甘口のワイン vino m. (de sabor) dulce / 甘口のカレー curry m. de sabor suave

あまぐつ 雨靴 botas fpl. de [agua [goma]]

あまぐも 雨雲 nubarrón m.

あまざけ 甘酒 《日本語》amazake m. (説明訳) bebida f. alcohólica dulce hecha de arroz fermentado

あまざらし 雨曝し ‖ 雨ざらしにする exponer ALGO a la lluvia

あます 余す ‖ 試験まで余すところあと2日だ Solo quedan dos días para el examen. / 彼は財務状態を余すところなく説明した Él explicó con todo lujo de detalles la situación financiera.

あまずっぱい 甘酸っぱい agridulce

あまだれ 雨垂れ gotas fpl. de lluvia

アマチュア aficionado[da] mf. ‖ アマチュアとプロ los aficionados y los profesionales / アマチュアのバンド banda f. de aficionados
◨**アマチュア精神** espíritu m. de aficionado

あまったるい 甘ったるい dulzón[zona], empalagoso[sa], meloso[sa]

あまったれ 甘ったれ ⇒あまえんぼう(甘えん坊)

あまったれる 甘ったれる ⇒あまえる(甘える)

あまど 雨戸 puerta f. exterior, (ブラインド) persiana f.

あまどい 雨樋 canalón m.

あまとう 甘党
▶**甘党の(人)** dulcero[ra] (mf.)

あまのがわ 天の川 Vía f. Láctea

あまのじゃく 天の邪鬼 《慣用》espíritu m. de (la) contradicción ‖ 太郎はあまのじゃくだ Taro es el espíritu de (la) contradicción. ¦ Taro tiene el espíritu de (la) contradicción.

あまみ 甘み dulzura f.

あまみず 雨水　agua *f.* de lluvia
あまもり 雨漏り　gotera *f.* ‖ 私の部屋は雨漏りがする Mi habitación tiene goteras.
あまやかす 甘やかす　mimar, malcriar,《慣用》criar「en estufa [entre algodones] a ALGUIEN
あまやどり 雨宿り
▶雨宿りする「refugiarse [guarecerse] de la lluvia
あまり 余り　❶（残り）resto *m.*,（余剰）sobras *fpl.* ‖ 余りの布 tela *f.* sobrante／今日は3個です Quedan tres.／彼はうれしさのあまり踊り出した Él se alegró tanto que empezó a bailar.
▶余りある ‖ 貧困は想像に余りある La pobreza supera con creces nuestra imaginación.／このデジカメのすばらしい使い易さは高価格を補って余りある Esta cámara digital ofrece una manejabilidad excelente que compensa su elevado precio.
❷（～よりいくぶん多い）‖ 100人余りの出席者があった Hubo algo más de cien asistentes.／私は20年余り東京に住んでいる Llevo algo más de veinte años viviendo en Tokio.
❸（たいして）‖ この画家(男性)はあまり有名ではない Este pintor no es 「tan [muy] famoso.／これまでのところ事態はあまり進展していない Hasta el momento la situación no ha mejorado apenas.／彼はあまり情報を提供しなかった Él no facilitó mucha información.
▶あまりにも demasiado ‖ あまりにも過酷なレース carrera *f.* demasiado dura
アマリリス amarilis *f.*[=*pl.*]
あまる 余る　sobrar, exceder, abundar ‖ 教員が余る Sobran profesores.／時間が余る Sobra tiempo.／10名の募集に80に余る志願者があった Hubo más de ocho aspirantes para diez plazas.／目に余る振る舞い comportamiento *m.*「abusivo [intolerable]／私の手に余る任務だ Es una tarea que sobrepasa mi capacidad.／身に余る光栄です Es un honor inmerecido para mí.
あまんじる 甘んじる　conformarse《con》, aceptar con resignación ‖ 脇役に甘んじる conformarse con papeles secundarios／薄給に甘んじる conformarse con un sueldo escaso／甘んじて～する resignarse a「[＋不定詞]／成功に甘んじる《慣用》dormirse「en [sobre] los laureles de *su* éxito
あみ 網　red *f.*,（焼き網）parrilla *f.* ‖ 網の目 malla *f.* de una red／虫をとる網 red *f.* para cazar insectos／魚をとる網 red *f.* de pesca／魚を焼く網 parrilla *f.* para pescado／捜査の網 red *f.* de pesquisas／網を作る tejer una red／網を繕う reparar una red／網を張る《慣用》「tender [echar] la(s) red(es),（待ち構える）estar al acecho／網にかかる「quedar atrapa*do*[*da*] [atraparse] en una red,《慣用》caer en la red
〔慣用〕網をくぐる escapar(se) de una red ‖ 法律の網をくぐる escapar(se) de la red legal
◪網焼き　parrilla *f.*
あみだす 編み出す　idear, pensar, inventar,（編む）tejer ‖ 新たな戦術を編み出す「tejer [urdir] una nueva estrategia
あみだな 網棚　rejilla *f.*
あみど 網戸　puerta *f.* mosquitero,（蚊よけ）mosquitero *m.*
アミノさん アミノ酸　aminoácido *m.*
あみばり 編み針　aguja *f.*「de [para] tejer,（かぎ針）ganchillo *m.*
あみぼう 編み棒　aguja *f.*「de [para] tejer
あみめ 網目／編み目　malla *f.*, punto *m.*
あみもの 編み物　labores *fpl.* de punto,（かぎ針編み）ganchillo *m.* ‖ 編み物をする hacer punto,（かぎ針で）hacer ganchillo
あむ 編む　tejer, hacer punto,（かぎ針で）hacer ganchillo,（編集する）editar ‖ セーターを編む tejer un jersey／かごを編む tejer una cesta／詩集を編む editar un libro de poemas
あめ 雨　lluvia *f.* ‖ 雨のしずく gota *f.* de lluvia／火の雨 lluvia *f.* de fuego／雨が降る llover《3人称単数形の無主語で》, caer *lluvia*／この地方では3週間雨が降っていない Hace tres semanas que no llueve en esta región.／やっと雨が上がった Por fin ha dejado de llover.／雨にぬれる mojarse con la lluvia／雨をしのぐ「refugiarse [guarecerse] de la lluvia
〔慣用〕雨が降ろうが槍が降ろうが《慣用》pase lo que pase
〔諺〕雨降って地固まる《諺》Después de la 「tormenta [tempestad] viene la calma.
◪雨模様 ‖ 雨模様の空 cielo *m.* que amenaza lluvia

雨の種類

みぞれ aguanieve *f.*／氷雨 lluvia *f.* fría／ひょう granizo *m.*／霧雨 llovizna *f.*, sirimiri *m.*／こぬか雨 lluvia *f.* meona, calabobos *m.*[=*pl.*]／酸性雨 lluvia *f.* ácida

---

あめ 飴　caramelo *m.*
〔慣用〕飴と鞭《慣用》(el) palo y (la) zanahoria
あめあがり 雨上がり
▶雨上がりに después de la lluvia
アメーバ ameba *f.*
あめおとこ 雨男 ‖ 彼は雨男だ Él es un hombre que trae la lluvia.
あめかぜ 雨風　lluvia *f.* y viento *m.*, viento *m.* y lluvia *f.* ‖ 雨風に強い resistente al viento y a la lluvia

アメジスト amatista *f.*

アメダス AMeDAS（英語の Automated Meteorological Data Acquisition Systemの略）sistema *m.* automático de adquisición de datos meteorológicos

アメフト fútbol *m.* americano

アメリカ América, (米国) Estados Unidos de América（定冠詞losがつくと男性複数、無冠詞では男性単数名詞として扱われる）
- ▶アメリカの americano[na], (北米の) norteamericano[na], (米国の) estadounidense
- ▶アメリカ人（アメリカ大陸に住む人）americano[na] *mf.*, (米国人) estadounidense *com.*
- ◪北アメリカ América del Norte, Norteamérica
- ◪南アメリカ América del Sur, Sudamérica
- ◪アメリカインディアン indio[dia] *mf.* americano[na], amerindio[dia] *mf.*
- ◪アメリカ大陸 continente *m.* americano
- ◪アメリカ英語 inglés *m.* americano

アメリカナイズ americanización *f.*
- ▶アメリカナイズする americanizar

アメリカン →アメリカ（→アメリカの）
- ◪アメリカンコーヒー café *m.* 「americano [aguado]
- ◪アメリカンフットボール →アメフト

あめんぼ zapatero *m.*, tejedor *m.*

あやうい 危うい ⇒あぶない（危ない）‖危うい財政状況 situación *f.* financiera delicada / 危ういバランス equilibrio *m.* inestable / 危うい関係 relación *f.* peligrosa / 会社の財政難のために、全員の職が危うくなっている Los puestos de todo el personal están en peligro debido a las dificultades financieras de la empresa.

あやうく 危うく por poco‖あやうく私は転ぶところだった Por poco me caigo.

あやかる 肖る ⇒ちなむ(因む)‖僕も君の幸運にあやかりたいものだ ¡Ojalá a mí también me sonría la misma suerte que te sonrió a ti! / 大統領にあやかって息子に同じ名前をつける poner al hijo el mismo nombre que el presidente

あやしい 怪しい sospechoso[sa], (神秘的な) misterioso[sa]‖あやしい点 punto *m.* sospechoso / あやしい商売 negocio *m.* oscuro / 空模様があやしい El cielo amenaza lluvia. / あやしい中国語を話す hablar un chino macarrónico, chapurrear el chino / ペドロとロラの仲はあやしい Parece que Pedro y Lola son más que amigos. / 株価変動についての君の論拠はあやしいね Dudo de tus argumentos sobre las fluctuaciones bursátiles.

あやしげな 怪しげな ⇒あやしい（怪しい）
あやしむ 怪しむ sospechar, dudar《de》
あやす entretener

あやつりにんぎょう 操り人形 marioneta *f.*, títere *m.*

あやつる 操る manejar, manipular‖人形を操る manejar una marioneta / 櫂を操る manejar el remo / 機械を操る manejar una máquina / 外国語を操る manejar「un idioma extranjero [una lengua extranjera] / 陰で操る manipular encubiertamente, 《慣用》「manejar [mover] los hilos《de》

あやとり 綾取り juego *m.* del cordel, cunitas *fpl.*
- ▶あやとりをする jugar a hacer cunitas

あやぶむ 危ぶむ dudar《de》, preocuparse 《de, por》

あやふや
- ▶あやふやな（不明確な）incierto[ta], (あいまいな) ambiguo[gua], vago[ga]‖あやふやな態度をとる tomar una actitud「indecisa [vacilante]
- ▶あやふやに con ambigüedad, con vaguedad‖あやふやに答える dar una respuesta vaga

あやまち 過ち error *m.*, falta *f.*, (罪) pecado *m.*‖若き日の過ち「error *m.* [pecado *m.*] cometido en la juventud / 過ちを犯す cometer un「error [pecado] / 他人の過ちを責める「reprochar [recriminar] los errores de los demás / 過去の過ちを繰り返す repetir los errores del pasado / 過ちを悔いる arrepentirse del error cometido

あやまり 誤り error *m.*, falta *f.*‖スペルの誤り falta *f.* de ortografía / 誤りを犯す cometer「un error [una falta], equivocarse / 報告書に何か誤りはありましたか ¿Ha habido algún error en el informe?

あやまる 誤る equivocarse, cometer un error‖運転を誤る conducir mal / 操作を誤る manejar mal / 解答を誤る dar una respuesta equivocada, fallar una pregunta / 道を誤る equivocarse de camino / 選択を誤る equivocarse de elección / 誤って新しいファイルを削除する borrar un archivo nuevo por un descuido
- ▶誤った equivocado[da], erróneo[a]‖誤った教育 educación *f.* equivocada

あやまる 謝る pedir perdón《a》, presentar disculpas《a》⇒しゃざい（謝罪）‖平謝りに謝る deshacerse en excusas

あやめ 菖蒲 lirio *m.*

あゆ 鮎 pez *m.* dulce, (学名) *Plecoglossus altivelis*

あゆみ 歩み paso *m.*, marcha *f.*‖春の歩み paso *m.* de la primavera / 3年間の歩み trayectoria *f.* de tres años / 歩みを止める detener el paso / 歩みをそろえる sincronizar los pasos

あゆみより 歩み寄り concesión *f.*

あゆみよる 歩み寄る ceder, hacer concesiones, 《慣用》acortar las distancias, 《慣用》(双方が) partir la(s) diferencia(s) ‖ 価格に関しては多少歩み寄ってもかまいません No nos importa ceder un poco en el precio.

あゆむ 歩む caminar, recorrer ‖ 堂々と歩む caminar majestuosamente／胸を張って歩む《慣用》ir con la frente [levantada [bien alta]／道を歩む ir por un camino／人生を歩む vivir *su* vida／苦難の道を歩む recorrer un camino lleno de dificultades

あら 粗 (魚のあら) restos *mpl.* de pescado; (欠点) defecto *m.* ⇒あらさがし(粗捜し)

あらあらしい 荒荒しい violen*to*[*ta*], impetuo*so*[*sa*]
▶荒々しく con violencia, violentamente, con ímpetu, impetuosamente

あらい 荒い violen*to*[*ta*], (気性が) fogo*so*[*sa*], bru*to*[*ta*] ‖ 荒い波 olas *fpl.* agitadas／荒い息づかい respiración *f.* fatigosa, jadeo *m.*／荒い足音で con pisadas fuertes／言葉が荒い「utilizar [usar] un lenguaje violento, 《慣用》hablar como un carretero／気が荒い tener un temperamento violento, 《慣用》tener la sangre caliente／金づかいが荒い ser *un*[*una*] derrocha*dor*[*dora*]

あらい 粗い (粗雑な) tos*co*[*ca*], (ざらざらした) áspe*ro*[*ra*], (まばらな) ra*lo*[*la*] ‖ 目が粗い網 red *f.* con mallas grandes／粗い肌 piel *f.* [áspera [rasposa]／織り目の粗い生地の服 vestido *m.* de tejido tosco／手ざわりが粗い áspe*ro*[*ra*] al tacto
▶粗く 粗く見積もる hacer un cálculo aproximado

あらいざらい 洗い浚い ‖ 洗いざらい話す／洗いざらい打ち明ける confesar todo lo que *sabe*, 《慣用》cantar de plano／彼は洗いざらい巻き上げられた Le quitaron todo lo que llevaba encima.

あらいざらし 洗い晒し ‖ 洗いざらしのジーンズ vaqueros *mpl.* desteñidos por muchos lavados

あらいだす 洗い出す investigar, remover 《en》, indagar

あらいなおす 洗い直す (もう一度洗う) volver a lavar, hacer otro lavado, relavar; (調べ直す) volver a examinar, reexaminar

あらいながす 洗い流す (洗う) lavar, limpiar con agua ‖ ブーツの泥を洗い流す limpiar de barro las botas, quitar el barro de las botas con agua／1年の疲れを洗い流す「eliminar [quitar] el cansancio acumulado durante el año

あらいもの 洗い物 (食器) platos *mpl.* sucios, (衣類) ropa *f.* para lavar

あらう 洗う lavar, limpiar, (すすぐ) aclarar ‖ 手を洗う (自分の) lavarse las manos／食品を取り扱う前には手を洗わなければならない Hay que lavarse las manos antes de tocar los alimentos.／顔を洗う (自分の) lavarse la cara／皿を洗う「fregar [lavar] los platos／米を洗う lavar el arroz／身元を洗う averiguar la identidad de ALGUIEN／足取りを洗う rastrear la pista de ALGUIEN／水で洗う lavar ALGO con agua／波が岩場を洗う Las olas lavan las rocas.／涙に洗われた頬 mejillas *fpl.* [lavadas en llanto [llenas de lágrimas]／過疎の波に洗われた町 pueblo *m.* castigado por la despoblación

〔慣用〕心が洗われる sentirse purifica*do*[*da*]

あらうみ 荒海 mar *m.* [agitado [embravecido]

あらがう 抗う resistirse 《a》 ⇒ていこう(抵抗する) ‖ 権威にあらがう hacer frente a la autoridad／不安にあらがう luchar contra la inquietud／常識にあらがう「oponerse [resistirse] al sentido común

あらかじめ de antemano, previamente

あらかせぎ 荒稼ぎ
▶荒稼ぎする obtener suculentas ganancias, 《慣用》hacer *su* agosto

あらかた ‖ あらかた宿題を終える hacer casi todos los deberes ⇒だいぶぶん(大部分)

アラカルト
▶アラカルト(で) a la carta ‖ アラカルトで注文する pedir a la carta

あらけずり 粗削り/荒削り desbaste *m.*
▶粗削りする (木材を) desbastar
▶粗削りな poco refina*do*[*da*], ru*do*[*da*], tos*co*[*ca*] ‖ 粗削りな文体 estilo *m.* poco [refinado [pulido]／荒削りな性格 carácter *m.* tosco

あらさがし 粗捜し
▶粗捜しをする buscar [defectos [las vueltas] a ALGUIEN, 《慣用》buscar [el pelo [pelos] al huevo, 《慣用》[corregir [enmendar] la plana *f.* a ALGUIEN

あらし 嵐 tormenta *f.*, temporal *m.*, tempestad *f.* ⇒ぼうふう(暴風) ‖ 嵐になる producirse *una tormenta*／嵐に遭う encontrarse con una tormenta／嵐が来る venir *una tormenta*／嵐が吹く soplar *una tormenta*／嵐が過ぎる「pasar [irse] *una tormenta*／嵐のような拍手 ovación *f.* [atronadora [ensordecedora]／嵐のようにcomo una tormenta

〔慣用〕嵐の前の静けさ calma *f.* [antes de la tormenta [que presagia tormenta]

あらす 荒らす dañar, causar estragos 《en》, (破壊する) destruir ‖ 田畑を荒らす causar estragos en el campo／敵の村々を荒らす destruir las aldeas enemigas／肌を荒らす dañar la piel／縄張りを荒らす invadir el territorio de ALGUIEN

あらすじ 粗筋 resumen *m.*, (小説などの) argumento *m.*

あらそい　争い　（けんか）pelea *f.*, riña *f.*, contienda *f.*,（口論）disputa *f.*,（紛争）conflicto *m.*,（戦い）lucha *f.*,（競争）competición *f.*, competencia *f.* ‖ 両国間の争いが深刻化した El conflicto entre ambos países se agravó.

あらそう　争う　（けんかする）pelear,（口論する）discutir, disputar,（戦う）luchar, pugnar, contender,（競う）competir, rivalizar, disputar ‖ チャンネルを争う pelearse por el canal de la televisión ／ 勝負を争う luchar por ganar ／ 首席を争う disputarse el primer puesto ／ 一刻を争う No se puede perder ni un minuto. ／ 遺産を争う「disputar [pelearse] por la herencia

▶争って〜する pelearse por『+不定詞』‖ 先を争って座席を奪い合う pelearse por conseguir un asiento libre

あらた　新た

▶新たな nue*vo[va]*, o*tro[tra]*, reciente ⇒ あたらしい（新しい）‖ 新たな悲劇「otra [una nueva] tragedia ／ 新たな刺激を求める buscar「otro [un nuevo] estímulo ／ 新たな局面に入る entrar en una nueva fase

▶新たに nuevamente, de nuevo,（最近）recientemente ‖ 新たに開業したホテル hotel *m.* recientemente inaugurado ／ 新たに巻末に付録をつけ加える añadir un apéndice al final del libro ／ 装い新たにレストランが明日開店する Mañana se reabre el restaurante reformado.

▶新たにする renovar, actualizar ‖ 気分を新たにする renovar *su* ánimo

あらだてる　荒立てる ‖ 声を荒立てる levantar la voz ／ 事を荒立てる complicar las cosas,《慣用》「enredar [liar] la madeja

あらたまる　改まる　（改善される）mejorarse,（更新される）renovarse,（態度が）ponerse se*rio[ria]* ‖ 規約が改まる「cambiar(se) [modificarse] *la norma* ／ 生活態度が改まる《慣用》「sentar [asentar] la cabeza ／ 年が改まる cambiar *el año*

▶改まった ‖ 改まった口調で en tono「serio [formal] ／ 改まった言い方で en lenguaje formal ／ 改まった気持ちで新年を迎える entrar en el Año Nuevo con un propósito renovado

あらためて　改めて　nuevamente, de nuevo

あらためる　改める　（変更する）cambiar, modificar,（改善する）mejorar, reformar,（正す）corregir, enmendar ‖ 文を改める corregir una frase ／ 名を改める cambiar el nombre ／ 心を改める arrepentirse de *su* conducta y enmendarse ／ 行を改める cambiar la línea ／ 服装を改める vestirse correctamente, ir correctamente vesti*do[da]* ／ 行いを改める corregir *su* comportamiento, rectificar *su* conducta ／ 憲法を改める reformar la Constitución ／ 教育制度を改める reformar el sistema educativo ／ 日を改めて会議をする dejar la reunión para otro día

あらっぽい　荒っぽい　⇒あらい（荒い）

あらて　新手

▶新手の ‖ 新手の犯罪 nuevo tipo de delincuencia

あらなみ　荒波　olas *fpl.* agitadas ‖ 世間の荒波にもまれて生きる sobrevivir a los avatares del mundo

あらぬ ‖ あらぬ疑い sospecha *f.* infundada

アラビア　Arabia

▶アラビアの（人）árabe (*com.*)

▶アラビア語 lengua *f.* árabe, árabe *m.*

アラブ

▶アラブ種（馬）caballo *m.* árabe

▶アラブ連盟 Liga *f.* Árabe

あらまき　新巻/荒巻　salmón *m.* en salazón

あらまし　⇒がいりゃく（概略）‖ 内容のあらまし resumen *m.* del contenido ／ 事のあらましを話す resumir lo sucedido ／ 問題のあらましを理解する「entender [comprender] de forma global el problema ／ 新駅の工事はあらまし終了している Las obras de la nueva estación casi están terminadas.

あらゆる ‖ あらゆる種類の toda clase de『+名詞』／ あらゆる手段を尽くす agotar todos los resortes,《慣用》hacer lo imposible ／ インフレ抑制のためあらゆる手を打つ tomar todo tipo de medidas para frenar la inflación ／ あらゆる点で en todos los aspectos ／ 彼らはあらゆる面で意見が違う Ellos tienen opiniones divergentes en todos los puntos.

あらりょうじ　荒療治　（治療）cura *f.* drástica,（手段）medida *f.* drástica

あられ　霰 ‖ あられが降る granizar《3人称単数形の無主語で》

あらわ　露/顕 ‖ 与党と野党の対立があらわだ Salta a la vista el enfrentamiento entre el partido gubernamental y la oposición.

▶あらわに ‖ あらわにする descubrir ／ 不快感をあらわにする manifestar abiertamente *su* disgusto ／ 白日の下にあらわになる《慣用》salir a la luz

あらわす　現す/表す　expresar,（示す）indicar, representar,（見せる）mostrar,（意味する）significar ‖ 考えを言葉に表す expresar verbalmente *sus* ideas ／ 気持ちを表す expresar *sus* sentimientos ／ 感情を顔に表す exteriorizar *sus* sentimientos ／ 反対の意味を表す「representar [tener] el significado contrario ／ 赤は危険を表す El color rojo indica peligro. ／ 違いを表す Las diferencias ／ この動詞は動作を表す Este verbo indica movimiento. ／ この語は夏を表す Esta palabra connota verano. ／ 姿を現

す aparecer, presentarse／物価の変動をグラフに表す mostrar gráficamente la evolución de los precios／このビデオは火山の噴火の推移を表す Este vídeo muestra el proceso de la erupción del volcán.

あらわす 著す escribir,（出版する）publicar‖本を著す escribir un libro

あらわれ 現れ/表れ manifestación f., muestra f.,（しるし）señal f.,（証拠）prueba f.‖君への好意の表れ manifestación f. de simpatía hacia ti／自信の表れである ser una muestra de confianza en sí mismo[ma]

あらわれる 現れる/表れる aparecer, surgir, salir,（部分が）asomar‖舞台に現れる salir al escenario／薬の効果が現れる Se nota el efecto del medicamento.／彼の顔に疲れが表れていた Su rostro「acusaba [daba señales de] cansancio.／デフレは物価の下落と賃金の減少に現れている La deflación tiene su reflejo en la caída de los precios y de los sueldos.

あらんかぎり 有らん限り‖あらん限りの力を出す 慣用 sacar fuerzas de flaqueza

あり 蟻 hormiga f.
慣用 蟻の這い出るすきまもない Se ha extremado la vigilancia para que no se escape ni una hormiga.
■女王蟻 hormiga f. reina
■働き蟻 hormiga f. obrera
■蟻塚 hormiguero m.

アリア aria f.

ありあまる 有り余る sobrar, haber más que suficiente 〖+名詞〗〖動詞は3人称単数形の無主語で〗‖あり余るほどお金がある tener dinero de sobra, estar forrado[da] de dinero

ありありと claramente, nítidamente, manifiestamente‖ありありと思い出す recordar ALGO「con nitidez [nítidamente, con todo lujo de detalles]

ありあわせ 有り合わせ‖あり合わせのものを食べる comer lo que hay

ありうる 有り得る posible,（ありそうな）probable‖〜はあり得る Es posible que〖+接続法〗.¦ Puede que〖+接続法〗.

ありえない 有り得ない imposible,（ありそうもない）improbable‖〜はあり得ない Es imposible que〖+接続法〗.

アリオリ alioli m., ajiaceite m., ajoaceite m.

ありか 在り処 lugar m. donde se encuentra,（隠れ家）escondrijo m.‖宝のありかを探す buscar el lugar donde se encuentra el tesoro

ありかた 在り方‖高等教育のあり方についての提案 propuesta f. sobre lo que debe ser la enseñanza superior

ありがたい 有り難い agradecer, estar agradecido[da]‖ありがたいことに gracias a Dios, afortunadamente, por suerte／ありがたい atención f.／神の助けはありがたい Tu ayuda es de agradecer.／少し雨が降ってくれるとありがたい Un poco de lluvia se agradece.／ありがたい仕事ではない No es un trabajo que me gustaría hacer.
▶**ありがたく**‖ありがたく思う sentir gratitud《por》, estar agradecido[da]／御著書ありがたく拝受いたしました Acuso recibo de su libro y no sabe cuánto se lo agradezco.

ありがたさ 有り難さ ⇒ ありがたみ（有り難味）‖仕事が有ることのありがたさを忘れてはいけない No debemos olvidarnos de la suerte de tener trabajo.

ありがたみ 有り難味‖友人のありがたみ valor m. de「la amistad [tener amigos]／私たちは健康のありがたみを知らずに暮らしている Vivimos sin apreciar la salud que disfrutamos.

ありがためいわく 有り難迷惑 favor m. no deseado‖彼女の親切はありがた迷惑だ Me molesta el favor que ella me hace.

ありがち 有りがち
▶**ありがちな/ありがちの** frecuente, común‖失業者にありがちの鬱病 depresión f. frecuente en los desempleados

ありがとう 有り難う Gracias.‖手伝ってくれてありがとう Gracias por ayudarme.／昨日はありがとう Gracias por lo de ayer.／早速のご返信ありがとうございました Muchas gracias por su pronta respuesta.／ご協力［ご親切］ありがとうございました Le agradezco su「colaboración [amabilidad].

ありがね 有り金‖彼はカジノで有り金をはたいてしまった Él gastó en el casino todo el dinero que se llevaba.

ありきたり 在り来たり ⇒ありふれた（有り触れた）

ありさま 有り様 estado m., situación f., circunstancia f.‖家のありさま estado m. en que se encuentra la casa／昆虫のありさま hábitos mpl. de los insectos／捨て猫の痛々しいありさま aspecto m. deplorable del gato abandonado／今のありさまでは、私たちは今度の試合に勝てない Si las cosas siguen como están, no podremos ganar el próximo partido.

ありじごく 蟻地獄 hormiga f. león

ありそう 有りそう
▶**ありそうな** probable, verosímil

ありつく 有り付く‖食事にありつく conseguir comida／仕事にありつく conseguir trabajo

ありったけ 有りったけ ⇒あらんかぎり（有らん限り）‖ありったけの声を張り上げる gritar「con todas sus fuerzas [a pleno pulmón]／ありったけの資金を投入する invertir todos

ありとあらゆる los fondos《en》
ありとあらゆる toda clase de 『+名詞』, todo tipo de 『+名詞』⇒あらゆる‖あらゆる手段を使う agotar todos los ｢recursos [medios]｣
ありのまま 有りのまま‖ありのままの現実を受け入れる aceptar la realidad tal como es
アリバイ coartada *f.*‖確実なアリバイ sólida coartada／アリバイがある tener coartada／完璧なアリバイを崩す desmontar la coartada más perfecta
ありふれた 有り触れた común y corriente, ordina*rio*[*ria*], banal, (頻繁な) frecuente, (並の) mediocre, poco original‖これはとてもありふれた事件です Es un caso muy común.／ありふれた構図の写真 fotografía *f.* con un encuadre normal／ありふれた表現 expresión *f.* trivial, (慣用) lugar *m.* común／ありふれたクレーム ｢reclamación *f.* [queja *f.*]｣ corriente
▶**ありふれている** 《慣用》ser el pan (nuestro) de cada día, 《慣用》ser moneda corriente
ありもしない 有りもしない (存在しない) inexistente, (ありそうもない) inverosímil, (偽りの) fal*so*[*sa*]‖ありもしない銀行口座 cuenta *f.* bancaria inexistente
ありゅう 亜流 epígono *m.*
ありゅうさん 亜硫酸 ácido *m.* sulfuroso
◨亜硫酸ガス gas *m.* sulfuroso, dióxido *m.* de azufre
ある un 『+男性名詞』, una 『+女性名詞』, cier*to*[*ta*] 『+名詞』‖ある絵かき un pintor, una pintora／ある多国籍企業 cierta empresa multinacional／ある日ある時 a cierta hora de cierto día／ある所で en un lugar, en cierto lugar／ある程度 en cierta medida
ある 有る/在る (存在する) haber《3人称単数形の無主語で》, existir, (位置する) estar, encontrarse, (所有する) tener, (行われる) ser, tener lugar, celebrarse, (起こる) ocurrir, producirse‖大阪にはたくさんホテルがある Hay muchos hoteles en Osaka.／アルハンブラ宮殿はグラナダにある La Alhambra se encuentra en Granada.／金がある tener dinero／才能がある tener talento《para》／東京と京都の間の距離は500キロ以上ある Tokio dista de Kioto más de quinientos kilómetros.／明日、閣議がある El Consejo de Ministros tendrá lugar mañana.／～する時間がある haber tiempo para 『+不定詞』《動詞は3人称単数形の無主語で》, tener tiempo para 『+不定詞』／ある時払いの催促なしでいいよ No te voy a apremiar, devuélveme lo que me debes cuando tengas dinero.／～しつつある estar 『+現在分詞』／ある事ない事 todo lo habido y por haber／あなたはこれまでにメキシコへ行ったことはありますか ¿Ha estado usted alguna vez en México?／そのうわさが事実であろうとなかろうと… Sea cierto o no el rumor ...
あるいは o, (o-, ho-で始まる語の前で) u‖電話あるいはメールで por teléfono o por correo electrónico／あるいは～かもしれない Acaso 『+接続法』.
アルカリ álcali *m.*
◨アルカリ性 alcalinidad *f.*‖アルカリ性 alcali*no*[*na*]
◨アルカリ電池 pila *f.* alcalina
あるきまわる 歩き回る caminar por todas partes‖旧市街を歩き回る recorrer el casco antiguo
あるく 歩く caminar, andar, (徒歩で) ir ｢a pie [andando]｣‖2本足で歩く caminar con dos pies／道を歩く caminar por un camino／街を歩く caminar por la ciudad／歩いて仕事へ行く ir a pie al trabajo／四球で歩く (野球) obtener una base por bolas／歩けるようになる (赤ん坊が) aprender a caminar, poder caminar／城まで歩いて何分くらいですか ¿Cuántos minutos se tarda en ir andando al castillo?／駅から歩いている所に住んでます Vivo en un lugar que me permite ir andando a la estación.

歩き方

ゆっくり歩く caminar lentamente／速く歩く caminar rápidamente／もたもた歩く caminar a paso de tortuga／よちよち歩く caminar con paso inseguro／大股で歩く caminar con pasos grandes／前のめりに歩く caminar con la espalda inclinada hacia delante／背筋を伸ばして歩く caminar ergui*do*[*da*]／杖をついて歩く caminar con un bastón／手を振って歩く mover los brazos al andar／びっこを引いて歩く cojear, andar cojeando

---

アルコール alcohol *m.*‖アルコールに依存する depender del alcohol／血液検査前日はアルコール類は避けてください No tome alcohol el día anterior al análisis de sangre.
◨急性アルコール中毒 alcoholismo *m.* agudo
◨慢性アルコール中毒 alcoholismo *m.* crónico
◨アルコール依存症 alcoholismo *m.*
◨アルコール中毒者 alcohóli*co*[*ca*] *mf.*
◨アルコール飲料 bebida *f.* alcohólica
◨アルコール度 grado *m.* de alcohol
◨アルコールランプ lámpara *f.* de alcohol
アルゴリズム algoritmo *m.*
▶**アルゴリズムの** algorítmi*co*[*ca*]
アルゴン 《化学》argón *m.*《記号 Ar》
あるじ 主 a*mo*[*ma*] *mf.*

アルゼンチン Argentina
- ▶アルゼンチンの argenti*no*[na]
- ▶アルゼンチン人 argenti*no*[na] *mf.*

アルツハイマー [enfermedad *f.* [mal *m.*] de Alzheimer‖アルツハイマーの患者 paciente *com.* de Alzheimer／アルツハイマーにかかる sufrir ⌜la enfermedad [el mal] de Alzheimer

アルト contralto *m.*,（人）contralto *com.*

アルバイト （臨時の）trabajo *m.* temporal,（副業）trabajo *m.* secundario
- ▶アルバイトをする trabajar por horas

アルバム álbum *m.*‖写真のアルバム álbum *m.* ⌜de fotos [fotográfico]／アルバムを作る ⌜elaborar [crear] un álbum／アルバムをめくる hojear un álbum／アルバムに写真をはる pegar fotos en un álbum／卒業アルバム álbum *m.* de fotos de la graduación／ニューアルバム un nuevo álbum／ラテンポップのベストアルバム el mejor álbum de pop latino

アルピニスト alpinista *com.*, montañe*ro*[ra] *mf.*

アルファ alfa *f.*
- ▫アルファ線 rayos *mpl.* alfa
- ▫アルファ波 ondas *fpl.* alfa

アルファベット abecedario *m.*, alfabeto *m.*‖アルファベット順に por orden alfabético, alfabéticamente

アルプス los Alpes
- ▫日本アルプス los Alpes japoneses

あるべき‖政治のあるべき姿 lo que debe ser la política／あるべき場所に戻す poner ALGO donde debe estar

アルペン
- ▫アルペンスキー esquí *m.* alpino
- ▫アルペンホルン trompa *f.* ⌜alpina [de los Alpes]

あるまじき impro*pio*[pia]‖司祭にあるまじき行い conducta *f.* impropia de un sacerdote, ⌜comportamiento *m.* [acto *m.*] impropio de un sacerdote

アルミ aluminio *m.*
- ▫アルミサッシ marco *m.* de aluminio‖アルミサッシの窓 ventana *f.* con marco de aluminio
- ▫アルミホイル/アルミ箔 papel *m.* (de) ⌜aluminio [plata]

アルミニウム aluminio *m.*《記号 Al》

あれ aquello‖あれは何ですか ¿Qué es aquello?

あれ 荒れ （荒天）tiempo *m.* ⌜tormentoso [revuelto]‖肌の荒れ aspereza *f.* de la piel

あれから desde entonces

あれくるう 荒れ狂う （怒る）enfurecerse,《慣用》salirse de *sus* casillas／海が荒れ狂う embravecerse *el mar*

アレグロ 《音楽》alegro *m.*

▶アレグロで《イタリア語》*allegro*, alegro

あれこれ‖あれこれ理由をつけて《慣用》por pitos o por flautas,《慣用》por hache o por be

あれだけ‖あれだけの努力も無駄だった Tanto esfuerzo para nada.

あれち 荒れ地 （未墾地）baldío *m.*, terreno *m.* baldío, erial *m.*,（不毛の地）yermo *m.*

あれで‖あれでよく彼は新聞記者がつとまるね Me sorprende que una persona como él trabaje de periodista.／あれでも彼女は3児の母だ Aunque no lo parezca, ella es madre de tres niños.

あれの 荒れ野 campo *m.* yermo, yermo *m.*, páramo *m.*

あれはてる 荒れ果てる‖荒れ果てた土地 tierra *f.* desolada

あれほど‖私はあれほどいやな思いをしたことはない Nunca lo he pasado tan mal como en aquella ocasión.／禁酒するように彼にあれほど言っておいたのに… A pesar de que le había dicho mil veces que dejara de beber...

あれもよう 荒れ模様
- ▶荒れ模様の‖荒れ模様の天気 tiempo *m.* ⌜tormentoso [revuelto]

あれやこれや entre una(s) cosa(s) y otra(s),《慣用》entre pitos y flautas

あれよあれよ‖あれよあれよという間に《慣用》en un abrir y cerrar de ojos／あれよあれよという間に大きくなる crecer como (la) espuma

あれる 荒れる （土地が）asolarse,（天候が）revolverse,（海が）agitarse, alborotarse,（皮膚が）secarse, volverse áspe*ro*[ra]‖海が荒れる ⌜agitarse [alborotarse] *el mar*／生活が荒れる llevar una vida desastrosa／手が荒れる tener las manos ásperas／昨日の会議は荒れた La reunión de ayer fue tormentosa.
- ▶荒れた‖荒れた家 casa *f.* en ruinas／荒れた田んぼ arrozal *m.* abandonado

アレルギー alergia *f.*‖牛乳アレルギーである tener alergia a la leche, ser alérgi*co*[ca] a la leche／花粉のアレルギーである tener alergia al polen／アレルギーなので卵は食べられません Mi alergia no me permite comer huevos.／アレルギーを治療する tratar la alergia
- ▶アレルギーの(人) alérgi*co*[ca] (*mf.*)
- ▫アレルギー学 alergología *f.*
- ▫アレルギー性疾患 enfermedad *f.* alérgica
- ▫アレルギー性鼻炎 rinitis *f.*[=*pl.*] alérgica
- ▫アレルギー専門医 alergólo*go*[ga] *mf.*
- ▫アレルギー体質‖私はアレルギー体質です Soy alérgi*co*[ca].

アレルゲン alérgeno *m.*

アレンジ arreglo *m.*

アロエ

▶アレンジする arreglar
アロエ áloe *m*., áloe *m*., acíbar *m*.
アロハシャツ camisa *f*. hawaiana
アロマセラピー aromaterapia *f*.
あわ 泡 burbuja *f*., espuma *f*., (気泡) pompa *f*., (炭酸水の) gas *m*. ‖ 石けんの泡 pompas *fpl*. de jabón ／ 洗剤の泡 espuma *f*. de detergente ／ 水の泡 burbuja *f*. de agua ／ 泡が立つ producirse「*burbujas* [*espuma*]」 ／ 口から泡を吹く echar espuma por la boca
〔慣用〕ひと泡吹かす sorprender
〔慣用〕泡を食う《慣用》《話》caerse de「espaldas [culo]」
あわ 粟 panizo *m*., moha *f*., (学名) *Setaria italica*
〔諺〕濡れ手で粟 ganar dinero fácil
あわい 淡い (色・光が) tenue, pálido[da], (希望が) escaso[sa] ‖ 淡い色 color *m*. tenue ／ 淡い赤 rojo *m*. pálido ／ 淡い灯 luz *f*.「tenue [pálida]」／ 淡い恋 amor *m*. tenue ／ 淡い期待感 escasa expectativa *f*.
▶淡く 淡く光る brillar tenuemente ／ 淡くぼかす dar un ligero efecto borroso《a》／ 淡く消え去る desaparecer fugazmente
あわせる 会わせる ‖ 離婚後、私は子供たちに会わせてもらえない No me dejan ver a mis hijos después del divorcio.
あわせる 合わせる/併せる (一つにする) juntar, unir, (混ぜる) mezclar, (合計する) sumar, (楽器の調子を) entonar ‖ 手を合わせる juntar las manos ／ 力を合わせる unir las fuerzas, solidarizarse ／ 時計を合わせる poner en hora el reloj ／ 消費者のニーズに合わせる「adaptarse [responder] a las necesidades de los consumidores ／ 合わせて5,000円です Son cinco mil yenes en total. ／ 音楽に合わせて踊る bailar al compás de la música
あわただしい 慌ただしい precipitado[da], apresurado[da], (忙しい) ocupado[da] ‖ 慌ただしい日程 agenda *f*. apretada ／ 慌ただしい政局 cambiante situación *f*. política ／ 慌ただしい生活を送る llevar una vida ajetreada ／ 慌ただしい時代を生きる vivir tiempos de continuos cambios
▶慌ただしく precipitadamente, apresuradamente ‖ 慌ただしく家を出る salir de casa apresuradamente ／ 慌ただしく電車にかけこむ subir corriendo al tren
▶慌ただしさ ajetreo *m*., trajín *m*., apresuramiento *m*.
あわだつ 泡立つ espumar, hacer espuma
▶泡立ち ‖ 泡立ちがいい hacer mucha espuma
あわだてき 泡立て器 batidora *f*.
あわだてる 泡立てる (料理) batir ‖ 石けんを泡立てる hacer pompas de jabón

あわてもの 慌て者 impaciente *com*., (うっかりした人) despistado[da] *mf*.
あわてる 慌てる (急ぐ) precipitarse, (うろたえる) atolondrarse, (落ち着きを失う) perder la calma, (困惑する) desconcertarse ‖ ミスをしてから慌てる inquietarse después de cometer un error ／ 慌てふためく perder la calma, 《慣用》perder los nervios
▶慌てて precipitadamente, deprisa y corriendo, 《慣用》a mata caballo ‖ 慌てて〜する apresurarse a「+不定詞」／ 慌てて話す hablar atropelladamente, 《慣用》hablar a borbotones ／ 慌てて駆けつける llegar corriendo
あわび 鮑 oreja *f*.「de mar [marina]
あわや por poco ⇒あやうく(危うく)
あわよくば si las cosas me「salen [van]」bien
あわれ 哀れ
▶哀れな pobre「+名詞」, (惨めな) miserable
▶哀れに pobremente, (惨めに) miserablemente ‖ 哀れに生きる vivir miserablemente
あわれみ 哀れみ piedad *f*., (同情) compasión *f*., lástima *f*., (慈悲) misericordia *f*. ‖ 深い哀れみを感じる sentir una profunda compasión《por》／ 哀れみを請う「pedir [implorar, suplicar] piedad《a》, implorar compasión《a》／ 哀れみをかける sentir piedad《por》, tener compasión《de》／ 哀れみ深い compasivo[va], misericordioso[sa]
あわれむ 哀れむ compadecer, compadecerse《de》, tener compasión《de》, sentir piedad《por》, sentir lástima ⇒どうじょう(⇒同情)
〔慣用〕同病相哀れむ Los que padecen la misma enfermedad se compadecen mutuamente.
あん 案 (考え) idea *f*., (意見) opinión *f*., (プラン) plan *m*., (提案) propuesta *f*., (草案) borrador *m*. ‖ 独創的な案 plan *m*. original ／ 案を拒否する rechazar una propuesta ／ 案を練る elaborar un plan ／ 案を打ち出す「lanzar [proponer] un plan ／ 案に相違して en contra de「lo previsto [todo pronóstico]」
あん 餡 ⇒あんこ(餡こ)
あんい 安易
▶安易な fácil, (思慮のない) superficial, frívolo[la] ‖ 安易な道 camino *m*. fácil ／ 安易な考え pensamiento *m*. frívolo, (単純な) pensamiento *m*. simplista ／ 安易な態度をとる tomar una actitud irresponsable
▶安易に con frivolidad ‖ 安易に過ぎる発想 idea *f*. demasiado simplista ／ 物事を安易に考える tomarse las cosas a la ligera ／ 安易に抗生物質を服用する tomar antibióticos sin conocimiento
アンインストール 《IT》desinstalación *f*.

あんしん

▶アンインストールする desinstalar
あんか 安価 precio *m.*「barato [bajo]
▶安価な barato[ta], de precio bajo
アンカー (リレー競技の) el[la] último[ma] relevista *com.*
◪アンカーマン presentador *m.* de noticias
◪アンカーウーマン presentadora *f.* de noticias
あんがい 案外 en contra de「mis [nuestras] previsiones‖この問題は案外難しい Esta pregunta es más difícil de lo que parece.
あんき 暗記 memorización *f.*
▶暗記する memorizar, aprender ALGO de memoria, retener‖電話番号を暗記する memorizar el número de teléfono
あんぎゃ 行脚 peregrinación *f.*, peregrinaje *m.*
▶行脚する‖全国を行脚する「peregrinar por [recorrer] todo el país
◪全国行脚「peregrinación *f.* [recorrido *m.*] por todo el país
アングル ángulo *m.* →かくど(角度)
アンケート encuesta *f.*, sondeo *m.*‖アンケートをとる「hacer [realizar] una encuesta, 「hacer [realizar] un sondeo ／アンケートに答える「responder [contestar] (a) una encuesta ／インターネット上でアンケートを実施する「hacer [realizar] una encuesta a través de Internet
◪電話アンケート encuesta *f.* telefónica
◪アンケート回答者 encuestado[da] *mf.*
◪アンケート用紙 cuestionario *m.* (de la encuesta)
あんこ 餡こ 《日本語》 anko *m.*, (説明訳) pasta *f.* dulce de judías cocidas
あんこう 鮟鱇 rape *m.*, pejesapo *m.*
◪鮟鱇鍋 rape *m.* en cazuela a la japonesa
あんごう 暗号 cifra *f.*, clave *f.*‖暗号を解く descifrar la clave
▶暗号化 codificación *f.*‖ファイルを暗号化する codificar el archivo
◪暗号文 documento *m.* cifrado, criptograma *m.*
アンコール (コンサートでの) bis *m.*, repetición *f.*, (再放送) retransmisión *f.*, reposición *f.*‖アンコールを求める pedir「un bis [una repetición] ／アンコールに応じる ofrecer un bis
あんこく 暗黒 oscuridad *f.*, tinieblas *fpl.*‖暗黒の宇宙 cosmos *m.*[=*pl.*] en tinieblas ／暗黒の世界 mundo *m.* en tinieblas ／暗黒の時代 época *f.* tenebrosa
◪暗黒エネルギー energía *f.* oscura
◪暗黒街 《慣用》bajos fondos *mpl.*, hampa *f.*
◪暗黒物質 materia *f.* oscura
あんさつ 暗殺 asesinato *m.*
▶暗殺する asesinar, cometer un asesinato

▶暗殺者 asesino[na] *mf.*
あんざん 安産 parto *m.* fácil
あんざん 暗算 cálculo *m.* mental
▶暗算する hacer el cálculo mental, calcular mentalmente
アンサンブル (合奏団)「agrupación *f.* [conjunto *m.*, grupo *m.*] musical,《服飾》conjunto *m.*
あんじ 暗示 (心理) sugestión *f.*, (示唆) insinuación *f.*, alusión *f.*‖暗示にかける sugestionar ／ 暗示にかかる dejarse sugestionar ／暗示にかかりやすい sugestionable, vulnerable a la sugestión ／暗示を得る recibir una sugestión
▶暗示的な sugestivo[va]
▶暗示する sugerir, (示唆する) insinuar, aludir《a》‖赤は怒りを暗示する El rojo sugiere ira.
◪自己暗示 autosugestión *f.*‖自己暗示にかかる sugestionarse
あんしつ 暗室 cámara *f.* oscura, cuarto *m.* oscuro
あんじゅう 安住‖安住の地を求める buscar un lugar donde se pueda vivir en paz
▶安住する vivir「con tranquilidad [en paz]‖現状に安住する vivir contento[ta] con lo que *tiene*
あんしょう 暗唱 recitación *f.*
▶暗唱する recitar
あんしょう 暗証
◪暗証番号《英語》pin *m.* (英語のPersonal Identification Numberの略), código *m.* pin, número *m.*「secreto [clave], contraseña *f.*‖暗証番号を登録する registrar el「pin [número secreto] ／暗証番号を入力する introducir el「pin [número secreto] ／暗証番号を確認する comprobar el「pin [número secreto]
あんしょう 暗礁 escollo *m.*‖交渉は暗礁に乗り上げた Las negociaciones「(se) encallaron [se paralizaron, se estancaron].
あんじる 案じる preocuparse 《de, por》, inquietarse《por》‖人質たちの身の上を案じる preocuparse por la suerte de los rehenes ／娘の行く先を案じる preocuparse por el futuro de *su* hija ／私が案じた通り (tal) como me temía ／一計を案じる「tejer [urdir] un plan
あんしん 安心 tranquilidad *f.*, despreocupación *f.*, (安堵) alivio *m.*‖安心が先に立つ La seguridad tiene la mayor prioridad. ／安心を買う「comprar [pagar por] la seguridad ／私たちはまだ安心できない Todavía no podemos estar tranquilos. ／何もかも安心だ No hay nada de qué preocuparse.
▶安心する tranquilizarse, quedarse tranquilo[la], (ほっとする) sentir alivio‖借金を完済して安心する sentir alivio al saldar toda la deuda ／安心して休暇を楽しむ disfrutar

de las vacaciones sin preocuparse de nada ／ 彼女なら安心して任せられる Podemos confiar en ella con toda tranquilidad.
◳安心感 tranquilidad *f.*, despreocupación *f.* ‖ 安心感を与える色 color *m.* tranquilizador

あんず 杏　albaricoque *m.* ‖ 杏の木 albaricoquero *m.*, albaricoque *m.*
◳杏ジャム mermelada *f.* de albaricoque

あんずる 案ずる ⇒あんじる(案じる)
［諺］案ずるより産むが易し《諺》No es tan fiero el león como lo pintan.

あんせい 安静　reposo *m.* ‖ あなたはしばらくの間安静が必要です Usted tiene que guardar reposo por algún tiempo.
❷安静にする 「guardar [hacer] reposo
◳絶対安静 ⇒ぜったい(絶対)‖絶対安静にする guardar reposo absoluto

あんぜん 安全　seguridad *f.*‖安全を守る defender la seguridad《de》／安全をおびやかす 「amenazar [comprometer] la seguridad ／ 安全を確認する asegurarse de que no hay peligro ／ 安全を最優先する dar la mayor prioridad a la seguridad ／ 市民の安全を確保する asegurar la seguridad de los ciudadanos ／ 食の安全は消費者の主要な心配事 La seguridad alimentaria es la principal preocupación de los consumidores.
❷安全な seguro[ra] ‖ 安全な場所 lugar *m.* seguro ／ 安全な道 camino *m.* seguro
❷安全に con seguridad, sin riesgo
❷安全上の ‖ メーカーは安全上の理由からその製品を回収した El fabricante retiró los productos del mercado por razones de seguridad.
❷安全性 seguridad *f.* ‖ この装置は車に高い安全性をもたらす Este dispositivo proporciona mayor seguridad al coche.
◳日米安全保障条約 Tratado *m.* de Cooperación Mutua y Seguridad entre Japón y Estados Unidos
◳安全運転 conducción *f.* segura,《中南米》manejo *m.* seguro ‖ 安全運転をする 「conducir [manejar] con seguridad
◳安全かみそり afeitadora *f.*, maquinilla *f.* de afeitar
◳安全教育 educación *f.* sobre la seguridad de ALGO
◳安全靴 zapatos *mpl.* de seguridad
◳安全資産 activo *m.* seguro, renta *f.* fija
◳安全操作 manejo *m.* seguro
◳安全装置 mecanismo *m.* de seguridad
◳安全第一 La seguridad es lo primero.
◳安全対策 ‖ 安全対策を徹底する extremar las medidas de seguridad
◳安全地帯 zona *f.* de seguridad,（道路の）refugio *m.*
◳安全評価 evaluación *f.* de la seguridad
◳安全ピン imperdible *m.*
◳安全ベルト cinturón *m.* de seguridad ‖ 安全ベルトを締める 「ponerse [abrocharse] el cinturón de seguridad
◳安全弁 válvula *f.* de 「seguridad [alivio]
◳安全保障 seguridad *f.*

あんそくび 安息日　《ユダヤ教》sabbat *m.*, sábado *m.*,《キリスト教》domingo *m.*

アンソロジー ⇒せんしゅう(選集)

あんだ 安打　《野球》《英語》hit *m.*, batazo *m.* bueno
◳内野安打《野球》《英語》*infield hit m.*

アンダーウエア ropa *f.* interior
アンダーシャツ camiseta *f.*
アンダーライン subrayado *m.*
❷アンダーラインを引く subrayar

あんたい 安泰 ‖ 国家の安泰 la paz y seguridad de una nación
❷安泰に ‖ 安泰に過ごす vivir en paz

あんたん 暗澹
❷暗澹とした/暗澹たる oscu*ro*[ra], ne*gro* [gra], sombrí*o*[a], tenebro*so*[sa] ‖ 暗澹たる気分 estado *m.* de ánimo lúgubre ／ 暗澹たる未来が私たちを待ち受けている Nos espera un futuro 「sombrío [tenebroso].

アンダンテ《音楽》andante *m.*
❷アンダンテで andante

あんち 安置
❷安置する ‖ 遺体を安置する 「depositar [colocar] el cuerpo sin vida de ALGUIEN《en》
◳遺体安置所 depósito *m.* de cadáveres

アンチ《接頭辞》anti-
◳アンチエイジング prolongación *f.* de la vida
◳アンチヒーロー antihéroe *m.*

アンチテーゼ antítesis *f.*[=*pl.*]

あんちゅうもさく 暗中模索 ‖ 暗中模索の状態である《慣用》dar palos de ciego
❷暗中模索する（手探りで探す）buscar ALGO a tientas,（いろいろ試す）《慣用》tocar 「muchos [todos los] registros

アンチョビ anchoa *f.*

アンツーカー《テニス》polvo *m.* de ladrillo, tierra *f.* batida ‖ アンツーカーのコート pista *f.* de 「polvo de ladrillo [tierra batida]

あんてい 安定　estabilidad *f.* ‖ 物価の安定 estabilidad *f.* de los precios ／ 心の安定 estabilidad *f.* mental ／ 安定を保つ mantener la estabilidad ／ 安定を失う perder la estabilidad ／ 安定を欠く 「no tener [carecer de] estabilidad ／ 安定を得る conseguir la estabilidad
❷安定化 estabilización *f.*
❷安定感 ‖ 安定感がある tener estabilidad, ser estable
❷安定させる/安定する estabilizar/estabilizarse ‖ 私の生活は安定しない Mi vida no se estabiliza.

▶安定した ‖ 安定した生活 vida *f.* estable
▶安定的(に) con estabilidad ‖ 価格は安定的に推移すると予想されている Se estima que los precios se mantendrán estables.
◢安定供給 ‖ エネルギーの安定供給 suministro *m.* estable de energía

アンテナ antena *f.* ‖ アンテナを立てる(設置する)「instalar [poner, colocar] una antena
◢アンテナ線 cable *m.* de antena

あんど 安堵 alivio *m.*, respiro *m.* ‖ 安堵を覚える「sentir [experimentar] alivio ／ 安堵の胸をなでおろす dar un suspiro de alivio
▶安堵感 sensación *f.* de alivio
▶安堵する sentir alivio

あんな tal, semejante
▶あんなに ‖ 私たちはあんなに暑い夏は経験したことがなかった Nunca habíamos tenido un verano tan caluroso.

あんない 案内
▶案内する enseñar, guiar, (同行する) acompañar, (知らせる) informar, avisar ‖ 道を案内する enseñar el camino ⟪a⟫ ／ お客様を会議室へご案内いただけますか ¿Podría acompañar a los señores clientes a la sala de reuniones?
▶案内係／案内人 (オフィスの) recepcionista *com.*, (観光の) guía *com.*, cicerone *com.*, (劇場の) acomoda*dor*[*dora*] *mf.*
◢案内広告 anuncio *m.*
◢案内書 guía *f.*
◢案内所 información *f.*, oficina *f.* de información
◢案内状 carta *f.* de invitación
◢案内図 plano *m.* de información

あんに 暗に implícitamente, indirectamente, encubiertamente

あんのじょう 案の定 tal como me imaginaba

あんば 鞍馬 caballo *m.* con arcos

あんばい 塩梅／按排 ‖ 体のあんばいが悪い encontrarse mal ／ いいあんばいにメキシコへの直行便の予約がとれた Por suerte he podido reservar el vuelo directo a México.

あんばい 塩梅 ‖ スープのあんばいをみる probar la sopa

アンパイア árbi*tro*[*tra*] *mf.*

アンバランス desequilibrio *m.*, (不釣り合い) desproporción *f.*

あんパン 餡パン bollo *m.* relleno de pasta dulce de judías

あんぴ 安否 ‖ 安否を気遣う preocuparse por la suerte de ALGUIEN

アンプ amplificador *m.*

アンプル ampolla *f.*
◢アンプル剤 sustancia *f.* en ampollas, (薬) medicamento *m.* en ampollas

アンペア amperio *m.*
◢アンペア数 amperaje *m.*

あんま 按摩 masaje *m.*, (人) masajista *com.*
▶按摩する masajear, dar masajes

あんまり ⇒あまり(余り)

あんみん 安眠 sueño *m.* 「apacible [plácido] ‖ 安眠を妨害する perturbar el sueño de ALGUIEN
◢安眠枕 almohada *f.* cómoda

あんもく 暗黙 ‖ 暗黙のうちに認める reconocer ALGO tácitamente
▶暗黙の táci*to*[*ta*], implíci*to*[*ta*] ‖ 暗黙の了解「consentimiento *m.* [acuerdo *m.*] tácito

アンモナイト amonites *m.*[=*pl.*], amonita *f.*

アンモニア amoníaco *m.*, amoniaco *m.*
◢アンモニア臭 olor *m.* (a) amoniaco

アンモニウム amonio *m.*

あんやく 暗躍 maquinación *f.*, intriga *f.*
▶暗躍する maquinar, intrigar, ⟪慣用⟫dirigir entre bastidores

あんらく 安楽 comodidad *f.*
▶安楽な cómo*do*[*da*]
▶安楽に cómodamente, con comodidad ‖ 安楽に暮らす vivir 「acomodadamente [desahogadamente]
◢安楽いす poltrona *f.*, silla *f.* poltrona
◢安楽死 eutanasia *f.* ‖ 安楽死を選ぶ optar por la eutanasia
◢積極的安楽死 eutanasia *f.* activa
◢消極的安楽死 eutanasia *f.* pasiva

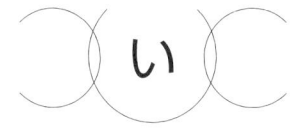

い

い 亥 (十二支の) signo *m.* del jabalí ‖ 亥の刻に alrededor de las diez de la noche
◢亥年 año *m.* del jabalí

い 胃 estómago *m.* ‖ 胃が痛い tener dolor de estómago ／ 胃が重い tener pesadez de estómago ／ 胃が丈夫である tener un estómago 「fuerte [de hierro] ／ 胃が弱い tener el estómago débil ／ 胃が気持ち悪い 「sentir [tener] malestar de estómago ／ 胃を休ませる (dejar) descansar el estómago
▶胃の estomacal, gástri*co*[*ca*]
◢胃洗浄 lavado *m.* 「gástrico [de estóma-

い 異 ⇒いぎ(異議) ‖ 異を唱える presentar una objeción, objetar ／ 異なことを言う decir algo「extraño [curioso]

い 意 (意図) intención *f.*, (意志) voluntad *f.* ‖ ～の意を表す expresar la intención de『+不定詞』／ 感謝の意を表す expresar *su* agradecimiento《a》／ 彼の意を汲んで私は何も聞かなかった Considerando sus sentimientos, no le pregunté nada. ／ 意を尽くして説明する expresar *sus* ideas plenamente ／ 意を決して～する「decidirse [determinarse] a『+不定詞』／ 意を強くする confirmarse en *su* opinión ／ 意に介さない no hacer caso《a, de》,《慣用》quedarse tan an*cho*[*cha*] ／ 意に沿う ser fiel a la「intención [voluntad] de ALGUIEN ／ 彼は両親の意に反して外国人の女性と結婚した Él se casó con una extranjera contra la voluntad de sus padres. ／ 彼女は意のままに振る舞う Ella se comporta como「quiere [le da la gana].

イ 《音楽》la *m.*
▫ イ長調 la *m.* mayor
▫ イ短調 la *m.* menor

いあつ 威圧
▸威圧する imponerse《sobre》, (脅す) intimidar
▸威圧的な imponente ‖ 威圧的な態度 actitud *f.* imponente ／ 威圧的な人 persona *f.* absorbente

いあわせる 居合わせる encontrarse, presenciar ‖ 偶然そこに居合わせる encontrarse allí por casualidad

いあん 慰安 ‖ 慰安を求める buscar consuelo
▸慰安する consolar, (労をねぎらう) agradecer la labor de ALGUIEN
▫ 慰安旅行 viaje *m.* de recreo
▫ 慰安婦 mujer *f.* de consuelo

いい ❶ (優れている) bue*no*[*na*], buen『+男性名詞単数形』⇒ よい(良い) ‖ いい顔をする poner buena cara ／ いい考えだ Es una buena idea. ／ 今日は天気がいい Hoy hace buen tiempo. ／ 気分がいい sentirse bien ／ 機嫌がいい estar de buen humor ／ 感じがいい ser simpátic*o*[*ca*] ／ かっこうがいい tener una buena presencia ／ 私はコーヒーより紅茶のほうがいい Prefiero el té al café. ／ 歩くのは体にいい Caminar es bueno para la salud. ／ ホテルを予約した方がいい Es mejor reservar hotel.
❷ (適切な) oportu*no*[*na*], adecua*do*[*da*] ‖ 避暑にいい場所 lugar *m.* ideal para veranear ／ ちょうどいい時に来る venir en el momento oportuno
❸ (その他) ‖ 彼女はいい年をして若い格好をする Ella se viste con aire juvenil a pesar de la edad que tiene. ／ この商売はいいお金になる Con este negocio se puede ganar una buena cantidad de dinero. ／ いい気になる (得意になる) engreírse, ponerse huec*o*[*ca*] ／ いい気味だ《慣用》¡Te está bien empleado! ／ 酒はもういい Basta de beber. ／ タバコ吸ってもいいですか？―もちろん、いいですよ ¿Puedo fumar? -Claro que sí. ／ 私は徹夜でもいい No me importa quedarme sin dormir. ／ どうだっていい Me da igual.

いいあい 言い合い (議論) discusión *f.*, (口論) disputa *f.* ‖ 激しい言い合いをする「mantener [tener] una fuerte discusión

いいあう 言い合う (議論) discutir《de, sobre》, (口論) disputar《de, sobre》 ‖ ささいなことで言い合う discutir por「nimiedades [pequeñeces]

いいあてる 言い当てる acertar, adivinar ‖ 宝くじの番号を言い当てる「acertar [adivinar] el número de la lotería

いいあらそい 言い争い disputa *f.*, discusión *f.*, altercado *m.* ⇒こうろん(口論)
▸言い争いをする tener「una disputa [una discusión, un altercado]

いいあらそう 言い争う disputar 《con》, discutir《con》, altercar《con》 ‖ 私は相続のことで兄と言い争った He discutido con mi hermano mayor sobre la herencia.

いいあらわす 言い表す expresar, (自分のことを) expresarse ‖ 自分の考えを言い表す expresar *su* idea

いいえ no, (否定文に対して) sí ‖ 行くの？―いいえ、行きません ¿Vas? -No, no voy. ／ 行かないの？―いいえ、行きます ¿No vas? -Sí, voy. ／ いいえ、けっこうです No, gracias.

イーエスさいぼう ES細胞 célula *f.* madre embrionaria

いいかえ 言い換え paráfrasis *f.*[=*pl.*]

いいかえす 言い返す replicar ‖ 姑に言い返す replicar a *su* suegra

いいかえる 言い換える decir ALGO en otras palabras, (説明的に) parafrasear ‖ 先生(男性)はそれを他の言葉で言い換えた El profesor lo dijo en otras palabras. ／ 言い換えると… Dicho en otras palabras ….

いいかお いい顔 ⇒いい

いいがかり 言い掛かり acusación *f.*「falsa [infundada] ‖ 言いがかりをつける acusar sin fundamento a ALGUIEN

いいかける 言い掛ける ‖ 何を言いかけたの？ ¿Qué ibas a decir?

いいかげん いい加減 ‖ 勉強がいい加減いやになった Estoy har*to*[*ta*] de estudiar.
▸いい加減な (無責任な) irresponsable, (不正確な) inexac*to*[*ta*], (不完全な) incomple*to*[*ta*], (信用できない) poco fiable ‖ いい加減な情報 información *f.* poco fiable ／ いい加減な仕事 trabajo *m.* chapucero ／ いい加

減な返事をする contestar como sea

▶いい加減に∥いい加減に働く trabajar descuidadamente／いい加減にしなさい ¡Basta ya! ¡Déjalo ya!

いいかた 言い方 manera *f.* de「decir [hablar], forma *f.* de hablar,（表現）expresión *f.*∥言い方に気をつけなさい Ten cuidado con tu manera de hablar.

いいかねる 言い兼ねる no atreverse a decir ALGO∥事実を言いかねる no atreverse a decir la verdad／嘘を言いかねない ser capaz de decir mentiras

いいき いい気
▶いい気になる ponerse demasiado contento[ta]（de）,《慣用》(得意になる) hincharse como un pavo∥金持ちになっていい気になる hincharse como un pavo por tener mucho dinero／彼は宝くじが当たっていい気になり、お金の価値が分からない Él se ha puesto tan contento de haber ganado la lotería que no entiende el valor del dinero.

いいきかせる 言い聞かせる （説得する）「convencer [persuadir] a ALGUIEN (de)∥息子に嘘をつかないように言い聞かせる convencer a *su* hijo de que no diga mentiras

いいきみ いい気味 ⇒いい

いいきる 言い切る （断言する）「afirmar [asegurar] tajantemente, decir「categóricamente [con rotundidad],（言い終える）terminar de decir∥被告（男性）は無実であると言い切った El acusado afirmó tajantemente que era inocente.

いいぐさ 言い種 （言い方）manera *f.* de「hablar [decir],（口実）excusa *f.*∥それが親に対する言い種か¿¡Qué manera es esa de hablar a tus padres!?

いいくるめる 言いくるめる engatusar,《中米》engaratusar,（だます）engañar hábilmente∥詐欺師の男はお年寄り（男性）を言いくるめて、百万円をだまし取った El estafador engañó hábilmente al anciano para que le pagara un millón de yenes.

いいこ 好い子 buen chico *m.*, buena chica *f.*∥好い子にしなさい ¡Pórtate bien!

イージスかん イージス艦 《軍事》crucero *m.* Aegis

いいしぶる 言い渋る no atreverse a decir ALGO, vacilar en decir ALGO∥本当のことを言い渋る no atreverse a decir la verdad

いいしれぬ 言い知れぬ indecible, inefable, inenarrable, indescriptible∥言い知れぬ孤独 soledad *f.*「indescriptible [indecible]

いいすぎ 言い過ぎ∥君、それはちょっと言い過ぎだ Te has pasado un poco.／政治家たちが何もしていないというのは言い過ぎだ Es mucho decir que los políticos no hacen nada.

いいすぎる 言い過ぎる pasarse, hablar demasiado,《慣用》tener la lengua muy larga

イースター （復活祭）Pascua *f.* (de Resurrección),（復活祭前の1週間）Semana *f.* Santa∥イースターは盛大に行われる La Pascua se celebra a bombo y platillo.

イースト （酵母、酵母菌）levadura *f.*
▶ドライイースト levadura *f.*「seca [en polvo]

イーゼル caballete *m.*

いいそびれる 言いそびれる no poder decir∥昇給のことを言いそびれる no poder mencionar el aumento de sueldo

いいだす 言い出す「empezar [comenzar] a decir ALGO,《慣用》sacar a colación ALGO∥馬鹿げたことを言い出す empezar a decir disparates

いいたてる 言い立てる （主張する）insistir《en》,（列挙する）enumerar∥彼女は自分が無実であると言い立てた Ella insistió en que era inocente.／他人の欠点を言い立てる enumerar los defectos de los otros

いいちらす 言い散らす ⇒いいふらす（言い触らす）

いいつくす 言い尽くす∥自分の考えを言い尽くす expresar plenamente *su* idea／私はその件について知っていることは言い尽くした Dije todo lo que sé del asunto.

いいつけ 言い付け （命令）orden *f.*,（指示）instrucciones *fpl.*∥上司（男性）の言い付けに従って働く trabajar según las instrucciones del jefe

いいつける 言い付ける （命令する）mandar, ordenar;（告げ口する）《話》chivarse《de》,《話》chivatear∥食糧を配給するように言い付ける dar la orden de distribuir los víveres／先生に言い付ける chivarse「al maestro [a la maestra]《de》

いいつたえ 言い伝え （伝説）leyenda *f.*,（伝承）tradición *f.*∥昔からの言い伝えによれば según una antigua leyenda

イーティーシー ETC （電子料金収受システム）cobro *m.* electrónico de peajes, telepeaje *m.*∥ETCを導入する「implantar [introducir] el (sistema de) telepeaje

いいなおす 言い直す （訂正する）corregir,（言葉を換えて言う）volver a decir de otra manera∥発言を言い直す corregir lo dicho

いいなずけ 許嫁／許婚 promet*ido*[*da*] *mf.*,《スペイン》no*vio*[*via*] *mf.*,《中南米》comprometido[da] *mf.*∥ベロニカはラウルのいいなずけである Verónica es la novia de Raúl.

いいなり 言いなり∥彼は妻の言いなりだ Su「mujer [esposa] lo tiene dominado.／母親の言いなりをする子供 ni*ño*[*ña*] *mf.* obediente a su madre

いいにくい 言いにくい （発音しにくい）difícil de「decir [pronunciar]∥言いにくいこと

いいね 言い値　precio *m.* propuesto ‖ 言い値で売る vender ALGO al precio propuesto

いいのがれ 言い逃れ　escapatoria *f.*, evasiva *f.*, (口実) pretexto *m.*, (言い訳) excusa *f.* ‖ 言い逃れはきかない no tener escapatoria／言い逃れがうまい《慣用》saber echar balones fuera,《慣用》「salirse [irse] por la tangente／授業をさぼる言い逃れを考える inventar「una excusa [un pretexto] para faltar a clase

いいのがれる 言い逃れる　buscar una escapatoria, poner una excusa,《慣用》echar balones fuera

いいのこす 言い残す‖（言っておく）decir, (遺言を残す) dejar un testamento／伝言を言い残す dejar un「mensaje [recado]《な》／祖父は何も言い残さずに死んだ Mi abuelo murió sin dejar testamento alguno.

いいはる 言い張る　（主張する）insistir《en》, (固執する) empeñarse《en》, obstinarse《en》‖スペインに行くと言い張る empeñarse en ir a España／自分の考えが正しいと彼は言い張る Él defiende su opinión con obstinación.

イービジネス Eビジネス　「negocio *m.* [comercio *m.*] electrónico

いいふくめる 言い含める　⇒いいきかせる (言い聞かせる)

イーブック Eブック　（電子書籍）libro *m.*「electrónico [digital]‖Eブックを読む leer un libro electrónico

いいふらす 言い触らす　andar diciendo ALGO, difundir, propagar ‖ 根拠のない噂を言い触らす「difundir [extender, propagar] un rumor infundado

いいふるされた 言い古された　muy repetido[da], (古い) anti*guo*[*gua*] ‖ 言い古された話題 tema *m.*「manido [trillado]／言い古された表現 expresión *f.* trivial, tópico *m.*, cliché *m.*,《慣用》lugar *m.* común

いいぶん 言い分　（論拠）razones *fpl.*, (説明) versión *f.*, (意見) opinión *f.* ‖ 彼には彼の言い分がある Él tiene sus razones.／両者の言い分はまったく食い違っている Las versiones de ambas partes son diametralmente distintas.

いいまかす 言い負かす　vencer verbalmente a ALGUIEN, (議論で) vencer a ALGUIEN en una discusión

いいまちがい 言い間違い　error *m.* verbal,《格式語》lapsus *m.*[=*pl.*] linguae

▶言い間違いをする cometer un「error [desliz] al hablar, tener un *lapsus linguae*

いいまわし 言い回し　（表現）expresión *f.*, giro *m.* ‖ 独特な言い回し expresión *f.*「peculiar [original]／難しい言い回し expresión *f.* difícil／言い回しがうまい ser elocuente al hablar／やわらかい言い回し expresión *f.* suave, (婉曲的表現) eufemismo *m.*／持って回った言い回しをする andarse con rodeos

イーメール Eメール　correo *m.* electrónico ⇒でんし(⇒電子メール)‖Eメールを送信する「mandar [enviar] un correo electrónico

▣**Eメールアドレス** dirección *f.* de correo electrónico, dirección *f.* electrónica

イーユー EU　Unión *f.* Europea (略 UE) ⇒おうしゅう(⇒欧州連合)

いいよう 言い様‖ manera *f.* de「decir [hablar] ⇒いいかた(言い方)‖ 言いようもない怒り una ira「indescriptible [indecible]／もっと他に言いようがあるだろう Puedes decirlo de otra manera, ¿no?／物は言いようだ Hay muchas maneras de decir una cosa.

いいよる 言い寄る‖ 女性に言い寄る「cortejar [galantear] a una mujer,《慣用》hacer la corte a una mujer

いいわけ 言い訳　excusa *f.*, explicaciones *fpl.*, disculpa *f.*, (口実) pretexto *m.* ⇒こうじつ(口実)‖ うまい言い訳 buena excusa *f.*, buen pretexto *m.*／苦しい言い訳 excusa *f.* insostenible／君の言い訳は聞きたくない No quiero escuchar tus excusas.／言い訳無用 ¡Nada de excusas!／言い訳をでっち上げる inventar「una excusa [un pretexto]／君は何でも言い訳の材料にする Cualquier cosa te sirve de pretexto.

▶言い訳(を)する dar「una excusa [explicaciones], poner un pretexto ‖ 遅刻の言い訳をする presentar *sus* excusas por haber llegado tarde, excusarse por *su* retraso

いいわたす 言い渡す　（宣告する）sentenciar, condenar, (通告する) notificar, (命じる) mandar, ordenar ‖ 裁判所は被告(男性)に1年の刑を言い渡した El juzgado「condenó [sentenció] a un año de prisión al acusado.／医師(男性)は患者(男性)に絶対安静を言い渡した El médico ordenó reposo absoluto al paciente.

いいん 医院　clínica *f.*, consultorio *m.* ⇒クリニック‖医院へ行く ir a una clínica

いいん 委員　miembro *com.* de「un comité [una comisión]‖委員に選ばれる ser elegido[da] miembro de un comité／委員になる hacerse miembro de un comité／委員を務める trabajar como miembro de un comité

▣**委員長** presiden*te*[*ta*] *mf.*「del comité [de la comisión]

いいんかい 委員会　comité *m.*, comisión *f.*, junta *f.*

▣**日本オリンピック委員会** Comité *m.* Olímpico Japonés

▣**国連人権委員会** Comisión *f.* de Derechos

Humanos de las Naciones Unidas

いう 言う ❶ (述べる) decir, (話す) hablar ‖ 大事なことを言う decir algo importante ／ 君は言いたい放題言う Dices todo lo que se te viene a la boca. ／ あなたのことを言っているのではありません No estamos hablando de usted. ／ 言っていいことと悪いことがある Hay cosas que se pueden decir, pero hay otras que es mejor callarse. ／ 乗馬と言えば…「Hablando [Tratándose] de equitación... ／ 言っておくけど(君に)para que lo sepas, (断っておくけど) Que quede claro que『+直説法』. ／ 君はそんなことを言えた義理か No tienes derecho a decir eso.
❷ (表現する) expresar, (自分の考えを) expresarse ‖ スペイン語では言いたいことがうまく言えない No sé expresarme bien en español. ／ 言うに言われぬ苦労 sufrimiento m. 「indescriptible [indecible].
❸ (命令する) decir a ALGUIEN que『+接続法』‖ 先生(男性)は授業に遅刻しないように生徒たちに言う El profesor dice a los alumnos que no lleguen tarde a clase.
❹ (その他) ‖ 体が言うことをきかない Mi cuerpo no me obedece.
▶︎ 〜という ‖ 山本という人 un[una] tal Yamamoto ／ 百億円という金 la suma nada menos de diez mil millones de yenes／山という山、川という川 todos los montes y ríos habidos y por haber
❺ 《慣用表現》
慣用 〜は言うまでもない「Ni que decir tiene que [Por supuesto que]『+直説法』.
慣用 〜は言うに及ばない Huelga decir que『+直説法』.
慣用 〜は言わずと知れたことだ Es de sobra conocido que『+直説法』.
慣用 言わないこっちゃない ¡Ya ves! ¦ ¡Te lo dije!
慣用 言うことなし Es impecable. ¦ (これ以上望めない)《慣用》...miel sobre hojuelas《文の後にウつる》
諺 言わぬが花だ《諺》Más vale callar que 「mal hablar [malhablar].
諺 言うは易く行うは難し《諺》Del dicho al hecho hay (un) gran trecho.

いえ 家 ❶ (住居) casa f. ‖ 大きな家 casa f. grande ／ 小さな家 casa f. pequeña ／ 狭い家 casa f. estrecha ／ 広々とした家 casa f. espaciosa ／ 庭のある家 casa f. con un jardín ／ わらぶき屋根の家 casa f. con un tejado de paja ／ 家と土地 casa f. y terreno m. ／ 大きな家に住む vivir en una casa grande ／ 住む家がある tener una casa para vivir ／ 家を建てる construir una casa ／ 家を借りる alquilar una casa ／ 家を探す buscar una casa ／ 家を越す mudarse de casa
❷ (家庭) hogar m., (家族) familia f. ‖ 家の者familiar m. ‖ ここが私の家だ Este es mi hogar. ／ 家にいる estar en casa ／ 家に帰る「llegar [volver, regresar] a casa ／ 一つ家に暮らす vivir bajo el mismo techo ／ 家に閉じこもる encerrarse en casa ／ 〜の家に泊まる alojarse en la casa de ALGUIEN ／ 家に招く invitar a ALGUIEN a *su* casa ／ 家に寄りつかない no parar en casa ／ 彼女は結婚して夫の家に入った Ella se casó y fue a vivir con la familia de su marido. ／ 私の家は貧しい Mi familia es pobre. ／ 家を空ける ausentarse de casa ／ 家を訪ねる visitar la casa de ALGUIEN ／ 家を出る「irse [marcharse] de casa ／ 家を出る salir de casa
❸ (家系) linaje m., familia f. ‖ 名門の家 familia f. de buen linaje ／ 武門の家 familia f. de samurái ／ 家を継ぐ/家の跡を取る heredar la casa

いえがら 家柄 (家の格) posición f. social de una familia, (家系) linaje m. ‖ 家柄がよい ser de buena familia ／ 家柄が悪い ser de familia humilde

いえき 胃液 jugo m. gástrico

いえじ 家路 ‖ 家路につく「emprender [tomar] el camino de vuelta a casa, ponerse en camino ／ 家路を急ぐ apresurarse en llegar a casa

イエス ❶ (はい) sí ⇒はい ‖ イエスかノーか言いなさい Di "sí" o "no".
▲イエスマン ‖ 彼はイエスマンだ Él es un pelotillero.
❷ Jesucristo ‖ イエスはベツレヘムに生まれた Jesucristo nació en Belén.

いえで 家出
▶︎ 家出する「fugarse [irse] de casa, huir de *su* casa ‖ 彼の妻は子供たちを連れて家出した Su esposa se fue de casa con los niños.
▲家出少年[少女] niño[ña] mf. que se ha escapado de casa
▲家出人 ‖ 家出人を探す buscar a una persona que se ha fugado de casa

いえども ‖ 警官といえども、間違いは犯すだろう El hecho de ser policía no impide que cometa un error. ¦ Aunque sea policía, podría cometer un error.

いえなみ 家並み hilera f. de casas ‖ 街の中心に美しい家並みがある En el centro de la ciudad hay bonitas casas alineadas.

いえもと 家元 maes*tro*[tra] mf. heredero[ra] de una escuela de un arte tradicional japonés ‖ 華道の家元 maes*tro*[tra] mf. heredero[ra] de arreglo floral

いえる 癒える curarse, sanarse ⇒ なおる(治る) ‖ 心の傷は容易には癒えない El trauma no se cura fácilmente.

イエロー ⇒きいろ(黄色)
▲イエローカード tarjeta f. amarilla

いえん 胃炎 gastritis f.[=pl.] ‖ 胃炎になる

いおう

「sufrir [tener] gastritis／胃炎を治療する curar la gastritis
▫急性胃炎 gastritis *f.*[=*pl.*] aguda
▫慢性胃炎 gastritis *f.*[=*pl.*] crónica

いおう 硫黄 〔化学〕azufre *m.*《記号 S》
▶硫黄の sulfúr*ico*[*ca*]
▶硫黄泉 manantial *m.* sulfuroso

イオン ion *m.*, ión *m.*
▶イオン化 ionización *f.*
▫陽イオン catión *m.*
▫陰イオン anión *m.*
▫マイナスイオン ion *m.* negativo
▫イオン空気清浄機 purificador *m.* de aire iónico
▫イオン交換樹脂 resina *f.* de intercambio iónico

いか 以下‖5人以下 cinco o menos personas／半分以下 menos de la mitad／10以下の数 número *m.* inferior a diez／100ユーロ以下の商品 artículo *m.* de 100 euros o menos／以下のように como sigue／以下同様 y así sucesivamente／平均以下の給料 sueldo *m.* inferior a la media

いか 医科 （医学部）Facultad *f.* de Medicina
▫医科大学 escuela *f.* universitaria de medicina

いか 烏賊 calamar *m.*,（モンゴウイカ）sepia *f.*,（小型のイカ）chipirón *m.* ‖ パエーリャにイカを入れる poner calamares en la paella

いか 異化 disimilación *f.*,《生物》catabolismo *m.*

いが 毬 erizo *m.* ‖ 栗のいが erizo *m.* de castaña

いがい 以外‖私は金曜日以外は時間がある Tengo tiempo libre「excepto [salvo, menos] los viernes.／私以外は全員その会議に出席した Todos, menos yo, asistieron a la reunión.／私には叔父以外に親戚はいません No tengo otro pariente que mi tío.／私たちはその申し出に応じる以外にない No tenemos más remedio que aceptar esta oferta.

いがい 意外
▶意外な inespera*do*[*da*], imprevis*to*[*ta*], sorprendente ‖ 意外な喜び alegría *f.*「inesperada [imprevista]／意外なところで en un lugar inesperado
▶意外に(も) inesperadamente, sorprendentemente ‖ 事態は意外に深刻だ La situación es más grave de lo que pensaba.／先月の雇用データは意外にもよかった Los datos de empleo del mes pasado son inesperadamente buenos.

いがい 遺骸 ⇒いたい（遺体）

いかいよう 胃潰瘍 úlcera *f.*「gástrica [de estómago]

いかが 《疑問副詞》cómo, qué tal ‖ ごきげんいかがですか？／¿Cómo está usted?／¿Cómo se encuentra usted?／コーヒーはいかがですか？ ¿Le apetece un café?｜¿Quiere tomar café?／この帽子はいかがですか？ ¿Qué le parece este sombrero?

いかがわしい （疑わしい）sospecho*so*[*sa*], dudo*so*[*sa*],（下品な）indecente ‖ いかがわしい人物「tipo *m.* [individuo *m.*] sospechoso／いかがわしい映画 película *f.* indecente／いかがわしい商売 negocio *m.* oscuro

いかく 威嚇 amenaza *f.*, intimidación *f.*
▶威嚇する amenazar, intimidar
▶威嚇的な amenaza*dor*[*dora*] ‖ 威嚇的な態度 actitud *f.* amenazadora
▫威嚇射撃「tiro *m.* [disparo *m.*] de advertencia‖威嚇射撃をする「efectuar [hacer] un disparo de advertencia al aire

いがく 医学 medicina *f.*, ciencia *f.* médica ‖ 医学を学ぶ estudiar medicina／医学を専攻する especializarse en medicina
▶医学の médi*co*[*ca*]
▶医学的に ‖ 医学的に見ると desde el punto de vista médico
▫医学博士 doc*tor*[*tora*] *mf.* en Medicina
▫医学部 Facultad *f.* de Medicina

いかくちょう 胃拡張 dilatación *f.* gástrica

いがぐりあたま 毬栗頭 cabeza *f.*「rapada [pelada] ‖ 毬栗頭である tener la cabeza rapada

いかさま engaño *m.*, trampa *f.* ‖ いかさまにひっかかる caer en「un engaño [una trampa]
▫いかさま師 estafa*dor*[*dora*] *mf.*, trampo*so*[*sa*] *mf.* ⇒さぎ（⇒詐欺師）

いかす 生かす／活かす （生かせておく）dejar vivir a ALGUIEN,（活用する）aprovechar, utilizar, valerse《de》‖ 知識を生かす aprovechar *sus* conocimientos／お前たちを生かすも殺すも俺次第だ Vuestra vida está en mis manos.

いかだ 筏 balsa *f.* ‖ いかだを作る hacer una balsa／いかだで川を下る viajar en balsa por un río

いがた 鋳型 molde *m.*

いかつい 厳つい du*ro*[*ra*] ‖ いかつい手 mano *f.* recia／いかつい人相 facciones *fpl.* duras

いかなる cualquier 『+単数名詞』,《否定的に》ningún『+男性単数名詞』, ninguna『+女性単数名詞』‖ いかなる困難に見舞われても a pesar de cualquier dificultad que se presente／いかなる状況下でも彼女は感情に流されない Ella no se deja llevar por sus sentimientos en ninguna circunstancia.／いかなる事情があろうと、期限後の申請は受け付けません No se aceptará ninguna solicitud una vez pasada la fecha límite.

いかに《疑問副詞》cómo ‖ 公共の場所でいかに振る舞うべきか ¿Cómo se comporta en lugares públicos? ／結果はいかに ¿Cuál será el resultado? ／いかに貧しくとも私たちはがんばらなければならない Por muy pobres que seamos, tenemos que salir adelante.

いかにも (とても) muy, (本当に) realmente, (まさに) exactamente, precisamente, (確かに) ciertamente ‖ いかにも彼らしいコメントだ Es un comentario muy propio de él. ／彼女はいかにもうれしそうだ Parece que ella está realmente contenta. ／いかにも、君の言う通りだ「Exactamente [Precisamente, Ciertamente], tienes razón.

いがみあい いがみ合い pelea f., discusión f.

いがみあう いがみ合う pelearse, discutir, 《慣用》andar a la greña, 《慣用》tirarse los trastos a la cabeza ‖ 細かいことでいがみ合う「pelearse [reñir, discutir] por pequeñeces ／いがみ合って暮らす vivir peleándose

いかめしい 厳しい solemne, majestuo*so* [*sa*], (顔つきが) adus*to*[*ta*] ‖ いかめしい寺 templo *m.* majestuoso ／いかめしい顔つきで con rostro adusto

いかカメラ 胃カメラ gastroscopio *m.*, endoscopio *m.* digestivo [gastrointestinal] ⇒ ないしきょう(内視鏡) ‖ 胃カメラ検査 examen *m.* gastroscópico

いがらっぽい irrita*do*[*da*] ‖ 喉がいがらっぽい tener la garganta irritada, tener carraspera en la garganta

いかり 怒り enfado *m.*, enojo *m.*, (大きな怒り) cólera *f.*, rabia *f.*, coraje *m.*, (激しい怒り) ira *f.*, furia *f.*, (憤怒) indignación *f.* ‖ 戦争への怒り indignación *f.* [por [contra] la guerra, (憎しみ) odio *m.* a la guerra ／怒りがこみあげてきた Me entraba rabia. ／時間とともに父の怒りはおさまった Con el tiempo se le pasó el enojo a mi padre. ／怒りをおさえる contener *su* [ira [indignación, rabia] ／(誰かの) 怒りを買う provocar el enojo de ALGUIEN ／(誰かの) 怒りを鎮める [calmar [apaciguar] la ira de ALGUIEN ／上司(男性)は怒りを爆発させた El jefe estalló [de [en] ira. ／怒りをぶつける descargar *su* [ira [cólera] (contra) ／怒り狂う ponerse furio*so*[*sa*], reventar de rabia

▣怒り心頭に発する llenarse de rabia

いかり 錨 ancla *f.*, áncora *f.* ‖ 錨を下ろす echar anclas ／錨を上げる levar anclas

いかりがた 怒り肩 hombros *mpl.* cuadrados

▶怒り肩の cuadra*do*[*da*] de hombros

いかる 怒る enfadarse, enojarse ⇒おこる

いかれる (故障する) estropearse, averiarse, (頭がおかしくなる) volverse lo*co*[*ca*] ‖ (私の) パソコンがいかれてしまった Se me ha estropeado el ordenador personal. ／彼は彼女にいかれている Él está perdidamente enamorado de ella.

いかん 理由のいかんを問わず cualquiera que sea la razón que se alegue

▶いかんせん ‖ いかんせん景気が悪い Lamentablemente la economía está [deprimida [estancada].

▶いかんとも ‖ この問題はいかんともしがたい Este problema no tiene solución posible.

いかん 移管 transferencia *f.*

▶移管する transferir ‖ 政権を移管する transferir el poder (político) 《a》

◨民政移管 transferencia *f.* democrática

いかん 遺憾 ‖ 遺憾なく能力を発揮する demostrar sobradamente *su* capacidad

▶~は遺憾である Es lamentable que [+接続法].

▶遺憾ながら lamentablemente ‖ 遺憾ながらプロジェクトは中止となった Lamentablemente se suspendió el proyecto.

▶~を遺憾に思う [lamentar [sentir] que [+接続法]

いがん 胃癌 cáncer *m.* [de estómago [gástrico] ‖ 胃がんになる [tener [sufrir, padecer] un cáncer de estómago ／胃がんを治す curar el cáncer de estómago

いき 息 ❶ (呼吸) respiración *f.*, (呼気) aliento *m.*, espiración *f.*, (吸気) aspiración *f.* ‖ 吐く息 espiración *f.*, 荒い息 respiración *f.* [fatigosa [jadeante] ／息を吸う inspirar, aspirar ／息を吐く espirar, echar el aliento ／鼻から息を吸って、口から吐く inspirar por la nariz y espirar por la boca ／息をする respirar ／息を止める contener la respiración ／深く息をする respirar [profundamente [hondo] ／走ると私は息が苦しい Me falta el aliento al correr. ／息がある estar respirando, respirar

❷《慣用表現》

[息が]

〔慣用〕息が合う formar una buena pareja 《con》

〔慣用〕息が合わない no formar una buena pareja, no llevarse bien

〔慣用〕息がかかる estar bajo la protección de ALGUIEN ‖ 社長(男性)の息がかかっている ser *un*[*una*] protegi*do*[*da*] del director general

〔慣用〕息が通う (生きている) estar vi*vo*[*va*] ‖ 作者の息が通った作品 obra *f.* en la que puso toda su alma *el*[*la*] au*tor*[*tora*]

〔慣用〕息が切れる cortarse la respiración, (中途でやめる) no poder continuar ‖ 私は息が切れる (喘ぐ) Se me corta la respiración.

〔慣用〕息が絶える fallecer, dejar de respirar

〔慣用〕息が続く (持久力がある) tener mucha resistencia

[慣用]息が詰まる ahogarse, sentirse ahogado[da] ‖ 蒸し暑さで息が詰まる Me ahogo con el bochorno.

[慣用]息が長い duradero[ra] ‖ 息が長い作品 obra f. duradera

[息を]

[慣用]息を入れる（休憩する）tomarse un respiro, descansar

[慣用]息を切らす jadear, resollar, quedarse sin aliento

[慣用]息を殺す/息を凝らす/息を詰める/息をひそめる contener el aliento

[慣用]息(を)つく espirar profundamente, (休む) tomarse un respiro, descansar

[慣用]息をつぐ respirar, (休む) descansar, tomarse un respiro

[慣用]息を抜く descansar, tomarse un respiro

[慣用]息を呑む quedarse sin respiración ‖ 景色の美しさに私は息を呑んだ La belleza del paisaje me dejó sin aliento.

[慣用]息を弾ませる jadear, resollar

[慣用]息をひきとる fallecer, expirar, morir(se)

[慣用]息を吹き返す「recuperar [recobrar] el conocimiento

[その他]

[慣用]息の根を止める matar, rematar

[慣用]息もつかせず《慣用》sin respirar

いき 粋
▶粋な chic, elegante, distinguido[da] ‖ 粋な服装 vestido m. 「chic [elegante]

いき 域 （段階）etapa f., （範囲）ámbito m. ‖ 新たな域に入る entrar en una nueva etapa ／プロの域に達する alcanzar el nivel de un profesional ／これはまだ推測の域を出ない Esto no es más que una simple suposición.

いき 生き/活き
▶生きのいい （新鮮な）fresco[ca], (活気のある) vivo[va] ‖ 生きのいい魚 pescado m. fresco

いき 行き （往き）ida f. ‖ バルセロナ行きの電車 tren m. con destino a Barcelona

いき 意気 moral f., ánimo m., (熱意) entusiasmo m. ‖ 意気が揚がる animarse, llenarse de moral, entusiasmarse ／意気に感じる (やる気が出る) sentirse motivado[da] ／意気揚々と con aire triunfante, con la moral alta ／意気消沈している estar deprimido[da], 《慣用》tener la moral por los suelos ／二人はすぐに意気投合した Los dos enseguida hicieron buenas migas.

いぎ 異議 objeción f. ‖ 異議を唱える poner una objeción 《a》, oponer objeción 《a》, oponerse 《a》, objetar ／異議を申し立てる「presentar [formular] una objeción ／異議あり（会議で）Protesto.

いぎ 意義 sentido m., significado m., valor m. ‖ 人生の意義 sentido m. de la vida ／人生に何らかの意義を見出す encontrarle algún sentido a la vida
▶意義のある significativo[va], (重要な) importante ‖ 意義のある人生を送る「vivir [llevar] una vida digna de ser vivida

いきあたりばったり 行き当たりばったり al azar, 《慣用》a la buena de Dios ‖ 行き当たりばったりに決める decidir ALGO 「al azar [arbitrariamente] ／彼は行き当たりばったりでものを言う Él dice lo primero que se le ocurre.

いきあたる 行き当たる encontrar, tropezar 《con》, dar 《con》‖ 困難に行き当たる tropezar con una dificultad ／旧市街を散歩していたら、私は古い教会に行き当たった Paseando por el casco antiguo, di con una iglesia vieja.

いきいき 生き生き
▶生き生きした vivo[va], vívido[da], vivaracho[cha] ‖ 生き生きした目 ojos mpl. vivos ／生き生きした表情をしている tener una expresión vivaracha
▶生き生きと vivamente, vívidamente ‖ ゴヤの幼少期を生き生きと描く describir vívidamente la infancia de Goya

いきうつし 生き写し ‖ 娘は父親の生き写しである《慣用》La hija es el vivo retrato de su padre. ¦《慣用》La hija y el padre se parecen como dos gotas de agua.

いきうめ 生き埋め ‖ 生き埋めにする enterrar a ALGUIEN vivo ／生き埋めになる quedar enterrado[da] vivo[va]

いきおい 勢い fuerza f., energía f., ímpetu m. ‖ 破竹の勢いで con una fuerza「arrolladora [aplastante], con un ímpetu imparable ／酔った勢いで por efecto del alcohol ／勢いがある tener fuerza ／勢いが衰える perder su fuerza ／勢いを増す cobrar fuerza, aumentar su fuerza ／勢い余って en un arranque de fuerza ／勢いよく con mucha「fuerza [energía], enérgicamente, impetuosamente

いきおいづく 勢いづく cobrar「fuerza [impulso], (活気づく) animarse ‖ レアル・マドリードが勝って、ファンは勢いづいた Con la victoria del Real Madrid, se animaron los hinchas.

いきがい 生き甲斐 razón f. de vivir, (生きる喜び) placer m. de vivir ‖ 生きがいのある生活 vida f. motivada ／生きがいを感じる sentir el placer de vivir

いきかう 行き交う transitar, circular, ir y venir ‖ ここは沢山の自動車が行き交う Aquí circulan muchos vehículos. ／行き交う人でにぎわう通り calle f. llena de gente que va y viene

いきかえり 行き帰り ida f. y vuelta f. ‖ 仕

事の行き帰りの道のり trayecto *m.* de ida y vuelta al trabajo

いきかえる　生き返る　resucitar, renacer, recobrar la vida, (元気を取り戻す) reanimarse ‖ 死後2日目に生き返る resucitar dos días después de *su* muerte／生き返った気持ちになる sentirse resucita*do*[*da*]

いきがかり　行き掛かり
▶行き掛かり上 por la fuerza de las circunstancias, (止むを得ぬ事情で) por (causas de) fuerza mayor ‖ 行き掛かり上仕事を引き受けることになった Las circunstancias me obligaron a aceptar el trabajo.

いきがけ　行き掛け　de camino ⓐ, (ついでに) de pasada ‖ 私は仕事の行き掛けに郵便局に寄る De camino al trabajo paso por la oficina de correos.

いきかた　生き方　[manera *f.* [modo *m.*] de vivir

いきき　行き来　(往来) tránsito *m.*, circulación *f.* ‖ 自動車の行き来 ir y venir de coches (冠詞は男性単数形を使う)
▶行き来する transitar, circular, ir y venir, (付き合う) tratar《con》‖ 日本とスペインを頻繁に行き来する hacer frecuentes viajes entre Japón y España

いきぎれ　息切れ　jadeo *m.*, respiración *f.* jadeante
▶息切れする jadear, resollar, quedarse sin aliento

いきぐるしい　息苦しい　sofocante, asfixiante ‖ 息苦しい雰囲気 ambiente *m.* sofocante／居間に煙が充満していて私は息苦しかった Sentía ahogo en aquella sala llena de humo.

いきごみ　意気込み　entusiasmo *m.*, afán *m.*, ímpetu *m.* ‖ 強い意気込みを見せる mostrar mucho entusiasmo《por》

いきごむ　意気込む　animarse, alentarse, afanarse《por》‖ 試験でいい点数を取ろうと意気込む afanarse por sacar buenas notas en el examen

いきさき　行き先　destino *m.* ‖ 行き先を決める decidir el destino

いきさつ　経緯　(経緯) transcurso *m.*, (展開) desarrollo *m.*, (推移) evolución *f.* ‖ 事件のいきさつを教える poner a ALGUIEN en antecedentes del caso／いきさつを知っている estar en antecedentes《de》

いきざま　生き様　⇒いきかた(生き方)

いきじびき　生き字引き　enciclopedia *f.* [ambulante [viviente, andante]

いきすぎ　行き過ぎ　(度を越えた行為) excesos *mpl.*, pasada *f.*

いきすぎる　行き過ぎる　(通り過ぎる)《慣用》pasar de largo, (度を越す) pasarse, excederse《en》,《慣用》pasarse de rosca

いきた　生きた　vi*vo*[*va*], (生きている) vi-viente ‖ 生きた蛙 rana *f.* viva／生きた手本 ejemplo *m.* viviente

いきちがい　行き違い　⇒ゆきちがい
いきちがう　行き違う　⇒ゆきちがう
いきづかい　息遣い　‖ 息遣いが荒い tener una respiración jadeante, respirar fatigosamente, (音を立てて) respirar ruidosamente

いきつぎ　息継ぎ　respiración *f.*
▶息継ぎする respirar, (休む) descansar

いきづく　息づく　‖ インカの文化が息づいている町 ciudad *f.* donde [están presentes [perviven] las huellas de la cultura incaica

いきづくり　生き造り　preparación *f.* de *sashimi* de un pescado vivo ‖ 鯛の生き造り besugo *m.* hecho *sashimi* y preparado en su forma original

いきつけ　行き付け
▶行き付けの frecuenta*do*[*da*]《por》, (お気に入りの) favori*to*[*ta*] ‖ 私の行き付けのレストラン mi restaurante favorito

いきづまり　行き詰まり　(袋小路) callejón *m.* sin salida, (停滞) estancamiento *m.*,《慣用》punto *m.* muerto,《慣用》vía *f.* muerta ‖ 交渉の行き詰まりを打開する romper el punto muerto de las negociaciones

いきづまる　息詰まる　‖ 息詰まるような瞬間 momentos *mpl.* de gran tensión／息詰まるような接戦 partido *m.* muy reñido

いきづまる　行き詰まる　estancarse, meterse en un callejón sin salida, entrar en [punto muerto [vía muerta] ‖ 交渉は行き詰まっている Las negociaciones se encuentran estancadas.

いきどおり　憤り　indignación *f.* ‖ 憤りを感じる／憤りを覚える sentir indignación《por, contra》

いきどおる　憤る　(憤慨する) indignarse, sentirse indigna*do*[*da*], (怒る) enojarse, enfadarse ‖ 増税に憤る indignarse por el aumento de los impuestos

いきとどく　行き届く　⇒ゆきとどく
いきどまり　行き止まり　⇒ゆきどまり
いきながらえる　生き長らえる　(長生きする) vivir muchos años, (生き延びる) sobrevivir《a》

いきなり　de repente, bruscamente, súbitamente, (予告なしに) sin previo aviso, (前置きなしに) sin preámbulos ⇒とつぜん(突然) ‖ いきなり子供が通りに飛び出した De repente un niño salió corriendo a la calle.

いきぬき　息抜き　diversión *f.*, (休息) descanso *m.*, respiro *m.*,《慣用》válvula *f.* de escape ‖ 私にとって旅行は息抜きです Viajar es para mí una válvula de escape.
▶息抜きする divertirse《con》, (休息する) descansar, darse un respiro ‖ 音楽で息抜きする descansar con la música

いきぬく　生き抜く　‖ 競争を生き抜く sobrevivir a la competencia

いきのこり 生き残り supervivencia *f.*, (人) superviviente *com.* ‖ 生き残りをかけて戦う luchar por *su* supervivencia

いきのこる 生き残る sobrevivir《a》

いきのびる 生き延びる sobrevivir《a》‖ 戦争を生き延びる sobrevivir a la guerra

いきもの 生き物 ser *m.* 「vivo [viviente]

いきょう 異教 religión *f.* diferente a la propia, (キリスト教にとって) paganismo *m.* ◪異教徒 paga*no*[*na*] *mf.*, infiel *com.*

いきょう 異郷 tierra *f.* 「extranjera [extraña], extranjero *m.*

いぎょう 偉業 hazaña *f.*, proeza *f.* ‖ 偉業を成し遂げる「realizar [lograr] una hazaña, 「realizar [llevar a cabo] una proeza

イギリス Reino *m.* Unido, Inglaterra
▶イギリスの inglés[*glesa*], británi*co*[*ca*]
◪イギリス英語 inglés *m.* británico
◪イギリス人 in*glés*[*glesa*] *mf.*
◪イギリス連邦 Mancomunidad *f.* de Naciones

いきりたつ いきり立つ ponerse furio*so*[*sa*], ponerse rabio*so*[*sa*] ‖ いきり立った観衆 público *m.* enfurecido

いきる 生きる vivir ‖ 生きる希望 esperanza *f.* de vivir ／ 生きる力「fuerza *f.* [energía *f.*] para vivir ／ 生きる喜び alegría *f.* de vivir ／ 海に生きる人々 gente *f.* que vive en el mar ／ 武士が生きた時代 época *f.* en que vivieron los samuráis ／ 百歳まで生きる vivir hasta los cien años ／ 農業で生きる (生計を立てる) vivir de la agricultura ／ 空想の世界に生きる vivir en un mundo de fantasía ／ 真実に生きる vivir con y por la verdad ／ 質素に生きる vivir modestamente ／ 人間らしく生きる vivir humanamente ／ 父は私の心の中で生きている Mi padre vive en mi corazón. ／ この迷信は村でまだ生きている Esta superstición aún sigue 「viva [existiendo] en el pueblo.
(慣用)生きるか死ぬか,それが問題だ (ハムレットの台詞) Ser o no ser, esa es la cuestión.
(慣用)生きた心地もしない《慣用》estar más muer*to*[*ta*] que vi*vo*[*va*]

いきわかれ 生き別れ
▶生き別れになる separarse de ALGUIEN para siempre ‖ 戦争で彼女は母親と生き別れになった La guerra la separó de su madre para siempre. ¦ Debido a la guerra ella se separó de su madre para siempre.

いきわたる 行き渡る (全員に届く) llegar para todos, (普及する) difundirse ‖ 食事が全員に行き渡った La comida llegó para todos.

いく 行く／往く ir《a》, (駆けつける) acudir《a》, (向かう) dirigirse《a, hacia》, encaminarse《a》, (訪れる) visitar; (物事が進行する) ir, marchar, funcionar ‖ 学校に行く ir a la escuela ／ 散歩に行く「ir [salir] de paseo ／ 駅へ両親を迎えに行く ir a la estación a buscar a *sus* padres ／ 東京から青森まで行く ir desde Tokio hasta Aomori ／ 私はパーティーには行きません No voy a la fiesta. ／ このバスはグラナダまで行きますか ¿Va este autobús hasta Granada? ／ 多くの観光客が道を行く Muchos turistas pasean por las calles. ／ 湖をヨットが行く Un velero surca el lago. ／ すべてが思い通りに行った《慣用》Todo me salió a pedir de boca.

イグアナ iguana *f.* (雄・雌)

いくさ 戦 batalla *f.*, guerra *f.*, combate *m.* ‖ 戦に勝つ ganar una batalla ／ 戦に負ける perder una batalla

いくじ 意気地
▶意気地のない(人) cobarde (*com.*), pusilánime (*com.*), 《話》gallina (*com.*)

いくじ 育児 cuidado *m.* de 「niños [hijos] ‖ 育児に専念する dedicarse al cuidado de *su* hi*jo*[*ja*]
▶育児する criar a *su* hi*jo*[*ja*]
◪育児学 puericultura *f.*
◪育児休暇「baja *f.* [excedencia *f.*] por maternidad
◪育児室「sala *f.* [cuarto *m.*] de niños
◪育児書「guía *f.* [libro *m.*] de puericultura

いくせい 育成 formación *f.*
▶育成する formar, educar ‖ 後継者を育成する formar a *su* suce*sor*[*sora*]

いくた 幾多
▶幾多の numero*so*[*sa*] ⇒ おおく(⇒多くの)・⇒たくさん(⇒たくさんの) ‖ 幾多の困難を乗り越える superar numerosas dificultades

いくつ 幾つ 《疑問詞》(数を聞く) cuán*tos*[*tas*] ‖ いくつ必要ですか ¿Cuántos se necesitan? ／ 彼女はいくつですか ¿Cuántos años tiene ella?

いくつか 幾つか
▶いくつかの u*nos*[*nas*] (cuan*tos*[*tas*]) 『+複数名詞』, algu*nos*[*nas*] 『+複数名詞』, va*rios*[*rias*] 『+複数名詞』, u*no*[*na*] que o*tro*[*tra*] 『+単数名詞』 ‖ いくつかの誤植 algunas erratas ／ いくつかのこと unas cuantas cosas

いくつも 幾つも
▶いくつもの mu*chos*[*chas*] 『+複数名詞』, un montón de 『+複数名詞』 ⇒おおく(⇒多くの)・⇒たくさん(⇒たくさんの) ‖ いくつもの問題がある tener un montón de problemas

いくど 幾度 (何回)《疑問詞》cuán*tos*[*tas*] ⇒なんかい(何回)
▶いくども (en) repetidas veces, (en) múltiples veces

いくどうおん 異口同音
▶異口同音に (声をそろえて) a coro, a una voz, (一斉に)《慣用》como un solo hombre,

いげん

(満場一致で) unánimemente ‖ 異口同音に「はい」と言う decir a coro que "sí"

いくぶん 幾分 (ある程度) algo, un poco → いくらか(幾らか)

いくら 幾ら 《疑問詞》cuán*to[ta, tos, tas]* ‖ これはいくらですか ¿Cuánto 「es [cuesta] esto? / このセーターはいくらですか ¿Qué precio tiene este jersey? / いくら働いても、君は億万長者にはなれないよ Por「mucho [más] que trabajes, no te harás multimillona*rio[ria]*. / いくら用心しても、用心しすぎるということはない Cualquier precaución es poca.
〖慣用〗いくら何でも (理由がどうであれ) sean cuales sean「las razones [los motivos], cualesquiera que sean「las razones [los motivos]

いくらか 幾らか (数) algu*nos[nas]*〖+可算名詞複数形〗, (量) al*gún[guna]*〖+不可算名詞単数形〗, (少し) un poco, algo ‖ 昨日よりいくらか気分がよい Me encuentro「algo [un poco] mejor que ayer. / いくらかスペイン語が分かります Entiendo algo de español.

いくらでも 幾らでも ‖ いくらでも食べなさい Come todo lo que quieras. / このプロジェクトに私はいくらでも投資します Voy a invertir en este proyecto todo el dinero que haga falta.

いくらも 幾らも ‖ 私はワインをいくらも飲まなかった Apenas tomé nada de vino. / 空港まで時間はいくらもかかりません No se tarda nada hasta el aeropuerto.

いけ 池 estanque *m.*, charca *f.*

いけい 畏敬 respeto *m.* reverencial ‖ 畏敬の念を抱く sentir un respeto reverencial 《por》

いけいれん 胃けいれん calambre *m.*「estomacal [de estómago]

いけがき 生け垣 seto *m.* (vivo)

いけす 生け簀 vivero *m.*

いけどり 生け捕り captura *f.* en vivo
▶生け捕りにする → いけどる(生け捕る)

いけどる 生け捕る「capturar [atrapar] vi*vo[va]*, capturar en vivo ‖ ワニを生け捕る「capturar [atrapar] vivo un cocodrilo

いけない ❶ (悪い) ma*lo[la]*, mal〖+男性名詞単数形〗⇒ わるい(悪い) ‖ いけない子 (いたずらな) ni*ño[ña]* *mf.* travie*so[sa]* / 酒は体にいけない El alcohol es malo para la salud. / 私のどこがいけないのですか ¿Qué es lo que no hago bien?

❷ (禁止:〜してはいけない) no deber〖+不定詞〗, no haber que〖+不定詞〗《動詞は3人称単数形の無主語で》‖ 食べ過ぎはいけません No debes comer mucho. / 希望を失ってはいけません No hay que perder la esperanza.

❸ (義務:〜しなければいけない) tener que〖+不定詞〗, deber〖+不定詞〗, haber que〖+不定詞〗《動詞は3人称単数形の無主語で》‖ 辛抱しなければいけない Hay que tener paciencia.

❹ (用心:〜するといけないので) ‖ お金が足りないといけないのでカードを持って行きなさい Llévate la tarjeta por si te falta dinero.

いけにえ 生贄 sacrificio *m.*, víctima *f.* ‖ 生贄を捧げる ofrecer un sacrificio 《a》

いけばな 生け花「arreglo *m.* [arte *m.*] floral

いける 行ける ‖ いける口だ (酒飲みだ) ser bebe*dor[dora]*, (酒に強い) aguantar bien el alcohol / このビールはなかなかいける Esta cerveza no está mal.

いける 生ける ‖ 花を花瓶に生ける「arreglar [colocar] flores en un florero

いけん 意見 opinión *f.*, parecer *m.*, (見解) punto *m.* de vista, (忠告) consejo *m.* ‖ 〜という意見である opinar que〖+直説法〗,「ser de [tener] la opinión de que〖+直説法〗/ あなたと同じ意見である Opino lo mismo que usted. ¦ Estoy de acuerdo con usted. ¦ Comparto su opinión. / 意見を述べる/意見を言う「dar [emitir, expresar] *su* opinión / 意見を交わす intercambiar opiniones / 意見を変える cambiar de opinión / 意見を控える reservarse *su* opinión / 全員の意見をまとめる conciliar las opiniones de todos / 意見が対立している Las opiniones están enfrentadas. / この件については意見が分かれている Están divididas las opiniones sobre este tema. / 意見に従う seguir la opinión《de》, (助言に) seguir el consejo / 意見に同調する adherirse a la opinión《de》/ 何かご意見はありませんか ¿Tienen alguna opinión?
▶意見する (助言する) aconsejar, dar un consejo 《a》
◼ 少数意見 opinión *f.* minoritaria
◼ 多数意見 opinión *f.*「mayoritaria [dominante]
◼ 賛成意見 opinión *f.* a favor
◼ 反対意見 opinión *f.* en contra
◼ 意見広告 publicidad *f.* no comercial

いけん 違憲 ‖ この法案は違憲である Este proyecto de ley es「inconstitucional [anticonstitucional]
▶違憲の inconstitucional, anticonstitucional
▶違憲性 inconstitucionalidad *f.*, anticonstitucionalidad *f.*

いげん 威厳 dignidad *f.*, majestuosidad *f.*, imponencia *f.* ‖ 威厳がある/威厳を備える「tener [poseer] la dignidad / 威厳がない carecer de dignidad / 威厳を保つ「mantener [conservar] la dignidad / これは威厳にかかわる問題だ Esto es un asunto de dignidad. / 威厳を示す mostrar *su* dignidad / 威厳にあふれる (誰かが) rebosar dignidad

いご /威厳のある majestuoso[sa], imponente

いご 以後 de aquí en adelante ‖ 7時以後は在宅しています Estoy en casa desde las siete en adelante. ／以後気をつけます Tendré cuidado de ahora en adelante.

いご 囲碁 《日本語》go m., (説明訳) juego m. de mesa estratégico procedente de China ⇒ご(碁)

いこい 憩い descanso m., reposo m. ‖ 憩いのひととき「hora f. [tiempo m.] de recreo ／憩いの場 lugar m. de descanso, espacio m. de recreo

いこう 以降 ⇒いご(以後) ‖ 8月3日以降 desde el 3 de agosto en adelante ／1990年以降「desde el [a partir del] año 1990 en adelante, de 1990 en adelante

いこう 威光 (威厳) autoridad f., (名声) prestigio m., (影響力) influencia f. ‖ 親の威光を笠に着る portarse a *su* capricho por la influencia de *sus* padres

いこう 移行 traslado m., transición f.
▶移行する pasar 《a》‖ 民主主義体制へ段階的に移行する realizar una transición gradual al sistema democrático
◪移行期間 período m. de transición
◪移行措置 medidas fpl. transitorias

いこう 移項 (数学) transposición f.
▶移項する transponer

いこう 意向 intención f., propósito m. ‖ ～する意向である tener la intención de『+不定詞』, pensar『+不定詞』／～する意向を示す／意向を表明する「manifestar [mostrar] *su* intención de『+不定詞』／意向に沿う seguir la intención de ALGUIEN ／意向を確かめる confirmar la intención de ALGUIEN ／意向を尋ねる preguntar a ALGUIEN *sus* intenciones ／意向を伝える comunicar *su* intención《a》

いこう 遺稿 manuscrito m. póstumo

イコール ‖ 1足す2イコール3である Uno más dos igual a tres. ¦ Uno y dos son tres.

いこく 異国 huésped, país m. extranjero ‖ 異国で暮らす vivir en un país extranjero
◪異国情緒 exotismo m. ‖ 異国情緒あふれる建物 edificio m. muy exótico

いごこち 居心地居心地のいいホテル hotel m.「cómodo [acogedor] ／居心地がいい (誰かが)「estar [encontrarse] a gusto, estar cómodo[da], 《慣用》sentirse a *sus* anchas

いじ 依怙地 ⇒いじっぱり(意地っ張り)
▶依怙地である tener la cabeza dura, ser un[una] cabeza dura
▶依怙地な terco[ca], tozudo[da]

いこつ 遺骨 huesos mpl. de un muerto, (火葬の後の) cenizas fpl. ‖ 戦没者の遺骨を拾う recoger los huesos de los muertos de una guerra

いざ (さあ) ¡Venga!

慣用 ～はいざ知らず (～は別として) dejando aparte...
慣用 いざという時 (緊急時) en caso de emergencia ‖ いざという時に備える prepararse para「una emergencia [lo peor]
慣用 いざとなると a la hora de la verdad

いさい 委細 (詳細) detalles mpl., pormenores mpl. ‖ 委細は面談でお知らせします Le informaremos de los detalles en la entrevista.

いさい 異彩 ‖ 異彩を放つ destacarse 《por》, distinguirse 《por》, sobresalir 《por》

いさかい 諍い disputa f., pelea f. ‖ いさかいを起こす「provocar [causar] una disputa ／彼らの間ではいさかいが絶えない Ellos no dejan de discutir.

いざかや 居酒屋 《スペイン》bar m., mesón m., 《中南米》cantina f.

いさぎよい 潔い decidido[da], resuelto[ta], (男らしい) varonil ‖ 潔い態度で con actitud「resuelta [decidida] ／～することを潔しとしない ser demasiado orgulloso[sa] para『+不定詞』
▶潔く resueltamente, limpiamente, (率直に) con franqueza ‖ 潔くあきらめる renunciar resueltamente《a》／潔く謝る disculparse abiertamente／潔く罪を白状する confesar decididamente *su* culpa, (自発的に) confesar voluntariamente *su* culpa ／潔く敗北を受け入れる aceptar deportivamente *su* derrota

いさく 遺作 obra f. póstuma

いざこざ discordia f., disputa f., pelea f. ⇒いさかい(諍い)

いささか un poco, algo ‖ いささか驚く sorprenderse un poco《por》／いささかの疑いもない No cabe la menor duda de que『+直説法』.

いざなう 誘う (誘う) invitar 《a》, (誘惑する) seducir ⇒ さそう(誘う)／旅にいざなう invitar a ALGUIEN a un viaje

いさましい 勇ましい valiente, valeroso[sa], bravo[va] ⇒ゆうかん(⇒勇敢な) ‖ 勇ましい声明 declaración f. valiente
▶勇ましく con valentía, valientemente ‖ 勇ましく戦う luchar valientemente

いさみあし 勇み足 (相撲の決まり手)《日本語》isamiashi m.; (軽率な行為) imprudencia f. ‖ 勇み足で負ける《相撲》perder por salirse accidentalmente del círculo
▶勇み足をする (言動が行き過ぎる) ir más allá de lo prudente, 《慣用》pasarse de rosca

いさめる 諫める reconvenir, amonestar

いさん 胃酸 「acidez f. 「de estómago [estomacal, gástrica]
◪胃酸過多 hiperacidez f. gástrica

いさん 遺産 herencia f., legado m. ‖ 遺産を

残す dejar una herencia ／ 父親の遺産を相続する heredar la fortuna de *su* padre, recibir la herencia de *su* padre ／ 息子たちが父親の遺産を争っている Los hijos se disputan la herencia de su padre.
◨遺産相続 sucesión *f*., herencia *f*.
◨遺産相続人 hered*er*o[*ra*] *mf*.

いし 石 piedra *f*., (小石) guija *f*., guijarro *m*. ‖ 石のベンチ banco *m*. de piedra ／ 碁の石 「ficha *f*. [piedra *f*.] de go ／ 青い石 piedra *f*. azul ／ 石を投げる 「arrojar [lanzar, tirar] una piedra ／ 石みたいに固い du*ro*[*ra*] como una piedra ／ 石のように動かない inmóvil como una roca ／ 石のように黙る《慣用》callarse como un muerto
▶石だらけの pedrego*so*[*sa*] ‖ 石だらけの道 camino *m*. pedregoso
〔慣用〕石にかじりついても《慣用》a toda costa, 《慣用》cueste lo que cueste
〔諺〕石の上にも三年《諺》El que esperar puede, alcanza lo que quiere.

いし 医師 médi*co*[*ca*] *mf*. ‖ 医師になる hacerse médi*co*[*ca*]
◨医師会 colegio *m*. de médicos ‖ 世界医師会 Asociación *f*. Médica Mundial (略 AMM)
◨医師国家試験 examen *m*. nacional para médicos
◨医師団 cuerpo *m*. médico ‖ 国境なき医師団 Médicos Sin Fronteras (略 MSF) (団体なので単数扱い)
◨医師免許 licencia *f*. para ejercer la medicina

いし 意志 voluntad *f*. ‖ 意志が強い [弱い] tener 「mucha [poca] fuerza de voluntad ／ 意志の力 fuerza *f*. de voluntad ／ 自分の意志で禁煙する dejar de fumar por *su* propia voluntad ／ 意志に反して en contra de la voluntad de ALGUIEN ／ 意志を押し通す imponer *su* voluntad ／ 意志を曲げる dejarse convencer, cambiar de idea ／ 意志を曲げない《慣用》no dar *su* brazo a torcer ／ 意志を貫く mantenerse firme en *su* voluntad
◨意志薄弱 ‖ 意志薄弱な人 persona *f*. de voluntad débil

いし 意思 intención *f*., propósito *m*., voluntad *f*. ‖ ～する意思がある tener la intención de 〖＋不定詞〗, tener el propósito de 〖＋不定詞〗 ／ ～と意思が通じる comunicarse 《con》, entenderse 《con》 ／ ～の意思に任せる dejar hacer ALGO a la voluntad de ALGUIEN ／ 意思を尊重する respetar la voluntad de ALGUIEN
◨意思決定 toma *f*. de decisión
◨意思表示 「manifestación *f*. [declaración *f*.] de voluntad, 「manifestación *f*. [declaración *f*.] de intención
◨意思疎通 comunicación *f*. mutua

いし 遺志 故人の遺志 última voluntad *f*. 「del difunto [de la difunta]

いじ 意地 (強情) obstinación *f*., (頑固) terquedad *f*., (誇り) orgullo *m*. ‖ 男の意地 orgullo *m*. de hombre ／ 意地の悪い mali*cioso*[*sa*], mali*gno*[*na*], malva*do*[*da*], perver*so*[*sa*] ／ 意地がきたない (欲張りの) ser ava*ro*[*ra*], (食い意地の張った) ser glo*tón*[*tona*]
〔慣用〕意地でも《慣用》a toda costa, 《慣用》cueste lo que cueste
〔慣用〕～しようと意地になる obstinarse en 〖＋不定詞〗
〔慣用〕意地を通す no ceder
〔慣用〕意地を張る《慣用》seguir en *sus* trece ⇒ いじっぱり(⇒意地っ張りである)

いじ 維持 mantenimiento *m*., manutención *f*.
▶維持する mantener, conservar ‖ 健康を維持する 「mantener [conservar, preservar] la salud ／ 成績を維持する mantener *sus* notas ／ 成長率を維持する mantener la tasa de crecimiento
◨維持費 「gastos *mpl*. [costo *m*.] de mantenimiento

いじ 遺児 hi*jo*[*ja*] *mf*. 「del difunto [de la difunta], (孤児) huérfa*no*[*na*] *mf*.

いしあたま 石頭 (固い頭) cabeza *f*. dura, (頑固な人) cabezota *com*., cabe*zón*[*zona*] *mf*. ⇒がんこ (⇒頑固者) ‖ 石頭である (頑固である)《慣用》ser *un*[*una*] cabeza dura

いしうす 石臼 mortero *m*. de piedra ‖ 石臼で穀物をひく moler cereales en un mortero de piedra

いしがき 石垣 muro *m*. de piedra

いしき 意識 conciencia *f*., conocimiento *m*. ‖ 意識がある estar consciente ／ 罪の意識がある tener sentimiento de culpabilidad ／ 環境に対する意識が低い tener poca conciencia ambiental ／ 意識を取り戻す 「recobrar [recuperar] el conocimiento, 《慣用》volver en *sí* ／ 意識を失う perder el conocimiento, desmayarse ／ 患者(男性)の意識が戻った El paciente 「recobró el conocimiento [volvió en sí].
▶意識的な consciente
▶意識的に conscientemente, (意図的に) intencionadamente, expresamente
▶意識する tener conciencia《de》, ser consciente《de》
◨意識不明 inconsciencia *f*. ‖ 意識不明の inconsciente, sin conocimiento ／ 意識不明の重体である encontrarse en estado grave e inconsciente

いじきたない 意地汚い (欲張りの) ava*ro*[*ra*], (食い意地の張った) glo*tón*[*tona*]
▶意地汚い人 ava*ro*[*ra*] *mf*., glo*tón*[*tona*] *mf*.

いしきりば 石切り場 cantera f.

いじくる 弄くる manosear, juguetear《con》, (触る・手を加える) tocar ⇒いじる(弄る) ‖ 髪の毛をいじくる manosear el pelo

いしけり 石蹴り rayuela f.
▶石蹴りをする jugar a la rayuela

いじける achicarse, apocarse, cohibirse ‖ 失敗していじける achicarse por un error cometido

いしころ 石塊 piedra f. pequeña, (丸い小石) guijarro m., guija f.

いしだたみ 石畳 pavimento m. de「adoquines [piedra], adoquinado m.

いしだたみ

▶石畳の adoquina*do*[da], pavimenta*do*[da] de「adoquines [piedra] ‖ 石畳の道 camino m. adoquinado

いしだん 石段 escalones mpl. de piedra ‖ 石段を登る subir por la escalera de piedra

いしつ 異質 heterogeneidad f.
▶異質な/異質の heterogéne*o*[a], de naturaleza distinta

いじっぱり 意地っ張り ⇒ がんこ(頑固)・ごうじょう(強情)
▶意地っ張りである tener la cabeza dura, ser *un*[una] cabeza dura
▶意地っ張りな(人) cabe*zón*[zona] (mf.)

いしつぶつ 遺失物 objeto m. perdido
◪遺失物取扱所 oficina f. de objetos perdidos

いしばし 石橋 (石の橋) puente m. de piedra
(慣用)石橋をたたいて渡る《慣用》curarse en salud,《慣用》andar [ir] con pies de plomo

いじめ 苛め maltrato m., acoso m. ⇒ ぎゃくたい(虐待) ‖ 学校でのいじめ acoso m. escolar / いじめの被害者 víctima f. de「maltratos [acosos] / いじめに遭う sufrir「maltratos [acosos]
◪いじめっ子 ni*ño*[ña] mf. maltrata*dor*[dora]
◪いじめられっ子 ni*ño*[ña] mf. maltrata*do*[da]

いじめる 苛める maltratar, tratar mal《a》, acosar, hostigar ⇒ ぎゃくたい(⇒虐待する) ‖ 動物をいじめる maltratar un animal / 弱い者をいじめる maltratar a los débiles / よってたかっていじめる「acosar [maltratar] a ALGUIEN entre todos

いしゃ 医者 médic*o*[ca] mf. ‖ 医者に行く「ir [acudir] al médico / 医者にかかる consultar a un médico

いしや 石屋 (石大工) cantero m., picapedrero m., (石材商) comerciante com. de piedras de construcción

いしやき 石焼き
◪石焼き芋「boniato m. [camote m.] asado entre guijarros calientes
◪石焼ビビンバ《韓国語》bibimbap m. servido en una olla de piedra

いしゃりょう 慰謝料 indemnización f. (por daños morales), compensación f. ‖ 慰謝料を請求する「reclamar [demandar] una indemnización《a》/ 慰謝料を払う pagar una indemnización《a》

いしゅう 異臭 olor m. desagradable, (悪臭) mal olor m., hedor m., tufo m.,《話》peste f. ‖ ひどい異臭を放つ desprender un hedor insoportable

いじゅう 移住 migración f.
▶移住する migrar, (外国へ) emigrar《a》, (外国から) inmigrar《en》‖ メキシコに移住する emigrar a México
◪移住者 (外国からの) inmigrante com., (外国への) emigrante com.
◪移住地 destino m. de migración, tierra f. de migración

いしゅく 萎縮 encogimiento m., (筋肉の) atrofia f.
▶萎縮する encogerse, (硬直する) quedarse rígi*do*[da], (筋肉が) atrofiarse ‖ 面接で萎縮する ponerse nervio*so*[sa] en una entrevista
◪筋萎縮 atrofia f. muscular

いしょ 遺書 testamento m. ‖ 遺書を書く「redactar [escribir] un testamento

いしょう 衣装 vestido m.,《集合名詞》ropa f., vestimenta f., indumentaria f. ‖ 衣装を着る ponerse un vestido, vestirse / 衣装をまとう/衣装を付ける llevar un vestido / 衣装を選ぶ「elegir [escoger] el vestido / 衣装持ちである tener muchos vestidos, tener un vestuario muy amplio

いしょう 意匠 (デザイン) diseño m., dibujo m.
(慣用)意匠を凝らす ejercitar *su* ingenio
◪意匠登録 registro m. de diseño

いじょう 以上 ❶ (数量) más de〚+数詞〛, superior a〚+数詞〛‖ 2人以上 dos o más personas / 5歳以上の子供 niños mpl. de cinco o más años / 20歳以上60歳以上の成人 adultos mpl. con edades comprendidas entre veinte y sesenta años / 彼はここで10年以上働いている Él lleva trabajando aquí

más de diez años. ／半分以上 más de la mitad ／平均以上の年収 renta *f.* anual superior a la media
▶予想以上に más de lo「esperado [previsto]」‖試験は私の予想以上に難しかった El examen fue más difícil de lo que me esperaba.
❷（上述）以上です Nada más.¦（講演などで）He dicho. ／これ以上知らない No sé nada más. ／以上述べたように como se ha dicho hasta ahora ／以上述べた理由で（文書で）por las razones arriba mencionadas

いじょう 異常　anormalidad *f.*
▶異常な anormal, anóma*lo*[*la*]
▶異常に más de lo normal,（過度に）excesivamente‖異常に興奮する excitarse más de lo normal
◪異常乾燥注意報 alerta *f.* de extrema sequedad ambiental
◪異常気象 tiempo *m.* anormal
◪異常事態 situación *f.* anormal,（緊急の）emergencia *f.*
◪異常心理学 psicología *f.* anormal
◪異常接近（飛行機などの）acercamiento *m.* peligroso
◪異常発生‖イナゴの異常発生 proliferación *f.* excesiva de langostas

いじょう 異状　anomalía *f.*‖機器に異状が発生した Se ha producido una anomalía en el aparato. ／エンジンに異状がある Hay una anomalía en el motor. ／異状を認める「encontrar [hallar, detectar] una anomalía」／異状を呈する presentar una anomalía ／異状なし sin novedad

いじょう 移譲　traspaso *m.*‖権力の移譲 traspaso *m.* de poderes
▶移譲する traspasar, ceder, transferir

いしょく 衣食　el vestido y el alimento
㊥衣食足りて礼節を知る《諺》Bien alimentado, muy educado.

いしょく 委嘱　encargo *m.*
▶委嘱する encomendar, encargar

いしょく 異色　singularidad *f.*
▶異色の（独自の）úni*co*[*ca*],（変った）singular‖異色の顔ぶれ elenco *m.* único de personajes ／異色の作品 obra *f.*「única [singular]」／彼は財界では異色の存在である Él es una figura única en el mundo financiero.

いしょく 移植　trasplante *m.*
▶移植する trasplantar,「hacer [efectuar, realizar] el trasplante《de》‖腎臓を移植する trasplantar un riñón《a》
◪心臓移植 trasplante *m.* de corazón

いしょくじゅう 衣食住　el alimento, el vestido y la vivienda‖私は衣食住が足りている No me falta ni comida, ni ropa, ni casa.

いじらしい　enternece*dor*[*dora*],（かわいそうな）pobre‖いじらしい顔をする poner una cara enternecedora

いじる 弄る　（触る）tocar,（指先でもてあそぶ）manosear,（手を加える）tocar, modificar‖おもちゃをいじる tocar los juguetes,（遊ぶ）jugar con los juguetes ／原稿をいじる（改変する）modificar el manuscrito ／機械をいじる（操作する）「manejar [operar] una máquina」／盆栽をいじる cuidar un bonsái

いしわた 石綿　asbesto *m.*, amianto *m.*

いじわる 意地悪
▶意地悪な malicio*so*[*sa*],malig*no*[*na*],malva*do*[*da*], perver*so*[*sa*]‖意地悪な性格 carácter *m.* malicioso ／意地悪な質問 pregunta *f.*「maliciosa [malintencionada, aviesa]」
▶意地悪する tratar mal a ALGUIEN,（嫌がらせをする）acosar

いしん 威信　prestigio *m.*‖威信の失墜 pérdida *f.* de prestigio ／威信を傷つける「dañar [perjudicar] el prestigio《de》」／これは国家の威信にかかわる問題だ Es un asunto que redunda en el prestigio del Estado.

いしん 維新　restauración *f.*
◪明治維新《歴史》Restauración *f.* de Meiji

いじん 偉人　gran personaje *m.*（複数形は grandes personajes), gran hombre *m.*（複数形は grandes hombres)
◪偉人伝（伝記）biografía *f.* de un gran personaje

いしんでんしん 以心伝心‖以心伝心である「entenderse [comunicarse] sin palabras」

いす 椅子　silla *f.*;（地位・職務）puesto *m.*, cargo *m.*‖椅子に座る sentarse en una silla ／椅子から立ち上がる levantarse de la silla ／首相の椅子に座る ocupar el cargo de prim*er*[*mera*] minis*tro*[*tra*] ／防衛大臣の椅子をねらう pretender ocupar la cartera de Defensa
◪椅子席（レストランの）mesa *f.* con sillas,（国技館の）zona *f.* de sillas
◪長椅子 sofá *m.*
◪肘掛け椅子 sillón *m.*, butaca *f.*
◪丸椅子 taburete *m.*

いずみ 泉　manantial *m.*, fuente *f.*‖ここに泉が湧いている Aquí brota un manantial.

イスラム
◪イスラム教 islam *m.*, religión *f.*「musulmana [islámica]」‖イスラム教の musul*mán*[*mana*], islámi*co*[*ca*] ／イスラム教徒 musul*mán*[*mana*] *mf.*
◪イスラム教寺院 mezquita *f.*
◪イスラム原理主義「fundamentalismo *m.* [integrismo *m.*] islámico
◪イスラム原理主義者 integrista *com.*, islámi*co*[*ca*]
◪イスラム文化 cultura *f.*「musulmana [is-

いずれ ❶（どれ・どちら）《疑問詞》cuál ⇒どれ・どちら
▶いずれも（すべて）to*dos*[*das*] ‖ いずれも同じである Todos son iguales.
慣用 いずれにしても／いずれにせよ en todo caso, en cualquier caso, de todos modos ‖ いずれにしても私たちは準備をしておく必要がある En todo caso, tenemos que estar preparados.
❷（まもなく）pronto, dentro de poco,（そのうちに）un día de estos,（遅かれ早かれ）tarde o temprano ‖ いずれ分かるよ Lo sabrás pronto. ／いずれまた（人と別れるとき）Hasta otro día.

いすわる 居座る seguir ocupando un lugar ‖ 他人の家に居座る quedarse mucho rato en casa ajena ／社長の地位に居座る aferrarse al puesto de director general ／低気圧が関東地方に居座っている Las bajas presiones siguen ocupando la región de Kanto.

いせい 威勢 敵の威勢 ímpetu *m.* del enemigo ／威勢をつける animarse
▶威勢のいい vigoro*so*[*sa*], enérgi*co*[*ca*] ‖ 威勢のいい声で con voz enérgica
▶威勢よく vigorosamente, enérgicamente

いせい 異性 el sexo opuesto, el otro sexo ‖ 異性に関心を持つ tener interés por el sexo opuesto

いせえび 伊勢海老 langosta *f.*

いせき 移籍 （選手の）traspaso *m.*,（転籍）traslado *m.* del registro civil
▶移籍する cambiar de equipo,（別のチームへ）trasladarse 《a》,（転籍する）trasladar el registro civil
◨移籍料 comisión *f.* de traspaso

いせき 遺跡 ruinas *fpl.*, vestigios *mpl.* ‖ マチュピチュの遺跡を訪れる visitar las ruinas de Machu Picchu

いせつ 異説 （理論）teoría *f.* distinta,（意見）opinión *f.* diferente ‖ 異説を立てる formular una teoría distinta ／異説を唱える「emitir [exponer] una opinión diferente

いぜん 以前 antes,（昔は）antiguamente,（その前に）anteriormente ‖ 私は以前銀行に勤めていた Antes yo trabajaba en un banco. ／2000年以前から desde antes del año 2000 (dos mil) ／以前にもましてこの歌手(男性)の人気は高くなった Este cantante tiene más popularidad que antes. ¦ Este cantante era popular, pero ahora lo es más. ／母は以前ほど健康ではない Mi madre no goza de buena salud como antes.
▶以前の de antes, anti*guo*[*gua*] ‖ 今の生活と以前の生活 la vida de ahora y la de antes ／父はもう以前の父ではない Mi padre ya no es lo que era. ／3月11日以前の出来事 acontecimiento *m.* 「anterior al [ocurrido antes del] 11 de marzo

いぜん 依然 （依然として）todavía, aún ‖ 事故の原因は依然として不明だ Sigue sin saberse la causa del accidente. ／管理職についている女性は依然として少ない Todavía siguen siendo pocas las mujeres que ocupan cargos directivos.

いそ 磯 「playa *f.* [costa *f.*] rocosa
◨磯釣り pesca *f.* desde rocas ‖ 磯釣りをする pescar desde rocas

いそいそ
▶いそいそと（楽しそうに）jovialmente, alegremente,（急いで）apresuradamente,（落ち着かない様子で）impacientemente
▶いそいそする estar impaciente

いそう 位相 fase *f.*,《数学》topología *f.*
▶位相幾何学《数学》topología *f.*
◨位相空間《数学》espacio *m.* topológico

いそう 移送 traslado *m.*
▶移送する trasladar ‖ 難民を収容所に移送する trasladar a los refugiados al centro de acogida

いそうろう 居候 《話》go*rrón*[*rrona*] *mf.*
▶居候する《慣用》vivir de gorra,《慣用》vivir de la sopa boba

いそがしい 忙しい estar ocupa*do*[*da*],（仕事で）estar atarea*do*[*da*] ‖ 忙しい性格 carácter *m.* intranquilo ／仕事で忙しい estar ocupa*do*[*da*] con el trabajo ／お忙しいところ申し訳ありませんが… Perdone que le interrumpa en su trabajo, pero...
▶忙しく（急いで）apresuradamente, precipitadamente ‖ 忙しく家を飛び出す salir 「precipitadamente [apresuradamente, pitando] de casa ／忙しく動き回る ajetrearse, trajinar
慣用 目が回るほど忙しい／猫の手も借りたいほど忙しい《慣用》andar de cabeza,《慣用》no poder (ni) respirar

いそがせる 急がせる （せき立てる）apresurar a ALGUIEN a〚＋不定詞〛, apurar, meter prisa《a》,（速める）acelerar ‖ 工事を急がせる acelerar las obras ／急がせないでくれ ¡No me metas prisa!

いそぎ 急ぎ お急ぎですか（注文などで）¿Le 「urge [corre prisa]?
▶急ぎの urgente, apremiante ‖ 急ぎの用事 asunto *m.* urgente

いそぎんちゃく 磯巾着 actinia *f.*, anémona *f.* de mar

いそぐ 急ぐ darse prisa, apresurarse, apurarse ‖ 対策を急ぐ apresurarse a tomar medidas ／急げ ¡Rápido! ／急ぎましょう Démonos prisa.
▶急いで deprisa, aprisa, con prisa, rápidamente ‖ 急いで～する apresurarse a〚＋不定詞〛／急いでいます「Tengo [Llevo] prisa.

／急いでください（あなたは）Dese prisa.¦（君は）Date prisa.
(諺)急がば回れ《諺》Vísteme despacio, que tengo prisa.

いぞく 遺族 familia f.「del difunto [de la difunta]‖遺族にお悔やみを言う dar el pésame a la familia「del difunto [de la difunta]
◪遺族年金 pensión f. de sobrevivencia,（家族への）pensión f. en favor de familiares,（配偶者への）pensión f. de viudedad

いそん 依存 dependencia f.
▶依存した《形容詞》dependiente《de》‖電気に依存した生活 vida f. dependiente de la electricidad
▶依存する depender《de》‖外国に依存する depender del extranjero／親に依存する depender de *sus* padres
◪依存心‖依存心が強い人 persona f. muy dependiente
◪依存性パーソナリティ障害 trastorno m. de personalidad dependiente
◪依存度 grado m. de dependencia
◪依存率「tasa f. [índice m., porcentaje m.] de dependencia

いぞん 依存 ⇒いそん

いぞん 異存 disentimiento m., objeción f.《a》‖ご提案にまったく異存はありません No tengo ninguna objeción a su propuesta.

いた 板 tabla f.,（金属の）plancha f., lámina f.‖鉄の板 plancha f. de hierro,（薄い）lámina f. de hierro／板を切る cortar una tabla／板を削る（かんなで）cepillar una tabla／床に板を張る revestir el suelo con madera
(慣)板につく（慣れる）acostumbrarse《a》
◪板ガラス「vidrio m. [cristal m.] plano
◪板切れ trozo m. de madera
◪板チョコ tableta f. de chocolate

いたい 遺体 restos mpl. mortales,（死体）cadáver m.‖故人（男性）の遺体を埋葬する enterrar「los restos mortales [el cadáver] del difunto

いたい 痛い tener dolor《de》,（痛む）doler,《形容詞》doloro*so*[sa],（精神的に）du*ro*[ra]‖胃が痛い Tengo dolor de estómago.／頭が少し痛い Tengo un poco de dolor de cabeza.¦Me duele un poco la cabeza.／奥歯がひどく痛い Tengo un fuerte dolor de muelas.¦Me duelen mucho las muelas.／どこが痛いの ¿Qué te duele?／ここが痛い Me duele aquí.／体中が痛い Me duele todo el cuerpo.／傷が痛い Me duele la herida.／この靴が痛い Me hacen daño estos zapatos.／増税が痛い El aumento de los impuestos es una carga excesiva.／5000円の出費は痛い Es una carga para mí pagar cinco mil yenes.
(慣)痛い所をつく《慣用》poner el dedo en la llaga
(慣)痛い目にあう‖そんなことしていると痛い目にあうよ《慣用》Eso te va a costar caro.
(慣)痛くもかゆくもない‖そんなことは痛くもかゆくもない《慣用》Eso no me da ni frío ni calor.
(慣)痛くもない腹をさぐられる‖私は痛くもない腹をさぐられた Sospecharon de mí「injustificadamente [sin fundamento].

いだい 医大 ⇒いか（⇒医科大学）

いだい 偉大
▶偉大な grande, gran『+単数名詞』‖偉大な業績 gran hazaña f.／偉大な人物 gran personaje m.／歴史上の偉大な発明や発見 los grandes inventos y descubrimientos de la historia／自然の偉大な力 gran poder m. de la naturaleza

いたいけ
▶いたいけな（無邪気な）inocente, inge*nuo*[nua],（いじらしい）enternece*dor*[do*ra*]

いたいたしい 痛痛しい doloro*so*[sa]‖彼女の顔の傷跡が痛々しい Da pena ver la cicatriz que tiene ella en la cara.

いたがる 痛がる「quejarse de [expresar] *su* dolor

いたく 委託 encargo m.,《商業》consignación f.
▶委託する encargar,《商業》consignar‖製品の販売を委託する encargar la venta de los productos《a》
◪委託業者 comisionista com.
◪委託証拠金/委託保証金 depósito m.
◪委託生産 producción f. por encargo
◪委託販売 venta f. por encargo, consignación f.

いたく （たいそう）mucho‖いたく感動する conmoverse mucho

いだく 抱く（腕に）abrazar,（思想・感情を）abrigar, concebir‖希望を抱く「tener [abrigar] esperanza

いたけだか 居丈高
▶居丈高な（尊大な）arrogante, sober*bio*[*bia*]‖居丈高な態度で en actitud「arrogante [altiva, altanera, prepotente]

いたしかゆし 痛し痒し‖痛し痒しである「encontrarse en [enfrentarse a] un dilema

いたす 致す‖どういたしまして No hay de qué.¦（親しい間柄で）De nada.／これみな私の不徳のいたすところです Todo esto ha sido mi culpa.

いたずら 悪戯 travesura f.,（悪ふざけ）broma f.‖子供のいたずら travesura f. infantil／運命のいたずら capricho m. del destino／いたずらが過ぎる pasarse con las bromas／いたずら半分で《慣用》entre bromas y veras
▶いたずらな travie*so*[sa]

いたずらする hacer [cometer] una travesura, (悪ふざけをする) gastar una broma
◪ **いたずら書き** pintada f.
◪ **いたずらっ子** niño[ña] mf. travieso[sa] ‖ いたずらっ子である《慣用》ser de la piel [del diablo de Barrabás]
◪ **いたずら電話** broma f. telefónica

いたずらに 徒に inútilmente, en vano, en balde → むだ(⇒無駄に) ‖ いたずらに時を過ごす dejar pasar el tiempo [inútilmente [en vano] / 私はいたずらに年を取ったわけではない No en vano he vivido tantos años.

いただき 頂 cumbre f., cima f. → ちょうじょう(頂上) ‖ 山の頂に立つ poner los pies en la cumbre de un monte

いただく 頂く/戴く (もらう) recibir, (飲食する) comer, beber, tomar ‖ パンフレットをいただけますか Deme el folleto, por favor. / ～していただけませんか ¿Podría 『+不定詞』? / ¿Me hace el favor de 『+不定詞』? / ¿Le importaría 『+不定詞』? / すみませんが、タバコをやめていただけますか Disculpe, ¿le importaría dejar de fumar? / ワインを1本いただいた Me han regalado una botella de vino. / 雪をいただく山 montaña f. [cubierta [coronada] de nieve
◪ **いただき物** regalo m., presente m.

いたたまれない (我慢できない) no aguantar más ‖ いたたまれなくなって、彼女はその場を離れた Como no podía aguantar más, ella abandonó el lugar. / 私は恥ずかしくていたたまれなかった《慣用》Se me caía la cara de vergüenza.

いたち 鼬 comadreja f. (雄・雌)

いたって 至って sumamente, muy → きわめて(極めて) ‖ いたって元気である estar muy bien de salud / いたって気が小さい ser muy tímido[da] / 洗濯機の操作はいたって簡単である El manejo de la lavadora es sumamente fácil.

いたで 痛手 golpe m., daño m. ‖ 大きな痛手をこうむる sufrir un gran daño

いたのま 板の間 habitación f. con suelo [de madera [entarimado]

いたばさみ 板挟み (ジレンマ) dilema m. ‖ 板ばさみになる [verse [encontrarse] en un dilema, 《慣用》estar entre la espada y la pared

いたまえ 板前 ‖ cocinero[ra] mf. de cocina japonesa

いたましい doloroso[sa], lamentable, deplorable, 《格式語》luctuoso[sa] ‖ 痛ましい事件 suceso m. [luctuoso [lamentable] / 痛ましい光景 escena f. [dolorosa [lamentable]

いたみ 痛み dolor m. ‖ 軽い痛み dolor m. leve / 激しい痛み dolor m. [tremendo [espantoso] / 鋭い [鈍い] 痛み dolor m. [agudo [sordo] / 鋭い痛みを感じる sentir un dolor agudo / 痛みをがまんする/痛みをこらえる [soportar [aguantar] el dolor / どんな感じの痛みですか ¿Cómo le duele? / 鈍い痛みがあります Siento un dolor sordo. / 右足に強い痛みが走る Me recorre un dolor fuerte por la pierna derecha. / 心の痛み dolor m. del alma / 人の痛みが分かる ser sensible al dolor ajeno
◪ **痛み止め** analgésico m., calmante m.

いたみ 傷み daño m., deterioro m. ‖ 傷みが早い estropearse rápidamente / 傷みがはげしい estar muy [dañado[da] [deteriorado[da]] / 建物の傷み deterioro m. de un edificio / 積荷の傷み deterioro m. de la carga

いたむ 悼む condolerse 《de》‖ 友人の死を悼む condolerse [de [por] la muerte de un[una] amigo[ga]

いたむ 痛む doler, tener dolor 《de》 → いたい(痛い) ‖ 奥歯が痛む Me duelen las muelas. ¦ Tengo dolor de muelas. / 傷が痛む Me duele la herida. / 心が痛む sentir pena 《por》

いたむ 傷む estropearse, deteriorarse ‖ イチゴはすぐに傷む Las fresas se estropean enseguida. / 建物はかなり傷んでいる El edificio está bastante deteriorado.

いため 炒め
◪ **野菜炒め** verduras fpl. salteadas, salteado m. de verduras
◪ **炒め物** salteado m.

いためつける 痛めつける castigar con dureza, hacer mucho daño 《a》‖ 容赦なく痛めつける castigar sin [contemplaciones [misericordia] a ALGUIEN

いためる 炒める saltear, sofreír, freír con poco aceite, rehogar

いためる 痛める (怪我をする) hacerse daño, lastimarse ‖ 手首を痛める [lastimarse [hacerse daño en] la muñeca

いためる 傷める dañar, estropear, deteriorar ‖ 輸送中に商品を傷める dañar las mercancías durante el transporte

いたらない 至らない ‖ 至らなくてすみません Le ruego que me disculpe por mi descuido. / 私どものサービスに至らない点がありましたら、お申し越しください Háganos saber cualquier queja que tenga sobre nuestro servicio.

いたり 至り ‖ 若気の至り [desliz m. [inmadurez f.] de juventud / 私にとってこの受賞は光栄の至りです Es demasiado honor para mí recibir este premio.

イタリア Italia
▸ **イタリア(人)の/イタリア語の** italiano[na]
◪ **イタリア人** italiano[na] mf.
◪ **イタリア語** lengua f. italiana, italiano m.

イタリック
▣ イタリック体 letra *f.* cursiva, bastardilla *f.* ‖ イタリック体で書く escribir en「cursiva [bastardilla]」

いたる 至る （場所に）llegar 《a》,（事態に）resultar ‖ ローマへ至る道 camino *m.* que 「conduce [lleva] a Roma / 仙台から盛岡に至る道 camino *m.* que va desde Sendai hasta Morioka / 私たち一人一人に至るまで hasta cada uno de nosotros / 大事に至る《慣用》pasar a mayores / 死に至る llegar a la muerte / その二人は結婚するに至った Los dos llegaron a casarse. / この問題についてまだ意見の一致に至っていない Todavía no se ha llegado a un acuerdo sobre este asunto. / 事ここに至っては他に選択肢はない A estas alturas no nos queda otra alternativa.

いたるところ 至る所「en [por] todas partes」‖ このブランドは全国至る所に店がある Esta marca tiene tiendas por todas partes del país.

いたれりつくせり 至れり尽くせり ‖ 至れり尽くせりのサービスを提供する ofrecer un esmerado servicio《a》/ その村を訪問して私は至れり尽くせりのもてなしを受けた En mi visita al pueblo me colmaron de atenciones.

いたわり 労り consideración *f.*, amabilidad *f.*, delicadeza *f.* ‖ いたわりの言葉をかける（慰める）dirigir unas palabras de consuelo《a》,（励ましの）dar unas palabras de aliento《a》

いたわる 労る cuidar, tratar con consideración, preocuparse《de》,（慰める）consolar ‖ 体をいたわる（自分の）cuidar *su* salud / 病人をいたわる cuidar atentamente a *un[una]* enfer*mo[ma]* / お年寄りをいたわる tratar con consideración a los ancianos

いたん 異端 heterodoxia *f.*,（カトリックの教義から見た）herejía *f.*
▶ 異端の heterodo*xo[xa]*
▶ 異端者 heterodo*xo[xa] mf.*, hereje *com.*

いち 一 uno *m.*
《慣用》一か八か ‖ 一か八かやってみる apostar por el todo o nada,《慣用》jugárselo todo a una carta
《慣用》一から十まで completamente todo, desde el principio hasta el fin
《慣用》一から出直す empezar「de nuevo [desde cero]」
《慣用》一にも二にも ante todo, lo más importante, lo primero de todo,《慣用》antes que nada
《慣用》一も二もなく sin dudar ni un momento,（無条件に）sin condiciones
《慣用》一を聞いて十を知る《慣用》「cogerlas [cazarlas] al vuelo」

いち 市 mercado *m.*, plaza *f.* ‖ のみの市 rastro *m.* / 古本市 mercado *m.* de libros de segunda mano / ほおずき市 mercado *m.* de alquequenjes / 市へ買い物に行く ir de compras al mercado, hacer la plaza / 毎日曜日に魚の市が立つ Los domingos montan un mercado de pescado. / 市を開く abrir un mercado / 市に出す sacar ALGO al mercado, vender ALGO en el mercado

いち 位置 posición *f.*, situación *f.*, ubicación *f.*,（場所）lugar *m.*, sitio *m.* ‖ 地球に対する月の位置 posición *f.* de la Luna con respecto a la Tierra / 目の位置 posición *f.* de los ojos / 位置がずれている estar mal colo*ca[da]*, estar mal situa*do[da]* / 元の位置に戻る volver a la posición original / 位置について、用意、どん《スポーツ》Preparados, listos...¡ya! / 家具の位置を変える cambiar la posición de los muebles / 重要な位置を占める ocupar un lugar importante
▶ 位置する situarse, ubicarse, estar situa*do[da]* ‖ この市は日本列島の中心に位置する Esta ciudad se encuentra situada en el centro del archipiélago japonés.
▶ 位置づける situar

いちい 一位 primer puesto *m.* ‖ コンクールで1位になる ganar el primer puesto en un concurso

いちいち uno[na] por uno[na],（事細かに）con detalle,《慣用》punto por punto ‖ 君は私にいちいち説明しなくていい No tienes que explicarme「punto por punto [ce por be]」.

いちいん 一員 miembro *com.*, socio[cia] *mf.* ‖ 家族の一員のようなものである ser como un miembro de la familia

いちいんせい 一院制 unicameralismo *m.*
▶ 一院制の unicameral

いちえん 一円 ‖ 関東一円に「por [en] toda la región de Kanto」

いちおう 一応 （ひとまず）por el momento,（仮に）provisionalmente,（念のため）por si acaso ‖ 一応そうしておこう Dejémoslo así por el momento. / 一応君に言っておく Te digo esto por si acaso.

いちおし 一押し／一推し
▶ 一押しの de lo más recomendable ‖ 今年一押しの映画 la película más recomendable de este año, la mejor película de este año

いちがいに 一概に de manera generalizada ‖ 一概にそうとは言えない No se puede generalizar así. / 一概に彼女だけが悪いとは言えない No se puede decir sencillamente que la culpa sea exclusivamente de ella. ‖ No necesariamente la tiene toda la culpa.

いちがつ 一月 enero *m.*
▶ 1月に en (el mes de) enero

いちかばちか 一か八か ⇒いち(一)

いちがん 一丸‖皆一丸となって戦う luchar todos [unidos [juntos], luchar codo con codo
いちがんレフ 一眼レフ
◪一眼レフカメラ cámara *f.* réflex de un solo objetivo
いちぐん 一軍 (軍事) tropa *f.*, (野球の) equipo *m.* de jugadores titulares
いちげい 一芸‖一芸に秀でる destacarse en un arte, ser *un*[*una*] maes*tro*[*tra*] en un arte
いちげき 一撃 golpe *m.*‖強烈な一撃 golpe *m.* [fuerte [violento] / 一撃をくらう「recibir [sufrir] un golpe / 一撃をくらわせる「dar [propinar] un golpe 《a》
いちげん 一元
▶一元化 unificación *f.*‖一元化する unificar
◪一元論 monismo *m.*
◪一元論者 monista *com.*
いちげん 一見‖いちげんさんはお断りしております La primera visita a nuestro local solo será atendida en (el) caso de que venga acompaña*do*[*da*] de algún cliente nuestro.
いちご 苺 fresa *f.*,《南米》frutilla *f.*
いちごん 一言‖一言付け加える añadir una(s) palabra(s).
慣用 一言もない no poder justificarse‖私は一言もありません No tengo justificación alguna.
いちざ 一座 (一同) personas *fpl.* presentes, (芝居の) compañía *f.*
いちじ 一次
▶一次の prima*rio*[*ria*], prime*ro*[*ra*]
◪第一次世界大戦《歴史》Primera Guerra *f.* Mundial
◪一次関数 función *f.* lineal
◪一次方程式 ecuación *f.*「de primer grado [lineal]
◪一次産業 sector *m.* primario
◪一次試験 primera fase *f.* del examen
いちじ 一事
慣用 一事が万事 De lo particular se puede deducir lo general.
いちじ 一時 (少しの間) por un momento, (以前) antes‖晴れ一時曇り Cielo despejado con nubosidad temporal. / 一時のような体力はない no tener tanta fuerza física como antes
▶一時的な (臨時の) temporal, provisional, (その場限りの) pasaje*ro*[*ra*], momentáneo[*a*]‖一時的な現象 fenómeno *m.* pasajero
▶一時的に temporalmente, provisionalmente, momentáneamente‖その工場は一時的に操業を停止した La fábrica suspendió temporalmente la operación.
◪一時預かり所 consigna *f.*
◪一時預かり証 resguardo *m.*
◪一時金 paga *f.* extra(ordinaria)
◪一時しのぎ medida *f.* provisional, parche *m.*
◪一時停止《標識》Alto
いちじく 無花果 higo *m.*, breva *f.*, (木) higuera *f.*
いちじつ 一日
慣用 一日の長‖一日の長がある tener una ligera superioridad《sobre》, ser un poco más experimenta*do*[*da*]《que》
慣用 一日千秋‖一日千秋の思いで待つ esperar ALGO「ansiosamente [como agua de mayo]
いちじゅん 一巡 una vuelta
▶一巡する dar una vuelta《por》
いちじょう 一条‖一条の光 un rayo de luz
いちじるしい 著しい notable, considerable‖著しい被害「enormes [considerables] daños *mpl.* / 著しい類似 similitud *f.* asombrosa / 著しい水不足 gran falta *f.* de agua / 著しい進歩を遂げる hacer progresos「notables [considerables]
▶著しく notablemente, sensiblemente, considerablemente‖著しく成長する crecer「considerablemente [ostensiblemente] / 著しく変わる cambiar drásticamente
いちず 一途
▶一途な perseverante
▶一途に con perseverancia, con tesón‖学問一途に生きる「dedicarse [entregarse] en cuerpo y alma al estudio
いちぞく 一族 familia *f.*, clan *m.*
◪一族郎党《話》toda la parentela‖オチョアとその一族郎党 Ochoa y toda su parentela
いちぞん 一存‖これは私の一存では決められません No puedo tomar so*lo*[*la*] esta decisión.
いちだい 一代 una generación‖彼女が一代で築いた財産は莫大なものだ Es inmensa la fortuna que ella ha amasado en su vida.
いちだいじ 一大事「asunto *m.* [suceso *m.*] grave‖家族の一大事 grave asunto *m.* familiar
いちだん 一団 un grupo, (悪党の) una banda‖学生の一団 un grupo de estudiantes / 一団となって歩く caminar en grupo
いちだん 一段 (階段の段) un escalón, un peldaño, (段階) un grado‖階段を一段上がる subir un「peldaño [escalón] de la escalera / 一段上のランクに上がる ascender a una categoría superior
▶一段の notable, apreciable‖一段の進歩を遂げる conseguir un progreso notable
▶一段と aún más, todavía más‖一段と美しくなる ponerse todavía más hermo*so*[*sa*] / 熱波は一段と厳しさを増すでしょう La ola

de calor se intensificará aún más.
いちだんらく 一段落
▶**一段落する**‖仕事が一段落したら休憩にしよう Tomemos un descanso cuando terminemos esta parte del trabajo.
いちど 一度 una vez‖週に一度 una vez [a la [por] semana／一生に一度 una vez en la vida／私は一度もパエーリャを食べたことがない No he probado nunca la paella. ¦ Nunca he probado la paella.
▶**もう一度** otra vez, una vez más‖もう一度考えさせてくれ Déjame que lo vuelva a pensar.
▶**一度に**（同時に）a la vez,（一気に）de una vez
いちどう 一同 to*dos*[*das*]‖出席者一同 todos los presentes／私たち一同とてもあなた方に感謝しております Todos nosotros les estamos muy agradecidos.
いちどう 一堂‖一堂に会する「reunirse [darse cita] en un mismo lugar
いちどく 一読‖一読に値する本 libro *m*. que merece la pena leer al menos una vez
▶**一読する** leer una vez
いちなん 一難
[慣用]一難去ってまた一難《慣用》andar de Herodes a Pilato(s)
いちにち 一日 un día‖一日一日（と）día [a [por] día, de día en día／一日中 todo el día／一日おきに cada dos días
いちにん 一任
▶**一任する** confiar, encargar,《慣用》dejar ALGO en manos de ALGUIEN‖申請書の作成を第三者に一任する encargar a un tercero la redacción de la solicitud
いちにんしょう 一人称 primera persona *f*. ‖1人称複数で書く escribir en primera persona del plural
いちにんまえ 一人前‖フライドポテト一人前 una ración de patatas fritas／一人前の料理 comida *f*. para una persona／この料理は一人前ですか ¿Este plato es para una persona?／一人前の男 hombre *m*. hecho y derecho
▶**一人前になる**（大人になる）hacerse adul*to*[*ta*],（成人になる）「llegar a [alcanzar] la mayoría de edad,（自立する）independizarse
いちねん 一年 un año‖一年に一度 una vez [al [por] año／一年中（durante）todo el año／1年おきに cada dos años, un año sí y otro no
いちねん 一念 （願い）ferviente deseo *m*.,（意志）「firme [sólida] voluntad *f*.‖息子と再会したいとの彼女の一念が現実になった Se hizo realidad su ferviente deseo de volver a ver a su hijo.
[諺]一念岩をも通す《諺》Querer es poder. ¦ 《諺》Alcanza, quien no cansa.
▲**一念発起**‖一念発起してスペイン語を習い始める tomar la firme decisión de aprender español
いちねんせい 一年生 （生徒）alum*no*[*na*] *mf*. de primero,（学生）estudiante *com*. de primero
▲**一年生議員** nue*vo*[*va*] parlamenta*rio*[*ria*] *mf*.
▲**一年生植物** planta *f*. anual
いちば 市場 mercado *m*., plaza *f*.

市場

いちはやく いち早く inmediatamente, enseguida,《慣用》al momento,（誰よりも早く）antes que nadie‖消防士たちはいち早く火災現場に駆けつけた Los bomberos fueron los primeros en acudir al lugar del incendio.
いちばん 一番 ❶（順番・番号）el número uno
▶**一番の/一番目の** prime*ro*[*ra*]‖一番目の質問 la primera pregunta
▶**一番に/一番目に**‖一番に到着する ser [el primero [la primera] en llegar
[慣用]開口一番 nada más「abrir la boca [empezar a hablar]
▲**一番打者**《野球》*el*[*la*] pri*mer*[*mera*] batea*dor*[*dora*]
▲**一番弟子** pri*mer*[*mera*] discípu*lo*[*la*] *mf*.
▲**一番星** la primera estrella
▲**一番列車** el primer tren
❷（最も）‖一番年上の人 *el*[*la*] mayor／彼はクラスで一番背が高い Él es el más alto de la clase.／父が一番早起きだ Mi padre es el que más temprano se levanta.／この件を君の上司に話すのが一番いいよ Lo mejor que puedes hacer es hablar de este asunto con tu jefe.
いちぶ 一部 una parte,（一冊）un ejemplar‖住民の一部 una parte de los vecinos
▲**一部引用** cita *f*. parcial
▲**一部リーグ**（サッカーなどの）primera división *f*.
いちぶしじゅう 一部始終‖事の一部始終 todos los detalles del asunto／語る contar con「todo lujo de detalles [pelos y señales]／彼女は私たちにメキシコ旅行の一部始終を話した Ella nos contó con

いちぶぶん 一部分 una parte ‖ 建物の一部分 una parte del edificio／現実の一部分 una parte de la realidad

いちべつ 一瞥
▶一瞥する echar「un vistazo [una ojeada]《a》

いちぼう 一望
▶一望する dominar, abarcar ‖ 山頂からその都市を一望できる Desde la cumbre del monte se abarca toda la ciudad.

いちまい 一枚 una hoja ‖ 紙1枚 una hoja de papel／1枚のハム una loncha de jamón／20ユーロ札1枚 un billete de 20 euros
〔慣用〕一枚かむ intervenir《en》, implicarse《en》
◾一枚貝 univalvo m., concha f. univalva

いちまつ 一抹 一抹の不安を感じる sentir「algo [un poco] de inquietud

いちみ 一味 una banda ‖ 犯罪者の一味に加わる unirse a una banda de delincuentes

いちめい 一命 ‖ 奇跡的に一命を取りとめる salvarse「de milagro [por los pelos], salvar la piel de milagro

いちめん 一面 (表面) una cara, (側面) un lado, un aspecto, una faceta ‖ サイコロの一面 una cara del dado／新聞の第一面 portada f., primera plana f.／物事の一面しか見ない no ver más que un「lado [aspecto] de las cosas／彼は陽気だがさびしがり屋な一面がある A pesar de ser una persona alegre, a veces se siente solo.／辺り一面銀世界だった Todo estaba totalmente cubierto de nieve.／壁一面に写真を貼る llenar toda la pared con fotos
▶一面的 unilateral, (偏った) parcial ‖ 一面的な見方 punto m. de vista「unilateral [parcial]
◾一面記事 artículo m. en primera plana del periódico
◾一面広告 ‖ 一面広告を出す publicar una página entera de publicidad

いちもうさく 一毛作 una cosecha anual

いちもうだじん 一網打尽 desarticulación f. total ‖ 警察は密輸組織を一網打尽にした La policía desarticuló totalmente la organización de contrabandistas.

いちもく 一目
〔慣用〕一目置く reconocer la superioridad de ALGUIEN

いちもくさん 一目散 ‖ 一目散に逃げる huir「a toda velocidad [a uña de caballo, precipitadamente],《慣用》poner pies en polvorosa

いちもくりょうぜん 一目瞭然 ‖ ～は一目瞭然だ Salta a la vista que『＋直説法』.

いちもん 一文 ‖ 一文の値打ちもない no valer un céntimo
◾一文無し ‖ 一文無しである no tener ni un céntimo

いちもん 一門 familia f., clan m.

いちや 一夜 una noche ‖ 一夜を明かす《慣用》hacer noche

いちやく 一躍 de la noche a la mañana, (突然) de repente ‖ 一躍有名になる hacerse famoso[sa] de la noche a la mañana

いちゃつく acaramelarse, retozar

いちやづけ 一夜漬け ‖ 試験前夜に一夜漬けで勉強する「empollar [estudiar mucho] en la víspera del examen

いちゃもん
▶いちゃもんをつける poner pegas《a》,《慣用》poner peros《a》

いちゅう 意中
▶意中の ‖ 彼女の意中の男性 el hombre al que ella「quiere [pretende], el hombre de su vida／意中を明かす《慣用》abrir su corazón《a》

いちょう 胃腸 el estómago y los intestinos ‖ 胃腸が強い tener un estómago「resistente [de hierro]／胃腸が弱い tener un estómago「débil [delicado]／辛い料理は胃腸を壊す La comida picante daña el estómago.
▶胃腸の gastrointestinal
◾胃腸障害 trastorno m. gastrointestinal
◾胃腸薬 (消化剤) digestivo m.

いちょう 銀杏 ginkgo m., árbol m. de los cuarenta escudos

いちよう 一様
▶一様な igual, uniforme, mismo[ma]
▶一様に igualmente ‖ 子供たちは一様に黄色の帽子をかぶっている Los niños llevan todos puesto un gorro amarillo.

いちよく 一翼 ‖ このプロジェクトの一翼を担う desempeñar un papel en este proyecto

いちらん 一覧
◾価格一覧 lista f. de precios
◾一覧表 lista f., tabla f. sinóptica, sinopsis f.[=pl.]

いちらんせい 一卵性
▶一卵性の del mismo óvulo
◾一卵性双生児 (男二人・男女) gemelos mpl., (女二人) gemelas fpl., (各自) gemelo[la] mf.

いちり 一理 ‖ 君の言い分には一理ある Tienes una parte de razón en lo que dices.

いちりつ 一律
▶一律に (同等に) por igual, igualmente, uniformemente ‖ 従業員を一律に扱う tratar por igual a los empleados／最低賃金を一律にする unificar los salarios mínimos
◾一律料金 (単一の) tarifa f. única, (均一の) tarifa f. uniforme ‖ 一律料金を適用する aplicar una tarifa única

いちりつ 市立 municipal

◪市立図書館 biblioteca *f.* municipal
いちりゅう 一流
▶一流の de primera línea, de categoría ‖一流のホテル hotel *m.* de primera categoría／一流の歌手 cantante *com.* de「categoría [primera línea]
いちりょうじつ 一両日‖一両日中に hoy o mañana
いちりん 一輪‖一輪の花 una flor／花を一輪挿す poner una flor en un florero
◪一輪挿し florero *m.* para una (sola) flor
◪一輪車 monociclo *m.*
いちる 一縷‖一縷の望み un hilo de esperanza, una brizna de esperanza
いちるい 一塁 《野球》primera base *f.*‖一塁を守る defender la primera base
◪一塁側スタンド《野球》 graderío *m.* del lado de primera base
◪一塁手《野球》primera base *com.*, inicialista *com.*
いちれい 一例 un ejemplo‖一例を挙げる poner un ejemplo
いちれん 一連
▶一連の una serie de〖+名詞〗‖一連のスト una serie de huelgas
いちろ 一路‖一路マドリードへ向かう dirigirse directamente a Madrid
いつ《疑問詞》cuándo‖いつから desde cuándo／いつまで hasta cuándo ⇒いつまで／お店のオープンはいつですか ¿Cuándo se inaugura la tienda?／授業はいつから始まりますか ¿Cuándo empiezan las clases?
いつう 胃痛 dolor *m.* de estómago‖胃痛を鎮める calmar el dolor de estómago／(私の)胃痛がおさまらない No se me calma el dolor de estómago.
いっか 一家 (一家族) una familia‖一家の主 cabeza *com.* de familia／一家を構える formar una familia／一家を支える 「mantener [sostener] a la familia／私たちは一家で旅行に出かけた Salimos toda la familia de viaje.
◪一家心中 suicidio *m.* familiar, suicidio *m.* de toda la familia
いつか algún día, un día, (近日中に) un día de estos, (過去) antes
いつか 五日 día *m.* cinco‖5日間の旅行 viaje *m.* de cinco días
いっかい 一介
▶一介の‖私は一介の市民にすぎない Yo soy un[una] simple ciudada*no*[*na*].
いっかい 一回 (一度) una vez
◪一回生 (一年生) estudiante *com.* de primero, (一期生) pri*mer*[*mera*] *mf.* gradua*do*[*da*]
◪1回戦 (テニスなどの) primera ronda *f.* (del torneo), (予選) fase *f.* eliminatoria
いっかい 一階 bajo *m.*, planta *f.* baja

◪一階席 platea *f.*, patio *m.* de butacas
いっかく 一角 un rincón‖オフィス街の一角に開店する abrir una tienda en un rincón del barrio de oficinas
◪一角獣 unicornio *m.*
いっかく 一画 (文字の) un trazo, (土地の一区画) una parcela
いっかくせんきん 一攫千金‖一攫千金を夢見る soñar con hacerse millona*rio*[*ria*] de la noche a la mañana
いっかげん 一家言‖一家言を持つ tener *su* propia opinión
いっかつ 一括
▶一括して/一括で (まとめて) en conjunto, en bloque‖商品を一括して売る vender los artículos todos juntos／一括して支払う pagar de una vez
▶一括する (まとめる) reunir, juntar, agrupar
◪一括購入 compra *f.* en conjunto
◪一括処理 (バッチ処理) procesamiento *m.* por lotes
◪一括払い pago *m.* global
◪一括販売 venta *f.* en conjunto
いっかん 一巻 (本の) tomo *m.* primero, primer tomo *m.*
〔慣用〕一巻の終わり‖この新たな失敗で、私たちは一巻の終わりです Con este nuevo fracaso, estamos ya acabados.
いっかん 一貫
▶一貫した coherente, consistente‖一貫した戦略 estrategia *f.*「consistente [coherente]
▶一貫性 coherencia *f.*, consistencia *f.*‖一貫性のない incoherente, inconsistente／思想的一貫性に欠ける carecer de coherencia ideológica
いっかん 一環‖リストラ計画の一環として、その工場は閉鎖された La fábrica fue cerrada como parte del plan de reestructuración.
いっき 一気
▶一気に de una vez,《慣用》de un tirón,《慣用》de una sentada‖一気に階段を駆け上がる subir las escaleras a toda prisa／一気にグラスを飲み干す apurar la copa de un trago／本を一気に読む leer un libro de un tirón
◪一気呵成 一気呵成に小説を書き上げる escribir una novela de un tirón
いっき 一揆 revuelta *f.*, motín *m.*, sublevación *f.*, levantamiento *m.*‖一揆を起こす organizar una revuelta
◪農民一揆 revuelta *f.* de los campesinos
いっきいちゆう 一喜一憂
▶一喜一憂する vivir momentos de alegría y preocupación
いっきうち 一騎打ち duelo *m.*, combate *m.* (de) uno contra uno
いっきゅう 一級 primer grado *m.*‖スペイ

ン語技能検定一級 nivel *m.* superior de la evaluación oficial del conocimiento de la lengua española

▶一級の de primera calidad ⇒いちりゅう（一流）

◨一級河川 río *m.* de primer orden designado por la ley fluvial

◨一級品 artículo *m.* de primera calidad

いっきょ 一挙
▶一挙に de una vez ⇒いっき（一気）‖一挙に試合をばん回する remontar el partido de golpe

◨一挙一動‖選手たちの一挙一動を見守る estar aten*to*[*ta*] a cada uno de los movimientos de los jugadores

◨一挙両得《慣用》matar dos pájaros de un tiro ⇒いっせきにちょう（一石二鳥）

いつくしむ 慈しむ tratar con cariño a ALGUIEN‖自然を慈しむ respetar la naturaleza／弱いものを慈しむ tratar con cariño a los débiles

いっけん 一件 un asunto‖昨日の一件 lo de ayer／苦情を1件受ける recibir una queja

◨一件落着‖これにて一件落着 Con esto queda zanjado el asunto.

いっけん 一見‖一見に値する作品 obra *f.* que merece la pena ver al menos una vez／一見画家風の男 hombre *m.* que a simple vista parece un pintor／これは一見易しそうな問題だが、実際はそうではない Este es un problema al parecer fácil de resolver, pero no es así en realidad.／一見したところ a「primera [simple] vista, aparentemente

いっけんや 一軒家 （一戸建て）casa *f.* independiente

いっこ 一戸 una casa

◨一戸建て住宅 casa *f.* independiente

いっこ 一個 una pieza‖りんご1個 una manzana／1個ずつ u*no*[*na*] por u*no*[*na*]／1個2ユーロで売る vender a dos euros la pieza

いっこう 一向
▶一向に（～しない）(absolutamente) nada, en absoluto‖彼は人の噂を一向に気にしない A él no le importa nada el que dirán.

いっこう 一行 grupo *m.*,（随員）séquito *m.*, comitiva *f.*‖大統領（男性）とその一行 el presidente y su「séquito [comitiva]

いっこく 一刻 un instante, un segundo‖一刻も早く con la mayor urgencia posible, lo más pronto posible／一刻の猶予も許されない No se puede perder ni un segundo.／これは一刻を争う案件だ Esto es un asunto de máxima urgencia.

いっこく 一国 un país, una nación‖一国をあげてローマ教皇を歓迎した Toda la nación tributó un caluroso recibimiento al Papa.

慣用 一国一城の主である ser *el*[*la*] pro*pio*[*pia*] due*ño*[*ña*]《de》

いっさい 一切（すべて）todo,（完全に）totalmente‖諸手続き一切を任せる dejar todos los trámites en manos de ALGUIEN／あの日の出来事は一切忘れた He olvidado「por completo [totalmente] lo que ocurrió aquel día.｜一切知りません No sé nada de nada.｜No sé absolutamente nada.／～と一切関係がない no tener ninguna relación《con》

▶一切 to*do*[*da*]〘＋定冠詞＋名詞〙‖一切の責任を負う asumir toda la responsabilidad

◨一切合切 todo‖私は火事で一切合切を失った Perdí todo cuanto tenía con el incendio.

いつざい 逸材 talento *m.*, persona *f.* de gran talento

いっさくじつ 一昨日 anteayer, antes de ayer

いっさくねん 一昨年 el año antepasado, (2年前) hace dos años

いっさんかたんそ 一酸化炭素 monóxido *m.* de carbono

◨一酸化炭素中毒 intoxicación *f.* por monóxido de carbono

いっし 一糸
慣用 一糸乱れず con total unanimidad, de forma sincronizada
慣用 一糸まとわず‖一糸まとわぬ姿で現れる aparecer totalmente desnu*do*[*da*]

いつしか（気がつかないうちに）sin darse cuenta

いっしき 一式 equipo *m.*, juego *m.*‖家財道具一式 todos los enseres／台所用品一式 batería *f.* de cocina

いっしゅ 一種 una clase, un tipo, una especie‖みかんは柑橘類の一種である Las mandarinas son un tipo de cítricos.

▶一種の una clase《de》, un tipo《de》, una especie《de》‖彼女は一種の天才である Ella es un genio en cierto modo.

◨一種異様‖一種異様な臭いがある tener un olor「raro [extraño]

いっしゅう 一周 una vuelta
▶一周する dar una vuelta completa《a》‖400メートルのトラックを一周する dar una vuelta (completa) a la pista de 400 metros／世界を一周する dar la vuelta al mundo

いっしゅう 一蹴
▶一蹴する（拒絶する）rechazar rotundamente,（負かす）derrotar cómodamente‖委員会はいとも簡単に私たちの提案を一蹴した El comité rechazó rotundamente nuestra propuesta.

いっしゅうかん 一週間 una semana‖1週間雨が続いた Siguió lloviendo durante toda la semana. ／地震から1週間が過ぎた Ha pasado una semana desde el terremoto.

いっしゅうき 一周忌　primer aniversario *m.*「de la muerte [del fallecimiento]《de》

いっしゅうねん 一周年　primer aniversario *m.*《de》

いっしゅん 一瞬　un segundo,《副詞的》por un instante‖歴史的な一瞬 momento *m.* histórico／最後の一瞬 último momento *m.*
▶一瞬の momentáne*o*[a], instantáne*o*[a]‖一瞬のできごと suceso *m.*「momentáneo [instantáneo]／一瞬の油断 descuido *m.* momentáneo／一瞬のうちに en cuestión de segundos,《慣用》en un abrir y cerrar de ojos,《慣用》en un santiamén／一瞬の隙に en un momento de descuido／一瞬の休みもなく sin descansar ni un momento

いっしょ 一緒‖私たちは意見が一緒です Somos de la misma opinión.／空港までご一緒します *Le*[*La*] acompaño hasta el aeropuerto.／夕食にご一緒させてください Déjeme cenar con usted.
▶一緒の（同じ）mism*o*[*ma*]‖彼らは一緒の学校へ行っている Ellos van a la misma escuela.／全員一緒の席をお願いします（レストランで）Prepare una mesa para todos, por favor.
▶一緒に junt*os*[*tas*],（同時に）al mismo tiempo‖同僚たちと一緒にパーティーへ行った Fui a la fiesta con mis colegas.／彼女は両親と一緒に来た Ella vino con sus padres.／Ella vino acompañada de sus padres.／一緒にお昼ご飯を食べませんか ¿Por qué no comemos junt*os*[*tas*]?
▶一緒にする（まとめる）juntar, unir,（混同する）confundir
▶一緒になる（出会う）encontrarse, coincidir,（一つになる）unirse, juntarse,（結婚する）casarse‖私たちはホテルの入り口で一緒になった「Nos encontramos [Coincidimos] a la entrada del hotel.

いっしょう 一生　vida *f.*‖一生の間（durante）toda la vida／一生の別れ（永遠の）despedida *f.* eterna／私の一生の願い mi deseo de toda la vida／一生に一度のチャンス oportunidad *f.* única en la vida／せめて一生に一度は富士山に登ってみたい Quiero subir al monte Fuji al menos una vez en la vida.／学術研究に一生を捧げる consagrar *su* vida a la investigación científica／するのに一生かかる tardar toda la vida en「+不定詞」／一生を左右する出来事 acontecimiento *m.* decisivo para la vida de ALGUIEN
(慣用)一生を棒に振る echar a perder toda *su* vida

いっしょう 一笑
(慣用)一笑に付す no hacer ni caso《a, de》‖私たちの提案は一笑に付された No hicieron ni caso a nuestra propuesta.

いっしょうけんめい 一生懸命　⇒いっしょけんめい（一所懸命）

いっしょくそくはつ 一触即発‖一触即発の状態である（状況が）ser un barril de pólvora, ser un polvorín a punto de estallar

いっしょくた 一緒くた‖すべてを一緒くたにする meter todo en el mismo cajón de sastre

いっしょけんめい 一所懸命　con todas *sus* fuerzas‖一所懸命〜する esforzarse para「+不定詞」,《話》matarse a「+不定詞」／一所懸命勉学に励む entregarse en cuerpo y alma al estudio／全員が一所懸命働いた Todos trabajaron con todas sus fuerzas.

いっしん 一心‖一心になって〜する「dedicarse [entregarse] en cuerpo y alma a「+不定詞」／〜したい一心で con el único deseo de「+不定詞」
▶一心に（熱心に）fervientemente, con entusiasmo‖一心に祈る orar fervientemente
◢一心不乱‖一心不乱に働く trabajar con plena concentración
◢一心同体‖夫婦は一心同体である El marido y la mujer son una sola carne.

いっしん 一身‖全責任を一身に引き受ける asumir sobre *sí* mism*o*[*ma*] toda la responsabilidad／一身上の都合で por razones personales

いっしん 一新
▶一新する renovar「completamente [por completo]‖スタッフを一新する renovar completamente la plantilla

いっしん 一審　primer juicio *m.*‖一審の判決 sentencia *f.* de primera instancia

いっしんいったい 一進一退　alternancia *f.* de avances y retrocesos
▶一進一退する mejorarse y empeorarse sucesivamente

いっすい 一睡‖一睡もせずに夜を過ごす《慣用》pasar la noche en blanco／一晩中一睡もしない no pegar ojo en toda la noche

いっする 逸する　perder‖好機を逸する perder una oportunidad, dejar「escapar [pasar] una oportunidad

いっすん 一寸
(慣用)一寸先も見えない No se ve nada ni delante de las narices.¦ La visibilidad es casi nula.
(諺)一寸先は闇 Nadie sabe qué pasará mañana.
(諺)一寸の虫にも五分の魂 Hasta un bicho tiene su alma.
◢一寸法師　enano *m.*, pulgarcito *m.*,（説明訳）niño *m.* de una pulgada

いっせい 一世‖移民一世（国外への）emigrante *com.* de primera generación／カル

いっせい ロス1世 Carlos I (primero)
〔慣用〕一世を風靡する 〔慣用〕hacer época

いっせい 一斉
▶一斉に simultáneamente, al mismo tiempo
◪一斉検挙 redada f. ‖ 違法移民を一斉検挙する「hacer [realizar] una redada de inmigrantes ilegales
◪一斉射撃 descarga f. cerrada, (連射) ráfaga f. de disparos ‖ 一斉射撃をする hacer disparos simultáneos

いっせいちだい 一世一代
▶一世一代の el[la] 〖+名詞〗más importante de la vida《de》‖ 一世一代の大仕事に取りかかる emprender el trabajo más importante de *su* vida

いっせき 一石
〔慣用〕一石を投じる plantear una polémica

いっせき 一席 ‖ コンクールで一席になる ganar el primer premio en un concurso
〔慣用〕一席ぶつ「echar [soltar] un discurso
〔慣用〕一席設ける organizar una fiesta

いっせきにちょう 一石二鳥 《慣用》matar dos pájaros de un tiro

いっせつ 一説 una opinión, (学説) una teoría, (別の説) otra teoría ‖ 一説によれば según otra teoría

いっせん 一線 ‖ 一線を退く retirarse de la primera línea
〔慣用〕一線を越える (度を越す) traspasar los límites, 《慣用》pasar(se) de la raya
〔慣用〕一線を画す distinguirse nítidamente《de》‖ 公と私の一線を画す separar tajantemente lo público de lo privado

いっせん 一戦 una batalla, (スポーツの) un partido ‖ 一戦を交える librar una batalla 《contra, con》, (スポーツで)「jugar [disputar] un partido《contra, con》

いっそ (むしろ) más bien, antes ‖ いっそ注文をキャンセルしたいぐらいだ Más bien preferiría anular el pedido.

いっそう 一掃
▶一掃する ‖ 在庫を一掃する agotar las existencias ／ 疑惑を一掃する despejar las sospechas ／ 犯罪を一掃する erradicar la delincuencia

いっそう 一層 más, (よりいっそう) aún más, todavía más ‖ いっそうの努力をする hacer aún más esfuerzos, redoblar los esfuerzos ／ 雨足がよりいっそう強まった La lluvia arreció aún más.

いっそく 一足 ‖ 一足の靴 un par de zapatos
いっそくとび 一足飛び
▶一足飛びに de un gran salto ‖ 彼は一足飛びに営業部長になった Él dio el salto para convertirse en el director comercial.

いつぞや (先日) el otro día
いったい 一体 (一体全体) pero ‖ 一体君は何をやっているんだ Pero ¿qué estás haciendo?¡ ¿Qué diablos estás haciendo? ／ 一体となる unirse, unificarse, (団結する) aunarse, solidarizarse ／ 一体の仏像 una estatua de Buda
▶いったいに (総じて) generalmente, en general
▶一体化 unificación f., (統合) integración f.
◪一体感「sentimiento m. [sensación f.] de unidad
◪一体全体 ‖ 一体全体秘書(女性)はどこへ行ったっていうんだ ¿Dónde demonios se ha ido la secretaria?

いったい 一帯 toda la zona, toda el área ‖ 関東地方一帯 toda la región de Kanto

いつだつ 逸脱 desviación f., desvío m.
▶逸脱する desviarse, salir ‖ 当初の目的から逸脱する desviarse del objetivo inicial

いったん 一旦 (一度) una vez, (一時的に) temporalmente ‖ 試合をいったん中止にする suspender temporalmente el partido ／ いったん契約書にサインをしたら、解約はできません Una vez que usted haya firmado el contrato, no podrá cancelarlo.

いったん 一端 (一部分) una parte, (片はし) un extremo ‖ ひもの一端 un extremo del cordón ／ 感想の一端を述べる comentar algo de *sus* impresiones

いっち 一致 coincidencia f., concordancia f. ‖ 偶然の一致 coincidencia f. casual ／ 時制の一致《文法》concordancia f. de tiempos ／ 意見の一致をみる llegar a un acuerdo
▶一致する coincidir《con》, concordar 《con》‖ この数字は私たちの概算と一致する Estas cifras coinciden con las de nuestro cálculo aproximado.

いっちゃく 一着 (洋服の) un conjunto; (競走の) el primer puesto ‖ スーツ1着 un conjunto de traje, un traje ／ 百メートル走で1着になる conseguir el primer puesto en la prueba de 100 metros planos ／ 1着でゴールする llegar primero a la meta

いっちゅうや 一昼夜 un día entero, un día y una noche, durante veinticuatro horas ‖ 戦闘は一昼夜続いた La batalla duró un día y una noche.

いっちょういっせき 一朝一夕 en un día, 〔慣用〕de la noche a la mañana

いっちょういったん 一長一短 ‖ 一長一短がある tener sus ventajas y sus「desventajas [inconvenientes]

いっちょうら 一張羅 el mejor vestido ‖ 私は今日一張羅のスーツを着た Hoy me he puesto el mejor traje que tengo.

いっちょくせん 一直線
▶一直線の rect*o*[ta], rectilín*eo*[a]
▶一直線に en línea recta, (まっすぐに)

todo recto‖一直線に進む avanzar en línea recta

いつつ 五つ cinco m. →ご（五）
◪五つ子 quintillizos mpl., (全員女性) quintillizas fpl., (各自) quintill*izo*[za] mf.

いっつい 一対 un par, una pareja

いって 一手 (将棋などの) jugada f.
▶一手に‖販売を一手に引き受ける monopolizar la venta《de》

いってい 一定
▶一定の (決まった) fi*jo*[ja], determina*do*[da], (規則的な) regular, (不変の) constante, invariable, (安定した) estable‖一定の分量 cantidad f. fija／一定の速度で a una velocidad constante／一定の収入がある tener ingresos fijos／一定の要件を満たす satisfacer determinados requisitos／一定の距離を保つ「guardar [mantener] cierta distancia《con》
▶一定に‖為替レートを一定に保つ mantener estable el tipo de cambio

いってき 一滴 una gota‖大海の一滴 una gota en el 「mar [océano]／酒は一滴も飲まない no beber ni una gota de alcohol

いってつ 一徹
▶一徹な ter*co*[ca], tozu*do*[da], testaru*do*[da]‖一徹なところがある ser algo testaru*do*[da]
◪一徹者‖一徹者である《慣用》no dar *su* brazo a torcer

いつでも a cualquier hora, en cualquier momento, (常に) en todo momento‖いつでも好きなときに来ていいよ Puedes venir cuando quieras.／いつでも私どもにご相談ください Siempre estamos a su disposición para cualquier consulta.

いってん 一点 (得点) un punto‖空には一点の雲りもない No hay ni una sola nube en el cielo.／私には一点のやましいところもない Tengo la conciencia bien limpia.
〔慣用〕一点張り‖彼は事件のことは知らぬ存ぜぬの一点張りだ Él insiste repetidamente en que no sabe nada del caso.

いってん 一転
▶一転する cambiar por completo‖情勢が一転した Las circunstancias han cambiado por completo.／《慣用》Ha dado la vuelta a la tortilla.／舞台が一転する El escenario cambia de repente.
▶一転して‖一転して反撃に出る emprender un repentino contraataque／私たちの期待は一転して失望に変わった Nuestras expectativas se convirtieron de repente en una decepción.

いっと 一途‖金の価格は上昇の一途をたどっている Los precios del oro「siguen [continúan] su escalada.

いっとう 一等 (一等賞) el primer premio, (第一位) el primer puesto, (乗り物の) la primera clase‖一等をとる (コンクールで)「ganar [lograr] el primer premio, (競走で) conseguir el primer puesto
◪一等航海士 primer oficial m. de「puente [cubierta]
◪一等車 vagón m. de primera clase
◪一等星 estrella f. de primera magnitud
◪一等地‖東京の一等地 el mejor distrito de Tokio

いっとうりょうだん 一刀両断‖一刀両断に問題を解決する resolver un asunto de una vez por todas

いっとき 一時 (すこしの間) un rato, (かつて) antes, antaño‖一時休む descansar un rato／一時のにぎわいを取り戻す recuperar la prosperidad de antaño

いつなんどき いつ何時‖日本ではいつ何時大地震が起こるか分からない En Japón puede ocurrir en cualquier momento un gran terremoto.

いつになく‖今日はいつになく早起きをした Hoy me he levantado más temprano que de costumbre.／彼女はいつになく沈んでいる Ella está más deprimida que nunca.

いつのま いつの間
▶いつの間に(か)/いつの間にやら sin saber nada, sin darse cuenta‖工事はいつの間にか終わっていた Se había terminado la obra sin que me diera cuenta.

いっぱ 一派 (派閥・党派) una facción, (流派) una escuela, (宗派) una secta‖キリスト教の一派 una secta cristiana／哲学の一派を形成する fundar una escuela filosófica

いっぱい 一杯‖コップ1杯の水 un vaso de agua／グラス1杯のワイン una copa de vino／ジョッキ1杯のビール una jarra de cerveza／スプーン1杯の砂糖 una cucharada de azúcar／一杯やりませんか ¿Por qué no tomamos una copa?／この翻訳は今週いっぱいかかるでしょう Esta traducción me va a ocupar toda la semana.
▶いっぱいにする/いっぱいになる llenar/llenarse《de》‖通りはデモの参加者でいっぱいになった Los manifestantes llenaron las calles. ¦ Las calles se llenaron de manifestantes.／本でいっぱいになった棚 estantería f. llena de libros
〔慣用〕一杯食わす engañar‖私は一杯食わされた Me han engañado.
〔慣用〕一杯食う caer en una trampa

いっぱく 一泊‖この部屋は一泊90ユーロです Esta habitación cuesta 90 euros por noche.
▶一泊する alojarse una noche

▶いっぱしの‖彼女はいっぱしの歌手気取りだ Ella se cree una cantante.／いっぱしの口をきく hablar de igual a igual, (大人のよ

いっぱつ 一発 (銃弾の) un tiro, un disparo, (殴打) un golpe ‖ 一発食らわす (殴る) dar un golpe《a》／ 顔面にげんこつを一発食らう recibir un puñetazo en la cara ／ いのししを一発でしとめる matar un jabalí de un tiro [disparo] ／ 不動産投機で一発当てる ganar un dineral con la especulación inmobiliaria

いっぱん 一般 ‖ 一般受けする tener buena acogida [aceptación] general
▶一般の general, (通常の) ordinario[ria], 共ún, (普遍的な) universal ‖ 一般の人 persona f. 「de a pie [corriente] ／ 一般の呼び方 (名称) nombre m. común
▶一般的な general ‖ 一般的な傾向 tendencia f. general
▶一般的に en general, generalmente ‖ 一般的に言って hablando en términos generales, generalmente hablando
▶一般化 generalización f. ‖ 一般化する (何かを) generalizar, (何かが) generalizarse, (大衆化する) popularizarse
▫一般医 generalista com., médico[ca] mf. generalista
▫一般会計 cuentas fpl. generales
▫一般教育 educación f. general
▫一般教養 cultura f. general ‖ 一般教養科目 asignatura f. de cultura general
▫一般公開 ‖ 一般公開されている estar abierto[ta] al público
▫一般紙 prensa f. (de información) general
▫一般庶民 pueblo m. común
▫一般大衆 público m. general, gente f. común
▫一般読者 lectores mpl. comunes
▫一般料金 tarifa f. 「normal [ordinaria]
▫一般論 generalidades fpl.

いっぴきおおかみ 一匹狼 lobo[ba] mf. solitario[ria] ‖ 彼は一匹狼だ Es un lobo solitario.

いっぴょう 一票 un voto ‖ 一票を投じる emitir un voto, emitir su voto

いっぴん 一品 (商品) un artículo, (料理) un plato ‖ 一品ずつ注文する pedir a la carta
▫一品料理 plato m. a la carta

いっぴん 逸品 (作品) obra f. maestra, (品物) el artículo más precioso

いっぷいっぷせい 一夫一婦制 monogamia f.
▶一夫一妻制の monógamo[ma]

いっぷう 一風 ‖ 一風変った (独特な) original, singular, (風変わりな) excéntrico[ca] ／ 一風変った人である ser una persona excéntrica

いっぷく 一服 (一回分の薬) una dosis
▶一服する (休息する) tomarse un descanso, descansar un rato, (たばこを吸う) fumar un cigarrillo
〔慣用〕一服盛る poner veneno《en》

いっぷたさいせい 一夫多妻制 poligamia f.
▶一夫多妻制の polígamo[ma]

いっぺん 一変
▶一変する cambiar 「completamente [por completo, radicalmente] ‖ 彼の私への態度が一変した Su actitud conmigo cambió radicalmente.

いっぺん 一遍 ⇒いちど(一度)

いっぺん 一編・一篇 ‖ 一編の詩 un poema

いっぺんとう 一辺倒 ‖ 米国一辺倒の政策 política f. proestadounidense ／ 父は日本酒一辺倒だ Mi padre no bebe más que sake.

いっぽ 一歩 un paso ‖ 一歩前進 [後退] する (比喩的にも用いる) dar un paso 「adelante [atrás] ／ 駅のホームは人混みで一歩も前に進めなかった Había tanta gente en el andén que no se podía dar ni un paso.
〔慣用〕一歩も引かない no ceder ni un paso
〔慣用〕一歩譲る (少し劣る) ser algo inferior 《a》
〔慣用〕一歩を踏み出す《慣用》dar el primer paso

いっぽう 一方 por otro lado, por otra parte, (それに対して) en cambio ‖ 物価は上がり続ける一方である Los precios no dejan de subir.
▶一方で(は) mientras tanto
▶一方的な unilateral, (不平等な) desigual, (不公平な) parcial, (勝手な) arbitrario[ria] ‖ 一方的な決定 decisión f. unilateral ／ 一方的な試合 partido m. desigual ／ それは一方的な見方です Ese es un punto de vista parcial.
▶一方的に unilateralmente, (勝手に) arbitrariamente
▫一方通行 dirección f. única

いっぽう 一報 ‖ 第一報を受け取る recibir la primera noticia《de》／ 事故の第一報は1時間前に届いた La primera noticia del accidente nos llegó hace una hora.
▶一報する informar a ALGUIEN《de》

いっぽん 一本 ‖ 1本の鉛筆 un lápiz ／ ワイン1本 una botella de vino
▶一本化 unificación f. ‖ 一本化する (統一する) unificar, (方向付ける) canalizar
〔慣用〕一本とる vencer,《慣用》meter un gol《a》‖ 私はライバルに一本とられた Mi rival me metió un gol.
▫一本気 ‖ 一本気なところがある ser algo testarudo[da]
▫一本立ち ‖ 一本立ちする (独立する) independizarse
▫一本調子 monotonía f. ‖ 一本調子で話す hablar monótonamente
▫一本道 camino m. directo

いつまで hasta cuándo ‖ いつまでグラナダに滞在されますか ¿Hasta cuándo va a estar en Granada? ／ いつまでに報告書を提出しなければなりませんか ¿Para cuándo hay que presentar el informe? ／ そのプロジェクトはいつまでたっても具体化しなかった El proyecto nunca se ha concretado.

いつまでも para siempre, (永遠に) eternamente ‖ いつまでも終わらない議論 discusiones fpl. 「interminables [de nunca acabar] ／ いつまでも幸せに暮らす vivir feliz para siempre ／ いつまでもお元気で長生きしてください ¡Que siga bien de salud y cumpla muchos años más!

いつも siempre ‖ 電車ではいつも読書をします Suelo leer en el tren. ／ いつもなら私はもう会社に着いているのに Normalmente ya estaría en la oficina.
▶ **いつもの** de siempre ‖ いつものように como siempre, como de costumbre

いつわ 逸話 anécdota f.
▶ 逸話的な anecdótico[ca]

いつわり 偽り falsedad f., (嘘) mentira f.
▶ 偽りの falso[sa] ‖ 偽りのない気持ちを述べる expresar su sentimiento sincero, decir lo que siente de verdad

いつわる 偽る falsear, mentir, (だます) engañar ‖ 病気と偽る fingir estar enfermo[ma] ／ 医者と偽る hacerse pasar por médico[ca] ／ 身分を偽る falsear su nombre ／ 身分を偽る ocultar su identidad ／ 事実を偽る falsear la verdad ／ 己を偽る engañarse a sí mismo[ma]

イデオロギー ideología f.
▶ イデオロギーの ideológico[ca]

いてざ 射手座 Sagitario m.
▶ 射手座生まれの(人) sagitario (com.[=pl.]) 《性数不変》

いてつく 凍て付く helar(se) ‖ 凍てつくような寒さだ Hace un frío que pela.

いてもたっても 居ても立っても ‖ 居ても立ってもいられない estar muy impaciente, 《慣用》estar en vilo

いてん 移転 traslado m., mudanza f. ‖ 本社の移転 el traslado de la sede central
▶ 移転する (移す) trasladar; (移る) trasladarse, mudarse ‖ 海外へ生産拠点を移転する trasladar la base de producción al extranjero ／ 支店を横浜に移転した La sucursal se trasladó a Yokohama.
■ 移転通知 aviso m. de mudanza

いでん 遺伝 herencia f.
▶ 遺伝する heredarse
▶ 遺伝性の/遺伝的な hereditario[ria]
■ 遺伝因子 factor m. 「genético [hereditario]
■ 遺伝学 genética f.
■ 遺伝学者 genetista com.
■ 遺伝形質 carácter m. biológico (hereditario)
■ 遺伝情報 información f. genética
■ 遺伝性疾患 enfermedad f. genética, trastorno m. genético
■ 遺伝病 enfermedad f. hereditaria

いでんし 遺伝子 gen m.
■ 遺伝子型 genotipo m.
■ 遺伝子銀行 banco m. de genes
■ 遺伝子組み換え transgénesis f.[=pl.], recombinación f. genética ‖ 遺伝子組み換えの transgénico[ca] ／ 遺伝子組み換え食品 alimento m. transgénico
■ 遺伝子工学 ingeniería f. genética
■ 遺伝子操作 manipulación f. genética
■ 遺伝子治療 terapia f. genética

いと 糸 hilo m., hebra f. ‖ 針と糸で縫う coser con aguja e hilo ／ 運命の糸 hilo m. del destino ／ 糸を紡ぐ hilar un hilo ／ くもが糸を出す La araña saca la hebra. ／ 糸のような雨（霧雨）sirimiri m.
(慣用) 糸の切れた凧のようだ ser como una cometa sin hilo
(慣用) 糸を引く（操る）manipular, (尾を引く)《慣用》traer cola
■ 糸くず pedazo m. de hilo
■ 糸車 rueca f., máquina f. de hilar
■ 糸巻き bobina f. (de hilo)

いと 意図 intención f., propósito m. ‖ ～する意図がある tener intención de 『+不定詞』, pretender 『+不定詞』／ 彼の意図はわからない No se sabe cuál es su intención.
▶ 意図する ‖ 私の意図するところは～です Mi intención es 『+不定詞』/que+接続法』.
▶ 意図的な intencionado[da], deliberado[da] ‖ 意図的なミス error m. intencionado
▶ 意図的に intencionadamente, con intención, deliberadamente, (故意に) a propósito

いど 井戸 pozo m. ‖ 井戸を掘る cavar un pozo ／ 井戸が涸れた El pozo se secó.
■ 井戸端会議 charla f. de vecinos
■ 井戸水 agua f. de pozo ‖ 井戸水を汲む sacar agua del pozo

いど 緯度 latitud f. ‖ 緯度が高い La latitud es alta. ／ 緯度が低い La latitud es baja.
■ 緯度線 línea f. de latitud

いとう 厭う rehuir ‖ 世間をいとう rehuir el mundo ／ 出費をいとわずに sin escatimar gastos

いどう 異動 cambio m. de puesto, traslado m. ‖ 私は東京本社に異動になるだろう Me trasladarán a la casa matriz de Tokio. ／ 彼女は部署が異動になった A ella la cambiaron de departamento.
■ 人事異動 cambio m. de personal, (配置転換) rotación f. de personal

いどう 移動 traslado m., mudanza f.

いとぐち 62

い

▶**移動する**（動かす）mover, trasladar,（動く）desplazarse, moverse, desplazarse ‖ ソファーを別の部屋に移動する trasladar el sofá a otro cuarto／人口が国から国へ移動する La población se desplaza de un país a otro.／バスで移動する trasladarse en autobús

▶**移動性の**（動かせる）móvil,（渡り鳥などが）migrato*rio*[*ria*]

◽ **移動式ベッド** cama *f.* móvil

◽ **移動性高気圧** anticiclón *m.* migratorio

◽ **移動図書館** biblioteca *f.* ambulante

いとぐち 糸口 （手がかり）indicio *m.*, pista *f.*,（発端）comienzo *m.* ‖ 誘拐犯発見の糸口を見いだす encontrar [hallar] una pista para dar con el secuestrador

いとこ 従兄弟/従姉妹 pri*mo*[*ma*] *mf.*

いどころ 居所 （行方）paradero *m.* ‖ 行方不明の子供たちの居所を突き止める localizar el paradero de los niños desaparecidos

いとしい 愛しい queri*do*[*da*] ‖ いとしいわが子 mi queri*do*[*da*]「hi*jo*[*ja*]／孫がいとしい encariñarse con *su* nie*to*[*ta*]／いとしい人 mi cariño, mi amor／いとしい気持ち cariño *m.*, amor *m.*

いとなみ 営み （行為）acción *f.*,（作業）trabajo *m.*,（活動）actividad *f.* ‖ 自然の営み obra *f.* de la naturaleza

いとなむ 営む （店を）llevar,（業務を）ejercer, practicar ‖ 生活を営む llevar una vida, vivir／事業を営む llevar [administrar] un negocio／農業を営む practicar la agricultura／酒屋を営む llevar una tienda de licores／弁護士業を営む ejercer la abogacía

いとま 暇 （暇な時間）tiempo *m.* libre ‖ そろそろおいとましなければなりません Creo que me tengo que ir ya.

いどむ 挑む desafiar, retar ‖ アコンカグア山に挑む「desafiar [intentar conquistar] el Aconcagua／世界記録に挑む intentar batir el récord mundial／未知の世界に挑む enfrentarse a un mundo desconocido／決闘を挑む retar a un duelo a ALGUIEN

▶**挑むような** desafiante ‖ 挑むような目つきで con una mirada desafiante

いとめ 糸目
〔慣用〕金に糸目をつけない gastar dinero a manos llenas

いとめる 射止める ‖ いのししを一発で射止める matar un jabalí de un tiro／女性の心を射止める conquistar el corazón de una mujer

いとも ‖ いとも簡単に con gran facilidad,《慣用》como si nada

いな 否 と言う否を言う decir un no, decir que no

いない 以内 ‖ 4日以内に en menos de cuatro días／購入日から7日以内に商品を返却できます Puede devolver el artículo en el plazo de siete días desde la fecha de compra.／ひと月以内に戻ります Vuelvo antes de un mes.／10年以内に大地震が東京で起こるかもしれない Puede que se produzca un gran terremoto en Tokio antes de que transcurran diez años.／一食千円以内におさえてください Procure no gastar más de mil yenes por comida.

いなおる 居直る volverse desafiante, tomar una actitud desafiante

いなか 田舎 （郷里）pueblo *m.*, tierra *f.* natal ‖ 田舎に行く ir al campo／田舎で暮らす vivir en el campo／田舎はどちらですか ¿Cuál es su tierra natal?

▶**田舎の** rural, rústi*co*[*ca*], campesi*no*[*na*] ‖ 田舎の風景 paisaje *m.* rural

◽ **田舎道** camino *m.* rural

◽ **田舎者** （軽蔑的に）pale*to*[*ta*] *mf.*,（軽蔑的に）cate*to*[*ta*] *mf.*

◽ **田舎料理** comida *f.* campesina

いながらにして 居ながらにして sin moverse de casa ‖ 居ながらにして国内外の出来事を知る conocer lo que pasa dentro y fuera del país sin moverse de casa

いなご 稲子/蝗 langosta *f.*

いなさく 稲作 cultivo *m.*「de arroz [arrocero]／稲作に従事する dedicarse al cultivo de arroz

◽ **稲作地帯** zona *f.* arrocera

◽ **稲作農家** （人）arroce*ro*[*ra*] *mf.*, agricul*tor*[*tora*] *mf.* de arroz

◽ **稲作文化** cultura *f.*「del cultivo de arroz [arrocera]

いなずま 稲妻 relámpago *m.*, rayo *m.* ‖ 稲妻が光る relampaguear《3人称単数形の無主語で》, producirse *un relámpago*

いなだ 稲田 campo *m.* de arroz, arrozal *m.*

いななき 嘶き （馬の）relincho *m.*

いななく 嘶く relinchar, dar un relincho ‖ 馬がいななく El caballo relincha.

いなびかり 稲光 ⇒いなずま（稲妻）

いなほ 稲穂 espiga *f.* de arroz

いなめない 否めない innegable ‖ ～することは否めない Es innegable que『+直説法』. ¦ No se puede negar que『+直説法』.

いなや 否や

▶**～するや否や** nada más『+不定詞』,（過去の事柄）「tan pronto como [en cuanto, apenas]『+直説法』‖ 受話器を置くや否や、別の電話がかかってきた Nada más colgar el teléfono, recibí otra llamada. ¦ Tan pronto como colgué el teléfono, recibí otra llamada.

いなりずし 稲荷鮨 （説明訳）bolsita *f.* de tofu frito rellena de arroz

イニシアチブ iniciativa *f.* ‖ イニシアチブを取る tomar la iniciativa

イニシャル inicial *f.* ‖ イニシャルの刺繍の入った上着 chaqueta *f.* bordada con las

iniciales
いにん 委任 comisión *f.*, delegación *f.*
▶委任する delegar, encomendar ‖ 権限を委任する delegar *su* competencia《en》
◳委任状 procuración *f.*, poder *m.*
◳委任統治 mandato *m.* ‖ 委任統治領 territorio *m.* bajo mandato
◳委任投票 votación *f.*「por poder [delegada]」‖ 委任投票をする votar por poder
◳委任立法 legislación *f.* delegada
イニング《野球》entrada *f.*
いぬ 犬 perro[rra] *mf.*,《格式語》can *m.* (雄・雌) ‖ 犬がほえる ladrar ╱ 犬を飼う tener un perro ╱ 犬をつなぐ amarrar un perro ╱ 犬を散歩に連れて行く sacar un perro a pasear ╱ 息子が通りで犬にかまれた A mi hijo le mordió un perro en la calle. ╱ 警察の犬「soplón[plona] *mf.* [espía *com.*] para la policía
▶犬の canino[na], de perro
〚慣用〛犬と猿である《慣用》ser como el perro y el gato
〚諺〛犬も歩けば棒に当たる（幸運に出会う）Si lo intentas puedes tener suerte.
◳犬かき ‖ 犬かきで泳ぐ nadar como un perro
◳犬小屋 perrera *f.*
◳犬死に muerte *f.* inútil ‖ 犬死にする morir inútilmente
いね 稲 arroz *m.* ‖ 稲を刈る segar el arroz ╱ 稲を収穫する cosechar el arroz ╱ 稲を育てる cultivar el arroz
◳稲刈り recolección *f.* de arroz
◳稲干し secado *m.* de arroz
いねむり 居眠り sueño *m.* breve y ligero
▶居眠りする「dar [echar] una cabezada, dormitar
◳居眠り運転 somnolencia *f.* en la conducción ‖ 居眠り運転をする conducir en estado de somnolencia
いのいちばん いの一番 ‖ いの一番にスタジアムに到着する ser *el*[*la*] primero[ra] en llegar al estadio
いのこる 居残る quedarse ‖ 居残って遅くまで働く quedarse hasta tarde a trabajar
いのしし 猪 jabalí *m.*, (雌) jabalina *f.*
いのち 命 vida *f.* ‖ 短い命 corta vida *f.* ╱ はかない命 vida *f.* efímera ╱ 若い命 vida *f.* joven ╱ たった一つの命 una sola vida ╱ 人の命 vida *f.* humana ╱ 命がある estar con vida, estar vivo[va] ╱ 命が助かる salvarse ╱ 私の命が危ない Mi vida「está en [corre] peligro. ╱ 誰でも命が惜しい Nadie quiere morir. ╱ 命にかかわる問題である ser un asunto de vida o muerte ╱ (私に)命に懸けて誓います Juro por mi vida que『+直説法』. ╱ 命を奪う「quitar [arrancar, arrebatar] la vida《a》╱ 命を絶つ（自殺する）quitarse la vida, suicidarse, matarse ╱ 命を救う salvar la vida《a, de》╱ 命をとりとめる《慣用》「salir [escapar] con vida《de》╱ 命を狙う atentar contra la vida de ALGUIEN ╱ 命を守る「defender [proteger] la vida《de》╱ 祖父の命は長くない Mi abuelo no va a vivir mucho tiempo. ¦ A mi abuelo le queda poco tiempo de vida. ╱ 命ばかりはお助けを Le ruego que me perdone la vida. ╱ 命の限り mientras yo esté vivo[va] ╱ 命より大事なものはない No hay nada más valioso que la vida. ╱ あなたは命の恩人です Le debo mi vida. ╱ 子供たちが私の命です Mis hijos son lo más importante en mi vida.
〚慣用〛命あっての物種 La vida es lo más importante de todo. ¦《諺》Mientras hay vida, hay esperanza.
〚慣用〛命から二番目に大事なもの lo más importante después de la vida
〚慣用〛命を落とす perder la vida
〚慣用〛命を懸ける arriesgar *su* vida《por, para》,《慣用》jugarse la vida
〚慣用〛命を削る ‖ 父親は家族のために命を削って働いている El padre se deja la vida trabajando por su familia.
〚慣用〛命を捧げる consagrar *su* vida《a》,《慣用》dar la vida《por》, sacrificar *su* vida
〚慣用〛命を捨てる《慣用》dar la vida《por》‖ 祖国のために命を捨てる dar la vida por *su* patria
〚慣用〛命を縮める acortar la vida《a》‖ 彼は麻薬で命を縮めた A él le consumieron la vida las drogas.
〚慣用〛命をつなぐ（生き延びる）sobrevivir
〚慣用〛命を拾う ⇒いのちびろい(命拾い)
いのちがけ 命懸け
▶命懸けの（危険な）arriesgado[da] ‖ 命懸けの仕事 trabajo *m.* arriesgado
▶命懸けで「arriesgando [con riesgo de] *su* vida ‖ 命懸けで戦う luchar a la desesperada ╱ 命懸けで守る《慣用》defender a capa y espada ╱ 命懸けで人質たちを救出する「arriesgar [poner en peligro] *su* vida para liberar a los rehenes
いのちからがら 命からがら ‖ 燃えているビルから命からがら逃げ出す escapar con vida de un edificio en llamas
いのちしらず 命知らず (人) persona *f.*「temeraria [arriesgada], kamikaze *com.*
▶命知らずの temerario[ria], arriesgado[da]
いのちづな 命綱 cuerda *f.*「salvavidas [de salvamento]
いのちとり 命取り mortal, fatal ‖ 命取りの病気 enfermedad *f.*「mortal [fatal] ╱ 一つの油断が彼の命取りになった Un descuido le costó la vida a él.
いのちびろい 命拾い

イノベーション innovación *f*.

いのり 祈り oración *f*., rezo *m*. ‖ 祈りを捧げる rezar una oración, 《慣用》hablar con Dios

いのる 祈る rezar, orar, (願う) desear ‖ 家内安全を祈る orar por la seguridad de la familia ／ 神に祈る rezar a Dios, (〜してくれるように) pedir a Dios que 『+接続法』／ 犠牲者のために祈る rezar por las víctimas ／ 実りを祈る orar por una buena cosecha ／ 幸福を祈る desear mucha felicidad 《a》／ 新しいお仕事でのご成功をお祈りします Le deseo de todo corazón éxitos en su nuevo trabajo. ／ 祈るような気持ちで como pidiendo a Dios

いばしょ 居場所 paradero *m*. ‖ 居場所を突き止める localizar el paradero de ALGUIEN ／ 君の居場所を教えてください Dime dónde te encuentras. ／ 会社では私の居場所がありません No me siento a gusto en el trabajo.

いばら 茨 (植物) arbusto *m*. espinoso, (とげ) espina *f*.
慣用 茨の道 ‖ 茨の道を歩む seguir un camino arduo [de espinas]

いばる 威張る darse importancia, mostrarse arrogante ‖ 威張り散らす ostentar demasiada autoridad ／ 威張る人《話》(軽蔑的に) man*dón*[*dona*] *mf*.

いはん 違反 violación *f*., infracción *f*. ‖ 違反を犯す cometer una infracción
▶違反する violar, infringir, contravenir《a》 ‖ 法律に違反する「violar [infringir] la ley ／ 契約に違反する「violar [infringir] el contrato
▶〜に違反して por violación 《de》, por infracción《de》
◪契約違反 infracción *f*. del contrato
◪ルール違反 infracción *f*. de una regla
◪違反者 infrac*tor*[*tora*] *mf*.
◪違反チケット ‖ 違反チケットをもらう recibir un aviso de multa

いびき 鼾 ronquido *m*.
▶いびきをかく roncar, dar ronquidos

いびつ 歪
▶いびつな deform*ado*[*da*], deforme, torc*ido*[*da*] ‖ いびつな頭 cabeza *f*. 「deforme [deformada] ／ いびつな性格 carácter *m*. 「torcido [retorcido]
▶いびつになる deformarse ‖ 隣国との関係がいびつになった「Se torcieron [Empeoraron] las relaciones con el país vecino.

いひょう 意表
▶意表を突く「coger [pillar] por sorpresa a ALGUIEN, sorprender

いびる hostigar, maltratar, acosar

いひん 遺品 objeto *m*. 「legado [dejado] por *un*[*una*] difun*to*[*ta*]

いふ 異父
◪異父兄弟 hermanastro *m*., medio hermano *m*., hermano *m*. de madre
◪異父姉妹 hermanastra *f*., media hermana *f*., hermana *f*. de madre

いふ 畏怖 miedo *m*. reverencial y respetuoso ‖ 神への畏怖の念 temor *m*. de Dios

イブ (アダムの妻)Eva; (クリスマスイブ) Nochebuena *f*.

いぶかしい 訝しい sospecho*so*[*sa*], recelo*so*[*sa*], dudo*so*[*sa*]
▶いぶかしげな ‖ いぶかしげな顔で con cara de sospecha[sa]
▶いぶかしげに con sospecha, con recelo

いぶかる 訝る sospechar《de》 ‖ 娘の行動をいぶかる sospechar del comportamiento de *su* hija

いぶき 息吹 aliento *m*., 《格式語》efluvio *m*. ‖ 春の息吹「aliento *m*. [efluvios *mpl*.] de la primavera

いふく 衣服 ropa *f*., vestido *m*., prenda *f*. de vestir

いぶくろ 胃袋 estómago *m*.

いぶしぎん 燻し銀 plata *f*. ahumada, (色) color *m*. plata ahumada ‖ いぶし銀の interpretación *f*. madura

いぶす 燻す ahumar

いぶつ 異物 cuerpo *m*. extraño

いぶつ 遺物 reliquia *f*. ‖ 過去の遺物 reliquias *fpl*. del pasado

イブニング
◪イブニングコート abrigo *m*. de noche
◪イブニングドレス「traje *m*. [vestido *m*.] de noche

いぶる 燻る ⇒けむる(煙る)

いぶんか 異文化 cultura *f*. distinta
▶異文化の intercultural
◪異文化交流 intercambio *m*. intercultural
◪異文化コミュニケーション comunicación *f*. intercultural

いぶんし 異分子 《慣用》garbanzo *m*. negro ‖ 異分子を排除する apartar (a) los garbanzos negros

いへん 異変 anomalía *f*., anormalidad *f*., (自然界の) fenómeno *m*. anormal ‖ 為替市場で異変が起きている Está pasando algo raro en el mercado de divisas.
◪暖冬異変 invierno *m*. anormalmente cálido

イベント evento *m*., acto *m*.
◪メーンイベント evento *m*. principal, 《慣用》plato *m*. fuerte

いぼ 疣 verruga *f*. ‖ 手にいぼがある tener una verruga en la mano
▶いぼだらけの verrugo*so*[*sa*]

いぼ 異母
◪異母兄弟 hermanastro *m*., medio herma-

no *m.*, hermano *m.* de padre
🔸異母姉妹 hermanastra *f.*, media hermana *f.*, hermana *f.* de padre
いほう 違法 ilegalidad *f.*, (非合法) clandestinidad *f.*
▶違法の ilegal, ilícito[ta], clandestino[na], (海賊版の) pirata
🔸違法行為 acción *f.* ilícita
🔸違法コピー copia *f.* 「ilegal [pirata]
いほうじん 異邦人 extranjero[ra] *mf.*
いま 今 ahora, actualmente, en este momento‖今、どこにいるの¿Dónde estás ahora? ／今行きます Ya voy. ／今すぐ ahora mismo ／今でも todavía, aún
▶今の actual, de ahora‖今の政府 el actual gobierno
▶今から desde ahora, de ahora en adelante‖今からでも遅くはない Todavía no es tarde. ¦ Aún estamos a tiempo.
▶今まで hasta ahora, hasta el momento, (現在まで) hasta el presente‖日本でこんなに多くの高齢者がいた時代は今までになかった Hasta el presente no ha habido época en la que hubiera tantos ancianos en Japón.
〔慣用〕今か今かと con mucha 「ilusión [impaciencia]‖今か今かと待つ esperar 「ALGO [a ALGUIEN] como el santo advenimiento
〔慣用〕今となっては‖今となっては対策の立てようがない Es demasiado tarde para tomar alguna medida.
〔慣用〕今泣いた烏がもう笑う cambiar de humor con facilidad
〔慣用〕今に始まったことではない‖気象変動は今に始まったことではない El cambio climático no es cosa de ahora.
〔慣用〕今の今まで hasta ahora mismo‖今の今まで君がここにいることに気がつかなかった Hasta ahora mismo no me había dado cuenta de que estabas aquí.
〔慣用〕今のうちに (遅くならないうちに) antes de que sea tarde
〔慣用〕今のところ por ahora, por el momento, de momento‖今のところ私は何も必要ありません De momento no necesito nada.
〔慣用〕今を時めく de gran popularidad actual‖今を時めく女優 actriz *f.* que goza actualmente de gran popularidad
いま 居間 「sala *f.* [cuarto *m.*] de estar, 《英語》 *living m.*, salón *m.*
いまいち ⇒いまひとつ(今一つ)
いまいましい 忌ま忌ましい maldito[ta], exasperante, irritante‖いまいましい雨 maldita lluvia *f.* ／いまいましい奴《慣用》¡Maldita sea su estampa!
いまごろ 今頃 ahora, a estas horas, en estos momentos
いまさら 今更 ahora, (この期に及んで) a estas alturas, (再度) de nuevo, otra vez‖今更計画を変更することはできません A estas alturas no se puede modificar el plan. ／今更発言を撤回するわけにもいかない Es demasiado tarde para retirar lo dicho. ／今更言われなくても分かっているよ No hace falta que me lo recuerdes de nuevo.
いましがた 今し方 hace un momento, hace poco, hace un rato →さっき‖母は今しがた出かけたばかりです Mi madre acaba de salir.
いましめ 戒め amonestación *f.*, 《格式語》represión *f.*
いましめる 戒める amonestar, reprender, regañar, 《慣用》dar una lección《a》‖息子を戒める 「reprender [regañar] a *su* hijo ／自らを戒める controlarse a *sí* mismo[ma] ／新しいファッションの風潮を戒める (批判する) criticar las nuevas tendencias de la moda
いまだ 未だ (いまだに) todavía, aún‖その事故の原因はいまだ解明されていない Todavía siguen sin esclarecerse las causas del accidente.
〔慣用〕いまだかつて‖いまだかつてない自然災害 desastre *m.* natural 「sin precedentes [jamás ocurrido]
いまどき 今時
▶今どきの actual, de ahora, de hoy en día‖今どきの若者 los jóvenes de 「ahora [hoy en día] ／今どき珍しい事件 caso *m.* raro en estos tiempos ／今どき誰からの電話だ ¿Quién me llama a estas horas?
いまなお 今尚 ahora todavía, (まだ) aún, todavía‖今なお彼女を思い出す Ahora todavía me acuerdo de ella. ／奈良には今なお伝統的な日本の面影が残っている En Nara queda 「aún [todavía] el tipismo del Japón tradicional.
いまに 今に pronto, tarde o temprano‖君は今にスペイン語をとても上手に話せるようになるよ Ya verás que pronto vas a hablar español muy bien.
いまにも 今にも pronto, 《慣用》de un momento a otro‖今にも雨が降り出しそうだ Parece que va a llover de un momento a otro.
いまひとつ 今一つ‖この映画は今一つ何かが足りない Esta película deja algo que desear.
いまふう 今風
▶今風の actual, de actualidad, 《慣用》de moda, a la moda‖今風の歌 canción *f.* de 「moda [actualidad]
いまや 今や ahora‖今や決断の時だ Ahora es cuando tenemos que tomar una decisión. ／彼女は今や人気歌手だ Ahora ya es una cantante de gran popularidad.
いまわしい 忌まわしい abominable, de-

いみ

testable, execrable,（不吉な）acia*go*[*ga*], funes*to*[*ta*]‖忌まわしい出来事 suceso *m*.「abominable [horrible]

いみ 意味　significado *m*., sentido *m*., significación *f*.‖意味がある tener sentido ／過ぎ去ったことを悔やんでも意味がない No tiene sentido arrepentirse de lo que pasó. ／意味が分かる entender el significado de ALGO ／この文は意味が通らない Esta frase no se entiende. ／単語の意味を調べる buscar el significado de una palabra ／意味をとらえる captar el sentido《de》／ある意味で en un sentido ／厳密な意味では en el sentido estricto (de la palabra) ／広い意味での 哲学 filosofía *f*. en sentido 「amplio [lato] ／それはどういう意味ですか ¿Qué「quiere decir [significa] eso?

▶意味する　significar, querer decir

▶意味ありげな　significati*vo*[*va*]

◨意味深長‖意味深長な微笑みを浮かべる esbozar una sonrisa significativa

◨意味論　semántica *f*.

いみあい 意味合い　matiz *m*.

イミテーション　imitación *f*.‖この宝石はイミテーションです Esta joya es de imitación.

いみょう 異名　(別名) alias *m*.[=*pl*.], otro nombre *m*.,（あだ名）apodo *m*., sobrenombre *m*. ⇒べつめい(別名)・あだな(綽名)

いみん 移民　(外国からの) inmigración *f*.,（人）inmigrante *com*.,（外国への）emigración *f*.,（人）emigrante *com*.‖移民を迎え入れる acoger a los inmigrantes ／移民を拒否する rechazar a los inmigrantes

◨移民申請　solicitud *f*. de inmigración

いむしつ 医務室　enfermería *f*.

イメージ　imagen *f*.,（印象）impresión *f*.‖イメージが浮かぶ Se me viene una imagen. ／自分のイメージを大切にする cuidar *su* imagen ／良いイメージを作る labrar una buena imagen ／そのチームに良いイメージを持っている Tengo buena impresión del equipo. ／悪いイメージを与える dar mala imagen ／悪いイメージを払拭する lavar *su* mala imagen ／このスキャンダルで会社のイメージが損なわれるだろう Con este escándalo la imagen de la empresa se verá afectada.

▶イメージする　imaginar

◨イメージアップ　mejora *f*. de imagen‖イメージアップさせる mejorar la imagen

◨イメージダウン　caída *f*. de imagen‖イメージダウンさせる dañar la imagen

◨イメージチェンジ　cambio *m*. de imagen

いも 芋　(じゃが芋) patata *f*.,《中南米》papa *f*.,（さつま芋）batata *f*., boniato *m*.,《中南米》camote *m*.‖芋を掘る sacar patatas (慣用)芋を洗うような estar「abarrota*do*[*da*] [reple*to*[*ta*]]《de》,《慣用》como sardinas en lata‖会場は芋を洗うような人ごみだった El salón estaba abarrotado de público.

いもうと 妹　hermana *f*.「menor [pequeña]

いもづる 芋蔓　(サツマイモの) bejuco *m*. de boniato

▶芋づる式に　sucesivamente, u*no*[*na*] tras o*tro*[*tra*], en cadena

いもの 鋳物　pieza *f*. de fundición

◨鋳物工場「planta *f*. [fábrica *f*.] de fundición

いもむし 芋虫　oruga *f*.

いもり 井守　tritón *m*., salamandra *f*. acuática

いもん 慰問　visita *f*. de consuelo

▶慰問する「realizar [hacer] una visita de consuelo,（慰める）consolar‖地震の被災者を慰問する ir a consolar a los damnificados por el terremoto

いや　no,（否定文に対して）sí. ⇒いいえ

いや 嫌‖仕事に行くのが嫌だ No quiero ir al trabajo.¦No me gusta ir al trabajo. ／いつも同じものばかり食べるのは嫌だ Estoy har*to*[*ta*] de comer siempre lo mismo. ／嫌でも君は勉強しなければいけない Aunque no te guste, tienes que estudiar. ／嫌というほど（飽きるほど）hasta la saciedad ／嫌ならパーティーに来なくてもいいよ Si no quieres, no tienes que venir a la fiesta.

▶嫌な　desagradable, moles*to*[*ta*], abominable, detestable‖嫌な臭い olor *m*. desagradable ／嫌なやつ tipo *m*. desagradable ／嫌な顔をする《慣用》[fruncir [arrugar] el ceño ／嫌な顔一つせず頼みを聞く hacer un favor con mucho gusto ／嫌な予感がする tener un mal presentimiento

いやいや　de mala gana, sin querer,《慣用》a regañadientes‖いやいやながら条件をのむ aceptar a regañadientes las condiciones

いやおうなし 否応なし

▶否応なしに　inevitablemente,《慣用》a fuerza,《慣用》quieras que no‖法律は否応なしに守らなければならない Estamos obligados a observar la ley.

いやがらせ 嫌がらせ　acoso *m*.‖職場で嫌がらせを受ける sufrir acoso en el trabajo

▶嫌がらせをする　acosar, molestar, meterse《con》

◨性的嫌がらせ　⇒セクハラ

いやがる 嫌がる　(人を避ける) rehuir,（～するのを）no querer『+不定詞』‖娘は学校に行くのを嫌がる Mi hija no quiere ir a la escuela. ／彼はあまりに利己的でみんなに嫌がられる Él es tan egoísta que lo rehúyen todos.

いやく 医薬　medicina *f*.

◨医薬品　medicamento *m*., fármaco *m*.

◨医薬分業　separación *f*. entre servicios de medicina y de farmacia

いやく 意訳 traducción *f.* libre
▶**意訳する** traducir libremente
いやく 違約 incumplimiento *m.* de contrato
▶**違約する** incumplir un contrato
◪**違約金** indemnización *f.* por incumplimiento de contrato
いやけ 嫌気 aversión *f.*, repugnancia *f.* ‖ 嫌気がさす sentir「repugnancia [aversión]《a, hacia, por》／嫌気を催させる inspirar repugnancia《a》
いやし 癒やし ‖ 癒やし系の音楽 música *f.* relajante
いやしい 卑しい humilde,（下品）vulgar, vil, gros*ero*[ra] ‖ 食べ物に卑しい ser gló*tón*[tona], comer glotonamente ／ 金に卑しい ser tac*año*[ña] ／ 卑しい行為 acción *f.* vil, vileza *f.* ／ 品性が卑しい人 persona *f.* de modales groseros
いやしくも ‖ いやしくも船長は事故時に乗客より先に船を離れるべきではない Un capitán de barco no debe abandonar el barco antes que los pasajeros en caso de accidente. ／ いやしくもこれが事実なら、部長(男性)は辞任すべきでしょう Si esto fuera verdad, el director debería dimitir de su cargo.
いやしめる 卑しめる （軽蔑する）despreciar, desdeñar ‖ 自分自身を卑しめる(評判を落とす) desprestigiarse a *sí* mis*mo*[ma]
いやす 癒やす curar,（痛みを）aliviar, calmar ‖ 傷を癒やす curar la herida ／ 心の傷を癒やす restañar las heridas del alma ／ 渇きを癒やす「calmar [apagar, aplacar, mitigar] la sed
いやに（妙に）extrañamente,（非常に）muy ‖ 今日はいやに子供たちがおとなしい Hoy los niños están extrañamente tranquilos.
イヤホーン auricular *m.* ‖ イヤホーンをつけて con el auricular puesto
いやみ 嫌味（皮肉）ironía *f.*,（当てつけ）indirecta *f.* ‖ 嫌味たっぷりに言う decir con「mucha ironía [mucho retintín]
▶**嫌味な** irón*ico*[ca], sarcást*ico*[ca]
いやらしい 嫌らしい obscen*o*[na], indecente, lasc*ivo*[va],（不快な）desagradable ‖ いやらしいやつ(好色な) individuo *m.* lascivo,（不快な）tipo *m.* desagradable ／ いやらしい目つき mirada *f.* lasciva ／ いやらしい行為 comportamiento *m.* lascivo ／ いやらしいことを言う decir obscenidades, hacer un comentario obsceno
イヤリング pendientes *mpl.*,《中南米》aretes *mpl.* ‖ イヤリングをつける ponerse los pendientes
いよいよ（ついに）por fin, al fin, finalmente,（まもなく）pronto,（ますます）cada vez más ‖ いよいよ彼の番だ Por fin le toca a él. ／ いよいよ新学期が始まる Pronto va a comenzar el nuevo curso académico.

いよう 異様
▶**異様な** r*aro*[ra], extr*año*[ña],（珍しい）singular, insóli*to*[ta] ‖ 異様な光景 escena *f.*「rara [extraña] ／ 異様な雰囲気の中で en un ambiente fuera de lo común
▶**異様に** extrañamente ‖ 猫の目が異様に輝いている Los ojos del gato brillan extrañamente.
いよく 意欲 gana *f.*, voluntad *f.*,（熱意）entusiasmo *m.*, afán *m.*, empeño *m.* ‖ 意欲がある tener ganas de『+不定詞』／ 意欲がない carecer de voluntad, no tener ganas de『+不定詞』／ 意欲に燃える arder de ganas de『+不定詞』, tener unas ganas tremendas de『+不定詞』／ 意欲を失う perder el ánimo, desanimarse ／ 意欲を出す poner empeño (en), animarse a『+不定詞』
▶**意欲的な** voluntari*oso*[sa],（野心的な）ambici*oso*[sa] ‖ 意欲的なプロジェクト proyecto *m.* ambicioso
▶**意欲的に** con entusiasmo, con afán, afanosamente ‖ 勉学に意欲的に取り組む aplicarse afanosamente en el estudio ／ 税制改革に意欲的に取り組む poner empeño en la reforma tributaria
いらい 以来 desde ‖ 〜して以来 desde que『+直説法』／ 彼女にはそれ以来会っていない No la he visto desde entonces. ／ 設立以来、その会社は急速に成長している La empresa crece rápidamente desde su fundación.
いらい 依頼 petición *f.*, ruego *m.*,（仕事の）encargo *m.* ‖ 依頼に応じる aceptar una petición ／ 依頼を断る rechazar「una petición [un encargo]
▶**依頼する** pedir,（仕事を）encargar,（委任する）confiar ‖ 弁護士に訴訟の弁護を依頼する encargar a un abogado la defensa de un proceso ／ 雑誌への寄稿を依頼する pedir a ALGUIEN que *colabore* en una revista
◪**依頼状** carta *f.* de petición
◪**依頼心** ‖ 依頼心が強い人 persona *f.* muy dependiente
◪**依頼人** cliente *com.*
いらいら ‖ ストライキで乗客のいらいらが高まった Creció la irritación de los pasajeros con la huelga.
▶**いらいらした** impaciente, nervi*oso*[sa] ‖ いらいらした感情 sentimiento *m.* de irritación
▶**いらいらさせる** irritar, poner nervi*oso* a ALGUIEN
▶**いらいらする** irritarse, ponerse nervi*oso*[sa] ‖ 空港で長く待たされて、私はいらいらした Me irritó mucho la larga espera en el aeropuerto.
イラスト ilustración *f.*
イラストレーター ilustr*ador*[dora] *mf.*

いらだたしい 苛立たしい indignante, fastidioso[sa], irritante ‖ いらだたしい奴 tipo m. fastidioso

いらだたせる 苛立たせる irritar, poner nervioso a ALGUIEN ‖ 君の返答は僕を苛立たせる Tu manera de contestar me pone nervioso.

いらだつ 苛立つ irritarse, ponerse nervioso[sa]

いらっしゃい （ようこそ）¡Bienvenido[da]! ‖ いらっしゃいませ（店員が）Hola, buenos días. ¿Qué desea?

いらっしゃる ‖ どなたかいらっしゃいますか ¿Hay alguien? / 明日は何時にいらっしゃいますか ¿A qué hora vendrá usted mañana?

いり 入り ‖ 見本市は客の入りがよかった La feria tuvo una buena asistencia de público.

いりあいけん 入会権 derecho m. comunal

いりえ 入江 ensenada f., cala f., (湾) bahía f.

いりぐち 入口 entrada f., (戸口) puerta f., (通路) acceso m. ‖ ホテルの入口で待ち合わせる quedar en la entrada del hotel 《con》

いりくむ 入り組む
▶入り組んだ complicado[da], enrevesado[da] ‖ 問題は入り組んでいる El asunto es complicado [enrevesado].

いりたまご 炒り卵 huevos mpl. revueltos, revuelto m. de huevo

いりびたる 入り浸る（頻繁に行く）frecuentar「habitualmente [asiduamente]

いりまじる 入り交じる mezclarse ‖ うれしさと不安が入り交じった感情を抱く sentir una mezcla de alegría e inquietud

いりみだれる 入り乱れる
▶入り乱れた confuso[sa] ‖ その原子力事故に関して入り乱れた情報が流れている Circula mucha información confusa acerca del accidente nuclear.

いりゅう 慰留
▶慰留する「persuadir [convencer] a ALGUIEN para que se quede en su cargo ‖ 辞意を表明した部長(男性)を慰留する convencer al director para que permanezca en su cargo, disuadir al director de presentar la dimisión

いりゅうひん 遺留品 objeto m. 「dejado [olvidado] ‖ 犯行現場の遺留品 objetos mpl. dejados en la escena del crimen

いりゅうぶん 遺留分 《法律》legítima f.
◾遺留分権利者 legitimario[ria] mf.

いりょう 衣料 ropa f.
◾衣料費 gastos mpl. de ropa
◾衣料品 ropa f.
◾衣料品店 tienda f. de ropa

いりょう 医療 tratamiento m. médico, asistencia f. médica ‖ 医療に従事する dedicarse a la asistencia médica

▶医療の（医学の）médico[ca], (保健衛生の) sanitario[ria], (病院の) hospitalario[ria]
◾医療援助 ayuda f. sanitaria
◾医療機関 establecimiento m. 「hospitalario [sanitario], centro m. sanitario
◾医療機器/医療機械 equipamiento m. médico y sanitario
◾医療器具（集合的に）instrumental m. médico
◾医療サービス servicio m. 「médico [sanitario]
◾医療事故/医療ミス error m. médico
◾医療施設 instalación f. médica, establecimiento m. sanitario
◾医療制度 sistema m. de asistencia sanitaria
◾医療設備 instalación f. hospitalaria
◾医療費 gastos mpl. médicos ‖ 医療費控除 deducción f. de gastos médicos
◾医療品 materiales mpl. sanitarios
◾医療保険 seguro m. médico

いりよう 入り用 necesidad f. ‖ いくらほど入り用ですか ¿Cuánto se necesita?

いりょく 威力 potencia f., fuerza f., poder m. ‖ 威力のあるサーブ saque m. potente / 威力を発揮する desplegar su potencia / 威力を示す mostrar su potencia / 金の威力を使う utilizar el poder del dinero

いる 居る estar, hallarse, encontrarse, haber （3人称単数形の無主語で）, （存在する）existir ‖ 父は今パリにいます Ahora mi padre 「está [se encuentra] en París. / 誰かいますか ¿Hay alguien? / 私は神がいると思う Creo que Dios existe.
▶～している estar 「+現在分詞」‖ 彼女は勉強している Ella está estudiando.

いる 炒る/煎る tostar ‖ コーヒー豆を炒る tostar granos de café

いる 要る necesitar, precisar, requerir, hacer falta ‖ 私はお金は要りません No me hace falta dinero. / 目標を達成するには忍耐が要る 「Hay que [Es necesario] tener paciencia para lograr el objetivo.

いる 射る ‖ 矢を射る「disparar [tirar, lanzar] una flecha / 的を射る dar en el blanco, hacer diana / 射るような眼差し mirada f. penetrante

いるい 衣類 ⇒いりょう(衣料)

いるか 海豚 delfín m. (雄・雌)

いるす 居留守 ‖ 居留守を使う fingir no estar en casa

イルミネーション iluminación f., (街頭の) luminarias fpl. ‖ クリスマスのイルミネーション iluminación f. navideña [de Navidad]

いれい 異例 excepción f.
▶異例の excepcional, sin precedente(s) ‖ 異例の措置をとる tomar una medida excep-

cional
いれい 慰霊
▶慰霊する apaciguar el alma de un[una] difunto[ta]
◪慰霊祭 ceremonia f. de homenaje a los muertos ‖ 地震の犠牲者の慰霊祭を行う celebrar un homenaje por las víctimas del terremoto
◪慰霊碑 monumento m. funerario ‖ 戦没者の慰霊碑 monumento m. a los caídos en la guerra.

いれかえ 入れ替え/入れ換え cambio m., (交替) sustitución f.
◪入れ換え制(映画館の) sesión f. numerada

いれかえる 入れ替える/入れ換える cambiar, reemplazar ‖ 冬物と夏物を入れ替える cambiar la ropa de invierno por la de verano / 心を入れ替える enmendarse

いれかわり 入れ替わり/入れ代わり
(慣用)入れ替わり立ち替わり uno[na] tras otro[tra], (絶え間なく) ininterrumpidamente

いれかわる 入れ替わる/入れ代わる (交代する) reemplazar, relevar, sustituir, tomar el relevo《de》‖ 負傷した選手(男性)と入れ替わる tomar el relevo de un jugador herido

いれずみ 入れ墨 tatuaje m.
▶入れ墨をする tatuar, 「hacer [grabar] un tatuaje
◪入れ墨師 tatuador[dora] mf.

いれぢえ 入れ知恵 ‖ 入れ知恵する meter una idea en la cabeza《a》, (そそのかす) instigar

いれちがい 入れ違い ‖ 支払いと入れ違いに督促状を受け取った Recibí un recordatorio de pago justo después de haber pagado.
▶入れ違いになる(手紙などが) cruzarse

いれば 入れ歯 diente m. postizo, (臼歯の) muela f. postiza, (集合的) dentadura f. postiza ‖ 入れ歯を作る hacer una dentadura postiza / 入れ歯を洗う「limpiar [lavar] la dentadura postiza / 入れ歯をつける[はずす](自分の)「ponerse [quitarse] la dentadura postiza

いれもの 入れ物 recipiente m., envase m. →ようき(容器)

いれる 入れる meter, (差し込む) introducir, (挿入する) insertar, (加える) añadir ‖ 携帯電話をハンドバッグに入れる meter el móvil en el bolso / カードを現金自動支払機に入れる introducir la tarjeta en el cajero automático / 紅茶に砂糖を入れる echar azúcar en el té / ポストに手紙を入れる echar una carta en el buzón / 父を病院に入れる(入院させる) hospitalizar a su padre / 罪人を刑務所に入れる(収監する)「recluir [internar] a los condenados en la prisión / 観光客を博物館に入れる dejar entrar a los turistas en el museo / 娘を大学に入れる enviar a su hija a la universidad

いろ 色 ❶ [色彩] color m. ‖ 明るい色/薄い色 color m. claro / 暗い色/濃い色 color m. oscuro / 鮮やかな色 color m. 「vivo [vívido] / 落ち着いた色 color m. tranquilo / 色の調和 armonía f. de colores / 色があせる decolorarse, perder el color / 秋は木々の色が変わる En otoño los árboles cambian de color. / 色を塗る colorar, colorear, pintar / 何色が好きですか ¿Cuál es su color preferido? ¦ ¿Qué color le gusta? / 色とりどりの花 flores fpl. 「de diversos colores [de variados colores, multicolores]

❷ [肌の色・顔色] tez f., (表情) semblante m. ‖ 肌の色が白い tener la piel blanca / 肌の色が黒い(褐色の) tener la piel morena / 驚きの色を見せる poner cara de sorpresa / 反省の色をまったく見せない no mostrar 「ninguna señal [ningún signo] de arrepentimiento
(慣用)色を失う ponerse pálido[da], palidecer, 《慣用》「cambiar [mudar] de color
(慣用)色をつける mostrarse un poco generoso[sa]
(慣用)色をなす(恥ずかしさ・怒りで顔色が変わる)《慣用》ponerse de mil colores

❸ (その他) ‖ 戦争の後遺症が色濃く漂う Se notan 「palpablemente [sensiblemente] las secuelas de la guerra. / 選挙での敗北の色がだんだん濃くなる Vemos cada vez más cercana la derrota en las elecciones.

色の表現

白 blanco m. / 灰色 gris m. / 黒 negro m. / 赤 rojo m. / 黄色 amarillo m. / 緑 verde m. / 青 azul m. / 紫 morado m. / 黄緑 verde m. amarillento, amarillo m. verdoso / 青緑 azul m. verdoso / 赤紫 púrpura m. / 栗色 castaño m. / 茶色 marrón m. / 橙色 naranja m. / 金色 oro m. / 銀色 color m. plata / シアン cian m. / マゼンタ magenta m. / 三原色 tres colores mpl. primarios / 二次色 colores mpl. secundarios / 同系色 color m. del mismo tono / 反対色 color m. contrastante / 補色 colores mpl. complementarios / 色相 color m. / 彩度 saturación f. / 明度 luminosidad f. / 蛍光色 color m. fosforescente / 無彩色 color m. acromático / 有彩色 color m. cromático / 寒色 color m. frío / 暖色 color m. cálido / 色名 nombre m. de color / 色褪せ decoloración f. / 保護色 homocromía f., cripsis f.[=pl.] / 配色 coordinación f. de colores / 色目 tono m., matiz m. / 色調

tonalidad *f.* / 三色旗 bandera *f.* de tres colores／コーポレートカラー color *m.* corporativo／ツートンカラー colores *mpl.* de dos tonos

いろあい 色合い　tono *m.*, matiz *m.*
いろあせる 色褪せる　decolorarse, perder el color
▶色褪せた descolor*ido*[*da*] ‖ 色褪せたセーター jersey *m.* descolorido
いろいろ ‖ いろいろありがとう Muchas gracias por todo.／いろいろお世話になりました Muchas gracias por sus atenciones.
▶いろいろな var*ios*[*rias*], divers*os*[*sas*], diferentes, distin*tos*[*tas*],（多様な）variopin*to*[*ta*] ‖ いろいろな形の石 piedras *fpl.* de diversas formas／この件に関しては実にいろいろな意見がある Hay「muy diversas [un gran abanico de] opiniones sobre este tema.
いろう 胃瘻　（造設術）gastrostomía *f.* endoscópica percutánea ‖ 胃瘻による栄養摂取 nutrición *f.* por sonda de gastrostomía
いろう 慰労
▶慰労する agradecer los servicios prestados《a》,「expresar [manifestar]*su* agradecimiento por el trabajo realizado
◪慰労会 fiesta *f.* de agradecimiento por el trabajo realizado
◪慰労金 gratificación *f.*
いろう 遺漏 ‖ 遺漏なく用紙に記入する rellenar sin omisiones el formulario
いろえんぴつ 色鉛筆　lápiz *m.* de color
いろがみ 色紙　papel *m.* de color
いろぐろ 色黒
▶色黒である tener la piel morena
▶色黒の more*no*[*na*], oscur*o*[*ra*]
いろけ 色気　encanto *m.*,（性的魅力）atractivo *m.* sexual,（関心）interés *m.* ‖ 色気のある atractiv*o*[*va*], sensual, *sexy*／この女優は色気がある Esta actriz es *sexy.*／総理のポストに色気を示す mostrar vivo interés por el puesto de primer ministro
▶色気づく llegar a la pubertad, empezar a tener interés por el sexo opuesto
慣用 色気よりも食い気 preferir la comida al amor
いろじろ 色白
▶色白である tener la piel blanca
いろちがい 色違い ‖ このシャツの色違いはありますか ¿Tiene esta camisa en otro color?
いろづく 色づく　colorear(se),（熟す）慣用 tomar color ‖ 木の葉が色づく Las hojas de los árboles se colorean.
いろっぽい 色っぽい　atractiv*o*[*va*], sensual,《英語》*sexy*
いろつや 色艶　color *m.* y lustre *m.*, aspecto *m.* ‖ 顔の色つやがよい tener buena cara

いろどり 彩り　colorido *m.* ‖ さまざまな彩りの風景 paisaje *m.* de diversos colores／美しい彩りを見せる exhibir una bonita coloración, mostrar un hermoso colorido／花で食卓に彩りを添える decorar la mesa con flores
いろどる 彩る　colorear,（飾る）adornar
いろは　abecé *m.* ‖ 彼女は物理のイロハも知らない Ella no「conoce [sabe] ni el abecé de física.
いろめ 色目
慣用 色目を使う（誘惑する）lanzar una mirada seductora, coquetear《con》,（ごまをする）慣用 hacer la pelota《a》
いろめがね 色眼鏡　（眼鏡）gafas *fpl.* de color,（先入観）prejuicio *m.* ‖ 色眼鏡で見る juzgar a ALGUIEN con「prejuicios [ideas preconcebidas]
いろり 囲炉裏　《日本語》*irori m.*,（説明訳）hogar *m.* excavado en el centro del suelo de la sala de estar
いろわけ 色分け　clasificación *f.* por color(es)
▶色分けする「clasificar [dividir] ALGO por color(es) ‖ 受信メールは色分けされている Los mensajes electrónicos recibidos están clasificados por colores.
いろん 異論　opinión *f.* diferente, objeción *f.* ⇒いぎ（異議）‖ 異論を唱える oponerse《a》,「poner [hacer] una objeción《a》.
いわ 岩　roca *f.*, peña *f.* ‖ 巨大な岩 roca *f.* gigante
▶岩の多い roco*so*[*sa*], peñasco*so*[*sa*]
◪岩場 zona *f.* rocosa
◪岩肌 superficie *f.* de una roca
◪岩山 peñasco *m.*, monte *m.*「rocoso [peñascoso]
いわい 祝い　celebración *f.*,（祝典）fiesta *f.*,（祝いの品）regalo *m.* ‖ お祝いを言う felicitar／祝いの言葉を述べる「dirigir [dar] unas palabras de felicitación《a》／新しいお仕事に就かれましたこと, 心よりお祝い申し上げます Reciba mi más cordial enhorabuena por su nuevo trabajo.
◪誕生祝い ‖ 誕生祝いを渡す dar un regalo de cumpleaños《a》
◪祝い金 dinero *m.* que se da en una celebración
◪祝い酒 ‖ 祝い酒をふるまう ofrecer bebidas (alcohólicas) para celebrar
いわう 祝う　celebrar, festejar,（祝福する）felicitar ‖ 正月を祝う「celebrar [festejar] el Año Nuevo／勝利を祝う「celebrar [festejar] la victoria／会社の創立50周年を祝う celebrar el cincuentenario de la fundación de la empresa
いわかん 違和感　falta *f.* de armonía ‖ 違和感を覚える（疎外感）sentirse marginad*o*[*da*],

(場違いな) sentirse fuera de lugar ／ 右膝に違和感を感じる sentir molestias en la rodilla derecha

いわく 曰く ‖ 孔子曰く … Confucio dice..., Según Confucio...
(慣用)曰く付きの ‖ 曰く付きの女優 actriz f. con「historia oscura [pasado oculto]

いわし 鰯 sardina f. ‖ イワシの群れ banco m. de sardinas
◪鰯雲 nubes fpl. aborregadas, (巻積雲) cirrocúmulo m.

いわずもがな 言わずもがな ‖ 〜は言わずもがなだ Huelga decir que「+直説法」. ／ 言わずもがなのことを言うな No digas lo que es mejor callar.

いわば 言わば 《慣用》por decirlo así, 《慣用》como quien dice ‖ 自殺は言わば自分に対する殺人だ El suicidio es, por decirlo así, un homicidio contra uno mismo.

いわゆる llamado[da], (俗に言われるように) como vulgarmente se dice ‖ いわゆる狂牛病 la llamada enfermedad de las vacas locas

いわれ 謂れ (理由) razón f., motivo m., (由来) origen m., historia f. ‖ その町の名前のいわれを尋ねる preguntar por el origen del nombre de la ciudad ／ 私はいわれのない疑いをかけられた Sospecharon de mí sin fundamento.

いん 印 (スタンプ) sello m., estampilla f. ‖ 印を押す sellar,「poner [estampar] un sello 《en》
◪印肉 almohadilla f. de tinta para sellos

いん 韻 rima f. ‖ 韻を踏む rimar 《con》‖ calor は dolor と韻を踏む "Calor" rima con "dolor".

いんうつ 陰鬱 melancolía f.
▶陰うつな sombrío, lúgubre, melancólico[ca] ‖ 陰うつな顔つき semblante m. melancólico ／ 陰うつな空模様 cielo m. sombrío

いんえい 陰影 sombra f., matiz m. ‖ 陰影をつける sombrear, oscurecer

いんか 引火 inflamación f.
▶引火する inflamarse
▶引火性 inflamabilidad f. ‖ 引火性の inflamable
◪引火点 punto m. de「inflamación [inflamabilidad]

いんが 因果 (原因と結果) causa f. y efecto m., (宿命) fatalidad f. ‖ 因果とあきらめる resignarse con su mala suerte ／ 何の因果か ¡Qué「capricho [ironía] del destino!
▶因果な 因果な商売 negocio m. que nadie quiere hacer
(慣用)因果を含める convencer a ALGUIEN para que desista de su propósito
◪因果応報《諺》Quien siembra vientos, recoge tempestades. ¦《諺》Quien mal anda, mal acaba.
◪因果関係 relación f.「de causa y efecto [entre la causa y el efecto]
◪因果律 causalidad f., principio m. de causalidad

いんかん 印鑑 sello m. ‖ 印鑑を捺す「poner [estampar] un sello《en》／ 印鑑を照合する verificar la autenticidad del sello
◪印鑑証明 certificado m. de sello

いんき 陰気
▶陰気な sombrío[a], lúgubre, (活気のない) apagado[da], (悲しげな) triste, (憂鬱な) melancólico[ca] ‖ 陰気な性格 carácter m. sombrío ／ 陰気な話 historia f. melancólica
▶陰気になる ponerse triste

いんきょ 隠居 retiro m., (人) retirado[da] mf. ‖ 隠居の身である vivir retirado[da]
▶隠居する retirarse「del mundo [de la sociedad]

いんきょく 陰極 cátodo m., electrodo m. negativo
▶陰極の catódico[ca]

いんぎん 慇懃
▶慇懃な (丁重な) cortés, cordial
▶慇懃に cortésmente, con educación
◪慇懃無礼 ‖ 慇懃無礼に con「falsa [forzada] cortesía

インク tinta f.
◪インクカートリッジ cartucho m. (de tinta)
◪インク消し borrador m. de tinta, borratinta m.
◪インクジェットプリンタ impresora f. de「inyección [chorro] de tinta

いんけん 陰険
▶陰険な malintencionado[da], insidioso[sa], tortuoso[sa]
▶陰険に con malicia ‖ 陰険にふるまう obrar「con malicia [de mala fe]

いんげん 隠元 judía f.,《中南米》frijol m.

いんこ 鸚哥 perico m. (雄・雌), periquito m. (雄・雌)

いんご 隠語 argot m., jerga f.

インゴット lingote m.

インサイダーとりひき インサイダー取引 abuso m. de información privilegiada

いんさつ 印刷 impresión f., imprenta f., tirada f. ‖ 印刷がよい estar bien impreso[sa]
▶印刷の tipográfico[ca]
▶印刷する imprimir, tirar ‖ カラーで印刷する imprimir en color ／ 白黒で印刷する imprimir en blanco y negro ／ パンフレットを1000部印刷する tirar mil ejemplares del folleto
◪印刷会社 empresa f. de impresión
◪印刷機 (プリンタ) impresora f.
◪印刷所 imprenta f.

いんさん

◪印刷費 gastos *mpl.* de「imprenta [impresión]
◪印刷物 impreso *m.*
◪印刷用紙 papel *m.* de imprenta

いんさん 陰惨
▶陰惨な（ぞっとする）horrible, horren*do* [*da*],（残酷な）cruel ‖ 陰惨な出来事 suceso *m.* horrendo

いんし 印紙 timbre *m.* ‖ 印紙を貼る timbrar, poner un timbre
◪収入印紙 timbre *m.* fiscal

いんし 因子 factor *m.*
◪因子分析 análisis *m.*[=*pl.*] factorial

いんしつ 陰湿
▶陰湿な insidio*so*[*sa*]

いんしゅ 飲酒
▶飲酒する beber, tomar bebidas alcohólicas
◪飲酒運転 conducción *f.* en estado de ebriedad ‖ 飲酒運転をする「conducir [《中南米》manejar] en estado de ebriedad

いんしゅう 因習 convención *f.*, viejas costumbres *fpl.*, costumbres *fpl.* antiguas ‖ この村には因習が残っている Perduran las viejas costumbres en este pueblo. ／因習に従う「seguir [someterse a] las convenciones ／因習を打破する romper con las viejas costumbres
▶因習的な convencional,（習慣的な）rutina*rio*[*ria*]

インシュリン ⇒インスリン

いんしょう 印象 impresión *f.* ‖ よい印象を与える「dar [causar, dejar] una buena impresión《a》／悪い印象を受ける「recibir [llevarse] una mala impresión《de》／私はその町に好意的な印象をもった Me llevé una impresión favorable de la ciudad. ／日本の第一印象はいかがですか ¿Cuál es su primera impresión de Japón? ／そのすばらしい景色は私の印象に残った El precioso paisaje quedó grabado en mi mente. ／君が一番印象に残った国はどこですか ¿Cuál es el país que más te impresionó? ／実はその人の印象は薄いんです La verdad es que recuerdo vagamente a esa persona.
▶印象的な impresionante ‖ 印象的な場面 escena *f.* impresionante
◪印象主義/印象派 impresionismo *m.* ‖ 印象主義の(人)／印象派の(人) impresionista (*com.*)

いんしょく 飲食
▶飲食する comer y beber
◪飲食（宿業も含む）hostelería *f.*
◪飲食税 impuestos *mpl.* sobre el consumo de comidas y bebidas
◪飲食代 consumición *f.* ‖ 飲食代を払う pagar la consumición
◪飲食店 bares *mpl.* y restaurantes *mpl.*
◪飲食物 comidas *fpl.* y bebidas *fpl.* ‖ 飲食物持ち込み禁止（掲示）Prohibido「llevar [entrar con] comidas y bebidas

いんすう 因数 factor *m.*
◪因数分解 factorización *f.*, descomposición *f.* en factores ‖ 因数分解する factorizar, descomponer en factores

インスタント
▶インスタントの instantáne*o*[*a*]
◪インスタントカレー *curry m.* instantáneo
◪インスタントコーヒー café *m.* instantáneo
◪インスタント食品 alimento *m.* instantáneo
◪インスタントラーメン fideos *mpl.* instantáneos

インストーラ「*software m.* [programa *m.*] de instalación

インストール instalación *f.* de *software* ‖ インストールが簡単なソフトウェア *software m.* fácil de instalar
▶インストールする instalar ‖ パソコンにソフトをインストールする instalar un *software* en el ordenador

インストラクター instruc*tor*[*tora*] *mf.*, moni*tor*[*tora*] *mf.* ‖ スキーのインストラクター moni*tor*[*tora*] *mf.* de esquí

インスピレーション inspiración *f.* ‖ インスピレーションを得る inspirarse《en》／インスピレーションが湧く「llegar [sobrevenir] *la inspiración* a ALGUIEN

インスリン insulina *f.* ‖ インスリンを分泌する segregar insulina ／インスリンの注射をする inyectar insulina, poner una inyección de insulina

いんせい 陰性
▶陰性の negati*vo*[*va*]
▶陰性になる volverse negati*vo*[*va*]
◪陰性反応 reacción *f.* negativa

いんぜい 印税 derechos *mpl.* de autor ‖ 印税を支払う pagar los derechos de autor ／印税を得る obtener los derechos de autor

いんせき 引責
◪引責辞任 ‖ 引責辞任をする dimitir asumiendo la responsabilidad

いんせき 姻戚 pariente *com.*
◪姻戚関係 parentesco *m.*

いんせき 隕石 meteorito *m.*, piedra *f.* meteórica, aerolito *m.*

インセンティブ 《経済》incentivo *m.*

いんそつ 引率
▶引率する llevar, acompañar ‖ 学生を引率してスペインに行く acompañar a los estudiantes en el viaje a España
◪引率者 acompañante *com.*

インターチェンジ empalme *m.*

インターネット Internet *f(m).* ‖ インターネ

ットのユーザー usua*rio*[*ria*] *mf.* de Internet, internauta *com.* ∥ インターネットに加入する contratar Internet ╱ インターネットに接続する conectarse a Internet ╱ インターネットで買う comprar「por [a través de] Internet ╱ インターネットを利用する utilizar Internet

◨ インターネットオークション subasta *f.*「electrónica [inversa, en línea, por Internet]

◨ インターネット家電 electrodomésticos *mpl.* con conexión a Internet

◨ インターネットカフェ cibercafé *m.*, café *m.* Internet

◨ インターネット環境 acceso *m.* a Internet ∥ インターネット環境の整ったホテル hotel *m.* con acceso a Internet

◨ インターネットゲーム videojuego *m.* en línea

◨ インターネット広告 publicidad *f.* en Internet

◨ インターネット産業 industria *f.* de Internet

◨ インターネットショッピング telecompra *f.* por Internet

◨ インターネットテレビ televisión *f.* por Internet

◨ インターネット電話 teléfono *m.*「por [vía] Internet, teléfono *m.* en línea

◨ インターネットバンキング banca *f.*「electrónica [virtual, en línea, por Internet]

◨ インターネットプロバイダー proveedor *m.* de (servicios de) Internet

インターハイ Campeonato *m.* Nacional de Estudiantes de Bachillerato

インターバル intervalo *m.*

◨ インターバルトレーニング entrenamiento *m.* de intervalos

インターフェイス 《IT》interfaz *f.*

インターフェロン interferón *m.*

インターポール (国際刑事警察機構) Interpol *f.*, Organización *f.* Internacional de Policía Criminal

インターホン interfono *m.*, telefonillo *m.* ∥ インターホンを鳴らす tocar el「telefonillo [interfono]

インターン 《医学》inter*no*[*na*] *mf.*, médi*co*[*ca*] *mf.* residente, 《スペイン》mir *com.*

◨ インターンシップ práctica *f.* profesional

いんたい 引退 retiro *m.*

▶引退する retirarse 《de》, abandonar *su* actividad profesional, (サッカー選手の) colgar las botas, (ボクサーの) colgar los guantes ∥ 政界を引退する retirarse del mundo político

インタビュー entrevista *f.* ∥ インタビューに応じる aceptar una entrevista ╱ インタビューを申し込む solicitar una entrevista ╱ イ

ンタビューに答える「conceder [dar, ofrecer] una entrevista 《a》

▶インタビューする entrevistar, 「hacer [realizar] una entrevista

▶インタビューアー entrevista*dor*[*dora*] *mf.*

▶インタビュイー entrevista*do*[*da*] *mf.*

◨ 独占インタビュー entrevista *f.* en exclusiva

インチ pulgada *f.* ∥ 40インチの画面 pantalla *f.* de 40 pulgadas

いんちき (不正) fraude *m.*, engaño *m.*, (いかさま) trampa *f.* ∥ ゲームでインチキをする hacer trampas en el juego

▶いんちきな (ごまかしの) fraudul*ento*[*ta*], engaño*so*[*sa*], (にせの) fal*so*[*sa*] ∥ いんちきな商売 negocio *m.* fraudulento

いんちょう 院長 (病院・学校などの) direc*tor*[*tora*] *mf.*

インデックス (索引) índice *m.*

インテリ intelectual *com.*, 《集合名詞》intelectualidad *f.* ∥ えせインテリ fal*so*[*sa*] intelectual *com.*

▶インテリぶる presumir de intelectual

◨ インテリ階級 clase *f.* intelectual

インテリア decoración *f.* de interiores

◨ インテリアデザイナー diseña*dor*[*dora*] *mf.* de interiores

◨ インテリアデザイン diseño *m.* interior

インテリジェント

▶インテリジェントな inteligente

◨ インテリジェントビル edificio *m.* inteligente

インデント (字下げ) sangría *f.*, sangrado *m.*

▶インデントする sangrar

いんとう 咽頭 faringe *f.*

▶咽頭の faríng*eo*[*a*]

▶咽頭炎 faringitis *f.*[=*pl.*]

いんとく 隠匿 encubrimiento *m.*, ocultación *f.*

▶隠匿する encubrir, ocultar ∥ 財産を隠匿する ocultar los bienes

イントネーション entonación *f.*

◨ 上昇イントネーション entonación *f.* ascendente

◨ 下降イントネーション entonación *f.* descendente

いんないかんせん 院内感染 infección *f.*「nosocomial [intrahospitalaria]

▶院内感染する contraer「una infección [adquirir, coger] una infección dentro del hospital

いんねん 因縁 (宿命) fatalidad *f.*, predestinación *f.*, (関係) relación *f.* ∥ 因縁が深い tener una estrecha relación 《con》

《慣用》因縁をつける (文句をつける) poner「pegas [peros]《a》, (言いがかりをつける) acusar sin fundamento a ALGUIEN, (挑発する)《慣用》buscar las cosquillas《a》

いんのう 陰嚢 《解剖》escroto *m.*
インバーター inversor *m.*
インパクト impacto *m.* ⇒しょうげき(衝撃)
いんぶ 陰部 partes *fpl.* pudendas
インフォームド・コンセント consentimiento *m.* informado, consentimiento *m.* libre esclarecido
インフォメーション (情報・受付) información *f.* ⇒じょうほう(情報)
インプット 《IT》《英語》input *m.*, entrada *f.* ‖データのインプット「entrada *f.* [introducción *f.*] de datos
▶**インプットする** introducir ‖データをコンピュータにインプットする introducir los datos en el ordenador
インフラ infraestructura *f.* ‖インフラを構築する crear una infraestructura／インフラを整備する mejorar la infraestructura《de》／インフラを支える apoyar la infraestructura
▶**インフラの** infraestructural
◪**インフラ産業** industria *f.* infraestructural, empresas *fpl.* de infraestructura
◪**インフラ整備** mejora *f.* de infraestructura
インフラストラクチャー ⇒インフラ
インフルエンザ gripe *f.*, influenza *f.*,《話》trancazo *m.* ‖インフルエンザにかかる「tener [pillar, pasar] una gripe, contagiarse de gripe／インフルエンザの予防をする prevenir la gripe, prevenirse contra la gripe／私はインフルエンザのワクチンを打った Me he vacunado contra la gripe.／インフルエンザがスペイン全土に広がった Se extendió la gripe por toda España.
◪**新型インフルエンザ** gripe *f.* A
◪**鳥インフルエンザ** gripe *f.*「del pollo [aviar]
◪**豚インフルエンザ** gripe *f.* porcina
インフレ inflación *f.* ‖インフレと戦う「combatir [luchar contra] la inflación／インフレを抑える「frenar [contener] la inflación／インフレになると物価が上昇する Al producirse la inflación, los precios suben.
▶**インフレの** inflacionista

◪**インフレ政策** política *f.* inflacionista
◪**インフレ率**「índice *m.* [tasa *f.*] de inflación
いんぶん 韻文 verso *m.*, rimas *fpl.* ‖韻文で書く「componer [escribir] en verso, versificar
いんぺい 隠蔽 ocultación *f.*
▶**隠蔽する** ocultar ‖証拠を隠蔽する ocultar la prueba
◪**隠蔽工作** maniobra *f.* de ocultación
インボイス factura *f.*
いんぼう 陰謀 intriga *f.*, conspiración *f.*, conjuración *f.* ‖陰謀に加担する formar parte de una conspiración／陰謀をめぐらす／陰謀を企てる「tramar [urdir, tejer] una conspiración／陰謀が発覚した Se descubrió la conspiración.
◪**陰謀家** conspira*dor*[*dora*] *mf.*
インポテンツ impotencia *f.*
いんもう 陰毛 vello *m.* púbico,《俗語》pendejo *m.*
いんゆ 隠喩 《修辞》metáfora *f.*
▶**隠喩の** metafóric*o*[*ca*]
いんよう 引用 cita *f.*, citación *f.*
▶**引用する** citar ‖原文のまま引用する citar textualmente
◪**引用符** comillas *fpl.* ‖単語に引用符をつける poner una palabra entre comillas
◪**引用文** texto *m.* citado
インラインスケート patín *m.* en línea ‖インラインスケートをする「hacer [practicar] patín en línea
いんりょう 飲料 bebida *f.*
◪**アルコール飲料** bebida *f.* alcohólica
◪**飲料水** agua *f.* potable
いんりょく 引力 (重力) gravedad *f.*, gravitación *f.*
▶**引力の** gravitato*rio*[*ria*], gravitacional
◪**万有引力** ‖万有引力の法則 ley *f.* de la gravitación universal
◪**引力圏** campo *m.* de gravitación, (重力場) campo *m.*「gravitatorio [gravitacional]
いんれき 陰暦 calendario *m.* lunar

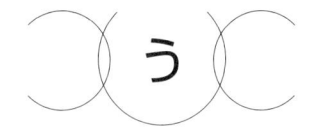

う 鵜 cormorán *m.*(雄・雌), cuervo *m.* marino (雄・雌)
◪**鵜飼い** pesca *f.* con cormorán, (人) pesca*dor*[*dora*] *mf.* de pesca con cormorán
ウイークエンド fin *m.* de semana
▶**ウイークエンドに** el fin de semana

ウイークデー días *mpl.*「entre semana [laborables]
▶**ウイークデーに** durante la semana
ウイークポイント punto *m.*「débil [flaco]
ういういしい 初々しい cándid*o*[*da*], inge*nuo*[*nua*]

ウィザード 《IT》asistente m. informático ‖ ウィザードを使用する utilizar el asistente informático

ウイスキー güisqui m.,《英語》whisky m. ‖ ウイスキーのシングル whisky m. sencillo ／ ウイスキーのダブル whisky m. doble ／ ウイスキーを飲む tomar whisky ／ ウイスキーを2本持っています（税関検査で） Llevo dos botellas de whisky.

```
ウイスキーの種類
```

モルト・ウイスキー whisky m. de malta ／ グレーン・ウイスキー whisky m. de grano ／ ブレンデッド・ウイスキー whisky m. mezclado／ライ・ウイスキー whisky m. de centeno ／ コーン・ウイスキー whisky m. de maíz ／ バーボン・ウイスキー bourbon m., whisky m. americano ／ スコッチウイスキー whisky m. escocés ／ アイリッシュウイスキー whisky m. irlandés

ウイット ingenio m., agudeza f., gracia f.
▶ウイットに富んだ lleno[na] de ingenio
ウイニングショット golpe m. de triunfo
ウイニングボール bola f. de la victoria
ウイルス virus m.[=pl.] ‖ ウイルスに感染する contagiarse [infectarse con] virus, contraer un virus ／ コンピュータがウイルスに汚染された El ordenador fue atacado por un virus. ／ このウイルスは空気感染する Este virus se contagia por el aire. ／ ウイルスを撃退する combatir el virus ／ コンピュータのウイルスを除去する eliminar los virus del ordenador
▶ウイルス(性)の viral, vírico[ca]
◪ウイルス感染 infección f. 「viral [vírica] ‖ ウイルス感染メール correo m. contaminado por un virus
◪ウイルスチェッカー detector m. de virus
ウインカー intermitente m.,《中南米》direccional m(f). ‖ 右のウインカーを出す poner el intermitente derecho
ウインク guiño m.
▶ウインクする guiñar, 「hacer [lanzar] un guiño《a》
ウイング ala f., (スポーツの) ala f., extremo m.
ウインタースポーツ deporte m. de invierno
ウインチ malacate m., cabrestante m.
ウインドー ventana f. →まど(窓)
ウインドーショッピング ‖ ウインドーショッピングをする ir de escaparates
ウインドサーフィン 《英語》windsurf m., surf m. a vela ‖ ウインドサーフィンをする 「hacer [practicar] windsurf
ウインドブレーカー 《商標》cazadora f.
ウインナソーセージ salchicha f. 「de Viena [vienesa]
ウーマン mujer f.
◪ウーマンパワー poder m. de las mujeres
◪ウーマンリブ liberación f. femenina, feminismo m. ‖ ウーマンリブ運動 movimiento m. de liberación de la mujer
ウール lana f.
ウーロンちゃ ウーロン茶 té m. oolong
うえ 上 ❶ (上部) parte f. superior, (高い所) lo alto ‖ 塀の上から落ちる caerse 「desde [de] lo alto de un muro ／ 上を見る mirar hacia arriba ／ 氷の上を滑る patinar sobre el hielo ／ 飛行機はイビサ島の上を通り過ぎた El avión pasó por encima de la isla de Ibiza. ／ 上から下まで de arriba abajo
▶上の (上部の) superior ‖ 食堂は上の階にある El comedor está en el piso superior.
▶上に arriba, encima《de》, sobre, en ‖ テーブルの上に encima 「de [sobre, en] la mesa ／ 岩の上に作られた展望台 mirador m. construido encima de una roca ／ シャツの上にセーターを着る ponerse un jersey encima de la camisa
❷ (年齢) ‖ 夫は妻より五つ上である El marido es cinco años mayor que su mujer. ／ 私の上の娘 mi hija mayor
❸ (ランク)
▶上の superior《a》, mejor ‖ 上の課程 curso m. superior ／ 彼女は私より上の地位にある Ella ocupa un cargo superior al mío.
❹ (その他) ‖ 用紙にご記入の上、担当者にお渡しください Haga el favor de rellenar el formulario y entregarlo al encargado. ／ 暦の上では según el calendario ／ よく考えた上で después de mucha reflexión ／ 財布を盗まれた上に、階段で転んでしまった Me robaron la cartera y, además, me caí por la escalera.
❺ 《慣用表現》
(慣用)上には上がある《諺》A pícaro, pícaro y medio. ¦ Nadie es mejor que nadie.
(慣用)上を行く ser superior《a》, superar ‖ 数学で彼の上を行く者はいない No hay nadie que le supere en Matemáticas.
(慣用)上を下への大騒ぎをする correrse una gran juerga
うえ 飢え hambre f. ‖ 飢えに苦しむ sufrir (el) hambre ／ 飢えに直面する afrontar el hambre
ウエーター camarero m.
ウエート peso m., (重点) importancia f. ‖ ウエートを置く dar 「importancia [prioridad]《a》／ ウエートを増す cobrar importancia
◪ウエートコントロール control m. de peso

ウエートレス camarera *f.*

ウエーブ (波動) ola *f.*, (髪の) ondulación *f.*, onda *f.* ‖ 軽くウエーブのかかった髪 pelo *m.* ligeramente ondulado

うえき 植木 árbol *m.*, planta *f.*
- 植木鋏 tijeras *fpl.* de podar
- 植木鉢 maceta *f.*, tiesto *m.*
- 植木屋 (人) jardin*ero*[*ra*] *mf.*

うえじに 飢え死に ⇒がし(餓死)
▶飢え死にする morir de hambre, (栄養失調で) morir「de [por] inanición

ウエスト cintura *f.*, talle *m.* ‖ ウエストがくびれている tener un talle de avispa / ウエストが細い tener una cintura delgada

うえつける 植え付ける plantar, (思想などを) inculcar

ウエット
▶ウエットな (湿った) húme*do*[*da*], (情にもろい) sentimental, emoti*vo*[*va*]
- ウエットスーツ traje *m.* acuático
- ウエットティッシュ toallita *f.* húmeda

ウエディング boda *f.* ⇒けっこん(結婚)
- ウエディングケーキ pastel *m.* de boda
- ウエディングドレス「vestido *m.* [traje *m.*] de novia
- ウエディングベル campanadas *fpl.* de boda
- ウエディングマーチ marcha *f.* nupcial

── ウエディング用語 ──

婚約 compromiso *m.* matrimonial / 婚約指輪 anillo *m.* de compromiso / 招待状「carta *f.* [tarjeta *f.*] de invitación / 結婚指輪 anillo *m.* de boda, alianza *f.* / 結婚 casamiento *m.*, matrimonio *m.* / 挙式 boda *f.* / 披露宴 banquete *m.* de boda / 仲人 intermedia*rio*[*ria*] *mf.* / 桜湯 té *m.* de flor de cerezo / 婚姻届 registro *m.* de matrimonio / 新郎 novio *m.* / 新婦 novia *f.* / 新婚旅行 luna *f.* de miel

ウエハース oblea *f.*

ウェブ Web 《英語》 web *f.*, red *f.* informática ‖ ウェブを開く abrir una web / ウェブを利用する utilizar la web
- ウェブサイト sitio *m.* web ‖ ウェブサイトにアクセスする acceder a un sitio web
- ウェブページ página *f.* 「web [electrónica], ciberpágina *f.* ‖ ウェブページを開設する inaugurar una página web
- ウェブマガジン revista *f.* 「web [electrónica]
- ワールド・ワイド・ウェブ (WWW) web *f.*, red *f.* informática mundial

うえる 飢える pasar hambre, (何かに) tener「hambre [sed] 《de》, estar sedien*to*[*ta*] 《de》 ‖ 飢えて衰える debilitarse por hambre / 飢えて死ぬ morir de hambre / 愛情に飢える tener hambre de cariño / 知識に飢える tener sed de conocimiento
▶飢えた hambrien*to*[*ta*] ‖ 血に飢えた狼 lobo *m.* sediento de sangre

うえる 植える plantar, poblar ‖ 庭に球根を植える plantar un bulbo en el jardín / 山に木を植える「plantar [poblar] el monte de árboles, plantar árboles en el monte

ウエルターきゅう ウエルター級 peso *m.* wélter, peso *m.* 「medio mediano [semimedio]

ウェルダン ‖ ステーキはウェルダンでお願いします Para mí, un bistec bien hecho, por favor.
▶ウェルダンの bien he*cho*[*cha*], muy he*cho*[*cha*]

うお 魚 ⇒さかな
- 魚市場 mercado *m.* de pescado

うおうさおう 右往左往
▶右往左往する moverse de acá para allá

ウォーキング caminata *f.*
- ウォーキングシューズ zapatos *mpl.* para caminar

ウォークインクローゼット alacena *f.* ropera

ウォーターフロント urbanización *f.* frente al mar

ウォーミングアップ precalentamiento *m.*
▶ウォーミングアップする calentar, 「hacer [realizar] ejercicios de calentamiento

うおざ 魚座 Piscis *m.*
▶魚座生まれの(人) piscis (*com.*[=*pl.*]) 《性数不変》

ウオッカ vodka *m(f).* ‖ ウオッカを飲む beber vodka

うおのめ 魚の目 callo *m.* ‖ 足にうおのめがある tener callos en los pies

うかい 迂回 desvío *m.*, rodeo *m.*
▶迂回する rodear, dar un rodeo
- 迂回路 desvío *m.*, rodeo *m.*

うがい 嗽 gárgaras *fpl.*, gargarismos *mpl.* ‖ うがいをする hacer「gárgaras [gargarismos], (口の中をすすぐ) enjuagarse la boca
- うがい薬 (液体の) gargarismo *m.*

うかうか
▶うかうかする (ぼんやりする) distraerse ‖ うかうかしていられない no poder「estar [quedarse] con los brazos cruzados

うかがい 伺い ‖ ご機嫌伺いに行く hacer una visita de cortesía
慣用 伺いを立てる (意見を求める) pedir la

opinión 《de》, (指示を仰ぐ) solicitar las instrucciones 《de》
うかがう 伺う (聞く) escuchar, (質問する) preguntar, (訪問する) visitar ‖ お話を伺いましょう Le escucho. ／この件についてあなたのご意見を伺いたいのですが Me gustaría conocer su opinión sobre este asunto. ／妻からお噂はかねがね伺っております Mi mujer me ha hablado mucho de usted. ／ちょっと伺ってよろしいですか ¿Me permite hacerle una pregunta? ／よろしければ、明日お伺いします Si no le importa, mañana querría ir a verle a usted.
うかがう 窺う (盗み見る) atisbar, mirar furtivamente, (ひそかに探る) espiar, (観察する) observar ‖ 鍵穴から中の様子をうかがう「mirar [atisbar] por el ojo de la cerradura lo que está pasando dentro ／ 顔色をうかがう「sondear [tantear] el humor de ALGUIEN ／ 時機をうかがう「buscar [esperar] una ocasión ／ 彼の自信のほどがうかがわれる Se nota que él tiene confianza en sí mismo.
うかされる 浮かされる ‖ 観光ブームに浮かされる dejarse llevar por el *boom* turístico
うかす 浮かす (浮くようにする) hacer flotar, (浮かべる) dejar flotar, (節約する) ahorrar, economizar ‖ 50ユーロ浮かす ahorrar 50 euros
うかつ 迂闊 ‖ 私はなんて迂闊だったんだろう ¡Qué ton*to*[*ta*] fui!
▶迂闊な (軽率な) imprudente, (不注意な) descuida*do*[*da*] ‖ 迂闊なことをする cometer una imprudencia ／ 迂闊なことを言う「soltar [decir] una imprudencia
▶迂闊に(も) imprudentemente, con imprudencia, por descuido, 《慣用》a la ligera ‖ 迂闊に返答するな No contestes a la ligera.
うがつ 穿つ ‖ 穴をうがつ abrir un agujero, agujerear
▶うがった (的確な) acerta*do*[*da*], (鋭い) penetrante ‖ うがった見方 observación *f.* acertada
うかびあがる 浮かび上がる (水面に出る) salir a flote, emerger, (現れる) surgir, (輪郭がはっきりする) perfilarse ⇒ふじょう (⇒浮上する)
うかぶ 浮かぶ (水面・空中に) flotar, (現れる) surgir, aparecer, (考えが) ocurrirse ‖ 空に雲が浮かぶ Las nubes flotan en el cielo. ／私にいい考えが浮かんだ Se me ha ocurrido una buena idea. ／その男が殺人の容疑者として浮かんだ Ese hombre se perfila como sospechoso del homicidio.
⌈慣用⌉浮かばれない ‖ 死者たちは浮かばれないだろう Los muertos no podrán descansar en paz.
うかべる 浮かべる (浮かばせる) hacer flotar, (浮かべておく) dejar flotar, (心に)recordar, acordarse《de》‖ 船を湖に浮かべる hacer flotar una embarcación en el lago ／ 目にいっぱい涙を浮かべる tener los ojos anegados en lágrimas ／ ほほえみを浮かべる esbozar una sonrisa
うかる 受かる aprobar ‖ 試験に受かる 「aprobar [superar] el examen
うかれる 浮かれる (喜ぶ) alegrarse, (上機嫌である)《慣用》estar de fiesta,《慣用》estar como unas castañuelas, (浮かれ騒ぐ) estar de juerga
うき 雨期/雨季 「estación *f.* [época *f.*, temporada *f.*] de lluvias
うき 浮き (釣り) flotador *m.*
うきあがる 浮き上がる (浮上する) emerger, salir a la superficie, (孤立する) aislarse
うきあしだつ 浮き足立つ (不安を感じる) inquietarse, (落ち着きを失う) perder 「la calma [los nervios]
うきうき
▶うきうきしている estar alegre,《慣用》estar de fiesta,《慣用》estar como unas castañuelas
うきくさ 浮き草 lenteja *f.* de agua, planta *f.* flotante
うきしずみ 浮き沈み ‖ 浮き沈みの激しい人生 vida *f.* llena de altibajos
うきぶくろ 浮き袋 flotador *m.*, (救命用の) salvavidas *m.*[=*pl.*]
うきぼり 浮き彫り relieve *m.*
▶浮き彫りにする《慣用》poner de 「relieve [manifiesto] ALGO
▶浮き彫りになる ‖ 経済危機で我が社の抱えている問題が浮き彫りになった Con la crisis económica se pusieron de relieve los problemas que tiene nuestra empresa.
うきめ 憂き目 ‖ 憂き目を見る ／ 憂き目にあう sufrir 「una desgracia [un revés] ／ 選挙で落選の憂き目を見る tener la mala suerte de perder en las elecciones
うきよ 浮世 este mundo, vida *f.* terrenal
⌈慣用⌉浮世離れ ‖ 浮世離れして暮らす vivir ausente de la realidad,《慣用》vivir en otro mundo
うきよえ 浮世絵《日本語》*ukiyoe m.*, estampa *f.* japonesa
うきわ 浮き輪 flotador *m.*, (救命用の) salvavidas *m.*[=*pl.*]
うく 浮く (浮かぶ) flotar, sobrenadar, (余る) sobrar ‖ 空に浮く雲 nubes *fpl.* que flotan en el cielo ／ 湖面に浮く flotar en la superficie del lago ／ 油が水面に浮く El aceite sobrenada en la superficie del agua. ／ 交通費が浮いた Se ahorraron los gastos de transporte. ／ 飛行機で行けば2時間浮くよ Si vas en avión, ganarás dos horas. ／ 気分が浮かない no estar de buen humor ／ 浮か

ない顔をする poner cara triste
▶浮いた（浮かんだ）flotante ‖ 彼には浮いたうわさがまったくない A él no se le conoce ninguna aventura amorosa.
うぐいす 鶯 ruiseñor *m.* (de Japón)（雄・雌）
◨うぐいす色 color *m.* verde oliva
◨うぐいす嬢（野球場の）locutora *f.* del estadio de béisbol
ウクレレ ukelele *m.* ‖ ウクレレを弾く tocar el ukelele
うけ 受け ‖ 受けがよい（評判がよい）tener buena aceptación／彼は部長の受けがよい El director lo ve con buenos ojos.／受けをねらう intentar lucirse／受けに回る《慣用》ponerse a la defensiva
うけあう 請け合う encargarse《de》,（保障する）garantizar, asegurar ‖ このレストランの味は請け合います Le garantizo que se come muy bien en este restaurante.
うけいれ 受け入れ acogida *f.* ‖ 外国人労働者の受け入れ態勢を整える prepararse para recibir a trabajadores extranjeros
うけいれる 受け入れる recibir,（迎え入れる）acoger,（聞き入れる）aceptar,（許可する）admitir ‖ 難民を受け入れる acoger a los refugiados／批判を受け入れる「aceptar [asumir] las críticas《de》／受け入れがたい条件 condiciones *fpl.* inaceptables
うけうり 受け売り
▶受け売りする ‖ 人の話を受け売りする《慣用》hablar por boca de「ganso [otro]
うけおい 請負 contrata *f.*
▶請負で por contrata,（出来高払いで）a destajo
◨請負工事 obra *f.* contratada
◨請負仕事 trabajo *m.* a destajo
◨請負人／請負業者 contratista *com.*, destajista *com.*
うけおう 請け負う encargarse《de》,（請負契約で）「conseguir [lograr] la contrata《de》‖ ごみの回収を請け負う conseguir la contrata de la recogida de basuras
うけこたえ 受け答え respuesta *f.*
▶受け答えする responder, contestar
うけざら 受け皿 （コーヒーカップなどの）platillo *m.*‖ 移民を受け入れる受け皿がない carecer de infraestructura para acoger a los inmigrantes
うけたまわる 承る （受ける）aceptar「con gusto [de buen grado]」,（聞く）escuchar ‖ 承るところによりますと… Según he oído decir …／ご用件を承ります Estoy a su disposición.
うけつぐ 受け継ぐ heredar, suceder ‖ 父から事業を受け継ぐ suceder a *su* padre en el negocio
うけつけ 受付 recepción *f.* ‖ 願書の受付が今日始まる El plazo de solicitud comienza hoy.／登録の受付が明日終わる El plazo de matrícula finaliza mañana.／受付は9時から16時までです El horario de atención es de las nueve a las dieciséis horas.
◨受付カウンター mostrador *m.* de recepción
◨受付係 recepcionista *com.*
◨受付期間（願書の）plazo *m.* de solicitud,（登録の）plazo *m.* de 「matrícula [inscripción]」‖ 書類の受付期間 plazo *m.* de recepción de formularios
◨受付順 ‖ 申請は受付順に処理されます Las solicitudes serán atendidas según el orden de recepción.
◨受付番号 número *m.* de recepción
◨受付窓口 ventanilla *f.* de recepción
うけつける 受け付ける aceptar, atender ‖ 申請を受け付ける「aceptar [atender] la solicitud／電子メールでの予約を受け付けます Se aceptan reservas por correo electrónico.／私の胃は揚げ物を受け付けない Mi estómago rechaza los fritos.
うけとめる 受け止める （ボールを）recibir, atrapar ‖ 現実をあるがままに受け止める aceptar la realidad como es／物事を冷静に受け止める tomar las cosas con calma
うけとり 受取 （領収書）recibo *m.*,（受領通知）acuse *m.* de recibo ‖ 手紙の受取を確認する confirmar el recibo de la carta
◨受取証 recibo *m.*
◨受取手形 letra *f.* por cobrar
◨受取人（郵便）destinata*rio*[*ria*] *mf.*,（保険金）beneficia*rio*[*ria*] *mf.*
うけとる 受け取る recibir,（現金を）cobrar,（解釈する）interpretar, comprender ‖ 手紙を受け取る recibir una carta／代金を受け取る cobrar el importe／到着時に荷物を受け取る recoger el equipaje a la llegada／批判を好意的に受け取る tomar a bien las críticas／冗談を侮辱と受け取る「interpretar [tomar] la broma como un insulto
うけながす 受け流す esquivar,（かわす）sortear, capear, evitar ‖ 記者たちの質問を受け流す sortear hábilmente las preguntas de los periodistas
うけみ 受け身 《文法》voz *f.* pasiva,（柔道の）caída *f.* ‖ 受け身になる（消極的になる）adoptar una actitud pasiva,（守勢に回る）《慣用》ponerse a la defensiva
▶受け身の（消極的な・受動態の）pasi*vo*[*va*]
うけもち 受け持ち ⇒たんとう(担当)
▶受け持ちの ‖ 受け持ちの先生 （担任の）maes*tro*[*tra*] *mf.* del aula
うけもつ 受け持つ encargarse《de》⇒たんとう(⇒担当する) ‖ 10人の生徒を受け持つ Tengo a mi cargo diez alumnos.

うける 受ける/請ける ❶ (受け止める) recibir, atrapar‖ボールを受ける「recibir [atrapar] una bola
❷ (得る・もらう) obtener, ganar, (もらう) recibir‖賞を受ける「recibir [obtener] un premio, ser galardona*do[da]* con un premio／注文を受ける recibir un pedido／依頼を受ける recibir una petición
❸ (応じる) aceptar, acceder《a》‖招待を受ける aceptar una invitación／電話を受ける atender el teléfono
❹ (教育などを) recibir‖授業を受ける asistir a clase／大学教育を受ける recibir educación universitaria
❺ (被る) sufrir‖被害を受ける sufrir daños／迫害を受ける sufrir persecución／直射日光を受ける「recibir [exponerse a] los rayos directos del sol
❻ (好評を得る) tener buena acogida, 「tener [ganar] popularidad《entre》‖観客に受ける(作品が) tener buena acogida entre los espectadores／このデザインは若い女性たちに受けるだろう Este diseño ganará popularidad entre las jóvenes.
❼ (その他)‖たくさんの質問を受ける recibir muchas preguntas／影響を受ける「recibir [sufrir] influencia《de》, ser influencia*do[da]*《por》／手術を受ける someterse a una operación

うけわたし 受け渡し entrega *f*.
▶受け渡しする entregar

うごうのしゅう 烏合の衆 muchedumbre *f*. desordenada, (軽蔑的に) turba *f*.

うごかす 動かす mover, (移動する) trasladar, (操作する) manejar‖手足を動かす mover las manos y las piernas／エンジンを動かす poner en marcha el motor／世論を動かす mover la opinión pública／人の心を動かす conmover

うごき 動き movimiento *m*., (変動) cambio *m*.‖時計の針の動き movimiento *m*. de las agujas del reloj／世界経済の動き movimientos *mpl*. de la economía mundial
(慣用)動きがとれない no poder moverse, (自由を奪われている)《慣用》estar ata*do[da]* de pies y manos‖私は仕事が忙しくて動きがとれない Tengo tanto trabajo que no puedo hacer nada.

うごく 動く moverse, (機械が) funcionar, marchar, (話) andar, (行動する) actuar, obrar, (変わる) cambiar‖落ち着きなく動く moverse inquietamente／左右に動く moverse de izquierda a derecha／ここを動かないように No te muevas de aquí.／私の時計は正確に動く Mi reloj funciona correctamente.／この機械はよく動く Esta máquina「anda [funciona] bien.／利害で動く actuar por *su* propio interés／状況が動き始めた La situación ha comenzado a cambiar.／動かぬ証拠 prueba *f*.「indiscutible [contundente]／動く歩道 pasillo *m*. rodante

うごめく 蠢く bullir, hormiguear, pulular‖枝に毛虫がうごめいていた Las orugas pululaban en las ramas.

うさ 憂さ‖憂さを晴らす desahogarse de la tensión, desestresarse, (気晴らしをする) divertirse
◪憂さ晴らし(息抜き)《慣用》válvula *f*. de escape

うさぎ 兎 conejo *m*., (雌) coneja *f*.
◪野うさぎ liebre *f*. (雄・雌)
◪うさぎ小屋 conejar *m*., conejera *f*.
◪うさぎ跳び salto *m*. en cuclillas‖うさぎ跳びをする hacer saltos en cuclillas

うさんくさい 胡散臭い sospecho*so[sa]*‖うさん臭い仕事 negocio *m*. turbio／この話はうさん臭い Este asunto me huele a「chamusquina [cuerno quemado].

うし 牛 (雌牛) vaca *f*., (雄牛) toro *m*., (去勢牛) buey *m*., (子牛) terne*ro[ra]* *mf*., (2歳から3歳の子牛) novi*llo[lla]* *mf*., (2歳未満の子牛) bece*rro[rra]* *mf*.‖牛の乳をしぼる ordeñar una vaca／牛を厩舎に追う encerrar las vacas en el establo／牛を放牧する pastorear las vacas
▶牛の vacu*no[na]*
(慣用)牛の歩みのように muy despacio,《慣用》a paso de tortuga
◪牛飼い vaque*ro[ra]* *mf*.
◪牛小屋 establo *m*. de vacas, (牛舎) vaquería *f*.

うし 丑 (十二支の) signo *m*. del buey‖丑の刻に alrededor de las dos de la madrugada
◪丑年 año *m*. del buey

うじ 氏 (姓) apellido *m*., (家系) linaje *m*., estirpe *f*.
(慣用)氏より育ち《諺》No con quien naces, sino con quien paces.

うじ 蛆 gusano *m*.‖うじが湧く agusanarse／チーズにうじが湧いている El queso está agusanado.

うじうじ
▶うじうじする (ためらう) estar indeci*so[sa]*,《慣用》no saber a qué carta quedarse

うしお 潮 marea *f*.

うしなう 失う perder → なくす(亡くす)・なくす(無くす)‖家を失う perder la casa, quedarse sin casa／兄を失う perder a *su* hermano mayor／命を失う perder la vida／自信を失う perder la confianza en *sí* mis*mo[ma]*／機会を失う「perder [dejar escapar, dejar pasar] una oportunidad／大都市でたくさんの緑地が失われている Se pierden muchas zonas verdes en grandes

うじむし 蛆虫 ⇒うじ(蛆)
うじゃうじゃ ‖庭にミミズがうじゃうじゃいる Hay un montón de lombrices en el jardín.
うしろ 後ろ （後部）parte f. posterior, fondo m.‖頭の後ろ(後頭部) la parte posterior de la cabeza
▶後ろから por detrás, (背後から) por la espalda‖後ろから二両目の車両 el penúltimo vagón, el segundo vagón contando desde el último
▶後ろの tras*ero*[*ra*], posterior, de atrás, de detrás‖後ろの座席 asiento m. trasero／後ろの方の席をお願いします Un asiento de atrás, por favor.
▶後ろに／後ろへ atrás, detrás, hacia atrás‖本棚の後ろに detrás de la estantería／木の後ろに隠れる esconderse detrás de un árbol／列の後ろにつく ponerse al final de la cola／体を後ろに反らせる inclinarse hacia atrás／後ろへ下がる retroceder
▶後ろを‖後ろをふり返る volverse, mirar hacia atrás／後ろを少し切ってください (美容院で) Córteme un poco el pelo de atrás.
⸢慣用⸥後ろを見せる《慣用》volver las espaldas
◳後ろ足 patas fpl. traseras
◳後ろ姿 figura f. de espaldas
うしろがみ 後ろ髪
⸢慣用⸥後ろ髪を引かれる思いで con mucha pena, con gran pesar
うしろだて 後ろ盾 （後援）apoyo m., (後援者) pa*trón*[*trona*] mf.‖後ろ盾をもつ tener un buen padrino, (話)《慣用》tener buenas aldabas, (話)《慣用》tener espaldas「cubiertas [guardadas]
うしろまえ 後ろ前‖セーターを後ろ前に着る ponerse el jersey al revés
うしろむき 後ろ向き
▶後ろ向きの （消極的な）pasi*vo*[*va*]‖後ろ向きの経済政策 política f. económica pasiva
▶後ろ向きに‖後ろ向きに歩く caminar「hacia atrás [al revés]／後ろ向きにプールに飛び込む tirarse en la piscina de espaldas
うしろめたい 後ろめたい‖後ろめたい気持 escrúpulo m., (罪悪感) sentido m. de culpabilidad, （良心のとがめ）remordimientos mpl.／私は後ろめたいところはない Tengo la conciencia bien limpia.
うしろめたく思う sentirse culpable 《de》, 「sentir [tener] remordimientos《por》
うしろゆび 後ろ指
⸢慣用⸥後ろ指をさす(誰かを非難する)《慣用》señalar a ALGUIEN con el dedo‖なぜ会社で彼が後ろ指をさされるのか私には分かりません No sé por qué lo señalan con el dedo en la oficina.

うす 臼 mortero m.‖臼でつく machacar ALGO en un mortero／臼でひく moler ALGO en un mortero
うず 渦 remolino m., 《格式語》vorágine f.‖渦を巻く arremolinarse／人の渦 remolino m. de gente／水面に渦ができた Se formó un remolino en la superficie del agua.
⸢慣用⸥～の渦に巻き込まれる‖暴力の渦に巻きこまれる verse envuel*to*[*ta*] en un torbellino de violencia
うすあかり 薄明かり media luz f., luz f. tenue, (朝夕の) crepúsculo m.‖薄明かりで読書する leer a media luz
うすあじ 薄味 sabor m.「ligero [suave]
▶薄味の （味付けが）ligeramente sazona*do*[*da*], (塩気が少ない) poco sala*do*[*da*]
うすい 薄い （厚みが）fi*no*[*na*], delga*do*[*da*], (色が) cla*ro*[*ra*], (濃度が) lige*ro*[*ra*]‖薄い板 tabla f. delgada／薄い唇 labios mpl.「finos [delgados]／薄いピンク color m. rosa claro／薄いインク tinta f. clara／薄いコーヒー café m.「ligero [liviano, suave]／味が薄い tener un sabor ligero／ひげが薄い tener una barba「escasa [rala, poco poblada]／若者の政治への関心は薄い El interés de los jóvenes por la política es escaso.
▶薄く ligeramente, finamente‖トーストにバターを薄く塗る untar la tostada con un poco de mantequilla／りんごの皮を薄くむく pelar finamente la piel de una manzana
▶薄くする （細くする）adelgazar, (薄める) aclarar
うすうす vagamente‖うすうす感じる「notar [sentir] vagamente, presentir
うずうず‖娘は学校に行きたくてうずうずしている Mi hija está impaciente por ir al colegio.
うすがた 薄型
◳薄型テレビ televisor m. de pantalla plana
◳薄型本棚 librería f. de poco fondo
うすぎ 薄着
▶薄着する vestirse lige*ro*[*ra*], 「ir [andar] lige*ro*[*ra*] de ropa
うすぎたない 薄汚い su*cio*[*cia*]
うすきみわるい 薄気味悪い sinies*tro*[*tra*]‖うす気味悪い静けさ silencio m. sepulcral
うすぎり 薄切り‖生ハムの薄切り jamón m. cortado en lonchas finas
▶薄切りにする cortar ALGO en lonchas finas
うずく 疼く‖こめかみがうずく sentir un dolor pulsátil en las sienes
うずくまる 蹲る／踞る agacharse, ponerse en cuclillas, acurrucarse, (しゃがむ) agacharse‖猫が私の足下にうずくまった El gato se acurrucó a mis pies.
うすぐもり 薄曇り‖薄曇りである El cielo está ligeramente cubierto de nubes.

うすぐらい 薄暗い　oscu*ro[ra]*, sombrí*o[a]* ‖ 薄暗い部屋 habitación *f.* 「oscura [con poca luz]

うすげしょう 薄化粧　maquillaje *m.* ligero
▶薄化粧した ligeramente maquilla*do[da]*
▶薄化粧する maquillarse ligeramente, darse un poco de maquillaje

うすごおり 薄氷　hielo *m.* 「delgado [fino] ‖ 水たまりに薄氷が張った Se formó una capa delgada de hielo en el charco.

うずしお 渦潮　vórtice *m.* marino

うすちゃいろ 薄茶色
▶薄茶色の marrón *m.* claro

うすっぺら 薄っぺら
▶薄っぺらな delga*do[da]*,（表面的な）superficial,（軽薄な）frívo*lo[la]* ‖ 薄っぺらな知識 conocimiento *m.* superficial

うすで 薄手
▶薄手の delga*do[da]*, fi*no[na]* ‖ 薄手の生地 tela *f.* 「delgada [fina]

うすび 薄日　luz *f.* 「tenue [débil, suave] ‖ 薄日が窓から差し込む La tenue luz del sol entra por la ventana.

うずまき 渦巻き　（渦）remolino *m.*,（渦の形）espiral *f.*

うずまく 渦巻く　arremolinarse ‖ 渦巻く波 remolino *m.* de olas ／炎が渦巻く Las llamas se arremolinan. ／住民の間に不満が渦巻いている El descontento 「se extiende [reina] entre los vecinos.

うずまる 埋まる　enterrarse《en》⇒うまる（埋まる）‖ アサリは砂に埋まって生息する Las almejas viven enterradas en la arena.

うすめ 薄目 ‖ 薄目を開ける 「entornar [entreabrir] los ojos

うすめる 薄める　diluir, desleír, aclarar,（水で）aguar ‖ ソースを少量の酢で薄める 「diluir [aclarar] la salsa con un poco de vinagre ／ワインを水で薄める aguar el vino

うずめる 埋める　（地中に）enterrar ⇒うめる（埋める）‖ 枕に顔をうずめる hundir la cara en la almohada

うずもれる 埋もれる ⇒うもれる（埋もれる）

うすよごれる 薄汚れる　ensuciarse un poco, ponerse un poco su*cio[cia]*

うずら 鶉　codorniz *f.*（雄・雌）

うすらぐ 薄らぐ　（寒さが）remitir,（痛みが）mitigarse,（愛情が）enfriarse ⇒うすれる（薄れる）

うすらさむい 薄ら寒い ‖ 薄ら寒い一日だった Ha sido un día 「fresco [un poco frío].

うすれる 薄れる　（弱まる）debilitarse,（減る）reducirse,（痛みが）mitigarse,（色が褪せる）decolorarse,（霧・記憶が）desvanecerse ‖ 関心が薄れる 「decaer [decrecer, disminuir] el interés ／語の元の意味が薄れる Se pierde el significado original de la palabra.

うすわらい 薄笑い ‖ 薄笑いを浮かべて con una risa 「sarcástica [irónica]

うせつ 右折　giro *m.* a la derecha
▶右折する 「doblar [girar] a la derecha
▶右折禁止《標識》Prohibido girar a la derecha

うせる 失せる　（なくなる）perderse, desaparecer,（なくす）perder ⇒なくなる(無くなる) ‖ やる気が失せる perder el ánimo ／出て失せろ／とっとと消え失せろ ¡Lárgate!

うそ 嘘　mentira *f.*, embuste *m.*,《話》bola *f.* ‖ 真っ赤なうそ 「pura [gran] mentira *f.* ／見え透いたうそ mentira *f.* 「manifiesta [evidente, al descubierto] ／他愛のないうそ mentira *f.* 「insignificante [sin importancia] ／罪のないうそ（人を傷つけないための）mentira *f.* piadosa ／うそで固めた人生 vida *f.* llena de mentiras ／うそをつく mentir, 「decir [contar] una mentira ／うそをつくな ¡No me mientas! ／うそを見抜く descubrir una mentira ／うそでしょ ¡No me digas! ／私はうそにだまされた Me engañaron con una mentira. ／君の話にはうそがある Hay mentira en lo que dices. ／私を解雇した会社を恨んでいないと言えばうそになるでしょう Mentiría si dijera que no siento rencor contra la empresa que me despidió. ／〜はうそのようだ Parece mentira que『+接続法』.
▶うその de mentira,（偽の）fal*so[sa]* ‖ うその証言 testimonio *m.* falso

〔慣〕うそから出たまこと Mentira convertida en verdad.

〔慣〕うそ八百を並べ立てる decir una sarta de mentiras

〔諺〕うそも方便 A veces es necesario mentir.

◢うそ発見器 detector *m.* de mentiras, máquina *f.* de la verdad, polígrafo *m.*

うそつき 嘘吐き　mentiro*so[sa]* *mf.*, embuste*ro[ra]* *mf.*

〔諺〕うそつきは泥棒の始まり《諺》Quien una vez hurta, fiel nunca. ¦《諺》Quien roba un huevo, roba un buey.

うそなき 嘘泣き
▶嘘泣きする llorar lágrimas de cocodrilo

うそぶく 嘯く　（知らないふりをする）fingir ignorancia,（豪語する）fanfarronear

うた 歌　canción *f.*,（歌曲）canto *m.*,（詩歌）poesía *f.*, poema *m.* ‖ 歌がうまい cantar bien ／歌が下手だ cantar mal ／歌が好きだ Me gusta cantar. ／歌を歌う cantar (una canción) ／歌を聴く escuchar una canción ／歌を詠む（詩歌）componer un poema
◢歌声 voz *f.* de canto
◢歌会 reunión *f.* para recitar poemas japoneses

うたいて 歌い手　cantante *com.* ⇒かしゅ（歌手）

うたいもんく 謳い文句　lema *m.* ⇒キャッチフレーズ

うたう　歌う/謡う/謳う　（歌う）cantar, entonar,（表す）expresar ‖ 歌を歌う cantar una canción ／ 大声で歌う cantar a voces ／ 声を張り上げて歌う cantar a voz en grito ／ 憲法が謳うところによれば…（定める）Según establece la Constitución...

うたがい　疑い　❶（疑念）duda f. ‖ 疑いを抱く「tener [abrigar] una duda ／ 疑いを差し挟む poner en duda ALGO ／ 疑いのない indudable ／ 〜は疑いの余地がない Es indudable que 〚+直説法〛. ¦ No cabe la menor duda (de) que 〚+直説法〛. ¦ No hay lugar a dudas (de) que 〚+直説法〛.
▶疑いなく indudablemente, sin duda
❷（嫌疑・疑惑）sospecha f., (不信) desconfianza f. ‖ 疑いのまなざしで con ojos de desconfianza, con una mirada「recelosa [sospechosa] ／ 疑いをかける sospechar de ALGUIEN, arrojar sospechas sobre ALGUIEN ／ 疑いを晴らす disipar las sospechas ／ 私は悪性腫瘍の疑いがある Se sospecha que tengo un tumor maligno.

うたがいぶかい　疑い深い　desconfiad*o[da]*, recelos*o[sa]*, suspicaz, escéptic*o[ca]* ‖ 疑い深い目で見る mirar con「desconfianza [suspicacia] a ALGUIEN ／ 疑い深い人 desconfiad*o[da]* *mf.*, escéptic*o[ca]* *mf.*

うたがう　疑う　❶（信じない）dudar 《de》, poner en duda ALGO, (疑問視する) cuestionar, poner en cuestión ALGO ‖ データを疑う poner en cuestión los datos ／ 常識を疑う dudar del sentido común de ALGUIEN ／ 君の善意を疑いたくはない No quiero dudar de tu buena intención.
❷（怪しむ）sospechar 《de》, desconfiar 《de》 ‖ 警察は彼女を疑っている La policía sospecha de ella.

うたがわしい　疑わしい　dudos*o[sa]*,（怪しい）sospechos*o[sa]* ‖ 疑わしい理論 dudosa teoría f., teoría f. poco fiable ／ 彼の話は本当かどうか疑わしい Es dudoso que sea cierto lo que contó él.
〖慣用〗疑わしきは罰せず En caso de duda, se decide a favor del acusado.

うたぐりぶかい　疑り深い　⇒うたがいぶかい（疑い深い）

うたぐる　疑る　⇒うたがう（疑う）

うたたね　うたた寝
▶うたた寝する dormitar, echar una cabezada

うだつ　梲
〖慣用〗うだつが上がらない no poder salir de la mediocridad

うだる　茹だる　‖ うだるような暑さ calor *m.* ardiente ／ 暑さでうだる asarse de calor

うち　内/中　❶（内側・内部）interior *m.*, (中に)（副詞）dentro ⇒ なか（中）・うちがわ（内側）‖ 感情を内に秘める interiorizar los sentimientos ／ 部屋の内にこもる encerrarse en la habitación ／ 内にこもる性格 carácter *m.* introvertido
❷（時間）‖ 私は学生のうちからこのレストランで働いています Trabajo en este restaurante desde que era estudiante. ／ そうこうするうちに mientras tanto ／ 知らず知らずのうちに sin darse cuenta ／ 今日のうちに終えなければならない Tengo que terminarlo hoy mismo.
▶〜しないうちに（〜する前に）antes de 〚+不定詞〛, antes de que 〚+接続法〛 ‖ 雨が降り出さないうちに antes de que empiece a llover ／ 犬がここにいるうちは猫は魚を食べないでしょう El gato no comerá el pescado mientras esté aquí el perro.
❸（範囲）‖ 3人のうち1人は una de cada tres personas ／ 100人の交通事故の死者のうち50人は安全ベルトを着用していなかった De los 100 muertos en accidentes de tráfico 50 no utilizaban el cinturón de seguridad.
❹（自分の）‖ うちの父 mi padre ／ うちの会社 nuestra empresa

うち　家　casa *f.*,（家庭）hogar *m.*,（家族）familia *f.* ⇒ いえ（家）‖ うちを建てる construir una casa ／ うちへ帰る「volver [regresar] a casa

うちあげ　打ち上げ　（空中への）lanzamiento *m.*,（公演などの）fin *m.*, finalización *f.* ‖ ロケットの打ち上げ lanzamiento *m.* de un cohete ／ 撮影の打ち上げをする celebrar la finalización del rodaje
◪打ち上げ台（ロケットの）plataforma *f.* de lanzamiento
◪打ち上げ花火 cohete *m.*, fuegos *mpl.* artificiales

うちあける　打ち明ける　confesar, confiar, revelar ‖ 秘密を打ち明ける confiar un secreto 《a》

うちあげる　打ち上げる　lanzar ‖ ロケットを打ち上げる lanzar un cohete

うちあわせ　打ち合わせ　reunión *f.* 「previa [de preparación], arreglo *m.* previo

うちあわせる　打ち合わせる　（日時などを）arreglar, concertar ‖ 結婚式の日取りを打ち合わせる reunirse para fijar la fecha de la boda ／ 前もって打ち合わせておかなければならない Tenemos que ponernos de acuerdo de antemano.

うちうち　内内
▶うちうちで en privado,（家族で）en familia,（内緒で）entre nosotros, en secreto ⇒ うちわ（⇒内輪で）

うちうみ　内海　mar *m.* interior

うちおとす　撃ち落とす　abatir, derribar,（首を）decapitar ‖ 飛行機を撃ち落とす derribar un avión

うちかつ　打ち勝つ/打ち克つ　derrotar,（克

うちがわ 内側　parte *f.* interior, interior *m.*
▶内側の interior
▶内側に adentro, dentro《de》, en el interior《de》‖窓を内側に開く La ventana se abre hacia dentro. ／城壁の内側に en el interior de la muralla

うちき 内気　timidez *f.*
▶内気な tímid*o*[*da*]‖内気な男の子 niño *m.* tímido／内気な性格 carácter *m.* tímido

うちきる 打ち切る　(中止する) suspender, (中断する) interrumpir, (切る) cortar‖人道的援助を打ち切る「suspender [cortar, retirar] la ayuda humanitaria／交渉を打ち切る「suspender [interrumpir, dar por terminadas] las negociaciones

うちきん 内金　depósito *m.*, señal *f.*, (頭金) entrada *f.*‖内金を払う pagar un depósito

うちくだく 打ち砕く　destrozar‖私の夢は打ち砕かれた Mi sueño se vino abajo.

うちけす 打ち消す　negar, desmentir‖うわさを打ち消す desmentir los rumores

うちこむ 打ち込む　clavar, (専念する) dedicarse enteramente《a》, entregarse enteramente《a》, (熱中する) entusiasmarse, (入力する) introducir‖杭を打ち込む clavar una estaca／研究に打ち込む dedicarse「enteramente [en cuerpo y alma] a la investigación

うちころす 撃ち殺す　matar a tiros

うちじゅう 家中　toda la casa, (家族全員で) toda la familia‖家中散らかす poner patas arriba toda la casa

うちそこなう 打ち損なう‖ボールを打ち損なう fallar al batear la pelota

うちだす 打ち出す　(提案する) proponer, (印刷する) imprimir‖新しい産業政策を打ち出す proponer una nueva política industrial

うちつける 打ち付ける　(釘で) clavar, fijar ALGO con clavos, (ぶつける) golpearse‖ドアに頭を打ち付ける golpearse la cabeza contra la puerta

うちとける 打ち解ける　familiarizarse《con》, (くつろぐ) desahogarse
▶打ち解けた abiert*o*[*ta*], franc*o*[*ca*]‖打ち解けた雰囲気で en un ambiente「familiar [acogedor, relajado, distendido]

うちどころ 打ち所‖打ち所が悪くて、腕の痛みが数日続いた Recibí un mal golpe y me dolió el brazo un par de días.

うちのめす 打ちのめす‖derribar a golpes, abatir, (精神的に) destrozar moralmente
▶打ちのめされた abatid*o*[*da*]

うちひしがれる 打ち拉がれる‖悲しみに打ちひしがれている estar sumid*o*[*da*] en tristeza

うちべんけい 内弁慶　tiran*o*[*na*] *mf.* en casa

うちポケット 内ポケット　bolsillo *m.* interior

うちまかす 打ち負かす　vencer, derrotar

うちまく 内幕　interioridades *fpl.* ⇒ないじょう(内情)

うちまくる 撃ちまくる　seguir disparando, (連射する) realizar ráfagas de disparos

うちまた 内股　❶(柔道の技)《日本語》*uchimata m.*, (説明訳) barrido *m.* por el interior de las piernas
❷(ももの内側) parte *f.* interior del muslo‖内股で歩く caminar con las puntas de los pies hacia dentro

うちみ 打ち身　magulladura *f.*, (打撲傷) contusión *f.*

うちみず 打ち水‖庭に打ち水をする rociar el jardín

うちやぶる 打ち破る／撃ち破る　(打ち負かす) derrotar, vencer

うちゅう 宇宙　universo *m.*, espacio *m.*, cosmos *m.*[=*pl.*]‖広い宇宙／広大な宇宙 extenso universo
▶宇宙の espacial, cósmic*o*[*ca*]‖宇宙の神秘「misterio *m.* [secreto *m.*] del cosmos／宇宙の果て fin *m.* del cosmos
▪宇宙開発「exploración *f.* [desarrollo *m.*] espacial
▪宇宙科学 ciencia *f.* espacial
▪宇宙科学者 científic*o*[*ca*] *mf.* espacial
▪宇宙基地 base *f.* espacial, (ロシアの) cosmódromo *m.*
▪宇宙空間 espacio *m.* (「exterior [vacío, cósmico])
▪宇宙工学 astronáutica *f.*, ingeniería *f.* espacial
▪宇宙時代 era *f.* espacial
▪宇宙食 alimento *m.* espacial
▪宇宙人 extraterrestre *com.*
▪宇宙塵 polvo *m.*「cósmico [espacial]
▪宇宙ステーション estación *f.* espacial‖国際宇宙ステーション (ISS) Estación *f.* Espacial Internacional (略 EEI)
▪宇宙生物学 astrobiología *f.*
▪宇宙線《天文》rayos *mpl.* cósmicos
▪宇宙船 nave *f.* espacial
▪宇宙探査 exploración *f.* espacial‖宇宙探査機 sonda *f.* espacial
▪宇宙飛行 vuelo *m.* espacial
▪宇宙飛行士 astronauta *com.*, cosmonauta *com.*
▪宇宙服 traje *m.* espacial
▪宇宙物理学 astrofísica *f.*‖宇宙物理学者 astrofísic*o*[*ca*] *mf.*
▪宇宙兵器 arma *f.* espacial
▪宇宙遊泳 paseo *m.* espacial
▪宇宙旅行 viaje *m.* espacial, (観光の) turismo *m.* espacial

◪宇宙ロケット cohete *m.* espacial

うちょうてん 有頂天
▶有頂天になる（得意になる）no caber en *sí* de orgullo,（嬉しくてたまらない）no caber en *sí* de gozo

うちよせる 打ち寄せる golpear, azotar‖波が岸壁に打ち寄せる Las olas 「golpean [rompen contra] el acantilado.

うちわ 内輪
▶内輪で en privado,（家族で）en familia,（内緒で）entre nosotros, en secreto
▶内輪の priva*do*[*da*], familiar,（内部の）inter*no*[*na*]
▶内輪に‖内輪に見積もる calcular por lo bajo
◪内輪もめ conflicto *m.* 「familiar [interno], discordia *f.* 「familiar [interna]

うちわ 団扇 paipay *m.*, paipái *m.*

うちわけ 内訳 detalle *m.*, desglose *m.*‖経費の内訳「detalle *m.* [desglose *m.*] de los gastos
◪内訳書（明細書）detalle *m.*

うつ 打つ（たたく）golpear, dar un golpe,（殴る）pegar,（ぶつける）golpearse, darse un golpe《en》,（キーボードなどを）teclear,（心を）conmover‖球を打つ pegar una pelota,（バットで）batear una pelota / 平手で打つ dar una bofetada《a》, abofetear / 鐘を打つ tocar la campana / 私は転んで膝を打った「Me golpeé [Me di un golpe en] la rodilla al caerme. / キーボードを打つ pulsar el teclado / 番号を打つ（番号をつける）numerar / 読者の心を打つ conmover a los lectores / 教会の時計が8時を打った El reloj de la iglesia dio las ocho.
慣用 打てば響く‖打てば響くように答える dar una respuesta rápida y acertada

うつ 討つ（攻め滅ぼす）atacar y 「derrotar [vencer],（殺す）matar‖敵軍を討つ derrotar al ejército enemigo

うつ 撃つ（銃で）disparar, 「dar [pegar] un tiro‖鉄砲を撃つ disparar el fusil / 撃つな ¡No dispares! / 撃て ¡Fuego!

うっかり
▶うっかりして descuidadamente, por descuido, sin querer
▶うっかりする despistarse, descuidarse

うつくしい 美しい be*llo*[*lla*], hermo*so*[*sa*], precio*so*[*sa*],（人が）gua*po*[*pa*]‖とても美しい女性 mujer *f.* 「muy hermosa [de gran belleza], beldad *f.* / 美しい景色 paisaje *m.* hermoso / 美しい言葉 palabra *f.* hermosa / 花のように美しい ser hermo*so*[*sa*] como una flor / 声が美しい tener una voz 「hermosa [bonita] / 心が美しい《慣用》tener un corazón de oro
▶美しく hermosamente‖美しく晴れ渡った空 cielo *m.* completamente despejado / 美しく着飾る（エレガントに）vestirse elegantemente
▶美しくする embellecer
▶美しくなる embellecerse

うつくしさ 美しさ belleza *f.*, hermosura *f.*,（女性の）beldad *f.*‖景色の美しさ belleza *f.* de un paisaje

うつし 写し copia *f.*, fotocopia *f.*,（副本）duplicado *m.*,（転写）transcripción *f.*‖写しをとる sacar una copia《de》

うつす 写す（書き写す）copiar, transcribir,（描写する）describir‖写真を写す fotografiar, sacar una foto / 解答をノートに写す copiar las soluciones en el cuaderno

うつす 映す reflejar,（映写する）proyectar‖湖面が木々を映していた La superficie del lago reflejaba los árboles. / 自分の顔を鏡に映して見る mirarse la cara en el espejo / スライドを映す proyectar diapositivas

うつす 移す（移動させる）desplazar, trasladar,（動かす）mover,（伝染させる）contagiar‖家具を移す（移動させる）「desplazar [trasladar] el mueble / 首都を東京に移す trasladar la capital a Tokio / 本社を札幌に移す trasladar la casa matriz a Sapporo / 君からインフルエンザを移された Me has contagiado la gripe.

うっすら
▶うっすらと ligeramente,（ぼんやりと）vagamente, remotamente‖うっすらと雪に覆われた庭 jardín *m.* ligeramente cubierto de nieve / うっすらと覚えている recordar 「vagamente [remotamente]

うっせき 鬱積
▶鬱積する acumularse‖鬱積した不満を爆発させる hacer explotar el descontento acumulado

うっそう 鬱蒼‖鬱蒼としたジャングル selva *f.* 「exuberante [espesa] / 鬱蒼と茂る（植物が）crecer con exuberancia

うったえ 訴え（訴訟）pleito *m.*,（上告）apelación *f.*,（告訴）acusación *f.*, denuncia *f.*‖訴えを起こす presentar una denuncia / 訴えを取り下げる retirar la denuncia

うったえる 訴える poner pleito,（上告する）apelar,（告訴する）acusar, denunciar;（手段に）recurrir《a》,（痛みなどを）quejarse《de》,（感覚・心に）apelar《a》‖裁判に訴える recurrir a la justicia, denunciar ante la justicia / 不満を訴える 「manifestar [expresar] *su* descontento / 平和を訴える clamar por la paz / 胸の痛みを訴える quejarse de un dolor en el pecho / 武力に訴える recurrir a armas

うっちゃる 打遣る（投げ捨てる）tirar,（ほったらかす）dejar

うつつ 現‖夢かうつつか ¿Es que estoy soñando?

うつつをぬかす perderse《por》
うつて 打つ手 ‖ 打つ手がない No hay ninguna medida que tomar.
うってかわる 打って変わる ‖ 打って変わった態度をとる tomar una actitud「diametralmente opuesta [completamente diferente]
うってつけ 打ってつけ
▶うってつけの que está he*cho*[*cha*]《para》, *el*[*la*]［+名詞］más apropia*do*[*da*]《para》‖ これは君にうってつけの仕事だ Es un trabajo que está hecho para ti.
うっとうしい 鬱陶しい pesa*do*[*da*], (煩しい) moles*to*[*ta*] ‖ うっとうしい天気 tiempo *m*. pesado／うっとうしい空模様 cielo *m*.「gris [plomizo]／うっとうしい人 persona *f*.「pesada [molesta]
うっとり
▶うっとりする embelesarse
▶うっとりさせる embelesar, arrobar, embriagar
▶うっとりしている estar embelesa*do*[*da*]
うつびょう 鬱病 depresión *f*.‖鬱病の症状を示す presentar síntomas de depresión
◪鬱病患者 paciente *com*.「con depresión [deprimi*do*[*da*]]
うつぶせ 俯せ
▶うつぶせに bocabajo,《慣用》de bruces ‖ うつぶせになる ponerse「bocabajo [de bruces], tumbarse bocabajo／うつぶせに倒れる caerse de bruces,《慣用》besar la tierra／うつぶせに眠る dormir de bruces
うっぷん 鬱憤 ‖ うっぷんを晴らす descargar *su*「cólera [ira, rabia]《contra》
うつむく 俯く 「bajar [agachar] la cabeza ‖ 恥ずかしくてうつむく agachar la cabeza por vergüenza
▶うつむいた cabizb*ajo*[*ja*]
うつむける 俯ける (下を向く)「bajar [agachar] la cabeza, (コップなどを) poner ALGO bocabajo
うつらうつら ‖ うつらうつらする dormitar, echar una cabezada
うつり 写り/映り (画像) imagen *f*.‖写真写りのよい fotogéni*co*[*ca*]／テレビ映りのよい telegéni*co*[*ca*]
うつりかわり 移り変わり (変化) cambio *m*., (推移) evolución *f*.‖季節の移り変わり cambio *m*. de estaciones／時代の移り変わりとともに con el cambio de los tiempos
うつりかわる 移り変わる (変化する) cambiar, (推移する) evolucionar
うつりぎ 移り気
▶移り気な caprich*oso*[*sa*], voluble, inconstante,《格式語》veleidoso
うつる 写る ‖ ほほえんで写真に写る「salir [aparecer] con una sonrisa en la foto／彼は写真に写るのがきらいだ A él no le gusta que le saquen fotos.

うつる 映る (反射する) reflejarse《en》, (投影する) proyectarse ‖ 鏡に映った景色 paisaje *m*. reflejado en el espejo／水たまりに映る reflejarse en un charco／テレビに映る salir en la tele(visión)／テレビがよく映らない El televisor no se ve bien.／君の突飛な格好は人目にどう映るだろう ¿Cómo verá la gente tu aspecto extravagante?
うつる 移る (移動する) desplazarse, (移転する) trasladarse, moverse, (伝染する) contagiarse, infectarse, (変化する) cambiar, (移行する) pasar《a》‖ 田舎に移る mudarse al campo／大学が都心に移った La universidad se trasladó al centro de la ciudad.／風邪は人から人へ移る La gripe se contagia de persona a persona.／他の議題へ移る pasar a otro tema
うつろ 空ろ/虚ろ
▶うつろな vací*o*[*a*], (むなしい) va*no*[*na*] ‖ うつろなまなざし mirada *f*.「vaga [vacía, extraviada]／うつろな日々 días *mpl*. vanos
うつわ 器 (容器) recipiente *m*., vasija *f*., (器量) talla *f*.‖ガラスの器「recipiente *m*. [vasija *f*.] de cristal
慣用 人間としての器が大きい人物 personaje *m*. de gran talla humana
慣用 彼は政治家の器ではない Él no tiene talla de estadista.
うで 腕 ❶ (身体の) (上腕) brazo *m*., (前腕) antebrazo *m*.‖腕が太い tener los brazos gruesos／腕が長い tener los brazos largos／腕を組む cruzarse de brazos／腕を組んで con los brazos cruzados／腕をまくる remangarse, arremangarse
❷ (技量) habilidad *f*., (技能) técnica *f*., (能力) capacidad *f*., (才能) talento *m*. →うでまえ(腕前) ‖ 腕がよい/腕がある tener「habilidad [capacidad, talento]／腕がにぶる/腕が落ちる perder *su* habilidad, trabajar peor que antes／腕をみがく/腕を上げる mejorar *su*「técnica [habilidad]／今が君の腕の見せどころだ Ahora es el momento oportuno para demostrar tu capacidad.
❸《慣用表現》
慣用 腕が立つ ser hábil, ser talent*oso*[*sa*] ‖ 腕の立つ弁護士 aboga*do*[*da*] *mf*. hábil
慣用 腕が鳴る「querer [estar impaciente por] demostrar *su* habilidad
慣用 腕に覚えがある estar segu*ro*[*ra*] de *su* talento
慣用 腕をふるう hacer uso de *su* habilidad
慣用 腕によりをかける ‖ 腕によりをかけて料理を作る poner especial esmero en cocinar
うできき 腕利き
▶腕利きの hábil, talent*oso*[*sa*], de talento ‖ 腕利きのコック cocin*ero*[*ra*] *mf*. hábil
うでぐみ 腕組み ‖ 腕組みをして con los brazos cruzados

うでずく　腕ずく
▶腕ずくで por la fuerza, con violencia

うでずもう　腕相撲 ‖ 腕相撲をする echar un pulso《con》

うでたてふせ　腕立て伏せ flexiones *fpl.* de brazos en el suelo
▶腕立て伏せをする hacer flexiones de brazos en el suelo

うでだめし　腕試し ‖ 腕試しをする probar *su* 「habilidad [talento]

うでっぷし　腕っ節 ‖ 腕っ節が強い tener (mucha) fuerza física

うでどけい　腕時計 reloj *m.* de pulsera ‖ 腕時計をする ponerse el reloj (de pulsera)

うでまえ　腕前 habilidad *f.*, arte *m(f).*, técnica *f.*, destreza *f.*

うでまくら　腕枕 ‖ 腕枕をして横になる tumbarse con el brazo debajo de la cabeza

うでまくり　腕まくり
▶腕まくりする remangarse, arremangarse

うでわ　腕輪 pulsera *f.*, brazalete *m.* ‖ 腕輪をする ponerse una pulsera

うてん　雨天 lluvia *f.*, tiempo *m.* 「de lluvia [lluvioso] ‖ 雨天の場合は en caso de lluvia
▣雨天順延 Se pospone en caso de lluvia.
▣雨天中止 Se suspende en caso de lluvia.

うど　独活 《植物》《学名》*Aralia cordata*
慣用 うどの大木 ‖ 彼はうどの大木だ Es un tonto grandote

うとい　疎い（詳しくない）tener poco conocimiento《de》, ser profa*no*[*na*]《en》‖ 政治に疎い conocer poco la política ／ 世間に疎い saber poco lo que pasa en el mundo
諺 去る者日々に疎し 《諺》Ojos que no ven, corazón que no siente.

うとうと
▶うとうとする dormitar, echar una cabezada

うどん　饂飩《日本語》*udon m.*, fideos *mpl.* gordos
▣うどん粉 harina *f.* de trigo para *udon*
▣うどんこ病（植物の病気）oídio *m.*
▣うどん屋 restaurante *m.* de *udon*

うとんじる　疎んじる（避ける）rehuir,《慣用》dejar de lado《a》‖ 彼は友人たちに疎んじられている Sus amigos lo rehúyen. ¦ Sus amigos lo dejan de lado.

うながす　促す（急がす）apremiar, apresurar,（促進する）fomentar,（刺激する）estimular ‖ 返答を促す incitar a ALGUIEN a contestar ／ 注意を促す llamar la atención a ALGUIEN ／ 参加を促す 「animar [invitar] a ALGUIEN a participar《en》／ 植物の生長を促す estimular el crecimiento de una planta

うなぎ　鰻 anguila *f.*,（稚魚）angula *f.*
▣うな(ぎ)丼《日本語》*unadon m.*,（説明訳）anguila *f.* a la brasa servida en un cuenco con arroz

▣うなぎ登り subida *f.* 「rápida [repentina] ‖ ガソリン価格はうなぎ登りに上昇している El precio de la gasolina está subiendo rápidamente.

▣うなぎ屋 restaurante *m.* especializado en anguila

うなじ　項（首筋）nuca *f.*,《話》cogote *m.*

うなじゅう　鰻重《日本語》*unaju m.*,（説明訳）anguila *f.* a la brasa servida en una caja con arroz

うなされる　魘される ‖ 悪夢にうなされる tener una pesadilla

うなずく　頷く/肯く asentir con la cabeza, mover la cabeza afirmativamente ‖ だまってうなずく asentir con la cabeza sin decir nada ／ 目でうなずく asentir con los ojos ／ 万人をうなずかせる convencer a todos

うなだれる　項垂れる 「bajar [agachar] la cabeza
▶うなだれて con la cabeza inclinada hacia abajo ‖ うなだれて歩く caminar cabizba*jo*[*ja*]

うなり　唸り（機械の）zumbido *m.*,（うなり声）gemido *m.*,（犬の）gruñido *m.*,（ライオンの）rugido *m.*

うなる　唸る gemir,（犬が）gruñir,（ライオンが）rugir,（機械の）zumbar,（感心する）admirarse《de》‖ モーターがうなる El motor zumba. ／ 風がうなる El viento 「ruge [silba]. ／ 金がうなるほどある tener dinero en abundancia,《話》estar forra*do*[*da*] de dinero
▶うならせる（感心させる）causar admiración《en》

うに　海胆/雲丹 erizo *m.* de mar

うぬぼれ　自惚れ/己惚れ presunción *f.*, jactancia *f.*, vanidad *f.*, vanagloria *f.* ‖ うぬぼれの強い（人）presumi*do*[*da*] (*mf.*),《話》（軽蔑的に）fachendo*so*[*sa*] (*mf.*), fantoche (*com.*)

うぬぼれる　自惚れる/己惚れる presumir《de》,《慣用》darse importancia
▶うぬぼれた creí*do*[*da*], presumi*do*[*da*], jactancio*so*[*sa*], vanido*so*[*sa*]

うね　畝 caballón *m.*, lomo *m.* ‖ 畝を作る hacer caballones, acaballonar

うねうね
▶うねうねした sinuo*so*[*sa*], tortuo*so*[*sa*], serpenteante ‖ うねうねした道 camino *m.* 「sinuoso [tortuoso, serpenteante]

うねり ondulación *f.*,（蛇行）sinuosidad *f.*, serpenteo *m.* ‖ うねりが高い（波の）Hay mucho oleaje.

うねる ‖（道・川が）serpentear,（波打つ）ondear ‖ 川がうねる El río serpentea. ／ 風で波がうねる El viento levanta olas. ／ うねる山なみ sinuosa cadena *f.* de montañas

うのみ　鵜呑み

うのみにする（信じる） tragarse,《慣用》creerse ALGO a pie(s) juntillas

うは 右派《政治》derecha *f.*
▶右派の(人) derechista (*com.*)

うば 乳母 nodriza *f.*

うばいあう 奪い合う pugnar《por》, disputarse‖子供たちがボールを奪い合う Los niños luchan entre sí por conseguir la pelota.

うばいかえす 奪い返す recuperar, (領土を) reconquistar ⇒だっかい(⇒奪回する)

うばいとる 奪い取る arrancar, arrebatar‖彼女は見知らぬ男にハンドバッグを奪い取られた A ella le「quitó [arrebató] el bolso un desconocido.

うばう 奪う（盗む）robar,（ひったくる）dar un tirón《a》,（取り上げる）quitar,（奪い取る）arrancar, arrebatar,（剥奪する）privar a ALGUIEN《de》‖宝石を奪う robar las joyas《a》／ 楽しみを奪う quitar la diversión《a》／ 自由を奪う privar a ALGUIEN de libertad

うばぐるま 乳母車 cochecito *m.*, coche *m.* de niño

うぶ 初
▶うぶな inocente, cándi*do*[*da*]

うぶぎ 産着 canastilla *f.*, fajos *mpl.*

うぶげ 産毛 pelusa *f.*, vello *m.* fino

うぶごえ 産声 primer llanto *m.*, primer vagido *m.*（比喩的にも使われる）‖産声を上げる（赤ん坊が）dar el primer llanto,（生まれる）《慣用》ver la luz

うぶゆ 産湯‖赤ん坊に産湯を使わせる dar el primer baño al bebé

うま 午（十二支の）signo *m.* del caballo‖午の刻に alrededor de la mediodía
◪午年 año *m.* del caballo

うま 馬 caballo *m.*,（雌）yegua *f.*,（子馬）po*tro*[*tra*],（雄・雌）‖馬に乗る montar a caballo／馬から落ちる caerse del caballo
慣用 うまが合う llevarse bien《con》‖彼とうまが合わない Él no me cae bien.
慣用 馬の骨‖彼はどこの馬の骨ともしれない奴だ Es un individuo de origen desconocido.
諺 馬の耳に念仏‖どんな忠告も彼には馬の耳に念仏だ《慣用》Cualquier consejo le entra por un oído y le sale por el otro.

うまい 上手い（巧みな）hábil, dies*tro*[*tra*],（適切）adecua*do*[*da*] ⇒じょうず(⇒上手な)‖料理がうまい saber cocinar bien, ser *un*[*una*]「*buen*[*buena*] cocine*ro*[*ra*]／彼はピアノがとてもうまい Toca muy bien el piano.
▶上手く bien, hábilmente‖うまくいく salir bien, tener éxito,（望み通りに）《慣用》「salir [ir] a pedir de boca／うまくいけば… si todo sale bien...／すべてがうまくいった Todo me salió a pedir de boca.／うまくやる（仲良くする）llevarse bien《con》,（何とかする）《慣用》arreglárselas

うまい 旨い/甘い（おいしい）bue*no*[*na*], ri*co*[*ca*], sabro*so*[*sa*], delicio*so*[*sa*]‖話がうますぎる Suena demasiado「bien [bonito] para ser verdad.
慣用 うまい汁を吸う《慣用》chupar del bote

うまごや 馬小屋 establo *m.* de caballos, caballerizas *fpl.*

うまさ 上手さ habilidad *f.*, destreza *f.*‖ボールの扱いのうまさが光る lucir *su* habilidad en el manejo de la pelota

うまさ 旨さ/甘さ ⇒うまみ(旨み)

うまとび 馬跳び pídola *f.*
▶馬跳びをする jugar a la pídola

うまに 甘煮/旨煮 guiso *m.* de carne con verduras

うまのり 馬乗り
▶馬乗りになる cabalgar《sobre》, sentarse a horcajadas‖馬乗りになって a horcajadas, a horcajadillas

うまみ 旨み（味）sabor *m.*,（利益）beneficio *m.*, provecho *m.*
◪うまみ調味料 potenciador *m.* del sabor,（化学調味料）condimento *m.*

うまや 馬屋/厩 ⇒うまごや(馬小屋)

うまる 埋まる（地中に）enterrarse《en》,（覆われる）cubrirse《de》,（一杯になる）llenarse《de》‖地中に埋まる enterrarse bajo tierra／建物が崩れた土砂に埋まった El edificio quedó sepultado por un alud de tierra.／砂浜がたくさんの海水浴客で埋まった Muchos bañistas llenaron la playa.／観客席がすぐに埋まった Las gradas se llenaron enseguida.

うまれ 生まれ nacimiento *m.*,（家柄）familia *f.*, linaje *m.*‖12月生まれの赤ん坊 bebé *m.* nacido en diciembre／生まれも育ちも東京です Nací y me crié en Tokio.¦ Soy tokiota de pura cepa.／彼は貴族の生まれだ Él「es [procede] de una familia noble.
◪生まれ故郷 tierra *f.* natal

うまれかわり 生まれ変わり reencarnación *f.*

うまれかわる 生まれ変わる renacer, volver a nacer‖生まれ変われるとしたら、君は何になりたいですか ¿Qué te gustaría ser si volvieras a nacer?

うまれそだつ 生まれ育つ nacer y「crecer [criarse]

うまれつき 生まれつき por naturaleza‖彼は生まれつき勤勉な男だ Él es trabajador por naturaleza.
▶生まれつきの inna*to*[*ta*], de nacimiento

うまれながら 生まれながら
▶生まれながらの ⇒うまれつき(生まれつき)‖生まれながらの詩人である ser poeta de nacimiento, nacer poeta

うまれる 生まれる/産まれる nacer, 《慣用》ver la luz, (現れる) surgir ‖ 先月娘に子供が産まれた Mi hija tuvo un bebé el mes pasado. / 私は2002年に生まれた Nací en 2002 (dos mil dos). / 貧しい家に生まれる nacer en una familia pobre / スペイン人に生まれる nacer espa*ñol*[*ñola*] / 女に生まれる nacer mujer / 生まれて初めて por primera vez en *su* vida / 私は生まれてこのかた desde que nací / 私に疑問が生まれた Me surgió una duda.

うみ 海 mar *m*(*f*)., (大洋) océano *m*. ‖ 海と陸 el mar y la tierra / 海で泳ぐ nadar en el mar, (海水浴をする) bañarse en「la playa [el mar] / 海にもぐる bucear en el mar / 海に出る salir al mar, (出帆する) hacerse a la mar / 海を越える/海を渡る「atravesar [cruzar] el mar / 火の海 mar *m*. de「llamas [fuego] / 血の海と化す convertirse en un「mar [charco] de sangre

▶海の mari*no*[*na*], marí*timo*[*ma*] ‖ 海の男 hombre *m*. de mar / 海の幸 frutos *mpl*. del mar / 海の見える丘 colina *f*. con vista al mar

▶海側の「海側の部屋 habitación *f*. del lado del mar

〔慣用〕海の物とも山の物ともつかない (何か・誰かが) ser una gran incógnita

◪海風 viento *m*.「marino [del mar]

◪海鳥 ave *f*. marina

うみ 膿 (医学) pus *m*. ‖ 膿を出す sacar pus / 傷口に膿がたまる Se「acumula [forma] pus en la herida.

うみがめ 海亀 tortuga *f*. marina

うみせんやません 海千山千
▶海千山千の astu*to*[*ta*], zo*rro*[*rra*]
▶海千山千である 《慣用》tener más conchas que un galápago

うみだす 生み出す/産み出す producir, (創造する) crear ‖ 利益を生み出す「producir [generar] ganancias

うみなり 海鳴り rugido *m*. del mar
▶海鳴りがする El mar ruge.

うみねこ 海猫 gaviota *f*. japonesa (雄・雌)

うみのおや 生みの親/産みの親 (母親) madre *f*. biológica, (両親) padres *mpl*. biológicos, (創立者) funda*dor*[*dora*] *mf*.
〔慣用〕生みの親より育ての親 Los padres adoptivos te quieren más que los biológicos.

うみべ 海辺 orilla *f*. del mar, (海岸) costa *f*., (ビーチ) playa *f*.

うみへび 海蛇 serpiente *f*.「marina [de mar]

うむ 有無 ‖ 在庫の有無を確認する confirmar si hay o no existencias
〔慣用〕有無を言わせず (強引に) a la fuerza, por fuerza

うむ 生む/産む (子を) dar a luz, (動物が子を) parir, (卵を) poner huevos, desovar, aovar, (生じる) producir ‖ 彼女は男の子を生んだ Ella dio a luz (a) un niño. / 作品を生む「crear [producir] una obra / 日本が生んだ最も偉大な科学者 *el*[*la*] cientí*fico*[*ca*] más grande que ha tenido Japón / よい結果を生む「dar [producir] buenos resultados / 誤解を生む provocar un malentendido / 金が金を生む El dinero engendra más dinero.

うむ 倦む aburrirse 《de, con》, cansarse 《de, con》→あきる (飽きる)

うむ 膿む supurar, formarse *pus* ‖ 傷が膿んでしまった Se me ha formado pus en la herida.

うめ 梅 (木) ciruelo *m*., (実) ciruela *f*. ‖ 梅の種 hueso *m*. de ciruela
◪梅酒 licor *m*. de ciruela
◪梅干し 《日本語》 *umeboshi m*., (説明訳) ciruela *f*. encurtida en sal

うめあわせ 埋め合わせ compensación *f*.
▶埋め合わせ(を)する compensar, (誰かの好意に対して) devolver el favor 《a》‖ 迷惑の埋め合わせをする reparar las molestias

うめあわせる 埋め合わせる compensar ‖ 赤字を埋め合わせる compensar el déficit

うめごえ 呻き声 gemido *m*. ‖ うめき声を上げる dar gemidos

うめく 呻く gemir, dar gemidos ‖ 痛みにうめく gemir de dolor

うめたて 埋め立て
◪埋め立て地「terreno *m*. ganado [tierra *f*. ganada] al mar

うめたてる 埋め立てる ganar terreno al mar

うめる 埋める (地中に) enterrar, (場所を) cubrir, (空きを) llenar, rellenar ‖ 死体を埋める enterrar un cadáver 《en》/ 井戸を砂利で埋める llenar un pozo de grava / 庭を花で埋める cubrir el jardín de flores / 観衆で埋まったスタジアム estadio *m*.「lleno [repleto] de público / 適当な語で空欄を埋める「llenar [rellenar, completar] los espacios en blanco con las palabras adecuadas / 損失を埋める cubrir las pérdidas

うもう 羽毛 pluma *f*., 《集合名詞》plumaje *m*.
◪羽毛布団 futón *m*. de plumas, (掛け布団) edredón *m*. de plumas

うもれる 埋もれる estar enterra*do*[*da*] ‖ 雪に埋もれた村 aldea *f*.「enterrada [sepultada] bajo la nieve / 埋もれた逸材 talento *m*. no reconocido / 埋もれて暮らす vivir sin ser reconoci*do*[*da*]

うやうやしい 恭しい respetuo*so*[*sa*], cordial, cortés ‖ 恭しい物腰で con modales corteses
▶恭しく respetuosamente, cordialmente,

cortésmente ‖ 恭しく頭を下げる（お辞儀をする）hacer una reverencia respetuosa

うやまう 敬う　respetar, (あがめる) venerar, reverenciar ‖ 年寄りを敬う respetar a los ancianos ／ 神を敬う venerar a Dios

うやむや 有耶無耶 ‖ 交渉はうやむやのうちに終わった（成果なしに）Las negociaciones terminaron sin ningún resultado.
▶ うやむやな ‖ うやむやな返事をする dar una respuesta ambigua
▶ うやむやに ‖ 責任をうやむやにする「eludir [soslayar, evadir] la responsabilidad

うよきょくせつ 紆余曲折　vicisitudes *fpl.*, altibajos *mpl.* ‖ 人生の紆余曲折 vicisitudes *fpl.* de la vida ／ 紆余曲折を経て después de pasar muchas vicisitudes, tras pasar una serie de vicisitudes

うよく 右翼　derecha *f.*, (人) derechista *com.*
◪ 右翼手《野球》jardine*ro*[*ra*] *mf.* dere*cho*[*cha*]
◪ 右翼政治家 polític*o*[*ca*] *mf.* derechista
◪ 右翼団体 grupo *m.* derechista

うら 裏　❶ (裏面) reverso *m.*, dorso *m.*, revés *m.* ‖ 名刺の裏 reverso *m.* de la tarjeta de visita ／ 足の裏 planta *f.* del pie ／ 帽子の裏 (内側) parte *f.* interior de un sombrero ／ 小切手の裏に署名する firmar en el dorso del cheque ／ 表か裏か（コイン投げで）¿Cara o cruz?
❷ (背後) ‖ 裏の de atrás, (後ろの) trase*ro*[*ra*] ／ 裏の公園 parque *m.* de atrás ／ 家の裏に detrás de la casa ／ 店の裏から入る entrar por detrás de la tienda
❸ (隠れた部分) ‖ 作品の裏を探る buscar el sentido oculto de una obra ／ 映画界の裏に通じる conocer los entresijos del mundo del cine ／ この話には何か裏がある《慣用》Hay gato encerrado en este asunto.
▶ 裏で (陰で) por detrás, a espaldas《de》, 《慣用》entre bastidores, (こっそりと) encubiertamente
❹ (野球の) ‖ 九回の裏に《野球》en la parte baja de la novena entrada
❺ ≪慣用表現≫
[慣用] 裏で糸を引く ‖ 裏で糸を引いている manipular entre bastidores, extender *su* influencia encubiertamente, mover los hilos
[慣用] 裏には裏がある Las cosas no son tan sencillas como parecen.
[慣用] 裏の裏まで ‖ 裏の裏まで知っている《慣用》conocer el paño, 《慣用》estar de vuelta de todo
[慣用] 裏の裏を行く engañar a quien engaña
[慣用] 裏へ回る ‖ 裏へ回って上司の悪口を言う hablar mal del jefe entre bastidores
[慣用] 裏を返す invertir el punto de vista ‖ 裏を返せば desde el punto de vista inverso
[慣用] 裏をかく ‖ 警察の監視の裏をかく burlar el control policial
[慣用] 裏を取る buscar pruebas para corroborar

うらうち 裏打ち
▶ 裏打ちする (裏地をつける) forrar, (裏付ける) corroborar

うらおもて 裏表　el anverso y el reverso ‖ 裏表のある人 persona *f.* con dos caras ／ 物事には裏表がある No hay anverso sin reverso.

うらがえし 裏返し
▶ 裏返しに al revés ‖ セーターを裏返しに着る ponerse el jersey al revés

うらがえす 裏返す　dar la vuelta《a》,「poner [volver] ALGO al revés ‖ 雑誌を裏返す darle la vuelta a la revista

うらがき 裏書き　endoso *m.*
▶ 裏書きする ‖ 手形を裏書きする endosar una letra
◪ 被裏書人 endosata*rio*[*ria*] *mf.*
◪ 裏書人 endosante *com.*

うらかた 裏方　(舞台の) tramoyista *com.*, (小道具係) utile*ro*[*ra*] *mf.* ‖ 裏方として働く (陰で働く) trabajar entre「bastidores [bambalinas]

うらがね 裏金　(隠し金) fondo *m.*「secreto [de reptiles], (賄賂) soborno *m.*

うらがわ 裏側　reverso *m.*, dorso *m.*, revés *m.*
▶ 裏側に al dorso

うらぎり 裏切り　traición *f.*, 《慣用》puñalada *f.* trapera
◪ 裏切り者 trai*dor*[*dora*] *mf.*

うらぎる 裏切る　traicionar, hacer traición《a》, (期待を) defraudar, decepcionar ‖ 祖国を裏切る traicionar a *su* patria ／ 同胞を裏切る traicionar a *sus* compatriotas

うらぐち 裏口　puerta *f.*「trasera [de servicio] ‖ 裏口から出る salir por la puerta trasera
◪ 裏口入学 ‖ 大学に裏口入学する ingresar en la universidad con sobornos

うらこうざ 裏口座　cuenta *f.* secreta

うらこうさく 裏工作　trapicheo *m.*, componenda *f.*, maniobra *f.* oculta
▶ 裏工作をする trapichear

うらごえ 裏声　falsete *m.* ‖ 裏声で歌う cantar en falsete

うらごし 裏漉
▶ 裏ごしする colar ‖ ゆでたジャガイモを裏ごしする pasar por el「pasapurés [chino] la patata cocida
◪ 裏ごし器 pasapurés *m.*[=*pl.*], (円錐形の) chino *m.*

うらさびしい うら寂しい　solita*rio*[*ria*], triste ‖ うら寂しい場所 lugar *m.* solitario

うらじ 裏地　《服飾》forro *m.* ‖ 裏地をつける

forrar

うらづけ 裏付け （証拠）prueba *f.*, （保証）garantía *f.*, （確証）corroboración *f.*, confirmación *f.*
　◪ 裏付け捜査「investigación *f.* [pesquisas *fpl.*] para corroborar

うらづける 裏付ける corroborar, confirmar, （証明する）probar, demostrar ‖ 犯行を裏付ける corroborar el delito ／ うわさを裏付ける confirmar el rumor ／ 事実で裏付ける corroborar ALGO con hechos ／ 盗難に遭ったことを裏付ける demostrar que fue víctima de un robo

うらて 裏手 ‖ 建物の裏手に detrás del edificio

うらどおり 裏通り （わきの）calle *f.* lateral, （狭い）calleja *f.*

うらとりひき 裏取引 trato *m.* secreto, trapicheo *m.*
　▶ 裏取引する hacer un trato secreto《con》, trapichear

うらない 占い adivinación *f.*, （星占い）astrología *f.*, horóscopo *m.*, （手相）quiromancia *f.*, buenaventura *f.*, （カード）cartomancia *f.*
　◪ 占い師 adivina*dor*[*dora*] *mf.*, （手相の占い師）quiromántic*o*[*ca*] *mf.*

うらなう 占う adivinar, （予測する）pronosticar, prever ‖ カードで運勢を占う adivinar la suerte con cartas ／ 将来を占う adivinar el futuro ／ 天気を占う pronosticar el tiempo ／ 試合の勝敗を占う「pronosticar [adivinar] el resultado de un partido

ウラニウム ⇒ ウラン

うらにわ 裏庭 「patio *m.* [jardín *m.*] trasero, （中南米）traspatio *m.*

うらばなし 裏話 historia *f.* no contada, （非公式の）historia *f.* oficiosa, （逸話）anécdota *f.*

うらはら 裏腹 ‖ 彼女はいつも心とは裏腹のことを言う Ella siempre dice lo contrario de lo que piensa. ／ 君は言うこととすることが裏腹だ Lo que dices contradice lo que haces. ¦ Hay una contradicción entre lo que dices y lo que haces.

うらばんぐみ 裏番組 programa *m.* (emitido) en el mismo horario en otro canal

うらぶれる caer en la miseria, decaer
　▶ うらぶれた miserable, decaí*do*[*da*], hech*o*[*cha*] una ruina

うらみ 恨み／怨み rencor *m.*, resentimiento *m.* ‖ 長年の恨み「rencor *m.* [resentimiento *m.*] de (muchos) años ／ 恨みに思う sentir rencor《contra》／ 恨みを買う「causar [provocar, suscitar] rencor ／ 恨みをもつ／恨みを抱く「guardar [albergar, abrigar] rencor《a》／ 恨みを晴らす descargar el「rencor [resentimiento] ／ 食べ物の恨みは恐ろしい El rencor que generan los conflictos relacionados con la comida no se olvida fácilmente. ／ 恨みにかられて行動する actuar con resentimiento
　(慣用) 恨み骨髄に徹する sentir un profundo rencor《hacia》
　◪ 恨みつらみ rencor *m.* y resentimiento *m.*

うらみごと 恨み言 palabras *fpl.* de rencor ‖ 恨み言を言う（不平を言う）quejarse

うらみち 裏道 camino *m.* secundario, （近道）atajo *m.*

うらむ 恨む／怨む （人を）guardar rencor《a》, sentir resentimiento《contra》‖ 人を恨んじゃいけないよ No guardes rencor al prójimo.

うらめ 裏目
　(慣用) 裏目に出る salir al revés《a》,《慣用》salir el tiro por la culata《a》‖ 私の計画は裏目に出た Mi plan me salió al revés. ¦ Me salió el tiro por la culata con mi plan.

うらめしい 恨めしい／怨めしい （憎らしい）detestable, （情けない）deplorable, lamentable ‖ 恨めしそうな目で con ojos de reproche

うらやま 裏山 monte *m.* de atrás

うらやましい 羨ましい envidiable ‖（君は）うらやましいご身分だね ¡Qué buena vida llevas! ／ うらやましいなあ ¡Qué envidia! ／ 君の財産がうらやましい Envidio tu fortuna. ¦ Tu fortuna me da envidia. ／ うらやましそうな目で con ojos de envidia
　▶ うらやましがる ⇒ うらやむ(羨む)

うらやむ 羨む envidiar, tener envidia《de》, sentir envidia《por》, （嫉妬する）tener celos《de》

うららか 麗らか
　▶ うららかな agradable, apacible ‖ うららかな春の日 día *m.* primaveral con cielo despejado y temperatura agradable

ウラン 《化学》uranio *m.*《記号 U》
　◪ 濃縮ウラン uranio *m.* enriquecido
　◪ 劣化ウラン弾 munición *f.* de uranio empobrecido

うり 瓜 melón *m.*
　(慣用) 瓜二つである《慣用》parecerse como「dos gotas de agua [un huevo a otro],《慣用》（誰かと）ser「la viva estampa [el vivo retrato]《de》‖ ファンと弟は瓜二つだ Juan y su hermano se parecen como dos gotas de agua. ／ ホセは父親に瓜二つだ José es el vivo retrato de su padre.

うり 売り venta *f.* ‖ 売りに出す poner ALGO en venta, sacar ALGO a la venta ／ 売りに出ている estar en venta

うりあげ 売り上げ venta *f.* ‖ 先月より売り上げが伸びた Las ventas han aumentado respecto al mes pasado. ／ 10 パーセント売り上げが落ちた Las ventas「cayeron [dismi-

nuyeron] en un 10% (diez por ciento). ／売り上げが低調だ Las ventas「van mal [no van bien].
◪売上原価 coste *m.* de ventas
◪売上情報「información *f.* [datos *mpl.*] de las ventas
◪売上台帳 libro *m.* de ventas
◪売上高 importe *m.* de ventas
◪売上伝票 albarán *m.* de venta

うりあるく 売り歩く　andar vendiendo, （訪問販売）vender「de puerta en puerta [a domicilio]
うりいえ 売り家　casa *f.*「en [a la] venta
うりおしむ 売り惜しむ　abstenerse de vender, no querer vender
うりかい 売り買い　compraventa *f.* → ばいばい（売買）
うりかけ 売掛　venta *f.* a crédito
◪売掛金 cuenta *f.* por cobrar
うりきる 売り切る　vender todo ‖ 全在庫を売り切る vender todas las existencias
うりきれ 売り切れ　agotamiento *m.* de existencias
▶売り切れの agota*do*[*da*]
うりきれる 売り切れる　agotarse ‖ コンサートのチケットはすぐに売り切れた Las entradas del concierto se agotaron inmediatamente.
うりこ 売り子　vende*dor*[*dora*] *mf.*,（店員）dependien*te*[*ta*] *mf.*
うりことば 売り言葉
[慣用]売り言葉に買い言葉《慣用》contestar con la misma moneda
うりこみ 売り込み　promoción *f.* de ventas,（宣伝キャンペーン）campaña *f.* de ventas ‖ 売り込みをする → うりこむ（売り込む）
うりこむ 売り込む「promover [fomentar, propulsar] la venta《de》‖ 新製品を売り込む promover la venta de un nuevo producto ／ 自分を売り込む venderse a *sí* mis*mo*[*ma*]
うりさばく 売り捌く　vender, despachar ‖ チケットを一手に売りさばく vender en exclusiva las entradas
うりだし 売り出し　puesta *f.* en venta,（バーゲン）rebajas *fpl.*, oferta *f.*, liquidación *f.* ‖ 売り出し中の女優 actriz *f.* que está consiguiendo éxito
うりだす 売り出す　poner ALGO「en [a la] venta, lanzar ALGO al mercado → はつばい（→発売する）‖ オリンピックのチケットはまもなく売り出される Las entradas para los Juegos Olímpicos pronto se pondrán a la venta.
うりちゅうもん 売り注文　orden *f.* de venta ‖ 売り注文が殺到した Se produjo una avalancha de órdenes de venta.
うりつくす 売り尽くす　vender todas las existencias

▶売り尽くし‖売り尽くしセール oferta *f.* hasta agotar las existencias
うりつける 売りつける　（強引に）obligar a ALGUIEN a comprar,（巧みに）《慣用》meter ALGO por los ojos a ALGUIEN
うりて 売り手　vende*dor*[*dora*] *mf.*
◪売り手市場 mercado *m.* de vendedores
うりとばす 売り飛ばす　（安く）vender ALGO bara*to*,（売り払う）liquidar,（処分する）deshacerse《de》
うりね 売り値　precio *m.* de venta
うりば 売り場　local *m.* de venta,（百貨店の）sección *f.*
◪家具売り場 sección *f.* de muebles
◪切符売り場/チケット売り場 taquilla *f.*
◪売り場面積 superficie *f.* del local de venta
うりはらう 売り払う　vender, liquidar,（処分する）deshacerse《de》
うりもの 売り物　artículo *m.* en venta ‖ これは売り物ではありません Esto no se vende.
うりや 売り家　casa *f.* en venta
うりょう 雨量　precipitaciones *fpl.* pluviales,（降雨量）pluviosidad *f.* → こうう（→降雨量）
◪雨量計 pluviómetro *m.* ‖ 雨量計の pluviomé*trico*[*ca*]
うりわたし 売り渡し　venta *f.*
◪売り渡し価格 precio *m.* de venta
うりわたす 売り渡す　venta *f.*
うる 売る　vender, poner ALGO「en [a la] venta ‖ 不動産を売る vender inmuebles ／ 多国籍企業に会社を売る vender la empresa a una multinacional ／ 靴はどこで売っていますか ¿Dónde venden zapatos? ／ 売店で新聞や雑誌を売っている Se venden periódicos y revistas en los quioscos. ／ 祖国を売る「traicionar a [vender] *su* patria ／ 名を売る adquirir fama, hacerse famo*so*[*sa*] ／ 身を売る prostituirse ／ 安く売る vender ALGO bara*to* ／ 定価で売る vender ALGO a precio fijo ／ 特別価格で売る vender ALGO en oferta
うるうどし 閏年　año *m.* bisiesto ‖ 今年はうるう年だ Este año es bisiesto.
うるおい 潤い　潤いのある肌 piel *f.* hidratada ／ 潤いのある生活を送る llevar una vida holgada ／ クリームで肌に潤いを与える hidratar la piel con una crema
うるおう 潤う　hidratarse,（湿る）humedecerse,（恩恵を受ける）beneficiarse ‖ 保湿クリームで肌が潤う La piel se hidrata con una crema hidratante. ／ 観光で潤う（地域が）beneficiarse con el turismo
うるおす 潤す　（水分を与える）hidratar,（湿らせる）humedecer,（恩恵を与える）beneficiar ‖ 渇きを潤す「calmar [apagar] la sed ／ 田畑を潤す雨 lluvia *f.* que riega los campos

／家計を潤す favorecer [beneficiar] la economía familiar

ウルグアイ Uruguay
▶**ウルグアイの** uruguayo[ya]
▣**ウルグアイ人** uruguayo[ya] mf.

うるさい 煩い （騒がしい）ruidoso[sa], （煩わしい）molesto[ta], （しつこい）pesado[da], （要求の多い）exigente, （ロうるさい）regañón[ñona] ‖ うるさい通り calle f. ruidosa ／ この掃除機は物凄くうるさい Esta aspiradora hace un ruido tremendo. ／ この通りは車の音がとてもうるさい Hay mucho ruido de coches en esta calle. ／ ハエの音がうるさい Me molesta el zumbido de las moscas. ／ 君は何てうるさいんだ ¡Qué pesado[da] eres! ／ 時間にうるさい（誰かが）exigir puntualidad ／ スペイン文学にうるさい ser un [una] buen[buena] conocedor[dora] de la literatura española ／ ワインに少しうるさい ser un poco quisquilloso[sa] con los vinos ／ うちの上司は些細なことにうるさい Nuestro jefe nos molesta con nimiedades. ／ うるさい、黙りなさい ¡Cállate ya!
▶**うるさく**（しつこく）insistentemente, con insistencia ‖ うるさくせがむ pedir [insistentemente [machaconamente]

うるさがる 煩がる sentirse molesto[ta]
▶**うるさがらせる** fastidiar, molestar, importunar

うるし 漆 （木）árbol de la laca, zumaque m., （樹液）savia f. extraída del árbol de la laca

うるち 粳 arroz m. no glutinoso

うるむ 潤む humedecerse ‖ 手紙を読んで、彼女の目がうるんだ Al leer la carta, a ella se le empañaron los ojos de lágrimas.
▶**うるんだ** humedecido[da] ‖ うるんだ声で con voz llorosa

うるわしい 麗しい hermoso[sa], bello[lla] ‖ 見目うるわしい女性 mujer f. de facciones [bellas [hermosas]

うれい 憂い/愁い （不安）inquietud f., （心配）preocupación f., （悲しみ）tristeza f., （憂愁）melancolía f., （恐れ）temor m. ‖ 憂い顔で con cara [triste [melancólica] ／ 愁いに沈む [hundirse [sumirse] en la melancolía

うれえる 憂える/愁える （心配する）preocuparse 《por》, sentir inquietud 《por》‖ 国の将来を憂える preocuparse por el futuro del país

うれしい 嬉しい （喜ぶ）alegrarse《de》, （満足である）estar contento[ta]《de, con》, estar feliz《con, de, por》‖ うれしいなあ ¡Qué alegría! ／ うれしい ¡Qué alegría! ／ お目にかかれてうれしいです Me alegro mucho de verle. ¦ （初対面）Encantado[da] de conocerle. ／ あなたの親切がうれしい Le estoy agradecido[da] por sus atenciones. ／ うれしいニュースがあるよ Tengo una buena noticia. ／ 君が私に会いに来てくれてとてもうれしい Me alegro mucho de que hayas venido a verme. ／ 君たちと勝利の瞬間を分ち合うことができてうれしい Me alegra compartir el momento de la victoria con vosotros. ／ 涙が出るほどうれしい/うれし涙を流す llorar de alegría ／ うれしくもなんともない Esto no me agrada para nada. ／ うれしいことを言ってくれるね Me agradan tus palabras. ／ うれしくて飛び跳ねる saltar de alegría, [dar [pegar] brincos de alegría
▶**うれしいことに**（幸運にも）felizmente, afortunadamente
慣用 うれしい悲鳴をあげる [dar [lanzar] un grito de alegría

うれしがらせる 嬉しがらせる alegrar, agradar, complacer, halagar

うれしがる 嬉しがる alegrarse《de, con, por》, mostrarse contento[ta], manifestar su alegría

うれしさ 嬉しさ alegría f., júbilo m. ⇒ よろこび（喜び）

うれしなき 嬉し泣き
▶**嬉し泣きする** llorar de alegría

うれしなみだ 嬉し涙 ‖ 嬉し涙を流す llorar de alegría

ウレタン uretano m.
▣**ウレタン樹脂** poliuretano m.
▣**ウレタンフォーム** espuma f. de poliuretano

うれっこ 売れっ子 （人気のある）persona f. popular, （スター）estrella f. ‖ 売れっ子の歌手 cantante com. [de moda [popular]

うれのこり 売れ残り
▶**売れ残りの** no vendido[da] ‖ 売れ残りの商品 artículo m. no vendido

うれのこる 売れ残る quedarse sin vender

うれゆき 売れ行き venta f., demanda f., salida f. ‖ 売れ行きがよい vendense [mucho [bien], tener mucha salida

うれる 売れる venderse ‖ よく売れる商品 artículo m. que [se vende bien [tiene buena salida] ／ このパソコンはよく売れています Este ordenador se vende mucho.

うれる 熟れる madurar ⇒ じゅくす（熟す）‖ よく熟れたトマト tomate m. bien maduro

うろうろ
▶**うろうろする** ⇒ うろつく

うろおぼえ うろ覚え recuerdo m. [vago [impreciso] ‖ うろ覚えである recordar vagamente ALGO

うろこ 鱗 escama f. ‖ 魚のうろこを取る [escamar [descamar, quitar las escamas de] un pescado

うろたえる desconcertarse, alterarse, perder la calma, ponerse nervioso[sa]

うろちょろ
▶うろちょろする ir de acá para allá
うろつく vagar《por》,（ぶらつく）callejear, corretear ‖ 通りをうろつく vagar por las calles, callejear
うわがき 上書き sobrescrito *m*.
▶上書きする sobrescribir
◪上書き保存 ‖ ファイルを上書き保存する guardar el archivo con el mismo nombre
うわき 浮気 infidelidad *f*.
▶浮気する engañar a *su* pareja,《慣用》poner los cuernos《a》
▶浮気している tener amante ‖ 彼の妻は別の男と浮気している Su esposa lo engaña con otro hombre.
▶浮気な infiel,（移り気な）inconstante,《格式語》veleido*so*[*sa*] ‖ 浮気な夫 marido *m*. infiel
◪浮気者（移り気な人）persona *f*. inconstante
うわぎ 上着 （ジャケット）chaqueta *f*.,（男性用）americana *f*.,《中南米》saco *m*. ‖ 上着を着る ponerse una chaqueta
うわぐすり 釉薬 barniz *m*., esmalte *m*.,（陶器の）vidriado *m*. ‖ うわぐすりをかける barnizar, esmaltar, vidriar
うわくちびる 上唇 labio *m*.「superior [de arriba]
うわごと うわ言 delirio *m*. ‖ うわごとを言う delirar
うわさ 噂 rumor *m*.,（陰口）chisme *m*. ‖ 根も葉もない噂 rumor *m*.「sin (ningún) fundamento [infundado] ／噂が立つ surgir *un rumor* ／噂の人物 persona *f*. de la que se habla, personalidad *f*. polémica ／すぐに噂が広まった El rumor「cundió [se extendió] enseguida. ／噂にのぼる／噂の的になる ser objeto de rumores [murmuraciones, habladurías] ／皆の噂になる《話》《慣用》andar en「boca [lenguas] de todos ／会社では彼女の噂でもちきりだ En la oficina no hablan más que de ella. ／お噂はかねがね伺っております He oído hablar mucho de usted. ／噂を流す hacer correr un rumor, dejar caer un rumor ／噂を否定する desmentir un rumor ／噂を耳にする／噂を聞く escuchar un rumor
▶噂する chismorrear
▶〜という噂が流れる「Circula [Corre] el rumor de que『+直説法』. ¦ Corre la voz de que『+直説法』. ‖ 首相(男性)が今日辞任するという噂が流れている Corre el rumor de que el primer ministro va a presentar hoy su dimisión.
▶〜という噂だ Se rumorea que『+直説法』. ¦ Dicen por ahí que『+直説法』.
《慣用》人の噂も七十五日 Los rumores jamás duran mucho tiempo.

《慣用》噂をすれば影《慣用》Hablando del rey de Roma, por la puerta asoma.
◪噂話（陰口）chisme *m*., habladurías *fpl*.,《話》cotilleo *m*. ‖ 噂話をする hablar《de》,（陰口を）chismorrear, murmurar,《話》cotillear
うわすべり 上滑り ‖ 上滑りな知識 conocimientos *mpl*. superficiales
うわずみ 上澄み parte *f*. clara del líquido ‖ 上澄みをとる decantar
うわずる 上擦る ‖ うわずった声で答える responder con voz nerviosa y excitada
うわつく 浮つく
▶浮ついた frívo*lo*[*la*] ‖ 浮ついた態度 actitud *f*. frívola
うわっつら 上っ面 superficie *f*., apariencia *f*. ⇒うわべ(上辺)
うわて 上手 ❶（相撲）llave *f*. exterior
❷（すぐれていること）‖ 上手である ser superior《a》, superar《a》
うわぬり 上塗り ‖ ペンキの上塗りをする「dar [aplicar] la última capa de pintura《a》
うわのせ 上乗せ
▶上乗せする añadir ‖ 価格に手数料を上乗せする「añadir [agregar, sumar] la comisión al precio
うわのそら 上の空 ‖ 上の空でいる estar distraí*do*[*da*],《慣用》estar en「la Luna [las nubes],《慣用》pensar en las「musarañas [Batuecas]
うわばき 上履き zapatillas *fpl*., pantuflas *fpl*.
うわべ 上辺 apariencia *f*., superficie *f*. ‖ うわべは aparentemente, en apariencia, por fuera ／うわべをつくろう《慣用》「guardar [cubrir] las apariencias
▶うわべの aparente, superficial
うわまわる 上回る superar《a》, exceder《a》, sobrepasar, rebasar ‖ 先月の売上は当初の予想を上回った Las ventas del mes pasado「sobrepasaron [rebasaron] las previsiones iniciales. ／昨日、原油価格が1バレル当たり110ドルをわずかに上回った El barril de crudo cotizó ayer ligeramente por encima de los 110 dólares. ／昨年の自殺者数が3万人を上回った Más de treinta mil personas se suicidaron el año pasado.
うわむき 上向き ‖ 上向きに横になる tumbarse bocarriba ／景気は上向きである La situación económica está mejorando.
うわむく 上向く （良くなる）mejorar(se)
うわめづかい 上目遣い ‖ 先生(男性)は上目遣いに私を見た El profesor me miró「alzando [levantando] la vista.
うわやく 上役 je*fe*[*fa*] *mf*., superior *m*.
うん （返事）sí ‖ うんともすんとも言わない《慣用》no decir ni「mu [pío]
うん 運 suerte *f*., fortuna *f*.,（運命）destino

m. ‖ 運のある人 persona *f.* con suerte ／ 運のない人 persona *f.* sin suerte ／ 運の分かれ目 encrucijada *f.* del destino ／ 運がよい tener suerte ／ 君は運がいいね ¡Qué suerte tienes! ／ 運がよければ、明日家に居られるだろう Si tengo suerte, podré estar en casa mañana. ／ 運が悪い tener mala suerte ／ 運が強い tener una suerte loca ／ 運が私に味方している La suerte está de mi lado. ／ 私に運が向く/私に運が開ける La suerte me 「sonríe [favorece]. ／ 私は運に見放された La suerte me abandonó. ／ 運を試す probar suerte ／ 運を味方にして con la suerte a favor ／ 運を味方につける tener la suerte de *su* lado

▶運よく afortunadamente, por suerte ‖ 運よく終電に乗ることができた「Afortunadamente [Por suerte] pude coger el último tren. ／ 会社が倒産寸前のときに、運よく私に新しい仕事が見つかった Tuve la suerte de conseguir un nuevo empleo cuando la empresa estaba al borde de la quiebra.

▶運悪く desafortunadamente, por desgracia

[慣用]運の尽き ‖ それが運の尽きだった Eso fue el fin de la (buena) suerte.

[慣用]運を天に任せる dejar la suerte en manos de Dios

[諺]勝負は時の運 Ganar o perder es cuestión de suerte.

◪運不運 ‖ 運不運を信じる creer en la suerte

うんえい 運営 administración *f.*, gestión *f.* ‖ 会の運営「administración *f.* [gestión *f.*] de una asociación

▶運営する administrar, gestionar, (指揮する) dirigir ‖ 学生寮を運営する gestionar una residencia de estudiantes ／ 自分のホームページを運営する mantener *su* página web ／ 文化祭を運営する organizar una fiesta cultural

◪運営委員会 comité *m.* de 「administración [gestión] ‖ 議院運営委員会 (国会の) Comité *m.* de Administración de la Cámara

◪運営資金 fondos *mpl.* de administración

◪運営方針 política *f.* de administración

うんが 運河 canal *m.*

◪スエズ運河 canal *m.* de Suez

◪パナマ運河 canal *m.* de Panamá

うんきゅう 運休 「suspensión *f.* [cancelación *f.*] del servicio

▶運休する 「suspender [cancelar] el servicio ‖ 東京 - 仙台間の列車を運休する suspender los servicios de tren entre Tokio y Sendai

うんこ 《幼児語》caca *f.* ‖ うんこをする hacer caca

うんこう 運行 (電車などの) servicio *m.*, (天体の) movimiento *m.*

▶運行する「efectuar [realizar] el servicio ‖ 東北新幹線は東京と新青森間を運行している El tren bala de Tohoku 「realiza [cubre] el trayecto entre Tokio y Shin-Aomori.

◪運行速度 velocidad *f.* en servicio

うんこう 運航 servicio *m.*, (飛行機の便) vuelo *m.*

▶運航する「efectuar [realizar] el servicio ‖ その島までフェリーが毎日運航している Hay servicios diarios de *ferry* hasta esa isla. ／ この航空会社は東京 - 札幌間を運航している Esta aerolínea ofrece vuelos entre Tokio y Sapporo.

うんざり ‖ 君の言い訳にはうんざりだ Estoy hart*o*[*ta*] de tus excusas.

▶うんざりさせる fastidiar

▶うんざりしている estar hart*o*[*ta*] 《de》, 《話》《慣用》estar hasta las narices 《de》

うんせい 運勢 destino *m.* ‖ 運勢を占う echar la buenaventura a ALGUIEN

うんそう 運送 transporte *m.*

▶運送する transportar

◪運送会社「empresa *f.* [compañía *f.*] de transportes

◪運送業 sector *m.* de transporte ‖ 運送業者 transportista *com.*

◪運送費 gastos *mpl.* de transporte, (船の) flete *m.*

うんだめし 運試し

▶運試しに para probar suerte

うんち ⇒うんこ

うんちく 蘊蓄 erudición *f.*, sabiduría *f.*, conocimiento *m.* amplio y profundo ‖ うんちくの深さを見せる「hacer gala de [mostrar] *su* profunda erudición ／ うんちくのある sa*bio*[*bia*]

[慣用]うんちくを傾ける desplegar toda *su* erudición

うんちん 運賃 (電車・バスの) tarifa *f.*, (飛行機・船の) pasaje *m.*, (送料) gastos *mpl.* de envío ‖ 運賃を払う pagar la tarifa, (電車の) pagar el tren, (飛行機の) pagar el pasaje ／ 運賃を上げる 「subir [aumentar] la tarifa ／ 空港までの運賃はいくらですか ¿Cuánto cuesta hasta el aeropuerto?

◪運賃改定 reajuste *m.* 「tarifario [de tarifas]

◪運賃精算機 máquina *f.* de ajuste tarifario

うんでい 雲泥

[慣用]雲泥の差 diferencia *f.* abismal ‖ A と B の間には雲泥の差がある Hay una diferencia abismal entre A y B.

うんてん 運転 (車などの) conducción *f.*, (機械の) manejo *m.*, operación *f.* ‖ 運転がうまい conducir bien ／ 運転がへただ conducir mal

▶運転する (車を) conducir, 《中南米》manejar, (機械を) manejar

■運転士（列車の）maquinista *com.*
■運転資金 fondos *mpl.* de operación
■運転手 conduc*tor*[*tora*] *mf.*, chófer *com.*, (機械の) opera*dor*[*dora*] *mf.*
■運転席 asiento *m.* del conductor, (列車の) asiento *m.* del maquinista
■運転台 (列車の) cabina *f.* del maquinista
■運転免許証 permiso *m.* de conducción, 「carné *m.* [licencia *f.*] de conducir

うんと mucho ⇒たくさん(沢山)

うんどう 運動 ❶(身体の) ejercicio *m.*, (スポーツ) deporte *m.*, (体操) gimnasia *f.*‖少し運動をする hacer un poco de ejercicio ／30分以上歩くのはいい運動になる Caminar más de media hora es un buen ejercicio.
▶運動する hacer ejercicio, (スポーツを)「hacer [practicar] deporte
■運動会 fiesta *f.* deportiva
■運動着 ropa *f.*「deportiva [de deporte], prenda *f.* deportiva
■運動競技 competición *f.* deportiva, juego *m.* deportivo
■運動靴「zapatillas *fpl.* [zapatos *mpl.*] de deporte
■運動場 campo *m.*「deportivo [de deportes]
■運動神経 nervios *mpl.* motores, 《解剖》 motoneurona *f.*‖運動神経が発達している tener un gran talento deportivo, (反射神経がいい) tener buenos reflejos
■運動選手 atleta *com.*, deportista *com.*
■運動部 club *m.* de deportes
■運動不足 falta *f.* de ejercicio
■運動用具 equipos *mpl.* de deportes
❷(物体の) movimiento *m.*‖ふりこの運動「movimiento *m.* [oscilación *f.*] del péndulo
■運動エネルギー energía *f.* cinética
■運動量 cantidad *f.* de movimiento
❸(政治的・社会的) campaña *f.*, movimiento *m.*‖運動をもり上げる alentar「una campaña [un movimiento] ／ 運動を起こす iniciar una campaña
■学生運動‖学生運動を組織する organizar un movimiento estudiantil

■運動員‖選挙の運動員 activista *com.* de la campaña electoral

うんぬん 云云 (など) etcétera, y tal, y así sucesivamente
▶うんぬんする decir que si tal que si cual
うんぱん 運搬 transporte *m.*
▶運搬する transportar, llevar
■運搬車 vehículo *m.* de transporte, (トラック) camión *m.*

うんめい 運命 suerte *f.*, destino *m.*, sino *m.*, (宿命)《格式語》hado *m.*‖劇的な運命が私たちを待っていた Un destino dramático nos esperaba. ／自分の運命と戦う luchar contra *su* suerte ／このプロジェクトは失敗する運命にあった Este proyecto estaba「predestinado [destinado] al fracaso. ／自分の運命に甘んじる「conformarse con [resignarse a] *su* suerte ／私たちの運命にもてあそばれている El destino juega con nosotros. ／運命に身を委ねる abandonarse a *su* destino ／運命をたどる seguir *su* destino ／運命を共にする compartir el mismo destino, correr la misma suerte ／自分の運命を呪う maldecir *su* suerte ／運命づける influir definitivamente en la vida de ALGUIEN ／運命のいたずらで por un capricho del destino
▶運命的な (宿命) fatal, (運命づけられた) predestina*do*[*da*]
■運命共同体 comunidad *f.* de destino
■運命線 (手相の) línea *f.* de suerte
■運命論《哲学》fatalismo *m.*
■運命論者 fatalista *com.*

うんも 雲母 mica *f.*
うんゆ 運輸 transporte *m.*
■運輸会社 ⇒うんそう(⇒運送会社)
■運輸業 ⇒うんそう(⇒運送業)
■運輸省 Ministerio *m.* de Transportes
うんよう 運用‖資金の運用「manejo *m.* [gestión *f.*] de fondos
▶運用する emplear, utilizar, (適用) aplicar‖法律を運用する aplicar la ley ／ 資金を運用する「manejar [gestionar] los fondos
■運用利回り rendimiento *m.* de operación

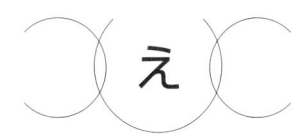

え

え 柄 mango *m.*, (カップ・籠など) asa *f.*
え 絵 (絵画) cuadro *m.*, (色彩画) pintura *f.*, (線画) dibujo *m.*, (挿絵) ilustración *f.*‖ピカソの絵 pintura *f.* de Picasso ／ テレビの絵 (画像) imagen *f.* de televisión ／ 絵を描く (色彩画) pintar, (線画) dibujar ／ 絵を掛ける colgar un cuadro ／ 子供たちが遊んでいる様子を絵に描く「pintar [dibujar] a los niños que están jugando ／ ゴヤの絵はどこですか ¿Dónde están los cuadros de Goya? ／ あの絵は誰の絵ですか ¿De quién es ese cuadro?

エアコン

▶絵の pictórico[ca] ‖ 絵の才能 talento m. pictórico
〔慣用〕絵にかいた餅 《慣用》castillos mpl. en el aire
〔慣用〕絵に描いたよう pintoresco[ca] ‖ 絵に描いたような風景 paisaje m. pintoresco / マリアとフアンは幸せを絵に描いたようだ María y Juan son la viva imagen de la felicidad.
〔慣用〕絵になる ‖ 彼女の着物姿は絵になる Esa chica vestida de quimono está para hacerle una foto.

エアコン aire m. acondicionado, acondicionador m. de aire ‖ エアコン付きの部屋 habitación f. con aire acondicionado [climatizada] / エアコンを取り付ける instalar aire acondicionado / エアコンを入れる[消す]［encender [apagar] el aire acondicionado / エアコンが壊れた Se estropeó el aparato de aire acondicionado. / エアコンが効いている Está climatizado. ¦ Está puesto el aire (acondicionado).

エアソフトガン arma f. de *airsoft*
エアターミナル terminal f. de aeropuerto
エアバス 《商標》*airbus* m., aerobús m.
エアバッグ bolsa f. de aire, 《英語》airbag m.
エアポート aeropuerto m.
エアポケット bache m. de aire
エアメール correo m. aéreo
エアリアル 《スキー》aerial m.
エアロビクス aeróbic m.

えい 鱏 raya f.
えいい 鋭意 《副詞句》con gran empeño
えいえん 永遠 eternidad f., perpetuidad f.
▶永遠の eterno[na], perpetuo[tua], inmortal ‖ 永遠の真理 verdad f. eterna / 永遠の謎 enigma m. eterno / 永遠の眠り descanso m. eterno / 永遠のスター estrella f. inmortal
▶永遠に eternamente, perpetuamente, para siempre ‖ 永遠に続く [durar [continuar, seguir] para siempre / 永遠に残る quedarse [para siempre [eternamente, perpetuamente]

えいが 映画 （作品）película f., film m., （ジャンル）cine m. ‖ 映画を見る ver una película / 映画を上映する poner una película / 映画を撮影する「rodar [filmar] una película / 映画を作る hacer [crear, producir] una película / 映画に行く ir al cine / 映画に出る salir en una película / 映画は7時に始まって9時に終わります La película empieza a las siete y termina a las nueve. / 映画のチケット entrada f. de cine / 映画の封切り estreno m. de una película
▶映画の cinematográfico[ca]
▶映画化 adaptación f. cinematográfica ‖ 小説を映画化する adaptar una novela al cine
◪映画音楽 música f. cinematográfica
◪映画会社 productora f. de cine [cinematográfica]
◪映画界 cine m., mundo m. del cine
◪映画館 cine m.
◪映画祭 festival m. de cine
◪映画産業 industria f. cinematográfica
◪映画スター estrella f. de cine
◪映画制作 producción f. cinematográfica
◪映画俳優 actor[triz] mf. de cine, artista com. de cine
◪映画評論家 crítico[ca] mf. de cine
◪映画ファン aficionado[da] mf. al cine
◪映画マニア fanático[ca] mf. del cine

■■■ 映画に行く ■■■
‖ **よく使う会話表現**
● 映画を見に行きませんか ¿Vamos al cine?
● その映画はどこで見られますか ¿Dónde ponen esa película?
● 大人2枚お願いします Dos de adulto, por favor.
● 次の開演は何時ですか ¿A qué hora empieza la siguiente sesión?
● 前売り券はありますか ¿Hay venta anticipada de entradas?
● この映画はいつまで上映していますか ¿Hasta cuándo ponen esta película?

えいが 栄華 prosperidad f. ‖ 栄華をきわめる estar en el apogeo de *su* gloria
えいかいわ 英会話 conversación f. inglesa
◪英会話学校 academia f. de inglés
えいかく 鋭角 ángulo m. agudo
◪鋭角三角形 triángulo m. acutángulo
えいかん 栄冠 laureles mpl. ‖ 優勝の栄冠にかがやく coronarse con los laureles de la victoria
えいき 英気 energía f. vital ‖ 英気を養う restaurar *su* energía
えいきゅう 永久 eternidad f., perpetuidad f. ⇒ えいえん（永遠）
▶永久の eterno[na], perpetuo[tua] ‖ 永久の平和 paz f. eterna [perpetua]
▶永久(的)に eternamente, perpetuamente, para siempre ‖ 私はこの日を永久に忘れないだろう No me olvidaré de este día para siempre. / この思い出は永久に消えない Este recuerdo nunca se borrará. / 君のことは永久に忘れない Nunca jamás te olvidaré.
◪永久運動 movimiento m. perpetuo
◪永久機関 móvil m. perpetuo
◪永久歯 diente m. permanente
◪永久磁石 imán m. permanente

えいきょう

◨永久不変 inmutabilidad *f.* eterna

えいきょう 影響 influencia *f.* ‖ 良い[悪い]影響 [buena [mala] influencia *f.*, influencia *f.* [positiva [negativa] ／ 大きい影響 [gran [enorme, mucha] influencia *f.* ／ 小さい影響 [poca [pequeña] influencia *f.* ／ 影響を及ぼす／影響をもたらす／影響を与える influir «en», afectar «a», [tener [ejercer] influencia «en, sobre» ／ 関税は物価にかなりの影響を及ぼす Los aranceles afectan bastante a los precios. ／ 影響を受ける recibir influencia ／ その会社の利益は，金融市場の混乱の影響を受けた Los beneficios de esa empresa se vieron afectados por la confusión en el mercado financiero.

▶~の影響で ‖ 彼女は両親の影響で英語に興味を持った Ella tuvo interés en el inglés por influencia de sus padres.

▶影響する influir «en», afectar «a», [ejercer [tener] influencia «en, sobre»

◨影響力 influencia *f.*, poder *m.* ‖ 彼は実業界でなかなか影響力がある Él es muy influyente en el mundo de los negocios. ／ 彼は社内で大きな影響力をもっている Él tiene mucha influencia en la empresa.

えいぎょう 営業 comercio *m.*, actividad *f.* comercial, negocios *mpl.* ‖ 店の営業 negocio *m.* de una tienda ／ 営業中である estar abier*to*[*ta*] ／ 営業を停止する suspender el negocio

▶営業用(の) de uso comercial
▶営業する hacer negocios
◨営業経費 gastos *mpl.* operativos
◨営業時間 horario *m.* comercial, horas *fpl.* de oficina ‖ 銀行の営業時間は何時から何時までですか ¿Qué horario tienen los bancos?
◨営業所 oficina *f.*, sucursal *f.*
◨営業品目 línea *f.* comercial
◨営業部 [departamento *m.* [sección *f.*] de ventas
◨営業部長 [gerente *com.* [je*fe*[*fa*] *mf.*] de ventas
◨営業報告 informe *m.* de ventas
◨営業方針 política *f.* de negocios
◨営業マン agente *com.* comercial, vende*dor*[*dora*] *mf.*

えいご 英語 inglés *m.*, lengua *f.* inglesa ‖ 英語を話す hablar inglés ／ 英語を学ぶ aprender inglés ／ 英語がわかる [saber [entender] inglés ／ 英語で書く escribir en inglés
◨英語会話 conversación *f.* inglesa
◨英語教育 enseñanza *f.* [de la lengua inglesa [del inglés]
◨英語圏 mundo *m.* [anglohablante [de habla inglesa]

えいこう 曳航 remolque *m.*
▶曳航する remolcar

えいこう 栄光 gloria *f.*
▶栄光の glori*oso*[*sa*]

えいこく 英国 (イングランド) Inglaterra, (連合王国) Gran Bretaña
▶英国の in*glés*[*glesa*], británi*co*[*ca*]
◨英国王室 Casa *f.* Real Inglesa
◨英国国教会 Iglesia *f.* de Inglaterra
◨英国放送協会 (BBC) Corporación *f.* Británica de Radiodifusión

えいこせいすい 栄枯盛衰 vicisitudes *fpl.*

えいさい 英才
▶英才 superdota*do*[*da*]
◨英才教育 educación *f.* para superdotados

えいじ 嬰児 recién naci*do*[*da*] *mf.*, neona*to*[*ta*] *mf.*
◨嬰児誘拐 secuestro *m.* de *un*[*una*] recién naci*do*[*da*]

えいじしんぶん 英字新聞 [periódico *m.* [diario *m.*] en inglés

えいしゃ 映写 proyección *f.*
▶映写する proyectar
▶映写機 proyector *m.*
◨映写室 cabina *f.* de proyección

えいじゅう 永住 residencia *f.* permanente
▶永住する [vivir [residir] permanentemente
◨永住権 derecho *m.*[de residencia permanente [a residencia de larga duración]
◨永住者 residente *com.* permanente

エイズ (医学) sida *m.*, SIDA *m.* (síndrome *m.* de inmunodeficiencia adquirida の略) ‖ エイズに感染する contraer el sida ／ エイズを予防する prevenir el sida
◨エイズウイルス virus *m.*[=*pl.*] de la inmunodeficiencia humana (略 VIH)
◨エイズ患者 paciente *com.* [con [de] sida
◨エイズ感染者 porta*dor*[*dora*] *mf.* del VIH
◨エイズ検査 prueba *f.* de detección del VIH
◨エイズ抗体 anticuerpos *mpl.* del sida ‖ エイズ抗体陽性の(人) seropositi*vo*[*va*] (*mf.*)

えいすうじ 英数字 alfabeto *m.* y números *mpl.*

えいせい 衛生 higiene *f.*, sanidad *f.* ‖ 衛生を保つ mantener la higiene
▶衛生の sanita*rio*[*ria*]
▶衛生的な higiéni*co*[*ca*]
▶衛生的に higiénicamente
◨公衆衛生 sanidad *f.* pública
◨衛生兵 enferme*ro*[*ra*] *mf.* militar

えいせい 衛星 satélite *m.*
◨人工衛星 satélite *m.* artificial
◨衛星国 [país *m.* [estado *m.*] satélite
◨衛星写真 imagen *f.* [por satélite [satelital]
◨衛星中継 [transmisión *f.* [retransmisión

f.］vía satélite
- 衛星通信事業 servicios *mpl*. de comunicaciones *pl*. por satélite
- 衛星デジタル放送 transmisión *f*. digital vía satélite
- 衛星テレビ televisión *f*. por satélite
- 衛星都市 ciudad *f*. satélite
- 衛星放送 emisión *f*. vía satélite

えいせいちゅうりつこく 永世中立国 ［estado *m*. [país *m*.] permanentemente neutral

えいぞう 映像 imagen *f*. ‖ 鮮明な映像 imagen *f*. nítida ／ 映像がゆがむ deformarse *la imagen* ／ 映像がぼやけている La imagen ［se ve borrosa [está desenfocada].／ 虹を映像にとらえる captar la imagen de un arco iris

えいぞく 永続
- ▶永続性 perpetuidad *f*., permanencia *f*.
- ▶永続する perdurar, perpetuarse, durar para siempre
- ▶永続的 perpe*tuo*[*tua*], permanente, durad*ero*[*ra*], perdurable
- ▶永続的に permanentemente

えいだん 英断 ［decisión *f*. ［determinante [audaz］‖ 英断を下す tomar una decisión audaz

えいち 英知/叡智 sagacidad *f*., sabiduría *f*. ‖ 英知を持って con ［sagacidad [sabiduría］／ 英知を生かす aplicar la sabiduría ／ 英知を与える otorgar sabiduría ／ 英知を結集する reunir sabiduría
- ▶英知ある sagaz, sa*bio*[*bia*] ‖ 英知ある決断 decisión *f*. sabia

エイチアイブイ HIV VIH *m*. (virus *m*. de la inmunodeficiencia humanaの略)

エイチティーエムエル HTML HTML *m*., lenguaje *m*. de ［marcado [marcas] de hipertexto

えいてん 栄転 promoción *f*., ascenso *m*. en el trabajo
- ▶栄転する promocionarse, ascender en el trabajo, ser promovi*do*[*da*] ‖ 彼は札幌支店の店長に栄転した Lo ascendieron a director de la sucursal de Sapporo.

えいびん 鋭敏
- ▶鋭敏さ agudeza *f*.
- ▶鋭敏な agu*do*[*da*], (感覚が鋭い) sensible ‖ 鋭敏な感覚 percepción *f*. aguda ／ 犬は鋭敏な嗅覚を持っている Los perros tienen un olfato agudo.
- ▶鋭敏に con agudeza, agudamente ‖ 鋭敏に感じ取る ［percibir [sentir] agudamente

えいぶん 英文 inglés *m*., (文章) texto *m*. en inglés ‖ 英文を読む leer inglés
- 英文科 Departamento *m*. de Literatura Inglesa
- 英文学史 historia *f*. de la literatura inglesa
- 英文学者 ［exper*to*[*ta*] *mf*. ［especialista *com*.] en literatura inglesa
- 英文タイプ mecanografía *f*. en inglés

えいへい 衛兵 soldado *com*. de guardia, guardia *com*.

えいべい 英米 Gran Bretaña y Estados Unidos de América
- ▶英米の angloameri*cano*[*na*]
- 英米人 británicos y estadounidenses *mpl*.
- 英米文学 literatura *f*. ［inglesa y americana [angloamericana]

えいみん 永眠 sueño *m*. eterno
- ▶永眠する dormir el sueño eterno

えいやく 英訳 traducción *f*. ［inglesa [al inglés]
- ▶英訳する traducir ALGO al inglés

えいゆう 英雄 héroe *m*., (女性の) heroína *f*.
- ▶英雄的な heroi*co*[*ca*]
- (慣用) 英雄色を好む A los héroes les gustan las mujeres.

えいよ 栄誉 honor *m*., gloria *f*. ‖ 栄誉に輝く coronarse de gloria ／ 栄誉をたたえる cantar las glorias 《de》／ 彼は会議の議長を務める栄誉を担った Él tuvo el honor de presidir la junta.
- ▶栄誉ある glorio*so*[*sa*]

えいよう 栄養 nutrición *f*. ‖ 栄養を与える nutrir ／ 栄養をとる nutrirse ／ 栄養のある nutri*tivo*[*va*], alimenti*cio*[*cia*] ／ 大豆はとても栄養がある La soja tiene mucho alimento.¦ La soja es muy nutritiva.
- ▶栄養の nutricional
- 栄養価 valor *m*. nutritivo ‖ 栄養価が高い tener alto valor nutritivo ／ 栄養価が低い tener ［bajo [escaso] valor nutritivo
- 栄養学 dietética *f*.
- 栄養過多 sobrealimentación *f*.
- 栄養剤 suplemento *m*. alimenticio
- 栄養士 nutricionista *com*.
- 栄養状態 estado *m*. nutricional
- 栄養素 nutriente *m*. ‖ 3大栄養素 tres nutrientes básicos
- 栄養ドリンク bebida *f*. energizante
- 栄養不足 falta *f*. de nutrición
- 栄養不良 mala nutrición *f*. ‖ 栄養不良の子供 ni*ño*[*ña*] *mf*. mal nutri*do*[*da*]

えいり 営利 lucro *m*.
- 非営利団体 organización *f*. ［no lucrativa [sin fines de lucro]
- 営利企業 empresa *f*. lucrativa
- 営利事業 negocio *m*. lucrativo, actividad *f*. lucrativa
- 営利主義 comercialismo *m*., mercantilismo *m*.
- 営利目的 ‖ 営利目的で con fines ［de lucro [lucrativos]

えいり 鋭利

▶鋭利な afilado[da] ‖ 鋭利なナイフ cuchillo m. afilado

えいり 絵入り
▶絵入りの ilustrado[da], con「ilustraciones [dibujos]

えいりん 営林 silvicultura f.
▫営林局 instituto m. de silvicultura
▫営林事業 empresa f. forestal
▫営林署 departamento m. de silvicultura

えいわじてん 英和辞典 diccionario m. inglés-japonés

ええ （肯定・承諾）sí,（驚き）¿qué?,（話のつなぎ）bueno ‖ ちょっと手伝って－ええいいわ ¿Me ayudas? —Sí, vale. ／雨で遠足は中止だ－ええ！それはないよ La excursión se ha suspendido por la lluvia. —¿Qué? Eso no vale. ／明日までに終わらせられますか－ええ、やってみます ¿Lo puede terminar para mañana? —Bueno, lo voy a intentar.

エーエム AM AM f., amplitud f. modulada
▫AM放送 transmisión f.「de radio AM [en amplitud modulada]
▫AM放送局 emisora f. de radio AM
▫AMラジオ radio(difusión) f. AM

エージェンシー agencia f. ‖ エージェンシーを通して交渉する hacer la negociación a través de una agencia

エージェント （店）agencia f.,（人）agente com.

エース （トランプの）as m. ‖ 野球のエース as m. del béisbol

エーディーエイチディー ADHD ⇒ちゅうい(⇒注意欠陥・多動性障害)

ええと a ver, bueno, vamos a ver, pues

エービーシー ABC ABC (a, be, ce と読む),（基本的な事柄）abecé m. ‖ ABC 順に por orden alfabético ／マーケティングのABC を学ぶ aprender el abecé de la mercadotecnia

エーブイ AV
▶AVの audiovisual
▫AV機器 aparato m. audiovisual
▫AV女優 actriz f. porno(gráfica)

エープリルフール día m. de los tontos（4月1日）,（無邪気な嘘をついていい日）día m. de los (santos) inocentes（スペインでは12月28日）

エール grito m. de ánimo ‖ エールを交換する intercambiarse gritos de ánimo ／エールを送る animar

えがお 笑顔 cara f. sonriente, sonrisa f. ‖ あふれんばかりの笑顔 sonrisa f. de oreja a oreja ／彼は妻に笑顔を見せた Mostró una sonrisa a su esposa. ／彼はいつも笑顔を絶やさない Él siempre está sonriente.
▶笑顔で con una sonrisa

えかき 絵描き pintor[tora] mf.

えがく 描く （色で）pintar,（線で）dibujar,（線・軌跡を）trazar,（描写する）describir,（表す）representar,（思い描く）imaginar(se) ‖ 風景を描く pintar un paisaje ／小説に描く novelar, describir ALGO en una novela ／生き生きと描く describir ALGO vivamente

えがたい 得難い difícil de obtener,（貴重な）valioso[sa] ‖ 得難い経験 experiencia f. valiosa

えき 易 adivinación f. ‖ 易を立てる adivinar

えき 益 beneficio m. ‖ 益をもたらす beneficiar ／彼は自分に益になることしかしない Solo hace cosas que le benefician. ／ブログを書いても何の益にもならないよ No sirve para nada escribir un blog.
▶益する beneficiar

えき 液 líquido m. ⇒ えきたい(液体) ‖ 液を分泌する segregar líquido

えき 駅 estación f. ‖ 最寄りの駅 la estación más cercana ／駅に近いホテル hotel m. cercano a la estación ／駅までの道 trayecto m. hasta la estación ／駅に止まる parar en la estación ／急行はこの駅は通過します El rápido no para en esta estación. ／駅までどのくらいかかりますか（時間）¿Cuánto se tarda a la estación?
▫駅員 empleado[da] mf. de estación
▫駅長 jefe[fa] mf. de estación
▫駅ビル edificio m. de la estación

■■■ 駅で ■■■

‖ よく使う会話表現
◉鉄道の駅はどこにありますか ¿Dónde está la estación de ferrocarril?
◉横須賀行きは何番線ですか ¿Cuál es el andén para ir a Yokosuka?
◉切符売り場はどこですか ¿Dónde están las taquillas?
◉精算窓口はどこですか ¿Dónde está la taquilla para pagar la diferencia?
◉博多まで特急の指定席券を1枚お願いします Un asiento reservado de expreso a Hakata, por favor.
◉マドリードまで寝台でお願いします Para Madrid en coche cama, por favor.
◉普通席でけっこうです Clase turista, por favor.
◉窓側［通路側］をお願いします「Ventanilla [pasillo], por favor.
◉料金はいくらですか ¿Cuánto es?
◉駅の改札口で午後3時に待ち合わせましょう Quedamos en la entrada al andén a las tres de la tarde.
◉切符を拝見いたします Su billete, por favor.
◉発車は何時ですか ¿A qué hora sale el

えきか 100

● 8時の発車です Sale a las ocho.
● どこで乗り換えればいいですか ¿Dónde tengo que cambiar de tren?
● 2つ目の停車駅で乗り換えてください Cambie de tren en la segunda estación.

えきか 液化 licuefacción *f.*
▶液化する licuar
◪液化石油ガス gas *m.* licuado de petróleo
◪液化天然ガス gas *m.* natural licuado

エキサイティング
▶エキサイティングな emocionante ‖ エキサイティングな試合 partido *m.* emocionante / 東京はエキサイティングな街です Tokio es una ciudad emocionante.

エキサイト →こうふん（興奮）
▶エキサイトする entusiasmarse, emocionarse

エキシビション 《スポーツ》exhibición *f.*
◪エキシビションゲーム「juego *m.* [partido *m.*] (de) exhibición

えきしゃ 易者 adivino[na] *mf.*, adivinador[dora] *mf.*

えきしょう 液晶 cristal *m.* líquido
◪液晶ディスプレー pantalla *f.* de cristal líquido, pantalla *f.* LCD
◪液晶テレビ televisor *m.* con pantalla de cristal líquido, televisor *m.* (con pantalla) LCD
◪液晶パネル panel *m.* de cristal líquido, panel *m.* LCD

えきじょうか 液状化 licuefacción *f.*
▶液状化する licuarse, sufrir licuefacción
◪液状化現象 fenómeno *m.* de la licuefacción

エキス extracto *m.* ‖ オリーブの葉のエキス extracto *m.* de hojas de olivo

エキストラ 《映画》extra *com.* ‖ 映画のエキストラで通行人になる salir de extra como transeúnte en una película
◪エキストラベッド cama *f.* extra

エキスパート experto[ta] *mf.*, especialista *com.* ‖ 情報工学のエキスパート experto[ta] *mf.* en informática

エキスパンダー 《スポーツ》extensores *mpl.*

エキスポ （万国博覧会） Exposición *f.* Universal

エキセントリック excentricidad *f.*
▶エキセントリックな excéntrico[ca]

エキゾチック exotismo *m.*
▶エキゾチックな exótico[ca]

えきたい 液体 líquido *m.*, (溶液) solución *f.* ‖ 管に液体を満たす llenar de líquido la tubería / 型に液体を流し込む echar el líquido en un molde / 葉を液体に浸す mojar la hoja en líquido / 容器から液体が漏れる Se sale líquido del recipiente.
▶液体の líquido[da]
▶液体になる licuarse
◪液体金属 metal *m.* líquido
◪液体酸素 oxígeno *m.* líquido
◪液体洗剤 detergente *m.* líquido
◪液体窒素 nitrógeno *m.* líquido
◪液体燃料 combustible *m.* líquido

えきでん 駅伝 maratón *m(f).* en relevos

えきびょう 疫病 （伝染病）epidemia *f.* ‖ 疫病にかかる contagiarse de una epidemia

えきべん 駅弁 （説明訳）comida *f.* envasada que se vende en trenes y estaciones ‖ 駅で駅弁を買う comprar comida envasada en la estación

えきり 疫痢 disentería *f.* infantil

エクアドル Ecuador
▶エクアドルの ecuatoriano[na]
◪エクアドル人 ecuatoriano[na] *mf.*

エグゼクティブ （重役）ejecutivo[va] *mf.* ‖ エグゼクティブクラス clase *f.* ejecutiva

えくぼ 靨/笑窪 hoyuelo *m.* ‖ えくぼがある tener hoyuelos en las mejillas / 彼女は笑うとえくぼが出る A ella se le hacen hoyuelos al sonreír.

えぐる 抉る （くりぬく）ahuecar, vaciar, (強い苦痛を与える）arrancar las entrañas ‖ 木の幹をえぐる ahuecar el tronco del árbol / 事件の核心をえぐる sacar a luz la verdad del caso

エクレア palo *m.* de nata, pepito *m.*
◪チョコレートエクレア pepito *m.* de chocolate

えげつない ‖ えげつない人 sinvergüenza *com.*, persona *f.* sin escrúpulos, (話) caradura *com.* / えげつないことをする jugar sucio, hacer una jugada sucia

エコ ecología *f.* ‖ エネルギーの節約とはエコに配慮することだ Ahorrar energía es tener en consideración la ecología.
◪エコカー coche *m.* ecológico
◪エコシステム ecosistema *m.*
◪エコショップ tienda *f.* ecológica
◪エコ対策 medidas *fpl.* ecológicas
◪エコタイプ 《生物》ecotipo *m.*

◪エコツーリズム ecoturismo m., turismo m. ecológico
◪エコテロリスト ecoterrorista com.
◪エコテロリズム ecoterrorismo m.
◪エコ投資 inversión f. ecológica
◪エコバッグ bolsa f. ecológica reutilizable
◪エコパック embalaje m. ecológico
◪エコフレンドリー(な) ecoamigable
◪エコプロダクツ productos mpl. ecológicos
◪エコマーク etiqueta f. ecológica

エゴ ego m. ‖ 彼はエゴのかたまりだ Él es un egoísta total.
▶**エゴイスト** egoísta com., egocéntrico[ca] mf.
▶**エゴイズム** egoísmo m., egocentrismo m.

エコー eco m. ‖ エコーを利かす poner (efecto de) eco 《a》／ エコーがかかる tener (efecto de) eco
◪エコー検査 ecografía f. ‖ 病院でエコー検査を受けた Me hicieron una ecografía en el hospital.

エコノミー (エコノミークラス) clase f. turista ‖ エコノミーで行く ir en clase turista
◪エコノミークラス ‖ エコノミークラス症候群 síndrome m. de la clase turista

えこひいき 依怙贔屓 predilección f., favoritismo m., (不公平) parcialidad f.
▶**えこひいきする** tener predilección《por》‖ えこひいきされている生徒 alumno[na] mf. predilecto[ta]

エコロジー ecología f. →エコ

えさ 餌 (飼料) cebo m., pienso m., (食べ物) comida f.; (見せかけの) señuelo m. ‖ 餌をやる cebar, dar de comer《a》／ 彼は金を餌に私を釣ろうとした Él me ha tentado con el dinero.

えじき 餌食 presa f., (犠牲) víctima f. ‖ 餌食になる convertirse en la presa 《de》／ 鹿はライオンの餌食になった El ciervo fue devorado por leones.

えしゃく 会釈
▶**会釈する** saludar con una ligera inclinación de la cabeza

エスエフ SF ciencia f. ficción
◪SF映画 película f. de ciencia ficción
◪SF作家 escritor[tora] mf. de ciencia ficción
◪SF小説 novela f. de ciencia ficción

エスエル SL (蒸気機関車) locomotora f. de vapor

エスオーエス SOS SOS m. (ese, o, ese または sos と読む), señal f. de socorro ‖ SOSを発信する lanzar un SOS ／ SOSを叫ぶ gritar socorro

エスカルゴ 《料理》caracoles mpl.
エスカレーター escalera f. 「mecánica [eléctrica] ‖ エスカレーターに乗る usar la escalera「mecánica [eléctrica]

エスカレート (激化) intensificación f., (議論の) acaloramiento m.
▶**エスカレートする** acalorarse ‖ 議論がエスカレートする Se acalora la discusión. ／ 戦局がエスカレートしている La situación de la guerra se está agravando.

エスキモー esquimal com.
▶**エスキモーの** esquimal
◪エスキモー犬 perro[rra] mf. esquimal

エスサイズ Sサイズ talla f. S, talla f. pequeña

エスジーエムエル SGML 《IT》lenguaje m. SGML, estándar m. de lenguaje de marcado generalizado

エステ →エステティック
◪エステメニュー menú m. de servicios estéticos

エスディーカード SDカード tarjeta f. SD ‖ SDカードをパソコンに差し込む insertar una tarjeta SD en el PC

エステティック estética f.
◪エステティックサロン「salón m. [centro m.] de estética

エスニック
▶**エスニックな** étnico[ca]
◪エスニック系 estilo m. étnico
◪エスニック料理 comida f. étnica

エスプリ (精神) espíritu m., (機知) ingenio m. ‖ エスプリに富んだ言葉 palabras fpl. ingeniosas ／ エスプリの効いた話し方をする hablar con ingenio

エスプレッソ (コーヒー) café m.「exprés [expreso] ‖ エスプレッソを2つお願いします Dos cafés expresos, por favor.

エスペラント esperanto m.

えせ 似非 falso[sa], (接頭辞として) pseudo-, seudo-
◪えせ預言者 pseudoprofeta[tisa] mf.

えそらごと 絵空事 fantasía f., ilusión f., (比喩的に) castillos mpl. en el aire

えだ 枝 rama f., 《集合名詞》ramaje m. ‖ 木の枝 rama f. de árbol ／ 枝を広げる(木が) extender las ramas ／ 枝を刈り込む podar, cortar las ramas ／ 枝が生い茂った木 árbol m. frondoso ／ 柿が枝もたわわに実る El caqui da frutos en abundancia.
◪枝分かれ ‖ 枝分かれする ramificarse

えたい 得体
▶**得体の知れない** misterioso[sa], extraño[ña], enigmático[ca] ‖ 得体の知れない何か algo que no es ni carne ni pescado

えだは 枝葉 (枝と葉) ramas fpl. y hojas fpl., (主要ではない部分) temas mpl. secundarios

えだまめ 枝豆 granos mpl. verdes de soja inmaduros ‖ 枝豆を茹でる hervir vainas de soja inmaduras

エチケット　(礼儀) urbanidad *f.*, buenos modales *mpl.*, cortesía *f.*, (儀礼) etiqueta *f.* social, protocolo *m.* ‖ エチケットを守る respetar la cortesía／人前で鼻をかむのは日本ではエチケットに反する Sonarse la nariz en público es de mala educación en Japón.

エチュード　《音楽・絵画》 estudio *m.*

エチルアルコール　alcohol *m.* etílico

えっ　(驚き) ¡Cómo!, (聞き返し) ¿Cómo?

えつ　悦‖悦に入る regocijarse

えっきょう　越境　paso *m.* de frontera
▶ 越境する pasar la frontera
◪ 越境入学する inscribirse en una escuela fuera de *su* distrito escolar

エックスエムエル　XML 《IT》 lenguaje *m.* XML, lenguaje *m.* de marcas extensible

エックスせん　X線　rayos *mpl.* X
◪ X線写真 radiografía *f.*

えづけ　餌付け‖野鳥に餌付けをする domesticar a las aves silvestres dándoles de comer

えっけん　越権　abuso *m.* de「autoridad [poder]
◪ 越権行為 abuso *m.* de「autoridad [poder]

えっけん　謁見　audiencia *f.* ‖ 謁見を許す conceder audiencia《a》
▶ 謁見する obtener audiencia‖私たちは女王に謁見した La reina nos recibió en audiencia.

エッセイスト　ensayista *com.*

エッセー　ensayo *m.*

エッセンス　esencia *f.* ‖ 暮らしのエッセンス esencia *f.* de la vida／哲学のエッセンス esencia *f.* de la filosofía

エッチ　obscenidad *f.*
▶ エッチな verde, obsce*no*[*na*]

エッチング　aguafuerte *m.*, grabado *m.* al aguafuerte

えっとう　越冬
▶ 越冬する pasar el invierno, invernar
◪ 越冬隊 expedición *f.* invernal

えつねん　越年
▶ 越年する pasar de un año a otro
◪ 越年資金 bonificación *f.* al final del año
◪ 越年性植物 planta *f.* anual de invierno

えつらん　閲覧　lectura *f.*, consulta *f.*
▶ 閲覧する consultar, leer‖ウェブサイトを閲覧する consultar un sitio web
◪ 閲覧コーナー espacio *m.* de lectura
◪ 閲覧室 sala *f.* de lectura
◪ 閲覧者 lec*tor*[*tora*] *mf.*
◪ 閲覧ソフト navegador *m.* (web)

えて　得手　fuerte *m.* ⇒ とくい(得意)

えてかって　得手勝手
▶ 得手勝手な egoísta‖得手勝手な生き方 manera *f.* egoísta de vivir

えてして　得てして‖世の中では得てして正直者が馬鹿を見る En el mundo muchas veces son las personas más sinceras las que tienden a salir perdiendo.

えと　干支　ciclo *m.* sexagenario chino, (十二支)「horóscopo *m.* [zodiaco *m.*] chino

えど　江戸　Edo
◪ 江戸時代「época *f.*［era *f.*, período *m.*］(de) Edo
◪ 江戸っ子 casti*zo*[*za*] tokiota *com.*
◪ 江戸幕府 shogunato *m.*「Edo [Tokugawa]

えとく　会得
▶ 会得する dominar, asimilar, aprender

エナメル　charol *m.*
◪ エナメル靴 zapatos *mpl.* de charol
◪ エナメル質 esmalte *m.* dental

エヌジー　NG　toma *f.* falsa ‖ NG集《英語》blooper *m.*／そのシーンは何度もNGになった Tuvieron que repetir la grabación de esa escena muchas veces.

エヌジーオー　NGO organización *f.* no gubernamental (略 ONG)

エヌピーオー　NPO organización *f.* sin ánimo de lucro (略 OSAL), organización *f.* no lucrativa (略 ONL)

エネルギー　energía *f.* ‖ エネルギーがある tener energía;《形容詞》enérgi*co*[*ca*]／エネルギーを節約する ahorrar energía／エネルギーを使い果たす gastar toda la energía／すべてのエネルギーを注ぎ込む concentrar todas las energías《en》
▶ エネルギーの energéti*co*[*ca*]
◪ 一次エネルギー energía *f.* primaria
◪ 二次エネルギー energía *f.* secundaria
◪ エネルギー開発 explotación *f.* de energía
◪ エネルギー危機 crisis *f.*[=*pl.*] energética
◪ エネルギー源 fuente *f.* de energía
◪ エネルギー資源 recursos *mpl.*「energéticos [de energía]
◪ エネルギー問題 problema *m.*「energético [de energía]

エネルギッシュ
▶ エネルギッシュな enérgi*co*[*ca*], lle*no*[*na*] de energía

えのきだけ　榎茸　setas *fpl.* enoki, (学名) *Flammulina velutipes*

えのぐ　絵の具　pintura *f.*, colores *mpl.*, (油性) óleo *m.*, (水性) acuarelas *fpl.*

えはがき　絵葉書　tarjeta *f.* postal, postal *f.* ‖ 絵葉書を送る「enviar [mandar] una tarjeta postal／この絵葉書を日本に出したいのですが Quiero mandar esta tarjeta postal a Japón.

えび　海老/蝦　(小) gamba *f.*, camarón *m.*, (中) langostino *m.*, (大) langosta *f.*
[諺] 海老で鯛を釣る《諺》Meter aguja y sacar reja.
◪ 海老フライ fritura *f.* de gambas, gamba *f.*「rebozada [frita]

エピソード episodio *m.*, anécdota *f.*
えびちゃ 海老茶 color *m.* castaño「rojo [rojizo]」
エフエーオー FAO ⇒こくれん(国連)
エフエーキュー FAQ preguntas *fpl.* (más) frecuentes
エフエム FM FM *f.*, frecuencia *f.* modulada
- **FM放送** transmisión *f.* FM
- **FMラジオ** radio(difusión) *f.* FM

えふで 絵筆 pincel *m.*
エプロン delantal *m.*
- **エプロンステージ** escenario *m.* abierto

エフワン F1 《商標》Fórmula 1 (uno)
エベレスト monte *m.* Everest
エポック época *f.*‖エポックメーキングな仕事 trabajo *m.* que hace época
えほん 絵本 libro *m.*「ilustrado [con ilustraciones]」
えみ 笑み sonrisa *f.*‖笑いをかわす intercambiar sonrisas／会心の笑みを浮かべる esbozar una sonrisa de satisfacción／悲しそうな笑みをたたえて con una sonrisa triste／笑いが消える desaparecer *la sonrisa*／彼の顔には笑みがあふれた Su rostro se iluminó con una sonrisa.／(私が)その子を見て笑みがこぼれた Al ver al niño, se me escapó una sonrisa.

エムアールアイ MRI imagen *f.* por resonancia magnética (略 IRM), tomografía *f.* por resonancia magnética (略 TRM)
エムコマース mコマース comercio *m.* móvil
エムサイズ Mサイズ talla *f.* M, talla *f.* mediana
エムピースリー MP3 MP3 *m.* (eme, pe, tresと読む)
- **MP3プレーヤー** reproductor *m.* (de) MP3

エメラルド esmeralda *f.*
- **エメラルドグリーン** verde *m.* esmeralda

えもいわれぬ えも言われぬ indescriptible‖えも言われぬ芳香 fragancia *f.* indescriptible／私はえも言われぬ幸福感に浸った Sentí una felicidad indescriptible.
えもじ 絵文字 pictograma *m.*
えもの 獲物 (猟の) caza *f.*, presa *f.*, (漁の) pesca *f.*, (戦利品) botín *m.*‖獲物を追う perseguir a *su* presa／獲物をとらえる capturar a *su* presa／獲物を見つける encontrar una presa／獲物をねらう acechar a *su* presa／獲物をさらう llevarse la presa／わなに獲物がかかった La presa cayó en la trampa.／ライオンは獲物に逃げられた Al león se le escapó la presa.

えら 鰓 branquia *f.*, agalla *f.*‖えらが張った顔 cara *f.* de mandíbula cuadrada
▶ **えらの** branquial
- **えら呼吸** respiración *f.* branquial

エラー error *m.*, fallo *m.*‖エラーが重なる repetirse *los errores*／エラーをチェックする「verificar [comprobar] los errores／原因不明のエラーが発生した Se produjo un error desconocido.
▶ **エラーする** cometer un error, equivocarse
- **エラーメッセージ** mensaje *m.* de error

えらい 偉い grande, gran「+単数名詞」, importante‖偉い学者 gran investig*ador[dora]* *mf.*／偉い人（地位などが）persona *f.*「importante [de alto rango],（人物が）gran「hombre *m.* [mujer *f.*]／偉そうにする mostrarse prepotente／彼は自分が偉いと思っている Él se cree importante.／えらいことになった ¡Qué problemazo!／外はえらい騒ぎだ Hay un gran alboroto fuera.／帰りは嵐でえらい目にあった En el camino de vuelta lo pasé muy mal con la tormenta.／全部終わったよ―偉い Lo he terminado todo. –¡Bien hecho!
▶ **えらく** muy, terriblemente‖今日はえらく暑い Hoy hace un calor terrible.

えらびだす 選び出す escoger, seleccionar
えらぶ 選ぶ/択ぶ elegir, escoger, seleccionar, optar 《por》‖コーヒーか紅茶を選ぶ elegir café o té／3つの中から1つ選ぶ elegir uno de los tres／彼の作品は上位5点の中に選ばれた Su obra fue seleccionada entre las cinco mejores.／消費者は商品を機能よりデザインで選びがちである Los consumidores tienden a elegir un producto por su diseño más que por su función.／多くの母親が出産後も働き続けることを選んでいる Muchas madres optan por seguir trabajando después de dar a luz.

えり 襟/衿 cuello *m.*,（折り返し部分）solapa *f.*‖襟を立てる levantar el cuello／上着の襟 cuello *m.* de la chaqueta／襟の開いたシャツ camisa *f.* con cuello abierto
(慣用) 襟を正す（姿勢を正す）enderezarse,（まじめに行動する）actuar con seriedad‖襟を正して聞く escuchar muy atentamente
- **襟ぐり** escote *m.*

えりあし 襟足 nuca *f.*
エリート (集合名詞)élite *f.*
▶ **エリートの** de élite,（選ばれた）selec*to[ta]*
- **エリート意識**‖エリート意識を持つ creerse una élite
- **エリート階級** élite *f.* social
- **エリート官僚** funcionar*io[ria]* *mf.* de élite
- **エリート社員** trabaj*ador[dora]* *mf.* de élite
- **エリート主義** elitismo *m.*‖エリート主義の（人）elitista (*com.*)

えりくび 襟首 cogote *m.*, nuca *f.*

えりごのみ 選り好み ⇒よりごのみ
えりすぐる 選りすぐる ⇒よりすぐる
えりぬき 選り抜き ⇒よりぬき
▶選り抜きの selec*to*[*ta*]
えりまき 襟巻き bufanda *f.*
えりもと 襟元 nuca *f.*, cuello *m.*
えりわける 選り分ける ⇒よりわける
える 得る obtener, (手段を尽くして) conseguir, (代償として) ganar, (習得する) adquirir ‖得るものは大きく失うものは小さい tener mucho que ganar y poco que perder／どちらの会社にとっても得るところの多い状況だ Esta circunstancia favorece bastante a ambas empresas.
エルイーディー LED led *m.*
◪LED電球 bombilla *f.* led
エルサイズ Lサイズ talla *f.* L, talla *f.* grande
エルサルバドル El Salvador
▶エルサルバドルの salvadore*ño*[*ña*]
◪エルサルバドル人 salvadore*ño*[*ña*] *mf.*
エルニーニョ El Niño ‖昨年エルニーニョが発生した El año pasado se produjo El Niño.
◪エルニーニョ現象 fenómeno *m.* de El Niño
エレガント
▶エレガントな elegante
▶エレガントに con elegancia ‖エレガントに装う vestirse「con elegancia [elegantemente]
エレキギター guitarra *f.* eléctrica
エレキベース bajo *m.* eléctrico
エレクトロニクス electrónica *f.*
エレベーター ascensor *m.*,《中南米》elevador *m.* ‖エレベーターに乗る「subir al [coger el, tomar el] ascensor／エレベーターから降りる「salir [bajar] del ascensor／エレベーターで5階まで行く ir al quinto (piso) en ascensor／エレベーターはどこですか ¿Dónde hay ascensores?
◪エレベーター係 ascensorista *com.*
エロ erotismo *m.*
◪エロ小説 novela *f.*「erótica [pornográfica, porno]
◪エロビデオ vídeo *m.*「erótico [pornográfico, porno]
◪エロ本 libro *m.*「erótico [pornográfico, porno]
エロス 《神話》Eros
エロチシズム erotismo *m.*
エロチック(な) eróti*co*[*ca*], (セクシーな)《英語》*sexy* ‖エロチックな絵画 pintura *f.* erótica
えん 円 ❶ (形) círculo *m.*, redondel *m.* ‖円を描く「dibujar [trazar] un círculo／円の面積 área *f.* de un círculo
◪円グラフ gráfico *m.* circular
❷ (通貨) yen *m.* ‖300円 trescientos yenes／円の急騰[暴落]「subida *f.* [bajada *f.*] repentina del yen／円が高くなる[安くなる]「subir [bajar] *el yen*／円を買う[売る]「comprar [vender] yenes／決済を円で行う pagar en yenes／円が強い[弱い] El yen está「fuerte [débil].
◪円借款 crédito *m.* en yenes
◪円相場 cotización *f.* del yen
◪円建て‖円建ての denomina*do*[*da*] en yenes／円建ての債券 bonos *mpl.* en yenes, bonos *mpl.*「emitidos [denominados] en yenes
えん 縁 (関係) relación *f.*, (つながり) conexión *f.*, lazo *m.*, vínculo *m.*, (巡り合わせ) destino *m.* ‖親子の縁 vínculo *m.* de padres e hijos／縁を切る romper「la relación [el vínculo]《con》／縁を結ぶ establecer una relación《con》, (結婚する) casarse《con》／縁があれば si el destino quiere／縁あって結ばれた二人 pareja *f.* que el destino unió／私には縁のない話だ Es algo que no tiene nada que ver conmigo.／私は恋愛には縁がない Los asuntos románticos no se me dan bien.／お知り合いになれたのも何かの縁でしょう Será que de alguna forma el destino hizo que nos conociéramos.／私は何かの縁でキューバに旅行することになった Por cosas del destino se me presentó la oportunidad de viajar a Cuba.／その小さな出来事が彼らの縁となった Ese pequeño incidente fue lo que los unió.
〔慣用〕縁もゆかりもない no tener absolutamente nada que ver《con》
〔慣用〕縁は異なもの味なもの La relación entre un hombre y una mujer es algo misterioso.
えんえい 遠泳 natación *f.* de larga distancia
えんえき 演繹 《数学》deducción *f.*
▶演繹する deducir
◪演繹法 método *m.* deductivo
えんえん 延々
▶延々と interminablemente, horas y horas, días y días ‖延々と続く質問 interminables preguntas *fpl.*／彼は延々と話し続けた Él continuó hablando horas y horas.
えんか 塩化
◪塩化アンモニウム cloruro *m.*「de amonio [amónico]
◪塩化ナトリウム cloruro *m.*「de sodio [sódico]
◪塩化ビニール cloruro *m.* de vinilo
◪塩化物 cloruro *m.*
えんか 演歌 《日本語》*enka m.*, (説明訳) canción *f.* popular japonesa de estilo tradicional
えんかい 沿海 costa *f.*, litoral *m.*
▶沿海の coste*ro*[*ra*], litoral
◪沿海漁業 pesca *f.*「costera [litoral, de

bajura]
- 沿海都市 ciudad f. costera

えんかい 宴会 banquete m., fiesta f., (夕食) cena f. ‖ 宴会をひらく organizar un banquete
- 宴会場 sala f. de banquetes
- 宴会席 mesa f. de banquete

えんかく 沿革 historia f.

えんかく 遠隔
- 遠隔医療 telemedicina f., medicina f. a distancia
- 遠隔教育 educación f. a distancia
- 遠隔操作 telecontrol m., teledirección f., control m. a distancia
- 遠隔探査 teledetección f., detección f. remota
- 遠隔地 lugar m. 「lejano [remoto]

えんかつ 円滑
▷ 円滑な sin contratiempos ‖ 円滑な運営 administración f. eficaz
▷ 円滑に sin「problemas [dificultad, contratiempos] ‖ 円滑に運ぶ (慣用)「ir [marchar] sobre ruedas / 会議は円滑に進行した La reunión se desarrolló sin problemas.
▷ 円滑にする facilitar, armonizar ‖ コミュニケーションを円滑にする facilitar la comunicación

えんがわ 縁側 (説明訳) veranda f. de la casa típica japonesa

えんがん 沿岸 costa f., litoral m.
▷ 沿岸の coster*o*[ra], litoral
- 沿岸漁業 pesca f. 「costera [litoral, de bajura]
- 沿岸警備隊 servicio m. de guardacostas
- 沿岸線 línea f. costera
- 沿岸部 zona f. 「costera [litoral] ‖ 台風が沿岸部に近づいています El tifón se está acercando al litoral.
- 沿岸貿易 comercio m. costero

えんき 延期 aplazamiento m., prórroga f.
▷ 延期する posponer, aplazar, prorrogar ‖ 決定を来月まで延期する「posponer [aplazar] la decisión hasta el mes que viene

えんぎ 演技 actuación f., interpretación f. ‖ 演技が上手い [下手だ] actuar「bien [mal]
▷ 演技する actuar, interpretar, representar
- 演技者 ac*tor*[triz] mf., intérprete com.
- 演技派俳優 ac*tor*[triz] mf. de carácter
- 演技力 talento m. interpretativo, dotes fpl. de interpretación

えんぎ 縁起 suerte f., (前兆) presagio m., augurio m., agüero m., (由来) origen m. ‖ 縁起のよい de buen「agüero [augurio] / 縁起の悪い de mal「agüero [augurio] / 縁起のよい名前 nombre m. que trae suerte / 縁起を担ぐ人 supersticios*o*[sa] mf. / そんなことを言うなよ、縁起でもない No digas esas cosas, que traen mala suerte.
- 縁起直し cambio m. de la suerte ‖ 縁起直しに para cambiar la suerte
- 縁起もの objeto m. que trae buena suerte

えんきょく 婉曲
▷ 婉曲な indirec*to*[ta], perifrástic*o*[ca], eufemístic*o*[ca]
▷ 婉曲に indirectamente, eufemísticamente ‖ 婉曲に言う decir indirectamente, insinuar
- 婉曲表現 eufemismo m.

えんきょり 遠距離 larga distancia f.
- 遠距離列車 tren m. de larga distancia
- 遠距離恋愛 amor m. a larga distancia

えんきん 遠近 ‖ 宿泊客は遠近問わず来る Los huéspedes vienen de cerca y de lejos.
- 遠近法 perspectiva f. ‖ 遠近法で描く dibujar en perspectiva / 遠近法を用いる aplicar la perspectiva
- 遠近両用眼鏡 gafas fpl. bifocales

えんぐみ 縁組 (結婚) casamiento m., (養子の) adopción f. ‖ うちの娘の縁組がととのった Mi hija se ha comprometido.

えんぐん 援軍 tropa f. auxiliar, refuerzos mpl. ‖ 援軍を送る enviar refuerzos

えんけい 円形 círculo m., forma f. 「redonda [circular]
▷ 円形の redond*o*[da], circular
- 円形劇場 anfiteatro m.
- 円形脱毛症 alopecia f. 「areata [circunscri(p)ta]

えんけい 遠景 paisaje m. lejano, (背景) fondo m.

えんげい 園芸 jardinería f., horticultura f.
- 園芸家 jardiner*o*[ra] mf., horticul*tor*[tora] mf.

えんげい 演芸 espectáculo m. popular
- 演芸場 sala f. de espectáculos

エンゲージリング anillo m. de compromiso

えんげき 演劇 teatro m., drama m. ‖ 演劇を見る ver una obra de teatro / 演劇を公演する hacer una función, representar una obra de teatro
▷ 演劇の teatral, dramátic*o*[ca]
- 演劇界 mundo m. del teatro
- 演劇部 club m. de teatro

エンゲルけいすう エンゲル係数 coeficiente m. de Engel

えんこ 縁故 relación f. personal, conexión f., (コネ) enchufe m. ‖ 私はその町には縁故がない No tengo contactos en esa ciudad. / 彼は縁故を頼って一人で上京した Él fue solo a Tokio contando con la ayuda de unos parientes.

えんご 援護/掩護 apoyo m., ayuda f., 《軍事》cobertura f.
▷ 援護する apoyar, ayudar, 《軍事》cubrir
- 援護事業 proyecto m. de apoyo

エンコード　codificación f.
▶エンコードする　codificar

えんこん 怨恨　rencor m., resentimiento m. ‖ 怨恨による殺人 homicidio m. motivado por resentimiento／怨恨の感情を抱く guardar「rencor [resentimiento]」

えんざい 冤罪　acusación f. falsa,《法律》error m. judicial ‖ 冤罪を晴らす demostrar su inocencia

えんさん 塩酸　ácido m. clorhídrico

えんし 遠視　hipermetropía f.
▶遠視の(人) hipermétrope (com.)

えんじ 園児　párvulo[la] mf., niño[ña] mf. de jardín de infancia

えんじ 臙脂（染料）grana f.
▶えんじ色 color m. granate, granate m.

エンジニア　ingeniero[ra] mf.

エンジニアリング　ingeniería f.

えんじゃ 縁者　familiar m., pariente com.

えんしゅう 円周　circunferencia f.
▫円周率　π m. (pi と読む), número m. π

えんしゅう 演習　práctica f., ejercicio m.,（セミナー）seminario m.,（軍の）maniobras fpl. ‖ 演習の授業 clase f. de práctica
▫計算演習 ejercicios mpl. de cálculo
▫国文学演習 seminario m. de literatura japonesa

えんじゅく 円熟　madurez f.
▶円熟する　madurar
▶円熟した maduro[ra] ‖ 円熟した演奏 interpretación f. madura／円熟した芸域に達する「llegar a [alcanzar]」una madurez artística
▫円熟味　madurez f.

えんしゅつ 演出（演劇）puesta f. en escena, dirección f. de escena ‖ 演出がよい［悪い］La puesta en escena es「buena [mala]」
▶演出する　dirigir las escenas／作品を演出する poner una obra en escena
▫演出家　director[tora] mf. de escena
▫演出効果　efecto m. escénico

えんじょ 援助　ayuda f., asistencia f. ‖ 物質的援助 ayuda f. material／援助を仰ぐ／援助を求める「solicitar [pedir]」ayuda《a》／援助を与える「ofrecer [dar]」ayuda《a》／援助を受ける recibir ayuda
▶援助する　ayudar, asistir
▫被援助国　país m.「receptor [beneficiario]」
▫援助交際（若年売春）prostitución f. juvenil
▫援助国　país m. donante
▫援助組織　organización f. de asistencia

えんしょう 炎症　inflamación f. ‖ 炎症を起こした喉 garganta f. inflamada／炎症を起こす causar inflamación《en, de》／炎症を抑える「aliviar [calmar]」la inflamación／炎症を治す curar la inflamación

えんしょう 延焼　propagación f. del「fuego [incendio]」‖ 延焼をくい止める detener la propagación del fuego／延焼を免れる librarse del fuego
▶延焼する　extenderse el fuego ‖ その火事で近隣の家々が延焼した El fuego se propagó a las casas vecinas.

えんじる 演じる　interpretar, representar, actuar ‖ 老人の役を演じる interpretar el papel de un anciano／地元の劇場で演じる actuar en un teatro local

えんしん 遠心
▫遠心分離　centrifugación f., centrifugado m.
▫遠心分離機　centrifugadora f.
▫遠心力　fuerza f. centrífuga

えんじん 円陣　círculo m. ‖ 円陣を組む formar un círculo

エンジン　motor m. ‖ 船のエンジン motor m. de barco／エンジンの故障 avería f. del motor／エンジンをふかす acelerar el motor／エンジンをかける poner el motor en marcha／車のエンジンをかける arrancar el coche／エンジンが止まる parar(se) el motor／エンジンをかけたままで con el motor encendido／やっと仕事にエンジンがかかってきた Por fin he podido tomar el ritmo de trabajo.
▫エンジンオイル　aceite m. de motor
▫エンジンブレーキ　freno m. motor

えんすい 円錐　cono m.
▶円錐の　cónico[ca]

エンスト　calado m. (de motor) ‖ エンストを起こした Se ha parado el motor.

えんせい 厭世　pesimismo m.
▶厭世的な　pesimista
▶厭世的に ‖ 厭世的に物事を見る ver el aspecto negativo de las cosas
▫厭世家　pesimista com.
▫厭世主義　pesimismo m.

えんせい 遠征　expedición f.
▶遠征する「ir de [hacer una]」expedición
▫遠征軍　ejército m. expedicionario
▫遠征試合　partido m. fuera (de casa)
▫遠征隊　expedición f., cuerpo m. expedicionario

えんぜつ 演説　discurso m.,（訓示）alocución f. ‖ 演説がうまい ser「un buen orador [una buena oradora]」
▶演説する「pronunciar [dar, hacer]」un discurso
▫演説会　conferencia f.
▫演説会場　lugar m. de la conferencia
▫演説者　orador[dora] mf.
▫演説調　tono m. oratorio

えんせん 沿線
▶沿線に ‖ 鉄道の沿線に a lo largo de la línea de ferrocarril

えんそ 塩素 《化学》cloro *m*.《記号 Cl》
- 塩素化 cloración *f*.
- 塩素酸 ácido *m*. clórico
- 塩素ガス gas *m*. cloro

えんそう 演奏 interpretación *f*. (musical) ‖ すばらしい演奏だ Es una interpretación maravillosa. / 演奏を聴く escuchar la interpretación《de》
- 演奏する (曲を) interpretar, (楽器) tocar
- 演奏会 concierto *m*. ‖ 演奏会をひらく「dar [ofrecer, celebrar] un concierto
- 演奏活動 actividades *fpl*. musicales
- 演奏者 intérprete *com*. (de música), músico[ca] *mf*.

えんそく 遠足 excursión *f*. ‖ 遠足に行く ir de excursión / 僕は学校の遠足で動物園に行った Fui al zoo de excursión con el colegio.

えんだい 遠大 →だいきぼ(大規模)
- 遠大な de gran escala ‖ 遠大な構想 proyecto *m*. de gran escala

えんだか 円高「apreciación *f*. [subida *f*.] del yen ‖ 今は円高だ El yen está fuerte ahora.
- 円高不況 recesión *f*. motivada por la subida del yen

えんだん 演壇 tribuna *f*., estrado *m*. ‖ 演壇に上がる subir a la tribuna

えんだん 縁談 propuesta *f*. de matrimonio ‖ 縁談を断る rechazar la oferta de arreglo matrimonial / 縁談をまとめる concertar un matrimonio / 縁談が進んでいる El arreglo matrimonial está en proceso.

えんちゃく 延着 llegada *f*. con retraso
- 延着する llegar con retraso ‖ 3時間延着する llegar con tres horas de retraso

えんちゅう 円柱 《建築》columna *f*., 《数学》cilindro *m*.
- 円柱の cilíndrico[ca]

えんちょう 延長 (期間の) prórroga *f*., prolongación *f*., (長さの) extensión *f*., prolongación *f*.
- 延長する (期間を) prorrogar, prolongar, (長さを) extender, prolongar ‖ コードを延長する extender el cable
- 延長コード cable *m*. de extensión
- 延長国会 sesión *f*. ampliada del Parlamento
- 延長時間 tiempo *m*. de prórroga
- 延長戦 《スポーツ》prórroga *f*. ‖ 試合が延長戦に入った El partido entró en la prórroga.

えんちょう 園長 director[tora] *mf*.
- 動物園長 director[tora] *mf*. de zoológico
- 幼稚園長 director[tora] *mf*. de un jardín de infancia

えんてん 炎天
- 炎天下 ‖ 炎天下で bajo un sol abrasador

えんとう 円筒 cilindro *m*.

- 円筒形 forma *f*. cilíndrica ‖ 円筒形の cilíndrico[ca]

えんどう 沿道 lados *mpl*. de un camino ‖ 沿道は人でいっぱいだった Había muchísima gente en los dos lados de la calle.
- 沿道に a lo largo del camino

えんどう 豌豆 guisante *m*., 《中南米》arveja *f*.

えんとつ 煙突 chimenea *f*.

エンドユーザー usuar*io*[*ria*] *mf*. final, consumid*or*[*dora*] *mf*. final

エントリー inscripción *f*., registro *m*.
- エントリーする apuntarse《a》, inscribirse《en》, registrarse《en》

えんにち 縁日 festividad *f*. del templo

えんのう 延納 pago *m*. moroso, retraso *m*. en pago
- 延納する「retrasar [aplazar] el pago

えんのした 縁の下
[慣用] 縁の下の力持ち importante colaborad*or*[*dora*] *mf*. ignorad*o*[*da*], héroe *m*. anónimo, heroína *f*. anónima

えんばん 円盤 disco *m*.
- 円盤投げ lanzamiento *m*. de disco
- 空飛ぶ円盤 platillo *m*.「volante [volador], (UFO) ovni *m*. (objeto *m*. volador no identificado の略)

えんぴつ 鉛筆 lápiz *m*. ‖ 鉛筆の芯 mina *f*. / 鉛筆で書く escribir con lápiz / 鉛筆を削る sacar punta a un lápiz, afilar un lápiz
- 鉛筆入れ estuche *m*. de lápices
- 鉛筆削り sacapuntas *m*.[=*pl*.]

えんびふく 燕尾服 frac *m*.

えんぶきょく 円舞曲 vals *m*.

えんぶん 塩分 sal *f*., salinidad *f*. ‖ 塩分控えめの食生活を送る「llevar [seguir] una dieta baja en sal

えんぽう 遠方 lejanía *f*., lugar *m*. lejano
- 遠方の lejan*o*[*na*]
- 遠方に a lo lejos
- 遠方から desde lejos

えんま 閻魔 (ヒンズー教) Yama
- 閻魔大王 gran rey *m*. Yama
- 閻魔帳 cuaderno *m*. de notas del profesor

えんまく 煙幕 cortina *f*. de humo ‖ 煙幕を張る「levantar [tender] una cortina de humo

えんまん 円満
- 円満な apacible, pacífic*o*[*ca*] ‖ 円満な家庭 familia *f*. feliz / 円満な性格 carácter *m*. apacible
- 円満に apaciblemente, pacíficamente, en armonía ‖ 円満に暮らす vivir en armonía / 彼は円満に退社した Él dejó el trabajo sin causar problemas.
- 円満解決 solución *f*.「pacífica [amistosa]

えんむすび 縁結び ‖ 縁結びの神 dios *m*. que

ayuda a encontrar el amor
えんめい 延命　prolongación *f.* de la vida
☑ 延命措置　medidas *fpl.* de soporte (vital)
☑ 延命治療　tratamiento *m.* de soporte (vital)
えんやす 円安　「depreciación *f.* [bajada *f.*] del yen
えんゆうかい 園遊会　fiesta *f.* en jardín
えんよう 遠洋
☑ 遠洋漁業　gran pesca *f.*, pesca *f.* de gran altura
☑ 遠洋航海　navegación *f.*「de [en] alta mar
えんりょ 遠慮　(控えめ) reserva *f.*, reparo *m.*, (謙虚さ) modestia *f.* ‖ 遠慮なく言うと francamente hablando ... ／義母に遠慮があってそんなことは頼めない Por consideración a mi suegra, no puedo pedirle esas cosas. ／遠慮がちに tímidamente, con timidez ／遠慮を欠く carecer de cortesía, ser descortés
▶ 遠慮深い muy reserva*do*[*da*], muy modes*to*[*ta*]
▶ 遠慮のない indiscre*to*[*ta*], direc*to*[*ta*], fran*co*[*ca*] ‖ 遠慮のない人 persona *f.* indiscreta ／彼と私は遠慮のない関係だ Él y yo tenemos una relación franca.
▶ 遠慮なく sin reservas, con toda「libertad [confianza]‖ どうぞご遠慮なく《慣用》Está usted en su casa. ／遠慮なく連絡してください No dude en ponerse en contacto con nosotros.
▶ 遠慮する (控える) abstenerse de 『+不定詞』‖ たばこは遠慮してください Se ruega no fumar. ／今回出席はご遠慮させていただきます Lamentablemente no podré asistir esta vez. ／遠慮して彼にそのことを聞けない No me atrevo a preguntárselo.¦ Me da reparo preguntárselo.
☑ 深謀遠慮　深謀遠慮の策　medidas *fpl.* con visión futuro
☑ 遠慮会釈　遠慮会釈なく　sin ningún escrúpulo
えんろ 遠路 ‖ 遠路はるばる来てくれてありがとう Muchas gracias por haber venido de tan lejos.

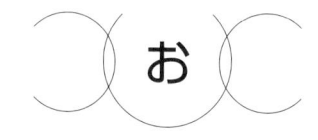

お

お 尾　cola *f.*, rabo *m.* ‖ くじゃくの尾 cola *f.* de pavo real ／流れ星の尾 rastro *m.* de una estrella fugaz
〔慣用〕尾を振る (尾を動かす) colear, mover la cola, (へつらう) adular, lisonjear
〔慣用〕尾を引く《慣用》traer cola
オアシス oasis *m.*[=*pl.*] ‖ 都会のオアシス oasis *m.* urbano
おい 甥　sobrino *m.*
おい 老い　vejez *f.* ‖ 老いを忘れる olvidarse de la edad que *tiene*
おい ‖ おい (呼びかけ) ¡Oye!¦ ¡Eh!
おいあげる 追い上げる　(追いつく) alcanzar, (差を縮める) recortar la distancia《con》‖ ライバルを追い上げてトップに立つ ponerse en cabeza tras recortar la distancia con *el*[*la*] rival
おいうち 追い打ち/追い撃ち ‖ 敵に追い打ちをかける perseguir y atacar al enemigo ／追い打ちをかけるように不幸に見舞われる sufrir una desgracia detrás de otra
おいえげい お家芸　(得意の事柄) fuerte *m.*, especialidad *f.*, (家の芸) arte *m.* transmitido de padre a hijo ‖ 柔道は日本のお家芸だ El yudo es un arte marcial tradicional de Japón.
おいえそうどう お家騒動　conflicto *m.* en el seno de una familia, (内紛) conflicto *m.* interno
おいおい
▶ おいおいと ‖ おいおいと泣く llorar a gritos,《慣用》llorar a lágrima viva
おいおい 追い追い　(少しずつ) poco a poco, (時とともに) con el tiempo
おいおとす 追い落とす　(取って代わる) desbancar, (追放する) expulsar
おいかえす 追い返す　despedir,《慣用》enseñar la puerta a ALGUIEN,《慣用》「mandar [enviar, echar] a ALGUIEN a paseo ‖ セールスマンを追い返す rechazar「al vendedor [a la vendedora]
おいかける 追い掛ける　(追跡する) perseguir, (従う) seguir ‖ 猫はねずみを追いかける Un gato persigue a un ratón. ／流行を追いかける「seguir [ir a] la moda
おいかぜ 追い風　viento *m.*「a favor [en popa, favorable] ‖ 船が追い風を受けて進む El barco navega con el viento en popa. ／追い風に乗る (何かが)《慣用》「ir [marchar] viento en popa
おいこし 追い越し　adelantamiento *m.*
☑ 追い越し禁止 (標識) Prohibido adelantar
☑ 追い越し車線　carril *m.* de adelantamiento
おいこす 追い越す　adelantar, pasar, reba-

sar, dejar atrás《a》,（上回る）sobrepasar, superar‖前の車を追い越す adelantar al coche que va delante／技術で日本を追い越す superar a Japón en tecnología

おいこみ 追い込み‖最後の追い込みをかける hacer el máximo esfuerzo en la etapa final,（ラストスパートをする）dar un tirón final／選挙運動は追い込みに入った La campaña electoral entró en la recta final.

おいこむ 追い込む　（追い詰める）arrinconar, acorralar‖社長(男性)を辞職に追い込む obligar al presidente a dimitir／窮地に追い込まれる「encontrarse [meterse] en un callejón sin salida／店は昨年閉店に追い込まれた La tienda se vio obligada a cerrar el año pasado.

おいさき 老い先‖私はもう老い先が長くはない Ya no me quedan muchos años de vida.

おいさらばえる 老いさらばえる convertirse en *un*[*una*] vie*jo*[*ja*] decrép*ito*[*ta*]

おいしい 美味しい delicio*so*[*sa*], sabr*oso* [*sa*], ric*o*[*ca*], bue*no*[*na*]‖おいしいみかん mandarina *f.* sabrosa／ごちそうさま、とてもおいしかったです Gracias por la comida. Estaba muy rica.

▶**おいしそうな** apetito*so*[*sa*], que tiene buena pinta,《慣用》para chuparse los dedos‖おいしそうな料理 comida *f.* que tiene buena pinta

▶**おいしそうに**‖おいしそうに食べる comer con「apetito [deleite]

おいしげる 生い茂る crecer frondo*so*[*sa*] ‖生い茂った植物 vegetación *f.*「abundante [exuberante]

おいすがる 追いすがる perseguir,《慣用》「ir [andar] detrás《de》

おいそれと fácilmente,（軽々しく）《慣用》a la ligera,《慣用》así como así ⇒かんたん(⇒簡単に)

おいだす 追い出す echar,（追放）expulsar‖部屋から蠅を追い出す echar una mosca de la habitación／借家人を追い出す desalojar「al inquilino [a la inquilina]

おいたち 生い立ち（幼年期）infancia *f.*,（成長）crecimiento *m.*‖その小説家(男性)は作家になるまでの自分の生い立ちを語った El novelista contó la historia de su vida desde su nacimiento hasta llegar a ser escritor.

おいたてる 追い立てる（立ち退かせる）desalojar, desahuciar,（追い払う）ahuyentar,（せき立てる）apresurar, apremiar‖彼らは家賃滞納でマンションを追い立てられた Los echaron del piso por no pagar el alquiler.

おいちらす 追い散らす dispersar‖デモの参加者を追い散らす dispersar a los manifestantes

おいつく 追い付く alcanzar, dar alcance 《a》, llegar《a》‖先頭集団に追いつく(自転車レースで) alcanzar el pelotón de punta／世界の水準に追いつく「llegar al [alcanzar el] nivel internacional

おいつめる 追い詰める arrinconar, acorralar,《慣用》poner contra la pared a ALGUIEN‖殺人犯(男性)を追い詰める acorralar al autor del asesinato／窮地に追い詰められる「encontrarse [meterse] en un callejón sin salida

おいて（場所・時間）en‖次回の大会は福岡において開催される El próximo congreso se celebrará en Fukuoka.／半導体の生産において(は) en la fabricación de semiconductores

おいで お出で‖よくお出でくださいました Gracias por venir.¦ Le agradezco su presencia aquí.／こっちにおいで Ven「aquí [acá].

おいてきぼり 置いてきぼり‖友人たちに置いてきぼりを食らった Mis amigos se fueron dejándome sol*o*[*la*].

おいぬく 追い抜く ⇒おいこす(追い越す)

おいはらう 追い払う ahuyentar,（脅かして）espantar,（追い散らす）dispersar,（追い出す）echar, expulsar‖猫を追い払う ahuyentar un gato／デモ隊を追い払う dispersar a los manifestantes／強迫観念を追い払う quitarse una obsesión de la cabeza

おいぼれ 老いぼれ vie*jo*[*ja*] *mf.*,（軽蔑的に）vejestorio *m.*,（軽蔑的に）carcamal *m.*

おいぼれる 老いぼれる envejecer(se),（もうろくする）chochear

おいまわす 追い回す perseguir,《慣用》andar tras ALGUIEN‖有名人を追い回す perseguir a *un*[*una*] famo*so*[*sa*] por todas partes／私は雑事に追い回されている Los quehaceres me tienen muy ocupa*do*[*da*].

おいめ 負い目（恩義）deuda *f.*,（罪悪感）culpabilidad *f.*‖負い目がある estar en deuda《con》／負い目を感じる sentirse en deuda《con》, sentirse endeuda*do*[*da*]《con》

おいもとめる 追い求める perseguir‖理想を追い求める perseguir el ideal

おいやる 追い遣る ⇒おいこむ(追い込む)・おいはらう(追い払う)‖窮地に追いやる poner a ALGUIEN en un brete

おいらく 老いらく‖老いらくの恋「amor *m.* [pasión *f.*] otoñal

オイル aceite *m.*,（石油）petróleo *m.*
▫**オイル交換** cambio *m.* de aceite
▫**オイルサーディン** sardinas *fpl.* en aceite
▫**オイルシェール** pizarra *f.* bituminosa, esquisto *m.* bituminoso
▫**オイルショック** crisis *f.*[=*pl.*] del petróleo
▫**オイルダラー** petrodólar *m.*
▫**オイルフェンス** valla *f.* de petróleo

おいる 老いる envejecer(se), hacerse mayor‖彼は老いてますます盛んだ Está sano

como una manzana a pesar de lo mayor que es.
▶老いた envejeci*do*[da], vie*jo*[ja]
諺 老いては子に従え Cuando seas viejo, obedece a tus hijos.

おう 王 rey *m.*, (君主) monarca *m.*, (実力者) magnate *m.* ‖ 百獣の王 rey *m.* de「los animales [las bestias]／ロックの王 rey *m.* del rock
▶王の real

おう 負う ❶ (背負う) cargar ‖ リュックを背に負う llevar una mochila a la espalda
❷ (傷を受ける) sufrir ‖ 傷を負う sufrir una herida
❸ (引き受ける) aceptar, asumir ‖ 責任を負う asumir la responsabilidad
❹ (お陰をこうむる) deber ‖ この勝利は彼の活躍に負うところが大きい Esta victoria se la debemos mucho a él.

おう 追う ❶ (追いかける) perseguir, seguir, (探す) buscar ‖ 強盗の容疑者たちを追う perseguir a los presuntos autores del atraco／流行を追う seguir la moda／追いつ追われつの試合 partido *m.* reñido
諺 二兎追う者は一兎をも得ず El que mucho abarca poco aprieta.
❷ (追い払う) ahuyentar, (追い出す) echar, (追放する) expulsar ‖ 彼は国を追われた Lo expulsaron del país.
❸ (せきたてる) apresurar, apremiar ‖ 時間に追われている andar apremia*do*[da] de tiempo／私は仕事に追われている No puedo ni respirar con tanto trabajo.
❹ (その他) ‖ 日を追って de día en día

おうい 王位 trono *m.*, corona *f.* ‖ 王位に就く ocupar el trono／王位を継ぐ heredar el trono, suceder a ALGUIEN en el trono／王位を退く abandonar el trono, renunciar al trono
◪王位継承権 derecho *m.* (de sucesión) al trono ‖ 王位継承権第三位を占める ocupar el tercer lugar en la línea de sucesión al trono

おうえん 応援 ‖ 応援に行く (手伝いに) ir a ayudar, (スポーツで) ir a animar／応援を求める pedir ayuda 《a》
▶応援する (手伝う) ayudar, (支持する) apoyar, (スポーツ) animar ‖ 地元チームを応援する animar al equipo local
◪応援演説 discurso *m.* de apoyo 《a》‖ 応援演説をする pronunciar un discurso de apoyo 《a》
◪応援歌 canción *f.* en apoyo, canción *f.* de hinchas
◪応援者 (支持者) partida*rio*[ria] *mf.*
◪応援団 grupo *m.* de hinchas

おうおうにして 往々にして de vez en cuando, a menudo, frecuentemente

おうか 謳歌
▶謳歌する「gozar [disfrutar] plenamente《de》」‖ 人生を謳歌する「disfrutar [gozar] plenamente de la vida

おうかくまく 横隔膜 《解剖》diafragma *m.*

おうかん 王冠 corona *f.*, (口金) cápsula *f.*, chapa *f.* ‖ 王冠を戴く ceñirse la corona

おうぎ 扇 abanico *m.* ‖ 扇の要 eje *m.* del abanico，(留め具) clavillo *m.* del abanico／扇であおぐ (誰かを) abanicar, (自分を) abanicarse, darse aire con un abanico／扇で舞う bailar con un abanico／扇を畳む cerrar un abanico／扇を開く abrir un abanico
◪扇形 forma *f.* de abanico ‖ 扇形の鏡 espejo *m.* en forma de abanico

おうきゅう 王宮 Palacio *m.* Real

おうきゅう 応急 urgencia *f.*, emergencia *f.*
▶応急の de emergencia, urgente
◪応急手当 primeros auxilios *mpl.* ‖ 応急手当を施す「dar [prestar, proporcionar, aplicar] los primeros auxilios

おうこう 横行
▶横行する ‖ この地区では強盗が横行している En este barrio se cometen muchos atracos. ¦ En este barrio los atracos son el pan (nuestro) de cada día.

おうこく 王国 reino *m.*, monarquía *f.*

おうごん 黄金 oro *m.* ‖ 黄金で飾る adornar ALGO con oro
▶黄金の dora*do*[da], de oro, áure*o*[a]
◪黄金郷 El Dorado
◪黄金時代 edad *f.*「de oro [dorada]
◪黄金分割/黄金比 número *m.*「áureo [de oro], razón *f.*「dorada [áurea], proporción *f.* áurea

おうざ 王座 (王位) trono *m.*, (スポーツの)「título *m.* [corona *f.*] de campe*ón*[ona] ‖ 王座に就く ocupar el trono, acceder al trono, (チャンピオンになる) proclamarse campe*ón*[ona] ‖ 王座を守る defender「el título [la corona] de campe*ón*[ona]

おうし 雄牛 toro *m.*, (去勢された) buey *m.*

おうじ 王子 príncipe *m.*, (王位継承権のない) infante *m.*

おうしざ 牡牛座 Tauro *m.*
▶牡牛座生まれの(人) tauro (*com.*[=*pl.*])《性数不変》

おうしつ 王室「casa *f.* [familia *f.*] real

おうじゃ 王者 (王) rey *m.*, (チャンピオン) campe*ón*[ona] *mf.* ‖ マラソンの王者 campe*ón*[ona] *mf.* de maratón

おうしゅう 応酬 (やりとり) intercambio *m.*, (反論) réplica *f.* ‖ 国会で野次の応酬があった Hubo un intercambio de abucheos durante la sesión parlamentaria.
▶応酬する intercambiar, (言い返す) replicar

おうしゅう 欧州 Europa
▶欧州の europe*o*[a]

☑欧州委員会 Comisión *f.* Europea
☑欧州議会 Parlamento *m.* Europeo, Eurocámara *f.* ‖ 欧州議会の（議員）europarlamenta*rio[ria]* (*mf.*)
☑欧州金融安定基金 Fondo *m.* Europeo de Estabilidad Financiera（略 FEEF）
☑欧州憲法 Constitución *f.* Europea
☑欧州司法裁判所 Tribunal *m.* de Justicia de la Unión Europea（略 TJUE）
☑欧州理事会 Consejo *m.* Europeo
☑欧州連合 Unión *f.* Europea（略 UE）

おうしゅう 押収 incautación *f.*, confiscación *f.*, decomiso *m.*
▶押収する incautarse 《de》, confiscar, decomisar ‖ 2キロのコカインを押収する incautarse de dos kilos de cocaína
☑押収物 objeto *m.* 「incautado [confiscado]

おうじょ 王女 princesa *f.*,（王位継承権のない）infanta *f.*

おうじょう 往生（死ぬこと）fallecimiento *m.*, muerte *f.*
▶往生する（死ぬ）fallecer, morir,（困る）tener problemas, quedar perple*jo[ja]*,（観念する）resignarse ‖ クーラーが故障して往生した Nos vimos en dificultades debido a la avería del aire acondicionado.
☑往生際（死に際）hora *f.* de la muerte ‖ 往生際が悪い ser「un mal perdedor [una mala perdedora]

おうしょくじんしゅ 黄色人種 raza *f.* amarilla

おうじる 応じる ❶［答える］contestar, responder ‖ 質問に応じる contestar [responder] a una pregunta
❷［承諾する］aceptar, acceder《a》‖ 挑戦に応じる aceptar el desafío de ALGUIEN ／ 要望に応じる acceder a la petición《de》
❸［対応する］（満足させる）satisfacer ‖ 需要に応じる satisfacer la demanda ／ 顧客の注文に応じる atender a los pedidos de la clientela ／ 募集に応じる acudir a la convocatoria
▶応じて/応じた（〜に従って）de acuerdo《con》,（〜に比例して）en proporción《a》‖ 必要に応じて según la necesidad ／ 得票数に応じて en proporción a los votos obtenidos ／ 収入に応じた生活をする vivir de acuerdo con los ingresos ／ あなたは体力に応じた運動をしなさい Haga un ejercicio adecuado a su condición física.

おうしん 往診 visita *f.* a domicilio
▶往診する hacer una visita a domicilio

おうせい 王政 monarquía *f.*
☑王政復古 restauración *f.*

おうせい 旺盛
▶旺盛である ‖ 好奇心が旺盛である ser un espíritu curioso, tener una enorme curiosidad

／ 元気旺盛である《慣用》estar sa*no[na]* como una manzana
▶旺盛な ‖ 旺盛な食欲「gran [buen] apetito *m.*

おうせつ 応接
☑応接係 recepcionista *com.*
☑応接室/応接間 sala *f.* de visitas ‖ 応接室に通す (hacer) pasar a ALGUIEN a la sala de visitas
☑応接セット juego *m.* de sofás

おうせん 応戦
▶応戦する responder《a》,（反撃する）reaccionar《ante, frente a, contra》,（抗弁する）replicar ‖ 敵の攻撃に応戦する responder al ataque del enemigo

おうだ 殴打 golpe *m.*,（こぶしによる）puñetazo *m.*
▶殴打する golpear, dar un golpe

おうたい 応対 atención *f.* ‖ 電話の応対をする atender a las llamadas telefónicas
▶応対する atender ‖ 客に親切に応対する atender a los clientes con amabilidad

おうたい 黄体《解剖》cuerpo *m.*「lúteo [amarillo]
☑黄体ホルモン（プロゲストゲン）progestágeno *m.*,（プロジェステロン）progesterona *f.*

おうたい 横隊 fila *f.*, línea *f.* ‖ 2列横隊に並ぶ alinearse en dos filas

おうだん 黄疸《医学》ictericia *f.*, aliacán *m.* ‖ 赤ん坊に黄疸が出ている El bebé tiene ictericia.

おうだん 横断 cruce *m.*, travesía *f.*
▶横断する cruzar, atravesar ‖ 太平洋をヨットで横断する「cruzar [atravesar] el océano Pacífico en velero
☑横断禁止（標識）Prohibido cruzar
☑横断歩道 paso *m.* de「cebra [peatones] ‖ 横断歩道を渡る cruzar el paso de cebra
☑横断幕 pancarta *f.*
☑横断面 sección *f.* transversal

おうちゃく 横着 ‖ 横着を決め込む decidir holgazanear
▶横着な（人）holgaza*án[zana]* (*mf.*), pere*zoso[sa]* (*mf.*), va*go[ga]* (*mf.*),（動くのが嫌いな）como*dón[dona]* (*mf.*)
▶横着する holgazanear,《慣用》no dar (ni) golpe

おうちょう 王朝 dinastía *f.*

おうて 王手《チェス》jaque *m.* mate, mate *m.* ‖ 王手をかける dar jaque al rey ／ 優勝に王手をかける quedar a un paso de conseguir el campeonato ／ 王手をかけられている El rey está en jaque.

おうてん 横転
▶横転する caer de lado ‖ 車が横転した El coche「volcó [dio un vuelco].

おうと 嘔吐 vómito *m.* ‖ この薬は私に嘔吐

を催させる Este medicamento me provoca vómitos.
▶嘔吐する vomitar,《話》devolver
◨嘔吐袋 bolsa *f.* para「vómitos [el mareo]
おうど 黄土 ocre *m.*
おうとう 応答 contestación *f.*, respuesta *f.*‖応答を待つ esperar la respuesta／いまだ応答がない Seguimos sin recibir la respuesta.
▶応答する contestar, responder‖応答せよ ¡Responda!
おうどう 王道 （比喩的にも用いる）camino *m.* real
[慣]王道を行く ir por buen camino
[諺]学問に王道なし →がくもん(学問)
おうとつ 凹凸 desigualdad *f.* (en la superficie), concavidad *f.* y convexidad *f.*‖凹凸のある desigual,（地面が）accidenta*do[da]*, escabro*so[sa]*
おうねつびょう 黄熱病 fiebre *f.* amarilla
おうねん 往年‖往年を偲ぶ añorar el (tiempo) pasado
▶往年の de antes, anti*guo[gua]*‖彼は往年の映画スターだ Él es una antigua estrella de cine.
おうひ 王妃 reina *f.*
おうふく 往復 ida *f.* y vuelta *f.*
▶ 往復で ‖ 私は職場まで往復で2時間かかる Tardo dos horas en ir y volver del trabajo.／仙台まで往復でいくらでしょうか ¿Cuánto vale el billete de ida y vuelta a Sendai?
▶往復する ir y volver‖大阪まで車で往復する ir y volver en coche a Osaka
◨往復運賃「tarifa *f.* [precio *m.*] de ida y vuelta
◨往復運動 movimiento *m.* de ida y vuelta, vaivén *m.*
◨往復切符/往復乗車券 billete *m.* de ida y vuelta,《中南米》boleto *m.* de ida y vuelta
◨往復葉書 tarjeta *f.* postal con respuesta pagada
◨往復割引 descuento *m.* de ida y vuelta‖往復割引はありますか ¿Hay descuento de ida y vuelta?
おうぶん 欧文
▶欧文で en lengua「europea [occidental]
おうへい 横柄 arrogancia *f.*, insolencia *f.*
▶横柄な arrogante, insolente‖横柄な態度をとる adoptar una actitud arrogante, mostrarse arrogante／横柄な口調で en tono arrogante
▶横柄に con arrogancia, con insolencia‖横柄に振る舞う actuar con arrogancia
おうべい 欧米 Occidente *m.*, Europa y Estados Unidos de América
▶欧米の occidental
◨欧米諸国 países *mpl.* occidentales

◨欧米人 occidental *com.*
おうぼ 応募 （参加）participación *f.*,（申込み）solicitud *f.*
▶応募する participar《en》, presentarse《a》‖コンクールに応募する「participar en [presentarse a] un concurso
◨応募原稿 trabajo *m.* presentado al concurso
◨応募資格 requisitos *mpl.* de participación
◨応募者 participante *com.*, solicitante *com.*
◨応募用紙 solicitud *f.* de participación
おうぼう 横暴 despotismo *m.*
▶横暴な tira*no[na]*, tiráni*co[ca]*,（威張った）autorita*rio[ria]*,（勝手な）arbitra*rio[ria]*‖横暴な人 tira*no[na] mf.*, déspota *com.*
▶横暴に tiránicamente, despóticamente‖横暴に振る舞う actuar tiránicamente,《慣用》hacer y deshacer
おうむ 鸚鵡 papagayo *m.*(雄・雌), loro *m.*(雄・雌)
◨おうむ返し‖おうむ返しに言う repetir como un loro
おうよう 応用 aplicación *f.*
▶応用できる aplicable
▶応用する aplicar‖数学の理論を生活に用する aplicar las teorías matemáticas a la vida cotidiana
◨応用科学 ciencia *f.* aplicada
◨応用化学 química *f.* aplicada
◨応用技術 tecnología *f.* aplicada
◨応用数学 matemáticas *fpl.* aplicadas
◨応用物理学 física *f.* aplicada
◨応用問題 ejercicios *mpl.* de aplicación
おうよう 鷹揚 generosidad *f.*
▶鷹揚な genero*so[sa]*, magnáni*mo[ma]*‖鷹揚な人 persona *f.*「generosa [magnánima]
▶鷹揚に con generosidad, generosamente‖鷹揚に構える mostrarse genero*so[sa]*
おうらい 往来 （交通）tránsito *m.*, tráfico *m.*, circulación *f.*‖車の往来の激しい道 calle *f.* de mucho「tráfico [tránsito] vehicular
▶往来する transitar
おうりょう 横領 desfalco *m.*, apropiación *f.* ilegal, usurpación *f.*
▶横領する desfalcar, malversar, apropiarse ilegalmente‖公金を横領する malversar fondos públicos
◨公金横領 malversación *f.* de fondos públicos
◨横領罪 delito *m.* de malversación
おうりょく 応力 esfuerzo *m.*, tensión *f.* mecánica
おうレンズ 凹レンズ lente *f.* cóncava
おえつ 嗚咽 sollozo *m.*‖嗚咽をもらす dejar escapar sollozos,（急に）「estallar [prorrumpir] en sollozos／嗚咽をこらえる con-

tener los sollozos
▶嗚咽する sollozar
おえらがた　お偉方　gente *f.* importante,《話》(軽蔑的に) gente *f.* gorda
おえる　終える　terminar, acabar, finalizar, concluir‖大学を終える graduarse en la carrera universitaria, terminar la carrera universitaria／仕事を終える「terminar [acabar] el trabajo／本を終え読む terminar de leer un libro
おおあじ　大味
▶大味な so*so*[*sa*], algo insípi*do*[*da*]
おおあたり　大当たり　gran éxito *m.*,（興行の）gran éxito *m.* taquillero,（くじの）gran acierto *m.*‖大当たりをとる tener un gran éxito／その映画は大当たりだった La película「tuvo [fue] un gran éxito taquillero.
おおあな　大穴‖大穴をあける ocasionar grandes pérdidas／競馬で大穴を狙う apostar al caballo menos favorito en la quiniela hípica
おおあめ　大雨　lluvias *fpl.*「abundantes [copiosas, torrenciales]‖大雨が降る llover「copiosamente [torrencialmente, a cántaros]
◪大雨注意報 alerta *f.* de lluvias torrenciales
おおあれ　大荒れ‖総会は大荒れだった Hubo gran confusión en la asamblea general.
▶大荒れの tormento*so*[*sa*], tempestuo*so*[*sa*]‖大荒れの天気 tiempo *m.* tormentoso
おおあわて　大慌て
▶大慌てで precipitadamente, a toda prisa, pitando‖大慌てで家を出ていく salir「precipitadamente [pitando] de casa
おおい　多い　mu*cho*[*cha*],（数が）numero*so*[*sa*],（量が）cuantio*so*[*sa*],（頻度が）frecuente‖ミスの多い答案 examen *m.* lleno de errores／レストランの多い地区 barrio *m.* donde「abundan los [hay muchos] restaurantes／人数の多いクラス clase *f.* numerosa／地震の多い地域 zona *f.* muy propensa a sufrir terremotos／この通りは本屋が多い Hay muchas librerías en esta calle.／夏はビールの消費が多い Se consume mucha cerveza en verano.／最近、故郷に戻る人が多い Últimamente son muchos los que vuelven a su pueblo natal.／6月は雨が多い En junio llueve mucho.／エコノミークラス症候群は統計的にみて多い病気ではない Estadísticamente el síndrome de la clase turista no es una enfermedad frecuente.／多ければ多いほどよい Cuanto más, mejor.／私たちのホームページへのアクセス数の多いのが気になる Me preocupa el número de visitas a nuestra página web.
おおい　覆い　cobertura *f.*, cubierta *f.*,（家具などの）funda *f.* ⇒カバー‖覆いを取る descubrir, destapar, quitar la funda／覆いをする cubrir, tapar, poner una funda
おおいかくす　覆い隠す　encubrir‖事故の真の原因を覆い隠す ocultar las verdaderas causas del accidente
おおいそぎ　大急ぎ
▶大急ぎの apresura*do*[*da*],（緊急の）urgente
▶大急ぎで apresuradamente, a toda prisa, con la mayor rapidez posible‖大急ぎで行こう《話》Vamos volando.
おおいに　大いに　mucho,《慣用》en grande‖大いに楽しむ pasarlo「en grande [muy bien, estupendamente]
おおいばり　大威張り
▶大威張りする（威張る）darse mucha importancia, mostrarse muy arrogante
▶大威張りで con mucha arrogancia
おおいり　大入り
◪大入り満員‖スタジアムは大入り満員だった El estadio estaba「lleno de público [a tope].
おおう　覆う/蔽う　cubrir, tapar‖両手で顔を覆う（自分の）cubrirse la cara con las manos／死体を布で覆う cubrir el cadáver con una tela／山頂は雪で覆われていた La cima del monte estaba cubierta de nieve.¦La nieve cubría la cima del monte.／球場は熱気で覆われていた En el estadio de béisbol reinaba un ambiente de entusiasmo.／空が暗雲に覆われた El cielo se cubrió de nubarrones oscuros.
おおうけ　大受け
▶大受けする tener muy buena「acogida [aceptación]
おおうつし　大写し　primer plano *m.* ⇒クローズアップ‖大写しで撮る fotografiar en primer plano
おおうりだし　大売り出し　liquidación *f.*, rebajas *fpl.*‖年末の大売り出し rebajas *fpl.* de fin de año／その店は大売り出しをしている Esa tienda está de rebajas.
オーエス　OS　《IT》（オペレーティングシステム）sistema *m.* operativo (略 SO)
オーエル　OL　empleada *f.* de oficina
おおがかり　大掛かり
▶大掛かりな（大規模な）de gran「envergadura [escala]‖大掛かりな装置 dispositivo *m.* de gran envergadura
おおかた　大方　(ほとんど) casi,（大部分）en la mayor parte,（多分）probablemente‖仕事は大方片付いた El trabajo está casi acabado.／失業者の大方は若者だ Los desempleados son, en su mayoría, jóvenes.¦La mayor parte de los desempleados son jóvenes.／大方そんなことだろう Probablemente sería así.
▶大方の generaliza*do*[*da*],（大部分の）la

おおがた　大型/大形
▶大型の grande, de gran tamaño, de grandes dimensiones ‖ 大型の台風 tifón *m.* de gran [intensidad [magnitud]
　☐大型車 coche *m.* 「grande [de gran tamaño]
　☐大型スーパー hipermercado *m.*
　☐大型店舗 establecimiento *m.* comercial de gran [tamaño [superficie, envergadura]
　☐大型連休 puente *m.* largo de días no laborables

オーガニック
　☐オーガニック食品 alimentos *mpl.* orgánicos

おおかみ　狼 lobo *m.*, (雌) loba *f.* ‖ 男はみんな狼だ Todo hombre es un lobo para la mujer.

おおがら　大柄
▶大柄な grande, (背丈が) de gran talla ‖ 大柄な男 hombre *m.* 「grande [de gran talla]

おおかれすくなかれ　多かれ少なかれ en mayor o menor grado ‖ 多かれ少なかれ誰にも何らかの欠点がある Quien más y quien menos, todos tenemos algún defecto.

おおきい　大きい grande, gran 『+単数名詞』, (音が) al*to*[*ta*], (年長の) mayor, (重要な) importante ‖ 大きいみかん mandarina *f.* grande／声が大きい tener una voz alta, (大声で話す) hablar en voz alta／私たちの会社は大きくない Nuestra empresa no es grande.／失敗する可能性は大きい La posibilidad de fracasar es 「alta [grande].／僕は君より大きい (年上の) Soy mayor que tú.

おおきく　大きく mucho, bien ‖ 口を大きく開ける abrir mucho la boca／目を大きく開ける abrir bien los ojos／大きく賭ける apostar fuerte／生徒を大きく2つのグループに分ける dividir a los alumnos en dos grandes grupos
▶大きくする agrandar, hacer ALGO más grande, (拡張する) ampliar, extender ‖ スピーカーの音を大きくする subir el volumen del altavoz
▶大きくなる agrandarse, hacerse más grande, ampliarse, extenderse, (成長する) crecer ‖ 大きくなったら何になりたいの ¿Qué quieres ser 「de mayor [cuando seas mayor]?

おおきさ　大きさ tamaño *m.*, dimensiones *fpl.*, (洋服のサイズ) talla *f.* ‖ 地震による被害の大きさ magnitud *f.* de los daños causados por el terremoto／大きさを計る medir el tamaño《de》／大きさが同じりんご manzanas *fpl.* del mismo tamaño

おおきな　大きな ⇒ おおきい(大きい) ‖ 大きな荷物 equipaje *m.* 「grande [voluminoso]／大きな被害をもたらす causar 「grandes [importantes] daños／大きな役割を果たす desempeñar un papel importante／大きな希望 gran esperanza *f.*, esperanza *f.* grande／もう少し大きな声で話してください Hable más alto, por favor.
（慣用）大きなお世話だ ¡No es asunto tuyo!
（慣用）大きな顔をする（慣用）darse 「importancia [tono]
（慣用）大きな口をたたく fanfarronear

おおく　多く （副詞）mucho ‖ 彼は戦争体験について多くを語らない Él no habla mucho de su experiencia en la guerra.
▶多くの mu*cho*[*cha*] 『+不可算名詞』, mu*chos*[*chas*] 『+可算名詞』, numero*sos*[*sas*] 『+可算名詞』‖ 多くの避暑客が海辺にいる Hay muchos veraneantes en la playa.
▶多くは mu*chos*[*chas*]《de》, (大部分) la mayor parte《de》‖ 観客の多くはお年寄りだ Muchos de los espectadores son ancianos.

オーク （植物）roble *m.*

おおぐい　大食い
▶大食いの(人) glo*tón*[*tona*] (*mf.*), comi*lón*[*lona*] (*mf.*)

オークション ⇒ きょうばい(競売) ‖ オークションにかける sacar ALGO a subasta

おおぐち　大口
▶大口の ‖ 大口の注文をする hacer un pedido gordo／大口の寄付をする hacer una donación importante, donar una gran suma de dinero
（慣用）大口をたたく fanfarronear

おおくらしょう　大蔵省 Ministerio *m.* de Hacienda

オーケー OK De acuerdo. ¦ Está bien. ¦ Vale. ⇒ どうい(同意) ‖ オーケーを取る (承諾) 「obtener [conseguir] el consentimiento de ALGUIEN
▶オーケーする (同意する) dar *su* consentimiento《a》, consentir《en》, (承認する) dar el visto bueno《a》

おおげさ　大袈裟 ‖ 大げさだよ Exageras. ¦ Es una exageración.
▶大げさな exagera*do*[*da*] ‖ 大げさな表現 expresión *f.* exagerada
▶大げさに exageradamente, con exageración, (派手に)（慣用）a bombo y platillo ‖ 大げさに言う exagerar,（慣用）cargar las tintas／円高が大げさに報道されている Se cargan las tintas sobre la apreciación del yen.

オーケストラ orquesta *f.*
　☐オーケストラボックス foso *m.* de orquesta

オーケストラ編成

指揮者 director[tora] *mf.*／コンサートマ

スター concertino *com*. ／ 木管楽器 instrumento *m*. de viento de madera ／ 金管楽器 instrumento *m*. metálico de viento ／ 打楽器 instrumento *m*. de percusión ／ 鍵盤楽器 instrumento *m*. de teclado ／ 弦楽器 instrumento *m*. de cuerda ／ 独奏者/独唱者 (ソリスト) solista *com*. ／ 合唱団 coro *m*.

おおごえ 大声
▶大声で en voz alta, (叫んで) a gritos, a voces ‖ 大声で指図する ordenar en voz alta

おおごしょ 大御所 gran autoridad *f*., magnate *com*. ‖ 経済界の大御所 magnate *com*. del mundo económico

おおごと 大事 ‖ それは大ごとだ Eso es (un asunto) muy grave. ／ 大ごとになる 《慣用》 [pasar [llegar] a mayores

おおざけ 大酒 ‖ 大酒を飲む beber「mucho [copiosamente], 《慣用》 beber como「un cosaco [una esponja]
◪大酒飲み gran bebe*dor*[*dora*] *mf*.

おおさじ 大匙 cucharada *f*. ‖ 大さじ一杯の塩 una cucharada de sal

おおざっぱ 大雑把
▶大雑把な (大まかな) aproxima*do*[*da*], (雑な) chapuce*ro*[*ra*] ‖ 大雑把な説明 (手短な) explicación *f*. somera ／ 大雑把な仕事 trabajo *m*. chapucero
▶大雑把に aproximadamente, 《慣用》 *grosso modo*, (概略的に) 《慣用》 a grandes rasgos ‖ 大雑把に費用を見積もる calcular los gastos aproximados ／ 大雑把に説明する explicar「a grandes rasgos [someramente]

おおさわぎ 大騒ぎ gran alboroto *m*., escándalo *m*. ⇒さわぎ(騒ぎ) ‖ 大騒ぎになる Surge una polémica.
▶大騒ぎする armar un gran alboroto ‖ 大騒ぎするほどのことでもない 《慣用》 No「es [hay] para tanto.

おおしい 雄々しい (男らしい) varonil, viril, (勇敢な) valiente, bra*vo*[*va*]
▶雄々しく valientemente, con valentía

オーシーアール OCR (光学式文字読取装置) lector *m*. óptico de caracteres, (光学式文字認識) reconocimiento *m*. óptico de caracteres ‖ テキストをOCRで読み取る leer el texto con el lector óptico de caracteres

おおすじ 大筋 resumen *m*. ⇒がいりゃく(概略) ‖ 事の大筋 resumen *m*. de lo sucedido
▶大筋で 《慣用》 en líneas generales, 《慣用》 a grandes rasgos ‖ 大筋で君の提案に賛成だ En líneas generales estoy de acuerdo con tu propuesta.

おおぜい 大勢 (大勢の人) mucha gente *f*., (群集) muchedumbre *f*. ‖ 公園にデモの参加者が大勢集まった Se congregaron muchos manifestantes en el parque. ／ 大勢で遠足に行く ir de excursión en un grupo numeroso

おおそうじ 大掃除 limpieza *f*. general
▶大掃除をする hacer una limpieza general

オーソドックス
▶オーソドックスな ortodo*xo*[*xa*], (伝統的な) tradicional ‖ オーソドックスな方法 método *m*. ortodoxo

おおぞん 大損
▶大損する「sufrir [experimentar] grandes pérdidas ‖ 株で大損する「perder mucho dinero [sufrir grandes pérdidas] en la bolsa

オーダー (注文) pedido *m*., encargo *m*., (順序) orden *m*.
▶オーダーする pedir, encargar ‖ スーツの仕立てをオーダーする encargar la confección de un traje
◪オーダーメイド ‖ オーダーメイド服 traje *m*. hecho a la medida

おおだい 大台 ‖ 50歳の大台に乗る convertirse en *un*[*una*] cincuen*tón*[*tona*], cumplir el medio siglo de vida ／ 人口が1億の大台に乗った La población「superó [rebasó, sobrepasó] la barrera de cien millones de habitantes.

おおだてもの 大立者 ⇒おおごしょ(大御所)

おおづかみ 大摑み ⇒おおざっぱ(大雑把)
▶大づかみに 大づかみに説明する explicar「a grandes rasgos [someramente]

おおっぴら
▶おおっぴらに abiertamente, públicamente ‖ これはおおっぴらにはできない話だ Esto ha de quedar entre nosotros.

おおつぶ 大粒 ‖ 大粒の真珠 perla *f*. de gran tamaño ／ 大粒のぶどう uva *f*. de grano grande ／ 大粒の雨が降る Caen grandes gotas de lluvia.

おおづめ 大詰め desenlace *m*., final *m*. ‖ クリスマスセールも大詰めを迎えた Las rebajas de Navidad están llegando al final.

おおて 大手
▶大手の grande ‖ 大手のタクシー会社 gran empresa *f*. de taxis
◪大手企業 gran empresa *f*.

おおで 大手 ‖ 大手を広げる abrir los brazos de par en par
《慣用》大手を振って歩く 《慣用》 ir con la frente 「levantada [muy alta]

オーディーエー ODA (政府開発援助) 「Asistencia *f*. [Ayuda *f*.] Oficial para el Desarrollo (略 AOD)

オーディオ audio *m*.
◪オーディオ機器 equipo *m*. de sonido
◪オーディオビジュアル ⇒しちょうかく(視聴覚) ‖ オーディオビジュアルの audiovisual ‖ オーディオマニア audió*filo*[*la*] *mf*.

オーディション audición *f*., 《演劇》 《英語》 *casting m*. ‖ オーディションを受ける presentarse「a una audición [a un *casting*] ／

オーディションに受かる aprobar 「la audición [el *casting*]

オーデコロン agua *f*. de colonia, colonia *f*. ‖ オーデコロンをつける（自分に）echarse colonia

おおどうぐ 大道具 decoración *f*., decorado *m*.

おおどおり 大通り avenida *f*., calle *f*. principal ‖ 大通りに出る salir a una avenida

オートクチュール alta costura *f*.

オートバイ moto *f*., motocicleta *f*. ‖ オートバイに乗る montar en una moto

オートフォーカス autofoco *m*., enfoque *m*. automático ‖ オートフォーカスのデジカメ cámara *f*. digital con autofoco ／ オートフォーカスで撮る sacar una foto con autofoco

オードブル entremeses *mpl*.

オートマ ⇒オートマチック

オートマチック
▶オートマチックの automát*ico*[*ca*] ‖ オートマチックのカメラ cámara *f*. automática
◪オートマチック車 coche *m*. (con cambio) automático

オートミール copos *mpl*. de avena, (粥) gachas *fpl*. de avena

オートメーション automatización *f*.
▶オートメーション化 ‖ 製造工程をオートメーション化する automatizar el proceso de fabricación

オートロック cierre *m*. automático ‖ オートロックを外す「abrir [desbloquear] el cierre automático
◪オートロックシステム（マンションの）portero *m*.「automático [electrónico]
◪オートロックドア puerta *f*. de cierre automático

オーナー dueñ*o*[*ña*] *mf*., propieta*rio*[*ria*] *mf*.
◪オーナードライバー conduc*tor*[*tora*] *mf*. propieta*rio*[*ria*]

おおなた 大鉈 hacha *f*. grande
慣用 大鉈を振るう tomar medidas drásticas ‖ 大鉈を振るって予算を削減する meter un tijeretazo gordo a los presupuestos

オーバー ❶ (オーバーコート) abrigo *m*., gabardina *f*., sobretodo *m*.
❷ (超過)
▶オーバーする exceder, sobrepasar ‖ 予算をオーバーする「exceder [rebasar, sobrepasar] el presupuesto, pasar del presupuesto
❸ (誇張) →おおげさ（大袈裟）
▶オーバーな exagerad*o*[*da*]

オーバーヒート recalentamiento *m*.
▶オーバーヒートする recalentarse, sobrecalentarse

オーバーブッキング sobreventa *f*.
▶オーバーブッキングする sobrevender, hacer sobreventa 《de》

オーバーホール revisión *f*. general ‖ オーバーホールを受ける（機械が）pasar una revisión general
▶オーバーホールする 「hacer [realizar] una revisión general《de》

オーバーラップ superposición *f*., traslapo *m*.
▶オーバーラップする superponerse, (重ね合わせる) traslapar

オーバーワーク exceso *m*. de trabajo
▶オーバーワークする trabajar 「excesivamente [en exceso, demasiado]

おおはば 大幅
▶大幅な mu*cho*[*cha*], considerable ‖ 大幅な人員削減 drástica reducción *f*. de plantilla, drástico recorte *m*. de personal
▶大幅に mucho, considerablemente, 《慣用》en gran medida ‖ 失業率は大幅に上昇した La tasa de desempleo 「se incrementó considerablemente [experimentó un considerable incremento]

おおばんぶるまい 大盤振る舞い ‖ 父は友人たちを豪華な宴会に招いて大盤振る舞いをした Mi padre tiró la casa por la ventana ofreciendo a sus amigos un gran banquete.

オービー OB (卒業生) gradua*do*[*da*] *mf*., ex estudiante *com*., ex alum*no*[*na*] *mf*. ‖ (ゴルフで) OBを出す mandar la bola fuera de límites

オープニング inauguración *f*., apertura *f*., ceremonia *f*. inaugural ‖ 国際映画祭のオープニング inauguración *f*. del festival internacional de cine

おおぶね 大船
慣用 大船に乗った気持ちでいる sentirse libre de preocupaciones, sentirse totalmente tranqui*lo*[*la*]

おおぶろしき 大風呂敷
慣用 大風呂敷を広げる fanfarronear, decir fanfarronadas

オーブン 《料理》horno *m*. ‖ オーブンでアップルパイを焼く hornear una tarta de manzana
◪オーブントースター horno *m*. tostador

オープン apertura *f*., inauguración *f*.
▶オープンする abrir, inaugurarse ‖ 新しい店がオープンした Se inauguró una tienda nueva.
▶オープンな abier*to*[*ta*]
▶オープンに abiertamente, (率直に) francamente, con franqueza ‖ オープンに話す (率直に) hablar francamente
◪全米オープン《テニス・ゴルフ》Abierto *m*. de Estados Unidos
◪オープンウォータースイミング natación *f*. en aguas abiertas
◪オープンカー coche *m*. descubierto, (幌

付きの) descapotable *m.*, cabriolé *m.*, convertible *m.*
- オープン価格 precio *m.* abierto
- オープンキャンパス campus *m.* abierto al público
- オープン戦《野球》juego *m.* de exhibición
- オープンチケット billete *m.* abierto

オーボエ oboe *m.* ‖ オーボエを吹く tocar el oboe
- オーボエ奏者 oboe *com.*, oboísta *com.*

おおまか 大まか ⇒おおざっぱ(大雑把)

おおまた 大股
▶大股で a zancadas, a grandes pasos, a pasos largos ‖ 大股で歩く andar a zancadas,「caminar [andar] a grandes pasos

おおみず 大水 inundación *f.*, riada *f.* ⇒ こうずい(洪水)

おおみそか 大晦日 último día *m.* del año ‖ 大みそかの夜 Nochevieja *f.*

おおみだし 大見出し (新聞の) grandes titulares *mpl.* ‖ そのニュースは大見出しで扱われた La noticia apareció con grandes titulares.

オーム 《物理》ohmio *m.*, ohm *m.*
- オームの法則 ley *f.* de Ohm

おおむかし 大昔 época *f.* remota, (古代) antigüedad *f.* ‖ 大昔からの言い伝え leyenda *f.*「muy antigua [contada desde tiempos remotos]
▶大昔の muy antiguo [gua],《慣用》《話》del año de la「nana [pera]
▶大昔に en tiempos「remotos [inmemoriales], hace miles de años

おおむぎ 大麦 cebada *f.*

おおむね (おおよそ) más o menos, (ほとんど) casi ‖ おおむね、あなたと同じ意見です En general, comparto su opinión.

おおめ 大目
[慣用]大目に見る《慣用》hacer la vista gorda, disimular

おおめ 多め
▶多めに 通常より塩を多めに入れる echar un poco más de sal de lo normal

おおめだま 大目玉
[慣用]大目玉を食らう「llevarse [recibir] una buena reprimenda ‖ 遅く帰宅して、両親に大目玉を食らった Mis padres me echaron una bronca tremenda por llegar tarde a casa.

おおもうけ 大儲け pingües「ganancias *fpl.* [beneficios *mpl.*]‖大儲けをする obtener pingües「ganancias [beneficios]

おおもじ 大文字 mayúscula *f.*, versal *f.*, letra *f.*「mayúscula [versal] ‖ 大文字で書く escribir en mayúscula

おおもの 大物 (重要人物) persona *f.* importante,《慣用》pez *m.* gordo ‖ 映画界の大物 pez *m.* gordo del mundo del cine ／ (魚の)大物がかかる pescar un pez「grande [gordo]

おおや 大家 propietario[ria] *mf.*, dueño [ña] *mf.*, arrendador[dora] *mf.*

おおやけ 公
▶公の público[ca], (公式の) oficial ⇒ こうしき(⇒公式の)‖ 公の発言 declaración *f.* oficial ／ 公の機関 órgano *m.* oficial, institución *f.* pública
▶公にする hacer público[ca], publicar ⇒ こうひょう(⇒公表する)

おおやすうり 大安売り (バーゲン) rebajas *fpl.*, liquidación *f.*
▶大安売りする hacer rebajas

おおゆき 大雪「gran [fuerte, buena] nevada *f.* ‖ 東京で大雪が降った Cayó una gran nevada en Tokio.

おおよそ ⇒およそ

オーラ aura *f.* ‖ オーラを放つ irradiar un aura ／ オーラを感じる sentir el aura de ALGUIEN

おおらか
▶おおらかな generoso[sa], desprendido [da] ‖ おおらかな性格 carácter *m.* generoso ／ おおらかな人 persona *f.* generosa
▶おおらかに con generosidad, generosamente

オール remo *m.* ‖ オールで漕ぐ remar

オールスター las estrellas
- オールスターキャスト elenco *m.* de estrellas
- オールスターゲーム「partido *m.* [juego *m.*] de estrellas ‖ 大リーグのオールスターゲーム juego *m.* de estrellas de las Grandes Ligas de Béisbol

オールナイト toda la noche ‖ オールナイトの上映 sesión *f.* de toda la noche

オールラウンド (能力) versatilidad *f.*
- オールラウンドプレーヤー jugador[dora] *mf.* versátil

オーロラ aurora *f.* polar ‖ オーロラが発生する「Aparece [Se produce] una aurora polar.

おおわらい 大笑い carcajada *f.*
▶大笑いする reír a「carcajada limpia [carcajadas]

おおわらわ 大わらわ ‖ 大わらわである trabajar afanosamente, ajetrearse

おか 丘 colina *f.*, cerro *m.* ‖ 丘に上る subir a una colina

おかあさん お母さん madre *f.*, (ママ) mamá *f.*, mami *f.*

おかえし お返し (仕返し) revancha *f.* ‖ お返しをする (返礼する) devolver el favor《a》, (仕返しする) tomarse la revancha, (同じ方法でやり返す)《慣用》pagar con la misma moneda《a》

おかえりなさい お帰りなさい Hola, buenas.

おがくず 大鋸屑　serrín *m.*, aserrín *m.*, aserraduras *fpl.*

おかげ お陰‖成功は君たちの支援のおかげだ El éxito se debe a vuestro apoyo. ／おかげ様で gracias a Dios
▶おかげで gracias （a）, （～のせいで） por culpa （de） ‖新しい地下鉄路線のおかげで、通勤時間が短くなった Gracias a la nueva línea de metro, ahora tardo menos tiempo en ir al trabajo.

おかしい （面白い） gracio*so*[sa], cómi*co*[ca], （愉快な） diverti*do*[da], （変な） extra*ño*[ña], ra*ro*[ra], （怪しい） sospecho*so*[sa]‖このジョークがおかしくてたまらない morirse [troncharse] de risa ／頭がおかしい 〔慣用〕estar toca*do*[da] de la cabeza ／最近、妻の様子がおかしい Mi esposa está rara últimamente. ／プリンタの調子がおかしい La impresora funciona mal.

おかしらつき 尾頭付き‖尾頭付きの鯛 besugo *m.* asado entero (con cabeza y cola)

おかす 犯す　（罪・不正を） cometer, incurrir （en）, （人・法を） violar, （法を） infringir ‖ミスを犯す cometer un error ／不正を犯す 「cometer [incurrir en] una irregularidad ／法を犯す 「violar [infringir] la ley ／盗みを犯す cometer un robo

おかす 冒す‖危険を冒す arriesgarse, correr riesgo ／癌に冒される sufrir cáncer

おかす 侵す　（侵略する） invadir, （侵害する） violar ‖権利を侵す 「violar [infringir] los derechos ／隣国の領土を侵す invadir el territorio del país vecino

おかず （メインディッシュ） plato *m.* fuerte, （付け合わせ） acompañamiento *m.*, guarnición *f.*

おかっぱ お河童　（髪型）「peinado *m.* [pelo *m.*] a lo paje ‖お河童にする tener un peinado a lo paje

おかどちがい お門違い
▶お門違いである estar equivoca*do*[da], 〔慣用〕«ir [estar] arregla*do*[da] ‖私を恨むのはお門違いだよ Estás equivoca*do*[da] si me guardas rencor.

おかね お金 ⇒かね（金）

おかぶ お株　（得意なこと） especialidad *f.*, fuerte *m.*
〔慣用〕お株を奪う（影を薄くする）〔慣用〕hacer sombra a ALGUIEN ‖上司（男性）のお株を奪うな No le hagas sombra a tu jefe.

おかまい お構い‖どうぞおかまいなく No se moleste. ／何のおかまいもできませんが、おくつろぎ下さい Póngase cómo*do*[da], aunque no le podemos ofrecer gran cosa. ／彼は人の迷惑などおかまいなしだ A él no le importa que los demás se molesten.

おがむ 拝む　（祈る） rezar, （崇拝する） adorar, （懇願する） rogar ‖初日の出を拝む contemplar la primera salida del sol del año
〔慣用〕拝み倒す rogar insistentemente a ALGUIEN hasta conseguir lo que se quiere

おかめはちもく 傍目八目　《諺》Los toros se ven mejor desde la barrera. ¦《諺》Bien juega quien mira.

オカリナ　ocarina *f.* ‖オカリナを吹く tocar la ocarina

オカルト　ocultismo *m.*
▲オカルト映画　película *f.* de brujería

おがわ 小川　arroyo *m.*, riachuelo *m.* ‖小川のせせらぎ murmullo *m.* del arroyo

おかわり お代わり‖ビールのお代わりをください Tráigame otra cerveza, por favor. ／コーヒーのお代わりはいかがですか¿Quiere tomar otra taza de café?
▶お代わりする repetir ‖ごはんをお代わりする repetir otro tazón de arroz

おかん 悪寒　escalofríos *mpl.* ‖悪寒がする 「tener [sentir] escalofríos

おき‖1日おきに cada dos días, 〔慣用〕un día sí y otro no ／2日おきにジムに通う ir a un gimnasio cada tres días ／6時間おきに cada seis horas, a intervalos de seis horas

おき 沖　mar *m.* abierto, alta mar *f.* ‖沖を眺める contemplar el mar abierto
▶沖で/沖に en alta mar, frente a la costa 《de》‖沖に出る salir a alta mar ／銚子沖に停泊する（船舶が）anclar frente a la costa de Choshi

おきあがりこぼし 起き上がり小法師　tentetieso *m.*, siempretieso *m.*, tentempié *m.*

おきあがる 起き上がる　levantarse, （上体を起こす） incorporarse ‖ベッドから起き上がる levantarse de la cama

おきかえる 置き換える　sustituir ALGO 《por》, reemplazar ‖ある言葉を別の言葉に置き換える sustituir una palabra por otra

おきざり 置き去り
▶置き去りにする dejar abandona*do*[da] 《a》, abandonar ‖自分の子供たちを置き去りにする dejar abandonados a *sus* hijos

オキシダント　oxidante *m.*

おきて 掟　ley *f.*, reglamento *m.*, regla *f.*, （戒律） mandamiento *m.* ‖おきてを守る cumplir el reglamento ／おきてを破る infringir el reglamento ／神のおきてに従う 「obedecer [cumplir] los mandamientos de Dios

おきてがみ 置き手紙‖置き手紙をする dejar una 「carta [nota] 《para》

おきどけい 置き時計　reloj *m.* de mesa

おきどころ 置き所 ⇒おきば（置き場）

おぎなう 補う　complementar, （埋め合わせる） cubrir, compensar, indemnizar ‖欠員を

おきにいり お気に入り （人）favorito[ta] *mf.*, preferido[da] *mf.* ‖ お気に入りにインターネットのページを追加する añadir a los favoritos una página web
▶お気に入りの favorito[ta], preferido[da]

おきぬけ 起き抜け ‖ 起き抜けにシャワーを浴びる ducharse nada más levantarse de la cama

おきば 置き場　depósito *m.* ‖ ソファーの置き場がない No hay espacio para colocar el sofá. ／私は身の置き場がない No tengo un lugar donde pueda estar tranquilo[la].
◪自転車置き場 aparcamiento *m.* para bicicletas, estacionamiento *m.* de bicicletas

おきまり お決まり
▶お決まりの habitual, de siempre, (紋切り型の) estereotipado[da] ‖ お決まりの愚痴 quejas *fpl.* de siempre ／お決まりの散歩のコース ruta *f.* habitual de paseo

おきみやげ 置き土産　regalo *m.* [recuerdo *m.*] de despedida ‖ 置き土産をする dejar un regalo, (何かを) regalar ALGO como recuerdo

おきもの 置き物　figura *f.* decorativa, adorno *m.*

おきる 起きる　levantarse，（覚める）despertarse，（発生する）ocurrir, producirse ‖ 毎朝6時に起きる levantarse todas las mañanas a las seis ／その音で子供が起きた Ese ruido despertó al niño. ／何が起きたのですか ¿Qué ha pasado? ／ここで爆発が起きた Aquí se produjo una explosión.

おきわすれる 置き忘れる　dejar olvidado ALGO, dejarse ‖ タクシーにバッグを置き忘れました「Dejé olvidado [Me dejé] mi bolso en el taxi.

おく 奥　fondo *m.*, (内部) interior *m.* ‖ 山の奥に en el interior de la montaña ／トイレは廊下の奥にある El baño está al fondo del pasillo. ／胸の奥で《慣用》en *su* fuero interno ／奥へ通す (hacer) pasar a ALGUIEN al fondo de la casa
▶奥の del fondo ‖ 奥の部屋 habitación *f.* del fondo

おく 億　cien　millones *mpl.* ‖ 10億円 mil millones de yenes ／100億ユーロ diez mil millones de euros ／1000億ドル cien mil millones de dólares
◪億万長者 multimillonario[ria] *mf.*

おく 置く/描く　❶［据える］poner, colocar ‖ 花瓶をテーブルの上に置く「colocar [poner] el florero en la mesa ／両手を膝の上に置く ponerse las manos en las rodillas
❷［開設する］establecer, abrir ‖ 支店を置く abrir una sucursal
❸［残しておく］dejar ‖ 荷物をホテルに置いて出かける salir dejando el equipaje en el hotel
❹［〜しておく］tener『+形容詞・過去分詞+名詞句］，（〜したままにしておく）dejar『+形容詞・過去分詞+名詞句］，（〜させておく）dejar『+不定詞・現在分詞+名詞句］‖ 小銭を用意しておく tener preparado dinero suelto ／窓を開けておいてください Deje abiertas las ventanas. ／子どもたちを遊ばせておく dejar jugar a los niños
❺［雇う］emplear ‖ 家政婦をおく emplear a una criada
❻［その他］‖ この店はいつも新商品を置いてある Esta tienda siempre tiene nuevos productos. ／わが家から一軒おいた隣に a dos casas「más allá [al lado] de la mía ／君をおいてこの仕事の適任者はいない Nadie mejor que tú puede hacer este trabajo.

おくがい 屋外
▶屋外の exterior ‖ 屋外の活動に参加する participar en actividades al aire libre
▶屋外で/屋外へ al aire libre, fuera de casa ‖ 屋外で遊ぶ jugar「al aire libre [fuera]
◪屋外広告「publicidad *f.* [anuncio *m.*] en exteriores
◪屋外照明 iluminación *f.* en exteriores
◪屋外スポーツ deporte *m.* al aire libre
◪屋外プール piscina *f.*「descubierta [al aire libre]

おくさま 奥様　señora *f.*

おくさん 奥さん　⇒おくさま（奥様）

おくじょう 屋上　azotea *f.*, terrado *m.* ‖ 屋上に出る salir a la azotea
《慣用》屋上屋{おく}を架す arar en el mar
◪屋上庭園 jardín *m.* en la azotea
◪屋上ビアガーデン cervecería *f.* en la azotea

おくする 臆する　cohibirse ‖ 臆することなくふるまう actuar resueltamente,《慣用》「coger [agarrar] el toro por los cuernos

おくそく 憶測　conjetura *f.*, imaginación *f.*, suposición *f.* ‖ 憶測がはずれる no acertar en *sus* conjeturas ／憶測が乱れ飛ぶ Circulan un montón de conjeturas. ／憶測でものを言う hablar por conjeturas ／君の言うことは憶測にすぎない Lo que dices no son más que conjeturas. ／あらゆる憶測を生む suscitar todo tipo de conjeturas
▶憶測する conjeturar, imaginar

おくそこ 奥底　lo más「hondo [profundo] ‖ 心の奥底で en lo más hondo de *su* corazón,《慣用》en *su* fuero interno

オクターブ　octava *f.* ‖ 1オクターブ上げる「下げる」 subir [bajar] una octava más

おくち 奥地　zona *f.* recóndita, (内陸) interior *m.* ‖ 奥地に入る adentrarse en el interior《de》／アマゾンの奥地を探検する explorar la zona recóndita de la Amazonia

おくづけ 奥付　(本の) colofón m.
おくて 奥手
▶奥手の(人) inmadur*o*[*ra*] (*mf.*)
おくて 晩生/晩稲
▶晩生の tardí*o*[*a*] ‖晩生のみかん mandarina *f.* tardía
おくない 屋内
▶屋内の interior
▶屋内で/屋内へ dentro, en casa
■屋内競技 juego *m.* bajo techo
■屋内競技場 estadio *m.* 「cubierto [interior]
■屋内シーン (映画の) interiores *mpl.*
■屋内照明 iluminación *f.* en interiores
■屋内スポーツ deporte *m.* de interior
■屋内配線 cableado *m.* interior
■屋内プール piscina *f.* cubierta
おくに お国　(出生地) tierra *f.* natal ‖お国はどちらですか¿De dónde es usted?
■お国言葉/お国訛 dialecto *m.*, habla *f.* dialectal
■お国自慢‖お国自慢をする hablar de las cosas buenas de *su* país
おくのて 奥の手　último recurso *m.*,《慣用》tabla *f.* de salvación
「慣用」奥の手を使う「utilizar [emplear] el último recurso
おくば 奥歯　muela *f.*
「慣用」奥歯に物が挟まったような言い方をする no hablar a las claras,《慣用》andarse con rodeos
おくびょう 臆病
▶臆病な cobarde, pusilánime
■臆病風‖臆病風に吹かれる acobardarse, atemorizarse
■臆病者 cobarde *com.*, pusilánime *com.*
おくぶかい 奥深い　profund*o*[*da*], hon*do* [*da*] ‖奥深い真理 verdad *f.* profunda
おくまった 奥まった　situa*do*[*da*] 「en el [al] fondo《de》‖奥まった部屋 habitación *f.* del fondo
おくめん 臆面
▶臆面もなく sin vacilar, sin el menor rubor
おくやみ お悔やみ　pésame *m.*, condolencia *f.* → くやみ(悔やみ)
おくゆかしい 奥床しい　(慎み深い) modest*o*[*ta*], (優雅な) elegante, (洗練された) refina*do*[*da*], fin*o*[*na*] ‖奥ゆかしい言葉づかい lenguaje *m.* refinado
おくゆき 奥行き　profundidad *f.* (horizontal) ‖奥行きがある tener profundidad ‖引き出しの奥行きはどのくらいですか¿Cuál es la profundidad del cajón?
オクラ　quingombó *m.*
おくらせる 遅らせる　atrasar, retrasar, demorar ‖本の刊行を遅らせる retrasar la publicación del libro
おくりかえす 送り返す　devolver ‖手紙を差出人に送り返す devolver la carta al remitente / 不良品をメーカーへ送り返す devolver una mercancía defectuosa al fabricante
おくりこむ 送り込む　enviar ‖救援チームを送り込む enviar un equipo de rescate《a》
おくりさき 送り先　destino *m.*, (受取人) destinata*rio*[*ria*] *mf.*
おくりじょう 送り状　factura *f.*
おくりだす 送り出す　enviar ‖優秀な卒業生を世の中に送り出す formar graduados competentes para enviarlos a la sociedad /子どもを学校へ送り出す mandar a *su* hij*o*[*ja*] a la escuela
おくりぬし 送り主　expedi*dor*[*dora*] *mf.*, (差出人) remitente *com.*
おくりむかえ 送り迎え
▶送り迎えする‖保育園に子供を送り迎えする llevar y recoger a *su* hij*o*[*ja*] a la guardería
おくりもの 贈り物　regalo *m.*, obsequio *m.* ‖ささやかな贈り物 pequeño regalo *m.* / 贈り物を渡す entregar un regalo / 贈り物を受け取る recibir un regalo / 贈り物用に包んでください Envuélvamelo para regalo, por favor.
おくる 送る　❶ [発送する] enviar, expedir, despachar, (送付する) remitir ‖この郵便物を日本に送りたいのですが Quisiera enviar este correo a Japón.
❷ [人を] (派遣する) enviar, (連れて行く) llevar, (同行する) acompañar, (見送る) despedir ‖代表団を送る enviar a una delegación / 彼が家まで車で送ってくれた Él me llevó en coche a casa. /家まで送ろう Te acompaño a tu casa. /死者を送る despedir「al difunto [a la difunta]
❸ [過ごす] pasar ‖彼らは幸せな日々を送っていた Ellos pasaban los días felices.
おくる 贈る　regalar, obsequiar a ALGUIEN《con》, (授与する) conceder, otorgar ‖プレゼントを贈る regalar, hacer un regalo《a》, obsequiar a ALGUIEN con un regalo /賞を贈る conceder un premio《a》, galardonar a ALGUIEN con un premio
おくれ 遅れ/後れ　retraso *m.*, demora *f.* ‖発送の遅れ demora *f.* en el envío, retraso *m.* de envío /電車の遅れのため debido al retraso del tren /後れを取り戻す recuperar el retraso /経済発展で後れをとる「experimentar [sufrir] un retraso en el desarrollo económico
おくれげ 後れ毛　abuelos *mpl.*
おくればせながら 後れ馳せながら‖遅れせながらお祝いを申し上げます Aunque con un poco de retraso, le doy mi felicitación.
おくれる 遅れる/後れる　(遅れて着く) llegar「tarde [con retraso], (進度が) retrasar(se), atrasar(se) ‖授業に遅れる llegar tarde a clase /会社に遅れずに着く llegar a

tiempo al trabajo／電車に乗り遅れる perder el tren／流行に遅れる quedarse atrás en moda／私の時計は遅れる Mi reloj se atrasa.／この時計は10分遅れている Este reloj va atrasado diez minutos.／返事が遅れてごめんなさい Te pido perdón por no haberte contestado antes.／エンジン故障により，その便は遅れた El vuelo se atrasó debido a la avería del motor.／技術の進歩に遅れてはならない No hay que quedarse atrás en los avances tecnológicos.

おけ 桶 cubo *m.* ‖ 桶で水を汲む coger agua con un cubo

おける （場所・時間）en ‖ 職場におけるセクハラ acoso *m.* sexual en el lugar de trabajo

おこう お香 ⇒こう(香)

おこがましい impertinente, insolente, presuntu*oso*[*sa*] ‖ おこがましいようですが… Permítame el atrevimiento, pero...

おこす 起こす （立てる）levantar,（目覚めさせる）despertar,（引き起こす）causar, provocar, suponer,（発作を）tener, sufrir ‖ 倒れた木を起こす levantar un árbol caído／上半身を起こす incorporarse／寝ている子を起こす despertar a *un*[*una*] niñ*o*[*ña*] dorm*ido*[*da*]／起こさないでください《ホテルのドアノブの掲示》No molestar／問題を起こす causar un problema／咳の発作を起こす「tener [sufrir] un acceso de tos

おこす 興す crear, fundar ‖ 映画産業を興す crear la industria cinematográfica／国を興す「construir [fundar] un país

おこす 熾す ‖ 火をおこす「hacer [prender, encender] fuego

おごそか 厳か
▷**厳かな** solemne ‖ 厳かな雰囲気 ambiente *m.* solemne
▷**厳かに** solemnemente, con solemnidad ‖ 式を厳かに挙行する celebrar solemnemente un acto

おこたる 怠る descuidar, desatender ‖ 仕事を怠る descuidar el trabajo／努力を怠る descuidar los esfuerzos／注意を怠る no prestar la debida atención《a》, descuidarse

おことば 御言葉 ⇒ことば(言葉)

おこない 行い acción *f.*, acto *m.*,（品行）conducta *f.*, comportamiento *m.* → こうい(行為)・こうどう(行動) ‖ 勇気ある行い「acción *f.* [acto *m.*] valiente／日ごろの行い conducta *f.*（habitual [cotidiana, diaria]／良い行い buena conducta *f.*／この男の子は行いのいい子だ Ese niño se comporta bien.／行いが悪い comportarse mal／行いを省みる reflexionar sobre *su* conducta／行いを改める corregir *su* comportamiento

おこなう 行う hacer, realizar,（実行する）llevar a cabo,（催す）celebrar ‖ 実験を行う「hacer [realizar] un experimento／文化活動を行う「hacer [realizar] actividades culturales／式を行う「celebrar [llevar a cabo] un acto

おこなわれる 行われる tener lugar,（開催される）celebrarse ‖ 5月5日に行われたセミナー el seminario celebrado el 5 de mayo／講演はこの教室で行われる La conferencia se celebrará en esta aula.

おこのみやき お好み焼き 《日本語》*okonomiyaki m.*,（説明訳）masa *f.* con varios ingredientes cocinados a la plancha ‖ お好み焼きを焼く hacer *okonomiyaki*

おこり 起こり （起源）inicio *m.*, origen *m.*,（原因）causa *f.* ‖ 事の起こりはこうでした Fue así como empezó todo.

おごり 奢り （贅沢）lujo *m.* ‖ 奢りを極める vivir「lujosamente [a lo grande], llevar un lujoso tren de vida／今日は僕のおごりです Hoy estás invitad*o*[*da*]. ¦ Te invito hoy.

おごり 驕り presunción *f.*, arrogancia *f.*

おこりっぽい 怒りっぽい enfadadi*zo*[*za*], irascible ⇒たんき(→短気な) ‖ 怒りっぽい人 cascarrabias *com.* [=*pl.*]／私の祖父は怒りっぽい Mi abuelo se enfada enseguida. ¦ Mi abuelo 「tiene [es de] fácil enfado. ¦ Mi abuelo tiene un carácter enfadadizo.

おこる 怒る enfadarse, enojarse,（叱る）reñir, regañar, reprochar, reprender ‖ 娘を怒る「reñir [reprender] a *su* hija／両親に怒られる ser reprendid*o*[*da*] por *sus* padres／彼女は怒って僕に口をきかない Ella no me habla porque está enfadada.
▷**怒った** enfadad*o*[*da*], enojad*o*[*da*] ‖ 怒った顔で con cara de「enfado [enojo]
▷**怒らせる** (hacer) enfadar ‖（君は）彼女を怒らせるな No la hagas enfadar. ¦ No la enfades.

おこる 起こる ocurrir, pasar, suceder, producirse,（戦争が）estallar ‖ 地震が起こる「producirse [ocurrir, tener lugar, registrarse] *un* terremoto／両国間で戦争が起こった Estalló una guerra entre ambos países.／何が起ころうとも pase lo que pase／もし私に何かが起こったら si me ocurre algo

おこる 興る surgir, aparecer, nacer,（盛んになる）prosperar ‖ 新興国で新しい産業が興っている Surgen nuevas industrias en países emergentes.

おごる 奢る （贅沢である）derrochar lujos;（招待する）invitar, convidar ‖ 口が奢っている tener un paladar「exigente [fino]／僕が奢ろう Te invito.

おごる 驕る vanagloriarse《de》, envanecerse《de, con, por》‖ 勝利に驕る vanagloriarse de *su* victoria

(慣用) 驕れる者は久しからず El orgullo viene antes de la caída.

おさえ 押さえ/抑え （重し）peso *m.*, （抑制）control *m.* ‖ 抑えを利かす controlarse ／ 抑えが利かない descontrolarse

おさえつける 押さえ付ける/抑え付ける （動けなくする）inmovilizar, （抑圧する）reprimir ‖ 相手(男性)の身体を押さえつける inmovilizar el cuerpo del contrincante ／ 反対派を押さえつける reprimir a la oposición

おさえる 抑える （こらえる）reprimir, resistir, （制御する）frenar, contener, controlar （抑圧する）reprimir, （阻止する）impedir ‖ やる心を抑える contener la impaciencia ／ 感情を抑える「contener [controlar] *sus* sentimientos, controlarse ／ 物価を抑える frenar (la subida de) los precios ／ 反乱を抑える「sofocar [reprimir] una rebelión ／ 感染を抑える impedir el contagio《de》

おさえる 押さえる sujetar, oprimir ‖ 手で口を押さえる (人の) tapar la boca con la mano a ALGUIEN ／ 手で帽子を押さえる（自分の）sujetarse el sombrero con la mano

おさがり お下がり ropa *f.* heredada [usada] ‖ 姉のお下がりを着る llevar [usar] ropa heredada de *su* hermana mayor

おさき お先 ⇒さき(先)
▶お先にどうぞ Pase usted. ／ お先に失礼します Con su permiso, me voy a retirar.
[慣用]（私たちは）お先真っ暗だ「Nos espera [Tenemos] un futuro muy negro.

おさきぼう お先棒
[慣用]お先棒を担ぐ trabajar como instrumento de ALGUIEN

おさげ お下げ trenza *f.*, trenzado *m.* ‖ 妹はお下げにしている Mi hermana menor「lleva [tiene] trenzas.

おさと お里 ⇒さと(里)

おさない 幼い pequeño[ña], infantil, pueril ‖ 幼い子供 pequeño[ña] *mf.*,《話》pequeñajo[ja] *mf.* ／ 幼い頃に de niño[ña], en *su*「niñez [infancia] ／ 考えが幼い tener ideas infantiles [pueriles]

おさなごころ 幼心 ‖ 私は幼心にもそのことをよく覚えている Lo recuerdo muy bien, aunque era niño[ña].

おさななじみ 幼馴染み amigo[ga] *mf.* de la infancia ‖ 私たちは幼なじみである Somos amigos de la infancia. ¦ Nos conocemos desde la infancia.

おざなり 御座成り ⇒いいかげん(いい加減)

おさまり 納まり/収まり/治まり ‖ 収まりがつく（解決する）solucionarse, arreglarse ／ この紛争はこのままでは収まりがつかない Tal como están las cosas, este conflicto no se va a solucionar.

おさまる 収まる/納まる/納まる （入る）caber《en》‖ 箱に収まる caber en una caja ／ 会長の座に納まる ocupar el cargo de presidente[ta]

おさまる 治まる （鎮まる）calmarse, apaciguarse ‖ 私は頭痛が治まった Se me ha calmado el dolor de cabeza. ／ 嵐が治まった La tormenta se「calmó [apaciguó, aplacó]. ／ 私は怒りが治まらない No puedo calmar mi ira.

おさめる 収める/納める （支払う）pagar, （しまう）guardar, （中に入れる）meter ‖ 授業料を納める abonar las tasas académicas ／ 刀をさやに収める meter la espada en la vaina, envainar la espada

おさめる 治める （統治する）gobernar, （王が）reinar, （鎮める）calmar, apaciguar ‖ 国を治める gobernar un país ／ 紛争を治める apaciguar un conflicto

おさめる 修める estudiar ‖ 医学を修める terminar la carrera de Medicina

おさらい お浚い repaso *m.*, revisión *f.*
▶おさらいをする repasar

おさん お産 alumbramiento *m.*, parto *m.* ⇒しゅっさん(出産) ‖ お産が重い[軽い] tener un parto difícil [fácil]

おし 押し （押すこと）empujón *m.*, （強引さ）empuje *m.* ‖ 押しが強い男 hombre *m.* de empuje
[慣用]押しの一手 ‖ 押しの一手で行く《慣用》intentar salirse con la *suya*
[慣用]押しも押されもせぬ ‖ 彼女は押しも押されもせぬ大作家だ Ella es indiscutiblemente una gran escritora.

おじ 伯父/叔父 tío *m.*, （おじちゃん）《幼児語》tito *m.*
▶大おじ tío *m.* abuelo

おしあう 押し合う darse empujones ‖ 押し合わないでご乗車ください（電車に）Señores pasajeros, eviten empujones al subir al tren.
[慣用]押し合いへし合いする apretujarse, darse empujones y codazos

おしあける 押し開ける ‖ ドアを押しあける abrir la puerta de un empujón

おしあげる 押し上げる subir, elevar, aumentar ‖ 労働力の不足が時間当たりの賃金を押し上げた La falta de mano de obra aumentó el sueldo por hora.

おしあてる 押し当てる ‖ 傷口にハンカチを押し当てる apretar la herida con un pañuelo, aplicar un pañuelo sobre la herida

おしい 惜しい （貴重な）valioso[sa], （残念な）lamentable ‖ もったいない(勿体ない) ‖ 私は時間が惜しい No quiero perder el tiempo. ／ 命が惜しい no querer morir ／ この家を手放すのが惜しい Es una pena tener que vender esta casa. ／ 惜しいことをした ¡Qué pena! ¦ ¡Qué lástima! ／ 我々は惜しい人をなくした Su muerte es una pérdida irreparable para nosotros.

おじいさん お祖父さん/お爺さん （祖父） abuelo *m.*, （老人）（おじいちゃん） abuelito *m.*, （年寄り） anciano *m.*, 《話》yayo *m.*
おしいる 押し入る entrar por la fuerza 《en》‖銀行に押し入る atracar un banco
おしいれ 押し入れ armario *m.* empotrado
おしうり 押し売り venta *f.* 「agresiva [forzada], （人） vende*dor*[*dora*] *mf.* agresi*vo*[*va*]
▶押し売り(を)する hostigar a ALGUIEN para que *compre*‖彼は皆に親切を押し売りする Él molesta a todos con tanta amabilidad.
おしえ 教え enseñanza *f.*, （教訓） lección *f.*, （教義） doctrina *f.*‖キリストの教え「enseñanzas *fpl.* [doctrina *f.*] de Cristo ／ コーランの教えに従う seguir las enseñanzas del Corán ／ 教えを仰ぐ/教えを請う pedir lecciones《a》／ 教えを受ける recibir las enseñanzas《de》
おしえご 教え子 alum*no*[*na*] *mf.*, discípu*lo*[*la*] *mf.*
おしえこむ 教え込む instruir a ALGUIEN《en》, （動物を） amaestrar, adiestrar‖象に芸を教え込む「adiestrar [amaestrar] a un elefante
おしえる 教える （教授する） enseñar, dar clase《de》, instruir a ALGUIEN《en》, （教育する） educar, （告げる） indicar, mostrar‖数学を教える（誰かに） enseñar matemáticas《a》, （先生が） dar clases de matemáticas ／ 人に道を教える「indicar [enseñar] el camino a ALGUIEN ／ 郵便局へはどう行ったらいいか教えてくれませんか ¿Podría decirme cómo se va a la oficina de correos? ／ あなたの電話番号を教えてください Deme su número de teléfono, por favor. ／ 彼には教えられる所が多い Aprendo muchas cosas de él.
おしおき お仕置き castigo *m.*
▶お仕置きする castigar
おしかける 押し掛ける acudir《a》, （招かれないのに） presentarse sin ser invita*do*[*da*]‖バーゲンセールに押しかける acudir a las rebajas
おじぎ お辞儀 reverencia *f.*, inclinación *f.*
▶お辞儀をする hacer una「reverencia [inclinación]
おしきせ お仕着せ
▶お仕着せの（強制された） obliga*do*[*da*], （型通りの） estereotipa*do*[*da*]‖お仕着せのツアー（団体旅行） viaje *m.* organizado (por una agencia de viajes)
おしきる 押し切る‖親の反対を押し切って結婚する casarse pese a la oposición de *sus* padres
おしくも 惜しくも （僅差で）《慣用》por un pelo, 《慣用》por los pelos, （残念ながら） lamentablemente‖惜しくも試合に敗れる perder por los pelos el partido
おしげ 惜しげ
▶惜しげ(も)なく‖惜しげもなく金を使う derrochar dinero a manos llenas
おじけづく 怖じ気づく acobardarse, amilanarse, cohibirse
おしこむ 押し込む apretujar, meter a empujones‖スーツケースが閉まるように衣類を押し込む apretujar la ropa para cerrar la maleta ／ 電車に乗客を押し込む meter a empujones a los pasajeros en el vagón
おしこめる 押し込める （押し込む） meter a empujones, （閉じ込める） encerrar
おしころす 押し殺す （抑える） contener‖怒りを押し殺す contener la ira ／ 感情を押し殺す ahogar *sus* sentimientos
おじさん 小父さん （呼びかけ） señor *m.*‖通りでよそのおじさんに話しかけられた Me habló un señor desconocido en la calle.
おしすすめる 推し進める impulsar, promover, llevar adelante ALGO‖反核運動を推し進める llevar adelante un movimiento antinuclear ／ 計画を推し進める impulsar un proyecto
おしたおす 押し倒す derribar
おしだし 押し出し 《相撲》oshidashi *m.*, 《野球》carrera *f.* con una base por bolas‖押し出しがよい青年 un joven bien parecido
◨押出成形 extrusión *f.*
おしだす 押し出す empujar hacia fuera「a ALGUIEN [ALGO]‖相手を押し出す（相撲） sacar del *ring* a *su* rival de un empujón
おしだまる 押し黙る permanecer completamente calla*do*[*da*], 《慣用》callarse como un muerto
おしつけがましい 押し付けがましい imperati*vo*[*va*], （執拗な） insistente‖押し付けがましい親切 amabilidad *f.* excesiva
▶押し付けがましく imperativamente
おしつける 押し付ける apretar, （強制する） forzar a ALGUIEN a『+不定詞』, obligar a ALGUIEN a『+不定詞』‖事故の責任を部下に押し付ける atribuir la responsabilidad del accidente《a》*su* subordina*do*[*da*] ／ 自分の考えを人に押し付ける imponer *su* opinión a los demás
おしっこ 《話》《幼児語》pis *m.*, pipí *m.* →にょう(尿)‖おしっこをする《話》《幼児語》hacer「pis [pipí]
おしつぶす 押し潰す aplastar‖ペットボトルを押しつぶす aplastar una botella de plástico ／ （私は）プレッシャーに押しつぶされる気がする Me siento aplasta*do*[*da*] por la presión
おしつまる 押し詰まる‖今年も押し詰まってきた Estamos ya para terminar el año. Quedan pocos días para que termine el año.

おしとおす 押し通す (固執する) persistir《en》, perseverar《en》, mantenerse firme《en》‖自説を押し通す《慣用》no casarse con nadie ／わがままを押し通す《慣用》salirse con la *suya*

おしとどめる 押し止める detener, parar, (思いとどまらせる) disuadir a ALGUIEN《de》

おしどり 鴛鴦 pato *m*. mandarín
- おしどり夫婦 matrimonio *m*.「bien avenido [unido]

おしながす 押し流す llevarse, arrastrar‖川が増水して橋が押し流された Una riada「se llevó [arrastró] el puente.

おしなべて por lo general, en general‖今年は米の生育はおしなべて良好だ Por lo general, el arroz crece bien este año.

おしのける 押し退ける empujar a un lado a ALGUIEN, (地位を奪う) suplantar‖人波を押しのけて進む「abrirse paso [avanzar a empujones] entre la multitud

おしのび お忍び
- ▶お忍びで《慣用》de incógnito‖お忍びで来日する venir a Japón de incógnito

おしはかる 推し量る deducir, (推測する) conjeturar, hacer conjeturas《sobre》, (想像する) imaginar‖他人の気持ちを推し量る imaginar lo que sienten los otros

おしばな 押し花 flor *f*. prensada‖押し花を作る prensar una flor

おしべ 雄蕊 estambre *m*.

おしボタン 押しボタン botón *m*., pulsador *m*.
- 押しボタン式信号機 semáforo *m*. peatonal con pulsador

おしぼり お絞り toalla *f*. de mano húmeda

おしまい お仕舞い fin *m*.‖私たちはもうおしまいだ Estamos perdidos. ／これでおしまい《慣用》... y sanseacabó. ¦ Y se acabó.

おしみない 惜しみない‖惜しみない拍手をおくる no escatimar aplausos

おしむ 惜しむ (出さない・使わない) escatimar, ahorrar, (残念に思う) sentir, lamentar, (尊重する) valorar‖金を惜しむ escatimar los gastos ／努力を惜しまずに sin escatimar esfuerzos ／死を惜しむ lamentar la muerte de ALGUIEN ／寸暇を惜しむ aprovechar el tiempo al máximo, no perder ni un minuto《para》／命よりも名を惜しむ valorar más el honor que la vida

おしめ pañal *m*. →おむつ(お襁褓)

おしもんどう 押し問答 discusión *f*.「infinita [interminable]‖押し問答になる convertirse en una discusión interminable
- ▶押し問答する discutir interminablemente

おしゃぶり chupete *m*.‖おしゃぶりをしゃぶる chupar el chupete

おしゃべり charla *f*., (会合) tertulia *f*.‖授業中おしゃべりはやめなさい Dejen de charlar en clase.
- ▶おしゃべりする charlar, conversar
- ▶おしゃべりな(人) charla*tán*[tana] (*mf.*), 《話》parlan*chín*[china] (*mf.*)

おしやる 押しやる‖机を隅へ押しやる arrinconar la mesa

おしゃれ お洒落
- ▶おしゃれな elegante, bien vesti*do*[da], (人が) coque*to*[ta]‖おしゃれな人 elegante *com.*, persona *f*. coqueta
- ▶おしゃれする ponerse gua*po*[pa], vestirse bien, acicalarse

おじゃん
- ▶おじゃんになる fracasar, frustrarse, malograrse,《慣用》ir(se) al garete‖旅行の計画がおじゃんになった El plan de viaje se fue al garete.

おしょう 和尚 bonzo *m*.

おじょうさま お嬢様 ⇒おじょうさん

おじょうさん お嬢さん señorita *f*.,《慣用》(軽蔑的に)(金持ちの) hija *f*. de papá
- お嬢さん育ち‖彼女はお嬢さん育ちだ Ella ha crecido sin que le faltara nada.

おしょく 汚職 corrupción *f*.,《話》chanchullo *m*.‖汚職を摘発する denunciar un caso de corrupción ／汚職に目をつぶる cerrar los ojos ante la corrupción
- ▶汚職する cometer un acto de corrupción
- ▶汚職した corrup*to*[ta]
- 汚職議員 diputa*do*[da] *mf*. corrup*to*[ta]
- 汚職事件 escándalo *m*. de corrupción

おしよせる 押し寄せる (人が) acudir en masa‖波が浜辺へ押し寄せる Las olas azotan la playa. ／夏は観光客がこの町に押し寄せる En verano viene una oleada de turistas a esta ciudad.

おしろい 白粉 polvos *mpl*.‖顔におしろいをつける (自分の) empolvarse la cara, ponerse polvos en la cara

オシログラフ oscilógrafo *m*.

オシロスコープ osciloscopio *m*.

おしわける 押し分ける‖人波を押し分ける abrirse paso entre「la muchedumbre [el gentío]

おしんこ 御新香 verduras *fpl*.「en salmuera [encurtidas]

おす 押す empujar, apretar, presionar, (印を) estampar‖ドアを押す empujar la puerta ／赤のボタンを押す「apretar [pulsar] el botón rojo ／押すと右の脇腹が痛い Me duele el costado derecho al apretar. ／私は誰かに後ろから押された Alguien me empujó desde atrás. ／印鑑を押す estampar el sello ／病を押して仕事に出る ir a trabajar a pesar de estar enfer*mo*[ma] ／気迫に押される sentirse「acobarda*do*[da] [abruma*do*[da]」ante la combatividad《de》／地元チームは

押され気味だった El equipo local jugaba a la defensiva.

[慣用]押すな押すなの‖プラットホームは押すな押すなの大混雑だった En el andén no cabía ni un alfiler.

おす 推す (推薦する) recomendar, (推察する) deducir‖大統領候補に推す recomendar a ALGUIEN como candida*to* a la presidencia

[慣用]推して知るべし El resto es fácilmente deducible.

おす 雄/牡 macho *m*.
▶雄の macho《無変化》‖2匹の雄の蜘蛛 dos arañas *f.* macho / 死んだ雄のカエル rana *f.* macho muerta

おすい 汚水 (下水・廃水) aguas *fpl.* 「residuales [negras], (汚い水) agua *f.* sucia‖汚水をたれ流す verter aguas residuales
◨汚水処理場 estación *f.* depuradora de aguas residuales

おずおず ⇒おそるおそる(恐る恐る)

おすすめ お勧め/お薦め‖デザートは何がおすすめですか ¿Qué postre me recomienda? / おすすめの料理は何ですか ¿Qué plato me recomienda?

おすそわけ お裾分け
▶お裾分けする compartir ALGO《con》‖いただいたオレンジを近所におすそ分けする compartir las naranjas regaladas con los vecinos

おすみつき お墨付き (保証) garantía *f.* oficial, (許可) autorización *f.*‖専門家のお墨付きをもらう obtener la garantía de un experto

おせいぼ お歳暮 regalo *m.* de fin de año‖お歳暮を贈る hacer un regalo a finales de año / お歳暮をもらう recibir un regalo de fin de año

おせじ お世辞 cumplido *m.*, (女性に対する) piropo *m.*‖お世辞を言う decir cumplidos

おせちりょうり お節料理 comida *f.* tradicional japonesa de Año Nuevo

おせっかい お節介 ⇒でしゃばり(出しゃばり)‖おせっかいを焼く (出しゃばる) entrometerse《en》, (世話をする) hacer favores《a》, (おせっかいはやめなさい No te metas en asuntos ajenos.
▶おせっかいな(人)《話》 entrometi*do*[*da*]《*mf.*》,《話》metete 《*com.*》,《話》meti*cón*[*cona*] 《*mf.*》

おせわ お世話 ⇒せわ(世話)

おせん 汚染 contaminación *f.*, polución *f.*‖放射能による汚染 contaminación *f.* radiactiva / 汚染が広がる extenderse *la contaminación* / 汚染を防ぐ prevenir la contaminación
▶汚染する/汚染される contaminar, polucionar / contaminarse‖大気を汚染する

「contaminar [polucionar] la atmósfera / その地域は放射能で汚染される La zona está contaminada por la radiactividad.
◨汚染源「fuente *f.* [foco *m.*] de contaminación
◨汚染対策 medidas *fpl.* de prevención contra la contaminación
◨汚染物質 contaminante *m.*, sustancia *f.* contaminante
◨汚染防止 prevención *f.* contra la contaminación

おぜん お膳 mesa *f.* →ぜん(膳)
[慣用]お膳立てをする(準備をする)「hacer [realizar] los preparativos《para》

おそい 遅い (速度・動作が) len*to*[*ta*], tar*do*[*da*], (遅れた) tardío‖仕事が遅い ser len*to*[*ta*] en el trabajo / 理解が遅い ser len*to*[*ta*] en entender, ser tar*do*[*da*] de entendimiento / 動作の遅い人 tar*dón*[*dona*] *mf.* / 遅い春 primavera *f.* tardía / 帰宅が遅い llegar tarde a casa / 今となっては遅すぎる Ya es demasiado tarde. / 会社の意思決定プロセスは遅すぎる El proceso de toma de decisiones de nuestra empresa es muy lento.
▶遅く (時刻が) tarde, (ゆっくりと) despacio‖夜遅くまで hasta altas horas de la noche, (非難の口調で) hasta las tantas / 朝遅く起きる levantarse tarde por la mañana / 遅くならないで No tardes. / 遅くなってごめんなさい Disculpe la demora. / いつもより遅く夕食を取る cenar más tarde que de costumbre
▶遅くとも《慣用》a más tardar‖遅くとも11時には戻ります Volveré a las once a más tardar.

おそう 襲う atacar, (襲撃する) asaltar, (不幸・災害が) azotar‖銀行を襲う「atracar [asaltar] un banco / 寒波が襲う (地域が) ser azota*do*[*da*] por una ola de frío / 私は突然眠気に襲われた Un repentino sueño se apoderó de mí.

おそかれはやかれ 遅かれ早かれ《慣用》más tarde o más temprano,《慣用》tarde o temprano

おそざき 遅咲き
▶遅咲きの tardí*o*[*a*]‖遅咲きの桜 cerezo *m.* tardío / 遅咲きの作家 escri*tor*[*tora*] *mf.* de vocación tardía

おそなえ 御供え ofrenda *f.*
▶お供えする hacer una ofrenda

おそまき 遅蒔き
▶遅まきながら aunque tardíamente‖遅まきながら、彼は結婚した Él se casó aunque un poco tarde.

おそましい 悍ましい detestable, abominable, (恐ろしい) horroro*so*[*sa*]‖おぞましい犯罪 crimen *m.* abominable

おそまつ お粗末‖お粗末さまでした (礼に対

おそらく 126

して) No hay de qué.
- ▶お粗末な mal he*cho*[cha] ‖ お粗末な演技 actuación f. mediocre

おそらく 恐らく　probablemente, posiblemente, tal vez, quizá(s) ‖ おそらく明日は雪だろう Probablemente nevará mañana.

おそるおそる 恐る恐る　temerosamente, tímidamente ‖ 恐る恐る近づく acercarse temerosamente

おそるべき 恐るべき　(恐ろしい) terrible, (並外れた) extraordina*rio*[ria], incre*í*ble ‖ 恐るべき才能 talento m.「extraordinario [descomunal]

おそれ 恐れ/畏れ　miedo m., (危惧) temor m., (恐怖) terror m., horror m., (危険) peligro m., (可能性) posibilidad f. ‖ 神への畏れ (畏敬の念) temor m. de Dios／恐れを抱く「abrigar [albergar] temor／恐れを知らないtemera*rio*[ria]／彼らは恐れをなして逃げ出した Ellos huyeron presos de terror.／津波の恐れがある Hay riesgo de (que se produzca un) tsunami.

おそれいる 恐れ入る/畏れ入る ‖ 恐れ入りますが席を替わっていただけますか ¿Me podría hacer el favor de cambiar de asiento?

おそれおおい 恐れ多い/畏れ多い ‖ 恐れ多くもお尋ねいたします Con el debido respeto, permítame hacerle una pregunta.

おそれる 恐れる/畏れる　tener miedo 《a》, (懸念する) temer ‖ 神を畏れる「tener [sentir] temor de Dios／死を恐れる「tener miedo a [temer] la muerte／失敗を恐れる tener miedo de fracasar／危険を恐れずに sin preocuparse por el peligro que corre／その犯罪者グループは住民たちから恐れられている La banda de delincuentes tiene aterrorizados a los vecinos.

おそろい お揃い
- ▶お揃いの ‖ お揃いの服を着る llevar los mismos vestidos
- ▶お揃いで ‖ 夫婦お揃いでパーティーに参加した La mujer y el marido asistieron juntos a la fiesta.

おそろしい 恐ろしい　horrible, terrible, horroro*so*[sa], espanto*so*[sa], temible ⇒ こわい(怖い) ‖ 恐ろしい事故 accidente m. espantoso／恐ろしい病気 enfermedad f. temible／恐ろしい犯罪 crimen m. horrendo／私は地震が恐ろしい Tengo miedo a los terremotos.／私には恐ろしいものはない No tengo nada que temer. ¦ No temo a nada.／近頃部長(男性)があまりに親切なので後が恐ろしい Últimamente el director me trata con tanta amabilidad que tengo miedo de lo que me pida después.／恐ろしいスピードで a una velocidad atroz
- ▶恐ろしく terriblemente, tremendamente ‖ 恐ろしく暑い夏だった Ha sido un verano terriblemente caluroso.

おそろしさ 恐ろしさ　miedo m., (危惧) temor m., (恐怖) terror m., horror m. ⇒ きょうふ(恐怖) ‖ 私は恐ろしさのあまり目が開けられなかった Yo tenía tanto miedo que no podía abrir los ojos.

おそわる 教わる　aprender ‖ 英語をイギリス人の女性に教わる aprender inglés con una inglesa／私は小さいころ泳ぎを教わった De peque*ño*[ña] me enseñaron a nadar.

オゾン　ozono m.
- ◢オゾン層 capa f. de ozono ‖ オゾン層を破壊する destruir la capa de ozono／オゾン層破壊 destrucción f. de la capa de ozono
- ◢オゾンホール agujero m. de ozono

おたおた
- ▶おたおたする desconcertarse, quedarse perple*jo*[ja] ⇒ うろたえる ‖ 緊急の事態におたおたする perder la calma en caso de emergencia

おたがい お互い ⇒ たがい(互い)
- ▶お互いに mutuamente, recíprocamente

おたく お宅　(あなたの家) su casa; (マニア) faná*tico*[ca] mf. 《de》‖ お宅はどちらですか ¿Dónde está su casa?
- ◢漫画オタク faná*tico*[ca] mf. del manga

おたけび 雄叫び ‖ 雄叫びをあげる lanzar un grito de guerra

おたずね お尋ね ‖ お尋ねの件、あと少しお時間をください Quiero tomarme un poco más de tiempo para contestar a su pregunta.／ちょっとお尋ねしたいのですが ¿Me permite hacerle una pregunta?
- ◢お尋ね者 criminal com. en busca y captura

おだて 煽て ‖ おだてに乗る rendirse a los halagos

おだてる 煽てる　lisonjear, halagar, 《話》engatusar ‖ おだててもだめです No tiene sentido lisonjearme. ¦《話》No me hagas la pelota.／おだてられてその気になる hincharse como un pavo tras ser alaba*do*[da] por ALGUIEN

おたふく お多福　(お多福面) cara f. rechoncha con la frente ancha, (醜い女性) mujer f. fea
- ◢お多福風邪 paperas fpl., 《医学》parotiditis f.[=pl.]
- ◢お多福豆 (空豆) haba f.

おたま お玉　cazo m., cucharón m.

おたまじゃくし お玉杓子　(蛙の子) renacuajo m., (音符) nota f. ‖ おたまじゃくしは蛙の子 Los renacuajos son las larvas de las ranas.

おだやか 穏やか ‖ 今日は海が穏やかだ Hoy el mar está tranquilo.／彼の心中は穏やかでない《慣用》Para él, la procesión va por dentro.

▶穏やかな apacible, tranqui*lo[la]*, sere*no[na]*, man*so[sa]*‖穏やかな天気 tiempo *m.*「tranquilo [apacible, bonancible] ／穏やかな人柄 carácter *m.*「manso [apacible, tranquilo]

▶穏やかに con suavidad‖穏やかに話す hablar plácidamente, hablar en tono「suave [apacible, calmado]

おち 落ち （漏れ・手抜かり）omisión *f.*, falta *f.*, （話の）gracia *f.*, gracejo *m.*‖この話には落ちがある Este cuento tiene un final gracioso. ／失敗するのが落ちである（何かが）estar condena*do[da]* al fracaso

おちあう 落ち合う juntarse, reunirse‖どこで落ち合おうか ¿Dónde quedamos?

おちいる 陥る caer《en》‖孤独に陥る「sumirse [sumergirse] en la soledad ／罠に陥る caer en una trampa ／会社は経営難に陥った La empresa se sumió en una crisis financiera.

おちおち‖心配事がたくさんあっておちおち夜も眠れない Tengo tanta preocupación que no puedo dormir por la noche tranquilamente.

おちこぼれ 落ち零れ fracasa*do[da] mf.*‖落ちこぼれの学生 estudiante *com.* con fracaso escolar

おちこぼれる 落ち零れる quedar rezaga*do[da]*‖勉学で落ちこぼれる fracasar en los estudios, fracasar escolarmente ／社会から落ちこぼれる convertirse en *un*[*una*] margina*do[da]* de la sociedad

おちこむ 落ち込む（沈下する）hundirse,（下がる）caer,（落胆する）desanimarse, deprimirse

おちつき 落ち着き calma *f.*, tranquilidad *f.*,（安定）estabilidad *f.*‖落ち着きを失う perder la calma,（落ち着きを取り戻す（人が）recuperar la calma,（市場が）recuperar la estabilidad ／落ち着きのない inquie*to[ta]*, nervio*so[sa]* ／落ち着きのない人《話》fuguillas *com.*[=*pl.*]

おちつきはらう 落ち着き払う mostrarse completamente tranqui*lo[la]*

おちつく 落ち着く tranquilizarse, calmarse,（安定する）estabilizarse,（居を定める）asentarse《en》‖気持が落ち着く tranquilizarse ／父の病状が落ち着いた La enfermedad de mi padre se ha estabilizado. ／市場が落ち着くのを待つ esperar a que se estabilice el mercado ／札幌に落ち着く（居を定める）「asentarse [establecerse] en Sapporo ／原案に落ち着く optar finalmente por el plan original ／私は知らない人たちと一緒だと落ち着かない Me siento incómo*do[da]* entre desconocidos. ／面接の間中、彼は静かで落ち着いていた Se mantuvo tranquilo y seguro durante toda la entrevista. ／落ち着きなさい／落ち着いて Tranquilízate. ¦ Tranqui*lo[la]*.

▶落ち着いた tranqui*lo[la]*, calma*do[da]*‖落ち着いた町 ciudad *f.* tranquila ／落ち着いた色 color *m.* sobrio ／落ち着いた様子で con aire tranquilo

▶落ち着いて con calma, con serenidad‖落ち着いて行動する actuar con serenidad

おちつける 落ち着ける‖気持ちを落ち着ける（自分の）tranquilizarse, calmarse

おちど 落ち度 culpa *f.*, falta *f.* →かしつ（過失）‖彼女に落ち度はない Ella no tiene culpa.

おちば 落ち葉 hoja *f.* caída,（枯葉）hoja *f.* seca‖落ち葉を踏んで歩く caminar pisando las hojas caídas

おちぶれる 落ちぶれる（惨めになる）caer en la miseria,（貧しくなる）empobrecerse,《慣用》venir a menos‖落ちぶれた人 persona *f.* venida a menos

おちめ 落ち目

▶落ち目になる decaer,《慣用》andar de capa caída

▶落ち目である‖その女性歌手の人気が落ち目だ La popularidad de la cantante está「decayendo [en descenso].

おちゃ お茶 té *m.* →ちゃ（茶）‖お茶にする tomar té ／お茶を出す servir el té

慣用 お茶を濁す responder con evasivas,《慣用》echar balones fuera

🔲お茶菓子 dulce *m.* para el té, acompañamiento *m.* para el té

🔲お茶漬け《日本語》*ochazuke m.*,（説明訳）bol *m.* de arroz cubierto con un chorro de té verde y con algún acompañamiento puesto por encima

🔲お茶の子‖お茶の子さいさいである（何かが）《慣用》ser pan comido,《慣用》ser coser y cantar

おちゅうげん お中元 regalo *m.* de verano

おちょうしもの お調子者 persona *f.* simple y ligera

おちる 落ちる（落下する）caer(se),（低下する）bajarse, disminuir,（取れる）quitarse,（衰える）decaer‖穴に落ちる caer(se) en un hoyo ／屋根から落ちる caer(se) del tejado ／札入れが床に落ちている Hay una billetera en el suelo. ／トラックのスピードが落ちた Disminuyó la velocidad del camión. ¦ El camión perdió velocidad. ／染みが落ちない No se quita la mancha. ／試験に落ちる suspender el examen ／罠に落ちる caer en una trampa

おつ 乙

▶おつな ingenio*so[sa]*‖おつな味 sabor *m.* fino ／おつな事を言う decir cosas ingeniosas

おつかい お使い →つかい（使い）‖お使いに行く hacer un recado

おっかなびっくり ⇒おそるおそる(恐る恐る)

おっくう 億劫‖私は動くのがおっくうだ Me da pereza moverme.

おつげ お告げ (神の啓示) revelación *f.*, iluminación *f.*, (神託) oráculo *m.*‖神のお告げを受ける recibir un mensaje divino

おっしゃる 仰る‖おっしゃる通りです Usted tiene razón. ／おっしゃることは分かります Entiendo lo que dice usted.

おっちょこちょい
▶おっちょこちょいの(人) despista*do[da]* (*mf.*)

おって 追って luego, después, más tarde‖結果は追って通知します Posteriormente se les informará de los resultados.

おっと 夫 marido *m.*, esposo *m.*

オットセイ oso *m.* marino (雄・雌)

おっとり‖おっとりした性格である (人が) tener un carácter tranquilo

おっぱい (母乳) leche *f.* materna, (乳房)《話》teta *f.*‖赤ん坊におっぱいをやる dar ˹la teta [el pecho]˼ a un bebé

おつり お釣り vuelta *f.*, cambio *m.*‖おつりをもらう recibir la vuelta ／おつりを渡す ˹dar [entregar] la vuelta(a)˼ ／おつりをごまかす engañar a ALGUIEN con el cambio ／おつりが足りません Me falta la vuelta. ／おつりは要りません／おつりは取っておいてください Quédese con el cambio. ／おつりが出てきません(自動販売機で) No devuelve cambio. ／100ユーロもあれば、おつりがきます Con cien euros, tiene más que suficiente.

おてあげ お手上げ‖まったくお手上げだ No se puede hacer absolutamente nada.

おてあらい お手洗い aseo *m.*, lavabo *m.*, baño *m.* → トイレ・べんじょ(便所)‖お手洗いに行く ir al ˹lavabo [baño]˼ ／お手洗いをお借りできますか ¿Puedo usar el baño?

おでき (吹き出物) grano *m.*, (うみの出る) forúnculo *m.* ⇒ できもの(出来物)‖私は額におできができた Me ha salido un grano en la frente.

おでこ frente *f.* → ひたい(額)

おてだま お手玉 bola *f.* malabar

おてつだいさん お手伝いさん asistenta *f.*, empleada *f.* de hogar, (女中) criada *f.*‖お手伝いさんを探す buscar una asistenta

おてやわらかに お手柔らかに‖お手柔らかに願います Le ruego que no sea du*ro[ra]* conmigo.

おてん 汚点 mancha *f.*, mancilla *f.*, borrón *m.*‖経歴に汚点を残す dejar una mancha en *su* carrera

おてんき お天気 ⇒てんき(天気)

おてんば お転婆 niña *f.* ˹revoltosa [pizpireta]˼, 《話》(軽蔑的に) marimacho *m.*, machota *f.*

おと 音 sonido *m.*, (音量) volumen *m.*, (騒音) ruido *m.*, (響き) son *m.*‖美しい音 sonido *m.* bello ／強い[弱い]音 sonido *m.* ˹fuerte [débil]˼ ／鋭い[鈍い]音 sonido *m.* ˹agudo [opaco]˼ ／この洗濯機は音がうるさい Esta lavadora hace mucho ruido. ／へんな音がする Se oye un ruido extraño. ／音が出る producirse *un sonido* ／この部屋は音が響く En esta sala retumba el sonido. ／音を聞く escuchar un sonido ／音を出す ˹emitir [producir]˼ un sonido ／音を立てる hacer ruido ／携帯電話の音を消す silenciar el (sonido del) móvil ／ギターの音を合わせる afinar la guitarra ／テレビの音を大きく[小さく]する ˹subir [bajar]˼ el volumen del televisor ／音もなく近づく acercarse silenciosamente

おとうさん お父さん padre *m.*, (パパ) papá *m.*, papi *m.*

おとうと 弟 hermano *m.* ˹menor [pequeño]˼

おとおし お通し tapas *fpl.* de consumición obligatoria‖お通しを出す servir tapas

おどおど
▶おどおどする asustarse
▶おどおどした tími*do[da]*, asustadi*zo[za]*‖おどおどした目つきで con una mirada ˹tímida [huidiza]˼

おどかす 脅かす (脅迫する) amenazar, intimidar, (びっくりさせる) asustar‖(君、)脅かさないでくれ ¡No me asustes!

おとぎばなし お伽話 cuento *m.* de hadas‖おとぎ話を聞かせる contar un cuento de hadas

おどける 戯ける hacer payasadas, hacerse *el[la]* gracio*so[sa]*
▶おどけた gracio*so[sa]*‖おどけた表情を見せる poner una cara graciosa, hacer un gesto gracioso

おとこ 男 hombre *m.*, varón *m.*‖一人前の男 hombre *m.* hecho y derecho (de pelo en pecho) ／君は男の中の男だ Eres el más hombre de los hombres. ／私は君を男と見込んで頼む Te lo pido porque te considero un hombre de confianza. ／男は顔ではない《諺》El hombre y el oso, cuanto más feo, más hermoso.
▶男の de hombre, masculi*no[na]*‖男の学生 estudiante *m.* (masculino) ／男の友達 amigo *m.*
〔慣用〕男がいる (情夫) tener un amante
〔慣用〕男が立たない no poder defender *su* honra como hombre
〔慣用〕男がすたる perder *su* honra como hombre
〔慣用〕男になる (大人になる) hacerse (todo) un hombre, (童貞を失う) perder la virgini-

dad

[慣用] 男は度胸女は愛嬌 El hombre ha de ser valiente, y la mujer, graciosa.

[慣用] 男を上げる ganar prestigio como hombre

[慣用] 男を下げる perder prestigio como hombre

▶男運‖彼女は男運がいい Ella es afortunada con los hombres.

▶男所帯 familia f. formada solo por hombres

おとこっぽい 男っぽい varonil, viril‖男っぽい仕草 gesto m. varonil

おとこで 男手 mano f. de obra masculina‖男手が不足している Hay escasez de mano de obra masculina.

おとこのこ 男の子 niño m., chico m., muchacho m.,《話》chaval m.‖カップルに男の子が生まれた La pareja ha tenido un niño.

おとこまえ 男前‖男前である ser guapo, ser un galán

おとこまさり 男勝り
▶男勝りの hombruno[na]‖男まさりの女 mujer f. hombruna,《話》(軽蔑的に) machota f.,《話》(軽蔑的に) marimacho m.

おとこやもめ 男鰥 viudo m.

おとこらしい 男らしい varonil, viril‖男らしい人 machote m.
▶男らしさ virilidad f.
▶男らしく varonilmente

おとさた 音沙汰 noticias fpl.‖しばらく彼から音沙汰がない Hace tiempo que no tengo noticias de él.

おどし 脅し amenaza f., intimidación f., (恐喝) chantaje m.‖脅しに遭う recibir una amenaza, ser víctima de una amenaza／脅しに屈する plegarse a las amenazas de ALGUIEN／脅しをかける ⇒おどす(脅す)
▶脅し文句 palabras fpl. amenazadoras

おとしあな 落とし穴 (地面の)「pozo m. [foso m.] de lobo, (策略) trampa f.‖落とし穴にはまる caer en una trampa

おとしいれる 陥れる (だます) engañar, (罠にかける) tender una trampa《a》,《慣用》echar el anzuelo《a》‖無実の罪に陥れる inculpar injustamente a ALGUIEN de un crimen no cometido／窮地に陥れる meter a ALGUIEN en apuros

おとしご 落とし子 (落としだね) hijo[ja] mf. extramatrimonial de un noble‖戦争の落とし子 consecuencia f. de una guerra

おとしだま お年玉 aguinaldo m. de Año Nuevo‖お年玉をはずむ dar un generoso aguinaldo de Año Nuevo

おとしぬし 落とし主 dueño[ña] mf. del objeto perdido

おとしまえ 落とし前‖落とし前をつける ajustar cuentas

おとしもの 落とし物 objeto m. perdido ⇒いしつぶつ(遺失物)‖落とし物を見つける encontrar un objeto perdido

おとす 落とす dejar caer, (失う) perder, (低下させる) bajar, disminuir, (取り除く) quitar‖私はコップを落としてしまった Se me ha caído la copa.／財布を落とす perder la cartera／質を落とす「bajar [rebajar] la calidad《de》／声を落とす bajar la voz／速度を落とす disminuir la velocidad／評判を落とす perder la reputación／ほこりを落とす quitar el polvo／私は英語を落とした (単位を) Me han suspendido en Inglés.

[慣用] お金を落とす‖最近は観光客があまりお金を落としてくれない Los turistas gastan poco dinero últimamente.

おどす 脅す amenazar, intimidar, (恐喝する) chantajear‖ナイフで脅す「amenazar [intimidar] a ALGUIEN con una navaja／私たちは強盗に殺すと脅された Los atracadores nos amenazaron「de muerte [con matarnos].／脅して金を要求する exigir dinero a ALGUIEN bajo amenaza

[慣用] 脅したりすかしたり alternando el rigor con la suavidad

おとずれ 訪れ llegada f.‖春の訪れ llegada f. de la primavera

おとずれる 訪れる visitar, hacer una visita《a》‖友人の家を訪れる visitar la casa de un[una] amigo[ga]／新しい年が訪れる Llega un nuevo año.／平和な日々が訪れる Vienen los días tranquilos.

おととい 一昨日 anteayer, antes de ayer‖一昨日の朝(に) anteayer por la mañana

おととし 一昨年 el año antepasado, (2年前) hace dos años

おとな 大人 adulto[ta] mf., persona f. mayor‖年の割に大人である ser maduro[ra] para su edad／大人のくせにテレビゲームが好きだ A él le gusta el videojuego aunque es mayor.／大人になる hacerse「hombre [mujer], (成人) llegar a la mayoría de edad／君はもう少し大人にならなければいけない Tienes que madurar un poco más.
▶大人げない infantil, pueril‖大人げない態度をとる tener un comportamiento infantil, comportarse puerilmente

おとなしい tranquilo[la], sosegado[da], (目立たない) discreto[ta]‖おとなしい動物 animal m. tranquilo／おとなしい色 color m. sereno／おとなしい性格 carácter m. tranquilo
▶おとなしく‖君はおとなしくしていなさい Compórtate bien.

おとなびる 大人びる tener un aire adulto
▶大人びた‖大人びた子供 niño[ña] mf. precoz／大人びた物の言い方をする hablar como un[una] adulto[ta]

おとめ 乙女 chica *f.*, joven, （未婚の女性）señorita *f.*,（処女）virgen *f.*,《文語》doncella *f.*
▷乙女心「corazón *m.* [sentimientos *mpl.*] de una muchacha
おとめざ 乙女座 Virgo *m.*
▶乙女座生まれの(人) virgo (*com.*[=*pl.*])《性数不変》‖乙女座生まれの男性たち los hombres virgo
おとも お供 （随行団）acompañamiento *m.*, séquito *m.*, comitiva *f.*,（護衛団）escolta *f.*,（同伴者）acompañante *com.*
▶お供する acompañar, escoltar
おとり 囮 señuelo *m.*, reclamo *m.* ‖ おとりに使う「usar [utilizar] como señuelo ALGO ／おとりになる actuar de señuelo ／おとりに引っかかる caer en el señuelo
◪おとり捜査 investigación *f.* encubierta
おどり 踊り baile *m.*, danza *f.*
おどりあがる 躍り上がる saltar ‖ 躍り上がって喜ぶ「saltar [brincar] de alegría
おどりこ 踊り子 bailarina *f.*, bailadora *f.*
おどりて 踊り手 bail*arín*[*rina*] *mf.*, danza*dor*[*dora*] *mf.* ‖ フラメンコの踊り手 baila*or*[*ora*] *mf.* (de flamenco)
おどりでる 躍り出る ‖ トップに踊り出る pasar a ocupar la primera posición
おどりば 踊り場 rellano *m.*, descansillo *m.*, descanso *m.*
おとる 劣る ser inferior《a》, ser peor《que》‖ このシャツはそれより品質が劣る Esta camisa es de peor calidad que esa. ／冷凍した野菜は新鮮な野菜より栄養価が劣る Las verduras congeladas son menos nutritivas que las frescas. ／彼女は料理では誰にも劣らない Nadie cocina mejor que ella. ¦ Ella sabe cocinar mejor que nadie. ／今日も昨日に劣らず暑い Hoy hace tanto calor como ayer.
慣用 勝るとも劣らない ‖ 前作に勝るとも劣らない作品だ Es una obra igual o mejor que la anterior.
おどる 踊る bailar, danzar ‖ タンゴを踊る bailar tango ／音楽に合わせて踊る bailar al son de la música ／踊らされる（操られる）dejarse manejar por ALGUIEN
おどる 躍る （飛び跳ねる）saltar, brincar ‖ 身を躍らせて喜ぶ「saltar [brincar] de alegría ／躍るように歩く caminar como bailando ／文字が躍っている Las letras bailan. ／私の胸が躍っている Mi corazón palpita de emoción. ／誤報に私たちは躍らされた Una noticia falsa nos tuvo en vilo.
おとろえ 衰え decaimiento *m.*, debilitamiento *m.*, declinación *f.* ‖ 体力の衰え「pérdida *f.* [disminución *f.*] de fuerza física ／健康の衰えを隠せない no poder ocultar el debilitamiento de la salud

おとろえる 衰える decaer, debilitarse, declinar ‖ 気力が衰える decaer *el ánimo*, desanimarse ／体力が衰える debilitarse físicamente, perder la fuerza física ／台風の勢力が衰えた El tifón ha amainado. ¦ El tifón ha perdido fuerza. ／市長(男性)の人気が衰えた La popularidad del alcalde ha empezado a decaer.
おどろかす 驚かす sorprender, asombrar, causar asombro, （びっくりさせる）asustar, espantar ‖ 彼が有名女優と婚約したというニュースは私たち皆を驚かせた Nos pilló a todos por sorpresa la noticia de su noviazgo con una famosa actriz. ／その出来事は国際社会をとても驚かせた El suceso causó un gran asombro en la comunidad internacional. ／私は君の発言に驚かされてばかりいる No dejas de sorprenderme con tus comentarios.
おどろき 驚き sorpresa *f.*, asombro *m.*, （恐怖を含む）susto *m.* ‖ 驚きのあまり、私は絶句した Me llevé una sorpresa tan grande que me quedé sin habla.
おどろく 驚く sorprenderse《de, por》, llevarse una sorpresa, asombrarse《de, por》, （びっくりする）asustarse《de, por》, llevarse un susto ‖ ニュースに驚く sorprenderse de una noticia ／爆発音に驚く asustarse de una explosión ／時間があっという間に過ぎたのに私は驚いている Estoy sorprend*ido*[*da*] de lo rápido que ha pasado el tiempo. ／驚いたの何のって ¡Menuda sorpresa me llevé! ／驚くに当たらない《慣用》no ser nada del otro「jueves [mundo]
▶驚くほど sorprendentemente, asombrosamente ‖ 彼女は驚くほどスペイン語が上達した Ella ha adelantado sorprendentemente en español. ／祖父は驚くほどバイタリティーがある Mi abuelo tiene una vitalidad sorprendente.
▶驚くべき sorprendente, asombr*oso*[*sa*], （驚嘆すべき）maravill*oso*[*sa*] ‖ 驚くべき記憶力 memoria *f.* asombrosa ／驚くべき速さで con una rapidez「sorprendente [asombrosa]
▶驚いたことに para *su* sorpresa ‖ （私たちが）驚いたことに、彼女はトーナメントで優勝してしまった Para nuestra sorpresa, ella se proclamó campeona del torneo.
おないどし 同い年 ‖ 私は彼女と同い年だ Tengo la misma edad que ella.
おなか お腹 barriga *f.*, vientre *m.*,（胃）estómago *m.*,（腸）tripa *f.* ⇒はら(腹) ‖ お腹がすく tener hambre, estar hambrient*o*[*ta*] ／私はお腹がすいて死にそうだ Me muero de hambre. ／私はお腹が痛い Tengo dolor de barriga. ¦ Me duele la barriga. ／お腹がはる tener la barriga llena de gases

おながれ お流れ
【慣用】お流れになる（中止になる）suspenderse, quedar suspendi*do[da]* ‖ 雨で遠足がお流れになった La excursión se suspendió debido a la lluvia.

おなじ 同じ （等しい）igual, （同一の）mis*mo[ma]*, idénti*co[ca]*《a》‖ 同じ色のシャツ camisas *fpl.* del mismo color ／同じ民族である ser de la misma raza ／同じ屋根の下に住む vivir bajo el mismo techo ／これと同じ部屋はありますか ¿Tiene otra habitación igual a esta?
▶~と同じような pareci*do[da]*《a》, semejante《a》, similar《a》‖ これと同じようなケースがある Hay casos parecidos a este.
▶同じように igualmente, del mismo modo ‖ 先生（男性）と同じように発音しなさい Pronuncia tal como lo hace el profesor.
▶同じぐらい この箱はそれと同じぐらい大きい Esta caja es tan grande como aquella. ／君は私と同じぐらいたくさん食べた Comiste tanto como yo.

おなじく 同じく （同様に）igualmente, asimismo ‖ 皆さんと同じく、私もこの提案に賛成です Como todos ustedes, estoy de acuerdo con esta propuesta.
▶同じくする 親と生計を同じくする compartir la vida con los padres

おなじみ お馴染み ⇒なじみ（馴染み）
▶おなじみの（いつもの）habitual, de siempre ‖ おなじみのメンバーが揃った Están reunidos los miembros de siempre.

オナニー ⇒じい（自慰）

おなら pedo *m.* ‖ おならをする tirarse un pedo ／おならを我慢する aguantarse sin tirarse un pedo

おに 鬼 diablo *m.*, demonio *m.*, （食人鬼）ogro *m.*, （鬼ごっこの）atrapa*dor[dora] mf.* ‖ 鬼が住む山 montaña *f.* donde viven los ogros ／鬼を退治する acabar con los ogros ／仕事の鬼である ser una bestia「en el trabajo [trabajando]
▶鬼のような（人）（冷酷な）desalma*do[da]*《mf.》
【慣用】心を鬼にする ⇒こころ（心）
【慣用】鬼が出るか蛇が出るか Nunca se sabe qué destino nos depara.
【慣用】鬼が笑う ‖ 来年のことを言うと鬼が笑う Nadie sabe lo que va a pasar el año que viene.
【慣用】鬼の首でも取ったかのように con aire triunfante
【慣用】鬼は外、福は内 ¡Demonios fuera, fortuna dentro!
【諺】鬼に金棒 ser invencible como el diablo con garrote de hierro
【諺】鬼のいぬ間の洗濯《諺》Cuando el gato no está, los ratones bailan.
【諺】鬼の目にも涙 Aun los diablos vierten lágrimas.
【諺】鬼も十八番茶も出花《諺》No hay quince años feos.
【諺】渡る世間に鬼はなし ⇒せけん（世間）

オニオン ⇒たまねぎ（玉葱）
▲オニオンスープ sopa *f.* de cebolla
▲オニオングラタンスープ sopa *f.* de cebolla gratinada

おにがわら 鬼瓦 remate *m.* de teja en forma de orinara de ogro

おにぎり お握り bola *f.* de arroz

おにごっこ 鬼ごっこ
▶鬼ごっこをする jugar al corre que te pillo, （目隠しの）jugar a la gallina ciega

おね 尾根 cresta *f.*, arista *f.* ‖ 尾根伝いに進む avanzar a lo largo de la cresta (de un monte)

おねがい お願い ⇒たのみ（頼み）・ねがい（願い）‖ お願いがあるのですが Querría pedirle un favor. ／お願いだから《慣用》por (el) amor de Dios
▶お願いする rogar, （頼む）pedir ‖ コーヒーを2つお願いします（カフェで）Dos cafés, por favor. ／お客様には午前11時までにチェックアウトいただくようお願いいたします（ホテルで）Rogamos a nuestros huéspedes que desocupen la habitación antes de las once de la mañana.

おねしょ ⇒ねしょうべん（寝小便）
▶おねしょする orinarse en la cama, mojar「la cama [las sábanas]

おの 斧 hacha *f.* ‖ 斧で薪を割る cortar leña con hacha

おのおの 各々 cada u*no[na]* ‖ 各々が意見を述べる Cada uno expresa su opinión.
▶各々の respect*ivo[va]*

おのずから por sí so*lo[la]*, espontáneamente ⇒ひとりでに ‖ この問題は時間がたてばおのずから解決されるだろう Este problema se solucionará por sí solo con el tiempo.

おののく 戦く temblar ‖ 寒さにおののく temblar de frío ／恐怖におののく temblar de miedo

おのれ 己 ⇒じぶん（自分）

おば 叔母/伯母 tía *f.*, （おばちゃん）《幼児語》tita *f.*
▲大おば tía *f.* abuela

おばあさん お祖母さん/お婆さん （祖母）abuela *f.*, （老女）（おばあちゃん）abuelita *f.*, （年寄り）anciana *f.*, 《話》yaya *f.*

オパール ópalo *m.*

おばけ お化け （怪物）monstruo *m.*, （幽霊）fantasma *m.* ‖ この家にはお化けが出る En esta casa aparece un fantasma.
▲お化け屋敷 casa *f.*「embrujada [encantada]」, （遊園地の）pasaje *m.* del terror

おはこ 十八番 fuerte *m.*, especialidad *f.* ‖

おはこの歌を歌う cantar *su* canción favorita

おばさん 小母さん （呼びかけ） señora *f*. ‖ どこかのおばさんが私にあめをくれた Una señora me regaló unos caramelos.

おはよう ‖《挨拶》おはよう(ございます) Buenos días. ／ おはようを言う dar los buenos días(a)

おはらい お祓い purificación *f*., （儀式）rito *m*. de purificación ‖ お祓いをする purificar, （悪魔祓い）exorcizar

おはらいばこ お払い箱 ‖ お払い箱にする （解雇する）despedir, （捨てる）tirar ／ 私はお払い箱になった（解雇された）Me han despedido. ¦《慣用》Me han echado a la calle.

おび 帯 faja *f*., cinturón *m*. ‖ 帯を締める ponerse una faja ／ 帯をほどく quitarse la faja ／ 帯を緩める aflojarse la faja

《慣用》帯に短したすきに長し Para una cosa se pasa y para otra no llega.

おびえる 怯える asustarse《de, por》, espantarse《de, por, con》, tener miedo《a》, estar temeroso[sa] ‖ 暗闇におびえる tener miedo a la oscuridad ／ 兵士たちが迫り来る敵の襲撃におびえている Los soldados están temerosos ante un inminente ataque del enemigo.

おびきよせる 誘き寄せる atraer con habilidad ‖ 魚群を集魚灯でおびき寄せる atraer bancos de peces con focos luminosos

おひたし 御浸し verdura *f*. cocida y aliñada con salsa de soja

おびただしい 夥しい （数が）numeroso[sa], gran número *m*.《de》, （量が）gran cantidad *f*.《de》, （程度が）considerable ‖ おびただしい数の避難民 gran número *m*. de refugiados ／ おびただしい被害をこうむる sufrir daños considerables

おひつじざ 牡羊座 Aries *m*.
▶牡羊座生まれの(人) aries (*com*.[=*pl*.])《性数不変》‖ 牡羊座生まれの女性たち las mujeres aries

おひとよし お人好し bona*chón*[*chona*] *mf*., buena*zo*[*za*] *mf*., （だまされやすい）persona *f*. crédula ‖ 君はお人好しにもほどがある Tu credulidad no tiene límites.
▶お人好しの bona*chón*[*chona*], buena*zo*[*za*], （だまされやすい）crédu*lo*[*la*]

おびやかす 脅かす amenazar, （危険にさらす）poner ALGO en peligro ‖ 王位を脅かす amenazar el trono ／ 我が国の生態系が外来種の導入によって脅かされている El ecosistema de nuestro país se ve amenazado por la introducción de especies foráneas.

おひらき お開き ‖ お開きにする terminar, acabar ／ そろそろお開きにしよう Vamos a terminar ya.

おひる お昼 ⇒ひる（昼）・ちゅうしょく（昼食）‖ お昼の支度をする preparar la comida

おびる 帯びる （身につける）llevar, （引き受ける）encargarse《de》‖ 刀を腰に帯びる llevar [ceñir] una espada al cinto ／ 任務を帯びる encargarse de una misión ／ 赤みを帯びた顔 cara *f*. rojiza

おひれ 尾鰭 aleta *f*. caudal
《慣用》尾ひれがつく／尾ひれをつける exagerarse ／ exagerar ‖ 話に尾ひれをつける 「exagerar [abultar] una historia

オフィス oficina *f*.
▶オフィスアワー （大学の）horario *m*. de tutoría
▶オフィスオートメーション ofimática *f*.
▶オフィス街 zona *f*. de oficinas
▶オフィスコンピュータ minicomputadora *f*.
▶オフィスビル edificio *m*. de oficinas

おふくろ お袋 mi madre *f*. ‖ お袋の味が最高だ La comida casera de mi madre es la mejor.

オブザーバー observa*dor*[*dora*] *mf*.

オフサイド 《スポーツ》fuera *m*. de juego ‖ オフサイドをする（選手が）estar en fuera de juego ／ 線審がオフサイドをとった El juez de línea señaló fuera de juego.

おぶさる 負ぶさる ‖ 赤ん坊が母親におぶさる El bebé va a la espalda de la madre.

オブジェ objeto *m*. de arte ‖ オブジェを作る crear un objeto de arte

オプション opción *f*.
▶オプションの optati*vo*[*va*], opcional, facultati*vo*[*va*]
▶オプション取引 opción *f*. financiera

おふせ お布施 limosna *f*. ‖ お布施を出す dar limosna ／ お布施をもらう recibir limosna

おぶつ 汚物 inmundicias *fpl*., （排泄物）excrementos *mpl*., heces *fpl*.
‖ 汚物入れ recipiente *m*. sanitario

オブラート oblea *f*. ‖ オブラートに包んだ薬 medicamento *m*. envuelto en una oblea
《慣用》オブラートに包んで言う decir ALGO indirectamente,《慣用》dorar la píldora

おふる お古
▶お古の usa*do*[*da*], de segunda mano ‖ お古のセーター jersey *m*. 「usado [de segunda mano]

オフレコ ‖ これから君に話すことはオフレコだよ Que quede entre nosotros lo que te voy a contar.
▶オフレコの（非公式の）oficio*so*[*sa*], extraoficial

オフロード
▶オフロードの todoterreno《無変化》
▶オフロード車 todoterreno *m*., 「coche *m*. [vehículo *m*.] todoterreno

おべっか halago *m*., lisonja *f*., adulación *f*.
▶おべっかを使う halagar, lisonjear, adular

◪おべっか使い adula*dor*[dora] *mf*.
オペック OPEC ⇒せきゆ(⇒石油輸出国機構)
オペラ ópera *f*. ‖ オペラを見に行く ir a la ópera
◪オペラ歌手 cantante *com*. de ópera
◪オペラグラス [prismáticos *mpl*. [gemelos *mpl*., binoculares *mpl*.] de ópera
◪オペラ座 (パリの) Ópera *f*. 「Garnier [de París]

――――― オペラ用語 ―――――

歌劇場 teatro *m*. de ópera ／ レチタティーヴォ(朗唱) recitativo *m*. ／ ソロ(独唱) solo *m*. ／ アリア(詠唱) aria *f*. ／ 重唱 canto *m*. a dos o más voces ／ 合唱 coro *m*. ／ 伴奏 acompañamiento *m*. musical ／ 終曲(フィナーレ) final *m*. ／ バス(声域・歌手) bajo *m*. ／ バリトン(声域・歌手) barítono *m*. ／ テノール(声域・歌手) tenor *m*. ／ アルト(声域) contralto *m*., (歌手) contralto *com*. ／ メゾソプラノ(声域) *mezzosoprano f*., (歌手) *mezzosoprano com*. ／ ソプラノ(声域) soprano *m*., (歌手) soprano *com*. ／ ブラヴォー！ ¡Bravo! ／ プリマドンナ《イタリア語》*prima donna f*. ／ オーケストラ orquesta *f*. ／ ベルカント《イタリア語》*el canto m*. ／ カデンツァ《イタリア語》*cadenza f*. ／ オラトリオ oratorio *m*. ／ アカペラで a capela

オペレーター opera*dor*[dora] *mf*.
オペレッタ 《音楽》opereta *f*.
おぼえ 覚え memoria *f*., (経験) experiencia *f*. ‖ 私はそんなことを言った覚えはありません No recuerdo haber dicho tal cosa. ／ その顔は見た覚えがある Me suena la cara. ／ 仕事の覚えが早い ser rápi*do*[da] en aprender el trabajo ／ 腕に覚えがある estar segu*ro*[ra] de *su* talento
おぼえがき 覚え書き memorándum *m*., memorando *m*., (メモ) nota *f*. ‖ 覚え書きを交わす intercambiar memorandos 《con》
おぼえる 覚える (記憶している) recordar, acordarse 《de》, (暗記する) aprender ALGO de memoria, memorizar, (習得する) aprender, (感じる) sentir ‖ そのことはよく覚えている Me acuerdo muy bien de eso. ／ スペイン語の単語を覚える memorizar las palabras en español ／ 仕事を覚える aprender el trabajo ／ 痛みを覚える sentir dolor
〖慣用〗覚えていろ (脅し) ¡Te vas a enterar!
おぼつかない 覚束ない (疑わしい) dudo*so*[sa], (不確かな) incier*to*[ta], insegu*ro*[ra] ‖ この計画の成功はおぼつかない El éxito del plan 「está en entredicho [es incierto]. ／ おぼつかない記憶を辿る rebuscar en la borrosa memoria ／ 足もとがおぼつかない caminar con paso vacilante
おぼれる 溺れる (溺れ死ぬ) ahogarse, (心を奪われる) entregarse 《a》‖ 海で溺れる ahogarse en el mar ／ 酒に溺れる entregarse al alcohol
〖諺〗溺れる者は藁をもつかむ《諺》A un clavo ardiendo se agarra el que se está hundiendo.
おぼろげ 朧気
▶おぼろげな difu*so*[sa], borro*so*[sa], va*go*[ga] ‖ おぼろげな記憶 memoria *f*. borrosa
▶おぼろげに vagamente, difusamente ‖ 人影がおぼろげに見える Se vislumbra vagamente una silueta humana.
おぼろづき 朧月 luna *f*. 「brumosa [borrosa]
◪おぼろ月夜 noche *f*. de luna brumosa
おぼん お盆 ⇒ぼん(盆)
おまいり お参り
▶お参りする ir 《a》, visitar ‖ 神社にお参りする ir al santuario sintoísta a rezar
おまえ お前 tú
▶お前たち voso*tros*[tras]
おまけ (景品) premio *m*., regalo *m*. ‖ おまけを付ける dar ALGO como premio ／ おまけが付く「venir con [llevar] un regalo
▶おまけする (値引きする) hacer un descuento ‖ 100円おまけします Le hago un descuento de cien yenes.
おまけに además, encima,《慣用》(y) lo que es más, (さらに悪いことに)《慣用》para colmo 《de desgracias》‖ 彼女は頭がよくて、おまけに美人だ Es inteligente, y encima, guapa.
おまちどおさま お待ち遠さま (人を待たせたときに) Siento haberle hecho esperar. ¦ Gracias por haberme esperado. ‖ コーヒーお待ちどおさまでした Aquí tiene su café.
おまつりさわぎ お祭り騒ぎ juerga *f*., parranda *f*. ‖ お祭り騒ぎをする「estar [irse] de parranda, armar una parranda
おまもり お守り talismán *m*., amuleto *m*. ‖ お守りを身につける llevar un amuleto
おまる お丸/お虎子 orinal *m*., bacinilla *f*. ‖ おまるを使う usar el orinal
おまわりさん お巡りさん guardia *com*., policía *com*.
おみき お神酒 (神前に供える酒) sake *m*. sagrado, (酒) sake *m*.
おみくじ お神籤 《日本語》*omikuji m*., (説明訳) oráculo *m*. escrito en una tira de papel que se vende en los templos y santuarios ‖ おみくじを引く sacar un *omikuji*
おむすび お結び ⇒おにぎり(お握り)
おむつ お襁褓 pañal *m*. ‖ 使い捨ておむつ

オムライス　arroz *m.* frito cubierto con tortilla

オムレツ　tortilla *f.*
▫ プレーンオムレツ　tortilla *f.* francesa

おめ　お目／近いうちにお目にかかりたいのですが Me gustaría verle un día de estos. ／お目にかかって光栄です Es un honor para mí conocerle en persona. ／家宝をお目にかけましょう Le voy a enseñar el tesoro de la familia.

おめい　汚名　deshonra *f.*, deshonor *m.*, mala「reputación *f.* fama *f.*」,《格式語》estigma *m.*
〔慣用〕汚名をすすぐ　lavar la deshonra
〔慣用〕汚名を晴らす　desquitarse de la deshonra
〔慣用〕汚名を着せる‖彼は裏切り者の汚名を着せられた　Lo tacharon de traidor.

おめおめ
▶おめおめと　desvergonzadamente, descaradamente‖おめおめと故郷に戻る訳にはいかない　No tengo la desvergüenza de regresar a mi pueblo natal.

おめかし　acicalamiento *m.*
▶おめかしする　acicalarse, ponerse gua*po[pa]*‖おめかしして出かける salir bien arregla*do[da]*,（正装して）ir vesti*do[da]* de gala

おめだま　お目玉　（叱責）bronca *f.*, reprimenda *f.*, regañina *f.*
〔慣用〕お目玉を食（ら）う‖父からお目玉を食った Me llevé una buena bronca de mi padre.

おめでとう‖おめでとう! ¡Felicidades!｜（成功に対して）¡Enhorabuena!

┌─────────────────────┐
│　　　　お祝いのことば　　　　│
└─────────────────────┘

● 誕生日おめでとう ¡Feliz cumpleaños!
● 結婚おめでとう Muchas felicidades por vuestra boda.
● お嬢様のご誕生おめでとうございます Reciba mi felicitación por el nacimiento de su hija.
● 受賞おめでとう Enhorabuena por el premio que has ganado.
● 大学合格おめでとう Felicidades por haber superado el examen de acceso a la Universidad.
● メリークリスマス ¡Feliz Navidad!
● 新年おめでとう ¡Feliz Año Nuevo!
● ご昇格おめでとうございます Le felicito por su ascenso.
● 大臣の任命を受けられたことを心からお祝い申し上げます Mi más cordial enhorabuena por su nombramiento como minis*tro[tra]*.

おめみえ　お目見え
▶お目見えする（初舞台を踏む）debutar,（初公開される）estrenarse

おもい　思い　❶［考え］pensamiento *m.*, idea *f.*,（感情）sentimiento *m.*‖父親の子に対する思い　sentimientos *mpl.* del padre hacia su hi*jo[ja]* ／思いにふける　estar absor*to[ta]* en *sus* pensamientos ／思いに沈む　quedarse pensa*tivo[va]* ／思いにとらわれる　estar ata*do[da]* a un pensamiento
❷［予想・想像］思いのほか寒い　Hace más frío de lo que me imaginaba.
❸［願望・望み］（願い）deseo *m.*,（夢）sueño *m.*‖私の思いがかなった　Mi deseo se ha cumplido.｜Mi deseo se ha hecho realidad.
❹［愛情］amor *m.*, cariño *m.*‖思いを込めて手紙を書く　escribir una carta con cariño ／思いを伝える　confesar *su* amor
❺［経験］experiencia *f.*
▶思いをする（経験する）experimentar‖つらい思いをする　experimentar pena ／楽しい思いをする　tener una experiencia agradable, pasarlo bien ／私たちはここまで来るのに大変な思いをした　Nos ha costado mucho trabajo llegar hasta aquí. ／悲しい思いをさせる　hacer sufrir a ALGUIEN
❻《慣用表現》
〔慣用〕思いもかけない⇒おもいがけない（思い掛けない）
〔慣用〕思いも寄らない inespera*do[da]*‖思いも寄らない知らせを受ける　recibir una noticia inesperada
〔慣用〕思いを遂げる　ver realizado *su* sueño
〔慣用〕思いをはせる　dar rienda suelta a *su* imaginación
〔慣用〕思いを晴らす（恨みを）descargar el rencor,（憂さを）desestresarse,（望みを実現する）ver cumplido *su* deseo
〔慣用〕思いを寄せる　sentir amor《por》

おもい　重い　pesa*do[da]*,（病気が）grave‖重い荷物　equipaje *m.* pesado ／重い病気　enfermedad *f.* grave ／重い刑　pena *f.*「dura [severa]」／重い税金　impuesto *m.* elevado ／この箱は重い Esta caja pesa mucho. ／体重が重い tener mucho peso, pesar mucho ／重い物は持てません No puedo cargar pesos. ／何て重いんだ ¡Cómo pesa!｜Pesa muchísimo. ／足取りが重い「andar [caminar]」con pasos pesados
〔慣用〕重い腰をあげる　decidirse a entrar en acción

おもいあがる　思い上がる　engreírse, vana-

おもいあたる 思い当たる‖そう言われてみれば、思い当たるふしがある Ahora que lo dices, me acuerdo de una cosa. ／この写真について思い当たることはありませんか ¿No le suena esta foto?

おもいあまる 思い余る‖思い余って友人(男性)に相談した Después de mucho pensar, consulté a un amigo.

おもいいれ 思い入れ‖この作品には思い入れがある Le tengo mucho cariño a esta obra.

おもいうかぶ 思い浮かぶ ⇒おもいつく(思い付く)

おもいうかべる 思い浮かべる recordar, acordarse 《de》‖子供の頃の過ぎし日々を思い浮かべる recordar los días pasados de la infancia

おもいえがく 思い描く imaginar(se)‖100年後の生活を思い描く imaginarse la vida dentro de cien años

おもいおこす 思い起こす ⇒おもいだす(思い出す)

おもいおもい 思い思い cada uno a su manera‖各自が思い思いの意見を述べる Cada uno expresa su opinión.

おもいかえす 思い返す (思い出す) recordar, (もう一度考える) volver a pensar, (考えを改める) cambiar de idea

おもいがけず 思い掛けず inesperadamente, impensadamente

おもいがけない 思い掛けない inesperado[da], imprevisto[ta], impensado[da], inopinado[da]‖思いがけない結果 resultado m. inesperado

▶思いがけなく ⇒おもいがけず(思い掛けず)

おもいきった 思い切った atrevido[da], drástico[ca]‖思いきった決断をする tomar una decisión 「arriesgada [atrevida, aventurada]

おもいきって 思い切って decididamente, resueltamente

▶思い切って〜する atreverse a 『＋不定詞』

おもいきり 思い切り ❶《名詞》‖思い切りの良い decidido[da], resuelto[ta] ／思い切りの悪い indeciso[sa]

❷《副詞》‖思い切り殴る pegar con toda la fuerza ／思い切り食べる comer a discreción ⇒おもうぞんぶん(思う存分)

おもいきる 思い切る (断念する) desistir 《de》, renunciar 《a》⇒あきらめる(諦める)‖作曲家になる夢を思い切る renunciar a su sueño de ser compositor[tora]

おもいこみ 思い込み convicción f. ciega, (妄想) obsesión f., manía f., imaginaciones fpl.‖思い込みが激しい(頑固な) ser terco[ca] como una mula

おもいこむ 思い込む creer(se) firmemente ALGO‖彼は思い込んだら後には引かない Cuando se cree algo, él se cierra en banda.

おもいしる 思い知る darse cuenta 《de》, reconocer‖人間の無力さを思い知る reconocer la impotencia del ser humano

おもいすごし 思い過ごし‖それは君の思い過ごしだ Eso son imaginaciones tuyas.

おもいだす 思い出す recordar, acordarse 《de》‖私は父方の祖父の名前を思い出せなかった No pude recordar el nombre de mi abuelo paterno.

▶思い出させる recordar‖この時計は私に幼少時代を思い出させる Este reloj me trae a la memoria mi infancia.

おもいちがい 思い違い equivocación f.‖思い違いをする equivocarse ／私の思い違いでなければ… Si mal no recuerdo...

おもいつき 思い付き idea f., ocurrencia f.‖なかなか面白い思いつきだ Es una idea interesante. ／彼女は思いつきでものを言う Ella dice lo que se le pasa por la cabeza.

おもいつく 思い付く ocurrirse‖いいことを思いついた Se me ha ocurrido una buena idea.

おもいつめる 思い詰める tomarse ALGO 「en serio [a pecho], atormentarse‖思いつめた表情で con aspecto pensativo e inquieto ／(君は)そんなに思いつめないで No te lo tomes tan en serio.

おもいで 思い出 recuerdo m., memoria f.‖懐かしい思い出 recuerdo m. nostálgico ／思い出の品 objeto m. de recuerdo ／〜の思い出に en recuerdo 《de》／いやな思い出がある tener un mal recuerdo ／この写真は旅行のよい思い出になる Esta foto va a ser un buen recuerdo del viaje. ／昔の思い出にふける dejarse llevar por los recuerdos del pasado ／旧友たちと再会して学生時代の楽しい思い出がよみがえった El reencuentro con mis viejos amigos me ha traído a la memoria gratos recuerdos de los días de estudiante.

◪思い出話‖青春時代の思い出話をする hablar de los recuerdos de *su* juventud

おもいどおり 思い通り

▶思い通りの satisfacto*rio*[*ria*]

▶思い通りに (好きなように) a *su* 「aire [gusto]‖自分の思い通りに生きる vivir a *su* gusto ／すべて思い通りにいった Todo salió bien, tal como se esperaba.

おもいとどまる 思い止まる desistir 《de》, renunciar 《a》‖車の購入を思いとどまる desistir de comprar coche ／両親は娘にその青年との結婚を思いとどまらせたい Los padres quieren disuadir a su hija de que se case con el joven.

おもいなおす 思い直す (再考する) reconsiderar, (考えを改める) cambiar de idea‖私

おもいなやむ　思い悩む　preocuparse《por》, sufrir‖自分の将来について思い悩む preocuparse por *su* futuro

おもいのこす　思い残す‖私は何も思い残すことはない No tengo nada de que arrepentirme.

おもいのほか　思いの外‖思いのほか早く着く llegar antes de lo previsto／思いのほかの好成績をとる conseguir un resultado mejor de lo esperado

おもいやり　思い遣り　consideración *f.*,（心遣い）atención *f.*,（同情）compasión *f.*‖思いやりのある compasi*vo*[*va*], de buen corazón／思いやりのない frí*o*[*a*], egoísta／それは他人に対する思いやりの欠如です Eso es una falta de consideración hacia los otros.／友人の思いやりを感じる notar el cariño de los amigos

おもいやる　思い遣る　tratar a ALGUIEN con consideración,（心配する）preocuparse《por》‖他人の気持ちを思いやる pensar en los sentimientos de los demás／先が思いやられる →さき（先）

おもいわずらう　思い煩う ⇒おもいなやむ（思い悩む）

おもう　思う　❶［考える］pensar, creer,（見なす）parecer‖～と思う「pensar [creer] que『+直説法』／私は彼の母親が知っていると思う Creo que lo sabe su madre.／君には協力する気がないと思われよう Van a pensar que no quieres colaborar.／～だと思わない no creer que『+接続法』／私は彼の母親が知っているとは思わない No creo que lo sepa su madre.／そう思います「Creo [Pienso] que sí.／そうは思いません No lo creo.／彼は自分を賢いと思っている Se cree listo.／君がどう思おうと私はかまわない No me importa lo que pienses.／この映画は面白いと思う Me parece interesante esta película.／このダムの建設が必要だと思う Considero necesario construir este embalse.／母のことを思う pensar en *su* madre

❷［想像する］imaginarse,（推測する）suponer‖この仕事は思ったより簡単だ Este trabajo es más fácil de lo que pensaba.／ソファーは思っていたより値段が高い El sofá es más caro de lo que me imaginaba.／私は何歳だと思いますか ¿Cuántos años me echa usted?

❸［願う・望む］desear, querer‖思うように仕事が進まない El trabajo no avanza como se desea.／いつも思うようにいくわけではないよ No siempre consigues lo que quieres.／私はスペインに行きたいと思う Quiero ir a España.

❹［その他］（愛する）amar,（心配する）preocuparse《por》,（感じる）sentir‖子を思う親の心 amor *m.* que sienten los padres hacia sus hijos

おもうぞんぶん　思う存分　enormemente, extraordinariamente, inmensamente‖思う存分に楽しむ divertirse de lo lindo [enormemente, a tope]／思う存分ワインを飲む beber vino a discreción

おもうつぼ　思う壺‖それでは私たちは相手の思うつぼにはまってしまう Eso sería caer en la trampa que nos han tendido.

おもうに　思うに　（私が思うに）lo que pienso es que『+直説法』,（考えてみると）pensándolo bien‖私が思うに人生は短い Lo que creo es que la vida es corta.

おもおもしい　重重しい　grave, se*rio*[*ria*],（厳粛な）solemne,（荘厳な）majestu*oso*[*sa*]‖重々しい口調で en tono solemne／重々しい雰囲気の中で en medio de un ambiente solemne

▶重々しく solemnemente‖重々しくふるまう actuar con solemnidad

おもかげ　面影　（様子）aspecto *m.*,（イメージ）imagen *f.*,（雰囲気）ambiente *m.*,（名残り）vestigio *m.*, huella *f.*, rastro *m.*‖彼女に若い頃の面影は残っていない Ella ya no es lo que era de joven.／村全体が中世の面影をとどめている El pueblo entero conserva un ambiente medieval.

おもかじ　面舵　（右舷）estribor *m.*‖面舵いっぱい《掛け声》¡Todo a estribor!

おもき　重き‖重きを置く「dar [conceder] importancia《a》

慣用 重きをなす ocupar un lugar importante

おもくるしい　重苦しい　pes*ado*[*da*], sofocante‖胃が重苦しい tener el estómago pesado／重苦しい雰囲気がただよっていた Reinaba un ambiente tenso y pesado.

おもさ　重さ　peso *m.*‖重さを計る pesar／小包は重さが2キロある El paquete pesa dos kilos.／責任の重さを感じる sentir el peso de la responsabilidad

おもし　重石　peso *m.*‖重石を置く colocar un peso《sobre, encima de》

おもしろい　面白い　（興味深い）interesante,（愉快な）diverti*do*[*da*],（笑いを誘う）graci*oso*[*sa*]‖面白い表現 expresión *f.* graciosa／面白い映画 película *f.* divertida／面白いジョーク chiste *m.* gracioso／彼は面白い人だ Él es una persona divertida.／私には彼のピエロの仮装がとても面白かった Su disfraz de payaso me hizo mucha gracia.／私には君の笑い話が面白くない No le veo la gracia a tu chiste.／面白くない表情をする poner cara de disgusto,《慣用》torcer el gesto／面

白いように売れる venderse como「churros [rosquillas]
▶面白く（興味深く）con interés ‖ 原作を面白くアレンジする adaptar el original para que sea más interesante

おもしろおかしく 面白おかしく humorísticamente, caricaturizando ‖ 旅の出来事を面白おかしく語る contar humorísticamente los sucesos del viaje

おもしろがる 面白がる divertirse《con》
▶面白がらせる divertir, hacer gracia《a》‖ 彼はいつも冗談を言って皆を面白がらせる Él siempre divierte a todos con sus bromas.

おもしろはんぶん 面白半分
▶面白半分に（冗談で）en broma,（好奇心で）por curiosidad ‖ 面白半分にスペイン語を習う aprender español por curiosidad

おもしろみ 面白み gracia *f*.,（ユーモア）humor *m*. ‖ 面白みのない（つまらない）poco interesante,（退屈な）aburri*do*[*da*]

おもだった 主だった （主な）principal,（重要な）importante

おもちゃ 玩具 juguete *m*.
慣用 おもちゃにする jugar《con》,（もてあそぶ）burlarse《de》‖ 人の心をおもちゃにする jugar con los sentimientos de ALGUIEN
▫ おもちゃ箱 caja *f*. de juguetes
▫ おもちゃ屋 juguetería *f*.

おもて 表 （コインの）cara *f*., anverso *m*.,（表面）superficie *f*., faz *f*.,（前面）frente *f*.,（正面）fachada *f*. ‖ 本の表（表紙）portada *f*., cubierta *f*., tapa *f*. / 表と裏（硬貨の）la cara y la cruz, el anverso y el reverso / 表か裏か（コインを投げて）¿Cara o cruz? / 表を上にしてカードを挿入する introducir la tarjeta con el anverso hacia arriba / 九回の表に《野球》en la parte alta de la novena entrada / 表で遊ぶ（外で）jugar fuera (de casa) / 表に出る（外に）salir a la calle
慣用 表を繕う（慣用）guardar las apariencias

おもて 面 （顔）cara *f*. ‖ 面を伏せる agachar la cara / 面を上げる levantar la cara / 感情を面に出す exteriorizar *sus* sentimientos

おもてざた 表沙汰
▶表沙汰になる hacerse públi*co*[*ca*],《慣用》salir a la luz ‖ 選挙直前に政治スキャンダルが表沙汰になった Un escándalo político salió a la luz justo antes de las elecciones.

おもてだつ 表立つ →おもてざた（⇒表沙汰になる）
▶表立った notable ‖ 表立った変化はない No hay ningún cambio que llame la atención.

おもてどおり 表通り calle *f*. principal

おもてむき 表向き
▶表向きは（見かけは）en apariencia, aparentemente,（公式には）oficialmente ‖ 表向

きは二人はとても幸せな夫婦だ Aparentemente los dos son un matrimonio muy feliz.

おもな 主な principal → しゅよう（⇒主要な）‖ スペインの主な都市の一つ una de las principales ciudades de España

おもなが 面長
▶面長の oval*ado*[*da*] ‖ 面長の美人 mujer *f*. hermosa con rostro ovalado

おもに 主に principalmente, mayormente ‖ 読者は主に大学生です Los principales lectores son universitarios. / この地方は主に赤ワインを生産している Esta región produce principalmente vino tinto.

おもに 重荷 carga *f*., peso *m*. ‖ 重荷を背負う cargar con un peso / 部長のポストが彼の重荷になっている El cargo de director「es [constituye] una carga para él.
慣用 重荷を下ろす（慣用）quitarse un peso de encima, verse libera*do*[*da*]《de》

おもみ 重み peso *m*.,（重要性）importancia *f*. ‖ 一票の重み valor *m*. de un voto / 重みのある意見 opinión *f*. de peso / 山小屋は雪の重みでつぶれた El refugio de montaña se derrumbó por el peso de la nieve.

おもむき 趣 （風情）encanto *m*.,（味わい）sabor *m*.,（雰囲気）ambiente *m*.,（趣旨）propósito *m*. ‖ 田園の趣 ambiente *m*. campestre / 趣のある refina*do*[*da*], elegante / 趣のない insípi*do*[*da*] / この庭には趣がある Este jardín tiene su encanto. / 趣を異にする tener un estilo distinto《de》/ 原文の趣を伝える transmitir el mensaje del texto original / お話の趣は理解いたしました He entendido su propósito.

おもむく 赴く acudir《a》‖ 任地へ赴く acudir a *su* nuevo destino / 欲望の赴くままに行動する dejarse llevar por *sus* deseos

おもむろに lentamente, despacio, pausadamente ‖ おもむろに立ち上がる levantarse「con lentitud [despacio]

おもや 母屋/母家 casa *f*. [edificio *m*.] principal

おもらし お漏らし
▶おもらしをする orinarse

おもり お守り ‖ 赤ん坊のお守りをする cuidar a un bebé

おもり 錘 （秤の）contrapeso *m*., peso *m*.,（釣り糸の）plomo *m*.

おもわく 思惑 （意図）intención *f*., propósito *m*.,（投機）especulación *f*. ‖ 思惑が外れる fallar en *su* propósito / すべてが思惑通りに行った Todo salió tal (y) como estaba planeado. / 世間の思惑を気にする preocuparse por el que dirán / 多くの思惑が絡んでいる Hay muchos intereses en juego.

おもわしい 思わしい （好都合な）favorable,（満足のいく）satisfact*orio*[*ria*] ‖ 患者（男性）の病状は思わしくない El paciente no

おもわず 思わず sin querer, involuntariamente, (無意識に) inconscientemente ‖ 本のタイトルを見て私は思わず笑ってしまった Se me escapó la risa al ver el título del libro.

おもわせぶり 思わせ振り
▶思わせぶりな insinuante, sugestivo[va], (挑発的な) provocativo[va] ‖ 思わせぶりな口調で con tono insinuante

おもわぬ 思わぬ inesperado[da], imprevisto[ta] ‖ 思わぬ展開になる desarrollarse inesperadamente／思わぬ事故に遭う tener un accidente inesperado

おもんじる 重んじる (尊重する) respetar, estimar, valorar, tener ALGO en mucho, (重視する) dar importancia《a》‖ 名誉を重んじる valorar el honor／経験を重んじる dar importancia a la experiencia

おや 親 (両親) padres mpl., (父親) padre m., (母親) madre f. ‖ 生みの親 padres mpl. biológicos／育ての親 padres mpl. 「de acogida [adoptivos]／今度は君が親だ (トランプなどで) Esta vez te toca a ti ser mano.／親になる (両親に) hacerse padres, (母親に) hacerse madre, (父親に) hacerse padre／親を亡くす (両親を) perder a sus padres

[慣用] この子の親の顔が見たいものだ Me pregunto cómo serán los padres de este niño tan maleducado.

[慣用] 親のすねをかじる depender económicamente de los padres, vivir a costa de los padres

[慣用] この親にしてこの子あり《諺》De tal palo, tal astilla. ¡《諺》De tal padre, tal hijo.

[慣用] 親はなくとも子は育つ Los niños crecen solos.

[慣用] 親の欲目 Los padres valoran a sus hijos más de lo que son.

[諺] 親の心子知らず Los hijos viven sin darse cuenta del amor de los padres.

◪親会社 compañía f. madre, empresa f. matriz

◪親鳥 aves fpl. padres, (母鳥) ave f. madre

おやおもい 親思い ‖ 親思いである ser atento[ta] con sus padres

おやがかり 親掛かり ‖ 親がかりの身である depender económicamente de sus padres
▶親がかりで a costa de los padres

おやかた 親方 maestro m., patrón m., jefe m. ‖ 親方に習う aprender de su maestro

[慣用] 親方日の丸 mentalidad f. de los funcionarios que tienen asegurado el puesto de trabajo, mentalidad f. de funcionario

おやこ 親子 padres mpl. e hijos mpl. ‖ 親子で暮らす (家族全員で) vivir toda la familia en una casa／親子の縁 「relación f. [vínculo m.] entre padres e hijos／親子の縁を切る (親が子と) romper con su hijo[ja], (子が親と) romper con su padre [madre]

◪親子丼《日本語》oyakodon m., (説明訳) cuenco m. de arroz con pollo y huevo revuelto por encima

おやこうこう 親孝行 → こうこう (孝行) ‖ 親孝行をする tratar a sus padres con mucho cariño
▶親孝行な simpático[ca] con sus padres

おやじ 親父 (父親) papá m., padre m., (おじさん) tío m. ‖ うちのおやじ mi papá／隣のおやじさん tío m. vecino

おやしらず 親知らず muela f. 「cordal [del juicio]‖ 親知らずを抜く sacar una muela cordal

おやすみ お休み (休暇) descanso m., (休業) cierre m. ⇒やすみ (休み) ‖ 部長は今日はお休みです El director no viene hoy.／お休みを言う dar las buenas noches《a》

[慣用] おやすみなさい Buenas noches.

おやつ お八つ merienda f. ‖ おやつの時間 hora f. de la merienda／おやつを食べる tomar una merienda, merendar

おやばか 親馬鹿 (甘やかす両親) padres mpl. consentidores, (過保護の両親) padres mpl. sobreprotectores
▶親馬鹿の (甘やかす) consentidor[dora], (過保護の) sobreprotector[tora]

おやふこう 親不孝
▶親不孝な ingrato[ta] con sus padres
◪親不孝者 hijo[ja] mf. ingrato[ta] ‖ 彼女は親不孝(者)だ Es una ingrata con sus padres.

おやぶん 親分 jefe[fa] mf., caudillo m.
◪親分肌 ‖ 彼は親分肌の上司だ Es un jefe magnánimo.

おやもと 親元 ‖ 親元から大学へ通う ir a la universidad viviendo en casa de sus padres／親元を離れる independizarse de los padres

おやゆずり 親譲り
▶親譲りの hereditario[ria], heredado[da] de los padres ‖ 彼の性格は(父)親譲りだ Él ha heredado el carácter de su padre.

おやゆび 親指 pulgar m., dedo m. 「pulgar [gordo]

おゆ お湯 ⇒ゆ (湯)

およぎ 泳ぎ natación f. ‖ 泳ぎがうまい nadar bien／泳ぎを覚える aprender a nadar／泳ぎに行く ir a nadar, (海水浴に) ir a bañarse

およぐ 泳ぐ nadar ‖ 海で泳ぐ nadar en el mar／魚が川で泳ぐ Los peces nadan en el río.／川を泳いで渡る atravesar un río a nado／私は泳げない No sé nadar.／クロールで泳ぐ nadar a crol／平泳ぎで泳ぐ nadar a braza／バタフライで泳ぐ nadar a mariposa／背泳で泳ぐ nadar a espalda／容疑者(男性)を泳がせる vigilar al presunto autor sin detenerlo／彼は政界を巧みに泳ぐ Él sabe moverse bien en los círculos políticos.

およそ (大体) más o menos, aproximadamente ‖ およそ10人が負傷した Unas diez personas resultaron heridas.／私はおよそ1時間待った Esperé「aproximadamente [más o menos, como] una hora.／およその見当を calcular más o menos／およそ父親としてあるまじき発言だ Es un comentario que un padre jamás debería hacer.

およばずながら 及ばずながら‖及ばずながらお手伝いします Le voy a ayudar en lo que pueda.

および 及び y, así como‖中国及び日本の経済 la economía de China y la de Japón

およびごし 及び腰‖政治改革に及び腰である tomar una actitud displicente ante una reforma política

およぶ 及ぶ ❶[達する] llegar《a》, alcanzar, (範囲が広がる) extenderse《por, a》, (時間が長引く) prolongarse《hasta》, alargarse《hasta》‖走行距離は2,000キロに及ぶ La distancia recorrida llega a dos mil kilómetros.／審議は深夜にまで及んだ Los debates se alargaron hasta altas horas de la noche.／台風の被害は九州全域に及んだ Los daños causados por el tifón se extendieron por toda la región de Kyushu.／この期に及んで《慣用》a estas alturas

❷[力が届く] 私の力の及ぶ限り en la medida de mis posibilidades, en lo que pueda／歌にかけては、僕は君の足元に及ばない Cantando no te llego ni a la suela del zapato.／想像も及ばない規模の大災害 catástrofe f. de proporciones inimaginables

❸[必要がない] ‖説明には及びません No「es necesario [hace falta] que me lo expliquen.

およぼす 及ぼす (影響を) ejercer‖影響を及ぼす ejercer influencia《en, sobre》／害を及ぼす hacer daño《a》

オラトリオ 《音楽》oratorio m.

オランウータン orangután m.(雄・雌)

おり 折 (時) momento m., (機会) ocasión f., oportunidad f.; (折箱) cajita f. rectangular de madera fina‖折を見て cuando se presente la ocasión, cuando encuentre un momento／来日の折には、是非ご一報ください No deje de avisarme cuando venga a Japón.

〔慣用〕折に触れて/折あるごとに cada vez que se presenta la ocasión

〔慣用〕折もあろうに inoportunamente, en un momento inoportuno

〔慣用〕折も折 justo entonces, justo cuando 〖+直説法〗

おり 澱 poso m., sedimento m., heces fpl.

おり 檻 jaula f.‖檻に入れる enjaular／檻を破る romper la jaula

おりあい 折り合い‖折り合いが悪い「llevarse [entenderse] mal《con》,《慣用》hacer malas migas《con》／折り合いがつく(合意する) llegar a un acuerdo／折り合いをつける (妥協する) transigir《con》, hacer concesiones

おりあう 折り合う llegar a un acuerdo, ponerse de acuerdo‖価格の面で折り合う llegar a un acuerdo en el precio

おりいって 折り入って‖折り入ってお願いがあるのですが Quisiera pedirle un favor especial.

オリーブ (木) olivo m., (実) aceituna f.

オリーブ

▲**オリーブ色** color m. verde oliva, verde m. oliva

▲**オリーブオイル/オリーブ油** aceite m. de oliva

▲**オリーブ畑** olivar m.

オリエンテーション información f., orientación f.‖新入生にオリエンテーションを行う ofrecer「información [orientación] a los nuevos estudiantes

オリエンテーリング deporte m. de orientación

おりおり 折折‖四季折々の花 flores fpl. de las cuatro estaciones

おりかえし 折り返し (ズボンの裾の) dobladillo m., vuelta f.; (すぐに) inmediatamente, enseguida‖折り返しご返事ください Le ruego que me conteste a vuelta de correo.／折り返しお電話をさしあげます Le llamaré de vuelta.

▲**折り返し運転**‖折り返し運転を実施する (電車が)「ofrecer [prestar] servicios en un tramo determinado

▲**折り返し点** (マラソンの) punto m. medio del recorrido

おりかえす 折り返す (引き返す) volver‖袖

おりかさなる

を折り返す arremangar, remangar

おりかさなる 折り重なる ‖ 折り重なって unos encima de los otros, unas encima de las otras／観客は折り重なって倒れた Los espectadores se cayeron unos encima de los otros.

おりがみ 折り紙　papiroflexia f. ‖ 折り紙をする hacer figuras con papel／折り紙で鶴を折る hacer una grulla de papel

▫折り紙付き(の) con garantía asegurada

おりこみ 折り込み

▫折り込み広告 encarte m.

おりこむ 折り込む　(折り曲げる) doblar, (中へ入れる) introducir ALGO ((en))

おりこむ 織り込む　(糸を) entretejer, (含める) incluir ALGO ((en)), (予測しておく) considerar ALGO de antemano

オリジナル original m.

▶オリジナルの (独創的な) original ‖ オリジナルのTシャツ camiseta f. original

おりたたみ 折り畳み

▶折り畳みの plegable

▫折り畳み椅子 silla f. plegable

▫折り畳み傘 paraguas m.[=pl.] plegable

おりたたむ 折り畳む　plegar, doblar

おりづめ 折り詰め　comida f. servida en una cajita de madera fina

おりまげる 折り曲げる　doblar ‖ 針金を折り曲げる doblar un alambre／上半身を前方に折り曲げる doblar la parte superior del cuerpo hacia adelante

おりめ 折り目　pliegue m., doblez m., (ズボンの) raya f. ‖ ズボンに折り目をつける hacer la raya a los pantalones／生活に折り目をつける llevar una vida ordenada／折り目正しい人 persona f. cortés

おりもの 下り物　flujo m. vaginal, 《医学》 leucorrea f.

おりもの 織物　tejido m., tela f.

▶織物の textil

▫毛織物 tejido m. de lana

▫綿織物 tejido m. de algodón

▫織物工業 industria f. textil

▫織物工場 「fábrica f. [planta f.] textil

おりる 下りる/降りる　bajar(se), descender, (辞職する) dimitir《de》, (諦める) abandonar, (勝負ごと) retirarse《de》‖ 幕が下りる bajar el telón／坂を下りる bajar una cuesta／車から降りる bajar del coche／次で降ります (バスなどで) Me bajo en la próxima.／霜が下りる caer una helada, escarchar《3人称単数形の無主語で》／私には隔月で年金が下りる Me pagan la pensión cada dos meses.／管理職を降りる (辞職する) dimitir del cargo directivo／試合を降りる abandonar el partido／この話、私は降ります Me retiraré de este asunto.

オリンピック　Juegos mpl. Olímpicos, Olim-piada f. ‖ オリンピックに出場する participar en los Juegos Olímpicos／オリンピックを開催する celebrar los Juegos Olímpicos／オリンピックの開催地として立候補する presentar su candidatura como sede de los Juegos Olímpicos

▫オリンピック新記録 nuevo récord m. olímpico

▫オリンピック聖火 「llama f. [antorcha f.] olímpica

▫オリンピック選手 olímpico[ca] mf., atleta com. olímpico[ca]

▫オリンピック村 villa f. olímpica

おる 折る　romper, (畳む) plegar, (曲げる) doblar ‖ 枝を折る romper una rama／足の骨を折る 「fracturarse [romperse] una pierna／紙を四つに折る doblar una hoja de papel en cuatro partes

おる 織る　tejer ‖ 布を織る tejer una tela

オルガスムス　orgasmo m. ‖ オルガスムスに達する 「llegar al [alcanzar el] orgasmo, tener un orgasmo

オルガン　(パイプオルガン) órgano m., (手回しオルガン) organillo m., (リードオルガン) armonio m. ‖ オルガンを演奏する tocar el órgano

▫オルガン奏者 organista com.

オルゴール　caja f. de música ‖ オルゴールを鳴らす hacer sonar una caja de música

おれい お礼　agradecimiento m., gratitud f. ⇒れい(礼)

▫お礼参り (参詣) visitar un templo para agradecer un deseo cumplido, (報復) represalias fpl., venganza f.

オレガノ　orégano m.

おれせん 折れ線

▫折れ線グラフ gráfico m. de líneas

おれる 折れる　romperse, (曲がる) doblar, (譲歩する) ceder, transigir ‖ 木の枝が折れた Se rompió una rama del árbol.／私は転倒して腕が折れた Se me rompió un brazo al caerme.／角を右に折れる doblar la esquina a la derecha／要求に折れる ceder a las exigencias de ALGUIEN

オレンジ　(木) naranjo m., (実) naranja f.

▫オレンジ色 color m. naranja ‖ オレンジ色のTシャツ camiseta f. (de color) naranja

▫オレンジジュース zumo m. de naranja, 《中南米》 jugo m. de naranja

おろおろ

▶おろおろする ⇒うろたえる

おろか ‖ 私は家はおろか土地まで失った No solo perdí la casa, sino también el terreno.

おろか 愚か

▶愚かな tonto[ta], imbécil, estúpido[da], bobo[ba] ‖ 愚かなこと tontería f., estupidez f., bobada f.

▶愚かにも (軽率に) imprudentemente, irre-

flexivamente‖私は愚かにも挑発に乗ってしまった Reaccioné impulsivamente a la provocación.
▪愚か者 ton*to*[*ta*] *mf.*, imbécil *com.*, estú-pi*do*[*da*] *mf.*, bo*bo*[*ba*] *mf.*

おろし 卸
▶卸 al por mayor‖卸で売る vender ALGO al por mayor
▪卸値 precio *m.* al por mayor

おろしうり 卸売 venta *f.* al por mayor
▪卸売市場 mercado *m.*「mayorista [al por mayor]
▪卸売価格 precio *m.* al por mayor
▪卸売業者 mayorista *com.*

おろしがね 卸し金/下ろし金 rallador *m.*

おろす 下ろす/降ろす （上から下に）bajar, （車・馬から）apear, （取りのける）retirar, quitar, （積み荷を）descargar, （辞めさせる）cesar, （預金を）retirar, sacar, （堕胎する）abortar, （初めて使う）estrenar, （すりおろす）rallar‖タクシーからスーツケースを下ろす bajar la maleta del taxi／ブラインドを下ろす bajar la persiana／すみません、ここで降ろしてください Disculpe, déjeme aquí, por favor.／フライパンを火から下ろす retirar la sartén del fuego／船から積み荷を下ろす descargar el barco, descargar la mercancía del barco／主役から降ろす quitar el papel de protagonista《a》／ATMでお金を下ろす sacar dinero del cajero automático／子をおろす abortar／新しい靴を下ろす estrenar los zapatos nuevos／魚をおろす preparar pescado quitándole las vísceras y cortándolo

おろす 卸す‖商品を卸す vender al por mayor productos

おろそか 疎か
▶おろそかにする descuidar, desatender ⇒おこたる(怠る)

おわび お詫び disculpa *f.*, perdón *m.* ⇒しゃざい(謝罪)
▶お詫びする disculparse《de, por》, pedir disculpas《a》‖お詫びのしようもありません No sé cómo disculparme.

おわらせる 終わらせる terminar, acabar, dar fin《a》‖定刻に会議を終わらせる terminar la reunión a la hora prevista

おわり 終わり fin *m.*, final *m.*‖何事にも終わりがある Todo tiene su fin.／前世紀の終わりに a finales del siglo pasado／夏休みが終わりに近づく Las vacaciones de verano se acercan a su fin.／これで私の歓迎の挨拶を終わりにしたいと思います Con esto quiero terminar mis palabras de bienvenida.／ここで今日の会議を終わりにします Con esto damos por terminada la reunión de hoy.
慣用 終わりよければすべてよし《諺》Bien está lo que bien acaba.

おわりね 終値 precio *m.* de cierre

おわる 終わる terminar, acabar, concluir, finalizar‖授業は3時に終わる La clase termina a las tres.／第二次世界大戦は1945年に終わった La Segunda Guerra Mundial「terminó [acabó] en 1945.／軍事政権が終わろうとしている El régimen militar está llegando a su fin.／彼は部長になれずに課長で終わった Él se jubiló como jefe de sección sin llegar a ser director.／計画は失敗に終わった El plan acabó en fracaso.

おん 音 ⇒おと(音)

おん 恩 （恩義）deuda *f.* de gratitud, obligación *f.*, （親切）benevolencia *f.*, bondad *f.*, amabilidad *f.*‖あなたには恩があります Estoy en deuda con usted.／このご恩は一生忘れません No olvidaré jamás lo que usted ha hecho por mí.／私は彼女に恩を感じる Me siento en deuda con ella.
慣用 恩に着る agradecer el favor recibido《a》, estar muy agradeci*do*[*da*]《a》
慣用 恩に着せる《慣用》echar en cara el favor《a》
慣用 恩を売る vender un favor《a》, esperar recompensa por un favor
慣用 恩をあだで返す pagar el bien recibido con el mal, devolver mal por bien

おんいき 音域 diapasón *m.*, registro *m.*

おんいんろん 音韻論 fonología *f.*
▪音韻論の fonológi*co*[*ca*]

オンエア
▶オンエアで en el aire, en antena

おんかい 音階 escala *f.* musical
▪長音階 escala *f.* mayor
▪短音階 escala *f.* menor
▪全音階 escala *f.* diatónica
▪半音階 escala *f.* cromática

おんがえし 恩返し
▶恩返しする devolver un favor《a》, pagar un favor recibido

おんがく 音楽 música *f.*‖音楽に接する estar en contacto con la música／音楽に合わせて al「compás [ritmo, son] de la música／音楽を聴く escuchar música／音楽を楽しむ「disfrutar [gozar] de la música／音楽をつける poner música
▶音楽の musical
▪音楽愛好家/音楽ファン amante *com.* de la música
▪音楽家 músi*co*[*ca*] *mf.*
▪音楽会 concierto *m.*‖音楽会に行く ir a un concierto
▪音楽学校 escuela *f.* de música, （公立の）conservatorio *m.*
▪音楽監督 direc*tor*[*tora*] *mf.* musical
▪音楽コンクール concurso *m.* de música
▪音楽祭 festival *m.* de música

☐ 音楽産業 industria f. musical
☐ 音楽室 aula f. de música
☐ 音楽隊 banda f. de música
☐ 音楽番組 programa m.「musical [de música]
☐ 音楽評論家 crítico[ca] mf. de música

音楽の種類

クラシック音楽/古典音楽 música f. clásica ／ 教会音楽 música f.「religiosa [de la iglesia] ／ 宗教音楽 música f. sacra ／ バロック音楽 música f. barroca ／ ロマン派音楽 música f.「del Romanticismo [romántica] ／ 現代音楽 música f. moderna ／ 民族音楽 música f. folclórica ／ 洋楽 música f. occidental ／ 邦楽 música f. tradicional de Japón

---

おんかん 音感　oído m. ‖ 音感が良い tener buen oído
☐ 絶対音感 oído m. absoluto
☐ 音感教育 educación f. del oído

おんぎ 恩義　deuda f. de gratitud, obligación f. →おん(恩) ‖ 恩義に報いる saldar una deuda de gratitud《con》

おんきゅう 恩給 ⇒ねんきん(年金)

おんきょう 音響　sonido m. ‖ 音響がよい tener buena acústica
☐ 音響音声学 fonética f. acústica
☐ 音響学 acústica f.
☐ 音響効果 efecto m. acústico, efectos mpl. sonoros ‖ この劇場は音響効果がよい Este teatro「cuenta con [tiene] una buena acústica.

おんけい 恩恵　favor m., beneficio m., (神の恩寵) gracia f. ‖ 恩恵を受ける/恩恵をこうむる beneficiarse《de》/ 自然の恩恵に浴する recibir las bendiciones de la naturaleza

おんけん 穏健
▶穏健な moderado[da] ‖ 穏健な思想 ideología f. moderada ／ 穏健な人 persona f. moderada

おんこう 温厚
▶温厚な plácido[da], afable, apacible ‖ 温厚な紳士 caballero m. apacible

おんさ 音叉　diapasón m.

オンザジョブ・トレーニング　(OJT) formación f. presencial en el puesto de trabajo

オンザロック ‖ ウイスキーのオンザロック whisky m. con hielo

おんし 恩師　antiguo[gua] profesor[sora] mf., antiguo[gua] maestro[tra] mf. ‖ 私の大学時代の恩師 mi antiguo[gua] profesor[sora] de la universidad

おんしつ 音質　calidad f. de sonido ‖ 音質が良い[悪い] tener「buena [mala] calidad de sonido

おんしつ 温室　invernadero m. ‖ 温室でトマトを育てる cultivar tomates en invernadero
☐ 温室効果 efecto m. invernadero ‖ 温室効果ガス gases mpl. de efecto invernadero
☐ 温室栽培 cultivo m. en invernadero
☐ 温室育ち(の) criado[da] entre algodones ‖ 彼女は温室育ちだ Es una niña criada entre algodones.
☐ 温室野菜 hortaliza f. cultivada en invernadero

おんしゃ 恩赦　amnistía f., indulto m. ‖ 恩赦を与える conceder amnistía《a》, amnistiar ／ 政治犯たちの恩赦を求める「pedir [demandar] la amnistía para los presos políticos ／ 恩赦を受けて釈放される salir en libertad por amnistía

おんしょう 温床　(苗床) semillero m., (犯罪などの) (慣用) terreno m. abonado, (慣用) caldo m. de cultivo ‖ 犯罪の温床 terreno m. abonado para la delincuencia

おんしらず 恩知らず　(人) ingrato[ta] mf., descastado[da] mf.

おんしん 音信
☐ 音信不通 ‖ 私は息子とは音信不通である No tengo ninguna noticia de mi hijo. ¦ Mi hijo no da señales de vida.

おんじん 恩人　benefactor[tora] mf., bienhechor[chora] mf. ‖ 君は私の命の恩人だ Te debo mi vida.

おんすい 温水　agua f. caliente
☐ 温水器 calentador m. de agua
☐ 温水プール piscina f. climatizada

おんせい 音声　voz f., sonido m. ‖ アニメーションに音声を付ける incorporar sonidos a la animación
▶音声の fonético[ca]
☐ 国際音声記号 (IPA) Alfabeto m. Fonético Internacional (略 AFI)
☐ 音声応答システム sistema m. de respuesta de voz interactiva
☐ 音声ガイダンス instrucciones fpl. de voz
☐ 音声学 fonética f.
☐ 音声記号 signo m. fonético
☐ 音声多重放送 (SAP) segundo programa m. de audio
☐ 音声変換 (プログラム) convertidor m. de audio

おんせつ 音節　sílaba f. ‖ 語を音節に分ける dividir una palabra en sílabas ／ 音節に区切って発音する silabear
▶音節の silábico[ca]

おんせん 温泉　aguas fpl. termales ‖ ここで温泉が湧いている Aquí manan aguas termales. ／ 温泉で療養する「recuperarse [recobrar la salud] en un balneario ／ 温泉につかる bañarse en aguas termales ／ 温泉を掘

おんなたらし

おんせん（続き）
- 温泉街 zona *f.* de baños de aguas termales
- 温泉場 balneario *m.*, termas *fpl.*
- 温泉療法 balneoterapia *f.*
- 温泉旅館 hotel *m.* japonés con aguas termales

おんそく 音速　velocidad *f.* del sonido ‖ 音速以下の速度で飛ぶ volar a una velocidad inferior a la del sonido ／ 音速の壁を破る romper la barrera del sonido ／ 音速を超える superar la velocidad del sonido

おんぞん 温存
▶温存する conservar, (とっておく) guardar, reservar ‖ 体力を温存する reservar fuerzas ／ レギュラー選手を温存する reservar a los jugadores titulares
- 温存療法（トモセラピー）tomoterapia *f.*

おんたい 温帯　zona *f.* templada, zona *f.* de clima templado
- 温帯低気圧 ciclón *m.* 「extratropical [templado]

おんだん 温暖
▶温暖な templa*do[da]* ‖ 温暖な気候 clima *m.* templado
- 温暖前線 frente *m.* cálido

おんだんか 温暖化　efecto *m.* invernadero, calentamiento *m.* ‖ 地球の温暖化が進む Se 「agrava [acelera] el calentamiento global. ／ 温暖化を防ぐ「prevenir [evitar] el calentamiento global, 「prevenir [evitar] el efecto invernadero
▶温暖化する calentarse
- 地球温暖化 ⇒ちきゅう（地球）
- 温暖化ガス gases *mpl.* de efecto invernadero
- 温暖化現象 fenómeno *m.* del calentamiento de la Tierra
- 温暖化対策 medidas *fpl.* contra el efecto invernadero

おんち 音痴 ‖ 音痴である no tener oído musical, (歌が下手である) cantar fatal, desentonar al cantar
- 方向音痴 ⇒ほうこう（方向）

おんちゅう 御中 ‖ 編集部 御中《手紙》A la atención del Departamento de Redacción

おんちょう 恩寵　gracia *f.* ‖ 神の恩寵 gracia *f.* 「divina [de Dios] ／ 神の恩寵に浴している estar en gracia de Dios

おんてい 音程　intervalo *m.* ‖ 音程がずれる／音程が狂う desentonar ／ 音程を上げる aumentar un intervalo ／ 音程を下げる disminuir un intervalo

オンデマンド　bajo demanda, a la carta
▶オンデマンドで ‖ 映画をオンデマンドで配信する「emitir [ofrecer] películas bajo demanda
- オンデマンドサービス ‖ テレビのオンデマンドサービス servicio *m.* de televisión bajo demanda

おんど 音頭 ‖ 市長（男性）の音頭で創設された慈善団体 institución *f.* benéfica fundada bajo la iniciativa del alcalde
〔慣用〕音頭をとる tomar la iniciativa,《慣用》tomar la batuta ‖ 乾杯の音頭をとる presidir el brindis

おんど 温度　temperatura *f.* ‖ 温度が上がる ［下がる］「subir [bajar] *la temperatura* ／ 温度を測る medir la temperatura ／ 温度を調節する「controlar [regular] la temperatura ／ クーラーの温度を下げてくれますか ¿Puede bajar la temperatura del aire acondicionado?
- 温度計 termómetro *m.*
- 温度調節「control *m.* [regulación *f.*] de temperatura

おんとう 穏当
▶穏当な（穏健な）modera*do[da]*,（妥当な）razonable,（適切な）adecua*do[da]* ‖ 穏当な処置 medida *f.* razonable

おんどく 音読　lectura *f.* en voz alta
▶音読する leer en voz alta

おんさ 温度差　（温度の差）diferencia *f.* de temperatura,（相違）diferencia *f.*, discrepancia *f.* ‖ 昼と夜の温度差が激しい Hay grandes diferencias de temperatura entre el día y la noche. ／ 双方の意見には温度差がある Existe una diferencia de opiniones entre ambas partes.

おんどり 雄鳥/雄鶏　gallo *m.*

おんな 女　mujer *f.* ‖ いい女 mujer *f.* atractiva ／ 一人前の女 mujer *f.* hecha y derecha
▶女の de mujer, femeni*no[na]*
▶女みたいな（女性的な）afemina*do[da]*
〔慣用〕女がいる（情婦）tener una amante
〔慣用〕女を上げる ganar prestigio como mujer
〔慣用〕女を知る conocer mujer, tener la primera relación sexual con una mujer
〔慣用〕女になる（大人になる）hacerse (toda) una mujer,（処女を失う）perder la virginidad
〔慣用〕女三人寄ればかしましい《諺》Mujeres juntas, ni difuntas.
- 女運 ‖ 彼は女運がいい Él es afortunado con las mujeres.
- 女所帯 familia *f.* formada solo por mujeres

おんなごころ 女心　corazón *m.* de mujer
〔慣用〕女心と秋の空《諺》Mujer, viento, tiempo y fortuna, presto se muda.

おんなざかり 女盛り ‖ 女盛りである estar en la plenitud de *su* belleza

おんなたらし 女誑し ‖ 女たらしである ser

おんで 「mujeriego [donjuán]
おんなで 女手 ‖ 女手一つで3人の子供を育て上げた Ella crió sola a sus tres hijos.
おんなのこ 女の子　niña *f.*, chica *f.*, muchacha *f.*, 《話》chavala *f.*
おんなもの 女物 ‖ 女物のマフラー bufanda *f.* de señora
おんならしい 女らしい　femeni*no*[*na*] ‖ 女らしくなる volverse femenina
▶女らしさ　femin(e)idad *f.*
おんぱ 音波　onda *f.* sonora ‖ 音波を受信する percibir las ondas sonoras
おんぴょうもじ 音標文字　fonograma *m.*
おんびん 穏便
▶穏便な　pacífi*co*[*ca*] ‖ 穏便な解決 solución *f.* pacífica
▶穏便に　pacíficamente ‖ 問題を穏便に解決する resolver pacíficamente un problema
おんぶ 負んぶ
▶おんぶする ‖ 赤ん坊をおんぶする llevar a un bebé a 「cuestas [la espalda]
〔慣用〕おんぶに抱っこ ‖ 息子たちは親におんぶに抱っこで暮らしている Los hijos viven a cuenta de sus padres.
おんぷ 音符　nota *f.* musical

┌─────────────────────┐
│　　　音符の種類　　　│
└─────────────────────┘

全音符 redonda *f.* ／ 2分音符 blanca *f.* ／ 4分音符 negra *f.* ／ 8分音符 corchea *f.* ／ 16分音符 semicorchea *f.* ／ 32分音符 fusa *f.* ／ 64分音符 semifusa *f.*

おんぶきごう 音部記号　clave *f.*
オンブズマン　《スウェーデン語》 ombudsman *m.*, defen*sor*[*sora*] *mf.* del pueblo
おんぼろ →ぼろ(襤褸)
▶おんぼろの　vie*jo*[*ja*], gasta*do*[*da*], estropea*do*[*da*] ‖ おんぼろの車 coche *m.* viejo y sucio
オンライン　en línea ‖ オンラインでつながる conectarse en línea《a》
▪ オンラインゲーム　videojuego *m.* en línea
▪ オンラインシステム　sistema *m.* en línea
▪ オンライン出版 (電子出版)「edición *f.* [publicación *f.*] electrónica
▪ オンラインショッピング　tienda *f.* 「en línea [electrónica, virtual]
▪ オンラインストレージサービス　servicio *m.* de alojamiento de archivos
▪ オンライン取引 operaciones *fpl.* bancarias en línea, (インターネットバンキング) banca *f.* 「virtual [en línea, electrónica]
おんりょう 音量　volumen *m.* ‖ 音量を上げる subir el volumen ／ 音量を下げる bajar el volumen
おんわ 温和/穏和
▶温和な　pláci*do*[*da*], afable, apacible ‖ 温和な気候 clima *m.* templado ／ 温和な紳士 caballero *m.* afable

か

か (あるいは) o, (o, hoで始まる語の前で) u; o bien ‖ りんごか桃 manzana o melocotón

か 可 (成績評価) aprobado *m*., (可能である) ser posible ‖ 分割払いも可 Se puede pagar a plazos.
(慣用)可もなく不可もなく ni bien ni mal,(慣用)sin pena ni gloria ‖ 結果は可もなく不可もなしだ El resultado no es bueno ni malo.

か 科 (病院などの) departamento *m*., (動植物の) familia *f*.

か 蚊 mosquito *m*. ‖ 私は蚊に刺された Me ha picado un mosquito. ／ 蚊を殺す matar un mosquito ／ 蚊を退治する eliminar los mosquitos
▲蚊取り線香 incienso *m*. espiral antimosquitos

か 課 (会社などの) sección *f*., departamento *m*., (教材の) lección *f*. ‖ 人事課 departamento *m*. de personal ／ 第2課 (教科書の) lección *f*. dos

が 我
(慣用)我が強い ser obstina*do[da]*, ser ter*co[ca]*
(慣用)我を通す《慣用》salirse con la *suya*
(慣用)我を張る obstinarse 《en》,《慣用》seguir en *sus* trece,《慣用》cerrarse en banda,《慣用》no dar *su* brazo a torcer

が 蛾 polilla *f*., mariposa *f*. nocturna

カー
▲カーアクセサリー accesorios *mpl*. de ⌈coche [automóvil]⌋
▲カーステレオ《英語》*car audio m*., equipo *m*. de sonido para coche

カーキ
▲カーキ色 color *m*. caqui

カーシェアリング《英語》*carsharing m*., coche *m*. multiusuario ‖ カーシェアリングは環境保護のための良い選択肢の一つになる Compartir el coche puede ser una buena opción para proteger el medio ambiente.

ガーゼ gasa *f*.
▲滅菌ガーゼ gasa *f*. ⌈estéril [esterilizada]⌋

カーソル cursor *m*. ‖ カーソルを移動する ⌈mover [desplazar] el cursor ／ カーソルで示す apuntar con el cursor

カーディガン chaqueta *f*. de punto,《中南米》cárdigan *m*.

カーテン cortina *f*., (レースの) visillos *mpl*. ‖ カーテンを開ける descorrer las cortinas ／ カーテンを閉める ⌈correr [cerrar] las cortinas ／ カーテンを吊るす tender una cortina
▲カーテンコール llamada *f*. a escena ‖ カーテンコールする llamar a escena
▲カーテンレール riel *m*. de cortina

カート carrito *m*. ‖ カートを押す empujar un carrito ／ カートを使う usar un carrito ／ カートを返す devolver el carrito

カード tarjeta *f*., ficha *f*., (トランプの) carta *f*. ‖ カードを配る repartir las cartas ／ カードを切る barajar las cartas ／ カードで支払う pagar con tarjeta ／ カードで現金を引き出す sacar dinero con tarjeta
(慣用)最後のカードを切る《慣用》quemar el último cartucho
▲銀行カード tarjeta *f*. ⌈de banco [bancaria]⌋
▲カード会社 compañía *f*. de tarjetas de crédito
▲カードキー tarjeta *f*. llave, llave *f*. de tarjeta
▲カードナンバー número *m*. de la tarjeta

ガード (陸橋・鉄橋) viaducto *m*., (ディフェンス) defensa *f*. ‖ ガードが固い《慣用》no bajar la guardia
▶ガードする (防御する) defender, proteger, (護衛する) escoltar
▲ガードマン guarda *com*. de seguridad, (警備会社の) vigilante *com*. de seguridad
▲ガードレール valla *f*.

カートリッジ cartucho *m*.

カーナビ sistema *m*. de navegación para automóviles ‖ この車には高性能のカーナビが搭載されている Este coche está equipado con un sistema de navegación de alta tecnología.

カーニバル carnaval *m*.

カーネーション clavel *m*.

カーブ curva *f*. ‖ カーブを描く ⌈trazar [dibujar]⌋ una curva ／ カーブを投げる (野球) lanzar una curva ／ カーブを曲がる／カーブを切る tomar una curva
▶カーブする ‖ 道がカーブする El camino tiene una curva.
▲急カーブ curva *f*. cerrada

カーフェリー transbordador *m*.

カーペット alfombra *f*., (敷込み式) moqueta *f*. ‖ カーペットを敷く alfombrar, enmoquetar

カーボンオフセット compensación *f*. de

emisiones de carbono
ガーリック ajo *m.* ⇒にんにく(大蒜)
カール rizo *m.*, bucle *m.*
▷カールする ‖ 髪をカールする rizar el pelo, (自分の) rizarse el pelo
ガール
◪ガールスカウト (活動) escultismo *m.* femenino, (人) exploradora *f.*, escultista *f.*, 《英語》*girl scout f.*
◪ガールフレンド amiga *f.*, (恋人) novia *f.*
かい 会 (会合) reunión *f.*, (パーティー) fiesta *f.*, (グループ) asociación *f.* ‖ 会に入る hacerse socio[cia] de una asociación ／ 会を開く celebrar una reunión ／ 会を作る fundar una asociación ／ 会がある tener una reunión ／ 会が流れた Se suspendió la reunión. ／ 環境を守る会 asociación *f.* para la protección ambiental
かい 回 vez *f.*, edición *f.* ‖ 5回繰り返す repetir cinco veces ／ 第20回オリンピック la vigésima edición de los Juegos Olímpicos
かい 貝 (貝殻) concha *f.*, (二枚貝) almeja *f.*, (巻き貝) caracol *m.*
◪貝塚 conchero *m.*, 「montaña *f.* [montículo *m.*] de conchas
◪貝柱 músculo *m.* aductor (de los bivalvos)
◪貝ボタン botón *m.* de concha
かい 界 círculo *m.*, mundo *m.* ‖ 財界 círculos *mpl.* financieros, mundo *mpl.* financiero ／ 俗界 mundo *mpl.* secular ／ 外界 mundo *m.* exterior
かい 階 planta *f.*, piso *m.* ‖ 8階建てのビル edificio *m.* de ocho 「plantas [pisos]
かい 櫂 remo *m.*, (カヌーの) canalete *m.* ‖ かいを漕ぐ remar
かい 甲斐 ‖ グラナダは行く甲斐がある「Vale [Merece] la pena visitar Granada. ／ 君は年甲斐がない Eres poco prudente para la edad que tienes. ¦ Actúas con 「inmadurez [infantilismo].
かい 買い (株の) compra *f.* de acciones
がい 害 daño *m.*, perjuicio *m.* ‖ ネズミの害 daño *m.* de ratones ／ 害のある perjudicial 《para》, dañino[na] 《para》, nocivo[va] 《para》／ 害のない inofensivo[va], inocuo[cua] ／ 害を及ぼす perjudicar, hacer daño 《a》／ 害を受ける sufrir un daño
かいあく 改悪 cambio *m.* para mal, reforma *f.* 「negativa [regresiva]
▷改悪する ‖ 憲法を改悪する cambiar para mal la Constitución
がいあく 害悪 ⇒がい(害)
かいあさる 買い漁る ‖ ブランド品を買いあさる andar comprando productos de marca
がいあつ 外圧 presión *f.* exterior, 《物理》presión *f.* externa ‖ 外圧に耐える soportar presiones exteriores

かいいき 海域 zona *f.* marítima ‖ 台湾海域 zona *f.* marítima de Taiwán
かいいぬ 飼い犬 perro[rra] *mf.* mascota
〔慣用〕飼い犬に手をかまれる「sufrir [ser víctima de] una traición interna
かいいん 会員 miembro *com.*, socio[cia] *mf.* ‖ 会員になる inscribirse 《en》, hacerse 「miembro [socio[cia]] 《de》／ 会員を募る 「convocar [buscar] miembros
◪正会員 miembro *com.* de número
◪準会員 miembro *com.* asociado[da]
◪会員証 「carné *m.* [tarjeta *f.*] de socio
◪会員制 ‖ 会員制のクラブ club *m.* reservado exclusivamente a socios
◪会員名簿 lista *f.* de 「miembros [socios]
かいうん 海運 transporte *m.* marítimo
◪海運業 sector *m.* de transporte marítimo
かいえん 開演 ‖ 開演を待つ esperar el comienzo de una función ／ 開演は何時ですか ¿A qué hora empieza la función?
▷開演する subir el telón, comenzar la función
かいおうせい 海王星 Neptuno
かいおき 買い置き reserva *f.*, (食料の) provisiones *fpl.*
▷買い置きする comprar provisiones
かいか 開花 floración *f.*, florecimiento *m.*
▷開花する florecer, abrir(se) *una flor*
◪開花期 período *m.* de floración
かいが 絵画 pintura *f.*, (額入りの) cuadro *m.* ‖ 絵画を見る 「observar [ver] una pintura
◪絵画展 exposición *f.* de pintura(s)
がいか 外貨 divisas *fpl.*, moneda *f.* extranjera ‖ 外貨を稼ぐ「ganar [obtener] divisas ／ 外貨を買う[売る]「comprar [vender] divisas ／ 外貨を使う gastar divisas ／ 外貨を両替する cambiar divisas
◪外貨準備 reservas *fpl.* en divisas, reservas *fpl.* internacionales
◪外貨預金 ahorro *m.* 「en [de] divisas
◪外貨交換証明書 certificado *m.* de cambio de divisas
ガイガー
◪ガイガーミュラー計数管 contador *m.* Geiger
かいかい 開会 apertura *f.*, inauguración *f.*
▷開会する inaugurar, abrir
◪開会式 inauguración *f.*, 「ceremonia *f.* [acto *m.*] inaugural
◪開会日 día *m.* de la inauguración
かいがい 海外 extranjero *m.*, ultramar *m.*
▷海外に ‖ 海外に行く ir al extranjero ／ 海外に出張する hacer un viaje de trabajo al extranjero, ir de viaje de negocios al extranjero ／ 海外に知られる ser conocido[da] en el extranjero
▷海外で ‖ 海外で生産する fabricar en el extranjero

▶**海外の** extranje*ro*[ra], ultramari*no*[na]
▣**海外市場** ‖ 海外市場に進出する participar en el mercado [internacional [exterior]
▣**海外生産** producción *f*. 「exterior [en el extranjero]
▣**海外送金** envío *m*. de remesas al extranjero
▣**海外特派員** corresponsal *com*. en el extranjero, envia*do*[da] *mf*. especial
▣**海外派兵** envío *m*. de tropas al extranjero
▣**海外貿易** comercio *m*. exterior
▣**海外放送** emisión *f*. exterior
▣**海外ニュース** noticias *fpl*. internacionales
▣**海外流出** ‖ 頭脳の海外流出を防ぐ impedir la fuga de cerebros al extranjero
▣**海外旅行** viaje *m*. al extranjero ‖ 海外旅行をする hacer un viaje al extranjero, viajar al extranjero

がいかい 外海 alta mar *f*.

かいがいしい 甲斐甲斐しい
▶かいがいしく ‖ かいがいしく働く trabajar 「con eficacia [eficazmente] ／ かいがいしく世話をする cuidar con dedicación

かいかく 改革 reforma *f*.
▶**改革する** reformar, hacer una reforma
▣**税制改革法案** proyecto *m*. de ley de reforma tributaria

がいかく 外角 《数学》ángulo *m*. 「exterior [externo]

がいかくだんたい 外郭団体 「organización *f*. [asociación *f*.] afiliada

かいかつ 快活
▶**快活な** alegre, jovial
▶**快活に** alegremente ‖ 快活に時を過ごす pasar el tiempo con alegría

かいかぶる 買い被る sobr(e)estimar, supervalorar

かいがら 貝殻 concha *f*.

かいかん 会館 casa *f*., centro *m*.
▣**文化会館** centro *m*. de cultura

かいかん 快感 placer *m*., sensación *f*. agradable ‖ 快感を与える causar placer ／ 快感を覚える sentir 「placer [una sensación agradable]

かいかん 開館
▶**開館する** abrir (un centro) ‖ 図書館は昨年開館した La biblioteca se inauguró el año pasado.
▣**開館時間** (時刻) hora *f*. de apertura, (時間) horario *m*. de apertura ‖ 開館時間は10時から15時までです El horario de apertura es de 10 horas a 15 horas.

かいがん 海岸 costa *f*., (浜辺) playa *f*.
▣**海岸線** línea *f*. costera

がいかん 外観 aspecto *m*. exterior, (建物の) fachada *f*., (外見) apariencia *f*. ‖ 外観が立派な家 casa *f*. con mucha fachada

がいかん 概観 visión *f*. general
▶**概観する** ‖ 日本の歴史を概観する hacer un repaso somero de la historia de Japón, echar una ojeada a la historia de Japón

かいき 会期 período *m*., duración *f*., sesión *f*. ‖ 会期を延長する prorrogar 「las sesiones [el período de sesiones]

かいき 回忌 aniversario *m*. de la muerte 《de》‖ (私の) 父の三回忌 tercer aniversario *m*. de la muerte de mi padre

かいき 回帰 vuelta *f*., 《数学》regresión *f*.
▶**回帰する** volver, regresar
▣**北回帰線** trópico *m*. de Cáncer
▣**南回帰線** trópico *m*. de Capricornio

かいき 怪奇
▶**怪奇な** misterio*so*[sa], grotes*co*[ca], extra*ño*[ña]
▣**怪奇小説** novela *f*. de terror

かいき 皆既 eclipse *m*. total
▣**皆既月食** eclipse *m*. total de luna ‖ 皆既月食を観測する observar un eclipse total de luna
▣**皆既日食** eclipse *m*. total de sol

かいぎ 会議 reunión *f*., junta *f*., (学術的な) conferencia *f*., (大会) congreso *m*. ‖ 会議を召集する convocar una reunión ／ 会議を開く celebrar una 「reunión [conferencia] ／ 会議に出席する asistir a una reunión ／ 会議に参加する participar en 「una conferencia [un congreso] ／ 部長(男性)はただいま会議中です (電話の応対) El director está reunido en este momento.
▣**会議室** sala *f*. de 「reuniones [conferencias] ‖ 会議室はいま全部ふさがっています Todas las salas de reuniones están ocupadas en este momento.

かいぎ 懐疑
▶**懐疑的な** escépti*co*[ca]
▶**懐疑的に** ‖ 懐疑的に見る ver ALGO con escepticismo
▣**懐疑主義** escepticismo *m*.
▣**懐疑論者** escépti*co*[ca] *mf*.

がいき 外気 aire *m*. fresco [exterior] ‖ 外気を取り込む introducir aire exterior ／ 外気を遮断する cortar la entrada de aire ／ 外気に触れる 「entrar [ponerse] en contacto con el aire ／ 外気に当たる (人が) tomar 「(el) aire fresco ／ 外気に当てる exponer ALGO al aire, airear
▣**外気温** temperatura *f*. exterior
▣**外気圏** 《気象》exosfera *f*.

かいきゅう 階級 clase *f*., (地位) rango *m*., categoría *f*., (序列) jerarquía *f*.
▣**階級意識** conciencia *f*. de clase
▣**階級社会** sociedad *f*. jerárquica
▣**階級制度** sistema *m*. de clases
▣**階級闘争** lucha *f*. de clases

かいきょ 快挙 「logro *m*. [éxito *m*.] monumental ‖ 歴史的快挙を遂げる alcanzar un logro histórico

かいきょう 回教 islam *m.*, religión *f.* 「musulmana [islámica] →イスラム

かいきょう 海峡 estrecho *m.*, canal *m.* ‖ ジブラルタル海峡 estrecho *m.* de Gibraltar

かいぎょう 開業
▶開業する 「abrir [poner] un negocio, (弁護士が) abrir un bufete, (医者が) abrir una clínica, (鉄道などが) entrar en servicio ‖ 花屋を開業する abrir una floristería
◻開業医 médico[ca] *mf.* que tiene su propia clínica

かいきん 皆勤
▶皆勤する no faltar nunca 《a》
◻皆勤賞 premio *m.* a la asistencia perfecta
◻皆勤手当 plus *m.* por asistencia perfecta

かいきん 開襟
◻開襟シャツ camisa *f.* de cuello abierto

かいきん 解禁 levantamiento *m.* de la veda ‖ 鹿の狩猟が解禁になった Se ha levantado la veda de la caza de ciervos.
▶解禁する 「levantar [abrir] la veda《de》‖ 政府は農作物の輸入を一部解禁した El gobierno levantó parcialmente el embargo a las importaciones de productos agrícolas.

かいぐん 海軍 Marina *f.*, fuerzas *fpl.* navales, Armada *f.* ‖ 海軍に入る alistarse en la Marina
▶海軍の marino[na], naval
◻海軍基地 base *f.* naval
◻海軍士官学校 「Escuela *f.* [Academia *f.*] Naval Militar
◻海軍将校 oficial *com.* de la Marina

かいけい 会計 contabilidad *f.*, cuenta *f.* ‖ 会計に明るい saber de contabilidad / 会計を済ませる 「pagar [abonar] la cuenta / 会計報告を提出する presentar un informe financiero / 会計をお願いします La cuenta, por favor. / 私は会計がまだだ Aún no he pagado. / 会計はどこですか ¿Dónde está la caja? ¦ ¿Dónde se paga?
◻会計課 「sección *f.* [departamento *m.*] de contabilidad
◻会計係 contable *com.*, (レジの) cajero[ra] *mf.*
◻会計学 contabilidad *f.*
◻会計監査 revisión *f.* de cuentas, auditoría *f.* (contable)
◻会計監査人 auditor[tora] *mf.* contable
◻会計検査院 「Tribunal *m.* [Junta *f.*] de Auditoría, (スペイン) Tribunal *m.* de Cuentas
◻会計年度 año *m.* fiscal
◻会計簿 libro *m.* de 「contabilidad [cuentas]
◻会計窓口 caja *f.*

かいけつ 解決 solución *f.*, arreglo *m.*, salida *f.* ‖ 解決を図る intentar solucionar ALGO / 解決に向かう caminar hacia una solución
▶解決する (問題を) solucionar, resolver, (争いを) arreglar ‖ 問題を解決する 「solucionar [resolver] un problema / 意見の相違を解決する conciliar las diferentes opiniones
◻解決可能 ‖ 解決可能な problema *m.* 「soluble [que puede solucionarse]
◻解決策 ‖ 解決策がない no tener 「solución [arreglo], no haber salida 《a》《動詞は3人称単数形の無主語で》
◻解決法 ‖ 効果的な解決法を見つける encontrar una manera eficaz de solucionar

かいけん 会見 entrevista *f.* ‖ 会見に応じる 「aceptar [conceder] una entrevista
▶会見する entrevistarse 《con》
◻記者会見 「rueda *f.* [conferencia *f.*] de prensa

がいけん 外見 apariencia *f.*, aspecto *m.*, 《話》facha *f.* ‖ 外見だけで中身のない de mucha apariencia y de poca entidad / 外見が悪い tener mala 「apariencia [facha] / 外見に似合わず彼はとても親切だ Pese a su apariencia, él es muy amable. / 外見で判断する juzgar por las apariencias / 外見をとりつくろう《慣用》guardar las apariencias

かいげんれい 戒厳令 ley *f.* marcial ‖ 戒厳令を敷く 「proclamar [declarar, implantar, establecer] la ley marcial / 戒厳令を解く levantar la ley marcial

かいこ 蚕 gusano *m.* de seda ‖ 蚕を飼う criar gusanos de seda

かいこ 回顧 retrospección *f.*
▶回顧する recordar, hacer una retrospección 《hacia》
◻回顧展 exposición *f.* retrospectiva, retrospectiva *f.*
◻回顧録 memorias *fpl.*

かいこ 解雇 despido *m.*
▶解雇する despedir, dar el despido 《a》, cesar ‖ 会社は従業員の4分の1を解雇すると発表した La empresa anunció el despido de una cuarta parte de la plantilla.
◻解雇通知 「aviso *m.* [notificación *f.*] de despido
◻解雇手当 subsidio *m.* por despido, despido *m.*

かいご 介護 cuidado *m.*, atención *f.*
▶介護する cuidar, atender
◻要介護 ‖ 要介護度 grado *m.* de dependencia / 要介護認定を受ける someterse a la valoración de la dependencia
◻介護サービス servicio *m.* de atención personal a ancianos
◻介護休暇 baja *f.* por cuidado 「familiar [de un familiar dependiente]
◻介護者 cuidador[dora] *mf.*
◻介護保険 seguro *m.* público para el cui-

dado de ancianos dependientes
かいこう 海溝 fosa *f.* oceánica
☐日本海溝 fosa *f.* de Japón
かいこう 開校
▶開校する「inaugurar [fundar] una escuela
☐開校記念日 aniversario *m.* de la fundación de la escuela
かいこう 開港
▶開港する (港を)「inaugurar [abrir] un puerto, (空港を)「inaugurar [abrir] un aeropuerto ‖ 成田国際空港は1978年に開港した El Aeropuerto Internacional de Narita entró en servicio en 1978.
かいごう 会合 reunión *f.*, junta *f.* ‖ 会合をひらく celebrar una reunión
▶会合する reunirse
☐会合場所「lugar *m.* [punto *m.*] de la reunión
がいこう 外交 diplomacia *f.*
▶外交(上)の diplomátic*o*[*ca*]
☐外交員 (保険の) agente *com.* de seguros, vende*dor*[*dora*] *mf.* de seguros
☐外交官 diplomátic*o*[*ca*] *mf.*
☐外交関係 relaciones *fpl.* diplomáticas ‖ 外交関係を強化する「fortalecer [afianzar, consolidar] las relaciones diplomáticas《con》
☐外交儀礼 protocolo *m.* diplomático
☐外交交渉 negociaciones *fpl.* diplomáticas
☐外交使節団「misión *f.* [delegación *f.*] diplomática
☐外交政策 política *f.* 「exterior [diplomática]
☐外交団 cuerpo *m.* diplomático
☐外交特権 inmunidad *f.* diplomática
☐外交ルート ‖ 外交ルートを通じて por la vía diplomática
がいこう 外向
▶外向的な extrovertid*o*[*da*], extravertid*o*[*da*], abiert*o*[*ta*] ‖ 外向的な性格 carácter *m.* abierto
▶外向性 (性格の) extroversión *f.*, extraversión *f.*
がいこく 外国 extranjero *m.*, país *m.* extranjero ‖ 外国へ行く ir al extranjero / 外国で生活する vivir en el extranjero
▶外国の extranjer*o*[*ra*]
☐諸外国 los países extranjeros
☐外国為替 cambio *m.* de divisas
☐外国為替市場 mercado *m.* de divisas
☐外国債 bono *m.* extranjero
☐外国人 extranjer*o*[*ra*] *mf.*, forster*o*[*ra*] *mf.* ‖ 外国人登録 registro *m.* de extranjeros
がいこつ 骸骨 esqueleto *m.*
かいこむ 買い込む comprar más de lo necesario
かいこん 悔恨 remordimiento *m.*, arrepen-

timiento *m.* ‖ 悔恨の念にかられる sentir remordimiento, sentirse arrepentid*o*[*da*]
かいこん 開墾 roturación *f.*
▶開墾する roturar, labrar, cultivar, poner en cultivo (un terreno)
☐開墾地 tierra *f.* cultivada
かいさい 開催 celebración *f.*
▶開催する/開催される celebrar/celebrarse, tener lugar
☐開催国 país *m.* anfitrión
☐開催地 lugar *m.* de celebración ‖ オリンピックの開催地 sede *f.* olímpica
かいさつ 改札
▶改札する《スペイン》revisar el billete,《中南米》revisar el boleto
☐改札口 control *m.* de acceso a andenes
☐改札係 revis*or*[*sora*] *mf.*, interven*tor*[*tora*] *mf.*
かいさん 解散 disolución *f.*, (グループの) separación *f.* ‖ 衆議院の解散 disolución *f.* de la Cámara de Representantes
▶解散する disolver ‖ 国会を解散する disolver la Dieta / デモ隊は警察が来ると解散した Se disolvió la manifestación al aparecer la policía.
がいさん 概算 cálculo *m.* aproximado
▶概算で por cálculo aproximado
▶概算する calcular aproximadamente ‖ 費用を概算する hacer un cálculo aproximado de los gastos
☐概算要求 (予算の) solicitud *f.* de presupuestos para el año siguiente
かいさんぶつ 海産物 productos *mpl.* marinos, (魚介類) pescados *mpl.* y mariscos *mpl.*
かいし 開始 comienzo *m.*
▶開始する comenzar, iniciar, empezar, dar 「comienzo [inicio]《a》‖ 試合を開始する comenzar un partido, dar comienzo a un partido
☐開始時間 hora *f.* de comienzo ‖ 試合の開始時間は何時ですか ¿A qué hora comienza el partido?
かいじ 開示
▶開示する ‖ 情報を開示する hacer pública una información
がいし 外資 capital *m.* extranjero
☐外資系企業 empresa *f.* de capital extranjero
☐外資導入 introducción *f.* de capital extranjero
がいじ 外字《IT》fuentes *fpl.* externas
☐外字新聞 periódico *m.* en lengua extranjera
がいじ 外耳 oído *m.* externo
☐外耳炎 otitis *f.*[=*pl.*] externa
がいして 概して en general, generalmente ‖ 概して言えば、この組合は大変保守的だ En términos generales, este sindicato es muy

かいしめ 買い占め acaparamiento *m*.
▶買い占める acaparar‖株を買い占める acaparar las acciones《de》
かいしゃ 会社 empresa *f*., compañía *f*., firma *f*., (職場) oficina *f*.‖会社に入る entrar a trabajar en una empresa ⇒にゅうしゃ(入社) / 会社を作る/会社を設立する/会社を興す「crear [fundar] una compañía / 会社を辞める「irse [despedirse] de una empresa / 会社を大きくする hacer grande una empresa / 会社をたたむ「cerrar [disolver] una empresa / 会社で働く trabajar en una empresa / 会社が発展する prosperar una *empresa* / 去年多くの会社が倒産した Muchas empresas quebraron el año pasado.
◳会社員 emplea*do*[*da*] *mf*.
◳会社更生法 Ley *f*. de Reorganización de Sociedades
◳会社人間‖会社人間である ser「un hombre [una mujer] de empresa
◳会社法 Ley *f*. de Sociedades
◳会社役員 ejecuti*vo*[*va*] *mf*.
がいしゃ 外車 coche *m*.「importado [extranjero]
かいしゃく 解釈 interpretación *f*.‖解釈を加える añadir una interpretación‖この法律はさまざまに解釈できる Esta ley permite varias interpretaciones.
▶解釈する interpretar, (理解する) entender‖善意に解釈する tomar ALGO a bien / 都合よく解釈する tomar ALGO por *su* bien, interpretar ALGO a *su* favor / この結果をどのように解釈しましたか ¿Cómo ha interpretado usted este resultado?
かいしゅう 回収 recogida *f*., (お金の) cobro *m*., (欠陥品などの) retirada *f*.
▶回収する recoger, cobrar, retirar, recuperar‖アンケートを回収する recoger las encuestas / 欠陥商品を市場から回収する retirar los productos defectuosos del mercado
かいしゅう 改宗 conversión *f*.
▶改宗する convertirse《a》‖キリスト教に改宗する convertirse al cristianismo, hacerse cristia*no*[*na*]
かいしゅう 改修 reparación *f*., (芸術作品など) restauración *f*.
▶改修する reparar, restaurar
◳改修工事 obra *f*. de「reparación [restauración]
かいじゅう 怪獣 monstruo *m*.
◳怪獣映画 película *f*. de monstruos
がいしゅつ 外出‖外出中である estar fuera
▶外出する salir‖彼はいま食事で外出しています Él ha salido a comer.
◳外出着「vestido *m*. [traje *m*.] de calle
◳外出禁止令 toque *m*. de queda

◳外出先‖彼はいつも外出先を言わない Él nunca dice a dónde va.
かいじょ 介助 asistencia *f*., ayuda *f*.
▶介助する asistir, ayudar, atender
◳介助犬 perro *m*. de「asistencia [servicio]
◳介助者 cuida*dor*[*dora*] *mf*.
かいじょ 解除
▶解除する (制限を) levantar, (契約などを) rescindir, cancelar, anular‖武装を解除する desarmar / 津波警報を解除する「levantar [retirar] la alerta de *tsunami* / ストライキを解除する desconvocar una huelga / 契約を解除する「rescindir [cancelar] un contrato
◳ロック解除 desbloqueo *m*.
かいしょう 快勝 cómoda victoria *f*.
▶快勝する「lograr [conseguir] una cómoda victoria, ganar cómodamente
かいしょう 解消 anulación *f*., cancelación *f*., disolución *f*.
▶解消する anular, cancelar, romper, (解散する) disolver‖婚約を解消する deshacer el noviazgo / ストレスを解消する「eliminar [quitar] el estrés
かいしょう 甲斐性‖彼は甲斐性のない男だ Él es un holgazán incapaz de trabajar seriamente.
かいじょう 会場 local *m*., lugar *m*., (広間) sala *f*., (構内) recinto *m*.‖見本市の会場 recinto *m*. de una feria de muestras
かいじょう 海上‖海上に出る salir al mar
▶海上の marí*timo*[*ma*]
◳海上交通 transporte *m*. marítimo
◳海上自衛隊 Fuerza *f*. Marítima de Autodefensa de Japón
◳海上封鎖 bloqueo *m*. marítimo
◳海上保安庁 Guardia *f*. Costera de Japón, Agencia *f*. de Seguridad Marítima de Japón
◳海上保険 seguro *m*. marítimo
かいじょう 開場 apertura *f*.
▶開場する abrir‖スタジアムは午後5時に開場する El estadio abre las puertas a las cinco de la tarde.
◳開場時間 hora *f*. de apertura
がいしょく 外食
▶外食する comer「fuera [en un restaurante]‖彼女はしょっちゅう外食している Ella come siempre fuera de casa.
◳外食産業 sector *m*. de la restauración
かいしん 会心‖これは彼の会心の作だ Esta es su obra mejor lograda. / 会心の笑みを浮かべる esbozar una sonrisa de satisfacción, sonreír con satisfacción
かいしん 回診 visita *f*. médica a pacientes hospitalizados
▶回診する visitar a los pacientes hospitalizados
かいしん 改心

▶改心する arrepentirse y「corregirse [enmendarse]
かいしん 改新‖大化の改新《歴史》Reforma f. de Taika
▶改新する innovar, reformar
がいじん 外人 extranjer*o*[ra] mf., foraster*o*[ra] mf.
◪外人記者クラブ Club m. de Corresponsales Extranjeros de Japón
◪外人隊 legión f. extranjera
かいず 海図 carta f. náutica
かいすい 海水 agua f. de mar, (淡水に対して) agua f. salada
◪海水着 bañador m., traje m. de baño
◪海水魚 pez m. de agua salada
◪海水帽 gorro m. de baño
かいすいよく 海水浴‖海水浴のシーズン temporada f. de baño en las playas／海水浴をする bañarse en el mar／海水浴に出かける ir a bañarse「a la playa [al mar]／海水浴を楽しむ disfrutar del baño en「la playa [el mar]
◪海水浴客 bañista com.
かいすう 回数 número m. de veces, frecuencia f.‖回数を重ねる repetir ALGO muchas veces
◪回数券 bono m.,（バスの）bonobús m.,（地下鉄の）bonometro m.
がいすう 概数 número m.「aproximado [redondo]‖概数で示す expresar ALGO en números redondos
かいする 介する‖私たちは友人(男性)を介して知り合った Nos conocimos por un amigo.／私はそれをまったく意に介さない Eso no me importa para nada.
かいする 解する ⇒りかい(⇒理解する)
がいする 害する dañar, perjudicar, hacer daño (a)‖感情を害する herir los sentimientos de ALGUIEN／健康を害する perjudicar la salud／ご気分を害されたのでしたら申し訳ございません Le pido disculpas si se ha sentido ofendi*do*[da].
かいせい 改正 reforma f., revisión f.,（修正）enmienda f.‖年金制度の改正 reforma f. del sistema de pensiones
▶改正する reformar, revisar, enmendar
◪改正法案 proyecto m. de ley de reforma
かいせい 改姓
▶改姓する cambiar「*su* [el] apellido
かいせい 快晴 cielo m. despejado‖今日は快晴だ Está despejado hoy.
かいせき 解析 análisis m.[=pl.]
▶解析する analizar
◪解析学 análisis m.[=pl.] matemático
◪解析力学 mecánica f. analítica
かいせきりょうり 懐石料理 comida f. de la ceremonia de té
かいせきりょうり 会席料理 comida f. de alta cocina japonesa
かいせつ 解説 comentario m.,（説明）explicación f.
▶解説する comentar, explicar
◪解説記事 comentario m.
◪解説者 comentarista com., comenta*dor* [dora] mf.
◪解説書 manual m.
かいせつ 開設 apertura f.
▶開設する abrir, establecer, fundar, crear‖代理店を開設する establecer una oficina de representación
かいせん 回線 línea f.,（回路）circuito m.‖回線がつながる conectarse「*la línea* [*el circuito*]／回線が切れる cortarse [interrumpirse]「*el circuito* [*la línea*]
◪回線容量 ancho m. de banda, capacidad f. de canal
◪電話回線 línea f. telefónica‖電話回線をコンピュータにつなぐ conectar la línea telefónica al ordenador
かいせん 開戦 comienzo m. de una guerra
▶開戦する「comenzar [empezar] una guerra
かいぜん 改善 mejora f., mejoramiento m.,《製造業》cambio m. para mejorar‖改善を加える「incorporar [añadir] una mejora／改善の余地はない No hay lugar para mejorar.／彼は事態の改善を図る Él intenta mejorar la situación en la que se encuentra.
▶改善する mejorar‖食習慣を改善する mejorar los hábitos alimenticios／財政を改善する sanear las finanzas／職場の待遇を改善する mejorar las condiciones de trabajo／製品の質は大幅に改善されている La calidad del producto está mejorada considerablemente.
◪改善策 medida f. de「mejora [mejoramiento]‖顧客サービスの改善策 medidas fpl. para mejorar el servicio de atención al cliente
がいせん 外線 （電話の）línea f. exterior,（電気の）cable m. exterior‖外線につなぐ conectar con la línea exterior／外線からお電話です Tiene una llamada externa.
◪外線工事 obra f. de cableado exterior
かいそう 回想 retrospección f.
▶回想する‖過去を回想する recordar el tiempo pasado
▶回想の retrospecti*vo*[va]
◪回想シーン escena f. retrospectiva,《英語》*flashback* m.
◪回想録 memorias fpl.,（自叙伝）autobiografía f.
かいそう 回送 reenvío m., reexpedición f.‖列車を回送にする dejar un tren fuera de servicio
▶回送する（郵便物を）reenviar, reexpedir

▣回送車（列車）tren *m*. fuera de servicio, (タクシー) taxi *m*. fuera de servicio
かいそう 改装 reforma *f*., remodelación *f*. ‖改装のため一時閉店《掲示》Cierre temporal por reforma
▶改装する reformar, remodelar‖商店を改装する reformar una tienda／そのホテルは大規模な改装をするだろう El hotel llevará a cabo una gran reforma de sus instalaciones.
かいそう 海草 pasto *m*. marino
かいそう 海藻 alga *f*.
▣海藻サラダ ensalada *f*. de algas
かいそう 階層 （階級）clase *f*., categoría *f*., (社会の) estrato *m*., capa *f*.
▶階層性 jerarquía *f*.
▣階層メニュー《IT》menú *m*. jerárquico
かいぞう 改造 remodelación *f*., reconstitución *f*.
▶改造する remodelar, reconstruir
▣内閣改造「remodelación *f*. [reorganización *f*.] del gabinete
▣改造車 coche *m*. [modificado [tuneado]
かいぞう 解像
▣解像度《TV・IT》definición *f*. de imagen, resolución *f*. de pantalla‖解像度が高い[低い] tener una [alta [baja] definición (de imagen)
がいそう 外装 （建物の）exterior *m*.
▣外装工事‖ビルの外装工事 obra *f*. exterior de un edificio
かいそく 会則 reglamento *m*., estatuto *m*. de una asociación‖会則を定める「fijar [establecer] el reglamento《de》
かいそく 快速
▶快速の rápi*do*[*da*]
▣快速船 barco *m*. rápido
▣快速電車 tren *m*. rápido‖快速電車に乗る tomar un tren rápido
かいぞく 海賊 pirata *com*.‖ソマリア沖では海賊が出る「Salen [Aparecen] piratas en las costas de Somalia.
▶海賊の pirata
▣海賊行為 piratería *f*.
▣海賊船 barco *m*. pirata
▣海賊対策 medidas *fpl*. contra la piratería
▣海賊版 edición *f*. pirata
かいたい 解体 （車の）desguace *m*.,（建物の）demolición *f*.,（組織の）disolución *f*.
▶解体する （車を）desguazar,（建物を）demoler,（組織を）disolver‖船を解体する desguazar un barco／原子炉を解体する desmantelar un reactor nuclear
▣解体業者 empresa *f*. de desguace
かいたく 開拓 explotación *f*.
▶開拓する （資源を）explotar,（土地を）roturar, cultivar‖新市場を開拓する buscar nuevos mercados

▣開拓事業 obra *f*. de explotación
▣開拓者 pion*ero*[*ra*] *mf*.
▣開拓精神 espíritu *m*. pionero
▣開拓地 tierra *f*. cultivada
かいだし 買い出し‖買い出しに行く ir a comprar provisiones
がいため 外為 cambio *m*. de divisas
かいだん 会談 conversación *f*., diálogo *m*., entrevista *f*.
▶会談する sostener un diálogo, conversar 《con》
▣三者会談 diálogo *m*. tripartito
かいだん 怪談 cuento *m*. de fantasmas
かいだん 階段 escalera *f*.,（段）escalón *m*. ‖階段を上る subir (por) la(s) escalera(s)／階段を下りる bajar (por) la(s) escalera(s)／階段から落ちる caerse por la(s) escalera(s)
▣階段教室 anfiteatro *m*.
ガイダンス orientación *f*.‖ガイダンスを受ける recibir orientación
かいちく 改築 reforma *f*., remodelación *f*. ‖2階の改築 reforma *f*. de la segunda planta
▶改築する reformar, remodelar
▣改築工事 obra *f*. de「reforma [remodelación]
かいちゅう 回虫 lombriz *f*. intestinal, ascáride *f*.
かいちゅう 海中
▶海中の submari*no*[*na*]
▣海中公園 parque *m*. submarino
かいちゅう 懐中
▣懐中電灯 linterna *f*.
▣懐中時計 reloj *m*. de bolsillo
がいちゅう 害虫 insecto *m*. 「dañino [nocivo]‖害虫を駆除する eliminar insectos dañinos
かいちょう 会長 president*e*[*ta*] *mf*.
かいちょう 快調
▶快調である （体調が）estar en forma,（機械が）funcionar bien, estar en buen estado de funcionamiento
▶快調な bue*no*[*na*]‖快調な滑り出しである tener un buen arranque,《慣用》empezar con buen pie
▶快調に bien‖快調に運ぶ marchar bien
かいつう 開通 apertura *f*. (al tráfico)
▶開通する abrirse (al tráfico)‖先週新しい高速道路が開通した La semana pasada entró en servicio una nueva autopista.
かいつまむ 掻い摘む‖かいつまんで言うと en「dos [cuatro] palabras, en resumen
かいて 買い手 compra*dor*[*dora*] *mf*.‖土地の買い手がついた Apareció un comprador del terreno.
▣買い手市場 mercado *m*. de compradores
かいてい 改定 modificación *f*., revisión *f*.
▶改定する modificar, revisar‖ガス料金を改定する「modificar [revisar] las tarifas de

gas
- ◨改定料金 tarifa *f.* modificada

かいてい 改訂　revisión *f.*
- ▶改訂する revisar
- ◨改訂版 edición *f.* revisada

かいてい 海底　fondo *m.* del mar ‖ 海底を掘る excavar el fondo marino
- ▶海底の submari*no*[na]
- ◨海底火山 volcán *m.* submarino
- ◨海底ケーブル cable *m.* submarino
- ◨海底資源 recursos *mpl.* submarinos
- ◨海底地震 maremoto *m.*
- ◨海底トンネル túnel *m.* submarino
- ◨海底油田 yacimiento *m.* petrolífero submarino

かいてき 快適
- ▶快適さ comodidad *f.* ‖ 快適さを求める buscar la comodidad
- ▶快適な cómo*do*[da], confortable
- ▶快適に cómodamente, confortablemente ‖ 快適に暮らす vivir con comodidad

かいてん 回転　giro *m.*, vuelta *f.*, rotación *f.*,《数学》revolución *f.* ‖ エンジンの回転 rotación *f.* de un motor ／ 回転を速くする aumentar la velocidad de「giro [rotación] ／ 回転を始める(モーターが) empezar a dar vueltas ／ 頭の回転が速い ser despier*to*[ta] ／ 客の回転がよい tener un buen flujo de clientes
- ▶回転する rotar, girar, rodar, dar vueltas ‖ エンジンが回転する El motor「gira [da vueltas]. ／ 地球は地軸を中心に回転する La Tierra gira sobre su eje de rotación.
- ◨半回転 media vuelta *f.*
- ◨回転運動 movimiento *m.* de rotación
- ◨回転競技《スキー》eslalon *m.*
- ◨回転資金 fondo *m.* rotativo
- ◨回転軸 eje *m.* de rotación
- ◨回転寿司 restaurante *m.* con banda transportadora de *sushi*
- ◨回転ドア puerta *f.* giratoria
- ◨回転木馬 carrusel *m.*, tiovivo *m.*

かいてん 開店　(新規の) inauguración *f.* (de una tienda) ‖ この店は開店休業である Esta tienda tiene muy pocos clientes.
- ▶開店する (新規の) inaugurar (una tienda), (毎日の) abrir ‖ 商店は午前10時に開店する Las tiendas abren a las diez de la mañana. ／ 昨日新しいショッピングセンターが開店した Ayer se inauguró un nuevo centro comercial.
- ◨開店祝い regalo *m.* de inauguración
- ◨開店セール oferta *f.*「de [por] inauguración

がいでん 外電　(外国電報) telegrama *m.* del extranjero ‖ 外電によると según noticias facilitadas por una agencia de noticias extranjera

ガイド (人) guía *com.*, (文書) guía *f.* ‖ ガイド付きツアー excursión *f.* guiada
- ▶ガイドする guiar
- ◨ガイドブック (旅行) guía *f.* turística, (手引書) manual *m.*
- ◨ガイドライン directrices *fpl.* ‖ ガイドラインに従う seguir las directrices《de》
- ◨ガイド料 honorarios *mpl.* de guía

かいとう 回答　contestación *f.*, respuesta *f.*
- ▶回答する (質問に) contestar《a》, responder《a》‖ アンケートに回答する contestar《a》una encuesta, responder a una encuesta

かいとう 解凍　descongelación *f.*
- ▶解凍する descongelar ‖ 電子レンジで肉を解凍する descongelar carne en el microondas ／ 圧縮ファイルを解凍する《IT》descomprimir un fichero
- ◨解凍室 cámara *f.* de descongelación

かいとう 解答　solución *f.*, respuesta *f.* ‖ 間違った解答 respuesta *f.*「equivocada [errónea] ／ 試験問題の解答 solución *f.* a los problemas del examen
- ▶解答する solucionar, responder
- ◨解答者 (クイズ番組の) participante *com.* (en un concurso televisivo)
- ◨解答用紙 hoja *f.* de respuestas

かいどう 街道　carretera *f.*
- ◨五街道 las cinco carreteras principales que parten de Nihonbashi

がいとう 外套　abrigo *m.*, gabardina *f.*

がいとう 街灯　farola *f.*, farol *m.*

がいとう 街頭
- ▶街頭で en la calle
- ◨街頭演説 ‖ 街頭演説をする dar un discurso en la calle
- ◨街頭デモ manifestación *f.* callejera
- ◨街頭募金 ‖ 街頭募金をする hacer una colecta en la calle

がいとう 該当
- ▶該当する corresponder《a》,《形容詞》correspondiente ‖ このテキストは刑法第9条に該当する Este texto corresponde al artículo 9 del Código Penal. ／ 該当するデータを見つける encontrar datos correspondientes
- ◨該当者 persona *f.* correspondiente

かいどく 解読　descodificación *f.*, decodificación *f.*
- ▶解読する descifrar, descodificar, decodificar ‖ DNAの構造を解読する descifrar la estructura del ADN
- ◨解読装置 descodificador *m.*, decodificador *m.*

かいどく 買い得 ‖ これは買い得品だ Es una「buena oferta [ganga].

がいどく 害毒　mal *m.*, daño *m.*, veneno *m.* ‖ 青少年に害毒を流す ejercer una influencia perjudicial en la juventud

かいとる 買い取る　comprar, adquirir

かいならす 飼い馴らす domesticar, domar
- ▶飼いならされた domestica*do*[da], doma*do*[da]

かいにゅう 介入 intervención f. ‖ 警察の介入 intervención f. policial
- ▶介入する intervenir《en》‖ 他国の内政に介入する intervenir en la política interna de otro país
- ◪市場介入 intervención f. en el mercado

かいにん 解任 destitución f., cese m.
- ▶解任する destituir ‖ 試合に負けた後、監督(男性)は解任された El entrenador fue destituido después de la derrota.

かいぬし 飼い主 a*mo*[ma] mf., due*ño*[ña] mf.

がいねん 概念 concepto m., noción f., idea f. ‖ 死の概念 concepto m. de la muerte
- ▶概念的な conceptual ‖ 概念的な美 belleza f. conceptual
- ▶概念的に conceptualmente ‖ 概念的に理解する entender ALGO conceptualmente
- ▶概念化 conceptualización f. ‖ 概念化する conceptualizar

がいはく 外泊
- ▶外泊する「dormir [pasar la noche] fuera de casa」, pernoctar
- ◪外泊許可 autorización f. para pasar la noche fuera,《軍隊》pase m. (de) pernocta

かいはつ 開発 desarrollo m.,（資源の）explotación f. ‖ 開発の波が農村に押し寄せる La expansión urbanística arrasa la zona rural.
- ▶開発する desarrollar, explotar ‖ 新商品を開発する desarrollar un nuevo producto ／ 新しい物流システムを開発する construir una nueva logística ／ 鉱物資源を開発する explotar los recursos minerales
- ◪開発援助「asistencia f. [ayuda f.] para el desarrollo
- ◪開発業者 explota*dor*[dora] mf., （土地の）promo*tor*[tora] mf.
- ◪開発計画 ‖ 国土開発計画 proyecto m. para el desarrollo del territorio nacional
- ◪開発指数 ‖ 人間開発指数 índice m. de desarrollo humano
- ◪開発途上国 país m. en (vías de) desarrollo

かいばつ 海抜 ‖ 海抜2,000メートルの山 montaña f. situada a dos mil metros sobre el nivel del mar

かいひ 会費 cuota f. ‖ 会費を集める reunir la cuota ／ 会費を払う「pagar [abonar] la cuota

かいひ 回避
- ▶回避する evitar, eludir, evadir → さける（避ける）‖ 衝突を回避する evitar un choque ／ 責任を回避する「eludir [evadir] la responsabilidad ／ 最悪の事態を回避する evitar lo peor

かいひょう 開票 escrutinio m.,「conteo m. [recuento m.] de votos ‖ 開票に立ち会う presenciar el escrutinio
- ▶開票する「efectuar [hacer] el escrutinio, escrutar los votos
- ◪開票結果 resultado m. del escrutinio
- ◪開票者 escruta*dor*[dora] mf.
- ◪開票所 lugar m. del escrutinio
- ◪開票速報 avance m. del escrutinio
- ◪開票立会人 testigo com. del escrutinio
- ◪開票率 porcentaje m. de escrutinio

がいひょう 概評 comentario m. general

かいひん 海浜 orilla f. del mar, playa f.
- ◪海浜公園 parque m. marítimo

がいぶ 外部 exterior m., parte f. exterior ‖ 箱の外部 exterior m. de la caja ／ 外部からの刺激 estímulo m. externo
- ▶外部の exterior, de fuera, exter*no*[na] ‖ 外部の組織 organismo m. externo
- ◪外部委託 subcontratación f.
- ◪外部関係者 interesa*do*[da] mf. exter*no*[na]
- ◪外部監査 auditoría f. externa
- ◪外部サーバー servidor m. externo
- ◪外部リンク enlace m. externo

かいふう 開封（手紙を）開封で送る enviar una carta sin sellar
- ▶開封する abrir una carta

かいふく 回復/恢復 recuperación f., mejoría f. ‖ 景気の回復 recuperación f. económica ／ 天候の回復 mejoría f.「del [en el] tiempo ／ 回復の見込みのない（病気が）incurable
- ▶回復する recuperarse, mejorar(se), curarse ‖ 健康を回復する「recobrar [recuperar] la salud, restablecerse ／ 意識が回復する recobrar la conciencia ／ 信用を回復する recuperar la confianza ／ 旅行関連の個人消費は先月急に回復した El mes pasado se recuperó rápidamente el consumo privado en el sector turístico.
- ◪回復期（病気の）convalecencia f. ‖ 経済の回復期 etapa f. de recuperación económica

かいふく 開腹
- ▶開腹手術 laparotomía f.

かいぶつ 怪物 monstruo m.

がいぶん 外聞 reputación f., fama f., honor m. ‖ 恥も外聞もなく sin pudor ni vergüenza ／ 外聞をはばかる temer por *su* reputación ／ 外聞の悪い deshonro*so*[sa], escandalo*so*[sa]

かいぶんしょ 怪文書 escrito m. difamatorio

かいへん 改変 cambio m., modificación f.
- ▶改変する cambiar, modificar

かいほう 介抱
- ▶介抱する cuidar, atender ‖ けが人を介抱

する atender a una persona herida
かいほう 会報 boletín *m*., informe *m*., memorial *m*. ‖ 会報を出す publicar un boletín
かいほう 快方 ‖ 快方に向かう recuperarse, restablecerse, reponerse／彼女の病気は快方に向かっている Ella se va recuperando de su enfermedad.
かいほう 開放
▶ 開放的な abier*to*[*ta*], libre ‖ 開放的な性格 carácter *m*. abierto
▶ 開放する abrir, dejar abier*to*[*ta*] ‖ プールを住民に開放する abrir la piscina para los vecinos
◾ 開放経済 economía *f*. abierta
◾ 開放政策 política *f*. abierta
かいほう 解放 liberación *f*., emancipación *f*. ‖ 女性の解放 liberación *f*.「femenina [de la mujer]
▶ 解放する liberar, emancipar ‖ 人質を解放する poner en libertad a *un*[*una*] rehén
▶ 解放される ‖ 仕事から解放される liberarse del trabajo／拘束から解放される liberarse de las ataduras
◾ 解放感 sensación *f*. de liberación
◾ 解放軍 ejército *m*. de liberación
かいぼう 解剖 anatomía *f*.,（死体の）autopsia *f*.
▶ 解剖する diseccionar, disecar, anatomizar ‖ カエルを解剖する disecar un sapo／死体を解剖する realizar [hacer, practicar] la autopsia「de [a] un cadáver
◾ 解剖学 anatomía *f*.
◾ 解剖学者 anatomista *com*.
◾ 解剖図 carta *f*. anatómica
かいまく 開幕
▶ 開幕する（舞台が）「levantar [subir] el telón,（シーズンが）inaugurarse, comenzar
◾ 開幕戦《スポーツ》partido *m*. inaugural
かいみょう 戒名 nombre *m*. póstumo budista
かいむ 皆無 ‖ 経済の知識は皆無である no tener ningún conocimiento de economía／勝つ可能性は皆無である La posibilidad de ganar es nula.
がいむ 外務
◾ 外務省 Ministerio *m*. de「Asuntos [Relaciones] Exteriores
◾ 外務大臣 minis*tro*[*tra*] *mf*. de「Asuntos [Relaciones] Exteriores
かいめい 解明 aclaración *f*., esclarecimiento *m*., dilucidación *f*.
▶ 解明する aclarar, esclarecer, dilucidar ‖ 恐竜の起源を解明する「esclarecer [aclarar] el origen de los dinosaurios
かいめつ 壊滅 aniquilación *f*., exterminio *m*.
▶ 壊滅する aniquilarse, destruirse totalmente ‖ その町は爆撃により壊滅した El bombardeo destruyó totalmente la ciudad.／工場閉鎖によって、地元経済は完全に壊滅した Con el cierre de la fábrica quedó completamente arruinada la economía local.
▶ 壊滅させる aniquilar, exterminar, devastar, asolar
▶ 壊滅的（な）devasta*dor*[*dora*] ‖ 壊滅的な打撃 golpe *m*. mortal／壊滅的な被害 daño *m*. irrecuperable
かいめん 界面 interface *f*.
◾ 界面活性剤 tensoactivo *m*., surfactante *m*.
かいめん 海面 superficie *f*. del mar
◾ 海面水温 temperatura *f*. de la superficie del mar
かいめん 海綿 esponja *f*.
▶ 海綿状の esponjo*so*[*sa*]
◾ 海綿体 cuerpos *mpl*. cavernosos
◾ 海綿動物 esponjas *fpl*., poríferos *mpl*.
がいめん 外面 aspecto *m*. exterior, apariencia *f*. → がいけん（外見）
▶ 外面的な exterior, superficial, aparente ‖ 外面的な美しさ belleza *f*. exterior,（外見上の）belleza *f*.「superficial [aparente]
かいもく 皆目 ‖ 皆目分からない no entender en absoluto／誰が部長のポストにつくか私は皆目見当がつかない No tengo ni remota idea de quién va a ocupar el cargo de director.
かいもの 買い物 compra *f*. ‖ 買い物に行く ir de compras／買い物をする hacer compras／買い物を楽しむ disfrutar de las compras／他にお買物はございますか ¿Desea algo más?／いい買い物をした He hecho una buena compra.
◾ 買い物依存症 adicción *f*. a las compras, oniomanía *f*.
◾ 買い物かご（スーパーの）cesta *f*.
◾ 買い物客 compra*dor*[*dora*] *mf*.
◾ 買い物袋 bolsa *f*. de compra
◾ 買い物ポイント punto *m*. de compra
がいや 外野《野球》jardines *mpl*.,（部外者）persona *f*. ajena ‖ 外野を守る defender los jardines
◾ 外野手《野球》jardine*ro*[*ra*] *mf*.
◾ 外野席 grada *f*.
かいやく 解約 anulación *f*., rescisión *f*., cancelación *f*.
▶ 解約する anular, rescindir, cancelar ‖ 生命保険を解約する cancelar el seguro de vida
◾ 解約通知 notificación *f*. de la「cancelación [rescisión]
◾ 解約手数料 gastos *mpl*. de cancelación
◾ 解約返還金 rescate *m*.
かいよう 海洋 océano *m*., mar *m(f)*.
◾ 海洋汚染 contaminación *f*. marítima
◾ 海洋学 oceanografía *f*.

かいよう

- 海洋学者 oceanógrafo[fa] mf.
- 海洋権益 ‖ 海洋権益を守る「defender [salvaguardar] sus derechos e intereses marítimos
- 海洋深層水 agua f. del fondo marino
- 海洋性気候 clima m. oceánico
- 海洋生物学 biología f. marina

かいよう 潰瘍 úlcera f., llaga f. ‖ 潰瘍がある tener una úlcera
- 潰瘍性(の) ulceroso[sa] ‖ 潰瘍性大腸炎 colitis f.[=pl.] ulcerosa

がいよう 概要 resumen m., sumario m. ⇒ がいりゃく（概略）

かいらい 傀儡 títere m.
- かいらい政権 「gobierno m. [régimen m.] títere

がいらい 外来 （病院）consulta f. externa
- 外来の externo[na], （外国の）extranjero[ra]
- 外来患者 paciente com. externo[na]
- 外来語 extranjerismo m.
- 外来種 especie f. 「invasora [foránea]
- 外来病棟 pabellón m. de consulta externa
- 外来文化 cultura f. extranjera

かいらく 快楽 placer m., deleite m. ‖ 快楽に溺れる entregarse a los placeres
- 快楽主義 hedonismo m., sibaritismo m.
- 快楽主義者 hedonista com., sibarítico[ca] mf.

かいらん 回覧
- 回覧する hacer circular ‖ 雑誌を回覧する hacer circular una revista
- 回覧板 circular f. ‖ 回覧板を回す pasar una circular

かいり 海里 milla f. 「náutica [marina] ‖ 200海里漁業水域 zona f. de pesca de doscientas millas náuticas

かいりき 怪力 fuerza f. hercúlea
- 怪力の dotado[da] de fuerza hercúlea

かいりつ 戒律 mandamiento m., precepto m. ‖ 戒律を守る obedecer los 「mandamientos [preceptos]

がいりゃく 概略 resumen m., sumario m., sinopsis f.[=pl.], （枠組み）esquema m. ‖ 概略を記す「escribir [anotar] un resumen《de》／事件の概略 sumario m. de un caso／プロジェクトの概略と詳細 el resumen y los detalles del proyecto

かいりゅう 海流 corriente f. 「marina [oceánica]

かいりょう 改良 mejora f., mejoramiento m. ‖ 改良を加える「incorporar [implantar] una mejora《en》
- 改良する mejorar, 「hacer [realizar] una mejora《de》‖ ブドウの品種を改良する mejorar una especie de vid
- 改良型ミサイル misil m. mejorado
- 改良品種 especie f. mejorada

かいろ 回路 （電気）circuito m. ‖ 回路をつなぐ conectar el circuito／回路を切る「cortar [interrumpir] el circuito
- 回路図 diagrama m. 「eléctrico [electrónico]
- 回路遮断器 interruptor m. de circuito

かいろ 海路 「ruta f. [vía f.] marítima ‖ 海路でブエノス・アイレスへ行く ir a Buenos Aires por 「mar [vía marítima]
- 待てば海路の日和あり《諺》A quien espera, su bien le llega. ¦《諺》Con paciencia todo se logra.

がいろ 街路 avenida f.
- 街路樹 árboles mpl. de la calle
- 街路灯 farol m., farola f.

カイロプラクティック quiropráctica f.

がいろん 概論 compendio m., esquema m. general, （入門）introducción f.
- 哲学概論 compendio m. de filosofía, introducción f. a la filosofía

かいわ 会話 conversación f. ‖ スペイン語会話 conversación f. española
- 会話の conversacional, （口語の）coloquial
- 会話する conversar《con》, charlar《con》, tener una 「conversación [charla]《con》
- 会話体 estilo m. 「conversacional [coloquial]

かいわい 界隈 ⇒ふきん（付近）・きんじょ（近所）‖ 新宿界隈に en el barrio de Shinjuku／この界隈に店はありません No hay tiendas por aquí.

かいん 下院 Cámara f. Baja, （スペインの）Congreso m. de los Diputados, （米国の）Cámara f. de Representantes, （イギリスの）Cámara f. de los Comunes
- 下院議員 diputado[da] mf., congresista com.

かう 買う comprar, adquirir ‖ 食料を買う comprar alimentos／家を買う「comprar [adquirir] una casa／金で愛情を買うことはできない No se puede comprar el amor con dinero.／喧嘩を買う aceptar el reto《de》／反感を買う despertar antipatía《en》／ガイド役を買って出る ofrecerse a hacer de guía／努力を買う「valorar [apreciar] los esfuerzos《de》／経験を買われ採用される ser contratado[da] por su experiencia

かう 飼う tener, （飼育する）criar ‖ 犬を飼う tener perro(s)／雌牛を飼う criar vacas

カウボーイ vaquero m.

ガウン bata f., （儀式用の）toga f.

カウンセラー asesor[sora] mf., （心理の）psicoterapeuta com.
- スクールカウンセラー asesor[sora] mf. escolar

カウンセリング asesoramiento m., orientación f. psicológica, (心理治療) psicoterapia f.

カウンター (受付) mostrador m., (酒場) barra f., (レジ) caja f., (計数器) contador m. ‖ イベリア航空のカウンターはどこですか ¿Dónde está el mostrador de Iberia?
▫ カウンターアタック《スポーツ》contraataque m., contragolpe m.
▫ カウンター席 asiento m. de la barra
▫ カウンターパンチ《スポーツ》contragolpe m. ‖ カウンターパンチを打つ dar un contragolpe

カウント cuenta f.
▶ カウントする contar
▫ カウントダウン cuenta f. atrás

かえ 替え repuesto m., recambio m.
▫ 替え着 muda f., ropa f. de repuesto
▫ 替え芯 (シャープペンシルの) mina f. de recambio
▫ 替えズボン pantalones mpl. de repuesto
▫ 替え刃 (シェーバーの) cartucho m. de hojas de afeitar

かえうた 替え歌 parodia f. de una canción ‖ 替え歌を作る parodiar una canción

かえす 返す devolver ⇒へんきゃく(返却) ‖ 本を返すので本を借りる devolver un libro《a》／借金を返す [pagar [saldar] una deuda ／ 領土を返す [devolver [restituir] el territorio《a》／ お言葉を返すようですが… Perdone que le diga, pero... ／ 本を読み返す volver a leer un libro
(慣用)返す言葉もない no saber cómo contestar
(慣用)恩を返す devolver el favor《a》
(慣用)裏を返せば mirando desde otro punto de vista

かえす 帰す hacer volver, hacer regresar ‖ 生徒たちを家に帰す hacer volver a casa a los alumnos ／ クジラを海に帰す soltar al mar una ballena

かえす 孵す ‖ 卵を孵す incubar [empollar] huevos

かえすがえす 返す返す ‖ 返す返すも残念だ Es una auténtica lástima.

かえだま 替え玉 substituto[ta] mf., doble com. ‖ 彼の替え玉が受験した Su doble se presentó al examen.

かえって (より一層) todavía más, (むしろ) más bien ‖ 落ち着かせるつもりが、かえって彼を緊張させてしまった En vez de tranquilizarlo, lo puse todavía más nervioso. ／君はかえって行かない方がいい Es incluso mejor que no vayas. ／ その件を持ち出して、かえって裏目に出た Me salió el tiro por la culata al mencionar ese tema.

かえで 楓 arce m.

かえり 帰り vuelta f., regreso m. ‖ 帰りが遅い volver [llegar] tarde (a casa) ／ 帰りを急ぐ apresurarse a llegar a casa ／ 帰りの切符 billete m. de vuelta ／ 帰りのタクシーを予約する reservar un taxi para volver
▶ 帰りに a la vuelta, de regreso
▫ 帰り道 camino m. de vuelta [regreso]

かえりがけ 帰り掛け ‖ 帰りがけに買い物をする hacer una compra de vuelta a casa ／ 帰りがけに来客があった Tuve una visita cuando iba a salir del trabajo.

かえりざく 返り咲く (再登場する) reaparecer ‖ 首位に返り咲く volver a encabezar la clasificación《de》

かえりみる 省みる reflexionar《sobre》, meditar《sobre》 ‖ 自分自身を省みる reflexionar [meditar] sobre sí mismo[ma]

かえりみる 顧みる mirar hacia atrás, reflexionar, (気遣う) ocuparse《de》, atender, (振り向く) volver la vista atrás ‖ 歴史を顧みる reflexionar sobre la historia ／ 家庭を顧みない desentenderse de su familia ／ 危険を顧みず sin preocuparse del peligro que corre

かえる 蛙 rana f. (雄・雌) ‖ 蛙が鳴く croar
(諺)蛙の子は蛙《諺》De tal palo tal astilla.
▫ ひき蛙 sapo m. (雄・雌)

かえる 代える/替える/換える cambiar, (交換する) sustituir [reemplazar] ALGO《por》, (変換する) convertir ALGO《en》 ‖ 部品を新しいものに替える sustituir [reemplazar] la pieza por una nueva ／ ユーロをドルに換える cambiar euros [a [en] dólares

かえる 変える cambiar, (変更する) modificar, (形を) transformar, (場所を) mudar ‖ 予定を変える cambiar de plan ／ 髪型を変える cambiar [de [el] peinado ／ 気分を変える distraerse

かえる 返る volver《a》 ⇒ もどる(戻る) ‖ (忘れ物などが) 持ち主に返る ser devuelto[ta] ‖ al dueño [a la dueña] ／ 正気に返る／我に返る volver en sí, recobrarse ／ 童心に返る volver a sentirse niño[ña] ／ 青春時代に返る volver a la juventud

かえる 帰る regresar《a》, volver《a》, (立ち去る) irse, marcharse ‖ 家に帰る volver [regresar, llegar] a casa ／ 招待客は帰りました Los invitados se han marchado. ／ 仕事から帰る volver del trabajo
(慣用)帰らぬ人となる《慣用》irse de este mundo

かえる 孵る (卵が) eclosionar, (ひなが) salir del cascarón ⇒ふか(孵化) ‖ ひなが3羽孵った Tres polluelos salieron del cascarón.

かえん 火炎 llama f. ‖ 火炎に包まれる envolverse en llamas
▫ 火炎瓶 cóctel m. [coctel m.] molotov
▫ 火炎放射器 lanzallamas m.[=pl.]

かお 顔 cara f., rostro m., (格式語) faz f. ‖ 顔を上げる levantar la cara ／ 顔を洗う (自分の) lavarse la cara ／ 顔をおおう [taparse

[cubrirse] la cara ／顔を赤らめる sonrojarse, ruborizarse, enrojecerse ／彼の顔も見たくない《慣用》No lo puedo ver ni en pintura. ／顔をしかめる hacer muecas,《慣用》torcer el gesto ／顔をくもらせる nublarse la cara a ALGUIEN ／顔を知っている conocer a ALGUIEN de vista ／顔を背ける apartar la vista《de》／顔を合わせる encontrarse《con》／顔のお手入れ cuidado m. del cutis ／いい顔をする poner buena cara《a》／悪い顔をする poner mala cara《a》
〔慣用〕顔が売れる ser famoso[sa]
〔慣用〕顔がきく tener influencia, tener buenos contactos
〔慣用〕顔がそろう‖全員の顔がそろっている Todos están reunidos.
〔慣用〕顔がつぶれる perder la「cara [honra]
〔慣用〕顔が広い tener un amplio círculo de amistades
〔慣用〕顔から火が出る‖私は顔から火が出るほど恥ずかしい《慣用》Se me cae la cara de vergüenza.
〔慣用〕顔に書いてある‖君の顔に書いてあるよ Se te nota en la cara.
〔慣用〕顔に似合わず‖彼女の声は顔に似合わず男性的だ Ella tiene una voz muy masculina para la cara que tiene.
〔慣用〕私の顔に免じて‖私の顔に免じて彼女を許してくれ Perdónala por mí.
〔慣用〕顔を合わす(会う)ver, (対戦する) enfrentarse《con》‖彼に合わす顔がない Tengo tanta vergüenza que no puedo verle.
〔慣用〕顔を貸す‖ちょっと顔を貸してくれ ¿Tienes unos minutos para mí?
〔慣用〕大きな顔をする《慣用》darse「importancia [tono]
〔慣用〕顔を立てる salvar el honor《de》
〔慣用〕顔をつなぐ‖顔をつないでおく mantener las relaciones《con》
〔慣用〕顔をつぶす deshonrar, desacreditar
〔慣用〕顔を直す retocarse maquillaje
〔慣用〕顔を見せる/顔を出す aparecer, (出席する) presentarse, (訪ねる) visitar
〔慣用〕顔を汚す/顔に泥をぬる manchar la honra《de》

かおあわせ　顔合わせ (会合) reunión f., (試合) encuentro m. ‖映画で顔合わせをする (共演する) coprotagonizar una película ／新メンバーが顔合わせをした Los nuevos miembros se reunieron para conocerse. ／両チームの初顔合わせ el primer encuentro entre ambos equipos

かおいろ　顔色 aspecto m. ‖顔色がいい tener「buen aspecto [buena cara] ／顔色が悪い estar pálido[da], tener mala「cara [pinta] ／顔色を変える「cambiar [mudar] de semblante
〔慣用〕顔色を見る「sondear [tantear] el humor de ALGUIEN

かおく　家屋 (家) casa f., (建物) edificio m.
かおだち　顔立ち facciones fpl., rasgos mpl., fisonomía f. ‖美しい顔立ちをしている tener unas facciones hermosas
かおつき　顔つき semblante m., expresión f. facial ‖心配そうな顔つき semblante m. preocupado
かおなじみ　顔馴染み conocido[da] mf.
かおぶれ　顔触れ ‖顔触れがそろっている Están presentes todos los miembros.
かおまけ　顔負け ‖この男の子は先生(男性)も顔負けするほどピアノがうまい Este muchacho toca tan bien el piano que deja atrás a su maestro.
かおみしり　顔見知り conocido[da] mf.
かおむけ　顔向け ‖私は恥ずかしくてあなたに顔向けできない Mi vergüenza es tal, que no me atrevo a mirarle a la cara.
かおもじ　顔文字 (IT) emoticono m., emoticón m.
かおやく　顔役 personaje m. influyente,《慣用》pez m. gordo, (ボス) cabecilla com.
かおり　香り/薫り aroma m., perfume m., (匂い) olor m., (芳香) fragancia f. ‖花の香り「perfume m. [aroma m.] de una flor ／森の香り aroma m. del bosque ／コーヒーの香り aroma m. del café ／文化の香り aroma m. de la cultura ／香りがよい tener un aroma「fragante [agradable] ／香りがよくない oler mal ／香りが強い tener un aroma「fuerte [intenso] ／香りが弱い tener un aroma tenue ／この香りは何ですか ¿De qué es este aroma? ／香りがする oler《a》／香りをつける dar aroma《a》, perfumar
かおる　香る/薫る desprender「aroma [fragancia] ‖木々の若葉が香る Las hojas nuevas de los árboles perfuman el aire.
がか　画家 pintor[tora] mf. ‖画家になる「hacerse [llegar a ser] pintor[tora]
▣日本画家 pintor[tora] mf. de estilo japonés
▣洋画家 pintor[tora] mf. de estilo occidental
かがい　課外
▶課外の extraescolar, extracurricular
▣課外活動 actividad f.「extraescolar [extracurricular]
▣課外授業 clase f.「extraescolar [extracurricular]
かがいしゃ　加害者 autor[tora] mf. de un delito, (襲撃者) agresor[sora] mf.
かかえこむ　抱え込む ‖仕事を抱え込む aceptar demasiado trabajo
かかえる　抱える (腕に) llevar en brazos, (小脇に) llevar ALGO bajo el brazo, (持つ) tener, (雇う) emplear ‖赤ん坊を腕に抱える llevar en brazos a un bebé ／問題を抱える

tener un problema ／病気の父を抱える tener a *su* padre enfermo ／ひざを抱えて座る sentarse abrazando las rodillas ／運転手を抱える tener un chófer particular ／爆弾を抱えているようなものだ Es como tener una bomba de relojería.

かかく 価格 precio *m*., valor *m*. ‖価格が上がる[下がる]「subir [bajar] *el precio* ／価格に反映する reflejarse en el precio《de》／価格を引き上げる aumentar el precio《de》／価格を引き下げる「bajar [reducir] el precio《de》／その会社は競合他社よりも価格を下げた Esa empresa bajó los precios más que la competencia. ／価格を維持する mantener el precio《de》／価格で競争する competir en precios《con》

- 価格協定 acuerdo *m*. de precios
- 価格戦争 guerra *f*. de precios
- 価格操作 manipulación *f*. de precios
- 価格調整 ajuste *m*. de precios
- 価格凍結 control *m*. de precios
- 価格凍結 congelación *f*. de precios
- 価格破壊 destrucción *f*. de precios ‖価格破壊を起こす romper los precios
- 価格表 lista *f*. de precios
- 価格変動 fluctuación *f*. de precios

かがく 化学 química *f*. ‖化学を学ぶ estudiar química

▶化学的な quím*ico*[*ca*]
▶化学的に químicamente ‖水を化学的に処理する tratar químicamente el agua
- 化学記号 símbolo *m*. químico
- 化学工業 industria *f*. química
- 化学式 fórmula *f*. química
- 化学実験 experimento *m*. químico
- 化学者 quím*ico*[*ca*] *mf*.
- 化学処理 tratamiento *m*. químico
- 化学繊維 fibra *f*. [química [sintética]
- 化学調味料 condimento *m*. químico
- 化学反応 reacción *f*. química
- 化学肥料「abono *m*. [fertilizante *m*.] químico
- 化学物質 sustancia *f*. química
- 化学分析 análisis *m*.[=*pl*.] químico
- 化学兵器 arma *f*. química
- 化学変化 transformación *f*. química
- 化学薬品 fármaco *m*. químico
- 化学療法 quimioterapia *f*.

かがく 科学 ciencia *f*. ‖科学の時代 época *f*. de la ciencia ／科学の力 poder *m*. de la ciencia ／科学の目で観る observar científicamente, mirar con ojos científicos

▶科学的な científ*ico*[*ca*]
▶科学的に científicamente ‖科学的に証明する「probar [comprobar] científicamente
- 科学衛星 satélite *m*. científico
- 科学技術 tecnología *f*. (científica)
- 科学者 científ*ico*[*ca*] *mf*.
- 科学小説 ciencia *f*. ficción
- 科学的根拠 fundamento *m*. científico
- 科学博物館 museo *m*. de ciencias
- 科学用語 término *m*. científico

かかげる 掲げる （看板を）poner, colocar, （旗を）izar ‖看板を掲げる colocar un letrero ／旗を掲げる izar una bandera ／「反テロ」というスローガンを掲げる tener el lema "Contra el terrorismo"

かかし 案山子 espantapájaros *m*.[=*pl*.], espantajo *m*.

かかす 欠かす ‖今週は授業を欠かせない Esta semana no puedo faltar a clase. ／水は生命に欠かすことはできない El agua es imprescindible para la vida.

▶欠かさず(に) sin falta ‖欠かさず会議に出席する asistir sin falta a una reunión

かかと 踵 （足の）talón *m*., （靴の）tacón *m*. ‖かかとの高い靴 zapatos *mpl*. de tacones altos ／かかとのすり減った靴 zapatos *mpl*. con tacones desgastados ／床からかかとを上げる levantar el talón del suelo

かがみ 鏡 espejo *m*., （大きな）luna *f*. ‖鏡を見る（自分を）mirarse「en el [al] espejo ／鏡を見て化粧をする maquillarse ante un espejo ／鏡に映った顔 rostro *m*. reflejado en el espejo ／湯気で鏡が曇った El espejo se empañó con el vapor.

慣用 鏡のような海 mar *m*. como un espejo

鏡の種類

全身鏡 espejo *m*. de「vestir [cuerpo entero] ／手鏡 espejo *m*. de mano ／凸面鏡 espejo *m*. convexo ／凹面鏡 espejo *m*. cóncavo ／平面鏡 espejo *m*. plano ／バックミラー espejo *m*. retrovisor, retrovisor *m*.

かがみ 鑑 （手本）ejemplo *m*., modelo *m*. ‖彼は学生の鑑だ Él es un estudiante ejemplar. ／父を鑑にする tomar como modelo a *su* padre

かがむ 屈む （曲がる）agacharse, （しゃがむ）ponerse en cuclillas ‖前にかがむ inclinarse hacia delante ／道ばたにかがむ ponerse en cuclillas al borde del camino ／腰がかがむ tener la espalda encorvada ／かがんで吸い殻を拾う agacharse para recoger una colilla

かがめる 屈める inclinarse, doblarse ‖体をかがめる／身をかがめる inclinarse, doblarse ／膝をかがめる doblar las rodillas ／腰をかがめて歩く andar encorva*do*[*da*]

かがやかしい 輝かしい brillante, esplendor*oso*[*sa*], esplénd*ido*[*da*] ‖輝かしい成功 éxito *m*. fulgurante ／輝かしい前途 porve-

nir m.「brillante [espléndido, luminoso]
かがやかす　輝かす ‖ 彼は喜びに目を輝かせた Sus ojos brillaron de alegría.
かがやき　輝き　brillo m., resplandor m.,《格式語》esplendor m.,《格式語》fulgor m. ‖ 目の輝き brillo m. de los ojos ／才能の輝き brillo m. del talento
かがやく　輝く　brillar, resplandecer, relucir, iluminarse,《格式語》fulgurar ‖ きらきら輝く centellear ／ぴかぴかに輝く brillar como un ascua de oro ／輝く光 luz f.「brillante [resplandeciente, fulgurante] ／空に星が輝く Las estrellas「brillan [resplandecen] en el cielo. ／彼女は目が輝いている Ella tiene los ojos brillantes. ¦ A ella le brillan los ojos. ／喜びに輝いている estar radiante de alegría ／栄冠に輝く salir victori*oso*[sa]
▶ **輝いた** brillante, resplandeciente, radiante, reluciente, esplendor*oso*[sa], espléndi*do*[da], fulgurante

かかり　係（担当者）encarga*do*[da] mf., responsable com. ‖ 係を決める decidir el encargado《de》／係を割り振る repartir el trabajo《entre》／係を引き受ける encargarse《de》／係の方はどなたですか ¿Quién es el encargado?
がかり　掛かり ‖ 5年がかりの工事だった Fue una obra que duró cinco años.
かかりいん　係員 ⇒かかり（係）‖ 係員に連絡する contactar con el encargado ／係員を呼んでいただけますか ¿Podría llamar al encargado?
かかりきり　掛かり切り ‖ かかりきりになる dedicarse「por completo [completamente, totalmente, exclusivamente]《a》
かかりちょう　係長　je*fe*[fa] mf.
かかりつけ　掛かり付け ‖ かかりつけの医者 médi*co*[ca] mf. de「cabecera [familia]
かかる（そのような）tal『+名詞』, semejante『+名詞』‖ かかる行為は許されない Tal conducta no será tolerada.
かかる　掛かる/懸かる　❶（ぶらさがる）colgar《de》, pender《de》‖ その絵は壁にかかっている El cuadro está colgado en la pared.
❷（上に置かれる）‖ 鍋に火にかかっている La olla está sobre el fuego.
❸（降り掛かる）salpicar ‖ 顔に水がかかった El agua me salpicó la cara. ／トマトソースがかかったピザ pizza f. cubierta de salsa de tomate
❹（金が）costar,（時間が）tardar ‖ いくらかかりますか ¿Cuánto va a costar? ／列車の到着まで2時間位かかるでしょう El tren tardará unas dos horas en llegar.
❺（着手する）‖ 仕事にかかる ponerse a trabajar
❻（世話を受ける）‖ 医者にかかる consultar a un médico
❼（依存する）depender《de》‖ すべては交渉の結果にかかっている Todo depende del resultado de las negociaciones.
❽（その他）‖ 決勝進出のかかった試合 partido m. decisivo para pasar a la final ／声がかかる recibir una invitación ／気にかかる estar preocupa*do*[da] ／倒れかかる estar a punto de caerse
かかる　架かる ⇒**かける（架ける）**
かかる　罹る ‖ 病気にかかる contraer una enfermedad
がかる ‖ 黒みがかった緑 verde m.「negruzco [tirando a negro] ／芝居がかった態度 actitud f. teatral
かかわらず「a pesar de [pese a]』+名詞句』,「a pesar de [pese a] que『+直説法』, aunque『+直説法』‖ それにもかかわらず a pesar de ello, sin embargo, no obstante ／雨にもかかわらず、試合は行われた Aunque llovía, se celebró el partido. ／悪天候にもかかわらず、大変楽しかった A pesar del mal tiempo que hacía, lo pasamos muy bien.
かかわり　関わり/係わり　relación f., contacto m. ‖ ～と何らかのかかわりがある tener algo que ver《con》／その会社は犯罪組織とかかわりを持った Esa empresa tuvo relación con una organización criminal.
かかわる　関わる（関係する）relacionarse《con》, tener relación《con》,（巻き込まれる）implicarse《en》, involucrarse《en》,（影響する）afectar《a》‖ 人命にかかわる afectar a la vida humana ／信用にかかわる問題だ Es una cuestión de confianza. ／怪しい商売にかかわる involucrarse en un negocio oscuro ／他人の事にかかわるな No te metas en asuntos ajenos.
かき　柿（木・実）caqui m.
かき　下記
▶ **下記の** como sigue,『名詞+』abajo indica*do*[da] ‖ 下記のような結果が得られた Se han obtenido los resultados siguientes: ... ／下記の住所までご連絡ください Diríjase a la dirección abajo indicada.
かき　火気　fuego m. ‖ 火気厳禁（掲示）Prohibido「encender [hacer] fuego
かき　牡蠣　ostra f. ‖ かきの養殖 ostricultura f. ／かきの養殖業者 ostricul*tor*[tora] mf.
🔲 **かきフライ** ostras fpl. empanadas y fritas
かき　夏期/夏季　verano m.,「temporada f. [época f.] estival
🔲 **夏期講習** curso m. de verano
🔲 **夏期休暇** vacaciones fpl.「de verano [veraniegas]
かぎ　鉤　gancho m., garfio m.,（物を吊るす）colgadero m.
🔲 **鉤かっこ** corchete m.
かぎ　鍵　❶ llave f.,（錠）cerradura f.,（南京

錠) candado *m*. ‖ 家の鍵 llave *f*. de la casa ／鍵を開ける［閉める］「abrir [cerrar] la cerradura ／ドアに鍵をかける cerrar la puerta con llave, echar la llave a la puerta ／ドアを鍵で開ける abrir la puerta con la llave ／鍵を差し込む introducir la llave (en la cerradura) ／鍵がかかった箱 caja *f*. cerrada con llave

🔲 鍵穴 ojo *m*. de la cerradura
🔲 鍵束 manojo *m*. de llaves

❷ (謎解きの) clave *f*., (手掛り) pista *f*. ‖ 事件の鍵を握る tener la clave de un caso ／この難題を解決する鍵は何だろう ¿Cuál es la clave para resolver este arduo problema?

がき 餓鬼 (子供) cha*val*[*vala*] *mf*., chiquillo[lla] *mf*.,《仏教》preta *m*.
🔲 がき大将 cabecilla *com*. de una pandilla de niños

かきあげ 掻き揚げ
🔲 かき揚げてんぷら「*tempura f*. mixta [*tempura m*. mixto] de verduras

かきあげる 書き上げる terminar de「escribir [redactar] ‖ 本を書き上げる terminar de escribir un libro

かきあつめる 掻き集める juntar, reunir ‖ 小銭をかき集める juntar monedas

かきあらわす 書き表す (書く) escribir, (描写する) describir, (表現する) expresar

かきいれどき 書き入れ時 temporada *f*. alta para las ventas《de》‖ 観光業界にとって夏はかきいれ時です El verano es una temporada alta para el sector turístico.

かきいれる 書き入れる ‖ 空欄に答えを書き入れる「escribir [rellenar] *sus* respuestas en los espacios en blanco

かきうつす 書き写す ‖ 手書きで本を書き写す「copiar [transcribir] a mano un libro

かきおき 書き置き nota *f*., apunte *m*. ‖ 書き置きする dejar「una nota [un mensaje]

かきかえ 書き換え ‖ 書き換える reescribir, volver a escribir, revisar,《更新する》renovar ／スペイン史を書き換える reescribir la Historia de España ／契約書を書き換える renovar el contrato

かきかた 書き方 (習字) caligrafía *f*.,（文章の）「manera *f*. [arte *m*.] de escribir ‖ 申請書の書き方を教えてください Enséñeme cómo rellenar la solicitud.

かききず 掻き傷 arañazo *m*., rasguño *m*. ‖ 腕にかき傷ができる sufrir un arañazo en el brazo

かきけす 掻き消す ahogar, sofocar, apagar ‖ 私の声は飛行機の轟音にかき消された Mi voz quedó ahogada por el estruendo de un avión.

かきごおり かき氷 hielo *m*.「picado [raspado] aderezado con sirope, granizado *m*.

かきことば 書き言葉 lenguaje *m*. escrito, lengua *f*. escrita

かきこみ 書き込み nota *f*., apunte *m*. ‖ データの書き込み《IT》grabación *f*.，／本への書き込み禁止《掲示》Prohibido escribir en los libros

▶書き込む escribir, apuntar, anotar, (用紙に) rellenar ‖ 用紙に書き込む rellenar un formulario

かきしるす 書き記す escribir, anotar, apuntar

かきそえる 書き添える añadir, escribir ‖ 追伸を書き添える añadir una posdata

かきぞめ 書き初め 《日本語》*kakizome m*., (説明訳) primera caligrafía *f*. del año

かきだす 書き出す (書き始める) empezar a escribir, (書く) escribir, (書き抜く) extraer ‖ キーワードを書き出す「extraer [apuntar] palabras clave

かきたてる 書き立てる tratar ALGO con tono sensacionalista,《慣用》「cargar [recargar] las tintas ‖ 新聞はそのスキャンダルを書き立てた Los periódicos cargaron las tintas sobre el escándalo.

かきたてる 掻き立てる (火を) avivar, atizar, (感情などを) suscitar, estimular, excitar ‖ 好奇心をかきたてる「suscitar [suscitar] la curiosidad《de》／闘志をかきたてる estimular la combatividad《de》／不安をかきたてる suscitar la inquietud《de》

かきつけ 書き付け nota *f*., apunte *m*., escrito *m*., (勘定) cuenta *f*., factura *f*.

かぎつける 嗅ぎ付ける oler, olfatear, husmear, (知る) enterarse《de》‖ 魚のにおいを嗅ぎつける「percibir [olfatear] el olor a pescado ／犬は骨を嗅ぎつける El perro dio con el hueso olfateando. ／陰謀を嗅ぎつける enterarse de una conspiración

かぎって 限って ⇒ かぎる (限る) ‖ 彼に限って同僚の悪口を言うはずがない Él sería la última persona en hablar mal de sus colegas. ／その日に限って、電車事故があった Precisamente ese día hubo un accidente de tren.

かきとめ 書留 correo *m*. certificado ‖ 手紙を書留にする certificar una carta

▶書留で ‖ 書留で送る enviar ALGO por correo certificado ／書留でお願いします Por correo certificado, por favor.
🔲 書留料金 tarifa *f*. del correo certificado

かきとめる 書き留める apuntar, escribir

かきとり 書き取り dictado *m*. ‖ 書き取りテストをする hacer una prueba de dictado

かきとる 書き取る escribir, anotar, apuntar, tomar apuntes

かきなおす 書き直す (再び) volver a escribir, reescribir, (清書する) poner en limpio, pasar a limpio

かきね 垣根 cerca *f*., valla *f*., (生け垣) seto *m*. (vivo)

かぎばり　鉤針　ganchillo *m*. ‖かぎ針で編む hacer ganchillo
- 下かぎ針編み　ganchillo *m*.

かきまぜる　掻き混ぜる　remover, revolver, mezclar, (卵を) batir ‖セメントと水をかき混ぜる mezclar cemento con agua

かきまわす　掻き回す　remover, revolver, (混乱させる) perturbar ‖コーヒーをスプーンでかき回す「revolver [remover] el café con una cucharita／引き出しをかき回す revolver el cajón

かぎまわる　嗅ぎ回る　olfatear, (動物が) ventear, (詮索する) husmear《en》

かきみだす　掻き乱す　perturbar, trastornar ‖平和をかき乱す perturbar la paz／母の死が彼女の心をかき乱した La muerte de su madre la trastornó.

かきむしる　掻き毟る　「arañar [rascar] con fuerza」‖髪をかきむしる (自分の)「tirarse de [jalarse, mesarse] los pelos／胸をかきむしるような悲しみを感じる sentir una tristeza desgarradora

かきゅう　下級
- 下下級の　inferior, de rango inferior
- 下下級裁判所　tribunal *m*. inferior
- 下下級生　「estudiante *com*. [alum*no*[*na*] *mf*.] de cursos inferiores

かきょう　佳境‖佳境に入る alcanzar el momento culminante

かきょう　華僑　comerciante *com*. chi*no*[*na*] residente en el extranjero

かぎょう　家業　negocio *m*. familiar ‖家業を継ぐ heredar el negocio familiar

かきょく　歌曲　canción *f*.
- 下歌曲集　cancionero *m*.

かぎらない　限らない‖高い物が良いとは限らない Lo caro no siempre es bueno.／真実を言うのが常によいとは限らない No siempre es bueno decir la verdad.

かぎり　限り　límite *m*. ‖限り(の)ある limita*do*[*da*]／限り(の)ない sin límite, infini*to*[*ta*]／今週限りの特売 oferta *f*. exclusiva de esta semana／声を限りに叫ぶ gritar a「todo [pleno] pulmón／力の限りを尽くす hacer todo lo posible／見渡す限り hasta donde alcanza la vista／私の命ある限りmientras yo viva／私の知る限りでは que yo sepa／できる限りの事はしましょう Haré todo lo que「pueda [esté a mi alcance].／うらやましい限りです Es realmente envidiable.

かぎる　限る　limitar ‖外国人選手の数を5名に限った Limitaron el número de jugadores extranjeros a cinco.／このサービスは女性に限ります Este servicio está disponible exclusivamente para mujeres.／暑い時にはよく冷えたビールに限る Cuando hace calor, no hay nada mejor que una cerveza bien fría.
- ▶限って‖彼は一番必要な時に限っていない Él nunca está cuando más se le necesita.／彼女に限ってうそは言わない Mentir es lo menos que se puede esperar de ella.
- ▶限られた　limita*do*[*da*]‖限られた枠の中で dentro de un marco limitado

かきわける　掻き分ける　abrirse camino 《entre》‖人ごみを掻き分けて進む avanzar abriéndose camino entre la multitud

かきん　家禽　aves *fpl*.「de corral [domésticas]

かく　各‖各グループ cada grupo *m*.／各ページに en cada página

かく　核　núcleo *m*.‖この産業は国の発展の核になる Esta industria será el núcleo del desarrollo del país.
- 下核エネルギー　energía *f*. nuclear
- 下核拡散防止条約　Tratado *m*. de No Proliferación Nuclear (略 TNP)
- 下核家族　familia *f*. nuclear
- 下核軍縮　desarme *m*. nuclear
- 下核査察　inspección *f*. nuclear
- 下核酸　ácido *m*. nucleico
- 下核シェルター　refugio *m*.「nuclear [antinuclear, antiatómico]
- 下核施設　instalación *f*. nuclear
- 下核実験　「prueba *f*. [ensayo *m*., experimento *m*.] nuclear
- 下核戦争　guerra *f*. nuclear
- 下核戦略　estrategia *f*. nuclear
- 下核弾頭　ojiva *f*. nuclear
- 下核燃料　combustible *m*. nuclear
- 下核廃棄物　residuos *mpl*. nucleares
- 下核爆弾　bomba *f*.「atómica [nuclear]
- 下核爆発　explosión *f*. nuclear
- 下核反応　reacción *f*. nuclear
- 下核武装　armamento *m*. nuclear
- 下核物理学　física *f*. nuclear
- 下核分裂　fisión *f*. nuclear
- 下核兵器　arma *f*. nuclear
- 下核保有国　país *m*. con armas nucleares
- 下核ミサイル　misil *m*. nuclear
- 下核抑止力　fuerza *f*. disuasoria nuclear
- 下核融合　fusión *f*. nuclear

かく　格　(地位) rango *m*., categoría *f*., 《文法》 caso *m*. ‖このホテルは格が高い Este hotel es de alta categoría.／AとBでは格が違う Hay una diferencia de categoría entre A y B.／格が上がる ascender「de categoría [a la categoría superior]／格が下がる descender「de categoría [a la categoría inferior]／スポーツでは彼は私よりずっと格が上だ Él me da cien vueltas en deportes.
- 下格変化　《文法》declinación *f*.「casual [de caso]

かく　欠く　(損なう) romper, (不足する) faltar, carecer《de》⇒**かける(欠ける)**‖欠くこ

とのできない imprescindible, indispensable ／ 厳密さを欠く carecer de「rigor [rigurosidad]／お金に事欠く andar escaso[sa] de dinero ／ 礼儀を欠く faltar a la cortesía

かく 書く escribir, (書き留める) apuntar, anotar, (記事を) redactar, (詩を) componer ‖ 字を書く escribir letras ／ 本を書く escribir un libro ／ 手紙に書く escribir ALGO en una carta ／ ここに名前を書いてください Escriba aquí su nombre.
⟨慣用⟩ 顔に書いてある《慣用》「llevar [traer] escrito ALGO en la frente

かく 描く (絵を) pintar, (線画を) trazar, dibujar, (描写する) describir ‖ 絵をかく (色をつけて) pintar, dibujar ／ 地図をかく「dibujar [trazar] un mapa

かく 搔く rascar, arrascar, raspar ‖ 背中をかく rascar la espalda a ALGUIEN ／ 私はかゆい所をかく Me rasco donde me pica. ／ 頭をかく (自分の) rascarse la cabeza ／ 腕で水をかく remar con los brazos ／ 通りの雪をかく「retirar [quitar] la nieve de la calle

かぐ 家具 mueble m., 《集合名詞》 mobiliario m. ‖ 家具付きの家 casa f. amueblada ／ 家具の手入れ cuidado m. del mueble ／ 家具を入れる amueblar una casa ／ 部屋に家具は付いていますか ¿Está amueblada la habitación?
▫家具職人 artesano[na] mf. de muebles, mueblista com., (指物師) ebanista com.
▫家具店 tienda f. de muebles

かぐ 嗅ぐ oler, olfatear, percibir olores ‖ 香水をかぐ「oler [respirar] un perfume ／ 跡をかぐ olfatear el rastro ⟨de⟩

がく 学 ‖ 学がある (学識がある) saber mucho, (教養がある) ser culto[ta], ser una persona instruida ／ 学がない (教養がない) ser inculto[ta]
⟨諺⟩ 少年老いやすく学成り難し 《諺》La vida es breve; el arte, largo.

がくい 学位 grado m. académico ‖ 学位をとる obtener un grado académico ／ 学位を与える otorgar un grado académico ⟨a⟩
▫学位記 diploma m.
▫学位論文 tesis f.[=pl.]

かくいつてき 画一的
▶画一的 uniforme ‖ 画一的な文化 cultura f. uniforme ／ 画一的な生活を送る llevar una vida uniforme

がくいん 学院 ⇒がっこう (学校)

かくう 架空
▶架空の (想像の) imaginario[ria], fantástico[ca], (虚構の) ficticio[cia], (空中の) aéreo[a] ‖ 架空の人物 personaje m. de ficción ／ 架空の名義で con nombre falso
▫架空取引 transacción f. ficticia
▫架空ケーブル cable m. aéreo

かくえき 各駅 ‖ 各駅に停車する「parar [efectuar una parada] en todas las estaciones
▫各駅停車 tren m. que para en todas las estaciones

がくえん 学園 escuela f., centro m. educativo
▫学園祭 fiesta f. escolar
▫学園都市 ciudad f. académica

かくかい 各界 ‖ わが国の各界の名士たちが集う Se dan cita personalidades de diferentes ámbitos de nuestro país.

がくがく
▶がくがくする ‖ 私は膝ががくがくする Me tiemblan las rodillas. ／ この椅子はがくがくする Esta silla「cojea [baila].

かくぎ 閣議 consejo m. de ministros, gabinete m. ‖ 閣議を開く celebrar un consejo de ministros
▫定例閣議 consejo m. de ministros ordinario
▫臨時閣議 consejo m. de ministros extraordinario

がくぎょう 学業 estudios mpl., carrera f. ‖ 学業に専念する dedicarse「a estudiar [al estudio] ／ 学業を断念する dejar los estudios, 《慣用》colgar los libros
▫学業成績 notas fpl.「escolares [académicas]

がくげい 学芸 ciencias fpl. y artes fpl.
▫学芸員 (博物館など) conservador[dora] mf., curador[dora] mf.
▫学芸会 representación f. artística escolar
▫学芸欄 columna f. de ciencias y artes

がくげき 楽劇 ópera f., drama m. musical

かくげつ 隔月
▶隔月に cada dos meses
▫隔月刊 ‖ 隔月刊の雑誌 revista f. bimestral

かくげん 格言 aforismo m., proverbio m., máxima f.

かくご 覚悟 ‖ どんな事も覚悟のうえだ estar dispuesto[ta] a cualquier cosa
▶覚悟する (決心する) decidirse a『+不定詞』, (諦める) resignarse a『+不定詞』 ‖ 最悪の場合を覚悟する prepararse a esperar lo peor ／ 赤字を覚悟している estar dispuesto[ta] a asumir el déficit ／ 政府は覚悟して増税を選択した El gobierno optó decididamente por la subida de impuestos.

かくさ 格差 diferencia f., desnivel m., (不平等) desigualdad f., (不均衡) desequilibrio m. ‖ 階級間の格差が広がる「Aumenta [Crece] la diferencia entre clases. ／ 格差をつける hacer diferencias
▫社会格差 ‖ 社会格差ができる producirse una desigualdad social
▫格差社会 sociedad f. desigual

かくざい 角材 madero m.

かくざとう 角砂糖 terrón m. de azúcar,

azúcar *m*. de cortadillo

かくさん 拡散 proliferación *f*., 《物理》difusión *f*. ‖ 核兵器の拡散を防止する prevenir la proliferación de armas nucleares

かくじ 各自 cada u*no*[*na*], cada cual ‖ 各自ができることをする Cada uno hace lo que puede.

がくし 学士 licencia*do*[*da*] *mf*.
- ☑ 法学士 licencia*do*[*da*] *mf*. en Derecho ‖ 法学士になる licenciarse en Derecho
- ☑ 学士号 grado *m*. de licenciado, licenciatura *f*. ‖ 学士号を取る obtener el grado de licenciado, licenciarse ／ 学士号を授与する conceder el grado de licenciado 《a》, licenciar

がくし 学資 gastos *mpl*. escolares ⇒がくひ（学費）

かくしカメラ 隠しカメラ cámara *f*. ⌈oculta [escondida]⌉ ‖ 隠しカメラでとった画像 imagen *f*. grabada con una cámara oculta

かくしき 格式 ceremonia *f*., formalidades *fpl*. ‖ 格式のある家 familia *f*. de rancio abolengo ／ 格式を重んじる respetar las formalidades, ser formalista ／ 格式ばって con ceremonia, ceremoniosamente ／ 格式ばらずに sin ⌈ceremonia [formalidad]⌉

がくしき 学識 erudición *f*.
- ▶学識のある(人) erudi*to*[*ta*] (*mf*.), doc*to*[*ta*] (*mf*.).
- ☑ 学識経験者 persona *f*. competente, exper*to*[*ta*] *mf*.

かくしげい 隠し芸 talento *m*. oculto ‖ 隠し芸を披露する mostrar *su* talento oculto

かくしごと 隠し事 secreto *m*. ‖ 隠し事をする tener un secreto ／ 隠し事ができない ser incapaz de mantener las cosas en secreto

かくしだて 隠し立て ‖ 隠し立てする intentar ocultar, andar con secretos

かくじつ 確実 ‖ 彼の優勝は確実である Su victoria está asegurada. ¦ Él tiene asegurada la victoria.
- ▶確実な segu*ro*[*ra*], 『名詞+』 cier*to*[*ta*], infalible ‖ 確実な情報 información *f*. cierta
- ▶確実に con seguridad, con certeza, sin falta ‖ 物価は確実に上がる Los precios subirán sin falta.

かくしどり 隠し撮り ‖ 隠し撮りする ⌈tomar fotos [fotografiar, filmar]⌉ a escondidas

かくしばしょ 隠し場所 escondrijo *m*., escondite *m*.

かくしマイク 隠しマイク micrófono *m*. ⌈oculto [escondido]⌉

がくしゃ 学者 estudio*so*[*sa*] *mf*., científi*co*[*ca*] *mf*., investiga*dor*[*dora*] *mf*.

かくしゅ 各種
- ▶各種の todo tipo de 『+名詞』, una variedad de 『+名詞』 ‖ 各種の学校行事 una variedad de actividades escolares
- ☑ 各種学校 escuela *f*. de formación profesional

かくしゅう 隔週
- ▶隔週の de cada dos semanas, quincenal ‖ 隔週の出版 publicación *f*. quincenal
- ▶隔週に cada dos semanas

がくしゅう 学習 estudio *m*. ‖ 学習の結果 resultado *m*. académico
- ▶学習する aprender
- ☑ 学習指導 orientación *f*. pedagógica
- ☑ 学習塾 academia *f*. preparatoria para los exámenes de ingreso
- ☑ 学習障害 dificultades *fpl*. de aprendizaje ‖ 学習障害がある tener dificultades de aprendizaje ／ 学習障害児 ni*ño*[*ña*] *mf*. con dificultades de aprendizaje

がくじゅつ 学術 estudios *mpl*., (学芸) ciencias *fpl*. y artes *fpl*.
- ▶学術的な científi*co*[*ca*], académi*co*[*ca*]
- ☑ 学術会議 congreso *m*. científico, ⌈reunión *f*. [conferencia *f*.]⌉ científica
- ☑ 学術雑誌 revista *f*. ⌈científica [académica]⌉
- ☑ 学術書 libro *m*. ⌈científico [académico]⌉
- ☑ 学術調査/学術研究 investigación *f*. científica, estudio *m*. científico
- ☑ 学術論文 artículo *m*. científico, trabajo *m*. académico

かくしょう 確証 evidencia *f*., prueba *f*. ⌈concluyente [contundente, evidente]⌉ ‖ 確証を得る tener una evidencia ／ 確証を得る haber evidencia 《de》《動詞は3人称単数形の無主語で》／ 専門家によると鳥インフルエンザが人間に感染する確証はない Según los expertos, no hay evidencias de transmisión humana de la gripe aviar.

がくしょう 楽章 《音楽》 movimiento *m*. ‖ 交響曲の第3楽章 tercer movimiento *m*. de una sinfonía

かくしん 革新 innovación *f*., reforma *f*.
- ▶革新的な innova*dor*[*dora*]
- ▶革新する innovar, (改革する) reformar
- ☑ 革新主義 progresismo *m*., reformismo *m*. ‖ 革新主義の progresista, reformista
- ☑ 革新政権 gobierno *m*. ⌈progresista [reformista]⌉
- ☑ 革新政党 partido *m*. (político) ⌈progresista [reformista]⌉
- ☑ 革新派 grupo *m*. ⌈progresista [reformista]⌉

かくしん 核心 núcleo *m*., meollo *m*., quid *m*., médula *f*. ‖ 核心を突く《慣用》dar ⌈en [con]⌉ el quid 《de》／ 問題の核心を突く llegar al meollo ⌈dar en el quid⌉ de la cuestión

かくしん 確信 convicción *f*., firme creencia *f*. ‖ 彼は勝利に確信ありげだ Él parece seguro de su victoria.
- ▶確信する convencerse 《de》, creer firme-

mente que 『+直説法』‖彼女は自分の新作の成功を確信した Ella se convenció del éxito de su nueva obra.
▶確信している estar「seguro[ra] [convencido[da]] de 『+名詞句・不定詞句』, estar「seguro[ra] [convencido[da]] de que 『+直説法』‖私は彼の無実を確信している Estoy convencido[da] de su inocencia. ／ 私たちは実りのある関係を結べるものと確信しています Estamos convencidos de que podemos establecer relaciones fructíferas.
◾確信犯 autor[tora] mf. de conciencia

かくす 隠す ocultar, esconder, encubrir‖引き出しの奥にお金を隠す esconder dinero en el fondo del cajón ／ 顔を隠す（自分の）「taparse [cubrirse] la cara ／ 素性を隠す ocultar su procedencia ／ もうこれ以上君に真実を隠しておくことはできない Ya no te puedo ocultar más la verdad. ／ 隠さず打ち明ける（慣用）confesar de plano
▶隠された oculto[ta], encubierto[ta]‖隠された一面 cara f. oculta《de》
[諺] 能ある鷹は爪を隠す《諺》Donde va más hondo el río, hace menos ruido.

かくせい 隔世‖隔世の感を覚える Parece que viviéramos en otro tiempo.
◾隔世遺伝 atavismo m.
◾隔世遺伝子 gen m. atávico

がくせい 学生 estudiante com.
▶学生の estudiantil
◾学生運動 movimiento m. estudiantil
◾学生課 departamento m. de estudiantes
◾学生会館 centro m. de estudiantes
◾学生時代 época f. de estudiante
◾学生自治会 consejo m. estudiantil
◾学生証 carné m. de estudiante
◾学生食堂（大学の）comedor m. universitario
◾学生服 uniforme m. escolar
◾学生名簿 lista f. de estudiantes
◾学生寮 residencia f. de estudiantes
◾学生割引 descuento m. para estudiantes

がくせい 学制 sistema m. educativo

かくせいき 拡声器 altavoz m., 《中南米》altoparlante m. ⇒スピーカー

かくせいざい 覚醒剤 droga f. estimulante, (psico)estimulante m., 《薬学》anfeta(mina) f.‖覚醒剤を打つ inyectar drogas estimulantes ／ 覚醒剤を使用する consumir drogas estimulantes
◾覚醒剤中毒 adicción f. a estimulantes, drogadicción f.
◾覚醒剤中毒者 adicto[ta] mf. a estimulantes, drogadicto[ta] mf.
◾覚醒剤取締法 Ley f. de Control de Estimulantes

がくせつ 学説 teoría f., doctrina f.‖学説を唱える「defender [sostener, mantener]」una teoría

がくぜん 愕然
▶がく然とする quedarse「asombrado[da] [estupefacto[ta], sin habla]

かくだい 拡大 ampliación f., expansión f.
▶拡大する ampliar, agrandar,（広げる）extender, expandir‖5倍に拡大する ampliar cinco veces más
◾拡大解釈 interpretación f. extensiva‖拡大解釈する interpretar extensivamente
◾拡大鏡 lupa f.
◾拡大コピー copia f. ampliada
◾拡大写真 foto(grafía) f. ampliada
◾拡大勢力 fuerza f. en expansión

かくだん 格段
▶格段の considerable, notable‖格段の進歩をとげる「realizar [lograr]」un progreso「considerable [notable, apreciable]《en》
▶格段に considerablemente, en gran medida‖格段に向上する mejorar「considerablemente [notablemente]

がくだん 楽団 conjunto m. musical, banda f.「de música [musical]
◾楽団員 miembro com. de「una orquesta [conjunto musical]

かくち 各地 cada「lugar m. [región f.]‖スペイン各地で en distintos lugares de España
▶各地の‖各地の話題 tema m. local

かくちょう 拡張 extensión f., expansión f., ampliación f.
▶拡張する extender, expandir, ampliar, ensanchar‖軍備を拡張する aumentar el armamento ／ 都心の歩道を拡張する「ampliar [ensanchar]」las aceras del centro de la ciudad
◾拡張機能《IT》función f. de extender, extensión f.
◾拡張工事 obra f. de ampliación
◾拡張子《IT》extensión f.
◾拡張スロット《IT》ranura f. de expansión

かくちょう 格調 estilo m., elegancia f.‖格調の高い文体 estilo m. refinado ／ 格調の高いホテル hotel m. con un estilo muy elegante

がくちょう 学長 rector[tora] mf.

かくづけ 格付け clasificación f.
▶格付けする clasificar
◾格付け機関 agencia f. de calificación de riesgo

かくてい 確定
▶確定する determinar, fijar,（決定する）decidir‖刑を確定する determinar la pena ／ 刑が確定した La pena fue decidida definitivamente.
▶確定的な definitivo[va], decisivo[va]‖彼の政界からの引退は確定的だ Es definitiva su retirada de la política.
◾確定拠出年金 pensión f. de contribución

definida
- ◪確定事項《慣用》(合意) trato m. hecho
- ◪確定申告 declaración f. de la renta ‖ 確定申告をする declarar la renta
- ◪確定判決《法律》ejecutoria f., sentencia f. firme ‖ 確定判決を言い渡す dictar una ejecutoria《a》

カクテル cóctel m., coctel m.
- ◪カクテルグラス copa f. de cóctel
- ◪カクテルドレス vestido m. de cóctel
- ◪カクテルパーティー cóctel m., coctel m. ‖ 歓迎のカクテルパーティー cóctel m. de bienvenida

かくど 角度 ángulo m., (見解) punto m. de vista ‖ 急な角度 ángulo m. agudo ／ 2本の直線が交わる角度 ángulo m. formado por dos rectas ／ 角度を測る medir el ángulo ／ 異なった角度から見る「ver [mirar] ALGO desde otro ángulo ／ あらゆる角度から状況を分析する analizar la situación desde todos los ángulos

かくとう 格闘 lucha f.
- ▶格闘する luchar
- ◪格闘技 artes fpl. marciales

がくどう 学童 alumno[na] mf. de primaria
- ◪学童保育 servicio m. para cuidar a alumnos fuera del horario escolar

かくとく 獲得
- ▶獲得する obtener, (金銭で) adquirir, (努力で) conseguir, lograr, ganar ‖ 満点を獲得する obtener la máxima calificación ／ 人材を獲得する conseguir los recursos humanos ／ 平和を獲得する「conseguir [lograr] la paz ／ 賃上げを獲得する「conseguir [lograr] un aumento salarial ／ 政権を獲得する「tomar [conquistar] el poder político ／ ノーベル賞を獲得する「ganar [obtener] el Premio Nobel

かくにん 確認 confirmación f., comprobación f. ‖ 身元の確認をする comprobar la identidad de ALGUIEN
- ▶確認する confirmar, comprobar ‖ 人数を確認する confirmar el número de personas ／ 出発時刻を確認する confirmar la hora de salida ／ 遺体の身元を確認する identificar el cadáver ／ 道を渡る前に左右を確認する mirar a derecha e izquierda antes de cruzar la calle
- ◪未確認情報 información f. no confirmada
- ◪確認書 nota f. de confirmación

かくねん 隔年 cada dos años

がくねん 学年 año m. escolar, curso m. académico
- ◪学年末試験 examen m. final del curso

かくのうこ 格納庫 hangar m.

かくばった 角張った cuadrado[da] ‖ 角張った顔 cara f. cuadrada

かくはん 攪拌
- ▶攪拌する batir, remover ⇒ かきまぜる(掻き混ぜる) ‖ 卵白を攪拌する batir la clara de huevo
- ◪攪拌器 batidora f.

がくひ 学費 《スペイン》tasas fpl. académicas, gastos mpl. escolares ‖ 学費を払う pagar la matrícula, abonar las tasas académicas

がくふ 楽譜 partitura f. ‖ 楽譜を読む leer「una partitura [un texto musical], leer música

がくぶ 学部 facultad f., escuela f.
- ◪学部教授会 junta f. de facultad
- ◪学部生 estudiante com. de la facultad
- ◪学部長 decano[na] mf.

がくぶち 額縁 marco m. ‖ 写真を額縁に入れる enmarcar una foto(grafía)

かくべつ 格別 ‖ 気分は格別です Me siento「como nunca [estupendamente].
- ▶格別の/格別な especial, particular, excepcional ‖ 格別の配慮をする dedicar atenciones especiales《a》
- ▶格別に especialmente, particularmente ‖ このチーズは赤ワインを飲みながら食べると格別にうまい Este queso es especialmente sabroso si lo acompañas con un tinto.

かくほ 確保 ‖ 職の確保を要求する pedir la garantía de su puesto de trabajo
- ▶確保する asegurar, garantizar ‖ 建設用地を確保する adquirir un terreno para la construcción《de》／ 座席を確保する（予約する）reservar un asiento ／ 人員を確保する contratar personal《para》／ 必要な財源を確保する asegurar los fondos necesarios《para》
- ◪資源確保 obtención f. de recursos

かくまう 匿う esconder, ocultar ‖ 犯人を家にかくまう esconder「al autor [a la autora] en la casa

かくまく 角膜 córnea f.
- ◪角膜移植 trasplante m. de córnea ‖ 角膜移植を行う realizar un trasplante de córnea

かくめい 革命 revolución f. ‖ 革命を起こす realizar una revolución ／ 革命が起こる「estallar [declararse, producirse, tener lugar] una revolución ／ 革命をもたらす/革命を引き起こす「provocar [producir, originar] una revolución, revolucionar
- ▶革命の/革命的な revolucionario[ria]
- ◪キューバ革命 Revolución f. cubana
- ◪反革命 contrarrevolución f.
- ◪革命運動 movimiento m. revolucionario
- ◪革命期 período[rio] m.
- ◪革命軍 ejército m. revolucionario
- ◪革命政府 gobierno m. revolucionario

がくめん 額面 ‖ 額面で《商業》a la par ／ 額面以上で[以下で]《商業》por「encima [de-

bajo] del valor nominal,「sobre [bajo] la par
慣用 額面通りに al pie de la letra, literalmente ‖ 彼の言う事をすべて額面通りに受け取るべきではない No hay que tomar al pie de la letra todo lo que dice él.
◪ 額面価格 valor *m.* nominal
◪ 額面株 acción *f.* con valor nominal

がくもん 学問 estudio *m.*, ciencia *f.*, (学業) estudios *mpl.* ‖ 学問の進歩「avance *m.* [progreso *m.*] científico / 学問の道 camino *m.* del estudio / 学問の自由 libertad *f.* académica / 学問を志す tener la intención de dedicarse a los estudios / 学問の対象にする tomar ALGO como objeto de estudio / 学問のある人（学識のある）persona *f.* erudita, (教育のある) persona *f.* con estudios / 学問のない人 persona *f.* sin estudios
▶ 学問的な científico[ca], académico[ca]
諺 学問に王道なし No hay camino real para aprender.
◪ 耳学問 conocimiento *m.* de oídas

がくや 楽屋 camerino *m.* ‖ 楽屋を訪ねる「hacer una visita [ir] al camerino
◪ 楽屋裏 ‖ 楽屋裏で 慣用 entre bastidores / 政治の楽屋裏 bastidores *mpl.* de la política

かくやく 確約 promesa *f.* formal
▶ 確約する prometer, asegurar, 慣用 dar *su* palabra (de honor) de que『+直説法』‖ 僕が確約しよう Te doy mi palabra (de honor).

かくやす 格安
▶ 格安の con descuento, con precio reducido
◪ 格安航空会社 aerolínea *f.* de bajo「coste [costo]
◪ 格安航空券 billete *m.* de avión「con tarifa reducida [barato]
◪ 格安チケット（入場券）entrada *f.* con descuento
◪ 格安ツアー viaje *m.* organizado「barato [económico]
◪ 格安品 oferta *f.*, artículo *m.* rebajado

がくゆう 学友 compañero[ra] *mf.* de「estudios [curso]

◪ 学用品 útiles *mpl.* escolares, material *m.* escolar

かぐら 神楽 《日本語》*kagura m.*, (説明訳) antigua ceremonia *f.* teatral japonesa con danza y música que se rinde en honor a los dioses sintoístas

かくらん 攪乱 perturbación *f.*, trastorno *m.*
▶ かく乱する perturbar, trastornar ‖ 秩序と平和をかく乱する perturbar el orden y la paz

かくり 隔離 aislamiento *m.*, (検疫・伝染病患者の) cuarentena *f.*

▶ 隔離する aislar, poner en cuarentena
◪ 隔離患者 paciente *com.* en aislamiento
◪ 隔離病棟 pabellón *m.* de aislamiento

かくりつ 確立 establecimiento *m.* ‖ 両国間の外交関係の確立 establecimiento *m.* de relaciones diplomáticas entre ambos países
▶ 確立する establecer ‖ 名声を確立する ganar una buena reputación / エネルギー政策の基礎を確立する sentar las bases de una política energética

かくりつ 確率 probabilidad *f.* ‖ 勝つ確率は高い[低い] La probabilidad de ganar es「alta [baja]. / 今日の雨の確率は20パーセントだ La probabilidad de lluvia para hoy es del 20% (veinte por ciento).

かくりょう 閣僚 minis*tro*[*tra*] *mf.*, miembro *com.* del gabinete
◪ 閣僚会議 consejo *m.* de ministros, gabinete *m.*, reunión *f.* ministerial
◪ 閣僚折衝 negociaciones *fpl.* ministeriales

がくりょく 学力 nivel *m.* escolar, habilidad *f.* académica ‖ 学力を上げる「mejorar [aumentar] el nivel escolar / 学力が高い[低い] tener un nivel escolar「alto [bajo]
◪ 学力テスト「examen *m.* [prueba *f.*] de evaluación

かくれが 隠れ家/隠れ処 refugio *m.*, escondrijo *m.*, escondite *m.*

がくれき 学歴 historial *m.* académico, carrera *f.* académica ‖ 学歴がある（高等教育を受けた）tener estudios superiores / 学歴がない no tener estudios / 学歴を問わない No se requieran estudios.
◪ 学歴偏重主義 elitismo *m.* académico ‖ 学歴偏重主義を擁護する defender el elitismo académico

かくれみの 隠れ蓑 tapadera *f.*, pantalla *f.* ‖ この店は闇ビジネスの隠れ蓑だ Esta tienda es la tapadera de un negocio ilegal.

かくれる 隠れる esconderse, ocultarse ‖ 山の中に隠れる esconderse en una montaña / 太陽が雲の後ろに隠れる El sol se「esconde [oculta] detrás de las nubes. / 隠れた才能 talento *m.* potencial / 隠れた功績 mérito *m.* desconocido
慣用 お隠れになる（亡くなる）fallecer

かくれんぼう 隠れん坊 ‖ 隠れん坊をする《スペイン》jugar al escondite, 《中南米》jugar a las escondidas

がくわり 学割 descuento *m.* para estudiantes ‖ 学割を利用する beneficiarse del descuento para estudiantes

がくん
▶ がくんと ‖ がくんと膝をつく caer súbitamente sobre *sus* rodillas / がくんと電車が止まった El tren se paró de repente. / 売り上げはがくんと落ちた La venta cayó drásticamente.

かけ 掛け ❶ (動作の途中) ‖ 読みかけの小説 novela f. a medio leer ／ 飲みかけのコーヒー café m. a medio tomar ／ やりかけの仕事 trabajo m. a medio hacer
❷ (代金後日払い)
▶掛けで al fiado ‖ 掛けで買う comprar AL-GO「al [de] fiado

かけ 賭け apuesta f. ‖ 賭けをする apostar ／ 賭けに負ける perder una apuesta

かげ 陰 (日陰) sombra f. ‖ 陰を作る dar sombra《a》, sombrear, ensombrecer ／ 岩の陰に隠れる esconderse detrás de una roca ／ 公園が東京タワーの陰になっている El parque se encuentra a la sombra de la Torre de Tokio. ／ 犯罪の陰には女あり Detrás de un crimen「hay [se esconde] una mujer.
▶陰で por detrás, encubiertamente, a escondidas, 《慣用》bajo cuerda, 《慣用》entre bastidores ‖ 陰で批判する criticar a ALGUIEN por detrás
〔慣用〕陰で糸を引く manejar「entre bastidores [desde la sombra]
〔慣用〕陰ながら ‖ 私は陰ながら君の成功を祈る Te deseo éxito de todo corazón.
〔慣用〕陰になり日向になり支える dar *su* apoyo por activa y por pasiva《a》
〔慣用〕陰に回る no aparecer en público
〔慣用〕陰の実力者《慣用》eminencia f. gris
〔慣用〕草葉の陰から desde el cielo
〔諺〕寄らば大樹の陰《諺》Quien a buen árbol se arrima, buena sombra le cobija.

かげ 影 sombra f., (シルエット) silueta f. ‖ 人の影 sombra f. de una persona ／ 山の影 silueta f. de un monte ／ 影の内閣 gabinete m.「en la sombra [fantasma] ／ 影が湖面にうつる Una sombra se refleja en la superficie del lago. ／ 死の影に怯える horrorizarse ante la muerte
〔慣用〕影も形もない ‖ 私の生家は影も形もない No queda「rastro alguno [ningún rastro] de la casa donde nací.
〔慣用〕影が薄い ‖ この選手はとても才能があるので, 他のどの選手も影が薄い Este jugador tiene tanto talento que「hace sombra [eclipsa] a cualquier otro.
〔慣用〕彼よりも見る影もない《慣用》Él ya no es ni sombra de lo que fue.
〔慣用〕影をひそめる ‖ 校内暴力は最近では影をひそめている Últimamente no se habla mucho de la violencia escolar.

がけ 崖 precipicio m., barranco m. ‖ 切り立った崖 acantilado m. ／ 崖を上がる subir (por) un precipicio ／ 崖を下る bajar (por) un precipicio ／ 車が崖から落ちた El coche se cayó por un barranco. ／ 崖っぷち borde m. de un precipicio ／ 崖の上に sobre un barranco

がけ 掛け ‖ 3人掛けのソファ sofá m.「de tres plazas [para tres personas] ／ 定価の7割掛けで売る vender al 70% (setenta por ciento) del precio fijado ／ 毎朝起き掛けに私はジョギングをする Cada mañana, nada más levantarme,「hago *footing* [salgo a correr].

かけあう 掛け合う (交渉する) negociar《con》‖ 声を掛け合う intercambiar unas palabras ／ 会社側と掛け合う negociar con la patronal

かけあがる 駆け上がる subir corriendo ‖ 階段を駆け上がる subir corriendo por las escaleras, subir las escaleras corriendo

かけあし 駆け足
▶駆け足で corriendo, (早足で) a paso ligero, (馬の)「a [de] galope

かけい 家系 linaje m., estirpe f. ‖ 政治家の家系 linaje m. de políticos
◪家系図 árbol m. genealógico

かけい 家計 economía f.「familiar [de la familia] ‖ 家計のやりくりをする manejar la economía familiar ／ 今の収入では家計が苦しい Es difícil vivir con los ingresos actuales. ¦ Los ingresos actuales no son suficientes para vivir. ／ 日本では妻が家計を管理する En Japón las mujeres son las que administran la economía familiar.
◪家計調査 estudio m. de la economía familiar
◪家計貯蓄率 tasa f. de ahorro familiar
◪家計簿 llevar「las cuentas [la contabilidad] del hogar

かけうり 掛け売り venta f. al fiado
▶掛け売りする vender「al fiado [a crédito]

かげえ 影絵 silueta f., sombras fpl. chinescas
◪影絵芝居 teatro m. de siluetas

かけおち 駆け落ち fuga f. de los「novios [enamorados]
▶駆け落ちする fugarse con *su* no*vio*[*via*]

かけおりる 駆け下りる bajar corriendo ‖ 階段を駆け下りる bajar corriendo por las escaleras, bajar las escaleras corriendo

かけがえ 掛け替え
▶かけがえのない insustituible, irreemplazable

かげき 過激
▶過激な extre*mo*[*ma*], (急進的な) radical, (過度の) excesi*vo*[*va*] ‖ 過激な言葉 palabra f.「violenta [agresiva] ／ 過激な運動を避ける evitar hacer ejercicios「fuertes [intensos]
▶過激に con「radicalidad [radicalismo] ‖ テロがますます過激になる El terrorismo se vuelve cada vez más radical.
◪過激分子 elemento m. radical
◪過激派 extremista com.

かげき 歌劇 ópera f. ‖ 歌劇を見る ver una ópera ／ 歌劇に出る actuar en una ópera
◪歌劇場 teatro m. de ópera

かけきん 掛け金　(保険の) prima *f*.、(月賦の) mensualidad *f*.‖保険の掛け金を払う「pagar [abonar] la prima del seguro

かげぐち 陰口　murmuración *f*., chisme *m*., cotilleo *m*.‖陰口をきく murmurar, chismorrear, cotillear, hablar mal 《de》

かけごえ 掛け声　grito *m*. de ánimo、(フラメンコの) jaleo *m*.‖掛け声をかける (励ます) jalear

かけごと 賭け事　juego *m*., apuesta *f*.‖日本では賭け事は禁止されている En Japón están prohibidas las apuestas.

かけことば 掛詞/懸詞　「palabra *f*. [expresión *f*.] con doble sentido

かけこみ 駆け込み‖駆け込みで申し込む apresurarse a presentar una solicitud
▶駆け込み乗車‖駆け込み乗車はお辞めください Haga el favor de no subir al tren corriendo.
▶駆け込み寺 refugio *m*.

かけこむ 駆け込む　entrar corriendo《en》‖助けを求めて警察に駆け込む acudir pidiendo ayuda a la policía

かけざん 掛け算　multiplicación *f*.
▶掛け算する multiplicar、「hacer [efectuar] una multiplicación

かけじく 掛け軸　cuadro *m*. colgante enrollable

かけだし 駆け出し　nova*to*[*ta*] *mf*.‖彼は政治では駆け出しだ Él es novato en política.
▶駆け出しの nova*to*[*ta*]‖駆け出しの刑事 detective *com*. nova*to*[*ta*]

かけだす 駆け出す　「empezar [ponerse, echarse] a correr‖外へ駆け出す salir corriendo a la calle

かけつ 可決　aprobación *f*.
▶可決する aprobar‖決議を満場一致で可決する aprobar por unanimidad una resolución／その法案は昨日上院で可決された El proyecto de ley fue aprobado ayer en el Senado.

かけつける 駆け付ける　acudir《a》‖事故現場に駆けつける acudir al lugar del accidente／負傷者の救助に駆けつける acudir en ayuda de los heridos

かけっこ 駆けっこ　carrera *f*.
▶かけっこをする echar una carrera‖かけっこをして遊ぶ jugar a correr

かけて‖バルセロナからマドリードにかけて desde Barcelona hasta Madrid／10月2日の夜から3日にかけて en la noche del 2 al 3 de octubre／名誉にかけて誓う jurar por *su* honor／神にかけて誓う jurar ante Dios／料理にかけては誰も彼にかなわない En cuanto a cocina, no hay quien lo gane.

かけどけい 掛け時計　reloj *m*. de pared
かけなおす 掛け直す　(電話を) llamar de nuevo, volver a llamar‖営業時間内におかけ直しください Por favor, vuelva a llamar durante las horas de servicio.

かけね 掛け値　precio *m*. inflado‖掛け値なしの値段 precio *m*. neto／掛け値なしに言えば hablando francamente／その女優の演技は掛け値なしに天才的だった No es una exageración decir que la actuación de la actriz fue genial.

かけはし 掛け橋/懸け橋　(仮の橋) puente *m*. provisional、(仲立ち) media*dor*[*dora*] *mf*., intermedia*rio*[*ria*] *mf*.‖両国の友好の掛け橋となる actuar como puente entre ambos países para estrechar la amistad

かけはなれる 懸け離れる　(距離が) estar muy lejos《de》、(意見などが) ser muy diferente《de》‖年がかけ離れているカップル pareja *f*. con una gran diferencia de edad／両者の意見はかけ離れている La diferencia de opinión entre ambos es muy grande.／理想と現実はかけ離れている Hay una gran distancia entre lo ideal y lo real.

かけひき 駆け引き　táctica *f*.、(慣用)(話) tira y afloja *m*.、(戦略) estrategia *f*.‖政治的な駆け引き táctica *f*. política／駆け引きがうまい saber negociar bien
▶駆け引きする mantener un tira y afloja《con》、(交渉する) negociar《con》

かげひなた 陰日向‖陰日向がある「tener [ser de] doble cara／陰日向のある人 persona *f*. de doble cara／陰日向がない ser honra*do*[*da*]／陰日向なく働く trabajar honradamente

かけぶとん 掛け布団　edredón *m*.
かげぼうし 影法師　silueta *f*., sombra *f*.
かげぼし 陰干し　secado *m*. a la sombra
▶陰干しする secar ALGO a la sombra

かけまわる 駆け回る　corretear《por》、(あちこち) andar de un sitio para otro、(奔走する) moverse《para》‖職探しで駆け回る andar de la Ceca a la Meca buscando trabajo

かけもち 掛け持ち
▶掛け持つ‖仕事を2つ掛け持つ compaginar dos trabajos／その教師(男性)は2つの学校を掛け持っている El maestro da clase en dos centros de estudio.

かけよる 駆け寄る　acercarse corriendo《a, hacia》‖子供たちは子犬に駆け寄った Los niños se acercaron corriendo al cachorro.

かけら　pedazo *m*., trozo *m*., fragmento *m*.‖壊れた皿のかけら pedazos *mpl*. del plato roto／石のかけら trozo *m*. de piedra／誠意のかけらもない no tener ni「pizca [un ápice] de sinceridad

かげり 陰り/翳り　sombra *f*., nube *f*.、(心の) melancolía *f*., inquietud *f*.‖彼の表情にかげりが見られる En su rostro se le nota un aire de preocupación.／景気の回復にかげ

りが見える Unas nubes oscuras se ciernen sobre la recuperación económica.

かける 欠ける (破損する) romperse, (不足する) faltar, carecer 《de》‖ナイフの刃が欠ける mellarse *el filo del cuchillo* / 月が欠ける menguar *la luna* / 独創性に欠ける carecer de originalidad / 彼はリーダーシップに欠ける Él carece de liderazgo.

かける 架ける‖川に橋をかける construir un puente sobre un río

かける 掛ける/懸ける ⇒かかる(掛かる)

❶ (吊るす) colgar 《de, en》‖絵を壁にかける colgar un cuadro en la pared / 肩にかけるバッグ bolso *m.* para colgar del hombro / コートをハンガーにかける colgar un abrigo en la percha

❷ (上に置く) colocar, poner‖鍋を火にかける colocar una olla sobre el fuego

❸ (覆う) cubrir, tapar‖毛布をかける tapar con una manta a ALGUIEN, (自分に) taparse con una manta

❹ (降り掛ける) echar‖火を消すために水をかける echar agua para apagar el fuego / 魚にソースをかける echar la salsa sobre el pescado

❺ (金・時間を費やす) emplear, gastar, invertir‖金と時間をかける gastar dinero y tiempo / 必要な時間をかける emplear el tiempo necesario 《para》/ 宣伝にお金をかける「gastar [invertir] dinero en publicidad

❻ (その他)‖電話をかける llamar por teléfono 《a》, telefonear / 5に2をかける(かけ算をする) multiplicar 5 por 2 / タバコに税金をかける gravar el tabaco con un impuesto / 決勝進出をかけて戦う luchar por pasar a la final

かける 駆ける/駈ける correr, (馬が) galopar‖野を駆ける correr por el campo / 全速力で駆ける correr 「al máximo [lo más rápido posible]

かける 賭ける apostar, hacer una apuesta‖馬に1万円を賭ける apostar diez mil yenes a un caballo / 私は彼が来ない方に10ユーロ賭ける Apuesto diez euros a que él no viene. / 未来に賭ける apostar por el futuro 《de》

かげる 陰る/翳る ensombrecerse, oscurecerse, nublarse‖冬は早く日が陰る Oscurece temprano en invierno. / 雲で月が陰る Las nubes ocultan la luna. / 彼女の表情が翳った A ella se le nubló la cara.

かげろう 陽炎 calina *f.*, calima *f.*

かげろう 蜉蝣 efímera *f.*, cachipolla *f.*

かげん 加減 (加法と減法) la suma y la resta, suma y resta *f.*‖味加減をみる comprobar el sabor 《de》/ 湯の加減をみる comprobar la temperatura del agua / 陽気の加減で機嫌が変わる cambiar de humor según el tiempo que haga / うつむき加減に歩く andar algo cabizba*jo*[*ja*] / 私は(身体の)加減が良い Me encuentro bien. / 私は彼の馬鹿さ加減にあきれた Me quedé boquiabier*to*[*ta*] con lo estúpido que es él.

▶**加減する** (調節する) ajustar, regular, controlar‖照明を加減する ajustar [regular] el nivel de iluminación / 塩分を加減する controlar la sal

◪**加減算** suma y resta *f.*

◪**加減乗除** cuatro reglas *fpl.* aritméticas (sumar, restar, multiplicar y dividir)

かこ 過去 pasado *m.*, 《文法》pretérito *m.*‖過去がある tener un pasado / 暗い過去がある tener un pasado oscuro, (秘密にしておきたい過去)《スペイン》《慣用》tener un cadáver en el armario / 過去にさかのぼる retornar al pasado / 過去にしがみつく aferrarse al pasado / 過去にとらわれた人 persona *f.* presa de su pasado / 過去を偲ぶ rememorar el pasado / 過去を振り返る volver la vista atrás / 過去を清算する liquidar el pasado / 過去を忘れる 「olvidar [enterrar] el pasado, 《慣用》pasar página / 帰らぬ過去 pasado *m.* irrecuperable

▶**過去の** pasa*do*[*da*],《文法》pretéri*to*[*ta*]‖過去の人である ser una persona del pasado / 過去のことは水に流そう 《慣用》Lo pasado, pasado (está).

▶**過去に** en el pasado

◪**過去完了** pretérito *m.* pluscuamperfecto

◪**過去形** pretérito *m.*, pasado *m.*

◪**過去時制** tiempo *m.* pasado

◪**過去帳** necrología *f.*

かご 籠 cesta *f.*, (取っ手付きで口が広い) canasta *f.*, (鳥かご) jaula *f.*‖かごに入れる poner ALGO en una cesta / かごを編む tejer una 「cesta [canasta]

〖慣用〗かごの鳥 pájaro *m.* enjaulado‖(比喩的に) かごの鳥である ser como un pájaro enjaulado

かこい 囲い cerca *f.*, valla *f.*

▶**囲いをする** poner una 「cerca [valla]

かこう 下降 descenso *m.*, bajada *f.*

▶**下降する** descender, bajar, (高度を下げる) perder altura‖飛行機が下降する El avión 「desciende [pierde altura].

◪**下降曲線** curva *f.* descendiente

◪**下降気流** corriente *f.* (atmosférica) descendiente

かこう 火口 cráter *m.*

◪**火口湖** lago *m.* del cráter

かこう 加工 elaboración *f.*, procesamiento *m.*

▶**加工する** elaborar, procesar‖原料を加工する 「elaborar [procesar] materias primas

◪**加工業** sector *m.* de elaboración

◪**加工食品** alimento *m.* 「elaborado [proce-

sado]
◨加工乳 leche f. procesada
◨加工品 artículo m. elaborado
◨加工貿易 comercio m. de productos hechos con materias primas importadas

かこう 河口　boca f. de un río, desembocadura f.

かこう 囲う ‖ 敷地を柵で囲う「cercar [vallar] el terreno →かこむ(囲む) ／ 愛人を囲う mantener a *su* amante

かごう 化合　combinación f. química
▶化合する/化合させる combinarse / combinar ALGO《con》‖ 炭素と酸素を化合させる combinar (el) carbono con (el) oxígeno
◨化合物 compuesto m. químico

かこうがん 花崗岩　granito m., piedra f. berroqueña

かこく 過酷/苛酷
▶過酷な/苛酷な（厳しい）sever*o[ra]*, （残忍な）cruel, （天候が）inclemente ‖ 過酷な気候 clima m. inclemente ／ 過酷な仕事 trabajo m. rudo ／ 過酷な労働条件で労働者を働かせる someter a los trabajadores a duras condiciones laborales

かこつける 託ける　pretextar, poner un pretexto, buscar「una excusa [un pretexto]
▶〜にかこつけて con la excusa de『＋名詞句・不定詞句』‖ 彼は何かにかこつけてよく会議を欠席する Él suele buscar cualquier excusa para no asistir a la reunión.

かこみ 囲み
◨囲み記事（コラム）columna f., （短い記事）suelto m.

かこむ 囲む　rodear ‖ 食卓を囲む sentarse alrededor de la mesa ／ 数字を○で囲む rodear un número con un círculo ／ 庭を柵で囲む cercar un jardín ／ 先生(男性)を囲んで座る sentarse alrededor del profesor ／ 警察に囲まれる verse rode*ado[da]* por la policía ／ 城壁に囲まれた町 ciudad f.「rodeada de murallas [amurallada]／ デモ隊が大使館を囲んだ Los manifestantes rodearon la embajada.

かごん 過言 ‖ 〜と言っても過言ではない No es「exagerado [una exageración] decir que『＋直説法』. ／ 彼が天才であると言っても過言ではない No es exagerado decir que él es un genio.

かさ 笠　sombrero m. de「bambú [junco]‖ 電灯の笠（電灯の）pantalla f. de lámpara
慣用 権力を笠に着る abusar del poder

かさ 傘　paraguas m.[＝pl.], （日傘）parasol m., sombrilla f. ‖ 傘を差す llevar el paraguas abierto ／ 傘を広げる/傘を開く abrir un paraguas ／ 傘をすぼめる/傘をたたむ cerrar un paraguas ／ 傘を折りたたむ plegar un paraguas ／ 傘に入れる proteger a ALGUIEN bajo el paraguas ／ 傘を持って行った方がいい Es mejor llevar paraguas. ／ 傘の骨 varilla f. de paraguas ／ 傘の柄「mango m.「puño m.] de paraguas ／ 核の傘 paraguas m.[＝pl.] nuclear
◨ジャンプ傘/自動傘 paraguas m.[＝pl.] automático
◨折りたたみ傘 paraguas m.[＝pl.] plegable
◨傘立て paragüero m.

かさ 量　halo m. ‖ 太陽の暈 halo m. del Sol

かさ 嵩　（体積・容量）volumen m.

かさい 火災　incendio m., fuego m. ‖ 火災が発生する declararse *un incendio* ／ 火災に遭う sufrir un incendio ／ 火災に見舞われる「verse] sorprend*ido[da]* por un incendio ／ 火災を鎮める「apagar [extinguir, sofocar] un incendio ／ 火災を防ぐ prevenir incendios
◨火災避難訓練 simulacro m. de evacuación de incendios
◨火災報知器/火災警報器 alarma f.「contra [de] incendios ‖ 火災報知器が鳴った Sonó la alarma de incendios.
◨火災保険 ‖ 火災保険に入る contratar un seguro de incendios, asegurarse contra incendios

かさいどうぐ 家財道具　enseres mpl. domésticos

かさいりゅう 火砕流　flujo m. piroclástico

かさかさ ‖ 木の葉が風でかさかさと音を立てる Las hojas del árbol susurran con el viento.
▶かさかさな/かさかさした sec*o[ca]* ‖ かさかさした肌 piel f. seca, cutis m.[＝pl.] seco

がさがさ
▶がさがさな/がさがさした áspe*ro[ra]* ‖ がさがさした手 manos fpl. ásperas

かざかみ 風上　barlovento m.
▶風上に/風上へ a barlovento ‖ 風上にあたる場所 zona f. situada a barlovento ／ 風上へ進む ir contra viento, navegar a barlovento
慣用 人の風上にも置けないやつだ Como persona, es una tipo despreciable.

かさく 佳作　（入選作）accésit m., （良い作品）buena obra f. ‖ コンクールで佳作をとる ganar un accésit en un concurso

かざぐるま 風車　molinete m., molinillo m. ‖ 風車が回る El molinete gira.

かざしも 風下　sotavento m.
▶風下に a sotavento ‖ 船を風下に置く situar un barco a sotavento ／ 風下に身を置く「ponerse [colocarse] a sotavento

かざす 翳す ‖ 旗をかざす enarbolar una bandera ／ 額に手をかざす poner la mano sobre *su* frente a modo de visera ／ 明かりをかざす levantar una lámpara

がさつ
▶がさつな ru*do[da]*, descortés ‖ がさつな人 persona f. ruda

かさなる　重なる amontonarse, apilarse, (連続して起こる) ocurrir sucesivamente ‖ ビルが重なるように倒壊した Los edificios se derrumbaron unos sobre otros. ／朗報は重なるものだ Las buenas noticias suelen venir juntas. ／寝不足が重なってうつ病になる sufrir depresión a consecuencia de la falta de sueño acumulada ／いくつかの要因が重なって爆発が起きた La explosión se produjo debido a la concurrencia de varios factores. ／同じ日に事故が重なった Se sucedieron varios accidentes en el mismo día. ／祝日と日曜が重なる La fiesta cae en domingo. ／私の夏の休暇と妻の休暇は重ならない Mis vacaciones de verano no coinciden con las de mi mujer.

かさがさね　重ね重ね ‖ 皆様に重ねがさねお詫び申し上げます Reitero mis disculpas a todos ustedes.

かさねて　重ねて de nuevo, otra vez, una vez más, (いく度も) repetidas veces ‖ ご協力に重ねてお礼申し上げます Le agradezco de nuevo su colaboración prestada.

かさねる　重ねる amontonar, apilar, (上に置く) poner ALGO encima 《de》, superponer, (繰り返す) repetir ‖ 本を重ねる「amontonar [apilar] libros ／箱を2つ重ねる poner dos cajas, una sobre la otra ／悪事を重ねる cometer maldades repetidamente ／黒星を重ねる sufrir una serie de derrotas ／セーターを重ねて着る ponerse dos jerséis uno encima del otro ／日を重ねるごとに según pasan los días

かさばる　嵩張る abultar, ocupar mucho espacio, 《形容詞》volumino*so[sa]* ‖ この箱はとてもかさばる Esta caja abulta mucho.

かさぶた　瘡蓋 costra *f.*, postilla *f.*, pupa *f.* ‖ かさぶたができる formarse *una costra*, apostillarse ／かさぶたがとれる「caerse [quitarse] *una costra* ／傷口のかさぶたがとれた Se me ha caído la costra de la herida. ／かさぶたをはがす「levantar [arrancar] la costra

かざみどり　風見鶏 veleta *f.* en forma de gallo, (日和見主義者) veleta *com.* ‖ ペドロは風見鶏だ Pedro es un veleta.

かさむ　嵩む aumentar ‖ 今年は出費がかさんだ Este año he tenido muchos gastos.

かざむき　風向き dirección *f.* del viento, (形勢) situación *f.*, (機嫌) humor *m.* ‖ 風向きが変わった Ha cambiado la dirección del viento. ／世論の風向きが180度変わった La opinión pública dio un giro de ciento ochenta grados. ／風向きがよい [悪い] Soplan「buenos [malos] vientos. ／今日は部長(男性)の風向きが悪い Hoy el director no está de buen humor.

かざり　飾り adorno *m.*, ornamento *m.*, (衣類の) guarnición *f.* ‖ 飾りをつける poner un adorno 《en》／飾りの多い文体 estilo *m.*「rimbombante [pomposo, recargado] ／わが社の会長(男性)はお飾りにすぎない El presidente de nuestra empresa no es más que una figura decorativa.

▫ 飾り窓 escaparate *m.*

かざりけ　飾り気 ‖ 飾り気のない人 persona *f.* sencilla

かざりつけ　飾り付け decoración *f.* ‖ クリスマスの飾り付け decoración *f.* navideña

▶ 飾り付ける adornar, decorar

かざる　飾る adornar, decorar, 《格語》ornamentar, (陳列する) exhibir, exponer ‖ 居間を花で飾る decorar el salón con flores ／宝石で身を飾る (自分の) [adornarse [ataviarse] con joyas ／外見を飾る cuidar *su*「aspecto [apariencia] ／人形をガラスケースに飾る exponer una muñeca en la vitrina ／言葉を飾る utilizar un lenguaje「barroco [ampuloso] ／第一面を飾る salir en primera plana ／飾らない態度 actitud *f.* natural ／フェスティバルの最後を飾る「cerrar [clausurar] el festival con broche de oro

かさん　加算 adición *f.*

▶ 加算する adicionar, sumar

▶ 加算済み(の) ‖ 付加価値税加算済み価格 precio *m.* con「IVA [IVA incluido]

▶ 未加算(の) ‖ 付加価値税未加算価格 precio *m.* sin IVA

▫ 加算税 impuesto *m.* adicional

かざん　火山 volcán *m.* ‖ 火山が噴火した「Entró en [Hizo] erupción un volcán. ／火山が爆発した Explotó un volcán.

▶ 火山の volcán*ico[ca]*

▫ 活火山 volcán *m.*「activo [en actividad]

▫ 休火山 volcán *m.* inactivo

▫ 死火山 volcán *m.*「apagado [extinto]

▫ 火山学 vulcanología *f.*

▫ 火山学者 vulcanólo*go[ga] mf.*

▫ 火山ガス gas *m.* volcánico

▫ 火山活動 actividad *f.* volcánica, vulcanismo *m.*

▫ 火山岩 roca *f.* volcánica, 《地質》vulcanita *f.*

▫ 火山帯 región *f.* volcánica

▫ 火山島 isla *f.* volcánica

▫ 火山灰 ceniza *f.* volcánica

▫ 火山爆発指数 índice *m.* de explosividad volcánica

かし　樫 roble *m.* ‖ 樫の実 bellota *f.*

かし　可視

▶ 可視の visible

▶ 可視化 visualización *f.* ‖ 警察の取り調べを可視化する visualizar el interrogatorio de la policía

▫ 可視光線 espectro *m.* visible

かし 仮死 muerte *f.* aparente, 《医学》síncope *m.*
- 仮死状態 estado *m.* de muerte aparente ‖ 仮死状態である encontrarse en estado de muerte aparente

かし 華氏 grado *m.* Fahrenheit ‖ 華氏30度 30°F (treinta grados Fahrenheit)
- 華氏温度計 termómetro *m.* de Fahrenheit

かし 菓子 (甘いもの) dulce *m.*, golosina *f.*, (ケーキ) pastel *m.*, (駄菓子) chuchería *f.*, (砂糖菓子) confite *m.*, 《集合名詞》repostería *f.* ‖ 菓子を作る hacer repostería
- 菓子折り caja *f.* de dulces
- 菓子職人 confite*ro*[*ra*] *mf.*, pastele*ro*[*ra*] *mf.*, reposte*ro*[*ra*] *mf.*
- 菓子パン pan *m.* dulce, pan *m.* de dulce
- 菓子屋 confitería *f.*, pastelería *f.*, repostería *f.*

菓子屋

かし 歌詞 letra *f.* (de una canción) ‖ 歌詞を覚える aprender la letra de memoria, memorizar la letra

かし 貸し préstamo *m.* ‖ 私は彼に貸しがある Él me debe un favor. ¦ Él está en deuda conmigo. / 彼女には100ユーロの貸しがある Ella me debe cien euros.
- 貸し衣装 vestido *m.* de alquiler
- 貸し金庫 caja *f.* fuerte de alquiler
- 貸し自転車 bicicleta *f.* de alquiler
- 貸し渋り crisis *f.*[=*pl.*] crediticia ‖ 貸し渋りする mostrarse rea*cio*[*cia*] a conceder créditos
- 貸倒引当金 provisión *f.* para cuentas incobrables
- 貸し主 acree*dor*[*dora*] *mf.*
- 貸しビル edificio *m.* de alquiler
- 貸し家 casa *f.* de alquiler

かじ 舵 timón *m.*, gobernalle *m.* ‖ かじの向き dirección *f.* del timón / かじを取る (船の)「llevar [coger, manejar] el timón / 商売のかじを取る「llevar [coger, manejar] el timón del negocio, hacerse cargo del timón del negocio / 右へかじを切る girar el timón hacia la derecha
- 舵取り (人) timonel *com.*

かじ 火事 incendio *m.*, fuego *m.* ‖ 火事で工場が全焼した Un incendio destruyó por completo una fábrica. / 火事だ！¡Fuego! / 火事になる incendiarse / 火事に遭う sufrir un incendio / 火事が起きる declararse un incendio / 火事が広がる extenderse el fuego / 火事が迫る acercarse el fuego / 火事を引き起こす「provocar [causar] un incendio / 火事を消す「apagar [extinguir] un incendio / 昨日隣の家が火事を出した Ayer se incendió una casa vecina. / 火事の元「origen *m.* [foco *m.*] del incendio
- 火事場 lugar *m.* del incendio ‖ 火事場泥棒 《慣用》pesca*dor*[*dora*] *mf.* en río revuelto / 火事場泥棒を働く《慣用》pescar en río revuelto

かじ 家事 trabajo *m.* doméstico, 「tareas *fpl.* [faenas *fpl.*, labores *fpl.*] domésticas, (家政) administración *f.* de la casa ‖ 家事をする hacer trabajos domésticos / 家事をおろそかにする descuidar las tareas domésticas / 母の家事を手伝う ayudar a *su* madre a hacer las tareas domésticas / 家事に追われる estar agobia*do*[*da*] con las labores de la casa / 家事にいそしむ dedicarse a las tareas domésticas / 家事の合間に en los ratos libres de las labores caseras

がし 餓死 muerte *f.* por「hambre [inanición] ‖ 国連は餓死がアフリカを襲っていると表明した La ONU ha denunciado que la muerte por hambre azota África.
▶餓死する morir de「hambre [inanición]
- 餓死者 persona *f.* muerta de「hambre [inanición]

カシオペアざ カシオペア座 constelación *f.* de Casiopea

かじかむ 悴む「entumecerse [adormecerse] (por el frío) ‖ 私は寒さで指がかじかんだ Se me han entumecido los dedos de frío.
▶かじかんだ entumeci*do*[*da*] (por el frío) ‖ かじかんだ手 mano *f.* entumecida por el frío

かしかた 貸方 acree*dor*[*dora*] *mf.*, (簿記の) haber *m.* ‖ 1千万円を貸方に記帳する anotar diez millones de yenes en el haber de la cuenta
- 貸方残高 saldo *m.* acreedor

かしかり 貸し借り prestar y pedir prestado ‖ 私たちは貸し借りなしだ No nos debemos nada.

かしかん 下士官 suboficial *com.*

かしきり 貸し切り ‖ コンサートホールは貸し切りです La sala de conciertos está reservada.
▶貸し切りの fleta*do*[*da*], reserva*do*[*da*]
- 貸し切りバス autobús *m.* fletado

かしげる 傾げる inclinar ‖ 首をかしげる ladear la cabeza, (怪しむ) no convencerse, mostrarse suspicaz

かしこい 賢い listo[ta], inteligente, (思慮ぶかい) sensato[ta], razonable, (悪賢い) astuto[ta] ‖ 賢い子 niño[ña] mf. inteligente ／賢い方法 manera f. inteligente ／この犬はとても賢い Este perro es muy inteligente.
▶賢く‖賢く立ち回る actuar con「sensatez [tino]

かしこまる 畏まる comportarse con formalidad, actuar con deferencia ‖ かしこまった態度 actitud f. deferente ／かしこまって聞く escuchar con respeto ／かしこまった話 asunto m. formal ／かしこまらず楽にしてください Póngase cómodo[da].
慣用 かしこまりました De acuerdo. ¦ (喜んで) Con mucho gusto.

カシス casis f.[=pl.], grosella f. negra
◾カシス酒 licor m. de casis

かしだし 貸し出し préstamo m., (有料の) alquiler m. ‖ 本の貸し出し préstamo m. de libros ／図書の貸し出しを行う prestar libros ／雑誌の貸し出しは禁止されている El préstamo de revistas está prohibido.
◾貸し出し金 préstamo m.
◾貸し出し金利 interés m. del préstamo

かしだす 貸し出す (無料で) prestar, (有料で) alquilar

かしちん 貸し賃 alquiler m., renta f.

かしつ 過失 error m., fallo m., falta f., equivocación f., (過失度) culpa f., (刑法) negligencia f., imprudencia f. ‖ 大きな過失 gran error m., gran equivocación f. ／重大な過失 error m. grave ／過失を認める「reconocer [admitir] su error ／過失を犯すcometer「un error [una falta]
◾過失責任 responsabilidad f. por「imprudencia [negligencia]
◾過失致死罪 homicidio m. involuntario por imprudencia

かじつ 果実 fruto m., (果物) fruta f. ‖ (果樹に)果実が実る fructificar, dar frutos ／果実を採る cosechar frutos ／果実を搾る exprimir una fruta
◾果実酒 licor m. de frutas

がしつ 画質 calidad f. de imagen ‖ このビデオカメラの画質は非常に良い Esta cámara de vídeo tiene muy buena calidad de imagen.

かしつき 加湿器 humidificador m. ‖ 加湿器をつける「poner [encender] el humidificador ／加湿器を消す apagar el humidificador

かしつけ 貸し付け préstamo m., crédito m. ‖ 貸し付けを行う conceder un「préstamo [crédito]《a》
◾長期貸し付け crédito m. a largo plazo
◾貸付係 encargado[da] mf. de préstamos
◾貸付金 préstamo m.
◾貸付限度額 límite m. de crédito
◾貸付信託 fideicomiso m. de préstamos

かしつける 貸し付ける prestar, conceder un「préstamo [crédito]《a》

カジノ casino m. ‖ カジノで遊ぶ jugar en un casino ／カジノに入る (会員になる) hacerse socio[cia] de un casino ／カジノを開く「abrir [instalar] un casino

┌──────────────┐
│   カジノのゲーム   │
└──────────────┘

ルーレット ruleta f. ／スロットマシン tragaperras f.[=pl.], máquina f. tragaperras ／カードゲーム juego m. de naipes ／ダイスゲーム juego m. de dados ／ブラックジャック《英語》blackjack m., veintiuna f. ／バカラ bacará m., bacarrá m. ／キノ Keno m. ／クラップス《英語》craps m., pase m. inglés ／賭け金 apuesta f. ／配当金 reparto m. ／コイン moneda f. ／ディーラー banquero[ra] mf.

カシミヤ cachemira f., cachemir m., casimir m. ‖ カシミヤのマフラー bufanda f. de「cachemira [cachemir]

かしゃ 貨車 vagón m. de carga

かじや 鍛冶屋 herrería f., (人) herrero[ra] mf.

かしゃく 呵責 remordimiento m. ‖ 良心の呵責を感じる「tener [sentir] remordimientos de conciencia

かしゅ 歌手 cantante com., (民謡の) cantador[dora] mf., (フラメンコの) cantaor[ora] mf.

かじゅ 果樹 frutal m., árbol m. frutal ‖ 果樹を育てる cultivar frutales
◾果樹園 huerta f. de frutales, (大規模の) plantación f. de frutales
◾果樹栽培 fruticultura f., cultivo m. de frutales ‖ 果樹栽培の frutícola

カジュアル
▶カジュアルな informal,《英語》sport,《服飾》casual ‖ カジュアルな服装をする llevar ropa casual, vestir de sport ／カジュアルなスーツ traje m. casual
◾カジュアルウエア ropa f.「casual [informal, de sport], (軽装) ropa f. ligera

かしゅう 歌集 (歌曲の) cancionero m., colección f. de canciones, (詩の) libro m. de poemas

かじゅう 果汁 《スペイン》zumo m., 《中南米》jugo m. ‖ レモンの果汁を搾る exprimir un limón
◾天然果汁‖天然果汁100パーセントのオレンジジュース zumo m. de naranja cien por cien natural

☐果汁飲料 bebida *f.* de fruta(s)

かじゅう 荷重 peso *m.*, carga *f.* ‖ 荷重をかける aplicar la carga 《a, sobre》
☐荷重試験 prueba *f.* de carga

かじゅう 過重 ‖ 教師たちの負担が過重である Los maestros están sobrecargados.
☐過重積載 exceso *m.* de carga, sobrecarga *f.* ‖ 船は過重積載のため沈没した El barco se hundió por exceso de carga.
☐過重労働 exceso *m.* de trabajo

がしゅう 画集 libro *m.* de pintura(s) ‖ ゴヤの画集 libro *m.* de pinturas de Goya

カシューナッツ anacardo *m.*

かしょ 箇所 punto *m.*, parte *f.*, lugar *m.* ‖ 問題の箇所 punto *m.* problemático / 道路には危険な箇所がいくつかある Hay algunos puntos「peligrosos [negros] en las carreteras.
☐破損箇所 parte *f.*「estropeada [dañada]

かしょう 過小
☐過小評価 subestimación *f.*, menosprecio *m.* ‖ 危険を過小評価する「subestimar [menospreciar, despreciar] el riesgo 《de》

かじょう 箇条 artículo *m.*, ítem *m.*, 《項数》cláusula *f.* ‖ この法令は6箇条からなる Este decreto consta de seis artículos.
☐箇条書き ‖ 箇条書きにする enumerar ALGO por escrito / 必要経費を箇条書きにする desglosar los gastos necesarios

かじょう 過剰 exceso *m.*, 《余剰》sobra *f.*, excedente *m.*
▶過剰の/過剰な excesi*vo*[*va*], demasia*do*[*da*] ‖ 過剰な要求 petición *f.* excesiva
▶過剰に excesivamente, en exceso, demasiado ‖ 過剰に心配する preocuparse en exceso 《de, por》
☐過剰人員 personal *m.* excedente
☐過剰生産 superproducción *f.*
☐過剰反応 reacción *f.* excesiva ‖ 過剰反応をする reaccionar excesivamente
☐過剰防衛 defensa *f.* excesiva
☐過剰包装 exceso *m.* de embalaje, embalaje *m.* excesivo
☐過剰米 arroz *m.* excedente

がしょう 賀正 ¡Feliz Año Nuevo!

がしょう 画商「marchante *com.* [comerciante *com.*] de cuadros

かしょうりょく 歌唱力 capacidad *f.* para cantar ‖ 歌唱力がある tener un gran talento para cantar

かしょくしょう 過食症 bulimia *f.* ‖ 過食症である sufrir (de) bulimia / 過食症になる caer en la bulimia

かしょぶんしょとく 可処分所得 renta *f.* disponible ‖ 家庭の消費が可処分所得を上回った El consumo familiar creció por encima de la renta disponible.

かしら 頭（頭部）cabeza *f.*,（首領）je*fe*[*fa*]
mf., caudillo *m.*

かしらもじ 頭文字 letra *f.* inicial, inicial *f.* → イニシャル

かじりつく 齧り付く（食いつく）morder, dar un mordisco 《a》,（しがみつく）pegarse 《a》‖ りんごにかじりつく dar un mordisco a una manzana / ストーブにかじりついて暖まる calentarse「pega*do*[*da*] [arrima*do*[*da*]] a la estufa

かじる 齧る morder, mordisquear, dar un mordisco 《a》, roer,（少し学ぶ）aprender un poco ‖ りんごをかじる「morder [dar un mordisco a] una manzana / 鉛筆をかじる mordisquear un lápiz / ネズミがチーズをかじった Los ratones royeron [mordisquearon] el queso. / スペイン語を少しかじっている saber un poco de español

かしん 過信 exceso *m.* de confianza
▶過信する sobrevalorar, sobrestimar ‖ 自分を過信する sobrevalorarse a *sí* mis*mo* [*ma*], confiarse demasiado

かじん 歌人 poeta *com.* (de「*tanka* [poesía tradicional japonesa]),（女流）poetisa *f.*

かす 貸す prestar, dejar,（賃貸する）alquilar, arrendar ‖ 金を貸す prestar dinero 《a》/ 本を貸す prestar un libro 《a》/ アパートを貸す「alquilar [arrendar] un apartamento 《a》/ 力を貸す prestar ayuda 《a》, ayudar / 火を貸してくれますか ¿Me da fuego? / 電話を貸してくれますか ¿Me deja usar el teléfono, por favor?

かす 滓 residuos *mpl.*, restos *mpl.*,（沈殿物）sedimento *m.*,（ワインの）poso *m.*,《南米》concho *m.* ‖ ワインのかす posos *mpl.* del vino

かず 数 número *m.*,（数字）cifra *f.* ‖ 3桁の数 número *m.* de tres「cifras [dígitos] / 数知れない innumerable, incontable / 数多い候補者の中から選ばれる ser selecciona*do*[*da*] entre numerosos candidatos / 数ある彼の作品の中でこれが最高である Esta es la mejor de sus numerosas obras. / 数が合わない Las cifras no cuadran. / 相手チームより数で勝る superar en número al equipo adversario / 参加者の数をかぞえる contar el número de participantes / 試合の数をこなす jugar el mayor número de partidos / 数に入れる contar / 子供は数に入らない Los niños no se cuentan. / 数にものを言わせて勝つ ganar por superioridad numérica

---

数の種類

自然数 número *m.* natural / 素数 número *m.* primo / 完全数 número *m.* perfecto / 合成数 número *m.* compuesto / 整数 número *m.* entero / 正の数 número *m.* positivo／負の数 número *m.* negativo／偶数 número *m.* par／奇数 número *m.* impar／有理数 número *m.* racional／無理数 número *m.* irracional／実数 número *m.* real／虚数 número *m.* imaginario／代数的数 número *m.* algebraico／超越数 número *m.* trascendente／複素数 número *m.* complejo／超複素数 número *m.* hipercomplejo／序数 número *m.* ordinal／基数 número *m.* cardinal／小数 número *m.* decimal／分数 número *m.*「quebrado [fraccionario], fracción *f.*／指数 exponente *m.*／指数関数 función *f.* exponencial／対数 logaritmo *m.*／約数 divisor *m.*／倍数 múltiplo *m.*

ガス 瓦斯 gas *m.*, (消化器の) gases *mpl.*, (濃霧) niebla *f.*「espesa [densa]‖ガスがかかる Se forma una niebla espesa.／消化器にガスがたまる Se producen gases en el aparato digestivo.／ガスで湯を沸かす calentar agua con gas／ガスを出す（消化器の）「soltar [sacar] gases／ガスをつける encender el gas／ガスを消す apagar el gas／ガスをひく instalar (el) gas《en》／ガスを抜く extraer gas,（不満などを発散する）descargar el estrés／ガス欠になる quedarse sin gasolina／ガス臭い Huele a gas.
▲ガスオーブン horno *m.* de gas
▲ガス会社「empresa *f.* [compañía *f.*] de(l) gas
▲ガス管「tubo *m.* [tubería *f.*] de gas
▲ガス器具 aparato *m.* de gas
▲ガス警報器 alarma *f.* de「fuga [escape] de gas
▲ガスこんろ／ガスレンジ cocina *f.* de gas
▲ガス自殺 suicidio *m.* con gas‖ガス自殺する suicidarse「con [inhalando] gas
▲ガスストーブ estufa *f.* de gas
▲ガスタービン turbina *f.* de gas
▲ガスタンク tanque *m.* de gas
▲ガス中毒 intoxicación *f.* por gas
▲ガス田 yacimiento *m.* de gas
▲ガスバーナー「mechero *m.* [quemador *m.*] de gas
▲ガスパイプライン gasoducto *m.*
▲ガス爆発 explosión *f.* de gas
▲ガスボンベ bombona *f.* de gas
▲ガスマスク máscara *f.* de gas
▲ガスメーター gasómetro *m.*, medidor *m.* de gas
▲ガス漏れ「escape *m.* [fuga *f.*] de gas‖製鉄所でガス漏れ事故が起きた Se produjo「un escape [una fuga] de gas en la fábrica siderúrgica.
▲ガス湯沸かし器 calentador *m.* de gas
▲ガスライター encendedor *m.* de gas

かすか 幽か／微か
▶かすかな débil, tenue, leve‖かすかな声 voz *f.*「tenue [imperceptible, inaudible]／かすかな色 color *m.*「tenue [débil, inapreciable]／かすかな音 sonido *m.*「leve [débil, tenue, imperceptible]／かすかな痛み dolor *m.* leve／かすかな傷跡 cicatriz *f.*「leve [invisible]／かすかな匂い olor *m.* ligero／かすかな望み「remota [vaga] esperanza *f.*
▶かすかに débilmente, tenuemente, levemente‖かすかに山が見える「Se ve vagamente [Se vislumbra] un monte.／かすかに感じる percibir vagamente／かすかに光る brillar tenuemente／かすかに動く moverse ligeramente／私はかすかに祖父のことを覚えている Recuerdo vagamente a mi abuelo.／かすかに物音が聞こえる Se oye ligeramente un ruido.

かずかず 数数
▶数々の numero*sos*[*sas*] 『+可算名詞複数形』‖ピカソの数々の作品を展示する exponer numerosas obras de Picasso

カスタード
▲カスタードクリーム natillas *fpl.*
▲カスタードプリン flan *m.*

カスタネット castañuelas *fpl.*‖カスタネットを鳴らす tocar las castañuelas

カスタマー
▲カスタマーサービス servicio *m.* (de atención) al cliente
▲カスタマーセンター centro *m.* de atención al cliente
▲カスタマーレビュー「comentarios *mpl.* [opiniones *fpl.*] de clientes

カスタマイズ
▶カスタマイズする personalizar‖デスクトップをカスタマイズする personalizar el entorno de escritorio

カステラ bizcocho *m.*‖カステラを焼く cocer un bizcocho

かずのこ 数の子 huevas *fpl.* de arenque

ガスパチョ 《料理》gazpacho *m.*

かすみ 霞 bruma *f.*, niebla *f.*,（目の）nube *f.*‖霞のかかった brumo*so*[*sa*], nebulo*so*[*sa*]／霞がかかる levantarse *la niebla*／霞が消える disiparse *la niebla*
〔慣用〕霞を食う 《慣用》vivir del aire

かすみそう 霞草 paniculata *f.*, velo *m.* de novia, gisófila *f.*

かすむ 霞む cubrirse de「bruma [niebla]‖空がかすむ El cielo se cubre de niebla.／山が霧でかすんでいる La montaña está cubierta de niebla.／私は涙で目がかすんだ Mis ojos se nublaron de lágrimas.

かすめる 掠める（盗む）hurtar,《話》mangar,《話》birlar,（すれすれに通り過ぎる）rozar, rasar‖金をかすめる hurtar el dinero／親の目をかすめて a escondidas de *sus*

padres ／鳥が水面をかすめて飛ぶ Los pájaros vuelan a ras del agua. ／弾丸が私の肩をかすめた Una bala me rozó el hombro. ／馬鹿げた考えが私の頭をかすめた Se me pasó por la cabeza una idea absurda.

かすりきず 掠り傷 arañazo *m.*, rozadura *f.*, (擦過傷) excoriación *f.* ‖ 顔にかすり傷を負う sufrir un arañazo en la cara

かする 化する convertirse 《en》, transformarse《en》‖ 町は廃墟と化した La ciudad se convirtió en una ruina. ／火災により寺は灰と化した Un incendio redujo a cenizas el templo.

かする 科する imponer, infligir ‖ 刑罰を科する ⌈imponer [infligir] un castigo 《a》／ 罰金を科する multar, poner una multa《a》

かする 課する imponer, (税を) gravar, (仕事等) asignar ‖ 輸入品に税を課する gravar los productos importados ／任務を課する ⌈asignar [confiar] una misión 《a》／ 宿題を課する poner deberes《a》／ 責任を課する asignar una responsabilidad《a》／ 条件を課する imponer una condición

かする 掠る rozar, rasar ‖ ナイフの刃が彼の左耳をかすった La hoja de la navaja le rozó la oreja izquierda.

かすれごえ 掠れ声 voz *f.* ronca ‖ かすれ声で話す hablar con voz ronca ／彼女はかすれ声だ Ella tiene una voz ronca.

かすれる 掠れる (字などが) hacerse borro*so*[*sa*], (声が) quedarse ronc*o*[*ca*] ‖ 彼は大声を出しすぎて声がかすれた Él se quedó ronco de tanto gritar. ／かすれた文字 letra *f.* borrosa

かぜ 風 viento *m.*, aire *m.* ‖ 強い風 viento *m.* fuerte ／弱い風 viento *m.* débil ／穏やかな風 viento *m.* sosegado ／風がある Hay viento. ／風が吹く ⌈Hace [Sopla] viento.／ 強い風が吹く ⌈Sopla [Hace] un viento fuerte. ／風が強い Hace mucho viento. ／風がうなる ⌈rugir [aullar, ulular] *el viento* ／風が出る levantarse *el viento* ／風が強まる arreciar *el viento* ／風が弱まる amainar [calmarse, serenarse, remitir] *el viento* ／風が止む parar(se) *el viento* ／風が窓にあたる El viento choca contra las ventanas. ／花粉は風に乗って運ばれる El polen es transportado por el viento. ／木々が風にそよぐ Los árboles se estremecen con el viento. ／風のように走る correr como el viento ／風を受ける recibir el viento ／風を通す (通気する) ventilar, airear, orear

[慣用]風の吹き回し ‖ 君がここに来るとはどういう風の吹き回しだい ¿Qué buen viento te trae por aquí?

[慣用]風の便り ‖ 〜と風の便りに聞いた Llegó a mis oídos que ⌈+直説法⌉.

[慣用]風にまかせる dejarse llevar por el viento

[慣用]子供は風の子 Los niños se lo pasan bien jugando en la calle aun en invierno.

[慣用]風になびく《慣用》arrimarse al sol que más calienta

[慣用]役人風を吹かせる tener la arrogancia típica de un burócrata

[慣用]あしたはあしたの風が吹く《慣用》Mañana será otro día.

風の種類

追い風 viento *m.* ⌈en popa [de cola] ／向かい風 viento *m.* ⌈en contra [contrario, de proa] ／北風 viento *m.* del norte, septentrión *m.*,《文章語》bóreas *m.* ／南風 viento *m.* del sur,《文章語》austro *m.* ／東風 viento *m.* del este, levante *m.*,《文章語》euro *m.* ／西風 viento *m.* del oeste, poniente *m.*,《文章語》céfiro *m.* ／春風 viento *m.* primaveral ／秋風 viento *m.* otoñal ／そよ風 brisa *f.* ／疾風 ráfaga *f.* de viento ／突風 golpe *m.* de viento, ventolera *f.* ／つむじ風 remolino *m.*, torbellino *m.* ／すきま風 corriente *f.* de aire ／貿易風 alisios *mpl.* ／モンスーン monzón *m.*

かぜ 風邪 resfriado *m.*, (流感) gripe *f.*, (鼻風邪) catarro *m.* ‖ 風邪の症状 síntoma *m.* de ⌈resfriado [gripe] ／風邪が治る ⌈recuperarse [curarse] de la gripe ／風邪がはやっている Hay una epidemia de gripe. ／風邪ぎみである estar medio resfria*do*[*da*] ／風邪を引いている estar resfria*do*[*da*], (流感) estar ⌈con gripe [grip*oso*[*sa*]], (鼻風邪) tener catarro ／風邪を引く resfriarse, ⌈coger [agarrar, atrapar] un resfriado ／風邪をうつす contagiar la gripe《a》,《話》pegar el resfriado《a》／ 私は風邪をこじらせた Se me complicó la gripe. ¦ Sufrí complicaciones de la gripe.

[慣用]風邪は万病のもと El resfriado es la raíz de todas las enfermedades.

▸風邪薬 antigripal *m.*

かぜあたり 風当たり ‖ 警察への世間の風当たりは強い La policía ⌈es siempre objeto de [está siempre expuesta a] las críticas del público.

かせい 火星 Marte

▸火星の marcia*no*[*na*]

▸火星人 marcia*no*[*na*] *mf.*

▸火星探査機 sonda *f.* marciana

かせい 加勢 ‖ 加勢を頼む pedir ayuda《a》, solicitar apoyo《a》

▸加勢する ayudar, apoyar, respaldar, (援軍を送る) mandar refuerzos

かせい 仮性
▶仮性の《医学》fal*so*[*sa*]
◪仮性近視 miopía f. falsa, pseudomiopía f.

かせい 苛性 causticidad f.
▶苛性の cáusti*co*[*ca*]
◪苛性カリ potasa f. cáustica
◪苛性ソーダ sosa f. cáustica

かせい 家政 administración f. doméstica, (経済) economía f. doméstica
◪家政学科 Departamento m. de Economía Doméstica

かぜい 課税 imposición f.
▶課税する gravar ALGO con impuestos, cargar impuestos ‖ 輸入品に30パーセント課税する gravar las importaciones con el 30% (treinta por ciento)
◪二重課税 doble imposición f.
◪課税所得 base f. imponible
◪課税対象 ‖ 課税対象の imponible, suje*to*[*ta*] a los impuestos ／ 残業は課税対象となる Las horas extraordinarias son imponibles. ／ この品物は課税対象となります Este artículo está sujeto a los impuestos.
◪課税品 artículo m. imponible
◪課税免除 exención f. de impuestos, franquicia f.
◪課税率 tasa f. de impuestos

かせいふ 家政婦 asistenta f., empleada f. 「doméstica [del hogar], ama f. de llaves

かせき 化石 fósil m. ‖ 化石を発掘する excavar fósiles ／ 植物の化石 fósil m. vegetal ／ 生きている化石 fósil m. viviente
▶化石の fósil
▶化石化 fosilización f. ‖ 化石化する fosilizarse
◪化石燃料 combustible m. fósil

かせぎ 稼ぎ ganancias fpl., ingresos mpl., sueldo m. ‖ 稼ぎがよい ganar bien, ganar un buen sueldo ／ 稼ぎが悪い ganar 「poco [mal]
◪稼ぎ手 sostén m. económico ‖ 一家の稼ぎ手である ser el sostén económico de la familia

かせぐ 稼ぐ ganar ‖ 生活費を稼ぐ ganarse la vida ／ 日銭を稼ぐ obtener ingresos diarios ／ 時間を稼ぐ ganar tiempo

かせつ 仮設
▶仮設の provisional, temporal
▶仮設する instalar provisionalmente
◪仮設工事 obra f. provisional
◪仮設住宅 vivienda f. provisional

かせつ 仮説 hipótesis f.[=pl.] ‖ 仮説を立てる「formular [plantear] una hipótesis ／ 仮説に基づく「basarse [fundamentarse] en una hipótesis ／ これは単なる仮説だ Esto es una simple hipótesis.
▶仮説の hipotéti*co*[*ca*]

かせつ 架設 instalación f., (橋梁の) construcción f.
▶架設する instalar, (橋梁の) construir ‖ 電話線を架設する instalar líneas telefónicas

カセット
◪カセットガスコンロ cocina f. portátil (con cartucho de gas)
◪カセットテープ casete m(f)., cinta f. de casete
◪カセットテープレコーダー grabadora f. de casete, casete m.
◪カセットデッキ casete m.

かぜとおし 風通し ventilación f., aireación f. ‖ 風通しの良い estar bien ventila*do*[*da*], tener buena ventilación ／ 風通しを良くする mejorar la ventilación ／ 党内の風通しをよくする facilitar la comunicación entre los miembros del partido

かせん 下線 ‖ 下線を引く subrayar
◪下線部 subrayado m., parte f. subrayada

かせん 化繊 fibra f. sintética ‖ 化繊のブラウス blusa f. de fibra sintética

かせん 河川 río m.
◪河川改修 mejora f. del río
◪河川敷 「cauce m. [lecho m.] de un río

かせん 架線 cable m. eléctrico, 《集合名詞》 tendido m., 《鉄道》 catenaria f.

かせん 寡占 (経済) oligopolio m.
◪寡占価格 precio m. de oligopolio
◪寡占市場 mercado m. de oligopolio

がぜん 俄然 de repente, de súbito, de manera inesperada → とつぜん (突然)

かそ 可塑
▶可塑性 plasticidad f.
▶可塑の plásti*co*[*ca*]
◪可塑剤 plastificante m., plastificador m.

かそ 過疎 despoblación f.
▶過疎の despobla*do*[*da*]
▶過疎化 ‖ この地域は急激な過疎化にあった Esta zona ha sufrido una acelerada despoblación.
▶過疎化する despoblarse
◪過疎対策 medidas fpl. contra la despoblación
◪過疎地 zona f. despoblada

がそ 画素 pixel m., píxel m. ‖ 100万画素 megapíxel m. ／ 1000万画素のデジタルカメラ cámara f. digital de diez megapíxeles

かそう 下層 「capa f. [estrato m.] inferior
◪下層階級 clase f. social inferior, estrato m. social bajo, capa f. baja de la sociedad
◪下層土 《地質》 subsuelo m.
◪下層プロトコル 《IT》 protocolo m. subyacente

かそう 火葬 incineración f., cremación f. ‖ 火葬を申請する solicitar la cremación de un cadáver ／ 火葬を許可する autorizar la cremación del cadáver
▶火葬する incinerar, cremar

◪火葬場 crematorio *m*.
◪火葬炉 horno *m*. crematorio
かそう 仮装 disfraz *m*. ‖ ドン・キホーテの仮装をする ponerse el disfraz de don Quijote
▶仮装する disfrazarse ‖ 動物に仮装した子供たち niños *mpl*. disfrazados de animales
◪仮装行列 desfile *m*. de disfraces
◪仮装舞踏会 baile *m*. de disfraces
かそう 仮想
▶仮想の imagina*rio*[*ria*], virtual, supues*to*[*ta*]
▶仮想する imaginar
▶仮想化 virtualización *f*.
◪仮想メモリ/仮想記憶 memoria *f*. virtual
◪仮想空間 espacio *m*. virtual
◪仮想現実 realidad *f*. virtual
◪仮想敵国 enemigo *m*. imaginario
がぞう 画像 imagen *f*. ‖ 鮮明な画像 imagen *f*. nítida ／ ぼんやりとした画像 imagen *f*. borrosa ／ 画像を取り込む grabar imágenes 《en》, (ダウンロード) bajar imágenes ／ 画像を拡大する「ampliar [aumentar] una imagen
◪デジタル画像 imagen *f*. digital
◪画像処理「tratamiento *m*. [procesamiento *m*.] de imágenes, retoque *m*. fotográfico
◪画像データ datos *mpl*. de imágenes
かぞえる 数える contar ‖ 数を100まで数える contar hasta cien ／ 金を数える contar el dinero ／ 票を数える contar [los [el número de] votos, hacer el recuento de votos ／ 指を折って数える contar con los dedos ／ 私は今日トイレに行った回数を数えている Llevo la cuenta de las veces que he ido al baño hoy. ／ 留年者は数えるほどしかない Se pueden contar con los dedos de la mano los repetidores. ／ 少なく数えても calculando por lo bajo ／ 彼は名選手の一人に数えられている Él está considerado como uno de los mejores jugadores.
▶数えきれない ‖ 数えきれない量の電子メール innumerable cantidad *f*. de correos electrónicos
(慣用)指折り数える esperar ALGO「impacientemente [con impaciencia]
かそく 加速 aceleración *f*. ‖ 加速とブレーキを避ける evitar las aceleraciones y frenadas
▶加速する acelerar, aumentar la velocidad ‖ パトカーが現れるとその車は突然加速した El coche aceleró bruscamente al aparecer un coche patrulla.
◪加速度 aceleración *f*. ‖ 重力加速度 aceleración *f*.「de la gravedad [gravitacional]
◪加速度計 acelerómetro *m*.
かぞく 家族 familia *f*. ‖ 家族で話す hablar en familia ／ 家族で集まる reunirse en familia ／ 家族で食事する comer en familia ／ 家族を構成する formar una familia ／ 家族を増やす aumentar la familia ／ 家族を持つ tener una familia ／ 家族を養う「mantener [sostener] a *su* familia ／ 家族を捨てる「abandonar [dejar] *su* familia ／ 家族の一員である ser un miembro de la familia ／ 我が家は6人家族です Somos seis de familia. ／ この村では皆家族です Todos somos familia en este pueblo.
▶家族の familiar
◪大家族 familia *f*. numerosa
◪家族計画 planificación *f*. familiar
◪家族経営企業 empresa *f*. familiar
◪家族構成 composición *f*. familiar
◪家族制度 sistema *m*. familiar
◪家族手当 subsidio *m*. familiar
ガソリン gasolina *f*. ‖ ガソリンを入れる「echar [repostar] gasolina ／ ガソリンが切れた Se nos ha agotado la gasolina. ¦ Nos hemos quedado sin gasolina. ／ ガソリンをくう「gastar [consumir] mucha gasolina
◪ガソリンエンジン motor *m*. de gasolina
◪ガソリンスタンド gasolinera *f*., estación *f*. de servicio
かた 片
(慣用)片がつく quedar soluciona*do*[*da*], quedar zanja*do*[*da*]
(慣用)片をつける zanjar el asunto, 《慣用》poner punto final《a》, 《慣用》cortar por lo sano
かた 方 ❶(方法) modo *m*., forma *f*., manera *f*. ‖ 話し方「forma *f*. [manera *f*.] de hablar ／ 撃ち方 disparo *m*., (方法) manera *f*. de disparar
❷(血縁) ‖ 父方の por parte de padre, pater*no*[*na*] ／ 父方のおば tía *f*. por parte de padre, tía *f*. paterna
❸(気付) a cargo《de》‖ 山田(様)方 a cargo del Sr. Yamada
❹(係) encarga*do*[*da*] *mf*. ‖ 勘定方 persona *f*. encargada de la contabilidad
❺(人)「この方(男性) este señor, (既婚女性) esta señora, (未婚女性) esta señorita
❻(その他) ‖ 私は生まれてこの方… Desde que nací... ／ 来し方行く末を考える Pienso en lo que he vivido y lo que me espera. ／ 憤懣やる方ない sentir una indignación irremediable
かた 肩 hombro *m*. ‖ 肩が凝る/肩がはる tener los hombros entumecidos ／ 僕は義母と一緒にいると肩が凝る「Me pongo nervioso [No me siento a gusto] cuando estoy con mi suegra. ／ 肩が強い tener hombros fuertes ／ カメラを肩にかける llevar una cámara colgada del hombro ／ 肩で息をする jadear ／ 大きな箱を肩にかつぐ llevar al hombro una caja grande ／ 肩の凝らない小説 novela *f*. entretenida ／ 肩の力を抜く

relajar los hombros ／肩を抱く abrazar a ALGUIEN por la espalda ／肩をすくめる「encogerse [alzarse] de hombros ／肩をたたく dar un golpecito en el hombro ／肩をもむ masajear los hombros ／肩を怒らせる erguir los hombros ／肩を貸す caminar uno al lado de otro ／肩をすぼめて歩く caminar con los hombros encogidos ／仕立て屋がブレザーの肩をつめた El sastre estrechó los hombros de la chaqueta.
[慣用]肩で風を切る contonearse al caminar
[慣用]肩にかかる‖会社の将来はあなた方の肩にかかっている El futuro de la empresa depende de ustedes.
[慣用]肩の荷が下りる‖私は試合に勝って肩の荷が下りた《慣用》Me quité un peso de encima al ganar el partido.
[慣用]肩の荷を下ろす《慣用》quitarse un peso de encima
[慣用]肩を落とす desanimarse, deprimirse, 《慣用》「andar [estar] de capa caída
[慣用]肩を貸す《慣用》arrimar el hombro, 《慣用》echar una mano《a》
[慣用]肩を並べる《慣用》「ponerse [estar] a la altura《de》
[慣用]肩を持つ/肩を入れる/肩入れする respaldar, apoyar, 《慣用》inclinar la balanza a favor《de》

かた 型/形　forma f., (成型用の) molde m., (モデル) modelo m., (フォーマットの) formato m., (洋服の) patrón m., (借金の) hipoteca f., garantía f.‖古い型の人間 persona f. chapada a la antigua ／新しい型の洗濯機 nuevo modelo m. de lavadora ／2014年型の車 automóvil m. modelo 2014 ／(スポーツの)基本的な型 forma f. básica ／ハート型 forma f. de corazón ／型がくずれる deformarse ／溶けた鉄を型に流しこむ verter el hierro fundido en un molde ／型にはまった／型どおりの estereotipado[da], convencional ／型にはまった教育 educación f. despersonalizada ／型を取る moldear, (洋服の) cortar el patrón ／歯の型をとる tomar una impresión dental ／型を破る romper las convenciones ／家をかたに借金をする hipotecar su casa para pedir un préstamo

かた 過多　exceso m.
▶過多の excesivo[va], demasiado[da]
◪愛情過多 exceso m. de amor
◪情報過多 exceso m. de información, sobreinformación f.

がた
[慣用]がたがくる empezar a funcionar mal‖がたがきたバス autobús m. destartalado ／私は年でがたがきた Tengo los achaques propios de la edad.

かたあし 片足　un pie, (動物・家具の) una pata, (ズボンの) una pernera‖片足で立つ sostenerse sobre una pierna ／片足で跳ぶ saltar sobre un pie ／片足に重心をかける apoyarse sobre un pie ／片足のない(人) cojo[ja] (mf.) de una pierna
◪片足跳び‖片足跳びをする (けんけん)《慣用》andar a la pata coja

かたあて 肩当て　hombrera f.‖肩当てのついたブラウス blusa f. con hombreras

かたい 固い/堅い/硬い　❶ (物が) duro[ra], rígido[da]‖固い木材 madera f. dura ／固い肉 carne f. dura ／固い鉱物 mineral m. duro ／固い地盤「terreno m. [suelo m.] firme
❷ (きつい) apretado[da], fuerte‖瓶のふたが固い La tapa de la botella está bien 「apretada [cerrada]. ／固い結び目 nudo m. muy apretado ／固い握手を交わす darse un apretón de manos
❸ (強固な) sólido[da], firme‖堅い友情 amistad f.「sólida [firme] ／固い意志 voluntad f.「sólida [firme] ／決心が固い estar firme en su decisión
❹ (まじめな・融通のきかない) serio[ria], rígido[da]‖堅い人 persona f.「seria [formal] ／堅い性格である ser de carácter serio ／堅い事は抜きにしよう Dejémonos de formalidades. ／硬い話をする hablar de cosas serias ／固い声 voz f. dura ／硬い文体 estilo m. rígido ／身体が固い tener un cuerpo poco flexible
❺ (確実な) seguro[ra]‖堅い商売 negocio m. seguro ／優勝は堅い La victoria es casi segura.
▶固く／タオルを固く絞る escurrir bien una toalla ／口を固く閉ざす mantener la boca bien cerrada, 《慣用》no despegar los labios ／固く禁じる prohibir「terminantemente [estrictamente] ／固く約束する prometer firmemente ／固く信じる creer「firmemente [a pie juntillas] ／固く受けないで下さい No (se) lo tome tan en serio.
▶固くなる endurecerse, ponerse duro[ra], (緊張する) ponerse nervioso[sa]‖パンが固くなる El pan se pone duro. ／彼女は人前で話すとき固くなる Ella se pone nerviosa cuando habla en público.

かだい 過大
▶過大な excesivo[va], exagerado[da]‖母は娘に過大な期待を寄せる La madre pone excesiva esperanza en su hija.
◪過大評価 sobreestimación f.‖過大評価する sobrestimar, sobrevalorar, supervalorar

かだい 課題　(題目) tema m., (宿題) deberes mpl., (レポート) trabajo m., (問題) problema m., asunto m.‖課題を出す「poner [mandar] deberes《a》 ／現状と課題を分析する analizar la situación actual y los problemas《de》 ／課題に取り組む「enfrentarse [hacer frente] a un problema

◪優先課題 asunto *m.* prioritario
がたい 難い
▶~し難い difícil de 『+不定詞』‖信じ難い知らせ noticia *f.* 「increíble [difícil de creer] / 耐え難い痛み dolor *m.* insoportable
かたいじ 片意地‖片意地を張る obstinarse, 《慣用》「seguir [mantenerse, permanecer] en *sus* trece
かたいなか 片田舎 pueblo *m.* 「recóndito [de difícil acceso]
かたうで 片腕 un brazo‖片腕のない(人) man*co*[*ca*] (*mf.*) / 財務大臣(男性)は総理(男性)の片腕だ El ministro de Finanzas es el brazo derecho del primer ministro.
がたおち がた落ち ⇒ きゅうらく(急落)・げきげん(激減)
▶がた落ちする sufrir una caída brusca, caer en picado‖その女優の人気ががた落ちした La popularidad de la actriz decayó considerablemente.
かたおもい 片思い amor *m.* no correspondido
▶片思いする sentir un amor no correspondido《hacia》
かたおや 片親
▶片親の monoparental‖片親の子(父親がいない) huérfa*no*[*na*] *mf.* de padre, (母親がいない) huérfa*no*[*na*] *mf.* de madre / 片親の家庭 familia *f.* monoparental
かたがき 肩書 título *m.*‖弁護士の肩書きを獲得する obtener el título de aboga*do*[*da*] / 肩書きのない人 persona *f.* no titulada / 肩書きがものをいう Los títulos juegan un papel importante. / 肩書きは考慮されない Los títulos no cuentan.
かたかけ 肩掛 chal *m.*, (三角形の) pañoleta *f.*, mantón *m.*, estola *f.*‖肩掛けをする ponerse un chal
かたかた‖かたかた音がする Se oye un golpeteo seco.
がたがた‖がたがたという音 traqueteo *m.* / 寒さでがたがた震える tiritar de frío / 電車ががたがたと動き出した El tren empezó a traquetear. / がたがた言う(文句を言う) quejarse
▶がたがたの desvencija*do*[*da*]‖がたがたの家 casa *f.* desvencijada
かたかな 片仮名 《日本語》*katakana m.*, silabario *m. katakana*, (説明訳) caracteres *mpl.* silábicos de la escritura japonesa usados para escribir palabras de origen extranjero
かたがみ 型紙 《服飾》patrón *m.*‖型紙をとる [cortar [hacer] el patrón
かたがわ 片側 un lado *m.*‖道路の片側に駐車する aparcar el coche a un lado de la carretera

◪片側通行 sentido *m.* único‖片側通行の道 calle *f.* de sentido único
かたがわり 肩代わり‖借金の肩代わりをする asumir la deuda de ALGUIEN
かたき 敵 enemi*go*[*ga*] *mf.*, (競争相手) competi*dor*[*dora*] *mf.*, rival *com.*‖敵を討つ/敵を取る vengar, vengarse《de》/ 死んだ父の敵を取る vengar la muerte de *su* padre
かたぎ 気質 ⇒きしつ(気質)
かたぎ 堅気‖堅気になる《慣用》「sentar [asentar] la cabeza
▶堅気の se*rio*[*ria*], hones*to*[*ta*], decente‖堅気の仕事 trabajo *m.* honrado
かたく 家宅
◪家宅侵入罪 delito *m.* de allanamiento de morada
◪家宅捜査 registro *m.* domiciliario
かたくな 頑 ⇒がんこ(頑固)
▶かたくなな obstina*do*[*da*], ter*co*[*ca*], tozu*do*[*da*]‖かたくなな所がある ser un poco ter*co*[*ca*], ser algo tozu*do*[*da*] / かたくなな態度 actitud *f.* 「obstinada [tenaz]
▶かたくなに con obstinación‖かたくなに提案を拒否する rechazar obstinadamente una propuesta / かたくなに押し黙る mantenerse obstinadamente calla*do*[*da*]
かたくりこ 片栗粉 almidón *m.* obtenido del bulbo del *katakuri*, (ジャガイモのでんぷん) almidón *m.* de patata
かたくるしい 堅苦しい formal, ceremonio*so*[*sa*]‖堅苦しい雰囲気 ambiente *m.* formal / 堅苦しい事は抜きに sin ceremonias [formalidades] / 堅苦しい事は抜きにしましょう Dejémonos de formalidades.
かたぐるま 肩車
▶肩車する‖父は息子を肩車する El padre lleva a hombros a su hijo.
かたごし 肩越し
▶肩越しに por encima del hombro‖私は肩越しにちらっと彼女を見た La eché una ojeada por encima del hombro.
かたこと 片言‖片言で話す(幼児が) balbucear / 片言のスペイン語 español *m.* en un español macarrónico / 片言の英語を話す 「chapurrear [chapurrar] un poco de inglés / 片言も聞き漏らさずに sin perder ni una sola palabra
かたこり 肩凝り contractura *f.* de hombros
かたさ 硬さ/固さ dureza *f.*, solidez *f.*, (意志の) firmeza *f.*‖ダイヤモンドの硬さ dureza *f.* del diamante
◪硬さ試験 prueba *f.* de (la) dureza
◪硬さ試験機 durómetro *m.*
かたず 固唾
《慣用》固唾をのむ contener el aliento‖固唾を飲んで待つ esperar ALGO con el aliento contenido

かたすかし　肩透かし
[慣用]肩すかしを食わせる esquivar, soslayar,《慣用》echar balones fuera

かたすみ　片隅　rincón *m*. ‖ 廊下の片隅に箱を置く colocar una caja en el rincón del pasillo

かたたたき　肩叩き　masaje *m*. con golpecitos en los hombros ‖ 肩たたきをする dar golpecitos en los hombros《a》
[慣用]肩たたきにあう‖彼は肩たたきにあっている Lo presionan para que pida su baja voluntaria.

かたち　形　forma *f*., (姿) figura *f*. ‖ 豚の形の貯金箱 hucha *f*. [en con] forma de cerdo ／ いろいろな形の図形 figuras *fpl*. geométricas de diversas formas ／ イタリアはブーツの形をしている Italia tiene forma de bota. ／ 形がいい tener buena forma ／ 形が変わる cambiar de forma, (変形する) deformarse ／ 元の形をとどめる「mantener [conservar] la forma original ／ 帽子の形を整える「corregir [arreglar] la forma del sombrero ／ 計画を具体的な形にする dar forma concreta a un plan ／ 財団の形になる constituirse como fundación
[慣用]形の上では (形式上は) formalmente
[慣用]形ばかりの‖形ばかりの挨拶を交わす intercambiar un saludo protocolario

かたちづくる　形作る　formar ‖ 性格を形作る「modelar [forjar] el carácter

かたづく　片付く　(整う) estar ordena*do*[*da*], (解決される) arreglarse ‖ 片付いている部屋 habitación *f*. ordenada ／ その件は片付いている Este asunto está zanjado. ／ 娘がやっと片付づいた Por fin se casó mi hija.

かたづける　片付ける　❶ (整理する) poner ALGO en orden, arreglar ‖ おもちゃを片付ける recoger los juguetes ／ 部屋を片付ける arreglar la habitación, poner la habitación en orden ／ コートを箪笥に片付ける guardar el abrigo en el armario ／ 食卓を片付ける「quitar [recoger] la mesa
❷ (処理する) terminar, acabar, (解決する) resolver, solucionar ‖ 宿題を片付ける hacer los deberes ／ 問題を片付ける zanjar un asunto ／ 邪魔者を片付ける deshacerse de un estorbo ／ 息子を片付ける (結婚させる) casar a *su* hijo

かたっぱし　片っ端‖片っ端から uno tras otro, una tras otra ／ 彼は片っ端から窓を開け始めた Él empezó a abrir las ventanas una tras otra.

かたつむり　蝸牛　caracol *m*.

かたて　片手　una mano ‖ 片手の(人) man*co*[*ca*] (*mf*.) ／ 片手が空いている tener una mano libre ／ 片手でピアノを弾く tocar el piano con una mano ／ 片手にラケットを持って con la raqueta en la mano

▣片手鍋 cazo *m*.

かたてま　片手間
▶片手間に‖仕事の片手間に絵を描く pintar en los ratos libres, dedicar *sus* ratos libres a pintar
▶片手間の secundar*io*[*ria*], suplementar*io*[*ria*] ‖ 彼は脚本家で俳優は片手間の仕事だ En realidad él es guionista, y el trabajo de actor es secundario.

かたどおり　型通り
▶型通りの estereotipa*do*[*da*], convencional ‖ 型通りの挨拶をかわす intercambiar un saludo protocolario
▶型通りに siguiendo las normas establecidas

かたとき　片時‖スクリーンから片時も目が離せない No podemos apartar la vista ni un segundo de la pantalla.

かたどる　象る　(真似る) imitar, (象徴する) simbolizar ‖ 平和をかたどった彫刻 escultura *f*. que simboliza la paz

かたな　刀　espada *f*., sable *m*. japonés ‖ 刀を抜く「desenvainar [sacar] la espada ／ 刀をかざす levantar una espada ／ 刀を差す llevar una espada ／ 刀をさやに納める「envainar [enfundar] la espada
▣刀鍛冶 forja*dor*[*dora*] *mf*. de espadas

かたはば　肩幅　anchura *f*. de espaldas ‖ 肩幅が広い ser an*cho*[*cha*] de「espalda [hombros]

かたぶつ　堅物‖堅物である ser una persona muy seria e inflexible,《慣用》(頑固な) ser *un*[*una*] cabeza cuadrada

かたほう　片方　el uno, la una, (他方) el otro, la otra ‖ この手袋の片方がない Este guante no tiene pareja.
▶片方の el otro『+男性名詞』, la otra『+女性名詞』‖ 私は片方の靴をなくした He perdido un zapato.
▶片方に‖秤が片方に傾く La balanza se inclina a un lado.

かたまり　固まり/塊　masa *f*., (大きい) mole *f*., bloque *m*. ‖ 土の塊 terrón *m*. ／ 雲の塊 masa *f*. de nubes ／ 肉の塊 masa *f*. de carne ／ 鉄の塊「mole *f*. [bloque *m*.] de hierro ／ 人の固まり muchedumbre *f*., masa *f*. de personas ／ 彼は金銭欲の固まりだ Él es la avaricia en persona.

かたまる　固まる　❶ (固くなる) endurecerse, ponerse sóli*do*[*da*], (強固になる) consolidarse ‖ セメントは固まるのに時間がかかる El cemento tarda en fraguar. ／ 新しい事業の基礎が固まる Se consolida la base del nuevo negocio.
❷ (液体が固体になる) solidificarse, (牛乳などが) cuajarse, (血が) coagularse ‖ 牛乳が固まる La leche se cuaja.
❸ (集中する) concentrarse, (群がる) api-

ñarse, (まとまる) agruparse ‖ 商店はこの通りに固まっている Las tiendas se concentran en esta calle.
❹ (定まる) concretarse ‖ プロジェクトの基本方針が固まる Se concretaron las líneas directrices del proyecto.

かたみ 形見 recuerdo *m*. ‖ 父の形見を兄弟で分ける repartir los recuerdos del difunto padre entre los hermanos

かたみ 肩身 ‖ 肩身が広い sentirse orgulloso[sa] ／ 肩身が狭い sentirse avergonzado[da]

かたみち 片道 ida *f*. ‖ 片道だけタクシーを使う tomar un taxi solo para la ida
◪片道切符《スペイン》billete *m*. de ida,《中南米》boleto *m*. de ida
◪片道運賃 tarifa *f*. de ida

かたむき 傾き inclinación *f*., ladeo *m*., (傾向) tendencia *f*. ⇒けいしゃ(傾斜)

かたむく 傾く inclinarse, ladearse, (勢いが) declinar ‖ 柱が傾く inclinarse *el pilar* ／ 船が大きく傾いた El barco dio un bandazo. ／ 前に[後ろに]傾く inclinarse hacia「adelante [atrás]」／ 太陽が西に傾く El sol declina hacia el oeste. ／ 商売が傾く El negocio 「anda mal [va cuesta abajo]. ／ 多数の意見に傾く inclinarse a favor de la opinión mayoritaria ／ 彼らは計画の賛成に傾いているようだ Ellos parecen inclinarse por aprobar el plan.
▶傾いた inclina*do*[*da*] ‖ 傾いた塔 torre *f*. inclinada

かたむける 傾ける ❶ (傾斜させる) inclinar, ladear ‖ 水を切るために皿を傾ける inclinar el plato para escurrir el agua ／ 首を傾ける inclinar la cabeza ／ ジョッキを傾ける tomar una jarra de cerveza
❷ (集中する) concentrar, dedicar ‖ 耳を傾ける prestar oídos《a》, escuchar con atención ／ 全力を傾ける concentrar「todos *sus* esfuerzos [todas *sus* energías]《en》／ 注意を傾ける「prestar [dedicar] atención《a》
❸ (衰退させる) hacer declinar, arruinar ‖ 独裁政権が国を傾けた La dictadura arruinó el país.

かため 片目 un ojo ‖ 片目で見る ver por un ojo ／ 片目の(人) tuer*to*[*ta*] (*mf*.)

かためる 固める ❶ (固くする) endurecer, (強固にする) consolidar, fortalecer ‖ 地面を固める「compactar [consolidar] el suelo ／ コンクリートで車道を固める cubrir de hormigón la calzada ／ ビルの基礎を固める cimentar un edificio ／ 証拠を固める consolidar la prueba ／ うそで固めた報告書 informe *m*. disfrazado de mentiras
❷ (固体にする) solidificar, (牛乳を) cuajar, (血液を) coagular ‖ 使用済みの油を固める solidificar el aceite usado ／ 血液を固める coagular la sangre
❸ (考えなどを固める) concretar, fijar ‖ 決心を固める confirmar *su* decisión ／ 意見を固める confirmarse en *su* opinión

かためん 片面 un lado, una cara ‖ 物事の片面しか見ない ver solo un aspecto de las cosas
◪片面刷り impresión *f*. 「de [por] una cara

かたやぶり 型破り
▶型破りの po*co*[*ca*] convencional, fuera de lo común, extraordina*rio*[*ria*] ‖ 型破りの人 persona *f*. que se sale de lo convencional
▶型破りである《慣用》ser la repanocha

かたゆで 固茹で ‖ 卵を固ゆでにする hervir un huevo hasta que esté bien duro
◪固ゆで卵 huevo *m*. bien duro

かたよる 偏る/片寄る desequilibrarse, (針路が) desviarse
▶偏った desequilibra*do*[*da*], parcial ‖ 偏った見方 punto *m*. de vista parcial ／ 偏った考え prejuicio *m*. ／ 栄養の偏った食事 alimentación *f*. desequilibrada

かたりあう 語り合う 「conversar [hablar, charlar]《con》‖ 国の未来について友と語り合う hablar con *sus* amigos sobre el futuro del país

かたりて 語り手 narra*dor*[*dora*] *mf*.

かたる 語る (話す) decir, hablar, (物語る) contar, narrar ‖ 事の大きさを語る contar lo sucedido《a》, poner en antecedentes del caso《a》／ 歴史を語る hablar de (la) historia ／ 体験を語る contar *sus* experiencias ／ 物語を語る contar un cuento《a》／ 目が語る Los ojos hablan. ／ 代々語り継がれてきた話 historia *f*. transmitida de generación en generación

かたる 騙る timar, estafar ‖ 金をかたる timar dinero《a》／ 有名人の名をかたる usar fraudulentamente el nombre de *un*[*una*] famo*so*[*sa*]

カタログ catálogo *m*. ‖ 製品をカタログに載せる incluir los productos en el catálogo
◪カタログ販売 venta *f*. por catálogo

かたわら 傍ら ‖ 彼女は医学を学ぶかたわら英語を教えている Además de estudiar medicina, ella da clases de inglés.
▶かたわらに al lado《de》‖ 道のかたわらに寄る ponerse a un lado de la calle ／ 母親のかたわらにいる estar junto a *su* madre, estar al lado de *su* madre

かだん 花壇 arriate *m*., macizo *m*.

かだん 下段 ⇒げだん

がだん 画壇 mundo *m*. de la pintura

かち 価値 valor *m*., mérito *m*. ‖ 芸術的な価値 valor *m*. artístico ／ 価値が上がる「subir [aumentar] *el valor*《de》／ 価値が下がる caer *el valor*《de》／ マンションの価値が下

がるだろう El piso va a perder valor. ／円の価値が対ドルで下落した El yen se depreció con respecto al dólar. ／このダイヤモンドの価値はどれくらいですか ¿Qué valor tiene este diamante? ／価値をはかる「juzgar [valorar, sopesar, calibrar] el valor《de》／計り知れない価値を持つ tener un valor incalculable

▶価値のある valio*so*[*sa*], de valor ‖ 価値のある情報 información *f*. valiosa
▶価値のない sin valor
▶価値の高い de「gran [mucho] valor ‖ 歴史的価値のとても高い建物 edificio *m*. de gran valor histórico
▶価値の低い de「escaso [poco] valor ‖ 文学的価値の低い作品 obra *f*. de escaso valor literario
▶価値がある valer ‖ この絵は800ユーロぐらいの価値がある Este cuadro「vale [tiene un valor de] unos ochocientos euros. ／トレドは行ってみる価値がある「Vale [Merece] la pena visitar Toledo.
🔲価値観 sentido *m*. de valor, valores *mpl*.
🔲価値判断 juicio *m*. de valor

かち 勝ち victoria *f*., triunfo *m*. ‖ 私の勝ちだ He ganado. ¦ La victoria es mía. ／勝ちを拾う lograr un triunfo inesperado, conseguir una victoria que no se esperaba
🔲勝ち馬 caballo *m*. ganador
🔲勝ち組 vencedor[dora] *mf*.

がち ‖ 雨がちの天気 tiempo *m*. lluvioso ／病気がちの息子 hijo *m*. enfermizo ／〜(し)がちである「tender [tener tendencia] a『+不定詞』, ser propen*so*[*sa*] a『+名詞句・不定詞』／沈みがちである deprimirse con「frecuencia [facilidad]

かちあう かち合う (ぶつかる) chocar, (重なる) coincidir ‖ 彼らは頭がかち合った Ellos chocaron de cabeza. ／日曜と祭日がかち合う El día festivo「cae en [coincide con el] domingo.

かちかち ‖ 時計のかちかちという音 tictac *m*. del reloj ／時計がかちかち言う El reloj hace tictac. ／かちかちに凍った道 calle *f*. con placas de hielo

がちがち ‖ 寒さで私は歯ががちがち言う Los dientes me castañetean de frío. ／緊張してがちがちになっている《慣用》estar en (la) capilla, 《慣用》「estar he*cho*[*cha*] [ser] un manojo de nervios

かちき 勝ち気 ‖ 勝ち気である tener (un) espíritu de emulación
▶勝ち気な ‖ 勝ち気な性格 carácter *m*. firme

かちく 家畜 animal *m*. doméstico, 《集合名詞》ganado *m*. ‖ 家畜をかう criar ganado
🔲家畜小屋 establo *m*., cuadra *f*.

かちこす 勝ち越す ‖ conseguir más victorias que derrotas en un torneo

かちとる 勝ち取る ganar, conseguir ‖ 優勝を勝ち取る conseguir la victoria

かちぬきせん 勝ち抜き戦 eliminación *f*. directa, sistema *m*. de eliminatorias, torneo *m*.

かちぬく 勝ち抜く 「ganar [vencer] sucesivamente ‖ 3試合を勝ち抜く ganar sucesivamente tres partidos ／5人勝ち抜く「vencer [derrotar] sucesivamente a cinco adversarios ／予選を勝ち抜く pasar la eliminatoria

かちのこる 勝ち残る ‖ 決勝トーナメントまで勝ち残る「conseguir pasar a [clasificarse para] la fase final del torneo

かちほこる 勝ち誇る
▶勝ち誇った victorio*so*[*sa*], triunfante ‖ 勝ち誇った口調で「con [en] tono triunfante
▶勝ち誇って triunfalmente, victoriosamente

かちぼし 勝ち星 victoria *f*., triunfo *m*. ‖ 勝ち星を挙げる「conseguir [obtener] una victoria, ganar ／勝ち星を拾う lograr un triunfo inesperado

かちまけ 勝ち負け (la) victoria o (la) derrota ‖ 勝ち負けは大した問題ではない Importa poco ganar o perder.

かちめ 勝ち目 posibilidad *f*. de ganar ‖ 勝ち目がある《慣用》「llevar [tener] las de ganar ／勝ち目がない《慣用》「llevar [tener] las de perder ／我々には勝ち目はない No tenemos posibilidad de ganar. ¦ No llevamos las de ganar.

かちゅう 火中 ‖ 書類を火中に投じる arrojar los papeles al fuego
《慣用》火中の栗を拾う《慣用》sacar las castañas del fuego

かちゅう 渦中 ‖ 渦中の人「persona *f*. [personaje *m*.] en el ojo del huracán ／事件の渦中にある verse involucra*do*[*da*] en el caso, 《慣用》estar en el ojo del huracán del caso

かちょう 課長 je*fe*[*fa*] *mf*. de sección ‖ 課長になる ascender a je*fe*[*fa*] de sección ／課長に任命される ser nombra*do*[*da*] je*fe*[*fa*] de sección ／課長に報告する informar「al jefe [a la jefa]《de》
🔲課長代理 subje*fe*[*fa*] *mf*., je*fe*[*fa*] *mf*. de sección en funciones
🔲課長補佐 asistente *com*. 「del jefe [de la jefa]

がちょう 鵞鳥 gan*so*[*sa*] *mf*., oca *f*.(雄・雌), ánsar *m*.(雄・雌)

かちん ‖ グラスが触れ合ってかちんと音をたてる Las copas tintinean al chocar.
《慣用》かちんと来る sentir disgusto ‖ 彼の横柄な態度に私はかちんと来た Me disgustó su actitud insolente.

かつ (なおまた) y, y también, y además

かつ 勝つ ❶(勝利する) ganar, triunfar, (負

かす) vencer, derrotar ‖ 3対2で勝つ ganar por tres a dos／試合に勝つ ganar un partido／競争に勝つ ganar una competición／選挙に勝つ ganar las elecciones, salir victorio*so*[*sa*] en las elecciones／賭けに勝つ ganar la apuesta／試合でライバルチームに勝つ vencer al equipo rival en un partido

❷(克服する) superar, vencer ‖ 病気に勝つ「superar [vencer] la enfermedad／誘惑に勝つ vencer a la tentación／己に勝つ superarse a *sí* mis*mo*[*ma*]

[諺] 勝てば官軍 El vencedor es quien tiene razón.

[諺] 勝ってかぶとの緒を締めよ No bajes la guardia, incluso después de conseguir una victoria.

カツ filete *m.*「rebozado [empanado], chuleta *f.*「rebozada [empanada]
◪カツサンド bocadillo *m.* de filete rebozado
◪カツ丼 (説明訳) cuenco *m.* de arroz con filete rebozado y huevo revuelto

かつあい 割愛 omisión *f.*
▶割愛する omitir, suprimir ‖ 説明を割愛する dejar de lado la explicación

かつお 鰹 bonito *m.*
◪鰹節 bonito *m.* desecado, ahumado y curado

かっか
▶かっかする (興奮する) ponerse furio*so*[*sa*], 《慣用》echar「chispas [chiribitas]; (火照る) acalorarse ‖ そんなにかっかするな ¡No te pongas así!／顔がかっかする sentir calor en la cara／熱で身体がかっかしている estar ardiendo [en] fiebre

かっか 閣下 Su Excelencia, (判事・議員) Su Señoría ‖ 大統領閣下 Señor Presidente, Señora Presidenta／駐日スペイン大使館下 Su Excelencia「el Embajador [la Embajadora] de España en Japón

がっか 学科 departamento *m.*, (科目) asignatura *f.*, (課程) curso *m.* ‖ スペイン語学科 Departamento *m.* de Español

がっかい 学会 (組織)「sociedad *f.* [asociación *f.*] académica, academia *f.*, (学術会議) congreso *m.* (académico) ‖ 学会に参加する participar en un congreso
◪スペイン言語学会 Sociedad *f.* Española de Lingüística (略 SEL)
◪学会員 miembro *com.* de una asociación
◪学会誌 boletín *m.* de una asociación

がっかい 学界「mundo *m.* [círculo *m.*] académico

かっかざん 活火山 volcán *m.* activo

がつがつ ‖ がつがつ食べる devorar, comer con voracidad／金にがつがつしている ser codicio*so*[*sa*], tener codicia

がっかり

▶がっかりする desilusionarse, decepcionarse, desanimarse, llevarse un chasco ‖ 私は鏡を見るたびにがっかりする Me desanimo cada vez que me miro「en el [al] espejo.
▶がっかりさせる desilusionar, decepcionar, desanimar
▶がっかりした desilusiona*do*[*da*], decepciona*do*[*da*]

かっき 活気 animación *f.*, vigor *m.*
▶活気のある anima*do*[*da*], vi*vo*[*va*], acti*vo*[*va*] ‖ 活気のある地区 barrio *m.* animado
▶活気づく animarse ‖ 最初のゴールでチームは活気づいた El equipo se animó después de marcar el primer gol.
▶活気づける animar, dar ánimo 《a》

がっき 学期 (半年間の) semestre *m.*, (4か月の) cuatrimestre *m.*, (3か月の) trimestre *m.*
◪新学期 ‖ 新学期が始まる Comienza el nuevo curso académico.
◪学期末試験 (2学期制の) examen *m.*「semestral [final del semestre]

がっき 楽器 instrumento *m.* musical ‖ 楽器を演奏する tocar un instrumento musical
◪楽器演奏者/楽器製作者 instrumentista *com.*
◪楽器店 tienda *f.* de instrumentos musicales

楽器

弦楽器 instrumento *m.* de cuerda
バイオリン violín *m.*／ビオラ viola *f.*／チェロ violonchelo *m.*／コントラバス contrabajo *m.*
打楽器 instrumento *m.* de percusión
ティンパニー timbal *m.*／木琴 xilófono *m.*／ビブラフォン vibráfono *m.*／太鼓 tambor *m.*／大太鼓 bombo *m.*／小太鼓 tamboril *m.*／カスタネット castañuelas *fpl.*／シンバル címbalo *m.*／マトラカ matraca *f.*／サンボンバ zambomba *f.*
管楽器 instrumento *m.* de viento
トランペット trompeta *f.*／トロンボーン trombón *m.*／ホルン trompa *f.*／チューバ tuba *f.*／スーザフォン susáfono *m.*／ピッコロ flautín *m.*／フルート flauta *f.*／クラリネット clarinete *m.*／オーボエ oboe *m.*／リコーダー flauta *f.*「de pico [dulce]
鍵盤楽器 instrumento *m.* de teclado
ピアノ piano *m.*／チェンバロ clavecín *m.*／パイプオルガン órgano *m.* de tubos

---

かつぎこむ 担ぎ込む ‖ けが人は病院に担ぎ込まれた Llevaron al herido al hospital.

かつぎだす 担ぎ出す ‖ 簞笥を家の外に担ぎだ

す sacar un armario fuera de la casa ／ 大統領選挙に俳優(男性)を担ぎ出す convencer a un actor para que se presente como candidato「en [a] las elecciones presidenciales

かっきてき 画期的
▶画期的な trascendental, que hace época ‖ 画期的な出来事 acontecimiento *m*. trascendental ／ 画期的な発明 invento *m*. trascendental ／ 画期的な仕事 trabajo *m*. que hace época

がっきゅう 学級 clase *f*., aula *f*.
☑学級委員 representante *com*. de alumnos de la clase
☑学級新聞 periódico *m*. de la clase
☑学級担任 maes*tro*[*tra*] *mf*. de aula
☑学級閉鎖 suspensión *f*. de la actividad escolar ‖ インフルエンザのため1年生のクラスが学級閉鎖された Se suspendieron las clases del primer año por la gripe.
☑学級崩壊 colapso *m*. de la disciplina en el aula

かっきょう 活況 animación *f*., actividad *f*. ‖ 活況を呈する estar muy anima*do*[*da*], encontrarse en plena actividad

がっきょく 楽曲 pieza *f*. musical

かっきり justamente, justo ‖ 12時かっきりに a las doce en punto ／ 到着するのにかっきり1時間かかる tardar justo una hora en llegar

かつぐ 担ぐ cargar sobre los hombros, llevar a hombros, (だます) engañar,《話》quedarse《con》‖ 子供を肩に担ぐ llevar a un niño a hombros
[慣用] 私は担がれた Me engañaron. ┆《慣用》Me dieron gato por liebre.
[慣用] 片棒を担ぐ ‖ その事件の片棒を担ぐ ser「coau*tor*[*tora*]「cómplice] del caso

がっく 学区 distrito *m*. escolar
☑学区制 sistema *m*. de distrito escolar

がっくり
▶がっくりする quedarse sin fuerzas ‖ 週末に仕事が入って私はがっくりした Me senté como un tiro tener que trabajar el fin de semana.
▶がっくりしている estar muy abati*do*[*da*]

かっけ 脚気 beriberi *m*. ‖ かっけにかかる contraer (el) beriberi

かっこ 確固
▶確固とした/確固たる firme, decidi*do*[*da*] ‖ 確固とした態度 actitud *f*. firme ／ 確固とした証拠 prueba *f*.「sólida [contundente] ／ 確固たる信念を持つ tener una「firme [fuerte] convicción

かっこ 括弧 paréntesis *m*.[=*pl*.] ‖ かっこで囲む poner ALGO entre paréntesis ／ かっこを開く[閉じる]「abrir [cerrar] el paréntesis ／ かっこ内の数字は便名を示す Las cifras que van entre paréntesis indican el número de vuelo.

───── かっこの種類 ─────

丸かっこ（ ） paréntesis *mpl*. ／ 二重丸っこ《 》 paréntesis *mpl*. dobles ／ 角かっこ [ ] corchetes *mpl*. cuadrados ／ きっこ〔 〕 corchetes *mpl*. caparazón tortuga ／ 二重角かっこ 〚 〛 corchetes *mpl*. dobles ／ 山かっこ 〈 〉「corchetes *mpl*. [paréntesis *mpl*.] angulares, cuñas *fpl*., corchángulos *mpl*. ／ 二重山かっこ 《 》「corchetes *mpl*. [paréntesis *mpl*.] angulares dobles ／ 波かっこ {} llaves *fpl*.

かっこいい (人が) gua*po*[*pa*], bien pareci*do*[*da*], (物が) boni*to*[*ta*], (動詞) (人・物が) tener buena apariencia ‖ 彼はかっこいい Él tiene buena planta. ／ 君の車はとてもかっこいい Tu coche farda mucho.

かっこう 格好/恰好 forma *f*., aspecto *m*., apariencia *f*. ‖ 格好がよい (姿・形が) tener buena presencia ／ 格好が悪い (姿・形が) tener mala presencia, ser fe*o*[*a*] ／ 窮屈な格好で眠る dormir en una postura incómoda ／ 格好をつける cuidar *su* apariencia, aparentar bien ／ そんな格好をするな ¡No te vistas así! ／ 四十格好の(人) cuarentañe*ro*[*ra*] (*mf*.)
▶格好の (適当な) adecua*do*[*da*], conveniente ‖ 4人家族には格好の家 casa *f*. adecuada para una familia de cuatro personas
☑年格好 ‖ 私の父親ぐらいの年格好の男性 un señor más o menos de la edad de mi padre

かっこう 郭公 (鳥類) cuco *m*.(雄・雌), cuclillo *m*. (雄・雌)

かっこう 滑降 (スキー) descenso *m*.
▶滑降する descender velozmente por una colina
☑滑降競技「competición *f*. [prueba *f*.] de descenso

がっこう 学校 escuela *f*., (小中校) colegio *m*., (公立高校) instituto *m*., (各種学校) academia *f*. ‖ 学校に行く ir「al colegio [a la escuela] ／ 学校に入る「entrar [ingresar] en el colegio ／ 学校を出る (卒業する) graduarse en la escuela, terminar la escuela ／ 学校を休む faltar a clase ／ 今日、学校が始まる [終わる] Hoy「comienzan [terminan] las clases. ／ 今週は学校がない (授業がない) Esta semana no hay clases.
☑学校医 médi*co*[*ca*] *mf*. escolar
☑学校給食 almuerzo *m*. escolar
☑学校教育 educación *f*. escolar
☑学校行事 evento *m*. escolar
☑学校生活 vida *f*.「escolar [colegial]

◪ 学校閉鎖 (臨時休校) cierre *m.* temporal de la escuela
◪ 学校法人 fundación *f.* educacional
◪ 学校年 año *m.* escolar

学校

かっこく 各国 cada país *m.* ‖ 各国の代表 representante *com.* de cada país ／ 世界各国の国旗 banderas *fpl.* de los países del mundo

かっこわるい かっこ悪い (人が) mal pareci*do*[da], (人・物が) feo[a], 《動詞》(人・物が) tener mala apariencia

かっさい 喝采 aplauso *m.*, aclamación *f.*, (大喝采) ovación *f.* →はくしゅ(拍手) ‖ ファンから喝采を浴びる recibir el aplauso de los aficionados
▶喝采する ‖ 拍手喝采する aplaudir, aclamar, ovacionar

がっさく 合作 colaboración *f.*, trabajo *m.* en común, (映画など) coproducción *f.* ‖ 西仏合作の映画 película *f.* de coproducción hispanofrancesa

かつじ 活字 letra *f.* de「imprenta [molde], 《印刷》tipo *m.* ‖ 活字に親しむ tener la costumbre de leer ／ 活字を組む《印刷》componer
◪ 活字体 ‖ 活字体で書く escribir en letras de molde
◪ 活字メディア medios *mpl.* de comunicación escrita

かっしゃ 滑車 polea *f.*, garrucha *f.* ‖ 滑車で荷物を持ち上げる「levantar [elevar] una carga con una polea

がっしゅく 合宿 concentración *f.* ‖ 合宿に参加する participar en una concentración ／ 8日間の合宿を実施する realizar una concentración de ocho días
▶合宿する concentrarse
◪ 合宿所 lugar *m.* de la concentración

がっしょう 合唱 coro *m.*
▶合唱する cantar a coro
▶合唱(隊)の coral
◪ 合唱団/合唱隊 coro *m.*, coral *f.*, orfeón *m.*
◪ 合唱曲 coro *m.*, canción *f.*「coral [para coro]
◪ 合唱コンクール concurso *m.*「de coros [coral]

がっしょう 合掌
▶合掌する juntar las manos para rezar

かっしょく 褐色 color *m.* pardo, (茶色) color *m.* marrón
▶褐色の par*do*[da], (茶色の) marrón

がっしり
▶がっしりした (体格が) robus*to*[ta], fuerte, (構造が) sóli*do*[da] ‖ がっしりした骨組み estructura *f.* sólida

かっすい 渇水 sequedad *f.*, sequía *f.*
◪ 渇水期 época *f.* de sequía, (乾季) estación *f.* seca

かっせい 活性
▶活性の《化学》acti*vo*[va], activa*do*[da]
◪ 活性剤 activador *m.*
◪ 活性酸素 especies *fpl.* reactivas de oxígeno
◪ 活性炭 carbón *m.* activado

かっせいか 活性化 activación *f.*
▶活性化する activar ‖ 労働市場を活性化する activar el mercado「laboral [de trabajo]

かっそう 滑走 deslizamiento *m.*
▶滑走する deslizarse, rodar, (空を) planear ‖ 氷の上を滑走する「patinar [deslizarse] sobre el hielo
◪ 滑走路 (離陸の) pista *f.* de despegue, (着陸の) pista *f.* de aterrizaje

がっそう 合奏 concierto *m.*
▶合奏する tocar en un concierto
◪ 合奏曲 concierto *m.*

カッター (裁縫用) cortadora *f.*, (ナイフ) cúter *m.*, (小型船舶) cúter *m.* ‖ カッターで切る cortar con un cúter

がったい 合体 incorporación *f.*, (合併) fusión *f.*
▶合体する incorporarse, fusionarse, unirse

がっち 合致 coincidencia *f.* →いっち(一致)
▶合致する coincidir 《con》 ‖ 定められた目的に合致する ceñirse al objetivo fijado

かっちゅう 甲冑 armadura *f.*

がっちり
▶がっちりと ‖ がっちりと握手する「estrechar [dar] la mano con fuerza
▶がっちりした (体格が) robus*to*[ta], (構造が) sóli*do*[da], (けちな) taca*ño*[ña], ava*ro*[ra] ‖ がっちりした骨格 constitución *f.* robusta ／ お金にがっちりしている ser taca*ño*[ña] con el dinero

ガッツ agallas *fpl.*, coraje *m.*
▶ガッツ(の)ある tener「agallas [coraje] ‖ ガッツ(の)ある人 persona *f.* con agallas
◪ ガッツポーズ ‖ ガッツポーズを取る levantar *su* puño en señal de triunfo

かって 勝手 ❶ (台所) cocina *f.*
◪ 勝手口 puerta *f.* de servicio

◪ **勝手仕事** trabajos *mpl.* de cocina
❷ (様子)‖私は新しい仕事の勝手がわからない No me desenvuelvo bien [en [con] mi nuevo trabajo. ／台所は使い勝手が悪い La cocina es incómoda de usar. ／この仕事は勝手が違う Este trabajo es diferente al que estoy acostumbra*do[da]*.
❸ (自由きまま)‖彼は勝手ばかりを言う Él no dice más que lo que se le antoja. ／彼女はわがままで勝手だ Ella es egoísta y arbitraria. ／勝手気ままに暮らす vivir a *su* 「aire [gusto] ／勝手ながら新製品のカタログをお送りさせていただきます Me tomo la libertad de enviarles el catálogo de nuevos productos. ／そんな勝手は許されない No se permite semejante capricho. ／それはお前の勝手だ Eso es asunto tuyo.

▶**勝手な** egoísta, arbitra*rio*[*ria*], (気まぐれな) caprichoso[sa]‖勝手な理屈 razonamiento *m.* arbitrario

▶**勝手に** libremente, por *su* propia voluntad, (無許可で) sin permiso‖法律を勝手に解釈する interpretar a *su* manera una ley ／勝手に家に入る entrar en la casa sin permiso

(慣用)勝手にしろ ¡Haz lo que quieras!｜(慣用)¡Allá tú!

(慣用)勝手知ったる他人の家(のように振る舞う)(慣用)andar como Pedro por su casa

かつて antes, antiguamente ⇒ いぜん(以前)・むかし(昔)‖かつて栄えた文明 civilización *f.* que floreció antiguamente ／こんな利口な犬はいまだかつて見たことがない Nunca había visto un perro tan listo como este. ／かつてない出来事 acontecimiento *m.* inédito ／こんなことはかつて起らなかった Esto nunca había sucedido 「antes [hasta ahora].

▶**かつての** de antes‖この町にはかつてのにぎわいはない Esta ciudad no tiene la misma prosperidad de antes.

カッテージチーズ requesón *m.*

かっと‖かっと目を見開く abrir bien los ojos
▶**かっとなる** montar en cólera, (慣用)subirse a ALGUIEN la sangre a la cabeza‖彼はかっとなって電話を乱暴に切った En un arrebato de ira él colgó el teléfono de golpe.

カット (挿絵) dibujo *m.*, grabado *m.*, ilustración *f.*, (髪の) corte *m.*, (映画の) escena *f.*‖本にカットを入れる ilustrar un libro ／ノーカットで(映画が) sin cortes, en versión íntegra ／カット！(撮影で)¡Corten!

▶**カットする** (切断する) cortar, (削除する) suprimir, borrar‖髪をカットする cortar el pelo ／ファイルをカットする《IT》「borrar [suprimir] un archivo

◪ **賃金カット** recorte *m.* salarial

◪ **カット・アンド・ペースト(する)**《IT》cortar y pegar

◪ **カットグラス** cristal *m.* tallado

ガット (ラケットの) cordaje *m.*‖ラケットにガットをはる encordar una raqueta

ガット GATT (英語のThe General Agreement on Tariffs and Trade「関税および貿易に関する一般協定」の略) GATT *m.*, Acuerdo *m.* General sobre Comercio y Aranceles

かっとう 葛藤 conflicto *m.*, lucha *f.*‖葛藤が生じる surgir *un conflicto* ／心の葛藤/心理的葛藤 conflicto *m.* [psicológico [mental] ／理想と現実の間の葛藤 lucha *f.* entre el ideal y la realidad

かつどう 活動 actividad *f.*‖火山の活動 actividad *f.* de un volcán

▶**活動する** trabajar, 「hacer [realizar, ejercer] una actividad‖そのグループは毎週土曜に活動する El grupo realiza sus actividades todos los sábados.

▶**活動的な** activo[va]‖活動的な組織 organización *f.* activa ／活動的な人 persona *f.* activa

◪ **救助活動**‖敏速に救助活動を行う realizar las actividades de rescate inmediatamente

◪ **活動家** (政治的な) activista *com.*, militante *com.*

◪ **活動主義**《哲学》activismo *m.*

◪ **活動範囲** campo *m.* de acción

かっとばす かっ飛ばす‖ホームランをかっ飛ばす pegar un jonrón monumental

かっぱ 河童《日本語》*kappa m.*, (説明訳) criatura *f.* mitológica del folclore japonés, (泳ぎの巧い人) *buen*[*buena*] nada*dor*[*dora*] *mf.*

(慣用)屁のかっぱ‖そんなことは屁のかっぱだ(慣用)Eso es coser y cantar.

◪ **かっぱ巻き** *sushi m.* relleno de pepino

カッパ 合羽 capa *f.* para la lluvia, impermeable *m.*

かっぱつ 活発‖この自治体では市民の環境活動が活発であるEn este municipio son intensas las actividades ecológicas que realizan los vecinos.

▶**活発な** activo[va], vivo[va], anima*do*[*da*], enérgico[ca]‖活発な少女 niña *f.* activa ／活発な性格 carácter *m.* activo

▶**活発に** activamente, enérgicamente, vivamente‖活発に動き回る moverse 「enérgicamente [activamente] ／活発に議論する discutir acaloradamente

かっぱらい 搔っ払い rate*ría f.*, hurto *m.*, (人) rate*ro*[*ra*] *mf.*, descuide*ro*[*ra*] *mf.*

かっぱらう 搔っ払う《話》escamotear, 《話》birlar, 《話》choricear, (盗む) robar, hurtar

かっぷ 割賦 ⇒ ぶんかつ(分割)

カップ ❶ taza *f.*‖カップ1杯の水を加える

añadir una taza de agua
◪ コーヒーカップ taza *f.* de café
◪ カップ麺 vaso *m.* de fideos
❷ (優勝杯) copa *f.*
❸ (ブラジャーの) copa *f.* (del sujetador) ‖ Bカップ copa *f.* B

かっぷく 恰幅 ‖恰幅の良い de buena planta, 《動詞》 tener buena「presencia física [planta]／恰幅の良い男 hombre *m.* de buena planta

カップリング 《機械》《継ぎ手》acoplamiento *m.*,《結合》unión *f.*,《化学》acoplamiento *m.*
◪ クロスカップリング《化学》acoplamiento *m.* cruzado
◪ カップリング反応《化学》 reacción *f.* de acoplamiento
◪ カップリングパーティー cita *f.* rápida, (説明ży) fiesta *f.* de solteros para encontrar pareja

カップル pareja *f.* ‖新婚のカップル pareja *f.* de recién casados／ペドロとマルタはとても似合いのカップルである Pedro y Marta hacen muy buena pareja.

がっぺい 合併 fusión *f.*, unión *f.*, (吸収による) absorción *f.* ‖2つの銀行の合併 fusión *f.* de dos bancos
▶合併する（〜を）fusionar, unir, （〜が）fusionarse, unirse ‖その3つの町を合併する fusionar los tres municipios／その3つの町が合併した Los tres municipios se fusionaron.／我が社は外国の企業と合併した Nuestra empresa se fusionó con una empresa extranjera.
◪ 合併症 complicaciones *fpl.* ‖その患者（男性）に術後の合併症が起きた A ese paciente se le presentaron complicaciones pos(t)operatorias.

かっぽ 闊歩
▶闊歩する caminar con pasos lentos y largos ‖政界を闊歩する「camp(e)ar [moverse] a *sus* anchas en el mundo político

かつぼう 渇望 sed *f.*, anhelo *m.*, ansia *f.*, hambre *f.* ‖平和への渇望 anhelo *m.* por la paz
▶渇望する anhelar, ansiar, tener「hambre [sed]《de》‖富を渇望する「anhelar [ansiar, tener hambre de] riquezas／渇望している estar ansio*so*[*sa*]《de》／民衆は自由を渇望していた El pueblo「estaba ansioso [tenía hambre] de libertad.

かっぽう 割烹 alta cocina *f.* japonesa
◪ 割烹着 delantal *m.* con mangas
◪ 割烹店 restaurante *m.* de alta cocina japonesa

がっぽり ‖がっぽり稼ぐ ganar un dineral,《話》forrarse／がっぽり手数料をとられた Me cobraron una comisión sustanciosa.

かつやく 活躍 ‖ゴールキーパーの活躍でチームは勝った El equipo ganó el partido gracias a la excelente actuación de su portero.／競技会で目ざましい活躍をする tener una actuación destacada en una competición
▶活躍する tener una participación activa, desempeñar un papel importante

かつやくきん 括約筋《解剖》esfínter *m.*

かつよう 活用 ❶ (利用) aprovechamiento *m.*, utilización *f.*, (応用) aplicación *f.* ‖人材の活用 aprovechamiento *m.* de recursos humanos
▶活用する utilizar, aprovechar, sacar partido《de》, (応用する) aplicar ‖新しい技術を活用する utilizar una nueva tecnología／時間を最大限に活用する aprovechar al máximo el tiempo／太陽エネルギーをエネルギー源として活用する utilizar la energía solar como fuente de energía
◪ 活用法「manera *f.* [forma *f.*, modo *m.*] de aprovechar
❷ (動詞の変化) conjugación *f.* ‖動詞の活用《文法》conjugación *f.* verbal
▶活用する (動詞を) conjugar, (動詞が) conjugarse ‖スペイン語では動詞が活用する Los verbos se conjugan en español.
◪ 活用語 palabra *f.* variable
◪ 活用語尾 desinencia *f.*, terminación *f.*

かつら 鬘 peluca *f.*, (部分的な) peluquín *m.* ‖かつらをつける ponerse una peluca／かつらをつけている llevar peluca

かつりょく 活力 vitalidad *f.*, energía *f.*, (生命力) fuerza *f.* vital ‖活力がある tener vitalidad／活力を取り戻す「recuperar [recobrar] la vitalidad／活力を蓄える hacer acopio de energía,《慣用》cargar pilas／私は活力がつくので焼き肉が好きだ Me gusta la carne asada porque me da vitalidad.／活力にあふれた青年 joven *m.* 「lleno [rebosante] de vitalidad

カツレツ ⇒カツ

かて 糧 (糧食) alimento *m.* ‖日々の糧を得る《慣用》ganarse el pan de cada día／心の糧 nutrición *f.* mental／失敗を糧にする aprender de un fracaso

かてい 仮定 suposición *f.*, supuesto *m.*, (仮説) hipótesis *f.*[=*pl.*] ‖仮定に基づく basarse en「un supuesto [una hipótesis]／仮定をたてる plantear「un supuesto [una hipótesis]
▶仮定の/仮定的な supues*to*[*ta*], hipotético[*ca*] ‖これはあくまでも仮定の話だ Esto no es más que una「suposición [hipótesis].
▶仮定する suponer ‖〜と仮定して suponiendo que『+接続法』, en el supuesto de que『+接続法』／火事が起こったと仮定して… Suponiendo que se haya declarado un incendio...

◪仮定法《文法》subjuntivo *m.*
かてい 家庭 familia *f.*, hogar *m.* ‖ 暖かい家庭 hogar *m.* acogedor ／ 幸せな家庭を築く formar una familia feliz ／ 家庭に入る abandonar el trabajo y convertirse en a*mo*[*ma*] de casa
▶家庭の case*ro*[*ra*], familiar ‖ 家庭のしつけ disciplina *f.* familiar ／ 家庭の事情 circunstancias *fpl.* familiares ／ 家庭の事情で por razones familiares
▶家庭的な hogare*ño*[*ña*], case*ro*[*ra*], familiar ‖ 家庭的な人 persona *f.* hogareña ／ 家庭的な雰囲気のレストラン restaurante *m.* de ambiente familiar
▶家庭用の para el hogar, de uso doméstico ‖ 家庭用のバッテリー batería *f.* 「para el hogar [de uso doméstico]
◪母子家庭 familia *f.* monoparental de madre e hijo(s)
◪父子家庭 familia *f.* monoparental de padre e hijo(s)
◪家庭科 ciencia *f.* doméstica
◪家庭環境 「ambiente *m.* [entorno *m.*] familiar
◪家庭教育 educación *f.* familiar
◪家庭教師 profe*sor*[*sora*], *mf.* particular
◪家庭菜園 huerto *m.* familiar
◪家庭裁判所 juzgado *m.* de familia
◪家庭生活 vida *f.* familiar
◪家庭争議 disputa *f.* familiar
◪家庭内暴力 violencia *f.* doméstica
◪家庭崩壊 colapso *m.* familiar
◪家庭訪問 visita *f.* al hogar
◪家庭用品 artículos *mpl.* 「del [para el] hogar
◪家庭用電化製品 → かでん(家電)
◪家庭欄 (新聞などの) páginas *fpl.* de hogar
◪家庭料理 「cocina *f.* [comida *f.*] casera
かてい 過程 proceso *m.* ‖ 妊娠から出産までの過程 proceso *m.* que va desde el embarazo hasta el parto ／ ～の過程にある 「estar [encontrarse] en un proceso《de》／ 成長の過程を経る experimentar un proceso de crecimiento ／ 結果より過程を重視する dar más importancia al proceso que al resultado
◪生産過程 proceso *m.* de producción
かてい 課程 curso *m.*, (カリキュラム) currículo *m.* escolar ‖ 博士課程 doctorado *m.* ／ 中学校の課程を終了する terminar el curso de la escuela secundaria
カテゴリー categoría *f.* ‖ データをカテゴリーで分類する clasificar los datos por categorías, categorizar los datos
▶カテゴリー化 categorización *f.*
がてら →ついで ‖ 彼はいつも散歩がてらに公園で運動をする Él siempre aprovecha el paseo para hacer ejercicio en el parque.

かでん 家電 electrodomésticos *mpl.*
◪家電メーカー empresa *f.* fabricante de electrodomésticos
◪家電リサイクル法 Ley *f.* de Reciclaje de Electrodomésticos
がてん 合点 合点がいく entender, caer《en》／ 今合点がいったよ Ahora caigo. ／ 君がしたことに私はまだ合点がいかない Todavía no entiendo lo que hiciste.
がでんいんすい 我田引水 《慣用》llevar el agua a *su* molino, 《慣用》barrer 「hacia [para] dentro
かど 角 esquina *f.*, (隅) rincón *m.* ‖ 机の角 esquina *f.* de la mesa ／ アルカラ通りとセビリア通りの角に en la esquina de la calle de Alcalá con la de Sevilla ／ 机を角に置く esquinar una mesa, poner la mesa en 「la esquina [el rincón]／ 角の店 tienda *f.* de la esquina ／ 角のある人 persona *f.* áspera, antipát*ico*[*ca*] *mf.* ／ 角を左に曲がる doblar la esquina a la izquierda
〔慣用〕角が立つ ‖ 彼の介入で角が立った Su intervención complicó las cosas.
〔慣用〕角がとれる madurar, ablandarse, volverse más sociable
〔慣用〕目に角を立てる《慣用》echar fuego por los ojos
◪角部屋 habitación *f.* esquinada
かど 過度
▶過度の excesi*vo*[*va*], demasia*do*[*da*], exagera*do*[*da*] ‖ 過度の疲労 cansancio *m.* excesivo, exceso *m.* de 「cansancio [fatiga]／ 過度の運動を避ける evitar el exceso de ejercicio físico
▶過度に en exceso, excesivamente ‖ 過度に緊張する ponerse excesivamente nervio*so*[*sa*]／ 新しい大統領(男性)に過度に期待する poner excesivas expectativas en el nuevo presidente
かとう 下等
▶下等な inferior, ba*jo*[*ja*], (下品な) vil
◪下等植物 plantas *fpl.* inferiores
◪下等動物 animales *mpl.* inferiores
かとう 果糖 《化学》fructosa *f.* ‖ 果糖を含む contener fructosa
かとう 過当 → かど(過度)
◪過当競争 competencia *f.* excesiva
かどう 可動
▶可動の/可動式の movible, móvil ‖ 可動式の棚 estantería *f.* móvil
◪可動性 movilidad *f.*
◪可動橋 puente *m.* móvil
かどう 華道 「arreglo *m.* [arte *m.*] floral → いけばな(生け花)
◪華道家 artista *com.* de *ikebana*
かどう 稼働 operación *f.*, funcionamiento *m.*
▶稼働する operar, funcionar, (人が) traba-

jar
- 稼働時間 horas *fpl.* de funcionamiento
- 稼働人口 mano *f.* de obra, fuerza *f.* laboral
- 稼働日数 número *m.* de días de「operación [funcionamiento], (人の) número *m.* de días trabajados
- 稼動率 índice *m.* de rendimiento, (可用性) factor *m.* de disponibilidad

かとうせいじ 寡頭政治 oligarquía *f.*
▶寡頭政治の oligárqui*co*[*ca*]

かとき 過渡期 período *m.* de transición ‖ 過渡期にある encontrarse en (un) período de transición

かとく 家督 jefatura *f.* de la familia ‖ 家督を相続する heredar la casa / 家督を継ぐ asumir la jefatura de la familia / 家督を長男に譲る ceder la dirección de la casa al primogénito
- 家督相続人 hereder*o*[*ra*] *mf.*

かどで 門出 comienzo *m.* ‖ 人生の門出に立つ estar en el umbral de la vida / 私たちは新生活の門出を祝ってもらった Nos han felicitado por el comienzo de nuestra nueva vida.

かどまつ 門松 《日本語》 kadomatsu *m.*, (説明訳) decoración *f.* hecha con pino y bambú para el Año Nuevo

カドミウム 《化学》cadmio *m.*《記号 Cd》
カトラリー cubierto *m.*
かとりせんこう 蚊取り線香 incienso *m.*「contra [para] mosquitos,《アルゼンチン・ウルグアイ》espiral *f.* ‖ 蚊取り線香を焚く quemar incienso contra mosquitos

カトリック religión *f.* católica, catolicismo *m.*
▶カトリックの católi*co*[*ca*]
- カトリック教会 iglesia *f.* católica
- カトリック教徒 católi*co*[*ca*] *mf.*

かな 仮名 《日本語》*kana m.*, (説明訳) caracteres *mpl.* silábicos de la escritura japonesa, (仮名の表) silabario *m.* japonés
- かな書き‖かな書きする escribir en「*kana* [silabario japonés]
- かな遣い uso *m.* del「*kana* [silabario japonés]

かなあみ 金網 red *f.* de alambre, tela *f.* metálica, (窓ガラス用) alambrera *f.* ‖ 金網を張る cubrir ALGO con tela metálica

かない 家内 ❶ (自分の妻) mi mujer, mi esposa
❷ (家の内・家族) ‖ 家内安全を祈る rezar por la paz y seguridad de la familia
- 家内工業 industria *f.* familiar
- 家内手工業 artesanía *f.* familiar

かなう 叶う (実現する) cumplirse, hacerse realidad, prosperar ‖ かなわぬ恋 amor *m.* imposible / 私の夢がかなった Mi sueño se hizo realidad. / 君の望みがついにかなった Por fin se「materilizaron [hicieron realidad] tus deseos.

かなう 適う (適合する) ser conforme《a》, (満たす) satisfacer ‖ 条件にかなう「satisfacer [cumplir] las condiciones / 道理にかなった opinión *f.* razonable / 法にかなった判決 sentencia *f.* conforme a la ley / 心にかなう男性を探す buscar un hombre ideal / 礼儀作法にかなったふるまいをする comportarse conforme a las reglas de urbanidad

かなう 敵う (匹敵する) igualar(se)《a》‖ 知性で彼にかなう人は誰もいない No hay quien lo supere en inteligencia. ¦《慣用》A él no hay quien le tosa en inteligencia. / 暑くてかなわない No puedo con este calor.

かなえる 適える/叶える (実現させる) realizar, cumplir, (満たす) satisfacer ‖ 夢をかなえる「realizar [cumplir] *su* sueño / 念願をかなえる materializar *sus* deseos

かなきりごえ 金切り声 chillido *m.* ‖ 金切り声をあげる chillar, dar chillidos

かなぐ 金具 herraje *m.*, (留め金具) broche *m.*

かなくず 金屑 chatarra *f.* (de metal)

かなしい 悲しい/哀しい triste ‖ 悲しい話 historia *f.* triste / 悲しい知らせ noticia *f.* triste / 悲しい気持ちになる ponerse triste / 悲しい顔をする poner cara triste / テレビに映る悲惨な映像を見るのは悲しい Da pena ver esas imágenes horribles que salen en la tele. / この川は悲しい事に我が国で最も汚染が進んでいることで有名です Este río es tristemente famoso por ser el más contaminado de nuestro país.

かなしみ 悲しみ/哀しみ tristeza *f.*, pena *f.*, dolor *m.*, aflicción *f.* ‖ 悲しみに沈む「sumirse [hundirse] en la tristeza / 悲しみをこらえる/悲しみに堪える aguantar una「tristeza [pena] / 悲しみの色を顔に浮かべる tener una expresión de tristeza en la cara / 父の死で彼女は悲しみのどん底に突き落とされた La muerte de su padre la sumió en una profunda tristeza. / 彼女は悲しみのあまり何日も家に閉じこもった Su tristeza fue tal que se quedó encerrada en casa durante muchos días. / 悲しみを乗りこえる「superar [vencer] una tristeza / 深い悲しみを感じる sentir una profunda tristeza

かなしむ 悲しむ/哀しむ sentir tristeza, entristecerse《por》, afligirse《de, con, por》 ‖ 深く悲しむ entristecerse「profundamente [enormemente] / 友人の死を悲しむ sentir tristeza por la muerte de un amigo / 息子の病気は両親を悲しませた La enfermedad del hijo entristeció a sus padres.

かなた lejos, más allá ‖ 海のかなたに más

かなづち allá del mar, allende「el mar [los mares]／遥かかなたに a lo lejos／水平線の遥かかなたに en el lejano horizonte

かなづち 金槌　martillo *m*.‖金槌でくぎを打つ golpear un clavo con un martillo

カナッペ　canapé *m*.

かなでる 奏でる　tocar, interpretar,（弦楽器を）tañer‖ギターを奏でる tañer la guitarra／悲しいメロディーを奏でる tocar una melodía triste／ロマンチックな楽曲を奏でる interpretar una pieza romántica

かなめ 要　（要点）punto *m*. esencial,（問題の）quid *m*.,（扇の）clavillo *m*.‖税制改革のかなめ eje *m*. de la reforma fiscal／そこが問題のかなめだ Ahí está el quid de la cuestión.

かなもの 金物　utensilio *m*. metálico,《集合名詞》ferretería *f*.
▫金物店　ferretería *f*.
▫金物屋（人）ferrero[ra] *mf*.

かならず 必ず　（間違いなく）sin falta,（確かに）sin duda,（常に）siempre‖貴方に必ずメールを送ります Le voy a enviar un correo electrónico sin falta.／必ずトレドを訪れてください No deje de visitar Toledo.／私が彼と出かける時は必ずといってよいほど雨が降る Casi siempre llueve cuando salgo con él.
▶必ずしも〜ではない no siempre 『+直説法』, no necesariamente『+直説法』独創的であることは必ずしも良いわけではない No siempre es bueno ser original.／君にとって良いことが必ずしも彼女に良いとは限らない Lo que es bueno para ti no lo es necesariamente para ella.
☞輝くもの必ずしも金ならず《諺》No es oro todo lo que reluce.

かなり　bastante,（顕著に）considerablemente, notablemente‖外国人の観光客の数が昨年かなり増えた El año pasado aumentó considerablemente el número de turistas extranjeros.／政情はかなり安定した La situación política se ha estabilizado「bastante [notablemente].
▶かなりの　bastante, considerable, notable‖かなりの金額 considerable suma *f*. de dinero／この町にはかなりの数の薬局がある Hay un número considerable de farmacias.

カナリア　canario *m*.,（雌）canaria *f*.

かなわない　⇒かなう（敵う）

かに 蟹　cangrejo *m*.

かにざ 蟹座　Cáncer *m*.
▶蟹座生まれの(人) cáncer (*com*.)《性数不変》‖蟹座生まれの女性たち las mujeres cáncer

がにまた 蟹股‖がに股である tener las piernas arqueadas
▶がにまたの(人) estevado[da] (*mf*.)

かにゅう 加入　inscripción *f*.
▶加入する inscribirse《en》, abonarse《a》, darse de alta《en》,（団体に）afiliarse《a》‖自然保護団体に加入する afiliarse a una organización ecologista／保険に加入する contratar un seguro《en》／スポーツクラブに加入する hacerse socio[cia] de un club deportivo
▶加入させる　dar de alta a ALGUIEN《en》‖従業員たちを社会保険に加入させる dar de alta a los empleados en la Seguridad Social
▫加入資格年齢　edad *f*. para la inscripción
▫加入者　afiliado[da] *mf*., miembro *com*., socio[cia] *mf*.‖携帯電話の加入者 abonado[da] *mf*. al (teléfono) móvil

カヌー　canoa *f*.,（競技用の）piragua *f*.‖カヌーを漕ぐ remar una canoa／カヌーで川を横断する cruzar un río en una canoa
▫カヌー競技　piragüismo *m*.
▫カヌー選手　piragüista *com*.

かね 金　❶（金属）metal *m*.
▶金の（金属の）metálico[ca]
❷（金銭）dinero *m*.,《中南米》plata *f*.
[金が]‖金がある tener dinero／金がない no tener dinero／一銭も金がない no tener ni un céntimo,《慣用》「estar [andar] a dos velas／金が足りない／金が不足している Falta dinero.／時間も金もない no tener ni tiempo ni dinero／金がつきかけている《慣用》estar en las últimas／金があまっている Sobra dinero.／金がうなるほどある nadar en dinero,《慣用》apalear oro,《慣用》nadar en la abundancia／旅行は金がかかる Cuesta dinero viajar.
[金で]‖金で済む問題だ Es un asunto que se arregla con dinero.／金で買う comprar ALGO con dinero／すべてが金で買えるわけではない No todo se puede comprar con dinero.
[金に]‖この商売は金になる Este negocio es「rentable [lucrativo, provechoso].／不動産を金にする convertir los bienes inmuebles en dinero／金に困っている「estar [andar] mal de dinero, andar escaso[sa] de dinero／金のためにする hacer ALGO por dinero
[金を]‖金をためる「ahorrar [acumular] dinero／金を使う gastar [emplear] dinero／ATMで金をおろす sacar dinero del cajero automático／金を出す soltar dinero,（融資機関が）financiar／しぶしぶ金を出す《慣用》「aflojar [soltar] la mosca,《慣用》rascarse el「bolsillo [bolso]／金を寄付する donar dinero／金をせびる pedir dinero《a》,（話）dar un sablazo《a》／金を払う pagar, abonar dinero／金を稼ぐ「ganar [conseguir, obtener] dinero／金を儲ける《慣用》hacer dinero／銀行に金を預ける depositar dinero en un banco／金を与える

dar dinero《a》／金を得る「ganar [obtener] dinero／金を徴収する recaudar dinero／金を集める「juntar [recolectar] dinero／金を借りる pedir dinero prestado／金を返す devolver el dinero／金を貸す「prestar [dejar] dinero《a》, (融資する) financiar／金を持ち合わせる llevar dinero encima／どんなに金を積まれても私は絶対に家を売らない Nunca venderé la casa por mucho dinero que me ofrezcan.／金を数える contar (el) dinero, (確認のために) comprobar el dinero／金をくずす（紙幣を硬貨に）cambiar un billete en monedas／教育に金をかける invertir dinero en educación／あまり金をかけずに sin gastar mucho dinero
▶金の pecunia*rio[ria]*, moneta*rio[ria]*, (財政の) financie*ro[ra]* ‖ 金の問題 problema *m.* de dinero
[慣用]金が物を言う Con el dinero se consigue todo. ¦ El dinero habla.
[慣用]金に汚い ser taca*ño[ña]*, ser ava*ro[ra]*,《慣用》estrujar el dinero
[慣用]金に物を言わせて a fuerza de dinero
[慣用]金に目がくらんで cega*do[da]* por el dinero
[慣用]金のなる木《慣用》la gallina de los huevos de oro
[慣用]金を握らせる sobornar
[慣用]金を寝かせておく guardar dinero sin invertirlo, no invertir el dinero
[慣用]金を巻き上げる chupar el dinero《de》,「quitar [sonsacar] el dinero《a》
[慣用]金を湯水のようにつかう／金に糸目をつけない gastar dinero a manos llenas,《慣用》「tirar [echar] la casa por la ventana
[諺]金の切れ目が縁の切れ目 Si tus dineros se van, tus amigos también se irán.
[諺]金は天下の回りもの El dinero no tiene dueño.
[諺]時は金なり《諺》El tiempo es「oro [dinero].
[諺]地獄の沙汰も金次第《諺》Poderoso caballero es don dinero.
[諺]先立つ物は金 El dinero es lo primero.

かね 鐘 campana *f.* ‖ 鐘の音 campanada *f.*, sonido *m.* de campana／鐘をつく／鐘を鳴らす tocar la campana, (何度も) repicar una campana／鐘が鳴る sonar *una campana*, (何度も) repicar *una campana*／村中に鐘が鳴り響く Las campanas resuenan en todos los rincones del pueblo.

かねあい 兼ね合い equilibrio *m.*, armonía *f.* ‖ 需要と供給の兼ね合い equilibrio *m.* entre oferta y demanda／予算と出費の兼ね合いが難しい Es difícil armonizar los gastos con el presupuesto.

かねがね お会いしたいとかねがね思っておりました Quería conocerle a usted desde hace mucho tiempo.

かねつ 加熱 calentamiento *m.*
▶加熱する calentar
◪加熱機 calentador *m.*
◪加熱処理 tratamiento *m.* térmico
◪加熱殺菌処理 esterilización *f.* térmica

かねつ 過熱 recalentamiento *m.*, sobrecalentamiento *m.*
▶過熱する recalentarse, sobrecalentarse ‖ エンジンが過熱した Se「recalentó [sobrecalentó] el motor.／会議で議論が過熱した La discusión se acaloró en la reunión.

かねづかい 金遣い ‖ 金遣いがあらい gastar dinero a manos llenas, derrochar dinero／金遣いのあらい人 gasta*dor[dora] mf.*, derocha*dor[dora] mf.*, despilfarra*dor[dora] mf.*

かねづまり 金詰まり ‖ 金詰まりで por falta de dinero, (現金不足で) por falta de liquidez／金詰まりである「estar [andar] mal de dinero

かねづる 金蔓 (スポンサー) patrocina*dor [dora] mf.*, (収入源) fuente *f.* de ingresos

かねて →かねがね ‖ かねてからの計画 proyecto *m.* planeado desde hace tiempo／かねてからの私たちの望みが実現した Se cumplió nuestro deseo de muchos años.

かねばなれ 金離れ ‖ 金離れの良い(人) gene*roso[sa]* (*mf.*) con *su* dinero, dadivo*so[sa]* (*mf.*) con *su* dinero

かねまわり 金回り ‖ 金回りが良い「estar [andar] bien de dinero,《話》《慣用》estar monta*do[da]* en el dólar／金回りが悪い「estar [andar] mal de dinero

かねめ 金目 ‖ 金目のもの objeto *m.* de valor

かねもうけ 金儲け ‖ 金儲けがうまい saber hacer dinero
▶金儲けする ganar dinero,《慣用》hacer dinero

かねもち 金持ち rico*[ca] mf.*, adinera*do [da] mf.*, (大金持ち) millona*rio[ria] mf.* ‖ 金持ちになる hacerse rico*[ca]*, enriquecerse

かねる 兼ねる ❶ (2つ以上のことを) compaginar ‖ 書斎を兼ねた居間 salón *m.* que sirve también de despacho／彼は市会議員と会社社長を兼ねる El compagina el cargo de concejal con el de presidente de una empresa.／職場で複数の職務を兼ねる desempeñar varias funciones en el trabajo／私の仕事は趣味と実益を兼ねる Mi trabajo me permite divertirme y a la vez ganar dinero.
[諺]大は小を兼ねる《諺》Quien puede lo más puede lo menos.
❷ (～しかねる) Es difícil 『+不定詞』. ‖ 私はこの条件には応じかねる Me es difícil aceptar estas condiciones.
▶～しかねない ser capaz de 『+名詞句・不

定詞』‖彼はどんな事でもしかねない Él es capaz de (hacer) cualquier cosa.

カネロニ 《料理》canelones *mpl.*

かねん 可燃
▶可燃性 combustibilidad *f.*, (引火性) inflamabilidad *f.*
▶可燃性の combustible, (引火性の) inflamable
◩可燃ごみ basura *f.* combustible
◩可燃物 material *m.* combustible

かのう 化膿 supuración *f.*, 《医学》purulencia *f.*
▶化膿する supurar, infectarse ‖ 化膿した傷 herida *f.* infectada
◩化膿止め antiséptico *m.*

かのう 可能
▶可能である ser posible, poder『+不定詞』‖ 年をとってもスポーツをすることは可能だ Es posible practicar algún deporte siendo mayor. / 私は日本の滞在を延期することが可能だ Puedo prolongar mi estancia en Japón.
▶可能な posible, (あり得る) probable ‖ 実現可能な計画 proyecto *m.* viable / 可能な選択肢の一つ una de las opciones posibles
▶可能な限り ‖ 私は可能な限り被災者を援助します Voy a ayudar a los damnificados en lo que pueda.
▶可能にする hacer posible, permitir, posibilitar ‖ 科学はクリーンエネルギーの利用を可能にした La ciencia ha hecho posible el aprovechamiento de la energía limpia.
▶可能ならば ‖ 可能ならば、私は株主総会に参加したい「Si es posible [Si puede ser], quiero asistir a la junta de accionistas.
▶可能性 posibilidad *f.*, probabilidad *f.* ‖ 余震が起こる可能性は高い Hay una gran posibilidad de que se produzcan réplicas. / 観光業は成長の大きな可能性がある El sector turístico tiene mayores posibilidades de crecer. / 会社に多様な可能性が開ける Se abren diversas posibilidades para la empresa. / 行方不明者が生存する可能性が少なくなっている Se reducen las posibilidades de encontrar con vida a los desaparecidos.

かのじょ 彼女 (恋人) novia *f.* ‖ 彼女(恋人)はいますか ¿Tienes novia?
▶彼女は/彼女が ella
▶彼女の su『+名詞』,『名詞+』suyo[ya]
▶彼女に le
▶彼女を la
◩彼女自身 ella misma

かば 河馬 hipopótamo *m.* (雄・雌)

カバー funda *f.*, (本の) cubierta *f.*, (上張りの) forro *m.* (音楽の)《英語》cover *m.*, canción *f.* versionada ‖ カバーをかける tapar, cubrir con la funda / カバーをとる destapar, quitar la funda
▶カバーする cubrir ‖ 欠点をカバーする suplir el defecto / 損失をカバーする「cubrir [compensar] las pérdidas / いくつかの分野をカバーする abarcar varios ámbitos / ビートルズをカバーする hacer un *cover* de Los Beatles
◩カバーガール chica *f.* de la portada
◩カバーガラス cubreobjetos *m.*[=*pl.*]
◩カバーバージョン *cover m.*, versión *f. cover*

かばう 庇う proteger, amparar, (弁護する) defender ‖ 腕の傷をかばう proteger la herida del brazo / 娘をかばって父親は手を負傷した El padre se lastimó la mano al proteger a su hija.

かばやき 蒲焼き ‖ うなぎの蒲焼き anguila *f.* a la parrilla con salsa dulce de soja

かはん 河畔 orilla *f.* del río, ribera *f.* ‖ 信濃川の河畔に「en [a] la orilla del río Shinano

かばん 鞄 cartera *f.*, (ハンドバッグ) bolso *m.*, (アタッシュケース) maletín *m.*, (トランク) baúl *m.*, (スーツケース) maleta *f.*

かはんしん 下半身 parte *f.* inferior del cuerpo, parte *f.* de cintura para abajo ‖ 下半身を鍛える ejercitar la parte inferior del cuerpo / 下半身が麻痺している estar paralítico[ca] de cintura para abajo
◩下半身不随 paraplejia *f.*, paraplejía *f.* ‖ 下半身不随の(人) paraplé*ji*co[ca] (*mf.*)

かはんすう 過半数 mayoría *f.* ‖ 過半数を得る obtener la mayoría / 過半数を割る perder la mayoría / 過半数に満たない no llegar a la mayoría / 過半数の支持で選ばれる「ser [salir] elegido[da] por mayoría
◩絶対的過半数 mayoría *f.* absoluta

かひ 可否 (善し悪し) lo bueno y lo malo, (賛否) los pros y los contras ‖ 可否を決定する determinar lo favorable y lo desfavorable / 可否を論じる sopesar los pros y los contras

かび 黴 moho *m.* ‖ かびが生える ponerse mohoso[sa], enmohecer(se), (古くさくなる) hacerse anticua*do*[da] / かびだらけである estar lle*no*[na] de moho
▶かびる ponerse moho*so*[sa]
▶かびた moho*so*[sa]
◩青かび moho *m.* azul
◩白かび moho *m.* blanco
◩かび止め fungicida *m.*, funguicida *m.*

かび 華美
▶華美な suntuo*so*[sa], pompo*so*[sa], visto*so*[sa] ‖ 華美な装飾 decoración *f.* suntuosa
▶華美に ‖ 華美に着飾った女性 mujer *f.* suntuosamente vestida

かびくさい 黴臭い 「oler [saber] a moho ［慣用］かび臭い考え idea *f.* anticuada

がびょう 画鋲　chincheta *f*. ‖ 壁に地図を画鋲で止める「clavar [fijar] un mapa con chinchetas en la pared／画鋲をとる sacar una chincheta

かびん 花瓶　florero *m*., jarrón *m*. ‖ 花瓶に花を生ける colocar flores en un florero

かびん 過敏　‖ 彼は電磁波に過敏だ Él es hipersensible a las ondas electromagnéticas.
▶ 過敏な hipersensible 《a》‖ 過敏な反応 reacción *f*. hipersensible／過敏な肌 piel *f*. hipersensible
◪ 過敏症《医学》hipersensibilidad *f*., anafilaxia *f*.
◪ 過敏性腸症候群《医学》síndrome *m*. del intestino [colon] irritable

かぶ 株　❶《切り株》tocón *m*.,《根元》raíz *f*. ❷《株式》acción *f*.,《株市場》bolsa *f*. ‖ 株が上がる［下がる］「subir [bajar] *las acciones*／株が上がっている［下がっている］Las acciones están en「alza [baja].／株を買う［売る］「comprar [vender] acciones／株をやる「jugar a la [invertir en] bolsa／株でもうける ganar (dinero) en la bolsa
〔慣用〕株を上げる mejorar *su* imagen pública
〔慣用〕それは彼のお株だ Es su especialidad.
◪ 株券「certificado *m*. [título *m*.] de acción
◪ 株取引 compraventa *f*. de acciones

かぶ 蕪　rábano *m*.

かぶ 下部　parte *f*. inferior
▶ 下部に en la parte inferior
◪ 下部構造 infraestructura *f*.
◪ 下部組織 organización *f*. afiliada, filial *f*.

カフェ　cafetería *f*., café *m*. ‖ カフェに入る entrar en una cafetería
◪ カフェオレ café *m*. con leche
◪ カフェテラス cafetería *f*. con terraza
◪ カフェバー café *m*. bar

カフェイン　cafeína *f*. ‖ カフェインをふくむ contener cafeína／カフェインを抜く descafeinar／私はカフェインで眠れなくなる La cafeína me quita el sueño.／カフェイン抜きのコーヒー descafeinado *m*., café *m*. descafeinado

カフェテリア ⇒カフェ

かぶか 株価　「precio *m*. [valor *m*.] de una acción ‖ A銀行の株価が上がる［下がる］「Sube [Baja] el precio de las acciones del Banco A.／昨日株価が急騰した Las acciones se dispararon ayer.／昨日株価が暴落した Las acciones se「desplomaron [derrumbaron] ayer.／株価が安定している Las acciones se mantienen estables.／株価が不安定である Las acciones son inestables.／株価が底入れする La bolsa cae al nivel más bajo.／株価を維持する mantener estable el precio de las acciones／株価の変動 fluctuaciones *fpl*. bursátiles／株価の暴騰 fuerte subida *f*. de las acciones／株価の暴落 desplome *m*. de las acciones
◪ 株価規制 regulación *f*. bursátil
◪ 株価指数 índice *m*. bursátil
◪ 株価収益率《英語》PER *m*. (Price to Earnings Ratioの略), relación *f*. precio-beneficio
◪ 株価操作 manipulación *f*. bursátil

がぶがぶ　‖ がぶがぶ飲む beber a grandes tragos／酒をがぶがぶ飲む beber como una esponja,《慣用》empinar el codo

かぶき 歌舞伎《日本語》*kabuki m*.,（説明訳）teatro *m*. tradicional japonés caracterizado por su drama estilizado y sus actores maquillados elaboradamente ‖ 歌舞伎を見る ver el *kabuki*／歌舞伎に出る actuar en el *kabuki*
◪ 歌舞伎役者 actor *m*. de *kabuki*

かぶしき 株式　acción *f*.,（株券）「certificado *m*. [título *m*.] de acción ‖ 株式を発行する emitir acciones／1株当たり3円の配当金 dividendo *m*. de tres yenes por acción
◪ 株式会社 sociedad *f*. anónima
◪ 株式公開 oferta *f*. pública de venta
◪ 株式公開買付 oferta *f*. pública de adquisición de acciones
◪ 株式市場 mercado *m*. 「bursátil [de valores], bolsa *f*.
◪ 株式相場 cotización *f*. bursátil
◪ 株式ディーラー agente *com*. de bolsa
◪ 株式投資 inversión *f*. 「bursátil [en bolsa]
◪ 株式取引 operación *f*. bursátil
◪ 株式取引所 bolsa *f*. de valores
◪ 株式仲買人 corredor[dora] *mf*. de bolsa
◪ 株式配当 dividendo *m*.,（株券での配当）dividendo *m*. en acciones
◪ 株式発行 emisión *f*. de acciones
◪ 株式分割「división *f*. [desdoblamiento *m*.] de acciones
◪ 株式持ち合い propiedad *f*. cruzada

カフス《服飾》puño *m*.
◪ カフスボタン gemelos *mpl*. ‖ カフスボタンをする usar los gemelos

かぶせる 被せる　cubrir, tapar,（かける）echar ‖ 赤ん坊に毛布をかぶせる「cubrir [tapar] al bebé con una manta／頭から水をかぶせる echar agua sobre la cabeza《a》／鍋に蓋をかぶせる tapar la olla con una tapadera／映像にナレーションをかぶせる añadir una narración a las imágenes／罪をかぶせる echar la culpa《a》, culpar

カプセル　cápsula *f*.
◪ カプセル内視鏡 cápsula *f*. endoscópica
◪ カプセルホテル hotel *m*. cápsula

かふそく 過不足　‖ 過不足がない Ni sobra ni falta nada.／過不足なく説明する explicar lo justo y necesario, explicar ni mucho ni poco

カプチーノ（コーヒー）capuchino *m*.

かぶと 兜/冑 yelmo *m.*, casco *m.* de guerrero ‖ かぶとをかぶる［とる］「ponerse [quitarse] el yelmo
【慣】かぶとを脱ぐ 《慣用》quitarse el sombrero
【諺】勝ってかぶとの緒を締めよ No te duermas en los laureles.

かぶとむし 甲虫/兜虫 escarabajo *m.* rinoceronte

かぶぬし 株主 accionista *com.*, propieta*rio[ria]* *mf.* de las acciones ‖ 株主になる hacerse accionista
◪ 株主権 derechos *mpl.* de accionistas
◪ 株主総会 junta *f.* general de accionistas
◪ 株主配当金 dividendo *m.* a accionistas
◪ 株主配分 reparto *m.* de beneficios entre los accionistas
◪ 株主名簿 lista *f.* de los accionistas
◪ 株主優待 servicio *m.* exclusivo para los accionistas

がぶり ‖ 犬が肉片にがぶりと食いついた Un perro pegó un buen bocado al trozo de carne.

かぶりつく ‖ りんごにかぶりつく「pegar [dar] un mordisco a una manzana ／ 舞台にかぶりついてショーを見る ver un espectáculo pega*do[da]* al escenario

かぶる 被る ❶（頭の上にのせる）ponerse ‖ 帽子をかぶる ponerse un sombrero
❷（覆われる）cubrirse, taparse ‖ 毛布をかぶる taparse con una manta ／ 町は火山灰をかぶった La ciudad se cubrió de cenizas volcánicas.
❸（上から浴びる）‖ 水をかぶる（自分で）echarse agua
❹（引き受ける）aceptar,（罪を）cargar 《con》‖ 他人の罪をかぶる「cargar con [pagar] culpas ajenas

かぶれ irritación *f.* 「de la piel [cutánea]」‖ 皮膚にかぶれを起こす provocar irritación en la piel

かぶれる（皮膚が）irritarse,（感化される）imbuirse《de》‖ 私の皮膚はすぐかぶれる Mi piel se irrita con facilidad. ／ 彼はニーチェの考えにかぶれている Él está imbuido de las ideas nietzscheanas.

かふん 花粉 polen *m.* ‖ 風が花粉を飛ばす El viento hace volar el polen. ／ ミツバチが花粉を運ぶ Las abejas transportan el polen.
◪ 花粉アレルギー alergia *f.* al polen
◪ 花粉症 polinosis *f.*[=*pl.*], fiebre *m.* del heno,（アレルギー性鼻炎）rinitis *f.*[=*pl.*] alérgica

かべ 壁 ❶（仕切り）pared *f.*,（囲壁）muro *m.* ‖ 厚い［薄い］壁 pared *f.* 「gruesa [delgada] ／ コンクリートの壁 pared *f.* de hormigón ／ 壁を白く塗る pintar la pared de blanco ／ 部屋を壁で仕切る separar la habitación con una pared ／ 壁にはめこむ incrustar ALGO en la pared ／ 写真を壁にかける colgar una foto en la pared ／ 地震で壁が崩れた El muro se 「derrumbó [desplomó, desmoronó, cayó] con el terremoto.
▶壁の mural
【諺】壁に耳あり 《諺》Las paredes oyen.
◪ 壁掛け colgadura *f.*, tapiz *m.*
◪ 壁掛けテレビ televisor *m.* para colgar en la pared
◪ 壁紙 papel *m.* 「pintado [mural, de pared], empapelado *m.* ‖ 壁紙を張る empapelar la pared
◪ 壁新聞 periódico *m.* mural
❷（障害）barrera *f.*, obstáculo *m.* ‖ 壁につきあたる/壁にぶつかる tropezar con un obstáculo ／ 壁を乗り越える「superar [romper] una barrera

かへい 貨幣 （通貨・硬貨）moneda *f.*,（お金）dinero *m.* ‖ 貨幣を鋳造する acuñar moneda
▶貨幣の moneta*rio[ria]*
◪ 貨幣価値 valor *m.* monetario
◪ 貨幣経済 economía *f.* monetaria
◪ 貨幣主義《経済》monetarismo *m.*
◪ 貨幣制度 sistema *m.* monetario
◪ 貨幣単位 unidad *f.* monetaria

かべん 花弁 《植物》pétalo *m.*

かほう 下方
▶下方に abajo ‖ 町が下方に見える Se ve la ciudad abajo.
▶下方へ「para [hacia] abajo ‖ 下方に行く ir hacia abajo
◪ 下方修正 revisión *f.* [ajuste *m.*] a la baja ‖ 経済成長の予測を下方修正する revisar a la baja las previsiones de crecimiento económico

かほう 果報 buena suerte *f.*
【諺】果報は寝て待て《諺》Con paciencia se gana el cielo. ¦《諺》No por mucho madrugar amanece más temprano.
◪ 果報者 persona *f.* de suerte

かほう 家宝 tesoro *m.* familiar, reliquia *f.* de familia

かほご 過保護 sobreprotección *f.* ‖ 過保護に育てられた子供 ni*ño[ña]* *mf.* sobreprotegi*do[da]* ／ 彼は息子に過保護だ Él 「sobreprotege [protege excesivamente] a su hijo. ／ 両親の過保護が子供に悪影響を及ぼす La sobreprotección de los padres hacia los niños perjudica a estos.

かぼそい か細い （痩せた）fla*co[ca]*, delga*do[da]* ‖ か細い声で話す hablar 「con un hilo de voz [con voz débil]

かぼちゃ 南瓜 calabaza *f.*,《南米》zapallo *m.*

かま 釜/窯/竈 （鍋）olla *f.*,（炉）horno *m.*,（ボイラー）caldera *f.* ‖ 窯で焼く cocer en el horno

〖慣〗我々は同じ釜の飯を食った仲だ Hemos vivido bajo el mismo techo.

かま 鎌　hoz *f*. ‖ 草を鎌で刈る「cortar [segar] hierba con una hoz

〖慣〗鎌を掛ける《慣用》tirar de la lengua a ALGUIEN

かまう 構う　❶（気にかける）preocuparse 《por》,（迷惑である）molestar, importar ‖ 私のことは構わないでください No se preocupe por mí. ／人が何と言おうと構わない No me importa lo que digan los otros. ／来たければ来ても構わない Si quieres, puedes venir. ／どちらでも構わない Me da igual. ／身なりに構わない descuidar *su* apariencia ／タバコを吸って構いませんか ¿No le molesta que fume? ¦ ¿Puedo fumar? ／どうぞお構いなく No se moleste.
❷（世話をする）cuidar, cuidar《de》‖ その老女には構ってくれる人がいない Esa anciana no tiene quien la cuide.
❸（からかう）gastar bromas《a》,《慣用》tomar el pelo《a》‖ 猫を構う jugar con un gato ／子供たちを構うな ¡No tomes el pelo a los niños!

かまえ 構え　（構造）estructura *f*.,（姿勢）postura *f*., posición *f*. ‖ 立派な構えの家 casa *f*. imponente ／城の構え estructura *f*. de un castillo ／反撃の構えをとる ponerse en posición de contraataque ／すきのない構えをとる adoptar una postura cautelosa ／構え方（格闘技の）postura *f*. de preparación

かまえる 構える ‖ 店を構える（開店する）「abrir [poner] una tienda,（経営する）「llevar [regentar] una tienda ／一家を構える casarse y tener una casa ／銃を構える empuñar una pistola ／カメラを構える dirigir la cámara《a, hacia》／のんびり構える adoptar una actitud relajada ／構えた態度 actitud *f*. defensiva

がまがえる 蝦蟇　sapo *m*.（雄・雌）

かまきり 蟷螂　mantis *f*.[=*pl*.]（religiosa）,《アルゼンチン》mamboretá *m*.

かまぼこ 蒲鉾　pasta *f*. de pescado blanco al vapor

かまめし 釜飯　arroz *m*. cocido con varios ingredientes en una olla individual

がまん 我慢　（忍耐力）paciencia *f*., aguante *m*.,（寛大）tolerancia *f*. → にんたい（忍耐）‖ 我慢強い paciente, sufri*do*[*da*] ／我慢できない《慣用》no poder《con》／（私は）もう我慢できない Ya no aguanto más. ／我慢できない痛み dolor *m*. 「insoportable [inaguantable] ／ああいう話し方は我慢ならない No tolero esa manera de hablar. ／我慢に我慢を重ねる《慣用》aguantar carros y carretas
▶我慢する aguantar, soportar,（大めに見る）tolerar ‖ 笑いを我慢する contener la risa

／もうちょっと我慢して Ten un poco más de paciencia. ／小さいワンルームで我慢する conformarse con un estudio pequeño

カマンベール　camembert *m*. → チーズ

かみ 神　dios *m*.,（女神）diosa *f*.,（異教の）Dios *m*., Señor *m*. ‖ 神に祈る adorar a Dios ／神に祈る rezar a Dios,《慣用》hablar con Dios ／神に捧げる「ofrendar [tributar] ALGO a Dios ／神にかけて誓う jurar por Dios ／神にすがる aferrarse a Dios ／神に仕える servir a Dios
▶神の divi*no*[*na*] ‖ 神の恩寵 gracia *f*. divina

〖慣〗神も仏もない No hay ni Dios ni Buda. ¦（運に恵まれない）《慣用》estar deja*do*[*da*] de la mano de Dios

〖慣〗真実は神のみぞ知る Solo Dios sabe la verdad.

〖諺〗触らぬ神にたたりなし Es mejor dejar las cosas como están. ¦《諺》Al perro que duerme, no lo despiertes.

〖諺〗捨てる神あれば拾う神あり《諺》Cuando una puerta se cierra, otra se abre.

〖諺〗苦しい時の神頼み《諺》Solo se acuerda de Santa Bárbara cuando truena.

かみ 紙　papel *m*. ‖ 一枚の紙 un papel, una hoja (de papel) ／紙を漉く「fabricar [elaborar] papeles ／紙を切る cortar un papel ／紙を折る plegar un papel ／紙をちぎる rasgar un papel en pedazos ／紙をくしゃくしゃに丸める arrugar una hoja de papel ／紙を破る romper un papel ／紙に書く escribir ALGO en papel ／紙に包む envolver ALGO en un papel ／紙で包む envolver ALGO con papel ／プリンタに紙が詰まった Se ha atascado el papel en la impresora.
◪紙おむつ pañal *m*. desechable
◪紙切れ trozo *m*. de papel
◪紙コップ vaso *m*. de papel
◪紙細工 trabajo *m*. de papel
◪紙製品 producto *m*. de papel
◪紙テープ cinta *f*. de papel
◪紙ナプキン servilleta *f*. de papel
◪紙挟み carpeta *f*.
◪紙飛行機 avión *m*. de papel
◪紙風船 globo *m*. de papel
◪紙袋 bolsa *f*. de papel
◪紙巻きタバコ cigarrillo *m*.
◪紙やすり papel *m*. de lija, lija *f*.

かみ 髪　pelo *m*., cabello *m*. ‖ 縮れた髪「pelo *m*. [cabello *m*.] rizado ／乾燥した髪「pelo *m*. [cabello *m*.] seco ／柔らかい髪「pelo *m*. [cabello *m*.] suave ／硬い髪「pelo *m*. [cabello *m*.] duro,（剛毛）pelo *m*. hirsuto ／豊かな髪 abundante cabello *m*. ／薄い髪 escaso cabello *m*. ／髪の毛 pelo *m*., cabello *m*. ／髪の毛を抜く arrancar un pelo ／髪の毛をひっぱる tirar de los pelos,（喧嘩

で) andar a la greña／髪が黒い tener el pelo negro／髪がふさふさしている tener abundante pelo／髪が薄い tener poco pelo／髪がすぐに伸びる El pelo crece rápido.／髪が乱れる despeinarse, desgreñarse／髪を洗う(自分の) lavarse el pelo,(人の) lavar el pelo《a》／髪をとかす(自分の) peinarse,(人の) peinar／髪を結ぶ(自分の) atarse el pelo,(人の) atar el pelo《a》／髪をほどく(自分の) soltarse el pelo,(人の) soltar el pelo《a》／髪をセットする(自分の) arreglarse el pelo,(人の) arreglar el pelo《a》／髪を染める(自分の) teñirse el pelo,(人の) teñir el pelo／髪を刈る/髪を切る(自分の) cortarse el pelo,(人の) cortar el pelo《a》／髪を切りに床屋へ行く ir a la peluquería para cortarse el pelo／(悔しくて)髪をかきむしる《慣用》tirarse de los pelos

[慣用]髪を下ろす(僧籍に入る)《慣用》tomar el hábito budista

▫ 髪飾り accesorio *m*. para cabello
▫ 髪型 peinado *m*., corte *m*. de pelo

かみ 加味
▶加味する(味をつける) sazonar, aderezar,(取り入れる) incorporar ‖ 消費者の意見を加味する incorporar las opiniones de los consumidores

かみあう 噛み合う engranar, encajar《con》‖ 前車と後車の歯車と噛み合わせる engranar una rueda dentada con otra／上の歯と下の歯が噛み合わない Los dientes superiores no encajan con los inferiores.／彼らの意見は噛み合わない Ellos tienen opiniones discordantes. ¦ Sus opiniones no ⌜coinciden [concuerdan].

かみあわせ 噛み合わせ 《機械》 engranaje *m*., encaje *m*.

かみかくし 神隠し desaparición *f*. como por arte de magia ‖ 神隠しにあったように《慣用》(como) por arte de ⌜encanto [encantamiento, magia, birlibirloque]

がみがみ ‖ がみがみ言う regañar, reñir

かみきず 咬み傷 mordedura *f*., mordida *f*.

かみきる 噛み切る cortar ALGO con los dientes

かみくず 紙屑 papel *m*. usado, basura *f*. de papel,(比喩的に)《慣用》papel *m*. mojado ‖ この書類は紙くず同然だ Este documento es papel mojado.

かみくだく 噛み砕く masticar, mascar ‖ 噛み砕いて説明する explicar ALGO lisa y llanamente

かみころす 噛み殺す matar a mordiscos,(感情を) aguantar, reprimir ‖ あくびをかみ殺す ⌜contener [reprimir, aguantar] un bostezo

かみざ 上座 cabecera *f*., asiento *m*. de honor ‖ 上座に座る sentarse en la cabecera de la mesa

かみしばい 紙芝居 《日本語》 *kamishibai m*.,(説明訳) teatrillo *m*. ambulante para niños en el que se cuentan historias mediante láminas ilustradas

かみしはんき 上四半期 primer trimestre *m*. del año

かみしめる 噛み締める(よく噛む) masticar bien,(じっくり味わう) saborear ‖ 喜びをかみしめる saborear la alegría

かみそり 剃刀 navaja *f*. de afeitar ‖ かみそりの刃 hoja *f*. de afeitar

▫ 安全かみそり maquinilla *f*. de afeitar,《メキシコ・コロンビア》rastrillo *m*.
▫ 電気かみそり máquina *f*. (eléctrica) de afeitar, afeitadora *f*. (eléctrica)

かみつ 過密
▶過密な ‖ 過密なスケジュール agenda *f*. apretada, calendario *m*. apretado
▫ 過密ダイヤ apretado horario *m*. de trenes
▫ 過密都市 ciudad *f*. superpoblada

かみつく 噛み付く morder ‖ 犬が男の子の腕に噛み付いた El perro mordió al niño en el brazo.／上司に噛み付く protestar ⌜rabiosamente [airadamente] a *su* je*fe*[*fa*]

かみづまり 紙詰まり atasco *m*. de papel ‖ コピー機が紙詰まりを起こした Se ha atascado el papel en la fotocopiadora.

かみなり 雷(音) trueno *m*.,(光) relámpago *m*., rayo *m*. ‖ 雷が鳴る tronar《3人称単数形の無主語で》／雷が光る relampaguear《3人称単数形の無主語で》, resplandecer *un relámpago*／雷に打たれる ser fulmina*do*[*da*] por un rayo／雷に打たれて死ぬ morir fulmina*do*[*da*] por un rayo／森に雷が落ちた Cayó un rayo en el bosque.／父の雷が落ちた Mi padre me echó una bronca tremenda.

[慣用]雷を落とす tronar《con, contra》,《慣用》echar rayos

[慣用]雷おやじ padre *m*. colérico, tío *m*. furibundo

[慣用]地震、雷、火事、おやじ Terremotos, truenos, incendios y papá son las cosas más temibles.

かみはんき 上半期 primer semestre *m*. del año

かみひとえ 紙一重
▶紙一重の ‖ 紙一重の差 mínima diferencia *f*.,／紙一重の差で勝つ ganar por ⌜los pelos [la mínima]

かみふぶき 紙吹雪 confeti *m*. ‖ 紙吹雪をまく lanzar confeti

かみわざ 神業 milagro *m*., prodigio *m*. ‖ そのゴールは神業だった Ese gol fue un ⌜milagro [prodigio].

かみん 仮眠

▶仮眠する dormir un rato, 「echarse [descabezar] un sueño
カミングアウト
▶カミングアウトする《慣用》salir del armario
かむ 擤む ▶鼻をかむ sonarse, sonar la nariz
かむ 噛む/咬む morder, (かみ砕く) masticar ‖ 歯で噛む masticar, mascar ／ 残っている歯で食べ物を噛む masticar la comida con los dientes que quedan ／ よく噛んで食べる masticar bien 「los alimentos [la comida] /爪 [舌, 唇] を噛む (自分の) morderse 「las uñas [la lengua, los labios] ／ 犬が飼い主を咬んだ El perro mordió a su dueño.
(慣用)噛んで含めるように説明する《慣用》explicar ALGO 「punto por punto [ce por be, ce por ce]
カム 《機械》leva f.
▫カム軸 árbol m. de levas
ガム chicle m., goma f. de mascar ‖ ガムを噛む 「masticar [mascar] chicle
▫ガムテープ cinta f. 「americana [adhesiva]
がむしゃら
▶がむしゃらに (必死に) como un[una] loco[ca], (先のことを考えずに) sin pensar en las consecuencias ‖ がむしゃらに働く trabajar como un[una] loco[ca] ／ がむしゃらに勉強する《話》empollar,《慣用》hincar los codos
ガムシロップ sirope m. de azúcar
カムバック reaparición f., vuelta f. a escena →ふっき(復帰)
▶カムバックする reaparecer, retornar, volver a escena ‖ テレビにカムバックする 「hacer su reaparición [reaparecer] en televisión
カムフラージュ camuflaje m.
▶カムフラージュする camuflar ‖ 車にカムフラージュをする camuflar un coche
かめ 瓶/甕 tinaja f., cántaro m. ‖ 瓶に水を張る llenar una tinaja 「de [con] agua
▫水瓶 tinaja f. de agua
かめ 亀 tortuga f. (雄・雌), galápago m. (雄・雌) ‖ 亀の甲羅 caparazón m.
(慣用)鶴は千年亀は万年 ⇒つる(鶴)
(諺)亀の甲より年の功《諺》Más sabe el diablo por viejo que por diablo.
かめい 加盟 adhesión f., afiliación f.
▶加盟する adherirse《a》, afiliarse《a》, ingresar《en》‖ 日本は1951年に国連に加盟した 「se adhirió a [ingresó en] la ONU en 1951.
▫加盟国 país m. miembro, país m. socio
▫加盟店 tienda f. afiliada
かめい 仮名 nombre m. ficticio, (ペンネーム) seudónimo m., (偽名) nombre m. falso ‖ 仮名を使う utilizar un seudónimo ／ 人物の名前はすべて仮名である Todos los nombres de los personajes son ficticios.
がめつい aprovechado[da], codicioso[sa], avaro[ra] ‖ がめついやつだ Es un tipo aprovechado.
カメラ cámara f. (fotográfica) ‖ カメラが動かない No funciona la cámara. ／ カメラを持ち歩く llevar consigo una cámara ／ カメラを構える dirigir la cámara《a, hacia》
▫カメラマン fotógrafo[fa] mf., (テレビ・映画の) cámara com.,《アルゼンチン・ウルグアイ・コロンビア》camarógrafo[fa] mf.
▫カメラアングル ángulo m. de cámara
▫カメラ店 tienda f. de cámaras
カメレオン camaleón m. (雄・雌)
かめん 仮面 máscara f., careta f. ‖ 仮面を着ける ponerse una máscara, enmascararse ／ 仮面を外す quitarse la máscara, desenmascararse ／ 仮面をかぶっている llevar una máscara ／ 仮面をはぐ desenmascarar, (本性を知らしめる)《慣用》quitar la máscara《a》
▫仮面舞踏会 baile m. de 「máscaras [disfraces], mascarada f.,《中南米》baile m. de fantasía
がめん 画面 (スクリーン) pantalla f., (映像) imagen f. ‖ 50インチの画面 pantalla f. de 50 pulgadas
かも 鴨 pato m. silvestre (雄・雌), ánade m(f)., (雄・雌), (騙されやすい人) 「presa f. [víctima f.] fácil ‖ 鴨を狩る cazar patos
(慣用)鴨にする engañar
(慣用)鴨になる convertirse en una presa fácil, dejarse engañar fácilmente ‖ 老人たちは詐欺師のいい鴨になる Los ancianos son una presa fácil para los estafadores.
(慣用)鴨が葱を背負ってくる《慣用》venir a ALGUIEN como pavo de mayo
▫鴨池 estanque m. de patos
▫鴨肉 carne f. de pato
▫鴨猟 caza f. de patos
かもい 鴨居《建築》dintel m.
かもく 科目 asignatura f., materia f. ‖ 科目を選ぶ elegir una asignatura ／ 君の好きな科目は何ですか ¿Cuáles son tus asignaturas favoritas?
▫自由科目 asignatura f. de libre elección
▫専攻科目 asignatura f. 「troncal [de especialidad]
▫選択科目 asignatura f. optativa
▫必修科目 asignatura f. obligatoria
かもく 寡黙 寡黙である ser taciturno[na],《慣用》ser de pocas palabras
▶寡黙な taciturno[na], callado[da]
かもしか 羚羊 antílope m. (雄・雌)
かもしれない 「Es posible [Puede] que 『+接続法』. ‖ 明日は雨かもしれない Puede que llueva mañana. ／ 彼はスペイン人かもしれ

かもす 醸す (醸造する) fabricar, (生み出す) crear, provocar ‖ なごやかな雰囲気を醸す/醸し出す crear un ambiente cordial / 物議を醸す「provocar [levantar] una polémica

かもつ 貨物 carga *f.*, mercancía *f.*, cargamento *m.* ‖ 列車で貨物を輸送する transportar mercancías「en [por] tren / 船に貨物を積む cargar un barco, cargar mercancías en un barco / 船から貨物をおろす descargar un barco, descargar mercancías de un barco
▫ 貨物自動車 camión *m.*
▫ 貨物ターミナル/貨物集積所 terminal *f.* de cargas
▫ 貨物船「buque *m.* [barco *m.*] de carga, carguero *m.*
▫ 貨物輸送機 avión *m.* de carga
▫ 貨物料金 porte *m.* de mercancías
▫ 貨物列車 tren *m.* de「mercancías [carga]

カモミール (植物) manzanilla *f.*

かもめ 鷗 gaviota *f.* (雄・雌)

かや 蚊帳 mosquitero *m.*, mosquitera *f.* ‖ 蚊帳を吊るす「poner [colgar] un mosquitero / 蚊帳を外す quitar un mosquitero / 蚊帳の中で寝る dormir bajo un mosquitero
(慣用) 蚊帳の外(におく)《慣用》hacer el vacío 《a》‖ 私はずっと蚊帳の外で何も知らない No me entero de nada porque me hacen el vacío.

がやがや ‖ がやがや騒ぎ立てる protestar ruidosamente《por, contra》
▶ がやがやした ruido*so*[sa] ‖ 待合室ががやがやしている En la sala de espera hay mucho barullo.

かやく 火薬 pólvora *f.* ‖ 工場で火薬が爆発した Explotó la pólvora en la fábrica.
▫ 黒色火薬 pólvora *f.* negra
▫ 火薬庫 polvorín *m.*
▫ 火薬工場 fábrica *f.* de pólvora

かやくごはん 加薬御飯 (説明訳) arroz *m.* con verduras, champiñones, carne o pescado

カヤック kayak *m.*
▫ カヤック競技 kayak *m.*

かやぶき 茅葺き
▫ 茅葺き屋根 tejado *m.* de paja

かゆ 粥 gachas *fpl.* de arroz ‖ 粥をつくる hacer gachas de arroz

かゆい 痒い「tener [sentir] picor, picar, (むず痒い) hormiguear ‖ 私は背中がかゆい Me pica la espalda. | 「Tengo [Siento] picor en la espalda. / このタオルを使うとかゆくなる Esta toalla me produce picor.
(慣用) 痒い所に手が届く | かゆい所に手が届くサービスを提供する ofrecer un servicio esmerado《a》

かゆみ 痒み picor *m.*, picazón *f.*, comezón *f.*,《医学》prurito *m.*, (むず痒さ) hormigueo *m.* ‖ 掻かないで痒みをがまんする aguantar el picor sin rascarse
▫ かゆみ止め antipruriítico *m.*

かよい 通い 通いの従業員 emplea*do*[da] *mf.* exter*no*[na] / 通いのお手伝いさんを探す buscar una asistenta externa

かよう 通う ir《a》, acudir《a》, (頻繁に) frecuentar ‖ 学校へ通う ir「al colegio [a la escuela] / 勤めに通う ir al trabajo / 病院へ定期的に通う ir periódicamente al hospital / AとB間はバスが通っている Hay servicio de autobuses entre A y B. / 全身に血が通う La sangre circula por todo el cuerpo.

かようきょく 歌謡曲 pop *m.*, canción *f.* popular

がようし 画用紙 cartulina *f.*, papel *m.* de dibujo
▫ 画用紙帳「cuaderno *m.* [bloc *m.*] de dibujo

かようせい 可用性 《IT》factor *m.* de disponibilidad

かようび 火曜日 martes *m.*[=*pl.*]
▶ 火曜日に el martes

かよわい か弱い débil, delica*do*[da], frágil

から ❶ (場所) de, desde ‖ 仕事から戻る「volver [venir] del trabajo / 彼はスペインから来ました Él ha venido de España. / 福岡から札幌まで desde Fukuoka hasta Sapporo / 第3章から読む leer「desde el [a partir del] capítulo tres
❷ (時間・年齢) de, desde, a partir de ‖ 明日から新学期が始まる El nuevo año escolar comienza a partir de mañana. / 映画を見てから食事する comer después de ver una película / 15歳から18歳までの若者 jóvenes *mpl.* (de edades comprendidas) entre quince y dieciocho años / 20歳から a partir de los veinte años / 子供から大人まで楽しめる映画 buena película *f.* para「niños y mayores [todos los públicos] / ゼロから数える contar「desde [a partir de] cero
❸ (材料) de, con, a partir de ‖ このワインは黒ブドウから作る Este vino se hace con uvas negras.
❹ (出どころ) de, de parte de ‖ 私は夫からの電話を受けた Recibí una llamada de parte de mi marido.
❺ (原因・理由) por, a causa de ‖ 好奇心からコンサートに行く ir a un concierto por curiosidad

から 空 ‖ 私の財布は空だ Mi billetera está vacía.
▶ 空の vací*o*[a], (中空の) hue*co*[ca] ‖ 空の鍋 olla *f.* vacía
▶ 空にする/空になる vaciar / vaciarse, quedar vací*o*[a] ‖ タンクを空にする vaciar un

から 殻 (卵などの) cáscara *f.*, (甲殻類の) caparazón *m.*, (穀物の) granzas *fpl.* ‖ クルミの殻 cáscara *f.* de nuez ／卵の殻 cáscara *f.* de huevo ／殻を割る romper la cáscara 〔慣用〕もぬけの殻だ No queda nadie ni nada. ¦ No hay ni un alma.
〔慣用〕自分の殻から出る salirse de *su* caparazón
〔慣用〕自分の殻に閉じこもる《慣用》meterse en *su* 「concha [caparazón]

がら 柄 (模様) dibujo *m.*, (デザイン) diseño *m.* ‖ 派手な柄の服 traje *m.* de diseño llamativo ／柄が大きい人 persona *f.* grande ／柄の悪い男 hombre *m.* grosero ／私は政治家なんて柄でもない No tengo madera de político. ／君は柄にもないことを言う No es propio de ti decir eso.

カラー (色) color *m.*, (えり) cuello *m.* ‖ カラーで印刷する imprimir en color
◳カラーコピー機 fotocopiadora *f.* en color
◳カラー写真 「foto *f.* [fotografía *f.*] en color
◳カラースプレー pulverizador *m.* de color
◳カラーチャート tabla *f.* de colores
◳カラーテレビ televisor *m.* en color
◳カラーフィルム película *f.* en color
◳カラープリンタ impresora *f.* en color
◳カラープリント (印刷) impresión *f.* en color
◳カラーポジフィルム diapositiva *f.* en color

がらあき がら空き ‖ レストランはがら空きだ El restaurante está desierto.
▶がら空きの casi vacío[a], desierto[ta] ‖ がら空きの駐車場 aparcamiento *m.* casi vacío

からあげ 空揚げ fritura *f.*, fritos *mpl.* ‖ 鶏肉の空揚げ *m.* frito, fritura *f.* de pollo
▶空揚げをする freír

からい 辛い picante, (塩辛い) salado[da], (厳しい) severo[ra] ‖ 辛いスパイス especia *f.* picante ／甘いものと辛いものを lo dulce y lo picante, (甘いものと塩辛いもの) lo dulce y lo salado ／このソースは辛い Esta salsa es picante. ¦ (味付けが) Esta salsa está picante. ／点が辛い先生 profesor[sora] *mf.* severo[ra] en la calificación

からいばり 空威張り fanfarronería *f.*
▶空威張りの(人) fanfarrón[rrona] (*mf.*)
▶空威張りする fanfarronear, 《慣用》tirarse el moco

カラオケ 《日本語》karaoke *m.*
◳カラオケスナック bar *m.* de karaoke
◳カラオケ装置 equipo *m.* de karaoke, karaoke *m.*

からかう (冗談を言う) gastar bromas, bromear, 《慣用》tomar el pelo《a》, (馬鹿にする) burlarse《de》, mofarse《de》 ‖ 大人をからかうな ¡No juegues con los mayores! ／世間をからかう burlarse del mundo ／犬をからかう juguetear con un perro

からから
▶からからだ ‖ 喉がからからだ tener 「mucha sed [una sed terrible]
▶からからに ‖ からからに乾いたタオル toalla *f.* bien seca

がらがら (玩具) sonajero *m.* ‖ 映画館はがらがらだった Sólo había cuatro gatos en el cine.
▶がらがらの (空いた) casi vacío[a], desierto[ta], (かすれた) ronco[ca], (しわがれた) áspero[ra] ‖ がらがら(の)声で con voz ronca y áspera

がらがらへび がらがら蛇 serpiente *f.* de cascabel (雄・雌), crótalo *m.* (雄・雌)

からくさもよう 唐草模様 arabesco *m.*

がらくた trasto *m.*, cachivaches *mpl.*, objeto *m.* inútil ‖ がらくたを集める coleccionar objetos inútiles

◳がらくた市 rastro *m.*, mercadillo *m.*

からくち 辛口
▶辛口の (塩辛い) salado[da], (酒が) seco[ca], (批評が) severo[ra], duro[ra], acerbo[ba] ‖ 辛口のカレー curry *m.* picante

からくも 辛くも ⇒かろうじて(辛うじて)

からげんき 空元気 aparente vitalidad *f.* ‖ 彼女は空元気を出している Ella aparenta que está bien.

からさわぎ 空騒ぎ
▶空騒ぎする《慣用》hacer mucho ruido y pocas nueces

からし 芥子 mostaza *f.*
◳からし入れ mostacera *f.*

からす 烏 cuervo *m.* (雄・雌), (ミヤマガラス) grajo[ja] *mf.* ‖ からすが鳴く Los cuervos graznan. ／からすの鳴き声 graznido *m.* de un cuervo
◳からすの足跡 (目尻のしわ) patas *fpl.* de gallo
〔慣用〕からすの行水 ‖ 君はいつもからすの行水だ Siempre te lavas como los gatos.

からす 枯らす secar, (草花を) marchitar ⇒かれる(枯れる) ‖ 花を枯らす marchitar una flor

からす 嗄らす (声を) enronquecer ⇒かれる(嗄れる) ‖ 彼女は大声を出しすぎて声を嗄らした Ella (se) enronqueció de tanto gritar.

ガラス 硝子 cristal *m.*, vidrio *m.* ‖ ガラスの瓶 botella *f.* de 「cristal [vidrio] ／ガラスを切る cortar un 「vidrio [cristal] ／ガラスを磨く pulir un 「cristal [vidrio] ／ガラスを割る/壊す romper un cristal ／ガラスをはめる poner un cristal 《en》, acristalar ／ガラスが曇る empañarse *el cristal*
◳ガラス切り cortavidrios *m.*[=*pl.*]
◳ガラス工場 fábrica *f.* de 「cristal [vidrio],

◪ ガラス細工/ガラス製品 cristalería f., objeto m. de「cristal [vidrio]
◪ ガラス職人/ガラス屋（人）cristale*ro*[ra] mf., vidrie*ro*[ra] mf.
◪ ガラス繊維 fibra f. de vidrio
◪ ガラス店 tienda f. de「cristal [vidrio], cristalería f., vidriería f.
◪ ガラス戸 puerta f. de vidrio
◪ ガラス張り ガラス張りにする acristalar ／ ガラス張りの戸棚 armario m. acristalado ／ ガラス張りの行政 administración f. transparente
◪ ガラス窓 ventana f. de「cristal [vidrio]

からせき　空咳　tos f. seca
▷ 空咳をする toser secamente,（咳払いをする）carraspear

からだ　体/身体　❶（肉体）cuerpo m. ‖ 丈夫な体 cuerpo m.「robusto [resistente]／体が大きい tener un cuerpo grande／この洋服は私の体に合わない Este vestido no「me va bien [es de mi talla]．／体を横たえる acostarse, tumbarse／体を起こす levantarse,（上半身を）incorporarse／体を鍛える fortalecerse, fortalecer el cuerpo, mejorar la resistencia física
▷ 体の corporal, físi*co*[ca]
❷（健康）salud f. ‖ 体を壊す「dañar [perder] la salud／体を大事にする cuidar la salud,（体が弱い être delica*do*[da] de salud／体が丈夫だ ser resistente／体がだるい sentirse cansa*do*[da], tener pereza／体に良い ser bue*no*[na] para la salud／体に悪い ser「ma*lo*[la] [perjudicial] para la salud／体に障る perjudicar la salud／この暑さは体にこたえる Este calor me afecta.／お体に気をつけてください Cuídese.／体の調子がよい「estar [encontrarse] bien de salud, estar en buena forma／体の調子がよくない no「estar [encontrarse] bien de salud, estar en baja forma／体のために運動をする hacer ejercicio para estar sa*no*[na]／歩きすぎで体が言うことを聞かない He caminado tanto que mi cuerpo no me obedece.

(慣用)体が空いている ‖ 私は今日は体があいています Hoy estoy libre. ¦ Hoy tengo tiempo libre.

(慣用)体がいくつあっても足りない（私は）Ando ocupadísi*mo*[ma].

(慣用)体が続く ‖ 疲労で体が続かない Mi cuerpo no aguanta tanto cansancio.

(慣用)体を売る（売春をする）prostituirse
(慣用)体を張る arriesgar la vida

からだつき　体付き　complexión f., constitución f., físico m. ⇒たいかく（体格）

からっかぜ　空っ風　viento m. fuerte y seco ‖ 空っ風が吹く Sopla un viento fuerte y seco.

からっと ‖ からっと揚がったポテトフライ patatas fpl. fritas crujientes
▷ からっとした ‖ からっとした性格である tener un carácter franco y desprendido／からっとした天気 tiempo m. seco y agradable

カラット　quilate m. ‖ 100カラットのダイヤ diamante m. de cien quilates

からっぽ　空っぽ ⇒から（空）

からて　空手　kárate m., karate m. ‖ 空手をする practicar karate
◪ 空手家 karateka com., karateca com.

からてがた　空手形　letra f. de complacencia

からとう　辛党　bebe*dor*[dora] mf., amante com.「del vino [de las bebidas alcohólicas]

からぶり　空振り　golpe m. en falso,（ビリヤード）pifia f.
▷ 空振りする golpear en「falso [vacío],（失敗する）fallar,《話》pifiar

カラフル
▷ カラフルな de muchos colorines, de colores vivos, variopi*nto*[ta]

からまる　絡まる　enredarse, entrelazarse ‖ ツタが絡まる家 casa f. cubierta de hiedra／糸が絡まってしまった Se me enredaron los hilos.／私は足にロープが絡まって転んだ Se me enredó una cuerda en los pies y me caí.

からまわり　空回り　movimiento m. en vacío ⇒くうてん（空転）
▷ 空回りする moverse en vacío ‖ タイヤの1つが空回りする Una de las ruedas gira en vacío.／議論が空回りしている Las discusiones permanecen estancadas.

からみあう　絡み合う　enredarse, entrelazarse ‖ 2つの凧が絡み合った Dos cometas se enredaron.／複雑に絡み合った問題 problema m.「inextricable [enrevesado]／絡み合っている木の根 raíces fpl.「enredadas [entrelazadas, enmarañadas] de un árbol

からむ　絡む　❶（巻き付く）enredarse, entrelazarse ⇒からまる（絡まる）‖ 指を絡めて腕を前に伸ばす entrecruzar los dedos y estirar los brazos hacia delante
❷（関係する）relacionarse,《慣用》tener que ver「con》彼の辞任には思惑が絡んでいる Hay una intención oculta detrás de su dimisión.／この犯罪には薬物が絡んでいる El crimen tiene algo que ver con drogas.／政治と金に絡む問題 asunto m. relacionado con la política y el dinero
❸（難癖をつける）fastidiar, incordiar,《慣用》buscar las cosquillas《a》‖ 上司に絡む incordiar a su je*fe*[fa]／それ以上絡むな ¡No「incordies [fastidies] más!

がらもの　柄物
▷ 柄物の con dibujo(s) ‖ 柄物の生地 tela f.

con dibujo(s)
からやくそく 空約束 promesa f. falsa, 《話》《慣用》jarabe m. de pico
▶空約束する hacer una promesa falsa
がらり
▶がらりと ‖ がらりとドアを開ける abrir la puerta con fuerza ／態度をがらりと変える cambiar bruscamente de actitud ／会社の幹部がらりと変わった La empresa renovó a todos sus directivos.
からりと ⇒がらっと
かられる 駆られる ‖ 後悔の念に駆られる sentir una punzada de remordimiento ／彼は喫煙の誘惑に駆られる A él le invade la tentación de fumar. ／好奇心に駆られて movido[da] por la curiosidad, preso[sa] de curiosidad ／怒りに駆られて en un arrebato de ira
がらん
▶がらんとした vacío[a],（人のいない）desierto[ta] ‖ がらんとしたスタジアム estadio m. desierto
かり 仮
▶仮の（一時的な）temporal,（暫定的な）provisional,（仮定的な）hipotético[ca], supuesto[ta],（条件付きの）condicional ‖ 仮の予約をする hacer una reserva provisional ／仮の住処 vivienda f. temporal
▶仮に temporalmente, provisionalmente
▶仮に〜ならば aunque 『+接続法』‖ 仮にお金があったとしても、私は車を買いません Aunque tenga dinero, no voy a comprar coche.
◨仮契約 contrato m. de prueba
◨仮採用 ‖ 仮採用する emplear provisionalmente a ALGUIEN
◨仮事務所 oficina f. provisional
◨仮処分 medida f. temporal
◨仮調印 firma f. con las iniciales, firma f. provisional ‖ 仮調印する firmar con las iniciales (de apellido y nombre), firmar provisionalmente
◨仮払い/仮払金 pago m. provisional
◨仮免許 permiso m. de conducir provisional
かり 雁 ganso[sa] mf. salvaje, ánsar m. (雄・雌)
かり 狩り caza f. ‖ 狩りに出かける ir de caza
▶狩りをする cazar
◨狩り場 cazadero m.
◨狩人 cazador[dora] mf.
かり 借り deuda f., préstamo m. ‖ 君には借りがある Te debo un favor. ／彼には2000ユーロの借りがある Le debo dos mil euros. ／借りを返す「pagar [devolver]」una deuda
かりいれ 刈り入れ cosecha f., recolección f. ‖ 刈り入れの時期 época f. de cosecha

▶刈り入れる cosechar, recolectar
かりいれ 借り入れ
▶借り入れる pedir prestado[da]
◨借入金 préstamo m.
カリウム 《化学》potasio m.《記号 K》
かりかた 借方 《商業》debe m., débito m.,（人）deudor[dora] mf. ‖ 借方と貸方 el debe y el haber
◨借方項目 partida f. del debe
◨借方残高 saldo m. deudor
◨借方勘定 cuenta f. deudora
カリカチュア caricatura f.
かりかり
▶かりかりしている（人が）estar muy nervioso[sa]
▶かりかりに ‖ トーストがかりかりに焼けている La tostada está crujiente.
がりがり ‖ ネズミがチーズをがりがり齧る Un ratón roe queso. ／がりがりと頭を掻く rascarse la cabeza muy fuerte
▶がりがりに ‖ がりがりにやせている《慣用》estar「hecho[cha] un esqueleto [en los huesos]」
カリキュラム currículo m., plan m. de estudios ‖ カリキュラムを作成する elaborar un plan de estudios
かりこむ 刈り込む（木を）podar,（芝を）cortar
かりしゃくほう 仮釈放 libertad f. condicional
カリスマ carisma m.
▶カリスマ的（な）carismático[ca] ‖ カリスマ的人物 figura f. carismática
かりそめ 仮初め
▶かりそめの（束の間の）pasajero[ra], fugaz,（一時的な）temporal, transitorio[ria] ‖ かりそめの繁栄 prosperidad f. temporal ／かりそめの恋 amor m. fugaz
▶かりそめにも jamás, nunca ‖ かりそめにもそう言ってはならない No se debe mentir jamás.
かりたてる 駆り立てる incitar a ALGUIEN《a》, impulsar a ALGUIEN《a》‖ 民衆を暴動に駆り立てる incitar al pueblo a la rebelión
かりちん 借り賃 alquiler m., renta f.
かりて 借り手 ⇒かりぬし (借り主)
かりとる 刈り取る segar,（収穫する）cosechar, recolectar ‖ 小麦を刈り取る segar el trigo,（収穫する）cosechar trigo ／悪の芽を刈り取る extirpar un mal incipiente, cortar el mal de raíz
かりにも 仮にも ⇒かりそめ (⇒かりそめにも)
かりぬい 仮縫い hilván m., hilvanado m.
▶仮縫いする hilvanar ‖ スーツを仮縫いする hilvanar un traje
かりぬし 借り主 （金銭の）prestatario[ria] mf., deudor[dora] mf.,（不動産の）inquili-

no[na] *mf.*, arrenda*tario*[ria] *mf.*, loca*tario*[ria] *mf.*

カリフラワー coliflor *f.*

がりべん がり勉 《話》empo*llón*[llona] *mf.*
▶がり勉する 《話》empollar,《話》chapar

かりゅう 下流 curso *m.* bajo del río
▶下流に río abajo ‖ エブロ川下流に en el bajo Ebro
▶下流へ ‖ 下流へ流れる correr río abajo / 下流へ流される dejarse llevar río abajo
◪下流階級 clase *f.* inferior
◪下流社会 estrato *m.* social inferior

かりゅう 顆粒 gránulo *m.* ‖ 顆粒の薬 medicamento *m.* en gránulos

かりょく 火力 energía *f.* térmica
◪火力発電 generación *f.* térmica de energía eléctrica
◪火力発電所 central *f.* 「térmica [termoeléctrica]

かりる 借りる pedir presta*do*[da], (賃貸する) alquilar, arrendar, tomar ALGO en alquiler ‖ 本を図書館から借りる pedir prestado un libro a la biblioteca / 金を銀行から借りる pedir un 「préstamo [crédito] bancario / 家を借りる alquilar una casa / レンタカーを借りる alquilar un coche / お手洗いをお借りできますか ¿Puedo usar el baño? / 人の名前を借りる usar el nombre de ALGUIEN / タバコの火を借りる pedir fuego para fumar / 隣人の力を借りる pedir la ayuda de los vecinos / 知恵を借りる pedir consejo《a》/ 人間の姿を借りた天使 ángel *m.* en forma de hombre / この席を借りて皆様にお礼申し上げたい Quisiera aprovechar esta oportunidad para darles las gracias a todos ustedes.
[慣用]借りてきた猫のようだ《慣用》estar como gallina en corral ajeno

かる 刈る (穀物を) segar, (髪を) cortar, (羊の毛を) esquilar ‖ 稲を刈る segar el arroz / 雑草を刈る cortar malas hierbas / 芝生を刈る cortar el césped / 髪を刈る cortar el pelo《a》/ 羊の毛を刈る esquilar una oveja

かる 狩る ⇒かり(狩り)

かるい 軽い ❶ (重量) lig*ero*[ra], livia*no*[na],《動詞》pesar poco ‖ とても軽いノートパソコン ordenador *m.* portátil muy ligero / 目方が軽い pesar poco, no pesar mucho / この箱はその箱より軽い Esta caja pesa menos que esa.
❷ (負担・程度) lig*ero*[ra], suave, leve, po*co*[ca] ‖ 軽い仕事 trabajo *m.* ligero / 軽い運動 ejercicio *m.* suave / 軽い食事 comida *f.* ligera / 軽いタバコ tabaco *m.* suave / 軽い優越感 cierto sentido de superioridad / 動きが軽い moverse 「con agilidad [ágilmente] / 私の責任は軽くない Mi responsabilidad no es poca. / 軽い足取りで a paso ligero
❸ (症状が) leve ‖ 軽い体の不調 malestar *m.* leve / 軽いけが herida *f.* leve
❹ (簡単な・楽な) fácil ‖ 軽い読み物 lectura *f.* fácil / 軽い気持で sin pensarlo 「mucho [bien]
▶軽く ligeramente, levemente, suavemente, (簡単に) fácilmente ‖ 肩を軽く叩く golpear suavemente el hombro / 軽く食べる comer 「ligero [ligeramente] / 私は1日で300ユーロを軽く稼げる Puedo ganar fácilmente trescientos euros en un día. / 軽く見る《慣用》tener en poco 「ALGO [a ALGUIEN], dar poca importancia《a》, menospreciar / 軽くたしなめる reprender un poco
▶軽くなる ‖ 私は心が軽くなった Se me ha quitado un peso de encima.
▶軽くする aligerar, aliviar ‖ 痛みを軽くする aliviar el dolor / 利用者の負担を軽くする aliviar la carga de los usuarios

かるいし 軽石 pómez *f.*, piedra *f.* pómez ‖ 軽石でかかとをこする raspar los talones con piedra pómez

かるがる 軽軽と fácilmente, con facilidad ‖ 軽々と子供を持ち上げる levantar al niño fácilmente
▶軽々しく imprudentemente, irreflexivamente,《慣用》a la ligera ‖ この件は軽々しく考えてはいけない No se debe tomar este asunto a la ligera.

カルキ 《化学》cloruro *m.* de cal

カルシウム 《化学》calcio *m.*《記号 Ca》

カルスト 《地質》karst *m.*

カルタ 歌留多 (ゲーム) juego *m.* de 「cartas [naipes] japonés, (札) naipe *m.* japonés, carta *f.* japonesa ‖ カルタをする jugar a las cartas japonesas / カルタを切る barajar (las cartas)

カルチャー cultura *f.*
◪カルチャーショック choque *m.* cultural
◪カルチャースクール instituto *m.* 「cultural [de cultura]
◪カルチャーセンター centro *m.* 「cultural [de cultura]

カルテ 《医学》historia *f.* clínica, expediente *m.* clínico

カルテット 《音楽》cuarteto *m.*

カルデラ caldera *f.*
◪カルデラ湖 lago *m.* de caldera

カルテル cártel *m.*, cartel *m.* ‖ カルテルを結ぶ formar un cártel

カルト (宗教の) culto *m.*
◪カルト集団 secta *f.* religiosa
◪カルト小説 novela *f.* de culto
◪カルトムービー película *f.* de culto

かるはずみ 軽はずみ ⇒けいそつ(軽率)
▶軽はずみな imprudente, indiscre*to*[ta], (無鉄砲な) temera*rio*[ria] ‖ 軽はずみな行い

「conducta f. [comportamiento m.] imprudente
カルパッチョ 《料理》《イタリア語》*carpaccio* m.
カルボナーラ 《料理》carbonara f. ‖ カルボナーラ風スパゲッティー espaguetis mpl. (a la) carbonara
かるわざ 軽業 acrobacia f., acrobatismo m.
▫軽業師 acróbata com.
かれ 彼 (恋人) novio m.
▶彼は/彼が él
▶彼の su 〘+名詞〙,〘名詞+〙 su*yo*[*ya*]
▶彼に le
▶彼を lo, le
▫彼自身 él mismo
▫彼氏 (恋人) novio m. ‖ 彼氏はいるの ¿Tienes novio?
かれい 鰈 rodaballo m., platija f.
かれい 加齢 envejecimiento m., avance m. de la edad (de una persona)
▫加齢臭 olor m. 「a anciano [de la edad]
かれい 華麗 esplendor m., pomposidad f.
▶華麗な esplén*di*do[*da*], pompo*so*[*sa*], magní*fi*co[*ca*] ‖ ピアニスト(男性)の華麗な演奏 magnífica interpretación f. del pianista
▶華麗に espléndidamente, magníficamente
カレー 《英語》curry m., curri m.
▫カレー粉 curry m. ‖ カレー粉を水で溶く diluir el curry en (el) agua
▫カレー店 restaurante m. de curry
▫カレーライス arroz m. 「al [con] curry
▫カレー料理 curry m., plato m. de curry
ガレージ garaje m. ⇒ しゃこ(車庫) ‖ ガレージに車を入れる meter el coche en el garaje
▫ガレージセール《英語》 *garage sale* m., (説明訳) venta f. de objetos usados en casa de su propietario ‖ ガレージセールをする hacer un *garage sale*
かれえだ 枯れ枝 rama f. seca
かれき 枯れ木 árbol m. seco
がれき 瓦礫 escombros mpl., cascotes mpl. ‖ 瓦礫と化す「convertirse en [reducirse a] escombros ／ 瓦礫の山 「montaña f. [pila f.] de escombros ／ 瓦礫の山を築く 「apilar [amontonar] escombros
かれくさ 枯れ草 hierba f. seca
かれこれ ❶ (いろいろ) ‖ かれこれするうちに haciendo una cosa y otra ／ かれこれ言う decir que si tal y que si cual
❷ (およそ) más o menos, aproximadamente ‖ 祖父の死からかれこれ1年になる Se va a cumplir un año de la muerte de mi abuelo. ／ 私はかれこれ3キロ歩いた He caminado unos tres kilómetros.
かれは 枯れ葉 hoja f. seca
かれら 彼ら

▶彼らは/彼らが ellos
▶彼らの su 〘+名詞〙,〘名詞+〙 su*yo*[*ya*]
▶彼らに les
▶彼らを los
かれる 枯れる secarse, morirse, (草花が) marchitarse ‖ 木が枯れる secarse *un árbol* ／ 花が枯れる marchitarse *una flor* ／ 干つで作物が枯れた La cosecha se perdió a causa de la sequía. ／ この鉱脈は数年前に枯れた Esta mina se agotó hace unos años.
▶枯れた se*co*[*ca*], marchi*to*[*ta*] ‖ 枯れた花 flor f. marchita
かれる 涸れる secarse, (枯渇する) agotarse ‖ 川が涸れる secarse *un río* ／ 涙が涸れるまで泣く llorar hasta más no poder
▶涸れた se*co*[*ca*], agota*do*[*da*] ‖ 涸れた泉 fuente f. 「exhausta [seca] ／ 涸れた井戸 pozo m. seco
かれる 嗄れる (声が) quedarse ron*co*[*ca*], quedarse afóni*co*[*ca*], enronquecer(se)
▶嗄れた ron*co*[*ca*] ‖ 嗄れた声で con voz 「ronca [enronquecida]
かれん 可憐
▶可憐な lin*do*[*da*], boni*to*[*ta*] ‖ 可憐な花 flor f. bonita
カレンダー calendario m. ‖ カレンダーをめくる pasar la hoja del calendario
▫壁掛けカレンダー calendario m. de pared
▫卓上カレンダー calendario m. de mesa
▫日めくりカレンダー calendario m. de taco
かろう 過労 exceso m. de trabajo
▫過労死 muerte f. provocada por 「exceso de trabajo [fatiga laboral] ‖ 過労死する morir por exceso de trabajo
がろう 画廊 galería f. de arte
かろうじて 辛うじて (ぎりぎりで) por los pelos, (やっと) a duras penas ‖ かろうじて間に合う llegar a tiempo por los pelos ／ かろうじて難を逃れる salvarse por los pelos
カロチン 《化学》caroteno m., carotina f.
▫ベータカロチン betacaroteno m.
かろやか 軽やか
▶軽やかな lige*ro*[*ra*], ágil ‖ 軽やかな足取りで a paso ligero
▶軽やかに con ligereza, ágilmente, con agilidad ‖ 軽やかに階段を駆け上がる subir a paso ligero las escaleras
カロリー caloría f., unidad f. de calor ‖ カロリーが高い ser al*to*[*ta*] en calorías, tener muchas calorías
▫低カロリー食品 alimento m. 「hipocalórico [de bajas calorías]
▫カロリー計算表 tabla f. de calorías
▫カロリー消費量 「consumo m. [gasto m.] calórico
かろんじる 軽んじる hacer poco caso 《de》, dar poca importancia 《a》, (軽蔑する)

menospreciar

かわ 川/河　río *m.*, (小川) arroyo *m.* ‖ 小さな川 río *m.* pequeño／大きな川 río *m.* grande／水量の多い川 río *m.* caudaloso／利根川の流域 el valle del río Tone／川に沿って a lo largo del río／川に沿って道が続いている Un camino bordea el río.／川が流れる correr *un río*／川が氾濫する desbordarse *un río*／川が増水する crecer *un río*／川が蛇行する「serpentear [zigzaguear]」*un río*／川を治める controlar un río／川を塞き止める detener el curso de un río／川を渡る cruzar un río／川を上る「navegar [ir] río arriba」／川を下る「navegar [ir] río abajo」／サケが川を遡る Los salmones remontan el río

[慣]三途の川 río *m.* Sanzu, (説明訳) el río que los muertos cruzan para llegar al paraíso ‖ 三途の川を渡る《慣用》「irse [marcharse]」 al otro barrio

▫川魚 pez *m.* de「río [agua dulce]」
▫川岸 「ribera *f.*, orilla *f.*」de un río

かわ 皮　❶ (皮膚) piel *f.*, (動物の) cuero *m.*, (剥いだ後の毛皮) pellejo *m.* ‖ 手の皮 piel *f.* de las manos／日光浴をした後に私は皮がむける Después de tomar el sol me pelo.／子羊の皮をはぐ「desollar [despellejar]」un cordero／皮をなめす curtir la piel

[慣]人間の皮をかぶった獣である Es un animal con apariencia「humana [de ser humano]」

▫皮なめし工場 curtiduría *f.*, tenería *f.*
▫皮なめし職人 curti*dor*[*dora*] *mf.*
▫皮なめし業（製革業） industria *f.* de curtidos

❷ (樹皮) corteza *f.*, (リンゴの) piel *f.*, (オレンジ) cáscara *f.*, (ブドウの) pellejo *m.* ‖ 竹の皮 corteza *f.* de bambú／りんごの皮をむく pelar una manzana

▫皮むき機 pelador *m.*

❸ (パンの) corteza *f.*

かわ 革　cuero *m.* ‖ 革のハンドバッグ bolso *m.* de「piel [cuero]」
▫革手袋 guantes *mpl.* de「piel [cuero]」
▫革靴 zapatos *mpl.* de「piel [cuero]」
▫革細工 artesanía *f.* de「piel [cuero]」
▫革製品 artículos *mpl.* de「piel [cuero]」
▫革装丁 encuadernación *f.* en piel
▫革ひも correa *f.*

がわ 側　lado *m.*, parte *f.* ‖ 彼は敵の側だ Él está con el enemigo.／〜の側につく ponerse del lado《de》／壁のこちら側 este lado del muro／道の向こう側に al otro lado de la calle／体の右側 lado *m.* derecho del cuerpo／高速道路の両側に a ambos lados de la autopista

かわいい　boni*to*[*ta*], mo*no*[*na*], lin*do*[*da*], (小さい) chi*co*[*ca*] ‖ かわいい花 flor *f.* bonita／しぐさのかわいい子 ni*ño*[*ña*] *mf.* de ademanes graciosos／かわいい赤ちゃん bebé *m.* precioso／馬鹿な子ほどかわいい Cuanto más tonto es el hijo, más cariño le tienen los padres.

[諺]かわいい子には旅をさせよ《諺》Quien bien te quiere, te hará llorar.

[諺]かわいさ余って憎さ百倍《諺》Entre amar y aborrecer, poco trecho suele haber.

かわいがる　querer mucho, tratar con cariño《a》, (甘やかす) mimar, (いじめる) maltratar

かわいそう ‖ この犬がかわいそうだ Siento lástima por este perro.

▶かわいそうな pobre『+名詞』, (哀れな) lasti*moso*[*sa*] ‖ かわいそうな子 pobre ni*ño*[*ña*] *mf.*／かわいそうな話 historia *f.* triste

▶かわいそうに！君はかわいそうに ¡Pobre de ti!／子供が働いているのを見てかわいそうに思う Me da pena ver a los niños trabajando.

かわいた 乾いた　se*co*[*ca*], (からからに) rese*co*[*ca*] ‖ 乾いたタオル toalla *f.* seca／乾いた音 sonido *m.* seco／乾いた風 viento *m.* seco

かわいらしい　⇒かわいい

かわうそ 川獺　《動物》nutria *f.* (雄・雌)

かわかす 乾かす　secar ‖ 洗濯物を乾かす secar la「colada [ropa lavada]」／ドライヤーで髪を乾かす（自分の）secarse el pelo con secador

かわかみ 川上　parte *f.* alta del río, curso *m.* alto del río →じょうりゅう(上流)

▶川上に río arriba

かわき 渇き　sed *f.*, (渇望) hambre *f.* ‖ 喉の渇きをいやす「calmar [apagar]」la sed

かわく 乾く　secarse ‖ 汗が乾く secarse *el sudor*／涙が乾く secarse *las lágrimas*／ペンキがすぐに乾いた La pintura se secó enseguida.／私は目が渇く Se me secan los ojos.／空気が乾いている El aire está seco.

かわく 渇く ‖ のどが渇いている tener sed, estar sedien*to*[*ta*]／愛に渇く tener sed de amor

かわしも 川下　parte *f.* baja del río, curso *m.* bajo del río →かりゅう(下流)

▶川下に río abajo

かわす 交わす　intercambiar, cambiar, cruzar ‖ 言葉を交わす cruzar palabras《con》／あいさつを交わす cambiar saludos《con》／握手を交わす darse la mano／合図を交わす intercambiar señas／視線を交わす cruzar la mirada《con》

かわす 躱す　esquivar, eludir, evitar ‖ 身をかわす esquivarse, (球技で) hacer un regate／質問をかわす eludir una pregunta／攻撃をかわす esquivar un ataque／危険をかわす「esquivar [sortear]」un peligro

かわせ 為替 cambio *m.*, (手形) giro *m.* ‖ 為替で代金を送る enviar el importe por giro
- 為替の cambia*rio[ria]*
- 外国為替 cambio *m.* de divisas
- 為替管理 control *m.* de cambio
- 為替差益 ganancia *f.* cambiaria
- 為替差損 pérdida *f.* cambiaria
- 為替市場 mercado *m.* cambiario, mercado *m.* de「cambios [divisas]
- 為替手形 letra *f.* de cambio
- 為替変動 fluctuación *f.*「cambiaria [monetaria]
- 為替リスク riesgo *m.*「cambiario [de cambio]
- 為替レート/為替相場 tipo *m.* [tasa *f.*] de cambio ‖ 為替レートはどのくらいですか ¿Cuál es el tipo de cambio?

かわぞい 川沿い
▶ 川沿いの ribere*ño[ña]* ‖ 川沿いのホテル hotel *m.* en la「orilla [ribera] de un río, hotel *m.* ribereño

かわった 変わった extra*ño[ña]*, ra*ro[ra]*

かわら 瓦 teja *f.* ‖ 家の瓦が崩れた Se cayeron las tejas de la casa. / 家の屋根を瓦で葺く tejar una casa
- 瓦工場 tejar *m.*
- 瓦職人 tej*ero[ra] mf.*
- 瓦屋根 tejado *m.*

かわら 河原/川原 cauce *m.* seco del río

かわり 代わり/替わり (代用品) sustitutivo *m.*, sucedáneo *m.*, (代役) sustit*uto[ta] mf.*, suplente *com.* ‖ 彼の代わりを見つけるのは難しい Es difícil encontrar a alguien que pueda sustituirle.
▶ 代わりの (代替の) alternati*vo[va]*, de sustitución, (予備の) de repuesto, de recambio ‖ 代わりの案 (代案) plan *m.* alternativo / 代わりのタイヤ neumático *m.* de repuesto
▶ ~の代わりに en lugar de, en vez de, (引き換えに) a cambio de ‖ いやなら君の代わりに私が行く Si no quieres, voy por ti. / 電話する代わりにメールする enviar un correo electrónico en vez de telefonear / 金の代わりに自分の車を渡す entregar *su* coche a cambio de dinero
▶ 代わりをする sustituir, 《慣用》 hacer las veces 《de》 ‖ 彼のおばさんが母親の代わりをしてくれた Su tía hizo las veces de madre.

かわり 変わり ❶ (変化) cambio *m.*, (変更) modificación *f.* ‖ 隣国との関係に変わりはない No hay cambios en las relaciones con el país vecino. / お変わりありませんか ¿Sigue usted bien de salud? / おかげさまで変わりありません Estoy bien, gracias a Dios. / ここは以前と変わりない Aquí todo sigue igual que antes.
❷ (相違) diferencia *f.* ‖ AとBに変わりはない No hay diferencia entre A y B. / バスで行っても、電車で行っても変わりはない Es igual ir en autobús que en tren.

かわりだね 変わり種 (変人) → かわりもの (変わり者); (変種) variedad *f.*

かわりばえ 代わり映え ‖ 新しい内閣はあまり代わり映えがしない Hay poca novedad en el nuevo gabinete.

かわりばんこ 代わりばんこ
▶ 代わりばんこに a turnos, por turno, → じゅんばん (→順番に) ‖ 子供たちは代わりばんこにテレビゲームをする Los niños se turnan para jugar al videojuego.

かわりめ 変わり目 momento *m.* de cambio ‖ 季節の変わり目 cambio *m.*「de estaciones [estacional]

かわりもの 変わり者 persona *f.*「rara [extravagante, excéntrica], 《慣用》 bicho *m.* raro

かわりやすい 変わりやすい variable, inconstante, cambiante, (気が) versátil, capricho*so[sa]* ‖ 変わりやすい天気 tiempo *m.*「inestable, cambiante] / 変わりやすい性格 carácter *m.* inconstante, (気質) temperamento *m.* cambiante

かわる 代わる/替わる/換わる (交替する) sustituir, reemplazar, suplir, (代行する) representar ‖ 先月大統領が代わった El mes pasado cambió el presidente. / 今夜年が代わる Esta noche cambiamos de año. / 私たちは席を代わった (交換した) Nos cambiamos los asientos. / 石油に代わる燃料 combustible *m.* sustitutivo del petróleo
▶ 代わるがわる u*no[na]* tras ot*ro[tra]*, alternativamente
▶ ~に代わって ‖ 君に代わって私が夜勤をしよう Voy a reemplazarte en el turno de noche. / 市長(男性)に代わってお詫びします Pido disculpas en nombre del alcalde. / 息子に代わってお礼を申し上げます Quisiera darle las gracias en nombre de mi hijo.

かわる 変わる ❶ (変化する) cambiar, variar, mudar, alterarse, (変更される) modificarse ‖ 変わらない invariable, inmutable, (不変の) constante, (一定の) estable / 君はちっとも変わっていないね No has cambiado nada. / 私のメールのアドレスが変わりました Ha cambiado mi dirección electrónica. / 台風で私の旅行の計画が変わった El tifón hizo cambiar mi plan de viaje.
❷ (変質する) transformarse 《en》, convertirse 《en》 ‖ ワインが酢に変わる El vino se convierte en vinagre.
❸ (異なる) variar ‖ 消費者のニーズは国によって変わる Las necesidades de los consumidores varían según el país.

かん 缶 lata *f.*, bote *m.* ‖ 缶に入れる enlatar / 缶を開ける abrir una lata / 缶入りの

かん

- ▲缶切り abrelatas *m.*[=*pl.*]
- ▲缶ジュース「jugo *m.* [zumo *m.*] en lata
- ▲缶ビール cerveza *f.* en「bote [lata]

かん 巻 volumen *m.*, tomo *m.* ‖ 第2巻 segundo tomo *m.* / 全10巻の百科事典 enciclopedia *f.*「de [en] diez tomos

かん 勘 intuición *f.*, 《話》olfato *m.*, (第六感) sexto sentido *m.* ‖ 勘が鋭い ser sagaz, ser intuiti*vo*[*va*], tener una intuición aguda / 勘が鈍い ser torpe / 勘がよい tener buen olfato / 勘が悪い no tener olfato / 勘が鈍る perder la intuición / 勘が当たる acertar *la intuición* / 私の勘が外れなければ… Si mi intuición no falla..., Si no me falla la intuición... / 勘で分かる saber ALGO por intuición / 勘に頼る/勘に任せる「dejarse llevar [guiarse] por la intuición / 勘を働かす usar la intuición

かん 寒 ‖ 寒に入る entrar en el período más frío del año / 寒の入り comienzo *m.* de la época de grandes fríos
- ▲寒稽古 entrenamiento *m.* en pleno invierno

かん 間 ‖ その間 durante ese tiempo,《慣用》a todo esto / 4日間 durante cuatro días / これから3年間 en los próximos tres años / ここ数か月間 en los últimos meses / 日西間貿易 comercio *m.* entre Japón y España / 三国間協定 acuerdo *m.* trilateral
- 《慣用》間髪を入れず sin perder ni un segundo, sin perder tiempo

かん 感 ❶ ‖ 感極まる emocionarse profundamente / 彼女は講演で感極まって喉を詰まらせた A ella se le hizo un nudo en la garganta durante su discurso. / 別天地の感がある Parece que viviéramos en otro mundo.
❷ (～感) sentido *m.*, sentimiento *m.*, sensación *f.*, impresión *f.* ‖ 責任感 sentido *m.* de responsabilidad / 孤独感 sensación *f.* de soledad / 安心感 sentimiento *m.* de seguridad / お買い物得感を感じる sentirse beneficia*do*[*da*] al comprar

かん 管 tubo *m.*, caño *m.*,《集合名詞》tubería *f.*,《集合名詞》cañería *f.* ‖ 水が通る管 tubo *m.* de agua / ガラスの管 tubo *m.* de cristal / 管を通す「instalar [colocar] la tubería《en》

がん 雁 gan*so*[*sa*] *mf.* salvaje, ánsar *m.* (雄・雌)

がん 癌 ❶ (病気) cáncer *m.* ‖ 癌にかかっている「tener [padecer] cáncer / 癌が再発する recidivar *el cáncer* / 癌で死ぬ morir de cáncer
- ▶癌の cancero*so*[*sa*]
- ▲がん遺伝子 oncogén *m.*, gen *m.* canceroso

- ▲がん患者 paciente *com.* de cáncer, enfer*mo*[*ma*] *mf.* de cáncer
- ▲がん細胞学 cancerología *f.*, (腫瘍学) oncología *f.* ‖ がん研究の cancerológi*co*[*ca*], (腫瘍学の) oncológi*co*[*ca*]
- ▲がん検診 revisión *f.* de cáncer
- ▲がん(性)腫瘍 tumor *m.* canceroso
- ▲がん専門医/がん研究者 cancerólo*go*[*ga*] *mf.*
- ▲がん保険 seguro *m.*「de [contra el] cáncer
❷ (深刻な問題) cáncer *m.*, problema *m.* grave ‖ 社会の癌 cáncer *m.* de la sociedad

かんい 簡易
- ▶簡易な simple, senci*llo*[*lla*], fácil ‖ 簡易な方法 método *m.* fácil
- ▲簡易裁判所「tribunal *m.* [juzgado *m.*] de primera instancia, tribunal *m.* sumario
- ▲簡易生命保険 seguro *m.* de vida postal
- ▲簡易包装 embalaje *m.* simple

かんいっぱつ 間一髪
- ▶間一髪で por los pelos, por un pelo ‖ 間一髪で助かる salvarse por los pelos

かんえん 肝炎 hepatitis *f.*[=*pl.*] ‖ 肝炎にかかっている「tener [padecer] hepatitis
- ▶肝炎になる enfermar de hepatitis
- ▲C型肝炎 hepatitis *f.*[=*pl.*] C
- ▲肝炎ウイルス virus *m.*[=*pl.*] de la hepatitis

かんおけ 棺桶 ataúd *m.*,《格式語》féretro *m.*
- 《慣用》棺桶に片足を突っ込んでいる《慣用》estar con un pie en「el hoyo [el sepulcro, la sepultura, la tumba]

かんか 感化 influencia *f.* ‖ 感化を受ける recibir la influencia《de》
- ▶感化されやすい influenciable, fácil de influenciar
- ▶感化する influir《en》, influenciar《en》‖ 友人たちに感化される dejarse influenciar por *sus* amigos

がんか 眼下
- ▶眼下に ‖ 地中海が水平線まで私の眼下に広がる El Mediterráneo se extiende bajo mis ojos hasta el horizonte. / 山頂から町の全景を眼下に望む Desde la cima del monte se domina con la vista toda la ciudad.

がんか 眼科 oftalmología *f.* ‖ 眼科に通う ir al oculista
- ▶眼科(学)の oftalmológi*co*[*ca*]
- ▲眼科医 oculista *com.*, médi*co*[*ca*] *mf.* oculista,《医学》oftalmólo*go*[*ga*] *mf.*
- ▲眼科医院 clínica *f.*「oftalmológica [oftálmica]

かんがい 感慨 emoción *f.* ‖ 感慨にふける/感慨にひたる dar rienda suelta a las emociones / 感慨を込めて con emoción, con sentimiento / 感慨無量である estar embar-

gado[da] de emoción
かんがい 灌漑 riego *m*., irrigación *f*.
▶灌漑する regar, irrigar
▢灌漑設備 equipo *m*. de riego, instalación *f*. de riego
▢灌漑地 regadío *m*.
▢灌漑農業 cultivo *m*. de regadío
▢灌漑用水 agua *f*. de riego
▢灌漑用水路 canal *m*. de riego
かんがえ 考え ❶ (思考) pensamiento *m*., idea *f*. ‖ 深い考え pensamiento *m*. profundo ／ 浅い考え pensamiento *m*. superficial ／ 甘い考え idea *f*. optimista ／ とりとめのない考え pensamiento *m*. incoherente ／ 考えが浅い pensar superficialmente ／ 考えが深い pensar profundamente ／ 考えが幼い ser inmaduro[ra] en el pensamiento ／ 考えを読む leer el pensamiento de ALGUIEN ／ 考えを深める madurar una idea ／ 考えをまとめる／考えを整理する「ordenar [poner en orden] los pensamientos, pensar ordenadamente

❷ (思いつき) idea *f*. ‖ 考えがある Tengo una idea. ／ 私にいい考えが浮かんだ／考えがひらめいた Se me ocurrió una buena idea. ／ それはいい考えだ Es una buena idea. ／ 考えを具体化する concretar una idea ／ 考えに捕われる aferrarse a una idea ／ 考えになじむ hacerse a la idea《de》

❸ (意見) opinión *f*. ‖ 考えを述べる expresar *su* opinión ／ ALGUIEN の意見を聞く escuchar la opinión de ALGUIEN ／ 考えを受け入れる aceptar una idea ／ 考えを伝える transmitir *su* opinión ／ 考えを変える cambiar de「idea [opinión]／ 考えを温める alimentar una idea ／ 考えを固める confirmarse en *su* opinión ／ 私の考えでは en mi opinión, a mi parecer ／ どうぞ考えをお聞かせください Hágame saber su opinión.

❹ (意図) intención *f*. ‖ 〜する考えである tener (la) intención de『+不定詞』, pensar『+不定詞』

❺ (考慮・思慮) consideración *f*., reflexión *f*. ‖ 考えに入れる tener en cuenta ALGO,「tomar [tener] en consideración ALGO

❻ (想像) imaginación *f*. ‖ 考えも及ばない／考えもつかない inimaginable, imposible de imaginar

〔慣用〕物は考えようだ Todo depende de cómo se mire.

かんがえかた 考え方 「manera *f*. [forma *f*., modo *m*.] de pensar, (観点) punto *m*. de vista ‖ 考え方の違い diferencia *f*. en la manera de pensar, desfase *m*. ideológico ／ 僕は君と考え方が違う Mi manera de pensar es diferente de la tuya.

かんがえごと 考え事 ‖ 考え事がある (心配事) tener una「preocupación [inquietud] ／ 考え事をする cavilar《sobre》, meditar《sobre》, reflexionar《sobre》／ 考え事をしている estar pensativo[va]

かんがえだす 考え出す idear, (発明する) inventar

かんがえつく 考え付く ‖ いったい誰がそんな事を考え付くんだ ¡A quién se le ocurre semejante cosa!

かんがえなおす 考え直す reconsiderar, reflexionar《sobre》, pensar ALGO dos veces, (考えを変える) cambiar de idea ‖ ご提案を考え直してみます Voy a reconsiderar su propuesta. ／ 彼は考え直す気はない Él no piensa cambiar de idea.

かんがえぬく 考え抜く reflexionar mucho, 《慣用》darle vueltas a ALGO (en la cabeza) ‖ 彼女は考え抜いた末、彼と結婚する事にした Decidió casarse con él después de mucho reflexionar.

かんがえもの 考え物 ‖ 〜するのは考えものだ Es「discutible [cuestionable]『+不定詞』.

かんがえる 考える ❶ (思考する) pensar, considerar ‖ 社会問題を考える pensar los problemas sociales

▶〜であると考える「pensar [creer] que『+直説法』, (意見) opinar que『+直説法』‖ 君は正しいと私は考える「Pienso [Creo] Que estás en lo cierto. ／ この投資は不可欠であると私は考える Considero indispensable esta inversión.

▶〜のことを考える pensar《en》‖ 自分の将来のことを考える pensar en *su* futuro

▶〜しようと考える pensar『+不定詞』

❷ (熟考する) reflexionar《sobre》, cavilar《sobre》, meditar《sobre》‖ いろいろな角度から考える pensar desde diferentes ángulos ／ もう少し考えてみます Voy a pensarlo un poco más.

▶よく考える pensar bien, reflexionar, 《慣用》consultar con la almohada ‖ 答える前によく考えなさい Reflexiona antes de contestar. ／ よく考えさせて下さい Déjeme reflexionar.

▶あまり考えずに／よく考えずに sin pensar mucho, sin reflexionar, 《慣用》a la ligera, 《慣用》así como así, 《慣用》a tontas y a locas ‖ よく考えずに決断を下す tomar una decisión así como así

〔慣用〕人間は考える葦である El hombre es una caña que piensa. (フランスの哲学者パスカルの言葉)

❸ (考慮する) ‖ tener presente ALGO, tener en cuenta ALGO, considerar ／ 宝くじが当たるなんて夢にも考えなかった Ni en sueños imaginaba que me tocaría la lotería.

▶考えられる concebible, imaginable ‖ それは十分考えられる (可能性がある) Eso es bastante posible.

かんかく

▷**考えられない** inconcebible, impensable, inimaginable

かんかく 間隔 （時間）intervalo m., （空間）espacio m., （距離）distancia f. →あいだ(間) ‖ 5メートルの間隔をあける dejar un espacio de cinco metros ／ 機内の座席の間隔を広げる［aumentar [ampliar] el espacio entre los asientos del avión ／ 前後の座席の間隔を狭める reducir el espacio entre los asientos delanteros y traseros

▷**(〜の)間隔で** ‖ 一定の間隔で a intervalos regulares ／ 5分間隔で en intervalos de cinco minutos ／ 電車は10分間隔で出発する Los trenes salen cada diez minutos. ／ この バスの路線は20分間隔で運行している Esta línea de autobús opera con una frecuencia de veinte minutos.

かんかく 感覚 ❶（外的刺激に対する）sensación f., sensibilidad f. ‖ 奇妙な感覚を味わう sentir una sensación extraña ／ 感覚が麻痺する entumecerse *la sensibilidad* ／ 右腕の感覚がなくなる quedarse sin sensibilidad en el brazo derecho ／ 痛みの感覚がない no sentir dolor, ser insensible al dolor ／ 私は寒さで指の感覚がなくなった Se me entumecieron los dedos por el frío. ／ 感覚を失う perder la sensibilidad, （麻痺する）entumecerse ／ 足の感覚を取り戻す recuperar la sensibilidad en las piernas, （麻痺をとる）desentumecer las piernas

▷**感覚的な** sensitiv*o*[*va*]
◪**感覚器官** órgano m. sensitivo
◪**感覚神経** nervio m. sensitivo

❷（センス）sentido m., （感受性）sensibilidad f. ‖ 新しい感覚のデザイン diseño m. de una nueva sensibilidad ／ ユーモアの感覚を養う cultivar el sentido del humor ／ 感覚が鋭い tener una sensibilidad fina ／ 感覚を磨く cultivar el sentido ／ 感覚を鈍らせる atrofiar el sentido
◪**美的感覚** sentido m.「estético [de belleza]‖ 美的感覚がある tener un sentido estético

かんかつ 管轄 jurisdicción f., control m., competencia f. ‖ 管轄下にある estar bajo la「jurisdicción [competencia]《de》／ 管轄外である estar fuera de la「jurisdicción [competencia]《de》／ 奨学金の授与は教育省の管轄である La concesión de becas compete al Ministerio de Educación.

▷**管轄する** tener「jurisdicción [competencia]《sobre, en》
◪**管轄争い** disputa f. jurisdiccional
◪**管轄官庁** autoridades fpl. competentes del gobierno
◪**管轄区域** jurisdicción f., （裁判所の）partido m. judicial, （教会の）territorio m. de una diócesis

かんがっき 管楽器 instrumento m. de viento

カンガルー canguro m. (雄・雌)

かんかん ‖ 鐘がかんかん鳴る Las campanas repican. ／ かんかんになって怒る ponerse he*cho*[*cha*] una fiera ／ かんかん照りだ Hace un sol「de justicia [abrasador].

がんがん ‖ 頭ががんがんする Me duele horrores la cabeza. ¦ Tengo jaqueca. ／ がんがん音をたてる hacer un ruido「tremendo [estruendoso]

かんき 乾季/乾期 época f.「seca [de sequía], estación f. seca ‖ 今は乾期です Estamos en la estación seca. ／ 日本には乾期はありません Japón no tiene estación seca.

かんき 寒気 aire m. frío ‖ 寒気がゆるむ Cede el frío.
◪**寒気団** masa f. de aire frío

かんき 換気 ventilación f., （通気）aireación f.

▷**換気する** ventilar, airear, renovar el aire ‖ 部屋を換気する「airear [renovar el aire de] una habitación
◪**換気口** toma f. de aire
◪**換気扇** extractor m., ventilador m. extractor
◪**換気装置** equipo m. de ventilación

かんき 歓喜 alegría f., entusiasmo m., 《格式語》júbilo m. ‖ 歓喜の叫びを上げる dar「un grito [gritos] de alegría

▷**歓喜する** entusiasmarse

かんきつるい 柑橘類 cítricos mpl., agrios mpl. ‖ 柑橘類の栽培 citricultura f. ／ 柑橘類を栽培する cultivar cítricos

かんきゃく 観客 espectad*or*[*dora*] mf., público m. ‖ その試合は多くの観客を動員した El partido registró un gran número de espectadores.
◪**観客数** número m. de espectadores
◪**観客席** asiento m., （階段状の）gradas fpl., graderío m., tribuna f.

がんきゅう 眼球 《解剖》「globo m. [bulbo m.] ocular

かんきょう 環境 medio m. ambiente, entorno m., circunstancia f. ‖ 厳しい環境 circunstancias fpl. difíciles ／ 理想的な環境 ambiente m. ideal《para》／ 勉学に適した環境 ambiente m. propicio para el estudio ／ 休養に適した環境 ambiente m. idóneo para descansar ／ 環境の変化 cambio m. ambiental ／ 環境にやさしいエネルギー energía f. ecológica ／ 環境に配慮した生活 vida f. ecológica ／ 環境を守る「proteger [conservar] el medio ambiente ／ 環境に適応する「adaptarse [acomodarse, amoldarse, ajustarse] a las circunstancias ／ 新しい環境に慣れる adaptarse al nuevo ambiente ／

環境に左右される dejarse llevar por las circunstancias／環境にやさしくする ser respetuoso[sa] con el medio ambiente
▶環境の medioambiental, ambiental
◾環境アセスメント evaluación f. del impacto ambiental
◾環境衛生 higiene f. (medio)ambiental
◾環境汚染 contaminación f. (medio)ambiental‖環境汚染物質 contaminante m. (medio)ambiental
◾環境ガバナンス gobernación f. ambiental
◾環境共生住宅 vivienda f. ecológica
◾環境権 derecho m. al medio ambiente
◾環境工学 ingeniería f. ambiental
◾環境庁 Ministerio m. de Medio Ambiente
◾環境税 impuesto m. ecológico, ecotasa f.
◾環境設定《IT》configuración f.
◾環境対応車 coche m. ecológico
◾環境適応 adaptación f. (medio)ambiental
◾環境破壊 destrucción f. (medio)ambiental
◾環境ビジネス negocio m. ecológico
◾環境負荷 carga f. (medio)ambiental
◾環境保護/環境保全「protección f. [conservación f.] del medio ambiente‖環境保護運動 movimiento m. ecologista
◾環境ホルモン（内分泌攪乱物質）disruptor m.「endocrino [hormonal], alterador m. hormonal
◾環境問題 problema m. (medio)ambiental

がんきょう 頑強
▶頑強な resistente, robusto[ta], fuerte‖頑強な体つきの男 hombre m. de complexión「fuerte [robusta]
▶頑強に con tenacidad, tenazmente‖頑強に抵抗する resistirse tenazmente《a》

かんきん 換金 realización f.
▶換金する realizar, convertir ALGO en dinero‖倉庫の在庫品を換金する realizar las existencias del almacén

かんきん 監禁 reclusión f., encierro m.
▶監禁する recluir, encerrar,（監獄に）encarcelar

がんきん 元金 principal m., capital m.‖元金を保証する garantizar el principal

かんぐる 勘ぐる sospechar, pensar mal ⇒ うたがう（疑う）‖真意を勘ぐる dudar de la verdadera intención de ALGUIEN

かんけい 関係 relación f.,（結びつき）conexión f., vínculo m.‖日本とスペインの関係 relaciones fpl. entre Japón y España／対等な関係 relación f. de igual a igual／良好な関係 buena relación f.／いとこの関係 relación f. de primos／祖母と孫の関係 relación f. de abuela y nieto／関係を悪化させる deteriorar las relaciones／その事件で両国の関係が悪化した Ese incidente deterioró las relaciones entre ambos países.／関係を絶つ romper las relaciones《con》／マフィアと関係をもつ「tener relación [relacionarse] con los mafiosos／彼は殺人事件との関係を否定している Él niega estar vinculado con el asesinato.／私たちの関係は古い Nuestra relación viene de lejos.
▶～と関係がある tener relación《con》, tener que ver《con》, estar en relación《con》‖売上の増加は新製品の発売と関係がある（起因する）El aumento de las ventas se debe a la salida al mercado del nuevo producto.／～と密接な関係がある guardar una estrecha relación《con》, estar「estrechamente [íntimamente] relacionado[da]《con》／彼は財界と密接な関係がある Él está íntimamente vinculado con el mundo financiero.
▶関係がない‖～とはまったく関係がない no tener relación alguna《con》, no tener nada que ver《con》／私には関係がない事だ No es cosa mía.｜Soy ajeno[na] a eso.｜No tengo nada que ver con eso.
▶関係する（関与する）（事件などに）involucrarse《en》, implicarse《en》,（男女が）tener relaciones (amorosas)《con》,（話）liarse《con》‖既婚の男性と関係する tener relaciones con un hombre casado／麻薬に関係する事件 caso m. relacionado con drogas
▶関係で‖仕事の関係で旅行する viajar por el trabajo／大雪の関係で電車が遅れている Los trenes llevan retraso por la gran nevada.
◾マスコミ関係者 persona f. vinculada a los medios de comunicación
◾関係者 interesado[da] mf.‖当社の関係者以外立入禁止《掲示》Prohibido el paso a toda persona ajena a la empresa
◾関係当局 autoridades fpl. competentes
◾関係代名詞《文法》pronombre m. relativo

かんげい 歓迎 bienvenida f., caluroso recibimiento m., calurosa acogida f.‖歓迎を受ける tener「un caluroso recibimiento [una calurosa acogida]／歓迎の言葉を述べる pronunciar unas palabras de bienvenida／そういう話ならいつでも大歓迎です Una propuesta de ese tipo será siempre muy bienvenida.
▶歓迎する dar la bienvenida《a》‖大歓迎する recibir con los brazos abiertos《a》／経済政策の変更は国民に歓迎された El cambio de la política económica fue bien acogido por el pueblo.
◾歓迎会 fiesta f. de bienvenida

かんげき 感激 emoción f., conmoción f.‖感激の涙を浮かべて con lágrimas de emoción／感激に震える temblar de emoción／勝利の感激にひたる disfrutar la emoción

かんげき 観劇 ‖ 観劇に行く ir al teatro
▶観劇する ver una obra de teatro

かんけつ 完結
▶完結する terminar, concluir, finalizar ‖ 次号でこの連載小説は完結する Esta novela de folletín termina en el próximo número.
◾完結編 el último capítulo《de》

かんけつ 簡潔 brevedad *f.*, concisión *f.*
▶簡潔な conci*so*[*sa*], breve,《格式語》sucin*to*[*ta*] ‖ 簡潔な説明 explicación *f.* concisa
▶簡潔に concisamente, con brevedad, brevemente, en「cuatro [dos, pocas] palabras」‖ 簡潔に言う decir en pocas palabras／簡潔にまとめる resumir「brevemente [sucintamente, escuetamente]」／簡潔に書く escribir concisamente／発言は簡潔にお願いします Les rogamos que sean breves en sus intervenciones.

かんげん 換言 ‖ 換言すれば en otras palabras

かんげん 還元 《化学》reducción *f.*,（酸化物の）desoxidación *f.*
▶還元する reducir,（酸化物を）desoxidar,（戻す）devolver ‖ 利益を社会に還元する devolver los beneficios a la sociedad
◾還元剤 reductor *m.*

かんげんがく 管弦楽 música *f.*「orquestal [de orquesta]
▶管弦楽(団)の orquestal
◾管弦楽団 orquesta *f.* ‖ 室内管弦楽団 orquesta *f.* de cámara
◾管弦楽曲 música *f.* orquestal

かんご 看護 asistencia *f.*「médica [sanitaria], cuidado *m.* ‖ 看護を受ける recibir asistencia médica
▶看護する cuidar, atender ‖ 患者を手厚く看護する cuidar con desvelo a *un*[*una*] paciente
◾看護学 enfermería *f.* ‖ 看護学を学ぶ estudiar enfermería
◾看護学校 escuela *f.* de enfermería
◾看護師 enferm*ero*[*ra*] *mf.* ‖ 看護師になる hacerse enferm*ero*[*ra*]
◾看護師長 *je*f*e*[*fa*] *mf.* de enfermería

がんこ 頑固
▶頑固さ obstinación *f.*, terquedad *f.*, testarudez *f.*
▶頑固な obstina*do*[*da*], ter*co*[*ca*], testaru*do*[*da*], tozu*do*[*da*],（しつこい）tenaz ‖ 頑固な染み mancha *f.* tenaz／頑固な咳 tos *f.* persistente／頑固な便秘 estreñimiento *m.* persistente
▶頑固に obstinadamente, con obstinación, con terquedad
◾頑固者 cabe*zón*[*zona*] *mf.*, cabezota *com.*,（慣用）*un*[*una*] cabeza dura

かんこう 刊行 publicación *f.*
▶刊行する publicar, editar ‖ 本を刊行する publicar un libro
◾刊行物 publicación *f.*

かんこう 慣行 ⇒かんれい(慣例)

かんこう 観光 turismo *m.* ‖ マドリード市内観光 visita *f.* a la ciudad de Madrid
▶観光する hacer turismo ‖ スペインを観光する hacer turismo en España
◾観光案内所 oficina *f.* de turismo
◾観光ガイド（人）guía *com.*「turístic*o*[*ca*] [de turismo],（本）guía *f.* turística
◾観光客 turista *com.*
◾観光コース ruta *f.* turística
◾観光産業 industria *f.* turística
◾観光シーズン temporada *f.* alta (de turismo)
◾観光資源 recursos *mpl.* turísticos
◾観光施設 instalación *f.* turística
◾観光収入 ingresos *mpl.* por turismo
◾観光団 grupo *m.* de turistas
◾観光地 lugar *m.* turístico
◾観光バス autobús *m.* turístico
◾観光ビザ（スペイン）visado *m.* de turista,（中南米）visa *f.* de turista
◾観光ブーム boom *m.* turístico
◾観光ホテル hotel *m.* turístico
◾観光名所 lugar *m.* de interés turístico
◾観光旅行 viaje *m.* turístico ‖ 観光旅行をする hacer un viaje turístico／観光旅行業者 agente *com.* de turismo, operador *m.* turístico

かんこうちょう 官公庁 oficinas *fpl.* públicas,（政府）organismos *mpl.* gubernamentales

かんこうへん 肝硬変 cirrosis *f.*[=*pl.*] (hepática) ‖ 肝硬変の患者 enfer*mo*[*ma*] *mf.* de cirrosis／肝硬変にかかる padecer cirrosis

かんこく 勧告 exhortación *f.*, consejo *m.*, recomendación *f.* ‖ 勧告を出す hacer una exhortación《a》／勧告を無視する「desatender [hacer caso omiso de] la exhortación
▶勧告する exhortar, aconsejar, recomendar ‖ 辞職を勧告する exhortar a ALGUIEN a dimitir, recomendar la dimisión《a》

かんごく 監獄 cárcel *f.*, prisión *f.*

かんこんそうさい 冠婚葬祭 eventos *mpl.* familiares que se celebran con motivo de la mayoría de edad, bodas, funerales o culto por los difuntos

かんさ 監査 inspección *f.*, auditoría *f.* ‖ 会

計の監査を受ける「recibir [someterse a] la auditoría
▶**監査する** inspeccionar, auditar ‖ 会社の収支を監査する auditar las cuentas de una empresa
◻**監査基準** norma *f.* de auditoría
◻**監査役** audi*tor*[*tora*] *mf.*

かんさい 完済 pago *m.* cumplido
▶**完済する**「liquidar [pagar] por completo ‖ 20年でローンを完済する liquidar por completo el préstamo en 20 años ／ 予定より早く借金を完済する saldar toda la deuda antes del tiempo previsto

かんざいにん 管財人《法律》síndico *m.*, administra*dor*[*dora*] *mf.*

かんさいぼう 幹細胞 célula *f.* madre
◻**人工多能性幹細胞**（iPS細胞）célula *f.* madre pluripotente inducida

かんさつ 監察 inspección *f.*
▶**監察する** inspeccionar
◻**監察医** médi*co*[*ca*] *mf.* forense
◻**監察官** inspec*tor*[*tora*] *mf.*

かんさつ 観察 observación *f.* ‖ 細かい観察 observación *f.*「minuciosa [detallada] ／ 観察が鋭い ser agu*do*[*da*] en la observación
▶**観察する** observar, examinar ‖ 動物の行動を観察する observar los comportamientos de los animales
◻**観察者** observa*dor*[*dora*] *mf.*
◻**観察力／観察眼**「capacidad *f.* [dotes *fpl.*] de observación ‖ 観察力がある／観察眼がある tener capacidad de observación

かんさつ 鑑札 licencia *f.*, permiso *m.* legal ‖ 犬の鑑札（タグ）etiqueta *f.* de perro,（許可）licencia *f.* para (tener) perros ／ 鑑札を受ける「obtener [sacar] una licencia

かんさん 換算 conversión *f.*, cambio *m.*,（単位の）reducción *f.*
▶**換算する** convertir, cambiar, reducir ‖ キロをグラムに換算する convertir「kilos [kilogramos] en gramos ／ 円をユーロに換算する「cambiar [convertir] yenes en euros
◻**換算表** tabla *f.* de conversiones
◻**換算率**「tipo *m.* [tasa *f.*] de cambio

かんさん 閑散 ‖ 閑散とした poco anima*do*[*da*], tranqui*lo*[*la*],（人気のない）desier*to*[*ta*] ／ 見本市は閑散としていた Había poco público en la feria de muestras.
◻**閑散期** temporada *f.* baja

かんし 冠詞 artículo *m.* ‖ 名詞の前に冠詞が付く El sustantivo va precedido de un artículo.
◻**定冠詞** artículo *m.*「determinado [definido]
◻**不定冠詞** artículo *m.*「indeterminado [indefinido]

かんし 監視 vigilancia *f.*, custodia *f.* ‖ 厳重な監視 estrecha vigilancia *f.* ／ 監視を強化する「fortalecer [reforzar, intensificar] la vigilancia ／ 監視を緩める「descuidar [relajar, bajar] la vigilancia ／ 監視をかいくぐる「burlar [sortear] la vigilancia ／ 監視の目を光らせる vigilar「estrechamente [férreamente]
▶**監視下にある**「estar [encontrarse] someti*do*[*da*] a vigilancia,「estar [encontrarse] bajo vigilancia ‖ 軍の厳重な監視下にある encontrarse bajo estrecha vigilancia militar
▶**監視する** vigilar, custodiar ‖ 子供たちを監視する vigilar a niños ／ 火山の活動を監視する observar las actividades de un volcán
◻**監視カメラ** cámara *f.* de vigilancia
◻**監視所** puesto *m.* de vigilancia
◻**監視人** vigilante *com.*, guarda *com.*
◻**監視網** red *f.* de vigilancia

かんじ 幹事（世話役）organiza*dor*[*dora*] *mf.*,（団体の）secreta*rio*[*ria*] *mf.* ‖ 忘年会の幹事 organiza*dor*[*dora*] *mf.* de la fiesta de fin de año
◻**幹事長** secreta*rio*[*ria*] *mf.* general ‖ 幹事長を務める ocupar el cargo de secreta*rio*[*ria*] general

かんじ 漢字 carácter *m.* chino,（表意文字）ideograma *m.* ‖ 漢字で書く escribir en caracteres chinos ／ 漢字を覚える／漢字を習う aprender los caracteres chinos ／ 漢字を練習する hacer ejercicios de caracteres chinos
◻**常用漢字** caracteres *mpl.* chinos de uso cotidiano
◻**漢字能力検定** examen *m.* de aptitud para los caracteres chinos

かんじ 感じ sensación *f.*,（印象）impresión *f.*,（雰囲気）aire *m.*, ambiente *m.* ‖ 感じの良い simpáti*co*[*ca*], agradable ／ 感じの悪い antipáti*co*[*ca*], desagradable ／ 暖かい感じの部屋 habitación *f.* de ambiente cálido [acogedora] ／ 白は冷たい感じを与える El blanco da una impresión fría. ／ 悪い感じを与える「dar [causar] mala impresión 《a》／ 触った感じはどうですか ¿Qué le parece el tacto? ／ 彼女は声の感じが母親に似ている Ella tiene una voz similar a la de su madre. ／ 君が初めて日本に来たとき、どんな感じを受けましたか ¿Qué impresión tuviste cuando llegaste a Japón por primera vez?
▶**感じがする** sentir que〚+直説法〛, tener la sensación de que〚+直説法〛,（予感）presentir que〚+直説法〛,（印象）tener la impresión de que〚+直説法〛‖ 何かが起きそうな感じがする「Tengo la sensación de [Presiento] que va a ocurrir algo. ／ ～という感じがする Me da la impresión de que〚+直説法〛. ／ 飛行機に乗っているような感じがする Tengo una sensación parecida a la de estar viajando en avión.

がんじがらめ 雁字搦め
▶がんじがらめに‖縛る atar de pies y manos《a》／生徒たちは校則でがんじがらめになっている Los alumnos están sujetos a las reglas de la escuela.

かんしき 鑑識 identificación *f.*
▶鑑識する identificar
◾鑑識課 sección *f.* de identificación
◾鑑識眼‖鑑識眼がある tener buen ojo《para》

がんじつ 元日 día *m.* de Año Nuevo, primer día *m.* del año

かんして 関して sobre, de, acerca de, respecto a‖この件に関して私は何も知らない No sé nada de este asunto. ／私たちはそれに関して疑問がある Tenemos dudas a ese respecto.
▶〜に関しては en lo「referente [tocante, relativo, concerniente] a, por lo que「se refiere [respecta, concierne] a, en cuestión de

かんしゃ 感謝 agradecimiento *m.*, gratitud *f.*, reconocimiento *m.*‖感謝の言葉を述べる pronunciar unas palabras de agradecimiento／感謝の印に en señal de agradecimiento／感謝の印としてこの贈り物をお受け取りください Reciba, por favor, este regalo como señal de agradecimiento.
▶感謝する agradecer, dar las gracias《a》, mostrar *su*「agradecimiento [gratitud]《a》‖心から感謝する agradecer ALGO「de (todo) corazón [en el alma]／あなたのお力添えに感謝します Le agradezco sinceramente su apoyo.／あなた方のご親切に感謝します Les agradezco su amabilidad.／言葉にできないくらい感謝しています No sabe cuánto se lo agradezco. ¦ No tengo palabras para expresarle mi agradecimiento.／私たちはあなたにとても感謝しています Le estamos muy agradec*idos*[*das*].
◾感謝状 carta *f.* de agradecimiento

かんじゃ 患者 paciente *com.*, enferm*o*[*ma*] *mf.*
◾患者食 dieta *f.* para pacientes

かんしゃく 癇癪「ataque *m.* [estallido *m.*] de cólera,「ataque *m.* [arrebato *m.*, arranque *m.*] de ira‖かんしゃくを起こす montar en cólera, cogerse una rabieta
◾かんしゃく玉 petardo *m.*‖かんしゃく玉を投げる「tirar [lanzar] un petardo
◾かんしゃく持ち persona *f.* colérica

かんじやすい 感じやすい sensible, impresionable‖感じやすい年頃である「estar [encontrarse] en una edad「impresionable [sensible]

かんしゅ 看守 guardia *com.*, (刑務所の) carcele*ro*[*ra*] *mf.*, cela*dor*[*dora*] *mf.*

かんしゅう 慣習 costumbre *f.*, convención *f.*, (伝統) tradición *f.*‖古い慣習 vieja costumbre *f.*／慣習を破る romper con las costumbres／慣習に従う seguir las costumbres locales／慣習の違い diferencia *f.* de costumbres／結婚は社会的な慣習である El matrimonio es una convención social.／名刺の交換は世界中でなされている慣習だ Es una costumbre extendida en todo el mundo intercambiar tarjetas de visita.
▶慣習的な convencional, tradicional
◾慣習法 derecho *m.* consuetudinario
◾慣習国際法 derecho *m.* internacional consuetudinario

かんしゅう 監修 supervisión *f.*
▶監修する supervisar, dirigir‖辞典を監修する dirigir un diccionario
◾監修者 supervi*sor*[*sora*] *mf.*

かんしゅう 観衆 espectad*or*[*dora*] *mf.*, público *m.*, concurrencia *f.*‖5万人を超える観衆がスタジアムを埋め尽くした Más de cincuenta mil espectadores llenaron el estadio.

かんじゅく 完熟
▶完熟する madurar por completo
◾完熟トマト tomate *m.* bien maduro

かんじゅせい 感受性 sensibilidad *f.*, emotividad *f.*‖感受性が豊かだ tener mucha sensibilidad／感受性に欠ける carecer de sensibilidad, tener poca sensibilidad

がんしょ 願書 solicitud *f.*‖願書を提出する presentar una solicitud／願書を受け付ける aceptar una solicitud／願書を書く rellenar una solicitud

かんしょう 干渉 intervención *f.*, 《物理》 interferencia *f.*; (口出し) intromisión *f.*‖親の干渉 intromisión *f.* de los padres／軍事的な干渉を受ける sufrir una intervención militar
▶干渉する intervenir《en》, interferir《en》, (口出しする) entrometerse《en》‖子供の生活に干渉する meterse en la vida de *sus* hijos／他国の内政に干渉する intervenir en asuntos internos de otro país／他人事に干渉する「entrometerse [meterse] en asuntos ajenos／関係ない事に干渉するな ¡No te metas donde no te llaman!
◾干渉主義 《政治》 intervencionismo *m.*
◾干渉主義者 《政治》 intervencionista *com.*

かんしょう 完勝 victoria *f.*「total [rotunda, aplastante]
▶完勝する「obtener [lograr] una victoria total《sobre》, triunfar por completo《sobre》

かんしょう 感傷 sentimentalismo *m.*‖感傷に浸る dejarse llevar por el sentimentalismo／感傷的になる ponerse sentimental
▶感傷的な sentimental, (軽蔑的に) sensible*ro*[*ra*]

かんしょう 感傷
- ☐ 感傷主義 sentimentalismo *m.*

かんしょう 観賞
- ▶ 観賞する admirar
- ☐ 観賞植物 planta *f.* de interior
- ☐ 観賞魚 pez *m.* de acuario

かんしょう 鑑賞 apreciación *f.*
- ▶ 鑑賞する apreciar ❶ (計算) 絵画を鑑賞する apreciar la pintura／音楽を鑑賞する apreciar la música
- ☐ 映画鑑賞‖私の趣味は映画鑑賞です Soy aficiona*do*[*da*] a ver películas.

かんじょう 冠状
- ▶ 冠状の corona*rio*[*ria*]
- ☐ 冠状動脈《解剖》arteria *f.* coronaria

かんじょう 勘定 ❶ (計算) cuenta *f.*, cálculo *m.* ‖ 勘定が合う Las cuentas cuadran.／勘定に入れる contar, (考慮する) tener en cuenta ALGO／勘定ずくで con *su* cuenta y razón／勘定高い(人) interesa*do*[*da*] (*mf.*), calcula*dor*[*dora*] (*mf.*)
- ▶ 勘定する contar, calcular, echar cuentas 《de》

❷ (代金) importe *m.*, (勘定書) cuenta *f.*, nota *f.*, (請求書) factura *f.* ‖ お勘定をお願いします La cuenta, por favor.／お勘定は部屋につけてください ¿Podría cargar la cuenta a la habitación?／勘定を払う／勘定を済ます pagar la cuenta／勘定を清算する「saldar [liquidar] la cuenta／勘定をごまかす engañar a ALGUIEN en la cuenta

かんじょう 感情 sentimiento *m.*, (愛情) afecto *m.*, (理性に対して) emoción *f.*, (熱情) pasión *f.* ‖ 良い感情 buenos sentimientos *mpl.*／悪い感情 malos sentimientos *mpl.*／一時的な感情 emoción *f.* pasajera／個人的な感情 sentimiento *m.* personal／感情の起伏が激しい tener altibajos de carácter, ser emocionalmente muy inestable／憎悪の感情がわく Brotan sentimientos de odio.／感情が激する「agudizarse [enardecerse] los *sentimientos*／感情に訴える apelar a los sentimientos de ALGUIEN／感情に流される dejarse llevar por los sentimientos／感情に任せる dar rienda suelta a *sus* sentimientos／感情にかられて en un rapto de emoción／感情を煽る「atizar [suscitar] los sentimientos／感情を表す「expresar [manifestar] *sus* sentimientos／感情を顔に出す exteriorizar *sus* sentimientos／感情を隠す ocultar *sus* sentimientos／感情を高ぶらせる desatar la emoción／感情を抑える／感情を殺す「reprimir [controlar, frenar] *sus* sentimientos, dominar los nervios, frenar *sus* sentimientos／感情を傷つける herir los sentimientos de ALGUIEN／感情を害する sentirse ofendi*do*[*da*], ofenderse, (人の) ofender／感情をくむ comprender los sentimientos de ALGUIEN／感情をもてあそぶ jugar con los sentimientos de ALGUIEN／感情を交えずに話す hablar sin expresar ninguna emoción／感情をこめて歌う／感情を入れて歌う cantar con sentimiento
- ▶ 感情的な emocional, impulsi*vo*[*va*]
- ▶ 感情的に‖感情的になる ponerse emocional
- ☐ 感情移入 empatía *f.* ‖ 感情移入する empatizar《con》
- ☐ 感情教育 educación *f.* sentimental
- ☐ 感情論 argumento *m.* emocional

かんじょう 環状
- ▶ 環状の circular
- ☐ 環状線 (鉄道) tren *m.* circular, línea *f.* circular de tren
- ☐ 環状道路「carretera *f.* [vía *f.*] de circunvalación, anillo *m.* periférico

がんしょう 岩礁 arrecife *m.* ‖ 船が岩礁に乗り上げた El barco (se) embarrancó en el arrecife.

がんじょう 頑丈
- ▶ 頑丈な fuerte, robus*to*[*ta*], sóli*do*[*da*] ‖ 頑丈な手 mano *f.* robusta／頑丈な身体 cuerpo *m.* robusto
- ▶ 頑丈に sólidamente ‖ 頑丈に建てられた家 casa *f.* sólidamente construida

かんしょく 官職 puesto *m.* gubernamental ‖ 官職につく「estar [trabajar] al servicio del gobierno

かんしょく 間食 (おやつ) merienda *f.* ‖ 間食はいけません No es bueno comer entre horas.
- ▶ 間食する comer entre「comidas [horas]

かんしょく 感触 tacto *m.*, textura *f.*, (印象) impresión *f.* ‖ 柔らかい感触の布 tela *f.* suave al tacto, tela *f.* de textura suave／ざらざらした感触の肌 piel *f.* áspera al tacto, piel *f.* de textura áspera／柔らかくて心地よい感触である tener una textura suave y agradable／私は足の裏に不快な感触がある Noto una desagradable sensación en las plantas de mis pies.／私たちが合意できそうな感触を得た Tuve la impresión de que podíamos llegar a un acuerdo.

かんじる 感じる ❶ (知覚する) sentir, notar ‖ 寒さを感じる sentir frío／痛みを感じる sentir dolor／疲れを感じる sentir cansancio, sentirse cansa*do*[*da*]／私は足元で大地が揺れるのを感じた Sentí temblar la tierra bajo mis pies.

❷ (気持ちなどを) sentir, experimentar, notar ‖ 悲しみを感じる sentir tristeza／哀れみを感じる sentir piedad《por》／幻滅を感じる sentir decepción《por》／責任を感じる sentirse responsable《de》

❸ (察知する) percibir, notar, (気づく) darse cuenta《de》‖ 危険を感じる「percibir [detectar, sentir, darse cuenta de] un peligro／秋の気配を感じる Se nota la llegada del otoño.｜Huele a otoño.／誰かが背後から近づいて来るのを感じた Sentí que alguien se me acercaba por la espalda.

❹（その他）‖私は感じるところがあって仕事をやめることにした Por razones personales decidí dejar el trabajo.／この町をどう感じましたか ¿Qué impresión ha tenido de esta ciudad?

かんしん 感心 admiración *f.* ‖ 感心にも、彼はスペイン語で詩を朗読した Para mi admiración, él recitó un poema en español.
▶感心な admirable,（賞賛に値する）elogiable ‖ 感心な少年 chico *m.* admirable
▶感心する admirar, admirarse《de》, sentir admiración《por》‖ 感心して見る mirar con admiración／すっかり感心する admirar absolutamente／ほとほと感心する admirar sinceramente／私は自然の美しさに感心する Me admiro de la belleza de la naturaleza.／あまり感心しない行為だ Es un acto poco recomendable.

かんしん 関心 interés *m.*,（好奇心）curiosidad *f.* ‖ マスコミの関心の的 objeto *m.* de atención de los medios de comunicación／関心がある estar interesa*do*[*da*]《en》, tener interés《en, por》／私は政治にまったく関心がない No tengo ningún interés en la política.｜No me interesa nada la política.／関心が高い tener un gran interés《en, por》／メキシコでは日本文化への関心が高い El interés por la cultura japonesa es grande en México.／彼の講演によって環境問題への関心が私に芽生えた Su conferencia despertó mi interés por el problema del medio ambiente.／関心を高める/関心が高まる aumentar el interés《por》/ crecer *el interés*《por》／科学に対する社会の関心を高める aumentar el interés de la sociedad por las ciencias／関心を持つ tener interés《en, por》／関心を抱く sentir interés《por》／関心を示す mostrar interés《por》／有権者の関心をひく atraer el interés de los electores

かんしん 歓心 ‖ 歓心を買う「ganarse [granjearse] el favor de ALGUIEN

かんじん 肝心/肝腎
▶肝心だ ‖ 辛抱が肝心だ Lo importante es tener paciencia.
▶肝心な esencial,（主要な）principal,（重要な）importante, primordial, vital,（基本的な）fundamental ‖ 肝心なことを忘れる olvidar lo esencial／彼は肝心な時にいない Él no está cuando más lo necesitamos.／肝心なのは討論参加者全員の意見を尊重することだ Lo principal es respetar las opiniones de todos los participantes en el debate.
◳肝心かなめ lo más importante de todo

かんすい 冠水 anegamiento *m.*
▶冠水する anegarse, inundarse ‖ 大雨のため道路が冠水した Las copiosas lluvias anegaron las carreteras.｜Las carreteras quedaron anegadas por las copiosas lluvias.
◳冠水地帯 zona *f.*「inundada [anegada]

かんすう 関数 función *f.*
◳関数解析 análisis *m.*[=*pl.*] funcional

かんする 関する ⇒かんして（関して）‖ 電気自動車に関する情報 información *f.*「sobre [relacionada con] vehículos eléctricos／スペイン文学に関する本 libro *m.* sobre la literatura española／彼女に関するうわさ lo que dicen de ella／私に関する限り/私に関しては「en [por] lo que a mí se refiere
〖慣用〗我関せず ‖ 彼は人の言う事には我関せずだ A él no le importa nada lo que digan los demás.

かんせい 完成 terminación *f.*, conclusión *f.*,（仕上がり）acabado *m.* ‖ ビルの完成「terminación *f.* [conclusión *f.*] de un edificio
▶完成させる terminar, acabar, perfeccionar, concluir ‖ 絵を完成させる「acabar [terminar de pintar] un cuadro／小説を完成させる「acabar [concluir, terminar de escribir] una novela
▶完成する terminarse, acabarse, concluirse ‖ 新空港が昨日完成した Se terminaron ayer las obras del nuevo aeropuerto.／完成された技術 técnica *f.* perfeccionada
◳完成品 producto *m.* acabado

かんせい 官製
▶官製の oficial
◳官製葉書 tarjeta *f.* postal oficial

かんせい 閑静
▶閑静な tranqui*lo*[*la*] ‖ 閑静な住宅地 zona *f.* residencial tranquila／閑静なたたずまいの村 pueblo *m.* con ambiente tranquilo

かんせい 感性 sensibilidad *f.* ‖ 感性を磨く「desarrollar [cultivar, educar] la sensibilidad／君は音楽に特別な感性を持っている Tienes una sensibilidad especial para la música.

かんせい 管制 control *m.*,（検閲）censura *f.*
▶管制する controlar, censurar
◳報道管制 censura *f.* de「prensa [noticias] ‖ 報道管制を敷く censurar noticias
◳管制官 controla*dor*[*dora*] *mf.*
◳管制センター centro *m.* de control
◳管制塔 torre *f.* de control

かんせい 歓声 grito *m.* de alegría,（歓呼）aclamación *f.* ‖ 歓声を上げる「lanzar [soltar] un grito de alegría, gritar de alegría, aclamar／歓声を浴びる ser recibi*do*[*da*] con gritos de alegría／選手達は大歓声に迎えられた Los jugadores fueron recibidos

con una gran aclamación.
かんぜい 関税 arancel *m.*, derechos *mpl.* aranceles‖関税を払う pagar aranceles／関税をかける imponer aranceles《a》／輸入品に高い関税をかける gravar con un arancel elevado las importaciones／関税を引き上げる aumentar los aranceles／関税がかからない estar「exen*to*[*ta*] [libre] de aranceles
▶関税の arancela*rio*[*ria*]
▶関税協定 acuerdo *m.* arancelario
▶関税自主権 autonomía *f.* arancelaria
▶関税障壁 barreras *fpl.* arancelarias
▶関税品目 partida *f.* arancelaria
▶関税免除 franquicia *f.*「aduanera [arancelaria]
▶関税法 Ley *f.* de Aranceles
▶関税率「tasa *f.* [tarifa *f.*] arancelaria
がんせい 眼精
▶眼精疲労 《医学》astenopía *f.*, (眼の疲れ) fatiga *f.* visual
がんせき 岩石 roca *f.*, peña *f.* →いわ(岩)
かんせつ 間接
▶間接的な indirec*to*[*ta*]‖間接的な責任 responsabilidad *f.* indirecta／間接的な理由 razón *f.* indirecta
▶間接的に indirectamente, de forma indirecta‖間接的に影響を与える influir indirectamente《en》, afectar indirectamente《a》
▶間接喫煙者 fuma*dor*[*dora*] *mf.* pasi*vo*[*va*] → じゅどう(受動的喫煙者)‖間接喫煙する fumar pasivamente
▶間接照明 iluminación *f.* indirecta
▶間接税 impuesto *m.* indirecto
▶間接選挙 sufragio *m.* indirecto, elección *f.* indirecta
▶間接民主制 democracia *f.* representativa
▶間接話法「discurso *m.* [estilo *m.*] indirecto
かんせつ 関節 articulación *f.*, 《解剖》coyuntura *f.*‖関節が外れる dislocarse, descoyuntarse／私は腕の関節が外れた Se me ha dislocado el brazo.／私は右肩の関節が痛む Me duele la articulación del hombro derecho.
▶関節の articular‖関節の病気 enfermedad *f.* articular
▶関節炎 artritis *f.*[=*pl.*]
▶関節リウマチ artritis *f.*[=*pl.*] reumatoide
かんせん 幹線 línea *f.* principal
▶幹線道路 carretera *f.*「principal [troncal]
かんせん 感染 infección *f.*, contagio *m.*‖感染の危険 peligro *m.* de contagio／インフルエンザの感染を防ぐ evitar el contagio de la gripe
▶感染する (人が病気に) contagiarse《de》, (ウイルスに) infectarse《con》, (病気が人に) transmitirse《a》‖結核に感染する contagiarse de la tuberculosis／インフルエンザは人から人へ空気感染する La gripe se transmite por vía aérea de persona a persona.／その病気は人間には感染しない Esta enfermedad no es contagiosa a los seres humanos.／あくびは感染する El bostezo「se contagia [es contagioso].／ウイルスに感染したコンピュータ ordenador *m.* infectado「por [con] virus
▶感染患者 paciente *com.* con infección
▶感染経路 vía *f.* de contagio
▶感染源 foco *m.* de infección
▶感染症 enfermedad *f.* infecciosa
かんせん 観戦
▶観戦する‖サッカーの試合を観戦する「ver [asistir a] un partido de fútbol
かんぜん 完全 perfección *f.*, integridad *f.*‖完全を期する「buscar [perseguir] la perfección
▶完全である‖設備は完全である La instalación es perfecta.／誰も完全ではない Nadie es perfecto.
▶完全な perfec*to*[*ta*], comple*to*[*ta*], (完璧な) impecable‖完全な形 forma *f.* perfecta
▶完全に completamente, por completo, perfectamente, totalmente‖完全に負ける sufrir una derrota contundente／完全に君と同じ意見だ Opino completamente igual que tú. ¦ Comparto plenamente tu opinión.
▶完全にする perfeccionar‖安全対策を完全にする extremar las medidas de seguridad
▶完全看護 asistencia *f.* médica integral
▶完全雇用 pleno empleo *m.*
▶完全試合 《野球》juego *m.* perfecto
▶完全失業率 tasa *f.* de desempleo abierto
▶完全主義者 perfeccionista *com.*
▶完全燃焼 combustión *f.* completa
▶完全犯罪 crimen *m.* perfecto
▶完全武装‖完全武装する《慣用》armarse hasta los dientes
▶完全無欠 súmmum *m.* de la perfección
▶完全黙秘‖完全黙秘する guardar silencio total
かんぜん 敢然
▶敢然と audazmente, con audacia, resueltamente, con resolución‖敢然と～する tener la audacia de『+不定詞』／敵に敢然と立ち向かう enfrentarse valientemente al enemigo
かんそ 簡素 sencillez *f.*, simplicidad *f.*
▶簡素な senci*llo*[*lla*], simple, (質素な) modes*to*[*ta*]‖簡素な住まい casa *f.* sencilla／簡素な結婚式 boda *f.* sencilla
▶簡素に con sencillez‖簡素に暮らす vivir con sencillez
▶簡素化 simplificación *f.*‖申請手続きを簡素化する simplificar los trámites de solici-

がんそ 元祖 （創始者）fund*ador*[*dora*] *mf*., （発明者）invent*or*[*tora*] *mf*. ‖ 柔道の元祖 el fundador del yudo

かんそう 完走
▶完走する ‖ マラソンを完走する correr una maratón completa

かんそう 乾燥 sequedad *f*.
▶乾燥させる/乾燥する secar, desecar / secarse, desecarse ‖ 果物を乾燥させる「secar [deshidratar] frutas / 年齢と共に肌が乾燥する La piel se seca con la edad.
▶乾燥した se*co*[*ca*] ‖ 乾燥したバナナ plátano *m*. seco / 空気が乾燥している El aire está seco.
◪乾燥機 secadora *f*., secador *m*.
◪乾燥剤 agente *m*. deshidratante, desecante *m*.
◪乾燥室 sala *f*. de secado
◪乾燥地帯 zona *f*. árida
◪乾燥注意報 alerta *f*. de sequedad ambiental ‖ 乾燥注意報を出す「dar alerta [alertar] de sequedad ambiental
◪乾燥肌 piel *f*. seca

かんそう 感想 impresión *f*., opinión *f*. ‖ 日本の感想はどうですか ¿Cuál es su impresión sobre Japón? / 感想を書く escribir *sus* impresiones / 映画の感想を述べる hacer un comentario sobre una película
◪感想文 comentario *m*. ‖ 感想文を書く redactar un comentario 《sobre》

かんぞう 肝臓 hígado *m*. ‖ 肝臓を患う padecer del hígado
▶肝臓の hepátic*o*[*ca*]
◪肝臓癌 cáncer *m*. de hígado
◪肝臓病 enfermedad *f*. hepática, mal *m*. de hígado, 《医学》（肝障害）hepatopatía *f*. ‖ 肝臓病患者 enfer*mo*[*ma*] *m*. del hígado

かんそうかい 歓送会 fiesta *f*. de despedida ‖ 歓送会を行う celebrar una fiesta de despedida 《para》

かんそく 観測 observación *f*. ‖ 望遠鏡での観測 observación *f*. con telescopio / それは希望的観測です Eso es una previsión optimista
▶観測する observar ‖ 水位を観測する observar el nivel de agua
◪観測気球 globo *m*. 「sonda [meteorológico] ‖ 観測気球を揚げる（比喩的にも使う）lanzar un globo sonda
◪観測者 observa*dor*[*dora*] *mf*.
◪観測所 observatorio *m*.

かんたい 寒帯 zona *f*. glacial
◪寒帯気候 clima *m*. 「glacial [polar]
◪寒帯気団 masa *f*. de aire polar
◪寒帯植物 planta *f*. polar, （植物相）flora *f*. polar
◪寒帯地方 región *f*. glacial
◪寒帯動物 animal *m*. polar, （動物相）fauna *f*. polar

かんたい 歓待 agasajo *m*.
▶歓待する agasajar, dar una cordial bienvenida 《a》‖ 大統領(男性)は祝宴を開いて受賞者を歓待した El presidente agasajó a los galardonados con un banquete.

かんたい 艦隊 flota *f*., armada *f*. ‖ 艦隊を組む formar una flota / 艦隊を破る derrotar (a) una flota
◪連合艦隊 flota *f*. combinada

かんだい 寛大 generosidad *f*., indulgencia *f*., tolerancia *f*., 《格式語》magnanimidad *f*. ‖ 彼は人に寛大だが自分に厳しい Es tolerante con los demás, pero severo consigo mismo.
▶寛大な genero*so*[*sa*], indulgente, tolerante, 《格式語》magnáni*mo*[*ma*] ‖ 寛大な態度 actitud *f*. indulgente / 寛大な心をもつ tener un gran corazón / 寛大な判決を求める pedir indulgencia en la sentencia
▶寛大に generosamente, con indulgencia ‖ 寛大に扱う tratar con generosidad

がんたい 眼帯 parche *m*. para el ojo ‖ 眼帯をする llevar un parche en el ojo / 眼帯を外す quitarse el parche del ojo

かんたいへいようちいき 環太平洋地域「cuenca *f*. [borde *m*.] del Pacífico

かんだかい 甲高い ‖ atipla*do*[*da*], agu*do*[*da*] / 甲高い声 voz *f*. atiplada, chillido *m*. / 甲高い声で話す chillar / 声を甲高くする atiplar la voz

かんたく 干拓 desecación *f*.
▶干拓する desecar ‖ 沼を干拓する desecar un pantano
◪干拓地 pólder *m*., terreno *m*. ganado al mar

かんたん 感嘆 admiración *f*., maravilla *f*. ‖ 感嘆の声 voz *f*. 「de admiración [admirativa] / 感嘆の眼差し mirada *f*. de admiración
▶感嘆すべき admirable, dig*no*[*na*] de admiración, maravillo*so*[*sa*]
▶感嘆させる/感嘆する admirar, maravillar / admirarse 《de》, maravillarse 《de, ante》‖ 彼の新しい小説は批評家を感嘆させた Su nueva novela maravilló a la crítica. / ピアニストのすばらしい演奏に感嘆する admirarse de la excelente interpretación 「del [de la] pianista
◪逆感嘆符 signo *m*. de apertura de exclamación, signo *m*. de exclamación invertido
◪感嘆符 signo *m*. de exclamación, （文尾の）signo *m*. de cierre de exclamación
◪感嘆文 oración *f*. exclamativa

かんたん 簡単 （単純）sencillez *f*., simplicidad *f*., （容易）facilidad *f*., （平易）llaneza *f*., （簡潔）brevedad *f*. ‖ 話の筋は簡単である La historia tiene un argumento simple. / 言うのは簡単だが実行するのは難しい Es fácil

decirlo pero difícil ponerlo en práctica. ¦《諺》De dicho al hecho hay gran trecho. ／手続きを簡単にする simplificar los trámites
▶簡単な（単純な） sencillo[lla], （容易な）fácil, （平易な） llano[na], （簡潔な） breve ‖ 簡単な料理 plato m. fácil de「preparar [hacer]／簡単な修理 reparación f. ｜fácil [simple]／簡単な英語で書かれた本 libro m. escrito en inglés sencillo／簡単な言葉で説明する explicar ALGO con palabras sencillas
▶簡単に（容易に）fácilmente, con facilidad, （簡潔に）brevemente, en breve ‖ いとも簡単に con toda facilidad, sin ningún esfuerzo,《慣用》como si nada／良く知らない事については簡単に意見できない No puedo opinar así como así de lo que no conozco bien.／食事を簡単にすませる comer algo ligero／簡単に説明する explicar brevemente
▶簡単に言えば en「dos [cuatro] palabras, en resumen,《慣用》en resumidas cuentas
かんだん 歓談 charla f.「amena [agradable]
▶歓談する ‖ 首相(男性)は数名の財界リーダーとホテルで歓談した El primer ministro mantuvo una charla amena con unos líderes del mundo financiero en un hotel.
がんたん 元旦 ⇒がんじつ(元日)
かんだんけい 寒暖計 termómetro m. ‖ 寒暖計で気温を計る medir la temperatura con el termómetro
かんち 感知
▶感知する sentir, percibir ‖ 危険を感知する「sentir [percibir] un peligro／地震を感知する sentir el temblor (de tierra)
◨感知器 sensor m.
かんち 関知
▶関知する tener que ver《con》‖ それは私の関知することではない Eso no es asunto mío. ¦ Eso no es de mi incumbencia.
かんちがい 勘違い equivocación f., confusión f.
▶勘違いする equivocarse, confundirse ‖ AをBだと勘違いする confundir A con B／君は勘違いしているようだ Me parece que estás confundido.
がんちく 含蓄
▶含蓄のある/含蓄に富む significativo[va], sugerente, sugestivo[va] ‖ 含蓄のある話 historia f. con mucha miga, （示唆に富む）historia f. sugestiva／含蓄に富む本 libro m. con enjundia, （示唆に富む）libro m. lleno de sugerencias
がんちゅう 眼中
〔慣用〕眼中にある ‖ 彼の眼中にあるのは出世だけだ Lo único que le interesa a él es ascender.
〔慣用〕眼中にない no hacer caso《a, de》, no pensar《en》‖ 彼は彼女に夢中で彼女のことしか眼中にない Él ha perdido la cabeza por ella y no piensa más en ella.
かんちょう 干潮 marea f. baja, bajamar f. ‖ 今は干潮である Ahora hay marea baja.／干潮時に durante la marea baja
◨干潮線 línea f. de costa en marea baja
かんちょう 官庁 oficina f. gubernamental, autoridades fpl. gubernamentales
◨官庁街 barrio m.「del gobierno [de los ministerios]
かんちょう 浣腸 enema m., lavativa f.
▶浣腸する（自分で）ponerse un enema,（人に）poner un enema《a》‖ 患者に浣腸する「poner [administrar] un enema a un[una] paciente
かんちょう 館長 director[tora] mf.
◨図書館長 director[tora] mf. de la biblioteca
◨博物館長 director[tora] mf. del museo
かんつう 姦通 adulterio m.
▶姦通する cometer adulterio
◨姦通罪《法律》adulterio m., delito m. de adulterio
かんつう 貫通 penetración f.
▶貫通する penetrar, traspasar ‖ 弾丸は犯人(男性)の右手を貫通した La bala traspasó la mano derecha del criminal.／トンネルが貫通した Se completó el calado del túnel.
かんづく 感づく ⇒きづく(気付く)
かんづめ 缶詰 conserva f., （缶）lata f. ‖ 果物の缶詰 conserva f. de frutas／缶詰を開ける abrir una lata／缶詰にする enlatar, （人を）encerrar
▶缶詰の en conserva, enlatado[da] ‖ 缶詰の魚 pescado m. en conserva／缶詰の桃 melocotones mpl. enlatados
◨缶詰工場 fábrica f. de conservas
かんてい 官邸 residencia f. oficial
かんてい 鑑定 valoración f., tasación f., peritaje m. ‖ 不動産会社に自宅の鑑定を依頼する solicitar la tasación de su casa a la inmobiliaria
▶鑑定する valorar, tasar ‖ 筆跡を鑑定する realizar un examen grafológico／古美術品を鑑定する tasar antigüedades
◨鑑定書 dictamen m. pericial
◨鑑定人 tasador[dora] mf., perito[ta] mf.
がんてい 眼底 fondo m. ocular
◨眼底検査 oftalmoscopia f., examen m. del fondo de ojo
かんてつ 貫徹 logro m.
▶貫徹する lograr, llevar a cabo ALGO, cumplir ‖ 初志を貫徹する cumplir su primer propósito
かんてん 寒天 agar-agar m., agaragar m. ‖ 寒天を煮る cocer agar-agar
かんてん 観点 punto m. de vista, perspec-

tiva f., ángulo m. ‖ 私はあなたの観点と同じです Coincido con su punto de vista. ／利用者の観点に立つ ponerse en la perspectiva de los usuarios ／観点をしぼる enfocar el punto de vista ／観点を変える cambiar el punto de vista ／観点を決める establecer el punto de vista
▶観点から‖ 自然保護の観点からすると desde el punto de vista de la conservación de la naturaleza ／経済的観点から見ると desde el punto de vista económico

かんでん 感電 descarga f. eléctrica, electrización f.
▶感電する recibir una descarga eléctrica
▶感電死 muerte f. por「electrocución [una descarga eléctrica]‖ 感電死する electrocutarse, morir de una descarga eléctrica

かんでんち 乾電池 pila f. (seca)‖ カメラの乾電池が切れた Se acabó la pila de la cámara.

かんど 感度 sensibilidad f., (受信機の) recepción f. ‖ 感度の高い「de [con] alta sensibilidad ／感度の低い「de [con] baja sensibilidad ／この携帯テレビは感度がいい Este televisor portátil tiene una buena recepción.
▣高感度デジタルカメラ cámara f. digital de alta sensibilidad

かんとう 完投
▶完投する《野球》lanzar un juego completo, lanzar todo el partido

かんとう 巻頭 inicio m. de un libro‖ 巻頭を占める「ocupar [aparecer en] las primeras páginas de un libro
▣巻頭言 prólogo m., prefacio m., proemio m., (序文) introducción f.
▣巻頭論文 artículo m. 「encabezado [introductorio]

かんとう 敢闘
▶敢闘する luchar con valentía
▣敢闘賞 premio m. al espíritu de lucha

かんどう 勘当
▶勘当する renegar《de》‖ 娘を勘当する renegar de su hija

かんどう 感動 emoción f. ‖ 深い感動 emoción f. profunda ／大きな感動 emoción f. grande ／感動のあまり彼は何も言えなかった Se quedó mudo por la emoción. ／感動を受ける conmoverse, emocionarse ／感動を与える conmover, emocionar, causar emoción《a》／読者の感動を呼ぶ despertar la emoción de los lectores ／感動を示す expresar su emoción ／感動を覚える「sentir [experimentar] emoción ／感動を家族と分かち合う compartir la emoción con su familia
▶感動させる conmover, emocionar, causar emoción《a》‖ そのニュースは世界中を感動させた La noticia conmovió al mundo entero.
▶感動する conmoverse, emocionarse‖ 深く感動する emocionarse profundamente, sentir una emoción profunda
▶感動的な conmove*dor*[dora], emocionante, impresionante‖ 感動的なシーン escena f. 「conmovedora [emocionante]

かんとうし 間投詞 interjección f. ‖ 間投詞を使う utilizar interjecciones

かんとく 監督 (指導) dirección f., (監視) supervisión f.; (指導者) direc*tor*[tora] mf., (監視人) supervi*sor*[sora] mf., (監視員) vigilante com., (スポーツの) entrena*dor*[dora] mf. ‖ ～の監督のもとで bajo la dirección de ALGUIEN
▶監督する dirigir, (監視する) supervisar, vigilar‖ 試験を監督する vigilar en un examen ／子供たちを監督する vigilar a los niños ／チームを監督する dirigir un equipo ／映画を監督する dirigir una película
▣監督官庁 autoridades fpl. competentes
▣監督責任 responsabilidad f. de supervisión‖ 監督責任を問う exigir responsabilidades como supervi*sor*[sora]《a》

がんとして 頑として con obstinación, con terquedad‖ 頑として譲らない《慣用》cerrarse en banda,《慣用》「seguir [mantenerse] en sus trece ／頑として申し出に応じない rechazar categóricamente la oferta

カントリー
▣カントリークラブ club m. de campo
▣カントリーミュージック música f. country

かんな 鉋 cepillo m., garlopa f. ‖ 鉋をかける cepillar ／木目に沿って鉋をかける cepillar la madera en el sentido de las「fibras [vetas]
▣鉋がけ cepillado m.
▣鉋くず viruta f. de madera

カンニング trampa f.
▶カンニングする copiar
▣カンニングペーパー chuleta f.

かんにんぶくろ 堪忍袋
《慣用》堪忍袋の緒が切れる《慣用》perder los estribos (de la paciencia)

かんぬき 閂 cerrojo m., tranca f. ‖ 戸にかんぬきをかける echar el cerrojo a una puerta, atrancar una puerta ／かんぬきを外す levantar el cerrojo

かんぬし 神主 sacerd*o*te com. sintoísta
かんねつし 感熱紙 papel m. térmico
かんねん 観念 idea f., concepto m., noción f. ‖ 自由に対する観念 concepto m. de libertad ／経済観念がない no tener sentido de la economía ／時間の観念がなくなる perder la noción del tiempo
▶観念的な ideal, conceptual, nocional, (抽

象的な) abstrac*to*[*ta*] ‖ 観念的な作品 obra *f.* conceptual
▶観念する resignarse ‖ 窃盗の容疑者(男性)は観念して警察に自首した El presunto autor del robo se resignó y se entregó a la policía.
◪責任観念 noción *f.* de responsabilidad
◪観念論《哲学》idealismo *m.*

がんねん 元年 primer año *m.* ‖ 平成元年 primer año *m.* de la era (de) Heisei

かんのう 官能 sensualidad *f.*, (感覚器官の働き) función *f.* orgánica
▶官能的な sensual, (格式語) voluptuo*so*[*sa*] ‖ 官能的な美しさ belleza *f.*「sensual [voluptuosa]
▶官能的に sensualmente
◪官能基《化学》grupo *m.* funcional
◪官能主義 sensualismo *m.*

かんのう 間脳 《解剖》diencéfalo *m.*

かんのん 観音 (観音菩薩) Kuan Yin, diosa *f.* de la misericordia

かんぱ 寒波 ola *f.* de frío ‖ ドイツが寒波に見舞われた Alemania fue azotada por una ola de frío.

カンパ (募金) colecta *f.*, recaudación *f.* benéfica → ぼきん(募金) ‖ カンパを募る hacer una colecta
▶カンパする contribuir ‖ 10ユーロカンパする contribuir con diez euros《para》

かんぱい 完売
▶完売する venderse por completo ‖ 入場券は完売した Se「vendieron [agotaron] todas las localidades.

かんぱい 完敗 derrota *f.*「total [absoluta, contundente, aplastante]
▶完敗する sufrir una derrota aplastante

かんぱい 乾杯 brindis *m.*[=*pl.*] ‖ 乾杯！¡Salud! ／ 乾杯の音頭を取らせていただきます Tengo el honor de presidir el brindis.
▶乾杯する brindar, hacer un brindis ‖ 我が社の発展と繁栄のために乾杯しましょう Brindemos por el desarrollo y la prosperidad de nuestra empresa.

かんばしい 芳しい (香り) fragante, aromátic*o*[*ca*], oloros*o*[*sa*], (評判) buen*o*[*na*], favorable ‖ とても芳しい茶 té *m.* muy aromático ／ 花の芳しい香り「aroma *m.* [fragancia *f.*] de las flores ／ 息子の成績が芳しくない Las notas de mi hijo no son buenas. ¦ Mi hijo no saca buenas notas. ／ 患者(男性)の病状は芳しくない El pronóstico del paciente no es favorable.

カンバス 《美術》lienzo *m.* ‖ カンバスを張る tensar el lienzo

かんばつ 旱魃 sequía *f.* →ひでり(日照り) ‖ 国の南部が旱魃に襲われている La sequía azota el sur del país.

がんばり 頑張り esfuerzo *m.* ‖ 頑張りがきく tener mucha perseverancia

◪頑張り屋 gran trabaja*dor*[*dora*] *mf.*, persona *f.* perseverante

がんばる 頑張る (努力する) esforzarse, (最善を尽くす) hacer todo lo posible, (言い張る) insistir《en》, obstinarse《en》, (抵抗する) resistir, no ceder ‖ 徹夜で頑張った trabajar duro toda la noche ／ 納期が近づいているから、もっと頑張って働く必要がある Como se acerca la fecha de entrega, hay que trabajar con más intensidad. ／ 彼女は新車を買うと頑張った Ella insistió en comprarse un coche nuevo. ／ あきらめずに頑張る／頑張り通す no dejar de esforzarse ／ 彼女はゴールまで頑張り通して走った Ella no dejó de correr hasta llegar a la meta.
(慣用)がんばれ！¡Ánimo!, (慣用)(話)¡Adelante con los faroles!

かんばん 看板 letrero *m.*, rótulo *m.*, (映画などの) cartelera *f.* ‖ 看板を設置する poner un letrero ／ 看板を外す quitar el letrero
(慣用)看板に傷がつく‖店の看板に傷がつくでしょう La reputación de la tienda se verá dañada.
(慣用)看板を下ろす (閉店する) cerrar la tienda, (廃業する) cerrar el negocio
(慣用)看板倒れだ (諺)Las apariencias engañan.
◪看板選手 juga*dor*[*dora*] *mf.* estrella
◪看板娘 vendedora *f.* estrella (de una tienda)
◪かんばん方式「sistema *m.* [método *m.*] justo a tiempo

かんぱん 甲板 cubierta *f.* ‖ 甲板に出る salir a cubierta

かんび 甘美
▶甘美な dulce, exquisi*to*[*ta*] ‖ 甘美な旋律 melodía *f.*「dulce [exquisita]

かんび 完備 ‖ エアコン完備のマンション piso *m.* equipado con aire acondicionado
▶〜を完備した equipa*do*[*da*]《con》

かんびょう 看病「atención *f.* [cuidado *m.*] (a enfermos)‖ 祖母の看病に疲れる cansarse de atender a *su* abuela
▶看病する「atender [cuidar] a *un*[*una*] enfer*mo*[*ma*] ‖ 徹夜で看病する velar a *un*[*una*] enfer*mo*[*ma*]

かんぶ 患部 parte *f.*「afectada [enferma] ‖ 患部にクリームを塗る aplicar crema sobre la zona afectada

かんぶ 幹部 directi*vo*[*va*] *mf.*, (集合的に) personal *m.* directivo
◪幹部会議 reunión *f.* de directivos
◪幹部候補生《軍事》cadete *com.*
◪幹部 cargo *m.* directivo

かんぷ 還付 devolución *f.* ‖ 税金の還付 devolución *f.* de impuestos
◪還付申告 ‖ 還付申告をする solicitar la devolución de impuestos

かんぷう 完封 《野球》blanqueada f.
- ▶完封する《野球》blanquear

かんぷう 寒風 viento m. [frío [invernal]] ‖ 寒風に堪える soportar el viento [frío [invernal]]

かんぶつ 乾物 alimento m. seco
- ◨乾物屋 tienda f. de alimentos secos

かんぶん 漢文 chino m. clásico, (文学) literatura f. china clásica

かんぺき 完璧 perfección f. ‖ 完璧を期する [buscar [perseguir]] la perfección
- ▶完璧である ‖ (私は) 試験の準備は完璧だ Estoy perfectamente prepara*do*[da] para el examen.
- ▶完璧な perfec*to*[ta], impecable, comple*to*[ta] ‖ 完璧なゴール gol m. [perfecto [impecable]] / 完璧な仕上がり acabado m. impecable
- ▶完璧に perfectamente, a la perfección, impecablemente ‖ スペイン語を完璧に話す hablar español [perfectamente [a la perfección]]
- ◨完璧主義者 perfeccionista com.

がんぺき 岸壁 (崖) acantilado m., (埠頭) muelle m., embarcadero m.

かんべつ 鑑別 discernimiento m., distinción f.
- ▶鑑別する discernir, distinguir ‖ 真偽を鑑別する discernir lo verdadero de lo falso
- ◨鑑別所 centro m. preventivo de menores

かんべん 勘弁
- ▶勘弁する perdonar, disculpar ‖ 勘弁してください Le pido que me perdone. ¦ Le ruego que me disculpe.

かんぼう 官房 secretaría f.
- ◨内閣官房長官 secreta*rio*[ria] mf. general del gabinete

かんぼう 感冒 ⇒かぜ(風邪)
- ◨流行性感冒 gripe f.

かんぽう 官報 (スペインの) Boletín m. Oficial del Estado (略 BOE)

かんぽう 漢方 medicina f. Kampo, medicina f. china tradicional
- ◨漢方薬 medicamento m. chino tradicional
- ◨漢方医 médi*co*[ca] mf. de la medicina china tradicional

がんぼう 願望 deseo m., ansia f., aspiración f. ⇒のぞみ(望み) ‖ 両親の願望をかなえる cumplir el deseo de *sus* padres / 彼女は世界一のシェフになるという願望をもっている Ella tiene el deseo de ser la mejor chef del mundo.

かんぼく 灌木 arbusto m., mata f. ‖ 庭に灌木が生えている Crecen arbustos en el jardín.

かんぼつ 陥没 hundimiento m., (窪み) socavón m.
- ▶陥没する hundirse ‖ 地震で道路が陥没した La carretera se hundió con el terremoto.
- ◨頭蓋骨陥没 hundimiento m. de cráneo

カンマ coma f. ‖ カンマをつける poner una coma

かんまつ 巻末 final m. de un libro
- ▶巻末に al final del libro ‖ 解答は巻末に載っている Las soluciones se encuentran al final del libro.

かんまん 干満 marea f.

かんまん 緩慢 ‖ 彼女の動作は緩慢だ Es lenta en [movimientos [moverse]].
- ▶緩慢な len*to*[ta], parsimonio*so*[sa] ‖ 緩慢な対応をする actuar [con lentitud [sin celeridad]]
- ▶緩慢に lentamente, con lentitud

かんみりょう 甘味料 edulcorante m. ‖ 甘味料を加える añadir edulcorante
- ◨人工甘味料 edulcorante m. artificial

かんむり 冠 corona f. ‖ 王様の冠をかぶる ponerse la corona del rey / 優勝者に月桂樹の冠をかぶせる coronar [al ganador [a la ganadora]] con laureles
- (慣用) お冠である estar enfada*do*[da], (慣用) estar de morros

かんめい 感銘 impresión f. ‖ 強い感銘を受ける recibir una fuerte impresión / 私が最も感銘を受けたのは、大聖堂の美しさだ Lo que más me impresionó fue la belleza de la catedral. / 感銘を与える impresionar, [causar [dejar]] una impresión profunda (a)
- ▶感銘する impresionarse
- ▶感銘深い impresionante, (胸を打つ) conmove*dor*[dora] ‖ 感銘深いエピソード episodio m. impresionante

がんめん 顔面 cara f. ‖ 顔面を紅潮させる ponerse ro*jo*[ja], ruborizarse / 顔面蒼白になる ponerse muy páli*do*[da]
- ◨顔面神経 nervio m. facial ‖ 顔面神経痛 neuralgia f. facial
- ◨顔面麻痺 parálisis f.[=pl.] facial

かんもん 喚問 《法律》citación f.
- ▶喚問する citar ‖ 証人を喚問する citar a *un*[una] testigo
- ◨証人喚問 citación f. de testigos

かんもん 関門 obstáculo m., barrera f. ‖ 入試の関門を突破する superar la barrera del examen de ingreso

がんやく 丸薬 píldora f.

かんゆう 勧誘 invitación f. ‖ 強引な勧誘 invitación f. forzosa
- ▶勧誘する invitar a ALGUIEN a 〖+不定詞〗 ‖ スポーツクラブに勧誘する invitar a ALGUIEN a hacerse so*cio* de un club deportivo / 保険に勧誘する intentar vender un seguro (a)
- ◨勧誘員 (保険の) agente com. de seguros, vende*dor*[dora] mf. de seguros

がんゆう　含有
▶ 含有する contener
▫ 含有量 contenido *m.*
▫ 含有率 ‖カカオの含有率が高いチョコレート chocolate *m.* con alto porcentaje de cacao

かんよ　関与　participación *f.*, implicación *f.* ‖ 彼はテロ事件への関与の容疑で逮捕された Fue detenido por su presunta implicación en un atentado terrorista.
▶ 関与する participar 《en》, verse implica*do*[*da*] 《en》,（干渉する）intervenir 《en》‖ 彼は公文書の偽造に関与した Él participó en la falsificación de documentos públicos.

かんよう　寛容　tolerancia *f.*, indulgencia *f.*, generosidad *f.* → かんだい（寛大）‖ 寛容の精神 espíritu *m.* de tolerancia
▶ 寛容な tolerante, indulgente, genero*so*[*sa*] ‖ 寛容な人 persona *f.* 「tolerante [generosa] ／ 寛容な態度をとる adoptar una actitud 「tolerante [generosa], mostrarse 「tolerante [genero*so*[*sa*]]

かんよう　慣用
▶ 慣用的な de uso corriente, usual
▫ 慣用句 locución *f.*, modismo *m.*, frase *f.* hecha
▫ 慣用表現 expresión *f.* idiomática

かんようしょくぶつ　観葉植物　planta *f.* de interior

がんらい　元来　originariamente, originalmente, al principio,（生まれつき）por naturaleza

かんらく　陥落　caída *f.*,（降伏）rendición *f.*, capitulación *f.* ‖ コンスタンチノープルの陥落《歴史》caída *f.* de Constantinopla
▶ 陥落する caer,（降伏する）rendirse, capitular ‖ 最下位に陥落する caer al 「último puesto [farolillo rojo] de la clasificación

かんらく　歓楽　placer *m.* ‖ 歓楽を求める buscar placeres
▫ 歓楽街 barrio *m.* de diversiones

かんらん　観覧
▶ 観覧する ver
▫ 観覧車 noria *f.*,《中南米》rueda *f.* de la fortuna
▫ 観覧席 asiento *m.*, localidad *f.*,（階段状の）gradas *fpl.*
▫ 観覧料 precio *m.* de entrada

かんり　官吏　funciona*rio*[*ria*] *mf.*

かんり　管理　administración *f.*, gestión *f.*, control *m.* ‖ 家計の管理「administración *f.* [gestión *f.*, control *m.*] de la economía familiar ／ 財産の管理 administración *f.* de bienes ／ 金銭の管理 administración *f.* del dinero ／ そのホテルは管理が行き届いている El hotel está muy bien cuidado. ／ その会社は製品の品質管理がきびしい La empresa controla estrictamente la calidad de sus productos. ／ 管理を怠る incumplir con *su* obligación de administrar
▶ 管理下に ‖ その市は軍の管理下にある La ciudad está bajo control militar.
▶ 管理する administrar, gestionar, gobernar,（統制する）controlar, llevar el control 《de》‖ 公金を管理する administrar el dinero público ／ 彼は20名の職員を管理している Él lleva el control de 20 empleados.
▫ 管理上の administrati*vo*[*va*]
▫ 管理価格 precio *m.* administrado
▫ 管理教育 educación *f.* controlada
▫ 管理組合（マンションの）junta *f.* de copropietarios
▫ 管理権 derecho *m.* de gestión
▫ 管理工学 ingeniería *f.* industrial
▫ 管理社会 sociedad *f.* controlada
▫ 管理職 cargo *m.* directivo
▫ 管理人 administra*dor*[*dora*] *mf.*,（マンションの）porte*ro*[*ra*] *mf.*
▫ 管理費 gastos *mpl.* de comunidad

かんりゃく　簡略
▶ 簡略な simple ‖ 簡略な手続き trámite *m.* simple
▶ 簡略化 simplificación *f.*, abreviación *f.* ‖ 簡略化する simplificar, abreviar

かんりゅう　寒流　‖ corriente *f.* fría

かんりょう　完了　terminación *f.*
▶ 完了の《文法》perfec*to*[*ta*]
▶ 完了する（終える）terminar, acabar, concluir,（終わる）terminar(se), acabar(se) ‖ 任務を完了する cumplir una misión ／ パーティーの準備はもう完了した Ya se terminaron los preparativos de la fiesta.

かんりょう　官僚　burócrata *com.*, al*to*[*ta*] funciona*rio*[*ria*] *mf.* ‖ 官僚になる hacerse burócrata
▶ 官僚的な burocráti*co*[*ca*]
▶ 官僚的に de forma burocrática
▫ 官僚主義 burocratismo *m.*
▫ 官僚制 burocracia *f.*, régimen *m.* burocrático
▫ 官僚政治 burocracia *f.*, política *f.* burocrática

かんれい　慣例　costumbre *f.*, convención *f.*,（先例）precedente *m.* ‖ 慣例に従う「seguir [atenerse a] las costumbres ／ その国の慣例を知る conocer las costumbres del país
▫ 社会的慣例 convención *f.* social

かんれいぜんせん　寒冷前線　frente *m.* frío ‖ 寒冷前線が近づく Se acerca un frente frío.

かんれき　還暦　sexagésimo cumpleaños *m.* ‖ 還暦を祝う celebrar *su* sexagésimo cumpleaños ／ 還暦を迎える「llegar a [cumplir] los sesenta años

かんれん　関連　relación *f.*, conexión *f.* ‖ このことに関連して en relación con este tema ／ 関連がある tener relación 《con》／ 関連

かんろく

が深い guardar estrecha relación 《con》／経済との関連が深い問題 problema *m.* estrechamente relacionado con la economía

▶**関連づける** ‖ A と B を関連づける relacionar A con B

▶**関連する** (〜と) estar relaciona*do*[*da*] 《con》‖ 人体の器官は互いに関連している Los órganos del cuerpo humano se relacionan entre sí. ／メキシコ映画に関連する本 libro *m.* sobre el cine mexicano ／生物学とそれに関連する分野 la biología y sus campos afines

☐ **関連会社** empresa *f.* [filial [asociada]
☐ **関連記事** artículo *m.* relacionado
☐ **関連産業** industria *f.* afín

かんろく 貫禄 (威厳) dignidad *f.*, (体つき) buena presencia *f.* ‖ 彼はとても貫禄がある Él tiene un porte distinguido.

かんろに 甘露煮 ‖ 甘露煮にする confitar

かんわ 緩和 ‖ 国際緊張の緩和 reducción *f.* de la tensión internacional

▶**緩和する** moderar, (軽減する) aliviar, (減少させる) disminuir, reducir, (緩める) relajar ‖ 両国間の緊張を緩和する「disminuir [calmar, aflojar] la tensión entre ambos países ／交通の混雑を緩和する aliviar la congestión de tráfico, descongestionar el tráfico ／金融制限を緩和する「relajar [suavizar] las restricciones monetarias

☐ **緩和医療** cuidados *mpl.* paliativos
☐ **緩和剤** (医学) paliativo *m.*, emoliente *m.*

かんわじてん 漢和辞典 diccionario *m.* japonés de caracteres chinos

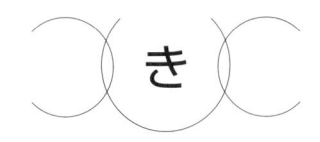

き

き 木/樹 ❶ (樹木) árbol *m.* ‖ 木の枝 rama *f.* de árbol ／木が育つ crecer *un árbol* ／木が枯れる「secarse [morirse] *un árbol* ／木に登る subir a un árbol ／木を植える plantar un árbol ／木を切る cortar un árbol ／木を切り倒す talar un árbol ／木を倒す「derribar [abatir] un árbol

[慣用] 木で鼻をくくったような frío[*a*]
[諺] 木を見て森を見ず (諺) Los árboles no dejan ver el bosque.

❷ (木材・材木) madera *f.* ‖ 木の机 mesa *f.* de madera

┌─── **木の種類** ───┐

常緑樹 árbol *m.* de hoja perenne ／落葉樹 árbol *m.* de hoja caduca ／針葉樹 árbol *m.* conífero, coníferas *fpl.* ／広葉樹 árbol *m.* de hoja ancha

└─────────────┘

き 気 ❶ (気持ち) sentimiento *m.*, (心) corazón *m.*, 性格 carácter *m.*, (意志・意向) intención *f.*, (関心) interés *m.*, (意識) conocimiento *m.*

❷ 《慣用表現》

[気が]

[慣用] 気が合う「entenderse [llevarse] bien 《con》
[慣用] 気がある (関心がある) tener interés 《en》, estar interesa*do*[*da*] 《en》‖ 彼女は君に気があるよ Ella tiene interés en ti.
[慣用] 〜する気がある tener intención de 〖+不定詞〗‖ 二度と彼女に会う気はありません No tengo intención de volver a verla. ／お引き受けする気はまったくありません No tengo ninguna intención de aceptarlo.
[慣用] 気がいい tener buen carácter
[慣用] 気が大きくなる「volverse [sentirse] genero*so*[*sa*], (大胆に) volverse audaz
[慣用] 気がおかしい 《慣用》「andar [estar] mal de la cabeza
[慣用] 気が重い sentirse deprimi*do*[*da*]
[慣用] 気が変わる ‖ 私は気が変わった He cambiado de idea.
[慣用] 気が利く ser inteligente ‖ 気の利いた服装をする vestir con elegancia
[慣用] 気が気でない estar inquie*to*[*ta*], 《慣用》estar en vilo
[慣用] 気が狂う/気が変になる/気がおかしくなる volverse lo*co*[*ca*], enloquecer(se)
[慣用] 気が進まない (〜したくない) no tener ganas de 〖+不定詞〗, (〜する気にならない) no apetecer a ALGUIEN 〖+不定詞〗
[慣用] 気が済む quedarse tranqui*lo*[*la*], quedarse satisfe*cho*[*cha*]
[慣用] 気がする ‖ 以前にお会いしたような気がします Me「parece [da la impresión de] que nos hemos visto antes.
[慣用] 気が急く estar impaciente
[慣用] 気が高ぶる poncrsc ncrvio*so*[*sa*]
[慣用] 気が立つ estar nervio*so*[*sa*], impacientarse
[慣用] 気が散る no poder concentrarse
[慣用] 気が付く darse cuenta 《de》, (意識が戻る) volver en *sí*, (注意が行き届く) estar

aten*to*[ta]《a, con》, ser solíci*to*[ta] ‖ 昨日の地震に気がつかなかった No sentí el terremoto de ayer.
[慣用] 気が強い tener mucho carácter, tener un carácter fuerte
[慣用] 気が遠くなる desmayarse ‖ 気が遠くなるようなプロジェクト proyecto *m.* descabellado
[慣用] 気がとがめる「tener [sentir] remordimientos
[慣用] 気が長い tener paciencia
[慣用] 気が抜ける ‖ 彼は緊張の後で気が抜けている Él está distraído después de la tensión vivida. ／このビールは気が抜けている Esta cerveza ha perdido su sabor.
[慣用] 気が晴れる sentirse libre de preocupaciones
[慣用] 〜するのは気が引ける tener escrúpulos para『+不定詞』, no atreverse a『+不定詞』
[慣用] 気が紛れる distraerse
[慣用] 気が回る ser solíci*to*[ta]
[慣用] 気が向く ‖ 彼は気が向いたら来るだろう Él vendrá si le da la gana.
[慣用] 気が短い tener poca paciencia
[慣用] 気が滅入る deprimirse, desanimarse
[慣用] 気が緩む relajarse,（油断する）descuidarse
[慣用] 気が弱い tener poco carácter
[慣用] 気が楽になる sentirse tranqui*lo*[la], sentir alivio
[慣用] 気が若い ser joven de corazón, tener un corazón joven

[気に]
[慣用] 気に入る gustar ‖ 私はこの絵が気に入った Me gustó este cuadro.
[慣用] 気に掛かる preocuparse《por》‖ 私は時々何でもない事が気にかかる A veces me preocupo por cosas sin importancia.
[慣用] 気に食わない no gustar ‖ 彼は新しいコーチ（男性）が気にくわない A él no le cae bien el nuevo entrenador.
[慣用] 気にさわる molestar, disgustar ‖ 電車の中での携帯の話は気に障る Me molesta que hablen por el móvil en el tren.
[慣用] 気にする preocuparse《por》, hacer caso《a, de》‖ 多くの人は他人の言う事を気にして暮らしている Muchas personas viven preocupadas por lo que dicen los demás. ／値段は気にしないでください No se preocupe por el precio.
[慣用] 気に留める prestar atención《a》, tener ALGO en cuenta, tener presente ALGO
[慣用] 気になる ‖ 私は時々全力で叫んでみたい気になる De vez en cuando me dan ganas de gritar con todas mis fuerzas. ／彼は自分について人がどう思うかとても気になる Le importa mucho lo que la gente pueda pensar de él.

[慣用] 気に病む ‖ 彼女は試験でのミスを気に病んでいる Ella no está tranquila pensando en el error que cometió en el examen.

[気の]
[慣用] 気の大きい genero*so*[sa],（大胆な）audaz
[慣用] 気の小さい tími*do*[da]
[慣用] 気のせいだよ Serán imaginaciones tuyas.

[気を]
[慣用] 気を失う perder el conocimiento, desmayarse
[慣用] 気をくじく《慣用》「cortar [quebrar, recortar] las alas《a》
[慣用] 気を配る estar aten*to*[ta]《a, con》,《慣用》estar en todo
[慣用] 気を察する entender los sentimientos de ALGUIEN
[慣用] 気を使う ‖ どうぞ気を使わないで下さい No se moleste por mí.
[慣用] 気をつける（注意する）tener cuidado ‖ 体に気をつけなさい Cuídate. ／言葉に気をつけなさい Debes medir tus palabras.
[慣用] 気を取られる distraerse
[慣用] 気を取り直す reanimarse
[慣用] 気を抜く descuidarse,《慣用》echarse a dormir ‖ 気を抜くな! ¡No te confíes mucho!
[慣用] 気を吐く mostrarse valiente, envalentonarse
[慣用] 気を引く llamar la atención,（異性の）provocar
[慣用] 気を回す tener miramientos
[慣用] 気をもむ inquietarse,《慣用》estar「en [sobre] ascuas《por》
[慣用] 気を休める tranquilizarse
[慣用] 気を許す《慣用》bajar la guardia ‖ 彼に気を許すな ¡Cuidado con él! ／大人が気を許したすきに男の子が水に落ちた El niño cayó al agua en un momento de descuido de los adultos.
[慣用] 気をよくする ponerse conten*to*[ta]
[慣用] 気を悪くする sentirse ofendi*do*[da]

[その他]
[慣用] 気は心 ‖ 気は心と思ってこれを受け取って下さい Le ruego que acepte esto como una muestra de mi gratitud.
[慣用] 気は確かか ¿Estás lo*co*[ca]?
[慣用] 気もそぞろ ‖ 気もそぞろである estar inquie*to*[ta]
[慣用] 気をつけ《号令》¡Firmes!

き 奇 ‖ 奇をてらう hacer gala de *su* extravagancia
[慣用] 事実は小説より奇なり La realidad es más extraña que la ficción.

き 期（期間）período *m.*,（時代）edad *f.*,（段階）etapa *f.*, fase *f.* ‖ 計画の第1期 primera fase *f.* del proyecto ／義務教育の第1期 primera etapa *f.* de la enseñanza obligatoria ／ グラナダ大学の第20期生 vigésima promoción f. de la Universidad de Granada ／ 現大統領(男性)は第2期目に入る El actual presidente va a iniciar su segundo mandato.

◳ 回復期　período m. de recuperación

き　機　→ きかい(機会) ‖ 機を逸す perder una oportunidad

[慣用] 機が熟す ‖ 機が熟すのを待つ esperar a que llegue el momento oportuno ／ 機が熟していない《慣用》No está el horno para bollos.

[慣用] 機に乗じる aprovechar una「oportunidad [ocasión]《para》

[慣用] 機を見るに敏 no「perder [dejar pasar] nunca la oportunidad

ギア　(自動車の) caja f. de cambios, (歯車) engranaje m. ‖ ギアを入れる poner en marcha el coche

◳ ギアボックス　caja f. de「cambios [velocidades]

◳ ギアチェンジ　cambio m. de marcha ‖ ギアチェンジをする cambiar de marcha

きあい　気合い　moral f., ánimo m. ‖ 気合いが入っている tener la moral muy alta,《慣用》tener más moral que el Alcoyano ／ 気合いを入れる levantar la moral《de》, dar una inyección de moral《a》, (自分に) llenarse de moral, reunir todas *sus* fuerzas ／ 気合いをかける animar, estimular ／ 気合い負けする perder por falta de moral

きあつ　気圧　presión f. atmosférica ‖ 気圧が高い[低い] La presión atmosférica es「alta [baja]. ／ 気圧が上がる[下がる]「subir [bajar] *la presión atmosférica*

◳ 気圧の谷　vaguada f. barométrica

◳ 気圧計　barómetro m.

◳ 気圧配置　distribución f. de la presión atmosférica

ぎあん　議案　proyecto m. de ley ‖ 議案を審議する「debatir [discutir] un proyecto de ley ／ 議案を可決する aprobar un proyecto de ley ／ 議案は国会を通過した El proyecto de ley fue aprobado por la Dieta.

きい　奇異　extrañeza f.

▶ 奇異な extra*ño*[*ña*], ra*ro*[*ra*], chocante ‖ 奇異な格好 apariencia f.「extraña [extravagante] ／ 奇異な現象 fenómeno m. extraño

▶ 奇異に 奇異に思う／奇異に感じる parecer「extra*ño*[*ña*] [ra*ro*[*ra*]]《a》／ 会議での彼女の発言を奇異に感じた Me pareció extraño lo que dijo ella en la reunión.

キー　(鍵) llave f., (鍵盤) tecla f. ‖ キーを叩く「tocar [pulsar] las teclas, teclear

◳ キーステーション　(テレビの) estación f.「principal [central] de televisión

◳ キーパーソン　persona f. clave

◳ キーポイント　punto m. clave

◳ キーホルダー　llavero m.

◳ キーワード　palabra f. clave

きいきい　きいきいという音 chirrido m. ‖ きいきいと音を立てる chirriar, rechinar ／ ぶらんこがきいきいと音を立てる El columpio chirría.

◳ きいきい声　voz f. estridente

きいと　生糸　seda f. cruda

キーパー　(ゴールキーパー) porte*ro*[*ra*] mf., guardameta com.,《話》cancerbero m.

キーボード　teclado m. ‖ キーボードをパソコンにつなぐ conectar el teclado al ordenador ／ キーボードを打つ pulsar el teclado, escribir con el teclado, (パソコンの) teclear el ordenador

◳ キーボード奏者　teclista com.

きいろ　黄色　amarillo m.

▶ 黄色い/黄色の amari*llo*[*lla*], de color amarillo ‖ 黄色い実 fruto m. amarillo ／ 黄色い声 chillido m.

▶ 黄色がかった amarillen*to*[*ta*]

▶ 黄色くなる amarillear, ponerse amari*llo*[*lla*] ‖ やにで黄色くなった歯 dientes mpl. amarillos de nicotina ／ 秋には木々の葉が黄色くなる En otoño amarillean las hojas de los árboles.

[慣用] くちばしが黄色い (未熟者) ser *un*[*una*] inmadu*ro*[*ra*]《慣用》estar con la leche en los labios

ぎいん　議員　(国会の) parlamenta*rio*[*ria*] mf., congresista com., (上院の) sena*dor*[*dora*] mf., (下院の) diputa*do*[*da*] mf., (市町村議会の) conce*jal*[*jala*] mf.

▶ 議員になる hacerse parlamenta*rio*[*ria*] ‖ 議員に選ばれる「ser [salir] elegi*do*[*da*] parlamenta*rio*[*ria*]

◳ 議員会館　centro m. parlamentario

◳ 議員特権　inmunidad f. parlamentaria

◳ 議員秘書　(下院の) secreta*rio*[*ria*] mf. de *un*[*una*] diputa*do*[*da*]

◳ 議員立法　ley f. propuesta por *un*[*una*] parlamenta*rio*[*ria*]

◳ 議員連盟　grupo m. parlamentario

ぎいん　議院　cámara f., (国会) parlamento m., (地方議会) concejo m.

◳ 議院内閣制　parlamentarismo m., sistema m. parlamentario

キウイ　(鳥類) kiwi m.(雄・雌);《植物》kiwi m.

きうん　気運　tendencia f., tónica f. ‖ 変革の気運 tendencia f. al cambio ／ 原発廃止の気運が高まる Crece la tendencia a desmantelar las centrales nucleares.

きうん　機運　oportunidad f. ‖ 機運が熟すのを待つ esperar a que llegue el momento oportuno

きえい　気鋭

▶ 気鋭の brio*so*[*sa*], enérgi*co*[*ca*] ‖ 気鋭の

小説家 novelista *com*. enérgi*co[ca]*
きえいる 消え入る ‖ 消え入るような声で con voz imperceptible
きえうせる 消え失せる desaparecer ‖ 消え失せろ！ ¡Lárgate de aquí!
きえる 消える desaparecer, （火が）apagarse, extinguirse, （雪が）derretirse, （音が）dejar de oírse, （字が）borrarse ‖ 人込みに消える desaparecer entre el gentío ／ 泡が浮かんでは消える Las burbujas flotan y desaparecen. ／ のどの痛みが消えない No se me quita el dolor de garganta. ／ 悲しみは簡単に消えない La tristeza no「desaparece [se va]」fácilmente. ／ 広場から人影が消えた La plaza quedó「desierta [vacía]」.
慣用 海の藻屑と消える morir ahoga*do[da]* en el mar
きえん 気炎 entusiasmo *m*. ‖ 気炎を吐く hablar「con entusiasmo [acaloradamente]」
慣用 気炎を揚げる echar fanfarronadas
ぎえんきん 義援金/義捐金 donación *f*., contribución *f*. ‖ 義援金を集める hacer una colecta, reunir donaciones ／ 義援金を出す hacer una donación de dinero
きおい 気負い exceso *m*. de「ánimo [entusiasmo]」‖ 気負いがある estar excesivamente anima*do[da]*
きおうしょう 既往症 enfermedades *fpl*. padecidas
きおく 記憶 memoria *f*., （思い出）recuerdo *m*. ‖ あいまいな記憶 memoria *f*.「vaga [borrosa]」／ 幼年期の記憶がある「conservar [guardar] la memoria de *su* infancia ／ 私の記憶が確かならば si mal no recuerdo..., si la memoria no me falla... ／ 記憶から消す「borrar [suprimir] ALGO de la memoria ／ それは記憶にありません No lo tengo en la memoria. ／ 記憶に新しい（何かが）estar fres*co[ca]* en la memoria ／ 記憶に刻む grabar ALGO en la memoria ／ 記憶にとどめる guardar ALGO en la memoria ／ 記憶に残る quedar graba*do[da]* en la memoria ／ 私の記憶によると según mi memoria, según lo que recuerdo ／ 祖父母の思い出が記憶によみがえる Vienen a mi memoria los recuerdos de mis abuelos. ／ 記憶を失う perder la memoria ／ 記憶をたどる「rebuscar [bucear] en la memoria ／ 記憶を呼びもどす「despertar [evocar] un recuerdo ／ 記憶をよみがえらせる refrescar la memoria《a》
▶記憶する memorizar, aprender ALGO de memoria, （覚えている）guardar ALGO en la memoria
▶記憶している recordar, acordarse《de》
▫記憶障害 trastornos *mpl*. de la memoria
▫記憶喪失 amnesia *f*. ‖ 記憶喪失の（人）amnési*co[ca]* (*mf*.)
▫記憶装置《IT》 memoria *f*., almacenamiento *m*.
▫記憶力 capacidad *f*. retentiva ‖ 記憶力がよい tener「buena [mucha] memoria ／ 記憶力が抜群である tener una memoria「portentosa [de elefante]」
▫記憶容量《IT》capacidad *f*. de memoria
きおくれ 気後れ cohibición *f*. ‖ 気後れを感じる/気後れする cohibirse, sentirse cohibi*do[da]*
キオスク quiosco *m*., kiosco *m*.

キオスク

きおち 気落ち depresión *f*.,《話》depre *f*.
▶気落ちする deprimirse, sentirse deprimi*do[da]*, desanimarse
きおん 気温 temperatura *f*. ‖ 気温の変化 cambio *m*. de temperatura ／ 気温が上がる「下がる」「subir [bajar] *la temperatura* ／ 気温を測る medir la temperatura ／ 気温は何度くらいですか ¿A qué temperatura estamos? ／ 気温は15度です「Estamos a [Tenemos]」quince grados de temperatura.
ぎおん 擬音 imitación *f*. de sonido, （音響効果）efectos *mpl*. de sonido
▫擬音語 onomatopeya *f*.
きか 気化 vaporización *f*.
▶気化する vaporizarse, evaporarse, gasificarse
▫気化熱 calor *m*. de vaporización
きか 帰化 nacionalización *f*., naturalización *f*.
▶帰化する nacionalizarse, naturalizarse ‖ スペインに帰化したペルー人 perua*no[na]* *mf*. nacionaliza*do[da]* españ*ol[ñola]*
▫帰化植物 planta *f*. naturalizada
▫帰化申請 solicitud *f*. de nacionalización
▫帰化人 ciudada*no[na]* *mf*.「nacionaliza*do[da]* [naturaliza*do[da]*]」
きか 幾何 geometría *f*.
▫幾何学 geometría *f*. ‖ 幾何学の/幾何学的な geométri*co[ca]*
▫幾何級数 serie *f*. geométrica
きが 飢餓 hambre *f*., hambruna *f*., （飢餓による衰弱）inanición *f*. ‖ 飢餓に苦しむ sufrir hambruna ／ 飢餓で死ぬ morir de「hambre

[hambruna, inanición]

ぎが 戯画 caricatura *f.*
▶戯画化 caricaturización *f.* ‖ 戯画化する caricaturizar

ギガ 《IT》giga *f.*
☐ギガバイト 《IT》*gigabyte m.*（略 GB）
☐ギガヘルツ gigahercio *m.*（略 GHz）

きかい 奇怪
▶奇怪な extra*ño*[*ña*], misterio*so*[*sa*], sospecho*so*[*sa*]

きかい 器械 aparato *m.*, instrumento *m.*
☐器械体操 gimnasia *f.* deportiva

きかい 機会 ocasión *f.*, oportunidad *f.* ‖ 絶好の機会 gran oportunidad *f.*, oportunidad *f.*「de oro [dorada]／飛行機に乗る機会が多い tener muchas ocasiones de viajar en avión／スペイン語を話す機会がない no tener oportunidades de hablar español／機会をとらえる no dejar pasar la oportunidad／機会を与える [brindar [ofrecer] una oportunidad 《a》／機会を待つ esperar una oportunidad／またとない機会を逃す dejar「pasar [escapar] una oportunidad única／彼は昇進の機会を逸した Él desaprovechó la oportunidad de ascender en la empresa.／友人達に会う良い機会だ Es buen momento para ver a amigos.／この機会に〜する aprovechar esta ocasión para〖+不定詞〗／またの機会に en otra ocasión
☐機会均等 igualdad *f.* de oportunidades
☐機会費用《経済》coste *m.* de oportunidad

きかい 機械 máquina *f.*,（集合名詞）maquinaria *f.* ‖ 道具や機械類 herramientas *fpl.* y maquinaria *f.*／機械に強い entender de máquinas／工場に機械を導入する instalar una máquina en la fábrica, equipar la fábrica con una máquina／機械を動かす poner en funcionamiento una máquina／機械を止める parar la máquina／機械を操作する manejar la máquina／機械の調子がいい [悪い] La máquina funciona「bien [mal].／機械のように正確に con una precisión matemática
▶機械の mecán*ico*[*ca*]
▶機械的(な) mecán*ico*[*ca*], maquinal ‖ 機械的作業 trabajo *m.* mecánico
▶機械的に mecánicamente, maquinalmente
▶機械化 mecanización *f.* ‖ 機械化する mecanizar／機械化された農業 agricultura *f.* mecanizada
☐機械編み tejido *m.* a máquina
☐機械加工 elaboración *f.* mecánica
☐機械系統 ‖ 機械系統の故障 avería *f.* en el sistema mecánico
☐機械語《IT》lenguaje *m.* de máquina
☐機械工 mecán*ico*[*ca*] *mf.*
☐機械工学 ingeniería *f.* mecánica
☐機械工業 industria *f.* mecánica
☐機械室 sala *f.* de máquinas
☐機械生産 fabricación *f.* mecánica
☐機械製品 productos *mpl.* mecánicos
☐機械部品 componente *m.* mecánico
☐機械文明 civilización *f.* mecanizada
☐機械翻訳 traducción *f.* automática
☐機械論《哲学》mecanicismo *m.*

きがい 危害 daño *m.* ‖ 危害を加える/危害を及ぼす hacer daño《a》, dañar／危害をこうむる sufrir daño

きがい 気概 ⇒きこつ（気骨）

ぎかい 議会 asamblea *f.*,（国会）parlamento *m.*, congreso *m.*,（地方議会）concejo *m.* ‖ 議会（国会）が始まる Comienzan las sesiones del Parlamento.／議会を召集する convocar una asamblea／議会を解散する disolver una asamblea
☐議会政治/議会主義 parlamentarismo *m.*, régimen *m.* parlamentario
☐議会制度 sistema *m.* parlamentario
☐議会制民主主義 democracia *f.* representativa

きがえ 着替え（替え着）ropa *f.* de repuesto,（下着の）muda *f.* ‖ 着替えを持って行く llevar una muda de ropa

きがえる 着替える cambiarse de vestido, cambiarse de ropa

きがかり 気掛かり preocupación *f.* ‖ 明日の空もようが気がかりだ Estoy preocupa*do*[*da*] por el tiempo que hará mañana.
▶気がかりな preocupante

きかく 企画 proyecto *m.*, plan *m.* ‖ 企画に加わる participar en un proyecto／企画を立てる elaborar un proyecto, planear
▶企画する planear, elaborar ‖ 新製品を企画する elaborar un nuevo producto
☐企画書 documento *m.* de planificación ‖ 企画書が通った El documento de planificación recibió su aprobación.
☐企画部 departamento *m.* de planificación

きかく 規格 norma *f.*, modelo *m.*, estándar *m.* ‖ 規格に合う cumplir（con）la norma／規格を定める establecer una norma／規格を見直す revisar la norma
▶規格化 normalización *f.*, estandarización *f.* ‖ 規格化する normalizar, estandarizar
☐規格品 producto *m.* estandarizado
☐規格外品 producto *m.* no estandarizado

きがく 器楽 música *f.* instrumental
☐器楽曲 pieza *f.* instrumental

きかざる 着飾る vestir con elegancia, acicalarse, ponerse elegante ‖ 彼女はいつも着飾っている Ella siempre va muy peripuesta.
▶着飾って muy acicala*do*[*da*],《慣用》de punta en blanco

きかせる 利かせる ‖ 塩を利かせる sazonar con sal, salar／彼は気を利かせて席を外した

Él tuvo la delicadeza de retirarse.
きかせる 聞かせる‖娘に本を読んで聞かせる leer un libro a *su* hija ／ 子供たちに言うことを聞かせる hacer obedecer a los niños,《慣用》meter en cintura a los niños
きがね 気兼ね‖気兼ねなしに sin reservas, sin reparo
▶気兼ねする sentirse incómo*do*[da], tener「escrúpulos [reparo]
きがる 気軽
▶気軽な fácil, simple‖気軽な服装で con ropa informal
▶気軽に（簡単に）fácilmente,（形式ばらずに）sin ceremonias,（軽々しく）《慣用》así como así‖気軽に読める本 libro *m*. de fácil lectura ／ 気軽に話す hablar francamente ／ 仕事を気軽に引き受ける aceptar un trabajo fácilmente ／ 気軽に当店へお越し下さい No duden en visitar nuestra tienda.
きかん 気管 tráquea *f*.
▶気管の traqueal
☐気管切開 traqueotomía *f*.‖気管切開を行う「realizar [hacer] una traqueotomía
きかん 季刊 publicación *f*. trimestral‖季刊で出す publicar ALGO trimestralmente
▶季刊の trimestral
☐季刊誌 revista *f*. trimestral
きかん 帰還 vuelta *f*., regreso *m*.
▶帰還する volver《a》, regresar《a》,（本国に）repatriarse
▶帰還者 repatria*do*[da] *mf*.
きかん 基幹
▶基幹の bási*co*[ca], fundamental, principal, troncal
☐基幹産業 industria *f*. básica
☐基幹システム《IT》sistema *m*. básico
☐基幹ネットワーク《IT》red *f*. troncal
☐基幹統計 estadísticas *fpl*. fundamentales
きかん 期間 período *m*., plazo *m*.‖期間を定める determinar el período, establecer el plazo ／ 募集期間を延長する「ampliar [extender] el plazo de convocatoria ／ 販売期間を延長する prolongar el período de venta ／ 滞在期間を短縮する「reducir [acortar] la estancia ／ 期間内に支払う efectuar el pago en el plazo establecido
☐期間限定‖期間限定で販売する vender ALGO durante「un período limitado [una temporada]
☐期間従業員/期間雇用社員 emplea*do*[da] *mf*. (con contrato) temporal
きかん 器官 órgano *m*., aparato *m*.
きかん 機関 （機構）órgano *m*., organismo *m*., organización *f*.,（エンジン）motor *m*.
☐機関室 （船舶の）sala *f*. de máquinas
☐機関士 （船舶の）mecáni*co*[ca] *mf*. naval,（鉄道の）conduc*tor*[tora] *mf*. de tren, maquinista *com*.

☐機関投資家 inver*sor*[sora] *mf*. institucional
☐機関リポジトリ repositorio *m*. institucional
きがん 祈願 oración *f*., rezo *m*., plegaria *f*.
▶祈願する rezar《por, para》, orar《por》‖合格を祈願する rezar a Dios para aprobar el examen
☐必勝祈願‖自分のチームの必勝祈願をする rezar una oración por el triunfo de *su* equipo
ぎがん 義眼 prótesis *f*.[=*pl*.] ocular, ojo *m*. artificial‖義眼を入れる（自分に）colocarse una prótesis ocular ／ 私の右目は義眼です Tengo una prótesis ocular en el ojo derecho.
きかんし 気管支 bronquio *m*.‖気管支を患う tener una enfermedad bronquial
▶気管支の bronquial
☐気管支炎 bronquitis *f*.[=*pl*.]
☐気管支喘息 asma *f*. bronquial
きかんし 機関紙 boletín *m*.
きかんしゃ 機関車 locomotora *f*.
きかんじゅう 機関銃 ametralladora *f*., metralleta *f*.
きかんてん 旗艦店 tienda *f*. insignia
きき 危機 crisis *f*.[=*pl*.]‖エネルギー危機が迫る Se avecina una crisis energética. ／ 財政危機が深刻化する Se agudiza la crisis financiera. ／ 危機に臨む「afrontar [plantar cara a] una crisis ／ 危機に陥る「sumirse [hundirse] en una crisis ／ 破産の危機に瀕している estar al borde de la quiebra ／ 危機を脱する「salir [emerger] de una crisis ／ 危機を招く「provocar [causar] una crisis
▶危機的な críti*co*[ca]‖危機的な状況 situación *f*. crítica
☐危機感 sensación *f*. de crisis
☐危機意識 conciencia *f*. de crisis
☐危機管理 gestión *f*. de la crisis
☐危機一髪‖危機一髪で助かる salvarse por「un pelo [los pelos]
きき 機器 aparato *m*., instrumento *m*.,（機械類）maquinaria *f*.,（装備）equipo *m*.
☐機器分析 análisis *m*.[=*pl*.] instrumental‖機器分析化学 química *f*. instrumental
ききあきる 聞き飽きる cansarse de escuchar, estar har*to*[ta] de escuchar
ききあし 利き足 pie *m*. dominante‖私の利き足は左だ Mi pie dominante es el izquierdo.
ききいる 聞き入る‖音楽に聞き入る estar absor*to*[ta] en la música
ききいれる 聞き入れる （要求などを）acceder《a》‖父親の忠告を聞き入れる seguir el consejo de *su* padre
ききうで 利き腕 「mano *f*. [brazo *m*.] dominante‖私の利き腕は右だ Mi mano domi-

ききおぼえ 聞き覚え ‖ どこかしら聞き覚えのある声 voz f. algo familiar ／ その名前には聞き覚えがある Me suena ese nombre.

ききおよぶ 聞き及ぶ haber oído hablar 《de》, estar informa*do[da]* 《de》

ききかえす 聞き返す （再び尋ねる）preguntar de nuevo ‖ 同じ歌を何度も聞き返す escuchar la misma canción 「una y otra vez [repetidamente] ／ 質問を聞き返す pedir a ALGUIEN que *repita* la pregunta

ききかじる 聞きかじる 「aprender [saber, conocer] ALGO de oídas ‖ 聞きかじりの知識 conocimiento m. 「de oídas [superficial] ／ 聞きかじりの知識で話す hablar de oídas

ききざけ 利き酒/利き酒 degustación f. de sake ‖ 利き酒をする 「degustar [catar] el sake

ききだす 聞き出す sonsacar, （聞き始める）empezar a escuchar ‖ 重要な情報を聞き出す sonsacar una información importante《a》

ききつける 聞きつける （知る）enterarse《de》,（聞く）oír,（気づく）darse cuenta《de》

ききて 聞き手 oyente *com*.,（質問者）interroga*dor[dora] mf*.,（インタビュアー）entrevista*dor[dora] mf*.

ききとり 聞き取り

☑ 聞き取り試験 examen *m*. de comprensión auditiva

☑ 聞き取り調査 encuesta f. 「por entrevista [mediante entrevistas]

ききとる 聞き取る oír bien,（理解する）entender ‖ すみません、よく聞き取れませんでした Perdón, no he oído bien lo que ha dicho usted.

ききながす 聞き流す no hacer caso《a, de》, desatender, desoír ‖ 忠告を聞き流す 「desoír [no hacer caso de] un consejo

ききなれる 聞き馴れる/聞き慣れる
▶ 聞き馴れた familiar, conoci*do[da]* ‖ 聞き馴れた音楽 música f. familiar ／ 聞き馴れた声 voz f. 「familiar [conocida]

ききみみ 聞き耳 ‖ 聞き耳を立てる 「agudizar [aguzar] el oído

ききめ 効き目 （効果）efecto *m*.,（効力）eficacia f. ‖ 効き目がある surtir efecto, tener eficacia ／ 薬の効き目を確かめる comprobar la eficacia de un medicamento

▶ 効き目のある eficaz

ききもらす 聞き漏らす no oír bien ‖ 一言も聞き漏らすまいと耳を傾ける escuchar con atención para no perder ni una sola palabra

ききゃく 棄却 rechazamiento *m*., rechazo *m*., denegación f.

▶ 棄却する rechazar, denegar ‖ 動議を棄却する rechazar una moción

ききゅう 気球 globo *m*. (aerostático), aeróstato *m*. ‖ 気球が飛ぶ volar *un globo* ／ 気球に乗る viajar en globo ／ 気球を上げる 「lanzar [soltar] un globo

ききょう 帰郷 「vuelta f. [regreso m.] al pueblo natal

▶ 帰郷する 「volver [regresar] al pueblo natal

ききょう 桔梗 campánula f., farolillo *m*.

きぎょう 企業 empresa f., sociedad f., firma f. ‖ 企業を経営する 「gestionar [administrar] una empresa ／ 企業を興す crear una empresa ／ 企業の社会的責任 responsabilidad f. social de una empresa

▶ 企業化する industrializar,（製品化する）comercializar

☑ 企業イメージ imagen f. empresarial

☑ 企業家 empresa*rio[ria] mf*.

☑ 企業会計 contabilidad f. empresarial

☑ 企業合併 fusión f. de empresas

☑ 企業広告 publicidad f. empresarial

☑ 企業支援策 política f. de apoyo a las empresas

☑ 企業収益 beneficio *m*. empresarial

☑ 企業提携 「cooperación f. [colaboración f.] entre empresas, 「cooperación f. [colaboración f.] interempresarial

☑ 企業内教育 capacitación f. en la empresa

☑ 企業年金 pensión f. de la empresa

☑ 企業秘密 secreto *m*. industrial

☑ 企業別労働組合 sindicato *m*. de empresa

☑ 企業連合 cártel *m*., cartel *m*.

きぎょう 起業 creación f. de una empresa

▶ 起業する 「crear [montar] una empresa,（小規模の）montar un negocio

☑ 起業家 emprende*dor[dora] mf*. (de una empresa)

ぎきょく 戯曲 obra f. 「teatral [de teatro], drama *m*. ‖ 戯曲を書く escribir una obra 「teatral [de teatro]

☑ 戯曲作家 dramatur*go[ga] mf*.

ききわけ 聞き分け ‖ 聞き分けのよい（素直な）dócil, obediente,（分別のある）razonable

ききわける 聞き分ける （区別する）distinguir, reconocer ‖ 野鳥の声を聞き分ける 「distinguir [reconocer] los cantos de las aves silvestres ／ 飼い主の声を聞き分ける （ペットが）「distinguir [reconocer] la voz de su due*ño[ña]*

ききん 基金 fondo *m*., dotación f. financiera,（運営団体）fundación f. ‖ 基金を設立する crear una fundación ／ 基金を運営する gestionar un fondo

ききん 飢饉 hambruna f. ‖ 大飢饉を引き起こす（飢饉が）provocar grandes hambrunas

ききんぞく 貴金属 metal *m*. precioso ‖ 貴金属を扱う vender metales preciosos

☑ 貴金属商 plate*ro[ra] mf*.,（宝石商）joye-

ro[ra] mf.
▶貴金属店 platería f., (宝石店) joyería f.

きく 菊 crisantemo m. ‖ 菊の御紋 emblema m. de la flor de crisantemo

きく 効く/利く （効果がある）「surtir [hacer] efecto, tener 「efecto [eficacia]‖よく効く薬 medicamento m. eficaz／この薬はすぐに効く Este medicamento hace efecto inmediatamente.／ブレーキが利かない No responde el freno.／飛行機は学割が利かない No hay descuento para estudiantes en el transporte aéreo.

きく 聞く/聴く/訊く oír, (聴く) escuchar, (聞き知る) saber, (尋ねる) preguntar, (従う) obedecer 《a》‖雷鳴を聞く oír un trueno／音楽を聴く escuchar música／ニュースを聞く escuchar un noticiario／彼のことを聞く preguntar por él／市民の声を聞く escuchar la opinión de los vecinos／親の言うことを聞く obedecer a los padres／聞くともなしに聞く escuchar ALGO por casualidad／聞いてるよ ¿Me oyes?／私の話をちっとも聞いてくれないじゃない Es que no me haces ni caso.／聞いてもいいですか ¿Puedo hacer una pregunta?／彼は自分が支払うと言ってきかない Él insiste en pagar la cuenta.／聞くところによると〜です「Dicen [He oído decir] que『+直説法』.
(慣用)聞きしに勝る Es más de lo que me han contado.
(慣用)聞く耳を持たない no querer prestar oídos《a》, (頑固な) ser obstinado[da]
(諺)聞いて極楽、見て地獄 Entre oír y ver hay una gran diferencia.
(諺)聞くは一時の恥、聞かぬは一生の恥 No se pierde nada por preguntar.

きぐ 危惧 preocupación f. ‖ 私は息子の将来に危惧の念を抱く Me preocupa el futuro de mi hijo.
▶危惧する preocuparse《por》

きぐ 器具/機具 utensilio m., instrumento m. ‖ 必要な器具を揃える preparar los utensilios necesarios

きぐう 奇遇 encuentro m. fortuito ‖ スペインでお会いするとは奇遇ですね ¡Qué casualidad vernos aquí en España!

きくばり 気配り consideración f., atención f. ‖ 気配りのある atento[ta], solícito[ta]
▶気配りする estar atento[ta]《a, con》, (慣用) estar en todo

きぐらい 気位 orgullo m., soberbia f. ‖ 気位の高い orgulloso[sa], soberbio[bia], (慣用) pagado[da] de sí mismo[ma]

ぎくり
▶ぎくりとする asustarse, (慣用)「dar [pegar] un brinco
▶ぎくりとさせる dar un 「susto [sobresalto]《a》

きぐろう 気苦労 preocupación f., inquietud f. ‖ 気苦労が多い tener「muchas [un cúmulo de] preocupaciones

けいい 奇形 deformidad f., malformación f.
▶奇形の deforme
◨奇形児 niño[ña] mf. deforme
◨奇形腫《医学》teratoma m., tumor m. embrionario

ぎけい 義兄 cuñado m., hermano m. político

きげき 喜劇 comedia f.
▶喜劇の cómico[ca]
◨喜劇映画 película f. cómica
◨喜劇俳優 cómico[ca] mf., comediante com., (男優) actor m. cómico, (女優) actriz f. cómica, comedianta f.

ぎけつ 議決 decisión f., resolución f. ‖ 議会に議決を強く求める instar a la asamblea a adoptar una resolución
▶議決する decidir, resolver, tomar una resolución‖法案が議会で議決された El proyecto de ley fue aprobado en la asamblea.
◨議決権 voto m., derecho m. a「voto [votar]‖議決権行使 ejercicio m. del derecho a「voto [votar]

きけん 危険 peligro m., riesgo m. ‖ 危険から逃れる「escapar [salir, librarse] del peligro／〜する危険がある Hay peligro de que『+接続法』.／危険が迫る Se「avecina [cierne] un peligro.／危険に気づく darse cuenta del peligro／危険に身をさらす exponerse a un peligro／乗客の生命を危険にさらす poner en peligro la vida de los pasajeros／危険にさらされている estar expuesto[ta] al peligro／危険に備える prevenirse contra el peligro, anticiparse al peligro／危険に立ち向かう「hacer frente a [afrontar] un peligro／危険を感じる／危険を察知する「percibir [detectar, sentir, darse cuenta de] un peligro／危険を察知して en vista del peligro／〜する危険を冒す arriesgarse a『+不定詞』, correr el peligro de『+不定詞』／危険を避ける「evitar [eludir] el peligro／危険を知らせる alertar a ALGUIEN de un peligro／危険を伴う entrañar peligro／危険を予知する prevenir el peligro／危険を脱する salir del peligro, (状態) encontrarse fuera de peligro／危険を免れる librarse del peligro
▶危険である ser peligroso[sa]‖ヘルメットをしないでバイクに乗るのは危険です Es peligroso ir en moto sin casco.
▶危険な peligroso[sa]‖危険な状態 situación f. alarmante
▶危険性 peligrosidad f.
◨危険区域 zona f.「de riesgo [peligrosa]
◨危険思想 ideología f. peligrosa

きけん
- 🔲危険信号 señal *f.* de peligro
- 🔲危険人物 persona *f.* peligrosa
- 🔲危険手当 plus *m.* de peligrosidad
- 🔲危険物 objetos *mpl.* peligrosos
- 🔲危険分子 elemento *m.* peligroso
- 🔲危険防止 prevención *f.* de riesgos

きけん 棄権 (投票の) abstención *f.*, (権利の) renuncia *f.*, (競技の) abandono *m.*
- ▶棄権する (投票を) abstenerse《de》, (権利を) renunciar《a》, (競技を) abandonar

きげん 紀元 era *f.* cristiana
- 🔲紀元前 antes de Cristo《略 a. C.》‖ 紀元前500年に en el año 500 antes de Cristo

きげん 起源/起原 origen *m.*, procedencia *f.* ‖ 宇宙の起源 origen *m.* del universo / 起源をさかのぼる remontarse al origen《de》/ 柔道の起源は日本です El yudo tiene su origen en Japón.

きげん 期限 plazo *m.*, término *m.* ‖ 住宅の明け渡しの期限 plazo *m.* de desocupación de vivienda / 提出期限が迫っている Se acerca el plazo de entrega. / 期限が来る llegar *el plazo* / 期限が切れる「caducar [expirar, vencer, terminar] *el plazo* / パスポートの期限が切れている El pasaporte está caducado. / 期限を定める「fijar [establecer] el plazo / 期限を延ばす/期限を延長する「prorrogar [ampliar, extender] el plazo / 期限を守る[守らない]「cumplir [incumplir] el plazo / 期限を越える「sobrepasar [rebasar] el plazo / あなたのお支払い期限は過ぎています Usted ha sobrepasado el plazo para pagar. / 期限を過ぎて願書を提出する presentar la solicitud fuera de plazo
- 🔲期限切れ ‖ 期限切れの venci*do*[*da*], caduca*do*[*da*]
- 🔲期限内 dentro de plazo ‖ 期限内に支払う pagar antes del plazo establecido

きげん 機嫌 humor *m.*, estado *m.* de ánimo ‖ 機嫌がいい estar de buen humor,《慣用》estar de fiesta / 機嫌が悪い estar de mal humor,《慣用》《話》no estar para fiestas / 機嫌を取る halagar, adular,《へつらう》lisonjear / 機嫌を直す recuperar el buen humor / 機嫌を損ねる ofender, disgustar / 機嫌を伺う preguntar por la salud《de》, (訪問する) hacer una visita《a》/ ご機嫌いかがですか ¿Cómo está usted?
- ▶機嫌良く de buen humor

きこう 気候 clima *m.*, (天候) tiempo *m.*,《集合名詞》climatología *f.* ‖ 温暖な気候 clima *m.* templado / 涼しい気候 clima *m.* fresco / 日本の気候 clima *m.* en Japón / 気候と風土 tiempo *m.* y clima *m.* / 気候の変化 cambio *m.* de clima [climático] / 気候が良い tener un clima「agradable [benigno]

- ▶気候の climátic*o*[*ca*]
- 🔲気候学 climatología *f.*
- 🔲気候区分 clasificación *f.* climática
- 🔲気候帯 zona *f.* climática
- 🔲気候変動 cambio *m.* climático

きこう 起工
- ▶起工する「colocar [poner] la primera piedra, iniciar la obra
- 🔲起工式 ceremonia *f.* de colocación de la primera piedra

きこう 寄港 escala *f.*
- ▶寄港する hacer escala《en》
- 🔲寄港地 puerto *m.* de escala

きこう 寄稿 colaboración *f.*
- ▶寄稿する colaborar《en》‖ 雑誌に寄稿する「colaborar [escribir] en una revista
- 🔲寄稿家 colabora*dor*[*dora*] *mf.*

きこう 機構 estructura *f.*, (組織の) organización *f.*, (機械の) mecanismo *m.* ‖ 人体の機構 organización *f.* del cuerpo humano / 機構を改革する hacer una reforma estructural《de》
- 🔲機構強化 fortalecimiento *m.* estructural

きごう 記号 signo *m.*, símbolo *m.* ‖ 記号で示す señalar con signos / 記号をつける poner un signo
- ▶記号化 simbolización *f.*
- 🔲記号論 semiótica *f.*
- 🔲記号論理学 lógica *f.* simbólica

記号の読み方

まる(○) círculo *m.* / ほし(★) estrella *f.* negra / ピリオド(.) punto *m.* / コンマ(,) coma *f.* / セミコロン(;) punto y coma / コロン(:) dos puntos / 逆疑問符(¿) signo *m.* de apertura de interrogación, signo *m.* de interrogación invertido / 疑問符(?) signo *m.* de (cierre de) interrogación / 逆感嘆符(¡) signo *m.* de apertura de exclamación, signo *m.* de exclamación invertido / 感嘆符(!) signo *m.* de (cierre de) exclamación

---

ぎこう 技巧 arte *m*(*f*).《複数形では女性》, artificio *m.*, técnica *f.* ‖ 技巧をこらす utilizar técnicas sofisticadas / 技巧を磨く cultivar el arte, perfeccionar las técnicas / 技巧を用いる「emplear [utilizar] técnicas / 技巧を身につける aprender las técnicas《de》
- ▶技巧的な artificios*o*[*sa*] ‖ 技巧的な作品 obra *f.* artificiosa

きこうし 貴公子 joven *m.*「aristócrata [noble]

きこうぶん 紀行文 relato *m.* de viaje

きこえる 聞こえる oírse ‖ 風の音が聞こえ

る Se oye soplar el viento. ／この音楽は僕には雑音に聞こえる Esta música me parece ruido. ／その質問は皮肉に聞こえます Esa pregunta me suena a ironía. ／耳が聞こえない人 sor*do*[*da*] *mf*. ／聞こえますか ¿Me oye? ／庭で物音が聞こえた Se oyó un ruido en el jardín. ／すみません、お名前がよく聞こえませんでした Perdone, no he oído bien su nombre.

きこく 帰国 「regreso *m*. [vuelta *f*.] al país
▶**帰国する** 「volver [regresar] a *su* país
◪**帰国子女/帰国生** alum*no*[*na*] *mf*. que ha regresado del extranjero
◪**帰国便** vuelo *m*. de regreso

きごこち 着心地 ‖ 着心地がよい洋服 vestido *m*. cómodo

きごころ 気心 ‖ 気心の知れた人 persona *f*. de confianza ／私と気心が通じる人 persona *f*. con la que me llevo bien ／私たちは気心の知れた仲だ Nos conocemos muy bien (el uno al otro). ／今だに彼の気心がわからない Aún no le entiendo.

ぎこちない torpe, poco natural ‖ ぎこちない動作 movimiento *m*. torpe ／手つきがぎこちない ser torpe con las manos ／ぎこちない会話をする mantener una conversación incómoda ／態度がぎこちない tener una actitud poco natural
▶**ぎこちなく** ‖ ぎこちなく右手を動かす mover torpemente el brazo derecho

きこつ 気骨 firmeza *f*., fuerza *f*. moral ‖ 気骨のある tener un carácter firme

きこなし 着こなし manera *f*. de vestir ‖ 着こなしがうまい saber vestirse bien
▶**着こなす** ‖ 優雅に着こなす vestirse 「con elegancia [de manera elegante]

きこむ 着込む ponerse mucha ropa, abrigarse demasiado

きこん 既婚
▶**既婚の** casa*do*[*da*]
◪**既婚者** casa*do*[*da*] *mf*.

きざ 気障
▶**きざな(人)** cursi (*com*.), chu*lo*[*la*] (*mf*.)

きさい 記載 mención *f*.
▶**記載する** escribir, mencionar ‖ 条文に記載されているところによると según reza el texto de la ley ／前項に記載されている通り tal como se menciona en el párrafo anterior
◪**記載事項** artículos *mpl*. mencionados
◪**記載漏れ** omisión *f*.

きざい 器材 aparatos *mpl*. y material *m*., equipo *m*. ‖ 実験用の器材 aparatos *mpl*. de laboratorio

きざい 機材 máquinas *fpl*. y material *m*. ‖ 運送用の機材 máquinas *fpl*. y material *m*. de transporte

きさき 后/妃 (王妃) princesa *f*., (女帝・皇后) emperatriz *f*.

ぎざぎざ
▶**ぎざぎざの** denta*do*[*da*], serra*do*[*da*] ‖ ぎざぎざのある葉 hoja *f*. de borde dentado
▶**ぎざぎざに** de forma dentada

きさく 気さく
▶**気さくさ** llaneza *f*., (社交性) sociabilidad *f*.
▶**気さくな** fran*co*[*ca*], lla*no*[*na*], abier*to*[*ta*], (社交性のある) sociable ‖ 気さくな人 persona *f*. 「fran*ca* [llana]
▶**気さくに** ‖ 気さくに誰とでも話す hablar abiertamente con todos

きざし 兆し indicio *m*., presagio *m*., augurio *m*., síntoma *m*. ／よい兆し buen presagio *m*. ／悪い兆し mal presagio *m*. ／景気回復の兆しが見える 「Se ven signos [Hay síntomas] de recuperación económica.

きざみ 刻み ‖ 10分刻みで時間を計る cronometrar cada diez minutos
◪**刻みたばこ** tabaco *m*. picado

きざみめ 刻み目 (切り込み) entalladura *f*., corte *m*. ‖ 刻み目をつける entallar, hacer un corte «en»

きざむ 刻む (細かく切る) picar, cortar en trozos finos, (彫る) esculpir, tallar, grabar ‖ きゅうりを刻む picar un pepino ／リズムを刻む marcar el ritmo ／時計が時を刻む El reloj marca el tiempo. ／しわの刻まれた顔 cara *f*. surcada de arrugas ／心に刻む grabar ALGO en la memoria

きし 岸 orilla *f*., ribera *f*., (海の) costa *f*., (浜辺) playa *f*. ‖ 向こう岸 orilla *f*. de enfrente ／岸に上がる (上陸する) desembarcar «en» ／岸を離れる alejarse de la orilla ／波が岸に寄せる Las olas azotan la playa.

きし 騎士 caballero *m*.
◪**騎士団** orden *f*. de caballería ‖ サンティアゴ騎士団 《歴史》 Orden *f*. de Santiago
◪**騎士道** virtudes *fpl*. de un caballero
◪**騎士道文学** literatura *f*. caballeresca

きじ 雉/雉子 faisán *m*. verde (雄・雌)

きじ 生地 (布) tela *f*., tejido *m*., (パンの) masa *f*. ‖ 目の粗い生地 tejido *m*. basto ／絹の生地 tela *f*. de seda ／生地を裁つ cortar una tela ／パンの生地を寝かせる reposar la masa de pan

きじ 記事 artículo *m*. ‖ 記事を書く 「escribir [redactar] un artículo ／記事を読む leer un artículo ／記事が第一面に載る El artículo aparece en la primera plana. ／記事を載せる publicar un artículo «en» ／昨日の事故が新聞の記事になっている Se habla del accidente de ayer en el diario.

記事の用語

見出し titular *m*. ／コラム columna *f*. ／

解説 comentario m. ／署名記事 artículo m. firmado ／スクープ exclusiva f., primicia f. ／特集記事 páginas fpl. especiales dedicadas 《a》／トップ記事 noticia f. de portada, noticia f. 「en [de] primera plana ／社説 editorial m., artículo m. de fondo ／囲み記事 (コラム) columna f., suelto m. ／政治面 páginas fpl. de política ／社会面 páginas fpl. de sociedad ／経済面 páginas fpl. de economía ／三面記事 (ページ) páginas fpl. de sucesos ／文化欄 páginas fpl. de cultura ／家庭欄 páginas fpl. de hogar ／国際面 páginas fpl. de internacional ／書評欄 reseña f. de libros ／投書欄 sección f. de cartas al director ／広告 publicidad f.

ぎし 技師　ingenie*ro*[*ra*] *mf*.
ぎし 義姉　cuñada *f.*, hermana *f.* política
ぎし 義肢　prótesis *f.*[=*pl.*] ortopédica, miembro *m.* protésico ‖ 義肢をつけている llevar una prótesis ortopédica
ぎし 義歯　prótesis *f.*[=*pl.*] dental, (入れ歯) diente *m.* postizo
ぎじ 議事　debate *m.*, deliberación *f.* ‖ 議事を進める「continuar [seguir] con el debate
◪議事定数　quórum *m.*
◪議事日程　orden *m.* del día
◪議事妨害　obstruccionismo *m.*, filibusterismo *m.*
◪議事録　acta *f.* ‖ 議事録を作成する levantar acta 《de》, redactar las actas 《de》
きしかいせい 起死回生 ‖ 会社を救うために起死回生の策を講じる tomar medidas para sacar a flote la empresa
ぎしき 儀式　ceremonia *f.*, rito *m.* ‖ 結婚の儀式 boda *f.* ／儀式に臨む「asistir a [participar en] una ceremonia ／儀式を行う「celebrar [realizar] una ceremonia
▶儀式の　ritual, ceremonial
▶儀式ばった　ceremonio*so*[*sa*] ‖ 儀式ばらずに　sin ceremonias
ぎしぎし ‖ 階段が上るとぎしぎしと音がする Las escaleras crujen al subir.
きしつ 気質　temperamento *m.* ‖ ラテン気質 temperamento *m.* latino
きじつ 期日　día *m.* fijado, fecha *f.* fijada, (締切日) fecha *f.* límite, (期限) plazo *m.* ⇒しめきり(締切り)・きげん(期限) ‖ 仕事を期日に間に合わせる「terminar [acabar] el trabajo antes del día fijado ／期日までに支払う pagar antes de la fecha límite ／期日を守る「cumplir [respetar] la fecha límite 《de》
◪期日前投票　votación *f.* anticipada
ぎじどう 議事堂　(日本の) Palacio *m.* de la Dieta, (スペインの) Palacio *m.* de las Cortes

きしべ 岸辺　orilla *f.*, ribera *f.*, (浜辺) playa *f.* ‖ きし(岸)辺に寄せる波 olas *fpl.* que rompen en la playa
きしむ 軋む　(床が) crujir, (車輪・ドアが) chirriar, (ドアが) rechinar ‖ 歩くと床がきしむ El suelo cruje al caminar. ／ドアのきしむ音 chirrido *m.* de una puerta
きしゃ 汽車　tren *m.* ⇒れっしゃ(列車) ‖ 汽車で行く ir en tren ／汽車で旅する viajar en tren ／汽車に乗る subir al tren, tomar el tren
◪汽車賃 (料金) tarifa *f.* ‖ 汽車賃を払う pagar el billete de tren
きしゃ 記者　periodista *com.*, (特派員) corresponsal *com.*, envia*do*[*da*] *mf.* especial ‖ X新聞の記者 periodista *com.* del diario X ／記者になる hacerse periodista
◪記者会見「rueda *f.* [conferencia *f.*] de prensa ‖ 記者会見をする celebrar una「rueda [conferencia] de prensa
◪記者活動 ‖ 記者活動を行う trabajar como periodista, realizar actividades periodísticas
◪記者クラブ　club *m.* de prensa
◪記者席　palco *m.* de prensa
◪記者団　grupo *m.* de periodistas, prensa *f.*
きしゅ 機首　morro *m.* de un avión ‖ 飛行機の機首を上げる[下げる] (パイロットが)「levantar [bajar] el morro del avión
きしゅ 機種　modelo *m.* ‖ 新機種を発表する presentar un nuevo modelo
◪機種依存文字　caracteres *mpl.* dependientes del entorno
◪機種変更　(携帯電話の) cambio *m.* de「móvil [celular] ‖ 機種変更をする cambiar el móvil por otro (modelo)
きしゅ 騎手　jinete *com.* ‖ 競馬の騎手 yóquey *com.*, yoqui *com.*
ぎしゅ 義手　mano *f.* 「artificial [ortopédica, protésica], (腕) brazo *m.* 「artificial [ortopédico, protésico] ‖ 義手をつけている tener un brazo ortopédico
きしゅう 奇襲　ataque *m.* (por) sorpresa
▶奇襲する ‖ 敵を奇襲する atacar al enemigo por sorpresa
◪奇襲攻撃 ‖ 奇襲攻撃をかける realizar un ataque sorpresa 《a, contra》
きじゅうき 起重機　grúa *f.* ⇒クレーン
きしゅく 寄宿
▶寄宿する ‖ 彼女は叔父の家に寄宿している Ella vive en casa de su tío.
◪寄宿学校　internado *m.*
◪寄宿舎　residencia *f.* de estudiantes
◪寄宿生　alum*no*[*na*] *mf.* inter*no*[*na*], 《集合名詞》internado *m.*
きじゅつ 奇術　prestidigitación *f.*, juego *m.* de manos, magia *f.*
◪奇術師　prestidigita*dor*[*dora*] *mf.*, ilusio-

nista *com*.
きじゅつ 記述 descripción *f*.
▶記述する describir, hacer una descripción《de》
▶記述的な descriptiv*o*[*va*]
◽記述文法 gramática *f*. descriptiva
◽記述(式)試験 prueba *f*. escrita
ぎじゅつ 技術 técnica *f*., (科学技術) tecnología *f*., (技能) habilidad *f*. ‖ 進んだ技術 tecnología *f*. avanzada／新しい技術(個々の)nueva técnica *f*., novedosa, (総合的な)nueva tecnología *f*.／技術の進歩 avance *m*. [desarrollo *m*., adelanto *m*., progreso *m*.] tecnológico／技術を開発する/技術を発展させる desarrollar la tecnología／技術を磨く／技術を高める perfeccionar [mejorar, afinar] una técnica／技術を身につける aprender una técnica, adquirir una habilidad／遺伝子組み換えの技術は近年めざましい発展をとげた La tecnología transgénica ha experimentado un espectacular avance en los últimos años.
▶技術の técnic*o*[*ca*], (科学技術の) tecnológic*o*[*ca*]
▶技術的な técnic*o*[*ca*] ‖ 技術的な問題 problema *m*. técnico.
▶技術的に técnicamente ‖ それは技術的に可能です Eso es técnicamente posible.
◽技術移転 transferencia *f*.「de tecnología [tecnológica]
◽技術援助 asistencia *f*. [ayuda *f*.] tecnológica
◽技術開発 desarrollo *m*. tecnológico
◽技術革新 innovación *f*. tecnológica
◽技術協力/技術提携 cooperación *f*.「técnica [tecnológica]
◽技術系 ‖技術系職員 emplea*do*[*da*] *mf*. técnic*o*[*ca*]
◽技術顧問 ase*sor*[*sora*] *mf*. técnic*o*[*ca*]
◽技術者 técnic*o*[*ca*] *mf*., (技師) ingenie*ro*[*ra*] *mf*.
◽技術導入 introducción *f*. de tecnología
◽技術流出 fuga *f*. de tecnología
◽技術料 tarifa *f*. técnica
◽技術力 capacidad *f*. tecnológica
きじゅん 基準/規準 norma *f*., modelo *m*., estándar *m*., (判断の) criterio *m*. ‖ 厳しい基準 norma *f*.「estricta [severa]／基準に従う「seguir [respetar, acatar, atenerse a] una norma／基準を設ける establecer una norma／基準を満たす cumplir (con) una norma／基準となる de referencia, (標準的な) estándar, (規範的な) normativ*o*[*va*]
◽基準価格 precio *m*. de referencia
◽基準値 valor *m*. de referencia
◽基準賃金 sueldo *m*. de referencia, (基本給) sueldo *m*. base
◽基準点 punto *m*. de referencia

きしょう 気性 temperamento *m*., (性格) carácter *m*. ‖ 気性が激しい/気性が荒い tener un temperamento「explosivo [fogoso]／気性の良い雄犬 perro *m*. de buen temperamento
きしょう 気象 fenómeno *m*.「atmosférico [meteorológico], (天気) tiempo *m*., (気候) clima *m*. ‖ 異常な気象 clima *m*. extremo, tiempo *m*. anormal
▶気象の meteorológic*o*[*ca*]
◽気象衛星 satélite *m*. meteorológico
◽気象学 meteorología *f*.
◽気象学者 meteoról*ogo*[*ga*] *mf*., meteorologista *com*.
◽気象観測 observación *f*. meteorológica
◽気象警報 alerta *f*. meteorológica
◽気象条件 condiciones *fpl*. meteorológicas
◽気象情報 información *f*. meteorológica
◽気象図 mapa *m*.「meteorológico [del tiempo]
◽気象台 estación *f*. meteorológica
◽気象庁 (日本の) Agencia *f*. Meteorológica de Japón, (スペインの) Agencia *f*. Estatal de Meteorología
◽気象通報 (気象庁の) información *f*. del tiempo de la Agencia Meteorológica
◽気象予報 pronóstico *m*.「del tiempo [meteorológico] ‖ 気象予報士 pronostica*dor*[*dora*] *mf*. del tiempo
◽気象レーダー radar *m*.「meteorológico [meteo]

気象用語

猛暑日 día *m*. con temperatura máxima superior a 35 grados／真夏日 día *m*. con temperatura máxima superior a 30 grados／夏日 día *m*. con temperatura máxima superior a 25 grados／熱帯夜 noche *f*. con temperatura mínima superior a 25 grados／冬日 día *m*. con temperatura mínima inferior a 0 (cero) grados／真冬日 día *m*. con temperatura máxima inferior a 0 (cero) grados

---

きしょう 希少
▶希少な rar*o*[*ra*], escas*o*[*sa*]
◽希少価値 valor *m*. por su「rareza [escasez]
◽希少金属 metal *m*. raro
きしょう 記章 emblema *m*., insignia *f*. ‖ 襟に記章をつけている llevar una insignia en la solapa
きしょう 起床
▶起床する levantarse
◽起床時間 hora *f*. de levantarse

きじょう 机上 del 机上の teórico[ca], académico[ca]
〔慣用〕机上の空論 teoría f. libresca, mera teoría f.

きじょう 気丈
▶気丈な firme, (勇敢な) valiente
▲気丈に con firmeza, (勇敢に) con valentía ‖ 気丈に振る舞う「actuar [obrar] con firmeza」

ぎしょう 偽証 falso testimonio m., 《法律》 perjurio m.
▶偽証する「levantar [prestar] falso testimonio」
▲偽証罪 delito m. de「falso testimonio [perjurio]」

ぎじょう 議場 sala f. de conferencia(s), sala f. de reuniones
▲議場委任 ‖ 議場委任する delegar su competencia a la decisión de la sesión

きしょうてんけつ 起承転結 los cuatro pasos fundamentales para redactar un escrito: introducción, desarrollo, análisis y conclusión

きしょく 気色 estado m. de ánimo, aspecto m. ‖ 気色をうかがう「sondear [tantear] el humor de ALGUIEN」
▶気色ばむ mostrar su enfado
〔慣用〕気色の悪い repugnante, asqueroso[sa]

きじん 奇人 excéntrico[ca] mf.

ぎしんあんき 疑心暗鬼 ‖ 私は疑心暗鬼になっていて、誰を信じていいのか分からない Me invaden las dudas y no sé a quién creer.

キス beso m. ‖ 熱烈なキス beso m.「apasionado [ardiente]」
▶キスする besar, dar un beso《a》
▲投げキス ‖ 投げキスをする lanzar un beso《a》
▲キスシーン escena f. de beso
▲キスマーク marca f. de un beso ‖ 首にキスマークがある tener una marca de beso en el cuello

きず 傷/瑕/疵/創 ❶ (けが) herida f. ‖ 軽い傷 herida f. leve / 深い傷 herida f. profunda, (重傷) herida f. grave / 切り傷 corte m. / ひっかき傷 arañazo m. / 心の傷 trauma m. (psicológico) / 傷を治す curar la herida / 傷を負う sufrir una herida, herirse / 傷をつける herir, dañar / 傷が痛む Me duele la herida. / 傷が化膿してしまった Se me ha infectado la herida. / 転倒の傷が治った Se me ha curado la herida de la caída.
❷ (物の) daño m., defecto m., (表面の) raya f. ‖ 傷をつける dañar, (表面に) rayar / このレンズは傷がある「Esta [Este] lente tiene una raya.
❸ (欠陥・汚点) defecto m. ‖ ブランドイメージに傷をつける「dañar [perjudicar] la imagen de la marca」/ そのスキャンダルで彼の経歴に傷がついた Su carrera se vio empañada por ese escándalo.

きずあと 傷跡 cicatriz f. ‖ 戦争の傷跡 cicatrices fpl. de la guerra / 傷跡を残す dejar una cicatriz / 時間とともに傷は治るが傷跡は残る Con el tiempo se cura la herida pero quedará la cicatriz.

きすう 奇数 número m.「impar [non]」
▶奇数の impar, non
▲奇数月 meses mpl. impares

きすう 基数 número m. cardinal
▲基数詞 numeral m. cardinal

きずきあげる 築き上げる (建造物を) construir, (名声を) conseguir, lograr ‖ 今日の地位を築き上げる alcanzar su estatus actual

ぎすぎす
▶ぎすぎすした (痩せた) flaco[ca] ‖ ぎすぎすした態度 trato m. seco

きずく 築く edificar, construir ‖ 村を築く construir un pueblo / 土台を築く「poner [establecer] los fundamentos《de》/ 富を築く amasar una fortuna, acumular riquezas

きずぐすり 傷薬 (軟膏) ungüento m., pomada f. ‖ 傷に傷薬を塗る「aplicar [poner] una pomada en la herida」

きずぐち 傷口 herida f. ‖ 傷口を洗う lavar la herida / 傷口を消毒する desinfectar la herida / 傷口を塞ぐ cerrar la herida / 傷口を縫う suturar la herida / 傷口を広げる agrandar la herida / 傷口は小さい La herida es pequeña. / 傷口が開いている La herida está abierta.

きずつく 傷つく herirse, hacerse daño, (物が) dañarse ‖ 彼の言葉に彼女は深く傷ついた Sus palabras la hirieron profundamente. / 傷つきやすい年頃である estar en una edad sensible
▶傷つける herir, dañar, (体・心を) hacer daño《a》‖ 自尊心を傷つける herir el amor propio de ALGUIEN

きずな 絆 vínculo m., lazos mpl. ‖ 愛のきずなで結ばれている estar unido[da] por lazos de amor / 家族とのきずなを断つ「romper [cortar] los lazos con su familia / 彼らの友情のきずなが強まった Se han fortalecido los lazos de amistad entre ellos.

きずもの 傷物 artículo m. defectuoso, (製品) producto m. defectuoso

きする 期する (期待する) esperar, (決意する) decidirse a 『+不定詞』 ‖ 勝利を期する estar dispuesto[ta] a「conseguir la victoria [ganar]」/ 再会を期して別れた Nos despedimos esperando volver a vernos.

きせい 気勢 ánimo m., entusiasmo m. ‖ 気勢をあげる animarse, entusiasmarse / 私は気勢をそがれた Me han quitado el ánimo.

きせい 奇声 grito m. extraño ‖ 奇声を発する「lanzar [dar] un grito extraño」

きせい 既成
▶既成の existente, estereotipa*do*[*da*], consuma*do*[*da*] ‖ 既成の枠 marco m. establecido
◪既成概念 idea f. preconcebida, estereotipo m.
◪既成事実 hecho m. consumado
◪既成政党 partido m. político existente

きせい 既製 confección f.
▶既製の he*cho*[*cha*]
◪既製品 artículos mpl. de confección
◪既製服 ropa f. confeccionada [de confección]

きせい 帰省 vuelta f. al pueblo ‖ 帰省の時期 época f. de vacaciones en la que la gente vuelve al pueblo
▶帰省する volver「al pueblo [a la tierra natal]

きせい 寄生 parasitismo m.
▶寄生の parasita*rio*[*ria*], (寄生する) parási*to*[*ta*]
▶寄生する parasitar
◪寄生植物 planta f. parásita, parásito m.
◪寄生虫 insecto m. parásito, parásito m.
◪寄生動物 animal m. parásito, parásito m.
◪寄生容量 (電気) capacitancia f. parásita

きせい 規制 reglamentación f., control m., restricción f. ‖ 規制を受ける someterse a restricciones ／ 規制を課す imponer restricciones《a》／ 国境の規制を強化する「reforzar [intensificar] el control fronterizo ／ 貿易規制を解除する levantar las restricciones comerciales
▶規制する regular, reglamentar, controlar ‖ 交通量を規制する controlar el volumen de tráfico
◪規制解除 levantamiento m. de restricciones
◪規制緩和 desregulación f.
◪規制値 límite m. autorizado
◪規制撤廃 eliminación f. de restricciones

ぎせい 犠牲 sacrificio m. ‖ 犠牲にする sacrificar ／ 健康を犠牲にする sacrificar *su* salud ／ 犠牲を強いる「exigir [requerir] sacrificios ／ 犠牲を払う hacer sacrificios ／ どんな犠牲を払っても (慣用)a toda costa, (慣用)cueste lo que cueste ／ 事故の犠牲になる ser víctima de un accidente ／ 私は両親の犠牲のおかげで勉強した Estudié gracias a los sacrificios de mis padres.
▶犠牲的(な) sacrifica*do*[*da*] ‖ 犠牲的精神 espíritu m. de sacrificio
◪犠牲者 víctima f. ‖ その火災は数多くの犠牲者を出した El incendio「causó [ocasionó] numerosas víctimas.
◪犠牲バント (野球)toque m. de sacrificio
◪犠牲フライ (野球)fly m. de sacrificio

ぎせいご 擬声語 onomatopeya f.

▶擬声語の onomatopéy*ico*[*ca*]

きせき 奇跡 milagro m. ‖ 神の奇跡 milagro m. divino ／ 奇跡が起こる「producirse [ocurrir, suceder] *un milagro* ／ 奇跡を起こす「奇跡を行う hacer un milagro ／ 奇跡を待つだけだ Solo nos queda esperar un milagro.
▶奇跡的な milagro*so*[*sa*]
▶奇跡的に milagrosamente ‖ 奇跡的に助かる salvarse「de milagro [milagrosamente]

ぎせき 議席 escaño m. ‖ 議席につく sentarse en el escaño ／ 議席を失う (議員が) perder *su* escaño ／ 議席を獲得する「obtener [conseguir] un escaño
◪議席数 número m. de escaños ‖ 現在の議席数を保持する mantener el número actual de escaños

きせずして 期せずして inesperadamente, por casualidad

きせつ 季節 estación f., período m. estacional, (時期) temporada f. ‖ 寒い季節 estación f. fría ／ 季節が巡る「Pasan [Transcurren] las estaciones. ¦ Se repiten las cuatro estaciones. ／ 季節にかかわらず independientemente de la estación del año, en todas las estaciones del año ／ 季節は夏です Estamos en verano. ／ 季節はずれの fuera de estación
▶季節の estacional, del tiempo, de temporada ‖ 季節の果物 fruta f. del tiempo ／ 季節の変わり目 época f. de cambio de estación ／ 季節の移り変わり cambios mpl.「de estación [estacionales]
◪季節感 ‖ 都会の生活は季節感がない No se notan las estaciones en la vida urbana.
◪季節品 producto m. de temporada
◪季節風 monzón m.
◪季節変動 variación f. estacional
◪季節料金 precio m. variable según la época del año
◪季節料理 comida f. de temporada
◪季節労働者 tempore*ro*[*ra*] mf.

きぜつ 気絶 desmayo m.
▶気絶する desmayarse, (慣用) perder el「sentido [conocimiento]

キセノン (化学)xenón m.《記号 Xe》

きせる 着せる (服を)vestir, poner, (罪を) echar ‖ 赤ん坊に服を着せる vestir a un bebé ／ 毛布を着せる tapar a ALGUIEN con una manta

キセル 煙管 pipa f. japonesa ‖ 地下鉄でキセルをする viajar en (el) metro pagando el mínimo de entrada y salida, (無賃乗車) viajar sin pagar en (el) metro

きぜわしい 気忙しい estar intranqui*lo*[*la*], estar inquie*to*[*ta*] ‖ 気忙しい人 persona f. intranquila

きせん 汽船「barco m. [buque m.] de vapor, vapor m.

きせん 貴賤 lo noble y lo vil ‖ 職業に貴賤なし Todo trabajo merece respeto.

きせん 機先 ‖ 機先を制する anticiparse《a》,《慣用》「ganar [coger] la delantera《a》

きぜん 毅然
▶毅然とした firme, resuel*to*[*ta*], decidi*do*[*da*] ‖ 毅然とした人 persona *f*. 「resuelta [de rompe y rasga] / 毅然とした態度をとる tomar una actitud firme, actuar con firmeza
▶毅然と(して) con firmeza, resueltamente ‖ テロに毅然と立ち向かう afrontar con firmeza el terrorismo

ぎぜん 偽善 hipocresía *f*. ‖ 偽善に満ちた lle*no*[*na*] de hipocresía / 偽善を行う actuar con hipocresía / 偽善を憎む odiar la hipocresía
▶偽善的(な) hipócrita, farisaic*o*[*ca*] ‖ 偽善的行為 acto *m*. de hipocresía, conducta *f*. hipócrita / 偽善的態度 actitud *f*. hipócrita
◳偽善者 hipócrita *com*.

きそ 起訴 procesamiento *m*., acusación *f*. ‖ 起訴に異議を申し立てる impugnar el procesamiento / 起訴を断念する (検察が) renunciar al procesamiento / 起訴を取り下げる retirar la acusación
▶起訴する procesar, acusar, abrir un proceso《contra》‖ 彼は麻薬取引で起訴された Lo procesaron por tráfico de drogas.
◳起訴状 acta *f*. de acusación
◳起訴猶予 anulación *f*. del procesamiento

きそ 基礎 base *f*., fundamento *m*. ‖ 建物の基礎「cimiento *m*. [base *f*.] de un edificio / しっかりした基礎 base *f*. 「sólida [firme] / 民主主義の基礎 base *f*. de la democracia / ～に基礎を置く basarse《en》, fundamentarse《en》/ 基礎を固める「consolidar [robustecer] las bases《de》/ 基礎を築く「sentar [cimentar] las bases《de》/ 事業の基礎ができた Se sentaron las bases del negocio.
▶基礎的な básic*o*[*ca*], fundamental, (初歩の) elemental
◳基礎科学 ciencias *fpl*. básicas
◳基礎学力 nivel *m*. escolar básico
◳基礎教育 educación *f*. básica
◳基礎研究 investigación *f*. básica
◳基礎工事 cimentación *f*.
◳基礎控除 (課税の) deducciones *fpl*.
◳基礎数学 matemáticas *fpl*. básicas
◳基礎体温 temperatura *f*. basal
◳基礎代謝《生理》metabolismo *m*. basal
◳基礎知識 conocimiento *m*. básico
◳基礎データ dato *m*. básico

きそう 奇想
◳奇想天外 ‖ 奇想天外な fabulos*o*[*sa*], extravagante, fantástic*o*[*ca*]

きそう 起草 redacción *f*. del borrador
▶起草する redactar, esbozar ‖ 草案を起草する redactar un borrador

◳起草委員会「consejo *m*. [comité *m*.] de redacción

きそう 競う「competir [rivalizar] con ALGUIEN《en》, disputar《por》‖ 速さを競う competir en velocidad / 美を競う competir en belleza / 賞を競う competir por el premio / 候補者たちは1つの議席を競っている Los candidatos compiten por un escaño.

きそう 寄贈 donación *f*.
▶寄贈する donar, hacer donación《de》
◳寄贈者 donante *com*.
◳寄贈品 donación *f*., objeto *m*. donado

ぎそう 偽装/擬装 camuflaje *m*.
▶偽装する camuflar, disfrazar
◳偽装結婚 matrimonio *m*. de conveniencia
◳偽装工作 maniobra *f*. de camuflaje
◳偽装表示 (商品の) etiqueta *f*. 「engañosa [falsa]

ぎぞう 偽造 falsificación *f*.
▶偽造する falsificar ‖ 1万円札を偽造する falsificar billetes de diez mil yenes
▶偽造の falsifica*do*[*da*], fals*o*[*sa*]
◳偽造紙幣 billete *m*. 「falsificado [falso]
◳偽造品 artículo *m*. 「falso [falsificado]
◳偽造文書 documento *m*. 「falso [falsificado]

きそく 規則 regla *f*., reglamento *m*., norma *f*. ‖ 厳しい規則 regla *f*. 「severa [estricta] / この学校は生徒に対する規則が厳しい Esta escuela impone reglas estrictas a los alumnos. / 規則を変える modificar la 「regla [norma] / 規則を定める/規則を設ける establecer una 「regla [norma] / 規則を適用する aplicar la 「regla [norma]《a》/ 規則を廃止する abolir la 「regla [norma] / 規則を守る 「observar la 「regla [norma], acatar la norma / 規則に従う seguir la 「regla [norma], atenerse a la 「regla [norma] / 規則を破る violar la 「regla [norma], infringir la 「regla [norma], romper la 「regla [norma] / 規則に縛られて暮らす vivir suje*to*[*ta*] a reglas / 規則によると según la regla, de acuerdo con la regla / 例外のない規則はない No hay regla sin excepción. / 規則正しい生活を送る llevar una vida ordenada
▶規則的な regular
▶規則的に regularmente, con regularidad
◳規則違反 violación *f*. de las reglas ‖ 規則違反をする「violar [no respetar, faltar a] la regla
◳規則動詞《文法》verbo *m*. regular

きぞく 貴族 aristócrata *com*., noble *com*.
◳貴族階級 aristocracia *f*., nobleza *f*.

ぎそく 義足 pierna *f*. 「artificial [ortopédica, protésica] ‖ 義足で歩く caminar con una pierna artificial / 義足をつけている tener una pierna artificial

きた 北 norte *m*. (略 N)

🔼北の del norte, boreal, norte*ño*[*ña*], septentrional
🔼北に (〜の) al norte 《de》
🔼北へ al norte, hacia el norte
🔼北から del norte, desde el norte
◽北回帰線 trópico *m*. de Cáncer
◽北風 viento *m*. del norte, septentrión *m*.,《文章語》bóreas *m*.
◽北側 lado *m*.「norte [septentrional]
◽北国 región *m*.「norte [septentrional]
◽北半球 hemisferio *m*.「norte [boreal]
◽北向き‖北向きの部屋 habitación *f*. orientada al norte

ギター guitarra *f*.‖ギターの弦 cuerda *f*. de guitarra ／ギターをひく tocar la guitarra ／ギターをかき鳴らす rasgar la guitarra
◽ギター奏者 guitarrista *com*.

きたい 気体 gas *m*., cuerpo *m*. gaseoso, sustancia *f*. gaseosa‖気体になる gasificarse
🔼気体の gaseo*so*[*sa*]
◽気体酸素 oxígeno *m*. gaseoso, dioxígeno *m*.
◽気体燃料 combustible *m*. gaseoso, gas *m*. combustible
◽気体定数《熱力学》constante *f*. (universal) de los gases

きたい 期待 expectación *f*., expectativa *f*.,（希望）esperanza *f*.‖大きな期待 gran expectativa *f*. ／期待に満ちた lle*no*[*na*] de expectativas ／期待に添う／期待に応える「satisfacer [responder a] las expectativas《de》／期待に背く／期待を裏切る「defraudar [traicionar, decepcionar] las expectativas《de》／私の期待は裏切られた Mis expectativas se han visto defraudadas. ／期待を抱く「tener [abrigar] expectativas, abrigar esperanza ／息子に期待をかける「poner [depositar] expectativas en *su* hijo ／期待に反して en contra de lo que se esperaba ／期待以上の結果を得る tener un resultado mejor de lo que se esperaba ／期待通りの結果 resultado *m*. esperado ／期待外れの試合 partido *m*. decepcionante
🔼期待する esperar, tener la expectativa《de》‖あなた方の援助を期待する contar con la ayuda de ustedes ／君に多くを期待しないよ No espero mucho de ti.

きたい 機体 fuselaje *m*., armazón *m*(*f*). del avión

ぎだい 議題 tema *m*. de「debate [discusión], agenda *f*.‖議題にする apuntar ALGO en la agenda ／議題を決める fijar los temas de discusión

きたえる 鍛える fortalecer, tonificar, entrenar,（鉄を）forjar‖体を鍛える「fortalecer [tonificar] el cuerpo ／考える力を鍛える entrenar la capacidad de pensar ／鉄を鍛

える forjar el hierro

きたく 帰宅 vuelta *f*. a casa
🔼帰宅する「volver [llegar, regresar] a casa
◽帰宅時間 hora *f*. de「vuelta [llegada, regreso] a casa
◽帰宅困難者／帰宅難民「los que [quienes] tienen problemas en volver a casa en caso de desastres naturales

きたたいせいよう 北大西洋 océano *m*. Atlántico Norte
◽北大西洋条約機構 Organización *f*. del Tratado del Atlántico Norte (略 OTAN)

きたちょうせん 北朝鮮 Corea del Norte

きだて 気立て carácter *m*., corazón *m*.‖気立てのよい人 tener buen carácter, ser buena persona ／気立てのとても優しい《慣用》tener un corazón de oro

きたない 汚い/穢い ❶（汚れた）sucio[*cia*],（不潔な）desasea*do*[*da*],（汚染された）contamina*do*[*da*]‖足が汚い tener los pies sucios ／空気が汚い El aire está contaminado. ／部屋が汚い（乱雑な）La habitación está desordenada. ／身なりが汚い estar vesti*do*[*da*] andrajosamente
🔼汚くする ensuciar,（汚染する）contaminar

❷（下品な）vulgar, grose*ro*[*ra*], soez‖汚い言葉 palabras *fpl*. groseras, palabrota *f*.,（言葉遣い）lenguaje *m*. grosero ／言葉が汚い utilizar un lenguaje「vulgar [grosero] ／字が汚い tener「mala letra [letra de médico]

❸（卑劣な）vil, feo[*a*],（不誠実な）desleal‖汚い商売 negocio *m*. sucio ／金に汚い ser taca*ño*[*ña*], ser ava*ro*[*ra*] ／汚い手を使う《慣用》jugar sucio

きたならしい 汚らしい desasea*do*[*da*], de aspecto sucio‖汚らしい人 persona *f*. desaseada

きたる 来る （次の）*el*[*la*] próxi*mo*[*ma*]〖+名詞〗‖来る9月13日に el próximo (día) 13 de septiembre
🔼来るべき venide*ro*[*ra*]‖来るべき選挙 las elecciones venideras

きたん 忌憚 →えんりょ(遠慮)
🔼忌憚のない fran*co*[*ca*], since*ro*[*ra*]‖忌憚のない意見を述べる dar *su* opinión「franca [sincera]
🔼忌憚なく‖忌憚なく言いますと… francamente hablando...

きち 吉 buena suerte *f*.‖私はおみくじで吉が出た He sacado un *omikuji* de buena suerte.

きち 既知
🔼既知の ya conoci*do*[*da*], consabi*do*[*da*]‖既知の事実 hecho *m*.「ya conocido [consabido] ／私たちは既知の間柄である Ya nos conocemos.

☑既知数《数学》dato *m.*
きち 基地 base *f.* ‖ 基地の町 ciudad *f.* de la base militar／基地を設ける establecer una base／基地を移転する trasladar la base
☑軍事基地 base *f.* militar
☑前進基地 base *f.* avanzada
☑基地局 estación *f.* base
きち 機知 ingenio *m.*, gracia *f.* ‖ 機知に富んだ ingenio*so*[*sa*], gracio*so*[*sa*]／機知を働かせる「emplear [ejercitar] *su* ingenio／機知のひらめき chispa *f.* de「ingenio [gracia]
きちじつ 吉日 buen día *m.*, día *m.* propicio《para》
諺思い立ったが吉日《諺》Cualquier día es bueno para empezar.
きちゃく 帰着
▶帰着する（母港に）regresar al puerto de origen ‖ すべては金銭の問題に帰着する Todo se reduce a una cuestión de dinero.
きちゅう 忌中 ‖ 忌中である estar de luto
▶忌中の mortuo*rio*[*ria*] ‖ 忌中の家 casa *f.* mortuoria
きちょう 記帳（記入）registro *m.*,（署名）firma *f.*
▶記帳する（記入する）registrar,（署名する）firmar ‖ 帳簿に入金を記帳する contabilizar los ingresos en el libro de contabilidad／通帳を記帳する（銀行の）「actualizar [poner al día] la libreta de banco
きちょう 基調 tema *m.* fundamental
▶基調とする tener como predominio ALGO ‖ 赤を基調とした絵 cuadro *m.* con predominio de rojo／このホールは白が基調となっている En esta sala predomina el color blanco.¦Esta sala tiene como predominio el color blanco.
☑基調報告 informe *m.* principal
☑基調講演/基調演説「conferencia *f.* [discurso *m.*] magistral
きちょう 貴重
▶貴重な precio*so*[*sa*], valio*so*[*sa*] ‖ 貴重な体験 experiencia *f.*「valiosa [enriquecedora]／貴重な時間を失う perder un tiempo precioso／貴重な文化遺産を有する poseer un valioso patrimonio cultural
☑貴重品 objetos *mpl.* de valor
きちょう 機長「comandante *com.* [capi*tán* [*tana*] *mf.*] del avión
ぎちょう 議長 presiden*te*[*ta*] *mf.* ‖ 会議の議長をつとめる presidir una reunión
▶議長国 país *m.* en la presidencia《de》‖ 欧州連合の議長国 el país que ocupa la presidencia de la Unión Europea
きちょうめん 几帳面 ‖ 彼は仕事に非常に几帳面である Es muy escrupuloso en su trabajo.
▶几帳面な concienzu*do*[*da*], escrupulo*so*[*sa*], meticulo*so*[*sa*] ‖ 時間にとても几帳面な人 persona *f.* muy puntual

▶几帳面に concienzudamente, escrupulosamente ‖ 会費を毎月几帳面に支払う pagar「puntualmente [religiosamente] la cuota cada mes
きちんと（整然と）ordenadamente,（正確に）exactamente, correctamente,（時間通りに）puntualmente,（規則正しく）regularmente ‖ コピー機はきちんと動いている La fotocopiadora funciona correctamente.／約束をきちんと守る cumplir *su* promesa「perfectamente [a rajatabla]
▶きちんとした arregla*do*[*da*], ordena*do*[*da*] ‖ きちんとした部屋 habitación *f.* ordenada／きちんとした服装をする llevar un vestido decente, vestir decentemente
きつい ❶（窮屈な）apreta*do*[*da*], estre*cho*[*cha*] ‖ 靴がきつい Me aprietan los zapatos.／シャツがきつい La camisa me está estrecha.
❷（厳しい）seve*ro*[*ra*], du*ro*[*ra*] ‖ きつい処罰 castigo *m.*「duro [severo]／きつい仕事 trabajo *m.* duro／きつい日程 agenda *f.* apretada／練習がきつい El entrenamiento es duro.／（私が）2時の電車に乗るのは少しきつい Voy justo de tiempo para coger el tren de las dos.
❸（強烈な）fuerte, inten*so*[*sa*] ‖ きつい臭い olor *m.*「fuerte [intenso]／きつい性格 carácter *m.* fuerte／硫黄の臭いがきつい Huele intensamente a azufre.／言葉がきつい hablar con dureza,《慣用》no tener pelos en la lengua
▶きつく con fuerza,（厳しく）severamente, duramente ‖ タオルをきつく絞る escurrir bien la toalla／ねじをきつく締める apretar fuertemente el tornillo／きつく叱る reprender [duramente [con dureza, severamente] a ALGUIEN／きつく抱く abrazar fuertemente a ALGUIEN
きつえん 喫煙 ‖ 公共の場所での喫煙は禁止されている Está prohibido fumar en lugares públicos.／喫煙を控える abstenerse de fumar
▶喫煙する fumar
☑喫煙コーナー「espacio *m.* [área *f.*] para fumadores, zona *f.* de fumadores
☑喫煙権 derecho *m.* a fumar
☑喫煙者 fuma*dor*[*dora*] *mf.* ‖ 間接喫煙者 fuma*dor*[*dora*] *mf.* pasi*vo*[*va*]
☑喫煙車 vagón *m.* para fumadores
☑喫煙席 asientos *mpl.* para fumadores
きつおん 吃音 tartamudez *f.*
▶吃音の(人) tartamu*do*[*da*]（*mf.*）
きづかい 気遣い preocupación *f.*, atenciones *fpl.* ‖ どうぞお気遣いなく No se moleste, por favor.
きづかう 気遣う preocuparse《por》‖ 家族の安否を気遣う preocuparse por la suerte de

su familia

きっかけ 切っ掛け （動機）motivo *m*.,（機会）oportunidad *f*., ocasión *f*. ‖ ふとしたきっかけで私たちは知り合った Nos conocimos por pura casualidad. ／メキシコ旅行はスペイン語を習い始めるいいきっかけになる Mi viaje a México es una buena oportunidad para empezar a aprender español. ／その記事がきっかけで大論争が起きた Ese artículo [provocó [dio pie a] una gran controversia.

きっかり ‖ 10時きっかりに a las diez en punto ／ 1000円きっかり払う pagar mil yenes justos

きづかれ 気疲れ fatiga *f*. mental
▶気疲れする cansarse mentalmente ‖ 気疲れしている [estar [encontrarse] mentalmente cansa*do*[*da*]

キック saque *m*. (蹴り) patada *f*.
◪キックする patear ⇒ける(蹴る)
◪キックオフ (サッカーの) saque *m*. inicial
◪キックバック (賄賂) soborno *m*.
◪キックボード patinete *m*.
◪キックボクシング kick boxing *m*.

きづく 気付く darse cuenta 《de》, notar, (正気に返る) volver en *sí*, recobrar el conocimiento

ぎっくりごし ぎっくり腰 lumbago *m*., lumbalgia *f*. ‖ ぎっくり腰になる sufrir lumbago

きづけ 気付 al cuidado de, a cargo de ‖ サントス様気付 al cuidado del Sr. Santos

きつけぐすり 気付け薬 reconstituyente *m*., estimulante *m*.

きっこう 拮抗
▶拮抗する igualarse ‖ 両社の市場占有率は拮抗している Las dos empresas están igualadas en cuota de mercado.
◪拮抗筋 (解剖) antagonista *m*., músculo *m*. antagonista

きっさてん 喫茶店 cafetería *f*.

キッシュ quiche *f*(*m*). ‖ キッシュを作る [hacer [preparar] una quiche

ぎっしり ‖ 箱に本をぎっしり詰め込む atestar la caja de libros ／ぎっしり詰まった（空間・場所が）completamente lle*no*[*na*] 《de》, lle*no*[*na*] hasta los topes 《de, con》／予定がぎっしり詰まっている tener una agenda muy apretada

きっすい 生粋
▶生粋の pu*ro*[*ra*], casti*zo*[*za*], verdade*ro*[*ra*],(慣用)de pura cepa ‖ 生粋のスペイン人 españ*ol*[*ñola*] *mf*. de pura cepa

きっする 喫する sufrir ‖ 惨敗を喫する sufrir una aplastante derrota

きっちり ‖ ふたをきっちり閉める cerrar bien la tapa
▶きっちりした ‖ きっちりした服 vestido *m*. ajustado
▶きっちりに ‖ 11時きっちりに到着する llegar a las once en punto

キッチン cocina *f*. ⇒だいどころ(台所)
◪キッチンドリンカー ama *f*. de casa alcohólica
◪キッチンナイフ cuchillo *m*. de cocina
◪キッチンペーパー rollo *m*. de papel para cocina

きつつき 啄木鳥 pájaro *m*. carpintero(雄・雌)

きって 切手 sello *m*. (postal),《中南米》estampilla *f*. ‖ 切手を貼る「pegar [poner] un sello《a》／切手を剥がす despegar el sello 《de》
◪切手シート hoja *f*. de sellos
◪切手収集 filatelia *f*. ‖ 切手収集家 filatelista *com*.
◪切手帳 archivo *m*. de sellos

きっての 切っての ‖ 彼は社内切ってのワイン通だ Él es el mejor conocedor de vinos de la empresa.

きっと sin falta, seguramente ‖ 君のお父さんはきっと戻ってくる Seguro que vuelve tu padre.

きつね 狐 zorro[rra] *mf*. ‖ きつねの巣穴 [madriguera *f*. [guarida *f*.] de zorros
(慣用)きつねにつままれる quedar(se) desconcerta*do*[*da*]
◪きつね色 color *m*. marrón ligero

きっぱり
▶きっぱりと claramente, rotundamente, categóricamente ‖ 申し出をきっぱりと断る rechazar rotundamente una oferta

きっぷ 切符 (乗車券) billete *m*.,《中南米》boleto *m*., (入場券) entrada *f*., (クーポン) cupón *m*. ‖ 切符を買う comprar un billete, sacar una entrada ／切符を売る vender un billete ／コンサートの切符を1枚手に入れる conseguir una entrada del concierto ／子供用の切符を2枚ください Deme dos entradas para niños, por favor.
◪切符売場 taquilla *f*.
◪切符自動販売機 máquina *f*. expendedora de billetes

切符の種類

普通席券 billete *m*. de asiento normal ／指定席券 billete *m*. de asiento reservado ／グリーン席券 billete *m*. de primera clase ／乗車券 billete *m*. de viaje ／特急券 billete *m*. de expreso ／片道切符 billete *m*. de ida ／往復切符 billete *m*. de ida y vuelta

---

きっぽう 吉報 buena noticia *f*.
きづまり 気詰まり incomodidad *f*., moles-

tia f.
▶気詰まりな incómodo[da], molesto[ta] ‖ 気詰まりな雰囲気 ambiente m. incómodo
▶気詰まりする ‖ 僕は無口な人といると気詰まりする Me siento incómodo con las personas calladas.

きつもん 詰問 interrogatorio m. severo
▶詰問する「interrogar [inquirir] severamente a ALGUIEN

きてい 既定
▶既定の establecido[da], fijado[da], decidido[da], acordado[da] ‖ 既定の方針 política f. acordada

きてい 規定/規程 reglamento m., regla f. ‖ 規定に従う atenerse al reglamento / 規定を守る「cumplir [acatar] el reglamento / 規定を定める「establecer [fijar] un reglamento / 規定に反する行為 acto m. antirreglamentario / 憲法の規定によると según lo「establecido [estipulado] en la Constitución
▶規定の reglamentario[ria], establecido[da] ‖ 規定の書式 fórmula f. establecida / 規定の手続き procedimiento m. establecido
▶規定する reglamentar, determinar, (法が) establecer, estipular
◾規定種目 (体操の) ejercicio m. obligatorio, (フィギュアスケートの) baile m. obligatorio
◾規定料金 tarifa f. establecida

ぎてい 義弟 cuñado m., hermano m. político

きてき 汽笛 (汽車の) pito m., pitido m., (汽船の) sirena f. ‖ 汽笛を鳴らす pitar / 遠くに汽笛が聞こえる Se oye el pitido del tren a lo lejos. / 出港を告げる船の汽笛が鳴る Suena la sirena del barco anunciando la salida.

きてん 機転 ingenio m. ‖ 機転が利く saber actuar oportunamente, actuar con tacto / 機転の利く《形容詞》ingenioso[sa], inteligente, sagaz / 機転を利かせて con oportunidad, (巧みに) con tacto

きと 帰途 camino m. de「vuelta [regreso] a casa ‖ 帰途につく「tomar el [ponerse en] camino de vuelta a casa

きどあいらく 喜怒哀楽 emociones fpl., sentimientos mpl. ‖ 喜怒哀楽を表に出す exteriorizar sus「sentimientos [emociones]

きとう 祈祷 oración f., rezo m. ‖ 祈祷を捧げる rezar una oración
▶祈祷する orar, rezar
◾祈祷会 reunión f. de oración
◾祈祷師 hechicero[ra] mf., (シャーマン) chamán m.
◾祈祷書 libro m. de oraciones, (カトリックの) breviario m., liturgia f. de las horas, (信者用の) devocionario m.

きどう 気道 《解剖》vía f. respiratoria

きどう marcha f., arranque m.
▶起動させる/起動する poner ALGO en marcha, arrancar / ponerse en marcha, arrancar ‖ パソコンを起動させる「encender [poner en marcha] un ordenador
◾起動機 arrancador m., (セルモーター) motor m. de arranque
◾起動時間 tiempo m. de arranque

きどう 軌道 (天体の) órbita f., (線路) vía f. ‖ 月の軌道 órbita f. lunar / 軌道に入る entrar en órbita / 人工衛星を軌道に乗せる poner en órbita un satélite artificial / プロジェクトを軌道に乗せる encarrilar el proyecto / 商売が軌道に乗る《慣用》El negocio va sobre ruedas. / 軌道を外れる「desviarse [salir] de la órbita / 軌道を修正する「corregir [ajustar] la órbita / 円の軌道を描く describir una órbita circular
▶軌道の orbital
◾軌道速度 velocidad f. orbital

きどう 機動
▶機動性 movilidad f.
◾機動演習 maniobras fpl.
◾機動隊 policía f. antidisturbios, antidisturbios m.[=pl.]
◾機動力 movilidad f., capacidad f. móvil

きとく 危篤 ‖ 危篤に陥る entrar en「agonía [estado crítico]
▶危篤である estar en「agonía [estado crítico]

きとく 奇特
▶奇特な loable, laudable, encomiable, meritorio[ria] ‖ 奇特な行為「acción f. [acto m., gesto m.] loable / 奇特な人 persona f. virtuosa, bella persona f.

きとく 既得
▶既得の adquirido[da]
◾既得権 derecho m. adquirido
◾既得権益 intereses mpl. creados

きどり 気取り esnobismo m., amaneramiento m., presunción f. ‖ 彼は詩人気取りだ Él se las da de poeta. / 気取りのない sencillo[lla], franco[ca], natural
◾気取り屋 presumido[da] mf., (軽蔑的に) esnob com.

きどる 気取る presumir《de》‖ 芸術家を気取る presumir de artista / 気取らない人柄である tener un carácter sencillo
▶気取った afectado[da], (うぬぼれた) presumido[da] ‖ 気取った足取りで歩く caminar con pasos afectados

きない 機内
▶機内で/機内に en el avión, a bordo ‖ 機内に閉じ込められる quedarse encerrado[da] en el avión
◾機内食 comida f. de avión
◾機内サービス servicios mpl. a bordo

◾機内販売 tienda *f.* a bordo
◾機内持ち込み手荷物 equipaje *m.* de mano permitido「en el avión [a bordo]」‖ 機内持ち込み手荷物は1つだけです Puede llevar consigo solo una pieza de equipaje de mano en cabina.

きなが 気長
▶気長な 気長な仕事 trabajo *m.* que requiere tiempo y paciencia
▶気長に pacientemente,（急がずに）sin prisa(s),（ゆっくり）despacio,（落ち着いて）con calma ‖ 気長に待つ esperar con「paciencia [calma] ／ 気長に仕事をする trabajar sin prisa pero con constancia

きなくさい 焦臭い （焦げ臭い）oler a quemado,（怪しい）ser sospechoso[sa],《慣用》oler a chamusquina

きなこ 黄な粉 harina *f.* de soja

きにいる 気に入る gustar, agradar,《話》molar ‖ この部屋は気に入りました Me gusta esta habitación. ／ 彼はリマが気に入ったようだ Parece que a él le ha gustado Lima.

きにゅう 記入
▶記入する rellenar, cumplimentar, escribir ‖ この用紙にご記入ください Rellene este formulario, por favor.
◾記入欄 espacio *m.* para rellenar

きぬ 絹 seda *f.*
▶絹のような sedoso[sa]
◾絹の道《歴史》Ruta *f.* de la Seda
◾絹糸 hilo *m.* de seda
◾絹織物 tejido *m.* de seda

きぬけ 気抜け ⇒き(⇒気が抜ける)

ギネス
◾ギネス(ビール)《商標》 cerveza *f.* Guinness
◾ギネス世界記録《商標》 récords *mpl.* mundiales de Guinness
◾ギネスブック《商標》 libro *m.* (de los récords) Guinness

きねん 祈念
▶祈念する rezar, orar ‖ 平和を祈念する rezar por la paz

きねん 記念 conmemoración *f.*, （思い出）recuerdo *m.* ‖ Tシャツを記念にとっておく guardar la camiseta como recuerdo ／ 記念になる servir「como [de] recuerdo ／ 王子の結婚の記念に en conmemoración de la boda del príncipe
▶記念すべき conmemorable ‖ 記念すべき日 día *m.* conmemorable
▶記念する conmemorar ‖ 国の独立を記念する式典 ceremonia *f.* para conmemorar la independencia del país
▶記念の conmemorativo[va] ‖ 記念のパーティー fiesta *f.* conmemorativa《de》
◾記念館 museo *m.* conmemorativo
◾記念切手 sello *m.* conmemorativo

◾記念公園 parque *m.* conmemorativo
◾記念撮影 記念撮影をする hacer una foto(grafía) de recuerdo
◾記念写真 foto(grafía) *f.*「de recuerdo [conmemorativa]
◾記念碑 monumento *m.* ‖ 記念碑を建てる levantar [erigir, construir] un monumento
◾記念日 aniversario *m.* ‖ 記念日を祝う celebrar el aniversario《de》
◾記念品 recuerdo *m.*

ぎねん 疑念 duda *f.*, sospecha *f.* ⇒うたがい(疑い)

きのう 昨日 ayer, el día de ayer
▶昨日の de ayer ‖ 昨日の事故 el accidente de ayer ／ 昨日の朝に ayer por la mañana ／ 昨日の午後に ayer por la tarde

きのう 帰納 inducción *f.*
▶帰納する inducir
▶帰納的な inductivo[va]
▶帰納的に inductivamente, de forma inductiva ‖ 帰納的に思考する razonar inductivamente
◾帰納法 método *m.* inductivo

きのう 機能 función *f.* ‖ 人体の機能 funciones *fpl.* del cuerpo humano ／ 本来の機能 función *f.* propia ／ 機能を果たす「ejercer [desempeñar] la función ／ 右手の機能を失う perder la función de la mano derecha ／ 新しいOSに新機能をいくつか追加する incorporar nuevas funciones al nuevo sistema operativo
▶機能する funcionar
▶機能的な funcional
▶機能的に funcionalmente
◾機能主義 funcionalismo *m.*
◾機能障害 trastornos *mpl.* funcionales, desorden *m.* funcional ‖ 腸の機能障害 trastornos *mpl.* funcionales del intestino

ぎのう 技能 técnica *f.*, habilidad *f.* ‖ 技能のある cualificado[da] ／ 技能を磨く／技能を高める「perfeccionar [mejorar, afinar] una técnica ／ 優れた技能を持つ tener una habilidad destacada
◾技能検定 prueba *f.* nacional de habilidad
◾技能五輪（国際技能競技大会）campeonato *m.* Worldskills, Olimpiadas *fpl.* de Formación Profesional
◾技能賞 premio *m.* a la mejor técnica

きのこ 茸 seta *f.*, hongo *m.* ‖ きのこを栽培する cultivar setas
◾食用きのこ seta *f.* comestible
◾きのこ狩り cosecha *f.* de setas
◾きのこ雲 nube *f.* de hongo, hongo *m.* nuclear

きのどく 気の毒 ‖ お母様が亡くなられたそうでお気の毒です Siento mucho el fallecimiento de su madre. ／ それはお気の毒です ¡Lo siento mucho! ¦ ¡Cuánto lo siento!

気の毒な pobre, miserable ‖ 気の毒な暮らし vida *f.* miserable／気の毒なくらい歌が下手だ cantar lamentablemente mal

気の毒がる/気の毒に思う compadecer, compadecerse《de》, sentir pena《por》‖ 地震の被災者を気の毒に思う Siento pena por los afectados por el terremoto.

きのみ 木の実 fruto *m.*「arbóreo [de árbol], (殻のある) nuez *f.* ‖ 木の実がなる (木が主語) dar frutos

きのみきのまま 着の身着のまま solo con lo puesto, sin llevar nada *consigo* ‖ 私は着の身着のままで家から逃げ出した Abandoné la casa sin llevar nada conmigo.

きのり 気乗り
▶気乗りしない no apetecer, no animarse《a》‖ それは気乗りしないな No me apetece eso. ¦ No me animo a eso.

きば 牙 (象の) colmillo *m.*, (犬歯) diente *m.* canino
[慣用]牙をむく《慣用》enseñar los colmillos, 《慣用》ponerse a malas《con》

きば 騎馬
◪騎馬警察(隊) policía *f.* montada
◪騎馬像 estatua *f.* ecuestre
◪騎馬隊 caballería *f.*

きはく 気迫/気魄 vigor *m.*, fuerza *f.*, energía *f.*, (闘志) combatividad *f.* ‖ 気迫のこもったプレー jugada *f.* decidida／気迫がこもっている tener la moral alta／彼は気迫に欠ける A él le falta vigor.／気迫にあふれた気迫に満ちた lle*no*[*na*] de「vigor [energía]／気迫を見せる mostrar combatividad／ライバルの気迫に圧倒される sentirse intimida*do*[*da*] ante la combatividad de *su* rival

きはく 希薄 ‖ 意欲が希薄だ tener pocas ganas
▶希薄な (濃度が) poco den*so*[*sa*], (気体が) enrareci*do*[*da*], (液体が) dilui*do*[*da*] ‖ 酸素が希薄 esca*so*[*sa*] de oxígeno
▶希薄になる (気体が) enrarecerse, rarificarse, (液体が) diluirse ‖ 人間関係が希薄になる傾向がある Las relaciones humanas tienden a enfriarse.
◪希薄溶液 solución *f.* diluida

きはずかしい 気恥ずかしい sentirse violen*to*[*ta*], sentirse incómo*do*[*da*]

きはつ 揮発 volatilización *f.*
▶揮発性(の) volátil ‖ 揮発性メモリ《IT》memoria *f.* volátil／揮発性有機化合物 compuesto *m.* orgánico volátil
▶揮発させる/揮発する volatilizar／volatilizarse
◪揮発油 (燃料用) gasolina *f.*, (溶剤用) bencina *f.*

きばつ 奇抜
▶奇抜な original, singular, genial ‖ 奇抜なアイディア idea *f.* original／奇抜な格好をする llevar un vestido extravagante

きばむ 黄ばむ ponerse amarillen*to*[*ta*], amarillear
▶黄ばんだ amarillen*to*[*ta*]

きばらし 気晴らし recreo *m.*, diversión *f.*, distracción *f.* ‖ 気晴らしをする distraerse, distraerse, (息抜きをする) desahogarse

きはん 規範 modelo *m.*, (規則) norma *f.*, normativa *f.* ‖ 規範に従う seguir la normativa
▶規範的な normati*vo*[*va*]
◪規範意識 conciencia *f.* normativa

きばん 基盤 base *f.*, fundamento *m.* ⇒きそ (基礎) ‖ 固い基盤 base *f.* sólida／生活の基盤を築く sentar las bases de la vida／世界経済の基盤がゆらぐ「Tiemblan [Se tambalean] las bases de la economía mundial.
◪基盤整備 mejora *f.* de la infraestructura

きひ 忌避 (徴兵の) evasión *f.*, (法律上の) recusación *f.*
▶忌避する ‖ 徴兵を忌避する「evadir el [librarse del] servicio militar／裁判官を忌避する recusar「al juez [a la jueza]
◪良心的徴兵忌避 objeción *f.* de conciencia al servicio militar

きび 機微 ‖ 人情の機微 entresijos *mpl.* del corazón, (心理) psicología *f.* del ser humano

きびき 忌引き 「licencia *f.* [permiso *m.*] por luto

きびきび
▶きびきびした (軽快な) ágil, (元気のよい) vigoro*so*[*sa*], enérgi*co*[*ca*], vi*vo*[*va*]
▶きびきびと (軽快に) ágilmente, (元気よく) vigorosamente, enérgicamente ‖ きびきびと動く moverse ágilmente

きびしい 厳しい seve*ro*[*ra*], estric*to*[*ta*], riguro*so*[*sa*] ‖ 厳しい規則 regla *f.* estricta／厳しいコーチ entrena*dor*[*dora*] *mf.* du*ro*[*ra*]／厳しい環境 circunstancias *fpl.*「difíciles [duras, adversas]／厳しい現実に直面する enfrentarse a una cruda realidad／あの学校はしつけが厳しい Aquella escuela impone una disciplina estricta.／冬の寒さは厳しい El frío de invierno es intenso.
▶厳しく severamente, estrictamente, rigurosamente ‖ 厳しく罰する castigar「con dureza [severamente]《a》／国境を厳しく監視する vigilar estrechamente la frontera

きびょう 奇病 enfermedad *f.* rara ‖ 奇病にかかる sufrir una enfermedad rara

きひん 気品 elegancia *f.*, nobleza *f.* ‖ 気品のある elegante, distingui*do*[*da*]

きひん 貴賓 invita*do*[*da*] *mf.* de honor
◪貴賓席「palco *m.* [tribuna *f.*] de honor

きびん 機敏 agilidad *f.*
▶機敏な ágil ‖ 機敏な動き movimiento *m.*

ágil／機敏な反応 reacción f.「inmediata [rápida]
▶機敏に con agilidad, ágilmente, (迅速に) con presteza, con prontitud‖機敏に行動する actuar con「agilidad [presteza]
▶機敏性 agilidad f.
きふ 寄付/寄附 donación f., contribución f.‖寄付を集める「hacer [realizar] una colecta／市民に寄付を呼びかける invitar a los ciudadanos a participar en una colecta
▶寄付する donar, contribuir‖収益は慈善団体に寄付された Las ganancias fueron donadas a instituciones benéficas.
◨寄付金 contribución f.‖寄付金を求める solicitar una contribución／地震の被災者のために寄付金を募る「organizar [realizar] una colecta para los damnificados del terremoto
◨寄付者 donante com., contribui*dor*[*dora*] mf.
ぎふ 義父 (義理の父) suegro m., (継父) padrastro m., padre m. adoptivo
ギブアップ
▶ギブアップする (諦める) abandonar, (降参する) rendirse
ギブアンドテーク 《慣用》toma y daca m.‖ギブアンドテークの関係 relación f. de toma y daca
きふく 起伏 accidente m., irregularidad f., altibajos mpl.‖地形の起伏 accidente m. del terreno／起伏に富んだ地形 terreno m. accidentado／起伏に富んだ人生 vida f. llena de altibajos／感情の起伏が激しい ser muy temperamental, tener altibajos de humor
きぶくれ 着膨れ
▶着膨れする estar abulta*do*[*da*] con tanta ropa puesta
きふじん 貴婦人 dama f.
ギプス escayola f.‖ギプスで骨折した足を固定する inmovilizar la pierna fracturada con escayola／右腕にギプスをはめる poner una escayola en el brazo derecho《a》, escayolar el brazo derecho《a》／ギプスを外す quitar la escayola《a》
きぶつそんかい 器物損壊 daño m. material‖器物損壊を起こす causar un daño material
◨器物損壊罪 delito m. de daño material
ギフト regalo m.
◨ギフト券「vale m. [cupón m.] de regalo
◨ギフトコーナー sección f. de regalos
◨ギフトショップ tienda f. de regalos
◨ギフトセット juego m. de regalo
きふほう 記譜法 notación f. musical
きぶん 気分 (気持ち) estado m. de ánimo, humor m., (雰囲気) ambiente m.‖気分を損ねる disgustar, alterar el humor《de》／気分を和らげる relajar el ánimo／気分を変える

cambiar el estado de ánimo／気分を壊す (雰囲気を) estropear el ambiente／町はお祭り気分が漂っている Reina un ambiente festivo en las calles.／人々はお祭り気分だ La gente está de humor festivo.／気分はいかがですか ¿Cómo se siente usted?／気分がよい sentirse bien／私は気分がすぐれない No me siento bien.／今夜は外食したい気分だ Me apetece cenar fuera esta noche.／私は冗談を言う気分ではない No estoy para bromas.
◨気分屋 persona f. caprichosa‖彼は気分屋だ Él es caprichoso.
◨気分転換‖私は気分転換に旅行に出かけた Me fui de viaje para distraerme.
きべん 詭弁 argucia f., sofisma m.‖詭弁を弄する「utilizar [usar, emplear] argucias
◨詭弁家 sofista com.
◨詭弁法 sofistería f.
きぼ 規模 escala f., envergadura f., dimensiones fpl., tamaño m.‖規模の大きい de gran escala, de「gran [mayor, mucha] envergadura, de grandes dimensiones／規模の小さい de pequeña escala, de「poca [menor] envergadura／プロジェクトの規模を広げる「incrementar [aumentar] la envergadura de un proyecto／事業の規模を縮小する reducir el tamaño de un negocio／規模に応じて de acuerdo con la envergadura《de》
ぎぼ 義母 (義理の母) suegra f., (継母) madrastra f., madre f. adoptiva
きぼう 希望 esperanza f., (願望) deseo m.‖希望がかなう「cumplirse [hacerse realidad] la esperanza／僕の希望が消えてしまった Se han esfumado mis esperanzas.／希望に満ちて/希望に胸をふくらませて lle*no*[*na*] de esperanza／希望のない日々を過ごす pasar los días sin esperanza／希望を託す poner [depositar, cifrar] las esperanzas《en》／希望を持つ「tener [abrigar] esperanza／〜する希望を持つ tener la esperanza de『+不定詞』／希望を捨てる abandonar la esperanza／希望をなくす perder la esperanza／あなたの希望通りに como usted desea, a medida de su deseo
▶希望する desear, esperar‖彼女は医療分野で働くことを希望している Ella desea trabajar en el sector sanitario.
◨希望小売価格 precio m. recomendado de venta al público
◨希望者 interesa*do*[*da*] mf., (応募者) aspirante com.‖パーティー参加希望者 interesa*do*[*da*] mf. en participar en la fiesta
◨希望退職 jubilación f. anticipada voluntaria
◨希望的観測 pensamiento m. ilusorio
きぼね 気骨 ⇒きぐろう(気苦労)

[慣用]気骨が折れる cansarse mentalmente
きぼり 木彫り talla *f*.‖木彫りの彫刻 escultura *f*. tallada en madera
きほん 基本 base *f*., fundamento *m*.‖基本と応用 la base y la aplicación《de》／基本の形 forma *f*.／数学の基本 principios *mpl*. básicos de matemáticas／プログラミングの基本を身につける aprender los principios básicos de programación de ordenador／この地方の料理は魚介類が基本となっている La cocina de esta región tiene como base fundamental los productos del mar.／基本に戻る volver a los principios básicos《de》
▶基本的な bási*co*[*ca*], fundamental, elemental, esencial‖基本的な姿勢 postura *f*. básica
▶基本的に básicamente, en lo básico, fundamentalmente
◪基本給 [salario *m*. [sueldo *m*.] base
◪基本計画 proyecto *m*. básico
◪基本原理 principio *m*. fundamental
◪基本情報 información *f*. básica
◪基本ソフト *software m*. de「sistema [base]
◪基本色 color *m*. básico
◪基本単位 unidad *f*. básica
◪基本的人権 derechos *mpl*. humanos fundamentales
◪基本動作 movimiento *m*. básico
◪基本法 ley *f*. fundamental
◪基本料金 cuota *f*. básica, (タクシーの)bajada *f*. de bandera
ぎまい 義妹 cuñada *f*., hermana *f*. política
きまえ 気前
▶気前のよい genero*so*[*sa*], dadivo*so*[*sa*]
▶気前よく generosamente, con generosidad,《慣用》a manos llenas‖気前よく金を使う gastar dinero a manos llenas
きまぐれ 気紛れ capricho *m*.‖一時の気ぐれ antojo *m*., capricho *m*. pasajero／誰でも時々気まぐれを起こす Cualquiera se da un capricho de vez en cuando.
▶気まぐれな capricho*so*[*sa*]‖気まぐれな性格 carácter *m*. caprichoso／気まぐれな天気 tiempo *m*. caprichoso
▶気まぐれに caprichosamente‖気まぐれに振る舞う comportarse caprichosamente,《慣用》hacer *su* santa voluntad
きまじめ 生真面目
▶生まじめな escrupulo*so*[*sa*], muy se*rio*[*ria*], (融通がきかない) rígi*do*[*da*], inflexible
きまずい 気まずい incómo*do*[*da*]‖気まずい沈黙 silencio *m*. incómodo／気まずい思いをする sentirse incómo*do*[*da*]
きまつ 期末 (2学期制の学期末) fin *m*. del semestre, (会計年度の) cierre *m*. del ejercicio
◪期末決算 balance *m*. al cierre del ejercicio
◪期末試験 (2学期制の) examen *m*.「semestral [final del semestre]
◪期末手当 (年2回の場合) remuneración *f*. semestral
きまって 決まって siempre, (必ず) sin falta, sin excepción‖ここのところ週末に決まって雨が降る Últimamente llueve sin excepción los fines de semana.／彼女は決まって月曜日は遅刻する Ella siempre llega con retraso los lunes.
きまま 気儘
▶気ままな (気まぐれな) capricho*so*[*sa*]‖気ままな性格 carácter *m*. caprichoso／気ままな旅 viaje *m*. a *su*「gusto [aire]
▶気ままに a *su*「gusto [antojo, aire], (自由に) con entera libertad‖気ままに暮らす vivir a *su*「aire [gusto]／気ままに振る舞う《慣用》hacer de *su* capa un sayo,《慣用》campar por *sus* respetos
きまり 決まり ❶(規則) regla *f*., norma *f*.‖決まりを守る「observar [cumplir] la regla／決まりを破る violar [infringir, romper] la regla／決まりに従う (規則に)「seguir [atenerse a] la regla
❷(習慣) costumbre *f*.‖私は毎朝犬を散歩させるのが決まりだ Tengo la costumbre de pasear al perro todas las mañanas.
❸(決着) arreglo *m*., conclusión *f*.‖問題に決まりをつける zanjar la cuestión, acabar con el problema／これで話は決まりだ Con esto, el asunto queda zanjado.／この件は決まりがついていない Este asunto está sin resolver.
[慣用]決まりが悪い sentirse incómo*do*[*da*]
きまりきった 決まりきった (型にはまった) estereotipa*do*[*da*], (一定の) fi*jo*[*ja*], (明白な) ob*vio*[*via*]‖決まりきった表現 expresión *f*. estereotipada／決まりきった仕事 (習慣的な) trabajo *m*. rutinario [de rutina]／それは決まりきったことだ《慣用》Eso está más claro que el agua.
きまりもんく 決まり文句 frase *f*. hecha, cliché *m*.
きまる 決まる (決定する) decidirse, fijarse, determinarse, (話が決まる) llegar a un acuerdo‖結婚式の日時が決まった Se ha fijado la fecha de la boda.／彼は委員長に決まった「Él fue nombrado [Lo nombraron] presidente del comité.
▶決まった‖決まった店で服を買う comprar la ropa en la misma tienda／決まった時間に寝る acostarse a la misma hora
▶決まっている‖彼は知っているに決まっている No cabe duda de que él lo sabe.／今日は決まってるね Estás muy gua*po*[*pa*]

hoy.

ぎまん 欺瞞 engaño *m*.,《格式語》falacia *f*. ‖ 欺瞞に満ちた社会 sociedad *f*. llena de engaños y mentiras ／ 欺瞞を暴く destapar el engaño
▶欺瞞的な engaño*so*[*sa*], falaz

きみ 君
▶君は/君が tú
▶君の tu〖+名詞〗,〖名詞+〗 tu*yo*[*ya*]
▶君に/君を te
▶君たちは/君たちが voso*tros*[*tras*]
▶君たちの vues*tro* [*tra*] 〖+名詞〗,〖名詞+〗 vues*tro*[*tra*]
▶君たちに/君たちを os

きみ 気味 ‖気味の悪い sinies*tro*[*tra*], lúgubre ／ その絵は気味が悪い El cuadro me da miedo. ／ いい気味だ（君に向かって）¡Te está bien empleado!

きみ 黄身 yema *f*. (de huevo) ‖ 黄身を取り出す sacar la yema

ぎみ 気味 ‖風邪気味だ Estoy un poco resfria*do*[*da*]. ／ 母は疲れ気味だ Mi madre está algo cansada. ／ 株価は下がり気味だ Los precios de las acciones tienden a bajar.

きみじか 気短
▶気短な irascible, impaciente, poco paciente → たんき（短気）

きみつ 気密
▶気密の hermé*tico*[*ca*]
▶気密性 hermetismo *m*.
◾気密試験 prueba *f*. hermética
◾気密室 cámara *f*. hermética
◾気密度 nivel *m*. hermético

きみつ 機密 secreto *m*., confidencia *f*. ‖ 機密を漏らす「divulgar [filtrar] un secreto ／ 機密を守る「guardar [mantener] un secreto
▶機密の confidencial, secre*to*[*ta*]
◾機密情報 información *f*. confidencial ‖ 機密情報がマスコミに漏れた La información confidencial se filtró a la prensa.
◾機密費 fondos *mpl*. secretos
◾機密文書/機密書類 documento *m*. confidencial
◾機密漏洩 revelación *f*. de secreto

きみどり 黄緑 verde *m*. amarillento
▶黄緑の ‖ 黄緑の葉 hoja *f*. de color verde amarillento

きみょう 奇妙
▶奇妙な extra*ño*[*ña*], ra*ro*[*ra*], extravagante ‖ 奇妙な風習 costumbres *fpl*. extrañas ／ 奇妙な格好をする vestir con extravagancia ／ 奇妙なことに～です Lo curioso es que〖+直説法〗. ¦ Curiosamente,〖+直説法〗.

ぎむ 義務 deber *m*., obligación *f*. ‖ 当然の義務感 obligación *f*. natural ／ ～する義務がある tener 「la obligación [el deber] de〖+不定詞〗／ 納税は市民の義務である Es un deber cívico pagar los impuestos. ／ 私は1日1時間の読書を義務としている Tengo por obligación dedicar una hora diaria a la lectura. ／ 義務に縛られる/義務に拘束される estar ata*do*[*da*] a una obligación ／ 義務を果たす/義務を遂行する cumplir con el deber, cumplir las obligaciones ／ 義務を免れる liberarse de una obligación ／ 義務を負う asumir una obligación ／ 義務を怠る「descuidar [desatender] las obligaciones ／ 義務を課する imponer una obligación《a》／ 義務を免除する「eximir [dispensar] a ALGUIEN de una obligación
▶義務的な obligato*rio*[*ria*]
▶義務的に/義務として por obligación, por deber, obligatoriamente ‖ 義務的に働く trabajar por obligación
▶義務化 ‖英語の学習を義務化する hacer obligatorio el aprendizaje del inglés
◾義務感 sentido *m*. del deber ‖ 私はそれを義務感からしました Lo hice por el sentido del deber.
◾義務教育「enseñanza *f*. [educación *f*.] obligatoria, escolaridad *f*. obligatoria

きむずかしい 気難しい difícil, de mal genio, esquina*do*[*da*],（要求の多い）exigente

キムチ《韓国語》*kimchi m*.,（説明訳）verduras *fpl*. fermentadas con chile

ぎむづける 義務付ける obligar a ALGUIEN a〖+名詞句・不定詞〗‖ 会社は従業員に毎年健康診断を義務づけている La empresa obliga a sus empleados a pasar una revisión médica anual. ／ ～を義務づけられている「estar [verse] obliga*do*[*da*] a〖+不定詞〗

きめ 木目/肌理 (木材の) veta *f*., vena *f*. ‖ きめの粗い（肌など）áspe*ro*[*ra*], ru*do*[*da*] ／ きめの細かい（肌など）li*so*[*sa*], fi*no*[*na*],（対策など）cuidado*so*[*sa*] ／ きめの細かい肌 piel *m*. 「fina [satinada, tersa]

きめい 記名
▶記名の nominati*vo*[*va*], nominal
▶記名する firmar, poner *su* nombre
◾記名式小切手 cheque *m*. nominativo
◾記名証券 título *m*. nominativo
◾記名投票 votación *f*. nominal

ぎめい 偽名 nombre *m*. 「falso [ficticio] ‖ 偽名を使う usar un nombre falso ／ 偽名で車を借りる alquilar un coche con un nombre falso

きめこむ 決め込む (思い込む) creer(se) firmemente, dar por sentado que〖+直説法〗‖ 知らぬふりを決め込む decidir hacerse *el*[*la*] ton*to*[*ta*], fingir ignorancia

きめつける 決め付ける dar por sentado que〖+直説法〗‖ 警察は彼女が窃盗の犯人だと最初から決め付けていた La policía daba por sentado desde el principio que ella era la autora del robo.

きめて 決め手 medida *f*. decisiva, recurso

m. decisivo ‖ 決め手となる証拠がない No hay una prueba「concluyente [decisiva]. / 決め手となるゴールを入れる marcar el gol decisivo

きめる 決める （決定する） determinar, decidir, （定める） fijar, （取り決める） concertar, acordar ‖ 契約の条件を決める determinar las condiciones del contrato / プロジェクトの実施を決める decidir la realización del proyecto / 献立を決める decidir el menú / 旅行の日取りを決める「fijar [concertar] la fecha del viaje / このデジカメに決めた（購入を決める）Me quedo con esta cámara digital.

きも 肝 （肝臓） hígado *m.*, （胆力） valentía *f.*
〖慣用〗肝がすわっている ser muy valiente, ser intrépi*do*[da], 〖慣用〗 tener agallas, 〖慣用〗 tener muchos hígados
〖慣用〗肝が小さい ser cobarde, ser pusilánime
〖慣用〗肝が太い ser audaz, tener audacia
〖慣用〗肝に銘じる grabar ALGO en *su* mente
〖慣用〗肝に染みる estar profundamente impresiona*do*[da]
〖慣用〗肝をつぶす quedarse estupefac*to*[ta], 〖慣用〗queda*rse* hela*do*[da]
〖慣用〗肝を冷やす sobresaltarse, 〖慣用〗dar a ALGUIEN un vuelco *el corazón* ‖ 彼が血を流しているのを見て私は肝を冷やした Me dio un vuelco el corazón al verle sangrando.
◰ 肝試し prueba *f.* de valentía

きもいり 肝煎り ‖ 〜の肝煎りで con el apoyo（de）, por iniciativa（de）／ 市長（男性）の肝煎りで作られたスタジアム estadio *m.* construido por iniciativa del alcalde

きもち 気持ち sentimiento *m.*, sensación *f.*, （気分）ánimo *m.* ‖ 不安な気持ち sentimiento *m.* de inquietud, inquietud *f.* / 暗い気持ちになる sentirse deprimi*do*[da]

[気持ちが/気持ちは] ‖ 気持ちが落ちつく tranquilizarse / 気持ちが軽くなる sentir alivio / 気持ちが通う「llevarse [entenderse] bien con ALGUIEN / 君の気持ちは分かります Entiendo tus sentimientos. / 君への私の気持ちは冷めた Mis sentimientos por ti se han enfriado.

[気持ちを] ‖ 気持ちを表す expresar *sus* sentimientos / 気持ちを打ち明ける contar *sus* sentimientos, 〖慣用〗abrir *su* pecho《a》/ 気持ちを抑える contener *sus* sentimientos / 気持ちを落ち着ける tranquilizarse / （人の）気持ちを考える pensar en los sentimientos de ALGUIEN / 気持ちを込めて歌う cantar con emoción / 気持ちを大切にする respetar los sentimientos de ALGUIEN / お気持ちをお察しいたします Comprendo su sentimiento. / 気持ちを伝える transmi-tir *sus* sentimientos《a》/ 気持ちを引き締める prepararse mentalmente / （人の）気持ちを踏みにじる pisotear los sentimientos de ALGUIEN / 彼女は僕の気持ちをもて遊んでいる Ella está jugando con mis sentimientos.

▶気持ちで ‖ 軽い気持ちで sin pensarlo「mucho [bien], （軽率に）〖慣用〗a la ligera / 改まった気持ちで con ánimos renovados

▶気持ちがよい/気持ちのよい agradable ‖ 朝の散歩は気持ちがよい「Da gusto [Es agradable] pasear por la mañana. / 気持ちのよい朝である Es una mañana agradable. / 気持ちのよい部屋（快適な）habitación *f.* cómoda

▶気持ち良く cómodamente, agradablemente, （喜んで）con mucho gusto

▶気持ちが悪い sentirse mal, estar marea*do*[da], （吐き気がする）tener náuseas

▶気持ちの悪い ‖ 気持ちの悪い虫 bicho *m.*「desagradable [que da asco]

▶気持ちばかりの ‖ 私の気持ちばかりのお礼です Es una pequeña muestra de mi agradecimiento.

きもったま 肝っ玉 hígado *m.*, valor *m.*, ánimo *m.* ‖ 肝っ玉が太い ser audaz, tener audacia / 肝っ玉が据わっている ser muy valiente, ser intrépi*do*[da], 〖慣用〗 tener agallas, 〖慣用〗tener muchos hígados

きもの 着物 （和服） quimono *m.*, （衣服） traje *m.*, vestido *m.* ‖ 着物を着る vestirse「de [con] quimono / 着物を着た女性 mujer *f.* vestida de quimono

ぎもん 疑問 interrogante *m*(*f*)., （質問）pregunta *f.*, （疑い）duda *f.*, sospecha *f.* ‖ 疑問が湧く surgir *una duda* / 疑問が生まれる nacer *una duda* / 彼の過去には多くの疑問がある Existen muchas dudas sobre su pasado. / 〜はまったく疑問の余地がない No cabe la menor duda de que〚+直説法〛. / No hay lugar a dudas de que〚+直説法〛. / 私には今だ疑問が残る Aún me quedan dudas. / 目撃者（男性）の証言を疑問に思う「dudar [sospechar] del testimonio del testigo / 疑問を抱く abrigar una duda / 疑問を持つ/疑問がある tener una duda / 疑問を解決する solucionar una duda / 疑問を投げかける「lanzar [arrojar] una duda
◰ 疑問視 ‖ 政策の有効性を疑問視する「poner en duda [cuestionar] la eficacia de una política
◰ 逆疑問符 signo *m.* de apertura de interrogación, signo *m.* de interrogación invertido
◰ 疑問符 signo *m.* de interrogación, （文尾の）signo *m.* de cierre de interrogación
◰ 疑問文 oración *f.* interrogativa

ギヤ ⇒ギア

きゃく 客 （訪問者）visita *f.*, visitante *com.*, （招待客） invita*do*[da] *mf.*, （顧客） cliente *com.*, client*a* *f.*,《集合名詞》clientela *f.*, (乗客)pasaj*ero*[ra] *mf.*, (宿泊客) hués*ped*[peda] *mf.*, (観客) espect*ador*[dora] *mf.*,《集合名詞》público *m.* ‖ 招かれざる客 visitante *com.* no invita*do*[da] ／客がある Tengo una visita. ／お客様です Usted tiene una visita. ／客をもてなす (招待客を) atender a los invitados, (顧客を) atender a la clientela ／客を失う perder la clientela ／ライバルに客を奪われる La competencia se lleva a nuestros clientes.

[慣用]不帰の客となる fallecer, morir

◪ 固定客「cliente *com.* [clientela *f.*] habitual

きやく 規約 estatuto *m.* ‖ 規約に従う「cumplir [acatar] el estatuto ／規約に違反する「vulnerar [infringir] el estatuto ／規約は~と定めている El estatuto establece que〘+直説法〙.

ぎゃく 逆 lo contrario, lo opuesto ‖ 順序が逆である estar en orden inverso ／まったく逆だ Es todo lo contrario. ／私は君とはまったく逆の意見だ Tengo una opinión diametralmente opuesta a la tuya. ／私と君の立場が逆になった Mi posición y la tuya se han invertido.

▷ 逆の contra*rio*[ria], inver*so*[sa], opues*to*[ta] ‖ 逆の向きに en dirección contraria, en sentido contrario ／期待とは逆の結果になる obtener un resultado contrario al esperado, salir al contrario de lo esperado

▷ 逆に《慣用》al revés,《慣用》del revés,《慣用》a la inversa ‖ 予想とは逆に al contrario de lo previsto ／セーターを裏表逆に着る ponerse un jersey del revés ／100から逆に数える contar al revés desde cien

▷ 逆にする invertir, (表裏・前後を) poner ALGO al revés ‖ 順序を逆にする invertir el orden ／左右を逆にする invertir la derecha y la izquierda ／上下を逆にする invertir lo de arriba abajo

[慣用]逆を取る (関節を反対に曲げる) (肘の) torcer el codo en sentido contrario de la articulación, (相手の攻撃を利用する) contrarrestar el ataque del adversario

[慣用]逆もまた真なり Lo contrario también es cierto.

◪ 逆関数 función *f.* inversa
◪ 逆差別 discriminación *f.* inversa
◪ 逆三角形 triángulo *m.* invertido
◪ 逆噴射機 retrocohete *m.*

ギャグ chiste *m.* ‖ ギャグを言う contar chistes

きゃくあし 客足 ‖ 客足がだんだん遠のく perder cada vez más clientes

きゃくいん 客員
▷ 客員の invita*do*[da]
◪ 客員教授 profe*sor*[sora] *mf.* visitante, (招聘された) profe*sor*[sora] *mf.* invita*do*[da]

ぎゃくこうか 逆効果 efecto *m.*「contrario [contraproducente] ‖ 逆効果になる resultar contraproducente ／急激なダイエットは逆効果になりがちだ Las dietas rápidas suelen tener un efecto contrario.

ぎゃくさつ 虐殺「asesinato *m.* [homicidio *m.*] cruel
▷ 虐殺する [matar [asesinar] cruelmente a ALGUIEN ‖ 大量に虐殺する masacrar「sin piedad [cruelmente]
◪ 虐殺者 asesi*no*[na] *mf.* cruel, homicida *com.* cruel
◪ 大量虐殺 asesinato *m.* masivo, masacre *f.*, matanza *f.*, (民族の) genocidio *m.*, holocausto *m.*

ぎゃくさん 逆算 cálculo *m.* retrospectivo, retrocálculo *m.*
▷ 逆算する calcular「retrospectivamente [hacia atrás] ‖ 祖父の現在の年齢から生年を逆算する calcular el año de nacimiento de mi abuelo a partir de la edad que tiene

きゃくしつ 客室 (ホテル) habitación *f.*, (船) camarote *m.*, (飛行機) cabina *f.* de pasajeros, (列車) compartimento *m.*, compartimiento *m.*
◪ 客室係 camare*ro*[ra] *mf.*
◪ 客室乗務員 tripulante *com.* de cabina de pasajeros, auxiliar *com.* de vuelo, azafa*to*[ta] *mf.*, (パーサー) sobrecargo *com.*

きゃくしゃ 客車「vagón *m.* [coche *m.*] de pasajeros

ぎゃくしゅう 逆襲 contraataque *m.* ‖ 逆襲を受ける sufrir un contraataque
▷ 逆襲する contraatacar,「realizar [lanzar] un contraataque

ぎゃくじょう 逆上
▷ 逆上する encolerizarse,《慣用》montar en cólera

きゃくしょく 脚色 adaptación *f.*
▷ 脚色する adaptar, dramatizar
◪ 脚色者 adapta*dor*[dora] *mf.*

きゃくせき 客席 (舞台に対して) sala *f.*, butaca *f.* ‖ 1階の客席が埋まっている El patio de butacas está lleno.

ぎゃくせつ 逆説 paradoja *f.* ‖ 逆説を用いる usar una paradoja
▷ 逆説的な paradójI*co*[ca]
▷ 逆説的に paradójicamente, en clave de paradoja ‖ 逆説的に言えば paradójicamente hablando...

きゃくせん 客船「barco *m.* [buque *m.*] de pasajeros

きゃくせんび 脚線美 belleza *f.* de piernas ‖ 彼女は脚線美の持ち主だ Ella「tiene [luce] unas piernas bonitas.

きゃくそう 客層 tipo *m.* de「clientes [clien-

tela]
きゃくたい 客体 《哲学》objeto *m*.
ぎゃくたい 虐待 maltrato *m*., malos tratos *mpl*. ‖ 虐待を受ける/虐待に遭う sufrir maltrato ／ 虐待を告発する denunciar el maltrato ／ 障害者に対する虐待の新たなケースが明るみに出た Salió a la luz un nuevo caso de maltrato a personas discapacitadas.
▶**虐待する** maltratar,《慣用》tratar a baquetazos a ALGUIEN
◨**児童虐待/幼児虐待** maltrato *m*. infantil
◨**身体的虐待** maltrato *m*. 「físico [corporal]
◨**心理的虐待** maltrato *m*. psíquico [psicológico]
◨**性的虐待** maltrato *m*. sexual
◨**配偶者虐待** maltrato *m*. conyugal
◨**虐待被害者** víctima *f*. de 「maltrato [malos tratos]
◨**虐待予防** prevención *f*. 「del maltrato [de los malos tratos]
ぎゃくたんち 逆探知 rastreo *m*. de llamada
▶**逆探知する** 「rastrear [localizar] la llamada
きゃくちゅう 脚注 nota *f*. a pie de página ‖ 脚注をつける poner una nota a pie de página
ぎゃくてん 逆転 inversión *f*.
▶**逆転する** invertirse,（スポーツ）remontar ‖ 状況が逆転した La situación se invirtió. ¦《慣用》Se dio la vuelta la tortilla.
◨**逆転層**《気象》capa *f*. de inversión térmica
◨**逆転勝ち** ‖ **逆転勝ちする** remontar y ganar el partido
◨**逆転負け** ‖ **逆転負けする** perder el partido que iba ganando
◨**逆転ホームラン** ‖ 彼は逆転ホームランを打った Él pegó un jonrón con el que su equipo remontó el juego.
ぎゃくひれい 逆比例 ⇒はんぴれい(反比例)
ぎゃくふう 逆風 viento *m*. en contra ‖ 逆風が吹く Sopla el viento en contra. ／ 逆風をついて航海する navegar contra el viento
きゃくほん 脚本 guion *m*. ‖ 脚本を書く escribir un guion
◨**脚本家** guionista *com*., dramatur*go[ga] mf*.
きゃくま 客間 sala *f*. de visitas ‖ 客間に通す hacer pasar a ALGUIEN a la sala de visitas
ぎゃくもどり 逆戻り retroceso *m*.,（病気の再発）recaída *f*.
▶**逆戻りする** retroceder, volver hacia atrás,（元に）volver al principio,（病状が）recaer ‖ 来た道を逆戻りする desandar el camino ／ 江戸時代に逆戻りする volver a la era (de) Edo

ぎゃくゆにゅう 逆輸入 reimportación *f*.
▶**逆輸入する** reimportar
ぎゃくりゅう 逆流 contracorriente *f*., corriente *f*. en contra,（電気・空気の）flujo *m*. inverso ‖ 血液の逆流 flujo *m*. retrógrado de sangre
▶**逆流する** circular en sentido inverso, refluir
ギャザー《服飾》frunces *mpl*.
◨**ギャザースカート** falda *f*. 「con frunces [fruncida]
きゃしゃ 華奢
▶**きゃしゃな** delica*do[da]*, fi*no[na]*, esbel*to[ta]*,（壊れやすい）frágil ‖ きゃしゃな体つきの人 persona *f*. de constitución delicada ／ きゃしゃな作りのグラス copa *f*. fina
きやすい 気安い（親しみやすい）accesible, familiar ‖ 気安い雰囲気のレストラン restaurante *m*. 「acogedor [de ambiente familiar]
▶**気安く** con familiaridad ‖ 気安く話しかける hablar con familiaridad《a》／ 君はお客と気安くしすぎる Te tomas demasiadas confianzas con los clientes.
キャスター（脚輪）ruedecilla *f*., ruedecita *f*., rueda *f*.;（ニュースの）presenta*dor[dora] mf*. de noticias ‖ キャスター付きのスーツケース maleta *f*. con ruedas
キャスティングボート voto *m*. decisivo ‖ キャスティングボートを持つ tener el voto decisivo
キャスト reparto *m*., elenco *m*. ‖ 豪華キャスト nutrido elenco *m*. de actores ／ ミスキャスト mal reparto *m*.
きやすめ 気休め consuelo *m*. temporal ‖ 気休めを言う decir palabras de consuelo ／ 気休めになる（何かが）servir de consuelo temporal《a》
きやせ 着痩せ ‖ 彼女は普段着だと着痩せする Cuando va vestida de calle, ella parece más delgada.
きたつ 脚立 escalera *f*. doble de tijera
キャタピラー《商標》oruga *f*.
きゃっか 却下 rechazamiento *m*., rechazo *m*., denegación *f*.
▶**却下する** rechazar, denegar ‖ 裁判官（男性）は検察の訴えを却下した El juez 「rechazó [denegó] la petición de la fiscalía.
きゃっかん 客観（客観性）objetividad *f*.,（客体）《哲学》objeto *m*. ‖ 主観と客観 la subjetividad y la objetividad, lo subjetivo y lo objetivo
▶**客観的な** objeti*vo[va]* ‖ 客観的な評価 evaluación *f*. objetiva
▶**客観的に** objetivamente, con objetividad ‖ 事実を客観的に描写する describir objetivamente un hecho
▶**客観化** objetivación *f*. ‖ 客観化する obje-

tivar
> **客観性** objetividad *f.* ‖ 客観性を欠く carecer de objetividad
◪ **客観解析** análisis *m.*[=*pl.*] objetivo
◪ **客観主義/客観論** objetivismo *m.*
◪ **客観情勢** situaciones *fpl.* objetivas
◪ **客観テスト** prueba *f.* objetiva

ぎゃっきょう 逆境 adversidad *f.*, situación *f.* desgraciada ‖ 逆境にある encontrarse en una situación「adversa [desgraciada]」／逆境に耐える「soportar [sobrellevar] la adversidad／逆境に立ち向かう afrontar la adversidad,「hacer frente [enfrentarse, plantar cara] a la adversidad／逆境に打ち勝つ「superar [vencer] la adversidad／逆境にめげずに sin rendirse ante la adversidad／逆境で成長する crecerse ante la adversidad

ぎゃっこう 脚光 (フットライト) candilejas *fpl.*
[慣用] 脚光を浴びる ser el foco de atención, 《慣用》estar en (el) candelero

ぎゃっこう 逆光 contraluz *f.* ‖ 逆光の写真 foto(grafía) *f.* a contraluz／逆光で写真をとる fotografiar a contraluz／逆光で君の輪郭しか見えないよ Estás a contraluz y se te ve solo la silueta.

ぎゃっこう 逆行 retrogresión *f.*, retroceso *m.*, (惑星の) retrogradación *f.*
> **逆行する** retroceder, ir en contra 《de》‖ 時代に逆行する ir en contra del tiempo
◪ **逆行運動** 《天文》movimiento *m.* retrógrado
◪ **逆行性健忘症** amnesia *f.* retrógrada

キャッシュ dinero *m.* efectivo, efectivo *m.*, 《慣用》dinero *m.*「contante y sonante [en metálico]」→げんきん(現金)
> **キャッシュで** en efectivo, al contado ‖ キャッシュで支払う pagar「en efectivo [al contado]」
> **キャッシャー** cajero[ra] *mf.*
◪ **キャッシュカード** tarjeta *f.*「bancaria [de banco]」
◪ **キャッシュディスペンサー** cajero *m.* automático
◪ **キャッシュメモリ** 《IT》memoria *f.* caché, caché *f.*
◪ **キャッシュレス(で)** sin dinero en efectivo
◪ **キャッシュレス社会** sociedad *f.* sin dinero en efectivo

キャッチ
> **キャッチする** recibir, (電波を) captar, (情報を) obtener

キャッチフレーズ「eslogan *m.* [lema *m.*]」publicitario ‖ キャッチフレーズを作る crear un eslogan publicitario／〜というキャッチフレーズのもと bajo el eslogan publicitario 《de》

キャッチボール ‖ キャッチボールをする jugar a lanzar y atrapar la pelota de béisbol
キャッチホン 《商標》llamada *f.* en espera
キャッチャー (野球) recep*tor*[*tora*] *mf.*, 《英語》*catcher com.*
◪ **キャッチャーミット**「manopla *f.* [mascota *f.*] del *catcher*」

キャップ (帽子) gorro *m.*, (ペンなどの) capucha *f.*, capuchón *m.*, (瓶の) tapa *f.*, tapón *m.*

ギャップ hueco *m.*, vacío *m.*, brecha *f.*, (食い違い) discrepancia *f.* ‖ ギャップを埋める llenar un「hueco [vacío]」

キャディー 《ゴルフ》*cadi com.*
キャド CAD 《IT》diseño *m.* asistido por「ordenador [computadora]」
キャビア caviar *m.*
キャビネット armario *m.*
キャビン (船) camarote *m.*, (飛行機) cabina *f.* de pasajeros
キャプテン capi*tán*[*tana*] *mf.*
キャブレター carburador *m.*
キャベツ repollo *m.*, col *f.*, berza *f.*
◪ **赤キャベツ** col *f.* lombarda, lombarda *f.*

ギャラ (出演料) caché *m.*, (報酬) remuneración *f.* ‖ ギャラが高い (俳優などが) tener un caché elevado

キャラクター (性質) carácter *m.*, (漫画などの) personaje *m.*
◪ **キャラクター商品** artículo *m.* de personaje

キャラバン caravana *f.*
キャラメル caramelo *m.* ‖ キャラメルをなめる「comer [chupar] un caramelo」
ギャラリー (画廊) galería *f.*, (ゴルフの) galería *f.*

キャリア (経歴) carrera *f.*; (保菌者) porta*dor*[*dora*] *mf.*; (通信キャリア) operador *m.* de telecomunicación ‖ スポーツ選手としてのキャリアを捨てる abandonar la carrera como deportista／教師としての長いキャリアを持つ tener una larga experiencia como profe*sor*[*sora*]
◪ **キャリアウーマン** mujer *f.* de carrera
◪ **キャリア教育** orientación *f.* profesional

ギャル chica *f.* joven
ギャング gánster *com.*
◪ **ギャング映画** película *f.* de gánsteres

キャンセル cancelación *f.*, anulación *f.* ‖ 悪天候のため私の便はキャンセルになった Me cancelaron el vuelo a causa del mal tiempo.
> **キャンセルする** cancelar, anular ‖ 予約をキャンセルする「cancelar [anular] la reserva」
◪ **キャンセル待ち** ‖ キャンセル待ちする estar en la lista de espera
◪ **キャンセル料** gastos *mpl.* de cancelación

キャンデー caramelo *m*.
キャンドル vela *f*., candela *f*.
　◨キャンドルサービス encendido *m*. de las velas en las mesas de los invitados
キャンバス lienzo *m*.
キャンパス campus *m*.[=*pl*.]
キャンピングカー autocaravana *f*., 《アルゼンチン》casa *f*. autoportante
キャンプ camping *m*., campamento *m*. ‖ キャンプに行く ir de「*camping* [acampada]
　▶キャンプする hacer *camping*, acampar
　◨キャンプ場 camping *m*., acampada *f*.
　◨キャンプファイヤー fogata *f*., hoguera *f*.
　◨キャンプ用品「artículos *mpl*. [material *m*.] de *camping*
ギャンブル juego *m*., apuesta *f*. ⇒ かけごと(賭け事)

(ギャンブルいろいろ)

競馬 carrera *f*. de caballos, (賭け) quiniela *f*. hípica ／ 競輪 ciclismo *m*., carrera *f*. ciclista ／ 競艇 carrera *f*. de lanchas motoras ／ オートレース carrera *f*. de「motos [motocicletas] ／ サイコロ juego *m*. de dados ／ 花札 juego *m*. de naipes japoneses ／ 富くじ lotería *f*. ／ カジノゲーム juegos *mpl*. de casino

キャンペーン campaña *f*. ‖ 新製品の宣伝キャンペーンを行う「realizar [hacer] una campaña publicitaria del nuevo producto
きゅう 九 nueve *m*. ‖ 九番目の nove*no*[*na*] ／ 9分の1 un noveno
きゅう 旧 (前の) ex, anterior, pasa*do*[*da*], (過去の) vie*jo*[*ja*], anti*guo*[*gua*]
　◨旧市街 barrio *m*. antiguo [viejo]
　◨旧正月 Año *m*. Nuevo lunar
　◨旧年度 (会計の) año *m*. fiscal anterior
きゅう 灸 moxa *f*., moxibustión *f*. ‖ 両足に灸をすえる aplicar (la) moxa en los dos pies (慣用)お灸をすえる reñir severamente, 《慣用》dar una lección 《a》
きゅう 急 ‖ 急に備える「prepararse [prevenirse] para una emergencia ／ 人質たちの救出は急を要する Urge [Apremia] rescatar a los rehenes. ／ この川の流れはとても急だ Este río corre muy「rápido [fuerte].
　▶急な (緊急の) urgente, (突然の) repentino[na], (急の) rápi*do*[*da*], (坂が) cerra*do*[*da*] ‖ 急な用事 asunto *m*. urgente ／ 急な坂道 cuesta *f*.「pronunciada [empinada] ／ 急な階段 escalera *f*. empinada
　▶急に bruscamente, repentinamente
　◨急カーブ curva *f*. cerrada
　◨急勾配 pendiente *f*.「fuerte [empinada, acentuada, pronunciada]
　◨急ブレーキ frenazo *m*. ‖ 急ブレーキをかける「dar [pegar] un frenazo, frenar bruscamente
きゅう 級 (等級) grado *m*., clase *f*., (階級) categoría *f*., (水準) nivel *m*. ‖ 第一級の弁護士 aboga*do*[*da*] *mf*. de primera categoría ／ 最高級の布地 tela *f*. de primera calidad ／ 国宝級の屏風 biombo *m*. de valor equivalente al de un tesoro nacional ／ 大臣級の会議を開く celebrar una reunión a nivel de ministros ／ 彼女は学校で私の1級下である Ella estudia un curso inferior al mío en la escuela.
きゅう 球 esfera *f*., globo *m*.
　▶球の/球状の esféri*co*[*ca*]
　◨球形 forma *f*. esférica
　◨球速 velocidad *f*. de la pelota
　◨球体 esfera *f*.
　◨球面 superficie *f*. esférica
きゅう 杞憂 preocupación *f*.「infundada [vana] ⇒ とりこしぐろう(取り越し苦労)
きゅういん 吸引 absorción *f*., succión *f*., (気体の) aspiración *f*.
　▶吸引する absorber, succionar, (気体を) aspirar ‖ 痰を吸引する succionar las flemas
　◨吸引式の aspirante, aspira*dor*[*dora*]
　◨吸引力 fuerza *f*. de「absorción [succión, aspiración], (引き付ける力) atracción *f*.
きゅうえん 休演 suspensión *f*. de una función ‖ 今日の公演は休演になった La función de hoy se ha suspendido.
　▶休演する (公演を) suspender la función, (役者が) no actuar
　◨休演日 día *m*. de descanso
きゅうえん 救援 asistencia *f*., rescate *m*. ‖ 救援に向う／救援に駆けつける acudir en ayuda
　▶救援する socorrer, auxiliar, ayudar ‖ 被災者を救援する ayudar a los damnificados
　◨救援活動 operación *f*. de rescate
　◨救援基金 fondo *m*. de socorro
　◨救援隊 equipo *m*. de「rescate [salvamento], unidad *f*. de「rescate [salvamento]
　◨救援投手 (野球) lanza*dor*[*dora*] *mf*. de relevo
　◨救援物資 material *m*. de「socorro [auxilio], socorro *m*.
きゅうか 旧家 familia *f*.「de (rancio) abolengo [con solera] ‖ 旧家の出である provenir de una familia de rancio abolengo
きゅうか 休暇 vacaciones *fpl*., descanso *m*. ‖ 夏の休暇 vacaciones *fpl*.「de verano [veraniegas] ／ 明日休暇が始まる Las vacaciones empiezan mañana. ／ 今日休暇が終わる Las vacaciones「terminan [se acaban] hoy. ／ 休暇から戻る volver de vacaciones ／ 休暇中である estar de vaca-

ciones／休暇で〜に行く ir(se) de vacaciones《a》／休暇に入る entrar en vacaciones／数日の休暇をとる tomarse unos días de「descanso [vacaciones]／ペルーで休暇を過ごす pasar las vacaciones en Perú／休暇を楽しんで下さい ¡Que disfrute las vacaciones!

きゅうかい　休会 （議会の）suspensión f. de la sesión,（クラブの）baja f. temporal ‖ 休会を申し込む solicitar la baja temporal／休会中である（議会が）La sesión está suspendida.
▶休会する（議会を）suspender la sesión,（クラブを）darse de baja temporal ‖ 私はテニスクラブを休会している Estoy de baja temporal en el club de tenis.
◪休会期間（国会の）interregno m.

きゅうかく　嗅覚 olfato m.‖ 嗅覚が鋭い tener buen olfato
▶嗅覚の olfato*rio*[ria], olfati*vo*[va]
◪嗅覚障害 disosmia f., disfunción f. olfativa
◪嗅覚中枢 centro m. olfatorio

きゅうがく　休学 interrupción f. de estudios ‖ 休学を申請する solicitar la interrupción de estudios
▶休学する ‖ 半年間休学する interrumpir los estudios durante medio año

きゅうかざん　休火山 volcán m.「inactivo [dormido, durmiente]

ぎゅうがわ　牛革 ‖ 牛革のハンドバッグ bolso m. de cuero (de) vacuno

きゅうかん　休刊 suspensión f. de la publicación《de》
▶休刊する suspender la publicación《de》
◪休刊日 día m. sin periódico ‖ 今日は新聞の休刊日だ Hoy no hay periódico. ¦ El periódico no se publica hoy.

きゅうかん　休館 ‖ 改装中につき休館《掲示》Cerrado por reformas
▶休館する cerrar
◪休館日 día m. de descanso ‖ 図書館の休館日は毎週木曜です Esta biblioteca cierra los jueves.

きゅうかん　急患 caso m. urgente,（患者）urgencia f., paciente com. de urgencias ‖ 急患を受け入れる ofrecer servicio de urgencias

きゅうかんちょう　九官鳥 miná m.「religioso [del Himalaya](雄・雌)

きゅうぎ　球技 juego m. de pelota
◪球技大会 festival m. de juegos de pelota

きゅうきゅう　救急
▶救急の urgente, de emergencia
◪救急医療 medicina f. de「emergencia [urgencias]
◪救急医療体制 sistema m. de「urgencias [emergencias] médicas
◪救急外来 urgencias fpl.
◪救急患者 paciente com. de urgencias, urgencia f.
◪救急救命士 técni*co*[ca] mf. en emergencias sanitarias
◪救急車 ambulancia f.‖ 救急車を呼んでください Llame a una ambulancia, por favor.
◪救急隊 unidad f. de ambulancia(s)
◪救急箱 botiquín m. de primeros auxilios
◪救急病院 hospital m. de urgencias
◪救急薬局 farmacia f. de guardia,《中南米》farmacia f. de turno

ぎゅうぎゅう
▶ぎゅうぎゅうに ‖ スーツケースをぎゅうぎゅうに詰める llenar la maleta a tope

ぎゅうぎゅうづめ　ぎゅうぎゅう詰め ‖ 私たちの乗ったバスはぎゅうぎゅう詰めだった En el autobús viajábamos como sardinas en lata.
▶ぎゅうぎゅう詰めの atesta*do*[da], abarrota*do*[da], atiborra*do*[da]

きゅうきょ　急遽 urgentemente, apresuradamente

きゅうぎょう　休業 cierre m. temporal ‖ 休業中である estar cerra*do*[da] temporalmente
▶休業する cerrar temporalmente
◪休業日 día m. de descanso ‖ お店の休業日は何曜日ですか ¿Qué día de la semana cierra la tienda?

きゅうきょく　究極/窮極
▶究極の últi*mo*[ma], final, de máxima calidad ‖ 究極の選択 elección f. definitiva／究極のワイン el vino más selecto
▶究極的な final ‖ 究極的な目標 objetivo m. final
▶究極的に(は) finalmente, últimamente, en conclusión

きゅうくつ　窮屈 ‖ この靴は少し窮屈だ Estos zapatos me aprietan un poco.／この上着は私に少し窮屈になった La chaqueta me queda un poco estrecha.
▶窮屈な estre*cho*[cha], apreta*do*[da],（堅苦しい）formal,（融通のきかない）inflexible ‖ 窮屈な姿勢 postura f. incómoda／窮屈な考え方 forma f. de pensar inflexible

きゅうけい　休憩 descanso m.,（中断）pausa f., receso m.,（学校の）recreo m.,（芝居の）intermedio m., entreacto m.‖ 休憩を取る tomar un descanso／ここで休憩を10分取りましょう Ahora tomemos un descanso de diez minutos.／休憩をはさんで会議を続けます La sesión continuará después del descanso.
▶休憩する descansar, hacer una pausa
◪休憩時間 horas fpl. de「descanso [recreo]
◪休憩室 sala f. de descanso
◪休憩所 lugar m. de descanso

きゅうけい　求刑　solicitud f. de pena
▶求刑する「pedir [solicitar] una pena ‖ 検察は被告人(男性)に禁固6年を求刑した El fiscal pidió para el procesado una pena de seis años de prisión.

きゅうげき　急激
▶急激な（急速な）rápido[da], (突然の) repentino[na], brusco[ca], súbito[ta] ‖ 気候の急激な変化 cambio m. brusco de clima ／ 急激な技術の進歩 progreso m. acelerado de la tecnología ／ 急激なダイエット dieta f. 「rápida [relámpago]
▶急激に rápidamente, repentinamente ‖ 急激に悪化する empeorar(se) bruscamente

きゅうけつき　吸血鬼　vampiro m.

きゅうご　救護　socorro m.
▶救護する socorrer, prestar socorro 《a》‖ 負傷者を救護する atender a los heridos
◳救護活動 actividades fpl. de socorro
◳救護所 puesto m. de socorro
◳救護班 equipo m. de socorro

きゅうこう　旧交　vieja amistad f. ‖ 旧交を温める renovar una vieja amistad

きゅうこう　休校　cierre m. temporal de la escuela ‖ 休校にする cerrar temporalmente la escuela ‖ 今日は台風のため休校だ La escuela cierra hoy por (el) tifón.

きゅうこう　休講　suspensión f. de clase ‖ 数学の授業は今日休講だ Hoy no hay clase de Matemáticas. ／ 教授(男性)が病気のため明日は休講とする Se suspende la clase de mañana por enfermedad del catedrático.
▶休講する suspender la clase

きゅうこう　急行　(電車) tren m. 「expreso [rápido], expreso m. ‖ 急行で行く ir en expreso ／ マラガ行きの急行に乗る tomar un (tren) expreso para Málaga
▶急行する acudir 「presuroso[sa] [rápidamente]《a》‖ 警察は現場に急行した La policía acudió rápidamente al lugar del delito.
◳急行券「billete m. [boleto m.] de tren expreso
◳急行バス autobús m. expreso
◳急行料金 suplemento m. del expreso
◳急行列車 tren m. expreso

きゅうこうか　急降下　caída f. en picado
▶急降下する caer en picado ‖ 飛行機は急降下した El avión cayó en picado.

きゅうこん　求婚　「propuesta f. [petición f.] de matrimonio, propuesta f. matrimonial ‖ 求婚に応じる aceptar la propuesta de matrimonio de ALGUIEN
▶求婚する「pedir [proponer] matrimonio《a》
◳求婚者 pretendiente[ta] mf.

きゅうこん　球根　bulbo m. ‖ 球根を植える plantar un bulbo
▶球根の bulboso[sa]

◳球根栽培 cultivo m. de bulbo
◳球根植物 planta f. bulbosa

きゅうさい　救済　socorro m., auxilio m., ayuda f., (宗教) salvación f.
▶救済する socorrer, ayudar, auxiliar, salvar ‖ 難民を救済する「ayudar [socorrer] a los refugiados
◳救済基金 fondo m. de ayuda
◳救済策 medidas fpl. de「socorro [auxilio]

きゅうし　九死
(慣用)九死に一生を得る salvarse「milagrosamente [de milagro, por los pelos]

きゅうし　休止　pausa f., suspensión f.
▶休止する hacer una pausa, suspender, parar ‖ 政治活動を休止する suspender las actividades políticas
◳休止符 silencio m., pausa f.

きゅうし　臼歯　muela f., diente m. molar
▶臼歯の molar
◳小臼歯 diente m. premolar, premolar m.
◳大臼歯 diente m. molar, molar m.

きゅうし　急死　muerte f. 「repentina [súbita]
▶急死する morir repentinamente

きゅうじ　給仕　(ウエーター・ウエートレス) camarero[ra] mf.
▶給仕する servir

きゅうしき　旧式
▶旧式の anticuado[da], (時代遅れの) pasado[da] de moda ‖ 旧式の兵器 armamento m. anticuado

きゅうじつ　休日　día m. de descanso, (祝日) día m. 「festivo [feriado] ‖ 1月1日を休日にする establecer como día festivo el primero de enero ／ 休日をすごす pasar un día de descanso
◳休日出勤 trabajo m. en día de descanso ‖ 休日出勤する ir a trabajar en día de descanso
◳休日割引 descuento m. en días festivos

きゅうしゃ　厩舎　establo m., cuadra f., caballerizas fpl.

きゅうしゅう　吸収　absorción f., asimilación f.
▶吸収する absorber, asimilar ‖ 水分を吸収する absorber agua ／ カルシウムを吸収する「asimilar [absorber] el calcio ／ 紫外線を吸収する absorber los rayos ultravioletas ／ 文化を吸収する asimilar una cultura
◳吸収合併 absorción f. y fusión f. de empresas, (M&A) fusión f. y adquisición f. de empresas
◳吸収剤 absorbente m.
◳吸収スペクトル espectro m. de absorción
◳吸収線量《医学》dosis f.[=pl.] absorbida
◳吸収不良症《医学》síndrome m. de malabsorción
◳吸収力 capacidad f. absorbente ‖ 吸収力

のある absorbente
きゅうしゅう 急襲 ataque *m*. sorpresa
▶急襲する ‖敵を急襲する atacar por sorpresa al enemigo
きゅうじゅう 九十 noventa *m*. ‖ 90番目の nonagési*mo*[*ma*] ／ 90分の1 un noventavo
きゅうしゅつ 救出 rescate *m*. → きゅうじょ(救助)
■救出作戦 operación *f*. de rescate
きゅうしょ 急所 (体の) punto *m*. vital, (要点) punto *m*. 「clave [esencial], (弱点) punto *m*. 「débil [flaco] ‖ 急所を突く atacar en el punto débil,《慣用》poner el dedo en la llaga ／ 急所を握る (誰かの)《慣用》saber de qué pie *cojea* ALGUIEN ／ 銃弾は急所を外れた La bala no dio en el punto vital.
きゅうじょ 救助 rescate *m*., socorro *m*., salvamento *m*.
▶救助する rescatar, socorrer
■救助活動 actividades *fpl*. de rescate
■救助信号 señal *f*. de socorro
■救助隊員 miembro *com*. de 「salvamento [rescate], socorrista *com*.
きゅうじょう 休場 (興行施設の) cierre *m*. temporal, (選手の) baja *f*. temporal
▶休場する (興行施設が) cerrar temporalmente, (選手が) estar de baja temporal ‖ その男子選手はけがで休場している El jugador está de baja por una lesión.
きゅうじょう 球場 estadio *m*. de béisbol
きゅうじょう 窮状 situación *f*. difícil, apuro *m*. ‖ 地震の被災者が窮状を訴える Los damnificados por el terremoto se quejan de la difícil situación en la que se encuentran.
きゅうじょうしょう 急上昇 aumento *m*. brusco, subida *f*. brusca ‖ 体温の急上昇 aumento *m*. brusco de la temperatura corporal
▶急上昇する 「aumentar [subir] bruscamente, dispararse ‖ 原油価格が急上昇した El precio del crudo subió bruscamente.
きゅうしょく 休職 baja *f*. temporal, (公務員の) excedencia *f*.
▶休職する causar baja temporal ‖ 休職している estar de baja, estar en excedencia
■休職願い solicitud *f*. de baja temporal
きゅうしょく 求職 búsqueda *f*. de empleo, demanda *f*. de 「empleo [trabajo]
▶求職する buscar 「trabajo [empleo]
■求職者 demandante *com*. de empleo, persona *f*. que busca trabajo
きゅうしょく 給食 servicio *m*. de comida, (学校の) 「comida *f*. [almuerzo *m*.] escolar
■給食当番 encarga*do*[*da*] *mf*. de servir el almuerzo
■給食費 gastos *mpl*. de 「comidas [almuerzos]
ぎゅうじる 牛耳る mandar,《話》《慣用》llevar la batuta
きゅうしん 休診
▶休診する (病院が) no ofrecer consulta médica, (医師が) tomar un día de descanso ‖ 本日は休診します《掲示》Hoy no hay consulta
きゅうしん 急進
▶急進的な radical
■急進思想 「pensamiento *m*. [ideología *f*.] radical
■急進主義 radicalismo *m*.
■急進派 (人) radical *com*.
きゅうしん 球審 árbi*tro*[*tra*] *mf*. principal de béisbol, (中米) ampáyer *m*.
きゅうじん 求人 oferta *f*. de trabajo ‖ 求人が少ない Hay poca oferta de trabajo. ¦ Son pocas las ofertas de trabajo.
■求人情報 información *f*. sobre ofertas de trabajo ‖ 求人情報検索エンジン buscador *m*. de ofertas de 「empleo [trabajo]
■求人広告 anuncio *m*. de ofertas de trabajo
■求人倍率 indicador *m*. de dificultad de acceso al empleo (略 ID)
■求人欄 (新聞の) página *f*. de ofertas de empleo
きゅうしんりょく 求心力 《物理》fuerza *f*. centrípeta, (魅力) poder *m*. de atracción, (影響力) influencia *f*. ‖ 党内での求心力を失う perder *su* influencia en el partido
きゅうす 急須 tetera *f*. ‖ 急須に熱いお湯を注ぐ 「verter [echar] agua caliente en una tetera
きゅうすい 給水 「suministro *m*. [abastecimiento *m*.] de agua
▶給水する suministrar el agua《a》, abastecer de agua
■給水車 camión *m*. cisterna (de agua)
■給水所 estación *f*. de abastecimiento de agua
■給水制限 restricción *f*. de agua
■給水栓 grifo *m*.
■給水タンク tanque *m*. de abastecimiento de agua
■給水塔 torre *f*. del depósito de agua
■給水ポンプ bomba *f*. de suministro de agua
■給水量 volumen *m*. de agua suministrada
きゅうすいせい 吸水性 absorbencia *f*. de agua ‖ このタオルは吸水性が高い Esta toalla absorbe bien el agua.
きゅうする 窮する ‖ 返答に窮する no saber qué contestar ／ 生活に窮する vivir en 「la pobreza [apuros], pasar apuros
[諺] 窮すれば通ず La necesidad es la madre de la invención.
きゅうせい 旧姓 apellido *m*. de solte*ro*[*ra*] ‖ 旧姓を使う 「utilizar [usar] el apellido

de solter*o*[*ra*]
きゅうせい 急性
▶急性の agu*do*[*da*]
◩急性アルコール中毒 intoxicación *f.* 「alcohólica [etílica] aguda
◩急性肝炎 hepatitis *f.*[=*pl.*] aguda
きゅうせいしゅ 救世主 Salvador *m.*, Mesías *m.*
きゅうせかい 旧世界 el Viejo Mundo
きゅうせき 旧跡 lugar *m.* histórico ‖ 市内の旧跡を訪れる visitar los lugares de interés histórico de la ciudad
きゅうせっきじだい 旧石器時代 Paleolítico *m.*
▶旧石器時代の paleolític*o*[*ca*]
◩旧石器時代前期 Paleolítico *m.* inferior
きゅうせん 休戦 tregua *f.*, armisticio *m.* ‖ 休戦に調印する firmar 「un armisticio [una tregua]
▶休戦する 「acordar [pactar] una tregua 《con》
◩休戦ライン línea *f.* de armisticio
きゅうそ 窮鼠
(諺)窮鼠猫を嚙む Un ratón arrinconado se muestra más combativo que el gato que lo ataca.
きゅうぞう 急増 aumento *m.* 「brusco [repentino] ‖ 人口の急増 aumento *m.* brusco de la población
▶急増する aumentar rápidamente, dispararse
きゅうそく 休息 descanso *m.*, reposo *m.*
▶休息する descansar, reposar, tomar un descanso
◩休息所 lugar *m.* de descanso
◩休息時間 hora *f.* de descanso
きゅうそく 急速
▶急速な rápid*o*[*da*] ‖ 急速な人口減少 rápida disminución *f.* de la población
▶急速に rápidamente ‖ その地方では鉄鋼業が急速に発展した La industria del acero se desarrolló rápidamente en la región.
◩急速冷凍 congelación *f.* rápida
◩急速解凍 descongelación *f.* rápida
きゅうたい 旧態 ‖ 旧態を打破する romper con la rutina de siempre
◩旧態依然 ‖ 旧態依然としている Las cosas 「siguen sin cambiar [están como estaban antes].
きゅうだい 及第 aprobación *f.*
▶及第する aprobar
きゅうだん 糾弾 acusación *f.*, censura *f.*, condena *f.*
▶糾弾する acusar, censurar, condenar ‖ テロ行為を糾弾する condenar un acto terrorista
きゅうだん 球団 (チーム) club *m.* de béisbol profesional, (運営団体) empresa *f.* dueña de un club de béisbol profesional
ぎゅうタン 牛タン lengua *f.* de 「res [vaca]
きゅうち 窮地 situación *f.* difícil, apuro *m.* ‖ 窮地から救う sacar a ALGUIEN de un apuro / 窮地にある 「estar [encontrarse] en un apuro, 《慣用》estar con la soga al cuello / 窮地に陥る meterse en un 「apuro [callejón sin salida] / 窮地に追いやる poner en un apuro a ALGUIEN / 窮地を脱する salir de un apuro
きゅうてい 休廷 suspensión *f.* de la audiencia
▶休廷する suspender la audiencia
きゅうてい 宮廷 corte *f.*
▶宮廷の cortesan*o*[*na*]
◩宮廷音楽 música *f.* cortesana
◩宮廷画家 pin*tor*[*tora*] *mf.* de 「cámara [la corte]
◩宮廷料理人 cociner*o*[*ra*] *mf.* de la corte
きゅうていしゃ 急停車 parada *f.* 「repentina [brusca], (急ブレーキ) frenazo *m.*
▶急停車する/急停車させる 「pararse [detenerse] de repente / parar de repente ‖ 電車が急停車した El tren se paró de repente. / 車を急停車させる parar de repente el coche
きゅうてん 急転 cambio *m.* 「brusco [repentino]
▶急転する cambiar 「bruscamente [de repente]
◩急転直下 de repente, súbitamente ‖ 交渉が急転直下の合意に達した Las negociaciones llegaron repentinamente a un acuerdo.
きゅうでん 宮殿 palacio *m.*
きゅうとう 急騰 brusca subida *f.* ‖ コーヒー価格の急騰 brusca subida *f.* de los precios del café
▶急騰する dispararse, subir de repente ‖ 食料品の価格が急騰した Se dispararon los precios de los alimentos.
きゅうとう 給湯 suministro *m.* de agua caliente
◩給湯器 calentador *m.* de agua
◩給湯設備 instalación *f.* para el suministro de agua caliente
きゅうどう 弓道 tiro *m.* con arco japonés ‖ 弓道をする practicar el tiro con arco japonés
ぎゅうどん 牛丼 (説明訳) cuenco *m.* de arroz cubierto con tiras de carne de ternera y cebolla
ぎゅうにく 牛肉 carne *f.* 「bovina [de vaca, de vacuno], (子牛) carne *f.* de ternera
きゅうにゅう 吸入 inhalación *f.*
▶吸入する inhalar ‖ 酸素を吸入する inhalar oxígeno
◩吸入器 inhalador *m.*
ぎゅうにゅう 牛乳 leche *f.* (de vaca) ‖ 牛

乳が固まる cuajarse *la leche* ／牛乳が分離する cortarse *la leche* ／牛乳を殺菌する esterilizar la leche ／牛乳を絞る ordeñar una vaca ／牛乳を飲む「tomar [beber] leche」／牛乳を温める calentar leche
- 牛乳配達人 repartid*or*[*dora*] *mf.* de leche
- 牛乳パック cartón *m.* de leche,《商標》*tetrabrik m.*
- 牛乳瓶 botella *f.* de leche
- 牛乳屋 lechería *f.*

きゅうば 急場 emergencia *f.*‖急場をしのぐ tomar medidas de emergencia,《慣用》salir del paso
- 急場しのぎ「medida *f.* [remedio *m.*] provisional

キューバ Cuba
- キューバの cuba*no*[*na*]
- キューバ人 cuba*no*[*na*] *mf.*

きゅうばん 吸盤 ventosa *f.*‖ゴムの吸盤 ventosa *f.* de goma／吸盤で壁にくっつく pegarse a la pared con ventosas

キュービズム ⇒キュビスム

きゅうびょう 急病 enfermedad *f.*「repentina [súbita]」‖急病になる enfermar de repente, caer enfer*mo*[*ma*] de repente, sufrir una repentina enfermedad
- 急病人 urgencia *f.*, paciente *com.* de urgencias

きゅうふ 休符 ⇒きゅうし(⇒休止符)
きゅうふ 給付‖給付を受ける recibir un subsidio
- 給付する conceder un subsidio, subsidiar
- 給付金 subsidio *m.*, subvención *f.*
- 給付制度 sistema *m.* de subsidio

きゅうへん 急変 cambio *m.*「brusco [repentino]」
- 急変する cambiar「bruscamente [de repente]」‖患者(男性)の病状が急変した El estado del paciente empeoró repentinamente.

きゅうぼう 窮乏 privaciones *fpl.*
- 窮乏する「sufrir [pasar] privaciones
- 窮乏生活 vida *f.* indigente

きゅうめい 究明 averiguaciones *fpl.*, indagación *f.*
- 究明する‖原因を究明する「investigar [averiguar, indagar] las causas《de》

きゅうめい 救命 salvamento *m.*, salvación *f.*
- 救命する salvar la vida《de》
- 救命具 salvavidas *m.*[=*pl.*]
- 救命処置 tratamiento *m.* para salvar la vida
- 救命胴衣 chaleco *m.* salvavidas
- 救命病棟 pabellón *m.* de emergencia
- 救命ボート bote *m.* salvavidas

きゅうやくせいしょ 旧約聖書 Antiguo Testamento *m.*

きゅうゆ 給油「suministro *m.* [abastecimiento *m.*] de combustibles, repostaje *m.*
- 給油する (ガソリンを) repostar gasolina, (燃料を)「repostar [suministrar] combustible
- 給油機 nodriza *f.*, (ガソリンの) surtidor *m.*‖空中給油機 avión *m.*「nodriza [cisterna]
- 給油所 estación *f.* de servicio, gasolinera *f.*

きゅうゆう 旧友 vie*jo*[*ja*] ami*go*[*ga*] *mf.*, anti*guo*[*gua*] ami*go*[*ga*] *mf.*‖突然、大学時代の旧友(男性)から電話をもらった Recibí una llamada inesperada de un viejo amigo de la universidad.

きゅうゆう 級友 compañe*ro*[*ra*] *mf.* de clase

きゅうよ 給与 sueldo *m.*, salario *m.*, paga *f.* ⇒きゅうりょう(給料)
- 給与所得「ingreso *m.* [renta *f.*] salarial
- 給与所得者 asalaria*do*[*da*] *mf.*
- 給与水準 nivel *m.*「salarial [de salario]
- 給与体系 sistema *m.* salarial
- 給与明細 nómina *f.*

きゅうよう 休養 descanso *m.*, reposo *m.*‖休養をとる tomar un descanso
- 休養する descansar, reposar
- 休養地 lugar *m.* para descansar, lugar *m.* de vacaciones

きゅうよう 急用 asunto *m.* urgente‖急用ができたな Me ha surgido un asunto urgente.
- 急用で por un asunto urgente

きゅうらく 急落 caída *f.*「brusca [brutal]」‖株の急落 espectacular caída *f.* de la bolsa／物価の急落は経済に影響を及ぼすだろう La caída brusca de los precios repercutirá en la economía.

きゅうり 胡瓜 pepino *m.*

きゅうりゅう 急流 corriente *f.* rápida, (激流) torrente *m.*, corriente *f.* torrencial, (早瀬) rabión *m.*‖釣り人(男性)が急流に流された Una corriente rápida se llevó a un pescador.

きゅうりょう 丘陵 colina *f.*, loma *f.*
- 丘陵地帯「zona *f.* [región *f.*] de colinas

きゅうりょう 給料 sueldo *m.*, salario *m.*, paga *f.*‖給料が上がる subir *el sueldo*／給料が下がる bajar *el sueldo*／給料がいい[悪い]仕事 empleo *m.*「bien [mal] pagado」／10月分の給料がまだ出ていない No nos han pagado todavía el sueldo del mes de octubre.／給料を支払う pagar el sueldo／給料を受け取る cobrar el sueldo／給料を銀行振り込みにする domiciliar la nómina en un banco／給料を増やす aumentar el sueldo／給料を減らす「reducir [recortar] el sueldo／給料を妻に渡す entregar el sueldo a *su* esposa

- ◪ 給料取り asalaria*do*[da] *mf.*
- ◪ 給料日 día *m.* de paga
- ◪ 給料明細 nómina *f.*

きゅうれき 旧暦 （太陽太陰暦）calendario *m.* lunisolar, (中国暦) calendario *m.* chino

ぎゅっと ‖ ぎゅっとつかむ agarrar fuerte／ひもをぎゅっと締める atar bien la cuerda／ぎゅっと抱きしめる abrazar fuerte, dar un fuerte abrazo 《a》

キュビスム cubismo *m.*
- ▶ キュビスムの cubista ‖ キュビスムの芸術家 cubista *com.*

キュロットスカート falda *f.* pantalón

きょ 居 ⇒ すまい(住まい)・じゅうきょ(住居) ‖ 居を構える establecer *su* domicilio 《en》／居を定める fijar *su* domicilio 《en》

きよ 寄与 contribución *f.*
- ▶ 寄与する contribuir 《a》 ‖ 生活の質の改善に寄与する contribuir a「aumentar [la mejora de] la calidad de vida

きよい 清い （純粋な）p*u*ro[ra], （澄んだ）limp*io*[pia], 《文章語》límp*ido*[da], (清廉潔白な) hones*to*[ta] ‖ 清い関係（純粋な）relación *f.* pura, (プラトニックな) relación *f.* platónica／清い一票を投じる depositar un voto limpio

きょう 凶 mala suerte *f.*

きょう 経 sutra *m.*, canon *m.* budista ‖ 経を唱える／経を読む recitar un sutra

きょう 強 ‖ 50グラム強 un poco más de 50 gramos
- ◪ 強打者 poderos*o*[sa] batea*dor*[dora] *mf.*

きょう 興 ‖ 興がさめる ⇒ きょうざめ(興醒め)／興をそぐ estropear la diversión, 《慣用》aguar la fiesta／祭りに興を添える animar la fiesta

きょう 今日 hoy ‖ 今日の朝 esta mañana／今日の午後 esta tarde／今日の夜 esta noche／今日の新聞 periódico *m.* de hoy／今日から僕は大学生だ A partir de hoy soy universitario.／今日のところはこれで十分だ Por hoy ya basta.／今日は天気がいい Hoy hace buen tiempo.／今日は何日ですか ¿A cuántos estamos hoy? ¦ ¿Qué día es hoy?／今日は3月11日です Estamos a 11 de marzo.／今日まで割引がある Hasta hoy hay descuento.

きよう 起用
- ▶ 起用する (選ぶ) elegir, (任命する) nombrar, designar ‖ 主役に起用される ser elegi*do*[da] para el papel de protagonista／彼はチームのキャプテンに起用された Él fue nombrado capitán del equipo.

きよう 器用 ‖ 手先が器用だ ser hábil con las manos, tener mucha habilidad manual
- ▶ 器用さ habilidad *f.*, destreza *f.*
- ▶ 器用な mañ*oso*[sa], habilid*oso*[sa] ‖ 器用な手つきで con manos hábiles
- ▶ 器用に con habilidad ‖ 器用に工具を使う manejar con habilidad las herramientas／器用に立ち回る obrar con habilidad, （抜け目なく行動する）《慣用》saber nadar y guardar la ropa

ぎょう 行 renglón *m.*, línea *f.*, (詩の) verso *m.*, (表の) fila *f.*, (修行) mortificación *f.* ‖ 10ページの3行目に en「la tercera línea [la línea tres, el tercer renglón] de la página 10／下から5行目に en「la quinta línea [el quinto renglón] desde abajo／行を改める cambiar de renglón, empezar una nueva línea
- ◪ 行数 número *m.* de renglones

きょうあく 凶悪
- ▶ 凶悪な cruel, atroz ‖ 凶悪な事件 caso *m.* atroz
- ◪ 凶悪犯 criminal *com.*「cruel [desalma*do*[da]]
- ◪ 凶悪犯罪 crimen *m.*「atroz [brutal]

きょうい 胸囲 perímetro *m.* torácico,「medida *f.* [contorno *m.*] del pecho ‖ 彼の胸囲は100センチだ Su perímetro torácico es de 100 centímetros.／胸囲を計る medir el perímetro torácico de ALGUIEN／胸囲を増やす aumentar el perímetro torácico, ensanchar el pecho

きょうい 脅威 amenaza *f.* ‖ 地震の脅威 amenaza *f.* de terremoto／脅威となる convertirse en una amenaza《para》,「constituir [representar] una amenaza《para》／脅威に屈する「ceder [plegarse] a las amenazas《de》／テロの脅威にさらされて生きる vivir bajo una amenaza terrorista／脅威に立ち向かう enfrentarse a una amenaza／脅威を感じる sentir una amenaza／脅威を与える amenazar

きょうい 驚異 maravilla *f.*, prodigio *m.* ‖ 自然の驚異 maravillas *fpl.* de la naturaleza／驚異の目で con ojos de asombro／皆の驚異の的である ser objeto de admiración de todos／驚異に値する ser dig*no*[na] de「asombro [gran admiración]
- ▶ 驚異的な maravill*oso*[sa], prodigi*oso*[sa], asombr*oso*[sa] ‖ 驚異的な成長をとげる lograr un crecimiento espectacular
- ▶ 驚異的に maravillosamente, prodigiosamente, asombrosamente

きょういく 教育 （全人的教育）educación *f.*, （学校教育）enseñanza *f.*, （知的教育）instrucción *f.*, （育成）formación *f.* ‖ 教育がある人 persona *f.* con「educación [formación (académica)]／教育がない人 persona *f.* sin「educación [formación (académica)]／教育の在り方について考える reflexionar sobre lo que debe ser la educación／教育の質を高める aumentar la calidad de la enseñanza／いい教育を施す dar una buena educación《a》／いい教育を受ける recibir una

buena educación ／ それは教育上良くない Eso no es bueno para la educación. ／ 教育熱心な両親 padres *mpl*. preocupados por la educación de sus hijos
▶教育的(な)/教育上の educa*vo*[*va*], educacional ‖ 教育的観点からすれば desde el punto de vista「educativo [educacional]
▶教育する educar, enseñar, instruir
◪教育委員会 comité *m*. de educación
◪教育映画 película *f*. educativa
◪教育界 mundo *m*.「de la educación [educativo]
◪教育改革 reforma *f*.「educativa [educacional]
◪教育学 pedagogía *f*.
◪教育学部 Facultad *f*. de Pedagogía
◪教育活動 docencia *f*.
◪教育課程 currículo *m*., plan *m*. de estudios, programa *m*. de enseñanza
◪教育漢字 caracteres *mpl*. chinos que se aprenden en la educación primaria japonesa
◪教育機関 centro *m*. docente
◪教育機器 material *m*. educativo
◪教育基本法 (スペインの) Ley *f*. Orgánica de Educación (略 LOE)
◪教育行政 administración *f*.「de la educación [educativa]
◪教育実習 práctica *f*. docente
◪教育実習生 maes*tro*[*tra*] *mf*.「en prácticas [practicante]
◪教育者 educa*dor*[*dora*] *mf*., pedago*go* [*ga*] *mf*.
◪教育心理学 psicopedagogía *f*.
◪教育水準 nivel *m*.「de la educación [educativo]
◪教育制度 sistema *m*.「educativo [de la educación]
◪教育大学 universidad *f*. pedagógica
◪教育テレビ「canal *m*. [cadena *f*.] de televisión educativa
◪教育年度 año *m*. académico
◪教育番組 programa *m*. educativo
◪教育費 gastos *mpl*. de profesores
◪教育ママ madre *f*. obsesionada por la educación de sus hijos
きょういん 教員 profe*sor*[*sora*] *mf*., docente *com*., (小学校の) maes*tro*[*tra*] *mf*., 《集合名詞》profesorado *m*. ‖ 教員になる hacerse maes*tro*[*tra*]
◪教員組合 unión *f*. de docentes, sindicato *m*. de profesores
◪教員採用試験 oposición *f*. para docentes
◪教員免許状 (初等教育の) título *m*. de maes*tro*[*tra*] en Educación Primaria, (中等教育の) título *m*. de maes*tro*[*tra*] en Educación Secundaria, (スペインの) Título *m*. de Especialización Didáctica (略 TED)

きょうえい 競泳 natación *f*. competitiva
◪競泳大会 competición *f*. de natación
◪競泳種目 estilos *mpl*. de natación competitiva
◪競泳選手 nada*dor*[*dora*] *mf*.「de competición [competi*vo*[*va*]]

─────── 競泳種目 ───────

自由形 estilo *m*. libre ／ 平泳ぎ estilo *m*.「braza [pecho] ／ バタフライ estilo *m*. mariposa ／ 背泳ぎ estilo *m*. espalda ／ 個人メドレー estilos *mpl*. individuales ／ メドレーリレー relevos *mpl*. (de) estilos

きょうえん 共演 actuación *f*. conjunta
▶共演する (2人以上が) actuar jun*tos*[*tas*], (誰かと) actuar junto 《con》
◪共演者 coprotagonista *com*., coestrella *f*.
きょうか 強化 fortalecimiento *m*., refuerzo *m*., intensificación *f*.
▶強化する fortalecer, reforzar, intensificar ‖ 筋肉を強化する「fortalecer [desarrollar, tonificar] los músculos ／ 監視を強化する「intensificar [fortalecer, estrechar] la vigilancia
◪強化合宿 concentración *f*. intensiva
◪強化ガラス vidrio *m*.「templado [reforzado], cristal *m*.「templado [reforzado]
◪強化食品 alimento *m*. enriquecido
◪強化プラスチック plástico *m*. reforzado
きょうか 教科 (科目) asignatura *f*., materia *f*., (課程) curso *m*.
きょうかい 協会 asociación *f*., sociedad *f*. ‖ 協会に加入する afiliarse a una asociación ／ 協会に属する「pertenecer a [ser miembro de] una asociación ／ 協会を運営する dirigir una asociación ／ 協会を設立する「crear [constituir] una asociación ／ 協会を脱退する「causar baja [darse de baja] en una asociación
◪出版協会 asociación *f*. de editores
きょうかい 教会 (キリスト教) iglesia *f*., (ユダヤ教) sinagoga *f*., (イスラム教) mezquita *f*. ‖ 教会へ行く ir a la iglesia ／ 教会を建てる construir una iglesia
▶教会の (キリスト教) eclesial
◪教会堂 iglesia *f*.
きょうかい 境界 límite *m*., frontera *f*. ‖ 国と国の境界線 frontera *f*. ‖ entre un país y otro [de un país con otro] ／ 科学と宗教の境界 frontera *f*. entre la ciencia y la religión ／ 両国の境界を定める demarcar los límites entre ambos países ／ 境界を越える「pasar [sobrepasar] los límites 《de》
◪境界線 línea *f*. de demarcación ‖ 境界線

ぎょうかい を引く trazar una línea de demarcación
☐ 境界層《物理》capa *f*. 「límite [fronteriza]

ぎょうかい 業界 sector *m*., mundo *m*., círculos *mpl*.
☐ 繊維業界 sector *m*. textil
☐ 業界再編 reorganización *f*. del sector
☐ 業界紙 periódico *m*. del sector
☐ 業界団体 grupo *m*. industrial
☐ 業界用語 lenguaje *m*. especializado del sector

きょうかく 胸郭 《解剖》tórax *m*.[=*pl*.]
▶ 胸郭の torácico[ca]

きょうがく 共学 coeducación *f*., educación *f*. mixta ‖ 共学の学校 escuela *f*. mixta

きょうがく 驚愕 sobresalto *m*. ‖ 驚愕を与える dar un sobresalto 《a》,《慣用》dejar de piedra a ALGUIEN
▶ 驚愕の sorprendente, asombro*so*[*sa*], sobrecoge*dor*[*dora*] ‖ 驚愕の映像 imagen *f*. sobrecogedora
▶ 驚愕する sobresaltarse, 《慣用》quedarse de piedra

きょうかしょ 教科書 libro *m*. de texto ‖ 数学の教科書 libro *m*. de texto de Matemáticas ／教科書に載る「estar [venir] en un libro de texto ／教科書を採用する decidir utilizar un libro de texto ／教科書を検定する revisar y autorizar un libro de texto ／教科書を作る hacer un libro de texto ／教科書を読む leer un libro de texto
☐ 教科書会社 editorial *f*. de libros de texto
☐ 教科書検定制度 sistema *m*. de revisión y autorización de libros de texto

きょうかつ 恐喝 chantaje *m*., extorsión *f*. ‖ 恐喝に屈する「ceder [sucumbir] a un chantaje ／恐喝を受ける sufrir chantaje
▶ 恐喝する chantajear, hacer chantaje 《a》, extorsionar
☐ 恐喝罪 delito *m*. de extorsión
☐ 恐喝者 chantajista *com*., extorsionista *com*.

きょうかん 共感 simpatía *f*. ‖ 共感を覚える sentir simpatía 《por》／皆の共感を得る ganarse las simpatías de todos ／共感を示す「manifestar [demostrar] *su* simpatía 《por, con, hacia》／住民の共感を呼ぶ despertar la simpatía de los vecinos
▶ 共感する simpatizar 《con》

きょうかん 教官 profe*sor*[*sora*] *mf*., instruc*tor*[*tora*] *mf*.

ぎょうかん 行間 entrelínea *f*., interlínea *f*. ‖ 行間を広げる espaciar los renglones, aumentar el espacio entre líneas
〔慣用〕行間を読む《慣用》leer entre líneas

きょうき 凶器 arma *f*. (mortífera), arma *f*. homicida ‖ 車は凶器になる可能性がある El coche puede convertirse en un arma mortífera.

きょうき 狂気 locura *f*. ‖ 狂気と正常の境 frontera *f*. entre la locura y la normalidad
▶ 狂気の lo*co*[*ca*] ‖ 狂気の沙汰だ Es「un acto de [una soberana] locura.

きょうき 狂喜 exultación *f*., alegría *f*. desbordante
▶ 狂喜する「volverse lo*co*[*ca*] [saltar, reventar] de alegría

きょうぎ 協議 (議論)discusión *f*., (審議)deliberación *f*., (相談)consulta *f*. ‖ 協議がまとまる llegar a un acuerdo ／協議に入る「abrir [iniciar, empezar] la discusión ／協議中である estar en discusión
▶ 協議する discutir, deliberar, (相談する)consultar 《con》‖ 安全対策を協議する discutir las medidas de seguridad ／市長(男性)とその計画について協議する consultar el proyecto con el alcalde
☐ 協議会 consejo *m*., comité *m*.
☐ 協議事項 tema *m*. de discusión
☐ 協議離婚 divorcio *m*. 「consensual [de mutuo acuerdo, por mutuo consentimiento]

きょうぎ 狭義 sentido *m*. 「estricto [estrecho]‖ 狭義では en (un) sentido estricto ／狭義に解釈する interpretar ALGO en un sentido estricto

きょうぎ 教義 doctrina *f*., dogma *m*.
▶ 教義(上)の doctrinal, dogmáti*co*[*ca*]

きょうぎ 競技 competición *f*., (試合)juego *m*., partido *m*., (個々の種目)prueba *f*. ‖ 競技が始まる「comenzar [iniciarse] la competición ／競技が終わる「terminar [finalizar] la competición ／競技に参加する／競技に出る participar en una competición ／競技を行う celebrar una competición ／競技を見る ver una competición
☐ 競技会 competición *f*., concurso *m*.
☐ 競技者 competi*dor*[*dora*] *mf*.
☐ 競技種目 prueba *f*. deportiva
☐ 競技場 estadio *m*.
☐ 競技人口 日本で競技人口が最も多いスポーツは何ですか ¿Cuál es el deporte más practicado en Japón?
☐ 競技日程 programa *m*. de la competición

ぎょうぎ 行儀 modales *mpl*. ‖ 行儀がよい tener buenos modales ／～するのは行儀が悪い Es de mala educación 〘+不定詞〙.／行儀のよい bien educa*do*[*da*] ／行儀の悪い mal educa*do*[*da*] ／行儀よくする portarse bien ／行儀を学ぶ／行儀を身につける aprender buenos modales
☐ 行儀作法 etiqueta *f*., modales *mpl*.

きょうきゅう 供給 abastecimiento *m*., suministro *m*. ‖ 食料の供給 suministro *m*. de alimentos
▶ 供給する abastecer 《de》, suministrar ‖ 都市に飲料水を供給する「abastecer de [sumi-

nistrar] agua potable a la ciudad
- ◪ 供給過多 exceso m. de suministro, suministro m. excesivo
- ◪ 供給源 fuente f. de suministro 《de》
- ◪ 供給国 país m. suministrador 《de》
- ◪ 供給者 suministra*dor*[*dora*] mf., abastece*dor*[*dora*] mf.

きょうぎゅうびょう 狂牛病「mal m. [enfermedad f.] de las vacas locas,《医学》(牛海綿状脳症) encefalopatía f. espongiforme bovina (略 EEB)

ぎょうぎょうしい 仰仰しい exagera*do*[*da*], ampulo*so*[*sa*], pompo*so*[*sa*] ‖ 仰々しい演説 discurso m. grandilocuente
- ▶ 仰々しく exageradamente, con exageración

きょうく 教区 《カトリック》 parroquia f.

きょうぐう 境遇 (環境) circunstancia f., situación f., ambiente m., entorno m. ⇒かんきょう(環境) ‖ 恵まれた境遇で育つ crecer en un entorno favorable ／ 惨めな境遇にある「estar [encontrarse, vivir] en una situación miserable ／ 貧しい境遇に甘んじる「resignarse a [conformarse con] una situación menesterosa

きょうくん 教訓 lección f., enseñanza f., (寓話的な) moraleja f. ‖ 貴重な教訓 lección f. 「valiosa [provechosa] ／ 教訓を与える dar una lección 《a》／ 失敗から教訓を得る「sacar una lección [aprender] del fracaso ／ 教訓を守る「retener [no olvidar] una lección ／ この物語りは教訓を含んでいる Este cuento tiene moraleja. ／ この惨事を世界の教訓とすべきである Esa tragedia debe servir de lección a todo el mundo.
- ▶ 教訓的な instructi*vo*[*va*], moralizante

きょうけん 狂犬 pe*rro*[*rra*] mf. 「con rabia [rabio*so*[*sa*]]
- ◪ 狂犬病 rabia f., hidrofobia f.

きょうけん 強健
- ▶ 強健な fuerte, robus*to*[*ta*] ‖ 強健な身体 cuerpo m. 「robusto [recio]

きょうげん 狂言 《日本語》 *kyogen* m., (説明訳) farsa f. tradicional japonesa
- ◪ 狂言強盗 atraco m. simulado
- ◪ 狂言師 actor m. de *kyogen*
- ◪ 狂言自殺 suicidio m. simulado, falso suicidio m.
- ◪ 狂言誘拐 autosecuestro m.

きょうこ 強固
- ▶ 強固さ firmeza f.
- ▶ 強固な firme, sóli*do*[*da*], robus*to*[*ta*] ‖ 強固な意志 voluntad f. 「firme [férrea, sólida]
- ▶ 強固に firmemente, con firmeza ‖ 強固に反対する oponerse 「firmemente [férreamente]《a》
- ▶ 強固にする robustecer, consolidar

ぎょうこ 凝固 solidificación f., coagulación f.
- ▶ 凝固させる/凝固する solidificar, coagular ／ solidificarse, coagularse
- ◪ 凝固剤 coagulante m.
- ◪ 凝固点 punto m. de 「congelación [solidificación]

きょうこう 凶行 crimen m. atroz, (殺人) homicidio m. ‖ 凶行に及ぶ cometer un crimen atroz

きょうこう 強行
- ▶ 強行する realizar ALGO a pesar de los obstáculos, 「atreverse [arriesgarse] a 「+不定詞」‖ ストを強行する optar decididamente por ir a la huelga ／ 悪天候にもかかわらず彼らは登山を強行した Ellos se arriesgaron a escalar a pesar del mal tiempo que hacía.
- ◪ 強行軍 ‖ 強行軍で《慣用》a marchas forzadas
- ◪ 強行採決 votación f. forzada ‖ 強行採決を行う forzar una votación
- ◪ 強行突破 ‖ 敵陣を強行突破する romper las líneas enemigas

きょうこう 強硬
- ▶ 強硬な inflexible, firme, intransigente
- ▶ 強硬に firmemente, (頑固に) obstinadamente ‖ 強硬に主張する insistir 「firmemente [denodadamente]《en》／ 強硬に反対する oponerse 「firmemente [rotundamente]《a》
- ◪ 強硬策 medidas fpl. drásticas
- ◪ 強硬派 《政治》 halcón m.
- ◪ 強硬路線 línea f. dura

きょうこう 恐慌 pánico m., crisis f.[=pl.]

きょうこう 教皇 《カトリック》 Papa m., Sumo Pontífice m. ⇒ほうおう(法王)
- ▶ 教皇の papal, pontifi*cio*[*cia*]
- ◪ ローマ教皇庁 Curia f. 「Romana [Vaticana]

きょうごう 強豪
- ▶ 強豪である ser muy fuerte
- ◪ 強豪国 ‖ スペインはサッカーの強豪国である España es una potencia futbolística.
- ◪ 強豪チーム equipo m. 「fuerte [potente, poderoso]

きょうごう 競合 competencia f.
- ▶ 競合する competir 《con》, rivalizar 《con》
- ◪ 競合各社 empresas fpl. 「competidoras [rivales], competencia f.

きょうこく 峡谷 cañón m., garganta f.

きょうこく 強国 potencia f., país m. poderoso ‖ 世界の強国 grandes potencias fpl. 「del mundo [mundiales]

ぎょうざ 餃子 ⇒ギョーザ

きょうさい 共催 organización f. conjunta ‖ ～との共催で con 「el copatrocinio [la organización conjunta]《de》／ 市と大学共催の展覧会 exposición f. organizada conjuntamente por el Ayuntamiento y la Universidad

きょうさいくみあい

▶共催する copatrocinar, cofinanciar, organizar conjuntamente《con》

きょうさいくみあい 共済組合 mutualidad f., mutua f.
◪共済組合員 mutualista com.

きょうざい 教材 material m. 「didáctico [educativo] ‖教材を開発する desarrollar materiales didácticos

きょうさく 凶作 mala cosecha f. ‖今年は凶作だった Este año hemos tenido una mala cosecha.

きょうざめ 興醒め
▶興醒めする ‖ 彼の自慢話で興醒めしてしまった Su fanfarronada nos 「aguó la fiesta [echó a perder el buen ambiente]. ／ 興醒めさせる人 aguafiestas com.[=pl.]

きょうさん 協賛 (後援) patrocinio m., (協力) colaboración f. ‖ 〜の協賛で con el 「patrocinio [auspicio]《de》, bajo los auspicios《de》, en 「colaboración [cooperación]《con》
▶協賛する patrocinar, auspiciar
◪協賛者 patrocinador[dora] mf.

きょうさんしゅぎ 共産主義 comunismo m.
▶共産主義の comunista
◪共産主義革命 revolución f. comunista
◪共産主義圏 bloque m. comunista
◪共産主義国 país m. comunista
◪共産主義者 comunista com.

きょうさんとう 共産党 partido m. comunista
◪共産党員 militante com. del partido comunista

きょうし 教師 profesor[sora] mf., docente com., (小学校の) maestro[tra] mf. ‖ 教師になる hacerse profesor[sora]

ぎょうし 凝視 mirada f. fija ‖ 凝視にたえるaguantar la mirada fija de ALGUIEN
▶凝視する mirar fijamente, 「fijar [clavar] la mirada《en》‖穴のあくほど凝視する《慣用》mirar de hito en hito

ぎょうじ 行司 (相撲の) árbitro m. de sumo

ぎょうじ 行事 acto m., evento m. ‖ 伝統的な行事「evento m. [acto m.] tradicional ／ 学校の行事 evento m. escolar ／ 行事に出席する asistir a un「acto [evento] ／ 行事に招待される ser invitado[da] a un「acto [evento] ／ 行事を開催する celebrar un「acto [evento]

きょうしきょく 狂詩曲 rapsodia f.

きょうしつ 教室 (部屋) aula f., sala f. de clase, clase f., (講習) curso m., clase f. ‖ 教室には私たちが守るべき決まりがあります En la clase hay una serie de normas que debemos cumplir.
◪水泳教室「curso m. [clase f.] de natación
◪ヨガ教室「curso m. [clase f.] de yoga ‖ ヨガ教室に通う ir a clase de yoga

きょうしゃ 強者 persona f. fuerte ‖ 強者と弱者 los fuertes y los débiles ／ 強者の論理razón f. del más fuerte

ぎょうしゃ 業者 comerciante com. ‖ 出入りの業者 proveedor[dora] mf. habitual
◪業者間価格 precio m. al por mayor
◪業者団体 organización f. de empresas del mismo sector

きょうじゃく 強弱 intensidad f. ‖ 振動の強弱 intensidad f. de vibración
◪強弱アクセント acento m. de intensidad
◪強弱法《音楽》dinámica f.

きょうじゅ 享受 goce m.
▶享受する gozar《de》, disfrutar《de》‖ 自由を享受する「gozar [disfrutar] de la libertad

きょうじゅ 教授 catedrático[ca] mf., (教習) enseñanza f., docencia f.
▶教授する enseñar
◪教授会「junta f. [consejo m.] de facultad
◪教授陣 cuerpo m. docente, 《集合名詞》profesorado m.
◪教授法 didáctica f., método m. didáctico, metodología f. de enseñanza

きょうしゅう 郷愁 nostalgia f., morriña f., añoranza f. ‖ 郷愁を感じる sentir 「nostalgia [morriña, añoranza] ／ 海を見るたびに郷愁にかられる Cada vez que veo el mar, me entra nostalgia.

きょうしゅうじょ 教習所 academia f., instituto m.
◪自動車教習所 autoescuela f.

きょうしゅく 恐縮 ‖ 恐縮ですが部長(男性)に伝言をお願いできますか ¿Le importaría darle un recado al director?
▶恐縮する (感謝する) agradecer, (すまないと思う) sentir ‖ 招待していただき恐縮いたしております Estoy muy agradecido[da] por su invitación.

ぎょうしゅく 凝縮 condensación f. ‖ 蒸気の凝縮 condensación f. del vapor
▶凝縮する condensar ‖ 考えを本に凝縮する condensar sus ideas en un libro
◪凝縮性 condensabilidad f. ‖ 凝縮性の condensable
◪凝縮水 agua f. condensada

きょうじゅつ 供述 declaración f., deposición f. ‖ 証人から供述を取る tomar declaración de un[una] testigo
▶供述する prestar declaración ‖ 犯行を供述する confesar el delito
◪供述人《法律》declarante com.
◪供述書 atestado m. ‖ 供述書を作成する levantar un atestado

きょうしょ 教書 (カトリックの) encíclica f. ‖ 大統領の教書 (米国大統領の) mensaje m. presidencial
◪一般教書演説 (米国の) Discurso m. del Estado de la Unión

◨司教教書 carta *f.* pastoral
きょうじょう 教条 dogma *m.*
❱教条的な dogmáti*co*[*ca*]
◨教条主義 dogmatismo *m.*
ぎょうしょう 行商 comercio *m.* ambulante
❱行商する vender ALGO de casa en casa
◨行商人 vende*dor*[*dora*] *mf.* ambulante
ぎょうじょう 行状 conducta *f.*, comportamiento *m.* ⇒おこない(行い) ‖ 行状を非難する criticar la conducta de ALGUIEN ／ 行状を改める rectificar *su* conducta
きょうしょく 教職 enseñanza *f.*, docencia *f.*, magisterio *m.* ‖ 教職に携わる dedicarse a la 「enseñanza [docencia] ／ 教職に就く ingresar en el cuerpo docente
◨教職員 personal *m.* docente y personal *m.* administrativo
◨教職員会議 reunión *f.* de 「maestros [docentes]
◨教職員組合 「unión *f.* [sindicato *m.*] de docentes
◨教職課程 ‖ 教職課程をとる matricularse en el curso de formación pedagógica
きょうじる 興じる divertirse 《con》‖ テニスに興じる divertirse con el tenis
きょうしん 狂信 fanatismo *m.*
❱狂信的な(人) fanáti*co*[*ca*] (*mf.*)
❱狂信する creer fanáticamente 《en》
きょうじん 強靭
❱強靭な robus*to*[*ta*], firme, tenaz, persistente ‖ 強靭な肉体 cuerpo *m.* 「robusto [recio] ／ 強靭な意志 voluntad *f.* 「férrea [de hierro] ／ 強靭な精神 espíritu *m.* inquebrantable
きょうしんざい 強心剤 tónico *m.* 「cardiaco [cardíaco]
きょうしんしょう 狭心症 angina *f.* de pecho, estenocardia *f.* ‖ 狭心症である 「padecer de [sufrir una] angina de pecho
きょうせい 共生 《生物》simbiosis *f.*[=*pl.*]
❱共生の simbionte
❱共生する convivir, vivir en simbiosis
◨共生動物 simbionte *m.*, comensal *com.*
きょうせい 強制 coacción *f.*, 《法律》coerción *f.*
❱強制する obligar, forzar, coaccionar ‖ 寄付を強制する 「obligar [forzar] a ALGUIEN a hacer donaciones ／ 強制されて署名する firmar bajo coacción
❱強制的な forza*do*[*da*], obligato*rio*[*ria*]
❱強制的に forzadamente, obligatoriamente
◨強制加入(労働組合への)sindicación *f.* obligatoria, (社会保険への) afiliación *f.* obligatoria
◨強制終了《IT》cierre *m.* forzado (de un programa) ‖ アプリケーションを強制終了する《IT》forzar el cierre de 「una aplicación [un programa]
◨強制執行 procedimiento *m.* ejecutivo, ejecución *f.* forzosa
◨強制収容所 campo *m.* de concentración
◨強制手段《法律》vía *f.* ejecutiva
◨強制送還 repatriación *f.* forzosa
◨強制捜査 registro *m.* forzoso
◨強制疎開 evacuación *f.* forzada
◨強制退去 expulsión *f.*
◨強制徴用 requisición *f.* forzosa
◨強制力《法律》fuerza *f.* coercitiva
◨強制連行 ‖ 強制連行する llevarse a ALGUIEN a la fuerza
◨強制労働 trabajos *mpl.* forzados
◨強制猥褻罪《法律》delito *m.* contra el pudor
きょうせい 強勢 acento *m.* prosódico ‖ 最後の音節に強勢をおく 「poner el acento en [acentuar] la última sílaba
❱強勢の(ある) tóni*co*[*ca*]
❱強勢形 forma *f.* tónica
きょうせい 矯正 corrección *f.*
❱矯正する corregir, enmendar, (行いを) enderezar, reformar, rectificar ‖ 歯を矯正する corregir la dentadura ／ 骨盤を矯正する enderezar la pelvis
◨矯正教育 educación *f.* correccional
◨矯正視力 visión *f.* corregida
◨矯正施設 establecimiento *m.* correccional
ぎょうせい 行政 administración *f.* (pública)
◨行政改革 reforma *f.* administrativa
◨行政官 funciona*rio*[*ria*] *mf.*
◨行政監察 inspección *f.* administrativa
◨行政機関 órgano *m.* administrativo
◨行政機構 organización *f.* administrativa
◨行政区画 división *f.* administrativa
◨行政権 poder *m.* ejecutivo
◨行政指導 orientación *f.* administrativa
◨行政処分 disposición *f.* administrativa
◨行政訴訟 demanda *f.* contenciosa administrativa
◨行政法 derecho *m.* administrativo
◨行政命令 orden *f.* administrativa
ぎょうせき 業績 (学術的な) trabajos *mpl.* realizados, (成果) resultados *mpl.* obtenidos, (功績) méritos *mpl.* ‖ 大きな業績をあげる realizar trabajos importantes ／ 会社の業績をあげる mejorar los resultados de la empresa ／ 業績を認める reconocer los méritos de ALGUIEN ／ 彼女は作家としての業績が認められた Ella obtuvo el reconocimiento a sus méritos como escritora. ／ 学問上の業績 méritos *mpl.* académicos ／ 当社の給与制度は業績に基づいている El sistema salarial de nuestra empresa se basa en los

méritos profesionales.
きょうせん 胸腺 《解剖》timo m.
きょうそ 教祖 (宗教の) fund*ador*[*dora*] mf. de una secta religiosa, (指導者) gurú com., (カリスマ的リーダー) líder com. carismátic*o*[*ca*]
きょうそう 強壮
▶強壮の reconstituyente, tónic*o*[*ca*]
☐強壮飲料 bebida f. energizante
☐強壮剤 reconstituyente m.,《医学》tónico m.
きょうそう 競争 competencia f., rivalidad f., competición f. ‖ 激しい競争 competencia f.「fuerte [intensa] / 競争に勝つ ganar la competición / 競争に負ける perder la competición / 競争を煽る avivar la rivalidad / 競争を繰り広げる desarrollar la competición
▶競争する competir《con》, rivalizar《con》‖ 多国籍企業と競争する competir con una multinacional
☐競争相手 competi*dor*[*dora*] mf., rival com.
☐競争意識/競争心 conciencia f. competitiva, emulación f. ‖ 競争心を煽る estimular la emulación
☐競争原理 principio m. competitivo
☐競争社会 sociedad f. competitiva
☐競争力 competitividad f. ‖ 競争力をつける/競争力を強化する「aumentar [mejorar, fortalecer] la competitividad
きょうそう 競走 carrera f. ‖ 競走に勝つ ganar una carrera / 競走に負ける perder una carrera / 100メートル競走 carrera f. de 100 metros 「lisos [planos]
▶競走する echar una carrera
☐競走者 atleta com., corre*dor*[*dora*] mf.
☐競走馬 caballo m. de carreras
きょうぞう 胸像 busto m.
ぎょうそう 形相 rostro m., fisonomía f., cara f. ‖ 憤怒の形相で con cara de furia, con rostro iracundo / 彼女はものすごい形相になった A ella se le puso una cara horrible.
きょうそうきょく 狂想曲 capricho m.
きょうそうきょく 協奏曲 concierto m.
☐ピアノ協奏曲 concierto m. para piano
きょうそくほん 教則本 manual m., método m.
きょうそん 共存 coexistencia f.
▶共存する coexistir
☐共存共栄 coexistencia f. y prosperidad f. conjunta.
きょうだ 強打 golpe m. fuerte, golpetazo m., golpazo m.
▶強打する golpear(se) fuerte,《他動詞》golpear fuerte ‖ ボールを強打する golpear fuerte la bola / 頭を強打する golpearse fuerte en la cabeza, 「sufrir [darse] un golpe fuerte en la cabeza

きょうだい 兄弟 (兄弟) hermano m., (姉妹) hermana f. ‖ ご兄弟はおありですか ¿Tiene usted hermanos? / 私は3人兄弟です Somos tres hermanos. / 私は兄弟が2人います Tengo dos hermanos.
☐兄弟愛 fraternidad f., amor m. fraternal
☐兄弟弟子 condiscípul*o*[*la*] mf.
☐兄弟分 (義兄弟) herman*o*[*na*] mf. de sangre, (親友) amig*o*[*ga*] mf. íntim*o*[*ma*]
☐兄弟げんか pelea f. entre hermanos ‖ 兄弟げんかをする pelearse entre hermanos
きょうだい 強大
▶強大な potente, poderos*o*[*sa*] ‖ 強大な軍事力 gran poder m. militar
きょうだい 鏡台 tocador m.
きょうたん 驚嘆 asombro m., maravilla f., (感嘆) admiración f. ‖ 驚嘆に値する (何かが) merecer una admiración
▶驚嘆すべき asombros*o*[*sa*], maravillos*o*[*sa*], admirable
▶驚嘆する asombrarse《de, por》, maravillarse《de, por》, admirarse《de, por》
▶驚嘆させる asombrar, maravillar, admirar, causar「asombro [maravilla, admiración]《a》
きょうだん 凶弾 ‖ 凶弾に倒れる ser asesinad*o*[*da*] de un「balazo [tiro], caer muert*o*[*ta*] de un「balazo [tiro]
きょうだん 教団 organización f. religiosa, comunidad f. religiosa
きょうだん 教壇 tarima f., estrado m. ‖ 教壇に立つ (教える)「impartir [dar] clases
きょうち 境地 (状態) estado m., (心境) estado m. mental ‖ 苦しい境地に追い込まれる meterse en「apuros [aprietos] / 諦めの境地にある estar dispuest*o*[*ta*] a resignarse / 悟りの境地に達する「llegar al [alcanzar el] estado de iluminación / 新しい境地を開く abrir un nuevo horizonte
きょうちゅう 胸中 corazón m., alma f. ‖ 胸中お察し申します Comparto su(s) sentimiento(s). / 胸の内を語る contar「lo que siente [sus sentimientos] / 胸中に恨みが残る guardar resentimiento en el corazón
きょうちょ 共著 trabajo m.「conjunto [colectivo] ‖ ～と共著で本を出版する publicar un libro en colaboración《con》
☐共著者 coau*tor*[*tora*] mf., colabora*dor*[*dora*] mf.
きょうちょう 協調 (調和) armonía f., (協力) cooperación f., (妥協) contemporización f. ‖ 労使の協調 armonía f. entre el capital y el trabajo
▶協調する cooperar《con》, contemporizar《con》
▶～と協調して en cooperación《con》, en armonía《con》

▶協調的な cooperati*vo*[*va*]
▶協調性 espíritu *m*. cooperativo ‖ 協調性がある tener un gran espíritu cooperativo
■協調介入 《経済》intervención *f*. 「conjunta [coordinada]
■協調融資 financiación *f*. conjunta
きょうちょう 強調 énfasis *m*.[=*pl*.]
▶強調する enfatizar, poner énfasis 《en》, subrayar, 《慣用》hacer hincapié 《en》‖ 市長(男性)は環境保護を特に強調する El alcalde pone un especial énfasis en la protección del medio ambiente.
きょうつう 共通
▶共通の común ‖ 共通の問題 problema *m*. (en) común ／ 共通の友人 ami*go*[*ga*] *mf*. (en) común ／ 我々の共通の願いだ Es nuestro deseo común.
▶共通する ser común 《a》‖ 共通する利害を持つ tener intereses en común ／ この欠点はすべての政党に共通する Este defecto es común a todos los partidos políticos.
▶共通に ‖ 地域の観光標識を共通にする unificar las señales turísticas en la zona
■共通因子《数学》factor *m*. común
■共通点 punto *m*. en común ‖ その2つの事例は何の共通点もない Los dos casos no tienen ningún punto en común.
■共通語 「lengua *f*. [idioma *m*.] común
■共通通貨 moneda *f*. común
きょうてい 協定 convenio *m*., acuerdo *m*., pacto *m*. ‖ 協定に違反する incumplir el 「convenio [acuerdo, pacto] ／ 協定を結ぶ/協定に調印する firmar un 「convenio [acuerdo, pacto] ／ 協定を破棄する romper el 「convenio [acuerdo, pacto]
■協定案 「proyecto *m*. [borrador *m*.] de convenio
■協定違反 violación *f*. del 「convenio [acuerdo, pacto]
■協定価格 precio *m*. acordado
きょうてい 競艇 carrera *f*. de lanchas motoras
きょうてき 強敵 rival *com*. 「fuerte [pode*roso*[*sa*]], enemi*go*[*ga*] *mf*. podero*so*[*sa*]
ぎょうてん 仰天
▶仰天する sorprenderse mucho,《慣用》《話》caerse 「del susto [de espaldas]
きょうど 強度 intensidad *f*., (抵抗力) resistencia *f*., (固さ) dureza *f*., (丈夫さ) robustez *f*., solidez *f*. ‖ 繊維の強度 resistencia *f*. de una fibra ／ 紫外線の強度 intensidad *f*. de radiación ultravioleta ／ 強度の高い金属 metal *m*. resistente ／ 強度を上げる aumentar la 「intensidad [resistencia] 《de》／ 材料の強度を計る medir la resistencia de un material ／ 近眼の強度を調べる verificar el grado de miopía
▶強度の fuerte, resistente, inten*so*[*sa*] ‖ 強度の近眼 fuerte miopía *f*. ／ 強度の鬱病 depresión *f*. grave
■強度計 medidor *m*. de 「intensidad [resistencia]
■強度試験 prueba *f*. de resistencia
きょうど 郷土 tierra *f*. natal ‖ 郷土を愛する amar (a) *su* tierra ／ 彼は郷土の英雄だ Él es un héroe de su tierra.
■郷土愛 amor *m*. a 「*su* tierra [al pueblo natal]
■郷土芸能 arte *m*. popular 「de la región [regional]
■郷土史 historia *f*. 「de la región [regional]
■郷土色 color *m*. local
■郷土料理 cocina *f*. típica 「de la región [regional]
きょうとう 教頭 subdirec*tor*[*tora*] *mf*. (de una escuela)
きょうどう 共同 colaboración *f*., cooperación *f*.
▶共同で jun*tos*[*tas*], en común ‖ 私たちはトイレは共同で使います Compartimos el cuarto de baño.
▶共同の común, colecti*vo*[*va*], conjun*to* [*ta*]
▶共同する colaborar 《con》‖ 近隣諸国と共同して環境問題を解決する colaborar con los países vecinos para solucionar el problema ambiental
■共同アンテナ antena *f*. colectiva
■共同記者会見 rueda *f*. de prensa conjunta
■共同経営 administración *f*. conjunta ‖ 共同経営者 so*cio*[*cia*] *mf*.
■共同研究 investigación *f*. 「conjunta [en equipo]
■共同購入 compra *f*. conjunta
■共同作業 trabajo *m*. conjunto
■共同作戦 operación *f*. conjunta
■共同出資 inversión *f*. colectiva
■共同所有《法律》comunidad *f*. de bienes, copropiedad *f*.
■共同生活 ‖ 共同生活をする (集団で) vivir en comunidad, (一緒に住む) vivir jun*tos*[*tas*]
■共同制作 coproducción *f*.
■共同声明 comunicado *m*. conjunto
■共同宣言 declaración *f*. conjunta
■共同体 comunidad *f*.
■共同著作物 obra *f*. de autoría colectiva
■共同謀議 conspiración *f*., complot *m*.
■共同募金 colecta *f*.
■共同墓地 cementerio *m*. público, (無縁仏の) fosa *f*. común
きょうどうくみあい 協同組合 cooperativa *f*.
きょうとぎていしょ 京都議定書 protocolo *m*. de Kioto ‖ 京都議定書を批准する ratificar el protocolo de Kioto

きょうねん　享年 ‖ 元首相(男性)は享年90歳だった El ex primer ministro tenía noventa años al morir. ¦ El ex primer ministro falleció a los noventa años de edad.

きょうは　教派　secta *f.* (religiosa) ‖ ある教派に属する pertenecer a una secta

きょうばい　競売　subasta *f.*, 《中南米》remate *m.* ‖ 競売に出す/競売にかける sacar ALGO a subasta／競売にかかる salir a subasta／そのサッカー選手(男性)のTシャツが競売にかかった La camiseta de ese jugador de fútbol salió a subasta.
▶競売する subastar, vender ALGO en subasta ‖ ダリの作品の一つが競売される [Será subastada [Saldrá a subasta] una de las obras de Dalí.
◪ネット競売 subasta *f.* electrónica
◪競売価格 puja *f.*
◪競売場 sala *f.* de subastas
◪競売人 subast*ador*[*dora*] *mf.*, adjudic*ador*[*dora*] *mf.*
◪競売物件 bien *m.* subastado

きょうはく　強迫　coerción *f.*
▶強迫する obsesionar
◪強迫観念 obsesión *f.*, manía *f.*, compulsión *f.* ‖ 強迫観念にとらわれる obsesionarse 《con》／彼は死の強迫観念にとらわれている La obsesión por la muerte se ha apoderado de él. ¦ A él le obsesiona la muerte.
◪強迫性障害 trastorno *m.* obsesivo compulsivo (略 TOC)
◪強迫神経症 neurosis *f.*[=*pl.*] obsesiva

きょうはく　脅迫　amenaza *f.*, intimidación *f.* ⇒おどし(脅し)‖ 脅迫を受ける recibir una amenaza／脅迫に屈する plegarse a las amenazas《de》, ceder「a [ante] las amenazas《de》
▶脅迫する amenazar a ALGUIEN《con》, intimidar
◪脅迫罪 delito *m.* de amenazas ‖ 脅迫罪で告訴する acusar a ALGUIEN de「amenazas [intimidación]
◪脅迫状 carta *f.* de amenazas
◪脅迫電話 llamada *f.* amenazante ‖ 脅迫電話を逆探知する localizar la llamada amenazante

きょうはん　共犯　complicidad *f.*
◪共犯罪 delito *m.* de complicidad
◪共犯者 cómplice *com.* ‖ 彼には共犯者がいる Él tiene un cómplice.
◪共犯容疑 ‖ 共犯容疑を否定する rechazar las acusaciones de complicidad《con》

きょうふ　恐怖　terror *m.*, horror *m.*, pavor *m.*, miedo *m.*, temor *m.* ‖ 恐怖におののく/恐怖に震える temblar de「terror [miedo], estremecerse de「terror [miedo]／彼女は大きな恐怖に襲われた Un gran miedo se apoderó de ella.／恐怖にかられて en un ataque de miedo／恐怖を感じる sentir「terror [miedo], aterrorizarse／住民に恐怖を引き起こす causar terror entre la población
◪恐怖映画 cine *m.* [película *f.*] de terror
◪恐怖感 sensación *f.* de「miedo [terror]
◪恐怖心 miedo *m.* ‖ 恐怖心を克服する「vencer [superar] el miedo
◪恐怖政治《政治》 terrorismo *m.* de Estado

きょうぶ　胸部《解剖》tórax *m.*[=*pl.*], (呼吸器) aparato *m.* respiratorio
◪胸部疾患 enfermedad *f.* respiratoria
◪胸部大動脈瘤 aneurisma *m(f)*. de aorta torácica
◪胸部レントゲン radiografía *f.* de tórax ‖ 胸部レントゲンをとる tomar una radiografía de tórax

きょうふう　強風　viento *m.* fuerte, vendaval *m.*, ventarrón *m.* ‖ 強風で家の屋根が飛ばされた Un vendaval se llevó el tejado de la casa.

きょうほ　競歩　marcha *f.* atlética
◪50キロメートル競歩 prueba *f.* de 50 kilómetros marcha

きょうぼう　凶暴　ferocidad *f.*, brutalidad *f.*
▶凶暴な feroz, brutal, violen*to*[*ta*] ‖ 凶暴な犬 perro *m.*「feroz [fiero]／凶暴な破壊力 poder *m.* destructivo brutal／凶暴な犯罪 crimen *m.* violento

きょうぼう　共謀　conspiración *f.*, confabulación *f.*, (共犯) complicidad *f.*
▶共謀する conspirar, confabularse《con》‖ 彼らは共謀して殺人を犯した Se confabularon para perpetrar el asesinato.
◪共謀者 conspir*ador*[*dora*] *mf.*, confabul*ador*[*dora*] *mf.*

きょうぼう　狂暴
▶狂暴な violen*to*[*ta*], furio*so*[*sa*]
▶狂暴になる volverse violen*to*[*ta*] ‖ 彼は酒を飲むと狂暴になる Él se vuelve violento cuando bebe.
▶狂暴性 brutalidad *f.*

きょうみ　興味　interés *m.*, (好奇心) curiosidad *f.* ⇒かんしん(関心) ‖ 興味の的 objeto *m.* de interés／興味がある/興味を持つ tener interés《en, por》／君はどんなスポーツに興味があるの ¿Qué deportes te interesan?／私は政治にとても興味がある Me interesa mucho la política. ¦ Tengo mucho interés por la política.／もう彼には興味がない Ya no tengo ningún interés en él. ¦ Él ya no me atrae.／興味が薄れる desvanecerse el interés《por》／興味がわく surgir *el interés*《por》／興味を失う perder el interés《en, por》, desinteresarse《de, por》／興味をそそる「suscitar [despertar] interés《en》／興味を示す mostrar interés《por》／興味を引く atraer el interés《de》／これは皆の興味を引く話題です Este es un tema de interés para

todos.
▶興味深い interesante, 『名詞+』de mucho interés ‖ 興味深いデータ dato m. interesante／興味深いことに～です Lo interesante es que『+直説法』.
▶興味深く‖興味深く観察する（何か・誰かを）observar con mucho interés
◰興味津々‖興味津々に見る（何か・誰かを）《慣用》comer con「la vista [los ojos]
◰興味本位‖興味本位の質問 pregunta f.「por [de] curiosidad

ぎょうむ 業務 trabajo m., servicio m.,（職務）función f. ‖ 総務部の業務 trabajos mpl. del departamento de administración／業務に就く ocupar un「cargo [puesto]／業務を遂行する realizar su trabajo／業務を別の省に移転する trasladar un servicio a otro ministerio
▶業務上の de trabajo, laboral, profesional ‖ 業務上の事故 accidente m.「de trabajo [laboral]
▶業務用(の) de uso「comercial [industrial, profesional]‖業務用の車両 vehículo m. de uso comercial
◰業務委託 subcontratación f. ‖ A社に業務委託する subcontratar a la empresa A
◰業務提携‖業務提携を推進する fomentar la cooperación empresarial
◰業務執行 ejecución f. de trabajos ‖ 業務執行妨害（警察の）obstrucción f. del ejercicio de las funciones de policía
◰業務上過失 negligencia f. profesional ‖ 業務上過失致死罪 delito m. de homicidio por negligencia profesional
◰業務命令 orden f. laboral

きょうめい 共鳴 resonancia f.,（共感）simpatía f. ‖ 共鳴が起きる Se produce una resonancia.
▶共鳴する（誰かに）simpatizar《con》,（音が）resonar, repercutir ‖ 私は君の意見に共鳴する Comparto tu opinión.
◰共鳴音 resonancia f.
◰共鳴器 resonador m.
◰共鳴者 simpatizante com.

きょうやく 協約 →きょうてい(協定)
◰協約憲法 Constitución f. pactada

きょうゆ 教諭 ⇒きょうし(教師)

きょうゆう 共有 copropiedad f.
▶共有する compartir ALGO《con》, poseer ALGO en común《con》‖ 配偶者と土地を共有する poseer en común un terreno con su cónyuge／体験を共有する compartir experiencias／データベースを共有する compartir una base de datos
▶共有の de propiedad común, en copropiedad
◰共有財産 copropiedad f., bienes mpl. comunes,（夫婦の）bienes mpl. gananciales

◰共有者 copropietario[ria] mf.
◰共有地 propiedad f. colectiva,（自治体の）terreno m. comunal
◰共有フォルダー archivo m. compartido

きょうよう 強要 coacción f.
▶強要する coaccionar, obligar a ALGUIEN a『+不定詞』‖ 容疑者に自白を強要する obligar a un[una] presunto[ta] autor[tora] a confesar
◰強要罪 delito m. de coacción

きょうよう 教養 cultura f., educación f. ‖ 教養のある culto[ta]／教養のない inculto[ta]／彼女はとても教養がある Ella es una persona muy culta.／教養を身につける adquirir cultura／教養を高める「aumentar [mejorar] el nivel cultural
◰一般教養 cultura f. general
◰教養学部 Facultad f. de Artes Liberales
◰教養課程 curso m. de artes liberales
◰教養小説 novela f. de「aprendizaje [formación]
◰教養番組 programa m. cultural

きょうらく 享楽 placer m. ‖ 享楽にふける entregarse a los placeres
▶享楽的な voluptuoso[sa]
◰享楽主義 epicureísmo m., hedonismo m.
◰享楽主義者 epicúreo[a] mf., hedonista com.

きょうらん 狂乱 locura f., delirio m.,（錯乱）enloquecimiento m.
▶狂乱する volverse loco[ca], enloquecer(se)
◰狂乱物価 desorbitada subida f. de precios

きょうり 郷里 tierra f. natal
きょうりきこ 強力粉 harina f. de fuerza
きょうりゅう 恐竜 dinosaurio m.
きょうりょう 狭量 intolerancia f.
▶狭量な intolerante, de mente estrecha
きょうりょく 協力 cooperación f., colaboración f.,（援助）ayuda f.,（支援）apoyo m. ‖ 献身的な協力 colaboración f. desinteresada／協力を要請する「solicitar [pedir] la cooperación《a》／市は広場の清掃に市民の協力を求めた El ayuntamiento pidió la colaboración ciudadana para limpiar la plaza.／協力を得る conseguir la colaboración《de》／私たちは協力を惜しみません No vamos a escatimar esfuerzos de cooperación.／市と協力して展覧会を企画する organizar una exposición en colaboración con el ayuntamiento
▶協力する（誰かと）cooperar《con》, colaborar《con》‖ 住民は消防士と協力して火事を消した Los vecinos colaboraron con los bomberos para apagar el incendio.
▶協力的な cooperativo[va]
◰協力関係「relaciones fpl. [vínculos mpl.,

lazos *mpl.*] de cooperación ‖ 協力関係を築く establecer relaciones de「colaboración [cooperación]
- 協力者 colabora*dor*[*dora*] *mf.*, coopera*dor*[*dora*] *mf.*
- 協力体制 sistema *m.*「cooperativo [de cooperación]

きょうりょく 強力
▶ 強力な fuerte, poder*oso*[*sa*], potente ‖ 強力なリーダーシップ liderazgo *m.*「firme [férreo]／強力な武器 arma *f.* poderosa／強力な証拠 prueba *f.* contundente
▶ 強力に ‖ 計画を強力に進める llevar adelante un plan con firmeza
- 強力接着剤 pegamento *m.* potente

きょうれつ 強烈
▶ 強烈な fuerte, inten*so*[*sa*] ‖ 強烈なパンチ golpe *m.*「tremendo [brutal]／強烈な光 luz *f.*「intensa [deslumbrante]／強烈な印象 fuerte impresión *f.*／消毒薬の強烈な臭い fuerte olor *m.* a desinfectante
▶ 強烈に fuertemente, intensamente, violentamente

ぎょうれつ 行列 desfile *m.*,《宗教》procesión *f.*,（人の列）cola *f.*,《数学》matriz *f.* ‖ 蟻の行列 desfile *m.* de hormigas／祭りの行列が続く El desfile festivo continúa.／パン屋の前に行列ができた Se formó una cola delante de la panadería.／電車に乗るために行列に並ぶ ponerse a la cola para subir al tren／私は空港の検査で行列に並ぶのが嫌いだ No me gusta hacer cola en el control del aeropuerto.
- 行列式《数学》determinante *m.*

きょうわ 共和
- 共和国 república *f.* ‖ 共和国の republica*no*[*na*]
- 共和主義 republicanismo *m.*
- 共和主義者 republica*no*[*na*] *mf.*
- 共和制 régimen *m.* republicano, república *f.* ‖ 共和制の republica*no*[*na*]
- 共和党 partido *m.* republicano

きょえい 虚栄 vanidad *f.*
- 虚栄心 vanidad *f.*, presunción *f.* ‖ 虚栄心の強い vanid*oso*[*sa*]／虚栄心のかけらもない no tener ni un「ápice [atisbo] de vanidad／虚栄心を満たす satisfacer *su* vanidad

ギョーザ 餃子 empanadilla *f.* china, raviolis *mpl.* chinos
- 水餃子 empanadilla *f.* china cocida (en agua)
- 蒸し餃子 empanadilla *f.* china al vapor
- 焼き餃子 empanadilla *f.* china asada

きょか 許可 permiso *m.*,（公式の）autorización *f.*,（入学の）admisión *f.* ‖ 事前の許可が要る「requerir [necesitar] una autorización previa／私に滞在許可が下りた Me concedieron el permiso de residencia.／許可を得る「obtener [conseguir, recibir] el permiso／許可を与える「dar [conceder, otorgar] el permiso《a》／許可を取り上げる retirar el permiso／許可を取り消す anular el permiso／許可を求める「pedir [solicitar] permiso《a》／許可なく構内に立ち入ることを禁ず《掲示》Se prohíbe la entrada al recinto sin autorización
▶ 許可する permitir, autorizar, admitir ‖ 彼は博士課程への入学を許可された Él fue admitido en el doctorado.
- 許可証 licencia *f.*,（通行の）pase *m.*
- 許可制 sistema *m.* de licencia

ぎょかいるい 魚介類 pescados *mpl.* y mariscos *mpl.* ‖ 魚介類のサラダ ensalada *f.* de mariscos

きょがく 巨額
▶ 巨額の gran「cantidad *f.* [suma *f.*]《de》‖ 巨額の金 gran cantidad *f.* de dinero／巨額の財政援助「gran [enorme] ayuda *f.* financiera／巨額の利益を得る obtener un beneficio [enorme [incalculable]

ぎょかくだか 漁獲高 volumen *m.* de captura, captura *f.* ‖ マグロの漁獲高 captura *f.* de atunes

ぎょがん 魚眼
- 魚眼レンズ objetivo *m.* ojo de pez, ojo *m.* de pez
- 魚眼石《鉱物》apofilita *f.*

きょぎ 虚偽 falsedad *f.*
▶ 虚偽の fal*so*[*sa*] ‖ 虚偽の申告をする hacer una declaración falsa, declarar en falso

ぎょぎょう 漁業 industria *f.* pesquera, pesca *f.* ‖ 漁業に従事する dedicarse a la pesca
- 漁業協定 acuerdo *m.*「de pesca [pesquero]
- 漁業組合 cooperativa *f.* pesquera
- 漁業権 licencia *f.* de pesca
- 漁業資源 recursos *mpl.* pesqueros
- 漁業者 pesca*dor*[*dora*] *mf.*

きょく 曲 pieza *f.* musical, melodía *f.*, música *f.* ‖ 静かな曲 melodía *f.* tranquila／ピアノ曲 música *f.*「de [para] piano／一曲歌ってください Cante una canción, por favor.

きょく 局 (会社の) departamento *m.*, (官庁の) oficina *f.*, dirección *f.* general

きょく 極 polo *m.* ‖ 磁石の二極 los dos polos del imán
- 極性 polaridad *f.*
- 極座標系 sistema *m.* de coordenadas polares

きょくう 極右 extrema derecha *f.*, ultraderecha *f.*
▶ 極右の(人) ultraderechista (*com.*)
- 極右勢力 fuerza *f.* de extrema derecha

きょくげい 曲芸 （アクロバット）acrobacia f., （ジャグリング）malabarismo m. ‖ 曲芸をする hacer「acrobacia [malabarismos] ／ 曲芸を観る ver un espectáculo de acrobacia
- 曲芸師 acróbata com., malabarista com.
- 曲芸飛行 vuelo m. acrobático

きょくげん 極言 ⇒ きょくろん（極論）‖ 極言すれば hablando en términos extremos

きょくげん 極限 límite m. extremo ‖ 極限に達する llegar al límite extremo ／ 極限まで努力する esforzarse hasta el límite de *sus* posibilidades
- 極限値 《数学》 límite m. ‖ 極限値を求める「calcular [resolver] el límite
- 極限状態 situación f. límite ‖ 極限状態に達する llegar a una situación límite

きょくさ 極左 extrema izquierda f., ultraizquierda f.
▶ 極左の(人) ultraizquierdista (com.)
- 極左勢力 fuerza f. de extrema izquierda

きょくしょう 極小 《数学》 mínimo m.
▶ 極小の mínim*o[ma]*
- 極小値 valor m. mínimo, 《数学》 mínimo m. local de una función

ぎょくせきこんこう 玉石混交 ‖ 玉石混交である ser una mezcla de lo bueno y lo malo

きょくせつ 曲折 giros mpl., cambios mpl., altibajos mpl. ⇒うよきょくせつ(紆余曲折) ‖ 多くの曲折を経て después de muchos「giros [cambios, altibajos] ／ この件には歴史的な曲折がある Este asunto tiene unas circunstancias históricas.

きょくせん 曲線 curva f., línea f. curva ‖ ゆるやかな曲線 curva f. abierta [suave, amplia] ／ 曲線を描く「dibujar [trazar] una curva
▶ 曲線の curvíline*o[a]*
- 曲線定規 regla f. curva
- 曲線美 belleza f. de las curvas ‖ 曲線美の女性 mujer f. con bellas curvas

きょくだい 極大 《数学》 máximo m.
▶ 極大の máxim*o[ma]*
- 極大値 valor m. máximo, 《数学》 máximo m. local de una función

きょくたん 極端 extremo m. ‖ 極端から極端へ走る 《慣用》「ir [pasar] de un extremo a otro
▶ 極端な extrem*o[ma]*, extremad*o[da]*, excesiv*o[va]* ‖ 極端な意見 opinión f. extremista ／ 極端な例 ejemplo m. extremo
▶ 極端に extremadamente, en extremo, excesivamente ‖ 極端に用心深い「extremadamente [sumamente, tremendamente] cautelos*o[sa]* ／ 極端に太る engordar「excesivamente [desmesuradamente]

きょくち 極地
▶ 局地的な local ‖ 局地的な被害 daño m. local

▶ 局地的に localmente ‖ 局地的に強い雨が予想される Se esperan chubascos localmente fuertes.
▶ 局地化 localización f.
- 局地気候 clima m. local
- 局地戦 guerra f. local

きょくち 極地 polo m., región f. polar
▶ 極地の polar
- 極地気候 clima m. polar
- 極地探検 expedición f. polar

きょくち 極致 cenit m., cénit m., punto m. culminante ‖ 美の極致 belleza f. suprema ／ 極致を極める／極致に達する「alcanzar el [llegar al] cenit 《de》

きょくちょう 局長 direc*tor[tora]* mf. de una oficina
- 事務局長 direc*tor[tora]* mf. administrati*vo[va]*
- 編集局長 direc*tor[tora]* mf. de redacción

きょくてん 極点 punto m. extremo, （南極点・北極点）polo m. ‖ 興奮が極点に達した El entusiasmo llegó a su punto extremo.

きょくど 極度 ⇒ きょくたん(極端)
▶ 極度の extrem*o[ma]* ‖ 極度の緊張 extremo nerviosismo m.
▶ 極度に extremadamente ‖ 極度に閉鎖的な社会 sociedad f. extremadamente cerrada

きょくとう 極東 Extremo Oriente m.
▶ 極東の extremooriental, extremoriental
- 極東情勢 situación f. en Extremo Oriente

きょくどめ 局留め lista f. de correos ‖ 手紙を局留めで送る enviar una carta「a la lista de correos [al poste restante]

きょくばん 局番 prefijo m. (telefónico), código m. telefónico
- 市外局番 prefijo m. de ciudad

きょくぶ 局部 parte f.
▶ 局部的な local, parcial ‖ 局部的な痛み dolor m. local
- 局部麻酔 anestesia f. local

きょくめん 局面 fase f., （情勢）situación f. ‖ プロジェクトの最後の局面 última fase f. del proyecto ／ 困難な局面を迎える afrontar una situación difícil ／ 局面を打開する encontrar salida a una situación, salir de la vía muerta

きょくもく 曲目 título m. de una pieza musical ‖ コンサートの曲目 programa m. de un concierto

きょくりょく 極力 （できる限り）en (la medida de) lo posible, dentro de lo posible ‖ 極力努力する hacer todo lo posible, hacer todo lo que esté en *su* mano

きょくろん 極論「argumento m. [razonamiento m.] extremo
▶ 極論する llevar el razonamiento hasta el extremo

ぎょぐん 魚群 banco m. de peces

きょこう

☑魚群探知機 sonda *f.* de pesca

きょこう 挙行 celebración *f.*
▶挙行する celebrar ‖ 記念式典を挙行する celebrar [realizar] una ceremonia conmemorativa ／開会式は明日挙行される La inauguración「tendrá lugar [se celebrará] mañana.

きょこう 虚構 ficción *f.*
▶虚構の ficti*cio*[*cia*], ficcional
☑虚構記事 (事典の) entrada *f.* ficticia

ぎょこう 漁港 puerto *m.* pesquero

きょしき 挙式 celebración *f.* de una boda ‖ 挙式の日を決める fijar la fecha de la boda
▶挙式する celebrar una boda

きょじゃく 虚弱
▶虚弱な débil, delica*do*[*da*], enfermi*zo*[*za*]
☑虚弱児 niño[ña] *mf.* enfermi*zo*[*za*]
☑虚弱体質 constitución *f.* débil, salud *f.* delicada

きょしゅ 挙手 levantamiento *m.* de la mano ‖ 挙手による投票 votación *f.* a mano alzada
▶挙手する「levantar [alzar] la mano

きょじゅう 居住 residencia *f.* ‖ 居住の自由 libertad *f.* de residencia
▶居住する residir《en》, vivir《en》, domiciliarse《en》
▶居住性 habitabilidad *f.*
☑居住権 derecho *m.* de residencia
☑居住者 residente *com.*
☑居住地 lugar *m.* de residencia, domicilio *m.*

きょしょう 巨匠 gran maes*tro*[*tra*] *mf.*, gran figura *f.*, gigante *m.*, coloso *m.* ‖ 日本映画界の巨匠 gran figura *f.* del cine japonés

ぎょじょう 漁場 caladero *m.*, lugar *m.* de pesca, pesquera *f.*

きょしょくしょう 拒食症 anorexia *f.* ‖ 彼女は拒食症です Ella es anoréxica.
▶拒食症の(人) anoréxi*co*[*ca*] (*mf.*)
▶拒食症になる「padecer [sufrir] anorexia

きょじん 巨人 gigante *m.*, coloso *m.*
☑巨人症 gigantismo *m.*

きょすう 虚数 《数学》número *m.* imaginario
☑虚数単位 unidad *f.* imaginaria

きょせい 去勢 castración *f.*, emasculación *f.*, (不妊手術) esterilización *f.*
▶去勢された(人・動物) castra*do*[*da*] (*mf.*)
▶去勢する castrar, emascular, esterilizar
▶去勢牛 buey *m.*
☑去勢馬 caballo *m.*「castrado [capón]

きょせい 虚勢 fanfarronada *f.*, 《話》farol *m.*
慣用虚勢を張る fanfarronear, 《慣用》「tirarse [marcarse] un farol, 《慣用》tirarse el moco ‖ 虚勢を張る人 fanfa*rrón*[*rrona*] *mf.*

きょぜつ 拒絶 rechazo *m.*, negativa *f.*
▶拒絶する rechazar, denegar
☑拒絶反応 reacción *f.* de rechazo, rechazo *m.* ‖ 拒絶反応が起きる producirse *una reacción de rechazo* ／拒絶反応を引き起こす provocar una reacción de rechazo
☑拒絶症《医学》negativismo *m.*

ぎょせん 漁船 barco *m.* pesquero, pesquero *m.*

きょぞう 虚像 《物理》imagen *f.* virtual, (見せかけの姿) imagen *f.*「falsa [engañosa]」‖ マスコミが創った虚像 imagen *f.* falsa creada por los medios de comunicación

ぎょそん 漁村 pueblo *m.* pesquero

きょたい 巨体 cuerpo *m.*「gigante [colosal, enorme]

きょだい 巨大
▶巨大な gigante, gigantes*co*[*ca*], colosal, enorme ‖ 巨大な空母 gigantesco portaaviones *m.*
☑巨大地震 terremoto *m.* gigantesco, megaterremoto *m.*
☑巨大都市 ciudad *f.* gigantesca, megalópolis *f.*[=*pl.*]

ぎょたく 魚拓 impresión *f.* de peces

きょだつ 虚脱 colapso *m.*, postración *f.*, abatimiento *m.*
☑虚脱感 ‖ 虚脱感を感じる sentir (una sensación de) abatimiento
☑虚脱状態 ‖ 虚脱状態になる sufrir un colapso, caer en un estado de postración

きょっかい 曲解 interpretación *f.* tergiversada
▶曲解する interpretar torcidamente, (歪曲) tergiversar, (悪く解釈する)《慣用》tomar a mal ALGO

きょっけい 極刑 pena *f.*「de muerte [capital]‖ 極刑に処する condenar a pena de muerte a ALGUIEN

ぎょっと
▶ぎょっとする asustarse, 《慣用》《話》「dar [pegar] un brinco

きょてん 拠点 base *f.*, centro *m.*, (軍の) posición *f.* ‖ 拠点を設ける establecer una base
☑戦略拠点 ‖ 戦略拠点を築く establecer un punto estratégico

きょとう 巨頭 (大きな頭) cabeza *f.* gigante, (大物) magnate *com.*
☑巨頭会談 conferencia *f.* cumbre, cumbre *f.*

きょどう 挙動 comportamiento *m.*, conducta *f.*
☑挙動不審 ‖ 挙動不審な人物 persona *f.* con un comportamiento sospechoso

きょとん
▶きょとんとする quedarse atonta*do*[*da*]

ぎょにく 魚肉 carne *f.* de pescado

☐魚肉ソーセージ salchicha *f.* de pescado

きょねん 去年 el año pasado ‖ 去年の夏 el verano del año pasado ／ 去年の3月に en (el mes de) marzo del año pasado ／ 私は去年スペインに行きました El año pasado fui a España.

きょひ 拒否 rechazo *m.*, denegar *f.*
▶拒否する rechazar, denegar ‖ 要求を拒否する rechazar una demanda
☐拒否権 veto *m.*, derecho *m.* de veto ‖ 拒否権を行使する poner veto 《a》, ejercer el veto, vetar
☐拒否反応 reacción *f.* de rechazo ‖ 拒否反応が起きる producirse *una reacción de rechazo*

ぎょふ 漁夫 pesca*dor*[*dora*] *mf.*
[慣用] 漁夫の利 ‖ 漁夫の利を得る 《慣用》pescar en río revuelto

ぎょみん 漁民 漁民 pesca*dor*[*dora*] *mf.*

きょむ 虚無 nada *f.*, vacío *m.*
▶虚無的な nihilista ‖ 虚無的な生活 vida *f.* nihilista
▶虚無的に de forma nihilista, nihilistamente
☐虚無感 sensación *f.* de vacío ‖ 彼女は虚無感に捕われた Una sensación de vacío se apoderó de ella. ¦ Ella se sintió vacía.
☐虚無主義 《哲学》nihilismo *m.*
☐虚無主義者 nihilista *com.*

きよめる 清める purificar, depurar ‖ 罪を清める purgar el pecado ／ 身を清める purificarse

きょよう 許容 tolerancia *f.* ‖ 許容の限度 límite *m.* de tolerancia ／ 許容できる tolerable, admisible ／ 許容しがたい intolerable, inadmisible
▶許容する tolerar, admitir
☐許容誤差 error *m.* admisible
☐許容範囲 margen *m.* de tolerancia
☐許容量/許容線量 dosis *f.*[=*pl.*] admisible ‖ 放射線の許容線量 dosis *f.*[=*pl.*] de radiactividad

きょらい 去来
▶去来する ‖ たくさんの思い出が去来する Se me vienen y se me van muchos recuerdos.

ぎょらい 魚雷 torpedo *m.* ‖ 魚雷を発射する lanzar un torpedo
☐魚雷艇 torpedera *f.*, lancha *f.* torpedera
☐魚雷発射管 lanzatorpedos *m.*[=*pl.*], tubo *m.* lanzatorpedos

きよらか 清らか
▶清らかな lim*pio*[*pia*], pu*ro*[*ra*] → きよい (清い) ‖ 清らかな水 agua *f.* limpia ／ 清らかな空気 aire *m.* puro ／ 清らかな心 corazón *m.* 「cándido [de oro]

きょり 距離 distancia *f.*, (間隔) intervalo *m.*, (走行距離) recorrido *m.* ‖ 4キロの距離 distancia *f.* de cuatro kilómetros ／ 東京から神戸までどれぐらいの距離がありますか ¿Qué distancia hay entre Tokio y Kobe? ¦ ¿Cuál es la distancia entre Tokio y Kobe? ／ 料金は距離による El precio varía según el recorrido. ／ 長い距離を走破する recorrer una larga distancia ／ 短い距離を歩く caminar una distancia corta ／ 同僚たちと距離を置く mantener las distancias con *sus* colegas ／ 前の車と一定の距離を保つ mantener una distancia constante con el vehículo precedente ／ 距離を広げる「alargar [aumentar] la distancia ／ 距離を縮める「acortar [reducir] la distancia ／ 距離を計る medir la distancia ／ 2点間の距離を計算する calcular la distancia entre dos puntos ／ 理論と実践の距離を埋める salvar la distancia entre teoría y práctica
☐距離感「sentido *m.* [noción *f.*] de la distancia ‖ 距離感を失う perder el sentido de la distancia
☐距離競技 (スキーの) esquí *m.* 「de fondo [nórdico]
☐距離計 (カメラなどの) telémetro *m.*
☐距離標 (線路・道路の) hito *m.* kilométrico

きょりゅう 居留 residencia *f.*
▶居留する residir 《en》
☐居留地 terreno *m.* concedido, (外国人の) colonia *f.* ‖ 横浜の外国人居留地 colonia *f.* extranjera en Yokohama
☐居留民 residente *com.*

ぎょるい 魚類 peces *mpl.*
☐魚類学 ictiología *f.*
☐魚類学者 ictiólo*go*[*ga*] *mf.*

きょろきょろ
▶きょろきょろする mirar aquí y allá, mirar a un lado y a otro

きよわ 気弱
▶気弱な(人) tími*do*[*da*] (*mf.*), 《格式語》pusilánime (*com.*) ‖ 気弱な性格 carácter *m.* 「apocado [pusilánime]

きらい 機雷 mina *f.* 「marina [submarina] ‖ 機雷が爆発する explotar *una mina marina* ／ 機雷を設置する colocar minas marinas

きらい 嫌い
▶嫌いな ‖ 嫌いな食べ物は何ですか ¿Qué comida no le gusta?
▶嫌いである no gustar, detestar, tener aversión 《a》 → きらう (嫌う) ‖ 私は肉が嫌いです No me gusta la carne. ／ 息子は勉強するのが嫌いだ A mi hijo no le gusta estudiar. ／ 私は政治が大嫌いだ Odio la política.
▶嫌いになる coger manía 《a》 ‖ 私はすいかが嫌いになった He cogido manía a las sandías.
▶～する嫌いがある tender a 〖+不定詞〗, tener tendencia a 〖+不定詞〗, ser propen*so*[*sa*] a 〖+不定詞〗 ‖ 彼は考えすぎる嫌いがある Él tiende a pensar demasiado.

きらう 嫌う no gustar, (何かを・誰かを) detestar, aborrecer, abominar ‖ 昆虫はこの植物の臭いを嫌う A los insectos no les gusta el olor de esta planta. ／お世辞を嫌う detestar los cumplidos ／彼女はサッカーを死ぬほど嫌っている Ella odia a muerte el fútbol. ／紙は湿気をとても嫌う La humedad es el mayor enemigo del papel. ／彼は皆に嫌われる Él no le cae bien a nadie. ¡A él nadie「le [lo] quiere. ／相手構わずに接する tratar con「cualquiera [quien sea]

きらきら con brillo, con destellos ‖ きらきら光る brillar, relucir ／ダイヤモンドの指輪がきらきら光る Brilla un anillo de diamante(s).
▶ **きらきらした** brillante, reluciente ‖ きらきらした目 ojos *mpl.* chispeantes

ぎらぎら ‖ ぎらぎら照りつける太陽 sol *m.*「deslumbrante [cegador, intenso]
▶ **ぎらぎらした** ‖ ぎらぎらした目で con ojos encandilados

きらく 気楽
▶ **気楽さ** despreocupación *f.*
▶ **気楽な** despreocupa*do*[*da*], (安楽な) cómo*do*[*da*] ‖ 気楽な暮らし vida *f.*「despreocupada [cómoda]
▶ **気楽に** cómodamente, despreocupadamente ‖ 気楽に生きる vivir despreocupa*do*[*da*] ／気楽にして下さい（あなたに）Póngase cómo*do*[*da*]. ¡Está usted en su casa.

きらす 切らす quedarse (sin), agotarse, acabarse ‖ たばこを切らしてしまった Me he quedado sin tabaco. ／申し訳ないが小銭を切らしてます Lo siento, pero no tengo suelto.

きらびやか
▶ **きらびやかな** esplendoro*so*[*sa*], resplandeciente, (派手な) visto*so*[*sa*]
▶ **きらびやかに** esplendorosamente, vistosamente ‖ きらびやかに着飾る ir「lujosamente [suntuosamente] vesti*do*[*da*]

きらぼし 綺羅星 estrellas *fpl.*「brillantes [rutilantes] ‖ 綺羅星のごとく現れる aparecer como estrellas brillantes

きらめき 煌き brillo *m.*, resplandor *m.*, esplendor *m.*, destello *m.* ‖ 知性のきらめき「chispa *f.* [destello *m.*] de inteligencia ／星のきらめき brillo *m.* de una estrella

きらめく 煌く resplandecer, relucir, brillar, 《形容詞》resplandeciente, reluciente, brillante ‖ きらめく光 luz *f.* brillante ／きらめく知性 inteligencia *f.* luminosa ／夜空に星がきらめく「Centellean [Resplandecen, Brillan] las estrellas en el cielo nocturno.

きり ‖ 君と僕の二人きりで話しをする Hablamos tú y yo a solas. ／彼とは一度会ったきりだ Me encontré con él solamente una vez. ／我々が会うのはこれっきりでしょう Será la última vez que nos「veamos [vemos]. ／彼は今朝出て行ったきりだ Él ha salido esta mañana y no ha vuelto todavía.

きり 桐 paulonia *f.*

きり 錐 barrena *f.*, 《中南米》 barreno *m.*, taladro *m.* ‖ 錐で穴をあける barrenar, taladrar, hacer un agujero con la barrena

きり 霧 niebla *f.*, neblina *f.*, bruma *f.* ‖ 濃い霧／深い霧 niebla *f.*「densa [espesa] ／霧のかかった nebulo*so*[*sa*], brumo*so*[*sa*] ／山に霧がかかっている Hay niebla en la montaña. ／霧が降りる／霧が出る「bajar [caer] *la niebla* ／村中に濃い霧がたちこめる Una espesa niebla invade todo el pueblo. ／霧が晴れた La niebla se ha disipado. ／森は深い霧に覆われている El bosque que está envuelto por una densa niebla. ／植物に霧を吹く pulverizar agua sobre las plantas

きり 切り (限度) límite *m.*, (終わり) fin *m.* ‖ きりがない no terminar nunca, (限度がない) no conocer límite ／彼は仕事を始めるときりがない Si empieza a trabajar, él no sabe terminar. ／人間の野心には限りがない La ambición humana no tiene límite(s). ／きりのない inacabable, sin límite, interminable ／きりのない話である《慣用》ser el cuento de nunca acabar ／きりの良い所で休憩をとろう Tomaremos un descanso cuando sea el momento apropiado. ／きりをつける「dar [poner] fin *a*」

ぎり 義理 deuda *f.*, deber *m.*, obligación *f.* ‖ 〜に義理がある estar en deuda 《con》, tener una deuda 《con》／義理堅い tener un fuerte sentido「del deber [de la obligación] ／君は文句の言えた義理ではない No tienes derecho a quejarte. ／義理を欠く faltar a *sus* obligaciones morales ／義理を果たす cumplir con *sus* obligaciones morales, (必要最小限の)《慣用》cubrir el expediente ／義理にも彼は歌が上手とは言えない Él está lejos de ser un buen cantante.
▶ **義理で** por obligación, por cumplir ‖ 義理で招待する invitar a ALGUIEN por cumplir
▶ **義理の** políti*co*[*ca*] ‖ 義理の母 suegra *f.*, madre *f.* política, madrastra *f.* ／義理の兄弟 cuñado *m.* ／義理の姉妹 cuñada *f.*

きりあげる 切り上げる (終わりにする) terminar, acabar, (中断する) interrumpir, (数字を) redondear (por exceso), (通貨を) revaluar, revalorizar ‖ 今日はこれで切り上げよう Terminamos aquí por hoy. ／4,7を5に切り上げる redondear 4,7 en 5 ／小数点以下の数字を切り上げる redondear por exceso los decimales ／ユーロを切り上げる「revalorizar [revaluar] el euro

きりうり 切り売り
▶ **切り売りする** ‖ 布をメートルで切り売りす

る vender telas por metros ／ 土地を切り売りする vender el terreno en parcelas ／ 知識を切り売りする vender *su* conocimiento poco a poco

きりおとす 切り落とす　cortar ‖ 木の枝を切り落とす cortar las ramas de un árbol ／ 魚の頭を切り落とす descabezar el pescado

きりかえ 切り替え　cambio *m*., (更新) renovación *f*. ‖ 運転免許証の切り替え renovación *f*. del permiso de conducir

きりかえる 切り替える　cambiar, (更新する) renovar ‖ 暖房を電気からガスに切り替える cambiar la calefacción eléctrica por la de gas ／ 政策を切り替える cambiar la política

きりかえす 切り返す　(反撃する) contraatacar, reaccionar ofensivamente ‖ 批判を切り返す contraatacar las críticas ／ ハンドルを切り返す girar el volante en sentido contrario

きりかぶ 切り株　tocón *m*., (穀類の) rastrojo *m*.

きりきざむ 切り刻む　cortar ALGO en trozos pequeños, triturar ALGO con un cuchillo

きりきず 切り傷　corte *m*., cortadura *f*. ‖ 手に切り傷をつくる sufrir [una cortadura] en la mano ／ 顔に切り傷がある tener una cortadura en la cara

きりきり ‖ こめかみがきりきり痛む tener un dolor punzante en las sienes

ぎりぎり ‖ ぎりぎりになって彼女は招待された La invitaron a última hora.

▶**ぎりぎりの** muy jus*to*[*ta*], apreta*do*[*da*] ‖ ぎりぎりの予算だ Es un presupuesto muy ajustado.

▶**ぎりぎりで** 《慣用》por un pelo, 《慣用》por los pelos ‖ ぎりぎりで間に合う llegar a tiempo por los pelos

きりぎりす 蟋蟀　saltamontes *m*.[=*pl*.]

きりきりまい きりきり舞い

▶**きりきり舞いする** ‖ 忙しくてきりきり舞いする estar muy ocupa*do*[*da*], 《慣用》andar de cabeza ／ 私は仕事の問題できりきり舞いさせられている Los problemas en el trabajo me traen de cabeza.

きりくずす 切り崩す　demoler, (分断する) desarticular, desintegrar ‖ 山を切り崩す「destruir [demoler] el monte ／ 野党を切り崩す desarticular a la oposición

きりくち 切り口　corte *m*., (切断部) sección *f*. ‖ 切り口から出血する El corte sangra. ／ 切り口の鋭い批評 crítica *f*. aguda y sagaz

きりこみ 切り込み　corte *m*. ‖ 栗に小さな切り込みを入れる hacer un pequeño corte en las castañas

きりこむ 切り込む　cortar, (深く切る) hacer un corte profundo, (攻撃する) atacar ‖ 敵陣に切り込む atacar las líneas enemigas

きりさく 切り裂く　(切って開く) cortar y abrir, (引き裂く) rasgar

きりさげる 切り下げる　reducir, (通貨を) devaluar, desvalorizar, (価格を) bajar ‖ 円を5パーセント切り下げる devaluar el yen un 5% (cinco por ciento)

▶**切り下げ** (通貨の) devaluación *f*., desvalorización *f*.

きりさめ 霧雨　llovizna *f*., 《話》calabobos *m*.[=*pl*.] ‖ 霧雨が降る lloviznar ／ 冷たい霧雨が降る Cae una llovizna helada.

ギリシア　Grecia

▶**ギリシアの** grie*go*[*ga*]

◨**ギリシア人** grie*go*[*ga*] *mf*.

◨**ギリシア語** lengua *f*. griega, griego *m*.

◨**ギリシア神話** mitología *f*. griega

キリシタン　cristia*no*[*na*] *mf*. japon*és*[*nesa*] en la época feudal

◨**隠れキリシタン** cristia*no*[*na*] *mf*. ocul*to*[*ta*] en la época feudal

きりすてる 切り捨てる　desechar, (数字を) eliminar ‖ 木の枝を切り捨てる「cortar [recortar] las ramas de un árbol ／ 小数点以下を切り捨てる eliminar los decimales, redondear por defecto los decimales ／ 弱者を切り捨てる marginar a personas vulnerables

キリスト　Jesucristo, Cristo, Mesías *m*.

キリストきょう キリスト教　religión *f*. cristiana, cristianismo *m*.

◨**キリスト教の** cristia*no*[*na*]

◨**キリスト教会** iglesia *f*.

◨**キリスト教徒** cristia*no*[*na*] *mf*., 《集合名詞》cristiandad *f*.

きりたおす 切り倒す　talar ‖ 木を切り倒す talar un árbol

きりだす 切り出す ‖ 石を採石場から切り出す「extraer [sacar] piedras de una cantera ／ 話を切り出す mencionar un asunto

きりたつ 切り立つ

▶**切り立った** (険しい) escarpa*do*[*da*], abrup*to*[*ta*] ‖ 切り立った崖 acantilado *m*. 「escarpado [abrupto]

きりつ 起立　起立《号令》¡De pie!

▶**起立する** levantarse, ponerse [en [de] pie

きりつ 規律　disciplina *f*., (規則) regla *f*., (秩序) orden *m*. ‖ 厳しい규律 disciplina *f*. 「estricta [severa] ／ 規律が乱れる「relajarse [degradarse] la disciplina ／ 教室で規律を保つ mantener la disciplina en el aula ／ 規律を課す imponer la disciplina 《a》／ 規律を守る「cumplir [observar, acatar] la disciplina ／ 党の規律を破る「quebrantar [romper, burlar] la disciplina del partido

きりつめる 切り詰める　(短くする) acortar, (節約する) economizar, ahorrar ‖ ズボンのすそを切り詰める「acortar [subir] los bajos de un pantalón ／ 出費を切り詰める

きりとりせん 切り取り線　línea *f.* punteada de corte

きりとる 切り取る　cortar, recortar ‖ 胃の一部を切り取る cortar parte del estómago

きりぬき 切り抜き　recorte *m.* ‖ 新聞の切り抜き recorte *m.* de periódico

きりぬく 切り抜く　recortar ‖ 新聞の記事を切り抜く recortar un artículo del periódico

きりぬける 切り抜ける　salir 《de》, (困難を) vencer, superar ‖ 危機を切り抜ける salir de una crisis

きりはなす 切り離す　(切る) cortar, (分離する) separar ALGO《de》‖ 最後尾の車両を切り離す「desenganchar [separar] el último vagón (del tren) ／ 映像から音声を切り離す separar el sonido de la imagen ／ 2つの問題を切り離して考える tratar por separado los dos problemas

きりひらく 切り開く　abrir, (開墾する) roturar, (開拓する) explotar ‖ 密林に道を切り開く abrir un camino en la selva ／ 道を切り開く (自分で)《慣用》abrirse camino

きりふき 霧吹き　pulverizador *m.*, atomizador *m.*

きりふだ 切り札　(トランプの) triunfo *m.*, (決め手) último recurso *m.* ‖ 切り札を出す (トランプで) jugar al triunfo ／ 最後の切り札を出す《慣用》jugar la última carta,《慣用》quemar el último cartucho

きりまわす 切り回す　administrar, dirigir, manejar ‖ 商売を一人で切り回す「llevar [administrar] el negocio sin ayuda de nadie

きりみ 切り身　filete *m.* ‖ 魚の切り身 filete *m.* de pescado

きりもり 切り盛り

▶切り盛りする　administrar, dirigir, manejar ‖ 店を切り盛りする llevar una tienda

きりゅう 気流　corriente *f.* atmosférica ‖ 気流が流れる circular *una corriente atmosférica*

きりょう 器量　(容貌) facciones *fpl.*, (才能) talla *f.* ‖ 器量のよい ser guap*o*[*pa*], tener buena presencia ／ 彼には社長になる器量はない Él no tiene talla para ser presidente de la empresa.

ぎりょう 技量　destreza *f.*, habilidad *f.* ‖ 優れた技量 destreza *f.* magistral, gran habilidad *f.* ／ 技量がある/技量を持つ tener「destreza [habilidad] ／ 技量を磨く cultivar una「habilidad [destreza] ／ 技量を認める reconocer la habilidad de ALGUIEN

きりょく 気力　ánimo *m.*, moral *f.*, fuerza *f.* moral, energía *f.* ‖ 強い気力 moral *f.* alta ／ 気力のある anima*do*[*da*], enérgic*o*[*ca*] ／ 気力がある tener moral, tener ánimo ／ 私は話をする気力がない No tengo ánimo para hablar. ／ 気力がとても充実している tener la moral muy alta ／ 気力が弱まる「flaquear [decaer] el ánimo ／ 気力に満ちている estar lle*no*[*na*] de energía ／ 選手たちは気力に欠ける A los jugadores les falta ánimo. ／ 気力を失う perder el ánimo, desanimarse ／ 気力を取り戻す recuperar el ánimo [la moral] ／ 気力を振り絞る《慣用》sacar fuerzas de flaqueza ／ 気力を奮い起こす (誰かの) levantar el ánimo《de》, (自分の) llenarse de moral, reunir todas *sus* fuerzas

きりん 麒麟　jirafa *f.* (雄・雌)

▲麒麟児 ni*ño*[*ña*] *mf.* genial

きる 切る/伐る/斬る/截る　(鋏で) cortar, (接続を) desconectar, (テレビを) apagar, (電話を) colgar, (切り抜く) recortar, (水分を) escurrir, (関係を) romper, (解雇する) despedir ‖ ケーキを切る cortar una tarta ／ 薬指を切る「cortarse [hacerse un corte en] el dedo anular ／ テレビを切る apagar la tele(visión) ／ 携帯電話の電源を切る desconectar el móvil ／ 水を切る escurrir el agua ／ 政治家を切る (批判する) criticar severamente a los políticos ／ 新年まで1週間を切った Falta menos de una semana para Año Nuevo. ／ 100メートルで10秒を切る correr los 100 metros en menos de diez segundos ／ 本を読み切る terminar de leer todo el libro

《慣用》切っても切れない仲である《慣用》ser uña y carne

《慣用》しらを切る fingir ignorancia

きる 着る　ponerse, vestir, (装う) vestirse ‖ シャツを着る ponerse una camisa ／ 今日は何を着ようかな ¿Qué me pongo hoy? ／ 彼は白の上着を着ている Él lleva (puesta) una chaqueta blanca. ／ 彼女は黒い服を着ている Ella va vestida de negro. ／ 他人の罪を着る「pagar [cargar con] las culpas ajenas

キルティング　acolchado *m.*

ギルド　《歴史》gremio *m.*

きれ 切れ/布　tela *f.*

きれ 切れ　trozo *m.*, pieza *f.*, (輪切りの) rodaja *f.*, (薄切りの) tajada *f.* ‖ 一切れのパン un trozo de pan ／ 一切れのパイナップル una rodaja de piña

きれあじ 切れ味　(鋭さ) agudeza *f.* ‖ 切れ味の良い包丁 cuchillo *m.* de cocina muy「afilado [filoso] ／ 切れ味のよい批評 crítica *f.*「acerada [afilada] ／ この包丁は切れ味が良い Este cuchillo corta bien. ／ ナイフの切れ味を試す probar el filo de una navaja

きれい 綺麗

▶きれいな　bonit*o*[*ta*], (容姿の整った) guap*o*[*pa*], (美しい) bell*o*[*lla*], hermos*o*[*sa*], (清潔な) limpi*o*[*pia*], (澄んだ) pur*o*[*ra*], (片付いた) ordena*do*[*da*] ‖ きれいな花 flor *f.* bonita ／ きれいな女優 actriz *f.* guapa ／ きれいな空気 aire *m.* puro ／ きれいな言葉遣いをする utilizar un lenguaje educado ／ きれいな選挙 (公正な) elecciones *fpl.* limpias ／ きれいな心 corazón *m.* noble ／ きれいな字を書く tener buena letra

▶きれいに limpiamente, (完全に) por completo ‖ きれいにする (掃除) limpiar ／ 部屋をきれいに片づける ordenar bien la habitación ／ きれいに戦う (競技で) competir limpiamente, jugar limpio ／ きれいに忘れる olvidar ALGO「por completo [totalmente]／ 政治的野望をきれいにあきらめる renunciar por completo a *sus* aspiraciones políticas

ぎれい 儀礼 ceremonial *m.*, (外交の) protocolo *m.* ‖ 宗教の儀礼 ceremonial *m.* religioso

▶儀礼的(な) protocola*rio*[ria], formula*rio*[ria] ‖ 儀礼的訪問 visita *f.*「de cortesía [protocolar]

▶儀礼的に por cortesía, por formalidad

◾通過儀礼 rito *m.* de「paso [iniciación], iniciación *f.*

きれいごと 綺麗事 ‖ きれいごとで済ます《慣用》「salvar [guardar, cubrir] las apariencias ／ きれいごとを言う decir palabras bonitas

きれいずき 綺麗好き

▶きれい好きな asea*do*[da], lim*pio*[pia], (病的な) escrupulo*so*[sa] ‖ 犬はきれい好きな動物だ El perro es un animal limpio.

きれつ 亀裂 grieta *f.*, raja *f.*, fisura *f.*, (壁の) brecha *f.* ‖ 亀裂ができる abrirse *una grieta*, agrietarse ／ 私たちの友情に亀裂が生じた Se abrió una brecha en nuestra amistad. ／ 党内の亀裂が深まる Se agrava la fractura en el (seno del) partido.

きれはし 切れ端 trozo *m.*, pedazo *m.*, (布など) retal *m.* ‖ 木の切れ端 trozo *m.* de madera

きれま 切れ間 ‖ 雲の切れ間 claro *m.* entre las nubes

きれめ 切れ目 corte *m.* ‖ トマトに切れ目を入れる hacer un corte superficial en el tomate

▶切れ目なく sin interrupción, ininterrumpidamente

きれる 切れる cortarse, romperse, (なくなる) agotarse, acabarse, quedarse《sin》, (期限が) vencer, expirar, caducar ‖ よく切れるナイフ cuchillo *m.* muy「afilado [filoso], cuchillo *m.* que corta bien ／ 手の切れるような100ユーロの新札 flamante billete *m.* de cien euros ／ 糸が切れる cortarse *un hilo* ／ ロープが切れた La cuerda se rompió. ／ インターネットが切れた Se ha cortado Internet. ／ その商品は在庫が切れています Ese artículo está agotado. ／ 食塩が切れてしま

った Nos hemos quedado sin sal. ／ 私のパスポートは来月切れる Mi pasaporte「caduca [expira] el mes que viene. ／ まもなく契約が切れる El contrato「vence [caduca, se extingue, termina] próximamente. ／ 切れる人 (頭が働く) persona *f.*「perspicaz [sagaz] ／ 切れやすい人 (怒りっぽい) persona *f.*「irritable [fácil de enfadarse]

きろ 岐路 encrucijada *f.*, (分岐) bifurcación *f.* ‖ 人生の岐路に立つ「hallarse [encontrarse, estar] en una encrucijada de *su* vida

きろ 帰路 camino *m.* de「vuelta [regreso] ‖ 帰路に就く tomar el camino de「vuelta [regreso]

キロ

◾キロカロリー kilocaloría *f.* (略 kcal)
◾キログラム kilogramo *m.*, kilo *m.* (略 kg)
◾キログラムメートル kilográmetro *m.* (略 kgm)
◾キロサイクル kilociclo *m.* (略 kc)
◾キロバイト *kilobyte m.* (略 kB)
◾キロビット kilobit *m.* (略 kb)
◾キロヘルツ kilohercio *m.* (略 kHz)
◾キロボルト kilovoltio *m.* (略 kV)
◾キロメートル kilómetro *m.* (略 km)
◾キロワット kilovatio *m.* (略 kW)
◾キロワット時 kilovatio *m.* hora (略 kWh)

きろく 記録 registro *m.*, (文書) documento *m.*, (スポーツの) récord *m.*, marca *f.* ‖ 記録を作る establecer un récord ／ 記録を破る「batir [superar, pulverizar, rebasar, sobrepasar] el récord ／ 記録を更新する renovar el récord ／ 戦争中に起きたことを記録に残す「dejar constancia de [registrar] lo ocurrido durante la guerra ／ 会議の記録を取る levantar acta de una reunión

▶記録する registrar, (書き留める) apuntar
▶記録的な ‖ 記録的な干ばつ sequía *f.* sin precedentes ／ 記録的な数字 cifra *f.* récord ／ 記録的な収益を達成する lograr ganancias récord

◾行動記録 ‖ 動物の行動記録を取る registrar el comportamiento de un animal

◾世界記録 récord *m.*「mundial [del mundo] ‖ 世界新記録を出す「establecer [lograr, conseguir] un nuevo récord mundial ／ 世界記録を保持する mantener el récord mundial

◾記録映画 documental *m.*

◾記録係 (会議の) secreta*rio*[ria] *mf.*, (スポーツ・映画) cronometra*dor*[dora] *mf.*, anota*dor*[dora] *mf.*

◾記録文学 (ルポルタージュ) reportaje *m.*

◾記録保持者 plusmarquista *com.*, posee*dor*[dora] *mf.*

ギロチン guillotina *f.* ‖ ギロチンに処する guillotinar,「mandar [enviar] a la guillotina a ALGUIEN

ぎろん 議論 discusión *f.*, debate *m.*, (言い争い) disputa *f.* ‖ 白熱した議論 discusión *f.* acalorada／彼と部長(男性)の間で激しい議論があった Hubo una fuerte discusión entre él y el director.／議論が白熱する acalorarse *una discusión*／議論に勝つ ganar una discusión／議論に負ける perder una discusión／議論の余地のない《形容詞》indiscutible／議論の余地はない No hay lugar a discusiones.／議論の余地がまだある Aún hay puntos que discutir.／議論のための議論をする discutir por discutir／議論を重ねる repetir discusiones／議論を始める「comenzar [abrir] una discusión／議論を呼ぶ「desatar [levantar] una polémica／議論を他の話題に持っていく llevar la discusión a otro tema

▶議論好きな(人) discuti*dor*[*dora*] (*mf.*)
▶議論する debatir, discutir, disputar

きわ 際 ‖ 窓際で junto a la ventana／別れ際に a la hora [en el momento] de la despedida

ぎわく 疑惑 sospecha *f.*, recelo *m.*, suspicacia *f.*, duda *f.* ‖ 疑惑が生じる「surgir [nacer] *una sospecha*／共犯の疑惑から解放される librarse de la sospecha de complicidad／疑惑が深まる aumentar *una sospecha*／疑惑を抱く sospechar, dudar, 「abrigar [tener] una sospecha／疑惑を招く despertar las sospechas de ALGUIEN／疑惑を晴らす「disipar [despejar] las sospechas

きわだつ 際立つ destacarse, distinguirse, sobresalir ‖ 彼女はその頭の良さで際立っている Ella se destaca por su inteligencia.
▶際立った desta*cado*[*da*], notable ‖ 際立った特色 característica *f.*「llamativa [destacada, notable]／際立った違い diferencia *f.*「notable [destacada]／際立った変化は見られない No se nota un cambio importante.
▶際立って notablemente ‖ 際立って美しい女性 mujer *f.*「excepcionalmente [extraordinariamente] bella

きわどい 際疾い (危険な) peligro*so*[*sa*], (みだらな) obsce*no*[*na*], lasci*vo*[*va*] ‖ きわどい勝利 victoria *f.* apretada／きわどい問題 asunto *m.* delicado／きわどいところで《慣用》por un pelo, 《慣用》por los pelos

きわまる 極まる llegar al límite ‖ 寒さ極まる日々 días *mpl.* de frío extremo／彼は無責任極まる／感極まって泣き出す echarse a llorar de tanta emoción

きわみ 極み colmo *m.*, apogeo *m.*, cenit *m.*, cénit *m.* ‖ 非常識の極み colmo *m.* de lo absurdo／栄光の極みにある estar en el apogeo de *su* gloria

きわめて 極めて sumamente, extremadamente, muy ‖ きわめて困難な問題 problema *m.* sumamente difícil (de solucionar)

きわめる 究める estudiar en profundidad, dominar, llegar a la perfección《de》‖ 学問を究める penetrar en los misterios de la ciencia／真理を究める establecer la verdad, (到達する) alcanzar la verdad

きわめる 極める ‖ 頂上を極める「alcanzar [coronar, conquistar] la cima《de》／困難を極める ser sumamente difícil／多忙を極める estar muy ocupa*do*[*da*]／口を極めて褒める deshacerse en elogios《hacia, para, con》

きをつけ 気を付け ‖ 気を付けをする cuadrarse, adoptar la postura de firmes／気を付け《号令》¡Firmes!

きん 金 《化学》oro *m.* 《記号 Au》‖ 24金の指輪 anillo *m.* de oro de 24 quilates／金を磨く bruñir el oro／金を含む aurífe*ro*[*ra*]
▶金の de oro ‖ 金の延べ棒 lingote *m.* de oro
諺 光るもの必ずしも金ならず《諺》No es oro todo lo que reluce.
諺 沈黙は金なり《諺》El silencio es oro.
◪金色 oro *m.*, color *m.* oro ‖ 金色のdora*do*[*da*]
◪金貨 moneda *f.* de oro
◪金塊 pepita *f.* de oro
◪金紙 papel *m.* dorado
◪金市場 mercado *m.* de oro
◪金箔 lámina *f.* de oro
◪金縁眼鏡 gafas *fpl.* con montura de oro
◪金本位制 patrón *m.* oro
◪金メダル medalla *f.* de oro
◪金めっき baño *m.* de oro／金めっきする dorar, bañar ALGO en oro

きん 菌 germen *m.*, (細菌) microbio *m.*, (桿菌) bacilo *m.*, (バクテリア) bacteria *f.* ‖ 菌が繁殖する Se reproducen microbios.
◪結核菌 bacilo *m.* de la tuberculosis

ぎん 銀 《化学》plata *f.* 《記号 Ag》
▶銀の de plata
◪銀色 color *m.*「plata [plateado]‖ 銀色のplatea*do*[*da*]
◪銀貨 moneda *f.* de plata
◪銀細工 platería *f.*
◪銀紙 papel *m.* plateado
◪銀箔 lámina *f.* de plata
◪銀メダル medalla *f.* de plata
◪銀めっき plateado *m.* ‖ 銀めっきする platear, bañar ALGO en plata

きんいつ 均一 uniformidad *f.*
▶均一で ‖ 100円均一で売る vender todo a cien yenes
▶均一の uniforme ‖ 均一の大きさのトマト tomates *mpl.* de tamaño uniforme
▶均一に uniformemente, de forma uniforme ‖ スピーカーはすべての方向に均一に音を出す Los altavoces proyectan el sonido de

forma uniforme en todas direcciones.
- 均一価格〔単一の〕precio *m.* único,《固定の》precio *m.* fijo

きんえん 禁煙‖禁煙《掲示》Prohibido fumar／館内は禁煙となっております Está prohibido fumar en la sala.
- 禁煙する［dejar［abstenerse］de fumar
- 禁煙運動 campaña *f.* antitabaco
- 禁煙外来 consultorio *m.* para dejar de fumar
- 禁煙車 vagón *m.* para no fumadores
- 禁煙席 asientos *mpl.* para no fumadores‖禁煙席をお願いします（レストランで）Una mesa para no fumadores, por favor.

ぎんが 銀河 Vía *f.* Láctea,《通称》Camino *m.* de Santiago
- 銀河系 Galaxia *f.*

きんかい 近海 aguas *fpl.* costeras, zona *f.* litoral‖釧路近海で en aguas de Kushiro, en la costa de Kushiro
- 近海魚 pescado *m.* de「costa［bajura］
- 近海漁業 pesca *f.* costera［de bajura］

きんがく 金額 suma *f.*,（代金）importe *m.*‖大きな金額 gran suma *f.* de dinero／小さな金額 pequeña suma *f.* de dinero／金額を確かめる comprobar「la suma［el importe］,（数え直す）《慣用》pasar el dinero
- 賠償金額 indemnización *f.*‖賠償金額は10万ユーロに達する La indemnización asciende a cien mil euros.

きんがしんねん 謹賀新年 Feliz Año Nuevo

きんかん 近刊
- 近刊の de próxima aparición, que estará próximamente a la venta
- 近刊案内 información *f.* sobre títulos de próxima aparición
- 近刊書 libro *m.* de próxima aparición

きんがん 近眼 miopía *f.*, vista *f.* corta → きんし（近視）‖近眼である tener miopía, ser miope, ser cor*to*［*ta*］de vista
- 近眼の(人) miope (*com.*)
- 近眼用(の)‖近眼用眼鏡 gafas *fpl.* de miope

きんかんがっき 金管楽器 cobres *mpl.*, instrumento *m.* metálico de viento

きんかんしょく 金環食 eclipse *m.* anular

きんきゅう 緊急 urgencia *f.*, emergencia *f.*
- 緊急を要する ser urgente, urgir, requerir (mayor) urgencia‖住民の避難は緊急を要する Urge la evacuación de los vecinos.
- 緊急な／緊急の urgente‖緊急の用事 asunto *m.* urgente
- 緊急に urgentemente, con urgencia
- 緊急会議‖緊急会議を招集する convocar una reunión urgente
- 緊急警報 alerta *f.* de emergencia
- 緊急時‖緊急時に en caso de emergencia
- 緊急事態 emergencia *f.*, alerta *f.* roja‖緊急事態が起こった場合にはすぐに連絡してください Si ocurre alguna emergencia, avíseme enseguida.
- 緊急措置 medidas *fpl.*「urgentes［de emergencia］
- 緊急着陸 aterrizaje *m.* de emergencia
- 緊急電話 teléfono *m.* de emergencia
- 緊急入院 hospitalización *f.* urgente

■■■ **緊急のとき** ■■■

‖よく使う会話表現
- 助けて！¡Socorro!‖¡Auxilio!
- どろぼう！¡Al ladrón!‖¡Ladrón!
- スリだ！¡Carterista!
- 火事だ！¡Fuego!
- 交通事故を起こしました He tenido un accidente de tráfico.
- バッグをとられました Me han robado el bolso.
- 医者［警察、救急車］を呼んでください Llame「a un médico［a la policía, a una ambulancia］, por favor.
- パスポートをなくしました He perdido el pasaporte.
- お金が足りません No tengo dinero suficiente.
- お財布［パスポート、カード］を持ってくるのを忘れました Me he olvidado「la cartera［el pasaporte, la tarjeta］.
- かばんをタクシーに置き忘れました Me dejé la maleta en el taxi.
- トイレに行きたいのですが Quiero ir al baño.
- 往診をお願いしたいのですが Quería pedir una visita a domicilio.
- 気分が悪い Me siento mal.
- 胸が痛みます Me duele el pecho.
- 吐き気がします Tengo náuseas.
- 頭がとても痛みます Me duele mucho la cabeza.
- 妊娠しています Estoy embarazada.
- 心臓が悪いのです Tengo problema(s) de corazón.
- 血圧が高いのです Tengo la tensión alta.
- (この人は)意識を失っています Ha perdido el conocimiento.
- (この人は)やけどを負っています Tiene quemaduras.
- 早く生まれそうです Parece que el parto se ha adelantado.
- 日本語を話せる人はいますか ¿Hay alguien que hable japonés?
- 日本大使館へ連絡してください ¿Puede avisar a la Embajada del Japón?

きんぎょ 金魚　pez *m.* de colores ‖ 金魚を飼っている tener peces de colores
[慣用] 金魚の糞のようにつきまとう 《慣用》pegarse a ALGUIEN como una lapa
☑ 金魚草　boca *f.* de dragón
☑ 金魚鉢　pecera *f.*

きんきょう 近況　novedad *f.*, noticias *fpl.* 「recientes [frescas]」‖ 近況を伝える dar 「novedades [noticias]」／ (私に) 近況をお伝えください Me gustaría tener noticias suyas.

きんきょり 近距離　corta distancia *f.* ‖ 近距離で写真をとる tomar una foto a corta distancia
☑ 近距離列車　tren *m.* de cercanías

きんく 禁句　palabra *f.* prohibida, palabra *f.* tabú ‖ 彼女の前でそれは禁句だ Es palabra tabú para ella.

キング　rey *m.* ⇒おう (王)
☑ キングサーモン　salmón *m.* real
☑ キングサイズ　「talla *f.* [tamaño *m.*]」extra(grande)

きんけん 金権
☑ 金権政治　plutocracia *f.*
☑ 金権政治家　plutócrata *com.*

きんげん 謹厳
▶ 謹厳な　auste*ro*[*ra*], se*rio*[*ria*], formal

きんこ 金庫　caja *f.* fuerte ‖ 金庫にお金をしまう guardar el dinero en una caja fuerte
☑ 手提げ金庫　caja *f.* fuerte portátil
☑ 金庫室 (銀行などの) cámara *f.* acorazada
☑ 金庫破り　asalto *m.* a la caja fuerte, (人) la*drón*[*drona*] *mf.* de cajas fuertes

きんこ 禁固／禁錮　encarcelamiento *m.*
☑ 禁固刑　pena *f.* de prisión ‖ 禁固刑に処す castigar a ALGUIEN con una pena de prisión／5年の禁固刑の判決を下す condenar a ALGUIEN a cinco años de prisión

きんこう 近郊　cercanías *fpl.*, alrededores *mpl.*, periferia *f.* ‖ 札幌とその近郊 Sapporo y sus 「alrededores [periferias]」
▶ 近郊に ‖ 東京近郊に en las afueras de Tokio
▶ 近郊の　perifé*rico*[*ca*], subur*bano*[*na*]
☑ 近郊都市　ciudad *f.* 「suburbana [periférica]」
☑ 近郊農業　agricultura *f.* suburbana

きんこう 均衡　equilibrio *m.* ‖ 勢力の均衡 equilibrio *m.* de fuerzas／均衡のとれた equilibra*do*[*da*]／均衡が崩れる 「alterarse [quebrarse]」el equilibrio／日本チームのゴールで試合の均衡が破れた La igualdad del partido se alteró con el gol del equipo japonés.／収支の均衡を取る equilibrar ingresos y gastos／均衡を保つ 「mantener [guardar]」el equilibrio／均衡を失う perder el equilibrio／均衡を破る 「alterar [quebrar]」el equilibrio
☑ 均衡予算　presupuesto *m.* equilibrado, equilibrio *m.* presupuestario

きんこう 金鉱　(鉱石) mineral *m.* de oro, (鉱脈) yacimiento *m.* 「de oro [aurífero]」, (鉱山) mina *f.* de oro ‖ 金鉱を掘り当てる descubrir un yacimiento de oro

ぎんこう 銀行　banco *m.*, caja *f.*,《集合名詞》banca *f.* ‖ 銀行からお金をおろす sacar dinero de un banco／銀行からお金を借りる recibir un préstamo bancario, pedir prestado dinero a un banco／銀行に預金する depositar dinero en un banco／銀行に口座を開く abrir una cuenta en un banco
☑ 銀行員　emplea*do*[*da*] *mf.* de banco
☑ 銀行家　banque*ro*[*ra*] *mf.*
☑ 銀行券　papel moneda *f.*, billete *m.* de banco
☑ 銀行口座　cuenta *f.* bancaria
☑ 銀行強盗　atraco *m.* al banco, (人) atraca*dor*[*dora*] *mf.* de bancos
☑ 銀行通帳　libreta *f.* bancaria
☑ 銀行振込／銀行振替　transferencia *f.* bancaria ‖ 銀行振替で支払う 「pagar [efectuar el pago]」por transferencia bancaria
☑ 銀行預金　depósito *m.* bancario
☑ 銀行ローン／銀行融資　「crédito *m.* [préstamo *m.*]」bancario

■■■ 銀行で ■■■

‖ よく使う会話表現
● 預金 [両替] の窓口はどちらですか ¿Cuál es la ventanilla de 「depósito [cambio]」?
● 小切手を現金に換えたいのですが Quería cambiar un cheque en efectivo.
● この銀行口座へ振り込みたいのですが Quería hacer una transferencia a esta cuenta.
● 口座を開きたいのですが Quería abrir una cuenta.
● 口座を閉じたいのですが Quería cerrar mi cuenta.
● 自分の口座から引き落としたいのですが Quería domiciliar el pago en mi cuenta.
● 口座間の振替をしたいのですが Quería hacer una transferencia interbancaria.
● キャッシュカードを作りたいのですが Quería hacer una tarjeta de banco.
● キャッシュカードを紛失してしまいました Se me ha perdido la tarjeta bancaria.
● 暗証番号を忘れてしまいました Se me ha olvidado el código personal.
● ATMの使い方を教えてください ¿Podría decirme cómo se usa el cajero automático?
● 今日の為替レートはいくらですか ¿A cómo está el tipo de cambio hoy?
● 定期預金の利子はどのくらいですか ¿Cuál es el tipo de interés de un depósito

a plazo fijo?

きんこつ 筋骨‖筋肉逞しい／筋骨隆々たる muscul*oso[sa]*

きんこんしき 金婚式 bodas *fpl.* de oro‖金婚式を祝う celebrar *sus* bodas de oro

ぎんこんしき 銀婚式 bodas *fpl.* de plata‖銀婚式を祝う celebrar *sus* bodas de plata

きんさ 僅差 diferencia *f.* mínima, margen *m.* estrecho‖僅差で勝つ ganar por un estrecho margen／僅差で負ける perder por un estrecho margen／僅差の勝利 victoria *f.* apretada

きんさく 金策‖金策に奔走する hacer todas las gestiones posibles para conseguir el dinero necesario

きんざん 金山 ⇒きんこう(金鉱)

きんし 近視 miopía *f.*, vista *f.* corta‖近視である tener miopía, ser miope, ser cor*to[ta]* de vista／私の近視は進んでいる Me está aumentando la miopía.

▸近視の(人) miope (*com.*)

◪近視眼‖近視眼的政策 política *f.* miope

きんし 禁止 prohibición *f.*‖禁止を解く／禁止を解除する levantar la prohibición 《de》

▸禁止する prohibir, (法律で) vedar‖インターネットでの医薬品の発売を禁止する prohibir la venta de fármacos por Internet／鳥の狩猟を禁止する「vedar [prohibir] la caza de aves

▸禁止された prohib*ido[da]*

◪駐車禁止《掲示》Prohibido「aparcar [estacionar]

◪通行禁止《掲示》Prohibido el paso

きんじ 近似

▸近似の aproxim*ado[da]*, aproximat*ivo[va]*, parec*ido[da]*

◪近似値 aproximación *f.*, valor *m.* aproximado

きんしかんざい 筋弛緩剤 relajante *m.* muscular

きんジストロフィー 筋ジストロフィー《医学》distrofia *f.* muscular

きんしつ 均質 homogeneidad *f.*

▸均質の homogéne*o[a]*

▸均質化 homogeneización *f.*‖均質化する homogeneizar

きんじつ 近日‖近日中に próximamente, dentro de poco, en breve, (近いうちに) un día de estos

◪近日上映‖当劇場にて近日上映 Próximamente en esta sala

きんじとう 金字塔 monumento *m.*‖スペイン文学の金字塔「monumento *m.* [obra *f.* monumental] de la literatura española

きんしゅ 禁酒 abstinencia *f.* de alcohol

▸禁酒する「dejar [abstenerse] de beber

▸禁酒の(人)(酒を飲まない) abste*mio[mia]* (*mf.*)

◪禁酒主義 antialcoholismo *m.*

◪禁酒法 ley *f.* seca

きんしゅく 緊縮 restricción *f.*, austeridad *f.*, (縮減) reducción *f.*

◪緊縮財政 política *f.* fiscal restrictiva

◪緊縮政策 política *f.* de austeridad

◪緊縮予算 presupuesto *m.* restrictivo

きんじょ 近所 vecindad *f.*‖近所にスーパーはありますか¿Hay un supermercado por aquí cerca?／近所の人 vec*ino[na]* *mf.*,《集合名詞》vecindario *m.*

◪近所迷惑‖近所迷惑になる「causar molestias [molestar] a los vecinos

◪近所付き合い‖私たちはとても良い近所付き合いをしている Tenemos muy buena vecindad aquí.

きんじる 禁じる prohibir, (法律で) vedar ⇒きんし(⇒禁止する)‖公共の場での喫煙は法律で禁じられている Está prohibido por ley fumar en lugares públicos.¦La ley prohíbe fumar en lugares públicos.／固く禁じる prohibir「tajantemente [terminantemente, estrictamente, severamente]／医師(男性)は彼に外出を固く禁じた El médico le prohibió tajantemente [terminantemente] salir a la calle.

▸禁じ得ない‖失笑を禁じ得ない no poder contener la risa／涙を禁じ得ない no poder contener las lágrimas

きんしん 近親 pariente *com.* cerca*no[na]*, familiar *m.* allegado

◪近親結婚 matrimonio *m.* consanguíneo

◪近親相姦 incesto *m.*

きんしん 謹慎

▸謹慎する abstenerse de hacer vida pública para reflexionar y rectificar *su* conducta‖彼は反省して自宅で謹慎している Él permanece en casa para mostrar su arrepentimiento.

きんせい 均整/均斉 proporción *f.*,（左右の）simetría *f.*‖均整のとれた肉体 cuerpo *m.* bien proporcionado

きんせい 近世「Edad *f.* [Época *f.*] Moderna

▸近世の modern*o[na]*

◪近世史 historia *f.* moderna

◪近世文学 literatura *f.* de la Edad Moderna

きんせい 金星 Venus

きんせい 禁制 prohibición *f.*, tabú *m.*

▸禁制の prohib*ido[da]*

◪禁制品 artículo *m.* prohibido

ぎんせかい 銀世界 paisaje *m.* cubierto de nieve‖私の目の前に銀世界が広がっていた Delante de mí se extendía un paisaje cubierto de nieve.

きんせつ 近接 proximidad *f.*

きんせん

▶近接した cercano[na]《a》, próximo[ma]《a》‖空港に近接した土地 terreno m. situado cerca del aeropuerto
▶近接する「encontrarse [estar] situado[da] cerca《de》
◨近接作用《物理》principio m. de localidad

きんせん 金銭 dinero m.
▶金銭の dinerario[ria],《格式語》pecuniario[ria]
▶金銭上の‖金銭上の問題 problema m. de dinero, asunto m.「de dinero [pecuniario]
◨金銭出納帳 libro m. de caja
◨金銭欲 ansia f. de dinero

きんせん 琴線‖琴線に触れる tocar la fibra sensible de ALGUIEN

きんぞく 金属 metal m.
▶金属の metálico[ca]
◨金属アレルギー alergia f. a metales
◨金属音 sonido m. metálico
◨金属加工 elaboración f. de metales
◨金属工 obrero[ra] mf. metalúrgico[ca]
◨金属工業 industria f. metalúrgica, metalurgia f.
◨金属製品 producto m. metálico
◨金属探知器 detector m. de metales
◨金属バット bate m. metálico
◨金属疲労 fatiga f. del metal

きんぞく 勤続‖私はこの会社で勤続10年になります Llevo trabajando diez años en esta empresa. ¦ Tengo diez años de antigüedad en esta empresa.
◨勤続手当 subsidio m. de antigüedad,（特別手当）「prima f. [plus m.] de antigüedad
◨勤続年数 antigüedad f., años mpl. de servicio

きんだい 近代「Edad f. [Época f.] Moderna
▶近代の/近代的な moderno[na]
▶近代化 modernización f.‖組織を近代化する modernizar la organización
◨近代国家 estado m. moderno
◨近代五種競技 pentatlón m. moderno
◨近代史 historia f. de la Edad Moderna, historia f. moderna

きんだん 禁断‖禁断の木の実 fruta f. prohibida
◨禁断症状 síndrome m. de abstinencia‖い禁断症状を感じる sufrir un síndrome de abstinencia「grave [agudo]

きんちょう 緊張 tensión f., nerviosismo m.‖精神の緊張 tensión f. mental／緊張が高まる「aumentar [crecer] la tensión／緊張をほぐす「liberar [aliviar, aligerar, relajar] la tensión／肩の緊張をほぐす運動 ejercicios mpl. para relajar los hombros
▶緊張した（人が） nervioso[sa],（状況が）tenso[sa]‖緊張した雰囲気の中で en un clima de tensión, en un ambiente tenso／緊張した面持ちで con la cara tensa
▶緊張する ponerse nervioso[sa], ponerse tenso[sa]‖彼女はとても緊張している Ella está muy nerviosa.
◨緊張感‖君は仕事における緊張感に欠ける Te falta concentración en el trabajo.
◨緊張関係‖両国間の緊張関係 relaciones fpl.「tensas [tirantes] entre ambos países
◨緊張緩和 distensión f.‖緊張緩和政策 política f. de distensión
◨緊張病 catatonia f.

きんとう 均等 igualdad f.
▶均等な igual‖すべての人に均等な機会を与える「dar [ofrecer] oportunidades iguales para todos
▶均等に por igual, con igualdad, de forma alícuota‖均等に分ける「dividir [repartir] ALGO en partes iguales／利益を均等に配分する repartir por igual las ganancias

きんとう 近東 Oriente m. Próximo, Cercano Oriente m.

ぎんなん 銀杏 semilla f. de ginkgo

きんにく 筋肉 músculo m.‖締まった筋肉 músculo m.「duro [fortalecido]／柔軟性のある筋肉 músculo m. elástico／筋肉がつかぽるなる musculoso[sa]／筋肉がこわばる agarrotarse el músculo／筋肉を鍛える「ejercitar [fortalecer] los músculos／筋肉をほぐす relajar los músculos
◨筋肉弛緩 relajación f. muscular
◨筋肉質‖筋肉質の musculoso[sa]
◨筋肉組織 musculatura f.
◨筋肉注射 inyección f. intramuscular
◨筋肉痛 dolores mpl. musculares,（運動の後の）agujetas fpl.
◨筋肉疲労 fatiga f. muscular

きんねん 近年‖近年（は）en「los [estos] últimos años,「en [durante] estos últimos años／近年まれに見る事件だ Es el caso más raro que ha ocurrido en los últimos años.／近年にない高値 el precio más alto en estos últimos años

きんぱく 緊迫 tensión f.
▶緊迫する ponerse tenso[sa]
▶緊迫した‖緊迫した状況 situación f. tensa, clima m. tenso

きんぱつ 金髪「pelo m. [cabello m.] rubio‖金髪に染める（自分の髪を）teñirse de rubio[bia]
▶金髪の（人）rubio[bia]（mf.）

きんぴか 金ぴか relumbrón m.
▶金ぴかの relumbrante,（光る）reluciente, brillante,《慣用》como los chorros del oro‖金ぴかの衣装 vestido m.「brillante [reluciente]

きんぴん 金品 dinero m. y objetos mpl.‖金品の贈与を受ける aceptar dinero y regalos,（賄賂をもらう）aceptar sobornos／金

品を奪う robar dinero y objetos de valor, desvalijar

きんべん 勤勉　laboriosidad *f.*, diligencia *f.*, aplicación *f.* ‖ 彼女はとても勤勉だ Ella es muy ⌈laboriosa [trabajadora].
▶勤勉な laborio*so*[*sa*], diligente, aplica*do*[*da*] ‖ 勤勉な態度で con actitud diligente
▶勤勉に laboriosamente, diligentemente, con aplicación
◪勤勉家 persona *f.* ⌈laboriosa [aplicada, trabajadora]

きんぺん 近辺　vecindad *f.*, alrededores *mpl.* ⇒ きんじょ(近所) ‖ 近辺を探す buscar en *sus* alrededores

ぎんみ 吟味
▶吟味する examinar ALGO a fondo, (熟考する) reflexionar, (選ぶ) seleccionar ‖ 材料を吟味する (料理の) seleccionar cuidadosamente los ingredientes ／ 計画を吟味する examinar detalladamente un plan

きんみつ 緊密　⇒ みっせつ(密接)
▶緊密な estre*cho*[*cha*], ínti*mo*[*ma*] ‖ スペインとラテンアメリカの緊密な関係 estrechas relaciones *fpl.* entre España y América Latina
▶緊密に estrechamente ‖ 緊密に連絡をとる mantener contacto estrecho 《con》, comunicarse estrechamente 《con》
▶緊密にする ‖ ～との協力を緊密にする estrechar la colaboración 《con》, colaborar estrechamente 《con》

きんみゃく 金脈　(鉱脈) (比喩的にも使う) filón *m.* de oro, (資金源) fuente *f.* de fondos ‖ 大統領の金脈を探る indagar sobre las conexiones financieras ⌈del presidente [de la presidenta]

きんむ 勤務　trabajo *m.*, servicio *m.* ‖ 勤務中である estar de servicio ／ 勤務中の事故 accidente *m.* ocurrido durante el trabajo, (労働災害) accidente *m.* ⌈de trabajo [laboral]
▶勤務する trabajar 《en》 ‖ 彼は旅行会社に勤務している Él trabaja en una agencia de viajes.
◪勤務先 lugar *m.* de trabajo, trabajo *m.*
◪勤務時間 horario *m.* de trabajo
◪勤務条件 condiciones *fpl.* laborales
◪勤務態度 actitud *f.* laboral
◪勤務評定 evaluación *f.* del ⌈rendimiento [desempeño] laboral

きんもくせい 金木犀　olivo *m.* oloroso, osmanto *m.*

きんもつ 禁物 ‖ 油断は禁物だ No se debe bajar la guardia. ／ 糖尿病患者に砂糖は禁物だ Los diabéticos tienen prohibido el consumo de azúcar.

きんゆ 禁輸　embargo *m.* (comercial)
◪禁輸措置 ‖ 禁輸措置をとる imponer el embargo comercial ／ 禁輸措置を解除する levantar el embargo comercial
◪禁輸品 producto *m.* prohibido
◪禁輸品目 lista *f.* de productos prohibidos

きんゆう 金融　finanzas *fpl.*
▶金融の financie*ro*[*ra*], (通貨の) moneta*rio*[*ria*]
◪金融界 ⌈sector *m.* [mundo *m.*] financiero
◪金融緩和 ⌈relajación *f.* [flexibilización *f.*] monetaria
◪金融機関/金融会社 entidad *f.* [empresa *f.*] financiera
◪金融危機 crisis *f.*[=*pl.*] financiera
◪金融恐慌 pánico *m.* financiero ‖ 金融恐慌の恐れがある Se teme que se produzca un pánico financiero.
◪金融業者 financie*ro*[*ra*] *mf.*
◪金融工学 ingeniería *f.* financiera
◪金融公庫 corporación *f.* financiera
◪金融市場 mercado *m.* financiero
◪金融資本 capital *m.* financiero
◪金融自由化 liberalización *f.* financiera
◪金融商品 artículo *m.* financiero
◪金融政策 política *f.* financiera
◪金融庁 Agencia *f.* de Servicios Financieros
◪金融引き締め restricción *f.* financiera

きんようび 金曜日　viernes *m.*[=*pl.*]
▶金曜日に el viernes ‖ 10日の金曜日に el viernes 10

きんよく 禁欲　ascetismo *m.*, abstinencia *f.*, (性欲の) continencia *f.*
▶禁欲する practicar la abstinencia
▶禁欲的な ascéti*co*[*ca*], abstinente ‖ 禁欲的な生活をする llevar una vida ascética
◪禁欲主義 ascetismo *m.*
◪禁欲主義者 asceta *com.*

きんらい 近来　últimamente, recientemente ⇒ さいきん(最近)・きんねん(近年)

きんり 金利　interés *m.*, (利率) tipo *m.* de interés ‖ 金利は年5パーセントである El tipo de interés es del 5% (cinco por ciento) anual. ／ 高い[低い]金利 tipo *m.* de interés alto [bajo] ／ 金利が上がる ⌈subir [aumentar] *el tipo de interés* ／ 金利が下がる bajar *el tipo de interés* ／ 金利を引き上げる[引き下げる] ⌈elevar [reducir] el tipo de interés ／ 金利で生活する vivir de las rentas

きんりょう 禁漁　veda *f.* de pesca ‖ 禁漁を解禁する levantar la veda (de pesca)
◪禁漁区 vedado *m.* de pesca

きんりょう 禁猟　veda *f.* de caza ‖ 明日禁猟が始まる La veda de caza comienza mañana. ／ 禁猟を解禁する ⌈levantar [abrir] la veda (de caza)
◪禁猟区 vedado *m.* de caza, ⌈terreno *m.* [coto *m.*] vedado

きんりょく 筋力　fuerza *f.* muscular ‖ 筋力

きんりん 近隣 vecindad *f.*
◪ 近隣諸国 países *mpl.* vecinos

きんろう 勤労 trabajo *m.*
◪ 勤労意欲 voluntad *f.* de trabajar
◪ 勤労感謝の日 Día *m.* de Acción de Gracias por el Trabajo
◪ 勤労者 trabaja*dor*[*dora*] *mf.*
◪ 勤労所得 renta *f.* de trabajo
◪ 勤労奉仕 servicio *m.* voluntario

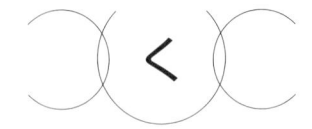

く

く 九 nueve *m.* ⇒ きゅう(九)
く 区 distrito *m.*, barrio *m.*
◪ 区議会 asamblea *f.* municipal ⇒ しぎかい(市議会)
く 句 frase *f.*, 《文法》 sintagma *m.*, (詩句) verso *m.*
◪ 名詞句《文法》「grupo *m.* [sintagma *m.*, frase *f.*] nominal
く 苦 ‖ 私は貧乏が苦にならない Me trae sin cuidado la pobreza. ／彼女は借金をとても苦にしている La deuda contraída la tiene muy angustiada. ／父は病気を苦にしていた A mi padre lo tenía angustiado su enfermedad. ／彼女は1時間歩くことを苦にしない A ella no le cuesta nada caminar una hora. ／苦もなく sin ningún problema, (簡単に) sin dificultad alguna
〔諺〕苦は楽の種《諺》No hay miel sin hiel.
〔諺〕苦あれば楽あり《諺》No hay anverso sin reverso.
ぐ 具 ‖ 具だくさんの味噌汁 sopa *f.* de miso con muchos ingredientes
ぐ 愚
〔慣用〕愚の骨頂である ser la locura más absoluta
〔慣用〕愚にもつかない‖愚にもつかない冗談 un chiste de lo más tonto
ぐあい 具合 ‖ 具合がよい (体調) encontrarse bien, (機械の) funcionar bien, (都合) convenir ／具合が悪い (体調) encontrarse mal, (機械的) funcionar mal, (都合) no convenir ／体の具合はどうですか ¿Cómo se encuentra usted de salud? ／眼鏡の具合はどうですか ¿Cómo le sientan las gafas? ／うまい具合に (都合よく) oportunamente ／うまい具合に事が運ぶ《慣用》Las cosas van viento en popa. ／これはどんな具合にするのですか ¿Cómo se hace esto? ／こういう具合にします Se hace así.
〔慣用〕ふところ具合が悪い andar mal de dinero
グアテマラ Guatemala
▶ グアテマラの guatemalte*co*[*ca*]
◪ グアテマラ人 guatemalte*co*[*ca*] *mf.*
くい 杭 estaca *f.*, pilote *m.* ‖ くいを打つ clavar 「una estaca [un pilote]《en》／くいを抜く sacar 「una estaca [un pilote]
〔諺〕出るくいは打たれる《諺》El clavo que sobresale recibe un martillazo.
◪ くい打ち (機械) martinete *m.*
くい 悔い arrepentimiento *m.* ⇒ こうかい(後悔)‖ 後々まで悔いが残る arrepentirse durante mucho tiempo ／まったく悔いがない no arrepentirse de nada ／悔いが多い人生 vida *f.* llena de arrepentimiento ／悔いのない人生 vida *f.* sin arrepentimiento
ぐい
▶ ぐいと ‖ ロープをぐいと引っ張る tirar 「con fuerza [fuerte] de la cuerda
くいあらためる 悔い改める arrepentirse y enmendarse, 《慣用》volver al redil
くいいじ 食い意地 ‖ 食い意地が張っている ser glot*ón*[*tona*], ser comil*ón*[*lona*]
くいいる 食い入る ‖ 食い入るように見つめる mirar con mucha atención, 《慣用》no quitar los ojos de
クイーン reina *f.*, (チェスの) dama *f.* ⇒ じょおう(女王) ‖ ダイヤのクイーン (トランプ) reina *f.* de diamantes
くいき 区域 área *f.*, zona *f.*, recinto *m.*
◪ 喫煙区域 zona *f.* (reservada) para fumadores
◪ 立ち入り禁止区域 zona *f.* de acceso prohibido
ぐいぐい ‖ ぐいぐい飲む beber a grandes tragos ／ぐいぐい押す empujar con fuerza ／この映画は観客をぐいぐい惹き付ける Esta película atrae 「poderosamente [magnéticamente] a los espectadores.
くいこむ 食い込む (入り込む) meterse 《en》, introducirse 《en》, (他の領域に入る) penetrar 《en》, invadir ‖ 3位に食い込む 「llegar a [conseguir] clasificarse en el tercer puesto ／市場に食い込む 「penetrar en [invadir] el mercado ／心に食い込む atraer el corazón 《de》／親指のつめが肉に食い込んだ

Se me ha encarnado la uña del dedo gordo. ／相手のパンチが彼の顔面に食い込んだ Su adversario le encajó un golpe en la cara. ／会議が昼食時間に食い込んだ La reunión se 「prolongó [alargó] hasta la hora de comer. ／塀が隣家の敷地に食い込んでいる El muro invade el suelo de la casa vecina.

くいさがる　食い下がる　no desistir, no ceder ‖ 必死に食い下がる（戦う）《慣用》「luchar [pelear] con uñas y dientes

くいしばる　食いしばる‖歯を食いしばる apretar los dientes

くいしんぼう　食いしん坊　comi*lón*[*lona*] *mf*., glot*ón*[*tona*] *mf*.

クイズ　adivinanza *f*.
◪クイズ番組（テレビの）concurso *m*. televisivo ‖ クイズ番組の司会者 presenta*dor* [*dora*] *mf*. del concurso

くいちがい　食い違い　discrepancia *f*., desacuerdo *m*.,（矛盾）contradicción *f*. ‖ 委員の間で意見の食い違いがある Hay una discrepancia de opiniones entre los miembros del comité. ／君の言うこととすることには食い違いがある Lo que dices es contradictorio con lo que haces.

くいちがう　食い違う　discrepar《de》, disentir《de》, estar en desacuerdo《con》,（矛盾する）contradecirse《con》‖ 彼の意見は私たちの意見と食い違う Su opinión discrepa de la nuestra. ／二人の証人の証言が食い違う Los testimonios de dos testigos se contradicen. ／その証言は事実と食い違っている El testimonio está en contradicción con los hechos.

くいちぎる　食いちぎる　destrozar con los dientes

クイック
◪クイックターン（水泳）viraje *m*. subacuático (del nadador)
◪クイックモーション‖《野球》クイックモーションで投げる lanzar con un movimiento rápido

くいつく　食い付く　morder ‖ 魚がえさに食いついた Un pez 「mordió [picó] el anzuelo.

くいつなぐ　食い繋ぐ　malvivir, sobrevivir, (その日暮らしをする)《慣用》vivir al día ‖ 貯金で食いつなぐ sobrevivir con *sus* ahorros

くいつぶす　食い潰す‖全財産を食いつぶす gastar toda *su* fortuna

くいどうらく　食い道楽　gastronomía *f*., (人) gastróno*mo*[*ma*] *mf*.,《フランス語》*gourmet com*.

くいとめる　食い止める　(阻止する)　detener, impedir, frenar,（防ぐ）prevenir ‖ 地球温暖化を食い止める「frenar [detener] el calentamiento global ／伝染病の感染拡大を食い止める「impedir [detener, evitar] la propagación de una epidemia ／損害を最小限に食い止める minimizar los daños

くいにげ　食い逃げ
❷食い逃げする「irse [marcharse] sin pagar la cuenta,《スペイン》hacer un 「sinpa [simpa],《チリ》《慣用》hacer perro muerto

くいもの　食い物 ⇒**たべもの（食べ物）**

くいる　悔いる　arrepentirse《de》, tener arrepentimiento

くう　空‖空を切って飛ぶ volar cortando el aire ／空をつかむ 「asir [agarrar] el aire ／空をにらむ mirar en el vacío ／空に消える desaparecer en el vacío de los espacios ／空に帰する 「convertirse en [reducirse a] nada ／空の空なるもの vanidad *f*. de vanidades

くう　食う　(食べる) comer, (生活する) vivir ⇒**たべる（食べる）**‖ 飯を食う comer ／食うために働く trabajar para comer ／食うに困る pasar 「necesidades [apuros económicos] ／(魚が)えさを食う morder el anzuelo ／虫が食う picar ／私は蚊に食われた Me ha picado un mosquito. ／時間を食う 「consumir [llevar] tiempo ／ガソリンを食う 「gastar [consumir] mucha gasolina ／年を食う envejecer(se), hacerse vie*jo*[*ja*], cumplir años ／優勝候補を食う ganar 「la favorita [a la favorita] ／主役を食う《慣用》dejar chi*co*[*ca*] 「al [a la] protagonista ／客を食う(奪う) llevarse a 「la clientela [los clientes] ／その手は食わない No voy a caer en esa trampa. ／人を食った態度 actitud *f*. burlona
〔慣用〕食うか食われるか‖食うか食われるかの争い lucha *f*. 「a muerte [sin cuartel]
〔慣用〕食うや食わず‖食うや食わずの生活をする vivir 「en la indigencia [con muchas necesidades],《慣用》morirse de hambre
〔慣用〕食ってかかる meter *se*《con》, atacar
〔慣用〕一杯食わされる‖私は一杯食わされた《慣用》Me han engañado como a un niño.

ぐうい　寓意　alegoría *f*.
❷寓意的な alegóri*co*[*ca*]

くうかん　空間　espacio *m*. ‖ はてしない空間 espacio *m*. interminable ／遊びの空間 holgura *f*. de espacio ／時間と空間 el tiempo y el espacio ／広い空間 espacio *m*. amplio ／狭い空間 espacio *m*. 「reducido [exiguo] ／大きな空間 espacio *m*. grande ／城壁に囲まれた空間 espacio *m*. rodeado de murallas ／空間がある haber espacio《動詞は3人称単数形の無主語で》／空間を占める ocupar el espacio

くうき　空気　aire *m*.,（雰囲気）ambiente *m*., clima *m*., atmósfera *f*. ‖ 澄んだ空気 aire *m*. puro ／新鮮な空気 aire *m*. fresco ／大都会の空気 ambiente *m*. de una gran ciudad ／教室の空気になじむ acostumbrarse al ambiente de la clase ／職場の空気 ambiente

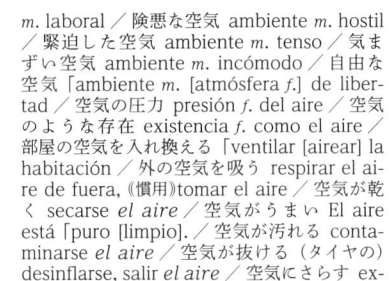

m. laboral ／険悪な空気 ambiente *m.* hostil ／緊迫した空気 ambiente *m.* tenso ／気まずい空気 ambiente *m.* incómodo ／自由な空気「ambiente *m.* [atmósfera *f.*] de libertad ／空気の圧力 presión *f.* del aire ／空気のような存在 existencia *f.* como el aire ／部屋の空気を入れ換える「ventilar [airear] la habitación ／外の空気を吸う respirar el aire de fuera,《慣用》tomar el aire ／空気が乾く secarse *el aire* ／空気がうまい El aire está「puro [limpio]. ／空気が汚れる contaminarse *el aire* ／空気が抜ける（タイヤの）desinflarse, salir *el aire* ／空気にさらす exponer al aire (libre)
[慣用] 空気を読む captar el ambiente
◪空気入れ bomba *f.* de aire
◪空気汚染 contaminación *f.* 「atmosférica [del aire]
◪空気感染 contagio *m.* por「(el) aire [vía aérea]
◪空気銃 escopeta *f.* de aire comprimido
◪空気清浄器 purificador *m.* de aire
◪空気力学 aerodinámica *f.*
くうきょ 空虚 vacío *m.*, vacuidad *f.*
▶空虚な vac*ío*[a], va*no*[na]
◪空虚感 sensación *f.* de vacuidad
ぐうぐう ▶ぐうぐう寝る《慣用》dormir como un tronco ／ぐうぐういびきをかく roncar como un bendito ／お腹がぐうぐう鳴る Me suenan las tripas.
くうぐん 空軍 fuerzas *fpl.* aéreas, Ejército *m.* del Aire
◪空軍機 avión *m.* del Ejército del Aire
◪空軍基地 base *f.* aérea
◪空軍士官学校 academia *f.* militar aérea
くうこう 空港 aeropuerto *m.* ‖ 空港を離陸する despegar del aeropuerto ／空港に着陸する aterrizar en el aeropuerto ／空港に迎えに行く ir a buscar al aeropuerto a ALGUIEN ／空港の近くにホテルを取る reservar un hotel cerca del aeropuerto ／空港までいくらですか ¿Cuánto cuesta hasta el aeropuerto?
◪国際空港 aeropuerto *m.* internacional ‖ 成田国際空港 Aeropuerto *m.* Internacional de Narita
◪空港税 tasa *f.*「aeroportuaria [de aeropuerto]
くうしつ 空室 habitación *f.* libre ‖ 7月7日に空室はありますか ¿Tienen una habitación disponible para el 7 de julio?
くうしゃ 空車 （タクシーの）taxi *m.* libre
くうしゅう 空襲 bombardeo *m.* aéreo
◪空襲警報 alarma *f.* de bombardeo aéreo
くうしょ 空所 espacio *m.* en blanco ‖ 空所を埋める「rellenar [completar] el espacio en blanco
ぐうすう 偶数 número *m.* par

▶偶数の par
◪偶数日 día *m.* par
◪偶数頁 página *f.* par
くうせき 空席 （座席）asiento *m.*「libre [desocupado, vacío], (欠員) vacante *f.* ‖ 今日のコンサートは空席が目立つ Se ven muchos asientos vacíos en el concierto de hoy. ／彼が取締役会の空席を埋めた Él ocupó la vacante en la junta directiva.
◪空席待ち ‖ 空席待ちをする estar en lista de espera
くうぜん 空前
▶空前の sin precedentes, jamás vis*to*[ta] ni antes ni después ‖ その映画は空前の観客動員数を記録した Esa película batió el récord histórico de espectadores.
◪空前絶後 ‖ 空前絶後の冒険 aventura *f.* jamás vista ni oída
ぐうぜん 偶然 casualidad *f.*, azar *m.* ‖ 偶然会う encontrarse「casualmente [por casualidad] 《con》／偶然と必然 la casualidad y la necesidad
▶偶然の casual, eventual, accidental ‖ 偶然の発見 descubrimiento *m.* casual ／偶然の一致 coincidencia *f.* casual
▶偶然に(も) por casualidad, casualmente, por azar, por accidente ‖ 偶然に一致する coincidir casualmente ／偶然に頼る contar con la「suerte [casualidad]
くうそう 空想 imaginación *f.*, fantasía *f.* ‖ 空想の産物 producto *m.* de la imaginación ／空想の世界 mundo *m.* de la fantasía ／ばかげた空想 fantasía *f.* excéntrica ／空想にふける dejarse llevar por la imaginación ／空想に胸ふくらます dar rienda suelta a la fantasía
▶空想上の imagina*rio*[ria], fantást*ico*[ca]
▶空想する imaginar, fantasear, dejar correr la imaginación
◪空想家 soñad*or*[dora] *mf.*
◪空想科学小説 novela *f.* de ciencia ficción
◪空想的社会主義 socialismo *m.* utópico
ぐうぞう 偶像 ídolo *m.* ‖ 若者の偶像 ídolo *m.* de los jóvenes ／落ちた偶像 ídolo *m.* caído ／偶像を崇拝する idolatrar ／偶像にすぎない no ser más que un ídolo
▶偶像化/偶像視 idolatría *f.* ‖ 偶像化する/偶像視する idolatrar
◪偶像崇拝 idolatría *f.*
◪偶像破壊 iconoclasia *f.*
◪偶像破壊者 iconoclasta *com.*
ぐうたら
▶ぐうたらな perez*oso*[sa], holgaz*án*[zana], gand*ul*[dula] ‖ ぐうたらな生活を送る llevar una vida perezosa
くうちゅう 空中
▶空中の aér*eo*[a]
▶空中に en el aire

■空中警戒管制システム sistema *m.* de alerta (temprana) y control aerotransportado
■空中権 derecho *m.* del espacio aéreo
■空中衝突 choque *m.* aéreo, colisión *f.* aérea
■空中戦 combate *m.* aéreo, batalla *f.* aérea
■空中ぶらんこ trapecio *m.*
■空中分解 desintegración *f.* en el aire ‖ ヘリコプターは空中分解した El helicóptero se desintegró en el aire.
■空中補給 reabastecimiento *m.* en vuelo

くうちょう 空調 acondicionamiento *m.* de aire
■空調機 aire *m.* acondicionado ⇒エアコン

クーデター golpe *m.* de Estado ‖ クーデターを起こす dar un golpe de Estado

くうてん 空転 (車輪の) movimiento *m.* en vacío, (スリップ) patinaje *m.*, patinazo *m.* ⇒からまわり(空回り)
▶空転する moverse en vacío, (スリップする) patinar ‖ 国会の審議が空転している Los debates en la Dieta permanecen paralizados.

くうどう 空洞 hueco *m.*, cavidad *f.* ‖ 空洞のある hue*co*[*ca*], vacío[a]
▶空洞化‖産業の空洞化 debilitamiento *m.* de la industria

ぐうのね ぐうの音 ‖ ぐうの音も出ない no poder replicar nada

くうはく 空白 blanco *m.*, vacío *m.* ‖ 空白の欄/空白の部分 espacio *m.* en blanco / 記憶の空白「vacío *m.* [laguna *f.*] en la memoria / 時間の空白 vacío *m.* [temporal (de tiempo], laguna *f.* de tiempo / 心の空白を埋める ocupar un hueco en el corazón
■政治的空白 vacío *m.* político, (国家元首の不在期間)《格式語》interregno *m.*

くうばく 空爆 bombardeo *m.* aéreo
▶空爆する realizar un bombardeo aéreo, bombardear desde el aire

ぐうはつ 偶発
▶偶発する ocurrir accidentalmente
▶偶発的な accidental, eventual, contingente
■偶発性 contingencia *f.*, eventualidad *f.*

くうひ 空費 derroche *m.*, despilfarro *m.*
▶空費する ‖ 時間と金を空費する「malgastar [despilfarrar] el tiempo y el dinero

くうふく 空腹 hambre *f.* ‖ 空腹である tener hambre / 空腹を感じる sentir hambre / 空腹を満たす satisfacer el hambre / 空腹を紛らわす engañar「el [al] hambre
■空腹感 sensación *f.* de hambre

クーペ 《自動車》cupé *m.*
くうぼ 空母 portaaviones *m.*[=*pl.*]
くうほう 空砲 disparo *m.* de fogueo ‖ 空砲を放つ disparar sin bala(s)

クーポン cupón *m.*, vale *m.*
■クーポン券 cupón *m.*, vale *m.* ‖ このクーポン券は次回のお買物にご利用になれます Este cupón se puede utilizar en la próxima compra.

くうゆ 空輸 transporte *m.* aéreo
▶空輸する transportar por「avión [vía aérea]

クーラー (空調機) aire *m.* acondicionado, (冷却器) refrigerador *m.*, (クーラーボックス) nevera *f.* portátil ‖ クーラーを取り付ける instalar un (aparato de) aire acondicionado / クーラーが利いている estar climatiza*do*[*da*] / クーラーを入れる「encender [poner en marcha] el aire acondicionado / クーラーを消す apagar el aire acondicionado

くうらん 空欄 「espacio *m.* [columna *f.*] en blanco ‖ 空欄を埋める「rellenar [completar] el espacio en blanco

クーリングオフ
■クーリングオフ期間 plazo *m.* de retractación

クール
▶クールな (冷たい) frío[a], (冷静な) sere*no*[*na*], flemático[ca], imperturbable ‖ クールな persona *f.* flemática

くれい 空冷 refrigeración *f.* por aire
■空冷エンジン motor *m.* refrigerado por aire

くうろ 空路 ruta *f.* aérea
▶空路(で) (飛行機で) en avión, (航空便で) por「vía aérea [avión] ‖ 空路マドリードへ向かう volar a Madrid, ir a Madrid en avión

くうろん 空論 teoría *f.* irrealizable, mera teoría *f.*, argumento *m.* vano

ぐうわ 寓話 fábula *f.*, alegoría *f.*

クエスチョンマーク signo *m.* de interrogación ⇒ぎもん(⇒疑問符) ‖ クエスチョンマークをつける poner un signo de interrogación

クォーク 《物理》《英語》quark *m.*

クォーツ
■クォーツ時計 reloj *m.* de cuarzo

クォーテーションマーク comillas *fpl.* ‖ 引用の前後にクォーテーションマークをつける Se ponen comillas al principio y al final de una cita.

くかく 区画 división *f.*, (土地の) parcela *f.*, parcelación *f.* ‖ 一区画買う comprar una parcela
▶区画する parcelar ‖ 土地を区画する parcelar un terreno, dividir un terreno en parcelas
■区画整理 (農地の) concentración *f.* parcelaria, (市街地の) ordenación *f.* del suelo

くがく 苦学
▶苦学する estudiar trabajando
■苦学生 estudiante *com.* trabaja*dor*[*dora*]

くがつ 九月 septiembre *m*.
▶9月に en (el mes de) septiembre
くかん 区間 （高速道路の）tramo *m*., （バス・鉄道の）trayecto *m*., recorrido *m*., 《数学》intervalo *m*.
▣乗車区間「trayecto *m*. [recorrido *m*.] de viaje
くき 茎 tallo *m*.
くぎ 釘 clavo *m*., （細い釘）punta *f*. ‖ 釘の頭 cabeza *f*. de punta ／ 釘を打つ clavar una punta ／ 金槌で釘を打つ golpear una punta con el martillo, martillear una punta ／ 釘を抜く「sacar [arrancar] una punta, desclavar ／ 釘に掛ける colgar de una punta ／ セーターを釘に引っ掛けた Se me enganchó el jersey en una punta. ／ 釘で固定する fijar con puntas
(慣用)釘をさす（注意する）advertir,《慣用》llamar a ALGUIEN al orden
▣釘抜き sacaclavos *m*.[=*pl*.], desclavador *m*.
くぎづけ 釘付け
▶釘付けになる ‖ テレビに釘付けになる quedarse clavado[da] ante el televisor
くきょう 苦境 apuro *m*., aprieto *m*., atolladero *m*., situación *f*. difícil, dificultad *f*., 《慣用》callejón *m*. sin salida ‖ 苦境にある「estar [encontrarse, verse] en un apuro ／ 苦境に落とし入れる poner en un apuro a ALGUIEN ／ 苦境に落ち込む/苦境に陥る meterse en un apuro ／ 苦境に立つ「encontrarse [estar] ante una situación difícil ／ 苦境に耐える「soportar [sobrellevar, aguantar] una situación difícil ／ 苦境を救う sacar de un apuro a ALGUIEN ／ 苦境を脱出する「salir [librarse] de un apuro
くぎり 区切り/句切り división *f*., （段落）párrafo *m*. ‖ 仕事に区切りをつける poner punto final a un trabajo ／ 区切りのいい所で休憩する tomar un descanso en el momento oportuno
くぎる 区切る/句切る （分割する）dividir, （分離する）separar ‖ 言葉を句切って話す hablar con pausas entre palabras ／ 作文を句読点で区切る puntuar una redacción ／ 広間を2つに区切る dividir el salón en dos ／ 時間を区切る dividir el tiempo
くく 九九 （九九の表）tabla *f*. de multiplicar ‖ 九九を覚える aprender la tabla de multiplicar, aprender a multiplicar
くくる 括る juntar, agrupar ‖ 縄でくくる atar con un cordón ／ 単語をかっこでくくる poner una palabra entre paréntesis ／ 首をくくる（自分の）ahorcarse ／ シャツの袖をくくりあげる arremangarse la camisa
くぐる 潜る （下を）pasar por debajo《de》, （通り抜ける）pasar (por) ‖ 橋の下をくぐる pasar por debajo de un puente ／ 門をくぐる pasar por una puerta ／ 火をくぐる pasar entre llamas de fuego ／ 警察の非常線をくぐる burlar el cordón policial
(慣用)法の網をくぐる escapar(se) de la red legislativa
くげ 公家 aristócrata *com*. de la corte imperial japonesa
くげん 苦言 ‖ 苦言を呈する dar un consejo sincero《a》
くさ 草 hierba *f*., （雑草）malas hierbas *fpl*., 《集合名詞》maleza *f*. ‖ 草を刈る「segar [cortar] la hierba ／ 草を食べる comer hierba ／ 畑の草を取る「quitar [arrancar] la hierba del huerto, arrancar la maleza del huerto, escardar el huerto ／ 草ぼうぼうの庭 jardín *m*. invadido de「malas hierbas [maleza]
▶草の herbáceo[a]
▣草競馬 carrera *f*. de caballos popular, （地方競馬）carrera *f*. de caballos local
くさい 臭い maloliente, apestoso[sa], （臭う）oler mal, （悪臭がする）apestar ‖ 臭い！¡Qué peste! ／ ガス臭い Huele a gas. ／ 焦げ臭い Huele a quemado. ／ たばこ臭い Huele a cigarrillo. ／ 君は口が臭い Te huele mal「la boca [el aliento]. ／ シャツが臭い La camiseta huele mal. ／ それはいんちきくさい Eso suena a falso. ／ 役人くさい tener aire de funcionario[ria]
(慣用)臭い物に蓋をする tapar el escándalo
(慣用)臭い飯を食う ‖ 彼は臭い飯を食ったことがある Él ha estado en prisión.
くさかり 草刈り siega *f*.
▶草刈りをする segar la hierba
▣草刈り機 segadora *f*. de hierba
くさき 草木 plantas *fpl*., 《集合名詞》vegetación *f*.
くさとり 草取り escarda *f*., escardadura *f*. ‖ 庭の草取りをする「quitar [arrancar] la hierba del jardín, 「escardar [desherbar] el jardín
くさのね 草の根 ‖ 草の根を分けても探す buscar por todos los rincones
▣草の根運動 movimiento *m*. popular, activismo *m*. *grassroots*
くさばな 草花 plantas *fpl*. de flor
くさはら 草原 prado *m*., pradera *f*.
くさび 楔 cuña *f*. ‖ くさびを打ち込む acuñar, meter una cuña《en》
(慣用)敵陣にくさびを打ち込む abrir una brecha en las líneas enemigas
▶くさび形の cuneiforme
▣楔形文字 escritura *f*. cuneiforme
くさみ 臭み mal olor *m*., （悪臭）peste *f*., hedor *m*. ‖ 臭みをとる「quitar [eliminar] el mal olor《de》, desodorizar
くさむら 草むら/叢 maleza *f*., （茂み）espesura *f*.

くさやきゅう 草野球 béisbol *m.* de aficionados

くさり 鎖 cadena *f.* ‖ 金の鎖 cadena *f.* de oro ／ 人間の鎖 cadena *f.* humana ／ 鎖のついた時計 reloj *m.* de cadena ／ 鎖でつながれた動物 animal *m.* 「atado con cadenas [encadenado]」／ 鎖で縛る atar con cadenas a ALGUIEN ／ 自転車を電柱に鎖でつなぐ encadenar una bicicleta a un poste ／ 鎖を巻く enrollar la cadena 《a》, encadenar alrededor 《de》／ 鎖をはずす quitar la cadena, desencadenar

ぐさり
▶ぐさりと ‖ 胸に短剣をぐさりと刺す「clavar [hincar]」el puñal en el pecho de ALGUIEN ／ 君の言葉はぐさりと胸にこたえた《慣用》Tus palabras me sentaron como un tiro.

くさる 腐る pudrirse, 《慣用》echarse a perder, descomponerse, corromperse ‖ 夏は食べ物が腐りやすい En verano los alimentos se echan a perder enseguida. ／ 暑さで牛乳が腐る El calor corrompe la leche. ／ この魚は腐っている Este pescado está podrido. ／ 根性が腐る ser vil, tener vileza, tener la mente corrupta
〔慣用〕腐るほどある haber ALGO en gran abundancia 《動詞は3人称単数形の無主語で》, 《慣用》haber ALGO 「para dar y tomar [a punta (de) pala, a patadas, a puñados, en cantidades industriales]」《動詞は3人称単数形の無主語で》
〔慣用〕腐っても鯛《諺》El ducado siempre es noble por los cuatro costados.
▶腐った podri*do*[*da*], descompues*to*[*ta*], estropea*do*[*da*], ma*lo*[*la*]

くさわけ 草分け pione*ro*[*ra*] *mf.* ‖ 彼は日本の演劇界の草分けだった Él fue un pionero en el mundo del teatro japonés.

くし 串 pincho *m.*, （焼き串）broqueta *f.*, brocheta *f.* ‖ 肉を串に刺す「ensartar [espetar]」la carne en pincho
◨串刺し ‖ 串刺しにする (肉などを) espetar, ensartar, (罪人を) empalar
◨串焼き ‖ 肉の串焼き brocheta *f.* de carne asada

くし 櫛 peine *m.* ‖ くしで髪をとかす peinar, (自分の髪を) peinarse

くし 駆使
▶駆使する hacer pleno uso 《de》‖ 最新技術を駆使して自動車を作る fabricar un coche haciendo pleno uso de la tecnología más avanzada

くじ 籤 sorteo *m.*, rifa *f.*, （宝くじ）lotería *f.*, （サッカーくじ）quiniela *f.*
▶くじで por sorteo ‖ くじで決める sortear, echar ALGO a suerte(s)
◨くじ運 ‖ くじ運がいい tener suerte en el sorteo

くじく 挫く dislocarse, torcerse ‖ 右足をくじく torcerse el pie derecho ／ 決意をくじく desalentar, desanimar, desmoralizar, 《慣用》cortar las alas 《a》
〔慣用〕弱きを助け強きをくじく ayudar a los débiles y frenar a los fuertes

くじける 挫ける desanimarse, perder el ánimo, desalentarse, desmoralizarse ‖ くじけずにもう一度やってごらん No te desanimes e inténtalo de nuevo.

くじびき 籤引き sorteo *m.*, rifa *f.* ‖ 私はくじ引きでデジカメが当たった Me tocó una cámara digital en un sorteo.

くじゃく 孔雀 pa*vo*[*va*] *mf.* real
◨孔雀石 malaquita *f.*

くしゃくしゃ
▶くしゃくしゃの arruga*do*[*da*]
▶くしゃくしゃに ‖ 紙をくしゃくしゃにする arrugar una hoja de papel

ぐしゃぐしゃ ‖ 雪融けで道がぐしゃぐしゃだ El camino está fangoso a causa del deshielo.
▶ぐしゃぐしゃな/ぐしゃぐしゃの (つぶれた) aplasta*do*[*da*], (ぬかるんだ) fango*so*[*sa*], cenago*so*[*sa*]

くしゃみ estornudo *m.* ‖ くしゃみをこらえる「contener [reprimir, aguantar] un estornudo」
▶くしゃみをする estornudar, 「dar [soltar] un estornudo」

くじょ 駆除 exterminación *f.*
▶駆除する exterminar ‖ 害虫を駆除する exterminar insectos dañinos

くしょう 苦笑 sonrisa *f.* amarga ‖ 苦笑をもらす dejar escapar una sonrisa amarga
▶苦笑する esbozar una sonrisa amarga, sonreír amargamente

くじょう 苦情 queja *f.*, （クレーム）reclamación *f.* ‖ 苦情が殺到した Se produjo una ola de reclamaciones. ／ 苦情を言う quejarse, presentar una reclamación ／ 苦情を持ち込まれる recibir una 「queja [reclamación]」／ 毎日、お客様から寄せられるあらゆる種類の苦情を処理しています Cada día atendemos toda clase de quejas que nos presentan nuestros clientes.

くじら 鯨 ballena *f.*

┌─────────────────┐
│ **くじらの種類** │
└─────────────────┘

ホッキョククジラ ballena *f.* 「de Groenlandia [boreal]」／ シャチ orca *f.* ／ セミクジラ ballena *f.* franca del Pacífico norte ／ マッコウクジラ cachalote *m.* ／ イッカク narval *m.* ／ シロナガスクジラ「rorcual *m.* [ballena *f.*] azul」／ ナガスクジラ

rorcual m. común, ballena f. de aleta／シロイルカ beluga f.／ザトウクジラ yubarta f., ballena f. jorobada

くしん 苦心 esfuerzo m., trabajo m. ‖ 苦心に苦心を重ねる multiplicar los esfuerzos／苦心のかいがあった Los esfuerzos se vieron recompensados.／苦心の作 fruto m. de mucho sacrificio／苦心の末 después de mucho trabajar, a base de mucho sacrificio
▶苦心する esforzarse ‖ それを入手するのに苦心した Me costó mucho trabajo conseguirlo.／苦心して～する trabajar duro para『+不定詞』
◾苦心惨憺 苦心惨憺する《慣用》remover cielo y tierra,《慣用》remover Roma con Santiago,《慣用》hacer lo imposible

くず 屑 basura f., (残り) residuos mpl., restos mpl. ‖ 消しゴムのくず restos mpl. de goma de borrar／パンのくず migas fpl. de pan／人間のくず escoria f. de la humanidad, vileza f. en persona,《慣用》《俗語》hi*jo*[*ja*] mf. de perra
◾くず入れ/くずかご papelera f.
◾くず鉄 chatarra f.

くずかずら 葛 arrurruz m.,（学名）*Pueraria lobata*
◾葛餅 pasta f. hecha de arrurruz
◾葛湯 agua f. caliente de arrurruz ‖ 葛湯を溶く disolver en agua caliente harina de arrurruz

ぐず 愚図 彼はのろまで愚図だ Él es torpe y lento.
▶愚図な(人)《話》tar*dón*[*dona*] (mf.)

くすくす ‖ くすくす笑う dejar escapar una risilla

クスクス
◾クスクス料理 cuscús m.

ぐずぐず 愚図愚図 ‖ ぐずぐず言う quejarse, refunfuñar
▶ぐずぐずする hacer ALGO con lentitud, tardar mucho en『+不定詞』, estar indeci*so*[*sa*] ‖ ぐずぐずしている暇はない No hay tiempo que perder.

くすぐったい [tener [sentir] cosquillas, sentir cosquillas ‖ 足の裏がくすぐったい tener cosquillas en la planta del pie／鼻がくすぐったい tener cosquillas en la nariz／くすぐったい気持ち cosquilleo fpl., cosquilleo m.
▶くすぐったがり屋の(人) cosquillo*so*[*sa*] (mf.)

くすぐる hacer cosquillas, cosquillear ‖ 赤ん坊の足をくすぐる hacer cosquillas en los pies a un bebé／虚栄心をくすぐる halagar la vanidad de ALGUIEN

くずす 崩す (破壊する)destruir, (建物を取り壊す)derrumbar, derribar, demoler, destruir ‖ 塀を崩す「derrumbar [demoler] un muro／丘を崩す「destruir [demoler] una colina／バランスを崩す perder el equilibrio／姿勢を崩す ponerse en una postura relajada／ひざを崩して座る sentarse cómodamente en el suelo／トーナメントの三強の一角を崩す derrotar a uno de los tres favoritos del torneo／500円玉を100円玉に崩す cambiar una moneda de 500 yenes en monedas de 100

ぐずつく ‖ 天気がぐずつく El tiempo está inestable.

くすねる hurtar,《話》mangar,《話》birlar, sisar

くすのき 楠の木 alcanforero m.

くすぶる 燻ぶる humear ‖ 火災にあった森は翌日もくすぶっていた Al día siguiente humeaba el bosque incendiado.／党内に不満がくすぶっている Hay un descontento latente en el seno del partido.

くすむ apagarse, empañarse ‖ 色がくすむ apagarse el color／灰色にくすむ tirar a gris／くすんで見える verse apaga*do*[*da*]
▶くすんだ ‖ くすんだ茶色 color m. marrón「apagado [mate]／くすんだ存在 personaje m. anodino

くすり 薬 medicina f., medicamento m., (教訓)lección f. ‖ 薬を処方する recetar un medicamento／薬をもらう (処方された)recibir el medicamento recetado／薬を出す (処方する)recetar un medicamento／薬を飲む tomarse un medicamento／薬が効く「surtir [hacer] efecto *una medicina*／よい睡眠が何よりの薬だ El mejor medicamento es dormir bien.／薬は1日3回食後[食前]に服用してください Tómese el medicamento tres veces al día [después [antes] de cada comida.／この薬を2錠、水と一緒に飲んでください Tómese dos pastillas de este medicamento con agua.
慣用 薬が効きすぎる resultar contraproducente
慣用 薬になる servir de lección《a》‖ いい薬になる ser una buena lección para ALGUIEN
◾薬漬け medicación f. excesiva
◾薬箱 botiquín m.
◾薬屋 (薬局)farmacia f., (薬剤師)farma*céutico*[*ca*] mf.

薬のいろいろ

丸薬 píldora f.／錠剤 pastilla f., tableta f.／カプセル cápsula f.／粉薬 medicamento m. en polvo／水薬 medicamento m. líquido／塗り薬 pomada f.／軟膏 ungüento m.／座薬 supositorio m.／風

邪薬 antigripal *m.* ／ 咳止め antitusígeno *m.*, antitusivo *m.* ／ 解熱剤 antipirético *m.* ／ 酔い止め medicamento *m.* contra「el mareo [la cinetosis]」

くすりゆび 薬指 dedo *m.* anular, anular *m.*

ぐずる （子供が）ponerse de mal humor

くずれる 崩れる destruirse, （建物が）derrumbarse, derribarse, desplomarse, demolerse, derruirse, venirse abajo, （形が）deformarse ‖ 土手が崩れる derrumbarse *el ribazo* ／ 顔立ちが崩れる desfigurarse ／ 積み荷が崩れる venirse abajo *la carga* ／ 隊列が崩れる deshacerse *la fila* ／ 団結が崩れる deshacerse *la solidaridad* ／ 軍事体制が崩れる desmoronarse *el régimen militar* ／ 天気が崩れる empeorar(se) *el tiempo* ／ 調子が崩れる perderse *el ritmo* ／ 値が崩れる abaratarse *el precio*

くせ 癖 costumbre *f.*, hábito *m.*, （奇癖）manía *f.*, （悪癖）vicio *m.* ‖ 悪い癖 vicio *m.* ／ 独特の癖 manía *f.* peculiar ／ 髪の癖 rebeldía *f.* de pelo ／ 遅刻する癖がつく coger el vicio de llegar tarde ／ 癖がある tener una manía ／ ～する癖がある tener「la costumbre [el hábito, la manía] de 『+不定詞』」／ 癖が直る corregirse *el vicio* ／ 癖になる coger la mala costumbre de 『+不定詞』／ 癖を直す（自分の）quitarse una manía, （人の）quitar una manía《a》

◢ くせ毛 pelo *m.*「rebelde [indomable]」, （縮毛）pelo *m.* rizado

（諺）なくて七癖 Cada uno tiene sus pequeñas manías.

くせに ‖ 大金持ちのくせに、彼はけちだ A pesar de ser millonario, él es tacaño.

くせもの くせ者 （怪しい者）tipo *m.* sospechoso, （したたか者）persona *f.* astuta y taimada

くせん 苦戦

▶苦戦する tener una lucha「difícil [dura]」, （試合で）tener un partido difícil

くそ 糞 mierda *f.*, excrementos *mpl.*, heces *fpl.*, （家畜の）estiércol *m.* ‖ くそっ ¡Mierda!

くだ 管 tubo *m.*

（慣）くだを巻く ‖ 酔ってくだを巻く decir tonterías por estar borra*cho[cha]*

ぐたい 具体

▶具体的な concre*to[ta]* ‖ 具体的な数値 cifra *f.* concreta ／ 具体的な事実 hecho *m.* concreto ／ 具体的な表現 expresión *f.* concreta

▶具体的に en concreto, concretamente ‖ 具体的に説明する explicar「en forma concreta [concretamente]」／ この提案は内容が具体的である Esta propuesta tiene el contenido concreto. ／ もっと具体的に話していた

だけますか ¿Podría hablar más concretamente?

▶具体化する concretar, concretizar, materializar ‖ ホテル建設の計画が具体化し始めている El proyecto de construcción de un hotel empieza a materializarse.

▶具体性 concreción *f.* ‖ 具体性に欠ける carecer de concreción

◢ 具体案 propuesta *f.* concreta

くだく 砕く romper, quebrantar, （押しつぶす）machacar, （粉々に）hacer pedazos ‖ 岩を砕く destrozar una roca, romper una roca en pedazos ／ 氷を砕く trocear el hielo ／ あごを砕く destrozar la mandíbula ／ 野望を砕く frustrar la ambición de ALGUIEN ／ くだいて説明する explicar ALGO lisa y llanamente

くたくた

▶くたくただ estar agota*do[da]*, 《話》estar he*cho[cha]* polvo

くだける 砕ける quebrantarse, hacerse pedazos, hacerse añicos ‖ 波が岩に砕ける Las olas rompen al chocar contra las rocas. ／ 花瓶が粉々に砕けた El florero se hizo añicos.

（慣）当たって砕けろ Inténtalo sin miedo.

ください 下さい ‖ （依頼）¿Podría「+不定詞」?, Haga el favor de「+不定詞」． ／ これをください Deme esto, por favor. ／ 水を一杯ください Deme un vaso de agua, por favor. ／ 領収書をください ¿Me podría dar el recibo?

くだす 下す ‖ 判決を下す dictar una sentencia ／ 結論を下す「sacar [extraer]」una conclusión ／ 判断を下す emitir *su* juicio ／ 命令を下す dar una orden ／ 敵を下す vencer al enemigo ／ 腹を下す tener diarrea

くたばる （疲労困憊する）agotarse, （死ぬ）morir, 《慣用》estirar la pata

くたびれる cansarse, fatigarse

▶くたびれた cansa*do[da]*, agota*do[da]*, （服が）raí*do[da]*

くだもの 果物 fruta *f.*

◢ 果物屋（商店）frutería *f.*, （人）frute*ro[ra]* *mf.*

くだらない insignificante ‖ くだらん ¡Qué tontería! ／ くだらないこと insignificancia *f.*, nimiedad *f.* ／ くだらないことを言う decir tonterías

くだり 下り bajada *f.*, descenso *m.*

◢ 下り車線 carril *m.* descendente

◢ 下り列車 tren *m.* descendente

くだりざか 下り坂 cuesta *f.* abajo ‖ 天気が下り坂になる Va a empeorar el tiempo.

くだる 下る bajar, descender, （退く）retirarse ‖ 峠を下る bajar por un puerto de montaña ／ 川を下る navegar río abajo ／ 南に下る ir en dirección sur ／ 野に下る（下

野する) dimitir de *su* cargo público ／ 被告(男性)に懲役5年の判決が下った El acusado fue condenado a cinco años de prisión. ／ 腹が下る tener diarrea ／ 爆破で30名を下らない死者が出た La explosión causó no menos de 30 muertos.

くち 口 ❶ (器官) boca *f.* ‖ 口を開ける abrir la boca ／ 口を閉じる cerrar la boca ／ 口をすすぐ enjuagarse la boca ／ ナプキンで口を拭く limpiarse la boca con una servilleta ／ 口をふさぐ(自分の) taparse la boca ／ 口に入れる comer, ingerir ／ 口にくわえる llevar ALGO en la boca
❷ (話すこと) ‖ 口が達者である tener mucha labia ／ 口に出す decir 《de》／ 口にする hablar 《de》／ 口から口へと伝わる transmitirse de boca en boca, (慣用)andar de boca en boca ／ 彼は口から出まかせを言う Él dice lo que se le viene a la boca. ／ 口で言う decir「verbalmente [oralmente] ／ 口で言えないほど indecible, inefable, inenarrable, indescriptible ／ 口をつぐむ callarse, (黙る) cerrar la boca, (慣用)coser(se) la boca ／ 口を慎む ser discreto[ta] al hablar
❸ (味覚) paladar *m.* ‖ 口がおごる tener un paladar delicado ／ 口に合う gustar
❹ (瓶の) boca *f.* ‖ 口の広い[狭い]びん botella *f.* de boca「ancha [estrecha]
❺ (勤め口) empleo *m.* ‖ 仕事の口がかかる recibir una oferta de trabajo ／ 仕事の口を探す buscar empleo
❻ ≪慣用表現≫≪諺≫

[口が]
(慣用)口がうまい tener mucha labia
(慣用)口が重い ser de pocas palabras
(慣用)口が堅い (慣用)no abrir la boca, (慣用)ser「un sepulcro [una tumba], (慣用)「echar [poner] candado a la boca
(慣用)口が軽い (慣用)ser blando[da] de boca, (慣用)írsele *la boca* a ALGUIEN
(慣用)口が裂けても ‖ 口が裂けてもそれは言えない No voy a decirlo aunque me maten.
(慣用)口がすっぱくなるほど言う repetir hasta la saciedad
(慣用)口がすべる (慣用)「soltarse [irse] de la lengua, (慣用)soltársele *la lengua* a ALGUIEN ‖ 彼は、契約は更新されないだろうと口をすべらした A él se le soltó la lengua y dijo que no se renovaría el contrato.
(慣用)口が干上がる quedarse sin pan
(慣用)開いた口がふさがらない (慣用)quedarse con la boca abierta
(慣用)口が減らない (慣用)tener mucha lengua
(慣用)口が悪い tener mala lengua, (慣用)tener una lengua viperina

[口を]
(慣用)口をきく (話す) hablar, (斡旋する) mediar, (口添えをする) recomendar
(慣用)口を切る (話し始める) empezar a hablar, (瓶の) abrir
(慣用)口をそろえて言う decir「a coro [unánimemente]
(慣用)口を出す meterse 《en》
(慣用)口をとがらせる fruncir「los labios [la boca],《慣用》torcer「la boca [el gesto, el hocico, el morro]
(慣用)口をはさむ interrumpir
(慣用)口を封じる tapar la boca a ALGUIEN
(慣用)口を割る acabar por confesar, (慣用)cantar de plano
(慣用)口を割らせる 《慣用》tirar de la lengua a ALGUIEN

[その他]
(慣用)口から先に生まれる 《慣用》hablar (hasta) por los codos
(慣用)いける口である ser *un*[*una*] bebe*dor*[*dora*]
(慣用)口ほどにもない 《慣用》no ser más que palabras
(慣用)口も八丁、手も八丁 tener facilidad de palabra y talento para el trabajo que *realiza*
(慣用)口より手が早い emplear la violencia antes que las palabras

[諺]
(諺)口は災いのもと (諺)Por la boca muere el pez. ¦ 《諺》En boca cerrada no entran moscas.
(諺)人の口に戸は立てられない (諺)A mal decir, no hay casa fuerte.

ぐち 愚痴 queja *f.* ‖ 愚痴が多い quejarse mucho ／ 愚痴をこぼす「soltar [dejar caer] una queja ／ 愚痴を言う quejarse, lamentarse ／ 愚痴を聞く escuchar las quejas de ALGUIEN
▶愚痴っぽい(人) 《話》quejica 《com.》, 《話》piante 《com.》

くちあたり 口当たり ‖ 口当たりの良い「agradable [suave] al paladar ／ 口当たりの悪い desagradable al paladar ／ 口当たりの良いワイン vino *m.* agradable al paladar

くちうら 口裏
(慣用)口裏を合わせる ponerse de acuerdo previamente, hacer arreglos previos

くちうるさい 口煩い (うるさい(人)) regañ*ón*[*ñona*] 《*mf.*》, (しつこい(人)) machac*ón*[*cona*] 《*mf.*》

くちえ 口絵 frontispicio *m.*

くちかず 口数 ‖ 口数の多い habla*dor*[*dora*], locuaz ／ 口数の少ない calla*do*[*da*], de pocas palabras

くちがね 口金 (ハンドバッグの) cierre *m.*, (びんの) cápsula *f.*, (電球の) casquillo *m.*

くちきき 口利き
▶〜の口利きで por「recomendación [me-

くちぎたない 口汚い　tener la lengua de un carretero, decir palabrotas
くちくかん 駆逐艦　destructor *m.*
くちぐせ 口癖　muletilla *f.*,（好きな言葉）lema *m.* ‖ 彼の口癖は「地に足をつけて」だ Su lema es "Con los pies en la tierra".
くちぐるま 口車
〔慣用〕口車にのせる《話》engatusar,《慣用》comer el coco a ALGUIEN
くちげんか 口喧嘩　disputa *f.*,（激しい）altercado *m.*
▶口喧嘩する disputar, reñir,（激しく）altercar
くちごたえ 口答え　réplica *f.*
▶口答えする replicar, contestar con poco respeto ‖ 口答えする人 respon*dón*[*dona*] *mf.*
くちコミ 口コミ　boca a boca *m.*, boca a oreja *m.* ‖ そのウェブサイトの人気は口コミで広がった Ese sitio web se hizo popular de boca en boca.
くちごもる 口籠る　balbucear
くちさき 口先 ‖ 彼の脅しは口先だけである Sus amenazas no son más que palabras. ／ 彼は口先だけで、何も実行しない《慣用》A él se le va la fuerza por la boca y es incapaz de hacer lo que dice.
くちずさむ 口ずさむ　canturrear
くちぞえ 口添え　recomendación *f.*
▶〜の口添えで por recomendación de ALGUIEN
▶口添えする recomendar
くちだし 口出し　intervención *f.*
▶口出しする intervenir《en》, meterse《en》‖ 君は他人のことに口出しするのはやめなさい Deja de meterte「en lo que no te llaman [donde no te llaman].
くちづけ 口付け　beso *m.*
▶口づけする besar, dar un beso《a》
くちづたえ 口伝え
▶口伝えで de boca en boca ‖ その知らせは口伝えで広まった La noticia se propagó de boca en boca.
くちどめ 口止め／口止
▶口止めする tapar la boca《a》, comprar el silencio de ALGUIEN
◨口止め料 soborno *m.*
くちなおし 口直し ‖ 口直しにオレンジを食べよう Vamos a comer naranjas para quitar(nos) el sabor de la comida.
くちなし 梔子　gardenia *f.*
くちばし 嘴　pico *m.*
くちばしる 口走る　《慣用》「irse [soltarse] de la lengua
くちはばったい 口幅ったい ‖ 口幅ったいことを言うようですが… Es un atrevimiento decir esto, pero...

くちび 口火　(導火線) cebo *m.*,（ガス器具の) piloto *m.*,（きっかけ) motivo *m.* ‖ フォワード(男性)の退場が相手ета得点の口火となった La expulsión del delantero dio pie a la goleada del equipo contrario.
〔慣用〕口火を切る ‖ 論争の口火を切る iniciar una disputa, encender la chispa de una disputa
くちひげ 口髭　bigote *m.*,（大きくて濃い）mostacho *m.*
くちびる 唇　labio *m.* ‖ 唇が厚い [薄い] tener los labios「gruesos [finos] ／ 上唇[下唇] labio *m.*「superior [inferior] ／ 唇の形 forma *f.* de los labios ／ 唇を開く abrir los labios ／ 唇を閉じる cerrar los labios ／ 唇をなめる lamerse los labios ／ 唇が荒れる tener los labios ásperos
▶唇の labial
〔慣用〕唇をとがらせる《慣用》torcer「la boca [el gesto, el hocico, el morro]
〔慣用〕唇をかむ（こらえる）《慣用》tragar saliva,《慣用》morderse los labios
〔慣用〕物言えば唇寒し秋の風《諺》En boca cerrada no entran moscas.
くちぶえ 口笛　silbido *m.* ‖ 口笛を吹く silbar
くちぶり 口振り　(口調) tono *m.*,（話し方)「manera *f.* [modo *m.*] de hablar ‖ 口振りをまねる imitar「el tono de voz [la manera de hablar] de ALGUIEN ／ あの口振りでは、たぶん彼は落第した Por su manera de hablar, lo habrán suspendido. ／ 何事もなかったような口振りで話す hablar como si no hubiera pasado nada
くちべた 口下手 ‖ 口下手だ no saber「explicarse [expresarse] bien
くちべに 口紅　barra *f.* de labios, pintalabios *m.*[=*pl.*] ‖ 口紅をつける pintarse los labios
くちべらし 口減らし ‖ 口減らしのために para tener una boca menos que alimentar
くちまね 口真似
▶口まねをする imitar「el tono de voz [la manera de hablar] de ALGUIEN
くちもと 口元／口許　(口) boca *f.*,（唇）labios *mpl.* ‖ 口元に笑みを浮かべて con una sonrisa a flor de labios
くちやかましい 口喧しい ⇒**くちうるさい**（口煩い）
くちやくそく 口約束「promesa *f.* [compromiso *m.*] verbal
▶口約束する hacer una promesa verbal, prometer verbalmente
くちゃくちゃ ‖ ガムをくちゃくちゃ噛む masticar chicle haciendo ruido
▶くちゃくちゃの ‖ くちゃくちゃのシャツ camisa *f.* completamente arrugada
ぐちゃぐちゃ ‖ 雨で地面がぐちゃぐちゃだ El

suelo está fangoso a causa de la lluvia.
▶ ぐちゃぐちゃに‖トマトが床に落ちてぐちゃぐちゃになった Los tomates se espachurraron al caer al suelo.
くちょう 口調　tono *m.*‖アナウンサー(男性)の口調 tono *m.* del locutor／口調のいい言葉 palabra *f.* eufónica／口調を変える cambiar de tono
▶ ～口調で‖改まった口調で en tono「serio [formal]／丁寧な口調で en tono cortés／強い口調で en tono fuerte／とがめるような口調で en tono inquisitivo／命令口調で en tono imperativo
くちょう 区長　alcal*de*[*desa*] *mf.*
ぐちょく 愚直
▶ 愚直な simple y hones*to*[*ta*]
▶ 愚直に con tozudez
くちる 朽ちる　descomponerse, pudrirse, caer(se)‖木が朽ちる morir *un árbol*／橋が朽ちる caer(se) *un puente*／名声が朽ちる perderse *la fama de ALGUIEN*／名も知られずに朽ちる (誰かが) fallecer sin ser conoci*do*[*da*]
くちわ 口輪 ⇒くつわ(轡)
くつ 靴　zapatos *mpl.*《片方の靴を指すときは単数形》‖私が履きなれた靴 zapatos *mpl.* a los que ya estoy acostumbra*do*[*da*]／靴を一足買う comprar un par de zapatos／靴を直す reparar los zapatos／靴を履く[脱ぐ]「ponerse [quitarse] los zapatos／靴を磨く，《中南米》 lustrar los zapatos／この靴は私には大きい Estos zapatos me「vienen [quedan] grandes.／靴が私にちょうどよい Los zapatos me vienen a la medida.／靴がきつい Los zapatos me aprietan.／合わない靴を履く calzarse zapatos que no ajustan bien

靴屋

◪ 靴屋 (店) zapatería *f.*, (人) zapate*ro*[*ra*] *mf.*
◪ 靴音 ruido *m.* de los zapatos
◪ 靴型 horma *f.*
◪ 靴墨/靴クリーム betún *m.*‖靴に靴クリームをつける poner betún a los zapatos
◪ 靴ずれ rozadura *f.* del calzado
◪ 靴底 suela *f.*
◪ 靴ひも cordón *m.*
◪ 靴ブラシ cepillo *m.* para zapatos
◪ 靴べら calzador *m.*
◪ 靴磨き (人) limpiabotas *com.*[=*pl.*]
くつう 苦痛　(肉体的・精神的痛み) dolor *m.*, (精神的痛み) angustia *f.*, pena *f.*‖苦痛との闘い lucha *f.* contra el dolor／苦痛を感じる sentir dolor, (精神的な) sentir pena／苦痛を訴える acusar dolor／苦痛を与える apenar, dar pena《a》／苦痛を伴う llevar aparejado un dolor／苦痛を和らげる aliviar el dolor／苦痛を味わう「experimentar [padecer, sufrir] dolor
▶ ～するのは苦痛である Es una pena《+不定詞》.
◪ 精神的苦痛 dolor *m.* psíquico
◪ 肉体的苦痛 dolor *m.* físico
くつがえす 覆す　volcar, echar abajo, (政権を) derrocar‖舟を覆す「volcar [hacer zozobrar] un barco／計画を覆す frustrar un plan／アリバイを覆す desmontar la coartada de ALGUIEN／世界を覆す volcar el mundo／軍事政権を覆す derrocar un régimen militar
クッキー pasta *f.*, (ビスケット) galleta *f.*
くっきり
▶ くっきりした níti*do*[*da*], cla*ro*[*ra*]
▶ くっきりと con nitidez, con claridad‖富士山がくっきりと見える Se ve nítidamente el monte Fuji.
クッキング cocina *f.*, (料理法) arte *m.* culinario
◪ クッキングスクール academia *f.* de cocina
ぐつぐつ a borbotones, a borbollones‖ぐつぐつ煮立つ hervir a borbotones
くっさく 掘削　excavación *f.*, perforación *f.*
▶ 掘削する excavar, perforar
◪ 掘削機 excavadora *f.*
くっし 屈指
▶ 屈指の‖スペイン文学屈指の名作 una de las mejores obras de la literatura española
くつした 靴下　calcetines *mpl.*, (長い) medias *fpl.*《片方の靴下を指す時は単数形》‖靴下を履く[脱ぐ]「ponerse [quitarse] los calcetines／靴下を繕う zurcir unos calcetines
◪ 靴下止め liga *f.*
くつじょく 屈辱　humillación *f.*‖屈辱を感じる sentir humillación, sentirse humilla*do*[*da*]／屈辱を受ける recibir humillaciones／屈辱を与える causar humillación《a》, humillar／屈辱を忍ぶ tragarse una humillación／屈辱に耐える「aguantar [soportar] humillaciones／大きな屈辱を味わう

sufrir una gran humillación
- 屈辱的な humillante
- 屈辱的に de forma humillante
- 屈辱感 humillación f.

ぐっしょり empapa*do*[da], completamente moja*do*[da] ‖ ぐっしょり濡れる empaparse, calarse, mojarse completamente ／ ぐっしょり濡れている estar chorreando

クッション cojín m.

くっしん 屈伸 flexión f.
- 屈伸する hacer flexiones ‖ 膝を屈伸する flexionar las rodillas
- 屈伸運動 ejercicio m. de flexión ‖ 膝の屈伸運動をする realizar un ejercicio de flexión de rodillas

グッズ
- サッカーグッズ artículos mpl. de fútbol
- ミュージアムグッズ artículos mpl. relacionados con la temática del museo

ぐっすり ‖ ぐっすり眠る dormir profundamente, 《慣用》dormir como un tronco

くっする 屈する rendirse, doblegarse ‖ 迫害に屈する 「ceder [rendirse] a la persecución ／ 失敗に屈する desmoralizarse con un fracaso ／ 敵に屈する rendirse al enemigo, doblegarse ante el enemigo

くっせつ 屈折 《物理》refracción f., 《言語》flexión f., inflexión f. ‖ 光の屈折 refracción f. de la luz
- 屈折した（心情が）retorci*do*[da], perverti*do*[da] ‖ 屈折した心情 mente f. retorcida
- 屈折する《物理》refractarse,《言語》declinarse
- 屈折角 ángulo m. de refracción
- 屈折語 lengua f. flexiva
- 屈折望遠鏡 telescopio m. refractor
- 屈折率 índice m. de refracción

くったく 屈託 ‖ くったくのない despreocupa*do*[da], libre de preocupación ／ くったくなく笑う reír despreocupadamente

ぐったり
- ぐったりした agota*do*[da], fatiga*do*[da], sin fuerzas
- ぐったりする agotarse, fatigarse, quedarse sin fuerzas

くっつく （接合する）pegar(se), （付着する）adherirse, （一緒になる）juntarse ‖ ガムが床にくっついた El chicle se pegó en el suelo. ／ 花粉が衣服にくっつく El polen se adhiere a las prendas. ／ この接着剤はよくくっつかない Este pegamento no pega bien.

くっつける （接着する）pegar, adherir, （合わせる）juntar ‖ 壁に机をくっつける pegar una mesa a la pared ／ ショーウインドーに顔をくっつける pegar la cara al escaparate

くってかかる 食って掛かる atacar, protestar, replicar ‖ 審判(男性)に食ってかかる protestar airadamente al árbitro

ぐっと ‖ 手綱をぐっと引く tirar fuerte de las riendas ／ ぐっと怒りをこらえる tragarse *su* ira ／ ビールをぐっと飲み干す apurar de un trago una copa de cerveza ／ 彼の言葉は私の胸にぐっときた Sus palabras me conmovieron.

グッド
- グッドアイディア buena idea f.

グッバイ 《挨拶》Adiós.

くっぷく 屈服/屈伏 rendición f.
- 屈服する 《a》, doblegarse 《a, ante》‖ 権力に屈服する rendirse al poder, doblegarse ante el poder
- 屈服させる rendir, doblegar, vencer, someter

くつろぐ 寛ぐ sentirse a *sus* anchas ‖ どうぞおくつろぎください Está usted en su casa. ¡ Póngase cómo*do*[da].

くつわ 轡 （馬具のハミ）bocado m., （口輪）bozal m.

ぐでんぐでん
- ぐでんぐでんに ‖ ぐでんぐでんに酔っぱらう《慣用》estar borra*cho*[cha] como una cuba, estar 「totalmente [completamente, tremendamente] borra*cho*[cha]

くどい pesa*do*[da], insistente, macha*cón*[cona], (説明が) proli*jo*[ja] ‖ くどい人 macha*cón*[cona] mf. ／ 彼は説明がくどい Él explica 「profusamente [prolijamente]. ／ 配色がくどい絵 cuadro m. abigarrado ／ 味がくどい tener un sabor fuerte

くどう 駆動 tracción f.
- 前輪駆動 tracción f. delantera
- 後輪駆動 tracción f. trasera
- 二輪駆動 （オートバイの）tracción f. 2×2 (dos por dos)
- 四輪駆動 ‖ 四輪駆動の車 coche m. con tracción 「en las cuatro ruedas [total], coche m. 4×4 (cuatro por cuatro)

くとうてん 句読点 signos mpl. de puntuación ‖ 句読点をつける puntuar, poner los signos de puntuación《en》

句読点の種類

ピリオド【.】 punto m.
カンマ/コンマ【,】 coma f.
セミコロン【;】 punto y coma m.
コロン【:】 dos puntos mpl.
括弧【( )】 paréntesis mpl.
スラッシュ【/】 barra f. (oblicua)
ブラケット【[ ]】 corchetes mpl.
ダッシュ【—】 raya f.
ハイフン【-】 guion m.
引用符 comillas fpl.
 フレンチダブルクォート【« »】
 comillas fpl. españolas

ダブルクォート【" "】 comillas *fpl.* inglesas
シングルクォート【' '】 comillas *fpl.* simples
疑問符【¿?】 signos *mpl.* de interrogación
感嘆符【¡!】 signos *mpl.* de exclamación
3点リーダー/省略符号【...】 puntos *mpl.* suspensivos

くどく 口説く persuadir, convencer, (女性を) cortejar, galantear‖父を口説く convencer a *su* padre／強引に口説く convencer por la fuerza a ALGUIEN／女の子を口説く「cortejar [galantear] a una chica

くどくど‖くどくど説明する explicar「profusamente [prolijamente]／その問題について彼はくどくど(と)話した Él repitió ese tema con insistencia machacona.

ぐどん 愚鈍
▶愚鈍な torpe, ler*do*[*da*]

くないちょう 宮内庁 Agencia *f.* de la Casa Imperial

くなん 苦難 dificultad *f.*, (逆境) adversidad *f.*‖苦難に耐える「soportar [aguantar] las dificultades／苦難に立ち向かう afrontar las dificultades／苦難を乗り切る superar las dificultades

くに 国 país *m.*, (国家) estado *m.*, nación *f.*, (祖国) patria *f.*, (地方) provincia *f.*, (故郷) pueblo *m.* natal‖北の国 país *m.* norteño／こどもの国 país *m.* de los niños／信濃の国 (地方) provincia *f.* de Shinano／世界中の多くの国々がオリンピックに参加する Muchos países del mundo participan en las Olimpiadas.／国に命を捧げる morir por *su* patria／国へ帰る volver a *su*「país [patria]／国を治める gobernar un país／国を出る abandonar *su*「país [patria]／国を売る vender *su*「país [patria]／ストライキが国中に広がる La huelga se extendió por todo el país.／お国はどちらですか？ ¿De dónde es usted?
▶国の estatal, nacional
◾国番号 (電話) prefijo *m.* telefónico internacional

くにがら 国柄 carácter *m.* de un país, idiosincrasia *f.* nacional

くにく 苦肉
〖慣用〗苦肉の策‖苦肉の策をとる recurrir a una medida desesperada,《慣用》quemar el último cartucho,《慣用》jugar la última carta

ぐにゃぐにゃ‖このクッションは触るとぐにゃぐにゃしている Este cojín es suave y blando al tacto.
▶ぐにゃぐにゃの (柔らかすぎる) demasiado blan*do*[*da*]

▶ぐにゃぐにゃに‖列車が脱線してレールがぐにゃぐにゃに曲がった Los raíles quedaron totalmente retorcidos al descarrilar el tren.

くねくね‖くねくね曲がった道路 carretera *f.*「sinuosa [serpenteante]
▶くねくねと‖川はくねくねと草原を流れていた El río serpenteaba por el prado.

くねる
▶くねらせる‖体をくねらせて踊る bailar contoneándose

くのう 苦悩 sufrimiento *m.*‖苦悩の表情 expresión *f.* de sufrimiento／苦悩の色「señal *f.* [muestra *f.*] de sufrimiento／深い苦悩 sufrimiento *m.* profundo／苦悩を和らげる aliviar el sufrimiento／苦悩を味わう「experimentar [padecer] sufrimiento
▶苦悩する sufrir

くばる 配る (分配する) repartir, distribuir‖カードを配る repartir las cartas／金を配る repartir dinero《entre》／新聞を配る repartir periódicos／目を配る prestar atención《a》, vigilar／プレゼントを全員に配る repartir regalos para todos／出席者に講演の資料を配ってください Repartan, por favor, a los asistentes el material de la conferencia.

くび 首/頚 cuello *m.*,《話》(首の上部) gollete *m.*, (動物の首の後部) pescuezo *m.*‖首の骨 hueso *m.* del cuello, (頚椎) vértebra *f.* cervical／瓶の首「cuello *m.* [gollete *m.*] de una botella／お尋ね者(男性)の首 cabeza *f.* de un fugitivo／首を振る mover la cabeza／首をすくめる encogerse de hombros／首を垂れる agachar la cabeza／窓から首を出す asomar la cabeza por la ventana, asomarse a la ventana／首をはねる degollar, decapitar, descabezar, cortar la cabeza de ALGUIEN／首を吊る (自分の) ahorcarse／首を絞める apretar el cuello《de》, (絞め殺す) estrangular el cuello《de》
〖慣用〗首がかかる‖《慣用》私の首がかかっている Mi puesto está en juego.
〖慣用〗首が飛ぶ perder el trabajo, ser despedi*do*[*da*]
〖慣用〗首が回らない《慣用》「estar [encontrarse] con el agua hasta el cuello‖借金で首が回らない estar endeuda*do*[*da*] hasta las「orejas [cejas]
〖慣用〗首に縄を付ける llevar por la fuerza a quien no quiere ir
〖慣用〗首の皮一枚でつながっている《慣用》「colgar [pender] de un hilo
〖慣用〗首をかしげる ladear la cabeza, (比喩的に) no convencerse
〖慣用〗首を切る/首にする (解雇する) despedir a ALGUIEN del trabajo,《慣用》echar a la calle a ALGUIEN

[慣用]首を縦に振る mover la cabeza afirmativamente, asentir
[慣用]首を突っ込む entrometerse 《en》,《慣用》meter las narices 《en》
[慣用]首を長くして待つ esperar impacientemente,《慣用》esperar como el santo advenimiento
[慣用]首をひねる/首をかしげる no convencerse, mostrarse suspicaz
[慣用]首を横に振る mover la cabeza negativamente

くびかざり 首飾り collar *m.* ‖ 真珠の首飾り collar *m.* de perlas
くびすじ 首筋 nuca *f.*, cerviz *f.*,《話》cogote *m.*
くびったけ 首っ丈 ‖ ペドロはカルメンに首ったけである Pedro está perdidamente enamorado de Carmen
くびっぴき 首っ引き ‖ 辞書と首っ引きで小説を読む leer una novela consultando constantemente el diccionario
くびつり 首吊り ahorcamiento *m.*
▫首吊り自殺 首吊り自殺をする「suicidarse [matarse] por ahorcamiento
くびれる ‖ 腰のくびれた服 vestido *m.* 「ceñido en la cintura [con cintura ceñida]
くびわ 首輪 collar *m.* ‖ 犬に首輪をする colocar el collar al perro
くぶ 九分 noventa *m.* por ciento ‖ 勝利は九分通り確実である tener la victoria asegurada en un noventa por ciento
くふう 工夫 (考案) invento *m.*, espíritu *m.* de invención, (創意) ingeniosidad *f.* ‖ 工夫に富む ingenio*so*[sa] / 工夫を凝らす ejercitar *su* ingenio
▶工夫する ingeniar, inventar, idear ‖ チーズの保存の仕方を工夫する ingeniar la manera de conservar el queso / 人前での話し方を工夫する inventar una mejor manera de hablar en público
▶工夫して～する《慣用》ingeniárselas para『＋不定詞』
くぶくりん 九分九厘 noventa y nueve *m.* por ciento ‖ 勝利は九分九厘間違いない La victoria está asegurada en un noventa y nueve por ciento.
くぶん 区分 división *f.*
▶区分する dividir, (分類する) clasificar, (土地を) parcelar
▫区分所有 propiedad *f.* dividida
くべつ 区別 distinción *f.* ‖ 公私の区別 distinción *f.* entre lo público y lo privado / 区別がよりはっきりする La distinción se hace más「evidente [clara]. / 善悪の区別がつかない no saber distinguir el bien del mal / 性別や年齢の区別なく sin distinción de sexo ni edad
▶区別する distinguir, diferenciar, separar ‖ 私たちは国籍で区別しません No hacemos distinción de nacionalidad. / 本物と偽物を区別する distinguir「entre lo verdadero y lo falso [lo verdadero de lo falso]
▶区別できる distinguible ‖ 本物と区別できない模造品 imitación *f.* exacta al original

くぼち 窪地 hondonada *f.*, hondón *m.*
くぼみ 窪み hueco *m.*, concavidad *f.*, (地面の) hoyo *m.* ‖ 窪みにつまづく tropezar en un hoyo
くぼむ 窪む hundirse ‖ 目がくぼんでいる tener los ojos hundidos
くま 隈 (目の) ojeras *fpl.*
▶隈がある/隈ができる tener ojeras
▫隈取り maquillaje *m.* de *kabuki*
くま 熊 oso *m.*, (雌) osa *f.* ‖ 熊に出遭う encontrarse con un oso / 猟師は山で熊に襲われた Al cazador lo atacó un oso en el monte.
▫子熊 osezno *m.* (雄・雌), osi*to*[ta] *mf.*
くまで 熊手 rastrillo *m.* ‖ 熊手で落ち葉をかき集める rastrillar las hojas caídas, recoger las hojas caídas con un rastrillo
くまなく 隈無く por todas partes ‖ くまなく探す buscar por todos los rincones
くまんばち 熊ん蜂 abejorro *m.* carpintero (雄・雌), (学名) *Xylocopa*
くみ 組 ❶ (セット) juego *m.*, (一対) pareja *f.* ‖ 6個で1組のグラス juego *m.* de seis copas / 2組のトランプ dos「juegos *mpl.* [barajas *fpl.*] de naipes / 10組の夫婦 diez parejas *fpl.* de matrimonios
❷ (学級) clase *f.* ‖ 2年生を5組に分ける dividir los alumnos de segundo grado en cinco clases
❸ (集団) grupo *m.* ‖ 5人組の強盗 banda *f.* de cinco atracadores / 2組に別れた観光客 turistas divididos en dos grupos / 3人ごとに組を作る formar grupos de tres personas / 3人1組で en grupos de tres personas
▫2人組 dúo *m.*
▫3人組 trío *m.*
くみあい 組合 corporación *f.*, cooperativa *f.*, asociación *f.* ‖ 組合に入る afiliarse a una corporación / 組合を作る formar una corporación
▫共済組合 mutualidad *f.*
▫生活共同組合 cooperativa *f.* de consumidores y usuarios
▫農業協同組合 cooperativa *f.* agrícola
▫労働組合 sindicato *m.*
▫組合員 socio[cia] *mf.*, asocia*do*[da] *mf.*
▫組合運動 movimiento *m.* cooperativista
▫組合費 cuota *f.*
くみあげる 汲み上げる sacar, extraer ‖ 井戸水を汲み上げる「sacar [extraer] agua de un pozo / 井戸から水をポンプで汲み上げる bombear agua de un pozo / 部下の意見を

汲み上げる tomar en consideración la opinión de *su* subordina*do*[*da*]

くみあわせ 組み合わせ combinación *f.*, (試合の) emparejamiento *m.* ‖ 青と白の組み合わせ combinación *f.* del azul y el blanco ／ 準決勝の組み合わせは抽選で行われる El emparejamiento para semifinales se efectúa por sorteo.

◪ 組み合わせ論《数学》combinatoria *f.*

くみあわせる 組み合わせる combinar ‖ 色をうまく組み合わせる combinar bien los colores ／ ガソリンエンジンと電気モーターを組み合せる combinar el motor de gasolina con el eléctrico

くみいれる 組み入れる incorporar, incluir, integrar ‖ 博物館見学を日程に組み入れる incluir la visita al museo en el itinerario

くみかえる 組み替える/組み換える reorganizar, cambiar ‖ 日程を組み替える cambiar un programa ／ 予算を組み替える modificar el presupuesto, (作り直す) reelaborar el presupuesto ／ 遺伝子を組み換える manipular los genes

くみきょく 組曲 *suite f.*

◪ 交響組曲 *suite f.* sinfónica

くみこむ 組み込む 臨時支出を予算に組み込む「incluir [contemplar] en el presupuesto los gastos imprevistos

くみたいそう 組体操 castillo *m.* humano

くみたて 組み立て (機械の) montaje *m.*, ensamblaje *m.*, (構成) estructura *f.* ‖ 自動車の組み立て montaje *m.* de coches

◪ 組み立て工 monta*dor*[*dora*] *mf.*

◪ 組み立て工場 fábrica *f.* de「montaje [ensamblaje]

◪ 組み立て式家具 mueble *m.*「desmontable [prefabricado]

くみたてる 組み立てる montar, armar, ensamblar, (論理を) construir ‖ 棚を組み立てる montar una estantería ／ 理論を組み立てる construir una teoría ／ 文を組み立てる「construir [componer] una frase

くみとり 汲み取り

◪ くみとり便所 letrina *f.*, retrete *m.* con el depósito de excrementos extraíble

くみとる 汲み取る (水を) sacar, recoger, (気持ちを) captar, entender ‖ 小川から水を汲み取る recoger agua de un arroyo ／ 他人の気持ちを汲み取る「captar [entender] los sentimientos de los demás

くみひも 組み紐 trenza *f.*, trenzado *m.*

くみふせる 組み伏せる 相手を床に組み伏せる derribar a *su* adversa*rio*[*ria*] al suelo

くみん 区民 veci*no*[*na*] *mf.* de un municipio

◪ 区民税 impuesto *m.* municipal

クミン 《植物》 comino *m.*

くむ 酌む/汲む (水を) sacar, recoger, (気持ちを) captar, entender ‖ 川から水をバケツで汲む「sacar [recoger, coger] agua de un río con un cubo ／ 気持ちを酌む「captar [entender] los sentimientos de ALGUIEN

くむ 組む (組を作る) formar, (協力する) asociarse《con》, colaborar《con》, (組み立てる) montar ‖ チームを組む formar un equipo ／ 足場を組む montar un andamio ／ 予算を組む elaborar un presupuesto ／ 腕を組む cruzar los brazos ／ 足を組んで座る sentarse con las piernas cruzadas ／ 四つに組む pelear cuerpo a cuerpo

くめん 工面

▶ 工面する arreglárselas, componérselas ‖ 彼女は金を工面した Ella se las arregló para reunir dinero.

くも 雲 nube *f.* ‖ 流れる雲 nube *f.* pasajera ／ 雲一つない空 cielo *m.* completamente despejado ／ 雲が空に浮かぶ Las nubes flotan en el cielo. ／ 雲がたなびく Las nubes se mueven. ／ 雲が晴れる Las nubes se「desvanecen [disipan]. ／ 雲が湧く Las nubes se「levantan [forman]. ／ 雲に隠れている estar cubie*rto*[*ta*] de nubes ／ 雲の多い空 cielo *m.* muy nuboso ／ 雲の切れ間に月が出る Se ve la luna entre las nubes.

〔慣用〕雲の上の人 persona *f.* inaccesible

〔慣用〕雲をつかむ ‖ 雲をつかむような話 vaga historia *f.*

〔慣用〕雲をつく ‖ 雲をつくような大男 coloso *m.*, hombre *m.* extremadamente grande

---

雲の種類

巻雲・すじ雲・絹雲 cirro *m.* ／ 巻積雲・うろこ雲・さば雲 cirrocúmulo *m.* ／ 巻層雲・うす雲 cirrostrato *m.* ／ 高積雲・ひつじ雲 altocúmulo *m.* ／ 高層雲・おぼろ雲 altoestrato *m.* ／ 乱層雲・雨雲 nimboestrato *m.* ／ 層積雲・かさばり雲・くもり雲 estratocúmulo *m.* ／ 層雲・きり雲 estrato *m.* ／ 積雲・わた雲・むくむく雲 cúmulo *m.* ／ わた雲・むくむく雲 nube *f.* algodonosa ／ 積乱雲・雷雲・入道雲 cumulonimbo *m.* ／ 飛行機雲「trazo *m.* [estela *f.*] de avión ／ レンズ雲 nube *f.* lenticular

---

くも 蜘蛛 araña *f.*, (雄・雌)‖ くもの糸 hilo *m.* de araña ／ くもの巣 telaraña *f.*

〔慣用〕くもの子を散らす ‖ くもの子を散らすように逃げる《慣用》huir「en [a la] desbandada

くもがくれ 雲隠れ

▶ 雲隠れする desaparecer,《慣用》tragarse *la tierra* a ALGUIEN ‖ 彼女は雲隠れしたようだ Parece que a ella se la ha tragado la tierra.

くもまく くも膜 《解剖》aracnoides *f.*[=*pl.*]

くも膜下 espacio *m*. subaracnoideo ‖ くも膜下出血 hemorragia *f*. subaracnoidea

くもゆき 雲行き (天気) tiempo *m*., (状況) situación *f*. ‖ 雲行きが怪しい (天気) Amenaza lluvia. ／交渉の雲行きが怪しくなる Empiezan a correr malos vientos para la marcha de las negociaciones.

くもらす 曇らす nublar, ensombrecer, (ガラスを) empañar ⇒ くもる (曇る) ‖ 顔を曇らせる ensombrecer *su* rostro ／個人的な偏見が彼の判断を曇らせた Sus prejuicios personales le nublaron el juicio. ／湯気が鏡を曇らせた Un vaho empañó el espejo.

くもり 曇り (天気) nublado *m*., (ガラスなどの) vaho *m*., empañamiento *m*. ‖ 曇り空 cielo *m*.「nublado [cubierto]」／明日は曇りだ Mañana estará nublado. ／メガネの曇りを取る desempañar las gafas ／曇りのない心 conciencia *f*. limpia

▶曇りの nubla*do*[*da*]

◪曇りガラス cristal *m*. esmerilado

◪曇り止め 曇り止めの antivaho《無変化》／曇り止め加工されたレンズ lente *f*. con tratamiento antivaho

くもる 曇る nublarse, oscurecerse, ensombrecerse, (ガラスなどが) empañarse ⇒ くもらす (曇らす) ‖ 空が曇る nublarse *el cielo*, encapotarse *el cielo* ／空がどんよりと曇っている El cielo está「cargado (de nubes) [encapotado]. ／鍋を開けるとメガネが曇った Se me empañaron las gafas al abrir la olla. ／手紙を読むと，彼女の顔が曇った A ella se le「nubló [demudó] la cara al leer la carta. ／あの女の子の目は涙で曇った A la niña se le empañaron los ojos de lágrimas.

くもん 苦悶 angustia *f*., congoja *f*., agonía *f*. ‖ 苦悶の表情を浮かべる mostrar una expresión de angustia

▶苦悶する angustiarse, sufrir angustia

くやくしょ 区役所「gobierno *m*. [corporación *f*.] municipal,《スペイン》ayuntamiento *m*., consistorio *m*.,《南米》municipalidad *f*.

くやしい 悔しい sentir「despecho [rabia], sentirse frustra*do*[*da*] ‖ 負けて悔しい sentirse frustra*do*[*da*] por la derrota ／悔しいけれど君が正しい Me da rabia, pero tienes razón. ／私は悔しくて勝った相手を祝福できなかった No pude felicitar al ganador por despecho.

▶悔しさ despecho *m*., rabia *f*.

くやしがる 悔しがる mostrarse frustra*do*[*da*] ‖ 選手たちは試合に負けて悔しがった Los jugadores se mostraron frustrados por la derrota sufrida en el partido.

くやしなき 悔し泣き

▶悔し泣きする llorar de rabia

くやしなみだ 悔し涙 lágrimas *fpl*. de rabia ‖ 悔し涙を流す「soltar [dejar caer] lágrimas de rabia

くやしまぎれ 悔し紛れ

▶悔し紛れに por despecho ‖ 悔し紛れに批判する criticar por despecho

くやみ 悔やみ condolencia *f*., pésame *m*. ‖ お悔やみを言う dar el pésame《a》

慣用 お悔やみ申し上げます Le expreso mi más sentido pésame. ／ Le expreso mis más sinceras condolencias.

くやむ 悔やむ arrepentirse《de》‖ 済んだことを悔やむ arrepentirse de lo pasado ／過ぎたことを悔やんでもしかたがない (諺) A lo hecho, pecho. ／勉学を途中で断念したことが悔やまれる Me arrepiento mucho de haber dejado los estudios a mitad de curso. ／人の死を悔やむ「lamentar [condolerse de] la muerte de ALGUIEN

くゆらす 燻らす ‖ 葉巻をくゆらす echar bocanadas de humo del cigarro ／パイプをくゆらす fumar en pipa lanzando bocanadas de humo

くよう 供養 exequias *fpl*., honras *fpl*. ‖ 亡き父の供養をする celebrar las exequias de mi difunto padre

くよくよ

▶くよくよする desanimarse, inquietarse ‖ くよくよするな ¡No te desanimes!

くら 鞍 montura *f*., silla *f*. de montar ‖ 馬に鞍を置く／馬に鞍をつける ensillar un caballo, poner la silla de montar a un caballo ／馬の鞍を外す desensillar un caballo, quitar la silla de montar a un caballo

くら 蔵／倉 almacén *m*., (穀物の) granero *m*., (酒の) bodega *f*. ‖ 農家の蔵 granero *m*.

慣用 蔵が建つ hacerse millona*rio*[*ria*]

くらい (およそ) aproximadamente, más o menos, u*nos*[*nas*]「+数字」‖ 定食メニューは10ユーロくらいです El menú del día cuesta unos diez euros. ／11時くらいに「a eso [alrededor] de las once ／これくらいの問題なら私はすぐ解ける No me cuesta nada solucionar este problema. ／彼女くらい勇敢な人はいない No conozco a nadie más valiente que ella.

くらい 位 ❶ (階級) clase *f*., rango *m*., grado *m*. ‖ 高い位の de alto rango, de rango superior ／位が上がる［下がる］「subir [bajar] de rango ／彼は司教の位に就いた Él fue elevado al rango de obispo. ／女王は王の位を息子に譲った La reina abdicó la corona en su hijo. ／高い位を持つ tener un rango superior ／位を授ける otorgar un rango《a》

❷ (数字の) valor *m*.「de posición [posicional]」‖ 100分の1の位 centésima *f*. ／10分の1の位 décima *f*. ／1の位 unidad *f*. ／10の位 decena *f*. ／100の位 centena *f*. ／100の位の

数字 cifra f. de las centenas
くらい 暗い ❶（薄暗い）osc*uro*[ra], sombr*ío*[a] ‖ 暗い部屋 habitación f.「oscura [sombría, poco iluminada] ／ 暗い路地 callejón m. oscuro ／ 暗い青 azul m. oscuro ／ 暗いうちから desde antes「del amanecer [de que amanezca] ／ 照明が暗い estar mal ilumina*do*[da] ／ この通りは暗くて私は怖い Esta calle está oscura y me da miedo. ／ 暗いところで読む leer con poca luz
▶暗くする／暗くなる oscurecer ／ oscurecerse ‖ 部屋を暗くする oscurecer la habitación
❷（陰気な）sombr*ío*[a], triste, melancól*ico*[ca] ‖ 暗いына をする poner cara triste ／ 暗い目をしている tener los ojos「tristes [melancólicos] ／ 性格が暗い人 persona f.「apagada [sombría]
❸（希望のもてない）pesimista, sombr*ío*[a] ‖ 暗い気持ちになる sentirse deprimi*do*[da] ／ 暗い過去 pasado m. oscuro ／ 暗い未来 futuro m.「negro [sombrío] ／ 世界経済の見通しは暗い Las perspectivas de la economía mundial son「sombrías [oscuras].
❹（知らない）no conocer, no saber, no entender《de》‖ 法律に暗い no entender de leyes, ser inexper*to*[ta] en leyes ／ この辺の地理に暗い no conocer bien este barrio
クライアント cliente com.,《集合名詞》clientela f. ‖ クライアントとの信頼関係を築く ganarse la confianza de la clientela
グライダー planeador m.
クライマックス clímax m.[=pl.], momento m. culminante ‖ クライマックスを迎える／クライマックスに達する alcanzar su clímax
クラウド
◪クラウドコンピューティング computación f. en la nube
グラウンド campo m. de「juego [deportes] ‖ 野球のグラウンド campo m. de béisbol
◪グラウンドキーパー「cuida*dor*[dora] mf. del campo
◪グラウンドコンディション「estado m. [condición f.] del campo
くらがえ 鞍替え （転向）chaqueteo m.
▶鞍替えする （転向する）《慣用》cambiar de「camisa [chaqueta],（転職する）cambiar de trabajo
くらがり 暗がり oscuridad f., lugar m. oscuro ⇒くらやみ（暗闇）‖ 暗がりに紛れる perderse en la oscuridad
クラクション bocina f., claxon m.,《話》pito m. ‖ クラクションを鳴らす tocar「la bocina [el claxon]
くらくら
▶くらくらする sentir mareo, marearse,（めまいがする）tener vértigo ‖ 私は頭がくらくらする《慣用》Me da vueltas la cabeza.
ぐらぐら

▶ぐらぐらな inestable
▶ぐらぐらする bambolearse, tambalearse moverse a un lado y a otro ⇒ぐらつく ‖ 私は歯が一本ぐらぐらしている Se me mueve un diente. ／ 私の気持ちはぐらぐらしている Estoy indeci*so*[sa]. ¦《慣用》Estoy entre dos aguas.
くらげ 水母／海月 medusa f., aguamala f. ‖ 私はくらげに刺された Me picó una medusa.
くらさ 暗さ oscuridad f.,（影）sombra f. ‖ 夜の暗さ oscuridad f.「de noche [nocturna]
くらし 暮らし vida f. ⇒せいかつ（生活）‖ 日々の暮らし vida f. cotidiana ／ 昔の暮らし vida f. de antes ／ 今の暮らし vida f. actual ／ 質素な暮らしをする llevar una vida sencilla ／ 豊かな暮らしをする llevar una vida holgada, vivir holgadamente ／ 暮らしが苦しい vivir con「apuros [dificultad] ／ 暮らしが楽である vivir「desahogadamente [sin estrecheces] ／ 暮らしが前より楽になる vivir mejor que antes ／ 田舎暮らしをする vivir en el campo ／ 静かな暮らしを営む llevar una vida tranquila ／ 暮らしを立てる ganar(se) la vida ／ 一家の暮らしを支える sustentar a su familia ／ 暮らしに困る vivir con estrecheces, no tener lo suficiente para vivir ／ その日暮らしをする《慣用》vivir al día
◪暮らし向き ‖ 暮らし向きがよい vivir「con holgura [acomodadamente]
グラジオラス gladíolo m., gladiolo m., estoque m.
クラシック
▶クラシックな clás*ico*[ca]
◪クラシック音楽 música f. clásica
◪クラシックカー coche m. clásico
◪クラシックバレエ ballet m. clásico
くらす 暮らす vivir,（時を過ごす）pasar su tiempo ‖ 幸せに暮らす vivir felizmente ／ 裕福に暮らす vivir acomodadamente,《慣用》vivir en la abundancia ／ 一人で暮らす vivir so*lo*[la] ／ 一緒に暮らす vivir jun*tos*[tas], convivir ／ 遊んで暮らす vivir sin trabajar,《慣用》vivir del cuento,《慣用》no「dar [pegar]（ni) golpe ／ 月20万円で暮らす vivir con doscientos mil yenes al mes ／ ぎりぎりで暮らす vivir con lo justo ／ 年金で暮らす vivir de la pensión
クラス （学級）clase f.,（等級）categoría f., rango m. ‖ 入門者「上級者]のクラス clase f. para「principiantes [avanzados] ／ 上級クラス clase f. de nivel superior ／ 国内トップクラスの陸上選手 u*no*[na] mf. de *los*[las] mejores atletas del país
◪エコノミークラス clase f. turista
◪ファーストクラス primera clase f.
◪クラス会 （同窓生の）reunión f. de anti-

guos alumnos
- ◪ クラス担任 maestro[tra] mf. de(l) aula
- ◪ クラスメート compañero[ra] mf. de clase

グラス copa f., (ガラス) vidrio m. ‖ グラス1杯のワイン una copa de vino
- ◪ グラスウール lana f. de vidrio
- ◪ グラスファイバー fibra f. de vidrio
- ◪ グラスワイン vino f. servido en copa

クラスター
- ◪ クラスター爆弾 bomba f. de racimo

グラタン gratinado m., gratén m.
- ▶ グラタンの gratinado[da], al 「gratín [gratén]
- ◪ シーフードグラタン gratinado m. de mariscos
- ◪ マカロニグラタン macarrones mpl. al 「gratín [gratén], gratinado m. de macarrones
- ◪ グラタン皿 fuente f. de gratén

クラッカー galleta m. salada, (パーティーグッズ) cracker m. de Navidad ‖ クラッカーを鳴らす tirar de un cracker

ぐらつく bambolearse, tambalearse, moverse a un lado y a otro, (よろめく) perder el equilibrio, vacilar ‖ この椅子はぐらつく Esta silla 「se tambalea [baila]. ¦ Esta silla está coja. ／ 私の決心はぐらついている Mi decisión se tambalea.

クラッシュ 《IT》(コンピュータの) bloqueo m. del sistema, 《英語》crash m.
- ▶ クラッシュする (コンピュータが) fallar, colgarse, (車・飛行機が) estrellarse

クラッチ embrague m. ‖ クラッチを入れる embragar ／ クラッチを切る desembragar
- ◪ クラッチ車 coche m. con embrague
- ◪ クラッチペダル pedal m. de embrague ‖ クラッチペダルを踏む pisar el (pedal de) embrague

グラッパ aguardiente m. de orujo, 《イタリア語》grappa f.

グラニューとう グラニュー糖 azúcar f. granulada, azúcar m. granulado

グラビア
- ◪ グラビア印刷 fotograbado m., huecograbado m. ‖ グラビア印刷にする fotograbar
- ◪ グラビア雑誌 revista f. ilustrada
- ◪ グラビアページ páginas fpl. de 「fotos [fotografías]

クラブ (同好会) club m., (トランプの) trébol m. ‖ クラブに入る 「entrar [ingresar] en un club, hacerse socio[cia] de un club ／ クラブに所属する pertenecer a un club ／ 銀座のクラブ pub m. de Ginza ／ ゴルフのクラブ palo m. de golf
- ◪ クラブ員 miembro com., socio[cia] mf.
- ◪ クラブ活動 actividades fpl. del club, (学校の) actividades fpl. extracurriculares
- ◪ クラブハウス casa f. del club

グラフ gráfico m., gráfica f., diagrama m. ‖ グラフに表す 「mostrar [representar] gráficamente, representar en 「una gráfica [un gráfico] ／ グラフにする hacer 「una gráfica [un gráfico]
- ◪ 棒グラフ gráfico m. de barras
- ◪ 円グラフ gráfico m. 「circular [de tarta]
- ◪ 折れ線グラフ gráfico m. 「de líneas [lineal]
- ◪ グラフ用紙 papel m. cuadriculado

グラブ ⇒グローブ

グラフィック
- ▶ グラフィックの gráfico[ca]
- ◪ グラフィックアート artes fpl. gráficas
- ◪ グラフィックデザイナー grafista com., diseñador[dora] mf. gráfico[ca]
- ◪ グラフィックデザイン diseño m. gráfico

クラフトし クラフト紙 papel m. 「de estraza [madera], kraft]

くらべ 比べ ‖ 力くらべ concurso m. de fuerza ／ 背くらべ comparación f. de la estatura

くらべもの 比べ物 ‖ このハムはおいしいが、スペインのハムとは比べ物にならない Este jamón es bueno, pero no 「es comparable [se puede comparar] con el jamón de España.

くらべる 比べる／較べる comparar, hacer una comparación 《entre》, (照合する) cotejar ⇒ ひかく (→比較する) ‖ AとBを比べる comparar A con B, (照合する) cotejar A con B ／ 数店で同じ商品の値段を比べる comparar los precios de un mismo producto en varias tiendas
- ▶ 〜と比べれば／〜と比べて en comparación 《con》, con respecto 《a》 ‖ 先月と比べて視聴率が上がった La cuota de pantalla ha aumentado con respecto a la del mes pasado. ／ 私共の商品はお店の商品と比べて劣るものではございません Nuestros artículos tienen una calidad no inferior a la de otras tiendas. ¦ La calidad de nuestros artículos no es inferior a la de otras tiendas.

グラマー
- ▶ グラマーな físicamente atractivo[va], voluptuoso[sa], sensual ‖ グラマーな女性 mujer f. de curvas 「exuberantes [pronunciadas]

くらます 晦ます ‖ 姿をくらます desaparecer, 《話》esfumarse ／ 行方をくらます desaparecer, esconderse ／ 敵の目をくらます engañar al enemigo

くらむ 眩む (目が) deslumbrarse, cegarse, (めまい) marearse, 「tener [sentir] vértigo ‖ 太陽が眩しくて目がくらむ El sol me ciega. ／ 金に目がくらむ cegarse por el dinero ／ このビルは高くて目がくらむようだ El edificio es tan alto que me da vértigo.

グラム gramo m. (略 g) ‖ 100グラム cien

gramos／10分の1グラム decigramo *m.* (略 dg)

くらやみ 暗闇　oscuridad *f.*, tinieblas *fpl.* ‖ 暗闇に消える desaparecer en la oscuridad／暗闇に包まれた envuel*to*[*ta*] en la oscuridad, cubier*to*[*ta*] por la oscuridad／暗闇に紛れる perderse en la oscuridad／暗闇を手探りで進む avanzar a tientas en la oscuridad／目が暗闇に慣れる Los ojos se acostumbran a la oscuridad.

クラリネット　clarinete *m.* ‖ クラリネットを吹く tocar el clarinete
☐ クラリネット奏者 clarinetista *com.*, clarinete *com.*

クランク　《機械》manivela *f.*, manubrio *m.*
☐ クランクシャフト《機械》cigüeñal *m.*

グランドピアノ　piano *m.* de cola

グランプリ　gran premio *m.*

くり　栗　(実) castaña *f.*, (木) castaño *m.* ‖ 栗のいが erizo *m.*／栗の皮をむく pelar una castaña
☐ 栗色 color *m.* castaño ‖ 栗色の髪「cabello *m.* [pelo *m.*] (color) castaño

クリア
▶ クリアな (声が) cla*ro*[*ra*], (画像が) níti*do*[*da*], (頭脳が) lúci*do*[*da*] ‖ クリアな画像 imagen *f.* nítida
▶ クリアする (解決する) solucionar, arreglar, (克服する) superar, (満たす) satisfacer ‖ 必要な条件をクリアする「cumplir [satisfacer] los requisitos necesarios／(サッカーで)ボールをクリアする despejar el balón／(走り高跳びで)バーをクリアする「franquear [salvar] el listón

くりあげ　繰り上げ
☐ 繰り上げ当選　繰り上げ当選する salir elegi*do*[*da*] para ocupar un escaño vacante
☐ 繰り上げ投票 votación *f.* anticipada

くりあげる　繰り上げる　adelantar, anticipar ‖ 選挙を繰り上げる「anticipar [adelantar] las elecciones／日程を繰り上げる adelantar la fecha《de》

グリース　grasa *f.* lubricante

クリーナー　producto *m.* limpiador, (掃除機) aspiradora *f.*

クリーニング　‖ ワイシャツをクリーニングに出す llevar una camisa a la tintorería／ホテルのクリーニングを利用する utilizar el servicio de lavandería de un hotel
☐ ドライクリーニング「lavado *m.* [limpieza *f.*] en seco
☐ クリーニング店 tintorería *f.*, lavandería *f.*

クリーム　(食用・化粧用) crema *f.* ‖ 顔にクリームをつける (自分の)「ponerse [aplicarse] crema en la cara
▶ クリーム状の cremo*so*[*sa*]
☐ 生クリーム nata *f.*
☐ ホイップクリーム nata *f.* montada, crema *f.* batida
☐ クリーム色 color *m.* crema
☐ クリームスープ crema *f.*, sopa *f.* de crema
☐ クリームソース salsa *f.* de crema
☐ クリームチーズ queso *m.* crema
☐ クリーム煮 ‖ ほうれん草のクリーム煮 espinacas *fpl.* a la crema
☐ クリームパン bollo *m.* de crema

クリーン
▶ クリーンな lim*pio*[*pia*]
☐ クリーンエネルギー energía *f.* limpia
☐ クリーンルーム sala *f.*「blanca [limpia]

グリーン　(緑色) verde *m.*, (ゴルフの)《英語》*green* *m.*, verde *m.*
☐ グリーンエネルギー energía *f.*「verde [renovable]
☐ グリーンコンシューマー consumi*dor*[*dora*] *mf.* ecológi*co*[*ca*]
☐ グリーンサラダ ensalada *f.* verde
☐ グリーン車 vagón *m.* de primera clase
☐ グリーンピース guisantes *mpl.*, 《中南米》arvejas *fpl.*
☐ グリーンベルト cinturón *m.* verde

くりかえし　繰り返し　repetición *f.*, reiteración *f.*, (詩歌の) estribillo *m.* ‖ この文には繰り返しが多い Este texto está lleno de repeticiones.／日々の単調な繰り返し monótona repetición *f.* de los días, rutina *f.* diaria
▶ 繰り返して (もう一度) otra vez, (何度も) repetidamente, reiteradamente, repetidas veces

くりかえす　繰り返す　repetir, reiterar, (過ちを) reincidir《en》‖ 同じ失敗を繰り返す repetir el mismo error／犯罪を繰り返す reincidir en un delito／もう一度質問を繰り返していただけますか ¿Podría repetir su pregunta?／その火山は爆発を繰り返している El volcán está en intermitente erupción.／何度も繰り返し読む leer una y otra vez

クリケット　críquet *m.*
▶ クリケットをする jugar al críquet

グリコーゲン　glucógeno *m.*

くりこし　繰り越し
☐ 繰越金 saldo *m.* del ejercicio anterior
☐ 繰越残高 remanente *m.* a cuenta nueva

くりこす　繰り越す　pasar a cuenta nueva

クリスタル　(クリスタルガラス) cristal *m.*, vidrio *m.* de plomo
☐ クリスタルグラス copa *f.* de cristal

クリスチャン　cristia*no*[*na*] *mf.*
☐ クリスチャンネーム nombre *m.* de pila

クリスマス　Navidad *f.*, (クリスマスから1月6日までの期間) Navidades *fpl.* ‖ クリスマスを祝う celebrar la Navidad／クリスマスを楽しむ disfrutar de la Navidad／クリスマスを楽しみにする esperar con ilusión la Navidad

[慣用]メリークリスマス ¡Feliz Navidad!
▶**クリスマスの** navide*ño*[*ña*]
◪**クリスマスイブ** Noche *f.* Buena, Nochebuena *f.*
◪**クリスマスカード** tarjeta *f.* de Navidad
◪**クリスマスキャロル/クリスマスソング** villancico *m.*
◪**クリスマス休暇** vacaciones *fpl.* de Navidad
◪**クリスマスケーキ** tarta *f.* 「navideña [de Navidad]
◪**クリスマスツリー**「árbol *m.* [arbolito *m.*] de Navidad
◪**クリスマスプレゼント** regalo *m.* de Navidad
グリセリン glicerina *f.*
くりだす 繰り出す ‖ 糸を繰り出す sacar un hilo ／ 地元チームの応援に繰り出す ir a ver un partido para animar al equipo local ／ 若者たちは海水浴に繰り出す Los jóvenes van en masa a la playa a bañarse.
クリック clic *m.*
▶**クリックする** hacer clic (en) ‖ 矢印をクリックする hacer clic en la flecha ／ マウスを右[左]クリックする hacer clic con la 「derecha [izquierda] del ratón
グリッド (電気) rejilla *f.*
◪**グリッドコンピューティング** (IT) computación *f.* grid
クリップ clip *m.*, sujetapapeles *m.*[=*pl.*]; (髪の) horquilla *f.* ‖ 数枚の紙をクリップでとめる「unir [sujetar] unas hojas de papel con un clip
◪**クリップボード** (IT) portapapeles *m.*[=*pl.*] ‖ クリップボードにある情報 datos *mpl.* almacenados en el portapapeles
グリップ asidero *m.*, puño *m.*, (ラケットの) mango *m.*
クリニック clínica *f.*, consultorio *m.* (「médico [clínico])
グリニッジ
◪**グリニッジ標準時**「hora *f.* [tiempo *m.* medio] de Greenwich, hora *f.* en el meridiano de Greenwich
くりぬく 刳り貫く ahuecar, vaciar, horadar, (掘る) excavar ‖ 丸太をくりぬく「ahuecar [vaciar] un tronco ／ リンゴの芯をくりぬく quitar [sacar] el corazón de una manzana, descorazonar una manzana ／ 目玉をくりぬく sacar los ojos ⟨a⟩
◪**くりぬき器** 芯のくりぬき器 sacacorazones *m.*[=*pl.*]
くりひろげる 繰り広げる desarrollar ‖ 宣伝キャンペーンを繰り広げる desarrollar una campaña de publicidad ／ スペインとアルゼンチンは熱戦を繰り広げた España y Argentina disputaron un partido emocionante.
グリル parrilla *f.* ‖ 肉をグリルで焼く asar carne a la parrilla ／ グリルで焼いた asa*do*[*da*] a la parrilla

くる 来る ❶ (来る) venir, (着く) llegar, (帰ってくる) volver ‖ バスはまもなく来ます El autobús viene pronto. ／ 私にペルーから一通の手紙が来た Me llegó una carta desde Perú. ／ ついに夏がやって来た Por fin ha llegado el verano. ／ 嵐が来そうだ Amenaza tormenta. ／ 私の両親が空港に迎えに来る Mis padres vienen a buscarme al aeropuerto. ／ またあとで来ます (買い物など) 「Vuelvo [Volveré] más tarde.
❷ (由来・起因する) venir 《de》, provenir 《de》‖ この単語はギリシア語から来ている Esta palabra 「viene [proviene] del griego. ／ 中国から来た文化 cultura *f.* procedente de China ／ ビタミン不足から来る病気 enfermedad *f.* causada por la falta de vitaminas
❸ (その他) 私は30年間働いてきた He venido trabajando durante treinta años. ／ 政治の話ときたら彼はまったくわからない Él de política no entiende ni palabra. ／ 来る早々 nada más llegar ／ 来る日も来る日も día tras día ／ 来るべきものが来た Ha pasado lo que tenía que pasar.
ぐる ‖ ぐるになる conspirar 《con》→きょうぼう (⇒共謀する) ／ 彼らはぐるだ Ellos son cómplices.
くるい 狂い (異常) anomalía *f.*, anormalidad *f.*, (変調) alteración *f.*, (狂気) locura *f.* ‖ 計画に狂いが生じた Se produjo una alteración en el plan. ／ 私の目に狂いはない Tengo buen ojo clínico. ¦ Mi intuición no falla. ／ 彼女はサッカー狂いだ Ella está loca por el fútbol.
◪**狂い咲き** floración *f.* a destiempo ‖ 狂い咲きする florecer a destiempo
◪**狂い死に** ‖ 狂い死にする morir loc*o*[*ca*], morir de locura
くるう 狂う (機械が) funcionar mal, (計画が) alterarse ‖ 調子が狂う perder (el) ritmo ／ 気が狂う volverse loc*o*[*ca*], perder el juicio, enloquecer(se) ／ 時計が狂っている El reloj no funciona bien. ¦ (時刻が) El reloj no marca bien la hora. ／ 狂った世の中 mundo *m.* loco ／ 狂ったように como un[una] loc*o*[*ca*] ／ ギャンブルに狂う perder la cabeza por el juego
クルーザー crucero *m.*
クルーズ crucero *m.* ‖ クルーズを楽しむ disfrutar de un crucero
▶**クルーズする** ‖ 地中海をクルーズする hacer un crucero por el Mediterráneo
グループ grupo *m.* ‖ 3人グループ grupo *m.* de tres personas ／ グループに分ける dividir en grupos ／ 観光客は4つのグループに分かれた Los turistas se dividieron en cuatro

くるくる ‖ 頭に包帯をくるくる巻く dar varias vueltas con la venda a la cabeza《a》／ 風見鶏がくるくる回る La veleta gira sin cesar. ／ 意見をくるくる変える cambiar de opinión constantemente

ぐるぐる ‖ 帯を腰の回りにぐるぐる巻く enrollar varias veces el cinturón en *su* cintura ／ 右腕をぐるぐる回す girar el brazo derecho como un molino

くるしい 苦しい doloros*o*[*sa*], (精神的に) penos*o*[*sa*], (困難な) difícil, d*u*r*o*[*ra*] ‖ 苦しい経験 experiencia *f*. dura ／ 苦しい言い訳「pobre [mala] excusa *f*. ／ 私は息が苦しい Me falta el aliento. ¦ Me ahogo. ／ 胸が苦しい tener dolor de pecho, (精神的に) sentir angustia ／ 苦しい生活をする llevar una vida difícil, (切り詰める)《慣用》apretar(se) el cinturón ／ 苦しい目に遭う pasar momentos difíciles ／ 苦しい立場にある encontrarse「en una difícil situación [en un apuro] ／ 彼は工場を閉鎖するかどうか苦しい選択を迫られた Él se vio obligado a tomar la dura decisión de cerrar o no la fábrica.
[諺] 苦しい時の神頼み《諺》Nadie se acuerda de Santa Bárbara hasta que truena.

くるしさ 苦しさ ⇒くるしみ(苦しみ)

くるしまぎれ 苦し紛れ ‖ 苦しまぎれに para salir de un apuro,《慣用》a la desesperada

くるしみ 苦しみ dolor *m*., sufrimiento *m*., pena *f*., angustia *f*. ‖ 苦しみに耐える「soportar [aguantar] el dolor ／ 苦しみを味わう/苦しみをなめる「experimentar [padecer, sufrir] dolor ／ 苦しみを和らげる「aliviar [reducir, paliar] el dolor ／ 産みの苦しみ (出産の) dolores *mpl*. de parto, (創造の) sufrimiento *m*. al crear

くるしむ 苦しむ sufrir, padecer, atormentarse, angustiarse ‖ 生活に苦しむ vivir con dificultad ／ 持病に苦しむ padecer una enfermedad crónica ／ 飢えに苦しむ sufrir de hambre ／ 借金に苦しむ estar abrumad*o*[*da*] por las deudas ／ 君のすることは理解に苦しむ Me「resulta difícil [cuesta] entender lo que haces.

くるしめる 苦しめる hacer sufrir a ALGUIEN, atormentar, angustiar, causar angustia《a》

グルタミン glutamina *f*.
▫ グルタミン酸 ácido *m*. glutámico

グルテン gluten *m*.

クルド
▶ クルドの kur*do*[*da*]
▫ クルド人 kur*do*[*da*] *mf*.
▫ クルド語 lengua *f*. kurda, kurdo *m*.

くるびょう くる病 raquitismo *m*.
▫ くる病患者 raquític*o*[*ca*] *mf*.

くるぶし 踝 tobillo *m*.

くるま 車 (自動車) coche *m*., automóvil *m*.,《中南米》carro *m*.,《南米》auto *m*., (乗り物) vehículo *m*., (車輪) rueda *f*. ‖ 6人乗りの車 coche *m*. de seis plazas ／ 車が走る correr *un coche* ／ この通りはたくさん車が走っている En esta calle「pasan [circulan] muchos coches. ／ 車から降りる bajarse del coche ／ 車に乗る (乗車する) subirse en el coche, (移動する) viajar en coche ／ 私は車に酔う El coche me marea. ¦ Me mareo en coche. ／ 車を貸す prestar *su* coche《a》, (有料で) alquilar un coche ／ 車を借りる pedir prestado un coche《a》, (有料で) alquilar un coche ／ 車を飛ばす acelerar el coche ／ 車を利用する「usar [utilizar] un coche ／ 車を拾う (タクシーを) tomar un taxi ／ 車を呼ぶ (タクシーを) llamar un taxi ／ 車を買う comprar un coche ／ 車を売る vender un coche ／ 車を運転する conducir un coche,《中南米》manejar un carro ／ 車を止める (停止する) parar el coche, (駐車する) aparcar el coche,《中南米》estacionar el carro ／ 警官が私の車を止めた Un policía detuvo mi coche. ／ 車にひかれる/車にはねられる ser atropellad*o*[*da*] por un coche ／ 彼は車にはねられた Lo atropelló un coche. ／ 車で仕事に行く ir al trabajo en coche ／ 車で出かける salir en coche
[慣用] 車の両輪となる ‖ 彼らは車の両輪となって党を支えている Ellos son los pilares del partido.
▫ 車社会 sociedad *f*. motorizada
▫ 車代 gastos *mpl*. de transporte
▫ 車寄せ porche *m*.

くるまいす 車椅子 silla *f*. de ruedas ‖ 車椅子の人 persona *f*.「con [en] silla de ruedas ／ 車椅子を利用する「utilizar [usar] silla de ruedas ／ 車椅子を押す empujar una silla de ruedas ／ 車椅子で生活する vivir en silla de ruedas ／ 車椅子で入れますか ¿Se puede acceder en silla de ruedas?
▫ 車椅子専用座席 espacio *m*. reservado para sillas de ruedas
▫ 車椅子テニス tenis *m*. en silla de ruedas
▫ 車椅子用トイレ baño *m*. para (personas con) sillas de ruedas

くるまえび 車海老 camarón *m*. imperial, (学名) *Marspenaeus japonicus*

くるまる envolverse, arroparse ‖ 毛布にくるまる envolverse「en [con] una manta

くるみ 胡桃 (実) nuez *f*., (木) nogal *m*. ‖ くるみを割る cascar una nuez

🔲 **くるみ割り** cascanueces *m.*[=*pl.*]
ぐるみ ‖ここでは皆家族ぐるみの付き合いです Aquí nos conocemos todos. ¦ Aquí somos (como) una piña. / 町ぐるみで地震の被災者支援のフェスティバルを開催した Todo el pueblo organizó un festival a beneficio de los damnificados por el terremoto.
くるむ envolver ‖タオルで赤ん坊をくるむ envolver a un bebé con una toalla / 足を毛布でくるむ(自分の) taparse las piernas con una manta
グルメ (美食家) gastróno*mo*[*ma*] *mf.*,《フランス語》*gourmet com.*
ぐるり
▶ぐるりと‖庭の周りにぐるりと柵を巡らす rodear el jardín con una cerca / 公園をぐるりと回る dar una vuelta al parque / ぐるりと辺りを見回す mirar a *su* alrededor
くるわせる 狂わせる (人を) enloquecer, volver lo*co* a ALGUIEN, (計画を) alterar, desbaratar ‖麻薬が彼女を狂わせた Las drogas la「volvieron loca [enloquecieron]. / その事故が私の人生を狂わせた Ese accidente me alteró la vida. / 休暇の予定を狂わせる desbaratar los planes de vacaciones
くれ 暮れ (年末) fin *m.* de año, (夕暮れ) atardecer *m.*, anochecer *m.* ‖年の暮れにムに finales de año / 暮れが押し詰まる Se acerca el fin de año. ¦ Se va acabando el año.
クレー ‖クレー射撃 tiro *m.* al「vuelo [plato, platillo]
グレー gris *m.*
▶グレーの gris
🔲 グレーゾーン zona *f.* gris
クレーター cráter *m.* (de impacto), astroblema *m.*
クレープ crepe *f(m).*; (織物) crepé *m.*
🔲 クレープ屋 crepería *f.*
グレープ →ぶどう(葡萄)
🔲 グレープジュース《スペイン》zumo *m.* de uva,《中南米》jugo *m.* de uva
グレープフルーツ (実・木) pomelo *m.*,《中南米》(実) toronja *f.*, (木) toronjo *m.*
クレーム reclamación *f.*, queja *f.* ‖クレームに対応する atender las「quejas [reclamaciones] / クレームをつける reclamar,「presentar [hacer] una reclamación / クレームがくる recibir una「queja [reclamación] / 毎日顧客からクレームがきます Todos los días nos llegan quejas de clientes.
🔲 クレームタグ (荷物預かり証) etiqueta *f.* de reclamación
クレーン grúa *f.*
🔲 タワークレーン grúa *f.* torre
🔲 クレーン車 camión *m.* de grúa
くれぐれも‖くれぐれもお体を大切になさってください Cuídese mucho, por favor.
クレジット crédito *m.* ‖クレジットで買う

comprar a crédito / 映画の最初にクレジットを入れる poner los créditos al inicio de una película
🔲 クレジットカード tarjeta *f.* de crédito ‖クレジットカードで支払う pagar con tarjeta (de crédito) / クレジットカードは使えますか ¿Se puede pagar con tarjeta? / クレジットカードでお願いします Con tarjeta de crédito, por favor.
🔲 クレジットタイトル《映画》créditos *mpl.*
クレソン「berro *m.* [mastuerzo *m.*] de agua
ぐれつ 愚劣 estupidez *f.* ‖～は愚劣だと私は思う Me parece「una estupidez [estúpido] que『+接続法』.
▶愚劣な(人) estúpi*do*[*da*] (*mf.*), idiota (*com.*) ‖愚劣なやつだ Es un tipo estúpido. / 愚劣な記事 artículo *m.* estúpido / 愚劣な行為を行う cometer una「estupidez [acción estúpida]
クレパス grieta *f.*
クレパス《商標》crayón *m.* de pastel
クレヨン crayón *m.*, lápiz *m.* de cera
くれる 呉れる (与える) dar ‖母が僕にお小遣いをくれた Mi madre me dio una propina. / 友人(男性)がボリビアから電話をくれた Un amigo me llamó desde Bolivia.
▶～してくれる tener la amabilidad de『+不定詞』, molestarse en『+不定詞』, (～してくださる) tener a bien『+不定詞』, dignarse『+不定詞』‖先生(男性)が空港までわざわざ迎えに来てくれた Mi profesor se molestó en venir al aeropuerto a buscarme.
くれる 暮れる ‖日が暮れる atardecer《3人称単数形の無主語で》, anochecer《3人称単数形の無主語で》/ まもなく年が暮れる Pronto termina el año.
ぐれる descarriarse, perderse, irse por el camino de la mala vida
クレンザー limpiador *m.* ‖フライパンをクレンザーで磨く limpiar la sartén con limpiador
クレンジングクリーム desmaquillador *m.*, crema *f.* desmaquilladora
クレンジングミルク leche *f.* limpiadora
くろ 黒 negro *m.* ‖彼女は黒だ(有罪だ) Ella es culpable.
🔲 黒砂糖 azúcar *m.* mascabado
くろい 黒い ne*gro*[*gra*], (日焼けした) more*no*[*na*] ‖黒い服 vestido *m.* negro / 私は色がとても黒い(色黒だ) Tengo la piel muy morena. / すすで汚れた黒い顔 cara *f.* ennegrecida por el hollín
〔慣〕私の目の黒いうちは mientras yo esté vivo[va]
▶黒くなる ponerse ne*gro*[*gra*], ennegrecer(se) ‖日に焼けて黒くなる ponerse more*no*[*na*]

▶黒ずむ ponerse negruz*co*[*ca*]
▶黒っぽい negruz*co*[*ca*]
くろう 苦労 trabajo *m*., (困難) dificultades *fpl*., (辛苦) sufrimiento *m*., penalidades *fpl*., (心配) preocupación *f*. ‖ 親の苦労 sufrimiento *m*. de los padres ／ 苦労の種《慣用》quebraderos *mpl*. de cabeza ／ 苦労のかいがある (何かが) merecer un esfuerzo ／ 苦労がない no tener preocupaciones ／ 苦労が絶えない tener preocupaciones constantes ／ 私の苦労がすべて無駄になった Todos mis esfuerzos cayeron en saco roto. ／ 無駄な苦労をする hacer un esfuerzo inútil,《慣用》gastar pólvora en salvas ／ 親に苦労をかける preocupar a *sus* padres ／ 苦労を知らない no conocer la dureza de la vida ／ 苦労を共にする compartir「las dificultades [el sufrimiento] ／ 苦労をいとわない no escatimar esfuerzos ／ 苦労を重ねる pasar muchas「dificultades [penalidades] ／ 私の苦労が報われた Mis esfuerzos se vieron recompensados. ／ 苦労なしに sin esfuerzo, (簡単に) sin dificultad ／ 苦労して con mucho esfuerzo, con mucha dificultad,《慣用》a duras penas ／ 父は大変な苦労をしてこの家を買った A mi padre le costó sudor y lágrimas comprar esta casa.
▶ご苦労さま ‖ ご苦労さまでした Muchas gracias por su gran esfuerzo.
▶苦労する (働く) trabajar duramente, (苦しむ) sufrir,《慣用》pasar sufrimientos,《慣用》pasar las de Caín
▶苦労性 ‖ 苦労性である preocuparse por cualquier cosa,《慣用》ahogarse en un vaso de agua
◪取り越し苦労 ‖ 取り越し苦労をする preocuparse inútilmente
◪苦労人 persona *f*. que ha pasado muchas dificultades en la vida
くろうと 玄人 exper*to*[*ta*] *mf*., especialista *com*., profesional *com*. ‖ 玄人はだし afciona*do*[*da*] *mf*.「profesional [exper*to*[*ta*]]
クローク guardarropa *m*. ‖ コートをクロークに預ける dejar *su* abrigo en el guardarropa
◪クローク係 guardarropa *com*.
クローズアップ primer plano *m*. ‖ クローズアップの写真 foto(grafía) *f*. en primer plano ／ クローズアップで撮る fotografiar en primer plano
▶クローズアップする poner ALGO en primer plano
クローゼット ropero *m*., (作り付けの) armario *m*. empotrado,《中南米》clóset *m*.
クローバー trébol *m*. ‖ 四つ葉のクローバー trébol *m*. con cuatro hojas
グローバリズム globalismo *m*.
グローバリゼーション globalización *f*.

グローバル
▶グローバルな global ‖ グローバルな視野を持つ tener una visión global
▶グローバル化 globalización *f*.
◪グローバルスタンダード estándar *m*. global
クローブ clavo *m*. (de olor), (木) clavero *m*., giroflé *m*.
グローブ (野球の) guante *m*., (ボクシングの) guantes *mpl*. (de boxeo) ‖ グローブをはめる (自分に) ponerse「el guante [los guantes]
クロール crol *m*. ‖ クロールで泳ぐ nadar a crol
クローン clon *m*.
▶クローンの clóni*co*[*ca*]
▶クローン化 clonación *f*. ‖ クローン化する clonar
◪クローン技術 técnicas *fpl*. de clonación
◪クローン動物 animal *m*. clonado
◪クローン人間 ser *m*. humano clonado
くろかみ 黒髪「cabello *m*. [pelo *m*.] negro
くろこげ 黒焦げ
▶黒焦げの carboniza*do*[*da*], calcina*do*[*da*] ‖ 黒焦げの車 coche *m*.「calcinado [carbonizado]
▶黒焦げになる carbonizarse, calcinarse, quemarse por completo
くろじ 黒字 superávit *m*., números *mpl*. negros ‖ 100万円の黒字を出す「tener [obtener] un superávit de un millón de yenes ／ 黒字になる entrar en números negros
▶黒字化 entrada *f*. en números negros
◪黒字額 superávit *m*.
◪黒字決算 balance *m*. con superávit
くろしお 黒潮 corriente *f*. de Kuroshio
クロスカントリー《陸上競技》《英語》cross *m*., campo *m*. a través
◪クロスカントリースキー esquí *m*.「de fondo [nórdico]
クロスワードパズル crucigrama *m*. ‖ クロスワードパズルをする hacer un crucigrama
クロッカス croco *m*., azafrán *m*. de primavera
グロッキー ‖ グロッキーである estar grogui ／ あごに右パンチを受けて彼はグロッキーになった Un fuerte derechazo en el mentón lo dejó grogui.
グロテスク
▶グロテスクな grotes*co*[*ca*]
くろパン 黒パン pan *m*. negro
くろビール 黒ビール cerveza *f*. negra
くろぼし 黒星 (敗北) derrota *f*. ‖ 黒星を喫する sufrir una derrota
くろまく 黒幕《慣用》「eminencia *f*. [cerebro *m*.] gris ‖ その男が現政権の黒幕だ Ese hombre es la eminencia gris del régimen actual.

くろまめ 黒豆　soja *f.* negra ‖ 黒豆を煮る　cocer sojas negras
クロム　《化学》cromo *m.*《記号 Cr》
▣ **クロム鉄鉱**　cromita *f.*
▣ **クロムめっき**　cromado *m.* ‖ クロムめっきをする　cromar
くろめ 黒目　(虹彩) iris *m.*[=*pl.*], (瞳孔) pupila *f.*
くろやま 黒山 ‖ 広場は黒山の人だかりで Hay una gran multitud de gente en la plaza. ¦ La plaza está abarrotada de gente.
クロレラ　*Chlorella f.*
クロロホルム　cloroformo *m.*
クロワッサン　cruasán *m.*
くわ 桑　(実) mora *f.*, (木) morera *f.*
▣ **桑畑**　moreral *m.*
くわ 鍬　azada *f.* ‖ 鍬で畑を耕す「remover [levantar, cavar] la tierra con una azada
くわえる 加える　añadir, agregar, (足す) sumar, (仲間に入れる) incluir, incorporar ‖ ソースに少し水を加える añadir un poco de agua a la salsa ／ 新人2名をチームに加える incorporar a dos nuevos miembros al equipo ／ さらに改良を加える realizar más mejoras ／ 短い説明を加える añadir una explicación breve ／ 危害を加える hacer daño 《a》／ 風に加えて雨まで降り出した Además de hacer viento, ha empezado a llover.
くわえる 銜える/咥える ‖ 口にくわえる llevar ALGO en la boca ／ タバコを口にくわえて散歩する pasear con el cigarrillo en la boca ／ 骨を口にくわえた犬 perro *m.* con un hueso en la boca
くわがたむし 鍬形虫　ciervo *m.* volante ‖ くわがたを採る cazar ciervos volantes
くわけ 区分け　clasificación *f.*, división *f.*
▶ **区分けする**　clasificar, dividir ‖ 郵便物を区分けする clasificar el correo
くわしい 詳しい　detalla*do*[*da*], minucio*so*[*sa*] ‖ 彼女は植物に詳しい Ella es una 「buena [gran] conocedora de plantas. ／ この辺の地理に詳しい conocer bien la geografía de esta zona ／ 詳しい通話記録 registro *m.* detallado de llamadas ／ その事件の詳しい事情を調べる investigar los pormenores del caso ／ 詳しいことは省略して sin entrar en detalles
▶ **詳しく**　detalladamente, punto por punto, 《慣用》con pelos y señales,《慣用》con puntos y comas ‖ 詳しく説明する explicar ALGO detalladamente, dar una detallada explicación, detallar, pormenorizar
くわずぎらい 食わず嫌い ‖ 食わず嫌いである rechazar sin probar, (偏見を持つ) tener prejuicios《contra, con》／ 食わず嫌いの人 persona *f.* con prejuicios con la comida
くわだて 企て　plan *m.*, proyecto *m.*, (試み) intento *m.*, (陰謀) conspiración *f.*, intriga *f.* ‖ 我々の企ては失敗した Nuestro plan 「fracasó [salió mal, falló]. ／ クーデターの企てが発覚した Se descubrió la conspiración para dar un golpe de Estado.
くわだてる 企てる　planear, proyectar, (陰謀を) tramar, tejer, urdir, maquinar ‖ 新事業を企てる planear un nuevo negocio ／ 陰謀を企てる tramar una conspiración《contra》, conspirar《contra》／ 強盗を企てる planear un atraco
くわわる 加わる　añadirse《a》, sumarse《a》, (仲間に入る) incorporarse《a》, unirse《a》, (参加する) participar《en》, tomar parte《en》‖ この価格に消費税が加わる A este precio se le 「añade [suma] el impuesto sobre el consumo. ／ 空腹に寒さが加わる Al hambre se suma el frío. ／ チームに加わる incorporarse a un equipo ／ 議論に加わる participar [tomar parte] en un debate ／ 環境保護運動に加わる participar en un movimiento ecologista
くん 君 ‖ 鈴木君 (呼びかけ) Señor Suzuki
ぐん 軍　(軍隊) ejército *m.* ⇒ ぐんたい(軍隊) ‖ 軍の意向 intención *f.* del ejército ／ 軍を率いる dirigir un ejército
▶ **軍の**　militar, (軍隊の) castrense
ぐん 郡　comarca *f.*, distrito *m.*
ぐん 群　grupo *m.* ⇒ むれ(群れ) ‖ 羊の一群 un rebaño de ovejas ／ 狼の一群 una manada de lobos ／ 群をなす formar un grupo 慣用 群を抜く ‖ この選手(男性)のスピードは群を抜いている Este jugador sobresale entre los demás por su velocidad. ¦ Este jugador supera en velocidad a los demás.
ぐんい 軍医　médico[ca] *mf.* 「militar [castrense]
ぐんか 軍歌　canción *f.* militar
ぐんかん 軍艦　barco *m.* de guerra
ぐんき 軍規/軍紀　disciplina *f.* 「militar [castrense] ‖ 軍規を守る acatar la disciplina militar
くんくん ‖ くんくん臭いをかぐ olfatear, olisquear, (動物が) husmear
ぐんぐん　rápidamente, considerablemente ‖ ぐんぐん背が伸びる「dar [pegar] un estirón enorme,《慣用》crecer a palmos
ぐんこう 軍港　puerto *m.* 「militar [naval]
ぐんこくしゅぎ 軍国主義　militarismo *m.*
▶ **軍国主義の**　militarista
▣ **軍国主義者**　militarista *com.*
くんし 君子　caballero *m.* sabio
諺 君子危うきに近寄らず《諺》La prudencia en el que la tiene, muchos daños y males previene.
▣ **君子蘭**《植物》clivia *f.*
くんじ 訓示　alocución *f.*
▶ **訓示する**　dirigir una alocución《a》
ぐんじ 軍事　asuntos *mpl.* militares

くんしゅ

- ▶軍事的な militar
- ▶軍事的に militarmente
- ◨軍事衛星 satélite m. militar
- ◨軍事演習 ejercicio m. militar, simulacro m. militar
- ◨軍事援助 ayuda f. militar
- ◨軍事介入 intervención f. militar
- ◨軍事学 ciencia f. militar
- ◨軍事革命 revolución f. militar
- ◨軍事基地 base f. militar
- ◨軍事機密 secreto m. militar
- ◨軍事協定 acuerdo m. militar
- ◨軍事訓練 instrucción f. militar
- ◨軍事行動 acción f. militar
- ◨軍事顧問 asesor[sora] mf. militar
- ◨軍事裁判 justicia f. militar
- ◨軍事産業 industria f. 「bélica [militar]
- ◨軍事施設 instalaciones fpl. militares
- ◨軍事政権 régimen m. militar
- ◨軍事大国 potencia f. militar
- ◨軍事同盟 alianza f. militar
- ◨軍事費 gastos mpl. militares
- ◨軍事予算 presupuestos mpl. militares
- ◨軍事力 poder m. militar ‖ 軍事力のある tener poder militar
- ◨軍事レーダー radar m. militar

くんしゅ 君主 monarca com.
- ◨君主国 「estado m. [país m.] monárquico
- ◨君主制 monarquía f., régimen m. monárquico ‖ 君主制の monárquico[ca]

ぐんじゅ 軍需
- ◨軍需工場 fábrica f. de armamentos
- ◨軍需産業 industria f. 「de armamentos [armamentística]
- ◨軍需物資 material m. 「militar [bélico]

ぐんしゅう 群衆 multitud f. de personas, muchedumbre f. ‖ 大聖堂の前に群衆が殺到した Una multitud de personas se agolpó ante la catedral. / 群衆に訴える apelar a la multitud / 群衆にまぎれる confundirse entre la multitud / 群衆をかき分ける abrirse paso entre la 「multitud [muchedumbre]

ぐんしゅう 群集 multitud f. ‖ イナゴの群集 plaga f. de langostas
- ◨群集心理 psicología f. multitudinaria

ぐんしゅく 軍縮 desarme m., reducción f. de armamentos
- ◨軍縮委員会 comité m. de desarme
- ◨軍縮会議 conferencia f. 「sobre el [de] desarme

くんしょう 勲章 condecoración f. ‖ 勲章を授ける 「conceder [otorgar] una condecoración《a》, distinguir a ALGUIEN con una condecoración, condecorar a ALGUIEN / 勲章をもらう recibir una condecoración / 勲章をつける 「llevar [lucir] una condecoración
- ◨文化勲章 orden f. de la cultura

くんじょう 燻蒸 fumigación f.
- ▶燻蒸する fumigar

ぐんじん 軍人 militar com., (兵士) soldado com., (士官) oficial com. ‖ 軍人になる hacerse militar
- ◨職業軍人 「militar com. [soldado com.] profesional
- ◨退役軍人 「militar com. [soldado com.] retirado[da]

くんせい 燻製/薫製 ahumado m. ‖ ハムの燻製 jamón m. ahumado
- ▶燻製にする ahumar

ぐんせい 群生/群棲 (動物の) gregarismo m.
- ▶群生する (植物が) crecer en grupo(s)
- ▶群棲する (動物が) vivir en 「rebaño(s) [manada(s))
- ◨群生植物 planta f. gregaria
- ◨群棲動物 animal m. gregario

ぐんせい 軍政 régimen m. [gobierno m.] militar ‖ 軍政を敷く establecer un 「régimen [gobierno] militar

ぐんそう 軍曹 sargento com.

ぐんたい 軍隊 ejército m., fuerzas fpl. armadas, (部隊) tropa f. ‖ 軍隊に入る 「ingresar [enrolarse, alistarse] en el ejército, incorporarse al ejército / 軍隊を送る 「mandar [enviar] las tropas《a》
- ▶軍隊の militar, castrense
- ◨軍隊生活 vida f. 「en el ejército [militar]

くんづけ 君付け tuteo m.
- ▶君付けにする tutear, hablar de tú

ぐんて 軍手 guantes mpl. de trabajo

ぐんと mucho, considerablemente, notablemente ‖ ドアをぐんと押す dar un empujón a la puerta, empujar fuerte la puerta / ぐんとスピードを上げる aumentar notablemente la velocidad《de》/ 私の成績はぐんと落ちた Mis notas bajaron considerablemente.

くんとう 薫陶 ‖ 私はB先生の薫陶を受けた Realicé mis estudios bajo la tutela del profesor B.

ぐんとう 群島 archipiélago m.
- ◨フィリピン群島 islas fpl. Filipinas

ぐんばい 軍配 ‖ 軍配を上げる declarar vencedor a ALGUIEN / 西の力士に軍配が上がった El luchador del lado oeste fue declarado vencedor.

ぐんぱつ 群発
- ▶群発する ocurrir con frecuencia ‖ この地域では最近地震が群発している Últimamente se producen frecuentes terremotos en esta zona.
- ◨群発地震 enjambre m. sísmico

ぐんび 軍備 armamentos mpl.
- ◨軍備縮小 reducción f. de armamentos, desarme m.
- ◨軍備撤廃 eliminación f. de armamentos

ぐんぶ 軍部 autoridades *fpl.* militares, cúpula *f.* militar

ぐんぶ 群舞 「baile *m.* [danza *f.*] en grupo ▶群舞する 「bailar [danzar] en grupo

ぐんぷく 軍服 uniforme *m.* militar

ぐんぽうかいぎ 軍法会議 corte *f.* marcial, consejo *m.* de guerra ‖ 軍法会議にかける someter a ALGUIEN a consejo de guerra

ぐんよう 軍用
▶軍用の de uso militar
◩軍用機 avión *m.* militar
◩軍用地 terreno *m.* militar
◩軍用道路 carretera *f.* militar

くんよみ 訓読み lectura *f.* japonesa de los caracteres chinos

ぐんらく 群落 （植物）colonia *f.*, （村落）comunidad *f.*, colonia *f.*

くんりん 君臨
▶君臨する reinar 《sobre》, dominar ‖ 政界に君臨する dominar el mundo político

くんれん 訓練 entrenamiento *m.*, ejercicio *m.* ‖ 厳しい訓練 entrenamiento *m.* 「duro [fuerte] / 訓練を受ける recibir un entrenamiento / 訓練を行う 「realizar [practicar] un entrenamiento
▶訓練する entrenar, ejercitar, （自分を）entrenarse ‖ 訓練されたチーム equipo *m.* bien entrenado
◩訓練所 centro *m.* de entrenamiento ‖ 職業訓練所 centro *m.* de formación profesional
◩訓練生 alum*no*[*na*] *mf.*, apren*diz*[*diza*] *mf.*
◩訓練飛行 vuelo *m.* de entrenamiento

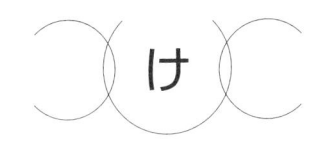

け

け 毛 pelo *m.*, （頭髪）cabello *m.*, （羊の）lana *f.*, （羽毛）pluma *f.*, 《集合名詞》plumaje *m.*, （うぶ毛）vello *m.*, （綿毛）vilano *m.*, pelusa *f.* ‖ 小鳥の毛 pluma *f.* del pájaro, （集合的に）plumaje *m.* del pájaro / タンポポの毛 vilanos *mpl.* del diente de león / 羊の毛 lana *f.* (de oveja) / （髪の）毛が薄い [多い] tener 「escaso [abundante] cabello / 毛が伸びる El pelo crece. / 毛が抜ける El pelo se cae. / 彼は40歳で毛が抜け始めた Él empezó a perder el pelo a los cuarenta años. / 足の毛を抜く（脱毛する） depilar(se) las piernas / 羊の毛を刈る esquilar una oveja / 鶏の毛をむしる desplumar un pollo / 毛深い/毛むくじゃらの pelu*do*[*da*], vellu*do*[*da*] / 毛の薄い de pelo ralo / 毛のない（頭髪がない）cal*vo*[*va*]

け 気 （気配）señal *f.*, （性向）tendencia *f.* 《a》‖ 低血圧の気がある ser propen*so*[*sa*] a tener hipotensión

け 家 ‖ 中村家 los Nakamura, la familia Nakamura

ケア cuidado *m.* ‖ ケアをする atender, cuidar / 心のケアをする dar apoyo moral 《a》

けあな 毛穴 poro *m.*

ケアレスミス error *m.* por descuido, lapsus *m.*[=*pl.*] ‖ ケアレスミスをする cometer errores por descuido

けい 刑 condena *f.*, pena *f.*, （罰）castigo *m.* → けいばつ（刑罰）

けい 系 sistema *m.* ‖ 太陽系 sistema *m.* solar / 文科系と理科系 carrera *f.* de letras y de ciencias / 彼女は文系ではなく理系だ Ella no es de letras, sino de ciencias. / 日系ペルー人 perua*no*[*na*] *mf.* de origen japonés

けい 計 （合計）suma *f.*, total *m.* ‖ 昨日私たちのホームページへ計1万を超えるアクセスがあった Ayer hubo más de diez mil accesos a nuestra página web en total.
慣 一年の計は元旦にあり El plan del año debe hacerse el día de Año Nuevo.

げい 芸 arte *m(f).*, 《複数形では女性》, （演技）actuación *f.*, （技能）habilidad *f.*, destreza *f.* ‖ 芸が細かい cuidado*so*[*sa*] / 芸がない mediocre, común y corriente / 芸をしこむ（動物に）amaestrar, domar / 芸をみがく cultivar *su* arte
諺 芸は身を助ける 《諺》Quien tiene arte, va 「por toda parte [a todas partes].
諺 多芸は無芸 《諺》Aprendiz de todo, maestro de nada.

ゲイ homosexual *com.*, gay *m.*
▶ゲイの homosexual, gay
◩ゲイバー bar *m.* gay
◩ゲイボーイ chico *m.* gay

けいあい 敬愛
▶敬愛する respetar, amar, venerar

けいい 経緯 →いきさつ（経緯）‖ 出来事の経緯を知っている《慣用》estar en antecedentes de lo ocurrido / 事件の経緯を話す《慣用》poner en antecedentes del caso 《a》

けいい 敬意 respeto *m.* ‖ 敬意を表する 「demostrar [manifestar] *su* respeto 《a》 / 立ち上がって敬意を表す ponerse en pie en señal de respeto / 敬意を抱く sentir respeto

けいえい 経営 administración *f.*, dirección *f.*, gestión *f.* ‖ 経営を合理化する racionalizar la gestión de una empresa ／ 経営を立て直す restablecer la empresa ／ 経営を任せる encargar la gestión de una empresa 《a》, dejar en manos de ALGUIEN la gestión de una empresa
▶経営する administrar, dirigir
▶経営(上)の empresarial, administrat*ivo*[*va*]
▫経営委員会 consejo *m.* ejecutivo
▫経営学 administración *f.* de negocios empresariales
▫経営管理 administración *f.*「de empresas [empresarial]
▫経営権 derecho *m.* a dirigir la empresa
▫経営工学 ingeniería *f.* de organización industrial
▫経営コンサルタント ases*or*[*sora*] *mf.* de empresas
▫経営最高責任者/最高経営責任者 (CEO) direc*tor*[*tora*] *mf.* ejecut*ivo*[*va*]
▫経営参加 participación *f.* en la gestión
▫経営者 empresa*rio*[*ria*] *mf.*, pa*trón*[*trona*] *mf.*,《集合名詞》patronal *f.*
▫経営陣 cuerpo *m.* directivo, dirección *f.*
▫経営戦略 estrategia *f.* empresarial
▫経営多角化 diversificación *f.* empresarial
▫経営費 gastos *mpl.* de operación
▫経営不振/経営難 ‖ 経営不振[経営難]の企業 empresa *f.* con dificultades financieras
▫経営方針 política *f.* administrativa de una empresa

けいえん 敬遠
▶敬遠する rehuir, mostrarse distante ‖ 彼女は私を敬遠している Ella me rehúye. ／ ピッチャーはバッターを敬遠した《野球》El lanzador dio una base intencional al bateador.

けいおんがく 軽音楽 música *f.* ligera

けいか 経過 (時間) transcurso *m.*, (進展) curso *m.*, desarrollo *m.*, (推移) evolución *f.* ‖ 時の経過 transcurso *m.* del tiempo ／ 患者の経過 evolución *f.* de *un*[*una*] paciente ／ 術後の経過は良好だ El curso pos(t)operatorio es favorable. ／ 事件の経過を報告する informar sobre el desarrollo del caso 《a》／ 試合の経過をたどる seguir el desarrollo de un partido
▶経過する (時間が) pasar, transcurrir ‖ 3年が経過した Han「pasado [transcurrido] tres años.
▫経過措置 medidas *fpl.* transitorias

けいかい 軽快
▶軽快な lige*ro*[*ra*], ágil, (陽気な) alegre ‖ 軽快なリズム ritmo *m.* ligero ／ 軽快な足どりで a paso ligero ／ 軽快な身のこなしで con movimientos ágiles
▶軽快に con ligereza, ágilmente, con agilidad ‖ 軽快に踊る bailar con soltura

けいかい 警戒 precaución *f.*, cautela *f.*, (監視) vigilancia *f.* ‖ 警戒を強める aumentar las precauciones ／ 警戒を徹底する extremar las precauciones ／ 警戒を呼びかける hacer un llamamiento de alerta《a》
▶警戒する tomar precauciones, ponerse alerta, (監視する) vigilar ‖ 気温の上昇を警戒する estar en alerta por la subida de las temperaturas
▶警戒して con precaución, con vigilancia y atención
▫警戒警報 aviso *m.* de alerta
▫警戒態勢 ‖ 警戒態勢をとる ponerse en estado de alerta
▫警戒心 ‖ 警戒心が強い ser cautelo*so*[*sa*]
▫警戒網 ‖ 警戒網を張る establecer un cordón policial
▫警戒レベル ‖ 警戒レベルを引き上げる elevar el nivel de alerta

けいかく 計画 plan *m.*, proyecto *m.*, programa *m.* ‖ 〜する計画がある tener el「plan [proyecto] de『+不定詞』／ 計画がうまくいった El plan salió bien. ／ 計画が順調に運ぶ El proyecto va sobre ruedas. ／ 計画が破綻する「fracasar [frustrarse, venirse abajo] *un plan* ／ 計画を立てる「hacer [trazar] un plan ／ 綿密な計画を練る elaborar un plan detallado ／ 計画を実施する「llevar a cabo [realizar] un plan ／ 計画を変更する modificar el「plan [proyecto]
▶計画する planear, planificar
▶計画的な planea*do*[*da*], intencional, (犯罪が) premedita*do*[*da*]
▶計画的に intencionadamente, (前もって考えて) con premeditación, premeditadamente
▶計画通りに conforme a lo planeado ‖ すべてが計画通りに進む Todo marcha conforme a lo planeado.
▶計画性 ‖ 彼女は計画性がない Ella no sabe planificar.
▫5か年計画 plan *m.* quinquenal
▫計画経済 economía *f.* planificada

けいかん 景観 paisaje *m.*, vista *f.* ⇒ けしき(景色) ・ ふうけい(風景) ‖ 景観を損ねる「estropear [afear] el paisaje

けいかん 警官 agente *com.* de policía, policía *com.*, guardia *com.*
▫私服警官「policía *com.* [agente *com.*] de paisano
▫婦人警官 mujer *f.* policía
▫警官隊 fuerzas *fpl.* de orden púbico

けいき 刑期 duración *f.* de la「pena [condena] ‖ 10年の刑期を終えて出所する salir de la cárcel al cumplir *su* condena de diez

años
けいき 契機 motivo m., (機会) ocasión f., oportunidad f.
▶~を契機に con motivo《de》, con ocasión《de》‖彼女は定年を契機に世界一周旅行をしようと考えている Ella piensa aprovechar la jubilación para dar la vuelta al mundo.
▶~をする契機になる (何かが) constituir un motivo para『+不定詞』‖病気が契機となって私は煙草をやめた La enfermedad me obligó a dejar de fumar.
けいき 計器 instrumento m. de medición, medidor m.
◻ 計器盤 tablero m.
◻ 計器着陸装置 (ILS) sistema m. de aterrizaje instrumental
◻ 計器飛行方式 (IFR) Reglas fpl. de Vuelo「Instrumental [por Instrumentos]
けいき 景気 situación f. económica, ambiente m. económico, economía f., (活気) animación f. ‖景気がいい [悪い] La economía va「bien [mal]. ／景気が良くなる La economía mejora. ／景気が悪くなる La economía「empeora [decrece, decae, declina]. ／景気が回復する La economía se recupera. ／景気を予測する hacer previsiones de la economía ／景気のいいことを言う fanfarronear ／景気はどうですか ¿Cómo van las cosas? ／景気よく金を使う gastar dinero a manos llenas ／景気よく騒ぐ《慣用》correrse una juerga
▶景気付く animarse
◻ 景気回復「recuperación f. [reactivación f.] económica
◻ 景気後退 recesión f. económica
◻ 景気刺激策 medidas fpl. para「estimular [incentivar] la economía
◻ 景気指標 indicador m. económico
◻ 景気循環 ciclo m. económico
◻ 景気対策 medidas fpl. económicas
◻ 景気停滞 estancamiento m. económico
◻ 景気動向 tendencias fpl. económicas ‖景気動向を探る analizar las tendencias económicas
◻ 景気変動 fluctuación f. económica
◻ 景気見通し perspectiva f. económica
けいきんぞく 軽金属 metal m. ligero
けいく 警句 aforismo m., epigrama m.
けいぐ 敬具 (手紙の結び) Atentamente. ¦ Cordialmente. ¦ Con un cordial saludo.
げいげき 迎撃 interceptación y destrucción f. 《de》
▶迎撃する interceptar y destruir ‖敵機を迎撃する interceptar y destruir un avión enemigo
◻ 弾道弾迎撃ミサイル misil m. antibalístico
◻ 迎撃機 interceptor m.
けいけん 経験 experiencia f., práctica f. ‖良い経験 buena experiencia f. ／貴重な経験 valiosa experiencia f., experiencia f. valiosa ／苦い経験 amarga experiencia f., experiencia f. amarga ／豊富な経験「amplia [nutrida, dilatada, extensa] experiencia f. ／わずかな経験／浅い経験「escasa [corta, poca] experiencia f. ／経験がある tener experiencia ／経験が豊かである tener mucha experiencia ／子守りの経験がある tener experiencia en el cuidado de niños ／私は10年以上のスペイン語教師の経験がある Tengo más de diez años de experiencia como profe*sor*[*sora*] de español. ／君がその試合に勝つには経験が足りない Te falta experiencia para ganar el partido. ／経験がものをいう La experiencia es lo que cuenta. ／経験から学ぶ aprender ALGO a través de la experiencia ／私の経験からすると según mi experiencia ／私たちはそれを経験でわかっている Lo sabemos por experiencia. ／経験の浅い inexper*to*[*ta*], con poca experiencia ／経験の豊富な experimenta*do*[*da*], con mucha experiencia ／経験を生かす「aprovechar [valerse de] *su* experiencia ／経験を積む「acumular [atesorar] experiencias ／経験を問わない No es necesario tener experiencia.
▶経験する experimentar ‖戦争を経験する vivir una guerra ／厳しい暑さを経験する pasar un tremendo calor ／これまでに経験したことのない痛み dolor m. jamás experimentado
▶経験的な empírico[ca]
◻ 経験者 persona f. con experiencia
◻ 経験不足 falta f. de experiencia
◻ 経験論《哲学》empirismo m.
◻ 経験論者《哲学》empirista com., empíri*co*[*ca*] mf.
けいけん 敬虔
▶敬虔な devo*to*[*ta*], pí*o*[*a*], bea*to*[*ta*] ‖敬虔なカトリック教徒 católi*co*[*ca*] mf. devo*to*[*ta*] ／敬虔な祈りを捧げる rezar devotamente
けいげん 軽減 reducción f., mitigación f., aligeramiento m.
▶軽減する reducir, aligerar, mitigar ‖刑を軽減する「aminorar [rebajar] la pena ／リスクを軽減する「reducir [aminorar] el riesgo
けいこ 稽古 práctica f., (スポーツ) entrenamiento m., (芝居の) ensayo m. ⇒れんしゅう(練習) ‖稽古に通う ir a practicar ／稽古をつける entrenar
▶稽古する practicar, (スポーツ) entrenarse, (芝居の) ensayar
◻ 稽古場 sala f. de entrenamiento, (芝居の) sala f. de ensayos
◻ 稽古ごと ‖稽古ごとをする recibir clases

けいご 敬語 fórmulas *fpl.* de cortesía ‖ 敬語を使う utilizar fórmulas de cortesía, usar lenguaje formal

けいご 警護 escolta *f.*, guardia *f.*, (輸送の) convoy *m.*
▶警護する escoltar
◨警護要員 escolta *com.*

けいこう 経口 vía *f.* oral
◨経口感染 infección *f.* (por vía) oral
◨経口避妊薬 píldora *f.* anticonceptiva
◨経口ワクチン vacuna *f.* oral

けいこう 蛍光 fluorescencia *f.*
▶蛍光の fluorescente, (燐光性の) fosforescente
◨蛍光色 color *m.* fluorescente
◨蛍光管 tubo *m.* fluorescente
◨蛍光灯 lámpara *f.* fluorescente
◨蛍光塗料 pintura *f.* fluorescente
◨蛍光物質 sustancia *f.* fluorescente
◨蛍光ペン rotulador *m.*
◨蛍光マーカー resaltador *m.*, marcatextos *m.*[=*pl.*], marcador *m.* de tinta fluorescente

けいこう 傾向 tendencia *f.*, propensión *f.*, (性向) inclinación *f.* ‖ ファッションの最近の傾向 últimas tendencias *fpl.* de la moda / 左翼的傾向の政党 partido *m.* de tendencia izquierdista / ドルを売る傾向が強まる Se acentúa la tendencia a vender dólares.
▶～する傾向がある/～する傾向にある tender a 〖+不定詞〗, tener (la) tendencia a 〖+不定詞〗, propender a 〖+不定詞〗, ser propenso[sa] a 〖+不定詞〗 ‖ 人口は減少する傾向にある La población tiende a reducirse. / 私は考える前に行動する傾向がある Tengo la tendencia a actuar antes de pensar.

けいこう 携行 → けいたい(携帯)
▶携行する llevar ALGO *consigo*

げいごう 迎合
▶迎合する contemporizar 《con》, (話) pastelear ‖ 権力に迎合する contemporizar con el poder / 時代に迎合する acomodarse al tiempo
◨迎合主義 oportunismo *m.*
◨迎合主義者 oportunista *com.*, (話) pastele*ro*[ra] *mf.*

けいこうぎょう 軽工業 industria *f.* ligera

けいこく 渓谷 valle *m.*, cañón *m.*, quebrada *f.*

けいこく 警告 advertencia *f.*, aviso *m.* ‖ 警告を受ける recibir una advertencia / 警告を発する「lanzar [emitir] una advertencia《a》/ 警告なしに発砲する disparar sin previo aviso
▶警告する advertir, hacer una advertencia 《a》, avisar, amonestar
◨警告処分 sanción *f.* de advertencia 《a》‖ 警告処分とする「imponer [aplicar] una sanción de advertencia 《a》

けいさい 掲載
▶掲載する publicar, insertar ‖ 新聞に広告を掲載する insertar un anuncio en un periódico / 私の投書が雑誌に掲載された Mi carta apareció publicada en una revista.

けいざい 経済 economía *f.* ‖ 経済が安定する La economía se estabiliza. / 経済が繁栄する La economía prospera. / 経済が下降する La economía decrece. / 経済を活性化する reactivar la economía / 経済を再建する reconstruir la economía / 経済を支える「apoyar [apuntalar] la economía / 経済を発展させる desarrollar la economía
▶経済する (節約する) economizar, ahorrar ‖ ガソリンを経済する economizar gasolina
▶経済の económi*co*[ca] ‖ 経済の安定 estabilidad *f.* económica
▶経済的(な) económi*co*[ca] ‖ 経済的な問題 problema *m.* económico / 経済的な旅行 viaje *m.* económico / 自家用車より公共交通を利用する方が経済的だ Es más económico utilizar el transporte público que el coche particular.
▶経済的に económicamente ‖ 経済的に暮らす vivir económicamente, llevar una vida económica
◨経済援助 ayuda *f.* económica
◨経済界 「mundo *m.* [sector *m.*] económico
◨経済開発 desarrollo *m.* económico
◨経済活動 actividad *f.* económica
◨経済観念 ‖ 経済観念がない no tener sentido de la economía
◨経済危機 crisis *f.*[=*pl.*] económica
◨経済基盤 infraestructura *f.* económica
◨経済恐慌 pánico *m.* económico
◨経済協力開発機構 (OECD) Organización *f.* para la Cooperación y el Desarrollo Económico (略 OCDE)
◨経済構造 estructura *f.* económica
◨経済産業省 Ministerio *m.* de Economía, Comercio e Industria
◨経済指標 indicador *m.* económico
◨経済状態 situación *f.* económica
◨経済制裁 sanción *f.* económica
◨経済政策 política *f.* económica
◨経済成長率 índice *m.* de crecimiento económico
◨経済大国 potencia *f.* económica
◨経済体制 sistema *m.* económico
◨経済特区 zona *f.* económica especial
◨経済白書 libro *m.* blanco de la economía
◨経済封鎖 bloqueo *m.* económico
◨経済摩擦 fricción *f.* económica
◨経済面 (新聞の) páginas *fpl.* económicas
◨経済力 poder *m.* económico

けいざいがく 経済学 ciencias *fpl.* económicas

◪ 経済学者 economista *com.*
◪ 経済学部 Facultad *f.* de Ciencias Económicas

けいさつ 警察 policía *f.* ‖ 警察に訴える denunciar a la policía／警察に出頭する presentarse a la policía／警察に届け出る avisar a la policía／警察に引き渡す entregar a la policía a ALGUIEN／警察を呼ぶ llamar a la policía
▶ 警察の policial, policia*co*[*ca*], policía*co*[*ca*]
◪ 警察沙汰 ‖ 警察沙汰になる convertirse en un asunto policial／警察沙汰にしたくない No quiero denunciar a la policía.
◪ 警察医 médi*co*[*ca*] *mf.* forense
◪ 警察学校 academia *f.* de policía
◪ 警察官 agente *com.* de policía, policía *com.*, guardia *com.*
◪ 警察犬 p*erro*[*rra*] *mf.* policía
◪ 警察国家 Estado *m.* policial
◪ 警察署 comisaría *f.* de policía
◪ 警察署長 comisa*rio*[*ria*] *mf.* de policía
◪ 警察庁 (日本の) Agencia *f.* Nacional de Policía, (スペインの) Cuerpo *m.* Nacional de Policía (略 CNP)
◪ 警察手帳 agenda *f.* policial

けいさん 計算 cálculo *m.*, cuenta *f.* ‖ 計算の答え resultado *m.* del cálculo／計算が速い ser rápi*do*[*da*] en calcular, calcular rápidamente／計算が遅い ser len*to*[*ta*] en calcular／計算が合う Las cifras cuadran.／計算に入れる (考慮する) tener ALGO en cuenta／すべて計算通りに進んだ Todo salió según lo planeado.／計算を間違える calcular mal
▶ 計算する calcular, hacer un cálculo, (数える) contar
▶ 計算高い(人) calcula*dor*[*dora*] (*mf.*) ‖ 彼は計算高いやつだ Él es un tipo muy calculador.
◪ 計算外 ‖ それは私の計算外だ Eso está fuera de mis cálculos.
◪ 計算機 calculadora *f.*
◪ 計算尺 regla *f.* de cálculo

けいし 軽視 menosprecio *m.*
▶ 軽視する dar poca importancia《a》, menospreciar

けいし 警視
◪ 警視総監 superintendente *com.* general
◪ 警視庁 Departamento *m.* de Policía Metropolitana de Tokio

けいじ 刑事 detective *com.*, inspec*tor*[*tora*] *mf.* de policía
▶ 刑事上の criminal, penal
◪ 刑事裁判 juicio *m.* penal
◪ 刑事事件 caso *m.* penal
◪ 刑事処分 sanción *f.* penal
◪ 刑事訴訟 procedimiento *m.* penal
◪ 刑事訴訟法 Código *m.* de Procedimiento Penal
◪ 刑事責任 responsabilidad *f.* penal
◪ 刑事犯 delito *m.*「criminal [penal]

けいじ 形而
▶ 形而下の físi*co*[*ca*]
▶ 形而上の metafísi*co*[*ca*]
◪ 形而上学 metafísica *f.*

けいじ 啓示 revelación *f.* ‖ 神の啓示 revelación *f.* divina／啓示を受ける tener una revelación
▶ 啓示する (神が) revelar

けいじ 掲示 anuncio *m.*, aviso *m.*, letrero *m.*
◪ 掲示する anunciar, poner un anuncio ‖ 試験の合格者を掲示板に掲示する publicar los aprobados del examen en el tablón de anuncios
◪ 掲示板 tablón *m.* de anuncios ‖ 電光掲示板 tablero *m.* electrónico, 《IT》(BBS) sistema *m.* de tablón de anuncios

けいしき 形式 forma *f.*, (形式上の事柄) formalidad *f.* ‖ 手紙の形式で書かれた小説 novela *f.*「escrita en forma de cartas [epistolar]／データの保存形式が変わった Se ha cambiado la forma de guardar datos.／形式にこだわる ser formalista, respetar las formalidades, (必要以上に) ser escla*vo*[*va*] de las formas／単に形式にすぎない Es solo una formalidad.／規定の形式を踏む cumplir con las formalidades「establecidas [requeridas]
▶ 形式上の/形式的な formal
▶ 形式的に formalmente, por fórmula
▶ 形式張る ser ceremonio*so*[*sa*] ‖ 形式張った挨拶 saludo *m.* ceremonioso／形式張らずに sin ceremonias, sin formalidades, sin protocolos
◪ 形式主義 formalismo *m.*
◪ 形式主義者 formalista *com.*
◪ 形式論理学 lógica *f.* formal

けいじどうしゃ 軽自動車 coche *m.* utilitario, utilitario *m.*

けいしゃ 傾斜 inclinación *f.*, (地面などの) declive *m.* ‖ ゆるやかな傾斜 inclinación *f.* suave／傾斜がきつい坂道 cuesta *f.*「pronunciada [empinada]
▶ 傾斜した inclina*do*[*da*], en declive
▶ 傾斜する inclinarse, ladear, declinar ‖ 45度傾斜している tener una inclinación de 45 grados／塔が南に傾斜している La torre está inclinada hacia el sur.
◪ 傾斜角 ángulo *m.* de inclinación
◪ 傾斜地 terreno *m.* inclinado
◪ 傾斜度 gradiente *m.*
◪ 傾斜家賃 aumento *m.* progresivo del alquiler

げいしゃ 芸者 《日本語》*geisha f.*

げいじゅつ 芸術 arte m(f). 《複数形では女性》, (美術) bellas artes fpl. ‖ 芸術のための芸術 el arte por el arte / 芸術を理解する comprender el arte
▶芸術的な artístico[ca]
▶芸術的に artísticamente
▶芸術性 calidad f. artística
◾芸術家 artista com.
◾芸術祭 festival m. de arte
◾芸術作品 obra f. de arte
◾芸術至上主義 principio m. del arte por el arte
◾芸術品 objeto m. de arte

けいしょう 敬称 tratamiento m., título m. de cortesía ‖ 先生を敬称で呼ぶ tratar de usted a *su* profes*or*[*sora*] / 敬称を省く apear el tratamiento (de cortesía)《a》

けいしょう 軽症 enfermedad f. leve
▶軽症の leve, de pronóstico leve ‖ 軽症の肺炎 caso m. leve de neumonía
◾軽症患者 paciente com. leve, enfer*mo*[*ma*] mf. leve

けいしょう 軽傷 herida f. leve, lesión f. leve ‖ 軽傷を負う sufrir una herida leve / 銃弾で彼は右腕に軽傷を負った Una bala le causó una herida leve en el brazo derecho.

けいしょう 継承 sucesión f.
▶継承する suceder, heredar ‖ 王位を継承する heredar el trono, (誰々から) suceder en el trono a ALGUIEN
◾継承者 suces*or*[*sora*] mf., hereder*o*[*ra*] mf.
◾スペイン継承戦争《歴史》Guerra f. de Sucesión Española

けいしょう 警鐘 campana f. de alarma ‖ 警鐘を打ち鳴らす tocar la campana de alarma / 警鐘を鳴らす dar la voz de alarma

けいじょう 形状 forma f. → かたち(形)
◾形状記憶合金 (SMA) aleaciones fpl. con memoria de forma
◾形状記憶樹脂 polímeros mpl. con memoria de forma
◾形状係数 coeficiente m. de forma

けいじょう 計上
▶計上する destinar ‖ 200万円を予算に計上する destinar dos millones de yenes al presupuesto

けいじょう 経常
◾経常赤字 déficit m. por cuenta corriente
◾経常収支 balanza f. por cuenta corriente
◾経常費 gastos mpl. corrientes
◾経常予算 presupuesto m. 「ordinario [corriente, operativo]
◾経常利益 beneficio m. operativo

けいしょうち 景勝地 lugar m. paisajístico
けいじょうみゃく 頸静脈 vena f. yugular
けいしょく 軽食 comida f. ligera, refrigerio m., colación f.,《話》tentempié m.,《話》piscolabis m.[=pl.]
▶軽食をとる comer algo ligero

けいず 系図 genealogía f., árbol m. genealógico, (枝分かれ図) diagrama m. arbóreo ‖ 系図を作る trazar una genealogía

けいすい 軽水 agua f. ligera
◾軽水炉 reactor m. de agua ligera

けいすう 係数 coeficiente m., factor m.

けいせい 形成 formación f. ‖ 人格の形成 formación f. de la personalidad
▶形成する formar ‖ 合意を形成する establecer un acuerdo / 社会を形成する「formar [constituir] una comunidad
◾形成外科 cirugía f. plástica
◾形成不全《医学》aplasia f.

けいせい 形勢 situación f., circunstancias fpl. ‖ 形勢が良い［悪い］La situación es「favorable [desfavorable]. / 形勢が悪化する La situación se deteriora. / 形勢が変わった Las circunstancias han cambiado. / 形勢が逆転した Se ha invertido la situación. / 形勢が不利である tener las circunstancias en (*su*) contra
◾形勢逆転 inversión f. de la situación

けいせき 形跡 rastro m., huella f., indicio m. ‖ 確かな形跡 rastro m. 「claro [evidente] / 形跡を残す dejar rastros / 形跡をたどる rastrear las huellas《de》/ その部屋に死体があった形跡がある Hay「indicios [huellas] de que hubo un cadáver en la habitación.

けいせん 経線 meridiano m., línea f. meridiana

けいそ ケイ素/珪素《化学》silicio m.《記号 Si》

けいそう 珪藻 diatomea f.
◾珪藻土 tierra f. de diatomea

けいそう 軽装 vestido m. ligero ‖ 軽装で行く ir con ropa ligera / 軽装になる aligerarse de ropa

けいぞく 継続 continuación f.
▶継続的な contin*uo*[*nua*]
▶継続的に continuamente, de forma continua
▶継続する continuar, seguir ‖ プロジェクトを継続する continuar (con) el proyecto / 新聞の購読を継続する renovar la suscripción al periódico
▶継続性 continuidad f.
◾継続期間 duración f.
◾継続審議 ‖ この件は継続審議とする El tema se discutirá de nuevo en la sesión siguiente.

けいそつ 軽率 imprudencia f. ‖ その事を彼に直接言うのは軽率だ Es imprudente decírselo directamente a él.
▶軽率な imprudente, indiscre*to*[*ta*] ‖ 軽率な行動 conducta f. imprudente

けいび

▶軽率に imprudentemente, 《慣用》《話》a lo loco ‖ 軽率に振る舞う comportarse imprudentemente, actuar a lo loco

けいたい 形態 forma *f*. →かたち(形) ‖ 共同組合の形態で en forma de cooperativa
◪ 形態学《生物》morfología *f*.
◪ 形態形成《生物》morfogénesis *f*.[=*pl*.]
◪ 形態論《言語》morfología *f*.

けいたい 携帯
▶携帯する llevarse ALGO *consigo* ‖ 携帯用の portátil
◪ 携帯小説 novela *f*. celular
◪ 携帯電話 telefonía *f*. móvil, 《電話機》《スペイン》teléfono *m*. móvil, móvil *m*., 《中南米》teléfono *m*. celular, celular *m*.
◪ 携帯ラジオ radio *f*(*m*). portátil

けいだい 境内 recinto *m*. de un templo

けいだんれん 経団連 (日本経済団体連合会) Federación *f*. Japonesa de Organizaciones Económicas

けいちょう 傾聴
▶傾聴する escuchar「con atención [atentamente, detenidamente], 《慣用》ser todo oídos

けいつい 頸椎 vértebra *f*. cervical

けいてき 警笛 silbato *m*., (車の) bocina *f*. ‖ 警笛を鳴らす tocar「el silbato [la bocina]

けいと 毛糸 hilo *m*. de lana ‖ 毛糸のマフラーを編む tejer una bufanda de lana
◪ 毛糸玉 ovillo *m*.

けいど 経度 longitud *f*.

けいとう 系統 sistema *m*., (血統) linaje *m*., 《生物》genealogía *f*. ‖ 茶系統の色 color *m*. 「de [con] tonalidad marrón ／ 一族の系統 genealogía *f*. de una familia ／ 日本語と中国語は同じ言語の系統に属さない La lengua japonesa y la china no pertenecen a la misma familia de lenguas. ／ 印象派の系統を引く画家 pin*tor*[*tora*] *mf*. hered*ero*[*ra*] del impresionismo ／ 系統をたどる rastrear la genealogía《de》
▶系統立てる sistematizar
▶系統的な sistemát*ico*[*ca*]
▶系統的に sistemáticamente, de modo sistemático
◪ 運行系統「rutas *fpl*. [líneas *fpl*.] de servicio
◪ 神経系統 sistema *m*. nervioso
◪ 電力系統 sistema *m*. de suministro eléctrico
◪ 命令系統 cadena *f*. de mando(s)
◪ 系統学/系統発生《生物》filogenia *f*., filogénesis *f*.[=*pl*.]
◪ 系統樹 árbol *m*. filogenético

けいとう 傾倒
▶傾倒する mostrar *su* inclinación《por》‖ 彼女はボルヘスに傾倒している Ella es una gran admiradora de Borges.

げいとう 芸当 habilidad *f*., (曲芸) acrobacia *f*. ‖ 芸当をする hacer acrobacia ／ 私はそんな芸当はできない Es algo que nunca podré hacer.

けいどうみゃく 頸動脈《解剖》arteria *f*. carótida, carótida *f*.

げいにん 芸人 artista *com*., (漫才など) humorista *com*.
◪ 旅芸人 artista *com*. ambulante

げいのう 芸能 arte *m*(*f*). 《複数形では女性》interpretativo ‖ 大衆芸能 arte *m*(*f*). popular
◪ 芸能界 mundo *m*. del espectáculo
◪ 芸能人 artista *com*.

けいば 競馬 carrera *f*. de caballos, (賭け) quiniela *f*. hípica ‖ 競馬で儲ける ganar dinero en la quiniela hípica ／ 競馬をする (賭ける) apostar en las carreras de caballos
◪ 競馬馬 caballo *m*. de carrera
◪ 競馬場 hipódromo *m*.
◪ 競馬新聞 prensa *f*. hípica

けいはく 軽薄 frivolidad *f*., superficialidad *f*.
▶軽薄な frív*olo*[*la*], superficial ‖ 軽薄な発言 comentario *m*. frívolo, palabras *fpl*. frívolas ／ 軽薄な行為 comportamiento *m*. frívolo

けいはつ 啓発 ilustración *f*., (神の) iluminación *f*.
▶啓発する instruir, ilustrar, (神の) iluminar ‖ 彼の人生に私は多いに啓発された Su vida me ha iluminado mucho.

けいばつ 刑罰 condena *f*., pena *f*., (罰) castigo *m*. ‖ 刑罰を科す imponer「una condena [un castigo]《a》, condenar ／ 刑罰を受ける recibir「una condena [un castigo]

けいはんざい 軽犯罪 delito *m*. menor
◪ 軽犯罪法 Ley *f*. de Delitos Menores ‖ 軽犯罪法に違反する「infringir [violar] la Ley de Delitos Menores

けいひ 経費 gastos *mpl*. ‖ 経費がかさむ tener muchos gastos, ser cost*oso*[*sa*], costar mucho dinero ／ 会社の経費で落とす pasar la factura a cargo de la empresa ／ 会社の経費で旅行する viajar a expensas de la empresa ／ 経費を抑える frenar los gastos ／ 経費をかける invertir dinero《en》／ 経費を削減する reducir los gastos
◪ 諸経費 gastos *mpl*. diversos
◪ 経費削減 reducción *f*. de gastos

けいび 警備 vigilancia *f*., guardia *f*. ‖ 厳重な警備 vigilancia *f*. estricta ／ 警備に当たる montar la guardia, montar vigilancia ／ 警備を強化する「intensificar [fortalecer] la vigilancia ／ 警備を解く levantar la vigilancia
▶警備する vigilar
◪ 警備員「vigilante *com*. [guarda *com*.] de seguridad, guar*dián*[*diana*] *mf*.

けいびがいしゃ 警備会社 empresa *f.* de seguridad (y vigilancia)
- 警備隊 cuerpo *m.* de guardia
- 警備艇 barco *m.* patrullero, lancha *f.* patrullera

けいひん 景品 regalo *m.* (como premio), premio *m.* ‖ 景品が当たる ganar un premio ／ 景品を出す ofrecer un regalo

げいひんかん 迎賓館
- 赤坂迎賓館 Palacio *m.* de Huéspedes de Akasaka

けいふ 継父 padrastro *m.*

けいぶ 警部 inspec*tor*[*tora*] *mf.* de policía
- 警部補 subinspec*tor*[*tora*] *mf.* de policía

けいふく 敬服
▶ 敬服する admirar, respetar, estimar,《慣用》quitarse el sombrero《ante》

けいべつ 軽蔑 desprecio *m.*, menosprecio *m.* ‖ 軽蔑のまなざしで見る dirigir una mirada de desprecio《a》, mirar con desprecio《a》,《慣用》mirar por encima del hombro《a》
▶ 軽蔑する despreciar, menospreciar, desdeñar
▶ 軽蔑すべき despreciable, desdeñable
▶ 軽蔑的 despec*tivo*[*va*],（表現が）peyora*tivo*[*va*]
▶ 軽蔑的に despectivamente

けいぼ 継母 madrastra *f.*

けいほう 刑法 derecho *m.* penal,（法典）Código *m.* Penal
▶ 刑法上の penal, criminal ‖ 刑法上の責任 responsabilidad *f.* penal
- 刑法学者 penalista *com.*, criminalista *com.*

けいほう 警報 alarma *f.*, alerta *f.* ‖ 警報が鳴る「saltar [sonar] *la alarma* ／ 警報を解除する levantar la alerta,（装置を）desactivar la alarma ／ 警報を出す dar la「alarma [alerta] ／ 警報を鳴らす《慣用》tocar a rebato
- 警報器 alarma *f.*
- 警報装置「sistema *m.* [dispositivo *m.*] de alarma

けいぼう 警棒 porra *f.* de policía

けいみょう 軽妙
▶ 軽妙な gracio*so*[*sa*] e ingenio*so*[*sa*]
- 軽妙洒脱 ‖ 軽妙洒脱な文体 estilo *m.* ágil y fluido

けいむしょ 刑務所 prisión *f.*, cárcel *f.*, institución *f.* penal, establecimiento *m.* penal ‖ 刑務所を出る salir de prisión ／ 刑務所に入れる/刑務所に収容する recluir en prisión a ALGUIEN ／ 刑務所に入る「entrar [ingresar] en prisión ／ 彼女は麻薬の密売で刑務所に入っている Ella está recluida en prisión por tráfico de drogas.
▶ 刑務所の penitencia*rio*[*ria*]

- 刑務所所長 direc*tor*[*tora*] *mf.* de prisión, alcaide *m.*

げいめい 芸名 nombre *m.* artístico ‖ 芸名を使う utilizar el nombre artístico

けいもう 啓蒙
▶ 啓蒙する iluminar, ilustrar, educar
- 啓蒙運動 movimiento *m.* educativo
- 啓蒙思想 filosofía *f.* ilustrada
- 啓蒙思想家 ilustra*do*[*da*] *mf.*
- 啓蒙主義《歴史》la Ilustración

けいやく 契約 contrato *m.*,（主に雇用の）contratación *f.* ‖ 5 年契約 contrato *m.* de cinco años ／ 契約がまもなく切れる El contrato「vence [termina, se extingue] pronto. ／ 契約が成立する「cerrarse [firmarse, formalizarse] *un contrato* ／ 契約に違反する violar el contrato ／ 契約を交わす firmar un contrato《con》／ 契約を更改する renovar el contrato ／ 契約を取り消す/契約を解約する「rescindir [anular] el contrato ／ 契約を2件とる conseguir dos contratos ／ 契約を破棄する deshacer el contrato ／ 契約を守る respetar el contrato ／ 契約を結ぶ「cerrar [firmar] un contrato《con》／ 契約を履行する cumplir un contrato
▶ 契約する contratar, hacer un contrato
- 仮契約 contrato *m.* temporal
- 契約違反「violación *f.* [infracción *f.*] del contrato
- 契約期間 duración *f.* de un contrato
- 契約金 （スポーツ選手などの）fichaje *m.*
- 契約者 contratante *com.*
- 契約社員 trabaja*dor*[*dora*] *mf.* temporal
- 契約書 contrato *m.* ‖ 契約書に署名する「firmar [rubricar] el contrato
- 契約不履行 incumplimiento *m.* del contrato

けいゆ 経由 ‖ バルセロナ発パリ経由東京行きの便 vuelo *m.* de Barcelona a Tokio con escala en París
▶ 経由で ‖ ロンドン経由でマドリードへ行く ir a Madrid「vía [pasando por] Londres
▶ 経由する hacer escala《en》

けいゆ 軽油 gasóleo *m.*, gasoil *m.*, diésel *m.*

けいよう 形容
▶ 形容する describir,（修飾する）modificar ‖ 形容詞は名詞を形容する El adjetivo modifica al sustantivo. ／ 形容しがたい美しさ belleza *f.*「indescriptible [difícil de describir]
- 形容詞 adjetivo *m.* ‖ 形容詞の adjeti*vo*[*va*], adjetival
- 形容詞句 frase *f.* adjetiva, grupo *m.* adjetival
- 形容動詞（日本語文法の品詞）verbo *m.* adjetival
- 形容矛盾 oxímoron *m.*

けいよう 掲揚 izamiento *m.*
▶掲揚する izar, enarbolar ‖ 国旗を掲揚する izar [enarbolar] la bandera nacional
けいらん 鶏卵 huevo *m.* (de gallina)
けいり 経理 administración *f.* financiera, (会計) contabilidad *f.*
◾経理部 departamento *m.* de contabilidad
◾経理部長 direc*tor*[*tora*] *mf.* de contabilidad
けいりゃく 計略 estratagema *f.*, artificio *m.*, ardid *m.* ‖ 計略にはまる caer en 「una trampa [un engaño] / 計略をめぐらす urdir una estratagema, tramar un ardid
けいりゅう 係留 amarre *m.*
▶係留する amarrar ‖ 船を係留する amarrar un barco
けいりゅう 渓流 corriente *f.* montañosa, (急流) torrente *m.* montañoso
けいりょう 計量 medición *f.*, pesada *f.*
▶計量する (量) medir, (重さ) pesar
◾計量カップ vaso *m.* graduado
◾計量器 medidor *m.*
◾計量経済学 econometría *f.*
けいりょう 軽量 ligereza *f.*
▶軽量の lige*ro*[*ra*]
◾軽量化 aligeramiento *m.*
◾軽量級 peso *m.* ligero ‖ 軽量級のボクサー boxea*dor*[*dora*] *mf.* de peso ligero
◾軽量プログラミング言語 lenguaje *m.* de programación ligero
けいりん 競輪 ciclismo *m.*, carrera *f.* ciclista ‖ 競輪で儲ける ganar dinero en carreras ciclistas / 競輪をする (賭ける) apostar en carreras ciclistas
◾競輪場 velódromo *m.*
◾競輪選手 ciclista *com.*
けいれい 敬礼 (軍隊式の) saludo *m.* militar
▶敬礼する hacer un saludo militar, (お辞儀する) hacer una reverencia
けいれき 経歴 carrera *f.*, (履歴) currículo *m.*, historial *m.*, (前歴) antecedentes *mpl.* ‖ 輝かしい経歴「carrera *f.* [currículo *m.*] brillante / 医師としての長い経歴を持つ tener una larga carrera como médi*co*[*ca*] / 経歴に傷をつける「manchar [ensuciar] *su* carrera / 経歴を詐称する falsificar *su*「historial [currículo] / 彼女はどのような経歴の人ですか ¿Cuál es su currículo?
けいれつ 系列 grupo *m.*, línea *f.* ‖ 彼はロマン主義作家の系列に属する Él se sitúa en la línea de los escritores románticos.
▶系列の (子会社の) afilia*do*[*da*] ‖ 小学館系列の出版社 editorial *f.* afiliada a Shogakukan
◾系列化 ‖ 企業の系列化 agrupación *f.* industrial
◾系列会社 filial *f.*
けいれん 痙攣 convulsión *f.*, calambre *m.*, espasmo *m.* muscular, (顔面の) tic *m.* ‖ まぶたのけいれん tic *m.* en los párpados / けいれんを起こす「tener [sufrir] convulsiones
▶けいれんする ‖ 私の左の頬がけいれんしている Tengo un tic en la mejilla izquierda. / 私の右足がけいれんした Me ha dado un calambre en la pierna derecha.
▶けいれん性の convulsi*vo*[*va*], espasmódi*co*[*ca*]
◾胃けいれん calambre *m.*「estomacal [de estómago]
けいろ 経路 ruta *f.*, vía *f.*, (道順) itinerario *m.* ‖ バスの経路 recorrido *m.* del autobús / 感染の経路 vía *f.* de infección / ローマ軍の経路をたどる seguir la ruta que recorrieron los ejércitos romanos
◾流通経路 (商品の) canal *m.* de distribución
けいろう 敬老 ‖ 敬老の日 Día *m.* de los Ancianos
ケーオー KO K.O. *m.*, 《中南米》 nocaut *m.* ⇒ノックアウト
▶ケーオーする noquear, dejar「K.O. [fuera de combate] a ALGUIEN
◾ケーオー勝ち triunfo *m.* por「K.O. [nocaut]
◾ケーオー負け derrota *f.* por「K.O. [nocaut]
ケーキ pastel *m.*, (大きい円形) tarta *f.* ‖ ケーキの一切れ trozo *m.* de tarta / ケーキを食べる comer un pastel / ケーキを作る hacer「una tarta [un pastel]
◾ショートケーキ pastel *m.* de frutas
◾チーズケーキ pastel *m.* de queso
◾バースデーケーキ tarta *f.* de cumpleaños
◾ケーキ屋/ケーキ店 pastelería *f.*
◾ケーキ職人 pastele*ro*[*ra*] *mf.*
ケース estuche *m.*, (容器) recipiente *m.*, (箱) caja *f.*, (布や革製の) funda *f.*, (場合) caso *m.* ‖ 眼鏡のケース estuche *m.* de gafas / ケースに入れる guardar ALGO en un estuche / これは特殊なケースだ Esto es un caso particular. / ケースバイケースで según el caso
◾ケーススタディ estudio *m.* de casos
◾ケースワーカー trabaja*dor*[*dora*] *mf.* social
ゲート puerta *f.*, (搭乗口) puerta *f.* de embarque
◾ゲートボール *gateball m.* ‖ ゲートボールをする jugar a *gateball*
ケーブル cable *m.* ‖ ケーブルを伸ばす「soltar [extender] el cable / ケーブルを引く/ケーブルを敷設する instalar cables
◾ケーブルカー funicular *m.*, tren *m.* funicular ‖ ケーブルカーに乗る tomar un funicular, (乗車する) subir a un funicular
◾ケーブルテレビ televisión *f.* por cable

ゲーム juego *m.*, (試合) partido *m.* ‖ ゲームをする jugar a un juego
- ゲームセット fin *m.* del partido
- ゲームセンター「salón *m.* [sala *f.*] de juegos
- ゲームソフト *software m.* de videojuegos

けおりもの 毛織物 tejido *m.* de lana
- 毛織物業者 lane*ro[ra] mf.*
- 毛織物産業 industria *f.* lanera

けが 怪我 lesión *f.*, (傷) herida *f.*, daño *m.* ⇒ きず(傷)・ふしょう(負傷) ‖ 軽いけが lesión *f.* leve ／ 大けが lesión *f.* 「grave [seria]」 ／ けがが治る「curarse [recuperarse, sanar] de la lesión ／ けがをする herirse, lesionarse, hacerse daño ／ 私は事故で右腕にけがをした Me lesioné el brazo derecho en un accidente. ／ けがを負わせる herir, lesionar, causar una lesión《a》／ けがが軽く済んでよかった Menos mal que la lesión no ha sido nada grave.
- けがした heri*do[da]*, lesiona*do[da]*
- けが人 heri*do[da] mf.*, lesiona*do[da] mf.* ‖ その火事でけが人が数名出た El incendio causó varios heridos.
- (慣用)けがの功名 ‖ けがの功名だ《慣用》Ha sonado la flauta por casualidad.

げか 外科 cirugía *f.*
- 外科の quirúrgi*co[ca]*
- 外科的に quirúrgicamente
- 外科医 ciruja*no[na] mf.*
- 外科医院 clínica *f.* quirúrgica
- 外科手術「operación *f.* [intervención *f.*] quirúrgica

げかい 下界 (現世) este mundo, (地上) tierra *f.* ‖ 山頂から下界を見下ろす ver la tierra desde la cima del monte

けがす 汚す ensuciar, manchar, deshonrar ‖ 名誉を汚す 「mancillar [manchar] el honor《de》, deshonrar ／ イメージを汚す ensuciar la imagen《de》

けがらわしい 汚らわしい su*cio[cia]*, asquero*so[sa]*, abominable, (わいせつな) obsce*no[na]*

けがれ 汚れ impureza *f.*, (汚点) mancha *f.*, mancilla *f.* ‖ 汚れのない inmacula*do[da]*, inocente, pu*ro[ra]*

けがれる 汚れる ensuciarse, mancharse
- 汚れた su*cio[cia]*, ensucia*do[da]*, mancha*do[da]*

けがわ 毛皮 piel *f.*,《集合名詞》peletería *f.* ‖ 毛皮のコート abrigo *m.* de piel
- 毛皮職人／毛皮商 pelete*ro[ra] mf.*
- 毛皮店 peletería *f.*

げき 劇 teatro *m.*, drama *m.* ‖ 劇に出る actuar en un teatro, interpretar un papel en una obra de teatro ／ 劇を上演する representar una obra de teatro ／ 劇を見に行く ir al teatro
- 劇化 ‖ 小説を劇化する adaptar una novela para el teatro, dramatizar una novela
- 劇映画 película *f.* dramática
- 劇画《日本語》*gekiga m.*
- 劇作家 dramatur*go[ga] mf.*
- 劇中劇 teatro *m.* en el teatro

げきか 激化 intensificación *f.*
- 激化する intensificarse, agudizarse, agravarse ‖ 紛争が激化した El conflicto se 「agravó [agudizó].
- 激化させる intensificar, agudizar, agravar

げきげん 激減 disminución *f.* 「drástica [considerable]
- 激減する 「disminuir [bajar, descender, decrecer, reducirse] drásticamente ‖ 人口が激減した La población sufrió un descenso drástico.

げきじょう 激情 pasión *f.* ‖ 激情にかられて domina*do[da]* por una pasión, en un 「arrebato [arranque] de pasión

げきじょう 劇場 teatro *m.*
- 劇場街 barrio *m.* de teatros
- 劇場中継 transmisión *f.* desde el teatro ‖ 劇場中継をする transmitir desde el teatro

げきしん 激震 「terremoto *m.* [seísmo *m.*] muy violento

げきする 激する (激化する) intensificarse, (興奮する) excitarse, (励ます) estimular
- 激しやすい excitable

げきせん 激戦 lucha *f.* 「violenta [encarnizada, encarnizada], batalla *f.* 「feroz [encarnizada], (接戦)「lucha *f.* [batalla *f.*] reñida ‖ 激戦を勝ち抜く ganar sucesivamente encuentros reñidos
- 激戦区 (選挙の) circunscripción *f.* electoral muy reñida
- 激戦地 escenario *m.* de una batalla sangrienta

げきぞう 激増 「aumento *m.* [crecimiento *m.*, incremento *m.*] drástico
- 激増する 「aumentar [crecer, incrementarse] drásticamente

げきたい 撃退 repulsión *f.*
- 撃退する repulsar, rechazar, (追い払う) ahuyentar ‖ 敵を撃退する ahuyentar al enemigo

げきだん 劇団 compañía *f.* 「de teatro [teatral]
- 劇団員 miembro *com.* de una compañía de teatro

げきつい 撃墜 derribo *m.* de un avión
- 撃墜する derribar un avión

げきつう 激痛 dolor *m.* 「intenso [muy fuerte, tremendo, horrible] ‖ 私の右足に激痛が走った Me entró un dolor tremendo en la pierna derecha.

げきてき 劇的
▶ 劇的な dramát*ico*[*ca*], (徹底的な) drást*ico*[*ca*] ‖ 劇的な生涯 vida *f*. dramática／劇的なシーン escena *f*. dramática
▶ 劇的に dramáticamente, (激しく) drásticamente ‖ 劇的に変化する cambiar drásticamente

げきど 激怒 furia *f*.
▶ 激怒する ponerse furio*so*[*sa*], enfurecerse, encolerizarse, 《慣用》montar en cólera ‖ その知らせは彼女を激怒させた La noticia la enfureció.

げきどう 激動 convulsión *f*., turbulencia *f*., agitación *f*. violenta ‖ 激動の時代 tiempos *mpl*. revueltos, época *f*. 「convulsa [convulsionada, turbulenta]
▶ 激動する ‖ 激動する政治情勢 「turbulenta [agitada] situación *f*. política

げきとつ 激突 choque *m*. violento, colisión *f*. violenta
▶ 激突する 「chocar [colisionar] violentamente《contra, con》‖ その車は木に激突した El coche chocó violentamente contra un árbol.

げきへん 激変 cambio *m*. 「drástico [radical]
▶ 激変する cambiar 「drásticamente [radicalmente], sufrir un cambio 「drástico [radical]

げきむ 激務 trabajo *m*. 「abrumador [absorbente] ‖ 激務に追われる andar muy atarea*do*[*da*] de trabajo

げきやく 劇薬 medicamento *m*. 「drástico [muy fuerte], (毒薬) veneno *m*.

げぎらい 毛嫌い aversión *f*.
▶ 毛嫌いする tener aversión《a》, abominar

げきりゅう 激流 torrente *m*. ‖ 激流に呑まれる ser traga*do*[*da*] por un torrente／牛が激流に呑まれた Un torrente se llevó a una vaca.

げきれい 激励 estímulo *m*. ‖ 激励の言葉 palabras *fpl*. de ánimo
▶ 激励する animar, alentar, estimular

げきろん 激論 discusión *f*. 「acalorada [fuerte, violenta] ‖ 激論を戦わす discutir acaloradamente《con》, mantener una 「acalorada [fuerte] discusión《con》

けげん 怪訝
▶ 怪訝な extra*ño*[*ña*] ‖ 怪訝な顔をする poner una cara extraña／怪訝な目つきで見る lanzar una mirada de extrañeza《a》

げこう 下校
▶ 下校する salir de la escuela (al terminar las clases)
□ 下校時間 hora *f*. de salida 「del colegio [de la escuela]

けさ 今朝 esta mañana

げざい 下剤 purgante *m*., (緩下剤) laxante *m*. ‖ 下剤を飲む tomar un 「purgante [laxante] *m*.

けし 芥子/罌粟 adormidera *f*., amapola *f*.

げし 夏至 solsticio *m*. de verano ‖ 今日は夏至だ Hoy es el solsticio de verano.

けしいん 消印 matasellos *m*.[=*pl*.] ‖ 消印を押す matar un sello／手紙には9月27日付けリマの消印があった La carta llevaba el matasellos de Lima con fecha 27 de septiembre.／9月13日までの消印を有効とする Serán aceptadas aquellas cartas con matasellos fechado hasta el 13 de septiembre inclusive.

けしかける 唆ける incitar, instigar, (犬や人を) azuzar ‖ 犬をけしかける azuzar a un perro《contra》／子供をけしかけて喧嘩させる incitar a los niños a pelearse entre ellos

けしからん imperdonable, escandalo*so*[*sa*], indignante, 《慣用》(何かが) clamar al cielo
▶ ～するのはけしからん Es 「imperdonable [escandaloso, indignante] que 『+接続法』.

けしき 景色 paisaje *m*., (眺め) vista *f*. ‖ ふうけい(風景) ‖ 景色の美しさ belleza *f*. 「paisajística [de paisaje]／きれいな景色 paisaje *m*. 「hermoso [precioso]／景色の良い場所 lugar *m*. con buena vista／景色を眺める contemplar el paisaje

けしゴム 消しゴム goma *f*. de borrar ‖ 消しゴムで消す borrar ALGO con una goma

けじめ distinción *f*. ‖ 公私のけじめ distinción *f*. entre lo público y lo privado／けじめがない生活を送る llevar una vida desordenada
▶ けじめをつける distinguir, discernir, (責任を取る) asumir la responsabilidad ‖ 善悪のけじめをつける discernir el bien del mal／選挙の敗北にけじめをつける asumir la responsabilidad del fracaso electoral

げしゃ 下車
▶ 下車する (列車から) bajar(se) del tren／途中下車する bajarse a mitad de trayecto

げしゅく 下宿 pensión *f*., casa *f*. de huéspedes ‖ 賄い付きの下宿 casa *f*. con pensión completa
▶ 下宿する vivir en una pensión
□ 下宿人 pensionista *com*., hués*ped*[*peda*] *mf*.
□ 下宿代 ‖ 下宿代を払う pagar la pensión
□ 下宿屋 pensión *f*.

げじゅん 下旬 ‖ 10月の下旬に a finales de octubre, en los últimos días de octubre

けしょう 化粧 maquillaje *m*. ‖ けばけばしい化粧 maquillaje *m*. recargado／化粧を落とす (自分の) desmaquillarse, quitarse el maquillaje／化粧を直す (自分の) retocarse el maquillaje

けしん

▶化粧する （自分の）maquillarse, pintarse, (人の) maquillar ‖ 彼女は目に少し化粧をしている Ella lleva un poco maquillados los ojos.
▶化粧した maquillado[da], pintado[da]
◪化粧室 lavabo m., aseo m., 《スペイン》servicio m.
◪化粧水 loción f.
◪化粧石けん jabón m. de tocador, jabonete m.
◪化粧台 tocador m.
◪化粧道具 material m.「de [para] maquillaje
◪化粧箱 caja f. para regalo
◪化粧品 cosméticos mpl., productos mpl. cosméticos
◪化粧品入れ estuche m. de cosméticos
◪化粧品会社「firma f. [empresa f.] de cosméticos
◪化粧品店 perfumería f., tienda f. de cosméticos

けしん 化身 encarnación f., personificación f., efigie f. ‖ 悪魔の化身 diablo m.「encarnado [personificado]

けす 消す borrar, （明かりを）apagar, （火を）extinguir, （匂いを）quitar, （人を）matar ‖ 黒板を消す borrar la pizarra ／ 録音を消す borrar la grabación ／ 明かりを消す apagar la luz ／ テレビを消す apagar el televisor ／ 毒を消す neutralizar el veneno ／ 証拠を消す destruir una prueba ／ 姿を消す desaparecer ／ 邪魔者を消す eliminar al que estorba

げすい 下水 aguas fpl. residuales ‖ 下水が溢れた Las aguas residuales se desbordaron. ／ 下水をきれいにする depurar aguas residuales
◪下水管「conducto m. [tubo m.] de desagüe ‖ 下水管が詰まっている El desagüe está「atascado [obstruido].
◪下水工事 obras fpl. de alcantarillado
◪下水施設 alcantarillado m.
◪下水処理場 planta f. de depuración, estación f. depuradora de aguas residuales
◪下水道 alcantarilla f., canal m. de desagüe
◪下水本管 colector m.

ゲスト invitado[da] mf.

けずる 削る （かんなで）cepillar, （削減する）reducir, （削除する）eliminar, tachar ‖ 鉛筆を削る「sacar punta a [afilar] un lápiz ／ 人員を削る reducir el personal ／ 睡眠時間を削る robar horas al sueño ／ リストから名前を削る「borrar [tachar] el nombre de la lista ／ 下書きの文章を削る eliminar unas frases del borrador ／ 予算を削る recortar los presupuestos

けぞめ 毛染め tinte m. de cabello

けた 桁 （数字の）cifra f., dígito m., （建物の）viga f. ‖ 4桁の数字 número m. de cuatro cifras ／ 平成ひと桁生まれの nacido[da] en la primera década de la era Heisei ／ 最後の2桁 dos últimas cifras, dos últimos dígitos ／ 桁を間違える equivocarse en un cero
◪桁数 número m. de cifras

けた 下駄 chanclos mpl., zuecos mpl. ‖ 下駄を履く ponerse los chanclos ／ 下駄を脱ぐ quitarse los chanclos
(慣用)下駄を預ける （誰かに）dejar el asunto en manos《de》, （一任する）《慣用》dar carta blanca《a》
(慣用)下駄を履かせる maquillar ‖ 成績に下駄を履かせる maquillar las notas
◪下駄箱 zapatero m.

けだかい 気高い noble, sublime ‖ 気高い精神 espíritu m. noble
▶気高さ nobleza f., sublimidad f.

けたたましい estruendoso[sa], estrepitoso[sa] ‖ けたたましい音 estruendo m., estrépito m. ／ けたたましい騒音 ruido m. estruendoso

けたちがい 桁違い ⇒けたはずれ（桁外れ）

けたはずれ 桁外れ
▶桁外れの extraordinario[ria], increíble, 《慣用》sin par ‖ 桁外れの賠償金 indemnización f.「astronómica [exorbitante]
▶桁外れに extraordinariamente, increíblemente ‖ 桁外れに小さい extraordinariamente pequeño[ña] ／ 桁外れに高価である tener un precio astronómico

けだもの 獣 bestia f., fiera f.

げだん 下段 escalón m. inferior
▶下段の inferior, de abajo ‖ 下段の寝台 litera f. inferior
▶下段に ‖ 剣を下段に構える poner la espada en posición inferior

けち tacañería f., avaricia f. ‖ けちである ser tacaño[ña], ser avaro[ra] ／ けちがつく encontrar un obstáculo ／ けちをつける poner pegas《a》, 《慣用》poner peros《a》
▶けちな（人）tacaño[ña] (mf.), avaro[ra] (mf.), mezquino[na] (mf.), 《話》（軽蔑的に）roñoso[sa] (mf.) ‖ けちな考え（狭量な）idea f. mezquina

けちけちする ⇒けちる

ケチャップ 《英語》kétchup m., cátsup m. ‖ ケチャップをかける echar kétchup《a》

けちる escatimar ‖ ガソリンをけちる gastar lo menos posible de gasolina

けちんぼう けちん坊 ⇒けち

けつ 決 ‖ 決を採る decidir ALGO por votación, someter ALGO a votación

けつあつ 血圧 presión f. sanguínea, tensión f. arterial ‖ 血圧が高い[低い] tener la tensión arterial「alta [baja] ／ 血圧が上がる[下がる]「Aumenta [Disminuye] la tensión

arterial. ／血圧を下げる「bajar [reducir, disminuir] la tensión arterial ／血圧を測る medir la「tensión arterial [presión sanguínea]
◪血圧計 tensiómetro *m*.
◪血圧降下剤 hipotensor *m*.
◪血圧測定 medición *f*. de la「tensión arterial [presión sanguínea]

けつい 決意 decisión *f*., resolución *f*. ‖ 固い決意 decisión *f*. firme ／私の決意は固い Mi decisión es firme. ／決意を固める「madurar [consolidar] *su* decisión ／決意を表明する「anunciar [hacer pública] *su* decisión
▶決意する decidirse, determinarse

けついん 欠員 vacante *f*. ‖ 欠員が出る producirse *una vacante* ／欠員を埋める cubrir la vacante

けつえき 血液 sangre *f*. ‖ 血液の循環 circulación *f*. de la sangre ／血液が固まる Se coagula la sangre. ／血液が流れる Circula la sangre. ／血液をさらさらにする disminuir la viscosidad de la sangre ／血液を調べる analizar la sangre ／血液を採る tomar una muestra de sangre
▶血液の sanguíne*o*[*a*]
◪血液学 hematología *f*.
◪血液学者 hematológic*o*[*ca*] *mf*.
◪血液型 grupo *m*. sanguíneo
◪血液銀行 banco *m*. de sangre
◪血液検査 análisis *m*.[=*pl*.] de sangre ‖ 血液検査を受ける「hacerse [someterse a] un análisis de sangre
◪血液製剤 hemoderivados *mpl*., producto *m*. sanguíneo
◪血液提供者 donante *com*. de sangre

けつえん 血縁 lazos *mpl*. de sangre ‖ 私は彼とは血縁がある Tengo lazos de sangre con él. ¦ Él y yo somos consanguíneos.
◪血縁関係 lazos *mpl*. de sangre, consanguinidad *f*.

けっか 結果 consecuencia *f*., resultado *m*., efecto *m*., (成果) fruto *m*., balance *m*. ‖ 原因と結果 la causa y el efecto《de》／試験の結果 resultado *m*. del examen ／長年の努力の結果 fruto *m*. de tantos años de esfuerzos ／クーデターは政府の腐敗の結果である El golpe de Estado es consecuencia de la corrupción del gobierno. ／良い結果を得る tener「buenos resultados [consecuencias positivas] ／その研究は意外な結果を出した La investigación dio unos resultados inesperados. ／過剰飲酒は深刻な結果をもたらす El consumo excesivo de alcohol trae consecuencias graves.
▶〜の結果(として) como「consecuencia [resultado]《de》‖ 大惨事の結果、国は膨大な損害を受けた El país sufrió enormes daños y pérdidas como consecuencia de la catástrofe. ／話し合いの結果、私たちは計画を実行することにした Después de discutir, decidimos llevar a cabo el proyecto.
▶その結果 en consecuencia, por consiguiente
◪結果論 razonamiento *m. a posteriori*

けっかい 決壊
▶決壊する romperse, destruirse ‖ ダムが豪雨で決壊した La presa se rompió con la tormenta de lluvia.

けっかく 結核 tuberculosis *f*.[=*pl*.] ‖ 結核にかかる padecer tuberculosis
▶結核(性)の tuberculos*o*[*sa*]
◪肺結核 tuberculosis *f*.[=*pl*.] pulmonar
◪結核患者 tuberculos*o*[*sa*] *mf*.
◪結核感染 tuberculización *f*.
◪結核菌 bacilo *m*. de la tuberculosis, bacilo *m*. de Koch
◪結核療養所 sanatorio *m*. antituberculoso

げつがく 月額 suma *f*. mensual, (料金・会費) cuota *f*. mensual ‖ 月額15万円の給料 sueldo *m*. mensual de ciento cincuenta mil yenes

けっかん 欠陥 defecto *m*., deficiencia *f*., fallo *m*. ‖ 製造上の欠陥 defecto *m*. de fabricación ／肉体的欠陥 defecto *m*. físico, deficiencia *f*. física, (障害) discapacidad *f*. física ／私はシステムの重大な欠陥を発見した He descubierto un fallo grave en el sistema.
▶欠陥がある tener「un defecto [una deficiencia]
▶欠陥のある deficiente, defectuos*o*[*sa*]
◪欠陥車 coche *m*. defectuoso
◪欠陥商品 producto *m*. defectuoso

けっかん 血管 vaso *m*. sanguíneo, vena *f*. ‖ 細い血管 vaso *m*. sanguíneo estrecho ／浮き出た血管 vena *f*. marcada ／血管が切れる／血管が破れる Se rompe un vaso sanguíneo. ／血管が詰まっている El vaso sanguíneo está obstruido.
▶血管の vascular
◪毛細血管 capilar *m*. sanguíneo, vaso *m*. capilar
◪血管拡張 vasodilatación *f*.
◪血管拡張剤 vasodilatador *m*.
◪血管外科 cirugía *f*. vascular
◪血管収縮／血管狭窄 vasoconstricción *f*.
◪血管破裂 rotura *f*. de un vaso sanguíneo

げっかん 月刊 publicación *f*. mensual
▶月刊の mensual
◪月刊誌 revista *f*. mensual

けっき 血気
▶血気盛んな enérgic*o*[*ca*], vigoros*o*[*sa*], fogos*o*[*sa*]
◪血気盛んである tener mucha vitalidad

けつぎ 決議 resolución *f*., decisión *f*. ‖ 決議を採択する adoptar una resolución

げっきゅう 月給 「sueldo *m.* [salario *m.*] mensual
- 月給取り asalaria*do*[*da*] *mf.*
- 月給日 día *m.* de paga

けっきょく 結局 en fin, al fin (y al cabo), finalmente

けっきん 欠勤 ausencia *f.* laboral, (不当な) absentismo *m.* laboral ‖ 欠勤の理由 motivo *m.* de ausencia ／ 彼女は欠勤が多い Ella falta al trabajo con frecuencia.
- 欠勤する ausentarse del trabajo, faltar al trabajo ‖ 無断で欠勤する ausentarse del trabajo sin previo aviso
- 欠勤者 ausente *com.*
- 欠勤届け notificación *f.* de ausencia laboral
- 欠勤願い solicitud *f.* de permiso laboral ‖ 欠勤願いを申請する solicitar permiso laboral
- 欠勤率 índice *m.* de absentismo laboral

げっけい 月経 menstruación *f.* → せいり (生理)
- 月経の menstrual
- 無月経 amenorrea *f.*
- 月経周期 ciclo *m.* menstrual
- 月経痛 dolor *m.* menstrual
- 月経不順 irregularidad *f.* menstrual, 《医学》 menoxenia *f.*

げっけいじゅ 月桂樹 laurel *m.* ‖ 月桂樹の葉 hoja *f.* de laurel

けっこう 欠航 cancelación *f.*, suspensión *f.* ‖ 霧のため船は欠航になった El servicio de barco quedó suspendido debido a la niebla.
- 欠航する 「cancelar [suspender] el servicio 《de》‖ ハリケーンのため全便が欠航した El huracán obligó a suspender todos los vuelos.

けっこう 血行 circulación *f.* 「sanguínea [de la sangre] ‖ 血行が良い[悪い] tener una 「buena [mala] circulación sanguínea ／ 血行をよくする 「mejorar [estimular] la circulación sanguínea
- 血行障害 alteración *f.* de la circulación sanguínea

けっこう 決行 ‖ 労働者たちはストを決行中である Los trabajadores siguen en huelga.
- 決行する llevar a cabo ALGO con decisión, atreverse a 〖+不定詞〗
- 雨天決行 ‖ 遠足は雨天決行 La excursión se realizará aunque llueva.

けっこう 結構 ❶ (すばらしい)
- 結構な muy bue*no*[*na*], magnífi*co*[*ca*], excelente ‖ 結構な味 sabor *m.* magnífico ／ 君は結構なご身分だね Envidio la buena vida que llevas. ¦ ¡Qué bien vives!

❷ (十分である)
- 結構です ser suficiente, bastar 《con》‖ サインで結構です Basta con su firma. ／ いえ、結構です No, gracias. ／ もう結構です (食事で) Ya no quiero más. Gracias.

❸ (かなり) 《副詞》bastante ‖ この料理はけっこうおいしい Este plato está bastante rico. ／ このガイドブックはけっこう役に立つ Esta guía es más útil de lo que me imaginaba.

❹ (その他) ‖ お元気で結構ですね Me alegra que usted esté bien.

けつごう 結合 unión *f.*, combinación *f.*, 《化学》 enlace *m.* ‖ 強い結合 unión *f.* 「sólida [fuerte, firme]
- 結合する combinarse 《con》, unirse 《a》‖ 酸素と水素は結合して水になる El oxígeno y el hidrógeno se combinan para formar agua. ／ 表1と表2を結合する unir la tabla 1 「a [con] la tabla 2
- 水素結合 enlace *m.* de hidrógeno
- 結合組織 《組織学》tejido *m.* conjuntivo

げっこう 月光 luz *f.* 「de luna [lunar], 「rayo *m.* [claro *m.*] de luna

けっこん 血痕 mancha *f.* de sangre ‖ 床に血痕がある Hay manchas de sangre en el suelo. ／ 血痕のついたワイシャツ camisa *f.* con manchas de sangre

けっこん 結婚 casamiento *m.*, matrimonio *m.*, enlace *m.* matrimonial, 《格式語》himeneo *m.* ‖ 幸せな[不幸な]結婚 matrimonio *m.* 「feliz [infeliz] ／ 私の両親は結婚がとても早かった Mis padres se casaron muy jóvenes. ／ 結婚の約束をする prometerse 《a, con》／ 結婚の許可を求める（女性の親に）pedir la mano de una mujer (a sus padres) ／ 結婚に失敗する fracasar en el matrimonio ／ 結婚を祝う celebrar el casamiento ／ 結婚を解消する 「anular [disolver] el matrimonio ／ 結婚を申し込む 「pedir [proponer] matrimonio 《a》
- 結婚する casarse 《con》, contraer matrimonio 《con》‖ 私と結婚して下さい Te pido que te cases conmigo. ¦ Por favor, cásate conmigo. ／ 彼は娘を隣国の王子と結婚させた Él casó a su hija con el príncipe del país vecino.
- 結婚している estar casa*do*[*da*] ‖ 結婚している人 casa*do*[*da*] *mf.*
- 結婚の matrimonial, nupcial, conyugal
〖慣用〗結婚は人生の墓場だ El matrimonio es el cementerio de los enamorados.
- 結婚相手 no*vio*[*via*] *mf.*
- 結婚祝い (贈り物) regalo *m.* de boda
- 結婚記念日 aniversario *m.* de boda
- 結婚行進曲 Marcha *f.* nupcial

けっこんさぎ 結婚詐欺 estafa f. con falsa promesa de matrimonio
けっこんしき 結婚式 boda f. ‖ 結婚式を挙げる celebrar la boda
けっこんしきじょう 結婚式場 sala f. de bodas
けっこんせいかつ 結婚生活 vida f. 「matrimonial [conyugal]
けっこんせいど 結婚制度 sistema m. matrimonial
けっこんそうだんじょ 結婚相談所 agencia f. matrimonial
けっこんてきれいき 結婚適齢期 ‖ 結婚適齢期である estar en edad casadera,《慣用》estar en edad de merecer／結婚適齢期の女性 mujer f. (en edad) casadera
けっこんとどけ 結婚届 registro m. de matrimonio ‖ 結婚届を出す registrar el matrimonio
けっこんひろうえん 結婚披露宴 「banquete m. [recepción f.] de boda
けっこんゆびわ 結婚指輪 anillo m. de boda, alianza f.
けっさい 決済 liquidación f., (支払い) pago m.
▶決済する liquidar, (支払う) pagar
◪決済日 fecha f. de liquidación
けっさい 決裁 aprobación f., sanción f. ‖ 決裁をあおぐ someter ALGO a la aprobación
▶決裁する aprobar, sancionar
けっさく 傑作 obra f. maestra ‖ 現代文学の傑作 obra f. maestra de la literatura contemporánea
▶傑作な (滑稽な) gracio*so*[sa], diverti*do*[da] ‖ こんな傑作な話聞いたことがない Es la cosa más graciosa que he oído.
◪最高傑作 la mejor obra maestra《de》
けっさん 決算 balance m., cierre m. de libros
▶決算する hacer balance de cuentas, liquidar
◪決算期 cierre m. del período contable
◪決算書 estado m. de cuentas
◪決算報告 ‖ 決算報告をする presentar el balance de cuentas
けっし 決死
▶決死の ‖ 決死の覚悟で desafiando a la muerte,《慣用》a la desesperada／決死の覚悟でいる estar dispues*to*[ta] a morirse
けつじつ 結実 fructificación f.
▶結実する fructificar, dar fruto ‖ 君の努力が結実した Tus esfuerzos fructificaron.
けっして 決して
▶決して〜ない nunca, jamás ‖ 君たちのことは決して忘れない Jamás me olvidaré de vosotros. ¦ No me olvidaré jamás de vosotros.／何事にも決して文句を言うな Nunca te quejes de nada.
けっしゃ 結社 sociedad f., asociación f. ‖ 結社の自由 libertad f. de asociación／結社を作る 「formar [fundar] una asociación
◪秘密結社 sociedad f. secreta
げっしゃ 月謝 honorarios mpl. mensuales, (料金・会費) cuota f. mensual ‖ 高い月謝

を払う pagar la cuota mensual
けっしゅ 血腫 hematoma m. ‖ 私は転んで足に血腫ができた Se me 「hizo [formó] un hematoma en la pierna al caerme.
けっしゅう 結集 concentración f., reunión f.
▶結集する concentrar, reunir, congregar ‖ 皆の努力を結集する concentrar los esfuerzos de todos
げっしゅう 月収 ingresos mpl. mensuales, renta f. mensual →げっきゅう(月給)
けっしゅつ 傑出
▶傑出する sobresalir, destacarse, distinguirse
▶傑出した sobresaliente, destaca*do*[da]
けつじょ 欠如 carencia f., falta f., ausencia f. ‖ 指導力の欠如 falta f. de liderazgo
▶欠如する carecer《de》, faltar ‖ この理論は科学的根拠が欠如している Esta teoría carece de base científica.／君にはデリカシーが欠如している Te falta delicadeza.
けっしょう 血漿 plasma m.
けっしょう 決勝 ‖ 決勝で負ける perder en la final／決勝に進出する clasificarse para la final
◪決勝戦 final f. ‖ 決勝戦出場選手 finalista com.
◪決勝点 (ゴール) meta f. ‖ 決勝点をあげる ganar el punto decisivo, (サッカー) marcar el gol de la victoria
けっしょう 結晶 cristal m. ‖ 雪の結晶 cristal m. de nieve／愛の結晶 fruto m. del amor／努力の結晶 fruto m. de los esfuerzos
▶結晶する cristalizarse
▶結晶性の cristalizable
◪結晶作用 cristalización f.
◪結晶水 agua f. de cristalización
◪結晶体 cristal m.
けつじょう 欠場 ausencia f. ‖ 試合に欠場する no 「participar [jugar] en un partido
けっしょうばん 血小板 plaqueta f., trombocito m.
◪血小板減少症 trombocitopenia f.
◪血小板増多症 trombocitosis f.[=pl.]
けっしょく 欠食
▶欠食する saltarse una comida
◪欠食児童 ni*ñ*o[ña] mf. 「desnutri*do*[da] [malnutri*do*[da]]
けっしょく 血色 color m. de cara, aspecto m., pinta f. ‖ 血色が良い tener buena 「cara [pinta]／血色が悪い tener mala cara, estar páli*do*[da]
げっしょく 月食/月蝕 eclipse m. 「lunar [de luna] ‖ 月食が起こる Se produce un eclipse lunar.
けっしん 決心 decisión f., determinación

けっせい *f.* ‖ 固い決心 decisión *f.* firme／重大な決心 decisión *f.* importante／ゆるぎない決心 decisión *f.* inquebrantable [inamovible]／私の決心は固い Mi decisión es firme.／彼は決心がぐらつき始めた Él empezó a poner en duda su decisión.／決心がつく decidirse／決心が揺るがない mantenerse firme en *su* decisión／決心を変える cambiar *su* decisión／決心を固める madurar la decisión
▶決心する decidirse, determinarse, resolverse ‖ 私は彼女との結婚を決心した Me decidí a casarme con ella.／固く決心する tomar una decisión firme

けっせい 血清 suero *m.* sanguíneo
▶血清の seroso[sa]
▫血清学 serología *f.*
▫血清肝炎 hepatitis *f.*[=*pl.*] serosa
▫血清注射 inyección *f.* de suero
▫血清療法 sueroterapia *f.*

けっせい 結成
▶結成する formar, fundar ‖ 政党を結成する formar un partido político

けつぜい 血税 impuesto *m.* pagado con la sangre y (el) sudor del pueblo ‖ 国民の血税を浪費する derrochar el dinero「del pueblo [de los contribuyentes]

けっせき 欠席 ausencia *f.*, inasistencia *f.*,《法廷で》contumacia *f.* ‖ 欠席の理由 motivo *m.* de ausencia
▶欠席する ausentarse《de》, faltar《a》‖ 授業を欠席する「faltar [no asistir] a clase／会議を欠席する「ausentarse [faltar a, no asistir] una reunión／彼は欠席しています Él está ausente.
▫欠席裁判 juicio *m.* en rebeldía
▫欠席者 ausente *com.*
▫欠席届 justificante *m.* de ausencia
▫欠席日数 número *m.* de días de ausencia

けっせき 結石 cálculo *m.* ‖ 結石がある tener cálculos／父は腎臓に結石ができた A mi padre se le formaron cálculos en el riñón.
▶結石(症)の(患者) calculoso[sa] (*mf.*)
▫尿結石 cálculos *mpl.* urinarios

けっせん 血栓 trombo *m.* ‖ 血栓ができる formarse *un* trombo／右足に血栓がある tener un trombo en la pierna derecha
▫血栓症 trombosis *f.*[=*pl.*]

けっせん 決戦 (スポーツの) partido *m.*「decisivo [crucial], (戦争) batalla *f.*「decisiva [crucial] ‖ 決戦を制する ganar un partido decisivo

けっせんとうひょう 決選投票 votación *f.* final, segunda vuelta *f.* electoral

けっそう 血相 ‖ 血相を変える demudarse, 《慣用》「mudar [cambiar] de color／血相を変えて con la cara alterada

けっそく 結束 unión *f.*, solidaridad *f.* ‖ 強い結束 unión *f.* fuerte／家族の結束 unión *f.* familiar／結束を固める「fortalecer [consolidar] la unión
▶結束する unirse, solidarizarse ‖ 全員が結束して働く trabajar todos unidos

けつぞく 血族 consanguinidad *f.*, lazos *mpl.* de sangre
▶血族の consanguíneo[a]
▫血族結婚 matrimonio *m.* consanguíneo

げっそり
▶げっそりしている(落胆している) estar abatido[da], estar molido[da]
▶げっそりと ‖ 頬がげっそりとこけている tener las mejillas hundidas／げっそりと痩せている quedarse muy flaco[ca], 《慣用》estar en los huesos

けっそん 欠損 (欠如) defecto *m.*, (損失) pérdida *f.*, (赤字) déficit *m.* ‖ 欠損を補う(赤字を) cubrir un déficit／欠損を出す(赤字を) arrojar un déficit

けったく 結託 complicidad *f.*, (共謀) conspiración *f.*, 《法律》colusión *f.*
▶結託する actuar en complicidad《con》, (何人かが) confabularse
▶結託して en「complicidad [connivencia]《con》

けったん 血痰 esputo *m.*「con sangre [hemoptoico] ‖ 血痰が出る tener esputos con sangre

けつだん 決断 decisión *f.*, determinación *f.*, toma *f.* de decisión ‖ 決断を下す tomar una「decisión [determinación]／決断を迫られる verse obligado[da] a tomar una decisión
▶決断する decidir, determinar
▫決断力 espíritu *m.* de decisión ‖ 決断力のある decidido[da]／決断力のない indeciso[sa]

けっちゃく 決着 conclusión *f.*, (解決) solución *f.* ‖ 決着がつく llegar a una conclusión, (合意に達する) llegar a un acuerdo／決着をつける zanjar, arreglar, (解決する) solucionar／問題に決着をつける zanjar「la cuestión [el problema]
▶決着する ‖ 交渉が決着した Las negociaciones llegaron a un acuerdo.

けっちょう 結腸 《解剖》colon *m.*
▫S字結腸《解剖》colon *m.* sigmoideo
▫結腸炎 colitis *f.*[=*pl.*]

けっちん 血沈 (赤血球沈降速度) velocidad *f.* de sedimentación globular

けってい 決定 decisión *f.*, determinación *f.*, resolución *f.* ‖ 決定を下す「dictar [tomar] una decisión／決定をくつがえす/決定を翻す revocar la decisión／決定を迫る obligar a ALGUIEN a tomar una decisión／決定を早める adelantar la decisión／決定を延期する「posponer [postergar] la decisión

げつれい

▶決定する decidir, tomar una decisión, determinar ‖ 日時を決定する fijar el día y la hora ／ 農業政策を決定する「establecer [determinar] las políticas agrarias
▶決定的(な) decisivo[va], (最終的な) definitivo[va] ‖ 決定的瞬間 momento *m.* decisivo ／ 私たちの勝利は決定的だ Nuestra victoria está asegurada.
▶決定的に definitivamente
◪決定権 poder *m.* decisorio
◪決定戦 (同点決勝) partido *m.* de desempate ／ 3位決定戦 partido *m.* por el tercer puesto
◪決定版 edición *f.* definitiva
◪決定論〈哲学〉determinismo *m.*
◪決定論者〈哲学〉determinista *com.*

けってん 欠点 defecto *m.*, deficiencia *f.*, falta *f.* ‖ 美点と欠点 virtudes *fpl.* y defectos *mpl.* ／ 欠点のある defectuo*so*[*sa*], deficiente ／ 欠点のない sin defecto, impecable, perfec*to*[*ta*] ／ 欠点だらけの lle*no*[*na*] de defectos ／ 欠点がある tener defectos ／ 欠点がないのが彼の唯一の欠点です Su único defecto es no tener defectos. ／ 欠点をあげる señalar los defectos 《de》／ 欠点を補う suplir el defecto ／ 欠点をさがす buscar los defectos 《de》／ 欠点を直す (自分の) corregir *sus* defectos ／ 欠点を認める (自分の) reconocer *sus* defectos

けっとう 血統 linaje *m.*, sangre *f.*, (動物の) pedigrí *m.*
◪血統書 (動物の) pedigrí *m.* ‖ 血統書付きの犬 pe*rro*[*rra*] *mf.* con pedigrí

けっとう 血糖 glucemia *f.*
◪血糖値 nivel *m.* de 「azúcar en la sangre [glucemia] ‖ 血糖値が高い[低い] tener un 「alto [bajo] nivel de azúcar en la sangre
◪高血糖症 hiperglucemia *f.* ‖ 高血糖症の (人) hiperglucémi*co*[*ca*] (*mf.*)
◪低血糖症 hipoglucemia *f.* ‖ 低血糖症の (人) hipoglucémi*co*[*ca*] (*mf.*)

けっとう 決闘 duelo *m.*, desafío *m.*, 〈慣用〉lance *m.* de honor ‖ 決闘に勝つ[負ける]「ganar [perder] el duelo ／ 決闘を申し込む retar「a [en] duelo a ALGUIEN ／ 決闘を受ける aceptar el「duelo [desafío]
▶決闘する batirse en duelo
◪決闘者 duelista *m.*
◪決闘状 carta *f.* de desafío
◪決闘立会人 padrino *m.*

けつにょう 血尿 sangre *f.* en la orina, 《医学》hematuria *f.* ‖ 血尿が出る orinar sangre, salir *sangre* en la orina 《a》／ 私は血尿が出た Me salió sangre en la orina.

ケッパー《植物》alcaparra *f.*, (つぼみ) alcaparras *fpl.*

けっぱく 潔白 inocencia *f.* ‖ 潔白を主張する defender la inocencia 《de》／ 身の潔白を主張する (自分の) declararse inocente, defender *su* inocencia ／ 潔白を証明する「probar [demostrar] la inocencia 《de》
▶潔白な inocente

げっぷ eructo *m.*, regüeldo *m.* ‖ げっぷをこらえる aguantar un eructo ／ げっぷが出てしまった Se me escapó un eructo.
▶げっぷする eructar, regoldar, 「echar [soltar] un eructo

げっぷ 月賦 mensualidad *f.*
▶月賦で a plazos mensuales, a mensualidades ‖ 月賦で買う comprar ALGO a plazos ／ 8か月月賦で支払う pagar ALGO en ocho mensualidades
◪月賦販売 venta *f.* a mensualidades

けっぺき 潔癖 escrupulosidad *f.* ‖ 彼女は金銭に潔癖だ Ella es「incorruptible [insobornable].
▶潔癖な escrupulo*so*[*sa*], (きれい好きな) amante de la limpieza
▶潔癖性‖潔癖性である ser escrupulo*so*[*sa*] con la「limpieza [higiene]

けつべん 血便 heces *fpl.*「con sangre [sanguinolentas, alquitranosas],《医学》hematoquecia *f.*

けつぼう 欠乏 carencia *f.*, escasez *f.*, falta *f.* ‖ ビタミンの欠乏 falta *f.* de vitaminas
▶欠乏する faltar, carecer 《de》‖ 資金が欠乏する carecer de recursos económicos
◪欠乏症 enfermedad *f.* carencial

げっぽう 月報 「boletín *m.* [informe *m.*] mensual

けつまく 結膜《解剖》conjuntiva *f.*
◪結膜炎 conjuntivitis *f.*[=*pl.*] ‖ 結膜炎にかかっている tener conjuntivitis

けつまつ 結末 desenlace *m.*, final *m.* ‖ 事件の結末 desenlace *m.* del caso ／ 結末をつける terminar, poner fin 《a》／ 悲劇的な結末を迎える tener un final trágico

げつまつ 月末 fin *m.* de mes
◪月末に a fines de mes, a finales de mes
◪月末払い pago *m.* a fin de mes

げつめん 月面 superficie *f.* 「lunar [de la Luna] ‖ 月面に着陸する alunizar, posarse en (la superficie de) la Luna
◪月面図 selenografía *f.*
◪月面着陸 alunizaje *m.*
◪月面宙返り (体操) *tsukahara m.*

けつゆうびょう 血友病 hemofilia *f.*
▶血友病の(患者) hemofíli*co*[*ca*] (*mf.*)

げつようび 月曜日 lunes *m.*[=*pl.*]
▶月曜日に el lunes ‖ 13日の月曜日に el lunes 13

けつらく 欠落 falta *f.*, vacío *m.*, laguna *f.*
▶欠落する faltar, carecer 《de》

げつりゅう 血流 flujo *m.* sanguíneo

げつれい 月例
▶月例の mensual

☑月例行事 evento *m.* mensual
☑月例報告 informe *m.* mensual
けつれつ 決裂 ruptura *f.*
▶決裂する romperse, (交渉が) fracasar ‖ 両国間の漁業交渉が決裂した「Fracasaron [Se rompieron] las negociaciones pesqueras entre ambos países.
けつろ 結露 condensación *f.*
▶結露する condensarse ‖ 窓ガラスが結露する El aire se condensa en gotas de agua en los cristales de la ventana.
けつろん 結論 conclusión *f.* ‖ 結論を下す concluir / 『巨人』はゴヤの絵ではないという結論が下された Se ha concluido que Goya no pintó *El Coloso.* / 結論を引き出す「sacar [extraer] una conclusión
▶～という結論に達する llegar a la conclusión de que 〚+直説法〛
▶結論として en conclusión, a modo de conclusión
げどく 解毒 desintoxicación *f.*
▶解毒する desintoxicar
▶解毒の desintoxicante, 《医学》alexifármac*o*[*ca*]
☑解毒剤 antídoto *m.*, contraveneno *m.*, 《医学》alexifármaco *m.*
▶解毒作用 efecto *m.* desintoxicante
けとばす 蹴飛ばす dar una patada 《a》, patear ⇒ける(蹴る)
けなげ 健気
▶健気な (殊勝な) admirable, meritor*io*[*ria*], (勇敢な) valiente
▶健気に admirablemente, valientemente
けなす 貶す criticar, hablar mal 《de》, (慣用)「echar [hablar, decir] pestes 《de》
けなみ 毛並み pelaje *m.*, (家柄) linaje *m.* ‖ 毛並みがいい雄犬 perro *m.* de buen pelaje
けぬき 毛抜き pinzas *fpl.* de depilar, depiladora *f.*
げねつ 解熱 alivio *m.* de la fiebre
▶解熱の antipirétic*o*[*ca*], antitérmic*o*[*ca*], febrífug*o*[*ga*]
☑解熱剤 antipirético *m.*, antitérmico *m.*, febrífugo *m.* ‖ 解熱剤を飲む tomar antitérmicos
けねん 懸念 preocupación *f.*, inquietud *f.*, temor *m.* ⇒しんぱい(心配) ‖ 懸念が生じる Surge una inquietud. / 懸念を示す「mostrar [manifestar] *su* preocupación 《por》
▶懸念する/懸念を抱く tener preocupación 《por》‖ 経済状況の悪化が懸念される Se teme que la situación económica empeore.
ゲノム 《生物》genoma *m.* ‖ ゲノムを解読する「descifrar [de(s)codificar] el genoma
▶ゲノムの genómic*o*[*ca*]
☑ヒトゲノム genoma *m.* humano
けば 毛羽 pelusa *f.*, (織物の) lanilla *f.*
▶毛羽立つ soltar pelusa ‖ この絨毯は毛羽立たない Esta alfombra no suelta pelusa.
けはい 気配 señal *f.*, indicio *m.*, amago *m.* ‖ 春の気配が感じられる Se nota la llegada de la primavera. / 私は家に人の気配を感じる Siento que alguien está en casa.
けばけばしい chill*ón*[*llona*], estridente ‖ けばけばしい色 color *m.* 「chillón [estridente] / けばけばしい服装 ropa *f.* chillona
けびょう 仮病 enfermedad *f.* fingida ‖ 仮病を使う「fingir [simular] una enfermedad
げひん 下品
▶下品な groser*o*[*ra*], de mal gusto, soez, vulgar ‖ 下品な言葉遣い lenguaje *m.* 「soez [malsonante]
けぶかい 毛深い pelud*o*[*da*], vellud*o*[*da*]
けむ 煙 ⇒けむり(煙)
(慣用) 煙に巻く (混乱させる) dejar perplej*o*[*ja*]《a》, (慣用) (ごまかす) engañar, embaucar
けむい 煙い humos*o*[*sa*], llen*o*[*na*] de humo
けむし 毛虫 oruga *f.*
けむたい 煙たい ⇒けむい(煙い)
▶煙たがる (敬遠する) rehuir, apartarse del trato 《con》‖ 皆は部長(男性)を煙たがっている Todo el mundo rehúye al director.
けむり 煙 humo *m.* ‖ 一条の煙 columna *f.* de humo / 煙が出る「salir [emanar] *humo* / 煙が煙突から出ている Sale humo de la chimenea. / 部屋に煙がたちこめた La habitación se llenó de humo. / 煙がたちこめた部屋 habitación *f.* 「cargada [llena] de humo / 煙が私の目にしみる El humo me irrita los ojos. / 煙に巻かれて死ぬ morir asfixiad*o*[*da*] por el humo / 私は煙にむせた El humo me hizo toser. / 煙を吸い込む (人が)「tragar(se) [inhalar] el humo / 煙を出す/煙を吐く「echar [arrojar, emanar] humo, humear / 火山は煙を出し始めた El volcán empezó a arrojar humo. / 煙をちらす/煙を四散させる disipar el humo / 煙のように消える「disiparse [desvanecerse] como el humo
(慣用) 煙になる quemarse por completo, (火葬される) ser incinerad*o*[*da*] ‖ その寺は火事で煙になった El templo fue 「destruido [arrasado] completamente por el incendio.
けむる 煙る humear, (かすむ) cubrirse de niebla ‖ 霧に煙る町 ciudad *f.* cubierta de niebla
けもの 獣 bestia *f.*
☑獣道 camino *m.* de animales
げや 下野 renuncia *f.* a un cargo público, (野党になる) salida *f.* del poder
▶下野する「dimitir de [renunciar a] *su* cargo público, (野党になる) salir del poder
けやき 欅 olmo *m.* de agua, zelkova *f.* 「japonesa [serrata]

ゲラ 《印刷》(ゲラ刷りの略) pruebas *fpl.*, galerada *f.*

けらい 家来 vasa*llo*[*lla*] *mf.*, súbd*ito*[*ta*] *mf.* ‖家来になる hacerse vasa*llo*[*lla*]《de》

げらく 下落 depreciación *f.*, caída *f.* ‖ドルの下落 depreciación *f.* del dólar ／ 野菜の価格の下落 caída *f.* de los precios de las hortalizas
▶下落する depreciarse, caer, sufrir una caída ‖株価が急に下落した Las acciones cayeron bruscamente.

げらげら ‖げらげら笑う reírse a carcajadas

けり ⇒けっちゃく(決着)

げり 下痢 diarrea *f.*, flujo *m.* de vientre ‖下痢をする tener diarrea ／ 私は下痢がひどい Tengo una diarrea fuerte.
◪下痢止め antidiarreico *m.*

ゲリラ guerrilla *f.*
◪ゲリラ兵 guerrill*ero*[*ra*] *mf.*
◪ゲリラ戦 guerra *f.* de guerrillas, guerrilla *f.* ‖ゲリラ戦をする guerrillear

ける 蹴る dar una patada《a》, patear, (拒絶する) rechazar, denegar ‖ボールを蹴る「golpear [pegar] un balón ／ ドアを蹴る「dar una patada a la puerta ／ 要求を蹴るrechazar una demanda

ゲル gel *m.* ‖ゲル状の gelatin*oso*[*sa*]

ゲルマニウム germanio *m.*《記号 Ge》

ゲルマン (人) germ*ano*[*na*] *mf.*
▶ゲルマンの germán*ico*[*ca*]
◪ゲルマン語派 lenguas *fpl.* germánicas
◪ゲルマン民族 pueblos *mpl.*「germanos [germánicos]

げれつ 下劣
▶下劣な ruin, vil, despreciable ‖下劣なやつ tipo *m.* vil
▶下劣さ ruindad *f.*, vileza *f.*

けれども pero, sin embargo, no obstante, aunque《+直説法》‖このコートは値段がとても高いけれど質は良い Este abrigo tiene un precio muy alto, pero es de buena calidad. ¦ Aunque tiene un precio muy alto, este abrigo es de buena calidad. ／ あなた方と一緒に行けたら良いのだけれども… Me gustaría poder ir con ustedes, pero...

ゲレンデ (スキーの) pista *f.* de esquí

げろ (嘔吐・嘔吐物) vómito *m.* ‖げろを吐く vomitar,《話》devolver

ケロイド queloide *m.* ‖ケロイドができる producirse *un queloide*

けろりと ‖けろりと忘れる olvidar ALGO por completo ／ その男の子は叱られてもけろりとしている Han reñido al niño pero este se queda como si tal cosa.

けわしい 険しい (道が) escarp*ado*[*da*], empin*ado*[*da*], abrup*to*[*ta*], (表情が) sev*ero*[*ra*] ‖険しい山 montaña *f.* abrupta ／ 険しい目つき mirada *f.* amenazadora

けん 件 asunto *m.*, caso *m.* ‖例の件 asunto *m.* en cuestión ／ 2件の殺人事件 dos casos de homicidio

けん 券 tique *m.*, (切符)《スペイン》billete *m.*,《中南米》boleto *m.*, (入場券) entrada *f.*, localidad *f.* ‖券売機(切符の) máquina *f.* expendedora de「billetes [boletos]

けん 県 prefectura *f.*, provincia *f.*, departamento *m.* ‖福島県「prefectura *f.* [provincia *f.*] de Fukushima
◪県会議員 miembro *com.* de la asamblea prefectural, diput*ado*[*da*] *mf.* provincial
◪県議会 asamblea *f.*「prefectural [provincial]
◪県知事 gobern*ador*[*dora*] *mf.* provincial
◪県庁 prefectura *f.*, gobierno *m.*「prefectural [provincial]
◪県庁所在地 capital *f.*「prefectural [provincial]

けん 兼 ⇒かねる(兼ねる) ‖書斎兼寝室 despacho *m.* que sirve también de dormitorio ／ 彼は学長の秘書兼運転手である Él es secretario y chófer del rector.

けん 剣 espada *f.*, (短剣) puñal *m.*, (サーベル) sable *m.* ‖剣をとる echar mano a la espada, empuñar la espada ／ 剣を抜く desenvainar la espada, sacar la espada de la vaina ／ 剣を交える luchar con espada, cruzar la espada《con》／ 剣を収める「envainar [enfundar] la espada, meter la espada en la vaina

けん 軒 casa *f.* ‖3軒の家 tres casas *fpl.* ／ 一軒一軒訪ねる visitar「casa por casa [puerta por puerta] ／ 角から2軒目の家 la segunda casa desde la esquina ／ 数軒向こうに住んでいる vivir unas casas más allá

けん 圏 ámbito *m.*, esfera *f.*, zona *f.* ⇒けんない(圏内)・けんがい(圏外)
◪安全圏 zona *f.* protegida
◪共産圏 bloque *m.* comunista

けん 腱 《解剖》tendón *m.*

けん 鍵 (鍵盤の) tecla *f.*

げん 弦 (ギターの) cuerda *f.*,《数学》cuerda *f.* ‖弦を締める tensar las cuerdas ／ 弦を緩める aflojar las cuerdas ／ ギターの弦をつまびく pellizcar las cuerdas de la guitarra

げん 現 actual, presente ‖現会長 *el*[*la*] actual presid*ente*[*ta*] ／ 現時点 el momento actual ／ 現ナマ(現金) dinero *m.* palpable

けんあく 険悪
▶険悪な amenaz*ador*[*dora*], inquietante ‖険悪な顔つきで con gesto hosco ／ 険悪な関係 relaciones *fpl.* tormentosas ／ 険悪な雰囲気, ambiente *m.* tenso
▶険悪になる (悪化する) agravarse, empeorarse

げんあつ 減圧 descompresión *f.*, disminución *f.* de la presión

けんあん　懸案 asunto *m.* pendiente, problema *m.* no resuelto ‖ 両国間の懸案 asunto *m.* pendiente entre ambos países ／ 長年の懸案だった問題を解決する resolver un viejo problema
◪懸案事項 caso *m.* pendiente

げんあん　原案 「propuesta *f.* [plan *m.*] original, borrador *m.*,（議案の）proyecto *m.* original ‖ 原案を作る elaborar un borrador ／ 議案は原案どおり可決された El proyecto original fue aprobado sin modificaciones.

けんい　権威 autoridad *f.* ‖ 絶大な権威 autoridad *f.* absoluta ／ 彼はこの分野の権威である Él es una autoridad en este campo. ／ 権威を失う perder la autoridad ／ 父親の権威を笠に着る vivir bajo la autoridad del padre ／ 権威を持つ tener autoridad《sobre》／ 権力をふるう「ejercer [hacer valer] *su* autoridad
▶権威のある prestigio*so*[*sa*] ‖ 世界で最も権威のある賞 el premio más prestigioso del mundo
◪世界的権威 ‖ 彼は心臓外科の世界的権威である Él es una autoridad mundial en cirugía cardiaca.
◪権威者 autoridad *f.*,（専門家）eminencia *f.*
◪権威主義 autoritarismo *m.* ‖ 権威主義的な autorita*rio*[*ria*]

けんいん　牽引 tracción *f.*, remolque *m.*
▶牽引する remolcar, dar remolque《a》
◪牽引車 tractor *m.*,（レッカー車）grúa *f.* ‖ 経済の牽引車の役割を果たす desempeñar el papel de locomotora económica
◪牽引力 fuerza *f.* de tracción

げんいん　原因 causa *f.*, origen *m.*,（動機）motivo *m.* ‖ 主な原因 causa *f.* principal ／ 火事の原因 causa *f.* de un incendio ／ 喧嘩の原因 motivo *m.* de una pelea ／ 原因が判明する／原因が分かる「esclarecerse [descubrirse, determinarse, conocerse] *las causas*《de》／ 現在のところ事故の原因は不明だ Por el momento se 「desconocen [ignoran] las causas del accidente. ／ 原因を探る「averiguar [investigar] las causas《de》／ 事故の原因をつきとめる determinar las causas del accidente
▶～が原因で ‖ 台風が原因で電車の運行が停止した El servicio de trenes quedó interrumpido a causa del tifón. ¦ El tifón obligó a suspender el servicio de trenes.
▶～に原因がある deberse《a》, tener *su* causa《en》‖ 事故は運転手(男性)のミスに原因がある El accidente se debe a un error del conductor.
▶～の原因となる causar, originar, ocasionar, provocar,「ser [constituir] la causa《de》‖ アルコールが交通事故の80パーセントの原因となっている El alcohol causa un 80% (ochenta por ciento) de los accidentes de tráfico.
◪原因不明 desconocimiento *m.* de las causas ‖ 原因不明の火事 incendio *m.* por causas desconocidas

けんえい　県営
▶県営の prefectural, provincial
◪県営住宅 vivienda *f.* prefectural ‖ 神奈川県営住宅 vivienda *f.* de protección oficial de Kanagawa

げんえい　幻影 visión *f.*, ilusión *f.* ⇒まぼろし(幻)

けんえき　検疫 cuarentena *f.*, control *m.* sanitario ‖ 検疫を受ける someterse a cuarentena ／ 検疫を受けている「estar [quedar(se), permanecer] en cuarentena
▶検疫する poner en cuarentena
◪検疫官 inspec*tor*[*tora*] *mf.* sanit*ario*[*ria*]
◪検疫期間 período *m.* de cuarentena
◪検疫所 estación *f.* de cuarentena

けんえき　権益 derechos *mpl.* e intereses *mpl.* ‖ 権益を守る(自分の) defender *sus* derechos e intereses

げんえき　原液 solución *f.* no diluida

げんえき　現役 servicio *m.* activo ‖ 現役である estar en servicio activo ／ 現役で大学に入る entrar a la universidad nada más terminar el bachillerato ／ 現役に復帰する「volver [reingresar] al servicio activo ／ 現役を退く retirarse del servicio activo
▶現役の en activo ‖ 現役のボクサー boxea*dor*[*dora*] *mf.* en activo

けんえつ　検閲 censura *f.* ‖ 検閲を受ける someterse a la censura ／ 検閲をかわす burlar la censura ／ 検閲を通る pasar la censura
▶検閲する/検閲にかける censurar, someter ALGO a la censura ‖ 出版物を検閲する censurar las publicaciones ／ 映画を検閲にかける someter una película a la censura
◪検閲官 cen*sor*[*sora*] *mf.*

けんえん　犬猿
慣用犬猿の仲である《慣用》llevarse como el perro y el gato

けんえん　嫌煙
▶嫌煙の antitabaco
◪嫌煙運動 campaña *f.* antitabaco
◪嫌煙権 derechos *mpl.* de los no fumadores

けんお　嫌悪 aversión *f.*, repugnancia *f.*, odio *m.*, asco *m.* ‖ 嫌悪の目で見る lanzar una mirada de odio ／ 嫌悪を感じる sentir 「repugnancia [aversión]《a, hacia, por》／

嫌悪を催させる inspirar repugnancia《a》／嫌悪を催させるような repugnante, detestable
▶嫌悪する odiar, repugnar
◪嫌悪感 sentimiento *m.* de repulsa《hacia》
けんおん 検温 「toma *f.* [medición *f.*] de temperatura, termometría *f.*
▶検温する tomar la temperatura《a》
けんか 喧嘩 riña *f.*, pelea *f.*, camorra *f.* ‖ 喧嘩が起こる producirse *una pelea* ／ 喧嘩を止めに入る／喧嘩を仲裁する「mediar [intervenir] en una pelea
▶喧嘩する reñir, pelear
▶喧嘩早い(人) pendencie*ro*[*ra*] (*mf.*), camorrista (*com.*)
慣用 喧嘩を売る buscar pelea,《慣用》arrojar el guante《a》
慣用 喧嘩を買う aceptar la「pelea [provocación],《慣用》recoger el guante
諺 喧嘩両成敗《諺》Dos no riñen, si uno no quiere.
◪喧嘩腰‖喧嘩腰で答える contestar agresivamente
◪喧嘩別れ‖喧嘩別れをする separarse en discordia
けんか 献花 ofrenda *f.* floral
◪献花する realizar una ofrenda floral
けんか 原価 precio *m.* de coste ‖ 原価で譲る ceder ALGO a precio de coste ／ 原価を割る estar por debajo del precio de coste
◪原価計算 contabilidad *f.* de「costos [costes]
◪原価割れ‖原価割れで売る vender ALGO por debajo del precio de coste
げんが 原画 「pintura *f.* [cuadro *m.*, dibujo *m.*] original
けんかい 見解 parecer *m.*, opinión *f.*, (観点) punto *m.* de vista ‖ 見解の相違 divergencia *f.* de puntos de vista ／ 見解が一致する ser de la misma opinión, opinar lo mismo ／ 見解が異なる tener「discrepancias [opiniones diferentes] ／ 私は君と見解が異なる No opino lo mismo que tú. ¦ Mi opinion discrepa de la tuya. ／ 見解を示す expresar「la opinión [el parecer] ／ 私の見解では a mi parecer, en mi opinión
けんがい 圏外
▶圏外に fuera del alcance, (電波) fuera de cobertura ‖ 優勝の圏外に去る quedar fuera de la posibilidad de ganar la liga ／ おかけになった携帯電話は圏外になっています El teléfono móvil al que llama está fuera de cobertura.
◪大気圏外‖大気圏外に fuera de la atmósfera de la Tierra
げんかい 限界 límite *m.*, tope *m.* ‖ 我慢の限界に達する (誰かが) llegar al límite de la paciencia ／ 限界に近づく acercarse al límite ／ 体力の限界を知る conocer el límite de *su* resistencia física ／ 自分の限界を認める reconocer *sus* propias limitaciones ／ 限界を越える「pasar [rebasar, exceder] el límite ／ もう限界だ Ya no puedo más.
◪限界効用《経済》utilidad *f.* marginal
げんかい 厳戒
▶厳戒する vigilar rigurosamente
◪厳戒態勢‖厳戒態勢を敷く extremar la vigilancia
げんがい 言外
▶言外の implíci*to*[*ta*] ‖ 言外の意味 connotación *f.*, sentido *m.* implícito
▶言外に implícitamente ‖ 言外に匂わせる／言外にほのめかす aludir implícitamente《a》, hacer alusión implícita《a》
けんがく 見学 visita *f.*
▶見学する visitar
◪見学者 visitante *com.*
◪見学旅行 viaje *m.* de estudios
げんかく 幻覚 ilusión *f.*, alucinación *f.*, visión *f.* ‖ 幻覚を見る tener alucinaciones ／ この薬は幻覚を引き起こす Este medicamento provoca alucinaciones.
◪幻覚剤 alucinógeno *m.*
げんかく 厳格
▶厳格な seve*ro*[*ra*], estric*to*[*ta*], riguro*so*[*sa*] ‖ 厳格な規則 regla *f.* estricta ／ 厳格な規制 control *m.* riguroso ／ 厳格な父親 padre *m.* severo
▶厳格に severamente, estrictamente, rigurosamente
げんがく 弦楽 música *f.* de cuerda
◪弦楽器 instrumento *m.* de cuerda
◪弦楽曲 pieza *f.* para orquesta de cuerda
◪弦楽四重奏 cuarteto *m.* para cuerda
◪弦楽団 orquesta *f.* de cuerda
げんがく 減額 reducción *f.*, recorte *m.*
▶減額する reducir, recortar ‖ 予算を減額する recortar el presupuesto
げんかしょうきゃく 減価償却 amortización *f.*, depreciación *f.*
▶減価償却する amortizar
◪減価償却費 gastos *mpl.* de amortización
けんがん 検眼 optometría *f.*, examen *m.* de la vista
▶検眼する examinar la vista
げんかん 玄関 entrada *f.*, vestíbulo *m.*, zaguán *m.* ‖ 玄関まで送る acompañar hasta la puerta a ALGUIEN
◪玄関口 portal *m.*, puerta *f.* de entrada
◪玄関払い‖玄関払いを食わせる negarse a recibir《a》,《慣用》dar con la puerta en las narices《a》
◪玄関番 porte*ro*[*ra*] *mf.*
けんぎ 嫌疑 sospecha *f.* ‖ 嫌疑を晴らす「despejar [disipar] la sospecha《de》／ 嫌疑が晴れる「despejarse [disiparse] *la sospe-*

げんき

cha,《人が主語》liberarse de la sospecha ／ 彼女に嫌疑がかかる La sospecha recae sobre ella. ／ 彼はスパイの嫌疑をかけられている Sospechan de él como posible espía.

げんき 元気 vigor *m.*, energía *f.*, vitalidad *f.*, ánimo *m.* ‖ 元気いっぱいである estar lleno*[na]* de「energía [vitalidad]／元気である estar bien, estar en forma ／お元気ですか ¿Cómo está usted? ／君はすごく元気そうだね Te veo muy bien. ¡ Tienes muy buena cara. ／どうかお元気で ¡Que le vaya bien! ／朗報を聞いて私は元気が出た Me animé al recibir la buena noticia. ／元気になる animarse, cobrar ánimo, 《慣用》levantar el「ánimo [espíritu] ／元気のない deprimi*do[da]*, desanima*do[da]* ‖ 元気のない声で答える responder con voz apagada ／元気を出す animarse ／元気を出してよ ¡Ánimate! ／元気を取り戻す reanimarse, recobrar el ánimo, recuperar las fuerzas, 《病人が》recuperarse ／元気をなくす desanimarse, perder el ánimo

▶元気な alegre, anima*do[da]*, 《健康な》sa*no[na]* ‖ 元気な子供たち niños *mpl.* llenos de vida

▶元気に con ánimo, con vigor ‖ お元気に過ごしのことと思います Espero que usted se encuentre bien.

▶元気づける animar, dar ánimos 《a》

げんき 原器 patrón *m.*, prototipo *m.*

◨国際キログラム原器 prototipo *m.* internacional del kilogramo

◨メートル原器 patrón *m.* de medida del metro

けんきせい 嫌気性

▶嫌気性の anaero*bio[bia]*

◨嫌気性菌 bacteria *f.* anaerobia

◨嫌気性生物 anaerobio *m.*, organismo *m.* anaerobio

けんきゃく 健脚 piernas *fpl.* fuertes, 《人》 *buen[buena]* anda*dor[dora]* *mf.*

▶健脚である tener piernas fuertes

けんきゅう 研究 investigación *f.*, estudio *m.* ‖ 遺伝子の研究 investigación *f.* de genes

▶研究する investigar, estudiar, hacer investigación 《de》‖ スペイン文学を研究する investigar la literatura española

◨研究員 investiga*dor[dora]* *mf.*

◨研究会 (会合) reunión *f.* de investigación, (団体)「círculo *m.* [grupo *m.*] de estudiosos

◨研究開発 investigación *f.* y desarrollo *m.*

◨研究活動 actividades *fpl.* de investigación

◨研究休暇 「año *m.* [período *m.*] sabático

◨研究室 sala *f.* de estudios, (個人の) despacho *m.*, (実験の) laboratorio *m.*

◨研究者 investiga*dor[dora]* *mf.*, (学者) estudio*so[sa]* *mf.*

◨研究所「instituto *m.* [centro *m.*] de investigación

◨研究心 espíritu *m.* de investigación ‖ 研究心が旺盛である ser *un[una]* investiga*dor[dora]* incansable

◨研究生 estudiante *com.* investiga*dor[dora]*, (実習生) pasante *com.*, (奨学金を受けた) beca*rio[ria]* *mf.* de investigación

◨研究チーム equipo *m.* de investigación

◨研究発表／研究報告 comunicación *f.*, ponencia *f.* ‖ 研究発表をする／研究報告をする presentar una「comunicación [ponencia]

◨研究費 gastos *mpl.* de investigación

◨研究論文 artículo *m.* de investigación, tratado *m.*, (学位論文) tesis *f.*[=*pl.*]

げんきゅう 言及 mención *f.* ‖ 言及を避ける evitar mencionar

▶言及する referirse 《a》, mencionar, hacer mención 《de》, aludir 《a》‖ 外交問題に言及する hacer mención de los problemas diplomáticos

げんきゅう 減給 reducción *f.* salarial

▶減給する reducir el sueldo 《a》

◨減給処分 ‖ 減給処分にする sancionar con la reducción salarial a ALGUIEN

けんきょ 検挙 detención *f.*, arresto *m.*

▶検挙する detener, arrestar

◨検挙者 deteni*do[da]* *mf.*

◨検挙率 índice *m.* de detenciones

けんきょ 謙虚 modestia *f.*, humildad *f.* ‖ 彼女はとても謙虚だ Ella es muy modesta.

▶謙虚な modes*to[ta]*, humilde ‖ 謙虚な態度で con una actitud modesta ／謙虚な人 persona *f.*「modesta [humilde]

▶謙虚に modestamente, humildemente ‖ 謙虚に~する tener la「humildad [modestia] de『+不定詞』

▶謙虚になる ponerse humilde

けんぎょう 兼業 pluriempleo *m.*

▶兼業する「desempeñar [tener] más de un empleo

げんきょう 元凶 raíz *f.*, origen *m.*, (人) au*tor[tora]* *mf.*, cabecilla *com.* ‖ 汚染の元凶 raíz *f.* de la contaminación

げんきょう 現況「estado *m.* [situación *f.*] actual ⇒げんじょう(現状)

けんきん 献金 donación *f.* en dinero

▶献金する donar dinero 《a》

◨政治献金 (政党への) donación *f.* en dinero a un partido político

げんきん 現金 dinero *m.* (en) efectivo, efectivo *m.*, 《慣用》dinero *m.*「contante y sonante [en metálico] ‖ この小切手を現金にしたいのですが Quería cambiar este cheque en efectivo. ／現金を持ち歩く llevar dinero en efectivo

▶現金で en efectivo, al contado ‖ 現金で支

払う pagar「en efectivo [al contado] ／ 現金で3万円持っている tener treinta mil yenes en efectivo
▶**現金な**（人が） interesa*do*[*da*], calcula*dor*[*dora*] ‖ 君は現金な奴だ Eres un tipo muy calculador.
◪現金書留 ‖現金書留で送る enviar dinero en efectivo por correo certificado
◪現金自動預入支払機 cajero *m.* automático
◪現金収入 ingreso *m.* en efectivo
◪現金取引 transacción *f.* en efectivo
◪現金払い pago *m.* al contado
◪現金販売 venta *f.* al contado
◪現金輸送車 vehículo *m.* de transporte de dinero

げんきん 厳禁 prohibición *f.*「absoluta [terminante]‖ この通りでの駐車は厳禁です「Está [Queda] terminantemente prohibido aparcar en esta calle.
▶**厳禁する** prohibir「absolutamente [terminantemente]

げんけい 原形 forma *f.* original ‖ 原形を保つ mantener la forma original ／ 原形を取り戻す recuperar la forma original ／ 原形をとどめない perder la forma original

げんけい 原型 prototipo *m.*, modelo *m.*

げんけい 減刑 conmutación *f.* de pena, reducción *f.* de「pena [condena]
▶**減刑する**「rebajar [reducir] la pena《a》, conmutar la pena ‖ 禁錮刑を罰金に減刑する conmutar la pena de prisión por una multa

げんけいしつ 原形質 《生物》 protoplasma *m.*

けんけつ 献血 donación *f.* de sangre
▶**献血する** donar sangre
◪献血運動 campaña *f.* de donación de sangre
◪献血者 donante *com.* de sangre
◪献血車 unidad *f.* móvil de donación de sangre

けんけん ⇒ かたあし（片足）
▶**けんけんで**《慣用》a la pata coja

けんげん 権限 poder *m.*, autoridad *f.*, competencia *f.*,（職権）atribución *f.* ‖ 首相の権限 poder *m.* del primer ministro ／ 裁判所の権限 competencia *f.* del tribunal ／ 権限がある tener competencia ／ 私には決定する権限がない No tengo competencia para tomar decisiones. ／ 権限を移譲する「traspasar [ceder] las competencias《a》／ 権限を与える conceder la competencia《a》／ 部長の権限で en *su* calidad de direc*tor*[*tora*] ／ 草案の作成は政府機関の権限である La formulación de anteproyectos es atribución de las dependencias gubernamentales.

けんご 堅固
▶**堅固な** firme, sóli*do*[*da*], fuerte ‖ 堅固な守備 defensa *f.* férrea ／ 堅固な要塞 fortaleza *f.*「inexpugnable [sólida]

げんご 言語 lengua *f.*, idioma *m.*, lenguaje *m.*, habla *f.* ‖ 世界の言語「idiomas *mpl.* [lenguas *fpl.*] del mundo ／ 言語が明瞭である utilizar un lenguaje preciso y claro ／ 言語を用いる「usar [utilizar] un idioma
▶**言語(学)の** lingüís*tico*[*ca*]
〔慣用〕言語に絶する indecible, inefable, indescriptible
◪二言語使用 bilingüismo *m.* ‖ 二言語使用の（人）bilingüe (*com.*)
◪多言語使用 multilingüismo *m.* ‖ 多言語使用の(人) multilingüe (*com.*)
◪言語学 lingüística *f.*
◪言語学者 lingüista *com.*
◪言語障害 trastorno *m.* del habla,（失語症）afasia *f.*
◪言語療法 logopedia *f.*
◪言語療法士 logopeda *com.*

げんご 原語「idioma *m.* [lengua *f.*] original ‖『ドン・キホーテ』を原語で読む leer el *Quijote* en el original

けんこう 健康 salud *f.* ‖ 健康である gozar de buena salud, estar bien de salud ／ 健康に気をつける cuidarse (la salud), prestar atención a *su* propia salud ／ 健康のために para la salud, por el bien de la salud ／ 皆様の御健康と御多幸をお祈りします Les deseo mucha salud y felicidad. ／ 健康を害する「dañar [alterar] la salud ／ 健康を回復する「recuperar [recobrar] la salud ／ 健康上の理由で por razones de salud ／ 健康ほど貴重なものはない《諺》No hay tesoro como la salud.
▶**健康に良い** saludable, sa*no*[*na*], (ser) bue*no*[*na*] para la salud ‖ 長い昼寝は健康に良くない No es saludable dormir una larga siesta.
▶**健康に悪い** malsa*no*[*na*], (ser)「ma*lo*[*la*] [perjudicial] para la salud ‖ 喫煙は健康に悪い Fumar es perjudicial para la salud.
▶**健康な** saludable, sa*no*[*na*] ‖ 健康な身体 cuerpo *m.* sano
▶**健康に** sanamente ‖ 健康に育つ crecer sa*no*[*na*]
◪健康管理「gestión *f.* [control *m.*] de la salud
◪健康産業 sector *m.* de la salud
◪健康状態 estado *m.* de salud
◪健康食品 alimentos *mpl.* dietéticos
◪健康診断「reconocimiento *m.* [chequeo *m.*] médico, revisión *f.* médica ‖ 毎年全従業員が健康診断を義務づけられている Todos los empleados están obligados a someterse a un chequeo médico anual.
◪健康増進 mejora *f.* de la salud
◪健康相談「pregunta *f.* [consulta *f.*] sobre

☑ 健康美 belleza *f.* saludable
☑ 健康法 「manera *f.* [método *m.*] de conservar la salud
☑ 健康保険 seguro *m.* 「médico [de salud], seguro *m.* de enfermedad
☑ 健康保険証 tarjeta *f.* de seguro médico

げんこう 言行 palabras *fpl.* y 「acciones *fpl.* [obras *fpl.*]」 ‖ 彼は言行が一致しない Sus palabras y acciones están en desacuerdo. / 言行を慎む hablar y actuar prudentemente
☑ 言行一致 coherencia *f.* entre las palabras y las acciones

げんこう 原稿 manuscrito *m.*, (印刷の) original *m.* ‖ 原稿なしで話す hacer un discurso sin leer / 原稿に目を通す hojear un manuscrito / 原稿の締め切りは9月30日です El manuscrito deberá ser entregado antes del 30 de septiembre. / 原稿を依頼する pedir a ALGUIEN que *escriba* un artículo / 原稿を書く 「escribir [hacer] una redacción
☑ 原稿用紙 cuartilla *f.*, hoja *f.* de papel para escribir
☑ 原稿料 remuneración *f.* del autor

げんこう 現行
▶ 現行の actual, corriente, existente, (法律が) vigente, en vigor ‖ 現行の料金 tarifa *f.* actual
☑ 現行制度 sistema *m.* actual
☑ 現行犯 delito *m.* flagrante ‖ 現行犯で en flagrante delito, 《慣用》《ラテン語》*in fraganti*, 《慣用》en flagrante
☑ 現行法 ley *f.* 「vigente [en vigor]

げんごう 元号 nombre *m.* de una era ‖ 元号が変わる entrar en una nueva era

けんこうこつ 肩甲骨 《解剖》omóplato *m.*, omoplato *m.*

けんこく 建国 fundación *f.* del país
▶ 建国する fundar un país
☑ 建国記念日 (日本の) Día *m.* de la Fundación Nacional

げんこく 原告 demandante *com.*, actor [tora] *mf.*, querellante *com.*
☑ 原告側 parte *f.* 「demandante [querellante, actora]

げんこつ 拳骨 puño *m.* ‖ げんこつで殴る dar un puñetazo (a) / げんこつの雨 lluvia *f.* de golpes / げんこつを固める/げんこつを握る cerrar el puño / げんこつを食らう recibir un puñetazo

けんさ 検査 inspección *f.*, revisión *f.*, control *m.*, reconocimiento *m.*, examen *m.*, (医学) análisis *m.*[=*pl.*] ‖ 検査を受ける someterse a un examen / 血液の検査をする hacer un análisis de sangre / 尿の検査を受ける hacerse un análisis de orina / 私は検査で胃に腫瘍が見つかった En el examen médico me descubrieron un tumor en el estómago.
▶ 検査する inspeccionar, revisar, analizar, comprobar, verificar
☑ 安全検査 「control *m.* [examen *m.*] de seguridad
☑ 放射能検査 control *m.* de radiactividad
☑ 検査官 inspector[tora] *mf.*

けんざい 健在 ‖ プレーの健在ぶりを示す (スポーツ選手が) demostrar *su* gran nivel de juego
▶ 健在である (人が) estar bien de salud ‖ 祖父母は健在です Mis abuelos se encuentran bien.

げんざい 原罪 pecado *m.* original

げんざい 現在 presente *m.*, actualidad *f.*, momento *m.* actual ‖ 現在に至る llegar hasta el presente / 現在を生きる vivir el presente
▶ 現在(は) ahora, actualmente, en la actualidad ‖ 部長のポストは現在空席だ El puesto de director está actualmente vacante.
▶ 現在の actual, de ahora, presente, corriente ‖ 2014年1月1日現在の人口 población *f.* a 1 (uno) de enero de 2014 / 現在の水準 nivel *m.* actual
▶ 現在のところ de momento, por el momento, por ahora ‖ 現在のところ問題はない De momento no tenemos ningún problema.
▶ 現在まで hasta ahora, hasta el presente
☑ 現在地 lugar *m.* donde nos encontramos, 《案内図》Usted está aquí.
☑ 現在完了《文法》 pretérito *m.* perfecto compuesto
☑ 現在(形)《文法》presente *m.*
☑ 現在分詞《文法》gerundio *m.*

けんざいか 顕在化
▶ 顕在化する manifestarse, 《慣用》ponerse de manifiesto

げんざいりょう 原材料 materia *f.* prima, 《表示》ingredientes *mpl.*

けんさく 検索 búsqueda *f.*
▶ 検索する buscar, hacer una búsqueda
▶ 検索性 buscabilidad *f.*
☑ 検索エンジン buscador *m.* ‖ 検索エンジンで検索する hacer una búsqueda con el buscador
☑ 検索システム sistema *m.* de búsqueda
☑ 検索ソフト programa *m.* de búsqueda
☑ 検索ロボット robot *m.* de búsqueda

けんさく 原作 original *m.*, obra *f.* original ‖ ～の原作に基づいた映画 película *f.* basada en la obra (original)《de》
☑ 原作者 autor[tora] *mf.* original

けんさつ 検札 revisión *f.* de billetes
▶ 検札する revisar los billetes
☑ 検札係 revisor[sora] *mf.*

けんさつ 検察 ‖ 検察側の証人 testigo *com.*

de cargo
- ◰ 検察官 fiscal *com*. →けんじ(検事)
- ◰ 検察庁 Fiscalía *f*., Oficina *f*. de Fiscales

けんざん 検算 prueba *f*.
- ▶検算する hacer la prueba, someter ALGO a prueba, comprobar la operación

げんさん 原産 ‖ ジャガイモは南米の原産である La patata es originaria de América del Sur.
- ▶原産の origina*rio*[*ria*] 《de》, oriu*ndo*[*da*] 《de》‖ 日本原産の果物 fruta *f*. originaria de Japón
- ◰ 原産地 lugar *m*. de origen ‖ 原産地表示 denominación *f*. de origen

げんさん 減産 [disminución *f*. [reducción *f*.] de la producción ‖ 原油の減産 reducción *f*. de la producción de crudo
- ▶減産する「reducir [disminuir] la producción

けんし 犬歯 canino *m*., diente *m*. canino, colmillo *m*.

けんし 検死 autopsia *f*., examen *m*. anatómico del cadáver
- ▶検死する「hacer [realizar] una autopsia

けんじ 検事 fiscal *com*.
- ◰ 検事総長 fiscal *com*. general del Estado

けんじ 堅持
- ▶堅持する perseverar 《en》, mantener ‖ その目標を堅持すべきだ Hay que perseverar en el objetivo.

けんじ 献辞 dedicatoria *f*. ‖ 本に献辞を書く escribir una dedicatoria en un libro

げんし 原子 átomo *m*.
- ▶原子の atómi*co*[*ca*]
- ◰ 原子価 valencia *f*.
- ◰ 原子核 núcleo *m*. atómico ‖ 原子核の nuclear / 原子核崩壊 desintegración *f*. atómica
- ◰ 原子記号 símbolo *m*. atómico
- ◰ 原子爆弾 bomba *f*. atómica
- ◰ 原子番号 número *m*. atómico
- ◰ 原子物理学 física *f*. 「atómica [nuclear]
- ◰ 原子量 masa *f*. atómica
- ◰ 原子炉 reactor *m*. nuclear
- ◰ 原子論《哲学》atomismo *m*.

げんし 原始
- ▶原始の/原始的な primiti*vo*[*va*] ‖ 原始的な生活 vida *f*. primitiva / 原始的な方法 manera *f*. primitiva
- ◰ 原始時代 época *f*. primitiva, tiempos *mpl*. primitivos
- ◰ 原始社会 sociedad *f*. primitiva
- ◰ 原始人 hombre *m*. primitivo
- ◰ 原始林 selva *f*. virgen

けんしき 見識 discernimiento *m*., juicio *m*., clarividencia *f*. ‖ 見識がある人 persona *f*. 「juiciosa [clarividente] / 見識がある ser muy juicio*so*[*sa*],《慣用》tener la cabeza

「sobre los hombros [en su sitio] / 現代美術に見識が高い ser *un*[*una*] *buen*[*buena*] conoce*dor*[*dora*] del arte contemporáneo
- ▶見識張る《慣用》darse importancia

けんじつ 堅実
- ▶堅実な segu*ro*[*ra*], firme, estable ‖ 堅実な手段 recurso *m*. seguro / 堅実な守備 defensa *f*. firme / 堅実な政策 política *f*. 「segura [viable]
- ▶堅実に con seguridad, firmemente, con estabilidad ‖ 堅実に暮らす llevar una vida segura,（質素に）vivir austeramente

げんじつ 現実 realidad *f*. ‖ 理想と現実 el ideal y la realidad, lo ideal y lo real / 現実から目をそらす cerrar los ojos ante la realidad / 現実から逃れる「huir [escapar] de la realidad / 現実に合わせる/現実に従う「atenerse [ajustarse, ceñirse] a la realidad / 現実に向き合う enfrentarse a la realidad / 現実に戻る volver a la realidad / 私の夢が現実になった Mi sueño se hizo realidad. / 現実を受け入れる「aceptar [asumir] la realidad
- ▶現実に（は）en realidad
- ▶現実の real, actual ‖ 現実の問題 problema *m*. real
- ▶現実的な realista ‖ 現実的な対策をとる tomar medidas realistas
- ▶現実化 realización *f*. ‖ 現実化する realizar
- ▶現実性/現実味 realidad *f*. ‖ 現実性がない/現実味に欠ける carecer de realidad / 現実味を帯びてくる ir cobrando realidad
- ◰ 現実主義 realismo *m*.
- ◰ 現実主義者 realista *com*.
- ◰ 現実逃避 escapismo *m*.
- ◰ 現実逃避主義者 escapista *com*.

げんじてん 現時点
- ▶現時点では de momento, por el momento, por ahora

けんじゃ 賢者 sa*bio*[*bia*] *mf*.

げんしゅ 元首 je*fe*[*fa*] *mf*. del Estado, pri*mer*[*mera*] mandata*rio*[*ria*] *mf*.

げんしゅ 厳守 observación *f*. estricta
- ▶厳守する observar ALGO 「estrictamente [escrupulosamente] ‖ 時間を厳守する observar la máxima puntualidad / 時間を厳守してください Sean puntuales, por favor.

けんしゅう 研修 cursillo *m*. de 「formación [aprendizaje], capacitación *f*. ‖ 研修に参加する participar en una capacitación / 研修を受ける recibir una capacitación / 研修を実施する realizar una capacitación
- ◰ 研修所 centro *m*. de 「formación [capacitación] profesional
- ◰ 研修生 cursillista *com*., participante *com*. en un cursillo de capacitación
- ◰ 研修制度 sistema *m*. de capacitación

◾研修旅行 viaje m. de「formación [capacitación]
けんじゅう 拳銃 pistola f., (回転式の) revólver m. ‖ 拳銃を撃つ disparar una pistola
げんじゅう 厳重
▶厳重な estric*to*[ta], sev*ero*[ra] ‖ 厳重な警戒「estrecha [estricta] vigilancia f. / 厳重な処罰 sanción f. severa
▶厳重に estrictamente, severamente ‖ 機密書類は厳重に保管されている El documento confidencial está guardado bajo siete llaves.
▶厳重にする extremar ‖ 安全対策を厳重にする extremar las medidas de seguridad
げんじゅうしょ 現住所 domicilio m. actual
げんじゅうみん 原住民 indígena com.
げんしゅく 厳粛 solemnidad f.
▶厳粛な solemne ‖ 厳粛な面持ち aspecto m. solemne
▶厳粛に solemnemente, con solemnidad ‖ 厳粛に式を行う celebrar un acto con solemnidad / 選挙の敗北を厳粛に受けとめる aceptar sinceramente la derrota electoral
けんしゅつ 検出 detección f.
▶検出する detectar ‖ 指紋を検出する detectar las huellas dactilares
◾検出器 detector m.
◾検出限界 límite m. de detección
けんじゅつ 剣術 《日本語》kenjutsu m., (説明訳) esgrima f. japonesa antigua
げんしょ 原書 original m., texto m. original ‖ 小説を原書で読む leer una novela en versión original
けんしょう 肩章 charretera f.
けんしょう 検証 comprobación f., verificación f., inspección f. ‖ 検証を求める requerir la verificación《de》
▶検証する comprobar, verificar, inspeccionar ‖ 犯行現場を検証する investigar la escena del crimen
けんしょう 憲章 carta f.
◾国連憲章 Carta f. de las Naciones Unidas
けんしょう 懸賞 (賞品・賞金) premio m., (募集) concurso m. ‖ 私は懸賞が当たった Me ha tocado un premio. / 懸賞に応募する presentarse a un concurso / 懸賞に当選する ganar un premio
◾懸賞金 premio m., precio m.
◾懸賞論文 ‖ 懸賞論文コンクール concurso m. de artículos
けんじょう 献上
▶献上する ofrecer un obsequio《a》, obsequiar a ALGUIEN《con》
◾献上品 obsequio m.
けんじょう 謙譲 modestia f., humildad f. ‖ 謙譲の美徳 virtud f. de la humildad
げんしょう 現象 fenómeno m. ‖ 異常な現象 fenómeno m. anormal / 一時的な現象 fenómeno m.「pasajero [temporal, transitorio] / 世界的な現象 fenómeno m. mundial / 神秘的な現象 fenómeno m. místico / 珍しい現象が起る「Ocurre [Se produce] un fenómeno raro.
◾自然現象 fenómeno m. natural
◾社会現象 fenómeno m. social
◾現象界 mundo m. de los fenómenos
◾現象学 fenomenología f.
◾現象学者 fenomenólo*go*[ga] mf.
◾現象論/現象主義 fenomenalismo m.
げんしょう 減少 reducción f., disminución f., descenso m., caída f., baja f. ‖ 出生率の減少 caída f. de la natalidad / 犯罪のわずかな減少 ligera disminución f. de delitos / 人口の大幅な減少 importante descenso m. de la población / 売上げの減少を止める frenar la caída de las ventas
▶減少する reducirse, disminuir, descender, caer, bajar, decrecer ‖ 犯罪率が20パーセント減少した La tasa de criminalidad bajó en un 20% (veinte por ciento).
◾減少傾向 tendencia f. descendente ‖ 農業生産は減少傾向にある La producción agrícola tiende a disminuir.
◾減少率 índice m. de caída
げんじょう 原状 estado m. original ‖ 原状を回復する recuperar el estado original
げんじょう 現状「estado m. [situación f.] actual,《ラテン語》statu m. quo ‖ 国の現状 situación f. actual del país / 現状では en la situación actual / 現状に甘んじる conformarse con la situación actual / 現状にそぐわない no estar ajusta*do*[da] a la situación actual / 現状に照らしてみると… Teniendo en cuenta la situación en la que estamos ahora... / 現状を維持する mantener「la situación actual [el *statu quo*] / 現状を映し出す/現状を反映する reflejar la situación actual / 現状を打破する terminar con la situación actual / 現状を分析する analizar la situación actual / 現状を楽観する ver con optimismo la situación actual
けんしょうえん 腱鞘炎 tendinitis f.[=pl.]
げんしょく 原色 color m. primario, (派手な色) color m. llamativo, (元の色) color m.「natural [original]
◾三原色 tres colores mpl. primarios
げんしょく 現職 ocupación f. actual ‖ 現職の警官 policía com. en servicio activo / 現職の市長 (男性) が再選された Salió reelegido el actual alcalde. / 現職に留まる permanecer en *su* puesto
げんしょく 減食 dieta f. ⇒ダイエット
◾減食療法 dieta f. terapéutica
げんしりょく 原子力 energía f.「nuclear [atómica]

☑原子力安全委員会 Comisión f. (Japonesa) de Seguridad Nuclear
☑原子力エネルギー energía f. 「atómica [nuclear]
☑原子力空母 portaaviones m.[=pl.] nuclear
☑原子力時代 era f. 「atómica [nuclear]
☑原子力潜水艦 submarino m. nuclear
☑原子力発電 generación f. eléctrica nuclear
☑原子力発電所 「central f. [planta f.] nuclear
☑原子力反対運動 campaña f. antinuclear

けんしん 検針 lectura f. ‖ ガスメーターの検針をする leer el contador del gas
▶検針する leer el contador, 「hacer [realizar] la lectura del contador

けんしん 検診 「reconocimiento m. [chequeo m.] médico, revisión f. médica ⇒けんこう(⇒健康診診) ‖ 検診を受ける 「pasar [someterse a, hacerse] la revisión médica
☑集団検診 (企業の) reconocimiento m. médico de la 「plantilla [empresa]
☑定期検診 「reconocimiento m. [chequeo m.] médico periódico

けんしん 献身 abnegación f., devoción f., dedicación f.
▶献身的な abnegado[da], devoto[ta]
▶献身的に con abnegación, con entrega ‖ 病人を献身的に看病する cuidar con abnegación a los enfermos

けんすい 懸垂 dominadas fpl. en barra fija
▶懸垂をする realizar las dominadas

げんすい 元帥 (陸軍) mariscal m. de campo, (海軍) almirante m. mayor de la mar

げんすいばく 原水爆 bombas fpl. atómicas y de hidrógeno
☑原水爆禁止運動 campaña f. contra las armas nucleares

けんすう 件数 「número m. [cifra f.] de 『+複数名詞』‖ 死亡事故の件数 número m. de accidentes mortales ／ 申請の件数 número m. de solicitudes

げんせ 現世 este mundo
▶現世の de este mundo, (地上の) terrenal, (世俗の) secular

けんせい 牽制
▶牽制する frenar, retener, detener ‖ 円高を牽制する intentar frenar la apreciación del yen ／ 走者を牽制する《野球》intentar mantener al corredor cercano a la base
☑牽制球《野球》lanzamiento m. hacia la base ocupada

けんせい 憲政 「régimen m. [gobierno m.] constitucional ‖ 憲政を敷く establecer el régimen constitucional ／ 憲政を擁護する defender el gobierno constitucional
☑憲政擁護 defensa f. del gobierno constitucional

げんせい 厳正
▶厳正な riguroso[sa], estricto[ta], (公正な) justo[ta], imparcial ‖ 厳正な裁判 juicio m. justo e imparcial
▶厳正に rigurosamente, imparcialmente ‖ 厳正に法に従う ajustarse rigurosamente a la ley
☑厳正中立 neutralidad f. 「absoluta [estricta, total] ‖ 厳正中立を貫く mantenerse 「absolutamente [rigurosamente] neutral

げんぜい 減税 reducción f. de impuestos, desgravación f.
▶減税する reducir impuestos, desgravar ‖ 3パーセント減税する reducir los impuestos un 3% (tres por ciento)
☑減税措置 medidas fpl. de desgravación

げんせいどうぶつ 原生動物 protozoo m., protozoario m., (集合的に) protozoos mpl.

げんせいりん 原生林 bosque m. 「nativo [primario, virgen], selva f. virgen

げんせき 原石 piedra f. en bruto ‖ ダイヤの原石 diamante m. (en) bruto

けんせつ 建設 construcción f., edificación f. ‖ 建設中の建物 edificio m. en construcción ／ 建設に着手する iniciar la construcción《de》／ 建設を中止する suspender la construcción《de》／ 建設を許可する autorizar la construcción《de》
▶建設的な constructivo[va] ‖ 建設的な意見 opinión f. constructiva
▶建設する construir, edificar ‖ ビルを建設する construir un edificio ／ 国家を建設する 「establecer [construir] un Estado
☑建設会社 empresa f. 「de construcción [constructora], constructora f.
☑建設業 industria f. constructora
☑建設工事 obras fpl. de construcción
☑建設費 gastos mpl. de construcción
☑建設用地 solar m., terreno m. para edificar

けんぜん 健全
▶健全な sano[na], saludable ‖ 健全な好奇心 curiosidad f. sana
▶健全である ‖ 心身ともに健全である 「encontrarse [estar] bien tanto física como mentalmente
▶健全化 saneamiento m. ‖ 経済を健全化する sanear la economía
(慣)健全なる精神は健全なる肉体に宿る《諺》Mente sana en cuerpo sano.
☑健全財政 finanzas fpl. saludables

げんせん 源泉 fuente f., manantial m. ‖ 温泉の源泉 「fuente f. [manantial m.] de aguas termales ／ 競争力の源泉 fuente f. de competitividad
☑源泉課税 imposición f. en la fuente
☑源泉徴収 retención f. en la fuente, (給与天引きの税金) impuestos mpl. retenidos en

la fuente
げんせん 厳選　selección *f.* 「cuidadosa [escrupulosa]
▶厳選する　seleccionar ALGO 「cuidadosamente [escrupulosamente, rigurosamente] ‖ 厳選されたワイン　vino *m.* cuidadosamente seleccionado
げんぜん 厳然
▶厳然たる　(態度が) firme, solemne, (事実が) evidente, innegable ‖ 厳然たる事実　hecho *m.* 「innegable [irrefutable, concluyente]
げんそ 元素　《化学》elemento *m.* (químico)
　元素記号　símbolo *m.* químico
　元素周期表　tabla *f.* periódica de los elementos (químicos)
　元素分析　análisis *m.*[=*pl.*] elemental
けんそう 喧騒　tumulto *m.*, alboroto *m.*, bullicio *m.* ‖ 大都会の喧騒を逃れる　alejarse del bullicio de la gran ciudad
けんぞう 建造　construcción *f.*, edificación *f.* ⇒けんせつ(建設)
▶建造する　construir, edificar
▶建造物　construcción *f.*, edificación *f.*
げんそう 幻想　fantasía *f.*, ilusión *f.* ‖ 幻想の世界　mundo *m.* de 「ilusiones [fantasías] ／ 幻想が消える　desvanecerse *la ilusión* ／ 幻想を抱く　tener ilusiones, hacerse ilusiones ／ 結婚に幻想を抱く　ilusionarse con el matrimonio
▶幻想的(な)　fantástico[ca] ‖ 幻想的な風景　paisaje *m.* fantástico
　幻想曲　fantasía *f.*
げんぞう 現像　revelado *m.*
▶現像する　revelar ‖ フィルムを現像する　revelar una película
　現像液　revelador *m.*
げんそく 原則　principio *m.*, norma *f.* ‖ 原則から外れる　desviarse de la norma ／ 原則として　en principio, (大筋で) en líneas generales, (大体) por regla general ／ 平等の原則に基づく　basarse en el principio de igualdad ／ 原則を立てる　establecer 「el principio [la norma] ／ 原則を貫く　「observar [cumplir] estrictamente el principio ／ 原則を忘れる　olvidarse del principio
　原則的合意　principio *m.* de acuerdo ‖ 原則的合意に至る　alcanzar un principio de acuerdo
　原則論 ‖ 原則論では (理論的には) en teoría
げんそく 減速　desaceleración *f.*, reducción *f.* de velocidad
▶減速する　disminuir la velocidad, desacelerarse ‖ 世界経済は減速し始めた　La economía mundial empezó a desacelerarse.
　減速ギア　engranaje *m.* reductor
　減速材　(原子力発電の) moderador *m.* nuclear
げんぞく 還俗　secularización *f.*
▶還俗する　secularizarse, 《慣用》colgar los hábitos
けんそん 謙遜　modestia *f.*, humildad *f.*
▶謙遜する　ser modes*to*[*ta*] ‖ そんなに謙遜する必要はないよ　No hace falta que seas tan modes*to*[*ta*].
▶謙遜して　modestamente, con modestia
げんそん 現存
▶現存する　existir actualmente ‖ 日本に現存する最古の寺　el templo más antiguo que existe en Japón
けんたい 倦怠　lasitud *f.*, tedio *m.*, aburrimiento *m.*, cansancio *m.*
　倦怠期　fase *f.* de aburrimiento ‖ 倦怠期に入る　entrar en una fase de aburrimiento
　倦怠感　sensación *f.* de cansancio y aburrimiento
けんたい 献体　donación *f.* de cuerpos
▶献体する　donar *su* cuerpo para la investigación
げんたい 減退　debilitación *f.*, decaimiento *m.* ‖ 記憶力の減退　disminución *f.* de la memoria ／ 食欲の減退　pérdida *f.* de apetito
▶減退する　debilitarse ⇒おとろえる(衰える) ‖ 年齢と共に記憶力が減退する　Con la edad se pierde la memoria.
げんだい 現代　tiempos *mpl.* actuales, edad *f.* contemporánea, nuestro tiempo *m.* ‖ 近代から現代にかけて　de la Edad Moderna a la actualidad ／ 現代に通じる　(何かが) tener validez actual ／ ドンファンの物語を現代に置き換える　trasladar la historia de Don Juan a los tiempos actuales
▶現代の　actual, moder*no*[*na*], (同時代の) contemporáne*o*[*a*] ‖ 現代の生活　vida *f.* actual ／ 現代の日本　el Japón 「actual [de hoy]
▶現代では　en nuestra época, (今日では) hoy (en) día
▶現代的な　moder*no*[*na*] ‖ 現代的な様式　estilo *m.* moderno
▶現代化　modernización *f.*
　現代音楽　música *f.* 「moderna [contemporánea]
　現代史　historia *f.* contemporánea ‖ メキシコ現代史　historia *f.* contemporánea de México
　現代社会　sociedad *f.* 「actual [contemporánea]
　現代人　hombre *m.* contemporáneo
　現代版 ‖ 現代版ドンキホーテ　un Quijote de nuestro tiempo
　現代文学　literatura *f.* contemporánea
けんだま 剣玉／拳玉　boliche *m.*, 《中南米》balero *m.* ‖ けん玉をする　jugar al boliche
けんち 見地 ‖ 科学的見地からすると　desde el punto de vista científico

けんち 検知 detección f.
▶検知する detectar
◨検知器 detector m., sensor m.

げんち 言質 ‖ 言質を取る arrancar la promesa《a, de》,《慣用》「coger [tomar] la palabra《a》／ 言質を与える dar *su* palabra《a》

げんち 現地 lugar m., sitio m. ‖ 現地に着く llegar al lugar ／ 現地で en el lugar, en el sitio
◨現地採用 empleo m. local, (人) emplea*do*[*da*] mf. local
◨現地時間 hora f. local
◨現地事務所 oficina f. local
◨現地人 nati*vo*[*va*] mf.
◨現地生産 producción f. local
◨現地調査 estudio m. sobre el terreno ‖ 現地調査をする estudiar sobre el terreno
◨現地調達 「abastecimiento m. [suministro m.] local
◨現地報告 ‖ バルセロナからの現地報告 reportaje m. desde Barcelona

けんちく 建築 arquitectura f., (行為) construcción f., edificación f.
▶建築する construir, edificar
▶建築中(の) en construcción ‖ 建築中のビル edificio m. en construcción ／ 建築中である 「estar [encontrarse] en construcción
◨ゴチック建築 arquitectura f. gótica
◨建築家/建築士 arquitec*to*[*ta*] mf.
◨建築学 arquitectura f.
◨建築基準法 Ley f. Básica de la Construcción
◨建築業者 construc*tor*[*tora*] mf.
◨建築許可 permiso m. de construcción
◨建築現場 lugar m. de la construcción
◨建築資材 materiales mpl. de construcción
◨建築事務所 estudio m. de arquitectura
◨建築物 edificio m., edificación f., construcción f.
◨建築様式 estilo m. 「arquitectónico [de construcción]

けんちょ 顕著
▶顕著な ob*vio*[*via*], notable, marca*do*[*da*] ‖ 顕著な効果 efecto m. notable
▶顕著に obviamente, notablemente

げんちょう 幻聴 alucinación f. 「acústica [auditiva] ‖ 幻聴がある tener alucinaciones auditivas

げんつき 原付 ⇒げんどうき(⇒原動機付き自転車)

けんてい 検定 examen m., (許可) aprobación f. oficial
▶検定する someter ALGO a examen
◨検定教科書 libro m. de texto 「aprobado [autorizado]
◨検定試験 examen m. de 「licencia [certificación]

けんてい 献呈
▶献呈する regalar, ofrecer 「gratis [gratuitamente]
◨献呈本 「ejemplar m. [libro m.] de regalo

げんてい 限定 limitación f., restricción f. ‖ 先着30名限定のプレゼント regalo m. solo para las primeras 30 personas
▶限定する limitar, restringir ‖ 選択肢は限定されている Las opciones son limitadas.
◨限定版 edición f. limitada
◨限定販売 venta f. limitada

げんてん 原点 principio m., origen m., (出発点) punto m. de partida, (測量の) punto m. de referencia, (座標の) origen m. ‖ 原点に帰って考える volver a pensar desde el principio ／ 原点に戻る volver al 「principio [punto de partida]

げんてん 原典 original m., texto m. original ‖ 原典に当たる consultar el original

げんてん 減点 「descuento m. [reducción f.] de puntos, (罰則の) punto m. de penalización
▶減点する 「descontar [reducir, quitar] puntos
◨減点方式 sistema m. de descuento de puntos

げんど 限度 límite m. ‖ 我慢にも限度がある La paciencia tiene un límite. ／ 限度に達する llegar al límite ／ 限度を超える 「pasar [rebasar, exceder] el límite ／ 一定の限度内で dentro de los límites establecidos
◨最高限度 límite m. máximo
◨最低限度 límite m. mínimo
◨限度額 límite m. máximo, techo m. ‖ 貸し付けの限度額は1千万円です El límite del crédito es de diez millones de yenes.

けんとう 見当 ‖ 図書館はこっちの見当だ La biblioteca estará en esta dirección. ／ 1万円見当のマフラー una bufanda que cuesta unos diez mil yenes ／ 私は自分がどこにいるのかまったく見当がつかない No tengo la menor idea de dónde estoy. ／ 見当が外れる equivocarse ／ 見当をつける (推測する) calcular, (見積もる) estimar, (予想する) imaginarse ／ そんなことだろうと見当をつけていたよ Ya me lo había imaginado.
◨見当識 (心理) orientación f. ‖ 見当識障害 alteración f. de la orientación, desorientación f.
◨見当違い despropósito m. ‖ 見当違いなことを言う decir despropósitos ／ 見当違いの答え respuesta f. que no viene al caso

けんとう 検討 estudio m., examen m., investigación f. ‖ この提案は検討に値する Vale la pena estudiar esta propuesta. ／ 検討を重ねる estudiar repetidamente ／ 検討を要する (何かが) requerir un estudio
▶検討する estudiar, examinar, considerar, investigar ‖ 再検討する reconsiderar, estu-

けんとう

diar de nuevo
▶**検討中**｜その申請は検討中です La solicitud está en estudio. ／政府はそのダムの建設を検討中である El gobierno tiene en estudio la construcción de la presa.

けんとう 拳闘 ⇒ボクシング

けんとう 健闘｜ご健闘を祈ります Le deseo mucha suerte.
▶**健闘する**（スポーツで）jugar brillantemente

けんどう 剣道 《日本語》kendo *m*., (説明訳) esgrima *f*. japonesa
▶**剣道をする** practicar kendo

げんどう 言動 palabras *fpl*. y「acciones *fpl*. [obras *fpl*.]｜不審な言動comportamiento *m*. sospechoso ／言動をつつしむ hablar y actuar prudentemente

げんどうき 原動機 motor *m*.
◾ **原動機付き自転車** velomotor *m*., (50cc以下の) ciclomotor *m*. con motor inferior a 50 centímetros cúbicos

げんどうりょく 原動力 fuerza *f*. motriz, (動機) motivo *m*., móvil *m*.｜発展の原動力 fuerza *f*. motriz del desarrollo

けんない 圏内 ámbito *m*., esfera *f*., zona *f*., (通信の) cobertura *f*.
▶~圏内に｜北極圏内に dentro del círculo polar ártico ／当選圏内にいる tener la posibilidad de salir elegi*do*[*da*] ／台風の圏内にある estar en la zona del tifón ／ロシアの勢力圏内にある estar en la esfera de influencia de Rusia ／衛星放送の受信圏内にある encontrarse dentro de la cobertura de la televisión por satélite

げんに 現に（実際に）de hecho, efectivamente, realmente｜現に失業者が急増している De hecho aumenta rápidamente el número de desempleados. ／私は現にそれをこの目でみた Lo vi con mis propios ojos.

けんにょう 検尿 análisis *m*.[=*pl*.] de orina, uroanálisis *m*.[=*pl*.]
▶**検尿する** analizar la orina

けんにん 兼任 desempeño *m*. de varios cargos
▶**兼任する** desempeñar dos o más cargos｜社長(男性)が販売部長を兼任する El presidente desempeña también el cargo de director de ventas.

げんば 現場｜現場に駆けつける acudir al lugar ／現場を押さえる detener a ALGUIEN en el acto, 《慣用》《話》「coger [pillar, sorprender] a ALGUIEN con las manos en la masa
◾ **工事現場** lugar *m*. de la obra
◾ **事故現場** lugar *m*. del accidente｜事故現場から中継する transmitir desde el lugar del accidente
◾ **現場監督** capat*az*[*taza*] *mf*.

◾ **現場検証**「investigación *f*. [inspección *f*.] en el lugar de los hechos
◾ **現場中継** transmisión *f*. directa

けんばいき 券売機 máquina *f*. expendedora de「billetes [boletos, entradas]

げんばく 原爆 bomba *f*. atómica
◾ **原爆記念日** aniversario *m*. de la bomba atómica
◾ **原爆実験**「experimento *m*. [ensayo *m*.] nuclear
◾ **原爆症** enfermedad *f*. atómica
◾ **原爆ドーム** Cúpula *f*. de la Bomba Atómica

げんばつ 厳罰 castigo *m*.「severo [riguroso]
▶**厳罰に処す** castigar「severamente [rigurosamente] a ALGUIEN

けんばん 鍵盤 teclado *m*.
◾ **鍵盤楽器** instrumento *m*. de teclado

けんびきょう 顕微鏡 microscopio *m*.｜1000倍の顕微鏡 microscopio *m*. de 1000 (mil) aumentos ／顕微鏡で見る observar ALGO「en [con] el microscopio
◾ **電子顕微鏡** microscopio *m*. electrónico
◾ **顕微鏡検査** examen *m*. microscópico
◾ **顕微鏡写真** microfotografía *f*.

げんぴん 現品 artículo *m*. expuesto｜現品に限り50パーセント割引 50% (cincuenta por ciento) de descuento exclusivamente para los artículos que quedan

げんぶがん 玄武岩 basalto *m*.

けんぶつ 見物（訪問）visita *f*.｜芝居見物に行く ir al teatro a ver una obra ／東京見物をする hacer turismo por Tokio, hacer una visita turística por Tokio
▶**見物する** ver, observar, (訪問する) visitar
◾ **見物席** asientos *mpl*. para espectadores
◾ **見物人** espectad*or*[*dora*] *mf*., (野次馬) mir*ón*[*rona*] *mf*.

げんぶつ 現物 objeto *m*. real｜買う前に現物を見る ver el objeto real antes de comprarlo
▶**現物で**《慣用》en especie｜現物で払う pagar en especie
◾ **現物給付** prestación *f*. en especie
◾ **現物給与**「pago *m*. [retribución *f*.] en especie
◾ **現物取引** transacciones *fpl*. al contado

けんぶん 見聞 conocimientos *mpl*. y experiencias *fpl*.｜見聞が広い tener amplios conocimientos y experiencias ／見聞を広める ampliar *sus* conocimientos y experiencias
◾ **『東方見聞録』**《書名》*El libro de las Maravillas, Los viajes de Marco Polo*

げんぶん 原文 original *m*., texto *m*. original｜作品を原文で読む leer una obra en versión original ／原文のまま引用する citar textualmente

けんぺい 憲兵　policía *com.* militar
- 憲兵隊　policía *f.* militar

けんぺいりつ 建蔽率/建坪率　proporción *f.* de superficie edificable, edificabilidad *f.*

けんべん 検便　análisis *m.*[=pl.] de heces, coproanálisis *m.*[=pl.], coprocultivo *m.*
- ▶検便する　analizar las heces

けんぽう 憲法　Constitución *f.* ‖ 憲法により保証された権利 derecho *m.* garantizado por la Constitución ／ 憲法を改正する「modificar [reformar] la Constitución ／ 憲法を発布する promulgar la Constitución ／ 憲法を擁護する defender la Constitución
- ▶憲法上の　constitucional
- 日本国憲法　Constitución *f.* japonesa
- 憲法違反　violación *f.* de la Constitución
- 憲法改正　reforma *f.* [constitucional [de la Constitución]
- 憲法記念日（日本の）Día *m.* de la Constitución
- 憲法第9条　artículo *m.* nueve de la Constitución

けんぼうしょう 健忘症　amnesia *f.*
- ▶健忘症の（忘れっぽい）olvidadi*zo*[*za*], （記憶喪失の）amnési*co*[*ca*] ‖ 健忘症の人 amnésico[ca] *mf.*

げんぽん 原本　original *m.*

げんまい 玄米　arroz *m.* integral
- 玄米茶　té *m.* verde mezclado con arroz integral tostado

げんみつ 厳密
- ▶厳密さ　rigor *m.* ‖ 科学的厳密さに欠ける carecer de rigor científico
- ▶厳密な　estric*to*[*ta*], riguro*so*[*sa*], exac*to*[*ta*] ‖ 厳密な調査 investigación *f.* rigurosa ／ 厳密な意味では en el sentido estricto
- ▶厳密に　estrictamente, rigurosamente

けんむ 兼務　⇒けんにん（兼任）

けんめい 賢明　sensatez *f.*,　prudencia *f.* ‖ 今のところ旅行をしない方が賢明でしょう Sería más prudente no viajar por ahora.
- ▶賢明な　lis*to*[*ta*], inteligente, （分別のある）sensa*to*[*ta*] ‖ 賢明な人 persona *f.* inteligente ／ 賢明な決断 decisión *f.* acertada

けんめい 懸命
- ▶懸命な ‖ 懸命な努力をする hacer un enorme esfuerzo《para》
- ▶懸命に　con ahínco, con empeño, con todas *sus* fuerzas
- ▶懸命になる　poner todas *sus* fuerzas

げんめい 言明　afirmación *f.*, declaración *f.* ‖ 言明を避ける evitar hacer comentarios《sobre》
- ▶言明する　afirmar, declarar

げんめつ 幻滅　desilusión *f.*, desengaño *m.*, decepción *f.* ‖ 幻滅を感じる sentir decepción
- ▶幻滅する　desilusionarse, llevarse una desilusión
- ▶幻滅させる　desilusionar, causar desilusión ‖ 私はそのニュースに大いに幻滅させられた La noticia me causó una gran desilusión.

けんもん 検問　control *m.*, inspección *f.*
- ▶検問する　controlar, inspeccionar
- 検問所　puesto *m.* de control

げんや 原野　tierra *f.* salvaje, （未開拓地）erial *m.*

けんやく 倹約　ahorro *m.*, economía *f.*, austeridad *f.* ⇒せつやく（節約）‖ 倹約に努める intentar economizar
- ▶倹約する　ahorrar, economizar ‖ 電気を倹約する ahorrar electricidad
- 倹約遺伝子　gen *m.* ahorrador
- 倹約家　ahorra*dor*[*dora*] *mf.*, persona *f.* ahorradora

げんゆ 原油　crudo *m.*, petróleo *m.* crudo
- 原油価格　precio *m.* del crudo
- 原油生産国　país *m.* productor de petróleo

けんよう 兼用 ‖ ファックスと兼用の電話番号を使う usar el mismo número de teléfono y de fax
- ▶兼用する ‖ ソファーをベッドと兼用する utilizar el sofá como cama ⇒かねる（兼ねる）
- 男女兼用の　unisex ／ 男女兼用の時計 reloj *m.* unisex

けんり 権利　derecho *m.* ‖ 正当な権利 derecho *m.* legítimo ／ 権利を失う perder el derecho ／ 権利を得る「adquirir [obtener] un derecho ／ 権利を侵す violar el derecho ／ 権利を行使する ejercer el derecho ／ 権利を主張する「reclamar [reivindicar] el derecho ／ 権利を譲渡する otorgar el derecho《a》／ 権利を放棄する renunciar a *su* derecho ／ 権利を守る「defender [proteger] el derecho ／ 権利を認める reconocer el derecho
- ▶〜の権利がある　tener (el) derecho《a》‖ 有給休暇をとる権利がある tener el derecho a disfrutar de vacaciones pagadas
- 権利者　propieta*rio*[*ria*] *mf.* de derecho
- 権利書　título *m.* de propiedad

げんり 原理　principio *m.* ‖ アルキメデスの原理 principio *m.* de Arquímedes ／ てこの原理 principio *m.* de la palanca ／ 多数決の原理 regla *m.* de la mayoría
- 基本原理　principio *m.* básico
- 原理原則　principios *mpl.* y normas *fpl.*
- 原理主義　fundamentalismo *m.*
- 原理主義者　fundamentalista *com.*

けんりつ 県立　prefectural, provincial
- 県立大学　universidad *f.* prefectural

げんりょう 原料　materia *f.* prima ‖ 原料を輸入する importar materias primas

げんりょう 減量　「reducción *f.* [disminución *f.*] de peso, （体重の）pérdida *f.* de peso ‖ ゴミの減量 reducción *f.* de basura ／ 減量

中である（ダイエット中）estar a 「régimen [dieta]
> 減量する「perder [reducir] peso ‖ 5キロ減量する perder cinco kilos

けんりょく 権力 poder *m.*, （権威）autoridad *f.* ‖ 権力の乱用 abuso *m.* 「del poder [de la autoridad] ／ 権力の象徴 símbolo *m.* del poder ／ 権力の座につく llegar al poder, conquistar el poder ／ 権力を与える「dar [otorgar] el poder 《a》 ／ 権力を得る「conquistar [ganar] el poder ／ 権力を握る tener el poder en *su* mano ／ 権力を振るう ejercer el poder
◪ 絶対的権力 poder *m.* absoluto ‖ 絶対的権力を持つ tener un absoluto poder
◪ 権力争い lucha *f.* por el poder
◪ 権力者 poder*oso*[*sa*] *mf.*, autoridad *f.*
◪ 権力欲 ambición *f.* [deseo *m.*] de poder

げんろん 言論 palabra *f.*, expresión *f.* ‖ 言論の自由 libertad *f.* de 「expresión [opinión, palabra] ／ 言論を弾圧する reprimir la libertad de expresión
◪ 言論界 prensa *f.*
◪ 言論統制 control *m.* de la libertad de expresión ‖ 言論統制をする controlar la libertad de expresión

げんろん 原論 principios *mpl.*
◪ 教育学原論 principios *mpl.* de la pedagogía

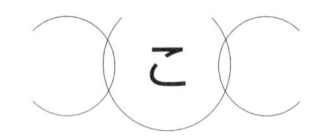

こ

こ 子 ni*ño*[*ña*] *mf.*, chi*co*[*ca*] *mf.*, （息子・娘）hi*jo*[*ja*] *mf.*, （動物の子）cría *f.* ‖ 子を捨てる abandonar a *su* hijo
諺 可愛い子には旅をさせよ《諺》Quien bien te quiere te hará llorar.

こ 弧 《数学》arco *m.* ‖ 弧を描く formar un arco

こ 故 difun*to*[*ta*] *mf.* ‖ 故フェルナンデス氏 el difunto señor Fernández

こ 個 unidad *f.*, pieza *f.* ‖ りんご5個 cinco manzanas *fpl.*

ご 五 cinco *m.* ‖ 5番目の quin*to*[*ta*] ／ 5分の1 un quinto ／ 5年の quinquenal
◪ 5か年計画 plan *m.* quinquenal

ご 後 ‖ 3年後に tres años 「después [más tarde] ／ （今から）4時間後に dentro de cuatro horas ／ 試合開始から10分後に a los diez minutos 「del comienzo del partido [de comenzar el partido] ／ 2日後にまたお目にかかりたいです Quiero verle de nuevo dentro de dos días. ／ 事件発生から3日後まで hasta tres días después del accidente ／ 到着後に después de la llegada

ご 碁 《日本語》go *m.* → いご（囲碁）‖ 碁を打つ jugar al *go*
◪ 碁石 「ficha *f.* [piedra *f.*] de *go*
◪ 碁盤 tablero *m.* de *go*
◪ 碁盤目 ‖ 碁盤目模様の cuadricula*do*[*da*], escaquea*do*[*da*]
◪ 碁盤割り cuadriculación *f.*

ご 語 palabra *f.*, vocablo *m.*, voz *f.*, （用語）término *m.*, （言語）lengua *f.* → たんご（単語）‖ 語の意味 significado *m.* de una palabra ／ 200語程度にまとめる resumir en unas doscientas palabras
◪ スペイン語 lengua *f.* española, español *m.*

コアラ koala *m.*（雄・雌）

こい 恋 amor *m.* ‖ 恋が生まれる El amor nace. ／ 恋焦がれる estar lo*co*[*ca*]《por》／ 恋に落ちる caer en el amor ／ 恋に破れる perder *su* amor ／ 恋をしている estar enamora*do*[*da*]《de》／ 恋をする enamorarse《de》
慣用 恋は盲目《諺》El amor es ciego.
◪ 恋敵 rival *com.* en el amor
◪ 恋わずらい mal *m.* de amores

こい 鯉 carpa *f.*

こい 故意 intención *f.*, intencionalidad *f.*
> 故意の intenciona*do*[*da*]
> 故意に adrede, 「a [de] propósito, con intención, intencionadamente,《慣用》a cosa hecha

こい 濃い den*so*[*sa*], （色が）oscu*ro*[*ra*], （液体が）espe*so*[*sa*], （茶が）fuerte ‖ 濃い霧 niebla *f.* densa ／ 濃い味 sabor *m.* fuerte ／ 濃いひげ barba *f.* 「poblada [cerrada] ／ 化粧が濃い usar un maquillaje recargado, maquillarse mucho ／ 勝つ可能性が濃い Hay muchas posibilidades de ganar.
> 濃くなる hacerse más den*so*[*sa*], （色が）hacerse más oscu*ro*[*ra*], （液体が）espesarse
> 濃さ densidad *f.*, （液体の）espesor *m.*

ごい 語彙 vocabulario *m.*, léxico *m.* ‖ 豊富な語彙 vocabulario *m.* 「rico [amplio] ／ 彼は語彙が貧しい Él tiene un vocabulario 「pobre [limitado]. ／ 語彙を増やす／語彙を豊かにする 「aumentar [enriquecer, ampliar] el vocabulario

◪ **基本語彙** vocabulario *m*. básico ‖ 基本語彙を学ぶ aprender el vocabulario básico
◪ **語彙集** glosario *f*.
◪ **語彙論** lexicología *f*.

こいし 小石 piedrecita *f*., china *f*., （玉石） guijarro *m*., （砂利） grava *f*. ‖ 小石につまずく tropezar con una piedrecita

こいしい 恋しい querer, （懐かしむ） extrañar, añorar ‖ 故郷が恋しい「tener [sentir] nostalgia de *su* pueblo ／ 私は母が恋しい Echo de menos a mi madre. ／ 火が恋しい季節 estación *f*. en la que se echa en falta la calefacción

こいつ este tipo, este tío, este tipejo
こいぬ 子犬 cach*orro*[*rra*] *mf*. (de perro)
こいのぼり 鯉幟 《日本語》 *koinobori m*., （説明訳） cono *m*. de viento en forma de carpa (pez) que se iza para celebrar el Día de los Niños

こいびと 恋人 *novio*[*via*] *mf*., enamora-*do*[*da*] *mf*. ‖ アナとペドロは恋人同士だ Ana y Pedro son novios. ／ 恋人がいる tener n*ovio*[*via*] ／ 恋人になる hacerse n*ovio*[*via*] 《de》／ 恋人と別れる romper con *su* n*ovio*[*via*] ／ 恋人を捨てる dejar a *su* n*ovio*[*via*] ／ 恋人を作る echarse n*ovio* [*via*], ennoviarse ／ 彼女は恋人を作って結婚するつもりはまったくない Ella no tiene la menor intención de echarse novio y casarse.

コイル 《電気》bobina *f*., carrete *m*. ‖ コイル状の en forma de bobina
コイン moneda *f*.
◪ **コイントス** moneda *f*. al aire, volado *m*.
◪ **コインランドリー** lavandería *f*. en (régimen de) autoservicio
◪ **コインロッカー** consigna *f*. automática

こう 功 hazaña *f*., mérito *m*. ‖ 功を立てる lograr una hazaña
慣用 功を奏する surtir efecto, salir bien
慣用 功成り名を遂げる alcanzar el éxito y la fama
諺 亀の甲より年の功 ⇒ かめ（亀）

こう 甲 （こうら）caparazón *m*. ‖ 手の甲 dorso *m*. de la mano ／ 足の甲 empeine *m*.

こう 幸
慣用 幸か不幸か por suerte o por desgracia, （幸いなことに）afortunadamente ‖ 幸か不幸か私は家にいなかった Por suerte o por desgracia yo no estaba en casa.

こう 香 incienso *m*. ‖ 香をたく quemar incienso

こう 項 （項目）artículo *m*., apartado *m*., （条項）cláusula *f*., （数学）término *m*. ‖ 第9条第1項の規定に従って conforme a lo dispuesto en el artículo noveno, apartado primero

こう 請う／乞う pedir, rogar, solicitar, suplicar ⇒ もとめる（求める）‖ 許しを請う pedir 「perdón [disculpas]》《a》

ごう 号 número *m*., （ペンネーム） nombre *m*. artístico ‖ 10号室 habitación *f*. (número) diez ／ 5号車（列車） el vagón cinco, el quinto vagón ／ 最新号（雑誌の） el último número

ごう 郷
諺 郷に入っては郷に従え《諺》Cuando a Roma fueres, haz como vieres. ¦《諺》En Roma, como los romanos.

ごう 業 acto *m*., （仏教の）karma *m*. ‖ 業が深い mald*ito*[*ta*], pecamin*oso*[*sa*]
慣用 業を煮やす perder la paciencia, impacientarse《con, por》

ごう 壕 trinchera *f*., （防空壕）refugio *m*. antiaéreo

こうあつ 高圧 alta presión *f*., （電気）alta tensión *f*.
▶ **高圧的な** autorita*rio*[*ria*], imperi*oso*[*sa*] ‖ 高圧的な態度をとる「adoptar [tomar] una actitud autoritaria
◪ **高圧ガス** gas *m*. de alta presión
◪ **高圧形成** moldeo *m*. a alta presión
◪ **高圧線** línea *f*. de alta tensión
◪ **高圧電流** corriente *f*. de alta tensión

こうあん 公安 seguridad *f*. pública
◪ **公安調査庁** Agencia *f*. de Inteligencia de Seguridad Pública
◪ **公安委員会** ¦ **国家公安委員会** Comisión *f*. Nacional de Seguridad Pública ／ 都道府県公安委員会 Comisión *f*. Prefectural de Seguridad Pública

こうあん 考案 invención *f*., idea *f*.
▶ **考案する** inventar, idear
◪ **考案者** inven*tor*[*tora*] *mf*.

こうい 行為 acto *m*., acción *f*., （振る舞い）conducta *f*. ‖ 残忍な行為「acto *m*. [acción *f*.] cruel, atrocidad *f*. ／ 違法な行為をする cometer 「un acto ilegal [una ilegalidad] ／ 彼は言っている事を行為で示す Él demuestra con hechos lo que dice. ／ 軽率な行為を慎む ser prudente en *su* comportamiento

こうい 好意 favor *m*., bondad *f*., （好感） simpatía *f*., （愛情） afecto *m*. ‖ 好意でする hacer ALGO por pura bondad ／ 君の好意に甘えたくない No quiero abusar de tu amabilidad. ／ 好意にすがる recurrir al favor 《de》／ 好意につけ込む explotar la bondad 《de》／ 好意に報いる devolver el favor《a》／ 好意を持つ tener simpatía《a》／ 好意を示す mostrar simpatía《por》／ 好意を無にする no corresponder a la bondad《de》
▶ **好意的な** favorable, （友好的な） amist*oso*[*sa*], （親切な） amable ‖ 好意的な批評 crítica *f*. favorable ／ 彼女は我々に好意的だ Ella es amable con nosotros.
▶ **好意的に** favorablemente, amablemente

こうい 厚意 cortesía *f*., amabilidad *f*.,

buena voluntad f. ‖ 皆様のご厚意に感謝します Les agradezco su buena voluntad.
こうい 校医 médico[ca] mf. 「escolar [de escuela]
ごうい 合意 acuerdo m., conformidad f., consenso m. ‖ 合意による離婚 divorcio m. de común acuerdo ／ 2政党間で合意が成立した Se cerró el acuerdo entre los dos partidos. ／ 合意に至る llegar a un acuerdo ／ 合意を得る obtener「la conformidad [el consenso]《de》／ 話し合いは合意に達することなく終わった Las negociaciones terminaron sin (llegar a un) acuerdo.
▶**合意する** acordar, llegar a un acuerdo, ponerse de acuerdo ‖ 双方はプロジェクトの続行に合意した Ambas partes acordaron continuar con el proyecto.
こういしつ 更衣室 vestuario m.
こういしょう 後遺症 secuela f. ‖ 彼女には事故の後遺症がある A ella le quedan secuelas del accidente. ／ 後遺症がでる Las secuelas aparecen. ／ 後遺症にかかる sufrir secuelas ／ この病気は後遺症を残さない Esta enfermedad no deja secuelas.
こういってん 紅一点 única mujer f. ‖ 彼女はこのグループの紅一点だ Ella es la única mujer en este grupo.
こういん 工員 obrero[ra] mf.
こういん 行員 empleado[da] mf. de banco
こういん 鉱員 minero[ra] mf.
こういん 光陰
[諺] 光陰矢のごとし El tiempo pasa volando. ¦ El tiempo vuela.
ごういん 強引
▶**強引な** ‖ 強引なやり方で de forma obligada
▶**強引に** (力づくで)「por [a] la fuerza, forzadamente, obligadamente ‖ 強引に～させる「forzar [obligar] a ALGUIEN a『+不定詞』
こうう 降雨 caída f. de lluvia, lluvia f.
◪**降雨量** pluviosidad f., monto m. pluviométrico, precipitaciones fpl. ‖ 年間降雨量 pluviosidad f. anual, precipitaciones fpl. anuales
ごうう 豪雨 lluvias fpl. torrenciales, temporal m. de lluvia(s), tormenta f. de agua ‖ 豪雨に襲われる ser azotado[da] por lluvias torrenciales
◪**集中豪雨** lluvias fpl. torrenciales localizadas
こううつざい 抗鬱剤 antidepresivo m.
こううん 幸運 suerte f., fortuna f. ‖ 私は幸運に恵まれた La suerte me 「acompañó [sonrió]. ／ 幸運を祈ります ¡Que haya suerte! ¦ (君の) ¡Que tengas suerte! ／ 幸運をもたらす traer suerte《a》
▶**幸運である** tener suerte ‖ けが人がでなかったのは幸運だった Fue una suerte que no hubiera ningún herido.
▶**幸運な** feliz ‖ 幸運な星の下に生まれる 《慣用》nacer con estrella
▶**幸運にも** afortunadamente, felizmente
こううんき 耕耘機 motocultor m., motocultivador m.
こうえい 公営
▶**公営の** público[ca], (県の) prefectural, departamental, (市町村の) municipal
◪**公営企業** empresa f. pública
◪**公営ギャンブル** apuestas fpl. 「del Estado [estatales]
◪**公営住宅** vivienda f. de protección oficial
こうえい 光栄 honor m.
▶**～するのは光栄です** Es un honor para mí『+不定詞』. ‖ 彼と働くことは私にとって光栄です Es un honor para mí trabajar con él.
こうえい 後衛 retaguardia f., (サッカー) defensa f. ‖ 後衛の選手 zaguero[ra] mf., defensa com., (テニス) jugador[dora] mf. de fondo
こうえき 公益 interés m. público ‖ 公益をはかる promover el interés público
◪**公益事業** servicio m. público
◪**公益法人** entidad f. pública sin ánimo de lucro
こうえつ 校閲 revisión f.
▶**校閲する** revisar
◪**校閲者** revisor[sora] mf.
こうえん 公演 función f., representación f.
▶**公演する** representar, dar funciones
◪**地方公演** gira f.
こうえん 公園 parque m. ‖ 井の頭公園 el parque Inokashira ／ 公園を管理する gestionar un parque
こうえん 後援 patrocinio m., auspicio m.
▶**～の後援で** ‖ 日本大使館の後援で bajo「el patrocinio [los auspicios] de la Embajada del Japón
▶**後援する** patrocinar, auspiciar
◪**後援会** comité m. patrocinador, fundación f. patrocinadora
◪**後援者** patrón[rona] mf., patrocinador [dora] mf.
こうえん 講演 conferencia f., (学術的な) disertación f. ‖ 講演を聞く escuchar una conferencia
▶**講演する**「dar [pronunciar, dictar, impartir] una conferencia
◪**抗鬱会** conferencia f.
◪**講演者** conferenciante com., 《中南米》conferencista com.
◪**講演料** honorarios mpl.
こうおつ 甲乙 el primero y el segundo ‖ 甲乙つけがたい No se puede decir cuál de los dos es mejor.

こうおん 恒温 homeotermia *f.*, endotermia *f.*
- 恒温(性)の homeoter**mo**[*ma*], endoter**mo**[*ma*]
- 恒温動物 animal *m.* homeotermo

こうおん 高音 sonido *m.* agudo, (声調)tono *m.* agudo
- 高音の agu**do**[*da*], al**to**[*ta*]
- 高音域/高音部《音楽》agudos *mpl.*

こうおん 高温 temperatura *f.*「alta [elevada] ‖ 室内が高温になる La temperatura sube en el cuarto.
- 高温ガス炉 reactor *m.* de alta temperatura
- 高温計 pirómetro *m.*
- 高温殺菌 esterilización *f.*「térmica [por calor]
- 高温多湿‖高温多湿の de alta temperatura y humedad, cáli**do**[*da*] y húme**do**[*da*]

ごうおん 轟音 estruendo *m.*, ruido *m.*「ensordecedor [estruendoso], 《格式語》fragor *m.*

こうか 効果 efecto *m.*, eficacia *f.* ‖ 効果がある tener「efecto [eficacia], ser eficaz / この薬は効果てきめんだ Esta medicina tiene un efecto inmediato. / 効果を出す/効果をもたらす surtir efecto / 治療が効果を出し始めている La terapia está empezando a surtir efecto. / 効果を失う perder el efecto / 効果を高める aumentar el efecto / 効果を弱める「reducir [mitigar] el efecto
- 効果的な efecti**vo**[*va*], eficaz
- 効果的に eficazmente, eficientemente
- 逆効果 efecto *m.* contrario
- 効果音 efectos *mpl.*「de sonido [sonoros]

こうか 校歌 himno *m.* escolar, (大学の)himno *m.* universitario

こうか 高価
- 高価な ca**ro**[*ra*], de precio elevado, costo**so**[*sa*], valio**so**[*sa*]

こうか 高架 elevación *f.*
- 高架の eleva**do**[*da*]
- 高架橋 viaducto *m.*, paso *m.* elevado
- 高架鉄道 ferrocarril *m.*「aéreo [elevado]
- 高架道路 carretera *f.* elevada

こうか 降下 descenso *m.*, caída *f.*
- 降下する descender, bajar, 「realizar [efectuar] un descenso ‖ 飛行機が急降下した El avión descendió bruscamente.

こうか 硬化 endurecimiento *m.*,《医学》esclerosis *f.*[=*pl.*] ‖ 動脈壁の硬化を防ぐ evitar el endurecimiento de la pared arterial
- 硬化させる/硬化する endurecer / endurecerse ‖ 態度を硬化させる endurecer *su* actitud
- 硬化剤 endurecedor *m.*

こうか 硬貨 moneda *f.* ‖ 100円硬貨 moneda *f.* de cien yenes / 硬貨で払う pagar con monedas / 紙幣を硬貨に替える cambiar un billete「por [en] monedas / 硬貨を入れる echar monedas
- 記念硬貨 moneda *f.* conmemorativa
- 硬貨投入口 ranura *f.* de monedas

ごうか 豪華
- 豪華な lujo**so**[*sa*], de lujo, suntuo**so**[*sa*], espléndi**do**[*da*], (食事が)opípa**ro**[*ra*]
- 豪華に lujosamente, espléndidamente,《慣用》por todo lo alto ‖ 豪華に食事する comer opíparamente
- 豪華キャスト impresionante「elenco *m.* [reparto *m.*]
- 豪華船 barco *m.* de lujo
- 豪華版 edición *f.* de lujo

こうかい 公海 alta mar *f.*, aguas *fpl.* internacionales ‖ 公海の自由 libertad *f.* de la alta mar

こうかい 公開
- 公開の abier**to**[*ta*] (al público), públi**co**[*ca*] ‖ 公開の席で en público
- 公開する publicar, (作品を) exhibir ‖ 情報を公開する hacer pública la información / この寺は一般に公開されている Este templo está abierto al público.
- 公開鍵/公開キー clave *f.* pública
- 公開講座 curso *m.* abierto al público
- 公開質問状 carta *f.* abierta
- 公開捜査 investigación *f.* penal abierta
- 公開討論 debate *m.* público
- 公開入札 licitación *f.* pública
- 公開録音 grabación *f.* en directo

こうかい 後悔 arrepentimiento *m.*, remordimiento *m.*
- 後悔する arrepentirse《de》, sentir remordimiento《por》‖ 買いなさい、さもないと後悔するよ Cómpratelo, si no, te arrepentirás. / 僕はこの映画を見た事をとても後悔している Estoy muy arrepentido de haber visto esta película.

諺 後悔先に立たず《諺》A lo hecho, pecho.¦《諺》A lo pasado no hay consejo ninguno.

こうかい 航海 navegación *f.*, travesía *f.*
- 航海する navegar
- 航海士 navega**dor**[*dora*] *mf.*
- 航海術 náutica *f.*
- 航海図 carta *f.*「náutica [de navegación]
- 航海日誌 diario *m.* de navegación

こうがい 口外
- 口外する divulgar, revelar
- 口外しない mantener ALGO en secreto ‖ 私は絶対に口外しません De mi boca no saldrá「nada [ni una palabra].

こうがい 口蓋 paladar *m.*
- 硬口蓋 paladar *m.* duro
- 軟口蓋 paladar *m.* blando, velo *m.* del paladar
- 口蓋垂 úvula *f.*

こうがい 公害　contaminación *f.* ambiental, polución *f.* ‖ 公害と戦う luchar contra la contaminación ambiental ／ 公害を引き起こす provocar contaminación ambiental ／ 公害を防止する prevenir la contaminación ambiental
◪ 公害訴訟 pleito *m.* sobre la contaminación ambiental
◪ 公害病 enfermedad *f.* causada por la contaminación ambiental
◪ 公害防止条例 reglamento *m.* de prevención y control de la contaminación
◪ 公害問題 problema *m.* de contaminación ambiental

こうがい 郊外　periferia *f.*, extrarradio *m.*, afueras *fpl.* ‖ マドリードとその郊外 Madrid y su periferia ／ 札幌の郊外に住む vivir en las afueras de Sapporo
▶ 郊外の perifér*ico*[*ca*], suburba*no*[*na*]
◪ 郊外居住者 habitante *com.* de las afueras
◪ 郊外電車 tren *m.* suburbano, suburbano *m.*

ごうかい 豪快
▶ 豪快な dinám*ico*[*ca*], magnáni*mo*[*ma*] ‖ 豪快な人物 persona *f.* [dinámica [animosa]
▶ 豪快に ‖ 豪快に笑う reír「estruendosamente [estrepitosamente]

ごうがい 号外　edición *f.* extraordinaria, extraordinario *m.*

こうかいどう 公会堂　auditorio *m.* público

こうかがく 光化学　fotoquímica *f.*
◪ 光化学オキシダント oxidante *m.* fotoquímico
◪ 光化学スモッグ「smog *m.* [esmog *m.*] fotoquímico
◪ 光化学反応 reacción *f.* fotoquímica

こうかく 口角　comisuras *fpl.* de los labios
(慣用) 口角泡を立てて acaloradamente
(慣用) 口角泡を飛ばす discutir「acaloradamente [ardientemente]
◪ 口角炎《医学》queilitis *f.*[=*pl.*] angular, boquera *f.*

こうかく 降格　descenso *m.*, degradación *f.*
▶ 降格する「descender [bajar] de categoría
▶ 降格させる degradar
◪ 降格人事 degradación *f.*

こうがく 工学　ingeniería *f.*
◪ 工学部 Facultad *f.* de Ingeniería

こうがく 光学　óptica *f.*
▶ 光学の ópt*ico*[*ca*]
◪ 光学機器 instrumento *m.* óptico
◪ 光学繊維 fibra *f.* óptica
◪ 光学式マウス ratón *m.* óptico

こうがく 高額　suma *f.* elevada, gran suma *f.* de dinero
◪ 高額紙幣 billete *m.* de mayor valor
◪ 高額商品 producto *m.* de precio elevado
◪ 高額所得者 persona *f.* de renta alta
◪ 高額納税者 gran contribuyente *com.*《複数形》grandes contribuyentes)

ごうかく 合格　aprobación *f.*, admisión *f.* ‖ 合格を祝う celebrar el éxito
▶ 合格する aprobar, pasar ‖ 試験に合格する「aprobar [pasar] el examen ／ 大学に合格する ser admit*ido*[*da*] en una universidad ／ 技術検査に合格する pasar una inspección técnica
◪ 合格者 aproba*do*[*da*] *mf.*
◪ 合格通知 carta *f.* de admisión
◪ 合格点 nota *f.* de aprobado ‖ 合格最低点 nota *f.* 「de corte [mínima de aprobado]

こうがくしん 向学心 ‖ 向学心がある tener ganas de estudiar

こうがくねん 高学年　cursos *mpl.* avanzados,（小学校の5・6年生）el quinto y sexto grado de escuela primaria,《スペイン》tercer ciclo *m.* de la primaria

こうかくるい 甲殻類　crustáceos *mpl.*

こうかくレンズ 広角レンズ　objetivo *m.* gran angular

こうかつ 狡猾　astucia *f.*, sagacidad *f.*
▶ 狡猾な astu*to*[*ta*], sagaz

こうかん 好感　simpatía *f.*, buena impresión *f.* ‖ 好感のもてる simpát*ico*[*ca*] ／ 好感を持つ tener simpatía《a》, sentir simpatía《por》／ 好感を与える causar buena impresión《a》／ 好感を抱かせる despertar simpatía《a》／ 彼は国民に好感を持たれた Él se ganó la simpatía del pueblo.

こうかん 交換　cambio *m.*,（部品の）recambio *m.*,（公的な）canje *m.* ‖ 捕虜の交換 canje *m.* de prisioneros
▶ ～と交換に a cambio《de》
▶ 交換する cambiar, intercambiar, canjear ‖ AをBと交換する cambiar A por B ／ 意見を交換する intercambiar opiniones ／ 情報を交換する intercambiar información
▶ 交換可能な cambiable, intercambiable, permutable
◪ 交換価値 valor *m.* de cambio
◪ 交換機 conmutador *m.*
◪ 交換公文（国家間の）canje *m.* de notas
◪ 交換手 telefonista *com.*, opera*dor*[*dora*] *mf.*
◪ 交換条件 ‖ 交換条件として en compensación
◪ 交換部品 recambio *m.*
◪ 交換率「tipo *m.* [tasa *f.*] de cambio
◪ 交換留学生制度 programa *m.* de intercambio de estudiantes
◪ 交換レンズ「lente *f.* [objetivo *m.*] intercambiable

こうかん 高官　al*to*[*ta*] funciona*rio*[*ria*] *mf.*, alto cargo *m.*, dignata*rio*[*ria*] *mf.*
◪ 政府高官 al*to*[*ta*] funciona*rio*[*ria*] *mf.*

del gobierno, alto cargo *m.* del gobierno

こうがん 厚顔
▶厚顔な sinvergüenza, desvergonza*do* [*da*], caradura ‖ 厚顔な人 sinvergüenza *com.*, caradura *com.*, (図々しい) frescales *com.*[=*pl.*]
◰厚顔無恥 ‖ 厚顔無恥である ser *un*[*una*] caradura y sinvergüenza, tener mucha cara y poca vergüenza

こうがん 睾丸 testículo *m.*, (婉曲的に) cataplines *mpl.*
▶睾丸の testicular

ごうかん 強姦 violación *f.*, (未成年者への) estupro *m.*
▶強姦する violar, cometer「violación [estupro]
◰強姦罪 delito *m.* de violación

こうがんざい 抗癌剤 medicamento *m.* anticanceroso ‖ 抗がん剤を投与する administrar un medicamento anticanceroso

こうかんしんけい 交感神経 nervio *m.* simpático

こうき 好機 oportunidad *f.*, ocasión *f.* ‖ 千載一遇の好機 oportunidad *f.*「única [extraordinaria, excepcional] / 私たちに好機が到来した。 Se nos ha presentado una oportunidad. / 好機を生かす aprovechar la oportunidad / 好機を逸する/好機を逃す「perder [desaprovechar] la oportunidad, dejar「pasar [escapar] la oportunidad / 好機をとらえる atrapar la oportunidad / 好機を待つ esperar una oportunidad

こうき 校旗 bandera *f.*「de la escuela [del colegio], (大学の) bandera *f.* de la universidad

こうき 後記 posdata *f.*

こうき 後期 segunda mitad *f.*, (大学の) segundo semestre *m.* ‖ 中世後期に en la Baja Edad Media / ピカソの後期の作品 las últimas obras de Picasso
◰後期印象派 (画家) posimpresionista *com.*, postimpresionista *com.*
◰後期高齢者 persona *f.* con más de 75 años

こうき 高貴
▶高貴な noble

こうき 綱紀 (国家の) ley *f.* y reglamentos *mpl.* del Estado, (規律) disciplina *f.* ‖ 綱紀を粛正する restablecer la disciplina

こうぎ 広義 sentido *m.* amplio ‖ 広義に解釈すると… si se interpreta en sentido amplio...

こうぎ 抗議 protesta *f.*, reclamación *f.* ‖ 抗議を表明する expresar *su* protesta / 抗議を申し入れる formular una protesta《contra》/ 新政権に対する抗議が起こった Se produjeron protestas contra el nuevo gobierno.
▶抗議する protestar《contra, por》, reclamar《contra, por》‖ 政府に抗議する protestar contra el gobierno / 料金の値上げに抗議する protestar por la subida de las tarifas / 解雇に抗議する reclamar contra el despido
▶〜に抗議して en protesta《por》
◰抗議行動 acción *f.* de protesta
◰抗議集会 mitin *m.* de protesta
◰抗議デモ manifestación *f.* de protesta ‖ 工場閉鎖に対する抗議デモ manifestación *f.* en protesta por el cierre de la fábrica
◰抗議文 protesta *f.*

こうぎ 講義 clase *f.*, curso *m.* ‖ 講義がある tener clase / 私は今日講義がない Hoy no tengo clases. / 講義に出る asistir a una clase / 数学の講義を受ける recibir clases de Matemáticas
▶講義する「dar [impartir] una clase
◰講義室 clase *f.*, aula *f.*

ごうぎ 合議 consulta *f.*, deliberación *f.* → きょうぎ(協議)
◰合議制 sistema *m.* colegiado

こうきあつ 高気圧 anticiclón *m.*, altas presiones *fpl.* ‖ 高気圧に覆われている「estar [encontrarse] bajo la influencia del anticiclón / 大陸の高気圧が日本に張り出す El anticiclón procedente del continente llega a Japón.

こうきしん 好奇心 curiosidad *f.* ‖ 好奇心の強い curio*so*[*sa*] / 好奇心をそそる/好奇心を呼び起こす despertar la curiosidad《de》/ 好奇心を刺激する estimular la curiosidad《de》/ 好奇心を満たす satisfacer la curiosidad《de》/ 好奇心にかられて movi*do*[*da*] por curiosidad, pre*so*[*sa*] de curiosidad
▶好奇心で por curiosidad
◰知的好奇心 curiosidad *f.* intelectual

こうきのう 高機能 alto rendimiento *m.*, alto funcionamiento *m.*
◰高機能カメラ cámara *f.* de alto rendimiento
◰高機能自閉症 autismo *m.* de alto funcionamiento

こうきゅう 恒久 eternidad *f.*, permanencia *f.*
▶恒久の/恒久的(な) eter*no*[*na*], perpe*tuo*[*tua*], permanente
▶恒久的に eternamente, perpetuamente
◰恒久平和 paz *f.* permanente

こうきゅう 高級
▶高級な de primera clase, de calidad superior, de lujo
◰高級官僚 al*to*[*ta*] funciona*rio*[*ria*] *mf.*
◰高級紙 (新聞) periódico *m.* de primera línea
◰高級車 coche *m.* de lujo
◰高級住宅街 zona *f.* residencial de lujo

こうきゅう

◩高級ホテル hotel *m.* de「cinco estrellas [primera categoría]」

こうきゅう 高給　sueldo *m.*「alto [elevado]」‖ 高給の仕事 trabajo *m.* bien pagado
◩高給取り‖高給取りである「tener [cobrar] un buen sueldo」

こうきゅう 硬球　pelota *f.* dura

こうきゅうび 公休日　día *m.* de descanso obligatorio

こうきょ 皇居　Palacio *m.* Imperial
◩皇居前広場 plaza *f.* del Palacio Imperial

こうきょう 公共
▶公共の público[ca], común ‖ 公共の福祉 bienestar *m.* público／公共の利益 interés *m.* público
▶公共性‖公共性がある tener carácter público
◩公共空地 espacio *m.* público abierto
◩公共機関 organismo *m.* público
◩公共企業体 corporación *f.* pública
◩公共危険罪 delito *m.* contra la seguridad colectiva
◩公共交通 transporte *m.* público
◩公共サービス servicios *mpl.* públicos
◩公共財 bienes *mpl.* públicos
◩公共事業 obras *fpl.* públicas
◩公共施設 instalaciones *fpl.* públicas
◩公共職業安定所 oficina *f.* pública de empleo
◩公共心 civismo *m.*
◩公共団体 entidad *f.* pública
◩公共投資 inversión *f.* pública
◩公共放送「radiodifusión *f.* [radiotelevisión *f.*]」pública
◩公共料金 tarifas *fpl.* de servicios públicos

こうきょう 好況　prosperidad *f.*, bonanza *f.*,《英語》boom *m.* económico ‖ 繊維産業は好況である La industria textil está en auge.／経済は好況に向かっている La economía va mejorando.
▶好況な próspero[ra] ‖ 好況な業界 sector *m.* próspero
◩好況期 época *f.* de prosperidad

こうぎょう 工業　industria *f.*
▶工業の industrial
▶工業化 industrialización *f.* ‖ 工業化する industrializar
◩軽工業 industria *f.* ligera
◩重工業 industria *f.* pesada
◩工業高校 escuela *f.* secundaria de formación técnica
◩工業国 país *m.* industrial
◩工業製品 producto *m.* industrial
◩工業地帯「cinturón *m.* [zona *f.*]」industrial
◩工業団地「polígono *m.* [parque *m.*]」industrial
◩工業デザイナー diseña*dor*[dora] *mf.* industrial
◩工業都市 ciudad *f.* industrial

こうぎょう 鉱業　minería *f.*, industria *f.* minera
◩鉱業生産 producción *f.* minera

こうぎょう 興行　espectáculo *m.*, función *f.*, representación *f.*
▶興行する presentar un espectáculo, dar una función
◩慈善興行 función *f.* benéfica
◩昼興行 matiné *f.*,「sesión *f.* [función *f.*]」de tarde
◩興行界 mundo *m.* del espectáculo
◩興行主 promo*tor*[tora] *mf.* de espectáculos

こうきょうがく 交響楽　sinfonía *f.*
▶交響楽の sinfónico[ca]
◩交響楽団 sinfónica *f.*, orquesta *f.* sinfónica

こうきょうきょく 交響曲　sinfonía *f.* ‖ ベートーベンの交響曲第5番 Quinta sinfonía *f.* de Beethoven

こうきょうようり 公教要理　catecismo *m.*

こうきん 公金　fondos *mpl.* públicos, dinero *m.* público
◩公金横領 malversación *f.* de「fondos [caudales]」públicos

こうきん 抗菌
▶抗菌の antibacteria*no*[na]
◩抗菌物質 antibacteriano *m.*

こうきん 咬筋　《解剖》masetero *m.*

こうきん 拘禁　encarcelamiento *m.*, detención *f.*
▶拘禁する detener, encarcelar, recluir

ごうきん 合金　aleación *f.* ‖ 金と銀を合金にする alear oro y plata
◩アルミ合金 aleación *f.* de aluminio
◩軽合金 aleación *f.* ligera

こうぐ 工具　herramienta *f.*, utensilio *m.* ‖ 工具を使う utilizar herramientas
◩工具セット herramental *m.*, juego *m.* de herramientas
◩工具箱 caja *f.* de herramientas

こうくう 口腔　⇒こうこう

こうくう 航空　aviación *f.*, navegación *f.* aérea
◩航空運賃 tarifa *f.* aérea
◩航空会社 aerolínea *f.*, compañía *f.* aérea, línea *f.* aérea
◩航空学 aeronáutica *f.*
◩航空貨物 carga *f.* aérea
◩航空機 avión *m.*, aeronave *f.*
◩航空基地 base *f.* aérea
◩航空券「billete *m.* [pasaje *m.*]」de avión,《中南米》boleto *m.* de avión
◩航空交通管制 control *m.* del tráfico aéreo
◩航空管制官 controla*dor*[dora] *mf.* aére*o*[a]
◩航空管制塔 torre *f.* de control aéreo

- 航空自衛隊 Fuerzas *fpl.* Aéreas de Autodefensa de Japón
- 航空写真 fotografía *f.* aérea
- 航空書簡 aerograma *m.*
- 航空大学校 Universidad *f.* de Aviación Civil
- 航空便 correo *m.* aéreo ‖ 航空便で本を送る enviar un libro por avión
- 航空標識 aerofaro *m.*
- 航空母艦 portaaviones *m.*[=*pl.*]
- 航空輸送 transporte *m.* aéreo
- 航空力学 aerodinámica *f.*
- 航空路 línea *f.* aérea

こうけい 口径 （銃の）calibre *m.*,（レンズの）diámetro *m.* ‖ 22口径のピストル pistola *f.* del calibre 22

こうけい 光景 escena *f.*, espectáculo *m.* ‖ 日常の光景 escena *f.* cotidiana ／ 恐ろしい光景を目にする presenciar una escena 「espantosa [terrible] ／ その光景は私の脳裏に焼き付いた Se me quedó grabada esa escena en mi mente.

こうけい 後継 sucesión *f.*
- 後継者 suce*sor*[*sora*] *mf.*,（相続による）hered*ero*[*ra*] *mf.* ‖ 父の後継者になる suceder a *su* padre ／ 農業の後継者不足 falta *f.* de sucesores en la agricultura
- 後継内閣 gobierno *m.* sucesor

こうげい 工芸 artesanía *f.*
- 工芸家 artes*ano*[*na*] *mf.*
- 工芸品 「objeto *m.* [obra *f.*, pieza *f.*] de artesanía,《集合名詞》artesanía *f.* ‖ 日本の工芸品 artesanía *f.* japonesa

ごうけい 合計 total *m.*, suma *f.*
- ▶合計で/合計して en total ‖ 合計（で）15,000円です Son quince mil yenes en total.
- ▶合計する sumar, hacer la suma

こうけいき 好景気 bonanza *f.* económica → こうきょう（好況）

こうげき 攻撃 ataque *m.*, ofensiva *f.* ‖ 攻撃の的 objeto *m.* de ataque ／ 攻撃の嵐 「lluvia *f.* [ola *f.*] de ataques ／ 攻撃と防御 ataque *m.* y defensa *f.* ／ 攻撃に備える prepararse para defenderse de un ataque ／ 敵の攻撃に耐える resistir el ataque del enemigo ／ 激しい攻撃を受ける sufrir un ataque violento ／ 攻撃をかける lanzar un ataque 《contra》／ 攻撃をかわす esquivar el ataque ／ 攻撃を食い止める 「frenar [detener] el ataque 《de》
- ▶攻撃する atacar, arremeter 《contra》, efectuar un ataque ‖ 野党が財務大臣（男性）を攻撃する La oposición ataca al ministro de Finanzas.
- ▶攻撃的な agres*ivo*[*va*], ofens*ivo*[*va*] ‖ 攻撃的な性格 carácter *m.* agresivo
- 総攻撃 ataque *m.* 「total [general]
- 攻撃機 avión *m.* de ataque
- 攻撃目標 blanco *m.* de ataque
- 攻撃力 capacidad *f.* ofensiva

ごうけつ 豪傑 guerr*ero*[*ra*] *mf.* valiente, persona *f.* 「audaz [intrépida]

こうけつあつ 高血圧 hipertensión *f.*
- ▶高血圧の hipertens*ivo*[*va*],（人が）hipertens*o*[*sa*] ‖ 高血圧の人 hipertens*o*[*sa*] *mf.*
- ▶高血圧である 「padecer [sufrir] hipertensión, tener la tensión alta
- 高血圧症 hipertensión *f.* ‖ 本態性高血圧症 hipertensión *f.* esencial
- 高血圧治療薬 antihipertensivo *m.*

こうけん 後見 （任務）tutoría *f.*,《法律》tutela *f.*,（能楽）ayudante *com.* de escena
- 成年後見制度 sistema *m.* de tutela de adultos
- 後見人 tu*tor*[*tora*] *mf.*

こうけん 貢献 contribución *f.*, aportación *f.* ‖ 貢献を受ける recibir 「contribuciones [aportaciones]
- ▶貢献する contribuir《a》, hacer una 「contribución [aportación] ‖ 社会に貢献する contribuir a la sociedad
- 貢献度 nivel *m.* de contribución

こうげん 公言
- ▶公言する declarar públicamente ‖ 公言してはばからない no tener reparo en declarar públicamente

こうげん 抗原 《医学・生物》antígeno *m.*

こうげん 高原 altiplanicie *f.*, altiplano *m.*, meseta *f.* ‖ ボリビアの高原 altiplano *m.* de Bolivia
- 高原地帯 zona *f.* de meseta

こうけん 合憲
- ▶合憲の constitucional, conforme a la Constitución
- ▶合憲性 constitucionalidad *f.*

こうげんびょう 膠原病 《医学》colagenosis *f.*[=*pl.*]

こうけんりょく 公権力 poderes *mpl.* públicos

こうご 交互
- ▶交互の altern*ativo*[*va*], altern*ado*[*da*]
- ▶交互に alternativamente, con alternación, alternadamente ‖ 走りと歩きを交互にするのは良い運動だ Es un buen ejercicio correr y caminar alternativamente.

こうご 口語 （文語に対して）lenguaje *m.* 「hablado [oral], lengua *f.* hablada,（日常会話の）lenguaje *m.* coloquial
- ▶口語的な coloquial
- 口語体 estilo *m.* coloquial
- 口語表現 expresión *f.* coloquial
- 口語文 texto *m.* 「oral [coloquial]

ごうご 豪語
- ▶豪語する fanfarronear, decir una fanfarronada

こうこう 口腔 《解剖》cavidad *f.* bucal

こうこう 口腔医学 estomatología *f.*
- 口腔外科 cirugía *f.* oral y maxilofacial
- 口腔病学者/口腔病専門医 estomatólo*go*[*ga*] *mf.*

こうこう 孝行 「piedad *f.* [deber *m.*] filial ⇒おやこうこう（親孝行）
- 孝行息子 hijo *m.* servicial

こうこう 航行 navegación *f.*
▶ 航行する navegar
▶ 航行可能な navegable
- 航行警報 avisos *mpl.* náuticos

こうこう 高校 escuela *f.* secundaria superior, instituto *m.* (de bachillerato) ‖ 高校に通う ir a un instituto de bachillerato ／ 高校に入学する entrar en una escuela secundaria superior ／ 高校を受験する presentarse al examen de ingreso de una escuela secundaria superior ／ 高校を卒業する graduarse 「en el [del] instituto, terminar el bachillerato ／ 高校を中退する abandonar los estudios de bachillerato
- 高校時代 época *f.* de bachillerato
- 高校生 estudiante *com.* de bachillerato

こうこう 煌煌
▶ 煌々と ‖ 煌々と輝く brillar como brasas ／ 煌々と明かりがともっている estar brillantemente ilumina*do*[*da*]

こうごう 皇后 emperatriz *f.*
- 皇后陛下 Su Majestad la Emperatriz

ごうごう 囂囂 ‖ ごうごうたる非難を浴びる recibir fuertes reproches

ごうごう 轟轟 ‖ ごうごうと鳴る retumbar, （風が）rugir con fuerza ／ エンジンのごうごうたる響き ruido *m.* ensordecedor del motor

こうこうぎょう 鉱工業 industria *f.* minera y manufacturera
- 鉱工業生産指数 índice *m.* de producción industrial

こうごうしい 神神しい divi*no*[*na*], （崇高な）sublime

こうごうせい 光合成 fotosíntesis *f.*[=*pl.*]
▶ 光合成の fotosintétic*o*[*ca*]

こうこがく 考古学 arqueología *f.*
▶ 考古学の arqueológic*o*[*ca*]
- 考古学者 arqueólo*go*[*ga*] *mf.*
- 考古学博物館 museo *m.* arqueológico

こうこく 広告 anuncio *m.*, publicidad *f.* ‖ 新聞に広告を出す poner un anuncio en el periódico
▶ 広告の publicitari*o*[*ria*]
▶ 広告する anunciar, hacer publicidad 《de》
- 宣伝広告 propaganda *f.*
- 広告業 industria *f.* publicitaria, publicidad *f.*
- 広告業界 sector *m.* publicitario
- 広告収入 ingresos *mpl.* por publicidad
- 広告代理店 agencia *f.* de publicidad
- 広告媒体 medio *m.* publicitario
- 広告費 gastos *mpl.* de publicidad
- 広告主 anuncia*dor*[*dora*] *mf.*, （テレビ・ラジオの）patrocina*dor*[*dora*] *mf.*
- 広告欄 espacio *m.* publicitario
- 広告料 tarifas *fpl.* de publicidad

こうこく 公国 principado *m.*, ducado *m.*
- アンドラ公国 Principado *m.* de Andorra

こうこく 抗告 apelación *f.*
▶ 抗告する presentar una apelación 《ante》, apelar 《ante》
- 抗告手続き trámite *m.* de apelación

こうこつ 恍惚 éxtasis *m.*[=*pl.*], （老齢による）chochera *f.* ‖ 恍惚としている estar en éxtasis ／ 恍惚となる extasiarse 《con》
- 恍惚感 sensación *f.* de éxtasis

こうさ 公差 《工学》tolerancia *f.*

こうさ 交差 cruce *m.*, intersección *f.*, 《解剖》quiasma *m.*
▶ 交差する cruzarse ‖ この通りは国道と交差する Esta calle se cruza con la carretera nacional.
- 交差点 cruce *m.*, encrucijada *f.*

こうさ 考査 examen *m.* ⇒しけん（試験）
▶ 考査する examinar

こうさ 黄砂 arena *f.* amarilla, polvo *m.* 「amarillo [asiático]

こうざ 口座 cuenta *f.* (bancaria) ‖ 私はこの銀行に口座がある Tengo una cuenta en este banco. ／ 私はあなたの口座に5万円振り込みます Voy a transferir cincuenta mil yenes a su cuenta bancaria. ／ 支払いを口座からの引き落としにする domiciliar el pago en la cuenta ／ 口座からお金を引き出す「sacar [retirar] dinero de la cuenta ／ 口座を開く［閉じる］「abrir [cerrar] una cuenta bancaria
- 預貯金口座 （普通）cuenta *f.* de ahorros, （当座）cuenta *f.* corriente
- 口座番号 número *m.* de cuenta

こうざ 講座 curso *m.*, （大学の）cátedra *f.* ‖ 講座を受講する「asistir a [recibir] un curso ／ 大学で歴史の講座を持つ ser titular de la cátedra de Historia en una universidad ／ 講座を設ける crear una cátedra ／ 健康についての講座を開く organizar un curso sobre salud
- ラジオスペイン語講座 curso *m.* de español por radio

こうさい 公債 deuda *f.* pública, （債券）「bono *m.* [empréstito *m.*] público, （国債）bono *m.* del Estado, （地方債）bono *m.* municipal ‖ 公債を発行する emitir bonos (públicos) ／ 公債を償還する pagar los bonos (públicos)

こうさい 交際 trato *m.*, （友人関係）amistad *f.* ‖ 交際が広い tener un amplio círculo

de amistades
- ▶交際する tener trato《con》, tener amistad《con》, (男女の) salir《con》
- ◨交際相手‖彼女の交際相手 chico m. con el que sale ella
- ◨交際費 gastos mpl. de representación

こうさい 虹彩　《解剖》iris m.[=pl.]
- ◨虹彩炎 iritis f.[=pl.]

こうざい 功罪　méritos mpl. y「deméritos mpl. [defectos mpl.]‖原子力政策の功罪を問う poner sobre el tapete los méritos y defectos de la política de energía nuclear
- 慣用 功罪相半ばする tener sus pros y sus contras

こうさく 工作　(手工芸) artesanía f., manualidades fpl., (計略) maniobra f.‖工作の授業 clase f. de manualidades
- ▶工作する (裏で) manipular
- ◨政治工作 maniobra f. política
- ◨工作員 agente com. secreto[ta]
- ◨工作機械 máquina f. herramienta
- ◨工作室 taller m.
- ◨工作船 barco m. espía
- ◨工作品 artesanía f.

こうさく 交錯　entrecruzamiento m.
- ▶交錯する entrecruzarse, mezclarse‖喜びと悲しみが交錯する sentir una mezcla de alegría y tristeza

こうさく 耕作　cultivo m., labranza f.
- ◨耕作可能な cultivable
- ▶耕作する cultivar, labrar
- ◨耕作機械 cultivador m., máquina f. cultivadora
- ◨耕作地 tierra f. de cultivo

こうさつ 考察　consideración f., estudio m.‖トレドの歴史に関する一考察 estudio m. sobre la historia de Toledo
- ▶考察する analizar, estudiar, considerar

こうさつ 絞殺　estrangulación f.
- ▶絞殺する estrangular
- ◨絞殺死体「cuerpo m. [cadáver m.] estrangulado

こうさん 公算　probabilidad f., posibilidad f.‖勝つ公算が強い tener una gran probabilidad de ganar

こうさん 降参　rendición f. ⇒ こうふく (降伏)‖この暑さには降参だ No puedo más con este calor.
- ▶降参する rendirse

こうざん 高山　montaña f. alta
- ◨高山植物 planta f. alpina, (植物相) flora f. alpina
- ◨高山病 mal m. de「altura [las alturas, montaña]

こうざん 鉱山　mina f.
- ▶鉱山の minero[ra]
- ◨鉱山技師 ingeniero[ra] mf. minero[ra]
- ◨鉱山労働者 minero[ra] mf.

こうし 子牛　ternero[ra] mf.‖子牛の肉 ternera f.

こうし 公私　lo público y lo privado‖公私ともに多忙だ estar muy ocupado[da] tanto en el trabajo como en la vida privada / 公私を混同する confundir lo público con lo privado / 公私を区別する distinguir「entre lo público y lo privado [lo público de lo privado]

こうし 公使　ministro[tra] mf.‖公使を務める ejercer el cargo de ministro[tra]
- ◨代理公使 encargado[da] mf. de negocios
- ◨公使館 legación f.
- ◨公使館員 funcionario[ria] mf. de una legación, 《集合名詞》legación f.

こうし 行使　ejercicio m., utilización f.
- ▶行使する ejercer, ejercitar, utilizar‖権利を行使する「ejercer [ejercitar] su derecho / 武力を行使する「utilizar [recurrir a] las fuerzas armadas

こうし 格子　reja f., rejilla f., enrejado m.
- ◨格子縞 cuadros mpl.‖格子縞のテーブルクロス mantel m. a cuadros
- ◨格子戸 puerta f. de rejas
- ◨格子窓 celosía f., ventana f. enrejada

こうし 講師　(教師) profesor[sora] mf., (講演者) conferenciante com.‖講師を務める trabajar de profesor[sora] / 講師を派遣する enviar a un[una] profesor[sora]
- ◨非常勤講師 profesor[sora] mf. no numerario[ria], profesor[sora] mf. asociado[da]

こうじ 麹　levadura f.

こうじ 工事　obra f.‖工事中《標識》Obras / 工事中である estar en「obras [construcción]
- ▶工事する hacer una obra
- ◨建設工事‖建設工事をする hacer obras de construcción
- ◨道路工事 obras fpl. viales
- ◨工事現場 lugar m. de la obra, obra f.

こうじ 小路　callejón m.

こうじ 公示　anuncio m.「público [oficial]
- ▶公示する anunciar「públicamente [oficialmente], convocar‖総選挙を公示する convocar elecciones generales
- ◨公示価格/公示地価 estimación f.　oficial del terreno

こうしき 公式　oficialidad f., (数学の) fórmula f.
- ▶公式の oficial, formal‖公式の数字 cifras fpl. oficiales / 公式の場 lugar m. oficial
- ▶公式に oficialmente, formalmente
- ▶公式化 formulación f.
- ◨公式ウェブサイト sitio m. web oficial
- ◨公式行事 (国の) ceremonia f. de Estado
- ◨公式記録 récord m. oficial
- ◨公式戦「partido m. [juego m.] de tempo-

rada regular
- 公式発表 anuncio m. oficial
- 公式訪問 visita f. oficial ‖ アルゼンチンを公式訪問する「realizar [hacer] una visita oficial a Argentina

こうしけっしょう 高脂血症 《医学》 hiperlipidemia f., hiperlipemia f.
- 高脂血症の(人) hiperlipidémico[ca] (mf.), hiperlipémico[ca] (mf.)

こうせい 高姿勢 ‖ 高姿勢に出る tomar una actitud「prepotente [altanera], mostrarse「prepotente [altanero[ra]]

こうしつ 皇室 [Familia f. [Casa f.] Imperial
- 皇室典範 Ley f. de la Casa Imperial

こうしつ 硬質
- 硬質の duro[ra]
- 硬質ガラス「cristal m. [vidrio m.] duro
- 硬質ゴム hule m. duro, ebonita f., vulcanita f.

こうじつ 口実 excusa f., explicaciones fpl., disculpa f., pretexto m., (言い逃れ) evasivas fpl. ‖ 君の言うことは口実にすぎない Lo que dices no es más que una excusa. ／口実をこしらえる inventar「una excusa [un pretexto] ／口実をもうける poner un pretexto ／うまい口実を探す buscar una buena excusa《para》
- 口実にする pretextar, poner el pretexto《de》
- 〜という口実で/〜を口実にして 「bajo [con] (el) pretexto《de》‖ 彼女は多忙を口実に(して)パーティーに行かなかった Ella no acudió a la fiesta con el pretexto de tener mucho trabajo.

こうして así, de esta manera ‖ こうして私は成功した Así llegué a tener éxito.

こうしゃ 公社 corporación f. pública, empresa f. 「pública [estatal]
- 公社債 bonos mpl. públicos, obligaciones fpl. públicas ‖ 公社債市場 mercado m. de bonos públicos

こうしゃ 後者 este[ta] mf., el[la] último [ma], el[la] segundo[da] ‖ 奈良と京都は日本の古都である。前者は後者よりも古い Nara y Kioto son antiguas capitales de Japón. 「Aquella [La primera] es más antigua que 「esta [la segunda].

こうしゃ 校舎 edificio m.「de la escuela [escolar]

ごうしゃ 豪奢
- 豪奢な suntuoso[sa], fastuoso[sa], lujoso[sa] ‖ 豪奢な暮らしをする llevar una vida「suntuosa [fastuosa, lujosa], 《慣用》vivir como un[una] rey[reina]

こうしゃく 公爵 duque m.
- 公爵夫人 duquesa f.

こうしゃく 侯爵 marqués m.
- 侯爵夫人 marquesa f.

こうしゃほう 高射砲 cañón m. antiaéreo

こうしゅ 攻守 ataque m. y defensa f., ofensiva f. y defensiva f. ‖ 攻守ともにすぐれている(選手が) jugar bien tanto a la ofensiva como a la defensiva, jugar bien tanto en ataque como en defensa

こうしゅう 口臭 mal aliento m. ‖ 口臭がする tener mal aliento ／口臭をなくす eliminar el mal aliento

こうしゅう 公衆 público m.
- 公衆の público[ca] ‖ 公衆の面前で en público
- 公衆衛生 higiene f. pública
- 公衆電話 teléfono m. público
- 公衆道徳 sentido m. cívico, moral f. pública
- 公衆便所/公衆トイレ baño m. público

こうしゅう 講習 curso m. ‖ 講習を受ける asistir a un curso
- 夏期講習 curso m. de verano
- 講習会 curso m., (短期の) cursillo m. ‖ 講習会を開く organizar un curso

こうしゅうは 高周波 frecuencia f. alta, radiofrecuencia f.
- 高周波溶接 soldadura f. por alta frecuencia

こうしゅけい 絞首刑 ahorcamiento m., pena f. de muerte por ahorcamiento
- 絞首刑にする ahorcar,「matar [ejecutar] a ALGUIEN en la horca

こうじゅつ 口述 dictado m.
- 口述する dictar, narrar ‖ 遺言を口述する dictar su testamento
- 口述試験 examen m. oral, (面接) entrevista f.
- 口述筆記 dictado m.

こうじゅつ 後述
- 後述の abajo mencionado[da], mencionado[da] más adelante ‖ 後述の件 asunto m. abajo mencionado ／後述の通り como se menciona más adelante

こうしょ 高所 (山などの) altitud f., altura f. ‖ 高所に避難する refugiarse en un lugar alto
- 高所恐怖症《医学》acrofobia f. ‖ 高所恐怖症である tener「acrofobia [miedo a las alturas]

こうじょ 控除 deducción f.
- 控除する deducir
- 基礎控除 base f. de la deducción
- 控除額 suma f. deducida

こうしょう 交渉 negociación f., (関係) relación f. ‖ 交渉が決裂した Se rompieron las negociaciones. ／交渉が成立した Se cerraron las negociaciones. ／交渉中である estar en negociaciones《con》／交渉に当たる encargarse de las negociaciones ／交渉に

入る「entrar en [entablar las] negociaciones／交渉の席につく sentarse en una mesa de negociación／交渉を打ち切る suspender las negociaciones／交渉を続ける continuar (con) las negociaciones／交渉を進める llevar adelante las negociaciones／私は彼と交渉を絶った He roto las relaciones con él.
▶交渉する negociar《con》‖ペルーと交渉する negociar con Perú
▶交渉人 negocia*dor*[*dora*] *mf*.

こうしょう 高尚
▶高尚な noble, refina*do*[*da*]

こうじょう 工場　fábrica *f*., factoría *f*., (施設) planta *f*. ‖ 工場を閉鎖する cerrar la fábrica
◿工場移転 traslado *m*. de una fábrica
◿工場管理 administración *f*. de una fábrica
◿工場見学 visita *f*. a la fábrica ‖ 工場見学をする visitar una fábrica
◿工場生産 producción *f*. en fábricas
◿工場長 direc*tor*[*tora*] *mf*. de la fábrica
◿工場廃水 aguas *fpl*. residuales procedentes de una fábrica
◿工場閉鎖 (閉鎖) cierre *m*. de una fábrica, (ロックアウト)「cierre *m*. [paro *m*.] patronal, 《英語》*lock-out m*.
◿工場労働者 trabaja*dor*[*dora*] *mf*. de fábrica
◿工場渡し entrega *f*. en fábrica ‖ 工場渡し価格 precio *m*. de salida de fábrica

こうじょう 向上　mejora *f*., avance *m*., progreso *m*. ‖ 製品の品質の向上 mejora *f*. de la calidad de productos
▶向上する mejorar, avanzar, progresar, adelantar ‖ 生活が向上する Se mejora la vida.
◿向上心 afán *m*. de superación ‖ 向上心のある人 persona *f*. con afán de superación

こうじょう 恒常
▶恒常的な permanente, constante
▶恒常性 (生物) homeostasis *f*.[=*pl*.]
◿恒常所得 ingresos *mpl*. permanentes

ごうじょう 強情　→がんこ(頑固) ‖ 彼は強情だ Él es terco.; Él tiene la cabeza dura. ／ 強情を張る obstinarse《en》, (慣用)no dar el brazo a torcer／彼女は医者には行かないと強情を張る Ella se obstina en no ir al médico.
▶強情な ter*co*[*ca*], obstina*do*[*da*]
▶強情っ張り ter*co*[*ca*] *mf*., obstina*do*[*da*] *mf*.

こうじょうせん 甲状腺　《解剖》 tiroides *m*.[=*pl*.]
▶甲状腺の tiroide*o*[*a*]
◿甲状腺機能亢進症 hipertiroidismo *m*.
◿甲状腺腫 bocio *m*.
◿甲状腺肥大 hipertrofia *f*. tiroidea
◿甲状腺ホルモン hormona *f*. tiroidea

こうしょうにん 公証人　nota*rio*[*ria*] *mf*., 《集合名詞》notariado *m*.
◿公証人事務所 notaría *f*.

こうしょく 公職　funciones *fpl*. públicas, cargo *m*. público ‖ 公職につく ocupar un cargo público／公職を追放する inhabilitar a ALGUIEN para ocupar cargos públicos
◿公職選挙法 Ley *f*. de Elecciones Públicas
◿公職追放 ostracismo *m*., inhabilitación *f*. para cargos públicos

こうしょく 好色
▶好色な lasci*vo*[*va*], lujurio*so*[*sa*], verde ‖ 好色なじいさん viejo *m*. verde

こうじる 高じる　(病状が) agravarse, complicarse ‖ 彼は趣味が高じてそれが本職になった Se dedicó tanto a su afición que la convirtió en su profesión.

こうじる 講じる　(手段をとる) adoptar, (講義する) impartir ‖ 対策を講じる「adoptar [tomar] medidas ／ 日本文学を講じる impartir clases de literatura japonesa

こうしん 交信　(無線通信) comunicación *f*. inalámbrica, (連絡) contacto *m*. ⇒つうしん(通信) ‖ 管制塔との交信が途絶えた Se perdió la comunicación con la torre de control.
▶交信する establecer comunicación《con》
◿交信記録 registro *m*. de comunicaciones

こうしん 行進　marcha *f*., desfile *m*.
▶行進する marchar, desfilar
◿行進曲 marcha *f*.

こうしん 更新　actualización *f*., (延長) renovación *f*.
▶更新する actualizar, renovar, (変更する) modificar ‖ 契約を更新する renovar el contrato／記録を更新する「batir [superar] el récord ／ データを更新する actualizar los datos
▶更新可能な renovable
◿更新料 gastos *mpl*. de renovación

こうしん 後進　(後継者) suce*sor*[*sora*] *mf*., (新世代) nueva generación *f*., (若者) los jóvenes ‖ 後進に道をゆずる「dejar [ceder] el paso a los jóvenes
▶後進する (バックする) retroceder

こうじん 公人　persona *f*. pública, (公職の人) funciona*rio*[*ria*] *mf*.

こうしんこく 後進国 ⇒かいはつ(⇒開発途上国)

こうしんじょ 興信所　agencia *f*. de detectives (privados)

こうしんりょう 香辛料　especia *f*. ‖ 香辛料の効いた carga*do*[*da*] de especias, muy condimenta*do*[*da*]

こうず 構図　composición *f*., (写真の) encuadre *m*.

こうすい 香水　perfume *m*. ‖ 香水をつける

（自分に）perfumarse, 「ponerse [echarse] perfume
こうすい 硬水 agua *f.* 「dura [gorda, calcárea]
こうすい 降水 precipitación *f.*
◪ 降水確率 「probabilidad *f.* [posibilidad *f.*] de lluvia(s)
◪ 降水量 precipitaciones *fpl.*, pluviosidad *f.*
こうずい 洪水 inundación *f.*, diluvio *m.* ‖ 洪水に遭う sufrir inundaciones／洪水をひき起こす provocar la inundación 《de》／洪水が起こる可能性がある Hay posibilidad de que se produzca una inundación.／洪水を防ぐ prevenir inundaciones／車の洪水 avalancha *f.* de coches／情報の洪水 「inundación *f.* [lluvia *f.*, alud *m.*] de información
◪ 洪水警報 alarma *f.* de inundación
こうせい 公正 imparcialidad *f.*, equidad *f.*
▶ 公正な imparcial, jus*to*[*ta*], equitati*vo*[*va*] ‖ 公正な態度 actitud *f.* imparcial／公正な取引 comercio *m.* equitativo
▶ 公正に imparcialmente, equitativamente, con equidad
◪ 公正価格 precio *m.* justo
◪ 公正証書 acta *f.* notarial
◪ 公正取引委員会 Comisión *f.* de Comercio Justo
こうせい 攻勢 ofensiva *f.* ‖ 攻勢に出る tomar la ofensiva／攻勢に転じる pasar a la ofensiva
▶ 攻勢の ofensi*vo*[*va*]
◪ 外交攻勢 ofensiva *f.* diplomática
こうせい 更生 regeneración *f.*, rehabilitación *f.*
▶ 更生する regenerarse, rehabilitarse
◪ 更生施設 establecimiento *m.* de rehabilitación
こうせい 厚生 bienestar *m.* social
◪ 厚生事業 obra *f.* de beneficencia
◪ 厚生施設 instalación *f.* de bienestar social
◪ 厚生年金 pensión *f.* de jubilación para asalariados
◪ 厚生労働省 Ministerio *m.* de Salud, Trabajo y Bienestar
こうせい 後世 futuras generaciones *fpl.*, posteridad *f.* ‖ 後世に残る「quedar para [pasar a] la posteridad／後世に名を残す dejar *su* nombre 「a [para] la posteridad
こうせい 恒星 estrella *f.* fija
こうせい 校正 corrección *f.* (de pruebas)
▶ 校正する corregir las pruebas
◪ 校正者 correc*tor*[*tora*] *mf.* (de pruebas)
◪ 校正刷り pruebas *fpl.* (de imprenta), galerada *f.*
こうせい 構成 composición *f.*, constitución *f.*, estructura *f.* ‖ 文章の構成 estructura *f.* del texto
▶ 構成する componer, constituir, formar ‖ 私たち全員がこの社会を構成している Todos nosotros formamos esta sociedad.／委員会は6名のメンバーで構成されている La comisión está 「formada [compuesta] por seis miembros.
◪ 家族構成 composición *f.* 「familiar [de la familia]
◪ 構成員 miembro *com.*
◪ 構成要素 componente *m.*
ごうせい 合成 composición *f.*, 《化学》síntesis *f.*[=*pl.*]
▶ 合成する componer, 《化学》sintetizar
▶ 合成の compues*to*[*ta*], 《化学》sintétic*o*[*ca*]
◪ 合成語 palabra *f.* compuesta
◪ 合成写真（写真）fotografía *f.* 「montada [compuesta], （編集）fotomontaje *m.*, montaje *m.* fotográfico
◪ 合成樹脂 resina *f.* sintética
◪ 合成繊維 fibra *f.* sintética
◪ 合成洗剤 detergente *m.* sintético
◪ 合成皮革 cuero *m.* sintético
ごうせい 豪勢
▶ 豪勢な lujos*o*[*sa*], fastuos*o*[*sa*] ‖ 豪勢な暮らしをする vivir en la abundancia／豪勢な夕食を楽しむ disfrutar de una opípara cena
こうせいしんやく 向精神薬 sustancia *f.* psicotrópica, psicótropo *m.*
こうせいのう 高性能
▶ 高性能の de alto rendimiento
こうせいぶっしつ 抗生物質 antibiótico *m.* ‖ 抗生物質を飲む tomar un antibiótico／抗生物質を処方する recetar un antibiótico
こうせき 功績 mérito *m.*, contribución *f.* ‖ 功績を記念して en reconocimiento de los méritos de ALGUIEN／功績をたたえる alabar los méritos de ALGUIEN／功績を認める reconocer los méritos 《a》／大きな功績を残す dejar una gran contribución
こうせき 鉱石 mineral *m.*
こうせつ 公設
▶ 公設の públic*o*[*ca*]
◪ 公設市場 mercado *m.* 「público [municipal]
こうせつ 降雪 nevada *f.*
◪ 降雪量 precipitaciones *fpl.* de nieve
ごうせつ 豪雪 nevazo *m.*, 「gran [fuerte] nevada *f.*
◪ 豪雪地帯 zona *f.* de grandes nevadas
こうせん 交戦
▶ 交戦する luchar 《con, contra》, hacer la guerra, estar en guerra 《con》
◪ 交戦権 derecho *m.* de 「guerra [beligerancia]

こうせん 光線 rayo *m.*「luminoso [de luz], (光) luz *f.* ‖ 光線を放つ emitir rayos luminosos
- 交戦国 país *m.* beligerante
- 交戦状態 beligerancia *f.*, estado *m.* de guerra

こうせん 光線 rayo *m.*「luminoso [de luz], (光) luz *f.* ‖ 光線を放つ emitir rayos luminosos
- 光線過敏症 fotosensibilidad *f.*
- 光線力学療法 terapia *f.* fotodinámica

こうせん 鉱泉「manantial *m.* [fuente *f.*] de agua mineral, (鉱水) agua *f.* mineral

こうぜん 公然
▶ 公然の públi*co*[*ca*], noto*rio*[*ria*] ‖ 公然の秘密 secreto *m.* a voces
▶ 公然と abiertamente, (公衆の面前で) en público ‖ 公然と批判する criticar abiertamente
- 公然わいせつ罪 delito *m.* de ultraje al pudor (público), delito *m.* contra la moral pública

こうせんてき 好戦的
▶ 好戦的な belico*so*[*sa*], guerre*ro*[*ra*]

こうそ 公訴 acusación *f.* pública, proceso *m.*
▶ 公訴する acusar, procesar

こうそ 控訴 apelación *f.* ‖ 控訴を棄却する rechazar la apelación
▶ 控訴する presentar una apelación 《ante》, apelar 《ante》
- 控訴権 derecho *m.* de apelación
- 控訴状 escrito *m.* de apelación
- 控訴審 tribunal *m.* de apelación
- 控訴人 apelante *com.*

こうそ 酵素 enzima *f.*, levadura *f.*
▶ 酵素の enzimáti*co*[*ca*]
- 酵素反応 reacción *f.* enzimática

こうそう 抗争 lucha *f.*, enfrentamiento *m.*, conflicto *m.* ‖ 犯罪組織間の抗争 enfrentamiento *m.* entre organizaciones delictivas
- 内部抗争 lucha *f.* interna
- 抗争事件 caso *m.* de conflicto

こうそう 香草 hierba *f.* aromática → ハーブ
- 香草焼き asado *m.* con hierbas aromáticas

こうそう 高層
- 高層雲 altostrato *m.*
- 高層気流 corriente *f.* de aire en altitud
- 高層建築 edificio *m.* de gran altura
- 高層住宅 torre *f.* de viviendas
- 高層ビル (摩天楼) rascacielos *m.*[=*pl.*]

こうそう 構想 (計画) plan *m.*, proyecto *m.*, (発想) idea *f.*, concepción *f.* ‖ 構想がある tener un plan / 小説の構想を練る「elaborar [madurar] el proyecto de una novela
▶ 構想する planear

こうぞう 構造 estructura *f.*, mecanismo *m.* ‖ エンジンの構造 mecanismo *m.* del motor / 文の構造 estructura *f.* de una oración / 現代社会の構造 estructura *f.* de la sociedad actual
▶ 構造上の/構造的な estructural ‖ 構造上の欠陥 defecto *m.* estructural
▶ 構造的に estructuralmente
▶ 構造化 estructuración *f.* ‖ 構造化する estructurar
- 経済構造 estructura *f.* económica
- 構造改革 reforma *f.* estructural
- 構造式 fórmula *f.* estructural
- 構造主義 estructuralismo *m.*
- 構造主義者 estructuralista *com.*
- 構造不況 depresión *f.* estructural
- 構造物 estructura *f.*

ごうそう 豪壮
▶ 豪壮な grandio*so*[*sa*], majestuo*so*[*sa*]

こうそく 拘束 detención *f.*, (制限) restricción *f.*
▶ 拘束する atar, vincular, (身柄を) detener, (制限する) restringir ‖ 警察に身柄を拘束される ser deteni*do*[*da*] por la policía / 時間に拘束されている estar ata*do*[*da*] al tiempo, estar suje*to*[*ta*] al tiempo
- 拘束時間 horas *fpl.* de presencia obligatoria
- 拘束力 fuerza *f.* vinculante ‖ 拘束力がある tener fuerza vinculante

こうそく 校則「reglamento *m.* [reglas *fpl.*] de la escuela

こうそく 高速 alta velocidad *f.*
▶ 高速(度)の de「alta [gran] velocidad, rápi*do*[*da*]
▶ 高速(度)で a「alta [gran] velocidad
- 高速増殖炉 reactor *m.* reproductor rápido
- 高速鉄道 (列車) tren *m.* de alta velocidad
- 高速道路 autopista *f.*
- 高速度カメラ cámara *f.* de alta velocidad
- 高速度撮影 rodaje *m.* acelerado
- 高速度鋼 acero *m.*「rápido [de alta velocidad]
- 高速バス autobús *m.* interurbano
- 高速料金 peaje *m.* de autopista

こうぞく 皇族 familia *f.* imperial

こうそつ 高卒 (人) bachiller *com.*, (資格) bachillerato *m.*

こうたい 交代/交替 relevo *m.*, turno *m.*, cambio *m.* ‖ 選手の交代 cambio *m.* de jugador / 世代の交代 cambio *m.* de generación / 8時間交代 turno *m.* de ocho horas
▶ 交代する (誰かと)「relevar [sustituir] a ALGUIEN
▶ 交代で a turnos, por turno(s) ‖ 3交代で働く trabajar en tres turnos / 2人の警備員が交代でビルを警備する Dos guardias se relevan en la vigilancia del edificio. / 十和田湖へ着くまで私たちは交代で運転した Nos

こうたい turnamos al volante para llegar hasta el lago Towada.
- ◨交代勤務 trabajo *m.* por turnos
- ◨交代時間 hora *f.* del relevo
- ◨交代制 sistema *m.* de「rotación [turnos rotativos]
- ◨交代要員 relevo *m.*

こうたい 抗体 《医学》anticuerpo *m.*

こうたい 後退 retroceso *m.*,（景気の）recesión *f.*
- ▶後退する retroceder, volver hacia atrás ‖ 3位に後退する caer al tercer puesto

こうだい 広大
- ▶広大な inmen*so*[*sa*], vas*to*[*ta*] ‖ 広大な宇宙「vasto [inmenso] universo *m.*, universo *m.* infinito
- ◨広大無辺 ‖ 広大無辺な sin límites, inconmensurable

こうたいし 皇太子 príncipe *m.* heredero, （スペインの）Príncipe *m.* de Asturias
- ◨皇太子殿下（日本の）Su Alteza Imperial el Príncipe Heredero,（スペインの）Su Alteza Real el Príncipe de Asturias
- ◨皇太子妃 princesa *f.*

こうたく 光沢 brillo *m.*, lustre *m.* ‖ 光沢のある brillante, lustro*so*[*sa*] ／ 光沢のない mate, deslustra*do*[*da*] ／ 光沢を出す sacar brillo, lustrar ／ 光沢を消す deslustrar

ごうだつ 強奪 atraco *m.*, extorsión *f.*
- ▶強奪する atracar, arrebatar, extorsionar

こうだん 公団 corporación *f.* pública ‖ 旧石油公団 la antigua Corporación Pública del Petróleo

こうち 拘置 detención *f.* preventiva
- ▶拘置する detener preventivamente
- ◨拘置所 prisión *f.*「preventiva [provisional]

こうち 耕地 tierra *f.*「de cultivo [cultivable]
- ◨耕地面積 superficie *f.* de cultivo

こうち 高地 terreno *m.* elevado
- ◨高地トレーニング entrenamiento *m.* en altura

こうちく 構築 construcción *f.* ‖ 理論の構築 construcción *f.* de una teoría
- ▶構築する construir

こうちゃ 紅茶 té *m.* (negro) ‖ 紅茶を入れる「hacer [preparar] té ／ 紅茶を飲む tomar té
- ◨紅茶ポット tetera *f.*

こうちゃく 膠着 aglutinación *f.*,（停滞）estancamiento *m.*
- ▶膠着性の aglutinante
- ◨膠着語 lengua *f.* aglutinante
- ◨膠着状態 situación *f.* de「estancamiento [paralización] ‖ 交渉が膠着状態になった Las negociaciones「quedaron estancadas [entraron en vía muerta].

こうちょう 好調
- ▶好調な ‖ この商品は好調な売れ行きだ Se vende bien este artículo. ¦ Este artículo tiene mucha salida.
- ▶好調である funcionar bien,（人が）estar en buena forma ‖ 私たちのチームの出だしは今シーズンは好調である Nuestro equipo ha empezado con buen pie en esta temporada.

こうちょう 校長 direc*tor*[*tora*] *mf.* (「de la escuela [del colegio])
- ◨校長室 despacho *m.* del director

こうちょうかい 公聴会 audiencia *f.* pública ‖ 公聴会を開く celebrar una audiencia pública

こうちょく 硬直 rigidez *f.*
- ▶硬直する ponerse rígi*do*[*da*], endurecerse
- ▶硬直した rígi*do*[*da*], endureci*do*[*da*], （考えが）inflexible
- ◨死後硬直《ラテン語》*rígor m. mortis*, rigidez *f.* cadavérica

こうつう 交通 tráfico *m.*, tránsito *m.*, circulación *f.* ‖ 交通がまひした El tráfico quedó paralizado. ／ 交通の便がいい［悪い］ estar「bien [mal] comunica*do*[*da*] ／ 事故の影響で1時間以上交通が遮断された Como consecuencia del accidente, el tráfico quedó cortado durante más de una hora. ／ 交通を制限する limitar el tráfico ／ 交通を妨害する「impedir [obstaculizar] la circulación de coches
- ◨交通安全 seguridad *f.* vial ‖ 交通安全運動 campaña *f.* de seguridad vial
- ◨交通遺児 ‖ 事故でその男の子は交通遺児になった El niño quedó huérfano a causa del accidente de tráfico.
- ◨交通違反 infracción *f.* de tráfico ‖ 交通違反者 infrac*tor*[*tora*] *mf.* de tráfico ／ 交通違反をする violar las normas de circulación
- ◨交通機関 medios *mpl.* de transporte
- ◨交通規制 restricciones *fpl.* de tráfico
- ◨交通規則 normas *fpl.* de「circulación [tráfico, tránsito]
- ◨交通事故 accidente *m.* de「tráfico [circulación] ‖ 交通事故に遭う「tener [sufrir] un accidente de tráfico ／ 交通事故を起こす provocar un accidente de tráfico
- ◨交通渋滞 retenciones *fpl.*, atasco *m.*, embotellamiento *m.*,（幹線道路の）caravana *f.*
- ◨交通巡査「policía *com.* [guardia *com.*] de tráfico
- ◨交通信号 semáforo *m.*
- ◨交通整理 ‖ 交通整理をする regular el tráfico
- ◨交通道徳 comportamiento *m.* vial
- ◨交通パトロール patrulla *f.* de tráfico
- ◨交通費 gastos *mpl.* de transporte
- ◨交通標識 señal *f.* de tráfico

◪ **交通法規** reglamento *m.* de「circulación [tráfico, tránsito]
◪ **交通網** red *f.* vial
◪ **交通量** volumen *m.* de tráfico ‖ この通りは交通量が多い［少ない］Hay [mucho [poco] tráfico en esta calle.

こうつごう 好都合
▶ 好都合な/好都合の conveniente, oportu*no*[*na*]
▶ 好都合である ser conveniente, convenir ‖ それは私には好都合だ Es conveniente para mí. ¦ Eso me conviene.
▶ 好都合に oportunamente, favorablemente

こうてい 工程 proceso *m.* ‖ 工程を管理する controlar el proceso 《de》
◪ **製造工程** proceso *m.* de「fabricación [producción]
◪ **工程図** diagrama *m.* de flujo

こうてい 公定
▶ 公定の oficial
◪ **公定価格** precio *m.* oficial
◪ **公定歩合** tipo *m.* oficial de descuento

こうてい 行程（道程）itinerario *m.*,（道り）recorrido *m.*,（距離）distancia *f.*,《機械》carrera *f.* ‖ 徒歩で3時間の行程 recorrido *m.* de tres horas a pie ／ 2日間の行程 itinerario *m.* de dos días

こうてい 皇帝 emperador *m.*
◪ **皇帝ペンギン** pingüino *m.* emperador (雄・雌)

こうてい 肯定 afirmación *f.*
▶ 肯定する afirmar ‖ 肯定も否定もしない no decir ni sí ni no
▶ 肯定的な afirmati*vo*[*va*], positi*vo*[*va*]
▶ 肯定的に afirmativamente
◪ **肯定文** oración *f.* afirmativa

こうてい 校庭 patio *m.* de recreo
ごうてい 豪邸 mansión *f.*, casa *f.* suntuosa

こうていえき 口蹄疫 fiebre *f.* aftosa, glosopeda *f.*

こうてき 公的
▶ 公的な públi*co*[*ca*], oficial
▶ 公的に públicamente, oficialmente
◪ **公的機関** órgano *m.* público, organización *f.* pública
◪ **公的資格** título *m.* oficial
◪ **公的資金** fondos *mpl.* públicos
◪ **公的性格** carácter *m.* oficial
◪ **公的立場** postura *f.*「pública [oficial]
◪ **公的年金** pensión *f.* pública
◪ **公的発言** comentario *m.* oficial
◪ **公的扶助** ayuda *f.* pública

こうてき 好適 ⇒ こうつごう (好都合)
こうてきしゅ 好敵手 dig*no*[*na*] rival *com.*, dig*no*[*na*] adversa*rio*[*ria*] *mf.*

こうてつ 更迭 reemplazo *m.*, sustitución *f.*, cambio *m.* ‖ 大臣の更迭 cambio *m.* de *un*[*una*] minis*tro*[*tra*]
▶ 更迭する reemplazar, sustituir

こうてつ 鋼鉄 acero *m.*

こうてん 公転 revolución *f.*,（地球の）traslación *f.*
▶ 公転する ‖ 地球は太陽の周りを公転する La Tierra gira alrededor del Sol.
◪ **公転運動** movimiento *m.* orbital
◪ **公転軌道** órbita *f.* heliocéntrica
◪ **公転周期** período *m.* orbital

こうてん 好天 buen tiempo *m.* ‖ 私たちのハイキングは好天に恵まれた El buen tiempo acompañó nuestra excursión.

こうてん 好転 mejora *f.*
▶ 好転する mejorar ‖ 景気はまもなく好転するだろう La economía va a mejorar pronto. ／ 就職率が好転した「Aumentó [Subió] la tasa de acceso al empleo.

こうてん 後天
▶ 後天的な/後天性の adquiri*do*[*da*] ‖ 後天的な病気 enfermedad *f.* adquirida
▶ 後天的に《ラテン語》*a posteriori*
◪ **後天性免疫不全症候群**（エイズ）sida *m.*, síndrome *m.* de inmunodeficiencia adquirida (略 SIDA)

こうでん 香典 ofrenda *f.* monetaria a la familia del difunto
◪ **香典返し**（説明訳）regalo *m.* para quienes dieron una ofrenda monetaria a la familia del difunto

こうでんかん 光電管 fototubo *m.*, tubo *m.* fotoeléctrico

こうでんし 光電子 fotoelectrón *m.*
こうでんち 光電池 célula *f.* fotoeléctrica, fotocélula *f.*

こうど 光度 luminosidad *f.*,（星の）magnitud *f.* ‖ 光度を計る medir la luminosidad
◪ **光度計** fotómetro *m.*

こうど 高度 altitud *f.* ‖ 高度4000メートルを飛行する volar a una altura de cuatro mil metros ／ 高度を上げる［下げる］「ganar [perder] altura ／ 高度を測る medir la altura 《de》
▶ 高度な avanza*do*[*da*], de alto nivel ‖ 高度な技術 tecnología *f.* de alto nivel ／ 高度な文明 cultura *f.* avanzada
◪ **高度計** altímetro *m.*
◪ **高度経済成長** alto crecimiento *m.* económico

こうど 硬度 dureza *f.*
◪ **硬度計** durómetro *m.*

こうとう 口頭
▶ 口頭で oralmente, verbalmente
▶ 口頭の oral, formal
◪ **口頭試験**「examen *m.* [prueba *f.*] oral
◪ **口頭弁論** alegato *m.*

こうとう 高等

こうとう

▶高等な superior, al*to*[*ta*]
◨高等学校 escuela *f.* secundaria superior, instituto *m.* de bachillerato ⇒ こうこう(高校)
◨高等教育 「educación *f.* [enseñanza *f.*] superior
◨高等裁判所 tribunal *m.* superior
◨高等師範学校 escuela *f.* normal superior
◨高等数学 matemáticas *fpl.* avanzadas
◨高等動物 animal *m.* superior
◨高等弁務官 al*to*[*ta*] comisa*rio*[*ria*] *mf.*

こうとう 高騰 alza *f.*, subida *f.* ‖ 円の高騰 「alza *f.* [subida *f.*] del yen／物価の高騰 「alza *f.* [subida *f.*] de los precios／原油価格の高騰 「subida *f.* [aumento *m.*] de los precios del crudo
▶高騰する subir, encarecer(se) ‖ 旱魃が農作物の価格を高騰させた La sequía encareció el precio de productos agrícolas.

こうとう 喉頭 《解剖》laringe *f.*
▶喉頭の larín*geo*[*a*]
◨喉頭炎 laringitis *f.*[=*pl.*]
◨喉頭がん cáncer *m.* de laringe

こうどう 公道 vía *f.* pública

こうどう 行動 acción *f.*, comportamiento *m.*, conducta *f.* ‖ 行動に移る pasar a la acción／行動を起こす／行動を開始する emprender una acción, entrar en acción／行動を共にする actuar conjuntamente
▶行動する actuar, obrar, (振る舞う) comportarse ‖ 迅速に行動する actuar 「con celeridad [inmediatamente]
▶行動的な acti*vo*[*va*] ‖ 行動的な男 hombre *m.* de acción
◨行動科学 ciencia *f.* 「de la conducta [del comportamiento]
◨行動経済学 economía *f.* conductual
◨行動主義 《心理》 behaviorismo *m.*, conductismo *m.*, (政治的な) activismo *m.*
◨行動範囲 campo *m.* de acción ‖ 行動範囲が広い tener un amplio campo de acción
◨行動半径 radio *m.* de acción
◨行動様式 patrón *m.* de comportamiento
◨行動力 dinamismo *m.*, energía *f.* ‖ 彼女には行動力がある Ella es dinámica.

こうどう 坑道 galería *f.*

こうどう 講堂 auditorio *m.*, salón *m.* de actos, (大学の) paraninfo *m.*

ごうとう 強盗 「atraco *m.* [robo *m.*] a mano armada, asalto *m.*, (人) atraca*dor*[*dora*] *mf.* ‖ 強盗に襲われる ser asalta*do*[*da*], ser atraca*do*[*da*]／強盗を働く cometer un 「atraco [asalto], atracar, asaltar
◨強盗事件 caso *m.* de 「atraco [asalto]

ごうどう 合同 unión *f.*, combinación *f.*; 《数学》congruencia *f.* ‖ 2つの図形は合同である Las dos figuras son congruentes.
▶合同の conjun*to*[*ta*], combina*do*[*da*]; 《数学》congruente
▶合同で conjuntamente, jun*tos*[*tas*]
◨合同演奏会 concierto *m.* conjunto
◨合同研究 investigación *f.* 「conjunta [en grupo]
◨合同チーム equipo *m.* mixto

こうとうむけい 荒唐無稽
▶荒唐無稽な disparata*do*[*da*], absur*do*[*da*]

こうどく 購読 suscripción *f.*, abono *m.*
▶購読する abonarse 《a》, suscribirse 《a》 ‖ 雑誌を購読する suscribirse a una revista
◨購読者 abona*do*[*da*] *mf.*, suscrip*tor*[*tora*] *mf.*
◨購読料 tarifa *f.* de suscripción

こうどく 講読 lectura *f.*

こうない 校内
▶校内で 「en [dentro de] la escuela
◨校内放送 radio *f.* escolar
◨校内暴力 violencia *f.* escolar

こうない 構内 recinto *m.* ‖ 駅の構内で en el recinto de la estación

こうないえん 口内炎 estomatitis *f.*[=*pl.*], llaga *f.* en la boca
◨アフタ性口内炎 afta *f.* bucal

こうにゅう 購入 compra *f.*, adquisición *f.*
▶購入する comprar, adquirir ⇒ かう(買う)
▶購入価格 precio *m.* de 「compra [adquisición]
◨購入者 compra*dor*[*dora*] *mf.*, adquisi*dor*[*dora*] *mf.*

こうにん 公認 「aprobación *f.* [autorización *f.*] oficial
▶公認の oficial, autoriza*do*[*da*]
▶公認する 「aprobar [autorizar] oficialmente, 《スポーツ》homologar
◨公認会計士 audi*tor*[*tora*] *mf.* de cuentas, cen*sor*[*sora*] *mf.* jura*do*[*da*] de cuentas, conta*dor*[*dora*] *mf.* públi*co*[*ca*]
◨公認記録 《スポーツ》récord *m.* homologado
◨公認候補者 candida*to*[*ta*] *mf.* aproba*do*[*da*]

こうにん 後任 (人) suce*sor*[*sora*] *mf.* ‖ 後任になる suceder a ALGUIEN, ser *el*[*la*] suce*sor*[*sora*] 《de》

こうねつ 高熱 fiebre *f.* alta ‖ 高熱を出す tener una fiebre alta

こうねつひ 光熱費 gastos *mpl.* de luz y gas

こうねん 光年 año *m.* luz ‖ 地球から約500光年離れている星 estrella *f.* ubicada a unos 500 años luz de la Tierra

こうねん 後年 en los años posteriores, (晩年) en los últimos años de la vida de ALGUIEN

こうねんき 更年期 climaterio *m.*, (女性の) menopausia *f.*, (男性の) andropausia *f.* ‖ 彼女は更年期になった Ella ha entrado en la menopausia.

◪ 更年期障害 síntomas *mpl.* 「climatéricos [menopáusicos]
こうのう 効能 efecto *m.*, eficacia *f.*, virtudes *fpl.* ‖ 薬の効能 「efecto *m.* [virtudes *fpl.*] del medicamento
◪ 効能書き indicaciones *fpl.*
こうのとり 鸛 cigüeña *f.*(雄・雌)
こうば 工場 taller *m.*, fábrica *f.* ⇒こうじょう(工場)
こうはい 交配 《生物》cruce *m.*, cruzamiento *m.*, hibridación *f.*
▶ 交配させる cruzar, hibridar
◪ 交配種 híbrido *m.* ‖ 交配種の cruza*do*[*da*], híbri*do*[*da*]
こうはい (学校の) estudiante *com.* de cursos inferiores ‖ 会社で彼女は私の2年後輩です A ella le llevo dos años en la empresa. ¦ En la empresa soy dos años más anti*guo*[*gua*] que ella.
こうはい 荒廃 devastación *f.*, desolación *f.*, estrago *m.*, asolamiento *m.*
▶ 荒廃させる devastar, destruir, arruinar
◪ 荒廃した devasta*do*[*da*], arruina*do*[*da*], desola*do*[*da*] ‖ 戦争で荒廃した国 país *m.* devastado por la guerra
こうばい 勾配 pendiente *f.*, inclinación *f.* ‖ 屋根の勾配 inclinación *f.* de un tejado／山の勾配 pendiente *f.* de una montaña／急な勾配 pendiente *f.* pronunciada／なだらかな勾配 pendiente *f.* suave
こうばい 購買 compra *f.*, adquisición *f.*
▶ 購買する comprar, adquirir ⇒かう(買う)
◪ 購買者 compra*dor*[*dora*] *mf.*, adquisi*dor*[*dora*] *mf.*
◪ 購買部 (学校の) tienda *f.* escolar
◪ 購買欲 deseo *m.* de compra ‖ 購買欲を呼び起こす despertar el deseo de compra
◪ 購買力 poder *m.* adquisitivo
こうばいすう 公倍数 común múltiplo *m.*
◪ 最小公倍数 mínimo común múltiplo *m.*
こうはく 紅白 rojo *m.* y blanco *m.*
◪ 紅白戦 partido *m.* entre dos grupos
こうばしい 香ばしい fragante, aromáti*co*[*ca*]
▶ 香ばしさ fragancia *f.*, aroma *m.*
こうはつ 後発
▶ 後発の ‖ 後発のソフト会社 empresa *f.* de *software* recientemente fundada
◪ 後発開発途上国 país *m.* menos desarrollado (略 PMD)
◪ 後発薬／後発医薬品 medicamento *m.* genérico
こうはん 公判 audiencia *f.* pública, juicio *m.* público
◪ 公判期日 fecha *f.* de juicio
◪ 公判手続き procesamiento *m.* jurídico
こうはん 広範／広汎
▶ 広範な amp*lio*[*lia*], exten*so*[*sa*] ‖ 広範な知識がある tener 「amplios [vastos, extensos] conocimientos《de, sobre》
こうはん 後半 segunda mitad *f.*, (試合)segundo tiempo *m.* ‖ 20世紀の後半期に en la segunda mitad del siglo XX (veinte)／日本代表チームは後半20分にゴールを決めた La selección japonesa marcó un gol a los 20 minutos del segundo tiempo.
こうばん 交番 puesto *m.* de policía
ごうはん 合板 contrachapado *m.*
こうはんい 広範囲
▶ 広範囲の de grandes extensiones ‖ 広範囲の経験 「extensa [dilatada] experiencia *f.*
▶ 広範囲に ‖ 放射能汚染は広範囲に及んでいる La contaminación radiactiva se extiende por zonas muy amplias.
こうひ 公費 dinero *m.* público ‖ 公費の無駄遣い despilfarro *m.* de dinero público／公費を無駄遣いする despilfarrar el dinero público
▶ 公費で con dinero público, a expensas públicas
こうび 交尾 cópula *f.*, apareamiento *m.*
▶ 交尾する copular(se), acoplarse
◪ 交尾期 「época *f.* [temporada *f.*] de apareamiento
ごうひ 合否 aprobado *m.* o suspenso *m.*, éxito *m.* o fracaso *m.* ‖ 試験の合否を知らせる comunicar el resultado del examen／合否を判定する determinar el aprobado o el suspenso
こうひょう 公表 publicación *f.*, anuncio *m.* al público
▶ 公表する hacer públi*co*[*ca*], anunciar 「públicamente [oficialmente], dar a conocer ‖ 候補者のリストを公表する hacer pública la lista de candidatos
こうひょう 好評 crítica *f.* favorable, buena aceptación *f.* ‖ 好評を博する 「tener [obtener] una buena aceptación／ピカソ展は好評のうちに幕を閉じた La exposición de Picasso se clausuró con éxito.
▶ 好評な popular
こうふ 公布 promulgación *f.*
▶ 公布する promulgar
こうふ 交付 expedición *f.* ‖ パスポートの交付 expedición *f.* de pasaporte
▶ 交付する expedir, extender ‖ 運転免許証を交付する expedir permisos de conducción
◪ 交付金 subsidio *m.*
こうふ 鉱夫／坑夫 ⇒こういん(鉱員)
こうぶ 後部 parte *f.* 「trasera [posterior]
▶ 後部に en la parte 「trasera [posterior]
◪ 後部座席 asiento *m.* trasero
こうふう 校風 tradición *f.* de la escuela
こうふく 幸福 felicidad *f.*, dicha *f.*, bienestar *m.* ‖ 人を幸福にするのは難しい Es di-

こうふく fácil hacer feliz a otra persona. ／幸福を祈る desear la felicidad de ALGUIEN ／幸福をもたらす traer la felicidad 《a》／幸福を手に入れる「conseguir [alcanzar] la felicidad
▶**幸福な** feliz ‖ 幸福な人生 vida *f.* feliz
▶**幸福に** felizmente ‖ 幸福に暮らす vivir「felizmente [en felicidad]
◪**幸福感** sensación *f.* de felicidad
こうふく 降伏 rendición *f.*
▶**降伏する** rendirse
▶**無条件降伏** rendición *f.* 「incondicional [sin condiciones]
◪**降伏条件** condiciones *fpl.* de la rendición
◪**降伏点**《物理》límite *m.* de fluencia
◪**降伏文書** capitulación *f.*
こうぶつ 好物 plato *m.* 「favorito [preferido]
▶**好物である** ‖ 私は甘い物が大好物だ Me gustan mucho los dulces.
こうぶつ 鉱物 mineral *m.*
◪**鉱物学** mineralogía *f.*
◪**鉱物学者** mineralogista *com.*
◪**鉱物資源** recursos *mpl.* minerales
こうふん 興奮 excitación *f.*, (高揚) exaltación *f.*, entusiasmo *m.*, (感動) emoción *f.* ‖ 興奮がしずまる (冷静になる) calmarse, tranquilizarse ／神経の興奮をしずめる calmar la excitación nerviosa ／興奮のあまり pre*so[sa]* de excitación
▶**興奮する** excitarse, exaltarse, entusiasmarse
▶**興奮させる** excitar, exaltar, entusiasmar
▶**興奮しやすい** excitable
▶**興奮した** excita*do[da]*, exalta*do[da]*, emociona*do[da]*
◪**興奮剤** excitante *m.*, estimulante *m.*
こうぶん 構文 construcción *f.* de una frase
こうぶんし 高分子 macromolécula *f.*
▶**高分子の** macromolecular
◪**高分子化合物** compuesto *m.* macromolecular
こうぶんしょ 公文書 documento *m.* 「oficial [público] ‖ 公文書を開示する hacer público un documento oficial
◪**公文書偽造** falsificación *f.* de documento 「público [oficial]
こうべ 首/頭 cabeza *f.* →あたま(頭) ‖ こうべを垂れる「bajar [agachar] la cabeza
こうへい 公平 imparcialidad *f.*, equidad *f.* ‖ 公平を期す ser imparcial ／公平さを欠く carecer de imparcialidad
▶**公平な** imparcial, jus*to[ta]* ‖ 公平な判断 juicio *m.* justo ／公平な態度 actitud *f.* imparcial
▶**公平に** equitativamente, imparcialmente ‖ 公平に分ける repartir ALGO equitativamente ／公平に評価する evaluar imparcialmente
◪**公平無私の/公平無私な** imparcial y desinteresa*do[da]*
こうへん 後編 última parte *f.*, (2部からなる作品の) segunda parte *f.*
ごうべん 合弁
▶**合弁の** conjun*to[ta]*, mix*to[ta]*,《植物》gamopéta*lo[la]*
◪**合弁事業** empresa *f.* conjunta
こうほ 候補 candidatura *f.*, (人) candida*to[ta]* *mf.* ‖ 賞の候補にあがる ser nomina*do[da]* para un premio ／候補に名乗りをあげる presentar *su* candidatura, presentarse como candida*to[ta]*《a》
◪**市長候補** candida*to[ta]* *mf.* a alcal*de[desa]*
◪**候補者** candida*to[ta]* *mf.*, aspirante *com.* ‖ 候補者名簿 lista *f.* de candidatos
◪**候補地** lugar *m.* propuesto
こうぼ 公募 convocatoria *f.*, (株式などの) suscripción *f.* pública
▶**公募する**「anunciar [publicar] una convocatoria, convocar, reclutar ‖ 歴史の教員を公募する convocar una plaza de profe*sor[sora]* de Historia ／市の花を市民から公募する convocar un concurso entre los vecinos para elegir la flor de la ciudad
こうぼ 酵母 levadura *f.*
こうほう 公報 boletín *m.* oficial
こうほう 広報 información *f.* pública
◪**広報課** departamento *m.* de relaciones públicas
◪**広報活動** actividades *fpl.* de relaciones públicas
◪**広報誌** folleto *m.* de información
こうほう 後方 parte *f.* trasera
▶**後方に** en la parte trasera, (〜の) detrás《de》
▶**後方の** posterior, trase*ro[ra]* ‖ 後方の座席 asiento *m.* trasero
▶**後方へ** hacia atrás
◪**後方支援** apoyo *m.* logístico
こうぼう 工房 taller *m.*, estudio *m.*
こうぼう 興亡 ascenso *m.* y caída *f.*, 「esplendor *m.* [auge *m.*] y decadencia *f.* ‖ 帝国の興亡 el esplendor y la decadencia de un imperio
ごうほう 合法 legalidad *f.*, legitimidad *f.*
▶**合法的(な)** legal, legíti*mo[ma]*, líci*to[ta]* ‖ 合法的手段で por medios「legales [lícitos, legítimos]
▶**合法的に** legalmente, legítimamente, de forma legal
▶**合法化** legalización *f.*, (非罰則化) despenalización *f.* ‖ マリファナの消費を合法化する legalizar el consumo de marihuana
こうま 小馬/子馬 (子馬) po*tro[tra]* *mf.*, (小形の馬) jaca *f.*(雄・雌)

こうまん 高慢　altivez *f.*
▶高慢な　alti*vo*[*va*], （うぬぼれの強い）presumi*do*[*da*], engreí*do*[*da*], （プライドの高い）orgullo*so*[*sa*] ‖ 高慢な人　persona *f.* altiva, presumi*do*[*da*] *mf.*, engreí*do*[*da*] *mf.*

ごうまん 傲慢　arrogancia *f.*, insolencia *f.*
▶傲慢な　arrogante, insolente ‖ 傲慢な態度　actitud *f.* arrogante ／ 傲慢な人　insolente *com.*, persona *f.* arrogante
▶傲慢に　arrogantemente, con insolencia

こうみゃく 鉱脈　yacimiento *m.* (mineral), veta *f.*, vena *f.*, filón *m.*

こうみょう 巧妙
▶巧妙な　(器用な) hábil, (巧みな) ingenio*so*[*sa*] ‖ 巧妙な仕掛け　mecanismo *m.* ingenioso
▶巧妙に　ingeniosamente, hábilmente, con ingenio ‖ 巧妙に仕組まれた罠　trampa *f.* hábilmente preparada

こうみん 公民　ciudada*no*[*na*] *mf.*, (教科) Estudios *mpl.* Sociales y Educación *f.* Cívica
◻公民館　auditorio *m.* municipal
◻公民権　ciudadanía *f.*, derechos *mpl.* civiles
◻公民権運動　movimiento *m.* por los derechos civiles

こうむ 公務　tareas *fpl.* públicas ‖ 公務を行う　desempeñar tareas públicas
▶公務上の　oficial
◻公務員　funciona*rio*[*ria*] *mf.* públi*co*[*ca*] ‖ 公務員宿舎　residencia *f.* para funcionarios públicos
◻公務執行妨害　obstrucción *f.* al ejercicio de las funciones públicas

こうむてん 工務店　empresa *f.* 「constructora [de construcción]

こうむる 被る　recibir, (影響や害を) sufrir ‖ 迷惑をこうむる　sufrir molestias ／ 恩恵をこうむる　beneficiarse

こうめい 高名
▶高名な　renombra*do*[*da*], famo*so*[*sa*]

こうめいせいだい 公明正大
▶公明正大な　equitati*vo*[*va*], jus*to*[*ta*] e imparcial
▶公明正大に　de forma equitativa, de forma justa e imparcial

ごうめいがいしゃ 合名会社　sociedad *f.* colectiva

こうもく 項目　ítem *m.*, punto *m.*, (品目・条項) artículo *m.*, 《簿記》partida *f.* ‖ 項目ごとに整理されたデータ　datos *mpl.* ordenados por 「temas [temáticas] ／ 5項目を要求する　reclamar cinco puntos

こうもり 蝙蝠　murciélago *m.*(雄・雌)
◻こうもり傘　paraguas *m.*[=*pl.*]

こうもん 肛門　《解剖》ano *m.*
◻肛門科　proctología *f.*

◻肛門科医　proctól*ogo*[*ga*] *mf.*
◻肛門期《精神分析》fase *f.* anal

こうもん 校門　puerta *f.* de la escuela

ごうもん 拷問　tortura *f.* ‖ 拷問にかけるsometer a la tortura a ALGUIEN ／ 拷問に耐える　soportar una tortura ／ 拷問を受ける「sufrir [someterse a] una tortura
▶拷問する　torturar, aplicar tortura 《a》
◻精神的拷問　tortura *f.* 「mental [psicológica]

こうや 広野　vasta llanura *f.*
こうや 荒野　páramo *m.*, yermo *m.*

こうやく 公約　compromiso *m.* público ‖ 公約を果たす　cumplir *su* compromiso público ／ 公約を破る　incumplir *su* compromiso público
▶公約する　comprometerse públicamente
◻選挙公約　promesas *fpl.* electorales ‖ 選挙公約をマニフェストに明記する　hacer constar las promesas electorales en el manifiesto
◻公約違反　violación *f.* de un compromiso

こうやく 膏薬　emplasto *m.*, ungüento *m.* ‖ 膏薬を貼る (自分に) aplicarse un emplasto

こうやくすう 公約数　común divisor *m.*
◻最大公約数　máximo común divisor *m.*

こうゆうかんけい 交友関係　amistades *fpl.* ‖ 交友関係が広い　tener 「un amplio círculo de [muchas] amistades

こうよう 公用　asunto *m.* oficial
▶公用の　oficial
▶公用で　por asunto oficial
◻公用語　lengua *f.* oficial
◻公用車　coche *m.* oficial
◻公用旅券　pasaporte *m.* oficial

こうよう 効用　efecto *m.*, (用途) uso *m.*, 《経済》utilidad *f.* ‖ 薬の効用「efecto *m.* [eficacia *f.*] de un medicamento ／ 効用がある　ser 「eficaz [eficiente] ／ 効用が多い　tener mucha utilidad
◻効用最大化《経済》maximización *f.* de la utilidad

こうよう 紅葉　hojas *fpl.* de otoño coloreadas ‖ 日本の秋は紅葉が美しい　En el otoño de Japón son bonitas las hojas coloreadas.
▶紅葉する ‖ 木々が紅葉する　Las hojas de los árboles 「se tornan rojas [adquieren un color rojizo].

こうよう 高揚　exaltación *f.*
▶高揚した　exalta*do*[*da*]
▶高揚する　exaltarse ‖ 士気を高揚させる「levantar [elevar] la moral

こうようじゅ 広葉樹　árbol *m.* de hoja ancha

ごうよく 強欲　avaricia *f.*, codicia *f.*
▶強欲な(人) avaricio*so*[*sa*] (*mf.*), ava*ro*[*ra*] (*mf.*), codicio*so*[*sa*] (*mf.*),《格式語》avarien*to*[*ta*] (*mf.*)

こうら 甲羅 carapacho *m.*, caparazón *m.*
- 甲羅干し ‖ 甲羅干しをする tomar el sol tumba*do*[da] bocabajo

こうらく 行楽 excursión *f.*
- 行楽客 excursionista *com.*
- 行楽シーズン temporada *f.* turística [alta]
- 行楽地 lugar *m.* de recreo
- 行楽日和 día *m.* ideal para ir de excursión

こうり 小売 venta *f.* al por menor
- 小売りする vender al por menor
- 小売価格 precio *m.* al por menor
- 小売商 detallista *com.*, minorista *com.*
- 小売店 comercio *m.* al por menor

こうり 功利
- 功利的な utilita*rio*[ria]
- 功利主義 utilitarismo *m.*
- 功利主義者 utilitarista *com.*

こうり 高利 interés *m.* alto, (暴利) usura *f.*
- 高利で a alto interés, (暴利で) con usura ‖ 高利で貸す prestar dinero a alto interés
- 高利貸し usure*ro*[ra] *mf.*

ごうり 合理
- 合理的な racional, (妥当な) razonable ‖ 合理的な方法 método *m.* racional
- 合理的に racionalmente, razonablemente
- 合理化 racionalización *f.* ‖ 経営を合理化する racionalizar la administración
- 合理性 racionalidad *f.*
- 合理主義 racionalismo *m.*
- 合理主義者 racionalista *com.*

こうりつ 公立
- 公立の públi*co*[ca], (市町村の) municipal, (県の) prefectural
- 公立学校 escuela *f.* pública
- 公立病院 hospital *m.* público

こうりつ 効率 (機械の) rendimiento *m.*, (能率) eficacia *f.*, eficiencia *f.* ‖ 効率の良い eficaz, eficiente / 効率の良い機種 modelo *m.* de alto rendimiento / 効率の悪い ineficaz, ineficiente / 効率良く働く trabajar [eficientemente [eficazmente] / 効率を高める「mejorar [aumentar] el rendimiento
- 効率的な eficaz, eficiente
- 効率的に eficazmente, eficientemente
- 効率化 optimización *f.* ‖ 仕事を効率化する optimizar el trabajo

こうりゃく 攻略 toma *f.*, conquista *f.*
- 攻略する tomar, conquistar
- 攻略本 guía *f.* de estrategia

こうりゅう 交流 intercambio *m.*, (人との) relación *f.*, (電気) corriente *f.* alterna ‖ 人事の交流 intercambio de personal / 隣人達と交流がある tener relaciones con los vecinos / 交流が途切れる perder el contacto 《con》
- 文化交流 intercambio *m.* cultural ‖ 文化交流を深める fomentar el intercambio cultural
- 交流発電機 alternador *m.*

こうりゅう 拘留 detención *f.*
- 拘留する detener
- 拘留期間「período *m.* [plazo *m.*] de detención

ごうりゅう 合流 confluencia *f.*
- 合流する (川・道が) confluir, (人が) reunirse, juntarse ‖ 利根川に合流する confluir con el río Tone / 友人たちと広場で合流する juntarse con los amigos en la plaza
- 合流点 punto *m.* de reunión, (川などの) confluencia *f.*

こうりょ 考慮 consideración *f.*, reflexión *f.* ‖ 考慮の結果 después de mucho reflexionar, tras una larga reflexión / 考慮に入れる tener en cuenta ALGO, tomar en consideración ALGO / 考慮に値する merecer una consideración
- ～を考慮して en consideración 《a》, teniendo en cuenta 〖+名詞句・que+直説法〗
- 考慮する considerar, reflexionar ‖ 事態の重大性を考慮すると、迅速な対応が要求される「Dada [Teniendo en cuenta] la gravedad del caso, es preciso obrar con celeridad.

こうりょう 荒涼
- 荒涼たる/荒涼とした desola*do*[da], desier*to*[ta]

こうりょう 香料 (食品用) aromatizante *m.*, (香辛料) especia *f.*, (化粧品) perfume *m.*

こうりょう 綱領 (要約) resumen *m.*, (政策の) principios *mpl.* generales, plataforma *f.*

こうりょく 効力 efecto *m.*, eficacia *f.*, (法の) validez *f.*, vigencia *f.* ‖ 効力のある eficaz, váli*do*[da], vigente / 効力のない ineficaz, inváli*do*[da] / 効力を発する hacer efecto, (法が) entrar en vigor / 効力を失う perder efecto, (法が) expirar, caducar / この契約は来年1月1日に効力を失う El contrato expirará el 1 de enero del año que viene.

こうりん 光輪 nimbo *m.*, aureola *f.*

こうれい 恒例
- 恒例の tradicional, habitual, usual ‖ 恒例の夏祭り tradicional fiesta *f.* de verano

こうれい 高齢 edad *f.* avanzada, tercera edad *f.* ‖ 私の祖母は高齢である Mi abuela es muy mayor. / 高齢になる llegar a「la vejez [una edad avanzada]
- 高齢の de edad avanzada
- 高齢化 envejecimiento *m.* 「demográfico [de la población] ‖ 高齢化社会 sociedad *f.* envejecida / 人口の高齢化が進む La población envejece cada vez más. ¦ Aumenta el envejecimiento de la población.
- 高齢者 persona *f.* de edad avanzada, ancia*no*[na] *mf.* ‖ 高齢者介護 cuidado *m.*

de ancianos, asistencia *f*. a ancianos ／ 高齢者市場 mercado *m*. ⌈de la tercera edad [para personas mayores]
◪高齢出産 parto *m*. ⌈en [a] (una) edad avanzada ‖ 高齢出産する tener un parto a una edad ⌈avanzada [tardía]
ごうれい 号令 voz *f*. de mando, orden *f*. ‖ 号令をかける dar la voz de mando
こうれつ 後列 fila *f*. ⌈trasera [de atrás]
こうろ 航路 ruta *f*. (de navegación), (航空の) ruta *f*. aérea
◪定期航路 ruta *f*. regular
こうろ 高炉 alto horno *m*.
こうろう 功労 contribución *f*., mérito *m*.
◪功労者 彼は協会の功労者だ Él ha prestado servicios distinguidos a la asociación.
◪功労賞 premio *m*. al mérito
こうろん 口論 disputa *f*., discusión *f*., altercado *m*.
▶口論する disputar 《con》, discutir 《con》, altercar 《con》
こうわ 講和 paz *f*. ‖ 二国間で講和が成立した Se estableció la paz entre los dos países.
◪単独講和 paz *f*. separada
◪講和会議 conferencia *f*. de paz
◪講和条約 tratado *m*. de paz ‖ 講和条約に調印する firmar el tratado de paz
こうわん 港湾 puerto *m*.
▶港湾の portua*rio*[*ria*]
◪港湾施設 instalación *f*. portuaria
◪港湾労働者 estiba*dor*[*dora*] *mf*.
こえ 声 ❶ voz *f*., (意見) opinión *f*., (音) sonido *m*., (気配) señal *f*. ‖ 高い声 (音量) voz *f*. alta, (音程) voz *f*. aguda ／ 低い声 (音量) voz *f*. baja, (音程) voz *f*. grave ／ かれた声 voz *f*. ⌈tomada [ronca] ／ 蚊の鳴くような声 voz *f*. ⌈débil [imperceptible] ／ よく通る声 voz *f*. penetrante ／ 甘い声 voz *f*. meliflua ／ 虫の声 canto *m*. de un insecto ／ 抗議の声 voz *f*. de protesta ／ 国民の声 voz *f*. del pueblo
[声が] ‖ 大きい tener una voz fuerte ／ 声がよい tener buena voz ／ 声がかすれる enronquecerse ／ 声がかれる/声が出なくなる quedarse afóni*co*[*ca*] ／ 外から声が聞こえる Se oye una voz desde fuera. ／ 彼は感動のあまり声が詰まった Se ha impresionado tanto que ⌈se le anudó la voz [se le hizo un nudo] en la garganta. ／ 声が届く範囲に al alcance de la voz ／ 声が響く resonar *la voz* ／ 人前で話すときに私は声が震える Me tiembla la voz cuando hablo en público.
[声で] ‖ 大きな声で話す hablar en voz alta ／ 小さな声で読む leer en voz baja ／ これは大きな声では言えないが… Esto no se puede decir ⌈en voz alta [públicamente]...
[声を] ‖ 声を荒げる levantar la voz, subir el tono, subirse de tono ／ 声を発する pronunciar, emitir una voz ／ 声をはずませて con voz animada ／ 声を振り絞る esforzar la voz ／ 声を震わせて con voz ⌈temblorosa [trémula, vibrante]
◪声変わり cambio *m*. de voz, mutación *f*. de voz ‖ 声変わりする mudar de voz, mudar la voz
❷ ≪慣用表現≫
(慣用)声を上げる (誘われる) ser invita*do*[*da*] 《a》, (声援を受ける) ser anima*do*[*da*] ‖ 彼に部長の声が掛かった Lo recomendaron para el cargo de director.
(慣用)声なき声 opinión *f*. latente
(慣用)声を上げる gritar ‖ 反対の声を上げる ⌈manifestarse [pronunciarse] en contra 《de》
(慣用)声を落とす bajar la voz
(慣用)声を限りに 《慣用》a ⌈todo [pleno] pulmón ‖ 声を限りに叫ぶ gritar a todo pulmón
(慣用)声をかける (話しかける) dirigirse 《a》, hablar 《a》, (誘う) invitar, (声援を送る) animar a ALGUIEN
(慣用)声を聞く (意見を聞く) escuchar la opinión 《de》, (近づく) acercarse 《a》 ‖ 私は60の声を聞く Me acerco a los 60 años de edad. ／ 秋の声を聞く Está llegando el otoño.
(慣用)声をそろえて a coro, al unísono ‖ 声をそろえて反対する oponerse al unísono
(慣用)声を大にする insistir en voz alta
(慣用)声を張り上げる ‖ 声を張り上げて抗議する protestar a voz en grito
(慣用)声を潜める hablar en voz baja
ごえい 護衛 escolta *f*., (人) guardaespaldas *com*.[=*pl*.]
▶護衛する escoltar
◪護衛船団 convoy *m*.
こえだ 小枝 ramita *f*., rama *f*. delgada
こえる 肥える engordar ‖ 雌牛が肥える La vaca engorda. ／ 目が肥えている tener buen ojo 《para》／ 舌が肥えている tener buen paladar
▶肥えた gor*do*[*da*], (土地が) fértil
こえる 越える/超える (超過する) exceder, rebasar, sobrepasar, pasar, (しのぐ) superar, (横断する) atravesar, cruzar ‖ 2億円を超える利益 beneficios *mpl*. superiores a los 200 millones de yenes ／ 制限速度を超える sobrepasar la velocidad permitida ／ 70歳を越えている tener más de 70 años de edad ／ 意見の違いを超える ⌈superar [zanjar] las diferencias de opinión ／ 国境を越える cruzar la frontera ／ 海を越える atravesar el mar
ゴーカート 《英語》 *kart m*., (レース)《英語》 *karting m*.
コークス coque *m*., cok *m*.
ゴーグル gafas *fpl*. protectoras, (水泳の) gafas *fpl*. acuáticas, (スキーの) gafas *fpl*.

ゴーサイン de esquí ∥ ゴーグルをつける ponerse gafas protectoras

ゴーサイン luz *f.* verde ∥ ゴーサインを出す dar luz verde《a》

コース (道筋) itinerario *m.*, ruta *f.*, (方角) dirección *f.*, (経路) recorrido *m.*, (課程) curso *m.*, carrera *f.*, (陸上競技・水泳の) calle *f.* ∥ おきまりのコースで行く tomar la ruta de siempre ／ コースの変更 cambio *m.* de ruta ／ コースをたどる seguir la ruta ／ コースをはずれる desviarse de la ruta ／ コースを回る (ゴルフ) recorrer los 18 hoyos ／ 文系[理系]のコースを履修する cursar la carrera de「Letras [Ciencias]
- 観光コース recorrido *m.* turístico

コースター posavasos *m.*[=*pl.*]

ゴースト fantasma *m.*
- ゴースト障害 (映像の) imagen *f.* fantasma
- ゴーストタウン ciudad *f.* fantasma
- ゴーストライター ne*gro*[*gra*] *mf.*

コーチ entrenamiento *m.*, (人) moni*tor*[*tora*] *mf.*, entrena*dor*[*dora*] *mf.*, técni*co*[*ca*] *mf.*
▶ コーチする entrenar

コーディネーター coordina*dor*[*dora*] *mf.*

コーデュロイ pana *f.* ∥ コーデュロイのズボン pantalón *m.* de pana

コート ❶(服飾) gabardina *f.*, abrigo *m.* ∥ コートをクロークに預ける dejar el abrigo en el guardarropa ／ コートを着る[脱ぐ]「ponerse [quitarse] el abrigo ／ コートを吊るす colgar un abrigo
- レインコート impermeable *m.*
❷《スポーツ》 cancha *f.*, pista *f.* ∥ コートの整備 mantenimiento *m.* de pistas ／ コートを予約する reservar pistas

コード (電気の) cable *m.*, (符号・規定) código *m.*, (和音) acorde *m.* ∥ コードを延長する alargar el cable ／ コードを差し込む[抜く]「conectar [desconectar] el cable
▶ コード化《IT》codificación *f.* ∥ コード化する codificar
- 放送コード código *m.* de radiodifusión
- コードネーム nombre *m.* en clave
- コードブック libro *m.* de códigos
- コードレス掃除機「aspiradora *f.* [aspirador *m.*] sin cable

こおどり 小躍り/雀躍り ∥ 小躍りして喜ぶ saltar de alegría

コーナー (隅) rincón *m.*, (曲り角) esquina *f.*, (売り場) sección *f.*
- コーナーキック《サッカー》 córner *m.*, saque *m.* de esquina
- コーナーリング (モータースポーツの) manejo *m.* en curvas

コーヒー café *m.* ∥ コーヒーの木 cafeto *m.* ／ コーヒーの豆 granos *mpl.* de café ／ おいしいコーヒー café *m.* rico ／ 濃いコーヒー café *m.*「fuerte [cargado] ／ 薄いコーヒー café *m.*「suave [ligero], (薄めた) café *m.* aguado ／ コーヒーを淹れる「hacer [preparar] café ／ コーヒーを飲む tomar café ／ コーヒーを挽く moler café ／ コーヒーを2つお願いします Dos cafés, por favor.
- コーヒーカップ taza *f.* de café
- コーヒーサイホン cafetera *f.* de sifón
- コーヒーショップ café *m.*, cafetería *f.*
- コーヒーゼリー gelatina *f.* de café
- コーヒー農園 cafetal *m.*
- コーヒーポット cafetera *f.*
- コーヒーミル molinillo *m.* de café
- コーヒーメーカー cafetera *f.* eléctrica

コーラ cola *f.*

コーラス coro *m.*

こおらせる 凍らせる helar, congelar

コーラン Corán *m.*
▶ コーランの corán*ico*[*ca*]

こおり 氷 hielo *m.* ∥ 氷が張る Se forma hielo. ／ 氷が溶ける Se derrite el hielo. ／ 缶ビールを氷で冷やす enfriar con hielo una lata de cerveza ／ 氷のかけらをコップに入れる echar cubitos de hielo en un vaso ／ 氷を作る「hacer [fabricar] hielo ／ 氷のように冷たい frío[a] como el hielo, hela*do*[*da*] ／ 氷の張った湖 lago *m.* helado
- 氷菓子 postre *m.* helado
- 氷砂糖 azúcar *m(f).*「cande [candi]
- 氷枕 almohada *f.*「de hielo [fresca]
- 氷水 agua *f.* con hielo

こおる 凍る helarse, congelarse ∥ 水が凍る El agua se congela. ／ 湖が凍る El lago se hiela. ／ 血も凍る恐怖 miedo *m.*「atroz [espantoso]
▶ 凍った hela*do*[*da*], congela*do*[*da*] ∥ 凍った道路 carretera *f.* helada

コール
- コールオプション《経済》 opción *f. call*
- コール市場《経済》 mercado *m.* interbancario
- コールローン《経済》 préstamo *m.* interbancario a corto plazo

ゴール meta *f.*, (サッカーの) gol *m.* ∥ ゴールにたどりつく alcanzar la meta, cruzar la meta ／ ゴールを決める (サッカーで)「marcar [meter] un gol
- ゴールエリア área *f.* de gol
- ゴールキーパー porte*ro*[*ra*] *mf.*, guardameta *com.*, arque*ro*[*ra*] *mf.*
- ゴールキック saque *m.* de puerta
- ゴールライン línea *f.* de meta

ゴールイン
▶ ゴールインする llegar a la meta, cruzar la meta ∥ 二人はめでたくゴールインした (結婚した) Los dos se casaron felizmente.

コールガール prostituta *f.*

コールタール alquitrán *m.* de hulla ‖ コールタールを塗る alquitranar, cubrir ALGO de alquitrán

コールテン ⇒コーデュロイ

ゴールデン
◪ゴールデンアワー「horas *fpl.* [horario *m.*] de máxima audiencia
◪ゴールデンウィーク Semana *f.* 「Dorada [de Oro], (説明訳) período *m.* de vacaciones en Japón que va desde finales de abril hasta principios de mayo

ゴールド oro *m.*
◪ゴールドラッシュ fiebre *f.* del oro

コールドクリーム crema *f.* 「limpiadora [de limpieza] facial, 《英語》*cold cream m.*

こおろぎ 蟋蟀 grillo *m.*

コーン maíz *m.*, （アイスクリームの） barquillo *m.*
◪コーンスープ sopa *f.* de maíz
◪コーンスターチ maicena *f.*, 「fécula *f.* [harina *f.*] de maíz
◪コーンフレーク(ス) copos *mpl.* de maíz

こがい 戸外 exterior *m.*
▶戸外で al aire libre, fuera

ごかい 誤解 malentendido *m.* ‖ 誤解があるようだ Parece que aquí hay un malentendido. ／誤解が生じた Ha surgido un malentendido. ／誤解を解く「deshacer [disipar] el malentendido ／誤解を招く／誤解を生む provocar un malentendido
▶誤解する malentender, malinterpretar, interpretar mal ‖ 誤解しないでくれ ¡No me malentiendas!

こがいしゃ 子会社 empresa *f.* filial, filial *f.*

コカイン cocaína *f.* ‖ コカインの所持 tenencia *f.* de cocaína ／コカインの消費/コカインの摂取 consumo *m.* de cocaína ／コカインを吸い込む inhalar cocaína ／コカインを精製する elaborar cocaína
◪コカイン中毒 cocainomanía *f.*, （人） cocainómano[na] *mf.*

ごかく 互角 igualdad *f.* ‖ 両チームの実力は互角だ Ambos equipos tienen el mismo nivel de juego.
▶互角の igualado[da], igual ‖ 互角の試合 partido *m.* igualado
▶互角に ／互角に戦う luchar de igual a igual

ごがく 語学 estudio *m.* de las lenguas, (言語学) lingüística *f.*, (外国語) lengua *f.* extranjera
▶語学の（言語学の）lingüístico[ca] ‖ 君は語学の才能がある Tienes 「facilidad [talento] para los idiomas.
◪語学教育 enseñanza *f.* de lenguas extranjeras
◪語学教師 profesor[sora] *mf.* de lenguas extranjeras

◪語学力 ‖ 英語の語学力 habilidad *f.* en inglés

ごかくけい 五角形 pentágono *m.*
▶五角形の pentagonal, pentágono[na]
◪正五角形 pentágono *m.* regular

こかげ 木陰 sombra *f.* de un árbol
▶木陰で a la sombra de un árbol

こがす 焦がす quemar, (表面を) chamuscar ‖ たばこでじゅうたんを焦がす quemar la alfombra con un cigarrillo ／魚を焦がす quemar el pescado

こがた 小型/小形
▶小型の/小形の pequeño[ña], de pequeño formato
▶小型化 reducción *f.* de tamaño, (ミニチュア化) miniaturización *f.* ‖ 小型化する reducir el tamaño, miniaturizar
◪小型犬 perro[rra] *mf.* de raza pequeña
◪小型車 coche *m.* pequeño
◪小型トラック camioneta *f.*

こかつ 枯渇 agotamiento *m.*
▶枯渇する agotarse ‖ 天然資源はいずれ枯渇するだろう Tarde o temprano se agotarán los recursos naturales.

ごがつ 五月 mayo *m.*
▶5月に en (el mes de) mayo

こがね 黄金 oro *m.*
▶黄金(色)の de oro, dorado[da]
◪黄金色 color *m.* de oro
◪黄金虫 escarabajo *m.* dorado

こがら 小柄
▶小柄な pequeño[ña], de talla pequeña

こがらし 木枯らし viento *m.* invernal, viento *m.* frío y seco ‖ 木枯らしが吹く Sopla un viento frío y seco.

こがれる 焦がれる anhelar ‖ 待ちこがれる esperar con impaciencia

ごかん 五官 cinco órganos *mpl.* sensoriales

ごかん 五感 cinco sentidos *mpl.*

ごかん 互換
▶互換性 compatibilidad *f.* ‖ 互換性のある compatible 《con》／互換性のない incompatible 《con》／互換性をもたせる compatibilizar
◪互換機 aparato *m.* compatible

ごかん 語幹 tema *m.*, (語根) radical *m.*, raíz *f.*

ごかん 語感 (語のニュアンス) matiz *m.* de la palabra, (言葉に対する感受性) sensibilidad *f.* lingüística ‖ 語感が鋭い tener una gran sensibilidad lingüística

ごがんこうじ 護岸工事 obra *f.* de protección costera

こかんせつ 股関節 articulación *f.* 「de la cadera [coxofemoral]

ごき 語気 tono *m.* ‖ 語気を強める subir el tono ／語気を和らげる bajar el tono

ごぎ 語義　acepción *f.*, significado *m.* de palabra

こきおろす 扱き下ろす　criticar muy duramente, 《慣用》poner como un estropajo a ALGUIEN

ごきげん 御機嫌‖すっかりご機嫌だ estar de muy buen humor, 《慣用》estar como unas castañuelas／ご機嫌になる ponerse con*tento*[*ta*]／上司(男性)はご機嫌ななめだ El jefe está de mal humor.／ご機嫌はいかがですか ¿Cómo está usted?
　[慣用]ご機嫌よう Adiós. ¦ Que le vaya bien.

こきつかう 扱き使う　hacer trabajar mucho a ALGUIEN, 《慣用》dar un tute a ALGUIEN

こぎつける 漕ぎ着ける　「llegar a [conseguir]『＋不定詞』‖彼女はやっと小説の出版に漕ぎ着けた A duras penas ella consiguió publicar su novela.

こぎって 小切手　cheque *m.* (bancario), talón *m.*‖小切手で払う pagar con cheques／小切手に裏書きする endosar un cheque／小切手を切る extender un cheque／小切手を現金にする cobrar un cheque
　◪線引き小切手/横線小切手 cheque *m.* cruzado
　◪小切手帳 libreta *f.* de cheques, talonario *m.*

こぎて 漕ぎ手　reme*ro*[*ra*] *mf.*

ごきぶり　cucaracha *f.*‖ごきぶりを退治する exterminar cucarachas

こきゃく 顧客　cliente *com.*, 《集合名詞》clientela *f.*‖顧客を満足させる satisfacer a los clientes／顧客の満足度 grado *m.* de satisfacción de los clientes
　◪顧客管理「gestión *f.* [administración *f.*] de clientes
　◪顧客名簿 lista *f.* de clientes

こきゅう 呼吸　respiración *f.*, aliento *m.*‖呼吸が荒い respirar「agitadamente [entrecortadamente, trabajosamente], jadear／呼吸が困難である respirar con dificultad, tener una respiración dificultosa／呼吸がぴったり合う trabajar en perfecta armonía, (動きが) actuar con movimientos sincronizados／呼吸を整える regular la respiración
　▶呼吸する respirar, aspirar
　◪呼吸器 aparato *m.* respiratorio‖呼吸器疾患 enfermedad *f.* respiratoria
　◪呼吸困難「医学」disnea *f.*
　◪呼吸装置 respirador *m.*, equipo *m.* respiratorio

こきょう 故郷　tierra *f.* natal, patria *f.* chica‖故郷に帰る volver a *su* 「pueblo [tierra natal]／故郷をしのぶ añorar *su* 「pueblo [tierra natal]

こぎれい 小綺麗
　▶小綺麗な (清潔) pulc*ro*[*cra*], asea*do*[*da*], (しゃれた) coque*to*[*ta*], boni*to*[*ta*]

こく　cuerpo *m.*‖こくのあるワイン vino *m.* con cuerpo／このワインはこくがある Este vino tiene cuerpo.

こぐ 漕ぐ　remar, bogar‖ペダルを漕ぐ pedalear／ブランコを漕ぐ columpiarse

ごく 極　ごくわずかの塩 muy poca sal／ごく最近のできごと un suceso muy reciente

ごく 語句　frase *f.*, grupo *m.* de palabras‖語句の意味 significado *m.* de una frase

ごくあく 極悪
　▶極悪な atroz, cruel, malva*do*[*da*]
　◪極悪人 malva*do*[*da*] *mf.*
　◪極悪非道「極悪非道な行い」atrocidad *f.*, barbaridad *f.*

こくい 国威　prestigio *m.* nacional, dignidad *f.* nacional‖国威を発揚する aumentar el prestigio nacional

ごくい 極意　quintaesencia *f.*, secreto *m.*‖極意を極める alcanzar la quintaesencia 《de》, alcanzar el secreto 《de》

こくいっこく 刻一刻　a cada instante que pasa

こくいん 刻印　sello *m.*
　▶刻印する (印を彫る) tallar un sello

こくえい 国営　administración *f.* estatal
　▶国営の estatal, nacional
　▶国営化 nacionalización *f.*‖国営化する nacionalizar
　◪国営企業 empresa *f.* estatal
　◪国営放送局「cadena *f.* [emisora *f.*] nacional, 「cadena *f.* [emisora *f.*] estatal

こくえき 国益　nacional [del Estado]‖国益を侵害する atentar contra el interés nacional／国益を損なう perjudicar el interés nacional／国益を守る defender el interés nacional

こくえん 黒鉛　grafito *m.*

こくおう 国王　rey *m.*
　▶国王の real
　◪国王陛下 Su Majestad el Rey

こくがい 国外
　▶国外で/国外に‖国外で働く trabajar en el extranjero／国外にいる estar 「fuera del país [en el extranjero]
　▶国外の extranje*ro*[*ra*]
　◪国外退去 deportación *f.*, (追放) expulsión *f.*‖国外退去命令 orden *f.* de 「deportación [expulsión]

こくぎ 国技　deporte *m.* nacional
　◪両国国技館 Salón *m.* del Sumo de Ryogoku

こくご 国語　(公用語) lengua *f.* oficial, (日本語) lengua *f.* japonesa
　◪国語教育 enseñanza *f.* de la lengua japonesa
　◪国語辞典 diccionario *m.* de japonés mo-

derno
こくさい 国債　bonos *mpl.* del Estado ‖ 国債を償還する amortizar los bonos del Estado／国債を発行する emitir bonos del Estado
こくさい 国際
▶ 国際的な internacional ‖ 国際的な枠組み marco *m.* internacional
▶ 国際的に internacionalmente, mundialmente ‖ 国際的に知られたピアニスト pianista *com.* mundialmente conoci*do*[*da*]
▶ 国際化 internacionalización *f.* ‖ 国際化する internacionalizar
◪ 国際運転免許証「permiso *m.* [licencia *f.*] internacional de conducir
◪ 国際オリンピック委員会 (IOC) Comité *m.* Olímpico Internacional (略 COI)
◪ 国際会議 congreso *m.* internacional
◪ 国際会計基準 Normas *fpl.* Internacionales de Contabilidad
◪ 国際価格 precio *m.* internacional
◪ 国際感覚 ‖ 国際感覚を身に付ける adquirir una「visión [perspectiva] universal
◪ 国際関係 relaciones *fpl.* internacionales
◪ 国際機関「organismo *m.* [organización *f.*] internacional, organización *f.* intergubernamental
◪ 国際競技「partido *m.* [juego *m.*] internacional
◪ 国際協力銀行 (JBIC) Banco *m.* Japonés de Cooperación Internacional
◪ 国際拠点空港 aeropuerto *m. hub*, centro *m.* de conexión internacional
◪ 国際空港 aeropuerto *m.* internacional
◪ 国際経済 economía *f.* mundial
◪ 国際結婚 matrimonio *m.* internacional
◪ 国際決済銀行 Banco *m.* de Pagos Internacionales (略 BPI)
◪ 国際貢献 contribución *f.* internacional
◪ 国際交流 intercambio *m.* internacional
◪ 国際事情 circunstancias *fpl.* internacionales
◪ 国際社会「comunidad *f.* [sociedad *f.*] internacional
◪ 国際収支 balanza *f.* de pagos
◪ 国際情勢 situación *f.* internacional
◪ 国際条約 tratado *m.* internacional
◪ 国際主義 internacionalismo *m.*, cosmopolitismo *m.*
◪ 国際色 ‖ 国際色豊かな雰囲気 ambiente *m.*「cosmopolita [internacional]
◪ 国際人 cosmopolita *com.*
◪ 国際親善 amistad *f.* internacional
◪ 国際石油資本（セブン・シスターズ） Las Siete Hermanas
◪ 国際線（便）vuelo *m.* internacional,（路線）línea *f.* internacional
◪ 国際相場 mercado *m.* internacional
◪ 国際通貨危機 crisis *f.*[=*pl.*] monetaria internacional
◪ 国際電話 llamada *f.* internacional
◪ 国際都市 ciudad *f.* cosmopolita
◪ 国際法 derecho *m.* internacional
◪ 国際貿易 comercio *m.* internacional
◪ 国際放送 emisión *f.* internacional
◪ 国際問題 problema *m.* internacional
◪ 国際連合 → こくれん（国連）
◪ 国際連盟 (LON) Sociedad *f.* de Naciones (略 SDN)

こくさん 国産
▶ 国産の de fabricación nacional, nacional
◪ 国産車 coche *m.* (de fabricación) nacional
◪ 国産品 producto *m.* nacional

こくし 酷使
▶ 酷使する abusar《de》, esforzar ‖ 労働者を酷使する「abusar de [explotar a] los trabajadores／目を酷使する esforzar la vista

こくじ 告示　notificación *f.*, aviso *m.* oficial
▶ 告示する notificar

こくじ 国事　asunto *m.*「nacional [del Estado]
◪ 国事行為 funciones *fpl.* constitucionales del Emperador
◪ 国事犯 delito *m.* político,（人）delincuente *com.* polític*o*[*ca*]

こくじ 酷似
▶ 酷似する tener una estrecha semejanza《con》‖ 酷似した事件 casos *mpl.* muy parecidos

こくしょ 酷暑　calor *m.*「intenso [tremendo, abrasador]

こくじょう 国情　situación *f.* del país

ごくじょう 極上
▶ 極上の de óptima calidad, supre*mo*[*ma*], extra《無変化》
◪ 極上品 producto *m.* de óptima calidad, producto *m.* de calidad「suprema [extra]

こくじょく 国辱　vergüenza *f.* nacional

こくじん 黒人　ne*gro*[*gra*] *mf.*
◪ 黒人差別 discriminación *f.* de los negros
◪ 黒人霊歌 espiritual *m.* (negro)

こくすいしゅぎ 国粋主義　nacionalismo *m.*,（軽蔑的に）（排外的な）chovinismo *m.*
◪ 国粋主義者 nacionalista *com.*,（軽蔑的に）（排外主義者）chovinista *com.*

こくせいちょうさ 国勢調査　censo *m.* nacional de población ‖ 国勢調査を行う hacer el censo nacional de población

こくせい 国政　política *f.* nacional

こくぜい 国税　impuestos *mpl.* nacionales, contribuciones *fpl.* fiscales
◪ 国税庁（日本）Agencia *f.* Nacional de Impuestos,（スペイン）Agencia *f.* Estatal de Administración Tributaria (略 AEAT)

こくせき 国籍 nacionalidad *f.* ‖ 国籍の回復 recuperación *f.* de nacionalidad ／ 日本国籍の de nacionalidad japonesa ／ 国籍を与える conceder la nacionalidad 《a》／ スペイン国籍を取得する 「obtener [adquirir] la nacionalidad española ／ 国籍を変える cambiar de nacionalidad ／ 国籍を剥奪する desnaturalizar
- ◪ 二重国籍 doble nacionalidad *f.*
- ◪ 国籍剥奪 desnaturalización *f.*
- ◪ 国籍不明船 barco *m.* de 「bandera [nacionalidad] desconocida

こくせんべんごにん 国選弁護人 aboga*do*[*da*] *mf.* de oficio

こくそ 告訴 denuncia *f.*, acusación *f.*, querella *f.* ‖ 告訴を却下する rechazar la denuncia ／ 告訴を取り下げる retirar la denuncia
- ▶ 告訴する presentar una denuncia 《contra》, denunciar, acusar
- ◪ 告訴状 denuncia *f.*, querella *f.*
- ◪ 告訴人 acusa*dor*[*dora*] *mf.*, querellante *com.*

こくそう 国葬 funeral *m.* de Estado ‖ 国葬を行う celebrar el funeral de Estado

こくそう 穀倉 granero *m.*
- ◪ 穀倉地帯 granero *m.*, zona *f.* productora de 「cereales [granos]

こくたい 国体 （政治形態） régimen *m.*, constitución *f.*, （国民体育大会） Festival *m.* Nacional Deportivo de Japón

こくたん 黒檀 ébano *m.*

こくち 告知 notificación *f.*, aviso *m.*
- ▶ 告知する notificar, avisar ‖ 癌を患者に告知する informar 「al [a la] paciente de que padece un cáncer

こくてい 国定
- ▶ 国定の estableci*do*[*da*] por el Estado, （公式の） oficial
- ◪ 国定教科書 libro *m.* de texto oficial
- ◪ 国定公園 parque *m.* nacional administrado por el gobierno local

こくてつ 国鉄 ferrocarril *m.* nacional ‖ スペインの国鉄 Red *f.* Nacional de los Ferrocarriles Españoles （略 RENFE）

こくてん 黒点 （太陽の） mancha *f.* solar, mácula *f.* solar

こくど 国土 territorio *m.* nacional
- ◪ 国土開発計画 plan *m.* nacional de desarrollo territorial
- ◪ 国土交通省 Ministerio *m.* de Tierra, Infraestructura, Transporte y Turismo
- ◪ 国土地理院 Instituto *m.* Nacional de Información Geoespacial

こくどう 国道 carretera *f.* nacional
- ◪ 国道1号線 （スペイン） carretera *f.* nacional 1 （略 N-1）

こくない 国内
- ▶ 国内の nacional, interior, inter*no*[*na*]
- ▶ 国内で(は) ‖ 日本国内で(は) en (el interior de) Japón, dentro de Japón
- ◪ 国内経済 economía *f.* nacional
- ◪ 国内産業 industria *f.* nacional
- ◪ 国内市場 mercado *m.* nacional
- ◪ 国内事情 circunstancias *fpl.* internas
- ◪ 国内需要 demanda *f.* interna
- ◪ 国内消費 consumo *m.* interno
- ◪ 国内政策 política *f.* interior
- ◪ 国内線 （便） vuelo *m.* nacional, （路線） línea *f.* nacional ‖ 国内線の空港 aeropuerto *m.* nacional
- ◪ 国内総生産 （GDP） producto *m.* 「interior [interno] bruto （略 PIB）
- ◪ 国内ニュース noticias *fpl.* nacionales

こくはく 告白 confesión *f.*, （愛の） declaración *f.*
- ▶ 告白する confesar ‖ 愛を告白する declarar *su* amor 《a》

こくはつ 告発 acusación *f.*, denuncia *f.*
- ▶ 告発する acusar, denunciar
- ◪ 告発者 acusa*dor*[*dora*] *mf.*, denunciante *com.*
- ◪ 内部告発 denuncia *f.* interna

こくばん 黒板 pizarra *f.*, encerado *m.* ‖ 黒板に書く escribir en la pizarra ／ 黒板を消す borrar la pizarra
- ◪ 黒板ふき borrador *m.*

こくひ 国費 gastos *mpl.* del Estado, expensas *fpl.* del Estado ‖ 国費で留学する estudiar en el extranjero a expensas del Estado
- ◪ 国費外国人留学生 （日本の） beca*rio*[*ria*] *mf.* extranje*ro*[*ra*] del Gobierno japonés

ごくひ 極秘 「absoluto [estricto] secreto *m.*
- ▶ 極秘の de alto secreto, 「estrictamente [absolutamente] confidencial
- ▶ 極秘にする mantener ALGO en 「absoluto [estricto] secreto
- ◪ 極秘文書 documento *m.* estrictamente confidencial

こくひょう 酷評 crítica *f.* 「dura [severa]
- ▶ 酷評する criticar 「duramente [con dureza]

こくひん 国賓 invita*do*[*da*] *mf.* del 「Estado [gobierno] ‖ 国賓として迎えられる ser recibi*do*[*da*] como invita*do*[*da*] del gobierno

ごくひん 極貧 extrema pobreza *f.*
- ▶ 極貧の extremadamente pobre

こくふく 克服 superación *f.*, vencimiento *m.*
- ▶ 克服する superar, vencer ‖ 多くの困難を克服する 「superar [vencer] muchas dificultades

こくぶんがく 国文学 literatura *f.* japonesa

▨国文学科 Departamento *m.* de Literatura Japonesa
▨国文学史 historia *f.* de la literatura japonesa
▨国文学者 investiga*dor*[*dora*] *mf.*「de [sobre] la literatura japonesa
こくべつ 告別　(別れ) despedida *f.* ‖ 告別の辞を述べる pronunciar un discurso fúnebre
▨告別式 funeral *m.*, ceremonia *f.* fúnebre ‖ 告別式を行う celebrar un funeral
こくほう 国宝　tesoro *m.* nacional ‖ 国宝に指定する designar ALGO como tesoro nacional
▨人間国宝 tesoro *m.* nacional viviente
こくぼう 国防　defensa *f.* nacional
▨国防色 color *m.* caqui
▨国防総省 (米国の) Departamento *m.* de Defensa de Estados Unidos
▨国防予算 presupuesto *m.* para la defensa nacional
こくみん 国民　pueblo *m.*, nación *f.* ‖ 日本国民 pueblo *m.* japonés
▶国民の nacional ‖ 国民の祝日 fiesta *f.* nacional／国民の意見 opinión *f.* del pueblo
▶国民性 idiosincrasia *f.* ‖ 日本人の国民性 idiosincrasia *f.* de los japoneses
▨国民栄誉賞 (日本の) Premio *m.* de Honor del Pueblo
▨国民感情 sentimiento *m.* del pueblo
▨国民休暇村 colonia *f.* nacional de vacaciones
▨国民健康保険 seguro *m.* nacional de salud
▨国民主権 soberanía *f.*「nacional [popular]
▨国民所得 renta *f.* nacional
▨国民審査 revisión *f.* de los jueces de la Corte Suprema por el pueblo
▨国民総支出 gasto *m.* nacional bruto (略 GNB)
▨国民総所得 renta *f.* nacional bruta (略 RNB)
▨国民総生産 producto *m.* nacional bruto (略 PNB)
▨国民体育大会 →こくたい(国体)
▨国民投票 referéndum *m.*
▨国民年金 pensión *f.* nacional
こくむ 国務　asuntos *mpl.* del Estado
▨国務省 (米国の) Departamento *m.* de Estado de los Estados Unidos
▨国務大臣 minis*tro*[*tra*] *mf.* de Estado
▨国務長官 (米国の) secreta*rio*[*ria*] *mf.* de Estado
こくめい 克明
▶克明な detalla*do*[*da*], minucio*so*[*sa*]
▶克明に detalladamente, minuciosamente
こくもつ 穀物　grano *m.*, cereales *mpl.* ‖ 穀物を栽培する cultivar cereales

▨穀物倉 granero *m.*
こくゆう 国有
▶国有の estatal, nacional
▶国有化 nacionalización *f.* ‖ 国有化する nacionalizar
▨国有財産 bienes *mpl.* del Estado
▨国有地 terreno *m.* del Estado
▨国有鉄道 →こくてつ(国鉄)
▨国有林 bosque *m.* nacional
ごくらく 極楽　paraíso *m.*
▨極楽鳥 ave *f.* del paraíso
▨極楽とんぼ optimista *com.*
こくりつ 国立
▶国立の estatal, nacional
▨国立オペラ劇場 Teatro *m.* Nacional de la Ópera
▨国立がん研究センター Centro *m.* Nacional del Cáncer
▨国立劇場 Teatro *m.* Nacional
▨国立公園 parque *m.* nacional
▨国立大学 universidad *f.*「nacional [estatal]
▨国立図書館 biblioteca *f.* nacional
こくりょく 国力　potencia *f.*「nacional [del país] ‖ 国力をつける reforzar la potencia del país
こくるい 穀類　grano *m.*, cereales *mpl.*
こくれん 国連　Organización *f.* de las Naciones Unidas (略 ONU)
▨国連加盟国 país *m.* miembro de la ONU
▨国連軍 fuerzas *fpl.* de la ONU, (平和維持軍) Fuerzas *fpl.* de Paz de la ONU, cascos *mpl.* azules
▨国連決議 resolución *f.* de la ONU
▨国連憲章 Carta *f.* de las Naciones Unidas
▨国連開発計画 Programa *m.* de las Naciones Unidas para el Desarrollo (略 PNUD)
▨国連事務総長 secreta*rio*[*ria*] *mf.* general de la ONU
▨国連人権委員会 Comisión *f.* de Derechos Humanos de las Naciones Unidas
▨国連大学 Universidad *f.* de las Naciones Unidas (略 UNU)
▨国連大使 embaja*dor*[*dora*] *mf.* de la ONU
▨国連難民高等弁務官 Al*to*[*ta*] Comisiona*do*[*da*] *mf.* de las Naciones Unidas para los Refugiados (略 ACNUR)
▨国連平和維持活動 operaciones *fpl.* de paz de las Naciones Unidas
▨国連本部 sede *f.* de la ONU

国際連合の機関

国際連合 Organización *f.* de las Naciones Unidas (略 ONU)
主要機関(órganos *mpl.* principales)

ごくろう

総会 Asamblea *f.* General
安全保障理事会 Consejo *m.* de Seguridad de las Naciones Unidas
経済社会理事会 Consejo *m.* Económico y Social de las Naciones Unidas (略 ECOSOC)
信託統治理事会 Consejo *m.* de Administración Fiduciaria de las Naciones Unidas
国際司法裁判所(ICJ) Corte *f.* Internacional de Justicia (略 CIJ)
事務局 Secretaría *f.* General de las Naciones Unidas
専門機関 (organismos *mpl.* especializados)
国際労働機関(ILO) Organización *f.* Internacional del Trabajo (略 OIT)
国際連合食料農業機関(FAO) Organización *f.* de las Naciones Unidas para la Agricultura y la Alimentación (略 FAO)
国際連合教育科学文化機関(UNESCO) Organización *f.* de las Naciones Unidas para la Educación, la Ciencia y la Cultura (略 Unesco)
世界保健機関(WHO) Organización *f.* Mundial de la Salud (略 OMS)
国際通貨基金(IMF) Fondo *m.* Monetario Internacional (略 FMI)
国際民間航空機関(ICAO) Organización *f.* de Aviación Civil Internacional (略 OACI)
国際海事機関(IMO) Organización *f.* Marítima Internacional (略 OMI)
国際電気通信連合(ITU) Unión *f.* Internacional de Telecomunicaciones (略 UIT)
万国郵便連合(UPU) Unión *f.* Postal Universal (略 UPU)
世界気象機関(WMO) Organización *f.* Meteorológica Mundial (略 OMM)
世界知的所有権機関(WIPO) Organización *f.* Mundial de la Propiedad Intelectual (略 OMPI)
国際農業開発基金(IFAD) Fondo *m.* Internacional de Desarrollo Agrícola (略 FIDA)
国連工業開発機関(UNIDO) Organización *f.* de las Naciones Unidas para el Desarrollo Industrial (略 ONUDI)
世界観光機関(UNWTO) Organización *f.* Mundial del Turismo (略 OMT)
世界銀行(WB)グループ Grupo *m.* del Banco Mundial
国際復興開発銀行(IBRD) Banco *m.* Internacional de Reconstrucción y Fomento (略 BIRF)
国際開発協会(IDA) Asociación *f.* Internacional de Fomento (略 AIF)
国際金融公社(IFC) Corporación *f.* Financiera Internacional (略 CFI)
多数国間投資保証機関(MIGA) Organismo *m.* Multilateral de Garantía de Inversiones (略 OMGI)
国際投資紛争解決センター(ICSID) Centro *m.* Internacional de Arreglo de Diferencias Relativas a Inversiones (略 CIADI)
関連機関(organismos *mpl.* conexos)
世界貿易機関(WTO) Organización *f.* Mundial del Comercio (略 OMC)
国際原子力機関(IAEA) Organismo *m.* Internacional de Energía Atómica (略 OIEA)
包括的核実験禁止条約準備委員会 Comisión *f.* Preparatoria de la Organización del Tratado de Prohibición Completa de los Ensayos Nucleares
化学兵器禁止機関(OPCW) Organización *f.* para la Prohibición de las Armas Químicas (略 OPAQ)

ごくろう 御苦労 ‖ ご苦労をおかけしてすみません Siento haberle causado tantas molestias.
　[慣用] ご苦労さま Muchas gracias.
こけ 苔 musgo *m.*
　▶苔で覆われた/苔むした musgo*so[sa]*
ごけ 後家 ⇒みぼうじん(未亡人)
こけい 固形
　▶固形の sóli*do[da]*
　◪固形食 alimento *m.* sólido
　◪固形スープ pastilla *f.* de caldo
　◪固形燃料 combustible *m.* sólido
　◪固形物 cuerpo *m.* sólido
ごけい 互恵 reciprocidad *f.*
　▶互恵的(な) recípro*co[ca]*
　◪互恵条約 tratado *m.* de reciprocidad
ごけい 語形 forma *f.* de una palabra
　▶語形変化 (屈折) flexión *f.*, (動詞の活用) conjugación *f.*, (格変化) declinación *f.*
こげくさい 焦げ臭い oler a quemado
　◪焦げ臭いにおい olor *m.* a quemado
コケコッコー (雄鶏の鳴き声) quiquiriquí *m.* ‖ 雄鶏がコケコッコーと鳴く El gallo canta quiquiriquí.
こけし 《日本語》*kokeshi f.*, (説明訳) muñeca *f.* japonesa de madera en forma cilíndrica
こげちゃ 焦げ茶 marrón *m.* oscuro
　▶焦げ茶(色)の de marrón oscuro
こけつ 虎穴
　[諺] 虎穴に入らずんば虎児を得ず《諺》Quien no se arriesga, no「pasa la mar [gana nada].
こげつく 焦げ付く (料理が) pegarse, (貸した金銭が) resultar incobrable
こげめ 焦げ目 ‖ 焦げ目を付ける dorar, tostar ligeramente

こける 痩ける adelgazar, demacrarse ‖ 頬が痩せている tener las mejillas hundidas

こげる 焦げる quemarse, abrasarse

ごげん 語源 etimología *f.*, origen *m.* de una palabra ‖ 言葉の語源を調べる buscar「la etimología [el origen] de una palabra
- ▶語源の etimológi*co*[*ca*]
- ▫語源学 etimología *f.*
- ▫語源学者 etimologista *com.*, etimólo*go*[*ga*] *mf.*
- ▫語源辞典 diccionario *m.* etimológico

ここ 個個
- ▶個々の cada 〖+名詞〗, individual ‖ 個々の意見 opinión *f.* de cada uno
- ▶個々に（別々に）separadamente,（一人一人）individualmente ‖ 事例を個々に検討する estudiar separadamente los casos

ここ ❶（場所）（副詞）aquí,《中南米》acá ‖ 私はここにいます Estoy aquí. ／ここに名前を書いてください Escriba su nombre aquí. ／ここで私を待っていてください Espéreme aquí, por favor. ／ここはどこですか ¿Dónde estamos? ／ここから駅まで de aquí a la estación ／ここまでバスで来ました He venido en autobús hasta aquí.
❷（時間）‖ ここ数日の暑さ calor *m.* de estos días ／ここ数年この町の人口が減少した En los últimos años ha disminuido la población de esta ciudad. ／今日のところはここまでにしましょう Por hoy, terminaremos con eso.
❸（その他）‖ ここが大事な点だ Esto es el punto importante. ／これはここだけの話だよ Esto ha de quedar entre nosotros. ／ここ一番に強い ser fuerte a la hora de la verdad ／ここぞとばかりに sin dejar pasar la oportunidad

ごご 午後 tarde *f.* ‖ 午後4時に a las cuatro de la tarde ／午後の便 vuelo *m.* de la tarde ／午後一番に a primeras horas de la tarde ／午後は晴れるでしょう Va a hacer buen tiempo esta tarde. ／午後中ずっと toda la tarde
- ▶午後に por la tarde ‖ 月曜の午後に el lunes por la tarde, en la tarde del lunes ／明日の午後に君に電話します Te llamaré por teléfono mañana por la tarde.

ココア chocolate *m.*, bebida *f.* de cacao ‖ ココアを飲む tomar chocolate

ごこう 後光 aureola *f.*, nimbo *m.* ‖ 後光がさす ser rodea*do*[*da*] por una aureola

こごえ 小声
- ▶小声で en voz baja

こごえる 凍える helarse ‖ 凍えるように寒い Hace un frío glacial. ¦《話》Hace un frío que pela. ／寒さに凍える helarse de frío ／凍え死ぬ morir(se) de frío

こくく 故国 país *m.* natal

ここち 心地 sensación *f.*, impresión *f.* ‖ 心地よい placente*ro*[*ra*], agradable, confortable ／今にも死にそうもしない（慣用）estar más muer*to*[*ta*] que vi*vo*[*va*] ／天にも昇る心地がする（慣用）estar en el séptimo cielo ／乗り心地がいい車 coche *m.* cómodo para viajar

こごと 小言 regañina *f.*, regaño *m.*, sermón *m.* ‖ 小言を言う regañar, echar un sermón

ココナッツ coco *m.*
- ▫ココナッツミルク「leche *f.* [agua *f.*]」 de coco

ここのか 九日（期間）nueve días *mpl.*,（日付）el día nueve

ここのつ 九つ ⇒きゅう（九）

こころ 心 ❶ corazón *m.*,（魂）alma *f.*,（精神）espíritu *m.*,（感情）sentimiento *m.* ‖ 心と体 mente *f.* y cuerpo *m.* ／心の糧 alimento *m.* del「alma [espíritu]」／心の中で en *sus* adentros,（慣用）en *su* fuero interno ／茶の心 espíritu *m.* de la ceremonia de té ／広い心 mente *f.* abierta, gran corazón *m.* ／身も心も física y mentalmente, tanto física como mentalmente ／心が変わる cambiar de idea ／心がない no tener corazón, ser insensible ／心がなごむ光景 escena *f.* enternecedora ／心から sinceramente, con el corazón en la mano ／心からの since*ro*[*ra*], de todo corazón ／心に抱く acariciar, concebir ／心に決める decidirse ／心に響く言葉 palabras *fpl.* conmovedoras ／心のこもったもてなし recibimiento *m.* cariñoso
❷《慣用表現》
[心が]
(慣用) 心が洗われる sentirse renova*do*[*da*] anímicamente
(慣用) 心が痛む sentir pena《por》
(慣用) 心が動く mostrar interés《por》
(慣用) 心が通う entenderse《con》
(慣用) 心が騒ぐ sentirse intranqui*lo*[*la*]
(慣用) 心が弾む estar alegre
(慣用) 心が乱れる turbarse, alterarse
[心に]
(慣用) 心に浮かぶ（思いつく）ocurrirse,（思い出す）acordarse《de》, recordar ‖ ある計画が心に浮かんだ Se me ha ocurrido un plan.
(慣用) 心に描く imaginarse
(慣用) 心に掛かる preocupar
(慣用) 心に掛ける preocuparse《de, por》
(慣用) 心に留める tener ALGO en cuenta
(慣用) 心に残る／心に刻まれる（何かが）quedar graba*do*[*da*] en la mente
[心を]
(慣用) 心を合わせて（協力して）en colaboración《con》,（団結して）en solidaridad《con》
(慣用) 心を痛める（心配する）preocuparse

こころあたたまる

(慣用)心を躍らせる emocionarse,（興奮する）excitarse
(慣用)心を入れ替える reformarse, enmendarse,（真面目になる）《慣用》sentar la cabeza
(慣用)心を動かす （関心を持つ）tener interés 《en, por》,（感動する）emocionarse
(慣用)心を打つ emocionar, conmover ‖ 心を打つ映画 película f. conmovedora
(慣用)心を鬼にする endurecer el corazón con ALGUIEN por *su* bien
(慣用)心を開く《慣用》abrir *su* corazón《a》
(慣用)心を奪う （誰かの）fascinar, atraer irresistiblemente
(慣用)心を奪われる sentirse fascina*do[da]*
(慣用)心を配る atender, tener atenciones 《con》
(慣用)心をくむ comprender el sentimiento de ALGUIEN
(慣用)心をこめて de (todo) corazón
(慣用)心を砕く desvelarse 《por》
(慣用)心をつかむ/心をとらえる ‖ 聴衆の心をつかむ ganarse el corazón del público
(慣用)心を引き裂く （誰かの）partir el「corazón [alma] a ALGUIEN
(慣用)心を引く atraer el interés de ALGUIEN
(慣用)心を許す confiarse a ALGUIEN
(慣用)心を寄せる （好意を持つ）sentir simpatía《por》
[その他]
(慣用)心ここにあらずである andar con la mente en otra parte, tener un aire distraído
(慣用)心にもない ‖ 心にもないことを言う《慣用》decir ALGO con la boca「chica [chiquita, pequeña]

こころあたたまる 心温まる conmove*dor[dora]*, enternece*dor[dora]*, cariño*so[sa]* ‖ 心温まる話 historia f. enternecedora

こころあたり 心当たり ‖ 私はこの顔には心当たりがある Me suena esta cara. ／ まったく心当たりがない no tener ni idea

こころえ 心得 （知識）conocimientos *mpl.*,（規則）regla f. ‖ 茶道の心得がある tener conocimientos de la ceremonia de té

▣心得顔 ‖ 心得顔で con aires de sabelotodo

▣心得違い indiscreción f., imprudencia f.,（誤解）malentendido *m.*

こころえる 心得る （理解する）comprender, entender,（知る）saber

こころおきなく 心置きなく sin preocupaciones,（遠慮なく）sin reservas, sin reparos

こころがけ 心掛け atención f. ‖ 心掛けが良い estar aten*to[ta]*, estar cuidado*so[sa]*

こころがける 心掛ける （覚えておく）tener ALGO en cuenta,（〜するよう）procurar『＋不定詞』, tratar de『＋不定詞』‖ 休暇中は早起きを心掛けています Procuro madrugar durante las vacaciones.

こころがまえ 心構え actitud f., preparación f. mental ‖ 心構えができている estar prepara*do[da]*《para》, estar dispues*to[ta]*《a》／ 最悪の事態に備えて心構えをする prepararse para lo peor

こころがわり 心変わり cambio *m.* de opinión, mudanza f.,（裏切り）traición f.

▶心変わりする「cambiar [mudar] de opinión ‖ 心変わりしやすい inconstante,《格式語》voluble, versátil

こころぐるしい 心苦しい dar pena《a》, sentirse violen*to[ta]*,（気がとがめる）tener remordimientos de conciencia ‖ 彼にこんなに頼みごとをするのは心苦しい Me「duele [sabe mal] pedirle tantos favores.

こころざし 志 （目的）objetivo *m.*, meta f.,（意図）intención f.,（意志）voluntad f.,（願い）deseo *m.*,（親切）amabilidad f. ‖ 志が高い tener una meta difícil ／ 志を立てる establecer un objetivo, fijar una meta ／ 志を遂げる「conseguir [alcanzar] *su* objetivo ／ お志に感謝します Le agradezco su amabilidad.

こころざす 志す pretender, aspirar《a》‖ 政治家を志す aspirar a ser políti*co[ca]*

こころづかい 心遣い atención f., solicitud f., detalle *m.* ‖ お心遣いに大変感謝しています Le estoy muy agradeci*do[da]* por sus atenciones. ／ すてきな心遣いありがとう Gracias por el detalle tan bonito que tuviste.

こころづくし 心尽くし

▶心尽くしの de corazón ‖ 心尽くしの手料理 comida f. preparada con cariño

こころづもり 心積もり ‖ 万一の場合の心づもりをしておきなさい Ve preparándote para lo peor.

こころづよい 心強い ‖ 心強い言葉 palabras fpl. alentadoras ／ 医師が一緒に来てくれたら心強い Me siento tranqui*lo[la]* si me acompaña un médico.

こころならずも 心ならずも a *su* pesar, a pesar *suyo*, contra *su* voluntad

こころのこり 心残り

▶心残りである lamentar,（悔やむ）arrepentirse《de》‖ 私は何の心残りもない No tengo nada「que lamentar [de que arrepentirme].

こころぼそい 心細い inquie*to[ta]*, inseguro*ro[ra]* ‖ 心細い声で con voz insegura ／ 君がいなくて心細い Te echo de menos.

▶心細く ‖ 心細く思う sentirse so*lo[la]*, sentirse desampara*do[da]*,（自信がない）sentirse poco segu*ro[ra]*

こころみ 試み prueba f., intento *m.*, ensayo *m.* ⇒ ためし(試し) ‖ 新しい試みが成功した nuevo intento *m.* ／ 試みが成功した El intento tuvo

éxito.
▶試みに a (modo de) prueba, para probar
こころみる 試みる intentar, probar ⇒ ためす(試す)
こころもち 心持ち (気持ち) sensación *f.*, sentimiento *m.*, (わずかに) ligeramente, un poco ‖ 心もち顔を上げてください Levante un poco la cabeza.
こころもとない 心許ない inquieto[ta], inseguro[ra], poco seguro[ra] ‖ 心もとなく思う sentirse inquieto[ta]
こころゆく 心行く
▶心ゆくまで plenamente, (飽きるほど) hasta la saciedad ‖ 休暇を心ゆくまで楽しむ disfrutar plenamente de las vacaciones ／心ゆくまで召し上がれ Coma cuanto quiera.
こころよい 快い agradable, grato[ta] ‖ 快い感じ sensación *f.* agradable
こころよく 快く con gusto, con agrado, de (buen) grado ‖ 快く響く sonar agradablemente ／彼は君の昇進を快く思っていない A él no le hace gracia tu ascenso. ¦ Él no está contento con tu ascenso.
ここん 古今
▶古今の antiguo[gua] y moderno[na]
◪古今東西 todos los tiempos y todos los lugares
ごさ 誤差 error *m.*, (許容できる) tolerancia *f.* ‖ 誤差の範囲内にある encontrarse dentro del margen de tolerancia ／測定の誤差は1センチである La medición tiene un margen de error de un centímetro.
◪誤差曲線 curva *f.* de errores
ござ 茣蓙 estera *f.* (de junco) ‖ ござを床に敷く cubrir el suelo con estera
ごさい 後妻 segunda「mujer *f.* [esposa *f.*]
こざいく 小細工 (策略) artimaña *f.*, artificio *m.* ‖ 小細工をする/小細工を弄する「recurrir a [usar] una artimaña, 《慣用》jugar sucio
こざかしい 小賢しい (生意気な) insolente, impertinente, (ずる賢い) astuto[ta]
こざかな 小魚 pescado *m.* pequeño, morralla *f.*
こさく 小作
◪小作人/小作農 arrendatario[ria] *mf.*, aparcero[ra] *mf.*
◪小作料 arrendamiento *m.*, alquiler *m.*
こさじ 小匙 cuchara *f.* pequeña, cucharilla *f.*, cucharita *f.* ‖ 小さじ2杯の塩 dos cucharaditas de sal
こざっぱり ⇒こぎれい(小綺麗)
ごさどう 誤作動 mal funcionamiento *m.*, fallo *m.* ‖ コンピュータの誤作動が原因で por un fallo del ordenador
こさめ 小雨 llovizna *f.*, lluvia *f.* suave y fina, calabobos *m.*[=*pl.*] ‖ 小雨が降る lloviznar, chispear 《3人称単数形の無主語で》, caer *llovizna*

こざら 小皿 platito *m.*, plato *m.* pequeño
ごさん 誤算 error *m.*, equivocación *f.*
こし 腰 ❶(腰部) caderas *fpl.*, riñones *mpl.*, (ウエスト) cintura *f.* ‖ 私は腰が痛い Me duelen los riñones. ／腰が曲がる encorvarse ／腰が曲がった老人 anciano[na] *mf.* encorvado[da] ／腰から上[下] de la cintura para「arriba [abajo] ／腰に手を当てて con las manos en la cintura, 《慣用》en jarras ／腰に手を回す「coger [tomar] a ALGUIEN por la cintura ／腰に下げる colgar ALGO de la cintura ／腰まで hasta la cintura ／腰を下ろす sentarse, tomar asiento ／腰を浮かす levantarse a medias ／腰をくねらせる cimbrear las caderas ／腰を曲げる doblarse ／腰を伸ばす enderezarse, estirarse ／腰を振る mover la cintura
◪腰巾着 (人) sombra *f.*
◪腰パン ‖腰パンする llevar los pantalones「muy por debajo de la cintura [caídos]
◪腰骨 cea *f.*, hueso *m.* de la cadera
◪腰回り (ヒップ) caderas *fpl.*
❷《慣用表現》
〔慣用〕腰がある (食べ物) firme al morder, (布・紙) flexible y resistente
〔慣用〕腰が重い ser lento[ta] en actuar
〔慣用〕腰が軽い ser rápido[da] en actuar
〔慣用〕腰が砕ける (気力を失う) perder el coraje
〔慣用〕腰が低い ser modesto[ta]
〔慣用〕腰が高い ser arrogante
〔慣用〕腰が立たない no poder levantarse
〔慣用〕腰を上げる (立ち上がる) levantarse, ponerse de pie, (着手する) emprender
〔慣用〕腰を入れる (本気になる) dedicarse seriamente 《a》, hacer ALGO con seriedad, hacer un esfuerzo serio ‖ 腰を入れて勉学に取り組む dedicarse seriamente al estudio
〔慣用〕腰を折る (かがむ) agacharse, (遮る) interrumpir ‖ 人の話の腰を折る interrumpir a ALGUIEN, (遮る) cortar la palabra a ALGUIEN
〔慣用〕腰を落ち着ける (ある場所に) establecerse 《en》, instalarse 《en》
〔慣用〕腰を据える (集中する) concentrarse 《en》 ‖ 腰を据えて考える pararse a pensar
〔慣用〕腰を抜かす/腰が抜ける (びっくりする) 《慣用》quedarse de piedra, 《慣用》caerse de「susto [culo]
こし 古紙 papel *m.*「usado [utilizado]
こじ 孤児 huérfano[na] *mf.*
◪孤児院 orfanato *m.*
こじ 固持 ⇒こしつ(固執)
こじ 固辞 rechazo *m.* firme
▶固辞する「rehusar [rechazar] ALGO con firmeza
こじ 故事 historia *f.*, leyenda *f.*
◪故事来歴 el origen y la historia 《de》

こじ 誇示 ostentación f., exhibición f.
▶誇示する ostentar, hacer alarde《de》

ごし 越し‖壁越しに a través de la pared／窓越しに por la ventana／僕たちは10年越しの付き合いだ Somos amigos desde hace diez años.

ごじ 誤字 errata f., falta f. de ortografía, error m. ortográfico‖誤字だらけの作文 redacción f. llena de erratas／誤字、脱字を見つける encontrar alguna errata u omisión

こじあける こじ開ける forzar, abrir por la fuerza‖戸をこじ開ける forzar la puerta

コジェネレーション cogeneración f.
◾コジェネレーションシステム sistema m. de cogeneración

こしかけ 腰掛け (椅子) silla f., (ベンチ) banco m.
◾腰掛け仕事 trabajo m. provisional

こしかける 腰掛ける sentarse《en》, tomar asiento‖腰掛けている estar sentado[da]

こしき 漉し器 colador m., coladero m.

こしき 古式 tradición f.‖古式にのっとる seguir la tradición
▶古式ゆかしい conforme a la tradición, tradicional

こじき 乞食 (行為) mendicidad f., (人) mendigo[ga] mf. →ものごい(物乞い)
▶乞食をする mendigar, pordiosear

ごしごし‖ごしごし洗う lavar ALGO con fuerza

こしたんたん 虎視眈眈‖虎視眈々と狙う estar al acecho《de》, acechar

こしつ 固執
▶固執する persistir《en》, empeñarse《en》, obstinarse《en》

こしつ 個室 habitación f. 「individual [particular]

ごじつ 後日 otro día, más tarde, en (los) días sucesivos
◾後日談‖この出来事には後日談がある Este suceso no termina con esto y se alarga con un episodio más.

ゴシック (様式) gótico m.
▶ゴシックの gótico[ca]
◾ゴシック建築 arquitectura f. gótica
◾ゴシック(書)体 letra f. gótica
◾ゴシック様式 estilo m. gótico, gótico m.

こじつけ sofisma m., argucia f.‖私には彼の論拠がこじつけに思える Su argumento me parece un sofisma.
▶こじつける emplear una argucia,《慣用》traer ALGO por los pelos

ゴシップ chisme m., cotilleo m.
◾ゴシップ記事 chisme m.
◾ゴシップ雑誌 revista f. del corazón
◾ゴシップ欄 ecos mpl. de sociedad

こしゅ 戸主 (家長) cabeza com. de familia

ごじゅう 五十 cincuenta m.‖50代の人 cincuentón[tona] mf., quincuagenario[ria] mf.／50番目の quincuagésimo[ma]／50分の1 un cincuentavo, un quincuagésimo
◾五十肩 hombro m. congelado
◾50周年記念(祭) cincuentenario m.,「cincuenta [quincuagésimo] aniversario m.

ごじゅう 五重
◾五重奏/五重奏曲 quinteto m.
◾五重塔 pagoda f. de cinco pisos

ごしゅうしょうさま 御愁傷様‖ご愁傷さまです Le acompaño en el sentimiento.

こじゅうと 小舅 cuñado m.

こじゅうと(め) 小姑 cuñada f.

ごしゅきょうぎ 五種競技 pentatlón m.
◾近代五種競技 pentatlón m. moderno

ごじゅん 語順 orden m. de las palabras

ごしょ 御所 (天皇の御座所) Palacio m. Imperial

ごじょ 互助 ayuda f. mutua
◾互助会 mutualidad f., mutua f.

こしょう 故障 avería f.‖故障《表示》Fuera de servicio｜No funciona／故障が多い「averiarse [estropearse] con frecuencia／故障を避ける evitar averías／故障を見つける detectar una avería／故障を直す「arreglar [reparar] una avería
▶故障した averiado[da]
▶故障する averiarse, estropearse‖私の車は故障している Mi coche tiene una avería.｜Mi coche está averiado.

こしょう 胡椒 (実) pimienta f., (木) pimentero m.‖胡椒を振りかける echar pimienta／胡椒のきいた picante
◾胡椒入れ pimentero m.

ごしょう 後生‖後生だから《慣用》por (el) amor de Dios
◾後生大事‖後生大事にとっておく《慣用》guardar ALGO como oro en paño

こしょく 孤食/個食 comida f. solitaria
▶孤食する comer a solas

ごしょく 誤植 errata f., falta f. de tipografía, error m. tipográfico [de imprenta]

こしらえる 拵える hacer, (製造する) fabricar →つくる(作る)‖洋服をこしらえる hacerse un traje／金をこしらえる(集める) reunir dinero／話をこしらえる(でっち上げる) inventar una historia／顔をこしらえる (化粧する) maquillarse

こじらせる 拗らせる complicar, (病気を) agravar, empeorar‖話をこじらせる(厄介にする) complicar las cosas,《慣用》complicar la vida,《慣用》rizar el rizo／病気をこじらせる agravar la enfermedad

こじれる 拗れる (話が) complicarse, (病気が) agravarse, empeorarse

こじわ 小皺 pequeñas arrugas fpl., (目尻の) patas fpl. de gallo

こじん 故人 difunto[ta] mf.‖故人を偲ぶ

recordar 「al difunto [a la difunta]

こじん 個人 individuo m. ‖ 個人として como individuo, personalmente ／ 個人と集団 el individuo y el grupo
▶個人の individual, particular, personal ‖ 個人の自由 libertad f. individual
▶個人的な personal, particular ‖ 個人的な意見 opinión f. personal ／ 個人的な理由で por razones personales
▶個人的に personalmente, individualmente ‖ 個人的に知っている conocer a ALGUIEN personalmente
▶個人で ‖ 個人で旅行する viajar por cuenta propia
◾個人企業 empresa f. individual
◾個人競技 deporte m. individual
◾個人献金 donación f. personal
◾個人攻撃 ataque m. personal
◾個人差 diferencia f. individual
◾個人財産 propiedad f. privada
◾個人主義 individualismo m.
◾個人主義者 individualista com.
◾個人授業 clase f. particular
◾個人情報 datos mpl. personales, información f. personal
◾個人情報保護法 Ley f. de Protección de Datos de Carácter Personal
◾個人所得 renta f. personal
◾個人崇拝 culto m. a la personalidad
◾個人戦 partido m. individual
◾個人タクシー taxi m. autónomo
◾個人負担 ‖ 費用を個人負担する correr personalmente con los gastos, costear personalmente los gastos
◾個人プレー juego m. individualista

ごしん 誤診 diagnóstico m. 「equivocado [erróneo], error m. de diagnóstico
▶誤診する errar en el diagnóstico, hacer un diagnóstico equivocado, cometer un error de diagnóstico

ごしんじゅつ 護身術 defensa f. personal, arte m.(f). de defensa personal ‖ 護身術を身につける aprender un arte de defensa personal

こす 越す/超す pasar, (横断する) atravesar, (引っ越す) mudarse, (超過する) exceder, sobrepasar, superar → こえる(越える) ‖ 山を越す atravesar una montaña ／ 冬を越す pasar el invierno ／ 100人を越す人がパーティーに参加した Más de cien personas asistieron a la fiesta. ／ 早いに越したことはない Cuanto antes, mejor. ／ 当店にまたお越し下さい Vuelva a visitar nuestra tienda.

こす 濾す/漉す colar, filtrar

こすい 湖水 aguas fpl. del lago, (湖) lago m.

こすう 戸数 número m. de hogares, (家の数) número m. de casas

こずえ 梢 copa f. de árbol

コスタリカ Costa Rica
▶コスタリカの costarricense, costarriqueño[ña]
◾コスタリカ人 costarricense com., costarriqueño[ña] mf.

コスチューム traje m., vestido m., (仮装用の) disfraz m.

コスト coste m., costo m., (費用) gastos mpl. ‖ かなりのコストがかかる requerir un coste considerable ／ コストが高い tener un coste elevado ／ コストを下げる reducir el coste
◾生産コスト coste m. de producción
◾コスト削減 reducción f. de costes
◾コストパフォーマンス rendimiento m. del coste

コスプレ cosplay m.
▶コスプレーヤー cosplayer*o*[*ra*] mf.

コスモス 《植物》cosmos m.[=pl.]; (宇宙) cosmos m.[=pl.]

こする 擦る frotar, fregar, rozar, (強くこする) restregar, (こすり取る) raspar ‖ 目をこする frotarse los ojos

こせい 個性 personalidad f., individualidad f., (独創性) originalidad f. ‖ 個性がある tener personalidad ／ 個性がない人 persona f. sin personalidad ／ 個性が強い tener 「mucho carácter [una personalidad muy fuerte] ／ 作品に作者の個性が表れる La obra refleja la personalidad del autor. ／ 個性を発揮する demostrar *su* personalidad ／ 個性を伸ばす desarrollar la personalidad
▶個性的な personal, original ‖ 個性的な風貌 facciones fpl. características

こせき 戸籍 registro m. familiar ‖ 戸籍に入れる inscribir en el registro familiar
◾戸籍係（人） registrad*or*[*dora*] mf.
◾戸籍抄本 extracto m. del registro familiar
◾戸籍謄本 copia f. del registro familiar
◾戸籍筆頭人 cabeza com. de familia en el registro familiar
◾戸籍簿 registro m. familiar

こせこせ ‖ こせこせした meticulos*o*[*sa*], excesivamente escrupulos*o*[*sa*]

こぜに 小銭 suelto m. ‖ 小銭がない no tener suelto
◾小銭入れ monedero m.

こぜりあい 小競り合い refriega f., escaramuza f. ‖ 小競り合いをする 「hacer [realizar] una escaramuza

こせん 古銭 moneda f. antigua
◾古銭学 numismática f.
◾古銭学者/古銭収集家 numismátic*o*[*ca*] mf.

ごぜん 午前 mañana f. ‖ 午前11時に a las once de la mañana ／ 午前零時に a las doce de la noche, (真夜中に) a medianoche ／ 午

前の便 vuelo *m.* de la mañana ／午前中ずっと toda la mañana ／私は午前中は家にいます Estoy en casa por la mañana.
▶**午前(中)に** por la mañana ‖ 今日の午前中に esta mañana, hoy por la mañana ／明日の午前中に mañana por la mañana ／日曜の午前中に el domingo por la mañana, en la mañana del domingo

ごせんし 五線紙 papel *m.* pautado

ごせんふ 五線譜 pentagrama *m.*, pauta *f.* musical

こそ ‖ 今度こそ優勝するぞ ¡Esta vez ganaremos el campeonato! ／これこそ私が探していた物です Esto es justamente lo que buscaba. ／君こそ英雄だ Tú eres un verdadero héroe. ／あなたに感謝こそすれ恨んだ事はない No tengo más que agradecimiento hacia usted y lo que nunca he sentido es rencor.

ごそう 護送 escolta *f.*
▶**護送する** escoltar, dar convoy 《a》
◼**護送車** coche *m.* celular
◼**護送船団** convoy *m.*

こそこそ
▶**こそこそ(と)** a escondidas, a hurtadillas, con disimulo, (内密に) en secreto ‖ こそこそと話をする murmurar, cuchichear

ごぞく 語族 familia *f.* de lenguas ‖ インド・ヨーロッパ語族の言葉 lengua *f.* indoeuropea

こそだて 子育て cuidado *m.* de「niños [hijos], (しつけ) crianza *f.* de hijos →いくじ (育児) ‖ 子育てで忙しい estar ocupa*do*[*da*] cuidando a *su* hi*jo*[*ja*] ／子育てが終わる terminar de criar a *su* hi*jo*[*ja*]

こそどろ こそ泥 ladronzue*lo*[*la*] *mf.*, rate*ro*[*ra*] *mf.*

ごぞんじ ご存知 ‖ ご存知のように／ご存知の通り como se sabe, como sabe usted ／私の父をご存知ですか ¿Conoce usted a mi padre?

こたい 固体 cuerpo *m.* sólido, sólido *m.*
▶**固体の** sóli*do*[*da*]
▶**固体化** solidificación *f.* ‖ 固体化する solidificar
◼**固体燃料** combustible *m.* sólido

こたい 個体 individuo *m.*

こだい 古代 antigüedad *f.*, 《歴史》Edad *f.* Antigua.
▶**古代の** de la Edad Antigua, anti*guo*[*gua*]
◼**古代史** historia *f.* antigua
◼**古代人** antiguos *mpl.*
◼**古代文明** civilización *f.* antigua

こだい 誇大
▶**誇大の／誇大な** exagera*do*[*da*]
◼**誇大広告** publicidad *f.* exagerada
◼**誇大表示** (虚偽の) indicación *f.*「falsa [engañosa]」

◼**誇大妄想**「delirio *m.* [manía *f.*] de grandeza,《医学》megalomanía *f.* ‖ 誇大妄想患者 megaló*mano*[*na*] *mf.*

ごたい 五体
◼**五体満足** ‖ 五体満足で生まれる nacer sa*no*[*na*] y sin ningún problema físico

こたえ 答え respuesta *f.*, (解答) solución *f.* ‖ 正しい答え respuesta *f.*「correcta [justa]」／間違った答え respuesta *f.*「incorrecta [equivocada]」／呼んでも答えがない Llamo pero no me responden. ／答えを出す dar una respuesta ／答えを見つける dar con la solución

こたえられない 堪えられない (すばらしい) excelente, (おいしい) exquisi*to*[*ta*] ‖ この料理は堪えられないうまさだ Este plato está para chuparse los dedos. ／真夏のよく冷えたビールは堪えられない No hay nada mejor que tomar una cerveza bien fría en pleno verano.

こたえる 応える (応じる) responder 《a》‖ 両親の期待に応える「responder a [satisfacer] las expectativas de los padres ／消費者の要求に応える satisfacer las exigencias de los consumidores ／この蒸し暑さはとてもこたえる Este calor bochornoso me afecta mucho.

こたえる 答える responder, contestar ‖ はいと答える「contestar [responder, decir] que sí ／質問に答える「responder [contestar] (a) una pregunta ／その質問には答えようがない No sé cómo contestar a esa pregunta.

こだかい 小高い ligeramente eleva*do*[*da*] ‖ 小高い丘に上る subir (a) una pequeña colina

こだくさん 子沢山
▶**子沢山の** con muchos hijos ‖ 子沢山の家庭を築く formar una familia con muchos hijos

ごたごた (もめごと) lío *m.*, problema *m.*, conflicto *m.*, (混乱) desorden *m.* ‖ ごたごたに巻き込まれる meterse en un lío ／ごたごたを起こす armar un lío
▶**ごたごたしている** estar「desordena*do*[*da*] [en desorden]」‖ ごたごたした場所《慣用》「olla *f.* [jaula *f.*] de grillos」

こだち 木立 arboleda *f.*

こたつ 炬燵 《日本語》*kotatsu m.*, (説明訳) mesa *f.* baja con estufa incorporada en la parte interior del tablero y que se cubre con una especie de cobertor

こだま 木霊/谺 eco *m.* ‖ こだまが聞こえる Se oye un eco.
▶**こだまする** producirse eco

こだわり 拘り (執着) apego *m.*, (恨み) resentimiento *m.* ‖ 車にこだわりがある ser maniáti*co*[*ca*] con los coches ／僕は彼に何

のこだわりも持っていない No tengo ningún resentimiento hacia ti.
こだわる 拘る obstinarse《en》,（執着する）apegarse《a》, atarse《a》‖ 自分の外観にこだわる preocuparse mucho por su aspecto físico

こちこち
▶こちこちになる（固くなる）endurecerse, ponerse du*ro*[*ra*] ‖ 緊張でこちこちになる ponerse muy nervio*so*[*sa*],（慣用）estar he*cho*[*cha*] un manojo de nervios

ごちそう 御馳走 buena comida *f.*,（豪勢な）banquete *m.* ‖ 今日はごちそうだ Hoy tenemos una buena comida. ／ごちそうを食べる disfrutar de una buena comida
▶ごちそうする invitar a ALGUIEN a comer ‖ 君に夕食をごちそうするよ Te invito a cenar. 慣用 ごちそうさまでした（食後）Estaba muy rica la comida. ¦（帰り際に）Gracias por la comida.

ごちゃごちゃ ‖ ごちゃごちゃにする poner ALGO「en desorden [patas arriba]
▶ごちゃごちゃな desordena*do*[*da*], en desorden

ごちゃまぜ ごちゃ混ぜ mezcla *f.*「caótica [desordenada] ‖ 材料をごちゃ混ぜにする mezclar desordenadamente los ingredientes

こちょう 誇張 exageración *f.* ‖ ひどい誇張 gran exageración *f.*, exageración *f.* tremenda
▶誇張する exagerar, abultar, desorbitar
▶誇張した exagera*do*[*da*] ‖ 誇張した表現 expresión *f.* exagerada
▶誇張して con exageración, exageradamente ‖ 物事を誇張して話す exagerar las cosas,（慣用）cargar las tintas,（慣用）sacar las cosas de quicio
◪誇張法《修辞》hipérbole *f.*

ごちょう 語調 tono *m.* ‖ 柔らかい語調で en tono suave ／語調を強める subir el tono ／語調を和らげる bajar el tono

こちら（場所）aquí,《中南米》acá,（人）este *m.*, esta *f.* ‖ こちらへどうぞ Pase por aquí, por favor. ／こちらから後ほどお電話いたします Yo le llamaré más tarde. ／こちらはガルシアさんです（紹介をする時）Este es el Sr. García. ／こちらは佐藤の留守番電話です Este es el contestador automático de Sato. ／「ありがとう」「こちらこそ」Muchas gracias. — Gracias a usted. ／「お会いできて光栄です」「こちらこそ」Es un honor conocerle. — El honor es mío.

こぢんまり ‖ こぢんまりとした家 casa *f.* pequeña pero confortable

こつ truco *m.*, tranquillo *m.*, secreto *m.* ‖ こつを覚える／こつをつかむ coger el tranquillo ／こつを教える enseñar el truco《a》

こつ 骨 → ほね（骨）‖ 故人のお骨を拾う recoger las cenizas「del difunto [de la difunta]

ごつい áspe*ro*[*ra*], rugo*so*[*sa*] ‖ ごつい手 mano *f.* rugosa

こっか 国家 nación *f.*, estado *m.*
▶国家間の internacional, entre naciones ‖ 二国家間の bilateral
▶国家の nacional, estatal
◪近代国家 estado *m.* moderno
◪国家元首 je*fe*[*fa*] *mf.* del Estado
◪国家権力 poder *m.* del Estado
◪国家公安委員会 Comisión *f.* Nacional de Seguridad Pública
◪国家公務員 funciona*rio*[*ria*] *mf.*「del Estado [estatal]
◪国家財政 hacienda *f.* pública
◪国家事業 empresa *f.* nacional
◪国家試験「examen *m.* [prueba *f.*] nacional,（公務員採用）oposición *f.* para funcionarios del Estado
◪国家主義 nacionalismo *m.*
◪国家主義者 nacionalista *com.*
◪国家賠償 indemnización *f.* del Estado

こっか 国歌 himno *m.* nacional ‖ 国歌を斉唱する「cantar [entonar] el himno nacional

こっかい 国会 Parlamento *m.*,（スペイン）Cortes *fpl.* Generales,（日本）Dieta *f.* ‖ 国会は開会中である La Dieta está en sesión. ／国会を召集する convocar el Parlamento ／国会を解散する disolver el Parlamento
▶国会議員 parlamenta*rio*[*ria*] *mf.*,（下院の）diputa*do*[*da*] *mf.*,（上院の）sena*dor*[*dora*] *mf.*
◪国会議事堂（日本）Palacio *m.* de la Dieta,（スペイン）Palacio *m.* de las Cortes,（メキシコ）Palacio *m.* Legislativo de San Lázaro
◪国会図書館 biblioteca *f.* de la Dieta

こづかい 小遣い dinero *m.* de bolsillo,（親が子供に与える）paga *f.* ‖ 小遣いを稼ぐ ganar dinerillo ／母から毎週小遣いをもらう Mi madre me da una paga semanal.

こっかく 骨格《解剖》esqueleto *m.*,（体格）constitución *f.* ‖ 骨格のがっちりした人 persona *f.* de constitución robusta
◪骨格筋 músculo *m.* esquelético

こっき 克己 estoicismo *m.*
◪克己心 espíritu *m.* estoico ‖ 克己心がある saber「controlarse [dominarse] a sí mis*mo*[*ma*]

こっき 国旗 bandera *f.* nacional ‖ 国旗を揚げる izar la bandera nacional
▶国旗掲揚 izamiento *m.* de la bandera nacional

こっきょう 国境 frontera *f.* ‖ 愛に国境はない El amor no tiene fronteras. ／国境を侵す violar la frontera ／国境を越える cruzar la frontera ／国境を固める fortalecer la frontera ／ペルーはボリビアと国境を接する

こっきょう　Perú linda con Bolivia.
▶国境の　fronterizo[za] ‖ 国境の町　pueblo m. fronterizo
◾国境線　frontera f.
◾国境地帯　zona f. fronteriza
◾国境なき医師団　⇨いし（⇨医師団）
◾国境封鎖　bloqueo m. de la frontera
◾国境紛争　conflicto m. fronterizo

こっきょう　国教　religión f. oficial del Estado

コック　（料理人）cocinero[ra] mf.；（栓）grifo m. ‖ コックをひねる　abrir el grifo
◾コック長　jefe[fa] mf. de cocina

こづく　小突く　dar un「pequeño golpe [golpecito]《a》, dar un leve empujón《a》

こっくり
▶こっくりする（居眠りする）cabecear,「dar [echar] una cabezada

こっけい　滑稽
▶滑稽な　gracioso[sa], cómico[ca],（ばかげた）ridículo[la] ‖ 滑稽なしぐさ　gesto m. cómico
▶滑稽に ‖ 滑稽に見える　parecer gracioso[sa]

こっこ　国庫　fisco m., tesoro m. público
◾国債証券　bonos mpl. del Estado ⇨こくさい（国債）
◾国庫収入　ingresos mpl. del Estado
◾国庫補助　subsidio m. del Estado

こっこう　国交　relaciones fpl. diplomáticas ‖ 国交がある　tener relaciones diplomáticas《con》／ 国交を回復[断絶]する「restablecer [romper] relaciones diplomáticas《con》／ 国交を正常化する　normalizar las relaciones diplomáticas《con》／ 国交を結ぶ　establecer relaciones diplomáticas《con》

こっこく　刻刻
▶刻々と　por momentos, por instantes ‖ オリンピックの開会が刻々と近づいている　Está cada vez más cerca la apertura de los Juegos Olímpicos.

こつこつ ‖ こつこつ働く　trabajar con constancia ／ こつこつ叩く　dar golpecitos

ごつごつ
▶ごつごつした　áspero[ra], desigual,（性格・態度）rudo[da] ‖ ごつごつした手　mano f. huesuda ／ ごつごつした男　hombre m. rudo

こっし　骨子　lo esencial, esencia f., meollo m., quid m. ‖ 計画の骨子「lo esencial [esencia f.] de un proyecto

こつずい　骨髄　médula f.（ósea）
◾骨髄移植　trasplante m. de médula ósea
◾骨髄炎　osteomielitis f.[=pl.]
◾骨髄バンク　banco m. de médula ósea

こっせつ　骨折　fractura f.
▶骨折する　fracturarse ‖ 私はスキーをしていて左足を骨折した　Me fracturé la pierna izquierda esquiando.
◾複雑骨折　fractura f. compuesta

こつそしょうしょう　骨粗鬆症　《医学》osteoporosis f.[=pl.] ‖ 骨粗鬆症にかかる　sufrir osteoporosis
▶骨粗鬆症の(患者)　osteoporótico[ca]（mf.）

こっそり　a escondidas, con disimulo, disimuladamente,（秘密に）en secreto ‖ こっそり抜け出す「irse [marcharse] disimuladamente, 《慣用》「desaparecer [hacer mutis] por el foro

ごったがえす　ごった返す　estar muy lleno[na]《de》‖ 駅は観光客でごった返している　La estación está repleta de turistas.

こっち　⇨こちら

ごっちゃ ‖ ごっちゃにする（混ぜる）mezclar,（混同する）confundir

こつつぼ　骨壺　urna f.「funeraria [cineraria]

こづつみ　小包　paquete m. ‖ 小包を送る　enviar un paquete ／ 小包を作る　preparar un paquete ／ 小包をとく　abrir un paquete
◾郵便小包 ‖ 郵便小包で送る　enviar ALGO por correo como paquete postal

こってり　（味など）pesado[da], fuerte,（脂っこい）grasiento[ta] ‖ こってりした料理　plato m. fuerte ／ 父にこってり油を絞られた　Mi padre me echó una bronca tremenda.

こっとう　骨董
◾骨董品　antigüedades fpl.,（時代遅れの物）pieza f. de museo
◾骨董収集家/骨董商　anticuario[ria] mf.
◾骨董品店　tienda f. de antigüedades, anticuario m.

コットン　algodón m. ⇨もめん（木綿）

こっぱ　木っ端
◾木っ端微塵 ‖ 木っ端微塵になる《慣用》「romperse [saltar] en mil pedazos

こつばん　骨盤　《解剖》pelvis f.[=pl.]

こつぶ　小粒　gránulo m., grano m. pequeño
▶小粒な/小粒の（小さい）pequeño[ña],（平凡な）mediocre ‖ 小粒のブドウ　uva f. pequeña ／ 小粒な選手（平凡な）jugador[dora] mf. mediocre

コップ　vaso m.,（細長い・ビール用の）caña f. ‖ コップ一杯の水　un vaso de agua ／ コップで水を飲む　beber agua en vaso
◾紙コップ　vaso m. de papel

こつまく　骨膜　《解剖》periostio m.
◾骨膜炎　periostitis f.

こつみつど　骨密度　densidad f.（mineral）ósea, densidad f. del hueso ‖ 骨密度を増やす　aumentar la densidad（mineral）ósea
◾骨密度測定　densitometría f.

こて　鏝　（左官用の）paleta f.,（裁縫の）plancha f.,（ハンダの）soldador m.,（髪をカールする）rizador m. de pelo

こて 籠手 (鎧の) guantelete *m.*, manopla *f.*, (剣道の) protector *m.* de antebrazo y mano, (剣道の技)《日本語》*kote m.*, (説明訳) golpe *m.* en el antebrazo

ごて 後手 ‖ 後手に回る《慣用》(遅れをとる) quedarse atrás ／ 対策が後手になる tomar medidas tardías

こてい 固定 fijación *f.*
▶ 固定する fijar, sujetar, asegurar
▶ 固定した fij*o[ja]*
▪ 固定為替相場制 sistema *m.* de tipo de cambio fijo
▪ 固定観念 estereotipo *m.*, idea *f.* fija
▪ 固定客 clientela *f.* estable
▪ 固定給 sueldo *m.* fijo
▪ 固定資産 activo *m.* fijo, inmovilizado *m.*
▪ 固定資産税 impuesto *m.* sobre bienes inmuebles
▪ 固定資本 capital *m.* fijo
▪ 固定収入 renta *f.* fija, ingresos *mpl.* fijos
▪ 固定費 「coste *m.* [costo *m.*]」 fijo
▪ 固定票 votos *mpl.* fijos

こてきたい 鼓笛隊 banda *f.* de tambores y pífanos

ごてごて ‖ ごてごて化粧する maquillarse en exceso ／ 部屋をごてごて飾る recargar una habitación《con, de》
▶ ごてごてした recarga*do[da]*, (色が) abigarra*do[da]*

こてさき 小手先 ‖ 小手先が利く tener 「habilidad [tacto]」／ 小手先の対策 (その場しのぎの) medida *f.* provisional

こてしらべ 小手調べ prueba *f.*
▶ 小手調べに a prueba
▶ 小手調べをする hacer una prueba, probar

こてん 古典 clásico *m.*
▶ 古典的な clásic*o[ca]*
▪ 古典音楽 música *f.* clásica
▪ 古典主義 clasicismo *m.*
▪ 古典主義者 clasicista *com.*

こてん 個展 exposición *f.* individual ‖ 個展を開く「realizar [celebrar]」una exposición individual

ごてん 御殿 palacio *m.*

こてんこてん
▶ こてんこてんに por completo, en toda línea ‖ ライバルをこてんこてんにやっつける derrotar completamente a *su* rival

こと 事 ❶ cosa *f.*, objeto *m.*, asunto *m.* ‖ 大事な事は遅刻しないことです Lo importante es no llegar tarde. ／ 君の言う事 lo que dices ／ 事が事だけに dada la importancia que tiene el asunto ／ 事と次第によっては según cómo vayan las cosas
❷ ≪慣用表現≫
〔慣用〕事あるごとに cada vez que ocurre algo
〔慣用〕事切れる morir, expirar
〔慣用〕事ここに至る ‖ 事ここに至って a estas alturas
〔慣用〕事足りる ser suficiente
〔慣用〕事ともせず sin hacer el menor caso
〔慣用〕事なきを得る《慣用》no「pasar [llegar]」a mayores
〔慣用〕事に当たる dedicarse《a》
〔慣用〕事に触れて cada vez que se presenta la ocasión
〔慣用〕事によると a lo mejor, acaso
〔慣用〕事のついでに aprovechando la ocasión
〔慣用〕事もあろうに《慣用》(y) para colmo de「males [desgracias]」
〔慣用〕事もなげに《慣用》como si tal cosa,《慣用》como si nada
〔慣用〕事を荒立てる／事を構える complicar el asunto
〔慣用〕事を起こす causar problemas
〔慣用〕事を好む ser ami*go[ga]* de problemas ‖ 事を好む人 buscapleitos *com.*[=*pl.*], pleitista *com.*

こと 琴 《日本語》*koto m.*, arpa *f.* japonesa ‖ 琴をひく tocar el arpa japonesa

こと 古都 ciudad *f.* antigua, antigua capital *f.*

ごと ‖ 財布ごとハンドバッグを盗まれた Me robaron el bolso con la cartera.

ごと 毎 ‖ 5か月ごとに cada cinco meses ／ 日ごとに cada día ／ 会う人ごとに物乞いをする pedir limosna a todas las personas que encuentra a *su* paso

ことう 孤島 isla *f.* aislada, isla *f.* solitaria ‖ 陸の孤島 lugar *m.* aislado

こどう 鼓動 latido *m.*, palpitación *f.* ‖ 心臓の鼓動が速くなる El corazón late「con fuerza [deprisa, aceleradamente]」. ／ 鼓動を聞く escuchar los latidos del corazón
▶ 鼓動する latir, palpitar

こどうぐ 小道具 (演劇の) accesorios *mpl.*, utilería *f.*
▪ 小道具係 utile*ro[ra] mf.*

ことかく 事欠く faltar, carecer《de》‖ 食うに事欠く andar fal*to[ta]* de comida ／ この地域は水には事欠かない No falta agua en esta zona.

ことがら 事柄 asunto *m.*, (問題) cuestión *f.* ‖ 重要な事柄 asunto *m.* importante ／ 金銭上の事柄 asunto *m.*「de dinero [pecuniario]」／ 次の事柄について sobre los temas siguientes

こどく 孤独 soledad *f.* ‖ 孤独に耐える「soportar [aguantar]」la soledad ／ 孤独を感じる sentir la soledad ／ 孤独を愛する amar la soledad ／ 孤独を味わう experimentar la soledad, (楽しむ) disfrutar de la soledad
▶ 孤独な solita*rio[ria]*, aisla*do[da]* ‖ 孤独な生活 vida *f.* solitaria, vida *f.* en soledad

ことごとく

〔慣用〕天涯孤独‖天涯孤独である estar so-*lo*[*la*] en el mundo sin ningún familiar
▣ 孤独感 sensación *f*. de soledad

ことごとく totalmente, sin excepción‖法案はことごとく否決された Los proyectos de ley fueron rechazados sin excepción.

ことこまかな 事細かな minucio*so*[*sa*], detalla*do*[*da*]‖事細かな解説 explicación *f*. detallada
▶ 事細かに detalladamente, con todo lujo de detalles

ことし 今年 este año, el presente año, el año en curso‖今年に入ってから30万人以上の日本人が海外旅行に出かけた Más de trescientos mil japoneses han viajado al extranjero en lo que va de año. ／今年の秋 este otoño ／今年の3月11日に el (día) 11 de marzo del presente año ／今年は何年ですか ¿En qué año estamos? ／今年は2015年です Estamos en el año 2015. ／今年中に antes de que finalice este año, en el transcurso de este año, (今から年末まで) en lo que queda de año

ことづけ 言付け recado *m*., mensaje *m*.‖言付けを頼む dejar un recado ／言付けを伝える dar un「mensaje [recado]《a》
▶ 言付ける enviar un「mensaje [recado]《a》

ことなかれしゅぎ 事無かれ主義 conformismo *m*., 《慣用》《話》「política *f*. [táctica *f*.] del avestruz‖私の兄は事なかれ主義だ Mi hermano mayor es conformista.

ことなる 異なる diferir《de》, ser distin*to*[*ta*]《de》, ser diferente《de》‖この点において君の意見は私とはまったく異なる Tu opinión difiere totalmente de la mía en este punto. ／価格は時期によって異なる Los precios varían según la temporada. ／AとBで何ら異なるところはない No hay ninguna diferencia entre A y B. ／日本とは異なりチリでは8月に雪が降る A diferencia de lo que ocurre en Japón, en Chile nieva en agosto.
▶ 異なった distin*to*[*ta*], diferente

ことに 殊に sobre todo, especialmente, particularmente

ことば 言葉 ❶ (言語) lengua *f*., (語) palabra *f*.‖話し言葉 lenguaje *m*. hablado ／書き言葉 lenguaje *m*. escrito ／汚い言葉 palabrota *f*., (下品な) palabras *fpl*.「malsonantes [soeces] ／言葉のあや forma *f*. de hablar ／言葉通りに literalmente, al pie de la letra ／言葉が出てこない No me salen las palabras. ／言葉が過ぎる pasarse hablando ／言葉巧みに con buenas palabras ／言葉にできない no saber cómo expresar, (感動などで)「atravesársele [hacérsele] *un nudo* en la garganta a ALGUIEN ／言葉に気をつけて話す/言葉を選んで話す《慣用》medir *sus* palabras ／言葉を覚える aprender a hablar ／言葉をかける dirigirse《a》, dirigir la palabra《a》／言葉を交わす hablar《con》, cruzar palabras《con》／彼は私の言葉をさえぎった Él me ha interrumpido. ¦ Él me dejó con las palabras en la boca. ／僕は彼女の言葉を信じる Creo lo que dice ella.
▣ 言葉遊び juego *m*. de palabras
▣ 言葉数‖言葉数の少ない人 persona *f*.「de poco hablar [parca en palabras]
▣ 言葉尻 *lapsus m*.[=*pl*.] *línguae*‖言葉尻をとらえる fijarse solo en cosas no relevantes de un discurso
▣ 言葉遣い lenguaje *m*., (話し方) manera *f*. de hablar
❷ ≪慣用表現≫
〔慣用〕言葉に甘える‖お言葉に甘えさせていただきます Voy a aceptar su「amable invitación [ofrecimiento].
〔慣用〕言葉に余る《形容詞》indecible, inefable‖言葉に余るほど感謝しています No puedo expresar con palabras mi agradecimiento.
〔慣用〕言葉の壁 barrera *f*.「del idioma [de la lengua]
〔慣用〕言葉を返す contestar, responder, (口答えする) replicar‖返す言葉がありません No sé cómo contestar. ／お言葉を返すようですが… No me gustaría contradecirle, pero...
〔慣用〕言葉を飾る recargar el lenguaje, usar bellas palabras
〔慣用〕言葉を借りる retomar las palabras de ALGUIEN
〔慣用〕言葉を添える añadir unas palabras
〔慣用〕言葉を尽くす agotar las palabras‖言葉を尽くして説明する explicar por activa y por pasiva
〔慣用〕言葉を慎む medir *sus* palabras
〔慣用〕言葉を濁す no decir claramente, 《慣用》「decir [hablar] con medias palabras

こども 子供 ni*ño*[*ña*] *mf*., (息子・娘) hi*jo*[*ja*] *mf*., (乳児) bebé *m*.‖子供が3人いる tener tres「hijos [niños] ／子供ができる (妊娠する) quedarse embarazada ／彼女は子供ができた Ella espera un bebé. ¦ Ella está embarazada. ／子供を預ける dejar a *su* hi*jo*[*ja*]《a》／子供を産む dar a luz (a) un bebé, parir ／子供を育てる criar a *un*[*una*] hi*jo*[*ja*] ／子供を作る hacer un niño
▶ 子供向けの/子供用の para niños, infantil
▶ 子供っぽい infantil, pueril
▶ 子供らしい (無垢な) inocente
▣ 子供扱い‖母はいつも私を子供扱いする Mi madre siempre me trata como a *un*[*una*] ni*ño*[*ña*].
▣ 子供時代 infancia *f*., niñez *f*.
▣ 子供だまし niñería *f*.
▣ 子供手当 subsidio *m*. infantil

こどもの権利条約 Convención *f.* sobre los Derechos del Niño (略 CDN)
■**こどもの日** Día *m.* de los Niños
■**子供服** ropa *f.* [infantil [para niños]]
■**子供部屋** habitación *f.* de niño[ña]
■**子供料金** tarifa *f.* infantil
ことり 小鳥 pájaro *m.*, pajarito *m.*
■**小鳥かご** jaula *f.* de pájaros
ことわざ 諺 refrán *m.*, paremia *f.*
■**諺研究** paremiología *f.*
■**諺研究者** paremiólogo[ga] *mf.*
ことわり 断り （拒絶）rechazo *m.*, （予告）preaviso *m.*, （謝罪）disculpa *f.* ‖ 私は会議に遅れて着くと断りの電話を入れた Telefoneé para avisar de que llegaría con retraso a la reunión. ／断りなしに sin permiso, sin previo aviso ／18歳未満はお断り《掲示》Prohibido para los menores de 18 años
ことわる 断る rechazar, rehusar, （了解を求める）pedir consentimiento《a》, 許可を求めるpedir permiso《a》‖ にべもなく断る rechazar rotundamente ／招待を断る rechazar una invitación ／断っておくが私は提案に反対だ Te recuerdo que estoy en contra de la propuesta. ／授業を欠席することを先生(男性)に断る pedir permiso al profesor para faltar a clase
こな 粉 polvo *m.*, （穀物の）harina *f.* ‖ チョークの粉 polvo *m.* de tiza ／粉にする moler, reducir ALGO a polvo
▶**粉だらけの** cubierto[ta] de polvo
▶**粉っぽい** saber a harina
■**粉おしろい** polvos *mpl.*
■**粉薬** medicamento *m.* en polvo
■**粉砂糖** azúcar *m(f).* en polvo
■**粉石鹸** jabón *m.* en polvo
■**粉チーズ** queso *m.* en polvo
■**粉ミルク** leche *f.* en polvo
■**粉雪** nieve *f.* en polvo
こなごな 粉々
▶**粉々に**‖粉々になる《慣用》romperse en mil pedazos, hacerse [añicos [pedazos] ／粉々に吹き飛ぶ《慣用》saltar en mil pedazos ／粉々にする romper ALGO en pedazos, （つぶす）machacar, （粉砕する）triturar
こなす （消化する）digerir ‖ 与えられた任務をこなす cumplir con la misión asignada ／3か国語をこなす dominar tres idiomas
こなれる （消化される）digerirse, （成熟する）madurar, （完成する）perfeccionarse ‖ 彼女は歌手としてこなれてきた Ella ha madurado como cantante.
こにもつ 小荷物 paquete *m.*
コニャック coñac *m.*
ごにん 誤認
▶**誤認する** equivocarse ‖ 事実を誤認する equivocarse en la apreciación del hecho
■**誤認逮捕** detención *f.* errónea

こにんずう 小人数 número *m.* reducido de personas
こぬかあめ 小糠雨 lluvia *f.* meona, 《話》calabobos *m.*[=*pl.*]
コネ enchufe *m.* ‖ コネがある tener enchufe, 《慣用》tener buenas aldabas ／コネで仕事を得る conseguir un trabajo por enchufe ／コネに頼る《慣用》agarrarse a buenas aldabas
こねこ 子猫/小猫 gatito *m.*, (雌) gatita *f.*
ごねどく ごね得 ‖ 君はいつもごね得をしているね Siempre te sales con la tuya quejándote.
こねる 捏ねる amasar ‖ 小麦粉をこねる amasar la harina
ごねる quejarse, reclamar ‖ しつこくごねる quejarse insistentemente
この este[ta] 〖+名詞〗
このあいだ この間 （先日）el otro día, （最近）hace poco, recientemente ‖ この間から desde hace poco ／この間の電話 llamada *f.* del otro día ／この間まで hasta hace poco
このあたり この辺り ‖ この辺りに por aquí ／この辺りが痛い Me duele esta parte.
このうえ この上 （これ以上）más, （さらに）además, encima ‖ この上君は何を望むのか ¿Qué más quieres?
▶**この上ない** ‖ この上ない幸せ absoluta felicidad *f.*, suma felicidad *f.*
▶**この上なく** sumamente, absolutamente
このくらい この位 así ‖ このくらいの厚さの本 un libro así de gordo ／このくらいの仕事は私には何でもない Este tipo de trabajo no es nada para mí.
このごろ この頃 estos (últimos) días, últimamente
このさい この際 en esta ocasión, ahora ‖ この際君に一つアドバイスをしよう Aprovechando esta ocasión te voy a dar un consejo.
このさき この先 （今後）en el futuro, de aquí en adelante, （場所）más allá
このたび この度 ⇒こんど（今度）‖ この度はお世話になりました Muchas gracias por las atenciones que ha tenido conmigo.
このつぎ この次 la próxima vez
▶**この次の** próximo[ma] ‖ この次の便 el próximo vuelo
このとおり この通り como se ve, como ve usted
このとき この時 （今）en este momento ‖ この時とばかりに批判する aprovecharse de las circunstancias para criticar
このところ この所 ⇒このごろ（この頃）
このは 木の葉 hoja *f.*
このぶん この分 ‖ この分だと会議が長引きそうだ Si sigue con este ritmo, la reunión se

このへん この辺 ⇒このあたり（この辺り）

このほか この外/この他　además de esto ‖ この外に何も持っていません Es todo lo que tengo. ¦ No tengo nada más que esto.

このまえ この前　el otro día ‖ この前はありがとう Gracias por lo del otro día. ／この前の月曜に el pasado lunes, el lunes pasado ／この前私が映画に行った時、雪が降っていた La última vez que fui al cine nevaba.

このましい 好ましい　（望ましい）deseable, preferible, （好都合な）favorable, （感じのいい）agradable

▶**好ましくない** indeseable, no deseable, （不都合な）desfavorable

このまま 　así ‖ このままにしておく dejar ALGO「así [tal cual] ／このままでいくと私たちは試合に負けてしまう Si seguimos así, perderemos el partido. ／このまま家に帰る volver「directo [directamente] a casa ／このままで済むと思うなよ No te creas que esto va a quedar así. ¦ Esto no va a quedar así.

このみ 好み　gusto m., （趣味）afición f. ‖ 私たちは好みが合う Tenemos los mismos gustos. ／この柄は私の好みではない Este dibujo no es de mi gusto. ／私はあなたの好みを知らない Desconozco los gustos de usted.

▶**好みの** favorito[ta] ‖ 彼女は僕の好みのタイプだ Ella es mi tipo.

このみ 木の実 ⇒きのみ

このむ 好む　querer, preferir, gustar ‖ 彼は静けさを好む A él le gusta la tranquilidad. ／好むと好まざるとにかかわらず、君は皆の意見を尊重しなければならない「Te guste o no te guste [Quieras o no quieras], tendrás que respetar la opinión de todos. ／この仕事を好んでしているわけではない No hago este trabajo porque quiera.

このよ この世　este mundo, esta vida ‖ 私はこの世に未練はまったくない No tengo nada que me ate a esta vida.

▶**この世の** terrenal, de este mundo, （世俗の）munda*no*[*na*]

(慣用) この世を去る《慣用》「irse [salir] de este mundo, 《慣用》pasar a mejor vida, morir

このよう この様

▶**このように** así, de este modo, de esta manera ‖ 全員がこのように考えている訳ではない No todos piensan así.

▶**このような** このような場合は en tal caso

こはく 琥珀　ámbar m.

▶**琥珀の** ambari*no*[*na*]

◪**琥珀色** ámbar m., color m. ámbar ‖ 琥珀色のウイスキー güisqui m. de color ámbar

ごばく 誤爆　bombardeo m. 「erróneo [equivocado]

▶**誤爆する** bombardear 「por error [erróne-amente, equivocadamente]

こばな 小鼻　alas fpl.

こばなし 小話/小咄　historieta f., （笑い話）chiste m.

こばむ 拒む　（拒否する）rechazar, rehusar, （阻止する）impedir ‖ 要求を拒む rechazar una demanda ／敵軍の前進を拒む impedir el avance del ejército enemigo

こはる 小春

◪**小春日和** veranillo m. de San Martín

コバルト　《化学》cobalto m. 《記号 Co》

◪**コバルトブルー** azul m. cobalto

こはん 湖畔　orilla f. de un lago

▶**湖畔で**「a [en] la orilla del lago, junto al lago

ごはん 御飯　（米）arroz m., （食事）comida f. ‖ ごはんの支度をする preparar la comida ／ごはんを炊く cocer arroz ／ごはんを食べる comer ／ごはんですよ ¡A comer!

こび 媚　coquetería f., （へつらい）adulación f.

(慣用) 媚を売る coquetear, （へつらう）adular

ごび 語尾　terminación f., final m. de una palabra, （活用・屈折の）desinencia f. ‖ 彼は語尾がはっきりしない Él se come las palabras. ／語尾に s をつける añadir una "s" al final de la palabra

◪**語尾変化**（屈折）flexión f., （動詞の活用）conjugación f., （格変化）declinación f. ‖ 語尾変化する（活用する）conjugarse, （格変化する）declinarse

コピー　copia f., fotocopia f., （副本）duplicado m.; （広告の）eslogan m. publicitario ‖ パスポートのコピーを2部とる「hacer [sacar] dos copias del pasaporte

▶**コピーする** copiar, sacar una copia

◪**コピーアンドペースト** ‖ コピーアンドペーストする copiar y pegar

◪**コピー機** fotocopiadora f.

◪**コピー商品** imitación f.

◪**コピー用紙** papel m. (de) fotocopiadora

◪**コピーライター** reda*ctor*[*tora*] mf. publicita*rio*[*ria*]

こひつじ 子羊　corde*ro*[*ra*] mf.

◪**子羊肉** cordero m., carne f. de cordero

こびと 小人　ena*no*[*na*] mf.

こびりつく こびり付く　pegarse《a》, adherirse《a》‖ 米が鍋にこびり付いた El arroz se ha pegado a la olla. ／私の頭にこびり付いたイメージ imagen f. grabada en mi mente

こびる 媚びる　halagar, lisonjear, adular ‖ 上司に媚びる halagar a su superior ／権力に媚びる adular al poder

▶**媚びた** halaga*dor*[*dora*], lisonje*ro*[*ra*], adula*dor*[*dora*] ‖ 媚びた態度 actitud f. aduladora

こぶ 鼓舞

▶**鼓舞する** animar, alentar

こぶ 瘤 (腫れ) chichón *m.*, hinchazón *f.*, bollo *m.*, (背の) joroba *f.*, giba *f.*, lobanillo *m.*‖(ヒトコブ)ラクダのこぶ「joroba *f.* [giba *f.*] del dromedario ／ 頭にこぶを作る hacerse un bollo en la cabeza ／ 彼はおでこにこぶができた A él le ha salido un chichón en la frente.

慣用 こぶ付き‖こぶ付きの女性 mujer *f.* con hijos

ごぶ 五分 (5パーセント) cinco *m.* por ciento, (優劣がないこと) igualdad *f.*‖年5分の利率 interés *m.* anual del 5% (cinco por ciento)

▣五分五分‖実力が五分五分である estar al mismo nivel ／ 五分五分に戦う luchar de igual a igual ／ 勝つ可能性が五分五分だ La posibilidad de ganar es del cincuenta por ciento.

こふう 古風
▶古風な arcaico[ca], (古臭い) anticuado[da]‖古風な建物 edificio *m.* arcaico

ごぶさた 御無沙汰
▶ご無沙汰する‖ご無沙汰して申し訳ありません(手紙で) Perdone que no le haya escrito durante tanto tiempo.

こぶし 拳 puño *m.*‖こぶし大の del tamaño de un puño ／ こぶしを握りしめる cerrar el puño ／ こぶしを振り上げる levantar el puño

こぶつ 古物 objeto *m.* antiguo, (軽蔑的に) antigualla *f.*‖古物の売買 chamarileo *m.*
▣古物商 chamarilero[ra] *mf.*

こぶとり 小太り
▶小太りの gordito[ta], 《慣用》entrado[da] en carnes

こぶね 小舟 barca *f.*

コブラ 《動物》cobra *f.*(雄・雌)

こぶり 小降り (弱い)の雨 lluvia *f.*「ligera [débil] ／ 雨が小降りになる Ha amainado la lluvia. ／ 小降りだ Está lloviendo「ligeramente [débilmente].

こふん 古墳 tumba *f.* megalítica, túmulo *m.* megalítico
▣古墳時代《日本史》período *m.* (de) *kofun*

こぶん 子分 (追従者) seguidor[dora] *mf.*, satélites *mpl.*, (軽蔑的に) secuaz *com.*, (軽蔑的に) esbirro *m.*

こぶん 古文「texto *m.* [escrito *m.*] antiguo, clásico *m.*

こべつ 個別
▶個別の individual, particular
▶個別に individualmente, separadamente
▣個別指導 orientación *f.* individual

こべつ 戸別
▶戸別に de casa en casa, de puerta en puerta
▣戸別訪問 visita *f.* de casa en casa‖戸別訪問する「realizar [hacer] visitas de casa en casa

ごほう 語法 uso *m.*, (文法) gramática *f.*‖語法上の誤りをおかす cometer un error gramatical

ごほう 誤報 noticia *f.*「falsa [errónea]‖大統領死亡の誤報が流れた Se difundió la noticia falsa de la muerte「del presidente [de la presidenta].

ごぼう 牛蒡 bardana *f.*, lampazo *m.*
▣ごぼう抜き‖ゴール前で6人のランナーをごぼう抜きにする dejar atrás uno tras otro a seis corredores antes de llegar a la meta ／ 警察が座り込みのデモ隊をごぼう抜きにした Los policías levantaron por la fuerza a los manifestantes que permanecían sentados.

こぼす 零す derramar, verter, (ぐちなどを) quejarse《de, por》⇒こぼれる(零れる)

こぼね 小骨 pequeña espina *f.*‖(私は)魚の小骨が喉に刺さってしまった Se me ha quedado una pequeña espina de pescado en la garganta.

こぼれる 零れる derramarse, (溢れる) rebosar, desbordarse‖コップから水がこぼれる Se derrama agua del vaso. ／ 彼女に微笑みがこぼれる Una sonrisa aflora en los labios de ella. ／ 私は涙がこぼれた Se me saltaron las lágrimas.

こぼんのう 子煩悩
▶子煩悩な (甘やかす) mimador[dora] con *su* hijo[ja]‖子煩悩な父親 padre *m.* cariñoso con *su* hijo[ja]

こま 駒 (将棋・チェスの) pieza *f.*, ficha *f.*, (弦楽器の) puente *m.*‖駒を動かす mover una pieza
慣用駒を進める pasar《a》, avanzar《a》‖準決勝へ駒を進める「pasar [avanzar] a la semifinal

こま 齣 fotograma *m.*, (漫画の) viñeta *f.*‖1秒24こまのスピード velocidad *f.* de 24 fotogramas por segundo ／ 映画の一こま una escena de la película ／ 週3こまの授業をする dar tres clases por semana
▣こま送り‖こま送りする ver imágenes secuencialmente

こま 独楽 peonza *f.*, trompo *m.*‖独楽で遊ぶ jugar a la peonza ／ 独楽のように回る girar como una peonza ／ 独楽を回す bailar una peonza

ごま 胡麻 《植物》sésamo *m.*, ajonjolí *m.*‖ごまをする moler semillas de sésamo, (へつらう) adular, 《慣用》hacer la rosca *f.*, 《慣用》hacer la pelota《a》／ 開け、ごま Ábrete, sésamo. ¡ Sésamo, ábrete.
▣ごま和え plato *m.* con salsa de sésamo
▣ごま油 aceite *m.* de sésamo
▣ごま塩 semillas *fpl.* de sésamo y sal
▣ごま塩頭 pelo *m.* entrecano
▣ごますり adulación *f.*, lisonja *f.*, (人)

adula*dor*[*dora*] *mf.*, 《話》pelote*ro*[*ra*] *mf.*

コマーシャル publicidad *f.*, anuncio *m.*

▸ コマーシャルソング canción *f.* publicitaria, (音楽) música *f.* publicitaria

▸ コマーシャルフィルム película *f.* publicitaria, (テレビ広告) anuncio *m.* televisivo

▸ コマーシャルペーパー (CP)《商業》papel *m.* comercial

こまかい 細かい diminu*to*[*ta*], menu*do*[*da*], fi*no*[*na*], (詳しい) detalla*do*[*da*], minucio*so*[*sa*], meticulo*so*[*sa*], (微妙な) sutil, (取るに足らない) insignificante ‖ 細かいお金 suelto *m.*, monedas *fpl.* fraccionarias ／ 目の細かい生地 tejido *m.* tupido ／ 細かい事まで気を配る ser meticulo*so*[*sa*], ser detallista, ser minucio*so*[*sa*], 《慣用》poner los puntos sobre las íes ／ 細かい事を気にする preocuparse por「detalles insignificantes [minucias]」／ 金に細かい ser escrupulo*so*[*sa*] con el dinero, (計算高い) ser calcula*dor*[*dora*]

▸ 細かく minuciosamente, detalladamente ‖ 玉ねぎを細かく刻む picar finamente una cebolla ／ その事件を細かく調べる investigar detalladamente el caso ／ 500円玉を細かくする cambiar una moneda de 500 yenes en otras

ごまかし 誤魔化し engaño *m.*, (うそ) mentira *f.*, (不正) fraude *m.* ‖ 彼にごまかしは利かない No se le puede engañar.

ごまかす 誤魔化す engañar, (うそをつく) mentir, (不正を働く) hacer un fraude, (取り繕う) disimular ‖ 年をごまかす disimular la edad ／ 自分をごまかす engañarse a *sí* mis*mo*[*ma*] ／ 笑って恥ずかしさをごまかす sonreír para disimular *su* vergüenza ／ お釣りをごまかされた Me engañaron con el cambio.

こまぎれ 細切れ pedazo *m.* pequeño, pedacito *m.* ‖ 肉を細切れにする picar carne, cortar carne en pedazos pequeños

こまく 鼓膜 《解剖》tímpano *m.* (del oído) ‖ 私の右の鼓膜が破れた Se me ha roto el tímpano (del oído) derecho. ／ 爆発で彼の鼓膜に穴があいた La explosión le perforó los tímpanos.

こまごま

▸ こまごまと (詳しく) detalladamente, (綿密に) minuciosamente ‖ こまごまと説明する explicar ALGO「detalladamente [pormenorizadamente, minuciosamente, con pelos y señales]」

こまぬく 拱く ⇒こまねく

こまねく 拱く ‖ 手をこまねいて見ている 《慣用》quedarse con los brazos cruzados

こまめ

▸ こまめに con diligencia, (頻繁に) con frecuencia ‖ こまめに働く trabajar「afanosamente [con diligencia]」

こまやか 細やか

▸ 細やかな solíci*to*[*ta*], aten*to*[*ta*] ‖ 細やかな愛情 amor *m.* solícito

こまらせる 困らせる molestar, (心配させる) preocupar, (うるさがらせる) fastidiar

こまる 困る tener problemas, (当惑する) quedar perple*jo*[*ja*], (迷惑する) sentirse moles*to*[*ta*] ‖ 返答に困る no saber qué contestar ／ 金に困る「tener [verse en] apuros económicos」／ お困りのときはいつでも私に電話をください Llámeme por teléfono siempre que tenga algún problema.

▸ 困った apura*do*[*da*], (厄介な) embarazo*so*[*sa*] ‖ 困ったこと (厄介事) asunto *m.* embarazoso ／ 困った人 persona *f.* problemática, (しつこい人) persona *f.* pesada

こまわり 小回り ‖ 小回りが利く車 coche *m.* ágil ／ 小回りが利く人 persona *f.* flexible con capacidad de adaptación

コマンド 《IT》comando *m.*; (奇襲隊) comando *m.*

▸ コマンドキー tecla *f.* comando ‖ コマンドキーを押す pulsar la tecla comando

こみ 込み ‖ 送料込みで100ユーロ 100 euros con los gastos de envío ／ 税込みの給料 sueldo *m.* bruto ／ 価格はサービス料込みです El servicio está incluido en el precio.

ごみ 塵/芥 basura *f.*, desperdicios *mpl.*, (廃棄物) residuos *mpl.* desechados ‖ ごみのリサイクル reciclaje *m.* de basuras ／ ごみがたまる La basura se acumula. ／ ごみが目に入った Me ha entrado una mota de polvo en el ojo. ／ ごみを回収する「recoger [retirar] la basura ／ ごみを再利用する reutilizar la basura ／ ごみを処理する tratar la basura ／ ごみを捨てる「tirar [botar] la basura ／ ごみを出す sacar la basura ／ ごみを分別する「separar [clasificar] la basura ／ 日本人は一人当たり1日平均1.1キロのごみを出す Cada japonés produce una media de 1,1 kg (uno con un kilogramo) de basura al día.

▸ ごみだらけの lle*no*[*na*] de basura

▸ 家庭ごみ basura *f.*「domiciliaria [doméstica]」

▸ 有害ごみ basura *f.* tóxica

▸ ごみ収集作業員 basure*ro*[*ra*] *mf.*

▸ ごみ収集車 camión *m.* de basuras

▸ ごみ焼却場 incineradora *f.* de basuras

▸ ごみ処理施設 planta *f.* de tratamiento de basuras

▸ ごみ捨て場 vertedero *m.* de basuras

▸ ごみ箱 cubo *m.* de basura, (紙くずの) papelera *f.* ‖ ごみ箱を空にする (パソコンの) vaciar la papelera de reciclaje

▸ ごみ拾い ‖ 道のごみ拾いをする recoger basura de la calle, limpiar la calle de basura

▸ ごみ袋 bolsa *f.* de basura

こみあう 込み合う/混み合う → こむ (込む) ‖

込み合った車両 vagón m.「lleno [atestado, repleto] de pasajeros ／ 込み合う時間 hora f.「pico [punta] ／ ただいま回線がたいへん込み合っておりますので、そのままお待ちください En estos momentos tenemos muchas llamadas, por favor manténgase a la espera.

こみあげる 込み上げる （感情が）entrar a ALGUIEN,《人が主語》sentir‖大きな喜びが込み上げた Me entró una gran alegría.｜Sentí una gran alegría. ／ 私は涙が込み上げた Se me saltaron lágrimas.

こみいる 込み入る complicarse
▶込み入った complicad*o*[da], enreves*ado*[da], intrincad*o*[da]‖込み入った事情 circunstancias fpl. complicadas ／ この映画はストーリーが込み入っている La historia de esta película tiene muchos entresijos.

ごみごみ
▶ごみごみした（雑然とした）desorden*ado*[da],（混沌とした）cá*otico*[ca]‖ごみごみした町 ciudad f. desordenada y caótica

こみだし 小見出し subtítulo m.

こみち 小道 senda f., callejón m.

コミック cómic m.,（漫画）manga m.
▶コミックな（滑稽な）cómi*co*[ca]
▣コミック雑誌 revista f. de「cómics [mangas]

コミッショナー comisionad*o*[da] mf.

コミッション （手数料）comisión f.,（賄賂）soborno m.,（委員会）comisión f., comité m.

コミュニケ comunicado m.

コミュニケーション comunicación f.‖コミュニケーションをはかる entablar una comunicación
▣コミュニケーション学 ciencias fpl. de la comunicación
▣コミュニケーション障害 trastorno m. de la comunicación
▣コミュニケーション能力 habilidades fpl. comunicativas,（言語学上の）competencia f. comunicativa

こむ 込む／混む （道路が）congestionarse,（場所が）estar llen*o*[na],（人で）haber mucha gente《動詞は3人称単数形の無主語で》‖電車が込んでいる El tren va「repleto [abarrotado] (de pasajeros). ／ レストランは込んでいた Había mucha gente en el restaurante.｜El restaurante estaba「repleto [lleno]. ／ 日程が込む tener una agenda apretada

ゴム goma f., caucho m., hule m.‖ゴムの木 árbol m. de caucho, cauchera f.
▣ゴム印 sello m. de「goma [caucho]
▣ゴム消し goma f. de borrar
▣ゴム底‖ゴム底の靴 zapatos mpl. de suela de goma
▣ゴム長 botas fpl. de「goma [caucho]
▣ゴム飛び‖ゴム飛びをする jugar a la goma
▣ゴムひも elástico m.
▣ゴムボート bote m.「neumático [de goma]
▣ゴムまり pelota f. de goma

こむぎ 小麦 trigo m.
▣小麦色 color m. marrón claro‖小麦色の肌 piel f. bronceada
▣小麦粉 harina f. (de trigo)‖水を加えて小麦粉をこねる amasar la harina con el agua ／ 小麦粉を肉にまぶす cubrir la carne con harina, rebozar la carne en harina

こむらがえり 腓返り calambre m. en la pantorrilla‖私はこむら返りを起こした Me dio un calambre en la pantorrilla.

こめ 米 arroz m.‖米を炊く cocer arroz ／ 米をとぐ lavar arroz ／ 米を作る cultivar arroz ／ 米を収穫する cosechar arroz ／ 米を食べる comer arroz ／ 日本では米が主食です El alimento básico de la dieta japonesa es el arroz.
▣米俵 saco m. de arroz
▣米粒 grano m. de arroz
▣米所 zona f. arrocera
▣米ぬか salvado m. de arroz
▣米屋 tienda f. de arroz,（人）comerciante com. de arroz

こめかみ 顳顬 sien f.‖こめかみを指で押さえる（自分の）apretarse las sienes con los dedos

コメディアン humorista com., cómi*co*[ca] mf.

コメディー 《演劇》comedia f.

こめる 込める （含める）incluir,（充填する）cargar‖ピストルに弾を込める cargar la pistola (con balas) ／ 指先に力を込める concentrar toda la fuerza en las puntas de dedos ／ 心を込めて歌う cantar de corazón

ごめん 御免‖ごめんください（午前中）Buenos días.｜（午後）Buenas tardes. ／ ごめんなさい Perdón.｜Disculpe.｜Perdone.｜（中座する時など）Con permiso.｜ほんとうにごめんなさい Le ruego me disculpe.｜Lo lamento mucho. ／ 遅れてごめんなさい Siento llegar tarde. ／ それだけはごめん被る Haré cualquier cosa menos eso. ／ 私はお役ご免になった（解雇された）Me han despedido. ／ 戦争は二度とごめんだ No más guerras.

コメンテーター comentarista com.

コメント comentario m.‖コメントを求める pedir comentarios《a》
▶コメントする hacer un comentario, comentar‖コメントすることは何もない No tengo nada que comentar.

ごもく 五目
▣五目御飯 arroz m. mixto japonés
▣五目並べ juego m. de cinco en línea‖五目並べをする jugar al cinco en línea

こもじ 小文字 letra *f.* minúscula, minúscula *f.* ‖ 小文字で書く escribir en minúscula

こもち 子持ち ‖ 彼女は2人の子持ちだ Ella tiene dos niños. ／ 子持ちの魚 pescado *m.* con huevas

こもり 子守り niñe*ro*[*ra*] *mf.*, 《中南米》nana *f.*, (ベビーシッター) canguro *com.* ‖ 子守りをする hacer de niñe*ro*[*ra*], cuidar a *un* [*una*] ni*ño*[*ña*]
◪ 子守歌 canción *f.* de cuna, nana *f.* ‖ 子守歌を歌う cantar una nana

こもる 籠る (引きこもる) encerrarse, (隠れる) esconderse, (充満する) cargarse 《de》 ‖ こもった声 voz *f.* cavernosa ／ 部屋には煙がこもっている La habitación está cargada de humo. ／ 心のこもったもてなし recibimiento *m.* cariñoso

こもん 顧問 ase*sor*[*sora*] *mf.*, consejer*o* [*ra*] *mf.*, consul*tor*[*tora*] *mf.*
◪ 技術顧問 ase*sor*[*sora*] *mf.* técni*co*[*ca*]
◪ 顧問弁護士 aboga*do*[*da*] *mf.* ase*sor*[*sora*]

こもんじょ 古文書 documentos *mpl.* y libros *mpl.* antiguos
◪ 古文書学 paleografía *f.*

こや 小屋 cabaña *f.*, barraca *f.*, (家畜の) establo *m.* ‖ 小屋を作る「hacer [construir] una cabaña

ごやく 誤訳 mala traducción *f.*, traducción *f.* errónea ‖ これは誤訳だ Esto está mal traducido.
▶ 誤訳する traducir mal

こやし 肥やし abono *m.*, fertilizante *m.*, estiércol *m.* → ひりょう(肥料)
[慣用] 肥やしにする aprender 《de》 ‖ 失敗を肥やしにする aprender de un fracaso

こやす 肥やす (太らせる) engordar, (土地を) fertilizar, (豊かにする) cultivar ‖ 耳を肥やす cultivar el sentido musical

こやみ 小止み ‖ 雨が小やみになる La lluvia amaina. ／ 小やみなく雪が降る Nieva sin 「cesar [parar].

こゆう 固有
▶ 固有の (独自の) pro*pio*[*pia*], (特有の) particular, (特徴的な) característi*co*[*ca*], (生得的な) inherente, 《生物》endémi*co*[*ca*] ‖ 日本固有の文化 cultura *f.* propia de Japón
◪ 固有種 《生物》especie *f.* endémica
◪ 固有名詞 nombre *m.* propio

こゆき 小雪 nevisca *f.* ‖ 小雪が舞う neviscar, nevar ligeramente

こゆび 小指 dedo *m.* meñique, meñique *m.*

こよう 雇用 empleo *m.* ‖ 雇用の安定 estabilidad *f.* del empleo ／ 雇用の創出 generación *f.* de empleos ／ 雇用を安定させる estabilizar el empleo ／ 雇用を促進する「fomentar [promocionar] el empleo

▶ 雇用する emplear, contratar
◪ 被雇用者 emplea*do*[*da*] *mf.*
◪ 雇用延長 prórroga *f.* del contrato de trabajo
◪ 雇用機会 oportunidad *f.* de「trabajo [acceso al empleo] ‖ 雇用機会の男女均等 igualdad *f.* de oportunidades entre mujeres y varones en el acceso al empleo
◪ 雇用期間 período *m.* de empleo
◪ 雇用形態 forma *f.* de empleo
◪ 雇用契約 contrato *m.*「de trabajo [laboral]
◪ 雇用市場 mercado *m.* laboral
◪ 雇用状況 situación *f.* de empleo
◪ 雇用条件 condiciones *fpl.* de empleo
◪ 雇用政策 política *f.* de empleo
◪ 雇用促進「fomento *m.* [promoción *f.*] del empleo
◪ 雇用調整 ajuste *m.* del empleo
◪ 雇用統計 estadísticas *fpl.* del empleo
◪ 雇用主 empresa*rio*[*ria*] *mf.*, emplea*dor* [*dora*] *mf.*
◪ 雇用保険 seguro *m.* de desempleo

ごよう 御用 ‖ 何かご用ですか ¿Desea usted algo? ¦ ¿En qué puedo servirle? ／ ご用がありましたら、お呼びください Si necesita algo, avíseme. ¦ Estoy a su servicio para lo que necesite. ／ そんなことはお安い御用だ《慣用》Eso es coser y cantar.
◪ 御用納め último día *m.* laboral del año
◪ 御用始め primer día *m.* laboral del año
◪ 御用学者 estudio*so*[*sa*] *mf.* que inclina la balanza a favor del gobierno
◪ 御用聞き ｜ ご用聞きに回る visitar a clientes para tomar pedidos
◪ 御用組合 sindicato *m.* vertical
◪ 御用達｜政府御用達 provee*dor*[*dora*] *mf.* del gobierno
◪ 御用邸 villa *f.* imperial

ごよう 誤用 mal uso *m.*, uso *m.*「equivocado [erróneo], (不適切な) uso *m.* impropio
▶ 誤用する「usar [emplear] mal

こよみ 暦 calendario *m.* → カレンダー ‖ 暦をめくる pasar la hoja del calendario ／ 暦の上ではもう春だ Según el calendario, ya es primavera.
◪ 花ごよみ calendario *m.* floral

こら (叱って) ¡Eh!

コラーゲン colágeno *m.*
▶ コラーゲンの colágen*o*[*na*]

コラージュ 《フランス語》collage *m.*

こらい 古来
▶ 古来の invetera*do*[*da*], anti*guo*[*gua*] ‖ 古来の風習 costumbre *f.* antigua, inveterada costumbre *f.*

ごらいこう 御来光 orto *m.*, salida *f.* del sol

こらえる 堪える (我慢する) aguantar, soportar, (耐える) resistir, (抑える) contener,

reprimir ‖ 痛みをこらえる「soportar [aguantar, resistir] el dolor ／ 笑いをこらえる「contener [reprimir, aguantar] la risa ／ 怒りをこらえる reprimir la ira,《慣用》tragar saliva

ごらく 娯楽 diversión *f.*, entretenimiento *m.*, recreo *m.*
- 娯楽映画 película *f.* de evasión
- 娯楽施設 establecimiento *m.* de diversión, instalación *f.* de recreo
- 娯楽室 sala *f.* de recreo
- 娯楽番組 programa *m.* de diversión

こらしめる 懲らしめる castigar, escarmentar,《慣用》meter un paquete《a》

こらす 凝らす ‖ 目を凝らす aguzar la vista ／ 息を凝らす contener el aliento ／ 工夫を凝らす ejercitar *su* ingenio

コラボレーション colaboración *f.*

コラム (記事) artículo *m.*, (欄) columna *f.*, sección *f.*
- コラムニスト columnista *com.*, articulista *com.*

ごらん 御覧 ‖ ご覧ください Mire usted. ¦ Vea usted. ／ ご覧の通りです Es tal como se ve. ／ ご覧に入れます Se lo voy a「enseñar [mostrar].

こり 凝り rigidez *f.*「muscular [de los músculos] ‖ 肩の凝り contractura *f.* de hombros ／ 凝りをほぐす reducir la rigidez muscular

コリアンダー culantro *m.*, cilantro *m.*

こりごり 懲り懲り ‖ こりごりである estar harto[ta]《de》, estar cansado[da]《de》

こりしょう 凝り性
- 凝り性の(人) perfeccionista (*com.*)

こりつ 孤立 aislamiento *m.* ‖ 孤立を避ける evitar el aislamiento
- 孤立させる aislar/aislarse
- 孤立した aislado[da] ‖ 孤立した村 pueblo *m.* aislado
- 孤立語《言語》lengua *f.* aislante
- 孤立主義 aislacionismo *m.*
- 孤立主義者 aislacionista *com.*
- 孤立無援 ‖ 孤立無援である estar aislado[da] sin ayuda

ごりやく 御利益 favor *m.* divino ‖ ご利益があるお守り amuleto *m.* que trae suerte

ゴリラ gorila *m.*(雄・雌)

こりる 懲りる escarmentar ‖ 懲りずに株を続ける seguir jugando a la bolsa sin escarmentar

こる 凝る (熱中する) entusiasmarse《por, con》, apasionarse《en, por, con》‖ テレビゲームに凝る entusiasmarse con el videojuego ／ 肩が凝る tener los hombros entumecidos ／ 肩の凝らない本 libro *m.* ameno
- 凝った elaborado[da], artificioso[sa],（文体が）alambicado[da],（非常に凝った）sofisticado[da] ‖ とても凝った料理 plato *m.* sofisticado

コルク corcho *m.*
- コルク栓 tapón *m.* de corcho, corcho *m.* ‖ ワインの(瓶の)コルク栓を抜く「descorchar [quitar el corcho a] la botella de vino ／ ワインの瓶にコルク栓をする「encorchar [poner el corcho a] la botella de vino

コルセット corsé *m.*,（整形外科の）corsé *m.* ortopédico ‖ コルセットをつける[外す]「ponerse [quitarse] el corsé

ゴルフ golf *m.* ‖ ゴルフをする jugar al golf
- ゴルフクラブ palo *m.* de golf
- ゴルフ場 campo *m.* de golf

ゴルファー golfista *com.*, jugador[dora] *mf.* de golf

これ este[ta] *mf.*,《中性形》esto ‖ これは私のバッグです Este es mi bolso. ／ これは何ですか ¿Qué es esto? ／ これはいくらですか ¿Cuánto es esto? ／ これはどういう意味ですか ¿Qué significa esto?

これいじょう これ以上 más ‖ これ以上詳しく述べる必要はない No es necesario detallar más. ／ 私たちはもうこれ以上待てない No podemos esperar más. ／ もうこれ以上は食べられません No puedo (comer) más.

これから (今から) a partir de ahora,（今後）de「aquí [ahora] en adelante ‖ これから映画を見に行きます Ahora vamos al cine a ver una película. ／ これから10年間に durante los próximos diez años ／ これから私たちは一緒に暮らします A partir de ahora viviremos juntos. ／ これからの日本 el Japón del futuro ／ これからの世代 generaciones *fpl.* venideras

これきり ‖ 今のところ分かっているのはこれきりだ Esto es todo lo que se sabe por ahora. ／ 君を手伝うのはこれきりだ Esta es la última vez que te ayudo. ／ 私たちの仲もこれきりだ Nuestra buena relación se rompe aquí.

コレクション colección *f.*
- パリコレクション Semana *f.* de la Moda de París

コレクター coleccionista *com.*

コレクトコール llamada *f.* a cobro revertido ‖ コレクトコールをかける llamar a cobro revertido, hacer una llamada a cobro revertido

これくらい これ位 ⇒このくらい(この位)

これこそ ‖ これこそ私が探していたものだ Esto es justamente lo que yo buscaba.

コレステロール colesterol *m.*
- 悪玉コレステロール colesterol *m.* malo
- 善玉コレステロール colesterol *m.* bueno
- コレステロール値 nivel *m.* de colesterol

これだけ ‖ 私の荷物はこれだけです Esto es todo lo que llevo. ／ これだけでは不十分だ

これでは ‖ これでは君の将来が思いやられる Viendo la vida que llevas, me preocupa tu futuro.

これほど 這程 ‖ 私はこれほどたくさんの車を見た事がない Nunca había visto tantos coches.

これまで hasta ahora ‖ これまでの努力 esfuerzos *mpl.* realizados hasta ahora / これまでのように como hasta ahora / これまで以上に働く trabajar más que hasta ahora / 今日はこれまでにします Con esto terminamos por hoy.

コレラ 《医学》cólera *m.*
- コレラ患者 colér*ico[ca] mf.,* paciente *com.* de cólera
- コレラ菌 vibrión *m.* colérico

ころ 頃 ‖ クリスマスの頃に por las fechas 「navideñas [de Navidad] / あの頃 en aquel entonces / 私が若い頃に cuando yo era joven, en mi juventud / そろそろ彼らが着く頃だ Ellos estarán a punto de llegar. / 午後3時頃 「a eso [alrededor] de las tres de la tarde / 毎年この頃に en esta época de cada año

ごろ 語呂 ‖ 語呂が良い ser eufón*ico[ca],* sonar bien / 語呂が悪い ser 「una cacofonía [cacofón*ico[ca]],* sonar mal
- paronomasia *f.*
- 語呂合わせ juego *m.* de palabras, 《修辞》paronomasia *f.*

ゴロ roletazo *m.,* bola *f.* bateada ‖ ゴロを打つ 「batear [pegar] un roletazo

ころあい 頃合 ‖ 頃合を見て en el momento oportuno / 頃合を見計らう elegir el momento oportuno
▶ 頃合の conveniente, oportu*no[na]* ‖ 頃合の大きさ tamaño *m.* adecuado

コロイド 《化学》coloide *m.*
▶ コロイドの coloidal
- コロイド状態 estado *m.* coloidal
- コロイド溶液 solución *f.* coloidal

ころがす 転がす hacer rodar, (倒す) tumbar, hacer caer, (転売する) revender

ころがりこむ 転がり込む ‖ ボールが庭に転がり込んだ La pelota llegó rodando hasta el jardín. / 叔父の遺産が私に転がり込んだ La herencia de un tío mío cayó en mis manos inesperadamente. / 友人(男性)の家に転がり込む caer en la casa de un amigo

ころがる 転がる rodar, (ひっくり返る) volcarse, (横になる) tumbarse ‖ ベッドに転がる tumbarse en la cama / 道ばたにタイヤがいくつか転がっている Hay varios neumáticos abandonados en la calle. / そんな情報はどこにでも転がっている Ese tipo de información se encuentra en cualquier lugar. / 事態はどっちに転がるかわからない No se sabe de qué lado se inclina la balanza.

ごろく 語録 colección *f.* de pensamientos, analectas *fpl.*

ころころ ‖ ころころ笑う reír animadamente / ころころ転がる rodar / 意見をころころ変える cambiar de opinión con frecuencia / ころころした赤ん坊 bebé *m.* gordito

ごろごろ ‖ 私のお腹がごろごろ鳴る Me suena la barriga. / 雷がごろごろ鳴る Truena. ¦ Suenan truenos. / 猫がごろごろ喉を鳴らす El gato ronronea.
▶ ごろごろする (怠ける) holgazanear ‖ 一日中ごろごろしている《慣用》pasar todo el día tumba*do[da]* a la bartola

ころし 殺し (殺人) homicidio *m.,* (暗殺) asesinato *m.*
- 殺し文句 frase *f.* amenazadora, (男女間の) palabras *fpl.* galantes
- 殺し屋 asesi*no[na] mf.* a sueldo, sicario *m.*

ころす 殺す matar, dar muerte 《a》,《話》cargarse, 《話》acabar 《con》, (暗殺する) asesinar ‖ 殺される ser asesina*do[da]* / 感情を殺す contener *sus* sentimientos / スピードを殺す reducir la velocidad

コロッケ croqueta *f.* ‖ コロッケを作る hacer croquetas

ごろね ごろ寝
▶ ごろ寝する dormir vesti*do[da]*

ころぶ 転ぶ caerse ‖ 滑って転ぶ caerse al resbalar / どちらに転んでも損はない Por intentarlo no se pierde nada.
〔慣用〕転んでもただでは起きない saber sacar provecho hasta de *sus* fracasos
〔諺〕転ばぬ先の杖《諺》Más vale prevenir que curar. ¦《諺》Mejor es curarse en salud.

ころも 衣 ropa *f.,* (僧侶の) hábito *m.,* sotana *f.,* (揚げ物の) albardilla *f.* ‖ 魚に衣をつける rebozar el pescado
- 衣替え cambio *m.* de ropa ‖ 夏に向けて衣替えをする cambiar la ropa de invierno por la de verano

ころり
▶ ころりと fácilmente, de repente ‖ ころりと死ぬ morir de repente / ころりと負ける sufrir una fácil derrota / 彼の態度がころりと変わった Su actitud cambió de repente.

ごろり
▶ ごろりと ‖ ごろりと横になる tumbarse de golpe

コロン (記号「:」) dos puntos *mpl.*

コロンビア Colombia
▶ コロンビアの colombia*no[na]*
- コロンビア人 colombia*no[na] mf.*

こわい 怖い (恐ろしい) horrible, terrible, espanto*so[sa],* (きびしい) seve*ro[ra]*; (怖がる)《動詞》tener miedo 《a》‖ 怖い目つき mirada *f.* amenazadora / 怖い先生

profe*sor*[*sora*] *mf*. seve*ro*[*ra*] ／怖い病気 enfermedad *f*. peligrosa ／怖い思いをする pasar miedo ／僕は一人でいるのが怖い Tengo miedo a estar solo. ／彼女は犬が恐い A ella le dan miedo los perros. ／部長(男性)に無礼な態度をとるとあとが怖いよ Si te portas mal con el director, te vas a arrepentir.
[慣用]怖いもの見たさに movi*do*[*da*] por la curiosidad por ver lo que no se debe ver
[慣用]彼は怖いものなしだ Él no tiene nada que temer.
[慣用]怖いもの知らずの intrépi*do*[*da*], temera*rio*[*ria*]

こわいろ 声色 (声の調子) tono *m*. de voz, (真似た声) voz *f*. fingida ‖ 声色を使う fingir la voz

こわがる 怖がる/恐がる espantarse 《de, por》, tener miedo 《a, de, por》, atemorizarse 《de, con, por》, asustarse 《por》‖ 雷を怖がる tener miedo a los truenos, atemorizarse con los truenos
▶怖がらせる espantar, dar miedo 《a》, asustar, atemorizar

こわき 小脇 ‖ 小脇に抱える llevar ALGO bajo el brazo

こわごわ temerosamente, (おずおずと) tímidamente

ごわごわ
▶ごわごわした áspe*ro*[*ra*], rígi*do*[*da*], du*ro*[*ra*], tie*so*[*sa*] ‖ ごわごわした布 tela *f*. áspera

こわす 壊す romper, estropear, (破壊する) destruir, (取り壊す) demoler ‖ コップを壊す romper un vaso ／体を壊す enfermar ／計画を壊す frustrar un plan ／千円札を小銭にこわす cambiar un billete de mil yenes en monedas

こわばる 強張る ponerse rígi*do*[*da*], endurecerse, quedarse tie*so*[*sa*] ‖ 彼女の表情がこわばった A ella se le endureció el rostro.
▶こわばった endureci*do*[*da*], rígi*do*[*da*], tie*so*[*sa*]

こわれもの 壊れ物 objeto *m*. frágil ‖ こわれ物《表示》(取り扱い注意) Frágil

こわれる 壊れる romperse, estropearse, (故障する) averiarse ‖ 機械が壊れる averiarse la máquina ／交渉が壊れる romperse las negociaciones ／橋が壊れた El puente se「derrumbó [cayó, rompió].
▶壊れた ro*to*[*ta*], estropea*do*[*da*], (故障した) averia*do*[*da*]
▶壊れやすい frágil

こん 根 (根気) perseverancia *f*., paciencia *f*.; (数学の) raíz *f*. ‖ 方程式の根 solución *f*. de una ecuación
[慣用]根をつめる perseverar ‖ 根をつめて働く trabajar con perseverancia
[慣用]根比べ concurso *m*. de resistencia, prueba *f*. de paciencia

こん 紺 azul *m*. marino ‖ 紺のシャツ camisa *f*. azul marino

こんい 懇意
▶懇意な ínti*mo*[*ma*], familiar ‖ 懇意な間柄である mantener una íntima amistad《con》

こんいん 婚姻 matrimonio *m*.
◾婚姻証明書「certificado *m*. [acta *f*., partida *f*.] de matrimonio
◾婚姻色 (生物) color *m*. del período de reproducción
◾婚姻届 registro *m*. de matrimonio

こんかい 今回 esta vez ‖ 今回に限り solamente esta vez

こんがいし 婚外子 hi*jo*[*ja*] *mf*. extramatrimonial

こんがらかる complicarse, enredarse ‖ イヤホーンのコードがこんがらかってしまった Se me han enredado los cables del auricular. ／私は頭がこんがらかっている Tengo la cabeza liada.

こんがり ‖ こんがり焼けた (肉・野菜が) do*rado*[*da*], (パンが) bien tosta*do*[*da*], (日焼けで) broncea*do*[*da*]

こんかん 根幹 principio *m*., base *f*. ‖ 根幹をなす理念 idea *f*. [principal [troncal]

こんがん 懇願 súplica *f*., imploración *f*.
▶懇願する rogar, suplicar, implorar

こんき 根気 perseverancia *f*., paciencia *f*. ‖ 根気がある tener「paciencia [perseverancia] ／根気がいる仕事 trabajo *m*. que requiere paciencia ／根気のある perseverante, tenaz, paciente ／根気のない inconstante
▶根気よく con「paciencia [perseverancia]

こんき 婚期 edad *f*. 「casadera [núbil], nubilidad *f*. ‖ 婚期を逃す quedarse solte*ro*[*ra*], 《慣用》《話》(女性が) quedarse para vestir santos
▶婚期の casade*ro*[*ra*], núbil ‖ 婚期の娘がいる tener una hija (en edad) casadera

こんきゅう 困窮 (貧困) pobreza *f*., apuros *mpl*., estrecheces *fpl*., (窮地) aprieto *m*., atolladero *m*.
▶困窮する (経済的に) pasar「apuros [estrecheces] ‖ 暮らしに困窮する vivir en la pobreza

こんきょ 根拠 fundamento *m*., base *f*., (理由) razón *f*. ‖ 理論の根拠 fundamento *m*. de una teoría ／根拠のある[ない]「con [sin] fundamento ／根拠がある tener fundamento ／根拠がない carecer de「fundamento [base] ／何を根拠にそう言うのですか ¿En qué se basa usted para decir eso?
◾科学的根拠 base *f*. científica, fundamento *m*. científico ‖ 科学的根拠に基づいた

ゴング *gong m.* ‖ ゴングが鳴る El *gong* suena.

コンクール concurso *m.*, certamen *m.* ‖ コンクールに参加する participar en un concurso ／ コンクールを開く celebrar un concurso

コンクリート hormigón *m.*, 《中南米》concreto *m.* ‖ コンクリートが固まる endurecerse el *hormigón* ／ コンクリートを打つ hormigonar, echar hormigón
- 鉄筋コンクリート hormigón *m.* armado
- 生コンクリート hormigón *m.* fresco
- コンクリートブロック bloque *m.* de hormigón
- コンクリートミキサー hormigonera *f.*

ごんげ 権化 encarnación *f.*, personificación *f.* ‖ 悪の権化 encarnación *f.* [personificación *f.*] del mal

こんけつ 混血 mestizaje *m.*
▶混血の mix*to*[*ta*], mesti*zo*[*za*]
- 混血児 mesti*zo*[*za*] *mf.*, （白人と黒人の）mula*to*[*ta*] *mf.*, （インディオと黒人の）zam*bo*[*ba*] *mf.*

こんげつ 今月 este mes, el mes「corriente [en curso, presente]」‖ 今月の15日に el día 15 de este mes ／ 今月の始めに a principios de este mes ／ 今月の末に a finales de este mes ／ 今月中に antes de que finalice este mes

こんげん 根源/根元 raíz *f.*, origen *m.* ‖ 諸悪の根源 raíz *f.* de los males ／ 汚職の根源を断つ「erradicar [extirpar] la corrupción

こんご 今後 desde「ahora [hoy] en adelante, a partir de ahora ‖ わが国の今後 el futuro de nuestro país

こんごう 混合 mezcla *f.*
▶混合する mezclar
- 混合器 mezclador *m.* de frecuencias
- 混合ダブルス（テニスの）dobles *mpl.* mixtos
- 混合物 mezcla *f.*

ごんごどうだん 言語道断
▶言語道断である ser escandalo*so*[*sa*], ser vituperable, 《慣用》no tener nombre
▶言語道断な ‖ 言語道断なふるまい comportamiento *m.*「condenable [incalificable]

こんこん 滾々
▶滾々と ‖ 水が滾々と湧き出る El agua brota a borbotones.

コンサート concierto *m.* ‖ コンサートに行く ir a un concierto ／ コンサートを開く「dar [ofrecer] un concierto
- コンサートホール sala *f.* de conciertos
- コンサートマスター concertino *com.*

こんさい 根菜 verdura *f.* de raíz, （塊根の）tubérculo *m.* comestible

こんざつ 混雑 congestión *f.*, （雑踏）hormiguero *m.* (humano), （車の）atasco *m.* ‖ 混雑の少ない道 ruta *f.* menos congestionada ／ 交通の混雑を緩和する descongestionar el tráfico
▶混雑した ‖ 混雑した広場 plaza *f.* repleta de gente ／ 混雑した道路 carretera *f.* congestionada
▶混雑する（道路が）congestionarse, （人で）haber mucha gente《動詞は3人称単数形の無主語で》‖ 商店街が混雑している Hay mucha gente en el centro comercial.

コンサルタント ase*sor*[*sora*] *mf.*, conseje*ro*[*ra*] *mf.*, consul*tor*[*tora*] *mf.*
- コンサルタント会社 empresa *f.* consultora, consultoría *f.*

こんしゅう 今週 esta semana ‖ 今週の木曜 este jueves, el jueves de esta semana ／ 今週中に「en [dentro de] esta semana ／ 今週末に este fin de semana
- 今週号 número *m.* de esta semana

こんじょう 根性 （性質）temperamento *m.*, carácter *m.*, （気力）agallas *fpl.*, coraje *m.* ‖ 根性がある tener「agallas [coraje], （意志が強い）tener mucha fuerza de voluntad ／ 根性が悪い tener mal carácter

こんしんかい 懇親会 reunión *f.* amistosa

こんすい 昏睡 （医学）coma *m.*, letargo *m.*
- 昏睡状態 ‖ 昏睡状態にある「estar [encontrarse] en (estado de) coma ／ 昏睡状態に陥る entrar en (estado de) coma

こんせい 混声
▶混声の mix*to*[*ta*]
- 混声合唱（団）coro *m.* mixto

こんせき 痕跡 huella *f.*, rastro *m.*, vestigio *m.* ‖ 古代文明の痕跡 vestigios *mpl.* de una civilización antigua ／ ブレーキの痕跡がない No hay huellas de frenadas. ／ 痕跡を残す/痕跡をとどめる dejar「huellas [rastros]
- 痕跡器官《生物》órgano *m.* vestigial, rudimento *m.*

こんぜつ 根絶 exterminio *m.*, erradicación *f.*, extirpación *f.*
▶根絶する exterminar, erradicar, extirpar ‖ テロを根絶する「acabar con [erradicar] el terrorismo

コンセプト concepto *m.*

こんせん 混線 cruce *m.* de líneas
▶混線する ‖ 電話が混線している Hay un cruce de líneas de teléfono.

こんぜん 婚前
▶婚前の prematrimonial
- 婚前交渉 relaciones *fpl.* prematrimoniales

コンセント （差し込み口）toma *f.* de corriente, （プラグも含めて）enchufe *m.* ‖ コンセントに差し込む enchufar, conectar ／ テレビのコンセントを抜く「desenchufar [desconectar] el televisor

コンソメ 《料理》consomé *m*.
コンタクト ❶ (連絡) contacto *m*.‖コンタクトを取る ponerse en contacto《con》, tomar contacto《con》
❷ (コンタクトレンズの略)
◪コンタクトレンズ lentillas *fpl*., lentes *fpl*. de contacto‖コンタクトレンズをつける[外す]「ponerse [quitarse] las lentes de contacto
◪ソフトコンタクト lentillas *fpl*. blandas
◪ハードコンタクト lentillas *fpl*. duras
こんだて 献立 menú *m*., (献立表) menú *m*., carta *f*.‖献立を立てる／献立を作る「hacer [preparar] el menú
こんたん 魂胆 intención *f*. oculta,「segunda [doble] intención *f*.‖彼には何か魂胆がありそうだ Parece que él tiene segundas intenciones.
こんだん 懇談 「conversación *f*. [charla *f*.] amistosa
▶懇談する「conversar [charlar] amistosamente, tener una conversación amistosa
▶懇談会 reunión *f*. amistosa
コンチェルト (協奏曲) concierto *m*.
◪バイオリンコンチェルト concierto *m*. para violín
こんちゅう 昆虫 insecto *m*.
◪昆虫学 entomología *f*.
◪昆虫学者 entomólo*go*[*ga*] *mf*.
◪昆虫採集 colección *f*. de insectos
◪昆虫標本 especímenes *mpl*. de insectos, colección *f*. de insectos disecados
こんてい 根底 fundamento *m*., base *f*., cimiento *m*.‖根底から見直す revisar ALGO radicalmente／根底にある問題 problema *m*. subyacente／社会を根底からくつがえす socavar los cimientos de la sociedad
コンディション condiciones *fpl*., estado *m*.‖コンディションがいい(体調が) estar bien, estar en forma, estar en buenas condiciones「físicas [de salud]／コンディションを整える(条件を) preparar condiciones《para》, (体調を) ponerse en forma
コンテクスト contexto *m*.
コンテスト concurso *m*. →コンクール
コンテナ contenedor *m*.‖コンテナで運ぶ transportar ALGO en contenedores
◪コンテナ車 (トラック) camión *m*.「contenedor [portacontenedores], (列車) tren *m*. portacontenedores
◪コンテナ船「barco *m*. [buque *m*.] portacontenedores
◪コンテナターミナル terminal *f*. de contenedores
◪コンテナ輸送 transporte *m*. en contenedores
コンデンサー condensador *m*. (eléctrico)
コンデンスミルク leche *f*. condensada‖コンデンスミルクを作る preparar leche condensada
コンテンツ contenido *m*.‖コンテンツの作成 creación *f*. de contenidos／コンテンツを作成する crear un contenido
コント juguete *m*. (cómico)
こんど 今度 esta vez, ahora, (この次) la próxima vez, (最近の) *el*[*la*] últim*o*[*ma*]『+名詞』‖今度会うときには la próxima vez que nos veamos／今度また会おう Volveremos a vernos pronto.／今度メキシコに行きます Pronto voy a México.／今度の土曜 el sábado próximo, el próximo sábado／今度の先生(男性)は若い El nuevo maestro es joven.／今度の休みはさんざんだった Lo he pasado fatal en estas vacaciones.／今度は君の番だ Ahora te toca el turno.／今度だけは solamente esta vez, por esta vez
こんどう 混同 confusión *f*.
▶混同する (AをBと) confundir A con B‖公私を混同する confundir lo público con lo privado
コンドーム condón *m*., preservativo *m*.‖コンドームを使う usar preservativo／コンドームをつける ponerse un「preservativo [condón]
コンドミニアム condominio *m*.
ゴンドラ góndola *f*., (気球の) barquilla *f*.‖ゴンドラに乗る「montar [subir] en góndola
コントラスト contraste *m*.‖はっきりしたコントラスト contraste *m*.「evidente [marcado]／光と影のコントラスト contraste *m*. entre la luz y la sombra／コントラストを強める[弱める]「acentuar [suavizar] el contraste
コントラバス 《音楽》contrabajo *m*.‖コントラバスを弾く tocar el contrabajo
◪コントラバス奏者 contrabajista *com*., contrabajo *com*.
コンドル (鳥類) cóndor *m*.(雄・雌)
コントロール control *m*.‖コントロールがいい tener un buen control／コントロールを乱す alterar el control
▶コントロールする controlar, dominar‖速度をコントロールする controlar la velocidad／感情をコントロールする dominarse, controlar *sus* sentimientos
◪コントロールキー tecla *f*. control
◪コントロールタワー torre *f*. de control
こんとん 混沌 caos *m*.[=*pl*.]
▶混沌とした caótic*o*[*ca*]‖混沌とした状況 situación *f*. caótica
こんな 『名詞+』como est*e*[*ta*], est*e*[*ta*]『+名詞』,《名詞の前もしくは後》semejante, tal‖こんな時間にa estas horas／こんな映画を作ってみたい Me gustaría hacer una película como esta.／こんなことだと思っていた Ya me lo imaginaba.／こんなことは許され

こんなに ない No se puede permitir「esto [tal cosa, una cosa así]」. / こんなふうにマウスで線を引きます Se traza así una línea con el ratón. / こんなものは見たことがありません Nunca he visto algo semejante. / こんな訳で por esta razón, (したがって) de manera que

こんなに tan 〖＋副詞・形容詞〗, tan*to*[ta] 〖＋名詞〗, 〖動詞＋〗tanto ‖ こんなにきれいな花 flor *f*. tan bonita / 今日はこんなに早く起きてしまった Me he levantado tan temprano hoy. / こんなにたくさんの肉は食べられません No puedo comer tanta (cantidad de) carne. / こんなに物価が上がったなんて信じられない Es increíble que los precios hayan subido tanto.

こんなん 困難 dificultad *f*., (苦境) aprieto *m*., (逆境) adversidad *f*. ‖ 技術的に困難がある Hay dificultades técnicas. / この問題を解決するのは非常に困難である Es sumamente difícil resolver este asunto. / 困難にぶつかる「encontrarse [tropezar(se)] con una dificultad / 困難に陥る meterse en dificultades / 財政的困難に直面する hacer frente [enfrentarse] a dificultades financieras / 困難に耐える soportar las dificultades / 困難に打ち克つ vencer las dificultades / 交渉はかなりの困難を伴うだろう Las negociaciones presentarán bastantes dificultades. / あらゆる困難を乗り越える superar todas las dificultades / その仕事は困難を極める La tarea es extraordinariamente difícil.

▶困難な difícil, du*ro*[ra], (骨の折れる) ar*duo*[dua] ‖ 困難な状況 situación *f*. difícil / 困難な仕事 tarea *f*. ardua / 困難な決定を強いられる verse oblig*ado*[da] a tomar una difícil decisión

こんにち 今日 hoy en día, actualmente
▶今日の de hoy, actual, contemporá*neo*[a] ‖ 今日の日本 el Japón「de hoy [actual]」/ 今日の私があるのは両親のおかげです A mis padres les debo todo lo que soy ahora.

こんにちは (挨拶) Buenas tardes.

こんにゃく 蒟蒻 《植物》*konjac m*., (食品)《日本語》*konnyaku m*., (説明訳) pasta *f*. gelatinosa hecha a base de raíces de *konjac*

コンパ fiesta *f*. de estudiantes
▶コンパをする hacer una fiesta
◩歓迎コンパ fiesta *f*. de bienvenida a los nuevos estudiantes

コンバーター (変換器) convertidor *m*., (整流器) rectificador *m*.

コンパートメント compartimento *m*., compartimiento *m*.

コンバイン (刈り取り・脱穀機) segadora *f*. trilladora, (刈り取り機) cosechadora *f*.

コンパクト (化粧用の) polvera *f*.
▶コンパクトな compac*to*[ta], (小さい) peque*ño*[ña]
▶コンパクトに ‖ 荷物をコンパクトにする reducir el equipaje
◩コンパクトカメラ cámara *f*. compacta
◻コンパクトディスク disco *m*. compacto, compacto *m*., CD *m*.

コンパス compás *m*., (羅針盤) brújula *f*., compás *m*. magnético, (歩幅) longitud *f*. de un paso ‖ コンパスで円を書く dibujar un círculo con un compás / 彼はコンパスが長い (両足が長い) tener las piernas largas, (歩幅が長い) tener pasos largos

こんばん 今晩 esta noche

こんばんは (挨拶) Buenas noches.

コンビ pareja *f*. ‖ 二人はいいコンビである Los dos hacen buena pareja. / コンビを組む formar una pareja

コンビーフ (英語) *corned beef m*., (説明訳) fiambre *m*. de carne de vaca prensado y enlatado

コンビナート complejo *m*.
◩石油化学コンビナート complejo *m*. petroquímico

コンビニ tienda *f*. de conveniencia, minisúper *m*. abierto 24 horas

コンビニエンスストア ⇒コンビニ

コンピュータ ordenador *m*., computadora *f*. ‖ コンピュータで処理された映像 imagen *f*. tratada por ordenador / コンピュータで制御する controlar ALGO por ordenador / コンピュータで処理する computarizar / コンピュータにデータを入力する introducir datos en el ordenador / コンピュータ(の電源)をつける「conectar [encender] el ordenador / コンピュータ(の電源)を消す「desconectar [apagar] el ordenador
◩コンピュータウイルス virus *m*.[=*pl*.] informático
◩コンピュータ技師 ingenie*ro*[ra] *mf*. informá*tico*[ca]
◩コンピュータグラフィックス computación *f*. gráfica, gráficos *mpl*. por ordenador
◩コンピュータゲーム videojuego *m*.
◩コンピュータ言語 lenguaje *m*. de ordenador
◩コンピュータ言語学 lingüística *f*. computacional
◩コンピュータ室 sala *f*. de computación
◩コンピュータ犯罪 delito *m*. informático
◩コンピュータメーカー fabricante *m*. de ordenadores
◩コンピュータリテラシー alfabetización *f*. digital
◩コンピュータワクチン antivirus *m*.[=*pl*.], vacuna *f*. informática

こんぶ 昆布 alga *f*. (marina)

コンプライアンス　(法令順守) conformidad f. con las leyes

コンプレックス　complejo m., (劣等感) complejo m. de inferioridad ‖ コンプレックスがある tener complejos, acomplejarse 《por》
▱ エディプスコンプレックス　complejo m. de Edipo, conflicto m. edíptico
▱ ファーザーコンプレックス　complejo m. paterno
▱ マザーコンプレックス　complejo m. materno

コンプレッサー　《機械》compresor m.

コンペ　(ゴルフの) competición f., (設計作品の公募) concurso m.

こんぺき　紺碧　azul m. intenso ‖ 紺碧の空 cielo m. azul intenso

こんぼう　混紡　mezcla f. ‖ 綿と麻の混紡 mezcla f. de algodón y lino

こんぼう　棍棒　garrote m., porra f. ‖ こん棒で殴る dar un garrotazo 《a》, golpear a ALGUIEN con una porra ／ こん棒をつかむ empuñar un garrote

こんぽう　梱包　empaque m., embalaje m.
▶ 梱包する empaquetar, embalar, empacar
▱ 梱包機 empacadora f.
▱ 梱包業者 empaqueta*dor[dora]* mf., embala*dor[dora]* mf.

コンポート　compota f. ‖ リンゴのコンポートを作る hacer compota de manzana

コンポスト　compost m.[=pl.], humus m.[=pl.] artificial, abono m. orgánico ⇒たいひ(堆肥)
▶ コンポスト化 compostaje m.

こんぽん　根本　base f., fundamento m., (根源) raíz f., (本質) esencia f. ‖ 民主主義の根本「esencia f. [base f.] de la democracia ／ 根本から変える cambiar ALGO「radicalmente [de raíz]
▶ 根本的な bás*ico[ca]*, fundamental, radical
▶ 根本的に fundamentalmente, radicalmente
▱ 根本原理 principio m. básico

コンマ　coma f. ‖ コンマをつける poner una coma

こんまけ　根負け
▶ 根負けする ceder ante la insistencia

こんめい　混迷　confusión f., desorientación f. ‖ 混迷の時代に生きる vivir en una época de confusión ／ 政局がますます混迷を深める La situación política se hace cada vez más confusa.

こんもり
▶ こんもり(と)した　esp*eso[sa]*, frond*oso[sa]*, tup*ido[da]* ‖ こんもりとした森 bosque m. 「frondoso [espeso]

こんや　今夜　esta noche

こんやく　婚約　compromiso m. matrimonial, 《格式語》 esponsales mpl. ‖ 婚約を解消する deshacer el noviazgo ／ 婚約を破棄する romper el 「noviazgo [compromiso matrimonial] ／ 婚約に反対する oponerse al noviazgo 《de》
▶ 婚約する prometerse 《a, con》
▱ 婚約期間 noviazgo m.
▱ 婚約者 no*vio[via]* mf.
▱ 婚約指輪 anillo m. de compromiso

こんよく　混浴　baño m. mixto

こんらん　混乱　confusión f., desorden m. ‖ 混乱が起きる 「producirse [surgir] una confusión ／ 混乱に陥る 「caer [incurrir] en una confusión ／ 混乱に乗じる aprovecharse de un desorden 《para》, 《慣用》pescar en río revuelto ／ デモは何の混乱もなく終わった La manifestación finalizó sin incidentes. ／ 混乱を収拾する resolver la confusión ／ 大きな混乱を引き起こす／大きな混乱を招く 「causar [provocar] una gran confusión
▶ 混乱する (誰かが) confundirse, (状況などが) caer en un desorden ‖ 頭が混乱している tener la mente confusa, 《慣用》tener un cacao mental
▶ 混乱させる producir confusión, poner ALGO en desorden
▱ 混乱状態 caos m.[=pl.] ‖ 混乱状態にある estar en caos

こんれい　婚礼　boda f., casamiento m.
▱ 婚礼衣装 vestido m. de boda

こんろ　焜炉　cocina f.
▱ ガスコンロ cocina f. de gas

こんわく　困惑　perplejidad f.
▶ 困惑する desconcertarse, turbarse, quedarse perpl*ejo[ja]* ‖ 困惑した様子で con aire perplejo

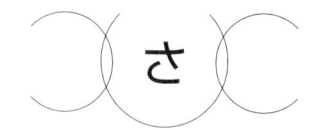

さ 差 (違い) diferencia *f.*, (距離) distancia *f.* ‖ わずかな差 una pequeña diferencia／大きな差 una gran diferencia／7と4の差 diferencia *f.* entre siete y cuatro／1点の差 diferencia *f.* de un punto／温度の差 diferencia *f.* de temperatura／貧富の差 distancia *f.* (que hay) entre los ricos y los pobres, (収入の差) brecha *f.* de ingresos／干満の差「diferencia *f.* [desnivel *m.*] entre la pleamar y la bajamar／差が大きい La diferencia es grande.／AとBの差が開く Se agranda la diferencia entre A y B.／AとBの差が縮まる Se acorta la diferencia entre A y B.¦(距離が) Se acorta la distancia entre A y B.／AとBには大きな差がある Hay una gran diferencia entre A y B.／差をつける (有利になる) aumentar la ventaja, (区別する) diferenciar, (競走で) aumentar la distancia／差を縮める／差をつめる「reducir [acortar] la diferencia

(慣用) 雲泥の差がある Hay una diferencia abismal.

ざ 座 ‖ 社長の座につく ocupar el cargo de direc*tor*[*tora*] general／座をはずす retirarse／座をしらけさせる aguar la fiesta／座を取り持つ mantener animada la reunión

サーカス circo *m.* ‖ サーカスを見に行く ir al circo
- サーカス団 circo *m.*
- サーカス小屋 carpa *f.* de circo

サーキット (自動車レースの) circuito *m.* de carreras; (電気回路) circuito *m.*
- サーキットレース carrera *f.* en el circuito

サークル círculo *m.*, peña *f.*
- サークル活動 actividad *f.* de la peña

サーズ SARS (重症急性呼吸器症候群) síndrome *m.* respiratorio agudo y severo (略 SRAS) ⇒しんがた（新型肺炎）

サーチエンジン (IT) motor *m.* de búsqueda, buscador *m.* ‖ サーチエンジンで検索する realizar búsquedas con el buscador

サーチライト reflector *m.* ‖ サーチライトで飛行機を照らす enfocar un avión con los reflectores

サード (野球) tercera base *f.*, antesala *f.*, (選手) tercera base *com.*, antesalista *com.*, 《自動車》(第3速) tercera velocidad *f.* ‖ サードを守る defender la tercera base

サーバー 《IT》servidor *m.*, (テニスなどの) saca*dor*[*dora*] *mf.* ‖ サーバーの保守点検を行う realizar el mantenimiento del servidor

サービス servicio *m.* ‖ サービスを提供する「ofrecer [prestar] un servicio／このホテルはサービスがよい[悪い] Este hotel ofrece un「buen [mal] servicio.／高品質で効率的なサービスを提供する ofrecer el servicio de más alta calidad y eficiencia
- サービスする servir, prestar un servicio
- サービスエース saque *m.* ganador
- サービスエリア área *f.* de servicio
- サービス業 sector *m.* de servicios
- サービス残業 horas *fpl.* extras no pagadas
- サービス精神 espíritu *m.* de servicio
- サービス料 ‖ サービス料は込みですか ¿Está incluido el servicio?

サーブ saque *m.* de pelota, servicio *m.*
- サーブする servir, hacer el saque
- サーブ権 servicio *m.*

サーフィン surf *m.* ‖ サーフィンをする「hacer [practicar] surf
- サーファー surfista *com.*
- サーフボード tabla *f.* de surf

サーベル sable *m.*

サーモスタット termostato *m.* ‖ サーモスタットが働かない No funciona el termostato.

サーモン salmón *m.*
- サーモンピンク color *m.* salmón, salmón *m.*

サーロイン solomillo *m.*
- サーロインステーキ bistec *m.* de solomillo

さい 才 ⇒さいのう（才能）‖ 天賦の才 talento *m.* nato／脚本家としての才を発揮する demostrar *su* talento como guionista

さい 再
- 再開発 駅の南地区の再開発 reurbanización *f.* de la zona sur de la estación
- 再軍備 ‖ 再軍備する rearmar
- 再試合 partido *m.* de repetición, (プレーオフ) partido *m.* de desempate
- 再認識 ‖ 文化交流の大切さを再認識する volver a reconocer la importancia de intercambios culturales
- 再発見 redescubrimiento *m.*

さい 犀 rinoceronte *m.* (雄・雌)

さい 歳 ‖ 君は何歳ですか ¿Cuántos años tienes?¦¿Qué edad tienes?／私は10歳です Tengo diez años.

さい 際 ‖ 訪問する際に al hacer una visita／

服用する際に a la hora de tomar medicamentos／緊急の際に en caso de emergencia／東京においでの際は cuando (usted) venga a Tokio／この際だから君に本当のことを言おう Aprovecho esta circunstancia para decirte la verdad.
さい 賽　dado *m*. ⇒さいころ
[慣用]賽は投げられた La suerte está echada.
▫さいの目‖にんじんをさいの目に切る cortar la zanahoria en dados
さい 差異　diferencia *f*. ⇒さ(差)‖AとBの差異に注目する fijarse en la diferencia entre AyB／AとBの差異を明らかにする poner de relieve la diferencia entre AyB
さいあい 最愛‖最愛の夫 *su* más querido esposo／最愛の妻 *su* más querida esposa
さいあく 最悪　lo peor
▶最悪の el peor『+男性名詞』, la peor『+女性名詞』‖最悪の年 el peor año／最悪の場合 en el peor de los casos／最悪のテレビ番組 el peor programa televisivo／最悪の事態を避ける evitar lo peor／最悪の事態は、彼らが当社の提案を断ることだ Lo peor que se puede esperar es que ellos rechacen nuestra propuesta.
ざいあく 罪悪　pecado *m*., culpa *f*. ⇒つみ(罪)
▫罪悪感 sentimiento *m*. de culpa‖罪悪感にさいなまれている estar atormenta*do[da]* por un sentimiento de culpa
ざいい 在位‖イザベル女王の在位中に「durante [bajo] el reinado de Isabel
▶在位する reinar, estar en el trono
▫在位期間 duración *f*. del reinado
さいえん 再演　reposición *f*.
▶再演する‖演劇作品を再演する reponer una obra teatral, volver a representar una obra teatral
さいえん 菜園　huerta *f*., (小規模の) huerto *m*.
さいかい 再会　reencuentro *m*.
▶再会する‖旧友たちと再会する reencontrarse con *sus* viejos amigos
さいかい 再開　reanudación *f*.
▶再開する reanudar, empezar de nuevo‖試合を再開する reanudar el partido／交渉を再開する reanudar las negociaciones
さいかい 最下位　el último puesto de la clasificación‖最下位に落ちる caer al último puesto de la clasificación／最下位を脱出する salir del último puesto de la clasificación
さいがい 災害　desastre *m*., calamidad *f*., (事故) accidente *m*.‖大きな災害 catástrofe *f*.／災害を招く「provocar [causar, originar] un desastre／災害が起きる前に antes de que「se produzca [ocurra] un desastre／災害に備える prepararse para un desastre／災害に見舞われる ser víctima de un desastre／その村の住民に災害が降りかかった Sobrevino un desastre a los vecinos del pueblo.
[慣用]災害は忘れたころにやってくる Los desastres se producen cuando menos se esperan.
▫災害救助 operación *f*. de salvamento en caso de desastre
▫災害救助隊 equipo *m*. de rescate
▫災害救助犬 perro *m*. de búsqueda y rescate
▫災害対策 medidas *fpl*. antidesastres
ざいかい 財界　mundo *m*. financiero, círculos *mpl*. financieros
▫財界人 financie*ro[ra]* *mf*.
ざいがい 在外
▫在外公館（日本の）las embajadas y consulados de Japón en el extranjero
▫在外資産 activos *mpl*. en el extranjero
▫在外邦人 japoneses *mpl*. residentes en el extranjero
さいかく 才覚　ingenio *m*., inteligencia *f*.
▶才覚のある ingenio*so[sa]*, inteligente‖才覚のある人 persona *f*.「ingeniosa [inteligente]
ざいがく 在学
▶在学する‖大学に在学している estar matricula*do[da]* en una universidad
▫(大学の)在学期間 período *m*. de estancia en la universidad
▫在学証明書 certificado *m*. de matrícula (en la universidad)
▫在学生 ⇒ざいこうせい(在校生)
さいかくにん 再確認　reconfirmación *f*.
▶再確認する reconfirmar‖ホテルの予約を再確認する reconfirmar la reserva del hotel
さいき 才気　talento *m*. ⇒さいのう(才能)‖才気あふれた人 persona *f*. de gran talento
さいき 再起　restablecimiento *m*.‖再起を図る intentar recuperarse
▶再起する restablecerse 《de》, recuperarse 《de》
さいき 再帰
▶再帰の《文法》reflexi*vo[va]*
▫再帰代名詞 pronombre *m*. reflexivo
さいぎしん 猜疑心　suspicacia *f*., recelo *m*., desconfianza *f*., sentimiento *m*. de escepticismo‖猜疑心を抱く「sentir [tener, guardar, abrigar] recelo／猜疑心が強い ser muy suspicaz, ser muy recelo*so[sa]*, ser muy desconfia*do[da]*
さいきどう 再起動　reinicio *m*.‖コンピュータを再起動する reiniciar el ordenador
さいきょう 最強
▶最強の *el[la]*『+名詞』más fuerte‖世界最強の軍隊 el ejército más potente del mundo
さいきん 最近

▶最近(は) últimamente ‖ 最近映画をみましたか ¿Ha visto alguna película últimamente?
▶最近の reciente ‖ 最近の出来事 suceso *m.* reciente / それは最近の話です Lo he oído hace poco.

さいきん 細菌 bacteria *f.*
◪ 細菌学 bacteriología *f.*
◪ 細菌戦争 guerra *f.* bacteriológica
◪ 細菌培養 cultivo *m.* bacteriano
◪ 細菌兵器 armas *fpl.* bacteriológicas

さいく 細工 trabajo *m.*, obra *f.*, (策略) maniobra *f.* ‖ 細工がしやすい木材 madera *f.* fácil de trabajar / 手の込んだ細工を施す hacer un trabajo sofisticado / 下手な細工をする「usar [emplear] un truco burdo
▶細工する (加工する) trabajar, (企む) tramar una maniobra, hacer un truco

さいくつ 採掘 explotación *f.*, extracción *f.*
▶採掘する explotar, extraer ‖ 鉄鉱石を採掘する extraer minerales de hierro / 天然ガスを採掘する explotar (un yacimiento de) gas natural
◪ 採掘権「石油の採掘権 derecho *m.* de explotación de petróleo

サイクリング excursión *f.* en bicicleta, cicloturismo *m.*

サイクル ciclo *m.*

サイクロトロン 《物理》ciclotrón *m.*

サイクロン ciclón *m.*

さいぐんび 再軍備 rearme *m.*, rearmamento *m.*
▶再軍備する rearmarse

さいけいこく 最恵国 nación *f.* más favorecida
◪ 最恵国待遇「trato *m.* [tratamiento *m.*] de (la) nación más favorecida

さいけつ 採血 extracción *f.* de sangre
▶採血する「extraer [sacar] sangre
◪ 移動採血車 unidad *f.* móvil para donar sangre
◪ 採血法 venopunción *f.*

さいけつ 採決 votación *f.*
▶採決する decidir ALGO por votación
◪ 強行採決 votación *f.* forzada ‖ 法案を強行採決する someter a votación forzada un proyecto de ley

さいけつ 裁決 decisión *f.*, (行政の) resolución *f.* (administrativa), (裁判の) fallo *m.* ‖ 裁決を申請する「solicitar [pedir] la resolución de ALGO
▶裁決する emitir un fallo
◪ 裁決委員 (競馬) jurado *m.* hípico

さいげつ 歳月 tiempo *m.* ‖ あの事故から7年の歳月が流れた Han transcurrido siete años desde aquel accidente.
⦅諺⦆歳月人を待たず《諺》El tiempo pasa volando.

さいけん 再建 reconstrucción *f.*, reedificación *f.*
▶再建する ‖ 会社を再建する reconstruir una empresa / 火災にあった寺を再建する reedificar el templo incendiado

さいけん 債券 bono *m.*, título *m.* ‖ 債券を発行する emitir bonos
▶債券化 titulización *f.*, securitización *f.* ‖ 債券化する titulizar, securitizar

さいけん 債権 derecho *m.* de obligaciones
◪ 債権者 acree*dor*[*dora*] *mf.*
◪ 債権者会議 concurso *m.* de acreedores

さいげん 再現
▶再現する ‖ 場面を再現する reproducir la escena de ALGO / 犯行現場を再現する reconstruir el escenario del crimen

さいげん 際限
▶際限なく/際限ない sin límite ‖ 砂漠が際限なく広がっている El desierto se extiende sin límite.

ざいげん 財源 fondos *mpl.*, recursos *mpl.* ‖ 財源を確保する asegurar los fondos / 当社には従業員を増やす財源がない Nuestra empresa carece de recursos para aumentar el personal.

さいけんさ 再検査 reexamen *m.* ‖ 再検査を受ける someterse a otro examen / 血糖値の再検査を行う volver a medir el nivel de glucosa en la sangre
▶再検査する reexaminar, examinar ALGO de nuevo

さいけんとう 再検討 reconsideración *f.*
▶再検討する ‖ ダムの建設計画を再検討する reconsiderar el proyecto de construcción del embalse

さいこ
▶最古の el 『+男性名詞』+más antiguo, la 『+女性名詞』+más antigua ‖ 日本最古の城 el castillo más antiguo de Japón

さいご 最後 ‖ 最後まで続ける「continuar [seguir] hasta el final / コンサートの最後を飾る cerrar con broche de oro el concierto / 見つけたが最後、君はもう逃げられないぞ Una vez que ya te he encontrado, ya estás perdido.
▶最後に para terminar ‖ 最後になりましたが、皆様には心より御礼を申し上げます Para terminar, quisiera dar mi más sincero agradecimiento a todos ustedes.
▶最後の últi*mo*[*ma*] ‖ 私の最後の願い mi último deseo / 最後の晩餐《宗教》última cena *f.* / 最後の手段 el último recurso / 最後の審判《宗教》Juicio *m.* Final, Juicio *m.* Universal / 最後の最後まで hasta el último momento
◪ 最後通告/最後通牒 ultimátum *m.* ‖ 最後通告を突きつける「lanzar [dar] un ultimátum

さいご 最期 el último momento ‖ 人の最期 el último momento de la vida de ALGUIEN, 《文語》hora *f.* suprema de la muerte ／ 悲惨な最期を遂げる tener un fin miserable ／ 彼は父の最期を看取った Él acompañó a su padre en su lecho de muerte.

ざいこ 在庫 existencias *fpl.*, 《英語》*stock m.* ‖ 在庫がある disponer de existencias ／ 小麦粉の在庫が切れる quedarse sin existencias de harina de trigo ／ 在庫を調整する ajustar las existencias ／ 在庫を確認する comprobar las existencias
◳在庫一掃セール venta *f.* de saldos, saldos *mpl.*, liquidación *f.*
◳在庫管理 control *m.* de las existencias
◳在庫調整 ajuste *m.* de las existencias
◳在庫品 artículo *m.* en existencias

さいこう 再考 reconsideración *f.* ‖ 再考を求める pedir la reconsideración de ALGO a ALGUIEN
▶再考する reconsiderar

さいこう 採光 iluminación *f.* ‖ 採光のよい部屋 habitación *f.* con「buena iluminación natural [mucha luz]

さいこう 最高
▶最高の（高さ）el『+男性名詞』+ más alto, la『+女性名詞』+ más alta, （程度）máxi*mo[ma]* ‖ 最高の気分である sentirse mejor que nunca ／ 過去50年で最高のできばえのワイン el mejor vino conseguido en los últimos cincuenta años
▶最高に ‖ 最高に楽しむ《話》divertirse「de lo lindo [a lo grande]
◳最高幹部 directi*vo[va] mf.* de más alto nivel
◳最高気温 temperatura *f.* máxima
◳最高技術 máxima tecnología *f.*, más alta tecnología *f.*
◳最高記録 máxima marca *f.*, máximo récord *m.*
◳最高傑作 la mejor obra
◳最高権威 autoridad *f.* máxima
◳最高検察庁 Fiscalía *f.* Suprema
◳最高裁判所 Corte *f.* Suprema
◳最高司令官 *el[la]* máxi*mo[ma]* comandante
◳最高責任者 *el[la]* máxi*mo[ma]* responsable
◳最高速度 velocidad *f.* máxima
◳最高点 punto *m.* máximo

さいこうさい 最高裁 Corte *f.* Suprema

ざいこうせい 在校生「alum*no[na] mf.* [estudiante *com.*] matricula*do[da]*, [alum*no[na] mf.* [estudiante *com.*] inscri*to[ta]*

さいこうちく 再構築 reconstrucción *f.*
▶再構築する reconstruir, （再編成する）reorganizar ‖ 組織を再構築する reconstruir una organización ／ インフラを再構築する reconstruir la infraestructura

さいこうちょう 最高潮 ‖ 最高潮に達する llegar a un punto culminante

さいこうび 最後尾 ‖ 列の最後尾につく colocarse al final de la cola ／ 地下鉄の最後尾の車両 el último vagón del metro

さいこうふ 再交付 reexpedición *f.*
▶再交付する reexpedir ‖ パスポートを再交付する reexpedir el pasaporte, volver a expedir el pasaporte ／ 運転免許証を再交付する reexpedir el permiso de conducción

さいこうほう 最高峰 ‖ ヒマラヤの最高峰 la cima más alta del Himalaya ／ 文壇の最高峰 la máxima figura del mundo de las letras

サイコセラピー psicoterapia *f.*

さいこよう 再雇用 reempleo *m.*
◳再雇用問題 problema *m.* del reempleo

さいころ 賽子 dado *m.* ‖ さいころの目 puntos *mpl.* del dado ／ さいころで遊ぶ jugar a los dados ／ さいころを振る「echar [lanzar] un dado

さいこん 再婚 nuevo matrimonio *m.*
▶再婚する volver a casarse, contraer (un) nuevo matrimonio ‖ 彼女はイタリア人のサッカー選手と再婚した Ella contrajo nuevo matrimonio con un futbolista italiano.

さいさき 幸先 ‖ 幸先がよい《慣用》entrar con buen pie ／ 交渉は幸先良いスタートを切った Hemos empezado las negociaciones con buen pie.

さいさん 再三 repetidas veces
▶再三の ‖ 再三の警告 repetidas advertencias *fpl.*
◳再三再四 repetidas veces

さいさん 採算 rentabilidad *f.* ‖ 採算がとれる ser rentable ／ 採算がとれない no ser rentable
◳採算点 punto *m.*「muerto [umbral] de rentabilidad

ざいさん 財産 bienes *mpl.*, fortuna *f.* ‖ 共有の財産 bienes *mpl.* comunes ／ 財産がある tener fortuna ／ 財産を残す dejar una fortuna ／ 財産を築く「amasar [ganar] una fortuna ／ 財産をつぎこむ invertir los bienes《en》／ 財産を継ぐ heredar la fortuna de ALGUIEN, heredar los bienes de ALGUIEN ／ 父親の残した財産を争う「disputar por [disputarse] la herencia del padre
◳知的財産 propiedad *f.* intelectual
◳財産家 millona*rio[ria] mf.*, persona *f.* acaudalada
◳財産権 derecho *m.* de bienes
◳財産分与 reparto *m.* de bienes
◳財産目録 inventario *m.* de bienes

さいし 妻子 ‖ 妻子がある tener mujer e hijo(s) ／ 妻子を養う mantener a *su* familia

さいしけん 再試験 recuperación *f.*, 《話》

repesca *f.* ‖ 再試験を受ける hacer el examen de recuperación
さいじつ 祭日　día *m.*「festivo [feriado]」‖ 今度の金曜は祭日に当たる El próximo viernes es festivo.
ざいしつ 材質　materia *f.*, (材料) material *m.* ‖ 軟らかい材質 materia *f.* blanda ／ 硬い材質 materia *f.* dura ／ 燃えやすい材質 materia *f.* inflamable ／ この材質は何ですか ¿De qué material está hecho esto?
さいして 際して ‖ 緊急事態に際して en caso de emergencia ／ 出発に際して al salir de viaje
さいしゅ 採取　toma *f.*, extracción *f.* ‖ サンプルの採取 toma *f.* de muestra ／ 天然ガスの採取 extracción *f.* de gas natural
▶採取する　tomar, extraer ‖ 指紋を採取する tomar huellas digitales
さいしゅう 採集　colección *f.*
▶採集する　coleccionar ‖ 植物[昆虫、岩石]を採集する coleccionar「plantas [insectos, minerales]」／ 民話を採集する「recoger [coleccionar] cuentos populares
◪採集者　coleccionista *com.*
◪採集地　lugar *m.* de colección
さいしゅう 最終
▶最終的な　final, definit*ivo*[va]
▶最終的に　finalmente, definitivamente ‖ 最終的にヒーローになる convertirse finalmente en un héroe ／ 最終的に合意に達する llegar finalmente a un acuerdo
◪最終案　propuesta *f.* definitiva
◪最終回　la última edición, (ドラマなどの) el último episodio
◪最終決定　decisión *f.* final ‖ 最終決定を上司に仰ぐ pedir *su* superior que tome una decisión final
◪最終選考 ‖ 最終選考を通る superar la prueba final
◪最終日　el último día《de》
◪最終便　(飛行機などの) el último vuelo
◪最終列車　el último tren
ざいじゅう 在住 ‖ 国外在住の日本人 japon*és*[nesa] *mf.* residente en el extranjero
▶在住する ‖ スペインに在住する residir en España ／ 日本に在住するスペイン人 españoles *mpl.* residentes en Japón
◪在住期間　período *m.* de residencia
◪在住者　residente *com.*
さいしゅつ 歳出　gastos *mpl.* anuales del Estado
さいしゅっぱつ 再出発　nuevo comienzo *m.*
▶再出発する　comenzar de nuevo
さいしょ 最初
▶最初から　desde el principio
▶最初に　en primer lugar
▶最初の　prime*ro*[ra]

▶最初は　al principio, en el primer momento ‖ そのプロジェクトは最初は極めて難しそうに見えた Al principio el proyecto parecía sumamente difícil de realizar.
さいしょう 最小　mínimo *m.*
▶最小の　mín*imo*[ma], el『+男性名詞』+más pequeño, la『+女性名詞』+más pequeña
▶最小に ‖ 費用を最小に抑える reducir al mínimo los gastos《de》
◪最小限　mínimo *m.* ‖ リスクを最小限に抑える reducir al mínimo el riesgo ／ 被害を最小限にとどめる minimizar los daños
◪最小公倍数　mínimo común múltiplo *m.*
◪最小単位　unidad *f.* mínima
◪最小値　valor *m.* mínimo
さいしょう 最少
▶最少の　mín*imo*[ma] ‖ 最少の人数 número *m.* mínimo de personas
さいじょう 最上
▶最上の　superior, el mejor『+男性名詞』, la mejor『+女性名詞』‖ 最上のステーキ bistec *m.* de óptima calidad
◪最上階　el piso más alto
◪最上級　《文法》superlativo *m.*
ざいじょう 罪状　culpabilidad *f.* ‖ 罪状を認める declararse culpable, reconocer *su* culpabilidad
さいしょく 菜食　alimentación *f.* basada exclusivamente en productos de origen vegetal
◪菜食主義　vegetarianismo *m.*
◪菜食主義者　vegetaria*no*[na] *mf.*
ざいしょく 在職
▶在職する　ocupar un puesto de trabajo ‖ 市役所に10年間在職する trabajar durante diez años en el ayuntamiento
◪在職期間　años *mpl.* de permanencia en la nómina
さいしょくけんび 才色兼備 ‖ 彼女は才色兼備の女優だ Es actriz dotada de inteligencia y belleza.
さいしん 再審　revisión *f.* ‖ 事件の再審を求める「solicitar [pedir]」la revisión de la sentencia del caso
▶再審する　revisar
さいしん 細心　minuciosidad *f.*
▶細心の　minucio*so*[sa] ‖ 細心の注意を払う prestar minuciosa atención《a》
さいしん 最新　lo más nuevo, lo más reciente
▶最新の　*el*[la]『+名詞』+más reciente ‖ 最新の情報を得る「conseguir [obtener]」la información más reciente
◪最新号　(雑誌の) último número *m.*
◪最新作 ‖ その作家(女性)の最新作は好評だ La última obra de la escritora tiene buena aceptación.
サイズ　(衣服の) talla *f.*, (靴の) número *m.* ‖

大きいサイズ talla f. grande ／小さいサイズ talla f. pequeña ／サイズが合う venir a la medida ／サイズを計る medir la talla de ALGUIEN, medir la dimensión de ALGO ／サイズはいくつですか（衣服の）¿Qué talla tiene usted? ¦（靴の）¿Qué número calza usted? ／私に合うサイズのセーターを見せてください Enséñeme un jersey de mi talla.

ざいす 座椅子 silla f. sin patas

さいすん 採寸 medición f., toma f. de medidas ‖スーツの採寸 toma f. de medidas para un traje
▶採寸する medir ‖スーツを作るために採寸をしてもらった Me han tomado las medidas para hacerme un traje.

さいせい 再生 reproducción f.,《生物》regeneración f., (リサイクル) reciclaje m. ‖会社の再生計画 plan m. de restablecimiento de una empresa
▶再生する reproducir,《生物》regenerar, (リサイクルする) reciclar ‖会社を再生する restablecer una empresa
◾再生医療 medicina f. regenerativa, ingeniería f. de tejidos
◾再生可能エネルギー energía f. renovable
◾再生紙 papel m. reciclado ‖再生紙を利用する usar papel reciclado
◾再生繊維 tejido m. reciclado
◾再生装置 reproductor m., aparato m.「reproductor [de reproducción]
◾再生品 producto m. reciclado

ざいせい 財政 finanzas fpl. ‖財政を再建する「sanear [restablecer] las finanzas
◾財政上の financiero[ra], fiscal
◾財政援助 ayuda f. financiera
◾財政学 ciencias fpl. financieras
◾財政危機 crisis f.[=pl.] financiera
◾財政黒字 superávit m. financiero
◾財政計画 plan m. financiero
◾財政健全化 saneamiento m. financiero
◾財政収支 balance m. financiero
◾財政政策 política f. fiscal
◾財政難 dificultades fpl. financieras
◾財政年度 año m. fiscal

さいせいき 最盛期 apogeo m., período m. de apogeo, (出盛り) plena temporada f.

さいせき 採石
▶採石する「sacar [extraer] piedras
◾採石場 cantera f.

ざいせき 在籍
▶在籍する estar inscrito[ta], estar matriculado[da], estar en la nómina
◾在籍者 matriculado[da] mf.
◾在籍期間（大学の）período m. de estancia en la universidad

さいせん 再選 reelección f.
▶再選する reelegir a ALGUIEN
▶再選される salir reelegido[da], renovar su escaño ‖大統領(男性)が再選された El presidente salió reelegido.

さいせん 賽銭 ofrenda f., limosna f.
◾賽銭箱 cepillo m.

さいぜん 最善 ‖最善を尽くす hacer todo lo posible
▶最善の el[la] mejor『+名詞』‖最善の結果を期待する esperar el mejor resultado ／最善の策を施す「tomar [adoptar] las mejores medidas posibles

さいぜんせん 最前線 la primera línea ‖最前線で戦う estar en la primera línea de la lucha, estar en la vanguardia de la lucha, estar en línea de fuego ／癌治療の最前線 las últimas tecnologías en el tratamiento del cáncer

さいせんたん 最先端 ‖時代の最先端を行く estar a la vanguardia de la época

さいぜんれつ 最前列 la primera fila ‖最前列の席 asiento m. de la primera fila ／最前列に座る sentarse en la primera fila

さいそく 催促
▶催促する apremiar, acuciar, recordar ‖返事を催促する pedir la contestación de ALGO ／餌を催促する pedir comida《a》
◾催促状（支払いの）aviso m. de apremio de pago

さいた 最多
▶最多の el mayor número de『+名詞』
◾最多出場 el mayor número de participación
◾最多勝 el mayor número de victorias ‖最多勝チーム el equipo con más victorias

サイダー gaseosa f.

さいだい 細大 ‖細大漏らさずに sin perder el menor detalle

さいだい 最大
▶最大の el[la]『+名詞』+más grande, el[la] mayor『+名詞』‖最大の努力 el mayor esfuerzo ／今年の最大の事件 el mayor suceso del año ／最大の栄誉 el máximo honor ／今世紀最大の発見 el mayor descubrimiento de este siglo ／最大の難関を突破する superar el mayor obstáculo
◾最大限(に) al máximo ‖能力を最大限に発揮する demostrar al máximo su capacidad ／太陽エネルギーを最大限に利用する aprovechar al máximo la energía solar
◾最大公約数 máximo común divisor m.
◾最大多数 ‖最大多数の最大幸福《哲学》la mayor felicidad para el mayor número de personas
◾最大値 valor m. máximo
◾最大風速 máxima velocidad f. del viento

さいたいけつ 臍帯血 sangre f. placentaria, sangre f. del cordón umbilical
◾臍帯血移植 trasplante m. de sangre placentaria

◪臍帯血バンク banco *m.* de sangre del cordón umbilical
さいたく 採択 adopción *f.*
▶採択する adoptar ‖ 決議案を採択する adoptar una resolución
ざいたく 在宅
▶在宅する estar en casa ‖ 明日はご在宅ですか ¿Va a estar usted en casa mañana?
◪在宅介護/在宅看護 cuidado *m.* de enfermos en casa
◪在宅起訴 procesamiento *m.* en casa
◪在宅勤務 ‖ 在宅勤務する trabajar en casa
さいたん 最短 lo más corto
▶最短の el 〖+男性名詞〗+más corto, la 〖+女性名詞〗+más corta
◪最短距離 distancia *f.* mínima, la distancia más corta
◪最短時間 tiempo *m.* mínimo
◪最短ルート ‖ トレドまでの最短ルート la ruta más corta hasta Toledo
さいだん 祭壇 altar *m.*
さいだん 裁断 （布・紙の）corte *m.*,（裁決）toma *f.* de「resolución [decisión]‖裁断を下す tomar una resolución
▶裁断する cortar ‖ シュレッダーで書類を裁断する destruir documentos con la trituradora
ざいだん(ほうじん) 財団(法人) fundación *f.*
さいちゅう 最中 ‖ その会社は労働争議の最中だ La empresa se encuentra en un conflicto laboral.
▶最中に ‖ 私の仕事の最中に mientras estoy trabajando／食事の最中に durante la comida, en mitad de la comida／子供たちが遊んでいる最中に mientras los niños están jugando
ざいちゅう 在中 ‖ 請求書在中（封筒の表示）Factura (que va en el sobre)
さいちょう 最長
▶最長の el〖+男性名詞〗+más largo, la〖+女性名詞〗+más larga
◪最長不倒記録《スキー》el salto más largo
さいてい 裁定 decisión *f.*,（行政の）resolución *f.* (administrativa),（裁判の）fallo *m.*
▶裁定する emitir una resolución
◪裁定取引 arbitraje *m.*
◪裁定請求 ‖ 社会保険庁に年金の裁定請求をする「solicitar [pedir] la pensión a la Agencia Nacional de Seguro
さいてい 最低 mínimo *m.* ‖ 最低5万円かかる costar como mínimo cincuenta mil yenes／最低3年間のプログラマーとしての実務経験が要求されます Se requiere una experiencia mínima de tres años como programador.
▶最低な/最低の mín*imo[ma]*, el〖+男性名詞〗+más bajo, la〖+女性名詞〗+más baja ‖ 彼は最低な男だ Él es el hombre más despreciable.
◪最低気温 temperatura *f.* mínima
◪最低記録 mínimo récord *m.*
◪最低限度 mínimo *m.*, límite *m.* mínimo ‖ 最低限度の生活を維持する mantener un mínimo nivel de vida
◪最低条件 condición *f.* mínima
◪最低賃金「sueldo *m.* [salario *m.*] mínimo
◪最低点 puntuación *f.* mínima, la puntuación más baja,（試験などの）nota *f.* mínima
◪最低料金 tarifa *f.* mínima
さいてき 最適
▶最適な/最適の el〖+男性名詞〗+más「adecuado [idóneo], la〖+女性名詞〗+más「adecuada [idónea]‖その職務には彼が最適の候補だ Él es el candidato más idóneo para el cargo.
▶最適化する ‖ メモリを最適化する《IT》optimizar la memoria (de un ordenador)
◪最適利用 utilización *f.* óptima ‖ 限られた資源を最適利用する utilizar óptimamente los recursos limitados
ざいテク 財テク manejo *m.* de dinero,（株式投資）inversión *f.* bursátil ‖ 財テクで儲ける ganar dinero invirtiendo en bolsa
さいてん 採点 （答案の）corrección *f.* de exámenes,（評価）calificación *f.*, evaluación *f.* ‖ 甘い採点 calificación *f.* generosa／辛い採点 calificación *f.* severa
▶採点する（答案を）corregir,（評価する）calificar, evaluar, poner las notas, puntuar ‖ 答案を採点する corregir los exámenes
◪採点者（答案の）correc*tor[tora]* *mf.*,（競技の）《集合名詞》jurado *m.*
さいてん 祭典 festival *m.* ‖ スポーツの祭典 festival *m.* deportivo
さいてんかん 再転換 reconversión *f.* ‖ ウランの再転換 reconversión *f.* de uranio
サイト （ウェブサイト）「sitio *m.* [página *f.*, espacio *m.*] web, web *f.*
◪公式サイト ‖ 東京都の公式サイトをのぞく acceder a la web oficial del Gobierno Metropolitano de Tokio
◪サイトマップ mapa *m.* del sitio
さいど 再度 otra vez, de nuevo ‖ 再度受診する volver a ir al médico
さいど 彩度 saturación *f.*「cromática [de color]‖彩度を上げる aumentar la saturación de color／彩度を下げる reducir la saturación de color
サイド
◪サイドカー sidecar *m.*
◪サイドスロー ‖ サイドスローで投げる《野球》lanzar por el lado del hombro
◪サイドテーブル mesa *f.* auxiliar
◪サイドビジネス trabajo *m.* secundario
◪サイドブレーキ freno *m.* de mano
◪サイドボード aparador *m.*

◪ サイドミラー《自動車》retrovisor m.
◪ サイドリーダー libro m. de texto de apoyo
さいとうし 再投資 reinversión f.
▶再投資する reinvertir ‖ 利益の一部を事業に再投資する reinvertir parte de los beneficios en el negocio
さいなん 災難 desgracia f., contratiempo m., (災害) desastre m., calamidad f. ‖ 不慮の災難 desgracia f. imprevista, desastre m. imprevisto / 降ってわいた災難 desgracia f. repentina / 私たちに災難が降りかかった Nos sobrevino una desgracia. / 災難に遭う sufrir una desgracia / 災難を逃れる evitar un desastre
ざいにち 在日
◪ 在日外国人 extranjero[ra] mf. residente en Japón
◪ 在日スペイン人 expañol[ñola] mf. residente en Japón
◪ 在日米軍基地 base f. estadounidense en Japón
さいにゅう 歳入 ingresos mpl. anuales del Estado
さいにん 再任
▶再任する reelegir ‖ 彼女は市長に再任された Ella ha sido reelegida (como) alcaldesa.
ざいにん 在任
▶在任している/在任中である estar en servicio activo
◪ 在任期間（大統領などの）mandato m.
ざいにん 罪人 reo[a] mf.
さいねん 再燃
▶再燃する ‖ 人気が再燃する Su popularidad ha vuelto a「aumentar [subir]. / 消費税議論が再燃した Ha vuelto a desatarse la polémica del impuesto sobre el consumo.
さいねんしょう 最年少 el más joven, la más joven
▶最年少の que tiene menos años, el『+男性名詞』+ más joven, la『+女性名詞』+ más joven ‖ 最年少の優勝者 el ganador más joven, la ganadora más joven
さいねんちょう 最年長 el más viejo, la más vieja
▶最年長の que tiene más años, el『+男性名詞』+ más mayor, la『+女性名詞』+ más mayor ‖ 現役最年長の力士 el luchador de sumo en activo que más años tiene
さいのう 才能 talento m., genio m. ‖ 才能のある dotado[da], talentoso[sa] / 語学の才能がある tener「facilidad [talento] para los idiomas / 才能のない sin talento / 優れた才能 talento m.「excepcional [extraordinario] / 豊かな才能 talento m. fecundo / 隠れた才能 talento m. latente / 才能を示す/才能を発揮する demostrar su「talento [capacidad], hacer gala de su talento / 才

能をもつ「tener [poseer] talento / 才能を磨く ejercitar su talento / 才能を無駄にする desperdiciar su talento / 才能はそのサッカー選手(男性)の才能を高く買っている El entrenador valora en mucho el talento del futbolista.
サイバーテロ「ataque m. [atentado m.] cibernético ‖ サイバーテロに遭う sufrir un ataque cibernético / サイバーテロを防ぐ prevenir un ataque cibernético
さいはい 采配 ‖ 采配が冴える dirigir con acierto / 采配を振る dirigir,《慣用》llevar la batuta
さいばい 栽培 cultivo m. ‖ 植物の栽培 cultivo m. de una planta / キノコの栽培 cultivo de「setas [hongos]
▶栽培する cultivar ‖ 農作物を栽培する cultivar productos agrícolas / 野菜を栽培する cultivar hortalizas
さいばし 菜箸 palillos mpl. largos para cocinar
さいはつ 再発 （病気の）recaída f., recidiva f. ‖ 原発事故の再発を防ぐ impedir que vuelvan a suceder accidentes nucleares, prevenir nuevos accidentes nucleares
▶再発する（事故が）suceder de nuevo, （病気が）reproducirse, recaer, recidivar ‖ うつ病が再発する recaer en la depresión
◪ 再発防止 ‖ 事故の再発防止 prevención f. de nuevos accidentes
ざいばつ 財閥 《日本語》zaibatsu m.[=pl.], （説明訳）grupo m. de empresas presentes en todos los sectores de la economía del país
◪ 財閥解体 desmantelamiento m. de los zaibatsu
◪ 財閥系企業 empresa f. filial del zaibatsu
さいはっこう 再発行 reexpedición f. ‖ パスポートの再発行を申請する solicitar la reexpedición del pasaporte
▶再発行する reexpedir ‖ 診察券を再発行する expedir de nuevo la tarjeta de consulta médica
さいはん 再犯 reincidencia f. ‖ 再犯を犯す reincidir / 再犯を防止する prevenir la reincidencia
◪ 再犯者 reincidente com.
さいはん 再版 reimpresión f., reedición f., （第2版）segunda edición f.
▶再版する reimprimir, reeditar
さいはん 再販 reventa f.
▶再販する revender
◪ 再販(売)価格維持 fijación f. del precio de reventa
さいばん 裁判 juicio m. ‖ 裁判に訴える acudir a los tribunales, recurrir a la justicia / 裁判にかける llevar a juicio, poner un pleito / 裁判に勝つ ganar el pleito / 裁判

に負ける perder el pleito／裁判を行う celebrar el juicio
▶裁判する juzgar
◩裁判員 jurado m.
◩裁判員制度 sistema m. del jurado
◩裁判官 juez com.
◩裁判長 presiden*te*[ta] mf. del tribunal

さいばんしょ 裁判所 tribunal m., corte f., juzgado m.‖裁判所に出頭する presentarse ante el tribunal
◩家庭裁判所「juzgado m. [tribunal m.] de familia
◩簡易裁判所 tribunal m. de primera instancia, tribunal m. sumario
◩最高裁判所 Corte f. Suprema
◩下級裁判所 tribunal m. inferior
◩高等裁判所 tribunal m. de apelación, tribunal m. de segunda instancia, tribunal m. superior
◩知的財産高等裁判所 tribunal m. de apelación sobre la propiedad intelectual
◩地方裁判所 tribunal m. de「primera instancia [distrito]
◩通常裁判所 tribunal m. ordinario
◩特別裁判所 tribunal m. especial

さいひょうか 再評価 reconsideración f.
▶再評価する reconsiderar‖事業戦略を再評価する reconsiderar la estrategia de negocio

さいひょうせん 砕氷船 rompehielos m.[=pl.]

さいふ 財布 cartera f., billetera f.,（小銭入れ）monedero m.‖財布を落とす perder la cartera／私は財布を盗まれた Me han robado la cartera.
(慣用)財布が軽い llevar poco dinero en la cartera
(慣用)財布の底をはたく gastar todo el dinero
(慣用)財布の口を締める economizar,《慣用》apretarse el cinturón
(慣用)財布のひもを緩める gastar dinero
(慣用)財布を握る administrar la economía

さいぶ 細部 detalle m.‖細部にこだわる preocuparse「por [de] los detalles／細部を整える《慣用》poner los puntos sobre las íes／細部にわたって detalladamente, minuciosamente,《慣用》con puntos y comas／プロジェクトの細部はまだ決まっていない Los detalles del proyecto todavía no están decididos.

サイフォン sifón m.,（コーヒーの）cafetera f.「de vacío [cona]‖コーヒーをサイフォンで淹れる preparar el café con la cafetera de vacío

さいぶんか 細分化 （土地の）parcelación f.
▶細分化する dividir ALGO en pequeñas partes, fraccionar,（土地を）parcelar‖土地を細分化する parcelar un terreno／細分化された市場 mercado m. fragmentado

さいへん 再編 reorganización f.
▶再編する‖チームを再編する reorganizar el equipo／企業を再編する reorganizar la empresa, reestructurar la empresa

さいへんせい 再編成 ⇒さいへん(再編)

さいほう 裁縫 costura f.
▶裁縫する coser
◩裁縫セット equipo m. de costura, kit m. de「coser [costura]
◩裁縫道具 útiles mpl. de coser
◩裁縫箱 caja f. de costura

さいぼう 細胞 célula f.‖細胞を調べる analizar una célula
▶細胞の celular
◩細胞液 líquido m. de la célula, líquido m. celular
◩細胞核 núcleo m. celular
◩細胞学 biología f. celular, citología f.
◩細胞質 citoplasma m.
◩細胞説 teoría f. celular
◩細胞組織 tejido m. celular
◩細胞分裂 división f. celular
◩細胞膜 membrana f.「plasmática [celular]

ざいほう 財宝 tesoro m., riqueza f.

さいほうそう 再放送 retransmisión f., reposición f.‖「スペイン語講座」の再放送 reposición f. del programa "Curso de lengua española"
▶再放送する retransmitir, reponer

さいまつ 歳末 fin m. de año
◩歳末商戦 batalla f. comercial de fin de año
◩歳末セール/歳末大売出し rebajas fpl. de fin de año
◩歳末助け合い運動 campaña f. de ayuda de fin de año

さいみん 催眠 hipnosis f.[=pl.]
◩催眠術 hipnotismo m.
◩催眠療法 hipnoterapia f.

さいむ 債務 deuda f., débito m., pasivo m.
◩債務国 país m. deudor
◩債務者 deu*dor*[dora] mf.
◩債務超過 insolvencia f.
◩債務不履行 incumplimiento m. en el pago de la deuda

ざいむ 財務 finanzas fpl.
◩財務管理 administración f. de finanzas
◩財務省 Ministerio m. de Finanzas
◩財務大臣 minis*tro*[tra] mf. de Finanzas

さいもく 細目 detalles mpl., particularidades fpl., pormenores mpl.‖細目を調べる averiguar los detalles de ALGO

ざいもく 材木 madera f.（de construcción),（丸太・角材）madero m.‖材木を積み上げる apiñar maderas
◩材木置き場 depósito m. de madera

◪**材木商** mader*ero*[ra] *mf.*

ざいや 在野
▶**在野の** sin cargo oficial, (野党の) de la oposición

さいやすね 最安値 ‖ 最安値を記録する registrar la cotización más baja ／ インターネットで最安値を調べる buscar por Internet el precio「mínimo [más bajo]《de》

さいゆうしゅう 最優秀
◪**最優秀賞** primer premio *m.*
◪**最優秀選手** el mejor jugador, la mejor jugadora

さいゆうせん 最優先
▶**最優先する** dar la mayor prioridad《a》‖ 生命の安全を最優先する dar la mayor prioridad a la seguridad de las vidas humanas
◪**最優先課題** asunto *m.* de mayor prioridad

さいよう 採用 (提案の) adopción *f.*, (人の) empleo *m.* ‖ 新しいソフトウェアの採用を決める decidir utilizar un nuevo programa ／ X銀行に採用が決まる(職を得る) conseguir un trabajo en el Banco X ／ 採用を取り消す anular el precontrato de trabajo
▶**採用する** (提案を) adoptar, (人を) emplear ‖ 新卒者を採用する emplear a nuevos graduados ／ 作品を採用する elegir una obra ／ 提案を採用する adoptar una propuesta
◪**採用試験** oposiciones *fpl.* ‖ 国家公務員採用試験を受ける presentarse a las oposiciones para funcionarios del Estado
◪**採用内定** precontrato *m.* laboral
◪**採用枠** cupo *m.* de plazas convocadas

さいらい 再来 retorno *m.*, (生まれ変わり) reencarnación *f.* ‖ 彼はダリの再来だ Él es la reencarnación de Dalí.

ざいらい 在来
▶**在来の** tradicional
◪**在来種** especie *f.* nativa
◪**在来線**《鉄道》línea *f.* ferroviaria convencional

ざいりゅう 在留
▶**在留する** residir《en》
◪**在留スペイン人** espa*ñol*[ñola] *mf.* residente en Japón
◪**在留邦人** japo*nés*[nesa] *mf.* residente en el extranjero

さいりょう 最良
▶**最良の** el[la] mejor『+名詞』‖ これは私が泊まった最良のホテルの一つだ Este es uno de los mejores hoteles en los que me he alojado. ／ ～する最良の方法を見つける「encontrar [descubrir] la mejor manera de 『+不定詞』

さいりょう 裁量 albedrío *m.*, arbitrio *m.* ‖ 最終決定を学長(男性)の裁量に任せる dejar la decisión final「al arbitrio [en manos] del rector ／ 支配人(男性)は、自分の裁量で委員会のメンバーを選んだ El director eligió a su arbitrio los miembros del comité. ／ 申し訳ありませんが、本件に関しては裁量の余地がありません En cuanto a ese asunto, y sintiéndolo mucho, no hay elección posible.
◪**裁量労働制** sistema *m.* de horario flexible de trabajo

さいりよう 再利用 reutilización *f.*
▶**再利用する** reutilizar ‖ 廃材を再利用する reciclar residuos de madera ／ ガラスびんを再利用する reutilizar botellas de vidrio

ざいりょう 材料 material *m.*, materia *f.*, (料理の) ingrediente *m.* ‖ 新鮮な材料 ingrediente *m.* fresco ／ 詩の材料 ingrediente *m.* del poema ／ 実験の材料 material *m.* del experimento, (モルモット) conejillo *m.* de Indias ／ 円安の材料 factores *mpl.* que favorecen la depreciación del yen ／ 材料をそろえる preparar los materiales ／ 材料をさがす buscar materiales《para》
◪**材料加工** transformación *f.* del material
◪**材料費** gastos *mpl.* de los materiales

ざいりょく 財力 recursos *mpl.* financieros, capacidad *f.* financiera ‖ 財力がある tener recursos financieros ／ 財力に物を言わせる hacer valer *su* poder económico

ザイル cuerda *f.* de escalada

さいるい 催涙
▶**催涙性の** lacrim*oso*[sa]
◪**催涙ガス** gas *m.* lacrimógeno
◪**催涙弾** granada *f.* lacrimógena

サイレン sirena *f.* ‖ サイレンを鳴らす hacer sonar la sirena ／ サイレンを聞く oír la sirena

サイレント
◪**サイレント映画** cine *m.* mudo

サイロ silo *m.*

さいわい 幸い felicidad *f.* ‖ 不幸中の幸いだ ¡Menos mal! ／ これ幸いとばかり aprovechando la ocasión
▶**幸いする** favorecer ‖ 雨がうちのチームに幸いした La lluvia favoreció a nuestro equipo.
▶**幸いなことに/幸いにも/幸いにして** afortunadamente, felizmente, por suerte ‖ 幸いなことに～する tener la「suerte [fortuna] de『+不定詞』, Es una suerte que『+接続法』. ／ 幸いにことに、その事故で誰も怪我をしなかった Afortunadamente, nadie resultó herido en el accidente.

サイン firma *f.*, (有名人の) autógrafo *m.*,《野球》lenguaje *m.* de señas ‖ サインを交わす intercambiar señas ／ サインを送る mandar señas ／ サインをもらう (有名人の) recibir el autógrafo de ALGUIEN ／ 私は著者(男性)にサインを頼んだ Pedí el autógrafo al autor del libro.
▶**サインする** firmar, (有名人が) dar *su* au-

tógrafo ‖ 契約書にサインする firmar el contrato
- **サインアップ** ‖ サインアップする registrarse
- **サイン会** firma *f.* de autógrafos
- **サイン帳** libreta *f.* de autógrafos
- **サインペン** rotulador *m.*

サウスポー ‖ このピッチャーはサウスポーだ Este lanzador de béisbol es zurdo.
▶ サウスポーの(人) zur*do[da]* (*mf.*)

サウナ sauna *f.* ‖ サウナに入る entrar en la sauna

サウンド sonido *m.* ‖ 良質のサウンド sonido *m.* de buena calidad
- **サウンドトラック** banda *f.* sonora
- **サウンドミキサー** mezcladora *f.* de 「audio [sonidos]」

さえ ‖ 私はパンを買うお金さえない Ni siquiera tengo dinero para comprar pan. / (私に)時間さえあれば si solo tuviera tiempo

さえ 冴え 頭の冴え buen funcionamiento *m.* del cerebro / 料理の腕の冴えを見せる 「demostrar [mostrar]」*su* destreza culinaria

さえぎる 遮る (妨げる) impedir, (進路を) interceptar, obstruir, obstaculizar, (話を) interrumpir ‖ 道を遮る 「interceptar [obstruir]」una calle / 行く手を遮る impedir el paso de ALGUIEN / 光を遮る impedir el paso de la luz / 景色を遮る tapar el paisaje / 視界を遮る tapar la vista / 話を遮る interrumpir a ALGUIEN

さえずり 囀り canto *m.* ‖ 小鳥のさえずりを聞く oír el canto de los pájaros

さえずる 囀る cantar ‖ 小鳥がさえずる Los pájaros cantan.

さえる 冴える despejarse ‖ 冴えた演技 interpretación *f.* magistral / 腕の冴えた職人 artesa*no[na] mf.* hábil / 冴えない顔 cara *f.* apagada / 冴えた音 sonido *m.* nítido / 目が冴える no poder conciliar el sueño / 頭が冴える tener la mente despejada / 気分が冴えない estar b*ajo[ja]* de ánimo / 柔道の技が冴える dominar a la perfección las técnicas del yudo

さお 竿/棹 pértiga *f.*
- **竿ばかり** romana *f.*

さか 坂 cuesta *f.*, pendiente *f.* ‖ 上り坂 subida *f.* / 下り坂 bajada *f.* / 急な坂 cuesta *f.* 「pronunciada [empinada]」/ 緩やかな坂 cuesta *f.* suave / 長い坂 cuesta *f.* larga / 坂の多い町 ciudad *f.* llena de cuestas / 坂を上る ir cuesta arriba, subir una cuesta / 坂を下る ir cuesta abajo, bajar una cuesta / 坂をなす formar una cuesta
〖慣用〗五十の坂を越す cumplir los cincuenta años de edad
〖慣用〗坂を転げるように como rodando cuesta abajo

さかい 境 límite *m.*, (国境) frontera *f.* ‖ 県と県の境 frontera *f.* entre dos prefecturas / 恋愛と友情の境 límite *m.* entre el amor y la amistad
〖慣用〗生死の境をさまよう debatirse entre la vida y la muerte

さかいめ 境目 límite *m.* ⇒ さかい(境)

さかうらみ 逆恨み resentimiento *m.* injustificado
▶ 逆恨みする 「tener [albergar]」resentimiento injustificado

さかえる 栄える prosperar, florecer ‖ 国が栄える prosperar *un país* / 文化は平和な時に栄える La cultura prospera en tiempos de paz. / 博多は商業の町として栄えた Hakata prosperó como ciudad comercial.

さがく 差額 diferencia *f.* ‖ 差額を現金で支払う pagar en efectivo la diferencia
- **差額ベッド** gastos *mpl.* de hospitalización no cubiertos por el seguro

さかぐら 酒蔵 bodega *f.* de sake

さかご 逆子 parto *m.* de nalgas ‖ 逆子で生まれる nacer de nalgas

さかさま 逆様
▶ 逆さまの inver*so[sa]*
▶ 逆さまに al revés, del revés, a la inversa, de manera opuesta a la normal, (方向が)en dirección contraria ‖ 左右逆さまに inverti*do[da]* de derecha a izquierda / 逆さまになる quedar inverti*do[da]* / 逆さまに落ちる caerse de cabeza / 順序を逆さまにする invertir el orden / セーターを裏返逆さまに着る ponerse un jersey del revés

さがしあてる 捜し当てる/探し当てる ‖ 友達(男性)の家を探し当てる encontrar la casa de un amigo

さがしだす 捜し出す/探し出す encontrar, hallar, (場所を特定する) localizar, (未知のものを) descubrir ‖ 妥協点を探し出す encontrar un punto de compromiso

さがしまわる 捜し回る/探し回る buscar ALGO por todas partes ‖ うまい店を探し回る dar vueltas en busca de un buen restaurante / 僕たちは君を探し回ったけれども、全然見つからなかった Te buscamos por todos los rincones, pero en vano.

さがしもの 捜し物/探し物 lo que se busca ‖ 捜し物はなんですか ¿Qué es lo que busca usted? / 捜し物が出てきた Apareció lo que buscaba.

さがす 捜す/探す buscar, (居場所を) localizar ‖ 餌を探す buscar comida / 場所を探す buscar un lugar / 職を探す buscar 「trabajo [empleo]」/ 財布を捜す buscar la cartera / 行方を捜す 「localizar [buscar]」el paradero de ALGUIEN / 目撃者を捜す buscar testigo ocular / 迷子の女の子を捜す buscar a una niña perdida / 人材を探す buscar el

さき

personal／何かお探しですか（店員）¿En qué puedo servirle?

さかずき 杯/盃 copita *f.* (para sake) ‖ 杯をかわす beber de la misma copita para fortalecer los lazos de amistad

さかだち 逆立ち pino *m.*
▶逆立ちする hacer el pino ‖ 逆立ちしても君はこのジグソーパズルを完成できない Por más que lo intentes, no podrás recomponer este rompecabezas.

さかだつ 逆立つ ‖ (私の)髪の毛が逆立つ Se (me) eriza el pelo.／髪を逆立てて con el pelo erizado

さかな 肴 ‖ 酒の肴 tapa *f.* que se toma como acompañamiento de las bebidas alcohólicas／酒の肴にする convertir ALGO en un objeto de conversación cuando beben

さかな 魚 pez *m.*, (食用の) pescado *m.* ‖ 魚が泳ぐ Los peces nadan.／魚がかかる Un pez muerde el cebo.／魚を釣る pescar un pez／魚を食べる comer pescado／魚を焼く asar un pescado
[慣用]逃がした魚は大きい Ha sido grande el pez que se escapó.
☐魚屋 pescadería *f.*, (人) pescade*ro*[*ra*] *mf.*
☐魚焼き (器具) asador *m.* de pescado
☐魚料理 plato *m.* de pescado

さかなで 逆撫で
▶逆撫でする ‖ 感情を逆撫でする「ofender [soliviantar] los sentimientos de ALGUIEN／神経を逆撫でする poner los nervios de punta a ALGUIEN, 「crispar [atacar] los nervios a ALGUIEN

さかのぼる 遡る retroceder, remontar, remontarse《a》‖ 川を遡る remontar el río／4月に遡る volver al pasado mes de abril／過去に遡る remontarse al pasado／今を遡ること20年 hoy hace veinte años／当社の創業は19世紀まで遡る La fundación de nuestra empresa se remonta al siglo XIX (diecinueve).

さかば 酒場 taberna *f.*, pub *m.* ‖ 酒場をはしごする ir de bar en bar／酒場に出入りする frecuentar una taberna

さかみち 坂道 camino *m.* en cuesta

さかむし 酒蒸し plato *m.* cocido al vapor de sake ‖ あさりを酒蒸しにする cocer almejas al vapor de sake

さかや 酒屋 bodega *f.*, licorería *f.*, tienda *f.* de licores y vinos

さからう 逆らう desobedecer, ir 「contra [en contra de] ALGO, (慣用)llevar la contraria a ALGUIEN ‖ 親に逆らう desobedecer a *sus* padres／忠告に逆らう 「desoír [desobedecer, desatender, ignorar] un consejo／風に逆らう ir contra el viento／流れに逆らう 「ir [navegar] contra la corriente (比喩的な意味でも用いる)／時代の流れに逆らう 「ir [actuar] contra la corriente de la época／世の風習に逆らう comportarse a contracorriente

さかり 盛り ‖ 夏の盛りに en pleno verano／暑い盛りに en los días más calurosos／桜が盛りで Los cerezos se encuentran en plena floración.／人生の盛り plenitud *f.* de la vida／若い盛り plena juventud *f.*, flor *f.* de la vida／働き盛りである estar en plenitud laboral／選手としての盛りを過ぎる perder la plenitud como juga*dor*[*dora*]／盛りがついた猫 ga*to*[*ta*] *mf.* en celo

さかりば 盛り場 barrio *m.* de diversión, (歓楽街) zona *f.* roja ‖ 盛り場に出入りする frecuentar 「el barrio de diversión [la zona roja]

さがる 下がる bajar, (減る) disminuir, (ぶら下がる) pender《de》, colgar《de》‖ つらら が下がる colgar *un carámbano*／気温が下がる 「bajar [descender, disminuir] *la temperatura*／熱が下がる 「remitir [bajar] *la fiebre*／給料が下がる 「bajar [descender] *el sueldo*／値打ちが下がる disminuir(se) *el valor de* ALGO／質が下がる 「mermar [menguar] *la calidad de* ALGO／成績が下がる sacar peores notas que antes／順位が下がる retroceder en la clasificación／後ろに下がる retroceder

さかん 左官 albañil *com.*

さかん 盛ん
▶盛んである/盛んだ ‖ この学校では運動が盛んだ Se practica mucho deporte en esta escuela.／この大学は文化活動が盛んだ Esta universidad realiza intensas actividades culturales.／日本は工業製品の輸出が盛んだ Japón exporta muchos productos industriales.／祖父は老いてますます盛んだ Mi abuelo tiene cada vez más energías a pesar de la edad que tiene.
▶盛んな próspe*ro*[*ra*], (活動的な) acti*vo*[*va*], (人気のある) popular, (熱中した) entusiasta ‖ 盛んな拍手で con un fuerte aplauso
▶盛んに ‖ 盛んに燃える arder vivamente／雨が盛んに降る llover 「intensamente [con ganas]
▶盛んになる intensificarse, hacerse inten*so*[*sa*]

さがん 砂岩 arenisca *f.*, asperón *m.*

さき 先 (先端) punta *f.*, (先頭) cabeza *f.*, (将来) futuro *m.*, porvenir *m.* ‖ 針の先 punta *f.* de la aguja／足の先 punta *f.* del pie／目と鼻の先に a un paso, a dos pasos, 《慣用》a tiro de piedra／この先 de hoy en adelante, en el futuro／これから先 de ahora en adelante
▶先が ‖ 先がとがる acabar en punta／私

の息子の先が思いやられる Me preocupa lo que le vaya a pasar a mi hijo en el futuro. ▶先に antes∥我先に antes que nadie／先に起きる levantarse antes／一足先に antes de la hora prevista, antes que los demás／先にする hacer los deberes primero／代金を先に払う pagar el importe por adelantado

▶先の∥先の楽しみ esperanza f. en el futuro／先のことを考える pensar en el futuro

▶先を∥先を急ぐ apresurarse a ir／先を譲る ceder el paso《a》

[慣用]先が見える（予想がつく）prever el futuro

[慣用]先に立つ「ir [ponerse] en cabeza, ir a la cabeza, encabezar

[慣用]先を争う pugnar para llegar el primero

[慣用]先を越す adelantar

[慣用]先を読む prever el futuro

[諺]一寸先は闇 ⇒いっすん(一寸)

[諺]転ばぬ先の杖 ⇒ころぶ(転ぶ)

さぎ 詐欺 estafa f., timo m.∥詐欺にあう ser víctima de una estafa／詐欺を働く cometer una estafa／インターネット上の詐欺に注意してください Tenga cuidado con las estafas por Internet.

☑詐欺罪 delito m. de estafa

☑詐欺師 estafa*dor*[*dora*] mf., （ペテン師）impos*tor*[*tora*] mf.

さぎ 鷺 garza f.《雄・雌》

さきおくり 先送り∥法案を先送りにする aparcar un proyecto de ley／改革を先送りにする aparcar una reforma／問題を先送りにして dejar el asunto para más tarde

さきおととい hace tres días

さきおととし hace tres años

さきがけ 先駆け vanguardia f.,（先駆者）precur*sor*[*sora*] mf., pione*ro*[*ra*] mf.∥流行の先駆け vanguardia f. de la moda／時代の先駆け vanguardia f. de la época／春の先駆け los primeros pasos de la primavera／女性議員の先駆け primera mujer f. parlamentaria

さきごろ 先頃 hace poco, recientemente

サキソフォン saxofón m., saxófono m., saxo m.

さきだつ 先立つ ir a la cabeza,（死亡する）morir, fallecer∥先立つ物は金だ《諺》El dinero es lo primero.／妻に先立たれる perder a *su*「esposa [mujer]／彼は妻に先立たれた A él se le murió la esposa.

さきどり 先取り

▶先取りする∥流行を先取りする「adelantarse [anticiparse] a la moda／時代を先取りする「adelantarse [anticiparse] a la época

さきばしる 先走る actuar precipitadamente∥先走ったことを言う decir ALGO precipitadamente／私たちは先走りしすぎてしまっています Estamos actuando con demasiada precipitación.

さきばらい 先払い pago m. por adelantado

▶先払いする pagar por adelantado∥チケット代を先払いする pagar por adelantado el importe de una entrada

さきほこる 咲き誇る estar en plena floración∥大輪の菊が咲き誇っている Los crisantemos están en plenitud con sus grandes flores.

さきぼそり 先細り en declive∥景気が先細りになる「Decae [Declina] la economía cada vez más.

さきほど 先程 hace poco, hace un momento, hace breves momentos∥先ほどの件 el asunto del que hemos hablado hace poco／先ほどのニュース la noticia que nos han dado hace breves momentos／先ほどから desde hace un momento／先ほどお電話しました田中ですが… Soy Tanaka,「el [la] que llamó hace poco...

さきまわり 先回り

▶先回りする「adelantarse [anticiparse] a ALGUIEN∥先回りして考える pensar con anticipación

さきみだれる 咲き乱れる florecer por todas partes∥野原に小菊が咲き乱れている El campo está lleno de pequeños crisantemos.

さきもの 先物 futuros mpl.∥先物を買う comprar futuros

☑先物買い compra f. de futuros

☑先物市場 mercado m. de futuros

☑先物取引 contrato m. de futuros, operaciones fpl. de futuros

さきゅう 砂丘 dunas fpl., médano m.

さきゆき 先行き futuro m., porvenir m.∥先行きが見えない El futuro es imprevisible.／先行きが怪しい tener un futuro incierto／先行きが不安になる El futuro se presenta inseguro.

さぎょう 作業 trabajo m., obra f., operación f.∥骨の折れる作業 trabajo m. fatigoso／作業を進める llevar adelante un trabajo／作業を始める emprender un trabajo／作業を行う「hacer [realizar] un trabajo, realizar una operación

▶作業する trabajar

☑作業員 obre*ro*[*ra*] mf., opera*rio*[*ria*] mf.

☑作業着/作業服 bata f.,（つなぎ服）mono m.

☑作業効率 rendimiento m. de trabajo, operatividad f.

☑作業時間 horas fpl. de trabajo

☑作業場 taller m.

さきわたし 先渡し （商品の）entrega f. futura,（前払い）pago m. por adelantado

さきん 砂金 pepita f. de oro∥砂金を採る

recoger pepitas de oro

さきんじる 先んじる adelantarse a ALGUIEN
[諺] 先んずれば人を制す Quien se adelanta, gana.

さく 作 ‖ 会心の作 obra *f.* satisfactoria ／ ダリの作 obra *f.* de Dalí ／ 稲の作がよい tener una buena cosecha de arroz

さく 昨
▲昨年度 el año pasado
▲昨シーズン la temporada pasada

さく 柵 valla *f.*, vallado *m.*, barrera *f.* ‖ 通行止めの柵「valla *f.* [vallado *m.*] para prohibir el paso ／ 柵を作る construir una valla ／ 庭に柵を巡らす cercar el jardín con una valla ／ 柵を回す vallar, rodear con una valla ／ 柵を乗り越える「superar [salvar] una valla ／ 柵を飛び越える saltar「una valla [un vallado, una cerca]

さく 策 medida *f.*, medio *m.*, (計画) plan *m.* ‖ 苦肉の策 último resorte *m.* ／ 策がある tener medidas ／ 策がない no disponer de medidas ／ 策が尽きる agotarse *las medidas* ／ 策を立てる idear una medida ／ 策を講じる「tomar [adoptar] medidas ／ 策を用いる emplear una medida ／ 万全の策をとる extremar las medidas ／ 策を弄する usar astucias

さく 咲く florecer, dar flores ‖ 春はたくさんの花が咲く En primavera florecen muchas flores.
[慣用] ひと花咲かせる「conseguir [lograr] un gran éxito

さく 裂く/割く (引き裂く) desgarrar, rasgar, (切り裂く) rajar, (破る) romper, (時間を) dedicar ‖ ハンカチを裂く desgarrar un pañuelo ／ 魚の腹を割く abrir el pescado por la parte ventral ／ 友人の仲を裂く「enemistar [desunir] a los amigos ／ 領土を割く destinar parte del territorio a ALGO ／ 時間を割く dedicar tiempo ／ 人手を割く destinar parte del personal a ALGO
[慣用] 生木を裂く ⇒なまき(生木)

さくい 作為
▶作為的な artificial, (意図的な) intencional
▶作為的に artificialmente, (意図的に) intencionadamente

さくいん 索引 índice *m.*

さくがら 作柄 cosecha *f.* ‖ 稲の作柄は例年並みだ La calidad de la cosecha de arroz es como la de otros años.

さくげん 削減 recorte *m.*
▶削減する reducir, recortar ‖ 予算を削減する recortar los presupuestos ／ コストを削減する recortar el coste ／ 人員を削減する reducir la plantilla, recortar el personal

さくさく ‖ さくさく検索する hacer búsquedas rápidas

さくし 作詞 composición *f.* de letras
▶作詞する「componer [escribir] la letra de una canción
▲作詞家 composi*tor[tora]* *mf.* de letras (musicales).

さくし 錯視 ilusión *f.* óptica

さくじつ 昨日 ayer, el día de ayer ‖ 昨日はどうもありがとう《話》Muchas gracias por lo de ayer.

さくしゃ 作者 au*tor[tora]* *mf.*

さくしゅ 搾取 explotación *f.* (social)
▶搾取する explotar ‖ 搾取する側 explota*dor[dora]* *mf.* ／ 搾取される側 explota*do[da]* *mf.*

さくじょ 削除 supresión *f.*, eliminación *f.*
▶削除する suprimir, borrar, eliminar, (線などで消す) tachar ‖ 文言を削除する suprimir frases ／ ファイルを削除する borrar un archivo ／ 好ましくないメッセージを削除する「eliminar [borrar] mensajes no deseados

さくせい 作成 elaboración *f.*
▶作成する elaborar, confeccionar, (文書を) redactar ‖ 出席者リストを作成する confeccionar la lista de asistentes

さくせん 作戦 operación *f.*, (戦略) estrategia *f.* ‖ 作戦を立てる elaborar una operación ／ 作戦を見直す「reconsiderar [reelaborar] la estrategia
▲作戦会議 《軍事》 consejo *m.* de guerra

さくそう 錯綜 confusión *f.*, enredo *m.*
▶錯綜する enredarse, complicarse ‖ 情報が錯綜している Las informaciones son confusas.

さくにゅう 搾乳 ordeño *m.*
▶搾乳する ordeñar
▲搾乳機 ordeñadora *f.*
▲搾乳器 ordeñador *m.*

さくねん 昨年 el año pasado
▲昨年比(で) con respecto al año pasado
▲昨年度 昨年度の利益は500万ドルだった Los beneficios correspondientes al año pasado fueron de cinco millones de dólares.

さくばく 索漠
▶索漠とした desola*do[da]* ‖ 索漠とした風景 paisaje *m.* desolado

さくばん 昨晩 anoche

さくひん 作品 obra *f.* ‖ 作品を創る crear una obra ／ 作品を発表する dar a conocer una obra
▲作品鑑賞 apreciación *f.* de una obra de arte
▲作品集 ‖ ボルヘスの作品集 obras *fpl.* completas de Borges
▲作品展 exposición *f.* de obras
▲作品番号 《音楽》 opus *m.*

さくふう 作風 estilo *m.* ‖ 作風を磨く pulir

el estilo

さくぶん 作文 composición *f.*, redacción *f.* ‖ スペイン語作文 composición *f.* española ／ 作文の練習をする hacer ejercicios de redacción
▶作文する redactar

さくもつ 作物 producto *m.* agrícola ‖ 作物の栽培 cultivo *m.* de productos agrícolas ／ 作物が実る dar frutos *un producto agrícola* ／ 作物を作る cultivar productos agrícolas ／ 作物を荒らす hacer estragos en los productos agrícolas

さくや 昨夜 anoche

さくら gancho *m.*, (演劇などの)《集合名詞》 claque *f.*

さくら 桜 (木) cerezo *m.*, (花) flor *f.* de cerezo ‖ 桜を見に行く ir a ver los cerezos en flor ／ 桜が満開だ Los cerezos están en plena floración. ／ 桜が散る Caen desperdigados los pétalos de las flores de los cerezos. ／ 桜が美しい Los cerezos están preciosos.
◨桜色 color *m.* rosa
◨桜前線 frente *m.* del florecimiento de cerezos
◨桜吹雪 caída *f.* de los pétalos de los cerezos en flor
◨桜餅《日本語》*sakuramochi m.*, (説明訳) pastel *m.* de arroz envuelto en hoja de cerezo

さくらそう 桜草 prímula *f.*, primavera *f.* (de jardín)

さくらんぼ 桜ん坊/桜桃 cereza *f.*

さぐり 探り tanteo *m.*, sondeo *m.* ‖ 探りを入れる《慣用》tantear el terreno

さぐりあい 探り合い ‖ 与党と野党は腹の探り合いをしている El partido gubernamental y el partido de la oposición se「tantean [sondean].

さぐりだす 探り出す descubrir, encontrar ‖ 秘密を探り出す「descubrir [desentrañar, descifrar] el secreto de ALGO

さくりゃく 策略 ‖ 策略を巡らす urdir una estratagema ／ 策略にはまる caer en una trampa

さぐる 探る tantear, sondear, hacer un sondeo, (調査する) investigar ‖ ポケットを探る buscar en el bolsillo ／ 海の底を探る explorar el fondo del mar ／ 暗やみを探る tantear en la oscuridad ／ 敵情を探る espiar la situación del enemigo ／ 秘密を探る adentrarse en un secreto ／ 本心を探る tantear la intención de ALGUIEN, explorar los propósitos de ALGUIEN ／ 歴史を探る bucear en la historia de ALGO ／ 探るような目つきで con mirada escrutadora

さくれつ 炸裂 explotar, hacer explosión
▶炸裂する ‖ 時限爆弾が炸裂した Explotó una bomba de relojería.

ざくろ 石榴 (木) granado *m.*, (実) granada *f.*

さけ 酒 (日本酒) sake *m.*, (ワイン) vino *m.*, (アルコール飲料) bebida *f.* alcohólica, (リキュール) licor *m.* ‖ 酒臭い oler a vino ／ 酒が入る estar bebi*do*[*da*] ／ 酒が回る emborracharse del todo ／ 酒に強い aguantar bien el alcohol ／ 酒に弱い ser poco resistente al alcohol ／ 酒に酔う emborracharse ／ 酒におぼれる darse a la bebida ／ 酒に飲まれる perder la cabeza con el vino ／ 酒の上の失敗 cometer「una falta [un error] por estar bebi*do*[*da*] ／ 酒を飲む beber sake ／ 酒を勧める invitar a beber a ALGUIEN ／ 酒を断つ dejar la bebida, abstenerse de beber ／ 酒をたしなむ saborear el sake ／ 酒をふるまう ofrecer vino
⟨諺⟩酒は百薬の長 El sake es la mejor de las medicinas.
◨酒樽「barril *m.* [tonel *m.*] de sake
◨酒店 tienda *f.* de licores y vinos, licorería *f.*, bodega *f.*
◨酒びたり ‖ 酒びたりになる entregarse「al alcohol [a las bebidas alcohólicas]

さけ 鮭 salmón *m.* ‖ 鮭が川を遡上する Los salmones remontan el río.

さけかす 酒粕 heces *fpl.* de sake

さけぐせ 酒癖 ‖ 酒癖が悪い《慣用》tener mal vino, ponerse agresi*vo*[*va*] al emborracharse

さげすむ 蔑む despreciar, menospreciar, 《慣用》mirar por encima del hombro ‖ 蔑むような表情をする hacer un gesto despreciativo a ALGUIEN

さけのみ 酒飲み bebe*dor*[*dora*] *mf.* ‖ 彼は大酒飲みだ Él bebe como una cuba.
◨酒飲み運転 conducción *f.* en estado de embriaguez ‖ 酒飲み運転をする conducir borra*cho*[*cha*]

さけび 叫び (声) grito *m.*, clamor *m.* ‖ 心の叫び grito *m.* del corazón ／ 無実の叫び clamor *m.* por la inocencia de ALGUIEN ／ 叫びが聞こえる oírse *un grito* ／ 叫びをあげる dar un grito

さけぶ 叫ぶ gritar, dar un grito ‖ 改革を叫ぶ pedir a gritos la reforma de ALGO ／ 無実を叫ぶ clamar por la inocencia de ALGUIEN ／ 公害問題が叫ばれている Hablan mucho del problema de la contaminación ambiental.

さけめ 裂け目 grieta *f.*, rendija *f.*, fisura *f.* ‖ 壁に裂け目ができる Se produce una grieta

さける 裂ける desgarrarse, rasgarse, rajarse, (割れる) partirse ‖ 服が裂ける rasgarse *el vestido* / 地面が裂ける abrirse *la tierra*, (ひびが入る) agrietarse *la tierra*

さける 避ける evitar, eludir ‖ 車を避ける eludir un coche / 雨漏りを避ける protegerse de las goteras / 炎天を避ける evitar exponerse al sol / 交通渋滞を避ける evitar el atasco / 人を避ける rehuir a la gente / 弾圧を避ける evitar [eludir] la represión de ALGUIEN / 誤りを避ける evitar cometer errores / 明言を避ける abstenerse de afirmar ALGO / アルコールは避けてください Absténgase de tomar bebidas alcohólicas. / 避けられない出来事 suceso *m*. inevitable

さげる 下げる bajar, (吊るす) colgar ‖ 軒下に下げる colgar ALGO del alero (de la casa) / 腰に手ぬぐいを下げる llevar colgada de la cintura una toalla / 高度を下げる (飛行機が) perder altura / 音量を下げる bajar el volumen / 温度を下げる bajar la temperatura / 階級を下げる hacer descender de categoría a ALGUIEN / 値段を下げる bajar el precio / (食卓の) 食器を下げる「quitar [retirar] la mesa / 一字下げる (段落の始めに) dejar un espacio al comienzo del párrafo, sangrar el inicio del párrafo / 文の終わりの調子を下げる bajar el tono al final de la frase / 机を後ろに下げる correr la mesa hacia atrás

さげる 提げる ‖ 鞄を提げる llevar en mano una cartera

さげん 左舷 babor *m*.

ざこ 雑魚 pez *m*. pequeño, 《慣用》(小物) un don nadie

▣雑魚寝 ‖ 子供たちは雑魚寝をしている Los niños duermen muy juntos, como sardinas en lata.

ざこう 座高「estatura *f*. [talla *f*.] en posición de sentado ‖ 座高を測る medir la estatura en posición de sentado

さこく 鎖国 aislamiento *m*. del país
▶鎖国する aislar el país
▣鎖国主義 aislacionismo *m*.
▣鎖国政策 política *f*. de aislamiento, medidas *fpl*. aislacionistas

さこつ 鎖骨 《解剖》clavícula *f*. ‖ 鎖骨を折る「romperse [fracturarse] la clavícula / 鎖骨を痛める sufrir daño en la clavícula

ざこつ 座骨 《解剖》isquion *m*.
▣座骨神経 nervio *m*. ciático
▣座骨神経痛 ciática *f*.

ささ 笹 bambú *m*. enano ‖ 笹の葉を飾る adornar con las hojas del bambú enano

さざい 些細
▶些細な trivial, insignificante, de poca importancia ‖ 些細な間違い「error *m*. [falta *f*.] sin importancia / 些細なこと nimiedad *f*., insignificancia *f*., cosa *f*. sin importancia / 些細なことで喧嘩する reñir por un quítame allá esas pajas / 彼女は些細なことを気にかける Ella se preocupa por cosas insignificantes. ¦《慣用》Ella se ahoga en un vaso de agua.

ささえ 支え apoyo *m*., soporte *m*. ‖ 支えとなる servir de apoyo

さざえ 栄螺 trompo *m*. ‖ さざえを焼く asar trompos

ささえる 支える apoyar, sostener, soportar ‖ 屋根を支える sostener el tejado / 重量を支える soportar el peso de ALGO / 膝で体を支える apoyar el cuerpo sobre las rodillas / 一家を支える mantener a la familia / 政策を支える dar *su* apoyo a una política / 成長を支える ayudar al crecimiento de ALGUIEN

ささくれ padrastro *m*. ‖ 私は指にささくれができた Me han salido padrastros en los dedos.

ささげる 捧げる dedicar, (生涯を) consagrar, (贈る) ofrendar ‖ 旗を捧げる enarbolar una bandera / 花束を捧げる dedicar un ramo de flores 《a》/ 黙とうを捧げる「dedicar [guardar] un minuto de silencio / 生涯を捧げる consagrar la vida a ALGO / 祖国のために命を捧げる ofrecer *su* vida por la patria / 貧しい人々の救済に身を捧げる dedicarse a la salvación de los pobres

ささつ 査察 inspección *f*.
▶査察する inspeccionar,「hacer [realizar] la inspección 《de》‖ 核施設を査察する「hacer [realizar] la inspección de una instalación nuclear
▣査察団 equipo *m*. de inspección, inspección *f*.

さざなみ さざ波/漣 rizos *mpl*. del agua, escarceo *m*. ‖ 海にさざ波が立つ El mar se riza.

ささみ 笹身 ‖ 鶏肉のささみ pechuga *f*. de pollo

さざめく ⇒ざわめく

ささやか
▶ささやかな modes*to*[*ta*], peque*ño*[*ña*] ‖ ささやかな気配り atención *f*., detalle *m*.
▶ささやかに ‖ ささやかに暮らす vivir modestamente, llevar una vida modesta

ささやき 囁き (声) susurro *m*., cuchicheo *m*. ‖ ささやきを聞く oírse un「susurro [cuchicheo]

ささやく 囁く susurrar, cuchichear ‖ 甘くささやく susurrar suavemente / 耳にささやく susurrar al oído

ささる 刺さる clavarse ‖ 矢が兵士(男性)の胸に刺さった Una flecha se clavó en el pecho del soldado.

さじ 匙　cuchara *f.*, (小さな) cucharilla *f.* ‖ コーヒーを匙でかき回す remover el café con una cucharilla
[慣用]匙を投げる　abandonar, 《慣用》tirar la toalla
▲匙加減 ‖ 私の昇進は部長(男性)の匙加減一つで決まる Mi ascenso depende de lo que decida el director.

さしあげる 差し上げる　(与える) dar, regalar, (持ち上げる) levantar, alzar ‖ 手紙を差し上げる redactar una carta a ALGUIEN ／ お茶を差し上げる ofrecer té a ALGUIEN

さしあたり 差し当たり　por ahora, por el momento ‖ 差し当たり予定はありません No tengo planes inmediatos.

さしいれる 差し入れる　regalar, (挿入する) insertar ‖ 飲み物を差し入れる traer bebida para ALGUIEN ／ 囚人に本を差し入れる llevar libros a *un*[*una*] pre*so*[*sa*]

さしえ 挿し絵　ilustración *f.*, grabado *m.*
▲挿し絵画家 ilustra*dor*[*dora*] *mf.*

さしおく 差し置く ‖ 私の問題を差し置いて dejar a un lado mi problema ／ 上司を差し置いて haciendo caso omiso de *su* superior

さしおさえ 差し押さえ　incautación *f.*, embargo *m.*, (財産の) confiscación *f.*

さしおさえる 差し押さえる　incautarse 《de》, embargar, (財産を) confiscar ‖ 証拠を差し押さえる incautarse de una prueba ／ 倒産した会社の資産を差し押さえる confiscar los bienes de una empresa quebrada

さしかえる 差し替える　reemplazar, cambiar, sustituir ‖ 不良品を差し替える sustituir una pieza defectuosa por otra nueva

さしかかる 差し掛かる　(通りかかる) pasar 《por》, (近づく) acercarse 《a》 ‖ 難所に差し掛かる acercarse a un「lugar [tramo] dificultoso ／ 橋に差し掛かる estar a punto de cruzar un puente

さしき 挿し木　esqueje *m.* ‖ 挿し木をする「injertar [plantar] un esqueje

ざしき 座敷　habitación *f.* de estilo japonés ‖ 座敷に上がる pasar a la sala de tatami

さしこみ 差し込み　(プラグ) clavija *f.*, (コンセント) enchufe *m.*

さしこむ 差し込む　insertar, introducir, 《話》meter ‖ プラグをコンセントに差し込む「introducir [insertar, meter] la clavija en el enchufe ／ 鍵を鍵穴に差し込む「introducir [insertar, meter] la llave en la cerradura ／ 新聞にチラシを差し込む insertar hojas de publicidad en un periódico ／ 部屋に陽が差し込む El sol entra en la habitación.

さしころす 刺し殺す　matar a puñaladas a ALGUIEN, (一刺しで) matar de una puñalada a ALGUIEN

さしさわり 差し障り　inconveniente *m.* ‖ 差し障りがある tener inconveniente

さししめす 指し示す　señalar

さしず 指図　orden *f.*, indicación *f.*, instrucciones *fpl.* ‖ 指図に従う seguir las instrucciones de ALGUIEN ／ 指図を受ける recibir las instrucciones ／ 指図を待つ esperar a (que lleguen) las instrucciones ／ 指図を請う pedir las instrucciones de ALGUIEN
▶指図する ordenar, mandar, dar instrucciones
▲指図書 manual *m.* de instrucciones

さしせまる 差し迫る　acercarse, aproximarse ‖ 差し迫った問題 problema *m.*「apremiante [urgente] ／ 会社の倒産が差し迫っている La quiebra de la empresa es inminente.

さしだしにん 差出人　remitente *com.* ‖ 手紙を差出人に戻す devolver la carta al remitente

さしだす 差し出す　(提出する) presentar, (送る) mandar, enviar

さしちがえる 刺し違える　darse puñaladas ‖ 2人の男が刺し違えて死んだ Dos hombres se mataron a puñaladas.

さしつかえ 差し支え　inconveniente *m.* ‖ 差し支えがある tener inconveniente ／ 差し支えがない no tener inconveniente ／ 差し支えが生じる Se presentan inconvenientes. ／ 私のほうはまったく差し支えありません Por mi parte no hay ningún inconveniente.

さしつかえる 差し支える　haber inconveniente《動詞は3人称単数形の無主語で》‖ 捜査に差し支える perjudicar las pesquisas

さしでがましい 差し出がましい ‖ 差し出がましい人 (軽蔑的に) entrometi*do*[*da*] *mf.* ／ 差し出がましいこと entrometimiento *m.*, intromisión *f.*

さしとめ 差し止め　prohibición *f.* ‖ 販売の差し止めを食う「recibir [sufrir] la prohibición de vender ALGO

さしとめる 差し止める　prohibir, imponer la prohibición 《de》

さしのべる 差し伸べる ‖ 援助の手を差し伸べる prestar ayuda a ALGUIEN, 《慣用》「echar [tender] una mano a ALGUIEN

さしば 差し歯　diente *m.* postizo ‖ 差し歯にする hacer un diente postizo

さしはさむ 差し挟む ‖ 言葉を差し挟む interrumpir a ALGUIEN ／ 異議を差し挟む poner「objeción [reparo] a ALGO

さしひかえる 差し控える　abstenerse de 『+不定詞』‖ コメントを差し控える abstenerse de hacer comentarios

さしひく 差し引く　deducir, retener
▶差し引き deducción *f.*
▲差引残高 saldo *m.*

さしみ 刺身　《日本語》*sashimi m.*, (説明訳) pescado *m.* crudo en lonchas ‖ 刺身にする preparar *sashimi*

さしむかい 差し向かい‖～と差し向かいに座る sentarse frente a ALGUIEN ／ 両親は差し向かいで座った Mis padres se sentaron frente a frente.

さしょう 査証 ⇒ビザ

さしょう 詐称 falsificación f.
▶詐称する‖学歴を詐称する falsificar su historial académico

さじょう 砂上
[慣用]砂上の楼閣《慣用》castillos mpl.「en el aire [de naipes]

ざしょう 挫傷 contusión f.

ざしょう 座礁 encalladura f.
▶座礁する encallar(se)
◪座礁船 barco m. encallado

さじん 砂塵 polvareda f.‖砂塵が舞う levantarse una polvareda

さす 砂州 banco m. de arena

さす 刺す pinchar, punzar, (虫が) picar, (刃物で) dar una puñalada‖蜂が刺す picar una abeja ／ 私は指に棘が刺さった Se me ha clavado una espina en el dedo. ／ 刺すような痛み dolor m. punzante

さす 注す echar, poner‖杯に酒を注す servir sake en una copita ／ 目薬を注す 「ponerse [aplicarse] colirio en los ojos ／ 歯車に油を差す aplicar aceite al engranaje

さす 指す indicar, señalar‖地図で地下鉄の駅を指す señalar la estación de metro en el plano ／ 生徒を指す nombrar a un[una] alumno[na]

さす 差す‖傘を差す abrir el paraguas ／ 汐が差す subir la marea

さす 射す entrar, penetrar‖日が射す entrar el sol

さす 挿す poner, insertar‖花瓶に花を挿す 「poner [introducir, colocar] flores en un florero

さすが
▶さすがに‖さすがに13時間の空の旅はこたえるでしょう Será realmente agotador para cualquiera viajar en avión durante trece horas. ／ さすがにチャンピオンだけあって彼は試合を有利に進めた El campeón, por ser lo que es, dominó el partido.
▶さすがの‖さすがの彼も年には勝てない 「Incluso [Hasta] él no puede resistirse a los efectos del paso de los años.

さずかる 授かる recibir, ser bendecido[da]《con》‖健康を授かる ser bendecido[da] con la salud ／ 子宝をたくさん授かる ser bendecido[da] con muchos hijos ／ 私は柔道の秘伝を授かった Me han enseñado los secretos del yudo.

さずける 授ける otorgar, conceder, conferir, dar‖褒美を授ける 「otorgar [adjudicar] un premio《a》／ 勲章を授ける 「conceder [otorgar] una condecoración《a》, distinguir a ALGUIEN con una condecoración ／ 博士号を授ける 「otorgar [conferir] el grado de doctorado《a》

サスペンス suspense m.
◪サスペンス小説 novela f. de suspense

サスペンダー tirantes mpl.‖サスペンダー付きのズボン pantalón m. con tirantes

さすらう vagar, vagabundear, 《格式語》errar‖荒野をさすらう vagar por un 「páramo [yermo]
▶さすらいの errante, 《格式語》 errabundo[da]‖さすらいの詩人 poeta com. errante, poetisa f. errante

さする 摩る/擦る frotar suavemente, (撫でる) acariciar‖おなかをさする frotar 「el vientre [la barriga] ／ 背中をさする acariciar la espalda

ざせき 座席 asiento m., plaza f.‖座席に着く ocupar el asiento, tomar asiento
▶指定座席‖指定座席は取れますか (列車など) ¿Se puede reservar los asientos?
◪座席指定券 billete m. con asiento reservado
◪座席番号 número m. de asiento
◪座席表 distribución f. de los asientos

させつ 左折 giro m. a la izquierda
▶左折する 「girar [doblar] a la izquierda, 「hacer [efectuar, realizar] el giro a la izquierda
◪左折禁止《標識》Prohibido girar a la izquierda

ざせつ 挫折 fracaso m.‖挫折から立ち直る recuperarse de un fracaso
▶挫折する fracasar, malograrse, (計画が) frustrarse, abortarse‖計画が挫折する 「frustrarse [abortarse] un proyecto
◪挫折感 sentimiento m. de fracaso‖挫折感を味わう sentirse fracasado[da]

させる (強制的に) hacer 〘+不定詞〙 a ALGUIEN, obligar a ALGUIEN a 〘+不定詞〙, (放任) dejar 〘+不定詞〙 a ALGUIEN‖労働者にストをやめさせる obligar a los trabajadores a dejar la huelga

させん 左遷 relegación f.
▶左遷する relegar a ALGUIEN

ざぜん 座禅《日本語》zazen m., (説明訳) meditación f. en postura de zen‖座禅を組む practicar el zazen

さそい 誘い invitación f., (誘惑) tentación f.‖誘いに乗る aceptar la invitación, ceder a la tentación

さそいだす 誘い出す (誘う) invitar, (おびきだす) atraer‖散歩に誘い出す invitar a pasear a ALGUIEN ／ 昆虫を誘い出す植物 planta f. que atrae insectos

さそう 誘う invitar a ALGUIEN a 〘+不定詞〙‖スキーに誘う invitar a ALGUIEN a esquiar ／ 悪事に誘う inducir a ALGUIEN 「al mal [a la maldad) ／眠りを誘う「causar [dar] sueño」／涙を誘う provocar lágrimas ／笑いを誘う provocar risa ／興味を誘う despertar interés ／感動を誘う emocionar, conmover, causar emoción ／バラの香りに誘われて… seduci*do*[da] por el aroma de las rosas... ／そよ風に誘われてハイキングへ出かけた Una brisa nos invitó a ir de excursión.

さそり 蠍 escorpión *m.*

さそりざ さそり座 Escorpión *m.*
▶さそり座生まれの(人) escorpio (*com.*) ‖ さそり座の女性たち las mujeres escorpio

さた 沙汰
諺 地獄の沙汰も金次第《諺》Poderoso caballero es don Dinero.
◪裁判沙汰 ‖ 裁判沙汰になる llegar a la justicia

さだまる 定まる fijarse, establecerse ‖ 法律が定まる establecerse *una ley* ／目標が定まる「establecerse [fijarse] *el objetivo*」／天候が定まらない No termina de estabilizarse el tiempo.

さだめる 定める fijar, determinar, establecer ‖ 憲法を定める establecer la Constitución ／住居を定める「afincarse [establecerse] 《en》, fijar la residencia 《en》／ねらいを定める afinar la puntería, apuntar a ALGO ／方針を定める「establecer [definir, fijar] las directrices de ALGO ／対象読者を定める determinar a los lectores meta

ざだんかい 座談会 coloquio *m.* ‖ 座談会を行う celebrar un coloquio ／座談会に出席する asistir a un coloquio

さち 幸 (幸福) felicidad *f.*, (産物) producto *m.* ‖ 海の幸を味わう degustar las delicias del mar ／幸多かれとお祈りしております Le deseo muchas felicidades.

ざちょう 座長 (演劇などの) líder *com.*, (会議などの) presid*ente*[ta] *mf.* ‖ 座長を務める (会議などの) presidir「una comisión [un comité]」

さつ 冊 ejemplar *m.* ‖ 冊数 número *m.* de ejemplares ／5冊注文する pedir cinco ejemplares, hacer un pedido de cinco ejemplares

さつ 札 billete *m.* (de banco) ‖ 5千円札 billete *m.* de cinco mil yenes

ざつ 雑
▶雑だ ‖ 仕事が雑だ trabajar con descuido
▶雑な tos*co*[ca], descuida*do*[da]
▶雑に toscamente, con tosquedad
◪雑収入 ingresos *mpl.* misceláneos

さつい 殺意 intención *f.* de matar, intención *f.* asesina, propósito *m.* asesino ‖ 殺意をもつ tener intención de matar ／殺意がつのる crecer *la intención asesina*

さついれ 札入れ billetero *m.*

さつえい 撮影 fotografía *f.*, (映画の) filmación *f.*, rodaje *m.*
▶撮影する (写真を) fotografiar, (映画を) filmar, rodar
◪記念撮影 ‖ 記念撮影をする tomar una foto(grafía) conmemorativa
◪撮影機材 equipo *m.* de fotografía
◪撮影禁止 《掲示》Prohibido fotografiar
◪撮影所 estudio *m.* de cine

ざつおん 雑音 ruido *m.*, (電波の) parásitos *mpl.* ‖ 雑音が入る Entran ruidos parásitos. ／雑音を除く eliminar ruidos

さっか 作家 escri*tor*[tora] *mf.* ‖ 作家になる hacerse escri*tor*[tora] ／作家志望である aspirar a ser escri*tor*[tora]

ざっか 雑貨 artículos *mpl.* misceláneos
◪雑貨店 droguería *f.*, (規模の大きい) bazar *m.*

サッカー fútbol *m.*
▶サッカーをする jugar al fútbol
◪サッカーグッズ artículos *mpl.* de fútbol
◪サッカー競技場/サッカースタジアム estadio *m.* de fútbol

サッカー競技場

◪サッカー選手 futbolista *com.*, juga*dor*[dora] *mf.* de fútbol
◪サッカーチーム equipo *m.* de fútbol, (イレブン) once *m.*

サッカー用語

組織など
女子サッカー fútbol *m.* femenino ／男子サッカー fútbol *m.* masculino ／サッカーくじ quiniela *f.* de fútbol ／サッカー日本代表 selección *f.* japonesa de fútbol, selección *f.* de fútbol de Japón ／サッカー世界選手権大会 Copa *f.* Mundial de Fútbol, Mundial *m.* ／国際サッカー連盟 Federación *f.* Internacional de Fútbol「Asociado [Asociación] (略 FIFA) ／サッカー1部リーグ primera división *f.* de fútbol ／サッカーファン aficiona*do*[da] *mf.* de fútbol ／サポーター hincha *com.*

/ フーリガン《英語》hooligan m.

サッカー場
フィールド「campo m. [cancha f.] de fútbol / ゴール meta f., portería f. / ゴールエリア área f. de meta / ゴールライン línea f. de meta / センターサークル círculo m. central / センターライン línea f. de medio campo / サイドライン/タッチライン línea f. de banda / ペナルティエリア área f. de 「castigo [penalti] / ペナルティマーク punto m. de penalti / コーナーフラッグ banderín m. de esquina

ポジション
ポジション posición f. / ゴールキーパー porte*ro*[ra] mf., guardameta com., arque*ro*[ra] mf. / ディフェンダー defensa com. / センターバック defensa com. central / サイドバック defensa com. lateral, lateral m. / スウィーパー líbero m. / ミッドフィルダー/ボランチ centrocampista com., mediocampista com. / フォワード delante*ro*[ra] mf. / センターフォワード ariete m., delante*ro*[ra] mf. centro / セカンドトップ segun*do*[da] delante*ro*[ra] mf. / ウイング extremo m.

試合
試合 partido m. / ハーフタイム descanso m. / オフサイド fuera m. de juego / ファウル falta f. / セットプレー jugada f. a balón parado / キックオフ saque m. inicial, / コーナーキック saque m. de esquina, córner m. / ゴールキック saque m. de 「meta [puerta] / フリーキック saque m. libre / スローイン saque m. de banda / ヘディング cabezazo m. / ペナルティキック penalti m. / シュート remate m., tiro m. / ヘディングシュート remate m. de cabeza / ドリブル dribling m., regate m. / パス pase m. / センタリング centro m. / ポイントゲッター golea*dor* [dora] mf., máxi*mo*[ma] anota*dor*[dora] mf. / ゴール gol m. / オウンゴール autogol m., gol m. en contra / 先取点 primer gol m. / 決勝点 gol m. de la victoria / 主審 árbi*tro*[tra] mf. principal / 副審 árbi*tro*[tra] mf. asistente / 線審 juez com. de línea, jueza f. de línea / イエローカード tarjeta f. amarilla / レッドカード tarjeta f. roja / 退場 expulsión f. / ロスタイム descuento m. / 延長戦 prórroga f. / PK戦「tanda f. [lanzamiento m.] de penaltis

さつがい 殺害 asesinato m.
▶殺害する matar, asesinar
さっかく 錯覚 ilusión f. ‖ 目の錯覚 ilusión f. óptica / 錯覚を起こす sufrir una ilusión óptica, (幻覚) tener alucinaciones / 錯覚に陥る confundirse
▶錯覚する percibir la realidad erróneamente, (勘違いする) confundirse
ざつがく 雑学 miscelánea f. de conocimientos
さっき hace poco, hace un momento ‖ さっきの話ですが de lo que hablábamos
さっき 殺気 tensión f. ‖ 殺気を感じる sentir un ambiente tenso / 殺気を帯びる cargarse de tensión / 殺気のこもった目つきをしている tener una mirada asesina / 皆殺気立っている Todos están con los nervios de punta.
さつき 皐月 mes m. de mayo
さっきゅう 早急
▶早急に con urgencia ‖ 早急に検討する estudiar ALGO con urgencia / 放射能漏れを止めるために早急に対処する必要がある Es necesario tomar medidas urgentes para detener la fuga de radiactividad. / 早急にお返事いただけますようお願い致します Le rogamos que nos conteste a la mayor brevedad posible.
ざっきょ 雑居
▶雑居する vivir jun*tos*[tas]
◨雑居ビル edificio m. con diversos tipos de locales
さっきょく 作曲 composición f. ‖ 作曲を依頼する encargar la composición de una pieza musical / 作曲を手がける iniciar una composición musical
▶作曲する componer
◨作曲家 composi*tor*[tora] mf.
さっきん 殺菌 esterilización f., desinfección f.
▶殺菌する esterilizar, desinfectar
◨殺菌剤 desinfectante m.
◨殺菌力 poder m. esterilizador
サックス saxofón m., saxófono m., saxo m. ‖ サックスを吹く tocar el saxofón
◨サックス奏者 saxofonista com., saxo com.
ざっくばらん
▶ざっくばらんな fran*co*[ca], abier*to*[ta]
▶ざっくばらんに con franqueza ‖ ざっくばらんに話し合う charlar con franqueza
ざっこく 雑穀 cereales mpl. secundarios
さっこん 昨今 últimamente
さっさと rápidamente, con rapidez, (手際よく) con rapidez y eficacia ‖ さっさと仕事を済ませる no tardar en terminar el trabajo, acabar el trabajo con rapidez y eficacia
さっし 冊子 folleto m. ‖ 冊子を作る hacer un folleto / 冊子を配る repartir los folletos
さっし 察し ‖ 察しが早い avispa*do*[da], despier*to*[ta] / 察しがつく poder adivinar ALGO / 察しがよい ser perspicaz, 《慣用》「cogerlas [cazarlas] al vuelo / お察しの通り como usted se imagina

サッシ marco *m.* de aluminio ⇒ アルミ（⇒ アルミサッシ）

ざっし 雑誌 revista *f.* ‖ 雑誌に載る salir en una revista ／ 雑誌を作る hacer una revista ／ 雑誌を編集する redactar una revista
- 雑誌記事 artículo *m.* de revista
- 雑誌記者 reviste*ro*[*ra*] *mf.*, periodista *com.* de revista
- 雑誌社 editorial *f.* de revistas
- 雑誌編集者 redac*tor*[*tora*] *mf.* de revista

ざっじ 雑事 quehaceres *mpl.* ‖ 雑事にかまける no hacer más que dedicarse a los quehaceres

ざっしゅ 雑種 híbrido *m.*
▶ 雑種の híbri*do*[*da*]
- 雑種犬 pe*rro*[*rra*] *mf.* híbri*do*[*da*]

ざっしょく 雑食
▶ 雑食の omnívo*ro*[*ra*]
- 雑食動物 animal *m.* omnívoro, omnívoro *m.*

さっしん 刷新 renovación *f.*
▶ 刷新する renovar ‖ 人事を刷新する renovar la plantilla [el personal] ／ 行政を刷新する renovar la administración pública ／ 紙面を刷新する renovar (el diseño de) las páginas

さつじん 殺人 homicidio *m.*,（暗殺）asesinato *m.* ‖ 殺人を犯す cometer un homicidio
▶ 殺人的な ‖ 殺人的な暑さ calor *m.* mortal
- 殺人罪 delito *m.* de homicidio
- 殺人事件 caso *m.* de homicidio
- 殺人犯 homicida *com.*
- 殺人未遂「intento *m.* [tentativa *f.*] de homicidio
- 殺人容疑 ‖ 殺人容疑で por presunto homicidio

さっする 察する adivinar, suponer, imaginar,（理解する）comprender ‖ 察するに por lo que veo ／ すべてを察する percatarse de todo ／ 気持ちを察する／胸のうちを察する entender los sentimientos de ALGUIEN ／ 苦痛を察する imaginar el dolor de ALGUIEN ／ 立場を察する ponerse en el lugar de ALGUIEN

ざつぜん 雑然
▶ 雑然とした desordena*do*[*da*] ‖ 雑然とした部屋 habitación *f.* desordenada ／ 雑然とした町 ciudad *f.* sin orden

さっそう 颯爽
▶ さっそうと con garbo, con gallardía, gallardamente ‖ さっそうと歩く caminar con mucho garbo ／ さっそうと舞台に登場する salir al escenario con gallardía

ざっそう 雑草 malas hierbas *fpl.* ‖ 雑草を抜く arrancar las malas hierbas ／ 雑草が生える Crecen malas hierbas.

さっそく 早速 en seguida, enseguida, inmediatamente ‖ 早速準備に入る proceder inmediatamente a la preparación de ALGO ／ 早速の返事をありがとう Gracias por tu pronta respuesta.

ざった 雑多
▶ 雑多な va*rio*[*ria*], diver*so*[*sa*], variopin*to*[*ta*] ‖ 雑多なにおい olores *mpl.* diversos

さつたば 札束 fajo *m.* de billetes ‖ 札束を勘定する contar los fajos de billetes ／ どんなに札束を積まれても por mucho dinero que se ofrezca

ざつだん 雑談 charla *f.*
▶ 雑談する charlar,《中南米》platicar

さっち 察知 percepción *f.*
▶ 察知する percibir, darse cuenta《de》‖ 危険を察知する percibir el peligro ／ 異変を察知する darse cuenta de algo raro

さっちゅうざい 殺虫剤 insecticida *m.* ‖ 殺虫剤を撒く esparcir insecticida

ざっと （およそ）más o menos, aproximadamente,（大ざっぱに）someramente,（手短に）brevemente ‖ ざっと見て a primera vista ／ ざっと申し上げれば… Hablando a grandes rasgos... ／ ざっと計算する hacer un cálculo aproximado ／ 雑誌にざっと目を通す hojear una revista

さっとう 殺到 afluencia *f.*
▶ 殺到する afluir, agolparse, abalanzarse ‖ 抗議の電話が殺到する recibir una lluvia de llamadas de protesta ／ 非常口に人々が殺到した La gente se agolpó en la salida de emergencia.

ざっとう 雑踏 gentío *m.* ‖ 都会の雑踏「bullicio *m.* [barullo *m.*] de la ciudad ／ 雑踏にまぎれる perderse entre la multitud de gente

ざつねん 雑念 ideas *fpl.* varias, pensamientos *mpl.* varios ‖ 私は雑念にとらわれて集中できなかった Se apoderaron de mí pensamientos varios y no pude concentrarme.

さつばつ 殺伐
▶ 殺伐とした inhóspi*to*[*ta*], ári*do*[*da*] ‖ 殺伐とした風景 paisaje *m.* árido, paisaje *m.* desolador ／ 殺伐とした時代 tiempos *mpl.* inhumanos

さっぱり ❶（すっかり）‖ きれいさっぱり忘れる olvidarse de todo ／ さっぱり分からない no entender nada de nada
❷（すっきり）
▶ さっぱりする ‖ 気持ちがさっぱりする tener renovado el estado de ánimo
▶ さっぱりした ‖ さっぱりした気分になる sentirse nue*vo*[*va*] ／ さっぱりした態度 actitud *f.* desinteresada ／ さっぱりした味だ tener un sabor natural ／ さっぱりした格好 vestir con pulcritud ／ さっぱりした性格 tener un carácter franco
❸（全然よくない）‖ 景気がさっぱりだ Está completamente estancada la economía.

ざっぴ 雑費 gastos *mpl.* varios
◨雑費収入 ingresos *mpl.* misceláneos
さつびら 札びら billetes *mpl.* (de banco)
〔慣用〕札びらを切る gastar dinero a manos llenas
さっぷうけい 殺風景
▶殺風景な inhóspi*to*[*ta*], insípi*do*[*da*], prosai*co*[*ca*] ‖ 殺風景な部屋 habitación *f.* inhóspita
さつまいも 薩摩芋 batata *f.*, boniato *m.*, 《中南米》camote *m.* ‖ さつまいもを焼く asar una batata / さつまいもを蒸かす cocer al vapor batatas / さつまいもを掘る cosechar batatas
ざつむ 雑務 quehaceres *mpl.* ‖ 雑務に追われる andar de cabeza con tantos quehaceres / 雑務を減らす reducir los quehaceres / 雑務を片付ける terminar los quehaceres
ざつよう 雑用 quehaceres *mpl.* ‖ 雑用がますます増える tener cada vez más quehaceres / 雑用を片付ける despachar los quehaceres / 雑用に振り回される No me dejan ni respirar los quehaceres complementarios.
さつりく 殺戮 masacre *f.*, matanza *f.*
▶殺戮する masacrar
さて ahora bien, pues bien
さてい 査定 valoración *f.*, evaluación *f.*
▶査定する valorar, evaluar ‖ 給料を査定する evaluar el salario, evaluar el sueldo
サディスト sádi*co*[*ca*] *mf.*
サディズム sadismo *m.*
さておき さて置き ‖ 冗談はさておき… Bromas aparte...
さてつ 砂鉄 arena *f.* ferruginosa
サテライト satélite *m.*
◨サテライトオフィス oficina *f.* satélite
◨サテライトキャンパス campus *m.*[=*pl.*] satélite
サテン 《繊維》satén *m.*
さと 里 pueblo *m.*, campo *m.* ‖ 言葉遣いで彼のお里が知れる El lenguaje que él usa deja al descubierto su origen.
さといも 里芋 colocasia *f.*, (学名) *Colocasia esculenta*
さとう 砂糖 azúcar *m(f).* ‖ 砂糖を入れる echar azúcar / 砂糖を加える añadir azúcar / 砂糖を控える consumir menos azúcar
◨砂糖入れ azucarero *m.*
◨砂糖菓子 dulce *m.* de azúcar
◨砂糖きび caña *f.* de azúcar
◨砂糖大根 remolacha *f.*
さどう 作動 funcionamiento *m.*
▶作動する funcionar
さどう 茶道 ceremonia *f.* del té ‖ 茶道の師匠 maes*tro*[*tra*] *mf.* de (la ceremonia del) té / 茶道を楽しむ disfrutar de la ceremonia del té
さとおや 里親 familia *f.* de acogida, (父親) padre *m.* de crianza, (母親) madre *f.* de crianza, (両親) padres *mpl.* de crianza ‖ 里親になる convertirse en padres de crianza / 里親をつのる buscar familias de acogida
さとがえり 里帰り
▶里帰りする regresar a casa de los padres
さとご 里子 ni*ño*[*ña*] *mf.* acogi*do*[*da*] ‖ 里子に出す pedir a ALGUIEN que críe a *su* 「hijo [hija]
さとす 諭す ‖ 生徒を諭す amonestar a *un*[*una*] alum*no*[*na*]
さとやま 里山 villa *f.* de montaña ‖ 里山を残す「proteger [preservar] las aldeas de las montañas
さとり 悟り (理解) comprensión *f.*, 《宗教》(啓示) iluminación *f.*, (仏教での) nirvana *m.* ‖ 悟りを得る recibir la iluminación / 悟りの境地に入る entrar en estado de「iluminación [nirvana]
さとる 悟る (理解する) comprender, (認識する) reconocer, (気づく) darse cuenta 《de》‖ 真理を悟る descubrir la verdad / 極意を悟る conocer los secretos de ALGO / 悟ったような口をきく hablar como si fuera *un*[*una*] exper*to*[*ta*] / 死期を悟る sentir que *su* muerte está próxima / 意味を悟る comprender el significado de ALGO / だまされたと悟る darse cuenta de que *le* han engañado / 誰にも悟られないように sin que nadie lo sepa
サドル sillín *m.* ‖ サドルの高さを調節する ajustar el sillín verticalmente
サドンデス 《スポーツ》muerte *f.* súbita
◨サドンデスゲーム partido *m.* de muerte súbita
◨サドンデス方式 sistema *m.* de muerte súbita
さなか 最中
▶〜のさなかに en medio 《de》‖ 入試のさなかに en pleno examen de admisión / 会議のさなかに en el curso de la reunión, durante la reunión
さながら ‖ さながら〜のよう como si 『+接続法過去時制』/ さながら〜を思わせる光景 Es una escena que recuerda... / 地獄絵さながらの航空機事故 un accidente de avión que parece un cuadro infernal
さなぎ 蛹 crisálida *f.*, pupa *f.* ‖ さなぎになる convertirse en「crisálida [pupa] / さなぎが蝶になる La「crisálida [pupa] se convierte en mariposa.
サナトリウム sanatorio *m.*
さは 左派 《政治》izquierda *f.* (política)
▶左派の人 izquierdista (*com.*)
◨左派政権 régimen *m.* izquierdista
◨左派勢力 influencia *f.*「izquierdista [de la izquierda]
さば 鯖 caballa *f.*, verdel *m.*

[慣用]さばを読む dar una cifra falsa
サバイバル supervivencia *f.*
◆サバイバルゲーム juego *m.* de la supervivencia ‖ サバイバルゲームをする jugar a la supervivencia
◆サバイバルナイフ cuchillo *m.* de supervivencia
さばき 裁き juicio *m.*, (判決) sentencia *f.* ‖ 裁きを下す emitir un juicio ／ 法の裁きを受ける someterse a la justicia
さばく 砂漠 desierto *m.*
▶砂漠化 desertización *f.*, desertificación *f.*
◆砂漠緑化 arborización *f.* de un desierto
さばく 捌く ‖ 商品を捌く vender artículos comerciales ／ 魚を捌く dividir un pescado en filetes quitándole las espinas ／ 複雑な事務を捌く despachar la complicada tarea administrativa
さばく 裁く juzgar, (判決を下す) sentenciar
さばける 捌ける (売れる) venderse bien ‖ よく捌ける商品 artículo *m.* que se vende bien ／ 彼は捌けた人だ Él es una persona franca y comprensiva.
さばさば
▶さばさばした fran*co*[*ca*] ‖ さばさばした性格 carácter *m.* franco
▶さばさばする (気持ちが) sentirse despreocupa*do*[*da*]
サバンナ sabana *f.*
さび 錆／銹 orín *m.*, herrumbre *f.* ‖ 錆が付く herrumbrarse, oxidarse ／ 錆を落とす desherrumbrar, desoxidar ／ 錆を取る quitar el orín「de [a] ALGO ／ 錆を防ぐ prevenir la oxidación de ALGO
[諺]身から出た錆《諺》Quien siembra vientos recoge tempestades.
◆錆止め antioxidante *m.*
さびしい 寂しい／淋しい solita*rio*[*ria*], so*lo*[*la*], aisla*do*[*da*], melancóli*co*[*ca*], (悲しい) triste ‖ さびしい山奥 lugar *m.* deshabitado en el seno de una montaña ／ さびしい表情をする mostrar un gesto triste ／ さびしい老後生活を送る pasar una vejez solitaria ／ さびしい思いをする sentirse s*olo*[*la*] ／ 口がさびしい necesitar comer algo ／ 懐がさびしい llevar poco dinero en la cartera
▶さびしく ‖ さびしく暮らす vivir aisla*do*[*da*] ／ 誰かがいなくてさびしく思う echar de menos a ALGUIEN,《中南米》extrañar a ALGUIEN ／ さびしく笑う reír con「tristeza [melancolía]
さびしがりや 寂しがり屋 trist*ón*[*tona*] *mf.*
さびしさ 寂しさ tristeza *f.* ‖ 老後のさびしさ soledad *f.* en la vejez ／ さびしさがつのる「Aumenta [Se acrecienta] la soledad. ／ さびしさを紛らす distraer la soledad
さびつく 錆び付く ⇒ さびる(錆びる) ‖ 腕が錆び付く（衰える）perder la habilidad
▶錆び付いた herrumbro*so*[*sa*], oxida*do*[*da*], cubier*to*[*ta*] de óxido ‖ 錆び付いた鎖 cadena *f.* herrumbrosa
ざひょう 座標 coordenadas *fpl.*
◆座標軸 eje *m.* de coordenadas
◆座標系 sistema *m.* de coordenadas
さびる 錆びる herrumbrarse, (酸化する) oxidarse ‖ 鉄が錆びる El hierro se oxida.
さびれる 寂れる perder animación ‖ さびれた町 pueblo *m.* desértico ／ 店がさびれる La tienda se queda sin clientes.
サファイア zafiro *m.*
サファリ safari *m.* ‖ サファリに行く ir de safari
◆サファリパーク safari *m.*
◆サファリルック ropa *f.* de safari
サブカルチャー subcultura *f.*
サブタイトル subtítulo *m.* ‖ サブタイトルを付ける poner el subtítulo
ざぶとん 座布団「cojín *m.* [almohadón *m.*] japonés ‖ 座布団を出す ofrecer un cojín ／ 座布団に座る sentarse en un「cojín [almohadón]
サブプライムローン crédito *m. subprime*
サフラン azafrán *m.*
◆サフランライス arroz *m.* 「al [con] azafrán
サブリミナル
◆サブリミナルメッセージ mensaje *m.* subliminal
◆サブリミナル広告 publicidad *f.* subliminal
サプリメント suplemento *m.* dietético
さべつ 差別 discriminación *f.* ‖ 差別と偏見との闘い lucha *f.* contra las discriminaciones y los prejuicios ／ 差別を受ける sufrir discriminación ／ 差別を生む generar la discriminación ／ 差別をなくす erradicar la discriminación ／ 男女の差別なく sin distinción de hombres y mujeres
▶差別する discriminar
▶差別的な discriminato*rio*[*ria*]
▶差別化 diferenciación *f.* ‖ 差別化する diferenciar
◆人種差別 discriminación *f.* racial
◆差別用語 término *m.* discriminatorio
さほう 作法 (行儀) urbanidad *f.*, buenos modales *mpl.*, (儀式などの) protocolo *m.*, ceremonial *m.*, etiqueta *f.* ‖ 食事の作法「buenos modales *mpl.* [reglas *fpl.* de urbanidad] en la mesa ／ 厳しい作法 protocolo *m.* rígido ／ 作法にかなう ajustarse a las reglas de la urbanidad, ajustarse al protocolo ／ 作法にのっとる「seguir [respetar, cumplir] las reglas de la urbanidad, seguir el protocolo ／ 作法を教える enseñar las reglas de la urbanidad《a》／ 作法を知らない no ser bien educa*do*[*da*], no tener

buenos modales

サポーター (関節などの) suspensorio *m.*, venda *f.* elástica, (サッカーなどの応援者) hincha *com.* ‖ ひざにサポーターをする usar una venda elástica en la rodilla

サポート apoyo *m.*, ayuda *f.*
▶**サポートする** apoyar, ayudar

サボタージュ sabotaje *m.*

サボテン cactus *m.*[=*pl.*], cacto *m.*

サボる (怠ける) holgazanear ‖ 仕事をサボる faltar al trabajo／授業をサボる faltar a clase,《慣用》hacer novillos／練習をサボる faltar al entrenamiento

さま 様 ❶ (〜様) (男性) señor (略 Sr.)..., (女性) señora (略 Sra.)..., (未婚の女性) señorita (略 Srta.)... ‖ お客さま (呼びかけ) señores clientes
❷ ‖ ペドロの袴姿はさまになっている A Pedro le va bien el *hakama*.

ざま ‖ ざまを見ろ ¡Te está bien empleado!／このざまは何だ ¿Es que no tienes vergüenza con lo que has hecho?／すれ違いざまに al cruzarse

サマー
▣ **サマースクール** escuela *f.* de verano
▣ **サマータイム** horario *m.* de verano
▣ **サマーキャンプ** 「campamento *m.* [acampada *f.*] de verano
▣ **サマーセミナー** 「curso *m.* [seminario *m.*] de verano
▣ **サマーハウス** casa *f.* de veraneo

さまがわり 様変わり
▶**様変わりする** cambiar por completo ‖ この10年で、電気通信業界は大きく様変わりした En los últimos diez años el sector de las telecomunicaciones ha cambiado por completo.

さまざま 様様 ‖ 人の好みはさまざまだ Cada uno tiene su gusto.
▶**さまざまな** diver*so*[*sa*], diferente, varia*do*[*da*] ‖ さまざまな方法 diversos métodos *mpl.*／さまざまな問題 problemas *mpl.* de diversos tipos, problemas *mpl.* variados／さまざまな願い deseos *mpl.* diversos／大小さまざまな容器 recipientes *mpl.* de diversos tamaños／さまざまな医療機器 gran variedad *f.* de instrumentos médicos
▶**さまざまに** ‖ さまざまに変化する cambiar del modo más variado

さます 冷ます enfriar ‖ スープを冷ます enfriar la sopa／熱を冷ます bajar la fiebre／興奮を冷ます calmar la excitación de ALGUIEN

さます 覚ます/醒ます despertar ‖ 目を覚ます despertarse／酔いを覚ます pasar la borrachera

さまたげ 妨げ impedimento *m.*, estorbo *m.*, traba *f.* ‖ 車の通行の妨げになる ser un 「impedimento [estorbo] para la circulación de vehículos／出世の妨げになる ser una traba para el ascenso de ALGUIEN
▶**妨げる** impedir, estorbar, poner trabas

さまよう さ迷う/彷徨う vagar, errar, vagabundear ‖ 山の中をさまよう vagar por 「un monte [una montaña]／あてもなくさまよう vagar sin rumbo fijo

サマリー (要約・概要) resumen *m.*

サミット (主要先進国首脳会議) cumbre *f.* de los países más industrializados del mundo ‖ サミットに出席する asistir a una cumbre／サミットを開催する organizar una cumbre
▣ **地球サミット** Cumbre *f.* de la Tierra

さむい 寒い (天候が) hacer frío, (体が) tener frío ‖ 寒い地方 región *f.* fría／今朝は寒いですね Hace frío esta mañana, ¿verdad?
▶**寒くなる** hacerse frío[a] (主語はel tiempo, la nocheなど) ‖ 日増しに寒くなる Cada día hace más frío.

さむがり 寒がり (人) friole*ro*[*ra*] *mf.*,《南米》friolen*to*[*ta*] *mf.*

さむけ 寒気 frío *m.*, (悪寒) escalofríos *mpl.* ‖ 寒気がする tener 「frío [escalofríos]／寒気を覚える sentir escalofríos

さむさ 寒さ frío *m.* ‖ 寒さがつのる 「apretar [arreciar] el frío／寒さが和らぐ remitir el frío／寒さを防ぐ resguardarse del frío,《格式語》guarecerse del frío／寒さをこらえる 「soportar [aguantar] el frío

さむざむ 寒寒
▶**寒々とした** frío[a] ‖ 寒々とした風景 paisaje *m.* tétrico

サムネイル vista *f.* en miniatura de imágenes ‖ サムネイルを作成する crear una vista en miniatura／サムネイルで表示する mostrar una vista en miniatura

さむらい 侍 《日本語》samurái *m.*

さめ 鮫 tiburón *m.*
▣ **鮫肌** piel *f.* áspera

さめざめ ‖ さめざめと泣く《慣用》llorar 「a lágrimas vivas [como una Magdalena]

さめる 冷める enfriarse ‖ 冷めたコーヒー café *m.* enfriado／スープが冷める enfriarse la sopa／私の音楽への情熱は冷めた Mi pasión por la música se ha enfriado.

さめる 覚める ‖ 目が覚める despertarse／眠りから覚める despertarse del sueño／迷いから覚める desengañarse／麻酔から覚める 「despertar [recuperarse] de la anestesia／私はもう酔いが覚めた Ya se me ha pasado la borrachera.

さめる 褪める desteñir(se) ‖ カーテンの色が褪めた Se ha desteñido el color de la cortina.

さも ‖ さも〜のように como si 『+接続法過去

さもしい ruin, vil, mezqui*no*[na] ‖ さもしい根性 carácter *m.* mezquino

さもないと （命令文の後で）o, (もし～でないなら) si no, de lo contrario ‖ 急ぎなさい、さもないと遅刻しますよ Date prisa, o llegarás tarde.

さもなければ si no ‖ 本日中、さもなければ明日の午前中にあなたにお会いしたいのですが Quería verle a usted hoy, si no, mañana por la mañana.

さもん 査問 investigación *f.*
▶査問する investigar
◾査問委員会 comité *m.* investigador

さや 莢 vaina *f.* ‖ 莢をむく quitar la vaina
さや 鞘 (刀の) vaina *f.*
〖慣用〗元のさやに収まる《慣用》Las aguas vuelven a su cauce.

さやいんげん 莢隠元 judía *f.* verde
さやえんどう 莢豌豆 guisante *m.*
ざやく 座薬 supositorio *m.* ‖ 座薬を処方する recetar supositorios ／ 座薬を使う utilizar un supositorio

さゆう 左右 la derecha y la izquierda ‖ ページを左右に分ける dividir la página en dos columnas ／ 左右を確認する mirar a la izquierda y a la derecha ／ 左右に揺れる moverse hacia la izquierda y hacia la derecha
▶左右する influir《en》‖ 人生を左右する decidir la vida de ALGUIEN ／ 左右される dejarse influir《por》, depender《de》
◾左右対称 simetría *f.* horizontal

ざゆうのめい 座右の銘 lema *m.* ‖ 座右の銘にする tomar ALGO como lema ／ 私の座右の銘は寛容だ Mi lema es la magnanimidad.

さよう 作用 acción *f.*, (効果) efecto *m.* ‖ 自然の作用 acción *f.* de la naturaleza
▶作用する actuar ‖ アルコールが作用する El alcohol hace efecto.
◾催眠作用 efecto *m.* hipnótico ‖ 催眠作用がある tener un efecto hipnótico
◾作用反作用 作用反作用の法則 ley *f.* de acción y reacción

さようなら 《挨拶》Adiós. ¦ Hasta luego.
さよく 左翼 《政治》izquierda *f.* (política)
▶左翼の(人) izquierdista (*com.*)
◾左翼思想 ideología *f.* izquierdista
◾左翼団体 organización *f.* izquierdista

さよなら →さようなら
▶さよならする decir adiós a ALGUIEN
◾サヨナラホームラン《野球》jonrón *m. walk-off*

さら 皿 plato *m.* ‖ 皿に盛る servir ALGO en un plato ／ 皿を割る romper un plato ／ 皿を洗う「fregar [lavar] los platos ／ かっぱの皿 calva *f.* del *kappa* ／ ひざの皿 menisco *m.* de la rodilla ／ （レストランで）お皿をもう一枚いただけますか ¿Podría traerme otro plato?

◾皿洗い (人) pinche *com.*
◾皿洗い機 lavavajillas *m.*[=*pl.*], lavaplatos *m.*[=*pl.*]
◾皿回し ‖ 皿回しをする hacer girar un plato sobre un palo

ざら
▶ざらにある (珍しくない) no ser nada extraordina*rio*[ria], ocurrir con mucha frecuencia,《慣用》ser moneda corriente

さらいげつ 再来月 dentro de dos meses
さらいしゅう 再来週 dentro de dos semanas
さらいねん 再来年 dentro de dos años
さらう 浚う （川底などを）dragar ‖ 溝をさらう limpiar una「acequia [cuneta]
さらう 攫う ‖ 子供をさらう secuestrar a *un* [*una*] niño[ña] ／ 人気をさらう monopolizar la popularidad ／ 勝ちをさらう llevarse la victoria ／ 釣り人(男性)が波にさらわれた Las olas se llevaron al pescador. ／ 猫はカラスに餌をさらわれた Al gato le quitó la comida un cuervo.

サラきん サラ金 préstamo *m.* no bancario ‖ サラ金に手を出す acudir al usurero
◾サラ金業者 (会社) empresa *f.* usurera, (人) usure*ro*[ra] *mf.*

さらけだす 曝け出す mostrar, revelar, poner ALGO al descubierto ‖ 弱点をさらけ出す mostrar *su* punto [débil [flaco]

さらさら ❶ ‖ 小川がさらさら流れる El agua del arroyo fluye sin interrupción. ／ 血液をさらさらにする disminuir la viscosidad de la sangre
▶さらさらしている estar li*so*[sa] ‖ 表面がさらさらしている tener una superficie lisa ／ 髪の毛がさらさらしている tener un pelo suave y liso
❷ (少しも・決して) ‖ ～する気はさらさらない no tener la mínima intención de 〖＋不定詞〗

ざらざら
▶ざらざらした áspe*ro*[ra], raspo*so*[sa] ‖ 手がざらざらしている tener las manos ásperas ／ 肌がざらざらしている tener la piel áspera

さらしもの 晒し者 ‖ さらし者にする dar un castigo ejemplar《a》／ さらし者になる (物笑いの種になる) quedar en ridículo, convertirse en el hazmerreír

さらす 晒す/曝す exponer ‖ 風雨にさらす exponer ALGO a las inclemencias del tiempo ／ 日にさらす exponer ALGO al sol ／ 首をさらす exponer la cabeza「decapitada [degollada] de ALGUIEN ／ 恥をさらす deshonrarse a *sí* mis*mo*[*ma*] en público, cometer un acto vergonzoso en público ／ 脅威にさらされている estar expues*to*[*ta*] a una amenaza

サラダ ensalada *f*. ‖ 前菜にサラダを注文する pedir una ensalada como entrante
- サラダオイル aceite *m*. de ensalada
- サラダドレッシング salsa *f*. para「aliñar [condimentar] ensaladas
- サラダ菜 lechuga *f*.
- サラダバー barra *f*. de ensaladas
- サラダボール ensaladera *f*.

さらなる 更なる ‖ 労働市場の更なる規制緩和を推進する promover una mayor desregulación del mercado laboral

さらに 更に （いっそう） más, (その上) además, encima

サラブレッド purasangre *m*. ‖ 財界のサラブレッド la flor y nata del mundo financiero

サラミ salami *m*.

サラリー sueldo *m*., paga *f*., salario *m*. ‖ サラリーがいい cobrar un buen sueldo
- サラリーマン asalaria*do*[*da*] *mf*.

さらりと ‖ 話をさらりと流す《慣用》echar balones fuera

ざりがに 蝲蛄 cangrejo *m*. de río

さりげない natural, espontáne*o*[*a*] ‖ さりげない仕草 gesto *m*. natural y espontáneo
▸ さりげなく como si nada, con naturalidad ‖ さりげなく励ます animar a ALGUIEN como que no se hace

サリドマイド talidomida *f*.
▸ サリドマイドの talidomíd*ico*[*ca*]

サリン sarín *m*.
- サリンガス gas *m*. sarín

さる 申 （十二支の）signo *m*. del mono ‖ 申の刻 alrededor de las cuatro de la tarde
- 申年 año *m*. del mono

さる 猿 mo*no*[*na*] *mf*., si*mio*[*mia*] *mf*.
《諺》猿も木から落ちる《諺》El mejor escribano echa un borrón. ¦《諺》Algunas veces dormita el buen Homero.
- 猿ぐつわ mordaza *f*. ‖ 猿ぐつわをかませる amordazar, poner una mordaza《a》
- 猿芝居 farsa *f*.
- 猿まね imitación *f*. superficial
- 猿山 monte *m*. habitado por monos

さる 去る irse, marcharse ‖ 職場を去る dejar el trabajo ／ 土地から去る abandonar un lugar ／ 世を去る《慣用》「irse [salir] de este mundo ／ 冬が去る irse *el invierno* ／ 痛みが去る「quitarse [pasar, desaparecer] *el dolor* ／ 危険が去る disiparse *el peligro* ／ 今を去ること30年前 Hoy hace ya treinta años
《慣用》去る者は追わず No se persigue a quien se va.
《諺》去る者は日々に疎し《諺》La distancia es el olvido.

さる 然る ‖ さる筋からの情報 información *f*. facilitada por una fuente ／ さる事実はない No existe tal hecho.

ざる 笊 colador *m*.
- ざる蕎麦 （説明訳） *soba m*. servido en una cesta plana de bambú

サルサ salsa *f*. ‖ サルサを踊る bailar salsa

さるすべり 百日紅 árbol *m*. de Júpiter, (学名) *Lagerstroemia indica*

サルビア salvia *f*.

サルモネラきん サルモネラ菌 salmonela *f*.
- サルモネラ(感染)症 salmonelosis *f*.[=*pl*.]

サロン （社交的な集い）salón *m*.

さわ 沢 valle *m*. ‖ 沢づたいに siguiendo el valle

さわがしい 騒がしい ruido*so*[*sa*], tumultuo*so*[*sa*], bullicio*so*[*sa*] ‖ 騒がしい物音 alboroto *m*.,《話》barullo *m*. ／ 騒がしい場所《話》grillera *f*.,《慣用》《話》「olla *f*. [jaula *f*.] de grillos ／ 表が騒がしい Hay「alboroto [barullo] en la calle. ／ 騒がしい世の中で暮らす vivir en un mundo agitado

さわがせる 騒がせる 「causar [suscitar, despertar] polémica ‖ 世間を騒がせた事件 suceso *m*. que causó conmoción en la sociedad

さわぎ 騒ぎ alboroto *m*., tumulto *m*.,《話》barullo *m*. (けんか) pelea *f*. ‖ 騒ぎを起こす armar jaleo, causar un escándalo,《中南米》embochinchar,《慣用》armarse la gorda ／ 騒ぎが静まる「cesar [calmarse] *el alboroto* ／ 騒ぎに巻き込まれる meterse en un lío ／ 私は試験がたくさんあって映画どころの騒ぎではない Tengo tantos exámenes que no estoy para ir al cine.

さわぐ 騒ぐ armar un「alboroto [jaleo]‖ じたばた騒ぐ《話》patalear, (もがく) forcejear ／ 飲んで騒ぐ estar de「juerga [parranda]／ 大臣（男性）の汚職問題で騒ぐ polemizar sobre el asunto de la corrupción del ministro
▸ 騒ぎ立てる polemizar《sobre》‖ なぜこんな事柄についてそんなに大げさに騒ぎ立てるのか ¿Por qué polemizan tanto sobre un asunto sin importancia?

ざわつく agitarse ‖ 聴衆がざわついた La audiencia se agitó. ／ 心がざわつく alterarse

ざわめく ‖ 会場がざわめいた Se produjo un murmullo en el recinto.
▸ ざわめき murmullo *m*.

さわやか 爽やか agradable, fres*co*[*ca*]
▸ さわやかな ‖ さわやかな感じ（印象）impresión *f*. agradable ／ さわやかな気候 clima

m. agradable ／ さわやかな風 brisa *f.* fresca, viento *m.* suave y agradable ／ さわやかな人柄 carácter *m.* agradable
▶さわやかである‖気分がさわやかだ sentirse fres*co*[*ca*] ／ 弁舌がさわやかだ ser elocuente, tener elocuencia

さわり 触り 〘劇作品などの見どころ〙clímax *m.*[=*pl.*], pasaje *m.* culminante ‖歌のさわりを歌う cantar el fragmento más importante de una canción

さわる 触る tocar,〘触診する〙palpar‖手で触る tocar ALGO con la(s) mano(s) ／〘誰かの〙手に触る tocar la mano de ALGUIEN ／彼らは寄ると触るとサッカーの話ばかりしている Ellos no hacen otra cosa que hablar de fútbol cuando están juntos.
〖慣用〗触るべからず《掲示》No tocar
〖諺〗触らぬ神にたたりなし Más vale dejar las cosas como están que arriesgarse.

さわる 障る‖体に障る perjudicar la salud ／気に障る molestar, disgustar ／神経に障る poner nervios*o*[*sa*] a ALGUIEN ／縁談に障る「perjudicar [afectar a] la boda

さん 三 tres *m.*‖三番目 terce*ro*[*ra*] ／3分の1 un tercio ／3分の2 dos tercios

さん 産‖北海道産のチーズ queso *m.* hecho en Hokkaido ／お産が軽い tener un parto fácil

さん 酸 ácido *m.*‖酸とアルカリ el ácido y el álcali
◪酸度 acidez *f.*

サンオイル「protector *m.* [aceite *m.*] solar

さんか 参加 participación *f.*,〘議論などへの〙intervención *f.*‖スポーツ大会に参加を申し込む inscribirse en una competición deportiva
▶参加する participar《en》‖コンクールに参加する presentarse en un concurso, participar en un concurso ／活動に参加する participar en una actividad ／論争に参加する「participar [intervenir] en un debate
◪参加国 país *m.* participante
◪参加者 participante *com.*
◪参加賞 recuerdo *m.* de participación
◪参加チーム equipo *m.* participante

さんか 産科 obstetricia *f.*, tocología *f.*
◪産科医 tocól*ogo*[*ga*] *mf.*
◪産科病院 hospital *m.* de obstetricia

さんか 傘下‖大企業の傘下に入る entrar a formar parte de una gran empresa

さんか 酸化 oxidación *f.*
▶酸化する/酸化させる oxidarse/oxidar‖血液を酸化させる oxidar la sangre
◪抗酸化物質 antioxidante *m.*
◪酸化剤 oxidante *m.*
◪酸化鉄 óxidos *mpl.* de hierro
◪酸化反応 oxidación *f.*
◪酸化物 compuesto *m.* óxido

さんか 賛歌 himno *m.*

さんが 山河 ríos *mpl.* y montañas *fpl.*,〘自然〙naturaleza *f.*

さんがい 三階 segundo piso *m.*, segunda planta *f.*,〘tercer piso *m.*, tercera planta *f.* は日本の4階に相当〙‖3階建ての家 casa *f.* de tres「pisos [plantas]

ざんがい 残骸 restos *mpl.*,〘建物の〙escombros *mpl.*‖座礁した船の残骸 restos *mpl.* de un barco encallado

さんかく 三角 triángulo *m.*
▶三角の triangular
◪三角形 triángulo *m.*
◪正三角形 triángulo *m.* equilátero
◪不等辺三角形 triángulo *m.* escaleno
◪三角関係 triángulo *m.* amoroso
◪三角関数 función *f.* trigonométrica
◪三角定規 cartabón *m.*
◪三角州 delta *m.* fluvial
◪三角錐 tetraedro *m.*
◪三角柱 prisma *m.* triangular
◪三角貿易 comercio *m.* triangular

さんかく 参画 participación *f.*
▶参画する participar《en》, tomar parte《en》
◪男女共同参画社会 sociedad *f.* con igualdad de género

さんがく 山岳 cordillera *f.*, sierra *f.*
◪山岳地帯 zona *f.* montañosa
◪山岳部 peña *f.* de montañeros

さんがく 産学
◪産学協同/産学連携 colaboración *f.* entre empresas y universidades
◪産学官‖産学官の連携 colaboración *f.* entre empresas, universidades y administración

ざんがく 残額 saldo *m.*
◪預金残額‖預金残額を確認する comprobar el saldo de la cuenta bancaria

さんがつ 三月 marzo *m.*
▶3月に en (el mes de) marzo

さんかん 山間
▶山間の‖山間の村 pueblo *m.* de montaña
◪山間部‖山間部は雪が多い Nieva mucho en zonas montañosas.

さんかん 参観
▶参観する‖授業を参観する visitar la clase, visitar el aula
◪授業参観 visita *f.* a la clase, visita *f.* al aula
◪授業参観日 día *m.* de clase abierta a los padres

さんかんおう 三冠王《野球》triple corona *f.*‖三冠王に輝く conseguir la triple corona

さんぎいん 参議院 Cámara *f.*「Alta [de Senadores]
◪参議院議員 sena*dor*[*dora*] *mf.*
◪参議院議長 presiden*te*[*ta*] *mf.* de la Cá-

mara「Alta [de Senadores]
さんきゃく 三脚 trípode *m.* ‖ 三脚を立てる colocar un trípode ／ 三脚を使う「utilizar [usar] un trípode
ざんぎゃく 残虐 ‖ 残虐の限りを尽くす cometer todo tipo de「crueldades [atrocidades]
▶ 残虐な cruel, atroz, brutal,（非人間的な）inhuma*no*[*na*] ‖ 残虐な行為を働く cometer una「crueldad [atrocidad]
▶ 残虐性 crueldad *f.*
▶ 残虐行為 crueldad *f.*, atrocidad *f.*, acción *f.* cruel
さんきゅう 産休 baja *f.* por「maternidad [parto]‖ 産休をとる「tomar [coger] una baja por maternidad
◪ 産休期間 período *m.* de baja por maternidad
さんぎょう 産業 industria *f.* ‖ 産業が衰退する decaer *la industria* ／ 産業を育てる「promover [fomentar] industrias
◪ 産業界 mundo *m.* industrial
◪ 産業革命《歴史》Revolución *f.* Industrial
◪ 産業再生法 Ley *f.* de Reactivación Industrial
◪ 産業スパイ espía *com.* industrial
◪ 産業廃棄物「residuos *mpl.* [desechos *mpl.*] industriales
◪ 産業廃棄物汚染 contaminación *f.* causada por residuos industriales
◪ 産業労働者 trabaja*dor*[*dora*] *mf.* industrial, obre*ro*[*ra*] *mf.* industrial
◪ 産業用ロボット robot *m.* industrial
ざんぎょう 残業 horas *fpl.* extras
▶ 残業する hacer horas extras
◪ 残業時間 número *m.* de horas extras
◪ 残業手当 plus *m.* por horas extras
ざんきん 残金 resto *m.*
サングラス 《スペイン》gafas *fpl.* de sol,《中南米》anteojos *mpl.* de sol ‖ サングラスをかける ponerse las gafas de sol ／ サングラスをかけている llevar gafas de sol
さんけ 産気
▶ 産気づく sentir los primeros dolores de parto
ざんげ 懺悔 confesión *f.*, penitencia *f.*
▶ 懺悔する confesarse 《de》‖ 自分の罪を懺悔する confesarse de *sus* pecados
◪ 懺悔室 confesonario *m.*, confesionario *m.*
さんけい 山系 sistema *m.* montañoso
さんけい 参詣 visita *f.* a un templo
▶ 参詣する ir a rezar a un templo
◪ 参詣者 visitante *com.* de un templo
さんけつ 酸欠 falta *f.* de oxígeno ‖ 酸欠になる sufrir falta de oxígeno ／ 酸欠で死ぬ morir(se) por falta de oxígeno
さんげんしょく 三原色 tres colores *mpl.* primarios
さんけんぶんりつ 三権分立「separación *f.* [división *f.*] de poderes,「separación *f.* [división *f.*] de los poderes ejecutivo, legislativo y judicial
さんご 珊瑚 coral *m.* ‖ 珊瑚が死ぬ Los corales se mueren.
◪ 珊瑚礁 arrecife *m.* de coral
さんこう 参考 consulta *f.*, referencia *f.* ‖ 本を参考にする consultar un libro ／ 参考になる servir de referencia ／（あなたの）参考までに para su información ／（今後の(私の)参考に para que me sirva de referencia en el futuro
◪ 参考人 testigo *com.*
◪ 参考書 libro *m.* de「consulta [referencia]
◪ 参考書目 referencia *f.* bibliográfica
◪ 参考資料 datos *mpl.* de referencia
◪ 参考文献 bibliografía *f.*
ざんごう 塹壕 trinchera *f.* ‖ 塹壕を掘る「excavar [hacer] una trinchera
ざんこく 残酷 crueldad *f.*, atrocidad *f.*, brutalidad *f.*
▶ 残酷な cruel, atroz, brutal, desalma*do*[*da*],（非人間的な）inhuma*no*[*na*] ‖ 残酷な犯罪 crimen *m.* atroz ／ 残酷な行為 crueldad *f.*, atrocidad *f.* ／ それは私には残酷な気がする Eso me parece cruel. ／ 残酷な光景 escena *f.* atroz
▶ 残酷にも～する tener la crueldad de〖+不定詞〗
▶ 残酷きわまりない ser cruel a más no poder
さんさい 山菜 《日本語》*sansai m.*,（説明訳）verduras *fpl.* de montaña ‖ 山菜を採る recoger plantas silvestres comestibles en la montaña
さんざい 散在
▶ 散在する esparcirse,「encontrarse [hallarse] esparci*do*[*da*],「encontrarse [hallarse] disemina*do*[*da*] ‖ ハードディスクに散在しているデータ datos *mpl.* esparcidos en un disco duro
さんさく 散策 paseo *m.*
▶ 散策する pasear, dar un paseo《por》‖ 森を散策する dar un paseo por el bosque
ざんさつ 惨殺 asesinato *m.*「cruel [brutal]
▶ 惨殺する matar「cruelmente [atrozmente] a ALGUIEN ‖ 家族全員が惨殺された Toda la familia fue cruelmente asesinada.
◪ 惨殺死体 ‖ 男性の惨殺死体 cuerpo *m.* de un hombre brutalmente asesinado
さんさろ 三叉路 trifurcación *f.*
▶ 三叉路になる trifurcarse
さんさん 燦燦
▶ 燦燦と ‖ 燦々と輝く brillar「con resplandor [resplandeciente] ／ 燦々と降り注ぐ光 rayos *mpl.* radiantes del sol

さんざん 散散‖さんざん苦しめる agobiar a ALGUIEN／さんざん歩き回る andar de un lado para otro,《慣用》「andar [recorrer] las siete partidas
▶さんざんな‖さんざんな目にあう《慣用》no ganar para disgustos

さんじ 三次‖第三次佐藤内閣 tercer gobierno m. de Sato
◨第三次産業 sector m. terciario
◨三次方程式 ecuación f. de tercer grado

さんじ 参事 consejer*o*[*ra*] mf.

さんじ 惨事 desastre m., tragedia f., (大惨事) catástrofe f.‖惨事を引き起こす provocar un desastre／惨事につながる conducir a「un desastre [una tragedia]

さんじ 産児 bebé m. recién nacido
◨産児制限 control m. de natalidad

さんじ 賛辞 elogio m., alabanza f.‖賛辞を送る alabar a ALGUIEN, dedicar alabanzas《a》

さんしきすみれ 三色菫 pensamiento m.

さんじげん 三次元 tercera dimensión f.

さんじゅう 三十 treinta m.‖30番目の trigésim*o*[*ma*]／30分の1 un treintavo

さんじゅう 三重
▶三重の triple‖三重の塔 pagoda f. de tres pisos
◨三重苦 sufrimiento m. triple
◨三重唱 trío m.
◨三重奏 弦楽三重奏 trío m. de cuerdas

さんしゅつ 産出 producción f.
▶産出する producir‖石油を産出する producir petróleo
◨産出国 país m. productor《de》‖金の産出国 país m. productor de oro
◨産出高／産出量 volumen m. de producción, producción f.

さんしゅつ 算出 cálculo m.
▶算出する calcular‖必要経費を算出する calcular los gastos necesarios

ざんしょ 残暑 calor m. de finales del verano‖残暑お見舞い申し上げます Le deseo salud esperando que no le afecten los últimos calores del verano.
◨残暑見舞い（説明訳）saludo m. de cortesía que se da a finales de verano para desear buena salud a una persona

さんしょう 山椒 pimienta f. de Sichuan
🈡山椒は小粒でぴりりと辛い Aunque pequeño, es picante el fruto de la pimienta de Sichuan.

さんしょう 参照
▶参照する consultar, remitir《a》,（照合する）cotejar‖文献を参照する consultar documentos／欄外を参照せよ Véase la nota al pie de la página.

さんじょう 三乗 cubo m.‖2の3乗は8だ 2「al cubo [elevado a 3] es igual a 8.
▶三乗する‖4を3乗する elevar 4 al cubo
◨三乗根 raíz f. cúbica

さんじょう 惨状 estado m. desastroso‖惨状を呈する presentar un aspecto desastroso／事故現場の惨状を視察する visitar el lugar siniestrado para conocer la situación

さんしょううお 山椒魚 salamandra f.

さんしょく 三色
▶三色の tricolor, de tres colores
◨三色旗 bandera f.「tricolor [de tres colores]
◨三色菫 pensamiento m.
◨三色刷り‖3色刷りのページ página f. tricolor

さんじょく 産褥
▶産褥の puerperal
◨産褥期 puerperio m.
◨産褥熱 fiebre f. puerperal

さんしん 三振 《野球》ponchado m., ponche m.,《英語》*strike out* m.
▶三振する retirarse al recibir tres *strikes*

ざんしん 斬新
▶斬新な innovad*or*[*dora*], original‖斬新なデザイン diseño m. innovador／斬新なアイデアを出す presentar una idea「innovadora [original]

さんすい 散水／撒水 riego m.
▶散水する regar‖道路に撒水する regar las calles
◨散水器 aspersor m.
◨散水車 camión m. de riego

さんすう 算数 aritmética f.

さんする 産する producir

さんせい 酸性 acidez f.
▶酸性の ácid*o*[*da*]
▶酸性にする acidificar
▶酸性化 acidificación f.
◨酸性雨 lluvia f. ácida
◨酸性食品 alimento m. ácido
◨酸性土 tierra f. ácida
◨酸性反応 reacción f. ácida

さんせい 賛成 aprobación f., consentimiento m.‖賛成か反対かを表明する manifestarse a favor o en contra／その提案にあなたは賛成ですか、反対ですか ¿Está usted a favor o en contra de la propuesta?／賛成を得る conseguir la aprobación de ALGUIEN／賛成を表明する declararse a favor de ALGO／(誰かに)賛成を求める「pedir [solicitar] la aprobación de ALGUIEN／賛成の方は挙手願います Que levanten la mano quienes estén a favor.
▶賛成する aprobar, asentir, （同意する）consentir‖意見に賛成する manifestarse a favor de una opinión／あなたの決定に全面的に賛成します Estoy completamente de acuerdo con la decisión que ha tomado usted.／申し訳ありませんが、お考えには賛

成いたしかねます Perdone, pero no comparto su opinión.
- ◪ 賛成者 partida*rio*[ria] mf.
- ◪ 賛成多数‖賛成多数により可決される ser aproba*do*[da] por una mayoría
- ◪ 賛成票 voto m. a favor

さんせいけん 参政権 derechos mpl. políticos, (投票権) derecho m. a(l) voto ‖ 参政権を獲得する「conseguir [obtener] el derecho al voto
- ◪ 女性参政権 sufragio m. femenino, derechos mpl. políticos femeninos, (投票権) derecho m. a(l) voto femenino
- ◪ 地方参政権 derecho m. de sufragio municipal ‖ チリは外国人に地方参政権を与えている Chile concede el derecho al voto en las elecciones municipales a los extranjeros.

さんせき 山積
- ▶ 山積する amontonarse, apilarse ‖ 問題が山積している tener problemas amontonados

ざんせつ 残雪 restos mpl. de nieve ‖ 山頂は残雪に覆われている La cima de la montaña está cubierta de restos de nieve.

さんせん 参戦 participación f. en una guerra
- ▶ 参戦する participar en una guerra

さんぜん 産前
- ▶ 産前の prenatal
- ◪ 産前産後休暇 ⇒ さんきゅう(産休)

さんぜん 燦然
- ▶ 燦然と brillantemente ‖ 燦然と輝く brillar「esplendorosamente [vivamente]

さんそ 酸素 《化学》oxígeno m. 《記号 O》
- ◪ 酸素吸入 inhalación f. de oxígeno
- ◪ 酸素ボンベ balón m. de oxígeno
- ◪ 酸素マスク máscara f. de oxígeno
- ◪ 酸素療法 oxigenoterapia f.

さんそう 山荘 chalé m., casa f. de campo
ざんぞう 残像 imagen f. persistente
さんそん 山村 aldea f. en la montaña
ざんそん 残存
- ▶ 残存する subsistir, sobrevivir
- ◪ 残存期間 duración f. restante
- ◪ 残存種 especie f. sobreviviente

ざんだか 残高 saldo m. ‖ 残高を確認する comprobar el saldo

サンタクロース Papá Noel, Viejito Pascuero, San Nicolás, Santa Claus

サンダル sandalias fpl. ‖ サンダルを履く ponerse las sandalias

さんたん 惨憺
- ▶ 惨憺たる desastro*so*[sa] ‖ 惨憺たる結果を招く traer consecuencias desastrosas

さんだんとび 三段跳び triple salto m.
さんだんろんぽう 三段論法 silogismo m.
さんち 山地 masa f. montañosa
さんち 産地 lugar m. de origen
- ◪ 産地直送 distribución f. directa
- ◪ 産地直売 venta f. directa

さんちょう 山頂 cumbre f., cima f. ‖ 富士山の山頂 la cima del monte Fuji

さんちょく 産直 distribución f. directa
- ◪ 産直野菜 hortalizas fpl. distribuidas directamente

さんてい 算定 cálculo m.
- ▶ 算定する calcular
- ◪ 算定基準 criterio m. del cálculo

ざんてい 暫定
- ▶ 暫定的な provisional, transito*rio*[ria], (試験的な) tentati*vo*[va] ‖ 暫定的な合意に達する llegar a un acuerdo provisional
- ◪ 暫定協定 acuerdo m. provisional
- ◪ 暫定政権 gobierno m.「transitorio [interino]
- ◪ 暫定予算 presupuesto m. provisional

さんど 三度 tres veces, en tres ocasiones ‖ 三度の飯より映画が好きだ Me gusta el cine más que las tres comidas del día.
- (慣用) 三度目の正直《諺》A la tercera va la vencida.

サンド
- ◪ サンドバッグ saco m. de boxeo
- ◪ サンドペーパー papel m. de lija, lija f.

サンドイッチ sándwich m., (フランスパンの) bocadillo m.
- ◪ サンドイッチマン hombre m. anuncio

さんどう 参道 camino m. de acceso a un templo

さんどう 賛同 aprobación f., (同意) consentimiento m.
- ▶ 賛同する aprobar, asentir, mostrarse partida*rio*[ria] de ALGO, (同意する) consentir
- ◪ 賛同者 partida*rio*[ria] mf.

ざんとう 残党 sobrevivientes mpl. ‖ ゲリラの残党は国外に逃亡した Los sobrevivientes de la guerrilla huyeron al extranjero.

さんとうぶん 三等分
- ▶ 三等分する dividir ALGO en tres partes iguales

さんにゅう 参入
- ▶ 参入する entrar a formar parte de ALGO ‖ 保険業界に参入する「introducirse [penetrar] en el sector de seguros ／ 外国の市場に参入する「entrar [penetrar] en el mercado extranjero

さんにん 三人 tres personas fpl.
- (諺) 三人寄れば文殊の知恵《諺》Cuatro ojos ven más que dos.
- ◪ 三人組 trío m.
- ◪ 三人称《文法》tercera persona f.

ざんにん 残忍
- ▶ 残忍な cruel, atroz, brutal, (非人間的な) inhuma*no*[na] ‖ 残忍な性格 carácter m. cruel ／ 残忍な行為 crueldad f., atrocidad f., acción f. cruel

ざんねん
> 残忍性 crueldad f.

ざんねん 残念
> 残念な lamentable ‖ 残念な結果 resultado m. adverso
> 残念だ ¡Qué lástima! ¦ Es una lástima. ‖ 君が会議を欠席したのは残念だ Es una lástima que hayas faltado a la reunión.
> 残念がる no dejar de lamentar(se)
> ～を残念に思う「lamentar [sentir] que『+接続法』
> 残念ながら…/残念なことに… Desgraciadamente...
> 残念ですが ‖ 残念ですが、割引はございません Lo siento, pero no hay descuento. / 残念ですが、来月工場を閉鎖します Lamento comunicarles que la fábrica se cerrará el mes próximo.
> 残念賞 premio m. de consolación
> 残念無念 ‖ 残念無念だ Es más que lamentable.

さんねんせい 三年生 estudiante com. 「de tercer curso [de tercero]‖ 小学三年生 alumno[na] mf. de tercero de primaria

サンバ samba f.

さんばい 三倍 triplo m.
> 三倍の triple
> 三倍に「3倍になる triplicarse, multiplicarse por tres / 売り上げを3倍にする triplicar las ventas, multiplicar por tres las ventas

さんぱい 参拝 visita f. a un templo para rezar
> 参拝する ir al templo a rezar
> 参拝者 visitante com. de un templo

ざんぱい 惨敗 derrota f. 「estrepitosa [aparatosa]‖ 決勝戦で惨敗を喫する sufrir una derrota estrepitosa en la final

さんばし 桟橋 embarcadero m., muelle m.

さんぱつ 散髪 corte m. de 「pelo [cabello]
> 散髪する cortarse el pelo
> 散髪代 precio m. del corte de pelo

さんぱつ 散発
> 散発的な esporádico[ca]‖ 散発的な揺れ temblores mpl. esporádicos
> 散発的に esporádicamente

ざんぱん 残飯 sobras fpl. de comida ‖ 野良犬が残飯をあさる Un perro vagabundo anda buscando sobras de comida.

さんはんきかん 三半規管 conductos mpl. semicirculares

さんび 賛美 alabanza f.
> 賛美する alabar, elogiar
> 賛美歌 himno m.

さんぴ 賛否 sí o no, los pros y los contras ‖ 賛否両論がある Hay opiniones a favor y opiniones en contra. / 賛否を問う someter ALGO a votación

さんびょうし 三拍子 compás m.「ternario [de tres tiempos]‖ 3拍子の曲 música f. de compás ternario / 走攻守の3拍子そろった選手 jugador[dora] mf. triplemente dotado[da] que sabe atacar, defender y correr

さんぶ 三部 (三部門) tres partes fpl.
☐ 三部合唱 coro m. a tres voces
☐ 三部作 trilogía f.

さんぷ 散布/撒布 esparcimiento m., vertido m. ‖ 農薬の散布 vertido m. de pesticidas
> 散布する verter, esparcir ‖ 農薬を散布する verter pesticidas

ざんぶ 残部 resto m., (雑誌などの売れ残り) ejemplares mpl. no vendidos

さんぷく 山腹 ladera f. (de un monte)

さんふじんか 産婦人科 tocoginecología f.
☐ 産婦人科医 tocoginecólogo[ga] mf.

さんぶつ 産物 fruto m., producto m. ‖ 偶然の産物 fruto m. del azar

サンプリング muestreo m.
> サンプリングする realizar un muestreo

サンプル muestra f., espécimen m. ‖ サンプルを見る ver una muestra de ALGO / サンプルを配る repartir muestras / 次の品目のサンプルをお送りください Les ruego que me manden muestras de los artículos siguientes.

さんぶん 散文 prosa f.
> 散文的な prosaico[ca]
☐ 散文詩 prosa f. poética
☐ 散文調 tono m. prosaico

さんぽ 散歩 paseo m. ‖ 散歩に出かける/散歩に行く salir de paseo / 散歩から帰る「volver [regresar] del paseo / 散歩がてら博物館へ行く ir a un museo para estirar las piernas
> 散歩する dar 「un paseo [una vuelta]《por》

さんぼう 参謀 oficial com. del estado mayor
☐ 参謀会議 consejo m. de estado mayor
☐ 参謀総長 jefe[fa] mf. del estado mayor
☐ 参謀本部 estado m. mayor

さんま 秋刀魚 paparda f. del Pacífico, (学名) Cololabis saira

さんまい 三昧 ‖ ぜいたく三昧に暮らす vivir rodeado[da] de lujos / 読書三昧で暮らす pasarse los días enfrascado[da] en la lectura

さんまいめ 三枚目 cómico[ca] mf., actor m. cómico, actriz f. cómica ‖ 三枚目を演じる「hacer [desempeñar] un papel cómico

さんまん 散漫 distracción f.
> 散漫な ‖ 注意力散漫な人 distraído[da] mf., despistado[da] mf.
> 散漫である estar distraído[da]

さんみ 酸味 acidez f., agrura f. ‖ 酸味が強い tener un fuerte sabor ácido
> 酸味のある ácido[da], agrio[gria]

さんみいったい　三位一体　trinidad *f*.

さんみゃく　山脈　cordillera *f*., sierra *f*., cadena *f*. montañosa
　◨アンデス山脈　cordillera *f*. de los Andes, los Andes

ざんむ　残務　asunto *m*. pendiente
　◨残務整理‖残務整理をする　arreglar asuntos pendientes

さんめんきじ　三面記事　sucesos *mpl*.‖三面記事に載る　aparecer publica*do*[*da*] en las páginas de sociedad

さんやく　三役　los tres cargos más importantes, (人) los tres dirigentes de mayor rango

さんゆ　産油　producción *f*. de petróleo
　◨産油国　país *m*. productor de petróleo
　◨産油量　volumen *m*. de producción de petróleo

さんようすうじ　算用数字　número *m*. arábigo

さんらん　産卵　desove *m*., freza *f*.
　▶産卵する　desovar, frezar
　◨産卵期　época *f*. de「freza [desove]

さんらん　散乱　dispersión *f*. (física)
　▶散乱する　dispersarse, esparcirse‖ゴミが散乱している公園　parque *m*. lleno de basura esparcida

ざんりゅう　残留　permanencia *f*.‖1部リーグの残留を決める「lograr la permanencia [conseguir quedarse] en primera división
　▶残留する　quedarse
　◨残留農薬　residuos *mpl*. de「pesticida [plaguicida]

さんりん　山林　montes y bosques *mpl*.

さんりんしゃ　三輪車　triciclo *m*.‖三輪車に乗る　montar en triciclo

さんるい　三塁　《野球》tercera base *f*., antesala *f*.‖三塁を守る　defender la tercera base
　◨三塁手　tercera base *com*., antesalista *com*.
　◨三塁打　triple *m*.

ざんるい　残塁　《野球》quedado *m*. en base

サンルーフ　(自動車の) techo *m*. solar

サンルーム　solárium *m*.

さんれつ　参列
　▶参列する　asistir《a》‖記念式典に参列する　asistir a una ceremonia conmemorativa / 葬儀に参列する　asistir a un funeral
　◨参列者　asistente *com*.

さんろく　山麓　falda *f*. de un monte‖山麓の村　aldea *f*. en la falda de un monte

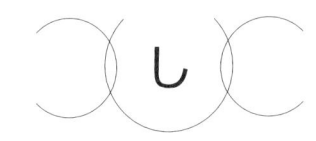

し

し　氏　(敬称) señor *m*. (略 Sr.), señora *f*. (略 Sra.); (氏族) familia *f*.‖ロドリゲス氏　el señor Rodríguez / ご出席の3氏　las tres personas aquí presentes

し　四　cuatro *m*. ⇒よん(四)

し　市　ciudad *f*., municipio *m*.‖仙台市　la ciudad de Sendai / 市の中心部　centro *m*. de la ciudad, (旧市街) casco *m*. antiguo
　▶市の　municipal
　◨市町村　municipios *mpl*.‖市町村合併　fusión *f*.「de municipios [municipal]
　◨市当局　autoridades *fpl*. municipales

し　死　muerte *f*.‖死に至る　llegar a la muerte / 死に追いやる　empujar a ALGUIEN a la muerte / 死の床にある　estar en *su* lecho de muerte / 死を悼む「llorar [deplorar] la muerte de ALGUIEN / 死を覚悟している　estar dispues*to*[*ta*] a morir / 死を宣告される　ser condena*do*[*da*] a muerte / 死を待つ　esperar (a) la muerte / 死を免れる　escapar a la muerte / 死を招く　provocar la muerte de ALGUIEN
　[慣用]死の商人　comerciante *com*. de la muerte
　[慣用]死の灰　polvo *m*. radiactivo

し　師　maes*tro*[*tra*] *mf*.‖師と仰ぐ　respetar a ALGUIEN como maes*tro*

し　詩　poema *m*., (ジャンル) poesía *f*., (詩の行) verso *m*.‖詩を書く「escribir [componer, hacer] poemas / 詩を読む「leer [recitar] poemas

シ　《音楽》si *m*.

じ　字　letra *f*., (字体) caracteres *mpl*., (筆跡) escritura *f*.‖字が上手である　tener buena letra / 字が下手である　tener mala letra / 字が読める　saber leer / 大きな字で書く　escribir en letras grandes / 字を覚える　aprender las letras / 字を崩す　escribir con letra corrida

じ　地　(地面) tierra *f*., suelo *m*., (布生地) tela *f*., (本性) verdadero carácter *m*., (背景) fondo *m*.‖白地に青い縞の生地　tela *f*. blanca con rayas azules / 私の肌は地が粗い　Tengo la piel áspera. / 地の文 (会話・引用文以外の部分) parte *f*. narrativa
　[慣用]地が出る　mostrar *su*「verdadera naturaleza [verdadero carácter]
　[慣用]地で行く‖小説を地で行く「tener [vi-

じ 時 hora *f*. ‖午後1時です Es la una de la tarde. ／何時ですか ¿Qué hora es? ／3時半です Son las tres y media. ／5時15分に a las cinco y cuarto

じ 痔 hemorroides *fpl*., almorranas *fpl*. ‖痔を患う「sufrir [padecer] de hemorroides
◪痔瘻 fístula *f*. anal

じ 辞 ‖開会の辞を述べる「hacer [pronunciar] un discurso de apertura

しあい 試合 partido *m*., juego *m*.（格闘技）combate *m*.,（チェスなど）partida *f*. ‖試合が行われる「Se celebra [Tiene lugar] el partido. ／試合が長引く El partido se prolonga. ／試合に勝つ ganar el partido ／試合に出る jugar en el partido ／試合に負ける perder el partido ／試合を開始する「iniciar [empezar, comenzar] el partido ／試合をする jugar un partido ／試合を見る ver un partido
◪大学対抗試合 partido *m*. interuniversitario, competición *f*. interuniversitaria
◪試合終了 fin *m*. del partido

じあい 自愛 ‖どうぞご自愛ください Cuídese mucho.

じあい 慈愛 afecto *m*., ternura *f*. ‖慈愛に満ちた afectuo*so*[*sa*], tier*no*[*na*]

しあがり 仕上がり acabado *m*. ‖この商品の仕上がりは良くない El acabado de este artículo no es bueno.

しあがる 仕上がる quedarse acaba*do*[*da*] ‖これはいつ仕上がりますか ¿Para cuándo estará listo esto?

しあげ 仕上げ acabado *m*., perfeccionamiento *m*. ‖丹念な仕上げ acabado *m*. minucioso ／最後の仕上げをする dar un último retoque《a》

しあげる 仕上げる acabar, terminar, perfeccionar ‖作品を仕上げる terminar una obra

しあさって 明明後日 dentro de tres días, tras pasado mañana

しあつ 指圧《日本語》*shiatsu m*., digitopuntura *f*.
▶指圧する practicar「el *shiatsu* [la digitopuntura]
◪指圧師 terapeuta *com*. de *shiatsu*
◪指圧療法 terapia *f*. de *shiatsu*

しあわせ 幸せ/仕合わせ felicidad *f*., dicha *f*. ‖私は彼女と結婚してとても幸せだ Estoy muy feliz casado con ella. ／幸せを求める buscar la felicidad
▶幸せな feliz ‖幸せな家庭 familia *f*. feliz
▶幸せに felizmente ‖幸せに暮らす vivir feliz ／どうかお幸せに Le deseo muchas felicidades. ／幸せにする hacer feliz a ALGUIEN, hacer ilusión a ALGUIEN

しあん 思案 reflexión *f*., consideración *f*. ‖ここが思案のしどころだ Ahora es el momento de reflexionar. ／思案の末に después de mucho pensar ／思案に余る no saber qué hacer
▶思案する reflexionar, considerar
◪思案顔 思案顔で con cara pensativa

しあん 試案 ‖plan *m*. [proyecto *m*.] piloto

シアン cianógeno *m*.
◪シアン化物 cianuro *m*.

しい 恣意
▶恣意的な arbitra*rio*[*ria*]
▶恣意的に arbitrariamente, con arbitrariedad
◪恣意性《言語》arbitrariedad *f*.

じい 自慰 onanismo *m*., masturbación *f*.
▶自慰をする masturbarse

じい 辞意 intención *f*. de dimitir ‖辞意を表明する「manifestar [anunciar] *su* intención de dimitir

シーアは シーア派 secta *f*. chiita
▶シーア派の(信徒) chiita (*com*.), chií (*com*.)

ジーエヌピー GNP (国民総生産) producto *m*. nacional bruto (略 PNB)

シーエム CM anuncio *m*.「publicitario [comercial]

しいか 詩歌 poesía *f*. ⇒し(詩)

しいく 飼育 cría *f*., crianza *f*.
▶飼育する criar
◪飼育係 cria*dor*[*dora*] *mf*.
◪飼育場 criadero *m*., granja *f*.

シージー cc copia *f*. de carbón
▶ccで con copia ‖メッセージをccで送る enviar un mensaje con copia

シージー CG computación *f*. gráfica ⇒コンピュータ(⇒コンピュータグラフィックス)

じいしき 自意識《心理》autoconocimiento *m*., conciencia *f*. de *sí* mis*mo*[*ma*]
◪自意識過剰 ‖自意識過剰である ser demasiado consciente de *sí* mis*mo*[*ma*]

シーズン temporada *f*. ‖ウインタースポーツのシーズンが始まる La temporada de deportes de invierno empieza. ／シーズン中の料金 precio *m*. en temporada alta
◪シーズンオフ temporada *f*. baja

シーソー balancín *m*., subibaja *m*. ‖シーソーで遊ぶ jugar al balancín
◪シーソーゲーム partido *m*. reñido

しいたけ 椎茸 hongo *m*. *shiitake*

しいたげる 虐げる maltratar, oprimir ‖虐げられた人 oprimi*do*[*da*] *mf*.

シーッ ¡Chis(t)! ¦ ¡Silencio! ¦ ¡Punto en boca! ¦（追い払う）¡Fuera!

シーツ sábana *f*. (bajera) ‖シーツを替える cambiar la sábana ／シーツを敷く poner la sábana

しいて 強いて（無理に）por fuerza, a la fuerza,《慣用》《話》por las malas ‖強いて言えば〜でしょう Si tengo que decir algo, diría

シーティー CT (スキャン) tomografía *f.* computarizada

シーディー CD disco *m.* compacto, compacto *m.*, CD *m.* ‖ CDを焼く quemar un CD
- CD店 tienda *f.* de CD
- CDプレーヤー compacto *m.*, reproductor *m.* de [discos compactos [CD]]

ジーディーピー GDP (国内総生産) producto *m.* [interno [interior] bruto (略 PIB)

シート (座席) asiento *m.*, (カバー) cubierta *f.*, (紙) hoja *f.* ‖ シートを倒してもいいですか (後ろの座席の人に) ¿Le importa que recline el asiento?
- 切手シート hoja *f.* de sellos
- チャイルドシート sillita *f.* de coche
- リクライニングシート sillón *m.* reclinable

シード preselección *f.*
▶シードする preseleccionar
- シード選手 juga*dor*[*dora*] *mf.* preseleccion*ado*[*da*], cabeza *com.* de serie ‖ 第2シード(の)選手 segun*do*[*da*] cabeza *com.* de serie

シートベルト cinturón *m.* de seguridad ‖ シートベルトをお締めください Abróchense el cinturón de seguridad.

シードル sidra *f.*

ジーパン ⇒ジーンズ

ジーピーエス GPS (全地球測位網) sistema *m.* de posicionamiento global, GPS *m.*[=*pl.*]

シーピーユー CPU (IT) unidad *f.* central de proceso (略 UCP)

ジープ todoterreno *m.*, (商標) jeep *m.*

シーフード ⇒かいさんぶつ(海産物)
- シーフードレストラン restaurante *m.* de mariscos

シーラカンス celacanto *m.*

しいる 強いる [obligar [forzar] a ALGUIEN a 『+不定詞』, coaccionar a ALGUIEN para que 『+接続法』‖ 他人に自分の意見を強いる imponer *su* opinión a los demás ／ 討論会への参加を強いられている estar oblig*ado*[*da*] a participar en un debate ／ 彼は辞表の提出を強いられた Lo obligaron a presentar su dimisión.

シール pegatina *f.*, (封印紙) sello *m.*

しいれ 仕入れ compra *f.*, (販売目的の) compra *f.* al por mayor
▶仕入れる (商品を) comprar, (情報を) recoger, (知識を) adquirir
- 仕入れ係 compra*dor*[*dora*] *mf.*, encarg*ado*[*da*] *mf.* de compra
- 仕入れ先 provee*dor*[*dora*] *mf.*
- 仕入れ値 precio *m.* de compra

しいん 子音 consonante *f.*
▶子音の consonánt*ico*[*ca*]

しいん 死因 causa *f.* de la muerte ‖ 死因を突き止める determinar la causa de la muerte 《de》

しいん 試飲 cata *f.*, degustación *f.*
▶試飲する catar, probar, degustar

シーン escena *f.* ‖ 映画のシーン escena *f.* de una película ／ 劇的なシーン escena *f.* dramática

じいん 寺院 templo *m.* ‖ 仏教の寺院 templo *m.* budista

しいんと ‖ 家の中はしいんとしていた [Reinaba [Predominaba] el silencio en la casa.

じいんと ‖ じいんとする話 historia *f.* conmovedora ／ 寒さで足がじいんとしている tener los pies entumecidos por el frío

ジーンズ tejanos *mpl.* vaqueros *mpl.*, pantalones *mpl.* vaqueros

しうち 仕打ち tratamiento *m.*, trato *m.* ‖ ひどい仕打ちをする maltratar, comportarse mal 《con》, (慣用)「hacer [jugar] una mala pasada 《a》

しうんてん 試運転 prueba *f.*, ensayo *m.* ‖ 車の試運転 prueba *f.* de conducción ／ 試運転をする(列車などの)「hacer [realizar] un viaje de prueba

シェア participación *f.* en el mercado ‖ 30パーセントのシェアを占める ocupar el 30% (treinta por ciento) del mercado

しえい 市営
▶市営の municipal
▶市営化 municipalización *f.* ‖ 市営化する municipalizar
- 市営地下鉄 metro *m.* municipal
- 市営住宅 vivienda *f.* municipal
- 市営バス autobús *m.* municipal

じえい 自営 autoempleo *m.*
▶自営の autónom*o*[*ma*]
- 自営業 trabajo *m.* por cuenta propia, negocio *m.* autónomo ‖ 彼は自営業です Él trabaja por cuenta propia.

じえい 自衛 autodefensa *f.*, defensa *f.* propia
▶自衛する defenderse
- 自衛力 capacidad *f.* de autodefensa
- 自衛官 miembro *com.* de las Fuerzas de Autodefensa
- 自衛権 derecho *m.* de autodefensa ‖ 自衛権を行使する ejercer el derecho a defenderse
- 自衛手段 medidas *fpl.* de autodefensa
- 自衛隊 Fuerzas *fpl.* de Autodefensa

ジェイアール JR Ferrocarriles *mpl.* de Japón

シェイプアップ remodelación *f.* de figura
▶シェイプアップする remodelar la figura, (体調を整える) ponerse en forma

ジェイリーグ Jリーグ Liga *f.* Japonesa de Fútbol Profesional

シェーカー coctelera *f.* ‖ シェーカーを振る

agitar la coctelera
シェービング
- シェービングクリーム crema *f.* de afeitar
- シェービングフォーム espuma *f.* de afeitar
- シェービングローション《英語》*aftershave m.*, loción *f.* para después del afeitado

シェールガス gas *m.* 「de esquisto [pizarra]」
しえき 使役
▶使役する│囚人を使役する usar a prisioneros en un trabajo
▶使役の《文法》 causati*vo*[*va*], factiti*vo*[*va*]
- 使役動詞 verbo *m.* causativo

ジェスチャー gesto *m.*, ademán *m.*, gesticulación *f.* ‖ ジェスチャーを交えて話す hablar 「con gestos [gesticulando]

ジェット
- ジェットエンジン reactor *m.*, motor *m.* de reacción
- ジェット機 avión *m.* de reacción,《英語》*jet m.*
- ジェット気流 corriente *f.* de chorro
- ジェットコースター montaña *f.* rusa
- ジェット戦闘機 caza *m.* de reacción

ジェネリックいやくひん ジェネリック医薬品 medicamento *m.* genérico
ジェネレーション generación *f.*
- ジェネレーションギャップ abismo *m.* generacional

シェパード（犬種）pastor *m.* alemán（雄・雌）
シェフ chef *com.*, je*fe*[*fa*] *mf.* de cocina
シェリーしゅ シェリー酒 jerez *m.*
シェルター（避難場所）refugio *m.*
シェルパ《英語》*sherpa com.*
しえん 支援 apoyo *m.*, ayuda *f.* ‖ 支援を受ける aceptar el apoyo de ALGUIEN ／ 支援を得る conseguir el apoyo de ALGUIEN ／ 支援を拒否する rechazar el apoyo ／ 支援を要請する solicitar apoyo 《a》／ 支援を強化する fortalecer el apoyo
▶支援する apoyar, 「dar [prestar] apoyo 《a》, ayudar
- 支援グループ grupo *m.* de apoyo
- 支援者 partida*rio*[*ria*] *mf.*

ジェンダー género *m.*
- ジェンダー研究 estudios *mpl.* de género

しお 塩 sal *f.* ‖ 一つまみの塩 una pizca de sal ／ 塩がきつい muy sala*do*[*da*] ／ 塩に漬ける（肉・魚を）salar,（野菜などを）conservar ALGO en sal ／ 塩を抜く desalar ／ サラダに塩をふりかける echar sal a la ensalada
- 塩味 sabor *m.* salado ‖ 塩味をつける salar, 「sazonar [condimentar] ALGO con sal
- 塩入れ salero *m.*
- 塩辛《日本語》*shiokara m.*,（説明訳）salazones *fpl.* de mariscos crudos con sus vísceras
- 塩鮭 salmón *m.* salado
- 塩漬け salazón *f.*
- 塩水 salmuera *f.*, agua *f.* salada
- 塩焼き‖塩焼きの asa*do*[*da*] con sal ／ 魚の塩焼き pescado *m.* a la parrilla con sal

しお 潮 marea *f.* ‖ 潮が満ちる La marea sube. ／ 潮が引く La marea baja. ／ 潮の香り olor *m.* del mar ／ 潮の変わり目 repunte *m.* ／ 潮の干満 flujo *m.* y reflujo *m.* ／ 潮の流れ corriente *f.* de marea ／ 鯨が潮を吹く Las ballenas lanzan chorros de agua.
- 潮風 brisa *f.* del mar
- 潮騒 ruido *m.* del mar
- 潮見表 tabla *f.* de mareas

しおからい 塩辛い sala*do*[*da*] ‖ このスープは塩辛い Esta sopa está salada.
しおくり 仕送り envío *m.* de dinero 《a, para》‖ 息子に仕送りをする enviar dinero a *su* hijo
しおけ 塩気 gusto *m.* salado, salobridad *f.* ‖ 塩気のある salobre, sali*no*[*na*]
しおどき 潮時（好機）buen momento *m.*, buena ocasión *f.* ‖（私には）今が引退の潮時だ Ahora es el momento oportuno para retirarme.
シオニズム sionismo *m.*
しおひがり 潮干狩り recogida *f.* de mariscos en la playa ‖ 潮干狩りにゆく ir a la playa para recoger mariscos (durante la marea baja)
しおらしい（謙虚な）modes*to*[*ta*],（従順な）obediente, dócil, sumi*so*[*sa*]
▶しおらしく dócilmente ‖ しおらしく振る舞う comportarse dócilmente
しおり 栞 marcapáginas *m.*[=*pl.*], punto *m.* de lectura,（案内書）guía *f.* ‖ 本にしおりをはさむ meter un marcapáginas en un libro ／ ペルー旅行のしおり guía *f.* del viaje a Perú
しおれる 萎れる marchitarse,（人が）desanimarse ‖ 暑さで花がしおれた El calor marchitó las flores. ¦ Las flores se marchitaron con el calor. ／ 彼女はしおれている Ella está desanimada.
▶しおれた marchi*to*[*ta*]

しか solo, solamente ‖ 私は10ユーロしかない Solo tengo diez euros. ¦ No tengo más que diez euros. ／ その政治家（男性）は選挙に勝つことしか頭にない El político no piensa más que en ganar las elecciones. ／ 私は帰宅したらテレビを見ることしかしない Cuando llego a casa no hago otra cosa que ver la televisión. ／ 私には祖父しか親戚がいません No tengo otro pariente que mi abuelo.
しか 鹿 cier*vo*[*va*] *mf.*, venado *m.*（雄・雌）,（生後半年までの子鹿）cervato *m.*（雄・雌）
しか 市価 precio *m.* de mercado ‖ 市価より安く売る vender por debajo del precio de

mercado
しか 歯科　odontología *f.*
▫歯科医　odontólo*go*[*ga*] *mf.*, dentista *com.*
▫歯科医院　clínica *f.* dental
▫歯科衛生士　higienista *com.* dental
▫歯科技工士　protési*co*[*ca*] *mf.* dental
▫歯科大学　universidad *f.* de odontología
じか 自家
▫自家受精　autofecundación *f.*, autogamia *f.*
▫自家受粉　autopolinización *f.*
▫自家中毒　autointoxicación *f.*
▫自家発電「generación *f.* autónoma [autogeneración *f.*] de electricidad
じか 時価　precio *m.* corriente ‖ この指輪は時価で1000ユーロ以上する El anillo cuesta más de mil euros en el mercado actual.
▫時価総額　capitalización *f.*「bursátil [del mercado]
じが 自我　ego *m.*, yo *m.* ‖ 自我に目覚める tomar conciencia de *sí* mis*mo*[*ma*]
▫超自我《心理》superego *m.*, superyó *m.*
しかい 司会　presidencia *f.* ‖ ～の司会で bajo la presidencia de ALGUIEN ／ 司会をする（会議）presidir,（番組）presentar,（討論）moderar
▫司会者（会議の）presiden*te*[*ta*] *mf.*,（番組の）presenta*dor*[*dora*] *mf.*,（討論の）modera*dor*[*dora*] *mf.*
しかい 視界　vista *f.*, visibilidad *f.*,（視野）campo *m.* visual ‖ 視界ゼロ visibilidad *f.* cero ／ 視界から消える desaparecer de *su* vista, perderse de vista ／ 視界をさえぎる「impedir [tapar] la vista ／ 視界が開けて、山の頂上が見えた Se abrió el horizonte y pudimos ver la cima del monte. ／ 霧で視界は50メートルしかなかった Con la niebla solo teníamos visibilidad a 50 metros.
▫視界不良　mala visibilidad *f.*
▫視界良好　buena visibilidad *f.*
しがい 市外
▶市外に ‖ 市外に住む vivir en las afueras de la ciudad
▫市外局番　prefijo *m.* interurbano
▫市外通話　llamada *f.* interurbana
しがい 市街　ciudad *f.*, calle *f.*
▫旧市街「barrio *m.* [casco *m.*] antiguo
▫市街戦　guerra *f.* urbana
▫市街地　barrio *m.* urbano
▫市街地図　plano *m.* ‖ マドリードの市街地図 plano *m.* de Madrid
▫市街電車　tranvía *m.*
しがい 死骸　cadáver *m.*, restos *mpl.* mortales, cuerpo *m.* sin vida
じかい 次回　la próxima vez ‖ 次回にまわす aplazar ALGO hasta la próxima vez ／ 次回はメキシコで会いましょう La próxima vez nos veremos en México.

しがいせん 紫外線　rayos *mpl.* ultravioleta(s), radiación *f.* ultravioleta ‖ 夏には紫外線がより強い Los rayos ultravioleta(s) son más intensos en verano.
しかえし 仕返し　venganza *f.*, revancha *f.*, represalia *f.*, desquite *m.* ‖ 仕返しをする vengar, vengarse《de》, tomar(se) la revancha, tomar represalias,（同じことをやり返す）《慣用》pagar con la misma moneda《a》／ 妹の仕返しをする vengarse de *su* hermana menor
しかく 四角　（正方形）cuadrado *m.*,（長方形）rectángulo *m.*,（四辺形）cuadrilátero *m.*
▶四角い　cuadra*do*[*da*],（長方形の）rectangular
▶四角にする　cuadrar, dar forma de cuadro《a》
▶四角張る（改まる）ser ceremonio*so*[*sa*] ‖ 四角張らずに（改まらずに）sin ceremonias
▫四角柱　prisma *m.* rectangular
▫四角錐　pirámide *f.* cuadrada
しかく 死角　ángulo *m.* muerto ‖ 防犯カメラの死角にいる「estar [encontrarse] en el ángulo muerto de la cámara de vigilancia
しかく 視覚　vista *f.*, visión *f.* ‖ 観客の視覚に訴える atraer la vista de los espectadores
▶視覚的（な）visual, ópti*co*[*ca*] ‖ 視覚的効果を出す crear efectos visuales
▶視覚的に　visualmente
▶視覚化　visualización *f.* ‖ 視覚化する visualizar
▫視覚器官　órgano *m.* visual
▫視覚芸術　artes *fpl.* visuales
▫視覚障害　discapacidad *f.* visual
▫視覚障害者　persona *f.* con discapacidad visual
▫視覚野《解剖》corteza *f.* visual
しかく 資格　calificación *f.*, título *m.*,（権利）derecho *m.*,（必要条件）requisito *m.*,（能力）competencia *f.* ‖ 高卒の資格が必要である Se requiere el título de bachiller. ／ 君の善意を受ける資格がない No merezco tus atenciones. ／ ～の資格で en calidad《de》／ 医師の資格を取る obtener el título de médi*co*[*ca*] ／ 資格を剥奪する quitar el título《a》, descalificar ／ 公認会計士の資格を持つ tener título de audi*tor*[*tora*] de cuentas
▶資格のある　califica*do*[*da*], cualifica*do*[*da*], titula*do*[*da*]
▶～する資格がある（権利がある）tener derecho a「+不定詞」,（能力がある）estar habilita*do*[*da*] para「+不定詞」‖ 投票する資格がある tener derecho a votar ／ 労働する資格がある外国人 extranje*ro*[*ra*] *mf.* habilita*do*[*da*] para trabajar
▫有資格者　personal *m.* cualificado
▫資格試験　examen *m.* de「calificación [título]

しがく　資格審査 inspección *f.* de calificación
資格剥奪 descalificación *f.*
しがく　史学 historia *f.*
史学科 Departamento *m.* de Historia
しがく　私学 escuela *f.* privada, (私立大学) universidad *f.* privada
私学教育 enseñanza *f.* privada
私学助成金 subvención *f.* a las 「universidades [escuelas] privadas
しがく　詩学 poética *f.*
じかく　自覚 conciencia *f.*, (自覚すること) toma *f.* de conciencia ‖ 彼は病気であるという自覚が足りない Él no se considera enfermo. / 市民としての自覚を持つことが大切だ Es importante tener conciencia cívica.
▶**自覚する** tomar conciencia 《de》, ser consciente 《de》‖ 私は自分の限界を自覚している Soy consciente de mis limitaciones.
自覚症状 síntoma *m.* (subjetivo) ‖ 何か自覚症状がありますか ¿Tiene algunos síntomas?
しかけ　仕掛け dispositivo *m.*, artificio *m.*, artefacto *m.*, mecanismo *m.*, (からくり) truco *m.* ‖ 釣りの仕掛け aparejos *mpl.* de pesca / この器具は簡単な仕掛けだ El mecanismo del aparato es muy simple. / 人が通るたびにランプがつく仕掛けだ Es un dispositivo con el que se enciende la luz cada vez que pasa alguien. / 種も仕掛けもない No hay ningún truco. / 機械仕掛けの mecánico[ca]
仕掛け花火 castillos *mpl.* de fuegos artificiales
しかける　仕掛ける (始める) comenzar, (挑発する) provocar, (取り付ける) colocar, poner ‖ 論争をしかける provocar un debate / 銀行に爆弾をしかける poner una bomba en un banco
しかざん　死火山 volcán *m.* 「extinto [apagado, extinguido]
しかし pero, 《格式語》mas
▶**しかしながら** sin embargo, no obstante
じがじさん　自画自賛 autobombo *m.*
▶**自画自賛する** darse autobombo, alabarse a *sí* mis*mo*[*ma*]
じかせい　自家製
▶**自家製の** cas*ero*[*ra*], he*cho*[*cha*] en casa ‖ 自家製のプリン flan *m.* casero
じがぞう　自画像 autorretrato *m.*
しかた　仕方 método *m.*, modo *m.*, manera *f.* ⇒ほうほう(方法) ‖ スペイン語の勉強の仕方 manera *f.* de aprender español / 彼女は掃除の仕方も知らない Ella no sabe ni siquiera barrer. / 計算の仕方を学ぶ aprender a calcular
しかたない/しかたがない　仕方ない/仕方がない ‖ 仕方がない (どうしようもない) ¡Qué remedio! ¦ ¡Qué le 「voy [vas, vamos] a hacer! / 今更後悔しても仕方ないよ ¿Para qué sirve arrepentirse ahora? / 彼はもう一度プラド美術館へ行きたくて仕方がない Él está ansioso por visitar de nuevo el Museo del Prado. / 眠くて仕方がない Me muero de sueño.
▶**〜するより仕方がない** no tener más remedio que 『+不定詞』‖ 僕は奥歯が痛くて歯医者に行くより仕方がない Como me duele la muela, no me queda más remedio que ir al dentista.
しかたなく　仕方なく sin ganas, contra *su* voluntad ‖ 彼は仕方なく父親の会社で働いている Él trabaja en la empresa de su padre a pesar suyo.
じがため　地固め apisonamiento *m.*, (下準備) preparación *f.*, arreglo *m.* previo ‖ 地固めをする apisonar la tierra, (準備をする) preparar
しがち
▶**〜しがちである** tender a 『+不定詞』, ser propen*so*[*sa*] a 『+不定詞』‖ 軽率に行動しがちである tender a actuar imprudentemente
しかつ　死活
▶**死活的(な)** vital, de vida o muerte
▶**死活的に** vitalmente ‖ 死活的に重要である ser vitalmente importante
死活問題 cuestión *f.* 「vital [de vida o muerte] ‖ 海の汚染は漁民にとって死活問題だ La contaminación del mar es una cuestión vital para los pescadores.
しがつ　四月 abril *m.*
▶**4月に** en (el mes de) abril
四月馬鹿 (エイプリルフール) día *m.* de las bromas de abril, pescado *m.* de abril
じかつ　自活
▶**自活する** mantenerse, ganarse la vida, vivir con independencia económica
しかつめらしい grave, se*rio*[*ria*], ceremoni*oso*[*sa*] ‖ しかつめらしい態度で con aire serio
しがない mode*sto*[*ta*], sin importancia, insignificante ‖ 僕はしがないサラリーマンだ Soy un simple asalariado.
じかに　直に directamente ‖ ビンからじかに飲む beber 「directamente [a morro] de una botella / 担当者(男性)に手紙をじかに渡す entregar personalmente la carta al encargado
しがみつく agarrarse 《a》, abrazarse 《a》, (固執する) aferrarse 《a》‖ その子は母親にしがみついた El niño se agarró a su madre. / 権力にしがみつく aferrarse al poder
しかめっつら　顰めっ面 mueca *f.*, ceño *m.* ‖ しかめっ面をする ⇒しかめる(顰める)
しかめる　顰める ‖ 顔をしかめる hacer muecas, fruncir el ceño, torcer el gesto, poner mal gesto

しかも (その上) además, encima, (にもかかわらず) sin embargo, no obstante ‖ この料理はとてもおいしいし、しかも簡単にできる Es un plato muy rico y además fácil de hacer. ／ しかもそのうえ悪いことには雨が降り出した Para colmo de desgracias empezó a llover.

じかよう 自家用
▶自家用の particular, de uso particular
◨自家用車 coche *m.* particular

しかる 叱る reprender, regañar, reñir, (叱責する) retar, echar una reprimenda《a》, (たしなめる) llamar la atención《a》‖ 息子を厳しく叱る reprender severamente a *su* hijo ／ 喫煙した(男子)生徒を叱る [reprender [regañar] a un alumno por fumar ／ 私は母に叱られた Me regañó mi madre.
▶叱りとばす echar una buena bronca《a》

しかるべき 然るべき debi*do*[*da*], conveniente, (ふさわしい) adecua*do*[*da*], apropia*do*[*da*] ‖ しかるべき注意を払う prestar la debida atención《a》／ しかるべき手続きを踏む cumplir con las debidas formalidades ／ 彼はあやまってしかるべきだ Él debería pedir disculpas.

しかるべく 然るべく debidamente, 《話》《慣用》como Dios manda ‖ 問題をしかるべく処理する resolver debidamente un problema

シガレット cigarrillo *m.*, pitillo *m.*
◨シガレットケース cigarrera *f.*, pitillera *f.*
◨シガレットホールダー boquilla *f.*

しかん 士官 oficial *com.*
◨士官学校 academia *f.* militar
◨士官候補生 cadete *com.*
◨下士官 suboficial *com.*

しかん 弛緩 relajación *f.*
▶弛緩させる/弛緩する relajar/relajarse ‖ 筋肉を弛緩させる relajar el músculo

しがん 志願 solicitud *f.*
▶志願する solicitar, (申し出る) ofrecerse a 『+不定詞』(軍隊に)志願する alistarse en el ejército
◨志願者 candida*to*[*ta*] *mf.*, solicitante *com.*, aspirante *com.*
◨志願兵 volunta*rio*[*ria*] *mf.*

じかん 次官 vicemini*stro*[*tra*] *mf.*, 《スペイン》 subsecreta*rio*[*ria*] *mf.*
◨政務次官 vicemini*stro*[*tra*] *mf.* parlamenta*rio*[*ria*]
◨外務次官 vicemini*stro*[*tra*] *mf.* de Asuntos Exteriores

じかん 時間 tiempo *m.*, (単位) hora *f.*
[〜の時間][時間の] ‖ 英語の時間 [hora *f.* [clase *f.*] de inglés ／ 時間の無駄 pérdida *f.* de tiempo ／ その会社の倒産は時間の問題だろう La quiebra de esa empresa será cuestión de tiempo. ／ まだ予約をキャンセルする時間の余裕があります Usted aún está a tiempo de cancelar la reserva.
[時間が] ‖ 勉強する時間がある tener tiempo para estudiar ／ もし君に時間が余ったら si te sobra tiempo ／ 私は試験の採点にとても時間がかかった Me ha llevado mucho tiempo corregir los exámenes. ／ 救急車が着くのにずいぶん時間がかかった La ambulancia tardó mucho en llegar. ／ 時間がかかる仕事 tarea *f.* que requiere tiempo ／ 時間がたつ El tiempo [pasa [corre]. ／ 時間が飛ぶようにたつ El tiempo pasa volando. ／ 私には時間が足りない Me falta tiempo.
[時間を] ‖ 時間を合わせる (時計の) poner el reloj en hora, ajustar el reloj ／ 時間をかけて考えて下さい Tome tiempo para pensar. ／ 時間を稼ぐ ganar tiempo ／ 時間を費やす emplear el tiempo《en》／ 時間を聞く preguntar la hora ／ 時間を割く dedicar tiempo《a, para》／ 時間をつぶす matar el tiempo, hacer tiempo ／ 時間を無駄にする [perder [gastar, malgastar, desperdiciar] el tiempo ／ 時間を守る ser puntual, respetar la hora ／ 時間を間違える equivocarse de hora ／ 時間を持て余す estar aburrido[da]
[その他] ‖ もう寝る時間だ Ya es la hora de dormir. ／ 時間に縛られている estar suje*to*[*ta*] al tiempo
▶時間通りに puntualmente, con puntualidad ‖ 時間通りに着く llegar puntualmente
◨時間外勤務 trabajo *m.* fuera de la jornada laboral, (残業) horas *fpl.* extras
◨時間給 ⇒じきゅう(時給)
◨時間帯 (1日の) partes *fpl.* del día, (標準時の) huso *m.* horario ‖ この時間帯は a estas horas
◨時間割 horario *m.*

しき 式 ❶ (式典) ceremonia *f.*, acto *m.* ‖ 式を挙げる hacer una ceremonia
◨式次第 programa *m.* de la ceremonia
❷ (数学の) fórmula *f.*, expresión *f.* ‖ 式と答え fórmula *f.* y solución *f.* ／ 式をたてる formular ／ 式を解く resolver la fórmula
❸ (方式) estilo *m.*, manera *f.* ‖ 日本式の挨拶の仕方 manera *f.* japonesa de saludar ／ スペイン式の/スペイン式に al estilo español, a la española

しき 士気 moral *f.*, estado *m.* de ánimo ‖ 選手の士気が高まる/選手の士気が上がる La moral de los jugadores sube. ／ 士気が高い tener la moral alta ／ チームの士気が下がっている La moral del equipo está baja. ／ スタッフの士気を高める [levantar [elevar] la moral del personal ／ 士気をなくさせる desmoralizar

しき 四季 cuatro estaciones *fpl.* ‖ 1年には四季がある El año tiene cuatro estaciones.

/四季の変化 cambio *m.* de las estaciones del año

しき 指揮 mando *m.*, dirección *f.* ‖ 〜の指揮下に bajo la dirección 《de》, bajo el mando 《de》／1万人の兵士がその将軍の指揮下にある Diez mil soldados están bajo el mando de ese general. ／作戦の指揮を取る tomar el mando de una operación

▶指揮する mandar, dirigir ‖ オーケストラを指揮する dirigir una orquesta

◪指揮官 comandante *com.*, dirigente *com.*
◪指揮系統 「cadena *f.* [línea *f.*] de mando
◪指揮権 facultad *f.* de dirigir, (権限) autoridad *f.*
◪指揮者《音楽》direc*tor*[*tora*] *mf.* (de orquesta)
◪指揮台 podio *m.*, estrado *m.*
◪指揮棒 batuta *f.*

じき 直
▶じき(に) pronto, dentro de poco ‖ もうじきクリスマスだ Pronto llega la Navidad.

じき 次期
▶次期の próxi*mo*[*ma*], siguiente
◪次期総選挙 próximas elecciones *fpl.* generales

じき 時期/時季 temporada *f.*, época *f.*, (季節) estación *f.* ‖ 旅行に一番よい時期 la mejor época para viajar／昨年のこの時期 el año pasado en estas fechas／時期がくれば分かる El tiempo nos lo dirá.／種まきの時期が始まる Comienza la temporada de siembra.／1年のこの時期には en esta época del año／彼女は一時期父と一緒に働いた Ella trabajó durante un tiempo con su padre.

◪時期尚早‖〜するには時期尚早である Es todavía prematuro『+不定詞』.
◪時期外れ‖時期外れの寒さ frío *m.* extemporáneo

じき 時機 oportunidad *f.*, ocasión *f.* ‖ 時機を失う perder la ocasión／時機をうかがう esperar el momento oportuno／時機をとらえる aprovechar una ocasión

じき 磁気 magnetismo *m.* ‖ 磁気を帯びさせる magnetizar
▶磁気の/磁気を帯びた magnéti*co*[*ca*]
◪磁気嵐 tormenta *f.* geomagnética
◪磁気カード tarjeta *f.* magnética
◪磁気センサー magnetómetro *m.*
◪磁気テープ cinta *f.* magnética

じき 磁器 porcelana *f.* ‖ 磁器の人形 figura *f.* de porcelana

しきい 敷居 umbral *m.*
[慣用] 敷居が高い‖迷惑をかけたので、彼の家は敷居が高い Me porté mal con él, por eso, no me atrevo a visitarlo.
[慣用] 敷居をまたぐ‖うちの敷居を二度とまたぐな No vuelvas a poner los pies en mi casa.

しきいし 敷石 adoquín *m.*, losa *f.* ‖ 敷石を敷く adoquinar, enlosar／敷石を敷いた通り calle *f.* adoquinada

しぎかい 市議会 ayuntamiento *m.*, 「concejo *m.* [asamblea *f.*] municipal, consistorio *m.*
◪市議会議員 conce*jal*[*jala*] *mf.* (時に女性にconcejalを使う), miembro *com.* del ayuntamiento

しきかくいじょう 色覚異常 daltonismo *m.*
▶色覚異常の(人) daltonia*no*[*na*] (*mf.*), daltóni*co*[*ca*] (*mf.*)

しきぎょう 私企業 empresa *f.* privada

しききん 敷金 depósito *m.*, fianza *f.*, caución *f.* ‖ 家賃2か月分の敷金 fianza *f.* de dos meses de alquiler

しきさい 色彩 color *m.*, (傾向・性質) tinte *m.* ‖ 色彩豊かな lle*no*[*na*] de colorido／政治的色彩がある tener un tinte político
◪色彩感覚 sentido *m.* del color

しきし 色紙 《日本語》*shikishi m.*, (説明訳) cartón *m.* cuadrado de alta calidad en el que se escribe o dibuja

しきじ 式辞 discurso *m.* ceremonial ‖ 式辞を述べる pronunciar 「un discurso [unas palabras] en una ceremonia

しきじ 識字
◪識字教育 alfabetización *f.*
◪識字率 「índice *m.* [tasa *f.*] de alfabetización

じきじき 直直
▶直々に (直接) directamente, (本人が) en persona, personalmente

しきしゃ 識者 sa*bio*[*bia*] *mf.*, conoce*dor*[*dora*] *mf.*

しきじゃく 色弱 daltonismo *m.* leve ⇒ しきかくいじょう(色覚異常)

しきじょう 式場 salón *m.* de actos
◪結婚式場 salón *m.* de boda

しきじょう 色情
◪色情症/色情狂 erotomanía *f.*, (女性の) ninfomanía *f.*, (男性の) satiriasis *f.*[=*pl.*] ‖ 色情症の人 erotóma*no*[*na*] *mf.*

しきそ 色素 pigmento *m.*
◪色素沈着 pigmentación *f.*

じきそ 直訴 petición *f.* directa
▶直訴する hacer una petición directa 《a》

しきたり costumbre *f.*, tradición *f.*, convención *f.* ‖ しきたりに従って de acuerdo con las costumbres／しきたりに反して en contra de las costumbres

しきち 敷地 terreno *m.*, solar *m.*, recinto *m.* ‖ 大学の敷地内に en el recinto de la universidad

しきちょう 色調 tono *m.*, matiz *m.*, tonalidad *f.*

しきつめる 敷き詰める　cubrir「totalmente [completamente]」el suelo《con》‖床にじゅうたんを敷き詰める　alfombrar todo el suelo, cubrir completamente el suelo con alfombras／地面にレンガを敷き詰める　revestir el suelo con ladrillos
しきてん 式典　ceremonia *f.*
じきひつ 直筆　(自筆) autógrafo *m.*
▶直筆の　autógra*fo[fa]*,《慣用》de puño y letra de ALGUIEN‖大統領(男性)直筆の手紙　carta *f.* autógrafa del presidente
しきふ 敷布　⇒シーツ
しきふく 式服　traje *m.* de「gala [etiqueta]」
しきぶとん 敷布団　colchoneta *f.* plegable
しきべつ 識別　discernimiento *m.*, distinción *f.*
▶識別する　discernir, distinguir‖AとBを識別する「discernir [distinguir]」A de B／オスとメスを識別する　distinguir「entre machos y hembras [machos de hembras]」
しきもう 色盲　ceguera *f.* del color ⇒しきかくいじょう(色覚異常)
しきもの 敷物　alfombra *f.*, alfombrilla *f.*, estera *f.*
じぎゃく 自虐　masoquismo *m.*
▶自虐的な(人)　masoquista (*com.*)
しきゅう 子宮　útero *m.*, matriz *f.*
▶子宮の　uteri*no[na]*
◾子宮外妊娠　embarazo *m.* ectópico
◾子宮がん　cáncer *m.* uterino
◾子宮筋腫　mioma *m.* uterino
◾子宮頸癌　cáncer *m.* cervical
◾子宮体癌　cáncer *m.* de endometrio
◾子宮内膜症　endometriosis *f.*[=*pl.*]
しきゅう 支給　pago *m.*, suministro *m.*
▶支給する (賃金を) pagar, (物品を) suministrar‖失業者に手当を支給する　dar subsidio a desempleados
◾支給品　suministro *m.*
しきゅう 至急　urgentemente, inmediatamente, lo antes posible‖至急ご連絡ください　Póngase en contacto urgentemente con nosotros.／彼女は至急この翻訳を終えなければならない　A ella le urge terminar esta traducción.
▶至急の　urgente, de urgencia
◾大至急　con la mayor urgencia
じきゅう 自給
◾自給自足　autosuficiencia *f.*, autoabastecimiento *m.*‖自給自足する　autoabastecerse／自給自足の　autosuficiente, autárqui*co[ca]*／自給自足経済　autarquía *f.* económica
◾自給率　「tasa *f.* [índice *m.*]」de autosuficiencia‖食糧の自給率　índice *m.* de autosuficiencia alimentaria
じきゅう 時給　pago *m.* por hora, sueldo *m.* por hora‖時給で払う　pagar por hora／時給1000円稼ぐ　cobrar mil yenes por hora／時給はいくらですか　¿Cuál es el sueldo por hora?
じきゅうせん 持久戦　(消耗戦) táctica *f.* de desgastar al contrario, (神経戦) guerra *f.* de nervios, (スポーツ) juego *m.* de resistencia‖持久戦に持ち込む　prolongar la confrontación para desgastar al contrario
じきゅうそう 持久走　carrera *f.* de resistencia
じきゅうりょく 持久力　resistencia *f.*, aguante *m.*‖持久力がある　tener una resistencia física
しきょ 死去　fallecimiento *m.*, defunción *f.*
▶死去する　fallecer, morir(se)
しきょう 市況　condiciones *fpl.* del mercado‖市況は活発だ　El mercado está animado.
◾市況報告　informe *m.* del mercado
しきょう 司教　obispo *m.*
◾司教区　obispado *m.*
しぎょう 始業‖当社は8時始業です　Nuestra empresa empieza su jornada laboral a las ocho.
◾始業式　ceremonia *f.* de apertura del curso académico
じきょう 自供　confesión *f.*‖自供を引き出す　arrancar la confesión a ALGUIEN
▶自供する　confesar, hacer una confesión‖彼女は犯行を自供した　Ella confesó su delito.｜Ella se confesó culpable del delito.
じぎょう 事業　empresa *f.*, negocio *m.*‖事業が奮わない　El negocio no「va [marcha]」bien.／事業に失敗する　fracasar en el negocio／事業に成功する「tener éxito [triunfar]」en el negocio／事業を営む　tener una empresa, llevar el negocio／事業を展開する　desarrollar un negocio／事業を成し遂げる「cumplir [llevar a cabo]」una empresa／事業を始める「事業を興す　montar un negocio／彼は父の事業を引き継いだ　Él sucedió a su padre en el negocio.／事業を広げる　ampliar el negocio
◾事業家　empresa*rio[ria]* *mf.*,「hombre *m.* [mujer *f.*]」de negocios
◾事業所　oficina *f.*
◾事業所得　renta *f.* de la empresa
◾事業団　agencia *f.*, corporación *f.*
◾事業年度　(会計年度) año *m.* fiscal
◾事業部　división *f.*
◾事業部制　organización *f.* divisional
しきょく 支局　sucursal *f.*, delegación *f.*, corresponsalía *f.*‖この新聞社は国の主要都市に支局がある　El diario cuenta con delegaciones en las principales ciudades del país.
◾支局長‖マドリード支局長　*jefe[fa]* *mf.* de corresponsalía en Madrid

じきょく 時局 situación *f.* actual, coyuntura *f.* ‖時局に鑑みて en vista de la situación actual
じきょく 磁極 polo *m.* magnético
しきり 仕切り división *f.*, tabique *m.* ‖仕切り直す hacer de nuevo, rehacer
▣仕切り壁 pared *f.* divisoria, mampara *f.* de separación
しきりに (頻繁に) frecuentemente, a menudo, (熱心に) con diligencia
しきる 仕切る dividir, separar, (取り仕切る) administrar, dirigir ‖事務所をつい立てで仕切る dividir espacios en la oficina con mamparas / カーテンで仕切られた寝室 dormitorio *m.* separado con una cortina / 仕切っているのは彼女だ Ella es quien「lleva la batuta [corta el bacalao].
しきん 資金 fondos *mpl.*, capital *m.* ‖資金の投入／資金の注入 inyección *f.* de fondos 《a, en》／資金を回収する recuperar los fondos／資金を調達する reunir fondos／資金を投じる invertir fondos《en》
▣資金援助 ayuda *f.* monetaria, apoyo *m.* monetario
▣資金繰り financiación *f.*, financiamiento *m.*
▣資金源 fuente *f.* de fondos
▣資金洗浄 lavado *m.* de dinero, blanqueo *m.* de capitales ‖資金洗浄をする「lavar [blanquear] el dinero
▣資金難 dificultades *fpl.* financieras
しぎん 詩吟《日本語》*shigin m.*, (説明訳) recitación *f.* de poemas chinos
しきんきょり 至近距離 ‖至近距離にある estar muy cerca／至近距離から発砲する disparar「desde muy cerca [a quemarropa, a bocajarro]
しきんせき 試金石 piedra *f.* de toque
しく verso *m.*
しく 敷く poner, extender ‖じゅうたんを敷く poner una alfombra《en》／道に砂利を敷く cubrir el camino con grava／鉄道を敷く construir un ferrocarril
じく 軸 eje *m.* ‖マッチの軸 varilla *f.* de fósforo／右足を軸に回る pivotar sobre el pie derecho
▣軸足 pie *m.* pivote, (重点) importancia *f.* ‖経済政策に軸足を置く dar mayor importancia a políticas económicas
▣軸受け rodamiento *m.*, cojinete *m.*
しぐさ ademán *m.*, gesto *m.* ‖立ち上がるしぐさをする hacer ademán de levantarse／同意のしぐさをする hacer un gesto de asentimiento
ジグザグ zigzag *m.*
▶ジグザグの en zigzag, zigzagueante ‖ジグザグの線 línea *f.* en zigzag
▶ジグザグに en zigzag ‖ジグザグに進む avanzar en zigzag, zigzaguear, serpentear
しくしく ‖しくしく泣く lloriquear
▶しくしくする ‖お腹がしくしくする tener dolor sordo y continuo en la barriga
じくじく
▶じくじくした (水分で) empapa*do*[*da*], húme*do*[*da*], (化膿して) supurante
しくじる fallar, fracasar, cometer un「error [fallo], malograr ‖試験にしくじる fallar en un examen／顧客をしくじる perder un cliente
ジグソーパズル rompecabezas *m.*[=*pl.*], puzle *m.* ‖ジグソーパズルをする hacer un rompecabezas
シグナル señal *f.*, (信号機) semáforo *m.* ‖シグナルを送る enviar señales
しくはっく 四苦八苦
▶四苦八苦する「tener [pasar] muchas dificultades, (慣用) verse ne*gro*[*gra*]《para》‖金策に四苦八苦する tener muchas dificultades para reunir el dinero necesario
しくみ 仕組み mecanismo *m.*, estructura *f.* ‖体の仕組み estructura *f.* del cuerpo／自然の仕組み mecanismo *m.* de la naturaleza
しくむ 仕組む maquinar, tramar
シクラメン ciclamen *m.*, ciclamino *m.*
しけ 時化 mar *m.* agitado, tempestad *f.*, (不漁) poca pesca *f.*
しけい 死刑 pena *f.*「de muerte [capital] ‖死刑の判決 sentencia *f.* de pena de muerte／死刑になる ser ejecuta*do*[*da*]／被告(男性)に死刑を言い渡す condenar al acusado a muerte／死刑を執行する ejecutar／死刑を廃止する abolir la pena de muerte
▣死刑執行 ejecución *f.* (capital)
▣死刑執行人 verdugo *m.*, ejecu*tor*[*tora*] *mf.* de la justicia
▣死刑囚 condena*do*[*da*] *mf.* a muerte
▣死刑台 tablado *m.*, patíbulo *m.*
じけいだん 自警団 grupo *m.* de vigilantes
じけいれつ 時系列 serie *f.*「temporal [cronológica]
▶時系列の cronológi*co*[*ca*]
▶時系列に cronológicamente, por orden cronológico ‖書類を時系列に整理する ordenar los documentos cronológicamente
しげき 刺激 estímulo *m.*, (興奮) excitación *f.* ‖刺激を与える estimular／刺激を受ける recibir estímulos／刺激を求める buscar estímulos／その映画は子供には刺激が強すぎる La película es demasiado fuerte para los niños.／彼の成功は他の研究者の刺激になる Su éxito sirve de estímulo a otros investigadores.／彼女は刺激のない生活にうんざりしている Ella está harta de la vida monótona.
▶刺激する estimular, (神経を) excitar, (挑発する) provocar ‖肌を刺激する irritar la

piel／景気を刺激する estimular la economía／この本に刺激されて私はメキシコに留学した Este libro me animó a ir a México a estudiar.
▶刺激的な estimulante, excitante
◨刺激臭 olor *m*. acre
◨刺激物/刺激剤 excitante *m*., estimulante *m*.

しげしげ
▶しげしげ(と)(頻繁に) con frecuencia, con asiduidad, (じっと) fijamente‖しげしげと眺める mirar de hito (en hito), fijar la vista《en》／しげしげと教会に通う frecuentar la iglesia

しけつ 止血 hemostasis *f*.[=*pl*.]
▶止血の hemostático[ca]
▶止血する「detener [contener] la hemorragia
◨止血剤 hemostático *m*.
◨止血帯 torniquete *m*.

しげみ 茂み/繁み (木の) espesura *f*., (葉の) frondosidad *f*., follaje *m*.

しける 湿気る humedecerse, ponerse húmedo[da]‖ビスケットはしけている Las galletas están blandas por la humedad.

しける 時化る (海が) agitarse, encresparse‖海が時化ている El mar está agitado.

しげる 茂る/繁る crecer con exuberancia‖茂った森 bosque *m*. espeso／茂った木々 árboles *mpl*. frondosos

しけん 試験 examen *m*., prueba *f*., ensayo *m*., (採用試験) oposición *f*. ⇒テスト‖今日は数学の試験がある Hoy tenemos un examen de Matemáticas.／試験に受かる aprobar el examen／試験に落ちる suspender el examen／どんな問題が試験に出るんだろう ¿Qué tipo de preguntas nos harán en el examen?／試験を受ける presentarse a un examen, examinarse《de》,《南米》rendir un examen
▶試験(を)する examinar a ALGUIEN, poner ALGO a prueba‖マイクの試験をする probar un micrófono
▶試験的な experimental‖試験的な段階にある estar en fase experimental
▶試験的に experimentalmente‖試験的に使用する「usar [utilizar] ALGO experimentalmente
◨試験科目 materia *f*. del examen
◨試験官 examina*dor*[*dora*] *mf*.
◨試験管 tubo *m*. de ensayo
◨試験場 (場所) lugar *m*. de exámenes; (施設) laboratorio *m*.‖農業試験場 laboratorio *m*. agrícola
◨試験飛行 vuelo *m*. 「de prueba [experimental]
◨試験問題 pregunta *f*. del examen
◨試験用紙 hoja *f*. del examen

しげん 資源 recursos *mpl*.‖資源の乏しい国 país *m*. pobre en recursos
◨エネルギー資源 recursos *mpl*. energéticos‖エネルギー資源を開発する explotar los recursos energéticos
◨水資源 recursos *mpl*. hidráulicos‖水資源を保護する conservar los recursos hidráulicos
◨人的資源 recursos *mpl*. humanos
◨資源開発 explotación *f*. de los recursos
◨資源ごみ residuos *mpl*. reciclables, basura *f*. reciclable

じけん 事件 caso *m*., (事柄) asunto *m*., (出来事) acontecimiento *m*., incidente *m*., evento *m*.‖事件を捜査する investigar un caso／事件をもみ消す echar tierra al asunto／次々と事件が起こった Han ocurrido los acontecimientos uno tras otro.／事件に巻き込まれる involucrarse en un asunto／その事件はまだ解決されていない El caso sigue sin resolverse.／警察は病院で事件を起こしたかどで男を逮捕した La policía detuvo a un hombre por causar un incidente en un hospital.

じげん 次元 dimensión *f*.‖第2次元 segunda dimensión *f*.／3次元の映画 cine *m*. de 「tres dimensiones [tercera dimensión]／次元が低い会話 (低俗な) conversación *f*. vulgar／次元の異なる問題 problema *m*. de otra naturaleza

じげん 時限 ‖1時限目の授業 primera hora *f*. de clase
◨時限スト huelga *f*. de duración limitada, huelga *f*. por horas
◨時限爆弾 bomba *f*. de 「relojería [tiempo]
◨時限立法 legislación *f*. de efecto limitado en el tiempo

しご 死後 ‖彼の作品は死後10年たって出版された Su obra fue publicada diez años después de su muerte.
▶死後の póstu*mo*[*ma*]‖死後の世界 el más allá, mundo *m*. después de la muerte
◨死後硬直 《ラテン語》rígor *m*. mortis, rigidez *f*. cadavérica

しご 死語 (言語) lengua *f*. muerta, (語彙) palabra *f*. en desuso

しご 私語 (ひそひそ話) cuchicheo *m*., (さやき) susurro *m*.‖私語をやめてください ¿Podrían callarse?

じこ 自己 《人称代名詞》sí mis*mo*[*ma*]‖自己の利益 *sus* propios intereses／自己を卑下する menospreciarse a *sí* mis*mo*[*ma*]／自己を見つめる reflexionar sobre *sí* mis*mo*[*ma*]
◨自己暗示 autosugestión *f*.‖自己暗示にかかる autosugestionarse
◨自己犠牲 abnegación *f*.
◨自己啓発 desarrollo *m*. personal

じこ

- 自己嫌悪 odio *m*. a *sí* mis*mo*[*ma*] ‖ 自己嫌悪に陥る odiarse a *sí* mis*mo*[*ma*]
- 自己顕示欲 deseo *m*. de「destacarse [hacerse notar]」‖ 彼は自己顕示欲が強い A él le gusta hacerse notar en todo.
- 自己実現 autorrealización *f*.
- 自己資本 capital *m*. propio, fondos *mpl*. propios ‖ 自己資本比率 coeficiente *m*. de recursos propios, ratio *f*. de fondos propios
- 自己主張 autoafirmación *f*.
- 自己紹介 presentación *f*. de *sí* mis*mo*[*ma*] ‖ 自己紹介する presentarse
- 自己推薦 autorrecomendación *f*.
- 自己責任 autorresponsabilidad *f*. ‖ 自己責任で bajo *su* propia responsabilidad
- 自己中心 ‖ 自己中心的な egocéntric*o*[*ca*] / 自己中心主義 egocentrismo *m*.
- 自己破産 ‖ 自己破産を申請する presentar la quiebra voluntaria
- 自己批判 autocrítica *f*. ‖ 自己批判をする criticarse a *sí* mis*mo*[*ma*]
- 自己負担 ‖ 食事代は自己負担になります La comida corre a cuenta de cada uno. ¦ Cada uno paga su comida.
- 自己弁護 justificación *f*. de *sí* mis*mo*[*ma*], autojustificación *f*. ‖ 自己弁護する justificarse (a *sí* mis*mo*[*ma*])
- 自己防衛 autodefensa *f*.
- 自己満足 autosatisfacción *f*. ‖ 自己満足している estar satisfe*cho*[*cha*] de *sí* mis*mo*[*ma*]
- 自己流 ‖ 自己流で a *su* manera

じこ 事故 accidente *m*., incidente *m*. ‖ 昨日、工場で事故が起きた Ayer「ocurrió [se produjo]」un accidente en la fábrica. / 事故でけがをする resultar heri*do*[*da*] en un accidente / 事故に遭う「sufrir [tener]」un accidente / 事故に遭った列車 tren *m*.「accidentado [siniestrado]」/ その事故で死者1名と負傷者2名が出た El accidente causó un muerto y dos heridos. / 交通事故を起こす「provocar [ocasionar, causar]」un accidente de tráfico / 事故を防ぐ prevenir accidentes

- 事故現場 lugar *m*. del accidente
- 事故死 muerte *f*. por accidente ‖ 事故死する「morir [fallecer]」en un accidente
- 事故防止 prevención *f*. de accidentes
- 航空事故 accidente *m*.「aéreo [de aviación]」

じご 事後

- 事後報告 informe *m*. redactado después《de》, informe *m*. del resultado
- 事後承諾 aprobación *f*. ulterior

しこう 志向 aspiración *f*., orientación *f*. ‖ ユーザー志向の orient*ado*[*da*] a usuarios
> 志向する aspirar《a》, orientarse《a, hacia》

- 志向性《現象学》intencionalidad *f*.

しこう 思考 pensamiento *m*.
> 思考する pensar

- 思考力「capacidad *f*. [facultad *f*.] de pensar, capacidad *f*. de raciocinio
- 水平思考 pensamiento *m*. lateral
- 思考方法 método *m*. de pensamiento

しこう 施行「puesta *f*. [entrada *f*.] en vigor
> 施行する realizar, poner ALGO en vigor ‖ 法令を施行する poner una ley en vigor / 日本国憲法は1947年に施行された La Constitución japonesa entró en vigor en 1947 (mil novecientos cuarenta y siete).

しこう 歯垢 placa *f*. dental, sarro *m*.

しこう 嗜好 gusto *m*. → このみ(好み) ‖ 消費者の嗜好に合う adaptarse al gusto de los consumidores

- 嗜好品(食品) alimentos *mpl*. de placer, (ぜいたく品) artículos *mpl*. de lujo

じこう 事項 materia *f*., asunto *m*., (項目) artículo *m*., ítem *m*.

- 調査事項 materia *f*. de investigación

じこう 時効 prescripción *f*. ‖ 時効の成立した犯罪 delito *m*. prescrito
> 時効になる prescribir, extinguirse por prescripción

- 時効期間 plazo *m*. de prescripción
- 時効停止 interrupción *f*. de la prescripción

じごう 次号 próximo número *m*., número *m*. siguiente ‖ 次号に続く Continúa en el próximo número.

- 次号予告 avance *m*. del próximo número

しこうさくご 試行錯誤 ‖ 試行錯誤の末に después de muchos「intentos y fracasos [ensayos y errores]」
> 試行錯誤する intentar y fracasar, probar y cometer errores

じごうじとく 自業自得
> 自業自得である《慣用》llevar en el pecado la penitencia, pagar (por) *sus* pecados ‖ 不合格は君の自業自得だ Te está bien empleado el suspenso.

しこうせい 指向性 directividad *f*.
> 指向性の direccional

- 指向性アンテナ antena *f*. direccional

しごき 扱き (猛訓練) entrenamiento *m*. extremadamente rígido, (新人への) novatada *f*.

しごく 至極 ‖ 至極ごもっとも Usted tiene toda la razón del mundo. / 迷惑至極だ Es extremadamente molesto.

しごく 扱く ‖ 新人をしごく「hacer [gastar]」una novatada / 布をしごく estirar una tela

じこく 自国 *su* (propio) país *m*., *su* patria *f*.

- 自国語 lengua *f.* materna
- 自国通貨 moneda *f.* nacional
- 自国民 ‖自国民の保護 protección *f.* de los nacionales

じこく 時刻 hora *f.* →じかん(時間) ‖ 出発の時刻 hora *f.* de salida
- 時刻表 horario *m.*

じごく 地獄 infierno *m.* ‖ 地獄に落ちる「irse al [caer en el] infierno ／ この世の地獄 infierno *m.* en la tierra
▶地獄の(ような) infernal ‖ 地獄の苦しみを味わう sufrir como *un*[*una*] condena*do*[*da*]
(慣用)地獄耳 ser el primero en enterarse de todo
(慣用)地獄で仏に会ったよう Es como encontrar un oasis en el desierto.
(諺)地獄の沙汰も金次第 (諺)Poderoso caballero es don Dinero.

しごせん 子午線 meridiano *m.*
- グリニッジ子午線 meridiano *m.* de Greenwich

しこたま 《副詞句》un montón, en abundancia ‖ しこたま稼ぐ forrarse, ganar dinero en abundancia

しごと 仕事 trabajo *m.*, tarea *f.*, (職) empleo *m.*, (職業) profesión *f.*, oficio *m.*, (労働) labor *f.*, (作品) obra *f.*
[仕事が][仕事は] ‖ 仕事が出来る ser eficiente en el trabajo ／ 仕事が手につかない no poder concentrarse en el trabajo ／ 仕事がない estar sin trabajo ／ 仕事が早い ser rápi*do*[*da*] en el trabajo ／ 仕事が遅い ser len*to*[*ta*] en el trabajo ／ 今日は仕事がはかどらない Hoy no me cunde el trabajo. ／ お仕事は何ですか ¿A qué se dedica usted?
[仕事を] ‖ 仕事を選ぶ elegir un trabajo ／ 仕事を進める avanzar con el trabajo ／ 仕事をする trabajar ／ 仕事を覚える aprender un oficio ／ 仕事を持つ tener un trabajo ／ 仕事を成し遂げる cumplir una tarea ／ 仕事を変える cambiar de trabajo ／ ～の仕事を手伝う ayudar a ALGUIEN en el trabajo ／ 仕事を辞める「dejar [abandonar] el trabajo ／ 仕事を休む faltar al trabajo ／ 仕事を探す buscar trabajo ／ 仕事を見つける encontrar un trabajo ／ 仕事を任せる encargar el trabajo《a》
[その他] ‖ ごみ出しは僕の仕事だ Sacar la basura es mi trabajo. ／ さあ仕事だ ¡A trabajar! ／ 仕事に行く ir al trabajo ／ 調理の仕事に就いている dedicarse a la cocina ／ 仕事に追われる estar sobrecarga*do*[*da*] de trabajo ／ 仕事に取りかかる ponerse a trabajar ／ 仕事に励む aplicarse en *su* trabajo
▶仕事で ‖ 仕事で疲れている estar cansa*do*[*da*] del trabajo ／ 仕事で旅行する viajar por trabajo

▶仕事中 ‖ 彼女は今仕事中です Ella está trabajando ahora.
- 仕事着 ropa *f.* de trabajo
- 仕事中毒 adicción *f.* al trabajo ‖ 仕事中毒の(人) adic*to*[*ta*] (*mf.*) al trabajo, trabajóli*co*[*ca*] (*mf.*)
- 仕事熱心 ‖ 彼は仕事熱心だ Él trabaja mucho.
- 仕事場 lugar *m.* de trabajo, (作業場) taller *m.*, (事務所) oficina *f.*
- 仕事部屋 cuarto *m.* de trabajo, (書斎・執務室) despacho *m.*
- 仕事量 (物理) trabajo *m.*

しこみ 仕込み (準備) preparación *f.*, (発酵) fermentación *f.* ‖ 彼の料理はフランス仕込みだ Él aprendió a cocinar en Francia.

しこむ 仕込む (教える) enseñar, entrenar, (動物を) amaestrar, (準備を) preparar ‖ 猿に芸を仕込む amaestrar a un mono ／ すしの材料を仕込む comprar ingredientes para *sushi* ／ 酒を仕込む preparar sake mediante fermentación

しこり 痼り/凝り bulto *m.*, (腫瘍) tumor *m.*, (感情的な) malestar *m.* ‖ 胸にしこりがある tener un bulto en el pecho ／ 遺産争いが兄弟の間にしこりを残した La disputa por la herencia provocó un malestar entre los hermanos.

しさ 示唆 sugerencia *f.* ‖ 示唆を与える dar una sugerencia
▶示唆に富む sugesti*vo*[*va*], sugerente ‖ 示唆に富むコメント comentario *m.* sugestivo
▶示唆する sugerir

じさ 時差 diferencia *f.* horaria ‖ ペルーと日本の時差は14時間である Hay catorce horas de diferencia entre Perú y Japón.
- 時差出勤 horarios *mpl.* escalonados de entrada al trabajo
- 時差ぼけ 《英語》jet lag *m.*, descompensación *f.* horaria, desfase *m.* horario

しさい 司祭 sacerdote *m.*, cura *m.*
- 司祭職 sacerdocio *m.*

しざい 私財 bienes *mpl.* privados, fortuna *f.* personal ‖ 私財を投じる sacrificar「*su* fortuna [*sus* bienes]

しざい 資材 materiales *mpl.*
- 建設資材 materiales *mpl.*「de construcción [constructivos]
- 資材置き場 depósito *m.* de materiales

じざい 自在
▶自在に (容易に) fácilmente, (自由に) libremente ‖ 自在に操作する manejar ALGO con facilidad
- 自在画 dibujo *m.* a mano alzada

しさく 思索 pensamiento *m.*, meditación *f.* ‖ 思策にふける entregarse a la meditación
▶思索する pensar, meditar
- 思索家 pensa*dor*[*dora*] *mf.*

しさく 試作 fabricación *f.* experimental
▶試作する fabricar experimentalmente
◪試作品 prototipo *m.* ‖ 試作品を作る fabricar un prototipo

じさく 自作 ‖ 彼は自作の詩を朗読する Él recita su poema.
◪自作自演 ‖ 自作自演する interpretar *su* propia obra
◪自作農 labra*dor*[*dora*] *mf.* propieta*rio*[*ria*], agricul*tor*[*tora*] *mf.* independiente

じざけ 地酒 （ワイン）vino *m.* de la tierra, （日本酒）sake *m.* de la tierra ‖ スペインの地酒ガイド guía *f.* de vinos de la tierra en España

しさつ 視察 inspección *f.*
▶視察する inspeccionar, hacer una inspección
◪視察団 cuerpo *m.* de inspectores, equipo *m.* de inspección
◪視察旅行 ‖ 視察旅行をする hacer una visita de inspección

じさつ 自殺 suicidio *m.* ‖ 自殺を図る intentar「suicidarse [quitarse la vida]
▶自殺する suicidarse, matarse, quitarse la vida
◪自殺行為 acto *m.* suicida ‖ それは自殺行為だ Eso es un acto suicida.
◪自殺者 suicida *com.*
◪自殺未遂 intento *m.* de suicidio ‖ 自殺未遂に終わる fracasar en *su* intento de suicidio
◪自殺率 índice *m.* de suicidios

しさん 試算 cálculo *m.* experimental, (検算) prueba *f.*
▶試算する calcular experimentalmente, (検算する) hacer la prueba, comprobar la operación

しさん 資産 propiedad *f.*, fortuna *f.*, bienes *mpl.*, (商業) activo *m.* ‖ 資産がある tener una fortuna ／ 国会議員の資産が公開された Se hicieron públicos los bienes de los parlamentarios. ／ 資産を運用する gestionar los bienes ／ 資産を凍結する congelar los bienes ／ 資産を増やす aumentar「la fortuna [los bienes]
◪無形資産 activo *m.* intangible
◪有形資産 activo *m.* tangible
◪資産家 persona *f.* rica, millona*rio*[*ria*] *mf.*
◪資産査定 valoración *f.* de los activos

しざん 死産 muerte *f.* fetal
▶死産する「dar a luz a [tener] un bebé muerto
◪死産児 mortina*to*[*ta*] *mf.*
◪死産率／死産数 mortinatalidad *f.*

じさん 持参
▶持参する「traer [llevar] ALGO *consigo*
◪持参人 porta*dor*[*dora*] *mf.*, tene*dor*[*dora*] *mf.* ‖ 小切手の持参人 porta*dor*[*dora*] *mf.* del cheque
◪持参金 dote *f*(*m*). ‖ 娘に持参金を持たせる dotar a *su* hija

しし 獅子 león *m.*, (雌) leona *f.*
◪獅子鼻 nariz *f.* chata y respingona
◪獅子舞 danza *f.* del león

しじ 支持 apoyo *m.*, respaldo *m.* ‖ 住民の支持で con el apoyo de los vecinos ／ 支持を得る obtener el apoyo 《de》／ 支持を失う perder el apoyo 《de》
▶支持する apoyar, dar *su* apoyo 《a》, respaldar ‖ 政党を支持する apoyar a un partido político
◪支持者 partida*rio*[*ria*] *mf.*, simpatizante *com.*
◪支持率 índice *m.* de popularidad

しじ 指示 instrucciones *fpl.*, indicación *f.* ‖ 指示に従う seguir las instrucciones ／ 指示に反して en contra de las instrucciones ／ 指示を与える dar instrucciones 《a》／ 指示を仰ぐ pedir instrucciones 《a》／ 指示を受ける recibir instrucciones ／ 指示を待つ esperar instrucciones
▶指示する indicar, dar instrucciones 《a》‖ 医者(男性)は彼に1週間の安静を指示した El médico le ordenó a él guardar reposo por una semana.
◪指示代名詞 pronombre *m.* demostrativo

じじ 時事 acontecimientos *mpl.* actuales
▶時事の actual, de actualidad
◪時事スペイン語 español *m.* periodístico
◪時事解説 comentario *m.* de actualidad
◪時事問題 tema *m.* de actualidad

ししざ 獅子座 Leo *m.*
▶獅子座生まれの(人) leo (*com.*) 《性数不変》‖ 獅子座生まれの女性たち las mujeres leo

ししつ 脂質 lípido *m.*

ししつ 資質 ⇒そしつ(素質)

しじつ 史実 hecho *m.* histórico ‖ 史実に基づいた basa*do*[*da*] en un hecho histórico

じじつ 事実 hecho *m.*, (真実) verdad *f.*, (現実) realidad *f.* ‖ それは歴史的な事実だ Es un hecho histórico. ／ 彼が昨日私に会いに来たのは事実だ Es cierto que él vino a verme ayer. ／ この小説は事実に基づいている Esta novela「se basa [está basada] en un hecho real. ／ 事実に照らしてみると a la luz de los hechos ／ 事実を明らかにする aclarar un hecho ／ 事実を確認する confirmar un hecho ／ 事実を述べる decir la verdad, confesar los hechos ／ 麻薬を消費したという事実を否定する negar el hecho de haber consumido drogas ／ 事実を曲げる tergiversar「los hechos [la verdad]
〔慣用〕事実は小説より奇なり La「verdad [realidad] es más extraña que la ficción.
▶事実上(の) de hecho ‖ 事実上のリーダー

líder *com*. de hecho
◨事実婚 matrimonio *m*. de 「hecho [derecho consuetudinario]
◨事実無根‖事実無根の infunda*do*[*da*], sin ningún fundamento, fal*so*[*sa*]
ししゃ 支社
◨支社長 direc*tor*[*tora*] *mf*. de sucursal
ししゃ 死者 muer*to*[*ta*] *mf*.‖火事で2名の死者が出た Hubo dos muertos en el incendio. ¦ Dos personas fallecieron en el incendio. ／その事故は10名の死者を出した El accidente 「provocó [causó] la muerte de diez personas.
◨死者の日 Día *m*. de Difuntos,《メキシコ》Día *m*. de Muertos（11月2日）
ししゃ 使者 mensaj*ero*[*ra*] *mf*., envia*do*[*da*] *mf*.‖使者を送る enviar *un*[*una*] mensaj*ero*[*ra*]《a》
ししゃかい 試写会 preestreno *m*.‖昨日、スペイン映画の試写会が行われた Ayer tuvo lugar el preestreno de una película española.
ししゃく 子爵（爵位）vizconde *m*.,（人）vizcon*de*[*desa*] *mf*.
◨子爵夫人 vizcondesa *f*.
じしゃく 磁石 imán *m*.,（羅針盤）compás *m*., brújula *f*.
ししゃごにゅう 四捨五入 redondeo *m*.
▶四捨五入する redondear‖小数点以下の数字を四捨五入する redondear los decimales, redondear por exceso la cifra de las décimas igual o superior a cinco, y por defecto la cifra inferior
じしゅ 自主
▶自主的（な）voluntar*io*[*ria*], autóno*mo*[*ma*], independiente
▶自主的に de *su* propia voluntad, de forma independiente
◨自主外交 política *f*. exterior independiente
◨自主規制 autocensura *f*., restricción *f*. voluntaria, control *m*. voluntario‖自主規制する autocensurar
◨自主権 autonomía *f*.
◨自主性 autonomía *f*., independencia *f*.‖子供の自主性を育てる fomentar la autonomía de los niños
◨自主独立 independencia *f*.
◨自主トレーニング entrenamiento *m*. voluntario
じしゅ 自首
▶自首する entregarse a la policía 「por las buenas [voluntariamente]
ししゅう 刺繍 bordado *m*.
▶刺繍する bordar‖テーブルクロスに花を刺繍する bordar flores sobre el mantel ／刺繍のあるハンカチ pañuelo *m*. bordado
◨刺繍糸 hilo *m*. para bordar
◨刺繍職人 borda*dor*[*dora*] *mf*.
◨刺繍枠 tambor *m*.
ししゅう 詩集 libro *m*. de poemas
しじゅう 四十 ⇒よんじゅう
しじゅう 始終（いつも）siempre,（頻繁に）frecuentemente,（絶えず）sin cesar
じしゅう 次週（翌週）la semana siguiente,（来週）la próxima semana, la semana que viene
じしゅう 自習
▶自習する estudiar a solas, estudiar so*lo*[*la*]
◨自習室 sala *f*. de estudio
じじゅう 侍従 chambelán *m*., gentilhombre *m*. de cámara
◨侍従長 gran chambelán *m*.
しじゅうしょう 四重唱 cuarteto *m*.
◨四重唱曲/四重唱団 cuarteto *m*.
しじゅうそう 四重奏 cuarteto *m*.
◨四重奏曲/四重奏団 cuarteto *m*.
◨弦楽四重奏 cuarteto *m*. de cuerdas
ししゅうびょう 歯周病 periodontitis *f*.[=*pl*.]
じしゅく 自粛 abstención *f*. voluntaria
▶自粛する abstenerse《de》‖たばこ業界が製品の宣伝を自粛する La industria tabacalera se abstiene de hacer publicidad de sus productos.
ししゅつ 支出 gasto *m*., desembolso *m*.‖支出を抑える 「contener [frenar] el gasto ／過度の支出を避ける evitar gastos excesivos ／支出を減らす reducir los gastos
▶支出する gastar, desembolsar
◨支出額 cantidad *f*. de gastos
◨支出明細書 relación *f*.（detallada）de gastos
ししゅんき 思春期 pubertad *f*., adolescencia *f*.
▶思春期の adolescente, púber
ししょ 支所 ⇒してん（支店）
ししょ 司書
◨図書館司書 biblioteca*rio*[*ria*] *mf*.
しじょ 子女 hijos *mpl*., niños *mpl*.‖良家の子女 hi*jo*[*ja*] *mf*. de buena familia
じしょ 地所 tierra *f*., terreno *m*., solar *m*.
じしょ 辞書 diccionario *m*.,（特定分野の）lexicón *m*.‖辞書で単語を探す buscar una palabra en el diccionario ／この単語は辞書に載っていない Esta palabra no viene en el diccionario. ／辞書を引く consultar el diccionario ／辞書を編纂する 「redactar [elaborar] un diccionario
◨辞書編集（法）lexicografía *f*.
◨辞書編集者 lexicógra*fo*[*fa*] *mf*.
じじょ 次女 segunda hija *f*.
じじょ 自助
◨自助グループ grupo *m*. de autoayuda
◨自助努力 autoayuda *f*.‖自助努力をする

じじょ 侍女　menina *f.*, dama *f.*

ししょう 支障　estorbo *m.*, impedimento *m.*, barrera *f.* ‖ 工事を始めるには何の支障もないNo hay ningún impedimento para comenzar la obra. ／資金不足で仕事に支障が生じた La falta de fondos obstaculizó el trabajo.

ししょう 死傷
▶死傷する morir o resultar heri*do[da]*
◩死傷者 muertos y heridos *mpl.*, (犠牲者) víctimas *fpl.* ‖ 地震で多数の死傷者が出た El terremoto causó numerosos muertos y heridos.

ししょう 師匠　maes*tro[tra] mf.*, profe*sor[sora] mf.*

ししょう 史上 ‖ 史上初めて por primera vez en la historia ／史上稀にみる ra*ro[ra]* en la historia ／史上空前の sin precedentes en la historia ／人類史上最初の原子爆弾 la primera bomba atómica en la historia de la humanidad

しじょう 市場　mercado *m.* ‖ 市場に出す poner ALGO en el mercado, lanzar ALGO al mercado ／市場に出る aparecer en el mercado ／市場を開拓する buscar nuevos mercados ／市場を拡大する ampliar el mercado ／市場を独占する monopolizar el mercado
◩市場介入 (為替介入) intervención *f.* en el mercado de divisas
◩市場開放 apertura *f.* del mercado
◩市場価格 precio *m.* del mercado
◩市場価値 valor *m.* comercial
◩市場経済 economía *f.* de mercado
◩市場原理 mecanismo *m.* del mercado
◩市場占有率 cuota *f.* de mercado
◩市場操作「operación *f.* [manipulación *f.*] del mercado
◩市場調査「estudio *m.* [investigación *f.*] de mercado ‖ 市場調査を行う investigar el mercado

しじょう 至上
▶至上の supre*mo[ma]*, sobera*no[na]* ‖ 至上の光栄 sumo honor *m.*
◩至上命令 *f.* terminante
◩芸術至上主義 teoría *f.* del arte por el arte

しじょう 私情　sentimientos *mpl.* personales ‖ 私情にかられる dejarse llevar por *sus* sentimientos ／判断に私情を差し挟まないように願いたい No deje que los sentimientos personales influyan en sus decisiones.

しじょう 紙上 ‖ 新聞紙上で発表する publicar ALGO en el periódico ／その事件は新聞紙上をにぎわしている El caso ocupa las páginas de los periódicos.

しじょう 詩情　sentimiento *m.* poético, (詩興) interés *m.* poético ‖ 詩情豊かな lle*no[na]* de poesía

しじょう 誌上 ‖ 誌上で en una revista

じしょう 自称 ‖ 自称作家 pretendi*do[da]* escri*tor[tora] mf.*
▶自称する decir llamarse ‖ 警察と自称する男 hombre *m.* que se hace pasar por policía

じしょう 自傷
▶自傷する autolesionarse
◩自傷行為 autolesión *f.*, automutilación *f.*

じじょう 自乗／二乗　《数学》cuadrado *m.* ‖ 3の自乗は9だ 3「al cuadrado [elevado a 2] es igual a 9.
▶自乗する cuadrar, elevar al cuadrado ‖ 4を自乗する elevar (el) 4 al cuadrado
◩自乗数 número *m.* cuadrado

じじょう 事情　circunstancias *fpl.*, condición *f.*, (理由) razón *f.* ‖ 今は事情が違う Hoy las circunstancias son distintas. ／事情が許せば si las circunstancias lo permiten ／事情に通じている conocer bien el asunto de que (se) trata,《慣用》saber el terreno que se pisa ／事情を聴く preguntar, interrogar
▶事情で ‖ 家庭の事情で por razones familiares ／やむを得ぬ事情で por「causas [razones] de fuerza mayor ／さまざまな事情で教育を受けられなかった人たち personas *fpl.* que por distintas circunstancias no tuvieron acceso a la educación
◩事情聴取 ‖ 警察の事情聴取を受ける contestar voluntariamente a las preguntas de la policía
◩国内事情 circunstancias *fpl.* nacionales

ししょうせつ 私小説　novela *f.* "yo", (説明訳) género *m.* literario japonés que describe en primera persona

ししょく 試食
▶試食する probar, degustar
◩試食会 fiesta *f.* de degustación
◩試食品 plato *m.* de degustación

じしょく 辞職　dimisión *f.* ‖ 辞職を求める pedir la dimisión《a》
▶辞職する dimitir《de》, renunciar《a》
◩辞職届 ‖ 辞職届を出す presentar *su* dimisión
◩内閣総辞職「renuncia *f.* [dimisión *f.*] en pleno de un gabinete

じじょでん 自叙伝　autobiografía *f.*

ししょばこ 私書箱　apartado *m.*「de correos [postal],《中南米》casilla *f.* ‖ 私書箱111号 Apartado *m.* de Correos núm. 111

ししん 私心　interés *m.* personal ‖ 私心のない desinteresa*do[da]* ／私心を捨てる renunciar a *sus* intereses personales

ししん 私信　carta *f.* personal, correspondencia *f.* 「personal [privada]

ししん 指針　directrices *fpl.*, (手引き) guía *f.*, faro *m.*, (磁石の) aguja *f.* ‖ 指針となる servir de guía ／指針を与える dar directrices《a》

しじん 私人　persona *f.* privada, particular *m.*‖私人として行動する actuar como un particular

しじん 詩人　poeta *com.*, poetisa *f.*

じしん 自身　《前置詞の後で》 sí mismo[ma]‖私自身 yo mismo[ma]
▶自身の　propio[pia]‖君自身の問題 tu propio problema
▶自身で　por sí mismo[ma], personalmente

じしん 自信　en sí mismo[ma]‖自信がある tener confianza en sí mismo[ma] ／ 私は試験に受かる自信がある Estoy seguro[ra] de aprobar el examen. ／ 私は英語に自信がある El inglés se me da muy bien. ／ 彼は自分の能力に自信がない Él no tiene confianza en sus propias capacidades. ／ 君の言葉で自信がついた Tus palabras me dieron la confianza. ／ 自信に満ちている estar lleno[na] de confianza en sí mismo[ma] ／ 自信をなくす perder la confianza en sí mismo[ma] ／ 自信を持つ confiarse ／ 自信を持って行動する actuar con confianza
◩自信過剰　exceso *m.* de confianza en sí mismo[ma]‖自信過剰である estar demasiado seguro[ra] de sí mismo[ma] ／ 自信過剰な〈人〉 triunfalista (*com.*)

じしん 地震　temblor *m.* de tierra, terremoto *m.*, seísmo *m.*, sismo *m.*‖昨日マグニチュード5.3の地震があった Ayer「hubo [ocurrió, se produjo, se registró] un terremoto de magnitud 5,3 (cinco con tres) en la escala Richter. ／ 強い地震がこの地域を襲った Un terremoto fuerte sacudió esta zona. ／ 日本は2011年に大地震に遭った Japón sufrió un gran terremoto en 2011. ／ 地震を感じる sentir el terremoto
▶地震の　sísmico[ca]‖地震の揺れ sacudida *f.* de terremoto
◩火山性地震「sismo *m.* [temblor *m.*] volcánico
◩地震学　sismología *f.*
◩地震学者　sismólogo[ga] *mf.*
◩地震活動　actividad *f.* sísmica
◩地震観測所　observatorio *m.* sismológico
◩地震計　sismógrafo *m.*, sismómetro *m.*
◩地震帯　zona *f.* sísmica
◩地震波　onda *f.* sísmica
◩地震予知　predicción *f.* de terremotos

ししんけい 視神経　nervio *m.* óptico

じすい 自炊
▶自炊する「hacerse [prepararse] la comida

しすう 指数　índice *m.*,《数学》exponente *m.*
◩知能指数　coeficiente *m.* intelectual
◩紫外線防護指数「factor *m.* [índice *m.*] de protección solar
◩物価指数　índice *m.* de precios
◩指数関数　función *f.* exponencial

しずか 静か
▶静かな　tranquilo[la], quieto[ta], silencioso[sa]‖静かな生活を送る vivir una vida tranquila ／ 静かな声で話す hablar en voz baja
▶静かに　tranquilamente, silenciosamente‖静かにさせる hacer callar, silenciar ／ 静かにしなさい ¡Silencio! ／ 静かに眠る dormir「en paz [tranquilamente]

しずく 滴/雫　gota *f.*‖雨のしずく gota *f.* de lluvia ／ ひとしずくの涙 gota *f.* de una lágrima ／ 汗のしずくが落ちる Caen gotas de sudor. ／ 蛇口からしずくが垂れる El grifo gotea. ¦ Caen gotas del grifo.

しずけさ 静けさ　tranquilidad *f.*, calma *f.*, silencio *m.*‖銃声が夜の静けさを破った Un disparo rompió el silencio de la noche.
(慣用) 嵐の前の静けさ　calma *f.* antes de la tormenta

しずしず 静静
▶静々と　tranquilamente, despacio

システム　sistema *m.*
◩システムエンジニア　ingeniero[ra] *mf.* de sistemas
◩システムキッチン　cocina *f.* integral
◩システム工学　ingeniería *f.* de sistemas
◩システム手帳　agenda *f.* personal

ジストマ《生物》duela *f.*, dístomo *m.*

じすべり 地滑り　「desprendimiento *m.* [deslizamiento *m.*, corrimiento *m.*] de tierras‖豪雨で地滑りが起きた Con el temporal de lluvias se produjo un deslizamiento de tierras.

しずまる 静まる/鎮まる　tranquilizarse,(痛み・風が) calmarse, apaciguarse‖嵐が静まる La tempestad se calma. ／ 彼の怒りが静まった A él se le pasó el enfado.
▶静まり返る‖家は静まり返っていた Reinaba el silencio en la casa.

しずむ 沈む　hundirse, sumergirse‖船が沈む El barco「se hunde [se va a pique]. ／ 日が沈む El sol se pone. ／ 気分が沈む deprimirse ／ 彼女は沈んでいる Ella está deprimida.
▶沈んだ (沈下した) hundido[da], (水中に) sumergido[da], (意気消沈した) deprimido[da]‖ダムに沈んだ村 pueblo *m.* sumergido en un embalse ／ 沈んだ様子で con aspecto deprimido

しずめる 沈める　hundir, sumergir‖船を沈める hundir un barco ／ 湯船に身を沈める meterse en la bañera ／ 貧しい暮らしに身を沈める caer en la miseria

しずめる 静める/鎮める　tranquilizar, calmar, apaciguar‖落ち着きのない子供たちを

じする

静める tranquilizar a los niños inquietos／デモ隊を鎮める calmar a los manifestantes／騒ぎを鎮める apaciguar una agitación／痛みを鎮める aliviar [calmar] el dolor

じする 辞する （退出する）irse, salir《de》, （辞任する）dimitir《de》, renunciar《a》, （辞退する）rehusar, declinar‖社長(男性)宅を辞する salir de [abandonar] la casa del presidente／自由のためなら死も辞さない estar dispues*to*[*ta*] a morir por la libertad

しせい 市制 「régimen *m*. [institución *f*.] municipal‖市制を敷く establecer el régimen municipal／市制30周年を祝う celebrar el trigésimo aniversario del municipio

しせい 市政 administración *f*. municipal

しせい 姿勢 postura *f*., posición *f*., （態度）actitud *f*.‖姿勢がよい tener la espalda recta, tener una buena postura／姿勢が悪い tener una mala postura／気をつけの姿勢で en posición de firmes／楽な姿勢をとる adoptar una postura cómoda／政府に反対の姿勢を維持する mantener una postura en contra del gobierno／姿勢を変える cambiar de postura, cambiar la postura／姿勢を崩す relajarse／姿勢を正す enderezarse, ponerse dere*cho*[*cha*]

しせい 施政 gobierno *m*.

◪施政方針 orientaciones *fpl*. del gobierno‖施政方針演説をする pronunciar un discurso sobre las orientaciones del gobierno

じせい 自制 autocontrol *m*.

▶自制する controlarse, dominarse

◪自制心「dominio *m*. [control *m*.] de sí mis*mo*[*ma*]‖自制心を失う perder el control de sí mis*mo*[*ma*]

じせい 時制 《文法》tiempo *m*.‖時制の一致 concordancia *f*. de tiempos

◪単純時制 tiempo *m*. simple
◪複合時制 tiempo *m*. compuesto

じせい 時勢 corriente *f*. de la época ⇒じだい(時代)‖時勢に乗る seguir la corriente de la época／時勢に逆らう ir en contra de la corriente de la época／時勢に流される dejarse llevar por la corriente de la época

せいかつ 私生活 vida *f*. privada‖私生活に立ち入る meterse en la vida privada de ALGUIEN

せいじ 私生児 hi*jo*[*ja*] *mf*.「natural [ilegíti*mo*[*ma*]], （軽蔑的に）bastar*do*[*da*] *mf*.

しせき 史跡/史蹟 「monumento *m*. [lugar *m*.] histórico

◪史跡巡り recorrido *m*. por los monumentos históricos

しせき 歯石 「cálculo *m*. [tártaro *m*., sarro *m*.] dental‖歯石が付く El sarro se pega a los dientes.／歯石を取る [eliminar [quitar] el sarro de los dientes

じせき 自責‖自責の念 remordimiento *m*.／自責の念に駆られる sentir remordimiento

じせだい 次世代 próxima generación *f*.

▶次世代の de la próxima generación

◪次世代技術 tecnología *f*. de la próxima generación

しせつ 使節 delega*do*[*da*] *mf*., envia*do*[*da*] *mf*.‖使節を送る enviar a un delegado

◪使節団 misión *f*., delegación *f*.

しせつ 施設 establecimiento *m*., instalación *f*.

◪商業施設 establecimiento *m*. comercial
◪スポーツ施設 instalaciones *fpl*. deportivas
◪総合文化施設 complejo *m*. cultural

じせつ 自説 *su* (propia) opinión‖自説を曲げない no ceder, mantener con obstinación *su* opinión／彼は決して自説を曲げない人だ Él es una persona que nunca da su brazo a torcer.

じせつ 時節 （季節）estación *f*., （機会）oportunidad *f*.

しせん 支線 ramal *m*., 「vía *f*. [línea *f*.] secundaria

しせん 死線‖死線をさまよう debatirse entre la vida y la muerte

(慣用)死線を越える sobrevivir

しせん 視線 mirada *f*., vista *f*.‖私と彼の視線が合う Mi mirada se encuentra con la de él.／視線を上げる levantar la mirada／男優は出席者全員の視線を集めた El actor centró todas las miradas de los asistentes.／視線を感じる sentir la mirada《de》／視線を避ける evitar la mirada《de》／視線をそらす 「apartar [desviar] la mirada《de》／視線を向ける dirigir la mirada《a, hacia》／視線を無視する ignorar la mirada《de》

しぜん 自然 naturaleza *f*.‖自然がそのまま残っている La naturaleza se conserva intacta.／自然と触れ合う tener contacto con la naturaleza／自然に帰る volver a la naturaleza／この地方は豊かな自然に恵まれている Esta región goza de una naturaleza rica.／自然の営み trabajo *m*. de la naturaleza／自然の成り行きに任せる dejar que las cosas sigan su curso／自然を楽しむ disfrutar de la naturaleza

▶自然な natural, （自発的な）espontáne*o*[*a*]‖自然な笑顔 sonrisa *f*.「espontánea [natural]／ロボットの自然な動き movimientos *mpl*. naturales del robot

▶自然に con naturalidad, （自発的に）espontáneamente, （ひとりでに）so*lo*[*la*], por sí so*lo*[*la*]‖自然にふるまう actuar con naturalidad／機械が自然に動く La máquina funciona por sí sola.／私のインフルエンザは自然に治った La gripe se me curó sola.

◪自然エネルギー energía *f*. natural, （再生可能エネルギー）energía *f*. renovable

◳ 自然界 mundo m. natural
◳ 自然科学 ciencias fpl. naturales
◳ 自然科学者 naturalista com.
◳ 自然環境 medio m. natural
◳ 自然現象 fenómeno m. natural
◳ 自然災害 「desastre m. [catástrofe f.] natural
◳ 自然死 muerte f. natural ‖ 自然死する morir de muerte natural
◳ 自然主義 naturalismo m.
◳ 自然主義者 naturalista com.
◳ 自然食品 alimentos mpl. naturales
◳ 自然人《法律》 persona f. 「física [natural]
◳ 自然数 número m. natural
◳ 自然治癒 autocuración f.
◳ 自然淘汰 selección f. natural
◳ 自然破壊 destrucción f. de la naturaleza
◳ 自然発火 「combustión f. [inflamación f.] espontánea
◳ 自然発生 generación f. espontánea ‖ 自然発生的に espontáneamente
◳ 自然法 derecho m. natural
◳ 自然保護 conservación f. de la naturaleza

じぜん 事前
❱ 事前の previo[via]
❱ 事前に de antemano, con antelación, previamente ‖ 全員に詳細を事前に知らせる informar de antemano a todos sobre los detalles
◳ 事前運動 (選挙の) campaña f. preelectoral
◳ 事前協議 reunión f. previa
◳ 事前通告 aviso m. previo ‖ 事前通告なしに sin previo aviso

じぜん 慈善 caridad f., beneficencia f.
❱ 慈善の caritativo[va], benéfico[ca]
❱ 慈善家 bienhechor[chora] mf., benefactor[tora] mf.
◳ 慈善事業 obra f. 「de caridad [caritativa]

しそ 紫蘇 albahaca f. japonesa, (学名) Perilla frutescens

しそう 思想 pensamiento m., ideología f., ideas fpl. ‖ 思想の自由 libertad f. de pensamiento ／ 彼女の思想は進歩的だ Ella tiene ideas progresistas ／ マルクスの思想が広がった Se extendió el pensamiento de Marx.
◳ 思想家 pensador[dora] mf.
◳ 思想史 ‖ 政治思想史 historia f. del pensamiento político
◳ 思想弾圧 represión f. ideológica
◳ 思想統制 control m. ideológico, (検閲) censura f. ideológica
◳ 思想犯 delincuente com. ideológico[ca]

しぞう 死蔵
❱ 死蔵する guardar ALGO sin sacar provecho de ello ‖ 歴史的に貴重な多くの資料が図書館に死蔵されている Muchos documentos de gran valor histórico quedan guardados sin ser aprovechados en la biblioteca.

じぞう 地蔵 《日本語》 jizo m., (説明訳) deidad f. budista protectora de los niños

しそうのうろう 歯槽膿漏 piorrea f. alveolar, gingivitis f.[=pl.]

シソーラス tesauro m.

しそく 四則 las cuatro operaciones básicas de aritmética

しそく 四足
❱ 四足の cuadrúpedo[da]
◳ 四足獣 cuadrúpedo m.

しぞく 氏族 clan m.
◳ 氏族制度 organización f. del clan

じそく 時速 velocidad f. por hora ‖ 時速18キロで a (una velocidad de) 18 kilómetros por hora ／ 時速80キロで走る correr a 80 kilómetros por hora
◳ 最高時速 velocidad f. máxima por hora

じぞく 持続 duración f., persistencia f. ‖ 持続可能な開発 desarrollo m. sostenible
❱ 持続する durar, continuar, persistir
❱ 持続的な duradero[ra]
❱ 持続性 durabilidad f., continuidad f.
◳ 持続可能性 sostenibilidad f. ‖ 持続可能性指標 「índice m. [indicador m.] de sostenibilidad
◳ 持続期間 duración f.

しそこなう 為損なう (失敗する) fallar, fracasar, (機会を逃す) dejar pasar la oportunidad de 「+不定詞」

しそん 子孫 descendiente com., 《集合名詞》 descendencia f., 《集合名詞》 posteridad f. ‖ 彼はある大名の子孫だ Él es un descendiente de un daimio. ／ 子孫を残す dejar descendencia

じそんしん 自尊心 orgullo m., amor m. propio, autoestima f. ‖ 自尊心が強い ser orgulloso[sa] ／ 自尊心を失う perder su autoestima ／ 経済的援助を受けることは彼の自尊心が許さない Su orgullo no le permite aceptar el apoyo financiero. ／ 私は誰の自尊心も傷つけたくありません No quiero herir el 「orgullo [amor propio] de nadie.

した 下 ❶ (下部) parte f. inferior, (低い所) lo bajo ‖ 下を見る mirar hacia abajo
❱ 下から ‖ ベッドの下から見る ver desde debajo de la cama ／ 下から上に de abajo arriba ／ 下から数えて2番目の写真 la segunda foto contando desde abajo
❱ 下で ‖ 彼は下で待っている Él está esperando abajo. ／ 氷の下で水は液体のままでいる El agua permanece líquida debajo del hielo.
❱ 下に abajo, debajo《de》‖ テーブルの下に隠す esconder ALGO debajo de la mesa ／ 用紙の下にサインする firmar en la parte inferior del formulario ／ 下に行きなさい

Vete abajo. ／重要な単語の下に線を引く subrayar las palabras importantes
▶下の（下部の）inferior, de abajo ‖食堂は下の階にある El comedor está en el piso inferior. ／下の名前 nombre *m*. (de pila)
▶下へ‖下へ行く ir abajo, bajar
▶下を‖橋の下をフェリーが通る El ferry pasa por debajo del puente. ／下を向いて歩く caminar con la mirada baja

❷（～年齢）‖妻は夫より2つ下である La mujer es dos años menor que su marido. ¦ La esposa es dos años más joven que su marido. ／下の子 hi*jo*[*ja*] *mf*. menor, (末っ子) benja*mín*[*mina*] *mf*. ／私の下の娘 mi hija menor

❸（ランク）‖私の地位は君より下だ Mi rango es inferior al tuyo.
▶下の inferior 《a》‖下の課程 curso *m*. inferior
〔慣用〕下にも置かない‖下にも置かないもてなしをする《慣用》「llevar [traer] en palmas a ALGUIEN

した 舌 lengua *f*. ‖舌の先 punta *f*. de la lengua ／私は舌がもつれた Se me trabó la lengua. ／私は舌が荒れている Tengo la lengua áspera. ／舌をやけどする quemarse la lengua ／舌を噛み切る cortarse la lengua ／舌を鳴らす「chasquear [chascar] la lengua
〔慣用〕舌が回る《慣用》hablar por los codos
〔慣用〕舌が肥えている tener「buen paladar [un paladar fino], ser gastróno*mo*[*ma*]
〔慣用〕舌の根が乾かぬうちに enseguida‖言わないと言った舌の根が乾かぬうちに君は約束を破った Nada más prometer que no lo dirías faltaste a tu palabra.
〔慣用〕舌を出す sacar la lengua, (陰で) hablar mal de ALGUIEN por detrás
〔慣用〕舌を巻く quedarse muy admira*do*[*da*],《慣用》quedarse con las patas colgando
〔慣用〕舌を嚙みそうな‖舌を嚙みそうな名前 nombre *m*. difícil de pronunciar
◪舌先三寸‖私は舌先三寸でだまされた Me engañaron con buenas palabras. ¦《慣用》Me comieron el coco.

しだ 羊歯 helecho *m*.

じた 自他‖僕は自他共に認める楽天家だ Me considero y me consideran un optimista.

したあご 下顎 mandíbula *f*.

したあじ 下味
▶下味をつける sazonar previamente‖塩で下味をつけた魚 pescado *m*. previamente sazonado con sal

したい （～したい）querer 『+不定詞』, tener ganas de 『+不定詞』‖私は面白い本を読みたい Quiero leer un libro interesante. ／僕はぜひともメキシコへ行きたい Estoy deseoso de ir a México. ／今私は誰とも話したくない Ahora no tengo ganas de hablar con nadie.

したい 死体 cadáver *m*., cuerpo *m*. (muerto)‖死体で発見される ser encontra*do*[*da*] muer*to*[*ta*] ／死体の身元確認 identificación *f*. del cadáver ／死体を埋葬する enterrar un cadáver ／死体を焼く incinerar un cadáver
◪死体安置室 cámara *f*. mortuoria, (警察などの) depósito *m*. de cadáveres
◪死体遺棄 abandono *m*. del cuerpo
◪死体解剖 autopsia *f*.

したい 肢体 （四肢）extremidades *fpl*., (体) cuerpo *m*.
◪肢体不自由児 niño[*ña*] *mf*. con discapacidad física

しだい 次第 ❶（事情）circunstancias *fpl*., condición *f*. ‖これが事の次第です Esto es lo que pasó. ／すべて事と次第による Todo depende de las circunstancias.

❷（～によって決まる）depender《de》‖すべては君次第だ Todo depende de ti. ／見方次第では それは良くも悪くもなり得る Eso puede ser bueno o malo según como se mire.

❸（～したらすぐ）nada más『+不定詞』‖終わり次第 nada más terminar ／分かり次第ご連絡ください Póngase en contacto conmigo tan pronto como sea posible.

じたい 自体 en sí (mis*mo*[*ma*]), de por sí ‖アイデア自体はなかなか良い La idea en sí está bastante bien. ／この街自体が芸術作品だ Esta ciudad en sí misma es una obra de arte.

じたい 事態 situación *f*., circunstancias *fpl*., estado *m*. de cosas‖この国が直面する事態 situación *f*. por la que atraviesa este país ／事態が好転する mejorar(se) *la situación* ／事態が悪化する agravarse *la situación* ／深刻な事態に陥る caer en una situación grave ／緊急の事態に備える prepararse para una situación de emergencia ／事態を収拾する controlar la situación

じたい 辞退
▶辞退する rehusar, declinar‖参加を辞退する renunciar a la participación《en》／残念ですがその式典への参加は辞退させていただきます Lamento no poder asistir a la ceremonia. ／招待を辞退する「rehusar [declinar] una invitación

じだい 時代 tiempo *m*., época *f*., edad *f*., era *f*.‖古き良き時代 viejos y buenos tiempos *mpl*. ／私の祖父母の時代 tiempos *mpl*. de mis abuelos ／江戸時代 época *f*. (de) Edo ／明治時代 era *f*. (de) Meiji ／コロンブスの時代 época *f*. de Colón ／時代に先んじる adelantarse a *su* tiempo ／新しい時代に入る entrar en una nueva era ／時代に遅れる desfasarse ／時代の先端を行く芸

術家 artista *com.* de vanguardia de la época ／ 時代の流れを変える cambiar el curso del tiempo ／ 時代の波に乗る adaptarse a la época ／ 一時代を画する《慣用》hacer época ／ 時代を反映する reflejar la época
◪ 時代遅れ ‖ 時代遅れの anticua*do*[*da*], obsole*to*[*ta*]
◪ 時代劇 drama *m.* histórico, (映画)cine *m.* histórico
◪ 時代錯誤 anacronismo *m.* ‖ 時代錯誤の anacrón*ico*[*ca*]
◪ 時代物 de época ‖ 時代物の車 coche *m.* de época
しだいに 次第に gradualmente, (少しづつ) poco a poco, paulatinamente
したう 慕う respetar, (敬慕する) adorar ‖ 故郷を慕う sentir nostalgia por la patria ／ 彼女は同僚たちに慕われている Ella es respetada por sus colegas. ／ その先生(男性)は生徒たちにとても慕われている El maestro es muy querido por sus alumnos.
したうけ 下請け subcontrato *m.*, subcontratación *f.*
▶ 下請けに出す subcontratar ‖ 他社に仕事を下請けに出す subcontratar los trabajos a otra empresa
◪ 下請け企業 empresa *f.* subcontratada
◪ 下請け業者 subcontratista *com.* ‖ 大企業の下請け業者として働く trabajar como subcontratista de grandes empresas
したうち 舌打ち ‖ 舌打ちの音 chasquido *m.* de la lengua
▶ 舌打ちする「chasquear [chascar] la lengua
したえ 下絵 boceto *m.*, esbozo *m.* ‖ 下絵を描く esbozar, hacer un boceto
したがう 従う seguir, (法律に) obedecer, respetar ‖ 神に従う obedecer a Dios ／ 規則に従う respetar las reglas ／ 指示に従う seguir las instrucciones ／ 要求に従う aceptar las exigencias
したがえる 従える ser acompaña*do*[*da*]《de》, (征服する) conquistar, subyugar ‖ 代議士(男性)は2人の秘書を従えて会議に参加した El diputado asistió a la conferencia acompañado de sus secretarios.
したがき 下書き borrador *m.*, (絵の) boceto *m.* ‖ 小説の下書き borrador *m.* de una novela ／ 下書きをする hacer un borrador, (絵の)hacer un boceto
したがって 従って (それゆえ) por consiguiente, por lo tanto, así que;(～につれて) de acuerdo《con》, según, a medida que 『+直説法・接続法』‖ 十分なデータがない、従って信頼性のある分析はできない No hay datos suficientes, por lo tanto, es imposible hacer un análisis fiable. ／ 指示に従って según las instrucciones ／ 椅子の高さは子供の成長に従って調整できる Se puede ajustar la altura de la silla de acuerdo con el crecimiento del niño.
したがる (～したがる) querer 『+不定詞』, desear 『+不定詞』, estar ansio*so*[*sa*] 「por [de]『+不定詞』
したぎ 下着 ropa *f.* interior ‖ 替えの下着 muda *f.* (de ropa interior)
◪ 女性用下着 lencería *f.*, ropa *f.* interior femenina
◪ 男性用下着 ropa *f.* interior masculina
◪ 下着売り場 sección *f.* de lencería
◪ 下着姿 ‖ 下着姿で en ropa interior,《慣用》en paños menores
したく 支度/仕度 preparativos *mpl.* ‖ 食事の支度ができている La comida está lista.
▶ 支度する preparar, hacer preparativos
じたく 自宅 casa *f.* ‖ 自宅で働く trabajar en casa ／ 自宅にいる estar en casa ／ 商品を自宅に送ってくれますか ¿Me pueden enviar el artículo a mi casa? ／ 自宅の住所 dirección *f.* 「de *su* casa [particular, personal]
したごころ 下心 segunda intención *f.*, doble intención *f.* ‖ 下心がある tener segunda intención ／ 君下心が見え見えだよ《慣用》《話》Te conozco, bacalao. ／ 下心があって con doble intención
したごしらえ 下拵え preparación *f.* previa, preparativos *mpl.* previos ‖ 下ごしらえをする preparar ALGO previamente, hacer una preparación previa
したざわり 舌触り ‖ 舌触りが良い agradable al paladar ／ 舌触りが悪い desagradable al paladar
したじ 下地 (基礎) fundamento *m.*, base *f.*, (素質) aptitud *f.* ‖ 壁の下地 base *f.* de pared ／ 英語のしっかりした下地があればドイツ語は難しくない Si se tiene una buena base de inglés, el alemán no es difícil.
◪ 下地塗り primera capa *f.* de pintura
しだし 仕出し 《英語》*catering m.*, servicio *m.* a domicilio (de comida)
◪ 仕出し屋 empresa *f.* de *catering*
したしい 親しい familiar, íntim*o*[*ma*] ‖ 親しい友人 amig*o*[*ga*] *mf.* íntim*o*[*ma*] ／ 私の父は彼と親しくない Mi padre no tiene confianza con él. ／ 親しい人達だけで結婚式が行われた La boda se celebró en la intimidad.
▶ 親しくする ‖ 彼らとは親しくしています Mantengo una íntima amistad con ellos.
▶ 親しくなる hacerse amig*o*[*ga*] de ALGUIEN, hacer amistad con ALGUIEN
(慣用) 親しき仲にも礼儀あり(諺)A casa de tu tía, mas no cada día. ¦ (諺)Adonde te quieren mucho, no vayas a menudo.
したじき 下敷き (文具) lámina *f.* de plástico ‖ 下敷きを敷く colocar una lámina de

したしげ

plástico debajo de un papel／事実を下敷きにした物語 historia *f.* basada en un hecho real
▶下敷きになる quedar aplasta*do*[*da*] debajo《de》‖彼は列車の下敷きになって死んだ Él murió aplastado por un tren.

したしげ 親しげ
▶親しげな‖親しげな口調で en tono amigable
▶親しげに con familiaridad, con confianza‖親しげに話す hablar con confianza

したしみ 親しみ familiaridad *f.*, simpatía *f.*‖親しみを感じる sentir simpatía《por》／親しみを込めて接する tratar con simpatía a ALGUIEN

したしむ 親しむ familiarizarse《con》‖文学に親しむ familiarizarse con la literatura／自然に親しむ tener contacto con la naturaleza
▶親しみやすい familiar,（人が）simpát*ico*[*ca*]‖誰にでも親しみやすい音楽 música *f.* accesible a todos los públicos

したしらべ 下調べ estudio *m.* previo, investigación *f.* previa,（予習）preparación *f.*
▶下調べする「hacer [realizar] un estudio previo,（予習する）preparar la lección

したたか 強か
▶したたかな（人が）astu*to*[*ta*]‖したたかな男 hombre *m.* astuto
▶したたかに‖私は頭をしたたかに打った Me di un golpe muy fuerte en la cabeza.

したたらず 舌足らず
▶舌足らずな‖舌足らずな説明 explicación *f.* insuficiente [incompleta]
▶舌足らずに‖舌足らずに話す hablar con *su* media lengua

したたる 滴る gotear, caer gota a gota, chorrear‖彼の額から汗がしたたる El sudor cae de su frente.

したつづみ 舌鼓
▶舌鼓を打つ「saborear [paladear] con deleite

したっぱ 下っ端 subalter*no*[*na*] *mf.*
▶下っ端の subalter*no*[*na*], de categoría inferior

したづみ 下積み
◪下積み生活‖下積み生活を送る vivir en la oscuridad

したて 下手
(慣用)下手に出る adoptar una actitud modesta

したて 仕立て （裁縫）costura *f.*, hechura *f.*‖仕立ての良いスーツ traje *m.* bien cortado y confeccionado／特別仕立ての自動車 vehículo *m.* especialmente「adaptado [equipado]
◪仕立て屋（紳士物）sas*tre*[*tra*] *mf.*,（婦人物）modista *com.*,（店）sastrería *f.*

したところだ （〜したところだ）acabar de〖+不定詞〗‖私は東京に引っ越したところだ Acabo de mudarme a Tokio.

したとたん した途端 （〜した途端） nada más〖+不定詞〗, al〖+不定詞〗‖彼はオフィスに到着した途端、急ぎの電話をかけた「Al llegar [En cuanto llegó, Apenas llegó] a la oficina, él hizo una llamada urgente.

したてる 仕立てる （服を）hacer, confeccionar,（準備する）preparar,（養成する）formar‖スーツを仕立てる hacer un traje／四輪馬車を仕立てる preparar una carroza

したどり 下取り canje *m.* parcial‖Aを下取りに出してBを買う entregar A como parte del pago de B
▶下取りする comprar un artículo usado al vender uno nuevo
◪下取り品 artículo *m.* de segunda mano que se entrega como parte del pago

したぬり 下塗り aplicación *f.* de la primera capa de pintura
▶下塗りする dar la primera mano de pintura《a》, aplicar la primera capa de pintura《a》

じたばた
▶じたばたする（手足を動かす）mover violentamente los brazos y las piernas,（もがく）forcejear,（騒ぐ）alborotar

したはら 下腹 bajo vientre *m.*, abdomen *m.* inferior‖下腹の痛み dolor *m.* en el bajo vientre

したび 下火
▶下火になる decaer,（流行が）pasar de moda‖火事が下火になる El incendio empieza a extinguirse.／彼の人気は下火になった Su popularidad decayó.

したびらめ 舌鮃/舌平目 lenguado *m.*

したほうがよい した方が良い （〜した方がよい）Es mejor〖+不定詞〗.¦ Es mejor que〖+接続法〗.‖雨の日は地下鉄に乗った方がよい Es mejor tomar el metro cuando llueve.／君は早く帰宅した方がよい Es mejor que regreses pronto a casa.

したまち 下町 barrio *m.* popular‖東京の下町 barrio *m.* popular de Tokio

したまわる 下回る quedar por debajo《de》, ser inferior《a》‖収入が支出を下回る Los ingresos son inferiores a los gastos.／この市の失業率は全国平均を2ポイント下回っている La tasa de desempleo de este municipio está dos puntos por debajo del promedio del país.

したみ 下見 inspección *f.* previa
▶下見する inspeccionar previamente

したむき 下向き‖コップを下向きに置く poner un vaso bocabajo／輸出が下向きになる La exportación disminuye.／下向きになっている排気管 tubo *m.* de escape inclinado

hacia abajo
したん 紫檀 palisandro *m*., sándalo *m*. rojo
じだん 示談 arreglo *m*. extrajudicial ‖ 示談が成立する llegar a un arreglo extrajudicial
▶示談にする arreglar sin acudir a los tribunales
じだんだ 地団駄
(慣用)地団駄を踏む patalear, dar patadas en el suelo
しち 七 siete *m*. ⇒なな
しち 質 empeño *m*., prenda *f*. ‖ 質に入れる empeñar／質を受け出す desempeñar／質が流れた Venció el plazo para recuperar la prenda empeñada
◻質札 papeleta *f*. de empeño
◻質屋 casa *f*. de empeño, monte *m*. de piedad
じち 自治 autonomía *f*.
▶自治の autónomo[ma]
◻自治会 (住民の) asociación *f*. de vecinos, (学生の) asociación *f*. de estudiantes
◻自治権 autonomía *f*.
◻自治州 (スペインの) comunidad *f*. autónoma, autonomía *f*., (中国の) prefectura *f*. autónoma
◻自治体 autonomía *f*., municipalidad *f*., gobierno *m*. autónomo
しちがつ 七月 julio *m*.
▶7月に en (el mes de) julio
しちごさん 七五三 《日本語》 *shichigosan m*., (説明訳) fiesta *f*. tradicional japonesa para las niñas de tres y siete años y los niños de tres y cinco
しちじゅう 七十 setenta *m*. ⇒ななじゅう
しちてんばっとう 七転八倒 ‖ 七転八倒の苦しみ dolor *m*. atroz
▶七転八倒する retorcerse de dolor
しちめんちょう 七面鳥 pavo *m*., (雌) pava *f*., (ひな) pavipollo *m*.
しちゃく 試着
▶試着する probar(se) ‖ このズボンを試着してもいいですか ¿Puedo probarme estos pantalones?
◻試着室 probador *m*.
シチュー guisado *m*., estofado *m*.
◻シチュー皿 plato *m*. sopero
◻シチュー鍋 cacerola *f*.
しちゅう 支柱 puntal *m*., soporte *m*.
◻精神的支柱 soporte *m*. moral
しちょう 市庁 ⇒しやくしょ(市役所)
◻市庁舎 ayuntamiento *m*., casa *f*. consistorial
しちょう 市長 alcalde *m*., alcaldesa *f*.
◻市長選挙 elecciones *fpl*. de alcalde
◻市長職 alcaldía *f*.
しちょう 視聴
◻視聴者 telespecta*dor*[*dora*] *mf*., televidente *com*.,《集合名詞》audiencia *f*.
◻視聴率 cuota *f*. de pantalla
しちょう 試聴
▶試聴する ‖ CDを試聴する escuchar un CD (antes de comprarlo)
じちょう 自重
▶自重する (慎む) ser prudente, (自愛する) cuidarse ‖ 我々はもっと自重すべきだ Tenemos que ser más prudentes.
じちょう 自嘲
▶自嘲する burlarse de *sí* mis*mo*[*ma*]
しちょうかく 視聴覚
▶視聴覚の audiovisual
◻視聴覚教育「enseñanza *f*. [educación *f*.] audiovisual
◻視聴覚教室 aula *f*. audiovisual
しちょうそん 市町村 municipalidades *fpl*.
▶市町村の municipal
◻市町村合併 fusión *f*. de municipios
◻市町村税 impuesto *m*. municipal
じちんさい 地鎮祭 acto *m*. de (colocación de la) primera piedra
しつ 室 (ホテル・病院など) habitación *f*. ‖ 10号室 habitación *f*. número 10
しつ 質 calidad *f*. ‖ 質が良くなる La calidad mejora.／質の良い de buena calidad／質の悪い de mala calidad／質を上げる「mejorar [aumentar] la calidad《de》／サービスの質を下げる「bajar [disminuir] la calidad del servicio／量より質だ La calidad vale más que la cantidad.
▶質的な cualitati*vo*[*va*]
じつ 実
▶実の real, de verdad ‖ 実の母 verdadera madre *f*., madre *f*., [real [biológica]
▶実に realmente, verdaderamente ‖ それは実に煩わしい Eso es verdaderamente molesto.
▶実は/実を言うと a decir verdad, la verdad es que『＋直説法』‖ このゲームは難しそうだが実はとても簡単だ Este juego parece difícil pero en realidad es bastante fácil.
しつい 失意 decepción *f*., desilusión *f*. ‖ 失意のどん底にある estar sumi*do*[*da*] en la decepción
じついん 実印 sello *m*. registrado
じつえき 実益 beneficio *m*., provecho *m*. ‖ 趣味と実益を兼ねる tener una afición lucrativa
じつえん 実演 demostración *f*.
▶実演する hacer una demostración《de》
◻実演販売 venta *f*. por demostración
しつおん 室温 temperatura *f*. ambiente ‖ 室温で保存する conservar ALGO a temperatura ambiente／室温は25度です La habitación está a 25 grados (de temperatura).
しっか 失火 incendio *m*. accidental
じっか 実家 casa *f*. de los padres

しつがい 室外
▶室外で (部屋の外) fuera de la 「sala [habitación], (家の外) fuera de la casa
◨室外機‖エアコンの室外機 unidad *f*. externa del aire acondicionado

じつがい 実害 daño *m*. real

しっかく 失格 descalificación *f*.
▶失格にする descalificar
▶失格する「ser [quedar] descalifica*do*[*da*]‖彼は審判(男性)を負傷させて失格した Él fue descalificado por herir a un árbitro.

しっかり firmemente, con fuerza, bien‖蓋をしっかり閉める cerrar firmemente la tapa／しっかり食べる comer bien
▶しっかりした firme, sóli*do*[*da*], fuerte‖しっかりした足取りで con pasos firmes／しっかりした人物 persona *f*. fiable
▶しっかりする‖しっかりしろ ¡Anímate!

じっかん 実感 sensación *f*. real‖スピードの実感が湧かない No me da la sensación real de velocidad.
▶実感する sentir, experimentar‖私はマチュピチュにいることを実感している Siento realmente que me encuentro en el Machu Picchu.

しっき 漆器 laca *f*.

しつぎ 質疑 pregunta *f*., interrogación *f*., (議会での) interpelación *f*.
◨質疑応答 preguntas *fpl*. y respuestas *fpl*.

じつぎ 実技 práctica *f*., (体育の) ejercicio *m*. ⇒じっしゅう(実習)‖理論と実技 teoría *f*. y práctica *f*.
◨実技試験 examen *m*. práctico

しっきゃく 失脚 caída *f*.
▶失脚する perder *su*「posición [cargo]

しつぎょう 失業 desempleo *m*., paro *m*.
▶失業する perder el trabajo‖失業している estar en el paro
◨失業者 desemplea*do*[*da*] *mf*., para*do*[*da*] *mf*.
◨失業対策 medidas *fpl*. contra el desempleo
◨失業手当 subsidio *m*. de desempleo
◨失業保険 seguro *m*. de desempleo
◨失業問題 problema *m*. del desempleo
◨失業率「tasa *f*. [índice *m*.] de desempleo

じっきょう 実況
◨実況放送 transmisión *f*. en directo‖サッカーの試合の実況放送をする transmitir un partido de fútbol en directo

じつぎょう 実業 negocio *m*., industria *f*.‖実業に就く entrar en el negocio
◨実業家「hombre *m*. [mujer *f*.] de negocios
◨実業界 mundo *m*. de los negocios
◨実業高校 escuela *f*. secundaria de formación profesional

しっきん 失禁 incontinencia *f*. urinaria
▶失禁する perder orina de manera involuntaria

シック‖黒い洋服を着て彼はとてもシックだ Él está muy elegante con traje negro.
▶シックな chic, elegante‖シックなスーツ traje *m*. elegante

しっくい 漆喰 yeso *m*.‖漆喰の壁 pared *f*. de yeso／漆喰を塗る enlucir, enyesar

シックハウス edificio *m*. enfermo
◨シックハウス症候群 síndrome *m*. del edificio enfermo

しっくり‖彼は妻としっくりいっていない Él no se lleva bien con su mujer.

じっくり
▶じっくり(と) cuidadosamente, con tiempo y calma‖じっくり考える pensar detenidamente

しっけ 湿気 humedad *f*.‖湿気のある húme*do*[*da*]／この地域は湿気が多い Hay mucha humedad en esta zona.／湿気を取る eliminar la humedad

しつけ 躾 educación *f*., disciplina *f*.‖しつけのよい bien educa*do*[*da*]／しつけの悪い mal educa*do*[*da*]／彼は自分の子供のしつけに厳しい Él es estricto en la educación de sus hijos.

しつけ 仕付け hilván *m*., hilvanado *m*.‖仕付けをかける hilvanar
◨仕付け糸 hilván *m*., hilo *m*. de hilvanar

じっけい 実刑 pena *f*. de prisión
◨実刑判決‖懲役10年の実刑判決を受ける ser condena*do*[*da*] a diez años de prisión

しつける 躾ける educar, disciplinar‖厳しくしつける educar con disciplina《a》

しつげん 失言 desliz *m*. verbal,《ラテン語》 lapsus *m*.[=*pl*.] *linguae*‖失言を取り消す retirar *sus* desafortunadas palabras
▶失言する cometer un desliz verbal‖彼は失言した A él se le fue la lengua.

しつげん 湿原 terreno *m*. pantanoso cubierto de hierba, paúl *m*.

じっけん 実権 poder *m*.「fáctico [real]‖実権を握る「llevar [tener] las riendas

じっけん 実験 experimento *m*., experimentación *f*.
▶実験(を)する experimentar‖動物を使って実験をする hacer un experimento con animales
▶実験的な experimental
▶実験的に experimentalmente
◨核実験「prueba *f*. [ensayo *m*.] nuclear
◨実験室 laboratorio *m*.
◨実験装置 equipo *m*. de laboratorio
◨実験台 banco *m*. de pruebas, (実験対象者) sujeto *m*. de la experiencia‖実験台になる convertirse en un conejillo de Indias
◨実験段階‖実験段階にある estar en fase experimental

◨ 実験動物 animal *m*. de laboratorio
じつげん 実現 realización *f*., materialización *f*.
▶実現させる/実現する realizar, materializar / realizarse, materializarse ‖ 夢が実現した Se ha hecho realidad el sueño. ／世界平和を実現する conseguir la paz mundial
▶実現可能 ‖ 実現可能な realizable, factible, viable ／実現不可能な irrealizable, inviable
しつこい insistente, importu*no*[*na*], (食べ物が) pesa*do*[*da*] ‖ しつこい人 persona *f*. pesada [insistente] ／君しつこいよ ¡Qué pesa*do*[*da*] eres!
▶しつこく insistentemente, con insistencia ‖ しつこく～する no cansarse de 〖+不定詞〗／しつこく付きまとう perseguir continuamente a ALGUIEN, 《慣用》no dejar ni a sol ni a sombra a ALGUIEN
しっこう 執行 ejecución *f*. ‖ 刑の執行 ejecución *f*. de la pena
▶執行する ejecutar
◨ 執行委員会 comité *m*. ejecutivo
◨ 執行部 ejecutiva *f*., junta *f*. ejecutiva
◨ 執行猶予 suspensión *f*. de la ejecución de la condena, condena *f*. en suspenso ‖ 執行猶予付き懲役1年の判決を受ける recibir la sentencia de un año de prisión (con la condena) en suspenso
じっこう 実行 práctica *f*., ejecución *f*., realización *f*. ‖ 実行に移す llevar ALGO a la práctica, poner ALGO en práctica ／実行を見合わせる suspender la realización 《de》
▶実行する realizar, ejecutar ‖ 命令を実行する cumplir una orden
▶実行力 ‖ 実行力がある人 persona *f*. de acción
◨ 実行委員会 comité *m*. organizador
◨ 実行可能 ‖ 実行可能な factible, realizable, ejecutable ／実行不可能な irrealizable ／実行可能ファイル 《IT》 ejecutable *m*., archivo *m*. ejecutable
◨ 実行犯 au*tor*[*tora*] *mf*. direc*to*[*ta*] de un delito
◨ 実行ユニット 《IT》 unidad *f*. funcional
じっこう 実効 efecto *m*. real
▶実効のある eficaz, efecti*vo*[*va*]
▶実効為替レート tipo *m*. de cambio efectivo
◨ 実効値 《電気》 valor *m*. eficaz
しつごしょう 失語症 afasia *f*.
▶失語症の afási*co*[*ca*]
◨ 失語症患者 afási*co*[*ca*] *mf*.
じっさい 実際 ‖ 写真ではそのホテルは実際よりずっと良く見える En las fotos el hotel parece mucho mejor de lo que es en realidad.
▶実際の real, efecti*vo*[*va*] ‖ 実際の価値 valor *m*. real
▶実際に efectivamente, de hecho ‖ 実際にあった話 historia *f*. real ／実際に試す probar ALGO (de hecho) ／製品を実際に使って見せる demostrar cómo utilizar el producto
▶実際は/実際には/実際のところ de hecho, en la práctica ‖ その構造は単純に思われるが実際は大変複雑だ La estructura parece simple, pero de hecho es sumamente complicada.
▶実際的な prácti*co*[*ca*], real
◨ 実際問題 problema *m*. práctico
じつざい 実在 existencia *f*. real
▶実在する existir realmente
▶実在の real, existente ‖ 実在の人物 personaje *m*. real
しっさく 失策 error *m*., fallo *m*., equivocación *f*. →しっぱい(失敗)
しつじ 執事 mayordomo *m*.
じっし 実施 ejecución *f*.
▶実施する realizar, llevar a cabo ALGO ‖ アンケートを実施する realizar una encuesta
じっしつ 実質 sustancia *f*., esencia *f*.
▶実質的(な) sustancial, esencial
◨ 実質金利 tasa *f*. de interés real
◨ 実質経済成長 crecimiento *m*. económico real
◨ 実質賃金 salario *m*. real
じっしゃかい 実社会 mundo *m*. real
じっしゅう 実習 práctica *f*.
▶実習する practicar, hacer prácticas
◨ 実習生 persona *f*. en prácticas, pasante *com*.
しっしょう 失笑 ‖ 失笑を買う provocar una sonrisa burlona
▶失笑する echarse a reír
じっしょう 実証 demostración *f*., (確証) prueba *f*. evidente
▶実証する demostrar, probar
▶実証的な positi*vo*[*va*]
◨ 実証研究 estudio *m*. empírico
◨ 実証主義 positivismo *m*.
◨ 実証主義の positivista *com*.
じつじょう 実情 situación *f*. real ‖ 実情に合った adapta*do*[*da*] a la situación real ／実情に詳しい(人) conoce*dor*[*dora*] (*mf*.) de la situación real 《de》／実情を訴える hacer saber la situación real
しっしん 失神 desmayo *m*., 《医学》síncope *m*.
▶失神する perder el conocimiento, desmayarse
◨ 失神状態 estado *m*. de síncope
しっしん 湿疹 eccema *m*., eczema *m*. ‖ 私は両手に湿疹が出た Me han salido eccemas en las manos.
▶湿疹性(の) eccemato*so*[*sa*]
じっしんほう 十進法 numeración *f*. decimal

じっすう
▶**十進法の** decimal
じっすう 実数 número *m.* real ‖ ユーザーの実数 número *m.* real de usuarios
じっせいかつ 実生活 vida *f.* real, (日常生活) vida *f.* cotidiana
しっせき 叱責 represión *f.*, reprimenda *f.* ‖ 叱責を受ける recibir reprimendas
▶**叱責する** reprender
じっせき 実績 resultados *mpl.* obtenidos, (学術的な) trabajos *mpl.* realizados ‖ 実績をあげる obtener resultados concretos ／ すぐれた実績がある tener excelentes méritos
◰**生産実績** resultados *mpl.* de producción
◰**実績主義** sistema *m.* de méritos
じっせん 実戦 batalla *f.*, combate *m.*
◰**実戦経験** experiencia *f.* en batalla
じっせん 実践 práctica *f.* ‖ 理論を実践に移す llevar la teoría a la práctica
▶**実践する** practicar
▶**実践的な** prácti*co[ca]*
じっせん 実線 línea *f.* sólida
しっそ 質素 modestia *f.*
▶**質素な** simple, modes*to[ta]*, senci*llo[lla]* ‖ 質素な暮らし vida *f.* simple ／ 質素な食事 comida *f.* sencilla ／ 質素な身なりの modestamente vesti*do[da]*
▶**質素に** ‖ 質素に暮らす vivir modestamente
しっそう 失踪 desaparición *f.*
▶**失踪する** desaparecer
◰**失踪宣告** declaración *f.* de ausencia, (死亡者とみなす場合) declaración *f.* de fallecimiento
しっそう 疾走
▶**疾走する** correr a toda velocidad
じつぞう 実像 imagen *f.* real
しっそく 失速 pérdida *f.* de velocidad
▶**失速する** perder velocidad, (飛行機が) entrar en pérdida (de velocidad)
じつぞん 実存 existencia *f.*
▶**実存する** existir
▶**実存の** existencial
◰**実存主義** existencialismo *m.*
◰**実存主義者** existencialista *com.*
しった 叱咤
▶**叱咤する** reprender, regañar
◰**叱咤激励** ‖ 叱咤激励する animar vivamente a ALGUIEN
しったい 失態 error *m.*, fallo *m.* ‖ 失態を演じる cometer un「error [fallo], 《慣用》meter la pata
じったい 実体 sustancia *f.*, esencia *f.* ‖ その組織の実体がよく分からない No se sabe bien lo que es realmente esa organización.
▶**実体のない** (中身のない) insustancial
◰**実体論**〖哲学〗 sustancialismo *m.*
◰**実体経済** economía *f.* real
じったい 実態 situación *f.* real → じつじょう(実情) ‖ 若年失業の実態を調査する investigar la situación real del desempleo juvenil
しったかぶり 知ったかぶり
▶**知ったかぶりをする** pretender saberlo todo ‖ 知ったかぶりをする人 sabidi*llo[lla] mf.*, sabelotodo *com.*, pedante *com.*
しっち 失地 ‖ 失地を回復する recuperar el terreno perdido
しっち 湿地 tierra *f.* húmeda, terreno *m.* húmedo
◰**湿地帯** zona *f.* de tierra húmeda
じっち 実地
◰**実地訓練** práctica *f.*, entrenamiento *m.* práctico
◰**実地検証** investigación *f.* en el lugar
◰**実地試験** examen *m.* práctico
◰**実地調査** exploración *f.*, estudio *m.* sobre el terreno
じっちょく 実直 honradez *f.*, honestidad *f.*
▶**実直な** honra*do[da]*, hones*to[ta]*
しっつい 失墜 desprestigio *m.*, (名誉の) deshonra *f.* ‖ 権威を失墜する desprestigiarse, desautorizarse, perder la autoridad
しっと 嫉妬 celos *mpl.*, envidia *f.* ‖ 嫉妬に狂った enloqueci*do[da]* por los celos
▶**嫉妬する**「tener [sentir] celos, envidiar
▶**嫉妬させる** dar「celos [envidia]《a》
▶**嫉妬深い** celo*so[sa]*, envidio*so[sa]*
◰**嫉妬心** celos *mpl.*, envidia *f.*
しつど 湿度 humedad *f.* ‖ 湿度の低い地域 zona *f.* con baja humedad ／ 大気中の湿度が高い Hay mucha humedad en el ambiente. ／ 湿度は60パーセントだ La humedad es del 60% (sesenta por ciento). ／ 湿度を測る medir la humedad
◰**湿度計** higrómetro *m.*
じっと ‖ じっとしている quedarse inmóvil ／ じっとこらえる aguantar con paciencia
しっとう 執刀
▶**執刀する** practicar una operación, operar
◰**執刀医** cirujа*no[na] mf.* principal
じつどう 実働
◰**実働時間** horas *fpl.* efectivas de trabajo
しつどくしょう 失読症 dislexia *f.*
▶**失読症の(人)** dislé*xico[ca]* (*mf.*)
しっとり
▶**しっとりした** humedeci*do[da]*, (落ち着いた) calma*do[da]*, tranqui*lo[la]* ‖ しっとりした肌 piel *f.* hidratada
しつない 室内 → おくない(屋内)
▶**室内の** interior
◰**室内アンテナ** antena *f.* interior
◰**室内楽** música *f.* de cámara
◰**室内楽団** orquesta *f.* de cámara
◰**室内競技** atletismo *m.* en pista cubierta
◰**室内競技場** estadio *m.*「cubierto [interior], (スポーツ宮殿) palacio *m.* de deportes

◨室内装飾 decoración *f.* interior
ジッパー 《商標》cremallera *f.* ⇒ファスナー
しっぱい 失敗 fracaso *m.*, fallo *m.* ‖ 失敗に終わる(物事が)「acabar [terminar] en fracaso / 失敗の上塗りをする añadir a un error otro mayor, 《慣用》remachar el clavo / 失敗を繰り返す/失敗を重ねる repetir errores
▸失敗する fracasar, fallar ‖ 事業に失敗する fracasar en los negocios / ゴールを失敗する fallar el gol
諺 失敗は成功のもと El fracaso es la madre del éxito.

じっぴ 実費 gastos *mpl.* reales, (原価) precio *m.* de coste ‖ 交通費を実費で支払う pagar los gastos reales de viaje
しっぴつ 執筆 redacción *f.*
▸執筆する escribir, redactar
◨執筆者 redac*tor*[*tora*] *mf.*, au*tor*[*tora*] *mf.*
しっぷ 湿布 compresa *f.*, cataplasma *f.*
▸湿布する aplicar una compresa 《en》
◨温湿布 compresa *f.* caliente
◨冷湿布 compresa *f.* fría
じつぶつ 実物 objeto *m.* real, original *m.* ‖ その城は写真の方が実物よりよい El castillo sale mejor en la foto. / 実物通りの idénti*co*[*ca*] al original / 実物大の de tamaño「natural [real]
◨実物取引 transacciones *fpl.* en efectivo
しっぺがえし 竹箆返し ⇒しかえし(仕返し)
しっぽ 尻尾 cola *f.*, rabo *m.*
(慣用)尻尾を出す《慣用》「enseñar [descubrir] la oreja
(慣用)尻尾をつかむ《慣用》「conocer [ver] el juego a ALGUIEN
(慣用)尻尾を巻く‖尻尾を巻いて逃げ出す《慣用》irse con el rabo entre las piernas
(慣用)尻尾を振る mover la cola, (へつらう)《慣用》hacer la pelota《a》
しつぼう 失望 desilusión *f.*, decepción *f.* ‖ 失望の色を見せる poner cara de decepción
▸失望する desilusionarse, llevarse un chasco ‖ 私は誰も失望させたくない No quiero decepcionar a nadie. / 彼は政治に失望している Él está desilusionado con la política.
しっぽうやき 七宝焼 esmalte *m.*
しつむ 執務 trabajo *m.*, servicio *m.*
▸執務する trabajar
▸執務中‖執務中である estar de servicio
◨執務室 despacho *m.*
じつむ 実務 trabajo *m.* real, práctica *f.* ‖ 実務に活かす aplicar ALGO a la práctica / 実務の経験がある tener experiencia práctica《en》
しつめい 失明 pérdida *f.* de la vista

▸失明する perder la vista, quedarse cie*go*[*ga*]
しつもん 質問 pregunta *f.*, (尋問) interrogación *f.* ‖ よくある質問 pregunta *f.* frecuente / 質問がある tener una pregunta / 質問に答える「responder [contestar] (a) una pregunta / 何か質問はありませんか ¿Hay alguna pregunta? / 質問を受ける recibir preguntas / 質問攻めにする「acribillar [ametrallar] a ALGUIEN a preguntas
▸質問する preguntar, 「hacer [formular] una pregunta ‖ (国会で)大臣(男性)に質問する「hacer [formular] una interpelación al ministro
◨質問者 interroga*dor*[*dora*] *mf.*, (議会での) interpelante *com.*
◨質問表 cuestionario *m.*
しつよう 執拗
▸執拗な persistente, insistente, obstina*do*[*da*]
▸執拗に con persistencia, insistentemente
じつよう 実用 uso *m.* práctico
▸実用的な prácti*co*[*ca*], útil
▸実用化 aplicación *f.* práctica ‖ 実用化する aplicar ALGO「en [a la] práctica
▸実用性 utilidad *f.*
◨実用英語 inglés *m.* práctico
◨実用主義 pragmatismo *m.*
◨実用新案 modelo *m.* de utilidad ‖ 実用新案特許 patente *f.* de modelo de utilidad
◨実用品 objetos *mpl.* útiles
じつり 実利 utilidad *f.*, (実益) beneficio *m.*, provecho *m.*
◨実利主義 utilitarismo *m.*
◨実利主義者 utilitarista *com.*
しつりょう 質量 《物理》 masa *f.*, (質と量) calidad *f.* y cantidad *f.*
◨質量保存‖質量保存の法則 ley *f.* de conservación de la「masa [materia]
じつりょく 実力 capacidad *f.*, competencia *f.* ‖ 君はその試験に受かる実力がある Eres capaz de aprobar el examen. / 実力のある competente, eficiente / 実力のない incompetente, inep*to*[*ta*] / 実力を発揮する demostrar *su* capacidad
◨実力行使‖実力行使をする recurrir a la fuerza
◨実力者 persona *f.* influyente, 《話》pez *m.* gordo
◨実力主義 meritocracia *f.*
しつれい 失礼 descortesía *f.*, falta *f.* de respeto ‖ 失礼ですが… Perdone, pero... / それは失礼にあたると思います Eso me parece una falta de respeto.
▸失礼する (立ち去る) marcharse, irse ‖ 残念ですが失礼しなければなりません Desgraciadamente tengo que irme. / ちょっと失礼します (中座する時) Disculpe. ¦ Con permi-

so. / 失礼しました Perdón. ¦ Disculpe.
- ▶失礼な maleducado[da], descortés ‖ 失礼な態度 actitud f. 「descortés [grosera]
- ▶失礼ながら〜する tomarse la libertad de 『+不定詞』‖ 失礼ながらあなたに手紙を書かせていただきました Me tomé la libertad de escribirle.

じつれい 実例　ejemplo m. 「concreto [real]」‖ 実例を挙げる poner un ejemplo 「concreto [real]」

しつれん 失恋　amor m. perdido, desengaño m. amoroso, fracaso m. 「amoroso [sentimental]」
- ▶失恋する perder el amor, 「sufrir [tener]」 un desengaño amoroso

じつわ 実話　historia f. 「verdadera [real]」‖ 実話に基づく映画 película f. basada en una historia real

してい 子弟　niños mpl. ‖ 良家の子弟 niños mpl. de buena familia

してい 師弟　maestro[tra] mf. y discípulo[la] mf.
- ◪師弟関係 relación f. de maestro y discípulo

してい 指定　designación f., indicación f. ‖ その地域は自然保護区の指定を受けた La zona fue designada (como) reserva natural.
- ▶指定する designar, indicar ‖ 場所と期日を指定する indicar el lugar y la fecha / 指定された時間に a la hora designada
- ◪指定席 asiento m. reservado

してき 私的
- ▶私的な personal, privado[da], particular
- ▶私的に en privado ‖ 私的に旅行する viajar en privado
- ◪私的所有権 propiedad f. privada
- ◪私的訪問 ‖ 私的訪問をする realizar una visita de carácter privado

してき 指摘　observación f.
- ▶指摘する señalar, apuntar, indicar ‖ 誤りを指摘してくれてありがとう Gracias por señalarme los errores.

してき 詩的
- ▶詩的な poético[ca]
- ▶詩的に de manera poética, poéticamente

してつ 私鉄　ferrocarril m. privado

してはいけない　(〜してはいけない) no deber 『+不定詞』, no haber que 『+不定詞』《動詞は3人称単数形の無主語で》‖ 廊下を走ってはいけません No debes correr por el pasillo.

してもよい　(〜してもよい) poder 『+不定詞』‖ 君は会議に参加してもよい Puedes asistir a la reunión.

してん 支店　sucursal f. ‖ この銀行は全国に支店がある Este banco cuenta con sucursales en todo el país. / 支店を開設する abrir una sucursal / 支店を閉鎖する cerrar una sucursal

- ◪支店長 director[tora] mf. de la sucursal

してん 支点　fulcro m., punto m. de apoyo

してん 視点　punto m. de vista, perspectiva f., prisma m. ‖ 視点を変えて見る ver desde otro punto de vista / 音楽に関して私たちは視点が違う Tenemos diferentes puntos de vista sobre la música.

しでん 市電　tranvía m. ‖ 長崎は市電が走っている Nagasaki tiene tranvía.

じてん 次点 ‖ 次点になる (コンクールで) ocupar el primer lugar después de los premiados, (選挙で) ganar más votos después de los elegidos

じてん 自転　rotación f. ‖ 地球の自転 rotación f. de la Tierra
- ▶自転する ‖ 地球は自転している La Tierra gira sobre su eje.

じてん 事典　diccionario m., (百科事典) enciclopedia f.
- ◪動物事典 diccionario m. de animales

じてん 時点 ‖ 今の時点では en el momento actual, en este momento / あの時点では en aquel momento

じてん 辞典　diccionario m. →じしょ(辞書)
- ◪西和辞典 diccionario m. español-japonés

じでん 自伝　autobiografía f.
- ▶自伝の autobiográfico[ca]

じてんしゃ 自転車　bicicleta f., bici f. ‖ 自転車に乗る montar en bicicleta / 自転車で行く ir en bicicleta / 自転車をこぐ pedalear sobre una bicicleta
- ◪競技用自転車 bicicleta f. de carreras
- ◪2人乗り自転車/タンデム自転車 tándem m.
- ◪自転車置き場 aparcamiento m. para bicicletas
- ◪自転車競技 ciclismo m., carrera f. de bicicletas ‖ 自転車競技の選手 ciclista com.
- ◪自転車店 tienda f. de bicicletas
- ◪自転車旅行 viaje m. en bicicleta, cicloturismo m.

しと 使徒　apóstol m. ‖ 平和の使徒 apóstol m. de la paz
- ◪使徒行伝 (聖書の) Hechos mpl. de los Apóstoles

しと 使途
- ◪使途不明金 gastos mpl. no justificados

しどう 私道　camino m. privado

しどう 始動　arranque m., (始動させること) puesta f. en marcha
- ▶始動させる/始動する arrancar, poner ALGO en marcha / arrancar, ponerse en marcha ‖ モーターを始動させる poner en marcha un motor

しどう 指導　instrucción f., dirección f., orientación f. ‖ 〜の指導のもと bajo la dirección de ALGUIEN / 〜の指導を受ける ser orientado[da] por ALGUIEN, recibir orientación de ALGUIEN

しなやか

- ❯ 指導する orientar, instruir, dirigir
- ❯ 指導的な directivo[va], orientador [dora] ‖ 指導的な役割を果たす desempeñar el papel de líder
- ❯ 指導力 liderazgo m.
- ◪ 指導教官 tutor[tora] mf.
- ◪ 指導者 líder com., dirigente com.
- ◪ 指導主事 asesor[sora] mf. de docentes
- ◪ 指導要領 directrices fpl. educativas ‖ (日本の)学習指導要領 Norma f. Oficial de la Enseñanza

じどう 自動
- ❯ 自動の automático[ca]
- ❯ 自動的に automáticamente
- ❯ 自動化 automatización f. ‖ 自動化する automatizar
- ◪ 自動改札機 barrera f. automática de acceso (a andenes), molinete m., torniquete m.
- ◪ 自動制御 control m. automático
- ◪ 自動操縦装置 piloto m. automático
- ◪ 自動ドア puerta f. automática
- ◪ 自動販売機 ‖ 切符の自動販売機 máquina f. expendedora de billetes
- ◪ 自動引落し domiciliación f. bancaria ‖ 自動引落しにする domiciliar el pago en el banco

じどう 児童 niño[ña] mf., (小学生) escolar com.
- ◪ 児童虐待 abuso m. de menores
- ◪ 児童憲章 Carta f. de los Derechos de los Niños
- ◪ 児童心理学 psicología f. infantil
- ◪ 児童相談所 centro m. de apoyo a menores
- ◪ 児童手当 subsidio m. para niños
- ◪ 児童買春 prostitución f. infantil
- ◪ 児童福祉法 Ley f. de Bienestar Infantil
- ◪ 児童文学 literatura f. infantil
- ◪ 児童ポルノ pornografía f. infantil

じどうし 自動詞 verbo m. intransitivo

じどうしゃ 自動車 automóvil m., coche m. ⇒くるま(車)
- ❯ 自動車の automovilístico[ca]
- ◪ 自動車教習所 autoescuela f.
- ◪ 自動車工場 fábrica f. de coches
- ◪ 自動車産業 industria f. 「automovilística [de automoción]
- ◪ 自動車事故 accidente m. 「automovilístico [de automóvil]
- ◪ 自動車修理工場 taller m. de coches, garaje m.
- ◪ 自動車税 impuesto m. de vehículos
- ◪ 自動車整備工 mecánico[ca] mf. de coches
- ◪ 自動車専用道路 autopista f.
- ◪ 自動車損害賠償責任保険 seguro m. obligatorio de automóviles
- ◪ 自動車販売店 tienda f. de coches
- ◪ 自動車メーカー fabricante com. de automóviles《男性形での使用が多い》
- ◪ 自動車レース automovilismo m., carrera f. de coches

しとしと ‖ 雨がしとしと降る llover「suavemente [mansamente]

じとじと ⇒じめじめ

しとめる 仕留める matar ‖ 一発で仕留める matar de un tiro

しとやか 淑やか
- ❯ しとやかな recatado[da], pudoroso[sa]
- ❯ しとやかに con recato, con gracia

しどろもどろ
- ❯ しどろもどろの inconsistente, incoherente
- ❯ しどろもどろに ‖ しどろもどろに話す hablar incoherentemente

しな 品 objeto m., (商品) artículo m., género m., (品質) calidad f. ‖ 品がいい ser de buena calidad / この生地は品が悪い Esta tela es de mala calidad. / 品が豊富である tener una gran variedad de artículos / 品を選ぶ elegir un artículo

しない 市内 interior m. de la ciudad
- ❯ 市内に ‖ 市内に住む vivir en la ciudad
- ◪ 市内通話 llamada f. local

しない 竹刀 espada f. de bambú

しなう 撓う encorvarse, combarse ‖ この材料はよくしなう Este material es muy flexible.

しなかず 品数 →しなぞろえ(品揃え)‖ 品数が豊富である (種類) tener una gran variedad de artículos, (数量) tener una gran cantidad de artículos

しなぎれ 品切れ ‖ 品切れである estar agotado[da], quedarse sin existencias

しなければならない (〜しなければならない) tener que『+不定詞』, haber que『+不定詞』《動詞は3人称単数形の無主語で》‖ 食事の前に手を洗わなければならない Hay que lavarse las manos antes de comer. / 全住民は島から避難しなければならない Todos los habitantes están obligados a abandonar la isla.

しなさだめ 品定め evaluación f.
- ❯ 品定めをする evaluar

シナジーこうか シナジー効果 sinergia f.

しなぞろえ 品揃え surtido m. ‖ 品揃えの豊かな店 tienda f. bien surtida

しなびる 萎びる marchitarse, perder su frescura
- ❯ 萎びた marchito[ta], mustio[tia]

しなもの 品物 ⇒しな(品)

シナモン canela f., (木) canelo m.

しなやか 撓やか
- ❯ しなやかな flexible, elástico[ca], (優雅な) elegante ‖ しなやかな動き movimiento

m. flexible
▶しなやかに flexiblemente, elegantemente

じならし 地均し nivelación *f.* (del terreno)
▶地ならしをする「nivelar [allanar] un terreno
◨地ならし機 máquina *f.* niveladora

じなり 地鳴り ruido *m.* de la tierra al temblar ‖ 地鳴りがする Ruge la tierra.

シナリオ guion *m.*
◨シナリオライター guionista *com.*

しなん 至難 ‖ 至難のわざ tarea *f.* extremadamente difícil

じなん 次男 segundo hijo *m.*

シニア 《スポーツ》 sénior *m.*
▶シニアの(選手) sénior (*com.*)

しにがみ 死に神 la Muerte ‖ 死に神にとりつかれた男 hombre *m.* perseguido por la Muerte

しにくい (~しにくい) ser difícil de 〚+不定詞〛, no ser fácil de 〚+不定詞〛‖発音しにくい単語 palabra *f.* difícil de pronunciar

ジニけいすう ジニ係数 《経済》 coeficiente *m.* de Gini

しにせ 老舗 vieja casa *f.* comercial ‖ ここは200年以上続く老舗旅館です Este es un hotel tradicional japonés con más de 200 años de historia.

しにみず 死に水 ‖ 死に水を取る《慣用》cerrar los ojos (a)

しにめ 死に目 ‖ 死に目にあう「presenciar [asistir a] la muerte de ALGUIEN

しにものぐるい 死に物狂い
▶死に物狂いで desesperadamente, con desesperación, a la desesperada, 《慣用》como gato panza arriba ‖ 死に物狂いで戦う luchar「a la desesperada [como gato panza arriba]

しにん 死人 muer*to*[*ta*] *mf.*,（故人）difun*to*[*ta*] *mf.*
慣用 死人に口なし Los muertos no hablan.

じにん 自任 ⇒じふ（自負）

じにん 辞任 dimisión *f.* ‖ 彼は政治的問題で辞任に追い込まれている Él se ve obligado a dimitir por cuestiones políticas.
▶辞任する dimitir 《de》, renunciar 《a》

しぬ 死ぬ morir(se), fallecer,（事故などで）perder la vida ‖ 事故で死ぬ morir en un accidente / がんで死ぬ morir de cáncer / 彼女は80歳で死んだ Ella murió a los ochenta años (de edad). / 若くして死ぬ morir joven / 死にかかっている agonizar, estar a punto de morir / 腹が減って死にそうだ Me muero de hambre. / 君なしで生きるなら死んだ方がましだ Yo preferiría morir que vivir sin ti. / 君にもう一度会えるなら死んでもいい「Daría mi vida [Me moriría] por volver a verte. / 死んでも信じないよ No me lo creo ni borra*cho*[*cha*].
▶死んだ muer*to*[*ta*], falleci*do*[*da*], difun*to*[*ta*] ‖ 私の死んだ祖母 mi difunta abuela / 死んだも同然である estar casi muer*to*[*ta*] / 死んだふりをする hacerse *el*[*la*] muer*to*[*ta*] / 死んだように眠る《慣用》dormir como un tronco
▶死ぬほど ‖ 死ぬほど怖い morirse de miedo

じぬし 地主 propieta*rio*[*ria*] *mf.* del terreno ‖ 大地主 terrateniente *com.*, latifundista *com.*

じねつ 地熱 ⇒ちねつ

しのぎ 鎬
慣用 しのぎを削る competir「duramente [fuertemente]

しのぐ 凌ぐ （耐える）soportar, aguantar,（上回る）superar,（防ぐ）impedir ‖ 雨露を凌ぐ protegerse de la lluvia / 暑さを凌ぐ aguantar el calor / 前回の記録を凌ぐ superar el récord anterior
▶凌ぎやすい‖凌ぎやすい気候 clima *m.* agradable

しのばせる 忍ばせる ‖ バッグにナイフを忍ばせる llevar escondida una navaja en la bolsa / 声を忍ばせる hablar en voz baja

しのびあし 忍び足 ‖ 忍び足で歩く caminar de puntillas

しのびこむ 忍び込む introducirse 《en》, colarse《en》‖ 泥棒は窓から建物に忍び込んだ El ladrón se introdujo en el edificio por la ventana.

しのびよる 忍び寄る acercarse sigilosamente

しのぶ 忍ぶ （耐える）aguantar, soportar,（隠れる）esconderse, ocultarse ‖ 世を忍ぶ vivir escondi*do*[*da*] / 人目を忍んで会う encontrarse a escondidas / 子供たちが苦しむのは見るに忍びない No soporto ver sufrir a niños.

しのぶ 偲ぶ añorar, extrañar ‖ 昔を偲ぶ añorar el pasado / 祖国を偲ぶ extrañar *su* país natal

しば 芝 césped *m.* ‖ 芝を刈る cortar césped
◨人工芝 césped *m.* artificial ‖ テラスに人工芝を敷く instalar césped artificial en terraza
◨芝刈り機 cortacésped *m.*

じば 地場
◨地場産業 industria *f.* local

じば 磁場 campo *m.* magnético

しはい 支配 dominación *f.*
▶支配する dominar, gobernar, regir ‖ 自然を支配する dominar la naturaleza / 感情に支配される ser domina*do*[*da*] por las emociones, dejarse llevar por las emociones
▶支配的な dominante ‖ この会社は携帯電話市場で支配的な地位を占めている Esta empresa ocupa una posición dominante en el

mercado de móviles.
❱支配下‖支配下にある estar bajo la dominación《de》, estar bajo (el) dominio《de》
◪支配階級 clase *f.* dominante
◪支配者 gobernante *com.*
◪支配人 direc*tor*[*tora*] *mf.*, gerente *com.* ‖ 総支配人 direc*tor*[*tora*] *mf.* general, gerente *com.* general

しばい 芝居 teatro *m.*, obra *f.*「teatral [de teatro]」あの女優は芝居が下手だ Aquella actriz no sabe interpretar. ／小説を芝居にする adaptar una novela al teatro ／芝居を上演する representar una obra de teatro ／芝居をする actuar en una obra de teatro, (ふりをする)《慣用》hacer la comedia ／芝居を見に行く ir al teatro
❱芝居の teatral, de teatro
❱芝居がかった‖芝居がかった仕草で con gesto teatral
◪芝居好き aficiona*do*[*da*] *mf.* al teatro

じばいせきほけん 自賠責保険　(自動車損害賠償責任保険) seguro *m.* obligatorio de automóviles

じはく 自白 confesión *f.* ‖ 自白を強要する obligar a confesar a ALGUIEN
❱自白する hacer una confesión, confesar ‖ 自分が誘拐犯であると自白する confesarse au*tor*[*tora*] del secuestro
❱自白させる「arrancar [sacar] la confesión a ALGUIEN

じばく 自爆
❱自爆する hacer un ataque suicida
◪自爆テロ atentado *m.* suicida

しばしば ⇒たびたび

しはつ 始発‖(電車の)始発は何時ですか¿A qué hora sale el primer tren?
◪始発駅 estación *f.* de origen
◪始発列車 primer tren *m.*

じはつ 自発
❱自発的な voluntar*io*[*ria*], espontáne*o*[*a*]
❱自発的に voluntariamente, espontáneamente ‖ 自発的に参加する participar voluntariamente《en》
❱自発性 voluntariedad *f.*, espontaneidad *f.*

しばふ 芝生 césped *m.* ⇒しば(芝)‖ 芝生に入るべからず《掲示》Prohibido pisar el césped ／芝生の敷き詰められた庭 jardín *m.* con césped

じばら 自腹
《慣用》自腹を切る pagar de *su* (propio) bolsillo

しはらい 支払い pago *m.*, abono *m.* ‖ 支払いをする「efectuar [hacer] el pago, pagar, efectuar el abono ／支払いを停止する suspender el pago ／支払いを求める「exigir [reclamar] el pago ／支払い済みの paga*do*[*da*]
◪支払い期日 fecha *f.* de vencimiento de pago ‖ 昨日で支払い期日が過ぎた Ayer venció el plazo para pagar.
◪支払い先 beneficia*rio*[*ria*] *mf.* del pago
◪支払い条件 condiciones *fpl.* de pago
◪支払い手形 letra *f.* a pagar
◪支払い人 paga*dor*[*dora*] *mf.*
◪支払い能力 solvencia *f.*
◪支払い不能 insolvencia *f.*
◪支払い不能者 insolvente *com.*
◪支払い方法 medio *m.* de pago ‖ お支払い方法はどうなさいますか ¿Qué medio de pago quiere utilizar? ¦ ¿Cómo quiere pagar?
◪支払い猶予 moratoria *f.*

しはらう 支払う pagar, abonar ‖ 勘定を支払う pagar la cuenta ／借金を支払う「pagar [saldar] una deuda ／現金で支払う pagar en efectivo

しばらく (短い時間) un rato, cierto tiempo, (ほんの少しの間) un momento ‖ しばらくお待ちください Espere un momento, por favor. ／その男の子はしばらくここに居た El niño se quedó aquí durante un rato. ／しばらくマドリードに住む vivir durante cierto tiempo en Madrid ／ここしばらく雨が降っていない Hace tiempo que no llueve. ／しばらくぶりだね、元気かい Tanto tiempo sin verte. ¿Qué tal?
❱しばらくして al cabo de un rato

しばりくび 縛り首 ⇒こうしゅけい(絞首刑)‖ 縛り首にする ahorcar, colgar

しばる 縛る atar, amarrar, (束縛する) sujetar ‖ 縄で縛る atar ALGO con una cuerda ／木に縛りつける amarrar「ALGO [a ALGUIEN] a un árbol ／仕事に縛られている estar ata*do*[*da*] al trabajo

しはん 市販
❱市販の en venta
❱市販する poner ALGO「en [a la] venta ‖ この薬は市販されています Este medicamento está en venta.
◪市販薬 medicamento *m.* de venta libre

じばん 地盤 (土地) suelo *m.*, terreno *m.*, (基礎) base *f.*, (選挙の) zona *f.* de influencia ‖ 固い地盤 suelo *m.* firme ／地盤がゆるい El suelo no es firme. ／地盤を固める consolidar las bases, (建物の) reforzar los cimientos
◪地盤沈下 hundimiento *m.* del suelo, subsidencia *f.*

しはんき 四半期 trimestre *m.*
❱四半期の trimestral
◪第三四半期 tercer trimestre *m.*
◪四半期決算 balance *m.* trimestral

しひ 私費 ‖ 私費で留学する estudiar en el extranjero por *su* cuenta
◪私費留学生 estudiante *com.* extranje*ro*[*ra*] sin beca

じひ 慈悲 piedad *f.*, misericordia *f.* ‖ 慈悲を請う pedir 「misericordia [piedad]《a》
▶慈悲深い piado*so*[*sa*], misericordi*oso*[*sa*], compasi*vo*[*va*]

じひ 自費 滞在費を自費でまかなう costearse la estancia, pagar la estancia por *sí* mis*mo*[*ma*]
◪自費出版‖自費出版する publicar un libro por *su* cuenta

じびいんこうか 耳鼻咽喉科 otorrinolaringología *f.*
◪耳鼻咽喉科医 otorrinolaringólo*go*[*ga*] *mf.*, otorrino *com.*

じびき 字引 diccionario *m.* ⇒じしょ(辞書)

じびきあみ 地引き網 jábega *f.*, bol *m.*

じひつ 自筆
▶自筆の autógra*fo*[*fa*] ‖ 自筆の原稿 manuscrito *m.* autógrafo de ALGUIEN

しひょう 指標 índice *m.*, indicador *m.*
◪指標生物 especie *f.* indicadora

じひょう 辞表 carta *f.* de 「renuncia [dimisión] ‖ 辞表を出す presentar *su* dimisión／辞表を受け取る aceptar la dimisión《de》

じびょう 持病 enfermedad *f.* crónica‖持病がある tener una enfermedad crónica

シビリアンコントロール control *m.* civil

しびれ 痺れ entumecimiento *m.*
〖慣用〗しびれを切らす impacientarse esperando

しびれる 痺れる dormirse, entumecerse‖私は足がしびれた Se me han dormido las piernas.／ロックにしびれる estar fascina*do*[*da*] por el *rock*

しびん 溲瓶 bacín *m.*, chata *f.*

しぶ 四分
◪四分音符 negra *f.*
◪四分休符 silencio *m.* de negra

しぶ 支部 sucursal *f.*
◪支部長 direc*tor*[*tora*] *mf.* de la sucursal

じふ 自負
▶自負する creerse, considerarse, sentirse orgullo*so*[*sa*]《de》‖彼はその分野のパイオニアであると自負している Él se considera pionero en este campo.
◪自負心 confianza *f.* en *sí* mis*mo*[*ma*], orgullo *m.*

しぶい 渋い áspe*ro*[*ra*], amar*go*[*ga*],（地味な）so*brio*[*bria*]‖渋いお茶 té *m.* amargo／渋い顔をする poner cara larga／渋い色 color *m.* sobrio／金に渋い ser taca*ño*[*ña*]

シフォンケーキ tarta *f.* 「*chiffon* [chifón]

しぶがき 渋柿 caqui *m.* de sabor áspero

しぶがっしょう 四部合唱 cuarteto *m.* vocal

しぶき 飛沫 ⇒みずしぶき(水飛沫)

しふく 至福 máxima felicidad *f.*,（キリスト教）beatitud *f.*‖至福の時 el momento más feliz

しふく 私服
▶私服で (vesti*do*[*da*]) de paisano
◪私服警官 policía *com.* de paisano

しふく 私腹
〖慣用〗私腹を肥やす llenarse los bolsillos, lucrarse

ジプシー gita*no*[*na*] *mf.* ⇒ロマ

しぶしぶ 渋々 con desgana, de mala gana

しぶつ 私物 objeto *m.* personal
▶私物化‖私物化する apropiarse《de》, utilizar ALGO para *su* uso personal／公用車を私物化する utilizar un coche oficial para *su* uso personal

じぶつ 事物 cosas *fpl.*, objetos *mpl.*

ジフテリア difteria *f.*
▶ジフテリア(性)の diftéri*co*[*ca*]

シフト
▶シフトする‖シフトさせる cambiar de posición, mover, desplazar
◪シフトキー《IT》tecla *f.* mayúscula
◪シフト勤務 trabajo *m.* por turnos
◪シフトレバー《自動車》palanca *f.* de cambio

しぶとい tenaz, perseverante, persistente
▶しぶとく con tenacidad, con perseverancia, con persistencia

しぶみ 渋み（味）sabor *m.* áspero,（趣き）refinamiento *m.*‖渋みがある tener un sabor áspero

しぶる 渋る‖売れ行きが渋っている La venta está estancada.／返事を渋る no estar dispues*to*[*ta*] a dar una respuesta／金を出し渋る escatimar el dinero, mostrarse rea*cio*[*cia*] a pagar

じぶん 自分《前置詞の後で》*sí* (mis*mo*[*ma*]),（私自身）yo mis*mo*[*ma*]‖彼女は自分に厳しい Ella es severa consigo misma.
▶自分の *su* (pro*pio*[*pia*])

じぶん 時分‖子供の時分に en *su* niñez／今時分に a estas horas

じぶんかって 自分勝手
▶自分勝手な(人) egoísta (*com.*)
▶自分勝手に de manera egoísta, a *su* antojo‖自分勝手に行動する actuar a *su* antojo,《慣用》ir a lo suyo

しぶんしょ 私文書 documento *m.* privado
◪私文書偽造 falsificación *f.* de documento privado

しへい 紙幣 billete *m.*, papel *m.* moneda‖10ユーロ紙幣 billete *m.* de diez euros／紙幣の束 fajo *m.* de billetes／紙幣を偽造する falsificar billetes／紙幣を発行する emitir billetes

じへいしょう 自閉症 autismo *m.*
▶自閉症の(患者) autista (*com.*)‖自閉症の子供 ni*ño*[*ña*] *mf.* autista

しべつ 死別
▶死別する perder‖彼は3年前に妻と死別し

シベリア Siberia
- ▶シベリアの siberia*no[na]*
- ■シベリア人 siberia*no[na] mf.*

しへん 紙片 trozo *m.* de papel

じへん 事変 incidente *m.*
- ■満州事変《歴史》Incidente *m.* de Manchuria

しへんけい 四辺形 cuadrilátero *m.*
- ▶四辺形の cuadrilát*ero[ra]*

しほう 四方 ‖ 6センチ四方に切る cortar en cuadrados de seis centímetros de lado ／ 四方に広がる extenderse por todas partes ／ 四方をとり囲まれる estar rodea*do[da]* por los cuatro costados ／ 四方を見渡す mirar hacia todas las direcciones
- ■四方八方 ‖ 四方八方を探す buscar ALGO por todas partes

しほう 司法 justicia *f.*
- ▶司法の judicial
- ■司法解剖 autopsia *f.* judicial
- ■司法官 funciona*rio[ria] mf.* judicial
- ■司法権 poder *m.* judicial
- ■司法試験 oposiciones *fpl.* a la carrera judicial
- ■司法書士 nota*rio[ria] mf.*
- ■司法制度 sistema *m.* judicial
- ■司法当局 autoridad *f.* judicial
- ■司法取引 negociación *f.* extrajudicial entre el abogado y el fiscal

しぼう 死亡 muerte *f.*, fallecimiento *m.*, defunción *f.*
- ▶死亡する morir(se), fallecer
- ■死亡記事 necrológica *f.*
- ■死亡事故 accidente *m.* mortal
- ■死亡者 muer*to[ta] mf.*, falleci*do[da] mf.*, difun*to[ta] mf.*
- ■死亡証明書 [acta *f.* [certificado *m.*] de defunción
- ■死亡通知 esquela *f.* (mortuoria)
- ■死亡欄 (新聞の) obituario *m.*
- ■死亡率 mortalidad *f.*, tasa *f.* de mortalidad

しぼう 志望 aspiración *f.*, deseo *m.*
- ▶志望する aspirar《a》‖ 歌手を志望する [aspirar a [querer] ser cantante
- ■志望大学 universidad *f.* de *su* preferencia ‖ 私の志望大学 universidad *f.* a la que quiero ir

しぼう 脂肪 grasa *f.* ‖ お腹の周りに脂肪がついている tener grasa en la cintura
- ■低脂肪 ‖ 低脂肪牛乳 leche *f.* baja en grasa
- ■植物性脂肪 grasa *f.* vegetal
- ■動物性脂肪 grasa *f.* animal
- ■皮下脂肪 grasa *f.* subcutánea
- ■脂肪肝 hígado *m.* graso
- ■脂肪分 materia *f.* grasa ‖ 脂肪分40パーセントの生クリーム nata con un 40% (cuarenta por ciento) de materia grasa ／ 脂肪分の少ない食品 alimentos *mpl.* 「bajos en [con poca] grasa

じほう 時報 señal *f.* horaria, (報道の) boletín *m.* ‖ ラジオの時報 señales *fpl.* horarias en la radio
- ■経済時報 boletín *m.* económico

じぼうじき 自暴自棄 ‖ 自暴自棄になる dejarse llevar por la desesperación, entregarse a la desesperación
- ▶自暴自棄の desespera*do[da]*

しぼむ 萎む/凋む marchitarse, desinflarse, deshincharse ‖ 花がしぼむ marchitarse *la flor* ／ 風船がしぼむ desinflarse *el globo* ／ 私の夢がしぼんだ Mi sueño se vio truncado.

しぼり 絞り (カメラの) diagrama *m.* ‖ 絞りを開く abrir el diagrama
- ■絞り器 (果物の) exprimidor *m.*
- ■絞り染め tinte *m.* por nudos

しぼる 絞る/搾る exprimir, estrujar, escurrir, (的を) enfocar, (叱る) reprender ‖ タオルを干す前によく絞る escurrir bien una toalla antes de tenderla ／ オレンジを搾る exprimir una naranja ／ 牛の乳を搾る ordeñar una vaca ／ レンズを絞る cerrar el diafragma ／ 問題を絞る delimitar un tema, enfocar un problema ／ 音量を絞る bajar el volumen del sonido ／ 私は上司(男性)に絞られた El jefe me echó 「una bronca [un rapapolvo]. ／ 納税者から税金を搾りとる exprimir a los contribuyentes con impuestos

しほん 資本 capital *m.*, fondos *mpl.* ‖ 資本の蓄積 acumulación *f.* de capital ／ 資本の自由化 liberalización *f.* de capitales ／ 資本の投入 「inversión *f.* [inyección *f.*] de capitales ／ 資本を投じる hacer una inversión de capital, invertir capital《en》／ 資本を回収する recuperar el capital invertido
- ■資本家 capitalista *com.*
- ■資本金 capital *m.* social ‖ 資本金10万ユーロの会社 empresa *f.* con capital social de cien mil euros
- ■資本構成 estructura *f.* de capital
- ■資本財 bienes *mpl.* de equipo
- ■資本主義 capitalismo *m.* ‖ 資本主義経済 economía *f.* capitalista ／ 資本主義国 país *m.* capitalista
- ■資本配分 asignación *f.* de fondos

しま 島 isla *f.*, (小さな) islote *m.*
- ▶島の isle*ño[ña]*, insular ‖ 島の住民 isle*ño[ña] mf.*, insular *com.*

しま 縞 raya *f.* ‖ 白地に赤の縞 rayas *fpl.* rojas sobre fondo blanco ／ 縞のシャツ camisa *f.* de rayas
- ■横縞 raya *f.* horizontal
- ■縞模様 dibujo *m.* de rayas

しまい 姉妹 hermanas *fpl.*

◪ 姉妹校 escuela f. hermana
◪ 姉妹都市 ciudad f. hermana [hermanada] ‖ 姉妹都市になる hermanarse ／ 神戸市はバルセロナ市との姉妹都市連携に合意した La ciudad de Kobe firmó un acuerdo de hermanamiento con la ciudad de Barcelona.

しまい 仕舞い/終い → おしまい(お仕舞い)
▶ しまいには al final, finalmente ‖ 父はしまいには怒り出した Al final mi padre se enfadó.

しまう 仕舞う/終う ❶（片付ける）arreglar, poner ALGO en su lugar,（保管する）guardar ‖ 箱にしまう [poner [guardar] ALGO en la caja ／ 思い出を胸にしまう guardar un recuerdo en *su* corazón
▶ 〜をしまっておく tener guarda*do* ALGO
❷（完了）（〜してしまう）‖ その小説はもう読んでしまった La novela ya la tengo leída. ／ 父は死んでしまった Mi padre se me murió.

しまうま 縞馬 cebra f.（雄・雌）
じまく 字幕 subtítulos mpl. ‖ 日本語の字幕付きの映画 película f. 「con subtítulos [subtitulada] en japonés ／ 字幕を入れる subtitular, poner subtítulos《a》
しまぐに 島国 país m. insular
◪ 島国根性 insularidad f.
しましょう （〜しましょう）Vamos a〖+不定詞〗. ‖ 食べましょう Vamos a comer. ／ 映画に行きましょう ¿Por qué no vamos al cine?
しまつ 始末 （処理）arreglo m.,（事情）circunstancia f. ‖ 借金の始末をつける（清算する）saldar la deuda ／ 事の始末を語る contar lo que pasó ／ 始末に負えない no tener 「cura [solución] ／ 始末に負えない性格 carácter m. intratable
▶ 始末する despachar, arreglar ‖ ゴミを始末する（処理する）tratar la basura
◪ 始末書 carta f. de disculpas
しまった ‖ しまった！ ¡Dios mío! ¦ ¡Maldita sea!
しまながし 島流し destierro m. a una isla ‖ 島流しにされる ser desterra*do[da]* a una isla
しまり 締まり
▶ 締まりのない flo*jo[ja]*, fo*fo[fa]* ‖ 締まりのないお腹 vientre m. fofo ／ 締まりのない態度 actitud f. laxa
◪ 締まり屋 ahorra*dor[dora]* mf.
しまる 閉まる cerrar(se) ‖ ドアが自動的に閉まる La puerta se cierra automáticamente. ／ 店が閉まっている La tienda está cerrada.
しまる 締まる endurecerse → ひきしまる（引き締まる）‖ 身が締まった魚 pescado m. de carne firme ／ 体が締まる（筋肉がつく）ponerse musculo*so[sa]*
じまん 自慢 orgullo m. ‖ 自慢じゃないが… No lo digo por vanidad, pero... ／ 彼は両親の自慢の種だ Él es el orgullo de sus padres. ／ 自慢の喉を披露する hacer gala de *su* voz
▶ 自慢する enorgullecerse《de》, presumir《de》, alabarse
▶ 自慢げに orgullosamente, con aire orgulloso
◪ 自慢話 historia f. de hazañas, fanfarronada f. ‖ 君の自慢話はもうたくさんだ《慣用》 No necesitas abuela.

しみ 染み mancha f. ‖ 染みをつける echarse una mancha ／ 醤油の染みをつける manchar ALGO de salsa de soja ／ 染みを抜く quitar una mancha ／ 私は顔に染みができた Me han salido manchas en la cara.
▶ 染みのある mancha*do[da]* ‖ 血の染みのあるシャツ camisa f. 「manchada [con manchas] de sangre
◪ 染み抜き quitamanchas m.[=pl.]
じみ 地味 sobriedad f.
▶ 地味な sob*rio[ria]*, auste*ro[ra]*, modes*to[ta]* ‖ 地味な色 color m. discreto ／ 地味な服装 vestido m. sobrio
▶ 地味に con modestia ‖ 地味に暮らす llevar una vida sencilla, vivir modestamente
しみこむ 染み込む infiltrarse《en》, penetrar《en》→ しみる（染みる）‖ 水が地面に染み込む El agua se infiltra en el suelo.
しみじみ
▶ しみじみ(と) profundamente,（心から）sinceramente ‖ しみじみ感じる sentir profundamente ／ しみじみとした感動 emoción f. profunda
しみず 清水 agua f. manantial
じみち 地道
▶ 地道な（着実な）seguro[ra],（まじめな）se*rio[ria]*,（不断の）constante ‖ 地道な努力 esfuerzo m. 「continuo [constante, sostenido]
▶ 地道に seriamente, constantemente
しみでる 染み出る rezumar(se)
シミュレーション simulación f., simulacro m. ‖ シミュレーションをする hacer 「una simulación [un simulacro]
しみる 染みる penetrar《en》, infiltrarse《en》,（刺激する）irritar ‖ 私は目がしみる Se me irritan los ojos. ／ 寒さが骨身にしみる El frío me penetra hasta los huesos.
しみん 市民 ciudada*no[na]* mf. ‖ 仙台の市民 ciudada*no[na]* mf. de Sendai
▶ 市民の civil, cívi*co[ca]*
◪ 市民運動 movimiento m. civil
◪ 市民階級 burguesía f.
◪ 市民権 ciudadanía f. ‖ 市民権を得る obtener la ciudadanía,（認められる）ser acepta*do[da]* por la sociedad
◪ 市民税 impuesto m. municipal
◪ 市民団体 organización f. ciudadana

じむ 事務　trabajo m. [de oficina [administrativo]‖事務をする trabajar en una oficina
▶事務的な administrat*ivo*[*va*]
▶事務的に administrativamente‖事務的に処理する tratar ALGO administrativamente
◪事務員 administrat*ivo*[*va*] mf., oficinista com.
◪事務官 funciona*rio*[*ria*] mf. administrat*ivo*[*va*]
◪事務機器 equipos mpl. de oficina
◪事務局 secretaría f.
◪事務局長 secreta*rio*[*ria*] mf. general
◪事務次官 viceminis*tro*[*tra*] mf. administrat*ivo*[*va*]
◪事務所/事務室 oficina f., despacho m.
◪事務職 puesto m. administrativo
◪事務処理 despacho m. de asuntos
◪事務用品 útiles mpl. de escritorio

ジム　gimnasio m.

しむける 仕向ける　(働きかける)「inducir [incitar] a ALGUIEN a [+不定詞]」‖私は辞職するように仕向けられた Me indujeron a dimitir.

しめい 氏名　nombre m. y apellido m.‖ここに氏名をご記入ください Escriba aquí su nombre y apellido(s), por favor.

しめい 使命　misión f.‖私には重要な使命がある Tengo una misión importante. ／使命を帯びる encargarse de una misión ／使命を果たす cumplir *su* misión
◪使命感 sentido m. de misión, conciencia f. de la misión‖～することに使命感を持つ sentirse llama*do*[*da*] a [+不定詞]

しめい 指名　nominación f., designación f.
▶指名する nombrar, designar
◪指名手配‖警察は犯人(男性)を全国に指名手配した La policía ordenó buscar públicamente al criminal por todo el país. ／指名手配中の犯人 delincuente com. busca*do*[*da*]
◪指名入札 licitación f. privada

しめきり 締切り　fecha f. 「límite [tope], (期限) plazo m.‖登録の締切りはいつですか ¿Cuándo vence el plazo para la matrícula? ／申請の締切りは6月1日です La fecha límite de la solicitud es el 1 (uno) de junio. ／締切りを延長する prolongar el plazo

しめきる 締め切る/閉め切る　cerrar‖戸を閉め切る cerrar por completo la puerta ／申請の受付を締め切る cerrar el plazo para la presentación de solicitudes

しめくくり 締め括り　conclusión f.
▶締めくくる concluir, terminar, resumir

しめころす 絞め殺す　estrangular

しめし 示し　amonestación f., (手本) ejemplo m.
[慣用]示しがつかない‖君が禁煙しないと皆に示しがつかない Si no dejas de fumar, darás un mal ejemplo a todos.

しめしあわせる 示し合わせる　concertarse con antelación
▶～と示し合わせて en complicidad《con》

じめじめ
▶じめじめした húm*edo*[*da*], (陰気な) sombr*ío*[*a*]

しめす 示す　mostrar, indicar, señalar‖誠意ある態度を示す mostrar una actitud sincera ／方角を示す indicar la dirección ／赤は危険を示す色だ El rojo es el color que representa peligro.

しめだす 締め出す　expulsar, echar‖彼は所属していた学会から締め出された Él fue expulsado de la sociedad académica a la que pertenecía. ／外国製品を締め出す expulsar del mercado nacional los productos extranjeros

しめつ 死滅　extinción f., desaparición f.
▶死滅する extinguirse

じめつ 自滅　autodestrucción f.
▶自滅する destruirse a *sí* mis*mo*[*ma*], (墓穴を掘る)《慣用》cavar *su* propia tumba

しめつける 締め付ける　apretar ALGO con fuerza, (厳しく管理する) presionar, controlar‖ねじをスパナで締め付ける apretar con fuerza un tornillo con una llave ／社員を締め付ける presionar a los empleados

しめっぽい 湿っぽい　húm*edo*[*da*], moja*do*[*da*], (陰気な) sombr*ío*[*a*]‖湿っぽい話 historia f. deprimente

しめらす 湿らす　humedecer, mojar‖アイロンをかけるのにシャツを湿らす humedecer una camisa para plancharla

しめりけ 湿り気　humedad f.

しめる 占める　ocupar‖権力の座を占める ocupar un puesto de poder ／全体の10パーセントを占める ocupar el 10% (diez por ciento) de la totalidad

しめる 湿る　humedecerse, ponerse húm*edo*[*da*]‖タオルが湿っている La toalla está 「húmeda [mojada].
▶湿った húm*edo*[*da*], moja*do*[*da*]

しめる 締める/絞める/閉める　cerrar, (ひもを) atar‖ネジを締める apretar un tornillo ／ベルトを締める abrocharse el cinturón ／水道の蛇口を閉める cerrar el grifo ／帳簿を締める cerrar la cuenta ／規律を締める estrechar la disciplina ／ドアをカギで閉める cerrar la puerta con llave

しめん 四面　cuatro caras fpl., (四方) cuatro costados mpl.
◪四面楚歌 estar rodea*do*[*da*] de enemigos por todas partes
◪四面体 tetraedro m.

しめん 紙面　página f. (de un periódico)‖その問題に一紙面を割く dedicar una página a ese problema ／そのニュースは紙面をにぎわした La noticia llenó las páginas de la

prensa.
じめん 地面　suelo *m*., tierra *f*. ‖ 地面すれすれに a ras de tierra ／ 地面に置く poner ALGO en el suelo ／ 地面に落ちる caer(se) al suelo ／ 地面に倒れる dar *consigo* en el suelo ／ 地面を掘る excavar el suelo
◪ 地面効果（航空機などの）efecto *m*. suelo
しも 下　（川の）río *m*. abajo ‖ 患者（男性）の下の世話をする ayudar a hacer sus necesidades a un paciente
◪ 下ネタ chiste *m*. verde
しも 霜　escarcha *f*., helada *f*. (blanca) ‖ 霜が降りる escarchar 《3人称単数形の無主語で》, caer *una helada*
◪ 遅霜 helada *f*. tardía
◪ 初霜 primera helada *f*.
◪ 霜取り descongelación *f*., (装置) descongelador *m*. ‖ 霜取りをする descongelar
しもて 下手　(舞台の) izquierda *f*. vista desde el patio, (川の) curso *m*. bajo
じもと 地元
▶地元で働く trabajar en *su* ciudad
▶地元の local ‖ 地元の人 veci*no*[*na*] *mf*. de la localidad
◪ 地元紙「prensa *f*. [periódico *m*.] local
◪ 地元チーム equipo *m*. 「de casa [local]
しもばしら 霜柱　agujas *fpl*. de hielo ‖ 霜柱が立った Se han formado agujas de hielo.
しもはんき 下半期　segundo semestre *m*. del año, segunda mitad *f*. del año
しもやけ 霜焼け　sabañón *m*.
▶霜焼けになる tener sabañones
しもん 指紋　huella *f*.「digital [dactilar]」‖ 指紋を押捺する imprimir las huellas digitales ／ 指紋を照合する identificar huellas digitales ／ 指紋を採る tomar las huellas digitales a ALGUIEN
◪ 指紋鑑定センター centro *m*. de identificación digital
◪ 指紋鑑定法 dactiloscopia *f*.
◪ 指紋鑑定士 dactiloscopista *com*.
◪ 指紋読み取り機 lector *m*. de huella digital
しもん 諮問
▶諮問の consulti*vo*[*va*]
▶諮問する consultar
◪ 諮問委員会 comité *m*. consultivo
◪ 諮問機関 organismo *m*.「asesor [consultivo]」

じもんじとう 自問自答
▶自問自答する preguntarse y responderse a *sí* mis*mo*[*ma*]
しや 視野　visión *f*., vista *f*., horizonte *m*., (視覚の) campo *m*. visual ‖ 望遠鏡の視野 campo *m*. de visión del telescopio ／ 視野に入る entrar en el campo visual de ALGUIEN ／ 彼はわがままで視野が狭い Él es egoísta y estrecho de miras. ／ 視野が広い tener una visión amplia ／ 視野を広げる ampliar *sus* horizontes ／ 国際的な視野に立って desde el punto de vista internacional ／ オリンピック参加を視野に入れて練習する entrenarse con miras a participar en los Juegos Olímpicos
ジャー　(魔法瓶) termo *m*.
じゃあく 邪悪
▶邪悪な malva*do*[*da*], perver*so*[*sa*] ‖ 邪悪な心 espíritu *m*. malvado
ジャージ　chándal *m*.
しゃあしゃあ
▶しゃあしゃあと descaradamente, sin avergonzarse
ジャーナリスト　periodista *com*.
ジャーナリズム　periodismo *m*.
シャープ　《音楽》sostenido *m*.
▶シャープな（鋭い）agu*do*[*da*]
シャープペンシル　lapicero *m*., portaminas *m*.[=*pl*.] ‖ シャープペンシルの芯 mina *f*.
シャーベット　sorbete *m*.
シャーマニズム　chamanismo *m*.
シャーレ　(実験用の平皿) placa *f*. de Petri
ジャイロ
◪ ジャイロコンパス girocompás *m*.
◪ ジャイロスコープ giroscopio *m*., giróscopo *m*.
しゃいん 社員　emplea*do*[*da*] *mf*. ‖ 彼女はこの会社の社員だ Ella trabaja en esta empresa. ／ 社員を募集する reclutar a empleados
◪ 社員株主 emplea*do*[*da*] *mf*. accionista
◪ 社員教育 formación *f*. de empleados
◪ 社員食堂 comedor *m*. de empresa
しゃおんかい 謝恩会　fiesta *f*. de agradecimiento a los profesores
しゃか 釈迦　Buda Gautama
🈰 釈迦に説法 No es necesario predicar a un santo.
しゃかい 社会　sociedad *f*. ‖ 明日の社会 sociedad *f*. del「mañana [futuro]」／ ミツバチの社会 mundo *m*. de las abejas ／ 社会に貢献する contribuir a la sociedad ／ 社会に出る empezar a trabajar ／ 平和な社会を築く construir una sociedad en paz
▶社会の social ‖ 社会の一員 miembro *com*. de la sociedad
▶社会的(な) social ‖ 社会的(な)地位 「estatus *m*.[=*pl*.] [posición *f*.]」social ／ 社会的な問題になる convertirse en un problema social ／ 反社会的な antisocial
▶社会的に socialmente ‖ 社会的に許されない行為 conducta *f*. socialmente inaceptable
◪ 社会悪 mal *m*. social
◪ 社会運動 movimiento *m*. social
◪ 社会階級 clase *f*. social
◪ 社会科 (教科) educación *f*. cívica
◪ 社会科学 ciencias *fpl*. sociales

- 社会学 sociología f.
- 社会学者 sociólogo[ga] mf.
- 社会教育 educación f. social
- 社会現象 fenómeno m. social
- 社会主義 socialismo m.
- 社会主義者 socialista com.
- 社会事業 obra f. social
- 社会人 adulto[ta] mf. independiente
- 社会制度 sistema m. social
- 社会秩序 orden m. social
- 社会党 partido m. socialista
- 社会不安 inquietud f. social
- 社会復帰 rehabilitación f. social,（犯罪者の）reinserción f. social
- 社会福祉 bienestar m. social
- 社会奉仕 ‖ 社会奉仕をする prestar servicio a la sociedad
- 社会保険 seguro m. social
- 社会保障 seguridad f. social
- 社会面 (新聞の) páginas fpl. de sociedad

しゃがい 社外 ‖ 社外に電話する llamar al exterior
- 社外取締役 director[tora] mf. no ejecutivo[va]

ジャガいも ジャガ芋 patata f.,《中南米》papa f.

しゃがむ agacharse, ponerse en cuclillas

しゃがれごえ 嗄れ声 voz f.「ronca [áspera]

しゃがれる 嗄れる ⇒かすれる(掠れる)

しゃかんきょり 車間距離 distancia f. entre coches ‖ 先行車と安全な車間距離をとる「mantener [guardar] la distancia de seguridad con el vehículo precedente

じゃき 邪気 espíritu m. maligno,（悪気）mala intención f. ‖ 邪気を払う exorcizar los malos espíritus
- ▶邪気のない inocente, sin malicia

じゃきょう 邪教 religión f. herética, herejía f.

しゃく 酌 ‖ お酌をする servir sake《a》

しゃく 癪 ‖ 癪にさわる口調 irritante tono m. de voz / 彼の態度はとても癪にさわる Su actitud me irrita mucho.

しゃく 試薬 reactivo m.

じゃく 弱 ‖ 3センチ弱 un poco menos de tres centímetros

しゃくい 爵位 título m.「nobiliario [de nobleza]

じゃくし 弱視 ambliopía f.
- ▶弱視の(人) ambliope (com.)

ジャグジー 《商標》《英語》jacuzzi m., bañera f. de hidromasaje

しゃくしじょうぎ 杓子定規
- ▶杓子定規な(人) formalista (com.)
- ▶杓子定規に con formalidad, sin flexibilidad

じゃくしゃ 弱者 débil com., persona f. vulnerable ‖ 弱者となる quedarse débil / 弱者を救済する「socorrer [asistir] a los débiles
- 弱者救済 asistencia f. a los débiles

しやくしょ 市役所 ayuntamiento m., casa f. consistorial, alcaldía f.,《南米》municipalidad f.

しゃくぜん 釈然 ‖ これは釈然としない Esto no me queda claro. ¦ Esto no me acaba de convencer. / 釈然としない結果 resultado m. insatisfactorio

じゃくたい 弱体
- ▶弱体の débil
- ▶弱体化 debilitación f., debilitamiento m. ‖ 弱体化する debilitar
- 弱体国 país m. débil

しゃくち 借地 terreno m. arrendado, terreno m. en alquiler
- 借地権 derechos mpl. del arrendatario
- 借地人 arrendatario[ria] mf.
- 借地料 alquiler m. de terreno

じゃぐち 蛇口 grifo m. ‖ 蛇口を開ける abrir el grifo / 蛇口を閉める cerrar el grifo

じゃくてん 弱点 punto m. débil, debilidad f., flaco m.,《慣用》talón m. de Aquiles ‖ 彼にも弱点がある Él también tiene sus puntos débiles. / 弱点を克服する superar las debilidades / 私は彼の弱点を知っている Conozco sus debilidades. ¦ Conozco su punto flaco. ¦《慣用》Sé de que pie cojea él. ¦《慣用》Sé dónde le aprieta el zapato.

しゃくど 尺度 escala f.,（基準）criterio m.

じゃくにくきょうしょく 弱肉強食 ley f.「del más fuerte [de la selva]」‖ 弱肉強食の世の中で《諺》El pez grande se come al pez「chico [pequeño].

しゃくにゅう 借入 ⇒かりいれ(借り入れ)

しゃくねつ 灼熱
- ▶灼熱の ardiente, abrasador[dora] ‖ 灼熱の太陽 sol m.「ardiente [abrasador]

じゃくねん 若年/弱年
- ▶若年性(の) ‖ 若年性認知症 demencia f. precoz
- 若年層 generación f. joven
- 若年労働者 trabajadores mpl. jóvenes

しゃくはち 尺八《日本語》shakuhachi m., flauta f.「dulce [de pico] de bambú ‖ 尺八を吹く tocar el shakuhachi

しゃくほう 釈放 liberación f.
- ▶釈放する poner en libertad a ALGUIEN
- ▶仮釈放 libertad f. condicional

しゃくめい 釈明 justificación f.
- ▶釈明する justificarse, explicar ‖ 自分の態度を釈明する justificar su actitud

しゃくや 借家 casa f. de alquiler ‖ 借家に住む vivir en una casa alquilada
- 借家人 inquilino[na] mf., arrendatario[ria] mf.

しゃくやく 芍薬 peonía f.

しゃくよう 借用　préstamo m.
- 借用する　alquilar, arrendar, tomar ALGO en préstamo
- 借用語　préstamo m. lingüístico
- 借用証書　reconocimiento m. de deuda

じゃくれいぼう 弱冷房
- 弱冷房車　vagón m. con aire acondicionado suave

しゃげき 射撃　tiro m., disparo m. ‖ 彼は射撃の名手だ Él es un excelente tirador.
- 射撃する　disparar
- 実弾射撃　tiro m. con munición real
- 射撃演習　「práctica f. [ejercicio m.] de tiro
- 射撃場　campo m. de tiro

ジャケット　（上着）chaqueta f., （CDなどの）funda f. ‖ 革のジャケット chaqueta f. de cuero ／ シングルのジャケット chaqueta f. recta

しゃけん 車検　inspección f. técnica de vehículos (略 ITV) ‖ 車検切れの車 coche m. con la ITV caducada ／ 車を車検に出す llevar un coche a la ITV ／ 私の車は車検を通った Mi coche pasó la ITV.
- 車検証　tarjeta f. de la ITV

しゃこ 車庫　garaje m., （バス・電車の）cochera f. ‖ バスの車庫 cochera f. de autobuses ／ 車庫に車を入れる meter un coche en el garaje

しゃこう 社交　relaciones fpl. sociales
- 社交的な　sociable ‖ 社交的な性格 carácter m. sociable ／ 非社交的な insociable
- 社交性　sociabilidad f. ‖ 彼は社交性がある Él es sociable.
- 社交家　persona f. sociable
- 社交界　(buena) sociedad f., mundo m. ‖ 社交界にデビューする hacer *su* debut en sociedad, presentarse en sociedad
- 社交辞令　lenguaje m. diplomático
- 社交ダンス　baile m. de salón

しゃこう 遮光
- 遮光する　impedir el paso de la luz, tapar la luz
- 遮光カーテン　cortina f. foscurit
- 遮光栽培　cultivo m. en sombra

しゃさい 社債　bono m. corporativo, obligaciones fpl. ‖ 社債を発行する emitir bonos corporativos

しゃざい 謝罪　disculpa f., excusa f. ‖ 謝罪を要求する exigir una disculpa《a》／ 謝罪を受け入れる aceptar disculpas
- 謝罪する　disculparse, pedir disculpas《a》

■■■　謝罪の表現　■■■

‖ よく使う会話表現
◎ すみません Perdón. ¦ Disculpe.
◎ ごめんなさい Lo siento.
◎ ご迷惑をおかけして申し訳ありませんでした Le ruego (que) me disculpe las molestias que le he causado.
◎ 先日はたいへん失礼を申し上げました Lamento mucho haber sido tan torpe el otro día.
◎ ご迷惑をおかけしたことを心からお詫び申し上げます Me disculpo sinceramente por haberle causado molestias.

しゃさつ 射殺　fusilamiento m.
- 射殺する　fusilar

しゃし 斜視　estrabismo m.
- 斜視の(人)　bizco[ca] (mf.), estrábico[ca] (mf.)

しゃじく 車軸　eje m.

しゃじつ 写実　realismo m.
- 写実的な　realista
- 写実主義　realismo m.
- 写実主義者　realista com.
- 写実小説　novela f. realista

しゃしゅ 射手　（銃の）tirador[dora] mf., （弓の）arquero[ra] mf.

しゃしょう 車掌　revisor[sora] mf.

しゃしん 写真　foto f., fotografía f. ‖ 写真がぶれた La foto salió movida. ／ 彼の写真が新聞に載った Su foto salió en un periódico. ／ 写真に写る salir en la foto ／ この写真はよく撮れている Salió bien esta foto. ／ 写真をメールで送る enviar una foto por correo electrónico ／ 写真を修正する retocar una foto ／ 写真を撮る 「sacar [hacer] una foto ／ 写真を引き伸ばす ampliar una foto ／ 写真を焼き増しする hacer copias de una foto
- 顔写真　foto f. retrato
- 写真写り ‖ 写真写りの良い fotogénico[ca]
- 写真家　fotógrafo[fa] mf.
- 写真機　cámara f. (fotográfica)
- 写真集　colección f. de fotografías
- 写真立て　portarretratos m.[=pl.]
- 写真店　tienda f. de fotografía, （撮影する）estudio m. de fotografía
- 写真展　exposición f. de fotografías
- 写真判定　foto f. *finish*

ジャズ　*jazz* m.
- ジャズ喫茶　*jazz* café m.
- ジャズシンガー　cantante com. de *jazz*
- ジャズダンス　danza f. *jazz*
- ジャズバンド　banda f. de *jazz*

じゃすい 邪推　sospecha f. infundada
- 邪推する　sospechar ALGO sin fundamento

ジャスミン　jazmín m.
- ジャスミン茶　té m. de jazmín

しゃせい 写生　⇒スケッチ

しゃせい 射精　eyaculación f.
- 射精の　eyaculatorio[ria]
- 射精する　eyacular

しゃせつ 社説　editorial m., artículo m. de

fondo

しゃせん 車線　carril *m*., calle *f*. ‖ 片側一車線の道路 carretera *f*. de un carril para cada sentido
　◩反対車線 carril *m*. de sentido contrario
　◩四車線道路 carretera *f*. de cuatro carriles

しゃせん 斜線　línea *f*. oblicua

しゃそう 車窓 ‖ 車窓の風景 paisajes *mpl*. desde la ventanilla del tren

しゃたい 車体　carrocería *f*.

しゃだい 車台　chasis *m*.[=*pl*.], bastidor *m*.

しゃたく 社宅　vivienda *f*. para el personal de una empresa

しゃだん 遮断　interrupción *f*., interceptación *f*.
　▶遮断する cortar ‖ 交通を遮断する「cortar [interrumpir] el tráfico
　◩遮断器(電気の) interruptor *m*., cortacircuitos *m*.[=*pl*].
　◩遮断機(踏切の) barrera *f*. de paso a nivel

しゃだんほうじん 社団法人　sociedad *f*. civil con personalidad jurídica

しゃちゅう 車中
　▶車中で en el tren, (自動車の)en el coche

しゃちょう 社長　presiden*te*[*ta*] *mf*., direc*tor*[*tora*] *mf*. general
　◩副社長 vicepresiden*te*[*ta*] *mf*.
　◩社長室 despacho *m*. 「del presidente [de la presidenta]
　◩社長秘書 secreta*rio*[*ria*] *mf*. 「del presidente [de la presidenta]

シャツ　(ワイシャツ) camisa *f*., (下着・Tシャツ) camiseta *f*. ‖ シャツを着る ponerse una camisa ／ シャツを脱ぐ quitarse la camisa

しゃっかん 借款　crédito *m*., empréstito *m*., préstamo *m*.
　◩円借款 crédito *m*. en yenes

じゃっかん 若干　(副詞的に) un poco, algo ‖ 若干手を加える corregir un poco
　▶若干の algu*nos*[*nas*] 『+複数名詞』, u*nos*[*nas*] 『+複数名詞』, un poco de 『+名詞』‖ 若干の違いがある Hay algunas diferencias.

ジャッキ　gato *m*., cric *m*.

しゃっきん 借金　deuda *f*., préstamo *m*. ‖ 借金がある tener una deuda con ALGUIEN ／ 私は父に100万円の借金がある Debo a mi padre un millón de yenes. ／ 借金で首が回らない estar endeuda*do*[*da*] hasta las 「orejas [cejas] ／ 借金を返す「pagar [saldar] la deuda ／ 借金を踏み倒す「no pagar [eludir el pago de] una deuda ／ 借金を申し込む「pedir [solicitar] un préstamo
　▶借金する contraer deudas, endeudarse ‖ 銀行に借金する contraer deudas con un banco
　◩借金取り(債権者) cobra*dor*[*dora*] *mf*. de deudas, acree*dor*[*dora*] *mf*.

ジャック　(トランプの) valet *m*., (スペインのトランプの) sota *f*.
　◩ジャックナイフ navaja *f*.

しゃっくり　hipo *m*. ‖ 彼は嘘をつくたびにしゃっくりがでる A él le entra hipo cada vez que miente. ／ しゃっくりを止める quitar el hipo
　▶しゃっくりする tener hipo, hipar

ジャッジ　(審判員) juez *com*., árbi*tro*[*tra*] *mf*., (判定) juicio *m*., arbitraje *m*.

シャッター　(カメラ) obturador *m*., disparador *m*., (よろい戸) persiana *f*. metálica ‖ シャッターを上げる subir la persiana metálica ／ シャッターを下ろす bajar la persiana metálica ／ シャッターを切る disparar la cámara, apretar el disparador
　◩シャッタースピード velocidad *f*. de obturación

シャットアウト　《スポーツ》valla *f*. invicta, 《野球》blanqueada *f*., 《英語》*shutout m*.
　▶シャットアウトする (締め出す) expulsar, dejar fuera, 《野球》conseguir una blanqueada

シャットダウン　《IT》cierre *m*. de un sistema informático
　▶シャットダウンする 「apagar [cerrar] el sistema

しゃてい 射程　tiro *m*., alcance *m*. ‖ 射程1500キロのミサイル misil *m*. de 1500 kilómetros de alcance

しゃどう 車道　calzada *f*.

シャトルバス　autobús *m*. de enlace

しゃない 社内
　◩社内結婚 matrimonio *m*. entre compañeros de trabajo
　◩社内報 boletín *m*. de empresa

しゃない 車内
　◩車内サービス servicio *m*. a bordo de los trenes
　◩車内暴力 acto *m*. violento en un transporte público, (電車内) violencia *f*. dentro de un「vagón [tren]

しゃにくさい 謝肉祭　carnaval *m*.

しゃにむに 遮二無二 ⇒がむしゃら(⇒がむしゃらに)

じゃねん 邪念　malos pensamientos *mpl*. ‖ 邪念を抱く tener malos pensamientos ／ 邪念を払う quitar los malos pensamientos de *su*「mente [cabeza]

しゃふう 社風　cultura *f*. de una empresa

しゃぶしゃぶ　《日本語》*shabu-shabu m*., (説明訳) carne *f*. y verduras *fpl*. cocidas en breve tiempo

しゃふつ 煮沸
　▶煮沸する hervir
　◩煮沸消毒 desinfección *f*. por ebullición

シャフト　(回転軸) árbol *m*.

しゃぶる　chupar ‖ 飴をしゃぶる chupar un

caramelo／赤ん坊が指をしゃぶる El bebé se chupa el dedo.
しゃへい 遮蔽　blindaje *m*.‖放射線の遮蔽 blindaje *m*. contra la radiación／遮蔽する tapar, cubrir, blindar
◪遮蔽効果 efecto *m*. de apantallamiento
◪遮蔽物 pantalla *f*.
しゃべる 喋る　hablar, charlar‖よくしゃべる hablar mucho,《慣用》hablar (hasta) por los codos／長々としゃべる hablar incansablemente,《慣用》hablar como *un*[*una*] descosi*do*[*da*]
シャベル　pala *f*.
しゃへん 斜辺　(直角三角形の) hipotenusa *f*.
しゃほん 写本　copia *f*. manuscrita, apógrafo *m*.
シャボンだま シャボン玉　pompa *f*. de jabón‖シャボン玉を作る hacer pompas de jabón
じゃま 邪魔　obstáculo *m*., estorbo *m*., molestia *f*.‖邪魔が入って時間通りに彼の家に着けなかった Un contratiempo me impidió llegar a tiempo a su casa.／車両の通行の邪魔になる「obstaculizar [entorpecer] el tráfico rodado
▶邪魔(を)する molestar, estorbar;（お邪魔する）visitar‖彼の邪魔をするな ¡No le molestes!／お邪魔でしょうか ¿Le molesto?／計画の実現の邪魔をする poner obstáculos a la realización del proyecto／ここなら誰にも邪魔をされずに仕事が出来ます Aquí puede trabajar sin que le moleste nadie
◪邪魔者 estorbo *m*.‖邪魔者扱いする tratar a ALGUIEN como un estorbo
◪邪魔物 estorbo *m*.
しゃみせん 三味線　《日本語》*shamisen m*.,（説明訳）instrumento *m*. musical de tres cuerdas que se toca con un plectro
ジャム　mermelada *f*., confitura *f*.‖ジャムを作る hacer mermelada
シャムねこ シャム猫　gato *m*. siamés,（雌）gata *f*. siamesa
しゃめん 斜面　cuesta *f*., declive *m*., plano *m*.「inclinado [declinado]
◪急斜面 cuesta *f*.「empinada [pronunciada]
しゃもじ 杓文字　paleta *f*. para servir arroz
しゃよう 斜陽　（衰退）declive *m*.,（落日）sol *m*.「poniente [del ocaso]
◪斜陽産業 industria *f*. en declive
じゃり 砂利　grava *f*.,（細かい）gravilla *f*.‖道に砂利を敷く cubrir un camino de grava
◪砂利トラック camión *m*. de grava
◪砂利道 camino *m*. de grava
しゃりょう 車両　vehículo *m*.,（列車の）vagón *m*.
◪車両故障 avería *f*. del tren
◪車両整備 mantenimiento *m*. del vehículo
◪車両通行 tráfico *m*. rodado
◪車両通行止《掲示》Prohibido el tráfico rodado
しゃりん 車輪　rueda *f*.‖自転車の車輪は同じ速度で回転する Las ruedas de la bicicleta giran a la misma velocidad.
しゃれ 洒落　juego *m*. de palabras,（笑い話）chiste *m*.,（冗談）broma *f*.‖しゃれを言う hacer un juego de palabras, decir una gracia／彼にはしゃれが通じない Él no entiende la broma.
しゃれい 謝礼　recompensa *f*., remuneración *f*.,（医者・弁護士などへの）honorarios *mpl*.‖謝礼として100ユーロ渡す dar 100 euros como recompensa／謝礼をする recompensar, remunerar
しゃれた 洒落た ⇒おしゃれ（お洒落）
じゃれる　jugar, juguetear‖子犬がボールにじゃれる Un perrito juega con la pelota.
シャワー　ducha *f*.‖シャワー付きの部屋 habitación *f*. con ducha／シャワーを浴びる tomar una ducha, ducharse
◪シャワー室 cuarto *m*. de ducha
ジャンク
◪ジャンク債 bono *m*. basura
◪ジャンクフード comida *f*. basura
◪ジャンクメール「correo *m*. [mensaje *m*.] basura
ジャングル　selva *f*.
◪ジャングルジム barras *fpl*. de mono
じゃんけん　juego *m*. de piedra, papel o tijeras
▶じゃんけんする jugar a piedra, papel o tijeras
じゃんじゃん‖鐘をじゃんじゃん鳴らす repicar la campana／金をじゃんじゃん使う despilfarrar el dinero, gastar dinero a manos llenas
シャンソン　canción *f*. francesa
◪シャンソン歌手 cantante *com*. de canción francesa
シャンデリア　araña *f*.‖天井からシャンデリアを吊るす colgar una araña del techo
ジャンパー　《服飾》cazadora *f*.,（スキーの）salta*dor*[*dora*] *mf*. (de esquí)
◪ジャンパースカート pichi *m*.
シャンパン　champán *m*.,（カタルーニャ産のスパークリングワイン）cava *m*.‖シャンパンを抜く descorchar una botella de champán
ジャンプ　salto *m*.‖スキーのジャンプ salto *m*. de esquí
▶ジャンプする saltar, dar un salto
◪ジャンプ台 trampolín *m*.
シャンプー　champú *m*.
シャンペン ⇒シャンパン
ジャンボ
◪ジャンボサイズ tamaño *m*. gigante

🖼 ジャンボジェット機 jumbo m.

ジャンル género m. ‖ ジャンル別に分類する clasificar ALGO por género

しゅ 主 （キリスト教の）Señor m.
▶主として principalmente ‖ この金属は主としてロシアで採れる Este metal se produce principalmente en Rusia.
▶主たる principal ‖ 彼らの主たる任務は情報収集だった Su misión principal fue recoger información.

しゅ 朱 bermellón m.
▶朱色の de color bermellón
慣用 朱を入れる corregir
諺 朱に交われば赤くなる（諺）Allégate a los buenos y serás uno de ellos.

しゅ 種 género m., clase f., 《生物》especie f. ‖ この種の音楽 este tipo de música ／『種の起源』《書名》El origen de las especies

しゅい 首位 primer puesto m. ‖ 首位を争う（複数の人・チームが） disputarse el primer puesto ／ 首位を占める ocupar el primer puesto ／ 携帯の利用ではスペインがヨーロッパの首位にある España está a la cabeza de Europa en el uso de la telefonía móvil. ¦ España encabeza el uso de la telefonía móvil en Europa.

しゅう 州 estado m., provincia f., （大陸）continente m.
🖼 州政府 《スペイン》gobierno m. de la comunidad autónoma, 《メキシコ》gobierno m. del estado

しゅう 週 semana f. ‖ 8月の最後の週 la última semana del mes de agosto ／ 週の前半 primera mitad de la semana ／ 週に1度スポーツクラブに行く ir al gimnasio una vez「por [a la] semana ／ 週40時間労働 jornada f. laboral de 40 horas semanales
🖼 週貸し 週貸しのアパート apartamento m. de alquiler por semanas

しゅう 私有
▶私有の priva*do*[*da*], particular
🖼 私有財産 bienes mpl. privados, propiedad f. privada
🖼 私有地 terreno m. privado

じゅう 十 diez m. ‖ 10番目の déci*mo*[*ma*] ／ 10分の1 un décimo ／ 10年の decenal
🖼 10カ年計画 plan m. decenal

じゅう 中 ‖ 一日中 todo el día ／ 日本中 todo Japón, Japón entero ／ 世界中 el mundo entero, todo el mundo

じゅう 銃 fusil m., arma f. de fuego ‖ 銃を撃つ disparar un arma de fuego ／ 銃を構える prepararse para disparar

---
銃のいろいろ

拳銃 pistola f. ／ 猟銃 escopeta f. ／ ライフル銃 rifle m. ／ 機関銃 ametralladora f. ／ 突撃銃 fusil m. de asalto ／ 火縄銃 arcabuz m. ／ 狙撃銃 fusil m. de francotirador

---

じゆう 自由 libertad f. ‖ 自由の女神像 Estatua f. de la Libertad ／ 体の自由が利かない tener dificultades para moverse ／ 参加は自由です La participación es libre. ／ 投票するもしないも我々の自由だ Somos libres para votar o no. ／ 自由を奪う privar de libertad a ALGUIEN ／ 信教の自由を保障する garantizar la libertad religiosa ／ 自由を満喫する「gozar [disfrutar] plenamente de la libertad
▶自由な libre, liberal ‖ 自由な時間 tiempo m. libre
▶自由に libremente, con libertad ‖ 自由に意見を述べる opinar libremente ／ 自由になる liberarse 《de》／ 私の自由になる金はない No tengo dinero disponible.
▶自由化 liberalización f. ‖ 経済を自由化する liberalizar la economía
🖼 自由意志 libre「albedrío m. [voluntad f.]
🖼 自由形 estilo m. libre ‖ 100メートル自由形 100 metros mpl. libres
🖼 自由業 profesión f. liberal
🖼 自由競争 libre competencia f.
🖼 自由経済 libre economía f.
🖼 自由行動 ‖ 空港に出発するまでは自由行動になります Tendrán tiempo libre hasta la hora de salir hacia el aeropuerto.
🖼 自由自在 ‖ スペイン語を自由自在に操る dominar perfectamente el español
🖼 自由市場 mercado m. libre
🖼 自由主義 liberalismo m.
🖼 自由主義者 liberal com.
🖼 自由席 asiento m. no reservado
🖼 自由貿易 librecambio m. ‖ 自由貿易主義 librecambismo m. ／ 自由貿易協定 tratado m. de libre comercio
🖼 自由民権運動 movimiento m. por la libertad y los derechos del pueblo
🖼 自由民主党 Partido m. Liberal Demócrata

じゅうあつ 重圧 「fuerte [gran] presión f., opresión f. ‖ 重圧に耐える soportar una gran presión

しゅうい 周囲 （周辺）alrededor m., （外周）contorno m., perímetro m. ‖ 幹の周囲は3メートルある El perímetro del tronco es de tres metros. ／ この島の周囲は約50キロです Esta isla tiene un perímetro de unos 50 kilómetros. ／ 周囲を見回す mirar a *su* alrededor ／ 村は周囲を山に囲まれている El pueblo se encuentra rodeado de montañas.
▶～の周囲に／～の周囲で alrededor 《de》, en torno 《a》‖ 公園の周囲に超高層ビルがたくさんある Hay muchos rascacielos alrededor

del parque.
▶周囲の circundante, de *su* alrededor ‖ 周囲の状況 circunstancias *fpl.* ／湖とその周囲の森 el lago y los bosques「circundantes [que lo rodean]／子供は周囲の影響を受ける Los niños son susceptibles a las influencias de sus alrededores. ／君は周囲の目をあまり気にするな No te preocupes demasiado por lo que piensen de ti.

じゅうい 獣医　veterina*rio*[*ria*] *mf.*
◪獣医学 veterinaria *f.*

じゅういち 十一　once *m.* ‖ 11番目の undé*cimo*[*ma*] ／11分の1 un「onzavo [onceavo]

じゅういちがつ 十一月　noviembre *m.*
▶11月に en (el mes de) noviembre

しゅういん 衆院 ⇒しゅうぎいん(衆議院)

しゅうえき 収益　beneficio *m.*, ganancia *f.* ‖ 収益が増える Los beneficios aumentan. ／収益を生む「producir [hacer] beneficios
◪収益率「índice *m.* [tasa *f.*] de rentabilidad

じゅうおう 縦横
▶縦横に de norte a sur y de este a oeste, (四方八方に) en todas las direcciones ‖ 高速道路網が国土全体を縦横に走っている La red de autopistas cubre todo el territorio nacional. ／彼女は2か国語を縦横に操ることが出来る Ella domina dos idiomas perfectamente.
◪縦横無尽 ‖ 彼は試合で縦横無尽の活躍をした. Él jugó un partido brillante.

しゅうか 集荷　(商品の) concentración *f.* de mercancías
▶集荷する ‖ 地域の農作物を集荷する reunir productos agrícolas de la región
◪集荷所 centro *m.* de acopio

しゅうかい 集会　reunión *f.*, (政治的な) mitin *m.* ‖ 集会を開く celebrar una reunión
◪集会所 sala *f.* de reuniones

しゅうかく 収穫　cosecha *f.*, (成果) fruto *m.* ‖ 収穫が多い tener buena cosecha ／収穫が少ない tener mala cosecha ／この旅行は大きな収穫だった Este viaje ha sido muy fructífero.
▶収穫する cosechar, recoger la cosecha ‖ ブドウを収穫する hacer vendimia
◪収穫期 época *f.* de cosecha
◪収穫祭 fiesta *f.* de la cosecha
◪収穫高 cosecha *f.*

しゅうがく 修学
◪修学旅行 viaje *m.* de fin de curso

しゅうがく 就学　escolarización *f.*
▶就学する「ingresar [matricularse] en la escuela ‖ 親には子供を就学させる義務がある Los padres están obligados a escolarizar a sus hijos.
▶就学前の preescolar

◪就学児童 niño[ña] *mf.* escolariza*do*[*da*]
◪就学年齢 edad *f.* escolar
◪就学率 tasa *f.* de escolarización

じゅうがつ 十月　octubre *m.*
▶10月に en (el mes de) octubre

しゅうかん 習慣　costumbre *f.*, hábito *m.*, (日常的な) rutina *f.* ‖ 習慣を守る mantener las costumbres ／習慣をやめる dejar el hábito, desacostumbrarse《de》
▶～する習慣がある tener la costumbre de『＋不定詞』, soler『＋不定詞』
▶習慣がつく/習慣になる (～する習慣がつく) acostumbrarse a『＋不定詞』, adquirir el hábito de『＋不定詞』／彼のブログを読むのが習慣になった Me he acostumbrado a leer su blog. ／犬のおかげで私は早起きの習慣がついた Mi perro me acostumbró a madrugar.
▶習慣的な habitual, acostumbra*do*[*da*]
▶習慣的に habitualmente, de manera habitual
▶習慣で por costumbre
▶習慣性 (薬の) hábito *m.* ‖ この薬は習慣性がない Este medicamento no crea hábito.

しゅうかん 週刊
▶週刊の semanal
◪週刊誌 revista *f.* semanal, semanario *m.*

しゅうかん 週間
◪週間売上 venta *f.* semanal
◪交通安全週間 semana *f.* de la seguridad vial

しゅうき 周忌 ‖ 祖母の一周忌 primer aniversario *m.* de la muerte de mi abuela

しゅうき 周期　período *m.*, ciclo *m.* ‖ 生産の周期 ciclo *m.* productivo ／2年周期で cada dos años, con periodicidad de dos años, en un ciclo de dos años
▶周期性 periodicidad *f.*
▶周期的な perió*dico*[*ca*]
▶周期的に con periodicidad, periódicamente
◪周期表《化学》tabla *f.* periódica (de los elementos)

しゅうき 臭気　mal olor *m.*, pestilencia *f.*, peste *f.* ‖ 臭気を放つ despedir mal olor
◪臭気止め desodorante *m.*

しゅうぎ 祝儀　(心付け) propina *f.* ‖ 祝儀をはずむ dar buenas propinas《a》

しゅうぎいん 衆議院　Cámara *f.*「de Representantes [Baja]‖ 衆議院を解散する disolver la Cámara de Representantes
◪衆議院議員 diputa*do*[*da*] *mf.* de la Cámara de Representantes
◪衆議院議長 presiden*te*[*ta*] *mf.* de la Cámara de Representantes
◪衆議院選挙 elecciones *fpl.* de la Cámara de Representantes

しゅうきゅう 週休 ‖ 週休2日制 jornada *f.* laboral de cinco días semanales

しゅうきゅう 週給 salario *m.* semanal
じゅうきゅう 十九 diecinueve *m.* ‖ 19番目の decimonove*no*[*na*] ／19分の1 un diecinueveavo
じゅうきょ 住居 vivienda *f.* ‖ 住居を定める establecer *su* vivienda 《en》, establecerse 《en》
◪ 住居費 gastos *mpl.* de vivienda
しゅうきょう 宗教 religión *f.* ‖ その宗教は国中に広まった La religión se difundió en todo el país.／宗教を信じる creer en una religión, profesar una religión／宗教を説く predicar una religión
▶ 宗教的な/宗教の religi*oso*[*sa*]
◪ 宗教画 pintura *f.* religiosa
◪ 宗教学 ciencias *fpl.* religiosas
◪ 宗教改革 reforma *f.* religiosa,《歴史》Reforma *f.*
◪ 宗教裁判《歴史》《異端審問》Inquisición *f.*
◪ 宗教団体 organización *f.* religiosa
◪ 宗教法人 asociación *f.* religiosa con personalidad jurídica
◪ 宗教問題 problema *m.* religioso
しゅうぎょう 修業
◪ 修業証書 diploma *m.*
◪ 修業年限 años *mpl.* requeridos para finalizar estudios
しゅうぎょう 終業 fin *m.* de la jornada laboral,《学校の》clausura *f.* del curso
▶ 終業する terminar la jornada (laboral),《店舗》cerrar (la tienda)
◪ 終業時間 hora *f.* de cierre
◪ 終業式 acto *m.* de clausura
しゅうぎょう 就業
▶ 就業する trabajar
◪ 就業規則 normativa *f.* laboral
◪ 就業時間 jornada *f.* laboral
◪ 就業人口 población *f.* ocupada
じゅうぎょういん 従業員 emplea*do*[*da*] *mf.*,《集合名詞》personal *m.*
しゅうきょく 終局 fin *m.*, fase *f.* final ‖ 終局を迎える llegar a su fin
しゅうきん 集金 cobranza *f.*, recaudación *f.*
▶ 集金する cobrar, recaudar
◪ 集金人 cobra*dor*[*dora*] *mf.*
じゅうきんぞく 重金属 metal *m.* pesado
じゅうく 十九 ⇒じゅうきゅう
ジュークボックス máquina *f.* de discos, gramola *f.*
シュークリーム petisú *m.*
しゅうけい 集計《投票の》escrutinio *m.*
▶ 集計する sumar,《投票の》escrutar
じゅうけいしょう 重軽傷 heridas *fpl.* de distinta「consideración [gravedad] ‖ 5人が重軽傷を負った Cinco personas resultaron heridas de distinta gravedad.
しゅうげき 襲撃 asalto *m.*, ataque *m.* ‖ 敵の襲撃に備える prepararse para un ataque del enemigo
▶ 襲撃する asaltar, atacar
じゅうげき 銃撃 tiroteo *m.*
▶ 銃撃する tirotear
◪ 銃撃戦 intercambio *m.* de disparos
しゅうけつ 終結
▶ 終結する terminarse, finalizar ‖ 事件を終結させる poner fin al asunto
じゅうけつ 充血 congestión *f.*, hiperemia *f.*
▶ 充血する ‖ 目が充血している tener los ojos rojos
じゅうご 十五 quince *m.* ‖ 15番目の decimoquin*to*[*ta*] ／15の1 un quinceavo／15分(間) un cuarto de hora, quince minutos／2時15分です Son las dos y cuarto.
しゅうこう 就航
▶ 就航する「entrar [ponerse] en servicio ‖ その船は2010年に就航した El barco se puso en servicio en 2010.
しゅうごう 集合 reunión *f.*,《数学》conjunto *m.*
▶ 集合する reunirse, juntarse
◪ 集合時間 hora *f.* de encuentro
◪ 集合写真 foto *f.* en grupo
◪ 集合住宅 edificio *m.* de viviendas, casa *f.* de vecindad
◪ 集合場所 lugar *m.* de encuentro
◪ 集合名詞 nombre *m.* colectivo
◪ 集合論《数学》teoría *f.* de conjuntos
じゅうこうぎょう 重工業 industria *f.* pesada
じゅうごや 十五夜 noche *f.* de luna llena
じゅうこん 重婚 bigamia *f.*
◪ 重婚罪 delito *m.* de bigamia
しゅうさ 収差《光学》aberración *f.*
◪ 色収差 aberración *f.* cromática
ジューサー licuadora *f.* ‖ ジューサーにかける procesar ALGO en la licuadora
しゅうさい 秀才 persona *f.* brillante
じゅうさいむ 重債務
◪ 重債務貧困国 país *m.* pobre muy endeudado
じゅうさつ 銃殺 fusilamiento *m.*
▶ 銃殺する fusilar
◪ 銃殺刑 fusilamiento *m.*
じゅうさん 十三 trece *m.* ‖ 13番目の decimoterce*ro*[*ra*] ／13分の1 un treceavo
しゅうし 収支 ingresos *mpl.* y gastos *mpl.*, balance *m.* ‖ 収支を合わせる equilibrar ingresos y gastos
◪ 収支決算 balance *m.* ‖ 収支決算をする hacer el balance
しゅうし 修士《称号》título *m.* de「máster [maestría],《人》máster *com.* ‖ 彼は心理学の修士だ Él tiene un máster en Psicología.
◪ 修士課程 curso *m.* de「máster [maestría]

しゅうし 〖修士号〗 grado *m*. de「máster [maestría]
〖修士論文〗 tesis *f*.[=*pl*.] de「máster [maestría]

しゅうし 終始 （始めから終わりまで）desde el principio hasta el fin, (ずっと) todo el tiempo
▶終始する‖無駄な議論に終始する discutir inútilmente desde el principio hasta el fin
〖終始一貫〗（一貫性）coherencia *f*.‖終始一貫した coherente, consistente ／ 終始一貫して自分の意見を曲げない mantenerse firme en *su* opinión todo el tiempo

しゅうじ 修辞
▶修辞的(な) retór*ico*[*ca*]
〖修辞学〗 retórica *f*.‖修辞学の retór*ico*[*ca*]
〖修辞学者〗 retór*ico*[*ca*] *mf*.

しゅうじ 習字 caligrafía *f*.‖習字を習う aprender caligrafía

じゅうし 十四 ⇒じゅうよん

じゅうし 重視
▶重視する dar importancia《a》‖最重視する dar mayor importancia《a》／ 重視しない dar poca importancia《a》, no tomar ALGO en serio

じゅうじ 十字 cruz *f*.‖十字を切る santiguarse, hacer la señal de la cruz
▶十字(形)の cruz*ado*[*da*], cruciforme
〖十字架〗 cruz *f*.‖十字架にかける crucificar
〖十字軍〗(歴史) Cruzada *f*.

じゅうじ 従事
▶従事する dedicarse《a》‖住宅の建設に従事する dedicarse a la construcción de viviendas

ジューシー
▶ジューシーな jug*oso*[*sa*]

じゅうしち 十七 ⇒じゅうなな

しゅうじつ 終日 (durante) todo el día‖この駅では終日禁煙です En esta estación se prohíbe fumar durante todo el día.

しゅうじつ 週日 día *m*. entre semana

じゅうじつ 充実
▶充実する‖内容を充実させる enriquecer el contenido《de》
▶充実した satisfactor*io*[*ria*]‖充実した1日 día *m*. bien aprovechado ／ 私の人生で最も充実した時期 la etapa más fructífera de mi vida ／ 君の参加で充実した議論になった Tu intervención ha enriquecido el debate.
〖充実感〗 sentimiento *m*. de「plena satisfacción [plenitud]‖充実感を覚える sentirse ple*no*[*na*],「tener [experimentar] un sentimiento de plenitud

しゅうしふ 終止符 punto *m*. final‖終止符を打つ poner punto final《a》

しゅうしゅう 収拾 control *m*.‖収拾がつかなくなる quedar fuera de control
▶収拾する controlar, dominar‖事態を収拾する controlar la situación

しゅうしゅう 収集 colección *f*.
▶収集する coleccionar, recoger‖切手を収集する coleccionar sellos ／ ごみを収集する recoger la basura
〖収集家〗 coleccionista *com*.

しゅうしゅく 収縮 contracción *f*., encogimiento *m*.
▶収縮する encoger(se), contraerse
〖収縮性〗 contractibilidad *f*., contractilidad *f*.‖収縮性のある contráctil

じゅうじゅん 従順/柔順
▶従順な obediente, dócil‖従順な息子 hijo *m*. obediente ／ 従順な性格である「tener un [ser de] carácter dócil
▶従順に con obediencia, dócilmente

じゅうしょ 住所 domicilio *m*., dirección *f*., señas *fpl*.‖住所を教える dar *su* dirección《a》／ 住所を変更する cambiar de「dirección [domicilio] ／ 住所はどちらですか? ¿Cuál es su dirección?
〖住所不定〗‖住所不定の男 hombre *m*. sin domicilio fijo
〖住所不明〗 dirección *f*. desconocida
〖住所変更〗 cambio *m*. de domicilio‖住所変更届 notificación *f*. de cambio de domicilio
〖住所録〗 directorio *m*.

じゅうしょう 重症 estado *m*. grave‖彼は重症だ Él está gravemente enfermo.¦ Él está muy grave.
▶重症の grave, de pronóstico grave
〖重症患者〗 paciente *com*. (en estado) grave

じゅうしょう 重傷 herida *f*. grave‖重傷を負う sufrir una herida grave, resultar heri*do*[*da*] de gravedad ／ 60名が重傷を負った 60 personas resultaron gravemente heridas. ／ 重傷を負わせる causar heridas graves《a》

しゅうしょく 修飾 modificación *f*.
▶修飾する modificar, calificar
〖修飾語〗 modificador *m*., calificativo *m*.

しゅうしょく 就職 acceso *m*. al empleo
▶就職する colocarse, conseguir un trabajo‖銀行に就職する conseguir un puesto de trabajo en un banco
〖就職斡旋会社〗 agencia *f*. de colocación
〖就職活動〗‖就職活動をする buscar trabajo
〖就職口/就職先〗 puesto *m*. de trabajo
〖就職試験〗 examen *m*. para un puesto de trabajo, (選抜試験) oposiciones *fpl*.
〖就職相談〗 consultas *fpl*. sobre empleo
〖就職難〗 escasez *f*. de trabajo
〖就職率〗 tasa *f*. de acceso al empleo

じゅうしょく 住職 super*ior*[*riora*] *mf*. de un templo budista

じゅうじろ 十字路 cruce *m*., encrucijada *f*.

しゅうしん 執心 ⇒しゅうちゃく(執着)‖彼はまだ彼女にご執心だ Él todavía está enamorado de ella.

しゅうしん　終身
- 終身の vitalic*io*[*cia*], perpet*uo*[*tua*]
- 終身会員 miembro *m.* vitalic*io*[*cia*]
- 終身刑 cadena *f.* perpetua
- 終身雇用 empleo *m.* 「vitalicio [de por vida]
- 終身年金 pensión *f.* vitalicia

しゅうしん　就寝
- 就寝する acostarse, irse a la cama
- 就寝時間 hora *f.* de acostarse

しゅうじん　囚人　pres*o*[*sa*] *mf.*, prisioner*o*[*ra*] *mf.*, reclus*o*[*sa*] *mf.*
- 囚人移送車 coche *m.* celular
- 囚人服 uniforme *m.* de prisionero

じゅうしん　重心　centro *m.* de gravedad ‖ 重心が高い El centro de gravedad es alto. ／ 重心を失う perder el equilibrio ／ ボートの上で重心を保つ mantener el equilibrio en una barca

じゅうしん　銃身　cañón *m.* del fusil

ジュース ❶（果汁）zumo *m.*, jugo *m.*
- オレンジジュース「zumo *m.* [jugo *m.*] de naranja

❷《テニス・バレーボール》《英語》 deuce *m.*, 《テニス》cuarenta iguales *mpl.*

しゅうせい　終生
- 終生の vitalic*io*[*cia*], de toda la vida

しゅうせい　修正　corrección *f.*, enmienda *f.*, (変更) modificación *f.*
- 修正する corregir, modificar ‖ 誤字を修正する corregir errores ortográficos ／ 法案を修正する enmendar un proyecto de ley
- 修正テープ cinta *f.* correctora
- 修正案 versión *f.* modificada, enmienda *f.*
- 修正資本主義 capitalismo *m.* modificado
- 修正主義（マルクス主義の）revisionismo *m.*
- 修正予算案 proyecto *m.* de presupuesto modificado

しゅうせい　習性　hábito *m.*, costumbre *f.* ‖ 熊は冬眠する習性がある Los osos tienen el hábito de hibernar.

じゅうせい　銃声　disparo *m.*, （猟銃の）escopetazo *m.* ‖ 銃声が聞こえた Se oyó un disparo.

じゅうぜい　重税　altos impuestos *mpl.*, impuestos *mpl.* abusivos ‖ 重税に苦しむ estar agobia*do*[*da*] por los impuestos

しゅうせき　集積　acumulación *f.*
- 集積する acumular, aglomerar
- 産業集積地 clúster *m.* industrial
- 集積回路 circuito *m.* integrado

じゅうせき　重責　alta responsabilidad *f.* ‖ 重責を担う asumir una alta responsabilidad

しゅうせん　終戦　fin *m.* de la guerra
- 終戦記念日 aniversario *m.* del fin de la guerra

しゅうぜん　修繕 ⇒しゅうり（修理）

しゅうそ　臭素　《化学》bromo *m.*《記号 Br》

じゅうそう　重曹　bicarbonato *m.*「sódico [de sodio]

じゅうそう　縦走
- 縦走する《登山》seguir la cresta

しゅうそく　収束　convergencia *f.*
- 収束する（束ねる）atar, (収める) arreglar, 《数学》converger

じゅうそく　充足 ⇒みたす（満たす）

じゅうぞく　従属　subordinación *f.*, dependencia *f.*
- 従属的な dependiente ‖ 従属的な関係 relación *f.* dependiente
- 従属する subordinarse 《a》, （依存する）depender《de》
- 従属させる subordinar
- 従属国（宗主国に対して）estado *m.* vasallo,（衛星国）estado *m.* satélite
- 従属節《文法》oración *f.* subordinada

しゅうたい　醜態　comportamiento *m.* vergonzoso ‖ 醜態を演じる dar un espectáculo, armar un escándalo

じゅうたい　重体/重態　estado *m.* grave ‖ 重体である encontrarse en estado grave

じゅうたい　渋滞　atasco *m.*, embotellamiento *m.*, retenciones *fpl.*, (幹線道路の) caravana *f.* ‖ 事故で渋滞が起こった El accidente causó atascos. ／ 渋滞に巻き込まれる meterse en un atasco ／ 渋滞を抜ける salir de un atasco
- 渋滞する haber un atasco《動詞は3人称単数形の無主語で》‖ マドリードの入り口が渋滞している Hay atascos en la entrada de Madrid.

じゅうたい　縦隊　columna *f.*, hilera *f.* ‖ 4列縦隊で行進する desfilar en columna de a cuatro

じゅうだい　十代　（人）persona *f.* de entre diez y diecinueve años de edad, (15歳前後の人) quinceañer*o*[*ra*] *mf.* ‖ 彼らは10代だ Ellos son adolescentes.

じゅうだい　重大
- 重大な importante, (深刻な) grave, ser*io*[*ria*] ‖ 重大な過ち error *m.* grave ／ 重大な危機 crisis *f.*[=*pl.*]「profunda [grave, seria]
- 重大である ‖ 君の責任は重大である Tienes una grave responsabilidad.
- 重大さ importancia *f.*, (深刻さ) gravedad *f.* ‖ 事の重大さ gravedad *f.* del caso
- 重大視 ‖ 重大視する dar importancia《a》／ 政府はその政治家（男性）の発言を重大視した El gobierno consideró muy serio el comentario de aquel político.
- 重大事件 acontecimiento *m.* de gran importancia

しゅうたいせい　集大成　recopilación *f.* ‖

この本は彼の仕事の集大成だ Este libro es una recopilación de sus trabajos.
じゅうたく 住宅 vivienda *f*.
▫住宅街 「zona *f*. [barrio *m*.] residencial
▫住宅金融支援機構 Agencia *f*. de Crédito para Vivienda
▫住宅事情 situación *f*. de la vivienda
▫住宅地 zona *f*. residencial, (宅地) terreno *m*. residencial
▫住宅手当 subsidio *m*. de vivienda
▫住宅難 falta *f*. de viviendas
▫住宅問題 problema *m*. de la vivienda
▫住宅ローン crédito *m*. para vivienda
しゅうだん 集団 grupo *m*., masa *f*. ‖ 集団で行動する actuar colectivamente [en grupo] / 集団を作る formar un grupo, agruparse
▶集団の colectivo[va]
▫集団安全保障 seguridad *f*. colectiva
▫集団移民 emigración *f*. en masa
▫集団感染 infección *f*. masiva
▫集団検診 reconocimientos *mpl*. médicos colectivos
▫集団心理 psicología *f*. colectiva
▫集団登校 ‖ 集団登校をする ir a la escuela en grupo
じゅうたん 絨毯 alfombra *f*. ‖ 絨毯を敷く poner una alfombra, alfombrar
▫絨毯爆撃 bombardeo *m*. 「de saturación [en alfombra]
じゅうだん 縦断
▶縦断する atravesar longitudinalmente
▫縦断面 sección *f*. longitudinal
しゅうち 周知
▶周知の noto*rio*[ria], bien conoci*do*[da], bien sabi*do*[da] ‖ それは周知の事実である Es un hecho bien conocido. / 地球が丸いのは周知の事実である De todos es conocido que la Tierra es redonda.
▶周知のごとく como todo el mundo sabe, como es bien sabido
しゅうちしん 羞恥心 pudor *m*., vergüenza *f*. ‖ 羞恥心がない no tener pudor
しゅうちゃく 執着 apego *m*.
▶執着する apegarse 《a》, tener apego 《a》
▫執着心 sentimiento *m*. de apego ‖ 執着心が強い estar profundamente apega*do*[da] 《a》
しゅうちゃくえき 終着駅 estación *f*. terminal, terminal *f*.
しゅうちゅう 集中 concentración *f*.
▶集中する concentrarse 《en》 ‖ 視線が彼に集中した Todas las miradas se 「fijaron [centraron] en él. / 都市部に人口が集中する La población se concentra en la zona urbana. / 注意を集中させる concentrar la atención 《en》
▶集中的な intensi*vo*[va]

▶集中的に intensivamente
▫集中豪雨 lluvias *fpl*. torrenciales localizadas
▫集中講義 curso *m*. intensivo
▫集中攻撃 ataque *m*. convergente
▫集中治療室 unidad *f*. de cuidados intensivos (略 UCI)
▫集中力 capacidad *f*. de concentración ‖ 私は集中力に欠ける Me falta concentración.
▫集中冷暖房 aire *m*. acondicionado central
しゅうちょう 酋長 jefe *m*. de (la) tribu, cacique *m*.; (女性の) jefa *f*. de (la) tribu
じゅうちん 重鎮 magnate *com*., figura *f*. prominente
しゅうてん 終点 terminal *f*. ⇒ しゅうちゃくえき(終着駅)
しゅうでん 終電 último tren *m*.
じゅうてん 重点 punto *m*. importante ‖ 重点を置く dar prioridad 《a》
▶重点的に (優先的に) prioritariamente, (特に) especialmente
じゅうでん 充電 carga *f*.
▶充電する cargar, recargar ‖ バッテリーに充電する cargar la batería
▫充電器 cargador *m*. de 「baterías [pilas]
▫充電式 ‖ 充電式の recargable / 充電式電池 pila *f*. recargable
▫充電スタンド estación *f*. de carga
しゅうと 舅 suegro *m*.
シュート tiro *m*., chut *m*., disparo *m*.
▶シュートする chutar, disparar
しゅうとう 周到
▶周到な perfec*to*[ta], minucio*so*[sa] ‖ 周到な計画 plan *m*. minuciosamente 「estudiado [preparado]
▶周到に minuciosamente, escrupulosamente ‖ 周到に準備する preparar ALGO minuciosamente
しゅうどう 修道
▫修道院 convento *m*., monasterio *m*. ‖ 修道院に入る entrar al convento
▫修道院長 supe*rior*[riora] *mf*., padre *m*. superior
▫修道会 「orden *f*. [congregación *f*.] religiosa
▫修道士 monje *m*., hermano *m*., fraile *m*.
▫修道女 monja *f*., hermana *f*.
じゅうどう 柔道 yudo *m*., judo *m*. ‖ 柔道をする practicar yudo / 彼女は柔道2段だ Ella es segundo dan de yudo.
▫柔道家 yudoca *com*., judoca *com*.
▫柔道着 《日本語》 *judogi m*.
しゆうどうたい 雌雄同体 《生物》 hermafroditismo *m*.
▶雌雄同体の hermafrodita
しゅうとく 拾得

拾得する encontrar, hallar
拾得物 objeto *m*.「encontrado [hallado], hallazgo *m*.
しゅうとく 習得 adquisición *f*., aprendizaje *m*.
習得する aprender, dominar ‖ 外国語を習得する dominar una lengua extranjera
しゅうとめ 姑 suegra *f*.
じゅうなな 十七 diecisiete *m*. ‖ 17 番目の decimoséptim*o*[*ma*] ／ 17分の1 un diecisieteavo
じゅうなん 柔軟
柔軟な flexible, elástic*o*[*ca*] ‖ 柔軟な体 cuerpo *m*. elástico ／ 柔軟な態度 actitud *f*. flexible
柔軟に con flexibilidad ‖ 柔軟に対応する adaptarse con flexibilidad《a》
柔軟性 flexibilidad *f*.
柔軟剤 suavizante *m*.
柔軟体操 calistenia *f*., ejercicios *mpl*. de flexibilidad
じゅうに 十二 doce *m*. ‖ 12 番目の duodécim*o*[*ma*], decimosegund*o*[*da*] ／ 12分の1 un doceavo
じゅうにがつ 十二月 diciembre *m*.
12月に en (el mes de) diciembre
じゅうにし 十二支 「zodiaco *m*. [zodíaco *m*.] chino, horóscopo *m*. chino
じゅうにしちょう 十二指腸 duodeno *m*.
十二指腸潰瘍 úlcera *f*. duodenal
じゅうにぶん 十二分
十二分に sobradamente, plenamente ‖ 十二分に実力を示す demostrar「sobradamente [plenamente] *su* capacidad
しゅうにゅう 収入 ingresos *mpl*., renta *f*. ‖ 月に20万円の収入がある ganar doscientos mil yenes al mes ／ 収入が多い tener muchos ingresos ／ 収入が少ない tener pocos ingresos ／ 収入が10パーセント増えた［減った］ Los ingresos「aumentaron [disminuyeron] un 10% (diez por ciento). ／ 収入をもたらす aportar ingresos《a》
収入印紙 póliza *f*., timbre *m*.
収入源 fuente *f*. de ingresos
収入役 tesorer*o*[*ra*] *mf*.
しゅうにん 就任 toma *f*. de posesión
就任する tomar posesión de *su* cargo《como》‖ 大統領に就任する tomar posesión de la presidencia
就任演説 discurso *m*. de toma de posesión
就任式 ceremonia *f*. de toma de posesión
じゅうにん 住人 habitante *com*., vecin*o*[*na*] *mf*. ‖ 火災に遭ったビルの住人 vecinos *mpl*. del edificio incendiado
じゅうにんといろ 十人十色 《諺》Tantos hombres tantos pareceres.
じゅうにんなみ 十人並み

十人並みの ordinari*o*[*ria*], mediocre
しゅうねん 周年
10周年‖ 創立10周年記念式典 acto *m*. conmemorativo del décimo aniversario de la fundación
50周年 cincuentenario *m*., cincuenta aniversario *m*.
200周年 segundo centenario *m*., bicentenario *m*.
しゅうねん 執念 persistencia *f*., obstinación *f*. ‖ 執念を燃やす obstinarse en 『+不定詞』, no cejar en *su* empeño de 『+不定詞』
執念深い（執拗な）persistente, obstinad*o*[*da*], (恨み深い) rencoros*o*[*sa*]
執念深く con persistencia, obstinadamente
じゅうねん 十年 diez años *mpl*. ‖ 10 年間 década *f*., decenio *m*. ／ 約十年 unos diez años ／ 数十年 unas décadas, unos decenios
（慣用）十年一日のごとく ‖ 十年一日のごとく暮らしている Nuestra vida transcurre siempre igual como si no pasara el tiempo.
（慣用）十年一昔 Diez años son una historia.
しゅうのう 収納 almacenamiento *m*.
収納する guardar,（税を）recaudar, cobrar
収納家具 mueble *m*. de almacenamiento
収納庫 trastero *m*., depósito *m*.
じゅうのうしゅぎ 重農主義 fisiocracia *f*.
しゅうは 宗派 secta *f*. (religiosa)
しゅうはい 集配 recogida *f*. y「reparto *m*. [distribución *f*.]
集配する recoger y distribuir
集配センター centro *m*. de distribución
集配人（郵便）carter*o*[*ra*] *mf*., (運送業) transportista *com*.
じゅうばこ 重箱 conjunto *m*. de cajas lacadas de comida
（慣用）重箱の隅をつつく《慣用》buscar el pelo al huevo
しゅうはすう 周波数
周波数 frecuencia *f*. ‖ 周波数を合わせる ajustar la frecuencia
周波数計 frecuencímetro *m*.
周波数変調 modulación *f*. de frecuencia
じゅうはち 十八 dieciocho *m*. ‖ 18 番目の decimoctav*o*[*va*] ／ 18 分の 1 un dieciochoavo, un dieciochavo
十八金 oro *m*. de dieciocho quilates
しゅうばん 終盤 fase *f*. final, etapa *f*. final ‖ 終盤に入る entrar en la fase final
じゅうびょう 重病 enfermedad *f*. grave ‖ 重病にかかる padecer una enfermedad grave
重病人 enferm*o*[*ma*] *mf*. grave
しゅうふく 修復 restauración *f*.
修復する restaurar ‖ 古い絵を修復する

じゅうふく 重複 ⇒ちょうふく

しゅうぶん 秋分 equinoccio *m.* de otoño
- ◨秋分の日 Día *m.* del Equinoccio de Otoño

しゅうぶん 醜聞 escándalo *m.* ⇒スキャンダル

じゅうぶん 十分/充分
- ▶十分な suficiente, bastante ‖ 新しい装置を買うのに十分な予算がない No hay presupuesto suficiente para comprar un aparato nuevo.
- ▶十分に suficientemente, bastante ‖ 十分に眠る dormir lo suficiente
- ▶十分である bastar, ser suficiente ‖ これで十分だ Con esto basta.
- ◨十分条件 condición *f.* suficiente

しゅうへん 周辺 alrededores *mpl.*, periferia *f.* ‖ 仙台市周辺の地域 áreas *fpl.* periféricas de la ciudad de Sendai
- ▶〜の周辺に en los alrededores 《de》
- ◨周辺機器 (IT) periféricos *mpl.*
- ◨周辺国 países *mpl.* 「vecinos [periféricos]

しゅうほう 週報 boletín *m.* semanal

じゅうほう 銃砲 armas *fpl.* de fuego
- ◨銃砲店 armería *f.*

シューマイ 焼売 *shumai m.*, (説明訳) empanada *f.* china al vapor

しゅうまく 終幕 (最後の幕) acto *m.* final, (閉幕) caída *f.* del telón, (終局) fin *m.* ‖ 終幕を迎える acercarse al fin

しゅうまつ 終末 ⇒おわり(終わり)・しゅうきょく(終局)
- ◨終末論 escatología *f.*

しゅうまつ 週末 fin *m.* de semana ‖ 今週の週末 este fin de semana ／ よい週末を! ¡Buen fin de semana! ／ 私は週末しか車を使いません Solo uso el coche los fines de semana. ／ 11月の最後の週末に el último fin de semana de noviembre

じゅうまん 充満
- ▶充満する llenarse 《de》, cargarse 《de》‖ 部屋にはタバコの煙が充満している La habitación está llena de humo de tabaco.

じゅうみん 住民 habitante *com.*, veci*no*[*na*] *mf.*, residente *com.*
- ◨住民運動 movimiento *m.* popular
- ◨住民基本台帳 registro *m.* básico de residentes
- ◨住民税 impuesto *m.* municipal
- ◨住民投票 「referéndum *m.* [plebiscito *m.*]」 municipal
- ◨住民登録 empadronamiento *m.*
- ◨住民票 certificado *m.* de empadronamiento

しゅうめい 襲名 sucesión *f.* del nombre artístico 《de》‖ 襲名する tomar el nombre artístico 《de》

じゅうもんじ 十文字 cruz *f.*
- ▶十文字の cruciforme
- ▶十文字に en forma de cruz

しゅうや 終夜 toda la noche
- ◨終夜運転 ‖ 電車の終夜運転 servicio *m.* nocturno de trenes
- ◨終夜営業 ‖ 終夜営業の店 tienda *f.* abierta toda la noche

しゅうやく 集約
- ▶集約する resumir, sintetizar
- ◨集約農業 agricultura *f.* intensiva

じゅうやく 重役 ejecuti*vo*[*va*] *mf.* ‖ 重役になる hacerse ejecuti*vo*[*va*]
- ◨重役会 consejo *m.* de administración
- ◨重役会議 reunión *f.* del consejo de administración

じゅうゆ 重油 petróleo *m.* pesado

しゅうゆう 周遊 recorrido *m.*
- ▶周遊する hacer un recorrido 《por》
- ◨周遊券 billete *m.* de libre circulación, (ヨーロッパのインターレイルパス) pase *m.* de *InterRail*

しゅうよう 収用 expropiación *f.*
- ▶収用する ‖ 5家族から土地を収用する expropiar terrenos a cinco familias
- ◨強制収用 expropiación *f.* forzosa
- ◨収用権 derecho *m.* de expropiación, dominio *m.* eminente

しゅうよう 収容
- ▶収容する acoger
- ▶収容できる ‖ このスタジアムは5万人収容できる Este estadio da cabida a cincuenta mil personas.
- ▶収容可能(な) ‖ 収容可能台数が1000台の駐車場 aparcamiento *m.* con capacidad para mil coches
- ▶収容力/収容能力 capacidad *f.*, (劇場の) aforo *m.* ‖ その会議場は500人の収容能力がある La sala de conferencias tiene capacidad para quinientas personas.

じゅうよう 重要 importancia *f.*
- ▶重要な importante, esencial, significati*vo*[*va*] ‖ きわめて重要な de vital importancia ／ 重要な役割を果たす desempeñar un papel importante
- ▶重要である ser importante, tener importancia ‖ 健康維持にはよく眠ることが重要です Es importante dormir bien para mantener la salud. ／ 我々の仕事では顧客と協力することが非常に重要である La colaboración con el cliente es de gran importancia en nuestro trabajo.
- ▶重要性 importancia *f.*
- ◨重要参考人 testigo *com.* clave
- ◨重要視 ⇒じゅうし(重視)
- ◨重要書類 documento *m.* importante

◪重要人物《英語》vip *com.*
◪重要文化財‖日本の重要文化財 patrimonio *m.* cultural japonés

じゅうよん 十四 catorce *m.*‖14番目の decimocuar*to[ta]* ／ 14分の1 un catorceavo

しゅうらい 襲来 invasión *f.*, ataque *m.*‖イナゴの襲来 invasión *f.* de langostas
▶襲来する invadir, atacar

じゅうらい 従来 (今まで) hasta ahora
▶従来の tradicional, convencional‖従来の電車と新幹線 los trenes convencionales y los trenes bala ／ 従来の方法 método *m.* [habitual [convencional]
▶従来通り como de costumbre, como hasta ahora

しゅうらく 集落 pueblo *m.*, poblado *m.*, aldea *f.*

しゅうり 修理 reparación *f.*‖この車は修理が可能だ Este coche es reparable. ／ 修理のきかない irreparable ／ 車を修理に出す llevar el coche al taller para su reparación
▶修理する reparar, hacer una reparación‖家を修理する reparar la casa
◪修理工 mecáni*co[ca]* *mf.*
◪修理工場 taller *m.* de reparación
◪修理費用「gastos *mpl.* [coste *m.*] de reparación

じゅうりゅうし 重粒子 《物理》barión *m.*
◪重粒子線がん治療 radioterapia *f.* con iones pesados

しゅうりょう 修了
▶修了する terminar, completar‖博士課程を修了する terminar el doctorado ／ 学業を修了する completar los estudios
◪修了証書 diploma *m.*

しゅうりょう 終了 fin *m.*, clausura *f.* → おわり(終わり)
▶終了する terminar → おわる(終わる)

じゅうりょう 重量 peso *m.* → おもさ(重さ)
◪重量挙げ levantamiento *m.* de pesas, halterofilia *f.*‖重量挙げの選手 levanta*dor[dora]* de pesas, halteró*filo[la]* *mf.*
◪重量感‖重量感のある maci*zo[za]*
◪重量級 categoría *f.* de peso pesado
◪重量キログラム kilogramo-fuerza *m.* (略 kgf), kilopondio *m.* (略 kp)
◪重量制限 límite *m.* del peso
◪重量超過 exceso *m.* de peso

じゅうりょく 重力 gravedad *f.*, gravitación *f.*‖重力がかかる gravitar《sobre》
▶重力の gravitato*rio[ria]*, gravitacional
◪重力計 gravímetro *m.*

じゅうろうどう 重労働 trabajo *m.* duro

しゅうろく 収録 grabación *f.*
▶収録する grabar,(掲載する) publicar

じゅうろく 十六 dieciséis *m.*‖16番目の decimosex*to[ta]* ／ 16分の1 un dieciseisavo

しゅうわい 収賄 aceptación *f.* de soborno, cohecho *m.* pasivo
▶収賄する aceptar un soborno
◪収賄罪 delito *m.* de cohecho pasivo

しゅえい 守衛 guarda *com.*, vigilante *com.*

じゅえき 樹液 savia *f.*

じゅえききしゃ 受益者 beneficia*rio[ria]* *mf.*
◪間接的受益者 beneficia*rio[ria]* *mf.* indirec*to[ta]*

しゅえん 主演‖犬が主演の映画 película *f.* con un perro como protagonista
▶主演する protagonizar, interpretar el papel protagonista
◪主演男優 actor *m.* principal
◪主演女優 actriz *f.* principal

しゅかく 主格 《文法》caso *m.* nominativo

しゅかん 主観 subjetividad *f.*
▶主観的(な) subjeti*vo[va]*‖主観的な評価 evaluación *f.* subjetiva
▶主観的に subjetivamente
▶主観性 subjetividad *f.*
◪主観主義 subjetivismo *m.*

しゅき 手記 memorias *fpl.*‖手記を発表する publicar *sus* memorias

しゅき 酒気‖酒気を帯びている estar e*brio[bria]*, estar bebi*do[da]*
◪酒気帯び運転 → いんしゅ(→飲酒運転)
◪酒気検査「control *m.* [prueba *f.*] de alcoholemia

しゅぎ 主義 principios *mpl.*, doctrina *f.*‖私はテレビを見ない主義だ Tengo por principio no ver la tele. ／ 飲酒は私の主義に反する Va en contra de mis principios tomar alcohol. ／ 主義を通す mantenerse fiel a *sus* principios ／ 主義を曲げる renunciar a *sus* principios
◪主義主張 ideología *f.*

じゅきゅう 受給 percepción *f.*‖年金を受給する「percibir [recibir] pensión
◪受給者 percep*tor[tora]* *mf.*,(年金の) pensionista *com.*

じゅきゅう 需給 oferta *f.* y demanda *f.*
◪需給調整 ajuste *m.* entre la oferta y la demanda

しゅぎょう 修業/修行 entrenamiento *m.*, ejercicio *m.*, aprendizaje *m.*,《宗教》ascetismo *m.*‖君は修行が足りない Te falta entrenamiento. ／ 修行を積む entrenarse constantemente
▶修業する entrenarse,《宗教》practicar el ascetismo
◪修行僧 asceta *com.*

じゅきょう 儒教 confucianismo *m.*, confucionismo *m.*
▶儒教の confucia*no[na]*
◪儒教徒 confucia*no[na]* *mf.*

じゅぎょう 授業 clase *f.*, curso *m.*‖今日は

授業がない Hoy no hay clases. ／授業は9時に始まる La clase empieza a las nueve. ／授業に出る asistir a una clase ／授業について行けない no poder seguir las clases ／授業を受ける recibir clases《de》／数学の授業をする dar clases de Matemáticas ／授業を休む faltar a clase ／私は今週授業を2つさぼった Me he fumado dos clases esta semana. ／授業中に durante la clase
◪授業参観 visita *f.* a la clase
◪授業時間 hora *f.* de clase ‖当校では1週間の授業時間は29時間です La jornada lectiva semanal es de 29 horas en nuestra escuela.
◪授業料 gastos *mpl.* escolares, 《スペイン》 tasas *fpl.* académicas

じゅく 塾 academia *f.* privada para preparar exámenes de ingreso

しゅくえん 祝宴 banquete *m.*, fiesta *f.* ‖ 祝宴を開く celebrar [un banquete [una fiesta]]

しゅくが 祝賀 celebración *f.*
◪祝賀会 celebración *f.*, festejo *m.* ‖ 祝賀会を催す realizar una celebración

じゅくご 熟語 modismo *m.*, locución *f.*

しゅくさいじつ 祝祭日 ⇒しゅくじつ(祝日)

しゅくじ 祝辞 felicitación *f.* ‖ 祝辞を述べる felicitar, dar felicitaciones《a》

しゅくじつ 祝日 día *m.* [festivo [feriado]

しゅくしゃ 宿舎 alojamiento *m.*

しゅくしゃく 縮尺 escala *f.* ‖ 縮尺8000分の1の地図 mapa *m.* a escala de 1:8000 (un ochomilésimo)

しゅくしゅ 宿主 《生物》 huésped *m.*, hospedador *m.*

しゅくじょ 淑女 dama *f.*

しゅくしょう 縮小 reducción *f.*
▶縮小する reducir
◪縮小コピー ‖ 25パーセントの縮小コピー copia *f.* reducida al 25% (veinticinco por ciento)

しゅくず 縮図 plano *m.* reducido ‖ 社会の縮図 sociedad *f.* en miniatura
◪縮図器 pantógrafo *m.*

じゅくす 熟す madurar ‖ 機が熟した Ha llegado el momento oportuno. ／みかんは日光を浴びて熟す Las mandarinas maduran al sol.
▶熟した madur*o*[*ra*] ‖ 熟したトマト tomate *m.* maduro

じゅくすい 熟睡 sueño *m.* profundo
▶熟睡する dormir profundamente, 《慣用》 dormir como un [tronco [leño, lirón] ‖ 赤ん坊は熟睡している El bebé está profundamente dormido. ¦ El bebé está (dormido) como un tronco.

じゅくする 熟する ⇒じゅくす(熟す)

しゅくせい 粛清 depuración *f.*, purga *f.*
▶粛清する depurar, purgar

じゅくせい 熟成 maduración *f.*, (ワインの) añejamiento *m.*, envejecimiento *m.*
▶熟成する madurar, añejarse
▶熟成させる madurar, añejar, envejecer ‖ ワインを熟成させる envejecer [madurar, añejar, criar] el vino
▶熟成した añe*jo*[*ja*] ‖ 熟成したハム jamón *m.* añejo ／熟成したワイン vino *m.* añejo

しゅくだい 宿題 deberes *mpl.*,《中南米》tarea *f.*, (懸案) asunto *m.* pendiente ‖ 宿題がある tener deberes ／宿題をする hacer deberes ／宿題をたくさん出す [poner [mandar] muchos deberes

じゅくたつ 熟達 dominio *m.*
▶熟達する adquirir un buen dominio《de》, llegar a dominar ‖ コンピュータに熟達している tener un buen dominio del ordenador

しゅくち 熟知
▶熟知する conocer [muy bien [a fondo], (詳しい) estar bien entera*do*[*da*] 《de》‖ マドリードを熟知している conocer Madrid como la palma de la mano

しゅくちょく 宿直 guardia *f.* nocturna, (夜勤) turno *m.* de noche
▶宿直する hacer guardia de noche
◪宿直員 [guardia *com.* [vigilante *com.*] noctur*no*[*na*]
◪宿直室 sala *f.* de guardia

しゅくてき 宿敵 enemigo *m.* [de siempre [de toda la vida]

しゅくてん 祝典 celebración *f.* ‖ 祝典を催す [hacer [organizar] una celebración

しゅくでん 祝電 telegrama *m.* de felicitación ‖ 祝電を打つ enviar un telegrama de felicitación《a》

じゅくどく 熟読 lectura *f.* atenta
▶熟読する leer [atentamente [con atención, cuidadosamente, detenidamente]

じゅくねん 熟年
▶熟年の de edad madura
◪熟年夫婦 matrimonio *m.* de edad madura

しゅくはい 祝杯 brindis *m.*[=*pl.*]
▶祝杯をあげる brindar《por》, hacer un brindis《por》

しゅくはく 宿泊 alojamiento *m.*, hospedaje *m.*
▶宿泊する alojarse, hospedarse
◪宿泊カード ficha *f.* de hospedaje
◪宿泊サービス servicio *m.* de alojamiento
◪宿泊施設 establecimiento *m.* [hostelero [de hospedaje], alojamiento *m.*
◪宿泊客/宿泊人 huésped *m.*, huéspeda *f.*
◪宿泊者名簿 [lista *f.* [registro *m.*] de huéspedes
◪宿泊料金 hospedaje *m.*, precio *m.* del hospedaje

しゅくふく 祝福 felicitaciones *fpl.*, (神の) bendición *f.*

▶祝福する felicitar, (神が) bendecir ‖ 新郎新婦を祝福する felicitar a los novios ／ 心から祝福する felicitar de todo corazón
しゅくめい 宿命 destino *m.*, fatalidad *f.*
▶宿命的な fatal, predestina*do*[da] ‖ 宿命的な出会い encuentro *m.* predestinado
◪宿命論 fatalismo *m.*
じゅくりょ 熟慮 consideración *f.*
▶熟慮する considerar, reflexionar ‖ 熟慮した上で／熟慮の末 después de「mucho reflexionar [considerar bien]
じゅくれん 熟練 dominio *m.*, habilidad *f.* ⇒じゅくたつ(熟達) ‖ この修理には熟練を要する Esta reparación requiere una gran habilidad.
▶熟練した exper*to*[ta], experimenta*do*[da]
◪熟練工 obre*ro*[ra] *mf.* cualifica*do*[da]
◪熟練者 exper*to*[ta] *mf.*
◪熟練度 nivel *m.* de competencia profesional
しゅくん 殊勲
◪殊勲賞《相撲》premio *m.* a una actuación destacada
◪最高殊勲選手《野球》*el*[la] juga*dor*[dora] más valio*so*[sa]
しゅげい 手芸 labores *fpl.*, manualidades *fpl.*
◪手芸教室 clase *f.* de artes manuales
◪手芸品 obra *f.* de manualidades
◪手芸用品店 mercería *f.*
しゅけいきょく 主計局 dirección *f.* general de presupuesto
しゅけん 主権 soberanía *f.* ‖ 主権を侵す「violar [vulnerar] la soberanía《de》／主権を握っている tener el poder soberano
◪主権在民 soberanía *f.* popular
◪主権者 sobera*no*[na] *mf.*, gobernante *com.* supre*mo*[ma]
じゅけん 受験
▶受験する presentarse a un examen, examinarse
◪受験科目 materia *f.* de examen
◪受験産業 sector *m.* de las empresas especializadas en la preparación de exámenes
◪受験資格 requisitos *mpl.* para presentarse al examen
◪受験者／受験生 examinan*do*[da] *mf.*
◪受験番号 número *m.* de identificación del examinando
◪受験票 tarjeta *f.* de identificación del examinando
◪受験料 derechos *mpl.* de examen
しゅご 主語 sujeto *m.*
しゅこう 趣向 (アイデア) idea *f.*, (工夫) invención *f.*, (創意) ingeniosidad *f.* ‖ 趣向を凝らした結婚式 boda *f.* ingeniosamente planeada

じゅこう 受講
▶受講する asistir《a》, cursar ‖ スペイン語講座を受講する asistir al curso de español
◪受講者／受講生 alum*no*[na] *mf.* del curso, (履修者) alum*no*[na] *mf.* matricula*do*[da]
◪受講料「tasas *fpl.* [derechos *mpl.*] de matrícula
しゅこうぎょう 手工業 industria *f.* artesanal
◪手工業者 artesa*no*[na] *mf.*
しゅこうげい 手工芸 artesanía *f.*
◪手工芸品 artesanía *f.*, objeto *m.* de artesanía
しゅさい 主菜 plato *m.* principal
しゅさい 主催
▶主催する organizar ‖ 大学が主催するコンサート concierto *m.* organizado por la universidad
◪主催国 país *m.* anfitrión
◪主催者 organiza*dor*[dora] *mf.*
しゅざい 取材 ‖ 取材で旅行する hacer un viaje periodístico ／ 取材に応じる atender a preguntas de periodistas
▶取材する cubrir, recopilar informaciones ‖ 福島での出来事を取材する cubrir los acontecimientos en Fukushima
◪取材記者 repor*tero*[ra] *mf.*, (ジャーナリスト) periodista *com.*
しゅざん 珠算 cálculo *m.* con el ábaco ‖ 珠算ができる saber calcular con el ábaco
◪珠算塾 academia *f.* de ábaco
しゅし 主旨 idea *f.* principal
しゅし 種子 semilla *f.*, simiente *f.*
しゅし 趣旨 objetivo *m.*, propósito *m.* ‖ 趣旨に沿う atenerse al objetivo《de》／ これはキャンペーンの趣旨に反している Esto va en contra del objetivo de la campaña. ／ お話の趣旨は分かりました He entendido lo que usted me propone.
じゅし 樹脂 resina *f.*
しゅじい 主治医 (担当の) médi*co*[ca] *mf.* encarga*do*[da], (掛かり付けの) médi*co*[ca] *mf.* de cabecera, (家族の) médi*co*[ca] *mf.* de familia
しゅしゃせんたく 取捨選択 selección *f.*, elección *f.*
▶取捨選択する seleccionar, elegir, escoger
しゅじゅ 種種
▶種々の ⇒いろいろ・さまざま(様様)
◪種々雑多 mezcla *f.* de diversos elementos ‖ 種々雑多な知識 conocimientos *mpl.* heterogéneos
しゅじゅつ 手術 operación *f.*, intervención *f.* quirúrgica ‖ 手術が必要です Se necesita una intervención quirúrgica. ／ 手術に同意する dar *su* consentimiento a la operación ／ 手術を受ける someterse a una operación ／ 私は盲腸炎の手術を受けた Me

operaron de apendicitis.
▶**手術する** operar, intervenir, hacer una operación
◨**手術衣** bata *f*. quirúrgica
◨**手術室** quirófano *m*., sala *f*. de operación
◨**手術台** mesa *f*. de operación
しゅしょう 主将 capi*tán*[*tana*] *mf*.
しゅしょう 首相 pri*mer*[*mera*] minis*tro* [*tra*] *mf*. ‖ 首相が交代した Se produjo el cambio del primer ministro. ／首相に選出される ser elegi*do*[*da*] pri*mer*[*mera*] minis*tro*[*tra*]
◨**首相官邸** residencia *f*. oficial del Primer Ministro
◨**首相候補** candidato *m*. a primer ministro, candidata *f*. a primera ministra
しゅしょう 殊勝
▶**殊勝な** admirable, plausible, merito*rio* [*ria*], dig*no*[*na*] de elogio ‖ 殊勝な態度 actitud *f*. meritoria
じゅしょう 受賞
▶**受賞する** recibir un galardón, ganar un premio ‖ ノーベル文学賞を受賞する ser galardona*do*[*da*] con el Premio Nobel de Literatura
◨**受賞作品** obra *f*.「galardonada [premiada]
◨**受賞者** galardona*do*[*da*] *mf*.
じゅしょう 授賞
▶**授賞する**「galardonar [premiar] a ALGUIEN《con》, conceder el premio《a》
◨**授賞式**「ceremonia *f*. [acto *m*.] de entrega de premios
しゅしょく 主食 alimento *m*. básico ‖ 日本では米が主食です El alimento básico de Japón es el arroz.
しゅしん 主審 árbi*tro*[*tra*] *mf*. principal
しゅじん 主人 due*ño*[*ña*] *mf*., (ホスト) anfi*trión*[*triona*] *mf*., (夫) marido *m*., esposo *m*.
じゅしん 受信 recepción *f*.
▶**受信する** recibir, (放送を) captar ‖ メールを受信する recibir un correo electrónico ／放送を受信する captar una emisora
◨**受信機** receptor *m*.
◨**受信局** estación *f*.「receptora [de recepción]
◨**受信者** destinata*rio*[*ria*] *mf*.
◨**受信箱** (電子メールの) bandeja *f*. de entrada
◨**受信料** cuota *f*. de suscripción
しゅじんこう 主人公 protagonista *com*.
じゅず 数珠 rosario *m*.
◨**数珠つなぎ** ‖ 数珠つなぎの車「caravana *f*. [hilera *f*.] de coches ／数珠つなぎのニンニク ristra *f*. de ajos
しゅすい 取水
▶**取水する** tomar agua

◨**取水口** compuerta *f*. de entrada de agua
しゅせい 守勢 defensiva *f*. ‖ 守勢に立つ「ponerse [estar] a la defensa ／守勢に回る pasar a la defensiva
じゅせい 受精 fecundación *f*.
▶**受精させる** fecundar
◨**受精卵** óvulo *m*. fecundado, (動物の卵) huevo *m*. fecundado
◨**体外受精** fecundación *f. in vitro*
じゅせい 授精
▶**授精する** inseminar
◨**人工授精** inseminación *f*. artificial
しゅせき 主席 je*fe*[*fa*] *mf*.
◨**国家主席** presiden*te*[*ta*] *mf*., je*fe*[*fa*] *mf*. de Estado
しゅせき 首席 primer *m*. puesto, (人) prime*ro*[*ra*] *mf*. ‖ 首席を占める ocupar el primer puesto
しゅせつ 主節 《文法》「oración *f*. [proposición *f*.] principal
じゅぞう 受像 recepción *f*. de imágenes
▶**受像する** recibir imágenes
◨**受像機** televisor *m*.
しゅぞく 種族 raza *f*., familia *f*., (部族) tribu *f*.
しゅたい 主体 《哲学》 sujeto *m*. ‖ 学生を主体とするグループ grupo *m*. formado principalmente por estudiantes
▶**主体的に** por iniciativa propia
▶**主体性** iniciativa *f*., (独立性) independencia *f*. ‖ 主体性がある人 persona *f*. con iniciativa ／主体性がない no tener iniciativa
しゅだい 主題 tema *m*., (モチーフ) motivo *m*. ‖ 作品の主題 tema *m*. de la obra
◨**主題歌** ‖ 番組の主題歌 (曲) tema *m*. musical del programa, (歌) canción *f*. del programa
しゅたい 受胎 concepción *f*.
▶**受胎する** concebir
◨**受胎告知** 《カトリック》 Anunciación *f*.
じゅたく 受託
▶**受託する** recibir
◨**受託者** deposita*rio*[*ria*] *mf*., consignatario *m*., (財産などの) fiducia*rio*[*ria*] *mf*.
◨**受託収賄罪** delito *m*. de cohecho pasivo
◨**受託製造** fabricación *f*. por encargo
◨**受託販売** venta *f*.「en [a] comisión
じゅだく 受諾 aceptación *f*.
▶**受諾する** aceptar
しゅだん 手段 medio *m*., recurso *m*., (措置) medidas *fpl*. ‖ 不正な手段で「con [por] medios ilícitos ／最後の手段として como último recurso, en último extremo ／手段に訴える recurrir a un medio ／手段を誤る equivocarse de medio ／彼は目的のために手段を選ばない Para él el fin justifica los medios. ／あらゆる手段を尽くす hacer

じゅちゅう 受注 recepción *f.* de pedidos, (受けた注文) pedido *m.* recibido ‖ 今月は受注が増えた Los pedidos han aumentado este mes.
▶受注する recibir un pedido
◼受注生産 producción *f.* sobre pedido

しゅちょう 主張 afirmación *f.*, (意見) opinión *f.* ‖ 根拠のない主張 afirmación *f.* 「sin fundamento [infundada] / 君の主張は通らないだろう Tu opinión no será aceptada. / 主張を貫く／主張を曲げない「mantenerse [seguir] firme en *su* opinión
▶主張する insistir 《en》, argumentar ‖ 自説を主張する「insistir en [argumentar] *su* opinión / 無罪を主張する reclamar la inocencia de ALGUIEN

じゅつ 術 (技術) arte *m(f.*《複数形では女性》, (手段) medio *m.*, (策略) estratagema *f.*

しゅつえん 出演 actuación *f.*, intervención *f.*
▶出演する actuar 《en》, salir 《en》, intervenir 《en》 ‖ テレビに出演する salir en (la) televisión
◼出演者 intérprete *com.*, (俳優) actor *m.*, actriz *f.*, (キャスト) reparto *m.*, elenco *m.*
◼出演料 caché *m.*, (報酬) remuneración *f.*

しゅっか 出火 declaración *f.* de un incendio
▶出火する declararse *un incendio* ‖ 寝室から出火した El incendio se declaró en el dormitorio.
◼出火原因 causa *f.* del incendio
◼出火現場 lugar *m.* del incendio
◼出火元 foco *m.* del incendio

しゅっか 出荷 envío *m.* de mercancías
▶出荷する「enviar [despachar] mercancías
◼出荷量 volumen *m.* de mercancías enviadas

しゅつがん 出願 presentación *f.* de la solicitud
▶出願する presentar la solicitud
◼出願期限 plazo *m.* (para la presentación) de la solicitud
◼出願者 solicitante *com.*, candidato[ta] *mf.*
◼出願手続き trámite *m.* de la solicitud

しゅっきん 出勤
▶出勤する ir al trabajo ‖ 休日に出勤する ir al trabajo en días de descanso
◼出勤時間 (始業時間) hora *f.* de inicio del trabajo
◼出勤日 día *m.* de trabajo
◼出勤簿 libro *m.* de asistencia

しゅっけ 出家
▶出家する entrar en la vida religiosa, hacerse「religioso[sa] [monje[ja]]

しゅっけつ 出欠 ‖ 出欠をとる pasar lista ／結婚式への出欠を連絡する comunicar la asistencia o no asistencia a la boda

しゅっけつ 出血 hemorragia *f.* ‖ 出血があって tener hemorragia ／頭部の出血がひどい Hay una hemorragia grave en la cabeza. ／傷口から出血が続いている La herida sigue sangrando. ／出血を止める「detener [parar] la hemorragia
▶出血する sangrar ‖ 大量に出血する sangrar「abundantemente [profusamente, a borbotones]
◼出血サービス ‖ 出血サービスをする hacer grandes rebajas
◼出血多量 hemorragia *f.* excesiva ‖ 出血多量で死亡する morir como consecuencia de una gran pérdida de sangre

しゅつげん 出現 aparición *f.*
▶出現する aparecer, hacer *su* aparición, surgir

じゅつご 述語 predicado *m.*
▶述語の predicativo[va]

じゅつご 術語 término *m.* técnico,《集合名詞》terminología *f.*

しゅっこう 出向 (公務員の) comisión *f.* de servicio
▶出向する ‖ 社員2名を子会社へ出向させる destinar temporalmente dos empleados a la empresa filial

しゅっこう 出航 salida *f.* a la mar
▶出航する zarpar, salir a la mar

しゅっこう 出港 salida *f.* del puerto
▶出港する「salir [partir] del puerto
◼出港禁止 embargo *m.*

じゅっこう 熟考 deliberación *f.* ‖ 熟考の末に después de una larga deliberación
▶熟考する deliberar, considerar atenta y detenidamente

しゅっこく 出国 salida *f.* del país
▶出国する salir del país
◼出国者数 número *m.* de salidas de personas al exterior
◼出国手続き trámites *mpl.* para salir del país

しゅつごく 出獄 salida *f.* de prisión, liberación *f.*
▶出獄する salir de prisión

しゅっさつ 出札 taquillero[ra] *mf.*,《中南米》boletero[ra] *mf.*
◼出札口 taquilla *f.*,《中南米》boletería *f.*

しゅっさん 出産 alumbramiento *m.*, parto *m.* ‖ 出産に立ち会う asistir al parto ／私の出産は来月の予定です Mi parto está previsto para el próximo mes.
▶出産する dar a luz, alumbrar, (動物が)

parir
- 出産手当 subsidio m. de maternidad
- 出産休暇「baja f. [permiso m., licencia f.] por maternidad
- 出産予定日 fecha f. prevista de parto

しゅっし 出資 financiación f., inversión f.
- 出資する financiar, invertir (dinero)《en》
- 出資金 fondos mpl. invertidos
- 出資者 inversionista com.

しゅっしゃ 出社
- 出社する llegar a la oficina

しゅっしょ 出所 (出生地) procedencia f., (出典) fuente f., (出獄) salida f. de prisión
- 出所する salir de prisión

しゅっしょう 出生 nacimiento m.
- 出生する nacer
- 出生証明書 partida f. de nacimiento
- 出生前診断 diagnosis f.[=pl.] prenatal
- 出生地 lugar m. de nacimiento
- 出生届 declaración f. de nacimiento‖息子の出生届を出す declarar el nacimiento de *su* hijo《ante》
- 出生年月日 fecha f. de nacimiento
- 出生率 tasa f. de natalidad‖合計特殊出生率 tasa f. global de fecundidad

しゅつじょう 出場 participación f.‖出場を中止する cancelar la participación
- 出場する participar《en》
- 出場権‖日本はワールドカップへの出場権を獲得した Japón se clasificó para la Copa Mundial.
- 出場者 participante com.
- 出場チーム equipo m. participante

しゅっしん 出身‖どちらのご出身ですか¿De dónde es usted? ／私はリマの出身です Soy de Lima. ／彼女はこの大学の出身です Ella se graduó en esta universidad.
- ～出身の natural 《de》, originar*io*[*ria*]《de》‖九州出身の男性 hombre m. originario de Kyushu
- 出身国 país m. natal
- 出身地 lugar m. natal

しゅっせ 出世 éxito m. social, (昇進) promoción f., ascenso m.‖彼は出世が早かった Él ha tenido un ascenso rápido.
- 出世する hacer carrera, (昇進する) promocionarse, ascender
- 出世街道‖出世街道を進んでいる ascender por la escalera del éxito
- 出世作 primera obra f. de éxito
- 出世主義 arribismo m.
- 出世主義者 arribista com.
- 出世払い préstamo m. sin condiciones‖これは出世払いでいいよ Ya me lo devolverás cuando salgas al mundo y puedas valerte por ti mism*o*[*ma*].

しゅっせい 出生 ⇒しゅっしょう
しゅっせい 出征
- 出征する ir al frente

しゅっせき 出席 asistencia f.‖出席をとる pasar lista
- 出席する asistir《a》‖出席している estar presente
- 出席者 asistente com., persona f. asistente, presente com.‖出席者名簿 lista f. de asistentes
- 出席証明書 certificado m. de asistencia
- 出席簿 lista f. de asistencia

しゅっちょう 出張 viaje m. de「trabajo [negocios]‖ご旅行は出張ですか、それとも休暇ですか¿Viaja usted por negocios o está de vacaciones? ／出張で札幌へ行く ir a Sapporo en viaje de trabajo ／出張中である estar en viaje de negocios
- 出張する viajar por trabajo
- 出張所 sucursal f., agencia f.
- 出張費 gastos mpl. del viaje de trabajo

しゅってい 出廷 comparecencia f.‖証人の出廷を要求する exigir la comparecencia「del [de la] testigo
- 出廷する comparecer

しゅってん 出典 fuente f., (原典) texto m. original

しゅつど 出土 (発掘) excavación f.
- 出土品 objeto m. excavado

しゅっとう 出頭 comparecencia f.
- 出頭する presentarse, comparecer‖裁判所に出頭する presentarse ante el tribunal ／公判に出頭する comparecer en el juicio
- 任意出頭 comparecencia f. voluntaria
- 出頭命令 orden f. de comparecencia, (裁判所への) citación f.

しゅつどう 出動 movilización f., intervención f.
- 出動させる/出動する movilizar ／ movilizarse‖軍隊を出動させる movilizar al ejército

しゅつにゅうこく 出入国 inmigración f. y emigración f.
- 出入国管理 control m. de inmigración
- 出入国管理局 oficina f. de inmigración
- 出入国管理法 Ley f. de Inmigración

しゅつば 出馬
- 出馬する (選挙に) presentarse como candidat*o*[*ta*]

しゅっぱつ 出発 partida f., salida f.‖出発が遅れる La salida se retrasa. ／出発の合図を送る dar la señal de salida ／出発を早める adelantar la salida ／出発を見合わせる suspender la salida
- 出発する partir, salir
- 出発時刻 hora f. de salida
- 出発地 lugar m. de salida
- 出発点 punto m. de partida
- 出発ロビー sala f. de embarque

しゅっぱん 出帆 zarpa f.

- **出帆する** zarpar, hacerse a la mar, (帆船が) hacerse a la vela
- **しゅっぱん** 出版 publicación *f.*, edición *f.*
  - **出版する** publicar, editar
  - **出版された** publica*do*[da]
  - 出版業 negocio *m.* editorial
  - 出版業界 sector *m.* editorial
  - 出版業者 edi*tor*[tora] *mf.*
  - 出版権 derecho *m.* de publicación
  - 出版社 casa *f.* [editora [editorial]
  - 出版部数 tiraje *m.*, número *m.* de ejemplares
  - 出版物 publicación *f.*
  - 出版目録 catálogo *m.* de publicaciones
- **しゅっぴ** 出費 gasto *m.*, expensas *fpl.*, desembolsos *mpl.* ‖ 今月は出費がかさんだ Los gastos han aumentado este mes. ／出費を切り詰める reducir gastos
  - **出費する** gastar
- **しゅっぴん** 出品 exposición *f.*, exhibición *f.*
  - **出品する** exponer, exhibir
  - 出品者 exposi*tor*[tora] *mf.*
  - 出品物 objeto *m.* expuesto
  - 出品目録 lista *f.* de las obras expuestas
- **じゅつぶ** 述部 《文法》predicado *m.*
- **しゅつぼつ** 出没
  - **出没する** aparecer de vez en cuando
- **しゅつりょう** 出漁
  - **出漁する** salir a pescar
- **しゅつりょく** 出力 potencia *f.*, 《IT》salida *f.* ‖ エンジンの出力 potencia *f.* del motor／データの出力 salida *f.* de datos
  - **出力する**‖データを出力する pasar los datos 《a》
  - 出力装置 unidad *f.* de salida
  - 出力端子 borne *m.* de salida
- **しゅと** 首都 capital *f.*, metrópoli *f.* ‖ ニカラグアの首都はどこですか ¿Cuál es la capital de Nicaragua?／日本の首都は東京です La capital de Japón es Tokio.
  - **首都の** metropolita*no*[na]
  - 首都圏 「área *f.* [zona *f.*] metropolitana
  - 首都高速道路 autopista *f.* metropolitana
- **しゅとう** 種痘 vacunación *f.* (contra la viruela) ‖ 種痘をする vacunar
- **しゅどう** 手動 ‖ 手動に切り替える pasar a modo manual
  - **手動の** manual
  - 手動信号機 semáforo *m.* manual
  - 手動制御装置 sistema *m.* de control manual
  - 手動ブレーキ freno *m.* de mano
- **しゅどう** 主導 iniciativa *f.*
  - **～の主導で** bajo la iniciativa 《de》
  - 主導権 iniciativa *f.*, hegemonía *f.* ‖ 主導権争い lucha *f.* por la hegemonía／主導権を握る/主導権を取る tomar la iniciativa, 《慣用》llevar la voz cantante
- **じゅどう** 受動
  - **受動的な** pasi*vo*[va]
  - 受動態《文法》pasiva *f.*, voz *f.* pasiva
  - 受動的喫煙 tabaquismo *m.* pasivo
  - 受動的喫煙者 fuma*dor*[dora] *mf.* pasi*vo*[va]
- **しゅとく** 取得 obtención *f.*, adquisición *f.*
  - **取得する** obtener, adquirir
  - 取得物 adquisición *f.*, cosa *f.* adquirida
- **しゅとして** 主として ⇒おもに(主に)
- **じゅなん** 受難 (キリストの) Pasión *f.* (de Jesucristo)
  - 受難曲 Pasión *f.*
- **ジュニア** 《スポーツ》júnior *com.*
  - **ジュニアの** júnior ‖ ジュニアのチャンピオン campe*ón*[ona] *mf.* júnior
- **しゅにく** 朱肉 almohadilla *f.* entintada de color bermejo
- **じゅにゅう** 授乳 lactancia *f.*
  - **授乳する** dar de mamar, amamantar
  - 授乳期 período *m.* de lactancia
  - 授乳室 sala *f.* de lactancia
- **しゅにん** 主任 je*fe*[fa] *mf.*
  - 主任技師 ingenie*ro*[ra] *mf.* je*fe*[fa]
- **しゅのう** 首脳 dirigente *com.*, líder *com.* ‖ 両国の首脳 jefes *mpl.* de Estado de ambos países
  - 首脳会談 cumbre *f.*, conferencia *f.* cumbre
  - 首脳部 dirección *f.*
- **シュノーケル** tubo *m.* de「buceo [respiración], esnórquel *m.* ‖ シュノーケルを使って潜水する bucear con tubo (de respiración)
- **しゅはん** 主犯 culpable *com.* principal, au*tor*[tora] *mf.* principal del delito
- **しゅび** 守備 defensa *f.* ‖ 守備につく《スポーツ》salir al campo y ocupar *su* posición defensiva／守備を固める fortalecer la defensa
  - 守備範囲 「zona *f.* [ámbito *m.*] de defensa
- **しゅび** 首尾 ‖ 首尾は上々だ Las cosas van「muy bien [viento en popa].
  - **首尾よく** satisfactoriamente, con éxito
  - 首尾一貫‖首尾一貫した coherente, consecuente／首尾一貫した態度 actitud *f.* consecuente
- **じゅひ** 樹皮 corteza *f.* ‖ 樹皮をはぐ descortezar, quitar la corteza
- **しゅひぎむ** 守秘義務 obligación *f.* de guardar secreto profesional
- **じゅひょう** 樹氷 árbol *m.* escarchado
- **しゅひん** 主賓 invita*do*[da] *mf.* de honor
  - 主賓席 asiento *m.* de honor
- **しゅふ** 主婦 ama *f.* de casa
- **しゅふ** 首府 capital *f.*
- **しゅぶん** 主文 (判決の) fallo *m.* de una sentencia

じゅふん 受粉 polinización f.
- 受粉させる polinizar

しゅほう 手法 técnica f., estilo m., manera f. ‖ 新しい手法で con「una técnica nueva [un estilo nuevo]

しゅぼうしゃ 首謀者 cabecilla com.

しゅみ 趣味 afición f., hobby m., (好み) gusto m. ‖ 趣味が広い tener muchas aficiones ／ 趣味の良い de buen gusto ／ 趣味の悪い服 ropa f. de mal gusto ／ 私の趣味に合わない No es de mi gusto. ／ 趣味は何ですか？ ¿Cuál es su *hobby*?
- 趣味で por afición

じゅみょう 寿命 vida f., duración f. ‖ 車の寿命 vida f. de un coche ／ タイヤの寿命「duración f. [vida f.] de los neumáticos ／ 寿命が長い tener una larga vida ／ この電池はもう寿命だ Esta pila está agotada. ／ 寿命を縮める acortar la vida ／ 寿命を延ばす「alargar [prolongar] la vida
- 平均寿命 promedio m. de vida

しゅもく 種目 categoría f., prueba f. ‖ 彼は水泳の2種目に出場した Él participó en las dos pruebas de natación.
- 個人種目 prueba f. individual
- 団体種目 prueba f. por equipos

じゅもく 樹木 árbol m.
- 樹木学 dendrología f.

じゅもん 呪文 conjuro m., fórmula f. mágica ‖ 呪文を唱える「decir [pronunciar] un conjuro

しゅやく 主役 protagonista com., (役) papel m. principal ‖ 主役を演じる protagonizar ／ テレビドラマの主役に抜擢される ser elegi*do*[*da*] protagonista de una serie de televisión

じゅよ 授与 otorgamiento m., entrega f.
- 授与する otorgar, conceder
- 授与式 ceremonia f. de entrega

しゅよう 主要
- 主要な principal, (重要な) importante ‖ 主要な点 punto m.「principal [importante]
- 主要国 principal país m.
- 主要財源 principales fondos mpl.
- 主要産業 ‖ 国の主要産業 principal industria f. del país
- 主要人物 personaje m. principal
- 主要目的 objeto m. principal

しゅよう 腫瘍 tumor m. ‖ 腫瘍がある tener un tumor《en》／ 腫瘍を取る quitar un tumor
- 精神腫瘍学 psicooncología f.
- 腫瘍学 oncología f.
- 腫瘍マーカー marcador m. tumoral

じゅよう 需要 demanda f. ‖ 需要と供給の法則 ley f. de la oferta y la demanda ／ 需要が多い tener mucha demanda ／ この商品は需要が少ない Este producto tiene poca demanda. ／ 石油の需要が増える La demanda de petróleo aumenta. ／ 需要が10パーセント減った La demanda disminuyó un 10% (diez por ciento). ／ 需要がない No hay demanda. ／ 需要に応える responder a la demanda ／ 需要を満たす satisfacer la demanda

しゅらば 修羅場 ‖ 修羅場と化す convertirse en una escena sangrienta ／ 修羅場をくぐり抜けている《慣用》estar cura*do*[*da*] de espantos

しゅらん 酒乱 ‖ 彼は酒乱だ Él tiene mal vino. ¦ Al beber mucho él se vuelve pendenciero.

じゅり 受理 aceptación f., recepción f.
- 受理する aceptar, recibir

じゅりつ 樹立
- 樹立する establecer, fundar ‖ 記録を樹立する establecer un récord ／ 連立政権を樹立する establecer un gobierno de coalición

しゅりゅう 主流 corriente f. principal, tendencia f. dominante
- 主流派 facción f. dominante
- 反主流派 facción f. disidente

しゅりゅうだん 手榴弾 granada f. (de mano)

しゅりょう 狩猟 caza f., cacería f. ‖ 狩猟に行く ir a cazar, ir de caza
- 狩猟期 temporada f. de caza
- 狩猟場 cazadero m.
- 狩猟民族 pueblo m. cazador
- 狩猟免許 licencia f. de caza

じゅりょう 受領 recepción f.
- 受領する recibir
- 受領証 recibo m., comprobante m. de pago
- 受領通知 aviso m. de recepción, acuse m. de recibo

しゅりょく 主力 ‖ 主力を注ぐ concentrar *sus* fuerzas《en》
- 主力 principal
- 主力商品 ‖ わが社の主力商品 principales productos mpl. de nuestra empresa
- 主力部隊 grueso m. del ejército
- 主力選手 juga*dor*[*dora*] mf. principal

しゅるい 種類 clase f., especie f., género m., tipo m., variedad f. ‖ あらゆる種類の todа clase《de》／ 私はこういう種類の本は読まない No leo este tipo de libros. ／ 同じ種類の言葉に属する pertenecer a la misma clase de palabras ／ どんな種類の飲み物がありますか？ ¿Qué tipo de bebidas sirven?

じゅれい 樹齢 edad f. de un árbol ‖ 樹齢3000年の木 árbol m. con tres mil años de edad

シュレッダー trituradora f.

しゅろ 棕櫚 《植物》palma f.

しゅわ 手話 lengua *f.* de「señas [signos], lenguaje *m.* de「señas [signos]‖手話で話す hablar en lenguaje de señas
☐手話通訳 interpretación *f.* en lenguaje de señas,（人）intérprete *com.* de lenguaje de señas

じゅわき 受話器 auricular *m.*‖受話器が外れている El auricular está descolgado.／受話器を取る descolgar el「auricular [teléfono]／受話器を置く colgar el「auricular [teléfono]

しゅわん 手腕 capacidad *f.*, talento *m.*, habilidad *f.*‖彼の外交手腕が問われる Se pone a prueba su habilidad diplomática.／手腕を発揮する demostrar *su* capacidad
☐政治的手腕「capacidad *f.* [habilidad *f.*] política

しゅん
▶しゅんと‖しゅんとする estar cabizbajo[ja]

しゅん 旬‖今トマトが旬だ Ahora es la temporada de los tomates.
▶旬の‖旬の果物 frutas *fpl.* del tiempo

じゅん 純‖純日本式の庭園 jardín *m.* de auténtico estilo japonés
▶純な puro[ra], ingenuo[nua], inocente
☐純愛 amor *m.* puro

じゅん 順 orden *m.*‖順は不同である estar en orden aleatorio／順を追う seguir el orden／順を追って説明する explicar「paso a paso [uno por uno]
▶順に por orden‖アルファベット順に por orden alfabético／時系列順に por orden cronológico／年齢順に por orden de edad／古い順に por orden de antigüedad

じゅんい 順位 orden *m.*, puesto *m.*,《英語》*ranking m.*‖順位を争う competir por ocupar un mejor puesto／順位を狂わせる alterar el orden／順位をつける clasificar según su *ranking*

じゅんえき 純益 beneficio *m.* neto, ganancia *f.* neta

じゅんえん 順延 posposición *f.*, aplazamiento *m.*
▶順延する posponer, aplazar

じゅんか 純化 purificación *f.*
▶純化する purificar

じゅんかい 巡回 ronda *f.*, patrulla *f.*‖巡回中である estar de patrulla
▶巡回する patrullar, rondar
☐巡回区域 zona *f.* de vigilancia
☐巡回図書館 biblioteca *f.* ambulante

じゅんかいいん 準会員 miembro *com.* asociado[da]

じゅんかつゆ 潤滑油 lubricante *m.*

しゅんかん 瞬間 momento *m.*, instante *m.*‖決定的な瞬間 momento *m.* decisivo／その瞬間に en ese momento／瞬間の出来事だった Todo sucedió en un instante.
▶瞬間的な momentáneo[a], instantáneo[a]
▶瞬間的に momentáneamente, instantáneamente
☐瞬間最大風速 velocidad *f.* instantánea máxima del viento
☐瞬間接着剤 pegamento *m.* instantáneo, adhesivo *m.* de cianoacrilato
☐瞬間速度 velocidad *f.* instantánea
☐瞬間湯沸器 calentador *m.* (de agua) instantáneo

じゅんかん 循環 circulación *f.*‖景気の循環 ciclo *m.* económico／血液の循環 circulación *f.* de la sangre
▶循環する circular
☐循環器 aparato *m.* circulatorio
☐循環小数 número *m.* (decimal) periódico
☐循環バス autobús *m.* circular

じゅんかんごし 准看護師 enfermero[ra] *mf.* auxiliar

じゅんきゅう 準急 tren *m.*「semirrápido [semiexpreso]

じゅんきょ 準拠
▶準拠する basarse《en》, estar conforme《a》‖規格に準拠した製品 producto *m.* conforme a la norma

じゅんきょう 殉教 martirio *m.*
▶殉教する padecer martirio
☐殉教者 mártir *com.*

じゅんぎょう 巡業 gira *f.*‖巡業中である estar en gira
▶巡業する hacer una gira《por》

じゅんきょうじゅ 准教授 profesor[sora] *mf.*「adjunto[ta] [asociado[da]]

じゅんきん 純金 oro *m.*「puro [macizo]

じゅんぎん 純銀 plata *f.*「pura [maciza]

じゅんけつ 純潔 pureza *f.*, castidad *f.*, virginidad *f.*‖純潔を失う perder *su* virginidad／純潔を守る conservar *su* virginidad
▶純潔な puro[ra], casto[ta], virgen

じゅんけっしょう 準決勝 semifinal *f.*‖準決勝に進出する pasar a la semifinal, clasificarse para la semifinal

じゅんこう 巡航 crucero *m.*
▶巡航する hacer un crucero,（飛行する）volar
☐巡航速度 velocidad *f.* de crucero
☐巡航ミサイル misil *m.* de crucero

じゅんさ 巡査 agente *com.* de policía
☐交通巡査 agente *com.* de tránsito
☐巡査部長 cabo *com.* de policía

しゅんじ 瞬時‖瞬時も目を離さずに sin apartar los ojos ni un momento
▶瞬時に en un instante‖瞬時に決める decidir ALGO en un instante

じゅんし 巡視 patrulla *f.*
☐巡視船 barco *m.* patrullero

じゅんじ 順次 por orden ‖ 質問に順次答える contestar (a) las preguntas una a una

じゅんしゅ 遵守 observancia *f.*, acatamiento *m.*
- 遵守する observar, respetar, acatar ‖ 法を遵守する「respetar [observar, acatar] las leyes

じゅんじゅんけっしょう 準準決勝 cuartos *mpl.* de final

じゅんじゅんに 順順に u*no*[*na*] a u*no*[*na*], u*no*[*na*] tras o*tro*[*tra*]

じゅんじょ 順序 orden *m.*, (手順) procedimiento *m.* ‖ このリストは順序が逆だ Esta lista está en orden inverso. ／ ページの順序を変える cambiar el orden de las páginas ／ 順序を逆にする invertir el orden ／ 順序を踏む seguir el orden establecido
- 順序立てる ordenar ‖ 順序立てて説明する explicar ordenadamente
- 順序立った orden*ado*[*da*], sistemáti*co*[*ca*], metódi*co*[*ca*]
- 順序良く ordenadamente

じゅんじょう 純情 inocencia *f.*
- 純情な inocente, cándi*do*[*da*]

じゅんしょく 殉職
- 殉職する morir en el cumplimiento de *su* deber

じゅんじる 準じる ‖ 正会員に準じる権利を有する disfrutar de derechos equivalentes a los de los miembros titulares ／ 経済力に準じて税金を納める pagar la contribución de acuerdo con *sus* posibilidades económicas

じゅんしん 純真 ingenuidad *f.*, inocencia *f.*
- 純真な inge*nuo*[*nua*], inocente

じゅんすい 純粋
- 純粋な／純粋の pu*ro*[*ra*], genui*no*[*na*] ‖ 純粋なアルコール alcohol *m.* puro ／ 純粋な気持ちで desinteresadamente
- 純粋培養 《生物》 cultivo *m.* puro

じゅんせい 純正
- 純正の pu*ro*[*ra*], genui*no*[*na*]
- 純正部品 ‖ Ａ社の純正部品 recambio *m.* original de la marca A

しゅんせつ 浚渫 dragado *m.*
- 浚渫する dragar
- 浚渫機／浚渫船 draga *f.*

じゅんちょう 順調 ‖ 患者(男性)の術後経過は順調だ El paciente se recupera favorablemente de su operación.
- 順調な favorable, satisfacto*rio*[*ria*] ‖ 順調な滑り出しをする empezar con buen pie
- 順調に favorablemente, satisfactoriamente ‖ 順調に行く funcionar perfectamente, 《慣用》 ir sobre ruedas ／ 順調に行かない no marchar bien ／ 順調にいけば、数分で結果が分かる Si todo va bien, podemos tener el resultado en pocos minutos.

じゅんど 純度 pureza *f.* ‖ 純度99パーセントの金 oro *m.* con una pureza del 99% (noventa y nueve por ciento) ／ 純度の高い de alta pureza

しゅんとう 春闘 ofensiva *f.* laboral de primavera, negociación *f.* salarial entre patronal y trabajadores

じゅんとう 順当
- 順当な normal, razonable
- 順当に como se esperaba ‖ 順当に行けば si todo funciona con normalidad

じゅんのう 順応 adaptación *f.*
- 順応する「adaptarse [acomodarse] 《a》
- 順応主義者 conformista *com.*
- 順応性 ‖ 順応性のある capaz de adaptarse, flexible

じゅんぱく 純白 blanco *m.* inmaculado
- 純白の inmaculado blan*co*[*ca*]

じゅんばん 順番 turno *m.*, orden *m.* ‖ リストの名前の順番が狂っている El orden de nombres en la lista es incorrecto. ／ 順番を決める fijar un orden ／ やっと私の順番になった Por fin me tocó el turno. ／ 順番を抜かす saltarse el turno 《de》 ／ 順番を待つ esperar *su* turno
- 順番に por turno ‖ 順番に並ぶ hacer cola ordenadamente

じゅんび 準備 preparación *f.*, preparativos *mpl.* ‖ 準備が出来ている estar lis*to*[*ta*], estar prepara*do*[*da*] ／ 食事の準備ができた La comida está a punto. ／ 準備にとりかかる empezar a preparar ／ 結婚式の準備を進める llevar adelante los preparativos de la boda ／ 試験の準備をする prepararse para los exámenes
- 準備する preparar(se), hacer los preparativos
- 準備委員会 comité *m.* preparatorio
- 準備運動 (pre)calentamiento *m.*
- 準備完了 Todo listo.
- 準備期間 período *m.* de preparación
- 準備金 reservas *fpl.*
- 準備段階「fase *f.* [etapa *f.*] de preparación

じゅんぷう 順風 viento *m.* favorable
- 順風満帆 ‖ 事業は順風満帆である El negocio va viento en popa.

しゅんぶん 春分 equinoccio *m.* de primavera
- 春分の日 Día *m.* del Equinoccio de Primavera

じゅんぽう 遵法／順法
- 遵法精神 respeto *m.* a la ley
- 順法闘争 huelga *f.* de celo

じゅんもう 純毛 lana *f.* pura ‖ 純毛の毛布 manta *f.* de pura lana

じゅんゆうしょう 準優勝
- 準優勝する obtener el segundo lugar ‖ 彼

女はテニスのトーナメントで準優勝した Ella quedó en segundo lugar en el torneo de tenis.
◪準優勝者 subcampe*ón*[*ona*] *mf.*
じゅんようかん 巡洋艦　crucero *m.*
じゅんりえき 純利益　beneficio *m.*, neto *f.* ‖ その会社は今年度100万ドルの純利益を計上した La empresa ha obtenido un beneficio neto de un millón de dólares este año fiscal.
じゅんれい 巡礼　peregrinación *f.*, peregrinaje *m.*, romería *f.*, (人) peregr*i*no[*na*] *mf.*, rome*ro*[*ra*] *mf.*
▶巡礼する　peregrinar, ir en「romería [peregrinación]
◪巡礼地　lugar *m.* de peregrinación
じゅんれつ 順列　《数学》permutación *f.*
じゅんろ 順路　ruta *f.*, itinerario *m.* ‖ 順路を示す indicar la ruta
しょあく 諸悪　males *mpl.* ‖ 諸悪の根源 raíz *f.* de los males
じょい 女医　médica *f.*
しょいこむ 背負い込む　echar(se) al hombro, cargar《con》‖ 他人の借金をしょい込む cargar con las deudas ajenas
ジョイント　(継ぎ手) junta *f.*, unión *f.*
◪ジョイントベンチャー (英語) *joint venture m.*, empresa *f.* conjunta
しょう 小
◪小委員会　subcomisión *f.*, subcomité *m.*
◪小宇宙　microcosmos *m.*[=*pl.*]
◪小辞典　breve diccionario *m.*
しょう 性 ⇒しょうぶん(性分)
しょう 省　(官庁) ministerio *m.*, secretaría *f.*, (中国の行政区分) provincia *f.*
しょう 商　《数学》cociente *m.*
しょう 章　capítulo *m.* ‖ 第3章 capítulo *m.*「tercero [tres]
しょう 勝 ‖ 2勝する lograr dos victorias
しょう 賞　premio *m.*, galardón *m.* ‖ 1等賞を与える otorgar el primer premio《a》, galardonar con el primer premio a ALGUIEN ／賞を取る ganar un premio
しょう 子葉　《植物》cotiledón *m.*
しよう 仕様 →ほうほう(方法)
(慣用)仕様がない No hay remedio. ‖ 私は新しい携帯を買うよりしようがない No tengo más remedio que comprar un móvil nuevo.
◪仕様書　especificaciones *fpl.*
しよう 私用　asunto *m.*「privado [particular, personal]」‖ 会社の電話を私用に用いる utilizar el teléfono de la oficina para llamadas personales
しよう 使用　uso *m.*, empleo *m.* ‖ 使用上の注意 instrucciones *fpl.* de uso ／使用に耐える resistente ／化学肥料の使用を禁止する prohibir el uso de abonos químicos
▶使用する　usar, emplear, utilizar
▶使用されている　estar en uso ‖ 使用されていない estar「en desuso [fuera de uso]
▶使用できる　utilizable
▶使用中 ‖ 使用中《掲示》Ocupado ／会議室は今使用中です La sala de reuniones está ocupada.
◪使用禁止《掲示》Prohibido usar
◪使用者　(利用者) usua*rio*[*ria*] *mf.*, (雇用者) emplea*dor*[*dora*] *mf.*
◪使用済み ‖ 使用済み核燃料 combustible *m.* nuclear gastado
◪使用人　emplea*do*[*da*] *mf.*
◪使用法　modo *m.* de empleo
◪使用目的　propósito *m.* del uso
◪使用料　renta *f.*, alquiler *m.*
しよう 試用　ensayo *m.*, prueba *f.*
▶試用する　ensayar, probar
◪試用期間　período *m.* de prueba
じょう 上　(等級) calidad *f.* superior, (上巻) primer tomo *m.*
じょう 条　artículo *m.* ‖ 憲法第9条 artículo *m.*「noveno [nueve] de la Constitución
じょう 乗　《数学》potencia *f.* ‖ 3の2乗 3 elevado al cuadrado
▶〜乗する ‖ 3を2乗する elevar (el) 3 al cuadrado ／4を3乗する elevar (el) 4 al cubo ／5を4乗する elevar (el) 5 a la cuarta (potencia)
じょう 情　afecto *m.*, cariño *m.*, amor *m.* ‖ 情が移る／情が湧く empezar a querer《a》, tomar cariño《a》／情が深い afectu*oso*[*sa*], cariño*so*[*sa*] ／情に流される dejarse llevar por la compasión ／情にもろい sentimental ／情の薄い frío[*a*] ／情を交わす (男女が) tener relaciones amorosas
じょう 畳　unidad *f.* para contar tatamis ‖ 6畳の部屋 habitación *f.* de seis tatamis
じょう 嬢　señorita *f.* ‖ 田中嬢 la señorita Tanaka
じょう 錠　(錠前) cerradura *f.*, (錠剤) tableta *f.*, pastilla *f.* ‖ アスピリン1錠 una tableta de aspirinas
じょう 滋養　nutrición *f.*
▶滋養のある　nutriti*vo*[*va*]
◪滋養強壮剤　reconstituyente *m.*
じょうあい 情愛　afecto *m.*, amor *m.*
しょうあく 掌握 ‖ 彼は隊長として部下の掌握に努めた Como capitán, él hizo todo lo posible para controlar a sus hombres.
▶掌握する　tener dominio《sobre》, controlar
しょうい 少尉　alférez *com.*, subteniente *com.*, segundo teniente *com.*
じょうい 上位　rango *m.* superior, posición *f.* superior →ゆうい(優位) ‖ 上位にある tener「un nivel [un rango, una categoría] superior, estar en「una categoría [un nivel] superior ／彼はクラスで上位の成績だ Él es uno de los mejores alumnos de la clase. ／

上位4チーム los cuatro equipos mejor clasificados
じょうい 譲位 abdicación *f.*
▶譲位する abdicar「la corona [el trono]《en》
しょういだん 焼夷弾 bomba *f.* incendiaria
しょういん 勝因 causa *f.*「de la victoria [del triunfo]
じょういん 上院 Cámara *f.* Alta, Senado *m.*
◨上院議員 sena*dor*[*dora*] *mf.*
じょういん 乗員 tripulante *com.*, (総称) tripulación *f.*, personal *m.* (de) a bordo
じょうえい 上映 proyección *f.* (de películas)
▶上映する proyectar, poner‖通常1日4回上映します Por lo general hay cuatro sesiones al día.
▶上映中‖上映中に映画館を出る abandonar la sala a media proyección／上映中の映画 películas *f.* en「cartelera [cartel]
しょうエネ 省エネ ahorro *m.* de energía, eficiencia *f.* energética
▶省エネする ahorrar (la) energía, aumentar la eficiencia energética
◨省エネ対策 medidas *fpl.* para ahorrar energía
◨省エネタイプ‖省エネタイプのテレビ televisor *m.* de bajo consumo eléctrico
じょうえん 上演 representación *f.*‖上演中の作品 obras *fpl.* en「cartelera [cartel]
▶上演する representar, poner ALGO en escena
じょうおん 常温 temperatura *f.* ambiente, (通常の) temperatura *f.* normal, (一定の) temperatura *f.* estable‖常温で保存する conservar ALGO a temperatura ambiente
しょうか 消火 extinción *f.* del fuego
▶消火する「apagar [sofocar] un incendio, extinguir el fuego
◨消火液 extintor *m.*
◨消火栓 boca *f.* de incendios
◨消火活動‖消火活動をする combatir el incendio
◨消化用ホース manguera *f.* de incendios
しょうか 消化 digestión *f.*‖消化のよい fácil de digerir, fácilmente digestible／消化の悪い indiges*to*[*ta*], poco digestible
▶消化する digerir, (仕事・日程を) cumplir, (知識を) asimilar‖予算を消化する gastar todo el presupuesto／ノルマを消化する cumplir la tarea asignada
◨消化液 jugo *m.* digestivo
◨消化器官 aparato *m.* digestivo, órganos *mpl.* digestivos
◨消化剤 digestivo *m.*
◨消化不良 indigestión *f.*, dispepsia *f.*‖消化不良を起こす indigestarse, tener indigestión

しょうか 昇華 《化学》sublimación *f.*
▶昇華する sublimarse
しょうが 生姜/生薑 jengibre *m.*
◨紅しょうが jengibre *m.* encurtido

しょうが

じょうか 浄化 depuración *f.*, purificación *f.*
▶浄化する depurar, purificar
◨浄化槽 fosa *f.* séptica, tanque *m.* séptico
◨浄化装置 depuradora *f.*
しょうかい 商会 firma *f.*, empresa *f.*
しょうかい 紹介 presentación *f.*, (推薦) recomendación *f.*
▶〜の紹介で por la recomendación《de》
▶紹介する presentar, (推薦する) recomendar‖君たちに私の家族を紹介します Os presento a mi familia.／おもしろい本を紹介する recomendar un libro interesante／スペイン映画を日本に紹介する dar a conocer el cine español en Japón
◨紹介者 recomendante *com.*, introduc*tor* [*tora*] *mf.*
◨紹介状 carta *f.* de presentación, (推薦状) carta *f.* de recomendación
しょうかい 照会 referencia *f.*, petición *f.* de informes
▶照会する pedir información, preguntar
◨残高照会 consulta *f.* de saldos
◨照会先 referencia *f.*
◨照会状 carta *f.* de solicitud de información
しょうがい 生涯 vida *f.*‖生涯を通して a lo largo de *su* vida／祖父は幸せな生涯を送った Mi abuelo vivió una vida feliz.／生涯を共にする vivir juntos hasta la muerte／生涯を終える terminar *su* vida／彼女は芸術に生涯を捧げた Ella dedicó su vida al arte.／彼は独身で生涯を通した Él permaneció soltero toda su vida.
▶生涯の de toda la vida, vitali*cio*[*cia*]‖生涯の友 ami*go*[*ga*] *mf.* de toda la vida
◨生涯教育 educación *f.* permanente

■生涯賃金 ganancias fpl. de por vida
しょうがい 渉外 relaciones fpl. con el exterior, (広報) relaciones fpl. públicas
■渉外係 encarga*do*[*da*] mf. de relaciones públicas
しょうがい 傷害 lesión f., herida f.
■傷害罪 delito m. de lesiones
■傷害事件 caso m. de daños personales
■傷害致死罪 delito m. de lesiones con resultado de muerte
■傷害保険 seguro m. de accidentes
しょうがい 障害 obstáculo m., impedimento m., (心身の) discapacidad f. ‖ 私は体に障害がある Tengo una discapacidad física. ／ 精神的な障害がある人 persona f. con discapacidad mental ／ 障害にぶつかる encontrar un obstáculo ／ 障害を取り除く quitar los obstáculos ／ 障害を乗り越える「superar [vencer] los obstáculos
■胃腸障害 trastorno m. gastrointestinal
■障害者 discapacita*do*[*da*] mf.
■障害物 obstáculo m. ‖ 障害物競走 carrera f. de obstáculos
しょうがい 場外
▶場外に fuera de la sala, (競技場の) fuera del estadio ‖ サッカースタジアムの場外に観客を避難させる evacuar del estadio de fútbol al público
しょうかく 昇格 promoción f., ascenso m.
▶昇格する ascender, conseguir un ascenso
▶昇格させる promover, elevar
しょうがく 小額 ‖ 小額のお金 pequeña suma f. de dinero
■小額紙幣 billete m. de poco valor
しょうがく 商学 ciencias fpl. comerciales
■商学部 Facultad f. de Comercio
しょうがく 奨学
■奨学金 beca f. ‖ 奨学金をもらう recibir la beca ／ 奨学金を返済する devolver la beca
■奨学生 beca*rio*[*ria*] mf.
しょうがくせい 小学生 escolar com. de primaria, alum*no*[*na*] mf. de primaria
しょうがつ 正月 (新年) Año m. Nuevo, (1月) enero m. ‖ 正月の習慣 costumbres fpl. del Año Nuevo ／ 正月を祝う celebrar el Año Nuevo
■正月休み vacaciones fpl. de Año Nuevo
しょうがっこう 小学校 escuela f. primaria
■小学校教育 enseñanza f. primaria
じょうかまち 城下町 ciudad f. formada en torno a un castillo
しょうかん 召喚 citación f., emplazamiento m.
▶召喚する citar, emplazar
▶召喚状 citación f. (judicial)
しょうかん 召還 llamada f.
▶召還する ‖ 大使(男性)を召還する llamar a consultas al embajador
しょうき 正気 juicio m. ‖ 正気である estar en *su* juicio ／ 正気でない estar fuera de *su* juicio ／ 正気を失う perder el juicio ／ 正気を取り戻す recuperar el juicio
しょうぎ 将棋 《日本語》shogi m., ajedrez m. japonés ‖ 将棋の駒「pieza f. [ficha f.] (de ajedrez japonés) ／ 将棋を指す jugar al ajedrez japonés
■将棋倒し ‖ 将棋倒しになる caer como fichas de dominó
■将棋盤 tablero m. de ajedrez japonés
じょうき 上気 ‖ 暑さで上気した顔 cara f. enrojecida por el calor
じょうき 常軌 ‖ 常軌を逸した excéntri*co*[*ca*], anormal
じょうき 蒸気 vapor m. ‖ 蒸気を出す emanar vapores
■蒸気機関車 locomotora f. de vapor
■蒸気船 buque m. de vapor
■蒸気タービン turbina f. de vapor
じょうぎ 定規/定木 regla f., pauta f. ‖ 定規で線を引く trazar una línea con una regla
じょうきげん 上機嫌 buen humor m.
▶上機嫌である estar de buen humor, 《慣用》estar como una(s) pascua(s)
しょうきぼ 小規模
▶小規模の de pequeña escala
しょうきゃく 焼却 incineración f.
▶焼却する incinerar
■焼却炉 incinerador m., horno m. incinerador, incineradora f.
しょうきゃく 償却 (借金返済) reembolso m., (減価償却) amortización f., depreciación f.
▶償却する amortizar, (借金を) reembolsar
じょうきゃく 乗客 pasaje*ro*[*ra*] mf., viaje*ro*[*ra*] mf.
■乗客名簿 lista f. de pasajeros
しょうきゅう 昇級 promoción f.
▶昇級する ascender
しょうきゅう 昇給 「aumento m. [incremento m.] salarial
▶昇給する obtener un aumento salarial
■定期昇給 aumento m. salarial periódico
じょうきゅう 上級
▶上級の superior, de rango superior
■上級公務員 funciona*rio*[*ria*] mf. de rango superior
■上級公務員試験 oposiciones fpl. al cuerpo superior de funcionarios
■上級コース curso m. avanzado
■上級生 estudiante com. de cursos superiores
しょうきょ 消去 eliminación f.
▶消去する eliminar, borrar, suprimir
■消去法 eliminación f.
しょうぎょう 商業 comercio m.

> 商業の comercial
> 商業化 comercialización *f*. ‖ 商業化する comercializar
▫ 商業界 mundo *m*. comercial
▫ 商業学校 escuela *f*. comercial
▫ 商業銀行 banco *m*. comercial
▫ 商業主義 comercialismo *m*.
▫ 商業スペイン語 español *m*. comercial
▫ 商業文 correspondencia *f*. comercial
▫ 商業簿記 contabilidad *f*. comercial

じょうきょう 上京
> 上京する（行く）ir a Tokio,（来る）venir a Tokio ‖ 母が上京しています Mi madre está en Tokio.

じょうきょう 状況/情況 situación *f*., circunstancias *fpl*. ‖ 状況が変わった Ha cambiado la situación. ／現在の状況からすると a la vista de la situación actual ／危機的な状況にある「estar [encontrarse] en una situación crítica ／状況に対処する hacer frente a la situación ／状況を明らかにする aclarar la situación ／状況を伝える comunicar la situación
▫ 状況証拠 prueba *f*. 「indirecta [circunstancial]」

しょうきょく 消極
> 消極的な pasiv*o*[va],（否定的な）negativ*o*[va] ‖ 消極的な態度を取る tomar una actitud pasiva
> 消極的に pasivamente, negativamente
> 消極性 pasividad *f*.
▫ 消極策 medidas *fpl*. pasivas
▫ 消極的安楽死 eutanasia *f*. pasiva

しょうきん 賞金 premio *m*. en metálico ‖ 500ユーロの賞金を得る obtener un premio en metálico de quinientos euros ／賞金を出す ofrecer un premio en metálico
▫ 賞金獲得者 ganad*or*[dora] *mf*. del premio (en metálico)
▫ 賞金稼ぎ cazarrecompensas *com*.[=*pl*.]

じょうきん 常勤
> 常勤の de tiempo completo, numerari*o*[ria] ‖ 常勤の講師 profes*or*[sora] *mf*. numerari*o*[ria]
> 常勤で ‖ 常勤で働く trabajar a tiempo completo

じょうくう 上空 ‖ アンデス山脈上空を飛ぶ sobrevolar los Andes

しょうぐん 将軍 general *com*.,（幕府の）sogún *m*.

じょうげ 上下 ‖ 背広の上下 chaqueta *f*. y pantalón *m*. ／上下の別なく sin distinción de rango
> 上下に arriba y abajo,（垂直に）verticalmente ‖ 上下に動かす mover「verticalmente [de modo vertical]」
> 上下する subir y bajar,（変化する）cambiar, variar ‖ 金の価格は毎日上下する El precio del oro fluctúa cada día.
▫ 上下関係 relación *f*. jerárquica
▫ 上下左右 ‖ 上下左右に揺れる moverse en todas direcciones
▫ 上下水道 acueducto *m*. y alcantarillado *m*.
▫ 上下線 ‖ 上下線とも不通だ La circulación queda interrumpida en ambos sentidos.
▫ 上下動 movimiento *m*. vertical

しょうけい 小計 subtotal *m*.

じょうけい 情景 escena *f*. ‖ 情景を描く describir escenas

しょうけいもじ 象形文字 escritura *f*. figurativa,（エジプトの）jeroglífico *m*.

しょうげき 衝撃 impacto *m*., choque *m*., conmoción *f*. ‖ 衝撃を与える impactar, conmocionar ‖ 彼の死は世界に大きな衝撃を与えた Su muerte causó una gran conmoción en el mundo. ／衝撃を受ける sufrir un impacto ／衝撃を吸収する absorber el impacto
> 衝撃的な impactante ‖ 衝撃的なニュース noticia *f*. impactante
▫ 衝撃音 ruido *m*. de impacto
▫ 衝撃波 ondas *fpl*. de choque

しょうけん 証券 valores *mpl*., bono *m*., título *m*.
> 証券化 titulización *f*., securitización *f*.
▫ 有価証券 valores *mpl*.
▫ 証券アナリスト analista *com*. de valores
▫ 証券会社 sociedad *f*. de valores
▫ 証券市場 mercado *m*. de valores
▫ 証券取引 operación *f*. bursátil
▫ 証券取引委員会（スペインの）Comisión *f*. Nacional del Mercado de Valores（略 CNMV）
▫ 証券取引所 bolsa *f*. de valores

しょうげん 証言 testimonio *m*. ‖（誰かに）不利な証言をする testificar contra ALGUIEN ／（誰かに）有利な証言をする testificar en favor de ALGUIEN ／証言を求める exigir el testimonio
> 証言する testificar, testimoniar
▫ 証言者 testigo *com*.
▫ 証言台 estrado *m*. de los testigos

じょうけん 条件 condición *f*. ‖ 条件に合う／条件を満たす satisfacer las condiciones ／条件を受け入れる aceptar las condiciones ／条件をつける／条件を課す「imponer [poner] condiciones ／条件次第でその仕事を引き受けよう Aceptaré el trabajo dependiendo de lo que me ofrezcan.
> ～という条件で「a [con la] condición de『＋不定詞』, a [con la] condición de que『＋接続法』匿名という条件で話す hablar con la condición de permanecer en el anonimato ／給料日に返すという条件で君にお金をかすよ Te dejo dinero a condición de que me

lo devuelvas el día de paga.
▶条件付きの condicional ‖ 条件付きの許可 autorización *f.* condicional
◪付帯条件 condición *f.* adicional
◪条件節《文法》prótasis *f.*[=*pl.*]
◪条件反射 reflejo *m.* condicionado
◪条件法《文法》condicional *m.*

じょうげん 上限 límite *m.*「máximo [superior]」‖ 支出の上限を決める fijar el techo de gasto

しょうこ 証拠 prueba *f.*, testimonio *m.*, evidencia *f.* ‖ 被告(男性)が有罪となる証拠は出ていない No se presenta ninguna prueba de la culpabilidad del acusado. ／ 証拠となる servir de prueba, constituir una prueba ／ 証拠を探す buscar pruebas ／ 証拠立てる probar
◪証拠隠滅 destrucción *f.* de pruebas
◪証拠書類 prueba *f.* documental
◪証拠能力 capacidad *f.* probatoria
◪証拠不十分《証拠不十分により por falta de pruebas
◪証拠物件 pieza *f.* de convicción, prueba *f.* material ‖ 証拠物件を押収する incautarse de piezas de convicción

しょうご 正午 mediodía *m.*
▶正午に「a [al] mediodía ‖ 正午きっかりに justo al mediodía

じょうご 漏斗 embudo *m.*

しょうこう 小康
◪小康状態 calma *f.*, tregua *f.*,（病状の）remisión *f.* ‖ 患者(男性)は小康状態にある El paciente se encuentra en remisión.

しょうこう 将校 oficial *com.*
◪陸軍将校 oficial *com.* del Ejército de Tierra

しょうこう 商工
◪商工会議所 cámara *f.* de comercio e industria
◪商工業 comercio *m.* e industria *f.*
◪商工組合 asociación *f.* de comercio e industria

しょうこう 焼香 ofrenda *f.* de incienso
▶焼香する quemar incienso, hacer una ofrenda de incienso

しょうごう 称号 título *m.* ‖ 名誉教授の称号を与える「otorgar [conceder] el título de profes*or*[*sora*] emérit*o*[*ta*]

しょうごう 照合 cotejo *m.*, confrontación *f.*
▶照合する ‖ AとBを照合する「cotejar [confrontar] A con B ／ 写真を運転免許証の写真と照合する comparar la foto con la del carné de conducir

じょうこう 条項 artículo *m.*, cláusula *f.*

じょうこく 上告 apelación *f.*,（最高裁への）recurso *m.* de casación
▶上告する apelar ‖ 最高裁に上告する「ape-lar [presentar el recurso de casación] ante la Corte Suprema

しょうこり 性懲り ‖ 性懲りもなく sin corregirse, sin escarmentar

しょうこん 商魂 espíritu *m.* comercial ‖ 商魂逞しい人 persona *f.* con espíritu comercial

しょうさい 商才「talento *m.* [habilidad *f.*] comercial ‖ 商才がある tener un talento comercial

しょうさい 詳細 detalles *mpl.*, pormenores *mpl.* ‖ 詳細は電話でお伝えします Le daremos los detalles por teléfono.
▶詳細な detall*ado*[*da*], pormenoriz*ado*[*da*]
▶詳細に detalladamente, en detalle ‖ 詳細に述べる entrar en「detalles [pormenores], detallar
◪詳細設定《IT》ajuste *m.* avanzado

じょうざい 錠剤 pastilla *f.*, tableta *f.* ‖ 錠剤を飲む tomar pastillas

しょうさっし 小冊子 folleto *m.*

しょうさん 称賛/賞賛 elogio *m.*, alabanza *f.*, admiración *f.* ‖ 称賛に値する ser dig-*no*[*na*] de elogios, merecer elogios ／ 称賛の的である ser objeto de admiración ／ 称賛のまなざしで con ojos de admiración ／ 称賛の念を呼び起こす causar admiración《a》／ 称賛を受ける recibir elogios ／ 称賛を惜しまない no escatimar elogios
▶称賛する elogiar, alabar, decir alabanzas
▶称賛すべき elogiable, admirable

しょうさん 勝算 ⇒かちめ(勝ち目)

しょうさん 硝酸 ácido *m.* nítrico
◪硝酸塩 nitrato *m.*
◪硝酸カリウム nitrato *m.* de potasio
◪硝酸銀 nitrato *m.* de plata

しょうし 焼死
▶焼死する morir calcin*ado*[*da*]
▶焼死者 víctima *f.* mortal de incendio
▶焼死体 cuerpo *m.*「calcinado [carbonizado]

しょうじ 障子《日本語》*shoji m.*,（説明訳）puerta *f.* corredera de papel con marco de madera ‖ 障子を貼る empapelar「la puerta corredera [el *shoji*]
◪障子紙 papel *m.* para *shoji*

じょうし 上司 je*fe*[*fa*] *mf.*, superior *m.*

じょうじ 常時 ⇒つねに(常に)
◪常時接続《IT》conexión *f.* permanente

じょうじ 情事 relación *f.* amorosa,《話》lío *m.* ‖ 情事にふける tener un lío con ALGUIEN

しょうしか 少子化 descenso *m.* de natalidad

しょうじき 正直 honestidad *f.*, honradez *f.* ‖ 機械は正直だ La máquina no miente.
▶正直な hones*to*[*ta*], honr*ado*[*da*] ‖ 正直

なところ a decir verdad
▶**正直に** honestamente, （率直に）francamente‖正直に話す hablar honestamente
◳**正直者** persona f. honesta

じょうしき **常識** sentido m. común‖そんなことは常識だ Eso lo sabe todo el mundo.／常識がある tener sentido común／彼は常識がない/常識に欠ける A él le falta sentido común.／常識に訴える apelar al sentido común de ALGUIEN／常識にかなう/常識のある razonable／常識に逆らう ir en contra del sentido común／常識に従う seguir el sentido común／常識のかけらもない no tener un ápice de sentido común
▶**常識的な** normal, razonable
▶**常識的に**‖常識的に行動する actuar con sentido común
◳**常識外れ**‖～するのは常識外れだ Es una falta de sentido común『＋不定詞』.

しょうしこうれいか **少子高齢化** el envejecimiento de la población y el descenso de la natalidad
◳**少子高齢化社会** sociedad f. envejecida

しょうしつ **焼失**‖礼拝堂は消失を免れた La capilla escapó del fuego.
▶**焼失する** incendiarse
◳**焼失面積** superficie f. quemada

じょうしつ **上質**
▶**上質の** de「buena [alta] calidad, de calidad superior

しょうしみん **小市民** pequeño[ña] burgués[guesa] mf.

しょうしゃ **商社** casa f. comercial

しょうしゃ **勝者** ganador[dora] mf., vencedor[dora] mf.

しょうしゃ **照射** irradiación f.
▶**照射する** irradiar
◳**照射線量** dosis f.[=pl.] de exposición (a la radiación)

じょうしゃ **乗車**
▶**乗車する** subir《a》
◳**乗車拒否**‖タクシーの運転手(男性)は乗車拒否をした El taxista rechazó a un cliente.
◳**乗車口** puerta f. de entrada, entrada f.
◳**乗車券** billete m.,《中南米》boleto m. ⇒きっぷ(切符)
◳**乗車賃/乗車料金** tarifa f.

じょうじゅ **成就** realización f., cumplimiento m., logro m.
▶**成就する**（なし遂げる）realizar, cumplir, lograr,（かなう）realizarse, cumplirse

しょうしゅう **召集/招集** convocatoria f.,（軍隊の）llamamiento m.
▶**召集する** convocar‖議会を召集する convocar la asamblea
◳**召集令状** llamamiento m. a filas

しょうしゅう **消臭**
▶**消臭の** desodorante

◳**消臭剤** desodorante m., ambientador m.

しょうじゅう **小銃** fusil m.,（ライフル銃）rifle m.
◳**自動小銃** fusil m. automático

じょうしゅう **常習**
▶**常習的な** habitual
▶**常習的に** habitualmente
◳**常習犯** delincuente com. habitual‖彼は遅刻の常習犯だ Ella siempre llega tarde.

じょうじゅつ **上述**
▶**上述の**‖上述のテーマ tema m. mencionado anteriormente
▶**上述する**‖上述したように como hemos mencionado「con anterioridad [anteriormente]

じょうじゅん **上旬** los primeros diez días de mes‖1月上旬に a comienzos de enero, en los primeros diez días de enero

しょうしょ **証書** certificado m.,《法律》escritura f.
◳**公正証書** acta f. notarial

しょうじょ **少女** chica f., muchacha f.
◳**少女時代**‖母の少女時代に en la adolescencia de mi madre
◳**少女趣味** gusto m. común entre las niñas
◳**少女漫画**《日本語》manga m. shojo, manga m. para chicas

しょうしょう **少々** un poco, algo‖塩を少々加える añadir un poco de sal／あと少々お時間をください Deme un poco de tiempo.／彼女は少々のことでは驚かない Ella no se asusta「con [por] tan poca cosa.

しょうじょう **症状** síntoma m. ⇒びょうき(病気)‖インフルエンザの症状がある tener síntomas de gripe

しょうじょう **賞状** diploma m. de honor‖賞状を授与する「otorgar [dar] un diploma de honor《a》

じょうしょう **上昇** ascenso m.
▶**上昇する** ascender, subir‖物価が上昇する Los precios「aumentan [suben].
◳**上昇株** valores mpl. en alza
◳**上昇傾向** tendencia f.「ascendente [al alza, alcista]
◳**上昇曲線** curva f. ascendente
◳**上昇気流** corrientes fpl.（atmosféricas）ascendentes
◳**上昇速度** velocidad f. de ascenso

じょうじょう **上場**
▶**上場する** cotizar en bolsa‖上場される ser inscrito[ta] en la bolsa de valores
◳**上場株** acciones fpl. cotizadas en bolsa
◳**上場企業** empresa f. cotizada en bolsa

じょうじょうしゃくりょう **情状酌量**
▶**情状酌量する**「tener en cuenta [considerar] las circunstancias atenuantes

しょうしょく **小食/少食**‖彼は小食だ Él come poco. ¦ Él es de poco comer.

▶小食の de poco comer
じょうしょく 常食 ‖ 米を常食とする alimentarse de arroz
しょうじる 生じる ocurrir, producirse, (現れる) surgir, (生まれる) nacer ‖ 問題が生じた Surgió un problema. ／ガス爆発で生じた火災 incendio *m*. causado por una explosión de gas
じょうじる 乗じる (つけ入る) aprovecharse《de》‖ 危機に乗じて aprovechándose de la crisis
しょうしん 小心
▶小心な tím*ido*[*da*], pusilánime
◧小心者 tipo *m*. tímido, pusilánime *com*.
しょうしん 昇進 promoción *f*., ascenso *m*. ‖ 昇進が早い tener un ascenso rápido
▶昇進する promocionarse, ascender ‖ 彼は部長に昇進した Él ha sido promocionado a director del departamento.
◧昇進試験 examen *m*. de promoción
しょうじん 精進
▶精進する (専心する) consagrarse《a》, dedicarse《a》, (修行する) practicar el ascetismo, (菜食をする) abstenerse de comer carne y pescado
◧精進揚げ fritura *f*. de verduras
◧精進料理 gastronomía *f*. budista, gastronomía *f*. vegetariana
しょうしんじさつ 焼身自殺 ‖ 焼身自殺をする《慣用》quemarse a lo bonzo
しょうしんしょうめい 正真正銘
▶正真正銘の genu*ino*[*na*], autént*ico*[*ca*]
じょうず 上手 ‖ 彼は歌が上手だ Él canta bien. ¦ Él es un buen cantante. ／字が上手である tener buena letra
▶上手な hábil, bue*no*[*na*]
▶上手に hábilmente, con habilidad ‖ スペイン語が上手になる mejorar en español
◧お上手 ‖ お上手を言う alabar, hacer alabanzas
◧商売上手 ‖ 商売上手である saber llevar el negocio
◧話し上手 *buen*[*buena*] habla*dor*[*dora*] *mf*.
しょうすい 憔悴
▶憔悴する consumirse, enflaquecer, demacrarse
▶憔悴した ‖ 憔悴した様子 aspecto *m*. demacrado
じょうすい 浄水 agua *f*. limpia, (浄水器を通した水) agua *f*. purificada
◧浄水器 purificador *m*. de agua
◧浄水場 planta *f*. purificadora de agua
じょうすいどう 上水道 instalaciones *fpl*. de agua potable, acueducto *m*.
しょうすう 小数 decimal *m*.
◧小数点 coma *f*. (decimal) ‖ 小数点以下第1位の数 cifra *f*. del primer decimal

しょうすう 少数 minoría *f*.
▶少数の un pequeño número《de》
◧少数意見 opinión *f*. minoritaria
◧少数精鋭主義 elitismo *m*.
◧少数派 minoría *f*. ‖ 少数派の minoritar*io*[*ria*]
◧少数民族 minoría *f*. étnica
じょうすう 乗数 multiplicador *m*. →じょう(乗)
しょうする 称する llamarse, denominarse ‖ セルバンテスと称する男 un hombre que se llama Cervantes ／小京都と称される町 pueblo *m*. llamado pequeño Kioto ／病気と称して欠勤する fingir una enfermedad para faltar al trabajo
じょうせい 情勢/状勢 circunstancias *fpl*., situación *f*. →じょうきょう(状況) ‖ 世界の情勢 situación *f*. mundial ／情勢が悪化する La situación empeora. ／情勢を見守る observar la situación
◧金融情勢 situación *f*. financiera
しょうせき 硝石 salitre *m*., nitro *m*.
◧チリ硝石 nitrato *m*. de Chile, nitratina *f*.
しょうせつ 小説 novela *f*., (ジャンルとしての) narrativa *f*. ‖ 小説にする novelar ／小説を書く escribir una novela ／小説を読む leer una novela
◧小説家 novelista *com*., escri*tor*[*tora*] *mf*.
しょうせつ 小節 《音楽》compás *m*.
じょうせつ 常設
▶常設する establecer ALGO permanentemente
▶常設の permanente
◧常設委員会 comité *m*. permanente
◧常設展 exposición *f*. permanente
じょうぜつ 饒舌/冗舌 locuacidad *f*., verbosidad *f*.
▶饒舌な locuaz, habla*dor*[*dora*], verbo*so*[*sa*]
しょうせん 商船 mercante *m*., buque *m*. mercante
◧商船隊 flota *f*. mercante
◧商船大学 universidad *f*. de la marina mercante
じょうせん 乗船 embarco *m*., embarque *m*.
▶乗船する embarcarse《en》, subir a bordo
◧乗船券 billete *m*. de barco
◧乗船者名簿 lista *f*. de pasajeros a bordo
しょうそ 勝訴 [pleito *m*. juicio *m*.] ganado
▶勝訴する ganar un [pleito juicio]
しょうそう 焦燥 impaciencia *f*., inquietud *f*., ansiedad *f*. ‖ 私は焦燥(感)に駆られている Me [domina invade] la impaciencia.
しょうぞう 肖像 retrato *m*.
◧肖像画 retrato *m*.
◧肖像画家 retratista *com*.
◧肖像権 derecho *m*. a la propia imagen

じょうそう 上層 (地殻の) capa *f.* superior
▶ **上層の** superior
◳ **上層階** pisos *mpl.* superiores, pisos *mpl.* más altos
◳ **上層階級** clase *f.* alta
◳ **上層部** alta dirección *f.*, alto mando *m.*

じょうそう 情操
◳ **情操教育** educación *f.* de la sensibilidad estética

じょうぞう 醸造
▶ **醸造する** fabricar, elaborar
◳ **醸造酒** bebida *f.* alcohólica elaborada por fermentación
◳ **醸造所** (蒸留酒の) destilería *f.*, (醸造酒の) bodega *f.*, (ビールの) cervecería *f.*

しょうそく 消息 noticia *f.* ‖ 彼の息子の消息が伝えられた Dieron noticias de su hijo. ／ 誰も彼女の消息が分からない Nadie tiene noticias de ella. ／ 消息を絶っている no dar señales de vida
◳ **消息筋** ‖ 消息筋によれば según fuentes bien informadas
◳ **消息通** persona *f.* bien informada

しょうたい 小隊 sección *f.*, pelotón *m.*
◳ **小隊長** je*f*e[*f*a] *mf.* de sección

しょうたい 正体 (本性) verdadero carácter *m.*, (正気) juicio *m.* ‖ 正体を暴く「arrancar [quitar] la máscara a ALGUIEN ／ 正体を現す quitarse la máscara ／ 正体を失うまで飲む beber hasta perder el control de *sí* mis*mo*[*ma*]
▶ **正体なく** ‖ 正体なく眠る dormir como un「lirón [tronco]
◳ **正体不明** ‖ 正体不明の物体 objeto *m.* no identificado

しょうたい 招待 invitación *f.* ‖ 招待を受ける aceptar la invitación ／ 招待を断る rechazar la invitación
▶ **招待する** invitar, convidar ‖ 夕食に招待する invitar a ALGUIEN a la cena ／ 映画に招待する invitar a ALGUIEN a ir al cine
◳ **招待客** invita*do*[*da*] *mf.*, convida*do*[*da*] *mf.*
◳ **招待券** invitación *f.*, entrada *f.* de cortesía
◳ **招待状** invitación *f.*
◳ **招待席** asientos *mpl.* para invitados

じょうたい 上体 busto *m.*, parte *f.* superior del cuerpo
▶ **上体を起こす** incorporarse ‖ 彼女はベッドで上体を起こしていた Ella estaba incorporada en la cama.

じょうたい 状態 estado *m.*, situación *f.* ‖ 自然のままの状態で野菜を保存する conservar verduras en estado natural ／ 私は旅行できる状態ではない No estoy en condición de viajar. ／ 危険な状態にある「encontrarse [estar] en una situación peligrosa ／ 中古車の状態を見極める comprobar el estado de un coche de segunda mano
◳ **健康状態** estado *m.* de salud
◳ **状態方程式** 《物理・化学》 ecuación *f.* de estado

しょうだく 承諾 consentimiento *m.*, asentimiento *m.* ‖ 承諾を得て con el consentimiento 《de》 ／ 承諾を得ずに sin el consentimiento 《de》 ／ 承諾を得る obtener el consentimiento 《de》 ／ 承諾を求める pedir el consentimiento 《de》
▶ **承諾する** consentir, asentir 《a》, aceptar ‖ 銀行は私のローンの申し込みを承諾した El banco aceptó mi solicitud de crédito.
◳ **承諾書** carta *f.* de aceptación

じょうたつ 上達 progreso *m.* ‖ 上達が早い aprender ALGO rápido
▶ **上達する** hacer progresos, mejorar ‖ 日本語が上達する mejorar *su* japonés

しょうだん 商談 negociación *f.* (comercial) ‖ 商談がだめになった La negociación comercial se rompió. ／ 商談をまとめる cerrar un trato
▶ **商談する** negociar 《con》
◳ **商談会** rueda *f.* de negocios

じょうだん 上段 ‖ 寝台車の上段 litera *f.* 「superior [de arriba] ／ 上段の棚 estante *m.* superior ／ 刀を上段に構える《剣道》mantener la espada en alto

じょうだん 冗談 broma *f.* ‖ 悪い冗談 broma *f.* pesada ／ 彼には冗談が通じない Él no entiende las bromas. ／ 冗談じゃない (拒絶) Ni hablar. ／ 冗談でしょう (嘘でしょう) 《慣用》《話》 ¡Y un jamón! ／ 冗談と受けとる tomar ALGO a broma ／ 冗談にも程がある Esto es más que una broma. ／ 冗談はさておき… Bromas aparte... ／ 冗談半分に entre bromas y veras, medio en broma medio en serio ／ 冗談を言う gastar bromas, bromear ／ 冗談を言う気分じゃない No estoy para bromas. ／ 冗談を真に受ける tomar la broma en serio ／ 冗談で「de [en] broma ／ 冗談はやめろ ¡Basta de bromas!

しょうち 承知 ‖ ご承知の通り como usted sabe
▶ **承知する** saber, enterarse 《de》, (承諾する) consentir, aceptar ‖ その条件では承知できない No me convence esa condición. ／ 詳細は承知している estar entera*do*[*da*] de los detalles ／ 承知しました De acuerdo. ¦ Entendido. ／ 承知しないぞ (許さない) ¡No te perdonaré!
▶ **〜を承知の上で** a sabiendas de que 〘+直説法〙 ‖ 人員不足は承知の上で a sabiendas de la falta de personal ／ お互い承知の上で por mutuo 「acuerdo [consentimiento]

しょうち 招致
▶ **招致する** invitar ‖ オリンピックを招致する

presentar *su* candidatura para organizar los Juegos Olímpicos.

しょうちゅう 焼酎 《日本語》 *shochu* m., 《蒸留酒》 aguardiente m.

じょうちょ 情緒 （感情）emoción f., （雰囲気）ambiente m. ‖ 京都には古都の情緒が残っている Kioto conserva el encanto de una ciudad antigua. ／情緒たっぷりに歌う cantar emocionadamente
- 情緒障害 trastorno m. emocional
- 情緒不安定 inestabilidad f. emocional

しょうちょう 小腸 intestino m. delgado

しょうちょう 省庁 ministerios mpl. y agencias fpl. gubernamentales

しょうちょう 象徴 símbolo m., emblema m. ‖ 国家の象徴 símbolo m. del Estado
▶ 象徴的な simbólico[ca]
▶ 象徴する simbolizar ‖ 白い鳩は平和を象徴する La paloma blanca simboliza la paz.
- 象徴主義 simbolismo m. ‖ 象徴主義の simbolista

じょうちょう 冗長
▶ 冗長な proli*jo*[*ja*]
▶ 冗長さ prolijidad f.
▶ 冗長性 《IT》redundancia f.

じょうでき 上出来 ‖ このデッサンは上出来だ Este dibujo está bien hecho.
▶ 上出来の excelente, bien he*cho*[*cha*], espléndi*do*[*da*]

しょうてん 商店 tienda f., comercio m. ‖ 商店を開く abrir 「una tienda [un comercio] ／商店を経営する administrar una tienda
- 商店街 barrio m. comercial
- 商店主 due*ño*[*ña*] mf. de una tienda

しょうてん 焦点 enfoque m., foco m. ‖ カメラの焦点 enfoque m. de la cámara ／楕円の焦点 foco m. de una elipse ／議論の焦点 foco m. del debate ／焦点の合っていない画像 imagen f. desenfocada ／焦点を合わせる enfocar ／問題の焦点をずらす desenfocar el problema
- 自動焦点カメラ cámara f. de enfoque automático
- 焦点距離《写真》distancia f. focal

しょうど 照度 iluminancia f.
- 照度計 fotómetro m.

じょうと 譲渡 transferencia f., enajenación f., cesión f.
▶ 譲渡する traspasar, enajenar, ceder
▶ 譲渡可能な transferible, enajenable
- 譲渡証書 acta f. de cesión
- 譲渡人 cedente com.
- 被譲渡人 concesiona*rio*[*ria*] mf.

しょうとう 消灯
▶ 消灯する apagar la luz
▶ 消灯時間 hora f. de apagar la luz

しょうどう 衝動 impulso m. ‖ 衝動に任せる dejarse llevar por un impulso ／衝動を抑える 「frenar [controlar, resistir] el impulso
▶ 衝動的な impulsi*vo*[*va*]
▶ 衝動的に impulsivamente ‖ 衝動的に行動する actuar por impulso
▶ ～したい衝動に駆られる sentir el impulso de 〖＋不定詞〗,《慣用》「dar [entrar] a ALGUIEN *la vena de* 〖＋不定詞〗‖ 私は車を買いたい衝動に駆られた Me dio la vena de comprar un coche.
- 衝動買い compra f. impulsiva ‖ 衝動買いをする hacer una compra impulsiva, comprar ALGO impulsivamente

じょうとう 上等
▶ 上等な de calidad superior, de buena calidad ‖ 上等なできばえ resultado m. excelente

じょうとう 常套
▶ 常套の ordina*rio*[*ria*], común, banal
▶ 常套句 frase f. 「trillada [manida],《慣用》lugar m. común
- 常套手段 procedimiento m. 「habitual [común]

しょうどく 消毒 desinfección f., esterilización f.
▶ 消毒する desinfectar, esterilizar ‖ 傷口を消毒する desinfectar la herida
- 消毒液 desinfectante m., antiséptico m.
- 消毒綿 algodón m. estéril

しょうとつ 衝突 choque m., colisión f. ‖ 車の衝突 colisión f. de vehículos ／意見の衝突 conflicto m. [choque m.] de opiniones ／警察とデモ隊の衝突 enfrentamiento m. entre la policía y los manifestantes ／利害の衝突が起きる Se produce un conflicto de intereses. ／衝突を避ける evitar el choque
▶ 衝突する 「chocar [colisionar]《con, contra》‖ 車が木と衝突した Un coche chocó contra un árbol. ／いくつかの点で意見が衝突している Las opiniones están enfrentadas en algunos puntos.
- 衝突事故 accidente m. de choque

しょうとりひき 商取引 「operación f. [transacción f.] comercial

じょうない 場内 ‖ 場内は静まり返っていた En la sala reinaba el silencio.
▶ 場内で en la sala,（競技場の）en el estadio

しょうに 小児
- 小児科 pediatría f.
- 小児科医 pediatra com.
- 小児喘息 asma f. infantil
- 小児麻痺 poliomielitis f.[=pl.],《話》polio f., parálisis f.[=pl.] infantil

しょうにゅうどう 鍾乳洞 gruta f. 「de estalactitas [kárstica]

しょうにん 承認 aprobación f. ‖ 承認なしに sin la aprobación《de》／内閣の承認を得て con la aprobación del gabinete ／承認を

しょうにん 得る obtener la aprobación 《de》／承認を求める「pedir [solicitar] la aprobación《de》
▶**承認する** aprobar, ratificar‖国の独立を承認する reconocer la independencia de un país

しょうにん 商人 comerciante *com.*, merca***der***[***dera***] *mf.*‖死の商人 mercader *m.* de la muerte

しょうにん 証人 testigo *com.*‖証人になる testificar／(誰かの)証人に立てる poner por testigo a ALGUIEN
- 検察側証人 testigo *com.* de cargo
- 弁護側証人 testigo *com.* de descargo
- 証人喚問 citación *f.* de testigos
- 証人尋問‖証人尋問する interrogar「al [a la] testigo
- 証人台 estrado *m.* de los testigos‖証人台に立つ subir al estrado de los testigos

じょうにん 常任
▶**常任の** permanente
- 常任委員 miembro *com.* permanente de un comité
- 常任委員会 comité *m.* permanente
- 常任指揮者 direc***tor***[***tora***] *mf.* titular de una orquesta
- 常任理事国‖国連安保理の常任理事国 miembro *m.* permanente del Consejo de Seguridad de las Naciones Unidas

じょうねつ 情熱 pasión *f.*‖情熱に身をまかせる dejarse llevar por la pasión／情熱を傾ける apasionarse《por, con》
▶**情熱的な** apasiona***do***[***da***]
▶**情熱的に** apasionadamente

しょうねん 少年 chico *m.*, muchacho *m.*
- 少年愛 pedofilia *f.*
- 少年院「centro *m.* [correccional *m.*] de menores, reformatorio *m.*
- 少年鑑別所 centro *m.* preventivo de menores
- 少年少女文学 literatura *f.* juvenil
- 少年犯罪 delincuencia *f.* juvenil
- 少年兵 niño *m.* soldado
- 少年法 Ley *f.* del Menor

しょうねんば 正念場‖今が正念場である Ahora estamos en「el momento crucial [la hora de la verdad]

しょうのう 小脳 《解剖》cerebelo *m.*

しょうのう 樟脳 alcanfor *m.*

じょうば 乗馬 equitación *f.*
▶**乗馬をする** practicar equitación
- 乗馬靴 botas *fpl.* de montar
- 乗馬クラブ club *m.* de equitación
- 乗馬ズボン pantalones *mpl.* de montar
- 乗馬服 ropa *f.* de「equitación [montar]

しょうはい 勝敗 victoria *f.* o derrota *f.*‖その2チームで勝敗を争う Los dos equipos se disputan la victoria.／勝敗にこだわる aferrarse al resultado del partido

しょうばい 商売 negocio *m.*, comercio *m.*‖彼は商売が上手だ Él sabe llevar el negocio.／商売が繁盛している El negocio va muy bien.／商売から手を引く retirarse del negocio／それは商売にならない Eso no es rentable.／商売をする llevar el negocio, hacer el negocio／海外と商売をする comerciar con el extranjero／商売をたたむ「cerrar [dejar] el negocio／商売を始める「montar [poner] un negocio
- 商売敵「rival *com.* [competi***dor***[***dora***] *mf.*] comercial
- 商売柄‖商売柄私は長い休暇はとれません Por la naturaleza del trabajo que tengo no puedo tomar vacaciones largas.
- 商売道具 herramientas *fpl.* de trabajo
- 商売繁盛 prosperidad *f.* en los negocios

じょうはつ 蒸発 evaporación *f.*, vaporización *f.*
▶**蒸発する** evaporarse, vaporizarse, (失踪する) desaparecer‖彼の妻が蒸発した Su mujer se esfumó.
- 蒸発皿 cápsula *f.* de evaporación
- 蒸発熱 calor *m.* de vaporización

じょうはんしん 上半身 parte *f.* superior del cuerpo, busto *m.*
▶**上半身の** de medio cuerpo, de cintura para arriba‖上半身裸の desnu***do***[***da***] de cintura para arriba

しょうひ 消費 consumo *m.*‖消費を促進する「fomentar [promover] el consumo／消費を抑制する frenar el consumo
▶**消費する** consumir, gastar
- 個人消費 consumo *m.* personal
- 消費エネルギー energía *f.* consumida
- 消費財 bienes *mpl.* de consumo
- 消費社会 sociedad *f.* de consumo
- 消費税 impuesto *m.* sobre el consumo
- 消費動向 tendencias *fpl.* de consumo
- 消費欲 fiebre *f.* consumista
- 消費量 consumo *m.*

じょうび 常備
▶**常備の** de reserva
▶**常備する** tener de reserva
- 常備薬 botiquín *m.*

しょうひしゃ 消費者 consumi***dor***[***dora***] *mf.*
- 消費者金融社 empresa *f.* de créditos rápidos
- 消費者選好 preferencias *fpl.* del consumidor
- 消費者団体 asociación *f.* de consumidores
- 消費者物価指数 índice *m.* de precios al consumo (略 IPC)
- 消費者マインド confianza *f.* de los consumidores
- 消費者満足度 índice *m.* de satisfacción

del consumidor
しょうひょう 商標 marca f. ‖商標を登録する registrar una marca
◪商標権 derecho m. de marca
しょうひん 商品 artículo m., mercancía f. ‖商品を陳列する exponer artículos ／そのスーパーは多くの商品を取り扱っている El supermercado dispone de una gran variedad de artículos.
▶商品化 comercialización f. ‖〜の名称で商品化する comercializar ALGO bajo el nombre《de》
◪商品管理 control m. de mercancías
◪商品券 vale m. de compra
◪商品コード código m. del「artículo [producto]
◪商品目録 catálogo m. de artículos
しょうひん 賞品 premio m. ‖賞品を受け取る recibir un premio ／賞品を授与する「otorgar [dar] un premio《a》
じょうひん 上品
▶上品な refina*do*[da], elegante
▶上品に elegantemente ‖上品に振る舞う comportarse con elegancia
▶上品さ refinamiento m., elegancia f.
しょうふ 娼婦 prostituta f.
しょうぶ 菖蒲 cálamo m. aromático
しょうぶ 勝負 victoria f. o derrota f., (試合・ゲーム) partido m. ‖勝負あり！ ¡Ha terminado el partido [juego]! ／勝負がついた El partido se acabó. ／勝負に勝つ ganar el juego ／勝負に負ける perder el juego ／私では彼と勝負にならない No soy rival para él. ¦ A él no le llego ni a la suela del zapato. ／勝負をつける decidir quién gana y quién pierde ／勝負を投げる abandonar el juego
▶勝負する competir, luchar, (ゲーム) jugar una partida
◪勝負事 juego m., apuesta f.
◪勝負師 juga*dor*[dora] mf.
◪勝負所 ‖勝負所を逃がす desaprovechar la oportunidad para ganar
じょうぶ 丈夫 ‖体が丈夫である tener buena salud, gozar de buena salud
▶丈夫な fuerte, resistente, robus*to*[ta], (健康な) sa*no*[na] ‖丈夫な生地 tela f. resistente
▶丈夫にする ‖体を丈夫にする fortalecerse, mejorar la resistencia física
じょうぶ 上部 parte f. superior
▶上部の superior
◪上部構造(物)《建築》superestructura f.
◪上部組織 organización f. superior
しょうふく 承服
▶承服する aceptar ‖そのような条件は承服しかねる No puedo aceptar semejantes condiciones.
しょうふだ 正札 etiqueta f. de precio ‖正札を付ける poner etiquetas de precio《a》

しょうぶん 性分 carácter m., temperamento m. ‖生まれつきの性分 carácter m. innato ／彼は黙っていられない性分だ Su carácter no le permite estar callado. ／それは私の性分に合わない Eso no es mi estilo.
じょうぶん 条文 texto m., artículo m. ‖憲法の条文 texto m. de la Constitución
しょうへい 招聘 invitación f.
▶招聘する invitar
しょうへき 障壁 barrera f. ‖言葉の障壁 barrera f. del idioma
◪関税障壁 barreras fpl. arancelarias
じょうへき 城壁 muralla f. ‖城壁に囲まれた街 ciudad f. amurallada
しょうべん 小便 orina f.,《話》pis m. ‖小便の跡 meada f.
▶小便をする orinar, mear, hacer aguas menores
じょうほ 譲歩 concesión f.
▶譲歩する hacer concesiones, ceder, transigir
◪譲歩節《文法》oración f. concesiva
しょうほう 商法 Derecho m.「Mercantil [Comercial], Código m. de Comercio
しょうぼう 消防 prevención f. y lucha f. contra incendios
◪消防士 bombe*ro*[ra] mf.
◪消防車 coche m. de bomberos
◪消防署「estación f. [parque m.] de bomberos
◪消防団 cuerpo m. de bomberos
◪消防庁 Agencia f. de Gestión de Incendios y Desastres
◪消防艇 barco m. de bomberos
◪消防ポンプ bomba f. de incendios
じょうほう 情報 información f. ‖情報を与える／情報を提供する「ofrecer [facilitar] información ／情報を集める recoger información ／情報を隠蔽する mantener en secreto la información ／パソコンの情報を携帯に移す pasar información del PC a un móvil ／情報を売る vender la información ／情報を得る obtener información ／情報を公開する hacer pública la información ／情報を交換する intercambiar información ／情報を探す buscar información ／情報を伝える transmitir información ／情報を広める difundir información ／詳細な情報を持っている tener información detallada ／機密情報を漏らす filtrar una información confidencial
◪情報科学 informática f., ciencias fpl. de la información
◪情報格差 brecha f. digital
◪情報化社会 sociedad f. de la información
◪情報機関 servicio m. de inteligencia
◪情報源 fuente f.「de información [infor-

じょうまえ

mativa]
- 情報検索 búsqueda f. de información
- 情報公開法 Ley f. de Libertad de Información
- 情報産業 industria f. informática
- 情報誌 revista f. informativa
- 情報処理 procesamiento m. de información
- 情報操作 manipulación f. mediática
- 情報提供者 informa*dor*[*dora*] *mf.*, informante *com.*
- 情報網 red f. de información
- 情報量 cantidad f. de informaciones
- 情報理論 teoría f. de la información
- 情報ルート canal m. de información

じょうまえ 錠前 cerradura f.

しようまっせつ 枝葉末節 detalles *mpl.* 「menores [sin importancia] ‖ 枝葉末節にこだわる《慣用》「andarse [irse] por las ramas

しょうみ 正味 ‖ 正味2時間 dos horas *fpl.* enteras
- 正味重量 peso m. neto

しょうみ 賞味
▶ 賞味する saborear
- 賞味期限 fecha f. de caducidad ‖ 賞味期限は〜まで Consumir preferentemente antes de ...

じょうみゃく 静脈 vena f.
▶ 静脈の ven*oso*[*sa*]
- 静脈血 sangre f. venosa
- 静脈注射 inyección f. intravenosa
- 静脈瘤 variz f.,《中南米》várice f.

じょうむ 常務
- 常務取締役 direc*tor*[*tora*] *mf.* gerente

じょうむいん 乗務員 ⇒じょういん(乗員)

しょうめい 証明 demostración f., certificación f.
▶ 証明する dar fe《de》,(仮説を) demostrar,(無罪を) probar,(死亡を) certificar,(身分を) acreditar ‖ 本人であることを証明する文書 documento m. acreditativo de identidad
- 証明書 certificado m.

しょうめい 照明 iluminación f., alumbrado m. ‖ 公園の照明 alumbrado m. de un parque ／ 舞台の照明 iluminación f. del escenario ／ 照明のよい舞台 escenario m. bien iluminado ／ 照明を当てる iluminar ／ 照明を弱くする bajar las luces
- 照明係 ilumina*dor*[*dora*] *mf.*, luminotécn*ico*[*ca*] *mf.*
- 照明器具 aparato m. de iluminación
- 照明技術 luminotecnia f.
- 照明弾 proyectil m. luminoso, bengala f.

しょうめつ 消滅 desaparición f., extinción f. ‖ 権利の消滅「extinción f. [caducidad f.] de un derecho
▶ 消滅する extinguirse, desaparecer
- 自然消滅 extinción f. natural

しょうめん 正面 frente m., cara f., fachada f. ‖ 教会の正面を修復する restaurar la fachada de una iglesia ／ 正面から攻撃する atacar de frente ／ 正面から問題にあたる「enfrentarse [plantar cara] al problema ／ 正面から私に風があたる El viento me da de cara. ／ 正面から見る mirar de frente
▶ 正面に enfrente《de》‖ ホテルの正面に郵便局がある Hay un correo enfrente del hotel. ／ 私の正面に座っている人 persona f. sentada enfrente de mí
▶ 正面の de enfrente,(前面の) frontal ‖ 正面の建物 el edificio de enfrente
(慣用)正面切る ‖ 正面切って言う decir ALGO cara a cara ／ 正面切って反論する contradecir abiertamente
- 正面玄関 entrada f. principal
- 正面衝突 choque m. frontal ‖ 正面衝突する chocar frontalmente《con》
- 正面図 vista f. frontal

しょうもう 消耗 desgaste m., agotamiento m. ‖ タイヤの消耗 desgaste m. de neumáticos ／ 体力の消耗「agotamiento m. [desgaste m.] físico
▶ 消耗する desgastar,(消費する) consumir,(疲れ果てる) agotar
- 消耗戦「guerra f. [batalla f.] de desgaste
- 消耗品 artículo m. de consumo

じょうやく 条約 tratado m., pacto m. ‖ 条約に調印する「firmar [suscribir] un tratado ／ 条約を締結する concluir un tratado ／ 条約を批准する ratificar un tratado
- 条約改正 revisión f. del tratado
- 条約国 país m. firmante del tratado

しょうゆ 醤油 salsa f. de soja

しょうよ 賞与 gratificación f., paga f. 「extra [extraordinaria] ⇒ボーナス ‖ 賞与を支給する pagar una gratificación

じょうよ 剰余 excedente m., sobras *fpl.*,(割り算の) resto m.
- 剰余価値 plusvalía f.
- 剰余金 excedente m.

しょうよう 商用 ‖ 商用でマドリードへ行く ir a Madrid (en viaje) de negocios

じょうよう 常用
▶ 常用する usar ALGO habitualmente
- 常用漢字 caracteres *mpl.* chinos de uso cotidiano
- 常用語 palabra f. de uso cotidiano

じょうようしゃ 乗用車 automóvil m. de turismo, turismo m.

しょうらい 将来 porvenir m., futuro m. ‖ 近い将来 futuro m. cercano ／ 遠い将来 futuro m. lejano ／ 将来に備える prepararse para el futuro ／ 将来に残る作品 obra f. inmortal ／ 将来を考える pensar en el futuro ／ 彼女は作家としての将来を期待されている Ella tiene un futuro prometedor como

escritora.
▶将来の futur*o*[ra], vender*o*[ra] ‖ 将来の計画 proyecto *m.* para el futuro
▶将来性 ‖ 将来性のある con porvenir ／ 将来性のない sin porvenir
しょうり 勝利 victoria *f.*, triunfo *m.* ‖ チームを勝利に導く llevar al equipo a la victoria ／ 勝利を争う disputar la victoria ／ 勝利を宣言する declarar la victoria ／ 勝利をもたらす dar la victoria《a》
▶勝利する ganar, 「lograr [conseguir] una victoria
◪大勝利 ‖ 大勝利を収める lograr una gran victoria
◪勝利者 gana*dor*[dora] *mf.*
じょうりく 上陸 desembarco *m.*
▶上陸する desembarcar《en》‖ 台風が日本に上陸した El tifón llegó a Japón.
◪上陸許可 permiso *m.* de desembarco
◪上陸作戦 desembarco *m.*, operación *f.* de desembarco
しょうりゃく 省略 omisión *f.*
▶省略する omitir, (簡略化する) abreviar
◪省略形 abreviatura *f.*
◪省略符号 apóstrofo *m.*
◪省略構文 oración *f.* elíptica
じょうりゅう 上流 (川の) curso *m.* alto
▶上流に río arriba ‖ その村はここから2キロ上流にある La aldea está a dos kilómetros de aquí río arriba.
◪上流階級 clase *f.* alta
◪上流社会 alta sociedad *f.*, gran mundo *m.*
じょうりゅう 蒸留 destilación *f.*
▶蒸留する destilar
◪蒸留器 alambique *m.*, destilador *m.*
◪蒸留酒 licor *m.*, aguardiente *m.*
◪蒸留水 agua *f.* destilada
しょうりょう 少量 pequeña cantidad *f.*
▶少量の una pequeña cantidad《de》, un poco《de》
しょうりょく 省力 ahorro *m.* de trabajo
▶省力化 ‖ 省力化する ahorrar trabajo
じょうりょく 常緑
▶常緑の perenne, perennifol*io*[lia]
◪常緑樹 árbol *m.*「de hoja perenne [perennifolio]
しょうれい 奨励 fomento *m.*
▶奨励する fomentar, promover ‖ スポーツの実践を奨励する fomentar la práctica del deporte
◪奨励金 subsidio *m.*, subvención *f.*, prima *f.*
じょうれい 条令 reglamento *m.*, ordenanzas *fpl.* ‖ 条例に違反する violar el reglamento
◪市条令 ordenanzas *fpl.* municipales, reglamento *m.* municipal
じょうれん 常連
▶常連の(人) asi*duo*[dua] (*mf.*)
◪常連客 cliente *com.*「habitual [asi*duo*[dua]]
ジョウロ regadera *f.* ‖ ジョウロで花に水をやる regar flores con la regadera
しょうわくせい 小惑星 asteroide *m.*
しょえん 初演 estreno *m.*, primera representación *f.*, (音楽の) primera audición *f.*
▶初演する estrenar, representar por primera vez
じょえん 助演 papel *m.* secundario
▶助演する interpretar un papel secundario
◪助演女優 actriz *f.*「de reparto [secundaria]
ショー espectáculo *m.*
◪ショービジネス negocio *m.* del espectáculo
◪ショールーム sala *f.* de exposición
じょおう 女王 reina *f.*, soberana *f.*
◪女王蜂 abeja *f.* reina
ショーウインドー escaparate *m.*, 《中南米》vidriera *f.* ‖ ショーウインドーを眺める ver el escaparate ／ ショーウインドーを飾る decorar el escaparate
ジョーカー comodín *m.*
ジョーク broma *f.*
ショーツ (下着) bragas *fpl.*, (短パン) pantalones *mpl.* cortos, (英語) short *m.*
ショート 《電気》cortocircuito *m.*, 《野球》(遊撃手) para*dor*[dora] *mf.* en corto, 《英語》shortstop *com.*
▶ショートする cortocircuitarse, producirse *un cortocircuito*
◪ショートカット (髪型) pelo *m.* corto
◪ショートカットキー (IT) atajo *m.* de teclado, tecla *f.* aceleradora
◪ショートケーキ pastel *m.* de frutas
◪ショートパンツ pantalones *mpl.* cortos
ショートニング grasa *f.* alimentaria
ショール chal *m.*, echarpe *m.*
しょか 初夏 inicio *m.* del verano
▶初夏に a「comienzos [principios] de verano, al inicio del verano
じょがい 除外 exclusión *f.*, excepción *f.*
▶除外する excluir, exceptuar
しょかつ 所轄 jurisdicción *f.*
▶所轄の ‖ 所轄の警察署 comisaría *f.* jurisdiccional
▶～の所轄である estar bajo la jurisdicción《de》
◪所轄官庁 autoridades *fpl.* competentes
しょかん 所感 opinión *f.*, (感想) impresión *f.* ‖ 所感を述べる expresar *su* opinión
しょかん 書簡 carta *f.*, epístola *f.*
▶書簡(体)の epistolar ‖ 書簡体小説 novela *f.* epistolar
◪書簡集 epistolario *m.*
じょかん 女官 dama *f.* de honor, menina

じょかんとく 助監督 direc*tor*[*tora*] *mf.* adjun*to*[*ta*], 「asistente *com.* [ayudante *com.*] de dirección

しょき 初期 primera etapa *f.*, fase *f.* inicial ‖ 20世紀の初期に a principios del siglo XX (veinte)
▶初期の inicial ‖ 初期のがん cáncer *m.* inicial／彼の初期の作品 sus primeras obras
▶初期化《IT》inicialización *f.* ‖ 初期化する inicializar, formatear
☐初期設定 configuración *f.* inicial

しょき 書記 secreta*rio*[*ria*] *mf.*
☐書記官 secreta*rio*[*ria*] *mf.* ‖ 一等書記官 pri*mer*[*mera*] secreta*rio*[*ria*] *mf.*
☐書記局 secretaría *f.*, secretariado *m.*
☐書記長 secreta*rio*[*ria*] *mf.* general

しょきゅう 初級 curso *m.* elemental
☐初級スペイン語文法 gramática *f.* elemental del español

じょきょ 除去 eliminación *f.*
▶除去する eliminar, quitar

じょきょうじゅ 助教授 profe*sor*[*sora*] *mf.* adjun*to*[*ta*]

じょきょく 序曲 obertura *f.*

ジョギング footing *m.*,《英語》jogging *m.*,《南米》aerobismo *m.*
▶ジョギングする hacer 「footing [jogging]

しょく 食 ‖ 食が進まない no tener apetito／食が進む tener buen apetito, comer con apetito／食が細い ser de poco comer／1日3食とる comer tres veces al día／3食付きのホテル hotel *m.* con pensión completa

しょく 職 ocupación *f.*, trabajo *m.*, empleo *m.* ‖ 職に就く acceder a un empleo, colocarse／職がない estar sin trabajo／職を失う perder el trabajo, quedarse sin trabajo／職を得る conseguir un trabajo／職を変える cambiar de trabajo／職を探す buscar trabajo／手に職をつける aprender un oficio／職を見つける encontrar trabajo
☐職種 categoría *f.* profesional
☐職責 responsabilidad *f.* profesional ‖ 職責を果たす cumplir con la responsabilidad profesional

しよく 私欲 interés *m.* personal ⇒しりよく (私利私欲)

しょくあたり 食中り ⇒しょくちゅうどく (食中毒)

しょくあん 職安 ⇒しょくぎょう(⇒職業安定所)

しょくいく 食育 educación *f.* alimentaria

しょくいん 職員 emplea*do*[*da*] *mf.*,《集合名詞》plantilla *f.*,《集合名詞》personal *m.*
☐職員会議 reunión *f.* de profesores
☐職員室 sala *f.* de profesores
☐職員録 lista *f.* del personal

しょぐう 処遇 ⇒たいぐう(待遇)

しょくえん 食塩 sal *f.*
☐食塩水 solución *f.* 「de sal [salina]

しょくぎょう 職業 profesión *f.*, ocupación *f.* ⇒しょく(職)‖ ご職業は何ですか ¿Cuál es su profesión？¦¿A qué se dedica usted?／ジャーナリズムを職業に選ぶ elegir periodismo como profesión／職業を選ぶ elegir profesión
▶職業(上)の profesional, ocupacional ‖ 職業上の秘密 secreto *m.* profesional
☐職業安定所（日本の）Oficina *f.* Pública de Estabilidad Laboral
☐職業案内欄 anuncios *mpl.* de ofertas de trabajo
☐職業教育 formación *f.* profesional
☐職業軍人 militar *com.* de carrera
☐職業訓練校 escuela *f.* de formación profesional
☐職業紹介所 agencia *f.* de colocación
☐職業病 enfermedad *f.* profesional
☐職業倫理 deontología *f.*

しょくご 食後 ‖ 食後に después de comer／食後の団欒/食後のひととき sobremesa *f.*
☐食後酒 digestivo *m.*

しょくざい 食材 ingrediente *m.* ‖ 食材を仕入れる comprar ingredientes

しょくざい 贖罪 expiación *f.*

しょくじ 食事 comida *f.* ‖ 食事に招く invitar a ALGUIEN a comer／食事の用意をする preparar la comida／家で食事をする comer en casa／外で食事をする comer fuera／食事を作る hacer una comida／食事を出す servir la comida
☐食事時間 hora *f.* de comer

しょくじ 食餌
☐食餌療法 dieta *f.*, régimen *m.* (alimenticio)‖ 食餌療法をしている estar a 「dieta [régimen]

しょくしゅ 触手 tentáculo *m.* ‖ 触手を伸ばす extender *sus* tentáculos《a》

しょくしょう 食傷 ‖ 食傷気味である estar har*to*[*ta*]《de》

しょくしん 触診 palpación *f.*
▶触診する palpar

しょくせい 植生 vegetación *f.*

しょくせいかつ 食生活 vida *f.* alimentaria, hábitos *mpl.* alimenticios ‖ 食生活を改善する mejorar los hábitos alimenticios

しょくぜん 食前 ‖ 食前に antes de comer
☐食前酒 aperitivo *m.*

しょくだい 燭台 candelero *m.*,（複数のろうそく用）candelabro *m.*

しょくたく 食卓 mesa *f.* ‖ 食卓につく sentarse a la mesa／食卓の用意をする poner la mesa／食卓を片づける 「quitar [recoger] la mesa／食卓を囲む sentarse alrededor de la mesa
☐食卓塩 sal *f.* de mesa

しょくたく 嘱託 emplea*do*[*da*] *mf*. no numer*ario*[*ria*], emplea*do*[*da*] *mf*. sin contrato fijo
- 嘱託医 ‖ 大使館の嘱託医 médi*co*[*ca*] *mf*. agrega*do*[*da*] a una embajada
- 嘱託殺人 homicidio *m*. a petición de la víctima

しょくちゅうしょくぶつ 食虫植物 planta *f*. 「insectívora [carnívora]

しょくちゅうどく 食中毒 intoxicación *f*. 「alimentaria [alimenticia] ‖ 食中毒にかかる intoxicarse con un alimento

しょくつう 食通 gastróno*mo*[*ma*] *mf*.

しょくどう 食堂 restaurante *m*., comedor *m*.
- 学生食堂（大学の）comedor *m*. universitario
- 食堂街 zona *f*. de restaurantes
- 食堂車 vagón *m*. restaurante

しょくどう 食道 esófago *m*.
- 食道がん cáncer *m*. de esófago

しょくにく 食肉 carne *f*.
- 食肉業 industria *f*. cárnica
- 食肉処理場 matadero *m*.

しょくにん 職人 artesa*no*[*na*] *mf*.
- 職人気質 espíritu *m*. (de) artesano
- 職人芸 técnica *f*. artesanal, maestría *f*.

しょくのう 職能
- 職能給 salario *m*. basado en el rendimiento laboral
- 職能別労働組合 unión *f*. gremial

しょくば 職場 lugar *m*. de trabajo ‖ その会社のすべての職場で en todos los centros de trabajo de la empresa／職場に復帰する reincorporarse al trabajo
- 職場結婚 matrimonio *m*. entre compañeros de trabajo
- 職場ストレス estrés *m*. laboral
- 職場放棄 ‖ 職場放棄をする abandonar el lugar de trabajo

しょくばい 触媒 catalizador *m*.
- 触媒の catalíti*co*[*ca*]
- 光触媒 fotocatálisis *f*.[=*pl*.]
- 触媒作用 catálisis *f*.[=*pl*.]
- 触媒反応 reacción *f*. catalítica

しょくパン 食パン pan *m*. de molde ‖ 食パン1枚 una rebanada de pan／食パン1斤 un paquete de pan de molde

しょくひ 食費 gastos *mpl*. de alimentación

しょくひん 食品 comestibles *mpl*.,（製品）productos *mpl*. 「alimenticios [alimentarios]
- 食品の alimen*tario*[*ria*], alimenti*cio*[*cia*]
- 食品売り場 sección *f*. de alimentos
- 食品安全基本法 Ley *f*. Básica de Seguridad Alimentaria
- 食品衛生法 Ley *f*. de Higiene Alimentaria
- 食品加工業 industria *f*. alimentaria
- 食品公害 contaminación *f*. alimentaria
- 食品添加物 aditivo *m*. alimenticio

しょくぶつ 植物 planta *f*., vegetal *m*. ‖ 植物に水をやる regar las plantas／植物を育てる cultivar las plantas
- 植物性(の) vegetal ‖ 植物性の繊維 fibra *f*. vegetal
- 園芸植物 planta *f*. 「ornamental [de jardín]
- 植物園 jardín *m*. botánico
- 植物界 reino *m*. vegetal
- 植物学 botánica *f*.
- 植物学者 botáni*co*[*ca*] *mf*.
- 植物化石 fósil *m*. vegetal
- 植物採集 herborización *f*. ‖ 植物採集する herborizar
- 植物状態 estado *m*. vegetativo
- 植物相 flora *f*.
- 植物人間 persona *f*. en estado vegetativo
- 植物標本 herbario *m*.
- 植物油 aceite *m*. vegetal

しょくべに 食紅 colorante *m*. alimentario rojo

しょくみん 植民 colonización *f*.

しょくみんち 植民地 colonia *f*.
- 植民地の colonial
- 植民地化 colonización *f*. ‖ 植民地化する colonizar
- 植民地主義 colonialismo *m*.
- 植民地政策 política *f*. colonial

しょくむ 職務 「deber *m*. [obligación *f*.] profesional, cargo *m*. ‖ 職務に就く asumir el cargo／彼は職務を解かれた Lo destituyeron de su cargo.／職務を遂行する cumplir con *su* deber profesional／職務を怠る faltar a *su* deber profesional
- 職務上の profesional, del oficio
- 職務規定 reglamento *m*. de trabajo
- 職務権限 competencia *f*. profesional
- 職務質問（警察官の）pregunta *f*. para verificar la identidad de ALGUIEN
- 職務怠慢 negligencia *f*. en el deber
- 職務手当 plus *m*. por cargo
- 職務命令 「orden *f*. [mandato *m*.] profesional

しょくもつ 食物 alimento *m*., comida *f*.
- 食物アレルギー alergia *f*. 「alimentaria [a (los) alimentos]
- 食物繊維 fibra *f*. 「dietética [alimentaria]
- 食物連鎖 cadena *f*. 「alimenticia [trófica]

しょくよう 食用
- 食用の comestible
- 食用油 aceite *m*. comestible

しょくよく 食欲 apetito *m*. ‖ 食欲がある tener apetito／食欲がなくなる perder el apetito／食欲をそそる/食欲を起こさせる abrir el apetito《a》／食欲をそそる料理 pla-

しょくりょう

to m. apetitoso ／ 食欲を満たす satisfacer el apetito
- **食欲旺盛** ‖ 食欲旺盛である tener buen 「apetito [saque]
- **食欲増進** aumento m. de apetito
- **食欲不振** falta f. de apetito, anorexia f.

しょくりょう 食料 alimento m., alimentación f.
- **食料品** comestibles mpl.
- **食料品店** tienda f. de 「comestibles [ultramarinos], colmado m.

しょくりょう 食糧 alimentos mpl., provisiones fpl. ‖ 食糧がなくなる quedarse sin alimentos ／ 食糧を確保する asegurar los alimentos
- **食糧援助** ayuda f. alimentaria
- **食糧危機** crisis f.[=pl.] alimentaria
- **食糧自給率** tasa f. de autosuficiencia alimentaria
- **食糧事情** situación f. alimentaria
- **食糧難/食糧不足** 「falta f. [escasez f.] de alimentos

しょくりん 植林 forestación f., repoblación f.
▶ 植林する forestar, repoblar, reforestar

しょくれき 職歴 historial m. profesional, carrera f. profesional

しょくん 諸君 (呼びかけ)(男女に) señoras y señores, damas y caballeros, (男性に) señores

じょくん 叙勲 condecoración f.
▶ 叙勲する condecorar
- **叙勲受章者** condecorado[da] mf.

しょけい 処刑 ejecución f.
▶ 処刑する ejecutar
- **処刑場** lugar m. de ejecución

しょけん 所見 observación f., opinión f. ‖ 所見を述べる dar su opinión ／ 医師の所見 observaciones fpl. médicas

じょげん 助言 consejo m., sugerencia f. ‖ 助言に従う seguir el consejo de ALGUIEN ／ 助言を聞かない desoír el consejo de ALGUIEN ／ 助言を求める pedir un consejo 《a》
▶ 助言する aconsejar, dar un consejo 《a》
- **助言者** asesor[sora] mf., consejero[ra] mf.

じょこう 徐行
▶ 徐行(運転)する 「ir [conducir] despacio

じょこうえき 除光液 quitaesmalte m.

しょこく 諸国 diversos países mpl.
- **アジア諸国** países mpl. asiáticos

しょこん 初婚 primer matrimonio m.

しょさい 書斎 despacho m., estudio m.

しょざい 所在 ‖ 責任の所在を明らかにする averiguar quién tiene la responsabilidad ／ 所在をつきとめる localizar a ALGUIEN
- **所在地** domicilio m.

じょさいない 如才無い sociable, abierto [ta]

じょさんし 助産師 partero[ra] mf., comadrona f.

しょし 初志 intención f. inicial, voluntad f. inicial ‖ 初志を貫く cumplir su primer propósito

しょし 庶子 hijo[ja] mf. natural reconocido[da] por su padre

しょじ 所持 tenencia f., posesión f.
▶ 所持する poseer, tener
- **不法所持** ‖ 武器の不法所持 tenencia f. ilegal de armas
- **所持金** ‖ 私は所持金を盗まれた Me robaron el dinero que llevaba encima.
- **所持品** efectos mpl. personales, pertenencias fpl.

じょし 女子 chica f., muchacha f.
- **女子の** femenino[na]
- **女子校** escuela f. 「de niñas [femenina]
- **女子生徒** alumna f.
- **女子サッカー** fútbol m. femenino
- **女子大学** universidad f. femenina

じょし 助詞 《文法》 partícula f. 「posposicional [enclítica], (後置詞) posposición f.

しょしき 書式 fórmula f. ‖ 書式に従って書く escribir siguiendo las normas

じょじし 叙事詩 poema m. épico, (ジャンル) poesía f. épica

じょしつ 除湿
▶ 除湿する deshumedecer
- **除湿機** deshumidificador m.

じょしゅ 助手 ayudante com., asistente com. ‖ 助手を務める 「hacer de [trabajar como] ayudante
- **助手席** asiento m. del copiloto
- **運転助手** ayudante com. del conductor

しょしゅう 初秋 inicio m. del otoño
▶ 初秋に a 「comienzos [principios] de otoño, al inicio del otoño

じょじゅつ 叙述
▶ 叙述する describir, narrar
▶ 叙述的な descriptivo[va], narrativo[va]
- **叙述補語** complemento m. predicativo

しょしゅん 初春 inicio m. de la primavera
▶ 初春に a 「comienzos [principios] de primavera, al inicio de la primavera

しょじゅん 初旬 ‖ 1月初旬に a 「principios [comienzos] de enero

しょじょ 処女 virgen f. ‖ 処女である ser virgen ／ 処女を失う perder su virginidad
▶ 処女の virgen
- **処女航海** viaje m. inaugural
- **処女作** primera obra f.
- **処女地** suelo m. virgen
- **処女峰** 「cumbre f. [cima f.] virgen
- **処女膜** 《解剖》 himen m.

じょじょう 叙情/抒情

> 叙情的な lírico[ca]
☐ 叙情詩 poema *m.* lírico, (ジャンル) poesía *f.* lírica
☐ 叙情詩人 lírico[ca] *mf.*, poeta *com.* lírico[ca]
☐ 叙情性 lirismo *m.*

じょじょに 徐徐に poco a poco, gradualmente ‖ 徐々に速度を落とす reducir la velocidad gradualmente

しょしん 所信 convicción *f.*, opinión *f.* ‖ 所信を表明する manifestar *su* opinión
☐ 所信表明演説 discurso *m.* de política general

しょしん 初心 ⇒しょし(初志) ‖ 君は初心に返るべきだ Tienes que acordarte del entusiasmo que tenías al principio.
[諺] 初心忘るべからず No olvides el entusiasmo que tenías al principio.
☐ 初心者 principiante *com.* ‖ 初心者コース curso *m.* para principiantes

しょしん 初診 primera consulta *f.*
☐ 初診料 honorarios *mpl.* de la primera consulta

じょしんき 除針器 (ホッチキスリムーバー) quitagrapas *m.*[=*pl.*]

じょすう 序数 número *m.* ordinal, ordinal *m.*

じょすう 除数 divisor *m.*
☐ 被除数 dividendo *m.*

しょする 処する ‖ 20年の刑に処せられる ser sentenciado[da] a 20 años de prisión ／難局に処する (対処する) hacer frente a dificultades

しょせい 処世 ⇒よわたり(世渡り)
☐ 処世訓 máxima *f.*
☐ 処世術 ‖ 処世術に長けている saber bien cómo desenvolverse en la vida, 《慣用》tener mucha mano izquierda

じょせい 女声 voz *f.* femenina
☐ 女声合唱 coro *m.* 「femenino [de voces femeninas]

じょせい 女性 mujer *f.*
> 女性の/女性的な femenino[na]
> 女性用の para 「mujeres [damas, señoras]
> 女性化 afeminación *f.*
☐ 女性解放 emancipación *f.* femenina
☐ 女性解放運動 movimiento *m.* feminista
☐ 女性観 opinión *f.* sobre las mujeres
☐ 女性形《文法》 femenino *m.*, género *m.* femenino
☐ 女性警察官 mujer *f.* policía
☐ 女性誌 revista *f.* femenina
☐ 女性ホルモン hormona *f.* femenina
☐ 女性優位 predominio *m.* femenino

じょせい 助成 subvención *f.*
> 助成する subvencionar
☐ 助成金 subvención *f.*, subsidio *m.*

しょせき 書籍 libro *m.*, publicación *f.*

☐ 書籍目録 catálogo *m.* de libros
じょせつ 序説 introducción *f.*, prólogo *m.*
じょせつ 除雪 limpieza *f.* de (la) nieve
> 除雪する quitar la nieve
☐ 除雪機/除雪車 quitanieves *m.*[=*pl.*]

しょせん 所詮 ⇒けっきょく(結局)

しょぞう 所蔵 posesión *f.* ‖ プラド美術館所蔵の絵画 cuadro *m.* perteneciente al Museo del Prado
> 所蔵する poseer
☐ 所蔵品 objeto *m.* conservado

じょそう 女装
> 女装する disfrazarse de mujer, travestirse de mujer

じょそう 助走 carrerilla *f.*
> 助走する tomar 「carrerilla [impulso]
☐ 助走路 pista *f.* de arranque

じょそう 除草 escarda *f.*, escardadura *f.*
> 除草する 「arrancar [quitar] malas hierbas, escardar
☐ 除草剤 herbicida *m.*

しょぞく 所属
> 所属する pertenecer《a》, depender《de》‖ 私はある政党に所属している Pertenezco a un partido político.

しょたい 所帯/世帯 familia *f.* ‖ 所帯を持つ 「formar [crear] un hogar, (結婚する) casarse ／彼女は所帯じみている Ella tiene el aire propio de un ama de casa.
☐ 所帯数 número *m.* de hogares
☐ 所帯道具 enseres *mpl.* 「domésticos [del hogar]
☐ 所帯主 cabeza *com.* de familia
☐ 所帯持ち casado[da] *mf.*

しょたい 書体 estilo *m.* de escritura, escritura *f.*, (フォント) tipo *m.* de letra

しょだい 初代 el[la] primero[ra] 『+名詞』 ‖ フランスの初代大統領 el primer presidente de Francia

しょたいめん 初対面 primer encuentro *m.* ‖ 私たちは初対面である Es la primera vez que nos vemos.

しょだな 書棚 ⇒ほんだな(本棚)

しょだん 初段 primer dan *m.*

しょち 処置 medidas *fpl.*, remedio *m.*, disposiciones *fpl.*, (治療) tratamiento *m.* ‖ 処置を誤る tomar medidas equivocadas
> 処置する tomar medidas, (治療する) dar un tratamiento《a》
[慣] この子は処置なしだ Este niño no tiene remedio.

しょちゅう 暑中
☐ 暑中見舞い ‖ 暑中見舞いを出す enviar una carta de saludo en verano

しょちょう 所長 jefe[fa] *mf.* de 「oficina [centro]

しょちょう 署長
☐ 警察署長 comisario[ria] *mf.* de policía

じょちょう

☐消防署長 je*fe*[*fa*] *mf*. del parque de bomberos

じょちょう 助長
▶助長する fomentar, promover, (悪化させる) agravar ‖ 非行を助長する promover la delincuencia ／ 依存心を助長する fomentar la dependencia

しょっかく 触覚 tacto *m*.
▶触覚の táctil

しょっかく 触角 《昆虫》antena *f*.

しょっかん 食感 sensación *f*. en la boca

しょっき 食器 vajilla *f*., (一人分の) cubierto *m*., servicio *m*. de mesa ‖ 食器を並べる poner「cubiertos [la mesa] ／ 食器を下げる quitar la mesa ／ 食器を洗う lavar platos ／ 食器を拭く secar platos

☐食器洗い器 lavavajillas *m*.[=*pl*.], lavaplatos *m*.[=*pl*.]

☐食器棚 aparador *m*., armario *m*. de la cocina

しょっき 織機 telar *m*., máquina *f*. de tejer

ジョッキ jarra *f*. ‖ ジョッキ1杯のビール una jarra de cerveza

ジョッキー ⇒ きしゅ(騎手)

☐ディスクジョッキー (DJ) pinchadiscos *com*.[=*pl*.], 《英語》 *disc-jockey com*.

ショッキング
▶ショッキングな espanto*so*[*sa*], impactante

☐ショッキングピンク rosa *m*. fosforito

ショック golpe *m*., (精神的) choque *m*., conmoción *f*. ‖ ショックを与える dar un choque《a》／ ショックを受ける sufrir un choque emocional

☐ショックアブソーバー amortiguador *m*.
☐ショック死 muerte *f*. por *shock*
☐ショック療法 tratamiento *m*. de choque

しょっけん 食券 「vale *m*. [tique *m*.] de comida

しょっけん 職権 autoridad *f*. ‖ 職権を行使する ejercer *su* autoridad

☐職権濫用 abuso *m*. de autoridad

しょっこう 職工 ⇒こういん(工員)

しょっちゅう (慣用)cada tres por cuatro, 《慣用》cada dos por tres ⇒ しじゅう(始終)

しょっぱい sala*do*[*da*]

ショッピング compra *f*. ‖ ショッピングに出かける ir de compras ／ ショッピングをする hacer compras

☐テレフォンショッピング compra *f*. por teléfono
☐ショッピングカート carrito *m*. de compras
☐ショッピングセンター 「centro *m*. [galería *f*.] comercial
☐ショッピングバッグ bolsa *f*. de la compra

しょてい 所定
▶所定の indica*do*[*da*], señala*do*[*da*], fijo[*ja*] ‖ 所定の場所 lugar *m*. indicado ／ 所定の用紙 formulario *m*. indicado

じょてい 女帝 emperatriz *f*.

しょてん 書店 librería *f*.

しょとう 初冬 inicio *m*. del invierno
▶初冬に a「comienzos [principios] de invierno, al inicio del invierno

しょとう 初等
▶初等 prima*rio*[*ria*], elemental
☐初等科 curso *m*. elemental
☐初等教育 enseñanza *f*. primaria

しょとう 初頭 ‖ 19世紀初頭に a comienzos del siglo XIX (diecinueve)

しょとう 諸島 islas *fpl*.
☐小笠原諸島 las islas Ogasawara

しょどう 書道 caligrafía *f*. ‖ 書道を習う aprender caligrafía
☐書道家 calígra*fo*[*fa*] *mf*.

じょどうし 助動詞 verbo *m*. auxiliar

しょとく 所得 renta *f*., ingresos *mpl*. ‖ 所得の高い人 persona *f*. de altos ingresos ／ 所得の低い人 persona *f*. de bajos ingresos
☐国民所得 renta *f*. nacional
☐所得控除 deducción *f*. en la renta
☐所得水準 nivel *m*. de ingresos
☐所得税 impuesto *m*. sobre la renta (略 ISR)

しょなのか 初七日 séptimo día *m*. del fallecimiento de ALGUIEN ‖ 初七日をする celebrar un oficio fúnebre al séptimo día del fallecimiento de ALGUIEN

しょにち 初日 primer día *m*.

しょにんきゅう 初任給 sueldo *m*. inicial

じのくち 序の口 ‖ これはまだ序の口だ Esto es solo el comienzo.

しょばつ 処罰 castigo *m*., sanción *f*., penalización *f*. ‖ 処罰の対象である ser objeto de sanción
▶処罰する sancionar, penalizar

しょはん 初犯 primer delito *m*., (人) delincuente *com*. prima*rio*[*ria*]

しょはん 初版 primera edición *f*., edición *f*. original

じょばん 序盤 primera「etapa *f*. [fase *f*.]

しょひょう 書評 reseña *f*., recensión *f*. de libros
▶書評する reseñar, hacer una reseña

しょぶん 処分 (売却) venta *f*., (処罰) sanción *f*. ‖ 処分に困る no saber qué hacer con ALGO ／ 処分を受ける ser sanciona*do*[*da*], recibir una sanción
▶処分する (売却する) vender, (捨てる) echar, tirar, (処罰する) sancionar ‖ 宝石を処分する deshacerse de las joyas

じょぶん 序文 prefacio *m*., prólogo *m*. ‖ 序文を書く prologar, escribir el prólogo de una obra

しょほ 初歩 elementos *mpl*., rudimentos

mpl. ‖ スペイン語を初歩から学ぶ aprender español desde el principio
▶初歩的(な)/初歩の básico[ca], elemental ‖ 初歩的ミスを犯す cometer un error básico
しょほう 処方 ‖ 薬を処方する「recetar [prescribir] un medicamento
◪処方箋 receta *f.* (médica), prescripción *f.*
しょぼしょぼ
▶しょぼしょぼする ‖ 私は眠くて目がしょぼしょぼする Se me caen los párpados del sueño.
じょまく 序幕 primer acto *m.*, acto *m.* primero
じょまく 除幕
▶除幕する develar
◪除幕式 inauguración *f.*, acto *m.* de descubrimiento 《de》‖ 記念碑の除幕式を行う inaugurar un monumento
しょみん 庶民 pueblo *m.*, (貴族に対し) plebeyo[ya] *mf.*, (大衆) masas *fpl.*
▶庶民的(な)/庶民の popular
しょむ 庶務 asuntos *mpl.* generales
◪庶務課 sección *f.* de asuntos generales
しょめい 書名 título *m.* del libro
しょめい 署名 firma *f.* ‖ 署名を集める recoger firmas ／ 署名を依頼する pedir *su* firma 《a》／ 著者(男性)の署名入りの本 libro *m.* firmado por el autor
▶署名する firmar ‖ 署名捺印する firmar y sellar, rubricar
◪署名運動 campaña *f.* para recoger firmas
◪署名者 firmante *com.*, signatario[ria] *mf.*
じょめい 除名 expulsión *f.*
▶除名する expulsar ‖ 彼女は所属していた学会から除名された Ella fue expulsada de la sociedad académica a la que pertenecía.
しょめん 書面 escrito *m.*, (手紙) carta *f.* ‖ 書面で苦情を訴える presentar una queja por escrito ／ 書面にする poner ALGO por escrito
しょもつ 書物 libro *m.*
しょや 初夜 noche *f.* de bodas
じょや 除夜 ‖ 除夜の鐘 campanadas *fpl.* de Nochevieja
じょやく 助役 (市の) teniente *com.* de alcalde, (駅の) subjefe[fa] *mf.* de estación
しょゆう 所有 posesión *f.*, propiedad *f.*
▶所有する poseer
◪所有格《文法》caso *m.* posesivo
◪所有権 derecho *m.* de propiedad, propiedad *f.*, dominio *m.*
◪所有詞《文法》posesivo *m.*
◪所有者 propietario[ria] *mf.*, dueño[ña] *mf.*
◪所有代名詞《文法》pronombre *m.* posesivo
◪所有地 propiedad *f.*, posesión *f.*
◪所有物 propiedad *f.*, posesión *f.*, pertenencias *fpl.*
じょゆう 女優 actriz *f.*
しょよう 所用 asunto *m.*
▶所用で por un asunto
しょよう 所要
▶所要の necesario[ria], requerido[da]
◪所要時間 tiempo *m.* necesario ‖ 空港までの所要時間はどれくらいですか ¿Cuánto tiempo se tarda en llegar al aeropuerto?
しょり 処理 despacho *m.*, tratamiento *m.*, 《IT》procesamiento *m.*
▶処理する despachar, (問題を) arreglar, solucionar, (化学的に) tratar,《IT》procesar ‖ ゴミを処理する tratar basuras ／ 事件を処理する solucionar un caso ／ 資産を処理する vender *sus* propiedades ／ 爆弾を処理する desactivar una bomba
じょりゅう 女流
▶女流の femenino[na], (将棋の) de categoría femenina
◪女流作家 escritora *f.*
じょりょく 助力 ayuda *f.*, apoyo *m.* ‖ 助力を仰ぐ pedir ayuda 《a》
しょるい 書類 documento *m.*, papeles *mpl.*, documentación *f.* ‖ 書類を作成する elaborar un documento ／ 書類を整理する ordenar papeles
◪書類入れ/書類かばん cartera *f.*, portafolios *m.*[=pl.]
◪書類選考/書類審査 selección *f.* de currículos
◪書類送検 ‖ 書類送検する enviar el caso a la fiscalía sin detener al presunto autor
ショルダーバッグ bandolera *f.*
じょれつ 序列 orden *m.*, rango *m.*, jerarquía *f.*
▶序列をつける jerarquizar
◪年功序列 orden *m.* de antigüedad
しょろう 初老
▶初老の ‖ 初老の男性 hombre *m.* en los umbrales de la vejez
じょろん 序論 introducción *f.*
しょんぼり
▶しょんぼり(と)した desanimado[da], alicaído[da]
▶しょんぼりする estar desanimado[da]
じらい 地雷 mina *f.* ‖ 地雷を撤去する retirar las minas ／ 地雷を敷設する colocar minas, minar ／ 地雷を踏む pisar una mina
◪対人地雷 mina *f.* antipersonal
◪地雷探知機 detector *m.* de minas
しらが 白髪 cana *f.*, pelo *m.* blanco
▶白髪になる encanecer(se)
▶白髪の canoso[sa]
▶白髪まじりの entrecano[na] ‖ 白髪まじりの髪「pelo *m.* [cabello *m.*] entrecano
◪若白髪 canas *fpl.* prematuras
◪白髪頭 cabeza *f.* canosa

しらかば 白樺 abedul *m.* (blanco)
しらける 白ける
▶白けさせる‖座をしらけさせる aguar la fiesta／座をしらけさせる人 aguafiestas *com.*[=*pl.*]
しらじらしい 白白しい‖しらじらしい嘘 mentira *f.* manifiesta
▶しらじらしく fingiendo ignorancia
じらす 焦らす impacientar, irritar
しらずしらず 知らず知らず‖知らず知らずのうちに sin darse cuenta
しらせ 知らせ aviso *m.*, noticia *f.*,（情報）información *f.*‖断水のお知らせ aviso *m.* de corte de agua／良い知らせがある Tengo una buena noticia.／事故の知らせが届いた Llegó la noticia de un accidente.
しらせる 知らせる avisar, informar a ALGUIEN de ALGO, poner ALGO en conocimiento de ALGUIEN‖罰金の額を知らせる notificar el importe de la multa／事故の詳細を知らせる dar detalles sobre el accidente《a》
しらばくれる 《慣用》hacerse *el*[*la*] ton*to*[*ta*], aparentar ignorancia
シラバス「plan *m.*［programa *m.*］de estudios
しらふ 素面
▶しらふである estar so*brio*[*bria*]
しらべ 調べ（調査）investigación *f.*,（尋問）interrogación *f.*,（旋律）melodía *f.*‖琴の調べに耳を傾ける escuchar la melodía del arpa japonesa／～の調べによると según la investigación realizada《por》／警察の調べを受ける ser interroga*do*[*da*] por la policía
◪調べもの‖調べものをする hacer averiguaciones
しらべる 調べる examinar, investigar, averiguar,（辞書を）consultar‖郵便番号を調べる buscar el código postal《de》／手荷物を調べる inspeccionar el equipaje／事故の原因を調べる「averiguar［investigar］la causa del accidente
しらみ 虱 piojo *m.*‖シラミがわく Salen piojos.／シラミのたかった pioj*oso*[*sa*]／シラミを取る despiojar, quitar los piojos《a》
しらみつぶし しらみ潰し‖しらみつぶしに探す buscar「minuciosamente［exhaustivamente］
しらむ 白む‖空が白んできた Empieza a aparecer la luz del día.
しらんかお 知らん顔‖知らん顔をする《慣用》hacerse *el*[*la*] sue*co*[*ca*], no darse por entera*do*[*da*]
しり 尻 nalgas *fpl.*, trasero *m.*,《俗語》culo *m.*,（ズボンの）fondillos *mpl.*,（馬の）ancas *fpl.*‖尻が大きい tener nalgas abultadas／尻を蹴る dar una patada en el culo a ALGUIEN／尻を振って踊る mover las nalgas bailando
《慣用》尻が重い ser len*to*[*ta*] en actuar
《慣用》尻が落ち着かない《慣用》ser culo de mal asiento
《慣用》尻が青い ser *un*[*una*] crío[a]
《慣用》尻が軽い ser rápi*do*[*da*] en actuar,（軽率である）ser imprudente
《慣用》尻に敷く‖亭主を尻に敷く《慣用》llevar los pantalones
《慣用》尻に火がつく encontrarse acorrala*do*[*da*]
《慣用》尻に帆をかける《慣用》「salir［irse］por pies,《慣用》poner pies en polvorosa
《慣用》尻をたたく（激励する）animar
《慣用》尻をぬぐう ⇒しりぬぐい(尻拭い)
しりあい 知り合い conoci*do*[*da*] *mf.*‖私たちは知り合いです Nos conocemos.｜Somos conoci*dos*[*das*].／彼は私の古い知り合いです Él es un viejo conocido mío.
▶知り合う/知り合いになる conocer a ALGUIEN,（互いに）conocerse‖君と知り合いになれて私はうれしい Me alegro de haberte conocido.
シリアル（食品）cereales *mpl.*（para desayuno）
シリアルナンバー número *m.* de serie
シリーズ serie *f.*‖テレビのシリーズ物 serie *f.*「de televisión［televisiva］
シリカゲル gel *m.* de sílice
じりき 自力
▶自力で sin ayuda de nadie, por *sí* mis*mo*[*ma*]
しりきれとんぼ 尻切れ蜻蛉‖尻切れとんぼに終わる quedar inacaba*do*[*da*]
しりごみ 尻込み
▶尻込みする vacilar, titubear
シリコン silicio *m.*
◪シリコン樹脂 silicona *f.*
◪シリコンチップ《IT》chip *m.* de silicio
しりしよく 私利私欲 interés *m.*「personal［propio］‖私利私欲に捕われる no mirar más que *su* propio interés
じりじり
▶じりじりと paso a paso, gradualmente
▶じりじりする‖出かけたくてじりじりしている estar impaciente por salir／じりじりしながら待つ esperar con impaciencia
しりぞく 退く retirarse,（後退する）retroceder‖一歩も退かない no ceder ni un paso／政界を退く retirarse de la política
しりぞける 退ける rechazar,（敵を）vencer‖申し出を退ける rechazar el ofrecimiento／相手チームを退ける derrotar al equipo oponente
しりつ 市立
▶市立の municipal

🔳市立図書館 biblioteca *f.* municipal
🔳市立病院 hospital *m.* municipal
しりつ 私立
▶私立の priva*do[da]* ‖ 私立の学校 escuela *f.* privada
🔳私立大学 universidad *f.* privada
🔳私立探偵 detective *com.* priva*do[da]*
じりつ 自立 independencia *f.*
▶自立する independizarse
▶自立した independiente
🔳経済的自立 「independencia *f.* [autonomía *f.*] económica
🔳自立心 espíritu *m.* de independencia
じりつ 自律
▶自律性 autonomía *f.*
🔳自律神経 nervios *mpl.* autónomos ‖ 自律神経系 sistema *m.* nervioso autónomo ／ 自律神経失調症 disautonomía *f.*
しりとり 尻取り palabras *fpl.* encadenadas ‖ しりとりをする jugar a palabras encadenadas
しりぬぐい 尻拭い ‖ 尻拭いをする pagar culpas ajenas,《慣用》pagar los platos rotos
しりめつれつ 支離滅裂 incoherencia *f.*
▶支離滅裂である《慣用》no tener (ni) pies ni cabeza
▶支離滅裂な incoherente,《慣用》sin pies ni cabeza
しりもち 尻餅 ‖ 尻もちをつく caerse de culo
しりゅう 支流 afluente *m.* (tributario), brazo *m.* de río
▶支流の tributa*rio[ria]*
じりゅう 時流 corriente *f.* de la época ‖ 時流に乗る seguir la corriente de la época ／ 時流に逆らう ir contra la corriente de la época
しりょ 思慮 consideración *f.*, reflexión *f.*, prudencia *f.* ‖ 思慮の浅い/思慮に欠ける imprudente, irreflexi*vo[va]* ／ 思慮深い prudente, reflexi*vo[va]*
🔳思慮分別 ‖ 思慮分別のある prudente y discre*to[ta]*
しりょう 資料 dato *m.*, información *f.*,（文献）documento *m.* ‖ 資料を収集する recoger datos ／ 資料を調べる consultar los documentos
しりょう 飼料 cebo *m.*, pienso *m.*, pasto *m.*, forraje *m.*
🔳人工飼料 pienso *m.* artificial
🔳動物性飼料 pienso *m.* animal
🔳配合飼料 pienso *m.* compuesto
🔳飼料作物 producto *m.* agrícola para animales
しりょく 視力 vista *f.*, visión *f.*, agudeza *f.* visual ‖ 視力を失う perder la vista ／ 視力を回復する recuperar la vista ／ 私は視力が衰えた Tengo la vista debilitada.
🔳視力検査 examen *m.* de la vista

🔳視力検査表 tabla *f.* optométrica
しりょく 資力 recursos *mpl.*, medios *mpl.*,（資金）fondos *mpl.*
シリンダー cilindro *m.*
しる 汁 sopa *f.*, caldo *m.*,（果汁）jugo *m.* ‖ レモンの汁を絞る extraer el jugo de un limón
▶汁の多い jugo*so[sa]*
〔慣用〕うまい汁を吸う《慣用》chupar del bote
しる 知る saber, enterarse 《de》,（体験として知る）conocer,（知っている）estar al corriente《de》,（気づく）darse cuenta《de》‖ 彼女はスペイン語を知っている Ella sabe español. ／ 星さん(男性)を知っていますか ¿Conoce usted al señor Hoshi? ／ 私は貧しさを知っている Conozco la pobreza. ／ 父は半世紀前の東京を知っている Mi padre conoce el Tokio de hace medio siglo. ／ その男優は世界的に知られている El actor es mundialmente conocido. ／ 私の知る限り… que yo sepa... ／ 私の知らぬ間に sin que yo lo sepa ／ 大統領(男性)が事件に関与しているかどうか知る由もない No hay ningún modo de saber si el presidente está implicado en el caso. ／ それは私の知ったことではない Eso no es asunto mío.
▶知らない desconocer, ignorar, ser ignorante《de》‖ 住民はその計画をまったく知らないでいた Los vecinos no estaban enterados en absoluto del proyecto. ／ 彼の名前は知っていますが、個人的には知りたくない Sé su nombre, pero no lo conozco personalmente.
〔慣用〕知る人ぞ知る『名詞+』famo*so[sa]* entre los conocedores ‖ 知る人ぞ知るワイン un vino famoso entre los conocedores
〔諺〕知らぬが仏 El que no sabe nada, de nada se preocupa.
シルエット silueta *f.*
シルク seda *f.*
🔳シルクハット sombrero *m.* de copa
🔳シルクロード《歴史》Ruta *f.* de la Seda
しるこ 汁粉 gachas *fpl.* dulces de judías rojas
しるし 印 marca *f.*, señal *f.* ‖ 印をつける marcar, señalar
しるす 記す escribir, anotar ‖ 心に記す guardar ALGO en la memoria
シルバー （銀）plata *f.*
🔳シルバーシート asientos *mpl.* reservados para ancianos y discapacitados
しれい 司令
🔳司令官 comandante *com.* ‖ 最高司令官 comandante *com.* en jefe
🔳司令塔 torre *f.* de mando,《スポーツ》crea*dor[dora]* *mf.* de juego,（比喩的に）cabeza *f.* pensante
🔳司令部 comandancia *f.*, cuartel *m.* gene-

しれい 指令　orden *f.*,（指示）instrucciones *fpl.*‖指令に従う seguir las instrucciones, obedecer la orden／指令を出す dar instrucciones／爆撃の指令を出す dar la orden de bombardear
▶指令する ordenar

じれい 辞令　nombramiento *m.*,（文書）carta *f.* de nombramiento‖私に辞令が出た Me dieron el nombramiento.／辞令を受ける recibir el nombramiento

じれい 事例　caso *m.*

しれつ 熾烈
▶熾烈な feroz, encarnizado[da], reñido[da]‖熾烈な試合 partido *m.* reñido

じれったい 焦れったい　irritante

しれる 知れる　conocerse, descubrirse,《慣用》salir a la luz‖市長(男性)の不正が世間に知れた［Se descubrieron [Salieron a la luz] las irregularidades cometidas por el alcalde.

じれる 焦れる　estar irritado[da], estar impaciente

しれわたる 知れ渡る　difundirse‖その歌は日本中に知れ渡った Esa canción llegó a ser conocida por todo Japón.／知れ渡っている《慣用》ser del dominio「común [público]

しれん 試練/試煉　prueba *f.*,（受難）calvario *m.*,（逆境）adversidad *f.*‖試練に耐える resistir una prueba／試練を受ける sufrir una prueba／試練を課する someter a prueba a ALGUIEN／大きな試練を乗り越える superar una prueba de fuego

ジレンマ　dilema *m.*‖ジレンマがある tener un dilema／ジレンマに陥っている「estar [encontrarse] en un dilema

しろ 白　blanco *m.*‖白で装う vestirse de blanco／彼女は白だ(無実だ) Ella es inocente.
▣白ワイン vino *m.* blanco

しろ 城　castillo *m.*‖城を築く construir un castillo／城を攻め落とす tomar el castillo／城を明け渡す entregar el castillo《a》
▣城跡 ruinas *fpl.* de un castillo

しろあり 白蟻　termita *f.*, termes *m.*[=*pl.*], hormiga *f.* blanca

しろい 白い　blanco[ca]‖彼は色が白い Él tiene la piel blanca.／歯が白い tener los dientes blancos
▶白っぽい blanquecino[na]
▶白く‖壁を白く塗る pintar la pared de blanco
▶白くなる blanquear(se)
▶白さ blancura *f.*
慣用白い目で見る mirar a ALGUIEN con frialdad

しろうと 素人　aficionado[da] *mf.*, amateur *com.*, profano[na] *mf.*‖この作品は素人くさい Esta obra parece ser la de un aficionado.／素人ばなれしている ser casi profesional／素人目には a los ojos del profano

しろくじちゅう 四六時中　día y noche, todo el (santo) día, siempre

しろくま 白熊　oso *m.*「polar [blanco]

しろくろ 白黒　blanco *m.* y negro *m.*‖白黒をはっきりさせる dejar en claro quién tiene razón
▶白黒の en blanco y negro, monocromático[ca]
▣白黒映画 película *f.* en blanco y negro

じろじろ‖じろじろ見る mirar descaradamente a ALGUIEN

シロップ　jarabe *m.*
▣シロップ漬け‖シロップ漬けの果物 fruta *f.* en almíbar

しろバイ 白バイ　moto(cicleta) *f.* blanca (de policía)‖白バイの警官 policía *com.* en moto blanca

しろぼし 白星‖白星をあげる ganar「un partido［(格闘技で) un combate］, conseguir una victoria

しろみ 白身　(肉・魚の) carne *f.* blanca, (卵の) clara *f.*‖白身の魚 pescado *m.* blanco

しろめ 白目　blanco *m.* del ojo

しろもの 代物　objeto *m.*, cosa *f.*‖これはめったにない代物だ Esto es una「rareza [cosa muy rara].

じろり
▶じろりと‖じろりと見る echar una mirada indiscreta a ALGUIEN

じろん 持論　*su* propia teoría, *su* propia opinión‖持論を展開する desarrollar *su* propia teoría

しわ 皺　arruga *f.*,（目尻の）patas *fpl.* de gallo‖顔に皺がある tener arrugas en la cara／皺をとる「eliminar [quitar] arrugas／アイロンでシャツの皺を伸ばす desarrugar la camisa planchándola／額に皺を寄せる arrugar la frente／眉間に皺を寄せる fruncir el ceño
▶皺だらけの muy arrugado[da], lleno[na] de arrugas
▶皺になる arrugarse‖皺にならない布 tela *f.* inarrugable

しわがれる 嗄れる　(声が) enronquecer(se)‖嗄れ声 voz *f.*「ronca [áspera]

しわくちゃ 皺くちゃ
▶皺くちゃな arrugado[da]
▶皺くちゃにする arrugar

しわけ 仕分け　división *f.*, clasificación *f.*
▶仕分けする/仕分ける dividir, clasificar

しわざ 仕業　acto *m.*, obra *f.*‖神様の仕業 acto *m.* de Dios／いったい誰の仕業だ ¿Quién ha hecho semejante cosa?

じわじわ

じわじわと（少しずつ）poco a poco,（ゆっくりと）lentamente

しわす 師走 diciembre *m.*, fin *m.* de año

しわよせ 皺寄せ consecuencia *f.* ‖ 増税の皺寄せは低所得の家庭を直撃する La subida de impuestos afecta directamente a las familias de bajos ingresos.

しん 心/芯 （果物）corazón *m.*,（ろうそく）mecha *f.*,（鉛筆）mina *f.* ‖ ごはんに少し芯がある El arroz está un poco entero. / 私は体の芯まで冷えた El frío me penetró hasta la médula de los huesos. / 芯の強い人 persona *f.* de carácter

しん 新 nue*vo*[*va*],《接頭辞》neo- ‖ 新植民地主義 neocolonialismo *m.* / 新内閣 nuevo gobierno *m.*

しん 真
▶真の verdade*ro*[*ra*], real
▶真に verdaderamente, realmente
[慣用] 真に迫る ‖ 真に迫った演技 actuación *f.* muy realista

しん 親 《接頭辞》pro- ‖ 親日の projapo*nés*[*nesa*] / 親米政策 política *f.* proestadounidense

しん 審 《司法》instancia *f.*
◻第一審 primera instancia *f.*
◻三審制 sistema *m.* de triple instancia

じん 陣 （陣営）campo *m.*,（拠点）posición *f.*,（集団）grupo *m.*, cuerpo *m.* ‖ 陣を張る establecer un campo
◻第一陣 primer grupo *m.*
◻敵陣 campo *m.* enemigo, posición *f.* enemiga
◻報道陣 「grupo *m.* [cuerpo *m.*] de periodistas

ジン ginebra *f.*
◻ジントニック ginebra *f.* con tónica,《英語》*gin-tonic m.*
◻ジンフィズ ginebra *f.* con limón,《英語》*gin-fizz m.*

しんあい 親愛
▶親愛なる estima*do*[*da*], queri*do*[*da*]
▶親愛の情を抱く sentir afecto por ALGUIEN

しんい 真意 verdadera intención *f.*,（言葉の）significado *m.* real ‖ 真意を隠す ocultar *su* verdadera intención

じんい 人為
▶人為的(な) artificial ‖ 人為的(な)災害 desastre *m.* provocado por el hombre
▶人為的に artificialmente
◻人為選択/人為淘汰《生物》selección *f.* artificial

しんいり 新入り nue*vo*[*va*] *mf.*, nova*to*[*ta*] *mf.*

じんいん 人員 《集合名詞》personal *m.* ‖ その病院は人員が不足している El hospital carece de personal. / 必要な人員を確保する contratar personal necesario《para》/ 人員を増やす aumentar el número de personal
◻人員削減 reducción *f.* de 「personal [plantilla]
◻人員不足 falta *f.* de personal

じんう 腎盂 《解剖》pelvis *f.*[=*pl.*] renal
◻腎盂炎 pielitis *f.*[=*pl.*]

しんえい 新鋭
▶新鋭の ‖ 新鋭の作家 escri*tor*[*tora*] *mf.* promete*dor*[*dora*] / 最新鋭の de último modelo

じんえい 陣営 campo *m.*, campamento *m.*
◻保守陣営 campo *m.* conservador

しんえいたい 親衛隊 guardia *f.* de Corps,（ナチス）las SS,（有名人の）fan *com.* enfebreci*do*[*da*]

しんえん 深遠
▶深遠な profun*do*[*da*], abstru*so*[*sa*]

しんえん 深淵 abismo *m.*

しんおう 震央 epicentro *m.*

しんおん 心音 latido *m.* del corazón

しんか 真価 verdadero valor *m.* ‖ ～の真価を試す poner a prueba el valor《de》/ 真価を発揮する demostrar *su* verdadero valor

しんか 進化 evolución *f.*
▶進化する evolucionar
◻進化論 evolucionismo *m.*, teoría *f.* de la evolución

じんか 人家 casa *f.*, vivienda *f.* ‖ 人家の密集する地域 barrio *m.* densamente poblado

シンガーソングライター canta*utor*[*tora*] *mf.*

しんかい 深海 abismo *m.* marino, profundidades *fpl.* marinas
▶深海の abisal, abismal
◻深海魚 pez *m.* 「abisal [abismal]
◻深海探査 batimetría *f.*

しんがい 心外 ‖ そのような批判を受けるとは心外だ No me esperaba semejante crítica.

しんがい 侵害 violación *f.*, infracción *f.*
▶侵害する violar, infringir ‖ 人権を侵害する violar los derechos humanos

じんかいせんじゅつ 人海戦術 táctica *f.* de oleadas humanas

しんがお 新顔 cara *f.* nueva

しんがく 神学 teología *f.*
▶神学(上)の teológi*co*[*ca*]
◻神学校 centro *m.* de estudios eclesiásticos, seminario *m.*
◻神学者 teólo*go*[*ga*] *mf.*
◻神学生 estudiante *com.* de teología, seminarista *com.*

しんがく 進学
▶進学する ‖ 大学へ進学する 「acceder [ir] a la universidad
◻進学率 ‖ 高校進学率 tasa *f.* de acceso a la escuela secundaria superior

じんかく 人格 personalidad *f.*, carácter *m.*

‖人格を形成する「desarrollar [formar] la personalidad ／ 人格を尊重する respetar la personalidad
▶人格化 personificación f.
▣人格形成「desarrollo m. [formación f.] de la personalidad
▣人格者 persona f. virtuosa
▣人格障害 trastorno m. de personalidad
しんかくか 神格化 divinización f., deificación f.
▶神格化する divinizar, deificar
しんがた 新型 nuevo modelo m.
▶新型の nuevo modelo《de》
▣新型インフルエンザ（2009年発生の） gripe f. A
▣新型車 nuevo modelo m. de coche
▣新型肺炎 síndrome m. respiratorio agudo severo
しんがっき 新学期 nuevo curso m. académico, (2学期制の) nuevo semestre m.
しんかん 新刊
▶新刊の recién publica*do*[*da*]
▣新刊書/新刊本 libro m. [nuevo (recién publicado], novedades fpl. editoriales
しんかん 新館 edificio m. nuevo, （別館）anexo m. nuevo
しんかんせん 新幹線 （鉄道）nueva línea f. ferroviaria de alta velocidad, （列車）tren m. [bala [de alta velocidad], （スペインの）tren m. de alta velocidad española（略 AVE）
しんき 新規
▶新規の nue*vo*[*va*] ‖新規の契約をする hacer un contrato nuevo
▶新規に (初めて) por primera vez, (改めて) nuevamente ‖新規に加入する inscribirse por primera vez《en》
慣用 新規まき直しをする empezar de nuevo,《慣用》hacer borrón y cuenta nueva
▣新規採用‖新規採用する reclutar nuevos empleados
▣新規事業 nueva empresa f., nuevo negocio m.
しんぎ 真偽 ‖真偽を確かめる confirmar [la autenticidad [la veracidad]《de》／ その情報の真偽のほどは誰も分からない Nadie sabe si la información es cierta o no.
しんぎ 審議 discusión f., deliberación f.‖審議を打ち切る dar por terminada la discusión ／ 審議を再開する reanudar la discusión
▶審議中‖審議中である estar en discusión
▶審議する discutir, poner ALGO en discusión, deliberar
▣審議会 consejo m. deliberativo
しんきいってん 心機一転
▶心機一転する cambiar de idea,《慣用》hacer borrón y cuenta nueva
しんきゅう 進級

▶進級する pasar al grado superior
▣進級試験 examen m. de promoción
しんきゅう 鍼灸 acupuntura f. y moxibustión f.
▣鍼灸師 especialista com. en acupuntura y moxibustión
しんきょ 新居 nueva casa f.‖新居を構える instalarse en *su* nuevo hogar
しんきょう 心境 estado m. mental‖複雑な心境である tener sentimientos contradictorios ／ 心境を語る expresar *sus* sentimientos《a》／ 彼に心境の変化が起こったようだ Parece que él ha cambiado de idea.
しんきょう 信教‖信教の自由 libertad f. [religiosa [de culto]
しんきろう 蜃気楼 espejismo m.
しんきろく 新記録 nuevo récord m., (スポーツの) plusmarca f.‖新記録を出す establecer un nuevo récord
▣世界新記録 nuevo récord m. mundial
しんきんかん 親近感 simpatía f.‖親近感を抱く「tener [sentir] simpatía por ALGUIEN
しんきんこうそく 心筋梗塞 infarto m. de miocardio‖心筋梗塞を起こす「sufrir [padecer] infarto de miocardio
しんく 深紅 carmesí m.
▶深紅の carmesí
しんぐ 寝具 ropa f. de cama
しんくう 真空 vacío m.‖瓶を真空にする quitar el aire de una botella
▶真空の vac*ío*[*a*]
▣真空管 tubo m. de vacío, válvula f. [de vacío [termoiónica]
▣真空パック empaque m. al vacío‖真空パックされたハム jamón m. empaquetado al vacío
▣真空ポンプ bomba f. de vacío
ジンクス mala suerte f., mal presagio m., maleficio m.
シンクタンク equipo m. de cerebros
シングル‖ウイスキーのシングル whisky m. solo ／ シングルのブレザー chaqueta f. recta ／ シングルの部屋 habitación f. individual
▣シングル盤 disco m. sencillo, sencillo m.
▣シングルベッド cama f. individual
▣シングルマザー madre f. soltera
シングルス 《スポーツ》individual m.
▣女子シングルス individual m. femenino
▣男子シングルス individual m. masculino
シンクロナイズドスイミング natación f. sincronizada
しんけい 神経 nervio m.‖神経が高ぶっている「tener [estar con] los nervios de punta ／ 神経が太い ser audaz, tener audacia ／ 神経が細い ser sensible ／ 神経が鈍い ser insensible ／ 神経をいら立たせる/神経を逆なでする「atacar [crispar] los nervios《a》,

poner los nervios de punta《a》／神経を鎮める calmar los nervios／神経を集中する concentrarse／神経を使う dedicar especial atención《a》,《慣用》poner los cinco sentidos《en》／奥歯の神経を殺す matar el nervio de la muela／神経を麻痺させる paralizar los nervios
▶神経の nervioso[sa]
◪視神経 nervio m. óptico
◪神経科 neurología f.
◪神経科医 neurólogo[ga] mf.
◪神経ガス gas m. nervioso
◪神経過敏 nerviosismo m.‖神経過敏の hipersensible
◪神経系統 sistema m. nervioso
◪神経細胞 célula f. nerviosa
◪神経質‖神経質な nervioso[sa]／神経質になっている《慣用》estar de los nervios, estar muy nervioso[sa]
◪神経症 neurosis f.[=pl.]‖神経症患者 neurótico[ca] mf.
◪神経衰弱 neurastenia f.
◪神経戦 guerra f. de nervios
◪神経痛 neuralgia f.
しんけつ 心血‖心血を注ぐ dedicar todas sus energías《a》
しんげつ 新月 luna f. nueva
しんけん 真剣 (本物の剣) espada f. real, sable m. real
▶真剣な serio[ria]‖真剣な表情 cara f. seria
▶真剣に en serio, seriamente‖真剣になる ponerse serio[ria]／真剣に受け止める tomar ALGO en serio,《慣用》tomar(se) ALGO a pecho
▶真剣味/真剣さ seriedad f.‖真剣味に欠ける carecer de seriedad
◪真剣勝負 (真剣を用いた試合) combate m. con sable real, (本気の試合) lucha f. seria
しんけん 親権 patria f. potestad‖親権を喪失する perder la patria potestad
◪親権者 persona f. que tiene la patria potestad, persona f. con patria potestad
しんげん 進言 consejo m., sugerencia f.
▶進言する aconsejar, dar un consejo《a》, sugerir
しんげん 震源 hipocentro m.
◪震源地 (震央) epicentro m.
じんけん 人権 derechos mpl. humanos‖人権を蹂躙する violar los derechos humanos／人権を守る/人権を擁護する「proteger [defender] los derechos humanos
◪基本的人権 derechos mpl. humanos fundamentales
◪世界人権宣言 Declaración f. Universal de los Derechos Humanos（略 DUDH）
◪人権蹂躙/人権侵害 violación f. de (los) derechos humanos

◪人権問題 「cuestión f. [problema m.] de derechos humanos
じんけんひ 人件費 gastos mpl. de personal, costos mpl. de mano de obra‖人件費がかさんだ Han aumentado los gastos de personal.
しんご 新語 palabra f. nueva, neologismo m.‖新語を作る inventar una nueva palabra
じんご 人後
〔慣用〕人後に落ちない‖英語にかけては彼は人後に落ちない El no tiene rivales en inglés.¦ Nadie lo supera en inglés.
しんこう 信仰 creencia f., fe f., religión f.‖信仰を捨てる「abjurar [renegar] de su fe／信仰を持つ tener creencias religiosas
▶信仰する creer《en》
◪信仰心‖信仰心の厚い devoto[ta], religioso[sa]
◪信仰生活 vida f. religiosa
しんこう 侵攻 invasión f.
▶侵攻する invadir
しんこう 振興 fomento m., promoción f.
▶振興する fomentar, promover, impulsar
◪観光振興 fomento m. del turismo
しんこう 進行 marcha f.‖議事の進行 desarrollo m. del debate／病気の進行を抑える detener el「progreso [avance] de la enfermedad
▶進行する marchar, avanzar, progresar, (病気が) agravarse
▶進行中の/進行中のプロジェクト proyecto m. en marcha
▶進行性(の) progresivo[va]‖進行性疾患 enfermedad f. progresiva
◪進行形《文法》aspecto m. progresivo
◪進行方向 dirección f. de marcha
しんこう 新興
▶新興の nuevo[va], emergente
◪新興工業国 país m. recientemente industrializado
◪新興国 país m. emergente
◪新興宗教 nueva secta f. religiosa
◪新興住宅地 nuevo barrio m. residencial
◪新興都市 ciudad f. emergente
しんこう 親交 amistad f.‖親交がある tener relaciones amistosas《con》／親交を深める estrechar amistad《con》／親交を結ぶ「hacer [trabar] amistad《con》
しんごう 信号 señal f., (信号機) semáforo m.‖信号が黄色である El semáforo está en 「ámbar [amarillo].／信号が青になる El semáforo se pone en verde.／信号で止まる parar en el semáforo／信号を待つ esperar el semáforo／信号を守る respetar los semáforos／赤信号を無視する「saltarse [pasarse] el semáforo en rojo／信号を渡る cruzar el semáforo
◪青信号 semáforo m. en verde

じんこう

◪ 信号機 semáforo *m*.

じんこう 人口 población *f*. ‖ 人口が多いtener una gran población ／ 人口が100万人の都市 ciudad *f*. con un millón de habitantes ／ 人口が都市に集中する La población se concentra en las ciudades. ／ 人口が増える La población aumenta. ／ この市の人口は約10万人です Esta ciudad tiene una población de unos cien mil habitantes.

▶ 人口の demográfi*co*[*ca*], poblacional ‖ 人口の増加「crecimiento *m*. [aumento *m*.] demográfico ／ 人口の減少 descenso *m*. demográfico

◪ 幼児人口 población *f*. infantil

◪ 人口移動 migración *f*. humana, movimiento *m*. migratorio

◪ 人口過剰 superpoblación *f*., exceso *m*. de población

◪ 人口構成 estructura *f*. demográfica

◪ 人口調査 censo *m*. de la población ‖ 人口調査をする levantar el censo de la población

◪ 人口統計学 demografía *f*.

◪ 人口爆発 explosión *f*. demográfica

◪ 人口密集 concentración *f*. demográfica

◪ 人口密度 densidad *f*. 「de población [demográfica]

◪ 人口流出 salida *f*. de la población

じんこう 人工

▶ 人工の/人工的な artificial

▶ 人工的に artificialmente

◪ 人工衛星 satélite *m*. (artificial)

◪ 人工甘味料 edulcorante *m*. artificial

◪ 人工呼吸 respiración *f*. 「artificial [boca a boca] ‖ 人工呼吸を施す practicar la respiración artificial

◪ 人工芝 césped *m*. artificial

◪ 人工授精 「inseminación *f*. [fecundación *f*.] artificial

◪ 人工心肺装置 baipás *m*. cardiopulmonar

◪ 人工臓器 órganos *mpl*. artificiales

◪ 人工知能 inteligencia *f*. artificial

◪ 人工中絶 aborto *m*. provocado

しんこきゅう 深呼吸 respiración *f*. profunda

▶ 深呼吸する respirar 「hondo [profundamente], hacer una respiración profunda

しんこく 申告 declaración *f*. ‖ 所得の申告をする declarar la renta

▶ 申告する declarar ‖ 申告するものはありますか（税関検査で）¿Hay algo que declarar?

◪ 申告者 declarante *com*.

◪ 申告用紙/申告書 impreso *m*. de declaración

◪ 申告漏れ ‖ 所得の申告漏れ renta *f*. no declarada

しんこく 深刻

▶ 深刻な se*rio*[*ria*], grave, crí*tico*[*ca*] ‖ 深刻な影響 influencia *f*. 「seria [profunda]

▶ 深刻に seriamente, en serio ‖ 深刻に考える pensar ALGO en serio

▶ 深刻化 agravamiento *m*. ‖ 深刻化する agudizarse, agravarse

しんこん 新婚 ‖ 新婚の夫婦 pareja *f*. recién casada, recién casados *mpl*.

◪ 新婚旅行 viaje *m*. de luna de miel, luna *f*. de miel

しんさ 審査 examen *m*., selección *f*. ‖ 審査に通る aprobar el examen ／ 審査を受ける presentarse al examen

▶ 審査する examinar, juzgar

◪ 審査委員会 jurado *m*.

◪ 審査員 examina*dor*[*dora*] *mf*., miembro *com*. del jurado

◪ 書類審査 selección *f*. de currículos

しんさい 震災 desastre *m*. sísmico

じんさい 人災 desastre *m*. provocado por el hombre

じんざい 人材 recursos *mpl*. humanos ‖ 有能な人材 persona *f*. competente ／ 人材が不足している Faltan recursos humanos. ／ この会社には優秀な人材がいる La empresa cuenta con una plantilla altamente cualificada. ／ 人材を育てる formar recursos humanos ／ 人材を派遣する facilitar los recursos humanos

◪ 人材派遣会社 agencia *f*. de trabajo temporal

しんさく 新作 obra *f*. nueva

しんさつ 診察 consulta *f*. médica ‖ 診察を受ける consultar a un médico

▶ 診察する pasar consulta

◪ 診察券 tarjeta *f*. de consulta (médica)

◪ 診察時間 horario *m*. de consulta

◪ 診察室 sala *f*. de consulta, consulta *f*.

◪ 診察料 honorarios *mpl*.

しんし 紳士 caballero *m*.

▶ 紳士的な caballero*so*[*sa*]

▶ 紳士的に caballerosamente ‖ 紳士的に振る舞う comportarse como un caballero

▶ 紳士用の para caballeros, de hombres

◪ 紳士協定 pacto *m*. 「de [entre] caballeros

◪ 紳士靴 zapatos *mpl*. de hombres

◪ 紳士服 ropa *f*. de caballero

じんじ 人事 administración *f*. de personal

⟨諺⟩ 人事を尽くして天命を待つ《諺》A Dios rogando y con el mazo dando.

◪ 人事異動 cambio *m*. de personal, (配置転換) rotación *f*. de personal

◪ 人事院 Autoridad *f*. Nacional de Personal

◪ 人事院勧告 recomendación *f*. de la Autoridad Nacional de Personal

◪ 人事評価 evaluación *f*. de personal

◪ 人事部 departamento *m*. de personal

◪人事不省‖人事不省に陥る perder el conocimiento
シンジケート sindicato *m*.
しんしつ 心室 《解剖》ventrículo *m*.
しんしつ 寝室 dormitorio *m*., alcoba *f*.
しんじつ 真実 verdad *f*., (現実)realidad *f*. ‖真実を探求する buscar la verdad
▶真実の verdade*ro[ra]*, real
▶真実味‖真実味のある verosímil／真実味のない/真実味に欠ける inverosímil
しんじゃ 信者 creyente *com*., fiel *com*.
じんじゃ 神社 santuario *m*., sintoísta‖靖国神社 Santuario *m*. de Yasukuni
ジンジャーエール 《英語》ginger-ale *m*.
しんしゃく 斟酌
▶斟酌する tomar ALGO en cuenta, considerar
しんしゅ 新種 nueva especie *f*.
しんじゅ 真珠 perla *f*.‖真珠のネックレス collar *m*. de perlas／真珠を養殖する cultivar perlas
◪天然真珠 perla *f*. natural
◪養殖真珠 perla *f*. cultivada
◪真珠貝 ostra *f*. perlífera, madreperla *f*.
◪真珠取り pesca *f*. de perlas, (人)pesca*dor[dora]* *mf*. de perlas
じんしゅ 人種 raza *f*.
▶人種の racial
◪人種隔離政策 política *f*. de segregación racial
◪人種差別 discriminación *f*. racial
◪人種差別主義者 racista *com*.
◪人種問題 problema *m*. racial
しんじゅう 心中 suicidio *m*. doble, (カップルの)suicidio *m*. de una pareja
▶心中する suicidarse jun*tos[tas]*
◪一家心中 suicidio *m*. de una familia entera
しんしゅく 伸縮
▶伸縮する alargarse y acortarse, dilatarse y contraerse
▶伸縮性 elasticidad *f*.‖伸縮性のある/伸縮自在の elásti*co[ca]*
しんしゅつ 進出 expansión *f*., avance *m*.
▶進出する‖海外市場に進出する penetrar en el mercado extranjero／政界に進出する 「entrar [participar] en la política
しんしゅつきぼつ 神出鬼没‖神出鬼没である《慣用》andar como un duende,《慣用》parecer un duende
しんしゅん 新春 Año *m*. Nuevo
しんしょ 新書 libro *m*. de bolsillo, (叢書)colección *f*. (de libros) de bolsillo‖小学館新書 colección *f*. de bolsillo de Shogakukan
◪新書版 edición *f*. del libro de bolsillo
しんしょ 親書 carta *f*. autógrafa
しんしょう 心証 impresión *f*.‖心証を害する causar mala impresión《a》

しんじょう 心情 sentimiento *m*.‖心情を察する comprender los sentimientos de ALGUIEN
▶心情的な sentimental
しんじょう 身上 (身の上)circunstancia *f*., situación *f*., (取り柄)mérito *m*., virtud *f*.
◪身上書 historia *f*. personal
しんじょう 信条 principios *mpl*., credo *m*.‖人を批判しないことを信条としている Tengo por principio no hablar mal de nadie.／信条に従う seguir *sus* principios
しんじょう 真情 sentimiento *m*. sincero‖真情を吐露する expresar *sus* verdaderos sentimientos
しんしょうしゃ 身障者 ⇒しんたい(⇒身体障害者)
しんしょうぼうだい 針小棒大‖針小棒大に言う exagerar,《慣用》「cargar [recargar] las tintas
しんしょく 浸食 erosión *f*.
▶浸食する erosionar
◪浸食作用 efecto *m*. erosivo, abrasión *f*.
しんしょく 寝食‖寝食を共にする vivir jun*tos[tas]*／寝食を忘れて研究する (没頭する) entregarse a la investigación
しんじる 信じる 《en》, (信頼する)confiar《en》‖~を固く信じる creer firmemente que〘+直説法〙／私は君の言うことを信じる Creo lo que dices.／私は彼を信じています Confío en él.／神を信じる creer en Dios／僕を信じてくれ ¡Créeme!／私はその試合に勝つものと信じていた Confiaba en ganar el partido.／君が信じようと信じまいと… Lo creas o no...／信じて疑わない creer y no dudar
▶信じられる creíble
▶信じがたい/信じられない increíble‖信じられない！ ¡No me lo puedo creer!
しんしん 心身/身心‖心身ともに tanto física como mentalmente／心身の疲れ cansancio *m*. físico y mental／心身を鍛える ejercitar el cuerpo y la mente
◪心身症 trastorno *m*.「somatomorfo [psicosomático]
◪心身障害 discapacidad *f*. física y mental
しんしん 新進
▶新進の nue*vo[va]*
◪新進気鋭‖新進気鋭の作家 escri*tor[tora]* *mf*. promete*dor[dora]*
しんしん 津津‖興味津々 ⇒きょうみ(興味)
しんしん 深深
▶しんしんと (静かに)tranquilamente, (次第に)gradualmente
しんじん 信心 devoción *f*., fe *f*.
▶信心深い devo*to[ta]*, piado*so[sa]*
しんじん 新人 nova*to[ta]* *mf*., debutante *com*.‖優秀な新人を発掘する descubrir nuevos talentos

じんしん
- 新人王 mejor debutante *com.* del año
- 新人作家 escri*tor*[*tora*] *mf.* nue*vo*[*va*]

じんしん 人身
- 人身事故 accidente *m.* corporal
- 人身売買 trata *f.* de personas
- 人身保護法 Ley *f.* de *Habeas Corpus*

しんすい 心酔
▶ 心酔する admirar, adorar

しんすい 浸水 inundación *f.*
▶ 浸水する inundarse
- 浸水家屋 casas *fpl.* inundadas

しんすい 進水
▶ 進水させる botar ‖ 船を進水させる botar un barco
- 進水式 botadura *f.*

しんずい 真髄/神髄 (quinta)esencia *f.* ‖ 神髄を極める alcanzar la esencia《de》

しんせい 申請 solicitud *f.* ‖ 申請を拒否する rechazar la solicitud
▶ 申請する solicitar, presentar una solicitud
- 申請期間 plazo *m.* de solicitud
- 申請書 solicitud *f.*
- 申請人 solicitante *com.*

しんせい 神聖
▶ 神聖な sagra*do*[*da*]
▶ 神聖視する ‖ ヒンズー教徒は牛を神聖視する Los hinduistas consideran las vacas como animales sagrados.

しんせい 真正 autenticidad *f.* ‖ 被告（男性）の発言は真正であると証言します Testifico la autenticidad de las palabras del acusado.
- 真正銃 pistola *f.* real

じんせい 人生 vida *f.* ‖ 第二の人生 segunda vida *f.* / 人生の浮き沈み「vicisitudes *fpl.* [avatares *mpl.*] de la vida / 幸福な人生を送る llevar una vida feliz / 人生を楽しむ disfrutar (de) la vida
- 人生観 concepto *m.* de la vida
- 人生経験 experiencia *f.* en la vida ‖ 人生経験が豊富である saber mucho de la vida

しんせいじ 新生児 recién naci*do*[*da*] *mf.*, neona*to*[*ta*] *mf.*
- 新生児学 neonatología *f.*
- 新生児専門医 neonatólo*go*[*ga*] *mf.*

しんせかい 新世界 （アメリカ大陸）Nuevo Mundo *m.*, （新天地）mundo *m.* nuevo

しんせき 親戚 pariente *com.*, familiar *m.* ‖ 彼は私の遠い親戚です Él es un pariente lejano mío.
(慣用) 遠くの親戚より近くの他人 Más vale el vecino cercano que el pariente lejano.
- 親戚関係 parentesco *m.*

じんせき 人跡 ‖ 人跡未踏の地 terreno *m.* inexplorado

シンセサイザー sintetizador *m.*

しんせつ 新設
▶ 新設する fundar, crear, establecer ‖ 大学を新設する fundar una universidad
- 新設校 escuela *f.* nueva

しんせつ 新雪 nieve *f.* fresca

しんせつ 親切 amabilidad *f.*, afabilidad *f.* ‖ 彼は誰にでも親切だ Él es amable con todo el mundo. / ご親切に感謝します Le agradezco su amabilidad.
▶ 親切な amable, simpáti*co*[*ca*] ‖ 親切な案内 guía *f.* fácil de seguir
▶ 親切に amablemente ‖ 親切にする tratar a ALGUIEN con amabilidad, tener atenciones con ALGUIEN / 親切にされる recibir atenciones
▶ 親切にも〜する tener la「amabilidad [gentileza] de『＋不定詞』

しんせん 新鮮
▶ 新鮮な fres*co*[*ca*], （新しい）nue*vo*[*va*] ‖ 新鮮な野菜 verduras *fpl.* frescas / 新鮮な印象 impresión *f.*「nueva [vívida]
▶ 新鮮み/新鮮さ frescura *f.*

しんぜん 親善 amistad *f.* ‖ 親善を深める fortalecer las relaciones amistosas
- 親善試合 partido *m.* amistoso
- 親善使節 misión *f.* de buena voluntad
- 親善大使 embaja*dor*[*dora*] *mf.* de buena voluntad

じんせん 人選 selección *f.* del personal ‖ 彼女はチームの人選に漏れた Ella no fue elegida para formar parte del equipo. / 後継者の人選を誤る elegir mal a *su* suce*sor* [*sora*]

しんそう 真相 verdad *f.* ‖ 真相を明らかにする「revelar [sacar a la luz] la verdad / 真相を究明する averiguar la verdad

しんそう 深層
- 深層構造 《言語》estructura *f.* profunda
- 深層心理学 psicología *f.* profunda
- 深層水 agua *f.* del fondo marino

しんそう 新装
▶ 新装する remozar, renovar

しんぞう 心臓 corazón *m.* ‖ （私の）心臓がどきどきしている Me late el corazón. / 彼の心臓が20秒間止まった A él se le paró el corazón durante 20 segundos. / 心臓が悪い padecer del corazón
▶ 心臓の cardia*co*[*ca*], cardía*co*[*ca*]
(慣用) 心臓が強い tener mucha cara
(慣用) 心臓が弱い ser tími*do*[*da*]
(慣用) 心臓に毛が生えている（大胆だ）ser atrevi*do*[*da*]
- 心臓移植 trasplante *m.* de corazón
- 心臓外科 cirugía *f.*「cardiaca [cardíaca], cardiocirugía *f.*
- 心臓外科医 ciruja*no*[*na*] *mf.* cardiólo*go* [*ga*], cardiociruja*no*[*na*] *mf.*
- 心臓血管外科 cirugía *f.* cardiovascular
- 心臓肥大 hipertrofia *f.*「del corazón [cardiaca]

◪ 心臓病 enfermedad *f.* cardiaca ‖ 心臓病専門医 cardiólo*go*[*ga*] *mf.* / 心臓病患者 cardia*co*[*ca*] *mf.*
◪ 心臓ペースメーカー marcapasos *m.*[=*pl.*]
◪ 心臓弁膜症 valvulopatías *fpl.*
◪ 心臓発作 ataque *m.* ⌈cardiaco [al corazón]
◪ 心臓マッサージ masaje *m.* cardiaco
◪ 心臓麻痺 fallo *m.* cardiaco
じんぞう 人造
▶ 人造の artificial, sintéti*co*[*ca*]
◪ 人造湖 lago *m.* artificial
◪ 人造人間 androide *m.*
◪ 人造皮革 cuero *m.* sintético
じんぞう 腎臓
◪ 腎臓移植 trasplante *m.* ⌈renal [de riñón]
◪ 腎臓炎 nefritis *f.*[=*pl.*]
◪ 腎臓結石 cálculo *m.* renal
◪ 腎臓透析 diálisis *f.*[=*pl.*] renal
◪ 腎臓病 enfermedad *f.* ⌈renal [de los riñones]
◪ 腎臓病学 nefrología *f.*
しんぞく 親族 pariente *com.*, familiar *m.*, allega*do*[*da*] *mf.*
◪ 直系親族 pariente *com.* direc*to*[*ta*]
◪ 親族会議 consejo *m.* de familia
じんそく 迅速
▶ 迅速な rápi*do*[*da*], pron*to*[*ta*], (即時の) inmedia*to*[*ta*]
▶ 迅速に rápidamente, de inmediato, con prontitud ‖ 迅速に行動する obrar con celeridad
しんそこ 心底 ‖ 心底から de (todo) corazón
しんそつ 新卒 recién gradua*do*[*da*] *mf.* ‖ 新卒の若い人を採用する emplear a jóvenes recién graduados
しんたい 身体 cuerpo *m.*
◪ 身体検査 reconocimiento *m.* médico, (所持品などの) cacheo *m.*, registro *m.*
◪ 身体障害者 persona *f.* con discapacidad, discapacita*do*[*da*] *mf.*, minusváli*do*[*da*] *mf.*, inváli*do*[*da*] *mf.*
◪ 身体能力 capacidad *f.* física
しんたい 進退
(慣用) 進退きわまる 《慣用》estar entre la espada y la pared
▶ 進退伺い ‖ 上司に進退伺いを出す presentar la dimisión a *su* jefe
しんだい 寝台
◪ 寝台車 coche *m.* cama
◪ 寝台料金 suplemento *m.* de coche cama
じんたい 人体 cuerpo *m.* humano
◪ 人体解剖学 anatomía *f.* humana
◪ 人体解剖図 atlas *m.*[=*pl.*] ⌈de anatomía (humana) [anatómico]
◪ 人体実験 experimentación *f.* ⌈con humanos [humana]
じんたい 靱帯 ligamento *m.* ‖ 靱帯を切る romperse el ligamento, sufrir una rotura del ligamento
しんたいそう 新体操 gimnasia *f.* rítmica
しんたく 信託 fideicomiso *m.*
▶ 信託の fiducia*rio*[*ria*]
◪ 信託会社 sociedad *f.* fiduciaria
◪ 信託銀行 banco *m.* fiduciario
◪ 信託統治 fideicomiso *m.* ‖ 信託統治領 territorio *m.* en fideicomiso
しんだん 診断 diagnósti*co* *m.*, diagnosis *f.*[=*pl.*] ‖ 診断を受ける recibir el diagnóstico
▶ 診断する diagnosticar ‖ 彼は胃潰瘍と診断された A él le diagnosticaron úlcera gástrica.
◪ 診断書 certificado *m.* médico
じんち 陣地 posición *f.*, campo *m.*
しんちく 新築
▶ 新築する construir, edificar ‖ ビルを新築する construir un nuevo edificio
◪ 新築祝い ‖ 新築祝いのパーティー fiesta *f.* de inauguración de la casa
◪ 新築家屋 casa *f.* nueva
しんちゅう 心中 ‖ そのことを知って彼女は心中穏やかでなくなった Ella se quedó inquieta al saberlo. / 心中お察し申し上げます Comparto su(s) sentimiento(s).
しんちゅう 真鍮 latón *m.*
しんちょう 身長 estatura *f.*, altura *f.* ‖ 君の身長はどのくらいですか ¿Cuánto mides? / 私は身長170センチです Mido uno setenta. ¦ Mi estatura es de un metro setenta. / 身長が高い ser al*to*[*ta*] / 身長が低い ser ba*jo*[*ja*] / 身長が高くなる aumentar de estatura, crecer / 身長を測る medir la estatura / 身長順に por orden de estatura
しんちょう 慎重
▶ 慎重である ‖ 君はとても慎重だ Eres muy prudente. / 彼の運転は慎重だ Él conduce con precaución. / 言葉遣いに慎重である medir las palabras
▶ 慎重な prudente, precavi*do*[*da*] ‖ 慎重な態度 actitud *f.* prudente
▶ 慎重に prudentemente, precavidamente ‖ 慎重に行動する actuar con prudencia, 《慣用》andar con pies de plomo
▶ 慎重さ prudencia *f.* ‖ 慎重さを欠いた imprudente
じんちょうげ 沈丁花 adelfilla *f.* olorosa, (学名) *Daphne odora*
しんちんたいしゃ 新陳代謝 metabolismo *m.* ‖ 新陳代謝が激しい tener un metabolismo ⌈alto [rápido]
しんつう 心痛 angustia *f.*, dolor *m.*
じんつう 陣痛 dolores *mpl.* de parto, 《医学》contracciones *fpl.* (uterinas) ‖ 陣痛が始まっている tener contracciones
じんつうりき 神通力 poder *m.* sobrenatural

しんてい 進呈
▶進呈する regalar, obsequiar a ALGUIEN con ALGO

しんてき 心的
▶心的な mental, psíquico[ca]
◪心的現象 fenómeno m. psíquico
◪心的外傷 trauma m. psíquico ‖ 心的外傷後ストレス障害 trastorno m. por estrés postraumático (略 TEPT)

じんてき 人的
▶人的な humano[na]
◪人的交流 intercambio m. humano
◪人的資源 recursos mpl. humanos
◪人的被害 daño m. personal
◪人的要因 factor m. humano

シンデレラ (童話の主人公) La Cenicienta

しんてん 進展 desarrollo m., evolución f., progreso m.
▶進展する desarrollarse, evolucionar, progresar

しんてん 親展 (封書上の表示) Confidencial ‖ 親展の手紙 carta f. confidencial

しんでん 神殿 templo m., santuario m.

しんでんず 心電図 electrocardiograma m. ‖ 心電図をとる hacer un electrocardiograma

しんてんち 新天地 nuevo mundo m. ‖ 新天地を開く abrir un nuevo horizonte

しんと ‖ しんとした silencioso[sa]

しんと 信徒 ⇒しんじゃ(信者)

しんど 進度 ‖ 進度が速い avanzar rápido / 工事の進度次第で en función de la marcha de la obra

しんど 震度 escala f. sísmica de la Agencia Meteorológica de Japón ‖ 震度3の地震 terremoto m. de tres grados en la escala japonesa

しんとう 神道 sintoísmo m.
▶神道の(信者) sintoísta (com.)

しんとう 浸透 infiltración f., penetración f., (物理・化学) ósmosis f.[=pl.]
▶浸透する infiltrarse ≪en≫, penetrar ≪en≫ ‖ 我が国において民主主義はまだ浸透していない La democracia no está aún afianzada en nuestro país.
▶浸透性 permeabilidad f. ‖ 浸透性の permeable, osmótico[ca]
◪浸透圧 presión f. osmótica

しんとう 親等 grado m. de 「consanguinidad [parentesco]
◪一親等 primer grado m. de consanguinidad

しんどう 神童 niño[ña] mf. prodigio

しんどう 振動 vibración f., oscilación f. ‖ 振り子の振動 vaivén m. del péndulo / エンジンの振動を抑える reducir la vibración del motor
▶振動する vibrar, oscilar
◪振動計 vibrómetro m.
◪振動数 frecuencia f.

しんどう 震動 temblor m., sacudida f.
▶震動する temblar ‖ 大地が震動する La tierra tiembla.

じんどう 人道 humanidad f. ‖ 人道に反する行為 acto m. inhumano
▶人道的(な) humanitario[ria] ‖ 人道的な見地からすると desde el punto de vista humanitario
▶人道的に humanamente
◪人道的介入 intervención f. humanitaria
◪人道的支援 ayuda f. humanitaria
◪人道主義 humanitarismo m. ‖ 人道主義の humanitaria

シンナー disolvente m., diluyente m. ‖ シンナーを吸う inhalar disolvente
◪シンナー中毒 intoxicación f. con disolvente

しんにゅう 侵入 invasión f., penetración f. ‖ 敵の侵入 invasión f. de los enemigos
▶侵入する infiltrarse ≪en≫, penetrar ≪en≫, invadir ‖ コンピュータに侵入する infiltrarse en un ordenador
◪不法侵入 invasión f. de propiedad
◪侵入者 intruso[sa] mf.

しんにゅう
▶進入する entrar
◪進入禁止 《表示》No entrar ‖ 車両進入禁止 《標識》Entrada prohibida a vehículos de motor
◪進入路 ruta f. de acceso

しんにゅう 新入
◪新入生 nuevo[va] estudiante com., estudiante com. novato[ta]
◪新入社員 nuevo[va] empleado[da] mf.

しんにん 信任 confianza f. ‖ 彼女は大臣(男性)の信任が厚い Ella tiene la confianza del ministro. / 信任を得る ganar(se) la confianza ≪de≫
◪信任状 cartas fpl. credenciales
◪信任投票 voto m. de confianza

しんにん
▶新任の nuevo[va], recién nombrado[da] ‖ 新任の教師 nuevo[va] profesor[sora] mf.

しんねん 信念 convicciones fpl., creencia f., fe f. ‖ 信念を貫く mantenerse en sus convicciones / 信念を曲げる renunciar a sus convicciones / 固い信念をもって con firme convicción
▶～という信念をもつ tener la convicción de que 〚+直説法〛

しんねん 新年 Año m. Nuevo, (元日) Día m. de Año Nuevo ‖ 新年を祝う celebrar el Año Nuevo / 新年を迎える recibir el Año Nuevo
慣用 新年おめでとう ¡Feliz Año Nuevo!
◪新年会 fiesta f. de Año Nuevo

しんぱい 心配 preocupación *f.*, (不安) inquietud *f.*, (危惧) temor *m.* ‖ 心配の種 motivo *m.* de preocupación ／ 何も心配する必要はありません No hay nada de qué preocuparse.
▶心配する preocuparse 《de, por》, tener preocupación 《por》‖ 心配するな No te preocupes. ／ 洪水が心配される Se teme una inundación. ／ 何を心配してますか ¿De qué se preocupa usted? ／ 息子の将来が心配だ Estoy preocup*ado*[*da*] por el futuro de mi hijo. ¦ Me preocupa el futuro de mi hijo.
▶心配をかける／心配させる preocupar, causar preocupación 《a》
▶心配な preocupante, inquietante
▶心配性 心配性である preocuparse「mucho por todo [más de lo debido]
じんぱい 塵肺 neumoconiosis *f.*[=*pl.*]
しんぱく 心拍 latido *m.*
◻心拍数 frecuencia *f.* cardiaca
シンバル platillos *mpl.* ‖ シンバルを叩く tocar los platillos
しんぱん 侵犯 violación *f.*
▶侵犯する violar
◻領海侵犯 violación *f.* de las aguas territoriales
◻領空侵犯 violación *f.* del espacio aéreo
しんぱん 審判 arbitraje *m.*, juicio *m.* ‖ 最後の審判 (宗教) Juicio *m.* Final ／ 審判 (男性) に抗議する protestar al árbitro ／ サッカーの審判をする arbitrar un partido de fútbol
▶審判する arbitrar, juzgar
◻審判員 árbi*tro*[*tra*] *mf.*, juez *com.*
しんび 審美
▶審美的な estéti*co*[*ca*]
◻審美眼 sentido *m.* estético
しんぴ 神秘 misterio *m.* ‖ 神秘を解明する「aclarar [desvelar] un misterio
▶神秘的な misterio*so*[*sa*]
◻神秘主義 misticismo *m.* ‖ 神秘主義の místi*co*[*ca*]
しんぴょうせい 信憑性 credibilidad *f.*, veracidad *f.*, autenticidad *f.* ‖ 信憑性のある creíble, fiable, verídi*co*[*ca*] ／ 信憑性のない dudo*so*[*sa*], incier*to*[*ta*]
しんぴん 新品 artículo *m.* nuevo
▶新品の nue*vo*[*va*], de primera mano
◻新品同様 ‖ 新品同様の車 coche *m.* prácticamente nuevo
しんぷ 神父 padre *m.*
しんぷ 新婦 novia *f.*
シンフォニー sinfonía *f.*
しんぷく 振幅 amplitud *f.*
しんふぜん 心不全 insuficiencia *f.* cardiaca
じんふぜん 腎不全 insuficiencia *f.* renal
じんぶつ 人物 persona *f.*, personaje *m.* ‖ 重要な人物 「personaje *m.* [persona *f.*] importante ／ 歴史上の人物 personaje *m.* histórico ／ 人物を描写する describir a una persona
◻登場人物 personaje *m.*
◻人物画 retrato *m.*
シンプル
▶シンプルな senci*llo*[*lla*], simple
しんぶん 新聞 periódico *m.*, diario *m.*, 《集合名詞》prensa *f.* ‖ 私はそれを新聞で読んだ Lo leí en el periódico. ／ 新聞に書く escribir en el periódico ／ 新聞に載る／新聞に出る salir en el periódico ／ 新聞に目を通す hojear el periódico ／ 新聞によると según los periódicos ／ 新聞をとる「abonarse [suscribirse] a un periódico ／ 新聞を配達する repartir periódicos ／ 新聞を読む leer un periódico
◻新聞記事 artículo *m.* 「de periódico [periodístico]
◻新聞記者 periodista *com.*
◻新聞広告 anuncio *m.* en periódico
◻新聞紙 papel *m.* de periódico
◻新聞社 empresa *f.* de periódicos
◻新聞種 tema *m.* de interés periodístico
◻新聞配達 reparti*dor*[*dora*] *mf.* de periódicos
じんぶん 人文
◻人文科学 letras *fpl.*, humanidades *fpl.*
◻人文主義 humanismo *m.*
◻人文地理(学) geografía *f.* humana
じんぷん 人糞 excrementos *mpl.* humanos, heces *fpl.* humanas
しんぺん 身辺 ‖ (自分の)身辺の世話をする atender *sus* necesidades personales ／ 身辺を警護する「vigilar [velar por] la seguridad de ALGUIEN ／ (自分の)身辺を整理する poner en orden *sus* asuntos
しんぽ 進歩 progreso *m.*, avance *m.*, adelanto *m.* ‖ 科学の進歩 progreso *m.* 「científico [de la ciencia] ／ 進歩が遅い progresar lentamente ／ 進歩が早い progresar rápidamente ／ 進歩を遂げる experimentar un progreso
▶進歩的な progresista ‖ 進歩的な考え idea *f.* progresista
▶進歩する progresar, hacer avances, adelantar
◻進歩派(人) progresista *com.*
しんぼう 辛抱 paciencia *f.*, aguante *m.* ‖ 君は辛抱が足りない Te falta paciencia.
▶辛抱する aguantar ‖ もう少し辛抱しなさい Ten un poco más de paciencia.
▶辛抱強い ser paciente, tener paciencia
しんぼう 信望 ‖ 信望がある gozar de confianza y popularidad de ALGUIEN
しんぽう 信奉
▶信奉する profesar, tener una creencia
◻信奉者 devo*to*[*ta*] *mf.*, segui*dor*[*dora*] *mf.*

じんぼう 人望 popularidad *f.* ‖ 人望を得る ganar popularidad / 人望を集める gozar de popularidad

しんぼく 親睦 ‖ 親睦をはかる fomentar la amistad
- 親睦会 reunión *f.* amistosa

シンポジウム simposio *m.* ‖ シンポジウムを開催する celebrar un simposio

シンボル símbolo *m.*
- シンボルマーク emblema *m.*, logotipo *m.*

しんまい 新米 (米) arroz *m.* nuevo, (人) nova*to[ta] mf.*, biso*ño[ña] mf.* ‖ 新米医師 médi*co[ca] mf.* nova*to[ta]*

じんましん 蕁麻疹 urticaria *f.* ‖ じんましんが出る tener urticaria

しんみ 親身 ‖ 親身になって世話をする cuidar「con cariño [cariñosamente] a ALGUIEN

しんみつ 親密
▶ 親密な íntimo[ma], cercano[na] ‖ 親密な関係 íntima relación *f.*

じんみゃく 人脈 amistades *fpl.*, relaciones *fpl.* ‖ 政界に広い人脈がある tener un amplio círculo de amistades en el mundo político

しんみょう 神妙
▶ 神妙な dócil, sumi*so[sa]* ‖ 神妙な態度で con actitud sumisa
▶ 神妙に dócilmente ‖ 神妙にする mostrarse sumi*so[sa]*

しんみり
▶ しんみりと ‖ しんみりと話し合う hablar tranquilamente con ALGUIEN / しんみりとした話 historia *f.* conmovedora
▶ しんみりする conmoverse, enternecerse

じんみん 人民 pueblo *m.*
▶ 人民の de pueblo, popular
- 人民共和国 república *f.* popular
- 人民裁判 juicio *m.* popular
- 人民戦線 frente *m.* popular

しんめ 新芽 brote *m.* ‖ 新芽をふく retoñar, brotar, echar brotes

じんめい 人名 nombre *m.* de persona, antropónimo *m.*
- 人名辞典 diccionario *m.* biográfico

じんめい 人命 vida *f.* humana ‖ 人命を救助する salvar la vida 《a, de》
▶ 人命救助 salvamento *m.* de vidas
- 人命尊重 respeto *m.* a la vida humana

じんもん 尋問 interrogatorio *m.* ‖ 尋問にかける someter a ALGUIEN a un interrogatorio / 尋問を受ける ser interroga*do[da]*
▶ 尋問する interrogar

しんや 深夜 medianoche *f.*
▶ 深夜に a altas horas de la noche, a medianoche
- 深夜営業 ‖ 深夜営業のディスコ discoteca *f.* abierta toda la noche
- 深夜放送 ‖ ラジオの深夜放送(番組) programa *m.* nocturno de radio
- 深夜料金 tarifa *f.* nocturna

しんやく 新薬 medicamento *m.* nuevo

しんやくせいしょ 新約聖書 Nuevo Testamento *m.*

しんゆう 親友 ami*go[ga] mf.* íntimo[ma], gran ami*go[ga] mf.*

しんよう 信用 crédito *m.*, confianza *f.* ‖ 信用を失う perder la confianza de ALGUIEN, desacreditarse / 信用を得る ganar(se) la confianza de ALGUIEN, acreditarse / 信用を傷つける dañar la reputación 《de》 / 私は両親の信用がない Mis padres no confían en mí. / 店の信用が落ちた La tienda perdió su reputación. / 会社の信用にかかわる afectar a la reputación de la empresa
▶ 信用する confiar 《en》, dar crédito 《a》 ‖ 私は彼を信用していない Desconfío de él.
▶ 信用できる confiable, de crédito ‖ 彼女は信用できる人物だ Ella es una persona de「confianza [crédito].
- 信用貸し crédito *m.*
- 信用金庫 caja *f.* de crédito
- 信用協同組合 cooperativa *f.* de crédito
- 信用状 crédito *m.*, carta *f.* de crédito
- 信用取引 operación *f.* de crédito

しんようじゅ 針葉樹 coníferas *fpl.*

しんらい 信頼 confianza *f.* ‖ 信頼にこたえる responder a la confianza de ALGUIEN / 信頼を裏切る traicionar la confianza de ALGUIEN / 全幅の信頼をおく poner toda *su* confianza 《en》 / 信頼を回復する recuperar la confianza de ALGUIEN
▶ 信頼する confiar 《en》, poner la confianza 《en》 ‖ 私は彼を信頼している Confío en él. ¦ 彼լ私の信頼している Él tiene mi confianza. / 私は両親に信頼されている Tengo la confianza de mis padres. / 彼女は君を信頼しきっている Ella tiene puesta en ti una confianza plena.
▶ 信頼できる confiable, fiable, 《動詞》 merecer confianza, ser de fiar ‖ 信頼できるニュース noticia *f.* fidedigna / 信頼できる車 coche *m.* fiable / このブランドは信頼できる Esta marca es de fiar.
▶ 信頼性 fiabilidad *f.* ‖ 信頼性の高いシステム sistema *m.*「de alta fiabilidad [altamente fiable]
- 信頼関係 ‖ 信頼関係を築く entablar una relación de confianza

しんらつ 辛辣
▶ 辛辣な mordaz, a*grio[ria]* ‖ 辛辣な批評 crítica *f.* mordaz
▶ 辛辣さ mordacidad *f.*

しんり 心理 psicología *f.*, sicología *f.*
▶ 心理的な psicológi*co[ca]*
▶ 心理的に psicológicamente
- 心理学 psicología *f.*
- 心理学者 psicólo*go[ga] mf.*
- 心理作戦 estrategia *f.* psicológica

◪心理状態 estado *m*. psicológico
◪心理テスト test *m*. psicológico
◪心理描写 descripción *f*. psicológica
◪心理療法 psicoterapia *f*.
◪心理療法士 psicoterapeuta *com*.
しんり 真理 verdad *f*. ‖ 真理を探求する buscar la verdad ／ 彼の言うことにも一面の真理がある Hay algo de verdad en lo que dice él.
しんり 審理 juicio *m*., examen *m*.
▶審理する juzgar, examinar
じんりきしゃ 人力車 *rickshaw m*., (説明訳) carruaje *m*. de dos ruedas arrastrado por una persona
しんりゃく 侵略 invasión *f*., agresión *f*.
▶侵略する invadir
▶侵略的な agres*ivo*[*va*]
◪侵略軍 tropas *fpl*. invasoras
◪侵略行為 agresión *f*.
◪侵略国 país *m*. 「agresor [invasor]
◪侵略者 invas*or*[*sora*] *mf*., agres*or*[*sora*] *mf*.
◪侵略戦争 guerra *f*. de agresión
しんりょう 診療 （診察）consulta *f*. médica, （治療）tratamiento *m*. médico
▶診療する pasar consulta
◪診療時間 horario *m*. de consulta
◪診療所 clínica *f*., consultorio *m*.
しんりょく 新緑 verdor *m*., verdín *m*.
じんりょく 人力 capacidad *f*. humana ‖ 人力の及ぶところではない estar más allá de la capacidad humana
じんりょく 尽力
▶〜の尽力により gracias a los esfuerzos 《de》
▶尽力する hacer esfuerzos
しんりん 森林 bosque *m*., （密林）selva *f*.
▶森林の forestal
◪森林開発 explotación *f*. forestal
◪森林火災 incendio *m*. forestal
◪森林公園 parque *m*. forestal
◪森林地帯 zona *f*. forestal
◪森林破壊 deforestación *f*.
◪森林面積 superficie *f*. forestal
◪森林浴 ‖ 森林浴をする tomar un baño forestal, pasear por un bosque
しんるい 親類 pariente *com*., familiar *m*. →しんせき（親戚）
◪親類縁者《集合名詞》parentela *f*.
じんるい 人類 humanidad *f*., 《生物》especie *f*. humana
▶人類の huma*no*[*na*] ‖ 人類の出現 aparición *f*. de la especie humana ／ 人類の進歩 progreso *m*. de la humanidad
◪人類愛 amor *m*. a la humanidad
◪人類学 antropología *f*.
◪人類学者 antropól*ogo*[*ga*] *mf*.
しんれい 心霊
◪心霊現象 fenómeno *m*. parapsíquico
◪心霊写真 fotografía *f*. espiritual
◪心霊術 espiritismo *m*.
しんろ 針路 rumbo *m*., dirección *f*. ‖ 針路を決める determinar el rumbo ／ 南に針路を取る tomar rumbo al sur
しんろ 進路 rumbo *m*., curso *m*. ‖ 台風の進路 rumbo *m*. del tifón ／ 進路を誤る tomar un rumbo equivocado, equivocarse de rumbo ／ 進路を妨げる/進路を阻む impedir el paso 《de, a》／ 彼は卒業後の進路を決めた Él ha decidido lo que va a hacer después de graduarse.
◪進路指導 orientación *f*. de carrera
しんろう 心労 angustia *f*., preocupación *f*.
しんろう 新郎 novio *m*.
◪新郎新婦 novios *mpl*.
しんわ 神話 mito *m*., mitología *f*. ‖ 彼の無敵神話が崩れた El mito de su invencibilidad se derrumbó.
◪ギリシャ神話 mitología *f*. griega

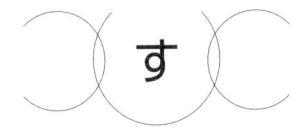

す

す 巣 （鳥・昆虫などの）nido *m*., （蜂の）colmena *f*., （クモの）telaraña *f*., （動物の）guarida *f*., （うさぎの）madriguera *f*. ‖ 巣を作る （鳥などが）hacer nido, anidar, （クモが）tejer telarañas ／ 巣に帰る volver al nido ／ 巣を離れる（鳥が）volar del nido ／ 不良の巣 nido *m*. de delincuentes
〔慣用〕愛の巣 nido *m*. de amor
す 酢 vinagre *m*.
ず 図 figura *f*., （チャート）esquema *m*., diagrama *m*., （図表）gráfico *m*., gráfica *f*., （さし絵）ilustración *f*., dibujo *m*., （平面図）plano *m*. ‖ 図に書く（チャートなど）hacer 「una figura [un esquema, un diagrama, una gráfica］／ 図2.2を参照のこと Véase la figura 2.2. ／ 図が示すように como muestra la figura
〔慣用〕図に乗る engreírse
〔慣用〕図に当たる（何かが）salir bien a ALGUIEN

すあし 素足 pies *mpl.* desnudos ‖ 素足に靴を履く ponerse zapatos en los pies desnudos
▶素足で con pies desnudos ‖ 素足で歩く「andar [caminar] descal*zo*[*za*] / 素足で上がる entrar con pies desnudos《en》
ずあん 図案 diseño *m.*, dibujo *m.* ‖ 図案を描く diseñar, hacer un diseño
ずい 髄 médula *f.*, medula *f.*, meollo *m.*
すいあげポンプ 吸い上げポンプ bomba *f.* de succión
すいあげる 吸い上げる absorber, extraer;(搾取する) explotar ‖ 地下水を吸い上げる extraer agua subterránea / 養分を吸い上げる absorber nutrientes
すいあつ 水圧 presión *f.* del agua, presión *f.* hidrostática, (動圧) presión *f.* hidrodinámica
◪水圧計 manómetro *m.*, piezómetro *m.*
すいい 水位 nivel *m.* del agua
◪水位測定 medición *f.* del nivel de agua
すいい 推移 evolución *f.*, (展開) desarrollo *m.* ‖ 価格の推移 cambio *m.* de precios / 季節の推移 cambio *m.* estacional / 時代の推移とともに con el transcurso del tiempo
▶推移する evolucionar, desarrollarse ‖ 好調に推移する desarrollarse favorablemente
ずいい 随意
▶随意の (自由な) libre, (選択可能な) facultati*vo*[*va*], opcional, (自発的な) voluntari*o*[*ria*]
▶随意に libremente, voluntariamente ‖ どうぞご随意になさってください como usted quiera
◪随意筋 músculo *m.* voluntario
◪随意契約 contrato *m.* libre
すいいき 水域 zona *f.* marítima
ずいいち 随一
▶随一の (一番の) *el*[*la*] pri*mer*[*mera*]『+名詞』, (最良の) *el*[*la*] mejor『+名詞』‖ 随一の傑作 la mejor obra / アジア随一の人気俳優(男性) el actor más popular de Asia
スイーツ dulces *mpl.*
スイートピー guisante *m.* de olor
スイートポテト dulce *m.* de「batata [boniato, camote]
スイートルーム 《フランス語》 suite *f.*, habitación *f.* suite
ずいいん 随員 acompañante *com.*, (護衛) escolta *com.*,《集合名詞》séquito *m.*
すいえい 水泳 natación *f.* ‖ 水泳を習う aprender a nadar
▶水泳する nadar
◪水泳着 bañador *m.*, traje *m.* de baño
◪水泳競技 prueba *f.* de natación
◪水泳選手 nada*dor*[*dora*] *mf.*
◪水泳大会 competición *f.* de natación
◪水泳帽 gorro *m.* de piscina

―――― 水泳の関連語 ――――

クロール crol *m.* / 平泳ぎ braza *f.* / 背泳ぎ espalda *f.* / バタフライ mariposa *f.* / 400メートル自由形 400 metros *mpl.* libres / 立ち泳ぎをする nadar en posición vertical / 競泳 natación *f.* competitiva / 飛び込み salto *m.* / 水球《英語》 waterpolo *m.*, polo *m.* acuático / シンクロナイズドスイミング natación *f.* sincronizada

すいおん 水温 temperatura *f.* del agua ‖ 水温を上げる[下げる]「subir [bajar] la temperatura del agua / 水温を保つ mantener la temperatura del agua
すいか 西瓜 sandía *f.*
すいがい 水害 daños *mpl.* (causados) por la inundación ‖ 水害に遭う sufrir inundaciones
◪水害地「área *f.* [zona *f.*] inundada, zona *f.* afectada por las inundaciones
すいがら 吸い殻 colilla *f.*
すいきゅう 水球 《英語》 *waterpolo m.*, polo *m.* acuático
すいぎゅう 水牛 búfalo *m.* de agua (雄・雌)
すいぎん 水銀 mercurio *m.*《記号 Hg》
◪水銀温度計 termómetro *m.* de mercurio
◪水銀柱 columna *f.* de mercurio
◪水銀中毒 intoxicación *f.*「por [de] mercurio, mercurialismo *m.*, hidrargirismo *m.*
◪水銀電池 batería *f.*「pila *f.*] de mercurio
◪水銀灯 lámpara *f.* de mercurio
すいくち 吸い口 boquilla *f.*
すいげん 水源 fuente *f.* de suministro de agua, (川の) cabecera *f.* de un río, origen *m.* de un río
◪水源地 reserva *f.* de agua, (川の) lugar *m.* donde nace el río
すいこう 遂行 ejecución *f.*, cumplimiento *m.* ‖ 任務の遂行 cumplimiento *m.* de una misión
▶遂行する cumplir, ejecutar, llevar a cabo ‖ 任務を遂行する cumplir (con) la misión
すいこう 推敲 retoque *m.*, elaboración *f.* ‖ 推敲を重ねる revisar repetidas veces
▶推敲する elaborar, pulir, retocar ‖ 文章を推敲する「pulir [retocar] el texto
ずいこう 随行 acompañamiento *m.*
▶随行する acompañar, escoltar
◪随行員 ⇒ずいいん(随員)
すいこむ 吸い込む, (液体を) absorber ‖ 息を吸い込む inspirar, aspirar / 埃を吸い込む aspirar el polvo / 心が吸い込まれるような景色 paisaje *m.* conmovedor

すいさい 水彩 acuarela *f.*
- 水彩画 acuarela *f.* ‖ 水彩画を描く pintar a la acuarela
- 水彩画家 acuarelista *com.*

すいさつ 推察 conjetura *f.*, suposición *f.*
▶ 推察する conjeturar, suponer, （想像する） imaginar

すいさん 水産
- 水産加工品 productos *mpl.* elaborados「del mar [de la pesca], pescados *mpl.* y mariscos *mpl.* elaborados
- 水産業 industria *f.* pesquera
- 水産試験場 laboratorio *m.* de piscicultura
- 水産大学 universidad *f.* de pesquerías
- 水産庁 Agencia *f.* para la Pesca
- 水産物 productos *mpl.*「del mar [marinos, de la pesca]

すいさんか 水酸化
- 水酸化物 hidróxido *m.*
- 水酸化ナトリウム hidróxido *m.* de sodio

すいし 水死 ahogamiento *m.* por inmersión, （溺死） muerte *f.* por ahogamiento
▶ 水死する ahogarse, morir ahoga*do*[*da*]
- 水死体 cuerpo *m.* ahogado

すいじ 炊事 trabajo *m.* de cocina, cocina *f.*
▶ 炊事する cocinar
- 炊事道具 utensilios *mpl.* de cocina
- 炊事当番 （人）encarga*do*[*da*] *mf.* de cocina, （順番）turno *m.* de cocina
- 炊事場 cocina *f.*

ずいじ 随時 （いつでも）en cualquier momento, siempre, （必要時に）en momentos necesarios

すいしつ 水質 calidad *f.* del agua ‖ よい [悪い] 水質「buena [mala] calidad *f.* del agua ／ 水質を検査する analizar la calidad del agua
- 水質汚染 contaminación *f.* del agua ‖ 水質汚染を防止する prevenir la contaminación del agua
- 水質管理 control *m.* de la calidad del agua
- 水質基準 estándares *mpl.* de calidad del agua

すいしゃ 水車 molino *m.* de agua
- 水車小屋 molino *m.* de agua

すいじゃく 衰弱 debilitamiento *m.*, decadencia *f.* ‖ 彼女の衰弱ぶりには心が痛む Me da pena verla tan decaída.
▶ 衰弱する debilitarse
- 神経衰弱《医学》 neurastenia *f.*, 《トランプ》memorama *m.*
- 衰弱死 muerte *f.* por debilidad

すいじゅん 水準 nivel *m.*, （標準）estándar *m.* ‖ 生活の水準 nivel *m.* de vida ／ 技術の水準 nivel *m.* de tecnología ／ 水準が高い[低い] El nivel es「alto [bajo]. ／ 水準を上げる [下げる]「subir [bajar] el nivel ／ 水準を維持する mantener el nivel ／ 世界の水準に達する alcanzar el nivel mundial

ずいしょ 随所
▶ 随所に「en [por] todas partes ‖ 建物の随所に亀裂が見つかった En el edificio se encontraron grietas por todas partes.

すいしょう 水晶 cuarzo *m.*, cristal *m.* de roca
- 紫水晶 amatista *f.*
- 水晶球/水晶玉 bola *f.* de cristal
- 水晶体《解剖》cristalino *m.*

すいじょう 水上
▶ 水上で「sobre [en] el agua, en la superficie del agua
▶ 水上の acuático[ca], （海の）náutico[ca], marítimo[ma], （水に浮いた）flotante
- 水上競技 deporte *m.*「acuático [náutico]
- 水上警察 policía *f.* marítima
- 水上スキー esquí *m.*「acuático [náutico]
- 水上飛行機 hidroavión *m.*
- 水上レストラン restaurante *m.* flotante

すいじょうき 水蒸気 vapor *m.* de agua

すいしん 水深 profundidad *f.* del agua ‖ 水深5mの川 río *m.* con una profundidad de cinco metros ／ 水深を測る medir la profundidad del agua
- 水深計 batímetro *m.*

すいしん 推進 promoción *f.*, propulsión *f.* ‖ 改革の推進を図る promover la reforma
▶ 推進する promover, impulsar, propulsar ‖ 運動を推進する promover un movimiento
- 推進器（プロペラ）hélice *f.*
- 推進力 fuerza *f.* propulsor, impulso *m.*

すいすい すいすい泳ぐ nadar como un pez ／ 問題をすいすいと解く resolver los problemas con facilidad ／ 仕事がすいすい進んだ El trabajo avanzó rápidamente.

すいせい 水生/水棲
▶ 水生の acuático[ca]
- 水生植物 planta *f.* acuática
- 水生動物 animal *m.* acuático

すいせい 水性
▶ 水性の soluble en el agua, hidrosoluble
- 水性ガス gas *m.* de agua
- 水性塗料 pintura *f.* al agua

すいせい 水星 Mercurio

すいせい 彗星 cometa *m.* ‖ 彗星のごとく現れる aparecer brillantemente
- ハレー彗星 cometa *m.* Halley

すいせん 水仙 narciso *m.*

すいせん 水洗
- 水洗トイレ retrete *m.*, inodoro *m.*, váter *m.*

すいせん 垂線 línea *f.* perpendicular, perpendicular *f.*

すいせん 推薦 recomendación *f.*
▶ 〜の推薦で por recomendación《de》

すいそ

> ▶推薦する recomendar ‖ ～を会長に推薦する recomendar a ALGUIEN como presidente
> ◪推薦候補 candida*to*[*ta*] *mf.* recomenda*do*[*da*]
> ◪推薦者 recomendante *com.*
> ◪推薦状 carta *f.* de recomendación
> ◪推薦図書 libro *m.* recomendado
> ◪推薦入学 admisión *f.* por recomendación

すいそ 水素 《化学》hidrógeno *m.* 《記号 H》
> ◪液体水素 hidrógeno *m.* líquido
> ◪水素化合物 hidruro *m.*
> ◪水素ガス gas *m.* hidrógeno
> ◪水素社会 sociedad *f.* del hidrógeno
> ◪水素燃料車 vehículo *m.* de hidrógeno
> ◪水素爆弾 bomba *f.* de hidrógeno

すいそう 水槽 cisterna *f.*, depósito *m.* de agua, (魚飼育用) acuario *m.*

すいそう 吹奏
> ▶吹奏する tocar
> ◪吹奏楽 música *f.* de「banda [viento]
> ◪吹奏楽団 banda *f.* de música
> ◪吹奏楽器 instrumentos *mpl.* de viento

すいぞう 膵臓 páncreas *m.*[=*pl.*]
> ▶膵臓の pancreático[*ca*]
> ◪膵(臓)炎 pancreatitis *f.*[=*pl.*]
> ◪膵臓がん cáncer *m.*「de páncreas [pancreático]

すいそく 推測 deducción *f.*, conjetura *f.*, suposición *f.* ‖ 根拠のない推測 especulación *f.* sin fundamento / 推測にすぎない no ser más que「una suposición [una conjetura, conjeturas], ser una「mera [simple] suposición / 推測が当たった La suposición ha resultado correcta. / 推測の域を出ない no dejar de ser una suposición
> ▶推測する deducir, conjeturar, suponer, hacer conjeturas

すいぞくかん 水族館 acuario *m.*

すいたい 衰退 decadencia *f.*, declive *m.*, declinación *f.*, 《格式語》ocaso *m.* ‖ 衰退に向かう entrar en la decadencia / 繁栄と衰退 prosperidad *f.* y decadencia *f.* / 衰退の一途をたどる precipitarse a la decadencia
> ▶衰退する decaer, declinar

すいちゅう 水中
> ▶水中の acuático[*ca*], subacuático[*ca*], (海中の) submarino[*na*]
> ▶水中に/水中で en (el) agua, bajo (el) agua
> ◪水中カメラ cámara *f.*「acuática [submarina]
> ◪水中撮影 (写真の) fotografía *f.* submarina, (動画の) filmación *f.* submarina
> ◪水中写真 foto(grafía) *f.*「submarina [acuática]
> ◪水中銃 fusil *m.* submarino
> ◪水中眼鏡 gafas *fpl.*「submarinas [acuáticas]
> ◪水中翼船 hidroala *m.*

すいちょく 垂直 aplomo *m.* ‖ 直線ABは直線CDに垂直である La recta AB es perpendicular a la recta CD.
> ▶垂直な (水平面に対して) vertical, (線や面に対して) perpendicular
> ▶垂直に verticalmente, perpendicularmente ‖ 垂直に上昇する ascender verticalmente / 垂直に立てる「poner [colocar] ALGO verticalmente / 垂直に交わる cruzarse perpendicularmente
> ◪垂直距離 distancia *f.*「vertical [perpendicular]
> ◪垂直線 línea *f.*「vertical [perpendicular]
> ◪垂直二等分線 bisectriz *f.* perpendicular
> ◪垂直尾翼 estabilizador *m.* vertical
> ◪垂直離着陸機 aeronave *f.*「VTOL [de despegue y aterrizaje vertical]

すいつく 吸い付く pegarse

すいつける 吸い付ける atraer, (吸い慣れる) acostumbrar a fumar

スイッチ 《電気》interruptor *m.*, llave *f.*, botón *m.* de encendido ‖ テレビのスイッチを入れる「poner [encender] la tele / スイッチを押す apretar el botón de encendido / スイッチを切る apagar / 自動的にスイッチが入る encenderse automáticamente
> ◪スイッチバック vías *fpl.* en zig zag
> ◪スイッチヒッター《野球》batea*dor*[*dora*] *mf.*「ambide*xtro*[*tra*] [ambidies*tro*[*tra*]]

すいてい 水底 lecho *m.*, fondo *m.* del agua

すいてい 推定 deducción *f.*, suposición *f.*, inferencia *f.*, (根拠のない) especulación *f.*, (見積り) estimación *f.* ‖ 推定によると según especulaciones
> ▶推定する deducir, suponer, especular, presumir ‖ 原因を推定する deducir las causas《de》/ その地区の人口は約70万人に上ると推定される Se calcula que la población de esa zona asciende a unas setecientas mil personas.
> ◪推定上の presun*to*[*ta*], (見積り上の) estima*do*[*da*]
> ◪推定価格 precio *m.* estimado
> ◪推定無罪 presunción *f.* de inocencia

すいてき 水滴 gota *f.* de agua

すいでん 水田 arrozal *m.*, campo *m.* de arroz

すいとう 水筒 cantimplora *f.*

すいとう 出納 entrada *f.* y salida *f.* de dinero
> ◪出納係 caje*ro*[*ra*] *mf.*
> ◪出納簿 libro *m.* de cuentas

すいどう 水道 (水道水) agua *f.*「corriente [del grifo], (設備) sistema *m.* de abastecimiento de agua; (海峡) canal *m.* ‖ 水道(の水)を出す[止める]「abrir [cerrar] el grifo / 水道を引く instalar el agua corriente

◪水道管 tubería f. de agua
◪水道局 oficina f. del agua
◪水道栓 grifo m.
◪水道メーター medidor m. de agua
◪水道屋 fontane*ro*[*ra*] mf.
◪水道料金 tarifa f. del agua
すいとる 吸い取る （機械で）aspirar,（液体・気体を）absorber
すいばく 水爆 bomba f. de hidrógeno
すいはんき 炊飯器 olla f. arrocera, arrocera f.
◪電気炊飯器 olla f. arrocera eléctrica
ずいひつ 随筆 ensayo m.
◪随筆家 ensayista com.
◪随筆集 [colección f. [antología f.] de ensayos
すいふ 水夫 marine*ro*[*ra*] mf.
すいぶん 水分 （水）agua f.,（湿気）humedad f.‖水分が多い果物 fruta f. jugosa／水分を補給する hidratarse／水分を失う deshidratarse
ずいぶん 随分 （非常に）muy, mucho,（かなり）bastante, considerablemente‖ずいぶん不公平な話だ Es bastante injusto.
▶ずいぶんな（不快な）muy desagradable‖君それはずいぶんな言い方だな《話》Te estás pasando.
すいへい 水平 horizontalidad f.‖水平を保つ mantener la posición horizontal
▶水平な/水平の horizontal‖水平の方向 dirección f. horizontal／水平な面 plano m. horizontal
▶水平に horizontalmente‖水平に置く colocar ALGO en posición horizontal／水平に均す nivelar, allanar
◪水平思考 pensamiento m. lateral
◪水平線 horizonte m.
◪水平飛行 vuelo m. horizontal
すいへい 水兵 （兵隊）marino m.,（船乗り）marine*ro*[*ra*] mf.
◪水兵服 uniforme m. de「marinero [marino],（子供の制服）「traje m. [vestido m.] de marinero
◪水兵帽 gorra f. de「marinero [marino]
すいほう 水泡 burbujas fpl. (de aire en el agua), espuma f.
慣用水泡に帰す quedarse en nada,《慣用》quedarse en agua de borrajas‖私たちの努力はすべて水泡に帰した Todo nuestro esfuerzo fue en vano.
すいぼくが 水墨画 pintura f. con tinta china, dibujo m. a tinta china
すいま 睡魔 modorra f., sopor m., somnolencia f.‖私は突然ひどい睡魔に襲われた De repente me entró un sueño que no podía aguantar.
ずいまくえん 髄膜炎 meningitis f.[=pl.]
すいません ⇒すみません

すいみん 睡眠 sueño m.‖7時間睡眠をとる dormir siete horas／睡眠を妨げる impedir el sueño a ALGUIEN
◪睡眠時間 horas fpl. de「sueño [dormir]
◪睡眠時無呼吸症候群 síndrome m. de apnea obstructiva del sueño (略 SAOS)
◪睡眠導入剤/睡眠薬 hipnótico m., somnífero m., soporífero m.
◪睡眠不足 falta f. de sueño‖このところ私は睡眠不足である Últimamente no duermo lo suficiente.
すいめん 水面 superficie f. del agua
◪水面下「en el [debajo del] agua,（隠れて）《慣用》a escondidas,《慣用》bajo cuerda, en secreto‖両社は水面下で取引をした Las dos empresas hicieron un trato a escondidas.／水面下で怪しい動きがある Hay movimientos extraños bajo cuerda.
すいもの 吸い物 sopa f. clara
すいもん 水門 compuerta f.‖水門を開ける[閉じる]「abrir [cerrar] la compuerta
すいよう 水溶
▶水溶性の hidrosoluble, soluble en el agua
◪水溶液 solución f. acuosa
すいようび 水曜日 miércoles m.[=pl.]
▶水曜日に el miércoles
すいり 水利 （水運）transporte m. por agua,（利用）utilización f. del agua
◪水利権 derecho m. del agua
すいり 推理 deducción f., razonamiento m. deductivo‖見事な推理 razonamiento m. muy acertado
▶推理する deducir, razonar deductivamente
◪推理小説 novela f. policíaca
すいりく 水陸
◪水陸両用(の)/水陸両棲(の) anfi*bio*[*bia*]
◪水陸両用車 vehículo m. anfibio
すいりゅう 水流 corriente f. de agua
すいりょう 推量 ⇒すいそく（推測）
すいりょく 水力「fuerza f. [energía f., potencia f.] hidráulica‖水力を利用する utilizar la energía hidráulica
◪水力タービン《機械》turbina f. hidráulica
◪水力発電 generación f.「hidroeléctrica [hidráulica]
◪水力発電所 central f. hidroeléctrica
すいれい 水冷 refrigeración f. por agua
◪水冷式エンジン motor m. refrigerado por agua
すいれん 睡蓮 nenúfar m.
すいろ 水路 （水の通路）cauce m.,（人工の）canal m.,（航行可能な）vía f.「acuática [navegable]
すいろん 推論 razonamiento m.,（演繹的）deducción f., inferencia f.,（帰納的）inducción f.
▶推論する razonar,（演繹的に）deducir,

inferir, (帰納的に) inducir

スイング 《野球・音楽》《英語》*swing* m.
▶スイングする hacer un *swing*

すう 数 ⇒かず

すう 吸う (気体を) aspirar, (液体を) succionar, (吸収する) absorber, (しゃぶる) chupar, (飲み込む) sorber, (タバコを) fumar ‖ スポンジはたくさんの水を吸う La esponja absorbe mucha agua.

すうかい 数回 「unas [algunas, unas cuantas] veces

すうがく 数学 matemáticas *fpl.*
▶数学の matemático[ca]
▶数学的に matemáticamente
◪数学者 matemático[ca] *mf.*

すうき 数奇
▶数奇な (不運な) desgraciado[da], desventurado[da], (波乱万丈の) accidentado[da] ‖ 数奇な運命「desgraciado [desdichado] destino m.

すうききょう/すうきけい 枢機卿 《カトリック》cardenal m.

すうこう 崇高
▶崇高な sublime, noble, excelso[sa]

すうし 数詞 《文法》numeral m.

すうじ número m., cifra f. ⇒かず (数) ‖ 正確な数字 cifra f. exacta / 数字で示す mostrar ALGO en cifras
◪アラビア数字 número m. arábigo
◪漢数字 número m. chino
◪ローマ数字 número m. romano

すうしき 数式 expresión f. algebraica

ずうずうしい 図々しい descarado[da], insolente, 《話》fresco[ca] ‖ ずうずうしい人 frescales com.[=pl.], caradura com. / 彼はとてもずうずうしい Él tiene mucha cara. / ずうずうしいにも程がある ¡Qué morro! ¦ Todo tiene su límite.
▶ずうずうしくも descaradamente ‖ あいつはずうずうしくも僕に払えと言った Ese tuvo el descaro de decirme que lo pagara yo.

スーツ traje m. ‖ 私にぴったりのスーツ traje m. de mi talla / スーツを着る ponerse el traje / スーツを仕立ててもらう hacer un traje a medida

スーツケース maleta f., valija f.

スーパー (スーパーマーケット) supermercado m., (字幕) subtítulos mpl.

スーパースター superestrella f.

スーパーマン 《英語》supermán m., superhombre m.

すうはい 崇拝 adoración f., veneración f., culto m., (賞賛) admiración f.
▶崇拝する adorar, venerar, sentir veneración《por》
◪偶像崇拝 idolatría f.
◪金銭崇拝 culto m. al dinero

すうひょう 数表 tabla f. 「numérica [matemática]

スープ sopa f., (クリームスープ) crema f., (コンソメ) consomé m., (煮汁) caldo m. ‖ あたたかい[冷たい]スープ sopa f. 「caliente [fría] / 野菜のスープ sopa f. de verduras / オニオンスープ sopa f. de cebolla / スープを飲む「tomar [comer] sopa
◪スープ皿 plato m. 「de sopa [sopero]

ズーム zum m., 《英語》zoom m. ‖ ズームを使う usar el zum
◪ズームアップ acercamiento m. con el zum ‖ ズームアップする acercarse con el zum
◪ズーム撮影 (写真) fotografía f. con zum, (映画) filmación f. con zum
◪ズームレンズ zum m., objetivo m. zum

すうりょう 数量 cantidad f.

すうれつ 数列 《数学》progresión f.
◪等差数列 progresión f. aritmética
◪等比数列 progresión f. geométrica

すえ 末 final m., fin m. ‖ 今月の末に a finales de este mes, a fines de este mes / 私は思い悩んだ末にそれを決めた Después de cavilar mucho, lo decidí. / 長い議論の末に después de largas discusiones / 彼は末が楽しみな学生だ Él es un estudiante prometedor. / 息子の末が思いやられる Me preocupa el futuro de mi hijo. / 末の娘 la hija menor
▶末永く por muchos años, para siempre
慣用 世も末だ El mundo se está echando a perder.

スエード ante m.

すえおき 据え置き (資金の) aplazamiento m., (値段の) congelación f.
◪据え置き期間 (支払いの) período m. de gracia

すえおく 据え置く (資金を) aplazar, (価格を) congelar ‖ 消費税を据え置く mantener el impuesto sobre el consumo

すえつける 据え付ける instalar

すえっこ 末っ子 el[la] hijo[ja] menor, benjamín[mina] mf.

スエットスーツ chándal m.

すえる 据える (置く) poner, colocar, instalar, (地位に) designar ‖ 機械を据える instalar una máquina

ずが 図画 dibujo m., (絵) pintura f.

スカート falda f., 《南米》pollera f. ‖ 長い[短い]スカート falda f. 「larga [corta] / スカートを履く[脱ぐ]「ponerse [quitarse] la falda

---

◯ スカートの種類 ◯

ロングスカート falda f. larga / ミニスカート minifalda f. / ラップスカート (巻き

スカート) falda *f*. pareo ／ タイトスカート falda *f*.「recta [de tubo]／ フレアースカート falda *f*.「acampanada [circular]／ プリーツスカート falda *f*.「plisada [con pliegues]／ キュロットスカート falda *f*. pantalón ／ 吊りスカート falda *f*. con tirantes ／ ジャンパースカート pichi *m*. ／ サロペットスカート falda *f*. peto ／ ギャザースカート falda *f*. fruncida ／ Aラインスカート falda *f*. de línea A

スカーフ pañuelo *m*., fular *m*.
ずかい 図解 (絵) ilustración *f*., (図表) gráfico *m*., diagrama *m*. ‖ 図解入りの ilustra*do*[*da*]
▶図解する ilustrar, mostrar gráficamente
ずがいこつ 頭蓋骨 cráneo *m*., huesos *mpl*. del cráneo
☐頭蓋骨骨折 fractura *f*.「craneal [de cráneo]
スカイダイビング paracaidismo *m*.
☐スカイダイバー paracaidista *com*.
スカイラウンジ 《英語》sky lounge *m*.
スカウト (人) cazatalentos *com*.[=*pl*.]
▶スカウトする cazar talentos, buscar y contratar a ALGUIEN
すがお 素顔 「cara *f*. [rostro *m*.] sin maquillaje, verdadera cara *f*. ‖ 日本の素顔 Japón tal cual ／ 彼女は素顔のほうが美しい Ella está más guapa sin maquillaje.
▶素顔の (化粧しない) sin maquillaje, (ありのままの) tal cual, tal como es
すかさず de inmediato, inmediatamente, al momento, al instante ‖ 店から出てきた泥棒(男性)を警察はすかさず取り押さえた Cuando el ladrón salió de la tienda, la policía no tardó ni un instante en capturarlo.
すかし 透かし filigrana *f*. ‖ 紙幣の透かし filigrana *f*. de un billete
☐透かし彫り calado *m*.
すかす 透かす ver a través de ALGO, (間をあける) dejar espacio ‖ 窓ガラスを透かして外を見る mirar a través de la ventana hacia fuera
ずかずか
▶ずかずかと (ずうずうしく) con toda frescura, con descaro, (乱暴に) violentamente, bruscamente ‖ 彼はずかずかと店に入り込んできた Él entró en la tienda como Pedro por su casa. ／ ずかずかとものを言う《慣用》no tener pelos en la lengua
すがすがしい 清清しい fres*co*[*ca*], refrescante ‖ すがすがしい朝 una mañana refrescante ／ すがすがしい気持ち sensación *f*. agradable
すがた 姿 (体型) figura *f*., tipo *m*., (身なり) apariencia *f*., porte *m*., (様子) aspecto *m*. ‖ 堂々たる富士山の姿 imponente figura *f*. del monte Fuji ／ 公園に遊ぶ子供の姿がない No hay niños jugando en el parque. ／ 本当の姿を映しだす reflejar la imagen fiel《de》／ 人間の姿をした怪物 monstruo *m*. disfrazado de hombre ／ 姿を現わす aparecer ／ 姿を消す desaparecer ／ 姿をくらます escaparse, ocultarse, fugarse ／ このところ彼の姿を見かけない Últimamente no se le ve por aquí. ／ 君の成長する姿を見ることができるのは私の大きな喜びです Poder verte crecer y progresar es una gran alegría para mí.
☐後ろ姿 figura *f*. de espaldas
☐武者姿 imagen *f*. de guerrero
☐姿形 apariencia *f*.
スカッシュ
☐レモンスカッシュ limonada *f*.
☐オレンジスカッシュ naranjada *f*.
すかっと
▶すかっとする sentirse nue*vo*[*va*]
すがる 縋る (しがみつく) agarrarse《a》, aferrarse《a》, (頼る) depender《de》, recurrir《a》, contar《con》‖ 縋るような目 mirada *f*. suplicante ／ 杖に縋る apoyarse en un bastón ／ 人の情に縋る implorar la compasión de ALGUIEN
▶縋りつく agarrarse fuertemente《a》
ずかん 図鑑 enciclopedia *f*. ilustrada
☐鳥類図鑑 enciclopedia *f*. ilustrada de aves
スカンク mofeta *f*. (雄・雌)
すき 隙/透き (隙間) abertura *f*., (空いている部分) espacio *m*. libre, (合間) hueco *m*., (油断) descuido *m*., (機会) oportunidad *f*. ‖ 足を踏み入れる隙もない No hay un solo espacio libre donde poner el pie. ／ ～の隙に乗じる aprovechar un momento de descuido de ALGUIEN ／ ～の隙を突く pillar a ALGUIEN desperveni*do*[*da*]／ 隙を見せる estar desperveni*do*[*da*]／ 隙を見せない estar en alerta
▶隙のない cautelo*so*[*sa*], (完璧な) perfec*to*[*ta*], impecable
すき 鋤 (手に持つ) laya *f*., (トラクターなどが引く) arado *m*.
すき 好き ‖ 映画好き aficiona*do*[*da*] *mf*. al cine ／ 好きになる (恋する) enamorarse《de》／ 少し練習すればテニスが大好きになるよ Te va a gustar mucho el tenis si practicas un poco. ／ 好きにしなさい Haz lo que quieras.
▶好きである gustar ‖ 彼は料理が好きだ A él le gusta cocinar. ／ 彼女は中華料理が大好きだ A ella le encanta la comida china.
▶好きな favori*to*[*ta*], preferi*do*[*da*] ‖ 好きな女優 actriz *f*. favorita ／ 君か好きな人がいるの? ¿Estás enamora*do*[*da*] de alguien? ／ 好きなだけ食べなさい Come todo lo que

すぎ 杉 ciprés *m.* japonés, (学名) *Cryptomeria japonica*
- 糸杉 ciprés *m.*
- ヒマラヤ杉 cedro *m.*
- 杉花粉 polen *m.* de cedro
- 杉花粉症 alergia *f.* al polen de cedro

すぎ 過ぎ ❶ (過度に) demasiado ‖ 君は働き過ぎだ Trabajas demasiado. ／飲み過ぎは健康に悪い El exceso de alcohol es perjudicial para la salud.
❷ (時刻など) pas*ado*[da] ‖ 1時過ぎに a la una y pico, pasada la una ／ 3時半過ぎに pasadas las tres y media ／ 私はもう30過ぎだ Ya tengo treinta y tantos años.

ずき 好き ⇒すき(好き)

スキー esquí *m.* ‖ スキーをする esquiar, practicar esquí ／スキーを楽しむ disfrutar del esquí ／スキーに行く ir a esquiar ／ 私はスキーが得意だ Esquío bien.
- 水上スキー esquí *m.* [acuático [náutico]
- スキーウエア「ropa *f.* [traje *m.*] de esquí
- スキー靴 botas *fpl.* de esquí
- スキー場 estación *f.* de esquí, (ゲレンデ) pista *f.* de esquí
- スキーストック bastón *m.* de esquí
- スキー帽 gorro *m.* de esquí
- スキー用具 equipo *m.* de esquí
- スキーリフト telesilla *m.*

スキーの種目

アルペンスキー esquí *m.* alpino ／滑降 descenso *m.* ／回転 eslalon *m.* ／大回転 eslalon *m.* gigante ／スーパー大回転 eslalon *m.* supergigante ／ノルディックスキー esquí *m.* nórdico ／ジャンプ saltos *mpl.* ／クロスカントリースキー esquí *m.* de fondo ／フリースタイルスキー esquí *m.* acrobático ／エアリアル esquí *m.* aerial ／モーグル esquí *m.* mogul ／バイアスロン biatlón *m.*

スキーヤー esquia*dor*[dora] *mf.*

すきかって 好き勝手
▶好き勝手に *su* antojo, a *sus* anchas, como *le* dé la gana
▶好き勝手な caprichos*o*[sa] ‖ 好き勝手な行動 actitud *f.* caprichosa

すききらい 好き嫌い ‖ 誰にでも好き嫌いがある Todo el mundo tiene cosas que le gustan y cosas que no le gustan. ／彼女は人の好き嫌いが激しい Ella es muy selectiva con las personas con las que se relaciona. ／彼は食べ物の好き嫌いがない Él come de todo.

すきこのんで 好き好んで ‖ 私は好き好んでしたわけではない Lo hice, sí, pero no porque quisiera.

すぎさる 過ぎ去る pasar ‖ 時は過ぎ去る El tiempo pasa.

すきずき 好き好き ‖ それは好きずきだ Es cuestión de gusto(s).
諺 蓼食う虫も好きずき《諺》Sobre gustos no hay nada escrito.

ずきずき ‖ 私は頭がずきずき痛む Siento punzadas en la cabeza.
▶ずきずきする ‖ ずきずきする痛み punzadas *fpl.*, dolor *m.* pulsátil

すきっぱら 空きっ腹 estómago *m.* vacío

スキップ salto *m.*, brinco *m.*
▶スキップする andar a saltitos, (飛ばす) saltar, pasar por alto

すきとおる 透き通る
▶透き通った transparente, cristalin*o*[na] ‖ 透き通った水 agua *f.*「transparente [cristalina] ／透き通った声 voz *f.*「cristalina [clara]

すぎない 過ぎない ‖ 来たのはわずか5人に過ぎなかった Vinieron tan solo cinco personas. ／それは言い訳に過ぎない Eso no es más que una excusa.

すきま 隙間/透き間 abertura *f.*, rendija *f.*, resquicio *m.* ‖ 戸の隙間 rendija *f.* de una puerta ／壁と本棚の間に隙間がある Hay un hueco entre la pared y la estantería. ／隙間なく sin「espacios vacíos [huecos]
- 隙間家具 muebles *mpl.* para aprovechar los espacios pequeños
- 隙間風 ‖ ここはすき間風が入る Aquí hay corriente de aire.
- 隙間産業 nicho *m.* de negocio

スキミング 《英語》 *skimming m.*, clonación *f.* de tarjeta de crédito

スキムミルク leche *f.* en polvo「desnatada [descremada]

すきやき 鋤焼き 《日本語》 *sukiyaki m.*, (説明ս) carne *f.* con verduras rehogadas

スキャナー escáner *m.*

スキャン
▶スキャンする escanear

スキャンダル escándalo *m.* ‖ スキャンダルを起こす formar un escándalo ／スキャンダルになる convertirse en un escándalo

スキューバダイビング submarinismo *m.*

スキル (巧みさ) destreza *f.*, habilidad *f.*, arte *m(f).*, (能力) capacidad *f.*, (技術) técnica *f.* ‖ スキルをアップする mejorar la destreza 《de》
- スキルアップ desarrollo *m.* de destrezas

すぎる 過ぎる ❶《動詞》(通る) pasar, (時間が) pasar, transcurrir, (越える) pasar, exceder, superar, (終わる) acabarse ‖ 嵐が

過ぎるのを待つ esperar a que pase la tormenta ／ ～の前を何年か10年が過ぎた pasar delante «de» ／事故から10年が過ぎた Han pasado diez años desde que ocurrió el accidente. ／過ぎたことは仕方ない《慣用》A lo hecho pecho. ／彼は30歳を過ぎている Él tiene más de treinta años. ／この荷物の重さは20キロの制限を過ぎている El peso de este equipaje excede el límite de 20 kilos.

❷《副詞》(～過ぎる) demasiado ‖ 短か過ぎる demasiado cor*to*[ta] ／働き過ぎる trabajar demasiado ／遅過ぎる demasiado tarde

[諺] 過ぎたるは及ばざるがごとし Es tan malo ir demasiado lejos como no hacer lo suficiente.

スキン piel *f.*, (顔) cutis *m.*, (避妊具) preservativo *m.*
◪スキンケア cuidado *m.* de la piel
◪スキンシップ contacto *m.* físico
◪スキンダイビング buceo *m.* 「libre [a pulmón]
◪スキンヘッド (人) cabeza *com.* rapada
◪スキンローション (顔) tónico *m.* facial, (全身) tónico *m.* corporal

ずきん 頭巾 capucha *f.*
すく 好く ⇒すき(好き)
すく 空く ‖ この時間は道がすいている A esta hora hay poca circulación en la carretera. ／列車はすいていたので私は座れた Pude sentarme en el tren porque había poca gente.
すく 透く (透ける) transparentarse ⇒すける(透ける)
すく 梳く ‖ 髪を梳く peinar, (自分の) peinarse
すく 漉く ‖ 和紙を漉く hacer papel japonés
すく 鋤く arar ‖ 畑を鋤く arar el campo
すぐ ❶ (ただちに) inmediatamente, enseguida ‖ ～のすぐあとに inmediatamente después «de» ／今すぐ(に) ahora mismo ／彼はすぐにもその考えを捨てるだろう Él no tardará nada en abandonar la idea. ／電車はすぐに来るだろう Enseguida llegará el tren. ／私は大学を卒業してすぐにその会社に入社した Me incorporé a la empresa justo después de terminar la carrera (universitaria). ／その会社は設立後すぐに倒産した La empresa fue a la quiebra nada más fundarse. ／オフィスに戻りましたらすぐに電話させます Le diré que le llame por teléfono a usted en cuanto vuelva a la oficina.
❷ (簡単に) fácilmente ‖ すぐ泣く llorar fácilmente
❸ (距離の近さ) ‖ ～のすぐ隣に justo al lado «de» ／すぐそこに allí mismo ／僕の家のすぐ近くで火事があった Hubo un incendio muy cerca de mi casa.

ずく ‖ 力ずくで a la fuerza ／計算ずくの人 persona *f.* calculadora
すくい 救い (助力) ayuda *f.*, (救済) salvación *f.*, (慰め) consuelo *m.* ‖ 救いを求める pedir「ayuda [auxilio]《a》／救いの手を差し伸べる echar una mano《a》／救いになる servir de consuelo ／救いのない世の中で暮らす vivir en un mundo sin remedio ／救いようのないばか ton*to*[ta] *mf.* de remate
スクイズ 《野球》《英語》squeeze play *m.*, jugada *f.* de cuña ‖ スクイズを決める hacer una buena jugada de cuña
すくう 救う salvar, (救出する) rescatar ‖ 命を救う salvar la vida de ALGUIEN ／飢えから救う salvar a ALGUIEN del hambre ／私は信仰に救われた La fe me salvó.
すくう 掬う coger, tomar, sacar ‖ 手で水を掬う coger agua con las manos ／スプーンで砂糖を掬う sacar azúcar con una cucharilla
[慣用] 足を掬う《慣用》「poner [echar] la zancadilla a ALGUIEN
すくう 巣くう (巣を作る) anidar, hacer *su* nido ‖ 心に巣くうネガティブな感情 sentimientos *mpl.* negativos que anidan en el corazón
スクーター 《英語》scooter *m.*, 《商標》vespa *f.*
スクープ exclusiva *f.*, primicia *f.*
▶スクープする conseguir una primicia
◪スクープ記事 primicia *f.*
スクーリング clases *fpl.* presenciales
スクール escuela *f.*
◪スクールカウンセラー psicólo*go*[ga] *mf.* escolar
◪スクールカラー (校風) tradición *f.* de la escuela
◪スクールバス autobús *m.* escolar
すくすく ‖ すくすく育つ (植物が) crecer rápido, (子供が) crecer sa*no*[na] y fuerte
すくない 少ない (数が) po*cos*[cas], (量が) po*co*[ca] ‖ 少ない量の塩 poca cantidad de sal ／今年は雨が少なかった Este año ha llovido poco. ／この通りは人や車の往来が少ない Esta calle tiene poco tráfico. ／彼女は口数が少ない Es una mujer de pocas palabras. ¦ Ella no habla mucho. ／私は彼より収入が少ない Yo gano menos que él. ／100歳を越す人も少なくない No son pocos los que tienen más de cien años de edad.
▶少なくする reducir, disminuir
▶少なくなる disminuir(se) ‖ 公衆電話はだんだんと少なくなっている Cada vez hay menos teléfonos públicos.
すくなからず 少なからず no poco, (大いに) muy, mucho ‖ 少なからず驚く quedar no poco sorprendi*do*[da]
すくなからぬ 少なからぬ (数が) no po-

cos[*cas*], (量が) no po*co*[*ca*] ‖ 少なからぬ額のお金 no poca cantidad de dinero ／ 少なからぬ問題を抱える tener no pocos problemas

すくなくとも 少なくとも 「al [por lo] menos, como mínimo ‖ その事故で少なくとも10人が負傷した Hubo al menos diez heridos en ese accidente.

すくなめ 少なめ ‖ 平均よりやや少なめun poco menos del promedio
▶少なめに ‖ 少なめに見積もる calcular ALGO por lo bajo

すくむ 竦む quedarse paraliza*do*[*da*], paralizarse ‖ パニックで私は足がすくんだEl pánico me paralizó las piernas.

ずくめ ‖ 僕は仕事ずくめの1日の後で疲れ果てた Me quedé agotado después de un día de intenso trabajo. ／ 彼女は黒ずくめの衣装で舞台に現われた Apareció ella en el escenario vestida totalmente de negro.

すくめる 竦める ‖ 身をすくめる encogerse ／ 肩をすくめる encogerse de hombros, encoger los hombros

スクラップ (切りぬき) recorte *m*., (屑鉄) chatarra *f*.
▶スクラップする ‖ 新聞記事をスクラップする recortar los artículos del periódico
▣スクラップブック cuaderno *m*. de recortes

スクラム cadena *f*. humana, 《ラグビー》 melé *f*. ‖ スクラムを組む formar una melé, (デモなどで) formar una cadena humana

スクランブル (緊急発進) salida *f*. en *scramble*, (放送) codificación *f*.
▶スクランブル化する ‖ スクランブル化する (映像を暗号化する) codificar
▣スクランブルエッグ huevos *mpl*. revueltos
▣スクランブル交差点 cruce *m. scramble*

スクリーン pantalla *f*.
▣スクリーンセーバー《IT》protector *m*. de pantalla

スクリプト guion *m*., *script m*. ‖ スクリプトを実行する ejecutar el *script*

スクリュー hélice *f*.

すぐれる 優れる/勝れる aventajar, ser excelente, ser mejor ‖ すべての点で優れている ser excelente en todos los aspectos ／ その車は快適さに優れている El coche sobresale por su comodidad. ／ 気分がすぐれない sentirse mal
▶優れた superior, excelente, (上質の) de buena calidad ‖ 人並み優れた知能 inteligencia *f*. excepcional

スクロール《IT》desplazamiento *m*.
▶スクロールする desplazar el cursor
▣スクロールバー barra *f*. de desplazamiento

ずけい 図形 figura *f*.

図形の種類

平面図形 figura *f*. bidimensional ／ 立体図形 figura *f*. tridimensional ／ 円形 círculo *m*. ／ 楕円形 elipse *f*. ／ 三角形 triángulo *m*. ／ 四角形 cuadrilátero *m*. ／ 五角形 pentágono *m*. ／ 六角形 hexágono *m*. ／ 八角形 polígono *m*. ／ 正三角形 triángulo *m*. equilátero ／ 正方形 cuadrado *m*. ／ ひし形 rombo *m*. ／ 平行四辺形 paralelogramo *m*. ／ 台形 trapecio *m*. ／ 長方形 rectángulo *m*. ／ 角柱 prisma *m*. ／ 円柱 cilindro *m*. ／ 円錐 cono *m*. ／ 角錐 pirámide *f*. ／ 球 esfera *f*.

スケート patinaje *m*.
▶スケートをする patinar
▣アイススケート patinaje *m*. sobre hielo
▣スケート靴 patines *mpl*.
▣スケートボード monopatín *m*., 《英語》*skate m*.
▣スケートリンク pista *f*. de patinaje

スケープゴート《慣用》chivo *m*. expiatorio, 《慣用》cabeza *com*. de turco

スケール escala *f*. ‖ スケールの大きな工事 obra *f*. de gran envergadura

スケジュール plan *m*., programa *m*., (日程) agenda *f*., (時間的な) horario *m*. ‖ スケジュールを組む hacer「planes [programas]」／ スケジュールをこなす hacer todo lo planeado ／ 私は今日はスケジュールがきつい Hoy tengo la agenda apretada.

ずけずけ sin reparo ‖ ずけずけ言う hablar sin pelos en la lengua, hablar sin「reparo [reserva]」

スケッチ boceto *m*., bosquejo *m*., esbozo *m*.
▶スケッチする bosquejar, esbozar
▣スケッチブック「cuaderno *m*. [bloc *m*.]」de dibujo

すげない se*co*[*ca*], frí*o*[*a*] ‖ すげない返事をする responder secamente
▶すげなく con frialdad, fríamente ‖ 私はその問題について彼と話したかったが、すげなく断られた Quería hablar con él del asunto pero se opuso con frialdad.

スケボー ⇒スケート(⇒スケートボード)

すける 透ける transparentarse ‖ 下着が透けて見える Se transparenta la ropa interior.

スコア《スポーツ》tanteo *m*., puntuación *f*., 《音楽》partitura *f*.
▶スコアラー tantea*dor*[*dora*] *mf*.
▣スコアブック libro *m*. de puntuación
▣スコアボード marcador *m*., tanteador *m*.

すごい 凄い (素晴らしい) formidable, fe-

nomenal, impresionante, (非常な) extraordina*rio*[*ria*], (恐ろしい) horrible, terrible ‖ すごい風 viento *m*. espantoso／すごい腕前 habilidad *f*. extraordinaria／すごい声で叫んだ Gritó con una voz terrible.／すごい！¡Fenomenal!¦¦¡Impresionante!／1日で全部終えるなんて君はすごいね Es increíble que hayas podido terminar todo en un día.
- **すごく** terriblemente, extremadamente ‖ すごく厳しい規則 regla *f*. muy estricta／彼女は彼のことがすごく好きだ Ella está locamente enamorada de él.

ずこう 図工 dibujos *mpl*. y manualidades *fpl*.

スコール 《気象》turbión *m*., aguacero *m*.

スコーン 《英語》*scone m*., (説明訳) panecillo *m*. redondo inglés

すこし 少し un poco, (少量の) un poco de 『+名詞』, (少数の) u*nos*[*nas*] po*cos*[*cas*] 『+複数名詞』‖少しのお金 un poco de dinero／水は少ししか残っていない Solo queda poca agua.／私はマドリードに女友達が少しいる Tengo algunas amigas en Madrid.／少し時間があります Tengo algo de tiempo.／母は昨日より少し調子が良い Mi madre está algo mejor que ayer.／少し休む descansar un poco／少ししたら休まない descansar poco／少ししたら dentro de poco／少しずつ poco a poco／少しでも aunque sea po*co*[*ca*]／少し前に hace poco／少しだけ solo un poco
- **もう少しで** ‖ もう少しで飛行機に乗り遅れるところだった Por poco pierdo el avión.／もう少しで彼は泣き出すところだった A él le faltó poco para echarse a llorar.

すこしも 少しも nada (en absoluto), absolutamente nada, nada de 『+名詞』, nada 『+形容詞・副詞』‖水が少しも残っていない No queda nada de agua.／この映画は少しも良くない Esta película no es nada buena.／少しも食べない no comer nada en absoluto／少しも疑わしい点はない No cabe [la menor (ninguna, la más mínima)] duda.／少しも恐くない no tener ningún miedo (a)／少しも躊躇せずに sin vacilar ni un momento

すごす 過ごす pasar ‖ 楽しい時を過ごす pasarlo bien／夏休みをスペインで過ごす pasar las vacaciones de verano en España／午後を読書をしながら過ごす pasar la tarde leyendo

すごすご abati*do*[*da*], desanima*do*[*da*] ‖ すごすごと引き下がる retirarse abati*do*[*da*]

スコッチウイスキー 「*whisky m*. [güisqui *m*.] escocés

スコップ pala *f*.

すこぶる muy → ひじょう (⇒非常に)

すごみ 凄味 ‖ 凄みをきかせる intimidar a ALGUIEN con cara amenazante
- **凄みのある** amenazante, amenaza*dor*[*dora*] ‖ 凄みのある表情 cara *f*. amenazante

すこやか 健やか
- **健やかな** sa*no*[*na*] ‖ 健やかな成長 crecimiento *m*. sano
- **健やかに** con salud, sanamente ‖ 健やかに育つ crecer sa*no*[*na*]

すごろく 双六 《日本語》*sugoroku m*., (説明訳) juego *m*. japonés parecido a la oca

すさまじい 凄まじい すさまじい horrible, terrible, tremen*do*[*da*], espanto*so*[*sa*] ‖ すさまじい形相 cara *f*. espantosa／すさまじい音 tremendo ruido *m*.
- **すさまじく** ‖ すさまじく大きい tremendamente grande

すさむ 荒む ⇒あれる(荒れる)‖すさんだ生活をする llevar una vida desastrosa／彼の心はすさんでいる Él tiene la mente retorcida.

ずさん 杜撰
- **ずさんな** chapuce*ro*[*ra*], descuida*do*[*da*], deficiente ‖ ずさんな計画 proyecto *m*. deficiente／ずさんな工事 obra *f*. chapucera

すし 寿司/鮨/鮓 《日本語》*sushi m*. ‖ 寿司を握る hacer bolas de arroz para *sushi*
- **すし屋** restaurante *m*. de *sushi*

すしの種類

江戸前ずし *sushi m*. al estilo de Tokio／握りずし arroz *m*. amasado con trozos de pescado o mariscos encima／馴れずし *sushi m*. fermentado／押しずし *sushi m*. prensado／ちらしずし *sushi m*. esparcido／巻きずし *sushi m*. en rollos／いなりずし *sushi m*. relleno

---

すじ 筋 ❶ (筋肉) músculo *m*., (腱) tendón *m*., (繊維) fibra *f*. ‖ 足の筋 ligamento *m*. del pie／筋の多い肉 carne *f*. con mucha hebra ❷ (植物の) brizna *f*. ‖ 豆の筋をとる desbriznar, quitar la brizna ❸ (話の) argumento *m*. ‖ 小説の筋を要約する resumir el argumento de una novela ❹ (線) línea *f*., raya *f*. ‖ 画面に筋が入る Aparecen rayas en la pantalla. ❺ (血筋) linaje *m*. ‖ 平家の筋 linaje *m*. de la familia Heike ❻ (その他) ‖ 確かな筋によると según fuentes fidedignas／その筋 autoridad *f*. competente, (やくざ) mafiosos *mpl*. ❼ 《慣用表現》
- 慣用 筋が違う ‖ 私を責めるのは筋が違う No es justo acusarme.
- 慣用 筋が通る tener coherencia, ser coherente ‖ 彼の話は(それなりに)筋が通っている

Lo que dice él tiene (su) lógica.
[慣用]筋が悪い no tener talento
[慣用]筋を通す actuar de acuerdo con *sus* principios

すじあい 筋合い razón *f.* ‖ 私が君にあやまる筋合いはない No tengo por qué pedirte perdón.

すじがき 筋書き (話の) argumento *m.*, trama *f.*, (計画) plan *m.* ‖ すべて筋書き通りに行った Todo salió como estaba planeado.

すじがねいり 筋金入り
▶筋金入りの tenaz, autént*ico*[ca] ‖ 筋金入りの平和主義者 pacifista *com.* hasta la médula

すじこ 筋子 huevas *fpl.* de salmón

すじちがい 筋違い
▶筋違いの irrazonable, injus*to*[ta]

すしづめ 鮨詰め
▶すし詰めの atesta*do*[da], llenísi*mo*[ma] ‖ 私たちの電車はすし詰めだった Estábamos en el tren como sardinas en lata.

すじみち 筋道 ‖ 筋道の通った coherente, consecuente / 筋道立てて説明する explicar con razonamiento

すじむかい 筋向かい ‖ 筋向かいの家 casa *f.* situada diagonalmente enfrente

すじめ 筋目 (折り目) pliegue *m.*, doblez *m.*, (家系) linaje *m.*

すじょう 素性 (生まれ) procedencia *f.*, origen *m.*, (過去) pasado *m.*, antecedente *m.*, (身元) identidad *f.* ‖ 素性の不確かな商品 mercancía *f.* de origen dudoso

ずじょう 頭上
▶頭上に [sobre [encima de] la cabeza
☑頭上注意《掲示》Cuidado con la cabeza

ずしん
▶ずしんと con un ruido sordo ‖ ずしんと倒れる caer a plomo

すす 煤 hollín *m.*, tizne *m(f).* ‖ 煤を払う「limpiar [quitar] el hollín
▶煤だらけの lle*no*[na] de hollín
☑煤払い limpieza *f.* general

すず 鈴 cascabel *m.* ‖ 鈴を振る hacer sonar el cascabel / 鈴の音がひびく sonar *el cascabel*

すず 錫 《化学》estaño *m.*《記号 Sn》

すすき 薄/芒 eulalia *f.*, (学名) *Miscanthus sinensis*

すずき 鱸 lubina *f.*

すすぎあらい 濯ぎ洗い enjuague *m.*
▶すすぎ洗いをする enjuagar

すすぐ 濯ぐ/漱ぐ enjuagar, aclarar ‖ 口をすすぐ enjuagarse la boca

すずしい 涼しい fres*co*[ca] ‖ 涼しい風 viento *m.* fresco / 涼しい気候 clima *m.* fresco / ここは夏でも涼しい Aquí hace fresco incluso en verano. / 涼しい顔をしている mostrarse indiferente

▶涼しさ frescura *f.*
▶涼しくなる refrescar(se)

すずなり 鈴生り ‖ りんごが鈴生りになっている El árbol está cargado de manzanas.

すすみぐあい 進み具合 avance *m.*, progreso *m.* ‖ 工事の進み具合をご覧になりましたか ¿Ha visto usted cómo avanza la obra?

すすむ 進む (前進する) avanzar, ir adelante, adelantar, (進歩する) progresar, desarrollarse, hacer「adelantos [progresos], (時計が) adelantar ‖ 少しずつ前に進む avanzar poco a poco / 大学に進む「entrar [ingresar] en la universidad / 決勝に進む pasar a la final / この時計は3分進んでいる Este reloj va tres minutos adelantado. / 私はやっと進むべき道を見つけた Por fin he encontrado el camino a seguir. / 今日は仕事が進んだ Hoy me ha cundido el trabajo.
▶進んだ avanza*do*[da], desarrolla*do*[da] ‖ 進んだ考え ideas *fpl.* avanzadas

すずむ 涼む tomar el fresco

すずむし 鈴虫 grillo *m.* japonés, (学名) *Homoeogryllus japonicus*

すすめ 勧め/薦め (推薦) recomendación *f.* ‖ この店のお勧めは何ですか ¿Cuál es la especialidad de la casa?
▶～の勧めで por「recomendación [consejo]《de》‖ 友人(男性)の勧めで私はこの博物館に来た He venido a este museo porque me lo recomendó un amigo.

すずめ 雀 gorrión *m.*, (雌) gorriona *f.*
[慣用]雀の涙 muy poca cantidad《de》‖ 給料は雀の涙ほどだ Me pagan una miseria.

すずめばち 雀蜂 avispa *f.* ‖ 私は雀蜂に刺された Me「picó [atacó] una avispa.

すすめる 進める (前進させる) avanzar, adelantar, (進行させる)「llevar [seguir] adelante, (促進する) promover, (時計を) adelantar ‖ 計画を進める llevar adelante el plan / 調査を進める proseguir la investigación / 民主化を進める promover la democratización

すすめる 勧める (忠告する) aconsejar, (推薦する) recomendar ‖ 兄に勧められたホテル el hotel que me recomendó mi hermano / コーヒーを勧める ofrecer un café / この本は勧められない Este libro no es recomendable. / 私は友人(男性)に本を書くように勧められた Un amigo me animó a que escribiese un libro. / あなたに禁煙をお勧めします Yo le aconsejo que deje de fumar.

すずらん 鈴蘭 lirio *m.* de los valles, muguete *m.*

すずり 硯 piedra *f.* de tinta

すすりなき 啜り泣き sollozo *m.*

すすりなく 啜り泣く sollozar

すする 啜る sorber ‖ お茶をすする sorber el té / 一口すする tomar un sorbo / 鼻をす

すすんで 進んで de buena gana, voluntariamente ‖ 進んで家事を手伝う ayudar voluntariamente en las tareas domésticas
すそ 裾 (衣服の) bajo *m.*, dobladillo *m.*, (山の) falda *f.* ‖ カーテンの裾 borde *m.* inferior de cortina ／ ズボンの裾をまくり上げる 「remangarse [subirse]」 los pantalones ／ 裾を2センチ詰める subir dos centímetros el 「dobladillo [bajo]」
スター estrella *f.* ‖ 野球界のスター estrella *f.* del béisbol ／ スターになる convertirse en una estrella ／ ゴルフ界にスターが誕生した Ha nacido una estrella del golf.
スターター 《スポーツ》juez *com.* de salida, (発動機) motor *m.* de arranque
スタート partida *f.*, salida *f.* ‖ 私は幸先のよいスタートを切った He tenido un buen comienzo.
▶**スタートする** partir, salir, (陸上競技) tomar la salida
◾**スタートアップ**《IT》inicio *m.*, arranque *m.*
◾**スタートボタン** botón *m.* de inicio
◾**スタートメニュー** menú *m.* de inicio ‖ スタートメニューをカスタマイズする personalizar el menú de inicio
◾**スタートライン** línea *f.* de salida ‖ スタートラインに立つ colocarse en línea de salida
スタイリスト estilista *com.*
スタイリッシュ
▶**スタイリッシュな** elegante ‖ モダンでスタイリッシュなデザイン diseño *m.* moderno y elegante
スタイル (格好) figura *f.*, tipo *m.*, (様式・文体) estilo *m.* ‖ スタイルがいい tener buen tipo ／ 流行のスタイル estilo *m.* de moda
◾**スタイルシート**《IT》hoja *f.* de estilo
スタグフレーション《経済》estanflación *f.*
スタジアム estadio *m.*
スタジオ estudio *m.* ‖ 映画のスタジオ estudio *m.* cinematográfico
すたすた
▶**すたすたと** de prisa, apresuradamente ‖ すたすたと歩く andar 「a paso ligero [de prisa]」
ずたずた
▶**ずたずたに** hecho[cha] pedazos ‖ ずたずたに破く hacer trizas, despedazar ／ 心をずたずたにする despedazar el corazón
すだつ 巣立つ salir del nido ‖ 学窓を巣立つ graduarse, terminar la carrera ／ 親もとから巣立つ independizarse de los padres ／ ひなが巣立った Las crías salieron del nido. ／ 生徒が巣立った Los alumnos salieron al mundo.
スタッフ personal *m.*, 《スペイン》plantilla *f.*
◾**スタッフ会議** reunión *f.* de miembros
スタミナ (忍耐力) resistencia *f.*, aguante *m.*, (エネルギー) energía *f.*, fuerza *f.*, vigor *m.* ‖ スタミナがある tener 「aguante [fuerza]」 ／ スタミナがない carecer de fuerza ／ スタミナを付ける aumentar la fuerza física ／ もう私にはスタミナが残っていない Ya no me queda energía.
◾**スタミナドリンク** bebida *f.* energizante
◾**スタミナ料理** comida *f.* energética
すだれ 簾 persiana *f.* de bambú ‖ 簾を掛ける colgar la persiana de bambú ／ 簾越しに通りの音を聞く oír el ruido de la calle a través de la persiana
すたれる 廃れる (使われなくなる) caer en desuso, (流行遅れになる) pasar de moda, (衰える) decaer ‖ 商売が廃れる decaer el negocio
スタンダード estándar *m.*
▶**スタンダードな** estándar
◾**スタンダードナンバー** (ジャズの) estándar *m.* jazz
スタンド (観客席) tribuna *f.*, gradería *f.*, (電気の) lámpara *f.*, flexo *m.*, (ガソリンスタンド) gasolinera *f.*
◾**スタンドバー** barra *f.*
◾**スタンドプレー** ‖ スタンドプレーをする hacer concesiones a la galería
◾**スタンドマイク** micrófono *m.* con pie
スタントマン《映画》doble *com.* (de 「riesgo [acción]」)
スタンバイ
▶**スタンバイする** esperar preparado[da] 《para》, estar en alerta 《para》
スタンプ sello *m.* ‖ スタンプを押す sellar, poner sello
◾**スタンプインク** tinta *f.* para sellos
◾**スタンプ台** tampón *m.*
◾**スタンプラリー** (説明訳) evento *m.* para coleccionar estampillas de los lugares que se visitan
スチーム vapor *m.*
◾**スチームアイロン** plancha *f.* de vapor
スチール (鉄鋼) acero *m.*; (盗塁) robo *m.* de base ‖ スチール製の机 mesa *f.* de acero
◾**スチール写真** foto(grafía) *f.* 「fija [estática]」
スチュワーデス ⇒きゃくしつ(⇒客室乗務員)
スチュワード ⇒きゃくしつ(⇒客室乗務員)
スチロール《化学》(スチレン) estireno *m.*
ずつ cada ‖ 1人［1つ］ずつ uno[na] a uno[na], uno[na] por uno[na] ／ 2人[2つ]ずつ de dos en dos ／ 3人に1つずつ uno[na] para cada tres ／ 皆に千円ずつ渡す dar mil yenes a cada uno
ずつう 頭痛 dolor *m.* de cabeza, (片頭痛) jaqueca *f.*, migraña *f.* ‖ 頭痛がひどい tener

un terrible dolor de cabeza ／頭痛を鎮める aliviar el dolor de cabeza ／私は頭痛がしている Me duele la cabeza.｜Tengo dolor de cabeza. ／私は朝からずっと頭痛が治らない No se me quita el dolor de cabeza desde esta mañana. ／頭痛の種 quebradero *m.* de cabeza

◪頭痛薬 analgésico *m.* para el dolor de cabeza

スツール taburete *m.*, banqueta *f.*, escabel *m.*

すっかり por completo, completamente, perfectamente‖すっかり変わる cambiarse completamente ／すっかり忘れる olvidarse por completo 《de》／すっかり年を取る hacerse muy vie*jo*[*ja*] ／すっかり大人になったね Ya te has hecho「un hombre [una mujer]. ／もうすっかり治った Ya estoy bien del todo. ／すっかりごぶさたしてしまいました（手紙・メールで）Siento no haberle escrito en tanto tiempo. ／私はお金をすっかり使ってしまった He gastado todo el dinero.

ズッキーニ calabacín *m.*

すっきり

▶すっきりする（気分が）refrescarse,（安心する）sentirse alivia*do*[*da*], quedarse tranqui*lo*[*la*] ／頭がすっきりしている tener la cabeza despejada ／その知らせを聞きすっきりした気持ちになった Me he quitado un peso de encima al recibir la noticia.

▶すっきりと（簡素に）con sencillez

ズック lona *f.*, arpillera *f.*‖ズックの靴 zapatillas *fpl.* de lona

すっくと con「agilidad [ligereza]」‖すっくと立ち上がる levantarse con agilidad

ずっしり pesadamente‖財布がずっしり（と）重い La cartera pesa mucho.

すっと（素早く）rápidamente, ágilmente,（突然）de repente‖すっと席を立つ levantarse de repente

▶すっとする refrescarse, sentirse alivia*do*[*da*]‖このガムをかむと口がすっとする Este chicle me produce una sensación refrescante en la boca.

ずっと（程度がはるかに）mucho más,（長い時間）todo el tiempo, durante mucho tiempo,（絶え間なく）sin interrupción,（通して）sin descanso‖ずっと面白い mucho más interesante ／ずっと前に hace mucho tiempo ／彼には君に会うずっと前に知り合った A él le conocí mucho antes de conocerte a ti. ／ずっと向こうに allá a lo lejos ／ずっとまっすぐ行くと塔が見えます Si va todo recto, verá una torre. ／1日中ずっと todo el (santo) día ／ずっと雨が降っていない Hace mucho tiempo que no llueve. ／彼はずっと独身で通した Él nunca se casó. ／彼女は朝からずっと勉強している Ella está estudiando sin descansar nada desde por la mañana.

すっぱい 酸っぱい áci*do*[*da*], a*gri*o[*gria*]‖酸っぱい味 sabor *m.* ácido ／みかんが酸っぱい La mandarina está ácida.

▶酸っぱくなる agriarse, avinagrarse‖口が酸っぱくなるほど言ったじゃないか Te lo he dicho un montón de veces.

すっぱだか 素っ裸 →まるはだか（丸裸）

▶素っ裸の completamente desnu*do*[*da*],《俗語》en pelotas,《話》《慣用》en cueros (vivos)

すっぱぬく 素っ破抜く revelar, propalar‖会社の不正をすっぱ抜く revelar las irregularidades de la empresa

すっぽかす（会う約束を）dar un plantón a ALGUIEN, dejar planta*do* a ALGUIEN,（授業を）faltar a clase‖仕事をすっぽかす no hacer el trabajo ／会議をすっぽかす no acudir a la reunión

すっぽり completamente‖すっぽり（と）覆う cubrir completamente ／頭をすっぽり覆う帽子 sombrero *m.* que cubre toda la cabeza ／プレゼントは箱にすっぽり収まった El regalo entró perfectamente en la caja.

すっぽん 鼈 tortuga *f.* china de caparazón blando

すで 素手

▶素手で con las manos desnudas‖素手でつかむ coger ALGO con las manos desnudas ／素手で戦う luchar sin armas

ステーキ filete *m.* (de ternera), bistec *m.*‖ステーキはどのように焼きますか－ウェルダン［ミディアム、レア］でお願いします ¿Cómo quiere el filete? －「Bien hecho [En su punto, Poco hecho], por favor.

ステークホルダー《英語》*stakeholder m.*, partes *fpl.* interesadas

ステージ《演劇》escena *f.*, escenario *m.*,（段階）etapa *f.*‖夜のステージ función *f.* de noche ／ステージに立つ salir al escenario ／ステージを照らす iluminar el escenario ／ステージを楽しむ disfrutar de la función

ステーションワゴン《自動車》monovolumen *m.*, ranchera *f.*

ステータス estatus *m.*

◪ステータスシンボル símbolo *m.* de estatus

すてき‖すてき！ ¡Es precio*so*[*sa*]！

▶すてきな precio*so*[*sa*], boni*to*[*ta*], atracti*vo*[*va*]‖すてきなセーター jersey *m.* precioso ／すてきな人 persona *f.* muy atractiva

すてご 捨て子 ni*ño*[*ña*] *mf.*「abandona*do*[*da*] [expósi*to*[*ta*]]」

ステッカー pegatina *f.*‖車に初心者のステ

ストリーミング

ッカーを貼る poner la pegatina de conductor novel en el coche
ステッキ bastón m.
ステッチ 《服飾》puntada f., punto m.
ステップ paso m., (踏み段) estribo m., (階段の) peldaño m., escalón m. ‖ 軽やかなステップで con pasos ágiles ／ 成功へのステップ paso m. para el éxito ／ 新しいステップを習う aprender pasos nuevos ／ ステップを踏む bailar unos pasos ／ 危ないですからステップには立たないでください (バスなどで) No permanezcan en el escalón porque es peligroso.
▶ステップアップ mejoramiento m.
すでに 既に　ya ‖ すでに述べたように como se ha dicho「ya [antes, anteriormente] ／ すでに手遅れである Ya es demasiado tarde. ／ すでに報告を聞いておられるものと思っていました Creía que ya le habían informado del caso.
すてね 捨て値　precio m. regalado
すてみ 捨て身
▶捨て身の ‖ 捨て身の試み intento m. desesperado ／ 捨て身の覚悟である estar dispuesto[ta] a arriesgar su vida《para》
▶捨て身で arriesgando su vida, haciendo lo imposible
すてる 捨てる　(廃棄する) tirar, 《中南米》botar, (見捨てる) abandonar, dejar, (あきらめる) renunciar《a》, desistir《de》, (望みなどを) perder ‖ 紙をゴミ箱に捨てる tirar los papeles a la basura ／ 家族を捨てる「abandonar [dejar] a su familia ／ 権利を捨てる renunciar a su derecho
▶捨てられた abandonado[da]
[慣用] 捨てたものではない ‖ このホテルはまんざら捨てたものでもない Este hotel no está mal del todo.
[諺] 捨てる神あれば拾う神あり《諺》Donde una puerta se cierra, otra se abre.
ステルスマーケティング publicidad f. encubierta
ステレオ estereofonía f., (装置) estéreo m., equipo m. de música estéreo ‖ ステレオで聴く escuchar en estéreo
▫ステレオスピーカー altavoces mpl. estéreo
▫ステレオ放送 emisión f. en estéreo
ステレオタイプ estereotipo m., cliché m.
ステロイド 《化学》esteroide m.
ステンドグラス vidriera f.
ステンレス acero m. inoxidable
▶ステンレスの ‖ ステンレスの鍋 olla f.「de [en] acero inoxidable
スト huelga f. ‖ ストを打つ hacer huelga ／ スト中である estar en huelga ／ ストを中止する desconvocar la huelga ／ ストに入る ir a la huelga ／ 労働組合はストに入る決断をした El sindicato decidió iniciar la huelga.
▫スト権 derecho m.「de [a la] huelga
▫スト破り esquirol m., rompehuelgas com.[=pl.]

┌─ スト関連用語 ─┐

ゼネラル・ストライキ（ゼネスト）huelga f. general ／ ハンガー・ストライキ（ハンスト）huelga f. de hambre ／ スト権スト huelga f. para la reivindicación del derecho「de [a la] huelga ／ 山猫スト huelga f. salvaje ／ 部分スト（指名スト）huelga f. parcial ／ 時限スト huelga f. por horas ／ 支援スト huelga f. para apoyar otra huelga ／ 労働組合 sindicato m. ／ ボイコット boicoteo m. ／ ロックアウト「cierre m. [paro m.] patronal

ストア ⇒みせ(店)
ストーカー 《英語》stalker com., acosador[dora] mf., (説明訳) persona f. que está obsesionada con otra y la acosa constantemente siguiéndola a todas partes
ストーブ estufa f. ‖ ストーブを焚く [消す]「encender [apagar] la estufa
すどおり 素通り
▶素通りする pasar de largo
ストーリー historia f., (筋) argumento m. ‖ 急展開するストーリー historia f. que toma unos giros repentinos ／ ストーリーを展開する desarrollar la historia ／ ストーリーを盛り上げる animar la historia
ストッキング medias fpl. ‖ ストッキングをはく[脱ぐ]「ponerse [quitarse] las medias ／ ストッキングの伝線 carrera f. en las medias
ストック (在庫) existencias fpl., 《英語》stock m.; (スキーの) bastón m. (de esquí) ‖ ストックの不足 falta f. de existencias
▶ストックする almacenar
▫ストックオプション opciones fpl. sobre acciones
ストップ ‖ ストップ! ¡Alto! ／ ストップをかける dar el alto
▶ストップする parar(se), detenerse
▫ストップウォッチ cronómetro m.
ストライキ ⇒スト
ストライク 《野球・ボーリング》《英語》strike m. ‖ ストライクを取る（ボーリングで）conseguir un strike
▫ストライクゾーン《野球》zona f. de strike
ストライプ rayas fpl. ‖ ストライプのネクタイ corbata f. de rayas
ストラップ correa f., tira f., (肩ひも) tirantes mpl.
ストリーミング 《英語》streaming m.,

ストリップ estriptis *m*.[=*pl*.]
▶ストリッパー bail*arín*[*rina*] *mf*. de estriptis

ストレート 《ボクシング》directo *m*., (直球) bola *f*. recta
▶ストレートの (まっすぐの) rec*to*[*ta*], (直接の) direc*to*[*ta*], (素直な) fran*co*[*ca*] ‖ ストレートの髪 pelo *m*. liso
▶ストレートで ‖ ストレートでウイスキーを飲む tomar güisqui solo ／ ストレートで勝つ ganar el partido sin perder ni un set
▶ストレートに (直接に) directamente ‖ ストレートに批判する criticar「abiertamente [directamente]」／ 喜びをストレートに表現する expresar la alegría sin tapujos

ストレス estrés *m*. ‖ ストレスの多い仕事 trabajo *m*. estresante ／ ストレスが溜まる estresarse, sufrir estrés ／ ストレスを発散する quitarse el estrés ／ 私は仕事のストレスに時折襲われる De vez en cuando siento un gran estrés a causa del trabajo.
◾ストレステスト prueba *f*. de estrés

ストレッチ estiramiento *m*. ‖ ストレッチを行う hacer estiramientos
◾ストレッチ体操 ejercicio *m*. de estiramiento

ストレプトマイシン (抗生物質) estreptomicina *f*.

ストロー pajita *f*., paja *f*. ‖ ストローで飲む beber con pajita ／ ストローをさす poner la pajita

ストローク (ボートの) palada *f*., (水泳の) brazada *f*., (ゴルフなどの) golpe *m*.

ストロボ 《英語》*flash m*.

すな 砂 arena *f*. ‖ 白い砂 arena *f*. blanca ／ 砂をまく echar arena ／ 砂にうずもれる enterrarse en la arena ／ 砂を嚙むような so*so*[*sa*]
▶砂の/砂状の aren*oso*[*sa*]
◾砂遊び ‖ 砂遊びする jugar con la arena
◾砂嵐 tormenta *f*. de arena
◾砂煙/砂埃 polvareda *f*., nube *f*. de arena ‖ 砂煙を上げる levantar una polvareda
◾砂地 arenal *m*.
◾砂時計 reloj *m*. de arena
◾砂場 cajón *m*. de arena
◾砂浜 playa *f*.
◾砂袋 saco *m*. de arena
◾砂山 dunas *fpl*.

すなお 素直 明るく素直だ ser alegre y dócil
▶素直な fran*co*[*ca*], (穏やかな) apacible, (従順な) dócil, obediente, sumi*so*[*sa*] ‖ 素直な子供 ni*ño*[*ña*] *mf*. obediente ／ 素直な性格 carácter *m*.「obediente [dócil]」／ 素直な心 franqueza *f*., corazón *m*. honesto ／ 素直な気持ち sentimiento *m*. sincero
▶素直に dócilmente, obedientemente ‖ 素直にうなずく asentir con la cabeza dócilmente ／ 素直に喜ぶ alegrarse sinceramente

スナック (軽食) tentempié *m*., merienda *f*.
◾スナック菓子 chuchería *f*.
◾スナックバー bar *m*.

スナップ (写真) foto(grafía) *f*. informal, (服のホック) botón *m*.「a [de] presión」‖ スナップを撮る sacar una foto「sin posar [de forma natural]」／ スナップを効かせる (野球・ゴルフの) girar la muñeca

すなわち es decir, o sea, a saber, en otras palabras, dicho de otro modo, o ‖ カスティーリャ語すなわちスペイン語 el castellano, o sea el español

スニーカー zapatillas *fpl*.「deportivas [de deporte]」

すね 脛/臑 (向こうずね) espinilla *f*.
[慣用] 脛に傷をもつ tener un estigma del pasado, no tener la conciencia tranquila
[慣用] 親の脛をかじる vivir a costa de *sus* padres, depender económicamente de *sus* padres
◾脛当て (スポーツ用) espinilleras *fpl*., (鎧の) greba *f*.

すねる 拗ねる enfurruñarse, (不機嫌になる) ponerse de mal humor ‖ 世をすねる volverse cínico[*ca*]

ずのう 頭脳 inteligencia *f*., cerebro *m*., cabeza *f*. ‖ 若い頭脳 joven *com*. inteligente ／ 会社の頭脳 cerebro *m*. de la empresa ／ 優れた頭脳 inteligencia *f*. extraordinaria, cerebro *m*. extraordinario ／ 頭脳明晰である ser inteligente, poseer una inteligencia aguda, tener la mente lúcida ／ 頭脳を使う usar la inteligencia
▶頭脳的(な) inteligente, intelectual ‖ 頭脳的プレー jugada *f*. inteligente
▶頭脳的に inteligentemente
◾人工頭脳 inteligencia *f*. artificial
◾頭脳集団 grupo *m*. de「expertos [sabios]」
◾頭脳流出 fuga *f*. de cerebros
◾頭脳労働 trabajo *m*.「mental [intelectual]」

スノー nieve *f*.
◾スノータイヤ「neumáticos *mpl*. [ruedas *fpl*.]」de invierno
◾スノーボード《英語》*snowboard m*., surf *m*. de nieve, (ボード) tabla *f*. de *snowboard*
◾スノーモービル motonieve *f*.

すのもの 酢の物 ‖ きゅうりの酢の物 pepinos *mpl*. en vinagre ／ 野菜を酢のものにする hacer verduras en vinagre

スパ (温泉)《英語》*spa m*., balneario *m*.

◪スパホテル hotel *m*. balneario
◪スパリゾート estación *f*. balnearia
スパークリングワイン vino *m*. espumoso, cava *m*.
スパート gran esfuerzo *m*.
▶スパートする hacer un gran esfuerzo
スパイ espía *com*.
▶スパイする espiar
◪スパイウェア《IT》 programa *m*. espía,《英語》*spyware m*. ‖ スパイウェアを検知する detectar un programa espía
◪スパイ映画 película *f*. de espionaje
◪スパイ衛星 satélite *m*. espía
◪スパイ活動 espionaje *m*., acto *m*. de espionaje
スパイク clavos *mpl*.,《バレーボール》remate *m*.
▶スパイクする《バレーボール》rematar
◪スパイク靴「zapatillas *fpl*. [botas *fpl*.] de clavos, botas *fpl*. multitacos
◪スパイクタイヤ neumático *m*. con clavos
スパイス especia *f*. ‖ スパイスを効かせる sazonar con especias
スパゲッティ espaguetis *mpl*.
すばこ 巣箱 nido *m*. de pájaros,（蜂の）colmena *f*. ‖ 巣箱を掛ける colocar un nido
すばしこい ágil, rápi*do[da]* ‖ 身のこなしがすばしこい tener mucha agilidad ／ すばしこい動物 animal *m*. ágil ／ すばしこい動き movimiento *m*. ágil
▶すばしこく con agilidad, ágilmente
すぱすぱ
▶すぱすぱ（と）‖ たばこをすぱすぱ（と）ふかす dar chupadas al cigarro,（たて続けに）fumar un cigarro tras otro ／ 難題をすぱすぱ片付ける solucionar problemas difíciles uno tras otro
ずばずば
▶ずばずば（と）（ぶっきらぼうに） bruscamente,（はっきりと） sin rodeos,（遠慮なしに） sin reservas ‖ 彼は思ったことをずばずば言う Él dice sin reservas lo que piensa.
すはだ 素肌 piel *f*. desnuda
スパッツ mallas *fpl*.
スパナ「llave *f*. 「inglesa [de tuercas]
ずばぬける ずば抜ける sobresalir ‖ 彼の記憶力はずば抜けている Él tiene una memoria excepcional.
▶ずば抜けた sobresaliente, excepcional ‖ ずば抜けた発想 idea *f*. sobresaliente
スパム correo *m*. [mensaje *m*.] basura,《英語》*spam m*.
◪スパムメール「correo *m*. [mensaje *m*.] basura ‖ スパムメールを受け取る recibir un mensaje basura ／ スパムメール対策を行う tomar medidas *antispam*
すばやい 素早い veloz, rápi*do[da]*, ágil ‖ すばやい動作 movimiento *m*. rápido

▶すばやく rápidamente, velozmente, ágilmente ‖ すばやく攻撃をかわす esquivar velozmente el ataque
すばらしい estupen*do[da]*, magnífi*co[ca]*, maravillo*so[sa]*, fantásti*co[ca]* ‖ すばらしい眺め vista *f*. 「magnífica [preciosa] ／ すばらしい天気 tiempo *m*. estupendo ／ すばらしい出会い encuentro *m*. maravilloso ／ この作品はすばらしい出来栄えだ Esta es una obra muy lograda.
▶すばらしく magníficamente
▶すばらしさ lo maravilloso ‖ 地球のすばらしさを知る conocer la maravilla de la Tierra
ずばり sin rodeos, con claridad ‖ 要点をずばりと話してください Diga con claridad los puntos importantes.
すばる 昴 《天文》Pléyades *fpl*.
スパルタ （古代の都市名）Esparta
◪スパルタ教育 educación *f*. espartana ‖ 息子をスパルタ教育で育てる educar al hijo con disciplina espartana
ずはん 図版 ilustración *f*., dibujo *m*., lámina *f*.
スピーカー altavoz *m*.,《中南米》altoparlante *m*.
スピーチ discurso *m*. ‖ 人前でのスピーチ discurso *m*. en público ／ スピーチをする「pronunciar [dar] un discurso
◪テーブルスピーチ discurso *m*. de sobremesa
スピーディー
▶スピーディーな rápi*do[da]*, veloz
▶スピーディーに rápidamente
スピード velocidad *f*. ‖ スピードを上げる aumentar la velocidad ／ スピードを落とす「disminuir [reducir, bajar] la velocidad ／ スピードを出す ir a gran velocidad ／ 時速40キロのスピードで走る correr a 40 kilómetros por hora ／ 新しい設備によって作業のスピードが上がる Con la instalación de nuevos equipos aumenta el rendimiento del trabajo.
◪スピードアップ aceleración *f*.
◪スピード違反 exceso *m*. de velocidad
◪スピード感 sensación *f*. de velocidad
◪スピードガン《商標》pistola *f*. de velocidad, radar *m*. de control de velocidad
◪スピード写真（ボックス）fotomatón *m*.
◪スピード出世 ascenso *m*. rápido ‖ スピード出世する conseguir un rápido ascenso
◪スピードスケート patinaje *m*. de velocidad
◪スピード制限 límite *m*. de velocidad
スピッツ （犬の種類）*Spitz m*.
ずひょう 図表 （表）tabla *f*.,（チャート）esquema *m*., diagrama *m*.,（グラフ）gráfico *m*., gráfica *f*.

スフィンクス esfinge *f.*
スプーン cuchara *f.*, (小さな) cucharilla *f.*

スプーンの種類

先割れスプーン tenedor *m.* cuchara, cuchador *m.* ／ スープスプーン cuchara *f.* sopera ／ デザート用スプーン cucharilla *f.* de postre ／ テーブルスプーン cuchara *f.* de mesa ／ ティースプーン cucharilla *f.* de té

ずぶとい 図太い (大胆な) audaz, atrevi*do*[*da*], (ずうずうしい) descara*do*[*da*], fres*co*[*ca*] ‖ 彼は図太い神経の持ち主だ Él tiene los nervios de acero.
ずぶぬれ ずぶ濡れ
▶ずぶ濡れの cala*do*[*da*], empapa*do*[*da*], he*cho*[*cha*] una sopa ‖ 彼女はずぶ濡れ(の状態)で家に着いた Ella llegó a casa hecha una sopa.
▶ずぶ濡れになる「empaparse [calarse] hasta los huesos
スプリング (ばね) muelle *m.*, resorte *m.*
スプリンクラー aspersor *m.*, (火災用の) sistema *m.* de aspersores contra incendios
スプリンター velocista *com.*
スプリント carrera *f.* de velocidad
◾ スプリント種目 carreras *fpl.* de velocidad
スプレー pulverizador *m.*, vaporizador *m.*, aerosol *m.*, atomizador *m.*
▶スプレーする pulverizar, vaporizar, atomizar
▶ヘアースプレー aerosol *m.* para el cabello
すべ 術 remedio *m.* ‖ なす術がない no saber qué hacer, estar totalmente perdi*do*[*da*]
スペア recambio *m.*
◾ スペアインク recambio *m.* de tinta
◾ スペアキー llave *f.* de repuesto
◾ スペアタイヤ rueda *f.* de「recambio [repuesto]
◾ スペアスラックス pantalones *mpl.* de repuesto
スペアリブ costillas *fpl.* de cerdo
スペイン España, Reino *m.* de España ‖ 中世のスペイン la España de la Edad Media
▶スペインの espa*ñol*[*ñola*]
◾ スペイン風邪 gripe *f.* española
◾ スペイン語 lengua *f.* española, español *m.*, castellano *m.* ‖ これをスペイン語で何と言いますか ¿Cómo se dice esto en español? ／ スペイン語を話す hablar español
◾ スペイン語会話 conversación *f.* española
◾ スペイン語圏 mundo *m.* hispanohablante, mundo *m.* del habla hispana
◾ スペイン人 espa*ñol*[*ñola*] *mf.*
◾ スペイン文化 cultura *f.* española
◾ スペイン料理 (調理)「cocina *f.* [gastronomía *f.*] española, (食べ物) comida *f.* española
スペース espacio *m.* ‖ スペースがある Hay espacio. ／ スペースを作る hacer espacio ／ スペースがないので por falta de espacio
スペースシャトル transbordador *m.* espacial ‖ スペースシャトルを打ち上げる lanzar un transbordador espacial
スペード (トランプの) espada *f.*
すべき
▶～すべきである deber 『+不定詞』‖ 我々は彼には真実を話すべきだ Debemos decirle a él la verdad.
スペクトル 《物理》espectro *m.*
◾ スペクトル分析 análisis *m.*[=*pl.*] espectral
スペシャリスト especialista *com.*, exper*to*[*ta*] *mf.*
すべすべ
▶すべすべした liso[*sa*], suave
スペック (仕様) especificaciones *fpl.*
すべて 全て (中性代名詞) todo ‖ すべてうまく行った Todo salió bien. ／ 真実をすべて言う decir toda la verdad ／ 必要書類をすべて持って来てください Traiga todos los documentos necesarios. ／ メンバーすべてが賛成したわけではない No todos los miembros estaban de acuerdo.
▶すべての to*do*[*da*] ‖ すべての証拠を提出する entregar todas las pruebas
◉ すべての道はローマに通ず《諺》Todos los caminos llevan a Roma.
すべらす 滑らす deslizar ‖ 足を滑らす resbalarse ／ 彼はうっかり口を滑らせた A él se le fue la lengua.
すべりこみ 滑り込み ‖ 私は滑り込みで間に合った Llegué「justo a tiempo [por los pelos].
すべりこむ 滑り込む llegar justo ‖ コンサートの開始すれすれに滑り込む llegar justo al comienzo del concierto
すべりだい 滑り台 tobogán *m.*
すべりだし 滑り出し comienzo *m.* ‖ 新製品の滑り出しは順調だ La venta del nuevo producto ha tenido un buen comienzo.
▶滑り出す (進行し始める) empezar, comenzar, (滑り始める) empezar a deslizarse
すべりどめ 滑り止め (薬品など) producto *m.* antideslizante ‖ 滑り止めに砂をまく echar arena para no resbalarse ／ 私は滑り止めにその大学を受験した Me presenté al examen de esa universidad por si no me aceptaban en la universidad a la que quería ir.
すべりやすい 滑りやすい resbaladi*zo*[*za*]
すべる 滑る (滑らかに進む) deslizarse, (誤って滑る) resbalarse, (乗り物が) patinar, (つるつるする) resbalar, (試験などに落ちる)

スペル ortografía *f.* ‖ スペルを言う deletrear ／ 単語のスペルを覚える aprender la ortografía de una palabra ／ スペルをチェックする「comprobar [corregir, revisar] la ortografía
- **スペルアウト** deletreo *m.*
- **スペルチェッカー** corrector *m.* ortográfico
- **スペルチェック** corrección *f.* ortográfica
- **スペルミス** falta *f.* de ortografía, 「fallo *m.* [error *m.*] ortográfico

スポイト cuentagotas *m.*[=*pl.*]

スポーク (自転車の) radio *m.*

スポークスマン portavoz *com.*, 《中南米》 vocero[ra] *mf.*

スポーツ deporte *m.* ‖ スポーツをする hacer deporte ／ スポーツを楽しむ disfrutar del deporte ／ スポーツを観戦する ver deporte ／ スポーツで汗を流す sudar haciendo deporte
▶ スポーツの deportivo[va]
- **屋外スポーツ** deporte *m.* de exterior
- **屋内スポーツ** deporte *m.* de interior
- **スポーツ医学** medicina *f.* del deporte
- **スポーツウェア** ropa *f.* de deporte
- **スポーツカー** coche *m.* deportivo
- **スポーツ界** mundo *m.* deportivo
- **スポーツ刈り** corte *m.* de pelo militar
- **スポーツ記事** artículo *m.* de deporte
- **スポーツ記者** cronista *com.* deportivo[va]
- **スポーツキャスター** 「locutor[tora] *mf.* [presentador[dora] *mf.*] deportivo[va]
- **スポーツクラブ** club *m.* de deportes
- **スポーツ施設** instalaciones *fpl.* deportivas ‖ このホテルにはプールやテニスコートなどのスポーツ施設があります El hotel cuenta con instalaciones deportivas como piscina y pistas de tenis.
- **スポーツシャツ** camiseta *f.* deportiva
- **スポーツシューズ** zapatillas *fpl.* 「deportivas [de deporte]
- **スポーツ新聞** periódico *m.* deportivo
- **スポーツセンター** centro *m.* deportivo
- **スポーツドリンク** bebida *f.* deportiva
- **スポーツニュース** noticias *fpl.* de deporte
- **スポーツバッグ** bolso *m.* deportivo
- **スポーツマン** deportista *com.* ‖ スポーツマン精神 espíritu *m.* deportivo, deportividad *f.*
- **スポーツ用品** equipo *m.* de deportes ‖ スポーツ用品店 tienda *f.* de deportes
- **スポーツ欄** sección *f.* de deportes

スポーティー
▶ スポーティーな deportivo[va]

スポートロジー deportología *f.*

ずぼし 図星 ‖ 君、それは図星だ Has dado en el clavo. ‖ Has acertado.
[慣用] 図星を指される ‖ 私は図星を指されて驚いた Me sorprendí porque lo que me había dicho era totalmente cierto.

スポット (テレビコマーシャル)《英語》spot *m.* publicitario; (場所) lugar *m.*; (照明) foco *m.* ‖ スポットを当てる iluminar con reflectores ／ 放射線レベルの高いスポット lugar *m.* con alto nivel radiactivo
- **スポット原油価格** precio *m.* 「*spot* [al contado] de petróleo
- **スポット市場** mercado *m.* 「libre [al contado]

スポットライト foco *m.*, reflector *m.*, (注目の的) centro *m.* de atención
▶ スポットライトを浴びる《慣用》estar en el candelero

すぼめる 窄める estrechar, (体を) encogerse, (折りたたむ) plegar ‖ 口をすぼめる fruncir 「los labios [la boca]

ズボン pantalones *mpl.* ‖ ズボンをはく[脱ぐ]「ponerse [quitarse] los pantalones ／ 長い[短い]ズボン pantalones *mpl.*「largos [cortos] ／ 私にはズボンがきつい Me aprietan los pantalones. ／ ズボンが私には大きすぎる Los pantalones me están demasiado grandes. ／ ズボンに折り目をつける marcar las rayas de los pantalones
- **ズボン下** calzoncillos *mpl.* largos
- **ズボン吊り** tirantes *mpl.*
- **ズボンプレッサー** prensa *f.* para pantalones

スポンサー patrocinador[dora] *mf.* ‖ スポンサーがつく conseguir patrocinador ／ スポンサーになる patrocinar

スポンジ esponja *f.*, (食器洗い用の) estropajo *m.* ‖ 食器をスポンジで洗う fregar los platos con un estropajo
- **スポンジケーキ** bizcocho *m.*

スマート
▶ スマートな esbelto[ta], (洗練された) refinado[da], elegante ‖ スマートな体つき cuerpo *m.* esbelto ／ スマートな身のこなし gesto *m.* refinado
▶ スマートに con elegancia ‖ スマートにふるまう portarse con elegancia

スマートグリッド (次世代送電網) red *f.* eléctrica inteligente

スマートフォン teléfono *m.* inteligente, 《英語》*smartphone m.*

スマートフォン用語

編集機能 edición *f.* ／ パソコン機能 función *f.* del 「ordenador [computador] ／

インターネットへの接続 acceso *m*. a Internet／（電子）メール correo *m*. electrónico／フルブラウザ navegador *m*. completo／ファイルの閲覧 lectura *f*. de documentos／メモ nota *f*.／文章作成 elaboración *f*. de documentos／スケジュール管理 administración *f*. de agenda／予約管理 administración *f*. de citas／住所録 contactos *mpl*.／マルチメディアプレーヤー reproductor *m*. multimedia／MP3演奏 reproducción *f*. de MP3／静止画［動画］を閲覧する ver「imagen estática [vídeo]／サウンドレコーダー grabadora *f*. de sonido／カメラ機能 función *f*. de cámara／デジタルカメラ cámara *f*. digital／ムービーカメラ cámara *f*. de vídeo／ゲーム juegos *mpl*.／電子辞書 diccionario *m*. electrónico／電卓 calculadora *f*.／時計 reloj *m*.／GPS（全地球測位網）GPS *m*.[=*pl*.]／無線音楽再生プレーヤーとしての利用 uso *m*. como reproductor de música inalámbrico／ハンズフリー通話 telefonía *f*. con manos libres

すまい 住まい　casa *f*., vivienda *f*. ‖ 住まいを構える establecer *su* domicilio《en》
▲田舎住まい 田舎住まいをしてみたい Me gustaría vivir en el campo.
▲住まい選び elección *f*. de una vivienda

すましじる 澄まし汁　sopa *f*. clara ‖ タケノコのすまし汁 sopa *f*. clara de brotes de bambú

すます 済ます　(終える) terminar, acabar (間に合わせる) contentarse《con》, conformarse《con》, (解決する) arreglar, solucionar ‖ 〜なしで済ます pasarse sin ALGO／宿題を済ます terminar los deberes／用事を電話で済ます arreglar el asunto por teléfono

すます 澄ます　(液体を) clarificar, aclarar, (気取る) presumir, (平気を装う) guardar las apariencias ‖ 皆が怒っているのに彼は澄ましていた A pesar de que todos estaban muy enfadados, él estaba muy tranquilo.

スマッシュ 《テニス》《英語》*smash m.*, mate *m*., remate *m*.
▶スマッシュする《テニス》rematar

すまない 済まない　(お礼) Gracias. ¦ (謝罪) Lo siento. ¦ Perdón.

すみ 炭　carbón *m*.「vegetal [de leña]‖ 炭を焼く hacer carbón

すみ 隅　rincón *m*., esquina *f*. ‖ 部屋の隅 rincón *m*. de la habitación
▶隅から隅まで de cabo a rabo ‖ 隅から隅まで探す buscar ALGO por todas partes／本を隅から隅まで読む leer un libro de cabo a rabo
[慣用]隅に置けない no ser ton*to*[*ta*] ‖ 彼は何も知らないように見えるが、いいアイディアを出す隅に置けないやつだ Aunque parezca que no sabe nada no debemos subestimarlo, pues nos da unas ideas excelentes.

すみ 墨　tinta *f*. china ‖ 墨を磨る preparar la tinta china
▲墨絵 pintura *f*. con tinta china, dibujo *m*. a tinta china

すみか 住み処/住み家 ⇒すまい(住まい)

すみきった 澄み切った ‖ 澄み切った青空 cielo *m*. completamente despejado

すみごこち 住み心地 ‖ 住み心地のいい家だ Es una casa cómoda para vivir.

すみこみ 住み込み ‖ 住み込みで働く trabajar de inter*no*[*na*]
▶住み込みの residente, inter*no*[*na*] ‖ 住み込みのお手伝いさん asistenta *f*. interna

すみずみ 隅隅 ‖ 隅々まで en todos los rincones, de cabo a rabo

すみび 炭火　brasa *f*. ‖ いわしを炭火で焼く asar sardinas a la brasa
▲炭火焼き ‖ 炭火焼きの asa*do*[*da*] a la brasa

すみません ❶ (謝罪) Perdón. ¦ Lo siento. ¦ (ustedに対して) Disculpe. ¦ Perdone. ¦ (túに対して) Disculpa. ¦ Perdona. ‖ お返事が遅れてすみません Siento no haberle contestado antes.／本当にすみません Lo siento mucho.
❷ (呼びかけ・依頼) Por favor. ¦ Perdón. ¦ (許可を得る) Con permiso. ‖ あの、すみませんが Oiga, por favor.／すみません、ゆっくり話してください Hable más despacio, por favor.／すみません、降ります Perdón, me bajo.／すみませんが、ちょっとお聞きしていいですか Perdone, ¿puedo preguntarle algo?
❸ (感謝) Gracias. ‖ お忙しいただいてすみません Muchas gracias por haber venido.

すみやか 速やか
▶速やかな rápi*do*[*da*], inmedia*to*[*ta*]
▶速やかに (直ちに) inmediatamente, (素早く) rápidamente ‖ できるだけ速やかにお支払いください Le rogamos que efectúe el pago lo antes posible.

すみやき 炭焼き
▶炭焼きの asa*do*[*da*] a la brasa
▲炭焼きコーヒー café *m*. tostado con carbón

すみれ 菫　violeta *f*.

すむ 住む/棲む　vivir 《en》, residir 《en》, habitar《en》, (格式語) morar《en》, (生物が) habitar ‖ 住む家がない no tener dónde vivir／都会に住む vivir en la ciudad／この島には人が住んでいない Esta isla no está habitada.／この町は住みにくい Es difícil vivir en esta ciudad.／住み慣れる estar acostumbra*do*[*da*] a vivir／住みつく establecerse《en》, instalarse《en》

すむ 住む〖慣用〗住めば都 Cualquier lugar es un buen sitio una vez que se empieza a vivir allí.

すむ 済む (終わる) acabar(se), terminar, (間に合う) bastar《con》, (解決できる) solucionar, arreglar ‖ 勘定はもう済んでいる La cuenta ya está pagada. ／金で済む問題だ Es un asunto que se puede arreglar con dinero. ／謝って済む問題ではない No basta con pedir perdón. ／ただでは済まない Esto no se queda así. ／済んだことは仕方がない Lo hecho, hecho está. ¦〖慣用〗A lo hecho, pecho.

すむ 澄む clarificarse, aclararse
▶澄み渡る hacerse completamente claro[ra]
▶澄んだ claro[ra], puro[ra], transparente, diáfano[na] ‖ 澄んだ声 voz f. transparente ／澄んだ空 cielo m.「diáfano [transparente, cristalino]

スムーズ
▶スムーズな suave
▶スムーズに sin [problemas [dificultad, contratiempos] ‖ 企画はスムーズに運んでいる El proyecto marcha bien.

ずめん 図面 plano m., dibujo m.

すもう 相撲 sumo m.

相撲用語

勝ち越す conseguir más victorias que derrotas en un torneo ／敢闘賞 premio m. al espíritu de lucha ／技能賞 premio m. a la mejor técnica ／決まり手 técnica f. con la que ganó un luchador de sumo, técnica f. de la victoria ／行司 árbitro m. de sumo ／金星 victoria f. ante un *yokozuna* ／稽古 entrenamiento m. ／化粧まわし delantal m. decorado que llevan los luchadores en la ceremonia de entrada ／四股を踏む golpear en el suelo con cada pierna ／殊勲賞 premio m. a una actuación destacada ／相撲取り luchador m. de sumo ／相撲部屋 casa f. donde los luchadores de sumo viven y se entrenan ／千秋楽 último día m. del torneo ／土俵 *ring* m. de sumo ／土俵入り ceremonia f. de entrada al *ring* antes de los combates ／取組 combate m. de sumo ／取り直し nuevo combate m. ／番付表 lista f. de clasificación de los luchadores en activo ／髷｛まげ｝ moño m. ／負け越す tener más derrotas que victorias en un torneo ／横綱 ancho cinturón m. que lleva un luchador de sumo ／横綱 《日本語》*yokozuna* m., gran campeón m. de sumo ／力士 luchador m. de sumo

---

スモーク
▣スモークサーモン salmón m. ahumado
▣スモークソーセージ longaniza f. ahumada

スモッグ esmog m., 《英語》*smog* m.

すもも 李 (実) ciruela f., (木) ciruelo m.

すやき 素焼き bizcocho m. ‖ 素焼きの陶器 cerámica f. sin barnizar

すやすや
▶すやすやと apaciblemente, tranquilamente ‖ すやすやと眠る dormir「apaciblemente [plácidamente, tranquilamente], dormir como un angelito

すら ⇒さえ

スラー 《音楽》ligado m.

スライス (パンなど) rebanada f., (ハムなど) loncha f., lonja f., (果物など) rodaja f.
▶スライスする cortar ‖ ハムをスライスする cortar el jamón en lonchas
▣スライスチーズ queso m. en lonchas, lonchas fpl. de queso

スライド (写真) diapositiva f. ‖ スライドを映す proyectar diapositivas
▣スライド映写機 proyector m. de diapositivas
▣スライド制 ‖ 賃金のスライド制 indexación f. salarial

ずらす (物を) desplazar, mover, (時間を) cambiar, (遅らせる) posponer, aplazar ‖ 椅子をずらす mover la silla ／今年の新製品の発売時期をずらす計画だ Planean posponer la venta de los nuevos productos de este año.

すらすら
▶すらすら(と) (流暢に) fluidamente, con fluidez, (簡単に) fácilmente ‖ すらすら読む leer con fluidez ／すらすらと解く resolver con facilidad ／すらすらと答える contestar sin vacilación ／すべてはすらすらと運んだ Todo fue sobre ruedas.

スラックス pantalones mpl.

スラックスの用語

腰回り contorno m. cintura ／裾 dobladillo m. ／総丈 largo m. total ／タック alforza f. ／ファスナー cremallera f. ／ポケット bolsillo m. ／股上 tiro m. ／股下 largo m. (de) entrepierna

---

スラッシュ (斜線) barra f. (oblicua)

スラム
▣スラム街「barrio m. [bajo, de chabolas], suburbio m.

すらり
▶すらりとした esbelto[ta]

ずらり

▶ずらりと‖車がずらりと並んでいる Hay una fila larga de coches. ／店の前にはずらりと人が並んでいた Delante de la tienda había una cola muy larga (de gente).

スラング　jerga *f*., argot *m*.

スランプ　mala racha *f*.‖スランプである「pasar por [estar en] una mala racha ／スランプに落ちる caer en una mala racha

すり　掏摸　rate*ro*[*ra*] *mf*., carterista *com*.

すりかえる　掏り替える　「cambiar [sustituir] secretamente‖AをBとすりかえる cambiar A por B secretamente ／絵をすりかえる cambiar un cuadro de pintura secretamente ／問題をすりかえる desviar el problema

すりガラス　擦りガラス　cristal *m*. esmerilado

すりきず　擦り傷　rozadura *f*.,《医学》excoriación *f*.

すりきり　擦り切り‖大さじ擦りきり1杯の砂糖 una cucharada al ras de azúcar

すりきれる　擦り切れる　gastarse, desgastarse

すりこみ　刷り込み　《生物》impronta *f*.

すりこむ　擦り込む/摺り込む　frotar‖肌にクリームを擦り込む aplicar la crema en la piel

スリット　《服飾》raja *f*.

スリッパ　zapatillas *fpl*., pantuflas *fpl*.‖スリッパを履く[脱ぐ]「ponerse [quitarse] las zapatillas

スリップ　《服飾》enagua *f*. entera, combinación *f*.;（滑ること）resbalón *m*.,（車の）derrape *m*., patinazo *m*.
▶スリップする patinar, resbalarse

すりつぶす　擂り潰す/磨り潰す　machacar,（果物などを）majar,（豆などを）moler

すりばち　擂り鉢/摺り鉢　mortero *m*.

すりへらす　磨り減らす　desgastar‖靴をすり減らす desgastar los zapatos

すりへる　磨り減る　desgastarse, gastarse‖私の靴のかかとがすり減っている Tengo desgastados los tacones de los zapatos.

すりみ　擂り身　《日本語》*surimi m*., pasta *f*. de pescado‖魚肉をすり身にする elaborar *surimi* con carne de pescado

すりむく　擦り剝く　excoriarse, rasparse, hacerse un arañazo‖膝をすり剝く rasparse la rodilla

スリラー　terror *m*.,（サスペンス）suspense *m*.
▣スリラー映画 película *f*. de terror

スリル　emoción *f*.‖スリルのある emocionante, excitante ／スリルを味わう tener una experiencia emocionante ／スリルを求める buscar algo emocionante ／スリル満点の世界 un mundo lleno de emociones

する　hacer‖何かをする hacer algo ／私は何もすることがない No tengo nada que hacer. ／私はすることがうまく行かない Nada me sale bien.
▶~してみる probar a〖+不定詞〗
▶~しようとする intentar〖+不定詞〗
▶~することにする（決める）decidir〖+不定詞〗‖私は彼を招待しないことにした He decidido no invitarlo.

する　刷る　imprimir‖パンフレットを500部刷る imprimir quinientos ejemplares del folleto

する　掏る　hurtar, robar‖地下鉄で財布をすられました Me robaron la cartera en el metro.

する　擦る/磨る/擂る　frotar,（おろす）rallar

ずる　狡　（ずるいこと）trampa *f*.‖ずるをする hacer trampas, engañar

ずるい　狡い/滑い　（狡める）tramp*oso*[*sa*], astu*to*[*ta*], ladi*no*[*na*],（不公平な）injus*to*[*ta*]‖ずるい人 tramp*oso*[*sa*] *mf*., persona *f*. astuta ／ずるい手 trampa *f*., artimaña *f*. ／ずるいまねをする No seas tramp*oso*[*sa*]. ／彼だけ働かないのはずるい No es justo que solo él se libre del trabajo.

ずるがしこい　狡賢い　astu*to*[*ta*], ladi*no*[*na*], taima*do*[*da*]

するどい　鋭い　agu*do*[*da*]‖鋭い痛み dolor *m*.「agudo [penetrante] ／鋭い音 sonido *m*. agudo ／鋭い目つき mirada *f*.「aguda [penetrante] ／鋭い質問 pregunta *f*. inteligente ／鋭い刃物 cuchillo *m*. afilado ／勘が鋭い tener un sexto sentido, tener mucha intuición
▶鋭く agudamente, con agudeza,（厳しく）severamente
▶鋭さ agudeza *f*.

ずるやすみ　ずる休み
▶ずる休みする（学校を）faltar a clase,《慣用》hacer novillos, fumarse la clase

ずれ　diferencia *f*., discrepancia *f*.‖意見のずれ discrepancia *f*. de opiniones ／活断層のずれ franja *f*. discontinua de una falla activa

スレート　pizarra *f*.‖スレートで屋根を葺く poner tejado de pizarra

すれすれ　擦れ擦れ‖すれすれまでコップを満たす llenar el vaso hasta el borde ／違反すれすれの運転をする conducir casi violando las reglas de tráfico ／時間すれすれで間に合う llegar (a tiempo) por los pelos ／私はすれすれのところで合格した Aprobé por los pelos.
▶すれすれに‖水面すれすれに飛ぶ volar a ras del agua ／壁すれすれに通る pasar casi rozando la pared

すれちがい　擦れ違い‖すれ違いに挨拶する saludarse al cruzarse ／2人は共働きですれ違いばかりだ Como trabajan los dos, no

すれちがう 擦れ違う (人)cruzarse ‖ 廊下ですれ違う cruzarse con ALGUIEN en el pasillo ／ 2本の列車はトンネル内ですれ違った Los dos trenes se cruzaron en el túnel.

すれっからし (人)pic*aro*[*ra*] *mf*.

すれる 擦れる (こすれる)rozarse, (磨耗する)gastarse, (無邪気でなくなる)perder la inocencia ‖ この靴はかかとが擦れる Estos zapatos me rozan los talones.

ずれる (基準から外れる)desviarse 《de》, salirse 《de》, (動く)deslizarse ‖ 位置がずれる no estar en su debido sitio ／ 話がずれる desviarse del tema

スローイン 《サッカー》saque *m*. de banda

スローガン lema *m*., eslogan *m*. ‖ 反家庭内暴力というスローガンを掲げて召集されたデモ manifestación *f*. convocada bajo el lema "Contra la violencia doméstica"

スロープ pendiente *f*., cuesta *f*., (下りの)bajada *f*., (昇降のための)rampa *f*. ‖ ゆるやかなスロープ「pendiente *f*. [cuesta *f*.] suave

スローフード comida *f*. lenta ‖ スローフードを楽しむ disfrutar (de) la comida lenta

スローモーション
▶スローモーションで a cámara lenta ‖ スローモーションで見る ver ALGO a cámara lenta

スローライフ vida *f*. lenta, movimiento *m*. lento ‖ スローライフを楽しむ disfrutar (de) la vida lenta

スロット ranura *f*. ‖ スロットにカードを差し込んでください Inserte la tarjeta en la ranura.
◪ スロットマシン tragaperras *f*.[=*pl*.]

すわりごこち 座り心地 ‖ このいすは座り心地がよい Esta silla es muy cómoda.

すわりこみ 座り込み sentada *f*. ‖ 座り込みをする「hacer [realizar] una sentada

すわりこむ 座り込む sentarse, (深く座る)arrellanarse, (抗議のために)hacer una sentada

すわる 座る sentarse ‖ 机に向かって座る sentarse 「a [en] la mesa ／ いすに座る sentarse en una silla ／ ここに座ってもいいですか ¿Puedo sentarme aquí?
▶座っている estar sentad*o*[*da*]

すんか 寸暇 ‖ 寸暇を惜しんで働く dedicar todo el tiempo libre al trabajo

ずんぐり
▶ずんぐりした gord*o*[*da*] y baj*o*[*ja*], rechonch*o*[*cha*], achaparrad*o*[*da*]

すんぜん 寸前 justo antes 《de》 ‖ 絶滅寸前の動物 animales *mpl*. en peligro de extinción ／ 彼女はゴール寸前で転倒した Ella se cayó justo antes de llegar a la meta. ／ その会社は倒産寸前だ La empresa está a punto de caer en (la) bancarrota. ／ オリンピックが寸前に迫る Las Olimpiadas están a la vuelta de la esquina.

すんでのところ すんでの所
▶すんでのところで ‖ 私はすんでのところで車にはねられるところだった Por poco me atropella un coche. ／ 私はすんでのところで大金を失うところだった Estuve a punto de perder una gran cantidad de dinero.

すんなり (支障なく)sin 「problemas [dificultades], (すらりとした)esbel*to*[*ta*] ‖ すんなり話がまとまる llegar a un acuerdo sin problemas ／ すんなり伸びた脚 piernas *fpl*. esbeltas

スンニは スンニ派 secta *f*. suní
▶スンニ派の(信徒) suní (*com*.), sunita (*com*.)

すんぽう 寸法 medida *f*., dimensión *f*., (大きさ)tamaño *m*., (衣類の)talla *f*. ‖ 寸法を測る medir ／ スーツの寸法をとる tomar medidas para la confección de un traje ／ 箱の寸法は長さ50センチ、幅30センチ、高さ20センチです La caja mide 50 cm de largo por 30 cm de ancho y por 20 cm de alto.

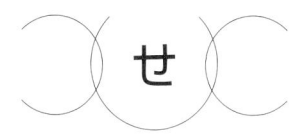

せ

せ 背 (背丈)altura *f*., estatura *f*., (背中)espalda *f*., (椅子の)respaldo *m*., (動物の)lomo *m*., (山の)cresta *f*. ‖ 背の高い al*to*[*ta*] ／ 背の低い baj*o*[*ja*] ／ (水中で)背が立つ hacer pie ／ 背が伸びる crecer, aumentar de estatura ／ 背の順に並ぶ alinearse por orden de estatura ／ 背を伸ばす enderezarse, ponerse rec*to*[*ta*], ponerse erguid*o*[*da*] ／ ～に背を向けて座る sentarse dando la espalda 《a》

(慣)背を向ける《慣用》dar la espalda《a》‖ 世間に背を向けて暮らす vivir dando la espalda al mundo

(諺)背に腹は代えられぬ《諺》La necesidad carece de ley.

◪ 背格好 彼らは大体同じ背格好だ Ellos son más o menos de la misma talla.

◪ 背表紙 lomo *m*. de un libro

せい 正 ‖ 正副二通の文書 original *m.* y copia *f.* del documento
▶正の ‖ 正の数 número *m.* positivo ／ 正の電気 electricidad *f.* positiva

せい 生 vida *f.* ‖ 生を受ける nacer

せい 世 ‖ カルロス１世 Carlos I (Primero) ／ アルゼンチンの日系二世 segunda generación *f.* de japoneses en Argentina

せい 制 →せいど(制度) ‖ 医学部は6年制である La carrera en Medicina tiene una duración de seis años. ／ 旧制の régimen anterior

せい 姓 apellido *m.* ‖ 姓を変える cambiar de apellido ／ 父親の姓を名乗る llevar el apellido paterno

せい 性 sexo *m.*, sexualidad *f.*, (文法上の) género *m.* ‖ 性の一致 (文法上の) concordancia *f.* de género ／ 性の区別 (男女の) diferenciación *f.* sexual, distinción *f.* de sexo
▶性的(な) sexual ‖ 性的(な)嫌がらせ acoso *m.* sexual → セクハラ ／ 性的(な)虐待 abuso *m.* sexual
▶性的に sexualmente
◪性革命 revolución *f.* sexual
◪性感帯 zona *f.* erógena
◪性教育 educación *f.* sexual
◪性行為 acto *m.* sexual ‖ 性行為を行う realizar el acto sexual, practicar sexo, 《慣用》hacer el amor
◪性行為感染症 infección *f.* de transmisión sexual
◪性差別 sexismo *m.*, discriminación *f.* sexual
◪性差別主義者 sexista *com.*
◪性生活 vida *f.* sexual
◪性転換 cambio *m.* de sexo, cirugía *f.* de reasignación de sexo
◪性同一性障害 disforia *f.* de género
◪性犯罪 delito *m.* sexual
◪性風俗 usos *mpl.* y costumbres *fpl.* sexuales ‖ 性風俗店 club *m.* de alterne, puti-club *m.*
◪性分化疾患 trastornos *mpl.* de diferenciación sexual

せい 聖 santidad *f.* ‖ 聖と俗 lo sagrado y lo profano
▶聖― san 〚+男性名〛, santo 〚+To-/Do- で始まる男性名〛, santa 〚+女性名〛 ‖ 聖トマス Santo Tomás ／ 聖ヨセフ San José
◪聖なる sagra*do*[*da*], san*to*[*ta*], sa*cro*[*cra*] ‖ 聖なる夜 noche *f.* sagrada
◪聖家族 Sagrada Familia *f.*
◪聖戦 guerra *f.* santa

せい 精 (力) vigor *m.*, energía *f.*, (精霊) espíritu *m.*, (妖精) ninfa *f.*, hada *f.* ‖ 森の精 ninfa *f.* de los bosques, dríade *f.* ／ 精を付ける vigorizar, tonificar, fortalecer ／ 精を出して働く／精が出る trabajar con 「diligencia [ahínco]
〖慣用〗精も根も尽き果てる estar completamente 「exhaus*to*[*ta*] [agota*do*[*da*]]

せい 製 ‖ スペイン製の 「he*cho*[*cha*] en España, fabrica*do*[*da*] en España, de fabricación española ／ この机は木製だ Esta mesa es de madera.

せい 所為 ‖ それは私のせいではない Eso no es culpa mía. ／ いったい誰のせいだ ¿Quién tiene la culpa? ／ 気のせいだ Será tu imaginación.
▶～のせいで por culpa《de》, (原因) debido 《a》, a causa《de》
▶～のせいにする echar la culpa《a》‖ 彼は自分の失敗をいつも他の人のせいにする Él siempre echa la culpa de sus propios errores a los demás.

ぜい 税 impuesto *m.*, contribución *f.*, derechos *mpl.*, gravamen *m.* →ぜいきん(税金)・ ぞぜい(租税)
▶税の tributa*rio*[*ria*]
◪税込み ‖ 税込みで con impuestos incluidos ／ 年収は税込みで500万円です El sueldo bruto anual es de cinco millones de yenes.
◪税制 sistema *m.* 「tributario [fiscal]
◪税収 ingresos *mpl.* tributarios ‖ 税収増を見込む prever un aumento de los ingresos tributarios
◪税滞納者 moro*so*[*sa*] *mf.* de impuestos
◪税引き ‖ 税引き前利益 beneficios *mpl.* 「brutos [antes de impuestos] ／ 税引き所得 renta *f.* neta
◪税負担 carga *f.* fiscal
◪税法 (租税法) derecho *m.* 「tributario [fiscal]
◪税率 tipo *m.* 「de gravamen [impositivo]

せいあつ 制圧 dominio *m.*, opresión *f.*
▶制圧する conquistar, dominar, oprimir

せいい 誠意 sinceridad *f.*, cordialidad *f.* ‖ 彼には誠意が見られない A él le falta sinceridad. ／ 誠意を疑う poner en duda la sinceridad de ALGUIEN ／ 誠意を示す mostrar *su* sinceridad
▶誠意(の)ある since*ro*[*ra*], cordial ‖ 誠意(の)ある態度を取る tener una actitud sincera

せいいき 声域 registro *m.* (vocal), tesitura *f.* ‖ 声域が広い tener un amplio registro vocal

せいいき 聖域 santuario *m.* ‖ 聖域を犯す 「violar [profanar] un lugar sagrado

せいいく 成育/生育 crecimiento *m.*
▶成育する crecer

せいいっぱい 精一杯 al máximo, (全力で) con todas las fuerzas, 《慣用》con toda el alma ‖ 精一杯頑張る hacer todo lo posible, 《慣用》dar el do de pecho ／ 精一杯働く tra-

bajar「a tope [al máximo]
▶**精一杯である** ‖ 彼の稼ぎでは家族を養うのが精一杯だ Él gana lo justo para mantener a su familia.
せいいん 成員 miembro *com.*
せいう 晴雨 ‖ 晴雨にかかわらず independientemente del tiempo que haga, llueva o no (llueva)
◾晴雨計 barómetro *m.*
セイウチ 海象 morsa *f.* (雄・雌) ‖ 雄のセイウチ morsa *f.* macho
せいうん 星雲 nebulosa *f.*
◾暗黒星雲 nebulosa *f.*「oscura [de absorción]
◾散光星雲 nebulosa *f.* difusa
せいえい 精鋭 élite *f.*, elite *f.*
◾少数精鋭主義 elitismo *m.*
◾精鋭部隊 tropa *f.* de élite
せいえき 精液 semen *m.*, esperma *m.*
▶**精液の** espermátic*o*[*ca*]
せいえん 声援 gritos *mpl.* de ánimo, (拍手喝采) aplauso *m.* ‖ 声援を送る animar, alentar, lanzar gritos de ánimo 《a》／ 観衆の声援に応える responder al apoyo del público／ 声援を受ける ser recibid*o*[*da*] con gritos de ánimo／ 黄色い声援を送る animar con voz estridente
せいえん 製塩 「producción *f.* [obtención *f.*] de sal
◾製塩業 industria *f.* salinera
◾製塩所 salina *f.*
せいおう 西欧 Europa「del Oeste [Occidental]
▶**西欧の** eurooccidental
▶**西欧化する** occidentalizar
◾西欧諸国 países *mpl.* de Europa Occidental
せいか 生花 (自然の花) flor *f.* natural
◾生花店 floristería *f.*, florería *f.*
せいか 生家 casa *f.* natal
せいか 正価 precio *m.* neto
せいか 成果 resultado *m.*, fruto *m.*, logro *m.* ‖ 目に見える成果 resultado *m.* palpable／ 成果をあげる/成果を出す lograr resultados／ 政府はインフレの抑制で成果をあげた El gobierno tuvo éxito en frenar la inflación.／ 成果を生む dar frutos／ 仕事の成果が問われるだろう Los resultados del trabajo serán cuestionados.
◾成果給 retribución *f.* basada en el rendimiento
◾成果主義 (企業の) sistema *m.* basado en el rendimiento, (学業の) sistema *m.* de evaluación continua
せいか 青果 frutas *fpl.* y verduras *fpl.*
◾青果市場 mercado *m.* de frutas y verduras
◾青果店 verdulería *f.*

青果店

せいか 盛夏 pleno verano *m.*, 《格式語》pleno estío *m.* ⇒ まなつ(真夏)
せいか 聖火 fuego *m.* sagrado, (五輪の)「llama *f.* [antorcha *f.*] olímpica
◾聖火台 pebetero *m.*
◾聖火ランナー porta*dor*[*dora*] *mf.* de la antorcha olímpica
◾聖火リレー「recorrido *m.* [relevo *m.*] de la antorcha olímpica
せいか 聖歌 himno *m.*, canto *m.* litúrgico ‖ 聖歌を歌う cantar un himno
◾クリスマス聖歌 villancico *m.*
◾グレゴリオ聖歌 canto *m.* gregoriano
◾聖歌隊 coro *m.* (de la iglesia)
せいか 製菓 repostería *f.*, (ケーキ類) pastelería *f.*
◾製菓業 industria *f.* repostera
◾製菓業者 reposte*ro*[*ra*] *mf.*
◾製菓会社 compañía *f.* de「repostería [confitería]
せいかい 正解 respuesta *f.* correcta ‖ 正解です ¡Correcto!／ 君は映画に行かなくて正解だった Hiciste bien en no ir al cine.
▶**正解する** acertar ‖ 問題を全問正解する responder correctamente a todas las preguntas
せいかい 政界 círculos *mpl.* políticos, mundo *m.* de la política ‖ 政界に入る entrar en la política／ 政界から引退する retirarse de la política
せいかい 盛会 ‖ パーティーは盛会裡に終わった La fiesta se llevó a término con éxito.
せいかいいん 正会員 soci*o*[*cia*] *mf.*「de número [titular] ‖ 正会員になる hacerse soci*o*[*cia*]
せいかいけん 制海権 talasocracia *f.*, dominio *m.* de los mares ‖ 制海権を握る dominar los mares
せいかがく 生化学 bioquímica *f.*
◾生化学者 bioquímic*o*[*ca*] *mf.*
せいかく 正確 ‖ この地図は正確だ Este mapa es correcto.
▶**正確さ** exactitud *f.*, precisión *f.* ‖ 正確さ

せいかく

を求める exigir la precisión

▶ **正確な** exac*to*[*ta*], preci*so*[*sa*], (正しい) correc*to*[*ta*] ‖ 正確なデータ datos *mpl.* 「exactos [precisos]《de》/ 正確な時刻 hora *f.* exacta / 病気に関する正確な知識 conocimientos *mpl.* correctos sobre la enfermedad

▶ **正確に** exactamente, con exactitud, con precisión, correctamente ‖ 正確に言うと dicho con exactitud / スペイン語を正確に話す hablar español correctamente, hablar un español correcto / 時間を正確に計る 「medir [cronometrar] con precisión el tiempo

せいかく 性格 carácter *m.*, (気質) temperamento *m.* ‖ 性格がよい tener buen carácter / 性格が悪い tener mal carácter / 性格が明るい 「ser de [tener un] carácter alegre / 性格が暗い 「ser de [tener un] carácter triste / 性格が合う congeniar《con》, llevarse bien《con》/ 性格が合わない llevarse mal《con》/ 性格を変える cambiar *su* carácter / 性格に欠陥がある tener un defecto de carácter / 性格の違い diferencia *f.* de carácter / 性格の不一致による離婚 divorcio *m.* por incompatibilidad de caracteres

◨ **性格俳優** ac*tor*[*triz*] *mf.* de carácter
◨ **性格描写** descripción *f.* del carácter

──── 〜な性格（carácter [+形容詞]）────

あけっぴろげな性格 carácter *m.* 「extrovertido [extravertido] / 威圧的な性格 carácter *m.* dominante / 意固地な性格 carácter *m.* recalcitrante / 意地悪な性格 carácter *m.* malicioso / 陰気な性格 carácter *m.* sombrío / 内気な性格 carácter *m.* tímido / おおらかな性格 carácter *m.* generoso / おっとりした性格 carácter *m.* tranquilo / おとなしい性格 carácter *m.* 「calmo [apacible, tranquilo] / 外交的な性格 carácter *m.* abierto / 勝ち気な性格 carácter *m.* firme / 活発な性格 carácter *m.* activo / からっとした性格 carácter *m.* franco / 変わりやすい性格 carácter *m.* 「voluble [cambiante, inconstante] / 頑固な性格 carácter *m.* obstinado [terco] / 寛容な性格 carácter *m.* permisivo / 気まぐれな性格 carácter *m.* caprichoso / 気弱な性格 carácter *m.* 「apocado [pusilánime] / 攻撃的な性格 carácter *m.* agresivo / 社交的な性格 carácter *m.* sociable / 従順な性格 carácter *m.* 「dócil [obediente] / 衝動的な性格 carácter *m.* impulsivo / 強い性格 carácter *m.* fuerte / 闘争的な性格 carácter *m.* combativo / 内向的な性格 carácter *m.* introvertido / ねくらな性格 carácter *m.* melancólico / ねたみ深い性格 carácter *m.* envidioso / のんびりした性格 carácter *m.* calmado / 控えめな性格 carácter *m.* reservado / ひねくれた性格 carácter *m.* retorcido / 偏屈な性格 carácter *m.* serio / 難しい性格 carácter *m.* difícil / むら気な性格 carácter *m.* 「voluble [inconstante] / ゆがんだ性格 carácter *m.* retorcido / 陽気な性格/朗らかな性格 carácter *m.* alegre / 弱い性格 carácter *m.* blando

せいかく 製革
◨ **製革業** industria *f.* del curtido
◨ **製革業者** curti*dor*[*dora*] *mf.*
◨ **製革工場** curtiduría *f.*, tenería *f.*

せいがく 声楽 música *f.* vocal, canto *m.* ‖ 声楽を学ぶ aprender canto, estudiar la carrera de Canto

◨ **声楽家** cantante *com.*, vocalista *com.*
◨ **声楽科** Departamento *m.* de Canto

せいかつ 生活 vida *f.* ⇒ くらし（暮らし）‖ 人々の生活 vida *f.* de la gente / 田舎の生活 vida *f.* 「en el campo [rural] / 都会の生活 vida *f.* 「en la ciudad [urbana] / 平和な生活 vida *f.* 「pacífica [apacible] / 単調な生活 vida *f.* monótona / 生活の場 lugar *m.* de la vida, (家庭) hogar *m.* / 生活の知恵 sabiduría *f.* de la vida cotidiana / 生活の安定 estabilidad *f.* de la vida / 生活が苦しい vivir con 「apuros [dificultades, lo justo, estrecheces] / 生活に困る / 生活に行き詰まる no poder sustentarse / 生活に疲れている estar cansa*do*[*da*] de la vida / 外国での生活になじむ acostumbrarse a la vida en el extranjero / 生活を楽しむ disfrutar de la vida / 市民の生活を守る proteger la vida de los ciudadanos / 生活を豊かにする enriquecer la vida

▶ **〜の生活を送る/〜の生活を営む** llevar una vida 『+形容詞』‖ あわただしい生活を送る llevar una vida 「agitada [ajetreada] / 健康的な生活を送る llevar una vida 「sana [saludable]

▶ **生活する** vivir ⇒ くらす（暮らす）‖ 年金で生活する vivir de la pensión / 水中や陸上で生活する動物 animales *mpl.* que viven en el agua o en la tierra

◨ **日常生活** vida *f.* cotidiana
◨ **学校生活** vida *f.* escolar
◨ **家庭生活** vida *f.* familiar
◨ **生活環境** 「entorno *m.* [medio *m.* ambiente] de vida
◨ **生活協同組合** ⇒ せいきょう（生協）
◨ **生活習慣** hábitos *mpl.* de la vida
◨ **生活習慣病** enfermedades *fpl.* 「del estilo de vida [de la civilización]

- ◨生活水準/生活レベル nivel *m.* de vida ‖ 生活水準を上げる「elevar [subir, aumentar] el nivel de vida
- ◨生活設計 planificación *f.* de la vida ‖ 生活設計を立てる planificar *su* vida
- ◨生活反応 reacción *f.* vital
- ◨生活費 coste *m.* de la vida, gastos *mpl.* de vida ‖ 生活費を稼ぐ ganarse la vida／生活費をまかなう cubrir los gastos de vida
- ◨生活必需品「productos *mpl.* [artículos *mpl.*] de primera necesidad
- ◨生活保護 protección *f.* social para familias de bajos ingresos
- ◨生活様式 estilo *m.* de vida

せいかん 生還 regreso *m.* con vida
- ▶生還する regresar con vida ‖ 戦場から生還する regresar con vida de la guerra
- ◨生還者 superviviente *com.*, sobreviviente *com.*

せいかん 政官
- ◨政官癒着 colusión *f.* de los políticos con los burócratas

せいかん 精悍
- ▶精悍な viril, enérgico[ca] ‖ 精悍な顔つき fisonomía *f.* viril
- ▶精悍さ virilidad *f.*, masculinidad *f.*

せいかん 静観
- ▶静観する observar ALGO「con calma [sin intervenir]

せいがん 請願 petición *f.*, súplica *f.*
- ▶請願する pedir, suplicar
- ◨請願者 peticionario[ria] *mf.*
- ◨請願権 derecho *m.* de petición
- ◨請願書 petición *f.* escrita ‖ 請願書を提出する presentar una petición por escrito

ぜいかん 税関 aduana *f.* ‖ 税関で申告する「declarar [hacer una declaración] en la aduana／税関を通る pasar (por) la aduana
- ◨税関係員 aduanero[ra] *mf.*
- ◨税関検査 control *m.* aduanero
- ◨税関申告書 formulario *m.* de declaración de aduana
- ◨税関手続き trámites *mpl.* aduaneros

せいき 世紀 siglo *m.* ‖ 21世紀 siglo XXI (veintiuno)
- ◨世紀末 fin *m.* de siglo ‖ 世紀末の《格式語》finisecular

せいき 正規
- ▶正規の legal, oficial, （公認の）autorizado[da] ‖ 正規の手続きをする hacer un trámite legal
- ◨正規軍 ejército *m.* 「regular [oficial], tropas *fpl.* regulares
- ◨正規言語 （形式言語）lenguaje *m.* regular
- ◨正規雇用 empleo *m.* fijo
- ◨正規職員 empleado[da] *mf.* fijo[ja]
- ◨正規分布 《数学》distribución *f.* normal

せいき 生気 ánimo *m.*, vitalidad *f.*, energía *f.*
- ▶生気のある activo[va], enérgico[ca]
- ▶生気のない apagado[da], sin vitalidad

せいき 性器 órgano *m.* sexual, genitales *mpl.* ⇒せいしょく（⇒生殖器）

せいぎ 正義 justicia *f.* ‖ 正義のために戦う luchar por la justicia／正義を貫く mantenerse firme en la justicia／正義の味方 partidario[ria] *mf.* de la justicia／正義が勝つ La justicia se impone.
- ◨正義感 sentido *m.* de la justicia ‖ 正義感が強い tener un gran sentido de la justicia

せいきゅう 性急
- ▶性急な precipitado[da]
- ▶性急に precipitadamente, con precipitación ‖ 性急に結論を出すことは賢明でない No es prudente sacar conclusiones precipitadas.

せいきゅう 請求 reclamación *f.*, petición *f.* ‖ 請求に応じる aceptar la reclamación
- ▶請求する reclamar, demandar, pedir
- ◨請求額 cantidad *f.*「requerida [reclamada]
- ◨請求権 derecho *m.* a reclamar
- ◨請求者 reclamante *com.*
- ◨請求書 factura *f.*

せいきゅうりょく 制球力 control *m.*

せいきょ 逝去 fallecimiento *m.*
- ▶逝去する fallecer, fenecer

せいぎょ 制御 control *m.*
- ▶制御する controlar
- ◨自動制御 control *m.* automático
- ◨制御構造/制御フロー （プログラミングの）estructuras *fpl.* de control
- ◨制御装置 unidad *f.* de control
- ◨制御棒 （原子炉の）barra *f.* de control

せいきょう 生協 cooperativa *f.* de consumidores y usuarios

せいきょう 盛況 ‖ 開式は大盛況だった La inauguración se celebró con una nutrida concurrencia de público.

せいぎょう 正業 trabajo *m.* honesto ‖ 正業に就く ganarse la vida honradamente

せいきょうと 清教徒 （ピューリタン）puritano[na] *mf.*
- ◨清教徒革命《歴史》Guerras *fpl.* de los Tres Reinos

せいきょうぶんり 政教分離 separación *f.* 「Iglesia-Estado [de la Iglesia y el Estado], separación *f.* entre religión y Estado

せいきょく 政局 situación *f.* política, （勢力争い）pelea *f.* política extraparlamentaria ‖ 政局が行き詰まる La situación política se encuentra estancada.

ぜいきん 税金 impuesto *m.*, contribución *f.*, derechos *mpl.*, gravamen *m.* ⇒ぜい（税）‖ 税金の払戻し devolución *f.* de impuestos／

税金が重い Los impuestos son「abusivos [asfixiantes]」／税金を上げる「subir [aumentar] los impuestos／税金を下げる「bajar [reducir] los impuestos／税金を納める「pagar [desembolsar, tributar] impuestos／税金をかける gravar ALGO con impuestos／税金を使う usar el dinero público／税金を還付する devolver los impuestos／税金を滞納している no tener pagados los impuestos／税金を徴収する「recaudar [cobrar] impuestos／税金を免除する「librar [eximir] a ALGUIEN de un impuesto／税金を免除された「libre de [sin] impuestos, eximi*do*[*da*] de impuestos

――― いろいろな税金 ―――

直接税 impuesto *m*. directo／間接税 impuesto *m*. indirecto／事業税 impuesto *m*. sobre actividades económicas (略 IAE)／消費税 impuesto *m*. sobre el consumo／自動車税 impuesto *m*. de vehículos／固定資産税 impuesto *m*. sobre bienes inmuebles (略 IBI)／所得税 impuesto *m*. sobre la renta (略 ISR)／法人税 impuesto *m*. sobre sociedades／相続税 impuesto *m*. de sucesiones, derechos *mpl*. sucesorios／贈与税 impuesto *m*. 「sobre [de] donaciones／酒税 impuesto *m*. 「sobre el [al consumo de] alcohol／たばこ税 impuesto *m*. al tabaco／石油税 impuesto *m*. sobre hidrocarburos／印紙税 impuesto *m*. del timbre

せいく 成句 frase *f*. hecha, modismo *m*. ⇒ かんよう(⇒慣用句)
せいくうけん 制空権 superioridad *f*. aérea‖制空権を握る「controlar [dominar] el espacio aéreo
せいくらべ 背比べ
▶ 背比べ(を)する competir en estatura‖背比べしよう A ver, ¿quién es más al*to*[*ta*]?
せいけい 生計‖生計の道を失う「perder [quedarse sin] *su* medio de vida／生計を立てる ganarse la vida
■生計費 ⇒せいかつ(⇒生活費)
せいけい 西経 longitud *f*. oeste‖西経40度 40 grados (de) longitud oeste
せいけい 成形/成型 moldeo *m*.
■射出成型 moldeo *m*. por inyección
せいけい 整形 ortopedia *f*.
▶整形する tratar ortopédicamente, realizar tratamiento ortopédico
■美容整形 (美容外科) cirugía *f*. estética
■整形外科 cirugía *f*. ortopédica‖整形外科学 ortopedia *f*.／整形外科医 ortopédi*co*[*ca*] *mf*., ciruja*no*[*na*] *mf*. ortopédi*co*[*ca*]
■整形手術 operación *f*. ortopédica
せいけつ 清潔
▶清潔な lim*pio*[*pia*], asea*do*[*da*], pul*cro*[*cra*]‖清潔な衣類 ropa *f*. limpia／清潔な印象 impresión *f*. pulcra／清潔な政治 política *f*. limpia
▶清潔に‖手を清潔に保つ mantener limpias las manos
せいけん 生検 biopsia *f*.
せいけん 政見 opinión *f*. política
■政見放送 programa *m*. político‖テレビで政見放送を行う transmitir por televisión un programa sobre política
せいけん 政権 poder *m*. político, (政府) gobierno *m*.‖政権が破綻する「caer [derrumbarse] *el gobierno*／2009年に政権が交代した Se produjo un cambio de gobierno en 2009.／政権の座につく「tomar [conquistar] el poder político／政権を争う luchar por el poder político／政権を奪う quitar el poder político 《a》／政権を握る [失う]「conseguir [perder] el poder político／政権を担当する asumir el poder político
■政権争い lucha *f*. por el poder político
■政権交代 cambio *m*. de gobierno
■政権公約 compromiso *m*. electoral de un partido
■政権政党 partido *m*. en el poder
■政権復帰 vuelta *f*. al poder político
せいげん 制限 limitación *f*., restricción *f*., (限度) límite *m*.‖制限ぎりぎりにいる rayar en los límites, estar al borde de los límites／制限を設ける／制限をつける／制限を加える poner「límites [restricciones]／残業時間に厳しい制限を設ける poner estrictos límites a las horas extras／政府は移民の入国に制限を加えるだろう El gobierno va a poner restricciones a la entrada de inmigrantes.／購入には数量の制限がある Hay límite de cantidad para comprar.
▶制限する limitar, restringir‖自由を制限する limitar la libertad／スピードを制限する limitar la velocidad／そのデータへのアクセスは社員だけに制限されている El acceso a los datos está limitado a los empleados de la compañía.
■制限時間 tiempo *m*. limitado
■制限字数 extensión *f*. limitada‖ツイッターのメッセージは制限字数が140文字である Los mensajes en *twitter* tienen una extensión limitada a 140 caracteres.
■制限速度 velocidad *f*. máxima「permitida [autorizada]‖高速道路の制限速度は時速100キロです La velocidad máxima permitida en las autopistas es de cien kilómetros por hora.
ぜいげん 税源 fuente *f*. de ingresos「fis-

cales [tributarios] ‖ 税源を確保する asegurar los ingresos fiscales
◨ 税源移譲 transferencia f. de ingresos fiscales

せいご 生後 ‖ 生後2か月で a los dos meses de nacer ／ 生後まもなく poco después de nacer

せいご 正誤
◨ 正誤表 fe f. de erratas
◨ 正誤問題 preguntas fpl. de verdadero o falso

せいこう 成功 éxito m., buen resultado m. ‖ 成功の秘けつ clave f. del éxito ／ 成功に導く guiar a ALGUIEN al éxito ／ このプロジェクトの成功は疑わしい El éxito de este proyecto es「incierto [dudoso]. ¦ Es poco probable que este proyecto「tenga éxito [salga bien]. ／ 成功を収める「conseguir [obtener, lograr] éxito ／ 世界的な成功を収める cosechar un éxito mundial ／ 成功をもたらす traer un éxito ／ 成功をお祈りします Que tenga éxito. ¦ Le deseo éxito.
▶成功する tener éxito, triunfar, salir bien ‖ 事業に成功する tener éxito en el negocio ／ 不時着に成功する「realizar [llevar a cabo] con éxito un aterrizaje forzoso
◨ 大成功 gran éxito m.
◨ 成功者 triunfador[dora] mf.
◨ 成功談 historia f. de éxito
◨ 成功報酬 remuneración f. por el trabajo realizado

せいこう 性交 coito m., cópula f.
▶性交する「realizar [practicar] el coito

せいこう 性向 tendencia f., inclinación f.

せいこう 精巧 ‖ 精巧をきわめる alcanzar el máximo refinamiento
▶精巧さ precisión f.
▶精巧な gran [alta] precisión, minucioso[sa], (洗練された) refinado[da] ‖ 精巧な時計 reloj m. de gran precisión ／ 精巧な仕組み mecanismo m. de alta precisión
▶精巧に ‖ 精巧にできている estar hecho [cha] con el máximo detalle

せいこう 製鋼 「producción f. [fabricación f.] de acero
◨ 製鋼業 industria f. del acero
◨ 製鋼所 acería f., acerería f.

せいごうせい 整合性 coherencia f., consistencia f.
▶整合性のある coherente, consistente

せいこうほう 正攻法 (戦術) táctica f. estándar, (方法) método m. ortodoxo ‖ 正攻法で行く「usar [emplear] una táctica estándar

せいこん 精根 ‖ 精根を使い果たす agotar su energía ／ 精根をふりしぼる esforzarse hasta el agotamiento ／ 精根が尽きるまで hasta el agotamiento, hasta agotar toda su energía

せいこん 精魂 alma f. ‖ 精魂を込める poner toda el alma《en》／ 精魂を傾ける dedicarse en cuerpo y alma《a》／ 画家(男性)の精魂がこもった作品 obra f. en la que el pintor puso toda su alma

せいさ 性差 diferencia f.「sexual [de género], 《生物》(性的二形) dimorfismo m. sexual

せいざ 正座
▶正座する sentarse sobre los talones con las rodillas tocando el suelo

せいざ 星座 constelación f.
◨ 星座表 mapa m. estelar

せいさい 正妻 「esposa f. [mujer f.] legítima

せいさい 生彩/精彩 brillantez f., (活気) vivacidad f. ‖ 精彩を放つ「destacarse [sobresalir] por su brillantez ／ 精彩を欠く carecer de「brillantez [vivacidad], estar apagado[da]

せいさい 制裁 sanción f., (罰) castigo m. ‖ 制裁を加える imponer sanciones《a, contra》, sancionar, castigar ／ 経済制裁を受ける sufrir sanciones económicas ／ 制裁を解除する levantar las sanciones
◨ 制裁金 multa f. pecuniaria

せいざい 製材 aserrado m. de madera
◨ 製材業 industria f. aserradora
◨ 製材所 aserradero m., serrería f.

せいさく 政策 política f., programa m. político ‖ 政策を議論する discutir sobre política ／ 政策を決定する decidir la política ／ 政策を立てる「elaborar [establecer] una política ／ 政策を実行する「poner en [marcha [práctica] una política ／ 政策を推進する impulsar una política
◨ 軍事政策 política f. militar
◨ 対外政策 política f. exterior
◨ 政策綱領 (党の) plataforma f.
◨ 政策協定 ‖ 政策協定を結ぶ firmar un acuerdo sobre la política
◨ 政策決定 ‖ 政策決定者 autor[tora] mf. de la toma de decisiones políticas

せいさく 制作 producción f., creación f.
▶制作する producir, crear, hacer ‖ ラジオ番組を制作する hacer un programa radiofónico ／ 広告映画を制作する hacer un corto publicitario
◨ 制作者 productor[tora] mf.
◨ 制作費 coste m. de producción

せいさく 製作 producción f., fabricación f. ‖ 機械の製作 fabricación f. de una máquina
▶製作する producir, fabricar ‖ 自動車用の部品を製作する fabricar componentes para automóviles
◨ 製作所 fábrica f.

せいさん 生産 producción f. ‖ 生産が増え

る「aumentar [incrementarse] *la producción*／生産が低下する「decaer [disminuir] *la producción*／生産を強化する fortalecer la producción／生産を制限する「restringir [limitar] la producción

▶生産する producir, fabricar,（農産物を）cultivar‖携帯電話機を生産する fabricar teléfonos móviles／小麦を生産する「cultivar [producir] trigo

▶生産的な product*ivo*[*va*]

▶生産性 productividad *f.*‖生産性を上げる「mejorar [aumentar] la productividad

◾生産過剰 exceso *m.* de producción, sobreproducción

◾生産管理/生産調整 control *m.* de producción

◾生産コスト「coste *m.*［gastos *mpl.*］de producción

◾生産者 product*or*[*tora*] *mf.*‖ワインの生産者 product*or*[*tora*] *mf.* de vino, vinicult*or*[*tora*] *mf.*

◾生産者価格（工業製品の）precio *m.* de fábrica‖生産者価格で a precio de fábrica

◾生産手段 medios *mpl.* de producción

◾生産設備 instalaciones *fpl.* de producción

◾生産高/生産量 volumen *m.* de producción, producción *f.*‖米の生産高は年1000トンである La producción de arroz es de mil toneladas anuales.

◾生産地 lugar *m.* de producción

◾生産物/生産品 producto *m.*

◾生産方式 método *m.* de producción‖ライン生産方式 sistema *m.* de producción en「cadena [masa, serie]／セル生産方式 sistema *m.* de manufactura celular

◾生産ライン línea *f.* de producción,（組立の）cadena *f.* de montaje‖生産ラインを止める parar la línea de producción

せいさん 正餐（夕食）cena *f.* formal,（正式な食事）comida *f.* formal

せいさん 成算「posibilidad *f.*［esperanza *f.*, expectativa *f.*］de éxito‖成算がある tener posibilidades de éxito

せいさん 青酸（化学）(シアン化水素) ácido *m.* cianhídrico

◾青酸化合物 compuesto *m.* de cianuro

◾青酸カリ cianuro *m.*「de potasio [potásico]

せいさん 凄惨

▶凄惨な abominable, horrible, terrible, atroz‖凄惨な事件 crimen *m.*「abominable [atroz]

せいさん 清算 liquidación *f.*

▶清算する liquidar, saldar‖負債を清算する saldar la deuda／過去の関係を清算する「romper con [liquidar] el pasado

せいさん 精算 ajuste *m.*, reajuste *m.*

▶精算する ajustar, reajustar‖切符を精算する pagar la diferencia del billete

◾自動精算機 máquina *f.* de ajuste de tarifa

◾精算所 ventanilla *f.* de los billetes

せいさんかくけい 正三角形 triángulo *m.* equilátero

せいし 正視

▶正視する mirar a ALGUIEN「a los ojos [de frente], fijar la mirada《en》

せいし 生死 vida *f.* y muerte *f.*‖生死をかけた戦い lucha *f.* a vida o muerte／生死を分ける（何かが）separar la vida de la muerte／生死を共にする（運命を）compartir la suerte／生死にかかわる問題 cuestión *f.* de vida o muerte／生死の境をさまよう debatirse entre la vida y la muerte

◾生死不明者（行方不明者）desaparec*ido*[*da*] *mf.*

せいし 制止‖警察官(男性)の制止を振り切る quitarse de encima a un policía

▶制止する parar, detener, frenar

せいし 精子 espermatozoide *m.*,（動物の）espermatozoo *m.*

◾精子バンク banco *m.* de semen

せいし 製糸 fabricación *f.* de hilados

◾製糸業 industria *f.* de hilados

◾製糸工場 fábrica *f.* de hilados

せいし 製紙 fabricación *f.* de papel

◾製紙業 industria *f.* papelera

◾製紙工場 fábrica *f.* papelera

せいし 静止

▶静止する pararse, inmovilizarse

◾静止衛星 satélite *m.* geosíncrono

◾静止映像/静止画像 imagen *f.* parada

◾静止軌道 órbita *f.* geoestacionaria

せいじ 青磁 porcelana *f.* de celadón

せいじ 政治 política *f.*,（政体）gobierno *m.*‖政治に携わる dedicarse a la política／政治に関心がある tener interés por la política／政治を行う ejercer la política, hacer política／政治を変える cambiar la política／政治を刷新する renovar la política

▶政治の/政治的な polít*ico*[*ca*]‖政治的な決定 decisión *f.* política

▶政治的に políticamente‖政治的に決着がつく resolverse políticamente

◾政治運動 movimiento *m.* político

◾政治家 polít*ico*[*ca*] *mf.*, estadista *com.*

◾政治改革 reforma *f.* política

◾政治学 ciencias *fpl.* políticas

◾政治学部 Facultad *f.* de Ciencias Políticas

◾政治活動 actividades *fpl.* políticas

◾政治機構 estructura *f.* política

◾政治献金 donación *f.* a un partido político

◾政治工作「maniobra *f.*［estratagema *f.*］política

せいじょう

- ◪政治資金 fondos *mpl*. políticos
- ◪政治資金規正法 Ley *f*. de Control de Fondos Políticos
- ◪政治思想 ideología *f*. política
- ◪政治状況 situación *f*. política, clima *m*. político
- ◪政治色 [color *m*. [matiz *m*.] político ‖ 政治色を取り除く despolitizar
- ◪政治スキャンダル escándalo *m*. político ‖ 政治スキャンダルで大統領(男性)は政治生命を絶たれた Un escándalo político acabó con la carrera del presidente.
- ◪政治体制 forma *f*. de gobierno, régimen *m*. político
- ◪政治団体 grupo *m*. político, organización *f*. política
- ◪政治闘争 lucha *f*. política
- ◪政治犯 pre*so*[*sa*] *mf*. polític*o*[*ca*]
- ◪政治犯罪 delito *m*. político
- ◪政治評論家 comentarista *com*. polític*o*[*ca*]
- ◪政治問題 problema *m*. político
- ◪政治理論 teoría *f*. política
- ◪政治力 capacidad *f*. política
- ◪政治倫理 ética *f*. política
- ◪政治論議 debate *m*. político

せいしき 正式
- ▶正式な formal, (公式の) oficial ‖ 正式な手続きを踏む cumplir las formalidades
- ▶正式に formalmente, (公式に) oficialmente ‖ 両社は合併することを正式に発表した Ambas compañías anunciaron oficialmente su fusión.

せいしつ 性質 naturaleza *f*., (性格) carácter *m*., (特徴) característica *f*., (特質) propiedades *fpl*., cualidad *f*. →せいかく(性格) ‖ 荒い性質の男 hombre *m*. de carácter violento ／ 砂漠特有の性質 características *fpl*. propias del desierto ／ イチジクの葉の性質 propiedades *fpl*. de las hojas de higo ／ 性質が違う2つの物質を混ぜる mezclar dos sustancias de distinta naturaleza ／ 問題の性質上 por la naturaleza del problema

せいじつ 誠実
- ▶誠実さ sinceridad *f*., honradez *f*. ‖ 誠実さを欠く carecer de sinceridad
- ▶誠実な since*ro*[*ra*], honra*do*[*da*], (忠実な) fiel, (正直な) hones*to*[*ta*] ‖ 誠実な人 persona *f*. sincera
- ▶誠実に con sinceridad ‖ 誠実に生きる vivir honradamente

せいじほう 正字法 ortografía *f*.
せいじゃ 聖者 ⇒せいじん(聖人)
せいしゃいん 正社員 emplea*do*[*da*] *mf*. fi*jo*[*ja*]
せいじゃく 静寂 silencio *m*., quietud *f*. ‖ 静寂を破る romper「el silencio [la quietud]
- ◪静寂主義 (キエティスム)《哲学》quietismo *m*.

ぜいじゃく 脆弱
- ▶脆弱(さ) fragilidad *f*., vulnerabilidad *f*.
- ▶脆弱な frágil, vulnerable, quebradi*zo*[*za*], endeble
- ▶脆弱性 《IT》vulnerabilidad *f*. ‖ 脆弱性検査ツール escáner *m*. de vulnerabilidades, analizador *m*. de seguridad de red

せいしゅ 清酒 (日本酒) sake *m*., (アルコール飲料) bebida *f*. alcohólica
ぜいしゅう 税収 ⇒ぜい(⇒税収)
せいしゅうかん 聖週間 《カトリック》 Semana *f*. Santa
せいしゅく 静粛
- ▶静粛な silencio*so*[*sa*]
- ▶静粛に‖静粛に願います (呼びかけ) ¡Silencio! ‖(揭示)Se ruega silencio

せいじゅく 成熟 (状態) madurez *f*., sazón *f*., (過程) maduración *f*. ‖ 成熟が早い madurar rápidamente
- ▶成熟した madu*ro*[*ra*] ‖ 成熟した人 persona *f*. madura
- ▶成熟する madurar, llegar a la madurez
- ◪成熟期 época *f*. de madurez

せいしゅん 青春 juventud *f*. ‖ 青春を謳歌する gozar plenamente de la juventud ／ 幸福な青春を送る「vivir [pasar, tener] una juventud feliz ／ 青春を振り返る「recordar [añorar] *su* juventud
- ◪青春時代 juventud *f*., 「época *f*. [años *mpl*.] de juventud

せいじゅん 清純
- ▶清純な inocente, pu*ro*[*ra*] ‖ 清純な心を持っている tener un alma「pura [cándida]
- ◪清純派女優 actriz *f*. cándida

せいしょ 清書
- ▶清書する pasar ALGO a limpio

せいしょ 聖書 (Santa) Biblia *f*., Sagrada Escritura *f*., Sagradas Escrituras *fpl*.
- ▶聖書の bíblic*o*[*ca*]
- ◪旧約聖書 Antiguo Testamento *m*.
- ◪新約聖書 Nuevo Testamento *m*.

せいしょう 斉唱 unísono *m*.
- ▶斉唱する cantar al unísono ‖ 国歌を斉唱する entonar el himno nacional

せいじょう 政情 situación *f*. política, circunstancias *fpl*. políticas ‖ 不安定な政情 situación *f*. política inestable ／ 政情を安定させる estabilizar la situación política

せいじょう 正常 normalidad *f*. ‖ 正常に戻る volver a la normalidad
- ▶正常な normal ‖ 正常な生活 vida *f*. normal ／ 正常な状態 estado *m*. normal
- ▶正常に con normalidad, sin anomalía ‖ 原子炉は正常に動いている El reactor nuclear funciona con normalidad.
- ▶正常化 normalización *f*. ‖ 隣国との国交を正常化する normalizar las relaciones di-

plomáticas con el país vecino
◪ 正常値「valor *m*. [cifra *f*., nivel *m*.] normal ‖ 私のコレステロール値は正常値の範囲内だ Mis niveles de colesterol se encuentran dentro de lo normal.

せいじょう 清浄
▶清浄な pu*ro*[*ra*], lim*pio*[*pia*]
◪ 空気清浄器 purificador *m*. de aire

せいじょうき 星条旗 bandera *f*. de「barras y estrellas [los Estados Unidos]

せいしょうねん 青少年 jóvenes *mpl*.,《集合名詞》juventud *f*.,（思春期の）adolescentes *mpl*. ‖ 青少年を育成する educar y formar a「los jóvenes [la juventud]
◪ 青少年犯罪 delincuencia *f*. juvenil

せいしょく 生食
▶生食する comer ALGO cru*do* ‖ 牡蠣を生食する comer las ostras crudas

せいしょく 生殖 reproducción *f*.,（動物の）procreación *f*.
▶生殖する reproducir
◪ 無性生殖 reproducción *f*. asexual
◪ 有性生殖 reproducción *f*. sexual
◪ 生殖期 época *f*. de celo, estro *m*.
◪ 生殖器 aparato *m*.「genital [reproductor], órgano *m*. sexual
◪ 生殖機能 función *f*.「reproductiva [reproductora]
◪ 生殖細胞 célula *f*. reproductora
◪ 生殖作用 acción *f*. reproductiva
◪ 生殖力 fertilidad *f*., capacidad *f*. reproductora,（繁殖力）fecundidad *f*.

せいしょく 聖職 cargo *m*. sagrado, servicio *m*. religioso ‖ 聖職につく ordenarse, recibir el orden sacerdotal
◪ 聖職者 eclesiás*tico*[*ca*] *mf*., clérigo *m*.,《集合名詞》clero *m*.

せいしん 精神 espíritu *m*., mente *f*.,（魂）alma *f*. ‖ 肉体と精神 el cuerpo y la mente／健全な精神 mente *f*. sana／批判的な精神 espíritu *m*. crítico／赤十字の精神 principios *mpl*. de la Cruz Roja／精神を集中する concentrarse《en》
▶精神の/精神的(な) espiritual, mental ‖ 精神の自立 independencia *f*.「espiritual [de espíritu, mental]／精神的疲労 cansancio *m*. mental
▶精神的に espiritualmente, mentalmente
(慣用)健全なる精神は健全なる肉体に宿る ⇒けんぜん(健全)
(慣用)精神一到何事か成らざらん《諺》Querer es poder. ¦《諺》Donde hay gana, hay maña.
◪ 精神安定剤 ansiolítico *m*., tranquilizante *m*.
◪ 精神医学 psiquiatría *f*.
◪ 精神異常 anomalía *f*.「psíquica [mental]
◪ 精神衛生 salud *f*. mental
◪ 精神科（精神医学） psiquiatría *f*.,（病院）clínica *f*. psiquiátrica
◪ 精神科医 psiquiatra *com*.
◪ 精神鑑定 psicodiagnóstico *m*.
◪ 精神外科 cirugía *f*. psíquica
◪ 精神主義 espiritualismo *m*.
◪ 精神障害 trastorno *m*. mental
◪ 精神状態 estado *m*.「de ánimo [anímico]
◪ 精神生活 vida *f*. espiritual
◪ 精神年齢 edad *f*. mental
◪ 精神薄弱 retraso *m*. mental,（人）(軽蔑的に) retrasa*do*[*da*] *mf*. mental
◪ 精神病 enfermedad *f*.「mental [psíquica] ‖ 精神病になる「sufrir [caer en] una enfermedad mental／精神病患者「enfer*mo*[*ma*] *mf*. [paciente *com*.] mental
◪ 精神病院 hospital *m*. psiquiátrico
◪ 精神分析 psicoanálisis *m*.[=*pl*.]
◪ 精神分裂症 ⇒とうごう(⇒統合失調症)
◪ 精神療法 psicoterapia *f*.
◪ 精神力 fuerza *f*. de voluntad

せいじん 成人 adul*to*[*ta*] *mf*.
▶成人する「llegar a [alcanzar] la mayoría de edad
◪ 成人映画 película *f*. para「mayores [adultos]
◪ 成人教育 educación *f*. de adultos
◪ 成人教育学 andragogía *f*.
◪ 成人講座「cursillo *m*. [curso *m*.] para adultos
◪ 成人式 ceremonia *f*. de la mayoría de edad
◪ 成人の日 Día *m*. de la Mayoría de Edad
◪ 成人病 enfermedades *fpl*. de los adultos

せいじん 聖人 san*to*[*ta*] *mf*.

せいしんせいい 誠心誠意 con todo *su* corazón ‖ 誠心誠意努力する（〜のために）hacer todo lo posible《para》

せいず 製図 dibujo *m*. técnico
▶製図する realizar dibujo técnico, delinear planos
◪ 製図家 dibujante *com*. técni*co*[*ca*], delineante *com*.
◪ 製図器 instrumento *m*. de dibujo
◪ 製図台「mesa *f*. [tablero *m*.] de dibujo

せいすい 盛衰 vicisitudes *fpl*., prosperidad *f*. y decadencia *f*.

せいずい 精髄 esencia *f*., quintaesencia *f*. ‖ 科学の精髄 esencia *f*. de la ciencia

せいすう 正数 número *m*. positivo

せいすう 整数 número *m*. entero

せいする 制する controlar, dominar ‖ 怒りを制する controlar la ira／勝ちを制する ganar, alcanzar la victoria／過半数を制する ganar la mayoría
(慣用)死命を制する tener la vida de ALGUIEN en *sus* manos
(諺)柔よく剛を制する《諺》Más vale maña que fuerza.

せいせい 生成 generación *f*. ‖ 火山の生成 formación *f*. de un volcán
▶生成する generar
◪生成文法《言語》gramática *f*. generativa

せいせい 清清
▶清々する（すっきりする）sentirse aliviado[da]

せいせい 精製 refinado *m*., refinación *f*. ‖ 石油の精製 refinación *f*. del petróleo
▶精製する refinar ‖ 石油を精製する refinar petróleo
◪精製所 refinería *f*.
◪精製品 productos *mpl*. refinados

せいぜい como mucho, como máximo, a lo sumo,《慣用》a todo tirar ‖ 値段はせいぜい50ユーロでしょう Costará 50 euros como mucho. ／ 輸出の伸びはせいぜい5パーセントだろう Las exportaciones aumentarán como mucho el 5% (cinco por ciento).

ぜいせい 税制 sistema *m*. tributario ‖ 税制を見直す reformar el sistema tributario
◪税制改革 reforma *f*. [fiscal [tributaria]
◪税制調査会 comisión *f*. fiscal
◪税制優遇措置 medidas *fpl*. de incentivo fiscal, (減税) medidas *fpl*. de desgravación fiscal, (免税) medidas *fpl*. de exención fiscal

ぜいぜい
▶ぜいぜい言う jadear, resollar, respirar fatigosamente

せいせいどうどう 正正堂堂
▶正々堂々たる ‖ 正々堂々たる態度 actitud *f*. noble
▶正々堂々と limpiamente, deportivamente ‖ 正々堂々とプレーする jugar limpio

せいせき 成績 (点数) nota *f*., (評価) calificación *f*., (結果) resultado *m*. ‖ 良い成績 buenas notas *fpl*., buena calificación *f*. ／ 成績を競う（学校の） competir por las mejores calificaciones ／ 生徒に成績をつける「calificar [evaluar] a los alumnos, (点数を) poner notas a los alumnos ／ 悪い成績をとる sacar malas notas ／ 優秀な成績で大学を卒業する graduarse en la universidad con notas excelentes ／ 今学期は私の成績はかなり上がった Mis notas han mejorado bastante en este semestre.
◪成績証明書 certificado *m*. de notas
◪成績表「boletín *m*. [hoja *f*.] de notas, papeleta *f*.

せいせん 生鮮
◪生鮮食品 alimentos *mpl*. perecederos
◪生鮮野菜 verduras *fpl*. frescas

せいせん 精選
▶精選した selecto[ta] ‖ 精選した材料で作られた料理 plato *m*. elaborado con ingredientes selectos
▶精選する seleccionar
◪精選図書 libros *mpl*. recomendados
◪精選品 artículos *mpl*. selectos

せいぜん 生前 ‖ 父は生前よくこのレストランに通っていた Cuando estaba vivo, mi padre solía venir a este restaurante.
◪生前贈与 donación *f*. entre vivos

せいぜん 整然
▶整然たる/整然とした bien ordenado[da]
▶整然と ordenadamente ‖ 整然と並べられた商品 artículos *mpl*. expuestos ordenadamente

せいそ 清楚
▶清楚な sencillo[lla], limpio[pia], pulcro[cra] ‖ 清楚なイメージ imagen *f*. limpia

せいそう 正装
▶正装する vestirse「formalmente [de etiqueta, de gala]

せいそう 清掃 limpieza *f*.
▶清掃する limpiar, hacer la limpieza
◪清掃員/清掃作業員 limpiador[dora] *mf*.
◪清掃車 coche *m*. de limpieza, (ごみ収集車) camión *m*. de recogida de basura

清掃車

せいそう 盛装
▶盛装する vestirse「con elegancia [de fiesta], endomingarse

せいそう 精巣 testículo *m*.

せいぞう 製造 producción *f*., fabricación *f*. ‖ 製造を中止する suspender la producción
▶製造する producir, fabricar ‖ 自動車を製造する fabricar automóviles
◪製造業 industria *f*. manufacturera
◪製造業者/製造元 fabricante *com*.
◪製造原価 coste *m*. de「producción [fabricación]
◪製造能力 capacidad *f*.「de producción [productiva]
◪製造年月日 fecha *f*. de「producción [fabricación]
◪製造物責任法 Ley *f*. de Responsabilidad por Productos
◪製造法「modo *m*. [procedimiento *m*.] de fabricación

せいそうけん 成層圏 estratosfera *f*.

せいそく 生息/棲息
▶生息する habitar, poblar
■生息地 hábitat *m.*

せいぞろい 勢揃い
▶勢揃いする reunirse, juntarse ‖ クリスマスには家族が全員勢揃いします En Navidad nos reunimos toda la familia.

せいぞん 生存 existencia *f.* ‖ 人類の生存を脅かす「poner en peligro [amenazar] la supervivencia de la humanidad ／ 家族の生存を確認する asegurarse de la supervivencia de *su* familia, asegurarse de que *su* familia está a salvo ／ 生存につながる（何かが）permitir la supervivencia de ALGUIEN
▶生存する existir, vivir,（生き残る）sobrevivir
■適者生存 supervivencia *f.* del más apto
■生存競争「lucha *f.* [competencia *f.*]」por la supervivencia
■生存権 derecho *m.* a la vida
■生存者 superviviente *com.*, sobreviviente *com.*
■生存率「índice *m.* [tasa *f.*] de supervivencia ‖ 5年生存率 tasa *f.* de supervivencia a los cinco años

せいたい 生体 cuerpo *m.* del ser vivo
■生体解剖 vivisección *f.*
■生体肝移植 trasplante *m.* de hígado (procedente) de un donante vivo
■生体工学 biónica *f.*
■生体実験 experimentación *f.* en seres vivos,（人体実験）experimentación *f.* en seres humanos
■生体組織診断 biopsia *f.*
■生体認証 biometría *f.*

せいたい 生態 modo *m.* de vida ‖ 鳥の生態 vida *f.* de las aves ／ 長寿者の生態を調査する estudiar los hábitos de vida de las personas longevas
■生態学 ecología *f.*
■生態学者 ecólo*go*[*ga*] *mf.*
■生態系 ecosistema *m.*, sistema *m.* ecológico
■生態調査 investigación *f.* ecológica

せいたい 声帯 cuerdas *fpl.* vocales
■声帯模写 imitación *f.* de la voz ‖ 声帯模写をする imitar la voz《de》

せいたい 政体 régimen *m.*,（政治形態）forma *f.* de gobierno
■立憲政体 régimen *m.* constitucional

せいたい 整体 《日本語》*seitai m.*

せいだい 盛大
▶盛大な espléndi*do*[*da*], pompo*so*[*sa*], lujo*so*[*sa*] ‖ 盛大な拍手を送る brindar un caluroso aplauso《a》
▶盛大に con mucho lujo,《慣用》a lo grande,（派手に）《慣用》a bombo y platillo ‖ 結婚式を盛大に行う celebrar la boda por todo lo alto

ぜいたく 贅沢 lujo *m.* ‖ 贅沢を言う pedir demasiado ／ 贅沢が過ぎる derrochar lujo
▶贅沢な lujo*so*[*sa*] ‖ 贅沢な生活 vida *f.*「lujosa [de lujo]／ 贅沢な旅行をする hacer un viaje de lujo
▶贅沢に lujosamente, con lujo ‖ 贅沢に暮らす vivir lujosamente,《慣用》vivir como「un rey [una reina],《慣用》vivir a「lo grande [cuerpo de rey, todo tren]
▶贅沢する「permitirse [darse] el lujo
■贅沢三昧 ‖ 贅沢三昧する vivir rodea*do*[*da*] de lujos
■贅沢品 artículo *m.* de lujo

せいたん 生誕 nacimiento *m.*,《格式語》natalicio *m.* ‖ 生誕を祝う（〜の）celebrar el natalicio《de》／ 生誕200周年を記念して（〜の）en conmemoración del bicentenario del nacimiento《de》
■生誕祭 fiesta *f.* natalicia

せいだん 星団 cúmulo *m.* estelar

せいち 生地 lugar *m.*「de nacimiento [natal]

せいち 聖地 lugar *m.* sagrado, Tierra *f.* Santa ‖ 聖地を巡礼する peregrinar a lugares santos
■聖地巡礼「peregrinación *f.* [peregrinaje *m.*] a lugares santos

せいち 精緻
▶精緻な minucio*so*[*sa*] y detalla*do*[*da*]

せいち 整地 nivelación *f.* del terreno
▶整地する「nivelar [allanar, aplanar, desbrozar] el terreno

せいちゃ 製茶 elaboración *f.* de(l) té
■製茶業 industria *f.* del té
■製茶工場 fábrica *f.* de té

せいちゅう 成虫 imago *m.*

せいちゅう 精虫 ⇒せいし(精子)

せいちょう 成長/生長 crecimiento *m.*,（発展）desarrollo *m.*,（進歩）progreso *m.* ‖ 肉体の成長 crecimiento *m.* físico ／ 心の成長 crecimiento *m.* mental ／ 植物の生長 crecimiento *m.* de plantas ／ 成長が早い crecer「rápidamente [con rapidez]／ 成長を助ける「estimular [favorecer] el crecimiento ／ 息子の成長を見守る velar por el crecimiento de *su* hijo ／ 成長の跡を残す dejar una huella de *su* crecimiento
▶成長する crecer,（発展する）desarrollarse,（進歩する）progresar ‖ 彼はたくましい若者に成長した Se ha hecho un joven fuerte.／ わが社は次の10年も成長し続けるでしょう Nuestra compañía seguirá creciendo durante los próximos diez años.／ 昨年度、国内総生産は実質1パーセント成長した Durante el año pasado se registró un crecimiento del PIB en términos reales del 1% (uno por ciento).

◪成長過程 proceso *m.* de crecimiento
◪成長株《株式》acciones *fpl.* de crecimiento;（人が）persona *f.* con un futuro prometedor
◪成長期 [etapa *f.* [período *m.*] de crecimiento‖成長期の子供たち niños *mpl.* en etapa de crecimiento
◪成長産業 industria *f.* en「crecimiento [expansión]
◪成長ホルモン hormona *f.* del crecimiento, somatotropina *f.*
◪成長率「tasa *f.* [índice *m.*] de crecimiento

せいちょう 清聴‖ご清聴ありがとうございました Muchas gracias por la atención prestada.

せいちょうざい 整腸剤 medicamento *m.* para trastornos intestinales

せいつう 精通
▶~に精通している conocer ALGO a fondo, 「estar [ser] versa*do*[*da*]《en》‖彼女はこの町の歴史に精通している Ella es buena conocedora de la historia de esta ciudad.

せいてい 制定
▶制定する establecer‖法律を制定する「establecer [decretar] una ley／憲法を制定する establecer la Constitución

せいてき 政敵 adversa*rio*[*ria*] *mf.* políti*co*[*ca*], enemi*go*[*ga*] *mf.* políti*co*[*ca*]

せいてき 静的
▶静的な estáti*co*[*ca*]
◪静的解析 análisis *m.*[=*pl.*] estático
◪静的試験 ensayo *m.* estático

せいてつ 製鉄 siderurgia *f.*
▶製鉄の siderúrgi*co*[*ca*]
◪製鉄会社 compañía *f.* siderúrgica
◪製鉄業 industria *f.* siderúrgica
◪製鉄所 planta *f.* siderúrgica

せいてん 青天
[慣用]青天の霹靂｛へきれき｝ acontecimiento *m.* imprevisto, suceso *m.* inesperado‖彼女の外務大臣の任命は青天の霹靂だった Su nombramiento como ministra de Asuntos Exteriores cayó como una bomba.

せいてん 晴天 cielo *m.* despejado, （好天）buen tiempo *m.*‖晴天が続くでしょう Seguirá el buen tiempo.

せいてん 聖典 libro *m.* sagrado

せいでんき 静電気 electricidad *f.* estática‖静電気が起こる Se produce electricidad estática.
◪静電気防止（の） antiestáti*co*[*ca*]

せいと 生徒 alum*no*[*na*] *mf.*, （学生）estudiante *com.*
◪生徒会 consejo *m.* estudiantil
◪生徒会長 presiden*te*[*ta*] *mf.* del consejo estudiantil
◪生徒数‖1クラス当たりの生徒数 número *m.* de alumnos por aula
◪生徒総会 asamblea *f.*「general de estudiantes [estudiantil]
◪生徒手帳 agenda *f.* del alumno

せいど 制度 sistema *m.*, institución *f.*, régimen *m.*‖制度を改める reformar un sistema／新しい制度を設ける「crear [establecer] un nuevo sistema
▶制度化 institucionalización *f.*‖制度化する institucionalizar
◪身分制度 sistema *m.* de estratificación social

せいど 精度 precisión *f.*‖精度の高い温度計 termómetro *m.* de alta precisión／精度がとても高い（機器の）tener una gran precisión／精度を高める「mejorar [aumentar] la precisión

せいとう 正当
▶正当な jus*to*[*ta*], razonable, （合法の）legíti*mo*[*ma*], legal‖正当な理由で por razones justificadas／正当な理由もなく解雇する despedir sin razón justificada a ALGUIEN／正当な手段に訴える recurrir a medidas legales
▶正当に justamente, debidamente, razonablemente‖正当に評価する evaluar debidamente
▶正当化 justificación *f.*‖暴力を正当化する justificar la violencia
▶正当性 legitimidad *f.*, 《数学》correctitud *f.*
◪正当防衛 legítima defensa *f.*, defensa *f.* propia

せいとう 正統
▶正統な ortodo*xo*[*xa*], legíti*mo*[*ma*]‖正統な血筋 linaje *m.* legítimo
▶正統性 ortodoxia *f.*, legitimidad *f.*
◪正統派 grupo *m.* ortodoxo‖正統派の（人）ortodo*xo*[*xa*] (*mf.*)

せいとう 政党 partido *m.* político
◪革新政党 partido *m.* progresista
◪中道政党 partido *m.* centrista
◪保守政党 partido *m.* conservador
◪政党員「miembro *com.* [militante *com.*] de un partido político
◪政党助成金 subsidio *m.* para partidos políticos
◪政党政治 política *f.* de partidos, （行き過ぎた）partitocracia *f.*
◪政党内閣（議員内閣制）parlamentarismo *m.*

せいとう 精糖 （工程）refinado *m.* de azúcar, （製品）azúcar *m.* refinado

せいとう 製糖「producción *f.* [fabricación *f.*] de azúcar
◪製糖会社 compañía *f.* azucarera
◪製糖業 industria *f.* azucarera

せいとう 製陶 fabricación *f.* de cerámica
▶製陶の cerámi*co*[*ca*]

☑製陶業 industria *f.* cerámica
せいどう 正道 camino *m.* derecho ‖ 正道を歩む ir por el buen camino ／ 正道から外れる desviarse del buen camino correcto
せいどう 青銅 bronce *m.*
☑青銅器 artefacto *m.* de bronce
☑青銅器時代 Edad *f.* de Bronce
せいどう 聖堂 santuario *m.*, (大聖堂) catedral *f.*
せいどく 精読 lectura *f.* 「detenida [atenta]
▶精読する leer detenidamente
せいとん 整頓
▶整頓する ordenar, poner ALGO en orden ‖ 身のまわりを整頓する ordenar *sus* cosas, poner *sus* cosas en orden ／ きちんと整頓された部屋 habitación *f.* bien ordenada
せいなん 西南 suroeste *m.*, sudoeste *m.* ⇒ ほうい（方位）
▶西南の del suroeste
▶西南に al suroeste, al sudoeste
せいにく 精肉 carne *f.* de buena calidad
☑精肉業 industria *f.* cárnica
☑精肉店 carnicería *f.*
ぜいにく 贅肉 gordura *f.*, （脂肪）grasa *f.*, （腹部の）《スペイン》michelines *mpl.* ‖ 運動不足で腹部にぜい肉がついた Se me ha acumulado grasa en el abdomen por falta de ejercicio.
せいねん 生年 año *m.* de nacimiento
☑生年月日 fecha *f.* de nacimiento ‖ 生年月日はいつですか ¿Cuál es su fecha de nacimiento?
せいねん 成年 mayoría *f.* de edad ‖ 成年に達する「llegar a [alcanzar] la mayoría de edad
せいねん 青年 （若者）joven *com.*, mo*zo* [*za*] *mf.* ‖ 君の息子は立派な青年になった Tu hijo está hecho un buen mozo.
☑青年海外協力隊 Voluntarios *mpl.* Japoneses para la Cooperación Internacional
☑青年期 juventud *f.*
☑青年実業家 joven empresa*rio*[*ria*] *mf.*
☑青年団 asociación *f.* de jóvenes
せいのう 性能 rendimiento *m.*, （能力）capacidad *f.*, （効率）eficiencia *f.*, （品質）calidad *f.* ‖ 性能のよい de alto rendimiento, 「de la [buena] calidad ／ 性能を高める「aumentar [elevar] el rendimiento ／ このプリンタは性能がとても優れている Esta impresora tiene un rendimiento excelente. ／ 湿気で機械の性能が下がる La humedad disminuye el rendimiento de la máquina.
☑性能管理 gestión *f.* del rendimiento
せいは 制覇 （覇権）hegemonía *f.*, supremacía *f.*, （支配）dominio *m.*, （征服）conquista *f.*
▶制覇する （覇権を握る）「tener [ejercer] hegemonía, （支配する）dominar, （勝ち取る）conquistar ‖ ワールドカップを制覇する conquistar la Copa del Mundo
せいはく 精白
▶精白する descascarar
☑精白米 arroz *m.* blanco
せいはつ 整髪
▶整髪する arreglarse el cabello
☑整髪料 gomina *f.*, cosmético *m.* capilar
せいばつ 征伐 conquista *f.*, subyugación *f.*
▶征伐する conquistar, subyugar
せいはんたい 正反対
▶正反対の「diametralmente [totalmente, frontalmente] opues*to*[*ta*], totalmente inver*so*[*sa*]
▶正反対である ‖ その問題について、2人の専門家の意見は正反対だ Sobre ese tema, los dos expertos tienen opiniones diametralmente opuestas.
せいひ 正否 lo correcto y lo incorrecto ‖ 正否を判定する（～の）determinar lo correcto o lo incorrecto 《de》
せいひ 成否 （成功か失敗か）éxito *m.* o fracaso *m.*, （勝利か敗北か）triunfo *m.* o derrota *f.* ‖ プロジェクトの成否は資金獲得にかかっている El éxito o el fracaso del proyecto depende de la financiación que se consiga.
せいび 整備 （保守）mantenimiento *m.*, （点検）revisión *f.*, （修理）arreglo *m.* ‖ 鉄道車両の整備 mantenimiento *m.* de vagones de ferrocarril
▶整備する cuidar, mantener, （点検する）revisar, （修理する）arreglar, reparar ‖ 車を整備する cuidar un coche
☑整備員 （保守の）técni*co*[*ca*] *mf.* de mantenimiento
☑整備工場 taller *m.*
せいひょう 製氷 fabricación *f.* de hielo
▶製氷する「hacer [fabricar] hielo
☑製氷機 preparador *m.* de cubitos de hielo
☑製氷皿 cubitera *f.*
☑製氷車 （スケートリンクの）pulidora *f.* de hielo
☑製氷所 fábrica *f.* de hielo
せいびょう 性病 enfermedades *fpl.* venéreas, （性行為感染症）「infecciones *fpl.* [enfermedades *fpl.*] de transmisión sexual
☑性病学 venereología *f.*
せいひれい 正比例 「proporcionalidad *f.* [proporción *f.*] directa
▶正比例する ‖ AはBに正比例する A está en proporción directa con B. ¦ A es directamente proporcional a B. ¦ A guarda proporcionalidad con B.
せいひん 清貧 ‖ 清貧に甘んじる vivir una pobreza noble
せいひん 製品 producto *m.*, （商品）artículo *m.* ‖ 製品を販売する vender productos

▶**製品化** ‖ 製品化する（商品化）comercializar
◪**新製品** nuevo producto *m.*, novedades *fpl.*
◪**製品開発** desarrollo *m.* de productos
◪**製品ライフサイクル** ciclo *m.* de vida del producto (略 CVP)

せいふ 政府 gobierno *m.*, (内閣) gabinete *m.* ‖ 新しい政府を作る formar un nuevo gobierno
▶**政府の** gubernamental ‖ 反政府の antigubernamental
◪**スペイン政府** Gobierno *m.*「de España [español]」
◪**米国政府** Gobierno *m.* de los Estados Unidos
◪**政府開発援助** (ODA)「Ayuda *f.* [Asistencia *f.*] Oficial para el Desarrollo (略 AOD)
◪**政府刊行物** publicación *f.* gubernamental
◪**政府機関** órgano *m.* gubernamental, (行政機関) agencia *f.* administrativa
◪**政府見解** dictamen *m.* del gobierno
◪**政府高官** al*to[ta]* funcio*nario[ria] mf.* del gobierno
◪**政府公報** boletín *m.* oficial del Estado (略 BOE)
◪**政府筋** fuentes *fpl.* gubernamentales
◪**政府当局** autoridades *fpl.* gubernamentales
◪**政府補助金** subvención *f.* gubernamental

せいぶ 西部 zona *f.* oeste
◪**西部劇** película *f.*「del oeste [de vaqueros],《英語》wéstern *m.*

せいふく 正副 ‖ 正副議長を選ぶ elegir al presidente y al vicepresidente de una comisión ／ 正副2通の入学願書を提出する presentar original y copia de la solicitud de ingreso

せいふく 制服 uniforme *m.*
◪**制服警官** policía *com.* unifor*mado[da]*

せいふく 征服 conquista *f.*, (支配) dominación *f.* ‖ 征服に着手する emprender la conquista《de》／ 征服を企てる planear la conquista《de》
▶**征服する** conquistar ‖ 国を征服する conquistar un país ／ エベレストを征服する「conquistar [coronar] el Everest ／ 自然を征服する dominar la naturaleza
◪**征服者** conquista*dor[dora] mf.*
◪**被征服者** venci*do[da] mf.*, conquista*do [da] mf.*
◪**征服欲** deseo *m.* de conquistar

せいぶつ 生物 ser *m.*「vivo [viviente], organismo *m.*
◪**生物化学** ⇒せいかがく（生化学）
◪**生物化学的酸素要求量** (BOD) demanda *f.* bioquímica de oxígeno (略 DBO)
◪**生物化学兵器** arma *f.* bioquímica
◪**生物学** biología *f.*
◪**生物学者** bióло*go[ga] mf.*
◪**生物工学** biotecnología *f.*
◪**生物多様性** biodiversidad *f.*, diversidad *f.* biológica
◪**生物分解** biodegradación *f.*
◪**生物兵器** arma *f.* biológica

せいぶつ 静物
◪**静物画** bodegón *m.*, naturaleza *f.* muerta

せいふん 製粉 fabricación *f.* de harina, molienda *f.* de harina
▶**製粉の** moli*nero[ra]*, hari*nero[ra]*
▶**製粉する**（小麦粉を）moler harina, fabricar harina de trigo
◪**製粉機** máquina *f.* de molienda
◪**製粉業** industria *f.* harinera, molinería *f.*
◪**製粉所** fábrica *f.* de harina

せいぶん 成文
▶**成文化** codificación *f.* ‖ 成文化する codificar
◪**成文法** ley *f.* escrita

せいぶん 成分 (構成要素) componente *m.*, constituyente *m.*, elemento *m.*, (材料) ingrediente *m.* ‖ 水の成分 los componentes del agua ／ 文の成分「constituyente *m.* [componente *m.*] oracional ／ 全成分を表示する indicar todos los componentes
◪**主成分** principales componentes *mpl.*
◪**成分表示**（食品の栄養成分）valor *m.* nutritivo
◪**成分無調整牛乳** leche *f.* entera

せいへき 性癖 inclinación *f.*, manía *f.* ⇒くせ（癖）

せいべつ 性別 sexo *m.*, (区別) diferencia *f.* de sexo
◪**性別不問** sin distinción de sexo
◪**性別役割分担** reparto *m.* sexista de「papeles [tareas]

せいへん 政変 cambio *m.* político, (クーデター) golpe *m.* de Estado

せいぼ 生母 madre *f.* biológica

せいぼ 聖母 Nuestra Señora *f.*, Madre *f.* de Dios ‖ 聖母マリア (Bienaventurada) Virgen *f.* María

せいぼ 歳暮 ⇒おせいぼ（お歳暮）

せいほう 西方
▶**西方の** del oeste, occidental
▶**西方に** hacia el oeste ‖ 西方に進む ir en dirección oeste

せいほう 製法 método *m.* de fabricación

せいぼう 制帽 gorra *f.* oficial

ぜいほう 税法 ⇒ぜい（⇒税法）

せいほうけい 正方形 cuadrado *m.* ‖ 庭は正方形だ El jardín tiene forma cuadrada.
▶**正方形の** cuadra*do[da]* ‖ 正方形のテーブル mesa *f.* cuadrada

せいほく 西北 noroeste *m.* ⇒ほうい（方位）
▶**西北の** del noroeste
▶**西北に** al noroeste

せいぼつねん 生没年　año *m.* de nacimiento y muerte, (生没年月日) fecha *f.* de nacimiento y「fallecimiento [muerte]」

せいほん 製本　encuadernación *f.*
▶製本する encuadernar ‖ その本は革で製本されている El libro va encuadernado en piel.
◨製本工 encuadena*dor*[*dora*] *mf.*
◨製本所 taller *m.* de encuadernación

せいまい 精米　descascarado *m.* de arroz
▶精米する descascarar arroz
◨精米機 máquina *f.* descascaradora de arroz
◨精米所 planta *f.* de molienda de arroz

せいみつ 精密
▶精密さ precisión *f.*, minuciosidad *f.*
▶精密な (正確な) preci*so*[*sa*], (詳細な) detalla*do*[*da*], (綿密な) minucio*so*[*sa*] ‖ 精密な模型 maqueta *f.* detallada ／ 正確で精密な地図 mapa *m.* exacto y detallado
▶精密に con precisión, con minuciosidad
◨精密科学 ciencias *fpl.* exactas
◨精密機械 aparatos *mpl.* de precisión ‖ 精密機械工業 industria *f.* de precisión
◨精密検査 ‖ 精密検査を受ける someterse a un examen médico detallado

せいむ 政務　asuntos *mpl.* de Estado
▶政務次官 vicеminis*tro*[*tra*] *mf.* parlamenta*rio*[*ria*]

ぜいむしょ 税務署　oficina *f.* de impuestos
◨税務署員 funciona*rio*[*ria*] *mf.* de la oficina de impuestos, funciona*rio*[*ria*] *mf.* fiscal
◨税務署長 direc*tor*[*tora*] *mf.* de la oficina de impuestos

せいめい 生命　vida *f.* →いのち(命) ‖ 新聞の生命(真髄) alma *f.* del periódico ／ 生命に関わる問題 cuestión *f.* vital ／ 人質の生命の安全確保を優先する dar prioridad a (asegurar) la vida de los rehenes ／ 生命を維持する mantener la vida《de》／ 生命を失う morir, (事故などで) perder la vida ／ 生命を奪う「quitar, arrancar, arrebatar」la vida《a》／ 生命を脅かす amenazar la vida《de》／ 生命を救う salvar la vida《a, de》／ 生命を吹き込む dar vida《a》／ 生命を守る「defender [proteger]」la vida《de》
▶生命の vital ‖ 生命の起源 origen *m.* de la vida ／ 生命の貴さ lo valioso de la vida ／ 生命の誕生 nacimiento *m.* de la vida ／ 生命の火 fuego *m.* de la vida ／ 生命の不思議 misterios *mpl.* de la vida
◨政治生命「vida *f.* [carrera *f.*] política ‖ 政治生命を失う echar a perder *su* carrera política ／ 政治生命を賭ける poner en juego *su* carrera política
◨生命維持装置 sistema *m.* de soporte vital
◨生命科学 ciencias *fpl.* de la vida
◨生命工学 biotecnología *f.*
◨生命線 línea *f.* vital, (手相) línea *f.* de la vida
◨生命体 (生物) ser *m.*「vivo [viviente]」‖ 地球外知的生命体 inteligencia *f.* extraterrestre
◨生命保険 seguro *m.* de vida
◨生命力 vitalidad *f.*, fuerza *f.* vital
◨生命倫理 bioética *f.*

せいめい 声明　declaración *f.*, (声明文) comunicado *m.* ‖ 声明を発表する「hacer público [emitir]」un comunicado
▶声明する declarar, hacer una declaración ‖ 反対の意思を声明する declararse en contra《de》
◨共同声明 comunicado *m.* conjunto
◨声明書/声明文 comunicado *m.*, declaración *f.* escrita

せいめい 姓名　nombre *m.* y apellido
◨姓名判断 onomancia *f.*, onomancía *f.*

せいもん 正門　entrada *f.* principal

せいもん 声紋　huella *f.* vocal

せいや 聖夜　Nochebuena *f.*

せいやく 制約　limitación *f.*, restricción *f.* ‖ 厳しい制約 limitación *f.* severa ／ 予算の制約 limitación *f.* presupuestaria ／ 時間の制約がある Hay una limitación de tiempo. ‖ El tiempo está limitado. ／ 法律の制約を受ける estar suje*to*[*ta*] a las leyes
▶制約する limitar, restringir
◨制約プログラミング《IT》programación *f.* con restricciones

せいやく 製薬　fabricación *f.* de「medicamentos [fármacos]」
◨製薬会社 compañía *f.* farmacéutica
◨製薬業 industria *f.* farmacéutica

せいやく 誓約　juramento *m.*
▶誓約する jurar, hacer juramento
◨誓約書 juramento *m.* escrito

せいゆ 製油　refinado *m.* de petróleo, (食用油の) refinado *m.* de aceite
◨製油所 refinería *f.* de petróleo, (食用油の) fábrica *f.* de aceite

せいゆう 声優　dobla*dor*[*dora*] *mf.*

せいよう 西洋　Occidente *m.*, (欧州) Europa
▶西洋の occidental
▶西洋化 occidentalización *f.* ‖ 西洋化する occidentalizar
◨西洋医学 medicina *f.* occidental
◨西洋音楽 música *f.* occidental
◨西洋思想 ideología *f.* occidental
◨西洋諸国 países *mpl.* occidentales
◨西洋人 occidental *com.*
◨西洋文化 cultura *f.* occidental
◨西洋文明 civilización *f.* occidental
◨西洋料理 cocina *f.*「europea [occidental]」

せいよう 静養　reposo *m.*, descanso *m.* ‖ 静

養をとる tomar reposo, tomarse un reposo
▶静養する descansar, reposar

せいよく 性欲 「deseo *m*. [apetito *m*.] sexual, lujuria *f*. ‖ 性欲を感じる sentir deseo sexual ／ 性欲を刺激する「estimular [provocar] el deseo sexual
◨性欲減退 fenómeno *m*. [pérdida *f*.] del deseo sexual

せいらい 生来
▶生来の por naturaleza, de nacimiento ‖ 彼は生来の音楽家だ Es un músico de nacimiento.

せいり 生理 ❶ (体の機能) fisiología *f*.
▶生理的(な) fisiológico[ca] ‖ 生理的欲求 necesidades *fpl*. fisiológicas
▶生理的に fisiológicamente ‖ 生理的に受け付けない ser fisiológicamente inaceptable
◨生理学 fisiología *f*.
◨生理現象 fenómeno *m*. fisiológico
◨生理作用 efecto *m*. fisiológico, acción *f*. fisiológica
◨生理食塩水 suero *m*. fisiológico
❷ (月経) menstruación *f*., periodo *m*., regla *f*. ‖ 生理がある tener la regla ／ 生理がない no tener la regla ／ 生理が長引く tener periodos menstruales prolongados ／ 生理である estar con「la regla [el periodo] ／ 生理でつらい sentirse débil por la regla ／ 今日、生理になった Hoy me ha bajado la regla.
◨生理休暇 permiso *m*. de descanso durante la menstruación
◨生理痛 dolor *m*. menstrual
◨生理日 día *m*. de la regla
◨生理不順 irregularidad *f*. menstrual ‖ 生理不順である tener periodos irregulares
◨生理用ナプキン compresa *f*., toalla *f*.「sanitaria [femenina]

せいり 整理 puesta *f*. en orden, (清算) liquidación *f*.
▶整理する arreglar, ordenar, poner ALGO en orden, (清算する) liquidar ‖ 引き出しを整理する ordenar los cajones ／ 書類を整理する「ordenar [poner en orden] los papeles ／ 考えを整理する ordenar las ideas ／ 人員を整理する reducir「el personal [la plantilla] ／ 在庫を整理する liquidar las existencias ／ 報告書のデータはよく整理されている Los datos del informe están bien organizados.
◨整理解雇 despido *m*. laboral por reestructuración de la plantilla
◨整理券 tique *m*. de turno
◨整理整頓 ‖ 職場の整理整頓 el orden y la limpieza del lugar de trabajo
▶整理だんす cómoda *f*.
◨整理番号 número *m*. de referencia

ぜいりし 税理士 asesor[sora] *mf*.「fiscal [de impuestos, tributa*rio*[*ria*]]

せいりつ 成立 (設立) establecimiento *m*. ‖ 幕府の成立「establecimiento *m*. [fundación *f*.] del *shogunato*
▶成立する (内閣が) formarse, (条約が) firmarse, (交渉が) cerrarse, (法案が) aprobarse ‖ 新内閣が成立した Se formó un nuevo gobierno. ／ 取り引きが成立した Se cerró el trato. ／ 国会で法案が成立した El proyecto de ley fue aprobado en la Dieta. ／ アリバイを成立させる (自分の) probar *su* coartada

ぜいりつ 税率 ⇒ぜい(⇒税率)

せいりゃく 政略 estrategia *f*. política
◨政略結婚 matrimonio *m*. de conveniencia

せいりゅう 清流 corriente *f*. límpida

せいりゅう 整流 rectificación *f*.
◨整流器 rectificador *m*.

せいりょう 声量 「volumen *m*. [potencia *f*.] de voz ‖ 声量がある tener「una voz potente [buena potencia de voz],《慣用》tener pulmones

せいりょういんりょう 清涼飲料
◨清涼飲料水 refresco *m*.

せいりょく 勢力 influencia *f*., poder *m*., potencia *f*., fuerza *f*. ‖ 勢力のある influyente, podero*so*[*sa*], potente ／ 勢力がある tener「influencia [poder] ／ 台風の勢力が衰えた El tifón perdió fuerza ／ 勢力を固める fortalecer *su* influencia ／ 勢力を伸ばす extender *su* influencia ／ 勢力をふるう ejercer *su* influencia
◨革新勢力 fuerza *f*. progresista
◨反動勢力 fuerza *f*. reaccionaria
◨勢力争い lucha *f*. por el poder ‖ 勢力争いをする luchar por el poder
◨勢力圏/勢力範囲「zona *f*. [área *f*., esfera *f*., territorio *m*.] de influencia

せいりょく 精力 energía *f*., vitalidad *f*., vigor *m*. ‖ 精力がつく食べ物 alimento *m*. energético ／ 精力を傾ける/精力を注ぐ dedicar *su* energía《a》, poner *su* empeño《en》
▶精力的な enérgico[ca], lle*no*[*na*] de energía
▶精力的に enérgicamente
◨精力剤 fortificante *m*. sexual, (強壮剤) tónico *m*. reconstituyente

せいれい 政令 decreto *m*. ley
◨政令指定都市 ciudad *f*. designada por medio de「una ordenanza gubernativa [decreto ley]

せいれい 精霊 espíritu *m*.

せいれい 聖霊 Espíritu *m*. Santo
◨聖霊降臨祭 Pentecostés *m*.

せいれき 西暦 era *f*. cristiana ‖ 西暦2020年に en el año 2020 de la era cristiana, en el año 2020 d.C. (después de Cristo)

せいれつ 整列 ‖ 整列《号令》¡En fila! ¦ ¡For-

せいれん　精錬　refinación *f.*, refinado *m.*, afino *m.*
▶ **精錬する**　refinar, afinar
◾ **精錬工場/精錬所**　refinería *f.*, fábrica *f.* de refinación

せいれん　製錬　fundición *f.*
◾ **製錬所**　fundición *f.*, fábrica *f.* de fundición

せいれんけっぱく　清廉潔白
▶ **清廉潔白な**　hones*to*[*ta*], incorrup*to*[*ta*]
▶ **清廉潔白である**　tener la conciencia (bien) limpia

せいろん　正論　opinión *f.* razonable, razonamiento *m.* correcto

セージ　(植物) salvia *f.*

セーター　jersey *m.*, suéter *m.* ‖ 厚いセーター jersey *m.* 「gordo [grueso] ／ 薄いセーター jersey *m.* fino ／ セーターを着る ponerse un jersey

セーフ　(野球)(英語) safe *m.*
◾ **セーフモード**　(IT) modo *m.* 「seguro [a prueba de fallos] ‖ セーフモードでコンピュータを起動する iniciar [encender] el ordenador en modo seguro
◾ **セーフガード**（緊急輸入制限）salvaguardias *fpl.* ‖ セーフガードを発動する aplicar salvaguardias《a》

セーブ
▶ **セーブする**　guardar
◾ **セーブポイント**　(野球) juego *m.* salvado

セーフティー　seguridad *f.*
◾ **セーフティーボックス**　caja *f.* de seguridad, (金庫) caja *f.* fuerte
◾ **セーフティーネット**　red *f.* de seguridad, (野球場の) red *f.* perimetral
◾ **セーフティーバント**（野球）toque *m.* de bola para ganar la primera base

セーラーふく　セーラー服　uniforme *m.* escolar femenino de estilo marinero

セール　liquidación *f.*, rebajas *fpl.*

セールス
◾ **セールスポイント**　gancho *m.* de venta
◾ **セールスマン**　representante *com.*, comercial, (訪問販売の) vende*dor*[*dora*] *mf.* a domicilio, viajante *com.*

せおいなげ　背負い投げ　《日本語》*seoinage m.*, (説明訳) proyección *f.* por encima del hombro

せおう　背負う　llevar 「hombros [cuestas] ‖ 肩に箱を背負う llevar una caja sobre los hombros ／ 男の子を背負う llevar a un niño a cuestas ／ リュックを背負う llevar una mochila a *sus* espaldas ／ 多額の借金を背負う contraer grandes deudas
[慣用] 背負って立つ llevar toda la carga《de》, (指揮をとる) ponerse al frente《de》, (責任を負う) tomar sobre *sí* toda la responsabilidad《de》

せおよぎ　背泳ぎ　estilo *m.* espalda, espalda *f.* ‖ 背泳ぎで泳ぐ nadar a espalda

せかい　世界　mundo *m.*, universo *m.* ‖ 外の世界 mundo *m.* exterior ／ 動物の世界 mundo *m.* de los animales, reino *m.* animal ／ 大人の世界 mundo *m.* de los adultos ／ 子供の世界 mundo *m.* de los niños ／ 死後の世界 (来世) el más allá, vida *f.* de ultratumba ／ 未知の世界 mundo *m.* desconocido ／ 空想の世界 mundo *m.* de 「fantasía [imaginación] ／ 本の中の世界 mundo *m.* 「del libro [de los libros] ／ 物語の世界 mundo *m.* de los cuentos ／ 自分の世界に閉じこもる encerrarse en *sí* mis*mo*[*ma*] ／ この世に生まれる nacer en este mundo ／ 世界に類がない úni*co*[*ca*] en el mundo ／ 中国は世界に冠たる経済大国である China es una de las mayores potencias económicas del mundo. ／ あなたと私は住む世界が違います Usted y yo vivimos en mundos diferentes. ／ 日本は世界第2位の魚の消費国である Japón es el segundo país del mundo que más pescado consume.
▶ **世界中に/世界中で**　en el mundo entero
▶ **世界的な**　mundial, (国際的な) internacional ‖ 世界的な規模のプロジェクト proyecto *m.* a escala mundial ／ 世界的な成功をおさめる tener éxito mundial
▶ **世界的に**　mundialmente, (国際的に) internacionalmente ‖ 世界的に有名な mundialmente famo*so*[*sa*]
◾ **新世界**　Nuevo Mundo *m.*
◾ **第三世界**　Tercer Mundo *m.*
◾ **世界遺産**　Patrimonio *m.* 「de la Humanidad [Mundial]
◾ **世界一周**　vuelta *f.* al mundo ‖ 世界一周をする dar la vuelta al mundo
◾ **世界観**　visión *f.* del mundo, cosmovisión *f.*
◾ **世界恐慌**　(1929年の) Gran Depresión *f.*
◾ **世界記録**　récord *m.* mundial ‖ 世界記録保持者 plusmarquista *com.* mundial
◾ **世界銀行**　Banco *m.* Mundial
◾ **世界経済**　economía *f.* mundial
◾ **世界史**　historia *f.* universal
◾ **世界自然保護基金**　Fondo *m.* Mundial para la Naturaleza
◾ **世界情勢**　situación *f.* mundial
◾ **世界人口**　población *f.* mundial
◾ **世界選手権大会**　campeonato *m.* mundial
◾ **世界大戦**　guerra *f.* mundial ‖ 第二次世界大戦 Segunda Guerra *f.* Mundial
◾ **世界チャンピオン**　campe*ón*[*ona*] *mf.* mundial
◾ **世界平和**　paz *f.* mundial

◪ 世界貿易 comercio *m*. internacional
せかす 急かす ⇒いそがせる(急がせる)
せかせか
▶せかせかと inquietamente‖せかせかと動き回る moverse inquietamente, ajetrearse
せかっこう 背格好 (容姿)físico *m*., (身長)estatura *f*.
ぜがひでも 是が非でも cueste lo que cueste, a toda costa‖私たちは是が非でもこの試合に勝ちたい Queremos ganar este partido cueste lo que cueste.
せがむ pedir insistentemente ALGO《a》‖その男の子は親に自転車を買ってくれとせがむ El niño pide insistentemente a sus padres que le compren una bicicleta.
セカンド (自動車のギアの)segunda velocidad *f*., (野球)(二塁手)segunda base *com*., intermediarista *com*.
◪ セカンドオピニオン segunda opinión *f*.
◪ セカンドベスト‖セカンドベストの〜 *el* [*la*] segun*do*[*da*] mejor [＋名詞]
せき 咳 tos *f*.‖咳が治まった Se me ha「curado [ido, pasado] la tos.
▶咳をする toser, tener tos
◪ 咳止め antitusígeno *m*., antitusivo *m*., (錠剤)pastilla *f*. para la tos‖咳止めの antitusíge*no*[*na*]
せき 席 (座席)asiento *m*., plaza *f*., (場所)sitio *m*.‖高い[安い]席 asiento *m*.「caro [económico] ／ 前の方[中ほど, 後ろの方]の席 asiento *m*. en la parte「delantera [central, trasera] ／ 窓側の席 asiento *m*. de ventanilla ／ 通路側の席 asiento *m*. de pasillo ／ 隣の席が空いた El asiento de al lado ha quedado libre. ／ 空いている席はもうありません Ya no quedan asientos libres. ／ この席はふさがっていますか ¿Está ocupado este asiento? ／ 席に着く/席に座る tomar asiento, sentarse, ocupar el asiento ／ 席へ戻る volver a *su*「asiento [sitio] ／ 席を立つ levantarse del asiento ／ 席を詰める moverse ／ 席を取る (予約する)reservar un asiento, (確保する)guardar un sitio ／ 君の横の席を取っておいてください Guárdame un asiento a tu lado. ／ 席を譲る ceder el asiento《a》／ 席を設ける organizar una「fiesta [comida]
[慣用] 席を改める cambiar de sitio
[慣用] 席の温まる暇がない estar muy ocupa*do*[*da*], no estar en *su* sitio
[慣用] 席を蹴る「irse [marcharse] dando un portazo
[慣用] 席を外す (退席する)retirarse, (居ない)no encontrarse‖ただいま席を外しております(電話での対応)En este momento, no se encuentra aquí.
せき 堰 dique *m*., esclusa *f*.
[慣用] 堰を切ったように(大量に)abundantemente, 《慣用》a raudales‖堰を切ったように涙があふれる deshacerse en lágrimas
せき 積 《数学》producto *m*.‖x と y の積 el producto de x por y
せき 籍 (戸籍)registro *m*. familiar‖籍がある estar registra*do*[*da*] civilmente《en》／ 籍を入れる inscribir en el registro familiar a ALGUIEN, (結婚する)casarse por lo civil ／ 籍を抜く (離婚する)divorciarse ／ 籍を置く estar matricula*do*[*da*]《en》／ 法学部に籍を置く estar matricula*do*[*da*] en la Facultad de Derecho
せきうん 積雲 cúmulo *m*. ⇒くも(雲)
せきえい 石英 cuarzo *m*.
◪ 石英ガラス vidrio *m*. de cuarzo
せきがいせん 赤外線 rayos *mpl*. infrarrojos, radiación *f*. infrarroja
▶赤外線の infrarro*jo*[*ja*]
◪ 赤外線カメラ cámara *f*. infrarroja
◪ 赤外線写真 fotografía *f*. infrarroja
◪ 赤外線センサー sensor *m*. infrarrojo
せきこむ 急き込む precipitarse
▶急き込んで‖急き込んで話す hablar「atropelladamente [precipitadamente]
せきこむ 咳込む tener un「acceso [ataque] de tos
せきさい 積載 carga *f*.
▶積載する cargar‖がれきを積載したトラック camión *m*. cargado de escombros
◪ 積載貨物 cargamento *m*.
◪ 積載量 carga *f*.‖最大積載量 carga *f*. máxima
せきざい 石材 piedra *f*. de construcción
せきじゅうじ 赤十字 cruz *f*. roja
◪ 赤十字国際委員会 Comité *m*. Internacional de la Cruz Roja (略 CICR)
◪ 赤十字社 Cruz *f*. Roja
◪ 赤十字病院 hospital *m*. de la Cruz Roja
せきじゅん 席順 orden *m*. de asientos, (式場での)preferencia *f*. en la mesa
せきしょ 関所 punto *m*. de control, control *m*., (関門)barrera *f*.
せきじょう 席上‖会議の席上で en el curso de la reunión ／ 宴会の席上で durante el banquete
せきしんげっしゃ 赤新月社 Media Luna *f*. Roja
せきずい 脊髄 médula *f*. espinal
◪ 脊髄移植 trasplante *m*. de médula espinal
◪ 脊髄炎 mielitis *f*.[=*pl*.]
◪ 脊髄神経 nervio *m*. espinal
◪ 脊髄注射 inyección *f*. espinal
せきせいいんこ 背黄青鸚哥 periquito *m*. (雄・雌), perico *m*.(雄・雌), cotorra *f*. australiana (雄・雌)
せきせつ 積雪 nevada *f*., acumulación *f*. de nieve
◪ 積雪量 precipitación *f*. de nieve

せきぞう 石造
▶石造の de piedra
☐石造建築物 construcción *f.* de piedra
せきぞう 石像 estatua *f.* ˹de [en]˺ piedra
せきたてる 急き立てる acuciar ‖ 私は仕事をできるだけ早く終えるよう急き立てられている Me acucian para que termine el trabajo lo antes posible.
せきたん 石炭 carbón *m.*, hulla *f.*
▶石炭の carbon*ero*[ra], (石炭を含む) carbonífer*o*[ra]
☐石炭液化 licuefacción *f.* del carbón
☐石炭ガス gas *m.* de carbón
☐石炭殻 carbonilla *f.*
☐石炭紀 《地質》Carbonífero *m.*
☐石炭産業 industria *f.* carbonera
☐石炭層 estrato *m.* ˹de carbón [carbonífero]˺
せきちゅう 脊柱 columna *f.* vertebral, raquis *m.*[=*pl.*], (背骨) espina *f.* dorsal
▶脊柱の espinal
☐脊柱側湾症 escoliosis *f.*[=*pl.*]
せきつい 脊椎 (背骨) espina *f.* dorsal, espinazo *m.*
☐脊椎カリエス caries *f.*[=*pl.*] vertebral
☐脊椎骨 vértebra *f.*
☐脊椎動物 vertebrado *m.* ‖ 脊椎動物の vertebrad*o*[da]
せきどう 赤道 ecuador *m.* ‖ 赤道直下の国 país *m.* situado justo en el ecuador
▶赤道の ecuatorial
せきどうギニア 赤道ギニア Guinea Ecuatorial
▶赤道ギニアの ecuatoguinea*no*[na]
☐赤道ギニア人 ecuatoguinea*no*[na] *mf.*
せきとめる 塞き止める embalsar, estancar, detener ‖ 川の流れをせき止める embalsar el agua de un río, detener el curso de un río
せきにん 責任 responsabilidad *f.*, (義務) obligación *f.*, deber *m.*
[責任が] ‖ ～する責任がある tener la responsabilidad de 『+不定詞』
[責任に] ‖ 私の責任において bajo mi responsabilidad
[責任は] ‖ 全責任は私にある Toda la responsabilidad cae sobre mí. ／ 父親は息子の事故の責任は自分にあると考えている El padre se cree responsable del accidente que tuvo su hijo. ／ この会社の現在の経営難の責任は以前の執行部にある La ejecutiva precedente es la responsable de la crisis financiera que actualmente atraviesa la empresa. ／ これからの世代の人々に対する私たちの責任は大きい Es grande nuestra responsabilidad sobre las generaciones futuras.
[責任を] ‖ 責任を負う 「responsabilizarse [hacerse responsable]《de》, cargar con la responsabilidad ／ 運送中の損傷に関しては当社は責任を負いません Nuestra compañía no se hace responsable por posibles daños durante el transporte. ／ 責任を負わせる responsabilizar a ALGUIEN, 「echar [cargar] la responsabilidad sobre las espaldas de ALGUIEN ／ 責任を回避する 「eludir [rehuir] la responsabilidad ／ 責任を転嫁する echar la culpa 《a》 ／ 責任を取る asumir la responsabilidad 《de》 ／ 責任を果たす cumplir con *sus* obligaciones
▶責任である ‖ 子供の教育は親の責任である Es responsabilidad de los padres educar a sus hijos.
☐責任感 sentido *m.* de responsabilidad ‖ 責任感が強い tener un 「gran [fuerte] sentido de responsabilidad
☐責任者 responsable *com.*
☐責任能力 《法律》imputabilidad *f.*
せきのやま 関の山 ‖ 君はぎりぎりで合格点をとるのが関の山だ Lo máximo que puedes lograr es aprobar por los pelos.
せきはい 惜敗 derrota *f.* justa
▶惜敗する perder por un estrecho margen
せきばらい 咳払い carraspeo *m.*
▶咳払いする carraspear
せきはん 赤飯 《日本語》*sekihan m.*, (説明訳) arroz *m.* glutinoso cocido al vapor con judías rojas
せきばん 石版
▶石版(印刷)の litográfic*o*[ca]
☐石版印刷/石版画 litografía *f.*
せきひ 石碑 lápida *f.*, estela *f.*, (墓石) lápida *f.* sepulcral
せきひん 赤貧 extrema pobreza *f.*
〖慣用〗赤貧洗うがごとし ser extremadamente pobre
せきぶん 積分 《数学》integral *f.*
▶積分の integral
▶積分する integrar
☐積分学 cálculo *m.* integral
☐積分法 integración *f.*
☐積分方程式 ecuación *f.* integral
せきむ 責務 responsabilidad *f.* y 「obligación *f.* [deber *m.*] ‖ 責務を果たす cumplir *su* responsabilidad y *su* deber
▶～する責務がある tener la responsabilidad y la obligación de 『+不定詞』
せきめん 赤面
▶赤面する ruborizarse, enrojecerse, ponerse roj*o*[ja], ponerse colorad*o*[da]
☐赤面恐怖症 eritrofobia *f.*
せきゆ 石油 petróleo *m.*, (灯油) queroseno *m.* ‖ 石油を産出する producir petróleo ／ 石油を掘る extraer petróleo ／ 石油を備蓄する hacer acopio de petróleo
▶石油の petroler*o*[ra], (石油を含む) petrolífer*o*[ra] ‖ 石油の試掘をする hacer pros-

pecciones petrolíferas
◪石油王 「magnate *m.* [rey *m.*] petrolero
◪石油会社 compañía *f.* petrolera
◪石油化学 petroquímica *f.*
◪石油危機 crisis *f.*[=*pl.*]「petrolera [del petróleo]
◪石油コンビナート complejo *m.* petrolero
◪石油産業 industria *f.* petrolera
◪石油産出国 país *m.* productor de petróleo
◪石油資源 recursos *mpl.* petroleros
◪石油ストーブ/石油こんろ estufa *f.* de queroseno
◪石油精製 refinación *f.* del petróleo
◪石油製品 productos *mpl.* derivados del petróleo
◪石油タンカー petrolero *m.*
◪石油タンク「depósito *m.* [tanque *m.*] de petróleo
◪石油埋蔵量 reserva *f.* de petróleo
◪石油輸出国機構 Organización *f.* de Países Exportadores de Petróleo（略 OPEP）
◪石油輸送管 oleoducto *m.*
◪石油ランプ lámpara *f.* de queroseno
セキュリティ seguridad *f.* ‖ セキュリティを強化する aumentar la seguridad《de》／セキュリティの問題を解決する resolver los problemas de seguridad
◪セキュリティソフト *software m.*「de seguridad [antivirus], antivirus *m.*[=*pl.*]
◪セキュリティ対策 medidas *fpl.* de seguridad ‖ セキュリティ対策を徹底する extremar las medidas de seguridad
せきらら 赤裸々
▶赤裸々な desnu*do*[*da*], cla*ro*[*ra*] ‖ 赤裸々な真実 verdad *f.*「desnuda [al desnudo]
▶赤裸々に sin reserva, con franqueza
せきらんうん 積乱雲 cumulonimbo *m.* ⇒くも（雲）
せきり 赤痢 disentería *f.*
▶赤痢になる「tener [sufrir] disentería
▶赤痢の(患者) disentéri*co*[*ca*]（*mf.*）
◪赤痢菌 bacteria *f.* Shigella, bacilo *m.* disentérico
せきりょう 席料 （レストランの）precio *m.* del cubierto,（入場料）precio *m.* de la entrada
せきれい 鶺鴒 lavandera *f.*(雄・雌)
せく 急く darse prisa
諺急いては事を仕損じる《諺》Las prisas nunca son buenas.
セクシー
▶セクシーな（英語）*sexy*, sexi,（官能的な）sensual
◪セクシーボイス voz *f. sexy*
◪セクシーポーズ「postura *f.* [pose *f.*] *sexy*
◪セクシードレス traje *m. sexy*
セクシャルハラスメント ⇒セクハラ
セクショナリズム sectarismo *m.*

セクハラ 「acoso *m.* [intimidación *f.*] sexual ‖ セクハラを受ける「sufrir [ser víctima de] un acoso sexual
▶セクハラをする acosar sexualmente
◪セクハラ被害 ‖ セクハラ被害を告発する denunciar el acoso sexual
◪セクハラ問題 ‖ セクハラ問題に直面する afrontar el problema del acoso sexual
せけん 世間 mundo *m.*, sociedad *f.*,（人々）gente *f.* ‖ 世間に知れ渡る llegar a ser cono*cido*[*da*] públicamente,《慣用》andar de boca en boca／彼は世間の目を気にしない A él no le importa el qué dirán.／世間の口がうるさい El qué dirán no te deja en paz.／世間の笑い者になる convertirse en「hazmerreír [objeto de burla] de la gente／世間は広い El mundo es grande.
慣用世間が広い（つきあいが）tener mucha vida social, tener un amplio círculo de amistades
慣用世間の荒波にもまれる sufrir los rigores del mundo
慣用世間は広いようで狭い《慣用》El mundo es un pañuelo.
諺渡る世間に鬼はなし En este mundo hay de todo, gente buena y mala.
◪世間知らず ‖ 彼女は世間知らずだ Ella no conoce el mundo.
◪世間体 ‖ 世間体を気にする preocuparse「de [por] las apariencias／世間体をつくろう《慣用》「guardar [cubrir, salvar] las apariencias
◪世間並み ordina*rio*[*ria*], común
◪世間話 charla *f.* trivial
◪世間離れ ‖ 世間離れした inusual
せこい taca*ño*[*ña*], mezqui*no*[*na*]
セコイア 《植物》secuoya *f.*, secoya *f.*
せこう 施工
▶施工する ejecutar las obras
◪施工者 （建設会社）constructora *f.*
せこう 施行 ⇒しこう
セコンド 《ボクシング》segundo *m.*
せざるをえない せざるを得ない verse obliga*do*[*da*] a『+不定詞』, no tener más remedio que『+不定詞』‖ 私は夜勤を受け入れざるを得ない No tengo más remedio que aceptar el trabajo nocturno.
せじ 世事 ‖ 世事に疎い no saber nada de las cosas「de la vida [del mundo]
せじ 世辞 ⇒おせじ(お世辞)
セシウム 《化学》cesio *m.*《記号 Cs》
◪セシウム汚染 contaminación *f.* por cesio
せしめる quedarse indebidamente《con》, apropiarse indebidamente ▶よこどり（⇒横取りする）・おうりょう（⇒横領する）
せしゅう 世襲
▶世襲の heredita*rio*[*ria*]
▶世襲する suceder

せじょう

◪ 世襲議員 parlamenta*rio[ria] mf.* de familia de políticos
◪ 世襲財産 patrimonio *m.*, bienes *mpl.* hereditarios
◪ 世襲君主制 monarquía *f.* hereditaria
◪ 世襲制 sistema *m.* hereditario

せじょう 施錠
▶ 施錠する cerrar ALGO con「llave [cerradura], echar la llave《a》

せすじ 背筋 ‖ 背筋を伸ばす enderezarse, erguir la espalda

(慣用) 背筋が寒くなる《慣用》ponerse *los pelos* de punta a ALGUIEN ‖ あの事故のことを考えただけで、背筋が寒くなる Con solo pensar en aquel accidente, se me ponen los pelos de punta.

ゼスチャー gesto *m.*, ademán *m.*, gesticulación *f.* ‖ ゼスチャーを交えて話す hablar「gesticulando [con gestos]／気を引くためのゼスチャー gesto *m.* para llamar la atención

ぜせい 是正 corrección *f.*, rectificación *f.* ‖ 社会的不平等の是正 corrección *f.* de las desigualdades sociales
▶ 是正する corregir, rectificar ‖ 男女の賃金格差を是正する corregir la desigualdad salarial entre hombres y mujeres
◪ 是正措置 medidas *fpl.* de rectificación

せせこましい (狭い) estre*cho[cha]*, angos*to[ta]*, (考えなどが) estre*cho[cha]* de mente

せせらぎ ‖ 小川のせせらぎ音「murmullo *m.* [susurro *m.*] del arroyo

せせらわらい せせら笑い risa *f.*「burlona [sardónica]

せせらわらう せせら笑う reír「burlonamente [sardónicamente]

せそう 世相 circunstancias *fpl.* sociales ‖ ファッションは現代の世相を反映している La moda refleja la sociedad actual.

せぞく 世俗 mundo *m.* secular
▶ 世俗的な munda*no[na]*, mundanal, (非宗教的な) secular, lai*co[ca]*, profa*no[na]* ‖ 世俗的な生活 vida *f.* mundanal
▶ 世俗化する secularizar
◪ 世俗主義 secularismo *m.*, laicismo *m.*

せたい 世帯 hogar *m.*, familia *f.*
◪ 二世帯住宅 casa *f.* para dos familias
◪ 世帯数 número *m.* de hogares
◪ 世帯主 cabeza *com.* de familia

せだい 世代 generación *f.* ‖ 未来の世代 generaciones *fpl.*「futuras [venideras]／私たちは世代が違います Somos de generaciones distintas.
▶ 世代の generacional ‖ 世代の断絶 abismo *m.* generacional／世代の違いを超える superar las diferencias generacionales
◪ 同世代 ‖ 同世代の人々 gente *f.* de la misma generación
◪ 世代交代「cambio *m.* [relevo *m.*] generacional, 《生物》 alternancia *f.* de generaciones

せたけ 背丈 estatura *f.*, altura *f.* ⇒**しんちょう**(身長)

セダン sedán *m.*, (4ドアの) berlina *f.*

せちがらい 世知辛い (暮らしにくい) difícil de vivir, (慈悲のない) sin piedad, (けちな) mezqui*no[na]* ‖ 世知辛い世の中 mundo *m.* en el que es difícil vivir

せつ 節 ❶ (文) cláusula *f.*, oración *f.*, (段落) párrafo *m.*, (詩節) estrofa *f.*
◪ 従属節《文法》oración *f.* subordinada
❷ (時) ‖ その節はお世話になりました Le doy las gracias por lo que hizo por mí el otro día.／こちらへお出かけの節は当店にぜひお立ち寄りください Cuando venga por aquí, no deje de pasar por nuestra tienda.

せつ 説 opinión *f.*, (学説) teoría *f.* ‖ 説を立てる「formular [forjar, idear] una teoría／この点で説が分かれる Las opiniones「se dividen [divergen] en este punto.／このテーマに関してはいろいろな説がある Hay diversas opiniones sobre este tema.／一説によれば según una teoría

せつえい 設営 instalación *f.*
▶ 設営する instalar, establecer, montar ‖ キャンプを設営する「instalar [establecer] un campamento

せつえん 節煙
▶ 節煙する fumar menos ‖ 完全に禁煙せずに節煙する fumar menos cigarrillos en lugar de dejar de fumar por completo

ぜつえん 絶縁 (電気の) aislamiento *m.* eléctrico, (人間関係の) ruptura *f.*
▶ 絶縁の aislante
▶ 絶縁する aislar, (縁を切る) romper《con》
◪ 絶縁状 carta *f.* de ruptura
◪ 絶縁体 aislante *m.*, aislador *m.*
◪ 絶縁テープ cinta *f.* aislante (eléctrica)

ぜっか 舌禍 escándalo *m.* verbal ‖ 舌禍を招く provocar un escándalo por un comentario inoportuno

せっかい 石灰 cal *f.*
◪ 生石灰 cal *f.* viva, óxido *m.* de calcio
◪ 消石灰 cal *f.*「apagada [muerta], hidróxido *m.* de calcio
◪ 石灰岩 caliza *f.*
◪ 石灰水 agua *f.* de cal

せっかい 切開 incisión *f.*
▶ 切開する「hacer [realizar, practicar] una incisión ‖ メスで切開する hacer una incisión con el bisturí
◪ 外科切開 incisión *f.* quirúrgica

せっかく 折角 ‖ せっかくの私の苦労が水の泡になった Todos mis esfuerzos se quedaron en agua de borrajas.／せっかくのお誘いな

のに、行けなくて申し訳ない Le agradezco mucho la invitación, pero no puedo ir.

せっかち
▶せっかちな impaciente
▶せっかちに (あわてて) precipitadamente ‖ せっかちに物事をすすめる hacer las cosas precipitadamente

せつがん 接岸 atracada *f.*
▶接岸する atracar ‖ 船が桟橋に接岸した El barco atracó en el embarcadero.

せつがんレンズ 接眼レンズ ocular *m.*

せっき 石器 herramienta *f.* 「de piedra [lítica], instrumento *m.* de piedra
◾石器時代 Edad *f.* de Piedra
◾旧石器時代 Paleolítico *m.*
◾新石器時代 Neolítico *m.*

せっきゃく 接客 atención *f.* al cliente
▶接客する atender al cliente ‖ 店長(男性)は今接客中です El jefe de tienda está atendiendo a un cliente.
◾接客係 encarga*do*[da] *mf.* de atención al cliente, (店員) dependien*te*[ta] *mf.*
◾接客業 sector *m.* de hostelería y restauración, (飲食業) restauración *f.*, (ホテル業) hostelería *f.*

せっきょう 説教 sermón *m.* ‖ 説教はあまり効かなかった El sermón no ha tenido mucho efecto. ／ 説教はやめてくれ No me vengas con sermones.
▶説教する sermonear, predicar, echar un sermón《a》

ぜっきょう 絶叫 grito *m.* desaforado, exclamación *f.* ‖ 観客の絶叫が聞こえる Se oye el grito desaforado del público.
▶絶叫する gritar「desaforadamente [a todo pulmón]

せっきょく 積極
▶積極的な acti*vo*[va], emprende*dor*[dora], (前向きな) positi*vo*[va] ‖ 積極的な人 persona *f.* activa ／ 子供の教育に積極的な母親 madre *f.* muy implicada en la educación de sus hijos ／ 積極的な態度をとる tomar una actitud「activa [positiva] ／ 積極的な外交を推進する promover una diplomacia activa
▶積極的に activamente, de forma activa ‖ 積極的に行動する actuar activamente ／ 積極的に人前で発言する no desaprovechar la oportunidad de hablar en público ／ 積極的に公共の乗り物を利用する intentar utilizar el transporte público
▶積極性 acometividad *f.*, (自発性) iniciativa *f.*
◾積極策 política *f.* activa

せっきん 接近 acercamiento *m.*, aproximación *f.*
▶接近する acercarse《a》, aproximarse《a》‖ 台風が日本の沿岸に接近する El tifón se acerca a las costas japonesas.

せっく 節句 fiesta *f.* ‖ 七草の節句 Fiesta *f.* de las Siete Hierbas ／ 桃の節句 Fiesta *f.* de las Niñas

ぜっく 絶句
▶絶句する quedarse sin palabras,《慣用》quedarse con la boca abierta ‖ 私たちは津波の破壊的な映像に絶句した Nos quedamos sin palabras ante la devastadora imagen del *tsunami*.

セックス sexo *m.* ⇒せいこう(性交)
▶セックスする《慣用》hacer el amor
◾セックスアピール atractivo *m.* sexual,《英語》*sex-appeal* ‖ セックスアピールがある tener mucho atractivo sexual, (特に女性が)《慣用》estar como (para parar) un tren
◾セックス産業 industria *f.* del sexo
◾セックスシンボル símbolo *m.* sexual

せっけい 雪渓 valle *m.* cubierto de nieves perpetuas

せっけい 設計 diseño *m.* ‖ 設計を依頼する encargar el diseño de ALGO《a》
▶設計する diseñar
◾設計者/設計士 diseña*dor*[dora] *mf.*, proyectista *com.* ‖ 建築設計士 arquitec*to*[ta] *mf.* proyectista
◾設計書 diseño *m.*
◾設計図 plano *m.*, (全体的な) proyecto *m.*

ぜっけい 絶景 precioso paisaje *m.*, paisaje *m.*「magnífico [incomparable]

せっけっきゅう 赤血球 glóbulo *m.* rojo, eritrocito *m.*
◾赤血球沈降速度 velocidad *f.* de sedimentación globular

せっけん 石鹸 jabón *m.* ‖ 泡立ちのいい石けん jabón *m.* espumoso
◾液体石けん jabón *m.* líquido
◾化粧石けん jabón *m.* cosmético
◾粉石けん jabón *m.* en polvo
◾洗濯石けん jabón *m.* para lavar ropa
◾石けん入れ jabonera *f.*
◾石けん水 agua *f.* jabonosa

せっけん 席巻
▶席巻する hacer una rápida incursión《en》‖ 市場を席巻する invadir el mercado

せつげん 雪原 campo *m.*「de nieve [nevado]

せつげん 節減 reducción *f.*
▶節減する reducir ‖ 電力使用を節減する reducir el consumo de electricidad

ゼッケン dorsal *m.* ‖ ゼッケン15番の(男子)選手 jugador *m.* con el dorsal número 15 ／ ゼッケンをつける poner el dorsal《en》

せっこう 石膏 yeso *m.*, aljez *m.*
◾石膏像 estatua *f.* de yeso
◾石膏ボード cartón *m.* yeso, tablero *m.* de yeso

せつごう 接合 juntura *f.*,《生物》conjuga-

ción f.
> 接合する juntar
◨ 接合子/接合体《生物》cigoto m.
◨ 接合部 juntura f.

ぜっこう 絶交 ruptura f. de la amistad ‖ 絶交の状態にある estar en ruptura《con》
> 絶交する romper《con》, terminar la relación《con》
◨ 絶交状 ultimátum m. ‖ 絶交状をたたきつける「dar [lanzar] un ultimátum《a》

ぜっこう 絶好
> 絶好の excelente, ideal, perfecto[ta],（唯一の） único[ca] ‖ ピクニックに絶好の日和だ Es un día perfecto para ir de excursión. ／これは絶好のチャンスだ Esta es una oportunidad única. ¦ Esta es la mejor oportunidad. ／絶好のタイミングを待つ esperar el momento más oportuno《para》

ぜっこうちょう 絶好調 ‖ 絶好調である（体調が） estar en plena forma

せっこつ 接骨
◨ 接骨医 ensalmador[dora] mf.
◨ 接骨院 clínica f. especializada en fracturas

ぜっさん 絶賛 elogio m. entusiasta
> 絶賛する elogiar profusamente, dedicar elogios entusiastas《a》, cubrir a ALGUIEN de elogios

せっし 摂氏 grado m.「centígrado [Celsius]（略 ℃）‖ 摂氏30度 30 grados centígrados ／現在の気温は摂氏20度だ Estamos a 20 grados centígrados.
> 摂氏の centígrado[da]

せつじつ 切実
> 切実な（強い）vivo[va],（深刻な） serio[ria], grave,（緊急の）urgente, imperioso[sa] ‖ 切実な願い deseo m.「vivo [ferviente]／切実な問題 problema m.「serio [grave]
> 切実に seriamente, imperiosamente ‖ 切実に～する必要性を感じる sentir imperiosamente la necesidad de『+不定詞』／切実に待ち望む esperar ALGO con ansia

せっしゅ 接種 vacunación f., inoculación f.
> 接種する vacunar, inocular
◨ 予防接種 ⇒ よぼう（→予防接種）

せっしゅ 摂取 （食べ物の）ingestión f.,（知識などの）asimilación f.
> 摂取する ingerir, asimilar ‖ ビタミンを摂取する「tomar [ingerir] vitaminas

せっしゅう 接収 confiscación f., requisición f.
> 接収する confiscar, requisar ‖ 土地を接収する confiscar el terreno

せつじょ 切除 resección f., extirpación f., ablación f.
> 切除する extirpar ‖ がんを切除する extirpar un cáncer

せっしょう 折衝 negociación f. ⇒ こうしょう（交渉）
> 折衝する negociar《con》

せっしょう 摂政 （人）regente com.,（政治）regencia f.

せつじょうしゃ 雪上車 máquina f. pisanieve,（スノーモービル）motonieve f.

せっしょく 接触 contacto m. ‖ 自然との接触 contacto m. con la naturaleza ／接触を保つ mantener contacto《con》／外界との接触を断つ romper el contacto con el mundo exterior
> 接触する contactar《con》,「tener [establecer] contacto《con》‖ 敵と接触する tener contacto con el enemigo ／病人と接触する「tener [estar en] contacto con los enfermos
◨ 接触感染 infección f. por contacto
◨ 接触事故 （車同士の）raspado m., colisión f. por raspado

せっしょく 節食 dieta f., régimen m. ⇒ ダイエット
> 節食する hacer dieta

せっしょく 摂食 ingestión f.,（嚥下）deglución f.
◨ 摂食障害 trastorno m. alimentario,（拒食症）anorexia f.

せつじょく 雪辱 revancha f., desquite m. ‖ 雪辱を期す estar dispuesto[ta] a vengar la derrota ／雪辱を果たす tomar(se) la revancha《de》, tomar el desquite《de》
> 雪辱する desquitarse《de》
◨ 雪辱戦 partido m. de「revancha [desquite], desquite m.

ぜっしょく 絶食 ayuno m.
> 絶食する ayunar,「hacer [guardar, practicar] ayuno

セッション sesión f.
> セッションする ‖ ピアノとギターでセッションする organizar una sesión de piano y guitarra
◨ ジャムセッション《英語》jam session f.
◨ セッション層《IT》capa f. de sesión

せっすい 節水 ahorro m. de agua, conservación f. del agua, eficiencia f. hídrica
> 節水する ahorrar agua, consumir menos agua, reducir el「uso [consumo] del agua

せっする 接する （隣接する）lindar《con》,（応対する）atender ‖ スペインの北部はフランスと接する España linda al norte con Francia. ／客に親切に接する atender a los clientes con amabilidad ／朗報に接する recibir una buena noticia ／異なる文化に接する「conocer [tener contacto con] otra cultura

ぜっする 絶する ‖ 想像を絶する残虐さ crueldad f. inimaginable ／想像を絶する場面 escena f. inimaginable

せっせい 摂生
- ▶摂生する cuidar *su* salud, cuidarse

せっせい 節制
- ▶節制する moderarse, controlarse ‖ 飲酒を節制する beber con moderación, moderarse en el consumo de alcohol

せっせい 絶世 ‖ 絶世の美女 mujer *f*. de 「extraordinaria [increíble] belleza

せつせつ 切切
- ▶切々たる →せつなる(切なる)
- ▶切々と →せつに(切に)

せっせと con ahínco, diligentemente, con asiduidad ‖ せっせと働く trabajar con ahínco

せっせん 接戦 「partido *m*. [juego *m*., encuentro *m*.] reñido ‖ 大接戦になる resultar ser un partido muy 「reñido [disputado] / 接戦を制す ganar un partido muy disputado

せっせん 接線 《数学》tangente *f*.

せっそう 節操 fidelidad *f*. a unos principios ‖ 節操がない人 persona *f*. sin principios / 自分の節操を貫く mantenerse firme en *sus* principios

せつぞく 接続 conexión *f*., empalme *m*., (交通機関の) enlace *m*., correspondencia *f*. ‖ この列車は接続がよくない Este tren no tiene buenos enlaces.
- ▶接続する conectar, enlazar, empalmar ‖ コンピュータをインターネットに接続する conectar el ordenador a Internet / この便はパリでマラガ行きの便と接続している Este vuelo enlaza en París con el que va a Málaga.
- ◪接続駅 estación *f*. de enlace, (乗り換え駅) estación *f*. de transbordo
- ◪接続詞《文法》conjunción *f*. ‖ 接続詞句 locución *f*. conjuntiva
- ◪接続時間 (乗り換えの) tiempo *m*. de transbordo
- ◪接続法《文法》modo *m*. subjuntivo, subjuntivo *m*.
- ◪接続便 vuelo *m*. de conexión
- ◪接続列車 tren *m*. de enlace

せっそくどうぶつ 節足動物 artrópodos *mpl*.

せったい 接待 recepción *f*., (歓待) agasajo *m*.
- ▶接待する atender, (歓待する) agasajar
- ◪接待係 encarga*do*[*da*] *mf*. de atención al 「cliente [público], (受付係) recepcionista *com*.
- ◪接待交際費 gastos *mpl*. de representación
- ◪接待ゴルフ ‖ 接待ゴルフをする jugar al golf con unos clientes (invitándolos)

ぜったい 絶対
- ▶絶対の/絶対的(な) absolu*to*[*ta*], total ‖ 絶対の自信 confianza *f*. 「absoluta [total] / 絶対的権力 poder *m*. absoluto
- ▶絶対に absolutamente; (絶対に~しない) nunca, jamás, nunca jamás ‖ それは絶対に不可能だ Eso es absolutamente imposible. / 私はその計画には絶対に反対です Estoy en total desacuerdo con ese proyecto. / この件は絶対に秘密にしておいてください Le ruego que mantenga en absoluto secreto este asunto. / 私は絶対にこの仕事をやめない 「Nunca [Jamás] voy a dejar este trabajo.
- ◪絶対安静 reposo *m*. absoluto ‖ 絶対安静にする guardar reposo absoluto / 絶対安静にしている estar de reposo absoluto
- ◪絶対音感 oído *m*. absoluto
- ◪絶対温度 temperatura *f*. absoluta
- ◪絶対君主制 monarquía *f*. absoluta
- ◪絶対視 ‖ 絶対視する mostrar *su* confianza absoluta 《en》
- ◪絶対主義 absolutismo *m*.
- ◪絶対多数 mayoría *f*. absoluta ‖ 絶対多数を獲得する 「obtener [conseguir] la mayoría absoluta
- ◪絶対値 valor *m*. absoluto
- ◪絶対評価 evaluación *f*. absoluta
- ◪絶対服従 obediencia *f*. 「absoluta [incondicional]
- ◪絶対零度 cero *m*. absoluto

ぜつだい 絶大
- ▶絶大な muy grande, enorme, inmenso[sa] ‖ 絶大な影響力を及ぼす ejercer una poderosa influencia 《en, sobre》/ 絶大な人気を誇る 「gozar [disfrutar] de una enorme popularidad

ぜったいぜつめい 絶体絶命 ‖ 絶体絶命である encontrarse entre la espada y la pared

せつだん 切断 corte *m*., (手足の) amputación *f*.
- ▶切断する cortar, seccionar, (手足を) amputar
- ◪切断面 sección *f*.

せっち 設置 instalación *f*. ‖ スプリンクラーの設置 instalación *f*. de rociadores de incendios
- ▶設置する (機器を) instalar, (組織を) establecer, crear ‖ エアコンを設置する instalar aire acondicionado / 専門家の委員会を設置する 「crear [establecer] un comité de expertos
- ◪設置基準 (機関・学校などの) normas *fpl*. para la creación《de》

せっちゃく 接着 pegadura *f*., adherencia *f*.
- ▶接着する adherir, pegar
- ◪接着剤 adhesivo *m*., pegamento *m*. ‖ 瞬間接着剤 pegamento *m*. instantáneo, adhesivo *m*. de cianoacrilato

せっちゅう 折衷
- ▶折衷的(な) ecléctic*o*[*ca*]

ぜっちょう 絶頂 cumbre f., cima f., apogeo m.,《慣用》la cresta de la ola《de》‖ 得意の絶頂にある《慣用》estar más orgullo*so*[*sa*] que un pavo ／ 人気絶頂の女優 actriz f. en la cresta (de la ola) de la fama ／ 歌手生活の絶頂を極める llegar al apogeo de *su* carrera como cantante

せっつく ⇒ せきたてる(急き立てる)

せってい 設定 (IT) configuración f. ‖ 小説の状況設定 ambientación f. de una novela
▶**設定する** (規則を) establecer, (日取りを) fijar, (コンピュータを) configurar, (物語を) ambientar ‖ 規則を設定する「establecer [fijar] las reglas ／ 議題を設定する fijar los temas de discusión ／ アカウントを設定する configurar la cuenta ／ 作品を江戸時代に設定する ambientar la obra en la época (de) Edo

せってん 接点 《数学》punto m. de tangente, punto m. de contacto, (交差する点) punto m. cruzado ‖ 両者の主張の接点を求める encontrar un punto de convergencia entre ambas opiniones

せつでん 節電 ahorro m. de electricidad
▶**節電する** ahorrar electricidad, consumir menos electricidad, reducir el consumo de electricidad
◪**節電対策** medidas fpl. para ahorrar electricidad

セット ❶ (一揃い) juego m., conjunto m.,《英語》set m. ‖ セットで販売する vender por「juego [conjunto, set]
◪**ティーセット** juego m. de té
◪**セット価格** precio m. de venta por juego
◪**セットメニュー** menú m. (de la casa)
❷ (テニスなどの)《英語》set m. ‖ 第1セットをとる ganar el primer set
◪**セットプレー**《サッカー》jugada f. a balón parado
◪**セットポジション**《野球》posición f. fija
❸ (髪の) (映画・テレビの) plató m.,《英語》set m., (舞台の) escenario m.
▶**セットする** ‖ テーブルをセットする poner la mesa ／ 目覚ましをセットする poner el despertador ／ 会談をセットする arreglar una entrevista ／ 髪をセットする「marcar [arreglar] el pelo

せつど 節度 moderación f., mesura f., templanza f. ‖ 節度を守る conservar la mesura ／ 節度を持って行動する obrar con「moderación [mesura]
▶**節度のある** modera*do*[*da*]

セットアップ (IT) (設定) configuración f., (インストール) instalación f.
▶**セットアップする** configurar, instalar ‖ ネットワークをセットアップする configurar la red ／ プリンタをセットアップする configurar la impresora

せっとう 窃盗 hurto m., robo m., latrocinio m.
◪**窃盗罪** delito m. de「hurto [robo]
◪**窃盗犯** au*tor*[*tora*] mf. del robo

せっとうじ 接頭辞《文法》prefijo m. ‖ 接頭辞をつける prefijar

せっとく 説得 persuasión f. ‖ 説得に乗り出す intentar「persuadir [convencer]
▶**説得する** persuadir, convencer ‖ 世論を説得する convencer a la opinión pública ／ 決定を変更するよう、大臣(男性)は委員会を説得した El ministro ha convencido al comité para que cambie la decisión tomada.
▶**説得力** capacidad f. persuasiva, habilidad f. para persuadir ‖ 説得力のあるスピーチ discurso m.「persuasivo [convincente]

せつな 刹那 instante m., momento m.
▶**刹那的な** momentáne*o*[*a*]
▶**刹那的に** momentáneamente ‖ 刹那的に生きる vivir disfrutando cada momento que pasa

せつない 切ない triste, doloro*so*[*sa*], peno*so*[*sa*], (悲痛な) desgarra*dor*[*dora*] ‖ 切ない思い sentimiento m. angustioso
▶**切なさ** angustia f., pena f.
慣用 切ない時の神頼み《諺》Nadie se acuerda de Santa Bárbara hasta que truena.

せつなる 切なる anhelante, fervoro*so*[*sa*] ‖ 切なる願い deseo m.「ferviente [fervoroso, anhelante]

せつに 切に sinceramente, de todo corazón, fervorosamente ‖ 切に願う desear「fervientemente [fervorosamente] ／ 切に祈る rezar「de todo corazón [fervientemente] ／ 切に訴える suplicar「con fervor [de rodillas]

せっぱく 切迫 inminencia f.
▶**切迫した** inminente, apremiante, urgente
▶**切迫する** apremiar, urgir ‖ 事態が切迫している Nos apremian las circunstancias.
◪**切迫流産** aborto m. inminente

せっぱつまる 切羽詰まる → きゅう(苦境)・きゅうち(窮地) ‖ 切羽詰まっている「estar [encontrarse, verse] en un apuro,《慣用》estar en un callejón sin salida

せっぱん 折半 división f. en dos partes iguales
▶**折半する** dividir ALGO por la mitad,《慣用》ir a medias《con》‖ 費用を折半する pagar a partes iguales los gastos ／ 利益を折半する repartir las ganancias en partes iguales

ぜっぱん 絶版 edición f. agotada ‖ その本は絶版になっている El libro「dejó de publicarse [está agotado].
◪**絶版本** libro m. descatalogado, (売り切れの) libro m. agotado

せつび 設備 instalación *f.*, equipamiento *m.* ‖ 設備が良い [tener [contar con] buenas instalaciones／設備の整った病院 hospital *m.* bien equipado／工場に最新の設備を備える equipar la fábrica con las instalaciones más modernas

◪ 設備管理 ‖ オフィスビルの設備管理 mantenimiento *m.* de un edificio de oficinas

◪ 設備投資 inversión *f.* en instalaciones

せつびじ 接尾辞 《文法》 sufijo *m.* ‖ 接尾辞をつける sufijar

ぜっぴつ 絶筆 última obra *f.*, último escrito *m.* ‖ 漱石の絶筆となった作品 la última obra de Soseki

ぜっぴん 絶品 (品物) artículo *m.* de excelente calidad, (作品) obra *f.* maestra única

せっぷく 切腹 《日本語》 haraquiri *m.*, (説明訳) suicidio *m.* ritual japonés que consiste en abrirse el vientre con un arma blanca

▶ 切腹する hacerse el haraquiri

せつぶん 節分 víspera *f.* del primer día de la primavera

せっぷん 接吻 beso *m.* ⇒ キス

▶ 接吻する besar, dar un beso 《a》

ぜっぺき 絶壁 precipicio *m.*, (海に面した) acantilado *m.* ‖ 絶壁から落ちる caer(se) por un [precipicio [acantilado]／絶壁をよじ登る trepar por un precipicio

◪ 断崖絶壁 precipicio *m.* profundo

せつぼう 切望

▶ 切望する anhelar, ansiar, desear vehementemente

ぜつぼう 絶望 desesperanza *f.*, desesperación *f.* ‖ 私は深い絶望に襲われた Una profunda desesperación se apoderó de mí.／絶望の底に達する llegar al fondo de la desesperación／絶望の淵にいる estar al borde de la desesperación

▶ 絶望的な desespera*do[da]*, desesperante, desesperan*zador[dora]* ‖ 絶望的な状況にある encontrarse en una situación desesperada／絶望的な気持ちになる sentirse desespera*do[da]*／君の前途は絶望的ではない Tu futuro no es desesperanzador.

▶ 絶望する desesperar(se) 《de》 ‖ 自分の運命に絶望する desesperarse de *su* destino／早期の景気回復はほぼ絶望的だ Es prácticamente nula la posibilidad de una pronta recuperación económica.

ぜつみょう 絶妙

▶ 絶妙な admirable, magnífi*co[ca]* ‖ 絶妙な味 sabor *m.* exquisito y delicado

せつめい 説明 explicación *f.*, aclaración *f.* ‖ 詳しい説明 explicación *f.* [detallada [pormenorizada]／説明のつく explicable／説明のつかない／説明できない inexplicable／説明を求める [pedir [exigir] explicaciones 《a》／説明を聞く [escuchar [atender a] la explicación de ALGUIEN

▶ 説明する explicar, dar una explicación 《sobre》, aclarar, (解説する) comentar ‖ 株主に損失について説明する dar una explicación a los accionistas sobre las pérdidas／詳しく説明する explicar [detalladamente [con detalle, pormenorizadamente]

▶ 説明的な explicati*vo[va]*

◪ 説明会 reunión *f.* explicativa ‖ 高速道路建設の説明会を開く celebrar una reunión para explicar la construcción de una autopista

◪ 説明書 folleto *m.* explicativo, (薬の) prospecto *m.* ‖ 使用説明書 manual *m.* de instrucciones

◪ 説明責任 responsabilidad *f.* (por los resultados) ‖ ～に関する説明責任を負う asumir la responsabilidad de dar las explicaciones sobre ALGO

◪ 説明不足 falta *f.* de explicación

ぜつめつ 絶滅 extinción *f.* ‖ 絶滅の危機に瀕する estar en peligro de extinción／絶滅を防ぐ [prevenir [evitar] la extinción 《de》／スペインオオヤマネコを絶滅から救う salvar del peligro de extinción a los linces ibéricos

▶ 絶滅した extin*to[ta]*

▶ 絶滅する extinguirse

◪ 絶滅危惧種 especie *f.* en peligro de extinción

◪ 絶滅種 especie *f.* extinta

せつもん 設問 pregunta *f.* ‖ 設問に答える contestar (a) la pregunta

せつやく 節約 ahorro *m.* ‖ 時間の節約 ahorro *m.* de tiempo／エネルギーの節約 ahorro *m.* de energía

▶ 節約する ahorrar, economizar ‖ 経費を節約する reducir los gastos／資源を節約する ahorrar recursos／水を節約する ahorrar agua

せつり 摂理 ‖ 神の摂理 (Divina) Providencia *f.*／自然の摂理 ley *f.* de la naturaleza

せつりつ 設立 establecimiento *m.*, fundación *f.*, creación *f.* ‖ 公立学校の設立 fundación *f.* de una escuela pública

▶ 設立する establecer, fundar, crear ‖ 会社を設立する [fundar [crear] una empresa

◪ 設立者 funda*dor[dora]* *mf.*

せつわ 説話 cuento *m.*, relato *m.*, (神話) mito *m.*, (伝説) leyenda *f.*

◪ 説話文学 literatura *f.* oral

せとぎわ 瀬戸際 ‖ 瀬戸際に立たされている estar acorrala*do[da]* contra la pared, [estar [encontrarse, hallarse] en el momento crucial

◪ 瀬戸際政策 política *f.* arriesgada

せともの 瀬戸物 porcelana *f.*, loza *f.*, ce-

rámica f.
◨ 瀬戸物屋 tienda f. de porcelana

せなか 背中 espalda f., (動物の) lomo m. ‖ 背中の開いたドレス vestido m. con la espalda abierta / 背中に背負う cargar ALGO en la espalda, llevar ALGO a cuestas / 背中をさする acariciar la espalda / 背中を丸める encorvar la espalda, encorvarse / 背中を向ける「volver [dar] la espalda / 背中一面に入れ墨がある tener tatuada toda la espalda
◨背中合わせ‖背中合わせに座る sentarse espalda「con [contra] espalda

ぜにん 是認 aprobación f.
▶是認する aprobar

ゼネコン contratista m. general

ゼネスト huelga f. general

せのび 背伸び
▶背伸びする ponerse de puntillas, (能力以上のことをする) hacer más de lo que 「*puede* [*es* capaz]

せばまる 狭まる estrecharse, hacerse más estre*cho*[*cha*] ‖ 橋を渡ると道が狭まる El camino se estrecha al pasar el puente.

せばめる 狭める estrechar, hacer ALGO estre*cho*, (間隔を) acortar

せばんごう 背番号 dorsal m. →ゼッケン

ぜひ 是非 ❶ (必ず) sin falta, (何としても) a toda costa ‖ スペインへ行ったらぜひグラナダへ行きなさい Cuando vayas a España, no dejes de visitar Granada. / 私はぜひ夢を実現させたい Quiero hacer realidad mi sueño a toda costa. / ぜひお目にかかりたいのですが(男性に) Me gustaría verlo a usted, si (le) fuera posible.
❷ (よしあし) lo bueno o lo malo, lo correcto o lo incorrecto ‖ 是非を論じる discutir lo correcto o no 《de》

セピアいろ セピア色 sepia m., color m. sepia

せひょう 世評 (評判) reputación f., (うわさ) rumor m., (世論) opinión f. pública ‖ 世評が高い tener buena reputación / 世評を気にする preocuparse por los rumores

せびる pedir con insistencia, importunar ‖ 息子が私に小遣いをせびる Mi hijo me pide con insistencia que le dé dinero.

せびれ 背鰭 aleta f. dorsal

せびろ 背広 traje m. →スーツ‖背広の上下conjunto m. de chaqueta y pantalón / 背広を1着新調する hacerse un traje nuevo

せぼね 背骨 espina f. dorsal, columna f. vertebral ‖ 恐竜の背骨 columna f. vertebral de un dinosaurio / 魚の背骨を取る quitar la espina dorsal al pescado

せまい 狭い estre*cho*[*cha*], angos*to*[*ta*], reduci*do*[*da*] ‖ 狭い部屋 habitación f. 「pequeña [angosta] / 狭い路地 callejón m. 「angosto [estrecho] / 世界一幅が狭い道 la calle más estrecha del mundo / 日本の国土は狭い El territorio de Japón es pequeño. / 試験範囲が狭い El temario del examen es limitado. / 視野が狭い tener una visión estrecha / 狭い意味で en sentido estricto / 心の狭い人 persona f. de mentalidad estrecha

せまくるしい 狭苦しい estre*cho*[*cha*] y apreta*do*[*da*] ‖ 狭苦しい部屋 habitación f. angosta e incómoda

せまる 迫る (近づく) acercarse 《a》, aproximarse 《a》, (要求する) exigir, presionar ‖ 台風が迫っている Se avecina un tifón. / 試験日が迫る Se「acerca [aproxima] el día del examen. / 死期が迫っている Se está acercando la hora de la muerte. / 世界記録に迫る rozar el récord mundial / テニスクラブへの入会を迫る presionar a ALGUIEN para que entre en un club de tenis / 難しい選択を迫られる verse obliga*do*[*da*] a hacer una difícil elección / 必要に迫られて僕は車を売った Obligado por la necesidad, vendí el coche.

せみ 蝉 cigarra f., chicharra f.

セミコロン punto y coma m. ‖ セミコロンをつける poner un punto y coma

セミナー seminario m.

ゼミナール seminario m.

セミプロ
▶セミプロの(人) semiprofesional (com.) ‖ セミプロのゴルファー juga*dor*[*dora*] mf. semiprofesional de golf

せめ 攻め ataque m., ofensiva f. ‖ 攻めに転じる pasar a la ofensiva

せめ 責め (罰) castigo m., (責任) responsabilidad f. ‖ 責めを食う「recibir [sufrir] un castigo
[慣用] 責めを負う asumir la responsabilidad 《de》

せめいる 攻め入る invadir, atacar

せめぎあい 鬩ぎ合い‖与野党のせめぎ合い「lucha f. [disputa f.] entre el partido gubernamental y el de la oposición

せめこむ 攻め込む ⇒せめいる(攻め入る)

せめて por lo menos, como mínimo ‖ せめて野菜だけは食べなさい Por lo menos cómete las verduras.
▶せめてもの‖せめてもの慰めは～だ El único consuelo es que ...

せめる 攻める atacar →こうげき(⇒攻撃する)

せめる 責める reprochar, acusar, culpar, (批判する) criticar ‖ 自分を責めるな No te reproches. ¦ No te atormentes. / 拷問で責める torturar, atormentar

セメント cemento m. ‖ セメントが固まるまで待ちなさい Espera a que el cemento fragüe.

🔲 セメント工場 fábrica *f.* de cemento
ゼラチン gelatina *f.*
▶ゼラチン質の gelatino*so[sa]*
ゼラニウム geranio *m.*
セラピスト terapeuta *com.*
セラミックス cerámica *f.*
せり 芹 enante *m.* comestible, (学名) *Oenanthe javanica*
せり 競り/糶 subasta *f.*, licitación *f.*,《中南米》remate *m.* ⇒せりうばい(競売)‖競りにかける/競りに出す sacar ALGO a subasta
🔲 競り市場 mercado *m.* de subasta
せりあい 競り合い （競争）disputa *f.*, competición *f.*,（競売での）puja *f.*‖激しい競り合い disputa *f.* reñida
せりあう 競り合う competir 《por, con》, disputarse, rivalizar《con》‖首位を競り合う「competir por [disputarse] el primer puesto
ゼリー gelatina *f.*‖ぶどうのゼリー gelatina *f.* de uva
せりおとす 競り落とす adjudicar‖ダリの絵が5億円で競り落とされたUn cuadro de Dalí fue adjudicado en quinientos millones de yenes.
せりふ 台詞/科白 diálogo *m.*‖台詞とト書き diálogos *mpl.* y acciones *fpl.*‖得意のせりふ latiguillo *m.*／せりふを覚える「memorizar [aprender] *su* papel, aprender el texto
🔲捨てぜりふ‖捨てぜりふをいう《慣用》cantar「las cuarenta [cuatro verdades]《a》
セル 《IT》celda *f.*‖セルを結合する combinar celdas ／結合したセルを分割する dividir una celda combinada ／セルの書式を変更する cambiar el tipo de letra de una celda
🔲 セル生産方式 sistema *m.* de manufactura celular
セルフサービス autoservicio *m.*‖セルフサービスの店 tienda *f.* de autoservicio ／セルフサービスのレストラン restaurante *m.* de autoservicio
セルフタイマー temporizador *m.* automático
セルロイド 《商標》celuloide *m.*
セルロース celulosa *f.*
セレナーデ serenata *f.*
ゼロ 零 cero *m.*‖国債の発行をゼロにする reducir a cero las emisiones de bonos del Estado ／ゼロからスペイン語を始める empezar a aprender español desde cero
🔲 ゼロ・エミッション emisión *f.* cero
🔲 ゼロベース‖ゼロベースで予算を作成する hacer un presupuesto (de) base cero
🔲 ゼロメートル地帯 zona *f.* bajo el nivel del mar
セロテープ 《商標》celo *m.*, papel *m.* celo, cinta *f.* adhesiva

セロハン celofán *m.*
🔲 セロハンテープ ⇒セロテープ
セロリ apio *m.*
せろん 世論 opinión *f.* pública ⇒よろん
せわ 世話 cuidado *m.*, asistencia *f.*‖世話の焼ける子/世話のかかる子 ni*ño[ña]* *m.* problem*ático[ca]* ／世話をする cuidar, atender, ocuparse《de》／孫の世話をする cuidar de *su* nie*to[ta]* ／就職の世話をする encontrar un trabajo para ALGUIEN ／テラスの植物の世話をする cuidar las plantas de la terraza ／食事の世話をする preparar la comida para ALGUIEN ／私は隣人に犬の世話を頼んだHe pedido a mi vecino que me cuide al perro. ／大きな世話だ/余計なお世話だ¡No es asunto tuyo! ／世話好きな servicial, muy aten*to[ta]*
《慣用》世話がない（手がかからない）no traer problemas,（どうしようもない）《慣用》no tener cura
《慣用》世話が焼ける traer problemas
《慣用》世話になる quedar a cargo《de》‖彼女は叔父の世話になっている Ella está a cargo de su tío. ／いろいろとお世話になりました Muchas gracias por todo.
《慣用》世話をやく causar molestias《a》
《慣用》世話を焼く‖いらぬ世話を焼くな ¡No te metas donde no te llaman!
🔲 世話女房 mujer *f.* muy「atenta [servicial]
🔲 世話人（世話役）organiza*dor[dora]* *mf.*
せわしい 忙しい ⇒いそがしい(忙しい)
せん 千 mil *m.*‖1000番目の milési*mo[ma]* ／1000分の1 un milésimo ／数千の/何千もの〜 varios「miles [millares] de『+複数名詞』
🔲 千年間 milenio *m.*
せん 栓 tapón *m.*,（ガスなどの）espita *f.*‖瓶に栓をする poner el tapón en la botella ／ガスの栓を閉める cerrar la espita del gas ／浴槽の栓を抜く quitar el tapón de la bañera
せん 腺 glándula *f.*
▶腺の glandular
せん 線 línea *f.*, raya *f.*,（方針）línea *f.* directriz,（線路）vía *f.*,（車線）carril *m.*,（光線）rayo *m.*,（警戒線）cordón *m.*‖太い線 línea *f.* gruesa ／細い線 línea *f.*「fina [delgada] ／顔の線 línea *f.* facial ／2つの点を線で結ぶ unir los dos puntos con una línea ／線の入った raya*do[da]* ／線を引く trazar una línea ／体の線を保つ guardar la línea ／3番線(線路)vía *f.* tres,（プラットホーム）andén *m.* tres ／山手線 línea *f.* Yamanote
《慣用》線が太い（人が）ser enérgi*co[ca]*
《慣用》線が細い（人が）ser débil, ser delica*do[da]*
《慣用》いい線を行く desarrollarse satisfactoriamente, ir bien,（順調である）《慣用》ir

せん 選‖選に入る「resultar [salir] seleccionado[da] ／ 選に漏れる no resultar seleccionado[da] ／ 応募作の選を行う realizar una selección de las obras presentadas

ぜん 全 todos[das] los[las]『+複数名詞』, 『名詞+』entero[ra]‖全住民 todos los vecinos ／ 全世界 el mundo entero ／ 全人類 toda la humanidad, la humanidad entera

ぜん 前‖前大統領 el expresidente, la expresidenta ／ 前内閣 el anterior gabinete, el gabinete anterior

ぜん 善 bien m.
[諺] 善は急げ Nunca dudes en hacer el bien.

ぜん 禅 《日本語》zen m.
▶禅の/禅宗の zen
▣禅宗 secta f. zen
▣禅僧 monje[ja] mf. zen
▣禅寺 templo m. zen
▣禅問答 diálogo m. zen

ぜん 膳 bandeja f. mesita‖一膳のご飯 un cuenco de arroz ／ 一膳の箸 un par de palillos

ぜんあく 善悪 el bien y el mal‖善悪を区別する「discernir [distinguir] el bien del mal ／ 善悪の観念を失う perder la noción del bien y del mal

せんい 船医 médico[ca] mf. del barco

せんい 戦意 moral f. combativa‖戦意を喪失する perder la moral「combativa [para luchar]

せんい 繊維 fibra f.‖生糸という繊維 fibra f. llamada seda cruda ／ 繊維が多い fibroso[sa] ／ 強い繊維 fibra f. 「fuerte [resistente]
▶繊維の textil
▣合成繊維 fibra f. sintética
▣植物繊維 fibra f. vegetal
▣繊維工業/繊維産業 industria f. textil
▣繊維製品 productos mpl. textiles

ぜんい 善意 buena voluntad f., bondad f.
▶善意で‖善意でする hacer ALGO con buenas intenciones
▶善意に‖善意に解釈する《慣用》tomar ALGO a bien

ぜんいき 全域 toda la zona‖日本全域に広がる（汚染などが）extenderse por todo el territorio japonés

せんいん 船員 marinero[ra] mf., marino m.,（乗組員）tripulante com. del barco,《集合名詞》tripulación f.

ぜんいん 全員 todos mpl., todas fpl.
▣全員一致‖全員一致で por unanimidad

せんえい 先鋭/尖鋭
▶先鋭的な（尖った）agudo[da], afilado[da],（急進的な）radical

▶先鋭化 radicalización f.‖先鋭化する radicalizarse
▣先鋭分子 elemento m. extremista

ぜんえい 前衛 vanguardia f.
▣前衛映画（ジャンル）cine m. vanguardista,（作品）película f. vanguardista
▣前衛芸術 arte m(f). vanguardista
▣前衛主義 vanguardismo m.
▣前衛派‖前衛派の芸術家 artista com. vanguardista
▣前衛部隊 vanguardia f.

せんえつ 僭越‖僭越ですが… Perdone mi atrevimiento, pero...
▶僭越な atrevido[da], insolente

せんおう 専横
▶専横な autoritario[ria], tiránico[ca], despótico[ca]

せんおん 全音 tono m. entero
▣全音階 escala f. diatónica
▣全音符 redonda f.

せんか 専科 curso m. de especialización

せんか 戦果 resultado m. militar

せんか 戦火 （戦争）guerra f.‖戦火が隣国に広がった La guerra se extendió al país vecino. ／ 戦火を逃れる huir de la guerra

せんか 戦禍‖戦禍に巻き込まれる/戦禍に見舞われる verse afectado[da] por los desastres de la guerra

せんが 線画 dibujo m. 「lineal [de líneas]

ぜんか 前科 antecedentes mpl. penales‖前科のある[ない]「con [sin] antecedentes penales ／ 前科がある tener antecedentes penales ／ 前科4犯の男 hombre m. condenado cuatro veces
▣前科者 persona f. con antecedentes penales

せんかい 旋回 giro m., vuelta f.
▶旋回する girar, dar vueltas,（飛行機が）volar en círculo

せんがい 選外‖選外となる quedar fuera de los premios, no resultar seleccionado[da]
▣選外佳作‖選外佳作となる recibir una mención honorífica

ぜんかい 全会
▣全会一致‖その法案は全会一致で可決された El proyecto de ley fue aprobado por unanimidad de votos.

ぜんかい 全快 recuperación f. total
▶全快する「restablecerse [curarse, recuperarse] completamente

ぜんかい 全開
▶全開に al máximo, a tope‖蛇口を全開にする abrir al máximo el grifo ／ エンジンを全開にする acelerar 「a tope [al máximo] el motor

ぜんかい 全壊
▶全壊する quedar「totalmente [completamente] destruido[da]‖20戸の家屋が台風で

全壊した Veinte casas quedaron destruidas como consecuencia de un tifón.

ぜんかい 前回 （連続ドラマの）episodio *m*. anterior, （大会の）edición *f*. anterior
▶前回は（この前は）la última vez

ぜんがく 全学 toda la escuela
▶全学的に‖全学的に授業を休講にする suspender todas las clases de la escuela

ぜんがく 全額 importe *m*. total, （総額）total *m*., suma *f*., montante *m*. ‖代金を全額返金する devolver el importe total pagado《a》, reembolsar íntegramente el importe pagado《a》

せんかん 戦艦 buque *m*. de guerra, acorazado *m*.

せんがん 洗眼 「lavado *m*. [limpieza *f*.] de ojos
▶洗眼する lavar los ojos

せんがん 洗顔 lavado *m*. de cara, （洗顔クリームによる）limpieza *f*. facial
▶洗顔する（自分を）lavarse la cara
◨洗顔クリーム crema *f*. limpiadora facial

ぜんかん 全巻 （全冊）todos los「volúmenes [tomos]

せんかんすいいき 専管水域 ⇒はいた（⇒排他的経済水域）

ぜんき 前期 primera mitad *f*., primer período *m*., （大学の）primer semestre *m*. ‖中世前期に en la primera mitad de la Edad Media
◨前期試験 examen *m*. del primer semestre

ぜんき 前記 （前書き）prefacio *m*.
▶前記の arriba mencionado[da]

せんきゃく 先客‖先客がいたので、私たちはかなり待たされた Como atendían a otros clientes que habían llegado antes, tuvimos que esperar bastante.

せんきゃく 船客 pasajero[ra] *mf*. de un barco

せんきゃくばんらい 千客万来‖この店は千客万来だ A esta tienda no paran de llegar clientes.

せんきゅうがん 選球眼‖《野球》選球眼がよい tener buen ojo para el bateo

せんきょ 占拠 ocupación *f*.
▶占拠する ocupar, （住居を不法に）（隠語）okupar ‖ デモ隊がスペイン広場を占拠した Los manifestantes ocuparon la Plaza de España.
◨不法占拠 ocupación *f*. ilegal

せんきょ 選挙 elecciones *fpl*., comicios *mpl*., （制度）sufragio *m*. ‖選挙が実施される／選挙が行われる「celebrarse [tener lugar] las elecciones ／選挙に勝つ ganar las elecciones ／選挙に出る／選挙に出馬する presentarse a las elecciones ／選挙に敗れる perder las elecciones ／選挙を実施する／選挙を行う celebrar las elecciones ／正しい選挙を行う hacer elecciones correctas
▶選挙の electoral
▶選挙する elegir, （投票する）votar
◨公職選挙法 Ley *f*. de Elecciones Públicas
◨小選挙区制 escrutinio *m*. uninominal mayoritario
◨間接選挙 elecciones *fpl*. indirectas
◨市長選挙 elecciones *fpl*. para elegir al alcalde
◨大統領選挙 elecciones *fpl*. presidenciales
◨大統領予備選挙 elecciones *fpl*. primarias presidenciales
◨知事選挙 elecciones *fpl*. de gobernadores
◨直接選挙 elecciones *fpl*. directas
◨地方選挙 （県議会の）elecciones *fpl*. provinciales, （市町村議会の）elecciones *fpl*. municipales
◨普通選挙 sufragio *m*. universal
◨補欠選挙 elecciones *fpl*. parciales
◨予備選挙 elecciones *fpl*. primarias
◨選挙違反 violación *f*. 「a [de] la ley electoral ‖選挙違反をする violar la ley electoral
◨選挙運動 campaña *f*. electoral
◨選挙演説 discurso *m*. electoral
◨選挙管理委員会 「comisión *f*. [comité *m*.] electoral
◨選挙区 「circunscripción *f*. [distrito *m*.] electoral
◨選挙権 derecho *m*. a voto ‖被選挙権 elegibilidad *f*.
◨選挙公報 boletín *m*. electoral
◨選挙公約 promesas *fpl*. electorales, （マニフェスト）manifiesto *m*. electoral
◨選挙事務所 oficina *f*. electoral
◨選挙資金 fondo *m*. electoral
◨選挙制度 sistema *m*. electoral, sufragio *m*.
◨選挙戦 lucha *f*. electoral ‖選挙戦を戦う luchar en las elecciones
◨選挙立会人 observador[dora] *mf*. electoral
◨選挙人 elector[tora] *mf*. ‖選挙人名簿 lista *f*. electoral
◨選挙日 día *m*. de las elecciones
◨選挙法 ley *f*. electoral
◨選挙ポスター cartel *m*. electoral
◨選挙民 （集合名詞）electorado *m*.

せんぎょ 鮮魚 pescado *m*. fresco

せんきょう 戦況 「situación *f*. [circunstancias *fpl*.] de la guerra, desarrollo *m*. de la batalla ‖戦況が悪化した Se empeoró la situación de la guerra.

せんぎょう 専業 （職業）profesión *f*.
▶専業の con dedicación exclusiva
◨専業主婦 ama *f*. de casa
◨専業農家 agricultor[tora] *mf*. 「de [a] tiempo completo

せんきょうし 宣教師 misionero[ra] *mf*.

せんきょく 戦局 ⇒せんきょう(戦況)‖戦局は我々に有利に運んでいる La guerra se desarrolla a nuestro favor.

せんぎり 千切り corte *m*. en juliana
▶千切りする cortar en「juliana [tiras finas]

せんく 先駆
◨先駆者 pione*ro*[ra] *mf*., precur*sor*[sora] *mf*.

ぜんけい 全景 vista *f*. panorámica‖丘の上から町の全景を見渡す ver la vista panorámica de la ciudad desde la colina

ぜんけい 前掲 ⇒ぜんじゅつ(前述)

ぜんけい 前景 primer plano *m*.
▶前景に en el primer plano

ぜんけい 前傾
◨前傾姿勢‖前傾姿勢で con el cuerpo inclinado hacia adelante / 前傾姿勢になる inclinar el cuerpo hacia adelante

せんけつ 先決
▶先決する decidir ALGO「de antemano [previamente]
◨先決問題 cuestión *f*. previa

せんけつ 鮮血 sangre *f*. fresca‖鮮血でまったシャツ camisa *f*. empapada de sangre / 傷口から鮮血が吹き出した La sangre (fresca) brotó de la herida.

せんげつ 先月 el mes pasado
◨先々月 hace dos meses, el mes antepasado
◨先月号 número *m*. del mes pasado

ぜんげつ 前月 el mes anterior‖3月の失業率は前月より0.8パーセント増加した La tasa de desempleo subió en marzo un 0, 8% (cero con ocho por ciento) con respecto al mes anterior.

せんけん 先見
[慣用]先見の明がある ser previ*sor*[sora], ser clarividente

せんげん 宣言 declaración *f*., proclamación *f*.
▶宣言する declarar, proclamar, anunciar‖独立を宣言する proclamar la independencia / 父は明日から禁煙すると宣言した Mi padre nos ha anunciado que va a dejar de fumar a partir de mañana.

ぜんけん 全権 plenos poderes *mpl*.‖全権を委ねる/全権を委任する otorgar plenos poderes《a》/ 全権を担う asumir plenos poderes
▶全権の plenipotencia*rio*[ria]
◨特命全権大使 embaja*dor*[dora] *mf*. extraordina*rio*[ria] y plenipotencia*rio*[ria]

ぜんげん 前言‖前言を撤回する/前言を取り消す retirar lo dicho / 前言を翻す「desdecirse [retractarse] de lo dicho

せんご 戦後 posguerra *f*.
▶戦後の‖戦後の日本 el Japón de la posguerra
▶戦後に después de la guerra
◨戦後派 generación *f*. de la posguerra

ぜんご 前後 ❶ (場所・位置) delante y detrás‖前後を見回す mirar a *su* alrededor / 車の前後に障害物がないことを確認する comprobar que no hay obstáculos delante ni detrás del coche
[慣用]前後の見境なく《慣用》a ciegas
◨前後関係 (文脈) contexto *m*.
◨前後左右 las cuatro direcciones‖前後左右に揺れる moverse en las cuatro direcciones / 前後左右を見回す mirar a *su* alrededor
◨前後不覚‖前後不覚に陥る perder completamente la conciencia
❷ (時間・順序) antes y después
▶前後する‖荷物が2つ前後して届いた Llegaron dos paquetes casi simultáneamente. / 話が前後する contar ALGO invirtiendo el orden de la historia
❸ (大体・ぐらい)‖5時前後に「a eso [alrededor] de las cinco, sobre las cinco / 50歳前後である rondar los cincuenta años

せんこう 先攻
▶先攻する《野球》「atacar [batear] primero‖野球ではビジターチームが先攻する En el béisbol el equipo visitante es el primero que ataca.

せんこう 先行
▶先行する preceder《a》, adelantarse《a》‖先行する世代 generación *f*. precedente / 時代に先行する adelantarse a *su* tiempo / 感情が理性に先行する La emoción precede a la razón.
◨先行詞《文法》antecedente *m*.
◨先行投資 inversión *f*. previa
◨先行発売 venta *f*. anticipada

せんこう 専攻 especialidad *f*.
▶専攻する especializarse《en》‖会計学を専攻する especializarse en contabilidad / それで大学であなたは何を専攻しましたか Y en la universidad, ¿en qué se especializó usted?

せんこう 閃光 resplandor *m*. vivo, destello *m*., (稲光) relámpago *m*.‖雷が鳴り閃光が走った Tronó y se produjo (el destello de) un relámpago.

せんこう 潜行
▶潜行する esconderse‖地下に潜行する「vivir [trabajar, actuar] en la clandestinidad
▶潜行性(の) insidio*so*[sa]‖潜行性疾患 enfermedad *f*. insidiosa

せんこう 線香「varita *f*. [varilla *f*.] de incienso, incienso *m*. en vara, pebete *m*.‖線香を立てる poner una varita de incienso (en el soporte) / 線香を焚く quemar una varita de incienso

せんじ

- 線香立て soporte *m.* para incienso
- 線香花火 bengalas *fpl.*

せんこう 選好 preferencia *f.* ‖ 消費者の選好 preferencias *fpl.* de los consumidores

せんこう 選考 selección *f.*
- 選考する elegir, seleccionar
- 選考委員 miembro *com.* del「comité de selección [jurado]
- 選考委員会 comité *m.* de selección
- 選考基準 criterio *m.* de selección

せんこう 選鉱 selección *f.* de minerales

ぜんこう 全校 toda la escuela
- 全校生徒「todo el alumnado [todos los alumnos] de la escuela

ぜんこう 善行 buena acción *f.* ‖ 善行を積む hacer buenas acciones

ぜんごう 前号 número *m.* anterior

せんこく 先刻 (さっき) hace poco, hace un momento, hace breves instantes
- 先刻承知だ Ya lo sabía.

せんこく 宣告 declaración *f.*, sentencia *f.* ‖ 死の宣告 sentencia *f.* de muerte
- 宣告する declarar, dictar, sentenciar ‖ 開戦を宣告する declarar la guerra《a》／ 死刑を宣告する「condenar [sentenciar] a pena de muerte《a》／ 無罪を宣告する declarar inocente《a》／ 医者は患者(男性)に癌だと宣告した El médico le comunicó al paciente que tenía cáncer.

せんこく 線刻 (岩絵) petroglifo *m.*

ぜんこく 全国 todo el país, todo el territorio nacional
- 全国的な nacional ‖ 全国的な猛暑 los intensos calores que afectan a todo el país
- 全国的に a nivel nacional, por todo el país ‖ 全国的に有名になる hacerse famo*so[sa]* a nivel nacional
- 全国区 (選挙の) circunscripción *f.* nacional
- 全国紙 periódico *m.* de difusión nacional
- 全国大会 congreso *m.* nacional, (スポーツの) campeonato *m.* nacional
- 全国中継 retransmisión *f.* para todo el país ‖ 全国中継される retransmitir para todo el país

せんごくじだい 戦国時代《歴史》(日本の) período *m.*「Sengoku [de los estados en guerra], (中国の) período *m.* de los Reinos Combatientes

ぜんごさく 善後策 medidas *fpl.*「correctivas [remediadoras] ‖ 善後策を講じる tomar medidas correctivas

せんこつ 仙骨《解剖》sacro *m.*, hueso *m.* sacro

ぜんざ 前座 acto *m.* telonero ‖ 前座を務める actuar como telone*ro[ra]*
- 前座の(役者/芸人) telone*ro[ra]* (*mf.*)

センサー sensor *m.* ‖ センサーの感度 sensibilidad *f.* del sensor

せんさい 戦災 daños *mpl.* causados durante la guerra ‖ 戦災に遭った daña*do[da]* durante la guerra
- 戦災孤児 huérfa*no[na]* *mf.* de guerra
- 戦災地区 zona *f.* dañada durante la guerra

せんさい 繊細
- 繊細さ delicadeza *f.*, delicadez *f.*, finura *f.*
- 繊細な delica*do[da]*, fi*no[na]* ‖ 繊細な感覚 sensibilidad *f.* delicada／ 繊細な指 dedos *mpl.*「delicados [finos]

せんざい 洗剤 detergente *m.* ‖ 洗剤を使う usar detergente ／ 洗濯機に洗剤を入れる echar detergente en la lavadora ／ 洗剤を水で薄める diluir el detergente con agua ／ この洗剤は汚れがとてもよく落ちる Este detergente「es muy eficaz [limpia muy bien].
- 食器用洗剤 lavavajillas *m.* líquido

せんざい 潜在
- 潜在する subyacer
- 潜在的な latente, potencial ‖ 潜在的なリスク riesgo *m.* latente
- 潜在的に latentemente
- 潜在意識 subconsciencia *f.* ‖ 潜在意識の subconsciente
- 潜在需要 demanda *f.* potencial
- 潜在能力 capacidad *f.* potencial
- 潜在失業 desempleo *m.* oculto ‖ 潜在失業者 desemplea*do[da]* *mf.* ocul*to[ta]*

ぜんさい 前菜 entremeses *mpl.*

せんざいいちぐう 千載一遇
- 千載一遇の úni*co[ca]* en la vida ‖ これは千載一遇のチャンスだ Esta es una oportunidad única en la vida.

せんさく 詮索
- 詮索好きな(人) escudriña*dor[dora]* (*mf.*), fis*gón[gona]* (*mf.*)
- 詮索する escudriñar, fisgonear, curiosear, fisgar《en》, husmear《en》‖ 詮索するような目で con mirada「escrutadora [inquisitiva]／ 人のことを詮索する husmear la vida de los otros

せんさばんべつ 千差万別
- 千差万別の/千差万別な una gran diversidad《de》‖ 人の好みは千差万別だ Cada uno tiene su (propio) gusto. ¦《諺》Sobre gustos no hay nada escrito.

せんし 戦士 combatiente *com.*, guerre*ro [ra]* *mf.*, (兵士) soldado *com.*

せんし 戦死 muerte *f.* en combate
- 戦死する morir en「combate [una guerra]
- 戦死者 muer*to[ta]* *mf.* en combate ‖ 戦死者数 el número de muertos en combate

せんじ 戦時 tiempo *m.* de guerra
- 戦時中(に) durante la guerra, en tiempo de guerra

ぜんじ

☐ 戦時公債 bono *m.* de guerra
☐ 戦時体制 régimen *m.* de guerra
ぜんじ 漸次　gradualmente, paulatinamente ⇒しだいに(次第に)
せんじぐすり 煎じ薬　decocción *f.*, cocimiento *m.*, infusión *f.*
せんしじだい 先史時代　prehistoria *f.*, período *m.* prehistórico, tiempos *mpl.* prehistóricos
▶先史時代の prehist*órico*[*ca*]
せんしつ 船室　camarote *m.*, cabina *f.*
☐ 特等船室《フランス語》*suite f.*
☐ 一等船室 camarote *m.* de primera (clase)
☐ 二等船室 camarote *m.* de segunda (clase)
☐ 船室手荷物 equipaje *m.* de mano
せんじつ 先日　el otro día‖先日はどうもありがとう Muchas gracias por lo del otro día.
ぜんじつ 前日　el día anterior, (祝日などの)víspera *f.*‖結婚式の前日に en la víspera de la boda／手術の前日に入院する ingresar en el hospital un día antes de la operación
せんじつめる 煎じ詰める‖薬草を煎じ詰める hervir bien hierbas medicinales／煎じ詰めれば(結局のところ)a fin de cuentas
せんしゃ 洗車　lavado *m.* del coche
▶洗車する lavar un coche
☐ 洗車機 lavado *m.* automático‖移動式洗車機 túnel *m.* de lavado automático／固定式洗車機 puente *m.* de lavado automático
☐ 洗車場 lavadero *m.* [centro *m.* de lavado] de coches
せんしゃ 戦車　carro *m.* de combate, tanque *m.*
せんじゃ 選者　seleccion*ador*[*dora*] *mf.*‖コンクールの選者 miembro *com.* del jurado del concurso
ぜんしゃ 前者　aquel *m.*, aquella *f.*, *el*[*la*] prim*ero*[*ra*] ⇒こうしゃ(後者)‖東京と大阪は日本の代表的な都市である．前者は後者より人口が多い Tokio y Osaka son las ciudades más representativas de Japón.「Aquella [La primera] tiene más habitantes que「esta [la segunda].
せんしゅ 先取
▶先取する adelantarse en el marcador
☐ 先取点 primer punto *m.*,(サッカーで)el primer gol,(野球で)la primera carrera‖先取点をあげる abrir el marcador, conseguir el primer punto,(サッカーで)marcar el primer gol,(野球で)anotar la primera carrera
せんしゅ 船主　navi*ero*[*ra*] *mf.*, arma*dor*[*dora*] *mf.*
せんしゅ 船首　proa *f.*‖船首を北へ向ける poner proa al norte
せんしゅ 選手　juga*dor*[*dora*] *mf.*,(陸上の)atleta *com.*‖バスケットボールの選手 juga*dor*[*dora*] *mf.* de baloncesto／水泳の選手 nada*dor*[*dora*] *mf.*／テニスの選手 tenista *com.*／自転車競技の選手 ciclista *com.*／僕はサッカーの選手になりたい Quiero ser jugador de fútbol.／プロの選手を育てる formar a jugadores profesionales
☐ 代表選手‖オリンピックの代表選手 juga*dor*[*dora*] *mf.* seleccion*ado*[*da*] para los Juegos Olímpicos, olímp*ico*[*ca*] *mf.*
☐ 万能選手「juga*dor*[*dora*] *mf.* [atleta *com.*] versátil
☐ 正選手（レギュラー選手）titular *com.*, juga*dor*[*dora*] *mf.* titular
☐ 補欠選手 reserva *com.*, juga*dor*[*dora*] *mf.* (de) reserva
☐ 選手権 campeonato *m.*‖選手権保持者 campe*ón*[*ona*] *mf.*
☐ 選手交代 cambio *m.* de jugador
☐ 選手団 equipo *m.*
☐ 選手村（オリンピックの）villa *f.* olímpica
せんしゅう 先週　la semana pasada
☐ 先々週 hace dos semanas, la semana antepasada
せんしゅう 選集　antología *f.*, selección *f.* de obras
せんじゅう 先住
▶先住(民)の indígena
▶先住する habitar originariamente
☐ 先住民 indígena *com.*
☐ 先住民族 raza *f.* indígena‖先住民族の権利に関する国際連合宣言 declaración *f.* de las Naciones Unidas sobre los derechos de los pueblos indígenas
ぜんしゅう 全集　colección *f.*, obras *fpl.* completas‖ガルシア・ロルカ全集 obras *fpl.* completas de García Lorca
ぜんしゅう 禅宗 ⇒ぜん(禅)
せんしゅうらく 千秋楽　último día *m.* de la「representación [función],（大相撲の）último día *m.* del torneo
せんしゅつ 選出　elección *f.*
▶選出する elegir‖10名の候補者から1名を選出する elegir uno entre diez candidatos／大統領に選出される ser eleg*ido*[*da*] presiden*te*[*ta*], salir elec*to*[*ta*] presiden*te*[*ta*]
せんじゅつ 戦術　táctica *f.*,（戦略）estrategia *f.* ⇒せんりゃく(戦略)
▶戦術的な／戦術上の táct*ico*[*ca*], estratégi*co*[*ca*]
▶戦術的に tácticamente
☐ 戦術家 táct*ico*[*ca*] *mf.*, estratega *com.*
☐ 戦術核兵器 arma *f.* nuclear táctica
ぜんじゅつ 前述
▶前述の「arriba [anteriormente] menciona*do*[*da*]
▶前述する‖前述した通り como se ha mencionado「arriba [anteriormente, antes]
ぜんしょ 善処

▶善処する tomar (las) medidas oportunas

せんじょう 洗浄　lavado *m*.
▶洗浄する lavar, limpiar, (傷口を) irrigar, (資金を) blanquear ‖ 傷口を洗浄する「lavar [limpiar, irrigar] la herida ／ 胃を洗浄する《医学》 hacer [realizar] un lavado gástrico

せんじょう 船上
▶船上で a bordo de un barco
◨船上パーティー fiesta *f*. a bordo de un barco

せんじょう 扇情
▶扇情的な excitante, provocati*vo*[*va*]

せんじょう 戦場　campo *m*. de batalla ‖ 戦場と化した町 ciudad *f*. convertida en un campo de batalla ／ 戦場に散る morirse en la guerra

ぜんしょう 全勝　victoria *f*.「completa [perfecta]」‖ このチームは全勝でリーグ優勝を達成した Este equipo conquistó la liga terminando la temporada invicto.
▶全勝する ganar todos los「partidos [juegos]」
◨全勝優勝 ‖ 全勝優勝をする (相撲で) ganar el torneo sin conocer la derrota

ぜんしょう 全焼　destrucción *f*. total por incendio
▶全焼する (火事で) quedar totalmente destrui*do*[*da*] por un incendio ‖ その車は事故で全焼した El coche quedó totalmente calcinado en un accidente.

せんしょうこく 戦勝国　país *m*. vencedor de una guerra

せんしょうしゃ 戦傷者　heri*do*[*da*] *mf*. en combate

せんしょうせん 前哨戦　escaramuza *f*. ‖ 選挙の前哨戦 escaramuza *f*. electoral

せんじょうち 扇状地　abanico *m*. aluvial

せんしょく 染色　teñido *m*., tinte *m*., tintura *f*.
▶染色した teñi*do*[*da*]
▶染色する teñir
◨染色工場 fábrica *f*. de teñido

せんしょくたい 染色体　cromosoma *m*.
▶染色体の cromosómi*co*[*ca*]
◨染色体異常「mutación *f*. [aberración *f*.]」cromosómica
◨染色体地図 mapa *m*. genético

せんじる 煎じる　「hacer [preparar]」una infusión ‖ ハーブを煎じる hacer una infusión de hierbas aromáticas

せんしん 先進
◨先進医療 medicina *f*. avanzada
◨先進技術 tecnología *f*. avanzada
◨先進工業国 país *m*. industrializado
◨先進国 país *m*. desarrollado ‖ 先進国首脳会議 →サミット

せんしん 専心
▶専心する dedicarse「completamente [exclusivamente, de lleno]《a》, concentrarse exclusivamente《en》‖ スペイン語の習得に専心する dedicarse exclusivamente al aprendizaje del español

せんしん 線審　juez *com*. de línea, (女性の) jueza *f*. de línea

せんじん 先人　predecesores *mpl*., antepasados *mpl*., antecesores *mpl*. ‖ 先人の知恵 sabiduría *f*. de nuestros antepasados

せんじん 先陣　vanguardia *f*. ‖ 先陣を切って〜する ser *el*[*la*] primer*o*[*ra*] en『+不定詞』
◨先陣争い ‖ 先陣争いをする luchar por ponerse a la vanguardia

ぜんしん 全身　todo el cuerpo, el cuerpo entero ‖ 全身泥まみれになる tener el cuerpo lleno de barro
▶全身の de cuerpo entero ‖ 全身の写真 foto(grafía) *f*. de cuerpo entero ／ 全身の力を振り絞って con todas *sus* fuerzas ／ 全身の手入れをする cuidar todo el cuerpo
▶全身に por todo el cuerpo ‖ 全身に打撲を負う sufrir contusiones「por [en]」todo el cuerpo
(慣用)全身を耳にする escuchar con mucha atención,(慣用)ser todo oídos
◨全身運動 ejercicio *m*. de cuerpo entero
◨全身全霊 ‖ 全身全霊を傾ける dedicarse en cuerpo y alma《a》
◨全身像 retrato *m*. de cuerpo entero

ぜんしん 前身　『名詞+』 predeces*or*[*sora*]《de》, antepasado *m*. ‖ 国際連盟は現在の国際連合の前身となる組織だった La Sociedad de Naciones fue「un organismo predecesor [el antepasado]」de la actual Organización de las Naciones Unidas.

ぜんしん 前進　avance *m*., (進展) progreso *m*. ‖ 前進と後退 avance *m*. y retroceso *m*.
▶前進する avanzar, ir hacia adelante, (進展する) progresar, adelantar, experimentar un avance ‖ 一直線に前進する avanzar「en línea recta [todo recto]」／ 車が前進する El coche avanza. ／ 一歩前進する dar un paso adelante

ぜんじんみとう 前人未踏
▶前人未踏の (前例のない) sin precedentes, (足を踏み入れていない) jamás pisa*do*[*da*] por el hombre ‖ 前人未踏の記録を打ち立てる establecer un récord sin precedentes

せんす 扇子　abanico *m*. ‖ 扇子であおぐ (自分を) abanicarse, darse aire con un abanico ／ 扇子を広げる abrir el abanico ／ 扇子を閉じる cerrar el abanico

センス　sentido *m*., (趣味) gusto *m*., (感性) sensibilidad *f*. ‖ ユーモアのセンス sentido *m*. del humor ／ センスのよいスーツ traje *m*. de buen gusto ／ センスがある tener buen

せんすい　潜水 sumersión *f.*, buceo *m.*
- 潜水する sumergirse, bucear, (泳ぐ) nadar debajo del agua
- 潜水艦 submarino *m.*
- 潜水病 (減圧症) síndrome *m.* de descompresión
- 潜水夫/潜水士 buzo *m.*, buceador[dora] *mf.*
- 潜水服 traje *m.* de buzo

ぜんせ　前世 vida *f.* anterior

せんせい　先生 profe*sor*[sora] *mf.*, (小・中・高校の) mae*stro*[tra] *mf.*, (医者に対する敬称) doc*tor*[tora] *mf.* ‖ 小学校の先生 mae*stro*[tra] *mf.* de primaria ／ ドイツ語の先生 profe*sor*[sora] *mf.* de alemán

せんせい　先制
- 先制する (スポーツで) adelantarse en el marcador, (先んじる) anticiparse《a》
- 先制攻撃 ataque *m.* preventivo
- 先制点 ⇒せんしゅ(⇒先取点)

せんせい　宣誓 juramento *m.*
- 宣誓する jurar, prestar juramento ‖ (法廷で)宣誓して証言する prestar testimonio bajo juramento
- 選手宣誓 (オリンピックの) juramento *m.* olímpico
- 宣誓式 jura *f.*
- 宣誓書 declaración *f.* jurada

せんせい　専制
- 専制的な autocrá*tico*[ca], despó*tico*[ca]
- 専制的に autocráticamente, despóticamente
- 専制君主 autócrata *com.*, déspota *com.*
- 専制政治 autocracia *f.*, despotismo *m.*

ぜんせい　全盛 máximo esplendor *m.* ‖ 全盛を誇る vivir *su* época dorada ／ 全盛をきわめる alcanzar *su* máximo esplendor ／ 浮世絵は江戸時代に全盛を迎えた El *ukiyoe* 「tuvo [alcanzó]」 su apogeo durante la época (de) Edo.
- 全盛期/全盛時代 época *f.* 「dorada [gloriosa]」, 「período *m.* [época *f.*] de máximo esplendor」‖ 全盛期にある estar en *su* 「apogeo [máximo esplendor]」

せんせいじゅつ　占星術 astrología *f.*, horóscopo *m.*
- 占星術師 astrólo*go*[ga] *mf.*

センセーショナル
- センセーショナルな sensacional ‖ センセーショナルなニュース noticia *f.* sensacional
- センセーショナルに sensacionalmente

センセーション sensación *f.* ‖ センセーションを巻き起こす causar sensación《en》

ぜんせかい　全世界 el mundo entero, todo el mundo ‖ 会社はその製品を全世界で発売する予定だ La compañía va a poner ese producto en el mercado internacional.

せんせき　船籍 nacionalidad *f.* del buque, bandera *f.*, pabellón *m.* ‖ アルゼンチン船籍の商船 barco *m.* mercante de bandera argentina

ぜんせつ　前説 (前に述べた説) opinión *f.* antes expuesta ‖ 前説を翻す retractarse de lo expuesto antes

せんせん　宣戦
- 宣戦する declarar la guerra《a》
- 宣戦布告 declaración *f.* de guerra

せんせん　戦線 frente *m.* (de batalla), línea *f.* de batalla
- 共同戦線 ‖ 共同戦線を張る 「hacer [formar]」 un frente común

せんぜん　戦前 preguerra *f.*, anteguerra *f.*
- 戦前の ‖ 戦前の日本 el Japón de 「la preguerra [antes de la guerra]」
- 戦前に antes de la guerra
- 戦前派 generación *f.* de la preguerra

ぜんせん　全線 (全区間) todo el 「trayecto [recorrido]」‖ 明日、新しい高速道路の全線が開通する Mañana entra en servicio todo el recorrido de la nueva autopista.
- 全線不通 ‖ 事故で中央線は全線不通になった A causa del accidente los servicios de trenes quedaron suspendidos en toda la línea Chuo.

ぜんせん　前線 ❶ (戦線) frente *m.* (de batalla), (第一線) primera línea *f.*
- 前線で ‖ 前線で戦う luchar en el frente (de batalla)
- 前線基地 base *f.* de primera línea

❷ (天気の) frente *m.* ‖ 前線が通過する pasar *un frente* ／ 前線が北上して関東地方に雨を降らせるでしょう El frente se desplazará hacia el norte, dejando a su paso precipitaciones en la región de Kanto.
- 停滞前線 frente *m.* estacionario
- 梅雨前線 ⇒ばいう(梅雨)

ぜんせん　善戦 lucha *f.* valiente
- 善戦する luchar valientemente, (試合で) jugar bien, hacer un buen partido

ぜんぜん　全然 ❶ (否定) nada, en absoluto ‖ 全然食べない no comer nada ／ 全然分かりません No entiendo nada. ／ エアコンが全然動かない El aire acondicionado no funciona nada (de nada).

❷ (まったく) totalmente, completamente ‖ 私の意見は君の意見とは全然違う Mi opinión es completamente diferente de la tuya. ¦ Tengo una opinión totalmente diferente a la tuya.

せんせんきょうきょう　戦戦恐恐
- 戦々恐々とする estar atemoriza*do*[da], 《慣用》estar con el alma en 「un hilo [vilo]」,

《慣用》no llegar la camisa al cuerpo a ALGUIEN

せんぞ 先祖 antepasados *mpl.*, ancestros *mpl.*, ascendiente *com.* ‖ 遠い先祖 antepasados *mpl.*「lejanos [remotos] / ご先祖様 nuestros venerables antepasados / 先祖をたどる remontarse a *sus* antepasados
- 先祖返り atavismo *m.*
- 先祖代々の/先祖伝来の ancestral ‖ 先祖代代の伝統 tradición *f.* heredada generación tras generación

せんそう 戦争 guerra *f.*
[戦争が] ‖ 戦争が終わる「finalizar [terminar] la guerra / 戦争が長引く prolongarse la guerra / 戦争が始まる empezar una guerra / 戦争が激しくなる「agravarse [recrudecerse, arreciar] la guerra / 戦争が勃発する estallar una guerra / 戦争が隣国に拡大する La guerra se extiende al país vecino.
[戦争に] ‖ 戦争に行く ir a la guerra / 戦争に勝つ ganar la guerra / 戦争に負ける perder la guerra / 戦争に突入する lanzarse a una guerra / 戦争になるかもしれない Puede que estalle una guerra.
[戦争を] ‖ 戦争を終わらせる「poner fin a [acabar con] la guerra / 戦争を始める「emprender [entablar] una guerra / 戦争を避ける evitar una guerra / 戦争をする hacer la guerra / 戦争を防ぐ「prevenir [impedir] una guerra / 戦争を放棄する renunciar a la guerra
- 戦争の bélico[ca], de la guerra ‖ 戦争の犠牲者 víctima *f.* de la guerra / 戦争の傷跡 cicatrices *fpl.* de la guerra / 戦争の後遺症 secuela *f.* de la guerra
- 戦争中 durante la guerra ‖ 我が国は戦争中である Nuestro país está en guerra.
- 戦争する hacer la guerra
- 局地戦争 guerra *f.* local
- 経済戦争 guerra *f.* económica
- 受験戦争 lucha *f.* para aprobar el examen de admisión a una escuela
- 心理戦争 guerra *f.*「de nervios [psicológica]
- 侵略戦争 guerra *f.* de agresión
- 全面戦争 guerra *f.* total
- 独立戦争 guerra *f.* de independencia
- 貿易戦争 guerra *f.* comercial
- 戦争映画 película *f.*「de guerra [bélica]
- 戦争孤児 huérfano[na] *mf.* de (la) guerra
- 戦争神経症/戦争ストレス反応 fatiga *f.* de combate
- 戦争状態 estado *m.* de guerra
- 戦争責任 responsabilidad *f.* de guerra
- 戦争犯罪 crimen *m.* de guerra ‖ 戦争犯罪人 criminal *com.* de guerra

せんそう 船倉 bodega *f.*, cala *f.*
せんそう 船窓 portilla *f.*, ojo *m.* de buey

ぜんそうきょく 前奏曲 preludio *m.*
せんぞく 専属
- 専属の exclusivo[va], (個人の) personal ‖ 専属の女優 actriz *f.* exclusiva《de》/ 専属のトレーナー entrenador[dora] *mf.* personal
- 専属契約 contrato *m.* de exclusividad

ぜんそく 喘息 asma *f.* ‖ 喘息になる tener asma / 喘息を患う padecer asma
- 喘息の asmático[ca]
- 喘息患者 paciente *com.* con asma, asmático[ca] *mf.*

ぜんそくりょく 全速力
- 全速力で a toda velocidad, a la máxima velocidad ‖ 全速力で追いかける perseguir a toda velocidad《a》

センター (中央) centro *m.*, (施設) centro *m.*, (野球) (場所) centro *m.*, (選手) jardinero[ra] *mf.* central, (バスケット) pívot *com.*
- 医療センター centro *m.* sanitario
- スポーツセンター centro *m.* deportivo
- センターコート pista *f.* central
- センター試験 examen *m.* del Centro Nacional de Admisión a la Universidad
- センターハーフ《サッカー》centrocampista *com.*
- センターバック《サッカー》defensa *com.* central
- センタービルディング edificio *m.* central
- センターフォアード《バスケット》centro delantero[ra] *mf.*, 《サッカー》delantero[ra] *mf.* centro, ariete *m.*
- センターライン (テニスコート・道路などの) línea *f.* central ‖ センターラインを越える pasar la línea central

せんたい 船体 casco *m.* ‖ 強風で船体が傾いた El barco se inclinó por el fuerte viento.
せんだい 先代 predecesor[sora] *mf.*, antecesor[sora] *mf.*
- 先代の antiguo[gua] ‖ 先代の師匠 el[la] antiguo[gua] maestro[tra]

ぜんたい 全体 totalidad *f.*, conjunto *m.* ‖ クラス全体 toda la clase / 市内全体を見渡す「abarcar [dominar] toda la ciudad
- 全体の todo[da], entero[ra], total, general ‖ 建物の全体の構造 estructura *f.* general del edificio
- 全体的に/全体として(は) en general, en líneas generales, en conjunto ‖ 全体としては、ご提案に賛成です En general, estoy de acuerdo con su propuesta.
- 全体会議 reunión *f.* general
- 全体主義 totalitarismo *m.*
- 一体全体 →いったい(一体)

ぜんだいみもん 前代未聞
- 前代未聞の inaudito[ta], nunca oído[da], (前例のない) sin precedentes ‖ 前代未聞の出来事 acontecimiento *m.* inaudito

せんたく 洗濯　lavado *m.* (de ropa), colada *f.* ‖ 洗濯が利く lavable
▶洗濯する lavar la ropa, 《スペイン》hacer la colada
[諺] 鬼のいぬ間の洗濯 ⇒おに(鬼)
◪洗濯機 lavadora *f.* ‖ 全自動洗濯機 lavadora *f.* automática ／ 洗濯乾燥機 lavasecadora *f.* ／ 洗濯機を回す poner en marcha la lavadora
◪洗濯ばさみ pinzas *fpl.* para la ropa
◪洗濯ひも cuerda *f.* para tender la ropa, tendedero *m.*
◪洗濯物 (汚れた衣類) ropa *f.* sucia, (洗った衣類) colada *f.*, ropa *f.* lavada ‖ 洗濯物を干す tender la [colada [ropa lavada]
◪洗濯用洗剤 detergente *m.* para lavadoras

せんたく 選択　elección *f.*, selección *f.* ‖ 選択に迷う dudar en la elección ／ 選択の余地がない no haber「elección [opción, alternativa]《動詞は3人称単数形の無主語で》, no tener「elección [opción, alternativa] ／ 選択を誤る equivocarse en la elección《de》／ 重大な選択を迫られる verse obligad*o*[da] a hacer una elección importante
▶選択する elegir, seleccionar ⇒ えらぶ(選ぶ) ‖ テーマを選択する elegir un tema
◪選択科目 asignatura *f.* optativa
◪選択肢 opción *f.* ‖ 支払方法にはいくつか選択肢があります Hay varias opciones para pagar.
◪選択問題 preguntas *fpl.* cerradas, (能力・適性テスト) test *m.*

せんだって 先だって ⇒せんじつ(先日)

センタリング　centrado *m.*
▶センタリングする centrar, (サッカーなどで) centrar, hacer un pase largo ‖ 画像をセンタリングする centrar la imagen

せんたん 先端　punta *f.*, extremo *m.* ‖ 葉の先端 punta *f.* de una hoja ／ 岬の先端に灯台がある Hay un faro en la punta del cabo. ／ 時代の先端を行く estar a la vanguardia de la época ／ 流行の先端を行く estar a la vanguardia de la moda
◪先端技術 tecnología *f.*「(de) punta [puntera]
◪先端恐怖症 belonefobia *f.*
◪先端産業 industria *f.*「de punta [puntera]

せんだん 船団　flota *f.*

せんち 戦地　(戦場) campo *m.* de batalla, (前線) frente *m.* ‖ 戦地に赴く ir al campo de batalla

センチ　(センチメートル) centímetro *m.* (略 cm) ‖ 直径3センチの円 círculo *m.* de tres centímetros de diámetro

ぜんち 全治　curación *f.* completa ‖ 全治1か月のけが lesión *f.* que requiere un mes para la recuperación
▶全治する curarse completamente

ぜんちし 前置詞　preposición *f.*
▶前置詞の preposicional, prepositi*vo*[va]

ぜんちぜんのう 全知全能
▶全知全能の todopoder*oso*[sa], omnipotente ‖ 全知全能の神 Dios *m.* todopoderoso, el Todopoderoso

センチメートル ⇒センチ

センチメンタル
▶センチメンタルな sentimental ‖ センチメンタルな話 historia *f.* sentimental

せんちゃ 煎茶　《日本語》*sencha m.*, (説明訳) té *m.* verde de calidad media

せんちゃく 先着 ‖ 先着30名様にプレゼントがあります Se ofrecerán regalos a las treinta primeras personas.
▶先着する llegar antes
◪先着順(に)「por [según el] orden de llegada ‖ 先着順に受け付ける atender por orden de llegada

せんちゅう 戦中 ‖ 戦前、戦中、戦後を通して antes, durante y después de la guerra
▶戦中に durante la guerra
◪戦中派 generación *f.* de la guerra

せんちょう 船長　capi*tán*[tana] *mf.*

ぜんちょう 全長　longitud *f.* total ‖ このトンネルの全長は約5キロである La longitud total de este túnel es de unos cinco kilómetros. ¦ Este túnel tiene una longitud total de unos cinco kilómetros.

ぜんちょう 前兆　presagio *m.*, augurio *m.* ⇒ きざし(兆し) ‖ 不吉な前兆 presagio *m.* aciago ／ 豊作の前兆 augurio *m.* de buena cosecha ／ よい前兆である ser un buen presagio ／ 黒雲と湿った風は嵐の前兆だ Los nubarrones y vientos húmedos presagian una tormenta.

せんて 先手　(ゲームで) mano *com.* ‖ 私が先手です Yo soy mano. ／ 先手を取る anticiparse《a》
[慣用] 先手を打つ atacar preventivamente, (早目に対策をとる)《慣用》curarse en salud
◪先手必勝 Quien ataca primero gana.

せんてい 剪定　poda *f.*
▶剪定する podar ‖ 木を剪定する podar un árbol
◪剪定ばさみ tijeras *fpl.* de podar

せんてい 選定　elección *f.*, selección *f.*
▶選定する elegir, seleccionar

ぜんてい 前提　presuposición *f.*, premisa *f.* ‖ 結婚を前提に con miras a casarse
▶前提とする presuponer
◪大前提 (三段論法の) premisa *f.* mayor
◪小前提 (三段論法の) premisa *f.* menor
◪前提条件 requisito *m.* previo, condición *f.* previa, premisa *f.*

せんてつ 銑鉄　arrabio *m.*

せんてん 先天
▶先天的な/先天性の inna*to*[ta], de naci-

miento, congéni*to*[*ta*], (遺伝の) heredita-*rio*[*ria*]
- ◪先天性異常 anomalía *f.* congénita
- ◪先天性疾患 enfermedad *f.* congénita
- ◪先天性心疾患 cardiopatía *f.* congénita

せんでん 宣伝 propaganda *f.*, publicidad *f.*, (広告) anuncio *m.*
- ▶宣伝の propagandísti*co*[*ca*], (広告の) publicita*rio*[*ria*]
- ▶宣伝する hacer「publicidad [propaganda]《de》, promocionar ‖ インターネットで製品を宣伝する hacer publicidad de los productos por Internet
- ◪宣伝カー vehículo *m.*「de publicidad [publicitario]
- ◪宣伝活動 actividad *f.* publicitaria
- ◪宣伝記事 artículo *m.* con fines publicitarios
- ◪宣伝効果 efecto *m.*「propagandístico [de publicidad]
- ◪宣伝コピー eslogan *m.* [lema *m.*] publicitario
- ◪宣伝費 gastos *mpl.* de publicidad
- ◪宣伝部 sección *f.* [departamento *m.*] de publicidad
- ◪宣伝ポスター cartel *m.*「propagandístico [de propaganda]
- ◪宣伝文句 eslogan *m.* publicitario

ぜんてんこう 全天候
- ▶全天候型の/全天候型の para todo (tipo de) clima
- ◪全天候タイヤ neumático *m.* para todo (tipo de) clima

せんと 遷都「traslado *m.* [cambio *m.*] de capital
- ▶遷都する「trasladar [cambiar] la capital ‖ トレドからマドリードへ遷都する trasladar la capital de Toledo a Madrid

セント céntimo *m.*, centavo *m.* ‖ 1セント硬貨 moneda *f.* de un「céntimo [centavo]

せんど 鮮度 frescura *f.* ‖ 鮮度が落ちる perder la frescura ／ 魚の鮮度を保つ mantener la frescura del pescado

ぜんと 前途 futuro *m.*, porvenir *m.* ‖ 前途に不安がある tener un futuro incierto ／ 前途有望である tener un futuro prometedor ／ 私たちの前途は多難だ Muchos obstáculos se cruzarán en nuestro camino. ／ 君たちの前途を祝して乾杯しよう Vamos a hacer un brindis deseando un futuro feliz para vosotros.

ぜんど 全土 todo el territorio ‖ 日本全土でデモがあった Hubo manifestaciones en「todo el Japón [todo el territorio japonés].

せんとう 先頭 cabeza *f.* ‖ 行進の先頭にいる encabezar el desfile,「estar [encontrarse] a la cabeza del desfile ／ 兵士たちが旗を先頭に行進する Los soldados desfilan con la bandera a la cabeza. ／ 先頭に立つ ponerse a la cabeza 《de》 ／ 最後の直線コースで彼はレースの先頭ランナーに並んだ En la recta final él se puso a la par del corredor que encabezaba la carrera.
- ◪先頭集団 grupo *m.* de cabeza, (自転車競技などの) pelotón *m.* de cabeza

せんとう 尖塔 torre *f.* con chapitel, (イスラム教寺院の) alminar *m.*, minarete *m.*

せんとう 戦闘 batalla *f.*, combate *m.*, lucha *f.* ‖ 戦闘を開始する librar una batalla, 《慣用》romper las hostilidades
- ▶戦闘的な belico*so*[*sa*], beligerante
- ▶戦闘する batallar, combatir 《contra, con》
- ▶戦闘力 capacidad *f.* de combate
- ◪戦闘員 combatiente *com.*, soldado *com.* ‖ 非戦闘員 no combatiente *com.*
- ◪戦闘機 caza *m.*, avión *m.* de「caza [combate] ‖ 戦闘爆撃機 cazabombardero *m.*
- ◪戦闘服 ropa *f.* de combate
- ◪戦闘部隊 unidad *f.* de combate

せんとう 銭湯 baño *m.* público japonés, casa *f.* de baños

せんどう 先導
- ▶先導する guiar, conducir, ir en cabeza ‖ 行進を先導する「presidir [conducir] un desfile
- ◪先導者 guía *com.*
- ◪先導車 coche *m.* guía

せんどう 扇動/煽動 instigación *f.*, incitación *f.*
- ▶扇動する agitar, instigar, incitar
- ▶扇動的な agita*dor*[*dora*], demagógi*co*[*ca*] ‖ 扇動的な演説 discurso *m.* demagógico
- ◪扇動者 agita*dor*[*dora*] *mf.*, instiga*dor*[*dora*] *mf.*

せんどう 船頭 barque*ro*[*ra*] *mf.*
- 画船頭多くして船山に登る《諺》Muchos cocineros estropean el caldo.

ぜんとうよう 前頭葉 《解剖》 lóbulo *m.* frontal

セントバーナード (犬種) san bernardo *m.*
- ◪セントバーナード犬 pe*rro*[*rra*] *mf.* san bernardo

セントラルヒーティング (集中暖房) calefacción *f.*「central [centralizada]

せんない 船内 interior *m.* del barco ‖ 船内に閉じ込められる quedar encerra*do*[*da*] en el interior del barco

ぜんにちせい 全日制 jornada *f.* escolar「de [a] tiempo completo
- ▶全日制の ‖ 全日制の高等学校 escuela *f.* secundaria superior de tiempo completo

ぜんにっぽん 全日本
- ▶全日本(の) japon*és*[*nesa*], de Japón ‖ 全日本柔道選手権 Campeonato *m.* Japonés de

Yudo
せんにゅう 潜入　infiltración *f*.
▶潜入する　infiltrarse 《en》, colarse 《en》‖麻薬密売組織に潜入する　infiltrarse en una organización narcotraficante
☐潜入捜査　investigación *f*. con agentes encubiertos
☐潜入捜査員　agente *com*. 「encubier*to*[*ta*] [infiltra*do*[*da*]]
せんにゅうかん 先入観　prejuicio *m*., idea *f*. preconcebida‖先入観でものを見る「ver [mirar] las cosas con prejuicios／先入観にとらわれる　dejarse llevar por los prejuicios／先入観を持つ　tener prejuicios 《de, sobre》
せんにん 仙人　ermita*ño*[*ña*] *mf*.
せんにん 専任
▶専任の　titular, numera*rio*[*ria*], fi*jo*[*ja*]
☐専任教員　profe*sor*[*sora*] *mf*. 「numera*rio*[*ria*] [titular]
せんにん 選任　nombramiento *m*.
▶選任する　elegir,《任命する》nombrar
ぜんにん 前任
▶前任の　anterior
☐前任者　predece*sor*[*sora*] *mf*., antece*sor*[*sora*] *mf*.
ぜんにん 善人　buena persona *f*.‖善人である　ser una buena persona,《慣用》ser más bue*no*[*na*] que el pan
せんぬき 栓抜き　abridor *m*., abrebotellas *m*.[=*pl*.],《中南米》destapador *m*.,《コルクの》sacacorchos *m*.[=*pl*.]
せんねん 専念
▶専念する　dedicarse 「completamente [exclusivamente, de lleno]《a》→ せんしん（→専心する）‖家業に専念する　dedicarse completamente al negocio familiar
ぜんねん 前年　el año 「anterior [precedente]‖オリンピックの前年に　en el año anterior a los Juegos Olímpicos
☐前年比‖わが国への外国人観光客の数が前年比3パーセント増加した　El número de turistas extranjeros que visitaron nuestro país aumentó el 3% (tres por ciento) con respecto al año anterior.
せんのう 洗脳　lavado *m*. de cerebro,《話》lavado *m*. de coco
▶洗脳する　lavar el cerebro《a》, hacer un lavado de cerebro《a》, someter a ALGUIEN a un lavado de cerebro
ぜんのう 全能　omnipotencia *f*.
▶全能の　omnipotente, todopodero*so*[*sa*]‖全能の神　Dios *m*. 「omnipotente [todopoderoso], el Todopoderoso
ぜんのう 前納　pago *m*. 「adelantado [anticipado],《先払い》pago *m*. previo
▶前納する　pagar por adelantado‖年会費を前納する　pagar por adelantado la cuota anual
ぜんば 前場　《株式》sesión *f*. de la mañana
せんばい 専売　monopolio *m*.
▶専売する　monopolizar, vender ALGO en exclusiva
☐専売権　derecho *m*. al monopolio, monopolio *m*.
☐専売制　sistema *m*. de monopolio estatal
☐専売特許　patente *f*.
☐専売品　artículo *m*. monopolizado
せんぱい 先輩　《学校の》estudiante *com*. de cursos superiores,《職場の》persona *f*. con más antigüedad‖彼女は大学の1年先輩です　Ella estudia un curso superior al mío en la universidad.／職場の先輩をみならう　aprender de los colegas que tienen más antigüedad en el trabajo
ぜんぱい 全敗
▶全敗する　perder todos los 「partidos [juegos]
ぜんぱい 全廃　abolición *f*. 「total [definitiva, completa]
▶全廃する　abolir 「totalmente [definitivamente, completamente]‖死刑を全廃する　abolir definitivamente la pena capital／原発を全廃する　cerrar definitivamente las centrales nucleares
せんぱく 浅薄
▶浅薄な　superficial‖浅薄な知識しかない　no tener más que conocimientos superficiales
せんぱく 船舶　embarcación *f*., navío *m*., buque *m*., barco *m*.
▶船舶の　navie*ro*[*ra*], naval
☐船舶会社　compañía *f*. 「naviera [naval], naviera *f*.
☐船舶工学　ingeniería *f*. naval
せんばつ 選抜　selección *f*.
▶選抜する　seleccionar
☐選抜試験　examen *m*. selectivo, prueba *f*. selectiva‖大学入学選抜試験　pruebas *fpl*. de selectividad, pruebas *fpl*. de acceso a la universidad
☐選抜チーム　selección *f*.‖日本選抜チーム　selección *f*. japonesa
せんぱつ 先発
▶先発する《先に出発する》salir primero,《野球》iniciar el juego
☐先発隊　avanzada *f*., avanzadilla *f*.
☐先発投手　《野球》lanza*dor*[*dora*] *mf*. abri*dor*[*dora*]
せんぱつ 洗髪　lavado *m*. de 「cabello [cabeza]
▶洗髪する　lavar 「el cabello [la cabeza]《a》,《自分で》lavarse 「el cabello [la cabeza]
せんばづる 千羽鶴　mil grullas *fpl*. de 「origami [papiroflexia]
せんばん 旋盤　torno *m*.

▫ 旋盤工　tornero[ra] mf., operario[ria] mf. de torno
ぜんぱん 戦犯　criminal com. de guerra
ぜんはん 前半　primera 「mitad f. [parte f.], (スポーツの) primer tiempo m. ‖ 19世紀前半に en la primera mitad del siglo XIX (diecinueve) ／ 前半10分に a los diez minutos del primer tiempo
▫ 前半戦 ‖ シーズンの前半戦 la primera parte de la temporada
ぜんぱん 全般 ⇒いっぱん(一般) ‖ 科学全般に興味がある tener interés por la ciencia en general
▶全般の/全般的な general ‖ 入学手続きについての全般的な説明 explicación f. general sobre los trámites de admisión
▶全般的に generalmente, en general ‖ 全般的に男の子は女の子にやさしい En general, los chicos son simpáticos con las chicas.
せんび 船尾　popa f.
せんびょうしつ 腺病質
▶腺病質の (病気) escrofuloso[sa], (虚弱な) débil y nervioso[sa]
ぜんぶ 全部　totalidad f. ‖ これで全部です Esto es todo. ／ 全部食べなさい Cómetelo todo. ／ 家の中を全部探す buscar en toda la casa ／ 私はバーゲンでお金を全部使ってしまった He gastado todo el dinero que tenía en las rebajas. ／ 私はドン・キホーテを全部読んだ Me leí todo el Quijote.
▶全部で en total ‖ 全部でいくらですか ¿Cuánto es 「todo [en total]?
ぜんぶ 前部　parte f. delantera ‖ 車体の前部 parte f. delantera de la carrocería
▫ 前部座席 asiento m. delantero
せんぷう 旋風　torbellino m. ‖ 旋風を巻き起こす causar sensación 《en》
せんぷうき 扇風機　ventilador m. ‖ 扇風機をつける encender el ventilador
せんぷく 船腹　casco m. (del buque)
せんぷく 潜伏
▶潜伏する (隠れる) esconderse
▫ 潜伏期/潜伏期間 período m. de incubación
ぜんぷく 全幅
▶全幅の completo[ta] ‖ 全幅の信頼を置く depositar toda su confianza 《en》, tener plena confianza 《en》
ぜんぶん 全文　texto m. 「íntegro [completo] ‖ 全文を引用する citar 「el texto completo [todo el texto]
▫ 全文検索 búsqueda f. de texto completo
ぜんぶん 前文　(序文) preámbulo m., introducción f., (手紙の) encabezamiento m.
せんべい 煎餅　galleta f. salada de arroz
▫ せんべい布団 futón m. delgado
ぜんべい 全米 ‖ デモは全米に拡がった Las manifestaciones se extendieron por todo Estados Unidos.
▫ 全米オープン (テニス・ゴルフの) Abierto m. de los Estados Unidos
せんべつ 選別　(分類) clasificación f., (選択) selección f.
▶選別する (分類する) clasificar, (選ぶ) escoger, seleccionar ‖ 輸出用みかんを選別する seleccionar las mandarinas para exportar
▫ 選別機 máquina f. 「clasificadora [de clasificación]
せんべつ 餞別　regalo m. de despedida
せんべん 先鞭 ‖ 先鞭をつける ser el[la] primero[ra] en 『+不定詞』, emprender ALGO antes que nadie
ぜんぺん 全編　toda la obra, (本の) todo el libro, (映画) toda la película ‖ 全編を通じて a lo largo de toda la obra
ぜんぺん 前編　primera parte f.
せんぼう 羨望　envidia f. ‖ 皆の羨望の的である ser objeto de la envidia de todos ／ 羨望の眼差しで見る 「mirar [ver] con ojos de envidia a ALGUIEN
▶羨望する envidiar, 「tener [sentir] envidia
せんぽう 先方 ‖ 先方の言い分を聞く escuchar la versión de la otra parte implicada
せんぽう 先鋒　(前衛) vanguardia f., (柔道の団体戦での) primer[mera] jugador[dora] mf. ‖ 独立運動の先鋒となる 「encabezar el [estar a la vanguardia del] movimiento de independencia
せんぽう 戦法　táctica f., (戦略) estrategia f. ‖ 戦法を変える cambiar de táctica ／ 戦法を練る 「elaborar [planear] una táctica
ぜんぼう 全貌　todos los 「detalles [aspectos] (de) ‖ 汚職の全貌を暴く revelar todos los detalles de la corrupción ／ 事件の全貌が明らかになった Salieron a la luz todos los detalles del caso.
ぜんぽう 前方　parte f. delantera
▶前方に delante 《de》, al frente 《de》, en la parte delantera ‖ およそ50メートル前方に a unos 50 metros más adelante
▶前方の delantero[ra] ‖ 前方の座席 asiento m. delantero ／ 前方の席をお願いします Un asiento en la parte delantera, por favor.
▶前方へ hacia adelante
▫ 前方一致 coincidencia f. inicial
せんぼうきょう 潜望鏡　periscopio m.
▶潜望鏡の periscópico[ca]
ぜんぽうこうえんふん 前方後円墳　túmulo m. megalítico con forma de ojo de cerradura
せんぼつしゃ 戦没者　muerto[ta] mf. en combate
▫ 戦没者慰霊碑 monumento m. a los caídos de la guerra
ぜんまい 発条　resorte m. (motor), muelle m., (時計の) cuerda f. ‖ ぜんまいを巻く en-

rollar el resorte, (時計の) dar cuerda (al reloj)
◩ **ぜんまい仕掛け** ‖ ぜんまい仕掛けのおもちゃ juguete *m.* de cuerda
ぜんまい 薇 《植物》helecho *m.* real, (学名) *Osmunda japonica*
せんまいどおし 千枚通し punzón *m.* ‖ 千枚通しで孔をあける hacer un agujero con un punzón
せんむ 専務
◩ **専務取締役** direc*tor*[*tora*] *mf.* 「ejecuti*vo*[*va*] [gerente]
せんめい 鮮明
▶鮮明さ nitidez *f.*, claridad *f.*
▶鮮明な (画像が) níti*do*[*da*], (印象が) vívi*do*[*da*], (色が) vi*vo*[*va*] ‖ 鮮明な画像 imagen *f.* nítida ／ 鮮明な記憶 recuerdo *m.*「vivo [vívido, nítido, claro] ／ 鮮 明 な 色 彩 color *m.*「vivo [vívido]
▶鮮明に con claridad, nítidamente ‖ 鮮明に見える verse「nítidamente [con nitidez] ／ 鮮明に覚えている recordar con「claridad [nitidez], recordar nítidamente ／ その出来事は私の記憶に鮮明に残っている El suceso lo tengo grabado con nitidez en mi memoria.
ぜんめつ 全滅 destrucción *f.* total, aniquilamiento *m.* ‖ 全滅 に 近 い 被 害 daños *mpl.* 「devastadores [desastrosos]
▶全滅する quedar destrui*do*[*da*] totalmente, quedar aniquila*do*[*da*], (絶滅する) extinguirse ‖ 軍が全滅した El ejército quedó「aniquilado [destruido totalmente]. ／ この地域のホタルは全滅している Las luciérnagas de esta zona están extinguidas.
▶全滅させる destruir totalmente, aniquilar
せんめん 洗面
▶洗面する lavarse la cara
◩ **洗面器** palangana *f.*
◩ **洗面所** lavabo *m.*, (浴室) cuarto *m.* de baño
◩ **洗面台** lavabo *m.*, lavamanos *m.*[=pl.]
◩ **洗面道具** artículos *mpl.* de aseo
ぜんめん 全面 ‖ 箱の全面 todas las caras de la caja ／ テニスコートの全面 toda la superficie de la pista de tenis
▶全面的な total, comple*to*[*ta*], ente*ro*[*ra*] ‖ 全面的な予算削減 recortes *mpl.* presupuestarios generales
▶全面的に completamente, totalmente ‖ 全面的に賛成である estar totalmente de acuerdo《con》／ 容疑を全面的に否定する negar categóricamente la acusación ／ 全面的に支援する dar un apoyo total《a》
◩ **全面禁煙** prohibición *f.* total de fumar
◩ **全面広告** anuncio *m.* a toda página
◩ **全面講和** paz *f.*「total [completa]
◩ **全面戦争** guerra *f.* total
◩ **全面否認** negación *f.*「total [tajante, rotunda]
ぜんめん 前面 frente *m.*, parte *f.* delantera, (建物の) fachada *f.* ‖ 前面に押し出す poner ALGO en primer plano
せんもう 繊毛 cilio *m.*
◩ **繊毛運動** movimiento *m.* ciliar
ぜんもう 全盲 ceguera *f.*「total [completa] ‖ 全盲の人 persona *f.* con ceguera total, (盲人) invidente *com.*
せんもん 専門 especialidad *f.* ‖ ご専門は何ですか ¿Cuál es su especialidad? ／ 私の専門はバロック音楽です Mi especialidad es la música barroca. ／ 化学は私の専門外です La química no es mi especialidad.
▶専門の (プロの) profesional, (〜を専門とする) especializa*do*[*da*]《en》‖ 科学問題専門の記 者 periodista *com.* especializa*do*[*da*] en temas científicos
▶専門にする (専攻する) especializarse《en》
▶専門的な profesional, téc*nico*[*ca*]
▶専門的に especialmente, (職業として) profesionalmente
◩ **専門医** médi*co*[*ca*] *mf.* especialista
◩ **専門家** exper*to*[*ta*] *mf.*, especialista *com.*, profesional *com.*
◩ **専門学校** academia *f.*, (スペインの公立の) escuela *f.* taller
◩ **専門教育** educación *f.* especializada
◩ **専門誌** revista *f.* especializada
◩ **専門書** libro *m.* especializado
◩ **専門職** puesto *m.* para profesionales
◩ **専門知識** conocimiento *m.* especializado
◩ **専門店** ‖ ペット用品専門店 tienda *f.* especializada en artículos para animales de compañía
◩ **専門病院** ‖ 心臓病の専門病院 hospital *m.* especializado en enfermedades cardiacas
◩ **専門分野** campo *m.* de especialidad, especialidad *f.*
◩ **専門用語** terminología *f.* (técnica) ‖ 法律の専門用語 terminología *f.* jurídica, términos *mpl.* jurídicos
ぜんや 前夜 la noche anterior, (祭りの) la víspera (por la noche)
◩ **前夜祭** fiesta *f.* de la víspera
せんやく 先約 compromiso *m.* anterior ‖ 残念ですが、明日は先約があります Lo siento, pero tengo un compromiso mañana.
ぜんやく 全訳 traducción *f.* completa
▶全訳する traducir completamente, hacer la traducción completa《de》
せんゆう 占有 posesión *f.*
▶占有の poseso*rio*[*ria*]
▶占有する poseer, ocupar ‖ 株を占有する poseer acciones ／ 市場を占有する ocupar el mercado
◩ **占有権** derecho *m.* de posesión

◨占有者 posee*dor*[dora] *mf.*
◨占有率‖市場占有率 cuota *f.* de mercado
せんゆう 専有 posesión *f.* exclusiva, (独占・専売) monopolio *m.*
▶専有する poseer exclusivamente, (独占する) monopolizar
◨専有権 propiedad *f.* exclusiva
◨専有者 posee*dor*[dora] *mf.* exclu*vo*[va]《de》
◨専有面積 (マンションなどの) superficie *f.* de propiedad exclusiva
せんゆう 戦友 「compañe*ro*[ra] *mf.* [colega *com.*] de armas
せんよう 専用
▶専用の reserva*do*[da], priva*do*[da], exclusi*vo*[va]‖女性専用の車両 vagón *m.* exclusivo para mujeres／学生専用の寮 residencia *f.* (exclusiva) para estudiantes
◨専用回線 (電話の) línea *f.* reservada《para》
◨専用機 (自家用の) avión *m.* privado‖大統領の専用機 avión *m.* presidencial
◨専用レーン‖バス専用レーン carril *m.* 「exclusivo [de uso exclusivo] para autobuses
ぜんよう 全容 ⇒**ぜんぼう(全貌)**
ぜんら 全裸 desnudo *m.*「integral [total]
▶全裸の「completamente [totalmente] desnu*do*[da]‖全裸のモデル modelo *com.* desnu*do*[da]
▶全裸で sin ninguna ropa,《話》《慣用》en cueros (vivos)‖全裸でポーズをとる posar totalmente desnu*do*[da]
▶全裸になる desnudarse「completamente [totalmente]
せんらん 戦乱 desorden *m.* de la guerra‖戦乱の巷と化す convertirse en un campo de batalla
せんり 千里
(諺)千里の道も一歩から《諺》「Paso a paso [Poco a poco] se va lejos.
◨千里眼 clarividencia *f.*, (人) clarividente *com.*
せんりつ 旋律 melodía *f.*
▶旋律の/旋律的な melódi*co*[ca]
せんりつ 戦慄 escalofrío *m.* de miedo‖戦慄を感じる sentir un escalofrío de miedo／体中を戦慄が走った Un escalofrío de miedo me recorrió todo el cuerpo.
ぜんりつせん 前立腺 próstata *f.*
▶前立腺の prostáti*co*[ca]
◨前立腺炎 prostatitis *f.*[=*pl.*]
◨前立腺がん cáncer *m.* de próstata
◨前立腺肥大症 hiperplasia *f.* benigna de próstata
せんりひん 戦利品 botín *m.*「de guerra [militar], trofeo *m.* de guerra
せんりゃく 戦略 estrategia *f.*, estratagema *f.*‖戦略を変える cambiar de estrategia／戦略を立てる「planear [planificar] una estrategia／戦略をめぐらす tejer una estrategia
▶戦略的な/戦略上の estratégi*co*[ca]
▶戦略的に estratégicamente
◨ビジネス戦略 estrategia *f.* comercial‖新しいビジネス戦略をとる adoptar una nueva estrategia comercial
◨戦略家 estratega *com.*
◨戦略核兵器 arma *f.* nuclear estratégica
◨戦略拠点 punto *m.* estratégico
◨戦略物資 materiales *mpl.* estratégicos
◨戦略兵器‖戦略兵器削減条約 (START) Tratado *m.* de Reducción de Armas Estratégicas／戦略兵器制限交渉(SALT) acuerdos *mpl.* SALT, Conversaciones *fpl.* sobre Limitación de Armas Estratégicas
◨戦略防衛構想 Iniciativa *f.* de Defensa Estratégica (略 IDE)
ぜんりゃく 前略 (手紙の書き出し) Estima*do*[da] se*ñor*[ñora]「[+名前],(親しい人に) Queri*do*[da]「[+名前]
せんりょう 占領 ocupación *f.*‖連合国軍占領下の日本 Japón bajo la ocupación de las Fuerzas Aliadas／軍の占領下にある estar bajo ocupación militar
▶占領する ocupar‖領土を占領する ocupar el territorio／座席を占領する ocupar un asiento
◨占領軍 tropas *fpl.* de ocupación
◨占領地 territorio *m.* ocupado
せんりょう 染料 tintura *f.*, tinte *m.*, colorante *m.*
せんりょう 線量 dosis *f.*[=*pl.*]
◨吸収線量 dosis *f.*[=*pl.*] absorbida
◨低線量 baja dosis *f.*[=*pl.*] de radiación
◨線量計 dosímetro *m.*
ぜんりょう 善良
▶善良な bue*no*[na], (正直な) hones*to*[ta]‖善良な市民 *buen*[buena] ciudada*no*[na] *mf.*
ぜんりょうせい 全寮制 internado *m.*‖全寮制の学校 internado *m.*, escuela *f.* con「sistema [régimen] de internado
せんりょく 戦力 fuerzas *fpl.* militares, potencial *m.* militar‖戦力を補強する reforzar las fuerzas militares
ぜんりょく 全力 esfuerzo *m.* máximo‖全力を尽くす/全力を出す hacer todo lo posible／全力を傾ける/全力を注ぐ dedicar todas *sus* fuerzas, poner toda la energía／全力を出し切る《慣用》echar el resto
▶全力で con todas *sus* fuerzas, con el máximo esfuerzo‖全力で走る(全力疾走する) correr a toda velocidad, (スパートする) esprintar
◨全力投球‖全力投球をする lanzar la pelota con todas *sus* fuerzas, (ベストを尽くす)

ぜんりん　hacer todo lo posible
- 全力疾走（スパート）《英語》sprint *m.*

ぜんりん　前輪　rueda *f.* delantera
- 前輪駆動　tracción *f.* delantera

せんれい　先例　⇒ぜんれい（前例）

せんれい　洗礼　bautismo *m.*, bautizo *m.* ‖ 洗礼を受ける recibir el bautismo, bautizarse
- 洗礼の bautismal
- 洗礼する bautizar
- 洗礼式 ceremonia *f.* bautismal, bautizo *m.* ‖ 洗礼式を行う celebrar el bautizo
- 洗礼名 nombre *m.* de pila

ぜんれい　前例　precedente *m.* ‖ 前例のない sin precedentes ／ 前例となる servir de precedente ／ 悪しき前例を作る sentar un mal precedente

せんれき　戦歴　historial *m.*「bélico [militar], （スポーツ選手の）trayectoria *f.* deportiva, historial *m.* deportivo

ぜんれき　前歴　antecedentes *mpl.*, （経歴）historial *m.*, trayectoria *f.*, （過去）pasado *m.*

せんれつ　戦列　filas *fpl.* de combate ‖ 戦列を離れる abandonar las filas de combate ／ 戦列に加わる unirse a las filas de combate

せんれつ　鮮烈　⇒あざやか（鮮やか）
- 鮮烈な vivo[va], vívido[da] ‖ 鮮烈なデビュー debut *m.* brillante ／ 鮮烈な印象を与える causar una vívida impresión

ぜんれつ　前列　primera fila *f.* ‖ 前列に座る sentarse en la primera fila

せんれん　洗練
- 洗練する refinar, pulir
- 洗練された refina*do*[da], puli*do*[da], elegante ‖ 洗練された文体 estilo *m.* pulido ／ 洗練された芸術的感覚を持つ tener una refinada sensibilidad artística

せんろ　線路　vía *f.*「férrea [del tren], （レール）carril *m.*, raíl *m.*, riel *m.* ‖ 線路に落ちる caerse a la vía férrea ／ 線路を補修する reparar la vía férrea ／ 線路内立ち入り禁止《掲示》Prohibido el acceso a las vías
- 線路工事 obras *fpl.* en la vía férrea

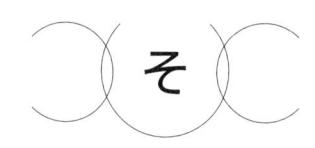

ソ　《音楽》sol *m.*

そあく　粗悪
- 粗悪な de mala calidad ‖ 安い品物は粗悪なものが多い Los productos baratos suelen ser de mala calidad.
- 粗悪品 producto *m.* de mala calidad

ぞい　沿い ‖ 湖沿いのホテル hotel *m.* en la orilla de un lago ／ 線路沿いに歩く caminar a lo largo de la vía del tren

そいね　添い寝　（赤ちゃんとの）colecho *m.*
- 添い寝する dormir「junto con [al lado de] ALGUIEN ‖ 赤ちゃんと添い寝する dormir junto con un bebé

そいんすう　素因数　factor *m.* primo ‖ 素因数に分解する factorizar en números primos
- 素因数分解 factorización *f.* de enteros

そう　así, lo ‖ ええ、そうです Sí,「así [lo] es. ／ いいえ、そうではありません No, no es así. ／ そう思います Creo que sí. ／ はい、そうします Sí, así lo haré. ／ そうですか（あいづち）¿Ah, sí? ／ そうすると彼が犯人に違いない Entonces, él será el autor. ／ そうしているうちに entre una cosa y otra

そう　相　（外見）apariencia *f.*, （アスペクト）aspecto *m.*, （段階・位相）fase *f.*

そう　僧　mon*je*[ja] *mf.*, （司祭）sacerdote *m.*, cura *m.*, （仏教の）bonzo *m.*

そう　層　capa *f.*, estrato *m.*, （階級）clase *f.* ‖ 泥の層 capa *f.* de barro ／ 大気の層 capas *fpl.*「de la atmósfera [atmosféricas] ／ 三層の塔 pagoda *f.* de tres pisos ／ 選手の層が厚い tener una amplia gama de jugadores ／ 塗料の層が重なる Se sobreponen capas de pintura.

そう　総　（全部の）total, （全体の）general
- 総支配人 gerente *com.* general
- 総人口 población *f.* total
- 総面積 superficie *f.* total

そう　沿う/添う/副う　（従う）seguir, （満たす）satisfacer ‖ 海岸に沿った道路 carretera *f.* paralela a la costa ／ 政府の方針に沿う seguir la línea del gobierno ／ できる限りご希望に沿えるよう努力します Intentaremos satisfacer sus deseos en lo posible.
- ～に沿って a lo largo de《de》, （～に平行して）en paralelo《a》, （～に従って）según, de acuerdo《con》‖ 川に沿って歩く caminar「a lo largo del [bordeando el] río ／ 点線に沿って切る cortar por la línea de puntos

ぞう　象　elefante *m.*, （雌）elefanta *f.*
- アジア象 elefante *m.* asiático
- アフリカ象 elefante *m.* africano de sabana

ぞう　像　imagen *f.*, figura *f.*, （彫刻）estatua *f.*, （胸像）busto *m.* ‖ この像は誰ですか ¿De quién es esta estatua?

そうあたりせん　総当たり戦　sistema *m.* de todos contra todos, sistema *m.* de liga

そうあん　草案　borrador *m.*, anteproyecto *m.* ǁ 草案を練る elaborar un borrador

そうあん　創案　(考案) invención *f.*
▶ 創案する idear, crear
◪ 創案者 crea*dor*[*dora*] *mf.*

そうい　創意　originalidad *f.*, creatividad *f.* ǁ 創意あふれる／創意に満ちた lle*no*[*na*] de「originalidad [creatividad]
◪ 創意工夫 ǁ 創意工夫する reunir la creatividad y originalidad

そうい　相違　diferencia *f.*, discrepancia *f.* ǁ 学力の相違 diferencia *f.* en el nivel escolar ／彼らの間には大きな意見の相違がある Existe una gran discrepancia de opiniones entre ellos. ／AとBの間に相違が生じる Surgen diferencias entre A y B.
▶ 相違する differ《de》, ser diferente《de》, ser distin*to*[*ta*]《de》⇒ことなる(異なる) ǁ 事実と相違する no coincidir con los hechos reales, diferir de la verdad
◪ 相違点 punto *m.* de diferencia

そうい　総意　consenso *m.* general, (一般general意志) voluntad *f.* general ǁ 日本国民の総意 voluntad *f.* de todo el pueblo japonés ／これは総意に基づく決定です Esta es una decisión tomada con el consenso de todos.

そういう ǁ そういう訳でここにやってきました Es por eso por lo que he venido aquí.

そういえば　そう言えば　por cierto ǁ そう言えば、彼女も同じことを言っていました Ahora me acuerdo de que ella también decía lo mismo.

そういん　総員　todos los miembros ǁ 総員30名の派遣団 delegación *f.* formada por un total de 30 personas

ぞういん　増員　aumento *m.* de personal
▶ 増員する aumentar ǁ 医療スタッフを増員する aumentar el personal sanitario

そううつびょう　躁鬱病　(双極性障害) trastorno *m.* (afectivo) bipolar, (旧称) psicosis *f.*[=*pl.*] maníaco-depresiva
◪ 躁鬱病患者 paciente *com.* con trastorno bipolar

ぞうえいざい　造影剤　contraste *m.* radiológico ǁ 造影剤を注射する inyectar contraste radiológico《en》

ぞうえん　造園　construcción *f.* de un jardín, (大規模な) arquitectura *f.*「paisajista [del paisaje]
◪ 造園家 diseña*dor*[*dora*] *mf.* de jardines, arquite*cto*[*ta*] *mf.* paisajista
◪ 造園業 empresa *f.* de jardinería

ぞうお　憎悪　odio *m.*, aborrecimiento *m.* ǁ 憎悪を感じる sentir odio《hacia, por, a》／憎悪の感情を持つ／憎悪の念を抱く tener un sentimiento de odio《hacia, a》
▶ 憎悪する odiar, aborrecer ǁ 戦争を憎悪する odiar la guerra

そうおう　相応
▶ 相応の correspondiente《a》, conforme《a》, acorde《con》ǁ 身分相応の暮らしをする llevar una vida acorde con *su* posición social ／相応の努力をしないと欲しいものは手に入らない No se consigue lo que se desea sin hacer el esfuerzo necesario.
▶ 相応に ǁ 年相応に振る舞う comportarse「de acuerdo con [según, conforme a] *su* edad

そうおん　騒音　ruido *m.* ǁ 騒音がひどい Hay un ruido「tremendo [infernal]. ／騒音に悩む sufrir contaminación acústica
◪ 騒音公害 contaminación *f.*「acústica [auditiva]
◪ 騒音測定 medición *f.* de(l) ruido ambiental ǁ 騒音測定器 medidor *m.* de ruido ambiental
◪ 騒音防止条令 ordenanzas *fpl.* sobre prevención de la contaminación acústica

ぞうか　造花　flor *f.* artificial

ぞうか　増加　aumento *m.*, crecimiento *m.* ǁ 人口の増加「crecimiento *m.* [aumento *m.*] demográfico ／原油価格は増加の一途をたどっている El precio del crudo no deja de subir. ／輸入が3年連続の増加となった Las importaciones han aumentado por tercer año consecutivo.
▶ 増加する aumentar, crecer, incrementarse, (上昇する) subir ǁ 目に見えて増加する crecer a ojos vistas ／年間売上高は10パーセント増加した Las ventas anuales han aumentado un 10% (diez por ciento).
◪ 増加率 tasa *f.* de crecimiento

そうかい　爽快
▶ 爽快な refrescante, agradable ǁ 爽快な気分になる tener una sensación agradable, sentirse fres*co*[*ca*]

そうかい　掃海　dragado *m.* de minas
▶ 掃海する limpiar el mar de minas
◪ 掃海艇 dragaminas *m.*[=*pl.*]

そうかい　総会「asamblea *f.* [junta *f.*] general, reunión *f.* plenaria ǁ 総会に出席する asistir a la asamblea general
◪ 株主総会 ⇒かぶぬし(株主)
◪ 国連総会 ⇒こくれん(国連)
◪ 定例総会 asamblea *f.* regular
◪ 総会屋 extorsionista *com.*

そうがく　総額　suma *f.* total, monto *m.* ǁ 支払い総額 monto *m.* a pagar ／初期投資は総額200万ドルに達する La inversión inicial alcanza un total de dos millones de dólares.

ぞうがく　増額　aumento *m.*, incremento *m.*
▶ 増額する aumentar, incrementar, subir ǁ 失業手当を増額する aumentar el subsidio de desempleo

そうかつ　総括 síntesis *f.*[=*pl.*], balance *m.*, (まとめ) resumen *m.*
▶総括的な global, sintét*ico*[*ca*]
▶総括する resumir, sintetizar, hacer una síntesis 《de》, hacer balance 《de》
◪総括質問 interpelación *f.*

そうかん　壮観 vista *f.* 「espectacular [magnífica]」‖ 展望台からの町の眺めは壮観だ Desde el mirador se ve una espectacular vista de la ciudad.

そうかん　送還 (本国への) repatriación *f.*, (逃亡者の) extradición *f.*
▶送還する repatriar, (引き渡す) extraditar ‖ 不法入国者たちを送還する repatriar a los inmigrantes ilegales
◪強制送還 repatriación *f.* forzosa
◪送還者 repatria*do*[*da*] *mf.*

そうかん　相関
▶相関的な correlat*ivo*[*va*]
▶相関的に correlativamente
◪相関関係 correlación *f.* ‖ 相関関係がある 「guardar una [estar en] correlación 《con》／ AとBには相関関係がある 「Existe [Hay] una correlación entre A y B.／負の相関関係がある 「guardar una [estar en] correlación negativa 《con》
◪相関係数 coeficiente *m.* de correlación
◪相関図 diagrama *m.* de correlación

そうかん　創刊 fundación *f.* ‖ 新聞の創刊 fundación *f.* de un periódico
▶創刊する fundar ‖ 雑誌を創刊する fundar una revista
◪創刊号 primer número *m.*

ぞうかん　増刊 publicación *f.* 「especial [extra(ordinaria)]
▶増刊する publicar 「un número [una edición] especial
◪増刊号 「número *m.* edición *f.*] especial, edición *f.* extra(ordinaria)

ぞうがん　象眼 incrustación *f.*, (金銀の) damasquinado *m.*, ataujía *f.*
▶象眼する incrustar, damasquinar

そうがんきょう　双眼鏡 prismáticos *mpl.*, binoculares *mpl.*, gemelos *mpl.* ‖ 双眼鏡で見る mirar con prismáticos

そうき　早期
▶早期の precoz, tempra*no*[*na*], anticipa*do*[*da*], adelanta*do*[*da*]
◪早期警戒管制機 sistema *m.* de alerta temprana y control aerotransportado
◪早期栽培 cultivo *m.* temprano [precoz]
◪早期診断 diagnóstico *m.* precoz
◪早期退職 jubilación *f.* anticipada, prejubilación *f.* ‖ 早期退職者 jubila*do*[*da*] *mf.* anticipa*do*[*da*], prejubila*do*[*da*] *mf.* ／早期退職する jubilarse anticipadamente, prejubilarse ／早期退職優遇制度 beneficios *mpl.* jubilatorios especiales

◪早期発見 detección *f.* 「temprana [precoz]」

そうき　想起
▶想起する acordarse 《de》, recordar
▶想起させる recordar

そうぎ　争議 conflicto *m.* ‖ 争議を引き起こす provocar un conflicto／争議を調停する mediar en un conflicto
◪労働争議 conflicto *m.* 「laboral [de trabajo]」
◪争議権 derecho *m.* 「a la huelga [al conflicto laboral]」

そうぎ　葬儀 funeral *m.* ‖ 葬儀に参列する asistir a un funeral／葬儀を行う celebrar un funeral
◪葬儀社 funeraria *f.*
◪葬儀場 tanatorio *m.*

ぞうき　臓器 órgano *m.*, (内臓) vísceras *fpl.* ‖ 臓器を移植する trasplantar un órgano／臓器を提供する donar un órgano 《a》
◪人工臓器 órgano *m.* artificial
◪臓器移植 trasplante *m.* de órganos
◪臓器提供 donación *f.* de órganos ‖ 臓器提供者 donante *com.* de órganos
◪臓器売買 tráfico *m.* de órganos

ぞうきばやし　雑木林 bosquecillo *m.*, soto *m.*

そうきゅう　早急
▶早急な urgente ‖ 早急な対策をとる tomar medidas urgentes
▶早急に urgentemente, con urgencia, inmediatamente ‖ 早急に問題を解決する resolver urgentemente el problema

そうきゅう　送球
▶送球する pasar la pelota

そうきょ　壮挙 (偉業) hazaña *f.* → いぎょう (偉業)・かいきょ (快挙)

そうぎょう　創業 fundación *f.*, creación *f.* ‖ 創業30周年を祝う celebrar el trigésimo aniversario de la fundación
▶創業する fundar
◪創業者 funda*dor*[*dora*] *mf.*

そうぎょう　操業 operación *f.*, funcionamiento *m.* ‖ 操業を停止する suspender 「la operación [el funcionamiento] 《de》
▶操業する operar, funcionar, (漁船が) faenar ‖ 24時間体制で操業する 「operar [funcionar] 24 horas al día
◪操業時間 horas *fpl.* 「operativas [de funcionamiento]」‖ 操業時間を短縮する reducir las horas de funcionamiento 《de》

ぞうきょう　増強 fortalecimiento *m.*, refuerzo *m.*
▶増強する fortalecer, reforzar, (増加する) aumentar ‖ 生産力を増強する fortalecer la capacidad productiva／顧客サービスを増強する 「mejorar [fortalecer] el servicio al cliente

そうきょくせん 双曲線　hipérbola *f.* ‖ 双曲線を描く trazar una hipérbola

そうきん 送金　remesa *f.*, [transferencia *f.* [envío *m.*] de dinero ‖ 外国への送金 envío *m.* de dinero al extranjero
- ▶送金する「enviar [remitir] dinero《a》‖ 代金を送金する remitir el importe
- ◻送金者 remitente *com.* de la remesa
- ◻送金手数料 comisión *f.* de remesas

ぞうきん 雑巾　trapo *m.*, paño *m.* ‖ 雑巾をしぼる escurrir el trapo
- ◻雑巾がけ ‖ 床を雑巾がけする「fregar [limpiar] el suelo con un trapo

そうぐう 遭遇　encuentro *m.*「casual [accidental]
- ▶遭遇する encontrarse《con》‖ 山で熊に遭遇する encontrarse con un oso en el monte／不測の事態に遭遇する encontrarse en una situación imprevista

そうくつ 巣窟　nido *m.*, antro *m.* ‖ 犯罪者の巣窟 nido *m.* de delincuentes

ぞうげ 象牙　marfil *m.*
- 慣用 象牙の塔「慣用」torre *f.* de marfil
- ◻象牙色 marfil *m.*, color *m.* marfil
- ◻象牙細工 objeto *m.* de marfil
- ◻象牙質 (歯の) dentina *f.*

そうけい 早計 ‖ 結論を出すのは早計だ Es prematuro sacar conclusiones.
- ▶早計な prematur*o*[ra], precipitad*o*[da] ‖ 早計な結論 conclusiones *fpl.* precipitadas
- ▶早計に prematuramente, precipitadamente

そうけい 総計　suma *f.* total, total *m.* ⇒ごうけい (合計)
- ▶総計で en total ‖ 今月の支出は総計で30万円になる En total, los gastos de este mes suman trescientos mil yenes.
- ▶総計する sumar, hacer la suma

そうげい 送迎　servicio *m.* de recogida
- ▶送迎する llevar y recoger a ALGUIEN
- ◻送迎デッキ (空港の) terraza *f.* de visitantes
- ◻送迎バス autobús *m.* de recogida ‖ 空港への無料送迎バス autobús *m.* gratuito de enlace con el aeropuerto

ぞうけい 造形
- ▶造形する dar forma artística《a》, modelar
- ▶造形的な plástic*o*[ca]
- ◻造形美術 artes *fpl.* plásticas, plástica *f.*

ぞうけい 造詣 ‖ 造詣が深い tener un profundo conocimiento《de》, ser *un*[una] erudi*to*[ta]《en》, es *un*[una] sa*bio*[bia]《en》

ぞうけつ 造血　hematopoyesis *f.*[=*pl.*]
- ◻造血剤 fármacos *mpl.* hematopoyéticos
- ◻造血作用 acción *f.* hematopoyética

ぞうけつ 増結 ⇒れんけつ(連結)

そうけん 双肩
- 慣用 双肩にかかる depender《de》‖ 国の将来は若者の双肩にかかっている El futuro del país descansa sobre los hombros de la juventud.
- 慣用 双肩に担う cargar sobre *sus* hombros la responsabilidad《de》

そうけん 壮健 ‖ 壮健である「tener [gozar de] buena salud
- ▶壮健な san*o*[na], con buena salud ‖ 壮健な人 persona *f.* con buena salud

そうけん 送検　traslado *m.* del caso a la fiscalía
- ▶送検する「enviar [trasladar] un caso a la fiscalía

そうげん 草原　prado *m.*, pradera *f.*

ぞうげん 増減　fluctuación *f.*, variación *f.* ‖ 人口の増減 variaciones *fpl.* demográficas
- ▶増減する sufrir aumentos y disminuciones, (変動する) fluctuar, variar ‖ 売上高は季節によって増減する Las ventas varían según la estación del año.

そうこ 倉庫　almacén *m.*, depósito *m.* ‖ 倉庫に保管する guardar ALGO en un almacén, almacenar
- ◻倉庫会社 empresa *f.* de almacenaje
- ◻倉庫係 almacener*o*[ra] *mf.*
- ◻倉庫料 almacenaje *m.*

そうご 相互
- ▶相互の mu*tuo*[tua], recípr*oco*[ca] ‖ 相互の親睦 mutua amistad *f.*
- ▶相互に mutuamente, recíprocamente ‖ 相互に依存する depender「el uno del otro [la una de la otra]／相互に助け合う ayudarse mutuamente, ayudarse「el uno al otro [la una a la otra]
- ▶相互性 reciprocidad *f.*, mutualidad *f.*
- ◻相互依存 dependencia *f.*「mutua [recíproca], interdependencia *f.*
- ◻相互関係 relación *f.*「mutua [recíproca]
- ◻相互作用 acción *f.* recíproca, interacción *f.*
- ◻相互参照 referencia *f.* cruzada
- ◻相互乗り入れ/相互直通運転 servicio *m.* sin transbordo ‖ その2つの鉄道会社は相互乗り入れをしている Esas dos empresas de ferrocarril ofrecen un servicio sin transbordo.
- ◻相互不可侵条約 pacto *m.* mutuo de no agresión
- ◻相互扶助 ayuda *f.* mutua, apoyo *m.* mutuo
- ◻相互利益 beneficio *m.* mutuo
- ◻相互理解 entendimiento *m.* mutuo, comprensión *f.* mutua ‖ 両国の相互理解を深める fomentar un entendimiento mutuo entre ambos países

ぞうご 造語　palabra *f.*「creada [inventada], (新語) neologismo *m.*
- ◻造語法 formación *f.* de palabras

そうこう ‖ そうこうするうちに mientras tan-

そうこう 走行
- ▶走行する　recorrer, correr
- ◾走行距離　distancia *f.* recorrida, kilometraje *m.* ‖ この車は走行距離が1万キロを超えた　Este coche ha recorrido más de diez mil kilómetros. ／ 走行距離は無制限ですか（レンタカーの）¿Hay límite de kilometraje?
- ◾走行距離計　cuentakilómetros *m.*[=*pl.*], (タクシーメーター) taxímetro *m.*

そうこう 草稿　borrador *m.* ‖ 草稿を作る／草稿を書く「hacer [redactar] un borrador

そうごう 相好
- 〔慣用〕相好を崩す　sonreír(se) ‖ 孫娘を見て彼は相好を崩した　A él se le alegró la cara al ver a su nieta.

そうごう 総合　síntesis *f.*[=*pl.*] ‖ 分析と総合　el análisis y la síntesis
- ▶総合的(な)　sintét*ico*[*ca*], integral, (包括的な) global, (全部の) total, (全体の) general ‖ 総合的な評価　evaluación *f.* global
- ▶総合的に　sintéticamente, globalmente ‖ 総合的に判断する　juzgar globalmente ／ 総合的に見ると　viendo las cosas en su conjunto
- ▶総合する　sintetizar, hacer una síntesis 《de》 ‖ 全員の意見を総合する　sintetizar las opiniones de todos
- ◾総合学習　aprendizaje *m.* integral
- ◾総合経済対策　políticas *fpl.* económicas generales
- ◾総合健診　reconocimiento *m.* médico general
- ◾総合雑誌　revista *f.* de información general
- ◾総合商社　gran casa *f.* de comercio 《複数形は grandes casas de comercio》
- ◾総合大学　universidad *f.*
- ◾総合図書館　biblioteca *f.* general
- ◾総合病院　hospital *m.* general
- ◾総合優勝　victoria *f.* completa

そうこうかい 壮行会　fiesta *f.* de despedida

そうこうげき 総攻撃　ataque *m.* 「general [en toda la línea]」 ‖ 総攻撃をかける　lanzar un ataque general 《a, contra》／ 総攻撃に転じる　pasar a un ataque general

そうこうしゃ 装甲車 「automóvil *m.* [coche *m.*] blindado

そうこん 早婚　matrimonio *m.* precoz ‖ 彼女は早婚だった　Ella se casó joven.

そうごん 荘厳
- ▶荘厳さ　solemnidad *f.*
- ▶荘厳な　solemne, majestu*oso*[*sa*] ‖ 荘厳なミサ　misa *f.* solemne ／ 荘厳な建築物　construcción *f.* majestuosa
- ▶荘厳に　solemnemente, con solemnidad ‖ 戴冠式が荘厳に行われた　La ceremonia de coronación se celebró con solemnidad.

そうさ 走査　barrido *m.*
- ◾走査型電子顕微鏡　microscopio *m.* electrónico de barrido
- ◾走査線　línea *f.* de exploración

そうさ 捜査　investigación *f.*, pesquisas *fpl.* ‖ 警察の捜査　investigación *f.* policial
- ▶捜査する　investigar, realizar pesquisas ‖ 殺人事件を捜査する　investigar un caso de homicidio
- ◾捜査員　agente *com.* de investigación
- ◾捜査陣　equipo *m.* de investigación
- ◾捜査本部　sede *f.* de investigación
- ◾捜査令状　orden *f.* de registro

そうさ 操作　manejo *m.*, manipulación *f.*, operación *f.* ‖ コンピュータの操作　manejo *m.* del ordenador
- ▶操作する　manejar, manipular ‖ 携帯電話を操作する　manejar el móvil ／ 遺伝子を操作する　manipular los genes
- ▶操作性　manejabilidad *f.* ‖ 操作性が高い　tener una buena manejabilidad

ぞうさ 造作 ‖ この家具の組み立ては何の造作もない　Montar este mueble es 「muy fácil [coser y cantar].
- ▶造作なく　fácilmente, sin dificultad

そうさい 相殺　compensación *f.*
- ▶相殺する　compensar ALGO 《con》‖ 国内市場での損失を海外での利益で相殺する　compensar las pérdidas en el mercado nacional con las ganancias en el exterior
- ◾相殺勘定　cuenta *f.* de compensación

そうさい 総裁　presiden*te*[*ta*] *mf.*, (官庁などの) gobernad*or*[*dora*] *mf.*
- ◾日本銀行総裁　gobernad*or*[*dora*] *mf.* del Banco de Japón

そうざい 惣菜 →おかず
- ◾惣菜店　tienda *f.* de comida 「preparada [precocinada]

そうさく 創作　(創造) creación *f.*, (虚構) ficción *f.*, (考案) invención *f.* ‖ 彫刻の創作に従事する　dedicarse a la producción escultórica
- ▶創作する　crear, inventar, (小説を) escribir ‖ 物語を創作する　crear un cuento
- ▶創作力　creatividad *f.*, capacidad *f.* 「creativa [de creación]
- ◾創作活動　actividad *f.* creativa
- ◾創作舞踊　danza *f.* creativa, baile *m.* creativo
- ◾創作欲　impulso *m.* 「creativo [creador]

そうさく 捜索　búsqueda *f.*, (家宅の) registro *m.* ‖ 行方不明者の捜索を打ち切る　suspender la búsqueda de los desaparecidos ／ 警察は誘拐犯を捜索中だ　La policía está a la búsqueda del autor del secuestro.
- ▶捜索する　buscar
- ◾家宅捜索　registro *m.* domiciliario

◪搜索隊 equipo m. de búsqueda
◪搜索願 petición f. de búsqueda ‖ 搜索願を出す pedir la búsqueda 《de》, presentar una solicitud de búsqueda
ぞうさく 造作 顔の造作が完璧である tener unas facciones perfectas
▶造作する（建てる）construir
ぞうさつ 増刷 reimpresión f.
▶増刷する reimprimir
ぞうざん 早産 parto m. 「pretérmino [prematuro], nacimiento m. prematuro
▶早産する tener un bebé prematuro
◪早産児 bebé m. 「prematuro [pretérmino]
ぞうさん 増産 aumento m. 「de producción [productivo]
▶増産する 「aumentar [incrementar] la producción 《de》
そうし 創始
▶創始する fundar,（作り出す）crear
◪創始者 funda*dor*[*dora*] *mf.*, crea*dor*[*dora*] *mf.*
そうじ 相似 similitud f., semejanza f., 《生物》analogía f.
▶相似の similar 《a》, semejante 《a》
◪相似器官 órgano m. análogo
◪相似形 figura f. similar
そうじ 送辞 「palabras fpl. [discurso m.] de despedida ‖ 送辞を述べる pronunciar 「unas palabras [un discurso] de despedida
そうじ 掃除 limpieza f.
▶掃除する limpiar, hacer la limpieza ‖ 部屋を掃除する limpiar la habitación／庭を掃除する limpiar el jardín
◪掃除機 aspiradora f. ‖ 掃除機をかける pasar la aspiradora 《por》
◪掃除道具 útiles mpl. de limpieza
◪掃除当番（順番）turno m. de limpieza ‖ 今日は私が掃除当番だ Hoy me toca el turno de limpieza.
◪掃除人 trabaja*dor*[*dora*] *mf.* de la limpieza
ぞうし 増資 ampliación f. de capital
▶増資する ampliar el capital
そうしき 葬式 ⇒そうぎ(葬儀)
そうじしょく 総辞職 dimisión f. 「masiva [colectiva, en masa, en bloque] ‖ 国民は内閣の総辞職を求めている El pueblo japonés pide la dimisión en bloque del Gobierno.
▶総辞職する dimitir en 「masa [bloque]
そうしそうあい 相思相愛 相思相愛の仲である estar enamorados el uno del otro
そうした ⇒そのような
そうしたら en ese caso, entonces ‖ そうしたらどうしよう ¿Qué hacer en ese caso?
そうしつ 喪失 pérdida f.
▶喪失する perder ‖ 自信を喪失する perder la confianza en *sí* mis*mo*[*ma*]

◪喪失感 「sensación f. [sentimiento m.] de pérdida
そうじて 総じて generalmente, en general ‖ 総じてうわさは当てにならない En general, no se puede confiar en los rumores.
そうしゃ 走者 corre*dor*[*dora*] *mf.*
そうしゃじょう 操車場 「patio m. [playa f.] de maniobras, 《スペイン》estación f. de clasificación
そうしゅ 宗主
◪宗主権 soberanía f.
◪宗主国 estado m. protector
そうじゅう 操縦 manejo m.,（運転）conducción f. ‖ 飛行機の操縦 pilotaje m. de aviones
▶操縦する manejar, conducir, pilotar ‖ クレーンを操縦する manejar una grúa／宇宙船を操縦する pilotar una nave espacial
◪自動操縦装置（航空機の）piloto m. automático
◪操縦桿 volante m., palanca f. de mando
◪操縦士 piloto com. ‖ 副操縦士 copiloto com.
◪操縦室 cabina f. (de mando)
◪操縦席 asiento m. del conductor
ぞうしゅう 増収 （収入の）aumento m. de ingresos,（収益）aumento m. de beneficios ‖ 増収を図る buscar aumentar los 「ingresos [beneficios] ／前年より3パーセントの増収となった Los beneficios 「aumentaron [crecieron] el 3% (tres por ciento) con respecto al año anterior.
ぞうしゅうわい 贈収賄 cohecho m., entrega f. y aceptación f. de la dádiva
◪贈収賄罪 delito m. de cohecho
そうじゅく 早熟 precocidad f.
▶早熟な/早熟の precoz
そうしゅつ 創出 creación f.
▶創出する crear, producir ‖ 雇用を創出する 「crear [producir] empleos
そうしゅん 早春 inicio m. de la primavera
▶早春に a comienzos de primavera, al inicio de la primavera
そうしょ 草書 escritura f. en cursiva
◪草書体 cursiva f., letra f. cursiva
そうしょ 叢書 colección f., serie f.
◪日本文学叢書 Biblioteca f. de Literatura Japonesa
ぞうしょ 蔵書 colección f. de libros, biblioteca f.
◪蔵書印《ラテン語》*ex libris* m.[=*pl.*], sello m. de la biblioteca
◪蔵書家 coleccionista com. de libros,（愛書家）bibliófi*lo*[*la*] *mf.*
◪蔵書目録（図書目録）catálogo m. de biblioteca
そうしょう 総称 término m. genérico
▶総称する llamar a ALGO genéricamente,

denominar ALGO con el término genérico ‖ 抗炎症剤と総称される薬 los fármacos genéricamente llamados antiinflamatorios

そうじょう 相乗
- ▶相乗する actuar de forma sinérgica
- ◾相乗効果 sinergia *f.*, efecto *m.* multiplicador ‖ 相乗効果のある sinérg*ico*[*ca*]
- ◾相乗作用 efecto *m.* sinérgico
- ◾相乗平均 media *f.* geométrica

そうしょき 総書記 secreta*rio*[*ria*] *mf.* general

そうしょく 草食
- ▶草食の herbí*voro*[*ra*]
- ▶草食系 ‖ 草食系男子 chico *m.* "herbívoro", (説明訳) chico *m.* joven, pacífico y falto de ambición, que no manifiesta su carácter masculino
- ◾草食動物 herbívoro *m.*, animal *m.* herbívoro

そうしょく 装飾 decoración *f.*, (飾り) adorno *m.*
- ▶装飾する decorar, adornar
- ▶装飾的な decorati*vo*[*va*]
- ▶装飾的に decorativamente
- ◾室内装飾 decoración *f.* de interiores
- ◾装飾音 ‖adornos *mpl.* [ornamentos *mpl.*] musicales
- ◾装飾品 adorno *m.*, ornamento *m.*

そうしょく 僧職 profesión *f.* religiosa, (司祭職) sacerdocio *m.* ‖ 僧職につく ingresar en una orden religiosa

ぞうしょく 増殖 aumento *m.*, (植物の) multiplicación *f.*, (細胞の) proliferación *f.*
- ▶増殖する aumentar, multiplicarse, proliferar
- ◾細胞増殖 división *f.* celular
- ◾増殖炉 reactor *m.* reproductor ‖ 高速増殖炉 reactor *m.* reproductor rápido

そうしれいかん 総司令官 comandante *com.* general, (最高司令官) comandante *com.* supre*mo*[*ma*]

そうしれいぶ 総司令部 cuartel *m.* general

そうしん 送信 transmisión *f.*, envío *m.*
- ▶送信する transmitir, enviar ‖ 画像を送信する enviar una imagen ／ 電子メールを送信する enviar un correo electrónico
- ◾送信機 transmisor *m.*
- ◾送信先 destinata*rio*[*ria*] *mf.*
- ◾送信者 remitente *com.*
- ◾送信箱 (電子メールの) bandeja *f.* de salida
- ◾送信メール mensaje *m.* enviado
- ◾送信履歴 historial *m.* de mensajes enviados, envíos *mpl.* realizados

ぞうしん 増進 aumento *m.*
- ▶増進する aumentar ‖ 食欲を増進する aumentar el apetito ／ 体力を増進する mejorar la resistencia física

そうしんぐ 装身具 accesorios *mpl.* de vestir, bisutería *f.*

ぞうすい 雑炊 《日本語》*zosui m.*, (説明訳) arroz *m.* caldoso con verduras y otros ingredientes

ぞうすい 増水 (河川の) crecida *f.*, aumento *m.* del caudal
- ▶増水する crecer, aumentar *el caudal de agua* ‖ 昨日の豪雨で川が増水した Ha crecido el río debido a las lluvias torrenciales registradas ayer.

そうすう 総数 número *m.* total ‖ 販売済みチケットの総数 el número total de entradas vendidas

そうすかん 総すかん
- 慣用 総すかんを食らう recibir el rechazo de todos ‖ 彼は友人たちから総すかんを食らった Todos sus amigos le han dado la espalda.

そうすると entonces, en este caso, así que ‖ 電車は12時半に出る、そうすると12時頃には駅にいなくてはいけないね El tren sale a las doce y media, así que debemos estar en la estación a eso de las doce.

そうすれば 《《命令文+》》 y, 《i-, hi- で始まる語の前で》 e ‖ 試してごらん、そうすればわかるよ Pruébalo y ya verás.

そうぜい 総勢 en total ‖ 総勢100名を超える参加者があった Hubo más de 100 participantes en total. ¦ El total de participantes superó las 100 personas.

ぞうせい 造成 urbanización *f.*, acondicionamiento *m.* del terreno
- ▶造成する urbanizar, acondicionar el terreno (para) ‖ 宅地を造成する urbanizar el terreno para viviendas
- ◾造成地 terreno *m.* urbanizado, (区画整理された) parcela *f.* urbanizada

ぞうぜい 増税 subida *f.* de impuestos
- ▶増税する「subir [aumentar] los impuestos

そうせいき 創世記 (旧約聖書の) Génesis *m.*

そうせいじ 双生児 gemelos *mpl.*, mellizos *mpl.*, (女2人) gemelas *fpl.*, mellizas *fpl.* ⇒ ふたご(双子)
- ◾一卵性双生児 gemelos *mpl.* monocigóticos, gemelas *fpl.* monocigóticas
- ◾二卵性双生児 gemelos *mpl.* dicigóticos, (女2人) gemelas *fpl.* dicigóticas, mellizos *mpl.*, (女2人) mellizas *fpl.*

そうせつ 創設 fundación *f.*, creación *f.*
- ▶創設する fundar, establecer, crear ‖ 奨学金を創設する crear una beca
- ◾創設者 funda*dor*[*dora*] *mf.*

そうぜつ 壮絶
- ▶壮絶な ‖ 壮絶な死 muerte *f.* heroica y terrible ／ 壮絶な戦い lucha *f.* encarnizada

ぞうせつ 増設
- ▶増設する ampliar ‖ 工場を1棟増設する

construir otra nave industrial／コンピュータのメモリを増設する aumentar la memoria del ordenador

そうぜん 騒然
▶騒然とした tumultuo*so*[*sa*]
▶騒然となる‖突然、会場が騒然となった De repente se produjo una agitación en el salón de actos.

ぞうせん 造船 construcción *f.* naval
▶造船する construir un「barco [buque], fabricar embarcaciones
◻造船会社 empresa *f.* de construcción naval
◻造船業 industria *f.* naval
◻造船所 astillero *m.*, atarazana *f.*

そうせんきょ 総選挙 elecciones *fpl.* generales‖今度の日曜に総選挙が行われる El próximo domingo se celebrarán las elecciones generales.

そうそう 早々
▶早々に（すぐに）enseguida,（間を置かずに）sin dejar pasar tiempo‖新年早々に、スペインへ行きます Voy a España nada más comenzar el nuevo año.／早々に連絡を取る apresurarse a ponerse en contacto (con)

そうそう 草草（手紙の末尾に）atentamente, cordialmente

そうそう 葬送
◻葬送曲 música *f.* para funerales, música *f.* fúnebre,（レクイエム）réquiem *m.*
◻葬送行進曲 marcha *f.* fúnebre

そうそう 錚錚
▶錚々たる eminente, prestigio*so*[*sa*]‖政界の錚々たる顔ぶれ personalidades *fpl.* destacadas del mundo político

そうぞう 創造 creación *f.*
▶創造する crear‖新しいものを創造する crear algo nuevo／文化を創造する crear una cultura
▶創造的な creati*vo*[*va*]‖創造的な意見 opinión *f.* creativa
▶創造性 creatividad *f.*‖創造性を高める「desarrollar [potenciar, aumentar] la creatividad
▶創造力 capacidad *f.* creativa, creatividad *f.*
◻創造者 crea*dor*[*dora*] *mf.*
◻創造物 creación *f.*, criatura *f.*

そうぞう 想像 imaginación *f.*‖想像通りの結果だった El resultado fue tal como me imaginaba.／これは私の想像にすぎない Esto no son más que imaginaciones mías.／すべては君の想像の産物だ Todo son figuraciones tuyas.／後はご想像にお任せします El resto lo dejo a su imaginación.／想像を超える規模の災害 desastre *m.* de proporciones inimaginables／想像を絶する痛み dolor *m.* inimaginable／想像を逞しくする「dar rienda suelta a [dejar volar] *su* imaginación／想像を働かせる「usar [hacer uso de] la imaginación
▶想像の/想像上の imagina*rio*[*ria*], imaginati*vo*[*va*]‖想像の世界 mundo *m.* imaginario
▶想像する imaginar(se),（思う）figurarse‖私にはそんなことは想像できない No me puedo imaginar semejante cosa.
▶想像力 imaginación *f.*, capacidad *f.* imaginativa
▶想像がつく《形容詞》imaginable,《動詞》poder imaginar‖〜ということは容易に想像がつく Se puede imaginar fácilmente que 〖+直説法〗.
▶想像できない/想像もつかない《形容詞》inimaginable,《動詞》no poder imaginar‖何が起こるか想像もつかない No se puede imaginar lo que va a suceder.
◻想像妊娠 embarazo *m.* psicológico

そうぞうしい 騒騒しい ruido*so*[*sa*], bullicio*so*[*sa*]

そうぞく 相続 herencia *f.*, sucesión *f.*
▶相続の suceso*rio*[*ria*]
▶相続する heredar‖財産を相続する heredar la fortuna
◻相続争い「lucha *f.* [disputa *f.*] por la herencia
◻相続権 derecho *m.* de sucesiones, herencia *f.*
◻相続財産 herencia *f.*
◻相続税 impuesto *m.* de sucesiones, derechos *mpl.* sucesorios
◻相続人 here*dero*[*ra*] *mf.*

そうそふ 曽祖父 bisabuelo *m.*
そうそぼ 曽祖母 bisabuela *f.*
そうそん 曽孫 bisnie*to*[*ta*] *mf.*
そうだ（〜だそうだ）Dicen que〖+直説法〗.‖明日学校は休みだそうだ Dicen que mañana no hay clase.

そうたい 早退
▶早退する marcharse antes de la hora establecida‖学校を早退する salir del colegio antes de terminar la clase

そうたい 相対
▶相対的な relati*vo*[*va*]‖相対的な見方 punto *m.* de vista relativo
▶相対的に relativamente‖物事を相対的に見る relativizar las cosas
▶相対化 relativización *f.*‖相対化する relativizar
▶相対性 relatividad *f.*
◻相対主義 relativismo *m.*
◻相対主義者 relativista *com.*
◻相対性理論《物理》teoría *f.* de la relatividad
◻相対速度 velocidad *f.* relativa

そうたい
- ◪相対評価 evaluación *f.* relativa

そうたい 総体
- ▶総体的な general, global
- ▶総体的に en general, en su totalidad ‖ 状況を総体的に見る ver la situación en su totalidad

そうだい 壮大
- ▶壮大な grandio*so*[*sa*], magnífi*co*[*ca*] ‖ 壮大な構想 plan *m.* grandioso

そうだい 総代 representante *com.* ‖ 卒業生総代として en representación de todos los graduados

ぞうだい 増大 aumento *m.*, crecimiento *m.*
- ▶増大する aumentar, ir en aumento, crecer ‖ 私の彼に対する怒りは増大していった Mi ira hacia él iba en aumento.

そうだち 総立ち ‖ 観客は総立ちで大きな拍手を送った Todo el público, puesto en pie, brindó una gran ovación.

そうだつ 争奪
- ▶争奪する luchar 《por》, disputar 《por》, disputarse, competir 《por》
- ◪争奪戦 lucha *f.* 《por》, disputa *f.* 《por》 ‖ 政権の争奪戦 lucha *f.* por el poder político

そうだん 相談 consulta *f.*, (助言) consejo *m.* ‖ 相談がまとまる llegar a un acuerdo ／ 相談に乗る aconsejar a ALGUIEN ／ 相談に応じる atender (a) la consulta 《de》 ／ 相談を受ける recibir una consulta ／ 弁護士と相談の上で después de consultar a un abogado ／ 私に何の相談もなく sin consultarme nada ／ それはできない相談だ／それは無理な相談だ Eso es pedir lo imposible. ¦(慣用)Eso es pedir peras al olmo.
- ▶相談する consultar 《con, a》, pedir consejo 《a》, (助言を求める) asesorarse 《con, de》 ‖ 医者に相談する consultar a un médico ／ 専門家に相談する asesorarse con un experto ／ 財布と相談する consultar con el bolsillo
- ◪結婚相談所 agencia *f.* matrimonial
- ◪人生相談 consulta *f.* personal, (新聞やラジオなどの) consultorio *m.* personal
- ◪相談相手 ‖ 相談相手が誰もいません No tengo a nadie 「a [con] quien consultar.
- ◪相談役 ase*sor*[*sora*] *mf.*, conseje*ro*[*ra*] *mf.*

そうち 装置 mecanismo *m.*, dispositivo *m.*, aparato *m.* ‖ 精巧な装置 「mecanismo *m.* [dispositivo *m.*] sofisticado ／ 装置を作動させる accionar el dispositivo
- ▶装置を備えた equipa*do*[*da*] con un dispositivo ‖ 防犯装置を備えた車 coche *m.* equipado con un sistema antirrobo

ぞうちく 増築 ampliación *f.* ‖ スポーツ施設は増築中です Las instalaciones deportivas están en fase de ampliación.
- ▶増築する ampliar ‖ 家を増築する 「ampliar [agrandar] una casa
- ◪増築工事 obras *fpl.* de ampliación

そうちょう 早朝
- ▶早朝に a 「primeras horas [horas tempranas] de la mañana, (明け方に) en la madrugada, de madrugada
- ◪早朝出勤 ‖ 早朝出勤する ir al trabajo muy temprano por la mañana
- ◪早朝割引 descuento *m.* matutino

そうちょう 荘重 ⇒そうごん(荘厳)
- ▶荘重な solemne, majestuo*so*[*sa*]
- ▶荘重に solemnemente

そうちょう 総長 (大学の) rec*tor*[*tora*] *mf.*
- ◪事務総長 (国連の) secreta*rio*[*ria*] *mf.* general

ぞうちょう 増長
- ▶増長する (思い上がる) engreírse, volverse engreí*do*[*da*]

そうで 総出
- ▶総出で todos juntos, (全員女性の場合) todas juntas ‖ 社員総出で大臣(男性)を出迎えた Todos los empleados salieron a dar la bienvenida al ministro.

そうてい 装丁 encuadernación *f.*
- ▶装丁する encuadernar
- ◪装丁家 encuaderna*dor*[*dora*] *mf.*

そうてい 想定 suposición *f.*, (予測) previsión *f.* ‖ 売上が急速に拡大するという想定は間違っていた Ha sido un error suponer que las ventas iban a aumentar rápidamente.
- ▶想定する suponer, imaginar
- ▶想定内である estar dentro de lo supuesto, (予測の) estar dentro de lo previsto
- ▶想定外である estar fuera de lo previsto ‖ その事故は私たちの想定外だった El accidente no estaba en nuestros planes.
- ◪想定為替レート tipo *m.* de cambio esperado

ぞうてい 贈呈 entrega *f.* del obsequio
- ▶贈呈する regalar, obsequiar a ALGUIEN con ALGO, entregar ALGO como obsequio 《a》 ‖ 著書を1冊贈呈する regalar un ejemplar de *su* libro 《a》 ／ 花束を贈呈する entregar como obsequio un ramo de flores 《a》
- ◪贈呈式 「ceremonia *f.* [acto *m.*] de entrega 《de》
- ◪贈呈本 ejemplar *m.* de regalo

そうてん 争点 「punto *m.* [tema *m.*] de discusión ‖ 争点をはっきりさせる clarificar los puntos en discusión
- ▶争点になる (何かが) constituir un punto de discusión

そうてん 装填
- ▶装填する cargar ‖ ピストルに弾丸を装填する cargar la pistola con balas

そうでん 送電 suministro *m.* eléctrico, transporte *m.* de energía eléctrica

そうとう 双頭
▶双頭の bicéfa*lo*[*la*] ‖ 双頭の鷲 águila *f*. bicéfala

そうとう 相当 ❶(かなりの)
▶相当な considerable, (十分な) bastante ‖ 相当な額の金 una suma importante de dinero ／ 相当な量の汚染水 una cantidad no despreciable de agua contaminada ／ 高齢化が相当なペースで進む El envejecimiento de la población avanza a un ritmo acelerado.
▶相当(に) (かなり) bastante, suficientemente, (大いに) mucho ‖ 医学部に入るには相当勉強しなければならない Hay que estudiar mucho para ingresar en la Facultad de Medicina.
❷(同等)
▶相当の equivalente《a》, correspondiente《a》‖ 5万円相当のプレゼント regalo *m*. equivalente a cincuenta mil yenes ／ それ相当の措置をとる tomar las medidas adecuadas
▶相当する ser equivalente《a》, correspondiente《a》‖ 地球1周分に相当する距離を走破する recorrer una distancia equivalente a la vuelta al mundo ／ 千円は何ユーロに相当しますか ¿A cuántos euros equivalen mil yenes? ／ 収入に相当した生活 vida *f*. acorde con *sus* ingresos

そうとう 総統 caudillo *m*., generalísimo *m*., (台湾の) presiden*te*[*ta*] *mf*.

そうどう 騒動 alboroto *m*., jaleo *m*., (社会的な) disturbios *mpl*. ⇒さわぎ(騒ぎ) ‖ 騒動を起こす armar「alboroto [jaleo], 「organizar [promover] disturbios ／ 騒動を鎮める sofocar「el alboroto [los disturbios]

ぞうとう 贈答
▶贈答する hacer intercambio de regalos
▶贈答品 regalo *m*.

そうとく 総督 goberna*dor*[*dora*] *mf*. general

そうなめ 総嘗め ‖ 賞を総嘗めにする acaparar todos los premios

そうなん 遭難 (山での) accidente *m*. de montaña, (海での) naufragio *m*.
▶遭難する accidentarse, (船が) naufragar ‖ 山で遭難する「accidentarse [tener un accidente] en la montaña
◳遭難救助隊 equipo *m*. de「rescate [salvamento]
◳遭難現場 lugar *m*. del accidente, (船の) lugar *m*. del naufragio
◳遭難者 víctima *f*. del accidente, accidenta*do*[*da*] *mf*., (海難事故の) náufra*go*[*ga*] *mf*.
◳遭難信号 señal *f*. de socorro
◳遭難船 barco *m*. naufragado

ぞうに 雑煮 《日本語》*zoni m*., (説明訳) sopa *f*. con pasteles de arroz y verduras

そうにゅう 挿入 inserción *f*.
▶挿入する insertar ALGO《en》, introducir ALGO《en》, intercalar ALGO《en, entre》‖ グラフを挿入する insertar un gráfico ／ カードをATM(現金自動預け払い機)に挿入する introducir la tarjeta en el cajero automático
◳挿入キー tecla *f*. de inserción
◳挿入句《文法》inciso *m*.

そうねん 壮年
▶壮年の de edad madura ‖ 壮年の男性 hombre *m*. de edad madura
◳壮年期 madurez *f*., etapa *f*. de madurez

そうは 走破
▶走破する recorrer todo el trayecto, (走って) correr todo el trayecto

そうば 相場 cotización *f*., bolsa *f*., (投機的取引) especulación *f*. ‖ 安定した相場 cotización *f*. estable ／ 相場が上がる subir *la cotización* ／ 相場が下がる bajar *la cotización* ／ 相場に手を出す invertir en bolsa, jugar a la bolsa ／ 冬は寒いものと相場が決まっている De sobra sabemos que hace frío en invierno.
◳株式相場 cotización *f*. bursátil
◳変動相場制 ⇒へんどう(変動)
◳相場師 especula*dor*[*dora*] *mf*.

ぞうはい 増配 (配当金の) aumento *m*. del dividendo
▶増配する aumentar la distribución《de》‖ 配当金を増配する aumentar el dividendo

そうはく 蒼白 palidez *f*. ‖ 恐怖で顔面が蒼白になる ponerse páli*do*[*da*] de miedo, palidecer de miedo
▶蒼白な páli*do*[*da*]

ぞうはつ 増発
▶増発する aumentar el número《de》‖ 列車を増発する aumentar el número de trenes ／ 国債を増発する aumentar la emisión de bonos del Estado

そうはつき 双発機 avión *m*. bimotor, bimotor *m*.

そうばん 早晩 ⇒おそかれはやかれ(遅かれ早かれ)

ぞうはん 造反 rebelión *f*.
▶造反する rebelarse《contra》
◳造反者 rebelde *com*.

そうび 装備 equipo *m*., equipamiento *m*.
▶装備する equipar ALGO《con, de》‖ コンピュータ室に最新の機器を装備する equipar la sala de computación con los ordenadores más avanzados ／ エアバッグを装備した車 vehículo *m*. equipado con bolsa(s) de aire

そうびょう 躁病 manía *f*.

そうふ

◪躁病患者 maníac*o*[*ca*] *mf*., maniac*o*[*ca*] *mf*.

そうふ 送付　envío *m*.

▶送付する enviar, remitir, mandar

◪送付先（住所）dirección *f*., （人）destinata*rio*[*ria*] *mf*. ‖ 送付先を変更する cambiar la dirección del destinatario

◪送付者 remitente *com*.

そうふう 送風　ventilación *f*.

▶送風する ventilar, （換気する）airear

◪送風機 ventilador *m*., （枯葉掃除用）soplador *m*.

ぞうふく 増幅　amplificación *f*.

▶増幅する amplificar

◪増幅器 amplificador *m*.

そうへいきょく 造幣局　casa *f*. de la moneda

◪国立造幣局（スペインの） Fábrica *f*. Nacional de Moneda y Timbre（略 FNMT）

そうへき 双璧　dos grandes figuras *fpl*. 《de》‖ 映画界の双璧 dos grandes figuras *fpl*. del mundo del cine

そうべつ 送別　despedida *f*. ‖ 送別の辞を述べる pronunciar unas palabras de despedida

◪送別会 fiesta *f*. de despedida ‖ 送別会を催す organizar una fiesta de despedida

ぞうほ 増補

▶増補する aumentar, ampliar

◪増補版 edición *f*.「aumentada [ampliada]

◪増補改訂版 edición *f*. revisada y「aumentada [ampliada]

◪増補申請 ‖ パスポートの増補申請をする solicitar que se añadan páginas al pasaporte

そうほう 双方　ambas partes *fpl*. ‖ 双方が譲歩して合意に達した Ambas partes cedieron para llegar a un acuerdo.

そうほうこう 双方向

▶双方向の interacti*vo*[*va*], bidireccional

◪双方向通信 comunicación *f*. interactiva

◪双方向テレビ televisión *f*. interactiva

そうほんざん 総本山　templo *m*. máximo, sede *f*., máxima institución *f*.《de》‖ 日蓮宗の総本山 sede *f*. del budismo Nichiren

そうまとう 走馬灯 ‖ 過去の出来事が走馬灯のように私の脳裏によみがえった Los sucesos pasados acudieron como un torbellino a mi mente.

そうむ 総務　asuntos *mpl*. generales

◪総務会長 secreta*rio*[*ria*] *mf*. general

◪総務省 Ministerio *m*. de Asuntos Internos y Comunicaciones

◪総務部「sección *f*. [departamento *m*.] de asuntos generales

そうめい 聡明

▶聡明な avisa*do*[*da*], inteligente ⇒ かしこい（賢い）

そうめん 素麺　《日本語》 somen *m*., （説明訳）fideos *mpl*. finos de harina

そうめんせき 総面積　「superficie *f*. [extensión *f*.] total ‖ 日本の総面積はおよそ38万平方キロメートルである La superficie total de Japón es aproximadamente de trescientos ochenta mil kilómetros cuadrados.

そうもく 草木　plantas *fpl*.,《集合名詞》vegetación *f*.

そうもくろく 総目録　catálogo *m*. general

ぞうもつ 臓物　entrañas *fpl*., interiores *mpl*., vísceras *fpl*.,《話》tripas *fpl*., （鳥の）menudillos *mpl*.

ぞうよ 贈与　donación *f*.

▶贈与する donar, hacer donación《de》

◪贈与者 donante *com*.

◪贈与税 impuesto *m*.「sobre [de] donaciones

そうらん 騒乱　disturbios *mpl*., revuelta *f*., tumulto *m*. ‖ 騒乱を鎮める sofocar los disturbios ／ 国内の各地で騒乱が起きた Se desataron disturbios en diversos lugares del país.

◪騒乱罪 delito *m*. de perturbación del orden público

そうり 総理

◪総理大臣 pri*mer*[*mera*] minis*tro*[*tra*] *mf*.

◪総理大臣官邸 residencia *f*. oficial del Primer Ministro

ぞうり 草履　sandalias *fpl*., chancletas *fpl*.

そうりつ 創立　fundación *f*., creación *f*. ‖ 大学の創立200周年を祝う conmemorar el bicentenario de la fundación de la universidad

▶創立する fundar, crear

◪創立記念日 aniversario *m*. de la fundación

◪創立者 funda*dor*[*dora*] *mf*.

ぞうりむし 草履虫　paramecio *m*.

そうりょ 僧侶　⇒そう（僧）

そうりょう 送料　gastos *mpl*. de envío, （輸送費）portes *mpl*., （郵送料）franqueo *m*. ‖ 送料を負担する「costear [correr con] los gastos de envío ／ 送料は申請者の負担になります Los gastos de envío correrán a cargo del solicitante. ／ 送料込みで2000円 Dos mil yenes con gastos de envío incluidos. ／ 1万円以上のお買い上げは送料無料 Gastos de envío gratis para compras superiores a diez mil yenes.

そうりょう 総量　cantidad *f*. total, （総重量）peso *m*. bruto

そうりょうじ 総領事　cónsul *com*. general

◪総領事館 consulado *m*. general

そうりょく 総力 ‖ 総力を挙げて戦う luchar con todos los medios disponibles

▣総力戦 guerra *f.* total
そうるい 藻類 algas *fpl.*
そうるい 走塁 《野球》corrido *m.* de bases
▶走塁する《野球》correr las bases
▣走塁妨害《野球》obstrucción *f.*
そうれい 壮麗
▶壮麗な espléndi*do*[*da*], grandio*so*[*sa*], magnífi*co*[*ca*]
▶壮麗さ esplendor *m.*, grandiosidad *f.*, magnificencia *f.*
そうれつ 壮烈 ⇒そうぜつ(壮絶)
そうれつ 葬列 cortejo *m.* fúnebre
そうろ 走路 (競技場のトラック) pista *f.*, (コース) calle *f.*
そうろん 総論 generalidades *fpl.* ∥総論賛成、各論反対です Estoy de acuerdo con la idea general, pero no con los detalles.
そうわ 送話 transmisión *f.*
▣送話器 transmisor *m.*
▣送話口 (電話) micrófono *m.*
そうわ 挿話 episodio *m.*
そうわ 総和 suma *f.* total
ぞうわい 贈賄 soborno *m.*, cohecho *m.*
▶贈賄する sobornar, cohechar
▣贈賄者 soborna*dor*[*dora*] *mf.*, cohecha*dor*[*dora*] *mf.*
▣贈賄罪 delito *m.* de「cohecho [soborno]∥贈賄罪に問われる ser acusa*do*[*da*] de「cohecho [soborno]
▣贈賄事件 caso *m.* de soborno
そえがき 添え書き nota *f.*, (注記) apostilla *f.*, (追伸) posdata *f.* ∥添え書きを付けてプレゼントを送る enviar un regalo con un mensaje
そえぎ 添え木/副え木 (植木などの) tutor *m.*, rodrigón *m.*, (骨折治療用の) férula *f.*, tablilla *f.* ∥骨折した腕に添え木を当てる entablillar el brazo fracturado
そえもの 添え物 guarnición *f.*, acompañamiento *m.*
そえる 添える acompañar, (加える) añadir, (添付する) adjuntar ∥肉にフライドポテトを添える acompañar la carne con patatas fritas ／手紙に写真を添える adjuntar una foto con la carta
そえん 疎遠 distanciamiento *m.*
▶疎遠になる distanciarse《de》∥最近、私は親戚と疎遠になっている Últimamente estoy distancia*do*[*da*] de mis parientes.
ソーサー platillo *m.* de té
ソーシャル
▣ソーシャルネットワーキングサービス servicio *m.* de red social
▣ソーシャルメディア medios *mpl.* (de comunicación) sociales
▣ソーシャルワーカー trabaja*dor*[*dora*] *mf.* social
ソース salsa *f.*

▣ウスターソース salsa *f.*「inglesa [wercester, Worcestershir]
▣ソースパン cazo *m.*
ソーセージ salchicha *f.*, embutido *m.*
ソーダ soda *f.* ∥ウイスキーのソーダ割り「whisky *m.* güisqui *m.*] con soda
▣ソーダ水 agua *f.* carbonatada, gaseosa *f.*, soda *f.*
▣ソーダ石灰 cal *f.* sodada
ソート ordenación *f.*, algoritmo *m.* de ordenamiento
▶ソートする ordenar, (分類する) clasificar ∥データを昇順にソートする「clasificar [ordenar] los datos por orden ascendente ／データを降順にソートする「clasificar [ordenar] los datos por orden descendente
ソーホー SOHO 《英語》 *small office home office*の略) microempresa *f.*; (太陽探査機) Observatorio *m.* Solar y Helioesférico
ソーラー
▣ソーラーカー「vehículo *m.* [automóvil *m.*, coche *m.*] solar
▣ソーラーシステム (太陽系) sistema *m.* solar, (太陽熱利用設備) sistema *m.* de energía solar
▣ソーラーハウス vivienda *f.* solar
▣ソーラーパネル panel *m.* solar
ゾーン zona *f.*
そかい 疎開 evacuación *f.*
▶疎開する evacuar la ciudad
▣強制疎開 evacuación *f.*「forzosa [obligatoria]
▣集団疎開 evacuación *f.*「masiva [en masa]
▣疎開者 evacua*do*[*da*] *mf.*
▣疎開地 zona *f.* de evacuados, lugar *m.* en el que se quedan los evacuados
そがい 阻害 impedimento *m.*
▶阻害する impedir, obstaculizar, estorbar ∥木の成長を阻害する impedir el crecimiento de un árbol
そがい 疎外 marginación *f.*, discriminación *f.*
▶疎外する marginar, discriminar ∥私は仲間から疎外されている Mis compañeros me tienen margina*do*[*da*].
▶疎外感 sentimiento *m.* de aislamiento ∥疎外感を持つ sentirse margina*do*[*da*]
そかく 組閣 formación *f.* del「gobierno [gabinete] ∥組閣は総理大臣の任務である Al primer ministro le corresponde「formar el gobierno [la formación del gobierno].
▶組閣する formar un「gobierno [gabinete]
そく 足 ∥1足の靴 un par de zapatos ／3足の靴下 tres pares de calcetines
そぐ 削ぐ/殺ぐ (奪う) quitar ∥食欲をそぐ quitar el apetito《a》／～する意欲をそぐ quitar las ganas de『+不定詞』《a》／耳をそ

ぐ（切り落とす）cortar la oreja《a》
ぞく 俗
▶俗な vulgar, común ‖ 俗な男 hombre *m.* vulgar
▶俗に vulgarmente, comúnmente, popularmente ‖ これが俗に言う文化の違いというものだ Esto es lo que vulgarmente se llama "diferencia cultural". ¦ Esto es lo que se conoce popularmente como "diferencia cultural".
ぞく 族 grupo *m.*, (家族) familia *f.*, (種族) tribu *f.*, raza *f.*, (生物学の分類) tribu *f.*, (元素の族) grupo *m.* (de la tabla periódica), (数学の族)「familia *f.* [colección *f.*] de conjuntos
ぞく 属 género *m.*
ぞく 賊 （追い剥ぎ）band*ido[da] mf.*, (泥棒) la*drón[drona] mf.*, (反逆者) rebelde *com.*
ぞくあく 俗悪
▶俗悪な gros*ero[ra]*, vulgar, soez ‖ 俗悪な趣味 gusto *m.* grosero ／ 俗悪な雑誌 revista *f.* vulgar
そくい 即位 coronación *f.*, entronización *f.*
▶即位する subir al trono, coronarse
◪即位式 ceremonia *f.* de coronación
ぞくうけ 俗受け (軽蔑的に) populachería *f.* ‖ 俗受けをねらう intentar satisfacer al gran público
▶俗受けする tener éxito entre el gran público
そくおう 即応
▶即応する (適応する) adaptarse rápidamente《a》, (対処する) actuar rápidamente, tomar medidas rápidas ‖ 技術の変化に即応する adaptarse rápidamente a los cambios tecnológicos
ぞくご 俗語 lenguaje *m.* vulgar, vulgarismo *m.*
そくざ 即座
▶即座の inmedia*to[ta]* ‖ 即座の反応 reacción *f.* inmediata
▶即座に inmediatamente, de inmediato, enseguida,《慣用》en el acto ‖ 緊急時に即座に行動する actuar de inmediato en caso de emergencia
そくし 即死 muerte *f.* instantánea
▶即死する「morir [fallecer] en el acto, 「morir [fallecer] instantáneamente
そくじ 即時
▶即時の inmedia*to[ta]*, urgente
▶即時に inmediatamente, de inmediato
◪即時払い pago *m.* inmediato
◪即時撤退 retirada *f.* inmediata
◪即時入院 hospitalización *f.* inmediata ‖ 患者の即時入院を命じる（医師が）ordenar la inmediata hospitalización del paciente

ぞくじ 俗事 asuntos *mpl.*「mundanos [mundanales]」‖ 俗事に疎い no estar al tanto de los asuntos mundanos,《慣用》vivir en otro mundo
そくじつ 即日
▶即日に (en) el mismo día, al mismo día
◪即日開票 escrutinio *m.* inmediato ‖ 即日開票する realizar el escrutinio inmediato
◪即日配達 entrega *f.* en el mismo día
ぞくしゅつ 続出
▶続出する「surgir [producirse] u*no[na]* tras o*tro[tra]*」‖ 鉄道事故でけが人が続出した Un accidente de tren provocó una serie de heridos. ／ 経済危機で企業倒産が続出した La crisis económica provocó quiebras en cadena de numerosas empresas.
ぞくしょう 俗称 nombre *m.*「popular [vulgar]」
そくしん 促進 fomento *m.*
▶促進する acelerar, fomentar, promover, (刺激する) estimular ‖ 販売を促進する「promover [promocionar] la venta《de》／ 血行を促進する「mejorar [estimular] la circulación sanguínea
ぞくじん 俗人 (俗な人) persona *f.* vulgar, (非聖職者) lai*co[ca] mf.*, seglar *com.*
そくする 即する ‖ 経験に即したやり方 método *m.* basado en las experiencias ／ 現実に即した対策をとる tomar medidas acordes con la realidad ／ 時代の要求に即したカリキュラム plan *m.* de estudios acorde con las exigencias del tiempo
そくする 則する seguir ‖ 法律に則して conforme a la ley
ぞくする 属する (所属する) pertenecer《a》, (従属する) depender《de》, (会員である) ser miembro《de》‖ 政党に属する「pertenecer a [ser miembro de] un partido político」／ この島は日本に属する Esta isla pertenece a Japón. ／ 桜はバラ科に属する El cerezo japonés pertenece a las rosáceas.
ぞくせい 属性 atributo *m.*
そくせいさいばい 促成栽培 cultivo *m.* forzado
▶促成栽培する realizar un cultivo forzado
ぞくせかい 俗世界 este mundo
そくせき 即席
▶即席の instantáne*o[a]*, (即興の) improvi*sado[da]* ‖ 即席のスピーチ discurso *m.* improvisado
◪即席ラーメン fideos *mpl.* instantáneos
◪即席料理 comida *f.* instantánea
そくせき 足跡 （あしあと）rastro *m.*, huella *f.* (比喩的にも使う), (成果) contribución *f.* ‖ 容疑者（男性）の足跡を追う seguir「el rastro [los pasos]」del presunto autor
〘慣用〙足跡を残す dejar huella《en》‖ 野球界に偉大な足跡を残す dejar grandes huellas

en el mundo del béisbol, realizar una gran contribución al mundo del béisbol
ぞくせけん 俗世間 este mundo (vulgar)
ぞくせつ 俗説 creencia *f*. popular, (都市伝説) leyenda *f*. urbana ‖ 俗説によると～だ Según una creencia popular... ¦ Es una creencia popular que〖+直説法〗.
ぞくぞく
▶ぞくぞくする sentir escalofríos
ぞくぞく 続続
▶続々と sucesivamente, u*no*[*na*] tras o*tro*[*tra*], u*no*[*na*] detrás de o*tro*[*tra*], sin parar ‖ クレームが続々と来た Las reclamaciones nos llegaron unas tras otras.
そくたつ 速達 correo *m*. urgente
▶速達で por correo urgente ‖ 手紙を速達で送る enviar una carta por correo urgente／速達でお願いします Por correo urgente, por favor.
▶速達の urgente
◻速達郵便 correo *m*. urgente
◻速達料金 tarifa *f*. (de correo) urgente
そくだん 即断 decisión *f*. inmediata
▶即断する decidir ALGO en el acto, tomar una decisión inmediata
そくだん 速断
▶速断する (早まった結論を出す) concluir precipitadamente, (早く決める) decidir ALGO con rapidez ‖ 速断するのはよくない No conviene sacar conclusiones precipitadas.
ぞくっぽい 俗っぽい vulgar
そくてい 測定 medición *f*. ‖ 体力の測定 medición *f*. de las capacidades físicas
▶測定する medir ‖ AとBの間の距離を測定する medir la distancia entre A y B／騒音を測定する medir los niveles del ruido
◻測定器 medidor *m*., (計測機器) instrumento *m*. de medición
そくど 速度 velocidad *f*. ‖ 仕事の速度 velocidad *f*. a la que se trabaja／毎秒5メートルの速度で a una velocidad de cinco metros por segundo／速度を上げる／速度を増す aumentar la velocidad／同じ速度を保つ mantener la misma velocidad／速度を落とす/速度を減じる「reducir [disminuir, aminorar] la velocidad
◻安全速度 velocidad *f*. de seguridad
◻回線速度 velocidad *f*. de conexión
◻最高速度 velocidad *f*. máxima ‖ 最高速度標識 señal *f*. de limitación de velocidad máxima permitida／最高速度を時速80キロに下げる reducir la velocidad máxima permitida a 80 kilómetros por hora／車の最高速度は時速60キロに定められている La velocidad máxima de los vehículos está fijada en 60 kilómetros por hora.
◻瞬間速度 velocidad *f*. instantánea
◻巡航速度 velocidad *f*. de crucero
◻通信速度 velocidad *f*. de comunicación
◻平均速度 velocidad *f*. media
◻速度違反 infracción *f*. de velocidad ‖ 速度違反を犯す cometer una infracción de velocidad
◻速度計 velocímetro *m*.
◻速度制限 「límite *m*. [limitación *f*.] de velocidad ‖ 速度制限標識 señal *f*. de limitación de velocidad
そくとう 即答 respuesta *f*. inmediata
▶即答する responder en el acto, dar una respuesta inmediata
そくどく 速読 lectura *f*. rápida
▶速読する leer rápido
◻速読術 técnicas *fpl*. de lectura rápida
そくばい 即売 venta *f*. en el lugar (del evento)
▶即売する vender ALGO en el lugar (del evento) ‖ 展示品を即売する vender los artículos expuestos
そくばく 束縛 ataduras *fpl*. ‖ ～の束縛を受ける estar suje*to*[*ta*] (a)／束縛のない sin 「limitación [restricción]
▶束縛する atar ‖ 自由を束縛する 「limitar [coartar] la libertad de ALGUIEN／時間に束縛されている ser escla*vo*[*va*] del tiempo, estar ata*do*[*da*] al tiempo
ぞくはつ 続発 ‖ 凶悪犯罪の続発を防ぐ prevenir la sucesión de crímenes atroces
▶続発する producirse u*no*[*na*] tras o*tro*[*tra*] ‖ ネット犯罪が続発している Se están sucediendo una serie de delitos informáticos.／高速道路での死亡事故が続発した Se registraron sucesivamente accidentes mortales en autopistas.
ぞくぶつ 俗物 persona *f*. vulgar, (軽蔑的に) esnob *com*.
◻俗物根性 (軽蔑的に) esnobismo *m*.
そくぶつてき 即物的
▶即物的な materialista ‖ 即物的なものの考え方 modo *m*. de pensar materialista
▶即物的に ‖ 即物的にものを考える pensar de modo materialista
ぞくへん 続編 continuación *f*.《de》
そくほう 速報 noticia *f*. de última hora ‖ 速報を流す difundir una noticia de última hora
▶速報する informar de forma inmediata《de》
◻ニュース速報 avance *m*. informativo
◻開票速報 avance *m*. del escrutinio
ぞくみょう 俗名 (出家前の名) nombre *m*. secular, (俗称) nombre *m*. 「popular [vulgar]
ぞくめい 属名 nombre *m*. genérico
そくめん 側面 lado *m*., costado *m*., (一面) aspecto *m*. ‖ 柱の側面 lado *m*. del pilar／東

京の別の側面を知る conocer otra cara de Tokio ／ あらゆる側面から状況を分析する analizar la situación en todos los aspectos ／ 側面から支える（支援する）dar apoyo 《a》, apoyar
▶側面の lateral
◨側面攻撃 ataque *m*. de flanco ‖ 側面攻撃する atacar por un flanco
◨側面図 plano *m*. lateral

ぞくらく 続落 caída *f*. consecutiva
▶続落する caer [continuadamente [seguidamente] ‖ 株価は3日間続落した Las acciones cayeron por tercer día consecutivo.

そくりょう 測量 medición *f*., (土地の) agrimensura *f*.
▶測量する medir, realizar las mediciones 《de》
◨三角測量 triangulación *f*.
◨測量器械 instrumento *m*. de medición
◨測量技師 (土地の) agrimen*sor*[*sora*] *mf*.
◨測量図 dibujo *m*. topográfico
◨測量船 「buque *m*. [barco *m*.] de investigación

ぞくりょう 属領 dependencia *f*., posesiones *fpl*.

そくりょく 速力 → そくど（速度）‖ 全速力で a toda velocidad, a toda marcha, (船が) a toda máquina

そぐわない ‖ 彼女は容姿にそぐわない声をしている Ella tiene una voz que no concuerda con su aspecto físico. ／ ジーンズは式典にそぐわない El pantalón vaquero no es adecuado para la ceremonia.

そけいぶ 鼠径部 《解剖》ingle *f*.

そげき 狙撃
▶狙撃する disparar ‖ 大統領(男性)はビルの窓から狙撃された Dispararon al presidente desde la ventana del edificio.
◨狙撃銃 fusil *m*. de francotirador
◨狙撃兵 francotira*dor*[*dora*] *mf*.

ソケット portalámparas *m*.[=*pl*.]

そこ (そこ) ahí, (あそこ) allí ‖ そこまで君を迎えに行きます Voy a buscarte hasta donde estás. ／ そこへはどうやって行くのですか ¿Cómo se puede ir allí? ／ そこが一番大事だ Eso es lo más importante. ／ そこをもう一度読みなさい Lea de nuevo esa parte.

そこ 底 fondo *m*. ‖ コップの底 fondo *m*. del vaso ／ 海の底 fondo *m*. del mar ／ 靴の底 suela *f*. (del zapato) ／ 心の底で en el fondo de *su* corazón ／ 記憶の底に残っている quedar en el fondo de *su* memoria
⟨慣⟩底が浅い poco profun*do*[*da*], (表面的な) superficial ‖ 底が浅い人 persona *f*. superficial
⟨慣⟩底を突く agotarse ‖ 在庫が底を突いた Se agotaron las existencias.
⟨慣⟩底をはたく gastarse todo ‖ 私は財布の底をはたいた Me gasté todo el dinero que me quedaba.
◨上げ底／二重底 doble fondo *m*. ‖ 上げ底の箱 caja *f*. 「de [con] doble fondo

そご 齟齬 (不一致) discrepancia *f*., desacuerdo *m*., (矛盾) contradicción *f*. ‖ 首相(男性)の発言は事実と齟齬をきたしている La declaración del primer ministro está en desacuerdo con los hechos.

そこい 底意 ‖ 底意がある tener 「doble intención [segundas intenciones]

そこいじ 底意地 ‖ 底意地の悪い(人) malintenciona*do*[*da*] (*mf*.) ／ 彼は底意地が悪い Es un malnacido.

そこいれ 底入れ
▶底入れする tocar fondo ‖ 株価が底入れした Los precios en la bolsa 「llegaron al nivel más bajo [tocaron fondo].

そこう 素行 conducta *f*., comportamiento *m*. ‖ 素行の悪い人 persona *f*. de mala conducta ／ (自分の)素行を改める corregir *su* conducta ／ 彼は父親に素行を注意された Su padre le llamó la atención por su mal comportamiento.

そこう 粗鋼 acero *m*. crudo
◨粗鋼生産 producción *f*. de acero crudo

そこく 祖国 patria *f*., país *m*. natal ‖ 祖国の土を踏む pisar *su* tierra natal ／ 祖国の独立のために闘う luchar por la independencia de *su* patria ／ 懐かしい祖国へ帰る volver a *su* añorada patria ／ 祖国を失う perder *su* patria ／ 祖国を思う 「extrañar [añorar] *su* patria ／ 祖国を捨てる 「abandonar [dejar] *su* patria ／ 祖国を離れる marcharse de *su* patria ／ 祖国を守る defender *su* patria
◨祖国愛 amor *m*. 「a [por] *su* patria

そこここ aquí y allá, (いたる所) por todas partes ‖ 私は体のそこここが痛む Me duele por todas partes. ／ 街のそこここで暴動が起きている Se están produciendo disturbios en diversos lugares de la ciudad.

そこしれない 底知れない insondable ‖ 底知れない才能 talento *m*. insondable

そこそこ
▶そこそこの media*no*[*na*] ‖ そこそこの成功をおさめる tener un éxito mediano
▶そこそこに ‖ そこそこに働く trabajar lo justo ／ 付き合いもそこそこに彼らは結婚した Apenas habían empezado a salir juntos cuando se casaron.
▶そこそこで ‖ これは100円そこそこで売っている Esto se vende alrededor de los cien yenes.

そこぢから 底力 talento *m*. oculto, verdadera capacidad *f*. ‖ 底力がある tener un talento oculto ／ 底力を発揮する／底力を出す mostrar *su* verdadera capacidad

そこつ 粗忽
▶そこつな（軽率な）imprudente, indiscreto[ta], (不注意な) descuidado[da]
◨そこつ者 descuidado[da] mf.

そこなう 損なう dañar, perjudicar, estropear‖健康を損なう「dañar [perjudicar] la salud／電車に乗り損なう perder el tren／都市の美観を損なう estropear la estética de la ciudad

そこなし 底無し
▶底なしの sin fondo, insondable‖底なしの沼 pantano m. sin fondo／底なしの酒飲み bebedor[dora] mf. empedernido[da]
▶底なしに sin límite‖底なしに飲む beber 「sin límite [como una esponja, como un cosaco, sin moderación]

そこぬけ 底抜け
▶底抜けの sin límite, sin remedio‖底抜けのお人好しである,《慣用》ser un alma de Dios,《慣用》ser más bueno[na] que el pan／底抜けのばかである ser tonto[ta] de remate
▶底抜けに sin límite‖底抜けに明るい ser de lo más alegre,《慣用》ser un cascabel

そこね 底値 cotización f. mínima
そこねる 損ねる dañar, perjudicar, estropear ⇒そこなう(損なう)

そこはかとない‖そこはかとない不安を感じる sentir una vaga inquietud／そこはかとない花の香りが漂っていた En el aire flotaba un ligero aroma a flores.

そこびえ 底冷え‖底冷えがする Hace un frío penetrante.

そこびき 底引き
◨底引き網 red f. de arrastre
◨底引き漁業 pesca f. con red de arrastre
◨底引き漁船 barco m. arrastrero

そこら‖そこらを散歩する dar una vuelta por allí／そこらを探す buscar ALGO por ahí／私は10分かそこら待った Esperé diez minutos o algo así.／そこら一帯瓦礫と化した Toda esa zona se convirtió en escombros.

そざい 素材 materia f., material m.,（食材）ingrediente m.‖素材が綿の服 ropa f. hecha de algodón／素材のリサイクル reciclaje m. de materiales／素材を活かした料理 plato m. que conserva「los sabores originales de los ingredientes [el sabor de cada ingrediente]
◨新素材 nuevo material m.

そざつ 粗雑
▶粗雑な tosco[ca], descuidado[da], negligente,（仕事が） chapucero[ra]‖粗雑な仕事 trabajo m. chapucero, chapuza f.／粗雑な計画 plan m. deficiente／粗雑な頭 cabeza f. mal amueblada
▶粗雑に con tosquedad, con descuido, con negligencia
▶粗雑さ tosquedad f.

そし 阻止
▶阻止する impedir, detener‖原発の稼働を阻止する impedir la entrada en funcionamiento de la central nuclear

そじ 素地（素質）aptitud f., disposición f.,（土台）base f.

そしき 組織 organización f.,（体系）sistema m.,（生物の）tejido m.‖会社の組織 organización f. de una empresa／組織を作る「crear [fundar] una organización
▶組織的な organizado[da], sistemático[ca]‖組織的な宣伝活動 propaganda f. organizada
▶組織的に de manera organizada,（体系的に）sistemáticamente
▶組織する organizar,（構成する）formar‖委員会は10名で組織されている El comité está formado por diez miembros.
▶組織化 organización f.,（体系化）sistematización f.
◨脂肪組織 tejido m.「adiposo [graso]
◨政治組織 organización f. política
◨犯罪組織 organización f. criminal
◨組織委員会 comité m. organizador
◨組織工学 ingeniería f. de tejidos
◨組織培養 cultivo m. de tejidos
◨組織犯罪 crimen m. organizado
◨組織票 votos mpl. asegurados
◨組織力 capacidad f.「organizativa [de organización]
◨組織労働者 trabajadores mpl. organizados

そしつ 素質 aptitud f., talento m., disposición f.‖デザインの素質がある tener「talento [un don] para el diseño

そして y,（i-, hi-で始まる語の前で）e,（それから）(y) después

そしな 粗品 pequeño「regalo m. [obsequio m.],（おまけ）premio m.‖粗品を進呈する dar un pequeño regalo《a》

そしゃく 咀嚼 masticación f.
▶咀嚼する masticar

そしょう 訴訟 pleito m., proceso m., demanda f.‖訴訟に勝つ ganar el「juicio [pleito]／訴訟を起こす poner un pleito《a, contra》, pleitear, demandar／会社に対して損害賠償の訴訟を起こす presentar una demanda contra la empresa pidiendo una indemnización／訴訟を取り下げる retirar la demanda
▶訴訟の procesal
◨刑事訴訟「proceso m. [pleito m.] penal
◨民事訴訟「proceso m. [pleito m.] civil
◨訴訟依頼人 demandante com.
◨訴訟手続き trámite m. judicial, procedimiento m. jurídico

そしょく

☑訴訟費用 costas *fpl.* procesales, gastos *mpl.* judiciales

そしょく 粗食 comida *f.* sencilla, (質素な) comida *f.* frugal
▶粗食する comer「austeramente [parcamente]

そしらぬ 素知らぬ‖素知らぬふりをする《慣用》hacerse *el*[*la*] sue*co*[*ca*],《慣用》hacerse *el*[*la*] disimula*do*[*da*] / 彼女は素知らぬ顔で私に挨拶もせずに通り過ぎた Ella pasó de largo sin saludarme.

そしり 謗り reproche *m.*, censura *f.*, crítica *f.*‖そしりを受ける recibir reproches 《de》
慣用 そしりを免れない no estar libre de reproches, merecer reproches

そしる 謗る reprochar, criticar

すすう 素数 《数学》número *m.* primo

そせい 粗製
☑粗製品 producto *m.*「de mala calidad [mal acabado]
☑粗製乱造‖粗製乱造する fabricar masivamente productos de mala calidad

そせい 組成 composición *f.*, constitución *f.*
▶組成する componer, constituir
☑体組成 composición *f.* corporal
☑体組成計 monitor *m.* de composición corporal

そせい 蘇生 resucitación *f.*, reanimación *f.*
▶蘇生する (生き返る) resucitar, (元気になる) reanimarse‖死の淵から蘇生する regresar desde el borde de la muerte
▶蘇生させる resucitar, reanimar
☑心肺蘇生法 reanimación *f.* cardiopulmonar (略 RCP)

そぜい 租税 impuesto *m.*, contribución *f.*‖租税を納める「pagar [tributar] impuestos
☑租税回避地 (タックス・ヘイブン) paraíso *m.* fiscal
☑租税収入 ingresos *mpl.*「tributarios [fiscales, por impuestos]
☑租税条約 convenio *m.* de doble imposición
☑租税負担率 proporción *f.* fiscal
☑租税法 derecho *m.*「tributario [fiscal]

そせき 礎石 primera piedra *f.*, (隅石) piedra *f.* angular (比喩的にも使う), (基礎) base *f.*

そせん 祖先 antepasados *mpl.*, ancestros *mpl.*, ascendiente *com.* ⇒せんぞ(先祖)‖人類の祖先「antepasados *mpl.* [ancestros *mpl.*] del ser humano / 祖先をたどる remontarse a *sus* antepasados / 祖先から受け継ぐ heredar ALGO de *sus* antepasados
☑祖先崇拝 culto *m.* a los ancestros

そそう 粗相‖お客様に粗相のないように注意してください Procure no faltar al respeto a nuestros clientes.

▶粗相する (へまをする) cometer「un error [una torpeza], (小便を漏らす) orinarse

そそぐ verter, echar, (川が) desembocar‖ビールをジョッキに注ぐ「verter [poner] cerveza en una jarra / 草花に水を注ぐ「echar agua a [regar] las plantas / 利根川は太平洋に注ぐ El río Tone desemboca en el océano Pacífico. / 時間とエネルギーを注ぐ invertir tiempo y energía 《en》, dedicar tiempo y energía《a》

そそぐ 濯ぐ/雪ぐ limpiar‖汚名を濯ぐ lavar *su* deshonra

そそくさ
▶そそくさと apresuradamente, deprisa‖そそくさと立ち去る marcharse apresuradamente

そそっかしい despista*do*[*da*], descuida*do*[*da*], atolondra*do*[*da*]‖私の息子はそそっかしい Mi hijo es un despistado.

そそのかす 唆す instigar, inducir, incitar, tentar‖子供たちをそそのかしていたずらさせる inducir a los niños a hacer travesuras

そそりたつ 聳り立つ elevarse, levantarse, descollarse《sobre》‖たくさんの超高層ビルが海岸沿いにそそり立っている Muchos rascacielos se levantan a lo largo de la costa.

そそる estimular, despertar, suscitar‖食欲をそそる「despertar [avivar, estimular] el apetito / 興味をそそる「suscitar [despertar] interés《en》

そぞろ‖気もそぞろである tener la mente en otra parte

そだい 粗大
▶粗大な volumino*so*[*sa*]
☑粗大ごみ basura *f.* voluminosa, desecho *m.* grande‖古い椅子を粗大ごみに出す tirar una silla vieja como basura voluminosa

そだち 育ち‖育ちのよい bien educa*do*[*da*], bien cria*do*[*da*] / 育ちの悪い mal educa*do*[*da*], mal cria*do*[*da*]
☑育ち盛り‖育ち盛りの男の子 niño *m.* en (etapa de) crecimiento

そだつ 育つ crecer, criarse‖普通の家庭で育つ criarse en una familia normal / 母乳で育つ criarse con leche materna / 植物は光に向かって育つ Las plantas crecen hacia la luz.

そだて 育て‖育ての親 (養父母) padres *mpl.*「de acogida [adoptivos], (母親) madre *f.* de crianza

そだてる 育てる criar, (教育する) educar, formar, (栽培する) cultivar‖息子を育てる criar a *su* (propio) hijo / 弟子を育てる formar a *su* discíp*ulo*[*la*] / 将来の音楽家を育てる formar a futuros músicos / 苗を育てる cultivar plantones / 彼らはその孤児(男の子)をわが子同様に育てた Ellos criaron

al huérfano como si fuera su propio hijo.
そち 措置 medidas *fpl.* ⇒ しょち(処置) ‖ 適切な措置 medidas *fpl.* adecuadas ／ 思い切った措置 medidas *fpl.* drásticas ／ 必要な措置を講じる「tomar [adoptar] las medidas necesarias《para》
そちら ⇒ そこ・それ ‖ そちらの天気はどうですか ¿Qué tiempo hace ahí? ／ そちらのシャツをお薦めします Le recomiendo esa camisa.
そつ
▶そつのない perfec*to*[*ta*], impecable,（如才ない）diplomáti*co*[*ca*],（欠点のない）sin defecto
▶そつがない 何をさせても彼女はそつがない Ella todo lo hace bien.
そつう 疎通 ‖ 意思の疎通を図る procurar entenderse《con》
ぞっか 俗化 vulgarización *f.*
▶俗化する vulgarizarse
ぞっかい 俗界 este mundo
そっき 速記 taquigrafía *f.*, estenografía *f.*
▶速記の taquigráfi*co*[*ca*], estenográfi*co*[*ca*]
▶速記する taquigrafiar, estenografiar
◳速記者 taquígra*fo*[*fa*] *mf.*, estenógra*fo*[*fa*] *mf.*
◳速記録 notas *fpl.* taquigráficas
そっきゅう 速球 bola *f.* rápida ‖ 速球を投げる lanzar una bola rápida
▶速球投手（野球）lanza*dor*[*dora*] *mf.* de bola rápida
そっきょう 即興 improvisación *f.*
▶即興で improvisadamente ‖ 即興で作る／即興で演奏する improvisar ／ 即興でスピーチをする improvisar un discurso
▶即興の improvisa*do*[*da*]
◳即興曲 impromptu *m.*
◳即興詩 poema *m.* improvisado
◳即興詩人 improvisa*dor*[*dora*] *mf.*
そつぎょう 卒業 graduación *f.*
▶卒業する graduarse《en》, terminar la carrera,《中南米》egresar《de》‖ 医学部を卒業する graduarse en Medicina ／ 大学を卒業する graduarse en la universidad
◳卒業式「acto *m.* [ceremonia *f.*] de graduación
◳卒業試験 examen *m.* de graduación
◳卒業証書 diploma *m.*
◳卒業証明書 certificado *m.* de graduación
◳卒業生 gradua*do*[*da*] *mf.*,《中南米》egresa*do*[*da*] *mf.* ‖ 大学の卒業生 gradua*do*[*da*] *mf.* universita*rio*[*ria*],（学士）licencia*do*[*da*] *mf.*
◳卒業論文 tesina *f.*, tesis *f.*[=*pl.*] de licenciatura
そっきん 即金
▶即金で al contado, en dinero contante y sonante,《スペイン》a tocateja ‖ 即金で買う comprar ALGO al contado ／ 即金で払う pagar [al contado [a tocateja]
◳即金払い pago *m.* al contado
そっきん 側近 conseje*ro*[*ra*] *mf.* cerca*no*[*na*], allega*do*[*da*] *mf.* ‖ 首相(男性)の側近たち allegados *mpl.* del primer ministro
ソックス calcetines *mpl.*
そっくり ❶（似ている）⇒ にる(似る)・うり(瓜) ‖ すべてが10年前とそっくりそのままである Todo sigue exactamente igual que hace diez años.
▶そっくりだ（～と，～に）parecerse mucho《a》, ser calca*do*[*da*]《a》‖ 彼女は母親にそっくりだ Ella se parece mucho a su madre. ‖ Ella es el vivo retrato de su madre. ／ 彼は声がお父さんにそっくりだ Él tiene una voz idéntica a la de su padre.
▶そっくりな/そっくりの muy pareci*do*[*da*]《a》, igual《a》, idénti*co*[*ca*]《a》‖ 本物とそっくりの絵 cuadro *m.* idéntico al original
❷（全部）todo,（全部の～）to*do*[*da*] *el*[*la*]『+名詞』, to*do*[*da*] *su*『+名詞』‖ 財産をそっくり失う perder toda *su* fortuna
そっけつ 即決 decisión *f.* inmediata
▶即決する decidir ALGO inmediatamente, tomar una decisión inmediata
◳即決裁判 juicio *m.* sumario, procedimiento *m.* sumarísimo
そっけない 素っ気ない se*co*[*ca*], frío[*a*],（無愛想な）brus*co*[*ca*] ‖ そっけない態度 actitud *f.* fría [brusca] ／ そっけない返事をする responder secamente, dar una respuesta seca《a》
▶そっけなく secamente, fríamente, bruscamente ‖ そっけなく断る rechazar ALGO bruscamente
そっこう 即効
▶即効性 efecto *m.* inmediato
◳即効薬 medicamento *m.* de rápida acción
そっこう 速攻 ataque *m.* rápido,（カウンターアタック）contraataque *m.*
▶速攻で con mayor rapidez, con (la) máxima velocidad
▶速攻する atacar rápido, contraatacar
そっこう 続行 continuación *f.* ‖ 雨で試合の続行が無理になった La lluvia impidió la continuación del partido.
▶続行する continuar, seguir ‖ コンサートを最後まで続行する continuar el concierto hasta el final
そっこうじょ 測候所 estación *f.* meteorológica
そっこく 即刻 enseguida, inmediatamente, de inmediato ‖ 即刻帰国する volver inmediatamente a *su* país
ぞっこく 属国 país *m.* dependiente,（植民

地) colonia *f.*, (属領) posesiones *fpl.*
ぞっこん ‖ 彼は彼女にぞっこんだ Él está perdidamente enamorado de ella.
そっせん 率先
❱率先する tomar la iniciativa ‖ 率先して町の清掃活動をする tomar la iniciativa en la campaña de limpieza de la ciudad
そっち ⇒そちら
そっちのけ
❱そっちのけで ‖ 務めそっちのけで遊ぶ divertirse dejando de lado *sus* obligaciones
そっちゅう 卒中 apoplejía *f.*
そっちょく 率直
❱率直な franc*o[ca]*, sincer*o[ra]* ‖ 率直な答え respuesta *f.* franca ／ 率直なご意見をいただければ幸いです ¿Sería tan amable de darme su franca opinión?
❱率直に francamente, con franqueza, sinceramente, 《慣用》con el corazón en la mano ‖ 率直に話す hablar con franqueza, 《慣用》llamar las cosas por su nombre ／ 率直に言って、この計画がうまくいくとは思わない Francamente hablando, no creo que el proyecto tenga éxito.
そっと (音を立てないように) sin hacer ruido, (静かに) silenciosamente, (こっそり) a escondidas, 《慣用》a la chita callando, (注意して) con cuidado ‖ そっとさわる tocar ALGO「con cuidado [suavemente] ／ そっとしておく dejar a ALGUIEN「en paz [tranquilo]
ぞっと
❱ぞっとする sentir horror ‖ ぞっとするような escalofriante, aterrad*or[dora]*
そっとう 卒倒 desmayo *m.* ⇒きぜつ(気絶)
❱卒倒する desmayarse, desfallecer, perder el conocimiento
そっぱ 反っ歯 dientes *mpl.* salidos
そっぽ
❱そっぽを向く mirar para otro lado ‖ 時代の流れにそっぽを向く no seguir la corriente de los tiempos ／ 上司(男性)の意見にみなそっぽを向いた Nadie hizo caso de la opinión del jefe.
そつろん 卒論 ⇒そつぎょう(⇒卒業論文)
そで 袖 manga *f.* ‖ 袖無しのシャツ camisa *f.* sin mangas ／ 半袖のシャツ camisa *f.* de manga corta ／ 舞台の袖 bastidores *mpl.* ／ 袖をまくる(自分の服の)remangarse, arremangarse, subirse las mangas ／ 誰かの袖を引っ張る tirar A ALGUIEN DE la manga
〔慣用〕袖の下 soborno *m.*
〔慣用〕袖にすがる (助けを求める) pedir ayuda (a), (哀願する) suplicar
〔慣用〕袖にする negar el favor《a》
〔慣用〕袖振り合うも多生の縁 Aun el encuentro más casual está predestinado.
〔慣用〕袖を通す(新しい服を着る) estrenar ‖ 新しいドレスに袖を通す estrenar un vestido nuevo
〔慣用〕ない袖は振れぬ Nadie da lo que no tiene.
◳袖口 bocamanga *f.*
◳袖ぐり sisa *f.*
◳袖丈 largo *m.* de manga
ソテー salteado *m.*
◳ポークソテー salteado *m.* de cerdo, cerdo *m.* salteado
そてつ 蘇鉄 《植物》cica *f.* del Japón, palma *f.* de iglesia
そと 外 (外部) exterior *m.* ‖ 教会の外と中 el exterior y el interior de una iglesia
❱外から desde fuera, desde el exterior ‖ 外からパーティーを眺める ver la fiesta desde fuera ／ 外からドアに鍵をかける cerrar la puerta con llave desde fuera ／ 車の外から中は見えない Desde fuera no se puede ver el interior del coche.
❱外で fuera, afuera, (屋外で) al aire libre ‖ 外で食事をする comer fuera, (ピクニックなど) comer al aire libre ／ 外で待っています Te espero fuera.
❱外に fuera《de》‖ 箱をドアの外に出しておく dejar la caja al otro lado de la puerta ／ 外に出る salir fuera ／ ドアが外に開く La puerta se abre hacia fuera. ／ ヘッドフォンから音が外に漏れる La música se escapa de los auriculares. ／ 感情を外に表す exteriorizar *sus* sentimientos
❱外の de fuera, extern*o[na]*, exterior ‖ 外の世界 mundo *m.* exterior ／ 外の空気を吸う respirar el aire exterior
〔慣用〕鬼は外、福は内 ⇒おに(鬼)
そとう 粗糖 azúcar *m.* bruto
そとうみ 外海 alta mar *f.* ‖ 外海に出る salir a (la) alta mar
そとがわ 外側 exterior *m.* ⇒ そと(外)‖ 窓の外側を洗う lavar el exterior de la ventana
❱外側の exterior, extern*o[na]* ‖ 外側のふた tapa *f.* exterior
そとぜい 外税 impuestos *mpl.* excluidos
◳外税価格 precio *m.* antes de impuestos
そとづけ 外付け
❱外付けの extern*o[na]*
◳外付けハードディスク disco *m.* duro externo
そとづら 外面 (外見) aspecto *m.* exterior, apariencia *f.* ‖ 外面がいい「ser simpátic*o[ca]*」[portarse bien] fuera de casa
そとぼり 外堀 foso *m.* exterior
〔慣用〕外堀を埋める 《慣用》preparar el terreno
そとまわり 外回り ‖ 山手線の外回り círculo *m.* exterior de la línea Yamanote ／ 外回りの仕事をする trabajar fuera visitando a los clientes
そとみ 外見 ⇒がいけん(外見)‖ 外見は幸せそ

うな夫婦だ Es un matrimonio aparentemente feliz. ／彼は外見と中身が大きくちがう Él se muestra de forma muy diferente a como es.

ソナー sonar *m*.

そなえ 備え preparación *f*., (食糧) provisiones *fpl*.

[諺] 備えあれば憂いなし (諺)Hombre prevenido vale por dos. ¦ (諺)Más vale prevenir que curar.

そなえつけ 備え付け
▶備え付けの instala*do*[*da*] ‖ 部屋に備え付けのコンピュータ ordenador *m*. instalado en la habitación ／ホテル備え付けの新聞 periódicos *mpl*. disponibles para los huéspedes del hotel
▶備え付ける equipar ALGO «con, de», dotar ALGO «de, con», instalar ALGO «en» ‖ 車にカーナビを備え付ける dotar el coche de sistema de navegación ／アパートは、台所器具が備え付けられている El apartamento está equipado con utensilios de cocina.

そなえもの 供え物 ofrenda *f*.

そなえる 供える ofrecer, ofrendar ‖ 墓に花を供える depositar flores ante la tumba

そなえる 備える (準備する) prepararse, (予防する) prevenirse «contra», (持つ) tener, (備え付ける) equipar ALGO «con, de», dotar ALGO «de, con» ‖ 老後に備える prepararse para la vejez ／あらゆる不測の事態に備える prevenirse contra toda eventualidad ／すばらしい才能を備えた人 persona *f*. dotada de un talento excepcional ／テレビを備えた浴室 cuarto *m*. de baño equipado con un televisor ／退職に備えて貯金する ahorrar dinero para la jubilación

ソナタ sonata *f*.
◪ピアノソナタ sonata *f*. para piano
◪ソナタ形式 forma *f*. sonata

そなわる 備わる estar equipa*do*[*da*] «con, de», estar dota*do*[*da*] «de» ‖ すばらしいスポーツ施設の備わったホテル hotel *m*. dotado de excelentes instalaciones deportivas

その e*se*[*sa*] ‖ その本 ese libro
▶そのこと «指示代名詞中性形» eso, «人称代名詞中性形» ello ‖ そのことは考えないほうがいい Es mejor no pensar en eso.

そのあと その後 ‖ その後で después de eso

そのうえ その上 (さらに) además, encima ‖ 彼女は聡明で、その上美人だ Ella es inteligente, y además, guapa.

そのうち その内 (まもなく) pronto, dentro de poco, (近いうちに) un día de estos ‖ そのうちお会いしましょう Nos vemos un día de estos. ／日本には約100の活火山があり、そのうちいくつかは過去50年間に噴火を起こしている Japón tiene unos 100 volcanes activos, algunos de los cuales hicieron erupción en los últimos 50 años.

そのかわり その代わり (引き換えに) a cambio «de» ‖ その代わりこれをあげるよ Te doy esto a cambio de eso.

そのかん その間
▶その間に mientras tanto, entretanto ‖ 私が夕食の支度をするから、その間に食卓の用意をしなさい Yo preparo la cena, mientras tanto, ve poniendo la mesa.

そのき その気 ‖ 彼はその気もないのにパーティーに行くと言った Él dijo que iría a la fiesta sin tener intención de hacerlo. ／彼はすぐにその気になる Él se anima fácilmente.

そのくせ sin embargo, a pesar de eso

そのくらい その位 ‖ そのくらいでけっこうです Me basta con eso. ／もうそのくらいでやめなさい (口論など) ¡Déjalo ya! ¦ ¡Basta ya! ／この話はそのくらいにしておこう Dejemos de hablar ya de este tema. ／そのくらいのことで怒るな No te enfades por「esas pequeñeces [una cosa sin importancia].

そのご その後 después, desde entonces ‖ その後お体の具合はいかがですか ¿Cómo se encuentra de salud últimamente?

そのころ その頃 entonces,「por [en] aquel entonces ‖ その頃、父は仙台で働いていた Por aquel entonces mi padre trabajaba en Sendai. ／その頃からずっと彼は変わっていない Él no ha cambiado nada desde entonces.

そのた その他 ‖ その他大勢の一人である ser u*no*[*na*] del montón
▶その他の (*los*[*las*]) *o*tros[*tras*] 『+複数名詞』, *los*[*las*] demás 『+複数名詞』‖ 日本とその他のアジア諸国 Japón y otros países asiáticos ／交通費、宿泊費、飲食費とその他の費用 los gastos de transporte, alojamiento, comida y otros

そのたび その度 ⇒そのつど(その都度)

そのため その為 ‖ そのために por (lo) tanto, por eso, (目的) para eso ／信号故障があり、そのために電車が遅れた Hubo una avería de semáforos, lo que provocó retrasos en los trenes. ／そのためだけにメキシコに行くの ¿Vas a México solo para eso?

そのつぎ その次 *el*[*la*] 『+名詞+』siguiente ‖ その次のページを読みなさい Lea la página siguiente.

そのつど その都度 ‖ 不明な点はそのつど私どもにご連絡ください Póngase en contacto con nosotros「cada vez que [cuando] tenga alguna duda.

そのとおり その通り ‖ その通りだ Así es. ¦ Exactamente. ¦ (ごもっとも) Usted tiene razón.

そのとき その時 entonces, en ese momento ‖ その時から desde entonces ／そのときは別の案を考えましょう En ese caso, pensaremos en otro plan.

そのば その場
▶その場で/その場に en el mismo lugar, allí mismo ‖ 偶然その場に居合わせる encontrarse casualmente allí
◽その場しのぎ ‖ その場しのぎの解決法 solución f. provisional

そのひ その日 ese día ‖ その日にうちに帰る volver en el mismo día

そのひぐらし その日暮らし ‖ その日暮らしをする vivir al día

そのへん その辺 ‖ 彼女はどこかそのへんにいるでしょう No sé dónde, pero por ahí estará ella. / その辺の事情をもっと詳しく教えてください ¿Podría explicármelo con más detalle?

そのほか その外 ⇒そのた(その他)
▶その外(に) aparte de eso, (さらに) además ‖ その外に何か ¿Quiere algo más?

そのまま ‖ そのままにしておく dejar las cosas tal como están / そのままにして私は部屋を出た Salí de la habitación dejándola tal como estaba. / そのまま切らずにお待ちください (電話の応対) Espere un momento, no cuelgue, por favor. / そのままの君が好きだよ Te quiero tal y como eres.

そのみち その道 ‖ その道の専門家 experto[ta] mf. en ese campo

そのもの その物 ‖ 彼は誠実そのものだ Él es la honestidad [en persona [personificada]. / 素材そのものはよい El material [mismo [en sí]] es de calidad. / 人生そのものが冒険だ La vida en sí misma es una aventura.

そのような tal ‖ そのような場合 en tal caso, en ese caso / そのような話はあまり人にしないほうがいいでしょう Mejor no contar tales cosas a otras personas.

そのように así ‖ そのように担当者にお伝えします Se lo comunicaré así al encargado.

そば 側/傍 lado m. ‖ 駅のそばを通る pasar al lado de la estación / そばへ近づく acercarse《a》
▶〜のそばに al lado de《de》, (近くに) cerca 《de》, junto《a》‖ 家のそばに図書館がある Hay una biblioteca ⌈al lado [cerca] de mi casa. / そばに座る sentarse al lado《de》, sentarse junto《a》
▶〜するそばから ‖ 父は禁煙すると言ったそばからタバコを吸っている Mi padre fuma justo después de decir que iba a dejar de fumar.

そば 蕎麦 《植物》alfortón m., trigo m. sarraceno; 《食品》《日本語》soba m., (説明訳) fideos mpl. finos hechos con harina de alforfón
◽蕎麦粉 harina f. de trigo sarraceno
◽蕎麦つゆ ⌈salsa f. [caldo m.] para soba ‖ そばつゆにつけてそばを食べる comer soba mojándolo en el caldo
◽蕎麦屋 restaurante m. de soba

そばかす 雀斑 peca f. ‖ そばかすだらけの顔 cara f. ⌈muy pecosa [llena de pecas]
▶そばかすのある peco*so*[*sa*]

そばだてる 欹てる ‖ 耳をそばだてる ⌈aguzar [agudizar] el oído

そびえる 聳える erguirse ‖ 山が堂々と聳える La montaña se yergue majestuosamente. / 塔が空に聳える La torre se yergue hacia el cielo.

そびやかす 聳やかす ‖ 肩を聳やかして歩く caminar irguiendo los hombros

そびょう 素描 bosquejo m., esbozo m.
◽素描する bosquejar, esbozar

そびれる
▶〜しそびれる ⌈perder [dejar pasar] la ocasión de 『+不定詞』, (忘れる) olvidarse de 『+不定詞』‖ お礼を言いそびれる olvidarse de dar las gracias《a》

そふ 祖父 abuelo m.

ソファー sofá m. ‖ ソファーに横になる tumbarse en el sofá
◽ソファーベッド sofá m. cama

ソフト ❶ (やわらかい感じ)
▶ソフトな suave, blan*do*[*da*], fi*no*[*na*] ‖ ソフトな味 sabor m. suave / 口当たりのソフトなチーズ queso m. suave al paladar
◽ソフトクリーム helado m. suave
◽ソフトドリンク refresco m.
◽ソフトボール sóftbol m., 《英語》softball m.
◽ソフトランディング aterrizaje m. suave
◽ソフト路線 política f. blanda
❷ (ソフトウェア) 《英語》software m., programa m. ‖ ソフトをインストールする instalar un *software* / ソフトを開発する desarrollar un *software* / ソフトをダウンロードする descargar un *software* / ソフトをヴァージョンアップする actualizar un *software*
◽ウイルス対策ソフト ⌈*software* m. [programa m.] antivirus, antivirus m.[=pl.]

ソフトウェア ⇒ソフト

そふぼ 祖父母 abuelos mpl.

ソプラノ soprano m., (歌У) soprano com. ‖ ソプラノで歌う cantar de soprano

そぶり 素振り ademán m., gesto m., señal f., (態度) actitud f. ‖ 落ち着いたそぶりで con gesto tranquilo / そぶりが怪しい tener un comportamiento sospechoso
▶そぶりを見せる ‖ よそよそしいそぶりを見せる adoptar una actitud distante / 彼女は反論するそぶりを見せた Ella hizo ademán de replicar.

そぼ 祖母 abuela f.

そぼう 粗暴
▶粗暴な bru*to*[*ta*], violen*to*[*ta*] ‖ 粗暴な男

hombre m. violento
そぼく 素朴
▶素朴な sencillo[lla], simple, (人が) ingenuo[nua] ‖ 素朴な性格 carácter m. sencillo / 素朴な疑問 duda f. razonable [sencilla]
▶素朴に con sencillez ‖ 素朴に考える pensar con sencillez
▶素朴さ sencillez f., simplicidad f., (無邪気) ingenuidad f.

そまつ 粗末
▶粗末な pobre, humilde ‖ 粗末な食事 comida f. pobre [humilde] / 粗末な身なりをした男 hombre m. pobremente vestido
▶粗末にする tratar mal 《a》, tratar ALGO con negligencia, (無駄にする) malgastar, desperdiciar ‖ 老人を粗末にする tratar mal a los ancianos / 時間を粗末にする malgastar el tiempo / 食べ物を粗末にするんじゃありません No juegues con la comida.

そまる 染まる teñirse, (主義などに) imbuirse 《de》, (悪習に) viciarse 《con》 ‖ 夕暮れに空が赤く染まる El cielo se tiñe de rojo al caer el sol. / 血に染まった床 suelo m. manchado de sangre

そむく 背く (従わない) desobedecer, (裏切る) traicionar, (法律に) infringir ‖ 上司(男性)の命令に背く desobedecer la orden del jefe / 法に背く infringir [desobedecer] la ley

そむける 背ける ‖ 顔を背ける/目を背ける desviar [los ojos [la vista], apartar la vista

ソムリエ 《フランス語》 sumiller com.
▫ ソムリエナイフ sacacorchos m.[=pl.] de camarero

そめ 染め ⇒せんしょく(染色) ‖ 染めがよい estar bien teñido[da]

そめもの 染め物 (布の染色) teñido m. textil, (染めた布) tela f. teñida
▫ 染め物屋 (店) tintorería f., (人) tintorero[ra] mf.

そめる 染める teñir, colorear ‖ 布を染める teñir una tela / 髪を赤く染める (自分の) teñirse el cabello de rojo

そもそも (まず) en primer lugar, para empezar ‖ そもそもの始まりは～だった El principio de todo esto fue... / そもそも私はこの計画には賛成ではなかった Yo desde el principio no estaba de acuerdo con este plan.

そや
▶粗野な bruto[ta], rudo[da], grosero[ra] ‖ 粗野な振る舞い comportamiento m. rudo

そよう 素養 conocimientos mpl., formación f. ‖ 音楽の素養がある tener conocimientos de música

そよかぜ そよ風 brisa f., viento m. suave ‖ 春のそよ風が吹く Sopla una brisa primaveral.

そよぐ 戦ぐ (木の葉が) moverse ‖ 木の葉が風にそよぐ Las hojas del árbol se mecen con el viento. / 髪が風にそよぐ El cabello se mueve al viento.

そよそよ
▶そよそよと suavemente ‖ 風がそよそよと吹く Sopla un viento suave. / カーテンがそよそよと揺れる La cortina se mueve suavemente.

そら 空 cielo m., (天空) firmamento m. ‖ 青い空 cielo m. azul / 紺碧の空 cielo m. azul oscuro / 晴れた空 cielo m. despejado / 曇った空 cielo m. nublado [cubierto] / 秋の空 cielo m. otoñal [de otoño]
[空が] ‖ 空が晴れる despejarse el cielo / 空が曇る nublarse [encapotarse] el cielo / 空が暗くなる oscurecerse el cielo / 空が澄んでいる El cielo está limpio. / 空がとても高い El cielo está muy alto.
[空に] ‖ 空には雲一つない No hay ni una nube en el cielo.
[空の] ‖ 東京の空の下で bajo el cielo de Tokio / 空の上から見る ver desde el cielo / 空のかなたに más allá del cielo / 空の旅をお楽しみください Disfrute del vuelo [viaje en avión].
[空を] ‖ 空を飛ぶ volar por el cielo / 空を見上げる/空を仰ぐ levantar la vista al cielo, mirar hacia el cielo / 小鳥が空を横切った Un pájaro cruzó el cielo. / 空を流れる雲 nubes fpl. que pasan por el cielo
慣用 そらで ‖ そらで言う hablar de memoria / そらで覚える aprender ALGO de memoria
▫ 空飛ぶ円盤 platillo m. volador [volante]

そらいろ 空色 azul m. celeste
▶空色の celeste, (de) azul celeste ‖ 空色のズボン pantalones mpl. azul celeste

そらおそろしい 空恐ろしい sentir un miedo inquietante

そらごと 空言 (嘘) mentira f., (いつわり) falsedad f.

そらす 反らす curvar, (曲げる) doblar, (弓なりにする) arquear ‖ 体を後ろにそらす arquearse [arquear el cuerpo] hacia atrás

そらす 逸らす desviar ‖ ボールを逸らす (捕り損なう) no atrapar la pelota lanzada / 敵の攻撃を逸らす desviar el ataque del enemigo / 目を逸らす apartar la mirada / 話を逸らす desviar la conversación, cambiar de tema / 注意を逸らす desviar [distraer] la atención 《de》

そらぞらしい 空空しい vacío[a], (見えすいた) manifiesto[ta] ‖ そらぞらしいお世辞 cumplidos mpl. vacíos / そらぞらしい嘘 mentira f. manifiesta

そらとぼける 空惚ける ⇒とぼける(恍ける)

そらなみだ 空涙 《慣用》lágrimas *fpl.* de cocodrilo‖そら涙を流す derramar lágrimas de cocodrilo

そらに 空似‖他人の空似である Es un parecido「casual [fortuito].

そらまめ 空豆 haba *f.*

そらみみ 空耳‖それは君の空耳だよ Me parece que has oído mal.

そらもよう 空模様 tiempo *m.*‖空模様が怪しい El cielo amenaza lluvia.

そり 反り‖板の反り alabeo *m.* de una tabla de madera
《慣用》反りが合わない no llevarse bien《con》

そり 橇 trineo *m.*‖橇を引く tirar del trineo
▣犬橇 trineo *m.* de perros

そりかえる 反り返る inclinarse hacia atrás‖ソファーに反り返る arrellanarse cómodamente en un sofá

ソリスト solista *com.*

そりゅうし 素粒子 partícula *f.* elemental
▣素粒子物理学 física *f.* de partículas

そる 反る combarse, curvarse, （後へ）arquearse hacia atrás

そる 剃る afeitar, rasurar‖うぶ毛を剃る afeitar la pelusa／髭を剃る（自分の）afeitarse

ソルベ （シャーベット）sorbete *m.*

それ ese[sa] *mf.*,《指示代名詞中性形》eso‖これが私の傘で、それが君のです Este es mi paraguas, y ese, el tuyo.／それが済んだら、手を貸して Cuando lo termines, échame una mano.／でもそれがそれだけじゃなかったんだ Pero eso no fue todo.／それがどうした（言い返すときに）¿Y eso qué?／それをください Deme eso.／それはいつの話ですか ¿Cuándo fue eso?／それは違います Eso no es cierto.
▶それはそれとして a propósito

それいらい それ以来 desde entonces, a partir de entonces

それから (y) después, y‖それから君はどうしたの ¿Qué hiciste después?／それから2人は飲みに行った Y después los dos fueron a tomar copas.

それきり 彼は先週来たけど、それきり顔を見せない Él vino la semana pasada, pero no se le ve desde entonces.

それくらい それ位 ⇒そのくらい（その位）

それこそ （まさに）precisamente,《慣用》ni más ni menos‖それこそ今私が必要としているものだ Esto es「precisamente [ni más ni menos] lo que necesito ahora.

それしき ⇒そのくらい（その位）

それぞれ cada u*no*[*na*], cada cual‖それぞれが自分の意見を述べた Cada uno expuso su opinión.／各国がそれぞれ独自の歴史を持っている Cada país tiene su propia historia.
▶それぞれの respecti*vo*[*va*]‖参加者はそれぞれの席に着いた Los participantes se sentaron en sus respectivos asientos.

それだから por eso, por (lo) tanto

それだけ‖僕は何でもする つもりだが、それだけはごめんだ Estoy dispuesto a hacer cualquier cosa, excepto eso.／今のところ必要なものはそれだけだ Eso es todo lo que se necesita por el momento.／本をたくさん読めば読むほど、それだけ知識が増える Cuantos más libros lees, más conocimientos tienes.

それっきり ⇒それきり

それで （そういうわけで）por eso, por esa razón,（そして）y‖電車の事故があって、それでタクシーで来ました Hubo un accidente de tren, por eso, he venido en taxi.／それで、君はどうしたの ¿Y, qué hiciste?

それでこそ‖それでこそプロだ Eso es lo que se dice ser (to*do*[*da*]) *un*[*una*] profesional.

それでは entonces, pues‖それでは仕事を始めよう Entonces, ¡manos a la obra!

それでも a pesar de eso, sin embargo

それどころか lejos de eso,（逆に）al contrario‖女性の喫煙者数は減少せず、それどころか増えつつある El número de fumadoras no solo disminuye, sino que, lejos de eso, va en aumento.

それとなく （間接的に）indirectamente‖それとなく言う decir ALGO discretamente,《慣用》dar a entender ALGO a ALGUIEN／それとなく仄めかす insinuar,《慣用》dejar caer ALGO／それとなく聞いてみる preguntar indirectamente《a》

それとも o,《o, ho で始まる語の前で》u‖パンにしますか、それともライスにしますか ¿Quiere pan o arroz?

それなのに sin embargo, no obstante

それなら （そういうことなら）si es así,（それでは）entonces

それなり
▶それなりに‖どんな物でもそれなりに役に立つ Cada cosa tiene su utilidad.／彼は貧乏だが、それなりにやっている Él es pobre, pero vive a su manera.

それに y, además‖それに歩いていかなきゃいけない Además tengo que ir caminando.

それにしては‖英語の先生（男性）は日本に10年になるが、それにしては日本語がかなり下手だ El profesor de inglés vive ya hace diez años en Japón, pero para el tiempo que lleva habla bastante mal japonés.

それにしても aun así, así y todo, a pesar de eso‖君が酒好きなのは分かるが、それにしても飲み過ぎです Ya sé que te gusta beber, pero, aun así creo que bebes demasiado.

それにつけても‖それにつけてもそのサッカー選手（男性）の早過ぎる死が悔やまれる No

podemos más que lamentar la muerte prematura de ese futbolista.

それにひきかえ それに引き替え　en cambio

それにもかかわらず それにも拘らず　a pesar de「eso [ello]

それほど それ程　tan*to[ta]*〖＋名詞〗,〖動詞＋〗tanto, tan〖＋形容詞・副詞〗‖今日はそれほど暑くない Hoy no hace tanto calor. ／僕はそれほど勉強していない No estudio tanto. ／受賞した映画はそれほど良くはなかったと思う La película premiada no me pareció tan buena. ／君は忙しいですか？—それほどでもないよ ¿Estás ocupado? -No mucho.

それまで　hasta「ese momento [entonces], (それまでには) para entonces ‖ それまでは私はマドリードにいます Hasta entonces estaré en Madrid. ／ それまでには翻訳は終わらせておきます La traducción la tendré terminada para entonces.

それゆえ　por eso, por (lo) tanto

それる 逸れる　desviarse《de》, apartarse《de》‖弾が上に逸れた La bala se desvió hacia arriba. ／話が逸れてしまいました Me he desviado del tema.

ソロ（《音楽》solo *m.*

▶ソロで‖ソロで歌う cantar un solo, cantar en solitario ／ソロで演奏する「interpretar [tocar] un solo

🔲ソロ歌手 cantante *com.* solista, solista *com.*

🔲ソロホームラン《野球》「jonrón *m.* [cuadrangular *m.*] de una carrera

そろい 揃い　(一式) juego *m.* ‖ ひと揃いのグラスun juego de copas ／三つ揃いの背広 terno *m.*, traje *m.* de tres piezas ／全員揃いの服を着る Todos se ponen el mismo vestido

そろう 揃う　(一様になる) uniformarse, (完全になる) completarse, (集まる) reunirse, juntarse → そろえる(揃える) ‖ 長さが揃っている tener la misma longitud ／走、攻、守の三拍子揃った選手 juga*dor[dora] mf.* comple*to[ta]* que sabe correr, atacar y defender ／この図書館は環境関係の本が揃っている Esta biblioteca tiene una colección completa de libros sobre temas medioambientales. ／みんな揃って昼食をとる comer todos reunidos ／もう証拠が揃った Ya se han reunido las pruebas. ／これで全員揃った Ya están todos. ／揃いも揃ってみんな成績␣ Las notas de todos son igual de malas.

そろえる 揃える　(一様にする) uniformar, igualar, (整える) ordenar, (完全にする) completar, (集める) reunir, juntar, coleccionar ‖ 建物の高さを揃える igualar las alturas de los edificios ／部屋の色調を揃える uniformar los colores de la habitación ／ビンゴの番号を揃える completar el cartón de bingo ／証拠を揃える reunir pruebas

そろそろ　(ゆっくりと) despacio, lentamente, (まもなく) pronto, (少しずつ) poco a poco ‖ そろそろ父が戻ってくるころだ Pronto volverá mi padre. ／そろそろ家に帰る時間だ Ya va siendo hora de volver a casa.

ぞろぞろ　u*no[na]* tras o*tro[tra]*, sucesivamente ‖ 劇場から観客がぞろぞろ出てきた Los espectadores salieron del teatro uno tras otro.

そろばん 算盤　ábaco *m.* (japonés)

〖慣〗そろばんが合う (計算が合う) cuadrar, (採算がとれる) ser rentable ‖ そろばんが合わない Las cifras no cuadran. ／そろばんが合わない商売 negocio *m.* no rentable

〖慣〗そろばんをはじく (計算をする) calcular con el ábaco, (損得を計算する) sopesar la rentabilidad《de》

〖慣〗そろばんずくで por interés propio

そわそわ

▶そわそわする estar impaciente, ponerse nervio*so[sa]*

そん 損　pérdida *f.*, (損害) daño *m.* ‖ けっして損になりません Le aseguro que no saldrá perdiendo.

▶損な no rentable, (不利な) desventajo*so[sa]*, desfavorable ‖ 損な仕事 trabajo *m.* no rentable

▶損(を)する perder, sufrir pérdidas ‖ 株の取引で損をする perder en la bolsa

〖諺〗損して得とれ Perder para ganar. ¦ Para ganar hay que saber perder.

そんえき 損益　pérdidas *fpl.* y ganancias *fpl.*

🔲損益計算書 cuenta *f.* de pérdidas y ganancias

🔲損益分岐点 punto *m.*「muerto [de equilibrio], umbral *m.* de rentabilidad

そんかい 損壊　destrucción *f.* ‖ 原発の損壊の程度はひどい El grado de destrucción de la central nuclear es grande.

▶損壊する quedar destrui*do[da]* ‖ 地震で損壊したビル edificio *m.* destruido por un terremoto

そんがい 損害　daño *m.*, perjuicio *m.*, desperfectos *mpl.*, (損失) pérdida *f.* ‖ 台風による損害 daños *mpl.* causados por un tifón ／損害を受ける sufrir daños ／損害を与える causar daños, dañar, perjudicar ／損害を保障する indemnizar (por) los daños

🔲損害額 suma *f.* de los daños ‖ 損害額を査定する evaluar los daños sufridos

🔲損害賠償 indemnización *f.*, compensación *f.* ‖ 損害賠償を請求する「reclamar [demandar] una indemnización ／損害賠償金を支払う pagar una indemnización

☐損害保険 seguro *m.* de daños y perjuicios
そんぎかい 村議会　asamblea *f.* municipal
☐村議会議員 conce*jal*[*jala*] *mf.*　（時に女性にconcejalを使う）
そんきん 損金　pérdida *f.* financiera
そんけい 尊敬　respeto *m.*, estima *f.* ‖ 尊敬の念 sentimiento *m.* de respeto ／ 尊敬すべき人物 persona *f.* respetable ／ 尊敬に値する merecer respeto, ser dig*no*[*na*] de respeto ／ 皆の尊敬を集める「ganarse [granjearse] el respeto de todos
▶尊敬する respetar, estimar ‖ 私の尊敬する先生（男性） profesor *m.*「al que le tengo respeto [por el que siento respeto] ／ 孫たちは皆、祖父を尊敬している Todos los nietos respetan a su abuelo.
☐尊敬語 lenguaje *m.* honorífico
そんげん 尊厳　dignidad *f.* ‖ 生命の尊厳 dignidad *f.* de la vida ／ 人間の尊厳 dignidad *f.* humana
☐尊厳死 muerte *f.* con dignidad ‖ 尊厳死する morir con dignidad
そんざい 存在　existencia *f.*, ser *m.* ‖ かけがえのない存在（人） ser *m.*「irreemplazable [insustituible] ／ はかない存在 existencia *f.* efímera ／ 彼女は目立つ存在だ Ella es una persona que se hace notar. ／ この組織の存在が危うい Peligra la existencia de este organismo. ／ 存在を脅かす amenazar la existencia 《de》
▶存在する existir
☐存在感 presencia *f.* ‖ 存在感のある人 persona *f.* que destaca por su presencia
☐存在理由 razón *f.* de ser
☐存在論〖哲学〗ontología *f.*
ぞんざい
▶ぞんざいな desaten*to*[*ta*], descuida*do*[*da*],（無礼な）descortés ‖ ぞんざいな言葉遣いをする／ぞんざいな口を利く emplear un lenguaje descuidado
▶ぞんざいに ‖ ぞんざいに扱う tratar ALGO con descuido
そんしつ 損失　pérdida *f.*, perjuicio *m.* ‖ 大きな経済的損失を与える causar grandes pérdidas económicas 《en》 ／ 大きな損失をこうむる sufrir pérdidas importantes ／ 大統領（男性）の死は国家的な損失だ La muerte del presidente es una gran pérdida para el país.
☐損失補填 compensación *f.* por la pérdida
そんしょう 損傷　daño *m.*, deterioro *m.* ‖ 損傷を与える dañar, deteriorar ／ 損傷を受ける sufrir「daños [deterioro]
そんしょく 遜色 ‖ 〜と比べて遜色がない no desmerecer al lado《de》
そんじる 損じる ‖ 機嫌を損じる「alterar [agriar] el humor《de》, ofender
ぞんじる 存じる
▶ご存じの通り como bien sabe usted
そんぞく 存続　persistencia *f.*, continuidad *f.* ‖ 党の存続を支持する apoyar la continuidad del partido
▶存続する persistir, subsistir
そんぞく 尊属　ascendiente *com.*
☐直系尊属 ascendiente *com.* en línea recta
☐尊属殺人 parricidio *m.*
そんだい 尊大
▶尊大な arrogante, engreí*do*[*da*], presuntuo*so*[*sa*], sober*bio*[*bia*] ‖ 尊大な態度 actitud *f.* arrogante
▶尊大に con arrogancia ‖ 尊大に振る舞う「comportarse [actuar] con arrogancia
▶尊大さ arrogancia *f.*
そんちょう 尊重　respeto *m.*
▶尊重する respetar, estimar ‖ 人命を尊重する respetar la vida humana
そんちょう 村長　alcalde *m.*, alcaldesa *f.*
そんとく 損得　pérdidas *fpl.* y beneficios *mpl.* ‖ 損得抜きで desinteresadamente ／ 損得ずくで結婚する casarse por interés
そんな tal〖+名詞〗,《名詞の前後について》semejante ‖ 誰がそんなことを言ったんだ ¿Quién ha dicho「semejante cosa [eso]? ／ 私がそんなこと言いましたか ¿Yo he dicho eso? ／ そんなことだと思った Me lo imaginaba. ／ そんなつもりじゃなかった No ha sido esa mi intención. ／ そんなはずはない Eso no puede ser. ¦ No debe ser así. ／ そんなあなたにお勧めの製品です Este producto es para alguien como usted. ／ 人生そんなものだ Así es la vida.
そんなに tan*to*[*ta*]〖+名詞〗,〖動詞+〗tanto, tan〖+形容詞・副詞〗‖ そんなに急いでどこへ行くの ¿A dónde vas con tanta prisa? ／ ホテルはそんなに遠いのですか ¿Está tan lejos el hotel? ／ そんなにわめくなよ ¡No grites tanto!
ぞんぶん 存分
▶存分に al máximo, a tope, hasta hartarse ‖ 休暇を存分に楽しむ disfrutar「al máximo [a tope] de las vacaciones ／ 存分に食べる comer hasta la saciedad ／ 僕は存分に眠った He dormido hasta hartarme.
そんみん 村民　aldea*no*[*na*] *mf.*
ぞんめい 存命 ‖ 父の存命中に mientras vivía mi padre, cuando mi padre estaba vivo
そんらく 村落　aldea *f.*, pueblo *m.*
そんりつ 存立　existencia *f.*
▶存立する existir
そんりつ 村立 ‖ 村立学校 escuela *f.*「municipal [comunal]

た

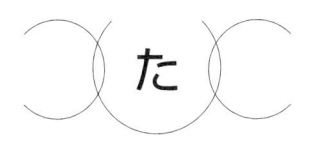

た 他 ⇒ほか(外/他)

た 田 arrozal *m*., campo *m*. de arroz ⇒ たんぼ(田圃)

ダークホース ⇒あなうま(穴馬)

ターゲット objetivo *m*., blanco *m*. → まと(的)‖若い女性が本商品のターゲットだ Este producto está destinado a mujeres jóvenes.
- ターゲットランゲージ lengua *f*. meta, (翻訳の) lengua *f*. de destino

ダース docena *f*.‖鉛筆半ダース media docena de lápices／2ダースの卵 dos docenas de huevos／卵1ダースを10ユーロで売る vender huevos a diez euros la docena

タータンチェック tartán *m*.
- タータンチェックの esco*cés*[*cesa*]‖タータンチェックのスカート falda *f*. escocesa

ダーツ 《服飾》(つまみ縫い) pinza *f*.; (ゲーム) dardo *m*.‖ダーツを取る coser pinzas／ダーツをする jugar a (los) dardos

タートルネック cuello *m*. 「alto [de cisne]‖タートルネックのセーター jersey *m*. de cuello alto

ターバン turbante *m*.‖ターバンを巻く ponerse un turbante

ダービー 《競馬》derbi *m*.

タービン turbina *f*.
- ガスタービン turbina *f*. de gas
- タービン発電機 turbogenerador *m*.

ターボ‖ターボ搭載の turbo《性数不変》
- ターボコンプレッサー turbocompresor *m*.
- ターボジェット turborreactor *m*.
- ターボ車 turbo *m*., coche *m*. turbo
- ターボプロップエンジン turbohélice *m*.

ターミナル (鉄道・バスの) terminal *f*., (端末) terminal *m*.
- バスターミナル terminal *f*. de autobuses, estación *f*. de autobuses
- ターミナルアダプター adaptador *m*. terminal
- ターミナルケア asistencia *f*. terminal
- ターミナルビル (空港の) terminal *f*. aeroportuaria

タール alquitrán *m*.‖タールを塗る alquitranar

ターン viraje *m*., giro *m*., 《音楽》(回音) grupeto *m*.
- ターンする virar, girar, dar un viraje
- ターンテーブル mesa *f*. giratoria

たい 体 (身体) cuerpo *m*., (形式) forma *f*., (本質) esencia *f*.‖まだ本の体を成さない Aún no tiene formato de libro.

たい 対‖対で戦う competir de igual a igual 《con》／2対5の割合で a razón de dos a cinco, en una proporción de dos a cinco／3対1で試合に勝つ ganar el partido por tres a uno／日本対スペイン戦 (試合) partido *m*. entre Japón y España／対アルゼンチン戦 partido *m*. contra Argentina／対中関係 relaciones *fpl*. con China

たい 隊 equipo *m*., grupo *m*., unidad *f*., 《軍事》tropa *f*.‖隊を組む (隊列を) formar filas

たい 鯛 besugo *m*., pagro *m*., pargo *m*.

たい 他意 (別の意図) otra intención *f*., (下心) doble intención *f*., segundas intenciones *fpl*.‖私は駅まで彼女と行こうとしただけで他意はなかった Yo no tenía otra intención que acompañarla hasta la estación.

タイ ❶ (国名) Tailandia
- タイの tailan*dés*[*desa*]
- タイ語 lengua *f*. tailandesa, tailandés *m*., siamés *m*.
- タイ人 tailan*dés*[*desa*] *mf*.

❷ (同点) empate *m*.; (音楽記号) ligadura *f*. (de prolongación); (ネクタイ) corbata *f*.‖2対2のタイ empate *m*. a dos
- タイ記録 récord *m*. igual‖タイ記録を出す igualar el récord

だい 大‖大中小の3つのサイズがあります Hay tres tallas: grande, mediana y pequeña.／こぶし大の石 piedra *f*. del tamaño de un puño／大の映画好き gran aficiona*do*[*da*] *mf*. al cine／大の男 hombre *m*. hecho y derecho／ベッドで大の字になる tumbarse en la cama con los brazos extendidos y las piernas separadas／私たちは大の仲良しだ Somos muy buenos amigos.

(慣用) 大なり小なり en mayor o menor grado, en cierta medida

(慣用) 大は小を兼ねる《諺》Quien puede lo más, puede lo menos.

- 大企業 gran empresa *f*., empresa *f*. 「grande [importante]
- 大災害 gran desastre *m*., catástrofe *f*.‖大災害が発生する「ocurrir [producirse] *una catástrofe*／大災害に備える preparase para una posible catástrofe／大災害を引き起こす causar una catástrofe
- 大都市 gran ciudad *f*., (巨大都市) mega-

lópolis f.[=pl.]
▨大問題 gran problema m.

だい 代 ❶ (時期) época f., (世代) generación f. ‖ 30代の人 treinta*ñero*[ra] mf., persona f. que tiene entre 30 y 39 años ／ 1990年代に en la década de los años noventa (del siglo XX) ／ カルロス5世の代に「durante [en] el reinado de Carlos V (Quinto) ／ この店は父から息子へ代が変わった Esta tienda ha hecho un relevo generacional de padre a hijo. ／ 孫の代で多くの同族会社は倒産する La mayoría de las empresas familiares no pueden sobrevivir a la tercera generación de sus fundadores. ／ 開業以来三代続いているホテル hotel m. que ha pasado por tres generaciones desde su fundación ／ 彼はこのカステラ屋の十代目である Él es el décimo dueño de esta pastelería de bizcochos.
❷ (代金) importe m. ⇒だいきん(代金)
▨宿泊代 gastos mpl. de alojamiento

だい 台 ❶ mesa f., (土台) base f., (台座) pedestal m. ‖ 台の上に乗る subir a la mesa
▨作業台 mesa f. de trabajo
❷ unidad f. ‖ 4台のトラック cuatro camiones mpl. ／ 千円台の商品 artículo m. de entre mil y dos mil yenes ／ 朝9時台に entre las nueve y las diez de la mañana

だい 第 ‖ 憲法第9条 artículo m.「nueve [noveno] de la Constitución ／ ベートーベンの交響曲第5番 la *Quinta sinfonía* de Beethoven ／ 毎月第3月曜日 los terceros lunes de mes

だい 題 (主題) tema m., (題名) título m., (問題) problema m. ‖ 題をつける poner un título《a》／ 試験問題は10題だ El examen consta de diez preguntas.

たいあたり 体当たり empujón m., empellón m. ‖ 体当たりを食らう「recibir [sufrir] un empellón
▶体当たりの con todas las fuerzas ‖ 体当たりの演技をする actuar con todas *sus* fuerzas
▶体当たりする dar un empellón《a》, (飛びかかる) lanzarse《contra》‖ ドアに体当たりする dar un empellón a la puerta

タイアップ asociación f., cooperación f. ⇒ていけい(提携)
▶タイアップする cooperar《con》, colaborar《con》, asociarse《con》, aliarse《con》‖ 航空会社とタイアップして情報誌を出す publicar una revista informativa en cooperación con una compañía aérea

ダイアログ diálogo m.
▨ダイアログボックス《IT》 cuadro m. de diálogo

たいあん 大安 día m. de buena suerte en el calendario japonés

たいあん 対案 contrapropuesta f. ‖ 対案を却下する rechazar la contrapropuesta ／ 対案を採用する adoptar una contrapropuesta ／ 対案を出す presentar una contrapropuesta

だいあん 代案 alternativa f., plan m. alternativo ‖ 代案を提出する presentar una alternativa ／ 代案を練る elaborar una alternativa

たいい 大尉 (陸軍・空軍) capi*tán*[tana] mf., (海軍) teniente com. de navío

たいい 大意 (要旨) resumen m., (大要) sinopsis f.[=pl.] ‖ 文章の大意をつかむ captar lo esencial del texto

たいい 体位 (姿勢) postura f., (位置) posición f., (体格) complexión f., físico m. ‖ 最近若者の体位が向上した Últimamente (se) ha mejorado el físico de los jóvenes.

たいい 退位 abdicación f. ‖ 王の退位を要求する exigir la abdicación del rey
▶退位する abdicar《de》‖ 王が退位する El rey abdica del trono.

たいいく 体育 educación f. física, gimnasia f. ‖ 体育の日 Día m. del Deporte ／ 体育の授業 clase f. de deporte ／ 体育系のクラブ club m. deportivo
▨体育館 gimnasio m.
▨体育着 ropa f. de deporte
▨体育祭 fiesta f. deportiva
▨体育大会 competición f. de atletismo
▨体育大学 escuela f. universitaria de deportes

だいいち 第一 ‖ 健康が第一だ La salud es lo primero.
▶第一の prime*ro*[ra], principal, primordial ‖ 旅の第一の目的 objetivo m. principal del viaje
▶第一に en primer lugar, primero, ante todo
▨第一印象 ‖ 東京の第一印象はいかがですか ¿Cuál es su primera impresión de Tokio?
▨第一次産業 sector m. primario, industria f. primaria
▨第一次世界大戦 Primera Guerra f. Mundial
▨第一声 ‖ 第一声を放つ「dar [pronunciar] *su* primer discurso
▨第一人者 primera autoridad f., eminencia f.
▨第一面 portada f., primera plana f. ‖ 新聞の第一面を飾る ocupar la primera plana del periódico

だいいっき 第一期 primer「período m. [plazo m.]
▨第一期生 ‖ 彼はこの学校の第一期生だ Él es uno de los primeros graduados de esta escuela.

だいいっせん 第一線 primera línea f., vanguardia f. ‖ 国際政治の第一線で活躍する

tomar parte activamente en la primera línea de la política internacional ／ 政界の第一線を退く retirarse de la primera línea de la política

だいいっぽ 第一歩 primer paso *m*. ‖ 第一歩からやり直す volver a hacer ALGO desde el principio ／ 第一歩を踏み出す dar *su* primer paso

たいいほう 対位法 《音楽》contrapunto *m*.

たいいん 退院 salida *f*. del hospital ‖ 退院の許可を出す dar el alta《a》, dar de alta《a》／ 退院を延ばす prolongar la hospitalización

▶退院する abandonar el hospital, salir del hospital

たいいん 隊員 miembro *com*.
◪救助隊員 miembro *com*. del equipo de rescate, socorrista *com*.

たいいんれき 太陰暦 calendario *m*. lunar
たいえき 体液 fluido *m*. corporal
たいえき 退役 retiro *m*.
▶退役する retirarse del「ejército [servicio activo]
◪退役軍人 militar *com*. retira*do*[*da*]
◪退役将校 oficial *com*. retira*do*[*da*]

ダイエット dieta *f*., régimen *m*. ‖ ダイエット中である estar a「dieta [régimen] ／ ダイエットに失敗する fracasar en una dieta ／ ダイエットを試みる intentar ponerse a「dieta [régimen]

▶ダイエットする ponerse a「dieta [régimen], hacer dieta ‖ 太らないようにダイエットする hacer dieta para no engordar
◪ダイエット食品 alimento *m*. dietético

たいおう 対応 correspondencia *f*., equivalencia *f*. ‖ 対応が遅い tardar en tomar medidas ／ 早急にご対応願えれば幸いです Les estaría agradeci*do*[*da*] si pudieran tomar medidas urgentes para solucionar este asunto.

▶対応する《形容詞》correspondiente《a》, equivalente《a》,《動詞》corresponder《a》, equivaler《a》,《対処する》hacer frente《a》, atender,（対策をとる）tomar medidas《para》‖ 日本語の「犬」に対応するスペイン語の単語 palabra *f*. española「equivalente [que equivale] a "inu" en japonés ／ 消費者のニーズに対応する atender las necesidades de los consumidores
◪対応関係 relación *f*. de correspondencia ‖ AとBの間に対応関係がある Hay una relación de correspondencia entre A y B.
◪対応策 →たいさく(対策)

だいおうじょう 大往生
▶大往生する morir plácidamente

ダイオード diodo *m*.
◪発光ダイオード led *m*., diodo *m*. emisor de luz

ダイオキシン dioxina *f*. ‖ ダイオキシンを検出する detectar dioxinas ／ ゴミの焼却でダイオキシンが発生する Las dioxinas se producen por la incineración de basura.

たいおん 体温 temperatura *f*.（corporal）‖ 体温が上がる subir *la temperatura* ／ 私は夜に体温が上がる Por la noche me sube la temperatura. ／ 体温が下がる bajar *la temperatura* ／ 私は体温が36度です Mi temperatura es de 36℃（treinta y seis grados centígrados）. ／ 体温を測る（誰かの）tomar la temperatura《a》,（自分の）tomarse la temperatura
◪低体温 hipotermia *f*.
◪体温計 termómetro *m*.
◪体温調節 termorregulación *f*. corporal, regulación *f*. de la temperatura corporal

たいか 大火 gran incendio *m*., incendio *m*. de grandes「proporciones [dimensiones]

たいか 大家 autoridad *f*., gran maes*tro*[*tra*] *mf*. ‖ オペラの大家 gran maes*tro*[*tra*] *mf*. de ópera

たいか 対価 contraprestación *f*. ‖ 労働の対価 contraprestación *f*. del trabajo ／ 対価を得る recibir una contraprestación

たいか 耐火
▶耐火(性)の refracta*rio*[*ria*], incombustible
◪耐火建築 construcción *f*. a prueba de fuego
◪耐火れんが ladrillo *m*. refractario

たいか 退化 degeneración *f*. ‖ 文明の退化 declive *m*. de la civilización
▶退化する degenerar

たいが 大河 gran río *m*.
◪大河小説 novela *f*. río, saga *f*.
◪大河ドラマ serie *f*. televisiva de ficción histórica

だいか 代価 precio *m*., importe *m*., coste *m*. ⇒だいきん(代金)‖ 出世の代価 precio *m*. para triunfar en la vida ／ いかなる代価を払っても cueste lo que cueste, a toda costa, al precio que sea

たいかい 大会 （総会）「asamblea *f*. [reunión *f*.] general,（会議）congreso *m*.,（スポーツの）competición *f*., campeonato *m*. ‖ 大会を開催する celebrar una asamblea general
◪テニス大会 competición *f*. de tenis

たいかい 大海 océano *m*.
慣用 大海の一滴 una gota en el océano
慣用 井の中の蛙大海を知らず La rana que vive en el pozo no conoce el océano.

たいかい 退会 baja *f*. ‖ 退会を申し出る solicitar la baja
▶退会する darse de baja《de, en》‖ スポーツクラブを退会する darse de baja del club deportivo

たいがい 大概　（一般に）en general, generalmente,（通常は）habitualmente ‖ 私は午前中はたいがい家にいます「Generalmente [Habitualmente] estoy en casa por las mañanas.
▶たいがいの la mayoría《de》, la mayor parte《de》‖ たいがいの社員は日本人です La mayoría de los empleados son japoneses.／私はたいがいのことにはもう驚かなくなった Ya me sorprenden pocas cosas.

たいがい 対外
▶対外的な exterior,（国際的な）internacional
◪対外援助 ayuda *f.* exterior
◪対外関係 relaciones *fpl.*「exteriores [internacionales]
◪対外交渉 negociación *f.* internacional
◪対外債務 deuda *f.* exterior
◪対外政策 política *f.*「exterior [internacional]
◪対外投資 inversión *f.*「en el extranjero [en el exterior]
◪対外問題 problema *m.* exterior

たいがいじゅせい 体外受精 fecundación *f. in vitro* ‖ 体外受精を受ける someterse a una fecundación *in vitro*

たいかく 体格 complexión *f.*, constitución *f.*, físico *m.* ‖ 体格が良い ser de「complexión [constitución] robusta／体格が貧弱である ser de「complexión [constitución] enjuta／たくましい体格の人 persona *f.* de complexión atlética
◪体格指数 (ボディマス指数) índice *m.* de masa corporal (略 IMC)

たいかく 対角 ángulo *m.* opuesto
◪対角線 diagonal *f.* ‖ 対角線を引く trazar una diagonal

たいかく 対格 《文法》acusativo *m.*
◪対格の acusati*vo*[va]

たいがく 退学 ‖ 退学になる ser expulsa*do*[da] de la escuela
▶退学する「abandonar [dejar] los estudios, dejar de ir a la escuela
◪退学処分 expulsión *f.* del colegio,（大学）expulsión *f.* de la universidad ‖ 退学処分にする expulsar a ALGUIEN「del colegio [de la universidad]

だいがく 大学 universidad *f.* ‖ 大学で学ぶ estudiar en la universidad／大学に入学する「abandonar [ingresar] en la universidad／大学を受験する presentarse al examen de acceso a la universidad／大学を卒業する graduarse en la universidad／大学を中退する abandonar la carrera universitaria
▶大学の universita*rio*[ria]
◪大学院 curso *m.* de pos(t)grado
◪大学院生 estudiante *com.* de pos(t)grado
◪大学教育「educación *f.* [enseñanza *f.*]」universitaria
◪大学教授 catedráti*co*[ca] *mf.*
◪大学講師 profes*or*[sora] *mf.* universita*rio*[ria]
◪大学進学率 tasa *f.* de acceso a la universidad
◪大学生 universita*rio*[ria] *mf.*, estudiante *com.* universita*rio*[ria]
◪大学入試センター試験 pruebas *fpl.* del Centro Nacional de Admisión a la Universidad
◪大学病院 hospital *m.* universitario

たいかん 体感 sensación *f.* corporal
▶体感する sentir
◪体感温度 sensación *f.* térmica

たいがん 対岸 orilla *f.* opuesta ‖ 川の対岸に a la otra orilla del río, a la orilla opuesta del río
(慣用)対岸の火事 ‖ 私にとってそれは対岸の火事だ Eso no me afecta en absoluto.

だいかん 大寒 el día más frío del año,（期間）el período más frío del año

たいかんしき 戴冠式 coronación *f.*

たいき 大気 atmósfera *f.*, aire *m.*
▶大気(中)の atmosféri*co*[ca]
◪大気圧 presión *f.* atmosférica
◪大気汚染 contaminación *f.* atmosférica
◪大気圏 atmósfera *f.* ‖ 大気圏内に突入する entrar en la atmósfera
◪大気圏再突入 reentrada *f.* atmosférica

たいき 大器 gran talento *m.*
◪大器晩成 El gran talento se hace esperar. ‖ 大器晩成の人 talento *m.* tardío

たいき 待機
▶待機する mantenerse prepara*do*[da]《para》
◪待機児童 ni*ño*[ña] *mf.* en la lista de espera de una guardería
◪待機電力 consumo *m.* eléctrico en espera (de aparatos electrónicos)

たいぎ 大義 causa *f.*, justicia *f.*,（義務）deber *m.* ‖ 大義を掲げる abanderar la causa《de》
◪大義名分 buena causa *f.* ‖ 大義名分が立つ tener una buena causa

だいぎいん 代議員 representante *com.*, delega*do*[da] *mf.*

だいぎし 代議士 diputa*do*[da] *mf.*, parlamenta*rio*[ria] *mf.* ‖ 代議士になる hacerse diputa*do*[da]

だいきち 大吉 gran suerte *f.*,（大吉日）día *m.* de gran suerte

だいきぼ 大規模
▶大規模な de gran「envergadura [magnitud, escala], de grandes「proporciones [dimensiones] ‖ 大規模な計画 proyecto *m.* de gran envergadura／大規模な火災 incendio *m.* de「gran magnitud [grandes

proporciones]
▶大規模に「en [a] gran escala ‖ 大規模に調査を行う realizar una investigación a gran escala
たいきゃく 退却　retirada f.
▶退却する retirarse
◢退却命令 orden f. de retirada
たいきゅう 耐久
▶耐久性/耐久力 resistencia f., durabilidad f.
▶耐久性の/耐久力のある resistente, duradero[ra] ‖ 耐久力のあるタイヤ neumático m. resistente
◢耐久試験 prueba f. de resistencia
◢耐久消費財 bienes mpl. de consumo duraderos
◢耐久レース carrera f. de resistencia
だいきゅう 代休　descanso m. compensatorio remunerado ‖ 代休をとる tomar(se) un día de descanso compensatorio
たいきょ 大挙
▶大挙して en tropel, en masa ‖ 大挙して駆けつける acudir en tropel《a》
たいきょ 退去　desalojamiento m., evacuación f. ‖ 国外退去を命じる expulsar del territorio nacional a ALGUIEN
▶退去する desalojar, abandonar, evacuar ‖ 住民を島から退去させる evacuar a los habitantes de la isla
たいきょう 胎教　educación f. prenatal
たいきょく 大局　situación f. general ‖ 大局を見据える evaluar la situación general
▶大局的な global ‖ 大局的な見地から判断する juzgar ALGO desde el punto de vista general
▶大局的に desde una perspectiva global, (全体的には) en conjunto ‖ 大局的に見れば問題はない En conjunto no hay problema.
たいきょくけん 太極拳　《中国語》taichi m.
たいきん 大金　dineral m., gran cantidad f. de dinero ‖ 大金を投じる invertir una gran cantidad de dinero《en》
だいきん 代金　importe m. ‖ 代金を受け取る recibir el importe, (徴収する) cobrar el importe ／ 代金を支払う [pagar [abonar] el importe ／ 代金を請求する pasar la factura《a》／ 代金を前払いする pagar el importe por adelantado, adelantar el importe
◢代金引換 pago m. contra reembolso ‖ 代金引換で払う pagar ALGO contra reembolso
だいく 大工　carpintero[ra] mf.
◢大工仕事 carpintería f., (素人の) bricolaje m. ‖ 大工仕事をする hacer bricolaje
◢大工道具 herramientas fpl. de「carpintería [carpintero]
たいくう 対空
▶対空の antiaéreo[a]
◢対空戦車 tanque m. antiaéreo
◢対空ミサイル misil m. antiaéreo
◢地対空ミサイル misil m. 「superficie-aire [tierra-aire]
たいくう 滞空　permanencia f. en el aire
◢滞空記録 récord m. de vuelo
◢滞空時間 duración f. de vuelo, tiempo m. de permanencia en el aire
たいぐう 待遇　trato m., servicio m. ‖ 従業員の待遇を改善する mejorar las condiciones laborales de los empleados ／ 顧客への待遇を改善する mejorar el servicio de atención a los clientes ／ 叔父の家で良い待遇を受けた Mi tío y su familia me trataron bien en su casa.
▶待遇する tratar ‖ 国賓として待遇する recibir a ALGUIEN como huésped del Estado
たいくつ 退屈　aburrimiento m., cansancio m., 《格式語》tedio m. ‖ 退屈でやりきれない morirse de aburrimiento, 《慣用》aburrirse como una ostra ／ 退屈をまぎらわす paliar el aburrimiento ／ 退屈しのぎに para matar el tiempo
▶退屈する aburrirse, cansarse ‖ 退屈している estar aburrido[da]
▶退屈な aburrido[da] ‖ 退屈な人間 persona f. aburrida ／ とても退屈な仕事 trabajo m.「muy aburrido [tedioso]
たいぐん 大群　gran afluencia f.《de》, gran multitud f.《de》‖ 蜜蜂の大群 gran enjambre m. de abejas ／ 羊の大群 gran rebaño m. de ovejas ／ 魚の大群 gran banco m. de peces
たいけい 体形/体型　forma f. del cuerpo, tipo m., figura f. ‖ 体型が崩れる perder la línea ／ 体型に合わせて服を作る (自分の) hacerse ropa a medida ／ すらりとした体型を維持する「mantener [guardar] la línea
たいけい 体系　sistema m. ‖ 体系を確立する establecer el sistema
▶体系的な sistemático[ca] ‖ 体系的な研究をする「realizar [hacer] una investigación sistemática
▶体系的に sistemáticamente, de modo sistemático ‖ 体系的に学ぶ aprender ALGO sistemáticamente
▶体系化 sistematización f. ‖ 体系化する sistematizar
だいけい 台形　trapecio m.
▶台形の trapecial
たいけつ 対決　enfrentamiento m., (裁判での) confrontación f. ‖ 保守と革新の対決 enfrentamiento m. entre conservadores y progresistas ／ 対決を避ける evitar el enfrentamiento
▶対決する enfrentarse《con》‖ AをBと対決させる 「enfrentar [confrontar] A con B
◢対決姿勢「posición f. [postura f.] de enfrentamiento ‖ 対決姿勢を取る adoptar una postura de enfrentamiento

たいけん 体験 experiencia *f.* ‖ 貴重な体験 experiencia *f.*「enriquecedora [valiosa]」／ 戦争の体験 experiencia *f.* de la guerra, experiencia *f.* (vivida) en la guerra ／ 体験に根 ざす basarse en la experiencia ／ 体験によ って知る saber ALGO por experiencia ／ 体験を語る hablar sobre *su* experiencia ／ 体験を伝える transmitir *su* experiencia
▶ **体験する** experimentar
▪ **体験談** historia *f.* vivida
▪ **体験入学**‖体験入学する asistir a una clase de prueba
たいげん 体現 encarnación *f.*, personificación *f.*
▶ **体現する** encarnar, personificar ‖ 夢を体現する encarnar un sueño
たいげんそうご 大言壮語 fanfarronería *f.*, fanfarronada *f.*
▶ **大言壮語する** fanfarronear
たいこ 太古 remota antigüedad *f.*, tiempo *m.* inmemorial
▶ **太古の** inmemorial,（原始の）primiti*vo* [*va*]
たいこ 太鼓 tambor *m.* ‖ 太鼓を叩く／太鼓 を打つ tocar el tambor
▪ **小太鼓** tamboril *m.*
▪ **大太鼓** bombo *m.*
▪ **太鼓橋** puente *m.* de arco
▪ **太鼓腹** panza *f.*, tripa *f.* ‖ 太鼓腹の男 hombre *m.* panzudo
▪ **太鼓判** ‖ 太鼓判を押す garantizar
▪ **太鼓持ち** adula*dor*[*dora*] *mf.*
たいこう 大公 archiduque *m.*, gran duque *m.*
▪ **大公国** gran ducado *m.*
たいこう 大綱 principios *mpl.* fundamentales
たいこう 対向
▪ **対向車** coche *m.* en sentido contrario
▪ **対向車線** carril *m.* (de sentido) contrario ‖ 対向車線にはみ出す（車が）「invadir [salirse por] el carril contrario
たいこう 対抗 rivalidad *f.*, emulación *f.*
▶ **対抗する** rivalizar《con》, competir《con》, oponerse《a》
▪ **対抗意識** espíritu *m.* de emulación, rivalidad *f.* ‖ 彼らの間には対抗意識がある Existe una rivalidad entre ellos.
▪ **対抗策** contramedidas *fpl.*
▪ **対抗試合** ‖ 日墨対抗試合 partido *m.* entre Japón y México
▪ **対抗馬** rival *com.*
だいこう 代行 suplencia *f.*
▶ **代行の** suplente, interi*no*[*na*]
▶ **代行する** suplir, reemplazar
▪ **学長代行** rec*tor*[*tora*] *mf.* en funciones
▪ **代行機関** agencia *f.*
▪ **代行者** suplente *com.*, interi*no*[*na*] *mf.*

たいこく 大国 gran país *m.*, gran nación *f.*
▪ **経済大国** gran potencia *f.* económica
▪ **超大国** superpotencia *f.*
だいこくばしら 大黒柱 pilar *m.*,（比喩的に） columna *f.* vertebral ‖ 一家の大黒柱（稼ぎ 手）sostén *m.* de la familia ／ チームの大黒柱 「pilar *m.* [alma *f.*] del equipo
だいごみ 醍醐味 verdadero encanto *m.* ‖ 醍醐味を味わう disfrutar del encanto《de》
だいこん 大根 rábano *m.* japonés ‖ 大根を 抜く cosechar rábanos ／ 大根をおろす rallar un rábano
▪ **大根足** piernas *fpl.*「gruesas [gordas]
▪ **大根下ろし** rábano *m.* rallado,（道具）rallador *m.*
▪ **大根役者** *mal*[*mala*] ac*tor*[*triz*] *mf.*
たいさ 大佐 coronel *com.*,（海軍）capi*tán* [*tana*] *mf.* de navío
たいさ 大差 gran diferencia *f.* ‖ 大差で勝つ ganar「por una gran diferencia [ampliamente, holgadamente]／ ライバルに大差を つける aventajar ampliamente a *sus* rivales ／ 彼らの能力には大差がある Hay una gran diferencia de capacidad entre ellos.
たいざい 滞在 estancia *f.*, estadía *f.* ‖ 短い ［長い］滞在「corta [larga] estancia *f.* ／ 滞在 中に durante la estancia《en》／ 滞在を延長 する prolongar la estancia
▶ **滞在する** permanecer 《en》, quedarse 《en》, estar 《en》 ‖ 私はマドリードに5日間滞 在します Voy a estar cinco días en Madrid.
▪ **滞在期間** período *m.* de estancia
▪ **滞在許可** permiso *m.* de residencia
▪ **滞在地** lugar *m.* de estancia
▪ **滞在費** gastos *mpl.* de「estancia [estadía]
だいざい 題材 tema *m.*, materia *f.* ‖ 江戸時 代を題材にした小説 novela *f.* inspirada en la época (de) Edo
たいさく 大作 gran obra *f.*, obra *f.* maestra ‖ 大作に挑む acometer una gran obra
たいさく 対策 medidas *fpl.*《contra, para》 ‖ 対策を立てる／対策を練る elaborar medidas ／ 対策を取る／対策を講じる「tomar [adoptar] medidas《contra, para》／ 対策を 強化する「intensificar [fortalecer] las medidas
▪ **失業対策** ‖ 失業対策を要求する exigir medidas contra el desempleo
たいさん 退散
▶ **退散する** marcharse, irse,《慣用》liar el petete,（逃げる）huir
だいさん 第三
▶ **第三の** terce*ro*[*ra*] 《男性単数名詞の前で tercer となる》
▪ **第三紀**（地質）Terciario *m.*
▪ **第三共和制** Tercera República *f.*
▪ **第三国** tercer país *m.*
▪ **第三次産業** sector *m.* terciario, industria

f. terciaria
◪第三勢力 tercera fuerza *f.*
◪第三世界 tercer mundo *m.*
◪第三セクター sociedad *f.* de economía mixta

だいさんしゃ 第三者 terce*ro*[ra] *mf.*, tercera persona *f.* ‖ 第三者に害を与える dañar a un tercero ／ 第三者を介して por medio de un tercero
◪第三者委員会 comité *m.* independiente

たいし 大志 gran ambición *f.* ‖ 大志を抱く tener una gran ambición, ser ambicio*so*[sa] ／ 少年よ、大志を抱け ¡Chicos, sed ambiciosos!

たいし 大使 embaja*dor*[dora] *mf.* ‖ 彼女はボリビア大使に任命された Ella fue nombrada embajadora en Bolivia. ／ スペインはボリビア大使(男性)を召還した España llamó a consultas a su embajador en Bolivia. ／ 大使を務める desempeñar el cargo de embaja*dor*[dora]
◪特命全権大使 embaja*dor*[dora] *mf.* extraordina*rio*[ria] y plenipotencia*rio*[ria]
◪大使館 embajada *f.* ‖ 駐メキシコ日本大使館 Embajada *f.* del Japón en México
◪大使館員 emplea*do*[da] *mf.* de la embajada, (集合名詞) personal *m.* de la embajada

たいじ 胎児 feto *m.*, (妊娠3か月までの) embrión *m.* ‖ 胎児は母親の子宮で育つ El feto crece en el útero de la madre.

たいじ 退治 exterminación *f.*
▶退治する exterminar, acabar《con》, eliminar ‖ ゴキブリを退治する eliminar cucarachas

だいじ 大事 (大事) asunto *m.*「importante [de importancia], (大問題) cuestión *f.* crucial; (大がかりな仕事) gran empresa *f.*; (最悪の事態) lo peor, mal *m.* mayor ‖ 大事を企てる acometer una gran empresa ／ 大事を成し遂げる llevar a cabo una gran empresa ／ 幸い大事には至らなかった《慣用》Afortunadamente la cosa no「pasó [fue] a mayores.
▶大事である ser importante ‖ 冷静さを失わないことが大事である Es importante no perder la calma. ／ 私には家族が最も大事だ Para mí lo más importante es mi familia.
▶大事な importante, (貴重な) valio*so*[sa] ‖ 君に大事な話がある Tengo algo importante que decirte. ／ 大事なのは彼女がそれを望んでいるかどうかだ Lo importante es si ella lo quiere o no.
▶大事に con cuidado ‖ 大事に扱う tratar ALGO con cuidado ／ 大事にする (誰かを) apreciar, tratar bien a ALGUIEN, (自分の体を) cuidarse ／ どうぞお大事になさってください ¡Cuídese, por favor!
[慣用] 大事を取る tomar precauciones

だいじ 題字 título *m.*, epígrafe *m.*

ダイジェスト resumen *m.*
◪ダイジェスト版「versión *f.* [edición *f.*] resumida

だいしきょう 大司教 arzobispo *m.*
◪大司教区 arzobispado *m.*

だいしぜん 大自然 (gran) naturaleza *f.* ‖ 大自然の懐で暮らす vivir en el seno de la naturaleza

たいした 大した importante, grande, (重大な) grave, (数量が) mu*cho*[cha] ‖ 君はたいした人だよ Eres una gran persona. ¦ Eres úni*co*[ca]. ／ 釣りがたいした人気だ La pesca tiene mucha popularidad. ／ それはたいした問題ではない Eso no es un gran problema. ／ たいした事故ではなかった Fue un accidente sin importancia. ／ たいした病気ではない No es una enfermedad grave. ／ 君がここまで歩いて来るとはたいしたものだ Me sorprende que hayas venido a pie hasta aquí.

たいしつ 体質 constitución *f.*, complexión *f.*, tendencia *f.* ‖ 病弱な体質の人 persona *f.* de complexión enfermiza ／ 保守的体質の組織 organización *f.* de carácter conservador ／ 私は糖尿病になりやすい体質だ Tengo predisposición a sufrir diabetes. ／ 寒さは私の体質に合わない Me afecta el frío. ／ 体質を改善する mejorar la「constitución física [salud], (組織の) reestructurar
▶体質的な constitucional ‖ 体質的な欠陥 defecto *m.* constitucional

たいして 大して (否定語と共に) tan*to*[ta]『+名詞』, 『動詞+』tanto, tan『+形容詞・副詞』→ それほど (それ程) ‖ たいして寒くないよ No hace tanto frío. ／ たいして重要な問題ではない No es un problema tan importante.

たいして 対して (誰かに対して) con, a, (向かって) contra, (割合) por, (一方で) frente《a》‖ お年寄りに対して親切である ser amable con los ancianos ／ 君は先生(男性)に対して礼を欠く Faltas al respeto al profesor. ／ 隣国に対して戦線布告する declarar la guerra contra el país vecino ／ 牛乳1リットルに対して大さじ一杯の砂糖を加える añadir una cucharada de azúcar por cada litro de leche ／ 10名の欠員に対して20人の応募者があった Se presentaron 20 candidatos para 10 vacantes. ／ 彼が25票を獲得したのに対して、もう一人の候補者は10票だった Frente a sus 25 votos, el otro candidato solo obtuvo 10.

たいしぼう 体脂肪 grasa *f.* corporal ‖ 体脂肪が多い tener mucha grasa corporal ／ 体脂肪をなくす eliminar la grasa corporal ／ 体脂肪を測る medir la grasa corporal
◪体脂肪計 medidor *m.* de grasa corporal
◪体脂肪率「porcentaje *m.* [índice *m.*] de

grasa corporal
たいしゃ 代謝 《生物》metabolismo *m.* ‖ 代謝を高める acelerar el metabolismo
❷代謝の metabólico[ca]
❷代謝する metabolizar
◾代謝機能 función *f.* metabólica
◾代謝物 metabolito *m.*
たいしゃ 退社
❷退社する salir de la oficina, (退職する) retirarse, jubilarse
だいしゃ 台車 carro *m.*, (鉄道のボギー台車) boje *m.*, bogie *m.*
◾連接台車 boje *m.* compartido
たいしゃく 貸借 prestar y pedir prestado, (簿記上) debe *m.* y haber *m.*, activo *m.* y pasivo *m.*
◾貸借関係 relaciones *fpl.* financieras
◾貸借対照表 balance *m.*
たいじゅ 大樹 árbol *m.* grande
諺 寄らば大樹の陰《諺》Quien a buen árbol se arrima, buena sombra le cobija.
たいしゅう 大衆 gran público *m.*, masas *fpl.* ‖ 大衆に呼びかける/大衆に訴える llamar a las masas
❷大衆向きの para el gusto popular
❷大衆的な popular ‖ 大衆的な運動 movimiento *m.* popular
❷大衆化 popularización *f.*, masificación *f.* ‖ 大衆化する popularizarse, (俗化する) masificarse / 携帯電話はすぐに大衆化した Los teléfonos móviles no tardaron en popularizarse.
◾一般大衆 ⇒いっぱん(一般)
◾大衆音楽 música *f.* popular
◾大衆作家 escritor[tora] *mf.* popular
◾大衆社会 sociedad *f.* de masas
◾大衆主義 (ポピュリズム) populismo *m.*
◾大衆主義者 populista *com.*
◾大衆小説 novela *f.* popular
◾大衆食堂 restaurante *m.* popular, (安い) restaurante *m.* barato
◾大衆文化 cultura *f.* ｢popular [de masas]
◾大衆薬 medicamento *m.* ｢de venta libre [sin receta médica]
◾大衆路線 ‖ 大衆路線をとる tomar una política populista
たいしゅう 体臭 olor *m.* corporal ‖ 体臭が強い tener un olor corporal fuerte / 体臭をなくする eliminar el olor corporal
たいじゅう 体重 peso *m.* ‖ 体重が増える ganar peso, aumentar de peso, (太る) engordar / 私は3キロ体重が増えた Mi peso ha aumentado tres kilos. ¦ He engordado tres kilos. / 体重が減る perder peso, (痩せる) adelgazar / 体重は何キロですか？ ¿Cuánto pesa usted? / 私の体重は60キロです Peso 60 kilos. / 体重を計る pesar, (自分の) pesarse

◾体重計 báscula *f.*, peso *m.*
たいしゅつ 退出
❷退出する retirarse
たいしょ 対処
❷対処する hacer frente 《a》, enfrentarse 《a》 ‖ さまざまな問題に対処する hacer frente a diversos problemas
たいしょう 大将 《軍事》capitán[tana] *mf.* general, (海軍の) almirante *com.*, (親分) jefe *m.*
慣用 お山の大将(である)《諺》Cada gallo canta en su muladar.
たいしょう 大勝 ⇒あっしょう(圧勝)
たいしょう 対称 simetría *f.* ‖ 左右対称である ser simétrico[ca] horizontalmente / 上下対称である ser simétrico[ca] verticalmente
❷対称的(な) simétrico[ca]
❷対称的に simétricamente, de forma simétrica
◾点対称 simetría *f.* central
◾対称群《数学》grupo *m.* simétrico
◾対称軸 eje *m.* de simetría
たいしょう 対象 objeto *m.* ‖ 調査の対象 objeto *m.* de investigación / 非難の対象になる convertirse en objeto de censuras / 子供を対象にした映画 película *f.* destinada a los niños / 学生を対象としたアンケートを行う realizar una encuesta dirigida a estudiantes
たいしょう 対照 (コントラスト) contraste *m.*, (照合) cotejo *m.* ‖ 対照をなす contrastar 《con》, formar contraste 《con》
❷対照的な contrastante, opuesto[ta], contrastivo[va] ‖ 対照的な色 colores *mpl.* contrastantes / 対照的な性格の兄と弟 dos hermanos *mpl.* opuestos en carácter / 君の意見は私と対照的だ Tienes una opinión opuesta a la mía.
❷対照的に en contraste 《con》 ‖ 政府の公式発表とは対照的に… En contraste con la versión oficial del gobierno, ...
❷対照する ｢comparar [cotejar] ALGO 《con》 ‖ 翻訳を原文と対照する cotejar la traducción con el texto original
◾対照言語学 lingüística *f.* contrastiva
◾対照分析 análisis *m.*[=*pl.*] contrastivo
たいじょう 退場 salida *f.*, 《スポーツ》expulsión *f.*
❷退場する salir 《de》, abandonar, (役者が) hacer mutis ‖ そのサッカー選手(男性)がけがで退場した El futbolista abandonó el partido tras sufrir una lesión.
❷退場させる (サッカーなどで) expulsar ‖ 選手を退場させる(審判が) expulsar a *un* [*una*] jugador[dora] del partido
だいしょう 大小 lo grande y lo pequeño, (大きさ) tamaño *m.*, (重要性) importancia

f., magnitud *f.* ‖ 問題の大小「importancia *f.* [magnitud *f.*] del asunto ／ 大小の de tamaños variados ／ 大小さまざまの島 islas *fpl.* de diferentes tamaños

だいしょう 代償 compensación *f.*, recompensa *f.*, contrapartida *f.* ‖ 勝利の代償は私たちに高くついた Nos costó mucho conseguir la victoria. ／ 代償を払う compensar, recompensar ／ いかなる代償を払っても a toda costa, cueste lo que cueste ／ 代償を求める pedir una compensación ／ 収用された土地の代償として en compensación por el terreno expropiado

だいじょうぶ 大丈夫 ‖ 大丈夫かい ¿Estás bien? ／ 心配しないで、大丈夫だよ ¡No te preocupes! No pasa nada. ／ 大丈夫、君はきっと試験に受かります Estoy segu*ro[ra]* de que vas a aprobar el examen.

たいしょうりょうほう 対症療法《医学》tratamiento *m.* sintomático

たいしょく 大食 glotonería *f.*, gula *f.*
▶大食する comer en exceso, glotonear, hartarse
▣大食漢 glotón *m.*, comilón *m.* ‖ 大食漢である《慣用》「tener [ser de] buen saque

たいしょく 退職 retiro *m.*, jubilación *f.*
▶退職する retirarse, jubilarse, causar baja《de》
▣希望退職「jubilación *f.* [baja *f.*] voluntaria ‖ 会社を希望退職する causar baja voluntaria de la empresa
▣早期退職 jubilación *f.* anticipada ‖ 早期退職に応じる acceder a la jubilación anticipada
▣定年退職 jubilación *f.* ordinaria ‖ 定年退職を迎える llegar a la edad de jubilación
▣退職金 finiquito *m.*, liquidación *f.*
▣退職者 jubila*do[da]* *mf.*, retira*do[da]* *mf.*
▣退職願 solicitud *f.* de「jubilación [retiro]

たいしょく 耐食/耐蝕
▶耐食性の anticorrosi*vo[va]*
▣耐食合金 aleación *f.* resistente a la corrosión

たいしん 耐震
▶耐震(性)の antisísmi*co[ca]*, sismorresistente
▶耐震性 resistencia *f.* antisísmica, sismorresistencia *f.* ‖ 建物の耐震性を検査する evaluar la resistencia antisísmica del edificio
▣耐震基準 normas *fpl.* antisísmicas, normas *fpl.* de construcción sismorresistente
▣耐震構造 estructura *f.*「antisísmica [sismorresistente]
▣耐震診断 evaluación *f.* sísmica
▣耐震設計 diseño *m.*「antisísmico [sismorresistente]

たいじん 対人
▣対人関係 relaciones *fpl.* interpersonales
▣対人恐怖症 trastorno *m.* del miedo a la gente, sociofobia *f.*
▣対人地雷 mina *f.* antipersonal
▣対人保険 seguro *m.* de daños personales

たいじん 退陣 (退却) retirada *f.*, (辞任) dimisión *f.* ‖ 首相(男性)の退陣を迫る pedir la dimisión del primer ministro
▶退陣する (軍が) retirarse, (辞任する) dimitir

だいじん 大臣 minis*tro[tra]* *mf.* ‖ 大臣の地位/大臣の職務 cartera *f.*, cargo *m.* de minis*tro[tra]* ／ 大臣になる「hacerse [convertirse en, llegar a ser] minis*tro[tra]* ／ 外務大臣に任命される ser designa*do[da]* minis*tro[tra]* de Asuntos Exteriores ／ 防衛大臣を務める ocupar「la cartera [el cargo de minis*tro[tra]*] de Defensa
▣副大臣 vicaminis*tro[tra]* *mf.*
▣大臣官房 secretaría *f.* del ministro

だいじんぶつ 大人物 gran personaje *m.*, gran「persona *f.* [figura *f.*]

だいず 大豆 soja *f.*
▣大豆油 aceite *m.* de soja

たいすい 耐水 → ぼうすい(防水)
▶耐水性の impermeable, resistente al agua, a prueba de agua
▣耐水紙 papel *m.* impermeable

たいすう 対数《数学》logaritmo *m.*
▶対数の logarítmi*co[ca]*
▣常用対数 logaritmo *m.*「decimal [común]
▣自然対数 logaritmo *m.*「natural [neperiano]
▣対数関数 función *f.* logarítmica
▣対数表 tabla *f.* logarítmica

だいすう 代数 (代数学) álgebra *f.*
▶代数の algebrai*co[ca]*
▣代数方程式 ecuación *f.* algebraica

だいすき 大好き
▶大好きである gustar mucho《a》, encantar《a》‖ 彼はたばこが大好きだ A él le gusta mucho fumar. ／ 私は旅行が大好きだ Me encanta viajar. ／ 彼女はこの男性歌手が大好きだ A ella le gusta mucho este cantante. ‖ Este cantante la vuelve loca.

たいする 対する ‖ 質問に対する答え respuesta *f.* a una pregunta ／ 政治に対する関心 interés *m.* por la política ／ テロに対する戦い lucha *f.*「antiterrorista [contra el terrorismo]

たいせい 大成
▶大成する alcanzar un gran éxito en la vida,《慣用》llegar lejos ‖ 画家として大成する alcanzar un gran éxito como pin*tor[tora]*

たいせい 大勢 tendencia *f.* general ‖ 大勢に従う dejarse llevar por la corriente ／ 大勢に逆らう ir en contra de la corriente ／ 大勢は我々に不利だ Las circunstancias nos son desfavorables.

たいせい 体制 régimen *m.*, sistema *m.* ‖ 古い体制を打ち破る derrocar el antiguo régimen ／ 体制を立て直す restaurar el régimen ／ 新しい体制をつくる establecer un nuevo régimen
- 政治体制 régimen *m.* político
- 共産主義体制 régimen *m.* comunista
- 民主主義体制 régimen *m.* democrático ‖ 民主主義体制を強化する consolidar el régimen democrático
- 体制側 ‖ 彼は体制側だ Él es partidario del actual régimen. ／ 体制側につく ponerse al lado del poder

たいせい 体勢 postura *f.*, posición *f.* ‖ 体勢をくずす perder el equilibrio ／ 体勢を立て直す recuperar la postura inicial

たいせい 耐性 resistencia *f.* ‖ 〜に耐性を持つ ser resistente 《a》
- 耐性菌 bacterias *fpl.* resistentes ‖ 多剤耐性菌 bacterias *fpl.* multirresistentes

たいせい 胎生 viviparidad *f.*
▶ 胎生の vivíp*aro*[*ra*]
- 胎生動物 animal *m.* vivíparo, vivíp*aro*[*ra*] *mf.*

たいせい 態勢 actitud *f.* ‖ 態勢を固める [intensificar [reforzar] los preparativos 《para》
- 受け入れ態勢 ‖ 避難民の受け入れ態勢を整える prepararse para acoger a los refugiados
- 警戒態勢 ‖ 24時間の警戒態勢をとる estar en alerta durante 24 horas

だいせいどう 大聖堂 catedral *f.*

大聖堂

たいせいよう 大西洋 océano *m.* Atlántico
▶ 大西洋の atlánti*co*[*ca*]
- 北大西洋 el Atlántico Norte
- 南大西洋 el Atlántico Sur
- 大西洋横断飛行 vuelo *m.* transatlántico

たいせき 体積 volumen *m.* ‖ その箱の体積は3立方メートルである El volumen de la caja es de tres metros cúbicos. ／ 体積を求める calcular el volumen

たいせき 退席
▶ 退席する retirarse, levantarse de *su* asiento

たいせき 堆積 sedimentación *f.*, acumulación *f.*
▶ 堆積する sedimentarse, acumularse
- 堆積岩 roca *f.* sedimentaria
- 堆積物 sedimento *m.*

たいせつ 大切 →だいじ（大事）
▶ 大切である ser importante ‖ 二日酔いのときは水分をたくさんとることが大切です Es importante tomar mucha agua cuando se tiene resaca.
▶ 大切な importante, （貴重な）valio*so*[*sa*] ‖ 大切な人 persona *f.* importante
▶ 大切に con cuidado, cuidadosamente ‖ 大切に扱う tratar ALGO con cuidado ／ 大切にしまっておく guardar con gran cuidado, 《慣用》guardar ALGO como oro en paño
▶ 大切にする（誰かを）apreciar, tratar bien a ALGUIEN;（自分の体を）cuidarse
▶ 大切さ importancia *f.*

たいせん 対戦 encuentro *m.* ‖ サッカー最強2チームの対戦 encuentro *m.* de fútbol entre los dos mejores equipos
▶ 対戦する enfrentarse 《con》, jugar 《con》, luchar 《con, contra》 ‖ スペイン代表チームと対戦する enfrentarse con la selección española ／ 敵と対戦する luchar「contra [con] el enemigo
- 対戦相手 adversa*rio*[*ria*] *mf.*, contrincante *com.*, （チーム）equipo *m.* contrario
- 対戦成績 ‖ ブラジルとの対戦成績 「historial *m.* [resultados *mpl.* anteriores] contra Brasil

たいせん 大戦 gran guerra *f.*
- 第二次世界大戦 Segunda Guerra *f.* Mundial

たいそう 大層 （非常に）muy, mucho ⇒ たいへん（大変）・とても・ひじょう（⇒非常に） ‖ たいそうにぎわっている estar muy anima*do*[*da*] ／ 孫をたいそう甘やかす mimar mucho a *su* niet*o*[*ta*] ／ たいそうな事をいう exagerar las cosas

たいそう 体操 gimnasia *f.*, ejercicio *m.* físico
▶ 体操の gimnásti*co*[*ca*]
▶ 体操（を）する hacer「gimnasia [ejercicio físico]
- 体操競技 competición *f.* de gimnasia
- 体操選手 gimnasta *com.*
- 体操服 ropa *f.* de gimnasia

体操競技の種目

床運動 suelo *m.* ／ あん馬 caballo *m.* con arcos ／ つり輪 anillas *fpl.* ／ 跳馬 salto

m. de potro ／ 平行棒 barras fpl. paralelas ／ 鉄棒 barra f.　　fija ／ 段違い平行棒 barras fpl. asimétricas ／ 平均台 barra f. de equilibrio

だいそつ 大卒　gradua*do*[da] mf. universita*rio*[ria], (学士) licencia*do*[da] mf.

だいそれた 大それた　(思慮を欠いた) insensa*to*[ta], descabella*do*[da], (並外れた) desmesura*do*[da], desmedi*do*[da], (無謀な) temera*rio*[ria] || 大それた望みを持つ tener una ambición 「desmedida [desmesurada]

たいだ 怠惰　pereza f., indolencia f.
▶怠惰な perezo*so*[sa], indolente, ocio*so*[sa], flo*jo*[ja] || 怠惰な生活を送る llevar una vida ociosa
▶怠惰に perezosamente

だいたい 大体　(およそ) más o menos, aproximadamente, (通常) generalmente || 君の言いたい事は大体分かる Entiendo más o menos lo que quieres decir. ／ 職場まで大体1時間かかります Tardo aproximadamente una hora en ir al trabajo. ／ 仕事は大体片付いた El trabajo está casi terminado. ／ 大体週末は映画に行きます Generalmente voy al cine cada fin de semana.

だいたい 代替　sustitución f.
▶代替の alternati*vo*[va]
◪代替医療 medicina f. alternativa
◪代替エネルギー energía f. alternativa
◪代替地 terreno m. alternativo
▶代替する sucedáneo m., sustitutivo m.

だいだい 代々　de generación en generación, generación tras generación || うちは代々弁護士です Somos una familia de abogados desde hace muchas generaciones. ／ 代々伝わる習慣 costumbre f. transmitida de generación en generación

だいだい 橙　naranja f. amarga, (木) naranjo m. amargo
◪だいだい色 color m. anaranjado, color m. amarillo ámbar
▶だいだい色の anaranja*do*[da]

だいたいこつ 大腿骨　fémur m. || 大腿骨を骨折する fracturarse el fémur, sufrir una fractura de fémur

だいだいてき 大々的
▶大々的な en grande, en gran escala || 大々的なキャンペーンを実施する realizar una campaña de gran envergadura
▶大々的に con 「gran [mucha] publicidad, (慣用)a bombo y platillo

だいたすう 大多数　casi to*dos*[das] → だいぶぶん(大部分)
▶大多数の gran mayoría f. 《de》 || 大多数の市民 la gran mayoría de los ciudadanos, casi todos los ciudadanos

たいだん 対談　coloquio m., conversación f. || 明日2人の小説家の対談が行われる Mañana 「se celebrará [tendrá lugar] un coloquio entre dos novelistas.
▶対談する (～について)「tener [mantener] un coloquio 《sobre》

だいたん 大胆
▶大胆な audaz, atrevi*do*[da], osa*do*[da], intrépi*do*[da] || 大胆なデザイン diseño m. 「atrevido [audaz]
▶大胆に audazmente, intrépidamente
▶大胆にも〜する 「atreverse [aventurarse a 『+不定詞』, tener la osadía de 『+不定詞』|| 彼女は大胆にも会長(男性)に直接会いに行った Ella se atrevió a ir a ver personalmente al presidente.
▶大胆さ audacia f., atrevimiento m., osadía f., intrepidez f.
◪大胆不敵 || 大胆不敵である tener una gran audacia

だいち 大地　tierra f. || 母なる大地 madre tierra f. ／ 大地の恵み dones mpl. de la tierra

だいち 台地　meseta f.

たいちょう 体長　longitud f. (de un animal) || 体長5メートルの蛇 serpiente f. de cinco metros de largo

たいちょう 体調　estado m. de salud, condición f. física || 体調はいかがですか ¿Cómo se encuentra usted? ／ 体調がいい estar en (buena) forma ／ 体調を崩す ponerse enfer*mo*[ma] ／ 体調を維持する mantenerse en forma ／ 体調を整える ponerse en forma

たいちょう 隊長　capi*tán*[tana] mf., je*fe*[fa] mf., comandante com.

だいちょう 大腸　intestino m. grueso
◪大腸炎 colitis f.[=pl.]
◪大腸がん cáncer m. 「de colon [colorrectal]
◪大腸菌 colibacilo m.

だいちょう 台帳　libro m. mayor, libro m. de contabilidad || 台帳につける anotar en el libro de contabilidad
◪土地台帳 catastro m.

タイツ　leotardos mpl., mallas fpl. || タイツを履く ponerse unos leotardos

たいてい 大抵
▶たいてい(は) (一般に) generalmente, (通常は) habitualmente || 午後はたいてい家にいます Habitualmente estoy en casa por la tarde.
▶たいていの la mayoría 《de》|| たいていの場合(は) en la mayoría de los casos

たいてき 大敵　gran enemigo m., enemigo m. mayor, peor enemigo m. || 太陽は肌の大敵です El sol es un gran enemigo de la piel.

たいでん 帯電　electrización f.
▶帯電する electrizarse

タイト

たいど

▶ **タイトな** apreta*do*[da] ‖ タイトなプログラム programa *m.* apretado

◾ **タイトスカート** falda *f.* 「de tubo [estrecha]

たいど 態度 actitud *f.*, posición *f.*, postura *f.*, (振る舞い) comportamiento *m.* ‖ 厳しい態度を取る tomar una actitud severa《con》, mostrarse sever*o*[ra]《con》/ 挑戦的な態度を取る adoptar una actitud desafiante, mostrarse desafiante / 前向きな態度を示す mostrar una actitud positiva / 態度が怪しい tener un comportamiento sospechoso / 態度が悪い comportarse mal / 彼の態度がよくなった Él ha mejorado su comportamiento. / 態度を明らかにする expresar *su* 「postura [opinión] / 賛成[反対]の態度を表明する manifestar *su* postura 「a favor [en contra]《de》/ 態度を変える cambiar de actitud / 態度を決める tomar una decisión / 態度を硬化させる endurecer *su* posición / 態度を慎む comportarse con prudencia / 市長(男性)はその件に関して態度を保留している El alcalde no se pronuncia sobre este asunto.

(慣用) 態度が大きい ser arrogante, ser insolente

たいとう 台頭 ascenso *m.*, surgimiento *m.* ‖ ファシズムの台頭 ascenso *m.* del fascismo

▶ **台頭する** cobrar fuerza, crecer,《慣用》ganar terreno

たいとう 対等 igualdad *f.*

▶ **対等な/対等の** igual ‖ 対等な関係 relación *f.* de igual a igual / 対等な立場で en igualdad de condiciones

▶ **対等に** de igual a igual ‖ 対等に話す hablar de igual a igual / 部下と対等に接する tratar de igual a igual a *sus* inferiores

たいどう 胎動 movimiento *m.* fetal, (最初の兆候) primeros indicios *mpl.*《de》‖ 胎動を感じる sentir los movimientos fetales

だいどう 大道

◾ **大道芸** acto *m.* callejero

◾ **大道芸人** artista *com.* calleje*ro*[ra]

◾ **大道商人** vende*dor*[dora] *mf.* ambulante

だいどうしょうい 大同小異 ‖ AとBは大同小異である No hay gran diferencia entre A y B. ¦ A y B son casi idénticos.

だいどうみゃく 大動脈 aorta *f.*, arteria *f.* aorta, (道路の) carretera *f.* 「principal [troncal]

◾ **胸部大動脈** aorta *f.* torácica

◾ **腹部大動脈** aorta *f.* abdominal

◾ **大動脈瘤** aneurisma *m(f).* 「de aorta [aórtico]

だいとうりょう 大統領 presiden*te*[ta] *mf.* ‖ 共和国の大統領に選ばれる ser elegi*do*[da] presiden*te*[ta] de la República / 大統領に就任する tomar posesión de la presidencia,

ocupar el cargo de presiden*te*[ta]

▶ **大統領の** presidencial ‖ 大統領の任期を終える terminar *su* mandato presidencial

◾ **副大統領** vicepresiden*te*[ta] *mf.*

◾ **次期大統領** *el*[la] próxi*mo*[ma] presiden*te*[ta]

◾ **大統領官邸** residencia *f.* presidencial

◾ **大統領候補** candida*to*[ta] *mf.* presidencial

◾ **大統領制** presidencialismo *m.*, sistema *m.* presidencial

◾ **大統領選挙** elecciones *fpl.* presidenciales

◾ **大統領夫人** primera dama *f.*

◾ **大統領補佐官** ase*sor*[sora] *mf.* 「del presidente [de la presidenta]

たいとく 体得

▶ **体得する** aprender ALGO con la práctica

だいどころ 台所 cocina *f.* → キッチン ‖ 台所を預かる administrar la casa

(慣用) 台所が苦しい tener problemas financieros

◾ **台所事情** situación *f.* financiera

◾ **台所用具** utensilios *mpl.* de cocina

だいとし 大都市 gran ciudad *f.*, gran urbe *f.*, metrópoli *f.*

だいとちしょゆう 大土地所有 latifundio *m.*

◾ **大土地所有者** latifundista *com.*

◾ **大土地所有制度** latifundismo *m.*

タイトル ❶ (表題) título *m.* ‖ タイトルをつける poner un título《a》, titular

◾ **タイトルバー** (IT) barra *f.* de título

❷ (選手権) título *m.* ‖ タイトルを防衛する defender *su* título / タイトルを奪う ganar el título / タイトルを失う perder *su* título

◾ **世界タイトル** título *m.* mundial ‖ 世界タイトルを獲得する 「conseguir [ganar] el título mundial

◾ **タイトルマッチ** campeonato *m.*

たいない 体内

▶ **体内に** en el interior del cuerpo

◾ **体内時計** reloj *m.* biológico

◾ **体内被曝** exposición *f.* interna a la radiación

たいない 対内

▶ **対内の** interior, inter*no*[na]

▶ **対内政策** política *f.* 「interior [interna]

たいない 胎内 (子宮の内部) interior *m.* del útero ‖ 母親の胎内に en el útero de la madre

◾ **胎内感染** infección *f.* prenatal

だいなし 台無し

▶ **台無しにする** estropear,《慣用》echar a perder ALGO,《慣用》dar al traste《con》‖ チャンスを台無しにする malograr una oportunidad / 計画を台無しにする 「estropear [dar al traste con] el plan

▶ **台無しになる**《慣用》echarse a perder ‖ 冷蔵庫が故障して、食べ物が全部台無しになっ

た El frigorífico se estropeó y se echó a perder toda la comida.

ダイナマイト dinamita *f.* ‖ ダイナマイトで爆破する dinamitar, volar ALGO con dinamita

ダイナミック
▶ダイナミックな dinámico[ca] ‖ ダイナミックな演奏 interpretación *f.* dinámica
▶ダイナミックに con dinamismo, de forma dinámica

だいに 第二
▶第二の segundo[da] ‖ 第二の故郷 segunda patria *f.* ／第二の人生を始める empezar *su* nueva vida
▶第二に en segundo lugar
▶第二言語 segunda lengua *f.*
◾第二次産業 sector *m.* secundario, industria *f.* secundaria
◾第二バイオリン（奏者）segundo violín *com.*

たいにち 対日
◾対日関係 relaciones *fpl.* con Japón
◾対日感情 sentimiento *m.* hacia Japón ‖ 対日感情が悪い tener un sentimiento antijaponés ／この国は対日感情が良い En este país se tiene simpatía por Japón.

だいにゅう 代入 《数学》sustitución *f.*
▶代入する ‖ AにBを代入する sustituir A por B

たいにん 大任 misión *f.* importante ‖ 大任を果たす cumplir una misión importante

たいにん 退任 retiro *m.*, (辞任) dimisión *f.*
▶退任する retirarse, (辞任する) dimitir

ダイニング
◾ダイニングキッチン cocina *f.* comedor
◾ダイニングルーム comedor *m.*

たいねつ 耐熱
▶耐熱(性)の refractario[ria], resistente al calor, termorresistente
▶耐熱性 resistencia *f.* al calor, termorresistencia *f.*
◾耐熱ガラス vidrio *m.* refractario

たいのう 滞納 retraso *m.* en el pago, morosidad *f.*
▶滞納する retrasar en el pago, no pagar en el plazo fijado
◾滞納金 atrasos *mpl.*, pago *m.* atrasado
◾滞納者 moroso[sa] *mf.*

だいのう 大脳 cerebro *m.*, (終脳) telencéfalo *m.*, (脳) encéfalo *m.*
▶大脳の cerebral
◾大脳皮質 corteza *f.* cerebral

たいは 大破
▶大破する quedar「completamente [totalmente] destruido[da]

ダイバー buzo *m.*, buceador[dora] *mf.*, submarinista *com.*

たいはい 大敗 derrota *f.*「aplastante [absoluta, contundente, total]
▶大敗する sufrir una aplastante derrota, ser derrotado[da]「contundentemente [aplastantemente, en toda la línea]

たいはい 退廃 decadencia *f.*, degeneración *f.* ‖ 道徳の退廃 decadencia *f.* moral
▶退廃的な decadente ‖ 退廃的な文学 literatura *f.* decadente
▶退廃する degenerar, caer en decadencia

たいばつ 体罰 castigo *m.*「físico [corporal] ‖ 体罰を受ける「recibir [sufrir] un castigo físico, ser castigado[da] físicamente ／体罰を加える「imponer [aplicar, infligir] un castigo corporal《a》

たいはん 大半 (半分以上) más de la mitad 《de》, (大部分) la mayoría 《de》, la mayor parte 《de》‖ 参加者の大半は若い人たちだ Más de la mitad de los participantes son jóvenes. ／彼女は一日の大半を会社で過ごす Ella pasa la mayor parte del día en la oficina.

たいばん 胎盤 placenta *f.*
◾胎盤エキス extracto *m.*「de placenta [placentario]

たいひ 対比 contraste *m.*, (比較) comparación *f.* ⇒たいしょう(対照)‖ 白と黒の対比 contraste *m.* entre el blanco y el negro
▶対比的 contrastante
▶対比する (比較する) comparar ‖ AとBを対比する comparar A con B

たいひ 待避
▶待避する refugiarse
◾待避線《鉄道》apartadero *m.*

たいひ 退避
▶退避する evacuar

たいひ 堆肥 estiércol *m.*, compost *m.*[=*pl.*] ‖ 土に堆肥を施す aplicar estiércol a la tierra
◾堆肥作り compostaje *m.*

だいびき 代引き pago *m.* contra reembolso ⇒だいきん(⇒代金引換)
▶代引きで contra reembolso ‖ 代引きでプリンタを注文する pedir una impresora contra reembolso

タイピスト mecanógrafo[fa] *mf.*, dactilógrafo[fa] *mf.*

だいひつ 代筆
▶代筆する escribir「por [en lugar de] ALGUIEN

たいびょう 大病 enfermedad *f.*「grave [seria] ‖ 大病を患う padecer una grave enfermedad ／大病を患っている estar gravemente enfermo[ma]

だいひょう 代表 representación *f.*, (人) representante *com.*, delegado[da] *mf.* ‖ 国の代表 representante *com.* del país ／代表に選ぶ elegir como representante a ALGUIEN ／代表を選ぶ elegir a un[una] representante ／代表を1名送る enviar a un[una]

タイピン representante《a》
▶**代表する** representar‖友人一同を代表して挨拶する saludar en representación de los amigos
▶**代表的な** representat*ivo*[va], típ*ico*[ca]‖80年代の代表的な映画 película f. representativa de los años ochenta
◪**代表権** representación f.
◪**代表作** obra f. representativa
◪**代表選手** juga*dor*[dora] mf. seleccion*ado*[da]
◪**代表団** delegación f.
◪**代表チーム**‖日本代表チーム selección f. japonesa
◪**代表取締役** direc*tor*[tora] mf. ejecut*ivo*[va], president*e*[ta] mf. del consejo de administración
◪**代表番号** (電話) número m. de teléfono principal

タイピン《服飾》「alfiler m. [pasador m.] de corbata

ダイビング (潜水) buceo m., submarinismo m., (飛び込み) salto m.
▶**ダイビングをする** practicar「buceo [submarinismo]
◪**ダイビングスーツ** traje m. de buceo, escafandra f.

たいぶ 退部
▶**退部する** darse de baja《de, en》, abandonar‖バスケット部を退部する darse de baja del club de baloncesto

タイプ ❶ (典型・型) tipo m., clase f.‖新しいタイプの携帯電話 nuevo tipo de teléfono móvil／彼女は私の好きなタイプだ Ella es de mi tipo.／彼はスポーツマンタイプだ Él es un tipo atlético.／君はどんなタイプの音楽が好きなの ¿Qué「tipo [clase] de música te gusta?
❷ (タイプライター) máquina f. de escribir‖タイプで打つ／タイプする escribir a máquina, mecanografiar

だいぶ 大分 mucho, muy, (かなり) bastante, (顕著に) considerablemente‖それは大分前のことです Eso fue hace mucho tiempo.／大分暑い Hace bastante calor.／私は大分よくなりました Me encuentro mucho mejor.／大分遅くなってしまった (時間が過ぎた) Se ha hecho muy tarde.

たいふう 台風 tifón m.‖台風の目 ojo m. del tifón／台風の被害 daños mpl. causados por el tifón／台風に襲われた地域 zona f. azotada por un tifón／台風が九州に接近する El tifón se acerca a la isla de Kyushu.／フィリピンの近海で台風が発生した Se produjo un tifón cerca de la costa de Filipinas.

たいぶつ 対物
◪**対物保険** seguro m. de daños materiales
◪**対物レンズ** objetivo m.

だいぶつ 大仏 estatua f. gigante de Buda‖鎌倉の大仏 Gran Buda m. de Kamakura

だいぶぶん 大部分 la mayoría《de》, la mayor parte《de》‖人口の大部分は都市部に住んでいる La mayor parte de la población vive en zonas urbanas.／事故の責任の大部分は政府にある El gobierno es, en gran parte, responsable del accidente.

たいぶんすう 帯分数 número m. mixto
たいへい 太平 ⇒へいわ(平和)
たいべい 対米
◪**対米関係** relaciones fpl. con (los) Estados Unidos
◪**対米感情** sentimiento m. hacia (los) Estados Unidos
◪**対米輸出** exportación f. a (los) Estados Unidos

たいへいよう 太平洋 océano m. Pacífico‖太平洋を横断する cruzar el (océano) Pacífico
▶**太平洋の** pacíf*ico*[ca]
◪**北太平洋** el Pacífico Norte
◪**太平洋高気圧** anticiclón m. del Pacífico
◪**太平洋戦争**《歴史》Guerra f. del Pacífico (1879-1883年の南米の戦争も指す)
◪**太平洋プレート** placa f. pacífica

たいべつ 大別
▶**大別する**‖収集されたデータを2グループに大別する dividir en dos grandes grupos los datos recogidos

たいへん 大変 (非常に・とても) muy, mucho‖大変遅くなった Se ha hecho muy tarde.／(あなた方に)大変お世話になりました Les estoy muy agradec*ido*[da].／大変暑い Hace mucho calor.／大変失礼しました Lo siento mucho.
▶**大変な** (非常な) terrible, (深刻な) grave, (難しい) difícil, (たくさんの) gran cantidad f.《de》‖大変な寒さ frío m. terrible／大変な事故 accidente m. grave／昨日、スタジアムで大変な騒ぎがあった Ayer armaron un gran jaleo en el estadio.／大変な金額を支払う pagar una gran suma de dinero
▶**大変である** costar mucho‖(私は)学校の宿題が大変だ Me cuesta mucho hacer los deberes de la escuela.／私たちが遅刻したら大変だ Si no llegamos a tiempo, será un desastre.

だいべん 大便 excremento m., aguas fpl. mayores, heces fpl. (fecales)
▶**大便をする** hacer「sus necesidades [aguas] mayores, hacer deposiciones, evacuar el vientre

だいべん 代弁
▶**代弁する** hablar por ALGUIEN, (代行する) representar, (代わりに弁償する) indemnizar en lugar de ALGUIEN‖この意見は大部分の

有権者の意見を代弁している Esta opinión representa la de la mayoría de los electores.
◪代弁者 portavoz *com.* ⇒スポークスマン

たいほ 逮捕 detención *f.*, arresto *m.*
▶逮捕する detener, arrestar ‖ 盗みの疑いで逮捕される ser detenido[da] bajo sospecha de robo ／ あなたを逮捕します Queda detenido[da].
◪逮捕状 orden *f.* de「detención [arresto]
◪逮捕歴がある tener antecedentes criminales

たいほう 大砲 cañón *m.* ‖ 大砲を打つ disparar un cañón

たいぼう 耐乏
◪耐乏生活 vida *f.* de privaciones ‖ 耐乏生活を送る vivir「una vida de privaciones [en la penuria], pasar privaciones

たいぼう 待望
▶待望の tan deseado[da], tan esperado[da] ‖ 待望の雨 lluvia *f.* tan esperada
▶待望する esperar ALGO「ansiosamente [con impaciencia], 《慣用》esperar ALGO como agua de mayo

たいぼく 大木 gran árbol *m.* ‖ 大木を伐る「cortar [talar] un gran árbol

だいほん 台本 guion *m.*, (オペラの) libreto *m.*

たいま 大麻 cannabis *m.*[=*pl.*], marihuana *f.*, mariguana *f.*, (ハッシッシュ) hachís *m.*[=*pl.*] ‖ 大麻を吸う fumar marihuana
◪大麻取締法 Ley *f.* de Control de Cannabis

タイマー temporizador *m.* ‖ タイマーを7時にセットする programar el temporizador a las siete

たいまい 大枚 gran cantidad *f.* de dinero, dineral *m.* ‖ 大枚をはたいて真珠のネックレスを買う gastar un dineral para comprar un collar de perlas

たいまつ 松明 antorcha *f.*, hacha *f.* ‖ 松明をともす encender la antorcha

たいまん 怠慢 negligencia *f.*, pereza *f.*
▶怠慢な negligente ‖ 怠慢な行為 conducta *f.* negligente
▶怠慢である ser negligente
◪職務怠慢 negligencia *f.* en el trabajo

だいみょう 大名 《日本語》daimio *m.*, (説明訳) antiguo soberano *m.* feudal de Japón

タイミング ‖ タイミングよく oportunamente, 《慣用》en buena hora, en sazón ／ タイミングを逃す perder el momento oportuno ／ 大臣(男性)は今税金を上げるのはタイミングが悪いと考えている El ministro estima inoportuno subir ahora el impuesto.

タイム ❶ (時間) tiempo *m.*, (記録としての) crono *m.*, (試合中断の) tiempo *m.* muerto ‖ そのマラソン選手(男性)は2時間10分のタイムを出した El corredor de maratón hizo un tiempo de dos horas y diez minutos. ／ タイムを争う competir en tiempo ／ タイムを計る cronometrar, medir con el cronómetro ／ タイムを要求する pedir tiempo muerto
◪タイムカード ficha *f.*
◪タイムカプセル cápsula *f.* del tiempo
◪タイムキーパー cronometrador[dora] *mf.*
◪タイムサービス oferta *f.* especial de horas limitadas, (飲食店のハッピーアワー) hora *f.* feliz
◪タイムスイッチ ⇒タイマー
◪タイムテーブル horario *m.*
◪タイムマシーン máquina *f.* del tiempo
◪タイムレコーダー reloj *m.* de fichar
❷《植物》tomillo *m.*

タイムリー
▶タイムリーな oportuno[na]

だいめい 題名 título *m.* ‖ 本の題名 título *m.* del libro ／ 題名をつける poner un título「a」

だいめいし 代名詞 pronombre *m.*

たいめん 体面 honor *m.*, (体裁) apariencia *f.*, (威厳) dignidad *f.* ‖ 体面にかかわる問題 asunto *m.* de dignidad ／ 体面を失う perder「la honra [el honor] ／ 体面を保つ mantener el honor ／ 体面をつくろう「salvar [guardar, cubrir] las apariencias ／ 体面を汚す deshonrar

たいめん 対面 entrevista *f.*, 《法律》careo *m.*
▶対面する verse cara a cara, entrevistarse 《con》
◪対面通行 circulación *f.* bidireccional sin mediana ‖ 対面通行の道路 carretera *f.* de doble sentido sin mediana

たいもう 体毛 pelo *m.*, vello *m.*

だいもく 題目 (題名) título *m.*, (テーマ) tema *m.* ‖ お題目を唱える (口先だけで実行しない)《慣用》hablar de boquilla

タイヤ (車) neumático *m.*, 《中南米》llanta *f.*, (車輪) rueda *f.* ‖ すり減ったタイヤ neumático *m.* desgastado ／ タイヤがパンクした「Se pinchó [Sufrió un pinchazo] el neumático. ／ 車のタイヤに空気を入れる inflar los neumáticos del coche ／ タイヤを替える cambiar el neumático
◪タイヤチェーン cadenas *fpl.* para la nieve ‖ タイヤチェーンを巻く poner las cadenas ／ タイヤチェーンを外す quitar las cadenas ／ 雪のためタイヤチェーンが必要だ La nieve obliga a usar las cadenas.

ダイヤ ❶ (ダイヤグラム) diagrama *m.* de trenes, (列車の時刻表) horario *m.* ‖ 電車はダイヤ通りに運行されている Los trenes funcionan「según el horario [con puntualidad]. ／ 雪のため列車のダイヤが乱れた La nevada alteró el horario de trenes. ／ ダイ

たいやく 大役 ⇒たいにん(大任)

たいやく 対訳
▶対訳の bilingüe
◾対訳版「versión *f.* [edición *f.*] bilingüe ‖ スペイン語と英語の対訳版「versión *f.* [edición *f.*] español-inglés

だいやく 代役 substitu*to*[*ta*] *mf.*,《演劇》sobresaliente *com.* ‖ 主演女優の代役を務める suplir a la actriz principal ／代役を立てる nombrar「al substituto [a la sustituta]《de》

ダイヤグラム ⇒ダイヤ

ダイヤモンド diamante *m.* ‖ ダイヤモンドの指輪 anillo *m.* de diamante
◾ダイヤモンド婚(60周年) bodas *fpl.* de diamante, (75周年) bodas *fpl.* de brillantes
◾ダイヤモンドダスト《気象》《細氷現象》polvo *m.* de diamante, prismas *mpl.* de hielo

ダイヤル disco *m.*
▶ダイヤルする marcar el número
◾ダイヤルイン número *m.* de teléfono directo

たいよ 貸与 préstamo *m.*
▶貸与する prestar ‖ 制服を貸与する prestar uniformes

たいよう 大洋 océano *m.*
◾大洋州(オセアニア) Oceanía

たいよう 太陽 sol *m.*
▶太陽の solar
◾太陽エネルギー energía *f.* solar
◾太陽系 sistema *m.* solar
◾太陽光 luz *f.* solar ‖ 太陽光発電 energía *f.* solar fotovoltaica
◾太陽光線 rayos *mpl.* solares
◾太陽黒点 mancha *f.* solar
◾太陽電池 célula *f.* fotovoltaica, batería *f.* solar
◾太陽灯 lámpara *f.* solar
◾太陽熱 calor *m.* solar ‖ 太陽熱発電 energía *f.*「solar térmica [termosolar]
◾太陽放射 radiación *f.* solar
◾太陽暦 calendario *m.* solar
◾太陽炉 horno *m.* solar

たいよう 耐用
▶耐用性 durabilidad *f.*
◾耐用年数 vida *f.* (útil), duración *f.* ‖ この機械の耐用年数は約10年です La vida útil de esta máquina es de unos diez años.

だいよう 代用 sustitución *f.*, reemplazo *m.* ‖ 代用になる servir《de》,《慣用》hacer las veces《de》
▶代用する ‖ AをBで代用する「usar [utilizar] B en lugar de A
◾代用食品 alimento *m.* sustitutivo
◾代用品 sucedáneo *m.*, sustitutivo *m.*

たいら 平ら
▶平らな pla*no*[*na*], lla*no*[*na*] ‖ 平らな道 camino *m.* plano ／ 平らな土地 terreno *m.* llano
▶平らにする allanar, aplanar, nivelar ‖ 地面を平らにする allanar el terreno

たいらげる 平らげる comerse ‖ 2人前の食事を平らげる comerse las dos raciones ／ステーキを平らげる「dar cuenta de [comerse] un filete

だいり 代理 sustitución *f.*, suplencia *f.*, (人) substitu*to*[*ta*] *mf.*, suplente *com.* ‖ 代理を立てる nombrar a *un*[*una*] substituto[*ta*] ／市長(男性)の代理を務める suplir al alcalde, hacer las veces del alcalde
▶代理の sustitutivo[va], suplente, en funciones, interi*no*[*na*]
▶〜の代理として en lugar《de》, en nombre《de》
◾部長代理 subdirec*tor*[*tora*] *mf.*, (代行) direc*tor*[*tora*] *mf.* en funciones
◾代理業者 agente *com.*
◾代理戦争 guerra *f.*「subsidiaria [por proxy]
◾代理大使 encarga*do*[*da*] *mf.* de negocios
◾代理店 agencia *f.*, oficina *f.* de representación ‖ 旅行代理店 agencia *f.* de viajes
◾代理人 (代表者) representante *com.*
◾代理母 madre *f.* de alquiler

だいリーグ 大リーグ Grandes Ligas *fpl.*, Ligas *fpl.* Mayores

たいりく 大陸 continente *m.* ‖ 大陸を横断する atravesar el continente
▶大陸の/大陸的な continental
◾新大陸 Nuevo Continente *m.*,《歴史》el Nuevo Mundo (アメリカ大陸の意)
◾旧大陸《歴史》el Mundo Antiguo, el Viejo Mundo
◾大陸横断鉄道 ferrocarril *m.* transcontinental
◾大陸間弾道ミサイル misil *m.* balístico intercontinental
◾大陸性気候 clima *m.* continental
◾大陸棚 plataforma *f.* continental

だいりせき 大理石 mármol *m.* ‖ 大理石の彫刻 escultura *f.*「de [en] mármol

たいりつ 対立 oposición *f.*, enfrentamiento *m.*, antagonismo *m.* ‖ 意見の対立 enfrentamiento *m.* de opiniones《entre》／ 親子の対立 conflicto *m.* entre padres e hijos ／ 対立が生じる producirse *un enfrentamiento* ／ 両国の対立が深まるだろう Se va a「agravar [agudizar] el enfrentamiento entre los dos países.
▶対立する oponerse《a》, enfrentarse ‖ 両党はエネルギー問題で対立している Los dos partidos están enfrentados por el problema de la energía. ¦ El problema de la energía

enfrenta a los dos partidos.
▶対立的な opues*to*[*ta*], antagonista
▣対立候補 candida*to*[*ta*] *mf.* rival
たいりゃく 大略 ⇒がいりゃく(概略)
たいりゅう 対流 convección *f.* ‖ 対流が起こる producirse *una convección* ／ 熱は対流, 放射, 伝導によって伝わる El calor se transfiere mediante convección, radiación y conducción.
▣対流圏 troposfera *f.*,《中南米》tropósfera *f.*
▣対流式暖房器 convector *m.*
▣対流電流 corriente *f.* eléctrica de convección
たいりょう 大量
▶大量の gran cantidad *f.* 《de》, grandes cantidades *fpl.*《de》, masi*vo*[*va*] ‖ 大量のゴミ grandes cantidades de basura
▶大量に en gran cantidad, en grandes cantidades, abundantemente,《慣用》a mares ‖ エネルギーを大量に消費する consumir grandes cantidades de energía, consumir energía en grandes cantidades
▣大量解雇 despido *m.* masivo
▣大量虐殺 masacre *f.*
▣大量失業「desempleo *m.* [paro *m.*] masivo
▣大量生産 producción *f.*「masiva [en serie]
▣大量破壊兵器 armas *fpl.* de destrucción masiva
たいりょう 大漁 buena captura *f.*, pesca *f.* abundante ‖ 今日はイカが大漁だった Hoy hemos tenido buena pesca de calamares.
たいりょく 体力 fuerza *f.* física, resistencia *f.* física ‖ 体力がある tener「fuerza [resistencia] física, ser「fuerte [resistente] ／ 体力がない no tener「fuerza [resistencia] física ／ 私は体力が衰えた He perdido fuerza física. ／ 体力をつける「mejorar [aumentar] la resistencia física
▣体力測定 medición *f.* de las capacidades físicas
▣体力テスト pruebas *fpl.* físicas
たいりん 大輪 ‖ 大輪の菊 crisantemo *m.* grande
タイル azulejo *m.* ‖ タイルを張る azulejar, revestir ALGO de azulejos
▣タイル製造者 azulejero *m.*
▣タイル張り azulejería *f.* ‖ タイル張りの床 suelo *m.* azulejado
ダイレクトメール correo *m.* directo (de publicidad), publicidad *f.* por correo
たいれつ 隊列 fila *f.* ‖ 隊列を組む ponerse en fila, formar filas
たいろ 退路 ruta *f.* de retirada ‖ 反乱軍の退路を断つ cortar la (ruta de) retirada a las tropas rebeldes

だいろっかん 第六感 sexto sentido *m.*, percepción *f.* extrasensorial,（直観）intuición *f.*
たいわ 対話 diálogo *m.*, coloquio *m.*, conversación *f.*
▶対話する dialogar 《con》,「sostener [mantener] un diálogo《con》
▣対話式/対話型 dialogismo *m.*,《IT》interactivo *m.* ‖ 対話式の/対話型の dialogísti*co*[*ca*],《IT》interacti*vo*[*va*] ／ 対話式学習 aprendizaje *m.* interactivo
▣対話集会 encuentro *m.* de diálogo
たうえ 田植え plantación *f.* de arroz
▶田植えする plantar el arroz
▣田植機 trasplantadora *f.* de arroz
ダウしきへいきんかぶか ダウ式平均株価 《経済》índice *m.* Dow Jones
タウリン 《生化学》taurina *f.*
タウン
▣タウンウエア（外出着）「vestido *m.* [traje *m.*] de calle
▣タウン誌 revista *f.* de información local
ダウン ❶（ボクシングの）caída *f.*
▶ダウンする（ボクシングで）caer,（故障する）averiarse,（縮小する）reducir
❷（羽毛）plumón *m.*
▣ダウンジャケット plumífero *m.*, plumas *fpl.*
ダウンサイジング reducción *f.* de personal
ダウンしょうこうぐん ダウン症候群 síndrome *m.* de Down
ダウンロード descarga *f.* de archivos
▶ダウンロードする descargar, bajar
たえがたい 堪え難い inaguantable, insoportable, difícil de soportar ‖ 耐え難い痛み dolor *m.* insoportable
だえき 唾液 saliva *f.* ‖ 赤ちゃんはたくさん唾液が出る El bebé tiene mucha saliva. ¦ Al bebé le sale mucha saliva. ／ 唾液を出す/唾液を分泌する salivar, segregar saliva
▶唾液の salival
▣唾液腺 glándulas *fpl.* salivales
▣唾液分泌 salivación *f.*
たえしのぶ 堪え忍ぶ ⇒たえる(耐える)
たえず 絶えず continuamente, sin「cesar [parar], sin interrupción
たえだえ 絶え絶え ‖ 息も絶え絶えである estar sin aliento, faltar *el aliento* a ALGUIEN
▶絶え絶えに ‖ 私たちは息も絶え絶えに山頂にたどり着いた Llegamos sin aliento a la cima del monte.
たえま 絶え間 interrupción *f.*
▶絶え間ない ininterrumpi*do*[*da*], incesante, conti*nuo*[*nua*], constante ‖ 絶え間ない努力 esfuerzo *m.* constante
▶絶え間なく sin interrupción, ininterrumpidamente, sin「cesar [parar], constante-

mente ‖ 絶え間なく雨が降る Llueve「sin parar [sin cesar, ininterrumpidamente]
たえる 耐える/堪える aguantar, soportar, resistir, (値する) merecer, valer ‖ 暑さに耐える「soportar [aguantar] el calor / マグニチュード9までの地震に耐える (建物が) resistir un terremoto de hasta nueve grados de magnitud en la escala Richter / 誘惑に耐える resistir una tentación / この本は読むに堪えない Este libro no vale la pena leerlo. / 感謝に堪えません No sé cómo agradecérselo.
▶ 耐えられる aguantable, soportable
▶ 耐えがたい inaguantable, insoportable, (許しがたい) intolerable ‖ 耐えがたい屈辱を受ける sufrir una humillación intolerable
たえる 絶える acabarse, extinguirse, (途切れる) interrumpirse ‖ 〜の消息が絶える no volver a tener noticias《de》/ 息が絶える morir,《慣用》「dar [exhalar] el último suspiro / ここは車の流れが絶えない Aquí no paran de pasar coches.
だえん 楕円 óvalo m.,《数学》elipse f.
▶ 楕円の oval*ado[da]*, oval, elíp*tico[ca]*
◨ 楕円軌道 órbita f. elíptica
たおす 倒す derribar, tumbar, hacer caer, (負かす) vencer, derrotar, (転覆させる) derrocar ‖ 木を倒す derribar un árbol / びんを倒す volcar una botella / 座席の背を倒す reclinar el asiento / 敵を倒す derrotar al enemigo / 政府を倒す derrocar al gobierno / 体を前に倒す「doblar el cuerpo [inclinarse] hacia adelante
タオル toalla f. ‖ 湿ったタオル toalla f. húmeda / タオルで拭く (自分を) secarse con una toalla / タオルを絞る escurrir la toalla
〔慣用〕タオルを投げる《慣用》「arrojar [tirar] la toalla
◨ バスタオル toalla f. de baño
◨ フェイスタオル toalla f. de mano
◨ タオル掛け toallero m.
◨ タオル地 toalla f. de felpa
たおれる 倒れる caer(se), derribarse, derrumbarse ‖ あおむけに倒れる caerse de espaldas / 地震で塀が倒れた El muro se derrumbó a consecuencia del terremoto. / ついに軍事政権が倒れた Por fin el régimen militar「quedó derrocado [cayó]. / 病に倒れる caer enfer*mo[ma]* / 凶弾に倒れる ser asesina*do[da]* a tiros
たか 高
〔慣用〕たかが知れる no ser「importante [gran cosa], tener poca importancia ‖ 招待客が多いといっても、たかが知れている Hay muchos invitados, pero no demasiados.
〔慣用〕たかをくくる menospreciar, tener a ALGUIEN en poco,《慣用》tomarse ALGO a broma, (油断する) descuidarse,《慣用》 echarse a dormir
たか 鷹 halcón m.(雄・雌)
〔慣用〕能ある鷹は爪を隠す El buen halcón oculta las garras. ¦ El que sabe habla poco.
◨ 鷹狩り halconería f.
◨ 鷹匠 halcone*ro[ra]* mf.
◨ タカ派 halcón m.
たが 箍 (樽の) cincho m., fleje m. ‖ 樽にたがを掛ける cinchar un tonel
〔慣用〕たがが緩む relajarse
〔慣用〕たがを緩める《慣用》aflojar la cuerda
〔慣用〕たがを締める《慣用》apretar la cuerda
だが ⇒しかし
たかい 高い (高さ) al*to[ta]*, (値段が) ca*ro[ra]*, elev*ado[da]* ‖ 高い木 árbol m. alto / 高い所 lo alto / スペイン語力の高い学生 estudiante com. con un alto nivel de español / 高い声で en voz aguda, (大きな声で) en voz alta / 大都市は生活費が高い La vida es cara en las grandes ciudades. / 社会的に高い地位に到達する alcanzar una alta posición social / 誇りが高い ser muy orgullo*so[sa]*
▶ 高く alto, (高価に) caro, (大いに) mucho ‖ 高く飛ぶ (飛び上がる) saltar alto, (上空を飛ぶ) volar alto / プラカードを高く掲げる levantar en alto una pancarta / 商売の基本は安く買って高く売るです Lo fundamental en el negocio es comprar barato y vender caro. / この靴は高くても1万円ぐらいだ Estos zapatos costarán, como mucho, unos diez mil yenes. / 才能を高く評価する valorar mucho el talento de ALGUIEN
▶ 高くする aumentar, elevar, subir ‖ ビルを高くする「aumentar [subir] la altura del edificio / 値段を高くする subir el precio《de》
〔慣用〕高くつく「salir [resultar] ca*ro* a ALGUIEN, (代償が大きい)《慣用》costar ca*ro* a ALGUIEN
〔慣用〕お高くとまる ser presumi*do[da]*
たがい 互い ‖ お互いさまです《慣用》Lo comido por lo servido.
▶ 互いの mu*tuo[tua]*, recípro*co[ca]* ‖ 互いの利益 interés m. mutuo
▶ 互いに mutuamente, recíprocamente ‖ 互いに理解し合う entenderse mutuamente, entenderse「el uno con el otro [la una con la otra]
だかい 打開
▶ 打開する superar, vencer, (解決策を見い出す) encontrar una salida《a》‖ 行き詰まりを打開する「romper el [salir del] punto muerto
◨ 打開策 salida f., solución f. ‖ 打開策を講じる abrir una salida, encontrar una solución
たがいちがい 互い違い

▶互い違いに　alternativamente
たかが　高が‖たかが3分の遅れじゃないか No son más que tres minutos de retraso. ／たかが風邪だといって油断してはいけない Aunque solo sea un resfriado, no te descuides.
たかく　多角
▶多角的な　diver*so*[*sa*], multilateral, múltiple
▶多角的に‖多角的に検討する estudiar ALGO desde diversos puntos de vista
▶多角化　diversificación *f*.‖多角化する diversificar
◪多角形　polígono *m*.
◪多角経営　administración *f*. múltiple
◪多角錐　pirámide *f*.
◪多角貿易　comercio *m*. multilateral
たがく　多額
▶多額の　gran「cantidad *f*. [suma *f*.]《de》‖多額の借金を負う contraer una gran deuda, endeudarse fuertemente ／多額の税金を納める pagar una gran cantidad de impuestos ／多額の損失を引き起こす provocar「grandes [importantes] pérdidas
たかさ　高さ　altura *f*., (高度) altitud *f*., (音程) tono *m*.‖背の高さ estatura *f*. ／高さ2千メートルの山 montaña *f*. de dos mil metros de altura ／東京スカイツリーの高さは634メートルです La *Tokyo Sky Tree* tiene una altura de 634 (seiscientos treinta y cuatro) metros.¦ La altura de la *Tokyo Sky Tree* es de 634 metros. ／本箱の高さはどのくらいですか ¿Cuánto mide de「altura [alto] la estantería?
だがし　駄菓子　chuchería *f*., golosina *f*.
◪駄菓子屋　tienda *f*. de「golosinas [chucherías]
たかしお　高潮　marejada *f*. (ciclónica)
たかだい　高台　elevación *f*. (de terreno), terreno *m*. elevado, (丘) colina *f*.‖高台に家を建てる construir una casa sobre una colina
たかだか　高高　(せいぜい) a lo「sumo [más], como「mucho [máximo]
▶高々と　en alto‖高々と旗をあげる「enarbolar [levantar en alto] una bandera
だがっき　打楽器　instrumento *m*. de percusión, (集合名詞) batería *f*.
◪打楽器奏者　percusionista *com*.
たかとび　高飛び/高跳び
▶高飛び huir lejos‖国外へ高飛びする huir al extranjero
◪走り高飛び　salto *m*. de altura
◪棒高跳び　salto *m*. con pértiga
たかとびこみ　高飛び込み　salto *m*. de「plataforma [palanca]
たかなみ　高波　gran ola *f*.《複数形はgrandes olas》, alto oleaje *m*.‖昨日、男の子が高波にさらわれた Ayer una gran ola se llevó a un niño.
たかなり　高鳴り　(速い鼓動) latido *m*. rápido‖その知らせに私は胸の高鳴りを覚えた Al escuchar la noticia empezó a latirme más rápido el corazón.
たかなる　高鳴る‖緊張して胸が高鳴る El corazón me late más rápido por los nervios.
たかね　高値　precio *m*.「elevado [alto]‖高値をつける poner un precio alto ／株価は高値を呼んでいる Las acciones van en aumento.
◪最高値　el precio más alto
たかね　高嶺‖富士の高嶺「cima *f*. [cumbre *f*.] del monte Fuji
慣用 高嶺の花　lo inalcanzable, lo inaccesible
たかのぞみ　高望み
▶高望みする　apuntar demasiado alto,《慣用》picar muy alto
たかびしゃ　高飛車
▶高飛車な　imperati*vo*[*va*], autorita*rio*[*ria*], alti*vo*[*va*]‖高飛車な態度に出る adoptar una actitud autoritaria, mostrarse autorita*rio*[*ria*]
▶高飛車に　imperativamente, de forma autoritaria
たかぶる　高ぶる/昂ぶる‖神経が高ぶる ponerse nervio*so*[*sa*], excitarse ／おごり高ぶる mostrarse arrogante
たかまる　高まる　subir, intensificarse, aumentar, crecer‖レアメタルの需要が高まる Aumenta la demanda de metales raros. ／スペイン語への関心が高まる Crece el interés por el español.
たかみ　高み
慣用 高みの見物をする《慣用》「ver [mirar] los toros desde la barrera
たかめる　高める　elevar, mejorar, aumentar‖社会的地位を高める mejorar「la posición [el estatus] social ／教養を高める aumentar la cultura ／ガソリンの消費を高める「aumentar [incrementar] el consumo de gasolina
たがやす　耕す　cultivar, labrar, trabajar, arar‖土地を耕す cultivar la tierra
たから　宝　tesoro *m*.‖国の宝 tesoro *m*. nacional ／宝を掘り当てる「encontrar [descubrir] un tesoro enterrado
慣用 宝の持ち腐れ(である) ser un tesoro desaprovechado, (才能を発揮しない) ser un talento desaprovechado
◪宝さがし「búsqueda *f*. [caza *f*.] de tesoros
◪宝島　isla *f*. del tesoro
◪宝船　barco *m*. del tesoro
だから　(したがって) por (lo) tanto, por eso, por consiguiente, (それだから) es por eso

por lo que 〖+直説法〗〗食事をしたばかりだ. だからお腹は空いてない Acabo de comer, por eso no tengo hambre. ／食品の安全性は大事だが, だからといって飢餓より優先されるわけではない La seguridad alimentaria es importante, pero no por ello prevalece sobre el hambre. ／だからどうなの ¿Y qué?

たからか 高らか
▶高らかに‖声高らかに歌う cantar en voz alta

たからくじ 宝籤 lotería f.‖宝くじを買う「comprar [jugar a la] lotería ／私はいつも宝くじが外れる Nunca me toca la lotería. ／彼は宝くじが当たった A él le tocó la lotería.

たかり 集り sablazo m., (人)《話》sableador[dora] mf.

たかる 集る (群がる) amontonarse, pulular, (せびる) gorronear, sablear, 《話》dar un sablazo《a》, (ゆする) chantajear‖腐ったバナナに蝿がたかる Las moscas pululan alrededor de un plátano podrido. ／祖母に金をたかる dar un sablazo a su abuela

たがる ⇒したがる

たかん 多感
▶多感な sensible, emotivo[va], (感やすい) impresionable‖多感な年齢にある estar en una edad sensible

だかん 兌換 conversión f.
▶兌換可能な convertible
◾兌換紙幣 billete m. convertible

たかんしょう 多汗症 hiperhidrosis f.[=pl.]

たき 滝 cascada f., salto m. de agua, (大きな) catarata f.‖イグアスの滝 cataratas fpl. de Iguazú ／滝に打たれる dejarse golpear por un salto de agua ／私は滝のように汗が流れている El sudor me cae a chorros. ¦ Estoy sudando a 「chorros [mares].

たき 多岐
▶多岐にわたる diverso[sa], múltiple, variado[da]‖多岐にわたる活動 diversas actividades fpl. ／二人の話題は非常に多岐にわたった Los dos hablaron de los temas más variados.

たぎ 多義 polisemia f.
▶多義の polisémico[ca]
◾多義語 palabra f. polisémica

だきあう 抱き合う abrazarse‖二人はしっかりと抱き合った Los dos se fundieron en un abrazo.

だきあげる 抱き上げる‖赤ん坊を抱き上げる tomar a un bebé en sus brazos, levantar en vilo a un bebé

だきおこす 抱き起こす‖病人(男性)を抱き起こす ayudar a un enfermo a incorporarse

だきかかえる 抱き抱える coger en brazos a ALGUIEN

たきぎ 薪 leña f.‖薪をくべる echar leña ／薪を拾う recoger leña

■薪能 (説明訳) teatro m. noh que se realiza de noche al aire libre y bajo la luz de la lumbre

だきこむ 抱き込む abrazar fuerte, (味方につける) poner a ALGUIEN de su parte

タキシード esmoquin m.

だきしめる 抱き締める abrazar fuertemente, dar un fuerte abrazo《a》

だきつく 抱き付く abrazarse《a》, (しがみつく) agarrarse《a》

たきつける 焚き付ける encender fuego, (扇動する) incitar, instigar

たきつぼ 滝壺 fondo m. de la cascada

たきび 焚き火 fogata f., hoguera f.‖子供たちが焚き火に当たる Los niños se reúnen 「en torno a [alrededor de] una fogata.
▶焚き火をする 「hacer [encender] una fogata

だきゅう 打球 bola f. bateada

だきょう 妥協 contemporización f., compromiso m., transigencia f.‖AとBの間で妥協が成立した Se cerró el compromiso entre A y B. ／妥協の余地はない No hay lugar para el compromiso.
▶妥協する contemporizar《con》, transigir《con》
▶妥協的(な) contemporizador[dora], transigente‖妥協的態度 actitud f. contemporizadora
◾妥協案 propuesta f. de compromiso
◾妥協点 punto m. de compromiso‖妥協点を見つける encontrar un modus vivendi

たきょく 多極
▶多極の múltiple, multipolar
◾多極化 multipolarización f.‖多極化した世界 mundo m. multipolar

たぎる 滾る (湯が) hervir, bullir

たく 炊く cocer, cocinar‖ご飯を炊く cocinar arroz

たく 焚く (燃やす) quemar, (湯をわかす) calentar‖香を焚く quemar incienso ／火を焚く hacer fuego ／風呂を焚く preparar el baño, calentar el agua de la bañera

だく 抱く abrazar, (両腕で抱える) 「llevar [tener] en sus brazos, (肉体関係を持つ) acostarse《con》‖肩を抱く abrazar a ALGUIEN por la espalda ／赤ん坊を抱く llevar a un bebé en sus brazos ／卵を抱く (鳥が) 「incubar [empollar] los huevos

たくあん 沢庵 encurtidos mpl. de rábano japonés‖沢庵を漬ける hacer encurtidos de rábano japonés

たぐい 類/比い‖このたぐいの噂はよく聞く Se oyen con frecuencia rumores de este tipo. ／この木は桜のたぐいだ Este árbol es una especie de cerezo.
▶たぐいまれな sin igual, muy raro[ra], extraordinario[ria], excepcional, único[ca]

‖たぐいまれな美しさ belleza f. sin igual ／たぐいまれな才能 talento m. 「extraordinario [excepcional]

たくえつ 卓越
- 卓越する sobresalir, destacarse
- 卓越した sobresaliente, destaca*do[da]* ‖卓越した才能 talento m. sobresaliente

だくおん 濁音 consonante f. sonora

たくさん 沢山 《副詞》mucho ‖私たちはたくさん食べた Hemos comido mucho. ／やることがたくさんある Hay mucho que hacer. ／もうたくさんだ ¡Estoy har*to[ta]*! ¦ ¡Ya está bien! ¦ ¡Ya basta!
- たくさん(の) mu*cho[cha]* 『+不可算名詞』, mu*chos[chas]* 『+可算名詞複数形』, nume*rosos[sas]* 『+可算名詞複数形』 ‖たくさんのお金 mucho dinero ／たくさんの問題 muchos problemas／たくさんのみかん muchas mandarinas ／私はこんなにたくさんの電話に応対できません No puedo atender tantas llamadas telefónicas. ／グラナダはマドリードほどたくさん(の)人がいない No hay tanta gente en Granada como en Madrid.

タクシー taxi m. ‖タクシーで行く ir en taxi ／タクシーに乗る／タクシーを拾う 「tomar [coger] un taxi ／タクシーを止める parar un taxi ／タクシーを呼ぶ llamar un taxi
- 無線タクシー radiotaxi m.
- タクシー運転手 taxista com.
- タクシー会社 「empresa f. [compañía f.] de taxis
- タクシー乗り場 parada f. de taxis
- タクシーメーター taxímetro m.
- タクシー料金 tarifas fpl. de taxi

たくしあげる たくし上げる remangarse ‖スカートをたくし上げる remangarse la falda

たくじしょ 託児所 guardería f. ‖託児所に息子を預ける dejar a *su* hijo en la guardería

たくじょう 卓上
- 卓上 de mesa
- 卓上カレンダー calendario m. de mesa

たくする 託する encargar ALGO 《a》, confiar ALGO 《a》 ‖彼女は両親への伝言を友人(女性)に託した Ella pidió a una amiga que transmitiera un recado a sus padres. ／思いを詩に託する expresar *sus* sentimientos en forma de poema ／子に夢を託する dejar *su* sueño en manos de *su* hij*o[ja]*

たくち 宅地 terreno m. 「residencial [para viviendas] ‖宅地を造成する urbanizar el terreno para viviendas
- 宅地造成業者 empresa f. de urbanización
- 宅地分譲 venta f. de parcelas residenciales

タクト (指揮棒) batuta f., (拍子) compás m. ‖タクトを振る manejar la batuta, (指揮をする) dirigir una orquesta

たくはい 宅配 mensajería f.
- 宅配する entregar ALGO a domicilio
- 宅配会社 empresa f. de mensajería
- 宅配便 servicio m. de mensajería ‖宅配便で送る enviar ALGO por mensajería

たくはつ 托鉢
- 托鉢する 「mendigar [pedir limosna] a cambio de rezar oraciones
- 托鉢修道会 orden f. mendicante
- 托鉢僧 monje m. mendicante

タグボート remolcador m.

たくましい 逞しい fuerte, robus*to[ta]*, vigoro*so[sa]* ‖筋骨逞しい forni*do[da]*
- 逞しく／逞しく生きる vivir con fuerza ／想像を逞しくする dar rienda suelta a *su* imaginación

たくみ 巧み
- 巧みな hábil, dies*tro[tra]*, ingenio*so[sa]* ‖巧みなしかけ truco m. ingenioso
- 巧みに diestramente, con destreza, con habilidad
- 巧みさ habilidad f., destreza f., ingeniosidad f.

たくらみ 企み complot m., conspiración f. ‖企みが発覚した Se descubrió el complot.

たくらむ 企む tramar, urdir ‖陰謀を企む tramar una conspiración 《contra》, 「conspirar [intrigar] 《contra》

だくりゅう 濁流 torrente m. fangoso, corriente f. turbia ‖羊が一匹濁流に呑まれた A una oveja se la llevó un torrente fangoso.

たぐる 手繰る tirar hacia *sí* ‖ロープを手繰る tirar de la cuerda hacia *sí* ／記憶を手繰る tratar de recordar, hacer memoria

たくわえ 蓄え/貯え reserva f., (食糧の) provisiones fpl., (金銭の) ahorro m. ‖食糧の蓄えは十分にある Tenemos provisiones suficientes. ／私は一銭の蓄えもない No tengo ningún ahorro.

たくわえる 蓄える/貯える (貯める) ahorrar, (蓄積する) acumular, (とっておく) reservar ‖お金を蓄える ahorrar dinero ／知識を蓄える acumular conocimientos ／ひげを蓄える dejarse barba ／精力を蓄えておく conservar *su* energía

たけ 丈 longitud f., (背の高さ) estatura f. ‖丈の低い草 planta f. de talla baja ／スカートの丈を詰める acortar una falda ／彼女は思いの丈を述べた Ella contó todo lo que sentía.

たけ 竹 bambú m. ‖竹の皮 vaina f. de bambú ／竹の節 nudo m. de bambú ／竹を伐る cortar un bambú
慣用 竹を割ったような性格 carácter m. franco y sencillo
- 竹馬 zancos mpl. ‖竹馬で歩く andar en zancos ／竹馬に乗る montar en zancos
- 竹垣 valla f. de bambú
- 竹細工 trabajo m. de bambú

◪竹藪 bosque *m*. de bambú(es)

だけ （〜のみ）solo《形容詞との混同を避ける場合はsóloを使う》, solamente ‖ 買わないで見るだけです No voy a comprar, solo quiero ver. ／それができるのはあなただけです Solo usted puede hacerlo. ／私は水曜日だけ働きます Trabajo sólo los miércoles. ／彼と二人だけで話す hablar con él a solas ／好きなだけ食べなさい ¡Come cuanto quieras! ／僕は帰宅したらテレビを見るだけだ Cuando llego a casa, no hago más que ver la tele. ／駅に着いたら私に電話をくれるだけでいい Cuando llegues a la estación, basta con que me llames (por teléfono). ／予告編を見るだけって、その映画を観る気がなくなるよ Con solo ver los avances de la película, pierdes las ganas de verla. ／状況が状況だけにエネルギーを節約しなければならない Dadas las circunstancias en que nos encontramos, hay que ahorrar energía. ／この現象は日本だけではなく、中国でも起きている Este fenómeno no solo se da en Japón, sino también en China.

たげい 多芸
▶多芸な polifacético[ca] ‖ 多芸な人 persona *f*. polifacética
(諺) 多芸は無芸 (諺) Aprendiz de todo y maestro de nada.

だげき 打撃 （物理的・精神的） golpe *m*., choque *m*., (損害) daño *m*., (野球の) bateo *m*. ‖ 致命的な打撃 golpe *m*. mortífero ／その選手(男性)のけがはチームにとって大きな打撃だ La lesión de ese jugador es un golpe duro para el equipo. ／打撃を与える dar un golpe《a》／打撃を受ける「recibir [sufrir] un golpe」／雨不足でこの地方の農業は大きな打撃を受けた La agricultura de esta región sufrió grandes daños debido a la falta de lluvias. ／La falta de lluvias causó grandes daños en la agricultura de esta región.

たけだけしい 猛猛しい feroz, audaz

だけつ 妥結 acuerdo *m*.
▶妥結する llegar a un acuerdo
◪妥結条件 términos *mpl*. del acuerdo

たけなわ 酣/闌 ‖ 春たけなわである Estamos en plena primavera. ／宴たけなわである La fiesta está en pleno apogeo.

たけのこ 竹の子/筍 brotes *mpl*. de bambú
(慣用) 雨後の竹の子 ‖ 雨後の竹の子のように出る「aparecer [brotar] como hongos

たける 長ける 「ser [estar] ducho[cha]《en》, (才能がある) tener talento《para》‖ 語学に長けた人 persona *f*. ducha en idiomas

たげん 多元
▶多元的な pluralista
◪多元論 pluralismo *m*.

たこ 凧 cometa *f*., 《南米》volantín *m*. ‖ 凧を揚げる「hacer volar [volar] una cometa, 《南米》encumbrar un volantín

たこ 蛸 pulpo *m*. ‖ 蛸の足 tentáculo *m*. de pulpo
◪蛸壺 trampa *f*. para pulpos

たこ 胼胝 callo *m*., callosidad *f*., dureza *f*. ‖ 胼胝ができる tener un callo《en》, encallecer(se) ／彼は書きすぎて指に胼胝ができた De tanto escribir se le ha encallecido el dedo.

だこう 蛇行 serpenteo *m*.
▶蛇行する serpentear ‖ 道が松林の間を蛇行している El camino serpentea entre los pinares.
◪蛇行運転 conducción *f*. en zigzag ‖ 蛇行運転する（車を）「conducir [manejar] en zigzag

たこくせき 多国籍
▶多国籍の multinacional
◪多国籍企業 empresa *f*. multinacional, multinacional *f*.
◪多国籍軍 fuerza *f*. multinacional

タコグラフ tacógrafo *m*.

タコメーター tacómetro *m*.

タコス （メキシコ料理）tacos *mpl*.

たこやき 蛸焼き 《日本語》*takoyaki m*., (説明訳) bolitas *fpl*. rellenas de pulpo

たごん 他言 ‖ 他言は無用だ Que esto quede entre nosotros.
▶他言する decir a los demás, divulgar

たさい 多才
▶多才な polifacético[ca], de múltiples aptitudes

たさい 多彩
▶多彩な multicolor, (変化に富んだ) variado[da] ‖ 多彩な職業の人々 personas *fpl*. de las más diversas profesiones ／多彩な活動 actividades *fpl*. variadas

ださい hortera, poco elegante ‖ ださい人 hortera *com*., cateto[ta] *mf*. ／ださい服 vestido *m*.「cateto [poco elegante, cutre]

たさく 多作
▶多作な prolífico[ca], fecundo[da] ‖ 多作な作家 escritor[tora] *mf*. prolífico[ca]

ださく 駄作 obra *f*. sin valor, (並みの) obra *f*. mediocre

たさつ 他殺 homicidio *m*., asesinato *m*. ‖ 他殺とみなす considerar que se trata de un homicidio
◪他殺死体 cuerpo *m*.「asesinado [de la víctima de un asesinato]

たさん 多産
▶多産の fecundo[da], prolífico[ca]

ださん 打算 interés *m*.
▶打算的な(人) calculador[dora] (*mf*.), interesado[da] (*mf*.)
▶打算的に interesadamente ‖ 打算的に動く actuar「interesadamente [por interés]

たざんのいし 他山の石

たし 足し ‖ 夜働いて学費の足しにする completar los gastos de estudio trabajando de noche / これは何の足しにもならない Esto no sirve para nada.

だし 出し caldo *m*.; (口実) pretexto *m*., excusa *f*. ‖ 鶏のだしを取る hacer caldo de pollo

[慣用]だしにする／だしに使う aprovechar ALGO en *su* beneficio ‖ 彼女は父親の病気をだしにして1週間の休暇をとった Ella aprovechó la enfermedad de su padre para tomarse una semana de vacaciones.

▶だしの元 (固形の) [cubo *m*. [pastilla *f*.] de caldo, (粉末の) caldo *m*. en polvo

だし 山車 carroza *f*. ‖ 祭りでは山車が出る En la fiesta desfilan carrozas.

だしあう 出し合う aportar ‖ 会員がパーティーの費用を均等に出し合った Los socios aportaron una misma cantidad de dinero para sufragar los gastos de la fiesta.

だしいれ 出し入れ ‖ 金の出し入れ depósito *m*. y retiro *m*. de dinero

▶出し入れする ‖ 口座からお金を出し入れする depositar y retirar dinero de *su* cuenta / ガレージから車を出し入れする meter y sacar el coche del garaje

だしおしみ 出し惜しみ

▶出し惜しみする escatimar ‖ 力を出し惜しみしない no [escatimar [ahorrar] esfuerzos

たしか 確か ‖ 被告(男性)が本当のことを言っているのは確かだ Es seguro que el acusado dice la verdad. / それは確かですか？ ¿Es cierto eso? / 気は確かか ¿Estás bien de la cabeza?

▶確かな (確実な) [『名詞+』 cier*to*[ta], [『名詞+』 segur*o*[ra], (正確な) exac*to*[ta], (明らかな) evidente, (信頼できる) de confianza ‖ 確かな足取りで歩く caminar con pasos seguros / 確かな証拠 prueba *f*. [fehaciente [evidente] / 確かな人物 persona *f*. de confianza / 確かな筋の情報 información *f*. de fuentes fidedignas

▶確かに ciertamente, (明らかに) evidentemente ‖ この小説は確かに面白い Esta novela sí que es interesante. / この映画はよくできているが、長過ぎる Esta película es demasiado larga, si bien es cierto que está bien hecha.

たしかめる 確かめる asegurarse 《de》, comprobar, averiguar, confirmar ‖ ドアに鍵をかけたか確かめる asegurarse de haber cerrado la puerta con llave / 自分の目で確かめる comprobar ALGO con *sus* propios ojos / 事故の原因を確かめる averiguar las causas del accidente

たしざん 足し算 adición *f*., suma *f*.

▶足し算する sumar

たじたじ ‖ たじたじになる quedarse vacilante

たしなみ 嗜 (趣味) afición *f*., (心得) conocimientos *mpl*., (慎み) decencia *f*. ‖ 茶道のたしなみがある tener conocimientos de la ceremonia del té

たしなむ 嗜む (愛好する) amar, ser amante 《de》 ‖ ワインをたしなむ ser amante del vino / テニスをたしなむ practicar tenis

たしなめる 窘める reprender, reprochar, corregir

だしぬく 出し抜く anticiparse, adelantarse ‖ 敵を出し抜く anticiparse al enemigo

だしぬけ 出し抜け

▶出し抜けの brus*co*[ca], imprevis*to*[ta], inespera*do*[da] ‖ 出し抜けの質問 pregunta *f*. inesperada

▶出し抜けに bruscamente, inesperadamente, 《慣用》de sopetón

だしもの 出し物 (プログラム) programa *m*., (演目) repertorio *m*., número *m*.

たしゃ 他者 o*tro*[tra] *mf*., los otros

だしゃ 打者 (野球) batea*dor*[dora] *mf*.

だじゃれ 駄洒落 juego *m*. de palabras ‖ 駄洒落を言う hacer juego de palabras

だしゅ 舵手 timonel *com*.

たじゅう 多重

▶多重の múltiple

▶文字多重放送 teletexto *m*.

▶多重人格 personalidad *f*. múltiple

▶多重債務 múltiples deudas *fpl*.

たしゅたよう 多種多様

▶多種多様な [una [la] gran variedad y diversidad 《de》, [una [la] amplia gama 《de》 ‖ 多種多様な意見 las más variadas opiniones

たしょう 多少 (数) número *m*., (量) cantidad *f*., (額) suma *f*., (いくらか) un poco ‖ 参加者の多少によって según el número de participantes / 量の多少にかかわらず independientemente de la cantidad / 多少スペイン語がわかる entender un poco de español

▶多少の un poco 《de》, algún [『+男性単数名詞』], alguna [『+女性単数名詞』], algu*nos*[nas] [『+複数名詞』] ‖ 多少の違いがある Hay una pequeña diferencia. / 私はそのテーマに関して多少の知識がある Tengo algunos conocimientos sobre el tema.

たしょく 多色

▶多色の multicolor, polícro*mo*[ma], policro*mo*[ma]

▶多色刷り impresión *f*. multicolor

たじろぐ acobardarse, arredrarse, retroceder ‖ 彼は何事にもたじろがない Él no [retrocede [se arredra] ante nada.

だしん 打診

打診する （意向を）tantear, pulsar, （医師が）percutir ‖ 首相(男性)の意向を打診する「pulsar [tantear] la opinión del primer ministro

たしんきょう 多神教　politeísmo *m*.
▶多神教の(信者)　politeísta (*com*.)

たす 足す　añadir, sumar ‖ 5足す3は8だ Cinco más tres son ocho. ／口座に金を足す añadir dinero a la cuenta

だす （〜しだす）empezar a 『＋不定詞』, ponerse a 『＋不定詞』‖ 雨が降りだした Empezó a llover. ／赤ん坊が泣き出した El bebé se puso a llorar.

だす 出す　❶（取り出す）sacar ALGO 《de》, extraer ALGO 《de》‖ 財布をハンドバッグから出す sacar la cartera del bolso
❷（送る）enviar, mandar, （提出する）presentar ‖ 手紙を出す enviar una carta ／願書を出す presentar una solicitud ／宿題を先生(男性)に出す entregar los deberes al maestro
❸（出版する）publicar ‖ 本を出す publicar un libro
❹（発生させる）causar, （産出する）producir ‖ 死傷者を出す causar muertos y heridos ／熱を出す(発する) emitir calor
❺（その他）お茶を出す servir el té ／気持ちを言葉に出す expresar (verbalmente) *sus* sentimientos ／資金を出す aportar fondos, invertir ／新製品を市場に出す lanzar al mercado un nuevo producto ／スピードを出す aumentar la velocidad ／店を出す poner una tienda

たすう 多数　mayoría *f*. ‖ 圧倒的多数で por aplastante mayoría ／反対が多数を占めている La mayoría está en contra. ／法案は賛成多数により可決された El proyecto de ley fue aprobado por una mayoría.
▶多数の　gran número *m*. 《de》, numerosos[sas] 『＋複数名詞』‖ 多数の学生がデモに参加した Numerosos estudiantes participaron en la manifestación.
◨絶対多数　mayoría *f*. absoluta
◨多数派　grupo *m*. mayoritario

たすうけつ 多数決　regla *f*. de la mayoría ‖ 多数決で決める decidir ALGO por mayoría

たすかる 助かる　（命が）salvarse, （生き延びる）sobrevivir 《a》‖ その事故では誰も助からなかった Nadie sobrevivió al accidente. ¦ No hubo ningún sobreviviente en el accidente. ／私はすべて盗まれたがパスポートは助かった Me robaron todo, menos el pasaporte. ／この辞書で私は大いに助かっている Este diccionario me ayuda mucho.

たすき 襷　cordón *m*. para recoger las mangas del quimono, （駅伝の）testigo *m*., banda *f*. ‖ 襷を掛ける recoger las mangas del quimono con un cordón cruzado en bandolera

タスク　tarea *f*.
◨タスクバー　(IT) barra *f*. de tareas
◨タスクフォース　equipo *m*. de trabajo

たすけ 助け　ayuda *f*., auxilio *m*., （救助）socorro *m*. ‖ 助けを呼ぶ pedir「auxilio [socorro]」／友人たちに助けを求める pedir ayuda a *sus* amigos ／親の助けを借りて con la ayuda de *sus* padres ／助けに駆けつける acudir en「auxilio [socorro]」《de》／隣人が私たちを助けに来た Los vecinos vinieron a ayudarnos. ／彼の研究は現状を理解する助けになる Su estudio nos ayuda a entender la situación actual.

たすけあい 助け合い　ayuda *f*. mutua
◨助け合い運動　campaña *f*. benéfica

たすけあう 助け合う　ayudarse mutuamente

たすけおこす 助け起こす　ayudar a ALGUIEN a levantarse

たすけだす 助け出す　salvar a ALGUIEN 《de》, （救出する）rescatar a ALGUIEN 《de》‖ 火の中から子供たちが助け出された Los niños fueron rescatados de las llamas.

たすけぶね 助け船
(慣用)助け船を出す (慣用)「echar [tender] un cable」《a》, (慣用)echar una mano 《a》

たすける 助ける　ayudar, （救助する）salvar, auxiliar ‖ けが人を助ける auxiliar a un[una] herido[da] ／家計を助ける contribuir a la economía familiar ／消化を助ける facilitar la digestión ／助けて！ ¡Socorro! ¦ ¡Auxilio!

たずさえる 携える　llevar ALGO *consigo*

たずさわる 携わる　（従事する）dedicarse 《a》, （関与する）participar 《en》‖ 教育に携わる dedicarse a la enseñanza ／プロジェクトに携わる participar en un proyecto

たずねびと 尋ね人　（行方不明者）desaparecido[da] *mf*., persona *f*. extraviada, （広告で）Se busca.

たずねる 尋ねる　preguntar ‖ 道を尋ねる preguntar el camino ／ちょっとお尋ねしたいのですが ¿Me permite hacerle una pregunta? ／技術的な問題に関してはカスタマーサービスセンターにお尋ねください Para asuntos técnicos, póngase en contacto con nuestro centro de servicio al cliente.

たずねる 訪ねる　visitar, hacer una visita 《a》‖ ペルーの遺跡を訪ねる visitar las ruinas de Perú ／今朝、旧友(男性)が訪ねてきた Un viejo amigo ha venido a verme esta mañana.

だせい 惰性　inercia *f*., （習慣）costumbre *f*. ‖ 惰性で続ける continuar ALGO por「inercia [costumbre]」／惰性に流される dejarse llevar por la inercia

たそがれ 黄昏　crepúsculo *m*. ‖ たそがれの

空 cielo *m.* crepuscular ／ 人生のたそがれ crepúsculo *m.* de la vida ／ たそがれ時に durante el crepúsculo vespertino

だそく 蛇足 redundancia *f.*, superfluidad *f.* ‖ 私は最後の部分は蛇足だと思う La última parte me parece superflua.

ただ 只 (無料の) gratu*ito*[ta], gratis ‖ ただ同然で casi「gratis [gratuitamente] ／ ただの入場券 entrada *f.*「gratuita [gratis] ／ 映画館にただで入る entrar en el cine「gratuitamente [gratis]
[諺] ただより高いものはない Lo gratuito es lo más caro. ¦ 《諺》Más caro es lo dado que lo comprado.

ただ 徒
▶ただの (普通の・何でもない) ordina*rio*[ria], común, usual ‖ ただの人 persona *f.*「ordinaria [común y corriente] ／ ただの風邪です Es un simple resfriado.
▶ただならぬ inusual, poco común, anormal
[慣用] ただでは済まないぞ Esto no va a quedar así. ¦ Esto te va a costar caro.

ただ 唯 solo 《形容詞との混同を避ける場合はsóloを使う》, solamente, simplemente, únicamente ‖ 僕はただ君を手伝いたいだけだ Solo quiero ayudarte. ／ 私にできるのはただ待つことだけだ Lo único que puedo hacer es esperar. ／ 彼は病気ではなく、ただ疲れているだけだ No está enfermo, simplemente está cansado. ／ 彼女はただ泣くばかりだ Ella no hace más que llorar. ／ 私はただの一度も彼女と話したことがない No he hablado con ella ni una sola vez.
[慣用] ただでさえ ‖ ただでさえ暑いのにクーラーが壊れるとは Se me ha estropeado el aire acondicionado, precisamente cuando más calor hace.

だだ 駄駄
[慣用] だだをこねる importunar
▣ だだっ子 ni*ño*[ña] *mf.* pesa*do*[da]

ただい 多大
▶多大な considerable, importante, grande 《単数名詞の前ではgranを使う》‖ 多大な損害を被る sufrir「considerables [grandes] daños ／ 多大な影響を及ぼす ejercer una gran influencia 《en, sobre》

だたい 堕胎 aborto *m.*「provocado [inducido]
▶堕胎する abortar

ダダイスム dadaísmo *m.*

ただいま 只今 en este momento, (直ちに) ahora mismo, enseguida ‖ ただいまの時刻は9時30分です Son las nueve y media. ／ ただいま会議中です En este momento estamos en la reunión. ／ ただいまお伺いいたします Voy enseguida. ／ ただいま戻りました Ya estoy de vuelta. ／ ただいま ¡Hola!

たたえる 称える/讃える elogiar, alabar ⇒ ほめる(褒める) ‖ 消防士たちの勇気をたたえる elogiar la valentía de los bomberos

たたえる 湛える (液体を) llenar, (表情を) mostrar ‖ 目に涙をたたえて con los ojos「anegados en [llenos de] lágrimas ／ 満々と水をたたえたダム presa *f.* rebosante de agua ／ 満面に笑みをたたえる tener una sonrisa de oreja a oreja

たたかい 戦い/闘い lucha *f.*, (戦闘) combate *m.*, batalla *f.*, (試合) partido *m.* ‖ 激しい闘い lucha *f.* violenta ／ 時間との闘い lucha *f.* contra el tiempo ／ 貧しさとの闘い lucha *f.* contra la pobreza ／ 戦いに勝つ[敗れる]「ganar [perder] una batalla ／ 戦いを挑む desafiar a una lucha a ALGUIEN

たたかう 戦う/闘う luchar 《contra, con》, combatir 《contra, con》‖ 敵と戦う luchar contra el enemigo ／ チャンピオン(男性)と戦う luchar con el campeón ／ 自然と闘う luchar contra la naturaleza ／ 独立のために戦う luchar por la independencia

たたき 叩き 《日本語》 *tataki m.*, (説明訳) pescado *m.* crudo picado y condimentado

たたきあげる 叩き上げる (出世する) ascender en la empresa empezando desde el puesto más bajo

たたきうり 叩き売り liquidación *f.* ‖ バナナの叩き売りをする vender plátanos en la calle rebajando el precio

たたきおこす 叩き起こす (目覚めさせる) despertar bruscamente, (起床させる) sacar de la cama a ALGUIEN ‖ 私は電話の音に叩き起こされた Me despertó bruscamente el timbre del teléfono.

たたきこむ 叩き込む (教え込む) inculcar ‖ 釘を叩き込む remachar bien un clavo ／ 監獄に叩き込む mandar a la cárcel a ALGUIEN ／ 弟子たちに技術を叩き込む enseñar con severidad las técnicas del oficio a *sus* discípulos

たたきころす 叩き殺す matar a golpes a ALGUIEN

たたきこわす 叩き壊す destruir a「golpes [martillazos]

たたきだい 叩き台 (草案) borrador *m.* ‖ 議論の叩き台として役に立つ servir para iniciar un debate

たたきだす 叩き出す (追い出す) arrojar violentamente a ALGUIEN,「echar [sacar] a patadas a ALGUIEN

たたきつける 叩き付ける arrojar violentamente 《contra》‖ 床にコップを叩き付ける arrojar violentamente un vaso contra el suelo ／ 辞表を叩き付ける presentar con indignación la carta de renuncia al trabajo

たたく 叩く pegar, golpear, batir, (棒で) apalear, (攻撃する) atacar, (非難する) criticar, (値切る) regatear ‖ 太鼓を叩く golpear el tambor, (演奏する) tocar el tambor ／ ドアを叩く（ノックする）「llamar [tocar] a la puerta ／ 肩を叩く dar una palmada en el hombro a ALGUIEN ／ 手を叩く dar palmadas ／ 叩いて買う regatear al comprar ／ 大臣(男性)の発言はマスコミに叩かれた El comentario del ministro fue criticado por los medios de comunicación.

ただごと ただ事 ‖ ただごとではない No se trata de ninguna broma. ¦《慣用》No es un grano de anís.

ただし （〜を除いて）excepto, menos, (しかし) pero, (しかしながら) sin embargo ‖ 年中無休、ただし雨天の場合は除く Abierto todo el año, excepto los días de lluvia.

ただしい 正しい correc*to*[ta], jus*to*[ta], exac*to*[ta], bue*no*[na] ‖ 正しい発音 pronunciación *f.* correcta ／ 正しい時間 hora *f.* exacta ／ 君の言うことは正しい Tienes razón.
▶ 正しく correctamente, (正確に) con exactitud, (しかるべく) debidamente ‖ 正しくスペイン語を話す hablar correctamente español

ただしがき 但し書き cláusula *f.* condicional, salvedad *f.*

ただす 正す corregir, rectificar ‖ 誤りを正す corregir un error ／ 行いを正す「corregir [rectificar] *su* comportamiento ／ 姿勢を正す enderezarse

ただす 糺す averiguar, examinar, investigar ‖ 死体の身元をただす averiguar la identidad del cadáver ／ 元をただせば originalmente, al principio

ただす 質す ⇒といただす(問い質す)

たたずまい 佇まい apariencia *f.*, aspecto *m.* ‖ 優雅なたたずまいの家 casa *f.* de apariencia elegante

たたずむ 佇む permanecer inmóvil, detenerse

ただちに 直ちに inmediatamente, enseguida ‖ ただちに回答する responder inmediatamente

だだっぴろい だだっ広い vas*to*[ta], exten*so*[sa], de gran extensión ‖ だだっ広いホール salón *m.* extenso

ただなか ただ中 ‖ 経済危機のただ中にある encontrarse en plena crisis económica

ただのり ただ乗り
▶ ただ乗りする viajar sin「billete [pagar]

ただばたらき ただ働き
▶ ただ働きする trabajar sin cobrar

たたみ 畳 《日本語》tatami *m.* ‖ 畳の縁 borde *m.* del tatami ／ 畳の表替えをする cambiar la superficie de tatamis
[慣用] 畳の上で死ぬ morir de muerte natural

たたむ 畳む doblar, plegar ‖ 服を畳む doblar la ropa ／ 傘を畳む cerrar el paraguas ／ 新聞を畳む doblar un periódico ／ 店を畳む cerrar la tienda

ただもの ただ者 ‖ 彼はただ者ではない Él no es del montón. ¦《慣用》Él no es ni cojo ni manco.

ただよう 漂う flotar, sobrenadar, (雰囲気が) reinar ‖ 空を漂う flotar en el cielo ／ 街をあてもなく漂う vagar por las calles ／ コーヒーの香りが居間に漂う El aroma de café invade el salón. ／ 気まずい雰囲気が漂っていた Reinaba un ambiente incómodo.

たたり 祟り maldición *f.* ‖ この村にはたたりがあるだろう Caerá una maldición sobre esta aldea.
[諺] 触らぬ神にたたりなし ⇒さわる(触る)

たたる 祟る ‖ 過労がたたって病気になる enfermar por exceso de trabajo ／ 長雨にたたられる verse afecta*do*[da] por las persistentes lluvias

ただれ 爛れ （炎症）inflamación *f.*, llaga *f.*, (医学) erosión *f.*

ただれる 爛れる ulcerarse, (炎症を起こす) inflamarse ‖ 皮膚がただれている tener llagas en la piel ／ 私は唇がただれた Se me han inflamado los labios.

たち 質 （性質）carácter *m.* ‖ 彼女は陽気なたちだ Ella tiene un carácter alegre. ／ たちの悪い（悪性の）malig*no*[na], (悪意のある) malintenciona*do*[da] ／ たちの悪い風邪 resfriado *m.* pertinaz ／ たちの悪いいたずら broma *f.* de mal gusto

たちあい 立ち会い/立ち合い presencia *f.*, asistencia *f.*, (株式取引所の) sesión *f.* ‖ 弁護人(男性)の立ち会いのもとで en presencia del abogado ／ 証人の立ち会いを求める requerir la presencia「del [de la] testigo
▶ 立会所/立会場 parqué *m.*
▶ 立ち会い取引 mercado *m.* de corros
▶ 立会人 observa*dor*[dora] *mf.*, (証人) testigo *com.*

たちあう 立ち会う/立ち合う presenciar, asistir《a》‖ 出産に立ち会う asistir al parto

たちあがる 立ち上がる levantarse, ponerse en pie ‖ ソファーから立ち上がる levantarse del sofá ／ 独裁反対に立ち上がる levantarse en contra de la dictadura

たちあげる 立ち上げる （起動させる）arrancar, poner en marcha, (設立する) crear ‖ コンピュータを立ち上げる「arrancar [poner en marcha] un ordenador ／ 企業を立ち上げる crear una empresa

たちいふるまい 立ち居振る舞い （動作）movimientos *mpl.*, (行儀) modales *mpl.*, maneras *fpl.* ‖ 立ち居振る舞いが優雅だ ser elegante en los movimientos

たちいり 立ち入り entrada *f.*, acceso *m.*
▶ 立入禁止《掲示》Prohibido「pasar [en-

trar]
▫ 立入検査 inspección *f. in situ*

たちいる 立ち入る entrar《en》, poner los pies《en》,(干渉する) intervenir《en》, meterse《en》‖放射能の汚染区域に立ち入る entrar en el área contaminada con radiactividad／他人の個人生活に立ち入る meterse en la vida privada de los demás／関係ないことに立ち入るな ¡No te metas donde no te llaman!

たちうち 太刀打ち
▶太刀打ちする rivalizar《con》, competir《con》‖サッカーでは私は彼に太刀打ちできない No puedo competir con él en fútbol.

たちおうじょう 立ち往生
▶立ち往生する quedar paraliza*do[da]*, paralizarse‖列車が大雪で立ち往生した El tren quedó「paralizado [inmovilizado] por la gran nevada.

たちぎえ 立ち消え
▶立ち消えになる desvanecerse,(失敗する) frustrarse‖政権交代でプロジェクトが立ち消えになった El proyecto se desvaneció con el cambio de gobierno.

たちぎき 立ち聞き
▶立ち聞きする escuchar a escondidas

たちきる 断ち切る/裁ち切る romper《con》, cortar‖恋人との関係を断ち切る romper con *el[la]* no*vio[via]*／補給路を断ち切る cortar la ruta de abastecimiento

たちぐい 立ち食い
▶立ち食いする comer de pie
▫ 立ち食いそば restaurante *m.* en el que se comen los fideos *soba* en la barra

たちくらみ 立ち眩み [mareo *m.* [vértigo *m.*] (que se produce) al levantarse,(起立性低血圧) hipotensión *f.* ortostática
▶立ち眩みがする「tener [sentir] mareos al levantarse, marearse al levantarse

たちこめる 立ち込める (満たす) llenar,(覆う) cubrir‖町に霧が立ちこめていた La neblina cubría la ciudad.¦La ciudad estaba cubierta de neblina.

たちさる 立ち去る irse, marcharse,《慣用》ahuecar el ala

たちしょうべん 立ち小便‖立ち小便をする orinar en la calle

たちすくむ 立ち竦む quedarse paraliza*do[da]*,《慣用》quedarse hela*do[da]*‖彼女は恐怖で立ちすくんだ Ella se quedó「paralizada [helada] de terror.

たちどおし 立ち通し‖私は東京から盛岡までずっと立ち通しだった He viajado de pie desde Tokio hasta Morioka.

たちどころに→たちまち
たちどまる 立ち止まる detenerse, pararse
たちなおる 立ち直る recuperarse, recobrarse,(病気から) restablecerse‖トラウマから立ち直る recuperarse de un trauma

たちのき 立ち退き desahucio *m.*, desahucio *m.*, evacuación *f.*‖立ち退きを命じる dar la orden de desalojo《a》
▫ 立ち退き料 indemnización *f.* por desahucio

たちのく 立ち退く desalojar, desocupar, evacuar
▶立ち退かせる desalojar a ALGUIEN《de》, (借家人を) desahuciar a ALGUIEN《de》‖借家人(男性)をアパートから立ち退かせる「desalojar [desahuciar] del apartamento al inquilino

たちのぼる 立ち上る subir, ascender‖煙突から煙が立ち上る El humo asciende por la chimenea.

たちのみ 立ち飲み
▶立ち飲みする tomar ALGO de pie

たちば 立場 posición *f.*, postura *f.*, situación *f.*,(見地) punto *m.* de vista‖有利な立場にいる「encontrarse [estar] en una posición aventajada／私は意見を述べる立場にない Mi posición no me autoriza a opinar.／私の立場にもなってみてください ¡Póngase en mi lugar!／微妙な立場に立たされる verse en una situación delicada／立場を明らかにする definir la postura／それは私の立場を悪くする Eso me pone en una situación comprometida.／観光客の立場からすると desde el punto de vista del turista／私があなたの立場なら、提案を受け入れるでしょう「Yo que usted [Yo, en su lugar], aceptaría la propuesta.

たちはだかる 立ちはだかる (人が) plantarse,(行く手を遮る) impedir el paso,(じゃまをする) poner obstáculos‖社会を変えようとする者の前には困難が立ちはだかる Se oponen dificultades a quienes quieren cambiar la sociedad.

たちばなし 立ち話‖立ち話をする charlar de pie

たちまち en un「instante [segundo], muy rápidamente,《慣用》en un abrir y cerrar de ojos,《慣用》en un dos por tres‖そのニュースはたちまち全国に広がった La noticia se extendió como un rayo por todo el país.

たちまわり 立ち回り (演劇) escena *f.* de acción,(喧嘩) riña *f.*, pelea *f.*

たちまわる 立ち回る‖政界でうまく立ち回る saber desenvolverse en el mundo de la política

たちみ 立ち見
▶立ち見する‖サッカーの試合を立ち見する ver un partido de fútbol de pie
▫ 立ち見席 localidad *f.* de pie

たちむかう 立ち向かう enfrentarse《con》, afrontar,《慣用》plantar cara《a》‖現実に立ち向かう「enfrentarse con [afrontar] la rea-

lidad
だちょう 駝鳥 avestruz *m*.(雄・雌)
たちよみ 立ち読み
🔽立ち読みする‖本屋で立ち読みする leer libros en las librerías sin comprarlos
たちよる 立ち寄る pasar 《por》, visitar de paso‖本屋に立ち寄る pasar por una librería／ご上京の折はお立ち寄りください Si viene a Tokio, no deje de visitarnos.
だちん 駄賃 propina *f*., recompensa *f*.‖駄賃をやる dar una propina 《a》
たつ 辰 （十二支の）signo *m*. del dragón‖辰の刻に alrededor de las ocho de la mañana
◽辰年 año *m*. del dragón
たつ 竜 dragón *m*.
たつ 立つ/建つ （立ち上がる）levantarse, ponerse de pie,（人が立っている）「estar [permanecer] de pie,（位置する）situarse《en》,（建設される）construirse, edificarse‖新しいビルが建った Se construyó un nuevo edificio.／席を立つ levantarse del asiento,（離れる）dejar *su* asiento,（住民の側に立つ（味方する）ponerse del lado de los vecinos／衆議院解散のうわさが立った「Surgió [Se desató] un rumor sobre la posible disolución de la Cámara de Representantes.
慣 立つ鳥跡を濁さず Cuando te vayas de un lugar, procura que todo quede en orden.
たつ 発つ salir, partir, irse,（離れる）abandonar‖明日、私はスペインを発つ Mañana me voy de España.
たつ 経つ pasar, transcurrir‖時が経つのが早い El tiempo pasa volando.／時が経つにつれて con el「paso [correr] del tiempo／1年も経たないうちに antes de (que transcurra) un año／もう30分経った Ya ha pasado media hora.／私がマドリードに住んで2年経つ Han pasado dos años desde que me instalé en Madrid.¦Hace dos años que vivo en Madrid.
たつ 裁つ 《服飾》cortar
たつ 絶つ/断つ （やめる）dejar,（切る）cortar‖命を絶つ quitarse la vida／たばこを断つ dejar de fumar／関係を断つ romper las relaciones《con》／鉄路が断たれた La vía férrea quedó cortada.／交通事故が後を絶たない Se siguen produciendo accidentes de tráfico.
だつい 脱衣
◽脱衣室/脱衣場（更衣室）vestuario *m*.,（海水浴場の）caseta *f*.
だっかい 脱会 baja *f*.
🔽脱会する dejar de ser miembro《de》, darse de baja《de, en》, abandonar
だっかい 奪回 recuperación *f*.
🔽奪回する recuperar, recobrar‖世界タイトルを奪回する recuperar el título mundial

だっかん 奪還 ⇒だっかい（奪回）
だっきゃく 脱却
🔽脱却する liberarse《de》, salir《de》, desprenderse《de》,（捨て去る）abandonar‖古い因習から脱却する abandonar las viejas costumbres
たっきゅう 卓球 tenis *m*. de mesa, pimpón *m*.
🔽卓球をする jugar al tenis de mesa
◽卓球選手 juga*dor*[*dora*] *mf*. de tenis de mesa
◽卓球台 mesa *f*. de juego
だっきゅう 脱臼 《医学》dislocación *f*., luxación *f*., desarticulación *f*.
🔽脱臼する dislocarse, luxarse‖私は手首を脱臼した Se me ha dislocado la muñeca.¦Tengo una luxación en la muñeca.
たっきゅうびん 宅急便 《商標》⇒たくはい（⇒宅配便）
タック 《服飾》pliegue *m*., alforza *f*.‖タックをとる plegar, alforzar
ダッグアウト 《野球》（ベンチ）banquillo *m*.,（中南米）cueva *f*.
タックスヘイブン （租税回避地）paraíso *m*. fiscal
タックル 《スポーツ》placaje *m*.
🔽タックルする placar, hacer un placaje
だっこ 抱っこ‖赤ん坊をだっこする「tomar [coger] en brazos a un bebé
だっこう 脱肛 《医学》prolapso *m*. anal
だっこう 脱稿
🔽脱稿する「terminar [acabar] de escribir
だっこく 脱穀 trilla *f*.
🔽脱穀する trillar, separar los granos de las espigas
◽脱穀機 trilladora *f*.
だつごく 脱獄 「evasión *f*. [fuga *f*.] carcelaria,「evasión *f*. [fuga *f*.] de la cárcel
🔽脱獄する「fugarse [evadirse] de la cárcel
◽脱獄囚 fugiti*vo*[*va*] *mf*.
だつサラ 脱サラ
🔽脱サラする‖脱サラして商売を始める dejar de ser asalaria*do*[*da*] para montar *su* propio negocio
だつじ 脱字 omisión *f*. de letras
だっしにゅう 脱脂乳 ⇒スキムミルク
だっしめん 脱脂綿 algodón *m*. hidrófilo
たっしゃ 達者 ❶（熟達した）‖英語が達者だ tener un buen dominio del inglés／口が達者だ tener labia
❷（健康な）‖達者でいる「encontrarse [estar] bien de salud, gozar de buena salud／足が達者だ tener piernas fuertes
だっしゅ 奪取
🔽奪取する apoderarse《de》, tomar
ダッシュ （記号「ー」）raya *f*.,（記号「´」）prima *f*.;（全力疾走）《英語》*sprint m*.‖Bダッシュ(B′) B prima／Bツーダッシュ(B″) B

doble prima
- ダッシュする（全力疾走する） esprintar, correr a toda velocidad

だっしゅう 脱臭 desodorización *f.*
- 脱臭する desodorizar
- 脱臭剤 desodorante *m.*

だっしゅつ 脱出 evasión *f.*, huida *f.*, fuga *f.* ‖ 脱出を企てる emprender la huida
- 脱出する escapar(se) 《de》, huir 《de》, salir 《de》‖ 国外へ脱出する「huir [escapar] al extranjero

ダッシュボード （自動車の）「panel *m.* [tablero *m.*, cuadro *m.*] de instrumentos, 《スペイン》salpicadero *m.*

だっしょく 脱色 descoloramiento *m.*, decoloración *f.*
- 脱色する decolorar, descolorar ‖ 髪の毛を脱色する（自分の）de(s)colorarse el cabello
- 脱色剤 decolorante *m.*

たつじん 達人 maes*tro*[*tra*] *mf.*, exper*to*[*ta*] *mf.* ‖ 語学の達人 exper*to*[*ta*] *mf.* en「lenguas [idiomas]

だっすい 脱水 deshidratación *f.*, (洗濯機の) centrifugado *m.*
- 脱水する deshidratar, (洗濯) escurrir
- 脱水機 escurridor *m.*
- 脱水症状 síntomas *mpl.* de la deshidratación ‖ 脱水症状になる deshidratarse

たっする 達する llegar《a》, alcanzar, (達成する) conseguir ‖ 山頂に達する「llegar a [alcanzar] la cima del monte / 我慢の限界に達する llegar al límite de la paciencia / 完璧の域に達する「conseguir [alcanzar] la perfección《de》/ 人口が100万人に達する La población alcanza el millón de habitantes.

だっする 脱する salir《de》, escapar《de》‖ 危機を脱する salir de una crisis / 支配を脱する librarse de la dominación《de》

たつせ 立つ瀬 → たちば（立場）
- [慣用] 立つ瀬がない ‖ 君にそう言われては立つ瀬がない Eso que me dices me pone en una situación comprometida.

たっせい 達成 logro *m.*, realización *f.* ‖ 達成可能な目標 objetivo *m.* alcanzable, (実現可能な) objetivo *m.* viable
- 達成する lograr, conseguir, cumplir ‖ 目標を達成する「conseguir [alcanzar, cumplir, llevar a término] el objetivo
- 達成感 ‖ 達成感がある tener la sensación de haber conseguido un logro

だつぜい 脱税 evasión *f.* de impuestos, fraude *m.* fiscal
- 脱税する evadir impuestos
- 脱税者 eva*sor*[*sora*] *mf.* de impuestos

だっせん 脱線 descarrilamiento *m.*, (話の) digresión *f.*
- 脱線する (車両が) descarrilar, (話が) desviarse ‖ 最後尾の車両が脱線した Descarriló el último vagón del tren.
- 脱線事故 descarrilamiento *m.*

だっそう 脱走 fuga *f.*, evasión *f.*, huida *f.*, (兵士の) deserción *f.* ‖ 脱走を企てる planear una fuga
- 脱走する fugarse, huir, (兵士が) desertar
- 脱走者 fugiti*vo*[*va*] *mf.*
- 脱走兵 deser*tor*[*tora*] *mf.*

たった solo《形容詞との混同を避ける場合は sólo を使う》, solamente ‖ たった一度だけ「solamente [solo] una vez / 彼女は私のたった一人の家族です Ella es mi única familia. / 入場券はたった100円です La entrada solo cuesta cien yenes. / 母はたった今、出かけました Mi madre salió hace un minuto. ¦ Acaba de salir mi madre.

だったい 脱退 retirada *f.*, secesión *f.*
- 脱退する retirarse《de》, separarse《de》, (退会する) darse de baja《de, en》‖ 日本は1933年に国際連盟から脱退した Japón se retiró de la Sociedad de Naciones en 1933.

タッチ toque *m.* ‖ タッチの差で間に合う llegar (a tiempo) por los pelos
- タッチする tocar, (関わる) tener relación《con》
- タッチアウト ‖ タッチアウトになる《野球》ser pues*to*[*ta*] *out* al ser toca*do*[*da*]
- タッチアンドゴー toque y despegue *m.* ‖ タッチアンドゴーをする hacer un toque y despegue, tocar y despegar
- タッチスクリーン/タッチパネル《IT》pantalla *f.* táctil
- タッチライン《スポーツ》línea *f.* de banda

だっちょう 脱腸 ⇒ヘルニア

たって
- たっての ‖ たっての願いに応じる acceder al insistente ruego de ALGUIEN

だって （でも）pero, es que 『+直説法』, (でさえ) incluso, hasta, (なぜなら) porque, puesto que 『+直説法』‖ それは子供だってできる Hasta un niño lo puede hacer. / 私だって疲れている Yo también estoy cansa*do*[*da*]. / ペドロ(男性)は病気じゃないはずだ、だって映画館で見かけたもの Pedro no debe de estar enfermo, puesto que ya lo he visto en el cine.

だっと 脱兎 ‖ 脱兎のごとく走り去る irse「a todo correr [con la máxima velocidad],《慣用》salir como alma que lleva el diablo

たづな 手綱 riendas *fpl.* ‖ 手綱を取る「tomar [coger] las riendas / 手綱を引く tirar de las riendas / 手綱をはなす soltar las riendas
- [慣用] 手綱を締める《慣用》apretar las clavijas《a》,《慣用》meter en cintura a ALGUIEN
- [慣用] 手綱を緩める aflojar las riendas

たつのおとしご 竜の落とし子《動物》ca-

だっぴ 脱皮 muda f., ecdisis f.[=pl.]
▶脱皮する mudar, (変わる) convertirse 《en》‖蛇は脱皮する Las serpientes mudan de piel. / 近代都市に脱皮する convertirse en una ciudad moderna

たっぴつ 達筆
▶達筆である tener buena「letra [caligrafía], escribir con buena letra
▶達筆な‖達筆な人 calígra*fo*[*fa*] mf.

タップダンス claqué m.
▶タップダンスをする bailar claqué

たっぷり abundantemente ‖庭にたっぷり水をまく regar abundantemente el jardín / 時間はたっぷりある tener tiempo de sobra / 金はたっぷりある tener dinero en abundancia / グラスにワインをたっぷり注ぐ llenar la copa de vino hasta el borde / 湖までたっぷり1時間はかかる Se tarda una hora「larga [como mínimo] en llegar al lago.
▶たっぷりの/たっぷりした‖ユーモアたっぷりの話 historia f. llena de humor / たっぷりした服 ropa f. holgada

ダッフルコート trenca f.

だつぼう 脱帽
▶脱帽する descubrirse, quitarse el sombrero, (敬服する)《慣用》quitarse el sombrero 《ante》‖君の学識には脱帽するよ Me quito el sombrero ante tu sabiduría. ¦ Te admiro por tu sabiduría.

だっぽう 脱法
◪脱法行為 evasión f. de la ley
◪脱法ドラッグ droga f. no controlada

たつまき 竜巻 remolino m.‖竜巻が発生する producirse un remolino

だつもう 脱毛 depilación f.‖足の脱毛をする(自分の) depilarse las piernas
▶脱毛する depilar, (自分の体毛を) depilarse
◪脱毛クリーム crema f. depilatoria
◪脱毛剤 depilatorio m.
◪脱毛症 alopecia f.

だつらく 脱落 omisión f., laguna f.
▶脱落する (欠けている) faltar; (落伍する) rezagarse, quedarse atrás, descolgarse‖このページは3行脱落している Faltan tres renglones en esta página. / そのランナー(男性)は先頭集団から脱落した El corredor se descolgó del grupo de cabeza.

だつりゅう 脱硫 desulfuración f.
◪水素化脱硫 hidrodesulfuración f.

だつりょく 脱力
◪脱力感 sentimiento m. de agotamiento‖脱力感に襲われる sentirse agota*do*[*da*]
◪脱力症 astenia f.

たて (〜したて) recién『+過去分詞』‖もぎたてのりんご manzana f. recién cogida / 焼きたてのパン pan m. reciente / ペンキ塗りたて《表示》Pintura fresca / 大学出たてのエンジニア ingenie*ro*[*ra*] mf. recién gradua*do*[*da*]

たて 盾 escudo m., (言い訳) excusa f.‖矢を盾で防ぐ protegerse de flechas con un escudo / 人質を盾にする「utilizar [usar] a un rehén como escudo humano
⟨慣用⟩盾(を)つく desobedecer,《慣用》llevar la contraria《a》
⟨慣用⟩盾に取る utilizar ALGO como excusa《para》‖経済危機を盾に取って増税する「utilizar [usar] la crisis económica como excusa para subir los impuestos

たて 縦/竪/経 longitud f., largo m., (高さ) altura f., alto m.‖縦と横の合計 suma f. del largo y ancho / 横50センチ、縦30センチのモニタースクリーン pantalla f. de 50 centímetros de ancho por 30 de alto
▶縦の vertical‖縦の線 línea f. vertical / 縦の関係 relaciones fpl. verticales / 縦に verticalmente / 縦に並べる alinear ALGO verticalmente
⟨慣用⟩縦の物を横にもしない no hacer nada, 《慣用》no dar (ni) golpe
◪縦座標 coordenada f. vertical

たで 蓼《植物》pimienta f.「del agua [acuática]
⟨諺⟩蓼食う虫も好き好き《諺》Sobre gustos no hay nada escrito. ¦《諺》En materia de color, el que a cada uno gusta es el mejor.

だて 立て‖二頭立ての馬車 carro m. de dos caballos / 二本立ての映画(の上映) proyección f. de dos películas

だて 建て‖一戸建ての住宅 casa f.「particular [independiente] / 10階建てのマンション edificio m. de viviendas de diez plantas

だて 伊達 dandismo m.
▶だてに(無駄に) en vano‖だてに私は50年も生きてきたわけではない No en vano he vivido 50 años.
◪伊達男 dandi m.
◪伊達眼鏡 gafas fpl. sin graduar‖伊達眼鏡をかける llevar gafas (sin graduar) por moda

たていた 立て板
⟨慣用⟩立て板に水 (のようにしゃべる) hablar con gran soltura

たていと 縦糸 urdimbre f.

たてうり 建て売り
▶建て売りする vender casas ya「hechas [construidas, terminadas]
◪建て売り住宅 casa f. construida en venta

たてかえる 立て替える pagar provisionalmente ALGO en lugar de ALGUIEN‖私は彼女の家賃を立て替えた Pagué provisionalmente el alquiler en lugar de ella.

たてかえる 建て替える reconstruir, reedificar

たてがき 縦書き　escritura *f.* vertical ‖ 日本語は上から下に縦書きできる El japonés puede escribirse 「de arriba abajo [verticalmente].
　▶ 縦書きする escribir 「de arriba abajo [verticalmente].

たてかける 立て掛ける　apoyar ALGO 《en》 ‖ 壁にステッキを立てかける apoyar un bastón en la pared

たてがみ 鬣　(馬の) crines *fpl.*, (ライオンの) melena *f.*

たてぐ 建具　puertas *fpl.* y ventanas *fpl.* corredizas de una casa japonesa

たてごと 竪琴　arpa *f.*

たてこむ 立て込む/建て込む　(場所が込み合う) estar lleno[na], (人で混雑する) haber mucha gente 《動詞は3人称単数形の無主語で》, (忙しい) tener mucho trabajo ‖ 店で立て込んでいる La tienda está llena de clientes. ／ 家が建て込んでいる Las casas están apiñadas. ／ 私は今週仕事で立て込んでいます Esta semana la tengo muy ocupada a causa del trabajo.

たてこもる 立て籠る　encerrarse 《en》, recluirse 《en》 ‖ 銃を持った男が、数人の客を人質に立てこもった銀行に Un hombre con pistola tomó como rehenes a varios clientes y se encerró en el banco.

たてじま 縦縞　rayas *fpl.* verticales ‖ 縦縞のシャツ camisa *f.* 「a [de] rayas verticales

たてつく 盾突く ⇒たて(盾)

たてつづけ 立て続け
　▶ 立て続けに sucesivamente, de forma sucesiva ‖ 立て続けに3杯飲む tomarse tres copas seguidas

たてつぼ 建坪　(建築面積) superficie *f.* edificada ‖ この家の建坪は100平方メートルだ Esta casa tiene una superficie edificada de 100 metros cuadrados.

たてなおす 建て直す ⇒たてかえる(建て替える)

たてなおす 立て直す　enderezar, sanear, restablecer, reconstruir ‖ 体勢を立て直す ⇒ たいせい(体勢) ／ 財政を立て直す 「sanear [restablecer] las finanzas ／ 商売を立て直す enderezar el negocio ／ 会社を立て直す reconstruir la empresa

たてひざ 立て膝 ‖ 立て膝をする sentarse en el suelo con una rodilla levantada

たてぶえ 縦笛　(リコーダー) flauta *f.* dulce, flauta *f.* de pico ‖ 縦笛を吹く tocar la flauta dulce

たてふだ 立て札　cartel *m.*, letrero *m.*, rótulo *m.* ‖ 立て札を立てる poner un cartel

たてまえ 建て前　principio *m.* ‖ 本音と建て前 (思っていることと言うこと) lo que se piensa y lo que se dice

たてまし 建て増し ⇒ぞうちく(増築)

たてまつる 奉る　(献上する) ofrendar, (祭り上げる) erigir

たてもの 建物　edificio *m.*, edificación *f.*, construcción *f.*

たてやくしゃ 立て役者　protagonista *com.*, (中心人物) figura *f.* principal ‖ 彼女は和平交渉の立て役者だった Ella desempeñó un papel clave en las negociaciones de paz.

たてゆれ 縦揺れ　temblor *m.* vertical, (船の) cabeceo *m.*

たてる 建てる　construir, edificar, erigir ‖ ビルを建てる construir un edificio ／ 記念碑を建てる erigir un monumento

たてる 立てる　(起こす) levantar, erguir ‖ びんを立てる levantar una botella ／ 親指を立てる levantar el dedo gordo ／ 山頂に国旗を立てる plantar la bandera nacional en la cima del monte ／ ほこりを立てる levantar polvo ／ 音を立てる hacer ruido ／ 噂を立てる hacer 「correr [circular] un rumor ／ 計画を立てる 「elaborar [hacer] un plan ／ 誓いを立てる jurar, hacer un juramento ／ 親を立てる respetar a los padres

たてわり 縦割り
　▶ 縦割り行政 administración *f.* vertical

だてん 打点　(野球) carrera *f.* impulsada ‖ 100打点を挙げる anotar las 100 carreras impulsadas
　▶ 打点王 líder *com.* en carreras impulsadas

だとう 妥当
　▶ 妥当な razonable, apropiado[da], pertinente ‖ 妥当な賃金 sueldo *m.* razonable
　▶ 妥当性 pertinencia *f.*, validez *f.*

だとう 打倒 ‖ 独裁政権打倒 ¡Abajo la dictadura!
　▶ 打倒する derrotar, derribar, vencer, (政権を) derrocar

たどうし 他動詞　verbo *m.* transitivo
　▶ 他動詞性 transitividad *f.*

たとうるい 多糖類　polisacárido *m.*

たとえ　aunque 『+接続法』, aun cuando 『+接続法』 ‖ たとえ何が起こっても pase lo que pase ／ たとえ雨が降っても試合は行われます Aunque llueva, se celebrará el partido. ／ たとえうまく行かなくても落胆するな Aun cuando no tengas éxito, no te desanimes.

たとえ 例え/喩え/譬え　ejemplo *m.*, (比喩) comparación *f.*, (寓喩) alegoría *f.* ‖ たとえに引く citar ALGO como ejemplo ／ たとえを用いて説明する explicar con ejemplos
　▶ たとえ話 parábola *f.*

たとえば 例えば　por ejemplo ‖ これはたとえばの話だ Esto es un suponer. ／ たとえば君が映画監督だとしよう Supongamos que fueras director de cine.

たとえる 例える/喩える/譬える　comparar ALGO 《con, a》 ‖ 人生を川にたとえる compa-

たどく 多読　lectura *f*. abundante
▶多読する　leer「mucho [abundantemente]
たどたどしい　(不完全な)　imperfec*to*[ta], (不器用な)　torpe, (不確かな) insegu*ro*[ra] ‖ たどたどしいスペイン語を話す chapurrear español／たどたどしい足取りで歩く caminar con paso inseguro
▶たどたどしく con dificultad, torpemente, 《慣用》a trompicones ‖ たどたどしく読む leer「con dificultad [a trompicones]
たどりつく 辿り着く　llegar　「finalmente [por fin]「(a)」‖ 遠征隊はやっとの思いで北極点にたどり着いた La expedición llegó a trancas y barrancas al Polo Norte.
たどる 辿る　seguir, (足跡などを) rastrear ‖ 道をたどる seguir un camino／猪の足跡をたどる「seguir [rastrear] las huellas de un jabalí／東京の歴史をたどる rastrear la historia de Tokio
たな 棚　estante *m*., estantería *f*., anaquel *m*. ‖ 棚に載せる「colocar [poner] ALGO en un estante／棚を吊る「colocar [instalar] un estante
(慣用)棚に上げる ‖ 自分のことを棚に上げて他人を批判する criticar a los demás sin mirarse a *sí mismo*[ma]
(慣用)棚からぼた餅(だ)(何かが)《慣用》venir como「caí*do*[da]「llovi*do*[da]」del cielo
たなあげ 棚上げ
▶棚上げする dejar ALGO「en suspenso [pendiente]／(先延ばしにする) aparcar ‖ 法案を棚上げする dejar en suspenso un proyecto de ley
たなおろし 棚卸し　inventario *m*.
▶棚卸しをする hacer inventario《de》
たなこ 店子　inquili*no*[na] *mf*., arrendata*rio*[ria] *mf*.
たなざらし 棚晒し/店晒し ‖ 棚ざらしの商品 artículos *mpl*. no vendidos durante mucho tiempo／棚ざらしになる(商品が)「quedarse [permanecer] sin vender／問題を棚ざらしにする(放置する)「aparcar [archivar] un problema
たなばた 七夕　Fiesta *f*. de las Estrellas
たなびく 棚引く　flotar, (広がる) extenderse 《por》‖ 湖に霞がたなびく La bruma flota sobre el agua del lago.
たなぼた 棚ぼた
◪棚ぼた式 ‖ 棚ぼた式の幸せ felicidad *f*.「caída [bajada, llovida] del cielo
たなん 多難
▶多難な lle*no*[na] de dificultades ‖ 多難な行程 camino *m*. lleno de dificultades
◪前途多難 ‖ 我々は前途多難だ Nos esperan muchas dificultades.

たに 谷　valle *m*. ‖ 深い谷 valle *m*. profundo
だに 壁蝨　ácaro *m*., garrapata *f*., (人) (軽蔑的に) gentuza *f*. ‖ だにを退治する eliminar「ácaros [garrapatas]／私はだにに刺された Me ha picado una garrapata.
たにがわ 谷川　arroyo *m*.「de montaña [del valle]
たにし 田螺　caracol *m*. de río
たにぞこ 谷底　fondo *m*. del valle
たにま 谷間　valle *m*. ‖ 谷間の村 pueblo *m*. en un valle／超高層ビルの谷間を歩く caminar entre rascacielos
たにん 他人　(自分以外の人) o*tro*[tra] *mf*., (部外者) extra*ño*[ña] *mf*., persona *f*. ajena ‖ 彼は赤の他人です Él es una persona totalmente ajena a mí.
▶他人の aje*no*[na] ‖ 他人の問題 asunto *m*. ajeno／他人の目を気にするな No te preocupes por lo que piensen los demás.
(慣用)他人の空似(だ) Es un parecido「casual [fortuito].
(諺)遠くの親類より近くの他人《諺》Más vale vecino cercano que pariente lejano. ¦《諺》Más vale buen vecino que pariente ni primo.
◪他人行儀 ‖ 他人行儀な態度 actitud *f*. distante
◪他人事 ‖ 他人事ではない No es un asunto ajeno a nosotros.
◪他人資本　recursos *mpl*. ajenos
たにんずう 多人数
▶多人数の gran número *m*.《de》, numero*sos*[sas]『+複数名詞』
たぬき 狸　perro *m*. mapache, (あなぐま) tejón *m*.(雄・雌), (悪賢い男) zorro *m*.
(諺)捕らぬ狸の皮算用《諺》No hay que vender la piel del oso antes de haberlo cazado.
◪狸親父　zorro *m*. viejo
◪狸寝入り ‖ 狸寝入りをする fingir estar dormi*do*[da]
たね 種　semilla *f*., simiente *f*., (西瓜の) pepita *f*., pipa *f*., (オリーブの) hueso *m*. ‖ すしの種(材料) ingredientes *mpl*. del *sushi*／喧嘩の種(原因) causa *f*. de la pelea／手品の種(仕掛け) truco *m*. de magia／種なし西瓜 sandía *f*. sin pepitas／きゅうりの種をまく sembrar semillas de pepino／話の種が尽きた Se agotaron los temas de conversación.
(慣用)種も仕掛けもない No hay ningún truco.
(慣用)種を宿す(妊娠する) quedarse embarazada
たねあかし 種明かし
▶種明かしをする explicar el truco
たねうし 種牛　toro *m*. semental
たねうま 種馬　caballo *m*. semental
たねぎれ 種切れ ‖ 種切れになる agotarse, quedar agota*do*[da], (人が主語) quedarse

《sin》／君の授業をさぼる口実が種切れだ Te quedas sin excusas para faltar a clase.

たねつけ 種付け apareamiento *m*.
▶種付けする aparear, acoplar

たねまき 種蒔き siembra *f*.
▶種まきをする sembrar, [sembrar [esparcir, arrojar] semillas
◻種まき機 sembradora *f*.

たねん 多年 ‖ 多年にわたって durante [muchos [largos] años, a lo largo de muchos años
◻多年生植物 planta *f*. [perenne [vivaz]

たのしい 楽しい alegre, (面白い) entretenid*o*[*da*], divertid*o*[*da*], distraíd*o*[*da*], (心地よい) agradable ‖ 楽しい思い出 recuerdo *m*. [alegre [agradable] ／楽しいゲーム juego *m*. divertido ／楽しい時を過ごす pasar un tiempo agradable, 《慣用》pasárselo bien ／僕は君とテニスするのが楽しい Me gusta jugar al tenis contigo. ／パーティーはとても楽しかったです Lo pasamos muy bien en la fiesta.
▶楽しく alegremente, felizmente ‖ 楽しく歌う cantar alegremente ／楽しく暮らす vivir felizmente

たのしませる 楽しませる entretener, divertir, distraer ‖ 子供たちを楽しませる divertir a los niños ／目を楽しませる deleitar la vista de ALGUIEN

たのしみ 楽しみ (喜び) placer *m*., deleite *m*., (娯楽) diversión *f*., entretenimiento *m*. ‖ 旅の楽しみ placer *m*. de viajar ／楽しみで働く trabajar por placer ／このサッカー選手(男性)は将来の楽しみだ Este jugador es una promesa del fútbol. ／私はメキシコ旅行を楽しみにしている Espero con impaciencia el viaje a México. ／長いこと楽しみにしていた映画をついに見た Por fin pude ver la película que esperaba desde hacía mucho tiempo. ／またお会いするのを楽しみにしています Espero tener el placer de volver a verle.

たのしむ 楽しむ disfrutar 《de》, gozar 《de》, divertirse, (満喫する) saborear ‖ 夕食を楽しむ disfrutar de la cena ／スキーをして楽しむ divertirse esquiando ／当ホテルでのご滞在をお楽しみください Esperamos que disfruten de su estancia en nuestro hotel. ／みんな楽しんできてね ¡Qué os divirtáis! ¡Qué (os) lo paséis bien!

たのみ 頼み petición *f*., ruego *m*. ‖ 頼みがあるんだけど Quiero pedirte un favor. ／頼みを聞く [atender [acceder] una petición ／頼みを断る rechazar la petición de ALGUIEN
慣用 頼みの綱 último recurso *m*., 《慣用》tabla *f*. de salvación ‖ 頼みの綱が切れる perder *su* [último recurso [última esperanza]

たのむ 頼む pedir, rogar, solicitar, (依頼する) encargar ‖ 友人(女性)に留守中の植物の世話を頼んだ Pedí a una amiga que cuidara de las plantas durante mi ausencia. ／ワインを一本頼む pedir una botella de vino ／医者を頼む llamar a un médico ／弁護士に頼む [dejar [poner] ALGO en manos de **un**[**una**] aboga**do**[**da**] ／頼むから一人にしてくれ ¡Por favor, déjame s**olo**[**la**]! ／君頼んだよ Cuento contigo. ／市に頼まれてアンケートを行う realizar una encuesta por encargo del ayuntamiento

たのもしい 頼もしい dig**no**[**na**] de confianza, (有望な) prometed**or**[**dora**] ‖ 頼もしい女性 mujer *f*. de confianza ／将来が頼もしい若者 joven *com*. con un futuro prometedor ／～を頼もしく思う considerar a ALGUIEN dig**no** de confianza

たば 束 manojo *m*., haz *m*., (紙など) fajo *m*. ‖ ハーブの束 manojo *m*. de hierbas aromáticas ／薪の束 haz *m*. de leña ／手紙の束 fajo *m*. de cartas ／アスパラガスを束にする atar espárragos en manojos
慣用 束になってかかる atacar [todos juntos [en grupo, en masa]

だは 打破
▶打破する (打ち負かす) vencer, derrotar, (終わらせる) terminar ‖ 困難を打破する [vencer [sobreponerse a] las dificultades ／現状を打破する terminar con la situación actual

たばこ 煙草/莨 tabaco *m*., (紙巻き) cigarrillo *m*., pitillo *m*.; (葉巻) puro *m*., cigarro *m*. puro ‖ たばこ一箱 un paquete de cigarrillos ／たばこの煙 humo *m*. de tabaco ／たばこの吸い殻 colilla *f*. ／たばこに火をつける encender un cigarrillo ／たばこを消す apagar el cigarrillo ／たばこを吸う/たばこを飲む fumar (un cigarrillo) ／たばこをやめる dejar de fumar ／おたばこはご遠慮ください Se ruega no fumar. ／たばこを吸ってもいいですか ¿Puedo fumar?
◻たばこ入れ pitillera *f*.
◻たばこ屋 tabaquería *f*.
◻たばこ規制枠組み条約 convenio *m*. marco para el control del tabaco

タバスコ 《商標》tabasco *m*. ‖ タバスコを数滴かける echar unas gotas de tabasco

たはた 田畑 campos *mpl*. y arrozales *mpl*.

たはつ 多発 ‖ 盗難の多発を防止する procurar evitar que se produzcan robos con tanta frecuencia
▶多発する [ocurrir [producirse] con frecuencia
▶多発性(の) múltiple ‖ 多発性神経炎 polineuritis *f*.[=*pl*.]
◻多発地帯 zona *f*. de concentración《de》‖ 交通事故の多発地帯 punto *m*. negro, tramo *m*. de concentración de accidentes de

たばねる　束ねる　atar, liar, (まとめる) juntar ‖ 髪を束ねる atar el pelo ／ 紙を束ねる atar papeles

たび　度 ‖ 私はマドリードへ行くたびにプラド美術館へ行きます「Cada vez [Siempre] que voy a Madrid, visito el Museo del Prado. ／ 電話がなるたびに私は仕事を中断しなければならない Cada vez que suena el teléfono, tengo que interrumpir el trabajo.

たび　旅　viaje *m.* ‖ 列車の旅／汽車の旅 viaje *m.* en tren ／ 旅から戻る「volver [regresar] del viaje ／ 旅から旅の人生を送る pasar la vida de viaje en viaje ／ 旅に出る ir de viaje ／ 旅をする viajar ／ 旅を楽しむ disfrutar del viaje

(慣用) 旅の恥はかき捨て Durante el viaje todo está permitido.

(諺) 旅は道連れ世は情け Para el viaje, compañía, y para la vida, cariño.

たび　足袋　calcetines *mpl.* japoneses ‖ 足袋を履く ponerse unos calcetines japoneses

たびかさなる　度重なる　repetidos[das], sucesivos[vas] ‖ 度重なる不正 irregularidades *fpl.* cometidas repetidamente

たびげいにん　旅芸人　artista *com.* ambulante

たびさき　旅先
▶旅先で「en [durante] el viaje

たびじ　旅路 ‖ 旅路につく emprender el viaje, ponerse en camino

たびじたく　旅支度
▶旅支度をする hacer la maleta

たびだつ　旅立つ　salir de viaje, partir de viaje, (亡くなる) fallecer, morir ‖ スペインに旅立つ partir para España ／ あの世に旅立つ《慣用》irse al otro barrio

たびたび　con frecuencia, frecuentemente, a menudo, repetidas veces ‖ たびたび授業を欠席する faltar a clase con frecuencia ／ たびたび本屋に行く frecuentar las librerías

▶たびたびの frecuentes, repetidos[das] ‖ たびたびのミス repetidos errores *mpl.*

たびびと　旅人　viajero[ra] *mf.*

ダビング　copia *f.*
▶ダビングする copiar, hacer una copia《de》

タフ
▶タフな resistente, fuerte

タブ　(タブキー) tabulador *m.*, tecla *f.* Tab; (浴槽) bañera *f.*

タブー　tabú *m.* ‖ タブーを犯す romper un tabú

だぶだぶ ‖ このスカートは私にはだぶだぶです Esta falda me queda「holgada [grande].
▶だぶだぶの ancho[cha], holgado[da] ‖ だぶだぶのズボン pantalón *m.* holgado

だぶつく　(だぶだぶする) quedar holgado[da], (あり余る) sobrar, haber exceso《de》《動詞は3人称単数形の無主語で》‖ 腹部の肉がだぶついている tener una barriga fofa ／ 輸入品が市場にだぶついている En el mercado sobran productos importados.

だふや　だふ屋　revendedor[dora] *mf.*, reventa *com.*

タブラオ　(フラメンコの) tablao *m.*

ダブる　(重複する) repetirse, sobreponerse, (イベントが重なる) coincidir, (落第する) repetir el curso ‖ 画像がダブる Se superponen las imágenes.

ダブル ‖ エスプレッソコーヒーのダブル café *m.* expreso doble ／ ウィスキーをダブルで注文する pedir un *whisky* doble

▶ダブルの doble ‖ ダブルのジャケット《服飾》chaqueta *f.* cruzada ／ ダブル(幅)の布 tela *f.* de doble ancho

◾ダブルクリック　doble clic *m.* ‖ アイコンをダブルクリックする hacer doble clic「en [sobre] el icono

◾ダブルスタンダード　doble「moral *f.* [estándar *m.*]

◾ダブルスチール《野球》doble robo *m.* de base

◾ダブルパンチ ‖ ダブルパンチを食らわす asestar un doble golpe《a》

◾ダブルブッキング ‖ ダブルブッキングする reservar por partida doble

◾ダブルプレー《野球》doble matanza *f.*

◾ダブルベッド　cama *f.* de matrimonio

◾ダブルルーム　habitación *f.* doble

ダブルス　《スポーツ》dobles *mpl.*

◾混合ダブルス　dobles *mpl.* mixtos

◾女子ダブルス　dobles *mpl.* femeninos

◾男子ダブルス　dobles *mpl.* masculinos

タブロイド　tabloide *m.*

たぶん　多分　(おそらく) quizá(s), probablemente, tal vez ‖ たぶん彼は来ないでしょう Tal vez él no「vendrá [venga].

▶多分の gran cantidad *f.*《de》‖ 多分の寄付を受けとる recibir una donación importante

▶多分に ‖ 戦争が勃発する恐れが多分にある Existe una gran posibilidad de que estalle la guerra.

(慣用) ご多分にもれず como todos los demás

たべあきる　食べ飽きる　estar harto[ta] de comer

たべあるき　食べ歩き　paseo *m.* gastronómico

▶食べ歩きする dar un paseo gastronómico, ir de restaurante en restaurante

たべごろ　食べ頃 ‖ この桃は食べ頃だ Este melocotón está en su punto.

たべざかり　食べ盛り ‖ 食べ盛りの子供たち niños *mpl.* en crecimiento que comen con gran apetito

たべすぎ 食べ過ぎ exceso *m.* gastronómico ‖ 食べ過ぎによる胃の痛み dolor *m.* de estómago por comer en exceso ／ 食べ過ぎる comer「demasiado [en exceso]

たべのこし 食べ残し restos *mpl.* de comida

たべのこす 食べ残す dejar la comida

たべほうだい 食べ放題「bufé *m.* [tenedor *m.*] libre ‖ 食べ放題のレストラン restaurante *m.*「con bufé libre [de tenedor libre]

たべもの 食べ物 alimento *m.*,（料理）comida *f.*,（食料品）comestibles *mpl.* ‖ 好きな食べ物は何ですか ¿Qué comida te gusta más?／食べ物を与える alimentar／食べ物を粗末にする malgastar la comida

たべる 食べる comer, tomar,（摂取する）ingerir,（生活する）vivir ‖（君は）朝ご飯は食べた？¿Has desayunado?／¿Has tomado el desayuno?／外で食べる comer fuera／何か食べるものあるかな ¿Hay algo de comer?／彼女はよく食べる Ella come mucho.

▶**食べさせる** ‖ 息子たちに食べさせる dar de comer a *sus* hijos／僕は妻に食べさせてもらっている Me mantiene mi esposa.

▶**食べてみる** probar ‖ すしは食べてみましたか ¿Ha probado el *sushi*?

▶**食べられる** poder comerse,（食用に適する）ser comestible ‖ このキノコは食べられる Esta seta es comestible.／ブロッコリーは生で食べられる El brócoli se puede comer crudo.

▶**食べていく**（生計を立てる）《慣用》ganarse la vida ‖ 夫の給料では食べていけない No podemos vivir con el sueldo de mi marido.

たべん 多弁 locuacidad *f.*

▶**多弁な** locuaz

たへんけい 多辺形 polígono *m.*

▶**多辺形の** poligonal

だほ 拿捕 captura *f.*

▶**拿捕する** capturar ‖ 敵の船を拿捕する capturar un barco enemigo

たほう 他方

▶**他方で(は)** por otro lado, por otra parte

たぼう 多忙

▶**多忙である** estar ocupa*do*[*da*]

▶**多忙な** ocupa*do*[*da*], atarea*do*[*da*], ajetrea*do*[*da*] ‖ 多忙な生活を送る llevar una vida ajetreada

たほうめん 多方面 ‖ 多方面で活動する realizar *sus* actividades en diversos ámbitos／多方面にわたる知識 conocimientos *mpl.* en diversos campos

だぼく 打撲 golpe *m.*

▶**打撲する**「recibir [sufrir] un golpe ‖ 頭部を打撲する「recibir [sufrir] un golpe en la cabeza

◳**打撲傷** contusión *f.*, herida *f.* contusa, magulladura *f.* ‖ 打撲傷を負わせる contusionar, magullar

たま 球/玉/珠 pelota *f.*, balón *m.*, bola *f.*,（球体）globo *m.*,（電球）bombilla *f.*,（毛糸の）ovillo *m.* ‖ ビリヤードの球 bola *f.* de billar／100円玉 moneda *f.* de cien yenes／球を打つ golpear la pelota,（野球で）batear la pelota／球を蹴る patear la pelota／球を投げる lanzar una pelota

〖慣用〗玉に瑕 ‖ 彼は時間にルーズなのが玉に瑕だ Su único defecto es que es muy impuntual.

〖慣用〗玉の汗 ‖ 彼の額に玉の汗が浮かんでいた A él se le perlaba la frente de sudor.

〖慣用〗玉の輿 ‖ 玉の輿に乗る casarse con un hombre rico

〖慣用〗玉のような ‖ 玉のような赤ん坊 bebé *m.* precioso

〖慣用〗玉を転がす ‖ 玉を転がすような声 voz *f.*「argentina [argentada]

たま 弾 bala *f.*, proyectil *m.* ‖ 弾が的に命中した La bala dio en el blanco.／弾が我々の頭上を飛び交っていた Las balas silbaban sobre nuestras cabezas.／弾を発射する disparar una bala／拳銃に弾をこめる cargar la pistola con balas

たま 偶

▶**たまに**（まれに）raramente, rara vez,（時々）de vez en cuando ‖ 祖母はたまにしか出かけない Mi abuela sale raramente.／たまには映画に行きたいな ¡Me gustaría ir al cine de vez en cuando!

▶**たまの** ‖ 私のたまの休みの日に en uno de mis pocos días de descanso

たまげる 魂消る → おどろく（驚く）‖ これはたまげた ¡Caramba!¦¡No salgo de mi asombro!

たまご 卵/玉子 huevo *m.*,（魚卵）huevas *fpl.* ‖ 卵の殻 cáscara *f.* de huevo／卵の黄身 yema *f.* de huevo／卵の白身 clara *f.* de huevo／小説家の卵 futu*ro*[*ra*] escri*tor*[*tora*] *mf.*, escri*tor*[*tora*] *mf.* en ciernes／亀の卵が孵った Las tortugas salieron de sus cascarones.／卵を産む poner huevos／卵をかき混ぜる batir el huevo／卵を抱く incubar huevos／卵を焼く freír un huevo batido con poco aceite／卵をゆでる cocer un huevo／卵を割る「romper [cascar] un huevo

◰**炒り卵** huevos *mpl.* revueltos

◰**半熟卵** huevo *m.* pasado por agua

◰**ゆで卵** huevo *m.* duro

◰**卵アレルギー** alergia *f.* al huevo

◰**卵形** óvalo *m.*, forma *f.*「de huevo [ovalada]

◰**卵酒** cóctel *m.* caliente preparado con sake, huevo y azúcar

◰**卵焼き** tortilla *f.* francesa

◰**卵料理** plato *m.* de huevos

たましい 魂 alma *f*., espíritu *m*. ‖ 死者たちの魂を慰める consolar el alma de los muertos ／ 魂の抜けた sin alma, sin espíritu ／ 彼は魂を入れて仕事をする Él pone el alma en su trabajo. ／ 魂を売る vender *su* alma《a》‖ 魂を清める purificar el alma
▣記者魂 alma *f*. de periodista

だます 騙す engañar, embaucar,（かつぐ）《話》quedarse《con》‖ だましやすい fácil de engañar, cred*ulo*[*la*] ／ まんまと私はだまされた Me engañaron como a un tonto. ／ 私は10万円だまし取られた Me estafaron cien mil yenes. ／ 古いコピー機をだましだまし使う echar mano de una fotocopiadora vieja procurando hacerla funcionar de una manera u otra

たまたま por casualidad, casualmente ‖ たまたまそのあたりを通りかかる acertar a pasar por allí

たまつき 玉突き billar *m*.
▶玉突きをする jugar al billar
▣玉突き衝突 choque *m*. en cadena
▣玉突き台 mesa *f*. de billar

たまねぎ 玉葱 cebolla *f*. ‖ 玉ねぎを刻む picar una cebolla ／ 玉ねぎを剝く pelar una cebolla

たまむし 玉虫 bupresto *m*., bupréstido *m*.
▣玉虫色 iridiscencia *f*., tornasol *m*. ‖ 玉虫色の回答 respuesta *f*. equívoca

たまもの 賜物/賜（成果）fruto *m*. ‖ 天からのたまもの「don *m*. [regalo *m*.] del cielo ／ 成功は君の努力のたまものだ El éxito es el fruto de tus esfuerzos.

たまらない 堪らない（我慢できない）inaguantable, insoportable ‖ 今日は暑くてたまらない Hoy hace un calor「insoportable [espantoso]. ／ お腹がすいてたまらない Me muero de hambre. ／ ペルーに行きたくてたまらない Tengo unas ganas enormes de ir a Perú. ／ 仕事の後のよく冷えたビールはたまらない No hay nada mejor que una cerveza bien fría después del trabajo.
▶たまらなく terriblemente, espantosamente ‖ この部屋はたまらなくいやな臭いがする Esta habitación huele espantosamente mal.

たまりかねる 堪りかねる no poder soportar más ‖ 私はたまりかねて子供たちを叱った Los niños acabaron con mi paciencia y los reprendí.

だまりこむ 黙り込む callarse, quedarse call*ado*[*da*]

たまりば 溜り場 lugar *m*. de reunión,（巣窟）（軽蔑的に）antro *m*. de perdición

たまる 堪る ‖ 負けてたまるか ¡Nunca me daré por venc*ido*[*da*]!

たまる 溜る/貯まる acumularse, amontonarse ‖ 通りにごみがたくさんたまっている En las calles se encuentra acumulada mucha basura. ／ ダムに水がたまる Se acumula el agua en la presa. ／ 机の上に埃がたまっている La mesa está cubierta de polvo. ／ 私は仕事がたまっている Me queda mucho trabajo por hacer.

だまる 黙る callarse,（話すのをやめる）dejar de hablar,（黙秘する）guardar silencio ‖ 黙らせる imponer silencio《a》／ 黙れ! ¡Cállate!
▶黙って en silencio,（何も言わずに）sin decir nada ‖ 黙って出て行く irse sin decir nada ／ 君は黙って言われた通りにしろ ¡Cierra la boca y haz como te he dicho!
▶黙っている estar call*ado*[*da*], permanecer en silencio ‖ このことは父には黙っていてください Esto no se lo diga a mi padre. ／ 私は黙ってはいられない No puedo permanecer indiferente.

たみ 民 pueblo *m*.,（君主国の臣民）súbdi*to*[*ta*] *mf*., vasa*llo*[*lla*] *mf*.

ダミー hombre *m*. de paja,（マネキン）maniquí *m*.
▣ダミー会社 empresa *f*.「ficticia [fantasma]

だみごえ 濁声 voz *f*. ronca, voz *f*. áspera y bronca

たみんぞく 多民族 multiplicidad *f*.「de razas [racial]
▣多民族の multirracial
▣多民族国家 país *m*. multirracial

ダム presa *f*., embalse *m*., represa *f*. ‖ ダムを建設する construir una presa
▣アーチ式ダム presa *f*. de arco
▣砂防ダム presa *f*. filtrante
▣重力式ダム presa *f*. de gravedad
▣貯水ダム presa *f*. de almacenamiento
▣ダムサイト「sitio *m*. [emplazamiento *m*.] de la presa

たむけ 手向け ofrenda *f*.,（餞別）regalo *m*. de despedida

たむろする 屯する reunirse, juntarse

ため
▶ため(に)（目的）para,（利益）por, en beneficio《de》,（原因・理由）a causa《de》, debido《a》‖ 君は何のためにそうするのか ¿Para qué lo haces? ／ 私は商売を始めるために辞職した Presenté la dimisión para poder montar mi propio negocio. ／ 金のためなら何でもする hacer cualquier cosa por dinero ／ 私は君のためにそうした Lo hice por ti. ／ 彼は風邪をひいたために学校を休んだ Él no fue a la escuela porque estaba resfriado. ／ 濃霧のためにその便は欠航した Se suspendió el vuelo a causa de una densa niebla.
▶ための para, por, a favor《de》‖ 子供のための音楽会 concierto *m*. para niños ／ 独立

のための戦い lucha *f.* por la independencia ／被災者のための資金を集める recaudar fondos a favor de los damnificados
▶ためになる ser bue*no*[*na*]《para》, (役に立つ) ser útil 《para》, (有益である) ser provecho*so*[*sa*]《para》, (教育的である) ser instruct*ivo*[*va*] ‖ 笑うことは健康のためになる El reír es bueno para la salud. ／この番組はとてもためになる Este programa es muy instructivo.

だめ 駄目
▶駄目な inútil ‖ 駄目なやつ tipo *m.* inútil
▶駄目だ/駄目である ser inútil ‖ 過去を回想しても駄目だ Es inútil recordar el pasado. ／君はもっと勉強しなければ駄目だよ Tienes que estudiar más. ／私はお酒が駄目です No puedo tomar alcohol. ／(君は)たばこを吸っては駄目だよ Te prohíbo fumar. ／私は彼を励まそうとしたが駄目だった Intenté animarle, pero en vano. ／その患者(男性)はもう駄目だ Al paciente ya no le queda posibilidad de curarse.
▶駄目にする《慣用》echar a perder ALGO, (壊す) estropear, (害を与える) perjudicar ‖ 食べ物を駄目にする echar a perder los alimentos ／テレビを駄目にする estropear el televisor ／その子(男性)の将来を駄目にする echar por tierra el futuro del niño
▶駄目になる ‖ 台風で農作物が全部駄目になった El tifón echó a perder toda la cosecha.
[慣用] 駄目でもともと No se pierde nada por intentarlo.
[慣用] 駄目を押す confirmar ALGO de nuevo, (スポーツ) asegurar la victoria

ためいき 溜め息 suspiro *m.* ‖ 深いため息をもらす dejar escapar un suspiro profundo ／ため息をつく suspirar, dar un suspiro ／ため息まじりに話す「contar [relatar] entre suspiros

ためいけ 溜め池 estanque *m.*

ダメージ daño *m.* ‖ 大きなダメージを与える causar un daño grave 《a》, dañar 「gravemente [seriamente]

だめおし 駄目押し ‖ 駄目押しの1点を入れる「marcar [meter] un gol de remate
▶駄目押し(を)する confirmar de nuevo, reconfirmar ‖ 彼に今晩電話をくれるように駄目押しした Le he dicho de nuevo que me llame esta noche.

ためぐち ため口 ‖ ため口をきく hablar de igual a igual《con, a》

ためこむ 溜め込む/貯め込む (蓄える) amasar, acumular, (とっておく) guardar, almacenar ‖ お金をたくさん貯め込む acumular mucho dinero

ためし 例 (先例) precedente *m.* ‖ 彼は人を褒めたためしがない Él nunca ha hablado bien de nadie.

ためし 試し prueba *f.*, ensayo *m.*
▶試しに para probar ‖ 試しにスーツを着てみる probar un traje ／試しに歌ってみる probar a cantar

ためす 試す probar, ensayar, intentar ‖ 新しい化粧品を試す probar cosméticos nuevos ／体力を試す poner a prueba la resistencia física de ALGUIEN ／パソコンが動くか試してみよう Voy a ver si funciona el ordenador. ／もう一度試してごらん ¿Por qué no lo intentas de nuevo?

ためらい 躊躇い vacilación *f.*, titubeo *m.*, escrúpulo *m.* ‖ ためらいがちに言う decir con voz vacilante ／何のためらいもなく sin ninguna vacilación, sin vacilación alguna

ためらう 躊躇う dudar《en》, vacilar《en》, titubear ‖ 返事をためらわない no dudar en responder ／ためらわずに sin titubeos, sin vacilar, sin pensárselo dos veces

ためる 溜める/貯める (蓄積する) acumular, (節約する) ahorrar, (貯える) almacenar ‖ 古新聞をためる acumular periódicos viejos ／貯金箱にお金をためる ahorrar dinero en una hucha ／タンクに雨水をためる guardar agua de lluvia en un depósito ／目に涙をためる tener los ojos llenos de lágrimas ／家賃をためる tener el alquiler por pagar, no pagar el alquiler atrasado

ためん 多面
▶多面的な polifacét*ico*[*ca*] ‖ 多面的な活動をする desarrollar una actividad polifacética
◨多面体 poliedro *m.* ‖ 正多面体 poliedro *m.* regular

たもくてき 多目的 polivalencia *f.*
▶多目的 polivalente, multiuso(s)
◨多目的ダム embalse *m.* de usos múltiples
◨多目的ホール sala *f.* 「polivalente [multiuso(s)]

たもつ 保つ mantener, conservar, guardar ‖ 温度を一定に保つ mantener constante la temperatura ／若さを保つ mantener la juventud ／野菜を新鮮に保つ「mantener [conservar] frescas las verduras ／沈黙を保つ guardar silencio

たもと 袂 (着物の) manga *f.*, (橋の) pie *m.* de un puente ‖ 橋のたもとで al pie de un puente
[慣用] 袂を分かつ romper《con》, romper la relación《con》

たやす 絶やす dejar「desaparecer [extinguir] ‖ 伝統を絶やす dejar que se extinga la tradición ／笑顔を絶やさない tener siempre una sonrisa en la cara

たやすい 容易い fácil, senc*illo*[*lla*], simple ⇒かんたん(⇒簡単な) ‖ たやすい仕事 trabajo *m.* fácil (de hacer)
▶たやすく con facilidad, fácilmente

たゆむ 弛む ‖たゆまぬ努力 esfuerzo *m*. constante

たよう 多様
▶多様な vari*a*do[da], divers*o*[sa]
▶多様化 diversificación *f*.‖多様化する（何かを）diversificar, （何かが）diversificarse
▶多様性 variedad *f*., diversidad *f*.‖動植物の多様性 diversidad *f*. de fauna y flora

たより 便り noticia *f*., correspondencia *f*.‖便りがある recibir noticias de ALGUIEN／彼は私たちにときどき便りを寄こす Él nos escribe de vez en cuando.
〔慣用〕便りのないのはよい便り No tener noticias es (una) buena noticia.

たより 頼り confianza *f*.,（支え）apoyo *m*., sostén *m*.‖彼女は一家の頼りだ Ella es el pilar de la familia.／懐中電灯を頼りに進む avanzar con ayuda de una linterna
▶頼りにする confiar《en》, tener confianza《en》, contar《con》‖彼は息子を頼りにしている Él tiene confianza en su hijo.／私には頼りにする人が誰もいない No tengo a nadie con quien contar.
▶頼りない poco fiable, insegur*o*[ra]‖頼りない返事をする dar una respuesta confusa
▶頼りになる fiable, confiable, dig*no*[na] de confianza‖頼りになる人 persona *f*. confiable

たよる 頼る （当てにする）contar《con》,（依存する）depender《de》‖友人（男性）を頼ってスペインへ行く ir a España contando con la ayuda de un amigo／生活費を親に頼る depender económicamente de sus padres／現代社会はインターネットに頼りすぎる La sociedad actual tiene una excesiva dependencia de Internet.

たら （仮定・条件）si,（時）cuando〘+接続法〙（未来のことを述べる場合）‖雪が降ったら、山にスキーに行きます Si nieva, voy a la montaña a esquiar.／大きくなったら、（君は）何になりたい ¿Qué quieres ser cuando seas mayor?／僕が大金持ちだったらなあ ¡Ojalá yo fuera millonario!／少し勉強したら ¿Por qué no estudias un poco?

たら 鱈 bacalao *m*.

たらい 盥 barreño *m*., tina *f*.
◪たらい回し‖祖母は病院をたらい回しにされた Trasladaron a mi abuela de un hospital a otro.／その男の子は親戚の家をたらい回しにされた Ese niño anduvo de casa en casa de familiares.

だらく 堕落 corrupción *f*., depravación *f*.‖政治の堕落 corrupción *f*. política
▶堕落する corromperse, depravarse
▶堕落した corrup*to*[ta], deprav*a*do[da]‖堕落した生活を送る llevar una vida depravada

だらけ
▶だらけ(の)（～でいっぱいの）llen*o*[na]《de》,（～で覆われた）cubier*to*[ta]《de》‖誤植だらけの記事 artículo *m*. 「lleno [plagado] de erratas／そばかすだらけの顔 cara *f*. 「llena de pecas [muy pecosa]／全身泥だらけである tener todo el cuerpo cubierto de barro／車内は煙だらけになった El vagón se llenó de humo.

だらける aflojar(se)‖最近君は少しだらけているようだね Últimamente te veo un poco flo*jo*[ja].
▶だらけた flo*jo*[ja], perezos*o*[sa],（無気力な）apátic*o*[ca]‖だらけた生活を送る llevar una vida apática

たらこ 鱈子 huevas *fpl*. de abadejo

たらしこむ 誑し込む engañar, engatusar,（異性を）seducir

だらしない （部屋が）desorden*a*do[da],（身なりが）descuid*a*do[da], dej*a*do[da],（行いが）negligente;（気力がない）no tener agallas‖だらしない態度 actitud *f*. indolente／だらしない服装をする vestir con desaliño／身なりにだらしない人 descuid*a*do[da] *mf*.／お金にだらしない ser descuid*a*do[da] con el dinero／時間にだらしない no ser puntual, ser impuntual／だらしない生活をする llevar una vida desordenada

たらす 垂らす dejar caer,（こぼす）derramar,（吊るす）colgar, suspender‖水滴を垂らす dejar caer gotas de agua／天井からランプを垂らす colgar una lámpara desde el techo

たらず 足らず ‖1時間足らずで en menos de una hora／1万円足らずの金で con menos de diez mil yenes

タラソテラピー （海洋療法）talasoterapia *f*.

たらたら ‖たらたら不平を言う no dejar de quejarse／私の額から汗がたらたら流れる El sudor me cae sin cesar por la frente.

だらだら
▶だらだらした（長たらしい）interminable,（退屈な）tedios*o*[sa]‖だらだらした会話 conversación *f*. tediosa
▶だらだら(と)（液体が大量に）a chorros,（長々と）prolongadamente,（ゆっくりと）pausadamente‖（私は）汗がだらだら(と)流れる El sudor me cae a chorros.／会議がだらだら(と)長引いた La reunión se alargó innecesariamente.／だらだらと続く坂を上る subir una cuesta prolongada／丸一日だらだらと過ごす pasar un día entero sin hacer nada

タラップ escalerilla *f*.,（船の）pasarela *f*.‖タラップを降りる bajar la escalerilla

たらふく ‖たらふく食べる comer hasta hartarse,（何かを）hartarse《de》,《話》atracarse《de》

だらり

だらりと‖両手をだらりと下げる dejar [caer [colgar] los brazos／犬は舌をだらりと垂らしていた El perro tenía la lengua fuera.

たり‖株を売ったり買ったりする vender y comprar acciones／彼は来たり来なかったりだ Él a veces viene, y otras, no.

ダリア dalia f.

タリウム 《化学》talio m.《記号 Tl》

たりきほんがん 他力本願 salvación f. por la benevolencia de Buda‖彼女は常に他力本願だ Ella siempre cuenta con alguien.

だりつ 打率 《野球》「porcentaje m. [promedio m.] de bateo

たりとも‖ここへは社長たりとも入れません Aquí ni el presidente puede entrar.／私たちは一瞬たりとも無駄にできない No podemos perder ni un segundo.

たりない 足りない faltar, carecer《de》‖資金が足りない carecer de fondos／君には経験が足りない Te falta experiencia.／読書するには時間が足りない No tengo tiempo para leer libros.

たりゅう 他流 otra escuela f.
◪他流試合‖空手の他流試合 competición f. de kárate entre escuelas diferentes

たりょう 多量 →たいりょう(大量)
▶多量の「mucha [gran] cantidad f.《de》, abundante‖多量のカルシウムを含む contener mucha cantidad de calcio
▶多量に mucho, en gran cantidad, en abundancia

たりる 足りる ser suficiente, bastar, alcanzar‖10ユーロあれば足りる Con diez euros es suficiente.／これで僕は用が足りるよ Con esto me basta.

たる 樽 barril m.,（大樽）tonel m.,（酒樽）barrica f.‖ワインを樽に入れる「introducir [meter] el vino en una barrica

たる 足る (〜するに) merecer, valer →あたい(→値する)

だるい‖体がだるい sentirse cansado[da], tener pereza

タルタルソース salsa f. tártara

タルト tarta f.‖りんごのタルト tarta f. de manzana
◪タルト生地 masa f. de tarta,（パイ生地）hojaldre m.

だるま 達磨 （達磨大師）Bodhidharma,（人形）muñeco m. Daruma,（説明договор）figura f. volitiva sin brazos ni piernas‖だるまに目を入れる pintar un ojo en el muñeco Daruma
◪だるま市 mercadillo m. de muñecos Daruma

たるみ 弛み relajación f., aflojamiento m.,（洋服・皮膚の）bolsa f.‖規律のたるみ relajación f. de la disciplina／ロープにたるみをつける aflojar una cuerda／ロープのたるみを直す tensar una cuerda／目の下にたるみがある tener bolsas en los ojos

たるむ 弛む aflojarse, relajarse‖ロープがたるむ Se afloja la cuerda.／たるんだ筋肉 músculo m.「fláccido [flácido]／気持ちがたるんでいる estar apático[ca]

たれ 垂れ 《料理》salsa f.;《防具》protector m. de la parte pélvica,《服飾》faldón m.‖焼き肉にたれをつける bañar en salsa carne asada

だれ 誰 《疑問代名詞》quién（複数形は quiénes）,《関係代名詞》quien（複数形は quienes）
❶ (誰・誰が) quién‖あの男性は誰ですか ¿Quién es aquel señor?／誰が担当者ですか ¿Quién es el encargado?／誰が来ようとも venga quien venga, quienquiera que venga
❷ (誰と) con quién‖誰と出かけるの ¿Con quién sales?
❸ (誰に・誰を) a quién‖誰に会いたいのですか ¿A quién quiere usted ver?／誰を招待しようか ¿A quiénes invitamos?
❹ (誰の) de quién, (誰のために) para quién‖これは誰の傘ですか ¿De quién es este paraguas?／君は誰のために花束を買うの ¿Para quién compras un ramo de flores?／誰のことを君たちは話しているのですか ¿De quién estáis hablando?

だれか 誰か alguien‖(ここに)誰かいますか ¿Hay alguien aquí?／誰か私と一緒に行きたい人はいますか ¿Hay alguien que quiera venir conmigo?

だれかれ 誰彼‖誰彼の区別なく扱う tratar por igual a todo el mundo

たれさがる 垂れ下がる pender《de》, colgar《de》‖天井から垂れ下がるロープ cuerda f. colgada del techo

だれそれ 誰某 fulano[na] mf.‖やつがどこの誰それか知らない No conocemos a ese fulano.

だれでも 誰でも todos, cualquiera《複数形は cualesquiera》, cualquier persona f.,（皆）todo el mundo‖誰でも入れます Cualquier persona puede entrar.／国籍に関係なく、誰でも国際機関で働くことができます Todos pueden trabajar en organizaciones internacionales, cualquiera que sea su nacionalidad.

たれながす 垂れ流す verter,（情報を）difundir‖汚水を垂れ流す verter aguas residuales／住民の個人情報を垂れ流す difundir datos personales de los vecinos

だれにでも 誰にでも →だれでも（誰でも）‖それは誰にでも起こりうることだ Eso nos puede ocurrir a todos.

だれにも 誰にも‖私は誰にもそのことを話さない No se lo diré a nadie.

だれひとり 誰一人 nadie‖誰一人質問に答

えられなかった Nadie pudo contestar a la pregunta. ／誰一人としてそのことを知らないものはいなかった No había nadie que no lo supiera.

たれまく 垂れ幕 pancarta *f.*, cartelón *m.* de tela ‖ 歓迎の垂れ幕を下げる colgar la pancarta de bienvenida

だれも 誰も todos, todo el mundo,（否定文で）nadie ‖ 誰もが彼を疑った Todos sospecharon de él. ／誰も完璧ではない Nadie es perfecto. ／誰も彼らに飲酒をやめさせられない Nadie los puede convencer de dejar de beber. ／誰も大気汚染から逃れられない No hay quien escape a la contaminación atmosférica.

だれもかれも 誰も彼も todo el mundo, todos,《話》todo quisque ‖ 誰も彼もそれを欲しがる Todo el mundo quiere tenerlo.

たれる 垂れる caer,（ぶら下がる）colgar《de》‖ 天井から水のしずくが垂れる Caen gotas de agua del techo. ／彼の髪は肩まで垂れている A él los cabellos le caen hasta los hombros. ／釣り糸を垂れる dejar caer el sedal, pescar con caña ／小便を垂れる echar una meada, mear ／教訓を垂れる dar una lección《a》

だれる 弛れる ⇒だらける

タレント artista *com.*
◾ テレビタレント artista *com.* de televisión
◾ タレント議員 famo*so*[sa] *mf.*, converti*do*[da] en parlamenta*rio*[ria]

だろう ‖ 明日は雪だろう Nevará mañana. ¦ Supongo que nevará mañana. ／彼は来るだろうか Me pregunto si vendrá él. ／ねえ君だってそう思うだろう Y tú también lo piensas así, ¿verdad? ／こんな事があるだろうか ¿Cómo pueden ocurrir estas cosas?

タロット tarot *m.*

タワー torre *f.*
◾ 東京タワー la Torre de Tokio
◾ タワービル edificio *m.* torre

たわいない 他愛無い fútil, insignificante, de poca importancia,（幼稚な）infantil, pueril ‖ たわいない話をする hablar de cosas fútiles

▶ たわいなく fácilmente ‖ たわいなく負ける dejarse vencer fácilmente

たわごと 戯言 tontería *f.*, estupidez *f.*, disparate *m.* ‖ たわごとを言う decir tonterías

たわし 束子 estropajo *m.* ‖ たわしで洗う lavar ALGO con estropajo

たわむ 撓む curvarse, combarse,（木材が）pandearse ‖ 枝が実の重さでたわんでいる Las ramas se doblan por el peso de los frutos.

たわむれ 戯れ （遊び）juego *m.*,（冗談）broma *f.*,（気晴らし）diversión *f.*,（気まぐれ）capricho *m.* ‖ 戯れの恋 flirteo *m.*, escarceos *mpl.* ／戯れに歌う cantar para divertirse

たわむれる 戯れる jugar《con》, juguetear《con》, divertirse《con》,（異性と）flirtear《con》,（冗談を言う）bromear

たわら 俵 saco *m.* de paja ‖ 俵をかつぐ llevar a hombros un saco de paja

たん 痰 esputo *m.*, flema *f.*,《話》gargajo *m.* ‖ 痰が詰まる tener flemas ／痰を吐く esputar, gargajear, arrojar flemas

たん 端 origen *m.*, inicio *m.* ‖ その紛争はパイロットのストに端を発している El conflicto tiene su origen en la huelga de los pilotos.

タン （料理）lengua *f.*

だん 団 grupo *m.*, equipo *m.*, cuerpo *m.*, banda *f.*
◾ 軍団 cuerpo *m.* de ejército
◾ 少年団 equipo *m.* de niños
◾ バレエ団 compañía *f.* de baile

だん 段 （階段の）escalón *m.*, peldaño *m.*,（棚の）estante *m.*,（文章の）columna *f.*,（歌舞伎の）acto *m.* ‖ 100段の階段 escalera *f.* de cien peldaños ／階段を2段ずつ登る subir la escalera de dos en dos ／上から3段目の棚に en el tercer estante desde arriba ／彼は柔道5段だ Él es quinto dan de yudo. ／僕はいざ話す段になると緊張する Me pongo nervioso justo en el momento de hablar.

だん 壇 estrado *m.*, tarima *f.*,（祭壇）altar *m.* ‖ 壇に上がる subir a la tarima

だん 談 ‖ サントス氏の談によると según「la versión del [dijo el] señor Santos
◾ 冒険談 historia *f.* de aventuras
◾ 車中談 charla *f.* informal sostenida durante el viaje (entre políticos y periodistas)

だんあつ 弾圧 represión *f.*, opresión *f.* ‖ 警察の厳しい弾圧 dura represión *f.* policial ／政治的弾圧 represión *f.* política ／弾圧を受ける sufrir una represión
▶ 弾圧する reprimir, oprimir

たんい 単位 unidad *f.*,（科目の）crédito *m.* ‖ 長さの単位 unidad *f.* de longitud ／単位は百万円（表などで）cifras *fpl.* en millones de yenes ／グループ単位で行動する actuar en grupo ／4単位の科目 asignatura *f.* de cuatro créditos ／半期で20単位を取る obtener veinte créditos en un semestre
◾ 単位系 sistema *m.* de unidades ‖ 国際単位系 Sistema *m.* Internacional de Unidades (略 SI)
◾ 単位数 ‖ 必修の単位数 número *m.* de créditos obligatorios
◾ 単位換算 conversión *f.* de unidades
◾ 単位互換認定（大学の） convalidación *f.* de créditos

たんいつ 単一
▶ 単一の so*lo*[la], úni*co*[ca], unita*rio*[ria]
▶ 単一性 unicidad *f.*, unidad *f.*
◾ 単一国家 estado *m.* unitario

◪ 単一通貨 moneda *f.* única
◪ 単一民族 pueblo *m.* racialmente homogéneo
たんいん 団員　miembro *com.* ‖ 団員を募集する reclutar a miembros
たんおんかい 短音階　「modo *m.* [escala *f.*] menor
たんおんせつ 単音節　una sola sílaba
▶単音節の monosíla*bo*[*ba*], monosilábi*co*[*ca*]
◪ 単音節語 monosílabo *m.*, palabra *f.* monosílaba
たんか 担架　camilla *f.*, angarillas *fpl.* ‖ 担架で運ぶ llevar en camilla a ALGUIEN
たんか 単価　precio *m.* unitario
◪ 単価記号 arroba *f.*
たんか 炭化　carbonización *f.*
▶炭化する carbonizarse
◪ 炭化した carboniza*do*[*da*]
◪ 炭化水素 hidrocarburo *m.*
◪ 炭化物 carburo *m.*
たんか 短歌　《日本語》tanka *m.*, (説明訳) poema *m.* japonés que consta de cinco versos de cinco, siete, cinco, siete y siete sílabas
たんか 啖呵
〔慣用〕啖呵を切る decir ALGO tajantemente
タンカー　「buque *m.* [barco *m.*] cisterna
◪ 石油タンカー petrolero *m.*
だんか 檀家　familia *f.* de fieles adscrita a un templo budista
だんかい 団塊　《地質》nódulo *m.* ‖ 団塊の世代 generación *f.* de la explosión demográfica
だんかい 段階　etapa *f.*, grado *m.*, fase *f.* ‖ 3段階に分かれる dividirse en tres etapas
▶段階的な gradual ‖ 段階的な産業の発展 desarrollo *m.* gradual de la industria
▶段階的に/段階を追って por etapas, etapa por etapa, gradualmente
◪ 準備段階 ‖ 準備段階にある encontrarse en la「fase [etapa] de preparación
◪ 最終段階 ‖ 最終段階に入る entrar en la última fase
だんがい 断崖　precipicio *m.*, despeñadero *m.*
◪ 断崖絶壁 precipicio *m.* profundo
だんがい 弾劾　acusación *f.*
▶弾劾する acusar ‖ 大臣(男性)は収賄で弾劾された El ministro fue acusado de aceptar sobornos.
◪ 弾劾裁判所 Tribunal *m.* Supremo de prevaricación
たんかだいがく 単科大学　universidad *f.* con una facultad
たんがん 嘆願　súplica *f.*
▶嘆願する dirigir una súplica, solicitar, rogar, suplicar
◪ 嘆願書 súplica *f.*
だんがん 弾丸　bala *f.*, proyectil *m.* ‖ 銃に弾丸を込める cargar la pistola con balas
◪ 弾丸ライナー 《野球》batazo *m.* de línea
◪ 弾丸列車 tren *m.* bala
たんき 単記
◪ 単記の uninominal
◪ 単記投票 voto *m.* uninominal ‖ 単記投票選挙 sufragio *m.* uninominal
たんき 短気　irascibilidad *f.*, impaciencia *f.*, irritabilidad *f.* ‖ 短気である tener poca paciencia, ser「irascible [irritable] ／ 短気を起こす perder la paciencia
▶短気な irascible, irritable, pron*to*[*ta*] de genio ‖ 短気な性格 carácter *m.*「irascible [irritable]
たんき 短期　corto plazo *m.*, (短期間) período *m.*「corto [breve]
▶短期の de corta duración, a corto plazo
◪ 短期貸付 préstamo *m.* a corto plazo
◪ 短期講座 curso *m.* de corta duración
◪ 短期国債 bonos *mpl.* del Estado a corto plazo
◪ 短期大学 universidad *f.* de dos años (de carrera)
たんきかん 短期間　período *m.*「corto [breve]
▶短期間の de corta duración
▶短期間で en un período「corto [breve], en poco tiempo
たんきゅう 探求/探究　búsqueda *f.*, investigación *f.* ‖ 真理の探究 búsqueda *f.* de la verdad
▶探求する investigar, indagar, estudiar ‖ 美を探求する「buscar [perseguir] la belleza
◪ 探究心 ‖ 探究心がある tener un espíritu investigador
たんきょり 短距離　distancia *f.* corta
◪ 短距離競走「carrera *f.* [prueba *f.*] de velocidad
◪ 短距離走者 velocista *com.*, esprínter *com.*
◪ 短距離弾道ミサイル misil *m.* balístico de corto alcance
タンク　(槽) depósito *m.*, cisterna *f.*, tanque *m.*, (戦車) tanque *m.*
◪ タンク車 vagón *m.* cisterna
◪ タンクローリー camión *m.* cisterna
タングステン　《化学》tungsteno *m.*, wolframio *m.* 《記号 W》
◪ タングステン鋼 acero *m.* al tungsteno
タンクトップ　camiseta *f.* de tirantes
だんけつ 団結　solidaridad *f.*, unión *f.* ‖ 固い団結 unión *f.*「fuerte [sólida] ／ 団結を強める fortalecer la solidaridad
▶団結する solidarizarse 《con》‖ 同じ目的のために団結する《慣用》hacer causa común 《con》
▶団結して codo con codo, conjuntamente

たんけん

▶団結力 poder *m.* de la unión
⟨諺⟩団結は力なり《諺》La unión hace la fuerza.
▣団結権 derecho *m.* de organización
▣団結心 espíritu *m.* de solidaridad

たんけん 探検/探険 exploración *f.*, expedición *f.* ‖ 探検に出発する salir de expedición
▶探検する explorar
▶探検家 explora*dor*[*dora*] *mf.*
▣探検隊 equipo *m.* 「de exploradores [expedicionario]

たんけん 短剣 puñal *m.*, daga *f.*

たんげん 単元 (学習教材の) unidad *f.*

だんげん 断言 afirmación *f.*, aserción *f.* ‖ 断言を避ける abstenerse de afirmar
▶断言する afirmar tajantemente, aseverar, hacer una aserción ‖ 彼女は息子が天才だと断言してはばからない Ella no tiene reparos en afirmar que su hijo es un genio.

たんご 単語 palabra *f.*, voz *f.*, vocablo *m.* ‖ スペイン語の単語を覚える memorizar palabras españolas
▣単語集 vocabulario *m.*, glosario *m.*
▣単語帳 cuaderno *m.* de palabras

たんご 端午 ‖ 端午の節句 Fiesta *f.* de los Niños

タンゴ tango *m.* ‖ タンゴを踊る bailar tango

だんこ 断固/断乎
▶断固たる/断固とした firme, decidi*do*[*da*] ‖ 断固たる措置を取る tomar medidas firmes ／ 断固とした口調で 「en [con] un tono firme
▶断固として firmemente, decididamente, con resolución

だんご 団子 《日本語》*dango m.*, (説明訳) bolita *f.* amasada con harina de arroz
▣団子鼻 nariz *f.* chata ‖ 団子鼻の人 cha*to*[*ta*] *mf.*

たんこう 炭鉱/炭坑 mina *f.* de carbón ‖ 炭坑の町 pueblo *m.* minero ／ 炭鉱を閉山する cerrar una mina
▣炭坑夫 minero *m.* ⇒こういん(鉱員)

たんこう 探鉱 prospección *f.*
▶探鉱する prospectar, realizar prospecciones

だんごう 談合 componenda *f.* entre empresas del mismo sector ‖ 入札をめぐって数社で談合が行われた Hubo una componenda entre varias empresas en la licitación.
▶談合する arreglar una licitación
▣談合入札 licitación *f.* arreglada

たんこうぼん 単行本 libro *m.* ‖ 博士論文を単行本として出版する publicar en forma de libro una tesis doctoral

たんこぶ chichón *m.* ⇒こぶ(瘤)

たんさ 探査 exploración *f.*, sondeo *m.*
▶探査する explorar, sondear

▣探査衛星 satélite *m.* de exploración
▣探査機 sonda *f.* ‖ 宇宙探査機 sonda *f.* espacial

だんさ 段差 desnivel *m.* ‖ 歩道と車道の段差をなくす salvar el desnivel entre acera y calzada ／ 段差をつける desnivelar

ダンサー baila*rín*[*rina*] *mf.*

だんざい 断罪 condena *f.*
▶断罪する condenar

たんさいぼう 単細胞 única célula *f.*, (単純な人) sim*plón*[*plona*] *mf.*
▶単細胞の《生物》unicelular
▣単細胞生物 unicelular *m.*, organismo *m.* unicelular

たんさく 単作 monocultivo *m.*

たんさく 探索 búsqueda *f.*, (求索) investigación *f.*
▶探索する buscar, (求索する) investigar
▣探索システム sistema *m.* de búsqueda

たんざく 短冊 pequeño trozo *m.* de papel ‖ 短冊を掛ける colgar un pequeño trozo de papel ／ 短冊に願いを書く (七夕で) escribir *su* deseo en un pequeño trozo de papel
▣短冊形 ‖ にんじんを短冊形に切る cortar en tiras una zanahoria

たんさん 炭酸 ácido *m.* carbónico ‖ 炭酸入りのミネラルウォーター agua *f.* mineral con gas
▣炭酸飲料 bebida *f.* gaseosa
▣炭酸ガス gas *m.* carbónico
▣炭酸ガスレーザー láser *m.* de dióxido de carbono
▣炭酸カルシウム carbonato *m.* 「cálcico [de calcio]
▣炭酸水 agua *f.* carbonatada, gaseosa *f.*, soda *f.*
▣炭酸ソーダ/炭酸ナトリウム carbonato *m.* sódico

たんし 端子 borne *m.*, terminal *m.*
▣入力端子 borne *m.* de entrada
▣出力端子 borne *m.* de salida

だんし 男子 varón *m.*, hombre *m.*
▶男子の masculi*no*[*na*]
▣男子校 escuela *f.* masculina
▣男子社員 empleado *m.* (varón)
▣男子生徒 alumno *m.*
▣男子マラソン maratón *m.* masculino

タンジェント 《数学》tangente *f.*

たんじかん 短時間
▶短時間で ‖ 報告書を短時間で書く redactar un informe en poco tiempo

だんじき 断食 ayuno *m.*, 《話》dieta *f.*
▶断食する ayunar, hacer ayuno

たんしきぼき 単式簿記 contabilidad *f.* por partida simple

たんしきんもん 担子菌門 《生物》basidiomicetos *mpl.*

だんじて 断じて (必ず) a toda costa, (決し

て~ない) jamás, en absoluto ‖ 断じて試験に合格してみせる Voy a aprobar el examen a toda costa. / 断じて彼を非難するつもりはない No tengo la mínima intención de reprocharlo.

たんしゃ 単車 moto *f.*, motocicleta *f.* ‖ 単車に乗る subir a una moto
だんしゃく 男爵 barón *m.*
◪ 男爵夫人/女男爵 baronesa *f.*
だんしゅ 断酒 ⇒きんしゅ(禁酒)
だんしゅ 断種 esterilización *f.* 「forzosa [forzada]
◪ 断種手術 operación *f.* de esterilización
たんじゅう 胆汁 bilis *f.*[=*pl.*], hiel *f.*
◪ 胆汁質 temperamento *m.* bilioso
たんじゅう 短銃 ⇒ピストル
たんしゅく 短縮 acortamiento *m.*, reducción *f.* ‖ 労働時間の短縮 reducción *f.* de horas 「de trabajo [laborales]
▶ 短縮する abreviar, acortar, reducir ‖ 移動時間を15分短縮する reducir en 15 minutos el tiempo de traslado
◪ 短縮ダイヤル número *m.* abreviado
たんじゅん 単純 simplicidad *f.*, sencillez *f.*
▶ 単純な simple, senci*llo*[*lla*] ‖ 単純な操作 operación *f.* sencilla / 彼は単純な男だ Él es un hombre simple
▶ 単純に con simplicidad ‖ 物事を単純に考える simplificar las cosas
▶ 単純化 simplificación *f.* ‖ 単純化する simplificar
◪ 単純労働 trabajo *m.* fácil
たんしょ 短所 defecto *m.*, deficiencia *f.* ⇒ けってん(欠点) ‖ 長所と短所 virtudes *fpl.* y defectos *mpl.*, ventajas *fpl.* y desventajas *fpl.* / 短所を補う compensar los defectos《con》
たんしょ 端緒 origen *m.*, comienzo *m.*, inicio *m.* ⇒ほったん(発端) ‖ 端緒となる constituir el 「primer paso [inicio]《para》
だんじょ 男女 hombre *m.* y mujer *f.* ‖ (私たち)男女は平等である Los hombres y las mujeres somos iguales. / 男女を問わず sin distinción de sexo
▶ 男女の de ambos sexos ‖ 男女の違い diferencia *f.* entre hombres y mujeres
◪ 男女関係 relaciones *fpl.* entre 「hombres y mujeres [ambos sexos]
◪ 男女共学 coeducación *f.*,（学校）escuela *f.* mixta
◪ 男女共同参画社会 sociedad *f.* con igualdad de género
◪ 男女兼用(の) 《形容詞》unisex
◪ 男女雇用 ‖ 男女雇用機会均等法 Ley *f.* para la Igualdad de Oportunidades entre Mujeres y Hombres en el Acceso al Empleo
◪ 男女差別 discriminación *f.* sexual, sexismo *m.*

◪ 男女同権 igualdad *f.* de derechos entre hombres y mujeres
◪ 男女平等 igualdad *f.* entre hombres y mujeres
たんじょう 誕生 nacimiento *m.* ‖ 地球の誕生 nacimiento *m.* de la Tierra / 誕生を祝う celebrar el nacimiento《de》
▶ 誕生する nacer ‖ 新政権が誕生した Se formó un nuevo gobierno.
◪ 誕生石 piedra *f.* 「de nacimiento [natal]
◪ 誕生祝い（贈り物）regalo *m.* de cumpleaños
◪ 誕生パーティー fiesta *f.* de cumpleaños
◪ 誕生日 cumpleaños *m.*[=*pl.*] ‖ お誕生日おめでとう ¡Feliz cumpleaños! / 誕生日を迎える cumplir años
だんしょう 断章 fragmento *m.*
だんしょう 談笑 「conversación *f.* [charla *f.*] amena
▶ 談笑する tener una conversación amena
たんようしょくぶつ 単子葉植物 monocotiledóneas *fpl.*
たんしょく 単色 monocromía *f.*
▶ 単色の monocro*mo*[*ma*], monocromáti*co*[*ca*], unicolor
だんしょく 暖色 color *m.* cálido
たんしん 単身
▶ 単身で so*lo*[*la*]
◪ 単身赴任 ‖ 広島へ単身赴任する irse para *su* nuevo puesto de trabajo a Hiroshima sin *su* familia
たんしん 短針 manecilla *f.* horaria, horario *m.*
たんじん 炭塵 「polvos *mpl.* [partículas *fpl.*] de carbón
◪ 炭塵爆発 explosión *f.* de polvo de carbón
たんす 簞笥 armario *m.*, cómoda *f.* ‖ 簞笥から出す sacar ALGO del armario / 簞笥にしまう 「guardar [meter] ALGO en el armario
ダンス baile *m.*, danza *f.* ‖ ダンスに誘う invitar a ALGUIEN a bailar / ダンスを習う aprender a bailar
▶ ダンスをする bailar
◪ ダンススクール escuela *f.* de baile
◪ ダンスパーティー baile *m.* ‖ ダンスパーティーに行く ir al baile
◪ ダンスホール salón *m.* de baile
たんすい 淡水 agua *f.* dulce
▶ 淡水化 desalinización *f.* ‖ 海水を淡水化する desalinizar el agua del mar
◪ 淡水魚 pez *m.* de agua dulce
◪ 淡水湖 lago *m.* de agua dulce
だんすい 断水 corte *m.* de agua ‖ その地域では断水が続いている Sigue cortado el suministro de agua en la zona.
▶ 断水する（給水を止める）「suspender [cortar] el suministro de agua,（給水が止まる）

「suspenderse [cortarse] *el suministro de agua* ‖ 夜間断水します Se suspende el suministro de agua durante la noche.
たんすいかぶつ 炭水化物　carbohidrato *m.*, hidrato *m.* de carbono, sacárido *m.*, glúcido *m.*
たんすう 単数　《文法》singular *m.*
◪ 単数形　singular *m.*
◪ 単数性　singularidad *f.*
たんせい 丹精 ‖ 丹精こめて con「mucho [sumo, mayor, máximo] esmero, muy esmeradamente
たんせい 嘆声/歎声　(感心の声) suspiro *m.* de admiración, (ため息) suspiro *m.* ‖ 歎声をあげる lanzar un suspiro de admiración
たんせい 端正/端整
▶端正な (均斉のとれた) bien proporciona*do[da]*, (整った) regular, (美しい) be*llo [lla]* ‖ 端正な顔 cara *f.* de facciones regulares
だんせい 男声　voz *f.* masculina
◪ 男声合唱　coro *m.*「masculino [de hombres]
だんせい 男性　hombre *m.*, varón *m.*, (性) sexo *m.* masculino, 《文法》género *m.* masculino
▶男性の masculi*no[na]* ‖ 男性の病気 enfermedad *f.* 「masculina [de hombres]
▶男性的な varonil, viril ‖ 男性的な声 voz *f.* varonil
▶男性的に varonilmente
▶男性用(の) ‖ 男性用の下着 ropa *f.* interior masculina ／ 男性用トイレ servicio *m.* de caballeros
◪ 男性形 《文法》masculino *m.*
◪ 男性名詞 《文法》sustantivo *m.* masculino
◪ 男性化粧品　cosméticos *mpl.* para hombres
◪ 男性ホルモン　hormona *f.* sexual masculina, (アンドロゲン) andrógeno *m.*
だんせい 弾性　elasticidad *f.*
▶弾性のある elásti*co[ca]*
◪ 弾性率　módulo *m.* de elasticidad
たんせき 胆石　cálculo *m.* biliar ‖ 胆石を取る extraer cálculos biliares
◪ 胆石症　colelitiasis *f.*[=*pl.*], litiasis *f.*[=*pl.*] biliar
だんぜつ 断絶　ruptura *f.*, (廃絶) extinción *f.* ‖ 世代間の断絶 abismo *m.* generacional
▶断絶する romper, (消滅する) extinguirse ‖ 国交を断絶する romper las relaciones diplomáticas《con》
たんせん 単線　vía *f.* única
だんぜん 断然　definitivamente, absolutamente ‖ 断然拒否する rechazar ALGO categóricamente ／ 断然反対する oponerse「rotundamente [absolutamente, categóricamente]《a》

たんそ 炭素　《化学》carbono *m.*《記号 C》
◪ 炭素化合物　compuesto *m.* de carbono
◪ 炭素鋼　acero *m.* al carbono
◪ 炭素税　impuesto *m.* sobre el carbono
◪ 炭素繊維　fibra *f.* de carbono
たんぞう 鍛造　forja *f.*
▶鍛造する forjar, fraguar
だんそう 男装　disfraz *m.* masculino ‖ 男装の麗人 mujer *f.* hermosa disfrazada de hombre
▶男装する disfrazarse de hombre
だんそう 断層　falla *f.*, dislocación *f.*
◪ 活断層　falla *f.* activa
◪ 断層映像法/断層写真法/断層撮影法　tomografía *f.*
◪ 断層地震　terremoto *m.* asociado a fallas
◪ 断層面　plano *m.* de falla
だんそう 弾倉　cargador *m.*
たんそきん 炭疽菌　bacteria *f.* de ántrax
たんそく 短足　piernas *fpl.* cortas ‖ 短足である「tener las [ser de] piernas cortas
▶短足の patico*rto[ta]*
たんそく 嘆息　suspiro *m.*
▶嘆息する suspirar, dar un suspiro
だんぞく 断続
▶断続的な intermitente ‖ 断続的な雨 lluvia *f.* intermitente
▶断続的に intermitentemente, de forma intermitente ‖ 断続的に雨が降る llover intermitentemente
だんそんじょひ 男尊女卑　supremacía *f.* masculina sobre las mujeres, chovinismo *m.* masculino ‖ 男尊女卑の考え ideología *f.* machista, machismo *m.*
たんだい 短大 ⇒たんき(⇒短期大学)
だんたい 団体　grupo *m.*, organización *f.*, cuerpo *m.*
▶団体で en grupo ‖ 団体で行動する actuar en grupo
◪ 団体加入　inscripción *f.* colectiva
◪ 団体客　grupo *m.* de clientes, clientes *mpl.* en grupo
◪ 団体競技　juego *m.* de equipo
◪ 団体交渉　negociación *f.* colectiva
◪ 団体責任　responsabilidad *f.* colectiva
◪ 団体保険　seguro *m.* colectivo
◪ 団体旅行　viaje *m.* organizado
◪ 団体割引　descuento *m.* de grupo
たんたん 坦坦
▶坦々とした monóto*no[na]*, (平らな) pla*no[na]*
たんたん 淡淡
▶淡々と impasiblemente, con calma ‖ 淡々と語る narrar ALGO sin pasión ／ 淡々とした態度 actitud *f.* serena
だんだん 段段　❶ (次第に) gradualmente, poco a poco, cada vez más ‖ 痛みはだんだん弱くなるでしょう El dolor irá disminuyendo

poco a poco. ／携帯電話はだんだん安くなっている Los móviles son cada vez más baratos.
❷ (段) escalones *mpl.* →だん(段)
だんだんばたけ 段段畑 terrazas *fpl.*, bancal *m.*
たんち 探知 detección *f.*
▶探知する detectar
◪逆探知 rastreo *m.* de llamada ‖ 電話を逆探知する localizar el origen de una llamada telefónica
◪探知機 detector *m.*
だんち 団地 (住宅団地)「complejo *m.* [colonia *f.*] de viviendas
◪工業団地 polígono *m.* industrial
だんちがい 段違い
▶段違いに‖彼女は歌が段違いにうまい Ella canta mejor que nadie.
◪段違い平行棒 barras *fpl.* asimétricas
たんちょう 単調 monotonía *f.*
▶単調な monót*o*n*o*[n*a*], uniforme ‖ 単調な生活 vida *f.* monótona
▶単調に monótonamente, con monotonía
たんちょう 短調 (音楽) tono *m.* menor ‖ ハ短調の交響曲 sinfonía *f.* en do menor
だんちょう 団長 je*f*e[*f*a] *mf.* del grupo, líder *com.* del grupo
だんちょう 断腸
[慣用]断腸の思いで con「gran [mucha] pena, con el corazón desgarrado
たんちょうづる 丹頂鶴 grulla *f.* japonesa (雄・雌)
たんてい 探偵 detective *com.*
◪私立探偵 detective *com.* priv*a*d*o*[d*a*]
◪探偵小説 novela *f.*「policíaca [policiaca]
だんてい 断定
▶断定する afirmar categóricamente que 『+直説法』, concluir que 『+直説法』 ‖ 警察は殺人事件と断定した La policía concluyó que se trataba de un caso de asesinato.
▶断定的な tajante, categóri*c*o[*c*a], concluyente
▶断定的に tajantemente, categóricamente, concluyentemente
ダンディー dandi *m.*
▶ダンディーな elegante y refina*d*o[*d*a] ‖ ダンディーな紳士 caballero *m.* dandi
たんてき 端的
▶端的な cla*r*o[*r*a], preci*s*o[*s*a] ‖ 端的な表現 expresión *f.* clara
▶端的に claramente, francamente ‖ 端的に言えば (はっきりと) hablando「claramente [en plata], (率直に) francamente hablando
たんでき 耽溺
▶耽溺する abandonarse 《a》, entregarse 《a》 ‖ アルコールに耽溺する entregarse「al alcohol [a la bebida]
たんとう 担当

▶担当である‖それは田中さん(男性)の担当です Eso corre a cargo del Sr. Tanaka.
▶担当する encargarse《de》, tener ALGO a *su* cargo ‖ 経理を担当している tener a *su* cargo la contabilidad
◪担当医師 médi*c*o[*ca*] *mf.* responsable
◪担当者 encarga*d*o[d*a*] *mf.*, (責任者) responsable *com.* ‖ 担当者はどなたですか ¿Quién es el encargado?
◪担当大臣 minis*tro*[*tra*] *mf.* encarga*d*o[d*a*]《de》 ‖ 消費者及び食品安全担当大臣 minis*tro*[*tra*] *mf.* de Estado para Asuntos del Consumidor y Seguridad Alimentaria
たんとう 短刀 daga *f.*, puñal *m.* ‖ 短刀で刺す dar una puñalada《a》
だんとう 弾頭 ojiva *f.*, cabeza *f.*
◪核弾頭「ojiva *f.* [cabeza *f.*] nuclear
だんとう 暖冬 invierno *m.* suave
◪暖冬異変 invierno *m.* anormalmente suave
だんどう 弾道 trayectoria *f.*
◪弾道飛行 vuelo *m.* suborbital
◪弾道ミサイル/弾道弾 misil *m.* balístico ‖ 弾道弾迎撃ミサイル misil *m.* antibalístico
だんとうだい 断頭台 guillotina *f.*
たんとうちょくにゅう 単刀直入
▶単刀直入な direc*t*o[t*a*], fran*c*o[*c*a] ‖ 単刀直入な質問 pregunta *f.* directa
▶単刀直入に directamente, sin rodeos, francamente ‖ 単刀直入に話す hablar sin rodeos
たんとうるい 単糖類 monosacárido *m.*
たんどく 単独
▶単独の s*o*l*o*[l*a*], individual, (自立した) independiente ‖ 市単独の予算 presupuesto *m.* individual del municipio
▶単独で en solitario ‖ 単独で首位に立つ「situarse [colocarse] en cabeza en solitario
◪単独行動 acción *f.* independiente
◪単独内閣 gabinete *m.* unipartidista
◪単独犯 delito *m.* cometido en solitario
◪単独飛行 vuelo *m.* en solitario
だんどり 段取り procedimiento *m.* ‖ 段取りを決める determinar los「pasos [procedimientos] que hay que seguir
だんな 旦那 (商家の主人) dueño *m.*, (夫) marido *m.*, esposo *m.*, (後援者) patrón *m.*, (呼びかけ) señor *m.*
たんなる 単なる simple『+名詞』, me*r*o[*ra*]『+名詞』‖ 彼女は単なる友達だ Ella es una simple amiga. ／これは単なる気まぐれだ Esto es un mero capricho.
たんに 単に solamente, simplemente ‖ それは単にうわさにすぎない No es más que un rumor.¦ Es simplemente un rumor. ／私は単にお金を稼ぐためにだけ働いているわけではない No trabajo solamente para ganar dinero. ／彼女は単にスペイン語だけでなく、

たんにん 担任 ‖担任の先生 maes*tro[tra] mf*. de(l) aula
▶担任する encargarse 《de》‖学級を担任する encargarse de [tener a *su* cargo] una clase

タンニン tanino *m*.

だんねつ 断熱 aislamiento *m*. térmico
◪外断熱 aislamiento *m*. térmico exterior
◪内断熱 aislamiento *m*. térmico interior
◪断熱効果 efecto *m*. de aislamiento térmico
◪断熱材 aislante *m*. térmico

たんねん 丹念
▶丹念な cuidado*so[sa]* ‖丹念な描写 descripción *f*. pormenorizada
▶丹念に con esmero, cuidadosamente ‖丹念にバラを育てる cultivar con esmero las rosas

だんねん 断念 renuncia *f*.
▶断念する desistir 《de》, renunciar 《a》, abandonar →あきらめる(諦める)‖プロジェクトを断念する desistir de un proyecto
▶断念させる disuadir a ALGUIEN de [＋不定詞]‖両親は彼に大学進学を断念させた Sus padres lo disuadieron de ir a la universidad.

たんのう 胆嚢 《解剖》vesícula *f*. biliar
◪胆嚢炎 colecistitis *f*.[=*pl*.]

たんのう 堪能 ‖彼はスペイン語が堪能だ Él tiene un buen dominio del español.
▶堪能な dies*tro[tra]*, fuerte, bue*no[na]*
▶堪能する disfrutar, （料理などを）saborear‖おいしいワインを堪能する saborear un buen vino ／音楽を堪能する saborear la música

たんぱ 短波 onda *f*. corta
◪超短波 (VHF) frecuencia *f*. muy alta
◪極超短波 (UHF) frecuencia *f*. ultra alta
◪短波受信機 receptor *m*. de onda corta
◪短波放送 radiodifusión *f*. en onda corta
◪短波ラジオ radio *f*. de onda corta

たんぱく 淡泊/淡白 ‖彼は金銭に淡白だ A él no le interesa el dinero.
▶淡泊な simple, senci*llo[lla]*, （味が）natural, （性格が）fran*co[ca]*‖淡泊な味 sabor *m*. natural ／淡白な性格 carácter *m*. franco

たんぱく 蛋白 《化学》（アルブミン）albúmina *f*., （たんぱく質）proteína *f*.‖尿にたんぱくが出る tener proteínas en la orina, tener proteinuria
◪たんぱく尿 proteinuria *f*., albuminuria *f*.
◪たんぱく質 proteína *f*.‖たんぱく質の豊かな食物 alimento *m*. rico en proteínas ／動物性たんぱく質 proteína *f*. animal ／植物性たんぱく質 proteína *f*. vegetal

タンバリン pandereta *f*.‖タンバリンを叩く tocar la pandereta

だんぱん 談判 ⇒こうしょう(交渉)

たんび 耽美
▶耽美的な esté*tico[ca]*
◪耽美主義 esteticismo *m*.
◪耽美主義者 esteta *com*.

たんぴん 単品 （商品）artículo *m*. suelto ‖部品を単品で買う comprar sueltos los componentes ／単品では販売しません No se venden sueltos. ／単品で注文する（レストランで）comer a la carta

ダンピング 《英語》dumpin *m*., fijación *f*. de precios predatorios
▶ダンピングする hacer dumpin

ダンプカー volquete *m*.‖ダンプカーの運転手 volquetero *m*.

たんぶん 単文 《文法》oración *f*. simple

ダンベル mancuerna *f*.‖ダンベルでトレーニングする entrenarse con mancuernas

たんぺん 短編
◪短編映画 cortometraje *m*.
◪短編小説 novela *f*. corta, cuento *m*.

だんぺん 断片 trozo *m*., fragmento *m*.‖記憶の断片 fragmentos *mpl*. de memoria
▶断片的な fragmenta*rio[ria]*‖断片的な知識 conocimiento *m*. fragmentario
▶断片的に fragmentariamente, de forma fragmentaria‖断片的に覚えている recordar ALGO fragmentariamente

たんぼ 田圃 arrozal *m*., campo *m*. de arroz ‖田んぼを耕す cultivar campos de arroz

たんぽ 担保 hipoteca *f*., prenda *f*.‖土地にかかっている担保を外す「cancelar [levantar] la hipoteca que pesa sobre el terreno
▶担保にする/担保に入れる hipotecar, dejar ALGO en prenda ‖家を担保にして金を借りる hipotecar la casa para pedir un préstamo
▶担保の hipoteca*rio[ria]*
▶無担保で sin garantía
◪担保付き貸付 préstamo *m*. hipotecario
◪担保物件 hipoteca *f*.

だんぼう 暖房 calefacción *f*.‖暖房が効いた部屋 habitación *f*. caldeada ／暖房を入れる encender la calefacción ／暖房を切る apagar la calefacción ／暖房を強く[弱く]する「subir [bajar] la calefacción
▶暖房する calentar
◪暖房器具 aparato *m*. de calefacción
◪暖房費 gastos *mpl*. de calefacción

だんボール 段ボール cartón *m*.
◪段ボール箱 caja *f*. de cartón

たんぽぽ 蒲公英 diente *m*. de león ‖たんぽぽの綿毛 pelusa *f*. de diente de león

タンポン tampón *m*.

たんまつ 端末 terminal *m*.
◪端末装置 unidad *f*. terminal, terminal *m*.

たんめい 短命　vida *f.* corta ‖ その作家(男性)は短命だった Ese escritor tuvo una vida breve. ¦ Ese escritor murió joven.
▶短命な efímer*o*[*ra*], de corta duración ‖ 短命な政権 gobierno *m.* efímero

だんめん 断面　corte *m.*, sección *f.* ‖ 日本社会の一断面 un aspecto de la sociedad japonesa
◪ 断面図 corte *m.*, sección *f.*
◪ 縦断面図 corte *m.* vertical
◪ 横断面図 corte *m.* 「transversal [horizontal]

だんやく 弾薬　municiones *fpl.*
◪ 弾薬庫 polvorín *m.*

だんゆう 男優　actor *m.*

たんよう 単葉
▶単葉の unifolia*do*[*da*]
▶単葉機 (飛行機) monoplano *m.*

たんらく 短絡　(ショート) cortocircuito *m.*
▶短絡的な simplista ‖ 短絡的な思考「pensamiento *m.* [razonamiento *m.*] simplista
▶短絡的に de modo simplista ‖ 短絡的に物事を考える simplificar las cosas

だんらく 段落　párrafo *m.* ‖ 段落を改める hacer párrafo aparte ／テキストに段落を付ける dividir en párrafos un texto

だんらん 団欒 ‖ 楽しく食後の団欒をする 「tener [pasar] una sobremesa agradable
▶団欒する disfrutar de la intimidad
◪ 一家団欒 intimidad *f.* familiar

たんり 単利　interés *m.* simple ‖ 単利で年2パーセントの利回り 2% (dos por ciento) de interés simple anual

だんりゅう 暖流　corriente *f.* cálida

だんりょく 弾力　elasticidad *f.*, (柔軟性) flexibilidad *f.*
▶弾力的な/弾力のある elástic*o*[*ca*], (柔軟な) flexible ‖ 弾力的な政策 política *f.* flexible
▶弾力的に con flexibilidad ‖ 弾力的に対処する hacer frente con flexibilidad 《a》

たんれん 鍛練/鍛錬　entrenamiento *m.* ‖ 心身の鍛練を積む ejercitar constantemente el cuerpo y la mente
▶鍛練する (鉄を) forjar, (体を) entrenarse

だんろ 暖炉　chimenea *f.* ‖ 暖炉にあたる calentarse en la chimenea ／暖炉をたく encender la chimenea

だんわ 談話　conversación *f.*, charla *f.* ‖ 大統領(男性)の談話を発表する hacer público el comentario del presidente
▶談話する conversar, charlar
◪ 談話室 salón *m.*, sala *f.* de tertulia
◪ 談話分析 análisis *m.*[=*pl.*] del discurso

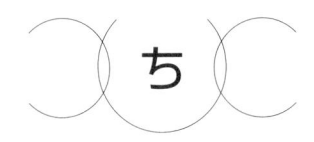

ち

ち 地　tierra *f.*, suelo *m.*, (場所) lugar *m.* ‖ この地で en este lugar, en esta tierra ／地の果て fin *m.* de la tierra ／思い出の地 lugar *m.* de recuerdos, tierra *f.* añorada ／不毛の地 tierra *f.* estéril ／地を這う arrastrarse por el suelo ／彼が初めてオーストラリアの地を踏んだのは1920年のことだった La primera vez que él pisó la tierra australiana fue en 1920.
[慣用] 地に足が着いた (人が) prudente y realista
[慣用] 地に落ちる ‖ 大統領(男性)の名声は地に落ちた La reputación del presidente se 「derrumbó [cayó por los suelos].

ち 血　❶ (血液) sangre *f.* ‖ 鼻から血が出る sangrar por la nariz ／娘は転んで口から少し血を出した A mi hija le sangró un poco la boca al caerse. ／傷口から血が出ている La herida está sangrando. ／血のついた con una mancha de sangre, mancha*do*[*da*] de sangre ／血にまみれた cubier*to*[*ta*] de sangre ／血を流す sangrar, derramar sangre ／罪のない人たちの血が流れた Se derramó sangre inocente. ¦ Murieron personas inocentes.
❷ (血縁) sangre *f.* ‖ 血のつながり lazos *mpl.* de sangre ／血のつながりがある tener lazos de sangre, ser consanguíne*o*[*a*] ／芸術家の血が流れている llevar sangre de artista en *sus* venas ／貴族の血を引いている tener sangre azul
❸ ≪慣用表現≫
[慣用] 血が通う ‖ 血が通った政治 política *f.* 「humana [humanitaria]
[慣用] 血が騒ぐ entusiasmarse, impacientarse
[慣用] 血が上る ‖ 頭に血が上る ponerse furios*o*[*sa*]
[慣用] 血が沸く ‖ 血沸き肉躍る試合だった Fue un partido muy emocionante.
[慣用] 血で血を洗う ‖ 血で血を洗う抗争 conflicto *m.* de muerte, batalla *f.* a sangre y fuego
[慣用] 血と汗の結晶 ‖ 血と汗と涙の結晶 fruto *m.* de sangre, sudor y lágrimas
[慣用] 血となり肉となる enriquecer el cuerpo

y el alma
(慣用) 血の雨‖血の雨が降る derramar sangre／血の雨を降らす provocar un baño de sangre
(慣用) 血の気がひく ponerse pálido[da]
(慣用) 血の涙を流す《慣用》llorar lágrimas de sangre
(慣用) 血の出るような/血のにじむような‖血のにじむような努力をして con un esfuerzo desmedido; con sangre, sudor y lágrimas
(慣用) 血の巡りが悪い（頭が悪い）ser poco despierto[ta]
(慣用) 血も涙もない‖血も涙もない残虐行為 atrocidad f. cometida a sangre fría
(慣用) 血を吐く思い‖血を吐く思いで con lágrimas de sangre
(慣用) 血を見る‖血を見るような sangriento[ta]
(慣用) 血を分ける‖血を分けた兄弟 hermano[na] mf. carnal
(諺) 血は争えない La sangre no engaña.｜《諺》De tal palo, tal astilla.
(諺) 血は水よりも濃い《諺》La sangre tira.

チアガール animadora f.,《中米》porrista f.
チアノーゼ cianosis f.[=pl.]
ちあん 治安 seguridad f. ciudadana, orden m. público, protección f. civil‖治安がよい「tener [contar con] una buena seguridad ciudadana／治安を維持する mantener el orden público／治安を乱す alterar el orden público

ちい 地位 （階級）rango m., clase f., categoría f.,（社会的立場）estatus m.[=pl.],（位置）posición f.‖社会的地位が高い gozar de una「alta [buena] posición social／地位が低い ser de bajo rango／大使の地位に就く ocupar el cargo de embajador[dora]／地位にふさわしい待遇 trato m. adecuado a su rango／社会的地位を失う perder su posición social／重要な地位を占める ocupar una posición importante／彼は少しずつ社内で地位を築いていった Poco a poco él fue subiendo de rango en la empresa.／女性の社会的地位を改善する mejorar la posición social de las mujeres

ちいき 地域 región f., zona f., área f.‖特定の地域「región f. [zona f.] específica
▶地域の regional, local‖地域の発展 desarrollo m.「de la zona [regional]／地域の代表 representante com. de la「región [comunidad]
◪地域医療 medicina f. comunitaria
◪地域開発 desarrollo m.「local [regional, de la región]
◪地域行政 administración f.「local [regional]
◪地域経済 economía f.「local [regional]
◪地域差 diferencias fpl.「regionales [entre regiones]
◪地域産業 industria f.「local [regional]
◪地域社会 comunidad f.「local [regional]
◪地域主義 regionalismo m.
◪地域別分布 distribución f. por regiones

チーク 《植物》teca f.
◪チーク材 madera f. de teca, teca f.

ちいさい 小さい （大きさが）pequeño[ña], menudo[da], chico[ca],（数量が）poco[ca],（音・声・程度などが）bajo[ja],（重要性が）insignificante‖小さい花 flor f. pequeña／小さいスプーン cucharilla f.／小さいこと（ささいなこと）trivialidad f.／小さい利益「pequeña [poca] ganancia f.／小さい頃に cuando era pequeño[ña], de niño[ña], de pequeño[ña]／利益の小さい poco rentable／友人たちの言うことが彼の決定に与える影響は小さい Lo que dicen sus amigos afecta poco a sus decisiones.／気が小さい ser tímido[da]／小さい声で話す hablar「bajo [en voz baja]
▶小さくする（大きさを）empequeñecer‖音を小さくする「disminuir [bajar] el volumen
▶小さくなる hacerse pequeño[ña], empequeñecerse‖このTシャツは息子には小さくなった Esta camiseta se le ha quedado pequeña a mi hijo.

チーズ queso m.‖チーズを作る hacer queso／チーズをおろす rallar queso／チーズ（写真を写すとき）¡Patata!
◪チーズケーキ tarta f. de queso
◪チーズナイフ cuchillo m. para queso
◪チーズハンバーガー hamburguesa f. con queso
◪チーズフォンデュ fondue f. queso

┌─────────────────────────┐
│   **チーズの種類**   │
└─────────────────────────┘

プロセスチーズ queso m. procesado／ナチュラルチーズ queso m. natural／フレッシュチーズ queso m. fresco／モッツァレラチーズ queso m. mozzarella, mozzarella f.／カッテージチーズ requesón m., queso m. cottage／ウォッシュチーズ queso m. lavado／白かびチーズ(ホワイトチーズ) queso m. blanco／カマンベールチーズ camembert m.／ブルーチーズ(青かびチーズ) queso m. azul／エメンタールチーズ emmental m., queso m. emmental／グリュイエールチーズ gruyer m., queso m. gruyer／クリームチーズ queso m. crema／ゴーダーチーズ queso m. gouda／粉チーズ queso m. en polvo／羊乳チーズ queso m. de oveja／山羊乳チーズ/シェーブルチーズ queso m. de cabra

チーズ

チータ guepardo m.(雄・雌)

チーフ je*fe*[*fa*] mf.

チーム equipo m., grupo m. ‖ チームを作る formar [organizar] un equipo ／ チームを組む hacer equipo《con》／ チームの和 armonía f. del equipo
- ◳代表チーム‖スペイン代表チーム selección f. española
- ◳チームプレー juego m. en equipo
- ◳チームワーク trabajo m. en [grupo [equipo]

ちえ 知恵 sabiduría f., inteligencia f. ‖ 生活の知恵 sabiduría f. de la vida cotidiana ／ 知恵のある inteligente, sa*bio*[*bia*] ／ 知恵がない ser poco inteligente ／ 知恵がつく empezar a tener uso de razón ／ 知恵を貸す dar consejo《a》, hacer una sugerencia《a》／ 知恵を借りる pedir consejo《a》／ 知恵をつける meter「una idea [ideas] en la cabeza a ALGUIEN, inspirar a ALGUIEN ideas ／ 知恵を絞る《慣用》devanarse los sesos ／ 知恵を出す dar ideas / 知恵を働かす utilizar la inteligencia ／ 私はそこまで知恵が回らなかった No alcancé a darme cuenta de eso. ／ 私にいい知恵が浮かんだ Se me ha ocurrido una buena idea.
- 諺 三人寄れば文殊の知恵《諺》Cuatro ojos ven más que dos.
- ◳知恵遅れ「discapacidad f. [deficiencia f.] mental
- ◳知恵の輪 anillos mpl. mágicos
- ◳知恵袋‖彼がグループの知恵袋だ Él es el cerebro del grupo.

チェーン cadena f.
- ◳レストランチェーン cadena f. de restaurantes
- ◳チェーンソー motosierra f.
- ◳チェーン店 tienda f.「afiliada [de una cadena], franquiciado m.

チェス ajedrez m.
- ▶チェスをする jugar al ajedrez
- ◳チェスボード tablero m. de ajedrez

チェスの駒

キング rey m. ／ クイーン dama f. ／ ルーク torre f. ／ ビショップ alfil m. ／ ナイト caballo m. ／ ポーン peón m.

チェック (小切手) cheque m., talón m.; (確認) chequeo m., revisión f.; (柄) cuadros mpl. ‖ チェックのシャツ camisa f.「a [de] cuadros
- ▶チェックする chequear, comprobar ‖ 該当欄をチェックして下さい Marque el cuadro correspondiente.
- ◳チェックポイント punto m. de control, control m.
- ◳チェックボックス cuadro m., casilla f., 《IT》casilla f. de verificación, 《英語》 *checkbox* m.
- ◳チェックマーク marca f. (de verificación)

チェックアウト salida f. ‖ チェックアウトは何時ですか ¿A qué hora hay que dejar la habitación?
- ▶チェックアウトする「desocupar [dejar] la habitación

チェックイン entrada f., 《英語》 *check-in* m. ‖ チェックインは何時ですか ¿A qué hora es la entrada?
- ▶チェックインする (ホテル) entrar, (空港) facturar el equipaje, hacer「facturación [*check-in*]
- ◳自動チェックイン機 máquina f. de facturación (automática)
- ◳チェックインカウンター mostrador m. de facturación

チェリー cereza f., picota f.
- ◳チェリージャム mermelada f. de cereza
- ◳チェリー酒 licor m. de cereza

チェロ violonchelo m., violoncelo m., chelo m.

チェンジ cambio m.
- ▶チェンジする cambiar

チェンバロ clave m., clavecín m., clavicémbalo m., cémbalo m.

ちか 地下 subterráneo m., (地階) sótano m. ‖ 地下に潜る pasar a la clandestinidad ／ 地下に埋もれた遺跡 ruinas fpl. enterradas ／ 地下に眠る dormi*do*[*da*] bajo tierra ／ 地下20メートルに a 20 metros「bajo [debajo de la] tierra ／ 地下2階 sótano m. segundo
- ▶地下の subterráne*o*[*a*], (非合法の) clandesti*no*[*na*]
- ◳地下街 centro m. comercial subterráneo
- ◳地下核実験 prueba f. nuclear subterránea
- ◳地下資源 recursos mpl. subterráneos
- ◳地下組織 organización f. clandestina
- ◳地下駐車場「aparcamiento m. [estacionamiento m.] subterráneo

ちか 地価 precio m.「de la tierra [del terreno] ‖ 地価の上昇[下落]「subida f. [caída f.]

ちかい　近い cerca*no*[*na*] 《a》, próxi*mo*[*ma*]《a》‖駅に近い学校 colegio *m*. cercano a la estación／近い親戚 pariente *com*. cerca*no*[*na*]／近い将来に en un futuro [próximo [cercano]／近いうちに un día de estos／ドアに近いところに cerca de la puerta／正解に近い解答 respuesta *f*. casi correcta／人間に近い知性 inteligencia *f*. cercana a la del ser humano／この計画の実現は不可能に近い Este proyecto es casi imposible de realizar.／一番近い駅はどこにありますか ¿Dónde está la estación más cercana?／もう12時に近い Falta poco para las doce.／試験の日が近い Faltan pocos días para el examen.／母は60歳近い Mi madre tiene 「casi [cerca de] 60 años de edad.／トイレが近い tener micción frecuente

ちかい　誓い juramento *m*., jura *f*.,（宗教的）voto *m*.‖誓いをたてる jurar／誓いを破る romper el juramento／新郎新婦が誓いの言葉を述べた Los novios pronunciaron votos matrimoniales.

ちかい　地階 ⇒ちか（地下）

ちがい　違い diferencia *f*., discrepancia *f*., divergencia *f*.‖意見の違い「diferencia *f*. [discrepancia *f*.] de opiniones／言葉の違い diferencia *f*. de idiomas／世代の違い diferencia *f*. generacional／身分の違い diferencia *f*. de clase social／私は弟と4つ違いだ Yo le llevo cuatro años a mi hermano.／私たちは5分違いで会えなかった No pudimos vernos por cinco minutos (de diferencia).／私はラグビーとアメフトの違いが分からない No sé distinguir entre el rugby y el fútbol americano.

ちがいない　違いない
▶～にちがいない deber de 『+不定詞』, tener que 『+不定詞』‖それは本当にちがいない Eso debe de ser verdad.／地図によると店はこの辺にちがいない Según el mapa, la tienda tiene que estar por aquí.

ちがいほうけん　治外法権 extraterritorialidad *f*., jurisdicción *f*. extraterritorial

ちかう　誓う jurar, prometer‖固く誓う jurar firmemente／心に誓う prometerse a *sí* mis*mo*[*ma*]／神にかけて誓う jurar por Dios／彼はもう酒を飲まないと誓った Él juró no volver a beber.／二人は将来(結婚する こと)を誓った Los dos decidieron contraer matrimonio.／こんなことは二度としないと誓うよ Te 「juro [prometo] que no volverá a pasar esto.／誰にも言わないと誓うよ No se lo diré a nadie, te lo juro.

ちがう　違う ❶（異なる）「diferir [diferenciarse]《de》, ser diferente《de》, ser distin*to*[*ta*]《de》‖いつもと違う場所で en un lugar distinto al de siempre／前と違うドレス vestido *m*. 「diferente [distinto] al anterior／違う方向に進む（それぞれが）tomar direcciones distintas／君の意見は私のと違う Tu opinión es diferente a la mía.／当時は今と違っていた Entonces no era como ahora.／これら2つはまったく違います Estos dos no se parecen en nada.／それは約束と違います Eso no es en lo que habíamos quedado.／国が違うと習慣も違う Cada país tiene sus propias costumbres.／誰かを好きになること と、結婚することはまったく違う Una cosa es querer a alguien, y otra muy distinta, casarse.

❷（間違っている）estar equivoca*do*[*da*]‖それはちがう言います No se hace así.／計算が違っています El cálculo está equivocado.／山田さんのお宅ですか - いいえ、お間違えです ¿Es la casa del señor Yamada? – No, se ha equivocado.

ちかく　近く cerca,（ほとんど）casi‖昼近く casi al mediodía／彼は1年近く失業中だ Él lleva casi un año sin trabajo.／近くから見るde cerca
▶近くに cerca《de》‖近くに寄る acercarse《a》／私たちのオフィスは駅のすぐ近くにあります Nuestra oficina está muy cerca de la estación.
▶近くの cerca*no*[*na*]《a》, próxi*mo*[*ma*]《a》‖大学の近くの本屋 librería *f*. cercana a la universidad／百人近くの人々「cerca de [casi] cien personas

ちかく　地殻 corteza *f*. (terrestre)
◪地殻運動 movimientos *mpl*. de la corteza terrestre
◪地殻変動 diastrofismo *m*., deformación *f*. de la corteza terrestre

ちかく　知覚 percepción *f*., sensibilidad *f*.
▶知覚できる perceptible
▶知覚する percibir
◪知覚異常（医学）parestesia *f*.
◪知覚過敏 hiperestesia *f*., hipersensibilidad *f*.
◪知覚神経 nervios *mpl*. sensoriales

ちがく　地学（地質学）geología *f*.,（地球科学）ciencias *fpl*. de la Tierra

ちかごろ　近頃 últimamente, recientemente, hoy (en) día ⇒さいきん（最近）‖近頃よく頭痛がする Últimamente me duele con frecuencia la cabeza.／それは近頃にないことだ Es algo que no se da hoy en día.／息子は近頃元気を見せない Mi hijo últimamente no pasa por aquí.
▶近頃の reciente, de hoy (en) día‖近頃の若い者 los jóvenes de hoy (en) día

ちかさ　近さ proximidad *f*., cercanía *f*.‖

度の家の利点は職場への近さだ Lo bueno de la nueva casa es que está cerca del trabajo.

ちかしつ 地下室　sótano *m*.

ちかすい 地下水　agua *f*. subterránea ‖ 地下水を汲み上げる extraer agua subterránea

ちかちか
▶ちかちかする parpadear, titilar, centellear ‖ 車のライトがちかちかしていた La luz del coche parpadeaba. ／ 私は目がちかちかする Tengo irritados los ojos.

ちかぢか 近近　pronto, dentro de poco ‖ 近々東京に行く予定です Dentro de「poco [unos días] iré a Tokio.

ちかづき 近付き ‖ お近づきになれてとてもうれしいです (男性に) Me alegro mucho de haberle conocido. ¦ (女性に) Me alegro mucho de haberla conocido.

ちかづく 近付く　acercarse 《a》, aproximarse 《a》, avecinarse ‖ 近づきやすい人 persona *f*. accesible ／ 近づきにくい人 persona *f*. inaccesible ／ 見知らぬ男の人が私に近づいてきた Se me acercó un desconocido. ／ 台風が近づいている Se acerca un tifón. ／ 試験が近づいた Se aproximan los exámenes. ／ 村の人口は1万人に近づいている La población del pueblo se acerca a diez mil (habitantes). ／ パーティーも終わりに近づいた La fiesta está terminando.

ちかづける 近付ける　acercar, aproximar ‖ 容器を火に近づけないこと Mantenga el envase lejos del fuego. ／ 彼女は男を近づけない Ella no deja que se le acerquen los hombres.

ちかてつ 地下鉄　metro *m*. ‖ 地下鉄で行く ir en metro ／ 地下鉄に乗る「tomar [coger, subir] el metro ／ 地下鉄を利用する usar el metro ／ 私は地下鉄を何度も乗り継いだ Hice varios transbordos de metro. ／ 地下鉄を乗り換える cambiar de metro, hacer transbordo en el metro

◪ 地下鉄駅 estación *f*. de metro, （入口）boca *f*. de metro

■■■ 地下鉄にて ■■■

‖ よく使う会話表現

◉ 地下鉄の入口はどこにありますか ¿Dónde hay una boca de metro?

◉ 新宿へ行きたいのですが何線に乗ればいいですか Quería ir a Shinjuku. ¿Qué línea debo coger?

◉ 乗り換えはありますか ¿Hay que cambiar de tren?

◉ どこで乗り換えたらいいですか ¿Dónde tengo que cambiar?

◉ 切符はどこで買ったらいいですか ¿Dónde se compran los billetes?

◉ 何分くらいかかりますか ¿Cuántos minutos se tarda más o menos?

◉ 料金はおいくらですか ¿Cuánto cuesta?

◉ エレベータはありますか ¿Hay ascensor?

◉ 地下鉄の地図はありますか ¿Tiene algún plano del metro?

ちかどう 地下道　paso *m*. subterráneo

ちかみち 近道　atajo *m*., camino *m*. corto ‖ 駅への近道 atajo *m*. a la estación ／ 上達への近道 camino *m*. corto para el progreso ／ 痩せるための一番の近道は食べないことだ El mejor camino para adelgazar es no comer.
▶近道する tomar un atajo, atajar, acortar el camino

ちかよる 近寄る　acercarse 《a》, aproximarse 《a》, arrimarse 《a》 ⇒ ちかづく（近付く）‖ ライオンは獲物に近寄った El león se acercó a su presa. ／ 私に近寄らないでください No se me acerque.

ちから 力　❶ （物理的・精神的な）fuerza *f*., potencia *f*., energía *f*. ‖ 力ある fuerte, potente ／ 力のない débil, flo*jo*[*ja*] ／ 意志の力 fuerza *f*. de voluntad ／ 固体に働く力 fuerzas *fpl*. que actúan sobre un sólido ／ 彼は力が強い Él tiene mucha fuerza. ／ 私はもう力が尽きた Estoy agota*do*[*da*]. ／ 私はもう疲れて最後までやる力が残っていない Estoy tan cansa*do*[*da*] que no me queda fuerza para terminarlo. ／ 力にあふれる lle*no*[*na*] de「fuerza [energía] ／ 喜んで君の力になりましょう Con mucho gusto te ayudaré. ／ 力のこもった文体 estilo *m*. 「lleno de vigor [vigoroso] ／ 力を落とす desanimarse ／ 力を貸す prestar「ayuda [apoyo] 《a》／ 力を借りる pedir ayuda 《a》／ 力を出す「hacer [sacar] fuerza ／ 力を出し切る (慣用) sacar fuerzas de flaqueza ／ 力を抜く relajarse, aflojar ／ 力をふりしぼる hacer muchos esfuerzos, poner toda la fuerza ／ 力を利用する aprovechar la fuerza ／ 力を入れる (努力する) hacer un esfuerzo, (重視する) dar mucha importancia 《a》／ 力を入れて押す empujar ALGO con fuerza ／ 計画の実現に力を尽くす hacer todo lo posible para realizar el proyecto ／ 力を合わせる unir las fuerzas《de》, (協力する) cooperar
◪ 力仕事 trabajo *m*. físico

❷ （能力）capacidad *f*., habilidad *f*., potencia *f*. ‖ 話す力 habilidad *f*. 「de [para] hablar ／ 高い中国語の力がある tener un alto nivel de chino ／ 彼は数学の力が弱い Él es flojo en matemáticas. ¦ Se le dan mal las matemáticas. ／ 力を伸ばす「desarrollar [mejorar] las habilidades《de》／ 力を発揮する demostrar *su* capacidad

❸ （権力）poder *m*., autoridad *f*., （影響力）influencia *f*. ‖ 力のある podero*so*[*sa*], influ-

yente／政治的な力 poder *m.* político, influencia *f.* política／力を持った人 persona *f.* influyente,《慣用》pez *m.* gordo／力を振るう emplear la influencia
▫ 力関係 relaciones *fpl.* de poder

ちからいっぱい 力一杯　con toda(s) la(s) fuerza(s)

ちからこぶ 力瘤　molla *f.* ‖ 力瘤をつくる sacar「bola [molla]

ちからずく 力尽く
▶ 力ずくで por fuerza, a la fuerza

ちからぞえ 力添え　ayuda *f.*, apoyo *m.* ‖ お力添えに感謝します Muchas gracias por su ayuda.
▶〜の力添えで「con [gracias a] la ayuda《de》

ちからだめし 力試し　（体力）prueba *f.* de fuerza,（能力）prueba *f.* de「habilidad [capacidad, talento]
▶ 力試しする probar la「fuerza [habilidad]

ちからづける 力づける　animar, alentar

ちからづよい 力強い　enérgico[ca], vigoroso[sa] ‖ 力強い演説 discurso *m.* vigoroso／君がいるので力強いよ Tu presencia me anima.
▶ 力強く con (mucho) vigor

ちからなく 力なく　sin「fuerza [aliento]

ちからまかせ 力任せ
▶ 力任せに a fuerza bruta

ちからもち 力持ち　hércules *m.*[=*pl.*], hombre *m.* de mucha fuerza
▶ 力持ちの fuerte,（怪力の）hercúleo[a]

ちかん 痴漢　to*cón*[*cona*] *mf.*, pervert*ido*[*da*] *mf.* (sexual)

ちかん 置換　sustitución *f.*, permutación *f.* ‖ AをBと置換する sustituir A por B

ちき 知己　ami*go*[*ga*] *mf.* ‖ 長年の知己 ami*go*[*ga*] *mf.* de muchos años

ちきゅう 地球　Tierra *f.*, globo *m.* (terrestre) ‖ 地球は太陽の周りを回っている La Tierra gira alrededor del Sol.
▫ 地球温暖化 calentamiento *m.* global de la Tierra, efecto *m.* invernadero de la Tierra
▫ 地球科学 ciencias *fpl.* de la Tierra, geociencias *fpl.*
▫ 地球観測衛星 satélite *m.* de observación terrestre
▫ 地球儀 globo *m.* terráqueo
▫ 地球サミット cumbre *f.* de la Tierra
▫ 地球人 hombre *m.* terrícola, terrícola *com.*
▫ 地球(的)規模 escala *f.* global ‖ 地球(的)規模の問題 problema *m.* a escala global
▫ 地球物理学 geofísica *f.*

(地球の構造)

核(コア) núcleo *m.*／マントル manto *m.*／地殻 corteza *f.* terrestre／モホロビチッチ不連続面 discontinuidad *f.* de Mohorovicic／地表 superficie *f.* de la Tierra, pedosfera *f.*／水圏 hidrosfera *f.*／大気圏 atmósfera *f.*／磁気圏 magnetosfera *f.*／対流圏 troposfera *f.*／成層圏 estratosfera *f.*／オゾン層 capa *f.* de ozono／大陸プレート placa *f.* continental／海洋プレート placa *f.* oceánica

ちぎょ 稚魚　alevín *m.* ‖ うなぎの稚魚 angula *f.*／稚魚の放流 suelta *f.* de alevines
▫ 稚魚漁 pesca *f.* de alevines

ちぎる 千切る　「romper [partir] ALGO a「pedazos [trozos],（もぎとる）arrancar ‖ 細かくちぎる romper ALGO en「pedazos [trozos] pequeños, hacer pedazos, despedazar／ノートを一枚ちぎる arrancar una hoja del cuaderno／バラの花びらをちぎる deshojar la rosa

ちぎれる 千切れる　romperse, partirse

チキン　pollo *m.*
▫ ローストチキン pollo *m.* asado
▫ フライドチキン pollo *m.* frito

ちく 地区　barrio *m.*, distrito *m.*, zona *f.*
▫ 商業地区「zona *f.* [parque *m.*] comercial

ちぐう 知遇 ‖ 知遇を得る obtener el favor de ALGUIEN

ちくご 逐語
▫ 逐語訳 traducción *f.* literal
▫ 逐語訳する traducir「al pie de la letra [palabra por palabra, literalmente]

ちくさつ 畜殺　sacrificio *m.*,（豚の）matanza *f.*
▫ 畜殺業者 matarife *m.*
▫ 畜殺所 matadero *m.*

ちくさん 畜産　ganadería *f.*
▶ 畜産の ganade*ro*[*ra*]
▫ 畜産学 zootecnia *f.*
▫ 畜産業 industria *f.* ganadera
▫ 畜産物 producto *m.*「de ganadería [ganadero]

ちくじ 逐次　（一つ一つ）uno[na]「a [por] u*no*[*na*],（次々と）sucesivamente, en forma sucesiva, u*no*[*na*] tras o*tro*[*tra*] ‖ 逐次調べる examinar ALGO u*no*[*na*] a u*no*[*na*]

ちくしょう 畜生　bestia *f.*, bruto *m.*, animal *m.* ‖ 畜生（罵り）¡Maldita sea! ¦《俗語》¡Mierda! ¦《俗語》¡Joder!

ちくせき 蓄積　acumulación *f.*《de》, amontonamiento *m.*《de》‖ 資本の蓄積 acumulación *f.* de「capital [fondos]
▶ 蓄積する（何かを）acumular,（何かが）acumularse ‖ 富を蓄積する acumular riqueza／問題が蓄積する Se acumulan los problemas.

チクタク　tictac *m.* ‖ 時計がチクタクいう音

だけが聞こえる Solo se oye el tictac del reloj.

ちくちく
▶ちくちくする picar ‖ このセーターはちくちくする Este jersey me pica.

ちくでんち 蓄電池　pila *f.* recargable, batería *f.*, acumulador *m.* (eléctrico)

ちくのうしょう 蓄膿症　《医学》empiema *m.*,（副鼻腔炎）sinusitis *f.*[=*pl.*]

ちぐはぐ ‖ 彼は言うこととすることがちぐはぐだ Hay falta de coherencia entre lo que dice él y lo que hace. ¦ Lo que hace él está en desacuerdo con lo que dice. ／大きさがちぐはぐだ Hay「desigualdad [disparidad] de tamaño.
▶ちぐはぐな incoherente, incongruente, discordante ‖ ちぐはぐな行動 conducta *f.* incoherente
▶ちぐはぐに de manera incoherente ‖ 靴下をちぐはぐに履く ponerse calcetines diferentes en cada pie

ちくび 乳首　pezón *m.*,（哺乳瓶の）tetina *f.*
ちくりと ‖ ちくりと刺す pinchar,（虫が）picar

ちくる《話》chivar,《話》soplar

ちけい 地形　topografía *f.*, relieve *m.* terrestre, disposición *f.* del terreno ‖ 平坦な地形「relieve *m.* [terreno *m.*] llano ／複雑な地形 relieve *m.* variado ／地形が入り組んでいる El terreno muestra mucha complejidad.
☐ 地形学 geomorfología *f.*
☐ 地形学者 geomorfólo*go*[*ga*] *mf.*
☐ 地形図 mapa *m.* topográfico

チケット tique *m.*,（入場券）entrada *f.*,（乗車券）billete *m.*,（中南米）boleto *m.* ‖ チケットを買う sacar la entrada
☐ チケット売場 taquilla *f.*
☐ チケット代 coste *m.*「de la entrada [del billete]」‖ チケット代を払う pagar la entrada

ちこく 遅刻　retraso *m.*
▶遅刻する llegar「tarde [con retraso] ‖ 遅刻してごめんね「Perdóname por [Siento] llegar tarde. ／私は会社に30分遅刻した Llegué al trabajo con media hora de retraso.
☐ 遅刻届〈nota *f.* [justificación *f.*] de retraso

ちこつ 恥骨　《解剖》pubis *m.*[=*pl.*]

ちさんちしょう 地産地消　consumo *m.* local ‖ 地産地消を行う producir y consumir localmente ／地産地消を推進する promover el consumo local

ちし 致死
▶致死の letal, mortal
☐ 過失致死罪 homicidio *m.* involuntario por imprudencia
☐ 致死量 dosis *f.*[=*pl.*]「letal [mortal]

ちじ 知事　goberna*dor*[*dora*] *mf.*

ちしき 知識　conocimiento *m.* ‖ 深い知識 profundo conocimiento *m.*, conocimiento *m.* profundo ／知識がある tener conocimiento《sobre, de》, saber ／彼はコンピュータの知識があまりない Él no sabe mucho de ordenadores. ／知識が豊富である tener un gran conocimiento《de》／知識を生かす utilizar los conocimientos ／知識を得る adquirir (los) conocimientos ／知識を吸収する asimilar (los) conocimientos ／知識をひけらかす hacer ostentación de *su* conocimiento
☐ 予備知識 conocimiento *m.* previo
☐ 知識階級 intelectualidad *f.*
☐ 知識産業 industria *f.* del conocimiento
☐ 知識人 intelectual *com.*
☐ 知識欲 sed *f.* de conocimiento

ちじき 地磁気　geomagnetismo *m.*,（磁界）campo *m.* magnético

ちじく 地軸　eje *m.*「de la Tierra [terrestre]

ちしつ 地質　condiciones *fpl.* geológicas, naturaleza *f.* del「terreno [suelo]
☐ 地質学 geología *f.*
☐ 地質学者 geólo*go*[*ga*] *mf.*
☐ 地質調査 estudio *m.* geológico

ちじょう 地上　tierra *f.*, superficie *f.* de la tierra ‖ 地上5メートル cinco metros sobre tierra ／地上8階地下2階建てのビル edificio *m.* de ocho plantas y dos sótanos ／地上に出る salir a la superficie
▶地上で sobre la tierra
▶地上の terrestre,（この世の）terrenal ‖ 地上の楽園 paraíso *m.* terrenal
☐ 地上勤務 servicio *m.* en tierra
☐ 地上権 derecho *m.* de superficie
☐ 地上職員 personal *m.* de tierra
☐ 地上デジタルテレビ放送 televisión *f.* digital terrestre（略 TDT）⇒ちデジ(地デジ)
☐ 地上部隊 unidad *f.* terrestre

ちじょく 恥辱　humillación *f.*, deshonor *m.* ‖ 恥辱を受ける recibir humillaciones

ちじん 知人　conoci*do*[*da*] *mf.*

ちず 地図　mapa *m.*,（市街図）plano *m.* ‖ 地図を書く dibujar un mapa ／地図を開く abrir el mapa ／地図で探す buscar ALGO en el mapa ／この村は地図にのっていない Este pueblo no aparece en el mapa. ／25,000分の1の地図 mapa *m.* a escala de uno por veinticinco mil
☐ 地図帳 atlas *m.*[=*pl.*]

───── 地図のいろいろ ─────

世界地図 mapamundi *m.*, mapa *m.* del mundo ／スペイン地図 mapa *m.* de España ／日本地図 mapa *m.* de Japón ／市街地図 plano *m.* de calles, callejero *m.*

／マドリードの市街地図 callejero m. de Madrid／道路地図 mapa m. de carreteras／白地図 mapa m. mudo／遺伝子地図 mapa m. genético／観光地図 mapa m. turístico／登山地図 mapa m. de ruta de ascenso, mapa m. de senderismo

ちすい 治水 control m. de inundaciones
◪治水工事 obra f. para prevenir inundaciones

ちすじ 血筋 linaje m., estirpe f., sangre f.‖貴族の血筋をひく ser de linaje noble, ser de familia aristócrata／血筋は争えない no poder negar *su* estirpe ¦《諺》De tal palo, tal astilla.

ちせい 知性 inteligencia f., intelecto m.‖豊かな知性 inteligencia f. profunda／知性の欠如 falta f. de inteligencia／知性に欠ける carecer de inteligencia／知性のかけらもない No tiene ni (una) pizca de「inteligencia [inteligente]./知性豊かな人 persona f. llena de inteligencia／知性に訴える apelar a la inteligencia de ALGUIEN
▶知性的な inteligente‖知性的な顔をしている tener rostro inteligente

ちせい 治世 reinado m.‖ルイス1世の治世 reinado m. de Luis I (Primero)

ちせいがく 地政学 geopolítica f.
▶地政学の geopolític*o*[*ca*]
◪地政学者 geopolític*o*[*ca*] mf.
◪地政学的リスク riesgo m. geopolítico

ちせつ 稚拙
▶稚拙な infantil, inmadur*o*[*ra*], pueril‖稚拙なコメント comentario m. pueril

ちそう 地層 estrato m., capas fpl. de tierra
◪地層学 estratigrafía f.
◪地層処分（原子力） almacenamiento m. geológico profundo（略 AGP）

ちたい 地帯 zona f., área f., región f.
◪安全地帯 zona f.「de seguridad [segura]
◪危険地帯 zona f.「de peligro [peligrosa]
◪工業地帯「área f. [zona f.] industrial
◪中立地帯 zona f. neutral,（非武装の）zona f. desmilitarizada

チタン《化学》titanio m.《記号 Ti》

ちち 父 padre m.‖父と子 padre m. e hijo m.／3人の子の父 padre m. de tres hijos／実の父 padre m. carnal, verdadero padre m.／義理の父 suegro m.／遺伝学の父 padre m. de la genética／父と子と精霊の御名において en el nombre del Padre, del Hijo y del Espíritu Santo
▶父の（父方の）patern*o*[*na*],（父親らしい）paternal
◪父の日 Día m. del Padre

ちち 乳 leche f.,（乳房）mama f., pecho m.‖乳を飲む（赤ん坊が母親の）mamar／乳を欲しがる pedir leche／赤ん坊に乳を与える（母親が）dar「de mamar [el pecho] al bebé／牛の乳をしぼる ordeñar la vaca／この牛はあまり乳が出ない Esta vaca no da mucha leche.
◪乳搾り（搾乳）ordeño m.,（人）ordeña*dor*[*dora*] mf.

ちち 遅々
▶遅々たる‖進歩は遅々たるものだった El progreso ha sido extremadamente lento.
▶遅々として muy「lentamente [despacio]‖仕事は遅々としてはかどらない El trabajo apenas progresa.¦ El trabajo no avanza casi nada.

ちちかた 父方
◪父方の patern*o*[*na*]‖父方の祖母 abuela f. paterna

ちちばなれ 乳離れ
▶乳離れする（離乳する）destetarse,（自立する）independizarse
▶乳離れさせる（離乳させる）destetar,（自立させる）independizar

ちぢみあがる 縮み上がる encogerse, achicarse, espantarse‖恐怖で縮み上がる encogerse de miedo

ちぢむ 縮む encoger(se)‖差が縮む「disminuir [reducirse] *la diferencia*／老いて背が縮む Con los años「se pierde [disminuye la] estatura.／私は身の縮む思いをした Se me encogió el corazón.／生地が縮んだ La tela se ha encogido.／このおもちゃはゴムでできているので伸びたり縮んだりする Este juguete es de goma, así que se estira y recupera su forma.

ちぢめる 縮める reducir, acortar, abreviar‖スカートの丈を縮める acortar la falda／距離を縮める「acortar [disminuir] la distancia／記録を縮める mejorar el récord／文章を縮める abreviar el texto／アルコールが彼の寿命を縮めた El alcohol le acortó la vida.

ちちゅう 地中‖地中に埋める enterrar／地中から掘り出す desenterrar／地中から這い出る salir de la tierra arrastrándose

ちちゅうかい 地中海 mar m. Mediterráneo, Mediterráneo m.
▶地中海の mediterráne*o*[*a*]
◪地中海諸国 países mpl. mediterráneos
◪地中海気候 clima m. mediterráneo

ちぢれげ 縮れ毛「pelo m. [cabello m.] rizado

ちぢれる 縮れる（髪が）rizarse

ちつ 膣 vagina f.
◪膣炎 vaginitis f.[=pl.]

チック《医学》tic m.
◪チック障害 trastornos mpl. de tics

ちつじょ 秩序 orden m.‖秩序を失う perder el orden／秩序を確立する establecer el orden／秩序を回復する recuperar el orden／秩序を保つ mantener el orden／秩序を

乱す「perturbar [alterar] el orden ／秩序のある ordena*do*[da], sistemát*ico*[ca] ／秩序のない desorden*ado*[da] ／秩序のないところには社会はない Donde no hay orden, no hay sociedad. ／秩序立てて説明する explicar ordenadamente
- 社会秩序 orden *m*. público

ちっそ 窒素 《化学》nitrógeno *m*.《記号 N》
- 窒素酸化物 óxido *m*. de nitrógeno
- 窒素肥料「fertilizante *m*. [abono *m*.] nitrogenado

ちっそく 窒息 ahogo *m*., asfixia *f*.
▶窒息する asfixiarse
- 窒息死 muerte *f*. por asfixia ‖ 窒息死する morir「asfixia*do*[da] [ahoga*do*[da]], ahogarse, asfixiarse ／窒息死させる ahogar, asfixiar

ちっとも ⇒すこしも(少しも)

チップ 《心づけ》propina *f*.,《賭博》ficha *f*.,《IT》chip *m*. ‖ チップをはずむ dar una propina generosa ／1ユーロのチップを渡す dar una propina de un euro, dar un euro de propina ／《カジノで》ポーカーのチップを買う comprar fichas de póker
- チップ材 astilla *f*. de madera

ちっぽけ muy peque*ño*[ña], diminu*to*[ta], minúsc*ulo*[la], ena*no*[na],《意味のない》insignificante ‖ ちっぽけな庭 jardín *m*. diminuto ／ちっぽけな存在 existencia *f*. insignificante

ちてき 知的
▶知的な intelectual, inteligente ‖ 知的な女性 mujer *f*. intelectual ／知的な生活 vida *f*. intelectual
▶知的に intelectualmente,《頭脳的に》inteligentemente ‖ 知的に見える parecer「intelectual [intelectual]
- 知的財産 propiedad *f*. intelectual
- 知的財産権/知的所有権 derecho *m*. de propiedad intelectual
- 知的障害 deficiencia *f*. mental
- 知的労働 trabajo *m*. intelectual

ちデジ 地デジ televisión *f*. digital terrestre (略 TDT)
▶地デジ化 ‖ アナログから地デジ化への過程 proceso *m*. de transición de la televisión analógica a la digital terrestre

ちてん 地点 punto *m*., sitio *m*., lugar *m*. ‖ 10キロメートル地点に en el kilómetro diez
- 折り返し地点 ‖ 折り返し地点を通過する pasar por el punto medio del recorrido
- 合流地点 ‖ 合流地点に向かう dirigirse al punto de encuentro
- 目標地点 meta *f*.

ちどうせつ 地動説 teoría *f*. heliocéntrica, heliocentrismo *m*. ‖ 地動説を唱える「proponer [defender] el heliocentrismo

ちどり 千鳥 chorlito *m*.(雄・雌)

ちどりあし 千鳥足 ‖ 千鳥足で歩く「ir [andar, caminar] haciendo eses

ちなまぐさい 血生臭い/血腥い sangrien*to*[ta]

ちなみに a propósito, por cierto ‖ ちなみに彼はペルー出身のスペイン語話者です Por cierto, él es hispanohablante de origen peruano.

ちなむ 因む asociarse
▶ちなんだ ‖ 体育の日にちなんだ行事 evento *m*. asociado al Día del Deporte
▶ちなんで en「memoria [recuerdo]《de》,「en [con] ocasión《de》, con motivo《de》

ちねつ 地熱 geotermia *f*.
▶地熱の geotérm*ico*[ca]
- 地熱発電 generación *f*. geotérmica
- 地熱発電所 central *f*. geotérmica

ちのう 知能 inteligencia *f*., intelecto *m*., facultad *f*. mental ‖ 優れた知能 gran inteligencia *f*. ／知能の発達 desarrollo *m*.「intelectual [de la inteligencia] ／知能の程度 nivel *m*. de inteligencia ／知能が遅れている padecer una「discapacidad [deficiencia] mental ／知能が遅れた人 persona *f*. con「discapacidad [deficiencia] mental ／知能が高い[低い] tener un「alto [bajo] nivel de inteligencia
- 知能検査/知能テスト test *m*. de「inteligencia [cociente intelectual]
- 知能指数「cociente *m*. [coeficiente *m*.] intelectual ‖ 知能指数が130ある tener un cociente intelectual de 130
- 知能障害 perturbación *f*. intelectual
- 知能犯 delincuente *com*. de cuello blanco
- 知能ロボット robot *m*. inteligente

ちのけ 血の気 ‖ 血の気のない pál*ido*[da] ／血の気の多い temperamental, de mucha vitalidad ／血の気が失せる/血の気が引く ponerse pál*ido*[da]

ちのり 血糊 sangre *f*. coagulada

ちのり 地の利 ‖ 地の利がある tener una ventaja geográfica ／ホテルは地の利を得ている El hotel está en un lugar estratégico.

ちばしる 血走る ‖ 目が血走る tener (el) ojo rojo,《怒りで》《慣用》echar「fuego [sangre] por los ojos

ちび ba*jo*[ja] *mf*., peque*ño*[ña] *mf*.,《話》peque *com*.,《軽蔑的に》ena*no*[na] *mf*.

ちびちび poco a poco, poquito a poquito

ちひょう 地表 superficie *f*.「terrestre [de la Tierra]

ちぶ 恥部 partes *fpl*.「íntimas [pudendas, vergonzosas],《恥ずべき部分》parte *f*. vergonzosa

ちぶさ 乳房 pecho *m*., mama *f*.,《俗語》teta *f*.,《動物の》ubre *f*.
- 乳房X線撮影 mamografía *f*.

チフス tifus *m*.[=*pl*.] ‖ チフスにかかる tener

tifus
- 腸チフス fiebre f. tifoidea
- 発疹チフス tifus m.[=pl.] exantemático
- パラチフス fiebre f. paratifoidea
- チフス菌 bacilo m. de Eberth

ちへい 地平
- 地平線 horizonte m. (de la tierra) ‖ 地平線に日が沈む El sol se pone en el horizonte.

ちほう 地方 región f., provincia f., comarca f. ‖ 九州地方 región f. de Kyushu ／ 地方を旅する viajar por las provincias ／ 地方に住む vivir en una provincia ／ 彼は地方から出てきた Él es de provincia(s). ／ この地方は雨が多い Llueve mucho en esta zona del país.
▶ 地方の local, regional ‖ 地方の大学 universidad f. de provincia ／ 地方の人 persona f. de provincias, provinciano[na] mf. ／ カディス地方の出身である ser originario[ria] de la provincia de Cádiz
- 地方議会 parlamento m. regional
- 地方行政 administración f. regional
- 地方銀行 banco m. regional
- 地方区 distrito m. electoral local
- 地方公営企業 empresa f. pública regional
- 地方交付税 impuesto m. nacional redistribuido a los gobiernos regionales
- 地方公務員 funcionario[ria] mf. regional
- 地方債 bono m. local
- 地方裁判所 tribunal m. de「primera instancia [distrito]
- 地方紙 periódico m. local
- 地方自治 autonomía f.「local [regional]
- 地方自治体 municipalidad f., comunidad f. autónoma
- 地方巡業 gira f. regional
- 地方色「característica f. [toque m.] regional
- 地方税 impuesto m. local
- 地方分権 descentralización f.

ちほう 痴呆 demencia f.
▶ 痴呆症の(人) demente (com.)
- 老人性痴呆(症) demencia f. senil ‖ 老人性痴呆にかかる sufrir demencia senil

ちまき 粽 arroz m. zongzi, (説明訳) pastel m. de arroz envuelto en una hoja de bambú

ちまた 巷 ‖ 次の総選挙がちまたの話題だ Todos hablan de las próximas elecciones generales. ／ ちまたの噂では… según radio macuto...
▶ 〜のちまたと化す ‖ 戦乱のちまたと化す convertirse en campo de batalla

ちまなこ 血眼
▶ 血眼になって（必死で）con frenesí, frenéticamente ‖ 血眼になって探す buscar ALGO como un[una] loco[ca]

ちまみれ 血塗れ
▶ 血まみれの lleno[na] de sangre, cubierto[ta] de sangre

ちまめ 血豆 ampolla f. de sangre ‖ 私の足の親指に血豆ができた Me salió una ampolla de sangre en el dedo gordo del pie.

ちまよう 血迷う volverse loco[ca], 《慣用》perder la cabeza ‖ 怒りに血迷う ponerse furioso[sa], 《慣用》montar en cólera

ちみつ 緻密
▶ 緻密さ minuciosidad f., escrupulosidad f.
▶ 緻密な minucioso[sa], detallado[da], elaborado[da], escrupuloso[sa] ‖ 緻密な観察 observación f.「minuciosa [meticulosa] ／ 緻密な計画 plan m. muy elaborado ／ 緻密な人 persona f. escrupulosa
▶ 緻密に detalladamente, con minuciosidad

ちめい 地名 topónimo m., nombre m. de lugar ‖ 地名のいわれ origen m. del topónimo
- 地名辞典 diccionario m. de topónimos

ちめいしょう 致命傷 herida f.「mortal [fatal] ‖ 首の傷が彼の致命傷になった La herida del cuello le costó la vida. ／ 致命傷を受ける sufrir una herida mortal, resultar mortalmente herido[da]

ちめいてき 致命的
▶ 致命的(な) fatal, mortal, (元に戻せない) irreversible, irreparable, irremediable ‖ 致命的な失敗 error m.「fatal [irreparable] ／ 致命的の欠陥 fallo m. catastrófico

ちめいど 知名度 celebridad f., renombre m. ‖ 知名度が高い muy「conocido[da] [famoso[sa]], de reconocido renombre ／ 知名度が低い poco conocido[da]

ちもう 恥毛 vello m. púbico

ちゃ 茶 té m. ‖ 濃い［薄い］茶 té m.「fuerte [flojo] ／ 茶を入れる preparar té ／ 茶を出す／茶をつぐ servir té ／ 茶を飲む tomar té ／ お茶にしましょうか ¿Vamos a tomar「té [café]?
- 茶会 ceremonia f. del té
- 茶器 utensilios mpl. de té
- 茶漉し colador m. de té

茶の種類

日本茶 té m. japonés ／ 焙じ茶 té m.「asado [tostado] ／ 煎茶 té m. verde de calidad media ／ 中国茶 té m. chino ／ 紅茶 té m. (negro) ／ 緑茶 té m. verde ／ 麦茶 té m. de cebada ／ 抹茶 té m. verde molido ／ ウーロン茶 té m. oolong ／ ジャスミン茶 té m. de jazmín ／ ハーブ茶 infusión f. ／ そば茶 té de「alforfón [trigo sarraceno]

チャーター
▶チャーターする fletar, alquilar ‖ 船をチャーターする「fletar [alquilar] un barco
▣チャーター機 avión *m.* 「fletado [chárter]
▣チャーター便 vuelo *m.* chárter, chárter *m.*

チャーハン 炒飯 arroz *m.* frito, arroz *m.* tres delicias

チャーミング
▶チャーミングな atractivo[va]

チャームポイント *su* punto *m.* más atractivo ‖ 笑う時に出るえくぼが彼女のチャームポイントだ El hoyuelo que le sale cuando sonríe es lo que la hace tan atractiva.

チャイム timbre *m.*, campana *f.* ‖ 授業開始のチャイムが鳴る Suena el timbre de comienzo de clases.

チャイルドシート sillita *f.* de coche, 「silla *f.* [sillita *f.*] infantil, asiento *m.* de seguridad

ちゃいろ 茶色 marrón *m.*
▶茶色の marrón 《性数不変》, (特に髪や目) castaño[ña]

ちゃがし 茶菓子 →おちゃ(→お茶菓子)

ちゃかす 茶化す tomarse ALGO a broma, ridiculizar, 《慣用》tomar el pelo 《a》‖ パコは皆の話を茶化して楽しんでいる Paco se divierte ridiculizando lo que dice todo el mundo. ／ 茶化すなよ No me tomes el pelo.

ちゃかっしょく 茶褐色 marrón *m.* 「parduzco [oscuro], color *m.* pardo ‖ 茶褐色の靴 zapatos *mpl.* (de color) marrón oscuro

ちゃく 着 ‖ 10時京都着の列車 tren *m.* con llegada a Kioto a las diez ／ スーツ1着 un traje ／ 1着で着く llegar primero ／ 2着に終わる quedar en segundo lugar

ちゃくがん 着眼
▶着眼する fijarse 《en》
▣着眼点 punto *m.* de vista, perspectiva *f.*

ちゃくし 嫡子 (跡継ぎ) heredero[ra] *mf.*, (嫡出子) hijo[ja] *mf.* legítimo[ma]

ちゃくじつ 着実
▶着実さ constancia *f.*, regularidad *f.*
▶着実な seguro[ra], firme ‖ 着実な歩みで con paso firme ／ 着実な進歩を遂げる lograr progresos constantes
▶着実に con constancia, con regularidad ‖ 着実に前進する avanzar con regularidad ／ 我々のチームは着実に得点していった Nuestro equipo ha ido ganando puntos poco a poco.

ちゃくしゅ 着手
▶着手する emprender, ponerse a 『+不定詞』‖ 新しい事業に着手する iniciar un nuevo negocio ／ 工事に着手する empezar la obra

ちゃくしょう 着床 (受精卵の) implantación *f.*

ちゃくしょく 着色 coloración *f.*, pigmentación *f.*
▶着色する colorear, colorar, pigmentar

▣着色剤/着色料 colorante *m.*, (食品用の) colorante *m.* alimentario ‖ 合成着色料 colorante *m.* sintético ／ 人工着色料 colorante *m.* artificial ／ 天然着色料 colorante *m.* natural

ちゃくしん 着信 llamada *f.* entrante
▶着信する entrar *una llamada*
▣着信音 tono *m.* de llamada, 《英語》 ringtone *m.*
▣着信メール correo *m.* entrante
▣着信履歴 registro *m.* de llamadas entrantes

ちゃくすい 着水 amerizaje *m.*, amaraje *m.*
▶着水する amerizar《en》, amarar《en》

ちゃくせき 着席 ‖ カクテル形式ではなくて着席の夕食です No es una cena de tipo cóctel, sino una cena sentada. ／ ご着席下さい Siéntense, por favor. ／ 着席中はシートベルトをお締め下さい Mantengan los cinturones de seguridad abrochados mientras estén sentados.
▶着席する tomar asiento, sentarse
▶着席している「estar [permanecer] sentado[da]

ちゃくそう 着想 idea *f.*, ocurrencia *f.*, inspiración *f.* ‖ 着想が浮かぶ concebir una idea ／ それはすばらしい着想だ Es una idea estupendamente concebida. ／ 彼女は芥川の小説に着想を得た Ella se inspiró en una novela de Akutagawa.

ちゃくち 着地 aterrizaje *m.*, 《スポーツ》 caída *f.*, aterrizaje *m.* ‖ 着地を見事に決める realizar una perfecta caída
▶着地する aterrizar《en》

ちゃくちゃく 着着
▶着々と con paso firme, constantemente, progresivamente ‖ 着々と進む avanzar segura y firmemente ／ 新しい支店を開設する準備が着々と進んでいる Los preparativos de la apertura de la nueva sucursal se están realizando progresivamente.

ちゃくにん 着任 incorporación *f.* a un puesto de trabajo
▶着任する incorporarse 《a》, entrar en funciones ‖ 新しい仕事に着任する incorporarse a *su* nuevo puesto

ちゃくばらい 着払い ‖ 代金着払いで払う pagar ALGO contra reembolso

ちゃくふく 着服 malversación *f.*, desfalco *m.*
▶着服する apropiarse de ALGO ilícitamente, malversar, desfalcar

ちゃくメロ 着メロ 《商標》melodía *f.*, tono *m.*, 《英語》 *ringtone m.* ‖ 着メロを作成する crear「tono [*ringtone*] ／ 着メロを配信する distribuir「tono [*ringtone*] ／ 着メロをダウンロードする descargar「tono [*ringtone*]

ちゃくもく 着目

ちゃくよう

▶**着目する** prestar atención 《a》, fijarse 《en》, notar ‖ 具体的事実に着目する fijarse en (los) hechos concretos

ちゃくよう 着用 ‖ ヘルメット着用《掲示》 Uso obligatorio de(l) casco
▶**着用する** ponerse, llevar (pues*to*) ALGO ‖ ネクタイを着用している llevar puesta la corbata

ちゃくりく 着陸 aterrizaje *m.*
▶**着陸する** aterrizar《en》, tomar tierra《en》
◻**計器着陸装置** sistema *m.* de aterrizaje instrumental
◻**強制着陸** aterrizaje *m.* forzoso ‖ 強制着陸する realizar un aterrizaje forzoso
◻**軟着陸** aterrizaje *m.* suave
◻**無着陸飛行** vuelo *m.*「directo [sin escalas]
◻**着陸装置** tren *m.* de aterrizaje
◻**着陸態勢** posición *f.* de aterrizaje ‖ 着陸態勢をとる prepararse para el aterrizaje
◻**着陸地点** lugar *m.* de aterrizaje

ちゃこし 茶漉し colador *m.* de té ‖ 茶漉しで茶葉を濾す filtrar las hojas de té con el colador

ちゃさじ 茶匙 cucharilla *f.* (de café) ‖ 茶匙1杯の砂糖 una cucharadita de azúcar

ちゃしつ 茶室 casa *f.* de té

ちゃせん 茶筅 batidor *m.* de bambú ‖ 茶筅でかき回す agitar con un batidor de bambú

ちゃたく 茶托 platito *m.* (para la taza) de té

ちゃち
▶**ちゃちな**（安っぽい）baratu*cho[cha]*,（質の悪い）de mala calidad ‖ ちゃちな論拠 argumento *m.* endeble ／ この家はちゃちな造りだ Esta casa es de una construcción rudimentaria.

ちゃっかり
▶**ちゃっかりした** lis*to[ta]*, calcula*dor[dora]*,（抜け目のない）astu*to[ta]* ‖ ちゃっかりした人 lis*to[ta] mf.*, calcula*dor[dora] mf.*

チャック《商標》⇒ファスナー

ちゃづけ 茶漬け《日本語》*ochazuke m.*,（説明訳）bol *m.* de arroz cubierto con un chorro de té verde

ちゃっこう 着工
▶**着工する**「empezar [comenzar] la obra ‖ 月末に着工します Empezaremos la obra a final del mes.
◻**着工式**「ceremonia *f.* [acto *m.*] de la primera piedra

ちゃづつ 茶筒 bote *m.* de té

チャット chat *m.*, chateo *m.*
▶**チャットする**《IT》chatear ‖ インターネットで海外の友達とチャットする chatear por Internet con amigos que viven en el extranjero

ちゃのま 茶の間（リビング）「sala *f.* [cuarto *m.*] de estar,《英語》*living m.*

ちゃのみばなし 茶飲み話 tertulia *f.*, charla *f.* ‖ 茶飲み話をする charlar (tomando té)

ちゃのゆ 茶の湯 ceremonia *f.* del té ‖ 茶の湯の心 espíritu *m.* de la ceremonia del té

ちゃばん 茶番 farsa *f.* ‖ その裁判はとんだ茶番だった El juicio fue una auténtica farsa.
◻**茶番劇** farsa *f.*

チャペル capilla *f.* ‖ チャペルで結婚式を挙げる celebrar la boda en una capilla

ちやほや
▶**ちやほやする**（甘やかす）mimar,（へつらう）adular, halagar,（機嫌をとる）cortejar ‖ 彼女は男性にちやほやされるのが大好きだ Le encanta que los hombres la cortejen.

ちゃめ 茶目
▶**お茶目な** juguet*ón[tona]*, diverti*do[da]*, gracio*so[sa]*
▶**茶目っ気** ‖ 茶目っ気がある女の子だ Es una niña juguetona.

チャリティー caridad *f.*, obra *f.* de caridad
▶**チャリティーをする** hacer una obra de caridad
◻**チャリティーコンサート** concierto *m.* benéfico
◻**チャリティーショー**「acto *m.* [espectáculo *m.*] benéfico

ちゃりん
▶**ちゃりんと** con ruido metálico ‖ ちゃりんと音を立てる tintinar, tintinear

チャレンジ（挑戦）desafío *m.*, reto *m.*
▶**チャレンジする** desafiar《a》, retar《a》, intentar『+不定詞』

ちゃわん 茶碗 taza *f.*,（大き目の）tazón *m.*,（どんぶり）cuenco *m.*
◻**茶碗蒸し** caldo *m.* de huevo al vapor

チャンス oportunidad *f.*, ocasión *f.* ⇒ こうき（好機）‖ 絶好のチャンス oportunidad *f.* de oro, gran ocasión *f.* ／ 一生に一度のチャンス oportunidad *f.* única en la vida ／ チャンスが来る「presentarse [surgir] *una oportunidad* ／ チャンスを与える dar una oportunidad《a》／ チャンスを生かす aprovechar la「oportunidad [ocasión] ／ チャンスを逃がす「perder [desaprovechar] la oportunidad, dejar「pasar [escapar] la oportunidad

ちゃんと（正式に）formalmente,（確実に）sin falta,（しかるべく）debidamente,（きちんと）bien, correctamente, perfectamente ‖ 家賃をちゃんと払う pagar el alquiler「sin falta [con puntualidad, religiosamente] ／ 部屋をちゃんと掃除する limpiar bien la habitación ／ ちゃんと準備ができている estar debidamente prepara*do[da]*
▶**ちゃんとした**（正式な）formal,（整然とした）regular, ordena*do[da]*,（正しい）correc-

to[*ta*], (身元などが確かな) respetable, decente, dig*no*[*na*] ‖ ちゃんとした仕事 trabajo *m*. digno ／ ちゃんとした人 persona *f*. 「honrada [honesta, respetable] ／ ちゃんとした生活をする llevar una vida ordenada ／ ちゃんとした服装をする ir correctamente vesti*do*[*da*], vestirse decentemente

チャンネル canal *m*., cadena *f*. ‖ チャンネルを変える cambiar de canal ／ 5チャンネルに合わせる sintonizar con el canal cinco

ちゃんばら 「lucha *f*. [combate *m*.] con espadas

チャンピオン campe*ón*[*ona*] *mf*. ‖ チャンピオン(男性)に挑戦する desafiar [retar] al campeón ／ チャンピオンになる llegar a ser *el*[*la*] campe*ón*[*ona*]《de》

▸ チャンピオンベルト cinturón *m*. de campeón

ちゆ 治癒 (病気の) curación *f*., cura *f*., (人の) recuperación *f*.

▶ 治癒する (病気が) curar(se), (人が) recuperarse, sanar

ちゅう 中 ❶ (～の間に) ‖ 食事中に durante la comida ／ 旅行中である estar de viaje ／ 話し中です《電話》El teléfono está ocupado. ／ 私はダイエット中です Estoy haciendo régimen. ¦ Estoy a régimen. ／ 授業中です Estamos en clase. ／ 数日中に en un par de días ／ 私は今週中に仕事を終えなければいけない Tengo que terminar el trabajo en (el plazo de) esta semana.

❷ (～の中の) ‖ 空気中の 酸素 oxígeno *m*. contenido en el aire ／ 国中を旅行する viajar por todo el país ／ 回答者の10人中7人がAを選んだ Siete de las diez personas entrevistadas eligieron A.

ちゅう 宙 ‖ 宙に舞う／宙に躍る revolotear en el aire

慣用 宙に浮く flotar en el aire ‖ 私の計画は依然として宙に浮いたままだ Mi plan aún sigue pendiente.

ちゅう 注 nota *f*., comentario *m*., anotación *f*. ‖ 注を付ける poner notas, anotar

ちゅうい 注意 (用心) atención *f*., cuidado *m*., (忠告) consejo *m*., aviso *m*., advertencia *f*. ‖ 注意を与える (忠告) dar un consejo《a》／ 注意を引く 「llamar [atraer] la atención《de》／ 注意をそらす 「desviar [distraer] la atención《de》／ 注意を守る seguir las instrucciones ／ 注意を払う prestar atención《a》／ 細心の注意を払って con un cuidado 「minucioso [esmerado]

▶ 注意する prestar atención《a》, (用心する) tener cuidado《con》, (忠告する) advertir ‖ 私は医師にたばこを控えるように注意された El médico me aconsejó fumar menos. ／ 車に注意しなさい ¡Cuidado con los coches! ／ 数字に注意してください Fíjese bien en los números. ／ 健康に十分注意してください Cuídese mucho. ／ その小包は注意して扱ってください Trate este paquete con cuidado. ／ 私の話を注意して聞いてください Escuche con atención lo que le digo.

▰ 要注意《掲示》Cuidado ¦ Atención

▰ 注意書き notas *fpl*., instrucciones *fpl*. ‖ この薬を飲む前に注意書きをお読み下さい Lea las instrucciones antes de tomar este medicamento.

▰ 注意欠陥・多動性障害 trastorno *m*. por déficit de atención con hiperactividad (略 TDAH)

▰ 注意事項 indicaciones *fpl*., advertencias *fpl*.

▰ 注意信号 señal *f*. de precaución

▰ 注意報 alerta *f*. de precaución

▰ 注意力 capacidad *f*. de atención, atención *f*.

ちゅういぶかい 注意深い cuidado*so*[*sa*], aten*to*[*ta*], (用心深い) cautelo*so*[*sa*]

▶ 注意深く cuidadosamente, con cuidado, (用心深く) cautelosamente ‖ 注意深く選ぶ elegir ALGO con cuidado ／ マニュアルの指示に注意深く従ってください Siga las instrucciones del manual con atención.

チューインガム chicle *m*. ‖ チューインガムをかむ masticar chicle

ちゅうおう 中央 centro *m*., medio *m*. ‖ 中央と地方 la capital y las provincias ／ 中央寄りの más cerca*no*[*na*] al centro

▶ 中央に en el centro《de》‖ 市の中央に位置する 「situarse [estar] en el corazón de la ciudad

▶ 中央の central, del centro

▰ 中央アジア Asia Central

▰ 中央アメリカ América Central, América del Centro, Centroamérica

▰ 中央ヨーロッパ Europa Central

▰ 中央卸売市場 mercado *m*. central de venta al por mayor

▰ 中央銀行 banco *m*. central

▰ 中央教育審議会 (日本の) Consejo *m*. Nacional de Educación

▰ 中央競馬会 Asociación *f*. Japonesa de Carreras Hípicas

▰ 中央集権 centralización *f*. 「administrativa [política, del poder]

▰ 中央省庁 ministerios *mpl*. nacionales

▰ 中央政府 gobierno *m*. central

▰ 中央分離帯 (道路の) mediana *f*. (separadora)

▰ 中央郵便局 oficina *f*. central de Correos

ちゅうか 中華

▰ 中華街 barrio *m*. chino

▰ 中華思想 sinocentrismo *m*.

▰ 中華そば tallarines *mpl*. chinos

▰ 中華なべ sartén *f*. china

◳ 中華料理（調理）cocina *f.* china,（食べ物）comida *f.* china
◳ 中華料理店 restaurante *m.* chino
ちゅうかい 仲介 mediación *f.*
▶ 〜の仲介で por mediación《de》
▶ 仲介する「mediar [intermediar]」《en》,「hacer [actuar] de intermedia*rio*[ria]」
◳ 仲介業者 empresa *f.* intermediaria
◳ 仲介者 intermedia*rio*[ria] *mf.*, media*dor*[dora] *mf.*, intermedia*dor*[dora] *mf.*
◳ 仲介手数料 corretaje *m.*
ちゅうかい 注解 anotación *f.*, nota *f.* explicativa ‖ 注解付きドンキホーテ edición *f.* anotada del *Quijote*
ちゅうがえり 宙返り voltereta *f.*,（飛行機の）rizo *m.*,《英語》*looping m.*
▶ 宙返りする「dar [hacer]」una voltereta en el aire,（飛行機が）hacer un *looping*
ちゅうかく 中核 núcleo *m.*, esencia *f.* ‖ 中核をなす formar el núcleo《de》／中核になる desempeñar el papel central
ちゅうがく 中学
◳ 中学校 escuela *f.* secundaria,「centro *m.* [colegio *m.*] de educación secundaria ‖ 中学校に通う ir a la escuela secundaria
◳ 中学生 alum*no*[na] *mf.* de (la escuela) secundaria
ちゅうがた 中型 tamaño *m.*「medio [mediano]」
▶ 中型の de「medio [mediano]」tamaño, de tamaño「medio [mediano]」‖ 中型の犬 pe*rro*[rra] *mf.* de tamaño mediano
◳ 中型車 coche *m.* mediano
ちゅうかん 中間 medio *m.*, mitad *f.* ‖ 中間をとる tomar el punto medio
▶ 中間の me*dio*[dia], interme*dio*[dia] ‖ 中間の立場 posición *f.*「neutra [media]」
▶ 中間に ‖ AとBの中間に a medio camino entre A y B／大阪と広島の中間にある encontrarse a mitad de camino entre Osaka y Hiroshima
◳ 中間管理職（職務）mandos *mpl.* medios, cargo *m.* intermedio,（人）directi*vo*[va] *mf.* interme*dio*[dia]
◳ 中間決算 balance *m.* provisional
◳ 中間子（物理）mesón *m.*
◳ 中間試験 examen *m.* parcial
◳ 中間色 color *m.*「neutro [intermedio]」
◳ 中間搾取 explotación *f.* de los intermediarios
◳ 中間層 clase *f.* media
◳ 中間報告 informe *m.* provisional
ちゅうき 中期 medio *m.* plazo ‖ 平安時代の中期に a mediados de la era (de) Heian
◳ 中期目標 objetivo *m.* a medio plazo
ちゅうきゅう 中級 nivel *m.* intermedio ‖ 本校には初級、中級、上級の3つのレベルがあります Nuestra escuela ofrece tres niveles diferentes: elemental, intermedio y avanzado.
▶ 中級の interme*dio*[dia]
◳ 中級レベル nivel *m.* intermedio
ちゅうきょり 中距離 《スポーツ》medio *m.* fondo
◳ 中距離走 carrera *f.* de「medio fondo [media distancia]」
◳ 中距離走者 medio fondista *com.*
◳ 中距離弾道ミサイル misil *m.* balístico de alcance intermedio
ちゅうきんとう 中近東 Oriente *m.* Próximo y Medio, Próximo y Medio Oriente *m.*
ちゅうくらい 中位
▶ 中くらいの media*no*[na], me*dio*[dia] ‖ 中くらいの大きさの de tamaño「mediano [medio]」／中くらいの勢力の台風 tifón *m.* de mediana intensidad
ちゅうけい 中継 transmisión *f.*, retransmisión *f.*
▶ 中継する retransmitir
◳ 衛星中継 emisión *f.* por satélite, transmisión *f.* vía satélite
◳ 生中継 (re)transmisión *f.* en directo
◳ 録画中継 (re)transmisión *f.* en diferido
◳ 中継局 estación *f.* repetidora
◳ 中継車 unidad *f.* móvil
◳ 中継放送 transmisión *f.*, retransmisión *f.* ‖ 中継放送する transmitir, retransmitir
ちゅうけん 中堅
◳ 中堅企業 empresa *f.* de mediano tamaño
ちゅうげん 中元（陰暦7月15日）el 15 de julio del calendario lunar,（品物）regalo *m.* de verano
ちゅうこ 中古
▶ 中古の usa*do*[da], de segunda mano, de ocasión
◳ 中古車 coche *m.*「usado [de segunda mano]」
◳ 中古住宅 vivienda *f.*「usada [de segunda mano]」
ちゅうこうねん 中高年
◳ 中高年者 personas *fpl.* de mediana y avanzada edad
ちゅうこく 忠告 consejo *m.*,（警告）advertencia *f.* ‖ 忠告を聞く hacer caso「al [del] consejo, atender al consejo／忠告に従う「seguir [poner en práctica] el consejo《de》／忠告を無視する ignorar el consejo《de》, no hacer caso「al [del] consejo《de》／忠告を受ける recibir un consejo
▶ 忠告する aconsejar, dar un consejo《a》,（警告）advertir, hacer una advertencia《a》 ‖ 〜するように忠告する aconsejar a ALGUIEN que「+接続法」／私は彼女に辞職しないように忠告した Le aconsejé a ella que no dimitiera.／君に一言忠告させて Déjame que te dé un consejo.

ちゅうごく 中国 China
▶ 中国の chino*m*., lengua *f*. china, (北京語) mandarín *m*.
◨ 中国残留孤児 huérfanos *mpl*. japoneses en China
◨ 中国人 chino[na] *mf*.

ちゅうごし 中腰 postura *f*. semisentada ‖ 中腰になる agacharse a medias

ちゅうさ 中佐 (陸軍・空軍) teniente *com*. coronel, (海軍) capit*án*[tana] *mf*. de fragata

ちゅうざ 中座
▶ 中座する ‖ 会議を中座する salir de la reunión antes de que termine, 「retirarse [marcharse] a mitad de la reunión

ちゅうさい 仲裁 intervención *f*., mediación *f*., arbitraje *m*. ‖ 喧嘩の仲裁 intervención *f*. en una 「pelea [discusión] / 仲裁の労を取る actuar de intermedia*rio*[ria], actuar de media*dor*[dora]
▶ 仲裁する mediar 《en》, intervenir 《en》, arbitrar 《en》

ちゅうざい 駐在 residencia *f*., estancia *f*. ‖ スペイン駐在の日本大使 embaja*dor*[dora] *mf*. de Japón en España
▶ 駐在する residir 《en》 ‖ 兄はメキシコに駐在している Mi hermano mayor está destinado en México.
◨ 駐在員 representante *com*., corresponsal *com*. ‖ アメリカ駐在員 representante *com*. en Estados Unidos
◨ 駐在員事務所 ‖ 日本駐在員事務所 oficina *f*. en Japón
◨ 駐在所 puesto *m*. de policía con residencia

ちゅうさんかいきゅう 中産階級 clase *f*. media

ちゅうし 中止 suspensión *f*., cancelación *f*., (途中での) interrupción *f*., cese *m*.
▶ 中止する suspender, cancelar, (途中で) interrumpir ‖ 試合を中止する suspender el partido / 工事を中止する parar la obra

ちゅうし 注視 mirada *f*. fija
▶ 注視する fijar los ojos 《en》, observar ‖ 市場の動向を注視する estar aten*to*[ta] a los movimientos del mercado

ちゅうじ 中耳 oído *m*. medio
◨ 中耳炎 otitis *f*.[=*pl*.] media

ちゅうじつ 忠実 fidelidad *f*., lealtad *f*., obediencia *f*.
▶ 忠実な fiel, leal, obediente ‖ 飼い主に忠実な犬 perro[rra] *mf*. 「fiel [obediente] a su due*ño*[ña] / 原文に忠実な翻訳 traducción *f*. fiel al original
▶ 忠実に fielmente ‖ 法律を忠実に守る cumplir fielmente la ley

ちゅうしゃ 注射 inyección *f*. ‖ 注射を打つ poner una inyección
▶ 注射する inyectar, poner una inyección
◨ 静脈注射 inyección *f*. intravenosa
◨ 皮下注射 inyección *f*. subcutánea
◨ 注射液 inyectable *m*.
◨ 注射器 jeringa *f*., (小型の) jeringuilla *f*.
◨ 注射針 aguja *f*. de 「inyección [jeringa]

ちゅうしゃ 駐車 aparcamiento *m*., 《中南米》estacionamiento *m*.
▶ 駐車する aparcar, 《中南米》estacionar ‖ ここには駐車できない No se puede aparcar aquí.
◨ 駐車違反 「estacionamiento *m*. [aparcamiento *m*.] indebido ‖ 駐車違反で罰金を取られた Me han puesto multa por aparcar mal. / 駐車違反で私の車がレッカー車に持って行かれた La grúa se llevó mi coche por estacionamiento indebido.
◨ 駐車監視員 vigilante *com*. de aparcamiento
◨ 駐車禁止 《掲示》Prohibido 「aparcar [estacionar] ‖ ここは駐車禁止です Está prohibido aparcar aquí.
◨ 駐車場 aparcamiento *m*., 《中南米》estacionamiento *m*. ‖ 駐車場はありますか ¿Tiene aparcamiento?
◨ 駐車メーター parquímetro *m*.
◨ 駐車料金 precio *m*. del aparcamiento ‖ 駐車料金はいくらですか ¿Cuánto cuesta el aparcamiento?

ちゅうしゃく 注釈 comentario *m*., nota *f*. ‖ 注釈を付ける hacer comentarios, añadir notas, anotar
▶ 注釈する comentar
◨ 注釈者 comentarista *com*.

ちゅうしゅう 中秋 (陰暦8月15日) el 15 de agosto del calendario lunar ‖ 中秋の名月 luna *f*. (del tiempo) de la cosecha

ちゅうしゅつ 抽出 extracción *f*., (サンプルの) muestreo *m*.
▶ 抽出する extraer, sacar, (サンプルを) muestrear ‖ 花から油を抽出する extraer aceite de las flores / 無作為に抽出された100人にアンケート用紙が送られた Enviaron la encuesta a cien personas seleccionadas al azar.
◨ 無作為抽出 muestreo *m*. al azar
◨ 抽出物 extracto *m*.

ちゅうじゅん 中旬 ‖ 2月中旬に a mediados de febrero, en la segunda decena de febrero

ちゅうしょう 中小
▶ 中小の peque*ño*[ña] y media*no*[na]
◨ 中小企業 pequeñas y medianas empresas *fpl*., pymes *fpl*.
◨ 中小企業診断士 consul*tor*[tora] *mf*. de gestión empresarial
◨ 中小企業庁 (日本の) Agencia *f*. de Peque-

ñas y Medianas Empresas
ちゅうしょう 中傷 calumnia *f.*, difamación *f.*
▶中傷する calumniar, difamar
ちゅうしょう 抽象 abstracción *f.*
▶抽象的‖彼の話は少し抽象的だ Lo que dice él es un tanto abstracto.
▶抽象的な abstrac*to*[*ta*]
▶抽象的に en abstracto, abstractamente
▶抽象化 abstracción *f.* ‖ 抽象化する abstraer
▫抽象画 pintura *f.* abstracta
▫抽象芸術 arte *m.* abstracto《複数形はartes *fpl.* abstractasとなる》
▫抽象名詞 nombre *m.* abstracto
ちゅうじょう 中将 (陸軍・空軍) teniente *com.* general, (海軍) vicealmirante *com.*
ちゅうしょく 昼食 almuerzo *m.*, 《スペイン》comida *f.* ‖ 昼食をとる tomar el almuerzo, almorzar, 《スペイン》comer ／ 昼食を抜く saltarse la comida, no「comer [almorzar]
ちゅうしん 中心 centro *m.*, (中核) núcleo *m.*, (焦点) foco *m.* ‖ 円の中心 centro *m.* del círculo ／ 町の中心 centro *m.* de la ciudad ／ 文化の中心 centro *m.* cultural ／ 話題の中心 tema *m.* principal de conversación ／ 学生運動の中心となる protagonizar el movimiento estudiantil, desempeñar el papel principal en el movimiento estudiantil ／ 中心から外れる desviarse del centro ／ 学生を中心にしたグループ grupo *m.* formado principalmente por estudiantes ／ 地域住民が中心となって por iniciativa de los vecinos del barrio
▶中心の céntri*co*[*ca*], central, (主要な) principal
▶中心に en el centro《de》‖ 町の中心に en el centro de la ciudad
▶中心的な principal ‖ 中心的な役割を果たす desempeñar el papel principal
▫自己中心性 egocentrismo *m.*
▫中心角 ángulo *m.* central
▫中心気圧 presión *f.* central
▫中心人物 protagonista *com.*, figura *f.* 「central [principal]
▫中心選手 juga*dor*[*dora*] *mf.* principal
▫中心地／中心部 centro *m.*
ちゅうすい 虫垂 《解剖》apéndice *m.*
▫虫垂炎 apendicitis *f.*[=*pl.*] ‖ 私は虫垂炎の手術をした Me operaron de apendicitis.
ちゅうすう 中枢 centro *m.*, núcleo *m.* ‖ 権力の中枢にいる estar en el centro del poder
▶中枢の central
▫中枢機関 órgano *m.* central
▫中枢神経系 sistema *m.* nervioso central
ちゅうせい 中世 Edad *f.* Media, Época *f.* Medieval

▶中世の medieval
▶中世ヨーロッパ史 historia *f.* de la Europa medieval
ちゅうせい 中性 《文法》género *m.* neutro, neutro *m.*,《化学》neutralidad *f.*
▶中性の neu*tro*[*tra*]
▶中性的な asexua*do*[*da*]
▫中性子 neutrón *m.* ‖ 中性子爆弾 bomba *f.* de neutrones
▫中性脂肪 grasa *f.* neutra
▫中性洗剤 detergente *m.* neutro
ちゅうせい 忠誠 fidelidad *f.*, lealtad *f.* ‖ 忠誠を誓う jurar fidelidad
▫忠誠心 fidelidad *f.*, lealtad *f.* ‖ 忠誠心のある従業員 emplea*do*[*da*] *mf.* leal
ちゅうせいだい 中生代 Era *f.* Mesozoica, Mesozoico *m.*
ちゅうせき 沖積
▫沖積層 aluvión *m.*
▫沖積土 suelos *mpl.* aluviales
▫沖積平野 llanura *f.* aluvial
ちゅうぜつ 中絶 aborto *m.*
▶中絶する abortar, interrumpir el embarazo
▫人工中絶 aborto *m.* inducido
ちゅうせん 抽選／抽籤 sorteo *m.*, rifa *f.* ‖ 抽選で決める decidir ALGO por sorteo, echar ALGO a suertes ／ 私は抽選で旅行が当たった Me ha tocado un viaje en el sorteo.
▶抽選する sortear, rifar, echar a suerte(s)
▫抽選券 cupón *m.* de sorteo
▫抽選番号 número *m.* 「de sorteo [sorteado]
ちゅうぞう 鋳造 fundición *f.*, (貨幣) acuñación *f.*
▶鋳造する fundir, (貨幣を) acuñar
▫鋳造所 taller *m.* de fundición, fundición *f.*
ちゅうたい 中退
▶中退する「abandonar [dejar] los estudios ‖ 大学を中退する「abandonar [dejar] la carrera universitaria ／ 彼は高校を中退した Él dejó el bachillerato antes de graduarse.
ちゅうだん 中断 interrupción *f.*, suspensión *f.* ‖ 医師(男性)は治療の中断を決めた El médico decidió la interrupción del tratamiento.
▶中断する interrumpir, suspender ‖ 試合を中断する interrumpir el partido ／ 交渉を中断する suspender la negociación
ちゅうちょ 躊躇 vacilación *f.*, titubeo *m.* ‖ 状況は躊躇を許さない La situación no nos permite vacilar.
▶躊躇する vacilar, dudar, titubear ‖ 躊躇せずに／躊躇なく sin vacilación, sin titubeos, sin dudar ／ 彼は何の躊躇もなく援助を申し出た Él no vaciló ni un instante a la hora de ofrecer su ayuda. ¦ Él ofreció ayuda sin

vacilar ni un instante.
ちゅうづり 宙吊り ‖ 宙吊りになる quedarse suspendi*do*[*da*] en el aire
ちゅうと 中途
▶中途で「en [a] mitad《de》, en el camino, a medio camino ‖ 仕事を中途で投げ出す dejar el trabajo「sin terminar [a medio hacer]
◾中途採用 empleo *m*. fuera del período habitual
ちゅうとう 中東 Medio Oriente *m*., Oriente *m*. Medio
▶中東の de Medio Oriente
◾中東紛争 conflicto *m*. árabe-israelí
ちゅうとう 中等
▶中等の media*no*[*na*]
◾中等学校「centro *m*. [colegio *m*.] de educación secundaria
◾中等教育 educación *f*. secundaria
ちゅうどう 中道 (中庸) moderación *f*., justo medio *m*.
◾中道右派 centroderecha *f*., (人) centroderechista *com*.
◾中道左派 centroizquierda *f*., (人) centroizquierdista *com*.
◾中道主義 centrismo *m*. ‖ 中道主義者 centrista *com*.
◾中道政治 política *f*. moderada
ちゅうどく 中毒 intoxicación *f*., (依存) adicción *f*. ‖ 彼はインターネット中毒だ Es adicto a Internet.
◾中毒患者 intoxica*do*[*da*] *mf*., (依存) adic*to*[*ta*] *mf*.
◾中毒死 muerte *f*. por intoxicación
◾中毒症状 síntomas *mpl*. de intoxicación

中毒いろいろ

アルコール中毒 alcoholismo *m*., adicción *f*. al alcohol ／ 一酸化炭素中毒 intoxicación *f*. por monóxido de carbono ／ 仕事中毒 adicción *f*. al trabajo ／ 食中毒 intoxicación *f*. 「alimentaria [alimenticia] ／ 麻薬中毒 adicción *f*. a las drogas, drogodependencia *f*. ／ ニコチン中毒 nicotinismo *m*., adicción *f*. a la nicotina ／ カフェイン中毒 adicción *f*. a la cafeína ／ コカイン中毒 cocainomanía *f*. ／ ネット中毒 adicción *f*. a Internet

---

ちゅうとはんぱ 中途半端
▶中途半端な medio「termina*do*[*da*], medio he*cho*[*cha*], incomple*to*[*ta*] ‖ 中途半端な態度 actitud *f*. indecisa
▶中途半端に a medias ‖ 何事も中途半端にするのはよくない No hay que dejar nada a medio hacer.
ちゅうとん 駐屯 acuartelamiento *m*.
▶駐屯する estar de guarnición, acuartelarse
◾駐屯地 acuartelamiento *m*., estacionamiento *m*.
◾駐屯部隊 guarnición *f*.
チューナー 《電気》sintonizador *m*.
ちゅうなんべい 中南米 América Central y del Sur, Centro y Sudamérica
ちゅうにかい 中二階 entresuelo *m*.
ちゅうにくちゅうぜい 中肉中背 ‖ 中肉中背の人 persona *f*. de「complexión media [tamaño medio]
ちゅうにち 駐日 ‖ 駐日事務所 oficina *f*. en Japón ／ 駐日スペイン大使 embaja*dor*[*dora*] *mf*. de España en Japón
ちゅうにゅう 注入 inyección *f*.
▶注入する inyectar, (思想を) infundir ‖ 政府は銀行に資本を注入することを決めた El gobierno decidió inyectar capital al banco.
チューニング (同調) sintonización *f*., (調律) afinación *f*.
▶チューニングする (同調する) sintonizar, (調律する) afinar
◾チューニングカー coche *m*. tuneado
ちゅうねん 中年 mediana edad *f*., madurez *f*.
▶中年の de mediana edad, madu*ro*[*ra*]
◾中年太り ‖ 中年太りになる「engordar [echar carnes] con la edad
ちゅうは 中波 onda *f*. media
チューバ tuba *f*. ‖ チューバを吹く tocar la tuba
ちゅうばん 中盤 ‖ 試合が中盤を迎えた El partido entró en su etapa「intermedia [media].
ちゅうび 中火
▶中火で a fuego「medio [moderado], a medio fuego ‖ 中火で10分煮る dejar cocer a fuego medio durante diez minutos
ちゅうぶ 中部 「zona *f*. [parte *f*.] central
▶中部の central
チューブ tubo *m*., (自転車の) cámara *f*. ‖ チューブ入りの接着剤 pegamento *m*. en tubo
ちゅうふう 中風 《医学》parálisis *f*.[=*pl*.]
▶中風になる quedarse paralíti*co*[*ca*]
ちゅうふく 中腹 ladera *f*. ‖ 山の中腹に en la ladera de la montaña
ちゅうぶらりん 宙ぶらりん
▶宙ぶらりんな/宙ぶらりんの (宙吊りの) suspen*so*[*sa*], (未処理の) pendiente, (優柔不断の) indeci*so*[*sa*] ‖ 宙ぶらりんな態度をとらないで No seas indeci*so*[*sa*].
ちゅうべい 中米 América Central, América del Centro, Centroamérica
▶中米の(人) centroamerica*no*[*na*] (*mf*.)
ちゅうもく 注目 atención *f*., interés *m*. ‖ 注目を浴びる atraer la atención《de》／ 注目

ちゅうもん

を集める acaparar la atención《de》／注目の的になる convertirse en el「centro [foco] de atención

▶注目する prestar atención《a》, centrar la atención《en》, tener interés《en》

▶注目すべき dig*no*[da] de「atención [interés], notable

▶~は注目に値する Es de notar que『+直説法』.

ちゅうもん 注文 ❶ (オーダー) pedido *m.*, encargo *m.* ‖ 急ぎの注文 pedido *m.* urgente ／ 注文が増える aumentar *el número de pedidos* ／ 注文が減る disminuir *el número de pedidos* ／ 注文を受ける recibir un pedido ／ 注文をとる tomar el pedido ／ 注文をお願いします Atiéndame, por favor. ／ お電話でのご注文を承ります Recibimos los pedidos por teléfono. ／ 注文であつらえたドレス vestido *m.* a (la) medida

▶注文する pedir, hacer un pedido, encargar ‖ ネットでピザを注文する pedir *pizza* por Internet ／ これは注文したものとは違います Esto no es lo que había pedido.

◨注文建築 construcción *f.* por encargo
◨注文書「hoja *f.* [nota *f.*] de pedidos
◨注文品 pedido *m.*

❷ (要求) exigencia *f.* ‖ 注文の多い人 persona *f.* muy exigente ／ 注文をつける「poner [imponer] condiciones ／ 無理な注文をつける pedir lo imposible

ちゅうや 昼夜 día y noche ‖ 昼夜にわたって durante todo el día y toda la noche ／ 昼夜を問わず de día y de noche

◨昼夜兼行 ‖ 私たちは昼夜兼行で働いた Trabajamos día y noche.
◨昼夜交替 turnos *mpl.* de día y noche

ちゅうゆ 注油 engrase *m.*, lubricación *f.*, lubrificación *f.*

▶注油する engrasar, lubricar, lubrificar
◨注油器 lubricador *m.*

ちゅうよう 中庸 moderación *f.*, justo medio *m.*

慣用 万事中庸が肝心 Para cualquier cosa lo mejor es ser moderado.

ちゅうりつ 中立 neutralidad *f.* ‖ 中立を守る mantenerse neutral

▶中立の/中立的(な) neutral ‖ 中立的立場をとる tomar una actitud neutral

▶中立化 neutralización *f.* ‖ 中立化する neutralizar

◨中立国 país *m.* neutral
◨中立主義 neutralismo *m.*
◨中立地帯「zona *f.* [territorio *m.*] neutral

チューリップ tulipán *m.* ‖ チューリップが咲いた Han florecido los tulipanes.

ちゅうりゅう 中流 (川の) curso *m.* medio, (社会的な) clase *f.* media

◨中流意識 ‖ 多くの日本人は中流意識を持っている Muchos japoneses piensan que pertenecen a la clase media.
◨中流階級 clase *f.* media

ちゅうりゅう 駐留 estacionamiento *m.*

▶駐留する estar estaciona*do*[da], acuartelarse

◨在日アメリカ駐留軍 fuerzas *fpl.* estadounidenses estacionadas en Japón

ちゅうりんじょう 駐輪場 aparcamiento *m.* de bicicletas ‖ 自転車を駐輪場にとめる dejar la bici(cleta) en el aparcamiento

チューロ (揚げ菓子) churro *m.*

チューロ

ちゅうわ 中和 《化学》neutralización *f.*

▶中和する neutralizar
◨中和剤 neutralizante *m.*, neutralizador *m.*
◨中和反応 reacción *f.* de neutralización

ちょう 庁 agencia *f.*, secretaría *f.* de Estado

◨文化庁 Agencia *f.* de Asuntos Culturales
◨林野庁 Agencia *f.* Forestal

ちょう 兆 billón *m.* ‖ 1兆円 un billón de yenes

ちょう 長 je*fe*[fa] *mf.*, direc*tor*[tora] *mf.* ‖ 一家の長 cabeza *com.* de familia

慣用 一日の長がある ⇒いちじつ(一日)

ちょう 腸 intestino *m.*, (動物など) tripa *f.*

▶腸の intestinal
◨腸炎 inflamación *f.* intestinal, 《医学》enterocolitis *f.*[=*pl.*]
◨腸カタル catarro *m.* intestinal
◨腸チフス fiebre *f.* tifoidea
◨腸捻転 vólvulo *m.*
◨腸閉塞 obstrucción *f.* intestinal

ちょう 朝 (王朝) dinastía *f.*

◨明朝 (歴史) Dinastía *f.* Ming
◨ビクトリア朝 《歴史》Época *f.* victoriana

ちょう 超 gran『+単数名詞』,《接頭辞》super-

◨超大作 superproducción *f.*
◨超大国 superpotencia *f.*

ちょう 蝶 mariposa *f.* ‖ 蝶が飛んでいる Vuelan las mariposas. ／ さなぎが蝶になった Ha salido la mariposa de la crisálida.

[慣用] 蝶よ花よ‖彼女は蝶よ花よと育てられた La han criado mimada y entre algodones.
- 蝶ネクタイ pajarita *f.*, corbata *f.* de pajarita

ちょうあい 寵愛 favor *m.* ‖ 寵愛を受ける gozar del favor de ALGUIEN

ちょうい 弔意 condolencia *f.*, pésame *m.* ‖ 弔意を表す expresar *sus* condolencias《a》, dar el pésame《a》

ちょういん 調印 firma *f.*
- 調印する firmar, sellar ‖ 平和条約に調印する firmar un tratado de paz
- 調印国 país *m.* firmante
- 調印式 acto *m.* de la firma

ちょうえき 懲役 prisión *f.* con trabajos forzados ‖ 彼に殺人罪で懲役20年が言い渡された Lo condenaron a 20 años de prisión con trabajos forzados por asesinato. ／5年の懲役に服する cumplir una pena de prisión de cinco años
- 無期懲役 cadena *f.* perpetua
- 懲役囚 prisione*ro*[*ra*] *mf.*

ちょうえつ 超越 trascendencia *f.*
- 超越的な trascendental, trascendente
- 超越する elevarse por encima《de》, ir más allá《de》, trascender ‖ 神はすべてを超越している Dios está por encima de todo.

ちょうおん 長音 vocal *f.* larga
- 長音符号 símbolo *m.* japonés que indica una vocal larga

ちょうおんそく 超音速 velocidad *f.* supersónica
- 超音速の supersóni*co*[*ca*]
- 超音速ジェット機 avión *m.* supersónico

ちょうおんぱ 超音波 ultrasonido *m.*, ondas *fpl.* ultrasónicas
- 超音波の ultrasóni*co*[*ca*]
- 超音波検査 ecografía *f.*

ちょうか 超過 exceso *m.*, excedente *m.*
- 超過する exceder《a》, sobrepasar, rebasar ‖ 時間を超過する sobrepasar el tiempo establecido ／予算を超過する「rebasar [sobrepasar, superar] el presupuesto, pasar del presupuesto ／支出が収入を超過する Los gastos exceden a los ingresos.
- 超過額 excedente *m.*
- 超過勤務 horas *fpl.* extras ‖ 超過勤務をする hacer horas extras ／超過勤務手当 plus *m.* por horas extras
- 超過料金 suplemento *m.*, (荷物の) precio *m.* del exceso de equipaje ‖ 荷物の超過料金はいくらですか ¿Cuánto se paga por exceso de equipaje?

ちょうかい 懲戒 sanción *f.* disciplinaria
- 懲戒する tomar medidas disciplinarias, sancionar
- 懲戒処分 medida *f.* disciplinaria
- 懲戒免職 destitución *f.* disciplinaria

ちょうかい 町会 (町議会) asamblea *f.* municipal, (町内会) asociación *f.* de vecinos
- 町会議員 conce*jal*[*jala*] *mf.* (時に女性にconcejalを使う)

ちょうかく 聴覚 oído *m.*, sentido *m.* auditivo, audición *f.* ‖ 聴覚が優れている tener un buen oído ／聴覚を失う perder la audición
- 聴覚器官 órganos *mpl.* auditivos
- 聴覚障害 deficiencia *f.* auditiva
- 聴覚障害者 persona *f.* con discapacidad auditiva

ちょうかん 長官 direc*tor*[*tora*] *mf.* general, secreta*rio*[*ria*] *mf.* general
- 金融庁長官 direc*tor*[*tora*] *mf.* general de la Agencia de Servicios Financieros

ちょうかん 鳥瞰 vista *f.* 「de pájaro [aérea]
- 鳥瞰する divisar desde lo alto
- 鳥瞰図 「perspectiva *f.* [mapa *m.*] a vista de pájaro

ちょうかん 朝刊 「diario *m.* [periódico *m.*] de la mañana, 「diario *m.* [periódico *m.*] matutino

ちょうき 長期 período *m.* largo, largo plazo *m.*
- 長期の de un período largo, a largo plazo ‖ 長期の休暇を申請する solicitar unas vacaciones largas
- 長期(的)に a largo plazo ‖ 長期的には、当社の投資はうまく行くだろう Nuestra inversión será rentable a largo plazo.
- 長期化 alargamiento *m.*, prolongación *f.* ‖ 長期化する prolongarse, alargarse ／戦いは長期化するだろう La batalla se prolongará mucho tiempo.
- 長期金利 interés *m.* a largo plazo
- 長期計画 plan *m.* a largo plazo
- 長期滞在 estancia *f.* larga

ちょうきょう 調教 doma *f.*, amaestramiento *m.*
- 調教する domar, amaestrar
- 調教師 doma*dor*[*dora*] *mf.*, amaestra*dor*[*dora*] *mf.*

ちょうきょり 長距離 larga distancia *f.*, largo recorrido *m.* ‖ 長距離を走る correr larga distancia ／長距離を移動する「desplazarse [trasladarse, moverse] a grandes distancias
- 長距離競走 carrera *f.* de fondo
- 長距離走者 fondista *com.*
- 長距離電車 tren *m.* de largo recorrido
- 長距離電話 conferencia *f.*, llamada *f.* de larga distancia
- 長距離恋愛 relaciones *fpl.* a distancia, amor *m.* a distancia

ちょうきん 彫金 cincelado *m.* en metal
- 彫金する cincelar (metales)

ちょうけし 帳消し

ちょうけしにする‖借金を帳消しにする「perdonar [condonar] la deuda／これですべて帳消しにしよう Con esto, estamos en paz.¦《慣用》Hagamos borrón y cuenta nueva.

ちょうげんじつしゅぎ 超現実主義 surrealismo m.
- 超現実主義者 surrealista com.

ちょうこう 兆候/徴候 indicio m., señal f., presagio m., (病気の) síntoma m.‖地震［噴火］の兆候 indicios mpl. de ［terremoto [erupción]］／風邪の兆候 síntomas mpl. de resfriado／それはよい兆候だ Es buena señal.／ドル下落の明らかな兆候がある Hay claros indicios de que el dólar va a bajar.

ちょうこう 聴講 asistencia f. a un curso
- 聴講する asistir como oyente a un curso
- 聴講生 oyente com.

ちょうごう 調合 preparación f.
- 調合する preparar, mezclar

ちょうごう 調号 《音楽》armadura f. (de clave)

ちょうこうそう 超高層
- 超高層ビル rascacielos m.[=pl.]

ちょうこく 彫刻 escultura f.
- 彫刻する esculpir
- 彫刻家 escultor[tora] mf.
- 彫刻刀 (のみ) escoplo m., (薄刃のみ) formón m., (丸のみ) gubia f.

ちょうさ 調査 investigación f., estudio m. (アンケートによる) encuesta f., sondeo m., (人口などの) censo m.‖くわしい調査 investigación f. detallada／調査を進める llevar adelante la investigación／調査に基づく basado[da] en ［la investigación [los estudios]］
- 調査する hacer una investigación, investigar, estudiar‖原因を調査する investigar las causas《de》
- 世論調査 sondeo m. de la opinión pública
- 調査委員会 comité m. ［investigador [de investigación]］
- 調査員 investigador[dora] mf., (アンケートの) encuestador[dora] mf.
- 調査書 (学校の) informe m. de los resultados escolares, certificado m. académico
- 調査団 equipo m. ［investigador [de investigación]］, (政府の) misión f.
- 調査報告書 informe m. de investigación

ちょうざめ 蝶鮫 esturión m.

ちょうし 銚子 botella f. de sake, jarrita f. para sake

ちょうし 調子 ❶(音調) tono m., (リズム) ritmo m.‖調子が狂ったピアノ piano m. desafinado／調子が外れている estar desentonado[da]／調子の高い［低い］de tono ［alto [bajo]］／調子を上げる［下げる］［subir [bajar]] el tono／調子をとる llevar el compás, llevar el paso
- 調子外れ‖調子外れの音 nota f. discordante／調子外れに歌う cantar desafinadamente

❷(口調) tono m.‖独特の調子で話す hablar en un tono peculiar／強い調子で批判する criticar con dureza a ALGUIEN

❸(状態) estado m., condición f.‖調子がいい estar en (buena) forma, estar en buen estado, (機械の) funcionar bien／調子が悪い no estar en forma, estar en mal estado, (機械の) funcionar mal／胃の調子が悪い tener molestias en el estómago／そのチームは調子が悪い El equipo está en baja forma.／私はこの暑さで調子が狂った Este calor me ha trastornado.／調子はどう? ¿Qué tal te va?／このところ私はちょっと調子が悪い Últimamente no me encuentro muy bien.／仕事の調子を落とす perder el ritmo de trabajo／いつもの調子を取り戻す recuperar *su* ritmo habitual／この調子でいけば工事を2日後に終えることができる Si continuamos con este ritmo, podremos terminar la obra en dos días.
- 調子よく‖調子よく事が進んだ Todo ha ido muy bien.

❹《慣用表現》
- 《慣用》調子が出る coger el ritmo
- 《慣用》調子に乗る‖調子に乗るなよ ¡No te pases!
- 《慣用》調子を合わせる 《慣用》seguir el humor a ALGUIEN, 《慣用》［llevar [seguir]] la corriente a ALGUIEN

ちょうじ 弔辞 discurso m. fúnebre, mensaje m. de condolencia‖弔辞を述べる pronunciar un discurso fúnebre

ちょうじ 寵児 favorito[ta] mf., preferido[da] mf.‖時代の寵児 personaje m. del momento

ちょうじかん 長時間 《副詞的に》(durante) mucho tiempo, (durante) muchas horas
- 長時間労働 trabajo m. de muchas horas

ちょうしぜん 超自然
- 超自然の sobrenatural
- 超自然的現象 fenómeno m. sobrenatural

ちょうじゃ 長者 multimillonario[ria] mf., millonario[ria] mf.‖長者になる hacerse multimillonario[ria]
- 長者番付 lista f. de multimillonarios

ちょうしゅ 聴取
- 聴取する escuchar‖事情を聴取する tomar declaración a ALGUIEN
- 聴取者 oyente com., escuchante com.‖ラジオの聴取者 radioyente com.
- 聴取率 índice m. de audiencia

ちょうじゅ 長寿 longevidad f.‖長寿の秘訣 secreto m. de la longevidad

ちょうしゅう 徴収 recaudación f.
- 徴収する recaudar, cobrar‖会費を徴収す

ちょうしゅう 徴集　(兵の) reclutamiento *m*., (物品の) requisición *f*.
▶徴集する (兵を) reclutar, (物品を) hacer requisiciones

ちょうしゅう 聴衆　auditorio *m*., audiencia *f*., (人々) público *m*.

ちょうしょ 長所　virtud *f*., cualidad *f*., mérito *m*., (利点) ventaja *f*. ‖ 長所と短所 (人の)「cualidades *fpl*. [virtudes *fpl*.] y defectos *mpl*., (物事の) ventajas *fpl*. y desventajas *fpl*. / 彼の長所は謙虚なことだ Su virtud es la humildad. / 誰にでも長所がある Cada uno tiene su virtud. / 長所を生かす aprovechar *sus*「cualidades [virtudes] / 他の人の長所をみならう aprender de las virtudes de los demás

ちょうしょ 調書　atestado *m*. ‖ 事故の調書を作る levantar el atestado del accidente / 調書をとる tomar declaración a ALGUIEN
◪支払調書 certificado *m*. de pago

ちょうじょ 長女　primogénita *f*., hija *f*. mayor

ちょうしょう 嘲笑　burla *f*., risa *f*. burlona ‖ 嘲笑の的になる convertirse en el hazmerreír 《de》
▶嘲笑的な bur*lón*[*lona*], desdeño*so*[*sa*]
▶嘲笑する burlarse 《de》, reírse 《de》, poner en ridículo a ALGUIEN ‖ 彼は私の友人 (男性) を嘲笑した Él puso en ridículo a un amigo mío.

ちょうじょう 頂上　cima *f*., cumbre *f*., pico *m*. ‖ 頂上を極める llegar a la「cima [cumbre]

ちょうじょうげんしょう 超常現象　fenómeno *m*. paranormal

ちょうしょく 朝食　desayuno *m*. ‖ 朝食をとる tomar (el) desayuno, desayunar / 朝食を抜く saltarse el desayuno / 朝食にトーストを食べる desayunar una tostada, comer una tostada para desayunar / 朝食は付いていますか ¿El desayuno está incluido? / 朝食付きでお願いします Con desayuno, por favor. / 朝食は要りません No necesito desayuno. / 朝食は何時からですか ¿Desde qué hora se puede desayunar?

ちょうじり 帳尻　balance *m*., cuenta *f*. ‖ 帳尻が合わない Las cuentas no cuadran. / 帳尻を合わせる equilibrar las cuentas

ちょうしん 長身
▶長身の al*to*[*ta*], de gran estatura ‖ 長身の男性 hombre *m*.「de gran estatura [alto]

ちょうしん 長針　minutero *m*.,「manecilla *f*. [aguja *f*.] larga

ちょうじん 超人　superhombre *m*., supermujer *f*., 《話》supermán *m*. ‖ 超人でなくてもこの仕事はできる No tiene que ser supermán para hacer este trabajo.
▶超人的な sobrehuma*no*[*na*] ‖ 超人的な努力をする hacer un esfuerzo sobrehumano

ちょうしんき 聴診器　estetoscopio *m*., fonendoscopio *m*. ‖ 聴診器を当てる colocar el estetoscopio 《sobre》, (聴診する) auscultar con el estetoscopio

ちょうせい 調整　ajuste *m*., coordinación *f*. ‖ エンジンの調整 ajuste *m*. del motor, puesta *f*. a punto del motor / 数字の調整 ajuste *m*. de cifras / 肉の価格の調整を図る regular los precios de la carne
▶調整する ajustar, arreglar, coordinar ‖ 意見を調整する coordinar las opiniones
◪調整池 estanque *m*. de retención

ちょうせつ 調節　ajuste *m*., control *m*., regulación *f*. ‖ 体温の調節「control *m*. [regulación *f*.] de la temperatura corporal / 調節がきく ajustable
▶調節する ajustar, controlar, regular, (電波・音を) modular ‖ 音量を調節する ajustar el volumen
◪自動調節 ajuste *m*. automático

ちょうせん 挑戦　desafío *m*., reto *m*. ‖ 新たな挑戦 nuevo desafío *m*. / 未知への挑戦 desafío *m*. a lo desconocido / 挑戦に応じる「aceptar [asumir] el desafío
▶挑戦する desafiar 《a》, retar 《a》, (試みる) intentar「+不定詞」‖ 世界チャンピオン (男性) に挑戦する desafiar al campeón mundial / 記録に挑戦する intentar romper el récord
▶挑戦的な desafiante, agresi*vo*[*va*] ‖ 挑戦的な態度 actitud *f*. desafiante
◪挑戦者 desafia*dor*[*dora*] *mf*., aspirante *com*.
◪挑戦状 carta *f*. de desafío

ちょうせん 朝鮮　(地域) Corea
◪北朝鮮 Corea del Norte
◪朝鮮語 coreano *m*., lengua *f*. coreana
◪朝鮮半島 península *f*. coreana
◪朝鮮民族 etnia *f*. coreana
◪朝鮮人参 ginseng *m*. (coreano)

ちょうぜん 超然
▶超然とした impasible, impávi*do*[*da*] ‖ 超然とした態度をとる adoptar una actitud

ホテルの朝食

impasible

ちょうぞう 彫像　estatua *f*.

ちょうだ 長打　《野球》bateo *m*. de largo alcance, extrabase *m*., 《ゴルフ》tiro *m*. largo

◪ 長打者《野球》batea*dor*[*dora*] *mf*. de largo alcance

ちょうだ 長蛇 ‖ 長蛇の列を作る hacer una cola「larga [interminable]

ちょうだい 頂戴 ⇒「ください（下さい）」‖ 飴をちょうだい Dame caramelos. ／時々電話ちょうだいね Llámame de vez en cuando, ¿vale?

▶ 頂戴する（受け取る）recibir,（飲食する）comer, beber, tomar ‖ お手紙を頂戴いたしました Acuso recibo de su atenta carta. ／もうワインは十分頂戴しました Ya he bebido bastante vino.

ちょうたつ 調達　adquisición *f*., obtención *f*.,（供給）suministro *m*.

▶ 調達する　conseguir, proveerse《de》, obtener,（供給する）suministrar, proveer ‖ 材料を調達する suministrar materiales《a》／資金を調達する reunir fondos

ちょうたんぱ 超短波　(VHF) frecuencia *f*. muy alta

ちょうちょう 町長　alcal*de*[*desa*] *mf*.

ちょうちょう 長調　tono *m*. mayor ‖ ハ長調の en do mayor

ちょうちん 提灯　「linterna *f*. [farolillo *m*.]（de papel）

◪ 提灯行列　desfile *m*. de farolillos

◪ 提灯持ち　adula*dor*[*dora*] *mf*.,《話》pelo*tero*[*ra*] *mf*.,《話》pelota *com*.

ちょうつがい 蝶番　bisagra *f*., gozne *m*.

ちょうづめ 腸詰め　embutido *m*.

ちょうてい 朝廷　Corte *f*. Imperial

ちょうてい 調停　mediación *f*., arbitraje *m*. ‖ 調停に持ち込む「someter [llevar] ALGO a mediación ／両者間の調停を行う mediar entre las dos partes

▶ 調停する　mediar《en, entre》, intervenir《en》, arbitrar

◪ 離婚調停　mediación *f*. en el divorcio

◪ 調停案　plan *m*. de mediación

◪ 調停委員会　comité *m*. de mediación

ちょうてん 頂点　(幾何) vértice *m*.,（山などの）cima *f*., cumbre *f*., pico *m*.,（絶頂）apogeo *m*., clímax *m*.[=*pl*.] ‖ 多角形の頂点 vértice *m*. de un polígono ／人気の頂点に立つ estar en la cima de la popularidad ／頂点に達する alcanzar la cima《de》

ちょうでん 弔電　telegrama *m*. de「condolencia [pésame] ‖ 弔電を打つ enviar un telegrama de「condolencia [pésame]

ちょうど　justo, justamente, exactamente, precisamente ‖ ちょうど1年前に hace justamente un año ／ちょうど3時だ Son las tres en punto. ／ちょうどよい大きさの箱 caja *f*. de tamaño adecuado《para》／ちょうどよいときに到着する llegar oportunamente ／銀行は薬局のちょうど正面にある El banco está justo enfrente de la farmacia.

ちょうど 調度　(家具) mobiliario *m*.,（道具）utensilios *mpl*.

ちょうどうけん 聴導犬　perro *m*. señal

ちょうとうは 超党派

▶ 超党派の　suprapartidista

◪ 超党派グループ　grupo *m*. suprapartidista

ちょうとっきゅう 超特急　tren *m*.「de alta velocidad [superrápido]

ちょうない 町内 ‖ 町内をあげて秋祭りに参加した Todos los vecinos del barrio acudieron a la fiesta de otoño.

▶ 町内に/町内で　en el barrio

◪ 町内会　asociación *f*. de vecinos

ちょうなん 長男　primogénito *m*., hijo *m*. mayor

ちょうのうりょく 超能力　poder *m*. sobrenatural ‖ 超能力を発揮する mostrar *su* poder sobrenatural

ちょうは 長波　onda *f*. larga

ちょうば 跳馬　(器具) potro *m*.,（種目）salto *m*. de potro

ちょうはつ 長髪　pelo *m*. largo ‖ 長髪にしている「llevar [tener] el pelo largo

▶ 長髪の　de pelo largo

ちょうはつ 挑発　provocación *f*., incitación *f*. ‖ 挑発に乗る responder a la provocación ／挑発を無視する ignorar la provocación

▶ 挑発する　provocar, incitar

▶ 挑発的な　provoca*dor*[*dora*], provocati*vo*[*va*]

◪ 挑発行為　acción *f*. provocadora

ちょうばつ 懲罰　castigo *m*., sanción *f*.

▶ 懲罰する　castigar, sancionar

◪ 懲罰委員会　comisión *f*. disciplinaria

◪ 懲罰房　celda *f*. de castigo

ちょうふく 重複　repetición *f*., redundancia *f*. ‖ 重複を避ける evitar repetición

▶ 重複した　repeti*do*[*da*], redundante

▶ 重複する　repetirse ‖ 重複して申し込む solicitar lo mismo dos veces, repetir la misma solicitud ／いくつかの名前が重複している Algunos nombres están repetidos.

ちょうへい 徴兵　reclutamiento *m*.,《中南米》conscripción *f*.

▶ 徴兵する　reclutar, llamar a ALGUIEN al servicio militar

◪ 徴兵忌避 ‖ 良心的徴兵忌避 objeción *f*. de conciencia al servicio militar

◪ 徴兵検査　reconocimiento *m*. médico para el servicio militar

◪ 徴兵制度　servicio *m*. militar obligatorio

ちょうへん 長編　obra *f*. larga

ちょうぼ 帳簿 《商業》libros *mpl.* [de contabilidad [contables], registro *m.* ‖ 帳簿を付ける llevar los libros
▣ 帳簿係 contable *com.*

ちょうほう 重宝
▶ 重宝な práctico[ca], conveniente, útil ‖ 重宝な道具 utensilios *mpl.* útiles
▶ 重宝する ser muy útil ‖ いただいた時計はとても重宝しています Me es muy útil el reloj que usted me ha regalado.
▶ 重宝がる ‖ コンピュータの知識があるので彼は同僚に重宝がられている Sus colegas lo aprecian por sus conocimientos de informática.

ちょうほう 諜報
▣ 諜報員 espía *com.*, agente *com.* secreto[ta]
▣ 諜報活動 espionaje *m.*
▣ 諜報機関 「servicio *m.* [organización *f.*] de inteligencia

ちょうぼう 眺望 vista *f.*, panorama *m.*, perspectiva *f.* ‖ 眺望がすばらしい tener una magnífica vista

ちょうほうきてき 超法規的
▶ 超法規的(な) extralegal ‖ 超法規的措置 medidas *fpl.* extralegales

ちょうほうけい 長方形 rectángulo *m.*
▶ 長方形の rectangular

ちょうほんにん 張本人 autor[tora] *mf.*, (首謀者) cabecilla *com.*, (扇動者) instigador[dora] *mf.* ‖ 騒動の張本人 cabecilla *com.* del disturbio

ちょうまんいん 超満員 ‖ 展覧会場は超満員だった La sala de exposiciones estaba 「completamente llena [abarrotada] de gente.
▶ 超満員の completamente lleno[na] 《de》, repleto[ta] 《de》 ‖ 超満員の車両 vagón *m.* 「repleto [abarrotado] de gente

ちょうみ 調味 aderezo *m.*, aliño *m.*
▶ 調味する sazonar, aderezar, condimentar, aliñar
▣ 調味料 condimento *m.* ‖ 調味料を使う usar condimentos

ちょうみん 町民 habitantes *mpl.* 「de la ciudad [del pueblo], ciudadano[na] *mf.*, vecino[na] *mf.*

ちょうむすび 蝶結び lazada *f.*, lazo *m.*
▶ 蝶結びをする hacer una lazada

ちょうめん 帳面 cuaderno *m.*

ちょうもん 弔問 visita *f.* de pésame
▶ 弔問する hacer una visita de 「pésame [condolencia]
▣ 弔問客 persona *f.* que hace una visita para dar el pésame

ちょうもんかい 聴聞会 audiencia *f.*

ちょうやく 跳躍 salto *m.*
▶ 跳躍する saltar
▣ 跳躍競技 pruebas *fpl.* de salto
▣ 跳躍台 trampolín *m.*
▣ 跳躍力 capacidad *f.* de salto

ちょうり 調理 cocina *f.* ‖ 魚の調理を習う aprender 「a [cómo] preparar el pescado
▶ 調理する cocinar
▣ 調理器具 「utensilios *mpl.* [batería *f.*] de cocina
▣ 調理師 cocinero[ra] *mf.*
▣ 調理食品 alimento *m.* precocinado, plato *m.* preparado
▣ 調理台 mesa *f.* de cocina
▣ 調理場 cocina *f.*
▣ 調理法 forma *f.* de cocinar, receta *f.*

ちょうりつ 町立
▶ 町立の municipal

ちょうりつ 調律 afinación *f.*
▶ 調律する afinar ‖ ピアノを調律する afinar el piano
▣ 調律師 afinador[dora] *mf.*

ちょうりゅう 潮流 corriente *f.* (marina), (時代の) tendencia *f.*

ちょうりょく 張力 《物理》tensión *f.*
▣ 張力計 tensiómetro *m.*

ちょうりょく 潮力 fuerza *f.* de marea
▣ 潮力発電 generación *f.* de energía mareomotriz
▣ 潮力発電所 central *f.* mareomotriz

ちょうりょく 聴力 capacidad *f.* auditiva, oído *m.* ‖ 聴力を失う perder el oído
▶ 聴力計 audímetro *m.*, audiómetro *m.*
▶ 聴力検査 prueba *f.* de audición

ちょうるい 鳥類 aves *fpl.*
▣ 鳥類学 ornitología *f.*
▣ 鳥類学者 ornitólogo[ga] *mf.*
▣ 鳥類保護区 refugio *m.* de aves

鳥の種類

オウム loro *m.* / カイツブリ zampullín *m.* 「chico [común] / カッコウ cuco *m.*, cuclillo *m.* / カモ pato *m.* silvestre / カモメ gaviota *f.* / カワセミ martín *m.* pescador / キジ faisán *m.* verde / キツツキ pájaro *m.* carpintero / コウノトリ cigüeña *f.* / サギ garza *f.* / スズメ gorrión *m.* / タカ halcón *m.* / ダチョウ avestruz *m.* / チドリ chorlito *m.* / ツバメ golondrina *f.* / ツル grulla *f.* / ハクチョウ cisne *m.* / ハト paloma *f.* / ハヤブサ halcón *m.* peregrino / フクロウ lechuza *f.* / ペリカン pelícano *m.* / ペンギン pingüino *m.* / ライチョウ perdiz *f.* nival / ワシ águila *f.*

ちょうれい 朝礼 reunión *f.* 「de la mañana [matutina, matinal]

ちょうろう 長老 anciano *m.*, patriarca *m.*, decano *m.*
▶長老派の(信者)（プロテスタントの）presbiteria*no*[na] (*mf.*)

ちょうわ 調和 armonía *f.* ‖ 心と体の調和 equilibrio *m.* entre la mente y el cuerpo ／ 調和を保つ mantener [guardar] (la) armonía ／ 調和を乱す romper la armonía
▶調和のとれた armonio*so*[sa], equilibra*do*[da]
▶調和する armonizar《con》, ir bien《con》‖ 絵は壁の色とよく調和している Los cuadros 「combinan [van] bien con el color de la pared.

チョーク tiza *f.*,《メキシコ・コロンビア》gis *m.*

ちょきん 貯金 ahorro *m.* ‖ 300万円の貯金がある tener ahorros de tres millones de yenes ／ 貯金を下ろす 「retirar [sacar] dinero de la cuenta
▶貯金する ahorrar ‖ 銀行に貯金する depositar dinero en el banco
◻郵便貯金 ahorro *m.* postal
◻貯金通帳 libreta *f.* de ahorros
◻貯金箱 hucha *f.*

ちょくえい 直営 administración *f.* directa
◻直営店 tienda *f.* administrada directamente《por》

ちょくげき 直撃 golpe *m.* directo
▶直撃する dar un golpe directo,（台風が）azotar ‖ 台風が南九州を直撃した El tifón azotó el sur de Kyushu.
◻直撃インタビュー entrevista *f.* sorpresa
◻直撃弾 balazo *m.* directo

ちょくご 直後
▶直後に 「inmediatamente [justo] después《de》‖ スタート直後に 「inmediatamente [justo] después de la salida ／ 飛行機は離陸直後に墜落した El avión se estrelló poco después del despegue.

ちょくし 直視 mirada *f.* directa
▶直視する mirar a ALGUIEN a los ojos ‖ 現実を直視する 「enfrentarse a [afrontar] la realidad

ちょくしゃにっこう 直射日光 「luz *f.* directa [rayos *mpl.* directos] del sol ‖ 直射日光にさらされる estar expues*to*[ta] a la luz directa del sol

ちょくしん 直進
▶直進する ir (todo) 「derecho [recto], avanzar en línea recta ‖ 光は何らかの物体にあたるまで直進する La luz viaja en línea recta hasta que choca contra un objeto.

ちょくせつ 直接 directamente ‖ 直接交渉する negociar directamente《con》／ プレゼントを直接手渡す entregar en mano el regalo a ALGUIEN
▶直接の／直接的な direc*to*[ta], inmedia*to*[ta] ‖ 事故の直接の原因 causa *f.* directa del accidente ／ 放射能の健康への直接的な影響 influencia *f.* directa de las radiaciones en la salud humana ／ この事件は前の事件とは直接の関係はない Este caso no tiene relación directa con el anterior.
◻直接照明 iluminación *f.* directa
◻直接税 impuesto *m.* directo
◻直接選挙 sufragio *m.* directo, elecciones *fpl.* directas
◻直接費 coste *m.* directo
◻直接民主制 democracia *f.* directa
◻直接話法 「discurso *m.* [estilo *m.*] directo

ちょくせん 直線 línea *f.* recta,《数学》recta *f.*
◻直線運動 movimiento *m.* rectilíneo
◻直線距離 distancia *f.* 「directa [en línea recta]
◻直線コース recta *f.*,（競技場の）recta *f.* final

ちょくぜん 直前 ‖ 優勝候補の直前を走る correr justo delante del favorito
▶直前に（時間）「inmediatamente [justo] antes《de》, en el último momento, a última hora ‖ 出発の直前に justo antes de 「partir [la partida] ／ 会議は直前になって中止された La reunión fue cancelada 「a última hora [justo antes de comenzar]. ／ 直前になって予約をキャンセルして申し訳ありません Siento cancelar la reserva en el último momento.

ちょくそう 直送 envío *m.* directo ‖ 産地直送のオリーブ aceitunas *fpl.* directamente distribuidas por el productor
▶直送する 「enviar [distribuir] ALGO directamente

ちょくぞく 直属 ‖ 大臣（男性）直属の部下 subordina*do*[da] *mf.* direc*to*[ta] del ministro ／ 直属にある estar bajo el 「mando [control] directo《de》

ちょくちょう 直腸 recto *m.*
◻直腸炎 proctitis *f.*[=*pl.*]
◻直腸がん cáncer *m.* 「de recto [rectal]

ちょくつう 直通
▶直通の direc*to*[ta]
◻直通運転 servicio *m.* directo
◻直通電話 línea *f.* directa
◻直通列車 tren *m.* directo

ちょくばい 直売 venta *f.* 「directa [sin intermediarios]
▶直売する vender directamente
◻生産者直売 venta *f.* directa del productor
◻直売店 tienda *f.* de venta directa
◻直売品 producto *m.* de venta directa

ちょくほうたい 直方体 ortoedro *m.*, paralelepípedo *m.* rectangular

ちょくめん 直面
▶直面する afrontar, hacer frente《a》, enfrentarse《con, a》‖私たちが直面している問題 problema *m*. al que nos enfrentamos／緊急事態に直面する hacer frente a una situación de emergencia／不景気に直面している estar ante una recesión económica

ちょくやく 直訳 traducción *f*. literal
▶直訳する traducir「palabra por palabra [literalmente]」

ちょくゆにゅう 直輸入 importación *f*. directa‖メキシコ直輸入の工芸品 artesanía *f*. directamente importada de México
▶直輸入する importar directamente

ちょくりつ 直立
▶直立する levantarse, elevarse, enderezarse
▶直立の ergui*do*[da], derec*ho*[cha], rec*to*[ta]‖直立の姿勢で en posición erguida
◪直立猿人 pitecántropo *m*.
◪直立不動‖直立不動の姿勢をとる ponerse firme,（気をつけの姿勢）cuadrarse

ちょくりゅう 直流（電気）corriente *f*.「continua [directa]」

ちょくれい 勅令「orden *f*. [edicto *m*.]」imperial

ちょくれつ 直列 serie *f*.
◪直列回路 circuito *m*. en serie

ちょこ 猪口 tazón *m*. pequeño (de sake)

ちょこちょこ a pasos cortos‖ちょこちょこ歩く andar a pasos cortos

チョコレート chocolate *m*.,（中に何か入っているもの）bombón *m*.,（小さい板チョコ）chocolatina *f*.
◪チョコレート色 color *m*. chocolate
◪チョコレート菓子 dulce *m*. de chocolate
◪チョコレートシェイク batido *m*. de chocolate
◪チョコレート店 chocolatería *f*.

ちょこんと‖その男の子はちょこんと頭を下げた El niño hizo una rápida reverencia.

ちょさく 著作（書いたもの）obra *f*.,（著述）producción *f*.
◪著作家 escri*tor*[tora] *mf*.
◪著作権 derecho *m*. de autor,《英語》*copyright m*.
◪著作権法 Ley *f*. sobre Derecho de Autor
◪著作権料 derechos *mpl*. de autor
◪著作物 obra *f*. escrita,（出版物）publicación *f*.

ちょしゃ 著者 au*tor*[tora] *mf*.
◪著者不明‖著者不明の anóni*mo*[ma]

ちょじゅつ 著述 ⇒ちょさく（著作）
▶著述する escribir
◪著述家 escri*tor*[tora] *mf*.
◪著述業 profesión *f*. literaria

ちょしょ 著書 obra *f*.,（本）libro *m*.,（出版物）publicación *f*.

ちょすい 貯水 almacenamiento *m*. de agua
◪貯水槽 tanque *m*. de agua
◪貯水池 estanque *m*., embalse *m*.
◪貯水能力 capacidad *f*. de retención de agua
◪貯水率‖ダムの貯水率は現在70パーセントだ El embalse está actualmente al 70% (setenta por ciento) de su capacidad total.

ちょぞう 貯蔵 almacenamiento *m*.
▶貯蔵する almacenar, conservar‖工場には米が10トン貯蔵してある En la fábrica hay almacenadas diez toneladas de arroz.
◪貯蔵庫 depósito *m*., almacén *m*.
◪貯蔵品 productos *mpl*. almacenados, reserva *f*.

ちょちく 貯蓄 ahorro *m*.
▶貯蓄する ahorrar
◪財形貯蓄 sistema *m*. de ahorro por reducción automática del sueldo
◪貯蓄預金 cuenta *f*. de ahorros

ちょっか 直下‖直下を見下ろす mirar justo debajo de *sí*／直下に広がるパノラマ panorama *m*. que se extiende a *sus* pies
▶直下の「justo [directamente] debajo《de》」
◪直下型地震‖首都圏直下型地震 terremoto *m*. con el epicentro (justo) bajo la zona metropolitana

ちょっかい
▶ちょっかいを出す meterse《en》, entrometerse《en》,（言い寄る）cortejar

ちょっかく 直角 ángulo *m*. recto‖直角をなす formar un ángulo recto《con》
▶直角の rectángu*lo*[la]
▶直角に formando (un) ángulo recto‖2本の道が直角に交わっている Las dos calles se cruzan「en ángulo recto [perpendicularmente]」.
◪直角三角形 triángulo *m*.「rectángulo [recto]」

ちょっかっこう 直滑降《スキー》descenso *m*. en *schuss*

ちょっかん 直感 intuición *f*.,（第六感）sexto sentido *m*.,（予感）presentimiento *m*.‖直感に頼る contar con la intuición／直感に従う「seguir [dejarse llevar por] la intuición／私の直感が当たった Mi intuición acertó.
▶直感する intuir, saber ALGO por intuición, tener la「intuición [corazonada] de que」‖《+直感法》‖昨日君と話した時、君が何か大変な問題を抱えていると直感した Ayer cuando hablamos, tuve la intuición de que tenías problemas gordos.
▶直感的な intuiti*vo*[va]
▶直感で/直感的に intuitivamente, por intuición‖直感で分かる saber ALGO「intuitivamente [por intuición]」

ちょっかん 直観 intuición *f*.
◪直観主義《哲学》intuicionismo *m*.

チョッキ

◪ **直観主義者** 《哲学》intuicionista com.
◪ **直観力** intuición f.
チョッキ chaleco m.
ちょっきゅう 直球 bola f. recta
ちょっけい 直系 línea f. directa
▶ **直系の** direc*to*[*ta*] ‖ 直系の家族 familia f. directa
◪ **直系尊属** ascendiente com. en línea directa
ちょっけい 直径 diámetro m. ‖ 直径10センチの円 círculo m. de diez centímetros de diámetro
ちょっけつ 直結
▶ **直結する** conectarse directamente 《con》‖ 未婚率の増加が出生率の減少に直結している El aumento del índice de soltería está directamente vinculado con la caída de la natalidad.
ちょっこう 直行 ‖ この列車に乗れば札幌まで直行で行けるよ Este tren te lleva directo hasta Sapporo.
▶ **直行する** ir directamente 《a》‖ 犯行現場に直行する dirigirse directamente al lugar del crimen
◪ **直行バス** autobús m. directo
◪ **直行便** (航空機) vuelo m. directo
ちょっと →すこし(少し) ❶ (少し) un poco, algo, (少しの) un poco de 〖+名詞〗‖ ちょっと疲れています Estoy un poco cansa*do*[*da*]. / ちょっとお聞きしたいのですが Querría hacerle una pregunta. / ちょっと見ただけでは誰だか分からない A simple vista no se sabe quién es. / ちょっと見てくださいませんか ¿Podría echarle un vistazo? / 彼はちょっとやそっとの事では驚かない Él no se deja sorprender fácilmente.
❷ (少しの時間) un momento, un minuto ‖ ちょっと待ってください Espere un momento, por favor. / ちょっと前に hace un momento, hace poco / 彼の息子はちょっとの間にとても大きくなった Su hijo creció mucho en poco tiempo.
▶ **ちょっとした** (わずかな) peque*ño*[*ña*], lig*ero*[*ra*], insignificante, (かなりの) no despreciable ‖ ちょっとした気配り un pequeño gesto de atención / ちょっとした金額 una suma de dinero no despreciable / ちょっとした事に腹を立てる enfadarse por cualquier cosa
ちょびひげ ちょび髭 pequeño bigote m.
ちょめい 著名 ‖ 著名の士 celebridad f.
▶ **著名な** célebre, ilustre, distingui*do*[*da*], renombra*do*[*da*], famo*so*[*sa*] ‖ 著名な作家 escri*tor*[*tora*] mf. [célebre [ilustre] / 著名な作品 obra f. [célebre [famosa]
チョリソ (腸詰め) chorizo m.
ちょろちょろ ‖ 水がちょろちょろ流れる Corre un hilo de agua. ¦ Sale un chorrito de agua. / 子供たちがちょろちょろしている Corretean los niños.
ちょんまげ peinado m. tradicional japonés de samurái
ちらかす 散らかす dejar ALGO 「en desorden [desordena*do*] ‖ 部屋を散らかす dejar la habitación desordenada / おもちゃを散らかしておかないで No dejes los juguetes tirados por ahí.
ちらかる 散らかる estar 「en desorden [desordena*do*[*da*]] ‖ 散らかった部屋 habitación f. desordenada / 家がめちゃくちゃに散らかっている La casa está patas arriba. / パーティーの後、空き缶や紙皿があちこちに散らかっていた Después de la fiesta, había latas vacías y platos de papel tirados por todas partes.
ちらし 散らし folleto m., prospecto m. ‖ 宣伝のチラシ hoja f. de propaganda
◪ **ちらし寿司** (説明訳) arroz m. con vinagre adornado con pescado crudo, huevo y verdura
ちらす 散らす dispersar, esparcir ‖ 強風が花を散らす Un fuerte viento hace caer las flores.
ちらちら ‖ 遠くに明かりがちらちら見える Se ven algunas luces vacilantes a lo lejos. / 風で花がちらちらと揺れていた Con la brisa se mecían las flores.
▶ **ちらちらする** (光が) parpadear, titilar
ちらつく (光が) parpadear ‖ 蛍光灯がちらついている La lámpara fluorescente parpadea. / 雪がちらつく Caen copos de nieve.
ちらばう ⇒ちらり
ちらばる 散らばる esparcirse, dispersarse ‖ 紙が床に散らばっている Los papeles están tirados por el suelo. / 海岸に沿ってたくさんの島が散らばっている Muchas islas están esparcidas a lo largo de la costa. / メンバーが各地に散らばっている Los miembros se encuentran dispersos en diferentes ciudades.
ちらほら de vez en cuando ‖ 彼女のうわさをちらほら聞く De vez en cuando me llegan noticias de ella. / ゆかた姿の女性もちらほら見える Hay unas cuantas mujeres vestidas con quimono de verano.
ちらり
▶ **ちらりと** ‖ ちらりと見る echar 「una ojeada [un vistazo] 《a》, (かいま見る) entrever / 彼はレセプションにちらりと顔を見せた Él se asomó a la recepción solo un momento.
ちり 塵 polvo m. ‖ 床には塵一つない No hay ni una mota de polvo en el suelo. / 塵が目に入ってしまった Se me ha metido una mota de polvo en el ojo. / 塵が積もる Se acumula el polvo. / 塵ほどの価値もない no valer absolutamente nada / 塵を払う 「qui-

tar [limpiar, sacudir] el polvo ／塵まみれの車 coche *m*. lleno de polvo
[諺]塵も積もれば山となる《諺》Poco a poco hila la vieja el copo. ¦《諺》Gota a gota, se llena la bota.
▫ 塵取り recogedor *m*.
ちり 地理 geografía *f*. ‖日本の地理 geografía *f*. de Japón／この付近の地理に詳しい conocer bien esta zona
▶ 地理的な geográfico[ca]
▶ 地理的に geográficamente
▫ 自然地理学 geografía *f*. física
▫ 地理学者 geografo[fa] *mf*.
チリ Chile
▶ チリの chileno[na]
▶ チリ人 chileno[na] *mf*.
▫ チリ硝石 nitrato *m*. de Chile, nitratina *f*.
ちりがみ 塵紙 pañuelo *m*. de papel
チリソース salsa *f*. de chile
ちりぢり 散り散り‖ちりぢりに逃げる huir「a la desbandada [dispersos] ／戦争のため家族がちりぢりになった La familia se dispersó por la guerra.
ちりばめる 鏤める tachonar, （はめ込む）incrustar, engastar‖宝石をちりばめた王冠 corona *f*. incrustada de joyas
ちりめん 縮緬 crepé *m*. (japonés)
▫ ちりめんじゃこ sardinas *fpl*. pequeñitas secas
ちりょう 治療 （手当て）tratamiento *m*., atención *f*. médica, (治癒) cura *f*.‖歯の治療 tratamiento *m*. de caries／治療を受ける「recibir [seguir] tratamiento médico《para》, recibir atención médica
▶ 治療の terapéutico[ca]
▶ 治療する （手当てる）tratar, dar un tratamiento《a》, (治す) curar
▫ 治療費 gastos *mpl*. médicos
▫ 治療法 terapia *f*., terapéutica *f*.
ちりょく 知力 inteligencia *f*., capacidad *f*. intelectual, intelecto *m*.‖知力を養う cultivar「la inteligencia [el intelecto]
ちりんちりん （音）tilín *m*.‖ちりんちりんと鳴る tintinear, tintinar ／ドアを開けるとちりんちりんと鐘が鳴る Cuando se abre la puerta, tintinea la campanilla.
チリンドロン 《料理》chilindrón *m*.‖鶏のチリンドロン風 pollo *m*. al chilindrón
ちる 散る （分散する）dispersarse, （花が）caer, （水などが）salpicar‖木の葉が散る Caen las hojas del árbol. ／しぶきが散る Salpica el agua. ／インクが散る Se corre la tinta.
チルド
▶ チルドの refrigerado[da]
▫ チルド室 compartimento *m*. refrigerado
▫ チルド食品 alimento *m*. refrigerado

ちんあげ 賃上げ aumento *m*.「salarial [de sueldo, de salario]‖賃上げを要求する pedir un aumento de「salario [sueldo]
ちんあつ 鎮圧 represión *f*.
▶ 鎮圧する reprimir‖反乱を鎮圧する「sofocar [reprimir] la rebelión
ちんか 沈下 hundimiento *f*.
▶ 沈下する hundirse‖地盤が沈下する Se hunde「la tierra [el terreno]
▫ 地盤沈下 hundimiento *m*. de「tierra [terreno]
ちんか 鎮火 extinción *f*. del fuego
▶ 鎮火する （消える）apagarse, extinguirse, （消す）apagar, extinguir‖消防士たちがすばやく火事を鎮火した Los bomberos extinguieron el incendio rápidamente.
ちんがし 賃貸し ⇒ちんたい（賃貸）
ちんがり 賃借り ⇒ちんしゃく（賃借）
ちんぎん 賃金 sueldo *m*., salario *m*.‖賃金が上がる「subir [aumentar] *el sueldo*／賃金が下がる bajar *el sueldo*／賃金を上げる「subir [aumentar] el sueldo／賃金をカットする「bajar [recortar, rebajar] el sueldo
▫ 最低賃金「salario *m*. [sueldo *m*.] mínimo‖最低生活賃金「salario *m*. [sueldo *m*.] mínimo vital
▫ 実質賃金「salario *m*. [sueldo *m*.] neto
▫ 賃金格差 diferencia *f*. salarial‖男女間の賃金格差「desigualdad *f*. [diferencia *f*.] salarial entre hombres y mujeres
▫ 賃金カット recorte *m*. salarial
▫ 賃金交渉 negociación *f*. salarial
▫ 賃金体系 sistema *m*. salarial
▫ 賃金闘争 lucha *f*. salarial
ちんこん 鎮魂
▫ 鎮魂曲／鎮魂歌 réquiem *m*.
ちんじ 珍事「incidente *m*. [suceso *m*.] raro, (思いがけない) incidente *m*. inesperado
ちんしゃ 陳謝 disculpa *f*., excusas *fpl*.
▶ 陳謝する presentar《sus》「disculpas [excusas]《a》, disculparse
ちんしゃく 賃借 arrendamiento *m*., alquiler *m*.
▶ 賃借する alquilar, arrendar
▫ 賃借契約 contrato *m*. de arrendamiento
▫ 賃借人 arrendatario[ria] *mf*.
ちんじゅつ 陳述 declaración *f*., (弁護人の) alegato *m*.
▶ 陳述する declarar
▫ 冒頭陳述 declaración *f*. inicial, (弁護人の) alegato *m*. inicial
▫ 陳述書 declaración *f*. escrita, (弁護人の) alegato *m*. escrito
ちんじょう 陳情 petición *f*., solicitud *f*., súplica *f*.
▶ 陳情する pedir, solicitar
▫ 陳情書 memorial *m*., instancia *f*.
▫ 陳情団 grupo *m*. solicitante

ちんせい 沈静/鎮静
▶沈静化‖沈静化する calmarse, aplacarse／暴動の沈静化を図る intentar aplacar una revuelta
◻鎮静剤 calmante *m.*, sedante *m.*

ちんたい 沈滞 estancamiento *m.*, paralización *f.*‖市場の沈滞 estancamiento *m.* del mercado
▶沈滞した estanc*ado*[da], inacti*vo*[va], paraliz*ado*[da]
▶沈滞する estancarse, paralizarse, pararse

ちんたい 賃貸 alquiler *m.*, arrendamiento *m.*
▶賃貸する alquilar, arrendar
◻賃貸マンション piso *m.* de alquiler
◻賃貸住宅 vivienda *f.* de alquiler
◻賃貸人 arrenda*dor*[dora] *mf.*
◻賃貸料 alquiler *m.*, renta *f.*

ちんちゃく 沈着 serenidad *f.*, tranquilidad *f.*,《慣用》sangre *f.* fría
▶沈着である mantener la calma
▶沈着な sere*no*[na], tranqui*lo*[la], impasible, imperturbable, impávi*do*[da]‖沈着な行動 conducta *f.* serena
▶沈着に serenamente, con tranquilidad, con calma‖沈着にふるまう actuar con「tranquilidad [sangre fría]

ちんちょう 珍重
▶珍重する apreciar ALGO (por su rareza), valorar mucho

ちんちん
▶ちんちんする (犬などが) empinarse

ちんつう 沈痛
▶沈痛な afligi*do*[da], dolori*do*[da], lúgubre‖沈痛な面持ちで con cara afligida, con una gran tristeza en la cara

ちんつう 鎮痛
▶鎮痛の analgési*co*[ca]
◻鎮痛剤 analgésico *m.*, calmante *m.*

ちんでん 沈殿 sedimentación *f.*,《化学》precipitación *f.*
▶沈殿する posarse, sedimentarse
◻沈殿槽 tanque *m.* de sedimentación
◻沈殿物 poso *m.*, sedimento *m.*,《化学》precipitado *m.*

ちんどんや ちんどん屋 (説明訳) banda *f.* de músicos callejeros que hacen publicidad

ちんにゅう 闖入
▶闖入する irrumpir《en》
◻闖入者 intru*so*[sa] *mf.*

チンパンジー chimpancé *m.*(雄・雌)

ちんぴら gambe*rro*[rra] *mf.*, delincuente *com.* de「poca monta [medio pelo]

ちんぷ 陳腐
▶陳腐な mani*do*[da], trilla*do*[da], gasta*do*[da], banal, ordina*rio*[ria]‖陳腐なせりふ palabras *fpl.* gastadas

ちんぷんかんぷん‖僕にはちんぷんかんぷんだ No entiendo ni「jota [papa]. ¦ Me suena a chino.

ちんぼつ 沈没 hundimiento *m.*‖船の沈没を防ぐ evitar el hundimiento del barco
▶沈没する hundirse, (船が)《慣用》irse a pique
◻沈没船 barco *m.* hundido

ちんみ 珍味 manjar *m.* raro y exquisito, (おいしい物) exquisitez *f.*

ちんもく 沈黙 silencio *m.*‖重苦しい沈黙 silencio *m.* tenso／沈黙の世界 mundo *m.* del silencio／沈黙が流れる (会話が途切れて)《慣用》pasar *un ángel*／沈黙を守る guardar silencio／沈黙を破る romper el silencio
▶沈黙する callarse, quedarse calla*do*[da]
▶沈黙させる imponer silencio‖地元チームの打線を沈黙させる《野球》silenciar al bateo del equipo local
諺沈黙は金、雄弁は銀《諺》La palabra es plata y el silencio es oro.

ちんれつ 陳列 exposición *f.*, exhibición *f.*
▶陳列する exponer, exhibir
◻陳列室 sala *f.* de exposición, galería *f.*
◻陳列台 estantería *f.*, mesa *f.* de presentación
◻陳列棚 escaparate *m.*
◻陳列品「artículo *m.* [objeto *m.*] expuesto

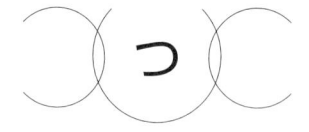

つ

ツアー (企画旅行) paquete *m.* turístico, viaje *m.* organizado, circuito *m.*, (グループ旅行) viaje *m.* en grupo,《フランス語》*tour m.*; (巡業) gira *f.*‖古城めぐりのツアー「paquete *m.* turístico [viaje *m.* organizado] para visitar castillos antiguos／ツアーの日にちを変更する cambiar la fecha del viaje
◻全国ツアー (巡業) gira *f.* por todo el país
◻ツアー客 turista *com.*
◻ツアーコンダクター guía *com.* turísti*co*[ca]
◻ツアー料金 precio *m.* del viaje

つい ❶ (わずかな時間・距離)‖つい先日 justo el otro día／ついさっき ahora mismo,

hace un momento／ついこの間彼女に会った La he visto hace muy poco.／ついそこまで来たので寄ってみた He venido porque pasaba justo por aquí.
❷（思わず）sin querer,（うっかり）por descuido, por error‖君にそれを持って来るのをつい忘れた Por descuido se me olvidó traértelo.／つい大声を出してしまった Grité sin querer.／つい口を滑らせてしまった《慣用》Me he ido de la lengua.

つい 対 par m., pareja f.
▶対の un par《de》‖1対のイヤリング un par de pendientes
▶対になる formar una pareja‖対になっている2つの像 dos figuras emparejadas

ツイード《英語》tweed m.‖ツイードの上着 chaqueta f. de tweed

ついおく 追憶 recuerdo m., memoria f.‖追憶にふける quedarse ensimisma*do[da]* en los recuerdos

ついか 追加 adición f.‖人数の追加は認められません No se permite añadir más personas.／一つ追加があるのですが Quisiera añadir una cosa.
▶追加の suplementa*rio[ria]*, adicional‖追加の募集を打ち切る cerrar la convocatoria adicional
▶追加する añadir, agregar‖メールアドレスを追加する「agregar [añadir] una dirección de correo electrónico
◨追加関税 arancel m. adicional
◨追加対策 medidas fpl.「adicionales [complementarias]
◨追加注文 pedido m. adicional
◨追加予算 presupuesto m. adicional
◨追加料金 suplemento m., recargo m.‖超過手荷物には追加料金がかかります Por el exceso de equipaje, hay que pagar un suplemento.

ついかんばん 椎間板《解剖》disco m. (intervertebral)
◨椎間板ヘルニア hernia f.「discal [de disco]

ついき 追記（手紙）posdata f., postdata f.（略 P. D.）
▶追記する añadir,（手紙）añadir posdata

ついきゅう 追及 persecución f.‖厳しい追及 persecución f. severa／追及をかわす eludir la persecución
▶追及する perseguir, acusar‖理由を追及する preguntar insistentemente la razón de ALGO a ALGUIEN／責任を追及する exigir las responsabilidades de ALGO a ALGUIEN

ついきゅう 追求 búsqueda f., persecución f.‖利潤の追求 búsqueda f. de beneficios
▶追求する buscar, perseguir‖幸福を追求する「buscar [perseguir] la felicidad

ついきゅう 追究 investigación f.

▶追究する investigar, buscar‖事故の原因を追究する investigar las causas del accidente

ついく 対句 antítesis f.[=pl.]

ついげき 追撃 ataque m., persecución f.
▶追撃する（追う）perseguir,（攻撃する）atacar
◨追撃機《軍事》caza m.

ついしけん 追試験 examen m. de recuperación, recuperación f.,《話》repesca f.‖追試験を受ける presentarse a la recuperación

ついじゅう 追従
▶追従する seguir「los pasos [la línea, el ejemplo]《de》‖人の意見に追従する seguir la opinión de los demás

ついしょう 追従 adulación f., halago m.‖お追従を言う decir halagos
▶追従する halagar, adular, alabar‖上司（男性）に追従する adular al jefe
◨追従笑い sonrisa f. de compromiso

ついしん 追伸 posdata f., postdata f.（略 P. D.）

ついずい 追随‖追随を許さない no tener rival,《慣用》dar quince y raya《a》,《慣用》quedarse so*lo[la]*
▶追随する ⇒ついじゅう（⇒追従する）

ついせき 追跡 persecución f., seguimiento m.‖容疑者（男性）の追跡 persecución f. del sospechoso／追跡を受ける ser persegui*do[da]*／パトカーがバイクを追跡中だ El coche de policía está persiguiendo una moto.
▶追跡する perseguir, seguir「la pista [las huellas]《de》
◨追跡者 persecu*tor[tora]* mf., persegui*dor[dora]* mf.
◨追跡調査 seguimiento m., estudio m. de seguimiento

ついそ 追訴 acusación f. adicional
▶追訴する hacer una acusación adicional《contra》

ついぞ nunca, jamás‖そんなことはついぞ聞いたことがない Nunca he oído tales cosas.

ついたち 一日 el día uno, el primero‖5月1日 el primero de mayo, el (día) uno de mayo

ついたて 衝立 mampara f., biombo m.‖ついたてを立てる「colocar [poner] una mampara

ついちょう 追徴
▶追徴する recargar, recaudar adicionalmente
◨追徴金 recargo m.
◨追徴課税 imposición f. adicional

ツイッター《英語》《商標》twitter m., Twitter m.‖ツイッターでメッセージを送る「enviar [mandar] tweets／意見をツイッターに書く twitear una opinión／ツイッターを読

む leer *tweets*
- ツイッターする *twitear*

ついて sobre, de, acerca 《de》, en cuanto 《a》, respecto 《a》⇒かんして(関して) ‖ (自分の) 旅行について話す hablar 「de [sobre, acerca de] *su* viaje / そのことについて何か知っているかい ¿Sabes algo sobre eso? / 値段については店主(男性)と君が直接話した方がいい En cuanto al precio, es mejor que hables directamente con el dueño de la tienda. / 私について言えば、野球を見る習慣はありません Respecto a mí, puedo decirle que no acostumbro a ver el béisbol.

ついで ‖ ついでの時に cuando se presente la ocasión, (都合がつく時に) cuando 「le [te] venga bien / 私はスペインへ行ったついでにパリへ寄った Aproveché mi viaje a España para visitar París. / 話のついでに言っておきます Ya que ha salido el tema, voy a decir algo.

ついで 次いで (その後) luego, después 《de》, (引き続き) a continuación ‖ 講師(男性)の紹介に次いで講演が始まった Después de la presentación del ponente, empezó la conferencia. / このチームでは、ラモンに次いで足が速いのはホルへだ En este equipo el que más rápido corre después de Ramón es Jorge.

ついていく 付いて行く (同伴する) acompañar ‖ 子供のピアノのクラスに付いていく acompañar al niño a clase de piano / 授業に付いていく seguir el desarrollo de la clase / 新しい時代に付いていく adaptarse a los nuevos tiempos

ついている (運がいい) tener suerte ‖ ついている日 día *m.* afortunado / 今日はついているなあ ¡Qué suerte tengo hoy! ¦ ¡Hoy es mi día!

ついてくる 付いて来る venir acompañado[da] 《de》 ‖ 飴を買ったらおもちゃがおまけに付いて来た Compré caramelos que venían con un juguete gratis. / 私の後に付いて来て下さい Sígame.

ついてる ⇒ついている

ついとう 追悼 ‖ 追悼の辞を述べる pronunciar 「una oración [un discurso] fúnebre
- 追悼する lamentar la muerte 《de》
- 追悼演説 discurso *m.* fúnebre
- 追悼式 ‖ 追悼式を行う celebrar un acto en memoria de ALGUIEN

ついとつ 追突 colisión *f.* trasera
- 追突する (車が) chocar con el coche de delante
- 追突事故 colisión *f.* trasera ‖ 追突事故に遭う sufrir una colisión trasera

ついに (やっと) por fin, al fin, al final ‖ ついに彼がやってきた Por fin ha llegado él. / 彼とはついに会えなかった Al final no he podido verlo.

ついばむ 啄む picotear ‖ 木の実をついばむ picotear frutos

ついほう 追放 expulsión *f.*, (国外へ) destierro *m.*, deportación *f.*, (政治的な) exilio *m.*
- 追放する expulsar, (国外へ) desterrar, exiliar ‖ 公職から追放する expulsar a ALGUIEN de la administración pública / 暴力を追放する eliminar la violencia
- 永久追放 expulsión *f.* permanente

ついやす 費やす (使う) gastar, emplear, (無駄に使う) malgastar, derrochar, (捧げる) dedicar ‖ 工事に3億円費やす gastar trescientos millones de yenes en la obra / 時間を費やす dedicar tiempo / 私は人生の長い年月をその研究に費やした He dedicado años y años de mi vida a esa investigación.

ついらく 墜落 caída *f.*
- 墜落する caerse, (飛行機が) estrellarse

ツイン ‖ ツインの部屋を予約する reservar una habitación con dos camas
- ツインタワー torres *fpl.* gemelas
- ツインベッド camas *fpl.* gemelas
- ツインルーム habitación *f.* con dos camas

つう 通 ❶ (数詞) ‖ 2通の手紙 dos cartas *fpl.*
❷ (精通している人) experto[ta] *mf.*, autoridad *f.*, conocedor[dora] *mf.* ‖ ワイン通である ser *un*[una] conocedor[dora] de vinos, entender de vinos
- 情報通 persona *f.* muy informada

つういん 通院
- 通院する 「ir al hospital [visitar al médico] regularmente
- 通院患者 paciente *com.* externo[na]
- 通院治療 tratamiento *m.* ambulatorio

つうか 通貨 moneda *f.* ‖ 日本の通貨は円です La moneda japonesa es el yen. / 強い[弱い]通貨 moneda *f.* 「fuerte [débil]
- 通貨の monetario[ria] ‖ 通貨の安定 estabilidad *f.* monetaria
- 通貨換算 conversión *f.* de divisas
- 通貨危機 crisis *f.*[=*pl.*] monetaria
- 通貨供給量 oferta *f.* monetaria
- 通貨切上げ revaluación *f.*
- 通貨切下げ devaluación *f.*
- 通貨準備 reservas *fpl.* monetarias
- 通貨単位 unidad *f.* monetaria
- 通貨統合 unificación *f.* 「de la moneda [monetaria]
- 通貨同盟 unión *f.* monetaria
- 通貨バスケット制 canasta *f.* de monedas

つうか 通過 paso *m.*, (法案などの) aprobación *f.* ‖ 四国の上空を通過中です Estamos volando sobre Shikoku.
- 通過する pasar, (承認される) ser aproba-

do[*da*] ‖ 急行電車が駅を通過した El tren rápido pasó sin parar en la estación. ／その法案は国会を通過した El proyecto de ley fue aprobado por la Dieta.
- 通過駅 estación *f.* en la que no para el tren
- 通過儀礼 rito *m.* de [iniciación [paso], iniciación *f.*
- 通過ビザ visado *m.* de tránsito

つうかい 痛快
- 痛快な agradable, emocionante ‖ 痛快な試合 partido *m.* emocionante

つうがく 通学
- 通学する ir「a la escuela [al colegio]
- 通学区域 distrito *m.* escolar
- 通学生 exter*no*[*na*] *mf.*
- 通学路 camino *m.* para ir a la escuela, ruta *f.* escolar

つうかん 通関
- 通関する pasar (por) la aduana
- 通関手数料 gastos *mpl.* aduaneros
- 通関手続き trámites *mpl.*「aduaneros [de aduanas]

つうかん 痛感
- 痛感する sentir「profundamente [vivamente] ‖ 私は体力の衰えを痛感した Me di cuenta realmente de que ya no tenía la misma fuerza que antes.

つうき 通気 ventilación *f.*, aireación *f.* ‖ 台所の通気を良くする mejorar la ventilación en la cocina
- 通気性 ‖ 通気(性)の良い家 casa *f.* bien aireada ／通気性の良い布 tejido *m.* transpirable
- 通気孔 respiradero *m.*

つうきん 通勤 desplazamiento *m.* al trabajo
- 通勤する ir al trabajo ‖ 電車[地下鉄、バス]で通勤する ir al trabajo en「tren [metro, autobús]
- 通勤圏 ‖ 通勤圏内に住む vivir a una distancia que permite desplazarse a diario al trabajo
- 通勤時間 tiempo *m.* de desplazamiento al trabajo
- 通勤地獄 condiciones *fpl.* deplorables de los medios de transporte en las horas punta
- 通勤手当 subsidio *m.* de transporte
- 通勤定期 abono *m.* de transporte para ir al trabajo

つうこう 通行 paso *m.*, tránsito *m.*, (車の) circulación *f.* ‖ 通行を妨げる obstaculizar el paso ／車両の通行を禁止する prohibir el paso de vehículos
- 通行する pasar, transitar, (車が) circular
- 一方通行 dirección *f.* única, sentido *m.* único
- 左側通行 circulación *f.* por la izquierda
- 右側通行 circulación *f.* por la derecha
- 通行止め 《掲示》 Prohibido el paso ‖ この道は通行止めになっている Esta calle está cortada.
- 通行人 transeúnte *com.*, peat*ón*[*tona*] *mf.*
- 通行料金 peaje *m.*

つうこく 通告 notificación *f.*, aviso *m.* ‖ 解雇の通告を受ける recibir una notificación de despido
- 通告する notificar, avisar, comunicar

つうこん 痛恨 ‖ ～は痛恨の極みである Es realmente lamentable que『+接続法』.

つうさん 通算 suma *f.*, total *m.* ‖ その選手(男性)は通算して100本のホームランを打った El jugador bateó un total de cien jonrones. ／そのチームは通算4度目のリーグ優勝をかざった El equipo conquistó la liga por cuarta vez en su historia.

つうじて 通じて (仲介) a través《de》, por mediación《de》, (期間) durante, a lo largo《de》‖ ラジオを通じてニュースを知る conocer la noticia a través de la radio ／私たちは友人(女性)を通じて知り合った Nos conocimos por mediación de una amiga. ／四季を通じて durante todas las estaciones del año ／生涯を通じて a lo largo de la vida, toda la vida

つうしょう 通称 nombre *m.* corriente, apelativo *m.*, alias *m.*[=*pl.*] ‖ マリアテレサ、通称テレ María Teresa, por todos llamada Tere ／この通りの通称は「恋人横町」だ A esta calle la llaman popularmente "callejón de los enamorados".

つうしょう 通商 comercio *m.*
- 通商する comerciar《con》
- 通商条約 tratado *m.* comercial

つうじょう 通常 normalmente, habitualmente, ordinariamente ‖ 通常どおり como siempre, como es habitual
- 通常の normal, habitual, ordina*rio*[*ria*] ‖ 通常の倍の値段 precio *m.* doble del「normal [habitual] ／月曜日から通常の営業時間に戻ります Desde el lunes volvemos al horario habitual.
- 通常国会 sesión *f.* ordinaria de la Dieta
- 通常兵器 armas *fpl.* convencionales
- 通常予算 presupuesto *m.* ordinario

ツーショット ‖ ツーショットの写真を撮る sacar una foto en pareja

つうじる 通じる ❶ (道が) conducir《a》, llegar《a》, (つながる) comunicar《con》, conectarse《con》‖ 地下鉄が郊外まで通じている La red de metro llega hasta la periferia. ／この部屋は隣の部屋と通じている Esta habitación comunica con la de al lado.
❷ (意味が) entenderse, (理解される) poder comunicarse ‖ 私の英語が通じない No en-

tienden mi inglés. ¦ No se me entiende en inglés. ／ 私は彼によく説明したと思うが、話が通じなかったようだ Creo habérselo explicado bien pero parece que él no me ha entendido. ／ 彼女はスペインの経済事情にかなり通じている Ella está muy enterada de la situación económica de España.

つうしん 通信 comunicación *f.*, correspondencia *f.* ‖ 通信が途絶えた Se cortó la comunicación.
▶通信する comunicarse 《con》
◪通信員 corresponsal *com.*
◪通信衛星 satélite *m.* de comunicaciones
◪通信回線 línea *f.* de comunicación
◪通信技術 tecnología *f.* de (las) telecomunicaciones
◪通信教育 educación *f.* a distancia
◪通信工学 ingeniería *f.* de telecomunicaciones
◪通信士 opera*dor*[*dora*] *mf.* de comunicaciones
◪通信社 agencia *f.* de noticias
◪通信手段「medio *m.* [modo *m.*] de comunicación, telecomunicaciones *fpl.*
◪通信速度 velocidad *f.* de comunicación
◪通信販売 venta *f.* por correo
◪通信費 gastos *mpl.* de comunicación
◪通信文 correspondencia *f.*, mensaje *m.*
◪通信簿 boletín *m.* de「notas [calificaciones]
◪通信妨害 interferencias *fpl.* (en la comunicación)
◪通信傍受法 Ley *f.* de Intervención Telefónica
◪通信網 red *f.* de comunicaciones

通信の種類

衛星通信 comunicación *f.* por satélite ／ 商業通信 comunicación *f.* comercial ／ データ通信 comunicación *f.* de datos ／ パソコン通信 comunicación *f.* por ordenador ／ 光通信 comunicación *f.* por fibra óptica ／ パケット通信 comunicación *f.* de paquetes ／ 無線通信 comunicación *f.* inalámbrica ／ 有線通信 comunicación *f.* alámbrica

---

つうせつ 痛切
▶痛切な ‖ 痛切な後悔 gran remordimiento *m.* ／ 痛切な問題 problema *m.* grave
▶痛切に profundamente, intensamente ‖ 必要性を痛切に感じる sentir profundamente la necesidad 《de》

つうぞく 通俗
▶通俗的な（大衆的な）popular,（俗悪な）vulgar,（平凡な）corriente, ordina*rio*[*ria*]
▶通俗的に popularmente, vulgarmente
▶通俗性 popularidad *f.*, vulgaridad *f.*
▶通俗化する popularizar, vulgarizar
◪通俗小説 novela *f.* popular
◪通俗文学 literatura *f.* popular

つうたつ 通達 notificación *f.*, aviso *m.*
▶通達する notificar, avisar

つうち 通知 aviso *m.*, notificación *f.*
▶通知する avisar, notificar, comunicar, informar
◪死亡通知 esquela *f.* (mortuoria)
◪通知状 nota *f.* de aviso, notificación *f.*
◪通知表 boletín *m.* de「notas [calificaciones]

つうちょう 通帳 libreta *f.* (de banco) ‖ 通帳を作る hacer una libreta

つうどく 通読
▶通読する（ざっと読む）leer por encima, hojear,（読み通す）leer de cabo a rabo ‖ 本を通読する leer todo el libro,（ざっと）hojear el libro

ツートンカラー
▶ツートンカラーの bicolor, de dos colores

つうねん 通念 idea *f.* generalizada
◪社会通念 idea *f.* socialmente「aceptada [extendida]

つうはん 通販 venta *f.* por「catálogo [correo] ‖ 通販で買う comprar por catálogo
◪通販カタログ catálogo *m.* de venta por correo

ツーピース vestido *m.* de dos piezas,（水着）bañador *m.* de dos piezas

つうふう 通風 ventilación *f.*, aireación *f.* ‖ 通風の良い［悪い］「bien [mal] ventila*do*[*da*]
◪通風管 conducto *m.* de ventilación
◪通風孔 respiradero *m.*

つうふう 痛風 gota *f.*
◪痛風患者 goto*so*[*sa*] *mf.*

つうぶん 通分《数学》reducción *f.* de fracciones a común denominador
▶通分する《数学》reducir fracciones a común denominador

つうほう 通報 aviso *m.*
▶通報する avisar, informar ‖ 警察へ通報する avisar a la policía

つうやく 通訳 traducción *f.*,（人）intérprete *com.*, traduc*tor*[*tora*] *mf.* ‖ 通訳として働く trabajar de intérprete
▶通訳する traducir, interpretar
◪通訳案内士 guía *com.* diploma*do*[*da*]

つうよう 通用
▶通用する（有効である）ser váli*do*[*da*], tener validez,（使われる）usarse, estar en uso ‖ この紙幣はもう通用しない Este billete ya no está en「uso [curso, circulación]. ／ 私の英語はこの仕事には通用しない Mi inglés no sirve para este trabajo. ／ 君の考えは世間ではなかなか通用しないだろう Tus ideas

serán difícilmente aceptadas en este mundo. ／ フランスではスペイン語は通用しない En Francia no se habla español.
◪通用門 puerta f. de servicio

ツーリスト turista com.
◪ツーリストパス pase m. turístico

ツーリング gira f., paseo m., recorrido m.
▶ツーリングする ‖ バイクでツーリングする pasear en moto
◪ツーリングカー automóvil m. de turismo, turismo m.

ツール herramienta f., instrumento m.
◪ツールバー《IT》barra f. de herramientas

つうれい 通例 normalmente, (一般に) por regla general, generalmente ‖ 新入社員を最初の年に地方に送るのが社の通例だ Es costumbre de la empresa destinar a provincias a los empleados en su primer año de trabajo.

つうれつ 痛烈
▶痛烈な demole*dor*[*dora*], mordaz, cáusti*co*[*ca*], fuerte ‖ 痛烈な打球 bola f. fuertemente bateada ／ 痛烈な批判 crítica f. 「destructiva [demoledora] ／ 痛烈な皮肉 ironía f. mordaz
▶痛烈に mordazmente, fuertemente ‖ 痛烈に批判する criticar duramente

つうろ 通路 pasillo m., paso m. ‖ 通路をあける abrir paso ／ 通路側の席 asiento m. de pasillo ／ 通路をふさぐ bloquear el paso

つうわ 通話 llamada f. (telefónica), (長距離)《スペイン》conferencia f.
◪市外通話 llamada f. interurbana
◪市内通話 llamada f. 「urbana [local]
◪国際通話 llamada f. internacional
◪料金受信人払い通話 llamada f. 「a [de] cobro revertido
◪ビデオ通話 videollamada f.
◪通話時間 duración f. de la llamada
◪通話料 coste m. de la llamada

つえ 杖 bastón m., (ステッキ) báculo m. ‖ 杖をたずさえる llevar bastón ／ 杖をついて歩く caminar con bastón ／ 杖となる servir de báculo a ALGUIEN ／ 魔法の杖 varita f. mágica

つか 柄 (刀などの武器の) empuñadura f., (斧など) mango m.

つか 塚 túmulo m., montículo m.

つかい 使い/遣い (人) mensaje*ro*[*ra*] mf., (用件) recado m., mandado m. ‖ 使いに行く hacer un 「recado [mandado] ／ 使いを出す enviar a *un*[*una*] mensaje*ro*[*ra*]

つがい 番 pareja f., par m. ‖ つがいのインコ pareja f. de periquitos

つかいかた 使い方 modo m. de empleo, (説明書) instrucciones fpl. de uso ‖ 使い方の難しい difícil de manejar ／ 使い方のやさしい fácil de manejar ／ 使い方を知っている saber manejar ／ パソコンの使い方を学ぶ aprender a「usar [manejar] el ordenador ／ コピー機の使い方を聞く preguntar cómo se usa la fotocopiadora

つかいこなす 使いこなす manejar bien ‖ 英語をうまく使いこなす dominar el inglés, tener un buen dominio del inglés ／ パソコンを自由に使いこなせる saber usar muy bien el ordenador

つかいこみ 使い込み malversación f., desfalco m., apropiación f. ‖ 会計係(男性)の100万円の使い込みが発覚した Se descubrió un desfalco de un millón de yenes por parte del encargado de contabilidad.

つかいこむ 使い込む (横領する) malversar, desfalcar, apropiarse《de》, (使い慣らす) usar ALGO mucho tiempo ‖ 使いこんだ辞書 diccionario m. muy usado

つかいすぎる 使い過ぎる gastar 「demasiado [en exceso] ‖ お金を使い過ぎる despilfarrar el dinero, gastar demasiado dinero

つかいすて 使い捨て
▶使い捨ての desechable, de usar y tirar
◪使い捨てカメラ cámara f. 「desechable [de usar y tirar]
◪使い捨てコンタクトレンズ lentillas fpl. desechables
◪使い捨て注射器 jeringuilla f. desechable
◪使い捨てライター mechero m. desechable

つかいて 使い手 usua*rio*[*ria*] mf., (名手) exper*to*[*ta*] mf.

つかいで 使いで
▶使いでがある durar mucho ‖ 100ユーロは私にはかなり使いでがある Cien euros me duran bastante.

つかいなれる 使い慣れる familiarizarse《con》, acostumbrarse《a》‖ 僕が使い慣れた携帯電話 móvil m. al que estoy acostumbrado

つかいはしり 使い走り chi*co*[*ca*] mf. de los recados, mensaje*ro*[*ra*] mf. ‖ 使い走りの少年 chico m. de los recados

つかいはたす 使い果たす gastar todo, agotar ‖ 金を使い果たす「gastar todo [agotar] el dinero ／ 私は力を使い果たした Se me agotaron las fuerzas.

つかいふるす 使い古す desgastar
▶使い古した desgasta*do*[*da*], muy usa*do*[*da*]

つかいみち 使い道 utilidad f., empleo m. ‖ 使い道がある tener utilidad, servir, ser útil ／ 使い道がない no tener utilidad, ser 「inservible [inútil] ／ 使い道の多い de uso múltiple ／ 彼はお金の使い道を知らない Él no sabe usar el dinero.

つかいもの 使い物 ‖ これは使いものにならない Esto no sirve para nada.

つかいやすい 使いやすい fácil de 「usar [manejar]」‖ 使いやすいデジタルカメラ cámara *f.* digital fácil de manejar

つかいわける 使い分ける‖ 状況に応じて言葉を使い分ける cambiar *su* modo de hablar según las circunstancias／色を使い分けてグラフを書く hacer un gráfico utilizando colores diferentes

つかう 使う/遣う usar, utilizar,（操作する）manejar,（消費する）gastar, consumir,（採用する）emplear‖〜をうまく使う hacer buen uso《de》／マイクを使ってチャットする utilizar un micrófono para chatear／正確な言葉を使う emplear un vocabulario preciso／このカメラは私が使っているものです（税関検査で）Esta cámara es de uso personal.／使われなくなる caer en desuso

つかえる 支える（詰まる）atascarse‖ トンネルの入り口で車がつかえている Hay un 「atasco [embotellamiento]」 a la entrada del túnel.／何かがつかえて水道管に水が流れない Algo atasca la cañería y no corre el agua.

つかえる 仕える servir, trabajar《para, en》‖ 宮中に仕える trabajar en el palacio／神に仕える servir a Dios

つかえる 使える poder usarse, servir, valer,《形容詞》servible, aprovechable, utilizable, váli*do*[*da*]‖ クレジットカードは使えますか ¿Se puede pagar con tarjeta de crédito?／このアプリケーションはもう使えない Este programa ya no sirve.／この椅子はまだ使える Esta silla sirve aún.／このチケットは今月末まで使える Esta entrada 「es válida [vale]」 hasta fin de mes.／このホテルではネットが使える Este hotel tiene conexión a Internet.

つかつか(と) sin vacilar‖ その男子生徒はつかつかと先生（男性）の方に歩み寄った El alumno se acercó sin vacilación al profesor.

つかのま 束の間‖ 再び会えて喜んだのもつかの間、彼はすぐに行ってしまった Aunque me puse tan contento al verlo de nuevo, se marchó inmediatamente.

▶**つかの間の** momentá*neo*[*nea*], breve,（はかない）fugaz, efíme*ro*[*ra*]‖ つかの間の休息 breve descanso *m.*／つかの間の幸せ felicidad *f.* efímera

つかまえる 捕まえる atrapar, capturar,（逮捕する）detener, arrestar‖ 獲物を捕まえる 「capturar [atrapar]」 la presa／容疑者（男性）を捕まえる detener a un presunto autor 《de》／いくら電話をかけても彼をつかまえられない Por mucho que lo llamo por teléfono, no puedo localizarlo.／親をつかまえてそんなこと言うものではない Eso no se lo dice uno a su 「propio padre [propia madre]」.

つかまる 捕まる/掴まる quedar deteni*do*[*da*], ser captura*do*[*da*],（つかむ）agarrarse《a》, sujetarse《a》, coger‖ ロープにつかまる agarrarse a la cuerda／犯人（男性）が警察に捕まった El culpable fue detenido por la policía.／彼は信号無視で捕まった Lo han pillado por saltarse un semáforo.

つかみあい 掴み合い‖ つかみ合いの喧嘩をする pelearse cuerpo a cuerpo

つかみどころ 掴み所
▶**つかみ所がない** ambi*guo*[*gua*], va*go*[*ga*], indefinible‖ つかみどころがない答え respuesta *f.* ambigua／つかみどころのない人物 personaje *m.* ambiguo

つかむ 掴む agarrar,《スペイン》coger,（手に入れる）obtener, conseguir‖ 棒をつかむ 「agarrar [coger]」 un palo／腕をつかむ coger a ALGUIEN del brazo／証拠をつかむ encontrar una prueba／本の内容をつかむ entender bien el contenido del libro／チャンスをつかむ no dejar pasar una oportunidad

つかる 浸かる/漬かる（浸水する）inundarse, anegarse,（沈む）sumergirse‖ 温泉につかる bañarse en aguas termales／兄はグループの活動にどっぷりつかっている Mi hermano mayor está muy metido en las actividades del grupo.

つかれ 疲れ fatiga *f.*, cansancio *m.*‖ 目の疲れ cansancio *m.* de la vista／旅の疲れ 「fatiga *f.* [cansancio *m.*]」 del viaje／快い疲れ cansancio *m.* agradable／私は疲れがたまっている Tengo acumulado el cansancio.／たまった疲れがとれる recuperarse del cansancio acumulado／まだ疲れがとれない Todavía no se me ha quitado el cansancio.／疲れを癒す aliviar 「la fatiga [el cansancio]」／疲れを感じる sentir 「cansancio [fatiga]」, sentirse cansa*do*[*da*]／疲れをとる aliviar la fatiga, quitar 「la fatiga [el cansancio]」／疲れを見せる acusar 「el cansancio [la fatiga]」／疲れを忘れる olvidarse del cansancio／疲れを知らない incansable, infatigable

つかれる 疲れる cansarse, fatigarse‖ 私はパソコンを使って仕事をすると目が疲れる Cuando trabajo con el ordenador, se me cansan los ojos.／人生に疲れる cansarse de la vida／それを聞いてどっと疲れた Sentí un gran cansancio solo con oírlo.／最近私は疲れやすい Últimamente me canso fácilmente.

▶**疲れた** cansa*do*[*da*], fatiga*do*[*da*]‖ 疲れた様子で con 「aire [aspecto]」 cansado
▶**疲れ果てる/疲れ切る** quedarse agota*do*[*da*], quedarse exhaus*to*[*ta*],《話》estar he*cho*[*cha*] polvo

つかれる 憑かれる estar pose**í**do[da]《por》, estar obsesiona**do**[da]《por, con》‖ 悪霊に憑かれている estar pose**í**do[da] por un espíritu maligno／彼は何かに憑かれたように勉強を始めた Él empezó a estudiar como un poseso.

つき 月 ❶（暦）mes *m*.‖ 月に一度 una vez「por [al] mes／月ごとに mensualmente,（毎月）cada mes／月が変わったので健康保険証を見せてください Déjeme ver la tarjeta de seguro médico porque ya estamos en otro mes.

❷ luna *f*.‖ 月の光 claro *m*. de la luna, luz *f*. de la luna／月のない夜 noche *f*. sin luna／月の裏側 otra cara de la luna／月が満ちる［欠ける］La luna「crece [mengua]．／月が出た Ha salido la luna．／月が沈んだ Se ha puesto la luna．／月が傾き始めた Empezó a ponerse la luna.

▶月の lunar
慣用 月とすっぽんほど違う《慣用》ser (como) la noche y el día
▫月着陸船 módulo *m*. lunar
▫月ロケット cohete *m*. lunar

――― 月の形 ―――

月相 fase *f*. lunar／新月 luna *f*. nueva／三日月 luna *f*. creciente／上弦の月 cuarto *m*. creciente／半月 media luna *f*., cuarto *m*.「creciente [menguante]／下弦の月 cuarto *m*. menguante／満月 luna *f*. llena, plenilunio *m*.

つき 付き （運）suerte *f*., fortuna *f*.；（〜ごとに）por‖ 私はつきに恵まれた Me favoreció la suerte．／この薪は付きがいい Esta leña prende fácilmente．／一人につき por persona／1キロにつき500円 500 yenes「el [por] kilo／雨天につき遠足は中止となった Suspendieron la excursión por la lluvia.
▶付きの／3食付きの con pensión completa／エアコン付きの部屋 habitación *f*. con aire acondicionado／5年保証付きの冷蔵庫 frigorífico *m*. con cinco años de garantía／家具付きのアパート apartamento *m*. amueblado

つき 突き empujón *m*.,（刃物の）puñalada *f*.,（剣の）estocada *f*.

つぎ 次 「el [la, lo]「siguiente, el próximo, la próxima, lo próximo‖ この次 la próxima vez／次を読みなさい Lee lo siguiente．／次は気象情報です（テレビ・ラジオで）Y ahora vamos con el pronóstico del tiempo.
▶次の siguiente, próxim**o**[ma]‖ 次の日曜日 el domingo siguiente,（今度の）el domingo que viene／次の停留所で en la próxima parada／また次の機会にね Hasta la próxima．／気温変化の原因は次の通りです Las causas de los cambios de temperatura son las siguientes.
▶次に（続いて）a continuación,（その後で）luego, después,（第二に）en segundo lugar
慣用 次から次へ un**o**[na] tras otr**o**[tra]‖ コーヒーショップが全国に次から次へとできている En todo el país están abriendo cafeterías una tras otra.

つぎ 継ぎ remiendo *m*.‖ 継ぎだらけのズボン pantalones *mpl*. llenos de remiendos／継ぎを当てる「echar [poner] un remiendo／継ぎをする remendar

つきあい 付き合い relación *f*., trato *m*.‖ 付き合いが広い tener un gran círculo de amistades／付き合いが狭い tener pocas amistades／付き合いの良い sociable,／付き合いの悪い insociable, poco sociable, hura**ñ**o[ña]／付き合いがある tener「amistad [relación, trato]《con》／付き合いが長い tener una larga amistad《con》／我々は長い付き合いです Somos「viejos conocidos [viejas conocidas]．／付き合いをやめる dejar de tratar《con》, romper《con》／娘はクラスメートと付き合い始めた Mi hija ha empezado a salir con un compañero de clase．／付き合いでパーティーに行った Fui a la fiesta「para quedar bien [por compromiso]．／悪い付き合いはやめなさい No andes con malas compañías.

つきあう 付き合う tener trato《con》, tener relaciones《con》, tratar《con》,（特定の人と）andar《con》, salir《con》,（同伴する）acompañar‖ 彼は人と付き合うのが上手［下手］だ A él se le da「bien [mal] relacionarse con la gente．／仲間と上手に付き合う relacionarse bien con los compañeros／長年付き合う mantener la amistad durante muchos años／マリアはホセと付き合っている María sale con José．／待っている間友人（男性）が付き合ってくれた Mientras esperaba, un amigo me hizo compañía．／彼とはとても付き合いきれない No puedo con él．／夕食を付き合う acompañar a ALGUIEN a la cena

つきあかり 月明かり luz *f*. de la luna‖ 月明かりで「con [a] la luz de la luna

つきあげる 突き上げる levantar, empujar ALGO hacia arriba,（圧力をかける）presionar

つきあたり 突き当たり fondo *m*., final *m*.‖ 突き当たりの部屋 habitación *f*. del fondo／路地の突き当たりに al final del callejón

つきあたる 突き当たる （ぶつかる）chocarse《con, contra》, topar(se)《con》‖ 問題に突き当たる「enfrentarse [encontrarse] con un problema

つきおくれ 月遅れ

▶月遅れの ‖ 月遅れの雑誌 revista *f.* del mes anterior ／ 月遅れの新年を祝う celebrar el año nuevo lunar

つきおとす 突き落とす empujar a ALGUIEN hacia abajo, arrojar, tirar ‖ 絶望の底に突き落とす sumir a ALGUIEN en la desesperación

つきかえす 突き返す devolver, (拒絶する) rechazar, rehusar ‖ 報告書を突き返す rechazar el informe

つきかげ 月影 (月の光) luz *f.* de la luna

つきがけ 月掛け pago *m.* mensual, mensualidad *f.*
▶月掛けで por mes, mensualmente

つぎき 接ぎ木 injerto *m.*
▶接ぎ木する injertar

つきぎめ 月極め
▶月極めの mensual
▶月極めで mensualmente, por mes

つききり 付き切り ‖ 病人を付ききりで看病する cuidar a「un[una]enfer*mo*[*ma*]todo el tiempo

つぎこむ 注ぎ込む (注ぐ) verter, echar, (投資する) invertir ‖ 全財産をつぎ込む invertir toda su fortuna《en》

つきささる 突き刺さる clavarse《en》‖ ピンが私の指に突き刺さった El alfiler me pinchó un dedo.

つきさす 突き刺す pinchar, clavar, hincar, (刃物を) apuñalar ‖ ナイフを突き刺す clavar una navaja, apuñalar a ALGUIEN con una navaja
▶突き刺すような (鋭い) penetrante, punzante

つきすすむ 突き進む lanzarse ‖ 嵐の中を突き進む seguir adelante en medio de la tormenta

つきそい 付き添い (人) acompañante *com.*, (護衛) escolta *com.*
▣付添看護師 enferme*ro*[*ra*]*mf.*「particular [acompañante]

つきそう 付き添う acompañar, escoltar, (病人に) cuidar, atender
▶～に付き添われて acompaña*do*[*da*]《por》

つきたおす 突き倒す tirar al suelo a ALGUIEN, hacer caer a ALGUIEN, derribar

つきだし 突き出し tapas *fpl.* incluidas

つきだす 突き出す sacar, asomar, (人を) entregar ‖ 頭を突き出す「sacar [asomar] la cabeza ／ 警察に突き出す entregar a ALGUIEN a la policía

つぎたす 継ぎ足す añadir, (長くする) alargar

つきづき 月月 cada mes, todos los meses
▶月々の mensual

つぎつぎ 次次
▶次々に u*no*[*na*]tras o*tro*[*tra*], sucesivamente ‖ 次々に注文する hacer una serie de pedidos en cadena

つきつける 突き付ける ‖ 要求を突き付ける imponer las exigencias ／ 証拠を突き付ける mostrar la prueba ante los ojos ／ 銃を突き付けて脅す amenazar a punta de pistola a ALGUIEN

つきつめる 突き詰める ‖ 突き詰めて考える pensar a fondo, profundizar《en》／ 原因を突き詰める investigar a fondo las causas《de》

つぎて 継ぎ手 junta *f.*, juntura *f.*

つきでる 突き出る sobresalir, salir fuera ‖ 突き出た唇 labios *mpl.*「prominentes [salientes]

つきとばす 突き飛ばす dar un empujón《a》‖ 彼は突き飛ばされた Le dieron un empujón.

つきとめる 突き止める descubrir, averiguar, encontrar ‖ 居所を突き止める localizar el paradero de ALGUIEN ／ 原因を突き止める「determinar [averiguar] las causas《de》／ 私たちは問題の根底にあるものを突き止めなければならない Tenemos que averiguar lo que hay en el fondo del problema.

つきなみ 月並み
▶月並みの/月並みな banal, común, corriente, tópi*co*[*ca*], ordina*rio*[*ria*]‖ 月並みなことを言う comentar banalidades ／ 月並みな言葉 palabras *fpl.* banales ／ 月並みなお世辞 piropos *mpl.* ordinarios

つきぬける 突き抜ける atravesar, traspasar ‖ 弾丸は壁を突き抜けた La bala atravesó la pared.

つきはなす 突き放す rechazar, repeler, apartar, (見捨てる) abandonar ‖ 物事を突き放した目で見る ver las cosas「con objetividad [objetivamente]

つきひ 月日 tiempo *m.* ‖ 3年の月日が流れた Pasaron tres años. ／ 月日を送る pasar los días ／ 月日が経つにつれて con el paso del tiempo ／ 月日が経つのは速いものだ El tiempo pasa「volando [rápido, deprisa].
〔慣用〕月日は百代の過客 Los meses y los días son viajeros de la eternidad.

つきまとう 付き纏う perseguir, (観念が) obsesionar ‖ 死への思いが彼に付きまとう Le obsesiona la idea de la muerte.

つきみ 月見 contemplación *f.* de la luna ‖ 月見をする contemplar la luna apreciando su belleza
▣月見草 onagra *f.*, (学名) *Oenothera tetraptera*
▣月見うどん fideos *mpl. udon* con huevo crudo

つぎめ 継ぎ目 juntura *f.*, articulación *f.*, (布の) costura *f.* ‖ 継ぎ目なしの鋼管 tubo *m.* de acero sin soldadura

つきもの 付き物 ‖ 権利には義務がつきものだ

つくりあげる

Los derechos vienen acompañados de obligaciones.

つきもの 憑き物 espíritu *m.* maligno ‖ 憑き物に取り付かれている estar poseído[da] por un espíritu maligno

つきゆび 突き指 esguince *m.* del dedo ▶突き指する sufrir un esguince en el dedo

つきよ 月夜 noche *f.* de luna

つきる 尽きる agotarse, terminarse, acabarse ‖ 精も根も尽きる quedarse totalmente agotado[da] ／ 話題が尽きる Se acaban los temas de conversación. ／ 我々の資金が尽きた Se nos agotaron los fondos.

つく 付く (くっつく) adherirse 《a》, pegarse 《a》, (付属する) llevar, venir acompañado[da] 《de》, (接触する) tocar, (根が) arraigar(se), (護衛が) ser escoltado[da], (汚れなどが) ensuciarse, mancharse 《de》‖ ガムがズボンに付いてしまった Se me ha pegado chicle al pantalón. ／ 血の付いたハンカチ pañuelo *m.* manchado de sangre ／ ランチにはデザートと飲み物が付いています El menú incluye postre y bebida. ／ 〜の側に付く ponerse del lado 《de》

つく 吐く うそをつく mentir ／ 悪態をつく「soltar [decir] palabrotas ／ ため息をつく dar un suspiro ／ 一息つく tomarse un descanso

つく 突く/衝く pinchar, picar, punzar, (押す) empujar ‖ 針で突く pinchar con una aguja ／ 棒で突く empujar con un palo

つく 点く (明かりが) encenderse, (火が) prenderse ‖ 火のついたたばこ cigarrillo *m.* encendido ／ 明かりがついた Se encendió la luz. ／ カーテンに火がついた Se prendió fuego a la cortina.

つく 着く llegar 《a》‖ 家に着く llegar a casa ／ 昨日、荷物がついた Ayer llegó el paquete. ／ 天井に手が着く poder tocar el techo con la mano ／ 食卓につく sentarse a la mesa

つく 就く (地位に) ocupar ‖ 職に就く colocarse, conseguir un puesto de trabajo ／ いい地位に就く ocupar un cargo importante ／ 家路につく tomar el camino de vuelta a casa

つく 搗く ‖ 餅をつく amasar arroz cocido golpeándolo con un mazo de madera

つく 撞く tocar ‖ 鐘をつく tocar la campana

つく 憑く poseer a ALGUIEN ‖ 悪霊に憑かれる ser poseído[da] por un espíritu maligno

つぐ 次ぐ ‖ 東京、大阪に次ぐ日本の3番目の大都市 la tercera ciudad más grande de Japón después de Tokio y Osaka ／ 社長に次ぐ2番目の地位 segunda posición *f.* después del presidente

つぐ 注ぐ verter, echar, servir ‖ グラスにワインをつぐ servir vino en una copa

つぐ 接ぐ unir, juntar, componer ‖ 骨を接ぐ「componer [unir, juntar, sanar] un hueso roto

つぐ 継ぐ suceder, seguir, (相続する) heredar, (ほころびを) remendar ‖ 伝統を継ぐ「seguir [heredar] la tradición ／ 彼は父から家業を継いだ Él sucedió a su padre en el negocio familiar. ／ ほころびを継ぐ remendar un descosido

つくえ 机 mesa *f.* (de escribir), escritorio *m.*, (教室の) pupitre *m.* ‖ 机に向かう sentarse a la mesa ／ 机の上を片づける ordenar el escritorio ／ 机を並べる poner las mesas en fila

つくし 土筆 equiseto *m.*, cola *f.* de caballo

つくす 尽くす agotar, (献身的に) servir ‖ 全力を尽くす hacer todo lo posible ／ あらゆる手段を尽くす agotar todos los medios ／ 食べ尽くす comerse todo ／ 世の中に尽くす dedicar *su* vida a la sociedad

つくだに 佃煮 《日本語》 *tsukudani m.*, (説明訳) pequeños trozos *mpl.* de comida cocinados con salsa de soja endulzada

つくづく (じっくり) minuciosamente, concienzudamente, atentamente, (しんから) profundamente, por completo ‖ つくづく眺める mirar「atentamente [con atención] ／ つくづく感じる sentir profundamente ／ 自分が間違っていたとつくづく思った Me he quedado totalmente convencido[da] de que yo estaba equivocado[da]. ／ 彼の偽善がつくづくいやになった Me disgustó profundamente su hipocresía.

つくつくぼうし つくつく法師 una variedad de cigarra, (学名) *Meimuna opalifera*

つぐない 償い compensación *f.*, (賠償) indemnización *f.*, (罪の) expiación *f.* ‖ 償いとして「como [en] compensación 《por》／ 罪の償い expiación *f.* por el pecado

つぐなう 償う (損失を) compensar, (賠償する) indemnizar, (罪を) expiar, purgar, pagar ‖ 損失を償う compensar una pérdida ／ 罪を死をもって償う pagar *su* pecado con la muerte

つくね 捏ね albóndiga *f.* de pollo ‖ つくねの串焼き「brocheta *f.* [pincho *m.*] de albóndigas de pollo

つぐみ 鶫 zorzal *m.*(雄・雌), tordo *m.*(雄・雌)

つぐむ 噤む ‖ 口をつぐむ dejar de hablar, cerrar la boca, (状態) estar callado[da]

つくり 作り/造り (構造) construcción *f.*, estructura *f.*, (体格) complexión *f.* ‖ ぜいたくな造りの家 casa *f.* construida con todo lujo ／ 華奢な身体の作りの人 persona *f.* de complexión delicada

つくりあげる 作り上げる (完成させる) com-

つくりかえる 684

pletar, terminar, (でっちあげる) inventar ‖ 短時間で家を作り上げた Terminó la obra de la casa en muy poco tiempo. ／事件を作り上げる inventar un caso

つくりかえる 作り替える （新しくする）renovar, (手を加える) transformar ALGO 《en》‖ 眼鏡を作り替える renovar las gafas

つくりかた 作り方 「modo *m.* [manera *f.*] de hacer」‖ この料理の作り方を教えてください Enséñame cómo se hace este plato. ¦ Deme la receta de este plato.

つくりごえ 作り声 voz *f.* fingida
つくりごと 作り事 invención *f.*, ficción *f.*
つくりつけ 作り付け(の) empotra*do*[da] ‖ 作りつけ家具 muebles *mpl.* empotrados

つくりなおす 作り直す rehacer, volver a hacer

つくりばなし 作り話 ficción *f.*, cuento *m.* (ficticio), historia *f.*「ficticia [inventada]

つくりわらい 作り笑い sonrisa *f.*「forzada [falsa], 《慣用》risa *f.* de conejo ‖ 作り笑いをする reír con risa forzada

つくる 作る/造る hacer, (加工する) elaborar, (製造する) fabricar, manufacturar, (産出する) producir, (準備する・調理する) preparar, (創造する) crear, (創立する) fundar, (形成する) formar, (建てる) construir, (栽培する) cultivar, (音楽を) componer, (文書を) redactar, (衣服を) confeccionar, coser ‖ チーズを作る「hacer [elaborar] queso ／物置を造る construir un trastero ／電気を作る「producir [generar] electricidad ／会社を作る fundar una empresa ／サッカーチームを作る formar un equipo de fútbol ／トマトを作る cultivar tomates ／詩を作る「hacer [componer] un poema ／ドレスを作る「confeccionar [coser] un vestido ／時間を作る sacar (el) tiempo

つくろう 繕う remendar, zurcir, (修理する) reparar ‖ ほころびを繕う「arreglar [coser] un descosido ／靴下を繕う「remendar [zurcir] los calcetines

つけ 付 （勘定書）factura *f.*, cuenta *f.* ‖ つけで売る vender ALGO al fiado ／つけで買う comprar ALGO al fiado ／つけを払う pagar la「factura [cuenta] ／勘定をつけにする pasar la cuenta a *su* factura ／私はこのバーではつけが利く En este bar me fían.

〔慣用〕つけが回る ‖ つけが回ってくるよ Tendrás que atenerte a las consecuencias.

つげ 黄楊/柘植 〔植物〕boj *m.*
づけ 付け ‖ 2011年10月1日付けの書類 documento *m.* fechado el uno de octubre de 2011

つけあがる volverse engreí*do*[da], 《慣用》subirse a la parra

つけあわせ 付け合わせ 《料理》acompañamiento *m.*, guarnición *f.*

▷付け合わせる guarnecer

つけいる 付け入る aprovecharse《de》, abusar《de》⇒つけこむ(付け込む)

つけかえる 付け替える reemplazar ‖ 部品を他のものに付け替える reemplazar una pieza por la otra

つげぐち 告げ口 delación *f.*, soplo *m.*, 《話》chivatazo *m.* ⇒みっこく(密告)

▷告げ口する delatar, soplar, 《話》chivarse
◨告げ口する人 dela*tor*[tora] *mf.*, so*plón* [plona] *mf.*, 《話》chiva*to*[ta] *mf.*

つけくわえる 付け加える añadir, agregar ‖ 一言付け加えたいのですが Me gustaría agregar unas palabras. ／他に何か付け加えたい人はいますか ¿Alguien quiere añadir algo más?

つけこむ 付け込む aprovecharse （de）, abusar《de》‖ 弱みに付け込む aprovecharse de la debilidad de ALGUIEN

つけたし 付け足し adición *f.*
▷付け足しの adicional

つけたす 付け足す añadir, adicionar, agregar

つけね 付け根 raíz *f.*, base *f.* ‖ 足の付け根 ingle *f.* ／首の付け根 base *f.* del cuello

つけひげ 付け髭 （口ひげ）bigote *m.*「postizo [falso], （あごひげ）barba *f.*「postiza [falsa]

つけまつげ 付け睫毛 pestañas *fpl.* postizas ‖ 付けまつげをしている llevar pestañas postizas

つけまわす 付け回す perseguir a ALGUIEN
つけもの 漬け物 verduras *fpl.*「en salmuera [encurtidas]

つけやきば 付け焼き刃
▷付け焼き刃の superficial ‖ 付け焼き刃の知識 conocimiento *m.* superficial, barniz *m.* de conocimiento

つける 付ける/点ける poner, （設置する）instalar, （くっつける）pegar, （添付する）adjuntar, （塗る）aplicar, （火・電灯を）encender, prender, （尾行する）seguir, perseguir, （勘定を）cargar ‖ ボタンを付ける coser un botón ／軟膏をつける aplicar una pomada ／値を付ける「fijar [poner] el precio ／名前をつける poner un nombre ／電灯をつける encender la luz ／(支払いは) 部屋につけておいてください Cárguelo a (la cuenta de) la habitación, por favor.

つける 着ける （身につける）ponerse, llevar, （近づける）arrimar ‖ ブローチを着ける ponerse un broche ／彼女はネックレスを着けている Ella lleva un collar. ／ボートを岸に着ける arrimar la barca a la orilla

つける 漬ける/浸ける bañar, mojar, （浸す）remojar, dejar ALGO en remojo, （漬物にする）encurtir ‖ パンを牛乳に浸ける mojar pan en la leche ／あずきを水に浸ける poner judías rojas en remojo, remojar judías rojas ／ 白菜を漬ける encurtir col china

つげる 告げる anunciar, avisar ‖ 名前を告げる decir *su* nombre ／ 時計が5時を告げた El reloj dio las cinco. ／ 桜の花が春の訪れを告げる Los cerezos en flor anuncian la llegada de la primavera.

つごう 都合 ❶ (事情) razón *f.* ‖ 一身上の都合で por razones personales ／ 仕事の都合で por exigencias del trabajo ／ 私の都合で por conveniencia mía, por circunstancias mías

❷ (便宜) conveniencia *f.* ‖ あなたの都合がよければ si le conviene, si le va bien ／ 彼はいつも都合のよいことを言う Él siempre dice lo que le conviene. ／ ご都合のよろしいときにお電話ください Llámeme cuando le venga bien. ／ 都合の悪い inconveniente, desfavorable ／ 私は明日は都合が悪いです Mañana no me viene bien. ¦ No me conviene mañana. ／ 他の人の都合を考える considerar la conveniencia o no para los demás, considerar si es conveniente para los demás

❸ (やりくり) ‖ なんとか都合をつけてパーティーに出席します Voy a hacer lo posible para asistir a la fiesta. ／ 金の都合をつける conseguir dinero

❹ (総計) ‖ 都合5万円の出費 gastos *mpl.* de cincuenta mil yenes en total ／ 収支の都合を合わせる equilibrar ingresos y gastos

つじつま 辻褄 coherencia *f.* ‖ 辻褄の合う coherente, consecuente ／ 辻褄の合わない incoherente, inconsecuente ／ 話の辻褄をあわせる hacer que sea coherente la historia

つた 蔦 hiedra *f.*, yedra *f.*

づたい 伝い ‖ 線路伝いに a lo largo de la vía férrea

つたう 伝う ‖ 石垣を伝っていく ir a lo largo de un muro de piedra ／ 涙が彼の頬を伝っていた A él se le caían las lágrimas por las mejillas. ／ 壁を伝う植物 planta *f.* que trepa por el muro

つたえきく 伝え聞く saber ALGO de oídas

つたえる 伝える comunicar, informar, transmitir, (伝授する) enseñar, (外国から) introducir, (後世に) legar ‖ 伝言を伝える「pasar [transmitir] el recado《a》／ 感謝の気持ちを伝える「dar [transmitir] *su* agradecimiento《a》／ 特派員(男性)が伝えるところによると según informa el enviado especial ／ 伝統を伝える transmitir la tradición《a》／ 熱を伝える「transmitir [conducir] el calor ／ 海外から伝えられた技術 tecnología *f.* introducida desde el exterior ／ ご家族によろしくお伝えください Saludos a su familia de mi parte, por favor.

つたない 拙い torpe, pobre, poco hábil,

m**a**lo[la] ‖ 拙い作文 redacción *f.* pobre ／ 拙い字 mala letra *f.*

つたわる 伝わる transmitirse, (外から) ser introduci**do**[da], (祖先から) ser hereda**do**[da] ‖ 親から子へ伝わる「transmitirse [pasar] de padres a hijos ／ そのニュースはインターネットを通じて世界中に伝わった La noticia se transmitió al mundo entero a través de Internet. ／ 私の言いたいことが相手に伝わった He logrado hacerme entender. ／ 音は水中では空気中より速く伝わる En el agua el sonido se transmite más rápido que en el aire. ／ 仏教は6世紀に日本に伝わった El budismo fue introducido en Japón en el siglo VI (sexto). ／ 祖先から伝わる伝統 tradición *f.* heredada de los antepasados

つち 土 tierra *f.*, (地面) suelo *m.* ‖ 土がやせる La tierra se vuelve estéril. ／ 母国の土を踏む pisar *su* tierra natal ／ 日本の土を踏む pisar「tierra japonesa [suelo japonés] ／ 土に親しむ disfrutar de las labores del campo

[慣用] 土がつく (負ける) sufrir una derrota, perder

[慣用] 土に帰る／土となる (死ぬ) morir

つち 槌/鎚 martillo *m.* ‖ 槌で打つ golpear con un martillo, (何度も) martillear

つちいろ 土色 color *m.*「terroso [de tierra, térreo]

▶土色の de color「terroso [de tierra, térreo] ／ 土色の顔 cara *f.* pálida

つちかう 培う cultivar, fomentar ‖ 友情を培う cultivar la amistad ／ 体力を培う mejorar la resistencia física

つちけむり 土煙 nube *f.* de polvo, polvareda *f.* ‖ 土煙を立てる levantar una polvareda

つちふまず 土踏まず puente *m.*, arco *m.* plantar

つちよせ 土寄せ aporcadura *f.*

▶土寄せする aporcar

つつ ‖ 父の回復を祈りつつ「pidiendo [rogando] a Dios por la recuperación de mi padre ／ この習慣は定着しつつある Esta costumbre se está arraigando. ／ 父は反対しつつもお金を出してくれた A pesar de no estar de acuerdo, mi padre me dio el dinero.

つつ 筒 cilindro *m.*, tubo *m.*

▶筒状の cilíndric**o**[ca]

つっかいぼう 突っ支い棒 puntal *m.*, soporte *m.* ‖ 突っ支い棒をする apuntalar

つっかけ 突っ掛け sandalias *fpl.*

つつがない 恙無い

▶恙なく san**o**[na] y sal**vo**[va], sin novedad ‖ つつがなく帰郷する volver san**o**[na] y sal**vo**[va] ／ つつがなく進む avanzar sin contratiempos

つづき 続き continuación *f.* ‖ 小説の続き

continuación *f.* de la novela／雨続きの毎日 días *mpl.* de lluvias continuas
- 続き柄 relación *f.*「de parentesco [familiar]
- 続き番号 números *mpl.* seguidos
- 続き部屋 habitaciones *fpl.* contiguas, (スイートルーム) suite *f.*
- 続き物 serial *m.*, serie *f.*

つっきる 突っ切る　atravesar, cruzar‖広場を突っ切る atravesar una plaza

つつく 突っつく　picar, pinchar, (口ばしで) picotear, (そそのかす) instigar‖鳥が穀物をつついている Los pájaros están picoteando los granos.

つづく 続く　continuar, seguir, durar‖雨が4日も続いている Lleva cuatro días lloviendo.／会議が4時間続いた La reunión se prolongó durante cuatro horas.／不運が続く tener una racha de mala suerte／次回へ続く Continuará.／この道路は隣町まで続いている Esta carretera conduce hasta la ciudad vecina.／私に続いて下さい Sígame, por favor.
▶続いて a continuación‖続いて国内のニュースです A continuación, les ofrecemos noticias nacionales.

つづけざま 続け様
▶続けざまに u*no*[na] tras o*tro*[tra], continuamente, sucesivamente‖続けざまにヒット曲を出す continuar *su* racha de éxitos musicales

つづけて 続けて　u*no*[na] tras o*tro*[tra], continuamente, sucesivamente‖3回続けて勝つ conseguir tres victorias consecutivas／5年続けて cinco años seguidos／私は8時間続けて勉強した Estudié ocho horas sin parar.

つづける 続ける　continuar, seguir, 《自動詞》continuar《con》, seguir《con》‖勉強を続ける「continuar [seguir] con *sus* estudios／どうぞそのまま続けてください「Continúe [Siga], por favor.
▶〜し続ける「continuar [seguir]『+現在分詞』‖話し続ける「continuar [seguir] hablando／物価が上がり続ける Los precios「siguen subiendo [no dejan de subir].

つっけんどん 突っ慳貪
▶つっけんどんな brus*co*[ca], se*co*[ca]
▶つっけんどんに bruscamente, secamente

つっこむ 突っ込む　(突入する) lanzarse《a, contra, sobre》, (入れる) meter‖敵陣に突っ込む atacar las posiciones enemigas／ポケットに両手を突っ込む meterse las manos en los bolsillos／私たちはそのテーマについて突っ込んだ話をした Hablamos en detalle sobre el tema.

つつじ 躑躅　azalea *f.*

つつしみ 慎み　prudencia *f.*, discreción *f.*
▶慎み深い prudente, discre*to*[ta], sensa*to*[ta]

つつしむ 慎む/謹む　(気をつける) tener cuidado《con》, (控える) abstenerse《de》‖言葉を慎む medir las palabras／酒を慎む abstenerse de beber alcohol／言動を慎みなさい Ten cuidado con lo que dices y con lo que haces.
▶謹んで respetuosamente‖謹んでお受けいたします Lo acepto con un profundo agradecimiento.／謹んでお詫び申し上げます Le pido disculpas con toda humildad.／謹んでお悔やみ申し上げます Le expreso mi más sentido pésame.¦ Reciba mi más sentido pésame.

つったつ 突っ立つ　estar de pie sin hacer nada‖そんなところに突っ立っていないで手伝ってよ No te quedes ahí de pie sin hacer nada y ayúdame.

つつぬけ 筒抜け‖隣の部屋の音が筒抜けだ Se oye claramente todo el ruido de la habitación de al lado.／秘密が敵に筒抜けだ Nuestros secretos pasan directamente al enemigo.

つっぱり 突っ張り　(棒) puntal *m.*, sostén *m.*, apoyo *m.*

つっぱる 突っ張る‖筋肉が突っ張る agarrotarse *los músculos*／自説を通そうと突っ張る persistir tenazmente en *su* idea

つつましい 慎ましい　modes*to*[ta], humilde‖慎ましい生活 vida *f.* modesta
▶慎ましく humildemente, modestamente‖慎ましく暮らす vivir modestamente

つつみ 包み　paquete *m.*, envoltorio *m.*‖包みを開ける abrir el paquete／包みを解く desenvolver, desempaquetar
- 包み紙 envoltorio *m.*, envoltura *f.*

つつみ 堤　dique *m.*, terraplén *m.*, espolón *m.*

つつみかくす 包み隠す　ocultar, esconder‖真相を包み隠さず語る decir la verdad sin ocultar nada

つつむ 包む　envolver, embalar‖贈り物を紙で包む envolver el regalo con papel／毛布で体を包む taparse con una manta／別々に包んでください Envuélvamelos por separado, por favor.／炎に包まれた家 casa *f.* envuel*to*[ta] en llamas／頂上は霧に包まれていた La cima estaba cubierta de niebla.¦ La niebla envolvía la cima.

つづり 綴り　ortografía *f.*; (伝票などの束) fajo *m.*, taco *m.*‖綴りを言う deletrear／綴りを間違える cometer una falta de ortografía／10枚綴りの切符 taco *m.* de diez billetes

つづる 綴る　(文章を) escribir, redactar‖文章を綴る redactar un texto

つて 伝　contacto *m.*, conexión *f.*, relación

つ f., 《話》《スペイン》enchufe m. ‖ 彼に連絡するつてがない No tengo forma de contactar con él. ／有力なつてがある tener buenas influencias,《慣用》tener buenas aldabas

つど 都度 cada vez que, siempre que ‖ 彼は帰郷のつど彼女を訪ねる Cada vez que va a su pueblo natal, él la visita.

つどい 集い reunión f., tertulia f.

つどう 集う juntarse, reunirse ‖ 卒業生が集う Se reúnen los graduados.

つとまる 務まる servir 《de》‖ 彼にはリーダーは務まらない Él no posee aptitud de líder.

つとめ 務め deber m., obligación f. ‖ 務めを果たす cumplir (con) las obligaciones ／務めを怠る descuidar el deber ／国民の務め obligaciones fpl. del pueblo

つとめ 勤め trabajo m., oficio m., empleo m.,（宗教の）oficio m. ‖ 勤めに出る ir al trabajo ／勤めから帰る volver del trabajo ／勤めに就く colocarse ／勤めを辞める dejar el trabajo
◪勤め口 puesto m. de trabajo
◪勤め先 lugar m. de trabajo ‖ 私の勤め先 empresa f. donde trabajo
◪勤め人 emplea*do[da]* mf.

つとめて 努めて／勉めて ‖ 努めて冷静でいようとする procurar mantener la calma

つとめる 努める esforzarse 《para, por》‖ 工業の発展に努める esforzarse por el desarrollo industrial ／泣くまいと努める「tratar de [procurar] no llorar

つとめる 務める hacer《de》, trabajar《como, de》, actuar《como, de》, encargarse《de》‖ 案内役を務める hacer de guía ／主役を務める interpretar el papel principal ／会議で議長を務める presidir una reunión

つとめる 勤める trabajar ‖ 銀行に勤める trabajar en un banco

つな 綱 cuerda f.,（太い綱）soga f., maroma f., cable m. ‖ 綱を引く tirar de una cuerda ／綱を締める apretar la cuerda ／綱を巻く enrollar la cuerda ／綱を渡る caminar sobre una cuerda
[慣用]綱を張る《相撲》llegar a ser el gran campeón de sumo

ツナ atún m.

つながり 繋がり conexión f., enlace m.,（関係）relación f., vínculo m. ‖ 日本は中国と深いつながりがある Japón tiene un vínculo estrecho con China. ／血のつながりがある tener「relación de sangre [consanguinidad]《con》／この2つの事件は何のつながりもない Estos dos casos no tienen nada que ver entre sí.

つながる 繋がる （関係する）conectarse《con》, enlazar(se)《con》, comunicarse《con》, vincularse《con》,（一体化する）unirse ‖ 海につながる道 camino m. que conduce al mar ／この道は国道とつながっている Esta calle se comunica con la carretera nacional. ／この文は前の文と意味がつながらない Esta frase no tiene relación contextual con la anterior.

つなぎ 繋ぎ （当座しのぎ）recurso m. provisional,（調理）espesante m.,（作業服）mono m. ‖ つなぎの仕事 trabajo m. provisional ／つなぎにパン粉を加える añadir pan rallado para espesar
◪繋ぎ資金 fondo m. provisional
◪繋ぎ融資「crédito m. [préstamo m.] puente
◪つなぎ目 （紐の）nudo m.,（管・板などの）junta f.

つなぐ 繋ぐ （結ぶ）atar, ligar,（船を）amarrar,（接続する）conectar, enlazar, unir, juntar ‖ 木にロバをつなぐ atar un burro a un árbol ／2枚の板をつなぐ juntar dos tablas de madera ／町と町をつなぐ道路 carretera f. que conecta varios pueblos ／掃除機をコンセントにつなぐ enchufar la aspiradora ／佐藤さん（男性）に（電話を）つないでください Póngame con el Sr. Sato, por favor.

つなひき 綱引き juego m. de la soga, tira y afloja m.
▶綱引きをする jugar al tira y afloja

つなみ 津波 《日本語》*tsunami* m., maremoto m. ‖ 地震の直後に大きな津波が日本の沿岸に押し寄せた Un gran *tsunami* azotó las costas de Japón justo después del terremoto.
◪津波警報 alarma f. de *tsunami*

つなわたり 綱渡り funambulismo m. ‖ この取引は綱渡りだ Este negocio es muy arriesgado.
▶綱渡りをする caminar sobre la cuerda floja
◪綱渡り師 funámbu*lo[la]* mf.

つね 常 ‖ 若者の常として彼には無鉄砲なところがある Como casi todos los jóvenes, él es un poco temerario. ／常日ごろ normalmente, habitualmente
▶～するのを常とする soler『+不定詞』‖ 私は日曜に母親を訪ねるのを常としている Tengo la costumbre de visitar a mi madre los domingos.

つねづね 常常 （いつも）siempre,（かねがね）desde hace mucho tiempo

つねに 常に siempre,（絶えず）constantemente ‖ 彼は常に約束を守る Él siempre cumple su promesa.

つねる 抓る pellizcar, dar un pellizco《a》

つの 角 cuerno m.,《格式語》asta f. ‖ 角で突く cornear, dar una cornada ／かたつむりは雨降りの後、殻から角を出す Después de las lluvias los caracoles sacan sus cuernos de las conchas.

つのる

▶ 角のある cornu*do*[*da*]
[慣用] 角を出す/角を生やす (女性が嫉妬する) ponerse celosa
[慣用] 角をつき合わす (喧嘩する) pelearse
[諺] 角を矯{た}めて牛を殺す arruinar todo por tratar de corregir un pequeño defecto ¦ 《諺》Tanto quiso el diablo a su hijo que le sacó un ojo.
▶ 角笛 cuerna *f*., cuerno *m*.
▶ 角隠し capucha *f*. japonesa de la novia

つのる 募る (募集する) convocar, buscar, reclutar, (激しくなる) intensificarse, aumentar, crecer ‖ アイディアを募る pedir ideas / 希望者を募る invitar a los interesados / 不安が募る「Aumenta [Crece] la preocupación. / 寒さが募る「Aprieta [Aumenta] el frío.

つば 唾 saliva *f*. ‖ 私は口につばがたまった Se me ha llenado la boca de saliva. / つばを吐く escupir / つばを飲みこむ tragarse la saliva
[慣用] つばをつける reclamar ALGO de antemano
[慣用] 手につばをする (意気込む) entusiasmarse
[慣用] 天につばする 《諺》Quien al cielo escupe, en su cara repercute.

つば 鍔 (刀) guarda *f*., (帽子) ala *f*., visera *f*. ‖ つば付きの帽子 sombrero *m*. con ala

つばき 椿 camelia *f*.
▶ 椿油 aceite *m*. de camelia

つばさ 翼 ala *f*. ‖ 鳥の翼 alas *fpl*. de pájaro / 飛行機の翼 alas *fpl*. de avión / 翼を広げる[たたむ]「extender [doblar] las alas / 鳥が枝で翼を休めた El pájaro se posó 「en [sobre] una rama.

つばめ 燕 golondrina *f*.(雄・雌)
[慣用] 若いつばめ amante *m*. joven de una mujer de más edad, 《フランス語》 *gigoló m*.

つぶ 粒 (穀物など) grano *m*., (液体) gota *f*. ‖ 大きい粒 grano *m*. 「grueso [grande] / 小さい粒 grano *m*. 「fino [pequeño] / ひと粒の米 un grano de arroz / ぶどうの粒 grano *m*. de uva / 薬の粒 pastilla *f*. / 砂の粒 granos *mpl*. de arena / 大粒の雨 goterones *mpl*.
▶ 粒状の granula*do*[*da*]
[慣用] 粒が揃う ‖ このグループは粒が揃っている Todos los miembros de este grupo son igual de buenos.

つぶさに en detalle, minuciosamente, (もれなく) exhaustivamente ‖ つぶさに調べる examinar ALGO en detalle / つぶさに説明する explicar ALGO con todo lujo de detalle(s)

つぶす 潰す aplastar, machacar ‖ じゃがいもをつぶす「aplastar [machacar] las patatas / 計画をつぶす estropear el plan / 会社を

つぶす arruinar la empresa / 声をつぶす quedarse ronco[*ca*]

つぶぞろい 粒揃い
▶ 粒ぞろいの de alto nivel

つぶやき 呟き murmullo *m*., 《IT》(ツイート) *tweet m*. ‖ かすかなつぶやき susurro *m*. / つぶやきが聞こえる Se oye un murmullo.

つぶやく 呟く murmurar, susurrar, musitar ‖ 小さくつぶやく susurrar / ぶつぶつぶやく (文句を言う) rezongar / 心の中でつぶやく murmurar para *sí*

つぶより 粒選り
▶ 粒選りの selec*to*[*ta*], selecciona*do*[*da*]

つぶる 瞑る cerrar ‖ 目をつぶる cerrar los ojos

つぶれる 潰れる aplastarse, (建物が) derrumbarse, (会社が) quebrar ‖ ケーキがつぶれた Se aplastó la tarta / 土砂崩れで家がつぶれた Un corrimiento de tierras derrumbó la casa. / 先月、X 銀行がつぶれた El mes pasado quebró el Banco X. / 私は仕事で一日のほとんどがつぶれた El trabajo me quitó casi todo el día. / 酔ってつぶれる emborracharse por completo

つべこべ ‖ つべこべ言う (文句を言う) quejarse, refunfuñar, gruñir / つべこべ言わずに言うとおりにしなさい Haz lo que te digo sin protestar.

ツベルクリン tuberculina *f*.
▸ ツベルクリン検査 prueba *f*. de tuberculina
▸ ツベルクリン反応 reacción *f*. de tuberculina

つぼ 坪 《日本語》 *tsubo m*., (説明訳) unidad *f*. japonesa de medida de superficie equivalente a 3,3㎡ (tres coma tres metros cuadrados)

つぼ 壺 jarrón *m*., tarro *m*., jarra *f*., pote *m*.; (鍼・指圧の) punto *m*. ‖ 鍼のつぼ *mpl*. acupuntuales / 彼は話のつぼを心得ている Él sabe exactamente el punto más importante del tema (que nos ocupa).
[慣用] つぼにはまる ‖ 思うつぼにはまる (予想通りになる) salir como se esperaba, salir exactamente como quería, (罠に掛かる) caer en la trampa

つぼみ 蕾 brote *m*. (de flor), capullo *m*., botón *m*. ‖ チューリップのつぼみ capullo *m*. de tulipán / つぼみが付く tener capullos / つぼみがほころぶ Los capullos están abriéndose.

つぼむ 窄む (狭くなる) estrecharse, (花が) cerrarse

つぼめる 窄める estrechar, cerrar ‖ 傘をつぼめる cerrar el paraguas / 口をつぼめる fruncir los labios

つま (添えもの) ‖ 刺身のつま acompañamiento *m*. para *sashimi*

つま 妻　esposa *f*., mujer *f*., señora *f*.
つまさき 爪先　punta *f*. del pie ‖ 頭のてっぺんからつま先まで desde la cabeza hasta (las puntas de) los pies
▶つま先で　de puntillas ‖ つま先で歩く caminar de puntillas ／ つま先で蹴る dar una patada con la punta del pie ／ つま先で立つ ponerse de puntillas
つましい　frugal, modes*to*[*ta*], humilde, senci*llo*[*lla*]
▶つましく　modestamente, humildemente
つまずき 躓き　tropiezo *m*., tropezón *m*., (失敗) fracaso *m*.
つまずく 躓く　tropezar 《con》,「sufrir [tener] un contratiempo ‖ 石につまずく tropezar con una piedra ／ 事業につまずく fracasar en el negocio
つまはじき 爪弾き ‖ つまはじきにする marginar, 《慣用》hacer el vacío《a》
つまびらか 詳らか/審らか ‖ 彼の生死のほどはつまびらかではない No se sabe con certeza si él sigue con vida o no.
▶つまびらかにする　aclarar
つまみ 摘み　(取っ手) tirador *m*., (ドアの) pomo *m*.; (酒の) tapa *f*.; (分量) pizca *f*. ‖ ひとつまみの砂糖 una pizca de azúcar
つまみぐい 摘み食い
▶つまみ食いする　pellizcar, picar, (隠れて) comer a escondidas ‖ ケーキをつまみ食いする tomar un pellizco de tarta
つまみだす 摘み出す　echar a ALGUIEN fuera
つまむ 摘む　(食べ物を) pellizcar, picar, (鼻を) taparse la nariz ‖ 指でつまむ coger ALGO con los dedos ／ オリーブの実をつまむ picar aceitunas
つまようじ 爪楊枝　palillo *m*. de dientes, mondadientes *m*.[=*pl*.]
つまらない　(ささいな) trivial, insignificante, (退屈な) aburri*do*[*da*] ‖ この映画はつまらない Esta película es aburrida. ／ 一人で行ってもつまらない Es aburrido ir so*lo*[*la*]. ／ つまらなそうな顔で con cara de aburri*do*[*da*]
▶つまらないもの/つまらないこと　bagatela *f*. ‖ つまらないことで怒る enfadarse por tonterías ／ つまらないものですがどうぞ Este pequeño regalo es para usted.
つまり　(言い換えると) o sea, es decir, a saber, en otras palabras, dicho de otro modo, (要するに) en resumen, en una palabra ‖ つまり、最終的にどうなるか誰にもわからないということです En otras palabras, nadie sabe lo que va a pasar finalmente. ／ 義兄、つまり私の夫の兄 mi cuñado, es decir, el hermano mayor de mi marido
つまる 詰まる　(ふさがる) atascarse, taparse, congestionarse, (いっぱいになる) llenarse ‖ 排水溝が詰まった El desagüe está atascado. ／ 私は鼻が詰まっている Tengo la nariz tapada. ／ この財布は札束が詰まっている Esta cartera está llena de billetes. ／ 今週は私は予定がぎっしり詰まっている Esta semana tengo una agenda apretada. ／ 返答に詰まる no saber qué responder
◳つまるところ　en resumen

つみ 罪　(宗教上の) pecado *m*., culpa *f*., (犯罪) crimen *m*., delito *m*. ‖ 重い罪「crimen *m*. [delito *m*.] grave ／ 軽い罪 delito *m*. menor ／ 罪のある culpable ／ 罪のない inocente, inculpable ／ 罪 の 意識「sentimiento *m*. [sentido *m*.] de culpabilidad ／ 罪の意識を持つ sentirse culpable ／ 罪に問われる ser acusa*do*[*da*], ser inculpa*do*[*da*] ／ 罪を犯す cometer un delito, (道徳上の) pecar ／ 罪を重ねる seguir cometiendo「crímenes [delitos] ／ 他人の罪をかぶる pagar culpas ajenas ／ 罪を着せる echar la culpa《a》／ 罪をつぐなう expiar *su* crimen ／ 自分の罪を認める confesarse culpable
▶罪深い　peca*dor*[*dora*]
〔慣用〕罪を憎んで人を憎まず《慣用》Odia el delito y compadece al delincuente.
〔諺〕罪作り‖罪作りな inhuma*no*[*na*], sin piedad, cruel
つみあげる 積み上げる　amontonar, apilar
つみかえる 積み替える　transbordar ‖ 他の船に荷を積み替える transbordar las mercancías a otro buque
つみかさねる 積み重ねる　amontonar, apilar, hacinar ‖ 努力を積み重ねる hacer esfuerzos continuados
つみき 積み木　cubos *mpl*. de madera
つみこむ 積み込む　cargar, (船に) embarcar
つみだし 積み出し　embarque *m*., envío *m*.
◳積み出し港　puerto *m*. de embarque
つみたて 積み立て
◳積み立て金　reservas *fpl*.
◳積み立て貯金　plan *m*. de ahorro automático
つみたてる 積み立てる　reservar, ahorrar ‖ 旅行費用を毎月積み立てる ahorrar dinero mensualmente para el viaje
つみとる 摘み取る　recoger, cortar ‖ 悪の芽を摘み取る cortar el「germen [brote] de un mal
つみに 積み荷　carga *f*., cargamento *m*., flete *m*. ‖ 積み荷をおろす descargar la mercancía
つみほろぼし 罪滅ぼし　expiación *f*.
▶罪滅ぼしをする　expiar, purgar
つむ 詰む　(チェス) dar mate
つむ 摘む　recoger, coger, (収穫する) cosechar ‖ 花を摘む coger flores
つむ 積む　(上にのせる) apilar, amontonar,

acumular, (積もる) cargar ‖ 床に本を積む amontonar libros en pilas en el suelo ／ トラックに商品を積む cargar la mercancía en el camión, cargar el camión con la mercancía ／ 経験を積む「acumular [atesorar] experiencias ／ いくらお金を積まれても、私は家は売りません Por mucho dinero que me ofrezcan, no vendo la casa.

つむぐ 紡ぐ　hilar ‖ 糸を紡ぐ hilar un hilo
つむじ 旋毛　remolino m. (en el cabello)
▶**つむじ曲がりの (人)** retorcid*o*[*da*] (*mf.*)
慣用 **つむじを曲げる** volverse retorcid*o*[*da*]
つむじかぜ 旋風　remolino m., torbellino m.
つめ 爪　uña f., (鳥獣の) garra f. ‖ 爪を嚙む「comerse [morderse] las uñas ／ 爪を切る cortarse las uñas ／ 爪を立てる arañar, hincar las「uñas [garras] ／ 爪を研ぐ afilarse las uñas ／ 爪を伸ばしている tener las uñas largas ／ 琴の爪「púa f. [plectro m.] de koto
慣用 **爪に火をともす** vivir con lo justo
▲**爪垢/爪の垢** negro m. de la uña ‖ 彼には爪の垢ほどの興味もなかった Él no tenía ni el más mínimo interés. ／ 弟の爪の垢でも煎じて飲め Aprende de tu hermano menor.
つめ 詰め　final m., etapa f. final ‖ 最後の詰めが甘かった Le faltó cuidado en el último momento.
づめ 詰め　(〜詰め) ‖ 箱詰めの桃 melocotones mpl.「empaquetados [embalados] en una caja ／ 警視庁詰めの記者 periodista *com.* encargad*o*[*da*] de cubrir las noticias de la Policía Metropolitana de Tokio ／ 彼は3日間働きづめだった Él ha estado trabajando tres días seguidos sin descansar.
つめあと 爪痕　arañazo m., rasguño m., (被害) daño m. ‖ 台風の爪あと daños mpl. causados por el tifón
つめあわせ 詰め合わせ ‖ チョコレートボンボンの詰め合わせ surtido m. de bombones
つめえり 詰め襟　cuello m. levantado, cuello m. de marinero
つめかえ 詰め替え　recambio m. ‖ 詰め替え用の液体石けん recambio m. de jabón líquido
つめかえる 詰め替える　poner el recambio, volver a llenar, rellenar
つめかける 詰め掛ける　acudir en masa ‖ ロックコンサートに5万人を超えるファンが詰めかけた Más de cincuenta mil fanes acudieron al concierto de *rock*.
つめきり 爪切り　cortaúñas m.[=pl.], (はさみの) tijeras fpl. de uñas
つめこみ 詰め込み　sobrecarga f.
▲**詰め込み教育** (説明訳) educación f. basada en la adquisición de (una) gran cantidad de conocimientos
つめこむ 詰め込む　rellenar, abarrotar, atestar ‖ 箱にあめを詰め込む llenar la caja con caramelos ／ 荷物を車に詰め込む cargar el coche con el equipaje, cargar el equipaje en el coche ／ 知識を詰め込む cargar a ALGUIEN de conocimientos, llenar la cabeza de conocimientos a ALGUIEN

つめしょ 詰め所　puesto m.
つめたい 冷たい　frío[a], helad*o*[*da*] ‖ 冷たい水 agua f. fría ／ 氷のように冷たい風 viento m. glacial ／ 冷たい態度をとる adoptar una actitud fría 《con》 ／ 心の冷たい人 persona f.「fría [insensible] ／ 何か冷たいものはいかがですか ¿Quiere tomar algo fresco?
▶**冷たく** con frialdad ‖ 冷たく当たる maltratar a ALGUIEN, tratar con frialdad a ALGUIEN
▶**冷たくなる** enfriarse ‖ 彼が急に冷たくなった Mi novio se ha vuelto frío de repente.
つめたさ 冷たさ　frialdad f.
つめもの 詰め物　relleno m., (歯の) empaste m. ‖ 七面鳥に詰め物をする rellenar el pavo ／ 奥歯に詰め物をする empastar una muela
つめよる 詰め寄る　apremiar, presionar, (大勢で) cercar ‖ 住民は市長(男性)に計画を中止するように詰め寄った Los vecinos presionaron al alcalde para que suspendiera el proyecto.
つめる 詰める　llenar, rellenar, (肉などを) embutir, (びんに) embotellar, (容器に) envasar, (経費を) reducir, (衣服を) acortar ‖ ピーマンにひき肉を詰める rellenar los pimientos con carne picada ／ 瓶に油を詰める llenar la botella de aceite, embotellar el aceite ／ 食費を詰める reducir los gastos de comida ／ スカートの丈を詰める acortar la falda ／ 少し詰めていただけますか (席・列を) ¿Podría moverse un poco? ／ 両社は合併について細部を詰めている Ambas empresas están concretando los últimos detalles para la fusión. ／ 首相官邸の入り口に警官が2人詰めています Hay dos policías de guardia en la entrada de la residencia oficial del primer ministro.
つもり ‖ 〜するつもりである tener intención de 『+不定詞』 ／ 〜するつもりで con la intención de 『+不定詞』 ／ 君を怒らせるつもりではなかった No ha sido mi intención ofenderte. ／ 冗談のつもりで言った Lo dije en broma. ／ どういうつもりなんだ ¿Qué es lo que estás pensando? ／ 死んだつもりでがんばる hacer un esfuerzo a la desesperada ／ 彼は歌手のつもりでいる Él se cree cantante. ／ 君は何様のつもりだ ¿Quién te crees que eres?
つもる 積もる　acumularse, apilarse, (雪が) cuajar, acumularse ‖ 埃が積もる cubrir-

se de polvo／積もる話がある tener mucho que hablar／住民の不満が積もる Crece el descontento de los vecinos.

つや 艶 brillo *m*., lustre *m*. ‖ 艶を出す「sacar [dar] brillo《a》, lustrar, pulir, (特に金属) bruñir／艶のある brillante, lustro*so*[*sa*], puli*do*[*da*], bruñi*do*[*da*]／艶のない mate, apaga*do*[*da*] ‖ 艶を消す quitar el brillo／磨けば艶が出ます Si lo pules, brillará.

▶艶めく tener brillo, (色っぽい) ser sensual

▶艶っぽい sensual,《英語》*sexy*

◨艶消しガラス cristal *m*.「opaco [mate]

つや 通夜 velatorio *m*. ‖ 通夜を行う celebrar el velatorio

つやつや

▶つやつやした li*so*[*sa*] y brillante, lustro*so*[*sa*] ‖ つやつやした肌 piel *f*.「tersa [satinada]

つゆ 梅雨「temporada *f*. [época *f*.] de lluvias ‖ 梅雨に入った Ha empezado la「temporada [época] de lluvias.／梅雨が明けた Ha terminado la「temporada [época] de lluvias.

◨空梅雨 ‖ 今年は空梅雨だった Este año no ha llovido mucho durante la época de lluvias.

◨走り梅雨 preludio *m*. de la temporada de lluvias

◨梅雨明け fin *m*. de la temporada de lluvias

◨梅雨入り inicio *m*. de la temporada de lluvias

つゆ 露 rocío *m*. ‖ 露にぬれた葉 hojas *fpl*. con gotas de rocío／露が降りる rociar《動詞は3人称単数形の無主語で》

▶露知らず ‖ そんなこととは露知らず sin saber nada de eso

▶露ほども～ない ‖ 私は彼を騙す気持ちは露ほどもなかった No tenía la más mínima intención de engañarlo.

つゆくさ 露草 (学名) *Commelina communis*

つよい 強い fuerte, resistente, (確固たる) firme, (程度が) inten*so*[*sa*] ‖ 強い雨 lluvia *f*. fuerte／強い国 país *m*. poderoso／強い信仰 fe *f*. firme／強い選手 **buen**[**buena**] juga*dor*[*dora*] *mf*.／強い抵抗 resistencia *f*.「fuerte [grande]／強い光 luz *f*.「intensa [fuerte]／強い関心を持つ tener mucho interés《en, por》／強い口調で話す hablar en tono fuerte／強い態度をとる tomar una actitud firme／私は寒さに強い Resisto bien el frío.／地震に強い建物 edificio *m*. resistente a los terremotos／日本史に強い estar fuerte en Historia de Japón／生命力が強い tener mucha vitalidad／強い懸念を示す expresar *su* seria preocupación《por》

つよがり 強がり fanfarronada *f*., bravata *f*. ‖ 強がりを言う fanfarronear,《話》farolear／強がりを言う人 bravu*cón*[*cona*] *mf*.

つよき 強気

▶強気の/強気な firme, atrevi*do*[*da*], agresi*vo*[*va*], (市場が) alcista ‖ 強気な性格 carácter *m*. firme／強気な発言 opinión *f*. atrevida

▶強気に ‖ 強気に出る mostrarse decidi*do*[*da*], tomar una actitud firme

◨強気相場 mercado *m*. alcista

つよく 強く fuerte, firmemente, con fuerza, (強調して) con énfasis ‖ 強く思う creer firmemente／強く望む desear「ardientemente [vivamente]／手を強く握る estrechar la mano a ALGUIEN con fuerza

▶強くする fortalecer, reforzar, (程度を) intensificar ‖ 冷房を強くする poner más fuerte el aire acondicionado／体を強くする fortalecer el cuerpo

▶強くなる intensificarse, cobrar fuerza ‖ 風が強くなる Arrecia el viento.

つよさ 強さ fuerza *f*., fortaleza *f*., (程度) intensidad *f*. ‖ 意志の強さ fuerza *f*. de voluntad／ガラスの強さ resistencia *f*. del cristal／光の強さ intensidad *f*. de la luz／地震の強さ magnitud *f*. del terremoto

つよび 強火 fuego *m*. vivo

▶強火で ‖ 強火で煮る cocer ALGO a fuego vivo

つよまる 強まる intensificarse, hacerse más fuerte, cobrar fuerza ‖ 雨足が強まった Se intensificaron las lluvias.／日本に対する圧力がだんだん強まる La presión contra Japón se hace cada vez más intensa.

つよみ 強み fuerte *m*., punto *m*. fuerte, ventaja *f*. ‖ その会社の強みは新しいソフトウェア開発にある El punto fuerte de esa empresa es el desarrollo de nuevos *software*.

つよめる 強める reforzar, (程度を) intensificar ‖ 監視を強める「reforzar [intensificar] la vigilancia／火を強める subir el fuego／語気を強める subir el tono (de la voz)

つら 面 →かお (顔) ‖ どの面さげて君はそんなことを言うのだ ¿Con qué cara te atreves a decir eso?

◨善人面 ‖ 善人面をした con apariencia de buena persona

◨面構え semblante *m*., cara *f*. ‖ 偉そうな面構え semblante *m*. arrogante

◨面汚し deshonra *f*., deshonor *m*.

つらい 辛い du*ro*[*ra*], peno*so*[*sa*], difícil, doloro*so*[*sa*] ‖ つらい修行 entrenamiento *m*. duro／つらい目に遭う sufrir「una dura experiencia [un revés]／つらい立場にある encontrarse en una difícil situación／私は起きるのがつらい Me cuesta levantarme.／長旅はつらかった Fue muy duro hacer un viaje tan largo. ／被害者の家族と話さなければならないのはつらい Me resulta「doloroso [violento] tener que hablar con la familia de la víctima.

▶つらく‖つらく当たる tratar a ALGUIEN con dureza

▶つらさ pena *f.*, lástima *f.*, amargura *f.*

づらい 辛い （～しづらい）difícil de「*[+*不定詞*]*‖この本は読みづらい Este libro es difícil de leer.

つらなる 連なる／列なる‖車が連なっている Hay una caravana de coches. ／式典に連なる participar en la ceremonia ／山々が南北に連なっている Una cadena montañosa se extiende de norte a sur.

つらぬく 貫く （貫通する）traspasar, atravesar, （貫徹する）cumplir‖初志を貫く「cumplir [llevar a cabo] *su* primer propósito ／町を貫く川 río *m.* que atraviesa la ciudad

つらねる 連ねる／列ねる ponerse en fila‖日本家屋が軒を連ねている道 calle *f.* con casas de estilo japonés ／長者番付に名を連ねる figurar en la lista de multimillonarios

つらのかわ 面の皮‖面の皮を剝ぐ desenmascarar ／あいつは面の皮が厚い Ese es un descarado. ¦ Ese tiene mucha cara.

つらら 氷柱 carámbano *m.*, canelón *m.*‖軒につららが下がっている Del alero cuelgan carámbanos.

つられる 釣られる （誘惑される）ser tentado*[da]*, ser atraído*[da]*,（影響される）ser contagiado*[da]*‖猿が餌につられて出てきた Los monos salieron atraídos por la comida. ／彼につられて私も一緒に笑った Contagiado*[da]* de su risa me reí yo también. ／宣伝文句につられて買った Lo compré (siendo) tentado*[da]* por la publicidad.

つり 釣り ❶ （釣り銭）cambio *m.*, vuelta *f.*‖お釣りを出す dar「la vuelta [el cambio] ／500円の釣りを貰う recibir cambio de 500 yenes ／お釣りは結構です Quédese con el cambio.

❷ （魚釣り）pesca *f.* (con caña)‖釣りに行く ir a pescar ／釣りをする pescar ／釣りを楽しむ disfrutar de la pesca

◪釣り糸 sedal *m.*, hilo *m.* (de) pesca

◪釣り師／釣り人 pesca*dor[dora]* *mf.* (depor*tivo[va]*)

◪釣り道具「aparejos *mpl.* [utensilios *mpl.*] de pesca

◪釣り場 lugar *m.* de pesca

◪釣り針 anzuelo *m.*

◪釣り船「barca *f.* [barco *m.*] de pesca

◪釣り堀 estanque *m.* de pesca

つりあい 釣り合い equilibrio *m.*,（均斉）proporción *f.*‖釣り合いを保つ mantener el equilibrio ／釣り合いの取れた bien equilibrado*[da]*,（均斉の取れた）bien proporcionado*[da]*

つりあう 釣り合う （平衡を保つ）equilibrarse, mantenerse en equilibrio,（調和している）armonizar《con》, combinar《con》

つりあげる 吊り上げる elevar, alzar, subir, levantar‖クレーンで家具を3階に吊り上げた Subieron el mueble al tercer piso con la grúa.

つりがね 釣り鐘 campana *f.* colgante

つりかわ 吊り革「asidero *m.* [correa *f.*, aro *m.*] colgante‖吊り革につかまる agarrarse al asidero colgante

つりぐ 釣具「aparejos *mpl.* [utensilios *mpl.*] de pesca

◪釣具店 tienda *f.* de pesca

つりざお 釣り竿 caña *f.* de pescar

つりせん 釣り銭 cambio *m.*, vuelta *f.*

つりばし 吊り橋 puente *m.* colgante

つりわ 吊り輪 （体操）anillas *fpl.*

つる 弦 cuerda *f.*

つる 蔓 （茎）sarmiento *m.*,（植物の巻きひげ）tijereta *f.*, zarcillo *m.*,（眼鏡の）patilla *f.*

◪つる植物 planta *f.*「trepadora [enredadora]

つる 鶴 grulla *f.*（雄・雌）‖ここには毎年鶴が渡ってくる Aquí vienen las grullas cada año.

[慣用]鶴の一声‖社長(男性)の鶴の一声で企画が成立した La palabra del presidente bastó para aprobar el proyecto.

[慣用]鶴は千年、亀は万年 La grulla vive mil años y la tortuga, diez mil.

つる 吊る colgar, suspender‖天井から吊る colgar ALGO del techo ／カーテンを吊る colgar cortinas

つる 釣る pescar,（関心を引く）atraer, tentar‖人を甘い言葉で釣る atraer a ALGUIEN con bonitas palabras ／魚を釣る pescar

つる 攣る tener calambres‖私はふくらはぎが攣った Me dio un calambre en la pantorrilla.

つるしあげる 吊るし上げる criticar a ALGUIEN implacablemente en público

つるす 吊るす colgar ⇒つる(吊る)

つるつる‖この廊下はつるつる滑る El suelo de este pasillo resbala mucho.

▶つるつるした （滑る）resbaladi*zo[za]*,（肌が）li*so[sa]*, ter*so[sa]*‖つるつるした肌 piel *f.* tersa

つるはし 鶴嘴 pico *m.*, piqueta *f.*

つるべ 釣瓶 cubo *m.* de pozo

[慣用]釣瓶落とし‖秋の日は釣瓶落とし En otoño anochece temprano.

つれ 連れ （同伴者）acompañante *com.*, compañe*ro[ra]* *mf.*

づれ 連れ （～連れ）‖二人連れで来た Vinieron los dos juntos. ／子供連れの旅行 viaje *m.* con niños

つれあい 連れ合い　esposo[sa] *mf.*, compañero[ra] *mf.*, cónyuge *com.*
つれかえる 連れ帰る　llevar a ALGUIEN de vuelta a casa
つれこ 連れ子　niño[ña] *mf.* de *su* anterior matrimonio
つれこむ 連れ込む　llevar,（無理やりに）arrastrar
つれさる 連れ去る　llevarse,（誘拐する）raptar, secuestrar
つれそう 連れ添う ‖ 私たちは連れ添って30年になります Llevamos treinta años「casados [de matrimonio].
つれだす 連れ出す　sacar ‖ 散歩に連れ出す sacar a pasear a ALGUIEN
つれだって 連れ立って　juntos[tas], en compañía《de》‖ 連れだって映画に行く ir juntos[tas] al cine
つれて（～するに）a medida que〚＋直説法・接続法〛‖ 時が経つにつれて con el paso del tiempo ／ 暗くなるに連れて人が増えてきた A medida que iba oscureciendo, llegaban más personas.
つれていく 連れて行く　llevar a ALGUIEN《a》, ir《con》‖ 娘を学校に連れていく llevar su hija al colegio
つれてくる 連れて来る　traer a ALGUIEN《a》, venir《con》, venir acompañado[da]《de》
つれない　frío[a], indiferente, poco amable ‖ 彼に会いに行ったのにつれない態度だった Fui a verlo pero me trató con frialdad.
▶**つれなく**　fríamente, con frialdad ‖ 彼女は入口でつれなく追い返された Fue fríamente rechazada en la entrada.
つれもどす 連れ戻す　traer a ALGUIEN de vuelta
つれる 連れる　llevar ‖ 犬を連れて散歩する pasear con *su* perro ／ 彼は娘を連れて出掛けた Él salió con su hija.
つわもの 兵/強者　guerrero *m.*, soldado *m.*,（猛者）hombre *m.* fuerte y valiente
つわり 悪阻　náuseas *fpl.* durante el embarazo ‖ つわりがひどい tener fuertes náuseas del embarazo
つんざく 劈く ‖ 耳をつんざく taladrar los oídos, ensordecer ／ 耳をつんざくような音 ruido *m.* ensordecedor
つんと　彼女らはつんと澄まして歩いていた Ellas caminaban con aire altivo.
▶**つんとした**（澄ました）presumido[da], creído[da], engreído[da], estirado[da],（におい）punzante, penetrante
ツンドラ《地理》tundra *f.*

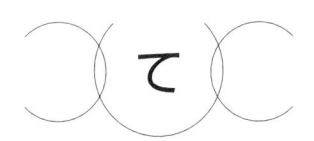

て

て 手　❶（人間・動物の）mano *f.*,（腕）brazo *m.*,（動物の）pata *f.* (delantera);（取っ手）mango *m.*, asa *f.*;（人手）mano *f.* de obra;（手段）medio *m.*, recurso *m.* ‖ 手の甲 dorso *m.* de la mano ／ 手の平 palma *f.* de la mano ／ なべの手 asa *f.* de una olla ／ この手の事件「este tipo [esta clase] de sucesos ／ 手が足りない（人手）Falta mano de obra. ／ 打つ手がない/手の打ちようがない No hay nada que hacer. ¦ No hay manera. ／ 手で押さえる sujetar ALGO con la mano ／ 各自が手に手に武器を持って cada uno con un arma en la mano ／ 手に取る tomar ALGO (con la mano) ／ 手に取っていいですか ¿Puedo tomarlo? ¦《スペイン》¿Puedo cogerlo? ／ 子供たちの手の届かない所に置く dejar ALGO fuera del alcance de los niños ／ 手を挙げる「alzar [levantar] la mano ／ 手を挙げろ ¡Arriba las manos! ／ 手を合わせる juntar las manos ／ 手をかざす protegerse los ojos del sol con la mano ／ 手をかざして con la mano por visera ／ 手をつなぐ coger la mano a ALGUIEN ／ 手をつないで歩く（複数の人が）caminar cogidos[das] de la mano ／ 手を取る coger a ALGUIEN de la mano ／ 手を取り合う「cogerse [agarrarse] la(s) mano(s) ／ 手を洗う lavarse las manos ／ 手を叩く（拍手する）aplaudir ／ 手を振る agitar la mano ／ 手を触れるべからず《掲示》No tocar
❷《慣用表現》
[手が]
慣用 手が上がる（上達する）mejorar, progresar《en》
慣用 手が空く　tener tiempo libre ‖ 手が空いたらこの報告書をチェックしてください Cuando acabe lo que está haciendo, revise el informe.
慣用 手が後ろに回る（逮捕される）ser arrestado[da]
慣用 手がかかる　dar mucho trabajo《a》
慣用 手が込む（何かが）ser laborioso[sa], ser complicado[da]
慣用 手がつけられない　estar fuera de control, ser incontrolable
慣用 手が出ない ‖ この問題は私には手が出な

い Este problema supera mi capacidad. ／値段が高くて私たちには手が出ない El precio está fuera de nuestro alcance económico.
(慣用)手が届く estar al alcance de ALGUIEN, ser asequible ‖ この車は私には手が届かない Este coche no está a mi alcance (económico). ／今月の販売目標に手が届きそうだ Este mes parece que alcanzaremos el objetivo de ventas. ／50歳に手が届く tener cerca de 50 años de edad
(慣用)手が伸びる ‖ この村に都市開発の手が伸びた Este pueblo se ha visto afectado por la expansión urbanística.
(慣用)手が早い (暴力をふるう) tender a emplear la violencia, (女性に) ser mujeriego, 《話》 ser ligón ‖ 彼は女性に手が早い Es muy rápido en conquistar a las mujeres.
(慣用)手が離れる quedar libre de (una responsabilidad o un trabajo) ‖ 子供から手が離れる Ya no nos dan mucho trabajo los niños.
(慣用)手が離せない／手が塞がっている tener las manos ocupadas, estar ocupa*do*[da]
(慣用)手が回る ocuparse 《de》 ‖ 細かいところまで手が回らない no poder ocuparse hasta de los menores detalles

[手に]
(慣用)手に汗を握る quedarse sin respiración, 《慣用》 estar en vilo
(慣用)手に余る ser incorregible, (能力を超えている) no estar al alcance de *su* capacidad ‖ 私の手に余る使命だ Es una misión que excede mi capacidad.
(慣用)手に入れる obtener, adquirir ‖ どんな方法でそのような情報を手に入れたのですか ¿Cómo obtuvo una información como esa?
(慣用)手にかける (世話をする) cuidar「de [a] ALGUIEN, (殺す) matar
(慣用)手に負えない ‖ この仕事は私の手に負えない Este trabajo está por encima de mi(s) capacidad(es). ／この子供たちは私の手に負えない No puedo con estos niños.
(慣用)手にする tomar, coger, (獲得する) conseguir, obtener ‖ 探していた本をやっと手に入れた Por fin he conseguido el libro que buscaba.
(慣用)手につかない ‖ 仕事が手につかない no poder concentrarse en el trabajo
(慣用)手になる ser obra de ALGUIEN ‖ ピカソの手になる絵 cuadro *m*. pintado por Picasso
(慣用)手に乗る caer en la trampa ‖ その手には乗らないぞ A mí no me engañas.
(慣用)手に取るように claramente, con claridad
(慣用)手にゆだねる「poner [dejar] ALGO en manos de ALGUIEN
[手の]

(慣用)手の込んだ complica*do*[da], muy elabora*do*[da]
(慣用)手の切れるような completamente nue*vo*[va] ‖ 手の切れるような札束 fajo *m*. de flamantes billetes
[手も]
(慣用)手も足も出ない no poder hacer absolutamente nada
[手を]
(慣用)手を入れる corregir, retocar
(慣用)手を打つ tomar medidas ‖ 政府は失業に対して手を打つべきだ El gobierno debe tomar medidas contra el desempleo.
(慣用)手を替え品を替え「por [con] todos los medios disponibles ‖ 手を替え品を替え試みる emplear todos los recursos disponibles
(慣用)手を貸す echar una mano 《a》 ‖ すみません、手を貸してください Oiga, por favor. Écheme una mano.
(慣用)手を借りる recibir la ayuda de ALGUIEN
(慣用)手を切る romper con ALGUIEN
(慣用)手を下す hacer ALGO personalmente
(慣用)手を組む (協力する) colaborar 《con》, (腕組みをする) cruzar los brazos, cruzarse de brazos
(慣用)手を加える (修正をする) corregir, modificar, (加工をする) reformar, retocar, hacer arreglos 《a》
(慣用)手をこまねく cruzarse de brazos ‖ 手をこまねいて con los brazos cruzados
(慣用)手を差し伸べる extender la mano 《a》 ‖ 保護の手を差し伸べる「brindar [ofrecer] protección 《a》
(慣用)手を染める ‖ 汚い商売に手を染める ensuciarse las manos en un negocio (ilegal), meterse en un negocio sucio
(慣用)手を出す (関与する) participar 《en》, (殴る) 《慣用》 poner la mano encima a ALGUIEN, (盗む) robar, (女性に) 《話》 ligar ‖ 奥の手を出す 《慣用》 jugar *su* baza
(慣用)手を携える (手を取る) coger (de) la mano a ALGUIEN, (協力する) colaborar 《con》
(慣用)手を尽くす hacer todo lo posible, hacer lo que esté en *su* mano
(慣用)手をつける (着手する) acometer, ponerse 《a, con》, (着服する) apropiarse de ALGO ilícitamente, (使う) echar mano 《de, a》, (女性に) 《話》 ligar ‖ 物価が上がって、人々は貯蓄に手をつけている Ante la subida de precios, la gente está echando mano de sus ahorros.
(慣用)手をつく rogar (humildemente), (謝る) pedir perdón 《a》
(慣用)手を抜く chapucear, hacer chapuzas
(慣用)手を引く (誰かの) llevar a ALGUIEN de la mano, (関係を断つ) 《慣用》 lavarse las

manos ‖ 事件から手を引く lavarse las manos en el caso ／ 取引が危険すぎたので、彼は手を引いた Él se echó atrás, ya que la transacción era demasiado arriesgada.

(慣用) 手を広げる「diversificar [extender] *sus* actividades ‖ 商売の手を広げる ampliar el negocio

(慣用) 手を経る pasar por las manos de ALGUIEN

(慣用) 手を回す（介入する）intervenir secretamente ‖ 裏から手を回す extender *sus* tentáculos encubiertamente,「extender [emplear]*su* influencia encubiertamente

(慣用) 手を焼く tener dificultades《con》‖ 母親は子供たちに手を焼いている《慣用》Los niños dan mucha guerra a la madre.

(慣用) 手を休める tomar un descanso

(慣用) 手を緩める《慣用》abrir la mano

(慣用) 手を汚す mancharse las manos

[その他]

(慣用) 手取り足取り meticulosamente, con el mayor esmero

(慣用) 口八丁手八丁だ ser tan competente como elocuente

で ❶（場所）‖ 私たちは東京で待ち合わせた Nos citamos en Tokio.
❷（手段）‖ スペイン語で話す hablar en español／鉛筆で書く escribir con lápiz
❸（材料）‖ 木でできた箱 caja *f*. hecha de madera
❹（理由・原因）‖ 癌で死ぬ morir de cáncer ／事故で死ぬ morir a consecuencia de un accidente
❺（基準）‖ 人を外見で判断する juzgar a la gente **por** la(s) apariencia(s)
❻（価格）‖ 千円で売る vender ALGO **a** mil yenes
❼（年齢）‖ 30歳で結婚する casarse a「los [la edad de] 30 años
❽（時間）‖ 3日で宿題を終える terminar los deberes **en** tres días

で 出 （出身）origen *m*. ‖ 名家の出である ser de una familia ilustre ／ 大学出である ser gradua*do*[*da*] universita*rio*[*ria*]／水の出が悪い No sale mucha agua. ¦ El agua sale sin presión.

であい 出会い/出合い encuentro *m*. ‖ 運命的な出会い encuentro *m*. predestinado／夫との出会い encuentro *m*. con *su* marido／本との出会い encuentro *m*. con un libro, descubrimiento *m*. de un libro／人生には出会いと別れがある En la vida hay encuentros y separaciones.／出会い頭に私は自転車とぶつかった Al salir me di de bruces con una bicicleta.

◪出会い系サイト sitio *m*. (web) de「citas [contactos]

であう 出会う/出合う encontrarse《con》, hallarse《con》, (知る) conocer ‖ 人に出会う／人と出会う (知り合う) conocer, (出くわす) encontrarse《con, a》／事故に出会う encontrarse con un accidente／難しい問題に出会う encontrarse con un problema difícil ／真実に出会う「descubrir [encontrarse con] la verdad／ばったりと出会う「encontrarse [toparse] inesperadamente《con》

てあか 手垢 suciedad *f*. de las manos ‖ 手あかで黒ずむ (何かが) quedar ennegreci*do*[*da*] por el「manoseo [uso]／手あかでよごれる quedar mancha*do*[*da*] con marcas de las manos

てあし 手足 （四肢）extremidades *fpl*., cuatro miembros *mpl*. ‖ 手足を伸ばす estirarse, desperezarse

であし 出足 （スタート）comienzo *m*., inicio *m*., arranque *m*., (人出) concurrencia *f*. ‖ 出足が好調 [不調] である empezar con「buen [mal] pie, tener un「buen [mal] arranque, tener un「buen [mal] comienzo

てあたりしだい 手当たり次第
▶手当たり次第に al azar,《慣用》a la buena de Dios ‖ 手当たり次第に本を読む leer cualquier libro que cae en *sus* manos

てあつい 手厚い atent*o*[*ta*], cuidados*o*[*sa*], solícit*o*[*ta*] ‖ 手厚い看護を受ける recibir「una asistencia atenta [un cuidado atento], estar bien cuida*do*[*da*]
▶手厚く cordialmente, cálidamente, con consideración ‖ 手厚く招待客をもてなす dar una calurosa acogida a los invitados／遺体を手厚く葬る enterrar solemnemente los restos mortales

てあて 手当て ❶ （治療）tratamiento *m*. ‖ 手当を受ける recibir tratamiento (médico)
▶手当てする tratar, atender ‖ 傷を手当てする curar una herida
❷ （報酬）remuneración *f*., (給付金) subsidio *m*., plus *m*. ‖ 手当を払う pagar「una remuneración [un subsidio]／手当をもらう recibir「una remuneración [un subsidio]／手当のつく業務 trabajo *m*.「remunerado [retribuido]
◪家族手当 subsidio *m*. familiar
◪失業手当 subsidio *m*. de desempleo

てあみ 手編み punto *m*., calceta *f*. ‖ 手編みのセーター jersey *m*. hecho a mano
▶手編みする tejer a mano,《スペイン》hacer punto

てあら 手荒
▶手荒な ru*do*[*da*], bru*to*[*ta*]
▶手荒に bruscamente, con brusquedad, con rudeza ‖ デジカメを手荒に扱う tratar bruscamente una cámara digital

てあらい 手洗い baño *m*., aseo *m*., lavabo *m*.,《スペイン》servicio *m*. →おてあらい(お手洗い)‖ お手洗いはどちらですか ¿Dónde está

であるく 出歩く （外出する）salir,（ぶらつく）deambular, callejear ‖ 君はいつも出歩いているね（留守がちだ）Tú nunca estás en casa. ¦ Nunca paras en casa.
el baño? ／手洗いをかかさない lavarse las manos regularmente
であるく 出歩く （外出する）salir,（ぶらつく）deambular, callejear ‖ 君はいつも出歩いているね（留守がちだ）Tú nunca estás en casa. ¦ Nunca paras en casa.
てい 体 ⇒ていさい(体裁)
ていあん 提案 propuesta *f*., proposición *f*., sugerencia *f*. ‖ 提案がある tener una propuesta ／建設的な提案「propuesta *f*. [sugerencia *f*.] constructiva ／提案を盛り込む incorporar una propuesta ／提案に応じる aceptar una propuesta
▶提案する proponer, hacer una propuesta ‖ 受賞の祝賀会を開こうと提案する proponer una fiesta para celebrar el premio recibido ／その問題の対処法について、彼はいくつか提案した Él presentó varias propuestas para hacer frente a ese problema.
◪提案理由 fundamento *m*. de una propuesta
ティー té *m*.;（ゴルフの）《英語》tee *m*.
◪ティーカップ taza *f*. de té
◪ティースプーン cucharita *f*. de té
◪ティーセット juego *m*. de té
◪ティータイム hora *f*. 「del té [de la merienda] ‖ ティータイムを取る tomarse un descanso para la merienda
◪ティーバッグ bolsita *f*. de té
◪ティーポット tetera *f*.
ディーエヌエー DNA ácido *m*. desoxirribonucleico（略 ADN）
◪DNA鑑定 prueba *f*. de ADN
ティーシャツ Tシャツ camiseta *f*.
ディーゼル diésel *m*.
◪ディーゼルエンジン/ディーゼル機関 motor *m*. diésel
◪ディーゼルカー （鉄道車両）tren *m*. diésel,（自動車）automóvil *m*. diésel
ディーティーピー DTP autoedición *f*., publicación *f*. de escritorio
ティーピーオー TPO circunstancias *fpl*. ‖ TPOに応じて según las circunstancias
ディーブイ DV （ドメスティック・バイオレンス）violencia *f*. 「doméstica [en el hogar]
ディーブイディー DVD disco *m*. versátil digital, DVD *m*.[=*pl*.]
◪DVDドライブ unidad *f*. de DVD
◪DVDプレーヤー reproductor *m*. de DVD
ディーラー concesionario *m*.,（人）concesiona*rio*[*ria*] *mf*.
◪自動車ディーラー concesionario *m*. de automóviles
ていいん 定員 número *m*. de plazas,（収容力）capacidad *f*., aforo *m*. ‖ 定員に達する llenar el número de plazas
ティーンエージャー adolescente *com*.
ていえん 庭園 jardín *m*.
◪日本庭園 jardín *m*. japonés
ていおう 帝王 emperador *m*., monarca *m*.
ていおうせっかい 帝王切開 《医学》cesárea *f*., operación *f*. cesárea ‖ 帝王切開をする「realizar [practicar] una cesárea ／帝王切開で生まれる nacer por cesárea
ていおん 低音 sonido *m*. 「bajo [grave], grave *m*.,《音楽》bajo *m*. ‖ 低音が出ない No me sale el bajo.
ていおん 低温 baja temperatura *f*.
▶低温で a baja(s) temperatura(s)
◪低温殺菌 esterilización *f*. a baja temperatura,（低温殺菌法）pasteurización *f*., pasterización *f*. ‖ 低温殺菌牛乳 leche *f*. pasteurizada
◪低温輸送 transporte *m*. refrigerado
ていか 低下 descenso *m*.,（悪化）deterioro *m*.,（減少）disminución *f*., reducción *f*. ‖ 気温の低下 descenso *m*. de (las) temperaturas ／視力の低下 deterioro *m*. de la vista ／思考力の低下 disminución *f*. de la capacidad de raciocinio
▶低下する bajar, caer, descender,（悪くなる）empeorar(se), deteriorarse,（減る）disminuir(se) ‖ 視力が低下する perder vista ／体力が低下する perder la fuerza física ／能力が低下する perder capacidad ／生徒の学力が低下している El rendimiento académico de los alumnos está disminuyendo. ／ストレスで仕事の能率が低下する El estrés disminuye la eficiencia en el trabajo.
ていか 定価 precio *m*. fijo ‖ 定価で売る vender ALGO a precio fijo ／定価を付ける fijar un precio
◪定価表 lista *f*. de precios
ていがく 低額
▶低額の de bajo precio, bara*to*[*ta*]
◪低額所得者 persona *f*. de bajos ingresos
ていがく 定額 suma *f*. fija, monto *m*. fijo
◪定額給付金 subsidio *m*. fijo
◪定額減税 reducción *f*. fiscal invariable
◪定額貯金 depósito *m*. de suma fija
◪定額パック oferta *f*. de tarifa plana
◪定額プラン plan *m*. de tarifa plana
ていがく 停学 expulsión *f*. temporal de la escuela, suspensión *f*.
◪停学処分 ‖ 私の息子は素行不良で停学処分を受けた A mi hijo le prohibieron ir a clase por mala conducta.
ていがくねん 低学年 cursos *mpl*. inferiores,《スペイン》primer ciclo *m*. de primaria
ていかんし 定冠詞 artículo *m*. 「definido [determinado]
ていき 定期
▶定期の/定期的な perió*dico*[*ca*], regular
▶定期的に periódicamente, regularmente ‖ 定期的に会計業務を点検する supervisar periódicamente la gestión de contabilidad

／定期的にクリニックに通う ir regularmente a la clínica ／定期的にパスワードを変える cambiar la contraseña regularmente
▶定期性 periodicidad f.
◪定期入れ funda f. para el abono
◪定期刊行物 publicación f. periódica
◪定期券 abono m., pase m.
◪定期購読 suscripción f.
◪定期購読者 suscrip*tor*[*tora*] mf.
◪定期船 servicio m. marítimo regular
◪定期点検 inspección f. [revisión f.] regular ‖ 安全規則により、機械設備の定期点検が必要です Según las normas de seguridad, es necesario realizar una inspección regular de la maquinaria y el equipo.
◪定期便 vuelo m. regular
◪定期預金 depósito m. a plazo fijo
ていき 提起
▶提起する presentar, plantear ‖ 問題を提起する plantear un problema ／疑問を提起する plantear *un*[*una*] interrogante
◪問題提起 ‖ 君の研究は重要な問題提起をしている Tu investigación expone problemas importantes.
ていぎ 定義 definición f. ‖ 曖昧な定義 definición f. ambigua ／明確な定義 definición f. precisa ／言葉の定義 definición f. de una palabra ／それはどう定義するかによる Eso depende de la definición que se dé.
▶定義する definir
ていきあつ 低気圧 bajas presiones *fpl.*, borrasca f.
ていきゅう 低級
▶低級な inferior, vulgar, de baja calidad ‖ 低級な雑誌 revista f. vulgar
ていきゅう 庭球 tenis m.[=*pl.*] →テニス
ていきゅうび 定休日 día m. de descanso ‖ 定休日は日曜日です Cerrado los domingos
ていきょう 提供 oferta f. ‖ ～の提供による番組 programa m. patrocinado《por》
▶提供する ofrecer, proporcionar,（情報を）facilitar,（臓器を）donar ‖ 情報を提供する「facilitar [ofrecer] información《a》／土地を提供する ofrecer *su* terreno《para》／こうした改善で、より良いサービスを提供したいと思っております Por medio de estas mejoras, queremos ofrecer un servicio más esmerado.
◪臓器提供 donación f. de órganos
◪臓器提供者 donante com. de órganos
◪提供価格 precio m. de oferta
ていきんり 低金利 tipo m. de interés bajo
テイクアウト
▶テイクアウトで para llevar ‖ ハンバーガーを1個テイクアウトでお願いします Quiero una hamburguesa para llevar.
ていくうひこう 低空飛行 vuelo m. a baja altura,（地面すれすれの）vuelo m.「rasante [raso]
▶低空飛行する volar a baja altura,「realizar [efectuar] un vuelo a baja altura
ディクテーション dictado m.
デイケア atención f. diurna, servicios *mpl.* de cuidado de día
◪デイケアセンター centro m. de atención diurna
ていけい 定形 （大きさ）tamaño m. normalizado,（形）forma f.「regular [fija]
▶定形の de tamaño normalizado
◪定形外郵便物 correo m. de tamaño no normalizado
ていけい 提携 cooperación f.
▶提携する cooperar《con》, colaborar《con》, asociarse《con》, aliarse《con》‖ 当社は多国籍企業と提携している Nuestra compañía está asociada con una multinacional.
◪技術提携 cooperación f.「técnica [tecnológica]
◪提携カード tarjeta f. de crédito asociada
◪提携関係 relación f. de「cooperación [colaboración]‖ 当社は地元の企業と提携関係を結んだ Nuestra compañía ha establecido unas relaciones de cooperación con las empresas locales.
◪提携企業 empresa f. asociada
◪提携航空社 compañía f. aérea asociada
ていけつ 締結 （条約の）firma f., conclusión f.
▶締結する firmar, concluir ‖ 平和条約を締結する「firmar [concluir, suscribir] un tratado de paz
ていけつあつ 低血圧 hipotensión f., baja presión f. arterial
▶低血圧の（人）hipoten*so*[*sa*]（mf.）
◪低血圧症 hipotensión f.
ていけっとう 低血糖 （低血糖症）hipoglucemia f.
ていげん 提言 propuesta f.
▶提言する hacer una propuesta, dar *su* opinión
ていこう 抵抗 resistencia f.,（反対）oposición f.‖ 抵抗を感じる sentirse rea*cio*[*cia*]《a》／私は社交ダンスをするには抵抗がある Tengo reparo(s) en hacer bailes de salón.
▶抵抗する resistir(se), oponerse《a》, oponer resistencia《a》‖ 敵に抵抗する oponer resistencia al enemigo ／激しく抵抗する resistir「fuertemente [tenazmente]／抵抗せずに屈服する sucumbir sin resistencia
▶抵抗力 resistencia f.‖ 感染への抵抗力 resistencia f. a las infecciones ／抵抗力がある tener resistencia《a》, ser resistente《a》
◪空気抵抗 resistencia f. del aire
◪電気抵抗 resistencia f. eléctrica
◪抵抗運動 movimiento m. de resistencia ‖

抵抗運動を組織する organizar un movimiento de resistencia
- 抵抗感 resistencia *f*., reparo *m*.
- 抵抗器《電気》resistencia *f*., resistor *m*.

ていこうがいしゃ 低公害車　vehículo *m*. de bajas emisiones
- 超低公害車 vehículo *m*. de ultrabajas emisiones
- 極低公害車 vehículo *m*. de superultrabajas emisiones

ていこく 定刻　(予定された時刻)hora *f*. prevista, (決まった時刻) hora *f*. fija ‖ 定刻ですので会議を始めます Como ya es la hora, vamos a comenzar la reunión.
- 定刻に a la hora 「prevista [fijada], (時間通りに) puntualmente ‖ 定刻に出発[到着]する「salir [llegar] puntualmente ／ 彼は毎日定刻に家を出る Él sale todos los días de casa a una hora fija. ／ 彼女は今朝は定刻に出社しましたか ¿Ha llegado ella esta mañana puntualmente a la oficina?

ていこく 帝国　imperio *m*.
- 帝国主義 imperialismo *m*. ‖ 帝国主義の imperialista
- 帝国主義者 imperialista *com*.

ていさい 体裁　apariencia *f*., aspecto *m*. ‖ 体裁に気を配る cuidar *su* apariencia ／ 体裁を繕う《慣用》guardar las apariencias ／ 体裁を整える arreglar, hacer presentable ALGO ／ 体裁がいい tener buena apariencia ／ 体裁を気にする preocuparse por *su* apariencia ／ 体裁よく cortésmente ／ お体裁を言う decir cumplidos, adular

ていさつ 偵察　reconocimiento *m*., exploración *f*.
- 偵察する reconocer el terreno, explorar
- 偵察衛星 satélite *m*. 「espía [de reconocimiento]
- 偵察機 avión *m*. 「espía [de reconocimiento]
- 偵察隊 patrulla *f*. de reconocimiento
- 偵察飛行 vuelo *m*. de reconocimiento

ていし 停止　parada *f*., detención *f*., (中断) suspensión *f*.
- 停止する (止める) parar, detener, (中断させる) suspender, (止まる) parar(se), detenerse ‖ 行動を停止する detener las actividades ／ 電車が駅に停止する El tren para en la estación. ／ ストのため工場は生産を停止した A causa de la huelga, la producción se detuvo en la fábrica. ／ 保守点検のため製造ラインが1週間停止した Debido a la inspección de mantenimiento, se paró durante una semana la cadena de producción.
- 営業停止 suspensión *f*. del negocio
- 出場停止 suspensión *f*. ‖ 2試合の出場停止処分を受ける ser sancionado[da] con la suspensión de dos partidos
- 心停止 paro *m*. 「cardiaco [cardíaco]
- 心肺停止 paro *m*. cardiorrespiratorio
- 停止信号 señal *f*. de parada
- 停止線 línea *f*. de parada

ていじ 定時　hora *f*. 「establecida [determinada]
- 定時に a la hora establecida
- 定時運行率 (交通機関の)　índice *m*. de puntualidad
- 定時株主総会「asamblea *f*. [junta *f*.] general ordinaria de accionistas

ていじ 提示/呈示　presentación *f*. ‖ 証明書の提示 presentación *f*. del certificado
- 提示する mostrar, enseñar, presentar ‖ 証明書を提示する「mostrar [enseñar, presentar] el certificado ／ 証拠を提示する presentar una「evidencia [prueba] ／ あなたに提示した値段より安い値段では売りません No lo vendemos por una cantidad inferior al precio de venta que le hemos mostrado.

ていじげん 低次元
- 低次元の vulgar ‖ 低次元の会話 conversación *f*. vulgar

ていしせい 低姿勢　postura *f*. 「modesta [discreta], actitud *f*. 「modesta [discreta] ‖ 低姿勢である adoptar una actitud modesta, comportarse con modestia
- 低姿勢の modesto[ta], discreto[ta]

ていじせい 定時制　sistema *m*. de 「educación [enseñanza] a tiempo parcial ‖ 定時制に通う「asistir [ir] a la escuela nocturna
- 定時制学校 escuela *f*. nocturna
- 定時制高校 escuela *f*. secundaria (superior) 「nocturna [vespertina]

ていしゃ 停車　parada *f*. ‖ 停車中の車 coche *m*. parado
- 停車する parar, efectuar parada, detenerse ‖ 5分停車します Haremos una parada de cinco minutos.
- 停車駅 estación *f*. de parada ‖ 次の停車駅はどこですか ¿Cuál es la próxima parada?

ていしゅ 亭主　(夫) esposo *m*., marido *m*., (店の主) patrón *m*., dueño *m*., (客に対して) anfitrión *m*. ‖ 亭主を尻に敷く《慣用》tener a *su* marido en un puño
- 亭主関白 ‖ 亭主関白である ser un marido 「autoritario [mandón]

ていじゅう 定住　asentamiento *m*.
- 定住する asentarse 《en》, domiciliarse 《en》
- 定住者 residente *com*. permanente
- 定住地 domicilio *m*. fijo

ていしゅうにゅう 定収入　ingresos *mpl*. fijos

ていしゅうは 低周波　baja frecuencia *f*.
- 低周波電磁波 ondas *fpl*. electromagnéticas de baja frecuencia

ていしゅつ 提出　presentación *f*., entrega

f.
▶**提出する** presentar, entregar ‖ 原稿を提出する presentar un manuscrito ／ 答案を提出する「entregar [presentar] un examen ／ ビザの申請書類を領事館に提出した Presenté en el consulado los documentos para la solicitud del visado.
◨**提出期間** plazo *m.* de「presentación [entrega]
◨**提出期限** plazo *m.* límite de「presentación [entrega] ‖ 提出期限を延長する「prorrogar [ampliar] el plazo de entrega
◨**提出締切** fecha *f.* límite de「presentación [entrega]
◨**提出書類** documentos *mpl.* que hay que presentar,（提出された）documentos *mpl.* presentados
◨**提出日** fecha *f.* de「presentación [entrega]
ていしょう　提唱 propuesta *f.*
▶**提唱する** proponer, abogar《por》
◨**提唱者** proponente *com.*, defen**sor**[sora] *mf.*
ていしょうしゃ　低床車 vehículo *m.* de piso bajo
ていしょく　定食 menú *m.*, cubierto *m.* ‖ 本日の定食 menú *m.* del día ／ お昼の定食「comida *f.* [almuerzo *m.*] de menú fijo ／ 定食を注文する pedir un「menú [cubierto]
◨**定食店**（大衆食堂）restaurante *m.* popular
ていしょく　定職「trabajo *m.* [empleo *m.*] fijo ‖ 定職がある tener trabajo fijo ／ 定職を見つける encontrar un trabajo fijo ／ 定職を得る conseguir un「trabajo [empleo] fijo
ていしょく　抵触 contravención *f.*, infracción *f.*
▶**抵触する** ‖ 法に抵触する「contravenir (a) [infringir] la ley
ていしょく　停職 suspensión *f.*「laboral [de empleo] ‖ 2週間の停職処分を受ける ser sancion**ado**[da] con dos semanas de suspensión laboral, ser suspend**ido**[da] de empleo por dos semanas
でいすい　泥酔「buena [gran] borrachera *f.*
▶**泥酔する**「pegarse [pescar] una buena borrachera,《慣用》estar borr**acho**[cha] como una cuba
◨**泥酔者** borr**acho**[cha] *mf.* perd**ido**[da]
ていすう　定数 número *m.* fijo,《数学》constante *f.*,（定員）número *m.* de plazas
ディスカウント descuento *m.*
◨**ディスカウントショップ/ディスカウントストア** tienda *f.* de descuento
◨**ディスカウントセール** venta *f.* de descuento, rebajas *fpl*
ディスカッション debate *m.*, discusión *f.* ⇒とうろん（討論）
▶**ディスカッションする** debatir, discutir

ディスク disco *m.* ‖ ディスクに傷がつく rayarse *el disco* ／ ディスクを取り出す sacar el disco
◨**ディスクジョッキー**（DJ）pinchadiscos *com.*[=*pl.*]
◨**ディスクドライブ** unidad *f.* de disco
◨**ディスク容量** capacidad *f.* del disco
ディスコ discoteca *f.* ‖ ディスコに行く ir a la discoteca ／ ディスコで楽しむ divertirse en la discoteca
ディスプレー（陳列）exposición *f.*, exhibición *f.*;（モニター）visualizador *m.*, pantalla *f.* (de visualización), monitor *m.* ‖ ディスプレーに表示する mostrar ALGO en la pantalla
ていする　呈する（進呈する）dar, ofrecer,（示す）mostrar, presentar ‖ 疑問を呈する plantear **un**[una] interrogante ／ 賛辞を呈する elogiar ／ 活況を呈する dar muestras de gran actividad ／ 悲惨な様相を呈する mostrar un aspecto miserable
ていせい　訂正 corrección *f.*, enmienda *f.*, rectificación *f.* ‖ 訂正を加える hacer correcciones
▶**訂正する** corregir, enmendar, rectificar ‖ 草稿の誤りを訂正する corregir los errores del borrador
◨**訂正箇所** corrección *f.*, parte *f.* corregida
◨**訂正版**「edición *f.* [versión *f.*] corregida
◨**訂正表** fe *f.* de erratas
ていせい　帝政 régimen *m.* imperial, imperialismo *m.*,（ロシアの）zarismo *m.*
ていせいちょう　低成長「lento [bajo] crecimiento *m.*
ていせいぶんせき　定性分析《化学》análisis *m.*[=*pl.*] cualitativo
ていせつ　定説 teoría *f.* establecida, opinión *f.* aceptada ‖ 定説をくつがえす desbaratar la teoría establecida
▶**～が定説である** Es comúnmente aceptado que『+直説法』.
ていせん　停戦 alto *m.* el fuego, armisticio *m.*
▶**停戦する**「lograr [conseguir] un alto el fuego, cesar el fuego
◨**停戦協定** acuerdo *m.* de alto el fuego
ていせん　停船
▶**停船する**（船を）「parar [detener] (un navío),（船が）「pararse [detenerse] (un navío)
ていそ　提訴 pleito *m.*, demanda *f.*
▶**提訴する** pleitear, entablar un pleito, presentar una demanda, llevar a「juicio [los tribunales]
ていそう　貞操 castidad *f.*, pureza *f.*,（貞節）fidelidad *f.* ‖ 貞操を守る guardar (la) castidad ／ 貞操を破る「quebrantar [romper] la fidelidad

ていそく 低速 baja velocidad *f*.
▶低速で a「baja [poca] velocidad
ていぞく 低俗 ordinariez *f*., vulgaridad *f*.
▶低俗な vulgar ‖ 低俗な雑誌 revista *f*. vulgar
ていそくすう 定足数 quórum *m*. ‖ 定足数に達する alcanzar el quórum ／ 定足数に満たない no haber quórum 《動詞は3人称単数形の無主語で》
ていたい 停滞 estancamiento *m*.
▶停滞する estancarse, experimentar un estancamiento ‖ 景気が停滞している La economía se encuentra estancada.
ていたい 手痛い pen*oso*[*sa*], du*ro*[*ra*], grave ‖ 手痛い打撃を受ける recibir un duro golpe
ていたいおんしょう 低体温症 hipotermia *f*.
ていたく 邸宅 mansión *f*.
ていたんそ 低炭素
◪低炭素社会 sociedad *f*.「de [con] bajas emisiones de carbono
ていち 低地 tierras *fpl*. bajas
ていちゃく 定着 arraigo *m*., afianzamiento *m*.
▶定着する afianzarse, establecerse 《en》, asentarse 《en》,《根付く》arraigar 《en》, echar raíces 《en》 ‖ リサイクルの習慣がわが国に定着している La costumbre del reciclaje está asentada en nuestro país. ／ ガソリンの高値が定着した Los altos precios de la gasolina se han afianzado.
◪定着液《写真》fijador *m*.
ていちょう 丁重
▶丁重な cortés, cordial, respetu*oso*[*sa*] ‖ 丁重なあいさつ saludo *m*. cordial ／ 丁重なもてなし trato *m*. cordial, agasajo *m*.
▶丁重に cortésmente, atentamente, respetuosamente ‖ 丁重にもてなす dar un trato cordial《a》, agasajar ／ この荷物は丁重に扱ってください Trate con cuidado este equipaje.
ていちょう 低調
▶低調な flo*jo*[*ja*], ba*jo*[*ja*],《活気がない》fal*to*[*ta*] de actividad
▶低調である《売り上げが低調である》Las ventas están por los suelos. ／ 市況が低調である El mercado está de capa caída.
ティッシュ pañuelo *m*. de papel,《商標》clínex *m*.[=*pl*.] ‖ ティッシュを使う usar un pañuelo de papel ／ ティッシュで指を拭く limpiarse los dedos con un pañuelo de papel
◪ティッシュペーパー pañuelo *m*. de papel,《商標》clínex *m*.[=*pl*.]
ていっぱい 手一杯
▶手一杯だ estar muy ocup*ado*[*da*],《慣用》andar de cabeza ‖ 彼は仕事と家庭で手いっぱいだ Él anda muy ocupado con el trabajo y la familia.
ていてつ 蹄鉄 herradura *f*. ‖ 馬に蹄鉄を打つ herrar un caballo
ていてん 定点 punto *m*. fijo
◪定点観測 observación *f*. meteorológica de lugar fijo
ていでん 停電 apagón *m*., corte *m*. de「(la) luz [suministro eléctrico] ‖ 停電になる quedar sin「luz [suministro eléctrico] ／ 台風は市内全域に停電を引き起こした El tifón「produjo un apagón en [dejó sin luz] toda la ciudad.
▶停電する cortar(se) *el suministro eléctrico*, producirse *un apagón*
ていど 程度 grado *m*., nivel *m*. ‖ この湖は汚染の程度が高い Este lago tiene un alto nivel de contaminación. ／ 生活の程度が低い tener un bajo nivel de vida ／ 申し訳程度の金額 cantidad *f*. simbólica (de dinero) ／ 予想を少し超える程度の数字 cifra *f*. ligeramente superior a la prevista ／ 彼を減給処分にするかどうかは問題の程度による Si él es sancionado o no con una reducción salarial dependerá de la gravedad del problema. ／ それは要するに程度の問題だ Eso es en definitiva una cuestión de grado. ／ 程度の差はあるものの／程度の差こそあれ en mayor o menor grado
▶ある程度 en cierto grado, en cierta medida ‖ それはある程度本当だ Es verdad hasta cierto punto. ／ 君の言っていることはある程度までは正しい Lo que dices es acertado hasta cierto punto.
ていとう 抵当 hipoteca *f*., prenda *f*. ‖ 抵当に入れる hipotecar, dejar ALGO en prenda
◪抵当権 hipoteca *f*.
◪抵当証券 cédula *f*. hipotecaria
ていとく 提督 almirante *com*.
ディナー cena *f*.
◪ディナーショー cena *f*. con「espectáculo [actuación]
◪ディナータイム hora *f*. de la cena
ていねい 丁寧
▶丁寧な《礼儀正しい》cortés, educ*ado*[*da*],《注意深い》escrupul*oso*[*sa*] ‖ 丁寧なあいさつ saludo *m*. cortés ／ 丁寧な人 persona *f*. educada
▶丁寧に meticulosamente, con esmero ‖ 丁寧に書く escribir cuidadosamente ／ 丁寧に扱う tratar ALGO con cuidado ／ 懇切丁寧に指導する「orientar [asesorar] a ALGUIEN detalladamente
◪丁寧語 fórmula *f*. de cortesía
ていねん 定年 edad *f*. de jubilación ‖ 定年になる llegar a la edad de jubilación ／ 会社は定年を延長しようとしている La empresa intenta retrasar la edad de jubilación. ／ 君

は早めに定年後のプランを考えたほうがいい Es mejor que pienses cuanto antes un plan para tu jubilación. ／ 彼は定年前に会社を辞めた Él dejó la empresa antes de llegar a la edad de jubilación.
◪定年制 sistema *m.* de jubilación
◪定年退職者 jubila*do*[da] *mf.*, retira*do*[da] *mf.*
ていねんぴ 低燃費 bajo consumo *m.* de combustible
◪低燃費車 automóvil *m.* de bajo consumo
ていはく 停泊 anclaje *m.* ‖ 停泊中に町を見物したい Quiero visitar la ciudad mientras el barco está en puerto.
▶停泊する echar anclas, anclar
◪停泊地 fondeadero *m.*
ていひょう 定評 reputación *f.* 「establecida [acreditada]
▶定評のある de una buena reputación, de reconocida fama
ディフェンス 《スポーツ》defensa *f.*, (選手) defensa *com.* ‖ ディフェンスを固める「endurecer [reforzar] la defensa
▶ディフェンダー defensa *com.*
ディベロッパー ⇒デベロッパー
ていへん 底辺 《数学》base *f.* ‖ 三角形の底辺 base *f.* de un triángulo ／ 社会の底辺 el sector más pobre de la sociedad ／ 底辺の声 opinión *f.* de las clases más desfavorecidas
ていぼう 堤防 dique *m.* (de contención), espolón *m.* ‖ 堤防を築く construir un dique
ていぼく 低木 《植物》arbusto *m.*, mata *f.*
ていめい 低迷 estancamiento *m.*
▶低迷する estancarse, quedar estanca*do*[da], mantenerse flo*jo*[ja] ‖ 近年、その会社の欧州での売上高は低迷している En los últimos años, las ventas de esa empresa en Europa se han mantenido bajas. ／ 金利の急騰で住宅市場が低迷した El mercado de la vivienda quedó estancado debido a la brusca subida de los tipos de interés.
ていよく 体よく cortésmente, diplomáticamente, con tacto ‖ 体よく断られた Me dieron un cortés "no".
ティラミス tiramisú *m.*
ていり 低利 interés *m.* bajo ‖ より低利の住宅ローンを受ける recibir un préstamo hipotecario a un interés más bajo
◪低利融資「crédito *m.* [préstamo *m.*] a bajo interés
ていり 定理 《数学》teorema *m.*
でいり 出入り entrada *f.* y salida *f.* ‖ 出入りが多い tener muchos visitantes
▶出入りする frecuentar
◪出入り口 entrada *f.*
ていりゅう 底流 (思想などの) trasfondo *m.*, (川・海の) corriente *f.* subyacente, (海の) corriente *f.* submarina

▶底流する ‖ ドル不安が為替市場の底流にある En el mercado de divisas subyace la preocupación por el dólar.
ていりゅうじょ 停留所 parada *f.*

バスの停留所

ていりょう 定量 cantidad *f.* fija
◪定量分析《化学》análisis *m.*[=*pl.*] cuantitativo
ていれ 手入れ cuidado *m.*, arreglo *m.*, mantenimiento *m.*, (警察の) redada *f.* ‖ 手入れの行き届いた芝 césped *m.* 「muy bien [primorosamente] cuidado
▶手入れする cuidar, arreglar
ていれい 定例
▶定例の regular, ordina*rio*[ria]
◪定例会議 reunión *f.* regular
◪定例閣議 consejo *m.* ordinario de ministros
ディレクター direc*tor*[tora] *mf.*
ディレクトリ 《IT》directorio *m.*
◪ディレクトリサービス servicio *m.* de directorio
ティンパニ timbal *m.*
◪ティンパニ奏者 timbale*ro*[ra] *mf.*
てうす 手薄 ‖ その病院は警備が手薄である Hay escasa vigilancia en el hospital.
▶手薄な insuficiente, deficiente
てうち 手打ち
◪手打ち蕎麦 fideos *mpl.* de harina de alforfón hechos a mano
テークアウト ⇒テイクアウト
デーゲーム partido *m.* 「del día [diurno]
データ dato *m.* ‖ (私の)手持ちのデータ datos *mpl.* que tengo ／ データが不足している Faltan datos. ／ 競合各社のデータを集める recoger los datos de la competencia ／ データを取る tomar los datos ／ データを分析する analizar los datos ／ データを保存する guardar los datos ／ データを更新する actualizar los datos ／ データを削除する borrar los datos ／ データを処理する procesar los datos ／ データを入力する introducir los datos
◪データ圧縮 compresión *f.* de datos
◪データ管理 gestión *f.* de datos
◪データファイル archivo *m.* de datos

データ消去 eliminación *f.* de datos
データ処理 procesamiento *m.* de datos
データセンター centro *m.* de datos
データ通信 comunicación *f.* de datos
データバンク banco *m.* de datos
データベース base *f.* de datos‖データベースを構築する crear una base de datos／データベースを利用する「usar [utilizar]」una base de datos／データベースにアクセスする acceder a una base de datos
データ保存 almacenamiento *m.* de datos

デート cita *f.*
▶**デートする** salir《con》

テープ cinta *f.*,（紙テープ）serpentina *f.*‖テープにとる/テープに吹きこむ grabar ALGO en una cinta／テープを回す hacer girar una cinta／テープを切る（競走で）「tocar [romper]」la cinta,（開通式などで）cortar la cinta／テープを起こす（転写する）transcribir una cinta／テープを投げる tirar serpentinas
テープデッキ platina *f.*, pletina *f.*
テープレコーダー magnetófono *m.*,（カセットの）casete *m.*

テーブル mesa *f.*‖テーブルにつく sentarse a la mesa／テーブルを囲む sentarse alrededor de la mesa／テーブルを拭く limpiar la mesa
テーブルクロス mantel *m.*
テーブルスピーチ discurso *m.* en una comida formal
テーブルマナー modales *mpl.* en la mesa
テーブルワイン vino *m.* de mesa

テーマ tema *m.*‖物語のテーマ tema *m.* de una historia／研究のテーマにする elegir ALGO como tema de investigación／テーマを決める「elegir [decidir]」un tema
テーマのテーマ／テーマ曲 tema *m.* (musical),（テレビ・ラジオ番組の）sintonía *f.*
テーマソング tema *m.* (musical cantado), canción *f.* tema
テーマパーク parque *m.* temático de atracciones

テールランプ faro *m.* trasero, luz *f.* trasera
ておい 手負い
▶**手負いの** heri*do*[*da*]‖手負いの雄ライオン león *m.* herido

デオキシリボかくさん デオキシリボ核酸 ácido *m.* desoxirribonucleico (略 ADN)

ておくれ 手遅れ
▶**手遅れの** tardío[a]
▶**手遅れになる** ser demasiado tarde《para》‖手遅れにならないうちに antes de que sea demasiado tarde
ておけ 手桶 cubo *m.*
ておしぐるま 手押し車 carretilla *f.*
ておち 手落ち falta *f.*, fallo *m.*, error *m.*, descuido *m.*‖警備の手落ち error *m.* de vigilancia／それは私の手落ちだった Eso fue un error mío.／手落ちがある tener fallos／まったく手落ちがない no tener ningún fallo／手落ちを認める reconocer *su* error

デオドラント desodorante *m.*

ており 手織り
▶**手織りの** teji*do*[*da*] a mano

てがみ 手鏡 espejo *m.* de mano

てがかり 手掛かり pista *f.*, clave *f.*,（登山）asidero *m.*‖手掛かりにする usar ALGO como pista／手掛かりになる servir de pista／手掛かりを与える dar una pista《a》／手掛かりをつかむ「descubrir [encontrar]」una pista／警察は何の手がかりも見つけられなかった La policía no pudo encontrar ninguna pista.

てがき 手書き escritura *f.* a mano, letra *f.* manuscrita
▶**手書きする** escribir a mano
手書き文字認識 reconocimiento *m.* de「letra [escritura]」manuscrita

でがけ 出掛け‖出掛けに電話がかかってきた Cuando estaba a punto de salir sonó el teléfono.

てがける 手掛ける ocuparse《de》, encargarse《de》‖新型車のデザインを手掛ける encargarse del diseño de un nuevo modelo de coche

でかける 出掛ける salir, irse‖買い物に出かける ir「a la compra [de compras]」／学校へ出かける ir a la escuela／外に出かける salir fuera／釣りに出かける ir a pescar／散歩に出かける ir a pasear／友人の見舞いに出かける ir a visitar a *un*[*una*] amig*o*[*ga*] para interesarse por su salud／両親は出かけている Mis padres han salido.

てかげん 手加減 （手心）indulgencia *f.*, benevolencia *f.*, miramiento *m.*, consideración *f.*‖彼は力の手加減がわからない Él no sabe dosificar sus fuerzas.／手加減を加える tratar con「miramiento [indulgencia] a ALGUIEN
▶**手加減する** ser「indulgente [benévo*lo*[*la*]]」《con》, moderarse

てかず 手数 → **てすう**(手数)‖手数がかかる requerir mucho trabajo, ser pesa*do*[*da*]／手数が多い（ボクシングで）「dar [pegar]」muchos golpes

でかせぎ 出稼ぎ‖出稼ぎに行く emigrar (temporalmente) para trabajar
出稼ぎ労働者 （他国への）trabaja*dor*[*dora*] *mf.* emigrante,（他国からの）trabaja*dor*[*dora*] *mf.* inmigrante

てがた 手形 letra *f.*;（手の型）huella *f.* de la mano‖手形を裏書きする endosar una letra／手形を振り出す girar una letra
手形受取人 beneficia*rio*[*ria*] *mf.* de la letra

◨**手形決済日** fecha f. de vencimiento de la letra
◨**手形交換所** cámara f. de compensación
◨**手形振出人** libra*dor*[*dora*] mf. de una letra
◨**手形割引** descuento m. de una letra

でかた 出方　actitud f., postura f., (反応) reacción f. ‖ ライバルの出方を伺う observar la actitud de *su* rival

てがたい 手堅い　(安全な) segu*ro*[*ra*], firme, estable, (信用し得る) fiable ‖ 手堅い商売をする llevar un negocio estable
▶**手堅く** sin correr riesgo(s), 《慣用》sobre seguro

デカダンス　decadencia f.

てかてか
▶**てかてかした** brillante, reluciente, lustro*so*[*sa*]

でかでか
▶**でかでかと** ‖ 新聞にでかでかと書きたてる publicar ALGO en grandes titulares en el periódico

てがみ 手紙　carta f. ‖ 手紙が届く llegar una carta ／ 私宛の手紙は届いていますか ¿Ha llegado alguna carta para mí? ／ 手紙を書く escribir una carta ／ 手紙を出す enviar una carta ／ 手紙をもらう recibir una carta ／ 手紙のやり取りをする cartearse ／ 視聴者からたくさんの手紙が寄せられる Llegan muchas cartas de los telespectadores. ／ この手紙を航空便でお願いします Quiero enviar esta carta por correo aéreo.
◨**置き手紙** ‖ 置き手紙をする dejar una carta

てがら 手柄　hazaña f., proeza f., mérito m. ‖ 手柄を立てる lograr una hazaña ／ 手柄を独り占めする atribuirse todo el mérito ／ これは君の手柄だ Esto es tu mérito.
◨**大手柄** gran hazaña f.
◨**手柄顔** ‖ 手柄顔で con cara de triunfo
◨**手柄話** ‖ 手柄話をする「contar [hablar de] *sus* proezas

てがる 手軽　(手軽さ) comodidad f., facilidad f.
▶**手軽な** fácil, senci*llo*[*lla*] ‖ 手軽な料理 cocina f. sencilla ／ 手軽で便利なレシピ receta f. sencilla y práctica
▶**手軽に** (簡単に) fácilmente, con facilidad ‖ 手軽に作れる料理 plato m. fácil de preparar ／ 手軽に買える品物 artículo m. fácilmente asequible

てき 滴　gota f. ‖ 一滴の水　una gota de agua

てき 敵　enemi*go*[*ga*] mf., (相手) adversa*rio*[*ria*] mf., (ライバル) rival com. ‖ 敵の攻撃 ataque m. enemigo ／ 敵が多い tener muchos enemigos ／ 敵から身を守る protegerse del enemigo ／ 敵の意表をつく sorprender al enemigo ／ 敵の目をくらます engañar al enemigo ／ 敵と出くわす encontrarse en el enemigo ／ 味方を区別する distinguir a los amigos de los enemigos ／ 敵に襲われる ser ataca*do*[*da*] por el enemigo ／ ～の敵に回る hacerse enemi*go*[*ga*] de ALGUIEN ／ 敵に後ろを見せる huir del enemigo ／ 敵に向かう enfrentarse al enemigo ／ 敵を知る conocer al enemigo ／ 敵を作るな ¡No te crees enemigos! ／ ぜいたくは敵だ El derroche es nuestro peor enemigo.

〔慣用〕向かうところ敵なし llevarse el mundo por delante, ser arrolla*dor*[*dora*]
◨**敵艦** barco m. enemigo
◨**敵軍** ejército m. enemigo
◨**敵国** país m. enemigo
◨**敵陣** líneas fpl. enemigas
◨**敵地** territorio m. enemigo
◨**敵兵** soldado com. enemi*go*[*ga*]

でき 出来　(結果) resultado m., (品質) calidad f., (収穫) cosecha f. ‖ 出来のいい bien he*cho*[*cha*] ／ 出来の悪い mal he*cho*[*cha*] ／ 今年は米の出来がいい Este año tenemos una buena cosecha de arroz. ／ 彼の作品には出来不出来がある Sus obras son de calidad desigual. ／ よい出来だ ¡Buen trabajo! ／ 君のプレゼンテーションはよい出来だった Tu presentación ha sido muy buena.

できあい 溺愛　amor m. ciego, idolatría f.
▶**溺愛する** querer「apasionadamente [con locura]」a ALGUIEN, idolatrar a ALGUIEN

できあい 出来合い
▶**出来合いの** he*cho*[*cha*], (服が) de confección ／ 出来合いの服 traje m. de confección ／ 出来合いの料理 plato m.「preparado [precocinado]」

できあがり 出来上がり　terminación f., finalización f.

できあがる 出来上がる　acabarse, terminarse ‖ 写真はいつ出来上がりますか ¿Cuándo estarán listas las fotos? ／ 彼はすっかり出来上がっている (酔っ払っている) Él está completamente borracho.

てきい 敵意　hostilidad f., enemistad f., animadversión f. ‖ 敵意のある hostil ／ 敵意を示す mostrar hostilidad ／ 敵意を持つ tener animadversión (a, hacia, contra, por)

テキーラ　tequila m.

てきおう 適応　adaptación f. ‖ 情報化社会への適応 adaptación f. a la sociedad de la información ／ 適応が早い adaptarse rápidamente《a》
▶**適応する**「adaptarse [aclimatarse]《a》」‖ 日本での生活に適応する adaptarse a la vida en Japón ／ 会社は顧客のニーズの変化に適応する必要がある Es necesario que la empresa se adapte a los cambios en las necesidades de los clientes.

てきおん

❷ 適応性 adaptabilidad *f.*
❷ 適応力 capacidad *f.* de adaptación ‖ ビジネスでは変化への適応力が極めて重要です En los negocios la adaptabilidad a los cambios es sumamente importante.

てきおん 適温 temperatura *f.* adecuada ‖ 適温で保存する conservar ALGO a la temperatura adecuada

てきがいしん 敵愾心 animosidad *f.*, hostilidad *f.* ⇒てきい(敵意) ‖ 敵愾心を抱く sentir「animosidad [hostilidad]《contra, hacia》

てきかく 的確
❷ 的確な exac*to*[ta], preci*so*[sa], acerta*do*[da] ‖ 的確な判断 juicio *m.* acertado
❷ 的確に con exactitud, con precisión, acertadamente

てきかく 適格
❷ 適格な califica*do*[da], cualifica*do*[da], capacita*do*[da]
◪ 適格者 persona *f.*「calificada [capacitada]

てきぎ 適宜 según se crea conveniente, (状況に応じて) según las circunstancias

てきごう 適合 conformidad *f.*, consonancia *f.*
❷ 適合する ajustarse 《a》, adaptarse 《a》, encajar《con》‖ 条件に適合する「ajustarse a [cumplir] las condiciones
❷ 適合させる conformar, adecuar, adaptar, ajustar

てきこく 敵国 país *m.* enemigo

できごころ 出来心 impulso *m.*, arrebato *m.*
❷ 出来心で por un impulso del momento

できごと 出来事 acontecimiento *m.*, suceso *m.* ‖ 世界の出来事 acontecimientos *mpl.* del mundo ／ 予期せぬ出来事「acontecimiento *m.* [suceso *m.*] inesperado ／ 昨日珍しい出来事が起きた Ayer ocurrió un suceso raro. ／ 一瞬の出来事だった Todo sucedió en un abrir y cerrar de ojos.

てきざい 適材 persona *f.*「adecuada [idónea] (para un trabajo)
◪ 適材適所 ‖ 適材適所に配置する asignar a cada puesto (de trabajo) la persona idónea

てきし 敵視
❷ 敵視する mostrar *su* hostilidad《hacia》

できし 溺死 muerte *f.* por ahogamiento
❷ 溺死する ahogarse, morir ahoga*do*[da]
◪ 溺死者 ahoga*do*[da] *mf.*
◪ 溺死体 cuerpo *m.* ahogado ‖ 若い男性の溺死体 cuerpo *m.* ahogado de un joven

てきしゃせいぞん 適者生存 supervivencia *f.* del más apto

てきしゅつ 摘出 extracción *f.*, extirpación *f.* ‖ 弾丸の摘出 extracción *f.* de una bala
❷ 摘出する extraer, extirpar, sacar ‖ 腫瘍を摘出する「extraer [extirpar] un tumor

できすぎ 出来過ぎ ser demasiado bue*no*[na] para ser「verdad [cier*to*[ta]] ‖ その話は出来過ぎだ Esa historia es demasiado bonita para ser verdad.

テキスト texto *m.*, (教科書) libro *m.* de texto
◪ テキストファイル archivo *m.* de texto ‖ テキストファイルに変換する convertir ALGO en archivo de texto ／ テキストファイルで送る enviar ALGO como archivo de texto

てきする 適する convenir, ser adecua*do*[da], ser apropia*do*[da] ‖ この製品はどの年齢の人にも適しています Este producto es adecuado para personas de todas las edades.
❷ 適した adecua*do*[da], apropia*do*[da], idóne*o*[a], indica*do*[da] ‖ 植物の生育に適した気温 temperatura *f.* adecuada para el crecimiento de las plantas ／ 住むのに適した場所 lugar *m.* idóneo para vivir ／ この任務に適した人物 persona *f.* indicada para esta misión ／ 私は自分に適した仕事がまだ見つかっていない Todavía no he encontrado un trabajo que me convenga.

てきせい 適正
❷ 適正な apropia*do*[da], jus*to*[ta], razonable ‖ とても適正な価格だと思う Pienso que es un precio muy razonable.
❷ 適正に debidamente, correctamente ‖ 適正に会計処理する llevar la contabilidad como es debido
◪ 適正温度 temperatura *f.* apropiada
◪ 適正価格 precio *m.* razonable

てきせい 適性 aptitud *f.*
❷ 適性がある tener aptitud (para), ser ap*to*[ta]《para》
◪ 適性検査 pruebas *fpl.* de aptitud

てきせつ 適切
❷ 適切な adecua*do*[da], apropia*do*[da], conveniente, oportu*no*[na] ‖ 適切な言葉 palabra *f.* adecuada, (的確な) palabra *f.* justa ／ 患者に適切な処置をする dar un tratamiento adecuado a *un*[una] paciente ／ 適切な助言を与える dar un consejo oportuno《a》／ それは適切な質問ではありませんね Esa no es una pregunta pertinente. ／ 適切な行動をとる actuar adecuadamente
❷ 適切に adecuadamente ‖ 適切に使う usar ALGO adecuadamente ／ 適切に判断する tomar una decisión adecuada

できそこない 出来損ない (不出来な物) fracaso *m.*, (役立たない人) calamidad *f.*, inútil *com.*
❷ 出来損ないの mal hec*ho*[cha], defectuo*so*[sa], chapuce*ro*[ra]

てきたい 敵対 antagonismo *m.*, oposición *f.*, hostilidad *f.*
❷ 敵対する enemistarse《con》, oponerse ‖

ペドロとリカルドは敵対している Pedro y Ricardo están enfrentados.
▶敵対行為 acción f. hostil‖敵対行為を行う llevar a cabo una acción hostil
▶敵対的買収 adquisición f. hostil‖その会社はライバル会社に対して敵対的買収を仕掛けた Esa compañía inició la adquisición hostil de una empresa rival.

できだか 出来高 (生産) producción f., (収穫) cosecha f., (株式) volumen m. de transacciones
▶出来高払い pago m. a destajo‖出来高払いで働く trabajar a destajo

できたて 出来立て
▶出来たての recién he*cho*[cha], reciente‖出来たてのパン pan m. 「reciente [recién horneado]

できちゃったけっこん 出来ちゃった結婚‖できちゃった結婚をする《慣用》casarse de penalti

てきちゅう 的中 acierto m.
▶的中する acertar,《慣用》dar en el blanco‖予想が的中する acertar en el pronóstico
▶的中率 tasa f. de acierto

できている 出来ている‖用意ができている estar lis*to*[ta]／ペドロとマリアはできているらしい Parece que Pedro y María están liados.
▶～でできている ser《de》, estar he*cho* [cha]《de》‖この机は木でできている La mesa es de madera.／ワインはブドウでできている El vino procede de la uva.

てきど 適度
▶適度な/適度の modera*do*[da]‖適度な汗 sudor m. moderado／適度な湿り気 humedad f. moderada／適度な距離をとる mantener una distancia razonable／適度の降雨 precipitaciones fpl. moderadas／健康のためにあなたは適度の運動を続けるのがよい Para cuidar su salud, es conveniente que continúe haciendo un ejercicio moderado.
▶適度に moderadamente, con moderación‖適度に酒を飲む beber con moderación

てきとう 適当
▶適当な adecua*do*[da], apropia*do*[da], conveniente, oportu*no*[na]‖適当な人(無責任な人) irresponsable com., (ふさわしい人) persona f.「adecuada [idónea]／適当な大きさ tamaño m. adecuado
▶適当に adecuadamente, apropiadamente‖宿題を適当にやる (いい加減に) hacer los deberes deprisa y mal／適当にあしらう tratar con diplomacia《a》／適当にやってくれ Hazlo como te parezca mejor.

てきにん 適任 (適任の) idóne*o*[a], perfec*to*[ta], indica*do*[da]‖彼はその仕事に適任だと思う Él es la persona perfecta para ese trabajo.／その地位に適任の人物を探している Estamos buscando una persona idónea para ese puesto.
▶適任者 persona f. idónea

できばえ 出来栄え/出来映え (結果) resultado m., (仕上がり) acabado m.‖申し分のない出来栄えの作品 obra f. muy conseguida／見事な出来栄えの絵画 cuadro m. de admirable perfección／出来栄えがよい（製品などが）tener un buen acabado, estar bien he*cho*[cha]

てきぱき
▶てきぱきと expeditivamente, con rapidez y eficiencia‖てきぱきと行動する actuar expeditivamente／てきぱきとした人 persona f. expeditiva

てきはつ 摘発 denuncia f., revelación f.
▶摘発する denunciar, sacar ALGO a la luz, revelar‖不正を摘発する「revelar [destapar] irregularidades

てきびしい 手厳しい sever*o*[ra], dur*o* [ra], implacable‖手厳しい批判/手厳しい批評 crítica f. 「acerba [severa]
▶手厳しく severamente, duramente‖手厳しく叱る reprender severamente／手厳しく批判する criticar duramente

てきめん 覿面‖効果てきめんである/てきめんに効く ser muy efectiv*o*[va], surtir (un) efecto inmediato, tener un efecto inmediato

できもの 出来物 (腫れ物) bulto m., tumor m., (にきび) espinilla f., grano m., acné m., (膿の出る) forúnculo m.

てきやく 適役‖ドン・キホーテにはこの俳優が適役だ Este actor es idóneo para el papel de don Quijote.

デキャンタ decantador m.

てきよう 適用 aplicación f.
▶適用する aplicar, poner ALGO en práctica‖新しい規則はすべてのメーカーに適用される Las nuevas normas se aplicarán a todos los fabricantes.

てきよう 摘要 sumario m., resumen m., extracto m.

てきりょう 適量 cantidad f. adecuada

できる 出来る ❶ (可能)『～することができる poder』『+不定詞』／それは私にはできません No puedo hacer eso.／インターネットでチケットを購入できる Se pueden comprar las entradas por Internet.／申し訳ありませんが、おっしゃることが納得できません Lo siento, pero no me convence lo que usted dice.／できない相談である estar fuera de lo posible, ser mucho pedir
▶できる限り「todo [en la medida de] lo posible
▶できれば si es posible, a poder ser‖できれば、明日テニスをしたいのですが Si fuera

posible, me gustaría jugar al tenis mañana. ／できれば、保証期間を延ばしていただけませんか A poder ser, querría que me extendiera el período de garantía.

❷ (能力) saber〖+不定詞〗, ser capaz de〖+不定詞〗‖車の運転ができる saber conducir,《中南米》saber manejar ／私は12時間続けて眠ることができる Soy capaz de dormir doce horas seguidas. ／彼はできる男だ (有能な) Es un hombre competente. ／数学がよくできる estar muy fuerte en matemáticas ／私はテストがよくできた He hecho bien en el examen. ／良くできた人だ Es una「gran [excelente] persona.

❸ (作られる・生じる) hacerse, producirse, nacer‖バターは牛乳からできる La mantequilla se obtiene de la leche. ／新潟でできた米 arroz m. cultivado en Niigata ／額ににきびができた Me ha salido un grano en la frente. ／夕立のあと水たまりができた Se han formado charcos de agua después del chubasco. ／私たち (夫婦) に子供ができた Vamos a tener un bebé.

❹ (仕上がる) acabarse‖ダムができた Se finalizó la construcción del embalse.

できるだけ 出来るだけ lo más〖+副詞・形容詞〗 posible‖できるだけ早く lo más pronto posible, lo antes posible, cuanto antes ／できるだけ早く結果をお知らせください Avíseme del resultado lo antes posible. ／できるだけ遅く到着する llegar lo más tarde posible ／できるだけ速く走る correr lo más rápido posible ／できるだけゆっくり話す hablar lo más despacio posible ／この会社でできるだけ長く働きたい Quiero trabajar en esta empresa todos los años que pueda. ¦ Quisiera trabajar en esta empresa todo el tiempo que me sea posible. ／できるだけ多く情報を集める recoger toda la información posible ／できるだけ多くの人々を助け出す rescatar al mayor número de personas posible ／できるだけ少なく食べる comer lo menos posible ／できるだけ安い便を探す buscar un vuelo lo más「barato [económico] posible ／できるだけのことはしなさい Haz todo lo「que puedas [posible]. ／私たちはできるだけのことはしたのだから、すべてがうまく行くことを期待しよう Hemos hecho todo lo que estaba en nuestras manos, así que esperemos que todo salga bien.

てきれいき 適齢期
▶ 適齢期の en edad「casadera [de merecer]‖適齢期の女性 mujer f. en edad「casadera [de merecer]
▶ 適齢期である estar en edad「casadera [de merecer]

てぎわ 手際 ‖手際のよい eficiente, expeditivo[va] ／手際のよさ eficiencia f., habilidad f., destreza f., maestría f. ‖仕事の手際が悪い ser torpe en el trabajo
▶ 手際よく eficientemente, con destreza‖手際よく進める llevar adelante eficientemente ALGO

てぐすね 手ぐすね‖手ぐすねを引いて待ちかまえる estar al acecho《de》, acechar la ocasión《para》

てくせ 手癖‖手癖の悪い《慣用》ser amigo[ga] de lo ajeno,《慣用》tener las manos largas (para robar)

てぐち 手口 modo m., (犯罪の)《ラテン語》modus m. operandi

でぐち 出口 salida f.‖出口をさがす buscar la salida ／4番出口から出る tomar la salida cuatro ／広場への出口はどれですか ¿Cuál es la salida a la plaza? ／ようやく出口が見えてきた《慣用》Finalmente podemos ver「el cielo abierto [los cielos abiertos].
◪ 非常出口 salida f. de emergencia
◪ 出口調査 sondeos mpl. a pie de urna

てくてく‖てくてく歩く caminar, ir a pie

テクニカル
▶ テクニカルな técnico[ca]
◪ テクニカルターム (専門用語) término m. técnico, tecnicismo m., (集合的に) terminología f. técnica
◪ テクニカルノックアウト (TKO)《ボクシング》nocaut m. técnico‖テクニカルノックアウトで勝つ ganar por nocaut técnico

テクニシャン técnico[ca] mf.

テクニック técnica f., maña f.

テクノクラート tecnócrata com.

テクノポリス parque m. tecnológico

テクノロジー tecnología f.

てくび 手首 muñeca f.

でくわす 出くわす encontrarse《a, con》, toparse《con》, dar《con》‖人に出くわす encontrarse a ALGUIEN ／事故現場に出くわす acertar a pasar por el lugar de un accidente ／知らない単語に出くわす encontrarse con una palabra desconocida ／調べ物をしていたときに、その情報に出くわした Cuando estaba haciendo algunas averiguaciones, di con esa información.

てこ 梃子/梃 palanca f.‖てこの原理 principio m. de la palanca
慣用 てこでも動かない no ceder un ápice, ser testarudo[da],《慣用》「seguir [mantenerse] en sus trece,《慣用》no dar su brazo a torcer

てごころ 手心 consideración f., indulgencia f.‖手心を加える tratar con「miramiento [indulgencia]《a》,《慣用》dar manga ancha《a》

てこずる 梃摺る costar trabajo, tener dificultades《con》‖報告書を翻訳するのにてこ

ずった Me costó trabajo traducir el informe.
てごたえ 手応え reacción *f.*, respuesta *f.* ⇒はんのう(反応) ‖ 確かな手応え reacción *f.* segura／手応えがある(反応がある) reaccionar, responder,(効果がある) surtir efecto
でこぼこ 凸凹 desigualdad *f.*, escabrosidad *f.*
▶でこぼこの desigual, escabro*so[sa]* ‖ でこぼこの道 camino *m.* lleno de baches
デコレーション decoración *f.*, adorno *m.*
◻デコレーションケーキ tarta *f.*「adornada [decorada]」
てごろ 手頃 ‖ このサービスは迅速なだけでなく値段も手頃だ Este servicio no solo es rápido, sino que además tiene un precio razonable.
▶手ごろな (便利な) práct*ico[ca]*, (適切な) adecua*do[da]*, apropia*do[da]*, (妥当な) razonable, (中庸な) modera*do[da]* ‖ 子供に手ごろな本 libro *m.* apropiado para niños／手ごろな仕事 trabajo *m.* llevadero／手ごろな厚さの板 tabla *f.* de un grosor apropiado／手ごろな値段 precio *m.*「asequible [razonable]」
てごわい 手強い temible, fuerte, du*ro[ra]* ‖ 手ごわい敵 enem*igo[ga] mf.* formidable／手ごわい相手 adversa*rio[ria] mf.* du*ro[ra]*／手ごわい人物 persona *f.* difícil
テコンドー taekwondo *m.*
デザート postre *m.* ‖ デザートは何がありますか ¿Qué tienen de postre?／デザートに果物をください De postre, quisiera fruta.
◻デザートスプーン cucharilla *f.*, cuchara *f.* de postre
◻デザートメニュー carta *f.* de postres
デザイナー diseña*dor[dora] mf.*, (服飾の) modista *com.*, modisto *m.*
デザイン diseño *m.*, (柄) dibujo *m.* ‖ 現代的なデザイン diseño *m.* moderno／斬新なデザイン diseño *m.* innovador／落ち着いたデザイン diseño *m.* sobrio／このデザインは気に入りました Me ha gustado este diseño.／鮮やかな色がパッケージのデザインに使われた Se han empleado colores vivos en el diseño del paquete.
▶デザインする diseñar
てさき 手先 (指先) punta *f.* del dedo;(手下) instrumento *m.* ‖ 手先の動き movimiento *m.* de los dedos／手先の器用さ destreza *f.* manual／手先が器用だ ser hábil con las manos,《話》《スペイン》ser *un[una]* manitas／手先に使う usar a ALGUIEN como instrumento／手先となる convertirse en el instrumento「de」
でさき 出先 ‖ 出先から電話する llamar desde fuera
◻出先機関 delegación *f.* local,(支社) sucursal *f.*
てさぎょう 手作業 trabajo *m.* manual
▶手作業で manualmente ‖ 手作業でデータを入力する introducir manualmente los datos
てさぐり 手探り ‖ 私たちはまだ手探りの状態である Todavía andamos a ciegas.
▶手探りで a tientas ‖ 手探りで探す buscar a tientas／手探りで進む avanzar a tientas
てさげ 手提げ bolsa *f.* ‖ 手提げに入れる meter ALGO en la bolsa
◻手提げ金庫 caja *f.* fuerte portátil
テザリング 《IT》 anclaje *m.* a red,《英語》 *tethering m.*
てざわり 手触り textura *f.*, tacto *m.* ‖ 本物の手触り textura *f.* auténtica／なめらかな手触りの布 tela *f.*「sedosa [aterciopelada]」／柔らかな手触りの生地 tejido *m.* de tacto suave／手触りがいい ser agradable al tacto／手触りが粗い ser áspero al tacto／手触りが柔らかい tener una textura suave
でし 弟子 discíp*ulo[la] mf.*
しお 手塩
(慣用) 手塩にかける ‖ 子供を手塩にかけて育てる criar a *su* hi*jo[ja]* con mucho「esmero [cariño]」
デジカメ cámara *f.* digital
てしごと 手仕事 trabajo *m.* manual
てした 手下 subordina*do[da] mf.*, subalter*no[na] mf.*
デジタル
▶デジタルの digital
▶デジタル化 digitalización *f.*
▶デジタル化する digitalizar ‖ 本をデジタル化する digitalizar un libro
◻デジタル衛星放送 emisión *f.* digital por satélite
◻デジタル家電 electrodomésticos *mpl.* digitales
◻デジタルカメラ cámara *f.* digital
◻デジタル通信 comunicación *f.* digital
◻デジタル時計 reloj *m.* digital
◻デジタルハイビジョン alta resolución *f.* digital
◻デジタル表示 visualización *f.* digital
◻デジタル放送 emisión *f.* digital
てじな 手品 juego *m.* de manos, prestidigitación *f.*
◻手品師 ma*go[ga] mf.*, prestidigita*dor[dora] mf.*
デシベル decibelio *m.*, decibel *m.* (略 dB)
でしゃばり 出しゃばり
▶出しゃばりの(人) entrometi*do[da]* (*mf.*), entremeti*do[da]* (*mf.*),《話》metete (*com.*)
でしゃばる 出しゃばる entrometerse《en》, entremeterse《en》,《慣用》meter「las narices [la cuchara]」《en》
てじゅん 手順 procedimiento *m.* ‖ 手順を

ふむ/手順に従う seguir un procedimiento / 作業手順を整える preparar un plan de trabajo, metodizar el trabajo / 手順よくmetódicamente / 手順どおりに作業する trabajar「de forma sistemática [según los procedimientos establecidos] / 申請の手順を詳しく説明していただけませんか ¿Me podría explicar en detalle el procedimiento de solicitud?

てじょう 手錠 esposas *fpl.* ‖ 手錠をかける poner las esposas《a》, esposar / 手錠を外す quitar las esposas《a》

てすう 手数 ‖ 手数のかかる仕事 trabajo *m.* complicado / お手数をおかけしますが、その情報をもう一度お送りいただけますか Perdone las molestias, pero, ¿podría enviarme de nuevo esa información? / お手数ですが、アンケート用紙にご記入ください Tenga la bondad de rellenar el cuestionario.
◪手数料 comisión *f.* ‖ 手数料を支払う pagar una comisión

ですぎる 出過ぎる ‖ 出過ぎたことをする cometer una imprudencia, propasarse / 個性が出過ぎたデザイン diseño *m.* demasiado original

デスク (机) escritorio *m.*, mesa *f.*, (新聞社の編集部) redacción *f.*
◪デスクプラン plan *m.* no ejecutado
◪デスクワーク trabajo *m.* de oficina

デスクトップ
◪デスクトップ環境 entorno *m.* de escritorio
◪デスクトップパソコン ordenador *m.* (de) sobremesa, ordenador *m.* de escritorio

テスト prueba *f.*, examen *m.*, test *m.* ‖ テストに出る(問題が) salir en un examen / テストに備える prepararse para un examen / テストを行う realizar un examen / テストを受ける presentarse a un examen
▶テストする probar, examinar, (評価する) evaluar ‖ 自動車の性能をテストする evaluar el rendimiento de un coche
◪テストケース caso *m.* de prueba
◪テストコース pista *f.* de pruebas
◪テストパイロット piloto *com.* de pruebas
◪テストパターン carta *f.* de ajuste
◪テスト飛行 vuelo *m.* de prueba ‖ テスト飛行をする「realizar [hacer] un vuelo de prueba

デスマスク「máscara *f.* [mascarilla *f.*] mortuoria

デスマッチ lucha *f.* a muerte

てすり 手摺 pasamanos *m.*[=*pl.*], barandilla *f.* ‖ 手すりにつかまる agarrarse al pasamanos

てせい 手製 →てづくり(手作り)
▶手製の hecho[cha] a mano, (自家製の) casero[ra]

てそう 手相「líneas *fpl.* [rayas *fpl.*] de la mano ‖ 手相を見る leer la mano
◪手相見 quiromancia *f.*, (人) quiromántico[ca] *mf.*

てだし 手出し
▶手出しする (関与する) participar《en》, (干渉する) entrometerse《en》, (争いをしかける) provocar ‖ 私はその件には手出ししない Me mantengo al margen de ese asunto. / 人のことに手出しするな No te metas en asuntos ajenos.

でだし 出だし comienzo *m.*, inicio *m.*, arranque *m.* ‖ 好調な出だしである empezar con buen pie, tener un buen arranque / 出だしが悪い empezar con mal pie, tener un mal arranque

てだすけ 手助け ayuda *f.*
▶手助けする ayudar, echar una mano《a》

てだて 手立て (方法) medio *m.*, manera *f.*, (手段) medio *m.* ‖ 手立てを講じる「adoptar [tomar] medidas《para》/ 手立てを考える idear un medio / 家の売却を彼に断念させる手立てがない No hay manera de disuadirlo de vender la casa.

でたとこしょうぶ 出たとこ勝負 ‖ すべては出たとこ勝負だ Todo depende de cómo vayan las cosas.
▶出たとこ勝負で improvisadamente, 《慣用》sobre la marcha

てだま 手玉
《慣用》手玉に取る manejar a ALGUIEN a *su* antojo

でたらめ disparate *m.* ‖ でたらめを言う decir「tonterías [disparates]
▶でたらめな disparatado[da] ‖ でたらめな返答 respuesta *f.* disparatada / でたらめな(自堕落な)生活を送る llevar una vida「disipada [disoluta]
▶でたらめに al azar, disparatadamente ‖ でたらめに歌う cantar sin ton ni son / でたらめにやる hacer ALGO sin orden ni concierto

てぢか 手近
▶手近な (近くにある) cercano[na], (ありふれた) común ‖ 手近な問題 problema *m.* común / 手近な例を挙げれば《慣用》sin ir más lejos
▶手近に a mano ‖ 手近にある estar「cerca [a mano] / 手近に置く poner a mano ALGO

てちがい 手違い error *m.*, equivocación *f.* ‖ こちらの手違いで por nuestra culpa / 役所の手違い error *m.* administrativo / 小さな手違い pequeño error *m.* / 係員(男性)の手違いでした Fue un error del encargado. / 手違いが生じる/手違いが起こる producirse *un error* / ご注文の品を出荷する際に手違いがありました Hubo un error al enviar el

artículo que usted había pedido.
てちょう 手帳　agenda *f.*, libreta *f.* ‖ 手帳にメモする「apuntar [anotar] ALGO en la agenda
てつ 鉄　《化学》hierro *m.*《記号 Fe》‖ 鉄のように固い du*ro*[*ra*] como el hierro ／ 鉄を鍛える forjar el hierro
▶鉄の férre*o*[*a*] ‖ 鉄の檻 jaula *f.* de hierro ／ 鉄の意志 voluntad *f.* 「de hierro [férrea] ／ 鉄のカーテン telón *m.* de acero
▣鉄は熱いうちに打て Conviene actuar de inmediato. ¦《諺》Al hierro candente, batirlo de repente.
　◾鉄管 tubería *f.* de hierro
　◾鉄格子 rejas *fpl.* de hierro
　◾鉄材 material *m.* de hierro
てっかい 撤回　retractación *f.*
▶撤回する retractarse 《de》, desdecirse 《de》, retirar ‖ 発言を撤回する retirar las palabras ／ その法案は国民の反対にあって撤回された Ese proyecto de ley fue desestimado debido a la oposición del pueblo.
てつがく 哲学　filosofía *f.* ‖ 自分の哲学を持つ tener *su* propia filosofía
▶哲学の filosófic*o*[*ca*]
▶哲学的な filosófic*o*[*ca*]
▶哲学的に filosóficamente
　◾経験哲学 filosofía *f.* experimental
　◾実践哲学 filosofía *f.* práctica
　◾東洋哲学 filosofía *f.* oriental
　◾哲学者 filóso*fo*[*fa*] *mf.*
　◾哲学博士 doc*tor*[*tora*] *mf.* en Filosofía
てつかず 手つかず
▶手つかずの intac*to*[*ta*] ‖ 手つかずのままの計画 plan *m.* intacto
てづかみ 手摑み
▶手づかみで con「la mano [los dedos]‖ 手づかみで食べる comer ALGO con la mano
▶手づかみにする tomar ALGO con「la mano [los dedos]
てっき 鉄器　objeto *m.* de hierro
　◾鉄器時代 Edad *f.* del Hierro
てっき 敵機　avión *m.* enemigo
てつき 手つき‖器用な手つきで con manos hábiles ／ 不器用な手つきで con manos torpes ／ 慣れた手つきで con manos expertas ／ 危なっかしい手つきで con manos inexpertas ／ カルタでお手付きをする tocar una carta equivocada (en el juego de naipes japonés)
デッキ 　(船の) cubierta *f.*, (列車の) plataforma *f.*
デッキチェア　tumbona *f.*
てっきょ 撤去　desmantelamiento *m.*
▶撤去する retirar, desalojar, desmantelar, (建物を) demoler ‖ 足場を撤去する (建築現場の) desmontar el andamio ／ 工場を撤去する desmantelar una fábrica

てっきょう 鉄橋　(鉄製の橋) puente *m.* de hierro, (鉄道橋) puente *m.* de ferrocarril
てっきり
▶てっきり～と思う dar por「sentado [descontado] que〖＋直説法〗‖ てっきり君は奥さんと一緒に来ると思っていた Daba por sentado que vendrías con tu mujer.
てっきん 鉄筋　barras *fpl.* de refuerzo, acero *m.* corrugado
　◾鉄筋コンクリート hormigón *m.* armado
てつくず 鉄屑　chatarra *f.*
でつくす 出尽くす　agotarse ‖ 意見が出尽くした Se expusieron todas las opiniones.
てづくり 手作り
▶手作りの hech*o*[*cha*] a mano, (自家製の) caser*o*[*ra*] ‖ 手作りの服 ropa *f.* hecha a mano ／ 手作りの味 sabor *m.* casero ／ 手作りの良さ encanto *m.* de las cosas hechas「a mano [en casa] ／ 祖父の手作りの椅子 silla *f.* hecha por el abuelo
てつけきん 手付金　depósito *m.*, señal *f.* ‖ ご注文品の手付金をお支払い下さるようお願いします Le rogamos que pague el depósito de su pedido.
てっこう 鉄鋼　acero *m.*
　◾鉄鋼業 industria *f.* siderúrgica
　◾鉄鋼メーカー fabricante *com.* de acero《男性形での使用が多い》
てっこうじょ 鉄工所　fundición *f.* de hierro, herrería *f.*
てっこうせき 鉄鉱石　mineral *m.* de hierro
てっこつ 鉄骨　「armazón *m(f).* [estructura *f.*] de hierro
▶鉄骨の ‖ 鉄骨の建物 edificio *m.* de「armazón [estructura] de hierro
デッサン　dibujo *m.*, bosquejo *m.*, esbozo *m.*
▶デッサンする dibujar, esbozar ‖ 人物をデッサンする「dibujar [esbozar] un retrato ／ 静物をデッサンする dibujar un bodegón
てつじょうもう 鉄条網　alambrada *f.* de「púas [espino]
てっする 徹する　dedicarse completamente 《a》, entregarse completamente 《a》 ‖ 金もうけに徹する dedicarse completamente a ganar dinero ／ 主義に徹する ser completamente fiel a *sus* principios ／ 骨身に徹する寒さだ Hace un frío que cala hasta los huesos. ／ 夜を徹して議論する「pasarse [quedarse] toda la noche discutiendo ／ 恨み骨髄に徹する guardar un profundo rencor a ALGUIEN
てっせい 鉄製
▶鉄製の férre*o*[*a*], de hierro, (鋼鋼の) de acero
てっそく 鉄則　regla *f.*「rígida [férrea], férrea norma *f.*, norma *f.* inalterable ‖ 鉄則を守る acatar las férreas normas《de》
てったい 撤退　retirada *f.*

てつだい　手伝い　ayuda *f*., (人) ayudante *com*.
▶**手伝いをする**　ayudar, prestar ayuda《a》, echar una mano《a》
てつだう　手伝う　ayudar, prestar ayuda《a》‖ 私は娘の宿題を手伝ってやる Ayudo a mi hija a hacer los deberes. ／掃除を手伝う ayudar a ALGUIEN en la limpieza ／仕事を手伝う ayudar a ALGUIEN en el trabajo ／心配事も手伝って父の健康状態が悪化した Las preocupaciones agravaron el estado de salud de mi padre. ／荷物を運ぶのを手伝っていただけますか ¿Podría ayudarme a llevar mi equipaje?
でっちあげる　でっち上げる　inventar, forjar‖ 誘拐事件をでっち上げる「fingir [simular] un secuestro
てっちゅう　鉄柱　poste *m*. de hierro
てつづき　手続き　procedimiento *m*., trámite *m*., formalidades *fpl*. ‖ 免税の手続き procedimiento *m*. para eximirse del pago de impuestos ／手続きをふむ「cumplir [seguir] las formalidades, seguir los trámites ／手続きはめんどうだ Los trámites son engorrosos.
▶**手続き(を)する**「hacer [realizar] los trámites《de》‖ 入学の手続きをする inscribirse en una escuela
てってい　徹底
▶**徹底する**　extremar‖ 安全対策を徹底する extremar las medidas de seguridad ／部下に命令を徹底させる obligar a *sus* subordinados a cumplir las órdenes a rajatabla ／彼の仕事は徹底している Él cuida hasta el más mínimo detalle en su trabajo. ¦ Es un perfeccionista que cuida hasta el más mínimo detalle en el trabajo.
▶**徹底した**　perfec*to*[*ta*], comple*to*[*ta*], exhausti*vo*[*va*]‖ 徹底した仕事ぶり trabajo *m*. concienzudo ／徹底した平和主義者 pacifista *com*. hasta la médula ／彼女は徹底した自由主義者だ Ella es una demócrata consumada.
▶**徹底的な**　comple*to*[*ta*], exhausti*vo*[*va*]‖ 徹底的な改革 reforma *f*.「total [drástica, radical]
▶**徹底的に**　por completo, a fondo, exhaustivamente‖ 徹底的に調べる examinar ALGO exhaustivamente ／実験の結果を徹底的にチェックしてみよう Vamos a comprobar exhaustivamente los resultados del experimento.
てっとう　鉄塔　torre *f*. de hierro, (高圧線用の) torre *f*. de alta tensión
てつどう　鉄道　ferrocarril *m*., vía *f*. férrea‖ 鉄道を敷設する／鉄道を敷く construir los ferrocarriles ／鉄道を利用する utilizar el ferrocarril, (電車に乗る)「coger [tomar] un tren
▶**鉄道の**　ferrovia*rio*[*ria*]
◧**スペイン国有鉄道**　Red *f*. Nacional de los Ferrocarriles Españoles (略 RENFE)
◧**北海道旅客鉄道**　Ferrocarriles *mpl*. de Pasajeros de Hokkaido
◧**鉄道案内所**　oficina *f*. de información ferroviaria
◧**鉄道員**　emplea*do*[*da*] *mf*.　ferrovia*rio*[*ria*]
◧**鉄道警察**　policía *f*. ferroviaria
◧**鉄道マニア**　aficiona*do*[*da*] *mf*. a los trenes
◧**鉄道網**　red *f*.「de ferrocarriles [ferroviaria]
◧**鉄道輸送**　transporte *m*. ferroviario
◧**鉄道利用客**　pasaje*ro*[*ra*] *mf*. del tren, usua*rio*[*ria*] *mf*. del ferrocarril
◧**鉄道路線図**　mapa *m*. de la red ferroviaria
てっとうてつび　徹頭徹尾　(最初から最後まで) desde el principio hasta el fin, (完全に) completamente‖ 徹頭徹尾反対する mantenerse firme en *su* oposición《a》, oponerse rotundamente《a》
デッドヒート　reñida competencia *f*.‖ ライバルとデッドヒートを繰り広げる mantener un codo a codo con *su* rival
てっとりばやい　手っ取り早い　rápi*do*[*da*], (簡単な) senci*llo*[*lla*]
▶**手っ取り早く**　rápidamente,《副詞》rápido‖ 手っ取り早く仕事を片付ける despachar rápido el trabajo
デッドロック　punto *m*. muerto‖ デッドロックに乗り上げる (行き詰まる)《慣用》entrar en vía muerta
でっぱ　出っ歯　dientes *mpl*.「salidos [salientes]
てっぱい　撤廃　abolición *f*., supresión *f*.
▶**撤廃する**　abolir, suprimir‖ 年齢制限を撤廃する eliminar el límite de edad ／輸入制限を撤廃する「levantar [eliminar, abolir] las restricciones de importación
でっぱり　出っ張り　saliente *m*., protuberancia *f*.
でっぱる　出っ張る　sobresalir‖ 頬骨が出っ張っている tener pómulos salientes
てっぱん　鉄板　plancha *f*.「chapa *f*.] de hierro, (鋼板) plancha *f*. de acero
◧**鉄板焼き**《日本語》teppanyaki *m*., (説明訳) plato *m*. de carne, pescado o verduras a la plancha

てつびん 鉄瓶　tetera *f.* de hierro
でっぷり
▶でっぷり(と)した(太った) obe*so*[sa], gor*do*[da], (恰幅のよい) corpulen*to*[ta]
てつぶん 鉄分　hierro *m.* ‖ 鉄分の多い食品 alimento *m.* rico en hierro
▶鉄分を含む ferrugino*so*[sa]
てっぺい 撤兵　retirada *f.* de「tropas [militares]
▶撤兵する retirar las tropas
てっぺん 天辺　cúspide *f.*, parte *f.* superior ‖ 頭のてっぺん parte *f.* superior de la cabeza, coronilla *f.* ／山のてっぺん「cima *f.* [cumbre *f.*] de una montaña／木のてっぺん copa *f.* de un árbol／頭のてっぺんからつま先まで de pies a cabeza, de arriba abajo
てつぼう 鉄棒　barra *f.* de hierro, (体操の) barra *f.* fija
てっぽう 鉄砲　fusil *m.*, escopeta *f.*
■鉄砲水 riada *f.* torrencial
てづまり 手詰まり　(慣用) callejón *m.* sin salida ‖ 手詰まりになる「estar [encontrarse, meterse] en un callejón sin salida
てつや 徹夜
▶徹夜する trasnochar, velar, pasar la noche sin dormir
▶徹夜で sin dormir toda la noche ‖ 徹夜で翻訳を完成させる pasar la noche sin dormir para terminar la traducción／私たちのチームは徹夜で提案書を作った Nuestro equipo trabajó toda la noche para redactar la propuesta.
でていく 出て行く　salir, (去る) irse, marcharse ⇒ でる(出る)
でどころ 出所　origen *m.*, procedencia *f.*, (情報の) fuentes *fpl.* ‖ この情報の出所はどこですか ¿Cuáles son las fuentes de esta información?
デトックス　desintoxicación *f.*
■デトックス効果 ‖ デトックス効果がある tener propiedades depurativas
てどり 手取り　sueldo *m.* neto ‖ 私の月給は手取り30万円です Mi sueldo neto mensual es de trescientos mil yenes.
■手取り収入 ingresos *mpl.* netos
テナー　tenor *m.* ⇒ テノール
■テナーサックス saxo *m.* tenor
てなおし 手直し　retoque *m.*, (変更) modificación *f.*
▶手直しする retocar, (変更する) modificar, (改善する) mejorar ‖ 生産性を上げるために製造工程を手直しする modificar el proceso de fabricación para aumentar la productividad
でなおす 出直す　(改めて出かける) volver otra vez, (やり直す) empezar de nuevo
てなずける 手懐ける　(動物を) domar, domesticar, (人を従わせる)《慣用》meter en cintura a ALGUIEN ‖ 部下を手なずける (信頼を得る) ganarse la confianza de *sus* subordinados
てなみ 手並み　habilidad *f.*, destreza *f.* ‖ 鮮やかな手並みで con una destreza magistral
てならい 手習い　aprendizaje *m.*, (習字) caligrafía *f.*
(慣用) 六十の手習い Aprendiz de caligrafía a los sesenta (años de edad). ¦ Nunca es tarde para aprender.
てなれる 手慣れる
▶手慣れている estar acostumbra*do*[da] 《a》
▶手慣れた ‖ 手慣れた手付きでハンドルを操る manejar el volante con *su* habilidad acostumbrada
テナント　inquili*no*[na] *mf.*, arrendata*rio* [*ria*] *mf.*
デニール　《単位》denier *m.*
テニス　tenis *m.*[=*pl.*] ‖ テニスの練習 entrenamiento *m.* de tenis／テニスをする jugar al tenis／テニスを楽しむ disfrutar del tenis／テニスの試合をする jugar un partido de tenis
■テニスコート「cancha *f.* [pista *f.*] de tenis
■テニスシューズ zapatillas *fpl.* de tenis, tenis *mpl.*
■テニス選手 tenista *com.*, juga*dor*[*dora*] *mf.* de tenis
■テニス大会 torneo *m.* de tenis
■テニスボール pelota *f.* de tenis
■テニスラケット raqueta *f.* de tenis
デニッシュ　pastel *m.* danés
デニム　tela *f.* vaquera ‖ デニムのパンツ《主に複数形で》pantalón *m.* vaquero,《主に複数形で》vaquero *m.*
てにもつ 手荷物　equipaje *m.* de mano ‖ 手荷物を預ける facturar el equipaje (de mano)／手荷物を検査する inspeccionar el equipaje (de mano) ／(私は)預ける手荷物はありません No tengo equipaje para facturar.／預けた手荷物はどこで受け取れますか ¿Dónde puedo recoger el equipaje (facturado)?
■手荷物預かり証 resguardo *m.* de(l) equipaje
■手荷物預かり所 consigna *f.* ‖ 手荷物預かり所はどこですか ¿Dónde está la consigna?
てぬい 手縫い
▶手縫いの cosi*do*[da] a mano
てぬかり 手抜かり　descuido *m.*, error *m.*, negligencia *f.* ‖ 手抜かりなく sin cometer ningún error
てぬき 手抜き　chapuza *f.*, fallo *m.* ‖ 手抜きがある Hay fallos.
▶手抜きする chapucear
■手抜き工事 obra *f.* chapucera

てぬぐい 手拭い　toalla *f.* de mano ‖ 手ぬぐいを腰にぶら下げる llevar una toalla de mano colgada de la cintura
◪ 手ぬぐい掛け　toallero *m.*

てぬるい 手緩い　indulgente, permis*ivo*[va], poco sev*ero*[ra], blan*do*[da] ‖ 手ぬるい処置 medidas *fpl.* [permisivas [laxas]

てのうち 手の内 ‖ 手の内を明かす/手の内を見せる mostrar las verdaderas intenciones, revelar *sus* intenciones,《慣用》enseñar las cartas,《慣用》poner las cartas sobre la mesa／手の内を見破る《慣用》descubrir el juego a ALGUIEN／手の内を読む calar a ALGUIEN

テノール　(声・歌手) tenor *m.*
◪ テノール歌手　tenor *m.*

てのこう 手の甲　dorso *m.* de la mano

てのひら 手のひら/掌　palma *f.* (de la mano)
〔慣用〕手のひらを返す cambiar de actitud de repente

デノミネーション　redenominación *f.* monetaria

てば 手羽　「ala *f.* [alón *m.*] de pollo

では　(それでは) entonces, bueno, bien, pues

デパート　grandes almacenes *mpl.* ‖ デパートへ買い物に行く ir de compras a los grandes almacenes／デパートは10時に開店します Los grandes almacenes abren a las diez.

てはい 手配　(準備) arreglo *m.*, preparación *f.*, (警察の) búsqueda *f.*
▶ 手配する arreglar, preparar, hacer gestiones《para》‖ タクシーを手配する pedir un taxi／女性のベビーシッターを手配する (探す) buscar una canguro／私は建築士との打ち合わせを手配した He concertado una cita con el arquitecto.
◪ 手配写真　fotografía *f.* de búsqueda de *un*[una] delincuente
◪ 手配書　orden *f.* de busca y captura

デバイス　dispositivo *m.*,《英語》*hardware m.* ‖ 使用中のデバイス dispositivo *m.* en uso／デバイスを安全に取り外す quitar el *hardware* con seguridad／デバイスを認識できない No se reconoce el dispositivo.
◪ 無線デバイス　dispositivo *m.* inalámbrico ‖ 無線デバイスを有効にする activar el dispositivo inalámbrico

ではいり 出入り　entrada *f.* y salida *f.* ‖ 人の出入りを監視する vigilar la entrada y salida de personas
▶ 出入りする entrar y salir

てはじめ 手始め ‖ 手始めに para empezar／手始めとして como primer paso

ではじめる 出始める　comenzar a aparecer ‖ 桃が出始める Comienza la temporada de los melocotones.

てはず 手筈　(計画) plan *m.*, programa *m.*, (手配) arreglo *m.*, preparativos *mpl.* ‖ 手はずを整える arreglar, programar／あの喫茶店で彼女と会う手はずになっている Me prepararon una cita con ella en aquel café.

てばた 手旗
◪ 手旗信号　alfabeto *m.* semáforo, señales *fpl.* con banderas

ではな 出端
〔慣用〕出端をくじく《慣用》cortar las alas《a》‖ 敵の出端をくじく desmoralizar al enemigo en el primer ataque／出端をくじかれる quedar「desalenta*do*[da] [desmoraliza*do*[da]] en el inicio

てばなし 手放し
▶ 手放しで ‖ 手放しで喜ぶ estar rebosante de alegría, estar lle*no*[na] de alborozo／手放しで喜べない no poder alegrarse completamente, no estar del todo conten*to*[ta]

てばなす 手放す　abandonar, desprenderse《de》, (売る) vender ‖ 絵を手放す desprenderse de un cuadro／家を手放す vender *su* casa／子供を手放す desprenderse de *su* hi*jo*[ja]

てばなれ 手離れ
▶ 手離れする ‖ 幼児(男の子)は母親から手離れした El niño no necesita ya el cuidado constante de la madre.

でばぼうちょう 出刃包丁　《日本語》cuchillo *m.* deba, (説明訳) cuchillo *m.* de cocina japonés de hoja ancha y de biselado unilateral amplio

てばやい 手早い　rápi*do*[da] ‖ 仕事が手早いser「rápi*do*[da] [eficiente] en el trabajo
▶ 手早く rápidamente, con rapidez ‖ 手早く支度をする hacer los preparativos rápidamente／台所を手早く片づける limpiar rápidamente la cocina

ではらう 出払う ‖ 皆、出払っている Todos están fuera.

でばん 出番　turno *m.* ‖ プレーの出番を待つ esperar *su* turno para jugar／出番が来るまで待ちなさい Espera a que te llegue el turno.

てびき 手引き　guía *f.*, manual *m.*
▶ 手引きする (案内する) guiar

デビットカード　tarjeta *f.* (de) débito

デビュー　debut *m.*
▶ デビューする hacer *su* debut, debutar ‖ 社交界にデビューする「entrar [ser presenta*do*[da]] en sociedad／歌手としてデビューする「debutar [estrenarse] como cantante
◪ デビュー曲　primera canción *f.*
◪ デビュー作　primera obra *f.*

てびょうし 手拍子　palmadas *fpl.* acompasadas ‖ 手拍子をとる marcar el compás con palmas

てびろい 手広い　espacio*so*[sa], am*plio*

[plia]
▶手広く ampliamente ‖ 手広く商売する hacer negocios a gran escala
でぶ gor*do*[da] mf., 《話》gordin*flón*[flona] mf.
デフォルト ❶ (債務不履行) incumplimiento m. en el pago de la deuda
❷ (初期設定)
◪デフォルト設定 configuración f. 「predeterminada [por defecto]
◪デフォルト値 valor m. 「predeterminado [por defecto]
デフォルメ deformación f.
▶デフォルメする deformar
てふき 手拭き toalla f., pañuelo m.
てぶくろ 手袋 guantes mpl. ‖ 手袋をしている llevar guantes ／ 手袋をはめる ponerse los guantes ／ 手袋をぬぐ／手袋を外す quitarse los guantes ／ 手袋を編む tejer unos guantes
でぶしょう 出不精 persona f. 「casera [hogareña], persona f. a la que no le gusta salir ‖ 私は最近出不精になってしまった Últimamente apenas salgo.
てふだ 手札 (トランプの) mano f., juego m.
てぶら 手ぶら
▶手ぶらで con las manos vacías ‖ 手ぶらで出かける salir sin llevar(se) nada ／ 手ぶらで訪問する visitar a ALGUIEN con las manos vacías ／ 手ぶらで戻る (収穫なしに)《慣用》volver con las manos vacías
てぶり 手振り gesto m. con la mano
▶手振りで ‖ 身振り手振りで説明する explicar ALGO 「con [por medio de] gestos
デフレ deflación f. ‖ デフレになる entrar en una deflación
▶デフレの deflaciona*rio*[ria]
◪デフレスパイラル espiral f. deflacionaria
◪デフレ政策 política f. deflacionaria
テフロン 《商標》teflón m.
◪テフロン加工 revestimiento m. de teflón ‖ テフロン加工のフライパン sartén f. 「con revestimiento [revestida] de teflón
デベロッパー promot*or*[tora] mf. inmobilia*rio*[ria]
デポジット depósito m. ‖ デポジットを払う pagar un depósito
てほどき 手解き iniciación f., introducción f. ‖ ギターの手解きを受ける recibir las primeras lecciones de guitarra ／ ロッククライミングの手解きをする iniciar a ALGUIEN en la escalada en roca
てほん 手本 ejemplo m., modelo m. ‖ 習字の手本 modelo m. de caligrafía ／ 生きた手本 ejemplo m. viviente ／ 父を手本にする tomar como ejemplo a *su* padre ／ 手本になる servir de ejemplo ／ 手本を示す mostrar un ejemplo ／ よい老後の暮らし方の手本はない No tenemos ejemplos de cómo vivir una buena vejez.

てま 手間 (労力) esfuerzo m., trabajo m., (時) tiempo m. ‖ 手間がかかる requerir trabajo, costar trabajo a ALGUIEN ／ 手間が省ける ahorrar trabajo ／ 手間ひまかけて夕食を作る dedicar tiempo y trabajo para preparar la cena ／ 余りお手間は取らせません No le voy a 「quitar [robar] mucho tiempo.
◪二度手間 ‖ 二度手間になる costar doble trabajo a ALGUIEN
◪手間賃 paga f., salario m.
デマ bulo m., infundio m. ‖ デマを飛ばす hacer correr un bulo, difundir un bulo ／ 私が薬物依存者だというデマが流れている Corre el bulo de que soy *un*[una] drogadic*to*[ta].
てまえ 手前 (こちら側) este lado ‖ 少し手前に寄って下さい Acérquese un poco a este lado. ／ 東京の1つ手前の駅で降りる bajarse en la estación anterior a la de Tokio ／ 子供の手前 delante de los niños ／ 手前に見える verse en primer plano ／ 手前ども nosot*ros* [tras]
でまえ 出前 servicio m. (de comida) a domicilio ‖ ピザを出前で注文する pedir una *pizza* a domicilio ／ 出前いたします《掲示》Se sirve a domicilio
◪出前持ち repartid*or*[dora] mf.
てまえがって 手前勝手
▶手前勝手な(人) egoísta (com.)
▶手前勝手に egoístamente ‖ 手前勝手に振る舞う comportarse egoístamente,《慣用》ir a lo *suyo*
てまえみそ 手前味噌 ‖ 手前味噌を並べる darse autobombo
でまかせ 出任せ ‖ 彼はいつも出まかせを言う Él siempre dice lo que se le viene a la boca.
▶出まかせの ‖ 出まかせの解答 respuesta f. disparatada
でまど 出窓 ventana f. saliente
てまどる 手間取る tardar mucho en 〖+不定詞〗‖ 私は申請書類の準備に手間取った He tardado mucho en preparar los documentos 「de [para] la solicitud.
てまね 手真似 ‖ 手まねで話す hablar con gestos
てまねき 手招き
▶手招きする llamar a ALGUIEN con la mano
てまわし 手回し preparativos mpl. ‖ 手回しがいい preparar las cosas con el máximo detalle
◪手回しオルガン organillo m.
てまわりひん 手回り品 pertenencias fpl., efectos mpl. personales
でまわる 出回る salir a la venta ‖ メロンが

出回っている Los melones están「en [de] temporada. ／類似品が出回っている Circulan imitaciones en el mercado. ／最近外国製品がたくさん市場に出回っている Últimamente salen a la venta muchos productos extranjeros.

てみじか 手短
❱手短な breve, conciso[sa]
❱手短に brevemente, concisamente ‖ 手短に話す hablar brevemente ／手短に説明する explicar ALGO brevemente ／手短に書く escribir concisamente ／時間がなくなってきましたので、ご意見は手短にお願いします Nos queda poco tiempo, así que, por favor, expongan con brevedad sus opiniones.

でみせ 出店 puesto m., (展示場の) caseta f., 《英語》stand m.

デミタス
◳デミタスカップ taza f. pequeña
◳デミタスコーヒー café m.「expreso [exprés]

てみやげ 手土産 regalo m. ‖ 手土産を持って行く llevar un regalo

てむかう 手向かう enfrentarse 《a》, encararse 《con》‖ 上級生に手向かう enfrentarse a un[una] estudiante de un curso superior ／親に手向かう enfrentarse a los padres

でむかえ 出迎え recibimiento m., acogida f. ‖ 空港へ出迎えに行く ir a buscar a ALGUIEN al aeropuerto ／空港で出迎えの車が君たちを待っている En el aeropuerto os espera un coche con conductor.

でむかえる 出迎える recibir, acoger ‖ 大使夫妻が招待客をロビーで出迎えた El embajador y su esposa recibieron a los invitados en el vestíbulo.

でむく 出向く ir 《a》, acudir 《a》‖ 得意先に出向く visitar al cliente ／事故現場に出向く「ir [acudir] al lugar del accidente ／こちらから出向いて直接お話しします Iré en persona a hablar con usted.

デメリット desventaja f., inconveniente m. ‖ デメリットがある tener una desventaja

でも (しかし) pero, (それでも) sin embargo, no obstante, (でさえ) incluso, hasta, aun ‖ 子供でもそれは知っている Hasta los niños lo saben.

デモ ❶ (示威運動) manifestación f. ‖ デモに参加する participar en una manifestación ／デモに加わる sumarse a una manifestación ／デモを召集する convocar una manifestación ／デモをする「hacer [realizar] una manifestación
◳デモ行進 manifestación f., marcha f.
◳デモ参加者 manifestante com.
◳デモ隊 grupo m. de manifestantes
❷ (実演) demostración f. ‖ 新製品のデモを行う realizar una demostración de un nuevo producto

デモクラシー democracia f.
❱デモクラシーの democrático[ca]

てもち 手持ち
❱手持ちの ‖ 手持ちの金 dinero m.「a mano [disponible] ／手持ちの部品がある tener existencias de algún componente

てもちぶさた 手持ち無沙汰 ‖ 手持ち無沙汰だ no tener nada que hacer, (退屈な) estar aburrido[da]

てもと 手元/手許 ‖ 手元がくるう fallar la mano a ALGUIEN
❱手元に a mano, al alcance de la mano ‖ 手元に現金がない No llevo efectivo encima. ／辞書を手元に置く tener un diccionario a mano ／手元に渡る (何かが) caer en manos de ALGUIEN

デモンストレーション (実演) demostración f., (示威運動) manifestación f. ⇒デモ

デュエット dúo m. ‖ デュエットで歌う cantar a dúo

てら 寺 templo m., (仏教の) templo m. budista
◳寺参り ‖ 寺参りをする ir a un templo a rezar

てらう 衒う alardear 《de》, presumir 《de》‖ 奇をてらう hacer gala de su extravagancia ／博識をてらう hacer alarde de sus conocimientos, ser pedante

てらしあわせる 照らし合わせる ‖ 写しを原本と照らし合わせる cotejar la copia con el original

てらす 照らす iluminar, alumbrar, (照合する) cotejar ‖ クリスマスの時期には無数の電球が通りを照らす En la temporada navideña miles de luces iluminan las calles. ／ろうそくの炎に照らされた顔 cara f. alumbrada por la llama de una vela, cara f. a la luz de una vela
❱～に照らして ‖ 法律に照らしてその件を判断する juzgar el asunto conforme a la ley ／良心に照らして考える considerar ALGO a la luz de su conciencia

テラス terraza f., (バルコニー) balcón m.

デラックス
❱デラックスな lujoso[sa], de lujo ‖ デラックスな船室 camarote m. de lujo

デリートキー tecla f. de「borrado [suprimir]

テリーヌ terrina f. ‖ サーモンのテリーヌ terrina f. de salmón

てりかえし 照り返し reflejo m. ‖ 日光の照り返し reflejo m. de los rayos de sol

てりかえす 照り返す reflejar ‖ 雪が日差しを照り返す La nieve refleja los rayos del sol.

デリカシー delicadeza f. ‖ デリカシーに欠ける carecer de delicadeza

デリカテッセン (店) delicatesen m(f).

デリケート
▶デリケートな sensible, delica*do*[*da*] ‖ デリケートな年ごろ edad *f.* difícil ／デリケートな表現 expresión *f.* delicada ／デリケートな問題 problema *m.* delicado ／デリケートな神経の持ち主である tener「una sensibilidad delicada [un carácter sensible]

テリトリー territorio *m.*

デリバティブ〈金融〉derivado *m.* financiero, producto *m.* financiero derivado

デリバリー〈配達〉distribución *f.*,〈宅配〉mensajería *f.*
▫️デリバリーサービス servicio *m.* de entrega a domicilio

てりやき 照り焼き〈日本語〉*teriyaki m.*,〈説明訳〉plato *m.* de carne o pescado asado con salsa de soja dulce ‖ 鶏肉の照り焼き pollo *m.* asado con salsa de soja dulce

てりゅうだん 手榴弾 granada *f.* de mano ‖ 手榴弾を投げる「lanzar [arrojar, tirar] una granada de mano

てりょうり 手料理 plato *m.* casero, cocina *f.* casera

てる 照る brillar, resplandecer ‖ 日がかんかんに照る El sol brilla intensamente. ¦ Hace un sol de justicia. ／降っても照っても遠足は実施します La excursión se hará, independientemente del tiempo que haga.

でる 出る ❶〈外に出る〉salir ‖ 外に出る salir fuera ／家を出る salir de casa ／プールから出る salir de la piscina ／私はすぐに涙が出る Me salen lágrimas con facilidad. ／出ていけ ¡Largo [Fuera] de aquí! ／ここから出て行ってください Salga de aquí. ／お金を入れたのに飲み物が出てきません Aunque he metido el dinero, no sale la bebida. ／おつりが出てきません No sale la vuelta.
❷〈出発する〉partir, salir ‖ 旅に出る salir de viaje ／列車は定刻に出た El tren「salió [partió] a la hora prevista.
❸〈現れる〉aparecer, salir ‖ 月が出る salir *la luna* ／台所にゴキブリが出る Hay cucarachas en la cocina. ／事故で死者が出た Se produjeron muertes en el accidente. ／火は寝室から出た El incendio se inició en el dormitorio.
❹〈出版される〉publicarse, salir ‖ この本は1か月前に出た Este libro se publicó hace un mes. ／この雑誌は毎週月曜に出る Esta revista sale a la venta los lunes. ／新版が来週出る予定だ La nueva edición saldrá la próxima semana.
❺〈出席する〉asistir《a》, participar《en》‖ 授業に出る asistir a una clase ／テニスのトーナメントに出る participar en un torneo de tenis
❻〈その他〉‖ 子供たちにおやつが出た A los niños les sirvieron la merienda. ／スピードが出る coger velocidad ／電話に出る ponerse al teléfono,〈受話器をとる〉coger el teléfono ／選挙に出る presentarse a unas elecciones ／大学を出る graduarse en la universidad ／この道を真っすぐ行けば駅に出ます Si usted va todo seguido por esta calle, llegará a la estación. ／それは私の出る幕ではない Eso no es asunto mío.

デルタ〈三角州〉delta *m.*

てるてるぼうず 照る照る坊主 muñeco *m.* talismán para desear buen tiempo

てれかくし 照れ隠し
▶照れ隠しに para disimular *su* vergüenza

てれくさい 照れ臭い tener vergüenza ‖ 私は歌うのが照れくさい Me da vergüenza cantar. ／照れくさそうに tímidamente, con timidez ／照れくさい感じ sentimiento *m.* de vergüenza

テレパシー telepatía *f.* ‖ テレパシーで意思を伝え合う《主語は複数》comunicarse por telepatía

テレビ televisión *f.*, tele *f.*,〈受像機〉televisor *m.* ‖ テレビを見る ver la tele ／テレビをつける「poner [encender] la tele ／テレビを消す apagar la tele ／テレビを買い替える cambiar de televisor ／テレビにかじりついて estar pega*do*[*da*] al televisor ／テレビに出る salir「por [en] la televisión ／テレビで番組を見る ver un programa en la tele ／テレビで試合を流す emitir un partido en televisión, televisar un partido ／テレビが壊れました El televisor se ha averiado.
▫️テレビアンテナ antena *f.* de televisión
▫️テレビ映りの‖テレビ映りのよい telegéni*co*[*ca*]
▫️テレビ会議 videoconferencia *f.*
▫️テレビ回線 circuito *m.* de televisión
▫️テレビカメラ cámara *f.* de televisión
▫️テレビ局「canal *m.* [estación *f.*] de televisión
▫️テレビゲーム videojuego *m.* ‖ 家庭用テレビゲーム機 videoconsola *f.* para el hogar
▫️テレビ視聴者 telespecta*dor*[*dora*] *mf.*, televidente *com.*
▫️テレビショッピング telecompra *f.*
▫️テレビタレント artista *com.* de televisión
▫️テレビ電話 videoteléfono *m.*
▫️テレビ討論会 debate *m.* televisivo
▫️テレビドラマ telenovela *f.*
▫️テレビニュース telediario *m.*, noticiario *m.*「televisivo [de televisión]
▫️テレビ番組 programa *m.* de televisión
▫️テレビ放送 transmisión *f.* televisiva

テレホン
▫️テレホンカード tarjeta *f.* telefónica
▫️テレホンサービス servicio *m.* de información telefónica

てれや 照れ屋 tími*do*[*da*] *mf.*, vergonzo*so*

てれる 照れる tener vergüenza, sentirse tímido[da] →てれくさい(照れ臭い)

テロ terrorismo *m.* ‖ テロの実行犯 au*tor* [*tora*] *mf.* del atentado terrorista / テロを計画する planear un acto terrorista / テロを実行する realizar un acto terrorista / テロが起きる producirse *un atentado terrorista* / テロ対策をとる adoptar medidas antiterroristas / テロを防ぐ evitar el terrorismo / テロを扇動する fomentar el terrorismo

◪ 自爆テロ atentado *m.* suicida
◪ 生物テロ atentado *m.* bioquímico
◪ 同時多発テロ atentados *mpl.* simultáneos
◪ 無差別テロ atentado *m.* indiscriminado
◪ テロ行為「atentado *m.* [acto *m.*, acción *f.*] terrorista
◪ テロ国家 estado *m.* terrorista
◪ テロ支援国家 país *m.* patrocinador del terrorismo
◪ テロ事件 atentado *m.* terrorista
◪ テロ組織 organización *f.* terrorista
◪ テロ対策 medidas *fpl.* antiterroristas

テロップ subtítulos *mpl.* ‖ テロップを読む leer los subtítulos

テロリスト terrorista *com.*
テロリズム terrorismo *m.*
てわけ 手分け
▶**手分けする** repartirse una tarea ‖ 手分けして～する dividirse en grupos para『+不定詞』

てわたす 手渡す entregar ‖ 直接手渡す entregar ALGO「en propia mano [personalmente, directamente]」(a)

てん 天 (神) cielo *m.*, Dios *m.*, (天国) paraíso *m.* ‖ 天の恵み bendición *f.* de Dios / 天の助け ayuda *f.* de Dios / 天の使い mensaje*ro*[*ra*] *mf.* de Dios / 天を仰ぐ levantar la vista al cielo / 天を引き裂くような雷鳴 trueno *m.*「retumbante [estruendoso]」/ 天をつく勢いで con ímpetu arrollador / AとBの間には天と地ほどの差がある Hay una diferencia abismal entre A y B. ¦《慣用》A y B son como la noche y el día.

(慣用)天にも昇る心地がする《慣用》estar en el séptimo cielo
(慣用)天に見放される《慣用》estar deja*do*[*da*] de la mano de Dios
(慣用)天に唾(つば)する《諺》Al que al cielo escupe, en la cara le cae.
(慣用)天に召される fallecer
(慣用)天高く馬肥ゆる秋 Magnífico día otoñal.
(慣用)天は人の上に人を造らず Dios nos creó a todos iguales.
(諺)天は二物を与えず Dios solo nos da un talento.
(諺)天は自ら助くる者を助く《諺》Dios ayuda a quien se ayuda a sí mismo. ¦《諺》A Dios rogando y con el mazo dando.

てん 点 ❶ punto *m.*, (コンマ) coma *f.* ‖ 黒い点 punto *m.* negro / 点を打つ(ピリオド) poner un punto, (コンマを) poner una coma / A点とB点を結ぶ unir el punto A con el B

❷ (成績) nota *f.*, calificación *f.*, (スポーツの得点) punto *m.*, tanto *m.* ‖ 点が甘い ser gene*roso*[*sa*] en la calificación, dar buenas notas fácilmente / 点が辛い ser seve*ro*[*ra*] en la calificación / 1点を入れる marcar un tanto / 点をつける calificar, puntuar / いい点を取る(成績を) sacar buenas notas

❸ (その他) ‖ この点から言うと desde esta perspectiva / ある点で en cierto aspecto / 以上述べた点から～であると推測されます De lo expuesto hasta aquí se deduce que『+直説法』. / その点では私もあなたと同意見です Estoy de acuerdo con usted sobre este punto.

てん 貂 marta *f.*(雄・雌)
でん 伝 →でんき(伝記) ‖ コロンブス伝「vida *f.* [biografía *f.*]」de Colón

でんあつ 電圧 voltaje *m.*, tensión *f.* eléctrica
◪ 電圧計 voltímetro *m.*

てんい 転移 (癌の) metástasis *f.*[=*pl.*]
▶**転移する** extenderse《a》, propagarse《a》‖ 癌が肝臓に転移した El cáncer se extendió al hígado.
▶**転移性(の)** metastási*co*[*ca*] ‖ 転移性肺癌 cáncer *m.* de pulmón metastásico

でんい 電位 potencial *m.* eléctrico
◪ 電位計 electrómetro *m.*
◪ 電位差 diferencia *f.* de potencial eléctrico

てんいん 店員 dependien*te*[*ta*] *mf.*, vende*dor*[*dora*] *mf.* ‖ 店員に声をかける dirigirse a *un*[*una*] dependien*te*[*ta*] / 店員に相談する preguntar a *un*[*una*] dependien*te*[*ta*]

でんえん 田園 campo *m.*
◪ 田園詩 poesía *f.* pastoral
◪ 田園生活 vida *f.* rural
◪ 田園都市 ciudad *f.* jardín
◪ 田園風景 paisaje *m.*「rural [campestre]」

てんか 天下 (世界) mundo *m.*, (国) todo el país, (支配権) poder *m.* político ‖ 天下を統一する unificar el país / 信長の天下だ Nobunaga gobierna todo el país.

(慣用)かかあ天下 ‖ かかあ天下の家庭 familia *f.* en la que manda la mujer
(慣用)天下晴れて oficialmente, legítimamente
(慣用)天下を取る conquistar todo el país, (権力を握る) hacerse con el poder

てんき

[慣用] 天下一品‖天下一品の único[ca] en el mundo
[慣用] 天下分け目‖天下分け目の戦い batalla f. decisiva
[諺] 金は天下の回りもの El dinero 「va y viene [no tiene dueño].

てんか 点火 encendido m.
- 点火する encender el fuego‖ガスコンロに点火する encender la cocina de gas／聖火台に点火する encender el pebetero olímpico
- ◪ 点火装置 dispositivo m. de encendido
- ◪ 点火プラグ bujía f.

てんか 添加 adición f.
- 添加する añadir, agregar
- ◪ 添加物 aditivo m.‖添加物を使用する usar aditivos

てんか 転嫁
- 転嫁する culpar‖責任を転嫁する「atribuir [imputar] la responsabilidad《a》

でんか 電化 electrificación f.
- 電化する electrificar‖鉄道を電化する electrificar el ferrocarril
- ◪ 家庭電化製品 electrodomésticos mpl.

でんか 電荷 carga f. eléctrica

でんか 殿下 Su Alteza「Real [Imperial], (呼び掛け) Vuestra Alteza‖皇太子殿下 Su Alteza Imperial el Príncipe Heredero

てんかい 展開 desarrollo m., evolución f.‖物語が新しい展開を見せる La historia toma un rumbo nuevo.
- 展開する desarrollar, desplegar, evolucionar, (広がる) extenderse‖戦いを展開する desarrollar una batalla／議論は私たちに有利に展開するだろう Las discusiones evolucionarán a nuestro favor.／眼下に美しい景色が展開する Ante la vista se extiende un bello paisaje.
- ◪ 展開図 desarrollo m.‖十面体の展開図 desarrollo m. del decaedro

てんかい 転回 rotación f., giro m.
- 転回する girar, (方向を変える) cambiar de rumbo‖180度転回する girar en sentido opuesto, dar media vuelta

でんかい 電解 electrolisis f.[=pl.], electrólisis f.[=pl.]
- 電解する electrolizar
- ◪ 電解液 electrólito m.
- ◪ 電解質 electrólito m.‖電解質の electrolítico[ca]

でんがく 田楽 (説明訳) danza f. ritual japonesa celebrada con motivo de la plantación del arroz

てんかん 転換 conversión f., cambio m.‖気分の転換 cambio m. de ánimo
- 転換する convertir, cambiar《de》‖方向を転換する cambiar de「sentido [dirección], (Uターンする) hacer un giro en U／政策を転換する cambiar de política／気分を転換する cambiar el estado de ánimo／発想を転換する cambiar su forma de pensar
- ◪ 配置転換 redistribución f. de personal
- ◪ 転換社債 bono m. convertible

てんかん 癲癇 epilepsia f.‖てんかんを起こす「sufrir [tener] un ataque epiléptico
- てんかんの epiléptico[ca]‖てんかんの発作 ataque m. epiléptico
- ◪ てんかん患者 epiléptico[ca] mf.

てんき 天気 tiempo m., estado m. atmosférico‖よい「悪い] 天気「buen [mal] tiempo m.／不安定な天気 tiempo m. inestable／今日はよい天気だ Hoy hace buen tiempo.／今日は天気が悪い Hoy hace mal tiempo.／天気がくずれてきた El tiempo está empeorando.／明日は天気になる Mañana hará buen tiempo.／よい天気が続くよう祈ってる Espero que se mantenga el buen tiempo.
- ◪ 天気概況 estado m. general del tiempo
- ◪ 天気図 mapa m. del tiempo
- ◪ 天気予報 pronóstico m.「del tiempo [meteorológico], previsión f.「del tiempo [meteorológica]
- ◪ お天気屋 caprichoso[sa] mf.

■■■ 天気予報の表現 ■■■

‖よく使う会話表現

◉ 明日は晴れでしょう Mañana hará buen tiempo.
◉ 明日は曇りでしょう Mañana estará nublado.
◉ 明日は雨でしょう Mañana lloverá.
◉ 明日は雪でしょう Mañana nevará.
◉ 明日は晴れ時々曇りでしょう Mañana habrá cielos despejados con intervalos nubosos.
◉ 雨が降ったり止んだりの一日になるでしょう Será un día de lluvias intermitentes.
◉ 所によっては，にわか雨か雷雨になるでしょう Dependiendo del lugar, se producirán chubascos o tormentas eléctricas.
◉ 海上は波が高いでしょう En el mar, habrá un fuerte oleaje.
◉ 蒸し暑い一日になるでしょう Será un día de calor bochornoso.
◉ ぐずついた天気が続くでしょう Continuará el tiempo inestable.
◉ 明朝は冷え込みが厳しくなりそうです Parece que mañana por la mañana hará un frío intenso.
◉ 道路の凍結にご注意ください Tengan cuidado con el hielo en las carreteras.

てんき 転機 momento m.「crucial [decisivo]‖人生の転機 momento m. crucial en la vida／私のキャリアに転機が訪れた Ha llegado un「momento decisivo [cambio importante] en mi carrera. ／スペイン留学を転機として、私の人生が大きく変わった El haber estudiado en España cambió radicalmente mi vida.

でんき 伝記 biografía *f*. ‖ 伝記を読む leer una biografía
☐ 伝記作家 biógra*fo*[fa] *mf*.
☐ 伝記小説 novela *f*. biográfica, biografía *f*. novelada
☐ 伝記文学 literatura *f*. biográfica

でんき 電気 electricidad *f*. ‖ 電気を点ける［消す］「encender [apagar] la luz ／電気を使う「usar [consumir] electricidad ／電気を止める cortar la electricidad ／電気を節約する ahorrar electricidad ／この村には電気がきている Hay electricidad en este pueblo. ／この電線には電気が流れている Este cable tiene corriente. ／部屋の電気がつかない La luz de la habitación no se enciende.
▶ 電気の eléctri*co*[ca]
☐ 電気アイロン plancha *f*. eléctrica
☐ 電気いす silla *f*. eléctrica
☐ 電気うなぎ anguila *f*. eléctrica
☐ 電気カーペット alfombra *f*. eléctrica
☐ 電気回路 circuito *m*. eléctrico
☐ 電気釜 olla *f*. arrocera eléctrica
☐ 電気かみそり afeitadora *f*., maquinilla *f*. eléctrica
☐ 電気機関車 locomotora *f*. eléctrica
☐ 電気器具 aparato *m*. eléctrico
☐ 電気技師 electricista *com*.
☐ 電気こんろ cocina *f*. eléctrica
☐ 電気自動車 coche *m*. eléctrico
☐ 電気ショック療法 terapia *f*.「electroconvulsiva [de electrochoque]
☐ 電気スタンド flexo *m*., lámpara *f*.
☐ 電気ストーブ estufa *f*. eléctrica
☐ 電気洗濯機 lavadora *f*.
☐ 電気掃除機 aspiradora *f*.
☐ 電気抵抗 resistencia *f*. eléctrica
☐ 電気店 tienda *f*. de aparatos eléctricos
☐ 電気ドリル taladradora *f*. eléctrica
☐ 電気分解 electrolisis *f*.[=*pl*.], electrólisis *f*.[=*pl*.]
☐ 電気毛布 manta *f*. eléctrica
☐ 電気料金 tarifa *f*. eléctrica

テンキー （IT）teclado *m*. numérico

でんきゅう 電球 bombilla *f*. ‖ 電球をつける poner una bombilla, （回して）enroscar una bombilla ／電球を変える cambiar la bombilla ／電気スタンドの電球が切れた Se ha fundido la bombilla de la lámpara.

てんきょ 転居 （引越し）mudanza *f*., （住所変更）cambio *m*. de domicilio
▶ 転居する mudarse, cambiar de domicilio
☐ 転居先 nuevo domicilio *m*.
☐ 転居届 notificación *f*. de cambio de domicilio

でんきょく 電極 electrodo *m*.
☐ 陽電極 electrodo *m*. positivo, ánodo *m*.
☐ 陰電極 electrodo *m*. negativo, cátodo *m*.

てんきん 転勤 traslado *m*. ‖ 私は東京支店に転勤になった（転勤させられた）Me han destinado a la sucursal de Tokio.
▶ 転勤する trasladarse《a》
▶ 転勤させる trasladar

てんぐ 天狗 《日本語》*tengu m*., （説明訳）ser *m*. fantástico de la mitología japonesa con figura humana, alas y nariz larga
慣用 天狗になる volverse engreí*do*[da], 《慣用》darse tono

デングねつ デング熱 dengue *m*.

でんぐりがえし でんぐり返し voltereta *f*.

でんぐりかえる でんぐり返る dar una voltereta

てんけい 典型 arquetipo *m*., modelo *m*., patrón *m*. ‖ いい子の典型 el típico niño bueno ／彼は米国大統領の典型である Él es el arquetipo de presidente estadounidense.
▶ 典型的な típi*co*[ca] ‖ 典型的なスペイン人の男性 típico español *m*., prototipo *m*. de español

でんげき 電撃
▶ 電撃的な repenti*no*[na]
☐ 電撃作戦 operación *f*. relámpago

てんけん 点検 revisión *f*., chequeo *m*., inspección *f*.
▶ 点検する revisar, chequear, inspeccionar, examinar ‖ 火災警報システムは定期的に点検されている El sistema de alarma contra incendios se revisa periódicamente.

でんげん 電源 fuente *f*. de alimentación, （コンセント）enchufe *m*., toma *f*. de corriente eléctrica ‖ 電源を入れる conectar la corriente ／電源を切る desconectar la corriente
☐ 電源スイッチ interruptor *m*. de corriente

てんこ 点呼 llamada *f*.
▶ 点呼をとる pasar lista

てんこう 天候 ⇒てんき（天気）

てんこう 転向 conversión *f*.
▶ 転向する convertirse《a》, （思想的に）《慣用》cambiar de「chaqueta [camisa] ‖ プロに転向する pasar de ser aficiona*do*[da] a (ser) profesional
☐ 転向者 conver*so*[sa] *mf*.

てんこう 転校 cambio *m*. de escuela, traslado *m*. escolar
▶ 転校する cambiar de「colegio [escuela]
☐ 転校生 alum*no*[na] *mf*. traslada*do*[da] desde otra escuela

でんこう 電光
慣用 電光石火 ‖ 電光石火のごとく con la rapidez de un rayo
☐ 電光掲示板 tablero *m*. electrónico, （スポ

てんごく 天国 paraíso m., cielo m. ‖ 私は1週間で天国と地獄を味わった He pasado del cielo al infierno en solo una semana. ／天国のような暮らし vida f. [paradisiaca [paradisíaca] ／天国にいるようだ Me siento como si estuviera en el 「séptimo cielo [paraíso]. ／ガラパゴス諸島は動物の天国である Las islas Galápagos son un santuario para especies animales.

でんごん 伝言 recado m., mensaje m. ‖ 伝言を残す dejar un recado ／伝言を伝える pasar el recado 《a》／私宛の伝言は何かありますか ¿Hay algún recado para mí? ／あなたへの伝言があります Hay un mensaje para usted. ／彼の秘書に伝言を託した Le dejé a su secretaria un mensaje para él.
- 伝言ゲーム juego m. del teléfono 「descompuesto [escacharrado]
- 伝言板 tablón m. de mensajes

てんさい 天才 genio m., prodigio m. ‖ 泳ぎの天才である ser un prodigio de la natación ／語学の天才である ser un 「genio [prodigio] para los idiomas ／子供は遊びの天才だ Los niños tienen un talento natural para divertirse.
▶天才的な genial ‖ 彼女は天才的な画家だ Ella es una pintora genial.
- 天才教育 educación f. de niños superdotados
- 天才児 niño[ña] mf. prodigio

てんさい 天災 「desastre m. [catástrofe f.] natural ‖ 未曽有の天災 desastre m. natural sin precedentes ／天災は忘れた頃にやってくる Los desastres ocurren cuando menos se esperan.
- 天災地変 fenómenos mpl. naturales catastróficos

てんさい 転載 reproducción f., copia f. ‖ 本書の転載を禁止する Queda prohibido reproducir el contenido de este libro.
▶転載する reproducir, copiar

てんざい 点在
▶点在する encontrarse dispersos[sas] ‖ 島が点在する海 mar m. salpicado de islas ／川沿いに人家が点在している Las casas se encuentran dispersas a orillas del río.

てんさく 添削 corrección f.
▶添削する corregir
- 通信添削 servicio m. de corrección de ejercicios escritos 「por correspondencia [a distancia] ‖ 英作文の通信添削を受ける recibir un servicio de corrección de composición inglesa por correspondencia

でんさんき 電算機 ordenador m., computadora f. ⇒コンピュータ

てんし 天使 ángel m.

てんじ 点字 braille m. ‖ 点字を読む leer braille ／点字で書く escribir en braille ／点字で書かれた escrito[ta] en braille
- 点字アルファベット alfabeto m. braille
- 点字機 máquina f. de escribir braille
- 点字転訳者 transcriptor[tora] mf. de braille
- 点字図書館 biblioteca f. braille
- 点字ブロック baldosas fpl. para invidentes, （点字ブロックの舗装面） pavimento m. podotáctil

てんじ 展示 exhibición f., exposición f.
▶展示する exhibir, exponer ‖ 子どもの絵を展示する exponer dibujos infantiles ／戦災の写真を展示する exhibir fotografías de los estragos de la guerra ／新製品を見本市で展示する exponer los nuevos productos en la feria de muestras
- 展示会 exhibición f., exposición f. ‖ 展示会を企画する organizar una exposición
- 展示場 「sala f. [salón m.] de exposiciones
- 展示即売会 ‖ 陶器の展示即売会 exposición=venta f. de cerámica

でんし 電子 electrón m.
▶電子の electrónico[ca]
- 電子オルガン órgano m. electrónico
- 電子音楽 música f. electrónica
- 電子機器 「dispositivo m. [aparato m.] electrónico
- 電子計算機 ordenador m., computadora f.
- 電子掲示板 tablón m. de anuncios electrónico
- 電子顕微鏡 microscopio m. electrónico
- 電子工学 electrónica f.
- 電子雑誌 revista f. electrónica
- 電子辞書 diccionario m. electrónico
- 電子出版物 publicación f. electrónica
- 電子商取引 comercio m. electrónico ‖ 電子商取引市場 mercado m. electrónico
- 電子書籍/電子ブック libro m. 「electrónico [digitalizado] ‖ 電子ブックリーダー lector m. de libros electrónicos
- 電子書店 librería f. 「digital [electrónica]
- 電子署名 firma f. electrónica
- 電子頭脳 cerebro m. electrónico
- 電子タグ etiqueta f. electrónica
- 電子チケット 「billete m. [boleto m.] electrónico
- 電子手帳 agenda f. electrónica
- 電子望遠鏡 telescopio m. electrónico
- 電子翻訳機 traductor m. electrónico
- 電子マネー dinero m. electrónico
- 電子メール/電子郵便 correo m. electrónico （略 c.e.）, e-mail m. ‖ 電子メールソフト programa m. de correo electrónico ／電子メールアドレス dirección f. de correo electrónico ／電子メールを送信する enviar un

でんじき 電子レンジ microondas *m.*[=*pl.*], horno *m.* microondas

でんじき 電磁気 electromagnetismo *m.*

でんじしゃく 電磁石 electroimán *m.*

でんじちょうりき 電磁調理器 cocina *f.* de inducción

でんじは 電磁波 onda *f.* electromagnética

てんしゃ 転写 copia *f.*, transcripción *f.*
▶転写する copiar, transcribir

でんしゃ 電車 tren *m.* ‖ 電車に乗る subir al tren／電車を降りる bajar(se) del tren／電車が遅れた El tren se retrasó.／電車に間に合う llegar a tiempo para「coger [tomar] un tren／電車に乗り遅れる perder un tren／この電車はトレドへ行きますか ¿Este tren va a Toledo?
☐通勤電車 tren *m.* que se toma diariamente para ir al trabajo
☐電車賃 tarifa *f.*

てんしゅ 店主 tender*o*[*ra*] *mf.*, propietari*o*[*ria*] *mf.* de una tienda

てんじゅ 天寿 ‖ 先生(男性)は天寿を全うされました El profesor murió de muerte natural a una edad avanzada.

でんじゆうどう 電磁誘導 inducción *f.* electromagnética

てんしゅかく 天守閣 torreón *m.*

てんしゅつ 転出 mudanza *f.*
▶転出する mudarse《a》, trasladarse《a》
☐転出先 nuevo domicilio *m.*
☐転出届 notificación *f.* de cambio de domicilio (a la municipalidad desde la que uno se muda) ‖ 市役所に転出届を出す comunicar el cambio de domicilio al ayuntamiento

てんじょう 天井 techo *m.* ‖ 天井が高い[低い] tener un techo [alto [bajo]
(慣用)天井知らず ‖ 物価が天井知らずに上がる Los precios suben por las nubes.
(慣用)天井を打つ 《慣用》tocar techo
☐天井桟敷 galería *f.*,《俗語》gallinero *m.*
☐天井値 precio *m.* tope

でんしょう 伝承 tradición *f.*
▶伝承する transmitir
☐伝承文学 literatura *f.* oral

てんじょういん 添乗員 guía *com.* de viajes en grupo

てんしょく 天職 vocación *f.* ‖ 君の天職は医師だ Tu vocación es ser médic*o*[*a*]. ¦ Eres médic*o*[*a*] por vocación.

てんしょく 転職 cambio *m.* de trabajo ‖ 転職を重ねる cambiar varias veces de trabajo
▶転職する cambiar de trabajo
☐転職先 ‖ 転職先が見つかった He encontrado otro trabajo.

でんしょばと 伝書鳩 paloma *f.* mensajera

てんじる 転じる cambiar ‖ 目を転じる tornar la mirada《a, hacia》／話題を転じる cambiar de「tema [conversación]／攻勢に転じる tomar la ofensiva

てんしん 転身
▶転身する cambiar de profesión ‖ 彼女はニュースキャスターから大学の教員に転身した Ella dejó de ser locutora para convertirse en profesora universitaria.

でんしん 電信 telégrafo *m.* eléctrico, telegrafía *f.*
☐電信の telegráfic*o*[*ca*]
☐電信為替 transferencia *f.* telegráfica
☐電信機 telégrafo *m.*, máquina *f.* de telégrafo
☐電信技師 telegrafista *com.*
☐電信柱 poste *m.* (de tendido) eléctrico → でんちゅう(電柱)

てんしんらんまん 天真爛漫
▶天真爛漫な inocente, cándid*o*[*da*], espontáne*o*[*a*]

てんすう 点数 (点) punto *m.*, (得点) puntuación *f.* ‖ 試験の点数がよい「tener [obtener] una buena puntuación en el examen／点数が上がる[下がる]「aumentar [disminuir] *la puntuación*
(慣用)点数を稼ぐ《慣用》apuntarse un tanto

てんせい 天性 naturaleza *f.*
▶天性の natural, de nacimiento ‖ 彼女は天性の明るさがある Ella es alegre por naturaleza.／彼の歌の才能は天性のものだ Él tiene dotes naturales para cantar.

でんせつ 伝説 leyenda *f.* ‖ 古くから伝わる伝説 leyenda *f.* transmitida desde la antigüedad／伝説によれば… según la leyenda…／伝説になる convertirse en leyenda／この山にまつわる伝説はたくさんある Hay muchas leyendas relacionadas con esta montaña.
▶伝説上の/伝説的な legendari*o*[*ria*] ‖ 伝説上の人物 personaje *m.* legendario／伝説的な英雄 héroe *m.* legendario, heroína *f.* legendaria

てんせん 点線 línea *f.*「de puntos [punteada] ‖ 点線を引く trazar una línea de puntos

でんせん 伝染 contagio *m.*, (感染) infección *f.*
▶伝染する contagiarse, transmitirse
▶伝染性の contagios*o*[*sa*], infeccios*o*[*sa*], epidémic*o*[*ca*]
☐伝染経路 ruta *f.* de contagio

でんせん 伝線 carrera *f.*
▶伝線する ‖ ストッキングが伝線していますよ Tienes una carrera en las medias.

でんせん 電線 cable *m.* eléctrico ‖ 電線を地中化する enterrar los cables eléctricos

でんせんびょう 伝染病 enfermedad *f.*「infecciosa [contagiosa], epidemia *f.*

🔲法定伝染病 →ほうてい(法定)
🔲伝染病患者 paciente *com.* con enfermedad infecciosa
てんそう 転送 reexpedición *f.*, reenvío *m.*
▶転送する reexpedir, reenviar ‖ メールを転送する reenviar un correo electrónico
🔲転送先 dirección *f.* de reenvío
てんたい 天体 cuerpo *m.* celeste, astro *m.*
🔲天体観測 observación *f.* astronómica ‖ 天体観測をする「hacer [realizar]」observaciones astronómicas
🔲天体写真 fotografía *f.* astronómica
🔲天体物理学 astrofísica *f.*
🔲天体望遠鏡 telescopio *m.* astronómico
でんたく 電卓 calculadora *f.* electrónica
でんたつ 伝達 comunicación *f.*
▶伝達する comunicar, transmitir →つたえる(伝える) ‖ 意思を伝達する comunicar *su* intención《a》
🔲伝達事項 mensaje *m.*
🔲伝達手段 medio *m.* de comunicación
てんち 天地 (天と地) cielo *m.* y tierra *f.*, (世界) universo *m.*, mundo *m.* ‖ 新しい天地を求めて海を渡る cruzar el océano a la búsqueda de un nuevo mundo / 自由の天地を求める buscar la tierra de la libertad
(慣用)天地のひらきがある Hay una diferencia como del día a la noche.
🔲天地神明 los dioses del cielo y la tierra ‖ 天地神明に誓う jurar por todos los dioses, (慣用)poner a Dios por testigo
🔲天地創造 (旧約聖書の) Creación *f.*
🔲天地無用 (表示)Este lado hacia arriba
でんち 電池 pila *f.*, batería *f.* ‖ 電池が切れてしまった Se ha acabado la「pila [batería]. / 電池はどこで買えますか ¿Dónde puedo comprar pilas?
でんちゅう 電柱 poste *m.* (de tendido) eléctrico
てんちょう 店長 gerente *com.* de「una tienda [un establecimiento]
てんちょう 転調 《音楽》modulación *f.*
▶転調する modular
てんちりょうよう 転地療養
▶転地療養する (慣用)「cambiar [mudar] de aires
てんで てんで役に立たない no servir para nada
てんてき 天敵 enemi*go[ga] mf.* natural, (捕食者) depreda*dor[dora] mf.*
てんてき 点滴 goteo *m.* intravenoso, gota a gota *m.*, instilación *f.*
▶点滴をする poner un goteo intravenoso《a》
▶点滴で por goteo intravenoso
🔲点滴静脈注射 terapia *f.* intravenosa
てんてこまい てんてこ舞い ‖ てんてこまいである tener mucho ajetreo, estar muy ajetrea*do[da]*, estar muy ocupa*do[da]*, (慣用)andar de cabeza
てんでに separadamente, cada u*no[na]* por su cuenta ‖ てんでに逃げる escapar(se) en desbandada
てんてん 点点 ‖ 点々の模様 dibujo *m.* moteado
▶点々と aquí y allí ‖ 海上に船が点々と見える El mar está salpicado de embarcaciones. / 血の跡が家まで点々と続いていた Las gotas de sangre continuaban hasta la casa. / 血が(彼の)傷口から点々と落ちていた La sangre le goteaba「de [por] la herida.
てんてん 転転
▶転々と de un lugar a otro, (手から手へ) de mano en mano ‖ 転々ところがる rodar de un lugar a otro / 仕事を転々と変える cambiar con frecuencia de trabajo
てんでんばらばら
▶てんでんばらばらに desordenadamente, cada u*no[na]* por su cuenta ‖ てんでんばらばらに行動する Cada uno actúa como le parece.
テント tienda *f.* de campaña ‖ テントを張る montar una tienda de campaña / テントをたたむ desmontar la tienda de campaña
🔲テント生活 vida *f.* en tienda de campaña
🔲テント村 poblado *m.* de tiendas de campaña
でんと 両将軍はそれぞれの部隊の先頭ででんと構えていた Ambos generales se encontraban al frente de sus respectivas tropas con gesto altivo.
てんとう 店頭 ‖ 店頭に出る/店頭に並ぶ(商品が)「salir [ponerse, estar] a la venta en las tiendas / 店頭で実際に商品を見て買う comprar un producto después de verlo personalmente en una tienda
🔲店頭株 acciones *fpl.* no cotizadas
🔲店頭市場《証券》(OTC市場) mercado *m.*「extrabursátil [OTC]
🔲店頭取引「operación *f.* [transacción *f.*] extrabursátil
🔲店頭販売 venta *f.* en tiendas (físicas)
🔲店頭見本 muestra *f.* de exposición en tienda
てんとう 点灯
▶点灯する encender la luz
てんとう 転倒 caída *f.*, vuelco *m.*
▶転倒する caerse, volcarse, (順序が) invertirse, (気が) trastornarse ‖ 男子ランナーが他のランナーと接触して転倒した El corredor se cayó al chocar con otro.
(慣用)主客転倒 《慣用》poner el carro delante de los bueyes
でんとう 伝統 tradición *f.* ‖ 伝統ある大学 universidad *f.* con mucha tradición / 伝統

の一戦 encuentro m. clásico／伝統に従う seguir la tradición／伝統を重んじる respetar la tradición／伝統を受け継ぐ heredar una tradición／伝統を守る [mantener [conservar] la tradición／伝統を誇る contar con una honrosa tradición
▶伝統的な tradicional ‖ 伝統的な織物 tejido m. tradicional
▶伝統的に tradicionalmente ‖ 伝統的に強いチーム equipo m. tradicionalmente fuerte
◾伝統行事 evento m. tradicional
◾伝統芸能 arte m. tradicional
◾伝統工芸 artesanía f. tradicional
◾伝統主義 tradicionalismo m.
でんとう 電灯 luz f. eléctrica
でんどう 伝道 (キリスト教の) misiones fpl., evangelización f., transmisión f. del cristianismo
▶伝道する evangelizar
◾伝道師 evangeliza*dor*[*dora*] mf., misione*ro*[*ra*] mf.
でんどう 伝導 (電気) conducción f., (機械) transmisión f.
▶伝導する conducir, transmitir
◾超伝導 superconductividad f.
◾伝導体 conductor m.
◾伝導率 conductividad f.
でんどう 電動
▶電動の eléctr*ico*[*ca*]
◾電動アシスト自転車 bicicleta f. eléctrica
◾電動のこぎり sierra f. eléctrica
◾電動ミシン máquina f. de coser eléctrica
でんどう 殿堂 templo m., santuario m. ‖ 学問の殿堂 templo m. de la ciencia
▶野球殿堂 (日本の) Salón m. de la Fama del Béisbol Japonés
てんどうせつ 天動説 teoría f. geocéntrica
てんとうむし 天道虫 mariquita f.
てんとりむし 点取り虫 (ガリ勉) 《話》(軽蔑的に) empo*llón*[*llona*] mf. ‖ 点取り虫である empeñarse en sacar buenas notas
てんどん 天丼 《日本語》*tendon* m., (説明訳) cuenco m. de arroz con *tempura* encima
てんない 店内 interior m. de「un establecimiento comercial [una tienda] ‖ 店内を改装する renovar el interior de un establecimiento comercial／店内に迷子の放送を流す transmitir por megafonía que un niño se ha perdido dentro del establecimiento comercial
◾店内放送 megafonía f. interna (de un establecimiento comercial) ‖ 店内放送をお願いしたいのですが Deseo que transmitan un aviso por megafonía.
てんにゅう 転入
▶転入する mudarse, cambiar de domicilio
◾転入届 notificación f. de cambio de domicilio (a la municipalidad a la que uno se muda)
てんにん 転任 traslado m. a un nuevo puesto
▶転任する trasladarse a un nuevo puesto
◾転任先 nuevo puesto m.
でんねつき 電熱器 「calentador m. [radiador m.] eléctrico, (電気コンロ) cocina f. eléctrica
てんねん 天然 ‖ 人工と天然 lo sintético y lo natural
▶天然の natural ‖ 天然の美 belleza f. natural／天然の真珠 perla f. natural
◾天然果汁 zumo m. [jugo m.] natural
◾天然ガス gas m. natural ‖ 天然ガス田 yacimiento m. de gas natural
◾天然記念物 monumento m. natural, (動植物) especie f. protegida por la ley
◾天然資源 recursos mpl. naturales ‖ その国は天然資源が豊富だ Ese país es rico en recursos naturales.
◾天然色 color m. natural
◾天然素材 material m. natural ‖ この製品は天然素材で作られている Este producto está hecho con materiales naturales.
◾天然パーマ cabello m.「rizado [ondulado] natural
てんねんとう 天然痘 viruela f.
▶天然痘の variolo*so*[*sa*], variól*ico*[*ca*]
◾天然痘ウイルス virus m.[=pl.] variólico
◾天然痘患者 virolen*to*[*ta*] mf.
てんのう 天皇 emperador m.
◾天皇制 sistema m. imperial
◾天皇誕生日 cumpleaños m.[=pl.] del Emperador
◾天皇杯 Copa f. del Emperador
てんのうせい 天王星 Urano
でんぱ 電波 onda f. eléctrica
◾電波航法 radionavegación f.
◾電波障害 interferencia f. electromagnética
◾電波探知機 radar m., radiolocalizador m.
◾電波天文学 radioastronomía f.
◾電波望遠鏡 radiotelescopio m.
てんばい 転売 reventa f.
▶転売する revender
てんばつ 天罰 castigo m. divino ‖ 天罰を受ける recibir un castigo divino／彼に天罰が下った Dios lo castigó.
てんぴ 天火 horno m. ‖ 天火で焼く cocer ALGO en el horno
てんぴ 天日 rayos mpl. solares ‖ 天日で干す secar ALGO al sol
てんびき 天引き deducción f., retención f.
▶天引きする deducir, retener ‖ 給料から所得税を天引きする retener del sueldo el impuesto sobre la renta
◾天引き貯金 ahorro m. descontado de la

nómina
てんびやく 点鼻薬　aerosol *m.* nasal, gotas *fpl.* nasales
てんびょう 点描　《美術》punteado *m.*
▶点描する　puntear
▫点描画法　puntillismo *m.*
▫点描画家　puntillista *com.*
でんぴょう 伝票　comprobante *m.*, nota *f.*, volante *m.*, (商品の) albarán *m.* ‖ 伝票に必要事項を記入する　rellenar el volante con los datos necesarios
▫売上伝票　albarán *m.* de venta
▫入金伝票　comprobante *m.* de depósito
てんびん 天秤　(はかり) balanza *f.* ‖ 天秤で計る　pesar ALGO en una balanza
慣用 天秤にかける　comparar ‖ A と B を天秤にかける　poner en la balanza A y B, sopesar A y B
▫天秤ばかり　balanza *f.*
てんびんざ 天秤座　Libra *f.*
▶てんびん座生まれの(人) libra (*com.*)《性数不変》‖ てんびん座の女性たち　las mujeres libra
てんぷ 天賦　‖ 天賦の才　talento *m.*「natural [innato], dotes *fpl.*「naturales [innatas] ／ 絵画に天賦の才がある「tener [poseer] un talento innato para la pintura
てんぷ 添付
▶添付する　adjuntar ‖ 電子メールにファイルを添付する　adjuntar un archivo al correo electrónico ／ 売上報告書をこの電子メールに添付しました　A este mensaje electrónico le he adjuntado el informe de ventas.
▫添付書類　documento *m.* adjunto
▫添付ファイル　archivo *m.* adjunto ‖ 添付ファイルを開く「保存する、圧縮する」「abrir [guardar, comprimir] un archivo adjunto ／ 添付ファイルが開けない　El archivo adjunto no se abre.
でんぶ 臀部　región *f.* glútea
▶臀部の　glúteo[a]
てんぷく 転覆　vuelco *m.*, (政府の) derrocamiento *m.*
▶転覆する　volcar(se), dar un vuelco ‖ 強風で漁船が転覆した　El pesquero (se) volcó debido al fuerte viento.
▶転覆させる　hacer volcar, (政府を) derrocar ‖ 軍事政権を転覆させる　derrocar el régimen militar
テンプラ 天麩羅　《日本語》 *tempura f(m).*, (説明訳) fritura *f.* japonesa de pescados, mariscos y verduras ‖ 野菜を天ぷらにする　hacer *tempura* de verduras ／ 天ぷらを揚げる　freír *tempura*
▫天ぷら油　aceite *m.* para freír *tempura*
てんぶん 天分　talento *m.*「natural [innato], don *m.* natural, dotes *fpl.*「naturales [innatas]‖ 音楽の天分がある　tener dotes in-

natas para la música ／ 芸術の天分に恵まれた人　persona *f.* dotada de talento artístico
でんぶん 電文　mensaje *m.* telegráfico
でんぷん 澱粉　fécula *f.*, almidón *m.*
▶でんぷん質の　feculento[ta], amiláceo[a]
テンペラが テンペラ画　《美術》pintura *f.* al temple
▫テンペラ画法　temple *m.*
てんぺんちい 天変地異　cataclismo *m.*,「desastre *m.* [catástrofe *f.*] natural
てんぽ 店舗　establecimiento *m.* comercial, tienda *f.*
テンポ 《音楽》tempo *m.*, movimiento *m.*, ritmo *m.* ‖ テンポが速い「遅い」曲　pieza *f.* musical con ritmo「rápido [lento] ／ 歌と伴奏のテンポがぴったり合っている　El ritmo de la canción y el acompañamiento están perfectamente acoplados. ／ テンポがずれている　El ritmo está desacompasado. ／ テンポに合わせる　acoplarse al ritmo ／ 曲のテンポを速める　acelerar el「tempo [ritmo] de una pieza musical ／ 景気回復のテンポを速める必要がある　Es necesario acelerar el ritmo de la recuperación económica.
てんぼう 展望　panorama *m.*, vista *f.*, (見通し) perspectiva *f.* ‖ 将来の展望　perspectiva *f.* de futuro ／ 展望がきく　tener un amplio panorama ／ 地球温暖化の抑止に展望がひらける　Se abren nuevos horizontes para frenar el calentamiento de la Tierra.
▶展望する　(景色を) ver panorámicamente, (状況を) hacer un análisis panorámico《de》
▫展望車「coche *m.* [vagón *m.*] panorámico
▫展望台　mirador *m.*, atalaya *f.*
でんぽう 電報　telegrama *m.* ‖ 電報が届く　llegar *un telegrama* ／ 電報を打つ　poner un telegrama, telegrafiar ／ 電報を受け取る　recibir un telegrama
▫慶弔電報　telegrama *m.* de felicitación o de condolencia
▫電報為替　transferencia *f.* telegráfica, giro *m.* telegráfico
▫電報局　oficina *f.* de telégrafos
▫電報用紙　impreso *m.* de telegrama
▫電報料　tarifa *f.* telegráfica
てんまく 天幕　pequeña cortina *f.* de adorno colgada del techo, (テント) tienda *f.* de campaña
てんまつ 顛末　pormenores *mpl.*, detalles *mpl.* (de un suceso) ‖ 事の顛末を話す　contar detalladamente lo ocurrido
てんまど 天窓　claraboya *f.* ‖ 天窓から月の光が差し込んでいた　La luz de la luna entraba por la claraboya.
てんめい 天命　destino *m.*, voluntad *f.* divina
慣用 人事を尽くして天命を待つ　hacer todo lo

てんめつ 点滅
▶点滅する parpadear ‖ 留守電のランプが点滅している La luz del contestador automático está parpadeando.
◻点滅信号 señal *f.* intermitente

てんもんがく 天文学 astronomía *f.*
▶天文学(上)の/天文学的な astronómico [ca] ‖ 天文学的数字 cifra *f.* astronómica
◻天文学者 astrónomo[ma] *mf.*

てんもんだい 天文台 observatorio *m.* astronómico

てんやもの 店屋物 comida *f.* preparada distribuida a domicilio por restaurantes ⇒ でまえ(出前) ‖ 店屋物を取りましょう Vamos a pedir que traigan comida preparada.

てんやわんや →てんてこ(てんてこ舞い) ‖ 三つ子が生まれて、てんやわんやです He tenido trillizos y estoy que no paro.

てんよう 転用
▶転用する dedicar ALGO a otro uso ‖ 農地を駐車場に転用する destinar el terreno agrícola al aparcamiento

でんらい 伝来 ‖ (私の)先祖伝来の骨董品 antigüedades *fpl.* heredadas de mis antepasados
▶伝来する llegar, ser introducido[da], ser importado[da] ‖ 仏教は6世紀に日本に伝来した宗教です El budismo es una religión que llegó a Japón en el siglo VI (sexto).

てんらく 転落 caída *f.*
▶転落する caerse, (落ちぶれる)《慣用》venir a menos

てんらんかい 展覧会 exposición *f.* ‖ 展覧会を開く celebrar una exposición ／ 展覧会を見に行く visitar una exposición
◻展覧会場 「sala *f.* [salón *m.*] de exposiciones

でんりそう 電離層 ionosfera *f.*

でんりゅう 電流 corriente *f.* eléctrica
◻高圧電流 corriente *f.* de alta tensión
◻誘導電流 corriente *f.* inducida
◻電流計 amperímetro *m.*

でんりょく 電力 「energía *f.* [potencia *f.*] eléctrica ‖ 電力を消費する consumir electricidad
◻電力量計 「contador *m.* [medidor *m.*] eléctrico
◻電力会社 compañía *f.* eléctrica
◻電力計 vatímetro *m.*
◻電力消費量 consumo *m.* eléctrico
◻電力不足 falta *f.* de electricidad, insuficiencia *f.* eléctrica
◻電力料金 tarifa *f.* eléctrica

でんれい 伝令 mensajero[ra] *mf.*

でんわ 電話 teléfono *m.*, (通話)llamada *f.* ‖ 電話がある(電話機が) tener teléfono ／ あなたに電話がありました Le han llamado. ／ 電話が来る recibir una llamada ／ 電話が遠い Se oye lejos. ¦ Se escucha mal. ／ 電話が切れた Se ha cortado la llamada. ／ 電話に出る ponerse al teléfono ／ 電話をかける hacer una llamada ／ 電話を引く instalar el teléfono ／ 電話を切る colgar el teléfono ／ 電話は付いていますか ¿Tiene teléfono? ／ 電話をお借りできますか ¿Puedo usar el teléfono? ／ あなたと電話で連絡できますか ¿Es posible comunicarse con usted por teléfono? ¦ ¿Se puede contactar con usted por teléfono? ／ 日本への電話はどうやってかけるのですか ¿Cómo se puede efectuar una llamada a Japón? ／ この電話はどのように使うのですか ¿Cómo se usa este teléfono? ／ オフィスの電話は鳴りっぱなしだ En la oficina el teléfono no para nunca de sonar.
▶電話する telefonear, llamar por teléfono (a) ‖ 警察に電話して ¡Llama a la policía! ／ あとで電話して Llamar más tarde.
◻いやがらせ電話 acoso *m.* telefónico
◻脅迫電話 amenaza *f.* telefónica
◻間違い電話 llamada *f.* equivocada
◻電話回線 línea *f.* telefónica
◻電話加入者 abonado[da] *mf.* telefónico[ca]
◻電話機 teléfono *m.*
◻電話局 central *f.* telefónica
◻電話交換手 telefonista *com.*, operador[dora] *mf.*
◻電話交換台 centralita *f.* telefónica
◻電話ケーブル cable *m.* telefónico
◻電話代 (1回の) importe *m.* de una llamada telefónica
◻電話注文 pedido *m.* 「por teléfono [telefónico]
◻電話帳 guía *f.* telefónica, listín *m.* telefónico
◻電話番号 número *m.* de teléfono ‖ あなたの電話番号を教えてください Deme su número de teléfono.
◻電話ボックス cabina *f.* telefónica, locutorio *m.* telefónico ‖ この近くに電話ボックスはありますか ¿Hay una cabina telefónica por aquí cerca?
◻電話料金 tarifa *f.* telefónica

■■■ 電話で使う表現 ■■■
‖ よく使う会話表現
◉もしもし(受ける人) Diga. ¦ Dígame. ¦ Aló. (かける人は挨拶の表現を使う 例: Buenos días. ¦ Hola.)
◉もしもし、聞こえますか Oiga. ¿Me oye?
◉鈴木さん(男性)ですか ¿Es el Sr. Suzuki?
◉佐藤さん(女性)をお願いします ¿Puedo

hablar con la Sra. Sato?
- どちらさまですか ¿De parte de quién? ¿Quién habla?
- こちらは星野です Soy Hoshino.
- 少々お待ちください Un momento, por favor.
- 田中(男性)は席を外しています El Sr. Tanaka no está en estos momentos en su 「escritorio [despacho].
- 田中(男性)は会議中です El Sr. Tanaka está en una reunión.
- 佐藤(女性)は外出しています La Sra. Sato ha salido.
- 佐藤(女性)は休暇を取っています La Sra. Sato está de vacaciones.
- 佐藤(女性)は30分ほどで戻る予定です La Sra. Sato volverá en una media hora.
- お急ぎでしょうか ¿Es urgente?
- 伝言をお願いできますか ¿Puedo dejarle un recado?
- 電話が欲しいと彼にお伝えいただけますか ¿Podría decirle que me llame?
- 鈴木から電話があったことをお伝えください Por favor, dígale que *lo* ha llamado Suzuki.
- お電話があったことを伝えます Le diré que usted ha llamado.
- お電話ありがとうございました Gracias por llamar.
- 番号が違います Se ha equivocado de número.
- 次の番号におかけ直しください Llame al número que le voy a dar.
- おかけになった電話番号は現在使われておりません El número al que ha llamado no se encuentra en servicio.
- (留守電で)加藤です、ただいま留守にしております、ピーっと鳴りましたら、メッセージをお願いいたします Soy Kato, en estos momentos no me encuentro en casa. Deje un mensaje después de oír la señal.
- ファックスの方は、このまま原稿をお送りください Si quiere enviar un fax, puede hacerlo ahora.
- 会議に入っていたので、お電話できませんでした No pude llamarle porque estaba en una reunión.

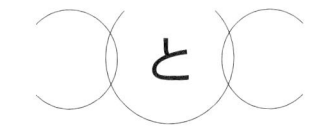

《電話の種類》 ⸬携帯電話 móvil *m.*, teléfono *m.* móvil, 《中南米》 celular *m.*, teléfono *m.* celular ⸬公衆電話 teléfono *m.* público ⸬コードレス電話 teléfono *m.* inalámbrico ⸬ダイヤル式電話 teléfono *m.* con dial ⸬テレビ電話 videoteléfono *m.* ⸬プッシュホン式電話 teléfono *m.* con teclas ⸬無線電話(システム) radiotelefonía *f.*, (電話機) radioteléfono *m.* ⸬国際電話 llamada *f.* internacional ⸬市外電話 llamada *f.* interurbana ⸬市内電話 llamada *f.* local ⸬長距離電話 llamada *f.* de larga distancia, conferencia *f.* ⸬留守番電話 contestador *m.* automático

と

と (そして) y, 《i, hiで始まる語の前で》 e, (〜と共に) con, junto con
と 戸 puerta *f.* → ドア ‖ 戸を開ける[閉める] 「abrir [cerrar] la puerta ／ 戸が開いている La puerta está abierta. ／ 戸を開けたままにする dejar la puerta abierta, (半開きに)dejar la puerta entreabierta ／ 戸を押す empujar la puerta ／ 戸を叩く llamar a la puerta ／ 戸を引く(スライドさせる) correr la puerta
と 都 ‖ 東京都 prefectura *f.* de Tokio
- 都議会 Asamblea *f.* Metropolitana de Tokio
- 都議会議員 conce*jal*[*jala*] *mf.* de Tokio 《時に女性にconcejalを使う》
- 都知事 goberna*dor*[*dora*] *mf.* de Tokio
- 都庁 Gobierno *m.* Metropolitano de Tokio ‖ 都庁舎 edificio *m.* del Gobierno Metropolitano de Tokio
- 都電 tranvía *m.* municipal de Tokio

ト 《音楽》 sol *m.*
- ト音記号 clave *f.* de sol
- ト長調 sol *m.* mayor
- ト短調 sol *m.* menor

ど 度 grado *m.*, (回数) vez *f.* ‖ 気温が30度ある「Estamos a [Tenemos] 30 grados de temperatura. ／ 私は熱が39度ある Tengo 39 grados de fiebre. ／ 角度45度 ángulo *m.* de 45 grados ／ アルコール15度のワイン vino *m.* de quince grados (de alcohol) ／ もう1度 otra vez ／ スペインに行くのは2度目です Es la segunda vez que voy a España. ／ 1度は サーカスを見てみたいです Quiero ir al circo alguna vez. ／ 度の強い眼鏡 gafas *fpl.* con mucha graduación ／ 度を越す pasarse 慣用 度が過ぎる ‖ 彼の冗談は度が過ぎる Él

gasta bromas muy pesadas.
〖慣用〗度を失う perder la compostura
〖諺〗二度あることは三度ある No hay dos sin tres.
◪ 関心度 grado *m.* de interés
◪ 危険度 nivel *m.* de peligrosidad

ド 《音楽》do *m.*

ドア puerta *f.* ‖ ドアに指を挟む pillarse el dedo con la puerta ／ ドアを開ける[閉める]「abrir [cerrar] la puerta ／ ドアをノックする llamar a la puerta ／ ドアをロックする cerrar la puerta con llave ／ 半ドアだよ（車で）Tienes la puerta mal cerrada.
◪ ドアチェーン cadena *f.* (de seguridad) de la puerta
◪ ドアノッカー aldaba *f.*
◪ ドアノブ pomo *m.*
◪ ドアマン portero *m.*

どあい 度合い grado *m.*, nivel *m.* ⇒ていど（程度）‖ リスクの度合 grado *m.* de riesgo ／ 力を入れる度合いを加減する ajustar el grado de fuerza que se ha de aplicar ／ 手助けの度合いが難しい Es difícil ofrecer ayuda en la justa medida. ／ ここのところ両国間の緊張の度合いが増している Últimamente está aumentando la tensión entre ambos países.

とい 樋 canalón *m.* ‖ 雨水が樋を伝わり落ちる El agua de lluvia chorrea por los canalones.

とい 問い pregunta *f.* ‖ 問いに答える「responder [contestar] (a) la pregunta

といあわせ 問い合わせ solicitud *f.* de información, pregunta *f.*, (身元の) referencia *f.* ‖ 問い合わせを受ける recibir una solicitud de información ／ お問合せの商品ですが、もう扱っておりません Ya no comerciamos con el producto sobre el cual pregunta.
◪ 問い合わせ先 referencia *f.*
◪ 問い合わせ状 carta *f.* de solicitud de información

といあわせる 問い合わせる preguntar, pedir información, informarse《de, sobre》‖ 詳細は〜にお問い合わせください Para más información, diríjanse a〜 ／ 〜について弁護士に問い合わせる hacer una consulta a un abogado acerca de ALGO

という ‖ 会社という組織 organización *f.* denominada empresa ／ 鈴木という者です Soy Suzuki. ／ 自動車税が上がるという噂が流れている Corre el rumor de que van a subir el impuesto de vehículos.

というのは porque, ya que ‖ ここで降ろしてください．というのは千円しか持ち合わせがないのです Déjeme aquí, por favor. Ya que solamente llevo mil yenes.

といかえす 問い返す volver a preguntar, (反問する) responder una pregunta con otra pregunta ‖ 不明の箇所を問い返す preguntar de nuevo sobre un punto confuso

といかける 問いかける preguntar, hacer una pregunta《a》

といし 砥石 piedra *f.* de afilar ‖ 包丁を砥石で研ぐ afilar un cuchillo de cocina con la piedra (de afilar)

といただす 問い質す inquirir, pedir aclaración ‖ なぜ欠席したのか彼に問いただした Le pregunté a él por la causa de su ausencia. ／ 事故の責任を問いただす hacer averiguaciones sobre la responsabilidad del accidente

といつめる 問い詰める obligar a ALGUIEN a contestar (a) la pregunta

トイレ servicio *m.*, cuarto *m.* de baño, aseo *m.* ‖ トイレの水が流れません La cisterna no funciona. ／ 年をとるとトイレが近くなる Con la edad, uno tiene que ir al baño con más frecuencia. ／ トイレをお借りしたいのですが ¿Podría usar el servicio? ／ トイレを我慢する aguantar sin ir al baño ／ 災害用のトイレを設置する instalar un「retrete de campaña [sanitario portátil] preparado para casos de desastre ／ トイレの水を流す tirar de la cadena
◪ トイレ休憩 descanso *m.* para ir al servicio

トイレットペーパー papel *m.* higiénico ‖ 一巻きのトイレットペーパー un rollo de papel higiénico

とう 当 ‖ 当を得た jus*to*[*ta*], acerta*do*[*da*], oportu*no*[*na*] ／ 当を得た答え respuesta *f.* oportuna
◪ 当社 ‖ 当社では en「esta [nuestra] empresa

とう 党 partido *m.* ‖ 党が分裂する escindirse el partido ／ 党に入る「afiliarse [adherirse] a un partido ／ 党を結成する formar un partido ／ 党を支持する apoyar al partido ／ 私は党を除名された Me expulsaron del partido. ／ 党を脱退する abandonar el partido ／ 党の方針に従う seguir la línea del partido
◪ 党員「miembro *com.* [militante *com.*] del partido
◪ 党大会 convención *f.* del partido
◪ 党本部 sede *f.* del partido

とう 塔 torre *f.* ‖ 塔を建てる construir una torre
◪ テレビ塔 torre *f.* de televisión

とう 等 (等級) clase *f.*, (順位) puesto *m.*, lugar *m.*; (など) etcétera (略 etc.) ‖ 1等で旅行する viajar en primera clase ／ コンクールで3等になる conseguir el tercer puesto en un concurso ／ チリ、ボリビア等のラテンアメリカ諸国 países *mpl.* latinoamericanos como Chile y Bolivia

とう 糖 azúcar *m(f).* ‖ 尿に糖が出る tener

azúcar en la orina
とう 頭 cabeza *f.* ‖ 牛5頭 cinco cabezas de ganado vacuno
とう 籐 ratán *m.* ‖ 籐の椅子 silla *f.* de ratán
とう 問う preguntar, interrogar ‖ 指導力を問う poner a prueba el liderazgo de ALGUIEN ／ 責任を問う exigir responsabilidades ／ 性別・年齢を問わずに sin distinción de sexo ni de edades ／ 経験は問いません No es necesario tener experiencia.
どう 《疑問詞》cómo, qué ‖ 昨日のコンサートはどうでしたか ¿Qué tal el concierto de ayer? ／ どうしたのですか ¿Qué le pasa? ／ この荷物を船便で日本へ送るにはどうしたらよいですか ¿Qué debo hacer para enviar por vía marítima este paquete a Japón? ／ どうしよう ¿Qué hago? ／ どうしようもない No hay manera. ／ 私はどうすればよいか分からない No sé qué hacer. ／ どうすれば奨学金を申請できますか ¿Cómo puedo solicitar la beca? ／ 東京の住み心地はどうですか ¿Cómo le va la vida en Tokio? ／ 教会へはどう行けばよいですか ¿Cómo se va a la iglesia? ／ 彼の提案をどう思いますか ¿Qué opina usted de su propuesta? ¦ ¿Qué le parece su propuesta? ／ 私たちはどうなるのだろう ¿Qué será de nosotros? ／ どう見ても desde「cualquier [todo] punto de vista ／ それがどうしたっていうんだ ¿Y qué? ／ どうってことない No es nada.
どう 同 mis*mo*[*ma*] ‖ 同世代 la misma generación ／ 同年齢 la misma edad
どう 胴 tronco *m.*, cuerpo *m.* ‖ この犬は胴が長い Este perro tiene un largo「tronco [lomo]. ／ 彼女は胴が細い Ella tiene una cintura delgada. ／ 胴を一本取られる《剣道》perder un punto por estocada en el tronco
どう 銅 《化学》cobre *m.* (記号 Cu)
▶銅製の de cobre
◪銅線 alambre *m.* de cobre
◪銅メダル medalla *f.* de bronce
◪銅メッキ baño *m.* de cobre ‖ 銅メッキをする encobrar
どうあげ 胴上げ
▶胴上げする mantear a ALGUIEN en señal de triunfo
とうあつせん 等圧線 isobara *f.*, isóbara *f.*
とうあん 答案 respuesta *f.*, contestación *f.* ‖ 答案を採点する corregir el examen ／ 答案を提出する entregar el examen
◪答案用紙 ‖ 答案用紙を配る repartir las hojas de examen
どうい 同意 consentimiento *m.*, asentimiento *m.*, acuerdo *m.* ‖ 同意を得る obtener el consentimiento《de》／ 両親の同意を得て con el consentimiento de los padres ／ 同意を示す expresar *su* aprobación ／ 同意を求める solicitar la aprobación《de》

▶同意する acceder《a》, asentir《a》, dar el consentimiento《a》‖ 全員がその計画に同意した Todos aprobaron el plan.

■■■ 同意する ■■■

‖ **よく使う会話表現**
◉ その提案に賛成です Estoy de acuerdo con esa propuesta.
◉ その意見を支持します Apoyo esa idea.
◉ 会の趣旨に賛同します Estoy de acuerdo con los objetivos de la asociación.
◉ 御提案の内容でけっこうです Estoy de acuerdo con el contenido de su propuesta.
◉ その計画で行きましょう Sigamos ese plan.
◉ なるほど、それはいいね ¡Vale! Me parece bien.
◉ はい、了解しました Muy bien. ¦ De acuerdo.
◉ おっしゃる通りです Tiene mucha razón.
◉ 異議はありません No tengo ninguna objeción.

どういう qué, (どのように) cómo ‖ これはどういう意味ですか ¿Qué significa esto? ／ これはどういうことですか ¿Qué es lo que pasa? ／ どういう事情であろうと sean cuales sean las circunstancias ／ どういう本を読まれますか ¿Qué tipo de libros lee usted? ／ このお金はどういうふうに使いますか ¿Cómo va a gastar este dinero? ／ どういうわけで ¿Por qué razón?
どういげんそ 同位元素 isótopo *m.*
どういご 同意語 sinónimo *m.*
どういたしまして De nada. ¦ No hay de qué.
とういつ 統一 unificación *f.*, unión *f.* ‖ 2つの国家の統一 unificación *f.* de dos Estados ／ 統一のとれた bien「unifica*do*[*da*] [organiza*do*[*da*]] ／ 統一を図る intentar la unificación《de》
▶統一する unificar, (均一に) uniformar ‖ 国を統一する unificar el país ／ 精神を統一する concentrar la mente
▶統一的な unita*rio*[*ria*], uniforme
▶統一性 unidad *f.*, uniformidad *f.*
◪統一規格 norma *f.* unificada
◪統一見解 consenso *m.*
◪統一行動 actuación *f.* integrada
◪統一国家 nación *f.* unificada
◪統一地方選挙 elecciones *fpl.* locales unificadas
どういつ 同一
▶同一の idénti*co*[*ca*], mis*mo*[*ma*]
▶同一性 identidad *f.*

◪ 同一視 identificación *f*. ‖ AとBを同一視する identificar A con B
◪ 同一人物 la misma persona

どういん 動員 movilización *f*. ‖ 動員をかける convocar una movilización ／ 動員を解除する desmovilizar
▶ 動員する movilizar
◪ 総動員 movilización *f*. general
◪ 動員令 orden *f*. de movilización

とうえい 投影 proyección *f*., (影) sombra *f*., (反映) reflejo *m*. ‖ 自己の投影 autoproyección *f*.
▶ 投影する proyectar
◪ 投影図 proyección *f*. gráfica, plano *m*. de proyección

とうおう 東欧 Europa「del Este [oriental]
▶ 東欧の de Europa「del Este [oriental]
◪ 東欧諸国 países *mpl*. de Europa「del Este [oriental]

どうおんいぎ 同音異義 homonimia *f*.
▶ 同音異義の homóni*mo*[*ma*]
◪ 同音異義語 homonimia *m*., homófono *m*.

とうおんせん 等温線 isoterma *f*.

とうか 灯火 luz *f*. de una lámpara, alumbrado *m*. ‖ 灯火親しむべき候 la mejor estación para leer
◪ 灯火管制 ‖ 灯火管制が敷かれた Se impuso una restricción del alumbrado.

とうか 投下 lanzamiento *m*.
▶ 投下する arrojar, lanzar ‖ 爆弾を投下する「tirar [lanzar, arrojar]」una bomba ／ 資本を投下する invertir capital
◪ 投下資本 capital *m*. invertido

どうか ❶ (どうぞ) por favor ⇒ どうぞ ‖ どうか結果を私に教えてください Hágame saber el resultado, por favor.
❷ (願望) ‖ どうか君の夢がかないますように Espero que tus sueños se hagan realidad.
❸ (普通ではない) ‖ そんなこと言うなんて君はどうかしているよ ¿Cómo puedes decir algo así? ¦ No debes de estar bien de la cabeza. ／ 食欲がないけれど、どうしたのAsí que no tienes apetito. ¿Te pasa algo?
❹ (迷い・不審) ‖ 彼は口ではそう言っていますが本心はどうでしょう Aunque él diga eso, no sé si lo dice sinceramente. ／ それはどうかと思う Tengo mis dudas sobre eso.
❺ (〜かどうか) ‖ 私は自分が正しいかどうか分からない No sé si estoy en lo「cierto [correcto] o no. ／ その方法が実際にはどうか僕は自信がない No estoy seguro de que en la práctica ese método vaya a funcionar.

どうか 同化 asimilación *f*.
▶ 同化する asimilar ‖ その子供たちは社会に同化できない Estos niños no pueden integrarse en la sociedad.
◪ 同化作用 《生物》anabolismo *m*.
◪ 同化政策 política *f*. de asimilación

どうか 銅貨 moneda *f*. de cobre

どうが 動画 (アニメーション) película *f*. de dibujos animados, vídeo *m*., (音楽の) videoclip *m*., vídeo *m*. musical
◪ 動画サイト sitio web *m*. de vídeos
◪ 動画ニュース vídeo *m*. de noticias

とうかい 倒壊 derrumbamiento *m*., hundimiento *m*.
▶ 倒壊する derrumbarse, hundirse
◪ 倒壊家屋 casa *f*. derrumbada

とうがい 当該
▶ 当該の (問題の)『名詞+』en cuestión
◪ 当該官庁 autoridades *fpl*. gubernamentales competentes
◪ 当該事件 caso *m*. en cuestión
◪ 当該人物 dicha persona *f*.

とうかく 倒閣 derrocamiento *m*. del「gobierno [gabinete]

とうかく 頭角 ‖ 頭角を現す distinguirse, sobresalir

どうかく 同格 mismo「rango *m*. [nivel *m*.]，《文法》aposición *f*. ‖ 同格に扱う tratar como iguales ／ 同格である ser del mismo nivel
▶ 同格の equivalente, igual, 《文法》apositi*vo*[*va*], en aposición

どうかせん 導火線 mecha *f*., (きっかけ) detonante *m*. ‖ 導火線に火をつける encender la mecha ／ 導火線になる ser el detonante《de》, desencadenar

とうかつ 統括 unificación *f*., generalización *f*.
▶ 統括する unificar, generalizar

とうがらし 唐辛子 pimiento *m*. (picante), chile *m*., ají *m*. ‖ この料理は唐辛子が効いている Se nota el sabor del chile en este plato.

とうかん 投函
▶ 投函する ‖ 手紙を投函する echar una carta al buzón

どうかん 同感 ‖ あなたと同感です Comparto su opinión. ¦ Yo también pienso igual.
▶ 同感する estar de acuerdo《con》, ser de la misma opinión

どうかん 導管 conducto *m*., (植物の) vaso *m*.

どうがん 童顔 rostro *m*. aniñado
▶ 童顔である tener cara de ni*ño*[*ña*]

とうき 冬期/冬季 época *f*. invernal
◪ 冬季オリンピック Juegos *mpl*. Olímpicos de Invierno

とうき 投棄 vertido *m*.
▶ 投棄する tirar, verter
◪ 不法投棄 vertido *m*. ilegal

とうき 投機 especulación *f*.
▶ 投機する especular《con》‖ 不動産に投機する especular con bienes inmuebles
▶ 投機的(な) especulati*vo*[*va*]‖ 投機的実行 (IT) ejecución *f*. especulativa
◪ 投機家 especula*dor*[*dora*] *mf*.

◪ 投機資金 fondos *mpl*. especulativos
◪ 投機熱 fiebre *f*. especuladora
とうき 陶器 cerámica *f*., loza *f*. ‖ 陶器の花びん florero *m*. de cerámica ／ 陶器を作る hacer cerámica
◪ 陶器職人 alfare*ro*[*ra*] *mf*., ceramista *com*.
とうき 登記 registro *m*., inscripción *f*.
▶ 登記する registrar, inscribir
◪ 登記所 oficina *f*. de registro
◪ 登記簿 libro *m*. de registro
◪ 登記料 derechos *mpl*. de inscripción
とうき 騰貴 subida *f*., encarecimiento *m*., alza *f*.
▶ 騰貴する encarecerse
◪ 物価騰貴 「alza *f*. [subida *f*.] de los precios
とうぎ 討議 discusión *f*., debate *m*. ‖ 討議のテーマ tema *m*. de debate ／ 討議にかける llevar ALGO a debate ／ 討議に入る entrar en el debate
▶ 討議する discutir, debatir, hacer un debate
どうき 同期 (同じ時期) mismo período *m*., 《電気・IT》sincronización *f*. ‖ 売上を昨年の同期と比べる comparar las ventas con las del mismo período del año pasado ／ 私たちは大学の同期だ Somos de la misma promoción universitaria.
▶ 同期する sincronizar ‖ パソコンとスマートフォン間でデータを同期する sincronizar los datos del ordenador y del *smartphone*
▶ 同期化 sincronización *f*.
◪ 同期軌道 órbita *f*. sincrónica
◪ 同期生 compañe*ro*[*ra*] *mf*. de promoción
◪ 同期電動機 motor *m*. eléctrico síncrono
どうき 動悸 palpitaciones *fpl*. ‖ 私は動悸が激しい Mi corazón late violentamente. ¦ Tengo taquicardia.
▶ 動悸がする latir, tener palpitaciones
どうき 動機 motivo *m*. ‖ 犯行の動機 móvil *m*. del crimen ／ あなたが転職する動機は何ですか ¿Por qué motivo va a cambiar de trabajo?
◪ 動機説 teoría *f*. sobre la motivación
◪ 動機付け motivación *f*. ‖ 動機付けをする motivar
どうぎ 同義
▶ 同義の sinóni*mo*[*ma*]
▶ 同義性 sinonimia *f*.
▶ 同義語 sinónimo *m*.
どうぎ 道義 moral *f*. ‖ 道義にかなう estar de acuerdo con la moral ／ 道義に反する ir en contra de la moral ／ 道義を重んじる respetar la moral
▶ 道義的(な) moral ‖ 道義的責任がある tener responsabilidad moral
▶ 道義上 moralmente ‖ 道義上許すべきではない No debe aceptarse por principios morales.
◪ 道義心 conciencia *f*., sentido *m*. moral
どうぎ 動議 moción *f*. ‖ 動議に賛成する apoyar una moción ／ 動議を提出する presentar una moción ／ 動議を採決する someter a votación una moción
◪ 緊急動議 moción *f*. de urgencia
とうきゅう 投球 lanzamiento *m*. de una pelota
▶ 投球する lanzar una pelota
◪ 投球フォーム forma *f*. de lanzamiento
とうきゅう 等級 clase *f*., rango *m*., grado *m*., (星の) magnitud *f*. ‖ ワインの等級 clasificación *f*. del vino ／ 二等級の恒星 estrella *f*. de segunda magnitud ／ 等級の高い[低い]de rango「alto [bajo] ／ 等級を上げる elevar de rango ／ 等級を下げる reducir de rango ／ 等級をつける clasificar
とうぎゅう 闘牛 corrida *f*. de toros, lidia *f*. ‖ 闘牛を行う celebrar una corrida de toros ／ 闘牛用の牛 toro *m*. de lidia
◪ 闘牛士 tore*ro*[*ra*] *mf*.
◪ 闘牛術 tauromaquia *f*.
◪ 闘牛場 plaza *f*. de toros, ruedo *m*.

闘牛

闘牛用語

マタドール（正闘牛士）matador *m*. ／ バンデリリェロ banderillero *m*. ／ ピカドール picador *m*. ／ ムレータ（赤い布）muleta *f*. ／ カポーテ capote *m*. ／ バンデリーリャ banderilla *f*. ／ アルグアシーリョ alguacilillo *m*. ／ モソ・デ・エスパダ mozo *m*. de espadas ／ プレシデンテ presidente *m*. ／ 入場行進 paseíllo *m*. ／ キテ（牛の注意をそらす技）quite *m*. ／ チクエリナ chicuelina *f*. ／ ベロニカ verónica *f*. ／ エストカダ estocada *f*. ／ 日向席 asiento *m*. de sol ／ 日陰席 asiento *m*. de sombra

---

どうきゅう 同級 ‖ 私たちは同級です Somos compañeros de clase.
◪ 同級生 compañe*ro*[*ra*] *mf*. de clase
どうきょ 同居 convivencia *f*., cohabita-

ción f.
> 同居する convivir con ALGUIEN ‖ 友達2人とアパートに同居する compartir un piso con dos amigos
◪ 同居人 persona f. que convive con ALGUIEN

どうきょう 同郷 ‖ 彼とは同郷だ Él es paisano mío.
◪ 同郷人 paisa*no*[na] mf., (同国人) compatriota com.

どうぎょう 同業
◪ 同業組合 asociación f. 「profesional [gremial]
◪ 同業者 colega com., compañe*ro*[ra] mf. de profesión

とうきょく 当局 autoridades fpl. ‖ 当局の発表によると según el comunicado de las autoridades
◪ 関係当局 autoridades fpl. competentes

どうぐ 道具 herramienta f., instrumento m., útiles mpl. ‖ 道具に凝る ser exigente para las herramientas / 道具に使う utilizar ALGO como herramienta / 道具を使う「usar [utilizar] una herramienta / 道具を揃える preparar las herramientas
◪ 大道具 (演劇) decoración f.
◪ 道具箱 caja f. de herramientas

どうくつ 洞窟 cueva f., caverna f. ‖ 洞窟を探検する explorar una cueva
◪ 洞窟壁画 pintura f. rupestre

とうげ 峠 paso m., puerto m. de montaña ‖ 山の峠を越える pasar un puerto de montaña
[慣用] 峠を越す ‖ 病気も峠を越した Ya ha pasado la fase crítica de la enfermedad. / 雨が峠を越した Amainó la lluvia.

どうけ 道化 payasada f.
◪ 道化師 payaso m., clown m.
◪ 道化芝居 farsa f.
◪ 道化役 papel m. de gracioso ‖ 道化役をする hacer el payaso

とうけい 東経 longitud f. este ‖ 日本の最北端は東経148度45分である El punto más septentrional de Japón se encuentra a 148 grados y 45 minutos de longitud este.

とうけい 闘鶏 pelea f. de gallos, (鶏) gallo m. de pelea
◪ 闘鶏場 gallera f.

とうけい 統計 estadística f. ‖ 統計によると según las estadísticas / 統計をとる realizar estadísticas《de》
> 統計上の/統計的な estadísti*co*[ca]
> 統計的に estadísticamente
◪ 人口統計 estadística f. demográfica
◪ 統計学 estadística f.
◪ 統計図表 gráfico m. estadístico
◪ 統計調査 estudio m. estadístico
◪ 統計データ datos mpl. estadísticos
◪ 統計年鑑 anuario m. estadístico
◪ 統計力学 mecánica f. estadística

とうげい 陶芸 cerámica f.
◪ 陶芸市 mercado m. de cerámica
◪ 陶芸家 ceramista com.
◪ 陶芸品 pieza f. de cerámica

陶芸の用語

粘土 arcilla f. / 窯 horno m. / 工房 taller m. / 轆轤{ろくろ} torno m. de alfarero / 素焼き cerámica f. sin barnizar / 絵付する dibujar / 釉薬{うわぐすり} barniz m., esmalte m. / 篦{へら} espátula f. / 窯変{ようへん} deformación f. producida durante la cocción / 焼成{しょうせい} cocción f.

どうけい 同系
> 同系の emparenta*do*[da], del mismo origen
◪ 同系会社 empresa f. del mismo grupo
◪ 同系色 color m. similar

どうけい 同形/同型 misma forma f., 《数学》 isomorfismo m.
> 同形の de misma forma, 《数学》 isomor*fo*[fa]

とうけつ 凍結 congelación f.
> 凍結する congelarse, helarse ‖ 賃金を凍結する congelar los salarios
> 凍結した congela*do*[da] ‖ 凍結した湖 lago m. helado
◪ 凍結乾燥 liofilización f.
◪ 凍結資産 activo m. congelado
◪ 凍結防止剤 anticongelante m.

とうけん 刀剣 arma f. blanca
とうけん 闘犬 pelea f. de perros, (犬) perro m. de pelea
どうけん 同権 igualdad f. de derechos
◪ 男女同権 igualdad f. de derechos entre hombres y mujeres

とうこう 刀工 espadero m.
とうこう 投稿
> 投稿する ‖ 新聞に投稿する enviar un artículo a un periódico
◪ 投稿者 colabora*dor*[dora] mf.
◪ 投稿欄 sección f. de cartas al director

とうこう 投降 rendición f., capitulación f. ‖ 投降を呼びかける llamar a la rendición
> 投降する entregarse, rendirse
◪ 投降兵 soldado com. rendi*do*[da]

とうこう 登校
> 登校する ir 「al colegio [a la escuela]
◪ 登校拒否 rechazo m. a la escuela, negativa f. a ir a la escuela
◪ 登校日 día m. de clase

とうこう 陶工 ceramista com., alfarero

とうごう 統合　integración *f.*, unificación *f.* ‖ ヨーロッパの統合 integración *f.* 「de Europa [europea]」
▶統合する　integrar, unificar
▶統合された　integra*do*[*da*], unifica*do*[*da*]
▶統合失調症　esquizofrenia *f.*
とうごう 等号　signo *m.* de igualdad
どうこう 同好
▶同好の ‖ 同好の士 persona *f.* con la misma afición
◨同好会　círculo *m.*, peña *f.*
どうこう 同行 ‖ 刑事(男性)は彼に同行を求めた Un detective le pidió que lo acompañara.
▶同行する　acompañar, ir con ALGUIEN ‖ 部長(男性)の出張に同行する acompañar al director en un viaje de trabajo
◨同行者　acompañante *com.*
どうこう 動向　tendencia *f.*, movimiento *m.* ‖ 株価の動向を予測する prever las tendencias en la cotización de acciones ／ 被疑者(男性)の動向を探る averiguar los movimientos del sospechoso
どうこう 銅鉱　mineral *m.* de cobre
どうこう 瞳孔　pupila *f.* ‖ 瞳孔が開く La pupila se dilata.
◨瞳孔反応　reacción *f.* pupilar
とうこうき 投光器　reflector *m.*, proyector *m.*, foco *m.*
とうこうせん 等高線　curva *f.* de nivel
とうごく 投獄　encarcelamiento *m.*
▶投獄する　encarcelar
どうこくじん 同国人 ⇒どうほう(同胞)
とうごろん 統語論　《言語》sintaxis *f.*[=pl.]
とうさ 踏査　exploración *f.*, reconocimiento *m.*
▶踏査する　explorar, reconocer
◨実地踏査　estudio *m.* de campo
とうさ 等差
◨等差級数　《数学》serie *f.* aritmética
◨等差数列　《数学》progresión *f.* aritmética
とうざ 当座　por el momento ‖ 入社した当座しばらくは楽しかった Cuando entré en la empresa lo pasé bien durante un tiempo. ／ 当座をしのぐ tomar medidas provisionales, (慣用)apañárselas como sea
▶当座の　temporal, provisional ‖ 当座の費用 gastos *mpl.* inmediatos
◨当座預金　cuenta *f.* corriente
どうさ 動作　movimiento *m.*, acción *f.* ‖ 動作が機敏である ser ágil de movimientos ／ 動作が鈍い ser pato*so*[*sa*] ／ 動作に無駄がない tener precisión en los movimientos
◨動作環境　《IT》entorno *m.* operativo
◨動作研究　estudio *m.* de campo
とうさい 搭載
▶搭載する「estar [ir] equipa*do*[*da*]《con》, estar provis*to*[*ta*]《de》‖ その潜水艦はミサイルを搭載している El submarino está equipado con misiles. ／ 新機能が搭載されたコンピュータ ordenador *m.* dotado de nuevas funciones
とうざい 東西　el este y el oeste ‖ 東西に川が横切っている El río discurre de este a oeste. ／ 東西の文化 cultura *f.* oriental y occidental ／ 洋の東西を問わず「en [por] todo el orbe, tanto en Oriente como en Occidente
◨東西南北　los cuatro puntos cardinales
とうさく 倒錯　perversión *f.*
▶倒錯した　perver*so*[*sa*]
◨性的倒錯　perversión *f.* sexual
◨性的倒錯者　perverti*do*[*da*] *mf.*
とうさく 盗作　plagio *m.* ‖ 盗作を発見する descubrir un plagio
▶盗作する　plagiar, copiar
どうさつ 洞察
▶洞察する　captar, comprender
◨洞察力　perspicacia *f.*, penetración *f.* ‖ 洞察力のある perspicaz, penetrante
とうさん 倒産　bancarrota *f.*, quiebra *f.* ‖ 倒産を回避する evitar la quiebra
▶倒産する　quebrar, ir(se) a la quiebra
どうさん 動産　bienes *mpl.* muebles
どうざん 銅山　mina *f.* de cobre
とうし 凍死　muerte *f.* por congelación
▶凍死する　morir de frío
◨凍死者　muer*to*[*ta*] *mf.* por congelación
とうし 投資　inversión *f.* ‖ リスクの大きい投資に手を出す meterse en inversiones arriesgadas ／ 安全な投資を勧める recomendar una inversión segura
▶投資する（〜に）invertir《en》‖ 全財産を新会社に投資する invertir toda *su* fortuna en una nueva empresa
◨民間投資　inversión *f.* privada
◨投資家　inver*sor*[*sora*] *mf.*
◨投資機会　oportunidad *f.* de inversión
◨投資銀行　banco *m.* de inversión
◨投資先　destino *m.* de una inversión
◨投資情報　información *f.* para inversiones
◨投資信託　fideicomiso *m.* de inversión, fondo *m.* común de inversión
◨投資利益　rendimiento *m.* de una inversión
とうし 透視　transiluminación *f.*, (X線による) fluoroscopia *f.*
▶透視する　ver ALGO a través《de》‖ レントゲンで肺を透視する examinar los pulmones con un fluoroscopio
◨透視図法　perspectiva *f.*
◨透視力　clarividencia *f.*
とうし 闘士　lucha*dor*[*dora*] *mf.*, combatiente *com.* ‖ 組合の闘士「activista *com.* [militante *com.*] sindical

とうし 闘志 espíritu *m.* de lucha, combatividad *f.* ‖ 闘志がみなぎっている estar rebosante de espíritu combativo / 闘志をなくす perder la combatividad / 闘志を燃やす mostrarse combativo[va]

とうじ 冬至 solsticio *m.* de invierno

とうじ 当時 en aquel「entonces [tiempo]‖ その当時、テレビのある家は珍しかった En aquel tiempo, eran pocas las casas que tenían televisor. / あの当時に遡る remontarse a aquel entonces
▶当時の de aquel「tiempo [entonces]‖当時の新聞 periódico *m.* de la época / 当時の大統領 *el*[*la*] entonces president*e*[*ta*] / この建物は当時のままに保存されている Este edificio se conserva tal como estaba en aquel entonces.

とうじ 杜氏 je*fe*[*fa*] *mf.* de una fábrica de sake

とうじ 答辞 discurso *m.* de respuesta ‖ 答辞を読む（卒業式で）hacer un discurso de despedida

とうじ 湯治 cura *f.* termal ‖ 湯治に出かける ir a tomar baños termales
◳湯治客 hués*ped*[*peda*] *mf.* de un balneario
◳湯治場 balneario *m.* de aguas termales

どうし 同士 ‖ 私たちはいとこ同士です Somos pri*mos*[*mas*]. / 女同士で話す hablar entre mujeres / 友達同士で喧嘩する pelearse entre amigos

どうし 同志 camarada *com.*, compañe*ro*[*ra*] *mf.*
◳同志愛 camaradería *f.*

どうし 動詞 verbo *m.* ‖ 動詞を活用させる conjugar un verbo
▶動詞の verbal ‖ 動詞の活用 conjugación *f.* verbal
◳動詞句「grupo *m.* [sintagma *m.*] verbal

どうじ 同時
▶同時に simultáneamente, al mismo tiempo ‖ この製品は2か国で同時に発売された Este producto salió a la venta al mismo tiempo en los dos países. / 彼女は女優であると同時に経営者でもある Ella es actriz y empresaria a la vez. / 海は美しいと同時に危険である El mar es tan bello como peligroso.
▶同時の simultáne*o*[*a*]
▶同時性 simultaneidad *f.*, sincronismo *m.*
◳同時選挙 elecciones *fpl.* 「simultáneas [conjuntas]
◳同時通訳 traducción *f.* simultánea, (人) traduc*tor*[*tora*] *mf.* simultáne*o*[*a*]
◳同時録音 sincronización *f.*

とうしき 等式 igualdad *f.*

とうじき 陶磁器 cerámica *f.*, porcelana *f.*
◳陶磁器店 tienda *f.* de cerámica

どうじくケーブル 同軸ケーブル cable *m.* coaxial

とうじしゃ 当事者 interesa*do*[*da*] *mf.*, parte *f.* interesada ‖ 当事者同士でよく話し合う hablar extensamente entre las partes interesadas / 当事者から話を聞く escuchar a *los*[*las*] interesa*dos*[*das*]

どうじだい 同時代 misma época *f.*
▶同時代の（人）contemporáne*o*[*a*]（*mf.*）, coetáne*o*[*a*]（*mf.*）

とうしつ 等質
▶等質の homogéne*o*[*a*]
▶等質性 homogeneidad *f.*

とうじつ 当日 ese (mismo) día ‖ 当日お目にかかるのを楽しみにしています (男性に) Espero「verlo [verle] (a usted) ese día. / 試験の当日ロベルトは早めに家を出た El día del examen, Roberto salió de casa temprano.
◳当日限り「当日限り有効の招待券 invitación *f.* válida solo para ese día
◳当日券 entrada *f.* que se vende el día de la función

どうしつ 同質 ⇒とうしつ(等質)

どうして （いかにして）cómo, （なぜ）por qué ‖ 私はどうしていいか解らない No sé qué hacer. / どうして君はそんなことをしたの ¿Por qué hiciste una cosa así? / どうしてこの問題を解決しようか ¿Cómo podremos resolver este asunto? / 今日は涼しくなると言ってたけど、どうしてすごい暑さだよ Decían que hoy iba a hacer fresco, pero, por el contrario, hace mucho calor.

どうしても （なんとしても）a toda costa, cueste lo que cueste ‖ 私はどうしても今日旅行に出発しなければならない Tengo que salir de viaje hoy a toda costa. / 私はどうしてもそれを思い出せない Por más que lo intento, no consigo recordarlo.

とうしゃ 透写 calco *m.*
▶透写する calcar
◳透写紙 papel *m.* (de) calco

とうしゅ 投手 lanza*dor*[*dora*] *mf.*
◳投手陣 plantilla *f.* de lanza*dores*[*doras*]
◳投手戦 duelo *m.* entre「lanzadores [lanzadoras]

とうしゅ 党首 je*fe*[*fa*] *mf.* del partido ‖ 野党の党首になる convertirse en je*fe*[*fa*] del partido de la oposición
◳党首会談 reunión *f.* de je*fes*[*fas*] de partido

どうしゅ 同種 misma especie *f.*, mismo tipo *m.*
▶同種の de la misma especie, del mismo tipo, (動植物が) congénere

とうしゅう 踏襲
▶踏襲する seguir ‖ 前社長(男性)の方針を踏襲する seguir la misma política que el presidente anterior

とうしょ 当初 ‖ 当初(は) al principio／当初の予定では en el programa inicial／当初の計画を見直す revisar el plan original

とうしょ 投書　carta *f*. al director, (投稿) colaboración *f*.
▶投書する escribir una carta al director, colaborar ‖ 新聞に投書する enviar una carta a un periódico
◻投書箱 buzón *m*. de sugerencias
◻投書欄 sección *f*. de cartas al director

とうしょう 凍傷　congelación *f*.
▶凍傷にかかる congelarse

とうじょう 登場　entrada *f*. en escena
▶登場する aparecer, salir ‖ 舞台に登場する aparecer en el escenario
◻登場人物 personaje *m*.

とうじょう 搭乗　embarque *m*.
▶搭乗する embarcar(se)《en》, subir《a》
◻搭乗員 tripulante *com*., 《集合名詞》tripulación *f*.
◻搭乗口 puerta *f*. de embarque ‖ 札幌行きの搭乗口は8番です La puerta de embarque para el vuelo con destino a Sapporo es la ocho.
◻搭乗券 tarjeta *f*. de embarque
◻搭乗時刻 hora *f*. de embarque
◻搭乗者名簿 lista *f*. de pasajeros
◻搭乗手続き trámites *mpl*. 「de [para el] embarque ‖ 搭乗手続きを行う realizar los trámites 「de [para el] embarque

どうじょう 同上　lo mismo que arriba, como arriba, ídem

どうじょう 同情　compasión *f*., piedad *f*. ‖ 同情に値しない no merecer compasión／同情をひく despertar compasión／同情を求める pedir compasión／同情を寄せる mostrar compasión《por》
▶同情する compadecer, compadecerse《de》, sentir compasión《por》‖ 同情するだけではなく私は何か協力したい No me basta con sentir lástima, sino que quiero cooperar de alguna manera.
▶同情して por compasión
▶同情的な compasi*vo*[*va*]
◻同情票 voto *m*. de simpatía

どうじょう 道場　gimnasio *m*. de artes marciales ‖ 道場を開く abrir un gimnasio de artes marciales

とうしょうかぶかしすう 東証株価指数　(TOPIX) Índice *m*. de Cotización de la Bolsa de Tokio (略 TOPIX)

とうじる 投じる　arrojar, tirar, lanzar ‖ 革命に身を投じる dedicarse a la revolución／事業に私財を投じる emplear *sus* bienes privados en un negocio／海に身を投じる arrojarse al mar／一票を投じる emitir un voto, votar

どうじる 動じる　perder la compostura, alterarse ‖ 彼は何が起ころうが動じない Él no se altera por nada.

とうしん 投身
▶投身自殺 ‖ 投身自殺をする suicidarse arrojándose 「desde una altura [al vacío]

とうしん 答申　informe *m*. ‖ 答申を受ける recibir un informe
▶答申する presentar un informe《sobre》
◻答申案 borrador *m*. de un informe
◻答申書 informe *m*.

とうしん 等身
▶等身大の de tamaño 「natural [real]
◻等身像 estatua *f*. de tamaño natural

とうしん 等親　grado *m*. de parentesco

どうしんえん 同心円　círculos *mpl*. concéntricos

とうすい 陶酔　embeleso *m*., embriaguez *f*.
▶陶酔する embriagarse《con》, quedarse embelesa*do*[*da*]
◻自己陶酔 narcisismo *m*.
◻陶酔境 éxtasis *m*.[=*pl*.]

とうすう 頭数　número *m*. de cabezas

どうせ　de todas formas, de todos modos, de cualquier manera, en cualquier caso ‖ どうせ見るなら良い映画を見たい Si vamos a ver alguna película, quiero ver una buena.／彼にどんな忠告をしてもどうせ無駄だ Cualquier consejo que se le dé a él caerá en saco roto.／どうせ私は役立たずですよ De todas maneras, yo soy una nulidad. ¦ No soy más que un cero a la izquierda.

とうせい 当世　actualidad *f*.
▶当世の actual, de hoy ‖ 当世の若者 los jóvenes de hoy
▶当世風 ‖ 当世風に着こなす vestirse a la moda

とうせい 統制　control *m*., regulación *f*. ‖ 統制のとれた集団 grupo *m*. disciplinado／軍の統制下にある estar bajo el control del ejército／統制を強める fortalecer el control
▶統制する controlar, regular ‖ 言論を統制する controlar la libertad de expresión／物価を統制する 「regular [controlar] los precios
◻統制経済 economía *f*. dirigida
◻統制品 producto *m*. controlado

どうせい 同性
▶同性の del mismo sexo
◻同性愛 homosexualidad *f*.
◻同性愛者 homosexual *com*., (男性の) gay *m*., (女性の) lesbiana *f*.
◻同性結婚 matrimonio *m*. 「homosexual [entre personas del mismo sexo]

どうせい 同名　mismo apellido *m*.
▶同姓同名 mismo nombre y apellido *m*. ‖ 私たちは同姓同名だ Tenemos el mismo nombre y apellido.

どうせい 同棲
▶同棲する ser pareja de hecho, vivir [juntos [en pareja, en concubinato]

どうせい 動静 movimiento *m.*, estado *m.*, situación *f.* ‖ 敵の動静をさぐる averiguar los movimientos del enemigo

とうせき 投石 pedrada *f.*
▶投石する 「tirar [lanzar] piedras《contra, a》

とうせき 透析 diálisis *f.*[=*pl.*] ‖ 透析を受ける recibir diálisis
▶透析する dializar
◪血液透析 hemodiálisis *f.*[=*pl.*]
◪透析機（装置）dializador *m.*

どうせき 同席
▶同席する sentarse a la misma mesa que ALGUIEN, compartir la mesa《con》,（出席する）asistir al mismo evento que ALGUIEN
▶同席の ‖ 同席の役人（同じ地位の）funcionario[ria] *mf.* del mismo rango
◪同席者（出席者）presente *com.*

とうせん 当選 elección *f.* ‖ 彼女の当選が確定した Su elección fue confirmada. ／ 当選を無効とする invalidar la elección
▶当選する salir elegido[da] en las elecciones
◪当選圏内 ‖ 当選圏内にいる tener más posibilidades de salir elegido[da]
◪当選者 candidato[ta] *mf.* 「elegido[da] [ganador[dora]]

とうせん 当籤
▶当籤する ganar un premio
◪当籤者 ganador[dora] *mf.*
◪当籤番号 número *m.* ganador

とうぜん 当然 naturalmente, evidentemente ‖ 当然我々はそうすべきだ Por supuesto, eso es lo que debemos hacer.
▶当然である/当然だ ‖ それは当然だ Es natural. ／〜するのは当然だ Es 「natural [lógico] que『+接続法』. ／ 彼が怒るのも当然だ Es natural que él se enfade.
▶当然の natural, lógico[ca], justo[ta] ‖ それは当然の結果だ Ese es el resultado lógico. ／ 当然の報いを受ける recibir *su* merecido ／ 当然のことながら、会社は倒産した Como era de esperar, la empresa quebró.

どうせん 導線 conductor *m.*

どうぜん 同然 ‖ 死んだも同然である estar casi muerto[ta]
▶同然の ‖ ただ同然の値段 precio *m.* irrisorio ／ 彼女にとって母親同然の人 persona *f.* como una madre para ella

どうぞ por favor ‖ どうぞおかけください Tome asiento, por favor. ／ どうぞお幸せに Le deseo muchas felicidades. ／ どうぞお先に Adelante, por favor. ／ 電話を貸してください―はいどうぞ ¿Me deja usar el teléfono? -Sí, adelante.

とうそう 逃走 fuga *f.*, huida *f.* ‖ 犯人（男性）は北へ逃走中だ El delincuente está huyendo hacia el norte.
▶逃走する fugarse, darse a la fuga, huir

とうそう 闘争 lucha *f.*, combate *m.*
▶闘争する luchar, combatir
◪闘争資金 fondo *m.* de resistencia
◪闘争心 espíritu *m.* de lucha ‖ 闘争心をかき立てる avivar el espíritu de lucha
◪闘争本能 instinto *m.* combativo

どうそう 同窓 ‖ 彼は私と同窓である Él fue a la misma escuela que yo.
◪同窓会（組織）asociación *f.* de antiguos alumnos,（会合）reunión *f.* de antiguos alumnos
◪同窓生 graduado[da] *mf.* en la misma escuela,（同じ師を持つ）condiscípulo[la] *mf.*

どうぞう 銅像 estatua *f.* de bronce ‖ 銅像を建てる levantar una estatua de bronce

どうぞく 同族 misma familia *f.*, misma tribu *f.*,《化学》homología *f.*
◪同族会社 empresa *f.* familiar
◪同族元素《化学》elemento *m.* homólogo

とうそくるい 頭足類《動物》cefalópodos *mpl.*

とうそつ 統率 mando *m.*, dirección *f.* ‖ 統率のとれたチーム equipo *m.* disciplinado
▶統率する liderar, dirigir
▶統率力 capacidad *f.* de liderazgo ‖ 統率力がある tener capacidad de liderazgo
◪統率者 líder *com.*, dirigente *com.*

とうた 淘汰 selección *f.*
▶淘汰する eliminar,（生物の）seleccionar
◪自然淘汰 selección *f.* natural

とうだい 灯台 faro *m.*
「灯台下暗し El que está más cerca es el que menos ve.
◪灯台守 farero[ra] *mf.*

どうたい 胴体（船の）casco *m.* de un navío,（飛行機の）fuselaje *m.* ⇒ どう（胴）
◪胴体着陸 aterrizaje *m.* de panza

どうたい 導体 conductor *m.*

どうたい 動態
◪人口動態 movimientos *mpl.* 「de la población [demográficos]
◪動態分析 análisis *m.*[=*pl.*] dinámico

とうたつ 到達 llegada *f.*, logro *m.*
▶到達する llegar《a》, alcanzar ‖ 定められた水準に到達する alcanzar el nivel establecido ／ 同じ結論に到達する llegar a la misma conclusión
◪到達点 punto *m.* de llegada
◪到達目標 objetivo *m.* que 「hay que [se ha de] alcanzar

とうち 統治 gobernación *f.*, gobierno *m.* ‖ スペインの統治下にある植民地 colonia *f.* bajo el dominio español

とうち 統治する gobernar
- 統治権 soberanía *f.*
- 統治国 estado *m.* que ejerce soberanía sobre otro
- 統治者 gobernante *com.*, sobera*no[na] mf.*

とうち 倒置 inversión *f.*
- 倒置する invertir
- 倒置法 《修辞》anástrofe *f.*

とうち 当地 este lugar ‖ 当地の魚はうまい El pescado de este lugar es sabroso. ／ ご当地の名物は何ですか ¿Cuál es la especialidad del lugar? ／ 当地はまだ寒い Aún hace frío aquí.

とうちゃく 到着 llegada *f.* ‖ 私たちは午前9時に到着の予定です Tenemos previsto llegar a las nueve de la mañana.
- 到着する llegar 《a》‖ 時間通りに到着する llegar a *su* hora, llegar puntualmente ／ 早めに[遅れて]到着する llegar 「con tiempo [con retraso] ／ 無事に到着する llegar sin novedad
- 到着駅 estación *f.* de llegada
- 到着時間 hora *f.* de llegada
- 到着ホーム andén *m.* de llegada
- 到着予定時刻 hora *f.* de llegada prevista

どうちゅう 道中 durante el 「camino [viaje] ‖ 道中ずっと天気に恵まれた Durante todo el viaje hizo buen tiempo.

とうちょう 盗聴 escucha *f.* telefónica
- 盗聴する interceptar una comunicación telefónica, pinchar el teléfono ‖ 電話が盗聴されているようだ Me parece que el teléfono está pinchado.
- 盗聴器 dispositivo *m.* de escucha ‖ 盗聴器を仕掛ける instalar un dispositivo de escucha

とうちょう 登頂 「llegada *f.* [ascensión *f.*] a la cima ‖ 登頂を決行する realizar la ascensión a la cima
- 登頂する ‖ 富士山に登頂する alcanzar la cima del monte Fuji

どうちょう 同調 （賛同）adhesión *f.*, （チューニング）sintonización *f.*
- 同調する （賛同する）simpatizar 《con》, estar de acuerdo 《con》, （ラジオなどを）sintonizar
- 同調性 sintonía *f.*
- 同調回路 circuito *m.* resonante
- 同調者 simpatizante *com.*

とうちょく 当直 servicio *m.* de guardia
- 当直する estar de guardia
- 当直医 médi*co[ca] mf.* de guardia

とうてい 到底 ‖ 到底不可能だ Es absolutamente imposible. ／ 到底真実を知ることができない 「Es [Resulta] absolutamente imposible saber la verdad.

どうてい 童貞 virginidad *f.*
- 童貞の virgen

どうてい 道程 ⇒みちのり

とうてき 投擲 lanzamiento *m.*
- 投てき競技 pruebas *fpl.* de lanzamiento

どうてき 動的
- 動的な diná*mico[ca]*
- 動的分析 análisis *m.[=pl.]* dinámico
- 動的平衡 《物理》equilibrio *m.* dinámico

どうでも ‖ そんなことはどうでもいい Eso no importa. ／ 私はどうでもよい Me 「da [es] igual.

どうてん 同点 empate *m.* ‖ 試合は1対1の同点で終わった El partido terminó con empate a uno.
- 同点になる empatar
- 同点決勝 《スポーツ》desempate *m.*

どうてん 動転
- 動転する sobresaltarse, alterarse ‖ 僕は地震で気が動転した El terremoto me dejó asustado.

とうとい 尊い/貴い （高貴な）noble, （貴重な）valio*so[sa]*, （尊敬すべき）respetable ‖ 貴い命 vida *f.* valiosa ／ 尊い経験 experiencia *f.* valiosa

とうとう por fin, finalmente, después de todo ‖ 彼はとうとう来なかった Después de todo, él no vino. ／ とうとう時間になった Finalmente ha llegado la hora.

とうとう 等等 etcétera （略 etc.）

とうとう 滔々
- 滔々と （よどみなく） con soltura, elocuentemente ‖ 滔々と話し続ける seguir hablando con soltura ／ 滔々と流れる大河 un gran río que corre con ímpetu constante

どうとう 同等
- 同等な/同等の igual, equivalente ‖ 同等の立場にある estar en situación de igualdad ／ 高校卒業と同等の資格 título *m.* equivalente al de secundaria superior
- 同等に equitativamente, con igualdad ‖ あらゆる人を同等に扱う tratar a todas las personas por igual ／ 同等に話す hablar de igual a igual 《con, a》

どうどう 堂堂
- 堂々とした imponente, majestuo*so[sa]*, lle*no[na]* de dignidad ‖ 堂々とした体格 físico *m.* imponente ／ 堂々とした態度をとる comportarse dignamente
- 堂々と imponentemente, grandiosamente ‖ 堂々と入場行進をする realizar majestuosamente un desfile de entrada ／ 堂々と悪事を働く cometer delitos sin sentido de culpa

どうどうめぐり 堂堂巡り ‖ 堂々巡りの議論 discusión *f.* reiterativa
- 堂々巡りをする volver sobre lo mismo

どうとく 道徳 moral *f.* ‖ 道徳を守る respetar la moral

▶道徳的な moral, (倫理的な) ético[ca]
▶道徳的に moralmente
▶道徳性 moralidad f.
▫社会道徳 moral f. social
▫道徳家 moralista com.
▫道徳教育 educación f. moral
▫道徳心 sentido m. moral ‖ 道徳心の不足 falta f. de sentido moral ／ 道徳心を育てる formar el sentido moral
▫道徳律 normas fpl. morales
とうとつ 唐突
▶唐突な inesperado[da], repentino[na]
▶唐突に repentinamente
とうとぶ 尊ぶ/貴ぶ respetar, reverenciar, valorar ‖ 老人を尊ぶ「respetar [reverenciar] a los ancianos
とうどり 頭取 presidente[ta] mf., director[tora] mf.
とうなん 東南 sureste m., sudeste m. ⇒ ほうい(方位)
▶東南の del sudeste, sudoriental
▫東南アジア Sureste m. Asiático ‖ 東南アジアの del sudeste asiático
▫東南アジア諸国連合 (ASEAN) Asociación f. de Naciones del Sureste Asiático (略ANSA)
とうなん 盗難 robo m. ‖ 盗難に遭う「sufrir [ser víctima] un robo
▫盗難事件 caso m. de robo
▫盗難車 automóvil m. robado
▫盗難証明書 certificado m. de robo
▫盗難届け denuncia f. de robo
▫盗難品 objeto m. robado
とうに ‖ 試合はとうに始まっている El partido ha comenzado hace rato. ／ その問題ならば、とうに解決している En cuanto a ese problema, hace ya tiempo que quedó resuelto.
どうにか ⇒ なんとか(何とか)・やっと ‖ どうにか暮らす vivir mal que bien ／ どうにか私たちは間に合った Aunque a duras penas, conseguimos llegar a tiempo.
どうにも ‖ どうにも手の施しようがない No podemos hacer absolutamente nada.
とうにゅう 投入
▶投入する asignar, dedicar, (資金を) invertir ‖ 技術者を投入する asignar técnicos 《a》／ 仕事に全力を投入する dedicarse completamente al trabajo
とうにゅう 豆乳 leche f. de soja
どうにゅう 導入 introducción f., adopción f.
▶導入する introducir, adoptar ‖ 新技術を導入する「introducir [adoptar] una nueva tecnología
▫導入部 introducción f.
とうにょうびょう 糖尿病 diabetes f.[=pl.] ‖ 糖尿病になる contraer diabetes ／ 糖尿病を治療する tratar la diabetes
▫糖尿病患者 diabético[ca] mf.
とうにん 当人 persona f. en cuestión
どうねん 同年 mismo año m., (年齢) misma edad f. ‖ 同年4月5日 el 5 de abril del mismo año
どうねんぱい 同年輩 ‖ 同年輩の男性グループ grupo m. de hombres de「casi la misma edad [la misma generación]
とうの 当の ‖ 当の本人は何もしない La persona en cuestión no hace nada.
とうは 党派 partido m., (分派) facción f. ‖ 党派に分かれる dividirse en facciones ／ 党派を超えて結集する agruparse superando las facciones
▫超党派 ‖ 超党派のグループ grupo m. suprapartidista
とうはいごう 統廃合 reorganización f. ‖ 銀行の統廃合を進める llevar adelante la reorganización de la banca
とうばん 当番 turno m. ‖ 今日の掃除の当番は誰ですか ¿A quién le toca hoy el turno de limpieza?
▶当番である estar de turno
▫当番医 médico[ca] mf. de turno
▫当番制 ‖ 当番制で por un sistema de turnos
どうはん 同伴 acompañamiento m. ‖ 彼は夫人同伴で来た Él vino acompañado de su esposa.
▶同伴する acompañar
▫同伴者 acompañante com.
どうばん 銅版 grabado m. en cobre
▫銅版印刷術 calcografía f.
とうひ 逃避 huida f., evasión f.
▶逃避する huir, escapar ‖ 現実から逃避する「huir [escapar] de la realidad
▫逃避行 huida f., fuga f.
▫逃避主義 escapismo m.
とうひ 等比
▫等比級数 《数学》 serie f. geométrica
▫等比数列 《数学》 progresión f. geométrica
とうひょう 投票 votación f., voto m. ‖ 投票で決める decidir ALGO por votación ／ 投票に行く「ir [acudir] a las urnas ／ 投票の結果を発表する anunciar los resultados de una votación ／ 投票を行う realizar una votación ／ 投票を締め切る cerrar la votación
▶投票する votar, dar un voto ‖ 〜に投票する votar《a, por》
▫投票権 derecho m. al voto
▫投票者 votante com.
▫投票所「centro m. [colegio m.] electoral
▫投票数 número m. de votos
▫投票立会人 observador[dora] mf. de una votación
▫投票箱 urna f., 《中南米》 ánfora f.

- ☐ 投票日 fecha *f.* de votación
- ☐ 投票用紙 papeleta *f.* electoral
- ☐ 投票率 índice *m.* de participación

投票の種類

記名投票 votación *f.* nominal ／ 無記名投票 votación *f.* secreta ／ 無効投票 voto *m.* nulo ／ 有効投票 voto *m.* válido ／ 決選投票 votación *f.* final ／ 国民投票 referéndum *m.* nacional, plebiscito *m.* ／ 信任投票 voto *m.* de confianza ／ 不信任投票 voto *m.* de censura ／ 単記投票 voto *m.* uninominal ／ 代理投票 voto *m.* por poder ／ 不在者投票 voto *m.* anticipado ／ 不正投票 voto *m.* fraudulento ／ 人気投票 encuesta *f.* de popularidad

---

とうびょう 闘病
- ▶闘病する luchar contra una enfermedad
- ☐ 闘病生活‖闘病生活を送る vivir bajo tratamiento médico (luchando por superar la enfermedad)

どうひょう 道標　poste *m.* indicador, señal *f.* de tráfico

とうひん 盗品　objeto *m.* robado

とうふ 豆腐　tofu *m.*, cuajada *f.* de soja

とうぶ 東部　este *m.*, zona *f.* 「oriental [este]」

とうぶ 頭部　cabeza *f.*, cráneo *m.*

どうふう 同封
- ▶同封する adjuntar‖ご希望の資料を同封いたします Le adjunto los documentos solicitados.
- ▶同封の adjun*to*[*ta*]‖同封の写真 foto *f.* adjunta

どうぶつ 動物　animal *m.*‖動物を飼う「tener [criar]」un animal ／ 動物を観察する observar un animal
- ▶動物の/動物的な animal‖動物的本能 instinto *m.* animal
- ☐ 動物愛護協会 sociedad *f.* protectora de animales
- ☐ 動物園「parque *m.* [jardín *m.*]」zoológico
- ☐ 動物学 zoología *f.*
- ☐ 動物学者 zoólo*go*[*ga*] *mf.*
- ☐ 動物化石 fósil *m.* animal
- ☐ 動物実験 experimentación *f.* con animales
- ☐ 動物性蛋白質 proteína *f.* animal
- ☐ 動物相 fauna *f.*
- ☐ 動物病院 clínica *f.* veterinaria

動物の種類

愛玩動物 animal *m.* de compañía, mascota *f.* ／ 家畜 animal *m.* doméstico ／ 海洋動物 animal *m.* marino ／ 森林動物 animal *m.*「del bosque [selvático]」／ 高山動物 animal *m.* alpino ／ 水生動物 animal *m.* acuático ／ 高等動物 animal *m.* superior ／ 下等動物 animal *m.* inferior ／ 原生動物 protozoo *m.* ／ 節足動物 artrópodo *m.* ／ 吸血動物 animal *m.* hematófago ／ 脊椎動物 animal *m.* vertebrado ／ 無脊椎動物 animal *m.* invertebrado ／ 草食動物 animal *m.* herbívoro ／ 肉食動物 animal *m.* carnívoro ／ 捕食動物 animal *m.* predador ／ 哺乳動物 animal *m.* mamífero ／ 夜行性動物 animal *m.* nocturno ／ 恒温動物 homeotermo ／ 変温動物 animal *m.*「ectotermo [poiquilotermo]」／ 寄生動物 parásito *m.* ／ 共生動物 comensal *m.* ／ 胎生動物 animal *m.* vivíparo ／ 卵生動物 animal *m.* ovíparo ／ 群棲動物 animal *m.* gregario ／ クローン動物 animal *m.* clonado

---

とうぶん 当分　(しばらく) durante un tiempo, (今のところ) por el momento, por ahora‖当分は余震が続くでしょう Continuarán las réplicas durante un tiempo. ／ 当分アルコールは控えてください Por el momento absténgase del alcohol.

とうぶん 等分
- ▶等分に en partes iguales
- ▶等分する dividir ALGO en partes iguales‖3等分する dividir ALGO en tres partes iguales

とうぶん 糖分　azúcar *m(f).*‖糖分が多い「tener [contener]」mucho azúcar ／ 糖分を控えめにする consumir azúcar con moderación

とうへき 盗癖　cleptomanía *f.*‖彼には盗癖がある Él es un cleptómano.

とうべん 答弁　respuesta *f.*, contestación *f.*‖答弁を求める pedir una respuesta《a》
- ▶答弁する responder, contestar

とうほう 当方　「mi [nuestra] parte」‖当方から伺います Le visitaremos nosotros. ／ 当方としては por nuestra parte ／ 当方の誤りでした Ha sido un error por nuestra parte.

とうほう 東方‖〜の東方5kmの所にある estar a cinco kilómetros al este《de》
- ▶東方の oriental
- ☐ 東方教会 cristiandad *f.* oriental, iglesias *fpl.* orientales

とうぼう 逃亡　fuga *f.*, huida *f.*‖逃亡を企てる intentar fugarse
- ▶逃亡する fugarse, darse a la fuga, huir
- ▶逃亡中‖逃亡中である estar en fuga
- ☐ 逃亡者 fugiti*vo*[*va*] *mf.*

どうほう 同胞　paisa*no*[*na*] *mf.*, compatriota *com.*

とうほく 東北 nordeste *m*., noreste *m*. ⇒ ほうい(方位)
- ▸東北地方 región *f*. nordeste

どうみゃく 動脈 arteria *f*.‖この高速道路は国の動脈の一つだ Esta autopista es una de las arterias del país.
- ▸動脈の arterial
- ▸大動脈 aorta *f*.
- ▸動脈硬化 arteriosclerosis *f*.[=*pl*.]
- ▸動脈瘤 aneurisma *m(f)*.‖動脈瘤の破裂 ruptura *f*. aneurismática

とうみん 冬眠 hibernación *f*.‖冬眠から覚める despertar de la hibernación ／ 冬眠に入る entrar en hibernación
- ▸冬眠する hibernar
- ▸冬眠動物 animal *m*. hibernante

とうみん 島民 isle*ño*[*ña*] *mf*., habitante *com*. de una isla

とうめい 透明
- ▸透明な transparente, diáfa*no*[*na*]‖透明な音 sonido *m*. transparente
- ▸透明ではない/不透明な opa*co*[*ca*]
- ▸透明性 transparencia *f*.‖透明性を高める elevar la transparencia
- ▸透明度 grado *m*. de transparencia
- ▸透明人間 persona *f*. invisible

どうめい 同盟 alianza *f*., liga *f*.‖同盟を結ぶ「establecer [firmar] una alianza
- ▸三国同盟 alianza *f*. tripartita
- ▸同盟関係 relaciones *fpl*. de alianza
- ▸同盟軍 ejército *m*. aliado
- ▸同盟国 país *m*. aliado
- ▸同盟条約「tratado *m*. [pacto *m*.] de alianza

とうめん 当面 (さしあたり) por el momento
- ▸当面の actual, inmedia*to*[*ta*]‖当面の課題は景気の回復である La tarea más inmediata es la recuperación económica.

どうも ❶ (どうしても)‖私はどうも信じられない No me lo acabo de creer.
❷ (なんとなく)‖どうも雪になるらしい Parece que va a nevar.
❸ (非常に)‖どうもありがとう Muchísimas gracias. ／ どうもすみません Perdone. ¦ Lo siento mucho.

どうもう 獰猛
- ▸獰猛な fie*ro*[*ra*], feroz‖獰猛な犬 pe*rro*[*rra*] *mf*. fie*ro*[*ra*]
- ▸獰猛さ ferocidad *f*.

とうもろこし 玉蜀黍 maíz *m*., 《南米》 choclo *m*.
- ▸とうもろこし畑 maizal *m*.

とうやく 投薬 ⇒とうよ(投与)

どうやって cómo, de qué manera‖空港までどうやって行くのですか ¿Cómo se va al aeropuerto? ／ 日本へはどうやって電話するのですか ¿Qué hay que hacer para realizar una llamada telefónica a Japón? ¦ ¿Cómo puedo llamar a Japón?

どうやら (なんとか) mal que bien‖どうやら風も収まったようだ Parece que el viento se ha calmado.
- ▸どうやらこうやら (かろうじて) a duras penas

とうゆ 灯油 queroseno *m*.

とうよ 投与 medicación *f*.
- ▸投与する medicar, 「dar [administrar] medicinas‖抗生物質を投与する dar un antibiótico

とうよう 東洋 Oriente *m*.
- ▸東洋の/東洋的な oriental
- ▸東洋式に/東洋風に al「estilo [modo] oriental
- ▸東洋医学 medicina *f*. oriental
- ▸東洋学 estudios *mpl*. orientales, orientalismo *m*.
- ▸東洋史 historia *f*. oriental
- ▸東洋趣味 orientalismo *m*.
- ▸東洋人 oriental *com*.
- ▸東洋文明 civilización *f*. oriental

とうよう 登用 nombramiento *m*.
- ▸登用する nombrar, promover‖新人を登用する nombrar a una persona recién llegada

とうよう 盗用 plagio *m*., piratería *f*.
- ▸盗用する plagiar, piratear‖その小説のある部分を盗用する plagiar una parte de la novela

どうよう 同様 ⇒おなじ(同じ)
- ▸同様である/同様だ‖この車は新品同様だ Este coche está prácticamente nuevo.
- ▸同様の (同じような) similar 《a》, pareci*do*[*da*] 《a》‖君と同様の問題 problema *m*. parecido al tuyo
- ▸同様に igualmente, asimismo‖兄弟同様につきあう tratarse como hermanos ／ 親と同様に娘は優秀だ Su hija es tan inteligente como sus padres.

どうよう 動揺 (心の) perturbación *f*., alteración *f*., (社会的の) conmoción *f*., agitación *f*.‖動揺を抑える controlar *su* alteración ／ 動揺を隠す disimular *su* alteración ／ 動揺を引き起こす provocar perturbación
- ▸動揺する perturbarse, perder la calma
- ▸動揺させる conmover, perturbar‖市場を動揺させる conmover el mercado

どうよう 童謡 canción *f*. infantil

とうらい 到来 llegada *f*., aparición *f*.‖チャンスの到来 aparición *f*. de una oportunidad ／ 春の到来を告げる anunciar la llegada de la primavera
- ▸到来する llegar, aparecer
- ▸到来物 regalo *m*.

とうらく 当落 resultado *m*. de unas elecciones‖明日選挙の当落が判明します Maña-

na se sabrá el resultado de las elecciones.
◪ **当落線上** ‖当落線上にある候補者 candida*to*[*ta*] *mf*. que tiene un 50% (cincuenta por ciento) de probabilidades de ser elegi*do*[*da*]

どうらく 道楽 (趣味) pasatiempo *m*., (放蕩) disipación *f*., libertinaje *m*. ‖道楽でピアノを始める comenzar a tocar un piano como pasatiempo / 道楽の限りを尽くす apurar la copa del placer
◪ **道楽息子** hijo *m*. calavera
◪ **道楽者** calavera *m*., libertin*o*[*na*] *mf*.

どうらん 動乱 disturbios *mpl*., revuelta *f*. ‖戦後の動乱の中で en medio de los disturbios de posguerra / 動乱が起こった Estalló una revuelta. / 動乱に巻き込まれる verse envuel*to*[*ta*] en una revuelta / 動乱を鎮圧する sofocar una revuelta

とうり 党利 intereses *mpl*. de partido ‖党利を優先する poner por delante los intereses del partido
◪ **党利党略** partidismo *m*.

どうり 道理 razón *f*., (道義) moral *f*. ‖道理にかなった razonable / 道理に反した/道理に外れた irrazonable / そんなことが許される道理がない No hay razón para permitir una cosa así. / 道理を説く predicar la moral / 道理をわきまえる ser razonable
▶ **道理で** Ahora comprendo. ¦ Ya caigo. ‖今日はお祭りか.道理で道が混んでいるわけだ Así que hoy es día de feria. Ahora comprendo por qué las calles están tan llenas.

とうりつ 倒立 ⇒さかだち(逆立ち)
とうりゅう 逗留 ⇒たいざい(滞在)
とうりゅうもん 登竜門 puerta *f*. del éxito
どうりょう 同僚 colega *com*., compañe*ro*[*ra*] *mf*. de oficina
どうりょく 動力 fuerza *f*. motriz
◪ **動力計** dinamómetro *m*.
◪ **動力源** fuente *f*. de energía
◪ **動力測定法** dinamometría *f*.
◪ **動力炉** (発電用原子炉) reactor *m*. nuclear de potencia

とうるい 盗塁 《野球》robo *m*. de una base
▶ **盗塁する** 《野球》robar una base
とうるい 糖類 sacárido *m*.
どうるい 同類 (仲間) soci*o*[*cia*] *mf*., cómplice *com*. ⇒どうしゅ(同種)
◪ **同類項** (数学) términos *mpl*. semejantes

どうろ 道路 carretera *f*., camino *m*., calle *f*. ‖まっすぐな道路 carretera *f*. recta / カーブの多い道路 carretera *f*. con muchas curvas / 広い[狭い]道路 carretera *f*. [ancha [estrecha]] / 道路がとても混んでいる Hay un gran atasco en la carretera. / 道路沿いのレストラン restaurante *m*. que da a la calle / 道路を走る correr por la carretera / 道路を横断する cruzar una calle / 道路を作る construir una carretera / 道路をふさぐ bloquear la carretera / 道路を舗装する pavimentar una carretera
◪ **道路工事** obras *fpl*. en la carretera
◪ **道路交通情報** información *f*. de tráfico
◪ **道路交通法** Código *m*. de Circulación
◪ **道路工夫** peón *m*. caminero
◪ **道路地図** mapa *m*. de carreteras
◪ **道路標識** señal *f*. de tráfico
◪ **道路網** red *f*. vial

───────────────
道路の種類
───────────────
国道 carretera *f*. nacional / 県道 carretera *f*. provincial / 市道 carretera *f*. municipal / 環状道路 carretera *f*. de circunvalación / 幹線道路 carretera *f*. troncal / 歩行者専用道路 camino *m*. peatonal / 自転車専用道路 camino *m*. 「de [para] bicicletas / 舗装道路 carretera *f*. pavimentada / 有料道路 carretera *f*. de peaje / 高速道路 autopista *f*. / 農道 carretera *f*. agrícola / 林道 camino *m*. forestal / 産業道路 carretera *f*. industrial / バイパス道路 carretera *f*. de desviación / 山岳道路 carretera *f*. de montaña

とうろう 灯籠 linterna *f*.
◪ **灯籠流し** (説明訳) ritual *m*. de las linternas flotantes

とうろく 登録 registro *m*., matrícula *f*., inscripción *f*. ‖登録を抹消する borrar un registro
▶ **登録する** registrar, matricular, inscribir ‖自動車を登録する matricular un coche / 私はマラガ大学に登録した Me inscribí en la Universidad de Málaga.
◪ **登録意匠** diseño *m*. registrado
◪ **登録者** persona *f*. inscrita
◪ **登録商標** marca *f*. registrada
◪ **登録制** sistema *m*. de registro
◪ **登録番号** número *m*. de 「matrícula [registro]
◪ **登録簿** registro *m*., matrícula *f*.
◪ **登録料** derechos *mpl*. de matrícula

とうろん 討論 debate *m*. ‖激しい討論になる convertirse en un debate acalorado
▶ **討論する** debatir, discutir, someter ALGO a debate ‖教育について討論する debatir sobre educación
◪ **討論会** debate *m*.

どうわ 童話 cuento *m*. infantil
◪ **童話作家** au*tor*[*tora*] *mf*. de cuentos infantiles
◪ **童話集** colección *f*. de cuentos infantiles

とうわく 当惑 perplejidad *f*., confusión *f*. ‖当惑の色を隠せない no poder ocultar *su*

confusión
- 当惑した desconcertado[da] ‖ 当惑した様子で con aire confuso
- 当惑する quedarse perplejo[ja], confundirse, desconcertarse ‖ 時代の変化に当惑する estar desconcertado[da] por los cambios de la época

とえい 都営
- 都営の「gestionado[da] [administrado[da]] por el Gobierno Metropolitano de Tokio, metropolitano[na] de Tokio
- 都営住宅 vivienda *f.* gestionada por el Gobierno Metropolitano de Tokio
- 都営地下鉄 metro *m.* metropolitano de Tokio
- 都営バス autobús *m.* metropolitano de Tokio

とおあさ 遠浅 ‖ 遠浅の海 playa *f.* poco profunda

とおい 遠い lejano[na], distante, remoto[ta] ‖ 遠い所 lugar *m.* lejano / 遠い昔 pasado *m.* remoto / 遠い親戚 pariente *com.* lejano[na] / 耳が遠い no oír bien, ser duro[ra] de oído / 電話が遠い Se oye lejos. ¦ Se escucha mal. / 春はまだ遠い Todavía queda mucho para la primavera. / 駅はここから遠いですか ¿La estación está lejos de aquí? / 彼の重役昇進もそう遠いことではない Él no tardará mucho en ocupar un cargo directivo.
- (慣用) 遠い親戚より近くの他人 Más vale el vecino cercano que el pariente lejano.

とおからず 遠からず pronto, dentro de poco ‖ 遠からず和解が成立するだろう Pronto se llegará a un acuerdo.
- (慣用) 春遠からじ Está próxima la primavera.

とおく 遠く lejos ‖ 遠くへ行く ir lejos / 遠くから desde lejos / オリンピック記録には遠くおよばない estar muy por debajo del récord olímpico
- 遠くの lejano[na] ‖ 遠くの山並み sierra *f.* lejana
- 遠くに ‖ 遠くに町が見える A lo lejos se ve el pueblo. / 息子は遠くに住んでいる Mi hijo vive lejos de aquí.

とおざかる 遠ざかる alejarse, quedar lejos ‖ 船が遠ざかる El barco se aleja. / 学問から遠ざかる distanciarse de los estudios

とおざける 遠ざける alejar ‖ 友人を遠ざける evitar a los amigos

とおし 通し ‖ 芝居を通しで見る ver una obra de teatro de cabo a rabo
- 通し切符 (鉄道の) billete *m.* directo, (催し物の) abono *m.*
- 通し番号 número *m.* de serie

どおし 通し ‖ 夜通し durante toda la noche / 彼女は働き通しである Ella trabaja sin descanso.

トーシューズ puntas *fpl.*

とおす 通す pasar, (法案を) aprobar ‖ 私は応接室に通された Me pasaron al salón. / すみません、通してください Déjeme pasar, por favor. / 鉄道を通す construir el ferrocarril / 水は電気を通す El agua conduce la electricidad. / 窓を開けて風を通す abrir ventanas para que corra el aire / 要求を貫き通す mantenerse firme en *su* exigencia / 歩き通す hacer todo el recorrido andando / 夏をクーラーなしで通す pasar el verano sin tener que recurrir al aire acondicionado
- 〜を通して a través 《de》 ‖ 仕事を通して知り合う conocer a ALGUIEN por el trabajo / 友人を通してチケットを手に入れる conseguir una entrada por medio de un[una] amigo[ga]

トースター tostadora *f.*, tostador *m.* ‖ パンをトースターで焼く preparar pan en la tostadora

トースト pan *m.* tostado, tostada *f.* ‖ 朝食にトーストを2枚食べる desayunar dos tostadas

とおせんぼう 通せん坊
- 通せん坊する「cerrar [impedir] el paso

トータル total *m.* ⇒ ごうけい(合計)
- トータルで en total ‖ トータルで1万円です Son diez mil yenes en total. / 環境問題をトータルで考える considerar de forma integral los problemas medioambientales

とで 遠出 excursión *f.*
- 遠出する ir lejos, (徒歩で) dar una caminata, (遠足) salir de excursión

トーテムポール tótem *m.*

ドーナツ donut *m.*, rosquilla *f.*
- ドーナツ状の en forma de rosquilla
- ドーナツ化現象 éxodo *m.* de los habitantes del centro de las ciudades hacia zonas periféricas, suburbanización *f.*

トーナメント torneo *m.* ‖ トーナメントで優勝する ganar un torneo
- トーナメント方式 sistema *m.* de eliminatorias

とのく 遠退く distanciarse, desvanecerse ⇒ とおざかる(遠ざかる) ‖ 危険が遠のいた Ya estamos fuera de peligro. / 足が遠のく ir con menos frecuencia

とおのり 遠乗り
- 遠乗りする (車で) hacer un largo recorrido en coche

ドーピング dopaje *m.* ‖ ドーピングが1件発覚した Se ha detectado un caso de dopaje.
- ドーピング検査 prueba *f.* antidopaje ‖ ドーピング検査に引っかかる dar positivo en una prueba antidopaje

とおぼえ 遠吠え aullido *m.*
- 遠吠えする aullar, dar un aullido

とおまわし 遠回し
▶遠回しな/遠回しの indirec*to*[*ta*] ‖ 遠回しな表現 rodeo *m.*, circunloquio *m.*
▶遠回しに indirectamente, con rodeos ‖ 遠回しに言う decir indirectamente, 《慣用》andarse con rodeos

とおまわり 遠回り vuelta *f.*, rodeo *m.*
▶遠回りする dar un rodeo

ドーム cúpula *f.*, domo *m.*
◪ドーム球場 estadio *m.* de béisbol cubierto

とおり 通り ❶ calle *f.*, vía *f.*, (往来) tráfico *m.*, tránsito *m.* ‖ 通りに沿って進む avanzar a lo largo de la calle / 喫茶店は通りに面している La cafetería da a la calle. / 通りは混雑している La calle está congestionada. / 車の通りが激しい Hay mucho tráfico「de coches [rodado]. / 風の通りを塞ぐ bloquear el paso del aire / 通りのいい声 voz *f.* clara / 世間の通りがよい[悪い] tener「buena [mala] reputación
❷ (〜とおり・〜どおり) así, tal como, (方法) manera *f.* ‖ その通りです Así es. ¦ Tiene razón. ¦ Está en lo cierto. / 私が思った通りこのイメージ, como (yo) suponía / 油なしで料理する3通りの方法がある Hay tres maneras de cocinar sin aceite. / ビルは九分通り出来上がっている El edificio está casi terminado.
▶〜通りに ‖ 私はあなたの言う通りにします Haré como usted (me) diga. / 打ち合わせた通りに会議を進める desarrollar la conferencia tal como se ha acordado

とおりあめ 通り雨 chubasco *m.*, aguacero *m.*

とおりいっぺん 通り一遍
▶通り一遍の formal, superficial ‖ 通り一遍のあいさつ saludo *m.* protocolario / 通り一遍の説明 explicación *f.* superficial

とおりがかり 通り掛かり ‖ 通りがかりの人 transeúnte *com.* / 通りがかりに花屋に立ち寄る llegar de paso a una floristería

とおりかかる 通り掛かる pasar 《por》‖ 運よくそこに警官(男性)が通りかかった Afortunadamente acertó a pasar por allí un guardia.

とおりこす 通り越す pasar, (限度を) exceder 《de》, pasar 《de》‖ 列車は名古屋を通り越した El tren no se detuvo en Nagoya. / 彼女は寂しさを通り越して落ち着いた Ella ha superado la soledad y está sosegada.

とおりすがり 通りすがり ⇒とおりがかり (通り掛かり)

とおりすぎる 通り過ぎる pasar de largo ‖ 消防車が通り過ぎた El coche de bomberos ha pasado de largo.

とおりぬけ 通り抜け paso *m.* ‖ 通り抜け禁止《掲示》Prohibido el paso

とおりぬける 通り抜ける atravesar, pasar 《por》‖ 通り抜けられません《掲示》Sin salida / 狭い路地を通り抜ける pasar por un callejón estrecho

とおりま 通り魔 asaltante *com.* de caminos ‖ 通り魔の被害に遭う ser víctima de un asaltante callejero

とおりみち 通り道 camino *m.*, paso *m.* ‖ 猫の通り道 ruta *f.* por la que pasan gatos / 学校への通り道 camino *m.* a la escuela

とおる 通る pasar, (しみ通る) penetrar, (合格する) aprobar ‖ 隣の市まで高速道路が通っている La autopista va hasta la ciudad vecina. / 商店街を通る pasar por una calle comercial / モスクワを通ってパリへ行く ir a París「vía [pasando por] Moscú / 10分おきにバスが通っている Pasa un autobús cada diez minutos. / 山の奥にも電気が通っている La electricidad llega hasta lo más profundo de las montañas. / 法案が国会を通った El proyecto de ley fue aprobado por la Dieta. / 俳優で通るほどの美男 un hombre tan guapo que parece un actor / 彼は変人で通っている Él pasa por ser un hombre extravagante. / この文章は意味が通っていない Esta frase está semánticamente mal escrita.

トーン tono *m.* ‖ 明るい[暗い]トーンの絵 pintura *f.* de tonos「claros [oscuros]
◪トーンダウンする moderarse, atenuarse

とか (そして) y, (あるいは) o, (〜のような) como, (〜など) etcétera ‖ 君は犬とか猫とか何かペットを飼ってますか ¿Tienes alguna mascota, como un perro o un gato?

とかい 都会 ciudad *f.* ‖ 都会に住む vivir en la ciudad / 都会へ出る trasladarse a la ciudad
▶都会の/都会的な urba*no*[*na*] ‖ 都会の喧騒 ajetreo *m.* de la ciudad
◪大都会 gran ciudad *f.*, metrópoli *f.*, urbe *f.*
◪都会人 habitante *com.* de la ciudad
◪都会育ち ‖ 都会育ちの cria*do*[*da*] en ciudad

どがいし 度外視
▶度外視する ignorar, pasar por alto, desatender ‖ もうけは度外視する pasar por alto los beneficios

とがき ト書き indicación *f.* escénica, acotación *f.*

とかく ‖ とかく過ちを犯しやすい tender a cometer errores
《慣用》とかく浮世は住みにくい La vida no suele ser un jardín de rosas.

とかげ 蜥蜴 lagarto *m.*, (雌) lagarta *f.*, (小さな) lagartija *f.*

とかす 梳かす ‖ 髪をとかす peinar, (自分の) peinarse

とかす 溶かす/解かす　disolver, derretir, (金属を) fundir, (解restoreする) descongelar ‖ 雪を解かす derretir la nieve ／ 銅を溶かす fundir cobre ／ 砂糖を水に溶かす disolver azúcar en agua

どかす 退かす　apartar, quitar, remover ‖ 車をどかす apartar el coche ／ 土砂をどかす 「quitar [remover] la tierra

とがめる 咎める　reprochar, reprender ‖ 不注意をとがめる reprochar a ALGUIEN *su* falta de cuidado ／ 先生(男性)にとがめられる ser reprendi*do*[*da*] por el profesor ／ 私は直前に約束をキャンセルしなければならないのは気がとがめる Me da reparo tener que cancelar una cita en el último momento.

とがらす 尖らす　afilar, aguzar ‖ 鉛筆をとがらす sacar punta a un lápiz ／ 神経をとがらす poner los nervios de punta ／ 声をとがらす levantar la voz

とがる 尖る　aguzarse ‖ 神経がとがっている tener los nervios de punta, estar irritable
▶尖った agu*do*[*da*], afila*do*[*da*], (先が) puntiagu*do*[*da*] ‖ とがった屋根 tejado *m*. puntiagudo

どかん
▶どかんと ‖ どかんと車がぶつかった El coche chocó con estruendo. ／ どかんと大きな音がした Se oyó un estruendo.

どかん 土管　cañería *f*. de terracota

とき 時　tiempo *m*., hora *f*., momento *m*. ‖ 別れの時が来た Ha llegado el momento de la despedida. ／ 悩んでいる時ではない No es momento de vacilar. ／ 時と場合によって dependiendo del momento y las circunstancias ／ 時に応じて対策を変える adaptar las medidas al momento ／ 時を得た oportu*no*[*na*] ／ 時を刻む marcar el tiempo ／ 時を過ごす pasar el tiempo ／ 時を告げる dar la hora
▶時の ‖ 時の総理大臣 *el*[*la*] entonces pri*mer*[*mera*] minis*tro*[*tra*] ／ 時の流れ paso *m*. del tiempo ／ 時の人 personaje *m*. de actualidad
▶～する時に (過去・習慣) cuando 『+直説法』, (未来) cuando 『+接続法』 ‖ スペインに住んでいた時に cuando vivía en España ／ 私が出かけようとした時に電話があった Cuando estaba a punto de salir, sonó el teléfono. ／ 欠席する時には連絡してください Avísenos en caso de no asistir. ／ どんな時に煙草を吸いたくなりますか ¿En qué momentos le entran ganas de fumar?
[慣用]時が解決する ‖ すべては時が解決してくれるでしょう Todo se solucionará con el tiempo.
[慣用]時が経つ El tiempo 「pasa [transcurre]. ‖ 時が経つにつれて con el paso del tiempo ／ 時が経つのを忘れて olvidando el paso del tiempo
[慣用]時が流れる ‖ あれから5年の時が流れた Desde entonces han transcurrido cinco años.
[慣用]時を移さず inmediatamente
[慣用]時を稼ぐ ganar tiempo
[慣用]時を待つ esperar una oportunidad
[諺]時は金なり El tiempo es oro.

とき 朱鷺/鴇　ibis *f*.[=*pl*.] nipón, (学名) *Nipponia nippon*

どき 土器　vasija *f*. de barro ‖ 土器を発掘する desenterrar una vasija de barro

ときおり 時折 ⇒ときどき(時時)

ときたま 時偶 ⇒ときどき(時時)

どぎつい　chil*lón*[*llona*], aparato*so*[*sa*] ‖ どぎつい色 color *m*. chillón ／ どぎつい化粧 maquillaje *m*. exagerado

どきっと ⇒どきり
▶どきっとする asustarse, sobresaltarse

ときどき 時時　de vez en cuando, a veces ‖ 晴れ時々曇り cielo despejado con intervalos 「de nubes [nubosos] ／ 彼とは時々会う Me reúno con él de vez en cuando. ／ 私は時々寝坊する A veces me quedo dormi*do*[*da*].

どきどき
▶どきどきする (心臓が) palpitar, latir ‖ 胸をどきどきさせて con el corazón palpitante

ときとして 時として ⇒ときには(時には)

ときならぬ 時ならぬ　extemporá*neo*[*a*], impro*pio*[*pia*] de la estación ‖ 時ならぬ大雪 gran nevada *f*. extemporánea

ときに 時に　(ところで) a propósito ‖ 時に、彼はどうしているかね A propósito, ¿cómo le van a él las cosas?

ときには 時には　ocasionalmente, alguna que otra vez ‖ 彼も時には失敗することがある Hay veces en las que incluso él comete errores.

ときふせる 説き伏せる　convencer, persuadir ‖ 親を説き伏せて結婚する casarse después de convencer a los padres

ときほぐす 解きほぐす　desenredar ⇒ほぐす(解す) ‖ 髪を解きほぐす desenredar el pelo

どぎまぎ
▶どぎまぎする desconcertarse, alterarse, ponerse nervio*so*[*sa*]

ときめく　latir, palpitar ‖ 私は胸がときめく Me palpita el corazón.

ときめく 時めく ‖ 彼は今を時めく小説家だ Es el escritor que más éxitos está cosechando actualmente.

どぎも 度肝
[慣用]度肝を抜く asombrar, dejar estupefac*to* a ALGUIEN

ドキュメンタリー　documental *m*.

どきょう 度胸 valentía *f.* ‖ 度胸がある tener [valentía [coraje], ser valiente ／ 度胸が据わっている estar arma*do*[*da*] de valor ／ 度胸を試す poner a prueba el valor de ALGUIEN ／ いい度胸をしている tener [agallas [riñones]
- 度胸試し prueba *f.* de valor

ときょうそう 徒競走 carrera *f.* de velocidad

どきり
▶ どきりとする asustarse, sobresaltarse ‖ どきりとするほどの美貌 belleza *f.* despampanante

とぎれとぎれ 途切れ途切れ
▶ とぎれとぎれの entrecorta*do*[*da*], intermitente ‖ とぎれとぎれの声で con voz entrecortada
▶ とぎれとぎれに entrecortadamente, intermitentemente

とぎれる 途切れる interrumpirse, cortarse ‖ 記憶が途切れている tener una laguna en la memoria ／ 話が途切れた Se produjo una pausa en la conversación.

とく 得 (儲け) provecho *m.*, (有利) ventaja *f.* ‖ それが君に何の得になるの ¿Qué (es lo que) ganas con eso? ／ 買うより借りた方が得だ Es más económico alquilar que comprar. ／ 得をする ganar, beneficiarse ／ グローバリゼーションで誰が得をするのですか ¿A quién beneficia la globalización?
▶ 得な beneficio*so*[*sa*], provecho*so*[*sa*], ventajo*so*[*sa*] ‖ 得な買い物 compra *f.* ventajosa

とく 徳 virtud *f.* ‖ 徳の高い人 persona *f.* virtuosa ／ 徳をほどこす hacer el bien

とく 解く (ほどく) desatar, desanudar, (任務を) destituir, (問題を) resolver, solucionar ‖ 結び目を解く deshacer un nudo ／ 戒厳令を解く levantar el estado de sitio ／ 暗号を解く descifrar la clave

とく 溶く disolver, diluir → とかす(溶かす) ‖ 卵を溶く batir un huevo ／ 絵具を水で溶く diluir la pintura en agua

とく 説く explicar, (説教する) predicar ‖ 教えを説く predicar la doctrina

とぐ 研ぐ afilar ‖ 包丁を研ぐ afilar un cuchillo ／ 米を研ぐ lavar el arroz

どく 毒 veneno *m.*, ponzoña *f.* ‖ 毒が回りはじめた El veneno empezó a surtir sus efectos. ／ 喫煙は身体に毒だ Fumar es [perjudicial [nocivo] para la salud. ／ フグの毒にあたる intoxicarse con el veneno del pez globo ／ 毒を消す contrarrestar los efectos del veneno, [quitar [eliminar] el veneno ／ 毒を盛る／毒を盛る envenenar, [poner [echar] veneno ／ 毒を飲む/毒をあおる envenenarse, ingerir veneno
▶ 毒のある veneno*so*[*sa*] ‖ 毒のある言い方をする hablar con malicia
▶ 毒のない inofensi*vo*[*va*], ino*cuo*[*cua*]
[慣用] 目の毒 tentación *f.* ‖ 糖尿病の患者にはケーキは目の毒だ Para los diabéticos, un pastel es una tentación peligrosa.
[慣用] 毒にも薬にもならない no ser ni bue*no*[*na*] ni ma*lo*[*la*], 《慣用》no ser ni fu ni fa
[諺] 毒をもって毒を制す Lo semejante se cura con lo semejante.
- 毒きのこ seta *f.* venenosa
- 毒蜘蛛 araña *f.* venenosa
- 毒消し desintoxicación *f.* → げどく(解毒)
- 毒矢 flecha *f.* envenenada

どく 退く (脇へ) [echarse [hacerse] a un lado ‖ そこをどいてくれ Quítate de ahí.

とくい 特異
▶ 特異な singular, peculiar ‖ 特異な才能 talento *m.* singular ／ 特異な風采 apariencia *f.* peculiar
▶ 特異性 singularidad *f.*
- 特異体質 constitución *f.* alérgica
▶ 特異度 (臨床検査の) especificidad *f.*

とくい 得意 orgullo *m.*, satisfacción *f.*, (優れた点) fuerte *m.*, (顧客) cliente *com.*
▶ 得意である／得意だ ser bue*no*[*na*] 《en》 ‖ 彼女はスペイン語は得意中の得意だ Ella es especialmente buena en español. ／ 彼は習字が得意だ La caligrafía es su fuerte.
▶ 得意な／得意の favori*to*[*ta*], predilec*to*[*ta*] ‖ 得意のポーズ pose *f.* favorita ／ 得意の絶頂である estar en el apogeo de *su* gloria ／ あなたの得意な分野は何ですか ¿Cuál es su campo de especialidad?
▶ 得意がる／得意になる presumir《de》, estar orgullo*so*[*sa*]《de》 ‖ 試合に勝って得意になる presumir de haber ganado el partido
▶ 得意になって orgullosamente, (これ見よがしに) con ostentación, (満足げに) con complacencia
- お得意さん ‖ 彼はこの店のお得意さんだ Él es un [cliente habitual [parroquiano] de esta tienda.
- 得意顔 ‖ 得意顔で答える responder con aire triunfal
- 得意先 cliente *com.*, 《集合名詞》clientela *f.* ‖ 得意先廻りをする visitar clientes

どくえん 独演 actuación *f.* en solitario
▶ 独演する dar un recital
- 独演会 recital *m.*

どくがく 独学 autodidáctica *f.*, estudio *m.* autónomo ‖ 独学でスペイン語を習得する aprender español por *sí* mis*mo*[*ma*]
▶ 独学の autodidac*to*[*ta*] 《autodidacta が男性形に使われることが多い》 ‖ 彼は独学の建築家だ Es un arquitecto autodidacta.
▶ 独学する aprender ALGO por *sí* mis*mo*[*ma*]

どくガス 毒ガス gas *m.* tóxico

とくぎ 特技 especialidad *f.* ‖ あなたの特技は何ですか ¿Cuál es su especialidad? ／ 特技を仕事に生かす trabajar en *su* propia especialidad ／ 特技を持つ tener una especialidad ／ 特技を磨く perfeccionar *su* especialidad

どくさい 独裁 despotismo *m.*, dictadura *f.*
▶独裁の despót*ico*[*ca*], arbitra*rio*[*ria*]
▶独裁的な dictatorial, despót*ico*[*ca*]
▶独裁的に despóticamente, arbitrariamente
☐一党独裁 dictadura *f.* de(l) partido único
☐独裁国家 dictadura *f.*, estado *m.* totalitario
☐独裁者 dicta*dor*[*dora*] *mf.*
☐独裁政治/独裁政権 dictadura *f.*, despotismo *m.*

とくさく 得策 medida *f.* acertada, buena idea *f.* ‖ イベントを中止するのは得策ではない Cancelar el acto no es una medida acertada.

どくさつ 毒殺 envenenamiento *m.* ‖ 毒殺を企てる intentar un envenenamiento
▶毒殺する envenenar, matar a ALGUIEN con veneno ‖ 彼は毒殺された Él murió envenenado.

とくさん 特産
☐特産物/特産品 producto *m.* 「típico [especial], especialidad *f.*

とくし 特使 envia*do*[*da*] *mf.* especial ‖ 特使を立てる/特使を派遣する 「mandar [desplazar] *un*[*una*] envia*do*[*da*] especial

どくじ 独自
▶独自の original, pro*pio*[*pia*] ‖ 独自の見解を持つ tener *su* propia opinión ／ 独自の判断で según *su* propio juicio
▶独自に independientemente
▶独自性 originalidad *f.* ‖ 独自性がある tener originalidad

とくしか 篤志家 filántro*po*[*pa*] *mf.*, benefac*tor*[*tora*] *mf.*, bienhe*chor*[*chora*] *mf.*

とくしつ 特質 ⇒とくしょく(特色)

とくしゃ 特赦 indulto *m.*, amnistía *f.*, gracia *f.* ‖ 特赦を与える conceder el indulto《a》

どくしゃ 読者 lec*tor*[*tora*] *mf.* ‖ 幅広い読者を得る obtener una amplia gama de lectores ／ 読者を引きつける atraer a los lectores
☐読者層 ‖読者層を広げる ampliar el ámbito de lectores
☐読者欄 sección *f.* de lectores

とくしゅ 特殊
▶特殊な especial, peculiar ‖ 特殊な素材 material *m.* especial
▶特殊性 peculiaridad *f.*
☐特殊加工 tratamiento *m.* especial ‖ 表面に特殊加工を施す aplicar un tratamiento especial en la superficie
☐特殊教育 educación *f.* especial
☐特殊鋼 acero *m.* especial
☐特殊効果 efectos *mpl.* especiales
☐特殊事情 circunstancia *f.* especial
☐特殊部隊 fuerzas *fpl.* (de operaciones) especiales
☐特殊法人 corporación *f.* pública dependiente del gobierno
☐特殊文字《IT》carácter *m.* especial

とくしゅう 特集 「edición *f.* [reportaje *m.*] especial
▶特集する ofrecer una edición especial
☐特集号 número *m.* especial
☐特集番組 (〜の) programa *m.* especial dedicado《a》

どくしゅう 独習
▶独習する aprender por cuenta propia ‖ ギターを独習する aprender s*olo*[*la*] a tocar la guitarra
☐独習書 manual *m.* autodidáctico

どくしょ 読書 lectura *f.* ‖ 読書にふける enfrascarse en la lectura
▶読書する leer
☐読書家 lec*tor*[*tora*] *mf.*
☐読書会 círculo *m.* de lectores
☐読書室 sala *f.* de lectura
☐読書週間 semana *f.* del libro
☐読書灯 luz *f.* de lectura
☐読書力 capacidad *f.* de lectura

とくしょう 特賞 premio *m.* especial

どくしょう 独唱 solo *m.*
▶独唱する cantar 「un solo [como solista]
☐独唱会 recital *m.*
☐独唱曲 solo *m.*
☐独唱者 solista *com.*

とくしょく 特色 característica *f.*, peculiaridad *f.* ‖ 日本語の特色 peculiaridad *f.* de la lengua japonesa ／ 特色のある característi*co*[*ca*] ／ 何の特色もない授業 clase *f.* que no tiene nada de especial ／ 地域の特色を生かす utilizar las características locales ／ 素材の特色を引きだす hacer resaltar las características de un material

どくしん 独身 soltería *f.*, celibato *m.* ‖ 独身である ser solt*ero*[*ra*] ／ 独身で通す permanecer solt*ero*[*ra*]
▶独身の solt*ero*[*ra*], célibe
☐独身貴族 solt*ero*[*ra*] *mf.* que lleva una vida desahogada
☐独身者 solt*ero*[*ra*] *mf.*, célibe *com.*, (結婚適齢期を過ぎた) solter*ón*[*rona*] *mf.*

どくしんじゅつ 読唇術 lectura *f.* labial ‖ 読唇術を使う leer los labios

どくする 毒する corromper, contaminar ‖ 青少年を毒する 「corromper [envenenar] a los adolescentes

とくせい 特性 ⇒とくしょく(特色)

とくせい 特製 fabricación *f.* especial ‖ 特

製のスープ sopa *f.* de elaboración especial
◨ **特製品** producto *m.* de fabricación especial

どくせい **毒性** toxicidad *f.* ‖ 毒性が強い ser de alta toxicidad
▶ **毒性のある** tóxi*co*[*ca*]

とくせつ **特設**
▶ **特設する**「establecer [instalar] especialmente ‖ ギフトコーナーを特設する instalar una sección de regalos especial
◨ **特設サイト** 《IT》sitio *m.* web especial

どくぜつ **毒舌** lengua *f.* viperina ‖ 毒舌をふるう hablar con mordacidad
◨ **毒舌家** persona *f.* mordaz ‖ 毒舌家である tener una lengua [viperina [mordaz]

とくせん **特選** ‖ 特選で入賞する obtener el premio especial
▶ **特選の** selec*to*[*ta*], escogi*do*[*da*]
◨ **特選品** artículo *m.* selecto

どくせん **独占** monopolio *m.*
▶ **独占的な** exclusi*vo*[*va*], monopolista, monopolísti*co*[*ca*]
▶ **独占的に** exclusivamente
▶ **独占する** monopolizar, acaparar ‖ 人気を独占する acaparar la popularidad ／市場を独占する monopolizar un mercado
◨ **独占インタビュー** entrevista *f.* exclusiva
◨ **独占価格** precio *m.* monopolístico
◨ **独占企業** empresa *f.* monopolista
◨ **独占禁止法** Ley *f.*「Antimonopolio(s) [contra los Monopolios]
◨ **独占契約** contrato *m.* de exclusividad
◨ **独占権** derecho *m.* exclusivo
◨ **独占資本** capital *m.* monopolista
◨ **独占欲** posesividad *f.* ‖ 独占欲の強い人 persona *f.* posesiva

どくぜん **独善** ‖ 独善に陥る caer en [el dogmatismo [dogmatismos]
▶ **独善的な** egocéntri*co*[*ca*], arbitra*rio*[*ria*], dogmáti*co*[*ca*] ‖ 独善的な判断を下す emitir un juicio dogmático
▶ **独善的に** con autosuficiencia, dogmáticamente

どくせんじょう **独擅場** ⇒どくだんじょう（独壇場）

どくそ **毒素** toxina *f.* ‖ 毒素を持つ contener toxinas ／毒素を抜く eliminar toxinas

どくそう **独走**
▶ **独走する** aventajar ampliamente a los demás corredores, (勝手に行動する) actuar a [*sus* anchas [*su* aire]

どくそう **独奏** solo *m.*
▶ **独奏する** ‖ チェロを独奏する interpretar un solo de violonchelo
◨ **独奏会** recital *m.*
◨ **独奏曲** solo *m.*
◨ **独奏者** solista *com.*

どくそう **独創**

▶ **独創的な** original, creati*vo*[*va*] ‖ 独創的な作品 obra *f.* original
▶ **独創的に** creativamente, con originalidad
▶ **独創性** originalidad *f.* ‖ 独創性がある tener originalidad
▶ **独創力** creatividad *f.*, capacidad *f.* creativa

とくそく **督促** apremio *m.*
▶ **督促する** apremiar, insistir ‖ 請求書の支払を督促する apremiar a ALGUIEN para que pague la factura
◨ **督促状** recordatorio *m.*, aviso *m.*

ドクター doc*tor*[*tora*] *mf.*, (学位) doctorado *m.*
◨ **ドクターコース** curso *m.* de doctorado
◨ **ドクターストップ** prohibición *f.*「médica [facultativa]
◨ **ドクターヘリ** helicóptero *m.* médico

とくだい **特大** [tamaño *m.* [talla *f.*] gigante
◨ **特大号** edición *f.* gigante
◨ **特大品** producto *m.* de tamaño extra

とくたいせい **特待生** estudiante *com.* con matrícula de honor, beca*rio*[*ria*] *mf.* de honor ‖ 特待生に選ばれる ser seleccionado[*da*] como beca*rio*[*ria*] de honor

とくだね **特種** primicia *f.*, exclusiva *f.* ‖ 特ダネをつかむ lograr una primicia ／特ダネを逃す perder una primicia

どくだん **独断** decisión *f.* arbitraria ‖ 独断で決める decidir ALGO arbitrariamente
▶ **独断的な** dogmáti*co*[*ca*], arbitra*rio*[*ria*]
▶ **独断的に/独断で** arbitrariamente
◨ **独断専行** ‖ 独断専行する actuar arbitrariamente

どくだんじょう **独壇場** ‖ 昨夜の討論会は彼の独壇場だった En el debate de anoche, él no tuvo rival.

とぐち **戸口** puerta *f.*, entrada *f.* ‖ 戸口から戸口まで荷物を輸送する entregar paquetes de puerta en puerta ／戸口まで人を送る acompañar a ALGUIEN hasta la puerta

とくちょう **特長** mérito *m.*, ventaja *f.* ‖ 防水性がこの紙の特長だ La ventaja de este papel consiste en su impermeabilidad. ／特長がある tener ventajas ／特長を生かす sacar el máximo partido de las cualidades 《de》

とくちょう **特徴** característica *f.*, peculiaridad *f.* ‖ 特徴がある/特徴をもつ tener la característica 《de》／彼は目に特徴がある Él tiene unos ojos inconfundibles. ／この新製品は価格の安さが特徴である Este nuevo producto se caracteriza por su bajo precio. ／特徴のない sin carácter ／その製品の主な特徴は何ですか ¿Cuál es la principal característica de este producto? ／特徴をとらえ

る captar「las características [los rasgos]」《de》
▶特徴づける caracterizar, distinguir
▶特徴的な característico[ca], peculiar

とくてい 特定
▣特定の determinado[da], específico[ca] ‖ 特定の人物 determinada persona f.
▶特定する determinar, especificar ‖ 犯人を特定する identificar al culpable
▣特定財源 fondos mpl. destinados a fines específicos

とくてん 特典 privilegio m. ‖ 会員になると特典があります Si se hace socio, tendrá ciertos privilegios.

とくてん 得点 punto m., （試験の）nota f., 《スポーツ》tanteo m., tanto m., gol m. ‖ 得点を争う competir por la mejor puntuación／得点を入れる marcar un tanto／得点を記入する tantear／最高得点を取る「obtener [lograr] la máxima puntuación
▶得点する marcar, puntuar, sacar una puntuación
▣得点王《サッカー》 máximo[ma] goleador[dora] mf.
▣得点差 diferencia f. en「la puntuación [el tanteo]
▣得点掲示板 marcador m., tanteador m.

とくとう 特等 clase f. especial, （くじの）premio m. gordo
▣特等室 sala f. especial
▣特等席 asiento m. especial

とくとく 得得 ‖ 得々と con ostentación

どくとく 独特/独得
▶独特な/独特の especial, peculiar, único[ca], propio[pia], típico[ca] ‖ 独特な考え方 propia manera f. de pensar／独特な味 sabor m. especial／独特の雰囲気を持つ人 persona f. con un aire especial／その土地独特の風習 costumbre f. peculiar de esa región

どくどくしい 毒毒しい llamativo[va], de aspecto venenoso ‖ 毒々しいきのこ seta f. de aspecto venenoso／毒々しい言葉を投げつける proferir palabras malintencionadas

とくに 特に especialmente, en especial, particularmente ‖ 特に問題はありません No hay ningún problema en particular.／特に雨の日は足が痛みます Me duele la pierna especialmente los días de lluvia.／日曜日は特に人出が多い Los domingos, particularmente, hay mucha concurrencia.

とくは 特派
▣特派員 enviado[da] mf. especial
▣特派大使 embajador[dora] mf. extraordinario[ria]

とくばい 特売 rebajas fpl., saldo m. ‖ 特売で買う comprar ALGO en rebajas
▶特売する vender a precio rebajado, liquidar
▣特売価格 precio m. rebajado
▣特売場 sección f. de rebajas
▣特売日 día m. de rebajas
▣特売品 oferta f.

どくはく 独白 monólogo m., soliloquio m. ‖ 女性主人公の独白 soliloquio m. de la protagonista
▶独白する hacer un monólogo

とくひつ 特筆 ‖ この作品は特筆に値する Esta obra merece una mención especial.
▶特筆する hacer mención especial

とくひょう 得票 votación f. obtenida
▣得票数 número m. de votos obtenidos ‖ 彼女の得票数は 100 万票でした Ella ha obtenido un millón de votos.
▣得票率 porcentaje m. de votos obtenidos

どくぶつ 毒物 sustancia f.「tóxica [venenosa]

とくべつ 特別 ‖ 今日は特別寒い Hoy es un día especialmente frío.／特別うまくもない酒 sake m. que no tiene un sabor especialmente bueno／あの人は特別だ Esa persona es un caso aparte.
▶特別な/特別の especial, particular, （例外的な）excepcional ‖ 特別の日 día m. especial／僕は彼女に特別な感情を抱いている Albergo un sentimiento especial por ella.
▶特別に especialmente ‖ 会員を特別にご招待いたします Ofrecemos una invitación especial para los socios.／その製品は海外市場用に特別に設計された Ese producto ha sido especialmente diseñado para el mercado exterior.
▣特別扱い ‖ 特別扱いする dar un trato especial《a》／特別扱いされる recibir un trato especial
▣特別運賃 tarifa f. (de transporte) especial
▣特別会計 cuentas fpl. especiales
▣特別号 número m. extra
▣特別国会 sesión f. extraordinaria de la Dieta
▣特別手当 gratificación f. extraordinaria, subsidio m. especial
▣特別番組 programa m. especial
▣特別予算 presupuesto m. extraordinario
▣特別料金「precio m. [tarifa f.] especial

どくへび 毒蛇 serpiente f. venenosa ‖ 毒蛇にかまれる ser mordido[da] por una serpiente venenosa

どくぼう 独房 celda f. individual

とくほん 読本 libro m. de lectura

ドグマ dogma m.

どくみ 毒見/毒味
▶毒見する probar la comida antes de servir para prevenir un envenenamiento

とくめい 匿名 anonimato m., anónimo m. ‖ 匿名で寄付する hacer una contribución

anónima／匿名を希望する querer permanecer en el anonimato
▶匿名の anónimo[ma] ‖ 匿名の手紙 carta f. anónima

とくめい 特命　misión f. especial ‖ 彼は特命を受けた A él le fue asignada una misión especial.
◪特命全権大使 embajador[dora] mf. extraordinario[ria] y plenipotenciario[ria]

とくやく 特約　contrato m. especial
▶特約する hacer un contrato especial
◪特約店 concesionario m.

どくやく 毒薬　veneno m.

とくゆう 特有 → どくとく(独特)
▶特有な/特有の característico[ca], peculiar, propio[pia] ‖ 彼特有の癖 hábito m. característico de él／日本特有の文化 cultura f. particular de Japón

とくよう 徳用
▶徳用の económico[ca]
◪徳用サイズ tamaño m. familiar
◪徳用品 producto m. económico

どくりつ 独立　independencia f. ‖ 独立を勝ち取る obtener su independencia
▶独立する independizarse ‖ メキシコは1821年にスペインから独立した México se independizó de España en 1821.
▶独立の/独立した independiente ‖ 独立した部屋 habitación f. independiente
▶独立して independientemente ‖ 独立して商売を始める montar un negocio por cuenta propia／親から独立して暮らす vivir independiente de sus padres
◪独立運動 movimiento m.「de independencia [independentista]
◪独立記念日 Día m. de la Independencia
◪独立行政法人 institución f. administrativa independiente
◪独立国 país m. independiente
◪独立採算制 autonomía f. financiera, autofinanciación f.
◪独立心「espíritu m. [carácter m.] independiente
◪独立宣言 declaración f. de independencia
◪独立戦争 guerra f. de independencia

どくりょく 独力
▶独力で por sí solo[la],「por [con] sus propios medios ‖ 独力で会社を創設する establecer una empresa por sus propios medios

とくれい 特例　excepción f., caso m. especial ‖ 特例とする considerar ALGO una excepción／特例を設ける hacer una excepción

とぐろ
[慣用] とぐろを巻く (蛇が) enroscarse, (たむろする) holgazanear

とげ 刺/棘　púa f., espina f., pincho m. ‖ バラにはとげがある Las rosas tienen espinas.／とげが生える salir espinas／私の指にとげが刺さった Se me clavó una espina en el dedo.／とげを抜く sacar una espina, (自分の) sacarse una espina
▶とげのある espinoso[sa], (悪意の悪い) antipático[ca], ofensivo[va] ‖ とげのある言葉 palabras fpl. hirientes
◪とげ抜き pinzas fpl.

とけい 時計　reloj m. ‖ 時計の針 aguja f., manecilla f.／時計のバンド pulsera f., correa f.／時計の文字盤 esfera f.／時計回りに en (el) sentido de las agujas del reloj／時計と逆回りに en (el) sentido contrario a las agujas del reloj／時計が10分遅れている [進んでいる] El reloj está「atrasado [adelantado] diez minutos.／時計が止まる El reloj se para.／時計が故障してしまった El reloj se me ha estropeado.／時計を時間に合わせる poner en hora el reloj／時計を5分遅らせる [進める]「atrasar [adelantar] el reloj cinco minutos／時計をはめる ponerse el reloj de pulsera／時計を見る consultar「el reloj [la hora]
◪時計仕掛け mecanismo m. de relojería
◪時計職人 relojero[ra] mf.
◪時計台 torre f. del reloj
◪時計店 relojería f.

―――(時計の種類)―――

アナログ時計 reloj m. analógico／デジタル時計 reloj m. digital／クォーツ時計 reloj m. de cuarzo／砂時計 reloj m. de arena／電波時計 reloj m. radiocontrolado／電子時計 reloj m. electrónico／日時計 reloj m. de sol／花時計 reloj m. floral／振り子時計 reloj m. de péndulo／腕時計 reloj m. de pulsera／置き時計 reloj m. de mesa／懐中時計 reloj m. de bolsillo／柱時計 reloj m. de pared／ストップウォッチ cronómetro m.／体内時計 reloj m. biológico／目覚まし時計 despertador m.／オルゴール時計 reloj m. de música／鳩時計 reloj m. de cuco／からくり時計 reloj m. con figuras mecánicas／世界時計 reloj m. mundial／天文時計 reloj m. astronómico

とけこむ 溶け込む/融け込む　fundirse 《con》, (なじむ) adaptarse 《a》 ‖ 環境に溶け込む adaptarse a las circunstancias／彼は新しい同僚たちにすっかり溶け込んだ Él se ha adaptado completamente a los nuevos compañeros de trabajo.

どげざ 土下座

土下座する postrarse, hincarse de rodillas ‖ 土下座して謝る pedir perdón hincándose de rodillas

とけつ 吐血 hematemesis *f*.[=*pl*.], vómito *m*. de sangre
▶**吐血する** vomitar sangre

とげとげしい 刺刺しい áspe*ro*[ra], brus*co*[ca] ‖ とげとげしい言葉を投げつける proferir palabras ásperas ／ とげとげしい態度をとる adoptar una actitud brusca

とける 解ける （ほどける）desatarse, （問題が）solucionarse, resolverse ‖ ひもが解ける desatarse *el cordón* ／ 禁止が解ける levantarse *la prohibición* ／ 謎が解ける resolverse *el misterio* ／ 疑いが解ける despejarse *la duda*

とける 溶ける/融ける derretirse, disolverse, （金属が）fundirse ‖ 氷が溶ける derretirse *el hielo* ／ 砂糖が溶ける disolverse *el azúcar* ／ 鉛は300度前後で溶ける El plomo se funde a unos 300 grados. ／ このペンキは水に溶ける Esta pintura se disuelve en agua.
▶**溶ける/溶けやすい** soluble, （金属が）fusible
▶**溶けない** insoluble, （金属が）infusible

とげる 遂げる lograr, conseguir, llevar a cabo ALGO ‖ 望みを遂げる hacer realidad *su* deseo ／ 目的を遂げる conseguir el objetivo

どける 退ける ⇒どかす（退かす）

どけん 土建 ingeniería *f*. civil y construcción *f*.
◰**土建会社** empresa *f*. constructora
◰**土建業** sector *m*. de la construcción
◰**土建業者** contratista *com*. de obras civiles

とこ 床 cama *f*., lecho *m*. ‖ 川の床 lecho *m*. del río ／ 床に就く ir(se) a la cama ／ 床を敷く hacer la cama
◰**床上げ** ‖ 床上げする recuperarse
◰**床ずれ** úlcera *f*. de decúbito

どこ dónde ‖ ここはどこですか ¿Dónde estoy? ／ トイレはどこですか ¿Dónde está el「baño [servicio]？
▶**どこが** dónde, qué, cuál ‖ どこが痛みますか ¿Dónde le duele? ／ パソコンのどこが悪いのか調べてみよう Vamos a ver qué le pasa al ordenador.
▶**どこから** de dónde ‖ サラマンカ行きのバスはどこから出ますか ¿De dónde sale el autobús para Salamanca? ／ どこから電話しているのですか ¿De dónde me llama usted? ／ どこからともなくやって来る venir「Dios [quién]」sabe de dónde ／ どこから見ても desde cualquier punto de vista
▶**どこで** dónde ‖ それはどこで買えますか ¿Dónde se puede comprar eso? ／ 市役所に行くにはどこで降りればいいですか ¿Dónde debo bajarme para ir al ayuntamiento?
▶**どこに** dónde ‖ あなたはどこに滞在しますか ¿Dónde se aloja usted? ／ どこにでも en cualquier「lugar [sitio]」／ それは世界のどこにも存在しない Eso no existe en ningún lugar del mundo.
▶**どこの** de dónde, en qué ［+名詞］, de qué ［+名詞］ ‖ どこのご出身ですか ¿De dónde es usted? ／ どこの大学を出たのですか ¿En qué universidad se graduó usted?
▶**どこへ** adónde, a dónde ‖ どこへ行きたいの？ーどこでもいいよ ¿A dónde quieres ir? -A cualquier sitio. ／ どこへ行ってたの ¿Dónde has estado?
▶**どこも** en todas partes ‖ 映画館はどこもがら空きだった En todos los cines había muy poca gente. ／ 君の車はどこも悪いところはない Tu coche no tiene ninguna avería.
⟨慣用⟩**どこ吹く風** ‖ 親の小言などどこ吹く風で聞き流す hacer oídos sordos a los sermones de *sus* padres

とこう 渡航 viaje *m*. al extranjero, travesía *f*.
▶**渡航する** hacer un viaje al extranjero
◰**渡航先** destino *m*.
◰**渡航者** viaje*ro*[ra] *mf*.
◰**渡航手続き** ‖ 渡航手続きをする cumplir las formalidades para ir al extranjero

どこか algún lugar, alguna parte, （どことなく）《副詞》algo ‖ どこか楽しい所へ行きたい Quiero ir a algún lugar divertido. ／ どこか別の場所で en algún otro lugar ／ 彼はどこか冷淡なところがある Él es una persona algo fría.
▶**どこかに/どこかで** en algún lugar ‖ どこかで彼に会った気がする Pienso que a él lo conozco de algo. ／ どこかで無くしてしまった Lo he perdido en alguna parte.

どことなく algo, de algún modo, de alguna forma ‖ 彼女はどことなく彼に似ている Ella se parece en algo a él. ／ 彼は彼女にどことなくよそよそしい Él se muestra algo distante con ella.

とことん a conciencia, a fondo, （最後まで）hasta el final ‖ とことん練習する practicar a conciencia ／ とことん追いつめる「asediar [perseguir]」a ALGUIEN hasta el final

とこなつ 常夏 ‖ 常夏の島 isla *f*. del eterno verano

とこのま 床の間 《日本語》*tokonoma m*., （説明訳）espacio *m*. de la casa reservado para colocar obras de arte ‖ 床の間に花を生ける poner un arreglo floral en el *tokonoma*

どこまで hasta dónde ‖ 君はどこまで行く気なの ¿Hasta dónde piensas ir? ／ あなたはどこまでしらを切るつもりですか ¿Hasta cuándo intentará fingir ignorancia?
▶**どこまでも** ‖ どこまでも君について行きま

す Iré contigo adondequiera que vayas. / どこまでも麦畑が続いていた Los campos de trigo se extendían interminablemente.

とこや 床屋 barbería f., peluquería f., (人) barber*o*[ra] mf., peluquer*o*[ra] mf. → りはつ(理髪)・りよう(理容)

ところ 所 ❶ (場所) lugar m., sitio m. ‖ 私が昔住んでいた所 lugar m. donde yo vivía antes / 痛い所はどこですか ¿Dónde le duele? / 今日は所により雨でしょう Hoy se esperan lluvias en algunas zonas. / 元の所へ戻しなさい Devuélvelo (a) donde estaba. / 彼は所かまわず唾を吐く Él escupe en cualquier lugar. / お名前とお所をお願いします Su nombre y dirección, por favor.
[慣用]所変われば品変わる En cada tierra su uso.
[慣用]所を得る estar en *su* lugar, encontrar un puesto adecuado (para *su* capacidad)
❷ (状況) momento m., situación f., (箇所) punto m. ‖ このところ últimamente, en estos días / 今のところ「de [por el] momento」, por ahora / 今日のところは許してやるよ Por hoy te lo voy a perdonar. / 電車は出発するところです El tren está por salir. / 私は家に戻ったところだ Acabo de llegar a casa. / 二人はもう少しで殴り合いを始めるところだった Los dos estuvieron a punto de llegar a las manos. / 彼は気難しいところがある Él es algo quisquilloso.

どころ ‖ そのプロジェクトは完成どころではない Este proyecto no está terminado ni mucho menos. / 僕は忙しくて映画を見に行くどころではない Estoy demasiado ocupado para ir a ver una película.

ところが sin embargo, no obstante, pero ‖ 駅に着いた. ところが, バスもタクシーもなかった Llegué a la estación. Pero no había autobuses ni taxis.

どころか ni mucho menos, al contrario, antes bien ‖ 彼は怒るどころかとても喜んだ Lejos de enfadarse, él se puso muy contento.

ところせまし 所狭し ‖ 部屋には家具が所狭しと置いてある Los muebles inundan la habitación.

ところで a propósito ‖ ところで, 彼に恋人はいるのかい Y a propósito, ¿él tiene novia?

ところてん 心太 gelatina f. de algas
[慣用]ところてん式に sucesivamente, automáticamente

ところどころ 所所 aquí y allá ‖ 壁にはところどころ染みが付いていた La pared estaba en algunas partes manchada. / ところどころにわか雨が降るでしょう Se producirán chubascos dispersos.

とさか 鶏冠 cresta f.

どさくさ alboroto m., confusión f., caos m.[=pl.] ‖ 彼らはどさくさに紛れて盗みを働いた Cometieron el robo aprovechando la confusión del momento. / 戦後のどさくさの中で en el caos de la posguerra

とざす 閉ざす cerrar ‖ 門戸を閉ざす cerrar la puerta《a》/ 閉ざされた生活 vida f. apartada / 雪に閉ざされた町 localidad f. 「aislada [bloqueada] por la nieve

とさつ 屠殺 ⇒ちくさつ(畜殺)

どさまわり どさ回り
▶どさ回りの ambulante
▶どさ回りをする hacer una gira de pueblo en pueblo

とざん 登山 alpinismo m., montañismo m.
▶登山する subir, escalar
◪登山家 alpinista com., montañer*o*[ra] mf., escala*dor*[dora] mf.
◪登山靴 botas fpl. de alpinismo
◪登山隊 「grupo m. [expedición f.] de alpinistas
◪登山電車 tren m. de montaña
◪登山道 sendero m. de montaña, ruta f. de ascensión
◪登山用具 equipo m. de alpinismo

とし 年 ❶ (暦の年) año m. ‖ 生まれた年 año m. de nacimiento / 今年はよい「悪い]年だった Este ha sido un 「buen [mal] año. / 年が明けた El año ha cambiado. / 年が改まる El año nuevo entra. / 年がたつにつれて con el paso del tiempo / 年の初めに a principios de año / 年の瀬に a finales de año / 年を追うごとに彼女は美しくなる Con cada año que pasa, ella se hace más hermosa. / 年を越す pasar la Nochevieja y recibir el Año Nuevo / よいお年を ¡Feliz salida y entrada de año!
❷ (年齢) edad f. ‖ 彼も年が年だから…(彼の年齢を考慮すると) 「considerando [dada] la edad que (él) tiene... / 年に似合わず彼女は若々しい A pesar de la edad que tiene, ella se conserva muy bien. / 年には勝てない Nadie puede resistir al paso del tiempo. / この年になるまで hasta ahora, en toda mi vida / 年の頃ははたちの de unos veinte años de edad / 私の息子は年の割には大きい Mi hijo está muy grande para la edad que tiene. / 年を隠す ocultar la edad / 年をごまかす(若く) quitarse años / 年を取った viej*o*[ja], mayor, entra*do*[da] en años / 年を取る envejecer(se), cumplir años
[諺] 亀の甲より年の功《諺》Más sabe el diablo por viejo que por diablo.
◪年相応 ‖ 彼女は年相応に見えない Ella no aparenta la edad que tiene.

とし 都市 ciudad f.
▶都市の urban*o*[na]
▶都市化 urbanización f. ‖ 都市化する ur-

banizar
- 都市開発 desarrollo m. urbano
- 都市ガス gas m. ciudad
- 都市居住者 residente com. urbano
- 都市銀行 gran banco m. comercial
- 都市計画 planificación f. urbana
- 都市交通 transporte m. urbano
- 都市国家 ciudad f. estado
- 都市生活 vida f. urbana
- 都市部 「zona f. [área f.] urbana

都市の種類

衛星都市 ciudad f. satélite ／ 港湾都市 ciudad f. portuaria ／ 国際都市 ciudad f. cosmopolita ／ 新興都市 ciudad f. emergente ／ 臨海都市 ciudad f. marítima ／ 学園都市 ciudad f. universitaria ／ 商業都市 ciudad f. comercial ／ 工業都市 ciudad f. industrial ／ 軍事都市 ciudad f. militar ／ 観光都市 ciudad f. turística

---

どじ pifia f., (人) metepatas com.[=pl.], idiota com. ‖ どじを踏む 「hacer [cometer] una pifia,《慣用》meter la pata

としうえ 年上 ‖ 私は彼より3歳年上だ Yo soy tres años mayor que él. ／ 彼女の方が私より年上に見える Ella parece mayor que yo. ／ 私が4人姉妹の中で一番年上です Soy la mayor de cuatro hermanas.
▶年上の mayor

としがい 年甲斐 ‖ 年甲斐もなく君はどうしてそんなことをするんだ ¿Cómo puedes hacer tal cosa a tu edad?

としかっこう 年格好 ‖ 50ぐらいの年格好の人 persona f. que debe de tener unos 50 años ／ 彼は君ぐらいの年格好だ Él será de tu edad.

としご 年子 ‖ 年子の兄弟 hermanos mpl. nacidos con un año de diferencia

としこし 年越し
▶年越しする pasar la Nochevieja y recibir el Año Nuevo

とじこめる 閉じ込める encerrar ‖ 牢屋に閉じ込める encerrar a ALGUIEN en la cárcel ／ 車に閉じ込められる quedar(se) encerrado[da] en un coche

とじこもる 閉じ籠る encerrarse 《en》, recluirse 《en》‖ 家に閉じこもる recluirse en casa ／ 自分の殻に閉じこもる encerrarse en sí mismo[ma],《慣用》meterse en su concha

としごろ 年頃 (年齢) edad f. ‖ 遊びたい年ごろ edad f. en la que uno[na] quiere divertirse ／ 彼らは同じ年ごろである Ellos tienen más o menos la misma edad. ／ 彼女も年ごろになった Ella ya está en la edad de merecer.
▶年ごろの (結婚適齢期の) casadero[ra], (女性が) núbil ‖ 彼には年ごろの娘がいる Él tiene una hija casadera.

としした 年下 ‖ 彼は彼女より2歳年下だ Él es dos años menor que ella. ／ 彼の方が君より年下に見える Él parece menor que tú. ／ 僕がみんなの中で一番年下だ Soy el menor de todos.
▶年下の menor

どしつ 土質 naturaleza f. del suelo
- 土質力学 mecánica f. de suelos

としつき 年月 años mpl., tiempo m. ‖ 長い年月 mucho tiempo, muchos años ／ 年月が経つ/年月が流れる transcurrir el tiempo

として ❶ (～として, (～の資格で) en calidad 《de》‖ 報酬として受け取る recibir ALGO como recompensa ／ 秘書として働く trabajar como secretario[ria] ／ 人間として私はそれを許せない Como ser humano no puedo permitirlo.
❷ (仮定) ‖ それが嘘だとして suponiendo que eso sea mentira
❸ (否定の強調) ‖ 誰一人として彼に反対しなかった Nadie se opuso a él.
▶としても ‖ 彼が知っているとしても 「aunque [suponiendo que] él lo sepa ／ 回答があるとしても、数は多くないだろう Aunque nos respondan (algunos), no serán tantos.

どしどし (遠慮なく) libremente, sin reservas, (絶えまなく) uno[na] tras otro[tra] ‖ アイデアをどしどし出す presentar una idea tras otra ／ どしどし質問してください Hagan todas las preguntas que quieran.

とじまり 戸締まり ‖ 戸締まりをする cerrar las puertas con llave

どしゃ 土砂 tierra f. ‖ 土砂に埋まる quedar enterrado[da] bajo la tierra
- 土砂崩れ corrimiento m. de tierras ‖ 土砂崩れが起きる producirse un corrimiento de tierras
- 土砂降り aguacero m., lluvia f. torrencial ‖ 土砂降りだ Llueve 「a cántaros [torrencialmente].

としょ 図書 libro m. ⇒ ほん(本)
- 図書閲覧室 sala f. de lectura
- 図書室 biblioteca f.
- 図書目録 catálogo m. de libros

とじょう 途上 ‖ 復興の途上にある estar en proceso de reconstrucción ／ 通勤途上の災難 desgracia f. ocurrida durante el desplazamiento al trabajo

どじょう 土壌 suelo m. ‖ 肥沃な土壌 suelo m. fértil ／ 異文化を受け入れる土壌がある tener capacidad para aceptar culturas distintas ／ 土壌を改良する mejorar el suelo
- 土壌汚染 contaminación f. del suelo
- 土壌保全 preservación f. del suelo

どじょう 泥鰌 locha f.

◨泥鰌すくい pesca *f*. de lochas
としょかん 図書館 biblioteca *f*.
◨移動図書館 biblioteca *f*. ambulante
◨学校図書館 biblioteca *f*. escolar
◨国会図書館 Biblioteca *f*. Nacional de la Dieta
◨図書館員 emplea*do*[*da*] *mf*. de biblioteca, bibliotec*ario*[*ria*] *mf*.
◨図書館学 bibliotecología *f*.
◨図書館司書 bibliotec*ario*[*ria*] *mf*.

■■■ 図書館で ■■■

‖よく使う会話表現
● この本を閲覧したいのですが Quisiera leer este libro.
● この本を借りたいのですが Quisiera tomar prestado este libro.
● このCDを聴きたいのですが Quisiera escuchar este CD.
● CDは借りられますか ¿Puedo tomar prestado este CD?
● 貸出期間は1週間です El período de préstamo es de una semana.
● 23日までにご返却ください La fecha límite de devolución es el día 23.
● 本をお返しします Quería devolver el libro.
● 次回はこのカードを提示してください La próxima vez, presente esta tarjeta.

としより 年寄り ancia*no*[*na*] *mf*., vie*jo*[*ja*] *mf*. ‖ 年寄りじみている estar avejenta*do*[*da*], parecer *un*[*una*] ancia*no*[*na*]
〔慣用〕年寄りの冷や水 hacer algo impropio de una persona de avanzada edad
◨年寄り扱い‖母親を年寄り扱いする tratar a *su* madre como a una anciana
とじる 閉じる cerrar ‖ 目を閉じる cerrar los ojos ／ 本を閉じる cerrar un libro
▶閉じた cerra*do*[*da*] ‖ 閉じた貝（閉じている）almejas *fpl*. cerradas
とじる 綴じる（製本する）encuadernar, （綴じ込む）archivar, （ホッチキスで）grapar ‖ 新聞を綴じる archivar los periódicos ／ ホッチキスで書類を綴じる grapar los documentos
としん 都心 centro *m*. de la ciudad ‖ 都心に住む vivir en el centro de la ciudad
◨都心部 zona *f*. céntrica
トス lanzamiento *m*.
▶トスする lanzar la pelota, （バレーボールで）lanzar el balón al aire
どすう 度数 （頻度）frecuencia *f*., número *m*. de veces ‖ 眼鏡の度数 graduación *f*. de las gafas
◨アルコール度数 graduación *f*. alcohólica
◨度数分布《統計》distribución *f*. de frecuencias

どすぐろい どす黒い negruz*co*[*ca*] ‖ どす黒い血 sangre *f*. de color oscuro
どせい 土星 Saturno ‖ 土星の環 anillos *mpl*. de Saturno
どせい 土製
▶土製の de barro
どせい 怒声 voz *f*. furiosa, bramido *m*. ‖ 怒声を上げる gritar furiosamente
どせきりゅう 土石流 avalancha *f*. de lodo ‖ 土石流が発生する producirse *una avalancha de lodo*
とぜつ 途絶 interrupción *f*., suspensión *f*.
▶途絶する interrumpirse, pararse
とそ 屠蘇 sake *m*. que se bebe en Año Nuevo
とそう 塗装 pintura *f*.
▶塗装する pintar
◨塗装工 pin*tor*[*tora*] *mf*.
◨塗装工事 trabajos *mpl*. de pintura
どそう 土葬 enterramiento *m*., entierro *m*.
▶土葬する enterrar, sepultar
どそく 土足
▶土足で con los zapatos puestos
◨土足厳禁《掲示》Prohibido entrar con zapatos
どだい 土台 base *f*., fundamento *m*., cimientos *mpl*. ‖ しっかりした土台 base *f*. [firme [sólida] ／ 家の土台 cimientos *mpl*. de una casa ／ 土台を築く sentar las bases ／ 会社の土台が揺らぐ Las bases de la empresa se tambalean. ‖ どだい無理な話だ Es absolutamente imposible.
とだえる 途絶える（切れる）cortarse, （中断する）interrumpirse, （止む）cesar ‖ 通信が途絶える「cortarse [interrumpirse] *la comunicación* 《con》／ 途絶えることなく続く continuar sin cesar
どたキャン
▶どたキャンする cancelar en el último momento
とだな 戸棚 armario *m*., （食器棚）aparador *m*. ‖ 備え付けの戸棚 armario *m*. empotrado
どたばた
▶どたばたする alborotar, armar jaleo
◨どたばた喜劇 comedia *f*. disparatada
とたん 途端 ‖ そのとたん赤ん坊が泣き出した Justo en ese momento, el bebé se puso a llorar.
▶～したとたんに nada más〖+不定詞〗⇒いなや(否や)
トタン
◨トタン板 chapa *f*.「de cinc [galvanizada]
◨トタン屋根 tejado *m*. de cinc
どたんば 土壇場 en el último momento ‖ 土壇場に追い込まれる《慣用》estar con el agua al cuello ／ 土壇場になって、彼は予定を変更した Él ha cambiado de plan a última

とち 土地 terreno *m.*, tierra *f.*, suelo *m.* ‖ 豊饒な土地 tierra *f.* fértil ／ 不毛な土地 tierra *f.* estéril ／ 土地が値上がりした Los terrenos se han encarecido. ／ 土地の売買 compraventa *f.* de terrenos ／ 土地の人（地元の）nativo[va] *mf.* ／ 土地の名産 producto *m.* local ／ 土地を買う comprar un terreno ／ 土地を所有する「tener [poseer] un terreno ／ 土地を耕す「cultivar [trabajar] la tierra ／ 土地を遊ばせる dejar ocioso un terreno

◪ 土地改良 mejora *f.* del terreno
◪ 土地柄 idiosincrasia *f.* local
◪ 土地勘 ‖ 土地勘がある conocer bien el lugar
◪ 土地所有者 propietario[ria] *mf.* de un terreno

どちゃく 土着
▶土着の autóctono[na], indígena, aborigen, nativo[va] ‖ 土着の芸能 arte *m.* popular autóctono
◪ 土着民 indígena *com.*, nativo[va] *mf.*

とちゅう 途中 ‖ 途中から映画を見る ver una película ya empezada ／ 駅に行く途中にポストがある Hay un buzón en el camino de la estación. ／ 途中まで一緒に行こう Vayamos juntos hasta la mitad del camino. ¦ Vayamos juntos hasta medio camino. ／ お話の途中すみませんが… Perdone que le interrumpa, pero...
▶途中で en el camino, a mitad de camino, a medio camino ‖ 大阪に向かう途中で de camino a Osaka ／ 彼は会議の途中で退席した Él salió a mitad de la reunión. ／ ここに来る途中で道に迷った Cuando venía de camino me perdí. ／ この船は途中でどこかに止まりますか ¿Este barco hace alguna escala a mitad de trayecto?
◪ 途中下車 ‖ 途中下車する bajarse a medio camino

どちら （どれ）cuál, （どの）qué 『＋名詞』, （どこ）dónde ‖ どちらがあなたの車ですか ¿Cuál es su coche? ／ どちらが優勢ですか ¿Cuál va ganando? ／ 君たち2人のどちらが正しいとは言えない No se puede decir quién de vosotros dos está en lo cierto. ／ どちらかと言えば más bien, mejor dicho ／ どちらから来られたのですか ¿De dónde viene usted? ／ どちらかを選ぶ elegir「uno u otro [una u otra]／ どちら様ですか Su nombre, por favor. ¦（電話で）¿Con quién hablo? ¦ ¿De parte de quién? ／ どちらでもけっこうです Me「es [da] igual. ／ どちらにお住まいですか ¿Dónde vive usted? ／ どちらにしても de todas maneras, de todos modos, en cualquier caso ／ 私はどちらの映画も好きではない No me gusta ninguna de las dos películas. ／ どちらも面白い本だ Ambos libros son interesantes.

とっか 特化 especialización *f.*
▶特化する especializarse《en》‖ IT分野に特化した会社 empresa *f.* especializada en el sector de (la) tecnología de la información

とっか 特価 precio *m.* de saldo, precio *m.* especial ‖ 特価で売る vender ALGO a precio de saldo
◪ 特価品 oferta *f.*

どっかいりょく 読解力
▶読解力がある tener la capacidad de comprender textos

とっかん 突貫
◪ 突貫工事 obra *f.* urgente

とっき 突起 protuberancia *f.*, saliente *m.*
▶突起がある tener una protuberancia
▶突起する sobresalir

とっき 特記 ⇒とくひつ（特筆）

とっきゅう 特急 tren *m.* expreso,（急いで）rápidamente ‖ 特急で仕事を終える terminar el trabajo con la mayor rapidez
◪ 特急券 billete *m.* de expreso
◪ 特急料金 suplemento *m.* del expreso

とっきゅう 特級 calidad *f.* superior
◪ 特級品 producto *m.* de calidad superior

とっきょ 特許 patente *f.* ‖ 特許を与える otorgar una patente《a》／ 特許を出願する solicitar una patente ／ 特許を取る obtener una patente, patentar
◪ 特許権 patente *f.*
◪ 特許出願中《表示》Patente en trámite
◪ 特許使用料 derechos *mpl.* de patente
◪ 特許庁 Oficina *f.* de Patentes

ドッキング acoplamiento *m.*
▶ドッキングする acoplarse

とつぐ 嫁ぐ casarse《con》, contraer matrimonio《con》‖ 金持ちの家に嫁ぐ casarse con un hombre de familia adinerada

ドック dique *m.* ‖ 船がドックに入る El barco entra en el dique.
◪ 浮きドック dique *m.* flotante
◪ 乾ドック dique *m.* seco
◪ 人間ドック chequeo *m.* médico completo

とっくに ⇒とうに

とっくみあい 取っ組み合い lucha *f.* cuerpo a cuerpo ‖ 取っ組み合いのけんかをする pelear con ALGUIEN cuerpo a cuerpo,（互いに）pelearse cuerpo a cuerpo

とっくり 徳利 ⇒ちょうし（銚子）‖ とっくりのセーター suéter *m.* de cuello de cisne

とっくん 特訓 entrenamiento *m.*「intenso [especial]
▶特訓する entrenar intensamente

とつげき 突撃 carga *f.*, ataque *m.* ‖ 突撃《号令》¡Al ataque!
▶突撃する cargar《contra, sobre》, atacar
◪ 突撃インタビュー entrevista *f.* improvi-

sada

とっけん 特権 privilegio *m*., inmunidad *f*., prerrogativa *f*. ‖ 特権を与える otorgar un privilegio《a》／ 特権を行使する ejercer un privilegio／ 特権を持つ tener un privilegio／ 特権を濫用する abusar de un privilegio
- 外交官特権 inmunidad *f*. diplomática
- 議員特権 inmunidad *f*. parlamentaria
- 特権意識‖特権意識を持つ creerse privilegia*do*[*da*]
- 特権階級 clase *f*. privilegiada

とっこうやく 特効薬 medicamento *m*. 「específico [eficaz], específico *m*. ‖ 風邪の特効薬 medicamento *m*. específico para el resfriado

とっさ 咄嗟
▶とっさの instantáne*o*[*a*], súbit*o*[*ta*]‖とっさの判断 decisión *f*. inmediata
▶とっさに súbitamente, repentinamente‖彼はとっさに身をかわした Él se hizo a un lado instantáneamente.

どっさり ⇒たくさん(沢山)

とつじょ 突如 ⇒とつぜん(突然)

どっしり
▶どっしりした maci*zo*[*za*],（貫禄のある）dig*no*[*na*], imponente‖どっしりした建物 edificio *m*. imponente
▶どっしりと con dignidad‖どっしりと構える mostrarse imperturbable

とっしん 突進
▶突進する lanzarse 《a, contra, sobre》‖（サッカーで）ゴールへ突進する precipitarse hacia la portería

とつぜん 突然 de repente, de sopetón, bruscamente, de improviso‖突然雨が降り出した Empezó a llover de repente.／ バスが突然止まった El autobús se paró bruscamente.
▶突然の repentin*o*[*na*], brus*co*[*ca*], súbit*o*[*ta*]‖突然の出来事 acontecimiento *m*. repentino／ 突然の訪問に驚く sorprenderse ante una visita inesperada
- 突然死 muerte *f*. 「repentina [súbita]
- 突然変異 mutación *f*.

どっち (どれ) cuál, (どの) qué [+名詞], (どこ) dónde ⇒どちら‖どっちに転んでも en cualquier caso
[慣用] どっちもどっち‖彼は悪いやつだが、彼女だってどっちもどっちだ Él es malo, y ella, tres cuartos de lo mismo.

どっちつかず
▶どっちつかずの indecis*o*[*sa*], ambiguo [*gua*]‖彼は会議でいつもどっちつかずの態度を示す Él siempre muestra una actitud indecisa en las reuniones.

どっちみち de cualquier forma, de todas maneras‖どっちみち分かることだ De una manera u otra acabará sabiéndose.

とっちめる reprender, dar un escarmiento《a》‖その悪党(男性)をとっちめてやる Le voy a dar su merecido a ese granuja.

とっつき 取っ付き
▶取っ付きやすい accesible, abordable‖取っ付きやすい人 persona *f*. accesible
▶取っ付きにくい inaccesible, inabordable‖取っ付きにくい人 persona *f*. inaccesible／ 取っ付きにくい問題 problema *m*. inabordable

とって para‖君は彼にとって大切な人だ Eres una persona importante para él.

とって 取っ手 asa *f*., tirador *m*., (ドアの) pomo *m*., manilla *f*.‖取っ手を回す girar el pomo

とっておき 取って置き
▶取って置きの‖取って置きの酒 sake *m*. reservado para una ocasión especial／ 取って置きのドレスを着る ponerse *su* mejor vestido

とっておく 取って置く guardar, conservar, reservar‖席を取っておく guardar un asiento, (予約する) reservar un asiento／ Tシャツを記念に取っておく guardar como recuerdo una camiseta／ おつりは取っておいてください Quédese con 「la vuelta [el cambio].

とってかわる 取って代わる reemplazar, sustituir‖原子力にとって代わるエネルギー energía *f*. alternativa a la nuclear

とってくる 取って来る ir a buscar, traer‖新聞を取ってくる ir (a) por el periódico／ 畑のトマトを取ってくる ir a recoger tomates de la huerta

どっと de repente, de pronto‖どっと笑う estallar de risa／ どっと疲れが出る sentir cansancio de pronto／ 私の回りに人々がどっと押し寄せた De repente la gente se arremolinó a mi alrededor.

ドット punto *m*.

とつとつ 訥々
▶訥々と de forma titubeante‖訥々と話す balbucear
▶訥々とした‖訥々とした口調で en tono balbuciente

とつにゅう 突入 irrupción *f*., acometida *f*.‖軍の突入を阻止する frenar la acometida del ejército
▶突入する (押し入る) irrumpir《en》,（突進する）lanzarse《a, contra, sobre》‖ストに突入する lanzarse a la huelga／ 大気圏に突入する entrar en la atmósfera

とっぱ 突破
▶突破する romper, derrotar, (障害を) superar, vencer‖敵陣を突破する romper las líneas enemigas／ 人口が1億人を突破した La población superó los cien millones de habitantes.

■突破口‖突破口を開く《慣用》abrir brecha《en》

とっぱつ 突発
▶突発する estallar, ocurrir de repente
▶突発的な repentino[na], súbito[ta]
▶突発的に repentinamente, súbitamente
■突発事件 suceso *m*. inesperado

とっぴ 突飛
▶突飛な extravagante, excéntrico[ca]‖突飛な服装 atuendo *m*. extravagante / 突飛なアイディア idea *f*. disparatada / 突飛な行動 comportamiento *m*. excéntrico

とっぴょうし 突拍子
▶突拍子もない extravagante, disparatado[da]‖突拍子もないことを言う decir disparates

トッピング ingrediente *m*. que se pone por encima de una comida

トップ (首位) primer puesto *m*., primera posición *f*.‖トップで当選する ser elegido[da] para el primer puesto
(慣用)トップを切る（先頭を行く）ir en cabeza, encabezar‖彼はトップを切って質問した Él fue el primero en preguntar.
■トップ会談 cumbre *f*., conferencia *f*. cumbre
■トップクラス primera clase *f*.
■トップダウン‖会社はトップダウン方式で意思決定をしている La empresa sigue un sistema vertical en la toma de decisiones.
■トップニュース noticias *fpl*. de portada
■トップレベル máxima categoría *f*.

とっぷう 突風 ráfaga *f*. de viento‖突風でテントが飛ばされた Una ráfaga de viento se llevó la tienda de campaña. / 突風にあおられる ser azotado[da] por una ráfaga de viento

とっぷり completamente‖とっぷり日が暮れた Se ha hecho completamente de noche. / とっぷり水につかる sumergirse totalmente en el agua

どっぷり‖物質主義にどっぷりつかる vivir completamente inmerso[sa] en el materialismo / 刷毛にペンキをどっぷりつける cargar la brocha con demasiada pintura

とつめん 凸面 superficie *f*. convexa
▶凸面の convexo[xa]
■凸面鏡 espejo *m*. convexo

とつレンズ 凸レンズ lente *f*. convexa

どて 土手 terraplén *m*., ribazo *m*.

とてい 徒弟 aprendiz[diza] *mf*.
■徒弟制度 sistema *m*. de aprendizaje (de oficios)

とてつもない desmedido[da] → とほう（→途方もない）

とても ❶ (非常に) muy, mucho‖とても面白い映画 película *f*. muy interesante / 彼はとてもかしこい Él es muy inteligente. / 私は頭がとても痛い Me duele mucho la cabeza.
❷ (到底) en absoluto, de ninguna manera‖私はひどい風邪でとても働ける状態ではない Tengo un terrible resfriado y no estoy de ninguna manera en condiciones de trabajar. / 彼はとても作曲家には見えない Él no tiene ninguna pinta de compositor. / とてもじゃないけど私にはできません Es absolutamente imposible para mí.

とど 胡獱 《動物》león *m*. marino (雄・雌)

ととう 徒党 facción *f*., banda *f*.‖徒党を組む formar una facción

とどうふけん 都道府県 divisiones *fpl*. administrativas de Japón

とどく 届く alcanzar, llegar《a》‖彼から手紙が届いた He recibido su carta. / 天井に手が届く alcanzar con la mano el techo / その車は (値段が) 高くて私には手が届かない Ese coche no está al alcance de mi bolsillo. / 私の善意が彼女に届いた Ella entendió mi buena voluntad.

とどけ 届け notificación *f*., declaración *f*.‖父親の死亡届けを出す declarar el fallecimiento de *su* padre
■届け先 destino *m*., (人) destinatario[ria] *mf*.

とどけでる 届け出る avisar, declarar, denunciar, notificar‖警察に盗難被害を届け出る denunciar el robo a la policía / 会社に住所変更を届け出る comunicar el cambio de domicilio a *su* empresa

とどける 届ける (送る) enviar, mandar, (配達する) distribuir, repartir, (持参する) llevar, (届け出る) declarar‖メッセージを届ける enviar un mensaje / 落とし物を持ち主に届ける llevar a su dueño un objeto perdido

とどこおり 滞り
▶滞りなく sin [problemas [dificultad, contratiempos]‖総会は滞りなく終わった La sesión plenaria terminó sin contratiempos.

とどこおる 滞る atrasarse, demorarse‖仕事が滞る El trabajo se atrasa. / 家賃の支払いが3か月滞っている El pago del alquiler tiene un atraso de tres meses.

ととのう 整う/調う estar listo[ta], estar preparado[da], (まとまる) llegar a un acuerdo‖整った顔だち rostro *m*. con facciones armoniosas / 材料が整っている tener preparados los ingredientes

ととのえる 整える/調える arreglar, preparar, poner ALGO en orden‖(自分の) 髪を整える arreglarse el peinado, peinarse / 環境を整える preparar un entorno adecuado / 生産体制を整える poner a punto el sistema de producción

とどまる 止まる/留まる permanecer, quedarse‖現職にとどまる permanecer en el mismo puesto de trabajo／パリにとどまる quedarse en París／とどまるところを知らない ser incontenible, no tener límites

とどめ 止め/留め‖止めの一撃 remate *m*., golpe *m*. de gracia／止めを刺す asestar el golpe de gracia

とどめる 止める/留める detener, parar, cesar,（記憶に）recordar‖歴史に名をとどめる[inscribir [escribir] *su* nombre en la historia／会費を3千円以内にとどめる mantener la cuota dentro del límite de los tres mil yenes／先生(男性)の一言を心にとどめる guardar en *su* corazón las palabras del profesor／この地区は昔の佇まいをとどめている Este barrio mantiene su antiguo ambiente.

とどろき 轟き estruendo *m*., fragor *m*., bramido *m*.

とどろく 轟く retumbar, tronar‖雷鳴がとどろく Un trueno retumba.／彼の名は世界中に轟いている Su nombre es mundialmente conocido.

トナー (プリンタの) tóner *m*.

ドナー donante *com*.

◪ ドナーカード carné *m*. de donante

となえる 唱える recitar, pronunciar, proponer‖祈りを唱える rezar／～の必要性を唱える insistir en la necesidad《de》／新説を唱える proponer una nueva teoría

トナカイ 馴鹿 reno *m*.(雄・雌)

どなた quién‖どなたですか ¿Quién es usted?¦(電話で) ¿Con quién hablo?／ご担当はどなたですか ¿Quién es el encargado?／どなたをお訪ねですか ¿A quién busca?／これはどなたの本ですか ¿De quién es el libro?

どなべ 土鍋 olla *f*. de barro

となり 隣 (横) lado *m*., (人) veci*no*[*na*] *mf*.‖私たちは隣同士です Somos vecinos.／そのホテルは駅の隣です El hotel está al lado de la estación.

▶ 隣に‖～の隣に座る sentarse al lado《de》
▶ 隣の veci*no*[*na*]‖隣の町 ciudad *f*. vecina／妻と隣の席にしてください Deme un asiento al lado de mi mujer, por favor.
(慣用)隣の家の芝生は青い Siempre anhelamos lo que no tenemos.¦(諺)Gusta lo ajeno más por ajeno que por bueno.

◪ 隣合わせ‖姉妹が隣り合わせに住む Las hermanas viven una al lado de la otra.

◪ 隣近所 vecindad *f*.

どなる 怒鳴る gritar, chillar, vociferar‖怒鳴らないで下さい No grite.

▶ 怒鳴りつける‖子供たちを怒鳴りつける [reñir [regañar] violentamente a los niños
▶ 怒鳴りこむ irrumpir《en》‖父親が学校に怒鳴りこんで来た El padre irrumpió violentamente en la escuela para protestar.

とにかく de todas formas, de todos modos‖とにかく締切りは明日だ De cualquier modo, mañana es la fecha límite.／とにかく確かめましょう De todas maneras, vayamos a comprobarlo.

トニック (整髪料) tónico *m*., (飲料) tónica *f*.

◪ ヘアトニック tónico *m*. capilar
◪ トニックウォーター agua *f*. tónica

との 殿 ⇒とのさま(殿様)

どの (どれ) cuál, (どの) qué〖＋名詞〗‖グラナダに行くのはどのバスですか ¿Cuál es el autobús que va a Granada?／どの駅で乗り換えればいいですか ¿En qué estación debo hacer el trasbordo?／君はどの雑誌を読みたいの ¿Qué revista quieres leer?／どの電車も混んでいた Todos los trenes iban repletos.／彼のどの小説も読んでいない No he leído ninguna de sus novelas.

どの 殿 (敬称) se*ñor*[*ñora*] *mf*.〖＋姓・肩書き〗

どのう 土嚢 saco *m*. terrero‖土嚢を積む amontonar sacos terreros

どのくらい どの位 (数量) qué cantidad, cuánto, cuán*to*[*ta*]〖＋名詞〗, (時間) cuánto tiempo, (距離) qué distancia, cuánto, (回数) cuántas veces, (大きさ) qué tamaño‖君は昨夜はどのくらい飲んだの ¿Cuánto bebiste anoche?／駅までどのくらいかかりますか ¿Cuánto se tarda hasta la estación?¦ ¿Cuánto tiempo se tarda en llegar hasta la estación?／バターはどれくらい必要ですか ¿Cuánta mantequilla se necesita?／あとどのくらいで私は退院できますか ¿Cuánto falta para que me den el alta?／博物館までどのくらいありますか ¿Qué distancia hay hasta el museo?／タクシーで空港までどのくらいしますか ¿Cuánto cuesta un taxi hasta el aeropuerto?／コンサートにどのくらい集まりましたか ¿Cuántos asistieron al concierto?／地震の大きさはどのくらいでしたか ¿Qué magnitud alcanzó el terremoto?

とのさま 殿様 señor *m*.

◪ 殿様暮らし‖殿様暮らしをする vivir como un señor

どのへん どの辺‖痛いのはどの辺ですか ¿En qué parte le duele?／グラナダのどの辺ですか ¿En qué parte de Granada?

どのみち ⇒どっちみち

どのような どの様な ⇒どんな

どのように どの様に cómo‖どのように飲んだらいいですか (薬など) ¿Cómo se toma?／どのように返事を書けばいいかわかりません No sé cómo responder a la carta.

とは‖哲学とは何か ¿Qué es la filosofía?／教師とは子どものお手本でなければならない Los profesores deben servir de ejemplo a los niños.／息子が合格しようとは私は夢に

も思わなかった Ni en sueños imaginé que aprobaría mi hijo.

とばく 賭博　juego *m.* (de azar), apuesta *f.* ‖ 賭博にのめり込む entregarse al juego
▶賭博をする jugar
◪賭博師 juga*dor*[*dora*] *mf.*
◪賭博場 casino *m.*, casa *f.* de juego

とばす 飛ばす　hacer volar, (急ぐ) correr, (抜かす) saltar, omitir, (左遷する) relegar ‖ シャボン玉を飛ばす hacer volar pompas de jabón ／私は風に傘を飛ばされた El viento se me llevó el paraguas. ／車を飛ばして駆けつける ir con el coche a toda prisa《a》／君はこの段落を飛ばしたよ Te has saltado este párrafo. ／気に入らない部下(男性)を地方に飛ばす relegar a provincias a un subordinado que no es de *su* agrado

とばっちり ‖ とばっちりを食う verse envuel*to*[*ta*] involuntariamente en ALGO ／僕は交通事故のとばっちりを受けて約束に遅れてしまった Llegué tarde a la cita porque me vi envuelto en un accidente de tráfico.

とび　《鳥類》milano *m.*
[諺]鳶が鷹を生む《諺》De padre diablo, hijo santo.
◪鳶職（職人）obrero *m.* de la construcción especializado en trabajar en altura

とびあがる 飛び上がる　saltar, dar un salto, levantar el vuelo ‖ ヘリコプターが飛び上がる El helicóptero levanta el vuelo. ／飛び上がって喜ぶ saltar de alegría

とびあるく 飛び歩く ⇒とびまわる(飛び回る)

とびいし 飛び石　piedras *fpl.* pasaderas
◪飛び石連休 conjunto *m.* de días festivos con días laborables intercalados

とびいり 飛び入り　participación *f.* improvisada ‖ 観客の飛び入りを歓迎する invitar a la participación improvisada del público
▶飛び入りする participar improvisadamente《en》

とびうお 飛魚　pez *m.* volador

とびおきる 飛び起きる　levantarse de un salto ‖ 私は地震で飛び起きた Salté de la cama alarma*do*[*da*] por el terremoto.

とびおり 飛び降り
◪飛び降り自殺 ‖ 飛び降り自殺する suicidarse arrojándose「desde una altura [al vacío]

とびおりる 飛び降りる　arrojarse, tirarse ‖ ビルの屋上から飛び降りる arrojarse al vacío desde la azotea del edificio

とびかかる 飛び掛かる　lanzarse《sobre》, tirarse《sobre》‖ 犬は泥棒に飛びかかった El perro se abalanzó sobre el ladrón.

とびきゅう 飛び級
▶飛び級する saltarse un「grado [curso] escolar

とびきり 飛び切り　sumamente, excepcionalmente ‖ 彼は同僚と比べてとびきり優秀だ Él destaca con mucho del resto de sus compañeros. ‖ とびきり安く買う comprar ALGO a un precio excepcionalmente barato
▶とびきりの ‖ とびきりの美人である ser guapísima, ser increíblemente guapa

とびこえる 飛び越える/跳び越える　saltar, pasar por encima ‖ 2メートルのバーを飛び越える superar el listón de dos metros

とびこす 飛び越す/跳び越す ⇒とびこえる

とびこみ 飛び込み　salto *m.*, zambullida *f.* ‖ 飛び込みで練習に参加する participar en el entrenamiento sin previo aviso
◪飛び込み競技 competición *f.* de salto de 「palanca [trampolín]
◪飛び込み自殺 ‖ 飛び込み自殺する suicidarse arrojándose al tren
◪飛び込み台 palanca *f.*, trampolín *m.*

とびこむ 飛び込む　arrojarse《a, en》, echarse《en》,（水中に）zambullirse, darse una zambullida, darse un chapuzón ‖ プールに頭から飛び込む tirarse de cabeza a la piscina ／私は財布をすられて交番に飛び込んだ Fui corriendo al puesto de policía porque me habían sustraído la cartera. ／信じられない光景が私の目に飛び込んで来た Apareció ante mis ojos una escena increíble.

とびさる 飛び去る　irse volando ‖ 春になると白鳥が飛び去る Al llegar la primavera los cisnes se van volando.

とびだす 飛び出す　salir precipitadamente, dispararse, lanzarse ‖ 蛇口から水が飛び出した Un chorro de agua salió del grifo. ／(君は)車の前に飛び出してはいけないよ No debes precipitarte delante del coche. ／両親と喧嘩し彼は家を飛び出した Después de tener una disputa con sus padres, salió precipitadamente de casa.

とびたつ 飛び立つ　「alzar [levantar, emprender] el vuelo, (飛行機が) despegar

とびちる 飛び散る　esparcirse, desparramarse ‖ ガラスの破片が飛び散った Los fragmentos de vidrio se esparcieron. ／火花が飛び散る Las chispas se dispersan.

とびつく 飛び付く　arrojarse, saltar, (抱きつく) abrazarse ‖ ボールに飛び付く lanzarse hacia el balón ／新製品に飛び付く precipitarse a comprar un nuevo producto

トピック　tema *m.*, tópico *m.*

とびでる 飛び出る ⇒とびだす（飛び出す）

とびどうぐ 飛び道具　arma *f.* arrojadiza

とびとびに 飛び飛びに ‖ 飛び飛びに本を読む leer saltando páginas ／飛び飛びにベンチを置く poner los bancos a intervalos

とびぬける 飛び抜ける　destacar(se), sobresalir
▶飛び抜けて ‖ 飛び抜けて優秀な学生 estu-

とびのる 飛び乗る subir de un salto ‖ 電車に飛び乗る subir al tren de un salto

とびばこ 飛び箱/跳び箱 plinto *m*. ‖ 跳び箱を跳ぶ saltar el plinto

とびはねる 飛び跳ねる saltar, brincar ‖ 嬉しくて飛び跳ねる brincar de alegría

とびまわる 飛び回る revolotear, volar en círculos, retozar, (奔走する) ir de un lugar a otro ‖ 虫が飛び回る El insecto revolotea. ／子供たちが元気よく飛び回る Los niños retozan rebosantes de energía. ／世界中を飛び回る viajar constantemente por el mundo

どひょう 土俵 *ring m*. de sumo ‖ 土俵に上がる subir al *ring*
◪ 土俵入り ritual *m*. de entrada en el *ring*
◪ 土俵際 borde *m*. del *ring* ‖ 土俵際にいる estar en un momento crítico

とびら 扉 puerta *f*. → と(戸)・ドア ‖ 本の扉 portada *f*. de un libro

とふ 塗布
▶ 塗布する aplicar, untar

とぶ 飛ぶ/跳ぶ saltar, dar un salto, (空を)volar ‖ 飛行機が飛ぶ El avión vuela. ／うさぎが跳ぶ El conejo salta. ／被疑者(男性)が国外へ飛んだ El sospechoso huyó al extranjero. ／話が飛びますが cambiando de tema ／家に飛んで帰る volver a casa a toda prisa
[慣用] 飛ぶ鳥を落とす勢いである estar en *su* apogeo
[慣用] 飛ぶように売れる venderse como「churros [rosquillas]」
[慣用] 飛んで火に入る夏の虫 caer en la trampa,《慣用》meterse en la boca del lobo

どぶ 溝 zanja *f*., cuneta *f*., albañal *m*., acequia *f*. ‖ どぶを浚う limpiar el albañal
◪ どぶ板 tabla *f*. que cubre una zanja
◪ どぶ鼠 rata *f*. de alcantarilla

とほ 徒歩
▶ 徒歩で a pie, andando ‖ 駅から徒歩で10分です Son diez minutos a pie desde la estación. ／徒歩で通学する ir al colegio a pie

とほう 途方 ‖ 途方に暮れる estar perple*jo*[*ja*], no saber qué hacer
▶ 途方もない desmedi*do*[*da*], extraordina*rio*[*ria*], desmesura*do*[*da*] ‖ 途方もない値段 precio *m*. astronómico ／途方もない大酒飲み bebe*dor*[*dora*] *mf*. inmodera*do*[*da*]
▶ 途方もなく extraordinariamente, desmesuradamente

どぼく 土木 obra *f*. de ingeniería civil
◪ 土木課 departamento *m*. de obras públicas
◪ 土木機械 maquinaria *f*. de construcción
◪ 土木技師 ingenie*ro*[*ra*] *mf*. civil
◪ 土木工学 ingeniería *f*. civil
◪ 土木工事 obra *f*. de ingeniería civil
◪ 土木作業員 obre*ro*[*ra*] *mf*. en la construcción

とぼける 恍ける fingir desconocimiento, hacerse *el*[*la*] ton*to*[*ta*] ‖ とぼけないでよ(男性に) No te hagas el tonto.
▶ とぼけた ingen*uo*[*nua*], grac*ioso*[*sa*] ‖ とぼけた顔をする poner cara de bo*bo*[*ba*]

とぼしい 乏しい pobre 《en》, esca*so*[*sa*]《de》‖ 乏しい資金 fondos *mpl*. escasos ／天然資源に乏しい国 país *m*. pobre en recursos naturales ／知識が乏しい人 persona *f*. con escasos conocimientos ／彼は経験に乏しい Él tiene poca experiencia. ／この政党は人材に乏しい Este partido carece de personas capacitadas.

とぼとぼ ‖ とぼとぼ歩く andar con paso cansino

トマト tomate *m*.
◪ トマトケチャップ kétchup *m*., cátsup *m*.
◪ トマトジュース「jugo *m*. [zumo *m*.] de tomate
◪ トマトソース salsa *f*. de tomate
◪ トマトピューレ puré *m*. de tomate

とまどい 戸惑い confusión *f*., perplejidad *f*. ‖ 戸惑いを隠す ocultar *su* confusión ／戸惑いを見せる dar muestras de confusión

とまどう 戸惑う quedarse perple*jo*[*ja*], desconcertarse ‖ 新しい環境に戸惑っている estar desconcerta*do*[*da*] ante un nuevo entorno ／戸惑いながら機械を操作する manejar la máquina con vacilación

とまり 泊まり estancia *f*., alojamiento *m*., (宿直) turno *m*. de noche ‖ 今晩のお泊まりはどちらですか ¿Dónde se aloja esta noche? ／泊まりがけでおじの家に行く ir a casa de un tío a quedarse unos días ／今日僕は泊まりだ Hoy me toca el turno de noche.
◪ 泊まり客 hués*ped*[*peda*] *mf*.

とまりぎ 止まり木 percha *f*., (バーの) taburete *m*. 「alto [de bar]」‖ 小鳥が止まり木にとまった El pájaro se posó en la percha.

とまる 止まる/留まる/停まる pararse, detenerse, (中断する) interrumpirse, cortarse, (鳥が) posarse ‖ その車は赤信号で止まった El coche se detuvo en el semáforo en rojo. ／私の時計は止まっている Mi reloj está parado. ／止まれ《号令》¡Alto! ／涙が止まらない Las lágrimas no dejan de brotar. ／電気が止まった Se cortó el suministro eléctrico. ／新宿行きのバスは2番の停留所に停まる El autobús con destino a Shinjuku se detiene en la parada número dos. ／この列車はグラナダに停まりますか ¿Este tren hace parada en Granada? ／写真は画鋲で留まっている La fotografía está sujeta con una chincheta. ／彼女はお高くとまっている Ella

とまる 泊まる　alojarse, hospedarse, albergarse‖ホテルに泊まる alojarse en el hotel／友人の家に泊まる pasar la noche en casa de *un*[*una*] ami*go*[*ga*]／大型客船が横浜港に泊まっている El transatlántico está anclado en el puerto de Yokohama.／会社に泊まり込んで仕事をする trabajar quedándose a dormir en la oficina

とみ 富　riqueza *f.*, (財産) fortuna *f.*‖富を得る hacer fortuna, conseguir riqueza／富をもたらす crear riqueza／巨万の富を築く amasar una inmensa fortuna／富を等しく分配する distribuir la riqueza equitativamente

ドミグラスソース　salsa *f.* demi-glace

とみに 頓に ⇒きゅう(⇒急に)

ドミニカきょうわこく ドミニカ共和国　República *f.* Dominicana
▶ドミニカ(共和国)の dominica*no*[*na*]
▫ドミニカ人 dominica*no*[*na*] *mf.*

ドミノ　dominó *m.*
▫ドミノ倒し efecto *m.* dominó
▫ドミノ理論 teoría *f.* del dominó

とみん 都民　residente *com.* de Tokio, tokiota *com.*
▫都民税 impuesto *m.* municipal de Tokio

とむ 富む　enriquecerse, hacerse ri*co*[*ca*]‖鉱物資源に富んだ国 país *m.* rico en recursos minerales／柔軟性に富む tener mucha flexibilidad／仕事の経験に富む contar con una extensa experiencia laboral／変化に富んだ気候 clima *m.* muy variado

とむらう 弔う　(弔意を表する) expresar sus condolencias‖死者を弔う rezar por el alma「del difunto [de la difunta]
▶弔い‖弔いの言葉を述べる ofrecer palabras de condolencia

ドメイン　《IT》dominio *m.*
▫ドメイン名 nombre *m.* de dominio

とめがね 留め金　broche *m.*‖留め金を掛ける abrochar／留め金を外す desabrochar

ドメスティック　domésti*co*[*ca*]
▫ドメスティックバイオレンス (DV) violencia *f.* doméstica

とめどなく 止めどなく　incesantemente, sin parar‖止めどなく続く continuar sin parar／止めどなく涙があふれた Las lágrimas brotaban incesantemente.

とめる 止める/停める　parar, detener, (駐車する) aparcar, estacionar, (中断する) interrumpir, cortar, (禁止する) prohibir‖ここで停めてください(タクシーなど) Pare aquí, por favor.／喧嘩を止める detener la pelea／水を止める cortar el agua

とめる 泊める　alojar, hospedar, albergar‖友人を家に泊める alojar a *un*[*una*] ami*go*[*ga*] en casa

とめる 留める　fijar, sujetar‖釘で留める sujetar ALGO con un clavo／心に留める tener ALGO en cuenta

とも ❶ (強意)‖一緒に来ますか—行きますとも ¿Viene conmigo? -Sí, cómo no.／その犬は猫とも遊ぶ Ese perro juega hasta con los gatos.
❷ (〜であろうとも)‖たとえ雨が降ろうとも試合は行います Se jugará el partido,「aun en el caso de que [aunque] llueva.
❸ (限度)‖遅くとも a más tardar／少なくとも como mínimo
[慣用]〜ともあろう者が‖教師ともあろう者が una persona que cuenta con el prestigio de ser profe*sor*[*sora*]

とも 友　amigo[ga] *mf.*, compañe*ro*[*ra*] *mf.* ⇒ともだち(友達)‖心の友 ami*go*[*ga*] *mf.* del alma／音楽を友とする tener la música por compañera
[慣用]竹馬の友 ami*go*[*ga*] *mf.* de la niñez

とも 共‖兄弟は2人とも医者だ Los dos hermanos son médicos.／私たち3人ともスペイン語を話せない Ninguno de nosotros tres habla español.／代金は送料共3千円だ El coste es de tres mil yenes, incluyendo los gastos de envío.

とも 供/伴 ⇒おとも(お供)

ともあれ ⇒ともかく

ともかく　de cualquier modo, de todos modos‖ともかく授業に出てきなさい De todos modos, ven a clase.／この料理は見た目はともかく、味はすばらしい Puede que tenga mal aspecto, pero este plato tiene un sabor excelente.

ともかせぎ 共稼ぎ　共稼ぎの夫婦 matrimonio *m.* que cobra dos sueldos／今日では多くの家庭は共稼ぎである Hoy en día en muchas familias trabajan tanto el marido como la mujer.

ともぐい 共食い　canibalismo *m.*
▶共食いする comer carne de la propia especie

ともしび 灯火　luz *f.*
[慣用]風前のともし火‖彼の命は風前のともし火だ Su vida pende de un hilo.

ともす 点す/灯す　encender, prender‖ろうそくに火をともす encender una vela

ともすると
▶ともすると〜しがちだ tender a「［＋不定詞］, ser propen*so*[*sa*] a「［＋不定詞］‖ともすると彼はふさぎがちになる Él tiende a ponerse melancólico.

ともすれば ⇒ともすると

ともだおれ 共倒れ‖安売り競争で共倒れになる arruinarse juntos a causa de la guerra de precios

ともだち 友達　ami*go*[*ga*] *mf.*‖男友達 ami*go m.*／女友達 amiga *f.*／遊び友達 ami-

gote[ta] *mf.* / 飲み友達 amigo[ga] *mf.* de (tomar) copas / 私たちは友達です Somos amigos. / 友達が多い tener muchos amigos / 友達に恵まれる contar con buenos amigos / 友達になる hacerse amigo[ga] de ALGUIEN / 友達を作る hacer amigos
▲友達甲斐 ‖ 彼は友達甲斐がないやつだ Él no es un amigo fiel.
▲友達付き合い ‖ 友達付き合いをする mantener la amistad《con》/ 友達付き合いをやめる romper (la amistad)《con》

ともども 共共 →ともに(共に) ‖ 公私共々忙しい estar ocupado[da] tanto en la vida pública como en la privada

ともなう 伴う acompañar, 「traer [llevar] consigo, entrañar ‖ 家族を伴って出かける salir acompañado[da] de *su* familia / 実感を伴わないせりふ frase *f*. carente de sinceridad / 彼は言う事に行動が伴わない Sus hechos no respaldan sus palabras. / 急速な工業化に伴って con la industrialización acelerada / どんな手術も危険を伴う Toda operación entraña riesgo.

ともに 共に ‖ 男女共に tanto hombres como mujeres / 心身共に疲れきる cansarse tanto física como anímicamente / 共に喜ぶ alegrarse junto*s*[tas] / 時と共に con el paso del tiempo / 年齢と共に con la edad
▶共にする compartir, hacer ALGO junto*s*[tas] ‖ 悲しみを共にする compartir la tristeza / 彼と行動を共にする actuar con él

ともばたらき 共働き ⇒ともかせぎ(共稼ぎ)

どもり 吃り tartamudez *f*., (人) tartamudo[da] *mf*.

ともる 点る/灯る encenderse ‖ 明かりがともっている La luz está encendida.

どもる 吃る tartamudear

とやかく ‖ 他人のことをとやかく言うな No critiques a los demás. / 君にとやかく言われる筋合いはない No tienes derecho a criticarme de esa manera.

どやどや de repente y desordenadamente
▶どやどやと ‖ どやどやと人が入ってくる La gente entra en tropel.

どよう 土用 canícula *f*.
▶土用の canicular
▲土用波 oleaje *m*. fuerte de mediados de verano

どようび 土曜日 sábado *m*.
▶土曜日に el sábado

どよめき revuelo *m*., conmoción *f*. ‖ 大きなどよめきが起こった Se produjo un gran revuelo.

どよめく (鳴り響く) retumbar, reverberar, (ざわつく) agitarse ‖ すばらしい演技に観客がどよめいた Hubo conmoción en el público ante la magnífica actuación.

とら 虎 tigre *m*., (雌) tigresa *f*., (酔っぱらい) borracho[cha] *mf*. ‖ 虎が吠える El tigre ruge.
[諺]虎の尾を踏む asumir un gran riesgo

とら 寅 (十二支の) signo *m*. del tigre ‖ 寅の刻 entre las tres y las cinco de la madrugada
▲寅年 año *m*. del tigre

どら 銅鑼 gong *m*. ‖ 銅鑼が鳴る Suena el *gong*. / 銅鑼を鳴らす hacer sonar el *gong*

とらい 渡来
▶渡来する venir del extranjero ‖ 中国から渡来した技術 técnica *f*. 「importada [procedente] de China

トライ (試み) intento *m*., (ラグビーの) *try m*., ensayo *m*.
▶トライする (試みる) intentar, (ラグビーで) marcar un 「*try* [ensayo]

ドライ
▶ドライな seco[ca]
▲ドライアイ ojos *mpl*. secos
▲ドライアイス hielo *m*. seco
▲ドライクリーニング 「lavado *m*. [limpieza *f*.] en seco
▲ドライシェリー jerez *m*. seco
▲ドライフラワー flores *fpl*. secas
▲ドライフルーツ fruta *f*. seca

トライアスロン triatlón *m*. ‖ トライアスロンの選手 triatleta *com*.

トライアングル 《音楽》 triángulo *m*. ‖ トライアングルを鳴らす tocar el triángulo

ドライバ (IT) controlador *m*., *driver m*. ‖ ドライバを更新する actualizar el controlador

ドライバー (運転者) conduc*tor*[tora] *mf*., (工具) destornillador *m*., (ゴルフクラブ) *driver m*.

ドライブ ❶ paseo *m*. en coche ‖ ドライブに出かける salir a dar una vuelta en coche
▶ドライブする dar 「una vuelta [un paseo] en coche
▲ドライブイン restaurante *m*. de carretera
▲ドライブウェイ carretera *f*.
▲ドライブコース ruta *f*. para pasear en coche
▲ドライブスルー restaurante *m*. que sirve a los clientes en el coche
❷《球技》 liftado *m*. ‖ ドライブのかかったサーブを打つ hacer un saque con efecto *liftado*
❸《IT》 unidad *f*. de disco

ドライヤー secador *m*. ‖ ドライヤーで髪を乾かす(自分で) secarse el pelo con secador
▲ヘアドライヤー secador *m*. de pelo

トラウマ trauma *m*.
▶トラウマがある tener un trauma

とらえどころ 捕らえ所/捉え所
▶とらえ所のない ambiguo[gua], vago[ga],

indefinible ‖ とらえ所のない性格 carácter *m.* impreciso

とらえる 捕らえる/捉える　coger, atrapar, (捕獲する) capturar, apresar, (意味を) captar ‖ 好機をとらえる「aprovechar [no dejar pasar] la oportunidad／レーダーが船の映像をとらえた El radar captó la imagen de un barco.

とらがり 虎刈り　trasquilón *m.*, escalera *f.*
▶虎刈りにする trasquilar, cortar en escalones

トラクター　tractor *m.*

トラコーマ　《医学》tracoma *m.*

トラスト　trust *m.* ‖ トラストが形成される Se forma un trust.

トラック ❶ camión *m.* ‖ 5トントラック camión *m.* de cinco toneladas
◻軽トラック camioneta *f.*
◻トラック運送 transporte *m.* en camión
◻トラック運転手 camione*ro*[*ra*] *mf.*
❷《スポーツ》pista *f.* ‖ トラックを走る correr por la pista
◻トラック競技 competición *f.* (de atletismo) en pista

ドラッグ ❶ medicamento *m.*, (麻薬) droga *f.*
◻ドラッグストア droguería *f.*
❷(IT) arrastre *m.*
▶ドラッグする arrastrar ‖ ファイルをドラッグする arrastrar un archivo
◻ドラッグ・アンド・ドロップ ‖ ドラッグ・アンド・ドロップする arrastrar y soltar

とらのまき 虎の巻　libro *m.* de「soluciones [respuestas], (教師用の)「manual *m.* [libro *m.*] para maestros

ドラフト　selección *f.* de jugadores, *draft m.* ‖ ドラフトで1位指名された選手 juga*dor*[*dora*] *mf.* escogi*do*[*da*] en la primera ronda de selección
◻ドラフト会議 sesión *f.* de *draft*
◻ドラフト制 sistema *m.* de *draft*

トラブル　problema *m.*, (故障) avería *f.* ‖ トラブルに巻き込まれる verse meti*do*[*da*] en problemas
◻エンジントラブル problema *m.* en el motor
◻トラブルシューティング guía *f.* de detección y solución de problemas
◻トラブルメーカー alborota*dor*[*dora*] *mf.*

トラベラーズチェック　cheque *m.* de viajero ‖ トラベラーズチェックは使えますか ¿Puedo usar cheques de viajero?

トラホーム ⇒トラコーマ

ドラマ　drama *m.*
◻ホームドラマ drama *m.* doméstico

ドラマー　batería *com.*

ドラマチック
▶ドラマチックな dramáti*co*[*ca*]

ドラム　tambor *m.*, 《集合名詞》batería *f.* ‖ ドラムをたたく tocar el tambor
◻ドラム缶 bidón *m.*

どらむすこ どら息子　hijo *m.*「malcriado [pródigo]

とらわれる 捕われる/囚われる　(思想などに) estar pre*so*[*sa*]《de》‖ 不信感にとらわれている estar pre*so*[*sa*] de la desconfianza／彼は形式にとらわれすぎている Él se preocupa demasiado por las formalidades.

トランキライザー　(精神安定剤) tranquilizante *m.*, sedante *m.*

トランク　baúl *m.*, (車の) maletero *m.* ‖ トランクを開けていただけますか (タクシー) ¿Puede abrirme el maletero?
◻トランクルーム almacén *m.* de alquiler

トランシーバー　transceptor *m.* ‖ トランシーバーで交信する comunicarse a través de un transceptor

トランジスタ　transistor *m.*
◻トランジスタラジオ transistor *m.*

トランジット　tránsito *m.*
▶トランジットで(の) de tránsito
◻トランジットルーム sala *f.* de tránsito

トランス　(変圧器) transformador *m.*

トランプ　(一組の) baraja *f.*, (カード) carta *f.*, naipe *m.* ‖ トランプを切る barajar las cartas／トランプを配る dar las cartas
▶トランプをする jugar a las cartas
◻トランプ占い cartomancia *f.*

トランペット　trompeta *f.* ‖ トランペットを吹く tocar la trompeta
◻トランペット奏者 trompetista *com.*

トランポリン　cama *f.* elástica

とり 酉　(十二支の) signo *m.* del gallo ‖ 酉の刻 entre las cinco y las siete de la mañana
◻酉年 año *m.* del gallo

とり 鳥　ave *f.*, (小鳥) pájaro *m.* ‖ 鳥が飛ぶ El pájaro vuela.／鳥が鳴く El pájaro canta.／鳥を飼う criar pájaros

とり 鶏　(雄) gallo *m.*, (雌) gallina *f.* ⇒にわとり(鶏)
◻鶏小屋 gallinero *m.*
◻鶏鍋 cazuela *f.* de pollo

とりあう 取り合う　(奪い合う) pelear《por》, disputarse ‖ 子供たち同士でおもちゃを取り合う Los niños pelean entre sí por el juguete.／彼らは手を取り合って喜んだ Ellos se tomaron de las manos llenos de alegría.／課長(男性)は私たちに取り合ってくれなかった El jefe de sección no nos prestó atención.

とりあえず 取り敢えず　(まず第一に) antes que nada, (さしあたり) de momento, por ahora ‖ 取りあえずビールにしよう Empecemos con cerveza.
〔慣用〕取るものも取り敢えず ⇒とる(取る)

とりあげる 取り上げる　coger, recoger, (奪

う) quitar, (没収する) confiscar, (採用する) adoptar, (扱う) tratar ‖ 拳銃を取り上げる quitar la pistola a ALGUIEN ／会議で彼の意見が取り上げられた En la reunión se adoptó su opinión. ／その問題は新聞で大きく取り上げられた Los periódicos han escrito mucho sobre ese problema. ／彼女はこれまで40人の赤ん坊を取り上げた Ella ha asistido en el parto de cuarenta bebés.

とりあつかい 取り扱い manejo *m.*, (待遇) trato *m.* ‖ こわれ物、取り扱い注意(表示) Frágil, manéjese con cuidado ／新しい機械の取り扱いに慣れる acostumbrarse al manejo de una máquina nueva
◪**取り扱い時間** horario *m.* de servicio
◪**取り扱い説明書** manual *m.* de instrucciones
◪**取り扱い手数料** gastos *mpl.* de gestión
◪**取り扱い店** tienda *f.* distribuidora
◪**取り扱い人** agente *com.*

とりあつかう 取り扱う tratar, manejar ‖ 食器は丁寧に取り扱って下さい Trate la vajilla con cuidado. ／刑事事件として取り扱う tratar ALGO como un caso criminal ／残念ですがその品は当店では取り扱っておりません Lo sentimos mucho, pero en esta tienda no tratamos este producto.

とりあわせ 取り合わせ combinación *f.* ‖ 色の取り合わせが良い「悪い」Los colores combinan「bien [mal].

とりいそぎ 取り急ぎ ‖ 取り急ぎ以下をご報告いたします Me apresuro a informarle lo siguiente.

とりいる 取り入る adular, (機嫌をとる) 《慣用》seguir el humor a ALGUIEN

とりいれ 取り入れ recolección *f.*, cosecha *f.* ‖ 取り入れの時期 temporada *f.* de recolección

とりいれる 取り入れる (収穫する) cosechar, recolectar, (洗濯物を) recoger, (採用する) adoptar ‖ 稲を取り入れる cosechar el arroz ／最新技術を取り入れる adoptar la tecnología más novedosa ／ユーザーの意見を取り入れる recoger las opiniones de los usuarios

とりえ 取り柄 mérito *m.*, virtud *f.*, cualidad *f.* ‖ 彼には何の取り柄もない Él es un inútil. ／私は健康だけが取り柄だ Lo único bueno que tengo es la salud. ／彼はまじめが取り柄だ Su principal cualidad es la seriedad.

トリオ trío *m.* ‖ トリオを組む formar un trío

とりおこなう 執り行う celebrar, realizar ‖ 結婚式を執り行う celebrar la boda

とりおさえる 取り押さえる detener, capturar ‖ 酔っぱらいの男を取り押さえる refrenar a un borracho

とりかえ 取り替え cambio *m.*, sustitución *f.* ‖ 取り替えのきく sustituible, cambiable ／取り替えのきかない insustituible

とりかえし 取り返し
▶**取り返しのつかない** irremediable, irreparable ‖ 取り返しのつかないミス error *m.* irreparable

とりかえす 取り返す recuperar ‖ 過払い金を取り返す recuperar la cantidad pagada en exceso

とりかえる 取り替える cambiar, sustituir, reemplazar ‖ AをBと取り替える cambiar A por B, sustituir A「con [por] B ／友達と本を取り替えて読む leer libros intercambiándolos entre amigos ／電池を取り替える cambiar las pilas ／下着を毎日取り替える Me cambio de ropa interior todos los días. ／コートのサイズを取り替えてもらえますか ¿Puede cambiarme el abrigo por uno de otra talla?

とりかかる 取り掛かる empezar, emprender, proceder 《a》‖ 仕事に取りかかる poner manos a la obra, ponerse a trabajar

とりかご 鳥籠 jaula *f.*

とりかこむ 取り囲む rodear, asediar, cercar ‖ 警官が犯人の男を取り囲んでいる La policía tiene rodeado al delincuente. ／子供たちを取り囲む環境 entorno *m.* que rodea a los niños

とりかわす 取り交わす intercambiar ‖ 文書を取り交わす intercambiar documentos ／契約書を取り交わす firmar un contrato

とりきめ 取り決め acuerdo *m.*, convenio *m.*, decisión *f.* ‖ 支払い方法の取り決め acuerdo *m.* sobre la forma de pago ／取り決めに従う cumplir el convenio ／取り決めに違反する incumplir el convenio ／取り決めを結ぶ establecer un acuerdo

とりきめる 取り決める acordar, decidir ‖ 労働条件を取り決める acordar las condiciones laborales

とりくずす 取り崩す (取り壊す) demoler, (預金などを) gastar poco a poco ‖ 貯金を取り崩す gastar poco a poco los ahorros

とりくみ 取り組み (試合) encuentro *m.* ‖ 環境問題への新しい取り組み nuevo enfoque *m.* ante los problemas medioambientales

とりくむ 取り組む abordar, afrontar, enfrentarse 《a》‖ 省エネルギー対策に取り組む acometer medidas de ahorro energético ／練習に積極的に取り組む abordar el entrenamiento de forma positiva

とりけし 取り消し anulación *f.*, cancelación *f.*, (発言の) retractación *f.* ‖ 予約の取り消し cancelación *f.* de una reserva ／取り消しのきく anulable, revocable ／取り消しのきかない irrevocable
◪**取消料**「gastos *mpl.* [tarifa *f.*]」de cancelación

とりけす 取り消す　anular, cancelar, (撤回する) retractarse 《de》, desdecirse 《de》‖注文を取り消す cancelar el pedido ／ 契約を取り消す rescindir el contrato ／ 免許を取り消す anular la licencia

とりこ 虜　cautivo[va] mf., preso[sa] mf., prisionero[ra] m.
▶とりこにする capturar, cautivar, aprisionar
▶とりこになる quedar cautivado[da]《por》

とりこしぐろう 取り越し苦労‖取り越し苦労をする preocuparse inútilmente 《por》

とりこみ 取り込み　recogida f. ‖ 洗濯物の取り込み recogida f. de la colada ／ 外部データの取り込み importación f. de datos externos ／ お取り込み中申し訳ありませんが…（男性に）Perdone que le interrumpa cuando está ocupado, pero...

とりこむ 取り込む　(洗濯物を) recoger, (忙しい) estar ocupado[da], 《IT》bajar‖キャンペーンで新しい顧客を取り込む captar nuevos clientes por medio de una campaña

とりごや 鳥小屋　pajarera f., (鶏の) gallinero m.

とりこわし 取り壊し　demolición f., derribo m. ‖ 家屋の取り壊し demolición f. de una casa

とりこわす 取り壊す　demoler, derribar

とりさげる 取り下げる　retirar ‖ 告訴を取り下げる retirar la demanda

とりざた 取り沙汰
▶取り沙汰する‖その件についてあれこれ取り沙汰されている Hay muchos rumores referentes a ese asunto.

とりさる 取り去る　eliminar, quitar ‖ 不純物を取り去る eliminar impurezas

とりしきる 取り仕切る　llevar, dirigir ‖ レストランを取り仕切る llevar un restaurante ／ 財務を取り仕切る dirigir los asuntos financieros

とりしまり 取り締まり　control m. ‖ 取り締まりを強化する intensificar el control

とりしまりやく 取締役　director[tora] mf., gerente com. ‖ 取締役に就任する tomar posesión del cargo de director[tora]
◪取締役会 consejo m. de administración, junta f. directiva

とりしまる 取り締まる　controlar, (監視する) vigilar ‖ 交通を取り締まる controlar el tráfico

とりしらべ 取り調べ　investigación f., (尋問) interrogación f. ‖ 取り調べを受ける ser interrogado[da]
◪取り調べ室 sala f. de interrogatorios

とりしらべる 取り調べる　investigar, interrogar

とりそろえる 取り揃える‖豊富な製品を取り揃える disponer de una amplia gama de productos

とりだす 取り出す　sacar, extraer ‖ ポケットから財布を取り出す sacar la billetera del bolsillo ／ 該当するデータを取り出す sacar los datos correspondientes

とりたて 取り立て　❶ (回収) recaudación f., cobranza f. ‖ きびしい借金の取り立て cobranza f. rigurosa de una deuda
❷ (収穫して間もない) ⇒ とれたて（取れ立て）‖ 取り立てのイチゴ fresa f. recién cogida

とりたてて 取り立てて　en particular, especialmente ‖ 取り立てて言うほどのことでもない No es algo que merezca mencionarse.

とりたてる 取り立てる　(金を) cobrar, recaudar ‖ 借金を取り立てる cobrar una deuda

とりちがえる 取り違える　confundir, (誤解する) malinterpretar ‖ A を B と取り違える equivocar A con B, tomar A por B ／ 目的と手段を取り違える confundir los fines「y [con] los medios ／ 相手の言っている意味を取り違える malinterpretar lo que dice la otra persona

とりつ 都立
▶都立の ⇒ とえい（⇒都営の）
◪都立病院 hospital m. metropolitano de Tokio

トリック　truco m. ‖ トリックにだまされる dejarse engañar por un truco ／ トリックを見破る descubrir un truco
◪トリック撮影 trucaje m.

とりつく 取り付く　(すがりつく) agarrarse 《a, de》, (考えなどが) obsesionar a ALGUIEN ‖ その子は母親に取り付いて離れない Ese niño está agarrado a la madre y no la suelta por nada. ／ 恐怖に取り付かれた人 persona f. dominada por el miedo ／ 何かに取り付かれたように働く trabajar como un[una] poseso[sa]

とりつぐ 取り次ぐ　(伝言を) transmitir, (仲介する) mediar ‖ 電話を取り次ぐ pasar la llamada (telefónica) 《a》／ 客の依頼を社長（男性）に取り次ぐ transmitir al presidente la solicitud del cliente

とりつくろう 取り繕う‖失敗を取り繕う disimular el fracaso ／ 体裁を取り繕う《慣用》「guardar [salvar, cubrir] las apariencias

とりつける 取り付ける　(設置する) instalar, (得る) obtener, conseguir ‖ エアコンを取り付ける instalar un aparato de aire acondicionado ／ 同意を取り付ける obtener el consentimiento de ALGUIEN

とりで 砦　fortaleza f., fuerte m., baluarte m., bastión m. ‖ 砦を築く construir una fortaleza ／ 砦を守る defender la fortaleza ／ 自由を守る最後の砦 último bastión en la defensa de la libertad

とりとめ 取り留め
▶取り留めのない incoherente, deshilvanado[da] ‖ 取り留めのない話をする hablar sin orden ni medida,《慣用》hablar sin ton ni son

とりとめる 取り留める‖一命を取りとめる librarse de la muerte por los pelos

とりなす 取りなす/執りなす mediar, intervenir, (和解させる) reconciliar

とりにいく 取りに行く ir a buscar

とりにがす 取り逃がす dejar「pasar [escapar], perder ‖ 泥棒を取り逃がす dejar escapar al ladrón / 機会を取り逃がす「perder [dejar pasar] la oportunidad

とりにく 鶏肉 pollo m.

とりのこす 取り残す dejar, (置き去りにする) dejar atrás a ALGUIEN ‖ 年休を取り残す dejar días de vacaciones sin tomar / 復興から取り残される quedarse atrás en el proceso de reconstrucción

とりのぞく 取り除く eliminar, quitar ‖ 障害物を取り除く「eliminar [quitar] obstáculos」/ 感染の危険を取り除く eliminar el riesgo de infección / 不安を取り除く eliminar las preocupaciones

とりはからう 取り計らう procurar, arreglar ‖ 双方が気に入るよう取りはからいます Procuro agradar a ambas partes.

とりはずし 取り外し‖取り外しのできる desmontable, separable

とりはずす 取り外す quitar, desmontar ‖ クーラーを取り外す desmontar el aparato de aire acondicionado

とりはだ 鳥肌「carne f. [piel f.] de gallina ‖ 私は鳥肌が立った Se me puso la「carne [piel] de gallina.

とりひき 取引 negocio m., comercio m., transacción f., (妥協) trato m. ‖ 〜と取引がある tener relaciones comerciales《con》/ 取引を拡大する expandir los negocios / 取引を縮小する reducir los negocios / 取引を始める establecer relaciones comerciales
▶取引(を)する negociar, realizar transacciones ‖ 与党は野党と取引をしたようだ Parece que el partido del gobierno hizo un trato con el de la oposición.
◾現金取引 transacciones fpl. en efectivo
◾取引銀行‖取引銀行はどこですか ¿Cuál es su banco?
◾取引先《集合名詞》clientela f.
◾取引所 bolsa f.
◾取引高 volumen m. de transacciones

トリプル triple m.
▶トリプルプレー《野球》tripleplay m.

ドリブル regate m., dribling m.
▶ドリブルする regatear, driblar

とりぶん 取り分 parte f., reparto m., porción f.

トリマー (犬の手入れをする人) peluquero [ra] mf. de perros

とりまき 取り巻き adulador[dora] mf., seguidor[dora] mf., (随員) séquito m. ‖ 彼には沢山の取り巻きがいる Él tiene muchos aduladores.

とりまく 取り巻く rodear, cercar ‖ 村を森林が取り巻く El bosque rodea la aldea. / 子供を取り巻く社会環境 entorno m. social que rodea a los niños

とりまぜる 取り混ぜる mezclar, combinar ‖ このホテルには大小取り混ぜて100の客室がある Este hotel tiene un total de cien habitaciones de diferentes tamaños.

とりみだす 取り乱す perturbarse, perder la calma ‖ 彼は予想外の質問に取り乱した Él perdió la calma ante una pregunta imprevista.

トリミング recorte m., corte m.
▶トリミングする (写真を) recortar, (犬を) cortar, (服の縁を) ribetear ‖ 犬をトリミングする cortar el pelo al perro / 画像をトリミングする recortar las imágenes / レースで襟をトリミングする adornar el cuello con ribetes de encaje
◾トリミングサロン peluquería f. de perros y gatos

とりめ 鳥目 ceguera f. nocturna ‖ 彼は鳥目だ Él padece de ceguera nocturna.

とりもつ 取り持つ (仲介する) mediar, (もてなす) atender ‖ ペドロとマリアの仲を取り持つ mediar entre Pedro y María

とりもどす 取り戻す recuperar, recobrar ‖ 健康を取り戻す recobrar la salud / 消費者の信頼を取り戻す recuperar la confianza de los consumidores / 仕事の遅れを取り戻す recuperar el retraso en el trabajo

とりもなおさず 取りも直さず en otras palabras, es decir →すなわち

とりやめ 取り止め ⇒ちゅうし(中止)

トリュフ《植物》trufa f., (チョコレート) trufa f.

とりょう 塗料 pintura f.
◾蛍光塗料 pintura f. fluorescente
◾水性塗料 pintura f. al agua
◾発光塗料/夜光塗料 pintura f. luminosa

どりょう 度量 generosidad f., tolerancia f. ‖ 度量の広い generoso[sa], tolerante / 度量を大きく持つ tener「generosidad [tolerancia]

どりょうこう 度量衡 pesos mpl. y medidas fpl. ‖ 度量衡では計れないもの lo inmensurable

どりょく 努力 esfuerzo m. ‖ 努力が実を結ぶ El esfuerzo「da frutos [produce resultados]. / 私の努力は報われた Mis esfuerzos han sido recompensados. / 君の努力は認められるだろう Tus esfuerzos serán reconoci-

dos. ／私たちの努力の甲斐もなく a pesar de los esfuerzos que hicimos ／彼の成功は努力のたまものだ Su éxito ha sido el resultado de sus esfuerzos. ／努力を怠る descuidar los esfuerzos ／努力を惜しまない no escatimar esfuerzos ／あらゆる努力をする realizar todos los esfuerzos posibles, hacer todo lo posible
▶ **努力する** esforzarse, hacer un esfuerzo ‖ 私たちはこのような災難が再び起こらないよう努力します Haremos todo lo posible para que no vuelva a repetirse un desastre como este.
◾ **努力家** gran trabaja*dor*[*dora*] *mf.*
◾ **努力賞** premio *m.* al esfuerzo

とりよせる 取り寄せる （注文する）pedir ‖ 資料を取り寄せる pedir datos

ドリル （工具）taladro *m.*, taladradora *f.*, （練習問題）ejercicios *mpl.*

とりわけ 取り分け ⇒とくに(特に)

とりわける 取り分ける repartir,（別にする）apartar ‖ 料理を小皿に取り分ける repartir la comida en platillos ／熟したイチゴを取り分ける apartar las fresas maduras

ドリンク bebida *f.* ‖ このメニューにドリンクは付きますか ¿Este menú incluye bebida?
◾ **ドリンク剤/栄養ドリンク** bebida *f.* energizante

とる 取る tomar, coger,（場所を）ocupar,（除去する）quitar, eliminar,（食事を）tomar ‖ 塩を取ってもらえますか ¿Me puede pasar la sal? ／手に取っていいですか ¿Puedo cogerlo con la mano? ／パンフレットはご自由にお取りください Pueden coger folletos con toda libertad. ／雑草を取る quitar malas hierbas ／バッグを取られました Me robaron el bolso. ／通勤に時間が取られる tardar tiempo en el desplazamiento al trabajo ／税金を取る cobrar impuestos ／大豆から油を取る extraer aceite de la soja ／悪く取る tomar(se) ALGO a mal
慣 取ってつけたような artificial, forza*do*[*da*]
慣 取るに足りない insignificante, sin importancia
慣 取るものも取り敢えず ‖ 取るものも取りあえずかけつける acudir a toda prisa

とる 捕る capturar, atrapar ⇒つかまえる(捕まえる)
慣 捕らぬ狸の皮算用 ⇒たぬき(狸)

とる 採る recoger,（採用する）adoptar,（雇う）contratar ‖ ジャガイモを採る recoger patatas ／新しい方針を採る adoptar una nueva política ／新人を10人採る contratar a diez empleados nuevos ／昆虫を採る atrapar insectos ／決を採る someter ALGO a votación

とる 撮る ‖ 写真を撮る「sacar [tomar] una foto(grafía), fotografiar ／映画を撮る「filmar [rodar] una película

ドル dólar *m.* ‖ ドルで払う pagar en dólares ／ドルを円に換える cambiar dólares a yenes
▶ **ドル化** dolarización *f.* ‖ ドル化する dolarizarse
◾ **オーストラリアドル** dólar *m.* australiano
◾ **ドル相場** cotización *f.* del dólar
◾ **ドル高** apreciación *f.* del dólar
◾ **ドル箱** mina *f.* de oro, gallina *f.* de los huevos de oro
◾ **ドル安** depreciación *f.* del dólar

トルエン 《化学》tolueno *m.*

トルク par *m.* motor, momento *m.* de fuerza

トルコ Turquía
▶ **トルコの** tur*co*[*ca*]
◾ **トルコ人** tur*co*[*ca*] *mf.*
◾ **トルコ石** turquesa *f.*

トルソー torso *m.*

トルティージャ （スペインのジャガイモ入りオムレツ）tortilla *f.*「de patata(s) [española], （メキシコの薄焼きパン）tortilla *f.*

トルティージャ

どれ cuál, qué ‖ どれか好きなのを1つ選びなさい Elige uno que te guste. ／君はどれが好きですか ¿Cuál te gusta? ／どれがどれだか分からない No sé cuál es cuál. ／あなたのスーツケースはどれですか ¿Cuál es su maleta?

トレイ bandeja *f.*

どれい 奴隷 escla*vo*[*va*] *mf.* ‖ 仕事の奴隷になる convertirse en *un*[*una*] escla*vo*[*va*] del trabajo
◾ **奴隷解放** liberación *f.* de los esclavos
◾ **奴隷解放宣言** 《歴史》Proclamación *f.* de Emancipación
◾ **奴隷制度** esclavitud *f.*, sistema *m.* de esclavitud

トレーサビリティ （追跡可能性）trazabilidad *f.* ‖ トレーサビリティが付いた野菜 verduras *fpl.* con trazabilidad

トレーシングペーパー papel *m.* de calco
トレース calco *m.*
▶ トレースする calcar
トレード 《スポーツ》traspaso *m.*
▶ トレードする traspasar
◪ トレードマーク marca *f.* registrada
◪ トレード要員 juga*dor*[*dora*] *mf.* inclui-*do*[*da*] en una lista de traspasos
トレーナー (人)entrena*dor*[*dora*] *mf.*;《服飾》sudadera *f.* ‖ トレーナー姿でジョギングする hacer *footing* con una sudadera
トレーニング entrenamiento *m.*
▶ トレーニングする entrenarse
◪ トレーニングウエア chándal *m.*
◪ トレーニングジム gimnasio *m.* de entrenamiento
◪ トレーニングパンツ pantalón *m.* de chándal

(いろいろなトレーニング)

筋力トレーニング entrenamiento *m.* muscular ／ マラソントレーニング entrenamiento *m.* para 「el [la] maratón ／ 体幹トレーニング entrenamiento *m.* del tronco ／ 右脳トレーニング entrenamiento *m.* del hemisferio derecho del cerebro ／ 聴覚トレーニング entrenamiento *m.* del oído ／ ウエイトトレーニング entrenamiento *m.* con pesas ／ メンタルトレーニング entrenamiento *m.* mental ／ 速読トレーニング entrenamiento *m.* de velocidad lectora ／ 加圧トレーニング ejercicio *m.* realizado con oclusión parcial de flujo sanguíneo

トレーラー remolque *m.*
◪ トレーラーハウス caravana *f.*,《南米》「casa *f.* [casilla *f.*] rodante
どれくらい どれ位 ⇒どのくらい(どの位)
ドレス vestido *m.*, traje *m.*
◪ ドレスアップ ‖ ドレスアップする vestirse de etiqueta
◪ ドレスメーカー modista *com.*, modisto *m.*
とれだか 取れ高 (収穫高)cosecha *f.*
とれたて 取れ立て fres*co*[*ca*], recién cogi*do*[*da*] ‖ 取れたてのトマト tomate *m.* recién cogido
トレッキング senderismo *m.*
▶ トレッキングをする hacer senderismo
◪ トレッキングシューズ 「botas *fpl.* [zapatos *mpl.*] de senderismo
ドレッサー tocador *m.*
◪ ベストドレッサー *el*[*la*] mejor vesti*do*[*da*]
ドレッシー
▶ ドレッシーな elegante ‖ ドレッシーな服 ropa *f.* elegante
ドレッシング aliño *m.* ‖ ドレッシングをかける aliñar

(サラダドレッシングの種類)

フレンチ・ドレッシング aliño *m.* francés ／ イタリアン・ドレッシング aliño *m.* italiano ／ サウザンド・アイランド・ドレッシング salsa *f.* mil islas ／ 和風ドレッシング aliño *m.* japonés ／ 中華風ドレッシング aliño *m.* chino ／ ランチ・ドレッシング aliño *m.* ranchero ／ ヴィネグレット salsa *f.* vinagreta

どれでも cualquiera, cualquier 『+単数名詞』‖ どれでも好きな本を選んでいいよ Puedes elegir cualquier libro que te guste.
トレパン pantalón *m.* de chándal
どれほど ⇒どんなに ‖ 価格はどれほどですか ¿A cuánto asciende el precio?
どれも to*dos*[*das*],(ない～ない)ningu-*no*[*na*]‖ この島の浜辺はどれも美しい Todas las playas de esta isla son hermosas. ／ 彼の作品はどれも気に食わない No me gusta ninguna de sus obras.
とれる 取れる/採れる (離れ落ちる)desprenderse, caerse,(消え去る)quitarse,(解釈できる)interpretarse ‖ ボタンが取れた Se me cayó un botón. ／ コートのしみが取れた Se ha quitado la mancha del abrigo. ／ 私は痛みが取れた Se me quitó el dolor. ／ この文は反対の意味にも取れる Esta frase puede interpretarse también con el significado contrario. ／ この地方では米が取れる En esta provincia se cultiva arroz.
とれる 撮れる tomarse, salir ‖ この写真はよく撮れている Salió bien esta foto.
トレンチコート trinchera *f.*
トレンド tendencia *f.*
とろ 吐露 ‖ 真情を吐露する desahogarse, expresar *sus* verdaderos sentimientos
どろ 泥 barro *m.*, lodo *m.* ‖ 泥まみれの靴 zapatos *mpl.* llenos de barro ／ 自転車の泥を落とす quitar el barro de la bicicleta ／ 車が泥をはねる El coche salpica lodo. ／ 泥だらけになる ensuciarse de barro, enlodarse, embarrarse
(慣用)泥のように眠る《慣用》dormir como un tronco
(慣用)泥をかぶる《慣用》pagar los platos rotos
(慣用)顔に泥を塗る manchar la honra《de》‖ 親の顔に泥を塗る deshonrar a *sus* padres
(慣用)泥を吐く (罪を認める)confesarse culpable,(白状する)《慣用》cantar de plano
とろい len*to*[*ta*], torpe ‖ とろい奴め ¡So torpe!

とろう 徒労　esfuerzo *m.* baldío ‖ 徒労に終わる resultar inútil, ser en vano

トローチ　pastilla *f.* para la tos ‖ トローチを舐める chupar una pastilla para la tos

トロール
◪ トロール網　red *f.* de arrastre
◪ トロール漁業　pesca *f.* de arrastre
◪ トロール船　barco *m.* arrastrero, arrastrero *m.*

どろくさい 泥臭い ‖ 川魚は泥臭い Los peces de río huelen a barro. / 泥臭い身なり apariencia *f.* tosca

とろける 蕩ける　derretirse ‖ チョコレートがとろける El chocolate se derrite. / とろけるような甘い言葉 palabras *fpl.* cautivadoras

どろじあい 泥仕合 ‖ 討論は泥仕合になった El debate degeneró en un intercambio de「insultos [calumnias].

トロッコ　vagoneta *f.* ‖ トロッコに乗る montarse en una vagoneta

ドロップ　caramelo *m.* ‖ ドロップを舐める chupar un caramelo

ドロップアウト
▶ ドロップアウトする abandonar ‖ 大学をドロップアウトする abandonar la universidad

どろどろ
▶ どろどろの（泥んこの）fango*so*[*sa*], cenago*so*[*sa*], （濃い）espe*so*[*sa*]
▶ どろどろした ‖ どろどろした人間関係 relaciones *fpl.* humanas sórdidas
▶ どろどろになる embarrarse ‖ 雨で道はどろどろになった El camino se ha embarrado a causa de la lluvia.

どろぬま 泥沼　pantano *m.*, (ぬかるみ) fangal *m.*, atascadero *m.*, atolladero *m.* ‖ 泥沼にはまる (窮地) meterse en un atolladero
▶ 泥沼化 ‖ 泥沼化した紛争 conflicto *m.* sin salida

とろび とろ火　fuego *m.* lento ‖ とろ火で煮る cocer a fuego lento

トロフィー　trofeo *m.*

どろぼう 泥棒　la*drón*[*drona*] *mf.*, (行為) robo *m.*, hurto *m.* ‖ 泥棒! ¡Al ladrón! / 昨日私は泥棒に入られた Ayer me entraron ladrones en casa. / 泥棒をする/泥棒を働く cometer un robo / 泥棒を捕まえる capturar a un ladrón

とろみ　espesura *f.* ‖ スープにとろみをつける espesar la sopa

どろみず 泥水　agua *f.* fangosa

どろよけ 泥除け　(自動車の) guardabarros *m.*[=*pl.*], aleta *f.*

トロリーバス　trolebús *m.*

とろろいも とろろ芋　ñame *m.*

とろん
▶ とろんとした ‖ とろんとした目をしている tener los ojos「empañados [soñolientos]

トロンボーン　trombón *m.* ‖ トロンボーンを吹く tocar el trombón
◪ トロンボーン奏者 trombón *com.*, trombonista *com.*

どわすれ 度忘れ
▶ 度忘れする《慣用》irse *el santo* al cielo a ALGUIEN ‖ 私は映画のタイトルを度忘れして思い出せない Se me ha ido el santo al cielo y no puedo recordar el título de la película.

トン　tonelada *f.* ‖ 5トン積みのトラック camión *m.* de cinco toneladas
◪ トン数（船の）tonelaje *m.* ‖ 総トン数 tonelaje *m.* bruto ／ 純トン数 tonelaje *m.* neto

どんか 鈍化　(失速) desaceleración *f.*
▶ 鈍化する（鈍る）embotarse,（失速する）desacelerarse

どんかく 鈍角　ángulo *m.* obtuso
◪ 鈍角三角形　triángulo *m.* obtuso

とんカツ 豚カツ　lomo *m.* de cerdo rebozado

どんかん 鈍感
▶ 鈍感になる hacerse insensible, insensibilizarse
▶ 鈍感な insensible, poco sensible

どんき 鈍器　arma *f.* contundente

どんぐり 団栗　bellota *f.*
(慣用)どんぐりの背比べ ser igual de mediocre,《慣用》ser tal para cual
◪ どんぐり眼　ojos *mpl.* grandes y redondos

どんこう 鈍行
◪ 鈍行列車　tren *m.* que para en todas las estaciones, (普通列車) tren *m.*「local [ómnibus]

どんぞこ どん底　fondo *m.* ‖ どん底から這い上がる ascender desde lo más bajo ／ 不況のどん底にある estar en el fondo de la recesión ／ どん底に落ち込む caer hasta el fondo ／ 絶望のどん底にいる sumirse en el abismo de la desesperación ／ どん底の生活をする vivir en la miseria

とんだ　inesper*ado*[*da*], increíble, impensable, (ひどい) terrible, grave ⇒ とんでもない ‖ とんだ所で会ってしまいましたね Nos hemos encontrado en el lugar más inesperado, ¿no? ／ とんだ事になってしまった ¡Menudo lío se ha armado!

とんち 頓知　ingenio *m.*, agudeza *f.* ‖ とんちのきく人 persona *f.* aguda ／ とんちを働かせる utilizar el ingenio

とんちゃく 頓着 ‖ 彼はお金に頓着しない A él no le importa el dinero.

どんちゃんさわぎ どんちゃん騒ぎ　jaleo *m.*, juerga *f.*
▶ どんちゃん騒ぎをする armar jaleo, irse de parranda

とんちんかん 頓珍漢

▶**とんちんかんな**‖とんちんかんな答え respuesta *f.* que no viene al caso／とんちんかんな事を言う《慣用》salir por peteneras

どんつう 鈍痛 dolor *m.* sordo‖鈍痛がある tener un dolor sordo

とんでもない terrible, inaud*ito*[*ta*], ridícu*lo*[*la*], inconcebible‖とんでもない ¡Ni hablar!¦¡De ninguna manera!¦¡Ni mucho menos!／とんでもない誤解 malentendido *m.* garrafal／とんでもない事をしでかす hacer algo inconcebible／とんでもない話だ Es una historia ridícula.／とんでもない目にあう tener una experiencia terrible／とんでもない奴だ ¡Menudo tipo!

どんでんがえし どんでん返し desenlace *m.* inesperado, sorpresa *f.*‖最後にどんでん返しが起きた Finalmente se produjo un desenlace inesperado.

とんと por completo, completamente, en absoluto‖とんと覚えがない No recuerdo nada en absoluto.

とんとん toque *m.*, golpecito *m.*‖とんとんたたく dar golpecitos《en》

▶**とんとんと**‖階段をとんとんと上る subir las escaleras a buen paso

▶**とんとんである** estar iguala*do*[*da*]‖収支はとんとんである Los ingresos y los gastos están igualados.

🔲**とんとん拍子**‖彼はとんとん拍子に出世した Él ha triunfado en la vida sin ninguna dificultad.

どんどん（次々に）u*no*[*na*] tras o*tro*[*tra*], sin cesar,（順調に）a buen ritmo‖優秀な選手がどんどん出て来る Están apareciendo excelentes jugadores uno tras otro.／仕事をどんどんかたづける despachar el trabajo a buen ritmo／ドアをどんどんたたく llamar a la puerta con fuerza／どんどん金を使う dilapidar el dinero／どんどん悪くなる ir de mal en peor

どんな cómo, qué, qué「tipo [clase] de『＋名詞』」‖あなたの車はどんな車ですか ¿Cómo es su coche?／どんな痛みですか ¿Y cómo es el dolor?¦¿Y qué tipo de dolor es?／どんなご用件ですか ¿Qué desea?／どんな職種をお探しですか ¿Qué tipo de trabajo busca?／どんな情報でもいただければありがたい Agradecería cualquier información.／どんな人でもできます Cualquiera puede hacerlo.／どんなことが起ころうとも pase lo que pase

どんなに ❶（程度）cuánto, cómo, hasta qué punto‖彼女はどんなに苦しったことだろう ¡Cuánto habrá sufrido ella!／この計画のために私はどんなにお金を使ったことか ¡Cuánto dinero he gastado en este proyecto!／この仕事がどんなに辛いか君には分からない No te puedes imaginar lo duro que es este trabajo.

❷（どんなに〜でも）‖どんなに急いでも間に合わないよ Por mucha prisa que te des, no llegarás a tiempo.／彼はどんなに困っても泣き言をもらさなかった Él nunca dejó escapar una queja por muchos problemas que tuviera.／その本がどんなに高くても買ってあげるよ Te compro el libro cueste lo que cueste.

トンネル túnel *m.*‖トンネルを通る pasar por un túnel／トンネルを掘る「excavar [perforar]」un túnel

どんぶり 丼 escudilla *f.*, cuenco *m.*

🔲**どんぶり勘定**‖どんぶり勘定で経営が傾く La administración se deteriora a causa de una contabilidad mal llevada.

とんぼ 蜻蛉 libélula *f.*, caballito *m.* del diablo

▶**赤とんぼ** libélula *f.* roja

とんぼがえり とんぼ返り（宙返り）volvereta *f.*,（旅行）viaje *m.* relámpago‖とんぼ返りをする（宙返りする）dar una volvereta,（旅行）hacer un viaje relámpago

とんま 頓馬

▶**とんまな** estúpi*do*[*da*], ton*to*[*ta*]‖とんまな奴め ¡So ton*to*[*ta*]!

とんや 問屋 comercio *m.* al por mayor,（人）mayorista *com.*

〔慣用〕そうは問屋がおろさないよ Esperas demasiado.

🔲**問屋街** distrito *m.* de comercios al por mayor

どんよく 貪欲

▶**貪欲である** estar ávi*do*[*da*]《de》‖権力に対して貪欲である estar ansio*so*[*sa*] de poder

▶**貪欲な** ávi*do*[*da*], codicio*so*[*sa*]

▶**貪欲に** con codicia, con avidez‖貪欲に知識を吸収する asimilar conocimientos con avidez

どんより

▶**どんよりした**（目が）tur*bio*[*bia*],（空が）oscu*ro*[*ra*]

な

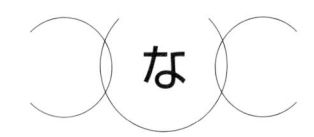

な 名 nombre *m*., (姓) apellido *m*., (名声) fama *f*., reputación *f*., (口実) pretexto *m*. ‖ 我が家の犬は「コロ」という名である Nuestro perro se llama *Koro*. ／田中一郎の名でホテルを予約する reservar el hotel a nombre de Ichiro Tanaka. ／国民の名において en nombre del pueblo ／イビサという名のレストラン restaurante llamado Ibiza ／名のある／名の通った／名の知れた conoci*do*[*da*], prestigio*so*[*sa*]
▶名ばかりの nominal, de nombre
慣用 名もない sin nombre, desconoci*do*[*da*] ‖ 名もない画家 pin*tor*[*tora*] *mf*. desconoci*do*[*da*]
慣用 名が売れる／名をあげる hacerse famo*so*[*sa*], conquistar la fama
慣用 名を借りる poner el pretexto《de》‖ 都市開発に名を借りた環境破壊 destrucción *f*. del medio ambiente con el pretexto del desarrollo urbano
慣用 名を汚す deshonrar
慣用 名を捨てて実をとる《諺》Dame pan, y dime tonto.
慣用 名を連ねる figurar《en》
慣用 名を残す inmortalizar *su* nombre
慣用 名を成す hacerse un nombre
慣用 名を馳せる ganar la fama
な 菜 (青菜) verdura *f*. de hoja; (アブラナ) colza *f*., canola *f*.
ナース enferme*ro*[*ra*] *mf*.
◪ナースキャップ cofia *f*.
◪ナースコール botón *m*. de llamada de enfermería
◪ナースステーション sala *f*. de enfermeros
なあてにん 名宛人 destinata*rio*[*ria*] *mf*., (手形などの) beneficia*rio*[*ria*] *mf*.
なあなあ ⇒なれあい(馴れ合い)
ない 亡い ⇒なき(亡き)
ない 無い (存在しない) no existir, no haber《動詞は3人称単数形の無主語で》, (持っていない) no tener, (不足している) faltar, (欠けている) carecer《de》‖ この時間は電車がない A esta hora no hay tren. ／お金がない No tener dinero ／我々は資金がない Nos faltan fondos. ／根拠がない carecer de fundamento ／私の本がない No encuentro mi libro. ／私はもう言うことはない No tengo nada que añadir. ／何もないよりはましです Más vale algo que nada. ／そういう言い方はないでしょう ¿Cómo se atreve a hablar así? ／なかったことにする (帳消しにする)
慣用 hacer borrón y cuenta nueva ／ない物ねだりする pedir lo imposible, 慣用 pedir la Luna ／なくてはならない indispensable, esencial ／例外のない規則はない No hay regla sin excepción. ／それはない Eso no puede ser.
慣用 ない袖は振れない Lo que no hay, no hay.
慣用 ない物はない (何でもある) Hay de todo.
慣用 無きにしも非ず ‖ チャンスはなきにしもあらずだ No es que no tengamos ninguna oportunidad.
慣用 なくて七癖 ⇒くせ(癖)
ないいん 内因 causa *f*. interna
▶内因性(の) por causa interna, 《生物》endóge*no*[*na*]
ナイーブ
▶ナイーブな inocente, inge*nuo*[*nua*], cándi*do*[*da*]
ないえん 内縁 unión *f*. de hecho
▶内縁の ‖ 内縁の夫 concubino *m*. ／内縁の妻 concubina *f*. ／内縁の夫婦 (事実婚の) matrimonio *m*. de hecho
▶内縁関係 relación *f*. de pareja no casada, (軽蔑的に) concubinato *m*.
ないか 内科 medicina *f*. interna, (医局) departamento *m*. de medicina interna
▶内科医 internista *com*.
◪心療内科 medicina *f*. psicosomática
◪スペイン内科学会 Sociedad *f*. Española de Medicina Interna (略 SEMI)
ないがい 内外 el interior y el exterior, (国内と国外) el país y el extranjero
▶内外で en el interior y en el exterior ‖ サッカー場の内外で dentro y fuera del campo de fútbol
▶内外の interior y exterior ‖ 内外の機関投資家 inversores *mpl*. institucionales nacionales y extranjeros ／内外の事情に通じている conocer a fondo los asuntos nacionales y extranjeros
◪内外政策 política *f*.「interior y exterior [interna y externa]
ないかく 内角 ángulo *m*.「interior [interno] ‖ 内角の和 suma *f*. de los ángulos interiores
ないかく 内閣 gabinete *m*. ‖ 内閣に入る／内閣入りする entrar en el gabinete ／内閣を改

造する reorganizar el gabinete ／内閣を組織する「formar [organizar] un gabinete／第2次佐藤内閣 el segundo Gabinete de Sato
- 内閣官房長官 secreta*rio*[*ria*] *mf*. en je*fe*[*fa*] del Gabinete
- 内閣総理大臣 pri*mer*[*mera*] minis*tro*[*ra*] *mf*.
- 内閣府 Oficina *f*. del Gabinete de Japón
- 内閣不信任案 moción *f*. de censura
- 内閣法制局 Oficina *f*. de Legislación del Gabinete

ないがしろ 蔑
- ないがしろにする desatender, descuidar, prestar poca atención《a》

ないき 内規 reglamento *m*. interno
ないきん 内勤
- 内勤の ‖ 内勤の社員 emplea*do*[*da*] *mf*. de oficina

ないけい 内径 diámetro *m*. interior, (銃の) calibre *m*.
ないこう 内向
- 内向的な introverti*do*[*da*], (内気な) tími*do*[*da*] ‖ 内向的な性格 carácter *m*. introvertido
- 内向性 introversión *f*.

ないさい 内債 deuda *f*. pública interna
ないざい 内在 《哲学》inmanencia *f*.
- 内在する ser「inmanente [inherente]《a》
- 内在的な inmanente《a》, inherente《a》, intrínse*co*[*ca*]

ないし (または) o,《o-, ho-で始まる語の前で》u,《AからBまで》de A a B, entre A y B ‖ 北ないし北東の風 vientos *mpl*. del norte o del noreste／料金は15ユーロないし20ユーロである La tarifa oscila entre 15 y 20 euros.

ないじ 内示 anuncio *m*. oficioso, notificación *f*. oficiosa ‖ 内示を受ける recibir una notificación oficiosa

ないじ 内耳 oído *m*. interno, laberinto *m*.
- 内耳炎 otitis *f*.[=*pl*.] interna, laberintitis *f*.[=*pl*.]

ないしきょう 内視鏡 endoscopio *m*.
- 内視鏡の endoscó*pico*[*ca*]
- カプセル内視鏡 cápsula *f*. endoscópica
- 内視鏡外科 cirugía *f*. endoscópica
- 内視鏡検査 endoscopia *f*.

ないじつ 内実
- 内実(は) (実際は) en realidad, de hecho

ないじゅ 内需 demanda *f*. interna ‖ 内需の低迷が続いている La demanda interna sigue estancada.／内需を拡大する aumentar la demanda interna／内需を刺激する estimular la demanda interna／内需を満たす satisfacer la demanda interna
- 内需拡大 aumento *m*. de la demanda interna

ないしゅっけつ 内出血 hemorragia *f*. interna, (皮下出血) hemorragia *f*. subcutánea ‖ 内出血を引き起こす provocar una hemorragia interna
- 内出血する (人が)「sufrir [tener] una hemorragia interna

ないしょ 内緒 ‖ みんなには内緒だよ No se lo digas a nadie, ¿eh? ¦ Que esto quede entre nosotros.
- 内緒の secre*to*[*ta*], confidencial
- 内緒で secretamente, confidencialmente
- 内緒にする「guardar [llevar] ALGO en secreto

ないじょ 内助
- (慣用)内助の功 ‖ 内助の功によって「con [gracias a] la ayuda y el apoyo de *su* esposa

ないじょう 内情 circunstancia *f*. interna, situación *f*. real ‖ 内情に通じている estar al tanto de los asuntos internos ／内情に詳しい conocer bien los entresijos《de》／会社の内情を探る averiguar la situación real de la empresa ／内情を暴露する sacar a la luz la verdadera situación《de》

ないしょく 内職 (副業) trabajo *m*. complementario, (自宅での賃仕事) trabajo *m*. a destajo en casa
- 内職する hacer un trabajo complementario, (自宅で) trabajar a destajo en casa ‖ 授業中に内職する hacer otra cosa en clase

ないしん 内心 ‖ 内心では《慣用》en *su* fuero 「interno [interior]
ないしんしょ 内申書 informe *m*. confidencial, (学校の) informe *m*. de resultados escolares
ないしんのう 内親王 princesa *f*.
ないせい 内政 política *f*. 「interna [interior]
- 内政干渉 intervención *f*. en los asuntos internos

ないせい 内省 introspección *f*.
- 内省する reflexionar, practicar la introspección
- 内省的な introspecti*vo*[*va*]

ないせん 内戦 guerra *f*. civil ‖ 内戦が勃発する estallar una guerra civil
ないせん 内線 (電話線) línea *f*. interior, (番号) extensión *f*. ‖ 内線56をお願いします Con la extensión 56, por favor.
ないそう 内装 decoración *f*. de interiores, interiorismo *m*. ‖ 内装を変える cambiar la decoración del interior
- 内装工事 obras *fpl*. de decoración interior

ないぞう 内蔵
- 内蔵の incorpora*do*[*da*]
- 内蔵する ‖ このコンピュータはマイクを内蔵している Este ordenador tiene un micrófono incorporado.
- 内蔵電源 fuente *f*. de alimentación incorporada

ないぞう

- ■内蔵フラッシュ flash m. incorporado
- **ないぞう 内臓** vísceras fpl., entrañas fpl.
  - ▶内臓の visceral
  - ■内臓感覚 sensación f. visceral
  - ■内臓疾患 enfermedad f. 「interna [visceral]
  - ■内臓脂肪 grasa f. visceral
- **ナイター** partido m. nocturno
- **ないだく 内諾** consentimiento m. informal, (事前の) consentimiento m. previo ‖ 内諾を得る obtener el consentimiento previo de ALGUIEN
- **ないつう 内通**
  - ▶内通する ‖ 敵と内通する comunicarse con el enemigo
- **ないてい 内定** decisión f. informal, (就職活動の) promesa f. de contrato de trabajo
- **ないてき 内的**
  - ▶内的な inter*no[na]*, interior, （精神的な）mental
  - ■内的生活 vida f. 「espiritual [interior]
  - ■内的要因 factor m. interno
- **ナイト** (騎士) caballero m., (チェスの) caballo m.; (夜) noche f.
  - ■ナイトクラブ club m. nocturno
  - ■ナイトテーブル mesilla f. (de noche)
- **ないない 内内**
  - ▶内々の (内輪の) priva*do[da]*, familiar; (内密の) secre*to[ta]*, confidential
  - ▶内々で (非公式に) oficiosamente, (内密に) en secreto ‖ 内々でお話ししたいのですが Me gustaría hablar con usted en privado.
- **ないねんきかん 内燃機関** motor m. de combustión interna
- **ナイフ** cuchillo m., (折りたたみ式) navaja f. ‖ ナイフとフォークの使い方 uso m. del cuchillo y tenedor ／ ナイフでパンを切る cortar el pan con el cuchillo
- **ないぶ 内部** interior m. ‖ 建物の内部 interior m. del edificio ／ 内部から desde dentro
  - ▶内部の inter*no[na]*, interior ‖ 警察は会社の内部の者が犯行に関係しているとみている La policía considera que alguien de la empresa está implicado en el delito.
  - ▶内部に en el 「interior [seno] 《de》, dentro 《de》
  - ■内部エネルギー energía f. interna
  - ■内部告発 denuncia f. interna
  - ■内部被曝 irradiación f. interna, exposición f. interna (a la radiación)
- **ないふく 内服**
  - ▶内服する tomar medicamentos (por vía oral)
  - ■内服薬 medicamento m. por vía oral
- **ないふん 内紛** conflicto m. interno, discordia f. interna ‖ 内紛を起こす generar un conflicto interno

- **ないぶんぴつ 内分泌** secreción f. interna
  - ■内分泌の endocri*no[na]*
  - ■内分泌系 sistema m. endocrino
  - ■内分泌腺 glándula f. endocrina
- **ないみつ 内密**
  - ▶内密の secre*to[ta]*, confidential
  - ▶内密に secretamente, en secreto, confidencialmente ‖ 内密にする guardar ALGO en secreto
- **ないむ 内務**
  - ■内務省 Ministerio m. del Interior
  - ■内務大臣 minis*tro[tra]* mf. del Interior
- **ないめん 内面** interior m., (精神) mente f.
  - ▶内面的な interior, （精神的な）mental
  - ▶内面的に interiormente ‖ 内面的に成長する crecer interiormente
  - ■内面生活 vida f. interior
  - ■内面描写 descripción f. psicológica
- **ないや 内野** 《野球》cuadro m. interior, diamante m.
  - ■内野安打 hit m. en el cuadro interior
  - ■内野手 juga*dor[dora]* mf. de cuadro interior
- **ないよう 内容** contenido m., sustancia f. ‖ スピーチの内容 contenido m. del discurso ／ 形式と内容 la forma y el contenido ／ 内容がある tener contenido ／ 内容が乏しい tener poco contenido ／ 内容のある作品 obra f. sustancial ／ 内容の乏しい演説 discurso m. sin sustancia ／ 記事の内容を吟味する examinar el contenido del artículo
  - ■内容分析 análisis m.[=pl.] de contenidos
  - ■内容見本 (書籍の) páginas fpl. de muestra, (サンプル) muestra f.
- **ないらん 内乱** guerra f. civil, rebelión f. ‖ 内乱が起きる producirse *una rebelión*
  - ■内乱罪 traición f.
- **ないらんかい 内覧会** inauguración f. previa
- **ないりく 内陸** interior m.
  - ▶内陸の interior
  - ■内陸国 estado m. sin litoral
  - ■内陸部 región f. interior
- **ナイロン** nailon m., nilón m.
  - ■ナイロンストッキング medias fpl. de nilón
- **なえ 苗** planta f. de semilla, (苗木) plantón m. ‖ 米の苗を植える plantar arroz
  - ■苗床 semillero m., almáciga f., almácigo m.
- **なえる 萎える** debilitarse, desanimarse, (しおれる) marchitarse ‖ 気力がなえる desalentarse
- **なお** (まだ) aún, todavía, (さらに) más ‖ 寒さはなお衰えない El frío aún no se va. ／ なお悪いことには《慣用》para colmo (de males) ／ なお一層の努力が必要である Es necesario hacer más esfuerzos. ／ なお、詳細

は後ほど申し上げます Y en cuanto a los detalles, los comunicaremos más tarde.

なおかつ（その上）además, encima,（それでも）a pesar de ello ‖ その商品は品質が良く、なおかつ安い El artículo es de buena calidad y, además, barato.

なおさら todavía más ‖ なおさら良い tanto mejor, mejor que mejor ／ 君がスペイン語もできるならなおさら良い Y si encima sabes español, tanto mejor.

なおざり 等閑
▶**なおざりにする** descuidar, desatender,《慣用》hacer caso omiso《de》‖ 義務をなおざりにする descuidar *sus* deberes

なおし 直し （訂正）corrección *f.*, rectificación *f.*,（修理）reparación *f.*, arreglo *m.*

なおす 治す curar, sanar, remediar ‖ 風邪を治す curar el resfriado ／ 傷を治す curar la herida

なおす 直す （訂正する）corregir, rectificar,（修理する）reparar, arreglar ‖ 故障を直す reparar la avería ／ ネクタイを直す arreglarse la corbata ／ 化粧を直す retocar el maquillaje ／ 位置を直す corregir la posición《de》／（自分の）くせを直す quitarse una manía ／ 原稿を直す revisar el manuscrito ／ 発音を直す corregir la pronunciación ／ 作り直す rehacer, volver a hacer

なおる 治る curarse, sanarse,（回復する）recuperarse, reponerse ‖ 傷が治る「cicatrizarse [curarse] *una herida* ／ 私は風邪が治った Me he curado del resfriado. ／ この病気は簡単に治る Esta enfermedad se cura fácilmente. ／ この病気は自然に治る Esta enfermedad se cura por sí sola. ／ がんは治る病気である El cáncer es una enfermedad curable. ／ 治らない病気 enfermedad *f.* incurable

なおる 直る arreglarse, corregirse,（故障が）repararse ‖ 機嫌が直る recuperar el buen humor ／ 綴りの間違いが直っている Los errores ortográficos están corregidos. ／ この故障は直らない Esta avería「es irreparable [no puede repararse].

なか 中 interior *m.* ‖ 建物の中と外 el interior y el exterior de un edificio ／ 車の中を見る mirar en el interior del coche ／ ハンドバッグの中を探す buscar ALGO dentro del bolso ／ 雨の中を出かける salir con la lluvia ／ そのピッチャー（男性）は中2日で登板した El lanzador actuó de nuevo después de un intervalo de dos días.

▶**中から** desde dentro, desde el interior ‖ ポケットの中から携帯を取り出す sacar el móvil en el interior del bolsillo ／ 10人の中から選ばれる ser elegi*do*[*da*] entre diez personas ／ 中から外へ del interior al exterior ／ 家の中から庭を見る ver el jardín desde el interior de la casa

▶**中で/中に** en, dentro《de》, en el interior《de》‖ 車の中で待つ esperar en el coche ／ 彼は皆の中で一番背が高い Él es el más alto de todos. ／ その箱の中に何がありますか ¿Qué hay「en [dentro de] la caja? ／ ホテルの中に入る entrar en el hotel

▶**中の** de dentro, interior, inter*no*[*na*] ‖ 酒蔵の中の温度 temperatura *f.* interior de la bodega

慣用 中に立つ/中に入る mediar《en》, intervenir《en》, arbitrar《en》‖ 彼は中に立って話しをまとめることにした Él decidió intervenir para zanjar el asunto.

慣用 中を取る tomar un punto medio

なか 仲 relaciones *fpl.* ‖ 仲が良い llevarse bien con ALGUIEN, tener buenas relaciones con ALGUIEN, tener una íntima amistad con ALGUIEN ／ 彼らはとても仲が良い Ellos son muy buenos amigos. ¦《慣用》Ellos son uña y carne. ／ 彼らはとても仲が悪い Ellos se llevan muy mal. ¦《慣用》Ellos se llevan como el perro y el gato. ／ 仲の良い兄弟 her*manos mpl.* unidos ／ 仲を裂く separar, desunir ／ 二人の仲を取り持つ mediar entre los dos

ながあめ 長雨 lluvia *f.*「incesante [continua, prolongada]

ながい 長居
▶**長居する** ‖ 私は長居するつもりはありません No me quisiera quedar mucho tiempo.

ながい 長い/永い lar*go*[*ga*] ‖ 長い間 durante mucho tiempo ／ 長い目で見る ver ALGO a largo plazo ／ 先は長いよ Todavía queda un largo camino por recorrer. ／ 気が長い tener mucha paciencia ／ 私たちは長いつきあいだ Somos vie*jos*[*jas*] conoci*dos*[*das*].

諺 長いものには巻かれよ《諺》Haz lo que tu amo te manda, y siéntate con él a la mesa.

ながいき 長生き longevidad *f.* ‖ 長生きの秘訣 secreto *m.* de la longevidad
▶**長生きの** longe*vo*[*va*]
▶**長生きする** vivir muchos años ‖ 女性は男性より平均6年長生きする Las mujeres viven, por término medio, seis años más que los hombres.

ながいす 長椅子 sofá *m.*, canapé *m.*, diván *m.*

ながいも 長芋 ñame *m.* chino

なかがい 仲買 corretaje *m.*, correduría *f.*
🈞 仲買人 corre*dor*[*dora*] *mf.*, intermedia*rio*[*ria*] *mf.* ‖ 株式仲買人 corre*dor*[*dora*] *mf.* de bolsa, agente *com.* de bolsa

ながく 長く por mucho tiempo, largamente ‖ 長く続いている伝統 tradición *f.*「de [que ha durado] muchos años ／ このバッテリーは長く持たない Esta batería no dura mu-

cho. ／手術は長くかかる La operación dura bastante. ／長くて5分程度かかる tardar unos cinco minutos como máximo
▶長くする alargar, extender, prolongar ‖ 髪を長くする dejarse crecer el pelo ／距離を長くする alargar la distancia ／滞在を長くする prolongar *su* estancia ／コードを長くする extender el cable
▶長くなる alargarse, extenderse, (長引く) prolongarse ‖ 私は髪が長くなった Me ha crecido el pelo. ／夏には日が長くなる Los días se alargan en verano.

ながぐつ 長靴 botas *fpl*. de 「agua [goma]
なかごろ 中頃
▶中頃に a mediados 《de》‖ 1月の中頃に a mediados de enero ／80年代の中頃に a mediados de la década de los 80

ながさ 長さ longitud *f*., largo *m*., (時間) duración *f*. ‖ 長さ1メートルの板 tabla *f*. de un metro de largo ／長さの違う2本の線 dos líneas *fpl*. de longitud diferente ／橋の長さは60メートルだ El puente tiene una longitud de 60 metros. ／長さを測る medir la longitud ／時間の主観的長さ duración *f*. subjetiva del tiempo

ながし 流し (台所の) fregadero *m*.
▶流しの ‖ 流しの歌手 cantante *com*. ambulante ／流しのタクシー taxi *m*. que circula por la calle en busca de clientes

ながしめ 流し目 (横目で) mirar de reojo a ALGUIEN ／流し目を送る (色目を)《慣用》hacer ojitos a ALGUIEN

なかす 中洲 mejana *f*.

ながす 流す echar, verter, derramar, (広める) hacer correr ‖ トイレの水を流す (水洗タンクの鎖を引っ張る) tirar de la cadena ／汚水を流す verter aguas residuales ／涙を流す derramar lágrimas ／汗を流す (水で) lavarse, (精を出す) sudar ／いかだを川に流す colocar una balsa en el río ／洪水で家々が流された La inundación se llevó casas. ／噂を流す「difundir [hacer correr] un rumor ／映像を流す emitir imágenes ／電流を流す transmitir la corriente eléctrica

なかせる 泣かせる hacer llorar, (感動させる) conmover, arrancar lágrimas ‖ 小さい子を泣かせてはいけません No se hace llorar a los pequeños. ／親を泣かせる hacer sufrir a *sus* padres ／私は彼女を一人で泣かせておいた La dejé llorar sola. ／泣かせる話 historia *f*. conmovedora

ながそで 長袖 manga *f*. larga ‖ 長袖のセーター jersey *m*. de manga larga

なかたがい 仲違い
▶仲違いする pelearse 《con》, desavenirse 《con》‖ 遺産の分配で兄弟が仲違いした Los hermanos se han enemistado por el reparto de la herencia.

▶仲違いさせる desavenir, enemistar
なかだち 仲立ち mediación *f*., intervención *f*., (人) media*dor[dora]* *mf*.
▶〜の仲立ちで por mediación 《de》
▶仲立ち(を)する mediar 《en》, hacer de intermedia*rio[ria]* ‖ 交渉の仲立ちをする mediar en las negociaciones

ながたらしい 長たらしい proli*jo[ja]*, dila*tado[da]* en exceso ‖ 長たらしいスピーチ dilatado discurso *m*.

なかだるみ 中弛み ‖ 市場の中だるみが続いている El mercado sigue estancado.
▶中だるみする aflojarse, relajarse

なかつぎ 中継ぎ (仲介) mediación *f*., (引き継ぎ) relevo *m*. ‖ 中継ぎのピッチャー《野球》relevista *com*. de medio juego
◢中継ぎ港 puerto *m*. de tránsito
◢中継ぎ貿易 comercio *m*. intermediario

ながつづき 長続き
▶長続きする durar mucho ‖ お祭り気分は長続きしないだろう El ambiente festivo durará poco.

なかでも 中でも sobre todo, especialmente ‖ 私はスペイン建築、中でもゴシック建築に関心がある Me interesa la arquitectura española, sobre todo la gótica.

なかなおり 仲直り
▶仲直りする reconciliarse 《con》,《慣用》hacer las paces 《con》‖ 彼らは仲直りした Ellos se reconciliaron.
▶仲直りさせる reconciliar

なかなか (かなり) bastante, (容易には〜しない) no fácilmente ‖ 彼女はテニスがなかなか上手だ Ella juega bastante bien al tenis. ／彼はなかなか承知しないだろう Él no va a dar su consentimiento con facilidad. ／私にはこのクロスワードパズルがなかなか解けない Me cuesta resolver este crucigrama. ／電車がなかなか来ない El tren está tardando en llegar.

ながなが 長長
▶長々と largamente, extensamente ‖ 長々と話す hablar largamente ／長々と身体を伸ばす extenderse a *sus* anchas

なかには 中には ‖ みんな忙しそうだけれど、中には君に手を貸してくれる人もいるだろう Parece que todos están ocupados, pero habrá alguien que te eche una mano.

なかにわ 中庭 patio *m*.

ながねん 長年 muchos años ‖ 私の長年の夢 mi sueño de muchos años ／父は長年勤めた学校を先月退職した Mi padre se jubiló el mes pasado en la escuela donde había trabajado durante muchos años.

なかば 半ば (半分) mitad *f*., (半分ほど)《副詞》medio ‖ 父は月の半ばは出張している Mi padre está de viaje de negocios la mitad del mes. ／半ば冗談で言う decir ALGO medio en broma ／ 半ば開いた窓 ventana *f.* entreabierta ／ 4月半ばに a mediados de abril ／ 会議の半ばで退席する retirarse a mitad de la reunión ／ 志半ばにして a medio camino de alcanzar *sus* objetivos ／ 半ば眠った状態でいる estar medio dormi*do*[*da*]

ながばなし 長話　larga charla *f.*
▶長話する hablar mucho rato, tener una larga charla《con》

ながびく 長引く　prolongarse, alargarse, dilatarse ‖ 経済危機は長引くだろう La crisis económica se va a alargar. ／ 痛みが長引くようならかかりつけの医者に相談してください Si persiste el dolor, consulte a su médico.

なかほど 中程
▶中程に「a [en] mitad 《de》‖ その村はマドリードとサラマンカの中程に位置する El pueblo se ubica a mitad de camino entre Madrid y Salamanca. ／ 来月の中程に a mediados del mes que viene ／ 中程にお詰めください Avancen al fondo, por favor.

なかま 仲間　compañe*ro*[*ra*] *mf.*, camarada *com.*, colega *com.*, so*cio*[*cia*] *mf.* ‖ 僕たちは仲間だ Somos compañeros. ／ 犬はオオカミの仲間である El perro pertenece a la misma especie que el lobo.
〔慣用〕仲間を売る traicionar a *su* compañe*ro*[*ra*]
◪仲間意識 compañerismo *m.*
◪仲間入り‖仲間入りする unirse a un grupo, hacerse so*cio*[*cia*]《de》,（加入する）afiliarse《a》,（参加する）tomar parte《en》
◪仲間内‖仲間内で entre amigos
◪仲間外れ‖仲間外れにする「echar [excluir] a ALGUIEN del grupo,《慣用》hacer el vacío a ALGUIEN
◪仲間割れ‖仲間割れする desunirse, desavenirse

なかみ 中身/中味　contenido *m.* ‖ 教育の中身 contenido *m.* de la enseñanza ／ その箱の中身は何ですか ¿Qué hay en la caja? ／ その映画には中身がない La película no tiene contenido.

ながめ 長め
▶長めの‖長めのスカート falda *f.* un poco larga
▶長めに‖髪を長めにする llevar el pelo un poco largo

ながめ 眺め　vista *f.*, perspectiva *f.* ‖ 眺めの良い部屋 habitación *f.* con buena vista ／ 山頂からの眺め vista *f.* desde la cima del monte

ながめる 眺める　contemplar, mirar, ver

ながもち 長持ち
▶長持ちする durar, resistir,《形容詞》dura*ro*[*ra*], resistente ‖ 長持ちする家具 mueble *m.* duradero ／ 長持ちする布 tela *f.* resistente ／ 長持ちしない食品 alimento *m.* perecedero ／ スモークサーモンは少し油を塗ると長持ちする El salmón ahumado se conserva bien untándolo con un poco de aceite.

なかやすみ 中休み　descanso *m.*, intermedio *m.*
▶中休みする descansar, tomar un descanso

なかゆび 中指　dedo *m.* medio, dedo *m.* corazón ‖ 中指を立てるしぐさは侮辱と見なされる Levantar el dedo corazón se considera un insulto.

なかよく 仲良く‖仲良く暮らす vivir en armonía
▶仲良くする llevarse bien《con》, tener buenas relaciones《con》
▶仲良くなる hacerse ami*go*[*ga*] de ALGUIEN, hacer amistad con ALGUIEN

なかよし 仲良し　ínti*mo*[*ma*] ami*go*[*ga*] *mf.* ‖ 私たちは仲良しだ Somos ʃíntimos [muy] amigos. ¦《慣用》Somos uña y carne.

ながら ❶（〜しながら）‖ 運転しながら電話する usar el teléfono al volante ／ コーヒーを飲みながら試合を見る ver un partido tomando café
❷（〜にもかかわらず）a pesar《de》‖ 私は疲れていながら眠れない No puedo dormir aunque estoy cansa*do*[*da*]. ／ 悪天候ながら試合が行われた A pesar de mal tiempo que hacía se celebró el partido.

ながらく 長らく　durante mucho tiempo ‖ 長らくお待たせしました Perdone que le haya hecho esperar tanto.

ながれ 流れ　corriente *f.*, flujo *m.*, curso *m.* ‖ 川の流れ corriente *f.* del río ／ 資金の流れ flujo *m.* de fondos ／ 時の流れと共に con el paso del tiempo ／ 空気の流れがある Hay corrientes de aire. ／ 流れに逆らう ir contra la corriente, ir a contracorriente ／ 流れに従う dejarse llevar por la corriente ／ 流れに乗る ir a favor de la corriente ／ 流れの速い川 río *m.* de corriente rápida ／ 人の流れの多い通り calle *f.* con mucho tráfico peatonal ／ 試合の流れを変える cambiar el curso del partido ／ 徳川の流れをくむ家柄 familia *f.* descendiente de Tokugawa ／ 車両の流れを妨害する impedir la circulación de vehículos

ながれかいさん 流れ解散
▶流れ解散する dispersarse en el destino sin ceremonia final

ながれさぎょう 流れ作業　trabajo *m.* en cadena ‖ 流れ作業をする trabajar en cadena

ながれだす 流れ出す　desbordarse, verterse, derramarse,（流れ始める）comenzar a ʃcorrer [circular]

ながれだま 流れ弾 bala f. perdida ‖ 13歳の男の子が流れ弾に当たって死んだ Una bala perdida mató a un chico de 13 años.

ながれぼし 流れ星 estrella f. fugaz, exhalación f.

ながれもの 流れ者 vagabun*do*[*da*] *mf.*

ながれる 流れる correr, fluir, circular, verter, (時が) pasar, transcurrir ‖ この川は山の間を流れる Este río corre entre las montañas. ／私の額から汗のしずくが流れる Me 「caen [corren] gotas de sudor por la frente. ／雲が流れる Las nubes pasan. ／～という噂が流れる 「Circula [Corre] el rumor de que 「+直説法」. ／川の増水で橋が流された La crecida del río se llevó el puente. ／雨で試合が流れた Se suspendió el partido a causa de la lluvia. ／2年の月日が流れた Pasaron dos años.
▷流れるような‖流れるような動き movimiento *m.* fluido

ながわずらい 長患い ‖ 長患いの末に亡くなる fallecer tras una larga enfermedad
▷長患い(を)する estar enfer*mo*[*ma*] durante mucho tiempo

なき 亡き falleci*do*[*da*], difun*to*[*ta*] ‖ 亡き人 falleci*do*[*da*] *mf.*, difun*to*[*ta*] *mf.* ／私の亡き父 mi difunto padre ／亡き国王 el fallecido rey ／母亡きあと después de la muerte de mi madre ／亡き者にする matar a ALGUIEN

なき 泣き
[慣用]泣きを入れる suplicar, implorar
[慣用]泣きを見せる hacer sufrir a ALGUIEN
[慣用]泣きを見る sufrir mucho

なぎ 凪 calma f.
◪べた凪 calma f. chicha

なきあかす 泣き明かす pasar la noche llorando

なきおとし 泣き落とし ‖ 泣き落としに負ける ceder ante las lágrimas de ALGUIEN ／私は泣き落としに弱い Me dejo convencer fácilmente 「con [por] unas lágrimas.

なきおとす 泣き落とす convencer con 「lágrimas [súplicas] a ALGUIEN

なきがお 泣き顔 rostro *m.* lloroso, cara *f.* llorosa

なきがら 亡骸 ⇒いたい(遺体)

なきくずれる 泣き崩れる deshacerse en 「lágrimas [llanto]

なきごえ 泣き声 (涙声) voz *f.* llorosa, (すすり泣きの) sollozo *m.*, (大きな) llanto *m.* ‖ 泣き声で言う decir con voz llorosa ／赤ちゃんの泣き声が聞こえる Se oye el llanto de un bebé.

なきごえ 鳴き声 (虫の) chirrido *m.*, (鳥の) canto *m.*, (雌鶏の) cloqueo *m.*, (犬の) ladrido *m.*, (猫の) maullido *m.*, (羊の) balido *m.*, (牛の) mugido *m.*, (馬の) relincho *m.*

なきごと 泣き言 queja *f.*, lamento *m.* ‖ 僕は君の泣き言は聞き飽きた Estoy harto de tus constantes quejas. ／泣き言を言う quejarse, lamentarse

なぎさ 渚 orilla *f.*, (浜辺) playa *f.*

なきさけぶ 泣き叫ぶ llorar a gritos,《慣用》llorar a grito pelado

なきじゃくる 泣きじゃくる llorar a 「lágrima viva [moco tendido]

なきじょうご 泣き上戸 borra*cho*[*cha*] *mf.* llor*ón*[*rona*]
▷泣き上戸である tener 「el vino triste [la borrachera llorona]

なぎたおす 薙ぎ倒す tumbar, derribar, (打ち負かす) derrotar, vencer ‖ ハリケーンは木々をなぎ倒した El huracán derribó los árboles. ／敵をなぎ倒す 「derrotar [vencer] a los enemigos

なきだす 泣きだす 「ponerse [echarse] a llorar ‖ わっと泣きだす romper a llorar, 「romper [estallar] en llanto

なきつく 泣きつく suplicar, implorar

なきっつら 泣きっ面 cara *f.* llorosa, rostro *m.* lloroso
[諺]泣きっ面に蜂《諺》Las desgracias nunca vienen solas.

なきどころ 泣き所 punto *m.* 「débil [flaco]
[慣用]泣きどころをつく《慣用》poner el dedo en 「la herida [la llaga]
[慣用]弁慶の泣きどころ《慣用》「talón *m.* [tendón *m.*] de Aquiles

なぎなた 長刀 alabarda *f.* japonesa

なきねいり 泣き寝入り
▷泣き寝入りする resignarse a no protestar

なきはらす 泣き腫らす ‖ 泣きはらした目をしている tener los ojos hinchados de tanto llorar

なきふす 泣き伏す echarse a llorar de bruces, tirarse llorando

なきべそ 泣きべそ ‖ 泣きべそをかく estar al borde 「del llanto [de las lágrimas]

なきまね 泣き真似
▷泣き真似(を)する fingir llorar,《慣用》llorar lágrimas de cocodrilo

なきむし 泣き虫 llor*ón*[*rona*] *mf.*

なきわめく 泣き喚く llorar a gritos

なく 泣く llorar, (すすり泣く) sollozar ‖ 泣くなよ ¡No llores! ／痛くて泣く llorar 「de dolor [por el dolor] ／感動して泣く llorar de emoción ／泣いて喜ぶ llorar de alegría ／泣きそうになる estar a punto de llorar ／泣きたくなる tener ganas de llorar ／泣きたくなった Me han entrado ganas de llorar. ／泣かせる話 historia *f.* conmovedora ／私たちのチームは1点の差に泣いた Nuestro equipo perdió el partido por un punto.
[慣用]泣いても笑っても quieras o no quieras
[慣用]泣く子も黙る (恐ろしい) horrible, temi-

なく 鳴く/啼く (鳥が) cantar, trinar, (カエルが) croar, (犬が) ladrar, (猫が) maullar, (牛が) mugir, (馬が) relinchar, (鹿が) bramar, (豚が) gruñir, (山羊・羊が) balar, (象・サイが) barritar, (狼が) aullar, (ロバが) rebuznar, (鶏が) cacarear, (からす・アヒルが) graznar

なぐ 凪ぐ calmarse, apaciguarse ‖ 凪いだ海 mar *m(f)*. en calma

なぐさみ 慰み entretenimiento *m*., diversión *f*. ‖ 慰みに por「diversión [entretenimiento]
▷慰み物/慰み者 ‖ 慰みものになる ser juguete《de》

なぐさめ 慰め consuelo *m*., consolación *f*. ‖ 慰めの言葉をかける dar palabras de consuelo 《a》 / 慰めになる servir de consuelo / 慰めを求める buscar consuelo
▷慰め役《慣用》paño *m*. de lágrimas ‖ 私は君の慰め役だ Soy tu paño de lágrimas.

なぐさめる 慰める consolar, (元気づける) confortar ‖ 自分を慰める consolarse / 君の言葉に私は慰められた Tus palabras me confortaron.

なくす 亡くす perder ‖ アナは3年前に両親を亡くした Ana perdió a sus padres hace tres años.

なくす 無くす perder, extraviar, (廃止する) suprimir, (取り除く) eliminar ‖ 携帯電話をなくす perder el móvil / 死刑をなくす abolir la pena de muerte / 人種差別をなくす「erradicar [eliminar] la discriminación racial / 興味をなくす perder el interés《por, en》/ 不正をなくす acabar con la injusticia / 目尻の皺をなくす eliminar las patas de gallo

なくなく 泣く泣く llorando, (しぶしぶ) muy en contra de *su* voluntad, muy a pesar *suyo* ‖ 私は泣く泣く村を離れなければならなかった Tuve que abandonar el pueblo en contra de mi voluntad.

なくなる 亡くなる fallecer, morir ‖ 君の亡くなったお父さん tu difunto padre

なくなる 無くなる perderse, desaparecer, (尽きる) acabarse, agotarse ‖ 私の鍵がなくなった Ha desaparecido mi llave. / 私はなんの希望もなくなった No me queda ninguna esperanza. / 金がなくなった Se acabó el dinero. / 電池がなくなった Se ha agotado la pila. / 私は何もやる気がなくなった Se me han quitado las ganas de hacer nada.

なぐりあい 殴り合い pelea *f*. a puñetazos
▷殴り合いになる pelearse a puñetazos, 《慣用》「llegar [venir] a las manos ‖ 彼らはもう少しで殴り合いになる所だった Ellos estuvieron a punto de llegar a las manos.

なぐりあう 殴り合う pelearse a puñetazos

なぐりかえす 殴り返す devolver los golpes《a》

なぐりかかる 殴りかかる emprenderla a puñetazos con ALGUIEN

なぐりがき 殴り書き garabatos *mpl*.
▷殴り書きする garabatear, escribir apresuradamente

なぐりこみ 殴り込み incursión *f*. ‖ 殴り込みをかける「hacer [realizar] una incursión《en》

なぐりたおす 殴り倒す derribar a ALGUIEN a「puñetazos [golpes]

なぐる 殴る golpear, pegar, dar un puñetazo《a》‖ げんこつで殴る dar un puñetazo《a》, golpear con el puño cerrado a ALGUIEN / バットで殴る golpear con un bate / 殴る蹴るの暴行を加える agredir a ALGUIEN dándo*le* golpes y patadas / 私は殴られたら殴り返す Si me dan un golpe, se lo devolveré.

なげうつ 擲つ/抛つ sacrificar, entregar ‖ 命をなげうつ entregar *su* vida / 彼は財産をなげうって難民を助けた Él sacrificó su fortuna por ayudar a los refugiados.

なげうり 投げ売り venta *f*.「con [a] pérdida, (安売り) liquidación *f*.
▷投げ売りする malvender, (安売りする) liquidar

なげかける 投げ掛ける lanzar, poner ‖ 視線を投げ掛ける「lanzar [echar] una mirada《a》/ 疑問を投げ掛ける「plantear [presentar, lanzar] una duda

なげかわしい 嘆かわしい deplorable, lamentable
▷〜するとは嘆かわしい Es lamentable que『+接続法』.

なげき 嘆き lamento *m*., queja *f*.

なげキッス 投げキッス
▷投げキッスをする「lanzar [enviar, mandar] un beso《a》

なげく 嘆く lamentar, quejarse, deplorar ‖ 国の現状を嘆く quejarse de la situación actual del país / 不運を嘆く lamentar *su* mala suerte / 彼は友人(男性)の死を嘆いた Él lloró la muerte de su amigo.

なげこむ 投げ込む lanzar, arrojar ‖ ビルに手榴弾を投げ込む「lanzar [arrojar] una granada en el edificio

なげすて 投げ捨て ‖ ゴミの投げ捨て禁止《掲示》Prohibido tirar basura

なげすてる 投げ捨てる tirar, arrojar, echar, (途中でやめる) abandonar

なげだす 投げ出す tirar, arrojar, (途中でやめる) abandonar, dejar ‖ 車外に投げ出される salir despedid*o[da]* del vehículo / 足を投げ出して床に座る sentarse en el suelo con las piernas extendidas / 仕事を途中で投げ

出す dejar el trabajo a medias
なげつける 投げつける 「lanzar [arrojar] con fuerza‖窓に石を投げつける tirar una piedra a la ventana／リュックを床に投げつける tirar la mochila al suelo／汚い言葉を投げつける soltar palabrotas《a》
なけなし‖私はなけなしの金を使ってしまった Me he gastado el poco dinero que me quedaba.／私はなけなしの知恵を絞った Me he devanado los pocos sesos que tenía.
なげなわ 投げ縄 lazo *m*.‖投げ縄で動物をとらえる atrapar a un animal con un lazo／投げ縄を投げる lanzar un lazo
なげやり 投げ槍 venablo *m*.
なげやり 投げ遣り
▶投げやりな negligente‖投げやりな態度を取る adoptar una actitud negligente
▶なげやりに con negligencia
なげる 投げる lanzar, arrojar, tirar‖ボールを投げる lanzar una pelota／(柔道などで)相手を床に投げる tirar a *su* oponente／冷たい視線を投げる lanzar una mirada fría／橋から身を投げる(自殺する) matarse tirándose de un puente／試合を投げる abandonar el partido
(慣用) 賽は投げられた La suerte está echada. ¦《ラテン語》Álea iacta est.
なければ ❶ [〜なしには] sin‖水がなければ生き物は存在できない Sin agua no hay vida.
❷ [もし〜でなければ] si no〖+直説法〗, a no ser que〖+接続法〗, (事実に反する仮定) si no〖+接続法過去/接続法過去完了〗‖私の記憶に間違いがなければ si mal no recuerdo／私が間違っってなければ a no ser que yo esté equivoca*do*[*da*]／私がこんなに忙しくなければ君と一緒に行ってあげられるんだけど Si no estuviera tan ocupa*do*[*da*], podría acompañarte.
❸ [〜以外には] ‖君でなければ彼を説得できない Nadie「sino [más que] tú podrías convencerlo.
❹ [必要・義務] 〜しなければならない tener que〖+不定詞〗, haber de〖+不定詞〗, haber que〖+不定詞〗《動詞は3人称単数形の無主語で》‖申請者はパスポートのコピーを添付しなければならない El solicitante debe adjuntar copia del pasaporte.
なこうど 仲人 media*dor*[*dora*] *mf*., intermedia*rio*[*ria*] *mf*.‖仲人好きな人 casamente*ro*[*ra*] *mf*.
なごむ 和む calmarse, apaciguarse‖この歌を聞くと私は気持が和む Al escuchar esta canción me siento tranqui*lo*[*la*].／場を和ませる relajar el ambiente, (会話の口火を切る)(慣用)romper el hielo
なごやか 和やか
▶和やかな apacible, (友好的な) amisto*so*[*sa*], cordial‖和やかな雰囲気の中で en un ambiente「amistoso [cordial]／和やかな表情 expresión *f*. apacible
▶和やかに apaciblemente, amistosamente‖和やかに会談する conversar amistosamente
なごり 名残 huella *f*., vestigio *m*., reliquia *f*.‖中世の名残をとどめる町並み calles *fpl*. que conservan vestigios de la época medieval／名残がつきないが私は行かなければならない Me da mucha pena despedirme de ustedes, pero me tengo que ir.／名残を惜しむ prolongar las despedidas
◪名残の雪(残雪) restos *mpl*. de nieve que quedan en primavera, (遅い積雪) nevada *f*. tardía
なさけ 情け piedad *f*., (慈悲) caridad *f*., (同情) compasión *f*.‖人の情けにすがる depender de la caridad de otros／情けをかける tener piedad《de》, compadecerse《de》
▶お情けで por piedad, por compasión
▶情け知らずの despiada*do*[*da*]
▶情け深い caritati*vo*[*va*], compasi*vo*[*va*]
▶情け容赦なく sin piedad, despiadadamente
なさけない 情けない deplorable, lamentable, (恥ずかしい) vergonzo*so*[*sa*], (惨めな) miserable‖情けない結果に終わる tener un resultado lamentable／情けない顔で con cara de miserable
▶〜とは情けないことだ Es una vergüenza que〖+接続法〗.
なざし 名指し‖名指しで非難する mencionar el nombre de ALGUIEN para hacer*le* reproches／お客様(男性)から君に名指しの依頼だ El cliente quiere que lo atiendas.
なし 無し‖あの計画はなしになった Se ha suspendido aquel plan.
▶〜なしで sin‖砂糖なしで sin azúcar／休憩なしで働く trabajar sin descanso／〜なしで済ます pasar《sin》, prescindir《de》
なし 梨 (実) pera *f*., (木) peral *m*.
◪梨畑 peraleda *f*.
(慣用) 梨のつぶて(である) no contestar a la carta‖あれ以来彼女からは梨のつぶてだ Ella no me escribe desde entonces.
なしくずし 済し崩し
▶なしくずしに poco a poco, gradualmente‖当初の計画をなしくずしに変更する modificar poco a poco el plan inicial
なしとげる 成し遂げる/為し遂げる cumplir, realizar, lograr‖経済成長を成し遂げる lograr desarrollo económico
なじみ 馴染み‖スペインでは野球になじみが薄い No se practica mucho el béisbol en España.／なじみの薄い poco familiar, poco conoci*do*[*da*]／なじみのない desconoci*do*[*da*]
▶なじみの familiar, (いつもの) habitual,

acostumbra*do*[*da*], (常連の) asi*duo*[*dua*] ‖ 君のなじみのバーで en tu bar habitual ／ なじみの客 cliente com. habitual, (常連) asi*duo*[*dua*] mf.

なじむ 馴染む　familiarizarse 《con》, acostumbrarse 《a》, adaptarse 《a》‖気候風土になじむ acostumbrarse al clima ／ 新しい生活になじむ adaptarse a *su* nueva vida ／ このクリームは私の肌になじまない Mi piel no absorbe bien la crema.

ナショナリズム　nacionalismo m.

なじる 詰る　reprochar, censurar ‖悪い態度をなじる reprochar a ALGUIEN *su* mal comportamiento

なす 茄子　berenjena f.

なす 成す　(生み出す) producir, dar, (形作る) formar ‖財を成す「hacer [amasar] una fortuna ／ 2直線が成す角度 ángulo m. formado por dos rectas ／ その計画はまだ形を成していない El proyecto todavía no ha tomado forma.
〔慣用〕〜の一環を成す formar parte《de》

なす 為す　hacer → おこなう(行う) ‖今なすべきことをする hacer lo que hay que hacer ahora ／ 〜のなすがままである estar a merced 《de》
〔慣用〕なす術もない no saber qué hacer
〔慣用〕なせば成る Buscad y hallaréis. ¦《諺》Querer es poder.

ナスカン　(金具) cierre m. a「mosquetón [gancho]

ナスダック
▫ ナスダック市場　mercado m. Nasdaq
▫ ナスダック指数　índice m. Nasdaq

なすりあい 擦り合い　(責任の) juego m. de echar culpas ‖責任のなすり合いをする echarse mutuamente la culpa

なすりつける 擦り付ける　(塗り付ける) aplicar frotando, (転嫁する) echar ‖罪をなすり付ける echar la culpa《a》

なぜ　(理由) por qué, (目的) para qué ‖君はなぜパーティーに行かなかったの ¿Por qué no fuiste a la fiesta? ／ なぜか分からないが、彼女は黙っている No sé por qué razón, pero ella permanece callada. ／ なぜ僕は毎日学校に行かなければならないの ¿Para qué tengo que ir todos los días al colegio?
▫ なぜなぜ分析　cinco porqués mpl.

なぜなら　porque, pues

なぞ 謎　enigma m., misterio m. ‖人智の及ばない謎がある Existen misterios que la inteligencia humana no puede alcanzar. ／ 謎に包まれている estar rodea*do*[*da*] de misterio, estar envuel*to*[*ta*] en misterio
▶ 謎の/謎めいた　enigmá*tico*[*ca*], misterio*so*[*sa*] ‖謎の人物 personaje m.「misterioso [enigmático]／ 謎の死をとげる morir misteriosamente

〔慣用〕謎をかける plantear un enigma, (ほのめかす) insinuar, 《慣用》dar a entender ALGO
〔慣用〕謎を解く「resolver [descifrar] un enigma

なぞなぞ 謎謎　acertijo m., adivinanza f. ‖なぞなぞを解く resolver「una adivinanza [un acertijo]／ なぞなぞの答え solución f. al acertijo
▶ なぞなぞをする　jugar「a las adivinanzas [al acertijo]

なぞらえる 準える　comparar ALGO《con, a》→たとえる(例える)

なぞる　calcar, hacer un calco de ALGO ‖紙をあててスケッチをなぞる calcar un dibujo en un papel ／ 点字を指でなぞる pasar los dedos sobre el braille

なた 鉈　hacha f., destral m.
〔慣用〕鉈を振るう tomar medidas drásticas

なだかい 名高い　famo*so*[*sa*], conoci*do*[*da*]‖ワインで名高い地方 región f. bien conocida por sus vinos ／ 世界的に名高い作家 escri*tor*[*tora*] mf. mundialmente conoci*do*[*da*]

なたね 菜種　(植物) colza f., (種子) semilla f. de colza
▫ 菜種油　aceite m. de colza
▫ 菜種梅雨　lluvias fpl. de primavera

なだめる 宥める　calmar, tranquilizar, aquietar, mitigar ‖怒りをなだめる「calmar [apaciguar] la ira de ALGUIEN
▶ 宥めすかす　engatusar

なだらか
▶ なだらかな　suave ‖なだらかな曲線 curva f. suave ／ なだらかな傾斜 pendiente f.「suave [ligera]

なだれ 雪崩　alud m. (de nieve), avalancha f. ‖昨日、山で雪崩が起きた Ayer se produjo un alud de nieve en la montaña.
〔慣用〕雪崩を打つ ‖群衆が雪崩を打って広場に押し寄せた Una muchedumbre se agolpó en la plaza.
▫ 表層雪崩　aludes mpl. de placa
▫ 雪崩警報　alarma f. de aludes

なだれこむ 雪崩れ込む　entrar en「tropel [tromba]‖ファンたちが競技場になだれ込んだ Los aficionados entraron en tropel en el estadio.

ナチス　(政党) partido m. nazi, (党員) nazi com.
▶ ナチスの　nazi
▫ ナチスドイツ　Alemania nazi

ナチズム　nazismo m., nacionalsocialismo m.

なつ 夏　verano m., 《文章語》estío m. ‖夏の盛りに en pleno verano ／ 夏の終わりに a finales de verano ／ 海で夏を過ごす pasar el verano en la playa ／ もうすぐ夏だ Pronto

なつい ん

llegará el verano.
▶夏の veranie*go*[*ga*], de verano, estival ‖ 夏の果物 fruta *f.* [de verano [veraniega]
▶夏に en verano
◾夏時間 horario *m.* de verano
◾夏場所（相撲）torneo *m.* de verano
◾夏服 ropa *f.* de verano
◾夏物処分 liquidación *f.* de ropas de verano
◾夏休み vacaciones *fpl.* de verano
◾夏痩せ‖夏痩せする adelgazar por el calor del verano

なついん 捺印 sello *m.*
▶捺印する sellar, 「poner [estampar] el sello《en》

なつかしい 懐かしい nostálg*ico*[*ca*] ‖ 懐かしい思い出 recuerdo *m.* nostálgico ／ 懐かしい sentimiento *m.* de añoranza ／ 昔懐かしい匂い olor *m.* que me recuerda el pasado ／ 私は故郷が懐かしい「Tengo [Siento] nostalgia de mi tierra.
▶懐かしく思う/懐かしがる añorar, extrañar,（思い出す）recordar con nostalgia ‖ 私は青春時代を懐かしく思う「Añoro [Recuerdo con nostalgia] mi juventud.

なつかしさ 懐かしさ añoranza *f.*, nostalgia *f.* ‖ 私は懐かしさで胸が一杯になる La nostalgia me invade. ／ そのメロディーに私は懐かしさを覚えた La melodía me hizo sentir nostalgia.

なつかしむ 懐かしむ añorar, sentir nostalgia《de》

なつく 懐く encariñarse《con》‖ その犬は飼い主（男性）になついている El perro se encariña con su amo. ／ 子供たちになつかれる ganarse el cariño de los niños

なづけおや 名付け親 （代父）padrino *m.*, （代母）madrina *f.*
▶名付け親になる（男性が）apadrinar,（女性が）amadrinar

なづける 名付ける denominar, llamar, bautizar ‖ 彼女は息子をビクトルと名付けた Ella le puso el nombre de Víctor a su hijo. ／ の島は北海道と名付けられた La isla fue denominada Hokkaido. ¦ La isla fue bautizada con el nombre de Hokkaido.

ナッツ frutos *mpl.* secos

┌─── ナッツ類 ───┐

アーモンド almendra *f.* ／ カシューナッツ anacardo *m.* ／ マカダミアナッツ nuez *f.* de macadamia ／ クルミ nuez *f.* ／ ピスタチオ pistacho *m.* ／ ピーナッツ cacahuete *m.* ／ ペカン（ピーカンナッツ）pacana *f.* ／ ヘーゼルナッツ（はしばみ）avellana *f.* ／ ブラジルナッツ nuez *f.* del Brasil ／ 松の実 piñón *m.* ／ ミックスナッツ frutos *mpl.* secos surtidos

ナット tuerca *f.*
◾蝶ナット tuerca *f.*（de）mariposa
◾六角ナット tuerca *f.* hexagonal

なっとう 納豆《日本語》*natto* *m.*,（説明訳）semillas *fpl.* de soja fermentadas
◾ナットウキナーゼ natoquinasa *f.*

なっとく 納得‖納得がいくように説明する dar una explicación convincente ／ 君の考えにはどうも納得がいかない No me convence tu idea. ／ お互の納得ずくで con el consentimiento mutuo
▶納得する convencerse《de》, persuadirse《de》,（了解する）entender, comprender ‖ 子供たちは吸血鬼はいないと納得した Los niños se han convencido de que los vampiros no existen.
▶納得させる convencer, persuadir ‖ 利用者を納得させる satisfacer a los usuarios ／ 私の代わりに結婚式に出ることを息子に納得させた He convencido a mi hijo de que asista a la boda en mi lugar.

なっぱ 菜っ葉 verdura *f.* de hoja

なつば 夏場
▶夏場（に）en verano, durante el verano ‖ 夏場は客足が落ちる En verano disminuyen los clientes.

なつばて 夏ばて indisposición *f.* del verano
▶夏ばてする sufrir del calor del verano

なつび 夏日 día *m.* con temperatura máxima superior a 25 grados

ナップザック《商標》mochila *f.* ‖ ナップザックを背負う cargar con la mochila

なつみかん 夏蜜柑 （実）naranja *f.* japonesa de verano

なつめ 棗 （実）jínjol *m.*, azufaifa *f.*, （木）jinjolero *m.*, azufaifo *m.*

ナツメグ nuez *f.* moscada,（香辛料）polvo *m.* de nuez moscada

なつめやし 棗椰子 （実）dátil *m.*,（木）datilera *f.*, palmera *f.* datilera

なでおろす 撫で下ろす
[慣用]胸をなでおろす sentir alivio ‖ 私たちはそのニュースを聞いて胸をなでおろした Respiramos tranquilos al oír la noticia.

なでがた 撫で肩 ‖ なで肩である tener los hombros caídos

なでしこ 撫子 clavellina *f.*,（学名）*Dianthus*

なでつける 撫でつける alisar ‖ 髪を手でなでつける（自分の）alisarse el cabello con la mano

なでる 撫でる acariciar, hacer caricias ‖ 犬の頭をなでる acariciar la cabeza del perro ／ そよ風が私の頬をなでる Una brisa acaricia mis mejillas. ¦ Una brisa me acaricia las mejillas.

ナトー NATO （北大西洋条約機構）Organización *f.* del Tratado del Atlántico Norte (略 OTAN)
▶ナトー軍 fuerzas *fpl.* de la OTAN

など ❶ (例示) etcétera (略 etc.), y otras cosas, como, tal y cual ‖ トウモロコシ、ジャガイモ、トマトなど maíz, patatas, tomates, etcétera ／ペルー、ボリビアなどの南米の国々 países *mpl.* de América del Sur, como Perú y Bolivia
❷ (強調) ‖ 私などにはこの仕事は到底無理です Este trabajo está muy por encima de mi capacidad. ／金持ちは貧乏人のことなど眼中にない A los ricos no les interesa nada de los pobres. ／お世辞など不要だ Nada de cumplidos.

なとり 名取り maes*tro*[*tra*] *mf.* cualifica*do*[*da*]

ナトリウム 《化学》sodio *m.*《記号 Na》
▶ナトリウムランプ lámpara *f.* de vapor de sodio

なな 七 siete *m.* ‖ 7番目の sép*timo*[*ma*] ／7分の1 un séptimo
[諺] 七転び八起き Caer siete veces pero levantarse ocho. ¦ La vida está llena de vicisitudes.

ななくさ 七草 ‖ 春の七草 las siete hierbas (comestibles) de primavera
▶七草がゆ gachas *fpl.* de arroz con siete hierbas

ななじゅう 七十 setenta *m.* ‖ 70番目の septuagési*mo*[*ma*] ／70分の1 un setentavo ／70代の人 septuagena*rio*[*ria*] *mf.*,《話》seten*tón*[*tona*] *mf.*

ななつ 七つ siete *m.*
▶七つ道具 (一揃いの) juego *m.* de herramientas
▶七つの海 los siete mares ‖ 七つの海を航海する navegar por los siete mares, recorrer todos los mares del mundo

ななひかり 七光り ‖ (父)親の七光りで gracias a las influencias de *su* padre

ななめ 斜め
▶斜めの obli*cuo*[*cua*], inclina*do*[*da*], (対角の) diagonal ‖ 斜めの線 línea *f.* oblicua
▶斜めに oblicuamente, diagonalmente ‖ 斜めに傾いた木 árbol *m.* inclinado ／広場を斜めに横切る cruzar la plaza diagonalmente ／帽子を斜めにかぶっている llevar el sombrero inclinado a un lado ／冬は日が斜めに射す Los rayos solares en invierno caen de forma oblicua.
▶斜め向かいの ‖ 私の斜め向かいの席 asiento *m.* diagonalmente opuesto al mío
▶斜めにする／斜めになる inclinar ／ inclinarse

[慣用] 彼女はごきげん斜めだ Ella está de mal humor.

なに 何 qué, cuál ‖ これは何 ¿Qué es esto?
[何が] ‖ 何が食べたいの ¿Qué quieres comer? ／何が何だかさっぱりわからない No entiendo nada de nada.
[何から] ‖ 何から始めていいやらわからない No sé por dónde empezar. ／何から何まで知っている saber de todo
[何で] ‖ 空港まで何で行こうか ¿[En qué [Cómo] vamos hasta el aeropuerto? ／君は何で絵を描いたの ¿Con qué has dibujado?
[何に] ‖ 飲み物は何にしますか ¿Qué quiere usted para beber? ／泣いて何になるの ¿Para qué sirve llorar?
[何を] ‖ 君が何を言っても digas lo que digas ／彼は何をしている人ですか ¿A qué se dedica él? ／何を探しているの ¿Qué buscas?

なにか 何か algo, al*gún*[*guna*]《＋単数名詞》‖ 何か食べるものはあるかな ¿Hay algo de comer? ／私は何か飲み物が欲しい Quiero beber algo. ／何かご用ですか ¿Qué desea usted? ／私は何か面白い映画を見たい Quiero ver alguna película interesante. ／何かご質問はありますか ¿Tienen alguna pregunta? ／何かおかしい気がする Me parece que algo va mal. ／何かの間違いで por algún error

なにがし ‖ 山本なにがしという男の人 un tal Yamamoto ／なにがしかの金を与える dar algún dinero《a》

なにかしら 何かしら ‖ 何かしら悪い予感がする Tengo como un mal presagio. ／彼が来ると何かしら厄介なことが起こる Cuando viene él, siempre ocurre algo complicado.

なにかと 何かと ‖ 何かと忙しい estar ocupa*do*[*da*] entre unas cosas y otras ／何かと口出しをする meter las narices en todo ／この道具は何かと役に立つ Esta herramienta es útil en muchos casos.

なにがなんでも 何が何でも (何としても) a toda costa, cueste lo que cueste ‖ 何が何でも私はスペイン語を習得したい Quiero dominar el español a toda costa. ／それは何が何でもひどすぎる Eso no tiene perdón.

なにかにつけ 何かにつけ (頻繁に) a cada paso ‖ 何かにつけ彼はけちを付ける Él se queja de todo.

なにくわぬかお 何食わぬ顔 ‖ 何食わぬ顔をする fingir inocencia, (知らないふりをする) no darse por entera*do*[*da*]
▶何食わぬ顔で con aspecto inocente, (知らないふりをして) con disimulo

なにげない 何気ない involunta*rio*[*ria*], inconsciente ‖ 何気ない一言 comentario *m.* casual ／何気ないしぐさ ademán *m.* involuntario

▶何気なく involuntariamente, inconscientemente
なにごと 何事‖これは一体何事だ ¿Qué「demonios [diablos] es esto? / 何事にも全力を尽くす hacer todo lo posible en cualquier cosa / 何事もなく sin novedad, (無事に) sa*no*[na] y sal*vo*[va] / 何事もなかったかのようにふるまう actuar como si no hubiera pasado nada
なにしろ 何しろ en todo caso, de todos modos‖何しろ最近は不景気なんでね Es que últimamente el negocio va muy mal. / 何しろ私は耳が遠いものですから Soy un poco sor*do*[da], ya ve usted.
なにとぞ 何とぞ ⇒どうか
なにひとつ 何一つ‖私は何一つ(として)やましいことはしていない No he hecho nada de qué avergonzarme. / 私の提案は何一つ採用されなかった No aceptaron ninguna de mis sugerencias.
なにぶん 何分‖この件は何分よろしくお願いします Le ruego que no me olvide al considerar este asunto.
なにも 何も nada‖何もすることがない No tengo nada que hacer. / 水も何もない No hay ni agua ni nada. / 驚きで何も言えなかった Tuve un susto tan grande que me quedé sin habla. / 君は何も泣くことはない Pero no tienes por qué llorar.
なにもかも 何もかも todo‖きっと何もかもうまくいくでしょう Seguro que todo irá bien. / パスポートもハンドバッグも何もかも盗まれた Me robaron el pasaporte, el bolso y todo.
なにもの 何者 (誰か) alguien, 《疑問詞》quién‖何者かがそれを持ち去った Se lo llevó alguien. / 彼は何者だ ¿Quién es él?
なにもの 何物‖彼にとって何物にも代えがたい喜び placer *m*.「insustituible [irremplazable] / これは裏切り以外の何物でもない Esto no es otra cosa que una traición.
なにやかや 何やかや
▶なにやかやと →なにかと(何かと)
なにやら 何やら algo‖彼は何やら企んでいる Él está tramando algo.
なにより 何より primero, antes「de [que] nada」‖君は何よりもまず病気を治すことだ Antes que nada tienes que curarte. / 何よりも健康が大事だ La salud es lo más importante. / お元気で何よりです Me alegra que usted se encuentre bien.
ナノ 《接頭辞》nano-
◪ナノテクノロジー nanotecnología *f*.
◪ナノメートル nanómetro *m*. (略 nm)
◪ナノ秒 nanosegundo *m*. (略 ns)
◪ナノマシン nanomáquina *f*.
◪ナノ粒子 nanopartícula *f*.
なのか 七日 día *m*. siete‖7日間の旅行 viaje *m*. de siete días
なので ⇒ので
なのに aunque『+直説法』, a pesar de que『+直説法』‖夏なのに寒い Aunque estamos en verano, hace frío.
なのはな 菜の花 flores *fpl*. de colza
なのり 名のり‖名のりを上げる(名前を言う) decir *su* nombre, (立候補する) presentar *su* candidatura《como》/ 誘拐犯だと名のり出る presentarse como au*tor*[tora] del secuestro
なのる 名のる‖吉本と名のる紳士 un caballero que dice llamarse Yoshimoto / 結婚後、夫の姓を名のる adoptar el apellido de *su* marido al casarse
ナパームだん ナパーム弾 bomba *f*. de napalm
なびく 靡く (旗が) ondear, flamear, flotar, (人が) someterse《a》‖風になびく flotar al viento / 権威になびく someterse a la autoridad / 金になびく dejarse llevar por el dinero
ナビゲーター (カーナビ) navegador *m*.「de [para] coche」, (モータースポーツの) copilo*to*[ta] *mf*., (番組の進行役) presenta*dor*[dora] *mf*.
ナプキン servilleta *f*., (生理用の) compresa *f*., toalla *f*. sanitaria‖ナプキンをたたむ doblar una servilleta / ナプキンを膝の上に広げる colocar la servilleta sobre las rodillas
ナフサ (粗製ガソリン) nafta *f*.
ナフタ NAFTA (北米自由貿易協定) Tratado *m*. de Libre Comercio de América del Norte (略 TLCAN)
なふだ 名札 tarjeta *f*. de identificación, (荷物などの) etiqueta *f*.‖スーツケースの把手に名札を付ける poner una etiqueta en el asa de la maleta / 職員は氏名と職名が書かれた名札を付けています Los empleados llevan una tarjeta con su nombre y su cargo.
ナフタリン naftalina *f*.
なぶりごろし 嬲り殺し‖なぶり殺しにする torturar hasta la muerte a ALGUIEN
なべ 鍋 olla *f*., cacerola *f*., (土鍋) cazuela *f*., puchero *m*., (片手鍋) cazo *m*.‖鍋の柄 asa *f*., (片手鍋の) mango *m*. / 鍋の蓋 tapa *f*., tapadera *f*.
◪圧力鍋 olla *f*. a presión
◪シチュー鍋 cazuela *f*.
◪寸胴鍋 cazuela *f*. alta
◪中華鍋 wok *m*.
◪鍋敷き salvamanteles *m*.[=*pl*.]
◪鍋つかみ agarrador *m*. de cocina, (ミトンの) manopla *f*. de cocina
◪鍋物 (説明訳) guisado *m*. de carne o pescado con verduras y legumbres, preparado en una olla de barro

▣鍋焼きうどん fideos *mpl.* gordos con sopa y verduras en olla de barro
なま 生
▶生の cru*do[da]*, no coci*do[da]*,（新鮮な）fres*co[ca]* ‖ 生の声 opinión *f.* franca
▶生で cru*do[da]* ‖ ほうれん草は生で食べられる Las espinacas se pueden comer crudas.
▣生演奏 actuación *f.* en vivo
▣生菓子 pastel *m.* (fresco)
▣生クリーム nata *f.*
▣生ゴム caucho *m.*「crudo [bruto]」
▣生魚 pescado *m.* crudo
▣生ハム jamón *m.* crudo
▣生ビール cerveza *f.* de barril
▣生放送 transmisión *f.* en directo
なまあたたかい 生暖かい tibio[bia] ‖ 生暖かい風が吹く Sopla un viento tibio.
なまいき 生意気
▶生意気な impertinente, insolente ‖ 生意気なことを言う「decir [soltar] una impertinencia, hablar con insolencia
▣生意気盛り（思春期）adolescencia *f.* ‖ 生意気盛りの年頃である estar en la edad del pavo
なまえ 名前 nombre *m.*,（姓）apellido *m.*,（名称）denominación *f.* ‖ 私の名前は山田です Mi nombre es Yamada. ／お名前を教えていただけますか ¿Podría decirme su nombre? ／あの男性の名前だけは知っています Solo sé el nombre de aquel señor. ／その花は何と言う名前ですか ¿Qué nombre tiene esa flor? ¦ ¿Cómo se llama esa flor? ／名前を挙げる「citar [mencionar] el nombre《de》／名前を変える cambiar de nombre ／名前を貸す prestar *su* nombre《a》／名前を付ける poner nombre《a》, bautizar ／名前を伏せる no revelar el nombre《de》／父の名前で予約する reservar a nombre de *su* padre
▣名前負け ‖ 名前負けする tener un nombre demasiado bonito para *sí*
なまかじり 生齧り
▶生かじりの incompleto, superficial ‖ 生かじりの知識 conocimiento *m.* superficial, barniz *m.* (superficial) de conocimiento
なまかわ 生皮 piel *f.* cruda
なまがわき 生乾き
▶生乾きの medio se*co[ca]*
なまき 生木 árbol *m.* vivo,（切りたての）árbol *m.* recién cortado
(慣用)生木を裂く separar por la fuerza a los enamorados
なまきず 生傷 herida *f.* fresca ‖ 彼は生傷が絶えない Él tiene siempre heridas.
なまぐさい 生臭い oler a pescado,（血のにおい）oler a sangre ‖ この魚は生臭い Este pescado huele mal.
なまけぐせ 怠け癖 ‖ 怠け癖がつく adquirir

el hábito de holgazanear, acostumbrarse a holgazanear
なまけもの 樹懶《動物》perezoso *m.*（雄・雌）
なまけもの 怠け者 perezo*so[sa] mf.*, hol*gazán[zana] mf.*
なまける 怠ける holgazanear, vaguear ‖ 仕事を怠ける（さぼる）faltar al trabajo,（疎かにする）descuidar el trabajo
なまこ 海鼠「cohombro *m.* [pepino *m.*] de mar
なまごみ 生ごみ basura *f.*「orgánica [biodegradable]
▣生ごみ処理機（ディスポーザー）triturador *m.* de「basuras [desperdicios orgánicos]
なまじっか（いい加減に）sin reflexionar,《慣用》así como así ‖ なまじっかな返事はするな No contestes sin pensarlo bien.
なまず 鯰 siluro *m.*
なまちゅうけい 生中継 (re)transmisión *f.* en directo
▶生中継の en vivo, en directo
▶生中継する (re)transmitir en directo
なまなましい 生生しい reciente, fres*co[ca]*,（表現が）cru*do[da]*, vívi*do[da]* ‖ 生々しい傷跡 cicatriz *f.* fresca ／あの地震は私たちの記憶に生々しい Aquel terremoto sigue vivo en nuestra memoria.
なまにえ 生煮え
▶生煮えの medio coci*do[da]*, mal coci*do[da]*, a medio cocer
なまぬるい 生ぬるい tibio[bia],（手ぬるい）blan*do[da]*, poco seve*ro[ra]* ‖ 生ぬるいそよ風 brisa *f.* tibia ／生ぬるい処罰 castigo *m.* poco severo
なまはんか 生半可
▶生半可な（不完全な）incomple*to[ta]*,（表面的な）superficial ‖ 生半可な知識 conocimiento *m.*「superficial [incompleto]
なまびょうほう 生兵法
(諺)生兵法は大けがのもと No hay nada más peligroso que el saber a medias.
なまへんじ 生返事
▶生返事する responder「con indiferencia [vagamente]
なまみ 生身 ‖ 私は生身の人間だ Soy (un ser) de carne y hueso.
なまみず 生水 agua *f.* no hervida ‖ 生水を飲む「beber [tomar] agua no hervida
なまめかしい 艶めかしい sensual, provocati*vo[va]*, seduc*tor[tora]*
なまもの 生物 alimento *m.* crudo, producto *m.* perecedero
なまやけ 生焼け
▶生焼けの poco asa*do[da]*, mal asa*do[da]*, medio cru*do[da]* ‖ 生焼けの肉 carne *f.* medio cruda,（レアの）carne *f.* poco hecha
なまやさい 生野菜 verdura *f.*「fresca [cru-

なまやさしい

da] ‖ 生野菜のサラダ ensalada *f.* de verduras frescas

なまやさしい 生易しい ‖ オリンピックで金メダルをとるのは生やさしいことではない No es nada fácil conseguir una medalla de oro en los Juegos Olímpicos.

なまり 鉛 《化学》plomo *m.*《記号 Pb》
▶鉛のような aploma*do*[*da*], plomi*zo*[*za*] ‖ 鉛のような空 cielo *m.* plomizo
◪鉛色 color *m.* plomizo
◪鉛中毒 saturnismo *m.*

なまり 訛り acento *m.*, deje *m.*, dejo *m.* ‖ アルゼンチン訛りがある tener acento argentino / 訛りが強い tener un fuerte acento / 彼は訛が抜けない A él no se le quita el acento. / 英語訛りのスペイン語を話す hablar español con acento inglés

なまる 訛る hablar con acento

なまる 鈍る (力が) debilitarse, (刃が) embotarse ‖ この包丁はすぐ刃がなまる La hoja de este cuchillo pierde fácilmente el filo. / 腕がなまる (技量が) perder *su* habilidad / 体がなまる perder fuerza física

なまワクチン 生ワクチン vacuna *f.* viva (atenuada)

なみ 並 ❶ (中くらい) ‖ すしの並 sushi *m.* normal
▶並の corriente, ordina*rio*[*ria*], media*no*[*na*], mediocre ‖ 並の成績 notas *fpl.* mediocres
❷ (同程度の)
▶〜並みの igual《a》, como ‖ 人並みの暮らしをする llevar una vida como la de los demás / プロ並みのピアノの演奏をする tocar el piano como *un*[*una*] profesional / 十人並みの男 hombre *m.* [del montón [común y corriente]

なみ 波 ola *f.*, onda *f.* ‖ 大波 oleada *f.* / 波の高さ altura *f.* de las olas / 波の音 ruido *m.* de las olas / 時代の波 corrientes *fpl.* de la época / 景気の波 fluctuación *f.* económica / 民主化の波 ola *f.* democrática / 人の波 [oleada *f.*] de gente / 感情の波 altibajos *mpl.* del estado de ánimo / 地震の波 (地震波) onda *f.* sísmica / 寄せては返す波 olas *fpl.* que vienen y van / 波が静まる Se calman las olas. / 波が砕ける Rompen las olas. / 波が立つ Se levantan las olas. / 今日は波が高い El mar está [encrespado [agitado, revuelto] hoy. / その少年は波にさらわれた Ese niño fue arrebatado por las olas del mar. / 波に揺れ動く船 barco *m.* a merced de las olas / 波に漂う flotar entre las olas
〔慣用〕波がある ‖ 身体の調子に波がある sufrir altibajos de salud
〔慣用〕波に乗る (調子が良い)《慣用》ir viento en popa,《慣用》「ir [marchar] sobre ruedas ‖ 商売が波に乗る El negocio va 「viento en popa [sobre ruedas]. / 時代の波に乗る adaptarse a la época

なみうちぎわ 波打ち際 orilla *f.*, playa *f.*, borde *m.* del mar

なみうつ 波打つ (うねる) ondear, ondular

なみがしら 波頭 cresta *f.*

なみかぜ 波風 olas *fpl.* y viento *m.*
〔慣用〕波風を立てる causar problemas, armar un lío

なみき 並木 hilera *f.* de árboles
◪並木道 alameda *f.*

並木道

なみだ 涙 lágrima *f.* ‖ 私は涙が出た Se me soltaron las lágrimas. / 彼女の目に涙があふれた A ella se le llenaron los ojos de lágrimas. / 涙が私の頬を流れた Las lágrimas me corrían por las mejillas. / 彼の目から涙がこぼれた Brotaron lágrimas de sus ojos. / 涙が出るほど笑う llorar de risa / 目に涙を浮かべて con lágrimas en los ojos / 涙を流す derramar lágrimas / うれし涙を流す llorar de alegría / 涙を拭く (自分の) 「secarse [enjugarse] las lágrimas / 涙をこらえる contener las lágrimas
〔慣用〕涙に暮れる《慣用》llorar lágrimas de sangre
〔慣用〕涙に沈む deshacerse en lágrimas
〔慣用〕涙を誘う conmover, hacer soltar lágrimas a ALGUIEN
〔慣用〕涙を呑む《慣用》tragar saliva
〔慣用〕お涙頂戴 ‖ お涙頂戴の話 historia *f.* 「lacrimosa [sentimental]

なみたいてい 並大抵 ⇒なまやさしい(生易しい)

なみだぐましい 涙ぐましい conmove*dor*[*dora*], patéti*co*[*ca*] ‖ 涙ぐましい努力をする hacer esfuerzos fervientes

なみだぐむ 涙ぐむ asomar lágrimas, tener lágrimas en los ojos

なみだごえ 涙声 ‖ 涙声で con voz llorosa

なみだつ 波立つ alborotarse, encresparse ‖ 海が波立っている El mar está 「picado [agitado]. / 胸が波立つ (動揺する) perturbar-

なみだもろい 涙脆い lacrim*oso*[*sa*]
なみなみ
▶なみなみ(と)‖グラスになみなみと注ぐ llenar la copa hasta el borde
なみなみならぬ 並並ならぬ poco común, singular‖並々ならぬ努力をする hacer un esfuerzo「sobrehumano [extraordinario, ímprobo]
なみのり 波乗り surf *m.* →サーフィン
なみはずれた 並外れた extraordina*rio*[*ria*], singular‖並外れた美しさ belleza *f.*「extraordinaria [singular] / 並外れた記憶力がある tener una memoria「de elefante [descomunal]
なめくじ 蛞蝓 limaza *f.*, babosa *f.*, limaco *m.*
なめしがわ 鞣し革 piel *f.* curtida, curtidos *mpl.*
なめす 鞣す curtir, zurrar, curar
なめらか 滑らか
▶滑らかな lis*o*[*sa*], ters*o*[*sa*], suave, (口調が) flui*do*[*da*], (肌の) 滑らかな肌 piel *f.* tersa / 滑らかな手触りの生地 tela *f.* de textura suave / 滑らかな曲線 curva *f.* suave / 滑らかな口調 lenguaje *m.* fluido
▶滑らかに (順調に) sin problemas
▶滑らかにする‖肌を滑らかにする suavizar la piel
▶滑らかさ lisura *f.*, (肌の) tersura *f.*, (口調の) fluidez *f.*
なめる 舐める/嘗める lamer, (経験する) experimentar, (侮る) menospreciar‖飴をなめる「comer [chupar] un caramelo / 猫が皿をなめる El gato lame el plato. / 人をなめるなよ ¿Pero tú quién te crees que soy yo? ¡¿Por quién me tomas?
慣用 辛酸をなめる sufrir toda clase de penalidades, (慣用)「beber [apurar] el cáliz de la amargura
なや 納屋 granero *m.*, troj(e) *f.*, (物置) trastero *m.*
なやましい 悩ましい (官能的な) provocati*vo*[*va*], voluptu*oso*[*sa*], (気のめいる) deprimente
なやます 悩ます acosar, importunar, molestar, atormentar‖心を悩ます preocuparse 《por》/ 私は胃の不調に悩まされている Sufro problemas de estómago. / この問題に私たちは頭を悩まされている Este problema nos trae de cabeza.
なやみ 悩み preocupación *f.*, inquietud *f.*‖悩みの種 quebradero *m.* de cabeza / 悩みがある tener「preocupaciones [problemas] / 悩みを打ち明ける confiar *sus* problemas 《a》
なやむ 悩む sufrir, padecer, preocuparse 《por》, atormentarse 《por, con》‖恋に悩む sufrir por amor, (恋煩いする) sufrir mal de amores / 神経痛に悩む padecer neuralgia / 自分の将来のことを悩む preocuparse por *su* futuro
なよなよ
▶なよなよした delica*do*[*da*], (女性のような) afemina*do*[*da*]‖なよなよした男 hombre *m.* afeminado
なら ❶ (条件) si‖君が急いでいるなら si tienes prisa / 可能なら si es posible / 私が君なら買わない Yo que tú, no lo compraría. ❷ (〜に関しては) en cuanto《a》‖文法のことならゴメス先生にきいてごらん En cuanto a la gramática, ¿por qué no vas a preguntar al profesor Gómez?
ならう 習う aprender, estudiar‖日本語を習う aprender japonés / コーチについて水泳を習う aprender a nadar con *un*[*una*] instruc*tor*[*tora*] / 母親は息子に絵を習わせた La madre le hizo aprender a su hijo a dibujar.
諺 習うより慣れよ《諺》La práctica hace al maestro.
ならう 倣う imitar, (従う) seguir‖中国の制度に倣う adoptar el sistema de China / 例に倣う seguir el ejemplo /《号令》整列！前にならえ！¡Formen filas! ¡Alineados hacia delante!
ならく 奈落 (地獄) infierno *m.*,(舞台の) foso *m.*
慣用 奈落の底に落ちる caer al fondo del abismo
ならす 均す nivelar, allanar, (均等にする) igualar, (平均する) promediar‖地面をならす allanar la tierra / テニスコートをならす nivelar la superficie de la pista de tenis / 仕事の負担をならす igualar la carga de trabajo
ならす 馴らす domar, domesticar‖馬を馴らす domar un caballo
ならす 慣らす acostumbrar, (順応させる) aclimatar‖靴を履き慣らす ablandar y adaptar los zapatos
ならす 鳴らす (音を出す) hacer sonar, tocar‖ギターを鳴らす tocar la guitarra / クラクションを鳴らす tocar la bocina / かつて彼はピッチャーとして鳴らした Antes él tenía mucha fama como lanzador.
ならずもの ならず者 bella*co*[*ca*] *mf.*, rufián *m.*, foraji*do*[*da*] *mf.*
◢ならず者国家 estado *m.* canalla
ならでは pro*pio*[*pia*]《de》, típi*co*[*ca*]《de》‖メキシコならではの料理 plato *m.* típico de México
ならない ❶ [義務：〜しなければならない] tener que [+不定詞], haber que [+不定詞]《動詞は3人称単数形の無主語で》‖8時前に空港に着いていなければならない Hay que es-

tar en el aeropuerto antes de las ocho.
❷［禁止：～してはならない］no deber 〖+不定詞〗, no haber que 〖+不定詞〗《動詞は3人称単数形の無主語型》‖ 法を犯してはならない No hay que infringir la ley.

ならび 並び　(列) fila *f.*, línea *f.*, (側) lado *m.* ‖ 家の並び hilera *f.* de casas ／ 喫茶店は映画館の並びにある La cafetería está al mismo lado que el cine.

ならびに 並びに　(および) y,《i, hiで始まる語の前で》e, así como ‖ 氏名並びに住所を明記のこと Escriba su nombre y su dirección.

ならぶ 並ぶ　alinearse, ponerse en fila, (列を作る) hacer cola, (匹敵する) igualarse《a》‖ 2列に並ぶ ponerse en dos filas ／ 子供たちを並ばせる alinear a los niños ／ 知性で彼に並ぶ人は誰もいない No hay quien lo supere en inteligencia.
▶並んで‖ 一列に並んで en fila india ／ ～と並んで座る sentarse「junto a [al lado de] ALGUIEN ／ 2軒の劇場が並んでいる Hay dos teatros uno al lado del otro.

ならべたてる 並べ立てる　enumerar ‖ 欠点を並べ立てる enumerar los defectos《de》

ならべる 並べる　alinear, poner ALGO en fila, (置く) colocar, (列挙する) enumerar ‖ 椅子を2列に並べる poner las sillas en dos filas ／ 料理を食卓に並べる poner la comida sobre la mesa ／ 商品がショーケースに並べてある Los artículos están expuestos en el escaparate. ／ 理由を並べる enumerar las razones

ならわし 習わし/慣わし　costumbre *f.*, tradición *f.*, usanza *f.* ‖ 習わしに従う seguir la tradición
▶～するのが習わしである tener la costumbre de 〖+不定詞〗, soler 〖+不定詞〗

なり ❶［AかBのいずれか］(o) A o B, bien A, (o) bien B ‖ メールなり電話なりで連絡する comunicar bien por *e-mail*, (o) bien por teléfono
❷［～するなり］nada más 〖+不定詞〗,《過去の事》tan pronto como 〖+直説法〗, en cuanto 〖+直説法〗, apenas 〖+直説法〗‖ 私を見るなり彼の顔から微笑みが消えた Tan pronto como me vio, su sonrisa desapareció.
❸［独自の］‖ 子供にも子供なりの理屈がある Aun los niños tienen razón a su modo.

なり 形　(格好) apariencia *f.*,《話》facha *f.*, (体つき) complexión *f.*, (身なり) porte *m.*

なり 鳴り‖ 鳴りをひそめる (静かにする) guardar silencio

なりあがり 成り上がり　(人) advenedi*zo*[*za*] *mf.*
▶成り上がりの advenedi*zo*[*za*]

なりあがる 成り上がる　hacerse ri*co*[*ca*], alcanzar éxito social

なりきん 成り金　advenedi*zo*[*za*] *mf.*, nue*vo*[*va*] ri*co*[*ca*] *mf.*
🔲成金趣味 gustos *mpl.* de los nuevos ricos

なりすます 成り済ます　hacerse pasar por ALGUIEN ‖ その男子学生は教師に成りすました El estudiante se hizo pasar por el profesor.

なりたち 成り立ち　historia *f.*, (起源) origen *m.*, (成立) formación *f.*, (過程) proceso *m.*, (仕組み) estructura *f.* ‖ 近代国家の成り立ち proceso *m.* de formación del estado moderno ／ 文の成り立ち estructura *f.* oracional

なりたつ 成り立つ　(構成される) consistir《en》, componerse《de》, formarse, constar《de》, (基づく) apoyarse《en》‖ 日本は約7千の島から成り立っている Japón consta de unas siete mil islas. ／ この商売は成り立たない Este negocio no es rentable. ／ この給料では暮らしが成り立たない Con ese sueldo no se puede vivir. ／ その理論は科学的に成り立たない Esa teoría no es científicamente válida.

なりて なり手　aspirante *com.* ‖ 自治会の会長のなり手がいない Nadie quiere ser presidente de la asociación de vecinos.

なりひびく 鳴り響く　resonar, repiquetear, retumbar ‖ 鐘が鳴り響く「Resuenan [Repiquetean] las campanas. ／ 彼の名声は国中に鳴り響いている Su fama resuena por todo lo ancho del país.

なりふり 形振り‖ なり振り構わず働く《慣用》trabajar como un burro,《慣用》matarse a trabajar ／ なり振り構わず叫ぶ gritar como un[una] loco[ca]

なりものいり 鳴り物入り
▶鳴り物入りで《慣用》a bombo y platillo, con excesiva publicidad ‖ 鳴り物入りでデビューする debutar a lo grande

なりゆき 成り行き　curso *m.*, desarrollo *m.* ‖ 成り行きに任せて旅をする viajar a la ventura ／ 成り行き次第で方向を変える cambiar el rumbo sobre la marcha ／ 結局、私たちは成り行きを見守ることにした En fin, hemos decidido esperar y ver cómo van las cosas.

なる 生る　dar ‖ 実がなる「dar [producir] frutos ／ これは実のなる木だ Es un árbol que da frutos.
〔慣用〕金のなる木《慣用》la gallina de los huevos de oro

なる 成る/為る　❶ (～になる) hacerse, ponerse, volverse, quedarse, llegar a ser, convertirse《en》‖ 医者になる hacerse médi*co*[*ca*] ／ 病気になる「ponerse [caer] enfer*mo*[*ma*] ／ 頭がおかしくなる volverse lo*co*[*ca*] ／ 未亡人になる quedarse viuda ／ 大統領になる llegar a ser presiden*te*[*ta*]

嘘が本当になった Una mentira se convirtió en verdad. ／彼はどうなるの ¿Qué va a ser de él?
❷(構成される) consistir 《en》, constar 《de》 ‖ その本は4章から成る El libro consta de cuatro capítulos. ／そのチームは10名の専門家から成る El equipo está formado por diez expertos.
❸(時が経つ) ‖ 祖父が死んで2年になる Hace dos años que murió mi abuelo.
なる 鳴る sonar ‖ 電話が鳴る Suena el teléfono. ／目覚まし時計が鳴る Suena el despertador. ／雷が鳴る tronar ／私のお腹が鳴る Me suenan las tripas.
[慣用] 腕が鳴る querer demostrar *su* habilidad
ナルシスト narcisista *com.*
ナルシズム narcisismo *m.*
なるべく ‖ なるべく早く lo antes posible, lo más pronto posible, tan pronto como sea posible, cuanto antes ／なるべく話さないようにする intentar hablar lo menos posible ／なるべく詳しく説明する explicar lo más detalladamente posible ／なるべくなら今日君に来て欲しい Si es posible, quiero que vengas hoy.
なるほど efectivamente, en efecto ‖ なるほど、おっしゃる通りです (同意) Sí, es verdad. ¦ Tiene usted razón. ／なるほど経済危機は重要な課題ですが… Si bien es cierto que la crisis económica es un tema importante...
なれ 慣れ (習慣) costumbre *f.*, hábito *m.*, (経験) familiaridad *f.*, (実践) práctica *f.*
なれあい 馴れ合い (共謀) complicidad *f.*, confabulación *f.*
なれあう 馴れ合う (親しくなる) intimar 《con》, (共謀する) confabularse 《con》
ナレーション narración *f.*, voz *f.* en *off*
ナレーター narrad*or*[dora] *mf.*
なれそめ 馴れ初め primer encuentro *m.* ‖ 私たちの馴れ初めはあるパーティーだった Nuestro primer encuentro fue en una fiesta. ¦ Nos vimos por primera vez en una fiesta.
なれっこ 慣れっこ acostumbra*do*[da]
▶ 慣れっこになる estar más que acostumbra*do*[da] 《a》 ‖ 彼の時間のルーズさに私たちは慣れっこになっている Él nos tiene acostumbrados a su impuntualidad.
ナレッジマネジメント gestión *f.* del conocimiento
なれなれしい 馴れ馴れしい familiar
▶ 馴れ馴れしく con excesiva familiaridad
▶ 馴れ馴れしくする tomarse [muchas [demasiadas] confianzas con ALGUIEN ‖ 知らない人に馴れ馴れしくするものではありません No se debe tratar a los desconocidos con excesiva familiaridad.
なれのはて 成れの果て ‖ 億万長者の成れの果て multimillona*rio*[ria] *mf.* arruina*do*[da] ／これがあの映画スターの成れの果てだ Esto es en lo que acabó aquella estrella de cine.
なれる 馴れる ser doma*do*[da]
▶ 馴れた doma*do*[da] ‖ よく人に馴れたポニー poni *m.* bien domado
なれる 慣れる acostumbrarse 《a》, familiarizarse 《con》, (順応する) adaptarse 《a》 ‖ 早起きに慣れている estar acostumbra*do*[da] a madrugar ／携帯の操作に慣れる familiarizarse con el manejo del móvil ／新しい生活に慣れる adaptarse a la nueva vida
▶ 慣れた acostumbra*do*[da], familiariza*do*[da], (熟練した) exper*to*[ta] ‖ 慣れた手つきで con manos expertas, con habilidad ／聞き慣れた音楽 música *f.* familiar ／私が使い慣れたペン pluma *f.* que estoy acostumbra*do*[da] a usar
なわ 縄 cuerda *f.*, soga *f.* ‖ 縄で縛る atar ALGO con una cuerda ／縄を張る tender una cuerda ／縄をぴんと張る tensar una cuerda ／縄を結ぶ anudar la cuerda ／縄を解く desatar la cuerda
[慣用] 縄をかける atar ALGO con una cuerda, (罪人に) atar con una cuerda (a un reo)
なわばしご 縄梯子 escala *f.* de cuerda
なわとび 縄跳び comba *f.*
▶ 縄とびをする「jugar [saltar] a la comba, saltar 《a》 la cuerda
なわばり 縄張り zona *f.* de influencia, (動物の) territorio *m.* ‖ 縄張りを荒らす invadir la zona de influencia de ALGUIEN
◪ 縄張り争い lucha *f.* por el territorio
なん 何 ❶ qué → なに(何) ‖ 何ですか？ (聞き返す時) ¿Cómo? ¦ ¿Perdón? ¦ ¿Que qué? ／何で？ ¿Por qué? ／これは何ですか ¿Qué es esto? ／何だってこんな馬鹿なことするんだ ¿Cómo se te ocurre hacer esta tontería?
❷(不定の数などを表す) ‖ リンゴが何個か残っている Quedan algunas manzanas. ／何十万もの cientos de miles 《de》 ／彼は何か月も姿を見せない Hace meses que él no pasa por aquí.
なん 難 ❶(災難) desastre *m.* ‖ 難を逃れる「escapar [huir] de un peligro
❷(困難) dificultad *f.*
▶ 難なく sin dificultad alguna, sin ninguna dificultad
◪ 住宅難 escasez *f.* de viviendas
❸(欠点・欠陥) defecto *m.* ‖ 難を言えば si hay que señalar algún defecto ／少々難のある商品 artículo *m.* con un pequeño defecto
[慣用] 難をつける poner pegas 《a》
なんい 南緯 latitud *f.* sur

なんい 難易‖AとBでは難易の差がある Hay diferencia de dificultad entre A y B.
- 難易度「nivel *m*. [grado *m*.] de dificultad

なんおう 南欧 Europa *f*.「del Sur [meridional]

なんか 南下
▶ 南下する「ir [dirigirse] hacia sur

なんか 軟化 ablandamiento *m*., reblandecimiento *m*.
▶ 軟化する ablandarse, reblandecerse, (譲歩する) ceder‖彼女の私に対する態度が軟化した Ella se ha puesto blanda conmigo.
- 軟化剤 suavizante *m*., ablandador *m*.
- 軟化点 punto *m*. de「reblandecimiento [ablandamiento]

なんか 何か ⇒なにか(何か)

なんかい 何回 cuántas veces‖あなたは何回スペインに行きましたか ¿Cuántas veces ha estado usted en España? ／ 何回か間違える equivocarse varias veces ／ 何回も説明する explicar repetidas veces ／ 何回でも好きなだけ来て良いよ Puedes venir cuantas veces que quieras.

なんかい 難解
▶ 難解な difícil, oscu*ro*[*ra*], enreves*ado* [*da*]

なんがつ 何月 qué mes‖あなたは何月生まれですか ¿En qué mes nació usted?

なんかん 難関‖最大の難関 mayor「barrera *f*. [obstáculo *m*.] ／ 入試の難関を突破する superar la barrera del examen de ingreso
- 難関校 escuela *f*. de difícil acceso

なんぎ 難儀 (困難) dificultad *f*., (迷惑) molestia *f*.‖難儀をかける molestar a ALGUIEN
▶ 難儀する tener dificultad《para》‖階段を下りるのに難儀する tener muchas dificultades para bajar la escalera

なんきゅう 軟球 pelota *f*. blanda

なんきょく 南極 (極点) Polo *m*.「Sur [Austral, Antártico], (地域) tierras *fpl*. antárticas
▶ 南極の antárti*co*[*ca*]
- 南極海 océano *m*. Antártico
- 南極観測 expedición *f*. científica a la Antártida‖南極観測隊 expedición *f*. antártica ／ 南極観測船 barco *m*. para la expedición de la Antártida
- 南極圏 círculo *m*. polar antártico
- 南極大陸 Antártida *f*., continente *m*. antártico
- 南極点 Polo *m*.「Sur [Austral, Antártico]

なんきょく 難局 situación *f*. difícil, (危機) crisis *f*.[=*pl*.]‖難局を乗り切る superar una「situación difícil [crisis], 《慣用》capear el temporal

なんきん 軟禁 arresto *m*. domiciliario, casa *f*. por cárcel

▶ 軟禁する dar casa por cárcel a ALGUIEN, penar con casa por cárcel a ALGUIEN

なんきんじょう 南京錠 candado *m*.

なんきんまめ 南京豆 (ラッカセイ) cacahuete *m*.

なんきんむし 南京虫 (トコジラミ) chinche *f*.

なんくせ 難癖‖難癖をつける poner pegas《a》, 《慣用》poner peros《a》

なんこう 軟膏 pomada *f*., ungüento *m*.‖軟膏を塗る aplicar pomada, (自分に) aplicarse pomada

なんこう 難航
▶ 難航する avanzar con dificultad, no marchar bien, (行き詰まる)《慣用》entrar en vía muerta

なんこつ 軟骨 cartílago *m*.
▶ 軟骨の cartilagino*so*[*sa*]
- 軟骨魚類 condrictio *m*., peces *mpl*. cartilaginosos
- 軟骨細胞 condrocito *m*.
- 軟骨組織 tejido *m*. cartilaginoso

なんさい 何歳 qué edad, cuántos años‖あなたは何歳ですか「¿Cuántos años [¿Qué edad] tiene usted? ／ 私は何歳だと思いますか ¿Cuántos años me echa usted? ／ 何歳で小学校に入学しますか ¿A qué edad ingresa un niño a la escuela primaria?

なんざん 難産「parto *m*. [alumbramiento *m*.] difícil, 《医学》distocia *f*.‖彼女は難産だった Ella tuvo un parto difícil.
▶ 難産の distóci*co*[*ca*]

なんじ 汝 tú‖汝殺すなかれ No matarás. ／ 汝の敵を愛せよ Amad a vuestros enemigos.

なんじ 何時 qué hora‖何時ですか ¿Qué hora es? ／ 何時のお約束ですか ¿A qué hora tiene usted la cita? ／ 君は何時に起きますか ¿A qué hora te levantas? ／ 何時の(飛行機の)便でご出発ですか ¿A qué hora sale su vuelo? ／ 何時から何時まで銀行は開いていますか ¿Desde qué hora (y) hasta qué hora están abiertos los bancos? ¦ ¿Qué horario tienen los bancos?

なんじかん 何時間 cuántas horas‖そこまで何時間かかりますか ¿Cuántas horas se tarda hasta allí? ／ 薬は何時間ごとに飲むのですか ¿Cada cuántas horas se debe tomar el medicamento? ／ 私は何時間でもここで待っています Voy a esperar aquí todo el tiempo que sea necesario. ／ 何時間も残業する hacer muchas horas extras

なんしき 軟式
- 軟式テニス *soft* tenis *m*.
- 軟式野球 béisbol *m*. con pelota blanda

なんじゃく 軟弱
▶ 軟弱な débil, bland*o*[*da*], (地盤などが) poco firme‖軟弱な体 cuerpo *m*. débil ／ 軟弱な地盤 terreno *m*. poco firme

■軟弱外交 diplomacia *f.* 「blanda [suave]
なんしょ 難所　paso *m.* difícil‖最大の難所にさしかかる llegar al paso más difícil
なんしょく 難色‖難色を示す mostrarse「rea*cio*[*cia*] [remi*so*[*sa*]]《a》
なんすい 軟水　agua *f.* blanda
なんせい 南西　suroeste *m.*, sudoeste *m.* (略 SO) ⇒ほうい(方位)
▶南西の del sudoeste, sudoccidental
ナンセンス tontería *f.*, disparate *m.*, absurdo *m.*
なんだ 何だ‖あれは何だろう ¿Qué será aquello? ／なんだ、君か Ah, eres tú. ／それが何だ ¿Y qué? ／金が何だ！¡Qué me importa el dinero! ／こう言うのもなんだけど… Quizá sea mejor no decirlo, pero... ／自分で言うのもなんだが… No soy quien para decirlo pero...
なんだい 難題　(問題) problema *m.* difícil, (要求) exigencia *f.* poco razonable
■無理難題‖無理難題を吹っかける pedir lo imposible,《慣用》pedir la Luna
なんたいどうぶつ 軟体動物　moluscos *mpl.*
なんだか 何だか‖何だか機械の調子が変だ Algo funciona mal en la máquina. ／私は何だか悲しい No sé por qué, pero estoy triste. ／これじゃあ何が何だかわからない (支離滅裂である)《慣用》Esto no tiene (ni) pies ni cabeza.
なんだかんだ‖なんだかんだと忙しい estar ocupa*do*[*da*] entre unas cosas y otras ／なんだかんだ言っても彼女はすぐれた政治家だ A pesar de「todo [los pesares], ella es una excelente política.
なんたん 南端　extremo *m.*「sur [meridional]
なんちゃくりく 軟着陸　aterrizaje *m.* suave‖火星に軟着陸する realizar un aterrizaje suave en Marte
なんちょう 難聴　hipoacusia *f.*,「dificultad *f.* [deficiencia *f.*] auditiva, sordera *f.* parcial
▶難聴である tener dificultad para oír
▶難聴の du*ro*[*ra*] de oído‖難聴の人 persona *f.* con deficiencia auditiva
■軽度難聴 deficiencia *f.* auditiva leve
■中等度難聴 deficiencia *f.* auditiva media
■高度難聴 deficiencia *f.* auditiva severa
■老人性難聴 presbiacusia *f.*
なんて‖こんな大災害が起きたなんて信じられない Es realmente increíble que se haya producido semejante desastre. ／私を招待してくれるなんて感激です ¡Cuánto me alegro de que me hayan invitado!
なんて 何て　(何という景色なんでしょう) ¡Qué paisaje más hermoso! ／何て暑いんだ ¡Qué calor hace!
なんで 何で　(理由) por qué, (目的) para qué
なんでも 何でも　❶ (どれでも) cualquier cosa‖何でも好きなものをどうぞ Elija cualquier cosa que le guste. ／彼は何でもやりたがる Él quiere hacer de todo. ／何でもお申しつけください Aquí me tiene usted a su entera disposición.
■何でも屋 factótum *com.*
❷ (どうやら) según「dicen [comentan], al parecer‖何でも事故が起こったらしい Parece que ha ocurrido un accidente.
❸ ≪慣用表現≫
[慣用] 何でもない‖何でもないよ No pasa nada. ／10万円は彼には何でもない Cien mil yenes no es nada para él.
なんてん 難点　dificultad *f.*, (欠点) defecto *m.*, desventaja *f.*
なんと 何と　cómo, qué‖何と言ったらいいでしょう ¿Cómo diría yo? ／何とおっしゃいましたか ¿Perdón?¦¿Cómo ha dicho usted? ／あなたに何とお礼を言ったらいいかわかりません No sé cómo agradecérselo. ／何とありがたい雨だろう ¡Qué lluvia tan esperada! ／何というありさまだ ¡Qué situación tan lamentable! ／君が何と言おうと digas lo que digas ／何とでも言わせておけ Que digan todo lo que quieran. ／何と言っても彼は最高のサッカー選手の一人だ Después de todo, él es uno de los mejores futbolistas.
なんど 何度　❶ (回数) ⇒なんかい(何回)
❷ (温度・角度など) cuántos grados‖リマの夏の気温は何度ですか ¿Qué temperatura hace en Lima en verano? ／ハバナの緯度は何度ですか ¿Cuál es la latitud de La Habana? ／ワインのアルコール度数は何度ですか ¿Cuántos grados de alcohol tiene el vino?
なんど 納戸　trastero *m.*, depósito *m.* de trastos
なんとう 南東　sureste *m.*, sudeste *m.* (略 SE) ⇒ほうい(方位)
▶南東の del sudeste, sudoriental
なんとか 何とか‖何とか間に合う llegar a tiempo a duras penas ／何とかやっていく《慣用》arreglárselas,《慣用》ir tirando ／何とかできませんか ¿No se puede tomar alguna medida? ／何とかして de una manera u otra ／何とかしてよ Arréglamelo. ／何とかなるだろう Todo saldrá bien. ／何とか言ったらどうなの ¡Vamos, di algo!
なんとしても 何としても　a toda costa, pase lo que pase,《話》de todas todas
なんとなく 何となく‖何となく覚えている recordar ALGO vagamente ／何となく彼が好きになれない No sé por qué, pero él no me cae bien. ／なんとなく1日を過ごす pasar un día sin hacer nada especial

なんとも 何とも ‖ 何とも言えない indescriptible, indecible / 何とも言いがたい喜び alegría f. indescriptible / 彼に何ともお礼のしようがない No sé cómo podría agradecérselo. / 痛くも何ともないからね No te va a doler nada de nada. / 彼は残業を何とも思わない A él no le importa hacer horas extras. / 今のところそれについては何とも言えない Todavía no podemos decir nada concreto sobre este tema. / 何とも妙な話だ Es un asunto「rarísimo [muy raro].

なんなく 難なく sin dificultad alguna, sin problemas

なんなら (もしよければ) si quiere(s), (いやでなければ) si no「te [le] importa, (都合がよければ) sí「te [le] viene bien ‖ 何なら私が彼と話をしようか Si quieres, puedo hablar con él.

なんなり 何なり cualquier cosa, todo ‖ 何なりとお申しつけください Aquí me tiene usted a su entera disposición.

なんなんせい 南南西 sudsudoeste m. (略 SSO)

なんなんとう 南南東 sudsudeste m. (略 SSE)

なんにち 何日 (日付) qué día, (日数) cuántos días ‖ 今日は何日ですか ¿A qué estamos hoy? ¦ ¿A cuántos estamos hoy? ¦ ¿Qué fecha es hoy? / 彼女が来日するのは何日ですか ¿Qué día llega ella a Japón? / あなたはスペインに何日間滞在しますか ¿Cuántos días va a estar usted en España? / 雪が何日も続いた Nevó muchos días seguidos. / 何日か泣いて hace unos días.

なんにも 何にも → なにも (何も) ‖ 私はまったく何にも知らない No sé absolutamente nada. / 泣いても何にもならないよ No sirve de nada que llores.

なんにん 何人 cuántas personas ‖ (あなた方は)何人ですか ¿Cuántos son ustedes? / ご兄弟は何人ですか ¿Cuántos hermanos tiene usted? / 彼らのうちの何人かは外国人です Algunos de ellos son extranjeros.

なんねん 何年 ‖ 何年(間)も durante muchos años / 今年は何年ですか ¿En qué año estamos? / このワインは何年のものですか ¿De qué año es este vino? / あなたは何年ここに住んでいますか ¿Cuántos años vive usted aquí? / 君たちは何年生ですか ¿Qué curso estudiáis? / エンリケはここに来てまだ何年も経ってない Enrique lleva aún pocos años aquí.

なんの 何の qué ‖ 何の話をしているのですか ¿De qué hablan ustedes? / 何のために ¿Para qué? / これは何の役にも立たないよ Esto no sirve para nada. / 私はそれとは何の関係もない No tengo nada que ver con eso. / 何の苦もなく sin ninguna dificultad

▶何のって ‖ スタジアムはうるさかったの何のって Había mucho ruido en el estadio, pero que mucho ruido.

[慣用] 何のかの(と) ‖ 彼は何のかのと言って私に金を返さない Él nunca me devuelve el dinero inventando toda clase de excusas.

[慣用] 何の気なしに involuntariamente

[慣用] 何のその ‖ 私には寒さなんて何のそのだ El frío no me afecta para nada.

なんぱ 軟派 (プレイボーイ) donjuán m., ligón m., (穏健な人) persona f. moderada

▶軟派する ligar《con》

なんぱ 難破 naufragio m.

☐難破する naufragar

☐難破船 barco m. naufragado

ナンバー número m. ‖ 車のナンバー matrícula f.

☐ナンバープレート placa f. de matrícula

☐ナンバーワン número m. uno

なんばい 何倍 cuántas veces, (レンズの倍率) cuántos aumentos ‖ ブラジルは日本の何倍の大きさですか ¿Cuántas veces más grande es Brasil que Japón? / この望遠鏡の倍率は何倍ですか ¿Cuántos aumentos tiene este telescopio?

ナンバリング numeración f., (機械) numerador m.

なんばん 何番 (番号) qué número, (順位) qué puesto ‖ あなたの座席は何番ですか ¿Qué (número de) asiento tiene usted? / グラナダ行きの列車は何番線から出ますか ¿De qué (número de) andén sale el tren a Granada? / 君のチームは何番ですか ¿En qué puesto está tu equipo? ¦ ¿Qué puesto ocupa tu equipo?

なんびゃく 何百

▶何百もの centenares《de》, cientos《de》‖ 何百通もの手紙 cientos de cartas

なんびょう 難病 (治りにくい病気) enfermedad f.「difícil de curar [de difícil curación], (特定疾患) enfermedad f.「rara [huérfana]

なんぴょうよう 南氷洋 océano m. (Glacial) Antártico

なんぶ 南部 sur m., zona f.「meridional [sur]

▶南部の del sur, meridional

なんべい 南米 América del Sur, Sudamérica

▶南米の(人) sudamericano[na] (mf.), suramericano[na] (mf.)

☐南米諸国 países mpl. sudamericanos

☐南米諸国連合 Unión f. de Naciones Suramericanas (略 Unasur)

☐南米大陸 continente m.「sudamericano [de América del Sur]

なんぽう 南方 sur m., meridional m.

▶南方の del sur, meridional

> 南方に al sur 《de》
なんぼく 南北 el norte y el sur
> 南北に「パナマ運河は国を南北に横断している El canal de Panamá atraviesa el país de norte a sur.
◪ 南北戦争（米国の）Guerra f. de Secesión
◪ 南北朝（日本の）era f. de las Cortes del Norte y del Sur, (中国の) Dinastías fpl. Meridionales y Septentrionales
◪ 南北問題 división f. Norte-Sur
なんみん 難民 refugia*do*[*da*] *mf.* ‖ 難民を受け入れる acoger a los refugiados
◪ 政治難民 refugia*do*[*da*] *mf.* polític*o*[*ca*]
◪ 難民キャンプ campo *m.* de refugiados
◪ 難民収容所 centro *m.* de acogida de refugiados
◪ 難民条約（国連の）Convención *f.* relacionada con el estatus de refugiados (de las Naciones Unidas)
なんめい 何名 cuántas personas ‖ 何名様ですか — 3名です ¿Cuántos son ustedes? —Somos tres.
なんもん 難問 problema *m.* difícil, 《慣用》nudo *m.* gordiano ‖ 難問を解決する resolver un problema difícil
なんよう 南洋
◪ 南洋漁業 pesca *f.* del Pacífico Sur
◪ 南洋諸島 islas *fpl.* del Pacífico Sur
なんら 何ら ‖ 何ら問題がない No hay ningún problema.
なんらか 何らか
> 何らかの（の）algun*o*[*na*], un*o*[*na*] u otr*o* [*tra*] ‖ 何らかの理由で por alguna razón ／ 何らかの方法で a través de cualquier medio ／ 何らかの対策を取る tomar alguna medida

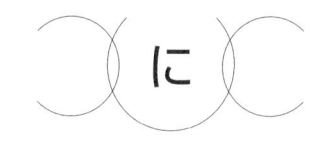

に

に ❶（時）‖ 4時に a las cuatro ／ 9月に en septiembre ／ 明日の午前中に mañana por la mañana
❷（場所・方向）‖ 引き出しに手帳をしまう guardar la agenda en el cajón ／ ノートに書く escribir en un cuaderno ／ スペインに行く ir a España ／ 山に登る subir a una montaña
❸（動作の対象）‖ コーヒーに砂糖を入れる poner azúcar al café ／ 私はネクタイを父にプレゼントした He regalado una corbata a mi padre. ／ この花束はあなたにです Este ramo de flores es para usted.
❹（動作主）‖ 彼は親友(男性)に裏切られた Él fue traicionado por su mejor amigo.
❺（目的）‖ 準備に時間をかける dedicar tiempo「para [a] la preparación ／ 買い物に出かける ir de compras
❻（原因）‖ 恐怖に震える temblar de miedo
❼（比較の基準）‖ 彼女は父親に似ている Ella se parece a su padre.
❽（割合）‖ 1日に3回 tres veces「al [por] día ／ 百人に一人 una de cada cien personas
❾（変化の結果）‖ ドルを円に換える cambiar dólares「en [a] yenes
に 二 dos *m.* ‖ 2番目の segun*do*[*da*] ／ 2分の1 un medio ／ 2年の/2年ごとの bienal
◪ 2か年計画 plan *m.* bienal
に 荷（積み荷）carga *f.*, cargamento *m.*, (商品) mercancía *f.* → にもつ(荷物) ‖ トラックに荷を積む cargar la mercancía en el camión, cargar el camión de mercancía ／ 荷をほどく desempaquetar
〔慣用〕荷が重い《慣用》venir「an*cho*[*cha*] [grande] a ALGUIEN ‖ 彼には部長職は荷が重すぎる A él le viene ancho el cargo de director.
〔慣用〕荷を下ろす《慣用》quitarse un peso de encima
二 《音楽》re *m.*
◪ 二長調 re *m.* mayor
◪ 二短調 re *m.* menor
にあい 似合い
> 似合いの bien aveni*do*[*da*] ‖ リカルドとアナは似合いのカップルだ Ricardo y Ana hacen buena pareja. ¦ Ricardo y Ana son una pareja bien avenida.
にあう 似合う「ir [venir, quedar, sentar] bien a ALGUIEN, favorecer a ALGUIEN ‖ このシャツは私に似合うかな ¿Me va bien esta camisa? ／ 髭は君にぜんぜん似合わない La barba no le favorece nada. ／ 彼は年に似合わず子供っぽいところがある A pesar de su edad se le ve algo infantil.
にあげ 荷揚げ descarga *f.*
> 荷揚げする「descargar [desembarcar] la mercancía (de un barco)
ニアミス casi colisión *f.*, 《英語》 near-miss *m.*
にいさん 兄さん hermano *m.* (mayor) → あに(兄)
ニーズ necesidades *fpl.* ‖ 顧客のニーズに応える responder a las necesidades de los clientes ／ 消費者のニーズを満たす satisfa-

cer las necesidades de los consumidores

ニート ni-ni m.[=pl.], joven com. que ni estudia ni trabaja
▶ ニート世代 generación f. ni-ni

にいんせい 二院制 bicameralismo m., sistema m. bicameral
▶ 二院制の bicameral

にうけ 荷受け recepción f. de la carga
▶ 荷受けする recibir la carga
▶ 荷受人 consignatario m.

にうごき 荷動き movimiento m. de mercancías

にえきらない 煮え切らない indeciso[sa], vacilante ‖ 煮え切らない返事 respuesta f. ambigua ／ 煮え切らない態度をとる mostrarse indeciso[sa]

にえた 煮えた cocido[da], hervido[da] ‖ 野菜はよく煮えている Las verduras están bien cocidas.

にえたぎる 煮えたぎる borbotear, borbotar, hervir a borbotones ‖ 湯が鍋で煮えたぎっている El agua está hirviendo a borbotones en la olla.

にえゆ 煮え湯 (熱湯) agua f. 「hirviendo [hirviente]」
[慣用] 煮え湯を飲まされる sufrir una traición ‖ 彼にはいつも煮え湯を飲まされる Él siempre traiciona mi confianza.

にえる 煮える cocerse, hervir ‖ レンズ豆はすぐ煮える Las lentejas se cuecen enseguida.
▶ 煮えた cocido[da], hervido[da] ‖ よく煮えた肉 carne f. bien cocida

におい 匂い/臭い olor m., (香り) aroma m., perfume m., fragancia f. ‖ 消毒薬の強い臭い fuerte olor m. a desinfectante ／ 海の匂い olor m. a mar ／ 私の手にペンキの匂いがしみついている El olor a pintura se queda en mis manos. ／ 匂いを嗅ぐ olfatear, oler ／ 煙草の臭いを消す「eliminar [quitar] el olor a tabaco ／ 匂いを放つ「despedir [desprender, emitir] un olor
▶ 匂いがする oler《a》‖ ニンニクの匂いがする oler a ajo ／ 犯人の臭いがする Hay indicios de delito. ／ いい匂いがする Huele bien. ／ この部屋は嫌な臭いがする Esta habitación huele mal.
▶ 匂い消し desodorante m., (消臭剤) ambientador m.
▶ 匂い袋 bolsita f. de perfume

におう 仁王 (説明訳) dos estatuas fpl. de guardianes gigantes situadas en la entrada de templos budistas
▶ 仁王立ち ‖ 仁王立ちになる quedarse de pie con la cabeza erguida

におう 匂う/臭う oler ‖ 桜の花が匂う Las flores de cerezo despiden fragancia. ／ このガスは臭わない Este gas no 「huele [tiene olor].
▶ 匂うばかりの ‖ 匂うばかりの美しさ belleza f. viva

におわす 匂わす despedir un olor, (ほのめかす) insinuar

にかい 二回 dos veces ‖ 1日2回 dos veces 「por [al] día ／ 月2回発行の雑誌 revista f. bimensual
▶ 2回目 ‖ メキシコに行くのは2回目です Es la segunda vez que voy a México.

にかい 二階 primer piso m., primera planta f. (segundo piso m., segunda planta f.は日本の3階に相当) ‖ 2階に住む vivir en el primer piso
▶ 2階建て ‖ 2階建ての家 casa f. de dos 「pisos [plantas] ／ 2階建てのバス autobús m. de dos pisos

にがい 苦い amargo[ga] ‖ 苦い味 sabor m. amargo ／ 私にはコーヒーは苦い El café me sabe amargo. ／ 口が苦い「tener [sentir] la boca amarga ／ 苦い顔をする poner mala cara,《慣用》poner cara de pocos amigos ／ 苦い経験をする tener una amarga experiencia

にがおえ 似顔絵 retrato m., dibujo m. de la cara ‖ 似顔絵を描く hacer un retrato《de》, dibujar la cara《de》
▶ 似顔絵書き retratista com.

にかこくごほうそう 二か国語放送 segundo programa m. de audio (略 SAP)

にがす 逃がす dejar escapar, soltar, liberar ‖ 犯人を逃がす (取り逃がす) dejar huir al criminal ／ 捕まった動物を逃がしてやる liberar a un animal atrapado ／ チャンスを逃がす dejar 「pasar [escapar] una oportunidad
[諺] 逃がした魚は大きい Siempre parece más grande el pez que se nos escapó.
▶ 逃がし弁 válvula f. de 「escape [seguridad]

にがつ 二月 febrero m.
▶ 2月に en (el mes de) febrero

にがて 苦手 punto m. débil, flaco m.
▶ 〜が苦手である ‖ 私は数学が苦手だ Las matemáticas se me dan mal. ¦ Soy nulo[la] para las matemáticas. ¦ Soy negado[da] para las matemáticas. ／ 彼は女性が苦手だ Él lo pasa muy mal con las chicas. ／ 私は人の名前を覚えるのが苦手だ Me cuesta recordar los nombres de las personas.

にがにがしい 苦苦しい desagradable, disgustado[da]
▶ 苦々しく ‖ 失敗を苦々しく思い出す sentir disgusto recordando el fracaso

にがみ 苦み sabor m. amargo, amargor m. ‖ 苦みがある tener un sabor amargo ／ 苦みを取る／苦みを抜く「quitar [eliminar] el sabor amargo

苦み走った ‖ 苦み走った顔 rostro *m.* de rasgos firmes

にがむし 苦虫
[慣用] 苦虫をかみつぶしたような顔で con cara de disgusto, con cara de mal humor

にかよう 似通う parecerse《a》→ にる (似る)

ニカラグア Nicaragua
▶ニカラグアの nicaragüense
▣ニカラグア人 nicaragüense *com.*

にがり 苦汁 《日本語》*nigari m.*, (塩化マグネシウム) cloruro *m.* de magnesio

にがりきる 苦り切る ‖ 苦りきった顔をする mostrarse muy disgusta*do*[*da*]

にかわ 膠 cola *f.*
▣膠付け encoladura *f.* ‖ 膠付けする encolar

にがわらい 苦笑い sonrisa *f.* amarga
▶苦笑いする esbozar una sonrisa amarga, sonreír amargamente

にきさく 二期作 doble cultivo *m.* anual (de un mismo producto agrícola)

にきび 面皰 grano *m.*, espinilla *f.*, acné *m.* ‖ 顔ににきびがある tener granos en la cara / 私はおでこににきびができた Me salieron granos en la frente. / にきびをつぶす aplastar los granos / にきびが気になる preocuparse por los granos

にぎやか 賑やか
▶にぎやかな anima*do*[*da*], (陽気な) alegre, (人出が多い) concurri*do*[*da*], (騒がしい) ruido*so*[*sa*] ‖ にぎやかな通り calle *f.* concurrida / にぎやかな人 persona *f.* alegre
▶にぎやかに alegremente ‖ にぎやかに鳴く cantar ruidosamente

にきょく 二極
▶二極の bipolar
▶二極性 bipolaridad *f.*
▶二極化 bipolarización *f.*
▣二極体制 sistema *m.* bipolar

にぎり 握り (柄・取っ手) mango *m.*, asa *f.*, (ドアの) pomo *m.*, tirador *m.* ‖ ひと握りの砂 un puñado de arena
▣握り寿司 *sushi m.* amasado con trozos de pescado o mariscos encima
▣握り飯 bola *f.* de arroz

にぎりこぶし 握り拳 puño *m.* ‖ 握りこぶしを振り上げる levantar el puño

にぎりしめる 握り締める empuñar, agarrar fuerte, apretar ALGO en el puño ‖ 手を握りしめる apretar la mano a ALGUIEN / 両手の拳を握りしめる cerrar「las manos [los puños]

にぎりつぶす 握り潰す aplastar ALGO con el puño, (提案・文書などを) dar carpetazo《a》‖ 計画を握りつぶす dar carpetazo a un proyecto

にぎる 握る agarrar, asir ‖ ハンドルを握る tomar el volante, estar al volante / 権力を握る tener poder, estar en el poder / 秘密を握る enterarse del secreto de ALGUIEN / 金を握らせる sobornar

にぎわい 賑わい animación *f.*, (人出) concurrencia *f.*

にぎわう 賑わう animarse, (繁栄する) prosperar ‖ 町は観光客でにぎわっている La ciudad está llena de turistas.

にく 肉 carne *f.*, (果肉) pulpa *f.*, (肉体) cuerpo *m.* ‖ この肉は堅い[柔らかい] Esta carne está「dura [tierna]. / 肉を食べる「comer [consumir] carne / 肉を切る cortar la carne / 肉を焼く asar (la) carne / お腹に肉がつく echar barriga / 肉が締まる「hacerse [ponerse] musculo*so*[*sa*]
[慣用] 肉が落ちる adelgazar
[慣用] 肉が付く engordar,《慣用》「echar [cobrar] carnes
▣肉切り包丁 cuchillo *m.* de chef
▣肉骨粉 harina *f.* de huesos
▣肉汁 jugo *m.* de carne
▣肉料理 plato *m.* de carne

肉

肉の種類

ひき肉 carne *f.* picada / バラ肉 (かたまり) costilla *f.*, (切り身) chuletas *fpl.* de costilla / すね肉 jarrete *m.* / モモ肉 (牛の) babilla *f.*, (鶏の) muslo *m.* / ヒレ肉 lomo *m.*, filete *m.*, (サーロイン) solomillo *m.* / 肩肉 paletilla *f.* / 胸肉 pechuga *f.* / 手羽 ala *f.* de pollo

---

にくい
▶〜しにくい ser difícil de 『+不定詞』‖ 消化しにくい食べ物 alimentos *mpl.*「difíciles de digerir [de difícil digestión] / 私は小さい字が読みにくい Me cuesta leer la letra pequeña. / この部品は壊れにくい Esta pieza no se rompe fácilmente.

にくい 憎い odio*so*[*sa*], detestable, abominable, (感心な) admirable ‖ 私は君が憎い Te odio. ／ 憎いことを言うね ¡Bien dicho!

にくが 肉芽 granuloma *m.*
▣肉芽形成 《医学》granulación *f.*

にくがん 肉眼
▶肉眼で a simple vista ‖ 肉眼で見える惑星 planeta *m.* visible a simple vista

にくきゅう 肉球 (猫や犬などの足裏) almohadillas *fpl.*

にくぎゅう 肉牛 ganado *m.* vacuno de carne, vaca *f.* de carne

にくしみ 憎しみ odio *m.*, aversión *f.* ‖ 憎しみの目で見る mirar con odio a ALGUIEN ／ 憎しみを抱く sentir odio (hacia, por) ／ 憎しみを買う「provocar [incurrir en] el odio de ALGUIEN

にくしゅ 肉腫 《医学》sarcoma *m.*
▣骨肉腫 osteosarcoma *m.*

にくしょく 肉食 alimentación *f.* carnívora
▶肉食の carnívo*ro*[*ra*]
▣肉食植物 planta *f.* carnívora
▣肉食動物 animal *m.* carnívoro, carnívoro *m.*

にくしん 肉親 consanguíne*o*[*a*] *mf.*

にくずれ 荷崩れ desplazamiento *m.* de la carga, (落下) caída *f.* de la carga

にくせい 肉声 voz *f.* al natural

にくたい 肉体 cuerpo *m.*, carne *f.* ‖ 精神と肉体 mente *f.* y cuerpo *m.* ／ 健康な肉体 cuerpo *m.* sano
▶肉体の/肉体的な corporal, físi*co*[*ca*], carnal ‖ 肉体的な疲労 fatiga *f.* física
▶肉体的に físicamente, corporalmente ‖ 肉体的に衰える debilitarse físicamente
▣肉体関係 ‖ 肉体関係がある「mantener [tener] relaciones sexuales
▣肉体美 belleza *f.* 「corporal [física]
▣肉体労働 trabajo *m.* físico
▣肉体労働者 trabaja*dor*[*dora*] *mf.* manual

にくたらしい 憎たらしい ⇒にくらしい(憎らしい)

にくだんご 肉団子 《料理》albóndiga *f.*

にくづき 肉付き
▶肉付きのよい carno*so*[*sa*], (太った) gor*do*[*da*]
▶肉付きの悪い enju*to*[*ta*], (やせた) delga*do*[*da*]

にくづけ 肉付け
▶肉付けする enriquecer, dar más consistencia 《a》,《彫刻》modelar ‖ 草案に肉付けする enriquecer el contenido del borrador

にくにくしい 憎憎しい odio*so*[*sa*] ‖ 憎々しい態度 actitud *f.* odiosa

にくはく 肉薄
▶肉薄する (接近する) acercarse 《a》, aproximarse 《a》, (急追する) 《慣用》pisar los talones 《a》, (問いつめる) acorralar a ALGUIEN

にくばなれ 肉離れ desgarro *m.* muscular ‖ 肉離れを起こす sufrir un desgarro muscular

にくひつ 肉筆 autógrafo *m.*
▶肉筆の autógra*fo*[*fa*],《慣用》de *su* puño y letra ‖ 〜の肉筆の手紙 carta *f.* escrita del puño y letra de ALGUIEN

にくまれぐち 憎まれ口 ‖ 憎まれ口をたたく decir cosas desagradables, 「lanzar [soltar] pullas 《a》

にくまれっこ 憎まれっ子
[諺]憎まれっ子世にはばかる《諺》Mala hierba nunca muere.

にくまれやく 憎まれ役 odioso papel *m.*, ingrata tarea *f.*, (芝居の) ingrato papel *m.*
慣用憎まれ役を買って出る ofrecerse a asumir el odioso papel

にくむ 憎む odiar, aborrecer, abominar ‖ 人から憎まれる ser odia*do*[*da*] por otros ／ 彼は憎めない人だ Él es una persona que se hace querer. ／ 憎み合う odiarse
▶憎むべき odio*so*[*sa*], aborrecible, abominable

にくや 肉屋 carnicería *f.*, (豚肉店) tocinería *f.*, (人) carnice*ro*[*ra*] *mf.*, tocine*ro*[*ra*] *mf.*

にくよく 肉欲 「deseo *m.* [apetito *m.*] carnal ‖ 肉欲に溺れる dejarse llevar por el deseo carnal

にくらしい 憎らしい odio*so*[*sa*], detestable, abominable ‖ 憎らしい人 persona *f.* odiosa ／ 憎らしいほど強い横綱 *yokozuna m.* odiosamente fuerte
▶憎らしそうに/憎らしげに odiosamente

にぐるま 荷車 carreta *f.*, carro *m.* ‖ 荷車で運ぶ llevar ALGO en un carro ／ 荷車を引く tirar de un carro

ニクロム nicromo *m.*
▣ニクロム線 hilo *m.* de nicromo

にぐん 二軍 《スポーツ》filial *f.*, equipo *m.* 「filial [de reserva]

にげ 逃げ ‖ 私は逃げも隠れもしない No voy a huir ni a esconderme.
慣用逃げを打つ「evadirse de [rehuir] la responsabilidad

にげあし 逃げ足 ‖ 逃げ足が速い tener mucha agilidad para「huir [escapar]

にげおくれる 逃げ遅れる no conseguir escapar, no escapar a tiempo

にげこうじょう 逃げ口上 evasión *f.*, evasiva *f.* ‖ 逃げ口上を言う dar evasivas

にげごし 逃げ腰
▶逃げ腰の ‖ 逃げ腰の答弁 respuesta *f.* evasiva
▶逃げ腰になる mostrarse evasi*vo*[*va*]

にげこむ 逃げ込む refugiarse 《en》 ‖ 安全な所に逃げ込む refugiarse en un lugar segu-

にげそこなう 逃げ損なう no conseguir escapar

にげだす 逃げ出す huir, escaparse, darse a la fuga →にげる(逃げる)‖隙を見つけて逃げ出す escapar aprovechando un momento de descuido《de》／あわてて逃げ出す escapar a toda prisa,《慣用》poner pies en polvorosa

にげのびる 逃げ延びる huir lejos

にげば 逃げ場 refugio m., asilo m.,（逃げ道）escapatoria f. ‖ 逃げ場を失う no「tener [encontrar] por donde escapar

にげまわる 逃げ回る huir de un lugar a otro por todo Japón

にげみち 逃げ道 escapatoria f.,（退路）retirada f.,（出口）salida f. ‖ もう君には逃げ道はない Tú ya no tienes escapatoria.／逃げ道を見つける encontrar una escapatoria／逃げ道を探す buscar la escapatoria／反乱軍の逃げ道を断つ cortar la retirada a las tropas rebeldes

にげる 逃げる huir, escapar(se), fugarse ‖ こっそり逃げる escapar a escondidas／彼は妻に逃げられた Su mujer lo abandonó.／現実から逃げる「huir [escapar(se)] de la realidad／質問から逃げて答弁する contestar con evasivas／熱が逃げる El calor se pierde.

[諺]逃げるが勝ち《諺》A enemigo que huye, puente de plata.

にげん 二元
▶二元性 dualidad f., dualismo m. ‖ 二元性の/二元論の dualístico[ca], dualista
◾二元化合物 compuesto m. binario
◾二元方程式 ecuación f. con dos incógnitas
◾二元論 dualismo m.
◾二元論者 dualista com.

にこう 二項
◾二項の binario[ria]
◾二項式 binomio m.
◾二項定理 teorema m. del binomio
◾二項分布 distribución f. binomial

にこごり 煮凝り áspic m.

にごす 濁す enturbiar ‖ 水を濁す enturbiar el agua／言葉を濁す hablar con rodeos, responder con evasivas

ニコチン nicotina f.
◾ニコチン中毒 nicotinismo m., adicción f. a la nicotina

にこっと
▶にこっとする sonreír, esbozar una sonrisa, poner cara sonriente

にこにこ
▶にこにこする sonreír ‖ 彼はいつもにこにこしている Él siempre tiene una sonrisa en los labios.

にこみ 煮込み guiso m., guisado m., estofado m.

にこむ 煮込む cocer bien ‖ とろ火で煮込む cocer a fuego lento

にこやか
▶にこやかな complaciente,（愛想の良い）amable
▶にこやかに sonriendo,（愛想良く）servicialmente‖にこやかに挨拶する saludar amablemente

にごり 濁り turbiedad f., turbidez f. ‖ 水の濁り turbidez f. de agua
◾濁り酒 sake m. sin filtrar

にごる 濁る enturbiarse, ponerse turbio[bia],（汚染される）contaminarse ‖ 金魚鉢の水が濁る Se enturbia el agua de la pecera.
▶濁った turbio[bia], impuro[ra] ‖ 濁った心 corazón m. impuro

にざかな 煮魚 pescado m. cocido

にさん 二三
▶二三の unos[nas], varios[rias], un par《de》‖二三の反論があった Hubo algunas objeciones.
◾二三日 unos cuantos días ‖ 二三日おきに cada dos o tres días

にさんかたんそ 二酸化炭素 dióxido m. de carbono

にさんかぶつ 二酸化物 dióxido m.

にし 西 oeste m.（略O）, poniente m. ⇒ほうい(方位)
▶西の del oeste, occidental
▶西に（〜の）al oeste《de》, en el oeste《de》‖島の西にあるホテル hotel m. situado en el oeste de la isla
▶西へ al oeste, hacia el oeste
▶西から del oeste, desde el oeste
(慣用)西も東も分からない（地理に不案内である）no conocer bien la zona (donde *se encuentra*),（分別がない）no tener uso de razón
◾西海岸 costa f. oeste
◾西風 viento m. del oeste, poniente m.,《文章語》céfiro m.
◾西側諸国 bloque m. capitalista, países *mpl.* occidentales
◾西日本 región f. oeste de Japón
◾西半球 hemisferio m. occidental
◾西ヨーロッパ Europa occidental

にじ 虹 arcoíris m.[=pl.], arco m. iris ‖ 七色の虹 arcoíris m.[=pl.] de siete colores／虹が出る「Aparece [Sale] el arcoíris.
◾虹色 colores mpl. irisados ‖ 虹色の irisado[da]

にじ 二次
▶二次の segundo[da]
▶二次的(な) secundario[ria] ‖ 二次的な問題 cuestión f. secundaria
◾第二次産業 sector m. secundario

◪第二次世界大戦 Segunda Guerra f. Mundial
◪第二次佐藤内閣 el segundo Gabinete m. de Sato
◪二次関数 función f. 「cuadrática [de segundo grado]
◪二次感染 infección f. secundaria
◪二次元 dos dimensiones fpl. ‖ 二次元の bidimensional, de dos dimensiones
◪二次災害 desastre m. secundario
◪二次方程式 ecuación f. 「de segundo grado [cuadrática]

にしき 錦 brocado m.
〔慣用〕故郷へ錦を飾る volver triunfalmente a *su* pueblo

にしきへび 錦蛇 serpiente f. pitón (雄・雌), pitón m. (雄・雌)

にしては → わり (→ 〜の割に) ‖ 冬にしては気温が高すぎる La temperatura es bastante alta para ser invierno. ／ 彼は外国人にしては日本語が上手だ Para ser extranjero, él habla bien japonés.

にしても ‖ 飛行機で行くにしても2日はかかる Se tardará dos días aunque vayamos en avión. ／ いずれにしても en todo caso, en cualquier caso, de todos modos

にし 西日 sol m. poniente ‖ テラスには西日が射す El sol poniente da en el balcón.

にじます 虹鱒 trucha f. arcoíris

にじみでる 滲み出る rezumar(se), exudar ‖ 壁に水がにじみ出ていた El agua se rezumaba por las paredes. ／ 愛情がにじみ出ているメッセージ mensaje m. que rezuma cariño

にじむ 滲む correrse, (滲み出る) rezumar(se) ‖ インクがにじむ Se corre la tinta. ／ 傷口に血が少しにじむ Rezuma un poco de sangre de la herida. ／ 彼の額に汗がにじんでいた A él le rezumaba el sudor por la frente.

にしゃたくいつ 二者択一 disyuntiva f. ‖ 二者択一を迫る poner a ALGUIEN en una disyuntiva ／ 行くか残るかの二者択一を迫られている encontrarse ante la disyuntiva de irse o quedarse

にじゅう 二十 veinte m. ‖ 20番目の vigésimo[ma] ／ 20分の1 un veint(e)avo
◪二十進法 sistema m. vigesimal
◪20世紀 siglo m. XX (veinte)

にじゅう 二重
▶二重の doble ‖ 二重の喜び doble alegría f.
▶二重に doble ‖ 物が二重に見える ver doble ／ 二重にふたをする tapar dos veces ／ 二重にする duplicar, doblar ／ 窓を二重にする hacer una doble ventana
◪二重あご barbilla f. doble
◪二重写し superposición f. de imágenes

◪二重価格制度 sistema m. de doble precio
◪二重課税 imposición f. doble
◪二重構造 estructura f. 「dual [doble]
◪二重国籍 doble nacionalidad f.
◪二重唱/二重奏 dúo m.
◪二重人格 doble personalidad f.
◪二重スパイ espía com. doble
◪二重生活 doble vida f.
◪二重底 doble fondo m.
◪二重否定 doble negación f.
◪二重母音 diptongo m.
◪二重丸 doble círculo m. concéntrico

にじゅうよじかん 二十四時間 ‖ 受付は24時間対応いたします Nuestra recepción está abierta las 24 horas.
◪二十四時間営業 ‖ 24時間営業の薬局 farmacia f. abierta 24 horas
◪二十四時間勤務 jornada f. de 24 horas

にじょう 二乗 cuadrado m. → じじょう (自乗) ‖ 3の2乗は9である 3「al cuadrado [elevado a 2] es igual a 9.
▶二乗する cuadrar, elevar al cuadrado

にしん 鰊 arenque m. ‖ にしんの薫製 arenque m. ahumado ／ にしんの酢漬け arenque m. encurtido
◪にしん漁 pesca f. de arenque

にしんほう 二進法 sistema m. binario

ニス barniz m. ‖ ニスを塗る barnizar
◪ニス仕上げ barnizado m.

にせ 偽
▶偽の fals[osa], imita[do[da], falsifica[do[da] ‖ 偽のパスポート pasaporte m. falsificado ／ 偽の宝石 joya f. falsa, 《慣用》piedra f. falsa

にせい 二世 (移民の) inmigrante com. de segunda generación, (長男) primogénito m. ‖ フェリーペ2世 Felipe II (segundo) ／ 日系ブラジル人2世 brasileño[ña] mf. de origen japonés de segunda generación

にせがね 偽金 dinero m. falso, (硬貨) moneda f. falsa ‖ にせ金を造る hacer dinero falso
◪にせ金造り falsificación f. de moneda, (人) falsificador[dora] mf. de moneda

にせさつ 偽札 billete m. 「falso [falsificado] ‖ にせ札を造る falsificar billetes ／ にせ札が出回る Circulan billetes falsos.

にせたいじゅうたく 二世帯住宅 casa f. para dos familias

にせもの 偽物 falsificación f., (模造品) imitación f. ‖ 偽物を見抜く detectar falsificaciones ／ このピカソは偽物だ Este es un falso Picasso.

にせる 似せる imitar ‖ ロボットの声に似せて話す hablar imitando la voz de un robot ／ 神は自分の姿に似せて人間を作った Dios creó al hombre a su imagen y semejanza.

にそう 尼僧 religiosa f., monja f.

にそくさんもん　二束三文
▶二束三文で「a [por] un precio irrisorio ‖ 二束三文で売り払う vender ALGO a un precio irrisorio, malvender

にだい　荷台　portaequipajes *m*.[-*pl*.],（トラックの）plataforma *f*. de carga

にだいせいとうせい　二大政党制　sistema *m*. bipartidista, bipartidismo *m*.

にたき　煮炊き　cocción *f*.
▶煮炊きする cocinar, cocer

にだす　煮出す　hervir ALGO para extraer el sabor

にたつ　煮立つ　hervir, bullir ‖ お湯が煮立っている El agua está hirviendo.

にたてる　煮立てる「hervir [bullir] bien,《慣用》hervir a borbotones ‖ 湯を煮立てる hervir bien el agua

にたにた‖にたにた笑う sonreír burlonamente, esbozar una sonrisa burlona

にたもの　似た者‖彼らは似た者同士だ Ellos son「semejantes [parecidos]. ¦《慣用》Ellos son tal para cual. ¦《慣用》Ellos están cortados por el mismo patrón.

にたり‖にたりと笑う sonreír maliciosamente

にたりよったり　似たり寄ったり‖どの政治家も似たり寄ったりだ Todos los políticos son iguales unos a otros. ／私にはどの製品も似たり寄ったりに見える No veo gran diferencia entre estos productos.
▶似たり寄ったりの muy parecido[da], igual, semejante

にち　日　(日) día *m*. ‖ 今日は5月11日です Hoy es once de mayo. ／1日に3度 tres veces「por [al] día

にちえい　日英　Japón e Inglaterra
▶日英の anglojaponés[nesa]
日英同盟 Alianza *f*. Anglo-Japonesa

にちぎん　日銀　(日本銀行) Banco *m*. de Japón

にちじ　日時‖結婚式の日時を定める fijar la fecha y la hora de la boda

にちじょう　日常
▶日常の/日常的な cotidiano[na], diario[ria],（普通の）ordinario[ria] ‖ 日常の仕事 trabajo *m*. diario [cotidiano]
▶日常的に diariamente, ordinariamente ‖ 日常(的)によく使う製品 producto *m*. de uso「diario [cotidiano]
日常会話 conversación *f*. cotidiana
日常茶飯事‖それは日常茶飯事だ《慣用》Eso es el pan (nuestro) de cada día. ¦《慣用》Eso es moneda corriente.
日常生活 vida *f*.「cotidiana [diaria]

にちべい　日米　Japón y Estados Unidos
▶日米の nipoestadounidense, japonésestadounidense
日米安全保障条約 Tratado *m*. de Cooperación Mutua y Seguridad entre Estados Unidos y Japón
日米関係 relaciones *fpl*. entre Japón y Estados Unidos

にちぼく　日墨　(日本とメキシコ) Japón y México
▶日墨の nipomexicano[na], japonés-mexicano[na]
日墨学院 Liceo *m*. Mexicano Japonés

にちぼつ　日没　puesta *f*. de(l) sol, caída *f*. del sol
▶日没(時)に a la puesta del sol ‖ 日没時に試合を終了する terminar el partido al ponerse el sol
▶日没前に antes de la puesta del sol
▶日没後に después de la puesta del sol

にちや　日夜　día y noche,（絶えず）a todas horas ‖ 日夜働く trabajar día y noche

にちよう　日曜　(日曜日) domingo *m*.
日曜画家 pintor[tora] *mf*. aficionado[da]
日曜大工 bricolaje *m*. ‖ 日曜大工をする hacer bricolaje
日曜特集（テレビの）programa *m*. dominical
日曜版 dominical *m*.

にちようび　日曜日　domingo *m*.
▶日曜日の dominical
▶日曜日に el domingo ‖ 毎週日曜日に todos los domingos, cada domingo

にちようひん　日用品　artículos *mpl*. de uso cotidiano

にちろせんそう　日露戦争　guerra *f*. rusojaponesa

にっか　日課　trabajo *m*. diario,「tarea *f*. [rutina *f*.] diaria ‖ 朝早く散歩するのを日課とする pasear a primera hora de la mañana como parte de la rutina diaria

につかわしい　似つかわしい　adecuado[da], apropiado[da] ⇒ふさわしい(相応しい)

にっかん　日刊
▶日刊の diario[ria], de publicación diaria
日刊紙/日刊新聞 diario *m*., periódico *m*. (de publicación diaria)

にっかん　日韓　Japón y Corea del Sur
▶日韓の nipocoreano[na], japonés-coreano[na]

にっき　日記　diario *m*. ‖ 日記をつける「escribir [llevar] un diario
日記帳 diario *m*.

にっきゅう　日給　jornal *m*., salario *m*. diario ‖ 日給(制)で働く trabajar a jornal ／日給7千円である ganar siete mil yenes diarios

にっきょうそ　日教組　(日本教職員組合) Sindicato *m*. de Maestros de Japón

ニックネーム　apodo *m*., mote *m*. ⇒あだな (綽名)

にづくり　荷造り　embalaje *m*., empaque-

につけ 荷造りする empaquetar, (旅行の) hacer la maleta

につけ 煮付け ‖ 魚の煮付け pescado *m*. cocido

にっけい 日系 《日本語》 nikkei *com*.
▶日系の de origen japonés ‖ 日系のペルー人 perua*no*[*na*] *mf*. de origen japonés
◪日系資本 ‖ 日系資本の企業 empresa *f*. de capital japonés

にっけいへいきん 日経平均 《商標》(日経平均株価) índice *m*. Nikkei

にっけいれん 日経連 (日本経済団体連合会) Federación *f*. Japonesa de Asociaciones Económicas

ニッケル 《化学》níquel *m*. 《記号 Ni》
◪ニッケルクロム鋼 acero *m*. al cromoníquel
◪ニッケル・水素充電池 batería *f*. de níquel-hidruro metálico
◪ニッケルメッキ baño *m*. de níquel, niquelado *m*.

にっこう 日光 sol *m*., rayos *mpl*. de(l) sol, luz *f*. ‖ 日光にさらす「exponer [dejar] ALGO al sol
◪日光消毒 desinfección *f*. solar
◪日光浴 baños *mpl*. de sol ‖ 日光浴をする tomar el sol
◪日光療法 helioterapia *f*.

にっこり ‖ にっこり笑う sonreír amablemente

にっさん 日産 (1日あたりの生産高) producción *f*. diaria

にっし 日誌 diario *m*. →にっき(日記)
◪航海日誌 diario *m*. de navegación

にっしゃ 日射 radiación *f*. solar
◪日射病 insolación *f*., golpe *m*. de calor ‖ 日射病になる sufrir (una) insolación, insolarse
◪日射量 insolación *f*.

にっしょう 日照
▶日照権 servidumbre *f*. de luces
◪日照時間 horas *fpl*. de sol, insolación *f*. ‖ 夏には日照時間が最も長くなる El verano es la época con mayor número de horas de sol.

にっしょく 日食/日蝕 《天文》eclipse *m*. 「solar [de Sol]」 ‖ 日食が起こる Se produce un eclipse solar.
◪皆既日食 eclipse *m*. total de Sol
◪部分日食 eclipse *m*. parcial de Sol

にっしんげっぽ 日進月歩
▶日進月歩である「progresar [avanzar] constantemente」 ‖ 科学は日進月歩である La ciencia avanza día a día. ¦ La ciencia no deja de avanzar.

にっすう 日数 número *m*. de días ‖ 車の修理にどのくらいの日数がかかりますか ¿Cuántos días se tarda en reparar el coche?

にっせい 日西 (日本とスペイン) Japón y España
▶日西の hispano-japo*nés*[*nesa*]

ニッチ (隙間) nicho *m*., 《生物》 nicho *m*. ecológico
◪ニッチ市場 nicho *m*. de mercado ‖ ニッチ市場を開拓する explotar el nicho de mercado

にっちもさっちも 二進も三進も
慣用 にっちもさっちもいかない ‖ 交渉がにっちもさっちもいかない Las negociaciones entraron en 「punto muerto [un callejón sin salida]」.

にっちゅう 日中 ❶ (昼間) de día, durante el día ‖ 日中は良い天気が続くでしょう El buen tiempo continuará durante el día. ❷ (日本と中国) Japón y China
▶日中の japonés-chi*no*[*na*], sinojapo*nés*[*nesa*]
◪日中関係 relaciones *fpl*. entre Japón y China
◪日中共同声明 Comunicado *m*. Conjunto Japón-China

にっちょう 日朝 Japón y Corea del Norte
▶日朝の japonés-norcorea*no*[*na*]

にっちょく 日直 turno *m*. 「diurno [de día]」
▶日直をする hacer el turno diurno

にってい 日程 programa *m*., (旅行の) itinerario *m*., (会議の) orden *m*. del día ‖ 日程を組む fijar el programa, (旅行の) hacer el itinerario / 日程を変更する modificar el programa / 日程を調整する coordinar el programa
◪日程表 programa *m*., calendario *m*. ‖ 旅行の日程表 programa *m*. del viaje

ニット punto *m*. ‖ ニットのセーター jersey *m*. de punto
◪ニットウェア prenda *f*. de punto

にっとう 日当 jornal *m*. ‖ 日当を受け取る「cobrar [recibir] el jornal」 / 日当を払う pagar el jornal

ニッパー (工具) cortaalambres *m*.[=*pl*.]

にっぽう 日報 「boletín *m*. [informe *m*.]」 diario

にっぽん 日本 Japón →にほん(日本)

につまる 煮詰まる (料理が) cocerse hasta que se quede sin caldo, (計画が)「tomar [adquirir]」consistencia ‖ 煮汁が煮詰まる Se reduce el caldo. / 計画が煮詰まって来ている El proyecto va tomando cuerpo.

につめる 煮詰める cocer bien, (議論を) discutir ALGO a fondo

にてんさんてん 二転三転
▶二転三転する cambiar muchas veces, dar muchas vueltas

にと 二兎
諺 二兎を追う者は一兎をも得ず 《諺》El que

mucho abarca poco aprieta.
にど 二度 dos veces →にかい(二回) ‖ 月に二度 dos veces 「por [al] mes／二度続けて dos veces seguidas
▶二度と‖私は君に二度と会いたくない No quiero verte más.／メキシコを知る二度とないチャンス Es una oportunidad única para conocer México.／こんなことはもう二度と起こりません Esto nunca volverá a pasar.
諺 二度あることは三度ある No hay dos sin tres.
◪二度咲き‖二度咲きする florecer dos veces al año
◪二度目‖二度目の segun*do[da]*／二度目に a la segunda vez／私は携帯を買うのはこれが二度目です Es la segunda vez que compro el móvil.
にとう 二等 (等級) segunda clase *f.*
◪二等切符 billete *m.* de segunda clase
◪二等車 vagón *m.* de segunda clase
◪二等賞 segundo premio *m.* ‖ 二等賞をとる「ganar [obtener, llevarse] el segundo premio
◪二等星 estrella *f.* de segunda magnitud
◪二等兵 soldado *com.* ra*so[sa]*
にとうぶん 二等分 《数学》bisección *f.*
▶二等分する dividir ALGO en dos partes iguales, partir ALGO por la mitad, 《数学》bisecar
◪二等分線《数学》bisectriz *f.*
にとうへんさんかくけい 二等辺三角形《数学》triángulo *m.* isósceles
ニトロ (ニトロ基) grupo *m.* nitro
▶ニトロ化 nitración *f.*
◪ニトロ化合物 nitrocompuesto *m.*
◪ニトログリセリン nitroglicerina *f.*
◪ニトロセルロース nitrocelulosa *f.*
◪ニトロベンゼン nitrobenceno *m.*
にないて 担い手 (物を担ぐ人) porta*dor[dora] mf.*, (推進者) impul*sor[sora] mf.* ‖ 文化活動の担い手 impul*sor[sora] mf.* de las actividades culturales
になう 担う (担ぐ) cargar ALGO sobre los hombros, (引き受ける) encargarse《de》‖ 責任の一端を担う asumir una parte de la responsabilidad
ににんさんきゃく 二人三脚 carrera *f.* de (los) tres pies ‖ 二人三脚で仕事をする trabajar en colaboración
にぬし 荷主 (送り主) expedi*dor[dora] mf.*, (持ち主) propieta*rio[ria] mf.* de la carga
にねんせい 二年生 estudiante *com.* 「de segundo [del segundo grado]
◪二年生の《植物》bienal
◪二年生植物 planta *f.* bienal
にのあし 二の足
慣用 二の足を踏む mostrarse indeci*so[sa]*,

dudar《en》, vacilar《en》
にのうで 二の腕 brazo *m.*
にのく 二の句
慣用 二の句が継げない quedarse mu*do[da]* de asombro
にのつぎ 二の次 ‖ 二の次にする (後回しにする) posponer, dejar ALGO para más tarde／安全を二の次にして利益を優先する anteponer las ganancias a la seguridad／勝ち負けは二の次だ Ganar o perder es lo de menos.
にのまい 二の舞
慣用 二の舞を演じる/二の舞を踏む repetir el mismo error ‖ 私は君の二の舞を演じたくない No quiero cometer el mismo error que tú.
には ‖ 私は8時には家にいます Voy a estar en casa a las ocho.／日本には四季がある En Japón hay cuatro estaciones.／10時に駅にいるには9時に出発しなければならない Hay que salir a las nueve para estar en la estación a las diez.／マラソンの完走は私には不可能だ Es imposible para mí correr una maratón completa.／修理をするにはしたが… Reparar, sí que lo repararon, pero...
にばい 二倍 doble *m.* ‖ その家の広さは私の家の2倍だ Esa casa es dos veces más grande que la mía.／5の2倍は10だ Cinco por dos 「es [hace] diez.
▶2倍の doble ‖ 2倍の料金を払う pagar el doble de precio／2倍の時間をかける emplear el doble de tiempo
▶2倍にする/2倍になる duplicar / duplicarse ‖ 投資を2倍にする duplicar la inversión／携帯電話の利用者が5年間で2倍になった Los usuarios de telefonía móvil se duplicaron en cinco años.
◪二倍体《生物》célula *f.* diploide
にばしゃ 荷馬車 carro *m.* de caballos
にばん 二番 (番号) el número dos, (順位) segundo puesto *m.*
▶二番目 segun*do[da]* ‖ 左から二番目の人 la segunda persona (empezando) por la izquierda／最後から二番目の penúlti*mo[ma]*
◪二番煎じ refrito *m.* ‖ それは前作の二番煎じだ Es un refrito de su obra anterior.
にびいろ 鈍色 gris *m.* oscuro
にびょうし 二拍子 compás *m.* binario ‖ 4分の2拍子 compás *m.* de dos por cuatro
ニヒリスト nihilista *com.*
ニヒリズム nihilismo *m.*
ニヒル
▶ニヒルな nihilista
にぶ 二部 (2つの部分) dos partes *fpl.*, (第2部) segunda parte *f.*, (大学夜間部) facultad *f.* nocturna ‖ パスポートのコピーを2部取る「hacer [sacar] dos copias del pasaporte
◪東京株式市場第二部 segundo mercado *m.*

にぶい 鈍い (動きが) len*to*[ta], pato*so*[sa], (頭が) torpe, ler*do*[da], (音・痛みが) sor*do*[da], (切れ味が) ro*mo*[ma], desafila*do*[da] ‖ 鈍い光 luz *f.* 「opaca [débil, suave] ／ 鈍い痛み dolor *m.* sordo ／ 勘が鈍い ser torpe ／ 反射神経が鈍い no tener reflejos ／ 動作が鈍い ser pato*so*[sa]

にふだ 荷札 etiqueta *f.*, marbete *m.* ‖ 荷札を付ける poner 「la etiqueta [el marbete]《a》

にぶる 鈍る embotarse, (弱まる) debilitarse ⇒ なまる(鈍る) ‖ 切れ味が鈍る embotarse, desafilarse ／ 腕が鈍る perder *su* habilidad

にぶん 二分 ‖ 2分の1 mitad *f.*, medio *m.* ／ 通常の2分の1の料金で a la mitad del precio normal
▶ 二分する 「dividir [partir] ALGO en dos 」‖ 世論を二分する polarizar la opinión pública ／ 二人は若者の人気を二分するスターだ Son las dos estrellas más populares entre los jóvenes.
◪ 二分音符 blanca *f.*
◪ 二分休符 silencio *m.* de blanca
◪ 二分法 《論理》 dicotomía *f.*

にべもない se*co*[ca], frí*o*[a], (無愛想な) brus*co*[ca] ‖ にべもない返事 respuesta *f.* seca

にべもなく ‖ にべもなく断る rechazar 「categóricamente [de plano]

にぼし 煮干し sardinas *fpl.* pequeñas secas ‖ 煮干しでだしを取る hacer caldo de sardinas pequeñas secas

にほん 日本 Japón
▶ 日本の japo*nés*[nesa], ni*pón*[pona] ‖ 日本の暮らし vida *f.* en Japón ／ 日本の文化 cultura *f.* japonesa
▶ 日本製の de fabricación japonesa, he*cho*[cha] en Japón ‖ 日本製のオートバイ moto(cicleta) *f.* (de fabricación) japonesa
▶ 日本的(な) japo*nés*[nesa] ‖ 日本的な顔立ちの少女 niña *f.* de facciones japonesas
▶ 日本風の/日本式の de estilo japonés ‖ 日本風の庭園 jardín *m.* de estilo japonés
▶ 日本中/日本全国 ‖ そのニュースは日本中に広まった La noticia se difundió por todo Japón.
◪ 日本画 pintura *f.* japonesa
◪ 日本海 mar *m.* del Japón
◪ 日本海流 (黒潮) corriente *f.* de 「Kuroshio [Kuro-shivo]
◪ 日本学 estudios *mpl.* japoneses, japonología *f.*
◪ 日本髪 peinado *m.* tradicional japonés
◪ 日本嫌い japonofobia *f.*
◪ 日本語 japonés *m.*, lengua *f.* japonesa, idioma *m.* japonés ‖ 日本語の新聞 periódico *m.* en japonés ／ 日本語を話せる人はいますか ¿Hay alguien que sepa hablar japonés?
◪ 日本国 Estado *m.* de Japón
◪ 日本国憲法 Constitución *f.* 「de Japón [japonesa]
◪ 日本時間 hora *f.* japonesa ‖ 日本時間で午後3時に a las tres de la tarde, hora japonesa
◪ 日本酒 sake *m.*
◪ 日本人 japo*nés*[nesa] *mf.*
◪ 日本代表 ‖ サッカー日本代表チーム selección *f.* japonesa de fútbol
◪ 日本茶 té *m.* japonés
◪ 日本脳炎 encefalitis *f.*[=*pl.*] japonesa
◪ 日本晴れ cielo *m.* 「diáfano [completamente despejado] ‖ 今日は日本晴れだ Hoy el cielo está completamente despejado.
◪ 日本びいき japonófi*lo*[la] *mf.*, amante *com.* de Japón
◪ 日本間 「habitación *f.* [cuarto *m.*] (de) estilo japonés
◪ 日本料理 (調理) cocina *f.* japonesa, (食べ物) comida *f.* japonesa
◪ 日本列島 archipiélago *m.* japonés

にほんだて 二本立て ‖ 2本立ての映画(の上映) proyección *f.* de dos películas ／ 映画を2本立てで上映する ofrecer un programa doble de películas

にまい 二枚 ‖ 葉書2枚 dos tarjetas *fpl.* postales
▶ 2枚の ‖ 2枚の紙 dos hojas *fpl.* de papel
◪ 2枚重ね(の) doble
◪ 2枚組 (CDなどの) álbum *m.* doble

にまいがい 二枚貝 molusco *m.* bivalvo, bivalvo *m.*
▶ 二枚貝の bival*vo*[va]

にまいじた 二枚舌 ‖ 二枚舌を使う actuar con doblez,《慣用》jugar con dos barajas

にまいめ 二枚目 (役) galán *m.*, (美男) guapo *m.*

にまめ 煮豆 「judías *fpl.* [alubias *fpl.*] cocidas

にも ‖ 私にもやらせて Déjame hacerlo a mí también. ／ それは私にもできる 「Hasta [Incluso] yo puedo hacerlo. ／ 高さが10メートルにも及ぶ木 árbol *m.* que alcanza nada menos que diez metros de altura ／ 私は泣こうにも泣けない Aunque quisiera, no puedo llorar.

にもうさく 二毛作 doble cultivo *m.* anual ‖ 米と麦の二毛作を行う producir cada año arroz y trigo en el mismo terreno

にもつ 荷物 equipaje *m.*, (貨物) carga *f.*, cargamento *m.*, (負担) carga *f.* ⇒ に(荷) ‖

荷物を預ける（空港で）facturar el equipaje, （一時預かり所に）dejar el equipaje en la consigna ／ 荷物を軽くする aligerar el equipaje ／ 荷物をタクシー乗り場まで運ぶ llevar el equipaje hasta la parada de taxi ／ 荷物を引き取る retirar el equipaje ／ 荷物をまとめる「hacer [preparar] el equipaje
[慣用] お荷物になる ser una carga《para》‖ 私は家族のお荷物になりたくない No quiero ser una carga para mi familia.
◰ 荷物受取証 recibo *m.*, resguardo *m.*

にもの 煮物 （煮ること）cocción *f.*, （煮た物）cocido *m.*, plato *m.* cocido
▶煮物をする cocer

ニャー （擬声語）miau
▶ニャーニャー鳴く maullar, dar maullidos

にやく 荷役 carga *f.* y descarga *f.* de mercancías, （人）estiba*dor*[*dora*] *mf.*
◰ 荷役機械 máquina *f.* cargadora

にやにや
▶にやにやする （一人で）sonreír a solas, （馬鹿にしたように）sonreír「irónicamente [burlonamente], esbozar una sonrisa burlona

ニュアンス matiz *m.* ‖ 微妙なニュアンス matiz *m.* sutil

にゅういん 入院 hospitalización *f.*
▶入院する hospitalizarse, ingresar「al [en el] hospital ‖ 彼は肺炎で入院した Él ingresó al hospital por neumonía.
▶入院している/入院中である estar hospitaliza*do*[*da*]
◰ 入院患者 paciente *com.* hospitaliza*do*[*da*]
◰ 入院治療 tratamiento *m.* hospitalizado

にゅういんりょう 乳飲料 bebida *f.* láctea
にゅうえき 乳液 emulsión *f.*, （植物）látex *m.*[=*pl.*] ‖ 乳液をつける aplicar la leche

にゅうえん 入園 （幼稚園への）ingreso *m.* al preescolar
▶入園する entrar《en》, ingresar《a, en》‖ 保育園に入園する「entrar en [ingresar a] la guardería
◰ 入園料 （動物園などの）tarifa *f.* de entrada

にゅうか 入荷 llegada *f.* de mercancías
▶入荷する llegar ‖ ボージョレヌーボーが入荷した Ha llegado el *Beaujolais* nuevo.

にゅうか 乳化 emulsión *f.*
▶乳化する emulsionar
◰ 乳化剤 emulsionante *m.*

にゅうかい 入会 ingreso *m.*, entrada *f.* ‖ 入会を申し込む inscribirse《en》, solicitar la admisión《en》
▶入会する「ingresar [entrar]《en》, hacerse socio[*cia*]《de》
◰ 入会金 cuota *f.* de「entrada [ingreso]
◰ 入会資格 requisitos *mpl.* para el ingreso

にゅうかく 入閣 entrada *f.* en el gabinete
▶入閣する formar parte del gabinete, entrar en el gabinete

にゅうがく 入学 ingreso *m.*, entrada *f.* ‖ 大学に入学を許可される ser admiti*do*[*da*] en la universidad
▶入学する entrar《en》, ingresar《en, a》‖ 大学に入学する entrar en la universidad, acceder a la universidad
◰ 入学願書 solicitud *f.* de admisión
◰ 入学金 derechos *mpl.* de matrícula
◰ 入学資格 requisitos *mpl.* para la admisión
◰ 入学志願者 solicitante *com.* de admisión
◰ 入学試験 examen *m.* de「ingreso [admisión], prueba *f.* de acceso ‖ 入学試験に合格する aprobar el examen de ingreso
◰ 入学手続き trámites *mpl.* de「ingreso [matrícula]

にゅうかん 入館 entrada *f.*
▶入館する entrar《en》
◰ 入館者 visitante *com.*
◰ 入館料 precio *m.* de entrada

にゅうがん 乳癌 cáncer *m.* de mama
にゅうぎゅう 乳牛 vaca *f.* lechera
にゅうきょ 入居 instalación *f.*
▶入居する instalarse《en》
◰ 入居者 residente *com.*, （借家人）inquili*no*[*na*] *m.*

にゅうきん 入金 （受領金）ingreso *m.*, entrada *f.*, （受け取り）recibo *m.*, （支払い）pago *m.* ‖ 2万円の入金があった Hubo un ingreso de veinte mil yenes.
▶入金する ingresar, （払い込む）abonar ‖ 自分の口座に1000ユーロ入金する ingresar mil euros en *su* cuenta
◰ 入金伝票 comprobante *m.* de depósito

にゅうこう 入港 「llegada *f.* [arribo *m.*] al puerto, entrada *f.* en el puerto, arribada *f.* ‖ 入港を禁止する prohibir la entrada de un barco al puerto
▶入港する「arribar al [entrar en el] puerto
◰ 入港許可書 permiso *m.* de entrada, （接岸の）permiso *m.* de atraque
◰ 入港税 derechos *mpl.*「portuarios [de puerto]

にゅうこう 入稿 entrada *f.* en imprenta
▶入稿する ‖ 原稿を入稿する entregar un manuscrito a la imprenta

にゅうこく 入国 entrada *f.* en un país, （移住目的の）inmigración *f.* ‖ 入国を管理する controlar la inmigración ／ 入国を許可する autorizar a ALGUIEN la entrada《en》 ／ 入国を禁止する prohibir a ALGUIEN la entrada《en》
▶入国する entrar《en》
◰ 入国カード tarjeta *f.* de inmigración
◰ 入国管理局 （日本）Oficina *f.* de Inmigración, （スペイン）Secretaría *f.* General de Inmigración
◰ 入国許可証 permiso *m.* de entrada

- ☐ 入国審査 control *m.* de inmigración
- ☐ 入国手続き trámites *mpl.* de entrada
- ☐ 入国ビザ visado *m.* de entrada

にゅうごく 入獄 「entrada *f.* [ingreso *m.*] en la prisión
- ▶ 入獄する 「entrar [ingresar] en la prisión

にゅうさつ 入札 licitación *f.*, concurso *m.*, subasta *f.* ‖ 入札にかける sacar ALGO a licitación ／ 入札を公示する convocar una licitación
- ▶ 入札する participar en la licitación, licitar
- ☐ 不正入札 licitación *f.* irregular
- ☐ 入札価格 precio *m.* de licitación
- ☐ 入札公示 anuncio *m.* de licitación
- ☐ 入札参加資格 requisitos *mpl.* para participar en la licitación
- ☐ 入札者 licita*dor*[*dora*] *mf.*
- ☐ 入札制度 sistema *m.* de licitación

にゅうさん 乳酸 ácido *m.* láctico
- ☐ 乳酸飲料 bebida *f.* láctea fermentada
- ☐ 乳酸菌 lactobacilo *m.*, bacteria *f.* del ácido láctico
- ☐ 乳酸発酵 fermentación *f.* láctica

にゅうし 入試 examen *m.* de 「ingreso [admisión], prueba *f.* de acceso

にゅうし 乳歯 diente *m.* de leche

にゅうじ 乳児 lactante *com.*, bebé *m.*
- ☐ 乳児期 lactancia *f.*

にゅうしぼう 乳脂肪 grasa *f.* butírica

にゅうしゃ 入社 「ingreso *m.* en [incorporación *f.* a] una empresa
- ▶ 入社する entrar a trabajar en una empresa
- ☐ 入社試験 prueba *f.* de selección de personal

にゅうしゃ 入射 《物理》incidencia *f.*
- ☐ 入射角 ángulo *m.* de incidencia
- ☐ 入射光 rayo *m.* incidente

にゅうしゅ 入手 adquisición *f.*, obtención *f.* ‖ その本の入手は難しい Ese libro es difícil de conseguir.
- ▶ 入手する adquirir, conseguir, obtener ‖ インターネットで情報を入手する obtener información en Internet

にゅうしょう 入賞
- ▶ 入賞する ganar un premio ‖ コンクールで2位に入賞する ganar el segundo premio en un concurso
- ☐ 入賞作品 obra *f.* premiada
- ☐ 入賞者 premia*do*[*da*] *mf.*, gana*dor*[*dora*] *mf.* del premio

にゅうじょう 入場 entrada *f.* ‖ 入場を拒む no permitir la entrada a ALGUIEN, no dejar entrar a ALGUIEN ／ 入場を制限する limitar el número de entradas ／ 18歳未満の入場お断り《掲示》Se prohíbe la entrada a menores de 18 años. ／ 入場無料《掲示》Entrada libre
- ▶ 入場する entrar《en》
- ☐ 入場券 entrada *f.*, (駅の) billete *m.* de andén ‖ 入場券売り場 taquilla *f.*
- ☐ 入場行進 desfile *m.* inaugural
- ☐ 入場者 visitante *com.*, (観客) especta*dor* [*dora*] *mf.*
- ☐ 入場料 precio *m.* de entrada

にゅうしょく 入植 poblamiento *m.*, (外国からの) inmigración *f.*
- ▶ 入植する inmigrar《en》, emigrar《a》
- ☐ 入植者 colo*no*[*na*] *mf.*, pobla*dor*[*dora*] *mf.*, (外国からの) inmigrante *com.*
- ☐ 入植地 colonia *f.*

ニュース noticia *f.*, novedad *f.*, nueva *f.*, (テレビの) telediario *m.*, informativo *m.*, noticiario *m.*, noticias *fpl.* ‖ よい[悪い]ニュース「buena [mala] noticia *f.* ／ ニュースが入る Llegan las noticias. ／ ニュースになる tener un interés periodístico ／ 9時のニュースを見る ver las noticias de las nueve ／ それは大ニュースだ Eso es una gran novedad. ／ 最新のニュースによると según las últimas noticias
- ☐ 海外ニュース noticias *fpl.* internacionales
- ☐ 国内ニュース noticias *fpl.* nacionales
- ☐ ローカルニュース noticias *fpl.* locales
- ☐ スポーツニュース noticias *fpl.* deportivas
- ☐ ニュース解説 「análisis *m.*[=*pl.*] [comentario *m.*] de noticias
- ☐ ニュース解説者 comentarista *com.* de noticias
- ☐ ニュースキャスター locu*tor*[*tora*] *mf.*
- ☐ ニュースソース fuente *f.* de noticias
- ☐ ニュース番組 programa *m.* 「de noticias [informativo]
- ☐ ニュース速報 noticias *fpl.* de última hora

にゅうせいひん 乳製品 productos *mpl.* lácteos, lácteos *mpl.*

にゅうせき 入籍 inscripción *f.* en el registro familiar
- ▶ 入籍する inscribirse en el registro familiar

にゅうせん 入選
- ▶ 入選する ser selecciona*do*[*da*] ‖ 娘の絵がコンクールで入選した El cuadro de mi hija fue seleccionado en un concurso.
- ☐ 入選作 obra *f.* seleccionada
- ☐ 入選者 persona *f.* seleccionada

にゅうせん 乳腺 glándula *f.* mamaria
- ☐ 乳腺炎 mastitis *f.*[=*pl.*]

にゅうたい 入隊 ingreso *m.* en el ejército, alistamiento *m.*
- ▶ 入隊する 「ingresar [entrar] en el ejército, alistarse《en》

にゅうだん 入団 ingreso *m.*《en》
- ▶ 入団する 「ingresar [entrar]《en》, unirse《a》‖ プロ野球の球団に入団する ingresar en

un equipo de béisbol profesional
にゅうとう 入党 「ingreso *m.* en [afiliación *f.* a] un partido político
▶入党する「entrar [ingresar]《en》, afiliarse《a》‖政党に入党する afiliarse a un partido político
にゅうとう 乳頭 （乳首）pezón *m.*, （乳頭状突起）papila *f.*; （哺乳瓶の）tetilla *f.*
にゅうとう 乳糖 lactosa *f.*
にゅうどうぐも 入道雲 cumulonimbo *m.*
ニュートラル （車のギア）punto *m.* muerto
▶ニュートラルな neutral, neu*tro*[*tra*]
ニュートリノ 《物理》neutrino *m.*
◾電子ニュートリノ neutrino *m.* electrónico
◾タウニュートリノ neutrino *m.* tauónico
◾ミューニュートリノ neutrino *m.* muónico
にゅうねん 入念
▶入念な esmera*do*[*da*], cuidado*so*[*sa*]‖入念な調査 esmerada investigación *f.* 《de, sobre》
▶入念に cuidadosamente, con 「esmero [cuidado]
ニューハーフ transexual *m.* femenino
にゅうばい 入梅 inicio *m.* de la temporada de lluvias
にゅうはくしょく 乳白色 color *m.* blanco lechoso
▶乳白色の lecho*so*[*sa*]
にゅうばち 乳鉢 mortero *m.*
にゅうぶ 入部
▶入部する afiliarse《a》, unirse《a》, hacerse miembro《de》‖サッカー部に入部する afiliarse al club de fútbol
ニューフェース nova*to*[*ta*] *mf.*, （俳優）nue*vo*[*va*] ac*tor*[*triz*] *mf.*
にゅうぼう 乳棒 mano *f.* de mortero
ニューメディア nuevos medios *mpl.*
にゅうもん 入門
▶入門する（弟子入りする）comenzar como discípu*lo*[*la*] de ALGUIEN
◾スペイン語入門講座 curso *m.* de español para principiantes
◾入門書 libro *m.* de introducción
にゅうようじ 乳幼児 niños *mpl.* pequeños y bebés *mpl.*
にゅうよく 入浴 baño *m.*
▶入浴する bañarse, tomar un baño
◾入浴剤 sales *fpl.* de baño
にゅうりょく 入力 entrada *f.*, 《英語》in*put m.*
▶入力する introducir‖データを入力する introducir los datos
◾入力装置「dispositivo *m.* [unidad *f.*] de entrada
にゅうわ 柔和
▶柔和な apacible, tranqui*lo*[*la*]‖柔和な表情 expresión *f.* apacible
にょう 尿 orina *f.*‖尿をもらす orinarse,

mearse
◾尿意 ganas *fpl.* de orinar‖尿意をもよおす「tener [sentir] ganas de orinar
◾尿検査 análisis *m.*[=*pl.*] de orina, uroanálisis *m.*[=*pl.*]
◾尿道 uretra *f.*
◾尿道炎 uretritis *f.*[=*pl.*]
◾尿道結石 cálculo *m.* urinario
◾尿毒症 uremia *f.*
◾尿漏れ （失禁）incontinencia *f.* urinaria
◾尿路感染症 infección *f.* 「urinaria [del tracto urinario]
にょうさん 尿酸 ácido *m.* úrico
◾高尿酸血症 hiperuricemia *f.*
◾尿酸値 nivel *m.* de ácido úrico‖尿酸値を下げる bajar el ácido úrico
にょうそ 尿素 urea *f.*
◾尿素樹脂 resina *f.* de urea formaldehído
にょうぼう 女房 mujer *f.*, esposa *f.*
◾女房役（慣用）mano *f.* derecha《de》‖彼は会長(男性)の女房役だ Él es la mano derecha del presidente.
にょじつ 如実
▶如実に fielmente‖現実を如実に表す representar fielmente la realidad
ニョッキ 《料理》ñoquis *mpl.*
にょにん 女人 mujer *f.*
◾女人禁制 prohibición *f.* de entrada a las mujeres‖この山は女人禁制だ Este monte prohíbe la entrada a las mujeres. ¦ Las mujeres tienen prohibida la entrada en este monte.
にょろにょろ‖にょろにょろ動く serpentear, culebrear
にら 韮 cebollino *m.* chino
にらみ 睨み‖ひとにらみする「lanzar [echar, dirigir] una mirada fulminante
(慣用)にらみを利かす infundir miedo《a》, ejercer *su* autoridad《sobre》
にらみあう 睨み合う mirarse fijamente, (対立する) oponerse, enemistarse
にらみつける 睨み付ける mirar a ALGUIEN con furia, fulminar a ALGUIEN con la mirada
にらむ 睨む mirar fijamente, （見当を付ける）calcular, estimar‖そんなふうに人をにらむもんじゃない No se mira así a la gente.／地図をじっとにらむ quedarse mirando fijamente el mapa／怪しいとにらむ sospechar, dudar《de》／私は彼が強盗の犯人だとにらんでいる Sospecho de él como autor del atraco.／私は上司ににらまれている Mi jefe me mira con malos ojos.／総選挙をにらんだ発言をする hablar teniendo en cuenta las elecciones generales
にらめっこ 睨めっこ （遊び）juego *m.* de aguantar la mirada
にりつはいはん 二律背反 antinomia *f.*

にりゅう
- 二律背反の antinómico[ca]

にりゅう 二流
- 二流の de segunda「categoría [clase]」‖ 二流のアーティスト artista *com.* mediocre

にりんしゃ 二輪車 vehículo *m.* de dos ruedas

にる 似る parecerse 《a》, asemejarse 《a》‖ 彼女は母親に似ている Ella se parece a su madre. ／ 彼は頭のいいところが父親と似ている Él ha salido a su padre en lo inteligente.
- 似る (ような) similar 《a》, parecido[da] 《a》‖ どこか似たところがある tener algún parecido ／ 私も似たような経験をした He tenido una experiencia「parecida [similar].
- (慣用)似ても似つかない no parecerse en nada,《慣用》ser (como) la noche y el día
- (慣用)似て非なり‖この2つの商品は似て非なるものだ Aunque similares en apariencia, estos dos productos son muy diferentes.

にる 煮る cocer, guisar‖とろ火で煮る cocer ALGO a fuego lento
- (慣用)煮ても焼いても食えない《慣用》no tener arreglo
- (慣用)煮て食おうと焼いて食おうと‖煮て食おうと焼いて食おうと君の勝手だ Puedes hacer lo que te dé la gana.

にるい 二塁 (野球) segunda base *f.*
- 二塁手 segunda base *com.*, intermediarista *com.*
- 二塁打 doble *m.*

にれ 楡 olmo *m.*‖楡の林 olmeda *f.*, olmedo *m.*

にれつ 二列 (横) dos filas *fpl.*, (縦) dos columnas *fpl.*‖2列に並べる colocar en「dos filas [doble fila]」／ 2列に並んで進む avanzar de dos en dos ／ 2列目の座席 asiento *m.* de la segunda fila

にわ 庭 jardín *m.*‖庭を造る hacer un jardín ／ 庭付きの家 casa *f.* con jardín ／ 庭の手入れをする cuidar el jardín
- 前庭 patio *m.* delantero
- 中庭 patio *m.*
- 裏庭「patio *m.* [jardín *m.*] trasero
- 庭石「roca *f.* [piedra *f.*] decorativa para jardín
- 庭木「árbol *m.* [arbusto *m.*] de jardín
- 庭師 jardinero[ra] *mf.*
- 庭仕事 jardinería *f.*

にわか 俄
- にわかに de「repente [súbito], bruscamente」‖にわかに雨が降り出した Empezó a llover de repente.
- にわか仕込み‖にわか仕込みの知識 conocimiento *m.* adquirido apresuradamente

にわかあめ 俄雨 chubasco *m.*, aguacero *m.*‖にわか雨が降った Cayó un chubasco. ／ 私はにわか雨に遭った Me pilló un chubasco.

にわとり 鶏 (雄) gallo *m.*, (雌) gallina *f.*, (若鶏・雛) pollo *m.*‖鶏が鳴く cacarear ／ 鶏を飼う criar gallinas ／ 鶏をつぶす matar un pollo
- 鶏小屋 gallinero *m.*

にん 任 (つとめ) deber *m.*, obligación *f.*, (任務) cargo *m.*, misión *f.*, (任期) mandato *m.*‖任に就く ocupar un cargo ／ 任を果たす cumplir la misión ／ 私はその任に耐えない No estoy a la altura del cargo. ／ 会長の任を解く destituir a ALGUIEN del cargo de presidente[ta]

にんい 任意
- 任意の opcional, facultativo[va], voluntario[ria]‖任意の実数 (数学) cualquier número *m.* real
- 任意に facultativamente, voluntariamente, (自由に) libremente‖任意に抽出された100人 cien personas seleccionadas al azar
- 任意加入 inscripción *f.* voluntaria
- 任意出頭 comparecencia *f.* voluntaria
- 任意保険 seguro *m.*「facultativo [voluntario]」

にんか 認可 autorización *f.*, aprobación *f.*‖認可を受ける obtener (la) autorización ／ 認可を求める solicitar la autorización
- 無認可の no autorizado[da]
- 認可する autorizar, (承認する) aprobar
- 認可証 autorización *f.*, licencia *f.*

にんき 人気 popularidad *f.*, éxito *m.*‖人気が出る「ganar [obtener, alcanzar] popularidad」／ 人気が増す aumentar *su* popularidad ／ 人気を失う perder la popularidad ／ 人気を取り戻す recuperar la popularidad ／ 人気上昇中のスター estrella *f.* en alza ／ 人気絶頂である estar en la cima de la popularidad ／ その女性歌手の人気は落ち始めた La popularidad de la cantante empezó a caer.
- 人気のある popular
- 人気のない impopular
- 人気株 acciones *fpl.* favoritas
- 人気投票 encuesta *f.* de popularidad
- 人気俳優 estrella *f.*, actor[triz] *mf.* popular
- 人気番組 programa *m.*「popular [de mucho éxito]」
- 人気者 personaje *m.* popular

にんき 任期 mandato *m.*, plazo *m.* de cargo‖大統領の任期は4年である El mandato del presidente es de cuatro años. ／ まもなく市長の任期は終了する Pronto va a expirar el mandato del alcalde. ／ 任期を延長する prolongar el mandato
- 任期中に durante *su* mandato
- 任期満了 expiración *f.* del mandato

にんぎょ 人魚 sirena *f.*

にんぎょう 人形 (男の) muñeco *m.*, (女の) muñeca *f.*

◪ あやつり人形 marioneta *f.*, títere *m.*, (傀儡) títere *m.* ‖ あやつり人形を操る manejar marionetas
◪ 指人形 marioneta *f.* de dedo
◪ 人形遊び ‖ 人形遊びをする jugar a「los muñecos [las muñecas]
◪ 人形劇 marionetas *fpl.*, guiñol *m.*
◪ 人形浄瑠璃《日本語》 *bunraku m.*, (説明訳) teatro *m.* japonés de marionetas
◪ 人形使い titiriter*o[ra] mf.*, marionetista *com.*

──── いろいろな人形 ────

アンティーク・ドール muñeca *f.* antigua ／ 日本人形 muñec*o[ca] mf.* tradicional japon*és[nesa]* ／ マネキン人形 maniquí *m.* ／ かかし espantapájaros *m.[=pl.]* ／ 雛人形 muñecas *fpl.* que se exponen en la Fiesta de las Niñas ／ 浄瑠璃人形 marioneta *f.* de *bunraku* ／ からくり人形 autómata *m.* japonés ／ マトリョーシカ *matrioska f.*, muñeca *f.* rusa ／ 着せ替え人形 muñeca *f.* de vestir ／ フィギュア figura *f.* ／ 球体関節人形 muñeca *f.* articulada de bolas ／ 藁人形 muñec*o[ca] mf.* de paja ／ 謝肉祭の人形 pelele *m.* ／ てるてる坊主 muñeco *m.* talismán para desear buen tiempo ／ こけし muñeca *f.* japonesa de madera en forma cilíndrica ／ キューピー muñeco *m. kewpie f.* ／ 縫いぐるみ peluche *m.*

にんげん 人間 hombre *m.*, ser *m.* humano ‖ 人間が出来ている ser una persona virtuosa
▶ 人間の/人間的な human*o[na]*
▶ 人間らしい ‖ 人間らしい暮らし vida *f.* digna
▶ 人間らしく/人間的に humanamente ‖ 囚人を人間らしく扱う tratar humanamente a los prisioneros
▶ 人間性 humanidad *f.* ‖ 人間性の喪失 deshumanización *f.*
▶ 人間味 sentimientos *mpl.* humanos ‖ 彼の患者の扱い方には人間味がない A él le falta humanidad en el trato a pacientes.
◪ 人間型ロボット robot *m.*「antropomorfo [antropomórfico]
◪ 人間関係 relaciones *fpl.* humanas
◪ 人間嫌い (性質) misantropía *f.*, (人) misántrop*o[pa] mf.*
◪ 人間工学 ergonomía *f.*
◪ 人間国宝 tesoro *m.* humano
◪ 人間ドック「chequeo *m.* [reconocimiento *m.*] médico completo ‖ 人間ドックに入る someterse a un chequeo médico completo
◪ 人間わざ ‖ 人間わざとは思えない努力 esfuerzo *m.* sobrehumano

にんさんぷ 妊産婦 mujer *f.* embarazada o parturienta ‖ 妊産婦の死亡 mortalidad *f.* materna

にんしき 認識 (理解) comprensión *f.*, conocimiento *m.*,《哲学》cognición *f.* ‖ 認識が足りない no tener suficiente conocimiento《de, sobre》／ 認識を新たにする renovar el conocimiento《de》, (考えを改める) cambiar de idea ／ 認識を深める profundizar la comprensión《de, sobre》
▶ 認識する comprender, conocer, reconocer
◪ 音声認識 reconocimiento *m.*「del habla [de voz]
◪ 認識票《軍事》chapa *f.* de identificación
◪ 認識不足 falta *f.* de conocimiento
◪ 認識論 epistemología *f.*

にんじゃ 忍者《日本語》*ninja com.*

にんじゅう 忍従 resignación *f.*, conformidad *f.* ‖ 忍従の生活 vida *f.* de conformidad
▶ 忍従する resignarse《con》

にんしょう 人称《文法》persona *f.* ‖ 1人称 primera persona *f.* ／ 2人称 segunda persona *f.* ／ 3人称 tercera persona *f.* ／ 人称の一致 concordancia *f.*「personal [en persona]
▶ 非人称《文法》impersonalidad *f.* ‖ 非人称の impersonal
◪ 人称語尾 desinencia *f.* personal
◪ 人称代名詞 pronombre *m.* personal

にんしょう 認証 certificación *f.*, ratificación *f.*
▶ 認証する certificar, ratificar ‖ 国務大臣は天皇により認証される El emperador ratifica a los ministros de Estado. ／ ユーザーを認証する autentificar al usuario

にんじょう 人情 sentimientos *mpl.* humanos, humanidad *f.* ‖ 人情に厚い tener una gran humanidad
▶ 人情のある human*o[na]*
▶ 人情のない frí*o[a]*, inhuman*o[na]*
▶ 人情味 humanidad *f.* ‖ 人情味あふれる物語 relato *m.* lleno de humanidad

にんじる 任じる (任命する) nombrar, (自任する) considerarse ‖ 部長に任じる nombrar a ALGUIEN direc*tor* ／ 天才をもって任じる creerse *un[una]* geni*o[nia]*

にんしん 妊娠 embarazo *m.*, concepción *f.*, preñez *f.* ‖ 彼女は妊娠5か月である Está embarazada de cinco meses. ¦ Está en el quinto mes de embarazo.
▶ 妊娠した embarazada, encinta
▶ 妊娠する quedarse embarazada, concebir
▶ 妊娠している estar「embarazada [encinta, en estado (interesante)]
▶ 妊娠させる embarazar
◪ 妊娠期間 gestación *f.*, preñado *m.*, perío-

do *m.* de embarazo
◨ 妊娠検査薬　prueba *f.* de embarazo
◨ 妊娠高血圧症候群（妊娠中毒症）　hipertensión *f.* gestacional
◨ 妊娠中絶　interrupción *f.* del embarazo, （人工）aborto *m.* provocado
にんじん 人参　zanahoria *f.*
にんずう 人数　número *m.* de personas ‖ 招待客の人数は15人です El número de invitados es de 15 personas. ／ これで人数が揃った Ya están todos. ／ 人数が足りない Faltan personas. ／ 乗客の人数を数える contar el número de pasajeros ／ 人数を揃える reunir personas《para》
▶ 人数の多い/大人数の　numero*so*[*sa*]
▶ 人数の少ない/少人数の　poco　numero*so* [*sa*]
◨ 最少催行人数　número *m.* mínimo de personas《para》‖ トレドツアーの最少催行人数は10名です El número mínimo de personas para realizar la visita a Toledo es de diez.
にんそう 人相　fisonomía *f.*, rasgos *mpl.* faciales ‖ 人相の悪い男 hombre *m.* con「cara [pinta] de malo ／ 彼は人相がすっかり変わってしまった Su cara ha cambiado por completo. ／ 人相を見る/人相を占う leer la cara
◨ 人相見　fisonomista *m.*
にんたい 忍耐　paciencia *f.* ‖ この仕事には忍耐が必要だ Este trabajo requiere paciencia. ／ 私の忍耐もそろそろ限界だ Mi paciencia está llegando al límite. ¡Estoy llegando al límite de la paciencia.
▶ 忍耐強い　paciente ‖ 君はとても忍耐強い Tienes mucha paciencia.
▶ 忍耐強く　pacientemente, con paciencia
◨ 忍耐心/忍耐力　paciencia *f.*
にんち 認知　reconocimiento *m.*,《法律》legitimación *f.*
▶ 認知する　reconocer, legitimar
▶ 認知の　cognitiv*o*[*va*]
◨ 認知言語学　lingüística *f.* cognitiva
◨ 認知心理学　psicología *f.* cognitiva
◨ 認知症　demencia *f.*

◨ 認知症患者　demente *com.*
◨ 認知度　grado *m.* de reconocimiento
にんてい 認定　certificación *f.*, reconocimiento *m.*, convalidación *f.*
▶ 認定する　certificar, reconocer, convalidar ‖ 単位を認定する convalidar los créditos ／ その作品は本物と認定された La obra fue certificada como auténtica.
◨ 認定患者　paciente *com.* reconoci*do*[*da*]
◨ 認定事業者　operador *m.* autorizado
◨ 認定証　certificado *m.*
にんにく 大蒜　ajo *m.* ‖ にんにく一片 diente *m.* de ajo ／ にんにく一球 cabeza *f.* de ajo ／ 数珠つなぎのにんにく ristra *f.* de ajos ／ 君の息はにんにく臭い Tu aliento huele a ajo.
◨ にんにくつぶし器　prensa *f.* de ajos
にんぷ 人夫　peón *m.*, jornal*ero*[*ra*] *mf.*
にんぷ 妊婦　mujer *f.* embarazada [encinta, en estado de embarazo]
◨ 妊婦服（マタニティーウェア）ropa *f.*「premamá [de maternidad]
にんむ 任務　misión *f.*, cargo *m.* ‖ 任務に就く emprender una misión, ocupar un cargo ／ 任務を引き受ける「aceptar [asumir] una misión ／ 任務を怠る descuidar la misión ／ 特別な任務を帯びて来日する venir a Japón en una misión especial ／ 任務を遂行する「desempeñar [ejecutar, llevar a cabo] la misión ／ 任務を果たす cumplir la misión ／ 任務を命じる「confiar [asignar, encargar] una misión《a》／ 任務完了 ¡Misión cumplida!
にんめい 任命　nombramiento *m.*
▶ 任命する　nombrar, designar ‖ 彼女は校長に任命された Ella fue nombrada directora del colegio.
にんめん 任免　nombramiento *m.* y destitución *f.*
◨ 任免権「poder *m.* [facultad *f.*] de nombrar y destituir ‖ 国王は大臣の任免権を持つ El rey tiene el poder de nombrar y destituir a los ministros.

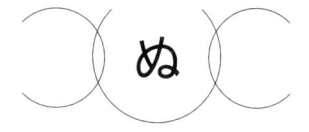

ぬいあわせる 縫い合わせる　（縫う）coser,（縫合する）suturar ‖ 生地を縫い合わせる coser las telas ／ 傷口を縫い合わせる suturar una herida
ぬいいと 縫い糸　hilo *m.* de coser
ぬいぐるみ 縫いぐるみ　peluche *m.* ‖ 熊のぬいぐるみ oso *m.* de peluche

ぬいばり 縫い針　aguja *f.* de coser
ぬいめ 縫い目　costura *f.* ‖ 粗い縫い目 costura *f.* de puntadas largas ／ 細かい縫い目 costura *f.* de puntadas finas ／ 縫い目のない sin costura ／ 縫い目がほつれる descoserse, deshacerse *una costura*
ぬいもの 縫い物　costura *f.*

▶縫い物をする coser, hacer una labor de costura
ぬう 縫う coser, (傷口を) suturar ‖ 布を縫う coser una tela ／ 着物を縫う coser un quimono ／ ミシンでシャツを縫う coser una camisa a máquina ／ 額の傷口を6針縫う「dar [aplicar] seis puntos de sutura a ALGUIEN en la frente
ヌード desnudo *m*. ‖ ヌードを描く pintar un desnudo ／ ヌードを撮る fotografiar desnudos
▶ヌードになる desnudarse
◪ヌード写真 foto(grafía) *f*. de desnudo
◪ヌードモデル modelo *com*. desnu*do*[*da*]
ヌードル 《料理》fideos *mpl*., tallarines *mpl*.
ヌーベルキュイジーヌ nueva cocina *f*.
ヌーベルバーグ 《映画》《フランス語》*nouvelle vague f*., nueva ola *f*.
ぬか 糠 salvado *m*. de arroz
慣用 ぬかに釘《慣用》gastar la pólvora en salvas ‖ 彼に忠告してもぬかに釘だった No sirvió de nada el consejo que le di a él. ¦ El consejo que le di a él cayó en saco roto.
◪ぬか漬け verdura *f*. adobada en salvado de arroz ‖ なすをぬか漬けにする adobar una berenjena en salvado de arroz
◪ぬか喜び ‖ それはぬか喜びだった Eso fue una alegría efímera.
ヌガー《フランス語》*nougat m*., turrón *m*. francés
ぬかす 抜かす saltarse, (省略する) omitir, (追い越す) adelantar ‖ 原稿を1行抜かして読む leer el manuscrito saltándose una línea ／ 前の走者(男性)を抜かす adelantar al corredor que va delante
ぬがす 脱がす quitar, (裸にする) desnudar ‖ 子どもの上着を脱がせる quitar la chaqueta [al niño [a la niña]]
ぬかみそ 糠味噌 salvado *m*. de arroz salado
慣用 ぬか味噌が腐る ‖ 私が歌うとぬか味噌が腐りますから(下手なので遠慮する) Si yo canto, va a llover.
慣用 ぬか味噌くさい (所帯じみている) tener mucho aire de ama de casa
◪ぬか味噌漬け ⇒ぬか(→ぬか漬け)
ぬかり 抜かり ‖ 彼は何をしてもぬかりがない Él lo hace todo impecablemente.
▶ぬかりなく sin cometer ningún error, a la perfección
ぬける ‖ 雪が解けて道がぬかるんでいる El camino está lleno de barro porque se ha derretido la nieve.
ぬかる 抜かる ‖ ぬかるんじゃないぞ ¡No vayas a fallar!
ぬかるみ lodo *m*., fango *m*. ‖ ぬかるみにはまる meterse en el lodo ／ 私はぬかるみに足を取られた Se me atascaron los pies en el lodo. ／ ぬかるみから抜け出す salirse del lodo
ぬかるむ ⇒ぬかる
ぬき 抜き ‖ 仕事の話は抜きにしてゆっくり飲もう Vamos a beber tranquilos sin hablar del trabajo. ／ 朝食抜きで仕事に出かける irse al trabajo sin desayunar ／ にぎり1人前、わさび抜きでお願いします Deme una ración de *sushi* sin *wasabi*. ／ 彼は5人抜きを演じた(マラソンなどで) Él adelantó a los cinco corredores que iban delante.
ぬきあし 抜き足
▶抜き足(差し足)で a pasos sigilosos, (つま先で) de puntillas ‖ 抜き足(差し足)で部屋に忍び込む entrar de puntillas en una habitación
ぬきうち 抜き打ち
▶抜き打ちに/抜き打ちで sin avisar, por sorpresa, de improviso ‖ 抜き打ちに交通取り締まりをする hacer controles de tráfico sin avisar ／ 抜き打ちで試験を行う hacer un examen por sorpresa
◪抜き打ち検査 inspección *f*. sorpresa
◪抜き打ちテスト examen *m*. sorpresa
ぬきがき 抜き書き extracto *m*.
▶抜き書きする ‖ 詩の一節を抜き書きする apuntar algunas estrofas del poema
ぬきさし 抜き差し
慣用 抜き差しならない ‖ 抜き差しならない羽目に陥る encontrarse en un 「aprieto [atolladero]
ぬぎすてる 脱ぎ捨てる ‖ 部屋に上着を脱ぎ捨てる quitarse la chaqueta y tirarla en la habitación ／ 靴が床に脱ぎ捨てられてあった Los zapatos estaban tirados por el suelo.
ぬきずり 抜き刷り separata *f*. ‖ 論文の抜き刷り separata *f*. de un artículo
ぬきだす 抜き出す extraer, (選ぶ) escoger ‖ 棚からファイルを抜き出す extraer el archivo del estante
ぬきとり 抜き取り
◪抜き取り検査 inspección *f*. por muestreo
ぬきとる 抜き取る extraer ‖ 雑草を抜き取る arrancar la maleza ／ サンプルを抜き取る sacar una muestra ／ 私はバッグから財布を抜き取られた Me robaron la cartera del bolso.
ぬきんでる 抜きんでる sobresalir, destacar(se)
▶ぬきんでた sobresaliente, destaca*do*[*da*] ‖ ぬきんでた能力 competencia *f*. sobresaliente
ぬく 抜く sacar, quitar, extraer, (瓶の栓を) abrir, (コルク栓を) descorchar, (選ぶ) escoger, (追い越す) adelantar, (省略する) omitir ‖ 釘を抜く「sacar [arrancar] una punta ／ しみを抜く quitar una mancha ／ 前の走者(男性)を抜く adelantar al corredor

ぬぐ 脱ぐ quitarse ‖ 靴を脱ぐ quitarse los zapatos ／ 服を脱ぐ quitarse la ropa, desnudarse

ぬぐう 拭う secar, enjugar, limpiar, quitar ‖ 汗を拭う (自分の) enjugarse el sudor ／ 顔の汚れを拭う (自分の) limpiarse la cara

ぬくぬく
▶ぬくぬくと ‖ 彼はぬくぬくと毛布にくるまっている Él está envuelto confortablemente en una manta. ／ ぬくぬくと暮らす vivir con todo tipo de comodidades

ぬくもり 温もり calorcillo *m.*, calor *m.* ‖ 体のぬくもり calorcillo *m.* del cuerpo ／ 家庭のぬくもり calor *m.* del hogar

ぬけあな 抜け穴 paso *m.* secreto, (地下の) paso *m.* subterráneo, (法律の) laguna *f.* legal ‖ 法の抜け穴をくぐる aprovechar una laguna legal

ぬけがけ 抜け駆け adelanto *m.*
▶抜け駆けする (慣用)tomar la delantera a ALGUIEN ‖ 抜け駆けしてスクープを取る adelantarse a publicar la primicia

ぬけがら 抜け殻 muda *f.*, camisa *f.* ‖ 蛇の抜け殻 camisa *f.* de serpiente ／ 蟬の抜け殻 muda *f.* de cigarra ／ 失恋して彼は抜け殻になっている Él tuvo un desengaño amoroso y está hecho un trapo.

ぬけげ 抜け毛 (抜けた毛) pelo *m.* caído, (頭髪が抜けること) caída *f.* de cabello

ぬけだす 抜け出す salir ‖ 会議の途中で抜け出す salirse a mitad de la reunión ／ 赤字からようやく抜け出す salir por fin de una situación de déficit económico

ぬけぬけ
▶ぬけぬけと con descaro, descaradamente ‖ 抜けぬけとしらを切る hacerse *el[la]* ton*to[ta]* con descaro

ぬけみち 抜け道 (バイパス) desviación *f.*, (近道) atajo *m.*, (法律の) 「laguna *f.* [vacío *m.*] legal

ぬけめ 抜け目 ‖ 抜け目のない astu*to[ta]*, sagaz, taima*do[da]*, lis*to[ta]* ／ 彼は金もうけに抜け目がない Él es astuto para ganar dinero.
▶抜け目なく con astucia, astutamente ‖ 抜け目なく立ち回る obrar con astucia, (慣用) nadar y guardar la ropa

ぬける 抜ける (脱落する) caerse, (不足する) faltar, (通過する) pasar «por», (離脱する) separarse «de» ‖ 私は髪の毛が抜ける Se me cae el pelo. ／ リストに君の名前が抜けている Falta tu nombre en la lista. ／ トンネルを抜ける 「pasar por [atravesar] un túnel ／ 会議を抜ける irse a mitad de la reunión ／ チームを抜ける 「separarse [irse] del equipo ／ 彼はちょっと抜けている Él es un poco tonto.
▶抜けるような ‖ 抜けるような青空 cielo *m.* azul y despejado

ぬげる 脱げる quitarse, salirse ‖ 私は片方の靴が脱げてしまった Se me salió un zapato.

ぬし 主 dueñ*o[ña] mf.*, am*o[ma] mf.* ‖ この家の主 *el[la]* dueñ*o[ña]* de esta casa ／ この大きな鯉はこの沼の主だ Esta gran carpa es el espíritu guardián de este pantano.

ぬすみ 盗み robo *m.*, hurto *m.* ‖ 盗みを働く cometer un robo ／ 家に盗みに入る entrar en una casa a robar

ぬすみぎき 盗み聞き
▶盗み聞きする escuchar disimuladamente

ぬすみぐい 盗み食い ‖ 盗み食いをする comer a escondidas

ぬすみみる 盗み見る mirar furtivamente, echar una mirada furtiva «a» ‖ 他人のメールを盗み見る mirar furtivamente los mensajes electrónicos de otros

ぬすむ 盗む robar, (強奪する) desvalijar ‖ 他人の金を盗む robar el dinero a otro ／ 私はかばんを盗まれた Me robaron el maletín. ／ 人目を盗んで en secreto, a escondidas

ぬっと ‖ 彼はぬっと現われた Él apareció bruscamente.

ぬの 布 tela *f.*, tejido *m.*, paño *m.* ‖ 布の袋 bolsa *f.* de tela ／ 布を織る tejer una tela

ぬのじ 布地 tejido *m.* ‖ 伸縮性のある布地 tejido *m.* elástico

ぬま 沼 pantano *m.*

ぬまち 沼地 terreno *m.* pantanoso, ciénaga *f.*

ぬらす 濡らす mojar, (湿らせる) humedecer ‖ タオルを濡らす mojar la toalla ／ おしめを濡らす mojar el pañal

ぬり 塗り laqueado *m.* ‖ 白塗りの壁 pared *f.* pintada de blanco, pared *f.* encalada ／ 塗りを重ねる dar varias manos de pintura

ぬりえ 塗り絵 dibujos *mpl.* para colorear ‖ ぬり絵をして遊ぶ jugar coloreando dibujos

ぬりかえる 塗り替える repintar, pintar de nuevo ‖ 壁を塗り替える repintar la pared ／ 世界記録を塗り替える batir el récord mundial

ぬりぐすり 塗り薬 ungüento *m.*, pomada *f.* ‖ 塗り薬をつける aplicar un ungüento

ぬりたくる 塗りたくる embadurnar ‖ キャンバスに絵の具を塗りたくる embadurnar el lienzo con pintura

ぬりたて 塗り立て ‖ ペンキ塗りたて《掲示》 Recién pintado ／ この壁は塗りたてだ Esta pared está recién pintada.

ぬりつぶす 塗り潰す ‖ 背景を空色で塗りつぶす pintar el fondo con un color azul cielo

ぬりもの 塗り物 laca *f.*

ぬる 塗る untar, (色で) pintar, (薬を) aplicar ‖ 壁に緑のペンキを塗る pintar la pared con pintura verde／壁を緑に塗る pintar la pared de verde／トーストにバターを塗る untar mantequilla en la tostada／傷口に軟膏を塗る aplicar pomada en la herida

ぬるい 温い tibio[bia], templado[da]‖ぬるい風呂 baño m. templado／ビールがぬるない La cerveza está tibia.／紅茶がぬるくなってしまった El té se ha quedado tibio.

ぬるぬる
▶ぬるぬるする‖うなぎはぬるぬるしてつかみにくい La anguila está「viscosa [escurridiza] y es difícil de atrapar.
▶ぬるぬるした escurridizo[za], (粘着状の) viscoso[sa]‖苔でぬるぬるした岩 roca f. resbaladiza por el musgo／油でぬるぬるした手 manos fpl. resbaladizas por el aceite

ぬるまゆ ぬるま湯 agua f. tibia‖ぬるま湯にゆっくりつかる meterse en un baño de agua tibia／ぬるま湯につかった生活を送る llevar una vida fácil y relajada

ぬるむ 温む entibiarse‖春になって川の水が温む El agua del río se entibia con la llegada de la primavera.

ぬるめる 温める enfriar‖浴槽の湯を水で温める enfriar un poco el agua caliente de la bañera con agua fría

ぬれえん 濡れ縁 veranda f. sin tejado

ぬれぎぬ 濡れ衣‖それは濡れ衣だ Eso es una acusación injusta.
[慣用]濡れ衣を着せる‖彼は盗みの濡れ衣を着せられた Lo acusaron injustamente de un robo.

ぬれて 濡れ手
[慣用]濡れ手で粟 ganar dinero fácil

ぬれねずみ 濡れ鼠‖濡れ鼠になる empaparse, calarse hasta los huesos

ぬれる 濡れる mojarse, (湿る) humedecerse‖雨に濡れる mojarse con la lluvia／涙に濡れた目で con los ojos humedecidos de lágrimas
▶濡れた mojado[da], húmedo[da]

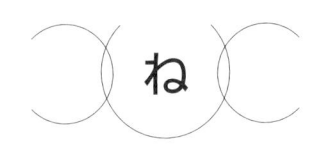

ね

ね (付加疑問を作る) ¿verdad?¦¿no?¦(念押しに用いる) ¿eh?‖今日はいい天気ですね Hoy hace buen tiempo, ¿verdad?／ね、彼はちょっと変でしょ Él es un poco raro, ¿no?

ね 音 sonido m., son m.‖虫の音 canto m. de los insectos／笛の音 sonido m. de una flauta
[慣用]音を上げる darse por vencido[da], rendirse

ね 値 precio m., valor m. →ねだん(値段)‖値をつける fijar el precio, poner precio,《経済》cotizar／いい値がつく obtener un buen precio／値が上がる subir el precio／値が下がる bajar el precio
▶値の張る costoso[sa]‖値の張る商品 artículo m. costoso

ね 根 raíz f., (原因) origen m.‖根がつく arraigar(se), echar raíces／雑草を根から抜く arrancar la maleza de raíz／この事件は根が深い Este caso tiene una raíz profunda.／地中深く根を張る enraizarse profundamente／暴力の根を断つ erradicar la violencia／彼は根は優しい En el fondo es un chico simpático.／彼は根が明るい Él tiene un carácter jovial.
[慣用]根に持つ guardar rencor‖彼は注意されたことを根に持った Él guarda rencor por haber sido amonestado.
[慣用]根を下ろす‖この音楽祭は地域に根を下ろしている Este festival musical ha arraigado en la región.
[慣用]根も葉もない sin ningún fundamento‖それは根も葉もないうわさに過ぎない Es un mero rumor sin ningún fundamento.

ねあがり 値上がり encarecimiento m., subida f. del precio‖原油の値上がり subida f. del precio del crudo／激しい値上がり subida f. drástica de los precios／値上がりを抑える controlar la subida de los precios
▶値上がりする encarecer(se)‖ガソリンが1リットル当たり5円値上がりした El precio de la gasolina「subió [aumentó, se incrementó] en cinco yenes el litro.

ねあげ 値上げ subida f. del precio‖値上げに踏み切る decidirse a subir el precio／値上げに反対する oponerse a la subida del precio／公共料金の値上げ subida f. de las tarifas de servicios públicos／電気料金が3パーセント値上げになった La tarifa de la electricidad ha subido un 3% (tres por ciento).
▶値上げする「subir [incrementar] el precio
▫値上げ幅 margen m. de la subida de precio
▫値上げ率 proporción f. de la subida de precio

ねあせ 寝汗 sudor m. nocturno‖寝汗をかく sudar durante el sueño

ねいき 寝息　respiración *f.* durante el sueño ‖ 安らかな寝息をたてている respirar apaciblemente durante el sueño

ねいす 寝椅子　diván *m.*

ネイティブ　nati*vo*[*va*] *mf.*

◪ ネイティブスピーカー　hablante *com.* nati*vo*[*va*]

◪ ネイティブチェック　revisión *f.* por nativos ‖ ネイティブチェックを経る ser revisa*do*[*da*] por *un*[*una*] nati*vo*[*va*]

ねいりばな 寝入り端 ‖ 私の寝入りばなに地震が来た Acababa de dormirme y justo entonces ocurrió el terremoto. ／ 彼女は寝入りばなを起こされた Ella se durmió y enseguida la hicieron levantarse.

ねいる 寝入る　dormirse ‖ 私の娘はぐっすり寝入っていた Mi hija estaba profundamente dormida.

ネイル　uña *f.*

◪ ネイルアート　arte *m.* de manicura

◪ ネイルエナメル　esmalte *m.* de uñas

◪ ネイルケア　manicura *f.* ‖ ネイルケアをする hacerse la manicura

◪ ネイルサロン　salón *m.* de manicura

ねいろ 音色　timbre *m.*, tono *m.* ‖ 澄んだ音色 tono *m.* claro

ねうごき 値動き　fluctuación *f.* ‖ 小幅な値動き ligera fluctuación *f.* en la cotización ／ 値動きを追う estar al tanto de la fluctuación de la cotización

ねうち 値打ち　valor *m.* ‖ 値打ちが上がる aumentar *el valor* ／ 値打ちが下がる bajar *el valor* ／ 値打ちを認める reconocer el valor ／ 人の値打ちは見かけでは決まらない La capacidad de una persona no se puede decidir por su apariencia.

▶値打ちがある　valer, ser valio*so*[*sa*], tener valor ‖ この小説は一読する値打ちがある Merece la pena leer esta novela. ／ この古銭は何の値打ちもない Esta moneda antigua no tiene ningún valor.

▶値打ちのある　値打ちのある絵 cuadro *m.* valioso ／ 時価3億円の値打ちのある土地 terreno *m.* con un precio actual de 300 millones de yenes

▶値打ちのない　sin valor

ねえ　(túに対して) ¡Oye! ¦ ¡Mira!, (ustedに対して) ¡Oiga! ¦ ¡Mire!, (念押し)¿Ves? ¦ (付加疑問) ¿verdad? ¦ ¿no? ⇒ ね ‖ ねえ、映画に行こうよ Oye, vamos al cine.

ねえさん 姉さん　hermana *f.* (mayor) ⇒ あね(姉)

ネーミング　creación *f.* del nombre ‖ その新製品のネーミングはとてもいい El nombre que le pusieron a ese nuevo artículo está muy bien.

ネーム　nombre *m.*

◪ ネームバリュー　fama *f.* establecida, reputación *f.* establecida ‖ ネームバリューのある作家 escri*tor*[*tora*] *mf.* de fama establecida

◪ ネームプレート　chapa *f.*

ねおき 寝起き　(目覚め) despertar *m.*, (生活) vida *f.* ‖ 寝起きがいい tener un buen despertar ／ 寝起きが悪い tener un mal despertar ／ 彼女は寝起きは機嫌が悪い Recién levantada ella tiene muy mal humor.

▶寝起きする ‖ 一つ屋根の下に寝起きする vivir bajo el mismo techo ／ 駅の構内で寝起きする dormir en el recinto de la estación

ネオン　《化学》neón *m.*《記号 Ne》

◪ ネオン街　zona *f.* animada con letreros de neón

◪ ネオン管　lámpara *f.* [bulbo *m.*] de neón

◪ ネオンサイン　letrero *m.* luminoso de neón

ネガ　《写真》negativo *m.* ‖ ネガを焼く (写真を焼く) imprimir fotos, positivar

ねがい 願い　deseo *m.*, (依頼) petición *f.*, (懇願) súplica *f.*, (頼み) favor *m.* ⇒ おねがい(お願い) ‖ 願いを聞き入れる acceder a la petición de ALGUIEN ／ 大学へ休学願いを提出する solicitar la interrupción de estudios a la universidad ／ 平和への願いを込めて deseando la paz ／ 私の願いがかなった Mi deseo「se cumplió [se vio cumplido, se hizo realidad]. ／ お願いがあるのですが Querría pedirle un favor. ／ お願いだから私にかまわないでくれないか Te suplico que me dejes en paz. ¦ ¡Déjame en paz, por favor!

ねがいさげ 願い下げ ‖ そんな仕事はこちらから願い下げだ Yo soy quien prefiere no hacer ese trabajo.

ねがいでる 願い出る　presentar una petición ‖ 早期退職を願い出る solicitar la jubilación anticipada

ねがう 願う　desear, (欲する) querer, (期待する) esperar, (頼む) pedir, (懇願する) rogar, suplicar ‖ 平和を願う desear la paz ／ 幸福を願う querer la felicidad ／ 私はプロジェクトが成功するように願っています Deseo que el proyecto tenga éxito. ／ お手伝いをお願いしたいのですが Quisiera pedirle su ayuda. ／ 小山先生をお願いします (電話で) ¿Podría ponerme con el profesor Koyama?

〘慣用〙願ってもない ‖ 願ってもないチャンスだ Es una oportunidad caída del cielo.

〘慣用〙願ったりかなったり ‖ 願ったりかなったりだ Esto es justamente lo que quiero. ¦ 《慣用》Esto me viene como anillo al dedo.

ねがえり 寝返り　vuelta *f.* en la cama, (裏切り) traición *f.* ‖ 寝返りを打つ darse la vuelta durmiendo

ねがえる 寝返る　(裏切る) traicionar ‖ 彼はプロジェクト推進派へと寝返った Él se pasó al grupo de apoyo al proyecto.

ねがお 寝顔 rostro *m*. dormido, cara *f*. dormida ‖ 息子のおだやかな寝顔 rostro *m*. apacible de mi hijo durmiendo

ねかす 寝かす dormir, (横にする) acostar ‖ 赤ん坊を寝かす「acostar [dormir] a un bebé／ワインを寝かす dejar envejecer el vino／資金を寝かしておく dejar el capital sin utilizar

ねぎ 葱 puerro *m*., cebolleta *f*. ‖ 葱をきざむ picar el puerro
◪ 葱坊主 flor *f*. del puerro

ねぎらい 労い agradecimiento *m*. ‖ ねぎらいの言葉をかける expresar unas palabras de agradecimiento

ねぎらう 労う 「expresar [manifestar, mostrar] *su* agradecimiento a ALGUIEN ‖ 〜に対して労をねぎらう「expresar [manifestar, mostrar] *su* agradecimiento a ALGUIEN por el trabajo realizado

ねぎる 値切る regatear ‖ 1万円のマフラーを9千円に値切る regatear el precio de una bufanda de diez mil yenes hasta dejarlo en nueve mil

ねくずれ 値崩れ 「caída *f*. [bajada *f*.] del precio ‖ 値崩れを起こす provocar una caída brusca del precio
▶値崩れする abaratarse considerablemente

ねぐせ 寝癖 cabello *m*. alborotado al dormir ‖ 私は髪の毛に寝癖がついてしまった El pelo se me ha quedado tieso al dormir.

ネクタイ corbata *f*. ‖ ネクタイをする ponerse una corbata／ネクタイを外す quitarse la corbata／ネクタイを緩める aflojarse la corbata／ネクタイを直す arreglarse la corbata
◪ ネクタイピン alfiler *m*. de corbata

ねくら 根暗
▶ねくらな melancól*ico*[*ca*], apaga*do*[*da*], sombr*ío*[*bría*] ‖ ねくらな性格の人 persona *f*. de carácter melancólico

ねぐら 塒 nido *m*. ‖ 鳥がねぐらに帰る Los pájaros vuelven al nido.

ネグリジェ camisón *m*.

ねぐるしい 寝苦しい ‖ むし暑くて寝苦しい no poder dormir a causa del calor sofocante

ねこ 猫 gato *m*., (雌) gata *f*. ‖ 猫が鳴く El gato maúlla.／猫がのどを鳴らす El gato ronronea.／猫を飼う tener un gato
(慣用)猫にかつおぶし ‖ dejar caramelos al alcance de un niño
(慣用)猫も杓子も todo el mundo, (話) todo 「quisque [quisqui]
(慣用)猫の目 ‖ 海の天気は猫の目のように変わる En el mar el tiempo cambia constantemente.
(慣用)猫をかぶる ‖ 彼女はまだ猫をかぶってい6 Ella todavía se está haciendo la mosquita muerta.
(慣用)猫の額 ‖ 猫の額ほどの庭 jardín *m*. 「muy pequeño [diminuto, minúsculo]
(慣用)猫の手も借りたい ‖ 新規開店で猫の手も借りたい忙しさだ Con la inauguración de la tienda estamos ocupadísimos.
(慣用)借りてきた猫 ‖ この子は借りてきた猫のようにおとなしい Este chico es muy dócil.
(慣用)猫の首に鈴をつける《慣用》poner el cascabel al gato
(慣用)猫の子一匹いない ‖ 通りには猫の子一匹いなかった No había ni un gato en la calle.
(慣用)猫に小判 ‖ それは猫に小判だ Es como echar margaritas a los cerdos.

ねこかぶり 猫かぶり 《慣用》mosquita *f*. muerta, hipócrita *com*., mojiga*to*[*ta*] *mf*.

ねこかわいがり 猫可愛がり
▶猫かわいがりする mimar excesivamente

ねごこち 寝心地 ‖ 寝心地がよい ser cómo*do*[*da*] para dormir

ねこじた 猫舌 ‖ 猫舌である no poder comer comida muy caliente

ねこぜ 猫背
▶猫背の carga*do*[*da*] de espaldas ‖ 猫背の男 hombre *m*. cargado de espaldas

ねこそぎ 根こそぎ completamente, de raíz ‖ 津波でたくさんの木が根こそぎ流された Muchos árboles fueron arrancados de raíz por el tsunami.
▶根こそぎにする (木を) arrancar de raíz, (根絶する) erradicar

ねごと 寝言 《医学》somniloquía *f*. ‖ 寝言をいう hablar en sueños, (たわごと) decir tonterías／寝言を並べているんじゃない No digas más tonterías.
▶寝言を言う人 somníl*ocuo*[*cua*] *mf*.

ねこなでごえ 猫撫で声 ‖ 猫なで声で con voz 「dulzona [insinuante, zalamera]／猫なで声を出す hablar con voz zalamera

ねこばば 猫ばば
▶猫ばばする apropiarse ALGO con disimulo, (着服する) desfalcar ‖ 彼は道で拾った金を猫ばばした Él se ha apropiado del dinero que encontró en la calle.

ねこみ 寝込み ‖ 彼は寝込みを襲われた Lo atacaron mientras dormía.

ねこむ 寝込む dormirse, quedarse dormi*do*[*da*], (病気で) caer enfer*mo*[*ma*], guardar cama ‖ 珍しく彼は寝込んでしまった Es raro que él haya caído enfermo.

ねころぶ 寝転ぶ tumbarse, echarse, tenderse ‖ 床に寝ころんで漫画を読む leer cómics tumba*do*[*da*] en el suelo

ねさがり 値下がり 「caída *f*. [bajada *f*.] del precio ‖ ガソリン価格の大幅な値下がり gran caída *f*. del precio de la gasolina
▶値下がりする bajar de precio, sufrir una

ねさげ 値下げ　caída de precios ‖ 電化製品が値下がりしている Los aparatos eléctricos están bajando de precio.

ねさげ 値下げ　rebaja *f.*
▶値下げする「bajar [reducir] el precio ‖ 年会費を値下げする bajar la cuota anual

ねざす 根差す　enraizar(se)《en》‖ 地域に根差した文化活動を行う realizar actividades culturales arraigadas en la comarca ／ 問題は宗教上の争いに根差している El problema tiene su origen en la lucha religiosa.

ねざめ 寝覚め　despertar *m.* ‖ 寝覚めが悪い（気分が悪い）tener un mal despertar, (後ろめたい) no tener la conciencia limpia

ねじ 螺子　tornillo *m.* ‖ 雄ねじ tornillo *m.* ／ 雌ねじ tuerca *f.* ／ ねじを締める apretar un tornillo, atornillar ／ ねじを緩める aflojar un tornillo ／ ねじを回す girar un tornillo
〔慣用〕ねじを巻く（時計の）dar cuerda《a》, (厳しくする)《慣用》apretar la cuerda
〔慣用〕ねじが緩む（規律が緩む）relajarse *la disciplina*
◪ ねじ回し（ドライバー）destornillador *m.*
◪ ねじ山　rosca *f.*

ねじこむ 捩じ込む　atornillar, (無理に入れる) meter ALGO con fuerza, (抗議する) ir a「quejarse [reclamar, protestar]」‖ ボルトをねじ込む atornillar el perno ／ 学校にねじ込む親が増えている Aumentan los padres que van a quejarse a la escuela.

ねしずまる 寝静まる　「estar [quedarse] dormi*do[da]* ‖ 家族は寝静まっていた La familia estaba profundamente dormida.

ねじふせる 捩じ伏せる ‖ そのレスラーは対戦相手を力でねじ伏せた El luchador sujetó a su contrincante torciéndole el brazo con fuerza.

ねじまげる 捩じ曲げる　torcer, (歪曲する) distorsionar, tergiversar ‖ 事実をねじ曲げて伝える transmitir el hecho distorsionándolo

ねしょうべん 寝小便 ‖ 寝小便をする orinarse en la cama, mojar「la cama [las sábanas]」

ねじる 捩る／捻る　torcer, retorcer ‖ 手ぬぐいをねじる retorcer la toalla de mano ／ 腕をねじる retorcer el brazo de ALGUIEN ／ 体をねじる retorcerse

ねじれ 捩れ／捻れ　torsión *f.*, torcedura *f.*
◪ ねじれ国会　Dieta *f.* retorcida

ねじれる 捩れる／捻れる　torcerse, retorcerse ‖ ネクタイがねじれている tener la corbata torcida ／ ねじれた両国の関係を修復する restaurar las relaciones enrevesadas entre ambos países

ねじろ 根城　castillo *m.* principal, (根拠地) base *f.* ‖ 山の上に根城を構える construir el castillo principal sobre una montaña ／ テロリストたちの根城 guarida *f.* de terroristas

ねすごす 寝過ごす　quedarse dormi*do[da]*, 《慣用》pegarse a ALGUIEN *las sábanas* ‖ 今日僕は寝過ごして会社に遅刻した Hoy me he quedado dormido y he llegado tarde al trabajo. ¦ Hoy se me han pegado las sábanas y he llegado tarde al trabajo.

ねずのばん 寝ずの番 ‖ 寝ずの番をする pasar la noche en vela vigilando ／ 寝ずの看病をする velar a ALGUIEN

ねずみ 鼠　rata *f.*, ratón *m.* ‖ ねずみを退治する exterminar los ratones ／ 猫がねずみを取る El gato caza ratones.
〔慣用〕袋のねずみ ⇒ふくろ(袋)
◪ ねずみ捕り　ratonera *f.*, (自動車速度違反取締装置) radar *m.* de tráfico
◪ ねずみ花火　buscapiés *m.*[=*pl.*]

ねずみいろ 鼠色　gris *m.*
▶ねずみ色の　gris
▶ねずみ色がかった　grisáce*o[a]*

ねずみこう 鼠講　esquema *m.* de pirámide, (マルチ商法) venta *f.* piramidal

ねずみざん 鼠算　cálculo *m.* exponencial ‖ ねずみ算式に増える aumentar en progresión geométrica

ねぞう 寝相　postura *f.* al dormir ‖ 寝相が悪い dar muchas vueltas durmiendo

ねそびれる 寝そびれる　no poder dormir ‖ 火事騒ぎで昨夜は寝そびれてしまった Anoche no pude dormir con el alboroto del incendio.

ねそべる 寝そべる　tumbarse, echarse, tenderse ‖ ソファに寝そべって本を読む leer tumba*do[da]* en el sofá

ねた　(記事の材料) material *m.*; (料理の素材) ingredientes *mpl.*; (証拠) evidencia *f.*, prueba *f.* ‖ 雑誌のねたを集める reunir material informativo para la revista ／ 寿司のねた ingredientes *mpl.* del *sushi* ／ ねたが割れてしまった Se ha descubierto el truco.

ねたきり 寝たきり ‖ 寝たきりになる quedarse postra*do[da]* en cama

ねたましい 妬ましい　envidiable

ねたみ 妬み　envidia *f.*, celos *mpl.* ‖ ねたみを買う行為 conducta *f.* que causa envidia
▶ねたみ深い ‖ ねたみ深い性格 carácter *m.* envidioso

ねたむ 妬む　envidiar,「tener [sentir] envidia《de》」,「tener [sentir] celos《de》」‖ 成功をねたむ envidiar el éxito de ALGUIEN ／ 他人の幸福をねたむ tener envidia de la felicidad de otros

ねだる　pedir insistentemente ALGO a ALGUIEN ‖ 両親に小遣いをねだる pedir insistentemente dinero a los padres ／ 餌をねだる apremiar para que le den la comida

ねだん 値段　precio *m.*, valor *m.* ‖ 手頃な値段 precio *m.* razonable ／ 値段が高い[安い] tener un precio「alto [bajo]」／ 値段が上がる[下がる] El precio「sube [baja]」. ／ 値段を交

渉する negociar el precio／値段を吊り上げる subir los precios／その絵に5千万円の値段がついた Se ha valorado ese cuadro en 50 millones de yenes.
- 値段表 lista *f.* de precios, tarifa *f.*

ねちがえる 寝違える「tener [sufrir] una distensión durmiendo」首を寝違える coger una tortícolis durmiendo

ねちねち
▶ねちねちした‖ねちねちした人 persona *f.* [pesada [molesta]
▶ねちねちと‖ねちねちと嫌味を言う decir cosas ofensivas de manera persistente

ねつ 熱 ❶《物理》calor *m.*‖熱に強い ser resistente al calor, soportar bien el calor／熱に弱い ser poco resistente al calor, soportar mal el calor／生ものに熱を加える calentar los alimentos crudos／熱を伝える conducir el calor／摩擦で熱が生じる Con la fricción se produce calor.
- 熱エネルギー energía *f.* térmica
- 熱機関 motor *m.* térmico
- 熱効率 rendimiento *m.* térmico
- 熱伝導 conducción *f.* térmica
- 熱力学 termodinámica *f.*

❷（病気の）fiebre *f.*, calentura *f.*,（体温）temperatura *f.*‖熱がある tener fiebre／熱がない no tener fiebre／38度の熱がある tener treinta y ocho grados de fiebre／私は昨夜から少し熱がある Desde anoche tengo un poco de fiebre.／熱が高い tener fiebre alta／熱が引く ceder *la fiebre*／彼は熱が上がった A él le subió la fiebre.／彼は熱が下がった A él le bajó la fiebre.／熱に浮かされてうわごとを言う delirar a causa de la fiebre／熱を計る tomar la temperatura a ALGUIEN／発汗で体から熱が奪われる Con la transpiración baja la temperatura del cuerpo.

❸（情熱・熱意など）pasión *f.*, entusiasmo *m.*‖議論は熱を帯びてきた La discusión tomó un tono acalorado.／サッカーの練習に熱を入れる poner entusiasmo en el entrenamiento de fútbol
(慣用)熱が冷める enfriarse *el entusiasmo*‖彼は芝居に対する熱が冷めてしまった Se le pasó el entusiasmo por el teatro.
(慣用)熱が入る‖ジャズの演奏に熱が入る entusiasmarse con la interpretación de *jazz*
(慣用)熱を上げる（〜に）estar lo*co*[*ca*]《por》, entusiasmarse《con》‖彼女はイケメン俳優に熱を上げている Ella está loca por un actor guapo.

ねつあい 熱愛 amor *m.* apasionado
▶熱愛する amar apasionadamente

ねつい 熱意 fervor *m.*, entusiasmo *m.*, afán *m.*‖熱意あふれる授業 clase *f.* impartida con entusiasmo／辞書の編纂に熱意があ る tener entusiasmo por la redacción del diccionario／彼女は仕事への熱意が足りない A ella le falta entusiasmo por el trabajo.／私は指揮者(男性)の熱意に動かされた Me afectó el entusiasmo del director de orquesta.／私は彼女の歌への熱意に打たれた Me conmovió el entusiasmo que ella ponía en la canción.

ねつえん 熱演 interpretación *f.* apasionada
▶熱演する actuar「apasionadamente [con pasión]、representar con entusiasmo

ネッカチーフ pañuelo *m.* de cuello

ねっから 根っから
▶根っから(の)（生来の）na*to*[*ta*], de nacimiento,（本物の）verdade*ro*[*ra*], auténti*co*[*ca*]‖彼女は根っからのサッカーファンだ Ella es una hincha de fútbol de los pies a la cabeza.／彼は根っからの悪人ではない En el fondo no es un hombre malo.／私は彼の発言を根っから信用していない No confío en absoluto en lo que él dice.

ねっき 熱気 aire *m.*「caliente [ardiente]、(高揚感) entusiasmo *m.*‖熱気のみなぎるジャズ演奏 interpretación *f.* de *jazz* rebosante de entusiasmo／熱気が舞台に伝わる El entusiasmo del público se transmite al escenario.／演奏会場に熱気が立ちこめる La sala de conciertos hierve de emoción.

ねつき 寝付き‖寝付きがよい dormirse「enseguida [fácilmente]／私はこの頃寝つきが悪い Últimamente no puedo conciliar bien el sueño.

ねつききゅう 熱気球 globo *m.* (aerostático) de aire caliente‖熱気球を上げる elevar un globo aerostático de aire caliente

ねっきょう 熱狂 entusiasmo *m.*
▶熱狂的な entusiasta, frenéti*co*[*ca*]‖熱狂的な歓迎ムード recibimiento *m.* caluroso
▶熱狂的に con entusiasmo, apasionadamente‖熱狂的に応援する animar con entusiasmo
▶熱狂する entusiasmarse《con》‖サポーターたちは日本チームの優勝に熱狂した Los hinchas se exaltaron con la victoria del equipo japonés.

ネック ❶（襟ぐり）Vネックのセーター jersey *m.* de cuello de pico
❷（妨げ）obstáculo *m.*‖恋愛は勉学のネックにならない El amor no es un obstáculo para los estudios.／この企画は資金不足がネックだ Para este proyecto, la pega es la falta de fondos.

ねつく 寝付く「conciliar [coger] el sueño, dormirse‖私は暑くてなかなか寝付かれない A causa del calor me cuesta conciliar el sueño.

ねづく 根付く arraigar(se), echar raíces‖

移植した桜の木が根づいた El cerezo trasplantado ha echado raíces. ／ 日本の社会に根づいた慣習 costumbre f. arraigada en la sociedad japonesa

ネックレス collar *m.* ‖ 真珠のネックレスをつける ponerse un collar de perlas

ねっけつかん 熱血漢 hombre *m.* apasionado

ねつさまし 熱冷まし antipirético *m.* → げねつ(⇒解熱剤) ‖ 食後に熱冷ましを飲むtomar un antipirético después de la comida

ねっしょう 熱唱 interpretación *f.* apasionada
▶熱唱する cantar con pasión

ねつじょう 熱情 pasión *f.*, ardor *m.*

ねっしん 熱心
▶熱心な ferviente, entusiasta, aplica*do*[*da*], diligente ‖ 熱心な研究者 investiga*dor*[*dora*] *mf.* ferviente ／ 彼は練習熱心だ Él es muy entusiasta para las prácticas.
▶熱心に aplicadamente, apasionadamente ‖ スポーツジムに熱心に通う frecuentar el gimnasio con diligencia
▶熱心さ fervor *m.*, entusiasmo *m.*, diligencia *f.*

ねっする 熱する calentar ‖ フライパンを熱する calentar la sartén
▶熱しやすい (人が) excitable
[慣用]熱しやすく冷めやすい《慣用》tener arrancadas de caballo y paradas de burro

ねっせん 熱戦 partido *m.* 「reñido [emocionante] ‖ 熱戦が繰り広げられた Se jugó un partido emocionante.

ねつぞう 捏造 invención *f.*, falsificación *f.* ‖ 入金記録の捏造が発覚した Se ha descubierto la falsificación del registro de ingresos.
▶捏造する inventar, falsificar ‖ 決算報告書を捏造する falsificar el informe del balance

ねったい 熱帯 zona *f.* tropical [tórrida]
▶熱帯の tropical, tórri*do*[*da*]
◾熱帯雨林 selva *f.* tropical
◾熱帯魚 pez *m.* tropical
◾熱帯植物 planta *f.* tropical
◾熱帯性低気圧 ciclón *m.* tropical
◾熱帯夜 noche *f.* de calor bochornoso en la que la temperatura no baja de veinticinco grados centígrados

ねっちゅう 熱中
▶熱中している estar lo*co*[*ca*] 《por》
▶熱中する entusiasmarse 《con》‖ 研究に熱中する estar entrega*do*[*da*] a la investigación

ねっちゅうしょう 熱中症 golpe *m.* de calor ‖ 熱中症になる sufrir un golpe de calor ／ 熱中症で倒れる caer enfer*mo*[*ma*] por un golpe de calor ／ 熱中症を防ぐ tomar precauciones contra un golpe de calor
◾熱中症対策 medidas *fpl.* contra los golpes de calor

ねっぽい 熱っぽい febril ‖ 熱っぽい口調 tono *m.* de hablar「acalorado [febril] ／ 体が熱っぽい sentirse acalora*do*[*da*]
▶熱っぽく fervientemente, acaloradamente, con pasión

ネット ❶ (網) red *f.* ‖ ネットを張る colocar una red ／ ネットに引っかかる caer en una red
❷《IT》red *f.*, (インターネット) Internet *f*(*m*). ‖ ネットに接続する conectarse a la red ／ ネットで検索する buscar ALGO en la red
◾ネットオークション subasta *f.* por Internet
◾ネットカフェ cibercafé *m.*, café *m.* Internet
◾ネットサーフィン navegación *f.* por Internet ‖ ネットサーフィンをする navegar por Internet
◾ネット取引 transacción *f.* comercial en la red

ねっとう 熱湯 agua *f.*「hirviendo [hirviente] ‖ 熱湯を注ぐ echar agua hirviendo ／ 熱湯でやけどする quemarse con agua hirviendo
◾熱湯消毒 desinfección *f.* con agua hirviendo ‖ 熱湯消毒する desinfectar ALGO con agua hirviendo

ねっとり ‖ ねっとり汗ばむ estar pegajo*so*[*sa*] de sudor

ネットワーク red *f.*, (テレビの) cadena *f.* de televisión ‖ ネットワークを構築する formar una red ／ ネットワークを拡げる「extender [ampliar] una red
◾ネットワーク管理 administración *f.* de la red ‖ ネットワーク管理者 administra*dor*[*dora*] *mf.* de la red

ねっぱ 熱波《気象》ola *f.* de calor, onda *f.* cálida ‖ 熱波がスペインに押し寄せる Una ola de calor invade España.

ねつびょう 熱病 fiebres *fpl.*, pirexia *f.*
▶熱病にかかる sufrir unas fiebres

ねっぷう 熱風 viento *m.*「cálido [caliente]

ねつべん 熱弁 ‖ 熱弁をふるう pronunciar un discurso apasionado, hablar apasionadamente

ねつぼう 熱望 anhelo *m.*, ansia *f.* ‖ 市民からの熱望に応える responder a los anhelos de los ciudadanos ／ 熱望がかなう cumplirse *un anhelo*
▶熱望する ansiar, anhelar ‖ 避難者たちは元の土地に戻れるよう熱望している Las personas evacuadas anhelan poder volver a su tierra.

ねづよい 根強い arraiga*do*[*da*] ‖ 根強い人気がある tener una popularidad permanente ／ 根強い反対 oposición *f.* tenaz

▶根強く arraigadamente, firmemente ‖ 悪習が根強く残っている Las malas costumbres permanecen arraigadas.

ねつりょう 熱量 capacidad *f.* calorífica, (単位) caloría *f.*
▣熱量計 calorímetro *m.*

ねつれつ 熱烈
▶熱烈な ardiente, apasiona*do*[*da*], caluro*so*[*sa*], efusi*vo*[*va*] ‖ 熱烈なファン fan *com.*「entusiasta [apasiona*do*[*da*]] ／ 熱烈な恋愛 amor m. apasionado ／ 熱烈な歓迎を受ける recibir una calurosa acogida
▶熱烈に ardientemente, con pasión ‖ 新大統領(男性)を熱烈に支持する apoyar ardientemente al nuevo presidente

ねどこ 寝床 cama *f.*, lecho *m.* ‖ 寝床に入る irse a la cama

ねとまり 寝泊まり
▶寝泊まりする alojarse, quedarse, (生活する) vivir

ねとる 寝取る (他人の妻を) acostarse con la mujer de otro, (他人の夫を) acostarse con el marido de otra ‖ 妻を寝取られる ser cornudo, tener cuernos, ser engañado por la mujer

ねなしぐさ 根無し草 (浮き草) hierba *f.* flotante ‖ 根なし草のような生活 vida *f.*「desarraigada [de vagabundo]

ねばつく 粘つく estar pegajo*so*[*sa*] ‖ 下着が汗で粘つく La ropa interior se pega con el sudor.

ねばならない tener que『+不定詞』, haber que『+不定詞』《動詞は3人称単数形の無主語で》, deber『+不定詞』⇒しなければならない

ねばねば
▶ねばねばする estar「pegajo*so*[*sa*] [visco*so*[*sa*]] ‖ 口の中がねばねばする tener la boca pegajosa ／ 納豆がねばねばする Las sojas fermentadas están pegajosas.
▶ねばねばした pegajo*so*[*sa*], visco*so*[*sa*], pasto*so*[*sa*]

ねばり 粘り (粘性) viscosidad *f.*, (根気) tenacidad *f.*, perseverancia *f.*, constancia *f.* ‖ 粘りがある (ペンキなど) tener adherencia; (根気がある) tener constancia
▶粘り気 pegajosidad *f.*, adherencia *f.* ‖ 粘り気のある pegajo*so*[*sa*], pasto*so*[*sa*] ／ 粘り気がある食べ物 alimento *m.* pastoso

ねばりづよい 粘り強い tenaz, perseverante, constante, incansable
▶粘り強く con tenacidad, con perseverancia ‖ 粘り強く交渉する negociar con perseverancia
▶粘り強さ tenacidad *f.*, constancia *f.*, perseverancia *f.*

ねばる 粘る (根気) perseverar, persistir, (とどまる) permanecer largo tiempo ‖ ガムが粘る El chicle está pegajoso. ／ 粘りに粘って状況を逆転する perseverar largo tiempo hasta invertir la situación de las cosas ／ コーヒー1杯でカフェテリアに1時間粘る permanecer una hora en una cafetería con una taza de café
▶粘り抜く ‖ 最後まで粘り抜く perseverar hasta el final

ねびえ 寝冷え
▶寝冷えする coger frío durante el sueño

ねびき 値引き descuento *m.*
▶値引きする descontar, hacer un descuento ‖ 提示された価格から10パーセント値引きする descontar un 10% (diez por ciento) del precio señalado

ねぶかい 根深い arraiga*do*[*da*] ‖ 根深い慣習 costumbre *f.* inveterada ／ 根深い偏見 prejuicios *mpl.*「arraigados [tenaces]

ねぶくろ 寝袋 saco *m.* de dormir ‖ 寝袋で寝る dormir en un saco de dormir

ねぶそく 寝不足 falta *f.* de sueño ‖ 寝不足で仕事に出る ir al trabajo con falta de sueño
▶寝不足である tener falta de sueño

ねふだ 値札 etiqueta *f.* del precio ‖ 値札をつける poner una etiqueta

ねぶみ 値踏み valoración *f.*
▶値踏みする valorar, estimar, tasar ‖ その不動産物件を値踏みする「tasar [valorar] el inmueble

ねぼう 寝坊 (人) dormi*lón*[*lona*] *mf.*
▶寝坊する quedarse dormi*do*[*da*], levantarse tarde

ねぼける 寝惚ける estar medio dormi*do*[*da*] ‖ 寝ぼけたことを言うな No digas tonterías.
▶寝ぼけて entre sueños

ねほりはほり 根掘り葉掘り ‖ 根掘り葉掘り聞く acosar a ALGUIEN con preguntas, preguntar insistentemente

ねまき 寝間着 pijama *m.* ‖ 寝間着を着る ponerse el pijama ／ 寝間着のままで出てくる salir con el pijama puesto

ねまわし 根回し arreglo *m.* previo, (裏工作) cabildeo *m.*
▶根回しをする ‖ 交渉の根回しをする preparar el terreno para las negociaciones

ねみみ 寝耳
〔慣用〕寝耳に水《慣用》caer como una bomba ‖ 転勤の話は寝耳に水だった La noticia del traslado en el trabajo me「cogió de sorpresa [cayó como una bomba].

ねむい 眠い tener sueño ‖ 眠い目をこする frotarse los ojos soñolientos ／ 眠い授業 clase *f.*「soporífera [aburrida] ／ 本を読むと私は眠くなる Me da sueño leer libros.

ねむけ 眠気 sueño *m.*, somnolencia *f.* ‖ 眠気に襲われる verse asalta*do*[*da*] por el sueño ／ その知らせを聞いて私は眠気が吹き飛んだ Se me quitó el sueño al conocer la

ねむらせる

noticia.／眠気を覚ます quitar el sueño a ALGUIEN

◪眠気覚まし‖眠気覚ましに顔を洗う lavarse la cara para「quitarse el sueño [espabilarse]

ねむらせる 眠らせる dormir‖赤ん坊を眠らせる dormir a un bebé／麻酔銃で熊を眠らせる dormir a un oso con un rifle de dardos anestésicos

ねむり 眠り sueño *m*.‖浅い眠り sueño *m*. ligero／深い眠り sueño *m*. profundo／快い眠り sueño *m*.「dulce [agradable]／眠りに落ちる entregarse al sueño／眠りから覚める despertarse del sueño

慣用 永遠の眠りにつく dormir el sueño eterno

◪眠り薬 somnífero *m*., soporífero *m*.

ねむりこむ 眠り込む dormirse‖彼は列車の中で眠り込んでしまった Él se quedó dormido en el tren.

ねむる 眠る dormir‖よく眠る dormir bien／たっぷり眠る dormir mucho／ぐっすり眠る dormir「como un tronco [a pierna suelta]／眠っている estar dormi*do*[da]／眠らずにいる permanecer despier*to*[ta], estar sin dormir, velar／よく眠れる poder dormir bien／眠るように息をひきとる tener una muerte apacible／父は墓に眠っている Mi padre descansa en la tumba.／安らかに眠れ（墓碑などの略語）q.e.p.d. (=que en paz descanse)／海底に眠る資源 recursos *mpl*. ocultos en el fondo del mar

ねもと 根元 raíz *f*.‖雑草を根元から抜く arrancar las malas hierbas／悪を根元から断つ cortar el mal de raíz

ねゆき 根雪 nieve *f*. persistente‖根雪が溶け始める La nieve persistente se empieza a derretir.

ねらい 狙い puntería *f*.,（目標）objetivo *m*.,（意図）intención *f*.‖狙いが外れる「errar [fallar en] el tiro／狙いが当たる dar en el blanco／作者の狙いを知る「saber [enterarse de] la intención del autor／狙いをつける apuntar《a》, afinar la puntería／狙いを定める apuntar al objetivo

ねらいうち 狙い撃ち/狙い打ち「tiro *m*. [disparo *m*.] apuntado

▶狙い撃ちする/狙い打ちする disparar apuntando《a》

ねらう 狙う apuntar《a》,（手に入れようと）pretender, aspirar《a》‖隙を狙って en un momento de descuido de ALGUIEN／獲物を狙う apuntar a la presa／優勝を狙う aspirar a la victoria／財産を狙う ir detrás de la fortuna de ALGUIEN

ねりあげる 練り上げる elaborar, retocar, perfeccionar‖草稿を練り上げる「perfeccionar [pulir] el borrador

ねりあるく 練り歩く desfilar‖神輿は町を練り歩いた El altar portátil sintoísta desfiló por la ciudad.

ねりなおす 練り直す reconsiderar‖原案を練り直す reconsiderar el plan original

ねりはみがき 練り歯磨き pasta *f*.「de dientes [dentífrica]‖練り歯磨きを絞り出す exprimir el tubo de pasta de dientes

ねる 寝る dormir, acostarse, irse a la cama,（性的関係を持つ）acostarse《con》‖仰向けに寝る dormir bocarriba／うつ伏せに寝る dormir bocabajo／病気で寝る guardar cama por enfermedad／寝ている金を活用する sacar partido del dinero inactivo／そろそろ寝る時間だ Ya es hora de「dormir [acostarse].

慣用 寝ても覚めても de día y de noche, a todas horas

慣用 寝た子を起こす‖寝た子を起こすことはない No hay que despertar al perro que duerme.

諺 寝る子は育つ Los niños que duermen mucho crecen bien.

ねる 練る（パン生地を）amasar,（計画を）elaborar‖小麦粉を練る amasar la harina／コンクリートを練る mezclar el hormigón／小説の構想を練る「elaborar [madurar] el proyecto de una novela

ねん 年 año *m*.,（学校）curso *m*.‖年に3回 tres veces al año／10年に1度 una vez cada diez años／年に1度の音楽祭 festival *m*. de música anual／4年生 alum*no*[na] *mf*. de cuarto curso

◪年会費 cuota *f*. anual

ねん 念‖感謝の念を表する expresar su agradecimiento《a》／憎しみの念を抱く sentir「odio [aversión]《contra, hacia》／望郷の念がつのる sentir cada vez más nostalgia por la tierra natal

慣用 念を入れる‖念を入れて con「cuidado [esmero]／念には念を入れて部品を点検する revisar con esmero los componentes

慣用 念を押す confirmar,（再確認する）reconfirmar

慣用 念のため por precaución, por si acaso‖念のため、予約確認の電話を入れる telefonear para reconfirmar una reserva, por si acaso

ねんいり 念入り

▶念入りな cuidado*so*[sa], esmera*do*[da], concienzu*do*[da], primoro*so*[sa]‖念入りな化粧 maquillaje *m*. esmerado／念入りな仕事 trabajo *m*.「concienzudo [esmerado]

▶念入りに cuidadosamente, con esmero‖念入りに調査する investigar「escrupulosamente [concienzudamente]／念入りに準備する preparar ALGO「cuidadosamente [con esmero]

ねんえき 粘液 mucosidad *f*., （植物の）mucílago *m*. ‖ 粘液を分泌する segregar mucosidad

ねんが 年賀 saludo *m*. para celebrar el Año Nuevo
▶年賀客「visitante *com*. [visita *f*.] de Año Nuevo
▶年賀状 tarjeta *f*. de Año Nuevo

ねんがく 年額 suma *f*. anual ‖ 彼の収入は年額で700万円だ Su renta anual es de siete millones de yenes. ¦ Él gana siete millones de yenes al año.

ねんがっぴ 年月日 fecha *f*. ‖ 契約書に締結の年月日を記入する poner la fecha de la firma en un contrato

ねんがらねんじゅう 年がら年中 (durante) todo el año ‖ 彼は年がら年中飲み歩いている Él está yendo de copas durante todo el año.

ねんかん 年間 （1年間）período *m*. de un año; （1年あたり）por un año ‖ 年間100万人の観光客が訪れる Visita un millón de turistas al año.
▶年間の anual
▶年間売上高 monto *m*. de ventas anuales
▶年間計画「programa *m*. [plan *m*.] anual
▶年間降水量 precipitaciones *fpl*. anuales
▶年間所得 ingresos *mpl*. anuales, renta *f*. anual

ねんかん 年鑑 anuario *m*.

ねんがん 念願 deseo *m*. anhelante, （夢）sueño *m*. ‖ 私の長年の念願がかなった Se ha cumplido mi viejo deseo. ／ 念願を果たす cumplir *su* sueño
▶念願の ‖ 私の念願のスペイン旅行 mi「deseado [soñado] viaje a España
▶念願する desear fervientemente, anhelar

ねんき 年季 （奉公の期間）período *m*. de aprendizaje ‖ 年季の入った仕事 trabajo *m*. de mucha experiencia

ねんきん 年金 pensión *f*. ‖ 年金で生活する vivir de la pensión ／ 年金の受給額 paga *f*. de la pensión ／ 年金をもらう「recibir [cobrar] una pensión ／ 年金を納める cotizar para la pensión
▶年金給付 ‖ 年金給付を受ける資格がある reunir los requisitos para recibir una pensión
▶年金受給者 pensionista *com*.
▶年金生活 vida *f*. de pensionista ‖ 年金生活者 pensionista *com*.
▶年金制度 sistema *m*. de pensiones
▶年金積立金「reservas *fpl*. [ahorro *m*.] de la pensión

年金の種類

遺族年金（配偶者への）pensión *f*. de viudedad ／ 確定拠出型年金 pensión *f*. de contribución definida ／ 企業年金 pensión *f*. de la empresa ／ 共済年金 pensión *f*. mutua ／ 厚生年金 pensión *f*. de jubilación para asalariados ／ 国民年金 pensión *f*.「nacional [del Estado] ／ 個人年金 pensión *f*. privada ／ 終身年金 pensión *f*. vitalicia ／ 老齢年金 pensión *f*. de vejez ／ 退職年金 pensión *f*. de jubilación

ねんぐ 年貢 tributo *m*. anual
慣用 年貢の納め時 ‖ お前もそろそろ年貢の納め時だ Ya va siendo hora de que sientes la cabeza.

ねんげつ 年月 años *mpl*., tiempo *m*. ‖ あれから長い年月が経つ Han pasado muchos años desde entonces. ／ 長い年月にわたる侵略 invasión *f*. por largo tiempo ／ 5年の年月をかけた映画 película *f*. a la que se han dedicado cinco años ／ 年月を経て劣化する（何かが）deteriorarse con el paso del tiempo ／ 楽しい年月を過ごす pasar unos años felices ／ 教会の完成に長い年月を費やす dedicar muchos años a la terminación de la iglesia

ねんこう 年功 antigüedad *f*. en el trabajo ‖ 年功に報いる「premiar [pagar por] la antigüedad en el trabajo ／ 年功を積む acumular muchos años de experiencia
▶年功序列 ‖ 年功序列制度 sistema *m*. de antigüedad ／ 年功序列で por orden de antigüedad ／ 年功序列による昇給 incremento *m*. salarial por antigüedad

ねんごう 年号 nombre *m*. de era ‖ 1989年1月8日に年号が「昭和」から「平成」に改まった Cambió el nombre de la era de *Showa* a *Heisei* el 8 de enero de 1989.

ねんごろ 懇ろ
▶ねんごろな ‖ ねんごろな関係になる intimar con ALGUIEN
▶ねんごろに cortésmente, （親切に）amablemente ‖ 客をねんごろにもてなす acoger a los invitados cortésmente ／ 戦死者をねんごろに弔う rezar con la debida ceremonia por los caídos en la batalla

ねんざ 捻挫 esguince *m*., torcedura *f*.
▶捻挫する torcerse, sufrir「una torcedura [un esguince] ‖ 足首を捻挫する torcerse el tobillo

ねんさい 年祭 aniversario *m*. ‖ 開校100年祭を祝う celebrar el「centenario [centésimo aniversario] de la fundación de una escuela

ねんさん 年産 producción *f*. anual ‖ この車は年産10万台に達する Este automóvil llega a una producción anual de cien mil unidades.

ねんし 年始 Año *m*. Nuevo ‖ 年始の挨拶 saludo *m*. de Año Nuevo

ねんじ

▣ 年始客 「visita *f*. [visitante *com*.] de Año Nuevo
▣ 年始回り visita *f*. de Año Nuevo ‖ 年始回りをする hacer una visita de Año Nuevo

ねんじ 年次
▶ 年次の anual
▣ 年次計画 programa *m*. anual
▣ 年次決算書 balance *m*. de cuentas anuales
▣ 年次総会 asamblea *f*. general anual
▣ 年次大会 congreso *m*. anual
▣ 年次ペース base *f*. anual ‖ 年次ペースで計算する contar con base anual
▣ 年次報告書 informe *m*. anual
▣ 年次有給休暇 vacaciones *fpl*. anuales pagadas
▣ 年次予算 presupuesto *m*. anual

ねんしゅう 年収 ingresos *mpl*. anuales, renta *f*. anual ‖ 私の年収は5万ユーロです Mi renta anual es de cincuenta mil euros.

ねんじゅう 年中 todo el año ‖ 彼は年中忙しく飛び回っている Él está todo el año ocupado yendo de un sitio para otro.
▣ 年中無休《掲示》Abierto todo el año

ねんしゅつ 捻出
▶ 捻出する conseguir ‖ 旅行代を家計から捻出する arreglárselas con el presupuesto familiar para cubrir los gastos de un viaje

ねんしょう 年少
▶ 年少の menor, (未成年の) menor de edad, (若い) joven
▣ 年少組 (幼稚園の) clase *f*. de niños de tres años
▣ 年少者 (子供) niño[ña] *mf*., (未成年者) menor *com*., (若い) joven *com*.

ねんしょう 年商 「venta *f*. [facturación *f*.] anual ‖ 会社の昨年の年商は20億円だった La venta anual de la compañía fue de dos mil millones de yenes el año pasado.

ねんしょう 燃焼 combustión *f*., quema *f*.,《物理》ignición *f*.
▶ 燃焼する quemarse
▣ 完全燃焼 combustión *f*. perfecta
▣ 不完全燃焼 combustión *f*. imperfecta

ねんじる 念じる rezar ‖ 母は息子の無事を念じた La madre rezó a Dios para que su hijo estuviera sano y salvo. ／私は彼が合格するよう念じている Pido que él apruebe el examen.

ねんすう 年数 número *m*. de años ‖ 年数が経った家 casa *f*. con muchos años

ねんだい 年代 época *f*., período *m*., era *f*., (世代) generación *f*. ‖ 2010年代に en los años 2010, en la década del 2010
▣ 年代記 crónica *f*.
▣ 年代順 ‖ 年代順に por orden cronológico ／出来事を年代順に並べる ordenar los hechos por orden cronológico

▣ 年代物 ‖ 年代物の antiguo[gua] ／年代物のウイスキー whisky *m*. envejecido

ねんちゃく 粘着
▶ 粘着性(の) adhesivo[va]
▣ 粘着テープ cinta *f*. adhesiva
▣ 粘着力 poder *m*. adherente

ねんちゅうぎょうじ 年中行事 「evento *m*. [acto *m*.] anual

ねんちょう 年長
▶ 年長である ‖ 彼女は私より4つ年長だ Ella es cuatro años mayor que yo.
▶ 年長の mayor, más viejo[ja]
▣ 年長者 persona *f*. mayor

ねんど 年度 (会計の) año *m*. fiscal, ejercicio *m*., (学校の) curso *m*. académico ‖ 新しい年度は4月1日に始まる El nuevo año comienza el 1 de abril.
▣ 会計年度 año *m*. fiscal
▣ 年度報告 informe *m*. final del año
▣ 年度末 ‖ 年度末に (会計年度の) al final del año fiscal
▣ 年度予算 presupuesto *m*. anual ‖ 2015年度予算を国会に提出する presentar a la Dieta los presupuestos para el año 2015

ねんど 粘土 arcilla *f*. ‖ 粘土をこねる amasar la arcilla
▣ 粘土製の de arcilla
▣ 粘土細工 obra *f*. de arcilla

ねんとう 年頭 comienzo *m*. del año ‖ 年頭にあたって para comenzar el nuevo año
▶ 年頭の del Año Nuevo ‖ 年頭のあいさつ saludo *m*. de Año Nuevo ／年頭の所感を述べる hacer un comentario de Año Nuevo

ねんとう 念頭 ‖ 念頭にある tener presente ALGO, tener en cuenta ALGO ／恩師(男性)の教えをいつも念頭におく tener siempre presentes las enseñanzas del antiguo maestro ／家族の安否が念頭に浮かんだ Se me vino a la mente la seguridad de la familia. ／余震の事が私の念頭を離れない No se me van de la cabeza las réplicas del terremoto.

ねんない 年内 ‖ 年内は休まず営業致します《掲示》Abierto hasta el 31 de diciembre ¦《店内放送》Estamos abiertos hasta el 31 de diciembre.
▶ 年内に antes de fin de año, antes de finalizar el año ‖ 年内に目標を達成したい Quiero conseguir el objetivo antes de finalizar el año.

ねんねん 年年 cada año, año tras año ‖ 私は年々視力が衰える Cada año la vista se me debilita más.

ねんぱい 年配 ‖ 年配の男性 hombre *m*. 「de edad avanzada [mayor], anciano *m*. ／彼女と私は同年配です Ella y yo somos de la misma edad.
▶ 年配である ‖ 彼女は私よりも年配だ Ella es

mayor que yo.

ねんぴ 燃費 consumo *m.* de「combustible [gasolina]」‖この車の燃費は100キロメートル当たりわずかに4リットルである Este coche solo consume cuatro litros de combustible por cada 100 kilómetros. ／ 小型車は燃費がさらに良い Los automóviles pequeños tienen un consumo de combustible aún más bajo.
◨燃費効率「eficacia *f.* [rendimiento *m.*]」en el consumo de combustible

ねんぴょう 年表 tabla *f.* cronológica ‖ 世界史の年表 tabla *f.* cronológica de la historia universal ／ 年表を作成する hacer una tabla cronológica

ねんぷ 年譜 crónica *f.* personal ‖ その作家(男性)の年譜をたどる seguir la crónica personal del escritor

ねんぶつ 念仏 ‖ 念仏を唱える recitar las oraciones budistas

ねんぽう 年俸「sueldo *m.* [salario *m.*] anual ‖ 年俸800万円の社員 emplea*do*[*da*] *mf.* con un sueldo anual de ocho millones de yenes
◨年俸制 sistema *m.* de sueldo anual, (契約) contrato *m.* con sueldo anual

ねんまく 粘膜 mucosa *f.*, membrana *f.* mucosa ‖ 私ののどの粘膜が荒れている Tengo irritada la mucosa de la garganta.

ねんまつ 年末 fin *m.* de año
◨年末に a finales de año, al final del año
◨年末行事 acto *m.* de fin de año
◨年末賞与 gratificación *f.* de fin de año
◨年末調整 ajustes *mpl.* fiscales de fin de año

ねんらい 年来
▶年来の ‖ 私は年来の夢がかなった Se me ha cumplido un viejo sueño. ／ 彼は20年来の友人だ Él es un viejo amigo (mío) desde hace veinte años.

ねんり 年利 interés *m.* anual ‖ 年利4パーセントで金を借りる pedir un préstamo con un interés anual del 4% (cuatro por ciento)

ねんりき 念力「poder *m.* [fuerza *f.*] mental, (念動力) telequinesia *f.*, telequinesis *f.*[=*pl.*]」‖ 念力をかける usar「el poder [la fuerza]」mental

ねんりょう 燃料 combustible *m.* ‖ 燃料を補給する repostar combustible ／ 燃料が切れる「acabarse [agotarse] *el combustible*」
◨燃料計 indicador *m.* de combustible
◨燃料消費率 consumo *m.* específico de combustible
◨燃料タンク「depósito *m.* [tanque *m.*] de combustible
◨燃料電池「célula *f.* [pila *f.*] de combustible
◨燃料費 gastos *mpl.* de combustible
◨燃料棒 (原子炉の) barra *f.* de combustible nuclear
◨燃料補給 abastecimiento *m.* de combustible
◨燃料漏れ escape *m.* de combustible
◨燃料油 petróleo *m.* combustible, fuel *m.*, fuelóleo *m.*,《中南米》fueloil *m.*

燃料の種類

液体燃料 combustible *m.* líquido ／ 核燃料 combustible *m.* nuclear ／ 気体燃料 combustible *m.* gaseoso ／ 固形燃料 combustible *m.* sólido ／ 化石燃料 combustible *m.* fósil ／ バイオ燃料 biocombustible *m.* ／ 代替燃料 combustible *m.* alternativo

---

ねんりん 年輪 《植物》anillo *m.* ‖ 木の年輪 anillos *mpl.* de árbol ／ 年輪を重ねる (経験を積む) acumular experiencias

ねんれい 年齢 edad *f.* ‖ 同年齢である「tener [ser de] la misma edad ／ 年齢の高い de edad avanzada ／ 年齢の低い de corta edad ／ 年齢を偽る mentir respecto a la edad ／ 彼らには年齢の開きがある Hay diferencia de edad entre ellos. ／ 父は年齢の割に身軽だ Para la edad que tiene, mi padre está muy ágil.
▶年齢的に ‖ 祖母は年齢的に海外旅行は難しい Por la edad que tiene, a mi abuela le resulta difícil viajar al extranjero.
◨精神年齢 edad *f.* mental
◨平均年齢 edad *f.*「media [promedio]」‖ 日本人の平均年齢 edad *f.* media de los japoneses
◨年齢給 régimen *m.* salarial basado en la edad
◨年齢制限 límite *m.* de edad ‖ 年齢制限を設ける poner límite de edad ／ 年齢制限を撤廃する eliminar el límite de edad
◨年齢層「grupo *m.* [franja *f.*] de edad
◨年齢不問 sin distinción de edad

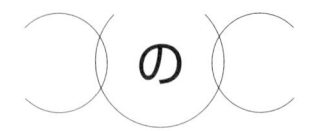

の 野 campo *m.*, prado *m.* ‖ 野に遊ぶ jugar en el campo ／ 野の花 flor *f.* 「de campo [campestre]
▫ 野いちご fresa *f.* silvestre
▫ 野ねずみ 「rata *f.* [ratón *m.*] de campo
ノイズ ruido *m.*
ノイローゼ neurosis *f.*[=*pl.*]
▫ ノイローゼ患者 neurótico[ca] *mf.*
のう 脳 cerebro *m.*, sesos *mpl.*;《解剖》encéfalo *m.*,（頭脳）inteligencia *f.* ‖ 脳の働き funcionamiento *m.* cerebral ／ 脳の損傷 daño *m.* cerebral, lesión *f.* cerebral ／ 脳を働かせる hacer funcionar el cerebro ／ 脳を刺激する estimular el cerebro
▶ 脳の cerebral, encefálico[ca]
▫ 右脳 hemisferio *m.* cerebral derecho
▫ 左脳 hemisferio *m.* cerebral izquierdo
のう 能 habilidad *f.*, talento *m.*,（能楽）*no(h) m.*, teatro *m. no(h)*
▶ ～しか能がない ‖ 彼は食べることしか能がない Él no sabe hacer otra cosa que comer.
▶ ～だけが能ではない ‖ 急ぐだけが能ではない Hay cosas más importantes que apresurarse.
〔諺〕能ある鷹は爪を隠す《諺》Donde va más hondo el río, hace menos ruido.
▫ 能楽堂 teatro *m.* de *no(h)*
のういっけつ 脳溢血 「derrame *m.* [hemorragia *f.*] cerebral, hemorragia *f.* intracraneal ‖ 脳溢血で倒れる sufrir un derrame cerebral
のうえん 農園 ⇒のうじょう（農場）
のうか 農家 familia *f.* 「agrícola [de agricultores],（家屋）casa *f.* de campesinos ‖ 農家に生まれる nacer en una familia de agricultores
▫ 専業農家 agricultor[tora] *mf.* 「de [a] tiempo completo
▫ 兼業農家 agricultor[tora] *mf.* 「de [a] tiempo parcial
のうがき 能書き （薬の）prospecto *m.*
〔慣用〕能書きを並べる hacer propaganda de *sí mismo[ma]*
のうがく 農学 agronomía *f.*, agricultura *f.*
▫ 農学者 agrónomo[ma] *mf.*
▫ 農学部 Facultad *f.* de Agronomía
のうかすいたい 脳下垂体 《解剖》hipófisis *f.*[=*pl.*]
▫ 脳下垂体前葉 adenohipófisis *f.*[=*pl.*], hipófisis *f.*[=*pl.*] anterior

のうかん 納棺
▶ 納棺する 「colocar [introducir, meter] el cadáver en el ataúd
のうかん 脳幹 tronco *m.* 「del encéfalo [encefálico], 「tronco *m.* [tallo *m.*] cerebral
のうかんき 農閑期 temporada *f.* agrícola baja
のうき 納期 （商品の）fecha *f.* de entrega,（金銭の）fecha *f.* de pago ‖ 納期を守る cumplir la fecha de entrega ／ 納期に間に合う llegar al tiempo de entrega
のうきぐ 農機具 （農具）herramientas *fpl.* agrícolas,（農業機械）maquinaria *f.* agrícola
のうきょう 農協 ⇒のうぎょう（⇒農業協同組合）
のうぎょう 農業 agricultura *f.* ‖ 農業に従事する dedicarse a la agricultura
▶ 農業の agrícola, agrario[ria]
▫ 農業機械 maquinaria *f.* agrícola
▫ 農業協同組合 cooperativa *f.* agrícola
▫ 農業高等学校 instituto *m.* técnico agrícola
▫ 農業国 país *m.* agrícola
▫ 農業試験場 laboratorio *m.* agrícola
▫ 農業人口 población *f.* agrícola
▫ 農業就労人口 población *f.* que se dedica a la agricultura
▫ 農業政策 política *f.* 「agrícola [agraria]
▫ 農業生産 producción *f.* agrícola
▫ 農業大学 universidad *f.* de ciencias 「agrarias [agrícolas]
▫ 農業用地 terreno *m.* agrícola
のうきん 納金 pago *m.*,（金額）dinero *m.* pagado
▶ 納金する pagar, efectuar el pago
のうぐ 農具 aperos *mpl.*, herramientas *fpl.* agrícolas
のうげい 農芸 agricultura *f.* y horticultura *f.*
▫ 農芸化学 agroquímica *f.*
▫ 農芸化学者 agroquímico[ca] *mf.*
のうげか 脳外科 neurocirugía *f.*
▫ 脳外科医 neurocirujano[na] *mf.*
のうけっせん 脳血栓 trombosis *f.*[=*pl.*] cerebral
のうこう 農耕 agricultura *f.*, labranza *f.* ‖ 農耕に適した土地 terreno *m.* apto para labranza
▫ 農耕社会 sociedad *f.* 「agraria [agrícola]

のうこう 農耕
◪農耕民族 pueblo *m*. agrícola
のうこう 濃厚
▶濃厚な denso[sa], espeso[sa], fuerte, (色が) oscuro[ra] ‖ 濃厚な味 sabor *m*. fuerte／濃厚な赤ワイン vino *m*. tinto con cuerpo
▶濃厚になる（液体が）espesarse ‖ 彼の収賄容疑が濃厚になる Aumenta la sospecha de que él ha aceptado un soborno.
◪濃厚飼料 piensos *mpl*. concentrados
のうこうそく 脳梗塞 infarto *m*. cerebral ‖ 脳梗塞で倒れる sufrir un infarto cerebral
のうこつ 納骨
▶納骨する guardar las cenizas en una urna cineraria, (墓に) depositar las cenizas en el cementerio
◪納骨堂 osario *m*.
のうこん 濃紺 azul *m*. marino oscuro
のうさぎ 野兎 liebre *f*.(雄・雌)
のうさぎょう 農作業 trabajo *m*.「de campo [agrícola]
のうさくぶつ 農作物 producto *m*. agrícola ‖ 農作物を収穫する cosechar
のうざしょう 脳挫傷 contusión *f*. cerebral
のうさつ 悩殺 seducción *f*.
▶悩殺する seducir
のうさんぶつ 農産物 productos *mpl*. agrícolas
のうし 脳死 muerte *f*.「cerebral [encefálica] ‖ 脳死に至る llegar a la muerte cerebral
◪脳死判定 diagnóstico *m*. de muerte encefálica
のうしゅく 濃縮 concentración *f*., condensación *f*. ‖ ウランの濃縮 enriquecimiento *m*. de uranio
▶濃縮する concentrar, condensar; （核燃料物質など）enriquecer
◪生物濃縮 bioconcentración *f*.
◪濃縮ウラン uranio *m*. enriquecido
◪濃縮還元ジュース jugo *m*. concentrado
◪濃縮牛乳（加糖練乳）leche *f*. condensada
のうしゅっけつ 脳出血「derrame *m*. [hemorragia *f*.] cerebral ‖ 脳出血を起こす sufrir un derrame cerebral
のうしゅよう 脳腫瘍 tumor *m*. cerebral ‖ 良性の脳腫瘍 tumor *m*. cerebral benigno
のうしょう 脳漿（脳脊髄液）líquido *m*. cerebroespinal
のうじょう 農場 granja *f*., finca *f*., hacienda *f*., 《中南米》rancho *m*., (大規模の) plantación *f*. ‖ 農場を経営する administrar una granja／農場で働く trabajar en una granja
◪農場経営者 administrador[dora] *mf*. de una granja
◪農場労働者 trabajador[dora] *mf*. en una granja
のうしんけい 脳神経 nervios *mpl*. craneales, pares *mpl*. craneales
◪脳神経外科 neurocirugía *f*.

脳神経十二対

嗅神経 nervio *m*. olfatorio／視神経 nervio *m*. óptico／動眼神経 nervio *m*. oculomotor／滑車神経 nervio *m*. troclear／三叉神経 nervio *m*. trigémino／外転神経 nervio *m*. abducens／顔面神経 nervio *m*. facial／内耳神経 nervio *m*. vestibulococlear／舌咽神経 nervio *m*. glosofaríngeo／迷走神経 nervio *m*. vago／副神経 nervio *m*. accesorio／舌下神経 nervio *m*. hipogloso

---

のうしんとう 脳震盪 conmoción *f*. cerebral ‖ 脳震盪を起こす sufrir una conmoción cerebral
のうずい 脳髄 encéfalo *m*.
のうぜい 納税 pago *m*. de impuestos ‖ 納税の義務がある tener la obligación de pagar impuestos
▶納税する pagar impuestos
◪納税額 importe *m*. de los impuestos
◪納税期限 plazo *m*. para pagar impuestos
◪納税者 contribuyente *com*.
◪納税申告書 declaración *f*. del impuesto
◪納税通知書 notificación *f*. del impuesto
のうせいまひ 脳性麻痺 parálisis *f*.[=*pl*.] cerebral
のうそっちゅう 脳卒中 apoplejía *f*. cerebral ‖ 脳卒中の予防 prevención *f*. de la apoplejía cerebral
のうそん 農村 pueblo *m*. agrícola, campo *m*.
▶農村の rural
◪農村振興課 departamento *m*. de desarrollo rural
◪農村地帯 zona *f*. rural
のうそんしょう 脳損傷 lesión *f*. cerebral
のうたん 濃淡 matiz *m*., (明暗) luz *f*. y sombra *f*., claroscuro *m*.
▶濃淡をつける sombrear
のうち 農地 terreno *m*. agrícola ‖ 農地を駐車場に転用する destinar el terreno agrícola al aparcamiento
▶農地の agrario[ria]
◪農地改革 reforma *f*. agraria
◪農地法 Ley *f*. Agraria
のうど 農奴 siervo[va] *mf*. ‖ 農奴の解放 emancipación *f*. de los siervos
◪農奴制 servidumbre *f*.
のうど 濃度 concentración *f*., (密度) densidad *f*. ‖ 放射能の濃度を測定する medir la densidad de radiactividad／大気中の二酸化炭素の濃度 concentración *f*. de dióxido de carbono en la atmósfera
◪アルコール濃度 ‖ 血中アルコール濃度「ta-

sa f. [concentración f.] de alcohol en sangre
■モル濃度《化学》concentración f. molar, molaridad f.
のうどう 能動
▶能動的な activo[va]
▶能動的に activamente
■能動態《文法》voz f. activa
のうどう 農道 carretera f. agrícola
のうドック 脳ドック examen m. 「del cerebro [cerebral]
のうなんかしょう 脳軟化症 encefalomalacia f.
のうにゅう 納入 entrega f.
▶納入する（物品を）proveer, entregar,（金を）pagar
■納入業者 proveedor[dora] mf.
のうのう
▶のうのうと con tranquilidad, sin preocuparse ‖ 彼はのうのうと暮らしている Él vive sin preocuparse de nada.
のうは 脳波 ondas fpl. cerebrales,（記録図）electroencefalograma m. ‖ 脳波を調べる hacer un electroencefalograma
■脳波測定(法) electroencefalografía f.
■脳波測定器 electroencefalógrafo m.
■脳波図 electroencefalograma m.
ノウハウ《英語》know-how m., conocimientos mpl. prácticos ‖ ノウハウを伝える transmitir conocimientos prácticos
のうはんき 農繁期（plena）temporada f. agrícola
のうひん 納品 entrega f.
▶納品する entregar
■納品書 nota f. de entrega
のうひんけつ 脳貧血 anemia f. cerebral ‖ 脳貧血を起こす sufrir anemia cerebral
のうふ 納付 pago m.
▶納付する pagar, contribuir ‖ 税金を納付する pagar impuestos
■納付額 importe m. a pagar
■納付期限 plazo m. de pago
■納付者（税金の）contribuyente com.,（支払人）pagador[dora] mf.
のうふ 農夫/農婦 ⇒のうみん(農民)
のうべん 能弁だ Él tiene facilidad de palabra. ¦ Él es elocuente.
▶能弁な elocuente
のうまくえん 脳膜炎 meningitis f.[=pl.]
のうみそ 脳味噌 sesos mpl.
慣用 脳味噌を絞る《慣用》「calentarse [devanarse] los sesos
慣用 脳味噌が足りない《慣用》tener poco seso
のうみん 農民 agricultor[tora] mf., labrador[dora] mf., campesino[na] mf.
のうむ 濃霧 niebla f. 「espesa [densa] ‖ 濃霧が発生した Se formó una niebla espesa.
■濃霧警報 alerta f. por niebla densa
のうめん 能面 máscara f. de no(h)
慣用 能面のような顔 rostro m. inexpresivo
のうやく 農薬 agroquímico m., pesticida m., plaguicida m. ‖ 農薬を使う usar pesticidas ／ 農薬を散布する「derramar [verter] pesticidas
■無農薬 ‖ 無農薬栽培 cultivo m. sin agroquímicos,（有機栽培）cultivo m. orgánico
■残留農薬 residuos mpl. de 「plaguicidas [pesticidas]
のうり 脳裏/脳裡 mente f. ‖ 思い出が脳裏をよぎった El recuerdo me ha pasado por la mente. ／ その考えが脳裏から離れない La idea me ronda la mente.
慣用 脳裏に焼きつく quedar(se) grabado[da] en la mente de ALGUIEN
のうりつ 能率 eficacia f., eficiencia f., rendimiento m. ‖ 能率を上げる aumentar la eficiencia ／ 能率を下げる disminuir la eficiencia
▶能率のよい eficaz
▶能率の悪い ineficaz
▶能率的な eficaz, eficiente ‖ 能率的な学習法 método m. eficaz de aprendizaje
▶能率的に con eficacia ‖ 能率的に仕事をする trabajar eficazmente
■能率給 salario m. por rendimiento
のうりょう 納涼
■納涼船 barca f. para tomar el fresco
■納涼床 terraza f. de verano a orillas del río
■納涼花火大会 festival m. de fuegos artificiales en verano
のうりょう 脳梁《解剖》cuerpo m. calloso
のうりょく 能力 capacidad f., facultad f., aptitud f. ‖ 能力を生かす aprovechar la capacidad ／ 生徒の能力に応じて según la capacidad de cada alumno ／ 能力を発揮する demostrar su talento
▶能力のある competente, capaz
▶能力がある tener capacidad, ser capaz 《de》‖ 彼にはその問題を分析する能力がない Él no es capaz de analizar el problema.
■能力開発 desarrollo m. de la capacidad
■能力給 régimen m. salarial basado en la capacidad
■能力主義《社会》meritocracia f.

いろいろな能力

計算能力 capacidad f. de cálculo ／ 言語能力 competencia f. lingüística ／ コミュニケーション能力 habilidades fpl. comunicativas ／ 支払い能力 solvencia f. ／ 証拠能力 capacidad f. probatoria ／ 身体能力 capacidad f. física ／ 生産能力 capacidad f.「productiva [de producción] / 責任能力 imputabilidad f.「潜在能力 capacidad f.「potencial [latente] / 知的能力 capacidad f. intelectual / 超能力 poder m. sobrenatural / 適応能力 capacidad f. de adaptación / 当事者能力 capacidad f. de goce / 弁償能力 capacidad f. de indemnización / 予知能力 capacidad f. de「predicción [precognición]

のうりん 農林
■農林水産省 Ministerio m. de Agricultura, Silvicultura y Pesca
■農林水産大臣 minis*tro*[*tra*] mf. de Agricultura, Silvicultura y Pesca
ノー no‖「ノー」と言う decir que no, negar, dar una respuesta negativa
ノーアイロン‖ノーアイロンのワイシャツ camisa f.「con tratamiento *non iron* [que no necesita plancha]
ノーカーボンし ノーカーボン紙 papel m.「químico [autocopiativo]
ノーカウント sin incluir; (テニスで) *let* m., repetición f. de un tanto
ノーカット
▶ノーカットの‖ノーカットの映画 película f. sin cortes
■ノーカット版 (映画の) versión f. íntegra
ノーコメント sin comentarios‖それについてはノーコメントだ No voy a hablar nada sobre el asunto.
ノースリーブ
▶ノースリーブの‖sin mangas‖ノースリーブのワンピース vestido m. sin mangas
ノータッチ‖私はこの企画にはノータッチだ No tengo nada que ver con este proyecto. ¦ No tengo arte ni parte en este proyecto.
ノート (冊子) cuaderno m., (書いた物) apuntes mpl., (音符) nota f.‖ノートを取る tomar「notas [apuntes], apuntar
■フットノート nota f. al pie de página
■ノートパソコン「ordenador m. [computadora f.] portátil
ノーネクタイ
▶ノーネクタイで sin corbata
ノーヒットノーラン (野球) *no-hitter* m.‖ノーヒットノーランを達成する lanzar un *no-hitter*
ノーブランド marca f. genérica
■ノーブランド商品 artículo m. genérico
ノーベルしょう ノーベル賞 Premio m. Nobel‖ノーベル賞を受賞する ganar el Premio Nobel, ser galardona*do*[*da*] con el Premio Nobel

(ノーベル賞の種類)

ノーベル物理学賞 Premio m. Nobel de Física / ノーベル化学賞 Premio m. Nobel de Química / ノーベル生理学・医学賞 Premio m. Nobel de Fisiología o de Medicina / ノーベル文学賞 Premio m. Nobel de Literatura / ノーベル平和賞 Premio m. Nobel de la Paz / ノーベル経済学賞 Premio m. Nobel de Economía

■ノーベル賞受賞者 「gana*dor*[*dora*] mf. del Premio Nobel, nobel com.
ノーマーク‖警察はその犯人(男性)についてノーマークだった La policía no conocía a ese criminal.
▶ノーマークの no conoci*do*[*da*], 《スポーツ》desmarca*do*[*da*]‖ノーマークの選手 juga*dor*[*dora*] mf. desmarca*do*[*da*]
ノーマル
▶ノーマルな normal
■ノーマルヒル《スキー》trampolín m.「normal [corto], salto m. desde el trampolín de 90 metros
のがす 逃す (機会を) dejar「escapar [pasar], (放す) soltar, liberar ⇒にがす(逃がす)
のがれる 逃れる huir, escapar(se), fugarse‖難を逃れる「escapar [huir] del peligro / 責任を逃れる eludir la responsabilidad
のき 軒 alero m.‖小さな家が軒を連ねている Hay pequeñas casas alineadas.
のぎく 野菊 crisantemo m. silvestre
のきさき 軒先
▶軒先に‖家の軒先に駐車する aparcar el coche justo delante de la casa
のきした 軒下‖商店の軒下で雨宿りする refugiarse de la lluvia debajo del alero de una tienda
▶軒下に bajo el alero‖屋根の軒下につばめが巣を作る Las golondrinas anidan bajo el alero del tejado.
のきなみ 軒並み‖株価が軒並み上昇した Casi todas las acciones subieron.
ノクターン (夜想曲) nocturno m.
のけぞる 仰け反る inclinarse hacia atrás
のけもの 除け者‖のけ者にする marginar, 《慣用》hacer el vacío《a》
のける 退ける/除ける apartar, quitar‖路上の障害物をのける quitar un obstáculo de la carretera
のこぎり 鋸 sierra f., (片手用) serrucho m.‖鋸の歯 dientes mpl. de sierra / 鋸で引く serrar

(鋸の種類)

糸鋸 sierra f. de calar, segueta f. / ジグソー sierra f. de vaivén / 弓鋸 sierra f. de arco / チェーンソー motosierra f. /

胴付鋸 sierra *f.* de costilla ／ 帯鋸（バンドソー）sierra *f.* de cinta ／ 丸鋸 sierra *f.* circular ／ ワイヤーソー sierra *f.* de cable

のこす 残す　dejar, (保存する) guardar, reservar ‖ 遺産を残す dejar una herencia ／ 体力を残す reservar fuerzas ／ 食事を残す dejar comida ／ 残された家族 familia *f.* 「del difunto [de la difunta]」 ／ 試合終了まで3分を残すのみだ Faltan solo tres minutos para el final del partido.

のこのこ　inocentemente, (厚かましく) descaradamente

のこらず 残らず　totalmente, completamente, por entero, sin dejar nada ‖ 私は父に知っていることを残らず話した Le conté a mi padre todo lo que sabía. ／ 一人残らず虐殺された Exterminaron a todos sin dejar a ningún superviviente.

のこり 残り　resto *m.*, sobra *f.* ‖ 借金の残り saldo *m.* de la deuda ／ 仕事の残りを引き受ける encargarse del resto del trabajo ／ 食料が残り少なくなる Escasean los alimentos. ▶残りの restante ‖ 彼は残りの日々を刑務所で過ごした Él pasó el resto de su vida en la prisión.

のこりもの 残り物　sobras *fpl.*, restos *mpl.*, residuos *mpl.*
〖慣用〗残り物には福がある Lo que queda al final trae buena suerte.

のこる 残る　quedar(se), (余る) sobrar, (残存する) subsistir ‖ 傷跡が残る quedar *la cicatriz* ／ 家に残る quedarse en casa ／ お金はいくら残っていますか ¿Cuánto dinero nos queda? ／ (私たちには)仕事がたくさん残っている Nos queda mucho trabajo por hacer. ／ 記憶に残る quedar grab*ado*[*da*] en la memoria ／ これは後世に残る作品だ Esta es una obra que pasará a la posteridad.

のさばる　obrar a *su* antojo, 《慣用》campar por *sus* respetos, señorearse

のざらし 野晒し
▶野ざらしにする 「dejar [exponer] ALGO a la intemperie

のし 熨斗《日本語》 *noshi m.*, (説明訳) papel *m.* ornamental que se pone en el regalo ‖ 贈り物にのしを付ける poner un *noshi* a un regalo
〖慣用〗のしを付ける (喜んで贈呈する) regalar ALGO con toda alegría
□のし紙　papel *m.* con *noshi*
□のし袋　sobre *m.* de *noshi* para regalar dinero

のしあがる 伸し上がる　ascender rápidamente ‖ 社長にまでのし上がる ascender hasta llegar a ser presiden*te*[*ta*] de la empresa

のしかかる 伸し掛かる　pesar《sobre》, gravitar《sobre》 ‖ 私に責任が重くのしかかっている Una gran responsabilidad 「pesa [recae] sobre mis hombros.

のじゅく 野宿
▶野宿する dormir 「a la intemperie [al aire libre]

ノスタルジア　nostalgia *f.*

ノズル　tobera *f.*, boquilla *f.*, (ホースなどの) lanza *f.*, (噴霧器の) atomizador *m.*, pulverizador *m.*

のせる 乗せる　subir, montar, poner, (だます) engañar ‖ 赤ちゃんをベビーカーに乗せる sentar a un bebé en el cochecito ／ 駅まで乗せてくれる？ ¿Podrías llevarme en coche hasta la estación? ／ お前は乗せられたんだよ Te engañaron, ¿sabes?

のせる 載せる　(上に) poner, colocar, (積む) cargar, (掲載) publicar ‖ 皿にケーキを載せる 「poner [colocar] el pastel en un plato ／ トラックに荷物を載せる cargar mercancías en un camión ／ 新聞に広告を載せる poner un anuncio en el periódico

のぞき 覗き
□覗き穴　mirilla *f.*
□覗き趣味　voyerismo *m.*, (人) voyerista *com.*, mir*ón*[*rona*] *mf.*

のぞきこむ 覗き込む　mirar《en》‖ 家の中を覗き込む mirar dentro de la casa

のぞく 覗く　atisbar, (顔を出す) asomarse ‖ 部屋を覗く (ちらっと見る) echar un vistazo a la habitación ／ 鍵穴から覗く 「mirar [atisbar] por el ojo de la cerradura ／ 窓から覗く asomarse a la ventana ／ 雲間から太陽が覗いた El sol asomó entre las nubes.

のぞく 除く　(除去する) eliminar, quitar, (除外する) excluir, exceptuar ‖ 不安を除く eliminar las preocupaciones
▶〜を除いて excepto, salvo, menos, 「a [con] excepción《de》‖ 祝日を除いて excepto los días festivos ／ いくつかの例外を除いて salvo algunas excepciones

のそのそ
▶のそのそと con lentitud, despacio ‖ のそのそと歩く andar muy lentamente

のぞましい 望ましい　deseable, conveniente
▶〜することが望ましい Es deseable que 〖＋接続法〗‖ 毎日適度な運動をすることが望ましい Es deseable que se haga ejercicio moderado cada día.
▶望ましくない indeseable, inconveniente

のぞみ 望み　deseo *m.*, anhelo *m.*, (期待) esperanza *f.* ‖ 私の望み通りに como yo 「deseaba [quería] ／ 私の望みがかなった Mi deseo se hizo realidad. ¦ Mi deseo se cumplió. ／ 望みが高い tener aspiraciones altas, 《慣用》picar muy alto ／ 彼女は息子に

望みをかけている Ella espera mucho de su hijo. ／彼女はピアニストになる望みを捨てた Ella renunció a su deseo de ser pianista. ／それは望み薄だ Esto tiene poca esperanza.

のぞむ 望む ❶ querer, desear, anhelar, (期待する) esperar ‖ 私たちは世界が平和であることを望む Queremos que haya paz en el mundo. ／諸君が全力を尽くすことを望みます Espero que ustedes hagan todo lo que puedan. ／それこそ私の望むところだ Eso es exactamente lo que quiero. ／私にこれ以上何を望んでいるのですか ¿Qué más quiere usted de mí?

❷ (遠くを眺めやる) divisar ‖ 富士山を望むホテル hotel m. desde el que se divisa el monte Fuji

のぞむ 臨む (面する) dar 《a》, (直面する) afrontar, enfrentarse 《con, a》, (参加する) asistir 《a》, (対処する) hacer frente 《a》‖ 湖に臨んだ家 casa f. que da al lago ／危機に臨む afrontar una crisis ／死に臨む enfrentarse a la muerte ／授賞式に臨む asistir a la ceremonia de entrega de premios ／厳しい態度で臨む tomar una actitud severa con ALGUIEN

のたうちまわる のたうち回る retorcerse ‖ 激痛にのたうち回る retorcerse de un dolor intenso

のだて 野点 ceremonia f. del té al aire libre

のたれじに 野垂れ死に
▶野垂れ死にする morir como un perro

のち 後 ‖ 晴れのち曇り Cielo despejado y cielo nuboso posteriormente.
▶後の posterior, (未来の) futuro[ra], venidero[ra] ‖ 後の世 mundo m. futuro
▶後に después, más tarde, luego ‖ 20年の後に veinte años [después [más tarde], después de veinte años ／その事故から5か月の後に a los cinco meses del accidente

のちのち 後後 ‖ 後々のことを心配する preocuparse por el futuro ／後々まで語り継ぐ transmitir ALGO a futuras generaciones

のちほど 後程 luego, después, más tarde ‖ では後ほど Hasta luego. ／後ほど参ります Vendré más tarde.

ノック
▶ノックする (ドアを) llamar a la puerta

ノックアウト 《スポーツ》K.O. m., 《中南米》nocaut m.
▶ノックアウトする noquear, dejar「K.O. [fuera de combate]」 a ALGUIEN
◪ノックアウトマウス ratón m. 「knockout [KO]」

ノックダウン 《ボクシング》caída f.
▶ノックダウンする ser derribado[da]

のっそり lentamente ‖ 大きな熊がのっそり現れた Apareció un oso grande moviéndo-

se lenta y pesadamente.

ノット (単位) nudo m. (略 kn) ‖ この船は20ノットで航行している Este barco navega con 20 nudos.

のっとり 乗っ取り (飛行機の) secuestro m. aéreo, piratería f. aérea ‖ 企業の乗っ取りを図る intentar apoderarse de una empresa
◪乗っ取り機 (飛行機) avión m. secuestrado
◪乗っ取り犯人 secuestrador[dora] mf.
◪乗っ取り屋 (企業の)(隠語) tiburón m.

のっとる 則る seguir ‖ 法律に則って conforme a la ley ／スポーツマン精神に則る seguir el espíritu deportivo

のっとる 乗っ取る apoderarse 《de》, (飛行機を) secuestrar ‖ 飛行機を乗っ取る secuestrar un avión ／会社を乗っ取る apoderarse de una empresa

のっぴきならない inevitable ‖ のっぴきならない事情で por「causas [razones]」de fuerza mayor

のっぽ (人) persona f. alta
▶のっぽの alto[ta], (軽蔑的に) larguirucho[cha] ‖ のっぽのビル edificio m. muy alto

ので como 『+直説法』《文頭で使われる》, porque 『+直説法』, ya que 『+直説法』, puesto que 『+直説法』‖ 暑いので、私は上着を脱いだ Como hace calor, me he quitado la chaqueta. ／空腹だったので、私たちはレストランに入った Entramos en un restaurante, porque teníamos hambre.

のど 喉 garganta f. ‖ 私はのどが痛い Me duele la garganta. ／Tengo dolor de garganta. ／のどが渇いている tener sed, estar sediento[ta] ／のどが腫れている tener la garganta inflamada ／のどがいがらっぽい tener carraspera en la garganta ／私は食べ物がのどにつかえてしまった Me he atragantado con la comida. ／彼の名前がのどまで出かかっている Tengo su nombre en la punta de la lengua. ／のどを痛める dañar la garganta ／のどを鳴らす (猫が) ronronear ／よく冷えたビールでのどを潤す apagar la sed con una cerveza bien fría
(慣用) いいのどをしている tener buena voz
(慣用) のどが鳴る ‖ ケーキを見ると私はのどが鳴る Se me hace la boca agua al ver los pasteles.
(慣用) のどから手が出るほど欲しい desear ALGO intensamente
(諺) のどもと過ぎれば熱さを忘れる 《諺》El peligro pasado, el voto olvidado.
◪のど自慢大会 concurso m. de cantantes aficionados

のどか 長閑
▶のどかな tranquilo[la], plácido[da], apacible ‖ のどかな景色 paisaje m. apacible ／

のどかな春の一日 un día de plácida primavera
のどびこ 喉彦 úvula *f.*, campanilla *f.*
のどぶえ 喉笛 tráquea *f.*, garguero *m.*, gaznate *m.*
のどぼとけ 喉仏 nuez *f.* (de Adán), 「bocado *m.* [manzana *f.*] de Adán
のに ❶ (にもかかわらず) a pesar 《de》, a pesar de que 〖+直説法〗, aunque‖春なのにまだ寒い Aún hace frío a pesar de que estamos en primavera.
❷ (対比) mientras que 〖+直説法〗‖父はやさしいのに母はとても厳しい Mi padre es permisivo, mientras que mi madre es muy severa.
❸ (目的) para‖町に行くのにタクシーを呼ぶ llamar un taxi para ir al centro
❹ (その他) お金があれば、メキシコに行くのに (願望) Si tuviera dinero, yo iría a México.／君はもう少し待てばよかったのに (非難) Deberías haber esperado un poco más.
ののしる 罵る insultar, echar una maldición《a》, soltar sapos y culebras《contra》‖私はうそつきとののしられた Me han insultado diciendo que soy *un*[*una*] mentiro*so*[*sa*].
のばす 伸ばす alargar, extender, (まっすぐにする) enderezar, (才能を) desarrollar‖髭をのばす dejar crecer el pelo／髭をのばす dejarse barba／才能を伸ばす desarrollar la capacidad／生地を麺棒で伸ばす 「estirar [extender] la masa con el rodillo／手足を伸ばす estirarse, desperezarse／しわを伸ばす estirar las arrugas, desarrugar
のばす 延ばす prolongar, (延期する) aplazar, posponer‖期限を延ばす prolongar el plazo／高速道路を延ばす prolongar la autopista／出発を2日延ばす aplazar la salida dos días／寿命を延ばす 「alargar [prolongar] la vida
のばなし 野放し‖野放しにする dejar 「libre [sin control], (放牧する) pastorear／その地区では犯罪者が野放しになっている En el barrio los delincuentes campan a sus anchas.
のはら 野原 campo *m.*‖野原を駆けめぐる corretear por el campo
のばら 野薔薇 rosa *f.* silvestre, (木) rosal *m.* silvestre
のび 伸び (成長) crecimiento *m.*, (増加) incremento *m.*‖GDPの伸び crecimiento *m.* del PIB (producto interior bruto)
▶伸びをする estirarse, desperezarse
◪伸び率 tasa *f.* de crecimiento
のびあがる 伸び上がる (つま先立ちになる) ponerse de puntillas
のびざかり 伸び盛り‖伸び盛りの子供たち niños *mpl.* en etapa de pleno crecimiento

のびちぢみ 伸び縮み
▶伸び縮みする (伸縮性の) elástic*o*[*ca*], (入子式の) telescópic*o*[*ca*]‖伸び縮みする生地 tela *f.* elástica／伸び縮みする杖 bastón *m.* telescópico
のびなやむ 伸び悩む hacer pocos progresos, (停滞する) estancarse‖賃金が伸び悩む Los salarios 「permanecen [se mantienen] estancados.
のびのび 伸び伸び
▶伸び伸び(と) libremente, a *su* gusto, a *sus* anchas‖伸び伸び育つ crecer con libertad／伸び伸びと演技する 「actuar [interpretar] a *sus* anchas
のびのび 延び延び
▶延び延びに‖出港が延び延びになっている La salida del puerto se ha aplazado repetidas veces.
のびる 伸びる alargarse, extenderse, (成長する) crecer‖背が伸びる crecer de estatura／娘の成績が伸びた Las notas de mi hija han mejorado.／新築住宅の売り上げが伸びた Las ventas de viviendas nuevas 「subieron [aumentaron].／働きすぎでのびている estar agotad*o*[*da*] de tanto trabajar
のびる 延びる prolongarse, (延期になる) aplazarse‖鉄道が延びる prolongar *el ferrocarril*／このクリームはよく伸びる Esta crema se extiende bien.／過去10年間で平均寿命が延びた La esperanza de vida 「ha aumentado [se ha alargado] en los últimos diez años.／出発が2日延びた La salida se ha aplazado dos días.
ノブ pomo *m.* ⇒とって(取っ手)
のべ 延べ (総計で) en total‖この仕事に延べ50時間を要した Se han necesitado 50 horas en total para este trabajo.
◪延べ人数 número *m.* total de personas
◪延べ面積 superficie *f.* total
のべおくり 野辺送り (葬式) funeral *m.*, (出棺の見送り) despedida *f.* del cadáver
▶野辺送り(を)する despedir al cadáver hasta el cementerio
のべつ sin cesar, continuamente, sin interrupción‖彼はのべつ働いている Él siempre está trabajando.
のべつまくなし のべつ幕なし
▶のべつまくなしに sin parar, continuamente‖のべつまくなしにしゃべる hablar sin parar
のべばらい 延べ払い pago *m.* diferido
のべぼう 延べ棒 barra *f.* metálica, (麺棒) rodillo *m.*‖金の延べ棒 barra *f.* de oro
のべる 述べる decir, (説明する) explicar, (言及する) mencionar, referirse《a》‖祝辞を述べる decir palabras de felicitación／意見を述べる 「dar [emitir, expresar] *su* opinión, opinar

のほうず 野放図
▶野放図な desenfrenado[da] ‖ 野放図な態度 actitud f. desenfrenada
▶野放図に desenfrenadamente

のぼせあがる 逆上せ上がる ⇒のぼせる(逆上せる)

のぼせる 逆上せる marearse, (うぬぼれる) presumir《de》, (夢中になる) estar loco[ca]《por》‖ 暑さでのぼせる sentirse mareado[da] por el calor ／ 彼はコンクールで1位になってのぼせている Él presume de haber ganado el primer premio en el concurso. ／ 彼女は彼にのぼせている Ella está loca por él. ¦(慣用)Ella pierde la cabeza por él.

のぼり 上り/昇り/登り subida f. ‖ 山の登りはきつい La subida a la montaña es dura.
◪上り下り subida f. y bajada f. ‖ 階段を上り下りする subir y bajar las escaleras
◪上り坂 subida f., cuesta f. arriba ‖ 景気は上り坂だ La situación económica va mejorando.
◪上り線 (道路の) carril m. que va hacia el centro
◪上り調子 ‖ 上り調子の選手 jugador[dora] mf. en alza ／ 私たちの仕事は上り調子だ Nuestro trabajo sigue mejorando cada vez más.
◪上り列車 tren m. ascendente

のぼり 幟 bandera f. ‖ 幟を立てる [izar [levantar, alzar] la bandera

のぼりつめる 上り詰める/登り詰める ‖ 権力の座に上り詰める [llegar a [alcanzar] la cima del poder

のぼる 上る subir, ascender《a》‖ 川を上る subir río arriba ／ 建築費は1億円に上るだろう Los gastos de la construcción ascenderán a cien millones de yenes. ／ しゃけが食卓に上った Nos han servido un plato de salmón.

のぼる 昇る salir ‖ 太陽が東から昇る El sol sale por el este.

のぼる 登る subir, (よじ登る) trepar, (登攀する) escalar ‖ 木に登る subir a un árbol ／ 山に登る subir (a) una montaña

のませる 飲ませる ‖ 無理に薬を飲ませる hacer tomar a ALGUIEN la medicina a la fuerza ／ 動物に水を飲ませる [abrevar [dar de beber a] un animal

のまれる 飲まれる/呑まれる ‖ 彼は高波に呑まれた A él se lo llevaron unas grandes olas. ／ 雰囲気に呑まれる sentirse intimidado[da] por el ambiente

のみ solo, solamente →だけ

のみ 蚤 pulga f. ‖ 私は蚤に食われた Me ha picado una pulga.
(慣用)蚤の夫婦 pareja f. en la que la mujer es más alta que el marido
◪蚤の市 mercadillo m., rastro m., mercado m. de pulgas

のみ 鑿 formón m., escoplo m., (石材用) escoplo m. de cantería, (たがね) cincel m.

のみあかす 飲み明かす beber hasta el amanecer, pasar toda la noche bebiendo

のみあるく 飲み歩く 「ir [salir] de vinos, hacer la ronda de bares, ir de bares

のみかけ 飲み掛け
▶飲みかけの a medio beber ‖ 飲みかけのコーヒーの入ったカップ taza f. de café a medio beber

のみくい 飲み食い
▶飲み食いする comer y beber

のみぐすり 飲み薬 medicina f. para uso interno, medicamento m. vía oral

のみくだす 飲み下す tragar

のみこうい 呑み行為 operaciones fpl. ilícitas ‖ 呑み行為をする人 (競馬の) corredor[dora] mf. de apuestas

のみこみ 飲み込み/呑み込み ‖ 飲み込みが早い entender algo con mucha rapidez,《慣用》「cogerlas [cazarlas] al vuelo

のみこむ 飲み込む/呑み込む tragar, (理解する) entender ‖ 錠剤を飲み込む tragar pastillas ／ あくびを飲み込む contener un bostezo ／ こつを飲み込む coger el tranquillo

のみすぎ 飲み過ぎ (酒の) consumo m. excesivo de bebidas alcohólicas ‖ 酒の飲み過ぎによる病気 enfermedad f. provocada por exceso de alcohol

のみすぎる 飲み過ぎる beber demasiado, tomar en exceso bebidas alcohólicas ‖ きのうは飲み過ぎた Ayer bebí demasiado.

のみち 野道 camino m. rural

のみならず ‖ AのみならずB(も) no solo A, sino (también) B ／ ここではたばこのみならず酒も禁止です Aquí está prohibido no solo el tabaco, sino también el alcohol. ／ 給料のみならずボーナスも下がった Ha bajado no solo el sueldo, sino también la gratificación.

ノミネート nominación f.
▶ノミネートする nominar ‖ 彼女は主演女優賞にノミネートされた Ella fue nominada a mejor actriz principal.
◪ノミネート作 obra f. nominada

のみほうだい 飲み放題 barra f. libre, bebidas fpl. a discreción ‖ ワイン飲み放題 barra f. libre de vino

のみほす 飲み干す/飲み乾す beberse, apurar ‖ コップの水を一気に飲み干す beberse de un trago un vaso de agua

のみみず 飲み水 agua f. potable

のみもの 飲み物 bebida f. ‖ 飲み物は何にしますか ¿Qué bebida quiere que le traiga? ／ 何か冷たい飲み物をください Algo fresco, por favor.

主な飲み物

ミネラルウォーター agua *f.* mineral ／ ジュース zumo *m.*, jugo *m.* ／ コーヒー café *m.* ／ 紅茶 té *m.* (negro) ／ 緑茶 té *m.* verde ／ ハーブティー infusión *f.* de hierbas ／ ココア chocolate *m.* ／ 牛乳 leche *f.* ／ 豆乳 leche *f.* de soja ／ スポーツドリンク bebida *f.* deportiva ／ 清涼飲料水 refresco *m.* ／ 炭酸水 gaseosa *f.*, soda *f.* ／ アルコール飲料 bebida *f.* alcohólica ／ シャンパン champán *m.* ／ シェリー酒 jerez *m.* ／ リキュール licor *m.* ／ カクテル cóctel *m.*, (中南米) coctel *m.* ／ ワイン vino *m.* ／ ビール cerveza *f.* ／ 日本酒 sake *m.* ／ 焼酎 *shochu m.*, aguardiente *m.* ／ ピスコ pisco *m.* ／ ラム酒 ron *m.* ／ テキーラ tequila *m.* ／ ウイスキー güisqui *m.*, (英語) whisky *m.* ／ ブランデー brandi *m.* ／ コニャック coñac *m.* ／ ウォッカ vodka *m.(f.)* ／ ジン ginebra *f.* ／ シードル sidra *f.*

のみや 呑み屋 (呑み行為をする者) corre*dor[dora] mf.* de apuestas
のみや 飲み屋 bar *m.*, taberna *f.*, mesón *m.*, tasca *f.*, bodegón *m.*; (中南米) cantina *f.*
のむ 飲む/呑む beber, tomar, (タバコを) fumar‖水を飲む beber agua ／ スープを飲む tomar la sopa ／ 彼は酒もタバコも飲まない Él no bebe ni fuma. ／ 飲まず食わずで sin comer ni beber ／ 飲みに行こう ¡Vamos a tomar una copa! ／ この水は飲めますか ¿Esta agua es potable? ／ 課された条件をのむ aceptar las condiciones impuestas ／ 相手を呑んでかかる (見くびる) menospreciar a *su* rival, (圧倒する) intimidar a *su* rival
(慣用) 飲めや歌えの大騒ぎをする armar jaleo
のめりこむ のめり込む entregarse por completo 《a》, sumergirse 《en》‖仕事にのめり込む entregarse por completo al trabajo
のやき 野焼き quema *f.* 「controlada [prescrita], ecoquema *f.*
▶野焼きする realizar una quema controlada
のやま 野山 campos *mpl.* y montañas *fpl.*
のら 野良
☑野良犬 pe*rro*[*rra*] *mf.* calleje*ro*[*ra*]
☑野良猫 ga*to*[*ta*] *mf.* calleje*ro*[*ra*]
☑野良着 ropa *f.* de campo
☑野良仕事 trabajo *m.* del campo
のらりくらり
▶のらりくらりと holgazaneando, ociosamente‖のらりくらりと質問をかわす responder con evasivas, 《慣用》echar balones fuera
のり 糊 engrudo *m.*, (接着剤) pegamento *m.*, adhesivo *m.*, (洗濯糊) almidón *m.*‖糊で貼る pegar ALGO con pegamento ／ 糊のきいたシーツ sábana *f.* almidonada
のり 海苔 《日本語》*nori m.*, alga *f.*‖一枚の海苔 una 「lámina [hoja] de *nori*
☑海苔巻き《日本語》*norimaki m.*, (説明訳) rollo *m.* de arroz envuelto en algas
のり 乗り‖5人乗りの車 coche *m.* de cinco plazas ／ 乗りのよい音楽 música *f.* con mucha marcha ／ 今日は化粧の乗りが悪い Hoy no se me queda el maquillaje.
のりあげる 乗り上げる (岩礁に) embarrancar(se), (歩道に) subir a la acera‖交渉は暗礁に乗り上げた Las negociaciones 「(se) encallaron [se paralizaron].
のりあわせる 乗り合わせる coincidir‖私たちは子どもたちとバスに乗り合わせた Coincidimos en el autobús con los niños.
のりいれ 乗り入れ‖車の乗り入れ禁止《掲示》Prohibido el paso de vehículos
のりいれる 乗り入れる‖A線は地下鉄に乗り入れている La línea A ofrece un servicio directo con el metro.
のりうつる 乗り移る (乗り換える) hacer transbordo, (取りつく) apoderarse 《de》‖別の船に乗り移る subir a otro barco ／ 彼に悪霊が乗り移った Un espíritu maligno se apoderó de él.
のりおくれる 乗り遅れる perder‖電車に乗り遅れる perder el tren ／ 時代に乗り遅れる no ir con los tiempos, desfasarse
のりおり 乗り降り subida *f.* y bajada *f.*‖電車の乗り降りを助ける ayudar a ALGUIEN a subir y bajar del tren
のりかえ 乗り換え transbordo *m.*, cambio *m.*‖乗り換えが必要ですか ¿Hay que hacer transbordo? ／ 新宿まで電車で乗り換えなしで行けます Se puede ir en tren hasta Shinjuku sin (necesidad de) hacer transbordo.
☑乗り換え駅 estación *f.* de 「transbordo [empalme]
☑乗り換え券 billete *m.* de transbordo
☑乗り換え時間 tiempo *m.* de transbordo
のりかえる 乗り換える hacer transbordo‖グラナダに行くにはどこで乗り換えるのですか ¿En qué estación hay que hacer transbordo para ir a Granada?
のりかかる 乗り掛かる
(慣用) 乗りかかった舟‖乗りかかった舟だ、最後まで続けましょう Ya no hay vuelta atrás. Vamos a seguir hasta el final.
のりき 乗り気‖乗り気である mostrar interés 《por》, estar interesa*do*[*da*] 《en》
のりきる 乗り切る (克服する) superar, vencer, (耐える) aguantar‖不況を乗り切る superar la recesión ／ 厳しい冬を乗り切る aguantar un duro invierno

のりくみいん 乗組員 tripulante *com.*,《集合名詞》tripulación *f.*

のりくむ 乗り組む （乗組員として）embarcar(se) como tripulante

のりこえる 乗り越える superar, vencer, salvar‖塀を乗り越える saltar una tapia／障害を乗り越える vencer obstáculos

のりごこち 乗り心地 comodidad *f.* para viajar‖乗り心地のよい車 coche *m.* cómodo (para viajar)／乗り心地の悪い列車に乗る viajar en un tren incómodo

のりこし 乗り越し
▫乗り越し料金‖乗り越し料金を払う pagar la diferencia del billete

のりこす 乗り越す olvidarse de bajar, pasar de largo, （電車で）pasarse de estación, （バスで）pasarse de parada

のりこむ 乗り込む subir《a》, embarcar(se)《en》‖船に乗り込む subir a un barco／敵地に乗り込む ir con decisión al territorio enemigo

のりしろ 糊代 pestaña *f.* para pegar

のりすごす 乗り過ごす ⇒のりこす(乗り越す)

のりすて 乗り捨て‖車の乗り捨てはできますか（レンタカーで）¿Se puede devolver el vehículo en otro lugar?

のりすてる 乗り捨てる abandonar, dejar, （降りる）bajarse《de》‖空き地に盗難車を乗り捨てる abandonar un coche robado en un descampado

のりそこなう 乗り損なう perder‖いつもの列車に乗りそこなう perder el tren de siempre

のりだす 乗り出す （体を突き出す）asomarse, （着手する）emprender, iniciar‖窓から身を乗り出す asomarse por la ventana／警察がその事件の捜査に乗り出した La policía inició la investigación del caso.／船が沖に乗り出した El barco salió a alta mar.

のりつぎ 乗り継ぎ conexión *f.*, tránsito *m.*
▫乗り継ぎカウンター mostrador *m.* de「tránsito [conexiones]
▫乗り継ぎ客 pasaje*ro[ra] mf.* en tránsito
▫乗り継ぎ便 vuelo *m.* de conexión

のりつぐ 乗り継ぐ （乗り換える）hacer transbordo, cambiar‖地下鉄に乗り継ぐ cambiar al metro／その湖に行くには電車とバスを乗り継がなければならない Hay que combinar el tren con el autobús para llegar al lago.

のりづけ 糊付け almidonado *m.*
▶糊付けする poner pegamento《a》,（洗濯糊）poner almidón《a》, almidonar‖ワイシャツを糊付けする poner almidón a una camisa

のりつける 乗り付ける‖僕は船に乗り付けないので酔ってしまった Me mareé por no estar acostumbrado a viajar en barco.／玄関先まで車で乗り付ける llegar hasta la puerta de la casa en coche

のりつぶす 乗り潰す‖車を乗り潰す utilizar un coche hasta dejarlo inservible／馬を乗り潰す reventar a un caballo

のりと 祝詞 bendición *f.* sintoísta‖祝詞をあげる recitar una bendición sintoísta

のりにげ 乗り逃げ
▶乗り逃げする‖タクシーを乗り逃げする irse en un taxi sin pagar／自転車を乗り逃げする（盗む）robar una bicicleta

のりば 乗り場 parada *f.*,（電車の）andén *m.*,（船の）embarcadero *m.*
▫タクシー乗り場 parada *f.* de taxis
▫バス乗り場 parada *f.* de autobús

のりまわす 乗り回す pasear《en》‖彼はいつも新車を乗り回している Él siempre va con su coche nuevo.

のりもの 乗り物 vehículo *m.*‖私は乗り物に酔う（車に）Me mareo en el coche.
▫乗り物酔い cinetosis *f.*[=*pl.*],（車酔い）mareo *m.* en el coche

のる 乗る subir《a》, montar, tomar, coger‖タクシーに乗ろうか ¿Por qué no tomamos un taxi?／台の上に乗る subir a la mesa／馬に乗る montar a caballo／流れに乗る ir a favor de la corriente／リズムに乗る coger el ritmo／話に乗る aceptar una propuesta

のる 載る （掲載される）salir,（記載される）figurar‖テーブルの上に載っている花瓶 florero *m.* colocado en la mesa／新聞に載る salir en un periódico／私の名前が名簿に載っている Mi nombre figura en la lista.／この単語は辞書に載っていない Esta palabra no viene en el diccionario.

のるかそるか 伸るか反るか ⇒いち(⇒一かハか)

ノルディック
▫ノルディックスキー esquí *m.* nórdico
▫ノルディック複合 combinada *f.* nórdica

ノルマ tarea *f.*, trabajo *m.* asignado,（売り上げなどの）cuota *f.*‖ノルマを果たす cumplir *su* tarea

のれん 暖簾《日本語》*noren m.*,（説明訳）cortinilla *f.* corta colgada en la entrada de una tienda,（商店の信用）reputación *f.*‖のれんを守る mantener una buena reputación de la tienda／のれんを汚す dañar la reputación de la tienda
[慣用]のれんに腕押し [慣用]gastar la pólvora en salvas
[慣用]のれんを下ろす cerrar el negocio
[慣用]のれんを分ける autorizar a *su* emplea*do[da]* a abrir otra tienda con el mismo nombre

のろい 呪い maldición *f.*, execración *f.*‖

のろい 呪いをかける echar una maldición a ALGUIEN／呪いを解く quitar la maldición

のろい 鈍い lento[ta], patoso[sa], torpe ‖ 走るのがのろい Es lento[ta] corriendo.

のろう 呪う/詛う maldecir, execrar ‖ 世を呪う maldecir el mundo／呪われた運命 destino *m.* maldito
[諺] 人を呪わば穴二つ Las maldiciones recaen sobre quien las pronuncian.

ノロウィルス norovirus *m.*[=*pl.*], virus *m.*[=*pl.*] de tipo *Norwalk* ‖ ノロウィルスに感染する infectarse con norovirus

のろける 惚ける ‖ 恋人のことをのろける hablar de lo bien que se lleva con *su* novio [*via*]

のろし 狼煙 almenara *f.*,（煙による）señal *f.* de humo ‖ のろしを上げる encender una almenara／革命ののろしを上げる emprender una revolución

のろのろ
▶のろのろと lentamente, despacio,《慣用》a paso de tortuga ‖ のろのろと歩く caminar a paso lento
◢のろのろ運転 ‖ のろのろ運転する conducir lentamente

のろま 鈍間 （人）（軽蔑的に）lerdo[da] *mf.*,（動きの遅い）tardón[dona] *mf.*
▶のろまな lerdo[da], torpe,（動きが遅い）tardón[dona]

ノンアルコール
◢ノンアルコール飲料 bebida *f.* sin alcohol
◢ノンアルコールビール cerveza *f.* sin (alcohol)

ノンカフェイン
◢ノンカフェインコーヒー descafeinado *m.*, café *m.* descafeinado

のんき 暢気/呑気
▶のんきな despreocupado[da], tranquilo[la] ‖ のんきな性格 carácter *m.* despreocupado

▶のんきに tranquilamente ‖ のんきに暮らす vivir despreocupado[da]／のんきに構える estar tranquilo[la],《慣用》quedarse tan ancho[cha]

ノンステップバス autobús *m.* de piso bajo

ノンストップ
▶ノンストップの directo[ta]
▶ノンストップで sin (hacer) paradas,（航空機が）sin (hacer) escalas
◢ノンストップ便（航空機の）vuelo *m.*「sin escalas [directo]

のんだくれ 飲んだくれ bebedor[dora] *mf.*, borrachín[china] *mf.*

ノンバンク institución *f.* financiera no bancaria, institución *f.* prestamista

のんびり
▶のんびり（と）tranquilamente, con tranquilidad, con calma ‖ のんびり暮らす vivir tranquilamente
▶のんびりした relajado[da], tranquilo[la]
▶のんびりする relajarse

ノンフィクション obra *f.* documental, no ficción *f.*
◢ノンフィクション作家 escritor[tora] *mf.* de no ficción,（映像の）documentalista *com.*

ノンプロ
▶ノンプロの no profesional, aficionado[da] ‖ ノンプロの選手 jugador[dora] *mf.* [aficionado[da] [no profesional]
◢ノンプロ野球 béisbol *m.* aficionado

のんべえ 飲兵衛 bebedor[dora] *mf.*

のんべんだらり
▶のんべんだらりと ociosamente, perezosamente ‖ のんべんだらりと過ごす pasar el tiempo ociosamente

ノンポリ apolitismo *m.*
▶ノンポリの(人) apolítico[ca] (*mf.*)

ノンレムすいみん ノンレム睡眠 sueño *m.* no MOR, sueño *m.* de ondas lentas

は

は 刃 hoja *f.*, filo *m.*, cuchilla *f.* ‖ 鋭い刃 hoja *f.* afilada ／ 鈍い刃 hoja *f.* embotada ／刃のこぼれた包丁 cuchillo *m.* mellado ／刃がこぼれる mellarse ／刃を研ぐ afilar [la hoja [el cuchillo] ／この包丁は刃が欠けている La hoja de este cuchillo está mellada.

は 派 escuela *f.*, grupo *m.*, facción *f.*, bando *m.*, partido *m.*, secta *f.* ‖ 党内は二派に分かれている En el partido hay dos「facciones [bandos].

は 歯 diente *m.*,《集合名詞》dentadura *f.*, (奥歯) muela *f.* ‖ 私は歯が痛い Me duele un diente. ／歯が生える salir *un diente* ／歯が抜ける caerse *un diente* ／歯を抜く「sacar [extraer] un diente ／歯を磨く「limpiarse [lavarse, cepillarse] los dientes ／歯がしみる tener los dientes sensibles ／歯をむき出す enseñar los dientes

〔慣用〕歯が立たない《慣用》no llegar a la altura de los zapatos a ALGUIEN ‖ これには私は歯が立たない Esto me supera. ／私は数学では君に歯が立たない Yo no te llego (ni) a la altura de los zapatos en matemáticas.

〔慣用〕歯の浮くようなことを言う adular

〔慣用〕歯に衣{きぬ}を着せない《慣用》no tener pelos en la lengua

〔慣用〕歯の根が合わない (寒さで) tiritar de frío, (恐怖で) tiritar de miedo,《慣用》dar diente con diente

〔慣用〕歯を食いしばる ‖ 彼は歯を食いしばって苦境を乗り越えた Él superó las dificultades con mucho esfuerzo. ／彼は試験に合格するために歯を食いしばって勉強した Él se mató a estudiar para aprobar el examen.

◨ 糸切り歯 colmillo *m.*, diente *m.* canino
◨ 歯磨き粉 pasta *f.*「de dientes [dentífrica]

は 葉 hoja *f.*,《集合名詞》follaje *m.* ‖ 木の葉 hoja *f.* ／草の葉 hierba *f.*, (シダ類の) fronda *f.* ／お茶の葉 hojas *fpl.* de té ／葉の茂った木 árbol *m.* frondoso ／秋には木の葉が散る En otoño se caen las hojas de los árboles.

〔慣用〕根も葉もないうわさ rumor *m.*「infundado [sin fundamento]

ハ do *m.*
◨ ハ長調 do *m.* mayor
◨ ハ短調 do *m.* menor

ば 場 lugar *m.*, sitio *m.*, (芝居の場面) escena *f.*, (機会) ocasión *f.* → ばしょ(場所) ‖ 活動の場 lugar *m.* de actividades ／場をふさぐ ocupar「sitio [espacio], (邪魔をする) estorbar ／その場にふさわしい音楽 música *f.* adecuada al ambiente ／その場に居合わせる encontrarse en el lugar por casualidad ／その場に立ち尽くす「quedarse [permanecer] de pie allí ／場を踏む tener experiencia ／話し合いの場を設ける proporcionar una oportunidad para intercambiar opiniones

バー pub *m.*, bar *m.*, (棒) barra *f.*

ぱあ ❶
▶ぱあになる (無駄になる) resultar inútil, (すっかり無くなる) esfumarse ‖ 雨で祭りがぱあになった La lluvia echó por tierra la fiesta.
❷ (じゃんけんの) papel *m.* ‖ じゃんけんでぱあを出す sacar papel
❸ (愚か者) ‖ あいつはぱあだ Ese es tonto.

ばあい 場合 caso *m.* ‖ 雨天の場合には en caso de lluvia ／火災の場合には en caso de incendio ／必要な場合には en caso necesario ／逆の場合には en caso contrario ／場合によって según el caso ／それは場合によります Eso depende. ／多くの場合 en la mayoría de los casos ／いついかなる場合にも en cualquier caso, pase lo que pase ／嘆いている場合ではない No es momento de lamentarse.

パーカ《服飾》sudadera *f.* con capucha

パーカッション percusión *f.*

パーキング aparcamiento *m.*,《中南米》estacionamiento *m.*
◨ パーキングエリア (高速道路の) área *f.* de descanso
◨ パーキングビル edificio *m.* de aparcamiento
◨ パーキングメーター parquímetro *m.*

パーキンソン
◨ パーキンソンの法則 ley *f.* de Parkinson
◨ パーキンソン病 enfermedad *f.* de Parkinson

はあく 把握 comprensión *f.*
▶把握する comprender, entender ‖ テキストの意味を把握する captar el sentido del texto ／状況を把握する conocer la situación《de》

バーゲンセール rebajas *fpl.* ‖ この店はバーゲンセールをやっている Esta tienda está de rebajas.

バーコード código *m.* de barras

パーコレータ

◨ バーコードスキャナ escáner *m.* de código de barras

パーコレータ cafetera *f.* percoladora
パーサー sobrecargo *com.*
パージ purga *f.*, depuración *f.*
▷ パージする purgar, depurar
バージョン versión *f.* ‖ バージョンを確認する comprobar la versión
◨ バージョンアップ actualización *f.* de la versión ‖ ソフトウェアをバージョンアップする actualizar el *software*
バージン virgen *f.*
◨ バージンオイル aceite *m.* de oliva virgen
◨ バージンロード pasillo *m.* de la novia
バースデー cumpleaños *m.*[=*pl.*] ⇒たんじょう(⇒誕生日)
◨ バースデーカード tarjeta *f.* de felicitación de cumpleaños
◨ バースデーケーキ tarta *f.* de cumpleaños
◨ バースデープレゼント regalo *m.* de cumpleaños
パーセンテージ porcentaje *m.*
パーセント porcentaje *m.* ‖ 綿100パーセントのシーツ sábana *f.* de algodón 100% (cien por cien) / 売り上げの10パーセントを寄付する donar un 10% (diez por ciento) de la venta
パーソナリティー (性格) personalidad *f.*, (ラジオなどの司会者) presenta*dor*[*dora*] *mf.*
パーソナル
◨ パーソナルコンピュータ「ordenador *m.* [computadora *f.*] personal, PC *m.*
◨ パーソナルローン crédito *m.* personal
バーター trueque *m.*
◨ バーター制度 sistema *m.* de trueque
◨ バーター貿易 comercio *m.* de trueque
ばあたり 場当たり
▷ 場当たりの/場当たり的な provisional, (即興の) improvisa*do*[*da*] ‖ 場当たり的な政策 política *f.* improvisada
▷ 場当たり的に sin preparación, sin plan previo, 《慣用》sobre la marcha ‖ 場当たり的に指示を出す dar instrucciones sobre la marcha
バーチャルリアリティー realidad *f.* virtual
パーツ pieza *f.* ‖ パーツの交換 recambio *m.* de una pieza
パーティー fiesta *f.*, (登山などの) grupo *m.* ‖ 歓迎パーティーを開く celebrar una fiesta de bienvenida / パーティーに出席する asistir a una fiesta / パーティーに招待する invitar a ALGUIEN a una fiesta
バーテン 《スペイン》barman *m.*, camarero *m.*
ハート corazón *m.* ‖ ハートのエース as *m.* de corazón

▷ ハート形の ‖ ハート形のチョコレート chocolate *m.* en forma de corazón

ハード ‖ この仕事はかなりハードだ Este trabajo es bastante duro.
▷ ハードな du*ro*[*ra*] ‖ ハードなトレーニングを行う「hacer [practicar] unos entrenamientos duros
◨ ハードスケジュール agenda *f.* apretada
バード pájaro *m.*, ave *f.*
◨ バードウォッチャー observa*dor*[*dora*] *mf.* de aves
◨ バードウォッチング observación *f.* de aves
◨ バードサンクチュアリ reserva *f.* ornitológica
パート ❶ (パートタイム) trabajo *m.* por horas ‖ パートで働く trabajar por horas
◨ パートタイマー trabaja*dor*[*dora*] *mf.* por horas
❷ (部分・受け持ち部分) parte *f.* ‖ テノールのパートを歌う cantar「como [la parte de] tenor
ハードウェア 《英語》*hardware m.*, equipo *m.* (informático), soporte *m.* físico ‖ ハードウェアを安全に取り外す quitar el *hardware* con seguridad
ハードカバー libro *m.* de tapa dura
パートタイム ⇒パート
ハードディスク disco *m.*「duro [rígido] ‖ ハードディスクが壊れる「romperse [estropearse] *el disco duro* / ハードディスクを初期化する「inicializar [formatear] el disco duro
パートナー compañe*ro*[*ra*] *mf.*, (ダンスの) pareja *f.* ‖ 生涯のパートナー compañe*ro*[*ra*] *mf.* en la vida / ビジネスのパートナー so*cio*[*cia*] *mf.* de negocios
ハードボイルド 《英語》*hardboiled m.* ‖ ハードボイルドの小説 novela *f.* negra
ハードル valla *f.* ‖ ハードルを跳び越える saltar la valla
[慣用] ハードルが高い ser muy difícil《para》
◨ ハードル競走 carrera *f.* de vallas
◨ ハードル選手 atleta *com.* de vallas, corre*dor*[*dora*] *mf.* de vallas
バーナー mechero *m.*, soplete *m.*
◨ ガスバーナー「mechero *m.* [quemador *m.*] de gas
ハーネス arnés *f.* ‖ 犬にハーネスをつける poner arnés a un perro
はあはあ
▷ はあはあ言う jadear ‖ 私たちははあはあ言いながら坂道を上った Subimos la cuesta jadeando.
ハーフ hi*jo*[*ja*] *mf.* de matrimonio internacional
◨ ハーフスイング medio *swing m.*
◨ ハーフタイム descanso *m.*

◪ ハーフボトル media botella *f.* de vino
◪ ハーフマラソン me*dio[dia]* maratón *m(f).*
ハーブ hierba *f.* aromática ‖ ハーブを育てる cultivar hierbas aromáticas
◪ ハーブ園 jardín *m.* de hierbas aromáticas
◪ ハーブティー infusión *f.*

いろいろなハーブ

アーティチョーク alcachofa *f.* / パセリ perejil *m.* / オレガノ orégano *m.* / コリアンダー culantro *m.*, cilantro *m.* / サフラン azafrán *m.* / カモミール camomila *f.* / セージ salvia *f.* / タイム tomillo *m.* / ディル eneldo *m.* / チコリ achicoria *f.*, escarola *f.* / チャービル perifollo *f.* / バジル albahaca *f.* / ヒソップ hisopo *m.* / フェンネル hinojo *m.* / タラゴン estragón *m.* / マジョラム mejorana *f.* / ミント menta *f.* / レモングラス hierba *f.* (de) limón / ローズマリー romero *m.*

ハープ arpa *f.*, harpa *f.* ‖ ハープを奏でる tocar el arpa
◪ ハープ奏者 arpista *com.*
パーフェクト
▶パーフェクトな perfec*to[ta]* ‖ パーフェクトなスペイン語をめざす aspirar a perfeccionar el español
◪ パーフェクトゲーム《野球》juego *m.* perfecto ‖ パーフェクトゲームをする「realizar [conseguir] un juego perfecto
ハープシコード clavecín *m.* ⇒チェンバロ
◪ ハープシコード奏者 clavecinista *com.*, clavicembalista *com.*
バーベキュー barbacoa *f.*
▶バーベキューをする hacer una barbacoa
◪ バーベキューソース salsa *f.* para barbacoa
バーベル haltera *f.* ‖ バーベルを挙げる levantar la haltera
バーボン《英語》*bourbon m.* ‖ バーボンを飲む tomar un *bourbon*
パーマ permanente *f.* ‖ パーマをかける hacerse la permanente
◪ ストレートパーマ ‖ ストレートパーマをかける hacerse una permanente lisa
バーミューダ《服飾》pantalón *m.* bermudas, bermudas *fpl.*
ハーモニー armonía *f.*
ハーモニカ armónica *f.* ‖ ハーモニカを吹く tocar la armónica
はあり 羽蟻 aluda *f.*, hormiga *f.* con alas
バール（気圧の単位）bar *m.* (略 bar); (工具) pie *m.* de cabra
パール perla *f.* ‖ パールのネックレス collar *m.* de perlas

はい （返事）sí ‖ はい、どうぞ（物を手渡すとき）Aquí tiene (usted). ／ 終わりましたか？ —はい ¿Ha terminado? - Sí. ／ まだ終わらないの？—はい、まだだよ ¿Aún no has terminado? - No. Aún no.
はい 灰 ceniza *f.* ‖ タバコの灰 ceniza *f.* del cigarro ／ かまどの灰 ceniza *f.* del fogón ／ 空から灰が降る Cae ceniza del cielo.
慣用 灰になる convertirse en cenizas, reducirse a cenizas
はい 杯 copa *f.*
▶1杯の ‖ コップ1杯の牛乳 un vaso de leche ／ 小さじ1杯の砂糖 una cucharada de azúcar ／ 1杯のビール una caña (de cerveza) ／ 1杯のコーヒー una taza de café
はい 肺 pulmón *m.*
▶肺の pulmonar
◪ 肺結核 tuberculosis *f.*[=*pl.*] pulmonar
◪ 肺呼吸 respiración *f.* pulmonar
◪ 肺静脈 vena *f.* pulmonar
◪ 肺動脈 arteria *f.* pulmonar
◪ 肺気腫 enfisema *m.* pulmonar
◪ 肺炭疽 ántrax *m.*[=*pl.*] pulmonar
はい 胚 embrión *m.*
ばい 倍 doble *m.*
▶倍の/2倍の doble ‖ 倍の大きさ tamaño *m.* doble ／ 私は君の倍の年齢です Te doblo la edad.
▶3倍の triple
▶倍にする/倍になる duplicar, doblar / duplicarse, doblarse ‖ ～をx倍にする multiplicar ALGO por *x*
パイ （ケーキ）tarta *f.*, pastel *m.*,（肉・魚の）empanada *f.*, pastel *m.*;（円周率）pi *f.*;（麻雀の）ficha *f.*
◪ アップルパイ tarta *f.* de manzana
◪ パイ生地 hojaldre *m.*,《中南米》hojaldra *f.*
◪ パイ中間子《物理》pion *m.*, pión *m.*
はいあがる 這い上がる trepar, subir trepando
バイアグラ《商標》Viagra
バイアス （布地）bies *m.*
▶バイアスに al bies, al diagonal
◪ バイアステープ cinta *f.*「bies [al bies]
バイアスロン biatlón *m.*
ハイアライ cesta *f.*, punta, pelota *f.* vasca
はいあん 廃案 proyecto *m.*「descartado [suprimido]
▶廃案になる ‖ その法案は廃案になった El proyecto de ley quedó rechazado.
はいいろ 灰色 gris *m.*, color *m.* gris ‖ 灰色がかった色 color *m.* grisáceo
▶灰色の gris, ceniciento*[ta]* ‖ 灰色の空 cielo *m.* gris
◪ 灰色高官 al*to[ta]* funciona*rio[ria] mf.* sospechoso*[sa]* de corrupción
はいいん 敗因 causa *f.* de la derrota

ばいう

◪敗因分析‖敗因分析をする analizar las causas de la derrota

ばいう 梅雨　temporada f. de lluvias, época f. de lluvias →つゆ(梅雨)

◪梅雨前線‖梅雨前線は北上している El frente estacional de lluvias va desplazándose hacia el norte.

ハイウェー　autopista f., autovía f., carretera f.

はいえい 背泳　espalda f. →せおよぎ(背泳ぎ)‖男子200メートル背泳 200 metros mpl. (estilo) espalda masculino

はいえき 廃液　aguas fpl. residuales‖廃液を再利用する reciclar aguas residuales

◪廃液処理 tratamiento m. de aguas residuales

はいえつ 拝謁

▶拝謁する‖私たちは女王に拝謁した La reina nos recibió en audiencia.

ハイエナ　hiena f.(雄・雌)

はいえん 肺炎　pulmonía f., neumonía f.‖肺炎になる「contraer [agarrar] una pulmonía

◪新型肺炎 neumonía f. atípica

ばいえん 煤煙　humo m. de carbón, (すす) hollín m.

バイオ

◪バイオエタノール bioetanol m.
◪バイオセンサー biosensor m.
◪バイオチップ biochip m.
◪バイオテクノロジー biotecnología f.
◪バイオテロ atentado m. terrorista bioquímico
◪バイオマス biomasa f.
◪バイオ認証 autentificación f. biométrica
◪バイオ燃料 biocombustible m.
◪バイオ農薬 biopesticida m.
◪バイオハザード riesgo m. biológico
◪バイオリズム biorritmo m.

ハイオク

◪ハイオクガソリン gasolina f. de alto octanaje, supercarburante m.

パイオニア　pionero[ra] mf.

バイオリニスト　violinista com.

バイオリン　violín m.‖バイオリンを弾く tocar el violín

はいか 配下　subordinado[da] mf., subalterno[na] mf.

▶配下となる‖～の配下となって働く servir a ALGUIEN

はいが 胚芽　germen m., embrión m.

◪胚芽米 arroz m. con germen

ばいか 倍加　duplicación f.

▶倍加する duplicarse, doblarse

ハイカー　excursionista com., senderista com.

はいかい 徘徊

▶徘徊する deambular, vagar

はいがい 排外

▶排外的な xenófobo[ba]

▶排外思想 ideología f. xenófoba, xenofobia f.

◪排外主義 chovinismo m.

ばいかい 媒介　mediación f.

▶媒介する mediar, intermediar

◪媒介者 mediador[dora] mf.

はいガス 排ガス⇒はいき(⇒排気ガス)

はいかつりょう 肺活量　capacidad f. pulmonar, capacidad f. respiratoria

◪肺活量計 espirómetro m.
◪肺活量測定 espirometría f.

はいかん 拝観　visita f.

▶拝観する visitar‖神社を拝観する visitar un santuario sintoísta

◪拝観者 visitante com.
◪拝観料 tarifa f. de entrada

はいかん 配管　instalación f. de「tuberías [cañerías]

▶配管する instalar las「tuberías [cañerías]

◪配管工 fontanero[ra] mf.
◪配管図「diagrama m. [esquema m.] de tuberías

はいかん 廃刊　「suspensión f. [cese m.] de publicación

▶廃刊になる‖この雑誌は来月廃刊になる Esta revista deja de publicarse el próximo mes.

はいがん 肺癌　cáncer m. de pulmón‖肺癌を引き起こす causar cáncer de pulmón

はいき 排気　escape m.

◪排気ガス gases mpl. de escape (emitidos por vehículos de motor)‖排気ガス規制 control m. de emisión de gases
◪排気管 tubo m. de escape
◪排気口 orificio m. de escape
◪排気装置 extractor m.
◪排気ブレーキ freno m. de escape
◪排気量 cilindrada f.

はいき 廃棄⇒はき(破棄)

はいきぶつ 廃棄物　residuos mpl.‖産業廃棄物「residuos mpl. [desechos mpl.] industriales

◪廃棄物処理 tratamiento m. de residuos

ばいきゃく 売却　venta f.‖売却済《掲示》Vendido

▶売却する vender

はいきゅう 配給　distribución f., racionamiento m.

▶配給する distribuir en raciones

◪配給会社（映画の）empresa f. distribuidora de películas cinematográficas
◪配給制度 sistema m. de racionamiento

はいきょ 廃墟　ruinas fpl.‖廃墟と化した都市 ciudad f. convertida en ruinas

はいきょう 背教　apostasía f.

▶背教する/背教者となる apostatar

◪背教者 apóstata com.

はいぎょう　廃業
▶廃業する retirarse, abandonar *su* profesión, (店を閉める) cerrar el negocio

はいきん　背筋 músculo *m*. dorsal

ばいきん　黴菌 microbio *m*., bacteria *f*. ‖ ばい菌が体内に入る Los microbios entran en el cuerpo.

ハイキング excursión *f*., senderismo *m*. ‖ ハイキングに行く ir de excursión
◪ハイキングコース ruta *f*. de「excursión [senderismo]

バイキング (料理) bufé *m*. libre ‖ 朝食バイキング desayuno *m*. bufé libre

はいきんしゅぎ　拝金主義 culto *m*. al dinero

はいく　俳句 haiku *m*., haikú *m*., (説明訳) poema *m*. japonés de diecisiete sílabas ‖ 俳句を作る「componer [escribir] un haiku

バイク moto(cicleta) *f*. ‖ バイクに乗る montar en moto
◪バイク便 mensajería *f*. en moto

はいぐうしゃ　配偶者 cónyuge *com*., consorte *com*.
◪配偶者控除 deducción *f*. por cónyuge

ハイクラス
▶ハイクラスの de primera clase, de categoría, de lujo

はいけい　拝啓 Muy señor[ñora] mío[a], Estimado[da]『＋名前』

はいけい　背景 fondo *m*. ‖ 物語の背景「ambientación *f*. [trasfondo *m*.] de la historia ／政治的な背景 trasfondo *m*. político ／教会を背景にした写真 foto *f*. con una iglesia de fondo

はいけつしょう　敗血症 sepsis *f*.[=*pl*.], septicemia *f*. ‖ 敗血症にかかる padecer sepsis

はいけん　拝見
▶拝見する ‖ 乗車券を拝見します Enséñeme su billete, por favor. ／今日の新聞の, 御社の記事を拝見しました Leí un artículo sobre su empresa aparecido en el diario de hoy.

はいご　背後 ‖ 背後から話しかける hablar a ALGUIEN por la espalda
▶〜の背後で a la espalda 《de》, detrás 《de》

はいこう　廃校 escuela *f*.「abandonada [cerrada]
▶廃校にする cerrar la escuela

はいこう　廃坑 mina *f*. abandonada
▶廃坑にする cerrar la mina

はいごう　配合 combinación *f*. ‖ 色の配合 combinación *f*. de colores
▶配合する mezclar, combinar
◪配合飼料 pienso *m*. compuesto
◪配合肥料「abono *m*. [fertilizante *m*.] compuesto

ばいこく　売国
◪売国行為 traición *f*. a la patria
◪売国奴 traidor[dora] *mf*. a *su* patria

はいざら　灰皿 cenicero *m*.

はいし　廃止 supresión *f*., (法律の) abolición *f*., derogación *f*. ‖ 奴隷制度の廃止 abolición *f*. de la esclavitud ／虚礼の廃止 supresión *f*. de「formalismos [saludos] vacíos
▶廃止する suprimir, abolir, derogar ‖ 死刑を廃止する abolir la pena「capital [de muerte] ／フレックスタイム制度が廃止された Se suprimió el sistema de horario flexible.

はいしゃ　歯医者 dentista *com*., odontólogo[ga] *mf*.

はいしゃ　敗者 vencido[da] *mf*., perdedor[dora] *mf*.
◪敗者復活戦 partido *m*. de consolación

はいしゃ　配車
▶配車する repartir los coches

はいしゃ　廃車 vehículo *m*. fuera de uso ‖ 古い車を廃車にする (使わない) dejar de usar un coche viejo, (解体する) desguazar un coche viejo

はいしゃく　拝借 ⇒かりる(借りる)
▶拝借する ‖ この地図をちょっと拝借してもいいですか ¿Me podría dejar un momento este mapa?

ばいしゃく　媒酌 ‖ 媒酌の労をとる actuar de intermediario[ria]

ハイジャック secuestro *m*. aéreo, piratería *f*. aérea
▶ハイジャックする ‖ 飛行機がハイジャックされた El avión fue secuestrado.
◪ハイジャック犯 secuestrador[dora] *mf*. aéreo[a], pirata *com*. aéreo[a]

はいしゅ　胚珠 óvulo *m*.

ばいしゅう　買収 compra *f*., adquisición *f*., (贈賄) soborno *m*.
▶買収する comprar, (人を) sobornar ‖ 用地を買収する adquirir un terreno

はいしゅつ　排出 emisión *f*., expulsión *f*. ‖ 温室効果ガスの排出 emisión *f*. de gases de efecto invernadero
▶排出する expulsar, emitir ‖ 汚水を排出する verter aguas residuales
◪排出ガス gases *mpl*. emitidos
◪排出基準 normas *fpl*. de emisión
◪排出権 derechos *mpl*. de emisión
◪排出取引 comercio *m*. de derechos de emisión

はいしゅつ　輩出
▶輩出する salir, aparecer ‖ その時代に優れた人物たちが輩出した Esa época vio nacer a importantes figuras.

ばいしゅん　売春 prostitución *f*.
▶売春する prostituir
◪売春婦 prostituta *f*.
◪売春防止法 Ley *f*. contra la Prostitución

はいじょ　排除 exclusión *f*., eliminación *f*.
▶排除する excluir, eliminar, quitar ‖ 道路上

ばいしょう

の障害物を排除する quitar los obstáculos de la calle

ばいしょう 賠償 indemnización *f.*, compensación *f.* ‖ 被害者への賠償を命じる ordenar la indemnización a la víctima ／ 賠償を要求する「reclamar [exigir] la indemnización《por》
▶賠償する indemnizar, compensar ‖ 損害を賠償する indemnizar a ALGUIEN por los daños
◾賠償金 indemnización *f.*

はいしょく 配色 combinación *f.* de colores ‖ 配色が良い tener una buena combinación de colores

はいしょく 敗色 presagio *m.* de derrota ‖ そのチームの敗色が濃厚だ Parece clara la derrota de ese equipo.

はいしん 背信 traición *f.*, alevosía *f.*,（宗教）apostasía *f.*
◾背信行為 acto *m.* de traición ‖ 彼は会社に対する背信行為をした Él cometió un acto de traición contra su empresa.

はいしん 配信 distribución *f.* por la red
▶配信する distribuir, repartir, enviar ‖ 音楽をネットで配信する distribuir música por Internet
◾ネット配信 webcast *m.*, transmisión *f.* por Internet

はいじん 俳人 poeta *com.* de haiku

ばいしん 陪審 jurado *m.*
◾陪審員 miembro *com.* del jurado ‖ 陪審員席 tribuna *f.* del jurado ／ 陪審員制度 sistema *m.* de jurado

はいすい 配水 distribución *f.* de agua
▶配水する distribuir agua
◾配水管 tubería *f.* de distribución
◾配水工事 obra *f.* de instalación de cañerías

はいすい 排水 desagüe *m.*
▶排水する desaguar
◾排水管 cañería *f.* de desagüe
◾排水口 boca *f.* de desagüe
◾排水溝 desagüe *m.*, alcantarillado *m.*, albañal *m.*
◾排水工事 obra *f.* de alcantarillado
◾排水ポンプ bomba *f.* de desagüe
◾排水量（船の）desplazamiento *m.*

はいすい 廃水 aguas *fpl.* residuales
◾廃水処理 tratamiento *m.* de aguas residuales ‖ 廃水処理をする tratar aguas residuales

はいすいのじん 背水の陣
(慣用)背水の陣を敷く tomar una decisión extrema,《慣用》quemar las naves

ばいすう 倍数 múltiplo *m.* ‖ 20は5の倍数である 20 es múltiplo de 5.
◾倍数体〈生物〉poliploide *m.*

はいせき 排斥 exclusión *f.*, rechazo *m.*

▶排斥する excluir, rechazar, boicotear
◾排斥運動 campaña *f.* de「boicot [boicoteo]

はいせつ 排泄
▶排泄する excretar, evacuar,（大便をする）defecar,（小便をする）orinar
◾排泄器官 órganos *mpl.* excretores
◾排泄作用 función *f.* excretora
◾排泄物（糞便）excremento *m.*, heces *fpl.*,（尿）orina *f.*

はいぜつ 廃絶 abolición *f.* ‖ 核兵器の廃絶 abolición *f.* de armas nucleares
▶廃絶する abolir

はいせん 配線 canalización *f.*, instalación *f.* eléctrica
▶配線する「montar [tender] una instalación eléctrica
◾配線図 diagrama *m.* de instalación eléctrica

はいせん 敗戦 derrota *f.*
▶敗戦する ser derrota*do*[*da*], perder la guerra
◾敗戦国 país *m.*「derrotado [vencido]
◾敗戦投手〈野球〉lanza*dor*[*dora*] *mf.* perde*dor*[*dora*]

はいせん 廃船 barco *m.* fuera de servicio

ばいせん 焙煎 torrefacción *f.*, tueste *m.*
▶焙煎する tostar, torrefactar

ハイセンス
▶ハイセンスな de buen gusto

はいそ 敗訴「pleito *m.* [juicio *m.*] perdido
▶敗訴する perder el pleito

はいそう 配送 reparto *m.*, entrega *f.*, distribución *f.*
▶配送する distribuir, repartir
◾無料配送 envío *m.* gratuito
◾配送車「furgoneta *f.* [camión *m.*] de reparto
◾配送センター centro *m.* de reparto
◾配送料金 portes *mpl.*

ばいぞう 倍増 duplicación *f.*
▶倍増する doblarse, duplicarse ‖ 所得が倍増した Se ha duplicado la renta.

はいぞく 配属 adscripción *f.*, asignación *f.*
▶配属する destinar, adscribir, asignar ‖ 彼は人事部に配属された A él lo han destinado al departamento de personal.

ハイソックス calcetines *mpl.* largos

はいた 排他
▶排他的な exclus*ivo*[*va*], excluyente
◾排他的経済水域 zona *f.* económica exclusiva
◾排他主義 exclusivismo *m.*
◾排他主義者 exclusivista *com.*

はいた 歯痛 dolor *m.* de dientes,（奥歯の）dolor *m.* de muelas → は(歯) ‖ 私は歯痛で眠れない El dolor de muelas no me deja

dormir.
はいたい 敗退 derrota *f.*
▶敗退する perder, sufrir una derrota ‖ 準決勝で敗退する quedar elimina*do*[*da*] en semifinales
ばいたい 媒体 vehículo *m.*, medio *m.*, soporte *m.* ‖ 感染の媒体 vehículo *m.* de infección
◪広告媒体 medio *m.* publicitario
はいたつ 配達 distribución *f.*, transporte *m.*, (宅配)「entrega *f.* [reparto *m.*, servicio *m.*] a domicilio
▶配達する distribuir, repartir ‖ 家に配達してもらう pedir el servicio a domicilio
◪配達区域 zona *f.* de distribución
◪配達先 (場所) destino *m.*, (人) destinata*rio*[*ria*] *mf.*
◪配達証明書 resguardo *m.* de entrega
◪配達人 reparti*dor*[*dora*] *mf.*, (郵便の) carte*ro*[*ra*] *mf.*
◪配達料金 portes *mpl.*, (送料) gastos *mpl.* de envío
バイタリティー vitalidad *f.* ‖ 彼はバイタリティーにあふれている Él está lleno de vitalidad.
はいち 配置 disposición *f.*, colocación *f.* ‖ 家具の配置を変える cambiar la disposición de los muebles
▶配置する disponer, colocar, ubicar ‖ 国境沿いに兵士を配置する desplegar a los soldados a lo largo de la frontera
◪気圧配置 distribución *f.* de la presión atmosférica
◪配置転換 rotación *f.* de puestos de trabajo
ばいち 培地 (生物) medio *m.* de cultivo
ハイティーン adolescente *com.* que tiene entre dieciséis y diecinueve años ‖ 私にはハイティーンの娘がいる Tengo una hija que está en los últimos años de la adolescencia.
ハイテク alta tecnología *f.*
◪ハイテク産業 industria *f.* de alta tecnología
◪ハイテク犯罪 delito *m.* informático
はいてん 配点 distribución *f.* de puntos ‖ この問題の配点は30点だ Esta pregunta tiene asignados 30 puntos.
ばいてん 売店 (駅などの) quiosco *m.*, kiosco *m.*, (屋台) puesto *m.* de venta, caseta *f.* de venta, (見本市の) *stand m.*
バイト ❶ (仕事) → アルバイト
❷《IT》(単位) byte *m.* (略 B), octeto *m.*
◪ギガバイト gigabyte *m.* (略 GB), gigaocteto *m.*
◪メガバイト megabyte *m.* (略 MB), megaocteto *m.*
はいとう 配当 reparto *m.*, repartición *f.*, (株の) dividendo *m.*

▶配当する repartir, dividir
◪利益配当 reparto *m.* de beneficios
◪配当金 dividendo *m.*
◪配当率 ratio *m.* de dividendo
ばいどく 梅毒 sífilis *f.*[=*pl.*]
▶梅毒の(患者) sifilíti*co*[*ca*] (*mf.*)
パイナップル piña *f.*, ananás *m.*[=*pl.*]
はいにち 排日
▶排日の antijapo*nés*[*nesa*]
◪排日運動 movimiento *m.* antijaponés
はいにゅう 胚乳 endospermo *m.*
はいにょう 排尿 micción *f.*
▶排尿する orinar, expeler la orina
はいにん 背任 abuso *m.* de confianza, prevaricación *f.*
◪背任罪 delito *m.* de abuso de confianza
ばいにん 売人 (麻薬の) vende*dor*[*dora*] *mf.* de drogas, 《隠語》camello *m.*
ハイネック
▶ハイネックの de cuello「alto [de cisne] ‖ ハイネックのセーター jersey *m.* de cuello alto
ハイパーテキスト 《IT》hipertexto *m.*
ハイパーリンク 《IT》hipervínculo *m.*, hiperenlace *m.*
はいはい 這い這い
▶這い這いする gatear, andar a gatas
ばいばい 売買 compraventa *f.*
▶売買する comprar y vender
◪売買価格 precio *m.* de compraventa
◪売買契約 contrato *m.* de compraventa
◪売買単位 unidad *f.* de negociación
◪売買高 volumen *m.* de negocio
◪売買手数料 comisión *f.* de compraventa
バイバイ (挨拶) ¡Adiós!
バイパス 《医学》baipás *m.*, 《英語》*bypass m.*, puente *m.* coronario, derivación *f.* coronaria; (道路) baipás *m.*, desvío *m.*, desviación *f.*
◪バイパス手術 operación *f.* de baipás coronario
はいび 配備 disposición *f.*, despliegue *m.*
▶配備する disponer, desplegar ‖ 機動隊を配備する desplegar a los antidisturbios ／ ミサイルを配備する instalar los misiles
ハイヒール zapatos *mpl.* de tacón alto
ハイビジョンテレビ (放送) televisión *f.* de alta definición, (受像機) televisor *m.* de alta definición
ハイビスカス hibisco *m.*
はいびょう 肺病 enfermedad *f.* de pulmón, (肺結核) tuberculosis *f.*[=*pl.*] pulmonar
はいひん 廃品「objeto *m.* [material *m.*] de desecho, objeto *m.* inservible ‖ 廃品を再利用する「reutilizar [reciclar] materiales de desecho ／ 廃品を回収する recoger los materiales de desecho

はいふ 配布/配付 distribución *f.*, reparto *m.*
▶配布する distribuir, repartir

パイプ (管) tubo *m.*, (タバコの) pipa *f.* ‖ パイプを吹かす fumar en pipa
▫パイプオルガン órgano *m.* de tubos
▫パイプカット《医学》vasectomía *f.*
▫パイプライン (石油の) oleoducto *m.*, (ガスの) gaseoducto *m.*

ハイファイ alta fidelidad *f.*
▫ハイファイビデオ vídeo *m.* de alta fidelidad
▫ハイファイ装置 equipo *m.* de alta fidelidad

はいぶつ 廃物 「objeto *m.* [material *m.*] de desecho ⇒はいひん(廃品)
▫廃物利用 reciclaje *m.*

ハイブリッド
▶ハイブリッドの híbri*do*[*da*]
▫ハイブリッドエンジン motor *m.* híbrido
▫ハイブリッドカー coche *m.* híbrido

バイブル (聖書) Biblia *f.*, (権威のある書物) biblia *f.* ‖ この本は経済学のバイブルとして知られている Este libro es conocido como la biblia de la economía.

ハイブロー intelectual *com.*
▶ハイブローの cul*to*[*ta*], intelectual

ハイフン guion *m.* ‖ 2語の間にハイフンをつける poner un guion entre dos palabras

はいぶん 配分 reparto *m.*, distribución *f.*
▶配分する repartir, compartir, dividir, distribuir
▫時間配分‖時間配分をする distribuir el tiempo

はいべん 排便 defecación *f.*
▶排便する defecar, excretar, expulsar los excrementos

ハイボール whisky *m.* con soda

はいぼく 敗北 derrota *f.* ‖ 敗北に終わる acabar en una derrota / 敗北を喫する sufrir una derrota / 彼は自分の敗北を認めた Él reconoció su derrota.
▫敗北主義 derrotismo *m.*
▫敗北主義者 derrotista *com.*

はいほん 配本 distribución *f.* de libros
▶配本する distribuir los libros

ばいめい 売名 propaganda *f.* personal
▫売名行為‖売名行為をする vender *su* nombre

バイメタル bimetal *m.*
▶バイメタルの bimetáli*co*[*ca*]

はいめん 背面 parte *f.* 「posterior [trasera], espalda *f.*
▫背面攻撃 ataque *m.* por la espalda
▫背面跳び salto *m.* al estilo fosbury, fosbury flop *m.*

ハイヤー coche *m.* de alquiler con 「conductor [chófer]

バイヤー compra*dor*[*dora*] *mf.*, (輸入業者) importa*dor*[*dora*] *mf.*

はいやく 配役 reparto *m.* (de papeles), (キャスト) elenco *m.* ‖ この劇は配役がよい Esta obra de teatro tiene un buen reparto de actores.
▶配役する repartir los papeles《entre》, hacer el reparto de los papeles

ばいやく 売約
▫売約済《掲示》Vendido ‖ このテーブルは売約済みだ Esta mesa está vendida.

はいゆう 俳優 ac*tor*[*triz*] *mf.* ‖ 俳優に憧れる admirar a *un*[*una*] ac*tor*[*triz*] / 俳優を養成する formar a los actores
▫映画俳優 ac*tor*[*triz*] *mf.* de cine, artista *com.* de cine
▫舞台俳優 ac*tor*[*triz*] *mf.* de teatro
▫喜劇俳優 cómi*co*[*ca*] *mf.*
▫俳優学校 escuela *f.* de actores

ばいよう 培養 cultivo *m.*
▶培養する hacer un cultivo ‖ 細菌を培養する cultivar bacterias
▫純粋培養 cultivo *m.* puro
▫人工培養 cultivo *m.* artificial
▫培養液 caldo *m.* de cultivo
▫培養基 medio *m.* de cultivo
▫培養菌 bacteria *f.* cultivada

ハイライト lo destacado ‖ オリンピックのハイライト resumen *m.* de los Juegos Olímpicos / 今週のハイライト las principales noticias de la semana

はいらん 排卵 ovulación *f.*
▶排卵する ovular
▶排卵の ovulato*rio*[*ria*]
▫排卵期 fase *f.* ovulatoria
▫排卵誘発剤 medicamento *m.* para la fertilidad, droga *f.* de fertilidad

はいりこむ 入り込む meterse, penetrar ‖ 泥棒たちは窓から入り込んだ Los ladrones se metieron por la ventana.

ばいりつ 倍率 (レンズの) aumento *m.* ‖ レンズの倍率を上げる aumentar el tamaño de la imagen / この大学は入試の倍率が高い La ratio de aspirantes para ingresar en esta universidad es muy alta. ¦ Hay alta competitividad para entrar en esta universidad.

はいりょ 配慮 atenciones *fpl.*, consideración *f.* ‖ 行き届いた配慮 atenciones *fpl.* meticulosas
▶配慮する prestar atención《a》, dedicar atenciones《a》
▶~を配慮して por consideración《a》

バイリンガル (人) bilingüe *com.*
▶バイリンガルの bilingüe ‖ バイリンガルの秘書 secreta*rio*[*ria*] *mf.* bilingüe

はいる 入る ❶ (中に) entrar《en, a》‖ 入っていいですか ¿Se puede? / どうぞお入りください ¡Adelante! / 入ってます (トイレで) Está ocupado.

❷（加入する）entrar《en, a》, ingresar《en》, adherirse《a》‖ 政界に入る ingresar en círculos políticos

❸（包含される）contener ‖ サービス料は値段に入っている El servicio está incluido en el precio.

❹（収容できる）caber ‖ このバッグはたくさん入ります En este bolso cabe mucho.

❺（その他）‖ 私たちに情報が入ってこない No nos llega información. ／明日から暖房が入る A partir de mañana funcionará la calefacción.

ハイレグ corte *m*. de pierna alto ‖ ハイレグの水着「bañador *m*. [traje *m*. de baño] con corte de pierna alto

はいれつ 配列 disposición *f*., colocación *f*., ordenación *f*.,《IT》matriz *f*.
▶配列する「colocar [poner] ALGO en orden, disponer ‖ アルファベット順に配列する colocar ALGO por orden alfabético

パイロット piloto *com*.
◳テストパイロット piloto *com*. de pruebas

パイロットランプ piloto *m*., lámpara *f*. indicadora

バインダー archivador *m*.,（農機）agavilladora *f*.
◳リングバインダー archivador *m*. con anillas ‖ 4穴リングバインダー archivador *m*. con cuatro anillas
◳レバー式ファイルバインダー archivador *m*. de palanca

はう 這う gatear, andar a gatas, arrastrarse ‖ 赤ん坊が這う El bebé gatea. ／彼らは地を這うようにして進んだ Ellos avanzaron arrastrándose sobre el suelo. ／ツタが壁を這う La hiedra 「se extiende [trepa] por la pared.

ハウス
◳ハウスクリーニング limpieza *f*. de la casa
◳ハウス栽培 cultivo *m*. en invernadero
◳ハウス野菜 verduras *fpl*. cultivadas en invernadero

パウダー polvos *mpl*.
◳パウダースノー nieve *f*. en polvo
◳パウダーファンデーション polvos *mpl*. faciales

ハウツー
◳ハウツー物 manual *m*. práctico, libro *m*. guía

パウンド bote *m*.
▶バウンドする botar

パウンドケーキ bizcocho *m*.

はえ 蠅 mosca *f*. ‖ ケーキに蠅がたかる Las moscas pululan sobre un pastel.
◳蠅叩き matamoscas *m*.[=*pl*.]
◳蠅取り紙 papel *m*. matamoscas

パエーリャ paella *f*. ‖ バレンシア風パエーリャ paella *f*. valenciana

パエーリャ

はえぎわ 生え際 línea *f*. (de nacimiento) del cabello ‖ (額の)生え際が後退している tener entradas, tener recesión de la línea del cabello

はえなわ 延縄 palangre *m*.
◳延縄漁業 pesca *f*. con palangre
◳延縄漁船 palangrero *m*.

はえぬき 生え抜き de pura cepa, de nacimiento
▶生え抜きの ‖ 生え抜きの東京っ子 tokiota *com*. de pura cepa

はえる 映える/栄える resplandecer, relucir ‖ 山が夕日に映える Las montañas resplandecen con la puesta del sol.

はえる 生える crecer, (芽が出る) brotar ‖ 草花が生える Crecen las plantas. ／歯が生える salir *un diente* ／かびが生える ponerse moho*so*[*sa*]

はおる 羽織る ‖ ガウンを羽織る ponerse una bata encima

はか 墓 tumba *f*., sepultura *f*.
◳墓荒らし saquea*dor*[*dora*] *mf*. de tumbas
◳墓石 lápida *f*. sepulcral
◳墓場 cementerio *m*.
◳墓参り ‖ 祖父の墓参りをする visitar la tumba de *su* abuelo

ばか 馬鹿 (人) ton*to*[*ta*] *mf*., ne*cio*[*cia*] *mf*., bo*bo*[*ba*] *mf*., idiota *com*., imbécil *com*., estúpi*do*[*da*] *mf*. ‖ そんなうそを信じるほど彼もばかではない No es tan tonto como para creerse semejante mentira.
▶ばかな absur*do*[*da*], ridí*culo*[*la*] ‖ ばかなことはするなよ No hagas tonterías. ／ばかなことを言う decir 「tonterías [sandeces]
▶ばかに terriblemente ‖ 今日はばかに寒い Hace un frío que pela.
(慣用) ばかと鋏は使いよう Hay que manejar a los tontos útiles.
(慣用) ばかにする (からかう) burlarse《de》, (軽蔑する) menospreciar
(慣用) ばかにつける薬はない La idiotez no tiene cura. ¦《諺》Quien necio es en su villa,

necio es en Castilla.
〖慣用〗ばかにならない no ser despreciable ‖ 出費がばかにならない Los gastos no son despreciables.
〖慣用〗ばかになる ‖ ねじがばかになった El tornillo está 「pasado de rosca [trasroscado].
〖慣用〗ばかの一つ覚え ‖ 君はいつもばかの一つ覚えだ Siempre estás con lo mismo.¦ Es lo único que sabes.
〖慣用〗ばかも休み休み言え ¡Déjate de 「tonterías [pamplinas]!
〖慣用〗ばかを見る salir perjudica*do[da]*, hacer un esfuerzo baldío ‖ 正直者はばかを見る Los honestos salen perdiendo.
◪ ばか話 conversación *f.* banal ‖ ばか話をする mantener una conversación banal

ばかあたり 馬鹿当たり （大成功）exitazo *m.*
▶ばか当たりする tener un exitazo ‖ ばか当たりした映画 película *f.* supertaquillera

はかい 破壊 destrucción *f.*, demolición *f.* ‖ 環境の破壊 destrucción *f.* del medio ambiente
▶破壊的な destruct*ivo[va]*
▶破壊する destruir, destrozar ‖ 家庭を破壊する destrozar el hogar
◪ 破壊活動防止法 Ley *f.* contra los Actos de Destrucción
◪ 破壊工作 sabotaje *m.*
◪ 破壊分子 elemento *m.* subversivo
◪ 破壊力学 mecánica *f.* de la fractura
◪ 破壊力 poder *m.* destructivo ‖ 破壊力のある de alto poder destructivo

はがいじめ 羽交い締め 《英語》*full nelson m.*,《英語》*master lock m.*
▶羽交い締めにする aplicar un *full nelson*

はがき 葉書 tarjeta *f.* postal, postal *f.* ‖ はがきを送る enviar una tarjeta postal ／ はがきを買う comprar una tarjeta postal

はかく 破格 （詩の）licencia *f.* poética
▶破格の excepcional, especial, sin precedente(s) ‖ 破格の安値で売る vender ALGO a un precio excepcionalmente barato
◪ 破格構文 anacoluto *m.*

ばかげた 馬鹿げた ridíc*ulo[la]*, absur*do[da]*, estúp*ido[da]* ‖ そんなばかげた話は聞いたことがない Jamás había oído una tontería como esa.

ばかさわぎ 馬鹿騒ぎ jaleo *m.*, barullo *m.* ‖ ばか騒ぎをする armar jaleo

ばかしょうじき 馬鹿正直
▶ばか正直な inge*nuo[nua]*, que se pasa de hones*to[ta]*
▶ばか正直である ser la honestidad en persona, ser demasiado hones*to[ta]*

はがす 剥がす despegar, quitar ‖ 切手をはがす despegar un sello ／ ポスターをはがす 「despegar [quitar] un cartel ／ 爪をはがす arrancar una uña

ばかす 化かす embrujar, hechizar, encantar

ばかず 場数 ‖ 場数を踏んでいる 「tener [contar con] mucha experiencia,《慣用》tener muchas tablas

はかせ 博士 doc*tor[tora] mf.*

はがた 歯形/歯型 molde *m.* de la dentadura,（嚙み跡）huellas *fpl.* de mordedura ‖ 手に歯形がついている tener una mordedura en la mano ／ 入れ歯に歯型を取る tomar una impresión dental para preparar una prótesis

ばかぢから 馬鹿力 fuerza *f.* 「titánica [extraordinaria]‖ いざというときはばか力が出る Cuando uno está en apuros saca fuerzas de donde no las tiene.

ばかていねい 馬鹿丁寧 ‖ ばか丁寧である ser excesivamente cortés, pecar de cortés

ばかでかい 馬鹿でかい enorme, gigantes*co[ca]*, descomunal, excesivamente grande

はかどる 捗る avanzar, adelantar, marchar bien ‖ 仕事がはかどる El trabajo marcha bien.

はかない 果敢ない/儚い efím*ero[ra]*, pasaj*ero[ra]* ‖ はかない幸せ felicidad *f.* efímera ／ はかない夢 alegría *f.* pasajera

はがね 鋼 acero *m.* ‖ 鋼を鍛える dar temple al acero ／ 鋼のような肉体 cuerpo *m.* 「atlético [musculoso]

はかば 墓場 cementerio *m.* ⇒はか（墓）

はかばかしい 捗捗しい rápi*do[da]*,（満足のいく）satisfact*orio[ria]* ‖ 事態のはかばかしい改善は望めない No podemos esperar una rápida mejora de la situación actual.／ 患者(男性)の病状ははかばかしくない El paciente no mejora satisfactoriamente.

ばかばかしい 馬鹿馬鹿しい absur*do[da]*, ridíc*ulo[la]* ‖ ばかばかしい話 cuento *m.* ridículo ／ ばかばかしい！ ¡Tonterías!¦ ¡Estupideces!¦ ¡Disparates!

はかま 袴 《日本語》*hakama m*(*f*),（説明訳）pantalón *m.* largo y ancho con pliegues

はがゆい 歯痒い irritante ‖ 私には君の態度が歯がゆい Me irrita tu actitud.

はからい 計らい gestión *f.*, arreglo *m.*, mediación *f.* ‖ 彼の計らいで万事うまくいった Gracias a su buena gestión todo salió bien.

はからう 計らう ⇒とりはからう（取り計らう）

ばからしい 馬鹿らしい inútil ‖ 彼女に忠告するのは馬鹿らしい Es inútil darle consejos a ella.

はからずも 図らずも inesperadamente, inopinadamente, por casualidad

はかり 秤 balanza *f.*,（台秤）báscula *f.*, peso *m.*,（さお秤）romana *f.* ‖ 秤にかける（量る）pesar ALGO en la balanza,（比較する）comparar ALGO《con》／ 損得を秤にかけ

る calcular las pérdidas y ganancias
ばかり ❶（だけ）solo, solamente ‖ あいつは出世することばかり考えている Ese tipo está pensando solo en su ascenso en el trabajo.
❷（〜して間もない）acabar de〖＋不定詞〗‖ 彼は広告会社で働き始めたばかりだ Él acaba de empezar a trabajar en una compañía de publicidad.
❸（おおよそ）u*nos*[*nas*]〖＋数詞〗, como, aproximadamente ‖ 10分ばかり待ってください Espere unos diez minutos.
❹（〜が原因で）por ‖ 彼は一週間違ったばかりに、試験に合格できなかった Él no pudo aprobar el examen solo por haber fallado una respuesta.
❺（あたかも〜のように）como si〖＋接続法過去〗‖ 泣き出さんばかりの顔をする poner una cara como si estuviera a punto de llorar
はかりうり 量り売り/計り売り　venta *f.* al peso
▶計り売りする vender ALGO al peso
はかりごと 謀　complot *m.* ⇒ たくらみ（企み）
はかりしれない 計り知れない　（深さ）insondable, (広さ) inmen*so*[*sa*], (価値) inestimable, incalculable, (無限の) infini*to*[*ta*] ‖ 計り知れない謎 enigma *m.* insondable ／ 人間の心は計り知れないものだ El corazón humano es inescrutable.
はかる 図る/謀る　（試みる）intentar, procurar, (計画する) planear, (たくらむ) tramar ‖ 自殺を図る intentar suicidarse ／ 便宜を図る dar facilidades《a》
はかる 計る/測る/量る　medir ‖ 血圧を測る medir la tensión arterial《a》／ 水深を測る medir la profundidad del agua ／ 重さを測る pesar
はかる 諮る　consultar ‖ 案件を委員会に諮る someter el asunto a la comisión
はがれる 剥がれる　despegarse, desprenderse ‖ 切手が封筒から剥がれた Se ha despegado el sello del sobre.
ばかわらい 馬鹿笑い　carcajada *f.*
▶ばか笑いをする soltar una carcajada
バカンス vacaciones *fpl.* ⇒ きゅうか（休暇）‖ バカンスをとる tomar vacaciones
はき 破棄　destrucción *f.*, ruptura *f.*, anulación *f.*, (判決の) casación *f.*
▶破棄する destruir, anular, cancelar, (判決を) casar ‖ 契約を破棄する anular el contrato ／ 判決を破棄する casar la sentencia
はき 覇気　vigor *m.*, energía *f.*, (野心) ambición *f.*
▶覇気のない apáti*co*[*ca*]
▶覇気がない ‖ 彼には覇気がない A él le falta vigor.
はきけ 吐き気　náuseas *fpl.*, (嫌悪) asco *m.*, repugnancia *f.*

▶吐き気がする sentir náuseas, tener ganas de vomitar
はきごこち 履き心地 ‖ この靴はとても履き心地がよい Estos zapatos son muy cómodos.
はぎしり 歯軋り　rechinamiento *m.* de dientes
▶歯ぎしりする rechinar los dientes, rechinar *los dientes* a ALGUIEN ‖ 私の母は眠っている時歯ぎしりをする A mi madre le rechinan los dientes cuando está dormida.
はきそうじ 掃き掃除　limpieza *f.* con escoba ‖ 掃き掃除をする dar un barrido
はきだす 吐き出す　arrojar, echar ⇒ はく（吐く）‖ 痰を吐き出す escupir un esputo
はきちがえる 履き違える ‖ 靴を履き違える ponerse los zapatos de otra persona ／ 自由と放縦を履き違える confundir la libertad con el libertinaje
はぎとる 剥ぎ取る　arrancar, quitar ‖ 壁からポスターを剥ぎ取る arrancar el cartel de la pared ／ 彼はマネキンのネックレスを剥ぎ取った Él le arrancó al maniquí el collar.
はきはき
▶はきはきと con claridad ‖ はきはきと話す hablar con claridad
はきもの 履き物　calzado *m.*
ばきゃく 馬脚 ‖ 馬脚を現す《慣用》enseñar la oreja, 《慣用》quitarse la máscara
はきゅう 波及
▶波及する extenderse《a》, influir《en》‖ 金融危機は経済の他の部門にも波及した La crisis financiera repercutió en otros sectores de la economía.
▶波及効果 efecto *m.* dominó, repercusión *f.*
バキュームカー camión *m.* para el vaciado de fosas sépticas
はきょく 破局　catástrofe *f.*, ruina *f.* ‖ 破局に至る conducir a la catástrofe ／ その夫婦はついに破局を迎えた Ese matrimonio al final se ha roto.
はぎれ 端切れ　retal *m.*, retazo *m.*, pedazo *m.* de tela
はぎれ 歯切れ ‖ 歯切れの良い話し方をする hablar con claridad y precisión ／ 歯切れの悪い返事をする responder con evasivas
はく 泊 ‖ ホテルに2泊する alojarse dos noches en un hotel
はく 箔　hoja *f.* metálica, lámina *f.*
〘慣用〙箔をつける ganar prestigio
はく 吐く　（嘔吐する）vomitar, (つば・たんを) escupir, echar fuera, (息を) espirar, exhalar, (暴言を) espetar, soltar ‖ 息を吐く espirar, exhalar el aire ／ 血を吐く vomitar [echar] sangre ／ 煙を吐く echar humo ／ 暴言を吐く decir blasfemias
はく 掃く　barrer ‖ ほうきで掃く barrer con escoba ／ 庭を掃く barrer el jardín

は

〔慣用〕掃いて捨てるほど un montón 《de》, 《慣用》en cantidades industriales
はく 履く/穿く (靴・靴下・ズボンなどを) ponerse, llevar pues*to*[ta], (履き物を) calzarse ‖ スカートを穿く ponerse la falda / 靴を履いている llevar puestos los zapatos / サンダルを履く calzarse las sandalias
はぐ 剥ぐ despojar, despegar, arrancar ‖ 布団を剥ぐ「quitar [destapar] el edredón / 皮を剥ぐ (動物の) despellejar, desollar, raspar, (植物の) descortezar, pelar
バグ (IT) (プログラムなどの)「error *m*. [fallo *m*.] lógico, *bug m*.
はくあ 白亜 creta *f*.
☑白亜紀 período *m*. cretácico, Cretácico *m*.
はくあい 博愛 filantropía *f*.
▶博愛の filantróp*ico*[ca]
☑博愛主義 filantropismo *m*.
☑博愛精神 espíritu *m*. filantrópico
はくい 白衣 bata *f*. blanca
〔慣用〕白衣の天使 enfermera *f*.
ばくおん 爆音 estallido *m*., detonación *f*., ruido *m*. de explosión ‖ 通りで爆音がした Se oyó un estallido en la calle.
ばくが 麦芽 malta *f*.
☑麦芽飲料 bebida *f*. de malta
☑麦芽糖 maltosa *f*.
はくがい 迫害 persecución *f*. ‖ 迫害を受ける sufrir persecución
▶迫害する perseguir
☑迫害者 persegui*dor*[dora] *mf*.
はくがく 博学 erudición *f*., sabiduría *f*.
▶博学の(人) erudi*to*[ta] (*mf*.), doc*to*[ta] (*mf*.), sab*io*[bia] (*mf*.)
はくがんし 白眼視
▶白眼視する mirar a ALGUIEN con frialdad
はぐき 歯茎 encía *f*.
はぐくむ 育む criar, (育成する) cultivar ⇒そだてる(育てる) ‖ 子をはぐくむ criar a los hijos / 自由な精神を育む cultivar un espíritu libre
ばくげき 爆撃 bombardeo *m*. ‖ 爆撃を受ける sufrir un bombardeo
▶爆撃する bombardear ‖ 市の中心部を爆撃する bombardear el centro de la ciudad
☑爆撃音 ruido *m*. de un bombardeo
☑爆撃機 bombardero *m*.
☑絨毯爆撃 bombardeo *m*. en alfombra, bombardeo *m*. de saturación
ばくげきほう 迫撃砲 mortero *m*.
はくさい 白菜 col *f*. china ‖ 白菜を漬ける hacer encurtidos con col china
はくし 白紙 papel *m*. blanco., hoja *f*. en blanco ‖ 白紙の態度で sin ideas preconcebidas / 白紙に戻す《慣用》hacer borrón y cuenta nueva / 白紙の答案を出す entregar el examen en blanco
☑白紙委任状 ‖ 白紙委任状を渡す otorgar poderes en blanco 《a》, 《慣用》dar un cheque en blanco 《a》, 《慣用》dar carta blanca 《a》
はくし 博士 doc*tor*[tora] *mf*.
☑医学博士 doc*tor*[tora] *mf*. en Medicina
☑文学博士 doc*tor*[tora] *mf*. en Letras
☑名誉博士 doc*tor*[tora] *mf*. honoris causa
☑博士課程 doctorado *m*., curso *m*. de doctorado ‖ 博士課程を修了する terminar el doctorado
☑博士号「título *m*. [grado *m*.] de doctor, doctorado *m*. ‖ 博士号を取得する doctorarse《en》, obtener el título de doctor
☑博士論文 tesis *f*.[=*pl*.] doctoral
はくしき 博識 extensos conocimientos *mpl*., conocimientos *mpl*. enciclopédicos, gran sabiduría *f*.
▶博識な(人) doc*to*[ta] (*mf*.), erudi*to*[ta] (*mf*.)
はくじつ 白日 sol *m*. abrasador
〔慣用〕白日の下にさらす sacar ALGO a la luz ‖ 真相が白日の下にさらされた La verdad salió a la luz.
☑白日夢 ensueño *m*., ensoñación *f*., fantasía *f*.
はくしゃ 拍車 espuela *f*. ‖ 馬に拍車をかける espolear un caballo
〔慣用〕拍車をかける acelerar ‖ インフレに拍車がかかった Se aceleró la inflación.
はくしゃく 伯爵 conde *m*., (女性) condesa *f*.
☑伯爵夫人 condesa *f*.
☑伯爵領 condado *m*.
はくじゃく 薄弱 ‖ 意志が薄弱である ser flo*jo*[ja] de voluntad / 君の論拠は薄弱だ Tus argumentos son「débiles [flojos, endebles].
▶薄弱な débil, flo*jo*[ja], endeble
はくしゅ 拍手 palmadas *fpl*., (観衆喝采) aplauso *m*., ovación *f*. ‖ 拍手で迎える recibir a ALGUIEN con un aplauso / 彼に拍手をお願いします ¡Un aplauso para él! / 会場に拍手が鳴り響いた Resonaron los aplausos en la sala.
▶拍手する dar palmadas, (拍手喝采する) aplaudir, ovacionar
はくしょ 白書 libro *m*. blanco
☑教育白書 libro *m*. blanco de la educación
はくじょう 白状 confesión *f*., declaración *f*.
▶白状する confesar ‖ 犯行を白状する declararse culpable de un delito
はくじょう 薄情
▶薄情な frí*o*[a], despiada*do*[da], cruel, du*ro*[ra] de corazón, insensible
▶薄情である tener un corazón de piedra, ser *un*[una] descasta*do*[da]
ばくしょう 爆笑 risotada *f*., carcajada *f*.

- ▶爆笑する estallar de risa, soltar una「carcajada [risotada]」
- **はくしょく** 白色 color *m*. blanco, blanco *m*.
  - ▪白色の blan*co*[*ca*]
  - ◿白色光 luz *f*. blanca
  - ◿白色人種 raza *f*. blanca
  - ◿白色矮星〔天文〕enana *f*. blanca
- **はくしょん** (擬音語) achís, (くしゃみ) estornudo *m*. ‖ はくしょん！¡Achís!
- **はくしん** 迫真
  - ▶迫真の muy realista ‖ 迫真の演技 actuación *f*. muy realista
- **はくじん** 白人 blan*co*[*ca*] *mf*.
  - ◿白人種 raza *f*. blanca
  - ◿白人優位社会 sociedad *f*. dominada por los blancos
- **ばくしんち** 爆心地 centro *m*. de la explosión ‖ 原爆の爆心地 hipocentro *m*. de la bomba atómica
- **はくする** 博する ganar, conseguir, obtener ‖ 好評を博する「tener [obtener] una buena aceptación／巨利を博する obtener una enorme ganancia
- **はくせい** 剥製 disecación *f*. ‖ 剥製の鳥 ave *f*. disecada
  - ▶剥製にする disecar
  - ◿剥製師 taxidermista *com*.
  - ◿剥製術 taxidermia *f*.
  - ◿剥製標本 espécimen *m*. disecado
- **ばくぜん** 漠然
  - ▶漠然とした va*go*[*ga*], preci*so*[*sa*] ‖ 漠然とした不安を感じる sentir una vaga inquietud
  - ▪漠然と vagamente ‖ 漠然と将来のことを考える pensar vagamente en *su* futuro
- **ばくだい** 莫大
  - ▶莫大な enorme, inmen*so*[*sa*], descomunal ‖ 莫大な費用 gastos *mpl*. enormes／莫大な財産 inmensa fortuna
- **はくだつ** 剥奪 privación *f*., despojo *m*.
  - ▶剥奪する privar a ALGUIEN《de》, despojar a ALGUIEN《de》‖ 彼は市民権を剥奪された Le privaron del derecho de ciudadanía.
- **ばくだん** 爆弾 bomba *f*., (爆発物) artefacto *m*. explosivo ‖ 爆弾が落ちる caer *una bomba*／爆弾を投下する「tirar [lanzar] una bomba／爆弾を仕掛ける「colocar [poner] una bomba／爆弾を処理する desactivar una bomba
  - ◿車爆弾／自動車爆弾 coche *m*. bomba
  - ◿爆弾テロ atentado *m*. con bombas
  - ◿爆弾投下 lanzamiento *m*. de bombas, bombardeo *m*.
  - ◿爆弾発言 declaración *f*. explosiva,《話》bombazo *m*. ‖ 爆弾発言をする「hacer [soltar] una declaración explosiva
- **ばくち** 博打 juego *m*. de azar ‖ ばくちを打つ jugar
  - ▪ばくち打ち juga*dor*[*dora*] *mf*.
- **ばくちく** 爆竹 petardo *m*. ‖ 爆竹を鳴らす tirar petardos
- **はくちゅう** 白昼
  - ▪白昼に en pleno día, a plena luz del día
  - ◿白昼強盗 robo *m*. en pleno día
  - ◿白昼夢 ensueño *m*., ensoñación *f*.
- **はくちゅう** 伯仲
  - ▶伯仲する estar iguala*do*[*da*] ‖ 両チームの技量は伯仲している Los dos equipos están igualados en「técnica [habilidad].
- **はくちょう** 白鳥 cisne *m*.(雄・雌)
  - ◿白鳥座 Cisne *m*.
- **バクテリア** bacteria *f*.
- **はくどう** 白銅 cuproníquel *m*.
- **はくないしょう** 白内障 catarata *f*. ‖ 白内障である tener cataratas
- **はくねつ** 白熱 incandescencia *f*.
  - ▶白熱した acalora*do*[*da*] ‖ その問題は、白熱した議論を引き起こした Esa cuestión provocó una discusión acalorada.
  - ◿白熱戦 partido *m*. muy「igualado [reñido]
  - ◿白熱灯 lámpara *f*. incandescente
- **ばくは** 爆破 voladura *f*.
  - ▶爆破する volar, hacer saltar ALGO con explosivos ‖ 列車を爆破する volar [hacer saltar] un tren con explosivos
- **ぱくぱく** ‖ ぱくぱく食べる engullirse, tragarse, devorar,《話》zamparse
  - ▶ぱくぱくさせる ‖ 口をぱくぱくさせる abrir y cerrar la boca, boquear
- **はくはつ** 白髪 canas *fpl*. ⇒しらが(白髪)
  - ▶白髪の ca*no*[*na*], (白髪の多い) cano*so*[*sa*]
- **ばくはつ** 爆発 explosión *f*., (火山の) erupción *f*. ‖ 爆発が起こる producirse *una explosión*
  - ▶爆発する explotar, estallar, explosionar ‖ 爆弾が爆発した Explotó una bomba.／彼の怒りが爆発した Estalló su「ira [cólera].
  - ▶爆発的な explosi*vo*[*va*] ‖ 爆発的な人気を得る tener「un exitazo [mucha popularidad]
  - ▶爆発的に ‖ 爆発的に売れる venderse como「rosquillas [churros]
  - ◿爆発音 detonación *f*.
  - ◿爆発物 artefacto *m*. explosivo ‖ 爆発物処理 desactivación *f*. de explosivos
  - ◿爆発力 poder *m*. de la explosión, (猛度) potencia *f*. explosiva
- **はくひょう** 白票 voto *m*. en blanco ‖ 白票を投じる votar en blanco, emitir un voto en blanco
- **ばくふ** 幕府 *shogunato m*. ‖ 幕府を開く instaurar el *shogunato*／幕府を倒す「derrocar [derribar] el *shogunato*
  - ◿徳川幕府 *shogunato m*. de Tokugawa

ばくふう 爆風 （爆弾の）onda *f*.「expansiva [de explosión]」‖ 爆風で窓のガラスが吹き飛んだ Volaron los cristales de la ventana con la onda expansiva.

はくぶつかん 博物館 museo *m*.
◪ 国立博物館 museo *m*. nacional

はくまい 白米 arroz *m*. blanco

ばくやく 爆薬 explosivo *m*., detonante *m*. ‖ 爆薬を仕掛ける「poner [colocar] explosivos《en》

はくらい 舶来
▶ 舶来の importa*do*[*da*], de importación
◪ 舶来品 artículos *mpl*. importados

はぐらかす esquivar, eludir, soslayar ‖ 質問をはぐらかす responder (a) una pregunta con evasivas,《慣用》echar balones fuera

はくらんかい 博覧会 exposición *f*. ‖ 博覧会を開催する celebrar una exposición
◪ 博覧会場 recinto *m*. de la exposición

はくらんきょうき 博覧強記 ‖ 博覧強記の人 persona *f*. de amplio conocimiento, enciclopedia *f*. viviente

ぱくり
▶ ぱくりと ‖ ぱくりと一口で食べる comerse ALGO de un solo bocado

はくりきこ 薄力粉 harina *f*. floja

はくりたばい 薄利多売 beneficios *mpl*. obtenidos por un gran volumen de ventas con un margen reducido por unidad

ばくりょう 幕僚 （集合的に）estado *m*. mayor
◪ 幕僚監部 oficial *com*. del estado mayor
◪ 幕僚長 je*fe*[*fa*] *mf*. del estado mayor

はくりょく 迫力 fuerza *f*., dinamismo *m*. ‖ 迫力のある potente, impresionante, vigoro*so*[*sa*], energí*co*[*ca*] ／ 迫力に欠ける carecer de fuerza

ぱくる （だまし取る）estafar,（盗用する）plagiar,（逮捕する）detener

はぐるま 歯車 rueda *f*. dentada,（装置）engranaje *m*. ‖ 歯車をかみ合わせる engranar, endentar ／ 機械が歯車から外れている La máquina está fuera del engranaje. ／ 私は会社の歯車の一つにすぎない Soy una simple pieza del engranaje de la empresa.
〔慣用〕歯車が狂う‖ 歯車が狂い始める Las cosas empiezan a ir de mal en peor.

はぐれる perderse《de》‖ 群れからはぐれる perderse del rebaño ／ 食いはぐれる（食事をしそこなう）perder la comida ／ 友人とはぐれてしまいました He perdido de vista a los amigos.

ばくろ 暴露 revelación *f*.
▶ 暴露する revelar, sacar ALGO a la luz
◪ 暴露記事 artículo *m*.「revelador [sensacionalista]

はけ 刷毛 （塗装の）brocha *f*. ‖ 刷毛で塗る pintar con brocha

はげ 禿げ calvicie *f*.,（人）cal*vo*[*va*] *mf*.
▶ 禿げる quedarse cal*vo*[*va*]
◪ はげ頭 cabeza *f*. calva

はけぐち 捌け口 salida *f*. ‖ 水のはけ口 desagüe *m*. ／ 怒りのはけ口 forma *f*. de desahogar la ira ／ 商品のはけ口を探す buscar una salida comercial《a》

はげしい 激しい inten*so*[*sa*], violen*to*[*ta*] ‖ 激しい痛み dolor *m*. intenso ／ 激しい風 fuerte viento *m*. ／ 激しい気性 carácter *m*. impulsivo, temperamento *m*. muy fuerte ／ 激しい怒り enfado *m*. violento, furia *f*. ／ この建物は人の出入りが激しい Este edificio tiene continua afluencia de gente.
▶ 激しく violentamente, intensamente

はげたか 禿鷹 buitre *m*.(雄・雌)

バケツ cubo *m*., balde *m*. ‖ バケツに水を入れる llenar el cubo de agua

バゲット barra *f*. de pan

パケット 《IT》paquete *m*. de「red [datos]
◪ パケット交換 conmutación *f*. de paquetes
◪ パケット通信 comunicación *f*. de paquetes
◪ パケット料金 oferta *f*. de tarifa plana

ばけのかわ 化けの皮 ‖ 化けの皮が剥がれる descubrirse,《慣用》caerse *la máscara* a ALGUIEN ／ 化けの皮を剥ぐ desenmascarar,《慣用》quitar la máscara《a》

はげまし 励まし estímulo *m*., ánimo *m*. ‖ 励ましの言葉 palabras *fpl*. de ánimo

はげます 励ます animar, estimular ‖ 病人を励ます animar「al enfermo [a la enferma]

はげみ 励み estímulo *m*., incentivo *m*. ‖ 励みになる servir de estímulo ／ 給料がこんなに少なくては働く励みにならない Con este salario tan bajo, no hay ningún incentivo para trabajar.

はげむ 励む esforzarse《por》, afanarse《en》, aplicarse《en》‖ 仕事に励む trabajar duro ／ 練習に励む entrenar(se) con ahínco ／ 学問に励む poner empeño en los estudios

ばけもの 化け物 fantasma *m*., espectro *m*.,(怪物)monstruo *m*.
◪ 化け物屋敷 casa *f*. embrujada

はげやま 禿山 monte *m*. pelado

はける 捌ける （商品が）venderse,（水が）escurrir, desaguarse ‖ この商品は良くはける Este artículo se vende muy bien.

はげる 禿げる quedarse cal*vo*[*va*],（中南米）quedarse pel*ón*[*lona*] ‖ 父は頭が禿げてきた Mi padre se está quedando calvo. ／ 山火事で木々が焼け、山は禿げた Se quemaron los árboles por el incendio y el monte se ha quedado pelado.

はげる 剥げる despegarse,（塗装が）desconcharse, despintarse,（色が）descolorarse, desteñirse ‖ 車体の一部の塗装が剥げている Una parte de la carrocería del coche se ha despintado. ／このセーターは色が剥げない Este jersey no se destiñe.

ばける 化ける （別の姿に変わる）tomar la forma 《de》,（変装する）disfrazarse ‖ 狸が鍋に化けた El tejón「tomó la forma de [se convirtió en] una cazuela. ／彼らは警官に化けて銀行強盗を働いた Ellos atracaron el banco disfrazados de policías.

はけん 派遣 envío *m*.
▶派遣する enviar,（代表として）delegar ‖ 記者を派遣する enviar a *un*[*una*]「periodista [corresponsal]
◢人材派遣会社 agencia *f*. de「colocaciones [recursos humanos] para trabajos temporales
◢派遣軍 cuerpo *m*. expedicionario
◢派遣社員 emplea*do*[*da*] *mf*. temporal ‖ コスト削減のために派遣社員を雇う contratar a empleados temporales para reducir los costes
◢派遣団 delegación *f*.

はけん 覇権 hegemonía *f*., supremacía *f*.,（選手権）campeonato *m*. ‖ 覇権を握る「obtener [ganar] la supremacía ／英国はスペインから覇権を奪い取った Gran Bretaña le quitó la supremacía a España.

ばけん 馬券 quiniela *f*. hípica ‖ 馬券を買う comprar la quiniela hípica
◢馬券売り場「ventanilla *f*. [taquilla *f*.] de venta de la quiniela hípica ‖ 場外馬券売り場「oficina *f*. [agencia *f*.] de venta de la quiniela hípica

はこ 箱 caja *f*. ‖ 箱に本を詰める meter libros en una caja ／箱を開ける abrir la caja
◢段ボール箱 caja *f*. de cartón

はごいた 羽子板 「paleta *f*. [raqueta *f*.] para jugar al bádminton japonés

はこいりむすめ 箱入り娘 hija *f*. sobreprotegida, hija *f*. criada entre algodones ‖ 彼女は箱入り娘だ Ella se ha criado entre algodones.

はごたえ 歯応え ‖ 歯ごたえのある du*ro*[*ra*] al masticar ／歯ごたえのない人 persona *f*. aburrida

はこにわ 箱庭 maqueta *f*. de un jardín hecha en una caja (con plantas y piedras diminutas y con puentes en miniatura)

はこびこむ 運び込む traer y meter ALGO 《en》‖ ソファーを居間に運び込む meter un sofá en el salón

はこびさる 運び去る llevarse ‖ 警察は故障車をクレーンで運び去った La policía se llevó el coche averiado con la grúa.

はこびだす 運び出す sacar ALGO fuera ‖ 家具を外に運び出す sacar fuera los muebles

はこぶ 運ぶ llevar,（乗り物で）transportar ‖ 貨物をトラックで運ぶ transportar mercancías en camión ／この荷物をタクシー乗り場まで運んでください Por favor, lleve estos equipajes hasta la parada de taxi. ／けが人を救急車で病院に運ぶ llevar a un herido al hospital en ambulancia ／足を運ぶ ir, acudir ／事はうまく運んでいる Las cosas marchan bien. ／式がうまく運んだ La ceremonia se desarrolló bien.

バザー bazar *m*.

ハザードマップ mapa *m*. de riesgo

はざかいき 端境期 período *m*. antes de la cosecha

ばさばさ ‖ 風で髪がばさばさになった El viento me ha despeinado.

ぱさぱさ ‖ ばさばさの髪 pelo *m*. seco

はさまる 挟まる quedarse atrapa*do*[*da*], engancharse ‖ 私は食べ物が歯に挟まってしまった Se me ha quedado la comida entre los dientes. ／着物の裾が電車のドアに挟まった Se me quedó atrapada la parte inferior del quimono con la puerta del tren.

はさまれる 挟まれる ‖ 私はドアに手を挟まれた Me ha cogido la mano la puerta.

はさみ 鋏 ❶ tijeras *fpl*. ‖ はさみで紙を切る cortar el papel con tijeras ／はさみを研ぐ afilar las tijeras
◢キッチン鋏 tijeras *fpl*. de cocina
◢裁ち鋏 tijeras *fpl*. para cortar tela
❷（エビ・カニの）pinza *f*.

はさむ 挟む insertar, meter ‖ 本に紙片を挟む meter una hoja de papel en un libro ／パンにハムを一切れ挟む colocar una loncha de jamón entre dos rebanadas de pan ／テーブルを挟んで座る sentarse a la mesa frente a frente

はさん 破産 bancarrota *f*., quiebra *f*. ‖ 破産を宣告する declararse en bancarrota ／破産を回避する evitar la bancarrota
▶破産する quebrar, arruinarse ‖ 財務上のトラブルでその会社は破産した La compañía quebró por problemas financieros.
◢カード破産 ‖ カード破産の宣告 declaración *f*. de quiebra con la tarjeta de crédito
◢自己破産 quiebra *f*. voluntaria ‖ 自己破産を申請する presentar una declaración de quiebra voluntaria
◢破産管財人 síndico *m*. de la quiebra
◢破産者 insolvente *com*., quebra*do*[*da*] *mf*.
◢破産宣告 declaración *f*. de quiebra

はし 端 extremo *m*.,（先端）punta *f*.,（ふち・へり）borde *m*. ‖ 糸の端 extremo *m*. del hilo ／道の端に車を駐車する aparcar el coche al borde de la calle ／端から端まで de punta a punta

はし 箸 palillos *mpl*. ‖ 箸で食べる comer

con palillos ／ 箸を使う usar los palillos ／ まだ誰も食事に箸をつけていない Nadie ha empezado a comer aún.

(慣用)箸が進む tener buen apetito
(慣用)箸にも棒にもかからない 《慣用》no tener cura
(慣用)箸の上げ下ろし detalles *mpl.* en el comportamiento
(慣用)私は箸より重いものを持ったことがない He crecido sobreprotegi*do*[da]. ¦ Me han criado entre algodones.

◨ 箸置き posapalillos *m.*[=*pl.*], almohadilla *f.* para los palillos
◨ 箸立て portapalillos *m.*[=*pl.*]
◨ 箸箱 estuche *m.* para los palillos

はし 橋 puente *m.* ‖ 橋のたもとで al pie de un puente ／ 川に橋を架ける construir un puente sobre un río ／ 橋を造る construir un puente ／ 橋を渡る cruzar un puente ／ 橋が落ちた Se cayó el puente.

◨ 橋桁 viga *f.* de puente

――――― いろいろな橋 ―――――

アーチ橋 puente *m.* de arco ／ 桁橋 puente *m.* de vigas rectas ／ 吊り橋 puente *m.* colgante ／ 斜張橋 puente *m.* atirantado ／ カンチレバー橋梁 (片持ち橋梁) puente *m.* voladizo ／ 可動橋 puente *m.* móvil ／ 跳ね橋 puente *m.* levadizo ／ 水道橋 acueducto *m.* ／ 運搬橋 puente *m.* transbordador ／ 高架橋・陸橋 viaducto *m.*, paso *m.* elevado ／ 鉄(道)橋 puente *m.* de ferrocarril ／ 太鼓橋 puente *m.* de arco ／ 歩道橋 pasarela *f.*, puente *m.* peatonal ／ 石橋 puente *m.* de piedra ／ 桟橋 embarcadero *m.*, muelle *m.* ／ ボーディングブリッジ (搭乗橋) pasarela *f.* de acceso a aeronaves

はじ 恥 vergüenza *f.*, (不名誉) deshonra *f.*, (屈辱) humillación *f.* ‖ 恥をかく pasar vergüenza ／ 人に恥をかかせる 「avergonzar [deshonrar, humillar] a ALGUIEN ／ 恥をさらす desacreditarse ／ 恥を知る avergonzarse ／ 恥を忍んで tragándose el orgullo ／ それは家族の恥である Eso es una deshonra para la familia.

(慣用)恥の上塗り vergüenza *f.* añadida, doble vergüenza *f.*
(慣用)恥も外聞もなく sin pudor ni discreción, sin sentir vergüenza alguna, descaradamente
(慣用)聞くは一時の恥、聞かぬは末代の恥 Preguntar da vergüenza, pero quedarse sin preguntar da vergüenza de por vida.

はじいる 恥じ入る avergonzarse, 《慣用》bajar la frente

はしか 麻疹 sarampión *m.* ‖ はしかにかかる coger el sarampión

はしがき 端書 prefacio *m.*, prólogo *m.*, proemio *m.*

はじきだす 弾き出す arrojar, expulsar, (算出する) calcular ‖ 仲間から弾き出される ser expulsa*do*[da] del círculo de amigos ／ コンピュータが弾き出した数字 número *m.* calculado por el ordenador

はじく 弾く (指で) dar un golpecito con un dedo 《en》, (水などを) repeler ‖ この布は水をはじく Esta tela repele el agua. ／ そろばんをはじく calcular con ábaco ／ 三味線をはじく tocar el *shamisen*

はしくれ 端くれ pedacito *m.*, trocito *m.*, sobras *fpl.* ‖ これでも私(男性)は役者の端くれです No en vano soy actor. ¦ Por algo soy actor. ¦ Aunque sea un actor insignificante, soy actor.

はしけ 艀 lancha *f.*, gabarra *f.*, barcaza *f.*

はじける 弾ける (飛び散る) esparcirse, (豆などが) abrirse

はしご 梯子 escalera *f.* de mano, escala *f.* ‖ はしごを壁に立てかける apoyar la escalera en la pared

◨ はしご酒 ‖ はしご酒をする hacer ronda de bares, ir de bar en bar
◨ はしご車 camión *m.* de bomberos con escalera

はじさらし 恥曝し deshonra *f.*, vergüenza *f.* ‖ 彼は家族の恥さらしだ Él es una 「vergüenza [deshonra] para la familia.

はじしらず 恥知らず (人) sinvergüenza *com.*, caradura *com.*
▶恥知らずな sinvergüenza, caradura

はしたがね 端金 (話) una miseria, una suma irrisoria de dinero ‖ こんなはした金をもらっても仕方ない Me han dado una miseria y no sirve para nada.

はしたない indecente, vergonzo*so*[sa] ‖ はしたない行い conducta *f.* indecente

ばじとうふう 馬耳東風 ‖ 君が彼にいくら説教しても馬耳東風だ Aunque le des muchos consejos, le entra por un oído y le sale por el otro.

はしばみ 榛 (木) avellano *m.*, (実) avellana *f.*

はじまり 始まり comienzo *m.*, inicio *m.*, (起源) origen *m.*, (原因) causa *f.* ‖ 日本茶の輸出の始まりは江戸時代に遡る El inicio de la exportación del té japonés data de la época (de) Edo.

はじまる 始まる empezar, comenzar, iniciarse ‖ A で始まる名前 un nombre que empieza por A ／ 工事が始まる Empieza la obra. ／ 新学期が始まる Comienza el nuevo curso académico. ／ 戦争が始まった Estalló la guerra. ／いまさら悔やんでも始まらない Es demasiado tarde para arrepentirse. ／彼の遅刻は今に始まったことではない No es nada nuevo que él llegue con retraso.

はじめ 初め/始め comienzo *m.*, principio *m.*, inicio *m.* ‖ 部長(男性)を始めとする社員全員がコメントをしたがらない Todos los empleados no quieren hacer comentarios, empezando por el director.
▶初めから desde el principio ‖ 私は初めから彼を信用していなかった No confiaba en él desde el principio. ／初めから終わりまで desde el principio hasta el final
▶初めに para empezar, primeramente ‖ 初めに職場の仲間を紹介しましょう Antes 「que [de] nada, le voy a presentar a usted a los compañeros del trabajo. ／第二次世界大戦の初めに al comienzo de la Segunda Guerra Mundial
▶初めの prim*ero*[*ra*] ‖ 初めの計画はこうではなかった El proyecto original no era así.
▶初め(の内)は al principio ‖ 初めは誰でも緊張するものです Cualquiera se pone nervioso la primera vez.

はじめて 初めて por primera vez ‖ ボリビアは初めてです Es la primera vez que vengo a Bolivia. ／初めてメールを差し上げます Es la primera vez que le escribo un correo electrónico. ／私は初めて家族とスペインに行きます Es la primera vez que viajo a España con mi familia.
▶初めての prim*ero*[*ra*]

はじめまして 初めまして Mucho gusto. ¦ (男性が言う場合) Encantado. ¦ (女性が言う場合) Encantada. ‖ 初めまして、お会いできてうれしいです(男性に対して言う場合) Mucho gusto en conocerle. ¦ Encanta*do*[*da*] de conocerle. ¦ (女性に対して言う場合) Mucho gusto en conocerla. ¦ Encanta*do*[*da*] de conocerla.

はじめる 始める empezar, comenzar, emprender, (～し始める) empezar a 『＋不定詞』‖ 身支度を始める empezar a arreglarse ／結婚式の準備を始める empezar los preparativos de la boda ／交渉を始める entablar negociaciones ／勉強を始める ponerse a estudiar ／事業を始める montar un negocio ／3ページから始めましょう Empecemos por la página 3. ／前回の会議の取り決めを再確認することから始めましょう Comencemos revisando los acuerdos de la reunión anterior.

はしゃ 覇者 (支配者) gobernante *com.*, (征服者) conquista*dor*[*dora*] *mf.*, (競技の) campe*ón*[*ona*] *mf.*, gana*dor*[*dora*] *mf.*

ばしゃ 馬車 carruaje *m.*, carro *m.* de caballos., (大型で豪華な) carroza *f.* ‖ 4頭立ての馬車 carro *m.* de cuatro caballos

◪馬車馬 ‖ 馬車馬のように働く trabajar duro, 《慣用》trabajar como un burro

はしゃぐ 燥ぐ retozar, (楽しむ) 《慣用》divertirse como un enano ‖ 子どもたちがはしゃいでいる Los niños están retozando.

パジャマ pijama *m.* ‖ パジャマ姿で外に出るのはやめなさい No salgas a la calle en pijama.

ばじゅつ 馬術 equitación *f.*, hípica *f.* ‖ 彼は馬術が得意だ Él es un buen jinete.
◪馬術競技 competición *f.* ecuestre

はしゅつじょ 派出所 puesto *m.* de policía →こうばん(交番)

ばしょ 場所 (所) lugar *m.*, (位置) sitio *m.*, (余地) espacio *m.*, (相撲の) torneo *m.* ‖ 荷物を置く場所がない No hay espacio para colocar el equipaje. ／そのホテルは場所が悪い El hotel se encuentra mal 「situado [ubicado]. ／場所を取る ocupar sitio ／場所がらをわきまえずに sin preocuparse de las circunstancias ／場所をあけてください Hagan sitio, por favor.

はじょう 波状
▶波状の en forma ondulante
◪波状攻撃 ataques *mpl.* 「en oleadas [alternativos]
◪波状ストライキ huelga *f.* 「escalonada [intermitente]

はしょうふう 破傷風 tétanos *m.*[=*pl.*], tétano *m.* ‖ 破傷風にかかる contraer el tétanos
◪破傷風菌 bacilo *m.* 「del tétanos [tetánico]

はしょる 端折る (裾をからげる) remangar(se), arremangar(se), arregazar(se), (省略する) abreviar, omitir ‖ 直接関係のないところは端折って説明します Voy a dar la explicación omitiendo las partes que no tienen que ver directamente con el tema.

はしら 柱 pilar *m.*, (円柱) columna *f.* ‖ 建物の柱 「pilar *m.* [columna *f.*] del edificio ／火の柱 columna *f.* de fuego ／一家の柱 el 「pilar [sostén] de la familia ／犬を柱につなぐ atar al perro a la columna ／柱を立てる levantar un pilar
◪柱時計 reloj *m.* de pared

はじらい 恥じらい timidez *f.*, pudor *m.*

はじらう 恥じらう mostrarse tím*ido*[*da*], (赤面する) ponerse roj*o*[*ja*]

はしらせる 走らせる ‖ ペンを走らす dejar correr la pluma ／使いを走らす enviar a *un*[*una*] mensaj*ero*[*ra*] ／彼女は新聞に目を走らせた Ella le echó 「un vistazo [una ojeada] al periódico.

はしり 走り (初物) primicias *fpl.*, (兆) presagio *m.* ‖ パン屋までバゲットを買いに一走りしてくる Voy de (una) corrida a la panadería por una barra de pan. ／このボ

はしりがき

ールペンは走りが悪い Este bolígrafo no escribe bien. ／走りのかつお los primeros bonitos de la temporada ／梅雨の走り presagio *m.* de la temporada de lluvias

はしりがき　走り書き　garabato *m.*
▶走り書きする garabatear, hacer un garabato‖彼女は伝言をメモ帳に走り書きした Ella garabateó un mensaje en el cuaderno de notas.

バジリコ　albahaca *f.*

はしりたかとび　走り高跳び　salto *m.* de altura‖走り高跳びの選手 atleta *com.* de salto de altura, salta*dor*[*dora*] *mf.* de altura

はしりづかい　走り使い　recado *m.*, 《中南米》mandado *m.*, (人) recade*ro*[*ra*] *mf.*, 《中南米》mandade*ro*[*ra*] *mf.*‖男の子を走り使いに出す mandar a un niño de recadero

はしりはばとび　走り幅跳び　salto *m.* de longitud‖走り幅跳びの選手 atleta *com.* de salto de longitud, salta*dor*[*dora*] *mf.* de longitud

はしりよみ　走り読み　lectura *f.* en diagonal
▶走り読みする leer en diagonal, echar una ojeada《a》‖報告書を走り読みする leer en diagonal el informe

はしる　走る　correr, (走行する) recorrer, circular‖全速力で走る correr a toda velocidad ／毎日5キロ走る correr diariamente cinco kilómetros ／女の子が走ってやって来た Una chica vino corriendo. ／犬が公園を走り回る Los perros corretean por el parque. ／都心を走るバス autobús *m.* que circula por el centro de la ciudad ／この辺を鉄道が走っている Por esta zona pasa el ferrocarril. ／地下鉄の路線が町を東西に走っている La línea del metro「atraviesa [cruza, recorre] la ciudad de este a oeste. ／敵方に走る pasarse al enemigo ／恋人のもとへ走る irse con *su* no*vio*[*via*] (dejando atrás todo) ／悪事に走る cometer una fechoría ／欲に走る dejarse arrastrar por la avaricia ／稲妻が走る resplandecer un *relámpago*, relampaguear ／背中に鋭い痛みが走った Un dolor agudo me recorrió la espalda.

はじる　恥じる　avergonzarse《de》‖未熟を恥じる avergonzarse de *su* inmadurez ／このチームは名に恥じないプレーをした El equipo ha tenido un partido digno de su reputación. ／私は恥じるところはない No tengo de qué avergonzarme.

バジル　albahaca *f.*

はしわたし　橋渡し　mediación *f.*
▶橋渡しをする「hacer [trabajar] de intermedia*rio*[*ria*]

ばしん　馬身　cuerpo *m.* (de caballo)‖3馬身の差で勝つ ganar por tres cuerpos

はす　斜　→ななめ(斜め)‖はすに構える tomar una actitud cínica

はす　蓮　《植物》loto *m.*

はず　筈‖会議は1時間だけのはずだった Estaba prevista solamente una hora para la reunión. ／彼はもう着いているはずだ Él debe de haber llegado ya. ／〜するはずがない No es posible que『＋接続法』. ／そんなはずはない No puede ser.｜No es posible.

バス ❶ autobús *m.*, bus *m.*, 《中米》camión *m.*, 《ペルー・ウルグアイ》ómnibus *m.*, 《チリ》micro *m.*, 《キューバ》guagua *f.*‖バスが通っている Hay servicio de autobuses. ／バスで行く ir en autobús ／バスに乗る tomar un autobús, subir al autobús ／バスを降りる bajar del autobús ／バスを待つ esperar el autobús
▫貸切りバス autobús *m.* fletado
▫観光バス autobús *m.* turístico
▫スクールバス autobús *m.* escolar
▫長距離バス autobús *m.* de largo recorrido, 《スペイン》autocar *m.*
▫2階建てバス autobús *m.* de dos pisos
▫マイクロバス microbús *m.*
▫バス回数券 《スペイン》bonobús *m.*
▫バスガイド guía *com.* de autobús
▫バス専用車線 carril *m.* bus
▫バスターミナル「estación *f.* [terminal *f.*] de autobuses
▫バス停 parada *f.* de autobús‖バス停はどこですか ¿Dónde está la parada de autobús?
▫バス料金 tarifa *f.* de autobús
▫バス旅行 viaje *m.* en autocar
▫バス路線 línea *f.* de autobuses
❷《音楽》(低音) bajo *m.*
❸ (風呂) baño *m.*‖バス・トイレ付きの部屋 habitación *f.* con baño
▫バスタオル toalla *f.* de「baño [playa]
▫バスタブ bañera *f.*
▫バスルーム cuarto *m.* de baño
▫バスローブ albornoz *m.*
❹《IT》bus *m.*
▫アドレスバス bus *m.* de dirección
▫データバス bus *m.* de datos

パス　(球技) pase *m.*; (定期券) abono *m.*, pase *m.*; 《IT》ruta *f.*‖(球技で)良いパスを出す「dar [hacer] un buen pase ／無料入場のパス pase *m.* gratis (para la entrada)
▶パスする (通過する) pasar‖ボールをパスする pasar「el balón [la pelota]《a》／試験にパスする aprobar el examen

はすい　破水　ruptura *f.* de aguas
▶破水する romper aguas

はすう　端数　fracción *f.*‖端数を切り捨てる redondear las fracciones, (小数点以下の) quitar los decimales

ばすえ　場末　afueras *fpl.*, extrarradio *m.*, suburbio *m.*‖場末の酒場 taberna *f.* de suburbio

はずかしい 恥ずかしい tener vergüenza ‖ 人ごとながら恥ずかしい sentir vergüenza ajena ／ 人前で話すのは恥ずかしい Me da vergüenza hablar en público. ／ 何も恥ずかしいことではありません No hay nada de qué avergonzarse.
▶恥ずかしそうな ‖ 恥ずかしそうな顔をする poner cara de sentir vergüenza
▶恥ずかしそうに tímidamente, con timidez
▶恥ずかしげもなく descaradamente

はずかしがりや 恥ずかしがり屋 vergonzo*so[sa]* *mf.*, (内気の) tími*do[da]* *mf.*

はずかしがる 恥ずかしがる mostrarse avergonza*do[da]* ‖ その男の子は恥ずかしがって歌おうとしない Al niño le da vergüenza y no quiere cantar.

はずかしめる 辱める (人を) hacer pasar vergüenza a ALGUIEN, humillar, (強調する) violar ‖ 家名を辱める deshonrar el nombre de la familia

パスカル (圧力の単位) pascal *m.* (略 Pa)
◪パスカルの原理「principio *m.* [ley *f.*] de Pascal

ハスキー ‖ ハスキーな声 voz *f.* ronca

バスケット cesta *f.*, (大きな) cesto *m.*, (取って付きの) canasta *f.*, canasto *m.*

バスケットボール 《スペイン》 baloncesto *m.*,《中南米》basquetbol *m.* ‖ バスケットボールの試合 partido *m.* de baloncesto
▶バスケットボールをする jugar al baloncesto
◪バスケットボール選手 juga*dor[dora]* *mf.* de baloncesto

はずす 外す quitar ‖ ボタンを外す desabrocharse, desabotonarse ／ 眼鏡を外す quitarse las gafas ／ 壁から絵を外す descolgar el cuadro de la pared ／ タイミングを外す desaprovechar el momento oportuno ／ シュートを外す fallar el disparo a gol ／ 的を外す「fallar [errar] el tiro ／ 彼は先発メンバーを外された Él fue excluido de la alineación inicial de jugadores. ／ 音程を外す desafinar, desentonar

パスタ pasta *f.*
◪乾燥パスタ pasta *f.* seca
◪生パスタ pasta *f.* fresca
◪パスタメーカー máquina *f.* para laminar y cortar pasta

パステル 《美術》 pastel *m.*
◪パステル画 pintura *f.* al pastel
◪パステルカラー color *m.* pastel

バスト pecho *m.*, seno *m.*, busto *m.* ‖ バストは何センチですか ¿Cuál es tu talla de pecho?
◪バストアップ ‖ バストアップする levantar el pecho

はずべき 恥ずべき vergonzo*so[sa]*, (不名誉な) deshonro*so[sa]* ‖ 恥ずべき行為 conducta *f.* 「vergonzosa [deshonrosa]

パスポート pasaporte *m.* ‖ パスポートを持ち歩く llevar el pasaporte *consigo* ／ パスポートを申請する solicitar el pasaporte ／ パスポートを交付する expedir el pasaporte ／ パスポートを拝見します ¿Podría revisar el pasaporte? ¦ El pasaporte, por favor.

はずみ 弾み (勢い) impulso *m.*, (ボールの) rebote *m.* ‖ 弾みがつく tomar impulso ／ ちょっとした弾みで con un leve impulso ／ ものの弾みでトレド行きの計画が持ち上がった Surgió el plan de ir a Toledo sobre la marcha. ／ 私はつまずいて転んだ弾みで前にいた人を押し倒してしまった Tropecé y al caerme, empujé y tiré al suelo a la persona que estaba delante de mí. ／ 景気回復に弾みをつける estimular la recuperación económica

はずむ 弾む (ボールが) botar, rebotar ‖ このボールはよく弾む Esta pelota bota mucho. ／ 心が弾む sentirse alegre ／ 話が弾む animarse *la conversación* ／ 息を弾ませながら坂をのぼる subir la cuesta jadeando ／ 弾んだ声 voz *f.* 「alegre [animada] ／ チップを弾む dar una buena propina

パズル puzle *m.*, (なぞなぞ) adivinanza *f.*
◪クロスワードパズル crucigrama *m.*
◪ジグソーパズル rompecabezas *m.*[=*pl.*]

はずれ 外れ ‖ 投資には当たり外れがつきもの La inversión siempre conlleva un riesgo. ¦ La inversión es una lotería.
▶外れの ‖ 外れのくじ boleto *m.* no premiado
▶外れに ‖ 町の外れに en la periferia de la ciudad

はずれる 外れる desencajarse, (予測が) fallar, (的が) no acertar ‖ シャツのボタンが外れる desabrocharse *la camisa* ／ 顎の骨が外れる desencajarse *la mandíbula* ／ ねらいが外れる no dar en el blanco ／ 私はくじに外れた No me ha tocado el premio. ／ 時代の流れから外れる desviarse de la corriente de la época ／ 歌の調子が外れる desentonar ／ 今日の天気予報は外れた El pronóstico del tiempo para hoy no ha acertado. ／ 彼の見積もりはそう外れてはいない Su cálculo no está tan lejos de la realidad. ／ 規則に外れる「estar [ir] contra las reglas

パスワード contraseña *f.*, clave *f.* de acceso ‖ パスワードを登録する registrar la contraseña ／ パスワードを入力する introducir la contraseña ／ パスワードを変更する cambiar la contraseña ／ パスワードを忘れる olvidarse de la contraseña

はぜ 鯊/沙魚 gobio *m.*

はせい 派生 derivación *f.*

ばせい

▶派生する　derivarse《de》‖一つの問題から新たな問題が派生する De un problema surge [se deriva] otro problema.
▶派生的な　derivado[da], secundario[ria]
■派生語　derivado m.

ばせい　罵声　insulto m., injuria f., improperios mpl., dicterios mpl.‖罵声を浴びせる「lanzar [proferir] injurias《contra》

バセドーびょう　バセドー病　enfermedad f. de Glaves-Basedow

パセリ　perejil m.

パソコン　「ordenador m. [computadora f.] personal, PC m.‖パソコンが遅い El ordenador anda lento. ¦ El ordenador está sobrecargado. ／パソコンが起動しない No arranca el ordenador. ／パソコンをテレビにつなぐ conectar el ordenador al televisor
■パソコンユーザー　usuario[ria] mf. de ordenador

はそん　破損　daño m., desperfecto m., rotura f.‖破損の箇所を修理する reparar los daños ocasionados
▶破損する　romperse, estropearse

はた　旗　bandera f., (小旗) banderín m.‖旗を立てる colocar la bandera ／旗を上げる izar la bandera ／旗を下ろす arriar la bandera ／旗が翻る La bandera ondea. ／旗が上がる La bandera se iza. ／自由の旗のもとに生きる vivir bajo la bandera de la libertad
〔慣用〕旗を揚げる（新しく事を起ち上げる）emprender
〔慣用〕旗を振る agitar la bandera, (指揮をとる) dirigir, mandar

はた　端/傍/側‖はたの迷惑になる molestar a los demás ／はたの目を気にする preocuparse del qué dirán
▶はたから見ると‖はたから見るとそれは簡単そうだ Viéndolo hacer, parece fácil.

はた　機　tejedora f.‖機を織る tejer

はだ　肌　piel f., cutis m.[=pl.]‖白い肌 piel f. blanca ／肌がきれいである tener un cutis hermoso ／肌が荒れている tener la piel áspera ／肌を刺す寒さだ Hace un frío que pela. ／肌で感じる sentir en primera persona
〔慣用〕肌が合う congeniar《con》, llevarse bien《con》‖彼と肌が合わない No me llevo bien con él. ¦ Él y yo tenemos caracteres incompatibles.
〔慣用〕肌を許す（男性に）entregarse a un hombre
〔慣用〕肌を脱ぐ／一肌脱ぐ prestar「apoyo [ayuda]《a》
■木肌　corteza f.
■山肌　superficie f. de una montaña

バター　mantequilla f.‖パンにバターを塗る untar el pan con mantequilla ／バターが溶ける「deshacerse [derretirse] la mantequilla
■バター入れ　mantequera f.
■バターナイフ　cuchillo m.「de [para] mantequilla

パター　《ゴルフ》putter m.

はたあげ　旗揚げ
▶旗揚げする　emprender‖新党を旗揚げする「crear [fundar] un nuevo partido
■旗揚げ公演　función f. de estreno‖旗揚げ公演をする estrenar una obra teatral

はだあれ　肌荒れ　asperaza f. de la piel

パターン　（様式）modelo m., (服の型紙) patrón m.‖行動のパターン patrón m. de comportamiento ／パターンを認識する reconocer el patrón
■パターン認識　reconocimiento m. del patrón

はたいろ　旗色　situación f., circunstancias fpl., panorama m.‖旗色が悪い Las circunstancias son desfavorables. ¦《慣用》Corren malos vientos.

はだいろ　肌色　color m. carne,《美術》encarnado m.

はたおり　機織り　tejedura f., (人) tejedor[dora] mf.
■機織り機　telar m., tejedora f.
■裸電球　bombilla f. desnuda

はだか　裸　desnudez f.
▶裸の　desnudo[da]‖裸のつきあいをする（お互いに）tratarse con confianza, (誰かと) tratar a ALGUIEN como si fuera de la familia ／裸の木　árbol m.「desnudo [deshojado]
▶裸にする　desnudar
▶裸になる　desnudarse
■裸一貫‖裸一貫で上京する llegar a Tokio sin nada
■裸馬　caballo m. sin「silla [montura]‖裸馬に乗る montar (a caballo) a pelo
■裸電球　bombilla f. desnuda

はたき　叩き　plumero m., zorros mpl., (布団などの) sacudidor m.‖はたきをかける「quitar [limpiar] el polvo con un plumero
■はたき込む（相撲）dar un golpe al adversario para que se caiga hacia adelante

はだぎ　肌着　ropa f. interior ⇒したぎ（下着）

はたく　叩く　dar golpes, sacudir‖家具のほこりをはたく quitar el polvo de los muebles ／布団をはたく sacudir el colchón ／彼は有り金をはたいて車を買った Él gastó todo el dinero que tenía para comprar el coche.

はたけ　畑/畠　huerta f., campo m., (小規模の) huerto m., (専門分野) especialidad f.‖畑を耕す「labrar [trabajar, arar] la tierra
■外交畑‖外交畑の人 experto[ta] mf. en diplomacia
■畑仕事　trabajos mpl. de campo
■畑違い‖私には畑違いの仕事 trabajo m. ajeno a mi especialidad

はだける ‖胸をはだける despechugarse
はたざお 旗竿 asta *f.*
はださむい 肌寒い fres*co*[*ca*] ‖少し肌寒いね Hace fresquito, ¿no?
はだざわり 肌触り tacto *m.* ‖肌触りのよい「agradable [suave] al tacto
はだし 裸足
▶裸足の descal*zo*[*za*]
▶裸足で‖裸足で歩く caminar descal*zo*[*za*]
◪玄人はだし‖玄人はだしの演技 actuación *f.* que eclipsa a cualquier profesional
はたして 果たして （予想どおりに）en efecto, tal como se ha previsto, (本当に) verdaderamente, realmente ‖果たして〜だろうか ¿Será posible que 〖＋接続法〗?
はたじるし 旗印 estandarte *m.*, eslogan *m.*, lema *m.*, consigna *f.* ‖減税を旗印に選挙にのぞむ hacer campaña para las elecciones bajo la bandera de la reducción de impuestos
はたす 果たす cumplir, llevar a cabo, realizar, ejecutar ‖願いを果たす lograr un deseo／指導的役割を果たす desempeñar el papel de líder／責任を果たす cumplir con las obligaciones／金を使い果たす gastar todo el dinero
はたち 二十歳 veinte años *mpl.* ‖はたち過ぎればただの人 Pasados los veinte años somos uno de tantos.
ばたつく ‖手足をばたつかせる patalear y agitar las manos
はたと de repente ‖家を出る時電気を消さなかったことにはたと気づいた De repente me acordé de que no había apagado la luz al salir de casa.
ばたばた ‖ばたばた歩く（音を立てて）dar pasos ruidosos／アヒルが羽をばたばたさせる Los patos baten las alas.
▶ばたばたと‖猛暑でお年寄りがばたばたと倒れた Con el golpe de calor se enfermaron los ancianos uno tras otro.
▶ばたばたする‖彼女はいつもばたばたしている Ella siempre está ajetreada.
ぱたぱた
▶ぱたぱたと‖小鳥が羽をぱたぱたさせる El pájaro mueve las alas repetidamente.／洗濯物が風でぱたぱたしている Las ropas están revoloteando por el viento.
バタフライ mariposa *f.* ‖バタフライで泳ぐ nadar a mariposa
はだみ 肌身 ‖肌身離さず持っている llevar ALGO siempre *consigo*
はため 傍目
▶はた目には a los ojos de los otros, aparentemente ‖はた目には彼らは裕福な暮らしをしているように見えた Aparentemente se les veía que llevaban una vida desahogada.

はためいわく 傍迷惑
▶はた迷惑な‖自分は良くてもはた迷惑な行為は慎むべきだ Aunque uno mismo quede satisfecho, hay que evitar actitudes que molesten a los demás.
はためく ondear, flamear ‖旗が風にはためいている La bandera ondea al viento.
はたらかす 働かす hacer trabajar ‖想像を働かす hacer uso de la imaginación
はたらき 働き （仕事）trabajo *m.*, （活動）actividad *f.*, （作用）acción *f.*, （機能）función *f.* ‖働きに出る salir a trabajar／私は君たちの働きを認める Reconozco vuestro buen trabajo.
◪働きぶり manera *f.* de trabajar
◪働き蟻 hormiga *f.* obrera
◪働き口 empleo *m.*, trabajo *m.*, puesto *m.* de trabajo
◪働き盛り‖働き盛りである estar en plena edad productiva, estar en plenitud laboral
◪働き手 trabaja*dor*[*dora*] *mf.* ‖彼は一家の唯一の働き手 Él es el único sostén de la familia.
◪働き蜂 abeja *f.* obrera
◪働き者 trabaja*dor*[*dora*] *mf.*
はたらきかけ 働き掛け iniciativa *f.*, presión *f.* ‖学生たちの働きかけで義援金が地震の被災者に送られることになった Por iniciativa de los estudiantes, han decidido enviar una donación a las víctimas del terremoto.
はたらきかける 働き掛ける animar, (切願する) instar, suplicar ‖政府に交渉参加を働きかける presionar al gobierno para participar en las negociaciones
はたらきすぎる 働き過ぎる trabajar en exceso
はたらく 働く trabajar ‖額に汗して働く trabajar con el sudor de la frente／働きながら学ぶ estudiar trabajando／勘を働かせる usar la intuición／頭がよく働く tener la cabeza despejada／引力が働く actuar *la gravedad*／盗みを働く cometer un robo
⊠働かざる者の食うべからず Quien no trabaja no come.
はたん 破綻 fracaso *m.* ‖その出来事は従来の関係に破綻をきたした Por ese incidente ha terminado en fracaso la relación mantenida hasta ahora.
▶破綻する fracasar,《慣用》venirse abajo
◪経営破綻 fracaso *m.* empresarial ‖会社は経営破綻した La compañía quebró.
ばたん ‖ドアをばたんと閉める dar un portazo al cerrar la puerta, cerrar de golpe la puerta
はち 八 ocho *m.* ‖8番目の octa*vo*[*va*]／8分の1 un「octavo [ochavo]
はち 鉢 （植木鉢）maceta *f.*, tiesto *m.*, （食器）cuenco *m.*, tazón *m.* ‖苗を鉢に植える

はち 蜂 （ミツバチ）abeja *f.*, (雄) abejón *m.*, zángano *m.*; (スズメバチ) avispa *f.*, (マルハナバチ) abejorro *m.* ‖ 蜂の群れ enjambre m. de abejas／蜂を飼う criar abejas／蜂がぶんぶんいう Las abejas zumban.／私は蜂に手を刺された Me ha picado una abeja en la mano.
- 女王蜂 abeja *f.* reina
- 働き蜂 abeja *f.* obrera

ばち 罰 castigo *m.*, merecido *m.* ‖ 罰が当たる recibir「un castigo [*su* merecido], ser castiga*do*[*da*]／今に罰が当たるぞ ¡Dios te castigará!／君に罰が当たったのさ Lo tienes bien merecido.

ばち 撥 （太鼓の）palillo *m.* de tambor, baquetas *fpl.*, (三味線の) plectro *m.*, púa *f.*

はちあわせ 鉢合わせ
▶鉢合わせする（頭がぶつかる）darse un golpe en la cabeza, (出会う) encontrarse por casualidad

ばちがい 場違い
▶場違いな fuera de lugar, inoportu*no*[*na*], desplaza*do*[*da*] ‖ 場違いな所にいると感じる sentirse desplaza*do*[*da*]

はちがつ 八月 agosto *m.*
▶8月に en (el mes de) agosto

はちきれる はち切れる estallar, reventar ‖ はち切れそうな若さの rebosante de juventud／太っすぎてはち切れそうである estar he*cho*[*cha*] una vaca

はちく 破竹 ‖ 軍隊は破竹の勢いで進んだ La tropa avanzó「arrollando [barriendo] todo lo que se encontraba delante.

ぱちくり 驚いて目をぱちくりさせる「pestañear [parpadear] de sorpresa

はちじゅう 八十 ochenta *m.* ‖ 80番目の octogési*mo*[*ma*]／80分の1 un ochentavo／80代の(人) octogena*rio*[*ria*] (*mf.*), 《話》 ochen*tón*[*tona*] *mf.*

はちどり 蜂鳥 colibrí *m.*, pájaro *m.* mosca, picaflor *m.*

はちのす 蜂の巣 colmena *f.*, panal *m.*
[慣用] 蜂の巣をつついたような騒ぎになった Se armó un alboroto como si se hubiera「removido [revuelto] un panal.

ぱちぱち ‖ まきが燃えてぱちぱちいう La leña crepita al arder.／写真をぱちぱち撮る disparar varias veces la cámara／目をぱちぱちさせる parpadear continuamente

はちぶ 八分 ochenta *m.* por ciento ‖ 建物の八分は出来た El ochenta por ciento del edificio está terminado.
- 八分音符 corchea *f.*
- 八分休符 silencio *m.* de corchea

はちぶんめ 八分目 ochenta por ciento, (控え目に) moderadamente

はちまき 鉢巻き *hachimaki m.*, (説明訳)「cinta *f.* [banda *f.*] para la cabeza
▶はちまきをする ponerse「una cinta anudada [un *hachimaki* anudado] a la frente

はちみつ 蜂蜜 miel *f.* ‖ 蜂蜜入りのクッキー galleta *f.* con miel

はちミリ ハミリ
- 8ミリ映画 película *f.* de ocho milímetros
- 8ミリビデオカメラ videocámara *f.* de ocho milímetros

はちゅうるい 爬虫類 reptiles *mpl.* ‖ 亀は爬虫類だ La tortuga es un reptil.

はちょう 波長 (物理) longitud *f.* de onda ‖ FMに波長を合わせる sintonizar la radio en FM (frecuencia modulada)／波長が合う congeniar 《con》, llevarse bien 《con》

ぱちん （折れたり切れたりする音）chasquido *m.*, (小さな炸裂音) estallido *m.*, (鋏で切る音) tijereteo *m.*

ぱちんこ tirachinas *m.*[=*pl.*] ‖ ぱちんこで石をとばす tirar piedras con un tirachinas

パチンコ *pachinko m.*, pinball *m.* japonés
▶パチンコをする jugar a *pachinko*
- パチンコ屋 salón *m.* de *pachinko*

はつ 発 ❶(出発) ‖ マドリード発の列車 tren *m.* procedente de Madrid／11時発の列車 tren *m.*「de las 11 [que sale a las 11]
❷(弾丸・パンチなどを数える語) ‖ 外で小銃を2発撃った音がした Se oyeron dos「tiros [disparos] en la calle.／パンチを一発くらわせる dar un puñetazo

ばつ ‖ ばつが悪かった Me sentí violen*to*[*ta*]. ¦ Me sentí incómo*do*[*da*]. ¦ Me dio vergüenza. ¦ Me dio corte.

ばつ 罰 castigo *m.*, (刑) condena *f.*, pena *f.* ‖ 厳しい罰 castigo *m.*「duro [pesado], condena *f.* severa／罰として como castigo／罰を与える／罰を科す（人に）castigar, imponer un castigo 《a》／罰を免れる quedar sin castigo, quedar libre de castigo, (刑) quedar「impune [sin castigo]／罰を受ける recibir「castigo [condena], sufrir un castigo, ser castiga*do*[*da*]

ばつ 閥 →はばつ(派閥)
- 学閥 clan *m.* académico ‖ 学閥間の争い pelea *f.* entre clanes académicos

はつあん 発案 proposición *f.*, sugerencia *f.*
▶～の発案で por iniciativa 《de》
▶発案する idear, (提案する) proponer
- 発案者 inven*tor*[*tora*] *mf.*, (提案者) proponente *com.*

はついく 発育 crecimiento *m.*, desarrollo *m.*
▶発育する crecer, desarrollarse
- 発育期 período *m.* de crecimiento
- 発育盛り ‖ 発育盛りの en pleno「crecimiento [desarrollo]
- 発育不良 crecimiento *m.* insuficiente

はつえんとう 発煙筒「bomba *f*. [granada *f*.] de humo ‖ 発煙筒をたく activar una bomba de humo
はつおん 発音 pronunciación *f*. ‖ 発音がいい tener buena pronunciación ／ 発音が悪い tener mala pronunciación
▶発音する pronunciar
◪発音器官 órgano *m*. de articulación
◪発音記号 alfabeto *m*. fonético, transcripción *f*. fonética, símbolo *m*. fonético
はっか 発火 ignición *f*., inflamación *f*.
▶発火する inflamarse, encenderse
◪自然発火 combustión *f*. espontánea
◪発火装置 sistema *m*. de encendido
◪発火点 punto *m*. de「ignición [inflamación]
はっか 薄荷《植物》menta *f*.
はつが 発芽 brote *m*.,（種の）germinación *f*.
▶発芽する brotar,（種が）germinar
ハッカー《IT》pirata *com*. informático[ca]
はつかおあわせ 初顔合わせ primer encuentro *m*. ‖ この映画で二大女優が初顔合わせする En esta película van a trabajar juntas las dos estrellas de cine por primera vez.
はっかく 八角（香辛料）anís *m*.[=*pl*.] estrellado
◪8角形 octágono *m*., octógono *m*. ‖ 8角形の octagonal
はっかく 発覚 detección *f*., revelación *f*., descubrimiento *m*.
▶発覚する descubrirse, revelarse, salir a la luz ‖ 陰謀が発覚した Se ha descubierto un complot.
はつかねずみ 二十日鼠 ratón *m*.
はっかん 発刊 publicación *f*.,（創刊）fundación *f*.
▶発刊する publicar,（創刊する）fundar
はっかん 発汗 transpiración *f*., diaforesis *f*.[=*pl*.]
▶発汗する transpirar, sudar
はつがん 発癌
▶発癌性(の) cancerí*geno*[na] ‖ たばこの煙は発癌性がある El humo de tabaco es cancerígeno.
◪発癌性物質 sustancia *f*. cancerígena, agente *m*. cancerígeno
はっき 発揮
▶発揮する demostrar, mostrar ‖ 水泳の腕前を発揮する habilidad en natación ／ 実力を発揮する demostrar *su* verdadera capacidad ／ 効力を発揮する hacer efecto
はつぎ 発議 proposición *f*.
▶〜の発議で por iniciativa《de》
▶発議する proponer
◪発議権 derecho *m*. de iniciativa
はっきゅう 薄給「salario *m*. [sueldo *m*.] bajo ‖ 彼女は薄給で働いている Ella gana una miseria. ¦ Ella tiene un trabajo mal pagado.
はっきょう 発狂 enloquecimiento *m*.
▶発狂する volverse lo*co*[ca]
はっきり
▶はっきりした cla*ro*[ra], evidente,（正確な）preci*so*[sa] ‖ はっきりした負傷者の数 número *m*. exacto de heridos ／ はっきりした顔立ちの de rostro definido ／ はっきりしたことはまだ言えない Todavía no puedo decir con certeza. ／ はっきりしない情勢 situación *f*. confusa ／ はっきりしない態度 actitud *f*. indecisa ／ はっきりしない天気 tiempo *m*. inestable
▶はっきりさせる clarificar, poner ALGO en claro
▶はっきりと con claridad,（きっぱりと）rotundamente, tajantemente ‖ 山がはっきりと見える Se ve con claridad el monte. ／ はっきりと断る rechazar rotundamente
▶はっきり言って ‖ はっきり言って君は最近たるんでいる Te lo digo con franqueza: últimamente estás vago.
はっきん 白金《化学》platino *m*.《記号 Pt》
はっきん 発禁（発売禁止）prohibición *f*. de venta,（発行禁止）prohibición *f*. de publicación
◪発禁本 libro *m*. de venta prohibida, libro *m*. proscrito
ばっきん 罰金 multa *f*. ‖ 罰金を課す poner una multa《a》, multar ／ 罰金を払う pagar una multa ／ 彼は酒気帯び運転で罰金を科された Le pusieron una multa por conducir en estado de ebriedad.
ハッキング piratería *f*.
▶ハッキングする piratear
パッキング（梱包）empaque *m*., embalaje *m*.,（詰め物）empaquetadura *f*.
バック（背景）fondo *m*.,（後部）trasera *f*., parte *f*. posterior,（後援）apoyo *m*.,《スポーツ》defensa *f*.,（選手）defensa *com*. ‖ 山をバックに写真を撮る hacer una foto con la montaña al fondo ／ 青空をバックに con el cielo azul al fondo ／ 有力なバックがある tener un buen padrino, tener un apoyo importante
▶バックする retroceder, dar marcha atrás ‖ 車がバックする El coche da marcha atrás.
◪バックギア marcha *f*. atrás
◪バックグラウンド（背景）fondo *m*. ‖ バックグラウンドミュージック música *f*.「de fondo [ambiental]
◪バックスペースキー《IT》tecla *f*. de retroceso
◪バックスラッシュ《IT》barra *f*. inversa
◪バックネット《野球》red *f*. puesta en la zona de detrás de la base

◪ バックナンバー（雑誌の）número *m.* atrasado,（車の）número *m.* de matrícula,《南米》número *m.* de patente
◪ バックパッカー mochiler*o*[*ra*] *mf.*
◪ バックハンド《スポーツ》revés *m.*
◪ バックボーン（背骨）columna *f.* vertebral,（精神的支柱）soporte *m.* moral
◪ バックミラー retrovisor *m.*
◪ バックライト retroiluminación *f.*
バッグ （鞄）cartera *f.*,（ハンドバッグ）bolso *m.* ➞ かばん(鞄)‖バッグはしっかり身につけていてください No suelten sus bolsos y llévenlos siempre consigo. ／ 私はバッグをひったくられた Me han quitado el bolso.
パック （包み）paquete *m.*,（美容の）mascarilla *f.*‖1パック500円のいちごを買った Compré un paquete de fresas por 500 yenes. ／ 顔にパックをして肌を整える aplicar una mascarilla para tonificar el cutis
◪ 真空パック envasado *m.* al vacío
◪ パック旅行 viaje *m.* organizado
バックアップ（IT）（コピー）copia *f.* de「reserva [seguridad]‖データのバックアップを取る hacer una copia de seguridad de los datos
▶ バックアップする dar apoyo《a》, apoyar, respaldar
◪ バックアップコピー copia *f.* de seguridad
バックスキン ante *m.*‖バックスキンのジャケット chaqueta *f.* de ante
はっくつ 発掘 （遺跡の）excavación *f.*,（死体の）exhumación *f.*
▶ 発掘する（遺跡を）excavar,（死体を）exhumar‖遺跡を発掘する excavar las ruinas
◪ 発掘現場 campo *m.* de excavaciones
◪ 発掘品 objeto *m.* excavado
ぱっくり
▶ ぱっくりと‖ぱっくりとあいた傷口 herida *f.* abierta
バックル （ベルトの）hebilla *f.*
ばつぐん 抜群‖効果が抜群である tener un efecto destacado
▶ 抜群な/抜群の sobresaliente, destac*ado*[*da*], incomparable, inigualable‖抜群の強さである ser extraordinariamente fuerte,《慣用》ser un fuera de serie ／ 抜群の成績をとる sacar unas notas sobresalientes
▶ 抜群に extraordinariamente‖抜群に速い ser extraordinariamente veloz
パッケージ （包装）empaque *m.*, embalaje *m.*,（包み）paquete *m.*
◪ パッケージツアー viaje *m.* organizado
はっけっきゅう 白血球 glóbulo *m.* blanco, leucocito *m.*
はっけつびょう 白血病 leucemia *f.*
▶ 白血病の（患者）leucémic*o*[*ca*]《*mf.*》
はっけん 発見 descubrimiento *m.*‖ラジウムの発見 descubrimiento *m.* del radio
▶ 発見する descubrir, encontrar‖盗難車が発見された Encontraron el coche robado.
◪ 発見者 descubrid*or*[*dora*] *mf.*
はつげん 発言 exposición *f.* oral, palabras *fpl.*, comentario *m.*‖大胆な発言 comentario *m.* atrevido ／ 発言を許す conceder la palabra《a》／ 発言を封じる silenciar ／ 発言を取り消す retirar la palabra ／ 発言を控える abstenerse de hablar ／ 発言を求める pedir la palabra
▶ 発言する hablar, pronunciar unas palabras,（意見を述べる）exponer *su* opinión
◪ 発言権 derecho *m.* de「voz [palabra]‖発言権がある tener el derecho de palabra ／ 発言権を与える conceder el derecho de palabra《a》
◪ 発言者 orad*or*[*dora*] *mf.*, hablante *com.*
◪ 発言力‖発言力がある tener influencia
はつこい 初恋 primer amor *m.*‖彼女は私の初恋の人だった Ella fue mi primer amor.
はっこう 発光 emisión *f.* de luz
▶ 発光する emitir luz, irradiar luz
◪ 発光体 cuerpo *m.* luminoso
◪ 発光塗料 pintura *f.* luminosa
◪ 発光ダイオード diodo *m.* emisor de luz
はっこう 発行 （書籍）publicación *f.*,（書類）expedición *f.*,（債券・紙幣）emisión *f.*
▶ 発行する（書籍を）publicar,（書類を）expedir, extender,（債券・紙幣を）emitir‖本を発行する publicar un libro ／ 領収書を発行する extender un recibo
◪ 発行価格（株式などの）precio *m.* de emisión
◪ 発行市場 mercado *m.*「primario [de emisión]
◪ 発行者 edit*or*[*tora*] *mf.*
◪ 発行部数 tirada *f.*, número *m.* de ejemplares publicados
はっこう 発効 entrada *f.* en vigor
▶ 発効する entrar en vigor
はっこう 発酵 fermentación *f.*
▶ 発酵する fermentar
◪ 発酵菌 fermentador *m.*, bacteria *f.* fermentadora
◪ 発酵食品 alimentos *mpl.* fermentados
はっこう 薄幸
▶ 薄幸な desafortunad*o*[*da*], desgraciad*o*[*da*]
ばっさい 伐採 tala *f.*
▶ 伐採する talar
◪ 森林伐採 deforestación *f.*, desforestación *f.*
ばっさり
▶ ばっさりと‖ばっさりと切る（刀のようなもので）cortar de tajo ／ 予算をばっさりと削る recortar el presupuesto drásticamente
はっさん 発散 （熱など）emisión *f.*,（匂いなど）exhalación *f.*, emanación *f.*,《数学》

divergencia f. ‖ 感情の発散 descarga f. emocional
▶発散する emitir, exhalar, emanar ‖ ストレスを発散する quitarse el estrés
ばっし 抜糸 extracción f. de los puntos de sutura
▶抜糸する quitar los puntos (de sutura)
ばっし 抜歯 extracción f. de un diente
▶抜歯する extraer「un diente [una muela]
バッジ insignia f., distintivo m.
はっしゃ 発車 salida f., partida f.
▶発車する salir, partir
はっしゃ 発射 （ミサイルの）lanzamiento m.
▶発射する lanzar ‖ ミサイルを発射する lanzar un misil
◨発射台 plataforma f. de lanzamiento
はっしょう 発症 manifestación f. de una enfermedad →はつびょう(発病)
はっしょう 発祥 origen m. ‖ アテネは輝かしい文明の発祥の地であった Atenas fue「el lugar de nacimiento [la cuna] de una brillante civilización.
はつじょう 発情 celo m.
▶発情する entrar en celo
▶発情している estar en celo
◨発情期「época f. [período m.] de celo
はっしん 発信 （郵便物の）remisión f.
▶発信する transmitir,（送る）enviar, remitir ‖ SOSを発信する「enviar [mandar, transmitir] una señal de socorro
◨発信音（電話の）tono m. de marcar,《中南米》tono m. de discado
◨発信機 transmisor m.
◨発信者番号通知サービス servicio m. de identificación de llamada telefónica
◨発信装置 equipo m. de transmisión
◨発信人 remitente com.
はっしん 発疹 erupción f. cutánea,（はしかなどの赤い）exantema m., sarpullido m., salpullido m.
◨発疹チフス tifus m.[=pl.] exantemático
バッシング ataque m.
◨メディアバッシング「ataque m. [crítica f.] por parte de la prensa
ばっすい 抜粋 extracto m., pasaje m. ‖ 小説からの抜粋 pasaje m. de una novela ／ 新聞記事の抜粋 extracto m. de un artículo del periódico
▶抜粋する extraer, seleccionar ‖ 要点を抜粋する extraer los puntos más importantes
はっする 発する （音声・光）emitir ‖ においを発する「despedir [desprender] olor ／ 光を発する emitir luz ／ 奇声を発する lanzar un grito extraño ／ 警告を発する「lanzar [emitir] una advertencia ／ 川は山に源を発する El río nace en el monte.
ハッスル
▶ハッスルする animarse, entusiasmarse

ばっする 罰する castigar, imponer un castigo, sancionar
はっせい 発生 （出現）aparición f., surgimiento m.,（伝染病・火災）declaración f. ‖ 蚊の発生「aparición f. [reproducción f.] de mosquitos
▶発生する aparecer,（起こる）ocurrir, producirse,（火災が）declararse ‖ 火災が発生する declararse un incendio ／ 台風が発生する producirse un tifón ／ 事故が発生する ocurrir un accidente
◨発生学 embriología f.
◨発生生物学 biología f. del desarrollo
はっせい 発声 vocalización f., emisión f. de voz
▶発声する emitir la voz
◨発声器官 órganos mpl. vocales
◨発声法 vocalización f.
◨発声練習 ejercicio m. de vocalización ‖ 発声練習をする vocalizar
はっそう 発送 expedición f.
▶発送する expedir, despachar ‖ 郵便物を発送する enviar correo
◨発送先 dirección f., señas fpl.,（受取人）destina*rio*[*ria*] mf.
◨発送日 fecha f. de envío
◨発送人 expedi*dor*[*dora*] mf.
はっそう 発想 idea f.,（思いつき・着想）ocurrencia f., inspiración f.,（考え方）modo m. de pensar, concepción f. ‖ 豊かな発想 idea f. creativa ／ 発想の転換をする ver ALGO desde otro「punto de vista [ángulo] ／ 日本人的な発想 idea f. muy japonesa, manera f. de pensar típicamente japonesa
ばっそく 罰則 （規定）reglamento m. penal,（処罰）sanción f., castigo m.
ばった 飛蝗 saltamontes m.[=pl.]
バッター 《野球》bate*ador*[*dora*] mf.
はったつ 発達 （成長）crecimiento m.,（進歩・進展）progreso m., avance m. → はってん(発展)‖ 体の発達 crecimiento m. físico ／ 交通の発達 desarrollo m. del transporte ／ 発達が早い desarrollarse rápido ／ 発達を遂げる progresar, hacer progresos
▶発達する desarrollarse, progresar, crecer, aumentar ‖ 犬は嗅覚がとても発達している El perro tiene un olfato muy desarrollado.
▶発達させる desarrollar
はったり fanfarronada f., farol m. ‖ はったりを言う fanfarronear,《慣用》「echarse [tirarse, marcarse] un farol ／ 彼ははったりでなんとかその状況を切り抜けた Él salió del apuro echándose un farol.
◨はったり屋 farol*ero*[*ra*] mf., fanfa*rrón*[*rrona*] mf.
ばったり de repente, bruscamente ‖ ばったり出会う encontrarse casualmente《con》
ハッチ （船の）escotilla f.,（調理場の）ven-

tanilla f.
パッチ（継ぎ）remiendo m., parche m.
- パッチワーク *patchwork* m., labor m. de retazos
- パッチワークキルト centón m.

はっちゃく 発着 salida f. y llegada f.
- 発着する salir y llegar
- 発着時刻表（鉄道の）horario m. de trenes

はっちゅう 発注 pedido m.
- 発注する「hacer [cursar] un pedido, encargar

ばっちり ‖ 試験の準備はどう？―ばっちりだよ ¿Qué tal vas con la preparación de los exámenes? - Muy bien, perfectamente. ／スーツが君にばっちり似合っている El traje te queda perfecto.

ぱっちり ‖ 目をぱっちり開ける abrir bien los ojos, pelar los ojos

バッティング《野球》bateo m.
- バッティングオーダー orden m. de bateo
- バッティングコーチ entrena*dor*[*dora*] *mf.* de bateo
- バッティングマシーン máquina f. lanzapelotas
- バッティング練習 entrenamiento m. de bateo

ばってき 抜擢 nombramiento m., elección f. ⇒ きよう（起用）
- 抜擢する ‖ 要職に抜擢する「nombrar [elegir] a ALGUIEN entre muchos candidatos para un cargo importante

バッテリー ❶《蓄電池》batería f. ‖ 車のバッテリーが上がってしまった La batería del coche se ha quedado sin carga.
❷《野球》batería f. ‖ バッテリーを組む formar una batería《con》

はってん 発展 desarrollo m., (進歩・進展) progreso m., avance m. ⇒ はったつ（発達）‖ 市の発展「desarrollo m. [progreso m.] del municipio ／著しい発展を遂げる conseguir un desarrollo espectacular ／貴社のますますのご発展を願っています Deseamos el éxito y la prosperidad de su compañía.
- 発展する desarrollarse ‖ 交渉は思わぬ方向へ発展した Las negociaciones tomaron un rumbo inesperado.
- 発展させる desarrollar ‖ 技術を発展させる desarrollar la tecnología
- 発展家（軽蔑的に）（男性）mujeriego m., donjuán m.,（女性）casquivana f. ‖ 彼は発展家だ Él tiene una vida social muy activa.
- 発展途上国 país m. en vías de desarrollo

はつでん 発電 generación f. de「electricidad [energía eléctrica]
- 発電する「generar [producir] electricidad
- 発電機 generador m. de「electricidad [energía eléctrica], dinamo f.
- 発電所 central f. (eléctrica)
- 発電タービン turbina f. generadora de electricidad

発電所と発電の種類

水力発電所 central f. hidroeléctrica ／火力発電所 central f. térmica ／原子力発電所 central f. nuclear ／風力発電所 central f. eólica ／太陽熱発電所 central f. solar térmica ／太陽光発電所 central f. solar fotovoltaica ／地熱発電所 central f. geotérmica ／潮力発電所 central f. mareomotriz ／自家発電 generación f. autónoma de electricidad ／廃棄物発電 generación f. eléctrica con residuos ／バイオマス発電 generación f. eléctrica con biomasa ／バイオガス発電 generación f. eléctrica con biogas ／天然ガス発電 generación f. eléctrica con gas natural

---

ばってん ばっ点（×印）cruz f., equis f.[=*pl.*] ‖ ばってんを付ける marcar con una equis

はっと
- はっとする llevarse un susto, sobresaltarse, asustarse

バット《スポーツ》bate m.

ぱっと（急に・一時に）de repente, de golpe, en un instante,（きわだって）brillante ‖ 先月の売上はぱっとしなかった Las ventas del mes pasado no fueron muy buenas.

パット《ゴルフ》putt m.

パッド（詰め物）guata f.,（肩の）hombrera f.,（介護用の）pañal m. para adultos,（生理用の）compresa f. ‖ 肩パッド入りのジャケット chaqueta f. con hombreras

はつどう 発動（行使）ejercicio m.
- 発動する（動き始める）ponerse en marcha,（行使する）ejercer
- 発動機 motor m., locomotora f.

ハットトリック《スポーツ》triplete m., tripleta f., *hat-trick* m. ‖ ハットトリックを達成する conseguir un「*hat-trick* [triplete]

はつねつ 発熱 acceso m. febril, pirexia f.
- 発熱する tener fiebre
- 発熱反応 reacción f. exotérmica
- 発熱物質／発熱源 pirógeno m.
- 発熱量 poder m. calorífico

はっぱ 発破 dinamitazo m.
- 慣用 発破をかける（爆破する）dinamitar, volar ALGO con dinamita,（励ます）animar, estimular

はつばい 発売 puesta f.「en [a la] venta
- 発売する poner「en [a la] venta ‖ その新しいレコードは来月発売されるだろう Ese nuevo disco se pondrá a la venta el próximo mes.

▶発売中である estar en venta ‖ そのソフトウェアの最新版が今発売中だ La última versión del *software* está en venta.
◨発売禁止 (貼り紙) Prohibida la venta ‖ 発売禁止にする prohibir la venta《de》
◨発売部数 número *m*. de ejemplares a la venta
はつひ 初日 sol *m*. de Año Nuevo ‖ 初日の出「salida *f*. del sol [amanecer *m*.] en Año Nuevo
ハッピーエンド desenlace *m*. feliz
はつびょう 発病 manifestación *f*. de una enfermedad
▶発病する enfermar(se), caer enfer*mo* [*ma*], (発症する) manifestarse *una enfermedad*
はっぴょう 発表 declaración *f*., anuncio *m*., comunicación *f*. ‖ 作品の発表 presentación *f*. de una obra
▶発表する publicar, hacer públi*co* ALGO, dar a conocer ALGO, (作品を) anunciar, presentar ‖ 離婚を発表する anunciar el divorcio ／ 声明を発表する hacer público un comunicado ／ 新しい小説を発表する publicar una nueva novela
◨発表者 (学会などの) ponente *com*.
はっぷ 発布 promulgación *f*.
▶発布する promulgar, proclamar ‖ 憲法を発布する promulgar la Constitución
はつぶたい 初舞台 debut *m*., primera actuación *f*. ‖ 初舞台を踏む hacer *su* debut, debutar
はっぷん 発奮
▶発奮する animarse
▶発奮させる animar, levantar la moral《de, a》
はっぽう 八方 todas las direcciones ‖ 八方手を尽くす(慣用)«mover [remover] cielo y tierra», (慣用) no dejar piedra por mover ／ 八方丸く収める satisfacer a todos los interesados
◨八方美人 persona *f*. que es afable con todo el mundo, persona *f*. que trata de agradar a todos
◨八方塞がり ‖ 八方塞がりの状態である encontrarse en un callejón sin salida
はっぽう 発泡
▶発泡性(の) efervescente
◨発泡ワイン vino *m*. espumoso, 《中南米》vino *m*. espumante
◨発泡スチロール poliestireno *m*. espumado
はっぽう 発砲 disparo *m*., (連続した) tiroteo *m*.
▶発砲する disparar, tirotear
ばっぽん 抜本
▶抜本的(な) radical, drásti*co*[*ca*]
▶抜本的に radicalmente, drásticamente

◨抜本的改革 reforma *f*. radical ‖ 金融業界の抜本的改革を行う realizar una reforma radical del sector financiero
はつみみ 初耳 ‖ それは初耳だ Es la primera vez que lo oigo.
はつめい 発明 invenci*ón f*., invento *m*. ‖ 発明の才がある tener inventiva
▶発明する inventar ‖ 装置を発明する inventar un dispositivo
◨発明王 maestro *m*. de la invención
◨発明家/発明者 inven*tor*[*tora*] *mf*.
◨発明品 invenci*ón f*.
はつもうで 初詣で primera visita *f*. del año a un santuario sintoísta
はつもの 初物 primicias *fpl*. ‖ 初物を珍重する valorar altamente las primicias ／ 初物のメロン primer melón *m*. de la temporada
はつゆき 初雪 primera nevada *f*. ‖ 初雪が降った Ha nevado por primera vez este año.
はつゆめ 初夢 primer sueño *m*. del año ‖ 富士山を初夢に見る ver el monte Fuji en el primer sueño del año
はつらつ 潑剌/潑溂 vivacidad *f*.
▶はつらつとした《話》vivara*cho*[*cha*], enérgi*co*[*ca*], vigoro*so*[*sa*]
はつれい 発令
▶発令する anunciar oficialmente, emitir, decretar
はて 果て fin *m*., término *m*. ‖ 北の果てに en los confines del norte ／ 世界の果て fin *m*. del mundo ／ 旅路の果て final *m*. del viaje ／ 口論の果て al final de la discusión ／ あげくの果てに《慣用》para remate ／ 果てのない sin fin
はで 派手 ‖ この服は派手過ぎる Esta ropa es demasiado llamativa. ／ 金遣いが派手である gastar con ostentación
▶派手な (色が) visto*so*[*sa*], llamati*vo*[*va*] ‖ 派手な色 color *m*. llamativo ／ 派手な服装をする llevar un vestido「llamativo [vistoso] ／ 派手な生活を送る llevar un lujoso tren de vida ／ 派手なプレー jugada *f*. exagerada
▶派手に exageradamente ‖ 派手にふるまう actuar con exageración ／ 派手にデビューする debutar a todo lujo ／ 派手に宣伝する hacer propaganda a bombo y platillo
パテ 《建築》masilla *f*., 《料理》paté *m*.
ばてい 馬蹄 casco *m*. de un caballo
◨馬蹄形 forma *f*. de herradura
はてし
▶果てしない interminable, sin「fin [término, límite], infini*to*[*ta*] ‖ 果てしない大海原 mar *m*. abierto ／ 果てしない旅 viaje *m*. sin fin
▶果てしなく eternamente, sin fin ‖ 果てしなく広がる extenderse infinitamente
はてる 果てる terminar, acabar, (死ぬ)

ばてる morir ‖ 疲れ果てる quedarse agota*do*[*da*]
ばてる agotarse, fatigarse en extremo
▶ばてている estar exhaus*to*[*ta*], estar agota*do*[*da*]
パテント patente *f*. ‖ パテントを取る obtener una patente, patentar
はと 鳩 paloma *f*., (雄) palomo *m*. ‖ 鳩が鳴く arrullar, zurear
[慣用]鳩が豆鉄砲を食らったようになる quedarse atóni*to*[*ta*], 《慣用》quedarse「de piedra [con la boca abierta]
◿ 伝書鳩 paloma *f*. mensajera
◿ 鳩小屋 palomar *m*.
◿ 鳩時計 reloj *m*. de「cucú [cuco]
◿ 鳩派 palomas *fpl*.
◿ 鳩胸 pecho *m*. estrecho y saliente
はどう 波動 ondulación *f*.
◿ 波動関数 función *f*. de onda
◿ 波動力学 mecánica *f*. ondulatoria
ばとう 罵倒 insulto *m*., 《格式語》vituperio *m*.
▶罵倒する insultar, 《格式語》vituperar
パトカー 《スペイン》coche *m*. de policía, coche *m*. patrulla, 《中南米》patrullero *m*.

パトカー

はとば 波止場 muelle *m*., embarcadero *m*., desembarcadero *m*.
バドミントン bádminton *m*. ‖ バドミントンの羽根 volante *m*.
はどめ 歯止め freno *m*. ‖ デフレに歯止めをかける frenar la deflación
パトロール patrulla *f*. ‖ パトロール中である estar de patrulla
▶パトロールする patrullar
◿ パトロールカー ⇒パトカー
パトロン pa*trón*[*trona*] *mf*., protec*tor*[*tora*] *mf*., (学問・芸術の) mecenas *m*.[=*pl*.]
ハトロンし ハトロン紙 papel *m*. de estraza
バトン 《スポーツ》testigo *m*. ‖ バトンを受ける「recibir [recoger] el testigo ／ 次の走者にバトンを渡す pasar el testigo al siguiente corredor
◿ バトンガール 《フランス語》*majorette f.*
◿ バトンタッチ「entrega *f.* [pase *m.*] del testigo
◿ バトンリレー relevos *mpl*.
はな 花/華 flor *f*. ‖ 四季折々の花 flores *fpl*.「de temporada [estacionales] ／ 社交界の花「estrella *f.* [flor *f.*] de la sociedad ／ 花の都 ciudad *f*.「espléndida [floreciente] ／ 花が咲く florecer ／ 花の咲いた flori*do*[*da*], en flor 花が散る caerse *las flores* ／ 花がしぼむ marchitarse *la flor* ／ 花瓶に花をさす colocar flores en un florero ／ 花を供える hacer una ofrenda de flores ／ 野生の花を摘む recoger flores silvestres ／ 花を植える plantar flores ／ 若いうちが花である La juventud es un divino tesoro.
[慣用]両手に花 ⇒りょうて(両手)
[慣用]花も実もある bue*no*[*na*] por dentro y por fuera
[慣用]話に花が咲く La conversación está muy animada.
[慣用]花を咲かせる tener éxito
[慣用]花を添える dar colorido 《a》
[慣用]花を持たせる dar el mérito 《a》
[諺] 花より団子 Tartas antes que flores.
[諺] 言わぬが花 《諺》Más vale callar que「mal hablar [malhablar].
◿ 花かご cesta *f*. para flores
◿ 花柄「motivo *m.* [diseño *m.*] floral
◿ 花時計 reloj *m*. de flores
◿ 花ばさみ tijeras *fpl*. para flores
◿ 花畑 jardín *m*. de flores
◿ 花吹雪 lluvia *f*. de pétalos de flores de cerezo
はな 端 ‖ 岬のはな punta *f*. del cabo ／ はなから相手にしない no hacer caso a ALGUIEN desde el principio
はな 洟 mocos *mpl*. ‖ 洟をかむ sonarse, limpiarse las narices ／ 洟をすする sorberse los mocos
[慣用]洟もひっかけない no tomar en cuenta, dejar pasar, ignorar
◿ 洟垂れ小僧 mocoso *m*.
はな 鼻 nariz *f*., (犬の) hocico *m*., (象の) trompa *f*., (豚の) morro *m*. ‖ 低い鼻 nariz *f*. chata ／ わし鼻 nariz *f*. aguileña ／ 鼻が詰まっている tener la nariz tapada ／ 鼻で呼吸する respirar por la nariz
▶鼻の nasal ‖ 鼻の穴 ventanas *fpl*.「de la nariz [nasales], orificios *mpl*. nasales
[慣用]鼻があぐらをかく tener una nariz chata y bien asentada
[慣用]鼻が利く tener「buen olfato [intuición]
[慣用]鼻が高い estar orgullo*so*[*sa*] 《de》‖ 娘が一等賞をとったので彼は鼻が高い A él le enorgullece que su hija haya ganado el primer premio.
[慣用]鼻が曲がる oler「apestosamente [espantosamente, fatal] ‖ 鼻が曲がるような悪臭 hedor *m*. nauseabundo
[慣用]鼻であしらう 《慣用》no hacer caso 《a》, tratar「con desprecio [desdeñosamente] a ALGUIEN, 《慣用》dar en las narices a ALGUIEN

〔慣用〕鼻で笑う burlarse《de》, mofarse《de》, ridiculizar
〔慣用〕鼻にかける presumir《de》, vanagloriarse《de》,《慣用》darse pisto ‖ 彼は自分の業績を鼻にかけない Él no presume del resultado de su buen trabajo.
〔慣用〕鼻につく hartarse《de》, cansarse《de》,《慣用》estar hasta las narices《de》
〔慣用〕鼻の下が長い（男性が）ser blando con las mujeres, mostrarse comprensivo con las mujeres
〔慣用〕鼻を明かす sorprender a ALGUIEN tomándo*le* la delantera
〔慣用〕鼻を折る doblegar el orgullo《de》,《慣用》bajar los humos《a》
〔慣用〕鼻を突き合わす estar jun*tos*[*tas*] ‖ 彼らは一日中鼻を突き合わせている Ellos están juntos todo el santo día.
〔慣用〕鼻をつく ‖ アンモニア臭が鼻をつく Nos molesta el olor a amoníaco.
〔慣用〕鼻を鳴らす（甘える）susurrar,（匂いをかぎ回る）husmear
バナーこうこく バナー広告 《IT》 *banner m.* publicitario ‖ ホームページにバナー広告を掲載する poner publicidad en la página web
はないき 鼻息 respiración *f.* nasal ‖ 荒い鼻息 bufido *m.*, resoplido *m.*
〔慣用〕鼻息が荒い（比喩的）tener la moral muy alta,《慣用》tener más moral que el Alcoyano
〔慣用〕鼻息をうかがう ‖ 上司の鼻息をうかがう ver qué es lo que desea *su* je*fe*[*fa*]
はなうた 鼻歌 canturreo *m.* ‖ 鼻歌交じりで no en serio ／ 鼻歌を歌う canturrear, tararear
はなかぜ 鼻風邪 resfriado *m.* con「secreción nasal [mucosidad]」‖ 鼻風邪をひく tener un resfriado「de nariz [con secreción nasal]」
はながた 花形 （スター）estrella *f.*
◪ 花形産業 industria *f.* floreciente
◪ 花形選手 juga*dor*[*dora*] *mf.* estrella
はながみ 鼻紙 pañuelo *m.* de papel
はなくそ 鼻糞 moco *m.*,（丸めたもの）albondiguilla *f.*, pelotita *f.* de moco ‖ 鼻くそをほじる hurgarse (en) la nariz ／ 鼻くそを丸める hacer albondiguillas
はなげ 鼻毛 pelo *m.* de la nariz, vello *m.* nasal ‖ 鼻毛を抜く arrancarse los pelos de la nariz
はなごえ 鼻声 voz *f.* gangosa,（風邪などで鼻に詰まった声）voz *f.* tomada ‖ 鼻声で話す ganguear, hablar por la nariz
はなことば 花言葉 lenguaje *m.* de las flores
はなざかり 花盛り plena floración *f.* ‖ 桜は今が花盛りだ Los cerezos ahora están en plena floración.

はなさき 鼻先 （鼻の先端）punta *f.* de la nariz
▶ 〜の鼻先に muy cerca《de》, a tiro de piedra《de》, delante de las narices《de》
〔慣用〕鼻先で笑う reírse burlonamente
はなし 話 （会話）conversación *f.*,（おしゃべり）charla *f.*,（うわさ）rumor *m.*,（物語）cuento *m.*, historia *f.*, relato *m.*,（スピーチ）discurso *m.*, conferencia *f.* ‖ 早い話が en resumidas cuentas ／ 担当者(男性)の話では según el encargado ／ 話が上手である ser elocuente, tener facilidad de palabra ／ 話に乗る（相談に乗る）aconsejar a ALGUIEN,（参加する）apuntarse《a, en》／ 話は違いますが… Hablando de otra cosa... ／ ここだけの話にして欲しい Quiero que esto quede entre nosotros. ／ ちょっとお話があるのですが Me gustaría hablar con usted. ／ 何の話ですか ¿De qué se trata? ／ お話できて嬉しかったです Ha sido un placer haber podido hablar con usted. ／ 話をそらす desviar la conversación,《慣用》echar balones fuera ／ 話半分に聞く creer solo la mitad《de》
▶ 〜と話をする hablar《con》, conversar《con》
▶ 〜について話をする hablar《de, sobre》
〔慣用〕話が合う entenderse bien《con》
〔慣用〕話が違う ‖ それでは話が違います Eso no es lo que habíamos hablado.
〔慣用〕話が付く ponerse de acuerdo, llegar a un acuerdo
〔慣用〕話がはずむ Se anima la conversación.
〔慣用〕話が早い ‖ それなら話が早い Si es así, podemos ir directamente al grano.
〔慣用〕話が分かる ser comprensi*vo*[*va*] ‖ 話の分かる人 persona *f.* comprensiva
〔慣用〕話に尾ひれがつく ‖ 彼の話には尾ひれがついている Lo que cuenta él está un poco exagerado.
〔慣用〕話にならない Eso es absurdo. ¦ Eso está fuera de cuestión.
〔慣用〕話に花が咲く hablar de muchos temas
〔慣用〕話を合わせる《慣用》seguir la corriente《a》
〔慣用〕話をつける arreglar el asunto
ぱなし 放し ‖ 明かりをつけっ放しにする dejar la luz encendida ／ しゃべりっ放しである seguir hablando sin parar, no dejar de hablar
はなしあい 話し合い （会話）conversación *f.*, diálogo *m.*,（交渉）negociación *f.* ‖ 話し合いがつかない no llegar a un acuerdo
▶ 話し合いをする conversar,（交渉する）negociar
はなしあいて 話し相手 persona *f.* con quien hablar, compañía *f.*
はなしあう 話し合う conversar, dialogar,（交渉する）negociar ‖ この問題については次

の会議で話し合いましょう Hablemos en la próxima reunión sobre este problema.

はなしがい 放し飼い
▶放し飼いにする（放牧する） pastorear‖庭で犬を放し飼いにする tener un perro suelto en el jardín

はなしかける 話し掛ける dirigirse《a》, dirigir la palabra《a》

はなしかた 話し方 manera *f.* de hablar

はなしごえ 話し声‖話し声がする Se oye hablar.

はなしことば 話し言葉 lenguaje *m.* coloquial

はなしこむ 話し込む hablar largo y tendido《con》, tener una charla larga《con》

はなしじょうず 話し上手 *buen*[*buena*] convers*ador*[*dora*] *mf.*, *buen*[*buena*] ora*dor*[*dora*] *mf.*‖彼は話し上手だ Él se expresa bien. ¦ Él tiene facilidad de palabra.

はなしずき 話し好き
▶話し好きな（人）/話好きの（人） （よくしゃべる） habla*dor*[*dora*] (*mf.*), （おしゃべり） parlan*chín*[*china*] (*mf.*), charla*tán*[*tana*] (*mf.*), （話し上手な） convers*ador*[*dora*] (*mf.*)

はなしちゅう 話し中‖話し中です（電話）La línea está ocupada. ¦ Está comunicando. ¦ お話し中申し訳ありませんが… Perdonen que interrumpa, pero...

はなしぶり 話し振り manera *f.* de hablar

はなす 放す soltar‖犬を放す soltar el perro ／手を放す soltar la mano

はなす 話す hablar, （会話をする） conversar, （物語る） contar, （おしゃべりをする） charlar‖私はスペイン語を話します Hablo español. ／英語で話していいですか ¿Puedo hablar en inglés? ／電話で話す hablar por teléfono ／あらましを話す explicar resumidamente, dar una idea general《de》／話すに足りる話題 tema *m.* del que merece la pena hablar ／話せばわかる Hablando se entiende la gente.

はなす 離す separar, apartar, alejar‖目を離す apartar「los ojos [la vista]／肌身離さず tener ALGO siempre *consigo*／壁から机を離す separar la mesa de la pared

はなすじ 鼻筋 línea *f.* de la nariz‖鼻筋の通った顔 rostro *m.* de nariz「perfilada [recta]

はなせる 話せる （話の分かる） comprensi*vo*[*va*], （寛大な） indulgente‖彼は話せる人だ Él es una persona comprensiva.

はなぞの 花園 jardín *m.* de flores

はなたば 花束 ramo *m.* de flores‖花束を作る hacer un ramo de flores

はなぢ 鼻血 hemorragia *f.* nasal‖鼻血が出る sangrar por la nariz

はなつ 放つ‖海に稚魚を放つ soltar los alevines en el mar／野に牛や馬を放つ soltar las vacas y los caballos en el campo／スパイを放つ enviar un *un*[*una*] espía／矢を放つ lanzar una flecha／光を放つ emitir luz／香りを放つ desprender fragancia／城に火を放つ prender fuego al castillo

はなっぱしら 鼻っ柱
(慣用)鼻っ柱の強い alti*vo*[*va*], sober*bio*[*bia*], arrogante, desafiante
(慣用)鼻っ柱をへし折る《慣用》bajar los humos《a》‖彼の鼻っ柱をへし折ってやりたい Quiero bajarle los humos.

はなづら 鼻面 hocico *m.*

バナナ（木） plátano *m.*, banano *m.*,（果物）《スペイン》plátano *m.*,《中南米》banana *f.*

はなはだ 甚だ （非常に） muy, mucho, enormemente,（過度に） excesivamente‖はなはだ迷惑だ（私には）Eso es muy molesto para mí.

はなはだしい 甚だしい considerable, excesi*vo*[*va*], desmesura*do*[*da*], mayúscu*lo*[*la*]‖それは時代錯誤もはなはだしい Eso es puro anacronismo.／おかど違いもはなはだしい Está usted en un error mayúsculo.
▶はなはだしく extremadamente, excesivamente

はなばなしい 華々しい brillante, espléndi*do*[*da*]‖華々しい活躍 labor *f.*「espléndida [brillante]／華々しい成功を収める tener un éxito「espectacular [apoteósico]
▶華々しく magníficamente, espléndidamente, maravillosamente‖華々しく戦う luchar magníficamente

はなび 花火 fuegos *mpl.* artificiales, juegos *mpl.* pirotécnicos‖花火を上げる lanzar fuegos artificiales／花火を仕掛ける「montar [preparar] fuegos artificiales／花火をする jugar con fuegos artificiales
◪花火師 pirotécnico *m.*
◪花火大会 festival *m.* de fuegos artificiales

はなびら 花びら pétalo *m.*

はなふだ 花札《日本語》*hanafuda m.*,（説明訳） naipes *mpl.* japoneses

パナマ Panamá
▶パナマの paname*ño*[*ña*]
◪パナマ人 paname*ño*[*ña*] *mf.*
◪パナマ運河 canal *m.* de Panamá
◪パナマ帽 panamá *m.*

はなみ 花見 observación *f.* de las flores‖花見に出かける ir a ver los cerezos en flor／花見をする observar los cerezos en flor
◪花見客 espectadores *mpl.* que disfrutan viendo los cerezos en flor

はなみず 鼻水 mocos *mpl.* → はな（洟）‖私は鼻水が出る Se me caen los mocos.

はなみち 花道 （劇場）「pasillo *m.* [corredor *m.*] elevado que va desde el escenario hasta el fondo del teatro, atravesando el auditorio, (相撲) corredores *mpl.* que van desde la antesala hasta el *ring* ‖ その受賞は彼の引退の花道を飾ることになった El premio otorgado sirvió de corona en el final de su carrera.

はなむこ 花婿　novio *m.*

はなめがね 鼻眼鏡　quevedos *mpl.*

はなもち 鼻持ち
〖慣用〗鼻持ちならない inaguantable, insoportable, intolerable

はなや 花屋　floristería *f.*, florería *f.*, (人) florista *com.*, flore*ro*[*ra*] *mf.*

はなやか 華やか
▶華やかな brillante, flori*do*[*da*], pompo*so*[*sa*] ‖ 華やかな大都会 esplendorosa metrópoli *f.* / 華やかな装い vestido *m.*「precioso [vistoso, flamante, de postín] / 華やかな儀式 ceremonia *f.* pomposa
▶華やかに espléndidamente, magníficamente, brillantemente ‖ 華やかに着飾る vestirse de forma pomposa

はなよめ 花嫁　novia *f.*
◨花嫁衣装　vestido *m.* de novia

はならび 歯並び　alineación *f.* de los dientes, dentadura *f.* ‖ 歯並びが良い tener una dentadura sana / 歯並びを矯正する arreglar la dentadura

はなれ 離れ　casa *f.* anexa ‖ 離れに住む vivir en una casa anexa

ばなれ 場慣れ
▶場慣れする tener mucha experiencia, 《慣用》tener muchas tablas
▶場慣れした experimenta*do*[*da*]

はなれじま 離れ島　isla *f.*「aislada [perdida]

はなればなれ 離れ離れ
▶離れ離れの separa*do*[*da*]
▶離れ離れに separarse ‖ 離れ離れになる separarse, (散り散りに) dispersarse

はなれる 離れる　apartarse, alejarse ‖ 地面を離れる（離陸する）despegar / 岸を離れる alejarse de la orilla, (船が) desatracar / 私の家は駅からだいぶ離れている Mi casa queda bastante lejos de la estación. / 私は君と年がずいぶん離れている Hay una gran diferencia de edad entre tú y yo. / 親元を離れる independizarse de los padres / 故郷を離れる marcharse de *su* pueblo natal / 職を離れる dejar el trabajo, (辞職する) dimitir / 試験のことが頭を離れない No puedo dejar de pensar en el examen. / 損得を離れて考える pensar desinteresadamente, / 人心が離れる perder el apoyo de la gente / 地球から遠く離れた惑星 planeta *m.* lejano a la Tierra

はなれわざ 離れ業/離れ技　(芸当) acrobacia *f.*, (大胆な行い) hazaña *f.*, proeza *f.*, obra *f.* sobrehumana

はなわ 花輪　corona *f.* de flores, (葬式の) corona *f.* funeraria

はなわ 鼻輪　(動物の) anillo *m.* nasal, (人の) nariguera *f.*

はにかむ　mostrarse tími*do*[*da*], ponerse ro*jo*[*ja*]
◨はにかみ屋　persona *f.* tímida

ばにく 馬肉　carne *f.* de caballo

パニック　pánico *m.* ‖ パニックを引き起こす causar pánico 《a》 / 町がパニックに襲われた El pánico invadió la ciudad.
▶パニックになる ‖ 彼女はパニックになった A ella le entró pánico. ¦ Ella cayó presa del pánico.
◨パニック障害　trastorno *m.* de ansiedad
◨パニック発作　ataque *m.* de pánico

バニラ　《植物》vainilla *f.*
◨バニラエッセンス　esencia *f.* de vainilla

はにわ 埴輪　figura *f.* hecha de「barro [arcilla] que se colocaba en los túmulos funerarios antiguos

はね 羽/羽根　(鳥の) pluma *f.*, 《集合名詞》plumaje *m.*, (つばさ) ala *f.*, (プロペラの) paleta *f.*, pala *f.*, (バドミントンの) volante *m.*, (飛行機の) ala *f.* ‖ (鳥が) 羽をたたむ「plegar [doblar] las alas / 羽を広げる extender las alas / 羽を休める descansar, reposar (las alas) / 羽が生える salir *plumas* / 鳥の羽は毎年抜け替わる Las aves cambian el plumaje anualmente.
▶羽のある ala*do*[*da*], con alas
〖慣用〗羽が生えたよう ‖ 羽が生えたように売れる venderse como churros
〖慣用〗羽を伸ばす（比喩的に）actuar con entera libertad
◨羽根突き《日本語》*hanetsuki m.*, bádminton *m.* japonés
◨羽布団　edredón *m.* de plumas

はね 跳ね　(泥などの) salpicadura *f.*, mancha *f.*; (芝居の) cierre *m.*

ばね 発条　muelle *m.*, resorte *m.* ‖ 逆境をばねにする utilizar la adversidad como trampolín para convertir lo negativo en lo positivo / ばねのある選手 atleta *com.* con piernas ágiles y elásticas
▶ばね仕掛けの por resorte, con muelle
◨ばねばかり　báscula *f.* de「resorte [muelle]

はねあがる 跳ね上がる　saltar ‖ 相場が跳ね上がる Se dispara la cotización.

はねおきる 跳ね起きる　levantarse de un salto

はねかえす 跳ね返す　rechazar ‖ 弾丸を跳ね返す rechazar las balas

はねかえる 跳ね返る　(ボールなどが) rebotar, (光が) reflejarse, (波及する) repercutir 《en》

はねつける 撥ね付ける　rechazar, no aceptar ‖ 提案をはねつける rechazar una propuesta／上告ははねつけられた La apelación fue「denegada [desestimada].

はねとばす 撥ね飛ばす ‖ 車が歩行者数人をはね飛ばした Un coche「se llevó por delante [atropelló] a unos peatones.／車がはね飛ばした泥で私は洋服を汚された Un coche me salpicó el vestido de barro.

はねのける 撥ね除ける　apartar ALGO a un lado ‖ 布団をはね除ける destaparse, quitar el edredón

はねばし 跳ね橋　puente *m.* levadizo

はねまわる 跳ね回る　saltar, retozar

ハネムーン　viaje *m.* de luna de miel, luna *f.* de miel

パネラー　panelista *com.*,《集合名詞》panel *m.*

はねる 跳ねる　saltar, brincar,（芝居が）terminar ‖ 魚が跳ねる saltar *los peces* ／ぴょんぴょん跳ねる dar saltos／水が跳ねる salpicar *el agua*

はねる 撥ねる/刎ねる　（轢く）atropellar,（はじき飛ばす）salpicar ‖ 通行人をはねる atropellar a *un*[*una*] transeúnte／車が私に泥をはねた El coche me salpicó de barro.／試験ではねられる ser elimina*do*[*da*] en el examen／上前をはねる sacar tajada《de》, llevar un pellizco《de》

パネル　panel *m.*, tablero *m.*, tabla *f.*
- パネルディスカッション mesa *f.* redonda
- パネルヒーター placa *f.*「radiante [eléctrica de calefacción]

パノラマ　panorama *m.*
▶パノラマの panorám*ico*[*ca*]
- パノラマ写真 foto *f.* panorámica

はは 母　madre *f.* ‖（私の）父と母 mis padres／実の母 madre *f.* natural, verdadera madre *f.*／生みの母 madre *f.* biológica／育ての母 madre *f.* de crianza／義理の母 suegra *f.*／未婚の母 madre *f.* soltera／母なる大地 la madre tierra／母のない子 huérfa*no*[*na*] *mf.* de madre／母の日 Día *m.* de la Madre

はば 幅/巾　ancho *m.*, anchura *f.* ‖ ネクタイの幅 ancho *m.* de la corbata／長さ2メートル幅40センチの布 tela *f.* de dos metros de largo y cuarenta centímetros de ancho／川幅は10メートルです El río tiene diez metros de ancho.／幅が広い ser muy an*cho*[*cha*], ser de gran anchura／幅が狭い ser poco an*cho*[*cha*], ser de poca anchura／利益の幅が小さい El margen de beneficio es pequeño.／芸の幅を広げる「ampliar [ensanchar] *su* repertorio／規則に幅を持たせる dar flexibilidad a la norma
[慣用] 幅が利く tener influencia
[慣用] 幅を利かせる ejercer influencia《en, sobre》

ばば 馬場　campo *m.* de equitación,（競馬場）hipódromo *m.*
- 馬場馬術 doma *f.* clásica

パパ　papá *m.*, padre *m.*

パパイヤ　（木）papayo *m.*,（果実）papaya *f.*

ははおや 母親　madre *f.* ‖ 母親になる hacerse madre, convertirse en madre

ははかた 母方
▶母方の matern*o*[*na*] ‖ 母方の祖父 abuelo *m.* materno

はばかる 憚る　temer,（遠慮する）abstenerse《de》‖ 人目をはばかる temer ser vis*to*[*ta*] ／世間体をはばかる preocuparse de las apariencias／それは口にするのもはばかられる Eso es algo que no me atrevo a decir.
[諺] 憎まれっ子世にはばかる《諺》Mala hierba nunca muere.

はばたき 羽ばたき　aleteo *m.*

はばたく 羽ばたく　batir las alas, aletear ‖ 世界に羽ばたく desplegar una actividad notable en el mundo

はばつ 派閥　facción *f.*, clan *m.*,（政治的な）camarilla *f.* ‖ 派閥を作る formar una facción
- 派閥争い lucha *f.* entre facciones
- 派閥解消 disolución *f.* de una facción
- 派閥抗争 conflicto *m.* entre facciones
- 派閥政治 política *f.* basada en facciones

はばとび 幅跳び　salto *m.* de longitud ⇒ はしりはばとび（走り幅跳び）

ハバネラ　《音楽》habanera *f.*

はばひろい 幅広い　an*cho*[*cha*], de gran anchura,（広範な）am*plio*[*plia*] ‖ 幅広い活動をする realizar una amplia gama de actividades／当社は幅広い種類の製品を販売している Nuestra compañía tiene en venta una amplia gama de artículos.／会計について幅広い知識を持つ tener unos conocimientos amplios de contabilidad

はばむ 阻む　impedir, obstaculizar ‖ 行く手を阻む obstaculizar el camino／近代化を阻む「entorpecer [dificultar] la modernización／敵の攻撃を阻む impedir el ataque del enemigo

ババロア　crema *f.* bávara, *bavarois f.*

はびこる 蔓延る　（繁茂する）crecer en abundancia, abundar,（広まる）extenderse, propagarse ‖ 庭に雑草がはびこっている Abundan las malas hierbas en el jardín. Las malas hierbas invaden el jardín.／害虫がはびこる「Proliferan [Pululan] los insectos dañinos.／悪人がはびこる世の中 mundo *m.* plagado de malhechores

パピリオン　pabellón *m.*

パピルス　papiro *m.*

ハブ　（車輪の）cubo *m.*, eje *m.*,（IT）*hub m.*, concentrador *m.* ‖ ハブを使ったインターネット接続 conexión *f.* a Internet a través de un「concentrador [*hub*]

◨ ハブ空港 aeropuerto *m*. hub, centro *m*. de conexiones aéreas

パフ borla *f*. de maquillaje, borla *f*. para polvos

パブ 《英語》*pub m*.

パフェ 《フランス語》*parfait m*.

◨ チョコレートパフェ *parfait m*. de chocolate

パフォーマンス actuación *f*., representación *f*., interpretación *f*., 《英語》*performance f*., (性能) rendimiento *m*.

はぶく 省く omitir, suprimir‖手間を省く ahorrar trabajo／無駄な出費を省く「ahorrar [reducir] gastos superfluos

ハプニング suceso *m*.「inesperado [imprevisto], contratiempo *m*., accidente *m*.

はブラシ 歯ブラシ cepillo *m*. de dientes

◨ 電動歯ブラシ cepillo *m*. dental eléctrico

はぶり 羽振り‖羽振りがいい (権力) tener influencia, (暮らしぶり) ser「adinera**do**[da] [acomoda**do**[da]]

〔慣用〕羽振りをきかせる ejercer influencia 《en, sobre》

パプリカ (香辛料) pimentón *m*., páprika *f*.

バブル burbuja *f*.‖しばらく前に、この国で不動産バブルがあった Hace un tiempo hubo una burbuja inmobiliaria en este país.

◨ バブル経済 burbuja *f*. económica

◨ バブル崩壊「estallido *m*. [colapso *m*.] de una burbuja económica

はへん 破片 pedazo *m*., (断片) fragmento *m*., trozo *m*., (細かい) añicos *mpl*., trizas *fpl*.

はま 浜 playa *f*.

はまき 葉巻 cigarro *m*. (puro), puro *m*.‖葉巻をふかす fumar un puro

◨ 葉巻入れ cigarrera *f*., estuche *m*. para puros

◨ 葉巻カッター cortacigarros *m*.[=*pl*.]

はまぐり 蛤 almeja *f*.

はまち 鰍 jurel *m*. de cola amarilla joven

はまべ 浜辺 playa *f*.‖浜辺を歩く caminar por la orilla del mar

はまりやく 嵌まり役‖ドン・ファンは彼のはまり役だ El papel de don Juan es un papel hecho para él.

はまる 嵌まる (適合) ajustarse, adaptarse, encajar(se), (落ちる) caer‖戸が枠にうまくはまる La puerta encaja bien en su marco.／彼女はその役にはまっている Ella se identifica con ese papel.¦ Ella es idónea para ese papel.／車がぬかるみにはまった El coche quedó atascado en un atolladero.／罠にはまる caer en la trampa／彼は今コンピュータゲームにはまっている Se ha convertido en un adicto a los videojuegos.

はみ 馬銜 bocado *m*.

はみがき 歯磨き「lavado *m*. [limpieza *f*.] de dientes, (練り歯磨き) pasta *f*.「de dientes [dentífrica]‖歯みがきをチューブから絞り出す sacar la pasta de dientes apretando el tubo

▶歯みがきをする「lavarse [limpiarse, cepillarse] los dientes

はみだす はみ出す sobresalir, desbordar(se)‖シャツがズボンからはみ出ているよ Se te sale la camisa del pantalón.／その値段は予算をはみ出している El precio excede el presupuesto.／歩道からはみ出すほどの人がいた Había tanta gente que desbordaba las aceras.

ハミング canturreo *m*. ⇒はなうた (鼻歌)

▶ハミングする canturrear

ハム ❶ (食品) jamón *m*.‖生ハム jamón *m*. crudo／サラダにハムを乗せる poner jamón en la ensalada／パンにハムを挟む hacer un bocadillo「de [con] jamón／ハムをスライスしてもらう pedir que corten el jamón en lonchas

ハム

◨ ハムエッグ huevo *m*. frito con jamón

◨ ハムサラダ ensalada *f*. con jamón

◨ ハムサンド bocadillo *m*.「de [con] jamón, sándwich *m*.「de [con] jamón

◨ ハムトースト pan *m*. tostado con jamón

❷ (アマチュア無線家) radioaficiona**do**[da] *mf*.

❸ (ラジオ・テレビの雑音) zumbido *m*.

はむかう 歯向かう/刃向かう desobedecer, 《慣用》「mostrar [enseñar] los dientes 《a》, (抵抗する) resistirse 《a》‖犯人(男性)が警察にはむかった El delincuente se resistió al policía.

ハムスター hámster *m*. (雄・雌)

はめ 羽目/破目 (建築) revestimiento *m*. de paneles de madera; (困った状況) aprieto *m*., apuro *m*.‖苦しい羽目に陥る encontrarse en una situación penosa／乗客は一晩中空港で過ごす羽目になった A los pasajeros no les quedó más remedio que pasar toda la noche en el aeropuerto.

〔慣用〕羽目を外す pasarse de rosca, (騒ぐ)

organizar una juerga
▶羽目板（屋内の）revestimiento *m*. de paneles de madera

はめこむ 嵌め込む　incrustar, encajar

はめつ 破滅　ruina *f*., pérdida *f*. completa ‖ 身の破滅を招く「arruinar [echar a perder] *su* vida／破滅に瀕する estar al borde de la ruina
▶破滅する arruinarse, irse a la ruina
▶破滅させる arruinar

はめる 嵌める　encajar, ajustar, （家具などを）empotrar, （挿入する）insertar, （象眼細工で）incrustar ‖ 指輪をはめる ponerse el anillo／ボタンをはめる abrocharse los botones／戸を枠にはめる encajar la puerta en el marco／わなにはめる engañar, hacer caer a ALGUIEN en la trampa

ばめん 場面　（映画・演劇の）escena *f*., （状況）situación *f*. ‖ 映画の場面 escena *f*. de una película／場面が変わる cambiarse *la escena*

はもの 刃物　instrumento *m*. cortante, （ナイフ）cuchillo *m*., （武器）arma *f*. blanca ‖ 刃物を所持する「poseer [tener] un arma blanca
🔲刃物店 cuchillería *f*.

はもん 波紋　onda *f*., （影響）repercusión *f*. ‖ 水面に波紋を描く「hacer [formar] ondas en el agua
慣用 波紋を投げかける「causar [suscitar, provocar] polémica

はもん 破門　expulsión *f*., （宗教上の）excomunión *f*., anatema *m*.
▶破門する（弟子を）expulsar, despedir, （宗教上の理由で）excomulgar, anatematizar

はやあし 早足/速足　paso *m*. rápido, （馬などの）trote *m*. ‖ 早足で歩く andar con paso rápido／（馬が）速足で走る ir al trote

はやい 早い/速い　（時間的に）tempra*no*[*na*], pron*to*[*ta*], （速度が）rápi*do*[*da*], veloz ‖ ホテルを予約するのはまだ早い Todavía es pronto para reservar un hotel.／早い話が en pocas palabras／進歩が速い avanzar rápido／仕事が速い ser rápi*do*[*da*] en el trabajo／脈が速い tener el pulso acelerado
慣用 早い者勝ち《諺》Para los que llegan tarde, los huesos. ¦ El que llega primero gana.

はやうまれ 早生まれ　persona *f*. nacida entre el uno de enero y el uno de abril

はやおき 早起き　madrugón *m*.
▶早起きの(人) madruga*dor*[*dora*] (*mf*.)
▶早起きする madrugar, levantarse temprano,《話》darse un (buen) madrugón
諺 早起きは三文の得《諺》Al que madruga, Dios le ayuda.

はやおくり 早送り　avance *m*. rápido
▶早送りする ‖ ビデオテープを早送りする avanzar rápido la cinta de vídeo

はやがてん 早合点
▶早合点する juzgar ALGO「a la ligera [precipitadamente], sacar una conclusión apresurada

はやく 早く/速く　（時間的に）temprano, （時間・速度が）pronto, （速度が）rápidamente, rápido, （急いで）de prisa, deprisa ‖ 早くしろ《スペイン》¡Date prisa!,《中南米》¡Apúrate!／朝早くに de madrugada／予定より早く到着する llegar antes de lo previsto／早くから働き始める empezar a trabajar desde temprano／できるだけ早く lo antes posible, cuanto antes／早ければ早いほどよい Cuanto antes, mejor.／私はもっと速く走りたい Me gustaría correr más rápido.
▶早くても como pronto ‖ 新製品の発売開始は早くても来月になるだろう La venta del nuevo producto empezará el próximo mes, como pronto.

はやくち 早口　‖ 早口である hablar「rápido [deprisa]
🔲早口言葉 trabalenguas *m*.[=*pl*.]

はやさ 早さ/速さ　rapidez *f*., （速度）velocidad *f*.

はやざき 早咲き　floración *f*.「anticipada [precoz]
▶早咲きの tempra*no*[*na*], precoz, prematu*ro*[*ra*] ‖ 早咲きの花 flor *f*. prematura

はやし 林　arbolado *m*., arboleda *f*., （雑木林）soto *m*.

はやじに 早死に　muerte *f*.「precoz [prematura]
▶早死にする morir「joven [prematuramente]

ハヤシライス　（説明訳）arroz *m*. con carne y verduras picadas y doradas en salsa *demi-glace*

はやす 生やす　dejar crecer ‖ 髭を生やしている「llevar [tener, dejarse] barba／根を生やす echar raíces

はやす 囃す　（応援する）animar, alentar, （からかう）abuchear, burlarse《de》

はやせ 早瀬　rápido *m*., rabión *m*.

はやとちり 早とちり
▶早とちりする cometer un error por precipitación

はやね 早寝
▶早寝する acostarse temprano, irse a la cama pronto

はやばや 早早
▶早々と temprano, muy pronto

はやばん 早番　‖ 私は明日早番だ Mañana hago el primer turno.

はやびけ 早引け　⇒そうたい(早退)

はやぶさ 隼　《鳥類》halcón *m*. peregrino

はやまる 早まる/速まる　（早まる）adelantarse, anticiparse,（速まる）acelerarse‖試合が1週間早まった El partido se ha adelantado una semana. ／早まったことをするな ¡No te precipites! ¡No actúes precipitadamente! ／インフレの進行が速まるだろう Se va a acelerar la inflación.

はやみち 早道 ⇒ちかみち(近道)

はやみひょう 早見表 baremo *m*.

はやみみ 早耳‖早耳である estar siempre al corriente de「todo [las últimas noticias], estar bien informa*do*[*da*]

はやめ 早目
▶早めに un poco antes, un poco más temprano‖いつもより早めに起きる levantarse un poco más temprano que de costumbre

はやめる 早める/速める adelantar, anticipar, acelerar‖時間を早める adelantar la hora ／速度を速める aumentar la velocidad, acelerar ／足を早める apretar el paso

はやり 流行 moda *f*.‖この曲は今はやりだ Esta canción está de moda.
◨ はやり言葉「expresiones *fpl*. [palabras *fpl*.] de moda

はやる 逸る‖心がはやる estar impaciente ／はやる心を抑える controlarse, contener la impaciencia ／血気にはやる dejarse llevar por las pasiones

はやる 流行る ponerse de moda, popularizarse,（大流行する）《慣用》hacer furor‖はやらなくなる pasar de moda ／このレストランははやっている Este restaurante tiene mucha clientela. ／インフルエンザがはやっている La gripe está extendida.

はら 腹 ❶ vientre *m*., barriga *f*.,《解剖》abdomen *m*.,（胃）estómago *m*.‖指の腹 yema *f*. ／腹一杯食べる comer hasta hartarse ／魚の腹を割く limpiar el pescado, sacar las tripas del pescado ／腹が痛い tener dolor de vientre ／腹が出る echar barriga ／腹がすく/腹が減る tener hambre ／腹の中で「en [para] *sus* adentros ／腹の底から en el fondo del corazón, desde las entrañas ／腹をさする frotar la barriga ／腹をすかせて con el estómago vacío

❷《慣用表現》
[腹が]
〔慣用〕腹が黒い ser solapa*do*[*da*], ser taima*do*[*da*]
〔慣用〕腹が据わっている estar arma*do*[*da*] de valor,《慣用》tener presencia de ánimo
〔慣用〕腹が立つ enfadarse
〔慣用〕腹が膨れる hartarse de comer,《慣用》ponerse las botas
[腹に]
〔慣用〕腹に一物ある tener「doble [segunda] intención
〔慣用〕腹に収める guardar ALGO en secreto, guardar silencio《sobre》
〔慣用〕腹に据えかねる no poder「tolerar [soportar, aguantar]
[腹の]
〔慣用〕腹の探り合いをする sondear mutuamente las verdaderas intenciones
〔慣用〕腹の虫がおさまらない no poder contener「la ira [el enfado, la cólera, la furia]‖私は腹の虫がおさまらない No se me calma la ira.
[腹を]
〔慣用〕腹を痛めた息子 *su* propio hijo
〔慣用〕腹を固める/腹を決める/腹を据える tomar una determinación
〔慣用〕腹を抱えて笑う「troncharse [desternillarse] de risa
〔慣用〕腹を切る（切腹する）hacerse el harakiri,（責任をとって辞任する）dimitir asumiendo la responsabilidad
〔慣用〕腹をくくる prepararse para lo peor
〔慣用〕腹を下す/腹をこわす tener diarrea
〔慣用〕腹を肥やす llenarse los bolsillos, lucrarse
〔慣用〕腹を探る sondear,《慣用》tantear el terreno‖私は痛くもない腹を探られた Sospecharon de mí injustamente.
〔慣用〕腹を据える tener confianza en *sí* mis*mo*[*ma*]
〔慣用〕腹を立てる enfadarse, enojarse
〔慣用〕腹を読む leer las intenciones de ALGUIEN
〔慣用〕腹を割って話す hablar con franqueza
〔諺〕腹が減っては戦はできぬ No se puede hacer nada con el estómago vacío. ¡《諺》Con pan y vino se anda el camino.
〔諺〕腹八分に医者いらず/腹も身の内 Comer moderadamente es la mejor medicina.

◨ 腹びれ aleta *f*.「ventral [pélvica]

ばら
▶ばらの suel*to*[*ta*]
▶ばら銭 monedas *fpl*. sueltas,（小銭）calderilla *f*., chatarra *f*.

ばら 薔薇 （木）rosal *m*.,（花）rosa *f*.
◨ ばら色 color *m*. rosa, rosa *m*.‖ばら色の rosa*do*[*da*], rosa《性数不変》

バラード balada *f*.

はらい 払い （支払い）pago *m*., abono *m*.‖払いを済ませる efectuar el pago ／金払いの良い genero*so*[*sa*], dadivo*so*[*sa*]
◨ 現金払い pago *m*. al contado
◨ 3回払い pago *m*. en tres plazos

はらいこむ 払い込む pagar, abonar,（送金する）transferir dinero

はらいさげる 払い下げる「vender [enajenar] bienes de dominio público (a un particular)

はらいせ 腹癒せ represalia *f*., venganza *f*.
▶腹いせに en venganza, para vengarse,

como represalia
▶**腹いせをする** vengarse 《de》
はらいのける 払い除ける sacudir ‖ ほこりを手で払いのける「sacudir [quitar] el polvo con la mano／不安を払いのける deshacerse de *sus* inquietudes
はらいもどし 払い戻し reembolso *m.* ‖ 代金の払い戻しを請求する reclamar el reembolso del importe／税金の払い戻しを受ける recibir la devolución de impuestos／製品にご満足いただけない場合は代金の払い戻しを致します Si no está satisfe*cho*[*cha*] con el producto, le devolvemos su dinero.
はらいもどす 払い戻す reembolsar, rembolsar, devolver el dinero ‖ 病院の費用は保険会社によって(私に)払い戻された El coste del hospital me lo reembolsó la compañía de seguros.
はらう 払う pagar, desembolsar ‖ すすを払う limpiar el hollín, deshollinar／ほこりを払う「quitar [sacudir] el polvo／ハエを払う espantar las moscas／枝を払う podar／代金を払う pagar la cuenta 《de》, abonar el importe 《de》／現金で払う pagar al contado／一括して払う pagar de una vez／注意を払う prestar atención《a》／敬意を払う tener respeto《a, hacia》, demostrar respeto／犠牲を払う hacer sacrificios
はらう 祓う purificar, exorcizar ‖ 災厄を祓う ahuyentar las desgracias
バラエティー varieda*d f.* ‖ バラエティーに富む muy varia*do*[*da*], ri*co*[*ca*] en variedad, de mucha variedad
🔳バラエティーショー espectáculo *m.* de「variedades [variétés], vodevil *m.*
パラグアイ Paraguay
▶**パラグアイの** paragua*yo*[*ya*]
🔳パラグアイ人 paragua*yo*[*ya*] *mf.*
パラグライダー parapente *m.*
▶**パラグライダーをする** practicar el parapente ‖ パラグライダーをする人 parapentista *com.*
パラグラフ párrafo *m.*
はらぐろい 腹黒い solapa*do*[*da*], taima*do*[*da*], astu*to*[*ta*], sagaz, soca*rrón*[*rrona*]
はらごしらえ 腹拵え ‖ 腹拵えをする tomar algún alimento, comer
はらごなし 腹ごなし ‖ 腹ごなしをする digerir la comida／腹ごなしに散歩する dar un paseo para bajar la comida
パラサイト (寄生虫) parásito *m.*
🔳パラサイトシングル solte*ro*[*ra*] *mf.* parásito
パラシュート paracaídas *m.*[=*pl.*] ‖ パラシュートが開く El paracaídas se abre.／パラシュートで降りる「descender [bajar] en paracaídas
はらす 晴らす ‖ 気分を晴らす entretenerse／恨みを晴らす vengarse, descargar el rencor／疑いを晴らす disipar una sospecha／憂さを晴らす desahogarse de la tensión／無実の罪を晴らす「demostrar [probar] *su* inocencia
ばらす (あばく) revelar, delatar, soplar,(ばらばらにする) desmontar, desarmar, descomponer ‖ 情報をばらす divulgar una información／秘密をばらす revelar un secreto
バラスト (船用の) lastre *m.*, (鉄道・道路建設用の) balasto *m.*, balastro *m.*
🔳バラスト水 agua *f.* de lastre
ハラスメント acoso *m.*
パラソル parasol *m.*, sombrilla *f.*, quitasol *m.* ‖ 砂浜にパラソルを立てる「poner [colocar] una sombrilla en la playa
パラダイス paraíso *m.*
パラダイム paradigma *m.*
はらだたしい 腹立たしい indignante, enojo*so*[*sa*] ‖ 腹立たしく思う indignarse
はらだち 腹立ち furia *f.*, enfado *m.*, ira *f.*, enojo *m.* ‖ 腹立ちまぎれに en un arrebato de「ira [cólera]
はらちがい 腹違い
▶**腹違いの** naci*do*[*da*] de madre diferente ‖ 腹違いの兄弟[姉妹] herma*no*[*na*] *mf.* de padre, hermana*stro*[*tra*] *mf.*, me*dio*[*dia*] herma*no*[*na*] *mf.*, herma*no*[*na*] *mf.* consanguí*neo*[*a*]
ばらつき falta *f.* de homogeneidad, (不規則性) irregularidad *f.* ‖ 商品の品質にばらつきがないことを保証する garantizar una calidad homogénea en los productos
バラック barraca *f.*
はらっぱ 原っぱ campo *m.*
パラドール (スペインの国営観光ホテル) parador *m.* (nacional de turismo)
パラドックス paradoja *f.*
パラノイア paranoia *f.*
▶**パラノイアの(患者)** paranoi*co*[*ca*] (*mf.*)
はらばい 腹這い postura *f.* bocabajo
▶**腹ばいになる** 「ponerse [tenderse] bocabajo ‖ 腹ばいになって進む arrastrarse
はらはら ‖ はらはらと木の葉が散る Las hojas de los árboles caen ondeando.
▶**はらはらする** inquietarse ‖ はらはらしながら待つ esperar con el alma en「vilo [un hilo]
ばらばら
▶**ばらばらな** ‖ ばらばらな意見 opiniones *fpl.* divergentes／年代や職業がばらばらな人たち personas *fpl.* de edades y profesiones diferentes
▶**ばらばらに** ‖ 各自ばらばらに帰った Cada uno se fue por su lado.
▶**ばらばらにする** despedazar, (分解) descomponer, desmontar ‖ テレビをばらばらに

する desarmar un televisor／本をばらばらにする desencuadernar un libro
🅑ばらばらになる hacerse pedazos, despedazarse, descuartizarse,（分解）descomponerse‖戦争で家族がばらばらになった La familia quedó separada por culpa de la guerra.
◪ばらばら事件 caso *m.* de homicidio con descuartizamiento del cadáver
ぱらぱら‖ページをぱらぱらめくる hojear las páginas, pasar las hojas (de un libro)／雨がぱらぱら降り始めた Empezaron a caer gotas de lluvia.
パラフィン parafina *f.*
◪パラフィン紙 papel *m.* parafinado
はらぺこ 腹ぺこ →くうふく（空腹）‖私は腹ぺこで死にそうだ Me muero de hambre.
🅑腹ぺこな/腹ぺこの hambrient*o*[*ta*]
パラボラアンテナ antena *f.* parabólica
はらまき 腹巻き《日本語》 haramaki *m.*,（説明訳）faja *f.* que se enrolla en el torso
ばらまく esparcir, desparramar,（液体を）derramar‖噂をばらまく「extender [esparcir] un rumor／金をばらまく dar dinero indiscriminadamente
はらむ 孕む‖子をはらむ quedarse embarazada,（主に動物が）estar preñada／帆が風をはらむ La vela se hincha de aire.／危険をはらむ entrañar riesgo
パラリンピック Juegos *mpl.* Paralímpicos
はらわた 腸 entrañas *fpl.*, vísceras *fpl.*, tripas *fpl.*‖魚のはらわたをとる limpiar el pescado／にわとりのはらわたをとる destripar el pollo
〖慣用〗はらわたの腐った‖はらわたの腐った男 hombre *m.* corrupto
〖慣用〗はらわたが煮えくり返る思いだ sentir gran indignación,〖慣用〗estar que arde
はらん 波乱/波瀾（騒ぎ）disturbio *m.*, tumulto *m.*,（変動）altibajos *mpl.*, vicisitudes *fpl.*‖波乱を起こす「armar [provocar] un tumulto／波乱に富んだ人生 vida *f.* llena de altibajos
◪波乱万丈（の）lle*no*[*na*] de「vicisitudes [altibajos], muy accidenta*do*[*da*]
バランス equilibrio *m.*‖心身のバランス equilibrio *m.* en cuerpo y mente／バランスをとる mantener el equilibrio, equilibrarse／バランスを失う/バランスを崩す perder el equilibrio, desequilibrarse
◪バランスシート（商業）balance *m.*
はり 針 aguja *f.*,（留め針）alfiler *m.*,（時計の）manecilla *f.*,（釣り針）anzuelo *m.*,（昆虫の）aguijón *m.*,（毛針）mosca *f.*,（ホッチキスの）grapa *f.*‖針の目 ojo *m.* de la aguja／針に糸を通す enhebrar la aguja／私は指に針が刺さった Me pinché el dedo con una aguja.／針で刺す pinchar con una aguja

／針で刺すような痛み dolor *m.* punzante／切り傷をして3針縫った Me dieron tres puntos para suturarme la herida.
〖慣用〗針のむしろ‖針のむしろに座らされた思いである sentirse muy inquie*to*[*ta*]
◪木綿針 aguja *f.* para coser algodón
◪まち針 alfiler *m.*
◪針刺し alfiletero *m.*, acerico *m.*, almohadilla *f.*
◪針箱 costurero *m.*
はり 梁《建築》viga *f.*
はり 鍼 aguja *f.*,（治療）acupuntura *f.*‖患者(男性)に鍼を打つ tratar al paciente con acupuntura
◪鍼医 acupunturista *com.*, acupun*tor*[*tora*] *mf.*
はり 張り tensión *f.*,（張り合い）estímulo *m.*, aliciente *m.*‖張りの強い弓 arco *m.* bien tensado／張りのある肌 piel *f.* saludable／気持ちに張りがある estar pletóri*co*[*ca*] de moral
ばり 張り‖板張りの床 suelo *m.* de madera／タイル張りの壁 pared *f.* alicatada [revestida de azulejos]／ベラスケス張りの絵 cuadro *m.* al estilo de Velázquez
バリア barrera *f.*,（柵）valla *f.*
はりあい 張り合い estímulo *m.*, aliciente *m.*‖張り合いをなくす perder el entusiasmo／張り合いのある仕事 trabajo *m.* gratificante
はりあう 張り合う competir《con》, rivalizar《con》
はりあげる 張り上げる‖声を張り上げる alzar la voz
バリアフリー eliminación *f.* de barreras
🅑バリアフリーの desprovis*to*[*ta*] de barreras y obstáculos
バリウム《化学》bario *m.*《記号 Ba》
バリエーション variación *f.*
はりがね 針金 alambre *m.*, cable *m.* metálico‖針金を曲げる doblar el alambre／針金を切る cortar el alambre
◪針金細工 trabajo *m.* de filigrana
はりがみ 張り紙/貼り紙 cartel *m.*, anuncio *m.*, rótulo *m.*‖貼り紙禁止（掲示）Prohibido fijar carteles／貼り紙をする pegar carteles
バリカン maquinilla *f.* para cortar el pelo
◪電気バリカン maquinilla *f.* eléctrica (para cortar el pelo)
ばりき 馬力《物理》caballo *m.* de vapor (略 CV)‖100馬力のモーター motor *m.* de 100 caballos (de potencia)／彼女は馬力がある Ella es enérgica.
はりきる 張り切る animarse, entusiasmarse
バリケード barricada *f.*‖バリケードを築く「levantar [formar, montar] barricadas

ハリケーン huracán *m.* ‖ 沿岸部全域がハリケーンによる災害に見舞われた Toda la zona costera sufrió un desastre causado por un huracán.

はりこむ 張り込む （見張る）vigilar, （大金を使う）gastar un dineral

はりさける 張り裂ける desgarrarse ‖ 心が張り裂ける sentir gran pena, desgarrarse

はりしごと 針仕事 costura *f.*, labores *fpl.* de aguja
▶針仕事をする hacer labores de aguja, coser

はりだし 張り出し （掲示）anuncio *m.*, letrero *m.*, 《建築》saliente *m.*
◢張り出し窓 ventana *f.* saliente

はりだす 張り出す （出る）sobresalir, （掲示する）poner ‖ 掲示板に知らせを張り出す poner un aviso en el tablón de anuncios

はりつく 張り付く/貼り付く estar pega*do*[*da*], adherirse ‖ 画面に張り付いてテレビを見る ver la tele pega*do*[*da*] a la pantalla

はりつけ 磔 crucifixión *f.*
▶はりつけにする crucificar

はりつける 張り付ける/貼り付ける pegar ⇒はる(貼る)

ぱりっと
▶ぱりっとした ‖ ぱりっとした紳士 caballero *m.* gallardo ／ ぱりっとした服 traje *m.* elegante

はりつめる 張り詰める ‖ 床に絨毯を張り詰める alfombrar todo el suelo ／ 気を張り詰めて仕事をする trabajar ten*so*[*sa*]

パリティ paridad *f.*
◢パリティ価格 precio *m.* de paridad
◢パリティ指数 índice *m.* de paridad
◢パリティビット bit *m.* de paridad

バリトン （音・歌手）barítono *m.*

はりねずみ 針鼠 erizo *m.*

ばりばり ‖ 段ボールをばりばり裂く「rasgar [romper] el cartón ／ 池の氷がばりばり裂ける El hielo del estanque se está「rajando [resquebrajando]. ／ ばりばり働く trabajar「intensamente [de una manera muy enérgica]

ぱりぱり
▶ぱりぱりの crujiente ‖ ぱりぱりのクッキー galleta *f.* crujiente ／ ばりばりの江戸っ子 tokiota *com.*「hasta la médula [de pura cepa]

はりめぐらす 張り巡らす extender, montar ‖ 工場の周りに鉄条網を張り巡らす montar una alambrada alrededor de la fábrica

はりやま 針山 acerico *m.*, almohadilla *f.*

はる 春 primavera *f.* ‖ 春が来た Ha llegado la primavera. ／ 春先に a comienzos de primavera, al inicio de la primavera ／ 春らしい陽気だ Hace un tiempo primaveral. ／ 我が世の春を謳歌する gozar del mejor momento de la vida
▶春の primaveral
▶春一番 primer viento *m.* cálido「del sur [meridional]
◢春霞 bruma *f.* primaveral
◢春風 viento *m.* primaveral
◢春物 （服装）ropa *f.*「de primavera [primaveral]
◢春休み vacaciones *fpl.* de primavera

はる 張る estirar, extender, desplegar ‖ 根を張る arraigar, 「echar [extender] las raíces ／ テントを張る《スペイン》montar una tienda, 《中南米》armar una carpa ／ ロープを張る tensar una cuerda ／ 水たまりに氷が張った Se ha formado hielo en el charco. ／ 器に水を張る llenar el recipiente de agua ／ 胸を張る《慣用》sacar pecho ／ 頬を張る dar una「bofetada [cachetada]《a》／ 肩が張る tener los hombros entumecidos ／ 気が張る ponerse nervio*so*[*sa*] ／ 値が張る ser ca*ro*[*ra*], tener un precio muy alto

はる 貼る pegar ‖ 切手を貼る pegar un sello ／ 壁にタイルを貼る cubrir la pared con azulejos, azulejar la pared

バル bar *m.*

■■■ バルにて ■■■

‖ よく使う会話表現
◉バルで一杯やろう Vamos a tomar algo en el bar.
◉飲み物は何にしますか ¿Qué van a tomar?
◉私はビール Para mí, una caña.
◉私は白ワイン Para mí, un vino blanco.
◉私もビールにします Y yo, otra caña.
◉おつまみはいかがですか ¿Desean picar algo? ¦ ¿Les apetece una tapita?
◉ムール貝1人前とコロッケを2人前 Una ración de mejillones y dos de croquetas.

はるか 遥か ‖ はるか彼方に en la lejanía, a lo lejos ／ はるか昔に en tiempos「remotos [muy lejanos], hace mucho tiempo
▶はるかな leja*no*[*na*], remo*to*[*ta*]
▶はるかに （程度）mucho más ‖ 富士山はこの山よりはるかに高い El monte Fuji es mucho más alto que este monte.

バルコニー balcón *m.* ‖ バルコニー付きの部屋 habitación *f.* con balcón

バルサミコす バルサミコ酢 vinagre *m.* balsámico

はるさめ 春雨 （雨）lluvia *f.* de primavera; （食品）fideos *mpl.* celofán
◢春雨サラダ ensalada *f.* de fideos celofán

パルス pulso *m.*
◢電磁パルス「pulso *m.* [impulso *m.*] electromagnético

◪ パルス信号 señal *f.* de「pulso [impulso]
◪ パルス幅変調 modulación *f.* por ancho de pulsos

はるばる 遥遥 de lejos ‖ 遠路はるばるやってくる venir desde muy lejos

パルブ 《機械》válvula *f.*

パルプ pulpa *f.*, pasta *f.* de papel

はるまき 春巻 《料理》「rollo *m.* [rollito *m.*] de primavera

はるめく 春めく ‖ 春めいてきた Empieza a notarse el clima primaveral.

パルメザンチーズ queso *m.* parmesano

はれ 晴れ (晴天) cielo *m.* despejado ‖ 晴れのち曇り Cielo despejado variando a cielo nublado posteriormente.
▶ 晴れの (正式の・公の) públic*o*[*ca*], formal ‖ 晴れの舞台 gran día *m.* ╱ 晴れの身となる ser declara*do*[*da*] inocente

はれ 腫れ hinchazón *f.* ‖ 腫れをとる「eliminar [quitar] la hinchazón ╱ 私の顔の腫れがだいぶ引いた Me ha bajado bastante la hinchazón de la cara.

はれあがる 晴れ上がる despejarse ‖ 空が晴れ上がった El cielo quedó despejado.

はれあがる 腫れ上がる hincharse ‖ 奥歯の痛みで顔が腫れ上がった Se me hinchó la cara con el dolor de muelas.

バレエ 《フランス語》*ballet m.* ‖ バレエの練習をする practicar el *ballet* ╱ バレエを観る ver una obra de *ballet*
◪ クラシックバレエ *ballet m.* clásico
◪ モダンバレエ *ballet m.* moderno
◪ バレエコンクール concurso *m.* de *ballet*
◪ バレエ団 compañía *f.* de *ballet*
◪ バレエダンサー baila*rín*[*rina*] *mf.* de *ballet*

ハレーすいせい ハレー彗星 cometa *m.* Halley

パレード desfile *m.*
▶ パレードをする desfilar, realizar un desfile

バレーボール voleibol *m.*, balonvolea *m.* ‖ バレーボールの試合 partido *m.* de voleibol ╱ バレーボールのチーム equipo *m.* de voleibol
▶ バレーボールをする jugar al voleibol

――― バレーボールの用語 ―――

コート cancha *f.* ╱ ネット red *f.* ╱ アタックライン línea *f.* de ataque ╱ フリーゾーン línea *f.* libre ╱ ボール balón *m.* ╱ 選手 juga*dor*[*dora*] *mf.* de voleibol ╱ キャプテン capi*tán*[*tana*] *mf.* ╱ 監督 entrena*dor*[*dora*] *mf.* ╱ セット set *m.* ╱ タイムアウト tiempo *m.* de descanso ╱ デッドタイム tiempo *m.* muerto ╱ テクニカルタイム tiempo *m.* técnico ╱ ローテーション rotación *f.* ╱ 前衛 delante*ro*[*ra*] *mf.* ╱ 後衛 zague*ro*[*ra*] *mf.* ╱ リベロプレーヤー líbe*ro*[*ra*] *mf.* ╱ サーブ saque *m.*, servicio *m.* ╱ レシーブ recepción *f.* ╱ ブロック bloqueo *m.* ╱ トス pase *m.* alto ╱ スパイク ataque *m.* de remate ╱ フェイント finta *f.* ╱ ホールディング retención *f.* ╱ タッチネット falta *f.* de toque de red ╱ ドリブル dobles *mpl.*

はれがましい 晴れがましい solemne, ceremoni*oso*[*sa*] ‖ 晴れがましい場に出る asistir a un acto solemne y lujoso

はれぎ 晴れ着 traje *m.* de gala ‖ 晴れ着を着る vestir de gala, endomingarse

はれつ 破裂 estallido *m.*, reventón *m.*, explosión *f.*
▶ 破裂する estallar, reventar, explosionar ‖ 風船が破裂した El globo「estalló [reventó].

パレット 《美術》paleta *f.*
◪ パレットナイフ espátula *f.*

はれて 晴れて formalmente, públicamente, abiertamente ‖ 晴れて大学生となる ser oficialmente universita*rio*[*ria*] ╱ 晴れて彼の無罪が確定した Legalmente lo han declarado inocente.

はればれ 晴れ晴れ
▶ 晴れ晴れと ‖ 晴れ晴れとした気分である sentirse libre de preocupaciones

はれぼったい 腫れぼったい hincha*do*[*da*], túmi*do*[*da*] ‖ 腫れぼったい目をしている tener los ojos como hinchados

はれま 晴れ間 claro *m.*, escampada *f.* ‖ 晴れ間がのぞく Se asoma el「sol [cielo azul].

はれもの 腫れ物 forúnculo *m.*, bulto *m.*, hinchazón *f.*
⟨慣用⟩腫れ物に触るように con mucha cautela, con mucho cuidado

はれやか 晴れやか
▶ 晴れやかな deslumbrante ‖ 晴れやかな気分「sensación *f.* [sentimiento *m.*] alegre ╱ 晴れやかな顔 cara *f.* radiante
▶ 晴れやかに ‖ 晴れやかに着飾る ponerse「de gala [elegante]

バレリーナ bailarina *f.*

はれる 晴れる (空が) despejarse, (疑いが) disiparse ‖ 晴れた日 día *m.* despejado ╱ 晴れ渡った日 día *m.* completamente despejado ╱ 空が晴れている El cielo está despejado. ╱ 霧が晴れた Se ha「disipado [quitado] la niebla. ╱ 気分が晴れる sentirse tranqui*lo*[*la*], sentirse libre de preocupaciones ╱ 彼に対する嫌疑は晴れた Las sospechas contra él se desvanecieron.

はれる 腫れる hincharse, (炎症で) inflamarse ‖ 指が腫れる hincharse *el dedo* ╱ 顔が腫れている tener la cara hinchada ╱ 私は

ばれる 歯ぐきが腫れてしまった Se me ha inflamado la encía.

ばれる descubrirse, 《慣用》salir a la luz ‖ 私のうそがばれてしまった Me han descubierto la mentira.

バレル （単位）barril *m*.

バレンタインデー día *m*. de San Valentín（2月14日）

はれんち 破廉恥 desvergüenza *f*., impudor *m*.
▶破廉恥な desvergonza*do[da]*, impudente

はろう 波浪 ola *f*.
◾波浪注意報 alerta *f*. de fuerte oleaje

ハロウィーン Noche *f*. de「Brujas [Difuntos]

ハローワーク （公共職業安定所）Oficina *f*. Pública de Estabilidad Laboral

ハロゲン 《化学》halógeno *m*.
◾ハロゲンランプ lámpara *f*. halógena

バロック barroco *m*.
▶バロックの barro*co[ca]*
◾バロック音楽 música *f*. barroca

パロディー parodia *f*.
◾パロディー化 ‖ パロディー化する parodiar

バロメーター 《気象》barómetro *m*. ‖ 健康のバロメーター barómetro「sanitario [de la salud]

パワー poder *m*., fuerza *f*. ‖ パワーを結集する「reunir [juntar, concentrar] las fuerzas ／ パワーを出す sacar fuerzas
▶パワーアップする hacerse más「fuerte [potente]
◾パワーショベル pala *f*.「excavadora [mecánica]
◾パワーステアリング dirección *f*. asistida
◾パワーストーン piedra *f*. curativa
◾パワーハラスメント ⇒パワハラ
◾パワーリフティング levantamiento *m*. de potencia

パワハラ acoso *m*. laboral por parte de los superiores ‖ パワハラを受ける sufrir acoso laboral por parte de *su* superior

パワフル
▶パワフルな potente, podero*so[sa]*, fuerte

はん 反 《接頭辞》anti- ‖ 反核の antinuclear ／ 反社会的な antisocial
◾反革命 contrarrevolución *f*.
◾反主流派 facción *f*. disidente

はん 汎 《接頭辞》pan-
◾汎アメリカ主義 panamericanismo *m*.
◾汎スラブ主義 paneslavismo *m*.

はん 半 mitad *f*., (さいころの奇数) número *m*. impar ‖ 1時間半 una hora y media ／ 1日半 un día y medio ／ スプーン1杯半の砂糖 una cuchara y media de azúcar
◾半殺し ‖ 半殺しにする dejar medio muer*to* a ALGUIEN
◾半ダース media docena *f*.
◾半病人 ‖ 彼は半病人だ Él está medio enfermo.

はん 判 sello *m*., (紙の大きさ) formato *m*., DIN *m*. ‖ 書類に判を押す sellar un documento, poner un sello en un documento ／ A4判の用紙 papel *m*. de formato A4, papel *m*. DIN A4
《慣用》判で押したような estereotipa*do[da]*

はん 版 (本・新聞などの) edición *f*., versión *f*. ‖ 版を改める publicar una nueva edición ／ 版を重ねる「publicar [tener] varias ediciones
◾第三版 tercera edición *f*.

はん 班 grupo *m*., equipo *m*., (軍隊・警察) escuadra *f*., brigada *f*. ‖ 班を編制する formar un grupo
◾麻薬取締班 brigada *f*. contra el narcotráfico
◾班長「líder *com*. [je*fe[fa]* *mf*.] de equipo

はん 藩 señorío *m*. de un daimio
◾藩主 daimio *m*., señor *m*. feudal

ばん 晩 (夕方) atardecer *m*., (夜) noche *f*.
▶晩に (夕方) al atardecer, (夜)「por [en] la noche, de noche
◾晩御飯 cena *f*.

ばん 番 (順番) turno *m*., (番号) número *m*. ‖ 5番 勝負 (ゲームの) partida *f*. de cinco manos ／ 3番ホーム andén *m*. número 3 ／ 2番目の質問 la segunda pregunta ／ 左から3番目の席 tercer asiento *m*. desde la izquierda ／ 彼はクラスで一番できる Él es el mejor alumno de la clase. ／ 番をする vigilar, guardar, cuidar ／ 自分の番を待つ esperar *su* turno ／ 誰の番ですか ¿A quién le toca el turno? ／ 君の番だ A ti te toca el turno.

ばん 鷭 (鳥類)「gallina *f*. [polla *f*.] de agua, polla *f*. gris, pollona *f*. negra

バン (自動車) furgoneta *f*.

パン (自動車) pan *m*. ‖ パン1本 (フランスパン) una barra de pan ／ パン1枚 una rebanada de pan ／ パンの耳 corteza *f*. de pan ／ パンの身 miga *f*. de pan ／ パンを焼く cocer el pan, (トースターで) tostar el pan ／ 焼きたてのパン pan *m*. reciente, pan *m*. recién salido del horno
◾パン屑 migas *fpl*., migajas *fpl*.
◾パン粉 pan *m*. rallado
◾パン屋 (店) panadería *f*., (人) panade*ro[ra]* *mf*.

パンの種類

パン・ド・カンパーニュ (カントリーブレッド) pan *m*. rústico ／ クロワッサン cruasán *m*. ／ 菓子パン pan *m*. dulce ／ ピッツァ pizza *f*. ／ イングリッシュ・マフィン muffin *m*. inglés ／ ベーグル bagel *m*. ／

トルティーヤ tortilla f. ／ コッペパン panecillo m. de perrito caliente ／ バターロール panecillo m. ／ 食パン pan m. de molde ／ 乾パン galleta f. ／ トースト tostada f., pan m. tostado ／ フランスパン barra f. de pan, *baguette* f. ／ ハンバーガー hamburguesa f. ／ ホットドッグ perrito m. caliente, *hot dog* m. ／ サンドイッチ sándwich m., bocadillo m. ／ 全粒パン pan m. integral ／ 精白パン pan m. blanco ／ ミルクパン pan m. de Viena ／ コーンブレッド pan m. de maíz ／ ライ麦パン pan m. de centeno ／ ナン *naan* m. ／ ピタ pan m. pita

はんい 範囲 ámbito m., alcance m. ‖ 〜の範囲を越える exceder los límites《de》／ 常識の範囲内で dentro de los límites del sentido común ／ 可能な範囲内で dentro de lo posible ／ 放射能の汚染は広い範囲に及んでいる La contaminación radiactiva se extiende por zonas muy amplias.
◪ 活動範囲 ámbito m. de actividad ‖ 活動範囲を広げる ampliar *su* campo de actividad
◪ 交際範囲 círculo m. de amistades ‖ 私は交際範囲が狭い Tengo un círculo de amistades reducido.
◪ 勢力範囲「zona f. [área f., esfera f.] de influencia
はんいご 反意語 antónimo m.
はんいんよう 半陰陽 intersexualidad f.
はんえい 反映 reflejo m. ‖ 流行は社会の反映である La moda es un reflejo de la sociedad.
▶ 反映する (〜に) reflejarse《en》‖ 怒りが彼の態度に反映する Su actitud refleja enojo. ¦ El enojo se refleja en su actitud. ／ 作者(男性)の人生哲学が反映された作品である Es una obra en la que se refleja la filosofía de la vida del autor.
はんえい 繁栄 prosperidad f. ‖ 家の繁栄 prosperidad f. de la casa ／ 経済的繁栄のシンボル símbolo m. de prosperidad económica
▶ 繁栄する prosperar ‖ 店が繁栄する La tienda tiene mucha clientela. ¦ La tienda tiene mucho éxito.
はんえいきゅうてき 半永久的
▶ 半永久的な semieter*no*[*na*], semiperpe*tuo*[*tua*]
◪ 半永久的に casi eternamente, casi indefinidamente
はんえん 半円 semicírculo m.
◪ 半円形 ‖ 半円形の semicircular
はんおん 半音 semitono m. ‖ 半音上げる subir un semitono
◪ 半音階 escala f. cromática
はんが 版画 grabado m., estampa f., (木版画) xilografía f., (銅版画) grabado m. en cobre, calcografía f., (石版画) litografía f.
◪ 版画家 grab*ador*[*dora*] mf.
ばんか 挽歌 (歌) treno m., (詩歌) elegía f.
ハンガー percha f. ‖ ハンガーにジャケットをかける colgar la chaqueta en una percha
バンカー (ゴルフの) búnker m. (de arena)
ハンガーストライキ huelga f. de hambre
▶ ハンガーストライキをする hacer una huelga de hambre
ばんかい 挽回 recuperación f., restablecimiento m.
▶ 挽回する recuperar, recobrar, restablecer ‖ 名誉を挽回する recuperar *su* honor
はんかがい 繁華街 zona f. [de mucho movimiento [animada] ‖ 繁華街のにぎわい bullicio m. de la zona céntrica
はんかく 半角 (IT) ancho m. medio
◪ 半角文字 caracteres mpl. de ancho medio
はんがく 半額 mitad f. de precio
▶ 半額で ‖ 半額で売る vender ALGO a mitad de precio
◪ 半額セール rebajas fpl. a mitad de precio
ハンカチ pañuelo m., (ポケットチーフ) pañuelo m. de bolsillo ‖ ハンカチをたたむ doblar el pañuelo ／ ハンカチで手を拭く secarse las manos con un pañuelo ／ ハンカチを振る agitar el pañuelo
バンガロー bungaló m., 《アルゼンチン・チリ・メキシコ》 bungalow m.
はんかん 反感 antipatía f., repulsa f. ‖ 反感を感じる sentir antipatía《hacia》／ 反感を持つ／反感を抱く tener antipatía《a》／ 反感を買う「suscitar [despertar] antipatía《en》／ 君の傲慢さは反感を買うよ Tu arrogancia inspira antipatía.
はんかんはんみん 半官半民
▶ 半官半民の semiestatal, (国の支援を受けた) paraestatal ‖ 半官半民の機関 entidad f. semiestatal
はんき 反旗 ‖ 反旗を翻す sublevarse《contra》, declararse en contra《de》
はんき 半期 semestre m.
▶ 半期ごとに por semestre
▶ 半期の semestral
◪ 上半期 primer semestre m.
◪ 下半期 segundo semestre m.
◪ 半期決算 balance m. semestral
はんき 半旗 ‖ 半旗を掲げる izar la bandera a media asta
はんぎゃく 反逆 traición f., rebelión f., sublevación f.
▶ 反逆する traicionar, sublevarse《contra》, rebelarse《contra》
▶ 反逆的な rebelde, desleal
▶ 反逆的に con rebeldía, con desafío
◪ 国家反逆罪 delito m. de traición a la patria

はんきゅう

◪反逆者 rebelde *com.*, trai*dor*[*dora*] *mf.*, insurrec*to*[*ta*] *mf.*

はんきゅう 半球 hemisferio *m.*
◪北半球 hemisferio *m.* norte

はんきょう 反響 (こだま) resonancia *f.*, eco *m.*, (影響) repercusión *f.*, influencia *f.*, (反応) reacción *f.* ‖ 大きな反響を呼ぶ tener mucha「resonancia [repercusión], alcanzar una gran resonancia
▶反響する hacer eco, resonar

はんきょう 反共
▶反共の anticomunista
◪反共主義 anticomunismo *m.*
◪反共主義者 anticomunista *com.*

ばんきん 板金 chapa *f.*, lámina *f.* de metal

パンク pinchazo *m.* ‖ タイヤのパンクを修理する reparar el pinchazo de un neumático
▶パンクする tener un pinchazo, (機能が麻痺する) colapsarse ‖ タイヤがパンクした El neumático se ha pinchado. ¦ Se reventó el neumático.

ハンググライダー ala *f.* delta
▶ハンググライダーをする practicar el ala delta

ばんぐみ 番組 programa *m.* ‖ ラジオ番組を制作する hacer un programa radiofónico ／ 番組を見る ver un programa ／ 番組を降りる「abandonar [dejar] el programa
◪教育番組 programa *m.* educativo
◪報道番組 programa *m.* informativo
◪テレビ番組 programa *m.* de televisión
◪番組表 (テレビの)「parrilla *f.* [programación *f.*] de televisión
◪番組編成 programación *f.*

ばんくるわせ 番狂わせ sorpresa *f.*, resultado *m.* inesperado
▶番狂わせの altera*do*[*da*], inespera*do*[*da*]

パンクロック punk *m.*, rock *m.* punk

はんけい 半径 radio *m.* ‖ 半径10センチの円 círculo *m.* de un radio de 10 centímetros ／ 都心から半径20キロ以内に en un radio de 20 kilómetros desde el centro de la ciudad
◪行動半径 radio *m.* de acción

パンケーキ (料理) tortita *f.*, (中南米) panqueque *m.*

はんげき 反撃 contraataque *m.*, revancha *f.* ‖ 反撃に転じる salir al contraataque, tomarse la revancha
▶反撃する contraatacar

はんけつ 判決 sentencia *f.*, fallo *m.* ‖ 判決を下す dictar una sentencia ／ 判決を不服とする disentir de la sentencia ／ 終身刑の判決を受ける recibir una sentencia de cadena perpetua

はんげつ 半月 media luna *f.*, (上弦の月) cuarto *m.* creciente, (下弦の月) cuarto *m.* menguante
◪半月形 semicírculo *m.* ‖ 半月形の semi-

circular
◪半月板 (解剖) menisco *m.*
◪半月弁 (解剖) válvula *f.* semicircular

はんけん 半券 (チケットの) resguardo *m.*, contraseña *f.*

はんけん 版権 (英語) copyright *m.*, derechos *mpl.* de autor

はんげん 半減 reducción *f.* a la mitad
▶半減する「reducirse [disminuir] a la mitad ‖ 幼児の死亡率が半減した La mortalidad infantil ha disminuido a la mitad.
◪半減期 (物理) período *m.* de semidesintegración, media vida *f.*, semivida *f.*

ばんけん 番犬 perro *m.* guardián

はんこ 判子 sello *m.* ⇒はん(判)

はんご 反語 antífrasis *f.*[=*pl.*], ironía *f.*, (修辞疑問文)「interrogación *f.* [pregunta *f.*] retórica

はんこう 反抗 rebeldía *f.*, insubordinación *f.*
▶反抗する rebelarse 《contra》 ‖ 親に反抗する desobedecer a los padres ／ 権威に反抗する oponer resistencia a la autoridad
▶反抗的な rebelde, desobediente ‖ 反抗的な態度 actitud *f.* rebelde
◪反抗期 período *m.* de rebeldía

はんこう 犯行 delito *m.*, acto *m.*「delictivo [criminal], acción *f.*「delictiva [criminal] ‖ 犯行を認める confesar el delito, declararse culpable del delito ／ 犯行を否認する negar (haber cometido) el delito
▶犯行に及ぶ llegar a cometer un「crimen [delito]
◪犯行現場「escena *f.* [lugar *m.*] del crimen
◪犯行時刻 hora *f.* del crimen
◪犯行声明 reivindicación *f.* ‖ 誘拐事件の犯行声明を出す reivindicar el secuestro 《de》 ／ テロ攻撃の犯行声明は出ていない No hay reivindicación del ataque terrorista.
◪犯行手口 (ラテン語) *modus m. operandi*

はんごう 飯盒 olla *f.* portátil de aluminio para cocer arroz

ばんごう 番号 número *m.* ‖ 大きい番号 número *m.*「mayor [grande] ／ 小さい番号 número *m.*「menor [pequeño] ／ 奇数の番号 número *m.* impar ／ 偶数の番号 número *m.* par ／ 番号をつける poner números, numerar ／ 番号順に並ぶ ponerse en fila en orden numérico
◪通し番号 número *m.* consecutivo
◪番号案内 (電話番号の) servicio *m.* de información telefónica
◪番号札「boleto *m.* [ficha *f.*] con número

ばんこく 万国 todas las naciones del mundo
◪万国旗「banderas *fpl.* [banderitas *fpl.*] de todas las naciones
◪万国博覧会 Exposición *f.* Universal

はんこつせいしん 反骨精神 ‖ espíritu m. 「inconformista [rebelde]
ばんこん 晩婚　matrimonio m. tardío ‖ 私は晩婚だった Me casé tarde.
▶晩婚化 tendencia f. a retrasar el matrimonio
はんざい 犯罪　（重罪）crimen m., （軽罪）delito m. ‖ 凶悪な犯罪 crimen m. atroz ／ 悪質な犯罪 crimen m. abominable ／ 犯罪を犯す cometer un 「crimen [delito] ／ 犯罪を防ぐ prevenir la delincuencia
☐犯罪学 criminología f.
☐犯罪学者 criminólo*go*[*ga*] mf.
☐犯罪件数 número m. de delitos
☐犯罪行為 acto m. 「delictivo [criminal], acción f. 「delictiva [criminal], conducta f. delictiva
☐犯罪者 criminal com., delincuente com.
☐犯罪心理学 psicología f. criminal
☐犯罪対策 medidas fpl. contra la delincuencia
☐犯罪被害者 víctima f. de un acto delictivo
☐犯罪容疑者 acusa*do*[*da*] mf., sospecho*so*[*sa*] mf., presun*to*[*ta*] au*tor*[*tora*] mf. del crimen
☐犯罪率 índice m. de criminalidad

╭─ 犯罪の種類 ─╮

軽犯罪 delito m. menor ／ 重大犯罪 crimen m. grave ／ 性犯罪 delito m. sexual ／ 完全犯罪 crimen m. perfecto ／ 少年犯罪 delincuencia f. juvenil ／ 外国人犯罪 crimen m. realizado por extranjeros ／ 組織犯罪 crimen m. organizado ／ 過失致死罪 delito m. de homicidio involuntario por imprudencia ／ サイバー犯罪 ciberdelito m., cibercrimen m., delito m. informático ／ 薬物犯罪 delito m. relacionado con drogas

ばんざい 万歳 ‖ 万歳！¡Viva! ¦ ¡Bravo! ¦ ¡Hurra! ／ 万歳を唱える dar vivas ／ このプロジェクトが成功すれば万歳だ（喜ぶべきこと）Si tiene éxito este proyecto, será una enorme alegría. ／ これが解決できなければ万歳だ（お手上げだ）Si no podemos resolverlo, será nuestro fin.
はんざつ 繁雑
▶繁雑な complica*do*[*da*], difícil, pesa*do*[*da*]
ハンサム
▶ハンサムな guapo, majo
はんさよう 反作用　《物理》reacción f.
ばんさん 晩餐　cena f. ‖ 最後の晩餐《宗教》última cena f.
はんじ 判事　juez com., jueza f.

☐判事席 tribunal m.
☐判事補 juez com. auxiliar
ばんじ 万事　（不定代名詞）todo ‖ 万事うまくいっているから安心してください Todo va bien, que no tiene por qué preocuparse.
(慣用) 万事休す《慣用》No nos quedan resortes que 「mover [tocar]. ¦ ¡Estamos perdidos!
(語法) 一事が万事 →いちじ（一事）
パンジー （三色すみれ）pensamiento m.
バンジージャンプ puentismo m.
はんして 反して　（〜に）contrariamente 《a》, en contra 《de》‖ それに反して por el contrario ／ 公共の利益に反して en contra del interés público ／ 予想に反して en contra de lo previsto
はんしゃ 反射　reflejo m., reflexión f., reverberación f.
▶反射する（何かを）reflejar, reflectar, （何かに）reflejarse 《en》, reverberar 《en, sobre》‖ 光を反射する reflejar la luz
▶反射的に de forma reflexiva, por reflejo
☐条件反射 reflejo m. condicionado
☐反射運動 movimiento m. reflejo
☐反射鏡 reflector m.
☐反射作用 efecto m. de reflejo
☐反射神経 reflejos mpl. ‖ 反射神経が良い tener buenos reflejos
☐反射熱 calor m. reflejado
☐反射望遠鏡 telescopio m. reflector
☐反射炉 horno m. de reverbero
☐反射率 reflectividad f.
ばんしゃく 晩酌
▶晩酌する beber alcohol en la cena
はんしゅう 半周
▶半周する ‖ 世界を半周する dar media vuelta al mundo
ばんしゅう 晩秋
▶晩秋に a finales de otoño
はんじゅく 半熟 ‖ 卵を半熟に茹でる pasar un huevo por agua, hervir ligeramente un huevo
☐半熟卵 huevo m. pasado por agua
はんしゅつ 搬出
▶搬出する sacar ALGO fuera
ばんしゅん 晩春
▶晩春に a finales de primavera
はんしょう 反証　prueba f. en contra, 《中南米》contraprueba f.
▶反証する 「dar [presentar] pruebas en contra
☐反証例 「caso m. [ejemplo m.] de pruebas en contra
はんしょう 半焼
▶半焼する quedar destrui*do*[*da*] parcialmente por un incendio
はんじょう 繁盛　prosperidad f.
▶繁盛する prosperar ‖ 商売が繁盛している

バンジョー　(楽器) banyo *m.*, *banjo m.*

はんしょく 繁殖 reproducción *f.*, multiplicación *f.*
- 繁殖する《生物》reproducirse
- 繁殖期「estación *f.* [época *f.*] de reproducción
- 繁殖力 fecundidad *f.* ‖ 繁殖力のある fecun*do*[*da*], prolífi*co*[*ca*]

はんしん 半身 medio cuerpo *m.*
- 上半身 busto *m.*, parte *f.* superior del cuerpo
- 下半身 parte *f.* inferior del cuerpo
- 半身像 (絵画) retrato *m.* (de una persona) de medio cuerpo
- 半身不随 hemiplejía *f.*, hemiplejia *f.*

はんしんはんぎ 半信半疑
- 半信半疑の escépti*co*[*ca*]
- 半信半疑で con desconfianza, con recelo ‖ 半信半疑で聞く escuchar con reservas
- 半信半疑である tener ciertas dudas《acerca de, sobre, respecto a》

はんしんろん 汎神論 panteísmo *m.*
- 汎神論の panteísti*co*[*ca*]
- 汎神論者 panteísta *com.*

はんすう 反芻 rumia *f.*
- 反芻する rumiar
- 反芻動物 rumiante *m.*

はんすう 半数 mitad *f.* ‖ 半数に満たない no llegar a la mitad ／ 回答者の半数以上がその方針に反対だ Más de la mitad de los encuestados está en contra de esa política.

ハンスト ⇒ハンガーストライキ

パンスト pantis *mpl.*

はんズボン 半ズボン pantalón *m.* corto

はんする 反する contradecir, ir en contra《de》‖ 彼の行動は言っていることに反する Lo que hace él contradice lo que dice. ／ 規則に反すれば罰せられる Te castigarán si faltas a las normas.

はんせい 反省 reflexión *f.*, (内省) introspección *f.*, (後悔) arrepentimiento *m.* ‖ 彼にはぜんぜん反省の色が見えない Él no muestra ni un ápice de arrepentimiento.
- 反省する reflexionar《sobre》, (後悔する) arrepentirse《de》‖ 行き過ぎを反省する arrepentirse de haberse pasado
- 反省会 reunión *f.* de balance

はんせい 半生 media vida *f.* ‖ 半生を研究に捧げる dedicar media vida a la investigación

はんせん 反戦
- 反戦の antibéli*co*[*ca*], antibelicista
- 反戦運動 movimiento *m.* 「antibélico [antibelicista]
- 反戦主義 pacifismo *m.*
- 反戦主義者 pacifista *com.*
- 反戦デモ manifestación *f.* antibélica

はんせん 帆船 velero *m.*, barco *m.* 「de vela [velero]

はんぜん 判然
- 判然とした cla*ro*[*ra*]
- 判然としない confu*so*[*sa*]

ばんせん 番線 (鉄道駅の) vía *f.* ‖ 3番線でお待ちください Espere en el andén tres. ／ グラナダ行きの列車は何番線から出ますか ¿Desde qué andén sale el tren con destino a Granada?

ばんぜん 万全 perfección *f.* ‖ 万全を期する extremar las precauciones ／ 万全を期して para mayor seguridad
- 万全の impecable, perfec*to*[*ta*] ‖ 万全の対策を講じる 「tomar [adoptar] todas las medidas posibles

ハンセンびょう ハンセン病 enfermedad *f.* de Hansen, lepra *f.*
- ハンセン病患者 enfer*mo*[*ma*] *mf.* de Hansen, lepro*so*[*sa*] *mf.*

はんそう 帆走 navegación *f.* a vela
- 帆走する navegar a vela

ばんそう 伴奏 acompañamiento *m.* ‖ ギターで伴奏をする acompañar con la guitarra《a》／ ピアノの伴奏で歌う cantar con acompañamiento de piano
- 伴奏する acompañar
- 伴奏者 acompañante *com.*

ばんそうこう 絆創膏 esparadrapo *m.*, tirita *f.*, vendaje *m.* elástico adhesivo ‖ 絆創膏を貼る poner 「un esparadrapo [una tirita]

はんそく 反則 (スポーツ) falta *f.*, infracción *f.*, (法・権利などに) violación *f.*, contravención *f.* ‖ 反則を取る poner una falta《a》／ 反則となる constituir una 「falta [infracción] ／ 反則を犯す cometer una 「falta [infracción] ／ その選手(男子)は反則で退場となった El jugador fue expulsado por haber cometido una falta.
- 反則する faltar, cometer una 「falta [infracción]
- 反則金 multa *f.*
- 反則負け perder el partido por descalificación

はんそで 半袖 manga *f.* corta
- 半袖の ‖ 半袖のワイシャツ camisa *f.* de manga corta

はんだ 半田 (技術) soldadura *f.*
- はんだづけ はんだづけする soldar
- はんだ鏝 soldador *m.*

パンダ panda *m.* (雄・雌), oso *m.* panda

ハンター caza*dor*[*dora*] *mf.*

はんたい 反対 oposición *f.*, (異論) objeción *f.* ‖ 左右が反対だ La izquierda y la derecha están puestas al revés. ／ 彼女は妹と反対の性格だ Ella tiene un carácter opuesto al de su hermana menor. ／ 親の反対を押し

切る「vencer [contrarrestar, desterrar] la oposición de los padres／彼の提案は若い人たちの反対に遭った Los jóvenes se han manifestado en contra de su propuesta.
▶反対の contra*rio[ria]‖反対の意味 significado m. contrario／反対の方向に en dirección contraria
▶反対に por el contrario, al revés
▶反対する oponerse 《a》‖提案に反対する oponerse a una propuesta／地元住民は原子力発電所の建設に反対している La comunidad local está en contra de la construcción de la central nuclear.
◪反対意見 opinión f. contraria
◪反対運動「movimiento m. [campaña f.]《contra》」‖原発反対運動 campaña f. contra las centrales nucleares
◪反対側 lado m.「opuesto [contrario]
◪反対語 antónimo m.
◪反対者 oposi*tor[tora]* mf.
◪反対車線 carril m. de sentido contrario
◪反対尋問《法律》contrainterrogatorio m., repregunta f.
◪反対勢力 oposición f.
◪反対提案 contrapropuesta f., contraoferta f.
◪反対票 voto m. negativo, voto m. en contra

はんたいせい 反体制
▶反体制の antisistema‖反体制運動 movimiento m. antisistema
パンタグラフ《鉄道》pantógrafo m.
バンダナ《ヒンディー語》bandana f.
バンタムきゅう バンタム級 peso m. gallo
はんだん 判断 juicio m., decisión f., conclusión f.‖判断を下す juzgar, formar un juicio／判断を誤る juzgar erróneamente, cometer un error a la hora de juzgar／判断を任せる dejar ALGO al juicio de ALGUIEN／判断に従う（決定に）obedecer la decisión tomada, seguir la decisión tomada／彼はしっかりとした判断のできる人だ Él es una persona que tiene un criterio equilibrado.
▶判断する juzgar‖人を見た目で判断する juzgar por apariencia a las personas
◪判断力 discernimiento m.‖判断力がある tener buen juicio
ばんち 番地 número m. de la casa
パンチ（穿孔器）perforadora f.,（ボクシングの）puñetazo m., golpe m.‖パンチを食らう／パンチを受ける recibir un puñetazo／パンチを食らわす dar un puñetazo《a》
◪パンチカード《IT》tarjeta f. perforada
ばんちゃ 番茶 té m. verde de calidad ordinaria
はんちゅう 範疇 categoría f.
パンツ（男性用下着）calzoncillo m.,（ズボン）pantalón m.‖パンツをはく ponerse los calzoncillos
◪パンツスーツ traje m. con pantalón
はんつき 半月 medio mes m., quincena f.
▶半月ごとの quincenal,（月2回の）bimensual
▶半月ごとに por cada quincena
ばんづけ 番付 *ranking* m., clasificación f.
◪長者番付 lista f. de multimillonarios
ハンデ ⇒ハンディキャップ
はんてい 判定 juicio m.‖判定を下す emitir un juicio／審判の判定に抗議する protestar contra el arbitraje
▶判定する juzgar,（点数で）puntuar
◪写真判定《スポーツ》foto-*finish* f.
◪判定勝ち victoria f. por puntos‖判定勝ちする ganar por puntos
◪判定負け derrota f. por puntos
◪判定基準 criterio m. del「juicio [enjuiciamiento, arbitraje]
パンティー《スペイン》bragas fpl.,《中南米》calzón m.
◪パンティーストッキング pantis mpl.
ハンディキャップ desventaja f.,（ゴルフの）hándicap m.‖私のゴルフのハンディキャップは10だ Tengo un hándicap de 10 en el golf.
はんてん 反転 media vuelta f.
▶反転する invertirse,（方向転換）dar media vuelta
▶反転させる dar la vuelta《a》
はんてん 斑点 mancha f.
▶斑点のある mancha*do[da]*
バント《野球》toque m.
▶バントする《野球》tocar la bola
バンド ❶（ベルト）cinturón m.,（特に革の）correa f.‖バンドを締める apretar(se) el cinturón
❷（楽団）banda f. de música‖バンドを組む formar una banda de música
◪バンドマスター líder com. de banda
◪バンドマン músico m. de banda
はんドア 半ドア‖車が半ドアだ La puerta del coche no está bien cerrada.
ハンドアウト folleto m.,（記者会見の）notas fpl. de prensa
はんとう 半島 península f.
▶半島の peninsular
◪イベリア半島 península f. ibérica
はんどう 反動 reacción f.,（はずみ）impulso m.‖抑えつけられた反動 reacción f. a la opresión／発砲の反動 culatazo m.／衝撃の反動で車の外に投げ出される salir despedi*do[da]* del vehículo por el impacto
▶反動的な reacciona*rio[ria]*, retrógra*do[da]*‖反動的な政権 gobierno m. reaccionario
◪反動主義者 reacciona*rio[ria]* mf.
◪反動勢力 fuerza f. reaccionaria

はんどうたい 半導体 semiconductor *m.*
はんとうめい 半透明 translucidez *f.*
▶半透明の translúci*do*[da]
バンドエイド 《商標》tirita *f.*, esparadrapo *m.*
はんどく 判読 desciframiento *m.*, lectura *f.*
▶判読する descifrar, leer
はんとし 半年 medio año *m.*, semestre *m.*
▶半年ごとの semestral
バンドネオン (楽器) bandoneón *m.*
ハンドバッグ bolso *m.*
ハンドブック manual *m.*
ハンドボール 《スポーツ》balonmano *m.* ‖ ハンドボールの選手 balomanista *com.*, juga*dor*[dora] *mf.* de balonmano
パントマイム mimo *m.*, pantomima *f.* ‖ パントマイムを演じる interpretar una pantomima
▶パントマイムの pantomími*co*[ca]
▶パントマイム役者 mimo *m.*
ハンドル (自動車の) volante *m.*, (自転車の) manillar *m.*, (機械の) manubrio *m.* ‖ ハンドルを回す girar el volante ／ハンドルを握る conducir un coche, 《中南米》manejar un carro ／ハンドルを切る girar el volante ／ハンドルをとられる perder el control del coche ／左ハンドルの車 coche *m.* con volante a la izquierda
■ハンドルさばき manejo *m.* del「coche [volante]
■ハンドルネーム sobrenombre *m.*, mote *m.*, apodo *m.* ‖ ハンドルネームを使う usar un「apodo [sobrenombre]
はんにち 反日
▶反日の(人) antijapo*nés*[nesa] (*mf.*), antini*pón*[pona] (*mf.*)
■反日感情 sentimiento *m.* antijaponés
■反日キャンペーン campaña *f.* antijaponesa
■反日教育 educación *f.* antijaponesa
■反日デモ manifestación *f.* antijaponesa
はんにち 半日 medio día *m.*, (仕事の) media jornada *f.* ‖ 半日出勤する trabajar media jornada
はんにゅう 搬入
▶搬入する traer y meter ALGO 《en》‖ 展覧会場に作品を搬入する traer las obras en la sala de exposición
はんにん 犯人 au*tor*[tora] *mf.* del crimen, culpable *com.* ‖ 犯人を逮捕する detener「al autor [a la autora] del crimen ／犯人を追う perseguir「al autor [a la autora] del crimen
ばんにん 万人 toda la gente, todo el mundo ‖ それは万人の認めるところだ Todo el mundo lo reconoce.
▶万人向きの ap*to*[ta] para todos
ばんにん 番人 guarda *com.*, vigilante *com.*

はんにんまえ 半人前 (分量) media ración *f.* ‖ 私は何をやっても半人前だ No sé hacer nada bien.
はんね 半値 ⇒はんがく(半額)
ばんねん 晩年 los últimos años de la vida, vejez *f.*, ancianidad *f.*,《格式語》senectud *f.*
はんのう 反応 reacción *f.* ‖ 機敏な反応 reacción *f.* rápida ／反応が早い ser rápi*do*[da] en reaccionar ／反応が遅い ser len*to*[ta] en reaccionar ／敵の反応を見る ver la reacción del enemigo ／世論の反応がない No hay reacción por parte de la opinión pública.
▶反応する reaccionar《a, ante》‖ 敏感に反応する reaccionar sensiblemente《a, ante》／機械的に反応する reaccionar mecánicamente
■生体反応 reacción *f.* vital
ばんのう 万能 ‖ 科学は万能ではない La ciencia no es una panacea. ／スポーツ万能である ser un[una] deportista polifacéti*co*[ca]
▶万能の/万能な (効力が) eficaz para todo, (多才な) polifacéti*co*[ca], todoterreno
■万能選手 atleta *com.*「todoterreno [comple*to*[ta]]
■万能薬 panacea *f.*
はんぱ 半端 ⇒ちゅうとはんぱ(中途半端)
▶半端な incomple*to*[ta], (どっちつかずの) indeci*so*[sa]
バンパー (自動車) parachoques *m.*[=*pl.*], (南米) paragolpes *m.*[=*pl.*]
ハンバーガー hamburguesa *f.*
■ハンバーガーショップ hamburguesería *f.*
■ハンバーガーチェーン cadena *f.* de hamburgueserías
ハンバーグ(ステーキ) hamburguesa *f.*, filete *m.* ruso
はんばい 販売 venta *f.* ‖ 販売が10パーセント伸びた[落ちた] Las ventas han [subido [caído] un 10% (diez por ciento). ／販売を始める empezar la venta ／販売を打ち切る suspender la venta ／販売中の a la venta, en venta
▶販売する vender
■販売委託 consignación *f.*, venta *f.* por encargo
■販売員 vende*dor*[dora] *mf.*, (集合的に) personal *m.* de venta
■販売会社 empresa *f.* vendedora, (代理店) concesionario *m.*
■販売価格 precio *m.* de venta
■販売計画 plan *m.* de ventas
■販売契約 contrato *m.* de venta
■販売先 clientela *f.*
■販売戦略 estrategia *f.* de ventas
■販売促進 promoción *f.* de ventas
■販売代理店 distribuidora *f.*, concesionario *m.*

◪販売高 volumen *m.* de venta
◪販売店 tienda *f.*
◪販売費 coste *m.* de ventas
◪販売部 sección *f.* de ventas
◪販売網 red *f.* de distribución
はんばく 反駁 ⇒はんろん(反論)
ばんぱく 万博 ⇒ばんこく(⇒万国博覧会)
はんぱつ 反発 repulsa *f.*, (反感) antipatía *f.*, (相場の) repunte *m.* ‖ 親に反発を感じる sentir「repulsión [repulsa] por *sus* padres／市長(男性)の発言が住民の反発を招いた El comentario del alcalde provocó el rechazo de los vecinos.
▶反発する rechazar ‖ 強く反発する rechazar rotundamente／磁石の同極どうしは反発する Los polos magnéticos iguales se repelen.
◪低反発性枕 almohada *f.* viscoelástica
◪反発力 fuerza *f.* de repulsión, repulsión *f.*
はんはん 半々
▶半々に a medias, mitad y mitad, por partes iguales, por igual ‖ 半々に分ける dividir ALGO por la mitad
はんびらき 半開き
▶半開きの entreabier*to*[*ta*], medio abier*to*[*ta*]
はんぴれい 反比例 「proporción *f.* [razón *f.*] inversa
▶反比例する estar en「proporción [razón] inversa《a》
はんぷ 頒布 distribución *f.*, reparto *m.*
▶頒布する distribuir, repartir
パンプキン calabaza *f.*,《中南米》zapallo *m.*
◪パンプキンパイ pastel *m.* de calabaza
はんぷく 反復 repetición *f.*, reiteración *f.*
▶反復する repetir, reiterar
◪反復記号 signo *m.* de repetición
◪反復練習 ejercicio *m.* de repetición
パンプス《服飾》escarpines *mpl.*
ばんぶつ 万物 toda la creación ‖ 万物は流転する Todas las cosas cambian.
[慣用] 万物の霊長 el rey de la creación
はんぶっしつ 半物質 antimateria *f.*
パンフレット folleto *m.*, prospecto *m.*, panfleto *m.* ‖ 英語のパンフレット folleto *m.* en inglés／無料のパンフレット「folleto *m.* [panfleto *m.*] gratuito／町案内のパンフレットを作る「hacer [elaborar] un folleto informativo sobre la ciudad／パンフレットを配る repartir folletos
はんぶん 半分 mitad *f.* ‖ 半分眠っている estar medio dormi*do*[*da*]
▶半分の me*dio*[*dia*]
▶半分ずつ mitad y mitad
▶半分に a medias, mitad y mitad ‖ ケーキを半分に分ける dividir una tarta en dos mitades／スイカを半分に切る「partir [cortar] una sandía por la mitad／非識字率を半分に減らす reducir a la mitad la tasa de analfabetismo
ばんぺい 番兵 centinela *com.*, guardia *com.*
はんべつ 判別 distinción *f.*, discernimiento *m.*
▶判別する distinguir, discernir ‖ AとBを判別する「distinguir [discernir] A de B
◪判別式《数学》discriminante *m.*
◪判別分析 análisis *m.*[=*pl.*] discriminante
ハンマー martillo *m.* ‖ ハンマーで叩く dar un golpe con el martillo, (何度も) martillear
はんめい 判明 identificación *f.*, aclaración *f.*
▶判明する aclararse, esclarecerse, conocerse ‖ 選挙結果は明日判明する Se conocerán mañana los resultados de las elecciones.／事故の犠牲者の身元が判明した La víctima del accidente ha sido identificada.
ばんめし 晩飯 cena *f.*
はんめん 反面 ‖ その反面 por otro lado
◪反面教師 ejemplo *m.* negativo, persona *f.* que sirve como ejemplo a no seguir
はんめん 半面 (半分) mitad *f.*, (一面) lado *m.* ‖ 壁の半面の壁 la superficie de la pared／物事の半面しか見ない ver solo un aspecto de las cosas
はんも 繁茂 「exuberancia *f.* [abundancia *f.*] (de la vegetación)
▶繁茂する crecer con exuberancia ‖ 繁茂した植物 vegetación *f.* exuberante
はんもく 反目 antagonismo *m.*
▶反目する ser hostil《a》, oponerse《a》
ハンモック hamaca *f.* ‖ ハンモックを吊る colgar una hamaca
ばんゆういんりょく 万有引力 gravitación *f.* universal ‖ 万有引力の法則 ley *f.* de la gravitación universal
はんよう 汎用
▶汎用の versátil
◪汎用コンピュータ ordenador *m.* versátil
はんら 半裸
▶半裸の semidesnu*do*[*da*], medio desnu*do*[*da*]
はんらん 反乱 rebelión *f.*, sublevación *f.*, insurrección *f.* ‖ 反乱を起こす rebelarse《contra》, sublevarse《contra》／反乱を鎮める reprimir la insurrección
◪反乱軍 ejército *m.* rebelde, tropa *f.* insurrecta
はんらん 氾濫 (川の) desbordamiento *m.*, inundación *f.* ‖ 横文字の氾濫 sobreabundancia *f.* de extranjerismos procedentes de lenguas occidentales／雑誌の氾濫 inundación *f.* de revistas
▶氾濫する inundar, desbordar(se) ‖ 川が氾濫した El río (se) desbordó.／市場に外国製

品が氾濫している El mercado está inundado de productos extranjeros.
はんりょ 伴侶　compañe*ro*[*ra*] *mf.*, pareja *f.*
はんれい 凡例　(本の) notas *fpl.* preliminares, (地図の) leyenda *f.*
はんれい 判例　《法律》jurisprudencia *f.*
はんろ 販路　canal *m.* de comercialización, mercado *m.* ‖ 販路を広げる ampliar la red comercial
はんろん 反論　refutación *f.*, rebatimiento *m.*, objeción *f.*
▶反論の余地のない irrefutable, irrebatible
▶反論する contradecir, objetar ‖ 提案に反論する「objetar [presentar objeciones] a una propuesta / 非難に反論する「refutar [rebatir] una acusación

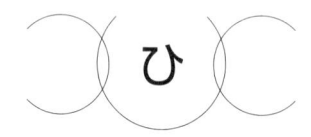

ひ

ひ 火　❶ fuego *m.*, lumbre *f.*, (火事) incendio *m.*
[火が] ‖ よく火が通った[通っていない]肉 carne *f.*「bien [poco] hecha / ビルの8階から火が出た El incendio se originó [inició] en el octavo piso del edificio. / 火が消える apagarse *el fuego* / 火が燃える arder *un fuego*
[火に] ‖ 鍋を火にかける poner la olla al fuego / 火に包まれる estar envuel*to*[*ta*] en llamas / 火にあたる calentarse al fuego / 火にあぶる asar, (海苔などを) pasar ligeramente al fuego
[火の] ‖ 火の用心をする tomar precaución contra el fuego, ser cuidado*so*[*sa*] con el fuego
[火を] ‖ 火をおこす「hacer [prender, encender] fuego / 火を消す「apagar [extinguir] el fuego / タバコに火を付ける encender un cigarrillo / 家に火を付ける（放火する）「prender [pegar] fuego a la casa / 火をたく「hacer [atizar, avivar] el fuego / ～によく火を通す「cocer [asar, freír] bien ALGO
❷ ≪慣用表現≫
(慣用) 火がついたように泣き出す romper a llorar「histéricamente [tremendamente]
(慣用) 火がつく（燃え出す）encenderse, prenderse, (生じる) originarse ‖ 大臣(男性)の発言で論争に火がついた El comentario del ministro suscitó una polémica.
(慣用) 火に油を注ぐ《慣用》echar leña al fuego
(慣用) 火の消えたよう ‖ 広場は火の消えたような静けさだった En la plaza reinaba un silencio sepulcral.
(慣用) 火の中水の中《慣用》contra viento y marea
(慣用) 火をつける ‖ 賃金カットはすぐさま従業員の怒りに火をつけた El recorte de salarios hizo explotar la ira de los empleados.
(慣用) 火を放つ（放火する）provocar un incendio ‖ 廃屋に火を放つ prender fuego a una casa abandonada
(慣用) 火を見るよりも明らかだ《慣用》「Es [Está] más claro que el agua.
(諺) 火のない所に煙は立たぬ《諺》Cuando el río suena, agua lleva.

ひ 日　❶ (太陽) sol *m.* ‖ 日の光 rayos *mpl.* del sol / 東から日が昇る El sol sale por el este. / 日が傾き始める El sol empieza a declinar. / 地平線に日が沈む El sol se pone en el horizonte. / 日が暮れる caer *el día*, atardecer 《3人称単数形の無主語で》/ このテラスは一日中日が当たる A esta terraza le da el sol todo el día. / 雲の間から日が差す El sol asoma entre las nubes. / 日がかげる nublarse *el sol* / 日があるうちに antes de「oscurecer [la puesta del sol] / 日に当たる tomar el sol, exponerse al sol / 日に当てる solear, exponer ALGO al sol
❷ (一日) día *m.* ‖ 休みの日 día *m.* libre, (祭日) día *m.* festivo / 雨の日 día *m.* lluvioso, día *m.* de lluvia / 来る日も来る日も día tras día / 日が長い El día es largo. / 日が長くなる Los días se hacen largos. / 日が短い El día es corto. / 日が短くなる Los días se hacen cortos.
❸ (その他) ‖ 私の若い日の思い出 recuerdo *m.* de mi juventud / 結婚式までまだ日がある Todavía hay tiempo hasta la boda. / 気がつかないうちに日が過ぎていく Los días pasan sin darnos cuenta. / 今日は日が悪い Hoy es mal día.
❹ ≪慣用表現≫
(慣用) 日が浅い ‖ この会社で働き始めて日が浅い Hace poco que he empezado a trabajar en esta empresa.
(慣用) 日が高い El sol está alto.
(慣用) 日に焼ける（日焼けする）broncearse, tostarse, (色が褪せる) desteñirse con el sol
(慣用) 日の当たる場所（日当りの良い所）lugar *m.* soleado, (注目される地位) posición *f.* destacada ‖ 日の当たらない人々 gente *f.*

「desgraciada [desfavorecida] ／日の当たる場所にいる《慣用》estar en (el) candelero
(慣用)日を改めて‖いずれ日を改めて話すよ Ya te contaré otro día.
(慣用)日を追う‖父は日を追って元気になっている Cada día que pasa mi padre se encuentra mejor.

ひ 比 proporción *f*. →ひりつ(比率)‖3対2の比で en una proporción de 3 a 2 ／この作品は他に比を見ない Esta obra es incomparable con otras.

ひ 灯 luz *f*., iluminación *f*.‖町の灯 iluminación *f*. de la ciudad ／港の灯 luz *f*. del puerto ／パリの灯 iluminación *f*. de París ／灯がつく iluminarse ／灯をともす encender la luz ／灯がともる iluminarse

ひ 妃 princesa *f*. →ひでんか(妃殿下)

ひ 非 fallo *m*., error *m*.‖非を認める「reconocer [admitir] *su* error
(慣用)非の打ちどころがない impecable, intachable, irreprochable, perfec*to*[ta]
(慣用)非を鳴らす acusar a voces
◪非核保有国 nación *f*.「no nuclear [desnuclearizada]
◪非対称 asimetría *f*.

ひ 費 gasto *m*., coste *m*. →ひよう(費用)
◪食費 gastos *mpl*. de alimentación

ひ 碑 lápida *f*., (記念碑) monumento *m*. (conmemorativo)

ひ 緋 (緋色) escarlata *m*.
◪緋色の escarlata, de color escarlata

び 美 belleza *f*.‖四季折々の美 belleza *f*. de cada una de las estaciones ／永遠の美 belleza *f*. eterna ／美を愛する amar la belleza ／美を見いだす「encontrar [descubrir] la belleza ／美を追求する「buscar [perseguir] la belleza
◪美的 estétic*o*[ca]
◪美的に estéticamente
◪美意識 sentido *m*. de la belleza
◪美的価値 valor *m*. estético

び 微
(慣用)微に入り細に入り minuciosamente‖微に入り細に入り調べる examinar「minuciosamente [pormenorizadamente]

ひあい 悲哀 tristeza *f*., aflicción *f*., pena *f*., pesar *m*., dolor *m*.‖人生の悲哀 penas *fpl*. de la vida ／悲哀が漂う dejar entrever la aflicción ／悲哀に満ちた lle*no*[na] de tristeza

ひあがる 干上がる desecarse, secarse‖川が干上がった Se secó el río.

ピアス pendiente *m*., (リング状の) zarcillo *m*., arete *m*.‖耳にピアスをする llevar pendiente en la oreja
◪ピアス孔 perforado *m*., agujero *m*. para pendiente‖ピアス孔を開ける hacerse un agujero para pendiente

ひあそび 火遊び (恋の) flirteo *m*.‖子供の火遊び travesura *f*. de menores con fuego
▶火遊びをする jugar con fuego, (戯れの恋をする) flirtear

ひあたり 日当たり‖日当たりの悪い poco solead*o*[da], 日当たりの良い部屋 habitación *f*. [soleada [con mucho sol]

ピアニスト pianista *com*.

ピアノ piano *m*.‖ピアノを弾く tocar el piano ／ピアノを習う aprender (a tocar) el piano ／ピアノで伴奏する acompañar con el piano
◪アップライトピアノ piano *m*. vertical
◪グランドピアノ piano *m*. de cola
◪ピアノ協奏曲 concierto *m*. para piano (y orquesta)
◪ピアノ線 cuerda *f*. de piano
◪ピアノソナタ sonata *f*. para piano

ひあぶり 火あぶり (刑) muerte *f*. en la hoguera‖火あぶりの刑に処す condenar a ALGUIEN a la hoguera

ヒアリング
◪公開ヒアリング audiencia *f*. pública
◪ヒアリングテスト examen *m*. de comprensión auditiva

ピーアール PR (広報活動) relaciones *fpl*. públicas, (広告) anuncio *m*. de publicidad, (広く知らせること) divulgación *f*. →せんでん(宣伝)
▶ピーアールする (広報活動) hacer relaciones públicas, (商品の) hacer publicidad 《de》

ビーエス BS satélite *m*. de transmisión

ビーエスイー BSE (牛海綿状脳症) EEB (encefalopatía *f*. espongiforme bovinaの略) →きょうぎゅうびょう(狂牛病)

ピーエルほう PL法 (製造物責任法) Ley *f*. de Responsabilidad Civil del Fabricante

ひいおじいさん 曽お祖父さん bisabuelo *m*.

ひいおばあさん 曽お祖母さん bisabuela *f*.

ビーカー (化学) vaso *m*. de「precipitados [precipitación]

ひいき 晶屓 favor *m*., preferencia *f*.
▶ひいきの favori*to*[ta], preferi*do*[da]‖ひいきのチーム equipo *m*. favorito
▶ひいきする favorecer a ALGUIEN, mostrar preferencia por ALGUIEN
◪ひいき客 cliente *com*. asi*duo*[dua], (芸人などの) fan *com*., admirad*or*[dora] *mf*.
◪ひいき目 favoritismo *m*.‖ひいき目に見る ver con「buenos ojos [favoritismo] a ALGUIEN

ピーク (頂点) punto *m*. culminante, apogeo *m*., (頂上) cima *f*., cumbre *f*.‖ピークに達する llegar a un punto culminante ／私はラッシュアワーのピーク時の通勤は避けている Yo evito las horas punta para ir al

ピーケー PK （ペナルティキック）penalti *m*. ‖ PKで1点入れる meter un gol de penalti / PKに持ち込む llevar el partido a los penaltis
◪ PK戦 「tanda *f*. [lanzamiento *m*.] de penaltis
ピーケーエフ PKF （国連平和維持軍）Fuerzas *fpl*. de Paz de la ONU, cascos *mpl*. azules
ピーケーオー PKO （国連平和維持活動）Operaciones *fpl*. de Paz de la ONU
ビーコン （港の）faro *m*.,（航空の）baliza *f*.,（ラジオの）radiofaro *m*.
ビージーエム BGM música *f*. de fondo
ビーシージー BCG bacilo *m*. de Calmette y Guérin（略 BCG）
◪ BCGワクチン vacuna *f*. BCG ‖ BCGワクチンの接種をする vacunar a ALGUIEN con BCG
ビーズ abalorio *m*., cuenta *f*. ‖ ビーズの腕輪 pulsera *f*. de abalorios
ヒーター （暖房器具）calefactor *m*., radiador *m*.,（電熱器）hornillo *m*. eléctrico ‖ ヒーターをつける encender el radiador
ビーだま ビー玉 canica *f*.,《中南米》bolita *f*. ‖ ビー玉遊びをする jugar a las canicas
ビーチ playa *f*.
◪ ビーチウエア ropa *f*. de playa
◪ ビーチサンダル sandalias *fpl*. de playa
◪ ビーチパラソル parasol *m*. de playa, sombrilla *f*.
◪ ビーチバレー voleibol *m*. de playa
◪ ビーチボール 「balón *m*. [pelota *f*.] de playa
ピーティーエー PTA Asociación *f*. de Padres y Profesores
ピーティーエスディ PTSD （心的外傷後ストレス障害）trastorno *m*. por estrés postraumático（略 TEPT）
ピーディーエフ PDF 《英語》PDF *m*., formato *m*. de documento portátil ‖ PDFで編集する editar en PDF / ファイルをPDFに変換する convertir el archivo en PDF
ひいでる 秀でる sobresalir, destacar(se), distinguirse ‖ 彼はスポーツに秀でている Él (se) destaca en deportes. / その女優は美しさで秀でている Esa actriz 「sobresale [se distingue, se destaca] por su belleza.
▶ 秀でた excelente, destaca*do[da]*
ビート 《音楽》ritmo *m*.;（水泳の）batido *m*. de pies;（野菜）remolacha *f*. ‖ ビートの効いた音楽 música *f*. con mucho ritmo
◪ ビート板（水泳の）tabla *f*. de natación
ヒート・アイランド isla *f*. de calor (en la urbe), calentamiento *m*. urbano ‖ ヒート・アイランドを緩和する reducir el calentamiento urbano

◪ ヒート・アイランド現象 efecto *m*. de la isla de calor
ビーナス 《ローマ神話》Venus
ピーナッツ cacahuete *m*.,《南米》maní *m*.《メキシコ・ホンジュラス》cacahuate *m*.
◪ ピーナッツバター mantequilla *f*. de cacahuete
ビーバー （動物）castor *m*.(雄・雌)
ぴいぴい ‖ 笛をぴいぴい鳴らす silbar, pitar,《中南米》chiflar / 鳥がぴいぴい鳴く piar / お金がなくてぴいぴいしている andar escaso*[sa]* de dinero
ピーピーエム PPM partes *fpl*. por millón（略 ppm）
ビーフ 《スペイン》ternera *f*., carne *f*. de vaca,《中南米》carne *f*. de res
◪ ビーフカツレツ filete *m*. de ternera rebozado
◪ ビーフシチュー 「estofado *m*. [guiso *m*.] con carne de vaca
◪ ビーフジャーキー 「cecina *f*. [tasajo *m*.] de carne de vaca,《南米》charqui *m*. de carne de vaca
◪ ビーフステーキ bistec *m*.
ビーフン fideos *mpl. vermicelli* de arroz
ピーマン pimiento *m*.
ひいらぎ 柊 acebo *m*.
ピーリング 《美容》*peeling m*.
ビール cerveza *f*. ‖ ビールの泡 espuma *f*. de cerveza, giste *m*. / ビールの樽 barril *m*. de cerveza / ビールを飲む tomar una cerveza / ビールで乾杯する brindar con cerveza / ビールを1杯ください Póngame una caña (de cerveza), por favor. / 気が抜けたビール cerveza *f*. sin 「gas [efervescencia]
◪ 缶ビール cerveza *f*. en 「bote [lata]
◪ びんビール cerveza *f*. en botella
◪ ギネス(ビール)《商標》cerveza *f*. Guinness
◪ 黒ビール cerveza *f*. negra
◪ 生ビール cerveza *f*. de barril
◪ ノンアルコールビール cerveza *f*. sin (alcohol)
◪ ラガービール cerveza *f*. *lager*
◪ ビール工場 fábrica *f*. de cerveza, cervecería *f*.
ビールス 《医学》virus *m*.[=*pl*.]
ヒーロー héroe *m*. ⇒ヒロイン
ひうん 悲運 destino *m*. adverso, triste destino *m*. ‖ 悲運に見舞われる sufrir un destino adverso
ひえいせい 非衛生
▶ 非衛生的な antihigiénic*o[ca]*, （健康によくない）malsan*o[na]*, insalubre
ひえいり 非営利
▶ 非営利的(な) sin fines 「lucrativos [de lucro]
◪ 非営利組織/非営利団体 organización *f*.

sin fines lucrativos
◪非営利法人 persona *f.* jurídica sin fines de lucro

ひえこむ 冷え込む ‖ 今夜は冷え込むでしょう Va a hacer mucho frío esta noche. ／ 国の景気が冷え込む El país cae en una recesión económica.

ひえしょう 冷え性 hipersensibilidad *f.* al frío ‖ 冷え性である（寒がりである）ser friole*ro*[*ra*],（血液の循環が悪い）tener mala circulación de la sangre

ひえびえ 冷え冷え
▶冷え冷えと ‖ 家は冷え冷えとしている La casa está fría. ／ 彼は冷え冷えとしたものを心に感じていた Él sentía un vacío en su corazón.

ヒエラルキー jerarquía *f.* ‖ 社内のヒエラルキーを強化する consolidar la jerarquía interna de la compañía

ひえる 冷える enfriarse, quedarse frí*o*[*a*] ‖ 今夜は冷える Hace un frío intenso esta noche. ／ 隣国との関係が冷える Se enfría la relación con el país vecino.
▶冷えた frí*o*[*a*] ‖ よく冷えたビール cerveza *f.* bien fría

ピエロ payaso *m.*, *clown m.*

びえん 鼻炎 rinitis *f.*[=*pl.*]

ビオラ viola *f.*
◪ビオラ奏者 viola *com.*

びおん 鼻音 nasal *f.*
▶鼻音化 nasalización *f.*

ひか 皮下
▶皮下の subcutáne*o*[*a*], hipodérmi*co*[*ca*]
◪皮下脂肪 grasa *f.* subcutánea
◪皮下組織 hipodermis *f.*[=*pl.*]
◪皮下注射 inyección *f.* 「subcutánea [hipodérmica]

びか 美化 embellecimiento *m.*
▶美化する（美しくする）embellecer,（理想化する）idealizar ‖ 戦争を美化する「glorificar [idealizar] la guerra
◪美化運動 campaña *f.* de limpieza

ひがい 被害 daño *m.*,（損害）perjuicio *m.* ‖ 被害を与える causar daño《en》, dañar ／ 被害を受ける／被害を被る sufrir daño, ser perjudica*do*[*da*] ／ この地域は地震で大きな被害が出た El terremoto causó grandes daños en esta región. ／ 被害を最小限に止める minimizar los daños
◪被害額 pérdida *f.*
◪被害者 víctima *f.*,（被害者）damnifica*do*[*da*] *mf.*, siniestra*do*[*da*] *mf.*
◪被害者意識 victimismo *m.*
◪被害地 zona *f.* 「siniestrada [damnificada, afectada]
◪被害妄想 manía *f.* persecutoria

ぴかいち ぴか一 as *m.* ‖ 彼はチームのぴか一だ Él es el as del equipo.

ひかえ 控え（メモ）nota *f.*,（受領証）resguardo *m.*, comprobante *m.* ‖ 申込書の控えを取っておく conservar el resguardo de la solicitud
◪控え室 sala *f.* de espera, antesala *f.*
◪控え選手 jugad*or*[*dora*] *mf.* de reserva

ひかえめ 控え目
▶控え目な discre*to*[*ta*], reserva*do*[*da*], modes*to*[*ta*]
▶控え目に moderadamente, con modestia ‖ 控え目に話す hablar con reservas

ひがえり 日帰り
▶日帰り(の) ‖ 日帰りの観光 turismo *m.* de un día ／ 日帰り旅行をする hacer una excursión de un día
▶日帰りで ‖ 日帰りで出張する hacer un viaje de negocios de un día ／ 家族と日帰りで海に行って来た He ido a pasar el día a la playa con mi familia.

ひかえる 控える abstenerse《de》,（避ける）guardarse《de》,（待つ）esperar,（書き留める）apuntar, tomar nota《de》‖ 意見を控える abstenerse de opinar ／ 酒を控える abstenerse de beber ／ 電話番号を控える apuntar el número de teléfono

ひかがく 非科学
▶非科学的な acientífi*co*[*ca*], no científico [*ca*], fal*to*[*ta*] de rigor científico

ひかく 比較 comparación *f.* ‖ 比較の対象 objeto *m.* de comparación ／ 比較にならない incomparable
▶比較的 relativamente, más bien
▶比較する comparar ‖ AとBを比較する comparar A con B ／ 数軒のスーパーマーケットの値段を比較する comparar los precios entre diferentes supermercados
▶〜と比較して en comparación《con》
◪比較級《文法》comparativo *m.*
◪比較研究 estudio *m.* comparativo
◪比較言語学 lingüística *f.* comparada
◪比較文学 literatura *f.* comparada

ひかく 皮革 cuero *m.*, piel *f.*
◪皮革製品 artículo *m.* de 「cuero [piel]

ひかく 非核
▶非核の no nuclear, antinuclear
▶非核化 desnuclearización *f.*
◪非核三原則 tres principios *mpl.* antinucleares
◪非核地帯 zona *f.* desnuclearizada

びがく 美学 estética *f.*
▶美学的な estéti*co*[*ca*]

ひかげ 日陰 sombra *f.* ‖ 日陰を出る abandonar la sombra ／ 日陰に入る entrar en la sombra ／ 日陰づたいに歩く caminar por la sombra
◪日陰席（闘牛場の）asiento *m.* de sombra
◪日陰者（暗い過去を持つ人）persona *f.* con pasado 「turbio [oscuro],（世に受入れられな

い人) margina*do*[*da*] *mf*.
ひかげん 火加減 ‖火加減を見る regular el fuego
ひがさ 日傘 sombrilla *f*., quitasol *m*., parasol *m*.
ひがし 東 este *m*. (略 E), oriente *m*., levante *m*. ⇒ほうい(方位)
▶ 東の del este, oriental
▶ 東へ al este, hacia el este
▶ 東に (〜の) al este《de》, en el este《de》‖ 湖の東にあるホテル hotel *m*. situado al este del lago
▶ 東から del este, desde el este
◩ 東アジア Asia「oriental [del Este]
◩ 東海岸 costa *f*. oriental
◩ 東風 viento *m*. del este, levante *m*.,《文章語》euro *m*.
◩ 東側 lado *m*. este
◩ 東半球 hemisferio *m*. oriental
ひがし 干菓子 dulce *m*. seco japonés
ひかぜい 非課税
▶ 非課税の「libre [exen*to*[*ta*]] de impuestos
◩ 非課税所得 ingresos *mpl*. exentos de impuestos, ingresos *mpl*. no gravables
◩ 非課税品 artículos *mpl*. libres de impuestos
ひがた 干潟 llanura *f*. de marea
ひかねつせいざい 非加熱製剤 producto *m*. sanguíneo no tratado térmicamente
ぴかぴか ‖ぴかぴか光る destellar, relucir, brillar ／ 靴をぴかぴかに磨く sacar brillo a los zapatos
▶ ぴかぴかの (光る) brillante, reluciente, (清潔な) muy lim*pio*[*pia*],《慣用》como los chorros del oro ‖ ぴかぴかのブーツ botas *fpl*.「relucientes [lustrosas]
ひがみ 僻み envidia *f*., celos *mpl*., (劣等感) complejo *m*. de inferioridad
◩ 僻み根性 carácter *m*. celoso
ひがむ 僻む tener「celos [envidia], (劣等感) tener complejo de inferioridad
ひがら 日柄 ‖日柄の良い日 día *m*. de buen augurio
ひからびる 干涸びる/乾涸びる desecarse, (植物が) marchitarse
▶ 干からびた rese*co*[*ca*], (植物が) marchi*to*[*ta*]
ひかり 光 luz *f*., (光線) rayo *m*., (つや) lustre *m*., brillo *m*. ‖ 柔らかい光 luz *f*.「suave [tenue] ／ 光を発する「emitir [despedir] luz ／ 光をさえぎる cortar la luz
(慣用) 光を当てる《慣用》arrojar luz《sobre》
(慣用) 光を失う (失明する) perder la vista, quedarse cie*go*[*ga*]
(慣用) 光を放つ (輝く) brillar, (目立つ) sobresalir, destacarse
◩ 光ケーブル cable *m*. óptico
◩ 光通信 comunicación *f*. (por fibra) óptica
◩ 光ディスク disco *m*. óptico
◩ 光ファイバー fibra *f*. óptica
ぴかり ‖ぴかりと光る emitir un destello, despedir un brillo
ひかる 光る brillar, lucir, relucir, (ぴかぴかと) destellar, (際立つ) sobresalir, destacarse ‖ 稲妻が光る relampaguear ／ 星が夜空に光る Las estrellas「resplandecen [brillan] en el cielo nocturno. ／ 出場者の中で彼の演技が光った Su actuación brilló entre los concursantes. ／ 父の目に涙が光った En los ojos del padre brillaron las lágrimas.
ひがわり 日替わり
◩ 日替わり定食 menú *m*. del día
ひかん 悲観 pesimismo *m*. ‖ 悲観と楽観 pesimismo *m*. y optimismo *m*.
▶ 悲観する ver ALGO con pesimismo, ser pesimista ‖ 自分の将来を悲観する mirar *su* futuro con pesimismo
▶ 悲観的な pesimista ‖ 悲観的な予測 previsión *f*. pesimista
◩ 悲観論 pesimismo *m*.
◩ 悲観論者 pesimista *com*.
ひがん 彼岸 semana *f*. del equinoccio ‖ 彼岸の中日 (春の) equinoccio *m*. de primavera, (秋の) equinoccio *m*. de otoño
(慣用) 暑さ寒さも彼岸まで El calor y el frío solo duran hasta el equinoccio.
◩ 彼岸花 amarilis *f*.[=*pl*.], (学名) *Lycoris radiata*
ひがん 悲願 deseo *m*. anhelante, sueño *m*. ‖ 悲願を達成する「hacer realidad [cumplir] *su* sueño
びかん 美観 vista *f*. hermosa, (景観の) belleza *f*. paisajística ‖ 町の美観を損ねる estropear la estética de la ciudad
びがんじゅつ 美顔術 estética *f*. facial
ひき 匹 ‖2匹の犬 dos perros *mpl*.
ひき 引き (引き立て) apoyo *m*., (割引) descuento *m*. ‖ 有力な引きを持つ tener un apoyo fuerte
ひきあい 引き合い (注文) pedido *m*., (問い合わせ) solicitud *f*. de información ‖ 引き合いに出す referirse《a》, citar
ひきあう 引き合う (割にあう) rendir, (引っ張り合う) tirar de ambos lados ‖ この商売は引き合わない Este negocio no es rentable.
ひきあげ 引き上げ/引き揚げ (値段の) subida *f*.; (撤収) retirada *f*., evacuación *f*. ‖ 値段の引き上げ subida *f*. de precios ／ 政府はたばこ税の引き上げを決定した El gobierno ha decidido subir el impuesto del tabaco.
ひきあげる 引き上げる/引き揚げる levantar, alzar, (値段を) subir; (退去する) retirarse ‖ 沈没船を引き上げる recuperar el barco naufragado,「reflotar [levantar] el buque hundido ／ 電話料金を引き上げる subir las

ひきあてきん 引当金 reserva *f.*
▣減価償却引当金 reserva *f.* para la amortización

ひきあわせる 引き合わせる (紹介する) presentar, (照合する) cotejar, confrontar ‖ コピーをオリジナルと引き合わせる cotejar la copia con el original

ひきいる 率いる dirigir, encabezar, mandar ‖ チームを率いる「capitanear [dirigir] un equipo ／ 軍を率いる dirigir el ejército

ひきいれる 引き入れる (中へ入れる) meter ALGO 《en》, (誘う) invitar ‖ 仲間に引き入れる invitar a ALGUIEN a unirse al grupo

ひきうける 引き受ける aceptar, asumir, encargarse 《de》, (保証する) garantizar ‖ 注文を引き受ける aceptar el pedido ／ 責任を引き受ける asumir la responsabilidad ／ 身元を引き受ける encargarse de la tutela de ALGUIEN

ひきうす 碾き臼 molinillo *m.* de mano

ひきおこす 引き起こす (起こす) levantar, (生じさせる) causar, provocar, originar, suscitar ‖ 戦争を引き起こす provocar la guerra ／ 論争を引き起こす provocar una disputa ／ 問題を引き起こす causar un problema

ひきおとし 引き落とし domiciliación *f.* bancaria ‖ 支払いを銀行の自動引き落としにする domiciliar el pago en el banco

ひきおとす 引き落とす domiciliar el pago (en la cuenta) ‖ 毎月の家賃は私の口座から引き落とされる El alquiler mensual se carga a mi cuenta bancaria.

ひきかえ 引き換え／引き替え intercambio *m.*, canje *m.*
▶～と引き換えに a cambio 《de》
▣代金引き換え pago *m.* contra reembolso
▣引き換え券 cupón *m.* de canje

ひきかえす 引き返す volver atrás, retroceder ‖ 家へ引き返す volver a casa ／ 来た道を引き返す desandar el camino

ひきかえる 引き換える／引き替える cambiar, canjear ‖ 当選券を賞品と引き換える canjear el cupón premiado por el premio

ひきがえる 蟇／蟾蜍 sapo *m.*

ひきがたり 弾き語り ‖ ギターの弾き語りをする cantar tocando la guitarra

ひきがね 引き金 gatillo *m.* ‖ 引き金を引く apretar el gatillo

ひきぎわ 引き際 modo *m.* de retirarse ‖ 引き際が肝心だ Es importante saber cuándo hay que retirarse.

ひきげき 悲喜劇 tragicomedia *f.*

ひきこみ 引き込み
▶引きこみ式(の) retráctil ‖ ひきこみ式主脚 (飛行機の) tren *m.* de aterrizaje retráctil
▣引き込み線《鉄道》 vía *f.* muerta

ひきこもり 引き籠もり autoencerramiento *m.*

ひきこもる 引き籠もる quedarse encerra*do*[da] en casa ‖ 田舎に引きこもる retirarse al pueblo

ひきさがる 引き下がる retirarse, (撤回する) retractarse, (断念する) desistir 《de》

ひきさく 引き裂く rasgar, desgarrar, (ずたずたに) hacer pedazos ALGO, romper

ひきさげ 引き下げ reducción *f.*, recorte *m.*
▣賃金引き下げ recorte *m.* 「de sueldo [salarial]

ひきさげる 引き下げる reducir, bajar, recortar ‖ 電気料金を引き下げる bajar las tarifas eléctricas ／ 会社は年末までの収益予測を大幅に引き下げた La compañía ha reducido considerablemente las previsiones de beneficios hasta el final del año.

ひきざん 引き算 sustracción *f.*, resta *f.*
▶引き算をする restar, sustraer

ひきしお 引き潮 marea *f.* baja, bajamar *f.* ‖ 引き潮になる La marea baja.

ひきしぼる 引き絞る ‖ 声を引き絞る forzar la voz ／ 弓を引き絞る tensar el arco

ひきしまる 引き締まる (体が) ponerse muscul*oso*[sa] ‖ 身が引き締まるような空気 aire *m.* tonificante
▶引き締まった ‖ 引き締まった顔立ち facciones *fpl.* firmes ／ 引き締まった体つき cuerpo *m.* musculoso ／ 引き締まった文体 estilo *m.* 「compacto [conciso]

ひきしめる 引き締める apretar, estrechar ‖ 気を引き締める prepararse mentalmente, (集中する) concentrarse

ひぎしゃ 被疑者 sospech*oso*[sa] *mf.*

ひきずりおろす 引き摺り下ろす bajar a la fuerza, (失脚させる) derrocar

ひきずりこむ 引き摺り込む hacer entrar a ALGUIEN 《en》

ひきずりだす 引き摺り出す sacar a la fuerza

ひきずりまわす 引き摺り回す llevar a rastras ALGO ‖ 買い物に引きずり回す llevar a ALGUIEN de compras de un lado para otro

ひきずる 引き摺る arrastrar ‖ 足を引きずる arrastrar los pies ／ ウエディングドレスの裾を引きずる ir arrastrando por el suelo el vestido de novia ／ 過去を引きずって生きる vivir con *su* pasado a cuestas

ひきだし 引き出し cajón *m.* ‖ 引き出しにしまう guardar ALGO en el cajón

ひきだす 引き出す sacar, extraer ‖ 才能を引き出す descubrir el talento de ALGUIEN ／ チームの力を最大限に引き出す sacar al máximo la fuerza del equipo

ひきたつ 引き立つ ser vist*oso*[sa], resaltar

ひきたて 引き立て　favor *m.*, simpatía *f.*, (支援) apoyo *m.* ‖ 常日頃のお引き立て、ありがとうございます Gracias por su apoyo de siempre.

ひきたてる 引き立てる　realzar, destacar, hacer resaltar, (ひいきにする) favorecer, (励ます) animar

ひきちぎる 引き千切る　arrancar ‖ 縄を引きちぎる arrancar la cuerda

ひきつぎ 引き継ぎ　sucesión *f.*, relevo *m.* ‖ 会計の引き継ぎを行う hacer el relevo de las cuentas

ひきつぐ 引き継ぐ　suceder, relevar, tomar el relevo 《de》 ‖ マリオは父親の商売を引き継いだ Mario sucedió a su padre en el negocio. ¦ Mario tomó el relevo de su padre en el negocio.

ひきつけ 引き付け　(けいれん) convulsión *f.* ‖ 息子が引きつけを起こした A mi hijo le dio un ataque convulsivo.

ひきつける 引き付ける　traer ALGO hacia *sí*, atraer ‖ 磁石が鉄を引き付ける El imán atrae el hierro. ／聴衆の注意を引き付ける atraer la atención del público ／そのレストランは、健康志向の顧客を引き付けている Ese restaurante tiene mucha aceptación entre los clientes que cuidan de su salud.

ひきつづく 引き続く　continuar, seguir
▶引き続いて a continuación ‖ 会議に引き続いて、懇親会があります A continuación de la junta habrá una reunión amistosa.
▶引き続き seguidamente ‖ 引き続き〜する「continuar [seguir]」《+現在分詞》

ひきつる 引き攣る　crisparse ‖ 突然足が引きつった Me dio de repente un calambre en la pierna. ／侮蔑の一言に彼女の顔が引きつった Al escuchar las palabras de insulto a ella se le crispó la cara.

ひきつれる 引き連れる　llevar a ALGUIEN, ir seguido[da] de ALGUIEN

ひきでもの 引き出物　regalo *m.*, obsequio *m.* ‖ 結婚式の引き出物 obsequio *m.* de la boda

ひきど 引き戸　puerta *f.* 「corrediza [corredera]」

ひきとめる 引き止める　detener ‖ (帰らぬよう) 誰かを引き止める no dejar marcharse a ALGUIEN

ひきとり 引き取り　retirada *f.*, recogida *f.* ‖ 遺失物の引き取り retirada *f.* de objetos perdidos

ひきとる 引き取る　(受け取る) recoger, (去る) retirarse, marcharse ‖ 荷物を引き取る recoger el equipaje ／甥を引き取る encargarse de cuidar a *su* sobrino
〔慣用〕どうぞお引き取りください Haga el favor de marcharse.

ビギナー　principiante *com.*

ビキニ　bikini *m.*, biquini *m.*

ひきにく 挽き肉　carne *f.* picada, 《南米》carne *f.* molida

ひきにげ 轢き逃げ
▶ひき逃げする atropellar a ALGUIEN y fugarse
◨ひき逃げ事件 caso *m.* de atropello y fuga
◨ひき逃げ犯人 conduc*tor*[*tora*] *mf.* acusa*do*[*da*] de un atropello y fuga

ひきぬく 引き抜く　arrancar, sacar ‖ 釘を壁から引き抜く arrancar un clavo de la pared ／選手を引き抜く contratar a *un*[*una*] juga*dor*[*dora*] (de otro equipo)

ひきのばし 引き延ばし/引き伸ばし　(期限などの) prolongación *f.*, (会議などの) dilatación *f.*, (写真の) ampliación *f.*
◨引き延ばし戦術 táctica *f.* dilatoria

ひきのばす 引き延ばす/引き伸ばす　(延長する) prolongar, (遅延させる) retrasar, (写真を) ampliar ‖ 期限を引き延ばす「prolongar [ampliar] el plazo ／用件を引き延ばす retrasar un asunto ／(口実を作って) dar largas a un asunto ／写真を引き伸ばす ampliar una foto(grafía)

ひきはなす 引き離す　separar, (差をつける) dejar atrás a ALGUIEN ‖ 母親から子を引き離す separar al hijo de su madre ／他のランナーを引き離す dejar atrás a otro(s) corredor(es)

ひきはらう 引き払う　desocupar, desalojar, evacuar ‖ マンションを引き払う「desocupar [evacuar] el piso

ひきもきらず 引きも切らず　⇒ひっきりなし (引っ切り無し)

ひきょう 卑怯　cobardía *f.*
▶卑怯な cobarde ‖ 卑怯なまねをする jugar sucio, usar trucos sucios
◨卑怯者 cobarde *com.*

ひきょう 秘境　región *f.* 「inexplorada [aún no explorada]」

ひきょじゅうしゃ 非居住者　no residente *com.*

ひきよせる 引き寄せる　acercar, arrimar, (気を) atraer ‖ 椅子を引き寄せる acercar una silla

ひきわけ 引き分け　empate *m.* ‖ 試合は両者引き分けに終わった El partido 「terminó [acabó] en empate.

ひきわける 引き分ける　empatar ‖ 2対2で引き分ける empatar a dos

ひきわたし 引き渡し　entrega *f.*, 《法律》(犯罪人の国家間の) extradición *f.*
◨引渡し価格 precio *m.* de entrega
◨引渡し期限 plazo *m.* de entrega
◨引渡し場所 lugar *m.* de entrega
◨引渡し払い pago *m.* a la entrega

ひきわたす 引き渡す　entregar, 《法律》(国家間で犯罪人を) extraditar ‖ 犯人(男性)を本

ひきん 卑近
▶卑近な familiar, senci*llo[lla]* ‖ 卑近な例 ejemplo *m*. sencillo

ひきんぞく 非金属 no metal *m*., （半金属）metaloide *m*.

ひく 引く ❶（引っ張る）tirar《de》‖ 綱を引く tirar de una cuerda
❷（数・金額を）‖ 10引く3は7 La resta de 10 menos 3 es 7. ／値を引く（割引する）hacer un descuento ／給料から所得税を引く「retener [descontar]」del sueldo los impuestos sobre la renta
❸（その他）‖ 辞書を引く consultar el diccionario ／線を引く trazar una línea ／くじを引く sacar una rifa ／風邪を引く「coger [agarrar, atrapar]」un resfriado ／フライパンに油を引く echar un poco de aceite en la sartén, untar con un poco de aceite la sartén ／商売から手を引く retirarse del negocio ／潮が引く La marea baja.
[慣用]引くに引けない La suerte está echada. ¦ No se puede dar marcha atrás.

ひく 退く（熱が）bajar,（撤退する）retirarse

ひく 挽く/碾く moler, serrar ‖ コーヒー豆を挽く moler los granos de café ／肉を挽く picar carne ／のこぎりを挽く serrar

ひく 弾く tocar,（弦楽器を）tañer ‖ 楽器を弾く tocar un instrumento musical ／ハープを弾く「tocar [tañer]」el arpa

ひく 轢く atropellar ‖ 歩行者（男性）がトラックにひかれた Un transeúnte fue atropellado por un camión.

びく 魚籠 nasa *f*.

ひくい 低い b*ajo[ja]* ‖ 低い山 montaña *f*. baja ／低い鼻 nariz *f*. chata ／低い声で en voz baja,（低音で）en voz grave ／背が低い ser b*ajo[ja]*, tener la estatura baja ／水温が低い La temperatura del agua es baja. ／低い価格で売る vender ALGO a un precio bajo ／身分の低い人々 gente *f*. de baja posición social
▶低くする bajar

ビクーニャ《動物》vicuña *f*.（雄・雌）

ピクセル píxel *m*.

ひくつ 卑屈
▶卑屈な vil, servil, abyec*to[ta]*, innoble ‖ 卑屈な態度 actitud *f*. servil
▶卑屈に con vileza, servilmente
▶卑屈になる mostrarse servil

びくつく ⇒びくびく（⇒びくびくする）

びくっと
▶びくっとする estremecerse por un susto, dar un respingo de susto, asustarse

ひくて 引く手 ‖引く手あまたである ser muy solicita*do[da]*, tener una gran demanda

びくとも
▶びくともしない no「moverse [ceder]」ni un milímetro,（動じない）tener mucha presencia de ánimo, no alterarse por nada

ピクニック merienda *f*. en el campo, picnic *m*.,（遠足）excursión *f*. ‖ ピクニックに出かける ir de merienda al campo

びくびく
▶びくびくする estar temero*so[sa]* ‖ びくびくしながら試験の結果を待っている esperar nervio*so[sa]* el resultado del examen

ぴくぴく ぴくぴく鼻を動かす mover la nariz
▶ぴくぴくする ‖ 緊張して（顔が）ぴくぴくする tener un tic nervioso ／私はまぶたがぴくぴくする Me tiembla el párpado.

ひぐま 羆 oso *m*. pardo,（雌）osa *f*. parda

ピクルス《料理》encurtidos *mpl*.

ひぐれ 日暮れ anochecer *m*.
▶日暮れに al anochecer,（日没時に）a la puesta del sol

ひけ 引け ‖（まったく）ひけをとらない no tener (nada) que envidiar ／どこにもひけをとらない価格であることを保証します Le garantizamos que es el mejor precio que existe en el mercado.

ひげ 髭/鬚/髯（あごひげ）barba *f*.,（口ひげ）bigote *m*. ‖ ひげを剃る afeitarse ／ひげを生やしている llevar「barba [bigote]」／ひげを伸ばす dejarse (crecer) la barba ／ひげが濃い tener la barba tupida ／ひげが薄い tener la barba rala
◪ひげ剃り（電動）máquina *f*. de afeitar,（安全かみそり）maquinilla *f*. (de afeitar)
◪ひげ剃りローション loción *f*. para después del afeitado, *aftershave m*.
◪ひげ面（無精髭の）cara *f*. sin afeitar,（髭を生やした）cara *f*. con barba, cara *f*. barbuda
◪ひげ根《植物》raíz *f*. fasciculada

ひげの種類

くちひげ（髭）bigote *m*. ／あごひげ（鬚）barba *f*. ／ほおひげ（髯）patillas *fpl*. ／カイゼル髭 bigote *m*. imperial ／どじょう髭 bigote *m*. ralo ／ちょびひげ pequeño bigote *m*. ／やぎ髭 perilla *f*. ／ラウンド髭 barba *f*. circular ／フルフェイスひげ barba *f*. completa ／無精ひげ barba *f*. de varios días ／つけひげ bigote *m*.「postizo [falso]」

ひげ 卑下
▶卑下する sentirse inferior, menospreciarse a *sí* mis*mo[ma]*

ピケ piquete *m*. ‖ ピケを張る「instalar [for-

mar] piquetes
- 広報ピケ piquete *m*. informativo

びけい 美形 ‖ 彼は美形だ Él es guapo.
- 美形の gua*po*[*pa*]

ひげき 悲劇 tragedia *f*. ‖ 悲劇の主人公を演じる protagonizar una tragedia／悲劇に終わる terminar en tragedia
- 悲劇的な trág*ico*[*ca*] ‖ 悲劇的な死を遂げた tener una muerte trágica
- 悲劇的に trágicamente

ひけつ 否決 rechazo *m*.
- 否決する rechazar ‖ 動議を否決する rechazar una moción

ひけつ 秘訣 secreto *m*. ‖ 料理の秘けつ truco *m*.「para cocinar [culinario]／健康の秘けつ secreto *m*. para tener buena salud／秘けつを教える enseñar el secreto de ALGO

ひけね 引け値 precio *m*. de cierre

ひけめ 引け目 complejo *m*. de inferioridad ‖ 引け目がある tener complejo de inferioridad／引け目を感じる sentirse inferior

ひけらかす alardear《de》, presumir《de》,《慣用》hacer gala《de》‖ 才能をひけらかす alardear de *su* talento

ひける 引ける terminar, acabar ‖ 学校は午後4時に引ける Las clases del colegio terminan a las cuatro de la tarde.
- 〜するのは気が引ける no atreverse a『+不定詞』

ひげんじつ 非現実
- 非現実的(な) irreal, no realista ‖ 非現実的な目標 objetivo *m*. irreal

ひご 庇護 protección *f*.
- 〜の庇護のもとに bajo la protección《de》

ひご 卑語 palabra *f*. vulgar,《集合名詞》vulgarismo *m*.

ピコ 《接頭辞》pico-
- ピコ秒 picosegundo *m*.

ひこう 非行 delincuencia *f*., mala conducta *f*.
- 非行に走る caer en la delincuencia
- 非行少年/非行少女 delincuente *com*. menor

ひこう 飛行 vuelo *m*., navegación *f*. aérea
- 飛行する volar, navegar por el aire
- 計器飛行 vuelo *m*. instrumental, vuelo *m*. por instrumentos
- 飛行記録装置 caja *f*. negra, registrador *m*. de vuelo
- 飛行禁止地域 zona *f*. de navegación aérea prohibida
- 飛行士 avia*dor*[*dora*] *mf*., aeronauta *com*., piloto *com*.
- 飛行時間「tiempo *f*. [hora *f*.] de vuelo
- 飛行場 aeródromo *m*.,（空港）aeropuerto *m*.
- 飛行船 aeronave *f*.
- 飛行艇 hidroavión *m*. de canoa
- 飛行服 traje *m*. de piloto

飛行いろいろ

編隊飛行 vuelo *m*. en formación／単独飛行 vuelo *m*. en solitario／無重力飛行 vuelo *m*. ingrávido／夜間飛行 vuelo *m*. nocturno／有人飛行 vuelo *m*. tripulado／宇宙飛行 vuelo *m*. espacial／大西洋横断飛行 vuelo *m*. transatlántico／訓練飛行 vuelo *m*. de entrenamiento／試験・テスト飛行 vuelo *m*.「de prueba [experimental]／水平飛行 vuelo *m*. horizontal／弾道飛行 vuelo *m*. suborbital／無着陸飛行 vuelo *m*.「directo [sin escalas]／低空飛行 vuelo *m*. a baja altura,（地面すれすれの）vuelo *m*.「rasante [raso]／有視界飛行 vuelo *m*. visual／偵察飛行 vuelo *m*. de reconocimiento／遊覧飛行 vuelo *m*. turístico／アクロバット飛行 vuelo *m*. acrobático, acrobacia *f*. aérea

びこう 尾行 persecución *f*. secreta ‖ 尾行をまく burlar la persecución
- 尾行する「seguir [perseguir] a ALGUIEN disimuladamente

びこう 備考 nota *f*., observación *f*.

びこう 鼻孔 《解剖》orificios *mpl*. nasales

びこう 鼻腔 《解剖》cavidad *f*. nasal, fosas *fpl*. nasales

ひこうかい 非公開
- 非公開の/非公開で en privado,《慣用》a puerta cerrada ‖ 会議は非公開で開かれた La reunión se celebró a puerta cerrada.

ひこうき 飛行機 avión *m*.,（小型の）avioneta *f*. ‖ 飛行機から降りる「bajar [descender, desembarcar] del avión／飛行機で行く「ir [viajar] en avión／飛行機に乗る tomar un avión／飛行機を利用する usar un avión
- 飛行機雲「trazo *m*. [estela *f*.] de avión
- 飛行機事故 accidente *m*.「aéreo [de avión]

飛行機さまざま

紙飛行機 avión *m*. de papel／軽飛行機 avioneta *f*.／水上飛行機 hidroavión *m*.／模型飛行機 aeromodelo *m*.／ジェット機 avión *m*. de reacción, jet *m*.／旅客機 avión *m*. de pasajeros／超音速旅客機 avión *m*. supersónico／戦闘機 avión *m*. de caza／ジャンボジェット機 jumbo *m*.／プロペラ機 avión *m*.「de [con] hélice／エアバス《商標》 airbus *m*.／偵察機 avión *m*.「espía [de reconocimiento]／

哨戒機 avión *m.* de patrulla marítima／飛行艇 hidroavión *m.* de canoa／爆撃機 bombardero *m.*,／艦上機 avión *m.* embarcado／攻撃機 avión *m.* de ataque a tierra／要撃機/迎撃機 interceptor *m.*／軍用機 avión *m.* militar／民間機 avión *m.* civil／チャーター機 avión *m.*「fletado [chárter]」

■■■ 飛行機 ■■■
‖よく使う会話表現
● 飛行機の予約をお願いします Quería hacer una reserva de vuelo, por favor.
● 2月14日678便を3名予約したいのですが Quería reservar el vuelo 678 para el día 14 de febrero para tres personas.
● 2人並んだ席を取りたいのですが Quería reservar dos asientos contiguos.
● ビジネスクラスをお願いします Resérveme un asiento en clase「ejecutiva [preferente].
● 窓側[通路側]の座席をお願いします Resérveme un asiento junto「a la ventana [al pasillo].
● キャンセルをお願いします Quería cancelar la reserva.
● 便を変えたいのですが Quiero cambiar el vuelo.
● 安全ベルトをお締めください Abróchense el cinturón de seguridad.
● バルセロナ行きの便は悪天候で欠航になりました El vuelo con destino a Barcelona ha sido cancelado debido a las malas condiciones meteorológicas.
● 空席待ちリストに登録できますか ¿Puedo apuntarme en la lista de espera?

ひこうしき 非公式
▶非公式の oficio*so*[sa], extraoficial ‖ 非公式の会談 conversación *f.* oficiosa
◪非公式筋 fuentes *fpl.* oficiosas
ひこうにん 非公認
▶非公認の no reconoci*do*[da] oficialmente
ひごうほう 非合法
▶非合法な ilegal, （不法な）ilegíti*mo*[ma], ilíci*to*[ta]
◪非合法活動 actividad *f.* ilegal
ひごうり 非合理 irracionalidad *f.*
▶非合理的な irracional
ひこく 被告 acusa*do*[da] *mf.*, demanda*do*[da] *mf.*
◪被告席 banquillo *m.* (de los acusados)
◪被告人 demanda*do*[da] *mf.*, acusa*do*[da] *mf.*
◪被告弁護人 aboga*do*[da] *mf.* defen*sor*[sora]

ひごと 日毎
▶日ごとに cada día (que pasa) ‖ 日ごとに寒くなる Cada día hace más frío.
ひこようしゃ 被雇用者 emplea*do*[da] *mf.*
ひごろ 日頃 （普段）habitualmente, （いつも）siempre
▶日頃の（普段の）habitual, （毎日の）cotidia*no*[na] ‖ 日頃の努力 esfuerzo *m.* de cada día
ひざ 膝 《解剖》rodilla *f.*, （ももの付け根まで）regazo *m.* ‖ 私は膝がくがくしている Me tiemblan las rodillas. ／子供を膝の上に載せる sentar a un niño en *su* regazo／膝をぶつける darse un golpe en la rodilla／膝を曲げる（doblar [flexionar] la rodilla／私は膝が痛い Tengo dolor en la rodilla. ¦ Me duele la rodilla.／片膝を床につく poner una rodilla en el suelo
(慣用) 膝が抜ける ‖ ズボンの膝が抜けた Los pantalones están「raídos [gastados] en la rodilla.
(慣用) 膝が笑う ‖ 僕は疲れ過ぎで膝が笑っている Estoy tan cansado que me tiemblan las rodillas.
(慣用) 膝を打つ darse una palmada en la rodilla, （気づく）caer en la cuenta《de》
(慣用) 膝を折る （ひざまずく）arrodillarse, ponerse de rodillas, （屈服する）《慣用》「doblar [hincar] la rodilla
(慣用) 膝を崩す ponerse cómo*do*[da]
(慣用) 膝をつき合わせる ‖ 膝をつき合わせて cara a cara
(慣用) 膝を乗り出す ser atraí*do*[da]
(慣用) 膝を交える ‖ 膝を交えて話す hablar con franqueza, 《慣用》hablar con el corazón en la mano
◪膝当て rodillera *f.*
ビザ 《スペイン》visado *m.*, 《中南米》visa *f.* ‖ ビザを申請する solicitar el visado／ビザを更新する renovar el visado／ビザを発行する expedir el visado／ビザを紛失する perder el visado
ピザ *pizza f.* ‖ ピザを注文する pedir una *pizza*
◪ピザ店 pizzería *f.*
ひさい 被災
▶被災する sufrir un desastre, ser víctima de un desastre
◪被災者 damnifica*do*[da] *mf.*, siniestra*do*[da] *mf.*
◪被災地 zona *f.*「siniestrada [damnificada]
びさい 微細
▶微細な minucio*so*[sa] ‖ 微細な点まで hasta el último detalle, hasta los detalles mínimos
▶微細に minuciosamente
びざい 微罪 delito *m.* de menor cuantía,

ひざかけ 膝掛け manta *f*. (de viaje)
ひざがしら 膝頭 《解剖》rótula *f*., choquezuela *f*.
ひざかり 日盛り horas *fpl*. más calurosas del día
▶日盛りに durante las horas más calurosas del día
ひざこぞう 膝小僧 ⇒ひざがしら(膝頭)
ひさし 庇/廂 alero *m*., cobertizo *m*., (帽子の) visera *f*.
ひざし 日差し rayo *m*. del sol ‖ 海辺は日差しが強い En las costas el sol es fuerte.
ひさしい 久しい
~して久しい Hace mucho tiempo que 『+直説法』.
▶久しく hace mucho tiempo ‖ 彼女に久しく会ってない Hace mucho que no la veo.
ひさしぶり 久し振り ‖ 久しぶりですね ¡Cuánto tiempo sin vernos!
▶久しぶりに después de mucho tiempo
ひざづめ 膝詰め ‖ 膝詰め談判する negociar 「frente a frente [cara a cara], negociar directamente
ひざまくら 膝枕 ‖ 母の膝枕で寝た Dormí con la cabeza apoyada en el regazo de mi madre.
ひざまずく 跪く arrodillarse, 「ponerse [hincarse] de rodillas
▶ひざまずいて de rodillas
ひさめ 氷雨 lluvia *f*. helada, (雹・霰) granizo *m*.
ひざもと 膝元/膝下 zona *f*. de influencia ‖ 親のひざ元で bajo la protección de los padres
ひさん 悲惨 miseria *f*.
▶悲惨な miserable, triste, (悲劇的な) trágico[ca] ‖ 悲惨な結果 resultado *m*. desastroso / 悲惨な出来事 suceso *m*. trágico
ひし 皮脂 sebo *m*.
◪皮脂腺 《解剖》glándula *f*. sebácea
ひじ 肘/肱 codo *m*. ‖ 肘を痛める lesionarse el codo / 肘が痛い tener dolor en el codo / 肘で突く dar un codazo a ALGUIEN / テーブルに肘をつく apoyar el codo sobre la mesa, acodarse en la mesa
◪肘当て codera *f*.
ひじかけいす 肘掛け椅子 sillón *m*., butaca *f*.
ひしがた 菱形 rombo *m*., forma *f*. de diamante
ひしきじ 非識字
◪機能的非識字 analfabetismo *m*. funcional
◪非識字者 analfabeto[ta] *mf*.
◪非識字率 「índice *m*. [tasa *f*.] de analfabetismo
ひししょくぶつ 被子植物 angiospermas *fpl*.

ビジター 《スポーツ》equipo *m*. visitante
ひしつ 皮質 corteza *f*.
ひじでっぽう 肘鉄砲 codazo *m*., (拒絶) rechazo *m*.
慣用 肘鉄砲を食わす (肘で突く) dar un codazo a ALGUIEN, (拒絶する) rechazar
ひしと ‖ ひしと抱き締める abrazar fuerte a ALGUIEN / 父の忠告はひしと身にしみた El consejo de mi padre me llegó al corazón.
ビジネス negocios *mpl*., comercio *m*.
◪ビジネス英語 inglés *m*. 「de los negocios [comercial]
◪ビジネスクラス (航空機の) clase *f*. 「preferente [ejecutiva]
◪ビジネススクール escuela *f*. de negocios
◪ビジネスホテル hotel *m*. económico
◪ビジネスマン hombre *m*. de negocios
ひしひし
▶ひしひしと profundamente, intensamente ‖ 必要性をひしひしと感じる sentir intensamente la necesidad 《de》
びしびし
▶びしびしと (強く) con fuerza, fuertemente, (厳しく) severamente ‖ びしびしと棒で叩く dar golpes fuertes con el palo 《a》 / 交通違反をびしびしと取り締まる controlar con firmeza las infracciones de tráfico
ひしめく 犇めく (押し合う) apretujarse, (群がる) apiñarse, aglomerarse ‖ 観客がスタジアムの入口でひしめいていた El público se apretujaba en la entrada del estadio.
ひしゃかいしんど 被写界深度 profundidad *f*. de campo
ひしゃく 柄杓 cazo *m*., cucharón *m*.
ひしゃたい 被写体 objeto *m*. para fotografiar
ぴしゃり
▶ぴしゃりと ‖ ドアをぴしゃりと閉める cerrar la puerta de golpe
ひじゅう 比重 densidad *f*. relativa, peso *m*. específico, (重要性) importancia *f*. ‖ テストの成績より出席に比重を置く dar más importancia a la asistencia que al resultado del examen
◪比重計 densímetro *m*.
◪比重瓶 picnómetro *m*., botella *f*. de gravedad específica
びじゅつ 美術 bellas artes *fpl*., arte *m(f)*. 《複数形では女性》‖ 美術を専攻する especializarse en bellas artes / 美術に興味がある tener interés en las bellas artes
▶美術の artístico[ca]
▶美術的に artísticamente
◪現代美術 arte *m*. contemporáneo
◪美術愛好家 amante *com*. de las bellas artes
◪美術家 artista *com*.
◪美術学校 escuela *f*. de arte, academia *f*.

de bellas artes
- 美術館 museo *m*. de bellas artes
- 美術鑑賞 apreciación *f*. artística ‖ 美術鑑賞する apreciar las obras de arte
- 美術監督 direc*tor*[*tora*] *mf*. artísti*co*[*ca*]
- 美術工芸(品) artesanía *f*.
- 美術史 historia *f*. del arte
- 美術商 marchante *com*.
- 美術展覧会 exposición *f*. de bellas artes
- 美術評論家 crítico[*ca*] *mf*. de arte
- 美術品 obra *f*. de arte ‖ 美術品収集家 coleccionista *com*. de obras de arte

美術館

ひじゅん 批准 ratificación *f*.
▶ 批准する ratificar
- 批准書 documento *m*. de ratificación ‖ 批准書交換 canje *m*. de ratificaciones

ひしょ 秘書 secreta*rio*[*ria*] *mf*.
- 秘書課 secretaría *f*.
- 大臣秘書官 secreta*rio*[*ria*] *mf*. del ministro

ひしょ 避暑 veraneo *m*. ‖ 避暑に行く ir de veraneo
▶ 避暑する veranear
- 避暑客 veraneante *com*.
- 避暑地 lugar *m*. de veraneo

びじょ 美女 guapa *f*., mujer *f*. bella

ひじょう 非常 emergencia *f*. ‖ 非常の場合には en caso de emergencia ／ 非常時に備える prevenirse contra una emergencia
▶ 非常に muy, terriblemente, sumamente, en gran medida ‖ 非常に危険な場所 lugar *m*. de extrema peligrosidad
- 非常階段 escalera *f*. de emergencia
- 非常口 salida *f*. de emergencia ‖ 非常口から避難する「salir [escapar] por la salida de emergencia
- 非常事態 estado *m*. de emergencia ‖ 非常事態を宣言する declarar el estado de emergencia
- 非常手段 medidas *fpl*. extremas
- 非常食 víveres *mpl*., provisiones *fpl*.
- 非常灯 luz *f*. de emergencia
- 非常ブレーキ freno *m*. de emergencia
- 非常ベル timbre *m*. de「alarma [emergencia], alarma *f*. de emergencia
- 非常ボタン botón *m*. de「alarma [emergencia]

ひじょう 非情
▶ 非情な cruel, desalma*do*[*da*] ‖ 非情な人 persona *f*. 「fría [cruel, de sangre fría]

びしょう 微小
▶ 微小な microscópi*co*[*ca*], diminu*to*[*ta*]

びしょう 微笑 sonrisa *f*. ‖ 微笑を浮かべて con una sonrisa en *sus* labios
▶ 微笑する sonreír, esbozar una sonrisa

ひじょうきん 非常勤
▶ 非常勤の no numera*rio*[*ria*], de tiempo parcial
- 非常勤講師 profe*sor*[*sora*] *mf*. no numera*rio*[*ria*], profe*sor*[*sora*] *mf*. asocia*do*[*da*]

ひじょうしき 非常識 「falta *f*. [carencia *f*.] de sentido común
▶ 非常識な「sin [carente de] sentido común, extravagante ‖ 非常識な人間 persona *f*. sin sentido común

ひじょうじょう 非上場 no cotiza*do*[*da*] en bolsa
- 非上場株 acciones *fpl*. no cotizadas en bolsa

ひじょうせん 非常線 cordón *m*. policial ‖ 非常線を張る「establecer [tender] un cordón policial ／ 非常線を解除する「retirar [levantar] el cordón policial

びしょく 美食 gastronomía *f*.
- 美食家 gastróno*mo*[*ma*] *mf*., 《フランス語》*gourmet com*.

びしょぬれ びしょ濡れ ⇒ずぶぬれ(ずぶ濡れ)

びしょびしょ empapa*do*[*da*], cala*do*[*da*]
▶ びしょびしょになる empaparse hasta los huesos

ビジョン perspectiva *f*., visión *f*. ‖ 会社の将来についてのビジョン visión *f*. sobre el futuro de la compañía

びじれいく 美辞麗句 bellas palabras *fpl*., (軽蔑的に) retórica *f*. ‖ 美辞麗句の多いスピーチ discurso *m*. cargado de retórica

びしん 微震 seísmo *m*. leve

びじん 美人 mujer *f*. 「bella [guapa, hermosa]
[慣用] 美人薄命 La belleza es efímera.

ひじんどう 非人道
▶ 非人道的な inhuma*no*[*na*] ‖ 非人道的な法律 ley *f*. inhumana

ビス tornillo *m*.

ひすい 翡翠 jade *m*.

ビスケット galleta *f*.

ビスコース 《化学》viscosa *f*.

ピスタチオ (実) pistacho *m*., (木) pistachero *m*.

ヒスタミン histamina *f*.

ヒステリー 《医学》histeria *f.*, histerismo *m.* ‖ ヒステリーを起こす ponerse histérico[ca]
▶抗ヒスタミン剤 antihistamínico *m.*
▷ヒステリーの histérico[ca]

ヒステリック
▶ヒステリックな histérico[ca], excitado[da] ‖ ヒステリックな声で con voz histérica

ピストル pistola *f.*, (連発式の) revólver *m.* ‖ ピストルを撃つ disparar la pistola / ピストルで脅す amenazar con una pistola a ALGUIEN
▷ピストル強盗 atraco *m.* con pistola
▷ピストル自殺 suicidio *m.* con pistola

ピストン 《機械》émbolo *m.*, pistón *m.*
▷ピストン輸送 ‖ バスが空港とホテルの間をピストン輸送している Hay un servicio continuo de autobús entre el aeropuerto y el hotel.

ひずみ 歪み deformación *f.*, (音・映像・電波の) distorsión *f.*, (板の反り) alabeo *m.*

ひずむ 歪む deformarse, alabearse, (梁・壁などが) pandearse

ひせいきこようしゃ 非正規雇用者 empleado[da] *mf.* con contrato temporal

ひせいさんてき 非生産的
▶非生産的な improductivo[va], infructuoso[sa] ‖ 非生産的な考え idea *f.* no constructiva

ひせいふそしき 非政府組織 organización *f.* no gubernamental (略 ONG)

びせいぶつ 微生物 microbio *m.*, microorganismo *m.*
▷微生物学 microbiología *f.*

ひせき 秘跡 sacramento *m.* ‖ 秘跡を授ける administrar un sacramento

びせきぶん 微積分 cálculo *m.* infinitesimal, cálculo *m.* diferencial e integral

ひぜに 日銭 ingresos *mpl.* diarios, (日給) jornal *m.* ‖ 日銭を稼ぐ ganar un jornal

ひせんきょけん 被選挙権 elegibilidad *f.* ‖ 被選挙権を持つ tener elegibilidad, ser elegible

ひせんとういん 非戦闘員 (一般市民) civil *com.*, (軍医など) no combatiente *com.*

ひそ 砒素 《化学》arsénico *m.* 《記号 As》
▷砒素中毒 intoxicación *f.* por arsénico

ひそう 皮相
▶皮相な superficial ‖ 皮相な分析 análisis *m.*[=*pl.*] superficial

ひそう 悲壮
▶悲壮な patético[ca], (悲劇的な) trágico[ca], (英雄的な) heroico[ca] ‖ 悲壮な最期を遂げる morir heroicamente, tener una muerte heroica
▷悲壮感 patetismo *m.*

ひぞう 秘蔵
▶秘蔵の guardado[da] como oro en paño, (お気に入りの) favorito[ta] ‖ 秘蔵の品 tesoro *m.*
▶秘蔵する guardar ALGO como oro en paño
▷秘蔵っ子 discípulo[la] *mf.* favorito[ta]

ひぞう 脾臓 《解剖》bazo *m.*

ひそか 密か
▶ひそかな privado[da], secreto[ta] ‖ ひそかな楽しみ pequeño entretenimiento *m.*
▶ひそかに en secreto, encubiertamente

ひぞく 卑俗 vulgaridad *f.*, grosería *f.*
▷卑俗な vulgar, grosero[ra]

ひそひそ
▶ひそひそと en voz baja ‖ ひそひそと話す cuchichear, hablar al oído
▷ひそひそ話 cuchicheo *m.*, discreteo *m.*

ひそむ 潜む (隠れる) esconderse, ocultarse, (潜在する) subyacer, estar latente ‖ やぶに潜む esconderse entre los matorrales / 言葉の裏に潜んでいる (何かが) estar latente en las palabras

ひそめる 潜める ‖ 身を潜める esconderse, ocultarse / 声を潜める bajar la voz / 息を潜める contener el aliento / 鳴りを潜める guardar silencio

ひそめる 顰める ‖ 眉をひそめる fruncir「las cejas [el ceño]

ひだ 襞 pliegue *m.*, doblez *m.*, alforza *f.* ‖ 襞を付ける plisar, tablear, hacer「jaretas [alforzas]
▶襞のある plisado[da]

ひたい 額 frente *f.* ‖ 額のしわ arrugas *fpl.* de la frente / 額が広い tener la frente amplia / 額が狭い tener la frente estrecha / 額に手を置く colocar la mano en la frente / 額の汗を拭う secarse el sudor de la frente / 額がはげ上がる tener entradas / 額に汗して con el sudor de la frente

ひだい 肥大 《医学》hipertrofia *f.*
▶肥大した hipertrófico[ca]
▶肥大する hipertrofiarse
▷心臓肥大 hipertrofia *f.* cardiaca

びたい 媚態 coquetería *f.* ‖ 媚態を示す coquetear

ひたす 浸す remojar, empapar ‖ あずきを水に浸す poner en remojo las judías rojas / パンを牛乳に浸す empapar el pan en leche

ひたすら (もっぱら) exclusivamente, (一途に) con perseverancia, (心から) de todo corazón ‖ ひたすら研究に専念する dedicarse exclusivamente a la investigación

ひたはしり 直走り
▶ひた走りに ‖ ひた走りに走る correr lo más rápido posible

ひたひた
▶ひたひたと ‖ 波がひたひたと岸辺を打つ Las olas lamen la playa.

ひだまり 日溜まり rincón *m.* soleado

ビタミン vitamina *f.* ‖ ビタミンCが豊富な

ri**co**[ca] en vitamina C
- ▶ビタミンの vitamíni**co**[ca]
- ▣ビタミン入り(の) vitamina**do**[da]
- ▣ビタミン過剰症 hipervitaminosis *f.*[=*pl.*]
- ▣ビタミン欠乏症 avitaminosis *f.*[=*pl.*]
- ▣ビタミン剤 píldora *f.* de vitaminas

ひたむき 直向き
- ▶ひたむきな perseverante‖ひたむきな人 persona *f.* con devoción inquebrantable
- ▶ひたむきに con「empeño [perseverancia, tesón]」‖ひたむきに働く trabajar con empeño

ひだり 左 izquierda *f.*
- ▶左の izquier**do**[da], de la izquierda
- ▶左に a la izquierda‖エレベーターの左に a la izquierda del ascensor / 左に曲がる doblar a la izquierda
- ▶左上に en la parte superior a la izquierda
- ▶左下に en la parte inferior a la izquierda
- ▣左打者《野球》 batea**dor**[dora] *mf.* zur**do**[da]
- ▣左投手《野球》 lanza**dor**[dora] *mf.* zur**do**[da]

ぴたり
- ▶ぴたりと‖雨がぴたりと止んだ Dejó de llover de repente. / 数字がぴたりと合う Los números cuadran perfectamente. / ぴたりと言い当てる acertar exactamente

ひだりうちわ 左団扇
- (慣用)左団扇で暮らす vivir holgadamente

ひだりがわ 左側 lado *m.* izquierdo
- ▣左側通行‖左側通行する circular por la izquierda

ひだりきき 左利き
- ▶左利きの(人) zur**do**[da] (*mf.*)

ひだりクリック 左クリック clic *m.* con el botón izquierdo
- ▶左クリックする hacer clic con el botón izquierdo

ひだりて 左手 mano *f.* izquierda, siniestra *f.*
- ▶左手に a mano izquierda

ひだりまえ 左前
- (慣用)左前になる encontrarse en un apuro económico,《慣用》ir cuesta abajo

ひだりまわり 左回り
- ▶左回りに en (el) sentido contrario a las agujas del reloj

ひたる 浸る‖ぬるま湯に浸る darse un baño en agua templada / 喜びに浸る sumergirse en la alegría / 酒に浸る entregarse a la bebida

ひだるま 火達磨
- ▶火だるまになる quedar envuel**to**[ta] en llamas

ひたん 悲嘆 gran dolor *m.*, lamentación *f.*
- ▶悲嘆に暮れる sumirse en un profundo dolor

びだん 美談 historia *f.* edificante

びちく 備蓄 reserva *f.*‖石油の備蓄 reservas *fpl.* estratégicas de petróleo
- ▶備蓄する almacenar

ぴちぴち‖魚が水面でぴちぴち跳ねる Los peces saltan sobre el agua como locos.
- ▶ぴちぴちした lle**no**[na] de「vida [energía]」

びちょうせい 微調整 ajuste *m.* minucioso
- ▶微調整する ajustar minuciosamente

ひつう 悲痛
- ▶悲痛な desgarra**dor**[dora], doloro**so**[sa]‖悲痛な叫び grito *m.* desgarrador

ひつうち 非通知
- ▶非通知で(電話) con el número oculto‖非通知で電話をする hacer una llamada「oculta [con el número oculto]」

ひっかかる 引っ掛かる engancharse《en》, (罠に) caer《en》‖電柱に引っ掛かる engancharse en un poste eléctrico / 私はのどに骨が引っ掛かった Se me ha clavado una espina en la garganta. / 罠に引っ掛かる caer en la trampa

ひっかきまわす 引っ掻き回す revolver, hurgar

ひっかききず 引っ掻き傷 arañazo *m.*, rasguño *m.*

ひっかく 引っ掻く rascar, arañar, rasguñar‖私は猫に手を引っ掻かれた El gato me arañó en la mano.

ひっかける 引っ掛ける enganchar ALGO《en》, (吊り下げる) colgar, (だます) engañar, (ナンパする) ligar‖釘に引っ掛ける enganchar ALGO en un clavo / カメラを肩に引っ掛けて出かける salir con la cámara colgada al hombro / 水を引っ掛ける echar agua《a》/ 酒を一杯引っ掛ける tomar una copa de sake, echar un trago de sake

ひっき 筆記
- ▶筆記する escribir, apuntar
- ▣筆記試験 examen *m.* escrito
- ▣筆記用具 útiles *mpl.* para escribir

ひつぎ 棺/柩 féretro *m.*, ataúd *m.*

ひっきりなし 引っ切り無し
- ▶引っ切りなしに sin cesar, continuamente, sin interrupción, ininterrumpidamente‖今日は電話が引っ切りなしに鳴り続けた Hoy el teléfono ha estado sonando「continuamente [sin parar]」.

ピッキング (鍵を使わず錠をこじ開けること) apertura *f.* de cerraduras con ganzúas

ビッグ
- ▶ビッグな grande《単数名詞の前ではgran》
- ▣ビッグイベント gran evento *m.*
- ▣ビッグニュース gran noticia *f.*, notición *m.*, (特ダネ) exclusiva *f.*

ピック (弦楽器用の) púa *f.*

ピックアップ (楽器の) pastilla *f.*; (小型貨

物車）camioneta *f*., furgoneta *f*.;（お迎え・集荷）recogida *f*.
▶ピックアップする（拾い上げること）recoger,（迎えに行く）pasar a buscar,（選ぶ）seleccionar, escoger

ビッグバン big bang *m*., gran explosión *f*.

びっくり
▶びっくりするような sorprendente, asombro*so*[sa]
▶びっくりする sorprenderse《de, por》
▶びっくりさせる sorprender
◨びっくり仰天‖彼はそのニュースを聞いてびっくり仰天した A él le dio un vuelco el corazón al escuchar esa noticia.
◨びっくり箱 caja *f*. sorpresa

ひっくりかえす 引っ繰り返す （倒す）volcar,（裏返す）dar la vuelta《a》,「poner [volver] ALGO al revés,（逆さまにする）invertir‖花瓶をひっくり返す volcar un florero ／ カードをひっくり返す darle la vuelta a una carta ／ 試合をひっくり返す darle la vuelta al partido ／ 学説をひっくり返す invalidar una teoría

ひっくりかえる 引っ繰り返る volcar(se), dar un vuelco,（倒れる）caerse,（逆転する）invertirse‖その船はひっくり返って沈没した El barco (se) volcó y se fue a pique. ／ 形勢がひっくり返った Se invirtió la situación.

ひづけ 日付 fecha *f*.‖日付が5月5日の手紙 carta *f*. con fecha 5 de mayo ／ 手紙に日付を入れる fechar la carta, poner la fecha en carta ／ 日付が変わる cambiarse *la fecha* ／ 日付を変える cambiar la fecha
◨日付変更線 línea *f*. internacional de cambio de fecha

ひっけい 必携 （手引書）manual *m*., guía *f*.
▶必携の indispensable‖パスポート必携のこと No se olvide de llevar el pasaporte.

ピッケル piolet *m*., piqueta *f*. (de alpinista)

ひっけん 必見
▶必見の‖必見の映画 película *f*. que no se debe perder

ひっこし 引っ越し mudanza *f*., traslado *m*.
◨引っ越し業者 empresa *f*. de mudanzas
◨引っ越し先 nueva dirección *f*.

ひっこす 引っ越す mudarse (de casa)

ひっこみ 引っ込み
慣用 引っ込みがつかない‖（私たちは）今となっては引っ込みがつかない Hemos ido demasiado lejos y ya no hay marcha atrás.

ひっこみじあん 引っ込み思案
▶引っ込み思案な tími*do*[da], retraí*do*[da]

ひっこむ 引っ込む retirarse

ひっこめる 引っ込める retirar, retraer‖提案を引っ込める retirar la propuesta ／ 猫が爪を引っこめる El gato retrae las uñas.

ピッコロ flautín *m*.

ひっさん 筆算 cálculo *m*. sobre el papel

▶筆算する calcular sobre el papel

ひっし 必死
▶必死の desespera*do*[da]‖必死の努力をする「hacer [realizar] esfuerzos desesperados《para》 ／ 必死の形相で con cara de desesperación ／ 必死の覚悟で闘う luchar「a muerte [a brazo partido, con uñas y dientes]
▶必死に desesperadamente, a la desesperada‖必死に逃げる escapar a la desesperada ／ 必死になる esforzarse hasta el agotamiento,《慣用》echar los hígados

ひっし 必至
▶必至の inevitable, ineludible, ineluctable‖金利の新たな引き上げは必至の情勢だ Parece inevitable una nueva subida del tipo de interés.

ひつじ 未 （十二支の）signo *m*. de la「oveja [cabra]‖未の刻は alrededor de las dos de la tarde
◨未年 año *m*. de la oveja

ひつじ 羊 oveja *f*.,（雄羊）carnero *m*.,（子羊）cord*ero*[ra] *mf*.‖羊の毛 lana *f*.,（一頭分の）vellón *m*. ／ 羊の肉 carne *f*. de「ovino [cordero] ／ 羊が鳴く La oveja bala. ／ 羊の毛を刈る esquilar una oveja
◨羊飼い pa*stor*[tora] *mf*.
◨羊雲 altocúmulo *m*.
◨羊小屋 majada *f*. de ovejas

ひっしゃ 筆写 transcripción *f*.
▶筆写する「transcribir [copiar] a mano

ひっしゃ 筆者 au*tor*[tora] *mf*.

ひっしゅう 必修
▶必修の obligat*orio*[ria]
◨必修科目 asignatura *f*. obligatoria

ひつじゅひん 必需品 artículos *mpl*. de necesidad
◨生活必需品 artículos *mpl*. de primera necesidad

ひっしょう 必勝‖必勝を期す tener la firme convicción de ganar

びっしょり‖びっしょり汗をかく sudar a chorros

びっしり‖スーツケースにびっしり荷物を詰める llenar la maleta a tope

ひっす 必須
▶必須の indispensable, esencial
◨必須アミノ酸 aminoácidos *mpl*. esenciales
◨必須条件 requisito *m*. indispensable

ひっせき 筆跡 grafismo *m*., grafología *f*., escritura *f*., letra *f*.
◨筆跡鑑定 examen *m*. grafológico
◨筆跡鑑定家 grafól*ogo*[ga] *mf*.

ひつぜつ 筆舌
慣用 筆舌に尽くしがたい indescriptible, inefable

ひつぜん 必然

- 必然性 necesidad *f.*
- 必然の/必然的(な) necesa*rio*[*ria*], inevitable, ineludible,《格式語》ineluctable‖必然の帰結 conclusión *f.* 「inevitable [indefectible]
- 必然的に necesariamente, inevitablemente

ひっそり
- ひっそり(と)した silenci*oso*[*sa*],（人気がない）desier*to*[*ta*]‖森はひっそりとしていた Reinaba silencio en el bosque.
- ひっそりと（静かに）tranquilamente‖ひっそりと暮らす vivir retira*do*[*da*], vivir tranqui*lo*[*la*] ／ ひっそりと咲く florecer en un rincón abandonado

ひったくり tirón *m.*, raponazo *m.*‖ひったくりに遭う ser víctima de un tirón, sufrir un robo por tirón

ひったくる arrebatar, arrancar, dar un tirón《a》‖ハンドバッグをひったくる（盗む）robar el bolso de un tirón

ぴったり‖ぴったりと合う encajar bien《en》
- ぴったりである‖この靴は私にぴったりです Estos zapatos me van a la medida. ／ 彼女はこの役にぴったりだ Ella es la persona más idónea para este papel.

ひつだん 筆談 comunicación *f.* por escrito

ピッチ ritmo *m.*,（音楽）tono *m.*;（サッカーの）campo *m.* de fútbol;（ネジの）paso *m.*‖急ピッチで a ritmo acelerado ／ ピッチを上げる acelerar(se),（スピードを）aumentar la velocidad
- 可変ピッチプロペラ hélice *f.* de paso variable
- 固定ピッチプロペラ hélice *f.* de paso fijo

ヒッチハイク autoestop *m.*, autostop *m.*
- ヒッチハイクする hacer auto(e)stop,《慣用》hacer dedo
- ヒッチハイカー auto(e)stopista *com.*

ピッチャー（投手）lanza*dor*[*dora*] *mf.*;（容器）jarra *f.*, jarro *m.*‖ビールをピッチャーで注文する pedir una jarra de cerveza
- ピッチャーズマウンド montículo *m.* del lanzador

ひっちゃく 必着‖入学願書は30日必着のこと La solicitud de admisión debe llegar antes del día 30.

ピッチング lanzamiento *m.*;（飛行機の）cabeceo *m.*

ひってき 匹敵
- 匹敵する（～に）igualarse《a》, ser equiparable《a》‖3位に匹敵する corresponder al tercer puesto ／ 電車1編成の輸送力はバス30台分に匹敵する La capacidad de transporte de un tren corresponde a la de 30 autobuses.

ヒット éxito *m.*,（流行歌の）hit *m.*,（野球の）hit *m.*

- ヒットする tener éxito,（大流行する）《慣用》hacer furor‖新製品がヒットした El nuevo producto ha tenido éxito.
- ヒット作 obra *f.* 「exitosa [de éxito]
- ヒット商品 producto *m.* de éxito
- ヒットソング canción *f.* de éxito
- ヒットチャート lista *f.* de éxitos

ビット（IT）bit *m.*, dígito *m.* binario

ひっとう 筆頭 cabeza *f.* de la lista‖優勝候補の筆頭に挙がる aparecer como *el*[*la*] pri*mer*[*mera*] favori*to*[*ta*] para ganar el campeonato
- 筆頭株主 *el*[*la*] mayor accionista

ひつどく 必読
- 必読の de lectura obligada
- 必読書 libro *m.* de lectura obligada

ひっぱく 逼迫
- 逼迫する peligrar, encontrarse en una situación grave‖国境の情勢が逼迫している La zona fronteriza se encuentra en una situación grave. ／ 財政が逼迫している La situación financiera está al borde del colapso.

ひっぱたく dar una bofetada《a》

ひっぱりだこ 引っ張り凧
- 引っ張りだこである ser muy solicita*do*[*da*],（商品が）tener una gran demanda
- 引っ張りだこの de mucha demanda, muy popular, muy busca*do*[*da*]

ひっぱる 引っ張る （引く）tirar《de》,（勧誘する）invitar‖紐を引っ張る tirar del cordón ／ 袖を引っ張る tirar de la manga ／ 自転車でリヤカーを引っ張る tirar de un remolque con una bicicleta ／ 警察に引っ張る（連行する）llevar a ALGUIEN a la policía

ヒッピー jipi *com.*,《英語》*hippy com.*

ヒップ caderas *fpl.*‖ヒップを測る medir la cadera
- ヒップアップ‖ヒップアップする realzar la cadera
- ヒップホップ《英語》hip-hop *m.*

ビップ VIP vip *com.*

ひづめ 蹄 《集合名詞》pezuña *f.*,（馬の）casco *m.*

ひつめい 筆名 seudónimo *m.*

ひつよう 必要 necesidad *f.*
- 必要である ser necesa*rio*[*ria*], hacer falta,（必要とする）necesitar, requerir‖卵はいくつ必要ですか ¿Cuántos huevos se necesitan? ／ このポストには大卒の資格が必要です Para este puesto se requiere el título de licenciatura. ／ 必要であれば、報告書を作成します Si es necesario, voy a redactar el informe.
- ～する必要がある Es necesario『+不定詞』. ｜ Es necesario que『+接続法』.‖高速道路を建設する必要がある Es necesario construir una autopista.

ビデ

▶必要な necesa*rio*[*ria*], preci*so*[*sa*] ‖ 必要な材料をそろえる preparar los ingredientes necesarios ／必要な措置を講じる tomar las medidas necesarias《para》

▶必要不可欠な indispensable《para》

▶必要に迫られる verse en la necesidad de 『+不定詞』‖ 必要に迫られてマンションを売った He vendido mi piso por necesidad.

▶必要性 necesidad *f*. ‖ 〜する必要性を痛感する sentir profundamente la necesidad de 『+不定詞』／税制改革の必要性を強調する insistir en la necesidad de una reforma fiscal

(諺) 必要は発明の母 La necesidad es la madre de la inventiva.

◪必要悪 mal *m*. necesario
◪必要経費 gastos *mpl*. necesarios
◪必要十分条件 condición *f*. necesaria y suficiente
◪必要条件 requisito *m*., condición *f*. necesaria
◪必要量 cantidad *f*. necesaria

ビデ bidé *m*.

ひてい 否定 negación *f*.
▶否定的な negati*vo*[*va*]
▶否定的に negativamente
▶否定する negar, desmentir ‖ 噂を否定する desmentir los rumores ／〜ということを否定(することは)できない No se puede negar que『+直説法』．／彼は事件への関与をきっぱりと否定した Él negó rotundamente su implicación en el caso.
◪二重否定 doble negación *f*.
◪部分否定 negación *f*. parcial
◪否定文《文法》oración *f*. negativa

びていこつ 尾骶骨 《解剖》cóccix *m*.[=*pl*.], coxis *m*.[=*pl*.]

ビデオ vídeo *m*., 《中南米》video *m*. ‖ ビデオを撮る「filmar [grabar] un vídeo ／ビデオを見る ver un vídeo ／ビデオに残す dejar graba*do* ALGO en vídeo
◪ビデオカセット videocasete *f*(*m*).
◪ビデオカメラ videocámara *f*., cámara *f*. de vídeo
◪ビデオクリップ videoclip *m*.
◪ビデオディスク videodisco *m*.
◪ビデオテープ cinta *f*. de vídeo, videocinta *f*.
◪ビデオデッキ vídeo *m*.
◪ビデオライブラリー videoteca *f*.

びてき 美的
▶美的な esté*ti*co[*ca*]
◪美的価値 valor *m*. estético
◪美的感覚 sentido *m*. estético

ひてつきんぞく 非鉄金属 metales *mpl*. no ferrosos

ひでり 日照り （干ばつ）sequía *f*., sequedad *f*.

ひでん 秘伝 secreto *m*. ‖ 秘伝を授ける iniciar a ALGUIEN en los secretos

びてん 美点 virtud *f*., ventaja *f*., mérito *m*.

ひでんか 妃殿下 （皇室の）Su Alteza Imperial, (王室の) Su Alteza Real

ひと 人 ❶［人間］(人間) hombre *m*., (人類) ser *m*. humano ‖ 人は死すべき運命にある El hombre es mortal.
▶人の （人間の）huma*no*[*na*]
◪人クローン clon *m*. humano

❷［個人］persona *f*., (人物) personaje *m*. ‖ うちの人 (私の夫) mi「esposo *m*. [marido *m*.] ／時の人 personaje *m*. de actualidad ／人が来るので出かけられません No puedo salir porque voy a tener una visita.

❸［不特定の人］(人々) gente *f*. ‖ サッカーをするのに人が足りない Nos faltan personas para jugar al fútbol. ／スタジアムは人でいっぱいだ El estadio esta lleno de「público [espectadores]. ／誰かピアノを弾ける人はいますか ¿Hay alguien que sepa tocar el piano? ／人には言えない話がある Tengo una cosa que no quiero que sepa nadie. ／人の言うことを気にする preocuparse por lo que dicen los demás ／彼は人を人とも思っていない Él trata a la gente con「insolencia [despotismo].

❹《慣用表現》
(慣用) 人が好い ser buena persona, (お人好しである) ser bona*chón*[*chona*]
(慣用) 人が変わる cambiar de personalidad
(慣用) 人が悪い ‖ 彼は人が悪い A él le gusta comprometer a la gente.
(慣用) 人のふんどしで相撲をとる beneficiarse「aprovechándose [a costa] de otra persona
(慣用) 人を食う portarse con insolencia ‖ 人を食った態度をとる comportarse con una actitud insolente
(慣用) 人を立てる（代理を出す）poner a una tercera persona para ALGO, (面目を立てる) respetar el honor de ALGUIEN
(慣用) 人を見る目がある「saber [tener buen ojo para] catalogar a la gente
(諺) 人のうわさも七十五日 Los rumores jamás duran mucho tiempo.
(諺) 人の振り見てわが振り直せ Aprende de los「tropiezos [fallos] de los demás.
(諺) 人の口には戸は立てられぬ《諺》A mal decir, no hay casa fuerte.
(諺) 人は見掛けによらぬもの《諺》Las apariencias engañan.
(諺) 人を呪わば穴二つ Las maldiciones recaen sobre quien las pronuncia.

ひとあし 一足 （わずかな距離）un paso, (わずかな時間) un segundo ‖ 一足違いで電車に乗り遅れた Perdí el tren por un segundo.

ひとあじ 一味 un toque (de sabor) ‖ このソースは一味違う Esta salsa tiene un toque diferente a las demás.

ひとあせ 一汗 ‖ 一汗かく hacer un poco de ejercicio

ひとあたり 人当たり ‖ 人当たりがよい ser sociable, tener buenos modales

ひとあめ 一雨 ‖ 一雨来るかもしれない Puede que caiga un chaparrón. ／ 一雨ごとに暖かくなる Cada vez que termina de llover, sube un poco la temperatura.

ひとあわ 一泡
〖慣用〗一泡吹かせる desconcertar, dejar perple*jo*[*ja*] a ALGUIEN

ひとあんしん 一安心
▶ 一安心する quedarse tranqui*lo*[*la*] por el momento

ひどい 酷い （残酷な）horrible, terrible, horror*oso*[*sa*], （程度が）intens*o*[*sa*], grande ‖ ひどい扱いをする〖慣用〗tratar a ALGUIEN a baquetazos ／ ひどい暑さだ Hace un calor「terrible [horrible]. ／ ひどい匂い olor *m*. pestilente ／ ひどい傷 herida *f*. grave ／ ひどい目に遭う tener una experiencia「espantosa [horrorosa, horrible]

ひといき 一息 頑張れ、もう一息だ ¡Ánimo, un esfuerzo más! ／ 一息入れる／一息つく hacer un alto ／ 一息に登る subir sin hacer ninguna parada

ひといきれ 人熱れ ‖ 人いきれでむっとする Hace un calor sofocante con tanta gente. ¦ Hay tanta gente que el ambiente está muy cargado.

ひといちばい 人一倍 más que nadie, （人並み外れて）extremadamente, extraordinariamente, fuera de lo normal ‖ 人一倍がんばる esforzarse más que nadie

ひどう 非道
▶ 非道な inhuma*no*[*na*]

びとう 尾灯 《自動車》faro *m*. trasero

びどう 微動
▶ 微動する ‖ 彼は微動だにしない Él se queda inmóvil.

ひとえに totalmente, completamente, exclusivamente ‖ ひとえにあなたのおかげです Se lo debo enteramente a usted. ／ ひとえにお詫び申し上げます Lo sentimos muy de corazón.

ひとおもい 一思い
▶ 一思いに decididamente, resueltamente, （ためらわずに）sin pensarlo dos veces ‖ いっそ、一思いに殺してくれ Mátame de una vez por todas.

ひとがき 人垣 nube *f*. de gente, multitud *f*. de gente, muro *m*. de gente, gentío *m*. ‖ 通りに人垣ができた Se formó un muro de gente en la calle.

ひとかげ 人影 figura *f*. humana ‖ 人影がまばらだ Hay poca gente. ／ 壁に人影が映る Se proyecta una silueta humana en la pared.

ひとかた 一方
▶ 一方ならず／一方ならぬ（非常に）enormemente ‖ あなたには一方ならぬお世話になりました Le estoy enormemente agradeci*do*[*da*]. ／ 私はそれを知った時、一方ならず驚いた Me llevé una enorme sorpresa cuando me enteré de ello.

ひとかど 一角／一廉
▶ ひとかどの importante ‖ ひとかどの実業家（男性）hombre *m*. de negocios importante ／ 彼は映画界ではひとかどの人物だ Él es alguien en el mundo del cine.

ひとがら 人柄 personalidad *f*., carácter *m*. ‖ 人柄が良い tener un buen carácter, tener un carácter afable ／ 人柄が悪い tener un mal carácter, ser antipáti*co*[*ca*]

ひとかわ 一皮 ‖ 一皮剥けば彼はただの人だ「Debajo [Detrás] de su fachada hay un hombre normal.

ひとぎき 人聞き ‖ 人聞きが悪い deshonro*so*[*sa*], difama*dor*[*dora*] ／ 人聞きの悪いことを言うな〖慣用〗No me cuelgues el sambenito. ¦ No me desacredites.

ひときれ 一切れ un pedazo, un trozo ‖ 一切れのパン un trozo de pan

ひときわ 一際 excepcionalmente, extraordinariamente ‖ ひときわ派手な服装 vestido *m*. excepcionalmente llamativo

ひどく 酷く mucho, terriblemente ‖ ひどく驚く sorprenderse mucho ／ ひどく叱る reprender severamente a ALGUIEN

びとく 美徳 virtud *f*.

ひとくい 人食い antropofagia *f*., canibalismo *m*.
▶ 人食いの antropófa*go*[*ga*], caníbal
◿ 人食い鮫 tiburón *m*. asesino
◿ 人食い族 tribu *f*. antropófaga

ひとくせ 一癖 singularidad *f*., rareza *f*., peculiaridad *f*. ‖ 彼は一癖ある人だ Él tiene sus rarezas.

ひとくち 一口 un bocado, （飲み物）un trago, un sorbo ‖ 一口で食べる comer ALGO de un bocado ／ 一口も食べない no probar ni un bocado ／ 一口いかが ¿Le apetece un poco?
〖慣用〗一口乗る（参加する）participar 《en》, （話に乗る）aceptar una propuesta

ひとけ 人気
▶ 人気のない desier*to*[*ta*], solita*rio*[*ria*] ‖ 店内は人気がなかった La tienda estaba「vacía [desierta]. ／ 人気のない道を通らないようにしなさい No vayas por un camino solitario.

ひどけい 日時計 reloj *m*. de sol

ひとけた 一桁 un dígito ‖ 一桁の足し算 sumas *fpl*. de un dígito

ヒトゲノム 《生物》genoma *m*. humano

ひとこえ 一声 ‖ 一声かけてくれれば手伝ったのに Si me hubieras avisado antes, te habría echado una mano. ／ 社長(男性)の一声でプロジェクトが決まった La palabra del presidente bastó para aprobar el proyecto.

ひとごえ 人声 voz *f*. humana ‖ 人声がする Se oyen voces.

ひとごこち 人心地 ‖ やっと人心地がついた Por fin me siento tranqui*lo[la]*.

ひとこと 一言 一言で言えば en「dos [pocas] palabras ／ 一言も言わずに sin decir ni pío, sin pronunciar ni una palabra ／ 彼の言うことが一言も分からなかった No le pude entender ni una palabra. ／ お祝いの言葉を一言お願いします ¿Podría pronunciar usted unas palabras de felicitación, por favor?

〔慣用〕一言多い hablar de más, decir lo que no se debe

ひとごと 人事/他人事 asunto *m*. ajeno ‖ 失業問題は他人事ではない El problema del desempleo no es ajeno a nosotros. ／ 他人事のように言う comentar ALGO como si se tratara de otra persona

ひとこま 一齣 (映画などの) toma *f*., (写真の) foto *f*., viñeta *f*. ‖ 救出のシーンを一コマ一コマ再現する reconstruir paso a paso cómo se realizó el rescate ／ 歴史の一コマを飾る adornar una página de la historia

ひとごみ 人込み gentío *m*., muchedumbre *f*., multitud *f*. ‖ 人ごみに紛れる confundirse entre el gentío ／ 人ごみを避ける evitar el gentío ／ 人ごみを掻き分けて進む abrirse paso entre la multitud

ひところ 一頃 en otra época, una vez ‖ 一頃流行した遊び juego *m*. que estuvo de moda en otra época

ひとごろし 人殺し (行為) homicidio *m*., asesinato *m*., (人) homicida *com*., asesi*no*[*na*] *mf*.

▶人殺しをする cometer un「homicidio [asesinato]

ひとさしゆび 人差し指 índice *m*., dedo *m*. índice

ひとざと 人里 ‖ 人里離れた所に en un lugar「retirado [solitario]

ひとさらい 人攫い (行為) secuestro *m*., rapto *m*., (人) secuestra*dor*[*dora*] *mf*., rap*tor*[*tora*] *mf*.

ひとさわがせ 人騒がせ

▶人騒がせな(人) alarmista (*com*.) ‖ 人騒がせな話だった Ha sido una falsa alarma.

ひとしい 等しい (〜に) ser igual (a), ser equivalente (a), equivaler (a) ‖ 長さが等しい ser de igual longitud ／ 無に等しい equivaler a nada

▶等しく igualmente, equitativamente, por igual, (同様に) del mismo modo ‖ 等しく分ける dividir ALGO「a partes iguales [equitativamente]

ひとしお 一入 aún más, todavía más ‖ 喜びがひとしおだ La alegría es aún mayor.

ひとしきり 一頻り por un rato ‖ ひとしきり雨が降った Ha llovido por un rato.

ひとしごと 一仕事 ‖ 上司(男性)を説得するのは一仕事だ Cuesta mucho convencer al jefe.

▶一仕事する trabajar un poco, hacer un poco de trabajo

ひとじち 人質 rehén *com*. ‖ 人質に取る tomar a ALGUIEN como rehén ／ 強盗は5人を人質にした Los atracadores tomaron cinco rehenes.

ひとしれず 人知れず secretamente, en secreto ‖ 彼女は人知れず悩んでいる Ella sufre en secreto.

ひとしれぬ 人知れぬ ‖ ここまで来るには彼には人知れぬ苦労があった Hasta llegar aquí él ha tenido muchas dificultades que desconoce la gente.

ひとずき 人好き ‖ 人好きのする simpáti*co*[*ca*], agradable, gra*to*[*ta*]

ひとすじ 一筋

▶一筋の ‖ 一筋の光 un rayo de luz ／ 仕事一筋の生活 vida *f*. totalmente entregada al trabajo

▶一筋に exclusivamente, totalmente ‖ 一筋に生きる vivir entrega*do*[*da*] totalmente (a)

◪一筋縄 ‖ 一筋縄ではいかない ser difícil de tratar, 〔慣用〕ser d*uro*[*ra*] de pelar

ひとそろい 一揃い ⇒いっしき(一式)

ひとだかり 人集り gran multitud *f*., gentío *m*., mucho público *m*. ‖ 通りは黒山の人だかりだった Se apiñaba la gente en la calle.

ひとだすけ 人助け acto *m*. piadoso, acto *m*. de ayuda

▶人助けする sacar a ALGUIEN de un apuro

ひとたび 一度 una vez ‖ ひとたびこの薬を塗ると、傷がたちまち治る Una vez aplicado este ungüento, se curará la herida en un instante.

ひとだま 人魂 fuego *m*. fatuo

ひとたまり 一溜まり

▶ひとたまりもなく con mucha facilidad, sin la menor resistencia ‖ 沿岸部の民家は津波でひとたまりもなく流された El tsunami se llevó las casas en la zona litoral.

ひとちがい 人違い

▶人違いする confundir a ALGUIEN con otra persona, tomar a ALGUIEN por otra persona

ひとつ 一つ u*no*[*na*] *mf*. 一つずつ u*no*[*na*] por u*no*[*na*] ／ りんごは一ついくらか ¿Cuánto cuesta una manzana? ／ すべては心の持ち方一つである Todo depende de cómo lo mires. ／一つになる unirse ／一つにまとめる unificar, reunir ALGO en un todo ／心を一つにする solidarizarse ／私の好きな作品は一つもない No hay ninguna obra que me guste.

[慣用]一つ間違うと‖一つ間違えば大きな事故になるところだった Faltó poco para que ocurriera un gran accidente.

[慣用]一つ屋根の下に暮らす vivir bajo el mismo techo

ひとつおき 一つ置き
▶一つおきに alternativamente‖一つおきに椅子に座ってください Siéntense dejando libre un asiento entremedio. ／青と赤の電球が一つおきに配置されている Están colocadas las bombillas de color azul y rojo de forma alternativa.

ひとつかい 人使い‖人使いが荒い hacer trabajar「mucho [duro] a ALGUIEN

ひとつかみ 一摑み un puñado‖一つかみの米 un puñado de arroz

ひとつきあい 人付き合い‖人付き合いがよい ser sociable ／人付き合いが悪い ser insociable

ひとづて 人伝‖～を人づてに聞いた He oído decir que『＋直説法』. ¦ Me he enterado por radio macuto de que『＋直説法』.

ひとつひとつ 一つ一つ u*no[na]* por u*no[na]*‖仕事を一つ一つ片付ける acabar uno por uno los trabajos ／一つ一つの絵に見入る detenerse a mirar cada cuadro

ひとつぶ 一粒 un grano‖一粒の米 un grano de arroz

▣一粒種 ún*ico[ca]* hi*jo[ja] mf*.

ひとづま 人妻 mujer *f*. casada, esposa *f*. de otro

ひとつまみ 一摘み un pellizco 《de》, una pizca《de》‖塩をひとつまみ入れる echar un pellizco de sal《a》

ひとで 人出 gentío *m*.‖デパートはすごい人出だった Había un gentío impresionante en los grandes almacenes.

ひとで 人手 (労働力) mano *f*. de obra‖人手が足りない Falta mano de obra. ／人手を借りる pedir la ayuda de otros ／人手に渡る pasar a manos de otra persona

[慣用]人手にかかる (殺される) ser asesina*do [da]*

▣人手不足 falta *f*. de mano de obra

ひとで 海星/人手 (動物) estrella *f*. de mar, estrellamar *f*.

ひとでなし 人でなし (話) canalla *com*.

ひととおり 一通り‖報告書に一通り目を通す echar「un vistazo [una ojeada] al informe ／私はこの町にある観光名所を一通り回った He visitado los principales lugares de interés turístico de esta ciudad. ／一通りでない (普通ではない) ser fuera de lo「corriente [común]

▶一通りの general‖一通りの知識がある tener conocimientos generales

ひとどおり 人通り tránsito *m*., tráfico *m*.‖人通りの多い通り calle *f*.「muy transitada [con mucho tránsito] ／この通りは人通りが少ない Hay poco tránsito en esta calle. ／人通りが途絶えた Ha dejado de transitar la gente.

ひととき 一時 un tiempo, un momento‖憩いのひととき un rato de descanso

ひととなり 人となり (生来の性質) naturaleza *f*., (人柄) personalidad *f*., carácter *m*.‖そのことが彼の人となりを物語っている Eso demuestra qué clase de persona es él.

ひととび 一飛び
▶一飛びで de un salto, (直ちに) inmediatamente, enseguida

ひとなつっこい 人懐っこい cariño*so[sa]*, afectuo*so[sa]*, afable‖人懐っこい笑い顔を見せる sonreír afectuosamente

ひとなみ 人並み‖人並みはずれた poco común ／人並みすぐれた extraordina*rio[ria]*
▶人並みな/人並みの ordina*rio[ria]*, común‖彼は人並みの給料を稼いでいる Él gana un salario normal.
▶人並みに como todo el mundo‖人並みに暮らす llevar una vida ordinaria

ひとなみ 人波 remolino *m*. de gente‖人波に揉まれる entre choques y empujones ／人波を搔き分ける abrirse paso entre la multitud

ひとにぎり 一握り un puñado
▶一握りの‖一握りの砂 un puñado de arena ／一握りの人々 un puñado de gente

ひとねむり 一眠り
▶一眠りする echar「una cabezada [un sueñecito]

ひとはた 一旗
[慣用]一旗揚げる emprender un negocio para ganar fortuna‖彼は一旗揚げようとブラジルへ行った Él fue a Brasil en busca de fortuna.

ひとばん 一晩 (一夜) una noche‖一晩おじの家に泊まった Pasé una noche en casa de mi tío.
▶一晩中 toda la noche

ひとびと 人人 gente *f*.

ひとまえ 人前‖人前を繕う《慣用》guardar las apariencias ／この格好では人前に出られません Con la「facha [pinta] que tengo no puedo salir a la calle.
▶人前で en público

ひとまかせ 人任せ
▶人任せにする dejar ALGO en manos ajenas‖この件は人任せに(すること)はできない No puedo dejar este asunto en manos de otros.

ひとまず (さしあたり) por el momento, por ahora, (とにかく) de todas formas
ひとまとめ 一纏め
▶一まとめにする juntarlo todo ‖ すべての本を箱に一まとめにする juntar todos los libros en una caja
ひとまね 人真似 imitación *f.*
▶人まねする imitar, hacer una imitación de ALGUIEN
ひとまわり 一回り (1周) una vuelta, (12年) doce años ‖ 公園を一回りする dar una vuelta al parque ／ 一回り小さいサイズのコート abrigo *m.* de una talla menos ／ 彼は私より一回り年上だ (12歳年上) Él es doce años mayor que yo.
ひとみ 瞳 pupila *f.*, niña *f.* del ojo ‖ つぶらな瞳 ojos *mpl.* bonitos (redondos) ／ 青い瞳 ojos *mpl.* azules
慣用 瞳をこらす mirar fijamente, fijar la mirada《en》
ひとみしり 人見知り
▶人見知りする ser tími*do*[*da*] ante desconocidos ‖ 人見知りしない ser「sociable [extrovertido[da]]
ひとむかし 一昔 ‖ 一昔前ここは商店がたくさんあって賑やかな通りだった Hace más de una década, aquí había muchas tiendas y era una calle muy concurrida. ／ それは一昔前の話だ Eso es cosa de hace años.
ひとめ 一目 mirada *f.* ‖ 一目見る echar un vistazo《a》／ 一目だけでも亡き父に会いたい Me gustaría ver a mi difunto padre, aunque fuera brevemente.
▶一目で a「primera [simple] vista, de un vistazo ‖ 一目で分かる reconocer ALGO a primera vista ／ ここから町が一目で見わたせる Desde aquí se ve toda la ciudad.
ひとめ 人目 ‖ 人目につく／人目を引く llamar la atención de la gente, ser llamati*vo*[*va*] ／ 人目にさらされている estar expues*to*[*ta*] al público ／ 人目を避ける「evitar [huir de] las miradas de la gente ／ 人目を忍んで secreto, sin que nadie lo sepa ／ 人目をはばからず sin preocuparse de las miradas de la gente
ひとめぼれ 一目惚れ 《話》 flechazo *m.*, amor *m.* a primera vista
▶一目ぼれする tener un flechazo《con》
ひとやく 一役 ‖ 一役買って出る ofrecerse a prestar *sus* servicios
ひとやすみ 一休み descanso *m.*, pausa *f.*
▶一休みする descansar un rato
ひとやま 一山
慣用 一山当てる「encontrar [descubrir] un filón de oro
慣用 一山越す terminar la etapa más difícil
ひとり 一人／独り una persona, (男性) un hombre, (女性) una mujer ‖ 私の友人の一人 u*no*[*na*] de mis ami*gos*[*gas*] ／ 彼には弟が一人います Él tiene un hermano menor. ／ 彼女はまだ一人です (独身) Ella es todavía soltera. ／ 一人になる quedarse so*lo*[*la*] ／ 私のたった一人のおじ mi único tío
▶一人ずつ u*no*[*na*] por u*no*[*na*]
▶一人で (単独で) so*lo*[*la*], (独力で) por *sí* mis*mo*[*ma*] ‖ 一人で暮らす vivir so*lo*[*la*] ／ 一人で問題を解決する resolver un problema por *sí* mis*mo*[*ma*]
▶一人残らず todos *mpl.*, todas *fpl.* ‖ 私たちは一人残らず試験に合格した Todos aprobamos el examen sin excepción.
▶一人も (否定的に) nadie, ningu*no*[*na*] ‖ その提案に一人も反対していない Nadie está en contra de la propuesta.
▪一人遊び solitario *m.*
▪一人芝居 monólogo *m.*, obra *f.* de teatro unipersonal
▪一人息子 hijo *m.* único
▪一人娘 hija *f.* única
ひとり 日取り fecha *f.* ‖ 日取りを決める fijar la fecha《de》／ 結婚式の日取り fecha *f.* de la boda ／ 次回の会議の具体的な日取りは決まっていない Todavía no está decidida la fecha concreta de la próxima reunión.
ひとりあたり 一人当たり por「persona [cabeza]‖ 一人当たりいくらになりますか ¿Cuánto sale por persona?
▶一人当たりの ‖ 一人当たりの年収 renta *f.* anual per cápita
ひとりあるき 一人歩き／独り歩き ‖ 夜の一人歩きは危ない Es peligroso caminar so*lo*[*la*] por la noche.
▶一人歩きする／独り歩きする caminar so*lo*[*la*], (独立する) independizarse ‖ 情報が独り歩きする La información se propaga libremente.
ひとりがてん 独り合点
▶独り合点する concluir por *sí* mis*mo*[*ma*], juzgar ALGO a la ligera
ひとりぐらし 一人暮らし／独り暮らし vida *f.*「sin compañía [solitaria]
▶一人暮らしの ‖ 一人暮らしの高齢者が増えた Han aumentado las personas mayores que viven solas.
ひとりごと 独り言 monólogo *m.*, soliloquio *m.* ‖ 独り言を言う monologar, decirse a *sí* mis*mo*[*ma*], hablar so*lo*[*la*]
ひとりじめ 独り占め → どくせん(独占)
▶独り占めする monopolizar, acaparar
ひとりずもう 独り相撲
▶独り相撲をとる librar una lucha inútil
ひとりだち 独り立ち independencia *f.*
▶独り立ちする independizarse
ひとりたび 一人旅 viaje *m.* en solitario ‖ 一人旅をする viajar so*lo*[*la*], hacer un viaje en solitario

ひとりっこ 一人っ子 hijo[ja] mf. único[ca]

ひとりでに (por sí) solo[la], espontáneamente, (自動的に) automáticamente ‖ この病気はひとりでには治らない Esta enfermedad no se cura por sí sola.

ひとりぶたい 独り舞台 actuación f. en solitario ‖ 昨夜の試合は彼の独り舞台だった En el partido de anoche, él no tuvo rival.

ひとりぶん 一人分 (料理) una ración ‖ 一人分の料理のレシピ receta f. de comida para una persona

ひとりべや 一人部屋 habitación f. para una persona, (シングルルーム) habitación f. [individual [sencilla]

ひとりぼっち 独りぼっち
▶独りぼっちになる quedarse completamente solo[la]
▶独りぼっちの solitario[ria], aislado[da]

ひとりもの 独り者 (独身者) soltero[ra] mf., (家族のない人) persona f. sin familia

ひとりよがり 独り善がり
▶独り善がりの engreído[da], autosuficiente ‖ 独り善がりの見解 visión f. egocéntrica

ひな 雛 cría f. de ave, (鶏の) pollo m., polluelo m. ‖ ひなが孵る Las crías salen del cascarón.

ひながた 雛型 modelo m., (模型) maqueta f., (文書の) fórmula f.

ひなぎく 雛菊 margarita f. de los prados, maya f.

ひなげし 雛罌粟 amapola f.

ひなた 日向 solana f., solanera f., lugar m. soleado
▶日向で/日向に al sol, en un lugar soleado, a la solanera
◪日向席 (闘牛場の) asiento m. de sol
◪日向ぼっこ ‖ 日なたぼっこをする calentarse al sol, (日光浴をする) tomar el sol

ひなにんぎょう 雛人形 muñecos mpl. de la Fiesta de las Niñas

─── 雛人形の種類 ───

親王(男雛・女雛) Emperador m. y Emperatriz f. / 官女(三人官女) las tres damas de la corte / 五人囃子(太鼓・大鼓・小鼓・笛・謡) los cinco músicos / 随身 ministros mpl. / 仕丁 ayudantes mpl.

ひなびた 鄙びた rústico[ca], rural
ひなまつり 雛祭り Fiesta f. de las Niñas
ひなん 非難/批難 reproche m., censura f. ‖ 非難を受ける ser 「criticado[da] [atacado[da]] / 非難の的になる ser objeto de 「censuras [reproches] / 非難を免れる salvarse de las críticas / 非難の目を向ける dirigir una mirada crítica 《a》, mirar con reproche a ALGUIEN
▶非難する criticar, reprochar, 「hacer [dirigir] un reproche 《a》
▶非難すべき reprochable
▶非難がましく con un tono de reproche

ひなん 避難 evacuación f. ‖ 乗客の避難が遅れた Se retrasó la evacuación de los pasajeros.
▶避難する refugiarse, evacuarse ‖ 救助隊は住民を避難させた El equipo de rescate evacuó a los vecinos.
◪避難訓練 simulacro m. de evacuación
◪避難経路 ruta f. de evacuación
◪避難所 refugio m.
◪避難民 refugiado[da] mf.
◪避難命令 orden f. de evacuación ‖ 避難命令を出す dar la orden de evacuación

びなん 美男 guapo m., hombre m. apuesto
ビニール vinilo m., (合成樹脂) plástico m.
◪ビニールハウス invernadero m. de plástico
◪ビニール袋 bolsa f. de plástico

ひにく 皮肉 ironía f., sarcasmo m. ‖ 皮肉を言う hablar con ironía, 「emplear [utilizar] ironía / 皮肉たっぷりの演説をする pronunciar un discurso cargado de ironía / 運命の皮肉によって por una ironía del destino
▶皮肉な irónico[ca], sarcástico[ca] ‖ 皮肉な冗談 broma f. irónica / 皮肉なことに〜である Resulta irónico que 〖+接続法〗.
▶皮肉る ironizar 《sobre》 ‖ 現代の世相を皮肉る ironizar sobre la sociedad actual
◪皮肉屋 cínico[ca] mf., ironista com.

ひにち 日にち día m., fecha f. ‖ 日にちを変える cambiar la fecha 《de》 / 日にちを決める fijar la fecha 《de》

ひにひに 日に日に de día en día ‖ 日に日に円が値上がりしている El yen está subiendo 「de día en día [cada día].

ひにょうき 泌尿器 aparato m. urinario
◪泌尿器科 urología f.
◪泌尿器科医 urólogo[ga] mf.

ひにん 否認 negación f., denegación f.
▶否認する negar, denegar ‖ 犯行を否認する negar (haber cometido) el delito

ひにん 避妊 anticoncepción f., contracepción f.
▶避妊する tomar medidas anticonceptivas
◪避妊具 anticonceptivo m., contraconceptivo m.
◪避妊法 método m. 「anticonceptivo [contraconceptivo]
◪避妊薬 pastilla f. anticonceptiva, agente m. anticonceptivo ‖ 経口避妊薬 píldora f. anticonceptiva
◪避妊リング dispositivo m. intrauterino (略 DIU)

ひにんげんてき 非人間的
▶非人間的な inhuma*no*[na]

ひにんしょう 非人称 《文法》impersonalidad *f*.
▶非人称の impersonal
◪非人称構文 construcción *f*. impersonal

ビネガー vinagre *m*.

ひねくれる 捻くれる volverse retorci*do*[da] ‖ 根性がひねくれている tener la mente retorcida ／君はどうしてそんなにひねくれるの ¿Cómo puedes ser tan retorci*do*[da]?
▶ひねくれた retorci*do*[da] ‖ ひねくれた性格 carácter *m*. retorcido

ひねつ 比熱 calor *m*. específico

びねつ 微熱 fiebre *f*. 「leve [ligera] ‖ 微熱がある tener unas décimas (de fiebre)

ひねりだす 捻り出す （考え出す）idear,（工夫する）ingeniar,（捻出する）conseguir ‖ アイデアをひねり出す forjar una idea

ひねる 捻る torcer,（回す）girar ‖ 足首をひねる（自分の）torcerse el tobillo ／蛇口をひねる girar el grifo ／俳句をひねる componer un haiku ／ひねった問題 pregunta *f*. enrevesada ／頭をひねる《慣用》calentarse la cabeza,《慣用》devanarse los sesos ／首をひねる no convencerse, mostrarse suspicaz

ひのいり 日の入り puesta *f*. del sol

ひのうみ 火の海 mar *m*. de llamas ‖ 町は火の海と化した La ciudad se convirtió en un mar en llamas.

ひのき 檜 ciprés *m*. japonés

ひのきぶたい 檜舞台 ‖（役者が）檜舞台を踏む actuar en un gran teatro ／国政の檜舞台に立つ trabajar en la primera línea de la política nacional

ひのくるま 火の車
▶火の車である encontrarse en apuros económicos, pasar estrecheces económicas, andar mal de dinero

ひのけ 火の気 （熱）calor *m*.,（火）fuego *m*. ‖ 火の気のない部屋 habitación *f*. sin calefacción ／火の気のない教室から出火した Se declaró un incendio en un aula donde no había nada de fuego.

ひのこ 火の粉 chispa *f*. ‖ 炎から火の粉が飛ぶ La llama 「lanza [suelta] chispas al aire.

ひのたま 火の玉 bola *f*. de fuego,（鬼火）fuego *m*. fatuo

ひので 火の手 llamas *fpl*., llamaradas *fpl*., incendio *m*., fuego *m*., fogata *f*. ‖ 火の手が上がる（火事になる）incendiarse ／政府に対する攻撃の火の手を上げる iniciar los ataques contra el gobierno

ひので 日の出 salida *f*. del sol
〔慣用〕日の出の勢いである tener una fuerza 「arrolladora [imparable]

ひのまる 日の丸 （旗）bandera *f*. del Sol Naciente, bandera *f*. japonesa

ひのめ 日の目
〔慣用〕ver la luz ‖ そのプロジェクトは日の目を見なかった Ese proyecto 「quedó archivado [no llegó a ver la luz].

ビバーク vivaque *m*., vivac *m*.
▶ビバークする vivaquear, pasar la noche al raso

ひばいひん 非売品 producto *m*. no para la venta

ひばく 被爆
▶被爆する sufrir un bombardeo atómico
◪被爆者（原子爆弾の）víctima *f*. de la bomba atómica ‖ 被爆者手帳 libreta *f*. de salud de la víctima de la bomba atómica
◪被爆地 zona *f*. bombardeada (con la bomba atómica).

ひばく 被曝 irradiación *f*.
▶被曝する recibir radiación, ser expues*to*[ta] a radiación
◪内部被曝 irradiación *f*. interna
◪外部被曝 irradiación *f*. externa

ひばしら 火柱 columna *f*. de fuego

ひばち 火鉢 brasero *m*. japonés

ひばな 火花 chispa *f*. ‖ 火花を飛ばす chispear
〔慣用〕火花を散らす ‖ 火花を散らして議論する discutir acaloradamente

ひばらい 日払い ‖ 日払いの仕事 trabajo *m*. a jornal ／日払いで働く trabajar a jornal

ひばり 雲雀 alondra *f*.

ひはん 批判 crítica *f*. ‖ 批判の対象 「objeto *m*. [blanco *m*.] de la crítica ／批判に耳を傾ける 「prestar oídos a [escuchar] las críticas ／彼はたくさんの批判を浴びた A él le han llovido muchas críticas.
▶批判する criticar, 「hacer [dirigir] una crítica 《a》
▶批判的な críti*co*[ca]
▶批判的に con ojo crítico ‖ 私は転職を繰り返す人たちを批判的に見ていた Yo era críti*co*[ca] con los que cambiaban de trabajo repetidas veces.
◪自己批判 autocrítica *f*.
◪批判精神 espíritu *m*. crítico
◪批判票 voto *m*. de protesta

ひばん 非番 ‖ 非番である no estar de 「turno [guardia], estar fuera de servicio

ひひ 狒狒 《動物》papión *m*.(雄・雌)

ひび 日日 cada día,（毎日）todos los días ‖ 平安な日々をすごす pasar días apacibles

ひび 罅・皹 grieta *f*., rajadura *f*.,（骨の）fisura *f*.
▶ひびが入る agrietarse ‖ この軟骨にひびが入っている Este cartílago tiene una fisura. ／壁にひびが入る Se han cuarteado las paredes.

ひびき 響き resonancia *f*., eco *m*.,（音響効果）acústica *f*. ‖ その言葉は響きが良くない

Esta palabra no suena bien.
ひびきわたる 響き渡る resonar, retumbar ‖ 雷鳴が空に響き渡った Un trueno retumbó por todo el cielo.
ひびく 響く sonar, resonar, (影響する) repercutir 《en》‖ よく響く声 voz *f.* resonante ／ エンジンの振動が響く Se transmiten las vibraciones del motor. ／ 試験の成績に響く repercutir en la calificación del examen ／ 生活に響く afectar a la vida ／ 心に響く llegar al corazón
びひょう 批評 crítica *f.*, (書評) reseña *f.*
▶批評する criticar, hacer una crítica 《de》, (論評する) comentar ‖ 新作を批評する hacer una crítica de la nueva obra de ALGUIEN
◪批評家 crít*ico*[*ca*] *mf.*
◪批評眼 ojo *m.* crítico
びびる acobardarse, 《慣用》encogerse *el ombligo* a ALGUIEN ‖ 飛行機が乱気流に巻き込まれたときはびびったよ Cuando el avión se metió en una zona de turbulencias, se me encogió el ombligo.
ひびわれ 罅割れ grieta *f.*, (ガラス・陶器の) rajadura *f.* ‖ ひび割れができる agrietarse, rajarse
ひびわれる 罅割れる agrietarse, resquebrajarse, cascarse ‖ 大地震で道路が罅割れた Se agrietó la calle por el gran terremoto.
びひん 備品 (家具類) moblaje *m.*, (消耗品) artículos *mpl.* de consumo, (付属品) accesorios *mpl.*, (予備品) repuestos *mpl.*, recambios *mpl.*, elemento *m.* de la instalación
ひふ 皮膚 piel *f.*, (特に顔の) cutis *m.*[=*pl.*] ‖ 皮膚の色 color *m.* de la piel ／ 皮膚が弱い tener la piel sensible ／ 皮膚が荒れている tener la piel áspera ／ 私は皮膚がかぶれた Se me irritó la piel.
▶皮膚の cután*eo*[*a*]
◪皮膚移植 trasplante *m.* de piel
◪皮膚炎 dermatitis *f.*[=*pl.*]
◪皮膚科 dermatología *f.*
◪皮膚科医 dermatól*ogo*[*ga*] *mf.*
◪皮膚がん cáncer *m.* de piel
◪皮膚呼吸 respiración *f.* cutánea
◪皮膚病 enfermedad *f.* cutánea, dermatosis *f.*[=*pl.*]
ひぶ 日歩 interés *m.* diario
ビフィズスきん ビフィズス菌 bífidus *m.*[=*pl.*]
びふう 微風 brisa *f.* ‖ 微風が吹く Sopla una brisa.
ひぶくれ 火膨れ ampolla *f.* causada por quemaduras ‖ やけどして火ぶくれになった Me salió una ampolla al quemarme.
ひぶそう 非武装 desmilitarización *f.*
▶非武装化 ‖ 非武装化する desmilitarizar
◪非武装地帯 zona *f.* desmilitarizada
◪非武装中立 neutralidad *f.* desarmada
ひぶた 火蓋
〔慣用〕火蓋を切る《慣用》dar el pistoletazo de salida 《a》‖ 大統領選挙の火蓋が切って落とされた Se dio el pistoletazo de salida a las elecciones presidenciales.
ビフテキ bistec *m.*
ひふようしゃ 被扶養者 familiar *m.* dependiente
ビブラート 《音楽》vibrato *m.*
ひぶん 碑文 inscripción *f.*
びぶん 美文 frases *fpl.* floridas, (美辞麗句) retóricas *fpl.*
◪美文調 estilo *m.* florido
びぶん 微分 《数学》diferencial *f.*
▶微分する diferenciar
◪微分方程式 ecuación *f.* diferencial
ひぶんしょう 飛蚊症 miodesopsias *fpl.*, moscas *fpl.* volantes, cuerpos *mpl.* flotantes
ひへい 疲弊 agotamiento *m.*, debilitación *f.*, extenuación *f.*
▶疲弊する decaer, declinar
▶疲弊した agot*ado*[*da*], debilit*ado*[*da*] ‖ 疲弊した産業 industria *f.* debilitada
ピペット pipeta *f.*
びぼいん 鼻母音 vocal *f.* nasal
ひほう 悲報 noticia *f.* 「triste [luctuosa], (訃報) noticia *f.* 「de fallecimiento [funesta] ‖ 悲報に接する recibir una noticia funesta
ひぼう 誹謗 calumnia *f.*
▶誹謗する calumniar, levantar calumnias 《contra》
◪誹謗者 calumni*ador*[*dora*] *mf.*, difam*ador*[*dora*] *mf.*
◪誹謗中傷 calumnias *fpl.* y difamaciones *fpl.*
びぼう 美貌 belleza *f.*, (顔) rostro *m.* de facciones hermosas
ひぼうりょく 非暴力 no violencia *f.*
◪非暴力主義 ‖ 非暴力主義を貫く mantener los principios de la no violencia
びぼうろく 備忘録 agenda *f.*, minuta *f.*
ひほけんしゃ 被保険者 asegur*ado*[*da*] *mf.*
ひぼし 日干し secado al sol
▶日干しにする secar al sol
◪日干しレンガ adobe *m.*
ひぼん 非凡
▶非凡な extraordin*ario*[*ria*], poco común ‖ 非凡な才能 talento *m.* extraordinario
ひま 暇 tiempo *m.* libre, ocio *m.*, (休暇) vacaciones *fpl.*, (解雇) despido *m.* ‖ 暇がある tener tiempo libre ／ 暇を見つける encontrar un rato libre ／ 暇になる quedarse desocup*ado*[*da*] ／ 暇をつぶす matar el tiempo, hacer tiempo ／ 数日暇をもらう tomarse unos días de descanso ／ 暇を出す despedir a ALGUIEN
▶暇である estar libre ‖ 私は今晩は暇だ

ひまご

Esta noche estoy libre. ¦ Esta noche no tengo compromisos. ／来週の月曜日はお暇ですか ¿Está usted libre el próximo lunes? ▶暇な libre, desocupa*do*[da], ocio*so*[sa] ‖ 暇な時間 ratos *mpl.* libres
◪暇人 ocio*so*[sa] *mf.*

ひまご 曽孫 bisnie*to*[ta] *mf.*, biznie*to*[ta] *mf.*

ひましに 日増しに cada día, día tras día ‖ 日増しに寒さがつのる Hace cada día más frío.

ひましゆ 蓖麻子油 aceite *m.* de ricino

ひまつ 飛沫 salpicaduras *fpl.*
◪飛沫感染 infección *f.* por gotitas

ひまつぶし 暇潰し
▶暇つぶしに para matar el tiempo

ヒマラヤ
◪ヒマラヤ山脈 el Himalaya
◪ヒマラヤ杉 cedro *m.* del Himalaya

ひまわり 向日葵 girasol *m.*

ひまん 肥満 obesidad *f.*, gordura *f.* ‖ 肥満を予防する「prevenir [evitar] la obesidad
▶肥満の obe*so*[sa]
▶肥満する engordar, ponerse obe*so*[sa]
◪肥満細胞 mastocito *m.*, célula *f.* cebada
◪肥満症 obesidad *f.*
◪肥満体 cuerpo *m.* obeso

びみ 美味
▶美味な delicio*so*[sa], sabro*so*[sa], ri*co*[ca], exquisi*to*[ta]

ひみつ 秘密 secreto *m.*, confidencia *f.* ‖ 公然の秘密 secreto *m.* a voces ／秘密にする「guardar [llevar] ALGO en secreto ／ここだけの秘密です Esto ha de quedar entre nosotros. ／秘密を明かす confiar un secreto 《a》／秘密を守る guardar un secreto ／秘密を握る（知る）saber un secreto ／秘密を暴く「revelar [descubrir] un secreto ／秘密がもれる filtrarse *un secreto* ／秘密を漏らす「airear [divulgar] un secreto
▶秘密の secre*to*[ta], confidencial
▶秘密に en secreto, secretamente
◪秘密会議 reunión *f.* confidencial
◪秘密警察 policía *f.* secreta
◪秘密結社 sociedad *f.* secreta
◪秘密厳守 ‖ 秘密厳守で con la máxima confidencialidad
◪秘密口座 cuenta *f.* secreta
◪秘密事項 asunto *m.* secreto
◪秘密主義 secretismo *m.*
◪秘密文書 documento *m.* 「confidencial [secreto]
◪秘密兵器 arma *f.* secreta
◪秘密漏洩 filtración *f.* de un secreto

びみょう 微妙
▶微妙な delica*do*[da], sutil ‖ 微妙な色合い tono *m.* de color sutil ／微妙な変化 cambios *mpl.* sutiles ／微妙な立場 posición *f.* delicada

ひめ 姫 princesa *f.*

ひめい 悲鳴 grito *m.*, chillido *m.*, alarido *m.* ‖ 悲鳴が聞こえる Se oye un grito. ／悲鳴を上げる dar un grito ／うれしい悲鳴を上げる dar un grito de alegría

びめい 美名
▶美名のもとに「bajo [con] (el) pretexto《de》, en nombre《de》‖ 慈善という美名のもとに en nombre de la caridad

ひめくり 日めくり calendario *m.* de taco

ひめる 秘める guardar ALGO en secreto ‖ 希望を胸に秘める abrigar esperanza en el corazón ／可能性を秘める tener una posibilidad latente

ひめん 罷免 destitución *f.*
▶罷免する destituir

ひも 紐 cordón *m.*, (細い紐) cordel *m.*, (素材としての) cuerda *f.* ‖ 紐で結ぶ atar ALGO con un cordón ／私の靴の紐がほどけた Se me han desatado los cordones de los zapatos.
◪紐付き融資 préstamo *m.* con condiciones

ひもち 日持ち
▶日持ちする「durar [conservarse] mucho ‖ 日持ちしない食品 alimento *m.* perecedero

ひもと 火元 origen *m.* de un fuego ‖ 火元は台所だった El fuego empezó en la cocina.

ひもの 干物 pescado *m.* seco

ひや 冷や (冷水) agua *f.* fría ‖ 酒を冷やで飲む tomar sake frío

ひやあせ 冷や汗 sudor *m.* frío ‖ 冷や汗が出る tener sudores fríos
(慣用)冷や汗をかく（はらはらする）inquietarse,（慣用)estar「en [sobre] ascuas

ビヤガーデン terraza *f.* de una cervecería

ひやかし 冷やかし burla *f.*, broma *f.* ‖ 冷やかしの客 cliente *com.* sin intención de comprar
▶冷やかし半分に medio en broma

ひやかす 冷やかす tomar el pelo a ALGUIEN, bromear

ひゃく 百 ciento *m.*, cien *m.* ‖ 100歳の老人 ancia*no*[na] *mf.* de cien años ／100番目の centési*mo*[ma] ／100分の1 un centésimo
(慣用)百も承知している estar completamente al corriente《de》, saber perfectamente

ひやく 飛躍 progreso *m.*, salto *m.*, avance *m.* ‖ 飛躍を遂げる dar grandes pasos, hacer grandes「progresos [avances]
▶飛躍する saltar, dar un salto ‖ 話が飛躍する saltar de un tema a otro
▶飛躍的(な) rápi*do*[da], considerable ‖ 飛躍的な進歩を遂げる lograr un rápido progreso

ひやく 秘薬 medicina *f.* secreta

びやく 媚薬 afrodisíaco *m.*, afrodisiaco *m.*

ひゃくえんショップ 100円ショップ tienda

f. de todo a cien (yenes)

ひゃくがい 百害　mucho daño *m*.
[慣用] 百害あって一利なし ‖ それは百害あって一利なしだ Esto causa muchos「daños [perjuicios] sin traer ninguna ventaja.

ひゃくしゅつ 百出
▶百出する ‖ 会議で議論が百出した Ha habido las más diversas opiniones en la reunión.

ひゃくしょう 百姓　⇒のうみん(農民)
◪百姓一揆　revuelta *f*. de los campesinos

ひゃくせん 百戦　numerosas batallas *fpl*. ‖ 百戦錬磨の強者 vetera*no*[*na*] *mf*. de mil batallas

びゃくだん 白檀　sándalo *m*.

ひゃくにちぜき 百日咳　tos *f*. ferina, tos *f*. convulsiva

ひゃくにちそう 百日草　cinia *f*., zinnia *f*.

ひゃくねん 百年　cien años *mpl*. ‖ 創立百年祭 el centenario de la fundación 《de》
[慣用] ここで会ったが百年目 Ahora que te he pillado estás acaba*do*[*da*].

ひゃくパーセント 百パーセント　cien *m*. por cien, ciento *m*. por ciento ‖ 百パーセント望みはない La posibilidad es nula.

ひゃくばい 百倍　céntuplo *m*.
▶百倍の　céntu*plo*[*pla*]
▶百倍する　centuplicar, multiplicar ALGO por cien

ひゃくはちじゅうど 百八十度　ciento ochenta grados *mpl*. ‖ 外交政策を百八十度転換する cambiar radicalmente la política exterior

ひゃくぶん 百分 ‖ 地球の表面積の100分の3 tres centésimas partes de la superficie de la Tierra
◪百分率　porcentaje *m*.

ひゃくぶん 百聞
[諺] 百聞は一見にしかず Una imagen vale más que mil palabras.

ひゃくまん 百万　un millón ‖ 何百万もの〜 millones 《de》／百万の味方を得たような como si hubiera ganado un apoyo masivo
◪百万言 ‖ 百万言を費やしても言い尽くせない Cualquier palabra es poca.
◪百万長者　millona*rio*[*ria*] *mf*.

びゃくや 白夜　sol *m*. de medianoche

ひゃくやく 百薬　toda clase de medicinas
[諺] 酒は百薬の長 El sake es la mejor medicina.

ひゃくようばこ 百葉箱　abrigo *m*. meteorológico, garita *f*. meteorológica

ひやけ 日焼け　bronceado *m*., quemadura *f*.「solar [de sol]」‖ 日焼けを防ぐ protegerse de las quemaduras del sol
▶日焼けする　broncearse
▶日焼けした　broncea*do*[*da*]
◪日焼けサロン　salón *m*. de bronceado

◪日焼け止め ‖ 日焼け止めクリーム　crema *f*. de protección solar
◪日焼け用 ‖ 日焼け用オイル　aceite *m*. bronceador／日焼け用ローション　loción *f*. bronceadora

ヒヤシンス　《植物》jacinto *m*.

ひやす 冷やす　enfriar, refrescar, （冷蔵する）refrigerar ‖ ビールを冷やす enfriar la cerveza
[慣用] 頭を冷やす calmarse
[慣用] 肝を冷やす sobresaltarse

ひゃっかじてん 百科事典　enciclopedia *f*.
◪電子百科事典　enciclopedia *f*. electrónica

ひゃっかてん 百貨店　grandes almacenes *mpl*.
◪百貨店チェーン　cadena *f*. de grandes almacenes

ひゃっぱつひゃくちゅう 百発百中 ‖ 百発百中である acertar「todo [cien por cien], no fallar en el blanco ni una

ひやとい 日雇い ‖ 日雇いで働く trabajar a jornal
◪日雇い労働者　jornale*ro*[*ra*] *mf*.

ひやひや 冷や冷や
▶ひやひやする　estar inquie*to*[*ta*],《慣用》estar「en [sobre] ascuas」‖ 子どもが道路に飛び出してこないかと、私は運転するといつもひやひやする Cuando conduzco siempre temo que salga un niño de repente a la calle.

ビヤホール　cervecería *f*.

ひやむぎ 冷麦　tallarines *mpl*. fríos que se comen bañados en caldo

ひやめし 冷や飯　arroz *m*. frío
[慣用] 冷や飯を食う recibir un trato hosco

ひややか 冷ややか
▶冷ややかな　frí*o*[*a*], indiferente ‖ 冷ややかな態度をとる adoptar una actitud fría《con》／冷ややかな視線を向ける dirigir una mirada fría《a》
▶冷ややかに　con frialdad, con indiferencia

ひやり
▶ひやりとする　sentir frío,（驚いて）asustarse,《慣用》quedarse hela*do*[*da*]

ヒヤリング　⇒ヒアリング

ひゆ 比喩　figura *f*.,（隠喩）metáfora *f*.,（直喩）símil *m*. ‖ 巧みに比喩を用いて話す hablar con metáforas hábiles
▶比喩的な　figura*do*[*da*], figurati*vo*[*va*], metafóri*co*[*ca*] ‖ 比喩的な意味 sentido *m*. figurado
▶比喩的に　metafóricamente, figuradamente

ヒューズ　fusible *m*., plomos *mpl*. ‖ ヒューズがとんでしまった Se ha fundido el fusible.

ビューティーサロン　⇒びよう（⇒美容院）

ひゅうひゅう ‖ 風がひゅうひゅう吹いている El viento está silbando.

ピューマ puma *m.*(雄・雌)
ヒューマニスト (人文主義者) humanista *com.*, (人道主義者) humanita*rio[ria] mf.*
ヒューマニズム (人文主義) humanismo *m.*, (人道主義) humanitarismo *m.*
ヒューマニティー humanidad *f.*
ピューレ 《料理》puré *m.*
ヒュッテ refugio *m.*
ビュッフェ bufé *m.*
　◪ビュッフェ形式‖朝食はビュッフェ形式です El desayuno es de bufé.
ひょいと (突然) de repente, (簡単に) con facilidad‖ひょいと箱を持ち上げる coger la caja [con facilidad [como si no pesara nada] ／馬にひょいと飛び乗る montar a caballo con agilidad
ひょう 表 tabla *f.*, cuadro *m.*, (図表) gráfico *m.*, gráfica *f.*‖結果を表にする mostrar el resultado en un cuadro ／表を作る hacer una tabla
　◪表計算ソフト《IT》hoja *f.* de cálculo
ひょう 豹 leopardo *m.*(雄・雌), pantera *f.*(雄・雌)
　◪豹柄‖豹柄の服 vestido *m.* de leopardo
ひょう 票 voto *m.*‖票を集める conseguir votos ／票を投じる emitir un voto, votar ／票を読む pronosticar la distribución de votos ／票が二つに割れた Los votos se han dividido en dos.
　◪基礎票 votos *mpl.* básicos
　◪固定票 votos *mpl.* seguros
　◪白票 voto *m.* en blanco
　◪浮動票 votos *mpl.* indecisos
　◪無効票 voto *m.* nulo
　◪票田 zona *f.* de influencia
ひょう 評 crítica *f.*, reseña *f.*‖好意的な[厳しい]評を寄せる escribir una crítica [favorable [severa]
ひょう 雹 《気象》granizo *m.*
　▶雹が降る granizar, caer *granizo*
ひよう 費用 coste *m.*, gasto *m.*‖費用がかかる ser costo*so[sa]*, costar mucho ／わずかな費用で con poco coste ／ばく大な費用をつぎこむ invertir enormes cantidades de dinero《en》／会社が費用をもつ La empresa corre con los gastos. ／費用がかさむ acumular gastos
びょう 秒 segundo *m.*‖1分は60秒です Un minuto equivale a 60 segundos. ／100メートルを10秒以内で走る correr los 100 metros en menos de diez segundos
びょう 鋲 (リベット) remache *m.*, roblón *m.*, (画鋲) chincheta *f.*‖鋲でとめる clavar con chincheta, (リベットで) remachar ／鋲を打つ roblonar ／鋲を抜く sacar el remache
　◪鋲打ち機 remachadora *f.*
びよう 美容 belleza *f.*, (美容術) cosmética *f.*‖美容に気を使う「preocuparse mucho por [cuidar] la estética
　◪美容院 peluquería *f.*, salón *m.* de belleza‖美容院を予約したいのですが Quería hacer una reserva en la peluquería.
　◪美容学校 escuela *f.* de estética
　◪美容食 dieta *f.* estética
　◪美容外科 cirugía *f.* estética
　◪美容師 peluque*ro[ra] mf.*, esteticista *com.*, cosmetó*logo[ga] mf.*

■■■ 美容院にて ■■■
‖よく使う会話表現
◉どのようにしますか ¿Cómo lo quiere usted?
◉シャンプーをお願いします Láveme el pelo, por favor.
◉染めてください Quería teñirme.
◉パーマをかけてください Hágame la permanente.
◉ストレートにしてください Alíseme el pelo.
◉短くカットしてください Déjemelo cortito.
◉髪の毛の先を切って下さい Córteme las puntas, por favor.
◉前髪を少し切ってください Córteme un poco el flequillo.
‖よく使うことば
▦カット corte *m.* ▦レイヤーカット corte *m.* de pelo「a capas [escalonado] ▦シャギーカット corte *m.* de pelo *shaggy* ▦ボブカット corte *m.* de pelo *bob* ▦スタイリング peinado *m.* ▦カラーリング teñido *m.* ▦脱染 barrido *m.* de color ▦ブリーチ blanqueo *m.* ▦ブロー secado *m.* ▦パーマ permanente *f.* ▦ストレートパーマ permanente *f.* lisa ▦ヘアアイロン plancha *f.* de pelo ▦セット marcado *m.* ▦ショートヘア pelo *m.* corto ▦ロングヘア pelo *m.* largo ▦カリーヘア rizado *m.* ▦アフロヘア peinado *m.* afro ▦ポニーテール coleta *f.*, cola *f.* de caballo ▦カール rizo *m.*, bucle *m.* ▦内巻き rizado *m.* hacia adentro ▦ウエーブのついた髪型 peinado *m.* ondulado ▦巻き毛 bucle *m.* ▦ストレートヘア pelo *m.* liso ▦三つ編み trenza *f.* ▦前髪 flequillo *m.* ▦分け目 raya *f.* ▦ヘアケア cuidado *m.* del cabello ▦ダメージヘア pelo *m.* maltratado ▦キューティクル cutícula *f.* ▦エクステンション extensiones *fpl.* ▦シニョン moño *m.* ▦ヘアネット redecilla *f.* ▦ヘアピース pieza *f.* de cabello

ひょういもじ 表意文字 ideograma *m.*
びょういん 病院 hospital *m.*, (民間の) clínica *f.*, (民間の総合病院) policlínica *f.*‖病院

に入れる hospitalizar a ALGUIEN ／ 病院に通う ir al hospital regularmente ／ 病院に運ばれる ser transportado[da] al hospital ／ 病院へ連れて行ってください ¿Me podría llevar a un hospital? ／ 病院で健康診断を受ける hacerse un chequeo médico en un hospital

◰ 病院長 director[tora] mf. del hospital

■■ 病院にて ■■

|| よく使う会話表現

● 近くに歯科のクリニックはありますか ¿Hay alguna clínica dental por aquí cerca?
● 大学病院への紹介状をいただきたいのですが ¿Me podría escribir una carta de presentación para el hospital universitario?
● 診察の予約を取りたいのですが Quería solicitar 「una cita [hora] para la consulta.
● 初診の受付をしてください Pase por la recepción para registrarse como primera consulta.
● 健康保険証をお出しください Presente la tarjeta de seguro médico.
● 内科を受診したいのですが Quería solicitar una consulta en medicina interna.
● 一刻も早く手術をしなければなりません Es urgente la intervención quirúrgica.
● (あなたは)ただちに入院しなければなりません Usted tiene que hospitalizarse inmediatamente.
● (あなたは)精密検査を受けなければなりません Usted tiene que hacerse un examen médico completo.
● 痛み止めの注射をしましょう Le ponemos una inyección 「analgésica [para calmar el dolor].
● 点滴をします Le ponemos 「suero intravenoso [un gotero].
● これから全身[局部]麻酔をします Le vamos a aplicar anestesia 「general [local].
● 車椅子を借りてください Pida una silla de ruedas.
● 入院は3週間ほどでしょう La hospitalización será de unas tres semanas.
● あなたは明日退院できます Mañana usted puede salir del hospital.
● 一日おきにリハビリに通ってください Tiene que venir a hacer rehabilitación cada dos días.
● 303号室の小林さんにお見舞いに伺いたいのですが ¿Podría hacer una visita al Sr. Kobayashi, paciente de la sala 303?

|| よく使うことば

⁝ 総合病院 hospital m. general ⁝ 大学病院 hospital m. universitario, clínica f. universitaria ⁝ 市立病院 hospital m. municipal ⁝ 国立病院 hospital m. estatal ⁝ 救急病院 hospital m. de emergencias ⁝ 病院の救急センター urgencias fpl. ⁝ 地域医療支援病院 hospital m. de apoyo regional ⁝ 特定機能病院 hospital m. específico de alto nivel de medicina ⁝ 専門病院 hospital m. especializado ⁝ 診療所 clínica f., consultorio m. ⁝ クリニック clínica f. ⁝ 医院 consultorio m. ⁝ 精神病院 hospital m. psiquiátrico ⁝ 内科 medicina f. interna ⁝ 外科 cirugía f. ⁝ 眼科 oftalmología f. ⁝ 耳鼻咽喉科 otorrinolaringología f. ⁝ 皮膚科 dermatología f. ⁝ 精神科 psiquiatría f. ⁝ 小児科 pediatría f. ⁝ 産婦人科 tocoginecología f. ⁝ 泌尿器科 urología f. ⁝ 歯科 odontología f. ⁝ 整形外科 cirugía f. ortopédica ⁝ 麻酔科 anestesiología f. ⁝ リハビリテーション科 rehabilitación f. ⁝ ナースステーション sala f. de enfermeros ⁝ 手術室 quirófano m., sala f. de operación ⁝ 集中治療室 (ICU) unidad f. de cuidados intensivos（略 UCI）⁝ 血液検査 análisis m.[=pl.] de sangre ⁝ 尿検査 análisis m.[=pl.] de orina, uroanálisis m.[=pl.] ⁝ レントゲン検査 examen m. radiográfico ⁝ CTスキャン tomografía f. computarizada ⁝ MRI imagen f. por resonancia magnética（略 IRM）

ひょうおん 表音
▶ 表音の fonético[ca]
◰ 表音記号 símbolo m. fonético
◰ 表音文字 fonograma m.

ひょうか 評価 valoración f., evaluación f., (査定) tasación f., (成績の) calificación f. ‖ 正しい評価を下す「estimar [evaluar] ALGO adecuadamente ／ 高い評価を受ける tener una buena crítica ／ 審査員のその作品に対する評価が分かれている Los examinadores están divididos en su valuación de la obra.
▶ 評価する valorar, evaluar, (査定する) tasar, (成績を) calificar ‖ 高く評価する estimar en mucho, tener en gran estima ／ 低く評価する estimar en poco ／ その候補者(男性)の能力をどのように評価しますか ¿Cómo evalúa usted la capacidad del candidato?
◰ 過大評価 sobrestimación f.
◰ 過小評価 subestimación f.
◰ 評価額 valor m. estimado
◰ 評価基準 criterio m. de evaluación
◰ 評価制度 sistema m. de 「evaluación [valoración]

ひょうが 氷河 glaciar m.
◰ 氷河期 glaciación f.

ひょうかい 氷解
▶ 氷解する disiparse, desvanecerse, despe-

jarse ‖ 私の疑問が氷解した Mis dudas se han disipado.

びょうがい 病害 daños mpl. de la cosecha ocasionados por una enfermedad ‖ 作物が病害にあった Los cultivos sufrieron daños por enfermedades.

ひょうき 表記 escritura f., escrito m.
▶表記する escribir
◩表記法 sistema m. de escritura, (数・記号などの) notación f. ‖ 数学の表記法 notación f. matemática

ひょうぎ 評議 deliberación f.
▶評議する discutir《sobre》
◩評議員 consejero[ra] mf.
◩評議会 consejo m., comisión f.

びょうき 病気 enfermedad f., mal m. ‖ 重い病気 enfermedad f. 「grave [seria] ／病気で寝ている estar en cama por enfermedad ／病気にかかっている estar enfermo[ma], padecer una enfermedad ／病気に打ち克つ vencer la enfermedad ／病気が治る curarse ／病気を治す curar la enfermedad ／病気がはやる extenderse la enfermedad ／病気がうつる transmitirse la enfermedad
▶病気になる enfermar, caer enfermo[ma]
▶病気の enfermo[ma]
▶病気がちな delicado[da] de salud, enfermizo[za]

■■■ 病気 ■■■

病気の症状
● 疲労感がある sentirse fatigado[da], sentirse agotado[da]
● 体がだるい sentirse cansado[da], tener pereza
● 何をする気力もない no tener ánimo para hacer nada
● 倦怠感がある tener sensación de cansancio y aburrimiento
● 血圧が高い tener la tensión arterial alta
● 熱がある tener fiebre
● 寒気がする tener 「frío [escalofríos]
● 眠れない no poder dormir, no poder conciliar el sueño
● 日中常に眠い tener siempre sueño durante el día
● 食欲がない no tener apetito
● 咳が出る tener tos
● めまいがする marearse
● 貧血症である ser anémico[ca]
● 吐き気がする sentir náuseas
● 頭痛がひどい tener un terrible dolor de cabeza
● 私は動悸が激しい Mi corazón late violentamente.
● 胸が苦しい tener dolor de pecho
● 寝汗をかく sudar durante el sueño
● 私は舌がもつれる Se me traba la lengua.
● 耳鳴りがする tener un zumbido en los oídos
● 耳がよく聞こえない no oír bien
● 私は目が霞む Se me nubla la vista.
● 私は目が渇く Se me secan los ojos.
● 目が疲れている tener los ojos cansados
● まぶたが痙攣する tener un tic en los párpados
● 胸焼けがする tener 「acidez [ardor] estomacal
● 胃が重い tener pesadez de estómago
● 私は胃が痛い Me duele el estómago.
● 私は血を吐いた 「Vomité [Eché] sangre.
● お腹が張っている tener el vientre hinchado
● 便秘をしている tener estreñimiento, estar estreñido[da]
● 私は血便がでた Me salió sangre en el excremento.
● 下痢をしている tener diarrea
● 尿があまりでない orinar poco
● 頻繁に尿意がある tener ganas de orinar constantemente
● 私は血尿が出た Me salió sangre en la orina.
● 足が腫れている tener los pies hinchados
● 足がつる（けいれんする）tener un calambre en la pierna
● 私は右足が曲がらない No puedo doblar mi pierna derecha.
● 私は歩くと足がもつれる Se me enredan los pies al caminar.
● 右腕の感覚がなくなる quedarse sin sensibilidad en el brazo derecho
● 右手の指がしびれている tener los dedos de la mano derecha dormidos
● 私は左手が肩より上にあがらない No puedo levantar mi brazo izquierdo por encima del hombro.
● 体の節々が痛む tener dolor en las articulaciones
● 肩が凝る tener los hombros entumecidos
● 私は腰が痛い Me duelen los riñones.
● 鼻がむずむずする sentir un hormigueo en la nariz
● 鼻が詰まる tener la nariz tapada
● 私は鼻水が出る Me salen los mocos.
● 私はよく鼻血が出る Me sale sangre por la nariz con frecuencia.
● 皮膚があれている tener la piel irritada
● 私は皮膚がひりひりする Me escuece la piel.
● 体中がかゆい tener picores por todo el cuerpo

● 蟻が這うような感じがする sentir hormigueo
医師に聞かれること
● 今妊娠していますか ¿Está「embarazada [encinta]?
● はい今妊娠4か月です Sí, estoy embarazada de cuatro meses.
● 薬物アレルギーがありますか ¿Tiene alergia a algún medicamento?
● 現在治療中の病気がありますか ¿Recibe ahora algún tratamiento médico?
● 現在服用中の薬はありますか ¿Está tomando algún medicamento?
● 病気にかかったことがありますか ¿Ha padecido alguna enfermedad?
● 手術を受けたことがありますか ¿Ha sido opera*do*[*da*]?
● 輸血を受けたことがありますか ¿Ha recibido una transfusión de sangre?
● 家族に糖尿病患者はいますか ¿Hay algún diabético en su familia?
● 家族に癌になった人はいますか ¿Hay alguien de su familia que haya padecido cáncer?
病気の治療法
▥民間療法 remedio *m.* casero ▥対処療法 tratamiento *m.* sintomático ▥食餌療法 dieta *f.*, régimen *m.* (alimenticio) ▥理学療法 fisioterapia *f.* ▥薬物療法 farmacoterapia *f.* ▥化学療法 quimioterapia *f.* ▥手術療法 tratamiento *m.* quirúrgico ▥血清療法 sueroterapia *f.* ▥酸素療法 oxigenoterapia *f.* ▥ショック療法 tratamiento *m.* de choque ▥心理療法 psicoterapia *f.* ▥電気ショック療法 terapia *f.*「electroconvulsiva [de electrochoque]」▥日光療法 helioterapia *f.* ▥温泉療法 termoterapia *f.*, balneoterapia *f.* ▥放射線療法 radioterapia *f.* ▥光線力学療法 terapia *f.* fotodinámica ▥ホルモン療法 hormonoterapia *f.*, tratamiento *m.* hormonal ▥温存療法（トモセラピー）tomoterapia *f.* ▥催眠療法 hipnoterapia *f.* ▥指圧療法 terapia *f.* de *shiatsu*

ひょうきん 剽軽
▶剽軽な gracio*so*[*sa*], cómi*co*[*ca*], joco*so*[*sa*] ‖ 剽軽な性格 temperamento *m.* histriónico
▱剽軽者 bromista *com.*, persona *f.*「gracios a [divertida]」
びょうく 病苦 sufrimiento *m.* por enfermedad ‖ 病苦を克服する superar el sufrimiento causado por la enfermedad
ひょうけい 表敬
▱表敬訪問 visita *f.* de cortesía ‖ 表敬訪問する「realizar [hacer] una visita de cortesía
ひょうけつ 票決 votación *f.* ‖ 票決に入る empezar a votar
▶票決する someter ALGO a votación, decidir ALGO por votación
ひょうけつ 評決 veredicto *m.*, sentencia *f.*, fallo *m.*
▶評決する「dar [emitir] veredicto
ひょうけつ 表決 decisión *f.* ‖ 挙手により表決する decidir ALGO a mano alzada
ひょうけつ 氷結 congelación *f.*
▶氷結する congelarse, helarse
びょうけつ 病欠 ausencia *f.* por enfermedad
▶病欠する（学校を）faltar a la escuela por enfermedad,（仕事を）ausentarse del trabajo por enfermedad
ひょうげん 表現 expresión *f.* ‖ 適切な表現を用いる「usar [emplear] una expresión apropiada ／ 表現の自由 libertad *f.* de expresión
▶表現する expresar ‖ 考えを表現する expresar *sus* ideas
▱婉曲表現 eufemismo *m.*
▱慣用表現 expresión *f.* idiomática
▱表現力 expresividad *f.*
びょうげん 病原 causa *f.* de una enfermedad
▱病原菌 microbio *m.* patógeno, gérmenes *mpl.* patógenos
▱病原体 agente *m.* biológico patógeno
ひょうご 標語 lema *m.*, eslogan *m.* ‖ 交通安全の標語を募集する organizar un concurso de eslóganes para la seguridad vial
びょうご 病後 convalecencia *f.*
▶病後の(人) convaleciente (*com.*)
ひょうこう 標高 altitud *f.* ‖ 標高2500メートルの町 ciudad *f.* situada a 2500 metros sobre el nivel del mar
ひょうさつ 表札 rótulo *m.*, placa *f.*
ひょうざん 氷山 iceberg *m.*
[慣用] 氷山の一角にすぎない ser solo la punta de un iceberg
ひょうし 拍子 《音楽》compás *m.*, ritmo *m.* ‖ 4分の2拍子 compás *m.* de dos (por) cuatro ／ 4分の3拍子の舞曲 baile *m.* en compás de tres por cuatro ／ 拍子を取る marcar el「ritmo [compás], llevar el compás ／ 拍子を合わせる seguir el compás
▶〜した拍子に al「『+不定詞』 ‖ 石につまづいた拍子に al tropezar con una piedra
▱拍子記号 signo *m.* de compás
▱拍子抜け「拍子抜けする quedar decepciona*do*[*da*]
ひょうし 表紙 portada *f.*, cubierta *f.*, tapa *f.* ‖ 表紙を飾る salir en la portada
ひょうじ 表示 indicación *f.*
▶表示する indicar ‖ ラベルに原材料名を表示する indicar los ingredientes en la etiqueta
▱表示価格 precio *m.*「marcado [indicado]

ひょうじ　標示　indicación f., (標識) señal f. ‖ 駐車禁止の標示 señal f. de prohibido aparcar
▶標示する　indicar, señalar ‖ 工事地域を標示する señalar la zona de obras

びょうし　病死　muerte f. por enfermedad
▶病死する　morir por enfermedad

ひょうしき　標識　señal f., indicador m. ‖ 標識を設置する instalar [colocar, poner] una señal ／「通行止め」の標識がある Hay una señal de *Prohibido el paso*.
◪交通標識　señal f. de「tráfico [circulación]

ひょうしぎ　拍子木　《日本語》 *hyoshigi* mpl., (説明訳) instrumento m. de percusión japonés compuesto por dos piezas de madera o bambú

びょうしつ　病室　habitación f. de hospital, (大部屋) sala f. de hospital

びょうしゃ　描写　descripción f.
▶描写する　describir ‖ 忠実に描写する describir fielmente
◪自然描写　descripción f. de la naturaleza
◪心理描写　descripción f. psicológica

びょうじゃく　病弱
▶病弱な　enfermi*zo*[*za*], endeble, 《話》 (軽蔑的に) enclenque
▶病弱である　tener una salud delicada

ひょうじゅん　標準　estándar m. ‖ 標準以上である ser superior al promedio ／ 標準以下である ser inferior al promedio ／ 標準に達する llegar al promedio
▶標準的な　estándar, normal, (規範的な) normati*vo*[*va*] ‖ 標準的な日本の家庭 familia f. media japonesa
▶標準化　estandarización f., normalización f.
◪標準価格　precio m. 「estándar [de referencia]
◪標準型　modelo m. estándar
◪標準記録 ‖ オリンピック参加標準記録 marca f. mínima olímpica
◪標準語　lengua f. estándar
◪標準サイズ　talla f. 「media [estándar]
◪標準時　hora f. estándar ‖ 日本標準時 hora f. legal japonesa →グリニッジ
◪標準偏差　desviación f. 「típica [estándar]

ひょうしょう　表彰　concesión f. de un galardón
▶表彰する　galardonar
◪表彰式　ceremonia f. de entrega de premios
◪表彰状　diploma m. de 「honor [mérito]
◪表彰台　podio m.

ひょうじょう　表情　expresión f., gesto m. ‖ 表情豊かな expresi*vo*[*va*] ／ 表情に乏しい inexpresi*vo*[*va*] ／ 表情を変える cambiar la expresión ／ 彼女は表情を曇らせた A ella se le nubló la expresión. ／ 表情が固い tener una expresión rígida

びょうしょう　病床 ‖ 病床にある guardar cama, estar postra*do*[*da*] en cama ／ 住民千人当たりの病床数 número m. de camas hospitalarias por cada mil habitantes

びょうじょう　病状　estado m. de la enfermedad ‖ 患者(男性)の病状が改善した Ha mejorado el estado del paciente. ／ 急に病状が悪化する La enfermedad「se agrava [empeora] de repente.

びょうしん　秒針　segundero m., 「manecilla f. [aguja f.] de los segundos

ひょうする　表する　expresar, manifestar ‖ 感謝の意を表する expresar *su* agradecimiento

ひょうする　評する　hacer una crítica 《de》

ひょうせつ　氷雪　hielo m. y nieve f. ‖ 氷雪に閉ざされた bloquea*do*[*da*] por el hielo y la nieve

ひょうせつ　剽窃　plagio m. ‖ 剽窃で訴えられる ser acusa*do*[*da*] de plagio
▶剽窃する　plagiar, copiar
▶剽窃の　plagia*rio*[*ria*]

ひょうそ　瘭疽　panadizo m. ‖ 指に瘭疽ができる tener un panadizo en un dedo

ひょうそう　表層　capa f. superficial
◪表層雪崩　alud m. superficial

びょうそう　病巣　foco m. de una enfermedad ‖ 病巣を見つける「identificar [localizar, detectar] el foco de la enfermedad

びょうそく　秒速　velocidad f. por segundo ‖ 秒速340メートルで a 340 metros por segundo

ひょうだい　表題／標題　título m.

ひょうたん　瓢箪　calabaza f., (ひょうたんの実から作った容器) calabacino m.
⟨諺⟩瓢箪から駒が出る Es una broma hecha realidad.

ひょうちゃく　漂着
▶漂着する　llegar a la playa traí*do*[*da*] por las olas del mar

ひょうちゅう　評注　comentario m., nota f.
▶評注を付ける　anotar, comentar

ひょうてい　評定　evaluación f.
▶評定する　evaluar, 「hacer [realizar] una evaluación《de》
◪勤務評定　evaluación f. del 「rendimiento [desempeño] laboral

ひょうてき　標的　blanco m., objetivo m. ‖ 標的を定める apuntar ／ テロの標的になる ser el blanco del atentado

びょうてき　病的
▶病的な　morbo*so*[*sa*], enfermi*zo*[*za*], (異常な) anormal ‖ 彼女は息子の健康を病的なまでに心配している Ella tiene una preocupación enfermiza por la salud de su hijo.

ひょうてん　氷点　punto m. de congelación
◪氷点下 ‖ 気温が氷点下20度になった La

temperatura ha bajado a 20 grados bajo cero.
ひょうてん 評点 nota *f*., punto *m*. ‖ 評点をつける poner notas
ひょうでん 評伝 biografía *f*. crítica
びょうとう 病棟 pabellón *m*. de hospital
◪外科病棟 pabellón *m*. de cirugía
びょうどう 平等 igualdad *f*. ‖ 法の下の平等 igualdad *f*. ante la ley ／ 男女の平等 igualdad *f*. 「de género [entre hombres y mujeres] ／ 平等の精神 espíritu *m*. de igualdad
◪平等な igual, igualita*rio*[*ria*] ‖ 平等な社会 sociedad *f*. igualitaria
◪平等に por igual, equitativamente, imparcialmente ‖ 皆を平等に扱う tratar por igual a todo el mundo ／ 平等に分ける dividir ALGO 「por igual [equitativamente]
◪平等にする igualar
◪平等主義 igualitarismo *m*.
びょうにん 病人 enfer*mo*[*ma*] *mf*., (患者) paciente *com*. ‖ 病人を看護する cuidar a un enfermo
ひょうのう 氷嚢 almohada *f*. 「de hielo [fresca]
ひょうはく 漂白 blanqueo *m*.
◪漂白する blanquear
◪漂白剤 lejía *f*., blanqueador *m*.
ひょうばん 評判 fama *f*., reputación *f*. ‖ 評判がよい tener buena 「fama [reputación], ser de buena 「fama [reputación] ／ 評判が悪い tener mala fama, ser de mala fama ／ 彼は働き者だと言う評判だ Él tiene fama de trabajador. ／ ～の評判を落とす menoscabar la reputación 《de》 ／ 評判になる (うわさの的になる) andar en boca de todos
◪評判の famo*so*[*sa*], célebre ‖ 評判のピアニスト famo*so*[*sa*] pianista *com*.
ひょうひ 表皮 《解剖》 epidermis *f*.[=*pl*.]
ひょうひょう 瓢瓢
◪飄々とした despreocupa*do*[*da*], (平然とした) indiferente
びょうぶ 屏風 biombo *m*., 「panel *m*.[mampara *f*.] plegable ‖ 屏風を立てる colocar un biombo
ひょうへき 氷壁 acantilado *m*. cubierto de nieve y hielo
びょうへき 病癖 hábito *m*. morboso
ひょうへん 豹変 cambio *m*. brusco
◪豹変する cambiar bruscamente
ひょうほん 標本 espécimen *m*., (植物の) herbario *m*., (統計の) muestra *f*. ‖ 昆虫の標本 especímenes *mpl*. de insectos, colección *f*. de insectos disecados
◪標本調査 muestreo *m*. estadístico
びょうま 病魔 enfermedad *f*. ‖ 病魔に侵される ser invadi*do*[*da*] por una enfermedad
ひょうめい 表明 manifestación *f*., declaración *f*.
◪表明する manifestar, expresar ‖ 賛意を表明する declararse a favor de ALGO
ひょうめん 表面 superficie *f*., (面) cara *f*., (外面) exterior *m*. ‖ 月の表面 superficie *f*. 「lunar [de la luna] ／ 物事の表面だけを見る ver sólo la apariencia de las cosas ／ 表面を覆う cubrir la superficie
◪表面の/表面的な superficial
◪表面化する salir a la superficie, revelarse ‖ 大臣(男性)の汚職問題が表面化した Se ha puesto de manifiesto el problema de la corrupción del ministro.
◪表面上は por fuera, superficialmente, aparentemente ‖ 表面上は彼らは幸せだ Aparentemente ellos son felices.
◪表面科学 ciencia *f*. de superficies
◪表面処理 tratamiento *m*. superficial
◪表面張力 tensión *f*. superficial
ひょうめんせき 表面積 superficie *f*.
びょうよみ 秒読み cuenta *f*. 「atrás [regresiva] ‖ ロケット打ち上げの秒読みが始まる Comienza la cuenta atrás del lanzamiento del cohete.
ひょうり 表裏 → うらおもて(裏表)
◪表裏一体 ‖ 愛と憎しみは表裏一体である El amor y el odio son las dos caras de la misma moneda.
びょうり 病理
◪病理学 patología *f*.
◪病理学者 patólo*go*[*ga*] *mf*.
◪遠隔病理診断 telepatología *f*.
ひょうりゅう 漂流 deriva *f*.
◪漂流する navegar a la deriva ‖ 船が漂流している El barco navega a la deriva.
◪漂流者 náufra*go*[*ga*] *mf*.
◪漂流船 barco *m*. a la deriva
◪漂流物 restos *mpl*. flotantes
びょうれき 病歴 antecedentes *mpl*. médicos
ひょうろう 兵糧 víveres *m*.[=*pl*.]
◪兵糧攻め ‖ 兵糧攻めにする cortar los víveres 《a》
ひょうろん 評論 crítica *f*., comentario *m*., (論評) recensión *f*.
◪評論する comentar, reseñar
◪評論家 críti*co*[*ca*] *mf*., comentarista *com*. ‖ 文芸評論家 críti*co*[*ca*] *mf*. litera*rio*[*ria*] ／ 政治評論家 comentarista *com*. políti*co*[*ca*] ／ 野球評論家 comentarista *com*. de béisbol
ひよく 肥沃 fertilidad *f*., fecundidad *f*.
◪肥沃な fértil, fecun*do*[*da*] ‖ 肥沃な土地 tierra *f*. fértil
びよく 尾翼 cola *f*.
◪垂直尾翼 estabilizador *m*. vertical
◪水平尾翼 estabilizador *m*. horizontal
ひよけ 日除け toldo *m*., (ブラインド) persiana *f*.

ひよこ 雛 polluelo *m.*, pollito *m.* ‖ 卵からひよこが生まれた Salió el pollito del huevo.
ひよこまめ 雛豆 garbanzo *m.*
ぴょこん
▶ぴょこんと ‖ ぴょこんと頭を下げる hacer una rápida inclinación de cabeza
ひょっこり de improviso, inesperadamente ‖ 彼は店にひょっこり現れた Él pasó por la tienda de improviso.
ひょっと
▶ひょっとして ‖ ひょっとして雨が降るかもしれないから傘を持っていきます Me llevo el paraguas por si (acaso) llueve. ／ひょっとして、彼の携帯電話の番号をご存知ありませんか Por casualidad, ¿no sabrá usted el número de su teléfono móvil?
▶ひょっとしたら tal vez, quizá(s), por casualidad, posiblemente ‖ ひょっとしたら日本はブラジルに勝つかもしれない Puede que Japón gane a Brasil.
ひより 日和 (天気) tiempo *m.*, (晴天) buen tiempo *m.* ‖ いい日和である Hace buen tiempo.
諺 待てば海路の日和あり《諺》Con paciencia se gana el cielo.
▲行楽日和 día *m.* ideal para salir de excursión
ひよりみ 日和見
▶日和見の oportunista
▲日和見感染 infección *f.* oportunista
▲日和見主義 oportunismo *m.*
▲日和見主義者 oportunista *com.*
ひょろながい ひょろ長い larguirucho[cha] ‖ ひょろ長い脚 piernas *fpl.* larguiruchas
ひよわ ひ弱
▶ひ弱な delicado[da], débil, endeble,《話》(軽蔑的に) enclenque ‖ ひ弱な子供 niño[ña] *mf.* endeble
ぴょん
▶ぴょんと ‖ ぴょんと跳ねる dar un「salto [brinco]
▶ぴょんぴょん ‖ ぴょんぴょん飛び跳ねる dar saltos, brincar, retozar
ひょんな ‖ ひょんなことから仲良くなる hacer amistad con ALGUIEN por una causa imprevista
ひら 平
▶平の simple, raso[sa]
▲平社員 simple empleado[da] *mf.*
ビラ prospecto *m.*, (政治的な) octavilla *f.* ‖ ビラを配る repartir octavillas
ひらあやまり 平謝り
▶平謝りする deshacerse en「disculpas [excusas]
ひらいしん 避雷針 pararrayos *m.*[=*pl.*]
ひらおよぎ 平泳ぎ braza *f.* ‖ 平泳ぎで泳ぐ nadar a braza ／100メートル平泳ぎ 100 metros *mpl.* braza

▲平泳ぎ泳者 bracista *com.*
ひらがな 平仮名 《日本語》hiragana *m.*, silabario *m. hiragana*, (説明訳) caracteres *mpl.* silábicos de la escritura japonesa
ひらき 開き (開くこと) apertura *f.*, (差異) diferencia *f.*, (間隔) distancia *f.* ‖ 魚の開き pescado *m.* abierto y secado ／両者の間には大きな意見の開きがある Hay una gran diferencia de opiniones entre ambas partes.
ひらきなおる 開き直る tomar una actitud「insolente [arrogante, desafiante]
ひらく 開く abrir, (創設する) fundar, (開催する) celebrar ‖ 本を開く abrir el libro ／包みを開く desenvolver el paquete ／門は9時に開く La puerta se abre a las nueve. ／道を開く abrir camino ／店を開く「abrir [montar] una tienda ／パーティーを開く celebrar una fiesta ／土地を開く roturar tierras ／心を開く abrir el corazón ／国交を開く establecer relaciones diplomáticas ／先行車との差が開く Aumenta la distancia con el vehículo precedente.
▶開いた abier*to*[*ta*]
ひらけた 開けた abier*to*[*ta*], (開化した) civiliza*do*[*da*], (発展した) desarrolla*do*[*da*] ‖ ひらけた人 persona *f.* 「liberal [de mentalidad abierta]
ひらける 開ける (開化する) civilizarse, (発展する) desarrollarse, abrirse, (広がる) extenderse ‖ この地域はあまり開けていない Esta región está poco desarrollada. ／視界が開けて山頂が見えた Se abrió el horizonte y pudimos ver la cima del monte. ／紛争の解決への道が開けた El conflicto ha encontrado una vía hacia la solución. ／私に運が開けてきた Tengo la suerte cada vez más a mi favor.
ひらぞこ 平底 fondo *m.* plano
▶平底の de fondo plano
▲平底船 embarcación *f.* de fondo plano
ひらたい 平たい pla*no*[*na*], lla*no*[*na*] ‖ 平たい皿 plato *m.* llano
▶平たく ‖ 平たく言う decir lisa y llanamente
▲平たくする allanar, aplanar
ひらて 平手 mano *f.* abierta ‖ 平手で打つ dar una「bofetada [cachetada]《a》
ひらなべ 平鍋 cacerola *f.*
ピラニア piraña *f.*
ひらひら
▶ひらひら(と) ‖ 蝶が花の上をひらひらと飛ぶ Una mariposa revolotea sobre las flores.
ピラフ 《料理》arroz *m.* pilaf
ピラミッド pirámide *f.*
ひらめ 平目/鮃 (学名) *Paralichthys olivaceus*, (舌平目) lenguado *m.*
ひらめき 閃き destello *m.*, fogonazo *m.*,

(頭脳の) chispa *f.*, relámpago *m.* ‖ 天才のひらめきがある tener una chispa de genialidad

ひらめく 閃く (光が) destellar, relumbrar, (旗が) ondear ‖ 稲妻がひらめく relampaguear, resplandecer *un relámpago* / 私にある考えがひらめいた Se me ocurrió una idea.

ひらや 平屋 casa *f.* de 「una planta [un piso]

ひらり
▶ひらりと ligeramente, con ligereza, con agilidad

びらん 糜爛 erosión *f.*
▶びらん性の erosi*vo*[*va*]
◪びらん剤 agente *m.* vesicante

びり *el*[*la*] último[*ma*], 《慣用》farolillo *m.* rojo ‖ そのチームは選手権でびりだ El equipo es el farolillo rojo en el campeonato.

ピリオド punto *m.* (final) ‖ ピリオドを打つ poner un punto / 長い選手生活にピリオドを打つ poner punto final a *su* larga carrera como juga*dor*[*dora*]

ひりつ 比率 proporción *f.*, razón *f.*, ratio *m*(*f*)., porcentaje *m.* ‖ 男女の比率 proporción *f.* de hombres y mujeres / 10対3の比率で en una proporción de 10 a 3, a razón de 10 a 3 / 総人口に占める高齢者の比率が上がる Aumenta el porcentaje de ancianos en la población total.

ぴりっと
▶ぴりっとした (味が) picante, (態度が) firme

ひりひり
▶ひりひりする (傷口が) escocer, 「tener [sentir] escozor, (味が) picar ‖ 私はまだ傷口がひりひりする Todavía me escuece la herida. / 私は喉がひりひりする Tengo escozor en la garganta.

びりびり ‖ 布をびりびりに引き裂く desgarrar una tela
▶びりびりと ‖ 私に電気がびりびりと走った Sentí una descarga eléctrica.

ぴりぴり
▶ぴりぴりする picar, arder, escocer ‖ 神経がぴりぴりしている《慣用》estar de los nervios

ビリヤード billar *m.* ‖ ビリヤードの玉 bola *f.* de billar / ビリヤードの台 mesa *f.* de billar / ビリヤードのキュー taco *m.*, palo *m.* de billar / ビリヤードの選手 billarista *com.*
▶ビリヤードをする jugar al billar

びりゅうし 微粒子 corpúsculo *m.*, partícula *f.*

ひりょう 肥料 abono *m.*, fertilizante *m.*
▶肥料を施す echar abono, abonar
◪化学肥料 「abono *m.* [fertilizante *m.*] químico
◪有機肥料 「abono *m.* [fertilizante *m.*] orgánico

びりょう 微量
▶微量の pequeña cantidad 《de》, mínimo nivel 《de》 ‖ 微量のセシウムが検出された Se detectaron pequeñas cantidades de cesio.

びりょく 微力 ‖ 微力ながらお手伝いいたします Le voy a ayudar en lo que pueda.

ひる 昼 (昼間) día *m.*, (正午) mediodía *m.*, (昼食) almuerzo *m.*,《スペイン》comida *f.* ‖ 昼前に antes del mediodía / 昼過ぎに a primera(s) hora(s) de la tarde / 昼を食べる comer, almorzar
[慣用] 昼も夜もなく de día y de noche
◪昼の部 sesión *f.* de la tarde, matiné *f.*

ひる 蛭 《動物》sanguijuela *f.*

ビル edificio *m.*, inmueble *m.* ‖ ビルを建てる 「construir [levantar] un edificio / この地区にはビルが建ち並んでいる Hay filas de edificios en esta zona.
◪超高層ビル rascacielos *m.*[=*pl.*]
◪ビル街 zona *f.* de edificios altos
◪ビル風 viento *m.* que se levanta entre edificios altos

ピル píldora *f.* anticonceptiva

ひるい 比類
▶比類のない incomparable, inigualable, sin igual

ひるがえす 翻す (旗を) hacer 「ondear [flamear] (la bandera), (裏返す) dar la vuelta a ALGO ‖ 前言を翻す desdecirse de lo dicho / 反旗を翻す sublevarse

ひるがえる 翻る (旗が) ondear, flamear ‖ 旗が風に翻る La bandera ondea al viento.

ひるがお 昼顔 (学名) *Calystegia japonica*

ひるさがり 昼下がり ‖ 昼下がりに a primera(s) hora(s) de la tarde

ビルディング edificio *m.* → ビル

ビルトイン
▶ビルトインの empotra*do*[*da*], incorpora*do*[*da*]
◪ビルトイン家具 mueble *m.* empotrado

ひるどき 昼時 mediodía *m.*, hora *f.* de comer

ひるね 昼寝 siesta *f.*
▶昼寝をする echarse la siesta

ひるま 昼間 ⇒ひる(昼)

ひるむ 怯む arredrarse, acobardarse ‖ 相手がひるんだすきに en un momento de vacilación del oponente
▶ひるまずに sin temor alguno, sin vacilación

ひるめし 昼飯 almuerzo *m.*,《スペイン》comida *f.* ⇒ちゅうしょく(昼食)

ひるやすみ 昼休み descanso *m.* 「del mediodía [para comer] ‖ 昼休みをとる tomar un descanso para comer

ひれ　鰭　(魚の) aleta *f*.
- 足ヒレ (フィン) aletas *fpl*. ‖ 足ヒレをつけて潜水する bucear con aletas
- 脂びれ　aleta *f*. adiposa
- 尾びれ　aleta *f*. caudal
- 尻びれ　aleta *f*. anal
- 背びれ　aleta *f*. dorsal
- 腹びれ　aletas *fpl*. 「pélvicas [ventrales]」
- 胸びれ　aleta *f*. pectoral

ヒレ　(肉の) filete *m*., lomo *m*., solomillo *m*.

ひれい　比例　proporción *f*.
▶比例する ‖ AはBに比例する A está en proporción directa con B. ¦ A es (directamente) proporcional a B. ¦ A guarda proporcionalidad con B.
▶比例した　proporcional
▶比例して　proporcionalmente 《a》 ‖ 賃金は年齢に比例して上昇する El sueldo sube proporcionalmente al aumento de la edad.
- 正比例　proporción *f*. directa
- 反比例　proporción *f*. inversa
- 比例代表制　sistema *m*. electoral de representación proporcional
- 比例配分　reparto *m*. proporcional

ひれい　非礼　descortesía *f*. ‖ 非礼を詫びる pedir disculpas por la falta de cortesía
- 非礼な　descortés

ひれつ　卑劣
▶卑劣な　vil, ruin, mezqui*no*[*na*], innoble ‖ 卑劣なことをする cometer una vileza ／ 卑劣な人間 persona *f*. innoble

ひれふす　ひれ伏す　prosternarse ‖ 足下にひれ伏す echarse a los pies de ALGUIEN

ひれん　悲恋　amor *m*. 「no correspondido [trágico]」

ひろい　広い　grande, am*plio*[*plia*], exten*so*[*sa*] ‖ 広い道 calle *f*. ancha ／ 広い家 casa *f*. 「grande [espaciosa, amplia]」／ 広い意味で en sentido amplio ／ 心が広い ser magnáni*mo*[*ma*] ／ 知識が広い tener conocimientos 「amplios [extensos]」

ひろいあげる　拾い上げる　recoger

ヒロイズム　heroísmo *m*.

ひろいぬし　拾い主　persona *f*. que ha encontrado un objeto perdido

ひろいもの　拾い物　objeto *m*. encontrado, (買物の) ganga *f*. ‖ 拾い物をする (買物で) encontrar una ganga

ひろいよみ　拾い読み ‖ 拾い読みをする leer por encima, hojear

ヒロイン　heroína *f*., (主人公) protagonista *f*.

ひろう　披露　anuncio *m*., (紹介) presentación *f*.
▶披露する　dar a conocer, anunciar ‖ 芸を披露する exhibir *sus* habilidades ／ 自慢ののどを披露する hacer gala de *su* voz
- 披露宴　recepción *f*. ‖ 結婚披露宴「banquete *m*. [recepción *f*.] de boda」

ひろう　疲労　cansancio *m*., fatiga *f*., (激しい疲労) agotamiento *m*. ‖ 疲労を感じる sentir 「cansancio [fatiga]」／ 疲労がとれる 「recuperarse [reponerse] del cansancio」／ 私は1週間の疲労がたまっている Tengo el cansancio acumulado de toda la semana.
▶疲労する　cansarse, fatigarse
▶疲労した　cansa*do*[*da*], fatiga*do*[*da*], exhaus*to*[*ta*]
- 金属疲労　fatiga *f*. del metal
- 疲労骨折　fractura *f*. por 「estrés [fatiga]」
- 疲労強度　resistencia *f*. a la fatiga
- 疲労困憊　疲労困憊する estar rendi*do*[*da*], 《慣用》 estar que no poder con 「*sus* huesos [*su* alma]」

ひろう　拾う　recoger, (見つける) encontrar, hallar ‖ ごみを拾う recoger la basura ／ 捨て犬を拾う acoger a *un*[*una*] pe*rro*[*rra*] abandona*do*[*da*] ／ 金を拾う encontrar dinero ／ 勝ちを拾う conseguir una victoria que no se esperaba ／ タクシーを拾う 「tomar [coger] un taxi」

ひろうどうりょく　非労働力
- 非労働力人口　población *f*. inactiva

ビロード　天鵞絨　terciopelo *m*.
▶ビロードのような　aterciopela*do*[*da*]

ひろがり　広がり　extensión *f*., amplitud *f*., (伝播) propagación *f*.

ひろがる　広がる　extenderse, ampliarse, (伝播する) propagarse ‖ 美しい景色が私の目の前に広がっていた Un hermoso paisaje se extendía ante mis ojos. ／ 友情の輪が広がっている El círculo de amistades se va extendiendo. ／ 伝染病は国中に広がった La epidemia se 「propagó [extendió] por todo el país. ／ すぐにうわさが広がった El rumor 「se extendió [se divulgó, cundió] rápidamente.

ひろく　広く　ampliamente ‖ その出来事はマスコミによって広く報道された Ese suceso ha sido ampliamente divulgado por los medios de comunicación.
▶広くなる　ampliarse ⇒ひろがる(広がる)
▶広くする　ampliar ⇒ひろげる(広げる)

ひろくちびん　広口瓶　「botella *f*. [frasco *m*.] con boca ancha

ひろげる　広げる　(広くする) extender, ampliar, (拡大する) agrandar, (ひらく) abrir, desplegar ‖ 道幅を広げる ensanchar una calle ／ 領土を広げる ampliar el territorio ／ 枝を広げる木 árbol *m*. con sus ramas extendidas ／ 傷口を広げる agrandar la herida ／ プロジェクトの規模を広げる 「incrementar [aumentar] la envergadura del proyecto」／ 行間を広げる espaciar los renglones ／ 距離を広げる 「alargar [aumentar] la distancia」／ 傘を広げる abrir el

ひろげる paraguas／机の上に地図を広げる desplegar el mapa en una mesa

ひろさ 広さ （面積）superficie *f*., （広がり）extensión *f*., （幅）amplitud *f*., （大きさ）tamaño *m*. ‖ 土地の広さ「superficie *f*. [tamaño *m*.] del terreno／アパートの広さはどのくらいですか ¿Qué superficie tiene el piso?

ピロシキ 《ロシア語》*pirozhki m*., （説明訳）bollos *mpl*. rusos rellenos de carne y verduras

ひろば 広場 plaza *f*., （ロータリー）glorieta *f*. ‖ 駅前の広場 plaza *f*. de la estación
◪ 皇居前広場 plaza *f*. del Palacio Imperial
◪ スペイン広場 plaza *f*. de España

ひろびろ 広広
▶ 広々とした espacio*so*[sa], exten*so*[sa], vas*to*[ta]‖広々とした海 mar *m*. inmenso y espacioso／広々としたキャンパス campus *m*.[=*pl*.]「espacioso [amplio]

ひろま 広間 salón *m*. ‖ 広間に客を通す hacer pasar「al [a la] visitante al salón

ひろまる 広まる difundirse, propagarse, divulgarse ‖ 噂が広まる「cundir [extenderse] *el rumor*／ニュースが広まる difundirse *la noticia*／このファッションは若者の間に広まった Esta moda se ha extendido entre los jóvenes.

ひろめる 広める difundir, propagar, divulgar ‖ 宗教を広める propagar la religión／噂を広める「hacer circular [difundir, divulgar] un rumor／見聞を広める ampliar el conocimiento

ピロリきん ピロリ菌 *Helicobacter pylori f(m)*.

ひろんりてき 非論理的
▶ 非論理的な ilógi*co*[ca]

ひわ 秘話 historia *f*.「secreta [desconocida], episodio *m*. desconocido

びわ 枇杷 （木・実）níspero *m*.

びわ 琵琶 （楽器）*pipa f(m)*., （説明訳）laúd *m*. de cuatro cuerdas

ひわい 卑猥 indecencia *f*., obscenidad *f*.
▶ 卑猥な indecente, obsce*no*[na]

ひわり 日割り
▶ 日割りで por día ‖ 日割りで払う pagar por día

ひん 品 distinción *f*., refinamiento *m*., educación *f*., elegancia *f*. ‖ 品がある tener「elegancia [estilo]／品のよい distingui*do*[da], refina*do*[da], elegante／品のない ru*do*[da], inculto[ta]

びん 便 （交通機関）servicio *m*., （航空機の）vuelo *m*. ‖ イベリア航空の534便 vuelo *m*. 534 de (la compañía) Iberia／バルセロナ行きの次の便は何時に出ますか ¿A qué hora sale el próximo vuelo a Barcelona?
◪ 定期便 vuelo *m*. regular
◪ 便名 número *m*. de vuelo

びん 瓶/壜 botella *f*., （広口瓶）tarro *m*., bote *m*., （小さな瓶）frasco *m*. ‖ 瓶が割れる「romperse [quebrarse] *la botella*／ワインを瓶に詰める embotellar vino／瓶を空にする vaciar la botella／瓶の栓 tapón *m*.／瓶の蓋 tapa *f*.／瓶の口 boca *f*.
◪ 空瓶 botella *f*. vacía
◪ ガラス瓶 botella *f*. de「cristal [vidrio]
◪ ビール瓶 botella *f*. de cerveza
◪ 瓶ビール cerveza *f*. embotellada

ピン alfiler *m*., （ヘアピン）horquilla *f*., （ボーリングの）bolo *m*. ‖ ピンで留める prender ALGO con un alfiler
慣用 ピンからキリまで ‖ ピンからキリまである Hay de todo tipo.／医者といってもピンからキリまでいる Hay médicos y médicos.
◪ 安全ピン imperdible *m*.
◪ ネクタイピン alfiler *m*. de corbata
◪ ピンポイント ピンポイントで爆撃する bombardear con precisión milimétrica

ひんい 品位 dignidad *f*., distinción *f*. ‖ 品位を落とす perder la dignidad／品位を保つ mantener la dignidad

ひんかく 品格 ⇒ひん（品）・ひんい（品位）

びんかん 敏感
▶ 敏感な sensible ‖ 敏感な肌「piel *f*. [cutis *m*.] sensible／とても敏感な年ごろ edad *f*. muy sensible
▶ 敏感に con sensibilidad ‖ 敏感に反応する「reaccionar [responder] con sensibilidad
▶ 敏感である ser sensible《a》‖ 寒さに敏感である ser sensible al frío／消費者は価格に敏感である Los consumidores son sensibles a los precios.

ひんきゃく 賓客 invita*do*[da] *mf*.

ひんく 貧苦 ⇒ひんこん（貧困）

ピンク color *m*. rosa
▶ ピンクの de color rosa, rosa*do*[da]
◪ サーモンピンク color *m*. salmón
◪ ショッキングピンク color *m*. rosa fosforito
◪ ピンク映画 película *f*.「porno [verde]

ひんけつ 貧血 anemia *f*. ‖ 貧血を起こす sufrir un ataque de anemia／貧血に悩む padecer anemia
▶ 貧血(症)の(人) anémi*co*[ca] (*mf*.)
◪ 脳貧血 anemia *f*. cerebral
◪ 再生不良性貧血 anemia *f*. aplásica

ビンゴ 《ゲーム》bingo *m*.
▶ ビンゴをする jugar al bingo

ひんこう 品行 conducta *f*., comportamiento *m*.
◪ 品行方正 ‖ 彼は品行方正だ Su conducta es ejemplar. ¦ Él es un hombre de buena conducta.

ひんこん 貧困 pobreza *f*. ‖ 政策の貧困 carencia *f*. en las políticas／貧困と闘う luchar contra la pobreza／貧困に耐える so-

portar la pobreza
- 貧困な pobre
  - 貧困家庭 familia f. 「pobre [necesitada]
  - 貧困層 clase f. pobre

ひんし 品詞 《文法》parte f. de la oración, categoría f. gramatical

ひんし 瀕死
- 瀕死の moribun*do*[*da*], agonizante ‖ 瀕死の重傷を負う 「recibir [sufrir] una herida mortal, 「resultar [quedar] mortalmente heri*do*[*da*]

ひんしつ 品質 calidad f. ‖ 品質がよい tener buena calidad, ser de buena calidad ／ 品質が悪い tener mala calidad, ser de mala calidad ／ 品質を保証する garantizar la calidad ／ 品質を維持する mantener la calidad ／ 品質を向上させる mejorar la calidad ／ 品質よりコスト削減を優先する dar prioridad a la reducción de gastos antes que a la calidad
  - 品質管理 control m. de calidad
  - 品質基準 norma f. de calidad ‖ 品質基準を満たす cumplir la norma de calidad
  - 品質本位 当店は品質本位です En nuestra tienda la calidad es lo primero.

ひんじゃく 貧弱 ‖ 内容が貧弱だ El contenido es insuficiente.
- 貧弱な pobre ‖ 貧弱な体格 constitución f. débil ／ 貧弱な知識 「escasos [pobres] conocimientos mpl.

ひんしゅ 品種 especie f., género m. ‖ ばらの新しい品種 nueva variedad f. de rosa
  - 品種改良 cría f. selectiva, 「mejora f. [mejoría f.] de la especie ‖ 品種改良する mejorar la especie

ひんしゅく 顰蹙 ‖ ひんしゅくを買う（誰かの）escandalizar a ALGUIEN

びんしょう 敏捷 agilidad f., ligereza f., presteza f.
- 敏捷な ágil, lige*ro*[*ra*] ‖ 敏捷な動き movimientos mpl. ágiles
- 敏捷に ágilmente, con agilidad ‖ 敏捷に動く moverse con 「agilidad [ligereza]

びんじょう 便乗
- 便乗する（利用する）aprovechar hábilmente ‖ 私たちはルイスの車に便乗して空港へ行った Fuimos juntos al aeropuerto en el coche de Luis. ／ 原油の値上がりに便乗してガス料金を値上げする aprovechar el encarecimiento del crudo para subir las tarifas de gas

ヒンズーきょう ヒンズー教 hinduismo m.
- ヒンズー教の（信者）hinduista (com.)

ひんする 瀕する ‖ 死に瀕している estar al borde de la muerte ／ 絶滅の危機に瀕している estar en peligro de extinción

ひんせい 品性 moralidad f., moral f. ‖ 下劣な品性 carácter m. ruin ／ 品性を疑う dudar de la moralidad de ALGUIEN

ピンセット pinzas fpl. ‖ ピンセットでつかむ coger ALGO con pinzas

びんせん 便箋 papel m. de cartas

ひんそう 貧相
- 貧相な míse*ro*[*ra*], de aspecto pobre

びんそく 敏速 prontitud f., celeridad f., rapidez f.
- 敏速な pron*to*[*ta*], rápi*do*[*da*]
- 敏速に con prontitud, inmediatamente, con celeridad ‖ 問い合わせに敏速に対応する atender con celeridad solicitudes de información

びんた bofetada f. ‖ びんたを食らわす dar una bofetada 《a》,《慣用》poner los cinco dedos en la cara de ALGUIEN

ピンチ aprieto m., apuro m. ⇒くきょう(苦境) ‖ ピンチを迎える encontrarse en un aprieto ／ ピンチを切り抜ける salir de un aprieto ／ ピンチをチャンスに変える hacer de la crisis una oportunidad
  - ピンチヒッター《野球》batea*dor*[*dora*] mf. de emergencia;（代役）sustitu*to*[*ta*] mf.
  - ピンチランナー《野球》corre*dor*[*dora*] mf. de emergencia

びんづめ 瓶詰め（行為）embotellado m., embotellamiento m.,（製品）conserva f. en 「bote [tarro] de cristal
- 瓶詰めの embotella*do*[*da*], en 「bote [tarro] de cristal ‖ 瓶詰めのマーマレード mermelada f. en 「bote [tarro]

ビンテージ
  - ビンテージカー coche m. de época
  - ビンテージワイン vino m. añejo

ヒント pista f., clave f. ‖ ヒントを出す dar una pista ／ ～にヒントを得る inspirarse 《en》

ひんど 頻度 frecuencia f. ‖ 頻度の高い frecuente ／ 頻度の低い poco frecuente ／ 使用頻度順に por orden de frecuencia de uso

ぴんと ‖ ロープをぴんと張る tensar bien la cuerda ／ 背筋をぴんと伸ばす enderezarse, ponerse dere*cho*[*cha*]
- 慣用 ぴんとくる（直観する）intuir,（納得する）convencerse ‖ この音楽は私にはどうもぴんとこない A mí no me convence esta música.

ピント enfoque m. ‖ ピントを合わせる enfocar ／ ピントが合っている estar enfoca*do*[*da*] ／ ピントがずれた写真 foto(grafía) f. desenfocada

ひんぱつ 頻発
- 頻発する ocurrir 「con frecuencia [frecuentemente]

ピンはね ピン撥ね
- ピンはねする ‖ 給料をピンはねする cobrar una comisión abusiva sobre el sueldo

ひんぱん 頻繁

▶頻繁な frecuente, asi*duo*[*dua*]
▶頻繁に frecuentemente, con frecuencia, con asiduidad ‖ 図書館に頻繁に通う ir con asiduidad a la biblioteca / 彼らは頻繁に電話で連絡を取り合っている Ellos se comunican por teléfono con frecuencia. / 東京と大阪を頻繁に行き来する hacer frecuentes viajes entre Tokio y Osaka

ひんぴょうかい 品評会 feria *f.* de muestras, exposición *f.*

ぴんぴん vi*vo*[*va*], (元気がいい) lle*no*[*na*] de vida, saludable y fuerte ‖ 彼女は70歳なのにぴんぴんしている Ella está como una rosa a pesar de sus 70 años. / 魚が水面をぴんぴんはねる Los peces saltan sobre el agua como locos.

ひんぷ 貧富 riqueza *f.* y pobreza *f.* ‖ 貧富の差が激しい Hay un abismo entre ricos y pobres.

びんぼう 貧乏 pobreza *f.*, (貧窮) penuria *f.* ‖ 貧乏に耐える soportar la pobreza / 貧乏とたたかう luchar contra la pobreza / 貧乏のどん底にいる vivir en la extrema pobreza
▶貧乏な pobre ‖ 貧乏な家に生まれる nacer en una familia pobre
慣用 貧乏暇なし Los pobres no tienen tiempo libre.
◪貧乏くじ ‖ 貧乏くじを引く ser desafortuna*do*[*da*], tener mala suerte / いつも私が貧乏くじを引く Siempre me toca la peor parte.
◪貧乏性 ‖ 貧乏性である ser poco genero*so*[*sa*] *consigo* (mis*mo*[*ma*])
◪貧乏人 pobre *com.*
◪貧乏揺すり ‖ 貧乏揺すりをする mover nerviosamente la pierna

ピンぼけ desenfoque *m.* ‖ この写真はピンぼけしている Esta foto está desenfocada.

ピンポン pimpón *m.* → たっきゅう(卓球)
◪ピンポン玉 pelota *f.* de pimpón

ひんみん 貧民 pobres *mpl.*, necesitados *mpl.*
◪貧民街/貧民窟 barrio *m.* de los pobres

ひんもく 品目 género *m.* de artículos
◪輸入品目 lista *f.* de productos importados

ひんやり
▶ひんやりした fres*co*[*ca*] ‖ ひんやりした空気 aire *m.* 「fresco [frío]」
▶ひんやりする ‖ 森の中はひんやりしている Hace fresquito en el bosque.

びんらん 便覧 manual *m.*, (案内書) guía *f.*

びんわん 敏腕 capacidad *f.*, habilidad *f.* ‖ 敏腕を振るう desplegar *su* habilidad
▶敏腕な/敏腕の hábil, competente ‖ 敏腕の刑事 detective *com.* hábil
◪敏腕家 persona *f.* altamente competente

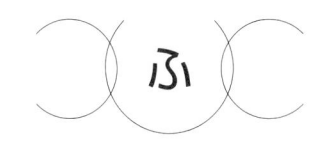

ふ

ふ 府 provincia *f.*, prefectura *f.*, (中心) centro *m.* ‖ 立法の府 sede *f.* del poder legislativo / 京都府 「provincia *f.* [prefectura *f.*]」 de Kioto
◪府議会 asamblea *f.* provincial
◪府知事 goberna*dor*[*dora*] *mf.*
◪府庁 gobierno *m.* provincial
◪府立大学 universidad *f.* provincial

ふ 負
▶負の negati*vo*[*va*] ‖ 負の遺産 herencia *f.* negativa / 負の数 número *m.* negativo

ふ 腑 entrañas *fpl.*, vísceras *fpl.*
慣用 腑に落ちない no poder convencerse (de)
◪腑分け (解剖) disección *f.*
◪五臓六腑 entrañas *fpl.*, vísceras *fpl.*

ふ 麩 gluten *m.* de trigo

ふ 譜 (楽譜) partitura *f.* ‖ 譜を読む leer 「una partitura [un texto musical]」

ぶ 分 ‖ 3分の利子 interés *m.* del 3% (tres por ciento) / 37度5分の熱がある Tengo 37,5 grados de fiebre.
慣用 分が悪い 「estar [encontrarse]」 en desventaja ‖ 私の方が君より分が悪い Tengo más desventajas que tú.

ぶ 部 (部局) sección *f.*, departamento *m.*, (数量) ejemplar *m.*, (クラブ) club *m.* ‖ パンフレット10部 diez ejemplares *mpl.* del folleto / テニス部 club *m.* de tenis

ファ 《音楽》 fa *m.*[=*pl.*]

ファースト 《野球》 (一塁) primera base *f.*, (一塁手) primera base *com.*
◪ファーストキス primer beso *m.*
◪ファーストクラス primera clase *f.* ‖ ファーストクラスのお客様からご搭乗いただきます Los pasajeros de primera clase serán los primeros en embarcar.
◪ファーストネーム nombre *m.*
◪ファーストフード comida *f.* rápida
◪ファーストミット 《野球》 guante *m.* de primera base
◪ファーストランナー 《野球》 corre*dor*[*do-*

ぶあい 歩合 (割合) porcentaje *m*., (手数料) comisión *f*.
- 歩合給「sueldo *m*. [salario *m*.] a comisión
- 歩合制 sistema *m*. de comisiones

ファイアーウォール 《IT》 cortafuegos *m*.[=*pl*.]

ぶあいそう 無愛想 falta *f*. de amabilidad, desabrimiento *m*.
- 無愛想な poco amable, desabri*do*[*da*], antipáti*co*[*ca*], hos*co*[*ca*]
- 無愛想に‖無愛想に答える responder secamente

ファイト ánimo *m*.‖ファイトがある ser combati*vo*[*va*], tener un espíritu combativo / ファイト！(かけ声)¡Ánimo！¡Venga！

ファイバー fibra *f*.
- 光ファイバー fibra *f*. óptica
- ファイバースコープ fibroscopio *m*.

ファイル carpeta *f*., 《IT》archivo *m*., fichero *m*.‖ファイルを削除する borrar [eliminar] un「archivo [fichero] / ファイルを差し替える reemplazar un「archivo [fichero] / ファイルを作る crear un「archivo [fichero] / ファイルを閉じる cerrar un「archivo [fichero] / ファイルを開く abrir un「archivo [fichero] / ファイルを復元する restaurar un「archivo [fichero] / ファイルを保存する guardar un「archivo [fichero]
- ファイルする archivar
- ファイルキャビネット archivador *m*.
- ファイル名 nombre *m*. de「archivo [fichero]

ファインダー (カメラの) visor *m*., (望遠鏡の) buscador *m*.

ファインプレー‖ファインプレーをする(スポーツ) hacer una excelente jugada

ファウル 《スポーツ》falta *f*.
- ファウルする cometer una falta

ファクシミリ ⇒ファックス(FAX)

ファサード fachada *f*.

ファジー
- ファジーな confu*so*[*sa*], difu*so*[*sa*], borro*so*[*sa*]
- ファジー検索 búsqueda *f*. difusa
- ファジー集合 conjunto *m*. difuso
- ファジー論理 lógica *f*. difusa

ファシスト fascista *com*.

ファシズム fascismo *m*.

ファスナー cremallera *f*., 《南米》cierre *m*. relámpago‖ファスナーを開ける「abrir [bajar] la cremallera / ファスナーを閉める「cerrar [subir] la cremallera
- ファスナー付きの con cremallera

ぶあつい 分厚い gor*do*[*da*], grue*so*[*sa*], volumino*so*[*sa*]‖分厚い辞書 diccionario *m*. gordo

ファックス FAX fax *m*., telefax *m*.‖FAXで送る enviar ALGO por fax / FAXを送信する enviar un fax / FAXを受信する recibir un fax
- FAX電話 teléfono *m*. con fax

ファッション moda *f*.‖今秋流行のファッション la moda que se lleva este otoño
- ファッション雑誌 revista *f*. de moda(s)
- ファッションショー desfile *m*. de moda(s)
- ファッションモデル modelo *com*., maniquí *com*.

ファミコン videojuego *m*.

ファン admira*dor*[*dora*] *mf*., fan *com*., (愛好者) aficiona*do*[*da*] *mf*., (熱狂的な) hincha *com*., foro*fo*[*fa*] *mf*.; (送風機) ventilador *m*.‖たくさんのファンに支えられて con el apoyo de muchos「admiradores [fanes]
- 石油ファンヒーター calentador *m*. de queroseno con ventilador
- ファンクラブ club *m*. de fanes
- ファンレター carta *f*. de *un*[*una*] fan

ふあん 不安 inquietud *f*., preocupación *f*.‖不安がある tener preocupaciones / 不安が消える disiparse *la inquietud*, desaparecer *las preocupaciones* / 私には不安が残る Me queda una inquietud. / また地震が起こるのではと不安だ Tengo miedo de que ocurra un nuevo terremoto. / 彼女は不安に襲われた A ella le sobrevino una inquietud. / そのニュースは消費者を不安にさせた La noticia provocó inquietud entre los consumidores. / 私は退職後の生活に不安を感じている Me preocupa la vida después de la jubilación. / 一抹の不安を感じる sentir「cierta [una vaga] inquietud
- 不安な/不安の inquie*to*[*ta*], preocupa*do*[*da*]‖不安な一夜を明かす pasar una noche inquieta
- 不安そうに preocupadamente, con inquietud
- 雇用不安「inseguridad *f*. [inestabilidad *f*.] laboral
- 不安感 sentimiento *m*. de「inquietud [preocupación]

ファンクションキー tecla *f*. de función

ファンタジー fantasía *f*.

ふあんてい 不安定 inestabilidad *f*., precariedad *f*.‖春の初めは天候が不安定だ El tiempo es variable en el inicio de la primavera.
- 不安定な inestable, preca*rio*[*ria*]‖不安定な立場 posición *f*. precaria

ファンデーション (化粧) base *f*. de maquillaje

ふあんない 不案内 ignorancia *f*.
- 不案内である no estar al tanto 《de》, ser ignorante‖私は株にはまったく不案内です No sé nada sobre acciones. ¦ No tengo ni

idea de acciones.
ファンファーレ fanfarria *f.*
ふい ‖ チャンスをふいにする「desaprovechar [dejar pasar, desperdiciar] una oportunidad / 株の儲けがふいになった El beneficio de las acciones se ha desperdiciado.

ふい 不意
▶不意の imprevis*to*[*ta*], inespera*do*[*da*] ‖ 不意の来客 visita *f.* 「inesperada [imprevista] / 不意の出来事 suceso *m.* 「inesperado [imprevisto]
▶不意に inesperadamente, de improviso
[慣用]不意をつく sorprender a ALGUIEN, pillar a ALGUIEN por sorpresa ‖ 不意をつかれれば誰でもあわてる Cualquiera pierde la calma si está desprevenido.
◪不意打ち 敵に不意打ちを掛ける atacar al enemigo por sorpresa

ブイ (浮標) boya *f.*
ブイアイピー VIP vip *com.*
フィアンセ prometi*do*[*da*] *mf.*, no*vio*[*via*] *mf.*
フィート (長さの単位) pie *m.*
フィードバック retroalimentación *f.*, 《電気》realimentación *f.*
フィーリング sentimiento *m.*, sensación *f.* ‖ フィーリングが合う compenetrarse 《con》/ 彼とはフィーリングが合わない Él y yo no 「nos compenetramos [tenemos química]. No existe 「compenetración [química] entre él y yo.
フィールド campo *m.*
◪フィールド競技 saltos *mpl.* y lanzamientos *mpl.*
◪フィールドワーク trabajo *m.* de campo
フィギュアスケート patinaje *m.* artístico
フィクション ficción *f.*
ふいちょう 吹聴
▶吹聴する pregonar, divulgar
フィッシング pesca *f.*
◪フィッシング詐欺《英語》*phishing m.* ‖ フィッシング詐欺にあう「sufrir [ser víctima de] *phishing*
ふいっち 不一致 desacuerdo *m.*, discrepancia *f.* ‖ 性格の不一致 incompatibilidad *f.* de caracteres
フィットネスクラブ gimnasio *m.*
ブイティーアール VTR vídeo *m.*
ぷいと airadamente, malhumoradamente ‖ ぷいと横を向く「mirar para otro lado [apartar la vista] airadamente
フィナーレ final *m.*, (華々しい) apoteosis *f.*[=*pl.*]
フィニッシュ final *m.*
▶フィニッシュする terminar, finalizar
ブイネック Vネック escote *m.* de pico ‖ Vネックのセーター jersey *m.* con escote de pico

ブイヤベース 《料理》bullabesa *f.*
フィヨルド (地理) fiordo *m.*
ブイヨン 《料理》caldo *m.*
◪固形ブイヨン pastilla *f.* de caldo
◪粉末ブイヨン caldo *m.* en polvo
フィラメント 《電気》filamento *m.*
フィラリア (糸状虫) filaria *f.*
◪フィラリア症 filariosis *f.*[=*pl.*], filariasis *f.*[=*pl.*]
フィルター filtro *m.* ‖ フィルター付きのたばこ cigarrillo *m.* con filtro
フィルタリング filtro *m.* de contenido
フィルム película *f.*, (映画) film(e) *m.*, (巻いた) carrete *m.* ‖ 白黒のフィルム「película *f.* [carrete *m.*] en blanco y negro / カラーのフィルム「película *f.* [carrete *m.*] en color / フィルムを現像する revelar un carrete
フィレ filete *m.* → ヒレ
ぶいん 部員 so*cio*[*cia*] *mf.* de un club, miembro *com.* de un club
ふう 封 sello *m.*, sellado *m.* ‖ 手紙の封を切る abrir una carta / 手紙の封をする sellar una carta / 封のされた封筒 sobre *m.* sellado
ふう 風 (方法) manera *f.*, modo *m.*, (様子) aspecto *m.*, aire *m.*, (様式) estilo *m.* ‖ こんなふうに布を切ってください Corte la tela 「así [de esta manera], por favor. / 学生風の男 hombre *m.* con aspecto de estudiante / 日本風の/日本風に a la japonesa / 中世風の城 castillo *m.* de estilo medieval / スペイン風オムレツ tortilla *f.* española, tortilla *f.* de patata(s)
ふうあつ 風圧 presión *f.* de viento
ふういん 封印 sello *m.*, sellado *m.* ‖ 封印を破る romper el sello
▶封印する sellar
ふうう 風雨 viento *m.* y lluvia *f.*, tormenta *f.*, temporal *m.* ‖ 風雨が強まる La tormenta arrecia.
ふううん 風雲
[慣用]風雲急を告げる ‖ 風雲急を告げる状況である Nos encontramos ante una situación alarmante.
ふうか 風化 erosión *f.* eólica, 《化学》eflorescencia *f.* ‖ 雨による激しい風化 erosión *f.* fuerte causada por la lluvia / 風化が進む La erosión 「se agrava [empeora].
▶風化する erosionarse ‖ 時と共に戦争の記憶が風化する La memoria de la guerra se desvanece con el tiempo.
フーガ 《音楽》fuga *f.*
ふうかく 風格 dignidad *f.* ‖ 王者の風格 aura *f.* de campe*ón*[*ona*]
▶風格がある tener dignidad
ふうがわり 風変わり
▶風変わりな excéntri*co*[*ca*], extravagante, raro[ra] ‖ 風変わりな格好 aspecto *m.* raro,

apariencia *f.* rara ／風変わりな男 hombre *m.* excéntrico

ふうき 風紀　moral *f.* pública, (規律) disciplina *f.* ‖風紀を乱す desmoralizar, corromper la moral pública ／風紀を取り締まる imponer la disciplina

ふうきり 封切り　estreno *m.* ‖明日封切りの映画 película *f.* que se va a estrenar mañana

◻️封切り館 cine *m.* de estreno

◼️ブーケ　(花束) ramo *m.*

◻️ブーケガルニ《フランス語》bouquet *m.* garni, atadillo *m.* de hierbas

ふうけい 風景　paisaje *m.*, (眺望) vista *f.* ‖のどかな風景 paisaje *m.* tranquilo ／風景を心に描く [imaginarse [figurarse] un paisaje ／風景を損なう [estropear [afear] el paisaje ／風景を眺める contemplar el paisaje

◻️街頭風景 vista *f.* callejera

◻️風景画 paisaje *m.*

◻️風景画家 paisajista *com.*

◻️風景描写 descripción *f.* de paisajes

ふうこう 風向　dirección *f.* del viento

◻️風向計 anemoscopio *m.*

ふうこう 風光　paisaje *m.* ‖風光に恵まれた土地 tierra *f.* con riqueza paisajística

◻️風光明媚‖風光明媚な町 ciudad *f.* pintoresca

ふうさ 封鎖　bloqueo *m.* ‖封鎖を解く levantar un bloqueo, desbloquear ／封鎖を破る romper un bloqueo

▶封鎖する bloquear ‖デモ隊が都心のいくつかの道路を封鎖した Los manifestantes cortaron varias calles del centro de la ciudad.

◻️封鎖解除 desbloqueo *m.*

ふうさい 風采　apariencia *f.*, porte *m.*, aspecto *m.*, presencia *f.* ‖風采がよい方 tener buena presencia ／風采が悪い tener mala presencia ／風采の上がらない男 hombre *m.* poco agraciado

ふうし 風刺　caricatura *f.*, sátira *f.* ‖消費社会への風刺が利いている La sátira hacia la sociedad de consumo surte efecto.

▶風刺する satirizar

▶風刺的な satírico[ca]

◻️風刺画 caricatura *f.*

◻️風刺作家 escri*tor*[*tora*] *mf.* satír*ico*[*ca*], satírico[ca] *mf.*

◻️風刺文学 literatura *f.* satírica

ふうじこめせいさく 封じ込め政策　política *f.* de bloqueo

ふうしゃ 風車　molino *m.* de viento

◻️風車小屋 molino *m.* (de viento)

ふうしゅう 風習　costumbres *fpl.*, 《格式語》usanza *f.* ‖正月の風習 costumbres *fpl.* de Año Nuevo ／風習がある tener la costumbre《de》／この村では昔ながらの風習が残っている En este pueblo todavía se conservan costumbres antiguas. ／風習に従う [seguir [respetar] las costumbres ／風習を破る [violar [romper] una costumbre

ふうしょ 封書　carta *f.* [cerrada [sellada]

ふうじる 封じる　sellar‖口を封じる silenciar a ALGUIEN, [tapar [cerrar] la boca a ALGUIEN ／反対意見を封じる silenciar las opiniones contrarias

ふうしん 風疹　rubeola *f.*, rubéola *f.* ‖風疹にかかる [coger [contraer] la rubeola

ブース　cabina *f.*

ふうすいがい 風水害　daños *mpl.* causados por el viento y las inundaciones

ふうせつ 風雪　viento *m.* y nieve *f.*, (吹雪) tormenta *f.* de nieve‖人生の風雪に耐える soportar las dificultades de la vida

ふうせつ 風説　⇒うわさ(噂)

ふうせん 風船　globo *m.* ‖風船をふくらませる inflar un globo

◻️紙風船 globo *m.* de papel

◻️風船ガム chicle *m.* de globo

◻️風船爆弾 bomba *f.* globo

ふうぜん 風前

《慣用》風前の灯火‖この会社は風前のともし火である Esta empresa pende de un hilo.

ふうそく 風速　velocidad *f.* del viento‖風速は30メートルだ La velocidad del viento es de 30 metros por segundo.

◻️風速計 anemómetro *m.*

ふうぞく 風俗　costumbres *fpl.* ⇒ふうしゅう(風習)・ふうき(風紀)

◻️風俗営業 negocios *mpl.* de restauración y entretenimiento

◻️風俗画 pintura *f.* [costumbrista [de género]

ぷうたろう 風太郎/プー太郎　desemplea*do*[*da*] *mf.* vag*o*[*ga*]

ふうちょう 風潮　tendencia *f.*, corriente *f.* ‖保守的な風潮がある Hay una tendencia conservadora. ／世間の風潮に逆らう ir en contra de la tendencia [de la sociedad [del mundo] ／最近の風潮に従う seguir las últimas tendencias

ブーツ　botas *fpl.*

◻️ショートブーツ botines *mpl.*

ふうど 風土　clima *m.* ‖スペインの風土になじむ aclimatarse a España

◻️風土病 enfermedad *f.* endémica

◻️風土色 peculiaridad *f.* climatológica

フード　(食べ物) comida *f.*, (帽子) capucha *f.*, (カメラの) parasol *m.* ‖カメラにフードを付ける poner un parasol a la cámara

ふうとう 封筒　sobre *m.* ‖封筒に入れる meter ALGO en un sobre ／封筒を開く abrir un sobre ／封筒をポストに投函する echar un sobre al [correo [buzón]

フードプロセッサー　robot *m.* de cocina,

procesador *m.* de alimentos ‖ フードプロセッサーで野菜を刻む picar verduras en un robot de cocina

ふうひょう 風評 rumor *m.*
▫風評被害 daños *mpl.* y perjuicios *mpl.* ocasionados por un rumor ‖ 風評被害に遭う sufrir daños y perjuicios por un rumor

ふうふ 夫婦 matrimonio *m.*, marido *m.* y mujer *f.* ‖ 夫婦で暮らす vivir en matrimonio
▶夫婦の conyugal, matrimonial, (結婚の) marital
(慣用) 夫婦喧嘩は犬も食わない Ni los perros se inmiscuyen en las peleas matrimoniales.
▫夫婦喧嘩 pelea *f.* matrimonial,「pelea *f.* [riña *f.*, disputa *f.*] conyugal
▫夫婦仲 relaciones *fpl.* conyugales ‖ 彼の仕事のせいで夫婦仲が悪くなった La relación con su mujer se deterioró por culpa de su trabajo.
▫夫婦別姓 ‖ 夫婦別姓にする mantener el apellido de solte*ro*[*ra*] después de casarse

ふうふう ‖ ふうふう吹き冷ます enfriar ALGO soplando ‖ ふうふう喘ぐ jadear ‖ 仕事でふうふう言っている estar agobia*do*[*da*] por el trabajo

ぶうぶう
▶ぶうぶう言う（不平を）quejarse
▶ぶうぶう鳴く（豚が）gruñir, dar gruñidos

ふうぶつ 風物 paisaje *m.*, escena *f.* ‖ 各地の風物 aspecto *m.* típico de cada región ‖ 農村の風物「paisaje *m.* [escena *f.*] rural ‖ 春を告げる風物「paisaje *m.* [escena *f.*] que anuncia la llegada de la primavera
▫風物詩 ‖ 夏の風物詩 escena *f.* típica de verano

ふうぼう 風貌 apariencia *f.*, aire *m.* ‖ 君は芸術家の風貌をしている Tienes un aire de artista.

ふうみ 風味 sabor *m.* ⇒ あじ(味) ‖ 独特の風味がある tener un sabor original
▶風味のある sabro*so*[*sa*]
▶風味のない insípi*do*[*da*], insul*so*[*sa*]

ブーム 《英語》 boom *m.*, auge *m.*
▫観光ブーム boom *m.* turístico

ブーメラン bumerán *m.*, 《中南米》 búmeran *m.*
▫ブーメラン効果 efecto *m.* bumerán

ふうらいぼう 風来坊 vagabun*do*[*da*] *mf.*

フーリガン 《英語》 hooligan *com.*, gambe*rro*[*rra*] *mf.*

ふうりゅう 風流 elegancia *f.*, buen gusto *m.*
▶風流な elegante, de buen gusto ‖ 風流な人 persona *f.* de gusto refinado

ふうりょく 風力 fuerza *f.* del viento, fuerza *f.* eólica
▫風力エネルギー energía *f.* eólica
▫風力計 anemómetro *m.*
▫風力発電 generación *f.* de energía eólica
▫風力発電所 central *f.* eólica

ふうりん 風鈴 campanilla *f.* de viento ‖ 風鈴が鳴る La campanilla de viento suena.

プール piscina *f.*, (資金などの) fondo *m.* común ‖ プールで泳ぐ nadar en la piscina ‖ 週2回プールに通う ir a la piscina dos veces a la semana ‖ 余った金をプールしておく poner el dinero「que sobra [sobrante] en un fondo común
▫プール開き apertura *f.* [inauguración *f.*] de la piscina

ふうろう 封蠟 lacre *m.* ‖ 封筒を封蠟で閉じる cerrar un sobre con lacre

ふうん 不運 mala suerte *f.*, desgracia *f.*, desventura *f.*, desdicha *f.* ‖ 私たちに不運が続いた Hemos tenido una racha de mala suerte. ‖ 不運に耐える「soportar [sufrir] una desgracia
▶不運な desafortuna*do*[*da*], desgracia*do*[*da*] ‖ 不運な男 hombre *m.*「con mala suerte [desgraciado] ‖ 不運な身の上 destino *m.*「desgraciado [lleno de desgracias]
▶不運なことに／不運にも desafortunadamente, desgraciadamente

ぶうん 武運 suerte *f.* en la「guerra [batalla] ‖ 武運なく con poca suerte en la「guerra [batalla]

ふえ 笛 pito *m.*, silbato *m.*, (楽器) flauta *f.* ‖ 笛を吹く pitar, (楽器の笛を) tocar la flauta
▫笛吹き flautista *com.*

フェア (見本市) feria *f.*
▶フェアな lim*pio*[*pia*]
▫フェアプレー juego *m.* limpio
▫フェアユース uso *m.*「legítimo [razonable]

フェイクファー piel *f.* sintética

ふえいせい 不衛生 insalubridad *f.*
▶不衛生な antihigiéni*co*[*ca*], insalubre ‖ 不衛生な環境で暮らす vivir en un ambiente insalubre

ふえいようか 富栄養化 eutrofización *f.*
▫富栄養化が起こる eutrofizarse

フェイント finta *f.*, amago *m.* ‖ フェイントをかける hacer una finta 《a》

フェーンげんしょう フェーン現象 efecto *m.* foehn

フェザーきゅう フェザー級 《スポーツ》peso *m.* pluma

フェスティバル festival *m.*

ふえて 不得手 ⇒ ふとくい(不得意) ‖ 私は酒が不得手です No tomo alcohol. ¦ (嫌いである) No me gusta el alcohol.

フェノール fenol *m.*
▫フェノール樹脂 resina *f.* fenólica

フェミニスト feminista *com.*

フェミニズム feminismo *m.*

フェリー 《英語》 *ferry m.*, transbordador

m.‖フェリーが運航している Hay servicio de *ferry*.／島までフェリーで行く ir a una isla en *ferry*
◪フェリー料金 tarifa *f.* del *ferry*
ふえる 増える/殖える aumentar, incrementarse, crecer, (増殖する) proliferar‖私は体重が2キロ増えた He engordado dos kilos.／水の量が増える Aumenta「la cantidad [el volumen] de agua ／人口が2倍に増えた La población se ha multiplicado por dos.／日本の外国人居住者の数は増え続けている El número de residentes extranjeros en Japón sigue aumentando.
フェルト fieltro *m.*
◪フェルトペン rotulador *m.*, marcador *m.*
プエルトリコ Puerto Rico
▶プエルトリコの puertorrique*ño*[*ña*]
▶プエルトリコ人 puertorrique*ño*[*ña*] *mf.*
フェルマータ (音楽) calderón *m.*
フェロモン feromona *f.*
ふえん 敷衍
▶敷衍する (展開する) desarrollar, (言い換える) parafrasear
フェンシング esgrima *f.*‖フェンシングの選手 esgrimi*dor*[*dora*] *mf.*, 《南米》esgrimista *com.*
▶フェンシングをする practicar esgrima
フェンス valla *f.*, cerca *f.*
フェンダー guardabarros *m.*[=*pl.*]
ぶえんりょ 無遠慮 indiscreción *f.*, imprudencia *f.*
▶無遠慮な indiscre*to*[*ta*], imprudente‖無遠慮な口をきく hablar de manera indiscreta
▶無遠慮に indiscretamente
フォアグラ fuagrás *m.*, 《フランス語》*foie-gras m.*
フォアハンド (テニス) golpe *m.* derecho
フォアボール (野球) base *f.* por bolas
フォーク tenedor *m.*‖フォークで刺す pinchar con un tenedor／フォークで食べる comer con tenedor
フォークソング canción *f.* folk, folk *m.*
フォークダンス baile *m.* folklórico
フォークボール (野球) bola *f.* de tenedor, bola *f.* recta de tres dedos
フォークリフト carretilla *f.* elevadora
フォースアウト (野球) *out m.* forzado
フォービスム (美術) fovismo *m.*
フォーマット (IT) formato *m.*
▶フォーマットする formatear
フォーマル
▶フォーマルな formal‖フォーマルな装いで de gala, bien traja*do*[*da*]
◪フォーマルウェア ropa *f.* formal
フォーム (スポーツ) forma *f.*, (化粧品などの) espuma *f.*
◪投球フォーム forma *f.* de lanzar la pelota

◪洗顔フォーム espuma *f.* limpiadora facial
フォーラム foro *m.*
フォールト (テニス) falta *f.*
フォト (写真) foto *f.*, fotografía *f.*
◪フォトジェニック(な) fotogéni*co*[*ca*]‖フォトジェニックな顔 cara *f.* fotogénica
フォルダ (IT) carpeta *f.*‖フォルダを開く abrir una carpeta／フォルダをロックする bloquear una carpeta
フォローアップ seguimiento *m.*‖プロジェクトのフォローアップをする hacer un seguimiento del proyecto
フォワード (スポーツ) delante*ro*[*ra*] *mf.*‖フォワードでプレイする jugar como delante*ro*[*ra*]／フォワードがシュートを決めた El delantero metió gol.
ふおん 不穏
▶不穏な intranquiliza*dor*[*dora*], inquietante‖不穏な動きがある Hay una tendencia inquietante.
◪不穏分子 elemento *m.*「perturbador [discordante]
フォンデュ 《フランス語》*fondue f.*
◪チーズフォンデュ *fondue f.* de queso
フォント fuente *f.*, tipo *m.* de letra‖フォントをインストールする instalar una fuente
ふか 鱶 (魚類) tiburón *m.*
ふか 不可‖変更は不可とする No se permiten cambios.／物理の試験で不可を取る suspender el examen de Física
(慣用) 可もなく不可もなし No es bueno ni malo.
ふか 負荷 (電気) carga *f.*
▶負荷をかける cargar
ふか 孵化 incubación *f.*
▶孵化させる incubar, empollar‖卵を孵化させる incubar huevos
◪人工孵化 incubación *f.* artificial
ふか 賦課 ⇒かぜい(課税)
ぶか 部下 subordina*do*[*da*] *mf.*, subalter*no*[*na*] *mf.*, inferior *com.*‖部下を持つ tener subordinados
ふかい 不快
▶不快にさせる molestar (a), acarrear un disgusto (a)
▶不快な desagradable, moles*to*[*ta*], incómo*do*[*da*]‖不快なにおい olor *m.* desagradable／不快な顔 cara *f.* de desagrado／満員電車ほど不快なものはない No hay nada más desagradable que viajar en un tren abarrotado.
▶不快感 malestar *m.*, molestia *f.*, disgusto *m.*‖不快感を覚える sentir disgusto
◪不快指数 índice *m.* de malestar
ふかい 深い profun*do*[*da*], hon*do*[*da*], (濃い) den*so*[*sa*]‖深い海 mar *m.* profundo／深い悲しみ profunda tristeza *f.*／深い霧 niebla *f.* densa／深い草むら maleza *f.* es-

pesa ／深い皿 plato m. hondo ／深い眠り sueño m. profundo ／深いわけがある Hay razones profundas. ／科学の深い知識を持つ tener un conocimiento profundo de la ciencia ／私は彼女とは深い仲だ Tengo una relación íntima [estrecha] con ella. ／秋が深い Estamos en pleno otoño. ／読みが深い tener perspicacia

ぶかい 部会 (部門) sección *f.*, (会合) reunión *f.* de la sección

ぶがいしゃ 部外者 persona *f.* ajena ‖ 部外者立入禁止《掲示》Prohibida la entrada a toda persona ajena

ふがいない 腑甲斐無い/不甲斐無い (意気地のない) pusilánime ‖ 腑甲斐無く負ける sufrir una derrota humillante

ふかいり 深入り
▶ 深入りする implicarse demasiado 《en》, meterse demasiado 《en》‖ 他人の問題に深入りする implicarse demasiado en los problemas de los demás

ふかかい 不可解
▶ 不可解な incomprensible, misterio*so*[*sa*], enigmátic*o*[*ca*] ‖ 不可解な行動「comportamiento *m.* [conducta *f.*] inexplicable

ふかかち 付加価値 valor *m.* añadido ‖ 商品の付加価値を高める aumentar el valor añadido de un producto ／配送システムの効率が付加価値を生む La eficacia del sistema de distribución produce un valor añadido.
▣ 付加価値税 impuesto *m.* sobre el valor añadido (略 IVA)

ふかく 深く profundamente ‖ 深く根を張る enraizarse profundamente ／深く息を吸う respirar hondo ／深く感謝する agradecer profundamente ALGO a ALGUIEN
▶ 深くする profundizar, ahondar ‖ 穴を深くする hacer más profundo el hoyo

ふかく 不覚 descuido *m.*, error *m.* ‖ 私の一生の不覚です Es el mayor error de mi vida. ／不覚の涙を流す llorar involuntariamente
▶ 不覚にも por descuido, sin querer

ふかくじつ 不確実 incertidumbre *f.*, inseguridad *f.*
▶ 不確実な inciert*o*[*ta*], insegur*o*[*ra*]
▶ 不確実性 ‖ 不確実性は今日のビジネスの一部分だ La incertidumbre forma parte de los negocios de hoy.

ふかくてい 不確定 incertidumbre *f.*
▶ 不確定の indetermina*do*[*da*], indefinid*o*[*da*]
▣ 不確定要素 factor *m.* 「indefinido [indeterminado] ‖ 不確定要素を考慮する「considerar [reflexionar sobre] las incertidumbres
▣ 不確定性原理《物理》principio *m.* de incertidumbre

ふかけつ 不可欠 ‖ 生物にとって睡眠は不可欠である Dormir es 「imprescindible [indispensable] para los seres vivos.
▶ 不可欠な imprescindible, indispensable ‖ 不可欠な要素「factor *m.* [elemento *m.*] indispensable

ふかこうりょく 不可抗力 fuerza *f.* mayor, caso *m.* fortuito ‖ 事故は不可抗力によるものだった El accidente se debió a causas fortuitas.
▣ 不可抗力条項 cláusula *f.* de fuerza mayor

ふかさ 深さ profundidad *f.* ‖ このプールは深さが6メートルある Esta piscina tiene seis metros de profundidad.

ふかし 不可視
▶ 不可視の invisible

ふかしぎ 不可思議
▶ 不可思議な extrañ*o*[*ña*], inexplicable, misterio*so*[*sa*], rar*o*[*ra*]

ふかしんじょうやく 不可侵条約 pacto *m.* de no agresión

ふかす 吹かす espirar, exhalar ‖ エンジンを吹かす acelerar el motor ／パイプを吹かす fumar en pipa

ふかす 蒸かす cocer ALGO al vapor

ふかちろん 不可知論 agnosticismo *m.*
▣ 不可知論者 agnóstic*o*[*ca*] *mf.*

ぶかつ 部活 actividades *fpl.* de un club escolar

ぶかっこう 不恰好/不格好
▶ 不恰好な fe*o*[*a*], de mala apariencia

ふかづめ 深爪 uña *f.* en carne viva ‖ 深爪をする cortarse muy cortas las uñas

ふかで 深手 「herida *f.* [lesión *f.*] grave
▶ 深手を負う「resultar [ser] gravemente heri*do*[*da*]

ふかなべ 深鍋 olla *f.*

ふかのう 不可能 imposibilidad *f.* ‖ 不可能に近い挑戦 reto *m.* que roza lo imposible ／不可能に挑戦する desafiar lo imposible ／不可能を可能にする hacer posible lo imposible
▶ 不可能な imposible ‖ 不可能な数字「número *m.* [cifra *f.*] imposible ／実現不可能な irrealizable, inviable
▶ ～することは不可能である Es imposible『+不定詞』.

ふかひ 不可避 ‖ 消費税の引き上げは不可避だろう La subida del impuesto sobre el consumo será inevitable.
▶ 不可避な inevitable, ineludible

ふかひれ 鱶鰭 aleta *f.* de tiburón
▣ フカひれスープ sopa *f.* de aleta de tiburón

ふかふか
▶ ふかふかな/ふかふかの bland*o*[*da*], mullid*o*[*da*] ‖ ふかふかの布団「futón *m.* [edredón *m.*] blando

ふかぶか 深深
▶ 深々と ‖ 深々と頭をさげる inclinarse pro-

fundamente／肘掛け椅子に深々と腰を下ろす arrellanarse en un sillón

ぶかぶか ‖ この靴は私にはぶかぶかだ Mis pies bailan en estos zapatos.
▶**ぶかぶかの** am*plio*[*plia*], holga*do*[*da*], muy grande

ぷかぷか ‖ タバコをぷかぷか吹かす fumar echando bocanadas de humo／水にぷかぷか浮く「flotar [ir] a la deriva en el agua

ふかぶん 不可分 ‖ 政治と経済は不可分である La política y la economía son inseparables.
▶**不可分の** indivisible, inseparable

ふかまる 深まる profundizarse, hacerse más profun*do*[*da*], (関係が) estrecharse ‖ 秋が深まる El otoño avanza.

ふかみ 深み profundidad *f.* ‖ 深みにはまる (深入りする)「implicarse [meterse] demasiado《en》／川の深みにはまる hundirse en las profundidades del río／深みのある色 color *m.* profundo／彼女には深みがない Ella es superficial.

ふかめる 深める profundizar《en》‖ 理解を深める cultivar el entendimiento, profundizar en el conocimiento／友情を深める estrechar la amistad《con》

ふかよい 深酔い ‖ 深酔いする emborracharse mucho

ふかん 俯瞰
▶**俯瞰する** dominar, divisar desde una altura

ぶかん 武官 militar *com.*
◨ **駐在武官** agrega*do*[*da*] *mf.* militar

ふかんしょう 不干渉 no intervención *f.*
◨ **不干渉主義** política *f.* de no intervención

ふかんしょう 不感症 frigidez *f.* ‖ 騒音に不感症になる volverse insensible al ruido

ふかんぜん 不完全 imperfección *f.*
▶**不完全な** imperfec*to*[*ta*], incomple*to*[*ta*], defectuo*so*[*sa*]
▶**不完全に** imperfectamente
◨ **不完全雇用** subempleo *m.*
◨ **不完全燃焼** combustión *f.* incompleta

ふき 《植物》petasite *m.* gigante, ruibarbo *m.* de ciénaga

ふき 付記 nota *f.*, apéndice *m.*, apostilla *f.*
▶**付記する** adicionar, apostillar

ぶき 武器 arma *f.* ‖ 私たちの最大の武器 nuestra mayor arma／武器を取る tomar las armas／武器を持つ「tener [llevar] un arma／武器を捨てる「deponer [abandonar] las armas／武器にする utilizar ALGO como arma
◨ **武器庫** arsenal *m.*
◨ **武器弾薬** armas *fpl.* y municiones *fpl.*

ふきあげる 吹き上げる/噴き上げる levantar, hacer brotar ‖ 鯨が潮を吹き上げる La ballena expulsa un chorro de agua.

ふきあれる 吹き荒れる rugir, bramar ‖ 強風が吹き荒れる Brama un viento fuerte.

ふきかえ 吹き替え 《映画》doblaje *m.*, (代役) doble *com.*
▶**吹き替える** doblar ‖ 外国映画をスペイン語に吹き替える doblar una película extranjera al español

ふきかえす 吹き返す ‖ 息を吹き返す resucitar, cobrar vida, volver a la vida

ふきかける 吹き掛ける (息などを) soplar, respirar《sobre》, (香水などを) pulverizar, rociar ‖ 消毒液を傷口に吹きかける echar desinfectante en una herida

ふきけす 吹き消す apagar ALGO soplando ‖ ろうそくを吹き消す apagar una vela soplando

ふきげん 不機嫌
▶**不機嫌な** de mal humor, malhumora*do*[*da*] ‖ 不機嫌な顔 cara *f.*「de mal humor [malhumorada]
▶**不機嫌になる** ponerse de mal humor

ふきこぼれる 吹きこぼれる rebosar al hervir ‖ 牛乳が吹きこぼれる La leche rebosa al hervir.

ふきこむ 吹き込む (風などが) entrar, penetrar, (思想などを) inculcar, infundir, (録音する) grabar ‖ 窓からすきま風が吹き込む Entra la corriente de aire por la ventana.／君は私に片寄った思想を吹き込んだ Me inculcaste una idea tendenciosa.／メッセージを吹き込む(録音する) grabar un mensaje

ふきさらし 吹きさらし
▶**吹きさらしの** a la intemperie, sin resguardo ‖ 吹きさらしのプラットホーム andén *m.* a la intemperie

ふきそ 不起訴 sobreseimiento *m.* ‖ 不起訴にする sobreseer la causa／その件は証拠不足で不起訴になった El caso fue sobreseído por falta de pruebas.

ふきそうじ 拭き掃除 limpieza *f.* con「una bayeta [un trapo] ‖ 台所の拭き掃除をする limpiar la cocina con una bayeta

ふきそく 不規則 irregularidad *f.* ‖ 労働時間が不規則だ Los horarios laborales son irregulares.
▶**不規則な** irregular, desordena*do*[*da*] ‖ 不規則な生活を送る llevar una vida「irregular [desordenada]
▶**不規則に** irregularmente
◨ **不規則活用** conjugación *f.* irregular
◨ **不規則動詞** verbo *m.* irregular

ふきだし 吹き出し (漫画の) bocadillo *m.*, globo *m.*

ふきだす 吹き出す/噴き出す (噴出する) manar, brotar, (笑い出す)「echarse [ponerse, romper] a reír

ふきだまり 吹き溜まり (雪やゴミなどの) montón *m.* ‖ 雪の吹きだまりができる La nieve se amontona. ／社会の吹きだまり lugar *m.* frecuentado por los marginados de la sociedad

ふきつ 不吉
▶不吉な aciago[ga], de mal「agüero [presagio], funesto[ta], fatídico[ca]‖不吉な数 número *m.* de la mala suerte ／不吉な前兆 mal「agüero *m.* [presagio *m.*]／不吉な予感がする tener un mal presentimiento

ふきつける 吹き付ける pulverizar,（風が）soplar, golpear‖壁にペンキを吹き付ける pulverizar la pared con pintura, pintar la pared con pistola ／寒風が私の顔に吹き付ける Me golpea el viento frío en la cara.

ふきでもの 吹き出物 grano *m.*, espinilla *f.*‖私は顔に吹き出物がたくさんできた Me han salido muchos granos en la cara.

ふきとばす 吹き飛ばす llevarse, arrebatar‖風が看板を吹き飛ばした El viento se llevó un letrero. ／ダイナマイトで岩を吹き飛ばす volar las rocas con dinamita ／寒さを吹き飛ばす ahuyentar el frío ／不安を吹き飛ばす alejar las preocupaciones

ふきとぶ 吹き飛ぶ saltar por los aires‖強風で小屋が吹き飛んだ La cabaña salió volando por el fuerte viento.

ふきとる 拭き取る limpiar, secar, enjugar‖床の汚れを拭き取る limpiar el suelo ／汗を拭き取る secar(se) el sudor

ふきながし 吹き流し banderola *f.*

ふきぬけ 吹き抜け caja *f.* de escalera‖2階吹き抜けのリビング salón *m.* de doble altura

ふきぬける 吹き抜ける‖突風が通りを吹き抜けた Una ráfaga de viento sopló a través de la calle.

ぶきみ 不気味／無気味
▶不気味な macabro[bra], horroroso[sa], siniestro[tra]‖不気味な静けさ silencio *m.* sepulcral ／不気味な笑い声 risa *f.* macabra
▶不気味に macabramente, horrorosamente‖猫の目が不気味に光る Los ojos del gato brillan macabramente.

ふきや 吹き矢 cerbatana *f.*

ふきゅう 不朽
▶不朽の inmortal, eterno[na]‖不朽の名作 obra *f.* eterna

ふきゅう 普及 difusión *f.*, divulgación *f.*, popularización *f.*‖携帯電話の普及 popularización *f.* del teléfono móvil ／教育の普及 divulgación *f.* de la educación
▶普及する difundirse, divulgarse, extenderse‖エアコンが各家庭に普及する Se extiende el uso del aire acondicionado en los hogares.
◨普及版 edición *f.* popular
◨普及率‖インターネットの普及率 índice *m.* de uso de Internet

ふきょう 不況「recesión *f.* [depresión *f.*] económica‖不況から脱する salir de la recesión económica ／不況に陥る entrar en recesión económica ／不況を克服する superar la recesión económica

ふきょう 不興‖消費者の不興をかう dar un disgusto a los consumidores

ふきょう 布教 predicación *f.*;《キリスト教》evangelización *f.*, misión *f.*
▶布教する predicar;《キリスト教》evangelizar, ir a las misiones
◨布教者 predicador[dora] *mf.*,《キリスト教》evangelizador[dora] *mf.*, misionero[ra] *mf.*

ぶきよう 不器用 torpeza *f.*‖手先が不器用である ser torpe de manos, ser desmañado[da],《話》ser un[una] manazas
▶不器用な torpe, desmañado[da], patoso[sa]‖不器用な手つきで con manos torpes
▶不器用に torpemente

ふきょうわおん 不協和音 disonancia *f.*, discordancia *f.*,（不一致）disconformidad *f.*‖与党内で不協和音が生じている Se están produciendo disconformidades en el seno del partido gobernante.

ぶきょく 舞曲 música *f.* de danza
◨ハンガリー舞曲 danzas *fpl.* húngaras

ふぎり 不義理 ingratitud *f.*
▶不義理をする ser ingrato[ta]《para, con》

ふきん 付近 vecindad *f.*, cercanía *f.*, alrededores *mpl.*
▶付近の vecino[na], cercano[na]‖付近の村々 pueblos *mpl.* vecinos
▶～の付近に cerca《de》‖この付近に cerca de aquí

ふきん 布巾 paño *m.*, trapo *m.*‖皿を布巾で拭く secar platos con un paño

ふきんこう 不均衡 desequilibrio *m.*, desproporción *f.*‖貿易収支の不均衡が生じる Se produce un desequilibrio en la balanza comercial. ／AとBの不均衡を是正する corregir el desequilibrio entre A y B

ふきんしん 不謹慎 indiscreción *f.*, imprudencia *f.*
▶不謹慎な indiscreto[ta], imprudente‖不謹慎な発言をする hacer un comentario [indiscreto [imprudente]

ふく 服 （衣類）prenda *f.* de vestir, ropa *f.*‖春の服 ropa *f.* de primavera ／服をあつらえる hacerse ropa ／服を着替える cambiarse de ropa ／黒い服を着てる llevar ropa negra, ir de negro ／服を着る ponerse la ropa, vestirse ／服をたたむ doblar ropa ／服を脱ぐ quitarse la ropa, desvestirse

ふく 副‖正副の書類 original *m.* y copia *f.* de un documento ／副音声付き放送 segundo programa *m.* de audio ／副大統領 vicepresidente[ta] *mf.* ／副社長 vicepresidente

[ta] *mf.*, vicedirec*tor*[*tora*] *mf.* general / 副収入 ingresos *mpl.* [adicionales [extra(s), suplementarios] / 副操縦士 copiloto *com.*
ふく 福 (buena) suerte *f.*, fortuna *f.* ‖ 福の神 dios *m.* de la fortuna
[慣用]鬼は外福は内 →おに(鬼)
ふく 吹く soplar ‖ 冷たい風が吹く Sopla un viento frío. ／ フルートを吹く tocar la flauta
[慣用]吹けば飛ぶような (軽い) muy lige*ro*[*ra*], (小さな) peque*ño*[*ña*]
ふく 拭く secar, limpiar ‖ 汗を拭く secar(se) el sudor ／ タオルで体を拭く (自分の) secarse el cuerpo con una toalla ／ 皿を拭く secar un plato ／ 窓を拭く limpiar los cristales (de una ventana)
ふく 葺く ‖ 屋根を葺く cubrir el tejado
ふく 噴く despedir, arrojar ‖ エンジンが火を噴く El motor despide fuego. ¦ El fuego sale del motor. ／ 鯨が潮を噴く La ballena expulsa un chorro de agua. ／ 泡を噴く「arrojar [echar] espuma
ふぐ 河豚 pez *m.* globo ‖ 河豚にあたる intoxicarse con pez globo
ふぐあい 不具合 mal estado *m.*, mal funcionamiento *m.*, disfunción *f.* ‖ エンジンに不具合が発生した Se ha producido una disfunción en el motor.
ふくい 腹囲 perímetro *m.* abdominal
ふくいん 福音 《宗教》evangelio *m.*, (吉報) buena noticia *f.* ‖ 福音を説く predicar el evangelio
▫ 福音教会 iglesia *f.* evangélica
▫ 福音書 Evangelio *m.*
▫ 福音伝道 evangelización *f.*

4つの福音書

マタイによる福音書 Evangelio *m.* según San Mateo ／ マルコによる福音書 Evangelio *m.* según San Marcos ／ ルカによる福音書 Evangelio *m.* según San Lucas ／ ヨハネによる福音書 Evangelio *m.* según San Juan

---

ふくいん 復員 desmovilización *f.*
▶ 復員する ser desmoviliza*do*[*da*]
▫ 復員兵 soldado *com.* desmoviliza*do*[*da*]
ふぐう 不遇 desgracia *f.*, adversidad *f.*
▶ 不遇な/不遇の desgracia*do*[*da*] ‖ 不遇な一生 vida *f.* llena de desgracias ／ 不遇の時代 época *f.* desgraciada ／ 不遇のうちに死ぬ morir en desgracia
ふくえき 服役 cumplimiento *m.* de condena ‖ 服役中である estar en prisión
▶ 服役する cumplir condena en prisión
▫ 服役期間 período *m.* de condena

ふくがく 復学 vuelta *f.* a「clase [los estudios]
▶ 復学する volver a clase, retomar los estudios
ふくがん 複眼 ojo *m.* compuesto
ふくぎょう 副業 trabajo *m.* complementario ‖ 副業でウェーターとして働く tener「un trabajo complementario [otro trabajo] como camarero
ふくげん 復元/復原 restauración *f.*, reconstrucción *f.*, restitución *f.* ‖ 江戸時代の町並みの復元 reconstrucción *f.* de una ciudad de la época (de) Edo
▶ 復元する restaurar, reconstruir, restituir
▫ 復元図 dibujo *m.* de una「restauración [reconstrucción]
▫ 復元力 (船の) estabilidad *f.* transversal
ふくごう 複合
▶ 複合の comple*jo*[*ja*], múltiple
▫ 複合汚染 contaminación *f.* múltiple
▫ 複合競技 prueba *f.* combinada ‖ ノルディック複合競技 combinada *f.* nórdica
▫ 複合語 palabra *f.* compuesta
▫ 複合商業施設 complejo *m.* comercial
▫ 複合体 complejo *m.*
ふくこうかんしんけい 副交感神経 nervio *m.* parasimpático
▶ 副交感神経の parasimpátic*o*[*ca*]
▫ 副交感神経系 sistema *m.* nervioso parasimpático
ふくざつ 複雑
▶ 複雑な complica*do*[*da*], comple*jo*[*ja*], intrinca*do*[*da*] ‖ 複雑な表情「expresión *f.* [cara *f.*] de sentimientos encontrados ／ 複雑な事情で por razones complicadas ／ 複雑な気持ち sentimiento *m.* complejo
▶ 複雑に complicadamente, complejamente
▶ 複雑にする complicar, enredar ‖ 状況が複雑になる Se complica la situación.
▶ 複雑性 complejidad *f.*
▫ 複雑怪奇「複雑怪奇な現象 fenómeno *m.* complejo y extraño
▫ 複雑骨折 fractura *f.* múltiple
ふくさよう 副作用 (薬の) efecto *m.* secundario ‖ 副作用がある tener efectos secundarios ／ 副作用を起こす producir un efecto secundario
ふくさんぶつ 副産物 subproducto *m.*, derivado *m.*, efecto *m.* indirecto ‖ 大豆とその副産物 soja *f.* y sus derivados *mpl.* ／ 経済危機の副産物 resultado *m.* indirecto de la crisis económica
ふくし 副詞 adverbio *m.*
▶ 副詞の adverbial
▫ 副詞句「grupo *m.* [sintagma *m.*] adverbial
ふくし 福祉 servicios *mpl.* sociales, asis-

tencia f. social, bienestar m.
- ◪ 社会福祉 bienestar m. social
- ◪ 福祉課（市役所の）departamento m. de bienestar social
- ◪ 福祉国家 estado m. de bienestar
- ◪ 福祉事業 obra f. social
- ◪ 福祉施設 establecimiento m. de bienestar social
- ◪ 福祉事務所 oficina f. de「asistencia social [servicios sociales]」

ふくじ 服地 tela f., tejido m.

ふくしきこきゅう 腹式呼吸 respiración f. abdominal
- ▶ 腹式呼吸をする respirar abdominalmente, practicar la respiración abdominal

ふくしきぼき 複式簿記 contabilidad f. por partida doble

ふくしゃ 複写 copia f., reproducción f.
- ▶ 複写する copiar, reproducir
- ◪ 複写機 fotocopiadora f.

ふくしゃ 輻射 radiación f. ⇒ ほうしゃ（放射）
- ◪ 輻射計 radiómetro m.
- ◪ 輻射熱 calor m. radiante

ふくしゅう 復習 repaso m.
- ▶ 復習する repasar, dar un repaso《a》, hacer un repaso《de》
- ◪ 復習問題 ejercicio m. de repaso

ふくしゅう 復讐 venganza f., revancha f., represalias fpl. ‖ 復讐を企てる tramar una venganza ／ 復讐を誓う jurar venganza ／ 復讐を果たす cumplir una venganza
- ▶ 復讐(を)する vengar, vengarse《de》, tomarse la revancha ‖ 父の死の復讐をする vengar la muerte de su padre ／ 敵に復讐する vengarse de los enemigos

ふくじゅう 服従 sumisión f., obediencia f. ‖ 反抗と服従 desobediencia f. y obediencia f. ／ 絶対服従を誓う jurar「obediencia [sumisión] absoluta」
- ▶ 服従する obedecer《a》, someterse《a》

ふくしゅうにゅう 副収入 ingresos mpl.「adicionales [extra(s), suplementarios]」‖ 副収入を得る obtener ingresos「adicionales [extra(s), suplementarios]」

ふくしょう 副賞 premio m. suplementario

ふくしょう 復唱 repetición f.
- ▶ 復唱する repetir

ふくしょく 服飾 moda f. y complementos mpl.
- ◪ 服飾デザイナー modisto[ta] mf., diseñador[dora] mf. de moda
- ◪ 服飾品 complementos mpl., adorno m.

ふくしょく 復職 vuelta f. al trabajo
- ▶ 復職する「regresar [volver] al trabajo」

ふくしん 腹心 persona f. de confianza, confidente com.

ふくじん 副腎《解剖》glándula f. suprarrenal
- ◪ 副腎皮質ホルモン corticoides mpl., corticosteroides mpl.

ふくすい 腹水《医学》ascitis f.[=pl.], hidropesía f. del vientre

ふくすい 覆水
- 慣用 覆水盆に返らず《諺》A lo hecho, pecho.

ふくすう 複数 plural m., pluralidad f.
- ▶ 複数の más de un[una]『+名詞』, (いくつかの) varios[rias],《文法》plural ‖ 複数の事件 varios casos mpl.
- ◪ 複数形 plural m. ‖ 複数形にする pluralizar, poner en plural (una palabra)

ふくする 服する (命令に) obedecer, someterse《a》, (刑に) cumplir ‖ 5年の刑に服する cumplir una condena de cinco años ／ 喪に服する llevar luto

ふくせい 複製 reproducción f., copia f., duplicado m.
- ▶ 複製する reproducir, copiar, duplicar
- ◪ 複製画 réplica f.

ふくせん 伏線 insinuación f., pista f. ‖ 伏線を張る dar una pista, dejar caer una insinuación

ふくせん 複線 doble vía f. ‖ AとBの間を複線にする duplicar la vía entre A y B
- ◪ 複々線 複々線にする cuadruplicar la vía

ふくそう 服装 ropa f., vestido m. ‖ 服装の乱れ desaliño m. en el vestir ／ 服装にかまわない ser descuido[da] en el vestir ／ 服装を気にする preocuparse por la ropa ／ きちんとした服装をする ir「bien [decentemente] vestido[da]」, vestir con decoro ／ みすぼらしい服装をする ir「mal [pobremente] vestido[da]」 ／ 乱れた服装をする ir「desarreglado[da] [desaliñado[da]]」 ／ 服装を整える arreglarse (el vestido)
- ◪ 服装規定 código m. de vestir

ふくそすう 複素数 número m. complejo

ふくだい 副題 subtítulo m.

ふくつ 不屈
- ▶ 不屈の indomable, indómito[ta], inquebrantable ‖ 不屈の精神 espíritu m. inquebrantable ／ 不屈の人 persona f. de voluntad「tenaz [firme]」

ふくつう 腹痛 cólico m., dolor m.「de vientre [abdominal]」
- ▶ 腹痛がする tener dolor de vientre

ふくどくほん 副読本 libro m. de lectura complementaria

ふくとしん 副都心 subcentro m. de una ciudad ‖ 新宿は東京の副都心である Shinjuku es el subcentro de Tokio.

ふくびき 福引き sorteo m., rifa f. ‖ 私は福引きで5万円が当たった Me tocaron cincuenta mil yenes en el sorteo.
- ▶ 福引きする rifar, sortear
- ◪ 福引き券 papeleta f.,《南米》boleto m.

ふくびこう　副鼻腔　《解剖》seno *m*.「nasal [paranasal]」
▫️副鼻腔炎　sinusitis *f*.[=*pl*.]
ふくぶ　腹部　abdomen *m*., vientre *m*.
▶腹部の　abdominal
▫️腹部大動脈瘤　aneurisma *m(f)*. de aorta abdominal
ぶくぶく　《擬音語》gluglú‖ぶくぶく泡が出る／ぶくぶく泡が立つ　burbujear, hacer burbujas／ぶくぶく太っている　estar fo*fo*[*fa*]
ふくぶくろ　福袋　paquete *m*. sorpresa, bolsa *f*. de la suerte
ふくぶん　複文　oración *f*. compuesta
ふくまく　腹膜　《解剖》peritoneo *m*.
▶腹膜の　peritoneal
▫️腹膜炎　peritonitis *f*.[=*pl*.]
▫️腹膜透析　diálisis *f*.[=*pl*.] peritoneal
ふくませる　含ませる‖スポンジに水を含ませる　empapar una esponja en agua／赤ん坊に乳を含ませる　dar el pecho al bebé
ふくみ　含み　connotación *f*., implicación *f*.‖その言葉には政治的な含みはない　La palabra no tiene una connotación política.
▫️含み資産　activos *mpl*. ocultos, capital *m*. oculto
▫️含み笑い‖含み笑いをする　reírse para *sus* adentros
ふくむ　含む　contener, incluir, comprender‖水を口に含む　tener agua en la boca／アルコール分を含む「contener [tener] alcohol／この料金にサービス料は含まれていますか　¿En este precio va incluido el servicio?／深い意味を含む　tener un significado profundo／どうかこの事をお含み下さい　Le rogamos que lo tenga 「en cuenta [presente]./ 彼女は君に含むところがあるようだ　Parece que ella está molesta contigo.／4月1日から6月30日まで両日を含む　desde el 1 de abril hasta el 30 de junio, ambos inclusive
ふくむ　服務　servicio *m*., trabajo *m*.
▫️服務規定　reglamento *m*. de trabajo
ふくめる　含める　incluir‖送料を含めると2千円以上になる　Cuesta más de dos mil yenes si se incluyen los gastos de envío.／子供を含めて全員　todas las personas, inclusive los niños
ふくめん　覆面　máscara *f*., antifaz *m*.‖覆面を取る　quitarse la máscara, desenmascararse
▶覆面をする　ponerse una máscara, enmascararse
▶覆面の　（覆面をつけた）enmascara*do*[*da*], （匿名）anóni*mo*[*ma*]
▫️覆面パトカー　coche *m*.「patrulla [de policía] camuflado
▫️覆面批評　crítica *f*. anónima
ふくよう　服用

▶服用する（薬などを）tomar‖この薬は食前に飲む事　Este medicamento se debe tomar antes de cada comida.
▫️服用量（1回分の）dosis *f*.[=*pl*.]
ふくよう　複葉　hoja *f*. compuesta
▫️複葉機（飛行機）biplano *m*.
ふくよか
▶ふくよかな　rolli*zo*[*za*], relle*no*[*na*]‖ふくよかな頬　mejillas *fpl*.「rellenas [carnosas], mofletes *mpl*.
ふくらしこ　膨らし粉　levadura *f*. en polvo
ふくらはぎ　脹ら脛　pantorrilla *f*.
ふくらます　膨らます／脹らます　inflar, hinchar‖風船を膨らます　inflar un globo／頬を膨らます「hinchar [inflar] las mejillas／期待に胸を膨らませて　con el corazón lleno de esperanza
ふくらみ　膨らみ　bulto *m*., （丸み）redondez *f*.
ふくらむ　膨らむ／脹らむ　inflarse, hincharse‖タイヤが膨らむ　La rueda se infla.／パンが膨らむ　El pan se hincha.／つぼみが膨らむ　Los capullos se hinchan.／予算が膨らむ　Se inflan los presupuestos.／同社の債務は急激に膨らんだ　La deuda de la empresa se ha disparado con rapidez.／膨らんだ財布　cartera *f*. abultada
ふくり　福利　bienestar *m*.
▫️福利厚生　prestaciones *fpl*. y beneficios *mpl*. sociales
▫️福利事業　obra *f*. social
ふくり　複利　《商業》interés *m*. compuesto
ふくれっつら　膨れっ面　mohín *m*., mueca *f*.
▶ふくれっ面をする　hacer una mueca de「desagrado [disgusto],《慣用》poner morros
ふくれる　膨れる／脹れる　inflarse, hincharse, （炎症で）inflamarse, （不機嫌になる）ponerse de mal humor‖ポケットがふくれる　El bolsillo se infla.／経費がふくれあがった　Los gastos se han disparado.
ふくろ　袋　bolsa *f*., saco *m*.‖紙［ビニール］の袋　bolsa *f*. de「papel [plástico]／カンガルーのおなかの袋　marsupio *m*. de canguro／石炭の袋　saco *m*. de carbón／オレンジを一袋買う　comprar una bolsa de naranjas／袋に入れる　meter ALGO en「una bolsa [un saco]
慣用袋のねずみ‖やつはもう袋のねずみだ　El tipo está acorralado y no tiene escapatoria.
ふくろ　復路　camino *m*. de「vuelta [regreso], viaje *m*. de「vuelta [regreso]
ふくろう　梟　lechuza *f*.(雄・雌)‖ふくろうが鳴く　La lechuza ulula.
ふくろこうじ　袋小路　callejón *m*. sin salida‖袋小路に入り込む　meterse en un callejón sin salida
ふくろだたき　袋叩き‖袋叩きにする　dar una

ふくわじゅつ　腹話術　ventriloquia *f*. ‖ 腹話術の人形 muñeco *m*. ventrílocuo
　◪腹話術師　ventrílo*cuo*[*cua*] *mf*.
ふけ　雲脂　caspa *f*. ‖ ふけがでる tener caspa ／ ふけを取る quitarse la caspa
　▶ふけだらけの caspo*so*[*sa*]
　◪ふけ用シャンプー champú *m*.「contra la caspa [anticaspa]
ふけい　父兄　padres *mpl*. de alumnos ⇒ ほご(→保護者)
　◪父兄会　→ ほご(→保護者会)
ふけい　父系　línea *f*. paterna
　▶父系の patrilineal
ぶげい　武芸　artes *fpl*. marciales
ふけいき　不景気「recesión *f*. [depresión *f*.] económica ‖ 不景気な La situación económica está deprimida. ／ 不景気を乗り切る superar la recesión económica
　▶不景気な deprim*ido*[*da*] ‖ 不景気な顔をしている《慣用》tener cara de viernes (santo)
ふけいざい　不経済
　▶不経済な poco económi*co*[*ca*], antieconómi*co*[*ca*], costo*so*[*sa*]
ふけつ　不潔　suciedad *f*., inmundicia *f*.
　▶不潔な suc*io*[*cia*], poco higiéni*co*[*ca*]
ふける　老ける　envejecer, hacerse「vie*jo*[*ja*] [mayor] ‖ 彼は実際より老けて見える Él parece「más viejo [mayor] de lo que es.
　▶老け込む envejecer rápidamente
ふける　更ける/深ける　avanzar, hacerse tarde, hacerse profun*do*[*da*] ‖ 夜が更ける La noche avanza.
ふける　耽る　entregarse 《a》, enfrascarse 《en》, meterse de lleno 《en》‖ 空想にふける entregarse a la imaginación ／ 読書にふける enfrascarse en la lectura ／ もの思いにふける concentrarse en *sus* pensamientos
ふけん　父権　(親権) patria potestad *f*.「paterna [del padre]
　▶父権の patriarcal
　◪父権制　patriarcado *m*.
ふけんこう　不健康　insalubridad *f*.
　▶不健康な malsa*no*[*na*], insalubre, perjudicial para la salud ‖ 不健康な生活 vida *f*. insalubre
ふげんじっこう　不言実行‖ 君は不言実行の人だ Eres una persona de hechos más que de palabras.
ふけんぜん　不健全
　▶不健全な malsa*no*[*na*], insalubre, (精神や思想が) insa*no*[*na*], (不純な) impu*ro*[*ra*] ‖ 不健全な考え pensamiento *m*. insano
ふこう　不幸　desgracia *f*.,　desdicha *f*. ‖ 身内に不幸があった Ha fallecido un familiar. ／ 不幸が重なる Las desgracias se suceden una detrás de otra. ／ 不幸のどん底にある「estar sumi*do*[*da*] [encontrarse] en la más profunda de las desgracias
　▶不幸な desgracia*do*[*da*], infeliz, desdicha*do*[*da*], desafortuna*do*[*da*] ‖ 不幸な人 persona *f*.「desgraciada [desdichada] ／ 不幸な出来事 suceso *m*. desafortunado ／ 不幸な目に遭う「sufrir [tener] una desgracia
　▶不幸にも por desgracia, desgraciadamente
　〔慣用〕幸か不幸か　para bien o para mal
　〔慣用〕不幸中の幸いである　ser un mal menor ‖ 盗まれたバッグにパスポートが入っていなかったのは不幸中の幸いだった Menos mal que el pasaporte no estaba en el bolso que me han robado.
ふごう　符号　señal *f*., marca *f*., (記号) signo *m*. ‖ プラスの符号 signo *m*. más ／ マイナスの符号 signo *m*. menos ／ 符号をつける marcar con un signo
　◪モールス符号　código *m*. morse
ふごう　符合　coincidencia *f*.
　▶符合する (～と) coincidir 《con》, corresponder 《con》
ふごう　富豪　millona*rio*[*ria*] *mf*., persona *f*.「acaudalada [adinerada]
　◪大富豪　multimillona*rio*[*ria*] *mf*.
ふごうかく　不合格　(試験) suspenso *m*. ‖ 試験で不合格になる suspender un examen ／ 品質検査で不合格になる ser rechaza*do*[*da*] por control de calidad
　◪不合格者　persona *f*.「suspendida [no apta]
　◪不合格品　producto *m*.「rechazado [descartado]
ふこうへい　不公平　parcialidad *f*., (不公正) injusticia *f*. ‖ 現行の税制は不公平である El actual sistema tributario es injusto.
　▶不公平な parcial, injus*to*[*ta*], 《格式語》no equitati*vo*[*va*], ini*cuo*[*cua*] ‖ 不公平な利益配分 reparto *m*. de beneficios injusto
　▶不公平に injustamente, parcialmente
ふごうり　不合理　irracionalidad *f*.
　▶不合理な irracional, irrazonable, (不条理な) absur*do*[*da*]
ふこく　布告　declaración *f*., proclama *f*.
　▶布告する declarar, proclamar ‖ 宣戦を布告する declarar la guerra《a, contra》
ふこころえ　不心得
　▶不心得な (不謹慎な) imprudente, indiscre*to*[*ta*], insensa*to*[*ta*]
　◪不心得者　persona *f*. imprudente
ぶこつ　無骨/武骨
　▶無骨な rústi*co*[*ca*], tos*co*[*ca*], incul*to*[*ta*]
　◪無骨者　tos*co*[*ca*] *mf*., incul*to*[*ta*] *mf*.
ふさ　房　(髪の) mechón *m*., (みかんなどの) gajo *m*.,「borla *f*., fleco *m*. ‖ 一房のぶどう un racimo de uvas
ブザー　zumbador *m*., timbre *m*. ‖ ブザーが鳴る Suena el zumbador.

ふさい　夫妻　matrimonio *m*., esposos *mpl*. ‖ 鈴木夫妻 el matrimonio Suzuki, 「los señores [el señor y la señora] Suzuki

ふさい　負債　deuda *f*., 《商業》 débito *m*., (債務) pasivo *m*. ‖ 負債がある tener deudas ／負債を負う asumir deudas ／負債を清算する saldar deudas

ふざい　不在　ausencia *f*. ‖ 彼は不在だ Él está ausente.
▶不在の ausente
◪現場不在証明（アリバイ）coartada *f*.
◪不在地主 propieta*rio*[*ria*] *mf*. absentista
◪不在者投票 votación *f*. anticipada

ぶさいく　不細工
▶不細工な（不手際な）mal he*cho*[*cha*], tos*co*[*ca*],（不器用な）fe*o*[*a*], poco agracia*do*[*da*] ‖ 不細工な顔 cara *f*. poco agraciada

ふさいさん　不採算‖不採算で店舗を閉じる cerrar la tienda por falta de rentabilidad
◪不採算部門 sector *m*. 「no rentable [que no produce beneficios]

ふさがる　塞がる　estar ocupa*do*[*da*],（傷が）cicatrizarse, cerrarse,（管が）atascarse, obstruirse ‖ ただいま全室ふさがっております Actualmente todas las habitaciones están ocupadas. ／私は手がふさがっています Estoy ocupa*do*[*da*]. ／指の傷がふさがった Se me ha cerrado la herida del dedo. ／電話がふさがっている Está 「ocupado [comunicando] el teléfono.

ふさぎこむ　塞ぎ込む　deprimirse, sentir melancolía

ふさく　不作　mala cosecha *f*. ‖ 今年は米が不作だ La cosecha del arroz es mala este año.

ふさぐ　塞ぐ　tapar, cerrar,（場所を）ocupar,（管を）obstruir, taponar, bloquear ‖ あくびをする時は口をふさぎなさい Tápate la boca cuando bosteces. ／場所をふさぐ ocupar un lugar ／道をふさぐ 「obstruir [bloquear] el camino ／気分がふさぐ sentirse deprimi*do*[*da*] ／ふさいだ顔 cara *f*. de melancolía

ふざける　（冗談を言う）bromear, gastar una broma,（ばかなまねをする）hacer el tonto,（男女が）tontear ‖ 友達とふざける bromear con los amigos ／ふざけるな ¡Déjate de 「bromas [tonterías]!
▶ふざけた‖ふざけた調子で en tono jocoso ／ふざけたまねをする hacer tonterías

ぶさた　無沙汰 ⇒**ごぶさた(御無沙汰)**

ふさふさ‖ふさふさした abundante, espe*so*[*sa*] ／髪がふさふさしている tener abundante 「pelo [cabello]

ぶさほう　無作法/不作法　descortesía *f*., grosería *f*., falta *f*. de educación ‖ 無作法を詫びる 「disculparse [pedir perdón] por una grosería ／私の無作法をお許しください Disculpe mi descortesía.
▶無作法な descortés, grose*ro*[*ra*] ‖ 無作法な振る舞い comportamiento *m*. grosero

ぶざま　無様/不様
▶ぶざまな fe*o*[*a*], antiestéti*co*[*ca*],（みっともない）vergonzo*so*[*sa*] ‖ ぶざまな姿をさらす mostrar un aspecto vergonzoso ／ぶざまな負け方をする sufrir una derrota humillante

ふさわしい　相応しい　adecua*do*[*da*] 《para》, apropia*do*[*da*] 《para》, idóne*o*[*a*] 《para》, conforme 《a》‖ 中学生にふさわしい行い conducta *f*. adecuada para los estudiantes de secundaria ／その仕事には彼がふさわしい Él es la persona idónea para este trabajo. ／富士山は日本一の名にふさわしい山だ El monte Fuji es la montaña más idónea para ser considerada como la más importante de Japón.

ふさんせい　不賛成　desacuerdo *m*.
▶不賛成である no estar de acuerdo 《con》, estar en contra 《de》

ふし　節　（竹・木の）nudo *m*.,（関節）articulación *f*.,（指の）nudillo *m*.,（歌の）melodía *f*., entonación *f*. ‖ 体の節々が痛む tener dolor en las articulaciones ／歌詞に節をつける ponerle melodía a la letra ／彼の説明には怪しいふしがある Hay algo sospechoso en su versión.

ふし　不死　inmortalidad *f*.
▶不死の inmortal

ふじ　藤　glicina *f*.
◪藤色 color *m*. lila
◪藤棚 enrejado *m*. de glicinas

ふじ　不治　incurabilidad *f*.
▶不治の incurable ‖ 不治の病 enfermedad *f*. incurable

ふじ　不時
▶不時の imprevis*to*[*ta*], inespera*do*[*da*] ‖ 不時の出費 gastos *mpl*. imprevistos

ぶし　武士　samurái *m*.
◪武士道 《日本語》 *bushido m*.,（説明訳）código *m*. de caballería de los samuráis

ぶじ　無事　seguridad *f*. ‖ ご無事を祈ります（旅立つ人に）¡Que tenga un buen viaje!
▶無事である（事故に遭って）salir 「ile*so*[*sa*] [indemne] (de un accidente)
▶無事な（無傷の）sal*vo*[*va*], ile*so*[*sa*]
▶無事に sa*no*[*na*] y sal*vo*[*va*], perfectamente, en buen estado ‖ 無事に到着する llegar sa*no*[*na*] y sal*vo*[*va*] ／旅行は無事に終わった El viaje transcurrió sin novedad.

ふしあな　節穴　nudo *m*., agujero *m*. de nudo ‖ 君の目は節穴か ¿No tienes ojos en la cara?

ふしあわせ　不幸せ/不仕合わせ　infelicidad *f*. ⇒**ふこう(不幸)**

ふしぎ　不思議　maravilla *f*., misterio *m*. ‖

生命の不思議 misterios *mpl.* de la vida ／世界の七不思議 las siete maravillas del mundo ／〜しても不思議ではない No es extraño que〖+接続法〗. ／私は〜を不思議に思う Me 「extraña [parece raro] que〖+接続法〗. ／彼女が時間に来ないなんて不思議だ Es raro que ella no llegue a tiempo.
▶不思議な extra*ño*[*ña*], （神秘的な）misteri*oso*[*sa*], （奇跡的な）milagr*oso*[*sa*] ‖ 世にも不思議な物語 historia *f.* muy extraña

ふしくれだった　節くれだった nud*oso*[*sa*] ‖ 節くれだった手 mano *f.* nudosa

ふしぜん　不自然
▶不自然な poco natural, antinatural,（人為的な）artificial, （わざとらしい）forz*ado*[*da*] ‖ 不自然な笑い risa *f.* forzada
▶不自然に de manera 「poco natural [antinatural, forzada]」‖ 不自然に体を動かす mover el cuerpo de manera forzada

ふしだら
▶ふしだらな indecente, licenci*oso*[*sa*] ‖ ふしだらな生活 vida *f.* licenciosa
▶ふしだらに indecentemente, licenciosamente

ふじちゃく　不時着 aterrizaje *m.* 「forzoso [de emergencia]
▶不時着する 「hacer [realizar] un aterrizaje forzoso, 「hacer [realizar] un aterrizaje de emergencia

ふしちょう　不死鳥 fénix *m.*[=*pl.*] ‖ 不死鳥のように蘇る《慣用》renacer como un fénix (de las cenizas)

ふじつ　不実 ⇒ ふせいじつ(不誠実)

ぶしつ　部室 sala *f.* de club

ぶしつけ　不躾
▶ぶしつけな indiscre*to*[*ta*], descortés ‖ ぶしつけな質問をする hacer una pregunta indiscreta《a》

ふしまつ　不始末 negligencia *f.*, descuido *m.*,（非行）mala conducta *f.* ‖ タバコの火の不始末で家が火事になった La casa se incendió por un cigarrillo mal apagado. ／両親は息子の不始末を詫びた Los padres pidieron perdón por la mala conducta de su hijo.

ふじみ　不死身 invulnerabilidad *f.*,（不死）inmortalidad *f.*
▶不死身になる convertirse en un ser inmortal
▶不死身の invulnerable, inmortal ‖ 不死身の体 cuerpo *m.* invulnerable

ふしめ　伏し目 伏し目がちに bajando los ojos

ふしめ　節目 momento *m.* 「decisivo [crucial], （木の）nudo *m.* ‖ 人生には節目がある Hay momentos decisivos en la vida.

ふじゆう　不自由 （不便）incomodidad *f.*, inconveniencia *f.*, （貧乏）apuro *m.*, （身体の）discapacidad *f.* ‖ 身体が不自由である ser discapaci*tado*[*da*] ／ 彼は何不自由なく育った Él ha crecido sin que le falte nada.
▶不自由な incómo*do*[*da*], inconveniente, （身体の）discapaci*tado*[*da*] ‖ 目［耳］が不自由な人 persona *f.* con discapacidad 「visual [auditiva]
▶不自由する ‖ お金に不自由している andar esca*so*[*sa*] de dinero ／ 私は食べ物には不自由していない No me faltan alimentos.

ふじゅうぶん　不十分 insuficiencia *f.*
▶不十分な insuficiente, esca*so*[*sa*] ‖ 不十分な説明 explicación *f.* insuficiente
▶不十分である ser insuficiente ‖ 利用者に対する情報提供が不十分である La información que reciben los usuarios es insuficiente.
◪証拠不十分 ‖ 証拠不十分で釈放する poner en libertad a ALGUIEN por falta de pruebas

ふしゅうび　不首尾 fracaso *m.* ‖ 不首尾に終わる terminar en fracaso

ふじゅん　不純 impureza *f.*
▶不純な impu*ro*[*ra*], （不道徳な）deshones*to*[*ta*] ‖ 不純な動機 motivo *m.* deshonesto
◪不純物 impurezas *fpl.*

ふじゅん　不順 irregularidad *f.* ‖ 天候が不順だ El tiempo es inestable.
▶不順の irregular, （変わりやすい）variable

ふじょ　扶助 ayuda *f.*, asistencia *f.* ‖ 扶助を受ける recibir ayuda
▶扶助する ayudar, prestar asistencia《a》
◪相互扶助 ayuda *f.* mutua

ぶしょ　部署 puesto *m.* ‖ 部署につく ir a *su* puesto de trabajo

ふしょう　不詳
▶不詳の desconoci*do*[*da*], no identifica*do*[*da*] ‖ 年齢不詳の人物 persona *f.* de edad difícil de calcular

ふしょう　負傷 herida *f.*
▶負傷する hacerse una herida, sufrir una herida, herirse ‖ その事故で5人の従業員が負傷した Cinco empleados resultaron heridos en ese accidente.
▶負傷させる herir a ALGUIEN
◪負傷者 heri*do*[*da*] *mf.*

ふじょう　不浄
▶不浄の impu*ro*[*ra*], su*cio*[*cia*], inmun*do*[*da*] ‖ 不浄の金 dinero *m.* sucio

ふじょう　浮上
▶浮上する emerger, salir a flote, subir a la superficie ‖ 潜水艦が浮上する El submarino emerge. ／その チームは3位に浮上した Ese equipo ha conseguido remontar hasta el tercer puesto. ／次のオリンピック開催地候補にマドリードが浮上している Madrid se perfila como sede de los próximos Juegos Olímpicos.

ぶしょう　不精/無精
▶不精な perez*oso*[*sa*], va*go*[*ga*]

◪ **不精ひげ** barba *f.* de varios días
◪ **不精者** perezo*so[sa]* *mf.*, va*go[ga]* *mf.*
ぶしょう 武将 general *com.*, comandante *com.*
ふしょうじ 不祥事 escándalo *m.* ‖ 不祥事を起こす「provocar [montar] un escándalo
ふしょうじき 不正直 deshonestidad *f.*
▶ **不正直な** deshones*to[ta]*
▶ **不正直に** deshonestamente
ふしょうぶしょう 不承不承 de mala gana, 《慣用》a regañadientes ‖ 仕事を不承不承引き受ける aceptar un trabajo a regañadientes
ふじょうり 不条理 absurdo *m.* ‖ 世の中の不条理に逆らう ir contra el absurdo del mundo
▶ **不条理な** absur*do[da]* ‖ 不条理な運命 destino *m.* absurdo
ふしょく 腐食/腐蝕 （有機物の）descomposición *f.*, （酸類などによる）corrosión *f.*
▶ **腐食する** descomponerse, corroerse
▶ **腐食させる** descomponer, corroer ‖ 金属の表面を腐食させる corroer una superficie metálica
▶ **腐食性** causticidad *f.* ‖ 腐食性の cáusti*co[ca]*, corrosi*vo[va]*
▶ **腐食剤** corrosivo *m.*
◪ **腐食作用** acción *f.* corrosiva
ぶじょく 侮辱 insulto *m.*, ofensa *f.*, injuria *f.* ‖ 侮辱を受ける recibir un insulto
▶ **侮辱する** insultar, ofender, injuriar
▶ **侮辱的な** insultante, injurio*so[sa]*, inju*rio[ria]* ‖ 侮辱的な発言 comentario *m.* ofensivo
▶ **侮辱的に** ofensivamente
◪ **侮辱罪** delito *m.* de difamación
ふしょくど 腐植土 humus *m.*[=pl.]
ふしん 不信 desconfianza *f.* ‖ 不信の目で見る mirar con recelo ／ 不信を抱く desconfiar 《de》／ 不信をまねく provocar [suscitar, despertar] la desconfianza de ALGUIEN
▶ **不信感** ‖ 不信感がつのる La desconfianza 「aumenta [crece].
ふしん 不振 inactividad *f.*, estancamiento *m.* ‖ 観光業界の不振 inactividad *f.* en el sector turístico ／ 売れ行きの不振 estancamiento *m.* de las ventas ／ このところチームは不振だ Últimamente el equipo está en baja forma. ／ 経営が不振に陥っている El negocio「está [va, anda] de capa caída.
◪ **食欲不振** inapetencia *f.*, falta *f.* de apetito
ふしん 不審 sospecha *f.*, duda *f.*
▶ **不審に思う** dudar, sospechar, tener「sospechas [dudas]
▶ **不審な** sospecho*so[sa]*, dudo*so[sa]* ‖ 挙動不審な人物 persona *f.* con un comportamiento sospechoso ／ 不審なデータ información *f.* sospechosa, datos *mpl.* dudosos

◪ **不審尋問** ‖ 警察に不審尋問をされる ser interroga*do[da]* por la policía
◪ **不審火** incendio *m.*「sospechoso [en extrañas circunstancias]
◪ **不審物** objeto *m.* sospechoso
ふじん 夫人 esposa *f.*, mujer *f.*, （呼びかけ）señora *f.* ‖ 夫人同伴で acompañado de su esposa ／ 大統領及び大統領夫人 el señor presidente y su esposa ／ 首相夫人 la esposa del primer ministro ／ サントス夫人 Señora Santos
ふじん 婦人 mujer *f.*, señora *f.*, dama *f.*
◪ **婦人科** ginecología *f.*
◪ **婦人警察官** mujer *f.* policía
◪ **婦人雑誌** revista *f.* femenina
◪ **婦人参政権** sufragio *m.* femenino
◪ **婦人服** ropa *f.* de「mujer [señora]
ふしんせつ 不親切 falta *f.* de amabilidad
▶ **不親切な** poco amable, desaten*to[ta]*, antipáti*co[ca]*
▶ **不親切に** de forma poco amable
ふしんにん 不信任 desconfianza *f.*, falta *f.* de confianza
◪ **内閣不信任案** moción *f.* de censura (contra el gobierno)
▶ **不信任決議** resolución *f.* de censura
ふしんばん 不寝番「ronda *f.* [vigilancia *f.*] nocturna, （人）vigilante *com.* noctur*no[na]*, sereno *m.*
▶ **不寝番をする** rondar, vigilar por la noche
ふす 伏す tumbarse, acostarse ‖ 病床に伏す guardar cama, estar en cama
ふずい 不随 parálisis *f.*[=pl.] ‖ 右半身が不随になる sufrir una parálisis en el lado derecho del cuerpo
◪ **半身不随** hemiplejia *f.*, hemiplejía *f.*
◪ **全身不随** parálisis *f.*[=pl.] completa
ふずいい 不随意
▶ **不随意の** involunta*rio[ria]*
◪ **不随意運動** movimiento *m.* involuntario
◪ **不随意筋** músculo *m.* involuntario
ぶすう 部数 tirada *f.*, número *m.* de ejemplares ‖ 発行部数の多い新聞 diario *m.* de gran tirada ／ 販売の部数を増やす aumentar la tirada en venta
ぶすっと
▶ **ぶすっとする** ponerse de mal humor, 《慣用》poner morros
ふすま 麩 salvado *m.* de trigo
ふすま 襖 《日本語》*fusuma m.*, puerta *f.* corredera de papel opaco
ふせい 不正 injusticia *f.*, ilegalidad *f.* ‖ 不正を暴く revelar una injusticia ／ 不正を行う/不正を働く cometer una injusticia ／ 不正を正す reparar una injusticia
▶ **不正な** fraudulen*to[ta]*, ilíci*to[ta]*, （不法な）ilegal ‖ 不正な手段で de manera ilícita
▶ **不正に** injustamente, ilegalmente, ilícita-

mente‖不正に賭博でかせぐ ganar ilícitamente en el juego
◪不正アクセス‖不正アクセスを受ける ser víctima de un acceso ilegal
◪不正競争 competencia f. desleal
◪不正行為 conducta f. ilegal
◪不正乗車‖電車に不正乗車をする viajar en tren sin pagar la tarifa establecida
◪不正所得 ingresos mpl. ilegales
◪不正選挙 fraude m. electoral
◪不正取引 negocio m. fraudulento, transacciones fpl. ilegales
◪不正融資 financiación f. ilegal

ふせい 父性 paternidad f.

ふぜい 風情 (味わい) sabor m., (趣) encanto m.‖夏の風情 encanto m. del verano／風情のある refina*do*[*da*], elegante／風情のない insípi*do*[*da*]／風情を感じる sentir el encanto／私風情が教えることはできません Una persona como yo no podría enseñar.

ふせいかく 不正確 inexactitud f., incorrección f.‖その報告書の数字は不正確だ Las cifras de ese informe son incorrectas.
▶不正確な inexac*to*[*ta*], incorrec*to*[*ta*], erróne*o*[*a*]

ふせいこう 不成功 fracaso m.‖不成功に終わる fracasar, terminar en fracaso
▶不成功の fracasa*do*[*da*], sin éxito

ふせいじつ 不誠実 infidelidad f., deslealtad f.
▶不誠実な infiel, desleal,《格式語》pérfi*do*[*da*]‖不誠実な発言をする hacer un comentario de mala fe

ふせいしゅつ 不世出
▶不世出の extraordina*rio*[*ria*], sin precedentes, sin par

ふせいみゃく 不整脈 arritmia f. (cardiaca), pulso m. irregular‖私は不整脈がある Tengo arritmia.／不整脈が出る Aparece una arritmia.

ふせいりつ 不成立 fracaso m.
▶不成立になる fracasar, abortar‖法案は不成立になった El proyecto de ley no pudo aprobarse.

ふせき 布石 disposición f.,（囲碁）disposición f. de las「fichas [piedras]‖布石を打つ tomar disposiciones, preparar

ふせぐ 防ぐ (防止する) impedir, evitar, (予防する) tomar precauciones《contra》, (防御する) defenderse《de, contra》, protegerse《de, contra》‖攻撃を防ぐ defenderse de un ataque／寒さを防ぐ protegerse del frío／事故を防ぐ「prevenir [evitar] un accidente

ふせつ 敷設 colocación f., instalación f., construcción f.
▶敷設する construir, instalar, colocar‖鉄道を敷設する construir un ferrocarril

ふせっせい 不摂生 descuido m. de *su* salud, falta f. de cuidado de *su* salud‖不摂生がたたって病気になる enfermar por no cuidarse
▶不摂生をする no cuidarse, descuidar *su* salud
▶不摂生な descuida*do*[*da*] para con la salud

ふせる 伏せる (裏返す) dar la vuelta a ALGO, poner bocabajo,（隠す）ocultar‖伏せ¡Pecho a tierra!／身を伏せる tumbarse bocabajo, echarse de bruces／目を伏せる bajar la mirada／カードを伏せる darle la vuelta a una carta／コップを伏せる poner un vaso bocabajo／名を伏せる ocultar el nombre／話を伏せておく guardar en secreto el asunto

ふせん 不戦
◪不戦勝 victoria f. automática (al no presentarse o retirarse el rival)‖不戦勝になる ganar automáticamente
◪不戦条約「pacto m.[tratado m.] de renuncia a la guerra

ふせん 付箋 nota f. autoadhesiva, pósit m.‖付箋をつける poner「un pósit [una nota autoadhesiva]

ふぜん 不全 insuficiencia f.
◪機能不全 disfunción f.
◪呼吸器不全 insuficiencia f. respiratoria
◪心不全 insuficiencia f. cardiaca
◪腎不全 insuficiencia f. renal

ぶぜん 憮然
▶憮然として decepciona*do*[*da*], desilusiona*do*[*da*]
▶憮然とする decepcionarse, desilusionarse, mostrarse decepciona*do*[*da*]

ふせんめい 不鮮明‖画像が不鮮明である La imagen está borrosa.
▶不鮮明な imprecis*o*[*sa*], borros*o*[*sa*], va*go*[*ga*]‖不鮮明な記憶 memoria f. borrosa

ぶそう 武装 armamento m.
▶武装する armarse
▶武装した arma*do*[*da*]‖武装した犯人グループ grupo m. criminal armado／武装していない estar「inerme [sin armas]
◪武装解除 desarme m.‖武装解除する desarmar
◪武装警官 policía com. arma*do*[*da*]
◪武装集団 grupo m. armado
◪武装蜂起 levantamiento m. en armas

ふそうおう 不相応
▶不相応な inadecua*do*[*da*]《para》, inapropia*do*[*da*]《para》‖大家族に不相応な住処 casa f. inadecuada para una familia numerosa

ふそく 不足 escasez f., falta f., insuficiencia f.‖いったい何が不足なんだ ¿De qué

(「narices [diablos, demonios]) te quejas? / 収入の不足を別の仕事で補う complementar *sus* ingresos con otro trabajo / 何不足なく暮らす vivir holgadamente
▶不足する faltar, escasear, (不足している) estar escas*o*[*sa*] 《de》‖ 酸素が不足している Hay escasez de oxígeno. / 彼には経験が不足している A él le falta experiencia. / この子はビタミンが不足している Este niño tiene un déficit de vitaminas.

ふそく 不測
▶不測の imprevis*to*[*ta*], inespera*do*[*da*] ‖ 不測の事態 situación *f.* inesperada, imprevisto *m.*

ふぞく 付属/附属
▶付属の anex*o*[*xa*], perteneciente 《a》, dependiente 《de》‖ 防衛省付属の機関 órgano *m.* dependiente del Ministerio de Defensa
▶付属する pertenecer 《a》, depender 《de》
◪ 大学付属病院 hospital *m.* anexo a la universidad
◪ 付属品 accesorios *mpl.*

ぶぞく 部族 tribu *f.*
◪ 部族社会 sociedad *f.* tribal

ふぞろい 不揃い
▶不揃いな desigual, irregular ‖ 大きさが不揃いなオレンジ naranjas *fpl.* desiguales en tamaño, naranjas *fpl.* de tamaño desigual

ふそん 不遜 arrogancia *f.*, insolencia *f.*
▶不遜な arrogante, insolente ‖ 不遜な態度で con una actitud arrogante

ふた 蓋 tapa *f.*, tapadera *f.*, (栓) tapón *m.*, (ポケットの) cartera *f.*, pata *f.* ‖ 瓶の蓋 tapón *m.* de una botella / 鍋の蓋 tapa *f.* de una olla / 蓋をする tapar / 蓋をとる destapar, quitar la tapa
(慣用) 蓋を開ける (始まる) comenzar ‖ 蓋を開けるまで (結果が分かるまで) hasta que se conozca el resultado
(慣用) 臭い物に蓋をする ⇒くさい(臭い)
(慣用) 身も蓋もない ⇒み(身)

ふだ 札 (商品の) etiqueta *f.*, marbete *m.*, rótulo *m.*, (トランプの) carta *f.*, (守り札) talismán *m.* ‖ 札をつける poner una etiqueta, etiquetar
◪ 札止め ‖ 札止めにする dejar de vender entradas

ぶた 豚 cer*do*[*da*] *mf.*, puer*co*[*ca*] *mf.*, cochi*no*[*na*] *mf.*, (南米) chan*cho*[*cha*] *mf.*, (子豚) cochinillo *m.*, lechón *m.*, (集合的に) ganado *m.* porcino ‖ 豚を飼う criar cerdos
(慣用) 豚に真珠である Es (como) echar margaritas a los cerdos.
▶豚の porcin*o*[*na*] ‖ 豚の子 (子豚) cochinillo *m.*
◪ 豚小屋 pocilga *f.*
◪ 豚箱 calabozo *m.*, celda *f.*
◪ 豚肉 carne *f.* de 「cerdo [puerco, cochino, chancho]
◪ 豚肉製品 productos *mpl.* 「porcinos [del cerdo]
◪ 豚肉店 tocinería *f.*

ふたい 付帯/附帯
▶付帯の incidental
◪ 付帯決議 resolución *f.* complementaria
◪ 付帯サービス servicio *m.* adicional
◪ 付帯事項 anexo *m.*

ぶたい 部隊 tropas *fpl.*, unidad *f.* militar, cuerpo *m.* de ejército ‖ 部隊を組む formar 「un cuerpo de ejército [una unidad militar]
◪ 外人部隊 legión *f.* extranjera
◪ 歩兵部隊 infantería *f.*
◪ 部隊長 je*fe*[*fa*] *mf.* de las tropas

ぶたい 舞台 escenario *m.*, escena *f.*, tablas *fpl.*, tablado *m.*, (演技) representación *f.* ‖ 舞台に上がる salir 「a escena [al escenario] / 舞台に立つ pisar las tablas / 世界を舞台に活躍する desarrollar una actividad por todo el mundo / 政治の舞台に登場する entrar en la escena política / 初舞台を踏む debutar, presentarse por primera vez ante el público / メキシコを舞台とした作品 obra *f.* que 「se desarrolla [está ambientada] en México
(慣用) 清水の舞台から飛び降りる arriesgarse, 《慣用》jugarse el todo por el todo
◪ 回り舞台 escenario *m.* giratorio
◪ 舞台衣装 vestuario *m.*
◪ 舞台裏 ‖ 舞台裏で (陰で)《慣用》entre bastidores
◪ 舞台監督 direc*tor*[*tora*] *mf.* 「de escena [escéni*co*[*ca*]]
◪ 舞台稽古 ensayo *m.*
◪ 舞台芸術 escenografía *f.*
◪ 舞台効果 efectos *mpl.* escénicos
◪ 舞台照明 「luz *f.* [iluminación *f.*] escénica
◪ 舞台装置 decoración *f.*
◪ 舞台中継 retransmisión *f.* de una representación
◪ 舞台道具 material *m.* escénico
◪ 舞台度胸 ‖ 舞台度胸がある no 「sentir [tener] miedo escénico

ふたえ 二重
▶二重の doble
◪ 二重まぶた doble párpado *m.*

ふたく 付託 ⇒いにん(委任)

ふたご 双子 gemelos *mpl.*, mellizos *mpl.*, (女2人) gemelas *fpl.*, mellizas *fpl.*
▶双子の geme*lo*[*la*], (二卵性の) melli*zo*[*za*] ‖ 双子の兄 hermano *m.* 「gemelo [mellizo] mayor / 僕たちは双子です Somos 「ge*melos* [melli*zos*].

ふたござ 双子座 《天文》Géminis *m.*
▶双子座の(人) géminis (*com.*[=*pl.*])《性数不変》

ふたことめ 二言目 (口癖) muletilla *f.* ‖ 彼

は二言目には「忙しい」と言う Él tiene la costumbre de decir siempre que está ocupado. ¦ Siempre que abre la boca tiene que decir que está ocupado.

ふたしか 不確か
▶**不確かな** incier*to*[ta], inseg*uro*[ra] ‖ 不確かな返答 respuesta *f*. insegura

ふたたび 再び de nuevo, nuevamente, otra vez
▶**再び～する** volver a 〖＋不定詞〗‖ チームは再び首位に躍り出た El equipo ha vuelto a ponerse a la cabeza. ／私は彼に再び会うことはなかった No volví a verlo.

ふたつ 二つ dos *m*. ‖ 二つおきに cada tres ／二つずつ de dos en dos ／二つとも気に入らない No me gusta ninguno de los dos. ／世界に二つとない *único*[ca] en el mundo ／二つに分ける dividir ALGO en dos
◪**二つ折り(の)** dobla*do*[da] ‖ 二つ折りの札入れ billetera *f*. doblada
◪**二つ返事** ‖ 二つ返事で引き受ける aceptar ALGO「de buena gana [con mucho gusto]

ふだつき 札付き
▶**札付きの** noto*rio*[ria], infame ‖ 彼は札付きの不良だ Él es un pillo de siete suelas.

ふたて 二手 ‖ 二手に分かれる dividirse en dos grupos

ふたとおり 二通り dos maneras *fpl*.
▶**二通りの** ‖ 二通りの答えがある Hay dos respuestas posibles.
▶**二通りに** de dos maneras ‖ 二通りに解釈する interpretar ALGO de dos maneras

ふたまた 二股 bifurcación *f*. ‖ 二股の蹄 pezuña *f*. doble ／道が二股に分かれる El camino se bifurca.
⟮慣用⟯二股をかける 《慣用》nadar entre dos aguas
◪**二股ソケット** portalámparas *m*.[=*pl*.] doble

ふため 二目
⟮慣用⟯二目と見られない horriblemente f*eo*[a]

ふたやく 二役 doble papel *m*. ‖ 二役を演じる jugar un doble papel

ふたり 二人 dos personas *fpl*. ‖ 彼らは二人で一緒に出かけた Salieron los dos juntos. ／二人で歌う cantar a dúo ／君と二人きりで話したい Quiero hablar contigo a solas. ／ケーキを二人で分けた Nos repartimos el pastel entre los dos. ／二人ずつ de dos en dos ／二人連れで旅行する hacer un viaje en pareja ／二人めの子ども segun*do*[da] hi*jo*[ja] *mf*. ／彼女たちは二人ともスペイン語を話さない Ninguna de las dos habla español.
◪**二人乗り** ‖ 二人乗りの biplaza, de dos plazas ／彼らは自転車に二人乗りしている Los dos van en la misma bicicleta.
◪**二人部屋** habitación *f*. para dos personas

ふたん 負担 carga *f*., peso *m*. ‖ 血圧が上がると心臓により大きな負担がかかる El aumento de la presión arterial exige un mayor esfuerzo del corazón. ／送料は購入者の負担になります Los gastos de envío están a cargo del comprador. ／経済的な負担になる suponer una carga económica ／負担を軽くする aligerar una carga
▶**負担する** hacerse cargo 《de》, correr 《con》‖ 旅行の費用を負担する financiar el viaje
◪**精神的負担** ‖ 精神的負担に耐える soportar una carga mental
◪**負担金** cuota *f*., contribución *f*.

ふだん 不断
▶**不断の** incesante, conti*nuo*[nua], constante ‖ 不断の努力 esfuerzo *m*. constante

ふだん 普段 ‖ この道路は普段から交通量が多い Esta carretera siempre tiene mucho tráfico. ／普段よりも早く帰宅する volver a casa más pronto que de costumbre
▶**普段の** habitual, ordina*rio*[ria] ‖ 普段の通り como de costumbre
▶**普段は** por lo general, normalmente, ordinariamente
◪**普段着** ropa *f*. informal [de *sport*]

ふち 淵 (川の) remanso *m*., (深淵) abismo *m*., sima *f*. ‖ 絶望の淵に沈む sumirse en el abismo de la desesperación

ふち 縁 borde *m*., (額縁) marco *m*., (飾り) ribete *m*., (めがねの) montura *f*., (帽子の) ala *f*. ‖ コップの縁 borde *m*. del vaso ／崖の縁で al borde del precipicio
◪**縁なし帽** sombrero *m*. sin ala
◪**縁なし眼鏡** gafas *fpl*. sin montura

ぶち 斑 mota *f*., mancha *f*.
▶**ぶちの** motea*do*[da], con motas, mancha*do*[da], con manchas ‖ 黒ぶちのある白い猫 gato *m*. blanco con motas negras

ぶちこわす 打ち壊す destrozar, destruir, echar a perder ‖ 計画をぶち壊す echar a perder un proyecto

プチトマト tomate *m*. *cherry*

ふちどる 縁取る encuadrar, bordear, 《服飾》ribetear, hacer un ribete ‖ レースで縁取る hacer un ribete de encaje, ribetear con encaje

ぶちぬく 打ち抜く (穴を開ける) perforar, (貫通する) atravesar ‖ 弾丸が壁をぶち抜いた Una bala atravesó la pared. ／2部屋をぶち抜く unir dos habitaciones contiguas

プチブル (階層) pequeña burguesía *f*., (人) peque*ño*[ña] bur*gués*[guesa] *mf*.

ぶちまける arrojar, volcar, (感情を) desatar ‖ バケツの水を床にぶちまける arrojar el agua del cubo al suelo ／怒りをぶちまける desatar la ira

ふちゃく 付着

▶付着する adherirse 《a》, pegarse 《a》‖シャツに血液が付着している La camisa tiene una mancha de sangre.
◨付着物 sustancia *f.* adherida, adherencia *f.*

ふちゅうい 不注意 descuido *m.*, negligencia *f.*‖不注意から事故を起こす provocar un accidente por un descuido
▶不注意な descuida*do*[*da*], negligente

ふちょう 不調 ‖(体調が)estar en baja forma, (交渉などが)no llegar a un acuerdo／会合は不調に終わった La reunión ha terminado sin acuerdo.／心身ともに不調に陥る caer física y mentalmente en baja forma

ふちょう 婦長 ⇒かんご(⇒看護師長)

ぶちょう 部長 direc*tor*[*tora*] *mf.* de [sección [departamento]‖部長に昇進する ascender a direc*tor*[*tora*] de sección
◨営業部長 direc*tor*[*tora*] *mf.* comercial
◨部長補佐 direc*tor*[*tora*] *mf.* adjun*to*[*ta*]

ぶちょうほう 不調法
▶不調法な (失礼な)descortés, (不器用な)torpe, (不慣れな)no acostumbra*do*[*da*]

ふちょうわ 不調和 discordancia *f.*, disonancia *f.*
▶不調和な discordante, disonante

ぶつ 打つ pegar, (たたく)golpear‖演説をぶつ echar un discurso

ふつう 不通 (交通・通信など)interrupción *f.*, suspensión *f.*
▶不通になる quedar ⌈interrumpi*do*[*da*] [suspendi*do*[*da*]⌉, interrumpirse, suspenderse‖電車が不通になった Se ha suspendido el servicio de trenes.／事故で道路が不通になっている La carretera está cortada debido a un accidente.

ふつう 普通‖私の成績は普通以下だ Tengo una nota inferior a la media.／この痛みは普通ではない Este dolor no es normal.／普通にふるまう comportarse como siempre
▶普通の normal, ordina*rio*[*ria*], corriente, común‖普通の人 persona *f.* normal y corriente／普通のこと algo ⌈normal [común]⌉／これは普通の携帯電話ではない Este no es un móvil normal.
▶普通は normalmente, generalmente
◨普通株 acciones *fpl.* ordinarias
◨普通選挙 sufragio *m.* universal
◨普通名詞 nombre *m.* común
◨普通料金 ⌈tarifa *f.* [precio *m.*]⌉ normal
◨普通列車 tren *m.* ordinario, tren *m.* ⌈local [ómnibus]⌉
◨普通郵便‖普通郵便で por correo ⌈ordinario [normal]⌉

ふつか 二日 (日付)el día dos, (日数)dos días‖二日続けて dos días ⌈seguidos [consecutivos]⌉／私はこの仕事を二日で終わらせます Voy a terminar este trabajo en dos días.／二日後にもう一度会いましょう Veámonos otra vez dentro de dos días.／二日ごとに cada dos días／二日に一度 una vez cada dos días
◨二日酔い resaca *f.*‖二日酔いをする tener resaca

ぶっか 物価 precios *mpl.*, (生計費)coste *m.* de la vida‖物価の上昇を抑える reprimir el alza de precios／物価が上がる Los precios suben.／物価が下がる Los precios bajan.／物価が高い La vida es cara.／物価が安い La vida es barata.／物価を安定させる estabilizar ⌈el coste de la vida [los precios]⌉
◨物価指数 índice *m.* de precios
◨物価水準 nivel *m.* de precios
◨物価変動 fluctuación *f.* de precios

ふっかける 吹っ掛ける‖喧嘩を吹っかける buscar pelea／法外な値段をふっかける pedir un precio abusivo

ふっかつ 復活 renacimiento *m.*, resurgimiento *m.*, (キリストの)Resurrección *f.*‖復活ののろしをあげる iniciar acciones para el restablecimiento
▶復活する resucitar, renacer, resurgir‖この伝統的な祭りが復活した Este verano se ha vuelto a celebrar la fiesta tradicional.
▶復活させる resucitar
◨復活祭 Pascua *f.* de Resurrección, Pascua *f.* Florida

ぶつかる chocar 《con, contra》, estrellarse 《contra》, dar 《con, contra》‖自転車とトラックがぶつかった Chocaron un coche y un camión.／私は頭を壁にぶつけた Di con la cabeza en la pared.／問題にぶつかる toparse con un problema／子供のことで妻と意見がぶつかっている Mi mujer y yo tenemos opiniones opuestas sobre nuestro hijo.／私の誕生日が日曜とぶつかる Mi cumpleaños cae en domingo.／全力でぶつかる hacer el máximo esfuerzo

ふっき 復帰 vuelta *f.*, regreso *m.*
▶復帰する volver, regresar, (カムバックする)reaparecer‖2, 3日で仕事に復帰する予定だ Tengo pensado volver al trabajo en dos o tres días.／戦後27年を経て沖縄は日本に復帰した Okinawa volvió a ser parte de Japón 27 años después de la guerra.

ぶつぎ 物議 polémica *f.*, controversia *f.*‖物議をかもす ⌈provocar [levantar]⌉ una polémica

ふっきゅう 復旧 restablecimiento *m.*, reanudación *f.*, recuperación *f.*‖復旧のめどが立たない No hay perspectivas de recuperación.
▶復旧する (元通りになる)restablecerse, (元通りにする)restablecer‖中央線は復旧した Se ha restablecido el servicio de la línea

Chuo.
- 復旧工事 obra f. de reparación

ぶっきょう 仏教 budismo m. ‖ 仏教を信仰する profesar el budismo
> 仏教の budista
- 仏教徒 budista com.

ぶっきらぼう
> ぶっきらぼうな seco[ca], brusco[ca]
> ぶっきらぼうに secamente, bruscamente ‖ ぶっきらぼうに答える responder secamente

ぶつぎり ぶつ切り ‖ 肉をぶつ切りにする cortar carne en trozos gruesos

ふっきれる 吹っ切れる (消える) desvanecerse, desaparecer ‖ まだ何か吹っ切れない Aún hay algo que no me convence.

ふっきん 腹筋 músculos mpl. abdominales, abdominales mpl. ‖ 腹筋を鍛える fortalecer los abdominales
- 腹筋運動 ejercicio m. abdominal, abdominales mpl.

フック gancho m., 《服飾》 corchete m.
ブック libro m.
- ブックエンド sujetalibros m.[=pl.]
- ブックカバー cubierta f.
- ブックバンド portalibros m.[=pl.]
- ブックフェア feria f. del libro
- ブックマーク (しおり) marcapáginas m.[=pl.], 《IT》 marcadores mpl., favoritos mpl. ‖ ブックマークに追加する 《IT》 añadir a [marcadores [favoritos]
- ブックレット folleto m.
- ブックレビュー reseña f. de libros

ふっくら
> ふっくらした rollizo[za], regordete[ta], esponjoso[sa] ‖ ふっくらした顔 cara f. rellena / ふっくらしたケーキ tarta f. esponjosa

ぶつける (投げつける) tirar, lanzar, arrojar ‖ ボールを壁にぶつける tirar [lanzar] una pelota contra la pared / ドアに頭をぶつける dar(se) con la cabeza en la puerta / 怒りをぶつける descargar su ira 《sobre, contra》

ふっけん 復権 rehabilitación f., restitución f. ‖ その政治家(男性)は復権を目指している Ese político quiere ser restituido.
> 復権する (権利を) recuperar el derecho, (権力を) recuperar el poder

ふっこう 復興 restauración f., reconstrucción f.
> 復興する restaurarse, reconstruirse
> 復興させる restaurar, reconstruir ‖ 国を復興させる levantar [reconstruir] un país

ふっこう 腹腔 cavidad f. abdominal
- 腹腔鏡 laparoscopio m.
- 腹腔鏡検査 laparoscopia f.

ふつごう 不都合 inconveniencia f., inconveniente m. ‖ 不都合が生じました Ha surgido un inconveniente. / 何か不都合があればお知らせください Si tiene algún inconveniente, pónganse en contacto con nosotros.
> 不都合な inconveniente

ふっこく 復刻 reedición f.
> 復刻する reeditar
- 復刻版 reedición f.

ぶっさん 物産 producto m.
- 物産展 feria f. comercial ‖ 県の物産展を開く celebrar una feria de productos de la provincia

ぶっし 物資 (品物) producto m., artículo m., (資材) materiales mpl., materia f., (資源) recursos mpl.
- 必要物資 necesidades fpl.

ぶつじ 仏事 ‖ 仏事を営む celebrar una ceremonia budista

ぶっしき 仏式 ‖ 仏式で結婚式をあげる celebrar la boda por el rito budista

ぶっしつ 物質 materia f., sustancia f. ‖ 物質の三態 los tres estados de la materia
> 物質的 material, físico[ca]
> 物質的に materialmente ‖ 物質的に豊かな社会 sociedad f. materialmente rica
- 物質界 mundo m. material
- 物質主義 materialismo m.
- 物質主義者 materialista com.
- 物質文明 civilización f. material
- 物質量 cantidad f. de sustancia

プッシュ pulsación f.
> プッシュする pulsar
- プッシュボタン botón m., tecla f.
- プッシュホン teléfono m. de [botones [teclado]

ぶっしょう 物証 ⇒ぶってき(⇒物的証拠)
ふっしょく 払拭
> 払拭する disipar, desvanecer ‖ 疑いを払拭する disipar las dudas

ぶっしょく 物色
> 物色する rebuscar, buscar

ぶっしんりょうめん 物心両面 ‖ 物心両面において tanto física como moralmente, tanto material como espiritualmente

ぶつぜん 仏前 ‖ 仏前に花を供える depositar flores ante un altar budista

ふっそ フッ素 《化学》 flúor m. 《記号 F》
- フッ素ゴム goma f. de flúor
- フッ素樹脂 resina f. de flúor

ぶっそう 物騒
> 物騒な peligroso[sa], inquietante ‖ 物騒な世の中だ Vivimos en un mundo inquietante.

ぶつぞう 仏像 imagen f. de Buda, (彫刻) estatua f. de Buda

フッター pie m. de página ‖ フッターにページ番号を挿入する insertar el número de página en el pie de página

ぶったい 物体　cuerpo *m*., objeto *m*.
ぶつだん 仏壇　altar *m*. budista
ぶっちょうづら 仏頂面‖仏頂面をする poner mala cara, poner cara avinagrada
ぶっつけほんばん ぶっつけ本番
▶ぶっつけ本番で　de improviso, al improviso, sin preparación, improvisadamente‖ぶっつけ本番でスピーチする　improvisar un discurso, hacer un discurso improvisado
ぶっつり‖綱がぶっつり切れた　La cuerda se rompió por completo.／父からの連絡がぶっつり途絶えた　Las noticias de mi padre dejaron de llegarme por completo.
ぶってき 物的　material
◪物的資源　recursos *mpl*. materiales
◪物的証拠「prueba *f*. [evidencia *f*.] material
◪物的被害　daños *mpl*. materiales
ふってん 沸点 ⇒ふっとう(⇒沸騰点)
ふっと　de repente, bruscamente‖ろうそくの火をふっと吹き消す　apagar una vela de un soplido／ふっと消えていなくなる　desaparecer de repente, esfumarse／ふっと思い出す　acordarse de repente
ふっとう 沸騰　hervor *m*., ebullición *f*.
▶沸騰する　hervir, bullir‖水は摂氏100度で沸騰する　El agua hierve a 100 grados centígrados.／サッカーの人気が沸騰している　El fútbol goza de una popularidad candente.
◪沸騰水型原子炉　reactor *m*. (nuclear) de agua en ebullición
◪沸騰点　punto *m*. de ebullición‖沸騰点に達する　llegar al punto de ebullición
ぶっとおし 打っ通し
▶ぶっ通しの　seguido[da], consecutivo[va]
▶ぶっ通しで　sin interrupción
フットサル　fútbol *m*. sala
フットボール　fútbol *m*.
◪アメリカンフットボール　fútbol *m*. americano
フットライト　candilejas *fpl*.
フットワーク　juego *m*. de「pies [piernas]‖フットワークが軽い　tener un juego de「pies [piernas] suave
ぶつぶつ　(吹出物) grano *m*., sarpullido *m*.‖ぶつぶつ言う　murmurar, refunfuñar, quejarse 《de》／私は顔にぶつぶつができた　Me han salido granos en la cara.
ぶつぶつこうかん 物物交換　trueque *m*.
▶物々交換する　(AとBを)「cambiar [trocar] A por B
ぶつめつ 仏滅　(釈尊の死) muerte *f*. de Buda, (不吉な日) día *m*. de mala suerte
ぶつもん 仏門‖仏門に入る　hacerse bonzo, (女性が) hacerse monja budista
ぶつよく 物欲　deseo *m*. material‖物欲がある　tener deseo material／物欲の強い人　persona *f*. materialista

ぶつり 物理　física *f*.
▶物理の先生[ca]‖物理の教師　profe*sor* [*sora*] *mf*. de física
▶物理的な　físico[ca]
▶物理的に　físicamente‖物理的に不可能だ　Es físicamente imposible.
◪物理化学　fisicoquímica *f*.
◪物理学　física *f*.
◪物理学者　físico[ca] *mf*.
◪物理フォーマット　formato *m*. físico
◪物理療法　fisioterapia *f*.
ぶつりあい 不釣り合い　desproporción *f*., desajuste *m*.
▶不釣り合いな　desproporcionado[da]‖スーツに不釣り合いな帽子　gorro *m*. que no combina con el traje
ぶつりゅう 物流　distribución *f*. (física), logística *f*.‖物流の拠点　base *f*. de distribución／物流が滞る　Se estanca la distribución.
◪物流業者　distribuidor[dora] *mf*.
◪物流センター　centro *m*. de distribución
◪物流網　red *f*. de distribución
ふで 筆　pincel *m*., (ペン) pluma *f*.‖筆で書く　escribir con「pincel [pluma]／筆が速い　escribir con pluma fácil
(慣用)筆が立つ　tener buena pluma, saber escribir bien
(慣用)筆を入れる／筆を加える　corregir, retocar
(慣用)筆をおく　terminar de escribir
(慣用)筆を下ろす　estrenar「pincel [pluma]
(慣用)筆を断つ　dejar definitivamente de escribir
(慣用)筆をとる　empezar a escribir
(諺)弘法にも筆の誤り《諺》No hay caballo, por bueno que sea, que no tropiece algún día. ¦ Nadie es perfecto.
(諺)弘法筆を選ばず　Un buen calígrafo no elige su pincel.
◪筆使い　pincelada *f*., manejo *m*. del pincel
◪筆不精　perezoso[sa] *mf*. para escribir
◪筆まめ‖彼女は筆まめだ　Ella es constante en escribir.
ふてい 不定‖容疑者(男性)の住所は不定である　El sospechoso no tiene domicilio fijo.
▶不定の　indeterminado[da], indefinido[da]
◪不定冠詞　artículo *m*.「indefinido [indeterminado]
◪不定詞　infinitivo *m*.
◪不定愁訴　malestar *m*. general
ふてい 不貞　infidelidad *f*., adulterio *m*.‖不貞を働く　cometer adulterio
ふていき 不定期
▶不定期な　irregular
◪不定期刑　condena *f*. indeterminada
◪不定期便　servicio *m*. irregular

ブティック 《フランス語》*boutique* f., tienda f. de ropa de moda
プディング pudin *m.*, pudín *m.*, budín *m.*
ふてき 不敵
▶不敵な intrép*ido*[*da*], atrev*ido*[*da*], audaz ‖ 不敵な笑み sonrisa f. atrevida
ふでき 不出来 ‖ 試験は不出来に終わった El examen me salió mal.
▶不出来な mal he*cho*[*cha*], ma*lo*[*la*] ‖ 不出来な結果 mal resultado *m*.
ふてきせつ 不適切
▶不適切な inadecua*do*[*da*], inapropia*do*[*da*] ‖ 不適切な発言 comentario *m.* inapropiado
ふてきとう 不適当 ⇒ふてきせつ(不適切)
ふてきにん 不適任
▶不適任な no ap*to*[*ta*], inep*to*[*ta*], no idó*neo*[*a*] ‖ 彼は大使に最も不適任な人物である Él es la persona menos apta para el cargo de embajador.
ふてぎわ 不手際 torpeza f. ‖ 最近君の不手際が目立つ Últimamente tus torpezas llaman la atención. / 当社の不手際をお詫びいたします Nuestra empresa pide disculpas por los errores cometidos.
▶不手際な torpe
ふてくされる 不貞腐れる poner mala cara, enfurruñarse
ふてってい 不徹底 ‖ 彼の指示の不徹底が混乱を招いた Sus indicaciones causaron confusión por insuficientes.
▶不徹底な incomple*to*[*ta*], insuficiente
ふでばこ 筆箱 estuche *m.* de lápices, plumier *m*.
ふてぶてしい insolente, descara*do*[*da*], irrespetuo*so*[*sa*] ‖ ふてぶてしい男 hombre *m.* insolente / ふてぶてしい態度で con actitud insolente
ふと (突然) de repente, (なにげなく) involuntariamente, (偶然) por casualidad ‖ ふと祖母を思い出した Me acordé de mi abuela de repente. / ふとしたことから(偶然に) por casualidad
ふとい 太い grue*so*[*sa*], gor*do*[*da*] ‖ 太い木 árbol *m.* grueso / 太い声で con voz profunda / 太い眉毛 cejas *fpl.* gruesas / あいつは太いやつだよ Ese es un sinvergüenza.
▶太く ‖ 太く短かく生きる llevar una vida corta pero intensa
ふとう 不当 injusticia f.
▶不当な injus*to*[*ta*], injustifica*do*[*da*], (不法な) ilegal ‖ 不当な要求 demanda f. injusta / 不当な差別 discriminación f. injustificada / 不当な利益 beneficio *m.* ilícito
▶不当に injustamente, injustificadamente, ilegalmente
◾不当解雇 despido *m.* improcedente
◾不当契約 contrato *m.* ilegal
◾不当表示 indicación f. falsa
◾不当労働行為 práctica f. laboral injusta
ふとう 不凍
◾不凍液 anticongelante *m*.
◾不凍港 puerto *m.* libre de hielo
ふとう 埠頭 muelle *m*.
ふどう 不動
▶不動の inmóvil, fi*jo*[*ja*], firme ‖ 不動の人気 popularidad f. firme / 不動の姿勢をとる ponerse firme, tener una postura firme
ふどう 浮動
▶浮動する flotar, fluctuar
▶浮動の flotante, fluctuante
◾浮動小数点 coma f. flotante
◾浮動人口 población f. flotante
◾浮動票 votos *mpl.* indecisos
ぶとう 舞踏 baile *m.*, danza f.
◾舞踏会 baile *m*.
◾舞踏病 (ハンチントン病) enfermedad f. de Huntington
ぶどう 武道 artes *fpl.* marciales
◾武道館 gimnasio *m.* ⌈de [para] artes marciales
ぶどう 葡萄 (木) vid f., (実) uva f. ‖ ぶどうの蔓 sarmiento *m.* / ぶどうの房 racimo *m.* de uvas / ぶどうの皮 pellejo *m.* de uva / ぶどうを収穫する vendimiar, recoger uvas
◾ぶどう園 viñedo *m*.
◾ブドウ球菌 estafilococo *m*.
◾ぶどう栽培 viticultura f.
◾ぶどう酒 vino *m.* ⇒ワイン
◾ぶどう棚 emparrado *m.* de uvas
◾ぶどう糖 glucosa f., dextrosa f.
◾ぶどう畑 viña f., viñedo *m*.
◾ぶどうパン pan *m.* de uvas
ふとういつ 不統一 discordancia f., falta f. de uniformidad ‖ 基準の不統一が見られる Se observa una falta de uniformidad en los criterios. / ゲームの規則が不統一である Hay discordancia en las reglas del juego.
▶不統一の discordante, discorde, divergente
ふとうこう 不登校 absentismo *m.* escolar ⇒とうこう(登校)
ふとうごう 不等号 signo *m.* de desigualdad
ふどうさん 不動産 bienes *mpl.* inmuebles, propiedad f. inmobiliaria ‖ その企業は多くの不動産を所有している Esa empresa posee numerosas propiedades inmobiliarias.
▶不動産の inmobilia*rio*[*ria*]
◾不動産会社 inmobiliaria f.
◾不動産鑑定士 tasa*dor*[*dora*] *mf.* de bienes inmuebles
◾不動産業 negocio *m.* inmobiliario
◾不動産業者 agente *com.* inmobilia*rio*[*ria*]
◾不動産取得税 impuesto *m.* sobre la ad-

quisición de bienes inmuebles
- 不動産屋 agencia f. inmobiliaria

不動産屋

ふとうしき 不等式 expresión f. de desigualdad, inecuación f.
ふどうとく 不道徳 inmoralidad f.
- 不道徳な inmoral
ふとうふくつ 不撓不屈 ‖ 不撓不屈の精神で con una voluntad「inquebrantable [férrea]
ふとうへん 不等辺
- 不等辺の escaleno[na]
- 不等辺三角形 triángulo m. escaleno
ふとうめい 不透明 opacidad f. ‖ 電力不足の影響が不透明だ No se sabe con certeza el impacto de la falta de energía eléctrica.
- 不透明な opaco[ca]
- 不透明度 opacidad f.
ふどき 風土記 crónica f. histórica y cultural de una región
ふとく 不徳 ‖ 私の不徳の致す所です La culpa es mía.
ふとくい 不得意
- 不得意である ser malo[la] 《en》,《慣用》darse mal a ALGUIEN ‖ 私は数学が不得意だ Soy malo[la] en matemáticas. ¦ No estoy fuerte en matemáticas. ¦ Se me dan mal las matemáticas.
- 不得意な ‖ 私の不得意な科目 asignatura f. que se me da mal
ふとくてい 不特定
- 不特定(の) indeterminado[da] ‖ 不特定多数の人 mayoría f. anónima
ふところ 懐 (胸) pecho m., seno m., (内ポケット) bolsillo m. interior, (お金) dinero m. ‖ 大自然の懐で en el seno de la madre naturaleza ／ 敵の懐に飛び込む arrojarse al seno del enemigo ／ 懐にしまう guardar ALGO en el「seno [bolsillo interior]
(慣用)懐が暖かい andar bien de dinero, tener los bolsillos llenos
(慣用)懐が寂しい／懐が寒い andar mal de dinero, tener los bolsillos vacíos
(慣用)懐が深い ser magnánimo[ma]
(慣用)懐と相談する consultar con el bolsillo,
《慣用》hacer números
(慣用)懐を肥やす obtener un beneficio ilícito
(慣用)懐を痛める pagar de su propio bolsillo
ふとさ 太さ grosor m., grueso m. ‖ ネジはどの位の太さですか ¿Qué grosor tiene el tornillo? ／ 茎は小指の太さである El tallo tiene el grosor de un dedo meñique.
ふとじ 太字 letra f.「negrita [negrilla]
- 太字で en「negrita [negrilla]
ふとっぱら 太っ腹
- 太っ腹な／太っ腹の magnánimo[ma], generoso[sa]
ふとどき 不届き
- 不届きな descuidado[da], negligente, (無礼な) insolente
- 不届き者 persona f.「descuidada [negligente], (無礼な) insolente com.
ふともも 太腿/太股 muslo m.
ふとる 太る engordar, ponerse gordo[da] ‖ 10キロ太る engordar diez kilos ／ 太りがちである ser propenso[sa] a engordar, engordar fácilmente ／ 太りすぎである estar demasiado gordo[da]
- 太った gordo[da], grueso[sa] ‖ 太った人 persona f. gorda, gordo[da] mf.
- 太らせる engordar
ふとん 布団 futón m. ‖ 布団を上げる recoger el futón ／ 布団を敷く preparar el futón, hacer la cama
- 掛け布団 edredón m.
- 敷き布団 colchoneta f. plegable
- 布団カバー funda f. de「futón [edredón]
- 布団乾燥機 secador m. de futón
ふな 鮒 carpín m.
ぶな 山毛欅 haya f.
ふなあそび 船遊び「excursión f. [paseo m.] en barco
- 船遊びをする ir de excursión en barco, dar un paseo en barco
ふながいしゃ 船会社 naviera f., empresa f.「naviera [marítima]
ふなたび 船旅 viaje m. en barco, (観光の) crucero m.
- 船旅をする viajar en barco, hacer un crucero
ふなちん 船賃 flete m., (乗客の) pasaje m.
ふなつきば 船着き場 muelle m., embarcadero m.
ふなづみ 船積み embarque m.
- 船積みする embarcar
ふなで 船出
- 船出する zarpar, hacerse a la mar
ふなのり 船乗り marinero[ra] mf., (船員) marino m. ‖ 船乗りになる hacerse marinero[ra]
ふなびん 船便 correo m. marítimo, envío m. marítimo
- 船便で por vía marítima ‖ 荷物を船便で送

ふなよい 船酔い mareo *m.* (al viajar en barco)
▶船酔いする marearse (en un barco), tener mareo

ふなれ 不慣れ‖彼はその仕事に不慣れである Él no tiene experiencia en el trabajo.
▶不慣れな inexper*to[ta]*, no acostumbra*do[da]*, poco familiar‖不慣れな環境 ambiente *m.* poco familiar

ぶなん 無難
▶無難な aceptable, segu*ro[ra]* ‖ 無難な成績をとる sacar una nota aceptable ／ 無難な道を選ぶ tomar un camino seguro
▶無難に‖無難に切り抜ける salir de un apuro sin「complicaciones [problemas]

ふにあい 不似合い‖彼女に不似合いなドレスだ Es un vestido que no le sienta bien a ella.
▶不似合いである ser poco apropia*do[da]*, ser poco idóne*o[a]*, no「ir [venir, quedar, sentar] bien a ALGUIEN

ふにゃふにゃ
▶ふにゃふにゃな blan*do[da]*, fo*fo[fa]*

ふにん 不妊 esterilidad *f.*, infertilidad *f.*
▶不妊の estéril, infecun*do[da]*
◪不妊手術 esterilización *f.*
◪不妊症 esterilidad *f.*, infertilidad *f.*
◪不妊治療 tratamiento *m.* de la infertilidad

ふにん 赴任
▶赴任する asumir un (nuevo) puesto de trabajo‖彼は海外に3年赴任した Él ocupó un puesto en el extranjero durante tres años.
◪赴任地 lugar *m.* del (nuevo) puesto de trabajo

ふにんき 不人気 impopularidad *f.*
▶不人気な impopular

ふにんじょう 不人情 inhumanidad *f.*, falta *f.* de humanidad
▶不人情な inhuma*no[na]*

ふぬけ 腑抜け（人）cobarde *com.*
▶腑抜けの cobarde

ふね 船/舟 barco *m.*,（大型の）buque *m.*,（小型の）barca *f.*, embarcación *f.*‖船で行く ir en barco ／ 船に乗る embarcar(se) en un barco ／ 船で運ぶ transportar ALGO en barco ／ 船に弱い marearse fácilmente en barco ／ 船が出る「salir [zarpar] *el barco* ／ 船から降りる desembarcar, bajar de una embarcación ／ 船から荷を降ろす desembarcar la mercancía del barco ／ 船を漕ぐ remar,《慣用》（居眠りする）dar cabezadas, cabecear ／ 船をつなぐ amarrar el barco

```
     船の種類
```

商船 buque *m.* mercante, mercante *m.* ／ 客船 barco *m.* de pasajeros ／ オーシャン・ライナー barco *m.* transatlántico, transatlántico *m.* ／ クルーザー crucero *m.* ／ 観光船 barco *m.* turístico ／ 巡航船 crucero *m.* ／ 遊覧船 barco *m.* de recreo ／ フェリー ferry *m.*, transbordador *m.* ／ 貨物船 carguero *m.* ／ タンカー buque *m.* cisterna ／ 油送船 petrolero *m.* ／ コンテナ船 barco *m.* portacontenedores, portacontenedores *m.*[=*pl.*] ／ 傭船/チャーター船 barco *m.* fletado ／ 母船 barco *m.* nodriza ／ 艀（はしけ）lancha *f.* ／ タグボート barco *m.* remolcador, remolcador *m.* ／ 軍艦 buque *m.* de guerra ／ 巡視船 barco *m.* patrullero, patrullero *m.* ／ 漁船 barco *m.*「de pesca [pesquero], pesquero *m.* ／ 捕鯨船 ballenero *m.* ／ 延縄漁船 palangrero *m.* ／ 砕氷船 rompehielos *m.*[=*pl.*] ／ 測量船 barco *m.* de investigación ／ 救助作業船 barco *m.* de「rescate [salvamento] ／ 工作船（修理用の）barco *m.* de reparación,（不審船）barco *m.* espía ／ 無国籍船 barco *m.* sin pabellón ／ 密航船 barco *m.* clandestino ／ 密漁船 barco *m.* furtivo ／ 難破船 barco *m.* naufragado ／ 漂流船 barco *m.* a la deriva ／ 救命艇 bote *m.* salvavidas ／ 手漕ぎ舟 bote *m.* de remos ／ 帆船 barco *m.* de vela, velero *m.* ／ 丸木舟 cayuco *m.* ／ 汽船 barco *m.* de vapor ／ 原子力船 barco *m.* de propulsión nuclear ／ 水中翼船 hidroplano *m.* ／ 病院船 barco *m.* hospital ／ 練習船 buque *m.* escuela ／ ボート bote *m.*, barca *f.*, lancha *f.* ／ モーターボート lancha *f.* motora, motora *f.* ／ 潜水艦 submarino *m.* ／ 廃船 barco *m.* fuera de servicio

ふねっしん 不熱心 falta *f.* de entusiasmo‖彼はスポーツ実習に不熱心である Él muestra poco interés en la práctica deportiva.
▶不熱心な poco entusiasta

ふねん 不燃
▶不燃の/不燃性の incombustible, no combustible, ininflamable, ignífu*go[ga]*
▶不燃性 incombustibilidad *f.*
◪不燃ごみ basura *f.* no combustible
◪不燃物 sustancia *f.*「incombustible [no combustible]

ふのう 不能（不可能）imposibilidad *f.*,（性的）impotencia *f.*
▶不能な（不可能な）imposible,（性的に）impotente

ふはい 腐敗 descomposición *f.*, putrefacción *f.*,（堕落）corrupción *f.*‖腐敗が進む La descomposición se agrava. ／ 腐敗を防ぐ prevenir la「descomposición [corrupción]
▶腐敗する descomponerse, pudrirse,（堕落する）corromperse

▶ 腐敗した podrido[da], descompuesto[ta], corrupto[ta] ‖ 腐敗した政府 gobierno m. corrupto

ふばい 不買 boicot m., boicoteo m.
◩ 不買運動 campaña f. de「boicot [boicoteo]《a, contra》‖ その商品の不買運動を呼びかける hacer un llamamiento al boicot contra ese producto

ふはつ 不発 fallo m., fracaso m. ‖ 事業展開は不発に終わった La expansión del negocio no llegó a realizarse.
◩ 不発弾 munición f. no explotada ‖ 不発弾を処理する desactivar una bomba no explotada

ふび 不備 defecto m., falta f., imperfección f. ‖ 設計上の不備がある Hay defectos de diseño.
▶ 不備な defectuoso[sa], imperfecto[ta]

ふひつよう 不必要
▶ 不必要な innecesario[ria], superfluo[flua] ‖ 不必要な出費 gasto m. innecesario
▶ 不必要に innecesariamente, sin necesidad, inútilmente

ふひょう 不評 impopularidad f., mala「aceptación f. [acogida f.]‖ その計画は住民に不評だった El proyecto no ha sido bien recibido por los vecinos. ／ 不評を買う tener mala「aceptación [acogida], adquirir una mala「reputación [fama]

ふびょうどう 不平等 desigualdad f. ‖ 男女間の賃金の不平等を是正する corregir la desigualdad salarial entre hombres y mujeres
▶ 不平等な desigual ‖ 不平等な関係 relación f. desigual
◩ 不平等感「sentimiento m. [sensación f.] de desigualdad
◩ 不平等条約 tratado m. desigual

ふびん 不憫
▶ 不憫な lastimoso[sa], pobre 『+名詞』‖ 不憫な子 pobre niño m.
▶ 不憫に思う sentir「lástima [compasión]《de》, compadecerse《de》

ぶひん 部品 pieza f., componente m. ‖ 自動車の部品 componentes mpl. de un coche ／ 部品を取り変える cambiar una pieza
◩ 部品メーカー fabricante com. de「componentes [piezas]《男性形での使用が多い》

ふひんこう 不品行 mala conducta f., libertinaje m.
▶ 不品行な de mala conducta, libertino[na]

ふぶき 吹雪 tormenta f. de nieve, nevasca f. ‖ 激しい吹雪 fuerte tormenta f. de nieve ／ 吹雪が収まった/吹雪が止んだ La tormenta de nieve ha cesado. ／ 吹雪になる Se desata una tormenta de nieve.

ふふく 不服 descontento m., insatisfacción f. ‖ 彼は判決を不服として上訴した Descontento con la sentencia, él la recurrió. ／ 不服を唱える protestar《por, contra》
▶ 不服である estar descontento[ta]
◩ 不服申立て《法律》objeción f., protesta f.

ふぶく 吹く ventiscar, nevar con fuerte viento

ぶぶん 部分 parte f., porción f. ‖ 会話の最後の部分 la última parte de la conversación ／ 暮らしの中のあらゆる部分 todas las partes de la vida
▶ 部分的な parcial ‖ 部分的な解決 solución f. parcial
▶ 部分的に en parte, parcialmente
◩ 部分月食 eclipse m. lunar parcial
◩ 部分集合《数学》subconjunto m.
◩ 部分否定 negación f. parcial

ふぶんりつ 不文律 ley f. no escrita

ふへい 不平 queja f.,《不満》descontento m. ‖ 不平を言う quejarse《de》／ 不平を並べ立てる quejarse sin parar
▶ 不平の多い(人) quejica《com.》
◩ 不平分子 elemento m.「descontento [disidente]

ぶべつ 侮蔑 ⇒けいべつ(軽蔑)

ふへん 不変 invariabilidad f., constancia f., inmutabilidad f.
▶ 不変の invariable, constante, inmutable ‖ 政治的に不変の立場 postura f. invariable en términos de política ／ 不変の法則 ley f. inmutable
◩ 不変資本 capital m. constante
◩ 不変数/不変量 invariante f., constante f.

ふへん 普遍
▶ 普遍 universal, general ‖ 普遍の真理 verdad f. universal
▶ 普遍的な universal
▶ 普遍性 universalidad f.
▶ 普遍化 ‖ 普遍化する universalizar, generalizar

ふべん 不便 incomodidad f. ‖ そのホテルは交通が不便だ El hotel está mal comunicado. ／ 車がないと移動するのが不便だ Si no se tiene coche desplazarse es incómodo. ／ 不便をかける incomodar ／ 不便を忍ぶ sufrir incomodidades
▶ 不便な incómodo[da]

ふべんきょう 不勉強 ‖ 彼は不勉強がたたって試験に落ちた Por la falta de esfuerzo en el estudio él suspendió el examen. ／ 私の不勉強ですみません、その事は知りませんでした Disculpe mi ignorancia, no lo sabía.

ふぼ 父母 padre m. y madre f.,（両親）padres mpl.

ふほう 不法 ilegalidad f., ilegitimidad f.
▶ 不法な ilegal, ilícito[ta], ilegítimo[ma] ‖ 不法な手段 medida f.「ilegal [ilícita]
▶ 不法に ilegalmente, ilícitamente, ilegítimamente

◪不法移民 inmigración f. 「ilegal [irregular], (人) inmigrante com. [ilegal [irregular]
◪不法行為 conducta f. ilegal, ilegalidad f.
◪不法就労者 trabaja*dor*[*dora*] *mf.* ilegal
◪不法所持‖武器の不法所持 tenencia f. ilícita de armas
◪不法侵入 invasión f. ilegal
◪不法滞在 「estancia f. [estadía f.] ilegal
◪不法投棄 vertido m. ilegal
◪不法入国 entrada f. 「ilegal [irregular]
ふほう 訃報 「aviso m. [noticia f.] de la muerte《de》‖訃報に接する recibir 「el aviso [la noticia] de la muerte《de》
ふほんい 不本意
▶不本意な insatisfac*torio*[*ria*], decepcionante‖不本意な結果 resultado m. insatisfactorio
▶不本意ながら de mala gana, en contra de *sus* deseos, a pesar *suyo*
ふまえる 踏まえる considerar, tener en consideración ALGO‖私たちは調査結果を踏まえて結論を出すつもりだ Tenemos previsto llegar a una conclusión considerando los resultados del estudio.／事実を踏まえた意見 opinión f. basada en hechos
ふまじめ 不真面目
▶不まじめな poco se*rio*[*ria*], insince*ro*[*ra*]‖不まじめな番組 programa m. poco serio
ふまん 不満 descontento m., insatisfacción f., disgusto m.‖不満を表す manifestar *su* 「descontento [insatisfacción]／不満を抱く albergar 「descontento [insatisfacción]
▶不満な(人が) desconten*to*[*ta*], insatisfe*cho*[*cha*], (結果などに) insatisfac*torio*[*ria*]
▶不満である estar 「desconten*to*[*ta*] [insatisfe*cho*[*cha*]]‖彼女は仕事に不満である Ella no está 「satisfecha [contenta] con su trabajo.
◪不平不満 quejas *fpl.* y descontento m.
ふみいれる 踏み入れる (足を) pisar, meter 「el pie [los pies]《en》‖泥の中に足を踏み入れる meter 「el pie [los pies] en el barro／政界に足を踏み入れる meterse en (el mundo de la) política
ふみきり 踏切 paso m. a nivel; (跳躍競技の) despegue m., (決断) decisión f.‖踏切を渡る cruzar un paso a nivel
◪踏切板《スポーツ》trampolín m.
◪踏切番 guardabarrera com.
ふみきる 踏み切る decidirse《a》, decidir‖会社は新製品の発売中止に踏み切った La empresa se decidió a cesar la venta de un nuevo producto／政府はその政策の実施に踏み切った El gobierno ha decidido llevar a cabo esa política.
ふみこむ 踏み込む (無断で入る) irrumpir 《en》, entrar violentamente, (問題に) profundizar《en》‖刑事(男性)が部屋に踏み込んだ El detective irrumpió en la habitación.／もう少し踏み込んだ議論をしよう ¿Por qué no profundizamos un poco más en la discusión?
ふみだい 踏み台 banqueta f., (比喩的に) trampolín m.‖踏み台に乗る subir(se) 「a [en] una banqueta／彼は人を踏み台にして出世した Él ha conseguido ascender usando a otros como trampolín.
ふみたおす 踏み倒す (足で) pisotear, (勘定などを) no pagar, eludir el pago‖看板を踏み倒す pisotear un cartel／借金を踏み倒す 「no pagar [eludir el pago de] una deuda
ふみだす 踏み出す dar un paso, avanzar‖左足から踏み出す avanzar empezando con el pie izquierdo／漁業の再建に向けて一歩を踏み出す dar los primeros pasos hacia el restablecimiento de la industria pesquera
ふみつける 踏み付ける pisar, (強く踏む) pisotear‖小さな花を踏みつけないように歩く caminar con cuidado de no pisar las florecillas
ふみつぶす 踏み潰す aplastar con 「el pie [los pies], pisotear‖段ボール箱を踏みつぶす aplastar una caja de cartón con 「el pie [los pies]／親の面目を踏みつぶす pisotear el honor de los padres
ふみとどまる 踏み止まる (居続ける) quedarse, permanecer, (思いとどまる) desistir《de》, renunciar《a》
ふみにじる 踏み躙る pisotear‖庭の花を踏みにじる pisotear las flores del jardín／人の誇りを踏みにじる pisotear el orgullo de ALGUIEN
ふみば 踏み場‖足の踏み場がない No hay lugar donde pisar.¦ No se puede ni 「pisar [dar un paso].
ふみはずす 踏み外す dar un paso en falso, pisar mal‖階段を踏み外す dar un paso en falso en unas escaleras／人の道を踏み外す ir por mal camino, descarriarse
ふみん 不眠 falta f. de sueño‖不眠の日が続く Se suceden los días sin (poder) dormir.／不眠に悩む tener problemas para dormir
◪不眠症 insomnio m.‖不眠症である 「tener [padecer] insomnio
◪不眠不休‖不眠不休で働く trabajar 「noche y día [sin descanso].
ふむ 踏む pisar, (見当をつける) estimar‖麦を踏む pisar trigo／私は足を踏まれた Me han pisado el pie.／故郷の土を踏む pisar *su* tierra natal／彼が勝つと踏む Estimo que ganará él.／四股を踏む《相撲》golpear en el suelo con cada pierna
[慣用]踏んだり蹴ったり‖(彼は)踏んだり蹴ったりだ《慣用》Él no gana para disgustos.

ふむき　不向き ‖ 彼は軍隊に不向きと見なされた Lo consideraron inepto para el ejército.
- **不向きな**（人が）inep*to*[*ta*], incompetente,（ものが）inadecua*do*[*da*]

ふめい　不明 ignorancia *f.*, desconocimiento *m.* ‖ 不明を恥じる avergonzarse de *su*「ignorancia [desconocimiento] ／ 火災の原因は不明である Se desconocen las causas del incendio.
- **不明な/不明の** poco cla*ro*[*ra*], va*go*[*ga*], desconoci*do*[*da*] ‖ 不明な箇所 parte *f.* poco clara ／ 意味不明の説明 explicación *f.* incomprensible

ふめいよ　不名誉 deshonor *m.*, deshonra *f.*, ignominia *f.*
- **不名誉な** deshonro*so*[*sa*], ignominio*so*[*sa*]

ふめいりょう　不明瞭 ‖ 彼は発音が不明瞭である Él pronuncia de una forma poco clara.
- **不明瞭な** poco cla*ro*[*ra*], va*go*[*ga*]

ふめつ　不滅 inmortalidad *f.* ‖ 霊魂の不滅 inmortalidad *f.* del alma
- **不滅の** inmortal, imperecede*ro*[*ra*] ‖ 不滅の名作 obra *f.* maestra inmortal

ふめん　譜面 partitura *f.* ‖ 譜面を読む leer「una partitura [un texto musical], leer música
- 譜面台 atril *m.*

ふもう　不毛 esterilidad *f.*, infertilidad *f.*
- **不毛な/不毛の** estéril, infértil, ári*do*[*da*] ‖ 不毛の地 tierra *f.* 「estéril [infértil] ／ 不毛な論争 debate *m.* estéril

ふもと　麓 falda *f.*, pie *m.* ‖ 山のふもとに「en la falda [al pie] de un monte

ふもん　不問 ‖ 不問に付す《慣用》cerrar los ojos《a》,《慣用》hacer la vista gorda

ぶもん　部門 sector *m.*, sección *f.*, rama *f.*, ramo *m.* ‖ 部門ごとの調査 estudio *m.* por sectores
- 観光部門 sector *m.* turístico

ふやかす remojar ‖ ひよこ豆を8時間水でふやかす remojar los garbanzos durante ocho horas

ふやける ponerse blan*do*[*da*] por la humedad

ふやす　増やす/殖やす aumentar, incrementar, ampliar ‖ 量を増やす aumentar la cantidad ／ 会員数を増やす aumentar el número de socios ／ 財産を殖やす aumentar la fortuna

ふゆ　冬 invierno *m.* ‖ 今は冬です Estamos en invierno. ／ 冬が来る Llega el invierno. ／ 冬を過ごす pasar el invierno,（冬眠する）hibernar
- **冬の** invernal, de invierno ‖ 冬のスポーツ deporte *m.* de invierno
- 冬景色 paisaje *m.* de invierno
- 冬ごもり invernada *f.*,（冬眠）hibernación *f.*
- 冬支度 ‖ 冬支度をする prepararse para el invierno
- 冬将軍 General *m.* Invierno, invierno *m.*「crudo [riguroso]
- 冬物 ropa *f.* de invierno
- 冬休み vacaciones *fpl.* de invierno
- 冬山 montaña *f.* en invierno ‖ 冬山に登るのは危険だ Es peligroso subir a una montaña en invierno.

ぶゆ　蚋《昆虫》jején *m.*

ふゆう　浮遊
- **浮遊する** flotar, sobrenadar
- 浮遊植物 planta *f.* flotante
- 浮遊生物 plancton *m.*
- 浮遊選鉱法 flotación *f.*

ふゆう　富裕
- **富裕な** ri*co*[*ca*], acomoda*do*[*da*]
- 富裕層 clase *f.* rica, clase *f.* acomodada, los ricos

ぶゆう　武勇 valentía *f.*, bravura *f.*
- 武勇伝 cuento *m.* heroico, historia *f.* de hazañas

ふゆかい　不愉快
- **不愉快な** desagradable, moles*to*[*ta*], fastidio*so*[*sa*] ‖ 不愉快な思いをする tener una experiencia desagradable
- **不愉快にさせる** disgustar
- **不愉快になる** disgustarse ‖ 彼と居ると不愉快になる Me molesta estar con él.

ふゆきとどき　不行き届き descuido *m.*, negligencia *f.* ‖ 彼の部下への監督が不行き届きだった Él era negligente en la supervisión de sus subordinados.
- **不行き届きな** descuida*do*[*da*], negligente

ふよ　付与 otorgamiento *m.*, concesión *f.*
- **付与する** otorgar, dar, conceder

ぶよ　蚋 ⇒ぶゆ

ふよう　不用
- **不用な/不用の**（必要のない）innecesa*rio*[*ria*],（使われていない）fuera de uso,（役に立たない）inservible
- 不用品（使われていない）objeto *m.* en desuso,（役に立たない）objeto *m.* inservible

ふよう　不要 ⇒ふひつよう（不必要）
- **不要である** estar de más ‖ 君が言った最初の言葉は不要だった Las primeras palabras que has dicho han estado de más.

ふよう　扶養 manutención *f.*
- **扶養する** mantener A ALGUIEN
- 扶養家族 familiar *m.* dependiente ‖ 扶養家族手当「subsidio *m.* [ayuda *f.*] familiar
- 扶養義務 obligación *f.* de manutención
- 扶養控除 desgravación *f.* familiar
- 扶養者 sustenta*dor*[*dora*] *mf.*, sostén *f.*

ふよう　芙蓉《植物》rosa *f.* de algodón

ぶよう　舞踊 baile *m.*, danza *f.*
- 舞踊家 baila*rín*[*rina*] *mf.*

- **日本舞踊** danza *f.* tradicional japonesa
- **民俗舞踊** baile *m.* folclórico, danza *f.* folclórica

ふようい 不用意
- ▶**不用意な** descuido*do[da]*, imprudente ‖ 不用意な発言をする hacer un comentario imprudente, hablar a la ligera
- ▶**不用意に** descuidadamente, imprudentemente

ふようじょう 不養生 descuido *m.* para con la salud
- ▶**不養生な** descuido*do[da]* para con la salud
- ▶**不養生をする** descuidar *su* salud
- 医者の不養生 El médico mal se cura a sí mismo.

ぶようじん 不用心 ‖ 出かける時戸締まりをしないのは不用心だ Es imprudente salir de casa sin cerrar con llave.
- ▶**不用心な** descuido*do[da]*, imprudente

フライ (料理)frito *m.*, fritura *f.*; (野球)fly *m.*, elevado *m.* ‖ 魚のフライ pescado *m.* frito, fritura *f.* de pescado
- ▶**フライにする** freír

プライオリティ prioridad *f.*, (優先順位)orden *m.* de prioridad

フライきゅう フライ級 peso *m.* mosca

フライス fresa *f.*
- ◨**フライス加工** fresado *m.*
- ◨**フライス盤** fresadora *f.*

フライト vuelo *m.*
- ◨**フライトアテンダント** auxiliar *com.* de vuelo, azafat*o[ta]* *mf.* de vuelo
- ◨**フライト情報** información *f.* de vuelo
- ◨**フライトナンバー** número *m.* de vuelo
- ◨**フライトレコーダー** caja *f.* negra

フライド (油で揚げた)frit*o[ta]*
- ◨**フライドチキン** pollo *m.* frito
- ◨**フライドポテト** patata *f.* [papa *f.*] frita

プライド ⇒ほこり(誇り)

プライバシー intimidad *f.*, privacidad *f.*, vida *f.* privada ‖ 個人のプライバシー intimidad *f.* personal ／ プライバシーを侵害する 「violar [invadir]」 la intimidad de ALGUIEN

フライパン sartén *f.* ‖ フライパンで揚げる freír en sartén

フライフィッシング pesca *f.* con mosca

プライベート
- ▶**プライベートな** priva*do[da]*, íntim*o[ma]*

フライング (スポーツ)salida *f.* nula
- ▶**フライングする** realizar una salida nula

ブラインド persiana *f.* ‖ ブラインドをつける 「poner [instalar]」 una persiana ／ ブラインドを上げる subir la persiana ／ ブラインドを下げる bajar la persiana

ブラウザ (IT)navegador *m.*, visualizador *m.* ‖ 高速ブラウザを利用する usar un navegador de alta velocidad

ブラウス blusa *f.* ‖ 長袖[半袖]のブラウス blusa *f.* de manga 「larga [corta]」

ブラウンかん ブラウン管 tubo *m.* de rayos catódicos

プラカード pancarta *f.* ‖ プラカードを掲げる llevar una pancarta

ぶらく 部落 caserío *m.*, aldea *f.*

プラグ enchufe *m.*, clavija *f.* ‖ テレビのプラグを差し込む enchufar el televisor ／ テレビのプラグを引き抜く desenchufar el televisor

プラグマティズム pragmatismo *m.*

ぶらさがる ぶら下がる colgar 《de》, pender 《de》 ‖ 鉄棒にぶら下がる colgar(se) de una barra de hierro ／ 枝からぶら下がる 「colgar [pender]」 de una rama ／ 勝利が目の前にぶら下がっている tener el triunfo al alcance de la mano

ぶらさげる ぶら下げる colgar, llevar colga*do* ALGO ‖ 彼はメダルを首にぶら下げている Él lleva la medalla colgada del cuello. ／ 手に袋をぶら下げて con una bolsa en la mano

ブラシ cepillo *m.*, brocha *f.* ‖ ひげ剃り用のブラシ brocha *f.* de afeitar
- ▶**ブラシをかける** cepillar, pasar un cepillo, (自分の髪や服に)cepillarse
- ◨**エアブラシ** aerógrafo *m.*
- ◨**洋服用ブラシ** cepillo *m.* para la ropa

ブラジャー sujetador *m.*, sostén *m.* ‖ ブラジャーをする／ブラジャーをつける ponerse 「el sujetador [el sostén]」

ふらす 降らす ‖ 台風が大雨を降らせた El tifón trajo lluvias abundantes.

プラス más *m.*, (利益)ventaja *f.* ‖ プラスの記号 signo *m.* más ／ プラスの電気 electricidad *f.* positiva ／ 2プラス3は5だ Dos más tres son cinco. ／ 私にとってプラスになる経験だった Fue una experiencia provechosa para mí.
- ◨**プラスアルファ** ‖ 費用は2万円にプラスアルファだろう Los gastos serán veinte mil yenes y un poco más.
- ◨**プラス思考** pensamiento *m.* positivo
- ◨**プラスマイナス** ‖ プラスマイナスゼロである ni ganar ni perder

フラスコ matraz *m.*

プラスチック plástico *m.*
- ▶**プラスチックの** de plástico, plástic*o[ca]* ‖ プラスチックのごみ basura *f.* 「de plástico [plástica]」
- ◨**プラスチック製品** producto *m.* de plástico
- ◨**プラスチック爆弾** explosivo *m.* plástico

フラストレーション frustración *f.*

ブラスバンド banda *f.* de instrumentos de metal y percusión, charanga *f.*

プラズマ plasma *m.*

プラタナス

◨ プラズマディスプレイ pantalla *f.* de plasma
◨ プラズマテレビ televisión *f.* de plasma
プラタナス plátano *m.*
フラダンス 《ハワイ語》*hula m.*
▶フラダンスをする bailar el *hula*
プラチナ 《化学》platino *m.*《記号 Pt》
ふらつく （足元が）tambalearse,（気持ちが）vacilar, titubear, estar 「indeci*so[sa]*
ブラック negro *m.*
◨ ブラックコーヒー café *m.* solo
◨ ブラックホール agujero *m.* negro
◨ ブラックボックス caja *f.* negra
◨ ブラックマーケット mercado *m.* negro
◨ ブラックユーモア humor *m.* negro
◨ ブラックリスト lista *f.* negra
ぶらつく vagar, deambular,（街を）callejear, andar sin rumbo fijo
フラッシュ 《英語》*flash m.* ‖ フラッシュをたいてもいいですか ¿Se puede usar el *flash*?
◨ フラッシュバック《英語》 *flashback m.*,《文学》analepsis *f.*[=*pl.*],《映画》escena *f.* retrospectiva
◨ フラッシュメモリ《IT》memoria *f. flash*
フラット 《音楽》bemol *m.* ‖ ミのフラット mi *m.* bemol／100メートルを10秒フラットで走る correr cien metros en diez segundos exactos
◨ フラット組織 organización *f.* horizontal
プラットホーム andén *m.*,《南米》plataforma *f.*

┌─ プラットホームの安全設備 ─┐

白線 línea *f.* blanca de advertencia／点字ブロック baldosas *fpl.* para invidentes／柵 reja *f.*／ホームドア puertas *fpl.* de andén／ホームセンサー sensor *m.* de movimiento en el andén／退避スペース（プラットホームの下の）zona *f.* de refugio／非常通報ボタン botón *m.* de emergencia／線路脱出ステップ peldaño *m.* para subir de las vías al andén／転落検知マット detector *m.* de caídas a las vías

プラトニックラブ amor *m.* platónico
プラネタリウム planetario *m.*
フラノ ⇒フランネル
ふらふら ‖ 疲れてふらふらである estar agota*do[da]*, estar he*cho[cha]* polvo／ふらふら歩き出す caminar tambaleándose
▶ふらふらする（足元が）tambalearse,（気持ちが）vacilar, titubear ‖ 私は頭がふらふらする Me da vueltas la cabeza.
▶ふらふらと tambaleándose, sin rumbo fijo

ぶらぶら ‖ 足をぶらぶらと動かす balancear las piernas
▶ぶらぶらする no hacer nada, vaguear, holgazanear,（ぶらつく）callejear, andar sin rumbo fijo ‖ 私はいつも家でぶらぶらしている Siempre estoy en casa sin hacer nada.
フラミンゴ flamenco *m.*（雄・雌）
プラム （木）ciruelo *m.*,（実）ciruela *f.*
フラメンコ flamenco *m.*,（歌）cante *m.* flamenco
◨ フラメンコダンサー baila*or[ora] mf.*

┌─ フラメンコ用語 ─┐

フラメンコギター guitarra *f.* flamenca／カンテ cante *m.*／カンタオール（男性の歌い手）cantaor *m.*／カンタオーラ（女性の歌い手）cantaora *f.*／バイレ baile *m.*／サパテアード zapateado *m.*／ブラソ brazo *m.*／バイラオール（男性のダンサー）bailaor *m.*／バイラオーラ（女性のダンサー）bailaora *f.*／トケ（ギター演奏）toque *m.*／パリージョ（カスタネット）palillos *mpl.*／ハレオ（掛け声）jaleo *m.*／パルマ（手拍子）palmas *fpl.*／タブラオ tablao *m.*

プラモデル maqueta *f.* de plástico ‖ プラモデルを造る hacer una maqueta de plástico
ふらりと sin previo aviso, de improviso ‖ 彼はいつもふらりと現れる Él siempre aparece sin previo aviso.
ふらん 腐乱 putrefacción *f.*, descomposición *f.*
▶腐乱する pudrirse, descomponerse
◨ 腐乱死体 cadáver *m.* en descomposición
プラン plan *m.* ⇒けいかく（計画）
ふらんき 孵卵器 incubadora *f.*
ブランク espacio *m.* en blanco, vacío *m.* ‖ そのグループは2年のブランクの後舞台に戻った El grupo volvió al escenario tras dos años de ausencia.
プランクトン plancton *m.*
◨ 植物プランクトン plancton *m.* vegetal, fitoplancton *m.*
◨ 動物プランクトン plancton *m.* animal, zooplancton *m.*
フランクフルトソーセージ salchicha *f.* de Frankfurt
ぶらんこ columpio *m.*, mecedor *m.* ‖ ぶらんこで遊ぶ jugar en un columpio／ぶらんこに乗る／ぶらんこを漕ぐ columpiarse
フランス Francia
▶フランスの franc*és[cesa]*
◨ フランス語 lengua *f.* francesa, francés *m.*
◨ フランス人 franc*és[cesa] mf.*
プランター jardinera *f.*
フランチャイズ franquicia *f.*, concesión *f.*

◪フランチャイズ店 tienda *f.* franquiciada
ブランデー 《英語》*brandy m.*, coñac *m.*
プランテーション plantación *f.*
ブランド marca *f.*
◪高級ブランド marca *f.* de lujo
◪ブランドイメージ imagen *f.* de marca
◪ブランド志向‖ブランド志向が強い sentir una gran「pasión [debilidad] por las marcas
◪ブランド品 artículo *m.* de marca
プラント planta *f.*
◪プラント輸出 exportación *f.* de una planta
フランネル franela *f.*
ふり 振り （様子）apariencia *f.*, aspecto *m.*, （体の動き）gesto *m.*, （ゴルフ・野球などのスイング）《英語》*swing m.*
▶ふりをする fingir, simular, aparentar‖寝たふりをする fingir estar dormi*do*[*da*], hacerse *el*[*la*] dormi*do*[*da*] ／見ないふりをする《慣用》hacer la vista gorda ／病気のふりをする fingir una enfermedad ／分からないふりをする《慣用》hacerse *el*[*la*] sue*co*[*ca*] ／彼は働いているふりをする Él finge que trabaja.
(諺)人の振り見てわが振り直せ Hay que escarmentar en cabeza ajena.
ふり 不利 desventaja *f.*
▶不利な desventajo*so*[*sa*], desfavorable‖不利な立場にある「estar [encontrarse] en desventaja
▶不利に desfavorablemente
▶不利にする desfavorecer‖その政策は消費者に不利になる Esta medida desfavorece a los consumidores.
ぶり 鰤 medregal *m.* del Japón
ぶり 振り ❶（様子）modo *m.*, manera *f.*‖コンサートの混雑ぶりはすごかった Tan masiva fue la concurrencia en el concierto. ／彼らの仕事ぶりを見る observar cómo trabajan ellos
❷（時間の経過）después《de》‖10年ぶりの大雪 la primera gran nevada en los últimos diez años ／彼女は5年ぶりに故郷に帰った Ella regresó a su tierra natal después de cinco años. ／髪を洗うのは三日ぶりだ Hacía tres días que no me lavaba el pelo.
ふりあげる 振り上げる levantar‖こぶしを振り上げる levantar el puño
フリー‖明日の午前中はフリーだ Estoy libre mañana por la mañana. ／フリーで働く trabajar por cuenta propia
▶フリーの libre, independiente, autóno*mo*[*ma*], （無料の）gratui*to*[*ta*]‖フリーの記者 periodista *com.* independiente
◪フリーウェア《IT》*freeware m.*, *software m.* gratuito‖フリーウェアをダウンロードする descargar un *freeware*

◪フリーキック《サッカー》tiro *m.* libre
◪フリーサイズ talla *f.* única
◪フリースタイル《水泳》estilo *m.* libre,《レスリング》lucha *f.* libre,《スキー》esquí *m.* acrobático
◪フリースロー《バスケット》tiro *m.* libre
◪フリーダイヤル número *m.* (de teléfono) gratuito, llamada *f.* (de teléfono) gratuita
◪フリーパス（交通機関などの）pase *m.* gratuito
◪フリーハンド‖フリーハンドで描く dibujar a mano alzada
◪フリーペーパー periódico *m.* gratuito
◪フリーメール《IT》correo *m.* electrónico gratuito
◪フリーランサー trabaja*dor*[*dora*] *mf.* autóno*mo*[*ma*]
フリーザー（冷蔵庫の）congelador *m.*
フリージア fresia *f.*,《英語》*freesia f.*
フリース forro *m.* polar
フリーズ
▶フリーズする（パソコンが）congelarse, quedarse colga*do*[*da*]‖パソコンがフリーズした El ordenador se ha「congelado [quedado colgado].
◪フリーズドライ liofilización *f.*‖フリーズドライする liofilizar
フリーター joven *com.* que se gana la vida en trabajo temporal
ブリーダー cria*dor*[*dora*] *mf.*
プリーツ pliegue *m.*, tabla *f.*
◪プリーツスカート falda *f.*「plisada [de tablas]
ブリーフ *slip m.*, calzoncillo *m.* ajustado
ブリーフィング sesión *f.* informativa
ブリーフケース maletín *m.*, cartera *f.*
ふりえき 不利益 desventaja *f.*‖不利益を被る sufrir desventajas
▶不利益な desventajo*so*[*sa*]
ふりおとす 振り落とす（地面に）「tirar [arrojar] al suelo, derribar, （揺さぶって）sacudir‖傘の水滴を振り落とす quitar las gotas de agua de un paraguas sacudiéndolo ／オリーブの実を振り落とす sacudir un olivo para que caigan las aceitunas
プリオン（狂牛病の原因となる蛋白）proteína *f.* prion, prion *m.*
ふりかえ 振替 transferencia *f.* postal
◪銀行振替 transferencia *f.* bancaria‖銀行振替で支払う pagar por transferencia bancaria
◪振替休日 lunes *m.* declarado no laborable por caer un festivo en el domingo anterior
◪振替口座 cuenta *f.* de transferencia postal
◪振替輸送 transbordo *m.*‖事故にあった電車の乗客をバスで振替輸送する trasladar en

autobús a los viajeros del tren accidentado

ぶりかえす　ぶり返す　recaer, recrudecer(se) ‖ 病気をぶり返す recaer en la enfermedad ／ もう春なのに冬の寒さがぶり返った Ha vuelto el frío del invierno aunque ya es primavera.

ふりかえる　振り返る　volverse, mirar (hacia) atrás ‖ 彼は振り返って私に手を振った Él se volvió y me saludó con la mano. ／ 過去を振り返る recordar el pasado, 《慣用》volver la vista atrás

ふりかえる　振り替える　transferir ‖ 当座預金を定期預金に振り替える hacer una transferencia de una cuenta corriente a un depósito a plazo fijo ／ 休みを翌日に振り替える pasar el día de descanso al día siguiente

ふりかかる　降り掛かる/降り懸かる　caer, sobrevenir ‖ わらに火の粉が降りかかった Cayeron chispas en la paja. ／ 彼の身に災難が降りかかった A él le sobrevino un desastre.

ふりかける　振り掛ける/振り懸ける　echar, (粉状のものを) espolvorear ‖ サラダに塩を振りかける echar sal a la ensalada

ふりかざす　振り翳す　‖ 刀を振りかざす blandir la espada ／ 権力を振りかざす ejercer autoridad

ふりがな　振り仮名　《日本語》 *furigana m.* ⇒ルビ

ブリキ　hojalata *f.* ‖ ブリキの缶 lata *f.* de hojalata

ふりきる　振り切る　deshacerse 《de》, quitarse de encima ‖ 犯人の男は警官らを振り切って逃げた El autor del crimen se quitó de encima a los policías y huyó. ／ 彼は2位の走者を振り切ってゴールした Él se deshizo del corredor que iba en segundo lugar y llegó a la meta.

プリクラ　《商標》fotomatón *m. purikura*

ふりこ　振り子　péndulo *m.*, péndola *f.*
◪振り子式車両 tren *m.* pendular
◪振り子時計 reloj *m.* de péndulo

ふりこう　不履行　incumplimiento *m.*
◪契約不履行 incumplimiento *m.* de contrato

ふりこみ　振込　transferencia *f.* ‖ 私の口座に100ユーロの振込があった Me han transferido 100 euros. ¦ Me han hecho una transferencia de 100 euros.
◪銀行振込 ‖ 給料を銀行振込にする domiciliar el sueldo (en el banco)
◪振込先 ‖ ここに振込先を記入して下さい Escriba aquí los datos de la transferencia, por favor.

ふりこむ　振り込む　hacer una transferencia, transferir, (自動振込で) domiciliar

ふりこめさぎ　振り込め詐欺　「estafa *f.* [timo *m.*] por transferencia bancaria ‖ 振り込め詐欺にあう ser víctima de una estafa por transferencia bancaria

ふりしぼる　振り絞る　forzar(se) ‖ 声を振り絞る forzar la voz ／ 最後の力を振り絞る sacar fuerzas de flaqueza ／ 全力を振り絞る《慣用》echar el resto

プリズム　prisma *m.*
◪プリズム双眼鏡 prismáticos *mpl.*

ふりそそぐ　降り注ぐ　alumbrar, bañar ‖ 日が部屋中に降り注ぐ El sol alumbra toda la habitación.

ふりだし　振り出し　(出発点) punto *m.* de partida, (小切手・手形の) giro *m.* ‖ 振り出しに戻る volver al punto de partida
◪振出人 librad*or*[dora] *mf.*
◪振出日 fecha *f.* de libramiento

ふりだす　振り出す　(小切手などを) girar, librar ‖ 手形を振り出す girar una letra

ふりつけ　振り付け　coreografía *f.*
▶振り付けする hacer una coreografía
◪振付師 coreógraf*o*[fa] *mf.*

ブリッジ　puente *m.*, (トランプ) 《英語》 *bridge m.* ‖ 歯を抜いてブリッジを入れる sacar un diente y poner un puente
▶ブリッジをする (トランプ) jugar al *bridge*

ふりはらう　振り払う　sacudir, deshacerse 《de》 ‖ コートについたほこりを振り払う sacudir el polvo de un abrigo ／ 不安を振り払う deshacerse de *sus* inquietudes ／ 彼は父の手を振り払って出て行った Él se marchó tras soltarse de la mano de su padre.

ぷりぷり　‖ ぷりぷり怒っている estar enfada*do*[da] ／ ほっぺたがぷりぷりしている tener las mejillas elásticas

プリペイド　prepago *m.*
◪プリペイドカード tarjeta *f.* (de) prepago
◪プリペイド型携帯電話 teléfono *m.* móvil de prepago

ふりまく　振り撒く　derramar, desparramar, (惜しみなく与える) derrochar ‖ 庭に水を振りまく desparramar agua por el jardín ／ 金を振りまく derrochar dinero ／ 噂を振りまく difundir un rumor ／ 愛嬌を振りまく derrochar amabilidad

プリマドンナ　《イタリア語》 *prima donna f.*, diva *f.*

ふりまわす　振り回す　(剣を) blandir ‖ 包丁を振り回す blandir un cuchillo ／ 権力を振り回す abusar de *su* autoridad ／ 知識を振り回す alardear de *sus* conocimientos ／ 恋人に振り回される ser mangonea*do*[da] por *su* no*vio*[via]

ふりみだす　振り乱す　‖ 髪を振り乱して con el cabello [despeinado [revuelto]

ふりむく　振り向く　volverse, mirar hacia atrás

ふりょ　不慮

▶不慮の inespera*do*[da], accidental ‖ 不慮の出来事 contratiempo *m.* / 不慮の死を遂げる morir accidentalmente

ふりょう 不良 ‖ 今年は稲の発育が不良だ Este año el crecimiento del arroz es deficiente. / 不良とはつき合うな Es mejor no relacionarse con mala gente.
▶不良な/不良の ma*lo*[la], (製品が) defectuo*so*[sa], deficiente, (人が) descarria*do*[da]
■不良債権 deuda *f.* incobrable, crédito *m.* impagado
■不良少女 joven *f.* descarriada
■不良少年 joven *m.* descarriado
■不良品 artículo *m.* defectuoso
ふりょく 浮力 flotabilidad *f.*
ぶりょく 武力 poderío *m.* militar, fuerza *f.* militar ‖ 武力で紛争を解決する solucionar un conflicto mediante la fuerza / 武力に訴える「recurrir [acudir] a las armas
■武力外交 diplomacia *f.* de cañonero
■武力介入 intervención *f.* militar
■武力革命 revolución *f.* armada
■武力攻撃 ataque *m.* armado
■武力衝突 conflicto *m.* armado
フリル volante *m.*, faralaes *mpl.* ‖ フリルのスカート falda *f.* de volantes
ふりん 不倫 adulterio *m.*
▶不倫の adúlte*ro*[ra]
▶不倫する cometer adulterio
▶不倫関係 relación *f.* 「adúltera [fuera del matrimonio] ‖ 不倫関係にある tener una relación fuera del matrimonio
プリン (料理) flan *m.*, (化学) purina *f.*
プリンス príncipe *m.*
プリンセス princesa *f.*
プリンタ impresora *f.*

プリンタ関連用語

インクジェットプリンタ impresora *f.* de inyección / 3Dプリンタ impresora *f.* 3D / レザープリンタ impresora *f.* láser / カラープリンタ impresora *f.* en color / トナー tóner *m.* / インクカートリッジ cartucho *m.* (de tinta) / 給紙トレイ bandeja *f.* de papeles / 等倍率印刷 impresión *f.* del mismo tamaño que el original / 拡大印刷 ampliación *f.* / 縮小印刷 reducción *f.* / 倍率設定 ajustes *mpl.* de escala / 濃度を濃くする[薄くする] 「aumentar [disminuir] la densidad / 濃度調整 ajustes *mpl.* de densidad / (印刷用紙の)大きさ tamaño *m.* / 印刷部数 número *m.* de copias

---

プリント impresión *f.*, copia *f.*

▶プリントする imprimir, estampar
■プリント生地 tela *f.* estampada, tejido *m.* estampado
■プリント基板 circuito *m.* impreso, tarjeta *f.* de circuito impreso
■プリント合板 contrachapado *m.* estampado
■プリントシール機 fotomatón *m.*
ふる 降る ‖ 雨が降る llover / 雪が降る nevar / 今にも雨が降りそうだ Parece que va a llover de un momento a otro. / 降ったり止んだりの con lluvias intermitentes / 降られてしまったよ Me llovió.
(慣用) 降って湧く fortuna *f.* que llegó como caída del cielo
(慣用) 降るほど un montón 《de》, una lluvia 《de》
ふる 振る (動かす) agitar, sacudir, mover, (拒絶する) rechazar, (捨てる) abandonar ‖ 塩を振る echar sal / 手を振る agitar la mano / ビンをよく振ってからお飲みください Agitar bien la botella antes de beber. / 彼女は彼を振った Ella le dio calabazas. ¡ Ella lo rechazó. / 社長の椅子を振る abandonar el cargo de presiden*te*[ta]

フル
▶フルに plenamente, completamente, al máximo ‖ 時間をフルに活用する aprovechar el tiempo 「plenamente [al máximo]
■フルカウント (野球) cuenta *f.* completa
■フル稼働 funcionamiento *m.* 「a pleno rendimiento [al límite de capacidad]
■フルコース (料理) menú *m.* completo
■フルスピード ‖ フルスピードで a la máxima velocidad, a toda velocidad
■フルタイム ‖ フルタイムで働く trabajar a 「tiempo completo [jornada completa]
■フルネーム nombre *m.* completo, nombre *m.* y apellidos *mpl.*
■フルベース (野球) bases *fpl.* llenas

ぶる (〜ぶる) presumir 《de》, darse aires 《de》 ‖ 偉ぶる darse aires de 「importancia [superioridad], dárselas de importante / 学者ぶる dárselas de sa*bio*[bia] / カルロスは悪ぶっている Carlos se las da de malo.

ふるい 篩 cedazo *m.*, criba *f.*, tamiz *m.* ‖ ふるいにかける tamizar, cerner, pasar por 「el tamiz [la criba] / 小麦粉をふるいにかける pasar harina de trigo por 「el tamiz [la criba] / 候補者をふるいにかける hacer una criba entre los candidatos

ふるい 古い/旧い vie*jo*[ja], (昔の) anti*guo*[gua], (時代遅れの) anticua*do*[da] ‖ 古いコート abrigo *m.* viejo / 古い町並み calles *fpl.* antiguas / 古い友人 vie*jo*[ja] ami*go*[ga] *mf.* / 君の考え方はもう古い Tienes una forma de pensar anticuada. / 私たちは古いつきあいだ Hace mucho tiempo que

nos conocemos.
❷古くなる envejecer, hacerse vie*jo[ja]*, (流行などが) pasar de moda
❷古くは antiguamente
ふるいおとす 振るい落とす （揺すって）sacudir, (選抜する) eliminar, hacer una criba 《de》
ふるいたつ 奮い立つ ⇒ふんき(⇒奮起する)
ふるう 奮う/振るう （行使する）ejercer, (発揮する) mostrar ‖ 暴力を振るう「hacer uso de [emplear] la violencia ／ 商売が振るわない El negocio no va bien. ／ 成績が振るわない Los resultados no son buenos. ／ 彼の言うことが振るっている Lo que dice él es extravagante y divertido.
❷奮って ‖ 奮ってご参加ください Les rogamos que se animen a participar.
ブルー azul *m*. ‖ 私は月曜日はいつもブルーな気分だ Los lunes siempre estoy triste.
◪**ブルーカラー** (人) trabaja*dor[dora] mf*. de cuello azul
◪**ブルージーンズ** pantalones *mpl*. vaqueros
◪**ブルーチーズ** queso *m*. azul
◪**ブルーフィルム** película *f*. pornográfica
◪**ブルーベリー** arándano *m*.
ブルース 《英語》 *blues m*.[=*pl*.]
フルーツ fruta *f*.
◪**フルーツカクテル** cóctel *m*. de frutas
◪**フルーツケーキ** 「tarta *f*. [pastel *m*.] de frutas
◪**フルーツサラダ/フルーツポンチ** ensalada *f*. de frutas, macedonia *f*.
フルート flauta *f*. travesera ‖ フルートを吹く tocar la flauta travesera
◪**フルート奏者** flautista *com*.
ブルーレイディスク 《商標》disco *m. bluray*
プルーン (木) ciruelo *m*., (実) ciruela *f*.
◪**ドライプルーン** ciruela *f*. pasa
ふるえ 震え temblor *m*., tiritona *f*., (恐怖による) estremecimiento *m*. ‖ 彼は震えが止まらない Él no deja de tiritar.
ふるえあがる 震え上がる (恐怖で) horrorizarse
ふるえる 震える temblar, (寒さで) tiritar, (揺れる) vibrar ‖ 寒さで震える temblar de frío, tiritar ／ 窓ガラスが震える Vibran los cristales de la ventana. ／ 私の膝が震える Me tiemblan las rodillas. ／ 喜びに震える temblar de alegría
プルオーバー jersey *m*., pulóver *m*.
ブルカ 《アラビア語》*burka m*. ‖ ブルカを着用する ponerse un *burka*
ふるがお 古顔 ⇒ふるかぶ(古株)
ふるかぶ 古株 (木の) tocón *m*. viejo; (古顔) veteran*o[na] mf*.
ふるぎ 古着 ropa *f*. 「de segunda mano [usada]
◪**古着屋** tienda *f*. de ropa 「de segunda mano [usada]
ふるきず 古傷 vieja herida *f*. ‖ 古傷をあばく revelar el pasado de ALGUIEN
ふるくさい 古臭い anticua*do[da]*, pasa*do[da]* de moda
プルサーマル utilización *f*. del plutonio como combustible en los reactores nucleares
ふるさと 古里/故郷 tierra *f*. natal, pueblo *m*. natal, patria *f*. (chica) ⇒こきょう(故郷) ‖ 第二のふるさと segunda patria *f*. ／ ふるさとに帰る volver a *su* pueblo natal ／ ふるさとを捨てる abandonar la patria, marcharse del pueblo natal
ブルジョア bur*gués[guesa] mf*.
◪**ブルジョア階級** burguesía *f*., clase *f*. burguesa
◪**ブルジョア革命** revolución *f*. burguesa
◪**ブルジョア趣味** gusto *m*. burgués
ブルゾン cazadora *f*.
プルダウンメニュー 《IT》menú *m*. desplegable
ふるどうぐ 古道具 objeto *m*. 「de segunda mano [usado], artículo *m*. 「de segunda mano [usado]
◪**古道具屋** tienda *f*. de artículos 「de segunda mano [usados], prendería *f*.
ブルドーザー buldócer *m*.
ブルドッグ perro *m*. dogo, dogo *m*.
プルトップ anillo *m*. ‖ 缶ビールのプルトップ anillo *m*. de la lata de cerveza
プルトニウム 《化学》plutonio *m*.(記号 Pu)
◪**プルトニウム爆弾** bomba *f*. de plutonio
ふるびた 古びた vie*jo[ja]*, (古くさい) anticua*do[da]*, (使い古した) gasta*do[da]* ‖ 古びたノート cuaderno *m*. gastado
ぶるぶる ‖ ぶるぶる震える temblar, tiritar
ブルペン 《野球》《英語》*bullpen m*.
ふるぼけた 古ぼけた ⇒ふるびた(古びた)
ふるほん 古本 libro *m*. 「usado [viejo, de segunda mano], (古書) libro *m*. antiguo
◪**古本屋** librería *f*. de 「lance [segunda mano]
ふるまい 振る舞い (行動) comportamiento *m*., conducta *f*. ‖ 勝手な振る舞い comportamiento *m*. egoísta
ふるまう 振る舞う comportarse, portarse, obrar ‖ 彼はそれを知らないかのように振る舞った Él se comportó como si no lo supiera. ／ その祭りでは酒が振る舞われた En la fiesta ofrecieron a todos sake.
ふるめかしい 古めかしい ⇒ふるくさい(古臭い)
ふるわせる 震わせる hacer temblar, sacudir ‖ 工事の振動が壁を震わせる Las vibraciones de la obra sacuden la pared. ／ 大地を震

わせた大地震 un gran terremoto que sacudió la tierra／彼は怒りで声を震わせた La ira le hizo temblar la voz.

フレアー 《服飾》vuelo m.
- ▣フレアースカート falda f. de vuelo

ふれあい 触れ合い contacto m.‖自然との触れ合い contacto m. con la naturaleza

ふれあう 触れ合う tocarse,（心が）simpatizar《con》‖私たちの手と手が触れ合った Nuestras manos se tocaron.

ぶれい 無礼 falta f. de cortesía, descortesía f., indiscreción f.‖無礼を働く mostrar una actitud descortés, cometer una indiscreción／無礼をお許しください Disculpe mi indiscreción.
- ▶無礼な descortés, indiscre*to*[ta]
- ▶〜は無礼である Es una descortesía que 『+接続法』.
- ▣無礼講 無礼講で sin ceremonias, sin cumplidos

プレー juego m.
- ▶プレーする jugar
- ▣プレーオフ partido m. de desempate, desempate m.
- ▣プレーガイド oficina f. de venta de entradas, reventa f.
- ▣プレーボーイ seductor m., donjuán m.,《話》ligón m.
- ▣プレーボール（試合開始の言葉）《野球》¡Que empiece el juego!

ブレーカー 《電気》cortacircuitos m.[=pl.]‖ブレーカーが落ちた Se ha disparado el cortacircuitos.

ブレーキ freno m.‖私の車のブレーキが利かない Los frenos de mi coche no funcionan.／ブレーキをかける frenar／ブレーキを踏む pisar el freno
- ▣ハンドブレーキ freno m. de mano
- ▣ブレーキオイル aceite m. de frenos

プレート placa f.
- ▣プレートテクトニクス《地質》tectónica f. de placas

フレーム （眼鏡の）montura f.,（映画などの）encuadre m.,（枠）marco m.

プレーヤー （選手）juga*dor*[dora] mf.,（演技者）intérprete com.,（CDなどの）reproductor m.,（レコードの）tocadiscos m.[=pl.]

ブレーン cerebro m.‖彼はある政治家のブレーンだ Él es el cerebro de cierto político.
- ▣ブレーンストーミング「lluvia f. [tormenta f.] de ideas
- ▣ブレーントラスト grupo m. de「expertos [cerebros]

フレキシブル
- ▶フレキシブルな flexible

ふれこみ 触れ込み‖彼は作曲家というふれこみだった Él se hacía pasar por compositor.
- ▶触れ込む‖〜であると触れ込む hacerse

pasar《por》, ir《de》

ブレザー chaqueta f.,《中南米》saco m.

プレス （印刷）prensa f., imprenta f.;（報道機関）prensa f.,（成型機）prensa f., plancha f.
- ▶プレスする prensar, planchar
- ▣プレス加工 prensado m.
- ▣プレスクラブ club m. de prensa
- ▣プレスセンター centro m. de prensa
- ▣プレスリリース comunicado m. de prensa

ブレスレット pulsera f., brazalete m.
- ▶ブレスレットをする ponerse una pulsera

プレゼント regalo m.‖誕生日のプレゼント regalo m. de cumpleaños
- ▶プレゼントする regalar, hacer un regalo

プレタポルテ 《フランス語》pret a porter

フレックスタイム horario m. flexible‖フレックスタイムを導入する adoptar un horario flexible

プレッシャー presión f.‖この仕事はプレッシャーが大きい Hay mucha presión en este trabajo.／プレッシャーをかける presionar a ALGUIEN／プレッシャーを感じる sentirse presiona*do*[da]

フレッシュ
- ▶フレッシュな fres*co*[ca]
- ▣フレッシュチーズ queso m. fresco
- ▣フレッシュマン nova*to*[ta] mf.

プレハブ
- ▶プレハブの prefabrica*do*[da]
- ▣プレハブ住宅 vivienda f. prefabricada

プレビュー （試写・試演）función f. previa;（パソコンの）visualización f. previa

プレミアム （割増金）prima f.,（手数料）comisión f.;（景品）regalo m., obsequio m.

プレリュード preludio m.

ふれる 触れる （さわる）tocar,（軽く接触する）rozar,（言及する）mencionar, referirse《a》,（違反する）infringir‖彼は手で私の額に触れた Él me tocó la frente con la mano.／手を触れるべからず《掲示》Prohibido tocar／その液体は外気に触れると色が変わる El líquido cambia de color al tener contacto con el aire exterior.／法に触れる infringir la ley／くれぐれもこの問題には触れないように Tenga cuidado de no mencionar este problema.

ぶれる moverse,（写真が）salir movi*do*[da]‖写真がぶれたのでもう一枚撮ろう La foto ha salido movida, así que vamos a sacar otra.

フレンチ
- ▣フレンチトースト torrija f.
- ▣フレンチドレッシング vinagreta f. para ensaladas

ブレンド mezcla f.

ふろ

▶ブレンドする mezclar
■ブレンドコーヒー café *m.* mezclado

ふろ 風呂 baño *m.*, (浴槽) bañera *f.* ‖ 風呂から上がる salir de la bañera ／ 風呂に入る tomar un baño, bañarse ／ 風呂を沸かす calentar el agua de la bañera
■露天風呂 baño *m.* al aire libre
■風呂場 cuarto *m.* de baño
■風呂屋 baño *m.* público

プロ profesional *com.* ‖ 彼は料理のプロだ Él es un profesional de la cocina. ／ プロで通用する poder pasar por profesional
▶プロの profesional
■プロスポーツ deporte *m.* profesional
■プロ野球 béisbol *m.* profesional

フロア (床) suelo *m.*, (階) piso *m.*, planta *f.*
■フロアスタンド lámpara *f.* de pie

ふろうしゃ 浮浪者 vagabun*do*[*da*] *mf.* ⇒ホームレス‖浮浪者になる hacerse vagabun-*do*[*da*], quedarse sin techo

ふろうしょとく 不労所得 renta *f.* no salarial

ブローカー bróker *com.*, corre*dor*[*dora*] *mf.*, agente *com.* intermediario

ブロークン ‖ ブロークンなスペイン語を話す chapurrear el español ⇒かたこと(片言)

ブローチ broche *m.* ‖ ブローチを襟につける poner un broche en la solapa

フローチャート diagrama *m.* de flujo

ブロードバンド banda *f.* ancha

フローリング ‖ フローリングの床 suelo *m.* de madera

ふろく 付録 apéndice *m.*, anexo *m.*, (別冊) suplemento *m.* ‖ 付録付きの雑誌 revista *f.* con suplemento

ブログ blog *m.* ‖ ブログを作成する「crear [hacer] un blog ／ ブログを書く redactar un blog
▶ブログの blogue*ro*[*ra*]
■ブログ圏 blogosfera *f.*
■ブログ検索 búsqueda *f.* de un blog
■ブログサービス servicio *m.* de blog
■ブログサイト sitio web *m.* para blogs
■ブログユーザー blogue*ro*[*ra*] *mf.*

――― ブログの用語 ―――

アーカイブ archivo *m.* ／ アフィリエイト afiliar ／ インポート importación *f.* ／ エクスポート exportación *f.* ／ エントリー entrada *f.* ／ 記事 artículo *m.*, post *m.* ／ コメント comentario *m.* ／ スタイルシート hoja *f.* de estilo ／ テンプレート plantilla *f.* ／ ドメイン dominio *m.* ／ トラックバック trackback *m.*, retroenlace *m.* ／ フォトログ fotolog *m.* ／ プルダウン desplegable *m.* ／ ブロガー blogue*ro*[*ra*] *mf.* ／ ブログ炎上 flaming *m.* ／ ブログパーツ aplicación *f.* ／ ポップアップ pop-up *m.* ／ モブログ moblog *m.*, blog *m.* en el teléfono móvil ／ ミニブログ microblogging *m.*

プログラマー programa*dor*[*dora*] *mf.*

プログラミング programación *f.*
▶プログラミングする programar
■プログラミング言語 lenguaje *m.* de programación

プログラム programa *m.* ‖ プログラムに沿って会を進める proseguir con la reunión según el programa ／ プログラムをインストールする (IT)instalar un programa ／ プログラムを作る「hacer [elaborar] un programa, programar

プロジェクト proyecto *m.*
■プロジェクトチーム equipo *m.* del proyecto

ふろしき 風呂敷 《日本語》 *furoshiki m.*, (説明訳) tela *f.* cuadrangular para envolver ‖ 風呂敷に包む envolver ALGO en un *furoshiki* ／ 風呂敷を畳む doblar un *furoshiki*
■風呂敷包み cosa *f.* envuelta en un *furoshiki*

プロセス proceso *m.*
■プロセス制御 control *m.* de procesos
■プロセスチーズ queso *m.* procesado

プロセッサー procesador *m.*

プロダクション (生産) producción *f.*, (制作会社) sociedad *f.* de producción

ブロック (集団・建材) bloque *m.*, (街区) manzana *f.*, 《南米》 cuadra *f.*, (スポーツでの) bloqueo *m.*
▶ブロックする bloquear
■経済ブロック bloque *m.* económico
■ブロック建築 construcción *f.* de bloques
■ブロック塀 muro *m.* de bloques de cemento

フロックコート levita *f.*

ブロッコリー brécol *m.*, brócoli *m.*

プロット ⇒すじ(筋)

フロッピーディスク disquete *m.*, disco *m.* flexible

プロテクター 《スポーツ》protector *m.*

プロテスタント protestantismo *m.*, (信者) protestante *com.*
▶プロテスタントの protestante

プロデューサー produc*tor*[*tora*] *mf.*, realiza*dor*[*dora*] *mf.*

プロトコル protocolo *m.*

プロバイダー proveedor *m.* de Internet

プロパガンダ propaganda *f.*

プロパティ 《IT》 propiedades *fpl.*

プロパンガス gas *m.* propano

プロフィール perfil *m.* ‖ 著者のプロフィール perfil *m.* 「del autor [de la autora]

プロペラ hélice *f.*
▣ プロペラ機 avión *f.* de hélice
プロポーション proporción *f.* ‖ プロポーションが良い（スタイルがいい）tener buen tipo
プロポーズ 「propuesta *f.* [petición *f.*] de matrimonio
▶ プロポーズする 「pedir [proponer] matrimonio《a》
プロポリス propóleos *m.*[=*pl.*]
ブロマイド retrato *m.*
プロモーター promo*tor*[*tora*] *mf.*
プロレス lucha *f.* libre profesional
▣ プロレスラー lucha*dor*[*dora*] *mf.* profesional
プロレタリア （人）proleta*rio*[*ria*] *mf.*
▶ プロレタリアの proleta*rio*[*ria*]
▶ プロレタリア文学 literatura *f.* proletaria
プロレタリアート proletariado *m.*
プロパンガス gas *m.* freón, freón *m.*
ブロンズ bronce *m.*
フロンティア frontera *f.*
▣ フロンティア精神 espíritu *m.* 「pionero [colonizador]
フロント （ホテルの）recepción *f.*
▣ フロント係 recepcionista *com.*
▣ フロントガラス《自動車》 parabrisas *m.*[=*pl.*]
▣ フロントグリル《自動車》 calandra *f.*
ブロンド
▶ ブロンドの（人）ru*bio*[*bia*]《*mf.*》
プロンプター 《演劇》apunta*dor*[*dora*] *mf.*
ふわ 不和 discordia *f.*, desavenencia *f.* ‖ 不和のもと（慣用）manzana *f.* de la discordia ／ 夫婦の不和 desavenencia *f.* conyugal ／ 彼らの間に不和が生じた Surgió una desavenencia entre ellos.
ふわたり 不渡り ‖ 手形が不渡りになった La letra no ha sido pagada a su vencimiento.
▣ 不渡り小切手 cheque *m.* devuelto
▣ 不渡り手形 letra *f.* devuelta
ふわふわ
▶ ふわふわした／ふわふわの bland*o*[*da*], esponj*oso*[*sa*]
ふわらいどう 付和雷同 gregarismo *m.*
▶ 付和雷同する seguir ciegamente las iniciativas ajenas,《慣用》bailar al son que *le* tocan
▶ 付和雷同の grega*rio*[*ria*]
ふわり
▶ ふわりと ligeramente, suavemente
ふん 分 minuto *m.* ‖ 1時間は何分ですか ¿Cuántos minutos tiene una hora? ／ 15分の休憩をとる tomar un descanso de 15 minutos ／ 東経130度20分 130 grados 20 minutos longitud este
▣ 分刻み ‖ 分刻みの生活 vida *f.* al minuto
ふん 糞 excrementos *mpl.*, heces *fpl.* ‖ 動物の糞 excrementos *mpl.* de animales
▣ 糞尿処理 tratamiento *m.* de 「excrementos [orina y heces]
ぶん 分 （分け前）parte *f.*, porción *f.* ‖ 20日分の賃金 paga *f.* correspondiente a veinte días ／ 5日分の薬 medicinas *fpl.* para cinco días ／ 3人分の食事 comida *f.* para tres personas ／ ガソリンを10ユーロ分お願いします Póngame diez euros de gasolina, por favor. ／ 私の分は皆さんで分けて下さい Repartan mi parte entre todos. ／ これはあなたの分です A usted le corresponde esta parte. ／ 2年は1世紀の50分の1である Dos años son la cincuentava parte de un siglo. ／ 9分の6は3分の2に等しい Seis novenos es igual a dos tercios.
▶ 分相応に ‖ 分相応に暮らす vivir con lo que se tiene ／ 分不相応に暮らす vivir por encima de *sus* posibilidades
ぶん 文 《文法》oración *f.*, frase *f.*,（文章）texto *m.* ‖ 文の意味を理解する entender el sentido de la oración
〔慣用〕文は武よりも強し La pluma es más poderosa que la espada.
〔慣用〕文は人なり El estilo es el hombre.
ぶんあん 文案 minuta *f.*, borrador *m.* ‖ 文案を練る hacer un borrador
ふんいき 雰囲気 ambiente *m.*, atmósfera *f.*, clima *m.* ‖ だんだん雰囲気が出て来た Poco a poco se fue creando ambiente. ／ このレストランは雰囲気がよい Este restaurante tiene 「un buen ambiente [una buena atmósfera]. ／ 雰囲気にのまれる ser intimida*do*[*da*] por el ambiente ／ 雰囲気を感じ取る captar la atmósfera ／ よい雰囲気を作る crear un buen ambiente ／ 和やかな雰囲気の中で en un clima de paz
ふんえん 噴煙 humareda *f.*,（火山の）humo *m.* volcánico ‖ 噴煙が上がる La humareda asciende.
ぶんえん 分煙 separación *f.* de fumadores y no fumadores ‖ 分煙を推進する fomentar la separación de fumadores y no fumadores
ふんか 噴火 erupción *f.*
▶ 噴火する hacer erupción ‖ 火山が噴火している El volcán está en erupción.
▣ 噴火口 cráter *m.*
▣ 噴火山 volcán *m.*
ぶんか 文化 cultura *f.* ‖ 大陸の文化 cultura *f.* continental ／ 独自の文化 cultura *f.* propia
▶ 文化の cultural ‖ 文化の交流 intercambio *m.* cultural ／ 文化の継承 herencia *f.* cultural
▶ 文化的な cultural
▶ 文化的に culturalmente
▣ 文化遺産 patrimonio *m.* cultural

- 文化勲章 orden *f.* al mérito cultural
- 文化圏 esfera *f.* cultural
- 文化功労者 persona *f.* de mérito cultural
- 文化祭 fiesta *f.* cultural, (学校の) fiesta *f.* de la escuela
- 文化財 bienes *mpl.* culturales
- 文化人 persona *f.* culta, intelectual *com.*
- 文化人類学 antropología *f.* cultural
- 文化大革命 (中国の) Gran Revolución *f.* Cultural Proletaria
- 文化庁 Agencia *f.* de Asuntos Culturales
- 文化の日 Día *m.* de la Cultura

ぶんか 文科 letras *fpl.*, humanidades *fpl.* ‖ 文科系の学生 estudiante *com.* de「letras [humanidades]

ぶんか 分化 diferenciación *f.* ‖ 細胞の分化 diferenciación *f.* celular
- 分化する diferenciarse

ふんがい 憤慨 indignación *f.*
- 憤慨させる/憤慨する indignar/indignarse ‖ その政治家の発言は世論を憤慨させた Las declaraciones de ese político indignaron a la opinión pública.

ぶんかい 分解 descomposición *f.*, (機械などの) desmontaje *m.*
- 分解する descomponer, (機械を) desmontar, desarmar ‖ 自転車を分解する「desmontar [desarmar] una bicicleta / 水を酸素と水素に分解する「descomponer [disociar] el agua en oxígeno e hidrógeno / 数式を分解する descomponer una expresión algebraica
- 分解整備 puesta *f.* a punto ‖ 自動車を分解整備する poner a punto un coche

ぶんかかい 分科会 subcomisión *f.*, subcomité *m.* ‖ 午後からは3つの分科会に分かれます Nos dividiremos en tres subcomités desde la tarde.

ぶんがく 文学 literatura *f.* ‖ 文学に親しむ familiarizarse con la literatura / 文学を鑑賞する apreciar la literatura / 文学を志す tener aspiraciones literarias / 文学を楽しむ disfrutar de la literatura
- 文学の litera*rio*[*ria*] ‖ 文学の世界 mundo *m.* literario
- 文学的な litera*rio*[*ria*]
- 文学的に literariamente
- 文学界 mundo *m.* literario
- 文学作品 obra *f.* literaria
- 文学士 licencia*do*[*da*] *mf.* en「Letras [Literatura]
- 文学者「hombre *m.* [mujer *f.*] de letras, (文学研究者) investiga*dor*[*dora*] *mf.* litera*rio*[*ria*]
- 文学青年 joven *m.* con aspiraciones literarias
- 文学博士 doc*tor*[*tora*] *mf.* en「Letras [Literatura]
- 文学部 Facultad *f.* de「Letras [Literatura]

ぶんかつ 分割 división *f.*, reparto *m.*, repartición *f.* ‖ 遺産の分割 reparto *m.* de la herencia
- 分割する dividir, repartir, partir ‖ 南北に分割された国 país *m.* dividido en norte y sur
- 分割払い pago *m.* a plazos ‖ 分割払いする pagar ALGO a plazos / 分割払いで購入する comprar ALGO a plazos

ぶんかん 文官 funciona*rio*[*ria*] *mf.* civil, oficial *com.* civil

ふんき 奮起
- 奮起する animarse, recobrar el ánimo
- 奮起させる animar, estimular

ぶんき 分岐 bifurcación *f.*
- 分岐する bifurcarse
- 分岐線 (支線) ramal *m.*
- 分岐点 bifurcación *f.*
- 分岐予測 (IT) predictor *m.* de saltos

ふんきこう 噴気孔 fumarola *f.*

ふんきゅう 紛糾 embrollo *m.*, complicación *f.*, enredo *m.* ‖ 法案に関して紛糾が続いている Siguen surgiendo complicaciones respecto al proyecto de ley.
- 紛糾する complicarse, enredarse ‖ 交渉が紛糾する Se complican las negociaciones.
- 紛糾させる complicar, enredar, embrollar

ぶんきょう 文教
- 文教政策 política *f.* educativa
- 文教地区 zona *f.* escolar
- 文教予算 presupuesto *m.*「de educación [educativo]

ぶんぎょう 分業 división *f.* del trabajo, reparto *m.* del trabajo ‖ その企業の家具はすべて熟練した職人が分業で作る Todos los muebles de esa empresa los fabrican expertos maestros dividiéndose el trabajo.
- 分業する「dividir [repartir] el trabajo
- 分業体制 sistema *m.* de división del trabajo

ぶんきょく 分極 polarización *f.*
- 分極(化)する polarizarse《en》, dividirse《en》
- 電気分極 polarización *f.* eléctrica

ふんぎり 踏ん切り decisión *f.* ‖ 踏ん切りがつく decidirse / 踏ん切りがつかない no poder decidirse

ぶんぐ 文具 ⇒ぶんぼうぐ(文房具)

ぶんけい 文型 estructura *f.* oracional

ぶんげい 文芸 literatura *f.*, literatura *f.* y artes *fpl.*
- 文芸クラブ club *m.* literario
- 文芸作品 obra *f.* literaria
- 文芸批評 crítica *f.* literaria
- 文芸復興 《歴史》Renacimiento *m.*
- 文芸欄 columna *f.* literaria

ぶんけん 分権 descentralización *f.* de los

ぶんけん 文献 literatura *f.*, documento *m.*, (参考文献) bibliografía *f.* ‖ スペイン市民戦争に関する文献 literatura *f.* sobre la Guerra Civil Española ／ 文献を集める recoger documentos ／ 文献を調べる consultar documentos
- 文献学 filología *f.*
- 文献学者 filólo*go*[*ga*] *mf.*

ぶんこ 文庫 archivo *m.*, biblioteca *f.*, (双書) colección *f.*
- 小学館文庫 colección *f. Shogakukan*
- 文庫版 edición *f.* de bolsillo
- 文庫本 libro *m.* de bolsillo

ぶんご 文語 lenguaje *m.* literario, (書き言葉) lenguaje *m.* escrito
- 文語体 estilo *m.* literario
- 文語文 texto *m.* de estilo literario

ぶんこう 分光 espectro *m.*
- 分光学 espectroscopia *f.*
- 分光器 espectroscopio *m.*
- 分光分析 análisis *m.*[=*pl.*] espectroscópico

ぶんこう 分校 ‖ サラゴサ大学の分校 escuela *f.* dependiente de la Universidad de Zaragoza

ぶんごう 文豪 gran escri*tor*[*tora*] *mf.*, maes*tro*[*tra*] *mf.* de la literatura

ふんさい 粉砕
- 粉砕する destrozar, hacer añicos ‖ 相手チームを粉砕する aplastar al equipo rival
- 粉砕機 molino *m.*, (クラッシャー) trituradora *f.*

ぶんさい 文才 talento *m.* literario
- 文才がある tener talento literario

ぶんさん 分散 dispersión *f.*, esparcimiento *m.*
- 分散する dispersarse, esparcirse, descentralizarse ‖ 人口を分散させる dispersar a la población ／ 省庁の機能を分散させる descentralizar los ministerios y agencias gubernamentales
- 分散コンピューティング (IT) computación *f.* distribuida
- 分散処理 (IT) procesamiento *m.* distribuido

ぶんし 分子 《化学》molécula *f.*,《数学》numerador *m.*, (集団の) elemento *m.*
- 分子の molecular
- 批判分子 elemento *m.* crítico
- 分子化合物 compuesto *m.* molecular
- 分子軌道 orbital *m.* molecular
- 分子構造 constitución *f.* molecular
- 分子式 fórmula *f.* molecular
- 分子生物学 biología *f.* molecular
- 分子量 peso *m.* molecular

ぶんし 分詞 《文法》participio *m.*
- 過去分詞 participio *m.* (de) pasado
- 現在分詞 gerundio *m.*
- 分詞構文 constitución *f.* absoluta

ふんしつ 紛失 pérdida *f.*, extravío *m.*
- 紛失する extraviar, perder
- 紛失届け declaración *f.* de objetos perdidos
- 紛失物 objeto *m.* perdido

ふんしゃ 噴射 inyección *f.*
- 噴射する [impulsar [arrojar] ALGO a chorro
- 噴射式エンジン motor *m.* de inyección
- 噴射ポンプ bomba *f.* de inyección

ぶんしゅう 文集 colección *f.* de composiciones

ふんしゅつ 噴出 erupción *f.*
- 噴出する salir a [chorros [borbotones] ‖ 地下水が噴出している Está saliendo agua subterránea a chorros.
- 噴出岩 roca *f.* [efusiva [extrusiva, volcánica]

ふんしょ 焚書 quema *f.* de libros

ぶんしょ 文書 documento *m.*, escrito *m.*, (コンピュータの) fichero *m.* ‖ 文書で申し入れる proponer ALGO por escrito ／ 討論の内容を文書にまとめる resumir el contenido de la discusión en un documento ／ 文書を提出する presentar un documento ／ 文書を作成する [redactar [hacer] un documento
- 文書偽造罪 delito *m.* de falsificación de documentos

ぶんしょう 文章 composición *f.* escrita, texto *m.*, (散文) prosa *f.*, (文体) estilo *m.* ‖ 文章がうまい escribir bien ／ 文章を書く escribir ／ 小説の最初の文章を引用する citar el primer pasaje de la novela ／ ボルヘスの文章を真似る escribir imitando el estilo de Borges

ぶんじょう 分譲 venta *f.* en parcela
- 分譲する vender parcelas
- 分譲住宅 parcela *f.* con casa en venta
- 分譲地 solar *m.* parcelado
- 分譲マンション [piso *m.* 《南米》departamento *m.*] en venta

ふんしょく 粉飾/扮飾 (会計の) manipulación *f.* contable
- 粉飾する falsear, manipular, maquillar
- 粉飾決算 balance *m.* [maquillado [fraudulento]

ふんしん 分針 minutero *m.*, [manecilla *f.* [aguja *f.*] de los minutos

ふんじん 粉塵 polvos *mpl.*, partículas *fpl.* sólidas

ぶんしん 分身 doble *m.*,《ラテン語》*álter ego m.*, otro yo *m.* ‖ 友人とは自分の分身である El amigo es el otro yo.

ぶんじん 文人 hombre *m.* de letras, mujer

ふんすい 噴水　fuente *f.*‖噴水から水が出る Sube el agua de la fuente.
ぶんすいれい 分水嶺　línea *f.* divisoria de las aguas
ぶんすう 分数　número *m.*「quebrado [fraccionario], fracción *f.*‖分数の足し算 suma *f.* de fracciones
📘 分数計算　cálculo *m.* fraccional
📘 分数式　expresión *f.* fraccionaria

――― 分数 ―――

2分の1 un medio／3分の1 un tercio／3分の2 dos tercios／4分の1 un cuarto／4分の3 tres cuartos／5分の1 un quinto／5分の4 cuatro quintos／6分の1 un sexto／7分の1 un séptimo／8分の1 un octavo／9分の1 un noveno／10分の1 un décimo／11分の1 un onceavo／12分の1 un doceavo／13分の1 un treceavo／14分の1 un catorceavo／14分の3 tres catorceavos／15分の1 un quinceavo／16分の1 un dieciseisavo／16分の3 tres dieciseisavos／17分の1 un diecisieteavo／17分の4 cuatro diecisieteavos／18分の1 un diecioch(o)avo／18分の5 cinco diecioch(o)avos／19分の1 un diecinueveavo／20分の1 un veinteavo／21分の1 un veintiunavo／22分の1 un veintidosavo／30分の1 un treintavo／32分の1 un treintaidosavo／50分の1 un cincuentavo／90分の1 un noventavo／100分の1 un centésimo／100分の1秒 una centésima de segundo／100分の5秒 cinco centésimas de segundo／1000分の1 un milésimo／10,000分の1 un diez milésimo／1,000,000分の1 un millonésimo

ふんする 扮する　(扮装する) disfrazarse 《de》, (演じる) jugar el papel 《de》‖ドンキホーテに扮する disfrazarse de don Quijote
ぶんせき 分析　análisis *m.*[=*pl.*]
▶ 分析する　analizar, hacer un análisis 《de》
▶ 分析の/分析的な　analític*o*[*ca*]
📘 分析化学　química *f.* analítica
📘 分析的定義　definición *f.* analítica
📘 分析哲学　filosofía *f.* analítica
ぶんせつ 文節　segmento *m.* de la oración (en japonés)
ふんせん 奮戦　⇒ふんとう(奮闘)
ふんぜん 憤然
▶ 憤然する　indignarse, enfadarse
▶ 憤然として　con indignación, furiosamente
ふんそう 扮装　disfraz *m.*, maquillaje *m.*‖扮装をこらす elaborar un disfraz
▶ 扮装する　disfrazarse 《de》, maquillarse‖王様に扮装する disfrazarse de rey
ふんそう 紛争　conflicto *m.*‖紛争の種 causa *f.* de un conflicto／紛争が起こる Se produce un conflicto.／国際間の紛争になる convertirse en un conflicto internacional／紛争に巻き込まれる verse involucra*do*[*da*] en un conflicto／紛争を解決する resolver un conflicto
📘 大学紛争　conflicto *m.* universitario
📘 紛争地帯　zona *f.* de conflicto
ふんぞりかえる 踏ん反り返る　arrellanarse‖ソファーに踏ん反り返る arrellanarse en el sofá
ぶんたい 文体　estilo *m.*‖文体のリズム ritmo *m.* estilístico／独自の文体で書かれた文章 texto *m.* escrito en un estilo original／アソリンの文体を真似る imitar el estilo de Azorín
📘 文体論　estilística *f.*
ぶんたい 分隊　escuadra *f.*, (陸軍の) pelotón *m.*
ふんだくる　arrebatar, extorsionar‖私は大金をふんだくられた Me extorsionaron una gran cantidad de dinero.
ふんだん
▶ ふんだんな　abundante
▶ ふんだんに　en abundancia, a mares‖野菜をふんだんに使った料理 plato *m.* abundante en verduras
ぶんたん 分担　reparto *m.*
▶ 分担する　repartir, compartir, dividir‖責任を分担する compartir la responsabilidad／仕事を分担する repartir el trabajo／費用を均一に分担する dividir los gastos a partes iguales
📘 分担金　contribución *f.*
ぶんだん 分断　segmentación *f.*, división *f.*
▶ 分断する　segmentar, dividir‖地震で幹線道路が分断された La carretera principal quedó cortada por un terremoto.
📘 分断国家　nación *f.* dividida
ぶんだん 文壇　mundo *m.* literario
ぶんちょう 文鳥　gorrión *m.* de Java
ぶんちん 文鎮　pisapapeles *m.*[=*pl.*]
ぶんつう 文通　correspondencia *f.*
▶ 文通する　mantener correspondencia, (互いに) escribirse, cartearse
📘 文通相手　ami*go*[*ga*] *mf.* por correspondencia
ふんとう 奮闘
▶ 奮闘する　esforzarse 《por, para》‖国の復興のために奮闘する esforzarse para levantar el país
ふんどう 分銅　contrapeso *m.*, pesa *f.*
ぶんどき 分度器　transportador *m.*‖分度器で角度をはかる medir un ángulo con un transportador

ふんどし 褌　taparrabos *m.*[=*pl.*] ‖ ふんどしを締める ponerse un taparrabos
[慣用] 人のふんどしで相撲を取る aprovecharse de los otros
[慣用] ふんどしを締めてかかる 《慣用》apretarse los machos, 《慣用》armarse de valor

ぶんどる 分捕る　saquear, arrebatar

ぶんのう 分納 ‖ 所得税を3回で分納する pagar el impuesto sobre la renta en tres plazos

ぶんぱ 分派　secta *f.*, fracción *f.*

ぶんぱい 分配　distribución *f.*, reparto *m.*
▶分配する distribuir, repartir, dividir ‖ 国民に富を分配する distribuir la riqueza entre el pueblo
▫分配器 distribuidor *m.*
▫分配金 dividendo *m.*
▫分配係数 coeficiente *m.* de reparto
▫分配法則 《数学》distributividad *f.*, propiedad *f.* distributiva

ふんぱつ 奮発
▶奮発する darse un「gusto [capricho], permitirse un lujo, (奮起する) animarse ‖ 奮発して彼は妻に指輪を贈った Él se permitió el lujo de comprarle un anillo a su esposa.

ふんばり 踏ん張り ‖ 彼は踏ん張りがきかない Él tiene poco aguante. / もう一踏ん張りだ Ya falta poco.

ふんばる 踏ん張る　aguantar, resistir ‖ 足を踏ん張って立つ mantenerse de pie firmemente

ぶんぴつ 分泌　segregación *f.*, secreción *f.* ‖ ホルモンの分泌を抑える frenar la secreción de hormonas ／ 分泌を促す estimular la secreción
▶分泌の secreto*rio*[*ria*], secre*tor*[*tora*]
▶分泌する segregar, secretar
▫分泌腺 glándula *f.* secretora
▫分泌物 secreción *f.*

ぶんぷ 分布　distribución *f.*
▶分布する distribuir ‖ この植物は低山地に分布している Esta planta se encuentra en tierras montañosas de baja altitud.
▫分布図 diagrama *m.* de distribución ‖ 人口の分布図 carta *f.* demográfica
▫分布範囲 ámbito *m.* de distribución

ぶんぶん ‖ ぶんぶんいう(蜂などが) zumbar ／ ぶんぶん言う音 zumbido *m.*

ぷんぷん ‖ にんにくの臭いがぷんぷんする El ajo huele「mal [fuerte]. ／ 怒ってぷんぷんしている estar muy enfada*do*[*da*]

ふんべつ 分別　juicio *m.*, prudencia *f.*, sensatez *f.* ‖ 怒りで分別を失う perder el juicio por un enfado ／ 善悪の分別がつく tener capacidad para discernir el bien del mal ／ この子はもう分別がつく年だ Este niño ya está en edad de tener uso de razón.
▶分別のある prudente, juicio*so*[*sa*], sensa*to*[*ta*]
▶分別のない imprudente, insensa*to*[*ta*] ‖ 分別のないことを言う decir una insensatez

ぶんべつ 分別
▶分別する separar, clasificar
▫分別ゴミ basura *f.*「separada [clasificada]
▫分別回収 recogida *f.* selectiva

ふんべん 糞便 ⇒だいべん(大便)
▫糞便性大腸菌群 coliformes *mpl.* fecales

ぶんべん 分娩　parto *m.*, alumbramiento *m.* ‖ 分娩に立ち合う asistir a un parto
▶分娩する parir, dar a luz, alumbrar
▫自然分娩 parto *m.* natural
▫正常分娩 parto *m.* sin complicaciones
▫分娩室 paritorio *m.*, sala *f.* de partos

ぶんぼ 分母　denominador *m.*

ぶんぽう 文法　gramática *f.* ‖ 文法にかなった gramatical, conforme a las reglas gramaticales
▶文法(上)の gramatical
▶文法的に gramaticalmente
▫スペイン語文法 gramática *f.* española
▫文法学者 gramáti*co*[*ca*] *mf.*
▫文法書 gramática *f.*, libro *m.* de gramática

ぶんぼうぐ 文房具　「útiles *mpl.* [artículos *mpl.*] de escritorio
▫文房具店 papelería *f.*

─────────────────
　　　　文房具いろいろ
─────────────────

筆 pincel *m.*, pluma *f.* ／ 絵の具 pintura *f.* ／ インク tinta *f.* ／ 万年筆 pluma *f.* estilográfica ／ シャープペンシル lapicero *m.* ／ ボールペン bolígrafo *m.* ／ フェルトペン rotulador *m.* ／ 蛍光ペン rotulador *m.*, marcador *m.* ／ 鉛筆 lápiz *m.* ／ 色鉛筆 lápiz *m.* de color ／ 筆入れ estuche *m.* de lápices ／ クレヨン lápiz *m.* de color ／ スタンプ sello *m.* ／ スタンプ台 tampón *m.* ／ 消しゴム goma *f.* de borrar ／ 修正液 líquido *m.* corrector ／ 原稿用紙 hoja *f.* de papel, folio *m.* ／ 画用紙 papel *m.* de dibujo ／ レポート用紙 hoja *f.* de papel, folio *m.* ／ グラフ用紙 papel *m.* cuadriculado ／ カーボン紙 papel *m.* carbón ／ バインダー archivador *m.* ／ フォルダー carpeta *f.* ／ ルーズリーフ cuaderno *m.* de「anillas [hojas sueltas] ／ ノート cuaderno *m.* ／ 手帳 agenda *f.* ／ 便箋 papel *m.* de carta ／ はさみ tijeras *fpl.* ／ カッターナイフ cúter *m.* ／ ペーパーナイフ abrecartas *m.*[=*pl.*] ／ 鉛筆削り sacapuntas *m.*[=*pl.*] ／ ステープラー／ホッチキス《商標》grapadora *f.* ／ 除針器／ホッチキスリムーバー quitagrapas *m.*[=*pl.*] ／ パンチ／

穴あけ機 perforadora *f.* ／クリップ clip *m.* ／輪ゴム goma *f.* elástica ／ファイル archivador *m.*, clasificador *m.* ／スティックのり barra *f.* de pegamento ／接着剤 pegamento *m.* ／テープ celo *m.* ／付箋 nota *f.* autoadhesiva, pósit *m.* ／画鋲 chincheta *f.* ／封筒 sobre *m.* ／定規 regla *f.* ／三角定規 cartabón *m.* ／コンパス compás *m.* ／分度器 transportador *m.* ／文鎮 pisapapeles *m.*[=*pl.*] ／ナンバーリングマシン numeradora *f.* ／ペーパーシュレッダー trituradora *f.* de papel

ふんまつ 粉末 polvo *m.*
▶粉末にする pulverizar
▶粉末の pulveriza*do*[*da*], en polvo
◪粉末ジュース zumo *m.* en polvo
◪粉末冶金 metalurgia *f.* de polvos, pulvimetalurgia *f.*

ぶんみゃく 文脈 contexto *m.* ‖ 文脈によって単語の意味は変わる El significado de una palabra cambia según el contexto. ／その問題を政治的な文脈で理解する entender ese problema en un contexto político
▶文脈上の contextual

ぶんみん 文民 civil *com.*
◪文民統制 control *m.* civil

ふんむき 噴霧器 pulverizador *m.*, vaporizador *m.*, atomizador *m.*

ぶんめい 文明 civilización *f.* ‖ 文明が発達する Se desarrolla la civilización. ／文明の利器 comodidades *fpl.* de la vida moderna ／文明発祥の地 cuna *f.* de la civilización
◪精神文明 civilización *f.* espiritual
◪物質文明 civilización *f.* material
◪文明開化 movimiento *m.* japonés de occidentalización
◪文明国 país *m.* civilizado
◪文明社会 sociedad *f.* civilizada

ぶんや 分野 campo *m.*, ámbito *m.*, área *f.*, sector *m.*, ramo *m.* ‖ 得意の分野 campo *m.* fuerte ／音楽の分野「área *f.* [campo *m.*, ámbito *m.*] de la música ／新しい分野を開く abrir un nuevo campo

ぶんり 分離 separación *f.*, disociación *f.* ‖ 分離の法則《生物》ley *f.* de segregación
▶分離する ‖ AとBを分離する separar A y B, separar A de B ／水と油を分離する separar el agua del aceite
◪政教分離 separación *f.* de la política y la religión
◪分離課税 tributación *f.* separada
◪分離器 separador *m.*
◪分離主義 separatismo *m.*
◪分離主義者 separatista *com.*
◪分離帯 franja *f.* de separación

ぶんりょう 分量 cantidad *f.*, （薬などの）dosis *f.*[=*pl.*] ‖ 分量を計る medir la cantidad ／分量を増やす aumentar la cantidad ／分量を間違える confundirse de cantidad

ぶんるい 分類 clasificación *f.*
▶分類する clasificar ‖ 職業ごとに分類する clasificar por ocupación ／5つのグループに分類する clasificar ALGO en cinco grupos ／風邪は呼吸器疾患に分類される La gripe se clasifica entre las enfermedades respiratorias.
◪分類学 taxonomía *f.*
◪分類表 tabla *f.* de clasificación
◪分類法 sistema *m.* de clasificación

ぶんれつ 分裂 división *f.*, escisión *f.*, disgregación *f.*
▶分裂する desintegrarse, desunirse, dividirse, escindirse ‖ 細胞が分裂する Las células se dividen. ／その政党は二つに分裂した El partido político se escindió en dos.
▶分裂させる desintegrar, desunir, dividir ‖ 原子を分裂させる desintegrar un átomo
◪分裂組織《植物》meristemo *m.*

ふんわり
▶ふんわりと ligeramente, suavemente

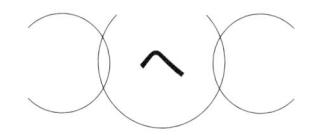

へ

へ a,（～の方へ）hacia,（～の方へ向かって）para ‖ 学校へ行く ir a la escuela ／北へ向かう dirigirse hacia el norte ／父への贈り物 regalo *m.* para mi padre

へ 屁 pedo *m.*, ventosidad *f.* ‖ 屁をひる tirarse un pedo
〔慣用〕屁でもない no valer para nada
〔慣用〕屁とも思わない ‖ そんなこと屁とも思わない《慣用》Eso me importa un「comino [bledo, rábano, pepino, pimiento].

へ《音楽》fa *m.*
◪ヘ長調 fa *m.* mayor
◪ヘ短調 fa *m.* menor

ヘア pelo *m.*, cabello *m.*
◪ヘアカラー tinte *m.*「para [de] cabello
◪ヘアクリーム crema *f.* capilar
◪ヘアスタイル peinado *m.* ‖ ヘアスタイルを整える arreglar *su* peinado ／ヘアスタイ

ルを変える cambiar *su* peinado
- ヘアスプレー *spray m.* capilar
- ヘアトニック tónico *m.* capilar
- ヘアドライヤー secador *m.* de pelo
- ヘアヌード desnudo *m.* integral
- ヘアバンド diadema *f.*
- ヘアピン horquilla *f.*
- ヘアブラシ cepillo *m.* para el cabello
- ヘアローション loción *f.* capilar

ペア par *m.*, (カップル) pareja *f.* ‖ ペアを組む formar pareja《con》
- ペアリング anillo *m.* de pareja
- ペアルック ‖ ペアルックを着る vestirse igual, llevar la misma ropa

ベアリング rodamiento *m.*, cojinete *m.*

へい 兵 ⇒へいたい(兵隊)

へい 塀 muro *m.*, tapia *f.*, (柵・囲い) valla *f.*, cerca *f.* ‖ 塀で囲まれた庭 jardín *m.* rodeado por una tapia / 塀が崩れる Se derrumba el muro. / 塀を乗り越える pasar por encima de una tapia, saltar un muro / 塀を巡らす cercar, vallar, poner una valla, construir un muro

へいあん 平安 paz *f.*, tranquilidad *f.*
▶ 平安な tranqui*lo[la]*, pacífi*co[ca]* ‖ 平安な日々 días *mpl.* tranquilos

へいい 平易
▶ 平易な fácil, senci*llo[lla]* ‖ 平易な言葉 palabra *f.* sencilla / 平易な例 ejemplo *m.* sencillo
▶ 平易に sencillamente, de modo sencillo

へいえき 兵役 servicio *m.* militar,《話》mili *f.* ‖ 兵役につく/兵役に服する hacer el servicio militar,《話》hacer la mili / 兵役を拒否する negarse al servicio militar / 兵役を逃れる huir del servicio militar / 兵役を免除する eximir del servicio militar a ALGUIEN
- 兵役忌避 negativa *f.* a hacer el servicio militar, (道徳的理由による) objeción *f.* de conciencia
- 兵役義務 obligación *f.* militar
- 兵役免除 exención *f.* del servicio militar ‖ 兵役免除とする conceder la exención del servicio militar《a》

ペイオフ (預金保護) protección *f.* del depósito bancario hasta diez millones de yenes

へいおん 平穏 tranquilidad *f.* ‖ 平穏を願う desear tranquilidad / 平穏を取り戻す recuperar la tranquilidad / 町に平穏が戻ってきた Ha vuelto la tranquilidad a la ciudad.
▶ 平穏な tranqui*lo[la]*, apacible, pacífi*co[ca]* ‖ 平穏な日々を過ごす pasar los días tranquilos
▶ 平穏(無事)に tranquilamente, en paz ‖ 平穏に暮らす vivir「tranquilamente [con tranquilidad]

へいか 平価 paridad *f.*
- 法定平価 paridad *f.* oficial
- 平価切上げ revaluación *f.*
- 平価切下げ devaluación *f.*

へいか 陛下 majestad *f.*
- 天皇陛下 Su Majestad el Emperador
- 天皇皇后両陛下 Sus Majestades el Emperador y la Emperatriz

べいか 米価 precio *m.* del arroz
- 消費者米価 precio *m.* del arroz al consumidor
- 生産者米価 precio *m.* del arroz para el productor

へいかい 閉会 clausura *f.* ‖ 閉会の辞 discurso *m.* de clausura
▶ 閉会する clausurar ‖ 展覧会を閉会する clausurar una exposición
- 閉会式 ceremonia *f.* de clausura

へいがい 弊害 efecto *m.*「negativo [perjudicial, nocivo]‖ 弊害が出る/弊害が起きる Se producen efectos negativos. / 弊害を及ぼす causar efectos negativos《en》/ 弊害を伴う「tener [traer] efectos negativos《en》

へいかん 閉館 ‖ 月曜閉館《掲示》Cerrado los lunes
▶ 閉館する cerrar
- 閉館時間 hora *f.* de cierre
- 閉館日 día *m.* de descanso

へいき 平気 ‖ 平気を装う fingir tranquilidad, actuar como si no hubiera pasado nada
▶ 平気な imperturbable, inalterable, sere*no[na]* ‖ 平気な顔で con cara serena
▶ 平気で con「tranquilidad [calma], sin perturbarse, sin inmutarse, (冷酷に) a sangre fría ‖ 平気で嘘をつく no tener「ningún [el menor] escrúpulo en mentir / 彼は平気で遅れて来る A él no le preocupa nada llegar tarde. / 何が起ころうが平気でいる no perder la calma pase lo que pase

へいき 兵器 arma *f.*,《集合名詞》armamento *m.* ‖ 新しい兵器を開発する desarrollar una nueva arma
- 兵器庫 arsenal *m.*, almacén *m.* de armas
- 兵器工場 fábrica *f.* de armas
- 兵器産業 industria *f.* armamentística

へいきん 平均 promedio *m.*,《数学》media *f.*, (均衡) equilibrio *m.* ‖ 平均以上の superior al promedio, por encima de la media / 平均以下の inferior al promedio, por debajo de la media / 彼は平均より背が低い Él tiene una estatura「inferior al promedio normal [por debajo de la media]. / 平均を出す promediar,「sacar [calcular] el promedio《de》/ 彼女は平均を失って馬から落ちた Ella perdió el equilibrio y se cayó del caballo.
▶ 平均の/平均的な me*dio[dia]* ‖ 平均的な家庭 familia *f.* media
▶ 平均すると/平均して por término medio,

へいけい

como promedio ‖ 私は平均すると1日20本のタバコを吸う Fumo un promedio de veinte cigarrillos al día. ／ 男性は平均すると女性より賃金が約20パーセント多い Los hombres ganan por término medio un 20% (veinte por ciento) más que las mujeres.
▶平均化 ‖ 平均化する（均一化）uniformar, igualar
◰平均価格 precio *m*. medio
◰平均株価 cotización *f*. media de acciones
◰平均気温 temperatura *f*. media ‖ 8月の平均気温 temperatura *f*. media del mes de agosto
◰平均時速 velocidad *f*. media por hora ‖ 平均時速60キロで a una velocidad media de 60 kilómetros por hora
◰平均寿命 esperanza *f*. de vida
◰平均所得 renta *f*. media
◰平均身長 estatura *f*. media
◰平均台 《スポーツ》barra *f*. de equilibrio
◰平均値 promedio *m*.
◰平均点 nota *f*. media, promedio *m*. de las notas
◰平均年齢 edad *f*. media ‖ 社員の平均年齢は約45歳だ La edad media de los empleados es de unos 45 años.
◰平均律（音楽）temperamento *m*.
◰平均利回り tipo *m*. de interés medio

へいけい 閉経 cesación *f*. natural de la menstruación, menopausia *f*.
▶閉経する acabarse *la menstruación*
◰閉経期 menopausia *f*.

へいげん 平原 llanura *f*., planicie *f*.
◰大平原 grandes llanuras *fpl*.

べいご 米語 inglés *m*. 「estadounidense [americano]

へいこう 平行 paralelismo *m*.
▶平行の paralelo[la]
▶平行に paralelamente《a》‖ この線に平行に線を引く dibujar una línea paralela a esta
▶平行する ir en paralelo《a》‖ 高速道路は沿岸に平行している La autopista va en paralelo a la costa.
◰平行移動 movimiento *m*. en paralelo
◰平行四辺形 paralelogramo *m*.
◰平行線 paralela *f*., línea *f*. paralela ‖ 平行線を引く trazar una paralela ／ 話し合いが平行線のまま終わる La negociación se terminó sin llegar a un acuerdo.
◰平行棒 《スポーツ》barras *fpl*. paralelas, paralelas *fpl*.

へいこう 平衡 equilibrio *m*. ‖ 平衡を失う perder el equilibrio ／ 平衡を保つ mantener el equilibrio
◰平衡感覚 sentido *m*. del equilibrio

へいこう 並行
▶並行して paralelamente,（同時に）a la vez ‖ 並行して複数の仕事をする hacer varios trabajos a la vez
▶並行する ir en paralelo《a》‖ 2台の車が並行して走る Dos coches corren en paralelo.

へいこう 閉口
▶閉口する sentirse moles*to*[*ta*] ‖ この暑さに閉口している Me tiene har*to*[*ta*] este calor.

へいこう 閉校 cierre *m*. de la escuela
▶閉校する cerrar la escuela

へいごう 併合 fusión *f*.,（合併）incorporación *f*.,（領土の）anexión *f*.
▶併合する fusionar, incorporar, anexionar ‖ 2つの学校を併合する fusionar dos escuelas ／ 領土を併合する anexionar un territorio

べいこく 米国 Estados Unidos (de América)（略 EE. UU.）《定冠詞をつけず単数名詞扱い》‖ 米国はメキシコと自由貿易協定を結んだ Estados Unidos firmó un Tratado de Libre Comercio con México.
▶米国の(人) estadounidense (*com*.)

へいさ 閉鎖 cierre *m*. ‖ 閉鎖を解除する levantar el cierre《de》
▶閉鎖する cerrar ‖ 国境を閉鎖する cerrar las fronteras ／ 工場を閉鎖する cerrar una fábrica
▶閉鎖的(な) cerra*do*[*da*] ‖ 閉鎖的な社会 sociedad *f*. cerrada
◰学級閉鎖 ⇒がっきゅう(学級)
◰工場閉鎖 ⇒こうじょう(工場)

べいさく 米作 cultivo *m*. de arroz

へいざん 閉山 （鉱山の）cierre *m*. de una mina
▶閉山する ‖ 鉱山を閉山する cerrar una mina ／ 富士山は8月26日に閉山する La temporada de ascenso al monte Fuji se cierra el 26 de agosto.

へいし 兵士 soldado *com*.,（女性兵士）mujer *f*. soldado

へいじ 平時
▶平時は（平和な時）en tiempos de paz,（通常は）normalmente

へいじつ 平日 día *m*. (de) entre semana,（仕事日）día *m*. laborable ‖ 平日の電車の時刻表 horario *m*. de trenes para días laborables ／ 平日は9時から17時まで営業《掲示》Abierto de 9 a 17 horas de lunes a viernes ／ 土曜日に平日通りに働く trabajar en sábado con el mismo horario que los días laborables
▶平日に entre semana, en días laborables

へいしゃ 兵舎 cuartel *m*.

べいじゅ 米寿 octogésimo octavo cumpleaños *m*., edad *f*. de 88 años ‖ 米寿を祝う celebrar *su* 88.° cumpleaños ／ 米寿を迎える cumplir los 88 años, alcanzar la edad de 88 años

べいしゅうかいはつぎんこう 米州開発銀行 Banco *m.* Interamericano de Desarrollo (略 BID)

べいしゅうきこう 米州機構 Organización *f.* de los Estados Americanos (略 OEA)

へいしょ 閉所 （事務所の）cierre *m.* de una oficina
▶閉所する∥事務所を閉所する cerrar la oficina
◨閉所恐怖症 claustrofobia *f.*∥閉所恐怖症の(人) claustrofóbi*co*[*ca*] (*mf.*)

へいじょう 平常 normalidad *f.*∥平常に戻る volver a la normalidad／平常より人出が多い Hay más gente de lo habitual.
▶平常の normal, habitual∥平常の生活に戻る volver a la vida normal, (以前の) volver a la vida de antes
▶平常は normalmente, habitualmente
▶平常通り como de costumbre∥地下鉄は平常通りの運転を再開した Las líneas de metro volvieron a funcionar con normalidad.
◨平常心∥平常心を失わずに sin perder la serenidad

へいしんていとう 平身低頭∥平身低頭して謝る deshacerse en disculpas

へいせい 平静 calma *f.*, （冷静）serenidad *f.*, 《慣用》presencia *f.* de ánimo∥平静を失う perder la calma／平静を保つ mantener la calma／平静を取り戻す recuperar la calma／平静を装う fingir serenidad
▶平静な tranqui*lo*[*la*], sere*no*[*na*]

へいぜい 平生
▶平生から habitualmente, ordinariamente, siempre
▶平生の habitual, ordina*rio*[*ria*], cotidia*no*[*na*]∥平生の心がけ esfuerzo *m.* de cada día

へいせつ 併設
▶併設する「construir [crear] ALGO junto《a》」∥病院にリハビリセンターを併設する construir un centro de rehabilitación junto al hospital

へいぜん 平然
▶平然とした imperturbable, sere*no*[*na*], tranqui*lo*[*la*], calmo*so*[*sa*]∥平然とした態度 actitud *f.* imperturbable
▶平然としている permanecer imperturbable, estar tranqui*lo*[*la*]
▶平然と imperturbablemente, tranquilamente

へいそ 平素
▶平素の∥平素の努力 esfuerzo *m.* diario／平素の通り como de costumbre／平素のごぶさたをお許しください Les pido disculpas por mi larga ausencia.

へいそく 閉塞 bloqueo *m.*, 《医学》obstrucción *f.*, oclusión *f.*
▶閉塞する cerrar, （ふさぐ）bloquear, obstruir
◨腸閉塞 obstrucción *f.* intestinal, 《医学》íleo *m.*
◨閉塞感 sensación *f.* de estar encerra*do*[*da*]
◨閉塞前線 frente *m.* ocluido

へいたい 兵隊 soldado *com.*∥志願して兵隊になる alistarse voluntariamente en el ejército

へいたん 平坦 ⇒たいら(平ら)
▶平坦な pla*no*[*na*], lla*no*[*na*]
▶平坦にする aplanar, allanar

へいたん 兵站 logística *f.* militar
◨兵站基地 base *f.* logística
◨兵站部 intendencia *f.*

へいだん 兵団 cuerpo *m.* de ejército

へいち 平地 terreno *m.* llano [plano]

へいち 併置 ⇒へいせつ(併設)

へいてい 閉廷 levantamiento *m.* de la sesión
▶閉廷する levantar la sesión∥法廷は閉廷した El tribunal levantó la sesión.／閉廷します ¡Se levanta la sesión!

へいてん 閉店 cierre *m.* de una tienda
▶閉店する cerrar la tienda
◨閉店売り出し liquidación *f.* por cierre
◨閉店時間 hora *f.* de cierre

へいねつ 平熱 temperatura *f.* normal∥平熱に戻る volver a la temperatura normal

へいねん 平年 año *m.* 「normal [ordinario]⇒れいねん(例年)∥今年の夏は平年を上回る暑さだった Este año hemos tenido un verano más caluroso que en años normales.／今年の収穫は平年並みだ La cosecha de este año es igual que la de otros años.

へいはつ 併発 （病気の）complicación *f.*
▶併発する complicarse∥私は盲腸炎から腹膜炎を併発した La apendicitis se me complicó en una peritonitis.
◨併発症 complicaciones *fpl.*∥術後の併発症を予防する prevenir las complicaciones pos(t)operatorias →がっぺい(→合併症)

へいばん 平板な （平らな）pla*no*[*na*], （単調な）monóto*no*[*na*]

へいふく 平服 ropa *f.* informal, （普段着）ropa *f.* de andar por casa∥式には平服でお越しください Venga a la boda con ropa informal.

へいほう 平方 《数学》cuadrado *m.*
▶平方の cuadra*do*[*da*]
◨平方根 raíz *f.* cuadrada∥平方根を求める calcular la raíz cuadrada
◨平方メートル metro *m.* cuadrado∥100 平方メートルの土地 terreno *m.* de 100 metros cuadrados

へいぼん 平凡 banalidad *f.*, mediocridad *f.*
▶平凡な común, corriente, ordina*rio*[*ria*], 《慣用》común y corriente, （月並みの）medio-

へいまく 閉幕 (幕が下りること) bajada f. del telón, (終了) clausura f.
▶閉幕する clausurarse ‖ 展覧会は昨日閉幕した La exposición se clausuró ayer.

へいみん 平民 plebe*yo*[ya] *mf*. ‖ 平民と貴族 plebeyos *mpl*. y nobles *mpl*. ／ 平民出身の女性と結婚する casarse con una plebeya

へいめい 平明
▶平明な senc*illo*[lla] y cl*aro*[ra], ll*ano*[na] ‖ 平明な言葉遣いで en un lenguaje sencillo y claro

へいめん 平面 plano *m*., superficie *f*. plana
▶平面の/平面的な pl*ano*[na]
◪平面画像 imagen *f*. plana
◪平面幾何学 geometría *f*. plana
◪平面図 plano *m*., (建物の) planta *f*.

へいや 平野 llanura *f*., planicie *f*.
◪石狩平野 llanura *f*. de Ishikari

へいよう 併用 empleo *m*. simultáneo
▶併用する「emplear [utilizar, usar] simultáneamente ‖ 二つの薬を併用する tomar dos medicamentos juntos

へいりょく 兵力 fuerzas *fpl*. militares ‖ 兵力を増強する fortalecer las fuerzas militares ／ 兵力を削減する reducir las fuerzas militares

へいれつ 並列 (電気) paralelo *m*.
▶並列に en paralelo ‖ 電池を並列につなぐ conectar pilas en paralelo
▶並列化 《IT》paralelización *f*.
◪並列回路 circuito *m*. en paralelo
◪並列計算 《IT》computación *f*. paralela
◪並列接続 conexión *f*. 「paralela [en paralelo]
◪並列分散処理 《IT》procesamiento *m*. distribuido en paralelo

へいわ 平和 paz *f*. ‖ 家庭の平和 paz *f*. familiar ／ 平和時に en tiempos de paz ／ 平和を確立する establecer la paz ／ 平和を築く asentar la paz ／ 平和を守る defender la paz ／ 平和を願う desear la paz ／ 平和を乱す「alterar [perturbar] la paz
▶平和な pacíf*ico*[ca], apacible ‖ 平和な世の中 mundo *m*. pacífico
▶平和に pacíficamente, en paz ‖ 平和に暮らす vivir en paz
▶平和的(な) pacíf*ico*[ca] ‖ 原子力の平和的利用 uso *m*. pacífico de la energía nuclear ／ 紛争の平和的解決を図る buscar una solución pacífica al conflicto
▶平和的に pacíficamente ‖ 領土問題を平和的に解決する resolver pacíficamente el problema territorial
◪平和維持軍 (国連の) Fuerzas *fpl*. de Paz de la ONU
◪平和運動 movimiento *m*. pacifista
◪平和外交 diplomacia *f*. pacífica
◪平和共存 coexistencia *f*. pacífica
◪平和憲法 Constitución *f*. pacifista
◪平和攻勢 ofensiva *f*. de paz
◪平和主義 pacifismo *m*.
◪平和主義者 pacifista *com*.
◪平和条約 tratado *m*. de paz

ベーキングパウダー levadura *f*. (química)
ベークライト baquelita *f*.
ベーコン beicon *m*., bacón *m*., panceta *f*. ahumada, 《中南米》tocineta *f*.
◪ベーコンエッグ huevos *mpl*. fritos con beicon

ページ 頁 página *f*. ‖ 300ページの本 libro *m*. de 300 (trescientas) páginas ／ ページが狂っている el libro *m*. mal paginado ／ 9ページに続く seguir en la página nueve ／ 15ページから続く venir de la página 15 ／ 本の20ページを開く abrir el libro por la página 20 ／ その記事に4ページを割く dedicar cuatro páginas a ese artículo ／ ページをめくる pasar la página, dar (la) vuelta a la página ／ その事件は歴史に新たなページを加えた Aquel acontecimiento añadió una nueva página en la historia.
◪ページ番号 número *m*. de página ‖ ページ番号をつける numerar páginas
◪ページ割り distribución *f*. de la página

ベージュ beis *m*., 《中南米》beige *m*.
▶ベージュ(色)の de color beis, beis《性数不変》, 《中南米》beige

ベース (基礎) base *f*., (野球の) base *f*., (音楽) bajo *m*.
◪ベースアップ aumento *m*. 「salarial [de sueldo]‖ ベースアップを要求する exigir un aumento salarial
◪ベースキャンプ campamento *m*. base
◪ベース奏者 bajista *com*.

ペース (速度) ritmo *m*., (歩調) paso *m*. ‖ 一定のペースで a un ritmo constante ／ ゆったりしたペースで a un ritmo acompasado ／ 速い「遅い」ペースで a (un) ritmo「rápido [lento]／ ペースが狂う perder el ritmo ／ 〜のペースに合わせる ajustarse al ritmo《de》／ ペースを上げる「acelerar [aumentar, avivar] el ritmo ／ ペースを落とす「aminorar [aflojar] el ritmo ／ ペースを保つ mantener el ritmo
◪ペースメーカー 《医学》(心臓用の) marcapasos *m*.[=*pl*.], (マラソンの) liebre *f*. ‖ ペースメーカーを埋め込む poner un marcapasos《a》／ (マラソンで) ペースメーカーを務める hacer de liebre

ペースト 《料理》paté *m*., pasta *f*. ‖ レバーのペースト「paté *m*. [pasta *f*.] de hígado
▶ペーストする 《IT》pegar ‖ カット・アン

ド・ペーストする cortar y pegar ／クリップボードにある画像をペーストする pegar una imagen que está en el portapapeles ／ブログにペーストする pegar ALGO en un blog

ヘーゼルナッツ avellana *f.*

ペーソス patetismo *m.*, melancolía *f.* ‖ ペーソスあふれた lle*no*[*na*] de patetismo

ベータ 《ギリシャ語の文字》beta *f.*
- ベータ粒子《物理》partícula *f.* beta
- ベータ線《物理》radiación *f.* beta

ペーハー potencial *m.* de hidrógeno (略 pH)

ペーパー papel *m.*
- ペーパーカンパニー empresa *f.* 「fantasma [tapadera]
- ペーパークラフト modelo *m.* de papel
- ペーパータオル toalla *f.* de papel
- ペーパーテスト examen *m.* escrito
- ペーパードライバー persona *f.* con carné de conducir pero que no conduce
- ペーパーナイフ abrecartas *m.*[=*pl.*]
- ペーパーバック libro *m.* en rústica, (小型の) libro *m.* de bolsillo

ベール velo *m.* ‖ ベールで顔を覆う (自分の) taparse la cara con un velo ／ベールをかぶる ponerse un velo ／神秘のベールに覆われている estar envuel*to*[*ta*] en「un velo misterioso [un aura misteriosa]

べからず ‖ この先立ち入るべからず《掲示》Prohibido pasar

べき ‖ 私には読むべき本がたくさんある Tengo muchos libros que leer.
- ～するべきである deber 『+不定詞』, tener que『+不定詞』『+不定詞』《動詞は3人称単数形の無主語で》‖ 規則は守るべきだ「Hay que [Se deben] respetar las reglas. ／君は勉強するべきだ Debes estudiar.

へきえき 辟易 ⇒へいこう(閉口)

へきが 壁画 pintura *f.* mural, mural *m.*, (フレスコ画) fresco *m.*

へきち 僻地 lugar *m.*「remoto [aislado]
- 僻地教育 educación *f.* en zonas alejadas

へきれき 霹靂
〖慣用〗青天の霹靂 ⇒せいてん(青天)

ヘクタール hectárea *f.* (略 ha)

ペクチン pectina *f.*

ヘクトグラム hectogramo *m.* (略 hg)

ヘクトパスカル hectopascal *m.* (略 hPa)

ヘクトメートル hectómetro *m.* (略 hm)

ベクトル vector *m.* ‖ 正のベクトル vector *m.* positivo ／負のベクトル vector *m.* negativo
- ベクトルの vectorial
- ベクトル解析《数学》cálculo *m.* vectorial
- ベクトル空間《数学》espacio *m.* vectorial

ベクレル 《放射能の単位》*becquerel m.* (略 Bq)

ぺけ (×印) equis *f.*[=*pl.*], (不可) suspenso *m.* ‖ ぺけの印を付ける poner una equis ／(私は)試験はぺけだった Me han suspendido en el examen.

へこたれる desanimarse, perder el ánimo, (屈する) rendirse ‖ そのくらいのことでへこたれるな No te desanimes por tan poca cosa.

ベゴニア begonia *f.*

ぺこぺこ ‖ お腹がぺこぺこだ morirse de hambre
- ぺこぺこする (へつらう) actuar con servilismo, mostrarse servil《con》, humillarse《ante》

へこます 凹ます abollar, (言い負かす) rebatir ‖ 車のボンネットをへこます abollar el capó de un coche ／お腹をへこます meter la barriga

へこみ 凹み abolladura *f.*, abollón *m.*, concavidad *f.* ‖ へこみができる「producirse [hacerse] una *abolladura* ／へこみを直す arreglar una abolladura

へこむ 凹む abollarse, (落胆する) desanimarse, deprimirse,《話》desinflarse ‖ 電柱に衝突して車のバンパーがへこんだ La colisión con el poste eléctrico abolló el parachoques del coche.
- へこんだ cónca*vo*[*va*], abolla*do*[*da*] ‖ 衝突の衝撃でへこんだヘルメット casco *m.* abollado por el impacto del choque

へさき 舳先 proa *f.* ‖ 船は北へ舳先を向けた El barco puso proa al norte.

へしおる 圧し折る romper ALGO con fuerza ⇒おる(折る) ‖ 鼻っ柱をへし折る《慣用》bajar los humos《a》

ベジタリアン vegetaria*no*[*na*] *mf.*

ペシミスト pesimista *com.*

ペシミズム pesimismo *m.*

ベシャメルソース besamel *f.*, bechamel *f.*, salsa *f.* besamel

ぺしゃんこ
- ぺしゃんこにする aplastar
- ぺしゃんこになる quedar「chafa*do*[*da*] [aplasta*do*[*da*]]

ベスト ❶ (服飾) chaleco *m.*
❷ (最善) ‖ ベストを尽くす hacer todo lo posible ／これが私どもの提供できるベストの値段です Este es el mejor precio que podemos ofrecer.
- ベストセラー superventas *m.*[=*pl.*], (本) el libro más vendido
- ベストテン los diez mejores
- ベストドレッサー賞 (男性の) premio *m.* al mejor vestido, (女性の) premio *m.* a la mejor vestida

ペスト peste *f.* ‖ 14世紀にヨーロッパでペストが流行した La peste se extendió por Europa en el siglo XIV (catorce).
- ペスト患者 paciente *com.* con peste

▣ ペスト菌 bacilo *m.* de 「Yersin [la peste]
へそ 臍 ombligo *m.* ‖ へその緒 cordón *m.* umbilical ／ へそを出す enseñar el ombligo ／ 日本のへそ centro *m.* del territorio japonés
[慣用] へそが茶を沸かす ser absur*do*[*da*], ser ridícu*lo*[*la*]
[慣用] へそを曲げる ponerse de mal humor, enfurruñarse
▣ へそ曲がり ‖ へそ曲がりである《慣用》ser el espíritu de la contradicción, (ひねくれ者である) ser *un*[*una*] retorci*do*[*da*]
べそ ‖ べそをかく《慣用》hacer pucheros, (めそめそ泣く) lloriquear, gimotear
へそくり 臍繰り ahorro *m.* en secreto
▶ へそくりをする ahorrar en secreto
へた 下手 ma*lo*[*la*], (不器用な) inhábil, torpe ‖ 下手な演技 mala actuación *f.* ／ 下手な絵 cuadro *m.* mal pintado ／ 下手な嘘 mentira *f.* mal montada ／ 下手なスペイン語を話す chapurrear español ／ 下手なことは言わないほうが良い Mejor no decir nada imprudente. ／ 彼女は下手な歌手より歌がうまい Ella canta mejor que una cantante normal.
▶ 下手に mal, (うかつに) imprudentemente
▶ 下手である ‖ 車の運転が下手である conducir mal, ser 「un mal conductor [una mala conductora] ／ 字が下手である tener mala letra
[慣用] 下手(を)すると en el peor de los casos ‖ 下手すると彼女は自殺しかねない Puede que ella se suicide en el peor de los casos.
[慣用] 下手の横好き ‖ 私は下手の横好きでゴルフをします Me gusta jugar al golf aunque lo hago mal.
[慣用] 下手な鉄砲も数撃てば当たる Incluso un mal tirador puede dar en el blanco si dispara mil veces.
へた 蔕 cáliz *m.* ‖ トマトのへた cáliz *m.* de tomate
へだたり 隔たり (距離) distancia *f.*, separación *f.*, (時間) intervalo *m.*, (差異) diferencia *f.*, (意見の違い) discrepancia *f.* ‖ 夫婦の年齢の隔たり diferencia *f.* de edad en el matrimonio ／ 両党の主張には大きな隔たりがある Hay una gran discrepancia de opiniones entre ambos partidos. ／ その2つの戦争の間には20年の隔たりがある Veinte años separan las dos guerras. ¦ Entre las dos guerras existe un intervalo de veinte años.
へだたる 隔たる distar《de》, (時間的に) mediar
へだて 隔て
▶ 隔てなく (区別なく) sin distinción《de》, (公平に) imparcialmente ‖ 男女の隔てなく sin distinción de sexo
へだてる 隔てる (距離を置く) distanciar, (距離・時間を) separar, (遠ざける) alejar ‖ 川がその2つの村を隔てている Los dos pueblos se encuentran separados por un río. ／ 10年の時を隔てて書かれた作品 obra *f.* escrita diez años después de la anterior ／ テーブルを隔てて向かい合って座る sentarse cara a cara con la mesa en medio ／ 恋人たちの仲を隔てる desavenir a los enamorados
へたばる quedarse agota*do*[*da*], quedarse exhaus*to*[*ta*]
べたべた
▶ べたべたの pegajo*so*[*sa*], (べとつく) visco*so*[*sa*] ‖ べたべたの手 manos *fpl.* pegajosas
▶ べたべた(に) ‖ ペンキをべたべた塗る poner varias capas de pinturas《en, sobre》, embadurnar ALGO con pintura ／ ポスターを壁にべたべた貼る pegar carteles en toda la pared
▶ べたべたする (まとわりつく) pegarse《a》, no separarse《de》, (いちゃつく) acaramelarse, (べとべとする) estar pegajo*so*[*sa*] ‖ 男の子が母親にべたべたしている El niño no se separa de su madre. ／ 肌が汗でべたべたする tener la piel pegajosa por el sudor ／ 口の中がべたべたする tener la boca pastosa ／ 机がべたべたしている La mesa está pegajosa.
べたぼれ べた惚れ
▶ べた惚れする enamorarse 「locamente [ciegamente]《de》
ペダル pedal *m.*
▶ ペダルを踏む pisar el pedal, pedalear
ぺたん
▶ ぺたんと ‖ 封筒に切手をぺたんと貼る pegar bien un sello al sobre ／ ぺたんとソファーに座りこむ dejarse caer en el sofá
ペダンチック
▶ ペダンチックな(人) pedante《*com.*》‖ 彼にはペダンチックなところがある Él es algo pedante.
ペチコート enaguas *fpl.*
へちま 糸瓜 estropajo *m.*
ぺちゃくちゃ ‖ ぺちゃくちゃしゃべる hablar mucho, parlotear, 《慣用》hablar como *un*[*una*] descosi*do*[*da*]
ぺちゃんこ
▶ ぺちゃんこにする aplastar, chafar
▶ ぺちゃんこになる ‖ 事故で車がぺちゃんこになった El coche se quedó aplastado con el accidente.
▶ ぺちゃんこの aplasta*do*[*da*], chafa*do*[*da*]
べつ 別 ❶ (違い・区別) ‖ 昼夜の別なく día y noche ／ 男女の別なく sin distinción de sexo ／ ダイエット中だが今日は別だ Estoy a dieta pero hoy es un día excepcional. ／ 参加者を年齢別に分ける dividir a los participantes por edades

ベッド

▶別に aparte, (別々に) por separado, separadamente ‖ 別に包んでください Envuélvalos por separado, por favor.
❷(他の)
▶別な/別の otro[tra], (異なる) distinto[ta] ‖ 別の仕事を探す buscar otro trabajo / それは別の日にしましょう Dejémoslo para otro día.
❸(除いて) ‖ 送料は別になっています Los gastos de envío no están incluidos.
▶〜は別として excepto, con excepción 《de》, aparte 《de》 ‖ 君は別として, 皆は満足している Todos estamos contentos, excepto tú. / 冗談は別として, 僕は文無しだ Bromas aparte, estoy sin un céntimo.
❹(特別)
▶別に (特に) especialmente, en particular ‖ 別に特別なことは何もしない no hacer nada especial / 私は別にかまいません No me importa. ¦ Me da igual.

べつうり 別売り ⇒べつばい(別売)
べっかく 別格
▶別格の (特別の) especial, (例外的な) excepcional ‖ 別格の選手 jugador[dora] mf. de otra categoría / 別格の才能 talento m. excepcional / 別格の扱いを受ける recibir un trato especial

べっかん 別館 anexo m., edificio m. anexo
べっき 別記 ‖ 詳細は別記の通りである Los detalles se especificarán aparte.
▶別記する especificar aparte

べっきょ 別居
▶別居する vivir 「separado[da] [separadamente]」 ‖ 私は妻と別居している Mi mujer y yo vivimos separados. ¦ Vivo separado de mi mujer.

べっけん 別件 otro asunto m. ‖ 別件で逮捕する detener a ALGUIEN por otro delito
□ 別件逮捕 detención f. por otro delito

べっこ 別個
▶別個の otro[tra], (異なる) distinto[ta]
▶別個に por separado, separadamente ‖ 別個に取り扱う tratar ALGO por separado

べっこう 鼈甲 carey m. ‖ べっこうのブローチ broche m. de carey
□ べっこう飴 caramelo m. de color carey
□ べっこう細工 objeto m. (hecho) de carey

べっさつ 別冊 suplemento m., volumen m. separado
□ 別冊付録 suplemento m.

べっし 別紙 otra hoja f., otro papel m., hoja f. 「adjunta [anexa]」 ‖ 詳細は別紙の通り Los detalles están en la hoja adjunta. / 別紙参照のこと Véase la hoja anexa.

べっし 蔑視 desprecio m. ‖ 蔑視に耐える soportar el desprecio de ALGUIEN
▶蔑視する despreciar, menospreciar

ヘッジファンド fondo m. de 「inversión libre [cobertura]」

べつじょう 別状 ‖ 負傷者(男性)の命に別状はない La vida del herido 「no corre [está fuera de] peligro.

べつじん 別人 otra persona f. ‖ 彼女は化粧をすると別人のようになる Maquillada ella parece otra persona.

べっせい 別姓 ‖ 夫婦別姓を名乗る mantener el apellido de soltero[ra] después de casarse

べっせかい 別世界 otro mundo m. ‖ この風景はさながら別世界のようだ Este paisaje parece de otro mundo.
▶別世界の ‖ 別世界の人 persona f. de otro mundo

べっそう 別送 envío m. por separado
▶別送する enviar ALGO por separado
□ 別送荷物 paquete m. enviado por separado

べっそう 別荘 chalé m., casa f. de campo, villa f. ‖ 別荘を構える tener un chalé / 別荘を貸す/別荘を借りる alquilar un chalé
□ 貸別荘 chalé m. 「de [en] alquiler, chalé m. para alquilar
□ 別荘地 zona f. de chalés

ヘッダー encabezado m., cabecera f. ‖ ヘッダーにページ番号を挿入する poner el número de página en el encabezado / ヘッダーを開く abrir el encabezado / ヘッダーを閉じる cerrar el encabezado

べったり ‖ 手にペンキがべったり付いた Se me ha pegado pintura en toda la mano. / 体制べったりの評論家 crítico[ca] mf. muy conformista con el régimen gobernante

べってんち 別天地 otro mundo m., mundo m. diferente ‖ 私はまるで別天地にいるようだ Me siento como si estuviera en otro mundo.

ヘッド (頭・頭部) cabeza f., (リーダー) cabeza com.

べっと 別途
▶別途に aparte, separadamente ‖ 交通費は別途(に)支給する Los gastos de transporte se le pagarán aparte.
□ 別途収入 ingresos mpl. secundarios, (給与以外の) ingresos mpl. extrasalariales

ベッド cama f., lecho m.
□ ベッドカバー colcha f., cubrecama m.
□ ベッドシーン escena f. de 「cama [amor, sexo]」
□ ベッドタウン ciudad f. dormitorio
□ ベッドメーキング ‖ ベッドメーキングをする hacer la cama
□ ベッドルーム dormitorio m.

ベッドいろいろ

シングルベッド cama f. individual / ダブ

ルベッド cama f.「doble [de matrimonio]／ツインベッド camas fpl. gemelas／二段ベッド cama f. litera／ベビーベッド cuna f.／子供用ベッド cama f.「para [de] niños／医療用ベッド cama f.「de hospital [clínica]／電動ベッド（介護用）cama f. eléctrica／折りたたみ式ベッド cama f. plegable／ソファーベッド sofá m. cama／補助ベッド cama f. suplementaria

ペット animal m. de compañía, mascota f., animal m. doméstico‖ペットを飼う tener una mascota en casa
■ペットショップ tienda f. de「animales [mascotas]
■ペットフード alimento m. para mascotas
ヘッドオフィス oficina f. central
ヘッドコーチ entrenador[dora] mf. en jefe
ヘッドハンター cazatalentos com.[=pl.]
ヘッドハンティング caza f. de talentos
ペットボトル botella f. de plástico‖ペットボトルを持ち歩く llevar una botella de plástico／ペットボトルをリサイクルする reciclar botellas de plástico
■ペットボトル飲料 bebida f. en botella de plástico
ヘッドホン auriculares mpl., cascos mpl., audífonos mpl.‖音楽をヘッドホンで聴く escuchar música con auriculares
ヘッドライト（前照灯）faro m.‖ヘッドライトを上げる subir los faros
ヘッドライン titulares mpl.
べつばい 別売 venta f. aparte‖カメラの付属品は別売です Los accesorios de la cámara se venden aparte.
▶別売する vender ALGO aparte
べつびん 別便‖別便で送る enviar ALGO por correo aparte
べつべつ 別別
▶別々の separado[da],（異なる）distinto[ta]‖別々の道を歩む ir por caminos distintos
▶別々に por separado, separadamente
べつめい 別名 otro nombre m.,（あだ名）sobrenombre m., alias m.[=pl.]
へつらう 諂う halagar, adular, lisonjear‖上司にへつらう halagar a su jefe[fa]
べつり 別離 separación f., despedida f.
ペディキュア pedicura f.
▶ペディキュアをする hacer la pedicura
ヘディング（スポーツ）cabezazo m.
▶ヘディングする cabecear,「hacer [dar] un cabezazo
■ヘディングシュート remate m. de cabeza‖ヘディングシュートを決める marcar un gol de cabeza
ベテラン veterano[na] mf.,（熟練者）experto[ta] mf.

ベテランの experimentado[da], veterano[na]‖ベテランの弁護士 abogado[da] mf. con mucha experiencia
ぺてん engaño m., estafa f.
▶ぺてんにかける engañar, estafar
■ぺてん師 estafador[dora] mf., timador[dora] mf.
へど 反吐 vómito m.‖へどを吐く vomitar, devolver／へどが出そうな話だ Es una historia「repugnante [asquerosa].
べとつく estar pegajoso[sa], estar viscoso[sa]‖汗でべとつく肌 piel f. pegajosa por el sudor
へとへと
▶へとへとの agotado[da], exhausto[ta], hecho[cha] polvo
▶へとへとになる/へとへとに疲れる quedarse exhausto[ta],（慣用）estar hecho[cha] polvo
べとべと
▶べとべとする ⇒べとつく
へどろ fango m.‖川底のへどろを除去する limpiar el lecho de fango／湖の底にへどろが溜まる Se acumula fango en el fondo del lago.
ペナルティー（スポーツ）penalti m.,（罰則）castigo m.,（罰金）multa f.
▶ペナルティーを科す penalizar
■ペナルティーエリア área f. de「penalti [castigo]
■ペナルティーキック penalti m.‖ペナルティーキックを蹴る tirar un penalti
ペナント banderín m.,（優勝旗）bandera f. de triunfo,（優勝）campeonato m.‖ペナントを争う competir por el triunfo en la liga
■ペナントレース competición f. de liga
べに 紅 rojo m.,（頬紅）colorete m.,（口紅）barra f. de labios, pintalabios m.[=pl.]‖紅をさす（唇に）pintarse los labios,（頬に）「ponerse [darse] colorete (en las mejillas)
■紅色 rojo m. vivo
べにしょうが 紅生薑/紅生姜 encurtido m. de jengibre rosado‖料理に紅しょうがを添える acompañar el plato con encurtido de jengibre rosado
ペニシリン（医学）penicilina f.
■ペニシリンショック（医学）「anafilaxia f. [choque m. anafiláctico] por penicilina
ペニス pene m., miembro m. viril
ベニヤ
■ベニヤ板 contrachapado m.
ベネズエラ Venezuela
▶ベネズエラの venezolano[na]
■ベネズエラ人 venezolano[na] mf.
ペパーミント（植物）menta f. (piperita)
へばりつく pegarse《a》, quedar pegado[da]《a》‖靴底にへばりついたガム chicle m.

pegado a la suela del zapato
へび 蛇 serpiente *f.* (雄・雌), culebra *f.* (雄・雌) ‖ 蛇がとぐろを巻く enroscarse *una* serpiente ／ 私は蛇に咬まれた Me mordió una serpiente.
(慣用) 蛇に睨まれた蛙のよう(になる) quedarse paraliza*do[da]* de miedo
◨ 蛇遣い encanta*dor[dora] mf.* de serpientes
ベビー bebé *m.*
◨ ベビーカー「carrito *m.* [cochecito *m.*] de bebé
◨ ベビーサークル parque *m.*, corralito *m.*
◨ ベビーシッター niñe*ro[ra] mf.*, 《スペイン》canguro *com.* ‖ ベビーシッターをする cuidar niños, 《スペイン》hacer de canguro
◨ ベビーパウダー polvos *mpl.* de talco para bebés
◨ ベビーフード alimento *m.* para bebés
◨ ベビーブーマー《英語》*baby boomer com.*
◨ ベビーブーム explosión *f.* 「de natalidad [demográfica]
◨ ベビー服 ropa *f.* para bebés
◨ ベビーベッド cuna *f.*
◨ ベビー用品 artículos *mpl.* para bebés
ヘビーきゅう ヘビー級 peso *m.* 「pesado [máximo] ‖ ヘビー級のボクサー boxea*dor[dora] mf.* de peso pesado
ヘビースモーカー gran fuma*dor[dora] mf.*, fuma*dor[dora] mf.* empederni*do[da]*
ヘビメタ 《音楽》《英語》*heavy metal m.*
ペプシン 《生化学》pepsina *f.*
ヘブライ
▶ ヘブライの/ヘブライ人の/ヘブライ語の hebre*o[a]*
◨ ヘブライ語 hebreo *m.*, lengua *f.* hebrea
◨ ヘブライ人 hebre*o[a] mf.*
へぼ
▶ へぼな torpe, ma*lo[la]*
◨ へぼ医者 medicu*cho[cha] mf.*, 《話》matasanos *com.*[=*pl.*]
ヘボンしき ヘボン式
◨ ヘボン式ローマ字 sistema *m.* Hepburn de romanización del japonés
へま torpeza *f.*, 《話》plancha *f.*, 《慣用》metedura *f.* de pata ‖ へまをしでかす cometer una torpeza,《慣用》meter la pata
ヘモグロビン hemoglobina *f.*
へや 部屋 habitación *f.*, cuarto *m.*, pieza *f.* ‖ 広い[狭い]部屋 habitación *f.* 「grande [pequeña] ／ 静かな[うるさい]部屋 habitación *f.* 「tranquila [con ruido, ruidosa] ／ 明るい[暗い]部屋 habitación *f.* 「luminosa [oscura] ／ 海側[山側]の部屋 habitación *f.* con vistas 「al mar [a la montaña] ／ 眺めのいい部屋 habitación *f.* con buena vista ／ 部屋にこもる encerrarse en la habitación ／ 部屋に下がる retirarse a *su* habitación ／ 部屋を空ける「desocupar [dejar libre] la habitación ／ 部屋を荒らす causar estragos en la habitación ／ 部屋を片付ける arreglar la habitación ／ 部屋を貸す／部屋を借りる alquilar una habitación ／ 部屋を掃除する limpiar la habitación
◨ 部屋着 ropa *f.* de andar por casa
◨ 部屋代 precio *m.* de la habitación, (家賃) alquiler *m.* ‖ 部屋代はいくらですか ¿Cuánto cuesta la habitación?
◨ 部屋番号 número *m.* de habitación
◨ 部屋割り reparto *m.* de habitaciones entre los huéspedes ‖ 部屋割りをする hacer el reparto de habitaciones
へら 箆 espátula *f.*
へらす 減らす reducir, disminuir, aminorar ‖ 貿易赤字を減らす reducir el déficit comercial ／ 体重を減らす「perder [bajar] peso
へらずぐち 減らず口 ‖ 減らず口をたたく(負け惜しみを言う) no admitir *su* derrota, (口答えをやめない) no dejar de replicar
ぺらぺら (軽々しく) sin pensar, a la ligera, (流暢に) con 「fluidez [soltura] ‖ ぺらぺらしゃべる hablar a la ligera ／ スペイン語をぺらぺら話す hablar español con fluidez
▶ ぺらぺらな/ぺらぺらの (薄い) muy delga*do[da]*, fi*no[na]* ‖ ぺらぺらの紙 papel *m.* muy delgado
べらぼう
▶ べらぼうな (過度の) excesi*vo[va]*, (法外な) abusi*vo[va]*, (ばかげた) absur*do[da]* ‖ べらぼうな値段 precio *m.* abusivo
▶ べらぼうに excesivamente, extremadamente ‖ べらぼうに高い ser excesivamente ca*ro[ra]*
ベランダ terraza *f.*, balcón *m.*
へり 縁 borde *m.*, canto *m.*, margen *m.*, (川の) orilla *f.* ‖ 歩道のへり borde *m.* de la acera ／ 布のへり borde *m.* de la tela
ヘリウム 《化学》helio *m.*《記号 He》
◨ ヘリウムガス gas *m.* helio
ペリカン pelícano *m.*(雄・雌)
へりくだる 遜る mostrarse humilde, humillarse《ante》, rebajarse《ante》‖ へりくだった態度で con una actitud humilde ／ へりくだったものの言い方をする hablar con humildad
へりくつ 屁理屈 argucia *f.*, sofisma *m.* ‖ 屁理屈を並べる utilizar argucias
ヘリコプター helicóptero *m.* ‖ ヘリコプターで飛ぶ volar en helicóptero ／ ヘリコプターに乗る subir al helicóptero
ヘリポート helipuerto *m.*
へる 経る (時が経過する) transcurrir, pasar, (通過する) pasar《por》‖ 工事に10年をかけて寺院の修復が終了した La restauración

del templo finalizó después de diez años de obras. ／パリを経てマドリードへ行く ir a Madrid pasando por París ／多くの困難を経てそのプロジェクトは実を結んだ El proyecto fructificó después de haber superado muchas dificultades.

へる　減る　disminuir, decrecer, reducirse, bajar, caer, menguar, verse reduci*do*[*da*] ‖ 農業人口が減ってきている Está「disminuyendo [decreciendo] la población agrícola. ／私は体重が2キロ減った He perdido dos kilos. ／東京の緑地がだんだん減っている Se pierden cada vez más zonas verdes en Tokio. ／靴底は時間が経てば減る Las suelas de los zapatos se gastan con el tiempo. ／おなかが減ってきた Me está entrando hambre.

ベル　timbre *m*. ‖ベルを鳴らす tocar el timbre ／ドアのベルが鳴った Ha sonado el timbre de la puerta.
▣ ベルキャプテン jefe *m*. de botones
▣ ベルボーイ botones *m*.[=*pl*.] ‖ベルボーイを呼ぶ llamar al botones

ペルー　Perú
▷ ペルーの perua*no*[*na*]
▣ ペルー人 perua*no*[*na*] *mf*.

ヘルスケア　cuidado *m*. de la salud
ヘルスメーター　báscula *f*. de baño
ヘルツ　《物理》hercio *m*., hertz *m*. (略 Hz)
ベルト　《服飾》cinturón *m*.,《機械》correa *f*. ‖ベルトを締める (自分の)「apretarse [ajustarse] el cinturón ／ベルトを緩める (自分の) aflojarse el cinturón
▣ グリーンベルト zona *f*. verde
▣ ベルトコンベア correa *f*. transportadora

ヘルニア　hernia *f*. ‖ヘルニアにかかる herniarse, padecer hernia
▣ 椎間板ヘルニア hernia *f*. discal
▣ ヘルニア患者 paciente *com*. de hernia, hernia*do*[*da*] *mf*.

ヘルパー　(訪問介護員) asistente *com*. personal, cuida*dor*[*dora*] *mf*. de enfermos a domicilio ‖ヘルパーの資格を取る obtener el título de asistente personal ／ヘルパーを頼む pedir *un*[*una*] asistente personal

ヘルペス　《医学》herpes *m*.[=*pl*.]
▷ ヘルペスの(患者) herpéti*co*[*ca*] (*mf*.)

ベルベット　terciopelo *m*.

ヘルメット　casco *m*. ‖ヘルメットをかぶる「ponerse [llevar] un casco ／ヘルメットを脱ぐ quitarse el casco ／ヘルメットをかぶって働く trabajar con el casco puesto ／ヘルメット着用(掲示) Es obligatorio llevar casco

ベルモット　vermú *m*., vermut *m*.
ベレーぼう　ベレー帽　boina *f*.
ペレット　《英語》*pellet m*., (飼料) pienso *m*. granulado

▣ 木質ペレット *pellets mpl*. de madera
▣ 燃料ペレット *pellets mpl*. de combustible

ヘレニズム　helenismo *m*.
▣ ヘレニズム時代 período *m*. helenístico

ヘロイン　heroína *f*.
▣ ヘロイン中毒 adicción *f*. a la heroína ‖ヘロイン中毒の(患者) heroinóma*no*[*na*] (*mf*.)

べろべろ　⇒べろんべろん
ぺろり
▷ ぺろりと ‖ぺろりと舌を出す sacar la lengua ／唇をぺろりとなめる (自分の) relamerse ／ケーキをぺろりと平らげる comerse el pastel

べろんべろん　‖べろんべろんに酔う estar「completamente [totalmente] borra*cho*[*cha*],《慣用》estar (borra*cho*[*cha*]) como una cuba

へん　辺　❶(図形の) lado *m*. ‖三角形の3辺 los tres lados de un triángulo ／方程式の左辺と右辺 los lados izquierdo y derecho de la ecuación
❷(場所) ‖この辺に喫茶店はありますか ¿Hay alguna cafetería por aquí? ／北海道のどの辺ですか ¿En qué parte de Hokkaido? ／今日はこの辺でやめましょう Por hoy dejémoslo aquí.

へん　変　❶(奇妙) ‖これは変だと思いませんか ¿No le parece extraño esto? ／機械の調子が変だ La máquina no funciona bien. ／息子が電話をしてこないのは変だ Es raro que no me llame mi hijo.
▷ 変な extra*ño*[*ña*], ra*ro*[*ra*], curio*so*[*sa*], singular, (怪しい) sospecho*so*[*sa*] ‖変な味[匂い]「sabor *m*. [olor *m*.] raro ／この料理は変な味がする Este plato sabe raro. ／この水は変な匂いがする Este agua huele rara. ／変な目で見る mirar a ALGUIEN con ojos sospechosos ／変な電話に注意しなさい Ten cuidado con las llamadas extrañas.
▷ 変に extrañamente, (必要以上に) más de lo「necesario [debido] ‖君は変に思うかもしれないが、私は酒もたばこもやらない Aunque te parezca extraño, no bebo ni fumo. ／変に心配する preocuparse más de lo necesario ／僕はこの騒音で気が変になりそうだ Me van a volver loco estos ruidos.
❷(音楽) ‖変ハ長調で en do bemol mayor
❸(異常な事態) incidente *m*. ‖桜田門外の変 incidente *m*. de Sakuradamon

へん　編/篇　‖2篇の詩 dos poemas *mpl*. ／小学館編の詩の選集 antología *f*. de poesía editada por Shogakukan

べん　弁　❶(花びら) pétalo *m*. ‖5弁の花 flor *f*. de cinco pétalos
❷(バルブ) válvula *f*. ‖弁を開く[閉じる]「abrir [cerrar] la válvula ／心臓の弁 válvulas *fpl*. cardíacas
❸(スピーチ) discurso *m*., (方言) dialecto

m. ‖ 熊本弁 dialecto *m*. de Kumamoto
慣用 弁が立つ ser elocuente, tener elocuencia

べん 便 **❶**（便利）‖ この町は交通の便がよい［悪い］Esta ciudad está「bien [mal]」comunicada. ／ここはバスの便がよい Hay un buen servicio de autobuses aquí.

❷（大便）heces *fpl*., excrementos *mpl*. ‖ 軟らかい［硬い］便 heces *fpl*.「blandas [duras]」／便を採る coger una muestra de heces ／便を調べる「analizar [examinar]」las heces

ペン pluma *f*. ‖ ペンで書く escribir con pluma
諺 ペンは剣よりも強し La pluma es más poderosa que la espada.
◢ペン画 dibujo *m*. con pluma
◢ペン先 plumín *m*.
◢ペン皿 bandeja *f*. para lápices
◢ペン習字 caligrafía *f*. con pluma
◢ペンだこ callo *m*. del dedo corazón ‖ 私はペンだこができた Me ha salido un callo en el dedo corazón.
◢ペンネーム seudónimo *m*. de escri*tor*[*tora*]
◢ペンフレンド ami*go*[*ga*] *mf*. por correspondencia

へんあい 偏愛 predilección *f*.,（えこひいき）favoritismo *m*.
▶偏愛する mostrar *su* predilección《por》‖ 偏愛される gozar「de la predilección [del favoritismo]」de ALGUIEN

へんあつ 変圧 transformación *f*. de la tensión
▶変圧する「transformar [modificar, cambiar]」la tensión (eléctrica)
◢変圧器 transformador *m*.

へんい 変位 desplazamiento *m*.
◢変位電流 corriente *f*. de desplazamiento

へんい 変異 （異変）anomalía *f*.,（変動）variación *f*.
◢突然変異《生物》mutación *f*.

へんい 変移 ⇒へんせん（変遷）・うつりかわり（移り変わり）

べんい 便意 ganas *fpl*. de defecar ‖ 便意がある tener ganas de defecar ／便意をもよおした Me han entrado ganas de defecar.

べんえき 便益 （便宜）facilidades *fpl*.,（利益）beneficio *m*. ‖ 便益を与える dar facilidades y beneficios《a》

へんおんどうぶつ 変温動物 animal *m*. [ectotermo [poiquilotermo]

へんか 変化 **❶** cambio *m*., transformación *f*.,（変動）variación *f*. ‖ 気候の変化 cambio *m*. de tiempo ／国際情勢の変化 cambio *m*. en la situación internacional ／変化に富んだ人生 vida *f*. llena de cambios ／変化に乏しい風景 paisaje *m*. monótono ／両国の関係に変化が生じた Se produjeron cambios en las relaciones entre ambos países. ／気温の変化が激しい Hay cambios bruscos de temperatura. ／時代の変化に応じる adaptarse a los cambios de la época ／インターネットが私たちの生活に大きな変化をもたらした Internet ha producido grandes cambios en nuestra vida.
▶変化する cambiar, variar,（変質する）alterarse ‖ 社会は時の経過とともに変化する La sociedad cambia con el paso del tiempo.
◢変化記号《音楽》accidente *m*., alteración *f*.
◢変化球《野球》bola *f*. quebrada ‖ 変化球を投げる lanzar una bola quebrada
❷《文法》（動詞の活用）conjugación *f*.,（格変化）declinación *f*. ‖ 動詞の変化 conjugación *f*. verbal
▶変化する（動詞が活用する）conjugarse,（格変化する）declinar

べんかい 弁解 excusa *f*., pretexto *m*., justificación *f*., disculpa *f*. →いいわけ（言い訳）‖ 弁解ばかり言う deshacerse en excusas ／弁解は無用だ ¡Basta de excusas! ／君の言うことは弁解がましい Lo que dices suena a excusas. ／弁解の余地がない No cabe ninguna justificación.
▶弁解する「presentar [poner] excusas, poner un pretexto

へんかく 変革 reforma *f*., cambio *m*. ‖ 変革に着手する emprender una reforma ／変革を進める「llevar [sacar] adelante una reforma,「impulsar [promover] una reforma
▶変革する reformar, hacer una reforma

べんがく 勉学 estudio *m*. ‖ 勉学に励む poner empeño en los estudios

へんかん 返還 devolución *f*., restitución *f*. ‖ 沖縄の日本への返還 devolución *f*. de Okinawa a Japón
▶返還する devolver, restituir, retornar ‖ 優勝旗を返還する devolver la bandera de campeón

へんかん 変換 conversión *f*., transformación *f*.
▶変換する transformar ALGO《en》, convertir ALGO《en》‖ 太陽エネルギーを電気に変換する transformar la energía solar en electricidad ／ひらがなを漢字に変換する convertir *hiragana* en carácter chino

べんき 便器 retrete *m*., inodoro *m*., váter *m*., taza *f*.,（男性の小便用の）urinario *m*.

べんぎ 便宜 facilidades *fpl*., conveniencia *f*. ‖ 便宜を得る conseguir facilidades ／便宜を図る dar facilidades《a》, facilitar
▶便宜上 por conveniencia ‖ 説明の便宜上 para facilitar la explicación, por razones explicativas
▶便宜的な （仮の）provisional,（ご都合主義

の) oportunista ‖ 便宜的な手段 recurso m. provisional, expediente m.
◪ 便宜主義 oportunismo m.

ペンキ pintura f. ‖ ドアのペンキを塗り替える renovar la pintura de la puerta ／ 壁にペンキを塗る pintar la pared ／ このペンキは簡単には剝げない Esta pintura no se desconcha fácilmente. ／ ペンキ塗りたて《掲示》Recién pintado ¦ Pintura fresca
◪ ペンキ屋 pin*tor*[*tora*] *mf.* (de brocha gorda)

へんきごう 変記号 《音楽》bemol m.

へんきゃく 返却 devolución f., restitución f.
▶ 返却する devolver, restituir ‖ 本を返却する devolver el libro《a》
◪ 返却期限 plazo m. de devolución

へんきょう 辺境 zona f. 「remota [retirada], (国境地帯) zona f. 「fronteriza [limítrofe]
▶ 辺境の remo*to*[*ta*], retira*do*[*da*], (国境の) fronteri*zo*[*za*]

へんきょう 偏狭
▶ 偏狭な estre*cho*[*cha*] de 「mente [espíritu], intolerante ‖ 偏狭な性格 carácter m. intolerante

べんきょう 勉強 estudio m., trabajo m. ‖ 勉強が良くできる ser 「muy bue*no*[*na*] [brillante] en los estudios ／ 勉強ができない ser ma*lo*[*la*] en los estudios ／ 君は勉強が足りないよ Deberías estudiar más. ／ 彼の関心は勉強一本やりだ Lo único que le interesa a él es estudiar. ／ 彼女は勉強嫌いだ Ella odia estudiar. ／ このワークショップはとても勉強になった He aprendido mucho en este taller.
▶ 勉強する estudiar, (習う) aprender, (値引きする) hacer un descuento ‖ 数学を勉強する estudiar matemáticas ／ 君は今日、学校で何を勉強したの ¿Qué has aprendido hoy en el colegio? ／ もう少し勉強してもらえませんか(店で) ¿Me podría hacer un poco más de descuento?
[慣用] 勉強の虫 (がり勉) empo*llón*[*llona*] *mf.*
◪ 勉強家 persona f. 「aplicada [estudiosa]
◪ 勉強部屋 estudio m., cuarto m. de estudio

へんきょく 編曲 「arreglo m. [adaptación f.] musical
▶ 編曲する 「arreglar [adaptar] (la música), hacer el arreglo musical ‖ 交響曲をギター用に編曲する arreglar una sinfonía para tocarla con guitarra
◪ 編曲者 arreglista *com.*

へんきん 返金 reembolso m.
▶ 返金する devolver, reembolsar ‖ 入場券の代金を返金する devolver el importe de la entrada《a》

ペンギン pingüino m.(雄・雌)

へんくつ 偏屈

▶ 偏屈な (頑固な) ter*co*[*ca*], obstina*do*[*da*], testaru*do*[*da*], (ひねくれた) retorci*do*[*da*] ‖ 偏屈な性格 carácter m. terco

ペンクラブ (国際ペンクラブ) PEN Club m. Internacional

へんけい 変形 deformación f., transformación f., desfiguración f. ‖ 関節の変形 deformación f. de las articulaciones
▶ 変形させる deformar, desfigurar
▶ 変形する deformarse, desfigurarse
▶ 変形可能な deformable, transformable
◪ 変形菌類 mixomicetos *mpl.*
◪ 変形文法 gramática f. transformacional

へんけん 偏見 prejuicio m. ‖ 根強い偏見 prejuicios *mpl.* arraigados ／ 偏見にとらわれた pre*so*[*sa*] de prejuicios ／ 偏見に満ちた社会 sociedad f. llena de prejuicios ／ 偏見のある[ない]人 persona f. 「con [sin] prejuicios ／ 人々の偏見 prejuicios de la gente ／ 偏見を抱く albergar prejuicios ／ 偏見を捨てる desterrar los prejuicios ／ 偏見を持つ tener prejuicios《contra, hacia》／ 偏見を持たずに行動する actuar sin prejuicios
◪ 人種偏見 prejuicios *mpl.* raciales

べんご 弁護 defensa f. ‖ 弁護を引き受ける aceptar la defensa《de》
▶ 弁護する defender, abogar《por》
◪ 自己弁護 justificación f. de *sí* mis*mo*[*ma*], autojustificación f.
◪ 弁護依頼人 cliente *com.* del abogado
◪ 弁護側証人 testigo *com.* de descargo
◪ 弁護団 grupo m. de abogados
◪ 弁護人 defen*sor*[*sora*] *mf.*, (弁護士) aboga*do*[*da*] *mf.* ⇒べんごし(弁護士) ‖ 国選弁護人 aboga*do*[*da*] *mf.* de oficio ／ 私選弁護人 aboga*do*[*da*] *mf.* priva*do*[*da*]
◪ 弁護料 honorarios *mpl.* de abogados

へんこう 変更 modificación f., cambio m. ‖ プログラムに変更がある Hay un cambio en el programa. ／ 法案にいくつか変更を加える introducir algunas modificaciones en el proyecto de ley ／ 変更不可 No se permite 「ninguna modificación [ningún cambio].
▶ 変更する modificar, cambiar, hacer una modificación《de》‖ 計画を変更する modificar el plan ／ パーティーの開始時間を変更する cambiar la hora de comienzo de la fiesta

へんこう 偏向 desviación f. ‖ 思想的な偏向 desviación f. ideológica
▶ 偏向する desviar
◪ 偏向教育 educación f. tendenciosa

へんこう 偏光 polarización f. de la luz
◪ 偏光顕微鏡 microscopio m. de luz polarizada
◪ 偏光フィルター/偏光板 filtro m. polarizador

べんごし 弁護士 aboga*do*[*da*] *mf.* ‖ 弁護士

を立てる contratar a un abogado
◨顧問弁護士 abogado[da] mf. consejero[ra]
◨弁護士会 colegio m. de abogados
◨弁護士事務所 bufete m. de abogados
◨弁護士料金 honorarios mpl. de abogados

へんさ 偏差 desviación f.
◨偏差値 unidad f. tipificada, valor m. de desviación
◨標準偏差 desviación f. 「estándar [típica]

べんざ 便座 asiento m. del 「inodoro [váter]

へんさい 返済 devolución f., (返金) reembolso m.
▶返済する devolver, (支払う) pagar, (返金する) reembolsar ‖ 借金を返済する 「pagar [saldar] una deuda
◨返済期限 plazo m. de devolución
◨返済計画 (ローンの) plan m. de devolución del crédito
◨返済猶予 aplazamiento m. de la devolución 「del crédito [de la deuda] ‖ 返済猶予期間 moratoria f., período m. de gracia

へんざい 偏在 distribución f. desigual ‖ 富の偏在 distribución f. desigual de la riqueza
▶偏在する distribuirse desigualmente, presentar una distribución desigual

へんさん 編纂 compilación f. ‖ 百科事典の編纂 compilación f. de una enciclopedia
▶編纂する compilar, editar
◨編纂者 compilador[dora] mf., editor[tora] mf.

へんし 変死 muerte f. 「no natural [violenta]
▶変死する morir por causas no naturales
◨変死体 cadáver m. sospechoso

へんじ 返事 respuesta f., contestación f. ‖ 返事に困る no saber 「cómo [qué] contestar ／ 返事を待つ esperar la respuesta de ALGUIEN ／ 電子メールで返事をもらう recibir una respuesta por correo electrónico ／ できるだけ早くお返事をいただければ幸いです Le agradeceríamos que nos hiciera llegar su respuesta lo antes posible. ／ 警察署からまだ返事がありません Sigo sin recibir la respuesta de la comisaría de policía.
▶返事をする responder, contestar, dar una respuesta《a》‖ よい返事をする dar una respuesta favorable《a》／ 呼ばれたらすぐ返事をしなさい Responde enseguida cuando te llamen.

べんし 弁士 orador[dora] mf.

へんしつ 変質 alteración f., (劣化) deterioro m., (変態) perversión f.
▶変質する alterarse, (劣化する) deteriorarse
◨変質者 pervertido[da] mf.

へんしつ 偏執 ⇒へんしゅう

へんじゃ 編者 editor[tora] mf.
へんしゅ 変種 variedad f.

へんしゅう 偏執
▶偏執的な paranoico[ca], monomaníaco[ca], monomaniaco[ca]
◨偏執狂 (モノマニア) monomanía f. ‖ 偏執狂の(人) monomaníaco[ca] (mf.), monomaniaco[ca] (mf.)
◨偏執病 (パラノイア) paranoia f. ‖ 偏執病の(患者) paranoico[ca] (mf.)

へんしゅう 編集 redacción f., (映画の) montaje m. ‖ 雑誌の編集に携わる dedicarse a la redacción de una revista ／ 映画の編集をする 「montar [hacer un montaje de] una película
▶編集する redactar, editar, (映画を) montar
◨編集会議 reunión f. de redacción
◨編集者 redactor[tora] mf., editor[tora] mf., (映画の) montador[dora] mf.
◨編集長 redactor[tora] mf. jefe[fa]
◨編集部/編集局 departamento m. de redacción
◨編集方針 política f. editorial

べんじょ 便所 baño m., aseo m., lavabo m., 《スペイン》servicio m. →トイレ

へんじょう 返上
▶返上する devolver, no recibir ‖ 補助金を返上する devolver la subvención ／ 祝日を返上して働く trabajar en días festivos

べんしょう 弁償 indemnización f. ‖ 弁償を要求する 「exigir [demandar] una indemnización
▶弁償する indemnizar, compensar ‖ 損害の全額を弁償する indemnizar a ALGUIEN de todos los daños
◨弁償能力 capacidad f. de indemnización

べんしょうほう 弁証法 dialéctica f.
▶弁証法的(な) dialéctico[ca]
◨弁証法的唯物論 materialismo m. dialéctico

へんしょく 変色 cambio m. de color, (退色) decoloración f. ‖ 変色を防ぐ prevenir la decoloración《de》
▶変色した (色が褪せた) descolorado[da], descolorido[da] ‖ 変色した写真 foto f. descolorida
▶変色する cambiar de color, (褪せる) decolorarse, descolorarse, desteñirse ‖ この布は太陽にあたると変色する Esta tela se decolora con el sol.

へんしょく 偏食 「dieta f. [alimentación f.] desequilibrada ‖ 偏食である ser selectivo[va] con las comidas
▶偏食する comer desequilibradamente, seguir una dieta desequilibrada

ペンション casa f. de huéspedes, pensión f. ‖ ペンションに泊まる alojarse en una pen-

sión
へんしん 返信 respuesta *f*., contestación *f*.‖早速のご返信ありがとうございました Gracias por su pronta respuesta.／このメール宛てにご返信ください Envíe su respuesta a la dirección de este correo.
▶返信する responder, contestar
▫返信先アドレス dirección *f*. electrónica para responder
▫返信用切手 sello *m*. postal para la respuesta
▫返信用葉書 postal *f*. con franqueo pagado
へんしん 変身 metamorfosis *f*.[=pl.], transfiguración *f*.
▶変身する sufrir una metamorfosis, transfigurarse‖彼女は美しく変身した Ella se ha convertido en una mujer muy guapa.
へんじん 変人 persona *f*. rara, excéntri*co*[*ca*] *mf*.,《話》《慣用》bicho *m*. raro
ベンジン bencina *f*., éter *m*. de petróleo
へんすう 変数 variable *f*.
へんずつう 偏頭痛 migraña *f*., hemicránea *f*.‖偏頭痛がする tener migrañas
へんせい 変成 metamorfismo *m*.
▶変成の metamórfi*co*[*ca*]
▫変成岩 roca *f*. metamórfica
へんせい 変性 desnaturalización *f*.
▫変性アルコール alcohol *m*. desnaturalizado
▫変性剤 agente *m*. desnaturalizante
へんせい 編成 organización *f*.‖10両編成の列車 tren *m*. de diez vagones
▶編成する organizar, formar‖予算を編成する elaborar un presupuesto／番組を編成する organizar los programas
へんせいき 変声期 etapa *f*. de mutación de la voz‖今彼は変声期だ Él está en la época del cambio de voz.
へんせいふう 偏西風 vientos *mpl*. del oeste‖偏西風が吹く Soplan vientos del oeste.
へんせつ 変節 abandono *m*. de *sus* principios,(転向) conversión *f*.
▶変節する abandonar *sus* principios,《慣用》cambiar de「chaqueta [camisa]
べんぜつ 弁舌 elocuencia *f*.‖弁舌さわやかである ser elocuente, tener elocuencia／弁舌を振るう emplear toda *su* elocuencia
へんせん 変遷 (推移) evolución *f*., cambios *mpl*.,(移り変わり) vicisitudes *fpl*., avatares *mpl*.‖時代の変遷とともに con los cambios de los tiempos
▶変遷する evolucionar, experimentar una evolución
ベンゼン benceno *m*.
へんそう 返送 devolución *f*., reenvío *m*.
▶返送する devolver, reenviar‖メールを送信者に返送する devolver el correo electrónico al remitente
へんそう 変装 disfraz *m*.
▶変装する disfrazarse《de》‖ピエロに変装する disfrazarse de payas*o*[*sa*]
へんぞう 変造 falsificación *f*.‖紙幣の変造 falsificación *f*. de billetes
▶変造する falsificar
▫変造クレジットカード tarjeta *f*. de crédito falsificada
へんそうきょく 変奏曲 variación *f*. musical
へんそく 変則 irregularidad *f*., anomalía *f*., anormalidad *f*.
▶変則的な irregular, anóma*lo*[*la*], anormal‖変則的なルート ruta *f*. irregular
▫変則チェス variante *f*. del ajedrez
へんそく 変速 cambio *m*. de velocidad
▶変速する cambiar las velocidades, hacer un cambio de velocidad, cambiar de velocidad
▫変速機(車のトランスミッション) caja *f*. de「cambios [velocidades],(自転車の) transmisión *f*. de bicicleta
へんたい 変態 transformación *f*.,《生物》metamorfosis *f*.[=pl.],(性的な) perversión *f*.‖昆虫の変態 metamorfosis *f*.[=pl.] de los insectos
▶変態する transformarse,《生物》metamorfosearse, sufrir una metamorfosis
▶変態の(性的に) perverti*do*[*da*]
▫変態性欲 perversión *f*. sexual‖変態性欲者 perverti*do*[*da*] *mf*. sexual
へんたい 編隊 formación *f*.‖10機の編隊 formación *f*. de diez aviones
▫編隊飛行 vuelo *m*. en formación‖編隊飛行をする volar en formación
ペンダント colgante *m*.‖ペンダントをかけている llevar un colgante
ベンチ banco *m*.,(スポーツ) banquillo *m*.‖ベンチに座る sentarse en un banco／ベンチに入る entrar en el banquillo／ベンチに戻る volver al banquillo
(慣用)ベンチを温める《スポーツ》《慣用》chupar banquillo
ペンチ alicates *mpl*.
ベンチマーク 《英語》*benchmark m*.,(水準点) cota *f*.,(指標) indicador *m*.
▫ベンチマークテスト prueba *f*. de「referencia [*benchmark*]
ベンチャー
▫ベンチャー企業 empresa *f*. de nueva creación, compañía *f*. *startup*
▫ベンチャーキャピタル capital *m*. riesgo
▫ベンチャービジネス negocio *m*. *startup*
へんちょう 変調 modulación *f*., cambio *m*. de tono,(不調) irregularidad *f*.‖周波数の変調 modulación *f*. de frecuencia／身体に変調を来す encontrarse mal físicamente

▶変調する《音楽》modular, cambiar el tono
◪変調信号 señal f. ˻de modulación [moduladora]

へんちょう 偏重 parcialidad f.
▶偏重する ˻conceder [dar] excesiva importancia《a》‖ 学歴を偏重する conceder excesiva importancia al historial académico

べんつう 便通 defecación f., deposición f. ‖ 便通がある tener ˻defecación [deposición] / 便通がない no tener ˻defecación [deposición], (便秘している) tener estreñimiento

ペンディング
▶ペンディングにする dejar ALGO pendiente, (先送りにする) aplazar, aparcar

へんでんしょ 変電所 subestación f. eléctrica

へんとう 返答 respuesta f. ⇒へんじ(返事)
▶返答する responder, contestar

へんどう 変動 fluctuación f., variación f. ‖ 株価の変動 fluctuaciones fpl. bursátiles / 原油価格の変動 fluctuaciones fpl. en el precio del crudo
▶変動する fluctuar, variar, presentar ˻fluctuaciones [variaciones]‖ 消費者物価指数が先月0.2パーセント変動した El índice de precios al consumo registró una variación de 0,2% (cero con dos por ciento) el mes pasado.
◪変動金利 interés m. flotante
◪変動相場制 sistema m. de cambio flotante

べんとう 弁当 comida f. preparada para llevar ‖ 弁当を作る preparar comida para llevar / 弁当を持って行く llevarse la comida
◪弁当箱 fiambrera f.,《中南米》lonchera f.

へんとうせん 扁桃腺 amígdala f. ‖ 私は扁桃腺が腫れた Se me han hinchado las amígdalas. ¦ (腫れている) Tengo las amígdalas hinchadas. / 扁桃腺を取る/扁桃腺を摘出する extirpar las amígdalas
◪扁桃腺炎 amigdalitis f.[=pl.]
◪扁桃腺摘出/扁桃腺切除 extirpación f. de amígdalas
◪扁桃腺肥大 hipertrofia f. de amígdala

へんにゅう 編入 (編入学) transferencia f. de estudiantes, (市町村の) incorporación f.
▶編入する (編入学する) ingresar como estudiante transferido[da], (合併する) incorporar ‖ その市は隣の県に編入される予定だ Ese municipio va a ser incorporado a la prefectura vecina.
◪編入試験 examen m. de admisión para estudiantes transferidos
◪編入生 estudiante com. transferido[da]

へんねんし 編年史 crónica f.

へんねんたい 編年体 cronología f.
◪編年体の cronológico[ca]

へんのう 返納 devolución f.
▶返納する devolver

へんぴ 辺鄙
▶へんぴな (人里離れた) retirado[da], (奥まった) recóndito[ta], (遠隔の) remoto[ta]‖ へんぴな場所に en un lugar ˻retirado [recóndito]

べんぴ 便秘 estreñimiento m. ‖ 便秘に苦しむ padecer estreñimiento
▶便秘する tener estreñimiento, estar estreñido[da]
◪慢性便秘 estreñimiento m. crónico

へんぴん 返品 devolución f., (品物) mercancía f. devuelta
▶返品する devolver ˻un artículo [un producto, una mercancía]‖ 不良品を返品する devolver productos defectuosos《a》

へんぺい 扁平
▶扁平な plano[na]
◪扁平足 pie m. plano ‖ 扁平足である tener los pies planos

ぺんぺんぐさ ぺんぺん草 (なずな) bolsa f. de pastor, (学名) *Capsella bursa-pastoris*

へんぼう 変貌 transformación f., cambio m., metamorfosis f.[=pl.], transfiguración f. ‖ その都市はめざましい変貌を遂げた La ciudad experimentó una espectacular transformación.
▶変貌する transformarse《en》, transfigurarse《en》

べんまく 弁膜 válvula f. ‖ 心臓の弁膜 válvulas fpl. cardíacas
◪心臓弁膜症 valvulopatía f.

べんむかん 弁務官 comisionado[da] mf.
◪高等弁務官 alto[ta] comisionado[da] mf.

へんむけいやく 片務契約 contrato m. unilateral

べんめい 弁明 explicación f., justificación f. ‖ 弁明を求める pedir una explicación《a》
▶弁明する justificar, presentar una justificación

べんらん 便覧 manual m., guía f.

べんり 便利
▶便利な cómodo[da], (実用的な) práctico[ca], (役立つ) útil ‖ 便利な道具 herramienta f. ˻práctica [útil] / 便利な世の中 mundo m. lleno de comodidades / 交通の便利な場所 lugar m. bien comunicado
▶便利だ/便利である ser cómodo[da] de usar, ser de uso fácil ‖ バスより地下鉄で行ったほうが便利だ Ir en metro es más cómodo que hacerlo en autobús. / 駅の近くに住むととても便利だ Es muy cómodo vivir cerca de una estación. / タブレットコンピュータは持ち運びに便利です Una tableta electrónica es ˻fácil [cómoda] de llevar.

▶便利になる hacerse cómo*do*[*da*] ‖ 新しい地下鉄の開通で都心への移動が便利になった Con la inauguración de una nueva línea de metro se ha hecho más cómodo el traslado al centro de la ciudad.
▶便利さ comodidad *f.*, conveniencia *f.*, (容易性) facilidad *f.*, (有用性) utilidad *f.* ‖ 消費者はオンライン・ショッピングの便利さを好む Los consumidores prefieren la comodidad de hacer compras en línea.
◪便利屋 (人) persona *f.* que hace de todo, (企業) empresa *f.* especializada en todo tipo de servicios del hogar

べんりし 弁理士　procura*dor*[*dora*] *mf.* de patentes

へんりん 片鱗　vislumbre *f.* ‖ 才能の片鱗を見せる dejar entrever *su* talento

へんれい 返礼　devolución *f.* de un favor
▶返礼する corresponder a un favor recibido, (贈り物に) corresponder al regalo
◪返礼訪問 visita *f.* de agradecimiento ‖ 返礼訪問をする devolver la visita 《a》

へんれき 遍歴　peregrinación *f.*, (経験) experiencia *f.*, andadura *f.*
▶遍歴する peregrinar, recorrer, viajar 《por》‖ 世界各国を遍歴する recorrer diversos países del mundo
◪女性[男性]遍歴 historial *m.* con「las mujeres [los hombres]」‖ 女性遍歴が豊富である tener un buen historial con las mujeres

へんろ 遍路　peregrinación *f.* de los 88 templos de Shikoku ‖ 遍路の旅をする peregrinar por los 88 templos de Shikoku
◪お遍路さん peregri*no*[*na*] *mf.* de Shikoku

べんろん 弁論　(スピーチ) discurso *m.*, (議論) debate *m.*, discusión *f.*
◪最終弁論 alegato *m.* final, (答弁) defensa *f.* final
◪弁論大会「concurso *m.* [certamen *m.*] de oratoria

ほ

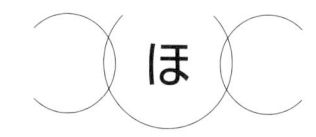

ほ 帆　vela *f.*,《集合名詞》velamen *m.* ‖ 帆をかける/帆を揚げる alzar velas／帆を張る tender las velas／帆を下ろす「bajar [arriar] las velas／帆に風をはらんで con el viento en las velas
〔慣用〕得手に帆を揚げる aprovechar la ocasión《para》
〔慣用〕尻に帆をかける《慣用》poner pies en polvorosa

ほ 歩　paso *m.* ‖ 歩を進める dar pasos hacia adelante, avanzar／歩を速める apretar el paso／歩を緩める「aminorar [aflojar] el paso

ほ 穂　espiga *f.* ‖ 穂を出す espigar, echar espigas

ホ《音楽》mi *m.*
◪ホ長調 mi *m.* mayor
◪ホ短調 mi *m.* menor

ほあん 保安
◪保安官《英語》*sheriff m.*
◪保安基準 norma *f.* de seguridad
◪保安要員「guarda *com.* [vigilante *com.*] de seguridad
◪保安林 bosque *m.* protegido

ほい 補遺　adenda *f.*, suplemento *m.*, apéndice *m.*

ほいく 保育　cuidado *m.* de los niños
▶保育する cuidar, criar
◪保育園 guardería *f.*
◪保育器 incubadora *f.*
◪保育士 profe*sor*[*sora*] *mf.* de「guardería [jardín de infancia]」

ボイコット boicot *m.*, boicoteo *m.*
▶ボイコットする boicotear, hacer boicot ‖ 総選挙をボイコットする boicotear las elecciones generales

ボイスレコーダー（コックピットの）caja *f.* negra, grabadora *f.* de voz, dictáfono *m.*

ポイズンピル《経済》píldora *f.* envenenada

ホイッスル silbato *m.*, pito *m.* ‖ ホイッスルを鳴らす pitar, tocar el silbato

ホイップクリーム nata *f.* montada, crema *f.* batida ‖ ホイップクリームを作る montar la nata

ボイラー caldera *f.*
◪ボイラー室 sala *f.* de calderas

ホイル papel *m.* (de)「aluminio [plata]」

ボイル
▶ボイルする cocer, hervir ⇒ゆでる(茹でる)

ぼいん 母音　vocal *f.*
▶母音の vocál*ico*[*ca*]
◪二重母音 diptongo *m.*

ぼいん 拇印　impresión *f.* dactilar del pulgar ‖ 拇印を押す poner la huella dactilar del pulgar／拇印をとる tomar la impresión dactilar del pulgar

ポインター《IT》indicador *m.*, puntero *m.*
◪レーザーポインター puntero *m.* láser

ポイント（得点）punto *m.*;（要点）punto *m.*

importante; (鉄道) agujas *fpl*. ‖ ポイントを置く dar más importancia《a》／ポイントをおさえる retener los puntos importantes／ポイントを上げる (得点を)「ganar [obtener] puntos／ポイントを落とす/ポイントを失う perder puntos／ポイントを稼ぐ conseguir puntos／ポイントを貯める「acumular [juntar] puntos／私の発表の重要なポイントをまとめたいと思います Voy a resumir los puntos más importantes de mi ponencia.

◪ポイントカード tarjeta *f*. de puntos
◪ポイントゲッター (サッカーの) goleador [dora] *mf*., máximo[ma] anotador[dora] *mf*.

ほう 方 (方角) dirección *f*., rumbo *m*.
▶〜の方へ a, hacia, en dirección《a》‖逆の方へ行く ir en dirección contraria
▶〜の方がいい preferir‖私は車で行くより歩いていく方がいい Prefiero ir andando a ir en coche.／私は海より山の方がいい Me gusta más la montaña que la playa.
▶〜した方がいい Es mejor que「+接続法」.‖少し休んだ方がいいよ Es mejor que descanses un poco.

ほう 法 ley *f*. ⇒ ほうりつ(法律)‖法を守る cumplir la ley／法に従う「obedecer [seguir] la ley／法を犯す/法を破る「infringir [violar, quebrantar] la ley／法にそむく「desobedecer [incumplir] la ley／法を曲げる tergiversar la ley／法を説く predicar／法の目をかいくぐる burlar las leyes
[慣用]悪法もまた法なり Se ha de obedecer la ley por injusta que sea.
[慣用]人を見て法を説け Primero observa y luego predica.｜Adapta el discurso a la capacidad del interlocutor.

ほう 報 ⇒ しらせ(知らせ)
ぼう 某‖某氏 fulano *m*. de tal／某婦人 fulana *f*. de tal／都内の某所で en cierto lugar de Tokio

ぼう 棒 (木の) palo *m*., barra *f*., vara *f*.‖鉄の棒 barra *f*. de hierro／コンサートで棒をふる dirigir el concierto
[慣用]足が棒になる‖足が棒になってしまった Tengo las piernas muy cansadas.
[慣用]棒にふる‖チャンスを棒にふる desaprovechar una oportunidad／一生を棒に振る《慣用》echar a perder *su* vida
[諺]犬も歩けば棒に当たる ⇒ いぬ(犬)
◪棒暗記‖棒暗記する memorizar sin entender
◪棒グラフ gráfico *m*. de barras
◪棒磁石 imán *m*. de barra
◪棒線 línea *f*. recta

ほうあん 法案 proyecto *m*. de ley‖法案を提出する presentar un proyecto de ley／法案を可決する aprobar un proyecto de ley／法案を否決する desaprobar un proyecto de ley／その法案は成立した El proyecto de ley se aprobó.

ほうい 方位 orientación *f*., (基本方位) puntos *mpl*. cardinales, (方角) dirección *f*.‖羅針盤で方位を確かめる orientarse con la brújula
◪方位角 acimut *m*., azimut *m*.

方位

北 norte *m*. (略 N) ／ 北北東 nornordeste *m*. (略 NNE) ／ 北東 nordeste *m*., noreste *m*. (略 NE) ／ 東北東 estenordeste *m*. (略 ENE)
東 este *m*. (略 E) ／ 東南東 estesudeste *m*. (略 ESE) ／ 南東 sudeste *m*., sureste *m*. (略 SE) ／ 南南東 sudsudeste *m*. (略 SSE)
南 sur *m*., (略 S) ／ 南南西 sudsudoeste *m*. (略 SSO) ／ 南西 sudoeste *m*., suroeste *m*. (略 SO) ／西南西 oesudoeste *m*. (略 OSO)
西 oeste *m*. (略 O) ／ 西北西 oesnoroeste *m*. (略 ONO) ／ 北西 noroeste *m*. (略 NO) ／ 北北西 nornoroeste *m*. (略 NNO)

ほうい 包囲 asedio *m*., sitio *m*., cerco *m*.‖包囲を解く levantar el「sitio [asedio]／包囲を突破する romper el「sitio [asedio]
▶包囲する asediar, sitiar, cercar‖町を包囲する「asediar [sitiar, cercar] la ciudad
◪包囲軍 tropa *f*. de asedio
◪包囲網 asedio *m*., sitio *m*.

ほうい 法衣 ⇒ ほうえ
ほういがく 法医学 medicina *f*.「forense [legal]
◪法医学者 médico[ca] *mf*. forense

ぼういん 暴飲
▶暴飲する beber en exceso, hartarse de beber
◪暴飲暴食‖暴飲暴食する comer y beber en exceso, hartarse de comer y beber

ほうえ 法衣 vestido *m*. de monje[ja], (仏教の)《日本語》 kesa *m*., (キリスト教の) sotana *f*., hábito *m*.

ほうえい 放映
▶放映する televisar,「transmitir [emitir] ALGO por televisión
◪放映権 derecho *m*. de emisión‖放映権を獲得する obtener los derechos de emisión

ぼうえい 防衛 defensa *f*.
▶防衛する defender‖タイトルを防衛する defender el título《de》
◪防衛軍 fuerzas *fpl*. de defensa
◪防衛手段 medidas *fpl*. de「protección [defensa]‖防衛手段を講じる adoptar medidas de protección
◪防衛省 Ministerio *m*. de Defensa
◪防衛大学校 Academia *f*. de Defensa Na-

cional de Japón
- 🔲防衛体制 sistema *m*. de defensa
- 🔲防衛白書 libro *m*. blanco sobre la defensa
- 🔲防衛力 defensa *f*., capacidad *f*. defensiva, poder *m*. defensivo ‖ 防衛力を強化する「reforzar [incrementar, fortalecer] la defensa nacional

ぼうえき 防疫 prevención *f*. de epidemias
- 🔲防疫線 cordón *m*. sanitario ‖ 村に防疫線が張られた Se estableció un cordón sanitario en el pueblo.
- 🔲防疫対策 ‖ 防疫対策をとる tomar medidas preventivas《contra》

ぼうえき 貿易 comercio *m*.「exterior [internacional], intercambio *m*. comercial ‖ 貿易に従事する dedicarse al comercio exterior ／ 貿易を振興する fomentar el comercio exterior ／ 貿易を促進する impulsar el comercio exterior
- ▶貿易する comerciar《con》
- 🔲貿易相手国 país *m*. con el que se comercia
- 🔲貿易赤字 déficit *m*. comercial exterior
- 🔲貿易黒字 superávit *m*. comercial exterior
- 🔲貿易会社「casa *f*. [empresa *f*.] comercial
- 🔲貿易外収支 balanza *f*. comercial invisible
- 🔲貿易港 puerto *m*. de comercio exterior
- 🔲貿易立国 país *m*. comerciante
- 🔲貿易自由化 liberalización *f*.「del comercio exterior [de los intercambios comerciales]
- 🔲貿易収支 balanza *f*. comercial
- 🔲貿易商 comerciante *com*. exterior,（輸入商）important**ador**[dora] *mf*.,（輸出商）export**ador**[dora] *mf*.
- 🔲貿易障壁 ‖ 関税と補助金が貿易障壁になっている Los aranceles y las subvenciones constituyen una barrera comercial.
- 🔲貿易制限 restricciones *fpl*.「comerciales [al comercio exterior]
- 🔲貿易風 vientos *mpl*. alisios, alisios *mpl*.
- 🔲貿易不均衡 desequilibrio *m*.「de [en] la balanza comercial
- 🔲貿易摩擦 fricción *f*. comercial

貿易

種類
輸出貿易 comercio *m*. exportador ／ 輸入貿易 comercio *m*. importador ／ バーター貿易 comercio *m*. de trueque ／ 仲介貿易 comercio *m*. exterior intermediario ／ 加工貿易 comercio *m*. de productos hechos con materias primas importadas ／ 三角貿易 comercio *m*. triangular ／ 沿岸貿易 comercio *m*. costero ／ 密貿易 contrabando *m*. ／ 外国貿易/国際貿易 comercio *m*.「exterior [internacional] ／ 対外貿易 comercio *m*.「exterior [internacional] ／ 多角的貿易 comercio *m*. multilateral ／ 保護貿易 proteccionismo *m*. ／ 自由貿易 librecambio *m*.

機関・協定
日本貿易振興会 (JETRO) Organización *f*. de Comercio Exterior de Japón ／ 世界貿易機関 Organización *f*. Mundial del Comercio（略 OMC）／ 自由貿易協定 tratado *m*. de libre comercio ／ 環太平洋戦略的経済連携協定 (TPP) Acuerdo *m*. Estratégico Trans-Pacífico de Asociación Económica ／ 北米自由貿易協定 (NAFTA) Tratado *m*. de Libre Comercio de América del Norte（略 TLCAN）

ぼうえんきょう 望遠鏡 telescopio *m*., catalejo *m*.

ぼうえんレンズ 望遠レンズ teleobjetivo *m*.

ほうおう 法王 《カトリック》 Papa *m*., Sumo Pontífice *m*.
- ▶法王の papal, pontific**io**[cia]
- 🔲法王庁 Curia *f*.「Romana [Vaticana]

ぼうおん 防音 insonorización *f*., aislamiento *m*. acústico
- ▶防音の insono**ro**[ra]
- ▶防音した insonoriz**ado**[da]
- ▶防音する insonorizar, aislar ALGO acústicamente
- 🔲防音ガラス cristal *m*. insonorizado
- 🔲防音室 cámara *f*. insonorizada
- 🔲防音装置 sistema *m*. de insonorización

ほうか 放火 incendio *m*.「provocado [premeditado]
- ▶放火する provocar un incendio ‖ 廃屋に放火する prender fuego a una casa abandonada
- 🔲放火罪 delito *m*. de incendio provocado
- 🔲放火犯 incendi**ario**[ria] *mf*.
- 🔲放火魔 piróm**ano**[na] *mf*.

ほうか 法科 （法学部）Facultad *f*. de Derecho
- 🔲法科大学院 escuela *f*. de posgrado en derecho

ほうか 砲火 fuego *m*. de artillería, cañonazo *m*. ‖ 砲火を浴びせる lanzar cañonazos《contra》

ほうが 邦画 《映画》 película *f*. japonesa, 《絵画》pintura *f*. de estilo japonés

ぼうか 防火 prevención *f*. de incendios,（建築物の）protección *f*. contra incendios
- ▶防火の antiincendios, contra incendios
- 🔲防火建築物 edificio *m*. preparado contra incendios
- 🔲防火水槽 depósito *m*. de agua contra incendios

ぼうきょう

- 🔲 **防火帯** cortafuegos *m*.[=*pl*.], cortafuego *m*.
- 🔲 **防火戸** puerta *f*. cortafuego(s)
- 🔲 **防火壁** muro *m*. cortafuego(s), cortafuego(s) *m*.
- 🔲 **防火用水** agua *f*. para incendios

ほうかい 崩壊 derrumbe *m*., desplome *m*., caída *f*., (分解) desintegración *f*. ‖ 家庭の崩壊 ruptura *f*. familiar ／ ベルリンの壁の崩壊 caída *f*. del Muro de Berlín ／ 崩壊をまねく provocar el derrumbe 《de》
- ▶崩壊する derrumbarse, desplomarse, 《慣用》venirse abajo, (分解する) desintegrarse ‖ 建物が崩壊する「derrumbarse [desplomarse] *un edificio* ／ 金融制度が崩壊する derrumbarse *el sistema financiero* ／ 鎌倉幕府は1333年に崩壊した El *shogunato* de Kamakura se vino abajo en 1333.

ほうがい 法外
- ▶法外な abusi*vo*[*va*], desmesura*do*[*da*] ‖ 法外な値段 precio *m*.「abusivo [exorbitante]
- ▶法外に desmesuradamente ‖ 法外に高いガソリン価格 precios *mpl*. abusivos de la gasolina

ぼうがい 妨害 obstrucción *f*., obstaculización *f*., interferencia *f*., (阻止) impedimento *m*.
- ▶妨害する obstruir, obstaculizar, interferir, perturbar, estorbar, (阻止する) impedir ‖ 営業を妨害する obstaculizar la actividad comercial ／ 交通を妨害する (車両の)「impedir [obstaculizar] la circulación de coches, interferir el tráfico rodado ／ 安眠を妨害する perturbar el sueño ／ デモの参加者は漁業交渉の進捗を妨害した Los manifestantes impidieron el desarrollo de las negociaciones pesqueras.
- 🔲 交通妨害「interferencia *f*. [obstaculización *f*.] del tráfico
- 🔲 電波妨害 interferencia *f*. radial provocada
- 🔲 列車妨害 obstaculización *f*. del paso del tren
- 🔲 妨害行為 obstrucción *f*., obstaculización *f*., impedimento *m*.

ほうがく 方角 dirección *f*., rumbo *m*., orientación *f*. ‖ 丘の方角に en dirección a la colina ／ 南の方角 dirección *f*. sur ／ 方角が分かる saber orientarse ／ 方角が悪い estar mal orienta*do*[*da*] ／ 方角を表す indicar la dirección
- 🔲 方角違い dirección *f*. errónea, (見当違い) despropósito *m*.

ほうがく 邦楽 música *f*. tradicional japonesa

ほうがく 法学 ciencia *f*. del derecho, jurisprudencia *f*., jurispericia *f*.
- 🔲 法学者 jurista *com*., jurisperi*to*[*ta*] *mf*., legista *com*.
- 🔲 法学博士 doc*tor*[*tora*] *mf*. en Derecho
- 🔲 法学部 Facultad *f*. de Derecho

ほうかご 放課後
- ▶放課後に después de la(s) clase(s)

ほうかつ 包括
- ▶包括的な global, abarca*dor*[*dora*]
- ▶包括的に globalmente ‖ 包括的に説明する explicar de forma global
- ▶包括する englobar, abarcar
- ▶包括的核実験禁止条約 Tratado *m*. de Prohibición Completa de los Ensayos Nucleares (略 TPCEN)

ぼうかん 傍観
- ▶傍観する observar como especta*dor*[*dora*]
- 🔲 傍観者 especta*dor*[*dora*] *mf*.

ぼうかん 暴漢 ‖ 暴漢に襲われる ser ataca*do*[*da*] por un asaltante

ほうがんし 方眼紙 papel *m*.「cuadriculado [milimetrado]

ほうがんなげ 砲丸投げ lanzamiento *m*. de peso ‖ 砲丸投げの選手 lanza*dor*[*dora*] *mf*. de peso

ぼうかんふく 防寒服 ropa *f*. (de protección) contra el frío, ropa *f*. de abrigo

ほうき 箒 escoba *f*. ‖ ほうきで掃く barrer (con escoba)
- 🔲 ほうき星 (彗星) cometa *m*.

ほうき 放棄 renuncia *f*., desistimiento *m*., abandono *m*. ‖ 戦争の放棄 renuncia *f*. a la guerra
- ▶放棄する renunciar 《a》, abdicar 《de》, desistir 《de》, abandonar ‖ 戦争を放棄する renunciar a la guerra ／ 権利を放棄する renunciar a *su* derecho ／ 試合を放棄する abandonar el partido ／ 任務を放棄する abandonar *su* cargo ／ 責任を放棄する incumplir *su* responsabilidad

ほうき 法規 reglamento *m*., (法律) ley *f*. ⇒ ほうりつ(法律)

ほうき 蜂起 levantamiento *m*., sublevación *f*.
- ▶蜂起する levantarse《contra》, sublevarse《contra》
- 🔲 武装蜂起 levantamiento *m*. en armas

ぼうきゃく 忘却 olvido *m*.

ほうきゅう 俸給 sueldo *m*., salario *m*.

ほうぎょ 崩御 ‖ 天皇の崩御「muerte *f*. [fallecimiento *m*.] del emperador

ぼうぎょ 防御 defensa *f*. ‖ 防御を固める intensificar la defensa
- ▶防御する defender, (自分を) defenderse
- 🔲 防御率 (野球) promedio *m*. de carreras limpias

ぼうきょう 望郷 nostalgia *f*. ‖ 望郷の念にかられる sentir nostalgia de *su* tierra

ぼうぐ 防具 protector *m.*
ぼうくう 防空 defensa *f.* antiaérea
◪防空壕 refugio *m.* antiaéreo
◪防空識別圏 zona *f.* de identificación de defensa aérea
ぼうくん 暴君 tirano *m.*, déspota *m.*
ほうけい 包茎 fimosis *f.*[=*pl.*]
ほうげき 砲撃 bombardeo *m.*, cañonazo *m.*, cañoneo *m.*
▶砲撃する bombardear,（大砲で）cañonear
ほうけん 封建
▶封建的な feudal
◪封建時代 época *f.* feudal
◪封建社会 sociedad *f.* feudal
◪封建主義 feudalismo *m.*
◪封建制度 feudalismo *m.*, sistema *m.* feudal
ほうげん 方言 dialecto *m.* ‖ 方言で話す hablar en dialecto ／ アンダルシア方言 dialecto *m.* andaluz
◪方言学 dialectología *f.*
◪方言学者 dialectólo*go*[*ga*] *mf.*
ほうげん 放言
▶放言する hablar sin reservas,《慣用》decir lo que se *le* viene a la boca,（不用意な発言をする）hablar inoportunamente
ぼうけん 冒険 aventura *f.* ‖ 命がけの冒険 aventura *f.* de vida o muerte
▶冒険的な aventura*do*[*da*], aventure*ro*[*ra*],（危険な）arriesga*do*[*da*]
▶冒険する aventurarse, arriesgarse, correr aventuras
◪冒険家 aventure*ro*[*ra*] *mf.*
◪冒険小説 novela *f.* de aventuras
◪冒険心 espíritu *m.* aventurero, alma *f.* aventurera
◪冒険談 ‖ 冒険談を語る contar *sus* aventuras
ぼうげん 暴言 blasfemia *f.*, palabra *f.* ofensiva ‖ 暴言を吐く decir blasfemias,《慣用》echar sapos y culebras
ほうこ 宝庫 tesoro *m.*, mina *f.*,《格式語》venero *m.* ‖ 天然資源の宝庫 mina *f.* de recursos naturales ／ 穀物の宝庫（土地）tierra *f.* rica en cereales ／ 野鳥の宝庫 paraíso *m.* de aves silvestres ／ 民話の宝庫 tesoro *m.* de cuentos populares ／ 知識の宝庫 [tesoro *m.* [mina *f.*] de conocimientos
ほうこう 方向 dirección *f.*, sentido *m.*, rumbo *m.* ‖ 方向を変える／方向を転換する cambiar de「dirección [rumbo], cambiar el rumbo ／ 方向を誤る equivocarse de dirección ／ 音のする方向を見る mirar hacia el lugar desde donde viene el ruido ／ 方向づける decidir la dirección, orientar ／ 矢印の方向へ en el sentido de la flecha ／ 私たちの事業は正しい方向に向かっている Nuestro negocio va por buen camino. ／ 私たちは当社が将来進むべき方向について明確な認識を持っています Tenemos certeza sobre el rumbo que debe tomar nuestra empresa en el futuro.
◪進行方向「sentido *m.* [dirección *f.*] de la marcha《de》
◪反対方向 ‖ 反対方向に en sentido contrario
◪方向音痴 ‖ 方向音痴である no tener sentido de la orientación, perderse fácilmente
◪方向感覚 sentido *m.* de la orientación
◪方向指示器 intermitente *m.*, indicador *m.* de dirección
◪方向舵 timón *m.* de dirección
◪方向探知器 detector *m.* de dirección,（電波の）radiogoniómetro *m.*
◪方向転換 cambio *m.* de dirección, viraje *m.*
ほうこう 放校 →たいがく（退学）
◪放校処分 ‖ その男子学生は放校処分になった Ese estudiante fue expulsado de la escuela.
ほうごう 縫合 sutura *f.*
▶縫合する suturar ‖ 傷口を縫合する suturar la herida
ぼうこう 暴行 violencia *f.*, agresión *f.* física, acto *m.* de violencia ‖ 暴行を働く emplear la violencia, cometer un acto de violencia
▶暴行する（強姦する）violar
◪集団暴行 violencia *f.* en grupo
◪婦女暴行 violación *f.*（de una mujer）
◪暴行未遂 intento *m.* de agresión física
ぼうこう 膀胱 vejiga *f.*（urinaria）
◪膀胱炎 cistitis *f.*[=*pl.*], inflamación *f.* de la vejiga（urinaria）
◪膀胱結石 litiasis *f.*[=*pl.*] vesical, cálculo *m.* vesical
ほうこうざい 芳香剤 ambientador *m.*
ほうこく 報告 informe *m.*, relato *m.*, reporte *m.*,（発表）ponencia *f.* ‖ 報告があります Tengo una noticia. ／ 報告を受ける recibir una「información [noticia] ／ 報告をまとめる preparar el informe
▶報告する informar a ALGUIEN《de, sobre》, relatar,《中南米》reportar ‖ 経過を報告する informar sobre el desarrollo《de》
◪最終報告 informe *m.* final
◪中間報告 informe *m.* provisional
◪年度報告 informe *m.* anual
◪報告者 informa*dor*[*dora*] *mf.*,（発表者）ponente *com.*
◪報告書 informe *m.* ‖ 報告書を書く redactar un informe ／ 報告書を提出する presentar un informe
ぼうさい 防災 prevención *f.* de desastres
◪防災訓練 simulación *f.* de desastres

◪防災施設 instalaciones *fpl.* contra desastres
◪防災対策 medidas *fpl.* preventivas contra desastres
◪防災対策重点地域（EPZ）（原子力事故の）zona *f.* de planificación de emergencias

ほうさく　方策 remedio *m.*, recurso *m.*, (対策) medidas *fpl.* →たいさく(対策)

ほうさく　豊作 buena cosecha *f.*‖今年は豊作が期待されている Este año se espera una buena cosecha.

ぼうさつ　忙殺‖仕事に忙殺される estar muy ocupa*do*[*da*] con el trabajo,《慣用》「andar [ir] de cabeza」

ほうさん　硼酸 ácido *m.* bórico
◪硼酸水 agua *f.* boricada, solución *f.* acuosa de ácido bórico

ほうし　奉仕 servicio *m.*
▶奉仕する servir, prestar servicio‖社会に奉仕する servir a la sociedad／神に奉仕する servir a Dios
◪勤労奉仕 servicio *m.* de trabajo gratuito
◪奉仕価格 precio *m.* rebajado
◪奉仕活動 trabajo *m.* de voluntariado social
◪奉仕品 artículo *m.* de oferta

ほうし　胞子 espora *f.*
◪胞子植物（隠花植物）planta *f.* criptógama
◪胞子嚢 esporangio *m.*

ほうじ　法事 ceremonia *f.* budista en memoria「del difunto [de la difunta]」‖法事を営む efectuar una ceremonia en memoria「del difunto [de la difunta]」

ぼうし　防止 prevención *f.*
▶防止する prevenir‖青少年犯罪を防止する prevenir la delincuencia juvenil／交通事故を防止する prevenir accidentes de tráfico
◪犯罪防止 prevención *f.* de「la delincuencia [delitos]」
◪防止策 medida *f.* preventiva《contra》

ぼうし　帽子 sombrero *m.*,（ひさし付き）gorra *f.*,（縁なし）gorro *m.*‖帽子をかぶる ponerse un sombrero／帽子をとる quitarse el sombrero
◪帽子掛け percha *f.*（para sombreros）
◪帽子屋 sombrerería *f.*,（人）sombrere*ro*[*ra*] *mf.*

帽子

カンカン帽 canotier *m.*／キャップ gorro *m.*／シルクハット sombrero *m.* de copa (alta)／山高帽 sombrero *m.* hongo, bombín *m.*／中折れ帽／ソフト《イタリア語》borsalino *m.*／トルコ帽 fez *m.*／パナマ帽 panamá *m.*, jipijapa *m.*, sombrero *m.* de jipijapa／チロリアンハット sombrero *m.* tirolés／三角帽子 tricornio *m.*／ベレー帽 boina *f.*／麦わら帽 sombrero *m.* de paja／目出し帽 pasamontañas *m.*[=*pl.*]／カウボーイハット sombrero *m.* de vaquero／コック帽 sombrero *m.* de chef／闘牛士帽 montera *f.*／野球帽 gorra *f.* de béisbol／水泳帽 gorro *m.* de piscina

ほうしき　方式 método *m.*, sistema *m.*, forma *f.*‖いろいろな方式 diversos métodos *mpl.*／新しい方式を採用する adoptar un método nuevo／方式を変える cambiar de「método [sistema]」／方式に従う seguir un「método [sistema]」／日本とスペインではカラーテレビの方式が異なる Japón y España utilizan diferentes sistemas de televisión en color.／太陽エネルギーを利用するにはいくつか方式がある Hay varios métodos para utilizar la energía solar.

ほうじちゃ　焙じ茶 té *m.* verde tostado

ぼうしつざい　防湿剤 desecante *m.*

ほうしゃ　放射 emisión *f.*,（輻射）radiación *f.*
▶放射状（の）radial‖放射状道路網 red *f.* radial de carreteras
▶放射する emitir, radiar
◪放射熱 calor *m.* radiante
◪放射冷却 enfriamiento *m.*「por radiación [radiactivo]」

ぼうじゃくぶじん　傍若無人
▶傍若無人な（横柄な）insolente,（無遠慮な）indiscre*to*[*ta*],（無礼な）irrespetuo*so*[*sa*],（傲慢な）arrogante‖傍若無人な態度 actitud *f.* insolente, insolencia *f.*
▶傍若無人に indiscretamente‖傍若無人にふるまう comportarse egoístamente

ほうしゃせい　放射性
▶放射性の radiacti*vo*[*va*]
◪放射性元素 elemento *m.*（químico）radiactivo
◪放射性降下物 cenizas *fpl.* radiactivas
◪放射性同位元素 radioisótopo *m.*
◪放射性廃棄物 residuos *mpl.*「radiactivos [nucleares]」
◪放射性物質 sustancia *f.* radiactiva

ほうしゃせん　放射線 radiación *f.*, rayos *mpl.* radiactivos
◪電磁放射線 radiación *f.* electromagnética
◪放射線医学 radiología *f.*
◪放射線科医 radiólo*go*[*ga*] *mf.*
◪放射線技師 técni*co*[*ca*] *mf.* en radiología
◪放射線障害 daño *m.* causado por radiación
◪放射線治療医 radioterapeuta *com.*
◪放射線療法 radioterapia *f.*

ほうしゃのう　放射能 radi(o)actividad *f.*‖放射能を浴びる exponerse a la radi(o)activi-

dad
- 残留放射能 radi(o)actividad *f.* residual
- 放射能雨 lluvia *f.* radiactiva
- 放射能汚染 contaminación *f.* radiactiva
- 放射能汚染物質 contaminante *m.* radiactivo
- 放射能障害 daño *m.* causado por la radi(o)actividad
- 放射能測定器 detector *m.* de radi(o)actividad
- 放射能漏れ escape *m.* radiactivo, fuga *f.* radiactiva

ぼうじゅ 傍受 intercep(ta)ción *f.*
▶傍受する interceptar ‖ 無線を傍受する interceptar una comunicación radiotelegráfica／電話を傍受する interceptar una comunicación telefónica

ほうしゅう 報酬 remuneración *f.*, retribución *f.*, (謝礼) honorarios *mpl.*, (報い) recompensa *f.* ‖ 努力に対する報酬 recompensa *f.* por el esfuerzo／無報酬で sin「remuneración [retribución, recompensa]／報酬を支払う remunerar, retribuir, pagar una「remuneración [retribución]／報酬を出す ofrecer una recompensa／報酬を得る obtener una「remuneración [retribución]／報酬を受ける recibir una「retribución, recompensa]／報酬を期待する esperar una recompensa／その従業員(男性)は適正な報酬をもらっていないと苦情を言った El empleado se quejó de que no recibía una remuneración justa.

ほうじゅう 放縦 libertinaje *m.*
▶放縦な libertino[na]

ぼうしゅうざい 防臭剤 desodorante *m.*
ぼうしゅく 防縮 《繊維》 sanforización *f.*
▶防縮する sanforizar

ほうしゅつ 放出 (熱・光の) emisión *f.*
▶放出する (熱・光を) emitir, (譲渡する) traspasar, transferir ‖ 大気中に放射性物質を放出する emitir sustancias radiactivas a la atmósfera／他チームへ選手を放出する「traspasar [transferir] a *un*[*una*] juga*dor*[*dora*] a otro equipo

ほうじゅん 芳醇
▶芳醇な sabro*so*[*sa*] ‖ 芳醇なワイン vino *m.* añejo

ほうじょ 幇助 auxilio *m.*, ayuda *f.* ‖ 自殺幇助は犯罪である Ayudar al suicidio es un delito.

ほうしょう 放縦 ⇒ほうじゅう
ほうしょう 報奨
- 報奨金 incentivo *m.*, prima *f.* ‖ 報奨金を出す dar un incentivo 《a》

ほうじょう 豊饒
▶豊饒な fértil, fecun*do*[*da*], producti*vo*[*va*] ‖ 豊饒な土地 tierra *f.*「fértil [fecunda]

ほうしょく 飽食 exceso *m.* en la comida, (大食) gula *f.*
▶飽食する comer en exceso, comer hasta la saciedad, hartarse de comer

ほうじる 報じる anunciar, informar ‖ その贈収賄事件はテレビニュースで報じられた El telediario informó sobre el escándalo de cohecho.

ほうしん 方針 línea *f.*, (目標) objetivo *m.*, (政策) política *f.*, (原則) principio *m.* ‖ 会の方針 (政策) política *f.* de una asociación, (原則) principios *mpl.* de una asociación／方針を立てる establecer los objetivos／方針を変える cambiar la política, cambiar de política／方針を貫く persistir en un objetivo／方針を誤る equivocarse en la política／党の方針に従う seguir la línea del partido／方針に掲げる tomar ALGO como objetivo
- 教育方針 política *f.* educativa, (原則) principios *mpl.* educativos
- 行動方針 ‖ 行動方針を決める adoptar una línea de conducta

ほうしん 放心
▶放心する distraerse
▶放心している estar distraí*do*[*da*]

ほうしん 疱疹 herpes *m.*[=*pl.*]
- 帯状疱疹 herpes *m.*[=*pl.*] zóster

ほうじん 邦人 japon*és*[*nesa*] *mf.*
- 在留邦人 japon*és*[*nesa*] *mf.* residente en el extranjero

ほうじん 法人 persona *f.* jurídica
- 法人税 impuesto *m.* sobre sociedades

法人

学校法人 fundación *f.* educacional／公益法人 entidad *f.* pública sin ánimo de lucro／財団法人 fundación *f.*／社団法人 sociedad *f.* civil con personalidad jurídica／宗教法人 fundación *f.* religiosa, asociación *f.* religiosa con personalidad jurídica／特殊法人 corporación *f.* pública dependiente del gobierno／独立行政法人 institución *f.* administrativa independiente／非営利法人 persona *f.* jurídica sin fines de lucro

---

ぼうず 坊主 bonzo *m.*; (男児) 《話》 chaval *m.*
［諺］坊主憎けりゃ袈裟まで憎い Si no te cae bien el bonzo, no te gusta ni su ropa. ¦ (説明訳) odiar todo lo que pertenece a una persona a la que se desprecia
- 坊主頭 cabeza *f.*「rapada [pelada]‖坊主頭の con la cabeza rapada

ほうすい 放水
▶放水する disparar agua; (川の水などを) dar salida al agua

■放水車 vehículo *m.* autobomba, autobomba *f(m).*
■放水路 canal *m.* de evacuación, canal *m.* contra inundaciones

ぼうすい 防水 impermeabilización *f.*
▶防水の impermeable, a prueba de agua
▶防水する impermeabilizar
■防水加工 impermeabilización *f.* ‖ 防水加工する impermeabilizar
■防水剤 impermeabilizante *m.*
■防水性 impermeabilidad *f.*
■防水時計 reloj *m.* 「sumergible [a prueba de agua]
■防水扉 puerta *f.* de protección contra inundaciones

ぼうせい 法制 legislación *f.*
■内閣法制局 Oficina *f.* Legislativa del Gabinete
■法制改革 reforma *f.* legislativa

ぼうせい 暴政 tiranía *f.* ‖ 暴政に苦しむ sufrir por tiranía

ほうせき 宝石 joya *f.*, piedra *f.* preciosa, gema *f.*, alhaja *f.* ‖ 宝石を贈る regalar una joya／宝石を身につける llevar una joya
■宝石商/宝石職人 joyer*o*[*ra*] *mf.*
■宝石店 joyería *f.*
■宝石泥棒 la*drón*[*drona*] *mf.* de joyas
■宝石箱 joyero *m.*

ぼうせき 紡績 hilado *m.*, hilandería *f.*
■紡績会社 compañía *f.* de hilados
■紡績機 hiladora *f.*, máquina *f.* de hilar
■紡績業 industria *f.* de hilados
■紡績工場 hilandería *f.*, fábrica *f.* de hilados

ぼうせつ 防雪 protección *f.* contra la nieve
■防雪林 arboleda *f.* de protección contra la nieve

ぼうせん 防戦 lucha *f.* defensiva, combate *m.* defensivo
▶防戦する defenderse, 「luchar [combatir] a la defensiva, sostener una lucha defensiva

ぼうせん 傍線 （縦線）「línea *f.* [raya *f.*] vertical, （下線）subrayado *m.* ‖ 傍線を引く（文字の横に）trazar una línea vertical,（文字の下に）subrayar

ぼうぜん 呆然/茫然
▶ぼう然と atontadamente ‖ ぼう然として atont*ado*[*da*], aturd*ido*[*da*]／ぼう然と立ちつくす permanecer de pie atont*ado*[*da*]／辞任するという彼の決断に誰もがぼう然とした Su decisión de dimitir dejó atónitos a todos.
■呆然自失 ‖ 呆然自失する atontarse, aturdirse, quedarse 「at*ónito*[*ta*] [boquiabier*to*[*ta*], estupefac*to*[*ta*]]

ほうせんか 鳳仙花 alegría *f.*, balsamina *f.*

ほうそ 硼素 《化学》boro *m.*《記号 B》
ほうそう 包装 envoltura *f.*,（梱包）embalaje *m.*
▶包装する envolver,（梱包する）embalar
■包装紙 papel *m.* de embalaje, envoltura *f.*, envoltorio *m.*

ほうそう 放送 emisión *f.*, transmisión *f.*, difusión *f.*,（ラジオ）radiodifusión *f.*,（テレビ）teledifusión *f.*, retransmisión *f.*
▶放送する emitir, transmitir,（ラジオで）radiar, radiodifundir,（テレビで）televisar, emitir por televisión ‖ 番組を放送する poner en antena un programa
■放送衛星 satélite *m.* de transmisión
■放送記者 reporter*o*[*ra*] *mf.*, periodista *com.*
■放送局 emisora *f.*, estación *f.* emisora
■放送劇 radioteatro *m.*, radiodrama *m.*, radionovela *f.*
■放送時間 horas *fpl.* de transmisión
■放送室 「estudio *m.* [sala *f.*] de emisión
■放送大学 Universidad *f.* de Educación a Distancia de Japón
■放送番組 programa *m.* de emisión
■放送妨害 impedimento *m.* de transmisión
■放送網 red *f.* de transmisión

放送

放送方式
テレビ放送 teledifusión *f.*／ラジオ放送 radiodifusión *f.*／AM放送 transmisión *f.* 「de radio AM [en amplitud modulada]／FM放送 transmisión *f.* FM／短波放送 radiodifusión *f.* en onda corta／衛星放送 emisión *f.* vía satélite／衛星デジタル放送 transmisión *f.* digital vía satélite／デジタル放送 emisión *f.* digital／地上デジタルテレビ放送 televisión *f.* digital terrestre／アナログ放送 transmisión *f.* analógica／有線放送 「emisión *f.* [difusión *f.*] por cable／ステレオ放送 emisión *f.* en estéreo

放送事業・活動
国営放送 emisión *f.* estatal／民間放送 emisión *f.* privada／公共放送 「radiodifusión *f.* [radiotelevisión *f.*] pública／国際放送 emisión *f.* internacional／全国放送 emisión *f.* nacional／ローカル放送 emisión *f.* local／中継放送 transmisión *f.*, retransmisión *f.*／生放送/実況放送 transmisión *f.* en directo／再放送 retransmisión *f.*, reposición *f.*／二か国語放送/音声多重放送（SAP）segundo programa *m.* de audio／深夜放送 emisión *f.* de 「medianoche [trasnoche]／校内放送 radio *f.* escolar／店内放送 megafonía *f.*

interna (de un establecimiento comercial) ／ 政見放送 programa *m*. político

ぼうそう 暴走
▶暴走する conducir con temeridad, (行動が) comportarse sin reflexión
■暴走族 banda *f*. de motoristas que conducen con temeridad
ほうそうかい 法曹界 mundo *m*. jurídico
ほうそく 法則 ley *f*., regla *f*. ‖ 自然界の法則 ley *f*. de la naturaleza ／ 万有引力の法則 ley *f*. de la gravitación universal ／ 法則に従う「seguir [obedecer a] una ley ／ 一定の法則に従う obedecer a una ley constante
▶法則性 ‖ 法則性がある tener una regularidad
ほうたい 包帯 venda *f*., 《集合名詞》vendaje *m*. ‖ 包帯を替える cambiar「la venda [el vendaje] ／ 包帯を外す quitar「la venda [el vendaje]《a》, desvendar ／ 包帯で巻く cubrir con una venda
▶包帯をする/包帯を巻く vendar, poner una venda ‖ (自分で)手首に包帯を巻く ponerse una venda en la muñeca, vendarse la muñeca ／ 看護師(女性)が私の足首に包帯を巻いてくれた La enfermera me ha vendado el tobillo.
ほうだい 放題 ‖ 食べ放題 (バイキング) bufé *m*. libre ／ 家を荒れ放題にする descuidar la casa ／ 彼女はいつもしたい放題のことをする Ella siempre hace lo que le da la gana.
ぼうだい 膨大
▶膨大な enorme, inmen*so*[*sa*] ‖ 膨大な資料 una「enorme [gran] cantidad de datos ／ 膨大な時間 una infinidad de tiempo
ぼうたかとび 棒高跳び salto *m*. de pértiga ‖ 棒高跳びの選手 salta*dor*[*dora*] *mf*. de pértiga, pertiguista *com*.
ぼうだち 棒立ち
▶棒立ちになる (驚いて) quedar inmóvil, inmovilizarse
ぼうだん 防弾
▶防弾の antibalas, a prueba de balas
■防弾ガラス「vidrio *m*. [cristal *m*.] blindado
■防弾チョッキ chaleco *m*. antibalas
ほうち 放置
▶放置する dejar, abandonar ‖ 問題を放置する aparcar un problema ／ 病人を放置する desatender a un enfermo, 《中南米》desatender a un enfer*mo*[*ma*]
■放置自転車 bicicleta *f*. abandonada ‖ 放置自転車問題 problema *m*. de las bicicletas abandonadas
ほうちこく 法治国 estado *m*. de derecho
ぼうちゅう 傍注 nota *f*. marginal
ぼうちゅうざい 防虫剤 antipolilla *m*., (ナフタリンの) bola *f*. de naftalina, (虫よけ) repelente *m*. de insectos

ほうちょう 包丁/庖丁 cuchillo *m*. de cocina ‖ 包丁を研ぐ afilar un cuchillo ／ この包丁はよく切れる Este cuchillo de cocina corta bien.
ぼうちょう 傍聴
▶傍聴する asistir《a》, presenciar ‖ 裁判を傍聴する asistir a una audiencia, presenciar un juicio ／ 国会を傍聴する asistir a una sesión parlamentaria
■傍聴券 entrada *f*. para una audiencia
■傍聴席 tribuna *f*. del público
■傍聴人 oyente *com*., 《集合名詞》auditorio *m*.
ぼうちょう 膨張 dilatación *f*., expansión *f*., aumento *m*.
▶膨張する dilatarse, expansionarse, aumentar
■膨張率 coeficiente *m*. de dilatación
ほうっておく 放って置く (人を) dejar tranqui*lo*[*la*]《a》‖ 放っておいてください、集中しようとしているんです ¡Déjeme en paz! Estoy intentando concentrarme. ／ 仕事を中途で放っておく dejar el trabajo a medias
ぼうっと ‖ ぼうっとかすんで見える verse borro*so*[*sa*] ／ ぼうっと燃え上がる inflamarse
▶ぼうっとする (ぼんやりする) distraerse, 《慣用》《話》pensar en las musarañas → ぼんやり
ぽうっと ‖ ぽうっと顔を赤くする ruborizarse, sonrojarse
▶ぽうっとなる (ぼんやりする) atontarse, (うっとりする) embelesarse
ほうてい 法定
▶法定の legal
■法定貨幣/法定通貨 moneda *f*. de curso legal, moneda *f*.「legal [de ley]
■法定金利 interés *m*. legal
■法定相続人 herede*ro*[*ra*] *mf*. legal, suce*sor*[*sora*] *mf*. legal
■法定速度 velocidad *f*. legal
■法定代理人 procura*dor*[*dora*] *mf*., (未成年者などの) cura*dor*[*dora*] *mf*.
■法定伝染病 enfermedad *f*. declarada por ley como contagiosa
ほうてい 法廷 tribunal *m*. (de justicia) ‖ 法廷で争う llegar a juicio
■法廷侮辱罪 desacato *m*. al tribunal
ほうていしき 方程式 ecuación *f*. ‖ 方程式を立てる hacer una ecuación ／ 方程式を解く resolver una ecuación
■二次方程式 ecuación *f*. de segundo grado
■連立方程式 sistema *m*. de ecuaciones
ほうてき 法的
▶法的な legal
■法的整理 (倒産の) liquidación *f*. de la quiebra
■法的措置 medida *f*. legal ‖ 法的措置をとる

tomar medidas legales
◾法的手段‖法的手段に訴える recurrir a los medios legales

ほうでん 放電　descarga *f.* eléctrica
▶放電する descargarse, emitir una descarga eléctrica
◾空中放電 descarga *f.* atmosférica
◾真空放電 descarga *f.* en vacío
◾放電管 tubo *m.* de descarga

ぼうと 暴徒　amotina*do*[*da*] *mf.*, sedicio*so*[*sa*] *mf.*, rebelde *com.* ‖ デモ隊は暴徒と化した Los manifestantes se convirtieron en rebeldes.

ほうとう 放蕩
◾放蕩者 pródi*go*[*ga*] *mf.*
◾放蕩息子 hijo *m.* pródigo

ほうどう 報道　información *f.*, noticia *f.* ‖ テレビの報道 información *f.* televisiva ／ 報道の自由 libertad *f.* de prensa ／ ラジオの報道によれば según informaciones de la radio
▶報道する informar a ALGUIEN 《de, sobre》, anunciar
◾報道官 portavoz *com.*, secreta*rio*[*ria*] *mf.* de prensa
◾報道関係者 prensa *f.*
◾報道管制/報道規制 control *m.* de la información
◾報道機関 medios *mpl.* [de información [informativos]
◾報道記者 reporte*ro*[*ra*] *mf.*, periodista *com.*
◾報道局 departamento *m.* de servicios informativos
◾報道写真 fotografía *f.* periodística
◾報道写真家 fotoperiodista *com.*
◾報道陣 prensa *f.* ‖ 報道陣に囲まれる ser asedia*do*[*da*] por la prensa
◾報道番組 programa *m.* informativo

ぼうとう 冒頭　principio *m.*, inicio *m.* ‖ 本の冒頭で al inicio de un libro
◾冒頭陳述 declaración *f.* de apertura

ぼうとう 暴投
▶暴投する lanzar mal la pelota

ぼうとう 暴騰　subida *f.* [vertiginosa [repentina]
▶暴騰する subir [vertiginosamente [drásticamente], experimentar una subida repentina ‖ 先週小麦の価格が暴騰した El precio del trigo se disparó la semana pasada.

ぼうどう 暴動　revuelta *f.*, motín *m.*, sedición *f.*, disturbios *mpl.* ‖ 暴動が起こる estallar [*una revuelta* [*un motín*] ／ 暴動が鎮まる calmarse *una revuelta* ／ 暴動を抑える [sofocar [reprimir] una revuelta, reprimir una sedición ／ 暴動を煽る promover [una revuelta [un motín, una sedición]

ぼうとく 冒瀆　profanación *f.*, sacrilegio *m.*, blasfemia *f.*

▶冒瀆する profanar, blasfemar 《contra》‖ 神を冒瀆する blasfemar contra Dios

ぼうどくマスク 防毒マスク　「máscara *f.* [careta *f.*] antigás

ほうにち 訪日
▶訪日する visitar Japón, [hacer [realizar] una visita a Japón

ほうにん 放任
▶放任する dejar a ALGUIEN hacer lo que quiera, no intervenir
◾放任主義‖放任主義の教育 educación *f.* liberal

ほうねつ 放熱
▶放熱する emitir calor
◾放熱器 radiador *m.*

ほうねん 豊年　año *m.* de [buena cosecha [cosecha abundante]

ぼうねんかい 忘年会　fiesta *f.* de fin de año

ぼうはつ 暴発　disparo *m.* accidental
▶暴発する dispararse accidentalmente ‖ 私のライフル銃が暴発した El fusil se me disparó accidentalmente.

ぼうはてい 防波堤　rompeolas *m.*[=*pl.*], malecón *m.*, dique *m.*

ぼうはん 防犯　prevención *f.* de delitos
◾防犯カメラ cámara *f.* de [seguridad [vigilancia]
◾防犯チェーン cadena *f.* antirrobo
◾防犯灯 farol *m.* de seguridad
◾防犯ベル/防犯警報 alarma *f.* antirrobo

ほうび 褒美　premio *m.*, recompensa *f.*, galardón *m.* ‖ 褒美を与える dar [un premio [una recompensa, un galardón]《a》／ 褒美をもらう recibir [un premio [una recompensa, un galardón]
▶褒美として en recompensa 《de》

ぼうび 防備　defensa *f.*, fortificación *f.* ‖ 防備を固める consolidar la defensa 《de》
▶防備する defender, (町などを) fortificar

ぼうびき 棒引き　condonación *f.*
▶棒引きする condonar ‖ 借金を棒引きする condonar una deuda

ほうふ 抱負　(希望) esperanza *f.*, aspiración *f.*; (野望) ambición *f.*, pretensión *f.*; (計画) plan *m.* ‖ 今年の抱負を語る hablar de *su* plan para este año

ほうふ 豊富
▶豊富だ/豊富である‖経験が豊富である tener mucha experiencia ／ 話題が豊富である tener muchos temas de conversación ／ この店は商品が豊富だ Esta tienda tiene una gran variedad de artículos. ／ 彼女は歴史の知識が豊富だ Ella tiene un amplio conocimiento de la historia.
▶豊富な abundante, ri*co*[*ca*] ‖ ビタミンが豊富な ri*co*[*ca*] en vitaminas ／ 鉱物資源が豊富な国 país *m.* abundante en recursos

minerales／栄養が豊富な食品 alimento *m*. muy nutritivo
▶豊富に abundantemente, en abundancia ‖1年中果物が豊富にある Hay abundancia de frutas durante todo el año.／知識を豊富にする enriquecer el conocimiento《de》／闘牛に関する本を豊富に集めた図書館 biblioteca *f*. con una abundante colección de libros sobre la lidia

ぼうふう 暴風 tormenta *f*., tempestad *f*., huracán *m*.
◨暴風雨 temporal *m*. de lluvia y viento
◨暴風警報 ‖ 暴風警報を出す「declarar [decretar] la alarma de tormenta
◨暴風圏「área *f*. [zona *f*.] de tormenta

ぼうふうりん 防風林 barrera *f*. de árboles contra el viento

ほうふく 法服 （裁判官の）toga *f*., （僧侶の）vestiduras *fpl*.

ほうふく 報復 venganza *f*., represalia *f*.
▶報復する tomar represalias《contra》, represaliar, vengarse《de》‖その国はいかなる制裁にも同じ措置で報復するだろうと言明した Ese país declaró que respondería con las mismas medidas a cualquier sanción.
◨報復関税 arancel *m*. de represalia
◨報復措置 medidas *fpl*. [vengativas [de represalia] ‖ 報復措置に出る tomar medidas de represalia

ほうふくぜっとう 抱腹絶倒
▶抱腹絶倒する「morirse [troncharse, retorcerse] de risa

ぼうふざい 防腐剤 conservante *m*.
◨工業用防腐剤 conservante *m*. industrial
◨食品防腐剤 conservante *m*.

ほうふつ 彷彿/髣髴
▶彷彿とさせる recordar, evocar ‖ この時計は亡き父を彷彿とさせる Este reloj me recuerda a mi difunto padre.

ほうぶつせん 放物線 parábola *f*. ‖ 放物線を描く trazar una parábola
▶放物線状の parabólico[ca]
◨放物線軌道 ‖ 放物線軌道を描く describir una trayectoria parabólica

ぼうふら 子子 larva *f*. de mosquito

ぼうへき 防壁 barrera *f*.

ほうべん 方便 medio *m*., recurso *m*.
［諺］嘘も方便 A veces es necesario mentir. ｜《諺》El fin justifica los medios.

ほうほう 方法 （方式）método *m*., （やり方）modo *m*., manera *f*., （手段）medio *m*., （手順）procedimiento *m*. ‖ 身を守る方法 medio *m*. para protegerse／有効な方法をとる adoptar un medio eficaz／方法を用いる「emplear [utilizar] un método／方法を考える「pensar [inventar] un método／方法を試す probar「un método [un medio]／特別な方法で con un método especial／何かよ りよい方法はないものか A ver si hay algún método mejor.／外国語習得の最良の方法は何ですか ¿Cuál es el mejor método para aprender una lengua extranjera?
◨方法論 metodología *f*.

ほうぼう 方方 （至る所に）por todas partes, （あちこちに）aquí y allá ‖ 方々歩き回る andar por todas partes／方々捜す buscar por todas partes
▶方々に「方々にいる estar「en [por] todas partes／方々に吹聴する《慣用》pregonar ALGO a los cuatro vientos

ぼうぼう 茫茫
▶茫々と ‖ 髪をぼうぼうに伸ばしている「tener [llevar] el pelo muy crecido／庭には雑草がぼうぼうと生い茂っている La maleza está muy crecida en el jardín.

ほうほうのてい 這う這うの体
▶ほうほうの体で a duras penas ‖ ほうほうの体で逃げる「huir [escaparse] a duras penas

ほうぼく 放牧 pastoreo *m*.
▶放牧する pastorear
◨放牧地 pastos *mpl*.

ほうまん 放漫
▶放漫な（怠慢な）negligente,（無責任な）irresponsable
◨放漫経営「gestión *f*. [administración *f*.] negligente
◨放漫財政 finanzas *fpl*. irresponsables, negligencia *f*. financiera

ほうまん 豊満
▶豊満な exuberante, opulen*to*[*ta*] ‖ 豊満な肉体 cuerpo *m*. exuberante

ほうむ 法務
◨法務省 Ministerio *m*. de Justicia
◨法務大臣 minis*tro*[*tra*] *mf*. de Justicia

ほうむる 葬る （埋葬する）enterrar, sepultar, dar sepultura《a》‖ 遺体を墓に葬る enterrar los restos mortales en el cementerio／故人(男性)の遺骨を海に葬る depositar las cenizas de un difunto en el mar／世間から葬られる ser olvida*do*[*da*] por la sociedad
［慣用］闇に葬る ‖ スキャンダルを闇に葬る《慣用》echar tierra sobre un escándalo

ぼうめい 亡命 exilio *m*., expatriación *f*.
▶亡命する exiliarse《en, a》, expatriarse, refugiarse《en》
◨亡命政治 asilo *m*. político ‖ 政治亡命を求める「pedir [solicitar] asilo político《a》／政治亡命を許可する conceder asilo político《a》
◨政治亡命者 refugia*do*[*da*] *mf*. políti*co*[*ca*]
◨亡命者 exilia*do*[*da*] *mf*., expatria*do*[*da*] *mf*.
◨亡命政府 gobierno *m*. en el exilio

ほうめん 方面 （地域）área *f*.;（分野）campo m.‖関西方面に en el área de Kansai／あらゆる方面から問題を分析する analizar un asunto desde todos los puntos de vista posibles／各方面の専門家が集まった Se reunieron los especialistas de cada campo.

ほうめん　放免　liberación f., puesta f. en libertad
▶放免する liberar, libertar, poner en libertad a ALGUIEN
◧無罪放免　absolución f.‖無罪放免になる salir absuelto[ta]

ほうもつ　宝物　tesoro m.
◧宝物殿　pabellón m. del tesoro

ほうもん　訪問　visita f.‖訪問を受ける「recibir [tener] una visita
▶訪問する visitar,「hacer [realizar] una visita《a》‖知人を訪問する visitar a un [una] conocido[da]／家を訪問する visitar la casa《de》／国を訪問する visitar un país
◧公式訪問　visita f. oficial‖首相(男性)は中国を公式訪問中である El primer ministro está de visita oficial en China.
◧表敬訪問　visita f. de cortesía
◧訪問介護　cuidado m. de enfermos a domicilio
◧訪問看護　asistencia f. médica a domicilio
◧訪問着　quimono m. de gala
◧訪問客/訪問者　visitante com., visita f.
◧訪問者名簿　lista f. de visitantes
◧訪問販売　venta f. a domicilio

ぼうや　坊や　niño m., hijo m.

ほうやく　邦訳　「traducción f. [versión f.] japonesa
▶邦訳する‖スペインの小説を邦訳する traducir una novela española al japonés

ほうよう　法要　⇒ほうじ(法事)

ほうよう　抱擁　abrazo m.
▶抱擁する abrazar, dar un abrazo《a》

ほうようりょく　包容力　generosidad f., 《格式語》magnanimidad f.
▶包容力のある‖包容力のある人 persona f.「generosa [magnánima], persona f. de mente amplia

ぼうよみ　棒読み
▶棒読みする leer ALGO con monotonía

ぼうらく　暴落　bajón m., caída f. brusca, bajada f.「abrupta [en picado],（大暴落）crac m.‖株価の暴落 bajón m. en la bolsa
▶暴落する「dar [sufrir, experimentar] un bajón, bajar「en picado [abruptamente]

ぼうり　暴利‖暴利をむさぼる sacar beneficios excesivos

ほうりあげる　放り上げる‖ボールを放り上げる lanzar una pelota hacia arriba

ほうりこむ　放り込む‖服を洗濯機に放り込む echar la ropa en la lavadora

ほうりだす　放り出す（外へ投げ出す）echar, arrojar,（放棄する）dejar, abandonar,（放置する）descuidar, desatender,（追い出す）echar fuera, expulsar‖仕事を途中で放り出す dejar el trabajo a medias／家族を放り出す「descuidar [desatender] a su familia

ほうりつ　法律　ley f., legislación f., derecho m.‖法律を守る「cumplir [acatar, respetar, guardar] la ley／法律を作る「hacer [elaborar] una ley／法律を定める/法律を制定する establecer una ley／法律を改める「enmendar [reformar] la ley／法律を破る「violar [incumplir] la ley／法律に違反する「infringir [vulnerar] la ley／法律に触れる「infringir [vulnerar] la ley／法律に照らして/法律に則って conforme a la ley／法律で禁じられている estar prohibido[da] por la ley
▶法律の/法律上の jurídico[ca]
◧法律違反　「infracción f. [violación f.] de la ley
◧法律家　jurista com., jurisperito[ta] mf., legista com.
◧法律顧問　asesor[sora] mf. jurídico[ca]
◧法律事務所　consultorio m. jurídico
◧法律制度　sistema m. jurídico
◧法律相談　asesoramiento m. jurídico
◧法律用語　términos mpl. jurídicos,（集合的に）terminología f. jurídica

ほうりなげる　放り投げる　tirar, arrojar, echar;（放棄する）dejar, abandonar

ぼうりゃく　謀略　trama f., conspiración f., complot m., maquinación f.‖謀略を巡らす「tejer [urdir] una trama

ほうりゅう　放流‖稚魚の放流 suelta f. de alevines
▶放流する（水を）dar salida al agua‖ダムの水を放流する liberar el agua de una presa／川にサケの稚魚を放流する soltar alevines de salmón en un río

ほうりょう　豊漁　pesca f. abundante

ぼうりょく　暴力　violencia f., fuerza f.‖音の暴力 violencia f. acústica／言葉の暴力 violencia f. verbal／暴力をふるう「hacer uso de [emplear] la violencia／暴力を加える ejercer la violencia／暴力を一掃する「acabar con [exterminar] la violencia／暴力を糾弾する condenar la violencia／暴力と闘う luchar contra la violencia／暴力に訴える「recurrir [apelar] a la violencia, recurrir a la fuerza／暴力に目をつぶる/暴力を黙認する cerrar los ojos ante la violencia／暴力は暴力を生む La violencia engendra violencia.
▶暴力的な violento[ta]
◧家庭内暴力　violencia f.「doméstica [intrafamiliar]
◧校内暴力　violencia f. escolar
◧暴力行為　acto m. de violencia
◧暴力シーン　escena f. de violencia
◧暴力団　mafia f.‖暴力団員 mafioso[sa]

mf. / 暴力団抗争「enfrentamiento *m*. [conflicto *m*.] entre las mafias
ボウリング bolos *mpl*.
▶ボウリングをする jugar a los bolos ‖ ボウリングをする人 juga*dor*[*dora*] *mf*. de bolos
◧ボウリング場 bolera *f*.
ほうる 放る/抛る （投げる）tirar, arrojar, lanzar; （途中でやめる）dejar, abandonar ‖ 石を放る tirar una piedra ／ ボールを放る「tirar [lanzar] una pelota
ほうれい 法令 legislación *f*., leyes *fpl*. y ordenanzas *fpl*., decreto *m*.
◧法令集 código *m*.
ぼうれい 亡霊 fantasma *m*., espectro *m*., aparición *f*.
ほうれつ 放列 （砲列）batería *f*. ‖ カメラの放列を敷く「poner [colocar] las cámaras en fila
ほうれんそう 菠薐草 espinaca *f*.
ほうろう 放浪 vagabundeo *m*.
▶放浪する vagabundear, errar
◧放浪者 persona *f*. errante, vagabun*do*[*da*] *mf*.
◧放浪癖 hábito *m*. de vagabundear
◧放浪生活 vida *f*.「errante [vagabunda]、（遊牧の）vida *f*. nómada ‖ 放浪生活を送る llevar una vida「errante [vagabunda, nómada]
ほうろう 琺瑯 esmalte *m*.
◧琺瑯引き ‖ 琺瑯引きの esmalta*do*[*da*] ／ 琺瑯引きにする esmaltar
ぼうろん 暴論 opinión *f*. extrema, disparate *m*. ‖ 暴論を吐く「soltar [decir] un disparate
ほうわ 飽和 saturación *f*.
▶飽和する saturarse
◧飽和脂肪 grasa *f*. saturada
◧飽和状態 ‖ デジカメ市場は飽和状態にある El mercado de cámaras digitales está saturado.
◧飽和点 punto *m*. de saturación
◧飽和溶液 solución *f*. saturada
ほえごえ 吠え声 （犬の）ladrido *m*., （遠吠え）aullido *m*., （猛獣の）rugido *m*.
ほえづら 吠え面
[慣用]吠え面をかく ‖ 後で吠え面をかくなよ [慣用]¡Me las vas a pagar!
ほえる 吠える/吼える ladrar, dar ladridos, （遠吠え）aullar, dar「aullidos [aúllos]‖ 犬が吠える El perro ladra. ／ ライオンが吠える El león ruge.
[諺]吠える犬は嚙みつかない《諺》Perro ladrador, poco mordedor.
ほお 頰 mejilla *f*., carrillo *m*. ‖ その女の子は頰を赤らめた A la niña se le encendieron las mejillas. ／ 頰がこけている tener las mejillas hundidas ／ 母親は赤ん坊に頰をすり寄せた La madre「acarició [rozó] la mejilla del bebé con la suya.
[慣用]頰が落ちるほどうまい（食べ物が）estar riquísi*mo*[*ma*],《慣用》estar para chuparse los dedos
[慣用]頰がゆるむ sonreír
[慣用]頰をふくらます「inflar [hinchar] las mejillas, （不満で）poner cara de enfado
◧頰ひげ （もみあげ）patilla *f*.
ボーイ camarero *m*., mozo *m*., （ホテルの）botones *m*.[=*pl*.]‖ ボーイを呼ぶ llamar al camarero
ボーイスカウト （活動）escultismo *m*., （人）explorador *m*., escultista *m*.,《英語》*boy scout m*.
ボーイフレンド （恋人）novio *m*., （男友達）amigo *m*.
ポーカー póquer *m*.
▶ポーカーをする jugar a póquer
◧ポーカーフェイス cara *f*. de póquer
ほおかぶり 頰被り
▶頰被りする cubrirse la cabeza con una toalla anudada a la barbilla; （知らぬふりをする）fingir ignorancia
ボーカル canto *m*., （人）vocalista *com*.
◧ボーカルグループ conjunto *m*. vocal
ボーキサイト bauxita *f*.
ボーク 《英語》《野球》*balk m*.
ポーク carne *f*.「de cerdo [porcina]
◧ポークカツレツ filete *m*. de cerdo rebozado
◧ポークソテー filete *m*. de cerdo salteado
ほおじろ 頰白 escribano *m*. cioide, （学名）*Emberiza cioides*
ホース manguera *f*. ‖ ホースで散水する regar con manguera
◧消火ホース manguera *f*. para incendios
ポーズ pose *f*.; （姿勢）postura *f*. ‖ ポーズをとる posar, adoptar una pose
ほおずき 酸漿/鬼灯 alquequenje *m*., （学名）*Physalis alkekengi*
ほおずり 頰擦り
▶頰擦りする「acariciar [rozar] la mejilla de ALGUIEN con la *suya*
ポーター mozo *m*. de equipajes, maletero *m*., （ホテルの）botones *m*.[=*pl*.]‖ ポーターを頼む solicitar el servicio de botones ／ ポーターを呼んでください Llame al botones, por favor.
◧ポーター料 comisión *f*. por el servicio de botones
ボーダーライン límite *m*., （境界線）línea *f*. de demarcación ‖ 合否のボーダーラインにいる estar en el límite entre el aprobado y el「suspenso [reprobado]
ボーダーレス
▶ボーダーレスの sin límites, sin fronteras
ポータブル
▶ポータブルの portátil

- ポータブルラジオ radio *f(m)*. portátil
- ポータブルスピーカー altavoz *m*. portátil

ポーチ （屋根つき玄関）porche *m*., pórtico *m*.;（小物入れ）neceser *m*.

ほおづえ 頬杖 ‖頬杖をつく apoyar la mejilla en la mano

ボート bote *m*., barca *f*. ‖ ボートを漕ぐ remar, bogar ／ ボートに乗る subir「al bote [a la barca]
- ボート漕ぎ（人）rem*ero[ra] mf*.
- ボートネック（服飾）「escote *m*. [cuello *m*.] barco
- ボートピープル refugiados *mpl*. que huyen en barco
- ボートレース regata *f*. de remo

ポートワイン vino *m*. de Oporto

ボーナス paga *f*. extra, extra *f*., prima *f*., gratificación *f*. ‖ボーナスがよい cobrar una buena paga extra ／ボーナスが低い cobrar una pequeña paga extra ／夏のボーナスが出た Me han pagado la paga extra de verano.

ほおばる 頬張る ‖食べ物を口いっぱいに頬張る tener la boca llena de comida, llenarse la boca de comida

ホープ （人）promesa *f*. ‖ 彼は音楽界のホープだ Él es una joven promesa en el mundo de la música.

ほおべに 頬紅 colorete *m*. ‖ 頬紅をつける 「ponerse [darse] colorete (en las mejillas)

ほおぼね 頬骨 pómulo *m*. ‖ 頬骨が高い con pómulos「salientes [altos, prominentes]

ホーム ❶（家）casa *f*.
- ホームグラウンド casa *f*.
- ホームコメディー comedia *f*. familiar
- ホームシアター cine *m*.「en casa [hogareño]
- ホームシック nostalgia *f*., añoranza *f*., morriña *f*. ‖ ホームシックにかかる echar de menos *su* casa, sentir「nostalgia [añoranza, morriña]
- ホームスチール《野球》robo *m*. de *home* ‖ ホームスチールする robarse el *home*
- ホームステイ alojamiento *m*. en familia ‖ ホームステイする vivir con una familia
- ホームセンター ferretería *f*.
- ホームチーム equipo *m*. local
- ホームドクター médico *com*. de「cabecera [familia]
- ホームドラマ「serie *f*. [serial *m*.] familiar
- ホームプレート《英語》《野球》*home m*. *plate*, plato *m*.
- ホームベース《英語》《野球》*home m*.
- ホームヘルパー cuid*ador[dora] mf*. de enfermos a domicilio
- ホームルーム reunión *f*. de la clase,（教室）aula *f*.

❷（駅の）andén *m*.

- 出発ホーム andén *m*. de salida
- 到着ホーム andén *m*. de llegada

ホームイン
▶ ホームインする《野球》「regresar [llegar] al *home*

ホームページ （ウェブページ）página *f*. web;（トップページ）página *f*. de inicio, portada *f*. ‖ ホームページを開設する abrir una página web ／ ホームページを作成する crear una página web ／ ホームページを公開する publicar una página web ／ ホームページにアクセスする acceder a una página web ／ 他のホームページにリンクする enlazar con otra(s) página(s) web ／ 最新情報については弊社のホームページをご覧ください Vea nuestra página web para conocer las últimas noticias.

ホームメイド
▶ ホームメイドの cas*ero[ra]*
- ホームメイドクッキー galleta *f*. casera

ホームレス （人）persona *f*. sin techo, sin techo *com*.[=*pl*.]
▶ ホームレスの sin「techo [hogar]

ボーリング （採掘などのための）perforación *f*., sondeo *m*.
▶ ボーリングする perforar

ホール sala *f*., salón *m*.;（ゴルフの）hoyo *m*.

ボール ❶（球）pelota *f*., balón *m*. ‖ ボールを投げる「lanzar [tirar] una pelota,「lanzar [tirar] un balón ／ ボールをパスする pasar el balón ／ ボールを蹴る dar una patada al balón

❷（料理の）bol *m*., cuenco *m*.

ポール （竿）pértiga *f*., vara *f*., palo *m*. largo;（旗の）asta *f*.;（棒高跳びの）pértiga *f*.;（路面電車の集電装置）trole *m*.

ホールインワン 《ゴルフ》hoyo *m*. en uno

ボールがみ ボール紙 cartón *m*.

ボールばこ ボール箱 caja *f*. de cartón

ボールベアリング cojinete *m*. de bolas

ボールペン bolígrafo *m*.

ほおん 保温
▶ 保温の térm*ico[ca]*
▶ 保温する mantener la temperatura ‖ 料理を保温する mantener caliente un plato
- 保温機能 función *f*. térmica
- 保温鍋 olla *f*. térmica

ほか 外/他 ❶（別の物・人）‖ ほかでは en otro lugar
▶ ほかの *otro[tra]*, demás ‖ ほかの時計を見せてください Enséñeme otro reloj. ／ ほかの人に聞いてください Pregúnteselo a otra persona.
▶ ほかに ‖ ほかに料金はかかりますか ¿Hay que pagar algo más? ／ ほかにご質問はありますか ¿Hay otra pregunta? ／ ほかに何かご提案はありませんか ¿No hay alguna otra

propuesta? ／その件についてはほかに選択肢はない Sobre ese asunto no hay otra opción.
▶ ❷ (〜以外)‖入札を撤回するほかない No hay más remedio que retirar la licitación.
▶ ほかは excepto, menos‖日曜のほかは毎日開店《掲示》Abierto todos los días excepto los domingos
❸ (〜に加えて)
▶ ほかに además《de》, aparte《de》‖スペイン語と英語のほかにアラビア語を話す hablar árabe además de español e inglés
[慣用] ほかでもない‖その決定はほかでもない部長(男性)が下した Esa decisión la tomó nada menos que el director del departamento.

ほかく 捕獲 captura *f*.
▶ 捕獲する capturar
◪ 捕獲高 volumen *m*. de captura

ぼかす 暈す difuminar, esfumar, desdibujar‖色をぼかす difuminar el color ／焦点をぼかす desenfocar ／背景をぼかす difuminar el fondo ／要点をぼかす eludir lo esencial《de》／話をぼかす no hablar claro,《慣用》andarse con rodeos ／問題をぼかす desenfocar la cuestión

ほかほか
▶ ほかほかの caliente‖ほかほかのご飯 arroz *m*. caliente

ぽかぽか
▶ ぽかぽかする acalorarse‖走ると体がぽかぽかする Me acalora correr.
▶ ぽかぽかした‖今日はぽかぽかした陽気です Hoy hace un calor agradable.

ほがらか 朗らか
▶ 朗らかさ jovialidad *f*.
▶ 朗らかな alegre, jovial‖朗らかな人 persona *f*. alegre ／朗らかな性格 carácter *m*.「alegre [jovial]
▶ 朗らかに alegremente, jovialmente‖朗らかにさえずる cantar alegremente ／朗らかに笑う reír alegremente

ほかん 保管
▶ 保管する guardar, custodiar, (倉庫に) almacenar‖購入の証拠として、領収書を保管してください Guarde el recibo como justificante de compra.
◪ 保管所 depósito *m*., (倉庫) almacén *m*.
◪ 保管者 deposita*rio*[*ria*] *mf*.
◪ 保管料金 (倉庫の) tarifa *f*. de almacenamiento, almacenaje *m*.

ほかん 補完
▶ 補完する complementar

ぽかん
▶ ぽかんとしている quedarse atonta*do*[*da*], estar distraí*do*[*da*]

ぼき 簿記 contabilidad *f*., teneduría *f*. de libros

◪ 商業簿記 contabilidad *f*.
◪ 簿記係 contable *com*., tene*dor*[*dora*] *mf*. de libros

ボギー 《英語》《ゴルフ》bogey *m*.

ほきゅう 補給 abastecimiento *m*., suministro *m*., repostaje *m*.
▶ 補給する abastecer a ALGUIEN《con, de》, suministrar, repostar‖燃料を補給する repostar combustible ／軍に食糧を補給する abastecer de víveres a un ejército ／汗で失われた塩分を補給する reponer las sales perdidas por el sudor
◪ 補給基地 base *f*. de「abastecimiento [suministro]
◪ 補給路 ruta *f*. de abastecimiento

ほきょう 補強 refuerzo *m*., consolidación *f*.
▶ 補強する reforzar, consolidar, afianzar
◪ 補強工作 maniobra *f*. de refuerzo
◪ 補強工事 obras *fpl*. de refuerzo‖アスファルト舗装の補強工事を行う「hacer [realizar] obras de refuerzo del firme asfáltico
◪ 補強材 material *m*. de refuerzo

ぼきん 募金 colecta *f*., recaudación *f*. de donativos, cuestación *f*., postulación *f*.‖募金を集める hacer una colecta, (街頭で) postular
◪ 街頭募金 colecta *f*. en la calle, postulación *f*.
◪ 募金運動 campaña *f*. de colecta
◪ 募金箱 [caja *f*. [bote *m*.] de la colecta

ほきんしゃ 保菌者 porta*dor*[*dora*] *mf*.
◪ 無症候性保菌者 porta*dor*[*dora*] *mf*. asintomáti*co*[*ca*]

ぼく 僕 → わたし(私)
▶ 僕は/僕が yo
▶ 僕に a mí, me

ほくい 北緯 latitud *f*. norte‖北緯40度に a 40 grados de latitud norte

ほくおう 北欧 Europa del Norte
▶ 北欧の(人) nórdi*co*[*ca*] (*mf*.)
◪ 北欧諸国 países *mpl*. nórdicos

ボクサー boxea*dor*[*dora*] *mf*.; (犬) bóxer *m*. (雄・雌)

ぼくし 牧師 pastor *m*. (protestante)

ぼくじゅう 墨汁 tinta *f*. china

ほくじょう 北上
▶ 北上する「avanzar [dirigirse, ir] hacia el norte‖台風が北上する El tifón avanza「hacia el [en dirección] norte.

ぼくじょう 牧場 granja *f*., prado *m*.‖牧場を経営する administrar una granja
◪ 牧場主 granje*ro*[*ra*]*mf*., ganade*ro*[*ra*] *mf*.

ボクシング boxeo *m*.
▶ ボクシングをする boxear, practicar el boxeo
◪ ボクシングジム gimnasio *m*. de boxeo

╭─ ボクシング ─╮

プロボクシング boxeo *m*. profesional／アマチュアボクシング boxeo *m*. aficionado

階級

階級 categoría *f*.／ウエート peso *m*.／ヘビー級 peso *m*. pesado／ミドル級 peso *m*.「medio [mediano]／ウエルター級 peso *m*. wélter／ライト級 peso *m*. ligero／フェザー級 peso *m*. pluma／バンタム級 peso *m*. gallo／フライ級 peso *m*. mosca

試合

ボクシングの試合 combate *m*. de boxeo／ラウンド asalto *m*.／リング cuadrilátero *m*.,《英語》*ring m*.／ボクサー boxea*dor*[*dora*] *mf*.／レフェリー árbi*tro* [*tra*] *mf*.／セコンド segundo *m*.／KO（ノックアウト）nocaut *m*.／TKO（テクニカルノックアウト）nocaut *m*. técnico／判定勝ち victoria *f*. por decisión／カウント conteo *m*.／ギブアップする tirar la toalla／パンチ cachetada *f*.／ヘッドギア protector *m*. de cabeza／グローブ guantes *mpl*. (de boxeo)／マウスピース protector *m*. bucal

パンチの種類

フック gancho *m*.／ジャブ golpe *m*. rápido／ストレート directo *m*.／カウンターブロー contragolpe *m*.／ボディーブロー golpe *m*. al torso

ほぐす 解す deshacer, desenredar,（糸を）deshilar, deshilachar ‖ 魚の身をほぐす desmenuzar el pescado／糸のもつれをほぐす desenredar un hilo／筋肉をほぐす「relajar [desentumecer] los músculos／緊張をほぐす「liberar [soltar, relajar] la tensión,（リラックスする）relajarse／揉みほぐす（凝りなどを）dar masajes, masajear

ほくせい 北西 noroeste *m*.（略 NO）⇒ほうい（方位）

ぼくそう 牧草 hierba *f*., pasto *m*. ‖ 牧草を食べる pacer, pastar／牧草を食べさせる apacentar, dar pasto《a》
◧牧草地 pastos *mpl*., pastizal *m*.

ほくそえむ ほくそ笑む reír「disimuladamente [para *sus* adentros]

ほくたん 北端 extremidad *f*.「norte [septentrional]

ぼくちく 牧畜 ganadería *f*.
◧牧畜業 ganadería *f*., sector *m*. ganadero
◧牧畜業者 ganade*ro*[*ra*] *mf*.

ほくとう 北東 nordeste *m*., noreste *m*.（略 NE）⇒ほうい（方位）

◧北東アジア nor(d)este *m*.「asiático [de Asia]

ぼくとう 木刀 espada *f*. de madera

ぼくどう 牧童 pastor *m*., zagal *m*.

ほくとしちせい 北斗七星 Septentrión *m*., Osa *f*. Mayor

ぼくとつ 木訥/朴訥
▶ぼくとつな senci*llo*[*lla*] y de pocas palabras

ほくぶ 北部 norte *m*., zona *f*.「septentrional [norte]
▶北部の norte*ño*[*ña*], septentrional

ほくべい 北米 Norteamérica, América del Norte
▶北米の norteamerica*no*[*na*]

ほくほく ‖ ほくほくの栗 castañas *fpl*. humeantes y calentitas
▶ほくほくする estar muy conten*to*[*ta*],《慣用》estar como *un*[*una*] ni*ño*[*ña*] con zapatos nuevos

ぼくめつ 撲滅 erradicación *f*., exterminio *m*.
▶撲滅する erradicar, exterminar ‖ インフレを撲滅する erradicar la inflación
◧撲滅運動 ‖ エイズ撲滅運動 campaña *f*. contra el SIDA

ほくよう 北洋 mares *mpl*. del Norte
◧北洋漁業 pesca *f*. en los mares del Norte

ほぐれる 解れる deshacerse, desenredarse,（糸が）deshilarse, deshilacharse ⇒ほぐす(解す)

ほくろ 黒子 lunar *m*. ‖ ほくろがある tener un lunar
◧付けぼくろ lunar *m*.「postizo [falso]
◧泣きぼくろ lunar *m*. bajo el ojo, lunar *m*. debajo del ojo

ぼけ 惚け/呆け atontamiento *m*., aturdimiento *m*.,（高齢者の）chochera *f*., chochez *f*.
◧時差ぼけ desfase *m*. horario

ほげい 捕鯨 caza *f*. de ballenas ‖ 捕鯨を禁止する prohibir la caza de ballenas
▶捕鯨の ballene*ro*[*ra*]
◧国際捕鯨委員会 Comisión *f*. Ballenera Internacional（略 CBI）
◧調査捕鯨 caza *f*. científica de ballenas
◧捕鯨業 sector *m*. ballenero
◧捕鯨禁止運動 campaña *f*. contra la caza de ballenas
◧捕鯨船 ballenero *m*.

ぼけい 母系 línea *f*. materna
▶母系の matrilineal,（母方の）mater*no*[*na*]
◧母系家族 familia *f*. matrilineal
◧母系社会 sociedad *f*. matrilineal

ほけつ 補欠 suplente *com*., sustitu*to*[*ta*] *mf*.
◧補欠選挙 elecciones *fpl*. parciales
◧補欠選手 reserva *com*., juga*dor*[*dora*]

ぼけつ
mf. de reserva
◪ 補欠募集 convocatoria *f.* para completar las plazas vacantes

ぼけつ 墓穴
[慣用] 墓穴を掘る cavar *su* propia「tumba [sepultura], labrar *su* ruina

ポケット bolsillo *m.* ‖ シャツのポケット bolsillo *m.* de la camisa ／ポケットに入れる「meter [guardar] ALGO en el bolsillo ／ポケットから取り出す sacar ALGO del bolsillo ／ポケットの中を探す buscarse en los bolsillos
◪ ポケットカメラ cámara *f.* de bolsillo
◪ ポケットナイフ navaja *f.* de bolsillo
◪ ポケットマネー dinero *m.* de bolsillo

ポケベル busca *m.*, buscapersonas *m.*[=pl.], mensáfono *m.*

ぼける 惚ける/暈ける (高齢で) chochear, (頭がぼうっとする) atontarse, (焦点が) desenfocarse, (ぼやける) ponerse borro*so*[sa]
▶ぼけている (頭がぼうっとしている) estar atonta*do*[da], estar aturdi*do*[da]

ほけん 保健 conservación *f.* de la salud, sanidad *f.*, higiene *f.*
◪ 世界保健機構 (WHO) Organización *f.* Mundial de la Salud (略 OMS)
◪ 保健衛生 higiene *f.*
◪ 保健師 enferme*ro*[ra] *mf.* de salud pública
◪ 保健室 sala *f.* de enfermería
◪ 保健指導 orientación *f.* sobre hábitos saludables
◪ 保健所 centro *m.* de「salud [sanidad] pública
◪ 保健体育 (教科) educación *f.* física y de salud

ほけん 保険 seguro *m.* ‖ 保険に加入する darse de alta en un seguro ／車に保険をかける asegurar el coche ／保険を契約する「contratar [suscribir] un seguro ／保険を解約する darse de baja en un seguro,「cancelar [anular] un seguro ／保険(金)を請求する reclamar la cobertura del seguro ／保険でカバーされる estar cubier*to*[ta] por el seguro ／自然災害は保険が利かない El seguro no cubre desastres naturales. ／料金に保険は含まれていますか ¿Está incluido el seguro en la tarifa?
◪ 保険会社 compañía *f.*「de seguros [aseguradora], aseguradora *f.*
◪ 保険勧誘員/保険外交員 agente *com.* de seguros
◪ 保険代理業者 ges*tor*[tora] *mf.* de seguros
◪ 保険業 sector *m.* de seguros
◪ 保険金受取人 beneficia*rio*[ria] *mf.* del seguro
◪ 保険契約 contrato *m.* de seguro
◪ 保険証 (健康保険の) tarjeta *f.* de seguro médico
◪ 保険証書 póliza *f.* de seguro
◪ 保険診療 tratamiento *m.* cubierto por el seguro
◪ 保険代理店 agencia *f.* de seguros
◪ 保険料 prima *f.* de seguro
◪ 被保険者 asegura*do*[da] *mf.*

保険の種類

対人保険 seguro *m.* de daños personales ／**対物保険** seguro *m.* de daños materiales ／**強制保険** seguro *m.* obligatorio ／**任意保険** seguro *m.*「facultativo [voluntario] ／**終身保険** seguro *m.* vitalicio

公的な保険
社会保険 seguro *m.* social ／**団体保険** seguro *m.* colectivo ／**健康保険** seguro *m.* de salud ／**国民健康保険** seguro *m.* nacional de salud ／**労災保険** seguro *m.* de accidentes「de trabajo [laborales] ／**雇用保険/失業保険** seguro *m.* de desempleo

生命に関わる保険
医療保険 seguro *m.* médico ／**疾病保険** seguro *m.* de enfermedad ／**がん保険** seguro *m.*「de [contra el] cáncer ／**介護保険** seguro *m.* público para el cuidado de ancianos dependientes ／**生命保険** seguro *m.* de vida ／**簡易生命保険** seguro *m.* de vida postal

損害に関わる保険
損害保険 seguro *m.* de daños y perjuicios ／**災害保険** seguro *m.* contra desastres naturales ／**火災保険** seguro *m.*「de [contra] incendios ／**海上保険** seguro *m.* marítimo ／**輸出保険** seguro *m.* de exportación ／**自動車損害賠償責任保険** seguro *m.* obligatorio de automóviles ／**傷害保険** seguro *m.* de accidentes ／**旅行傷害保険** seguro *m.* de viaje

---

ぼけん 母権 derechos *mpl.* maternos
▶母権の matriarcal
◪ 母権制 matriarcado *m.* ‖ 母権制社会 sociedad *f.* matriarcal

ほご 反故/反古 papel *m.*「de desecho [desechado]
[慣用] 反故にする (捨てる) desechar, (取り消す) anular ‖ 約束を反故にする romper *su* promesa

ほご 保護 protección *f.*, amparo *m.*, (保存) conservación *f.* ‖ 指の保護 protección *f.* de los dedos ／資源の保護 protección *f.* de recursos ／警察の保護下に bajo「protección [custodia] policial ／保護を受ける re-

cibir protección ／ 保護を求める pedir protección《a》
▶保護する proteger, amparar, dar protección《a》, (保存する) conservar ‖ 自然を保護する「proteger [conservar] la naturaleza ／ 割当制度は国内製品を国際競争から保護している El sistema de cuotas protege los productos nacionales de la competencia internacional.
◳過保護 sobreprotección *f.*
◳保護預りサービス (証券などの) servicio *m.* de depósito en custodia
◳保護観察 libertad *f.* vigilada
◳保護観察官 funcionar*io[ria]* *mf.* correccional
◳保護関税 arancel *m.* proteccionista
◳保護区 reserva *f.* ‖ 自然保護区 reserva *f.* natural ／ 鳥獣保護区「reserva *f.* [refugio *m.*] de animales salvajes
◳保護司 tu*tor[tora]* *mf.* oficial para personas en libertad vigilada
◳保護者 tu*tor[tora]* *mf.*, (子供の) padres *mpl.*
◳保護者会 reunión *f.* de padres
◳保護色 color *m.* de camuflaje, homocromía *f.*, cripsis *f.[=pl.]*
◳保護水域 zona *f.* de aguas protegidas
◳保護鳥 ave *f.* protegida
◳保護貿易 proteccionismo *m.*, comercio *m.* proteccionista
◳保護貿易主義 proteccionismo *m.*
◳保護林 bosque *m.* protegido
ほご 補語 《文法》complemento *m.*
ぼご 母語 lengua *f.* materna
◳母語話者 hablante *com.* nati*vo[va]*
ほこう 歩行 andar *m.*
▶歩行する andar, caminar
◳歩行器 andador *m.*, andaderas *fpl.*, (幼児の) tacatá *m.*, tacataca *m.*
◳歩行訓練 rehabilitación *f.* para caminar
◳歩行者 pea*tón[tona]* *mf.*
◳歩行者専用道路 calle *f.* peatonal
◳歩行者天国 calle *f.* libre de coches, (歩行者天国の日) día *m.* libre de coches
◳歩行者優先 prioridad *f.* peatonal
ほこう 補講 clase *f.* suplementaria
ぼこう 母校 alma *f.* máter ‖ 彼の母校「escuela *f.* [universidad *f.*] donde él estudió
ぼこう 母港 puerto *m.* de origen
ぼこく 母国 patria *f.*, país *m.* 「natal [de nacimiento] ‖ 母国の土を踏む pisar *su* tierra natal
◳母国語 lengua *f.* materna
ほこさき 矛先 punta *f.* de una lanza, (非難などの) blanco *m.*, objetivo *m.* ‖ 攻撃の矛先を向ける dirigir *sus* ataques《contra, a, hacia》／ 矛先をかわす esquivar el ataque《de》

ほこらしい 誇らしい
▶誇らしく「誇らしく思う sentirse orgullo*so[sa]*《de》／ 効率的な生産ラインを誇らしく思う sentirse orgullo*so[sa]* de la eficiente cadena de producción
▶誇らしげに orgullosamente, con aire orgulloso
ほこり 埃 polvo *m.* ‖ 埃にまみれる／埃をかぶる「cubrirse [ensuciarse] de polvo ／ 埃を払う「quitar [sacudir] el polvo, desempolvar ／ 歩くと埃が立つ Se levanta polvo al caminar.
▶埃だらけの／埃っぽい lle*no[na]* de polvo, polvorien*to[ta]*
慣用 たたけば埃の出る体である tener algo que ocultar en *su* pasado
◳土埃 polvareda *f.*, polvo *m.* de tierra ‖ 土埃が立つ levantarse *una* polvareda
ほこり 誇り orgullo *m.*, (品位) dignidad *f.* ‖ 親の誇り orgullo *m.* de los padres ／ 誇り高い ser muy orgullo*so[sa]* ／ 誇りに思う enorgullecerse《de》, 「sentirse [estar] orgullo*so[sa]*《de》／ 誇りを持つ tener orgullo ／ 誇りを捨てる deponer *su* orgullo ／ 誇りを失う perder *su* 「orgullo [dignidad] ／ 誇りを傷つける 「herir [mancillar] el orgullo《de》／ 誇りを傷つけられたと感じる sentirse heri*do[da]* en *su* orgullo ／ 私たちは自分の仕事に誇りを持っています Estamos orgullosos de nuestro trabajo.
ほこる 誇る enorgullecerse《de, por》, (自慢する) presumir《de》‖ 伝統を誇る「estar [mostrarse] orgullo*so[sa]* de *su* tradición ／ 権威を誇る ostentar autoridad, gozar de autoridad ／ 才能を誇る hacer gala de *su* 「talento [ingenio] ／ 世界に誇る技術 tecnología *f.* mundialmente reconocida
ほころばす 綻ばす ‖ 彼女は顔をほころばせた A ella se le escapó una sonrisa.
ほころび 綻び descosido *m.*, parte *f.* descosida ‖ ほころびを繕う coser un descosido ／ ジャケットのポケットにほころびがある La chaqueta tiene un descosido en el bolsillo.
ほころびる 綻びる ‖ 縫い目がほころびる descoserse, deshacerse *la costura* ／ 口元がほころびる tener una sonrisa en los labios ／ 花がほころび始める Las flores empiezan a abrirse. ／ 私のスカートの裾がほころびてしまった Se me ha descosido el bajo de la falda.
ほころぶ 綻ぶ ⇒ほころびる(綻びる)
ほさ 補佐 ayuda *f.*, asistencia *f.*, (人) ayudante *com.*, auxiliar *com.*, asistente *com.*, (顧問) consejer*o[ra]* *mf.*
▶補佐する ayudar, auxiliar, asistir
◳課長補佐 subje*fe[fa]* *mf.* de 「sección [departamento]

ほさき 穂先 「cabeza f. [punta f.] de espiga

ほざく‖ほざくな ¡Cállate (la boca)!

ぼさつ 菩薩 Bodhisattva m.

ボサノバ 《ポルトガル語》bossa f. nova

ぼさぼさ
▶ぼさぼさの‖ぼさぼさの髪 pelo m.「despeinado [revuelto], (軽蔑的に) greñas fpl.

ほし 星 estrella f., (惑星) planeta m., (天体) astro m.; (犯人) au*tor*[*tora*] mf., (容疑者) sospecho*so*[*sa*] mf.‖満天の星 manto m. de estrellas／地球という星 planeta m. Tierra／星が輝く brillar *las estrellas*／星がきらきら輝く centellear *las estrellas*／星が光る lucir *las estrellas*／私は星が流れるのを見た Vi caer una estrella fugaz.／悪い星の下に生まれる nacer con mala estrella
慣用 星を挙げる detener「al autor [a la autora] del crimen
慣用 星を落とす (相撲などで) perder
慣用 星を稼ぐ 《慣用》apuntarse un tanto (a *su* favor)
■星影/星明り luz f. de las estrellas
■星空 cielo m.「estrellado [estelífero]

ほじ 保持 mantenimiento m., conservación f.
▶保持する mantener, conservar, guardar‖地位を保持する conservar *su* posición
■保持者‖世界記録保持者 plusmarquista *com.* mundial, posee*dor*[*dora*] mf. del récord mundial／タイトル保持者「posee*dor*[*dora*] mf. [titular *com.*] del título

ぼし 母子 madre f. e hi*jo*[*ja*] mf., la madre y「el hijo [la hija, los hijos, las hijas]‖母子ともに元気です Tanto la madre como el bebé están sanos.
■母子家庭 familia f. sin padre, (片親の) familia f. monoparental
■母子健康手帳 libreta f. de maternidad

ポジ (陽画) positivo m., prueba f. positiva

ほしい 欲しい querer, desear‖水が欲しい querer agua／お金が欲しい querer dinero／恋人が欲しい querer tener no*vio*[*via*]／私は庭付きの家が欲しい Quiero una casa con jardín.／君が欲しい物は何ですか ¿Qué es lo que quieres?／君は患者たちに配慮したほうがよいでしょう Sería mejor que tuvieras un detalle con los pacientes.／彼には謙虚さが欲しい A él le falta modestia.／彼女は欲しい物はなんでも手に入れる Ella consigue todo lo que quiere.
▶～して欲しい querer que 『+ 接続法』‖君にはもっと熱心に働いて欲しい Quiero que trabajes con más ahínco.

ほしいまま 擅/恣/縦
▶ほしいままに‖ほしいままに与える dar a ALGUIEN todo lo que quiera／権威をほしいままにする abusar de *su* autoridad

ほしうらない 星占い astrología f.
▶星占いの astrológi*co*[*ca*]
■星占い師 astrólo*go*[*ga*] mf.

星占いの星座

牡羊座 Aries m.／牡牛座 Tauro m.／双子座 Géminis m.／蟹座 Cáncer m.／獅子座 Leo m.／乙女座 Virgo m.／天秤座 Libra f.／蠍座 Escorpión m.／射手座 Sagitario m.／山羊座 Capricornio m.／水瓶座 Acuario m.／魚座 Piscis m.

ポシェット bolso m. pochette

ほしがき 干し柿 caqui m. seco

ほしがる 欲しがる querer, desear‖彼はずいぶん前から新しい車を欲しがっている Hace tiempo que él está deseando tener un coche nuevo.

ほしくさ 干し草 heno m.‖干し草を刈る segar el heno

ほじくる 穿る escarbar, hurgar, hurgarse 《en》‖耳をほじくる (自分の) escarbarse las orejas／鼻をほじくる (自分の) hurgarse en la nariz

ポジション posición f., (地位) puesto m.‖彼は今のポジションに居続けたい Él quiere seguir en su puesto actual.

ほしじるし 星印 asterisco m.‖星印をつける poner un asterisco

ほしだら 干し鱈 bacalao m. seco

ほしぶどう 干し葡萄 pasa f.

ほしゃく 保釈 libertad f. provisional (bajo fianza)‖保釈を認める「conceder [otorgar] la libertad provisional／保釈中である「encontrarse [estar] en libertad provisional
▶保釈する「dejar [poner] en libertad provisional a ALGUIEN (bajo fianza)
▶保釈される quedar en libertad provisional (bajo fianza)
■保釈金 fianza f.‖保釈金を払う pagar la fianza

ほしゅ 保守 conservación f., (設備などの) mantenimiento m.‖機械の保守 mantenimiento m. de maquinaria／保守と革新の対立 enfrentamiento m. entre conservadores y reformistas
▶保守的な conserva*dor*[*dora*]
▶保守的に de manera conservadora
▶保守する conservar, (設備などを) mantener‖線路を保守する mantener las vías férreas
■保守契約 contrato m. de mantenimiento
■保守作業員 encarga*do*[*da*] mf. de mantenimiento
■保守主義 conservadurismo m.
■保守主義者 conserva*dor*[*dora*] mf.

◪保守陣営 campo m. conservador
◪保守政権 gobierno m. conservador
◪保守政党/保守党 partido m. conservador
ほしゅ 捕手 (野球) recept*or*[*tora*] *mf.*
ほしゅう 補修 reparación *f.*
▶補修する reparar, hacer una reparación《de》
◪補修工事 obra *f.* de reparación
ほしゅう 補習 clase *f.* extra‖補習を受ける tomar una clase extra
▶補習をする「dar [impartir] una clase extra
ほじゅう 補充
▶補充する suplir‖欠員を補充する「cubrir [llenar] una vacante
ぼしゅう 募集 reclutamiento *m.*, convocatoria *f.*‖募集に応じる「acudir [presentarse] a la convocatoria ／奨学生の募集を開始する abrir la convocatoria de becarios ／募集を締め切る cerrar la convocatoria
▶募集する convocar, buscar, reclutar‖新しい会員を募集する reclutar nuevos socios ／アイディアを募集する convocar ideas ／その会社は財務アナリストを1人募集している Esa empresa busca un analista financiero.
◪募集広告 convocatoria *f.*
◪募集人員 número *m.* de plazas
◪募集要項 folleto *m.* de la convocatoria
ほじょ 補助 auxilio *m.*, ayuda *f.*, subvención *f.*‖金銭的な補助 ayuda *f.* económica ／補助を受け recibir una ayuda
▶補助する ayudar, auxiliar, (財政を) subvencionar‖学費を補助する costear parte de los gastos escolares
▶補助的な auxiliar
▶補助的に complementariamente
◪補助員 auxiliar *com.*, (集合的に) personal *m.* auxiliar
◪補助機関 organización *f.* auxiliar
◪補助金 subvención *f.*
◪補助席 asiento *m.* suplementario
ほしょう 保証 garantía *f.*‖保証がある tener una garantía ／保証がない no tener garantía ／この時計は1年の保証が付いている Este reloj tiene una garantía de un año.
▶保証する garantizar, 「dar [ofrecer] garantía《de》, avalar‖利益を保証する asegurar「ganancias [beneficios] ／品質を保証する garantizar la calidad ／商品の安全性を保証する garantizar la seguridad del producto ／人物を保証する fiar a ALGUIEN ／私は彼女が確かな人物であると保証します Aseguro que ella es una persona de confianza.
◪保証期間 período *m.* de garantía‖保証期間内の製品は無料で修理される Se reparan los productos en el período de garantía sin coste alguno.
◪保証金 fianza *f.*, depósito *m.* de garantía‖予約には50ユーロの保証金が必要です Se requiere un depósito de 50 euros para garantizar su reserva.
◪保証書 certificado *m.* de garantía‖たいていの電化製品には保証書がついている La mayoría de los electrodomésticos tienen el certificado de garantía.
◪保証人 fia*dor*[*dora*] *mf.*, avalista *com.*, garante *com.*‖～の保証人になる salir (como) fia*dor*[*dora*]《de, por》
ほしょう 保障
▶保障する asegurar, garantizar‖国家の安全を保障する「garantizar [asegurar] la seguridad del Estado ／生命を保障する garantizar la vida《de》／平和を保障する「garantizar [asegurar] la paz ／信教の自由を保障する asegurar la libertad de culto
◪社会保障 seguridad *f.* social
ほしょう 補償 indemnización *f.*, compensación *f.*‖補償の方法 forma *f.* de indemnización ／補償を求める「reclamar [pedir] la indemnización
▶補償する indemnizar a ALGUIEN《por》, 「conceder [otorgar] una indemnización《a》‖損害を補償する conceder indemnización por daños y perjuicios ／被災者に補償する indemnizar a los damnificados
◪補償金 indemnización *f.*‖補償金を支払う pagar una indemnización ／補償金を受け取る「recibir [percibir, cobrar] una indemnización
◪補償額 monto *m.* de indemnización
ほしょく 補色 colores *mpl.* complementarios
ほしん 保身‖自分の保身のことしか考えない no pensar más que en *su* propio interés
◪自己保身 autoprotección *f.*
◪保身術 arte *m.* de defensa personal《arte は複数形では女性》
ほす 干す secar, (洗濯などを) tender‖クッションを日に干す tender un cojín al sol ／洗濯物を干す tender la ropa ／グラスワインを飲み干す「apurar [beberse] una copa de vino
慣用 仕事を干される‖彼は仕事を干された Lo dejaron sin trabajo.
ボス je*fe*[*fa*] *mf.*
ポス POS (販売時点情報管理) sistema *m.* de punto de venta
ほすう 歩数 número *m.* de pasos
◪歩数計 podómetro *m.*
ポスター cartel *m.*, póster *m.*, 《中南米》afiche *m.*‖コンサートのポスター cartel *m.* de un concierto ／ポスターを作る hacer un cartel ／ポスターを貼る「pegar [poner, colgar] un cartel ／ポスターをはがす quitar el cartel
◪ポスターカラー colores *mpl.* para carteles

ホステス (接待役の女主人) anfitriona *f.*, (バーの) chica *f.* de alterne

ホスト (接待役の主人) anfitrión *m.*, (バーの) chico *m.* de alterne

- ホストクラブ「club *m.* [bar *m.*] de chicos de alterne
- ホストコンピュータ ordenador *m.* principal, 《中南米》computadora *f.* central
- ホストファミリー familia *f.* de acogida

ポスト (地位) puesto *m.*, cargo *m.*; (郵便) buzón *m.* ‖ 手紙をポストに入れる echar una carta al buzón / ポストに就く「ocupar [acceder a] un puesto / 部長のポストが空いた Ha quedado vacante el puesto de director.

- ポストカード postal *f.*

ポスト

ポストイット 《商標》(付箋) pósit *m.*

ポストスクリプトフォント 「tipos *mpl.* de letra [fuentes *fpl.*] PostScript

ポストバッグ bolsa *f.* de viaje

ホスピス residencia *f.* para enfermos terminales

ほせい 補正 rectificación *f.*
- 補正する rectificar
- 補正案 propuesta *f.* rectificativa
- 補正予算 presupuesto *m.*「rectificativo [suplementario]

ぼせい 母性 maternidad *f.*
- 母性の maternal
- 母性愛「amor *m.* [cariño *m.*] maternal
- 母性本能 instinto *m.* maternal

ぼせき 墓石 「lápida *f.* [piedra *f.*] sepulcral, piedra *f.* tumbal

ほせん 保線 mantenimiento *m.* de vías férreas
- 保線係 guardavía *m.*
- 保線区 sección *f.* de mantenimiento de vías férreas

ほぜん 保全 conservación *f.*

- 保全する ‖ 環境を保全する conservar la naturaleza

ぼせん 母船「barco *m.* [buque *m.*, nave *f.*] nodriza
- 捕鯨母船 barco *m.* nodriza ballenero

ぼぜん 墓前 ‖ 墓前に花を供える depositar flores ante la tumba

ほそい 細い delga*do*[*da*], (道幅が) estre*cho*[*cha*], (体型が) esbel*to*[*ta*], (細かい) fi*no*[*na*] ‖ 細い脚 piernas *fpl.* delgadas / 細い道 camino *m.* estrecho / 細い糸 hilo *m.*「delgado [fino] / 声が細い tener una voz「débil [tenue] / 神経が細い ser delica*do*[*da*]

- 細く finamente ‖ 細く長く生きる vivir frugal y largamente, llevar una vida modesta y larga
- 細くする adelgazar ‖ ウエストを細くする adelgazar la cintura / 火を細くする bajar el fuego, poner el fuego más「bajo [suave]

(慣用)線が細い ⇒せん(線)
(慣用)食が細い ⇒しょく(食)

ほそう 舗装 pavimentación *f.*, pavimento *m.*, (アスファルトの) asfaltado *m.*
- 舗装する pavimentar, (アスファルトで) asfaltar
- 舗装工事 obra *f.* de pavimentación
- 舗装道路 carretera *f.* pavimentada

ほそぎり 細切り
- 細切りに en cortes finos ‖ にんじんを細切りにする cortar una zanahoria en tiras finas

ほそく 補足
- 補足する complementar, añadir
- 補足の complementa*rio*[*ria*]
- 補足説明 explicación *f.* complementaria

ほそながい 細長い lar*go*[*ga*] y estre*cho*[*cha*], oblon*go*[*ga*] ‖ 細長い区画 parcela *f.* larga y estrecha

ほそぼそ 細細
- 細々と ‖ 細々と暮らす (つつましく) llevar una vida modesta, vivir modestamente, (やっとのことで) vivir a duras penas

ぼそぼそ ‖ ぼそぼそ話す hablar entre dientes, mascullar
- ぼそぼそした (水気がない) se*co*[*ca*] ‖ ぼそぼそしたパン pan *m.* seco

ほそみち 細道 senda *f.*, sendero *m.*

ほそめ 細め
- 細めの fi*no*[*na*], estre*cho*[*cha*], (ぴったりした) apreta*do*[*da*] ‖ 細めのズボン pantalones *mpl.*「estrechos [apretados]
- 細めに (少し) un poco ‖ ドアを細めに開ける abrir un poco la puerta

ほそめ 細目 ‖ 細目を開ける entreabrir los ojos

ほそめる 細める ‖ 目を細める「entornar [entrecerrar] los ojos, (嬉しくて) sonreír

ほそる 細る（やせる）「quedarse [ponerse] más delgado[da]｜食が細る perder el apetito

ほぞん 保存 conservación *f.*｜データの保存「conservación *f.* [retención *f.*] de los datos／遺跡の保存状態 estado *m.* de conservación de las ruinas｜保存がきく durar mucho tiempo／保存が良い estar bien conservado[da]／保存が悪い estar mal conservado[da]
▶**保存する** conservar, guardar｜血液を保存する conservar la sangre／データを保存する「guardar [conservar] los datos／文化財を保存する conserver los bienes culturales
▶**保存食** conserva *f.* alimenticia, alimento *m.* de larga duración
▣**合成保存料** conservante *m.*「químico [artificial]

ポタージュ potaje *m.*,（クリーム状の）crema *f.*｜ポタージュを飲む tomar un potaje
▣**ポタージュスープ** potaje *m.*, sopa *f.* de crema

ぼたい 母体 cuerpo *m.*「materno [de la madre],（妊娠中の）cuerpo *m.* en gestación
▣**母体保護** protección *f.* del cuerpo「materno [de la madre]

ぼだいじゅ 菩提樹 tilo *m.*, tilia *f.*, tila *f.*

ほたてがい 帆立貝 vieira *f.*,《南米》ostión *m.*,《ペルー》concha *f.* de abanico

ぽたぽた
▶**ぽたぽた垂れる** gotear｜天井から水がぽたぽた垂れている El agua gotea del techo.

ほたる 蛍 luciérnaga *f.*,「gusano *m.* [bicho *m.*] de luz｜蛍の光 luz *f.* de la luciérnaga
▣**蛍烏賊** calamar *m.* luciérnaga

ぼたん 牡丹《植物》peonía *f.*
▣**牡丹雪**｜牡丹雪が降る Caen grandes copos de nieve.

ボタン 釦 ❶ botón *m.*｜シャツのボタンをかける（自分の）「abrocharse [abotonarse] la camisa／上着のボタンを外す（自分の）desabrocharse la chaqueta／ボタンを付ける coser un botón／ボタンが取れる caerse *un botón*
▣**ボタン穴** ojal *m.*
▣**ボタン型電池** pila *f.* de botón
▣**ボタンダウンカラー** cuello *m.* abotonado
❷（押しボタン）botón *m.*｜ボタンを押す「pulsar [apretar, oprimir] el botón

ぼち 墓地 cementerio *m.*, campo *m.* santo, camposanto *m.*｜お寺の墓地 cementerio *m.* de un templo／公営の墓地 cementerio *m.* público／墓地を守る cuidar el cementerio／遺骸を墓地に埋葬する enterrar「el cadáver [los restos mortales] en el cementerio

ぽちゃぽちゃ
▶**ぽちゃぽちゃと**｜ぽちゃぽちゃという水の音 chapoteo *m.* en el agua

▶**ぽちゃぽちゃした** gordito[ta], regordete[ta],（太り気味の）rellenito[ta]｜ぽちゃぽちゃした手 manos *fpl.* regordetas [gorditas]

ほちょう 歩調 paso *m.* ⇒ **あしなみ**（足並み）｜歩調を速める「apretar [acelerar, avivar] el paso／歩調を緩める「aflojar [aminorar] el paso／歩調を変える cambiar de paso／歩調を乱す alterar el paso／歩調を合わせる「llevar el paso,（協力する）colaborar《con》
▣**共同歩調**｜共同歩調を取る actuar「conjuntamente [en coordinación]《con》

ほちょうき 補聴器 audífono *m.*｜補聴器を使う usar un audífono

ぼつ 没｜没にする rechazar, excluir／私の原稿は没になった Mi manuscrito no fue aceptado.／2001年没 fallecido[da] en el año 2001

ぼっか 牧歌 pastoral *f.*, bucólica *f.*
▶**牧歌的な** pastoral, pastoril, idílico[ca], bucólico[ca]

ほっかい 北海 mar *m.* del Norte
▣**北海油田** campo *m.* de petróleo del mar del Norte

ぽっかり
▶**ぽっかり(と)**｜空に大きな雲がぽっかりと浮かんでいる Flota una nube grande en el cielo.／壁にぽっかりと穴があいている La pared tiene un agujero grande.

ほっき 発起
▶**発起する** proponer, promover, tomar la iniciativa
▣**発起人** promotor[tora] *mf.*, impulsor[sora] *mf.*

ぼっき 勃起 erección *f.*
▶**勃起する** entrar en erección, tener una erección
▣**勃起不全** disfunción *f.* eréctil

ほっきょく 北極 Polo *m.* Norte, Polo *m.* Ártico
▶**北極の** polar, ártico[ca]
▣**北極海** océano *m.* Ártico
▣**北極熊** oso *m.* polar
▣**北極圏** círculo *m.* polar ártico
▣**北極星** estrella *f.* polar
▣**北極探検** exploración *f.* del Polo Norte
▣**北極地方** región *f.* ártica
▣**北極点** Polo *m.* Norte

ホック corchete *m.*, broche *m.*｜ホックをはずす（自分の）desabrocharse el corchete／ホックをはめる（自分の）abrocharse el corchete

ボックス（箱）caja *f.*,（劇場などの）palco *m.*,（電車の）compartim(i)ento *m.*
▣**ボックス席** palco *m.*
▣**電話ボックス** cabina *f.*「telefónica [de teléfono]

ぽっくり｜ぽっくり死ぬ morir「de repente

[repentinamente]
- ▶ぽっくり寺 templo m. donde se implora una muerte repentina y sin sufrimiento
- ▶ぽっくり病 enfermedad f. que provoca una muerte「repentina [súbita]

ほっけ 𩸽 《魚類》lorcha f. de Okhotsk, (学名) *Pleurogrammus azonus*

ホッケー (英語) hockey m.
- ▶ホッケーをする jugar al *hockey*
- ▶アイスホッケー *hockey* m. sobre hielo
- ▶フィールドホッケー *hockey* m. sobre hierba
- ▶ローラーホッケー *hockey* m. sobre patines

ぼつこせい 没個性 falta f. de personalidad
- ▶没個性の sin personalidad

ほっさ 発作 ataque m., acceso m., paroxismo m.‖心臓発作を起こす sufrir un ataque「cardiaco [al corazón] ／ 咳の発作を起こす tener un「ataque [acceso] de tos
- ▶発作的な impuls*ivo*[*va*]
- ▶発作的に impulsivamente

ぼっしゅう 没収 confiscación f., incautación f., decomiso m.
- ▶没収する confiscar, incautarse《de》, decomisar‖財産を没収する confiscar los bienes de ALGUIEN
- ▶没収試合 juego m. confiscado

ほっしん 発疹 ⇒はっしん

ほっする 欲する desear, querer ⇒ ほしい (欲しい)‖欲するままに振る舞う hacer lo que *le* da la gana,《慣用》campar por *sus* respetos

ぼっする 没する‖異郷に没する「morir(se) [fallecer] en tierras extranjeras ／ 日が西に没する El sol se pone por el oeste. ／ 船が水中に没した El barco se hundió en el mar.

ほっそく 発足 inauguración f., fundación f.
- ▶発足する inaugurarse, fundarse‖新内閣が明日発足する El nuevo gobierno entra en funciones mañana.

ほっそり
- ▶ほっそりした delga*do*[*da*], esbel*to*[*ta*], fin*o*[*na*]‖ほっそりした指 dedos mpl. finos

ほったてごや 掘っ立て小屋 chabola f., cabaña f., choza f.

ほったらかす dejar, abandonar,（放置する）descuidar, desatender‖宿題をほったらかして遊びに行く ir a jugar sin hacer los deberes ／ 自分の子供をほったらかしにする「descuidar [desatender] a *su* hi*jo*[*ja*]

ほったん 発端 origen m., comienzo m., inicio m., (del asunto) origen m. (del asunto) ／ 事件の発端は匿名の告発にある El origen del incidente está en una acusación anónima.
- ▶発端となる causar, provocar‖賃金カットがストの発端となった El recorte salarial provocó la huelga.｜La huelga tiene su origen en el recorte salarial.

ホッチキス (商標) grapadora f.‖ホッチキスの針 grapa f. ／ 紙をホッチキスで留める grapar las hojas, coser las hojas con grapas
- ▶ホッチキスリムーバー（針取り） quitagrapas m.[=pl.]

ぼっちゃん 坊ちゃん niño m.,（他人の男の子に言及して）su hijo,（世間知らずの）señorito m.

ほっと
- ▶ほっとする quedarse tranqui*lo*[*la*], sentir alivio‖娘が無事であることを知って、父親はほっとした Al padre le volvió el alma al cuerpo al saber que su hija estaba sana y salva.

ホット
- ▶ホットな caliente‖ホットな話題 tema m. de candente actualidad
- ▶ホットケーキ tortita f.,《中南米》panqueque m.
- ▶ホットコーヒー café m. caliente
- ▶ホットスポット《地学》punto m. caliente;(IT) punto m. de acceso libre a Internet, punto m. Wi-Fi;（犯罪多発地区）zona f. de mayor delincuencia
- ▶ホットチョコレート chocolate m. caliente
- ▶ホットドッグ perrito m. caliente
- ▶ホットドリンク bebida f. caliente
- ▶ホットニュース noticia f.「caliente [de última hora]
- ▶ホットプレート plancha f. de cocina
- ▶ホットライン teléfono m. rojo

ポット (魔法瓶) termo m.,（コーヒーの）cafetera f.,（お茶の）tetera f.

ぼっとう 没頭
- ▶没頭する entregarse 《a》, enfrascarse《en》, meterse de lleno《en》‖研究に没頭する「entregarse [dedicarse por completo] a la investigación ／ 読書に没頭する enfrascarse en la lectura
- ▶没頭している estar absor*to*[*ta*]《en》, estar inmer*so*[*sa*]《en》, estar meti*do*[*da*] de lleno《en》‖彼は仕事に没頭していた Él estaba absorto en su trabajo.｜Él estaba metido de lleno en su trabajo.

ポッドキャスティング (英語)(IT) podcasting m.

ほっとく dejar, abandonar‖ほっといてくれ ¡Déjame en paz! ／ そんな奴ほっとけ No le hagas caso a ese. ／ そんな事ほっとけ ¡Déjalo!

ぼつねん 没年（死んだ年）año m.「del fallecimiento [de la muerte] de ALGUIEN,（享年）la edad a la que murió

ぼっぱつ 勃発 estallido m.
- ▶勃発する estallar‖スペイン市民戦争は

1936年に勃発した La guerra civil española estalló en 1936.

ほっぴょうよう 北氷洋　océano *m*. Ártico

ホップ　《植物》lúpulo *m*.

ポップアート　arte *m*. pop

ポップアップメニュー　menú *m*. emergente ‖ ポップアップメニューを表示する「mostrar [visualizar] el menú emergente ／ ポップアップメニューを作成する crear un menú emergente

ポップコーン　palomitas *fpl*. (de maíz), rosetas *fpl*. (de maíz)

ポップス　música *f*. pop

ポップミュージック　⇒ポップス

ほっぽう 北方
▶北方の norte*ño*[*ña*], del norte
◪北方領土 territorio *m*. del norte, islas *fpl*. Kuriles ‖ 北方領土問題 conflicto *m*. de las islas Kuriles (entre Japón y Rusia)

ぼつぼつ ❶ (吹き出物) granos *mpl*., (発疹) sarpullido *m*., (突起) bulto *m*.
❷ (そろそろ, 少しずつ) ‖ ぼつぼつ帰ります Me voy yendo. ／ ぼつぼつ人が集まり出した Está llegando la gente poco a poco.

ぼつらく 没落　caída *f*., ruina *f*., hundimiento *m*. ‖ 帝国の没落 caída *f*. de un imperio ／ 家の没落を招く causar [provocar] la ruina de la familia ／ 没落の一途をたどる ir camino de la ruina
▶没落する arruinarse, hundirse, decaer
◪没落貴族 aristócrata *com*. [noble *com*.] arruina*do*[*da*]

ぼつり
▶ぼつりと ‖ ぼつりと一言つぶやく murmurar una palabra ／ 顔にぼつりと雨粒が落ちてきた Me cayó una gota de lluvia en la cara.

ボツリヌス
◪ボツリヌス菌 bacilo *m*. botulínico
◪ボツリヌス症 botulismo *m*.

ほつれる 解れる　(衣服が) deshilacharse, (髪が) soltarse

ボディー　(身体) cuerpo *m*.; (車の) carrocería *f*.
◪ボディーガード (護衛) guardaespaldas *com*.[=*pl*.]
◪ボディーチェック cacheo *m*., registro *m*. corporal ‖ ボディーチェックをする cachear
◪ボディービル culturismo *m*.
◪ボディービルダー culturista *com*.
◪ボディーブロー《ボクシング》golpe *m*. al torso
◪ボディーペインティング pintura *f*. corporal
◪ボディーランゲージ lenguaje *m*. 「corporal [del cuerpo]

ポテト　patata *f*.,《中南米》papa *f*. ‖ ポテトを揚げる freír las patatas

◪ポテトサラダ ensalada *f*. de patata
◪ポテトチップス「patatas *fpl*. [papas *fpl*.] fritas inglesas
◪ポテトフライ「patatas *fpl*. [papas *fpl*.] fritas

ほてる 火照る　tener calor, sentir ardor ‖ 体が火照る (更年期で) tener sofocos ／ 頬が火照る sentir ardor en las mejillas ／ 私は顔が火照る Me arde la cara. ／ 熱で火照る arder por la fiebre

ホテル　hotel *m*. ‖ 高い［安い］ホテル hotel *m*.「caro [barato, económico] ／ ホテルを予約する reservar un hotel ／ よいホテルを探す buscar un buen hotel ／ ホテルに着く llegar al hotel ／ ホテルに泊まる「alojarse [hospedarse] en un hotel ／ ホテルを発つ marcharse del hotel ／ 手頃な値段のホテルを紹介していただけますか ¿Me podría recomendar algún hotel de buen precio?
◪ホテルマン (経営者・支配人) hotele*ro* [*ra*] *mf*., (従業員) emplea*do*[*da*] *mf*. de hotel

---

■■■ ホテル (hotel *m*.) にて ■■■

‖ よく使う会話表現

● 今晩の予約をしたいのですが Querría reservar una habitación para esta noche.
● シングルルームを2部屋予約したいのですが Querría reservar dos habitaciones individuales, por favor.
● 禁煙の部屋をお願いします Habitación「de no fumador [para no fumadores], por favor.
● 喫煙の部屋をお願いします Habitación「de fumador [para fumadores], por favor.
● チェックインは何時ですか ¿A qué hora es la entrada?
● チェックアウトは何時ですか ¿A qué hora hay que desocupar la habitación?
● チェックインをお願いします Quisiera registrarme.
● チェックアウトをお願いします Quisiera irme del hotel.
● インターネットで山田という名で予約しました Tengo hecha una reserva por Internet a nombre de Yamada.
● 部屋を見せていただけますか ¿Podría enseñarme la habitación?
● もっと安い部屋はありませんか ¿No tiene otra habitación más barata?
● よい部屋ですね、この部屋にします ¡Buena habitación! Me quedo con esta.
● この部屋はいくらですか ¿Cuánto cuesta esta habitación?
● 部屋を替えて欲しいのですが ¿Podría cambiarme la habitación?

● 朝食は付いていますか ¿Está incluido el desayuno?
● (部屋は)バス［シャワー］付きですか ¿Tiene 「bañera [ducha]?
● (部屋に)暖房は付いていますか ¿Tiene calefacción?
● セイフティーボックスはありますか ¿Hay cajas de seguridad?
● これが部屋の鍵［カードキー］です Esta es la 「llave [llave de tarjeta].
● ルームサービスをお願いします Servicio de habitaciones, por favor.
● すみません、部屋に鍵を置き忘れました Disculpe, se me quedó olvidada la llave en la habitación.
● モーニングコールを8時にお願いします Llámeme a las ocho para despertarme, por favor.
● 朝7時にタクシーを呼んでください Llame un taxi para las siete de la mañana, por favor.
● クレジットカードは使えますか ¿Se puede pagar con tarjeta (de crédito)?
● 現金で支払います Pago en efectivo.
● クレジットカードで支払います Pago con tarjeta.

▌よく使うことば
《種類》
▓ ホテル hotel *m*., (小規模の) hostal *m*. ▓ ペンション pensión *f*. ▓ ユースホステル albergue *m*. juvenil ▓ パラドール(スペインの国営観光ホテル) parador *m*. ▓ アパート(メント)ホテル apartotel *m*., hotel *m*. apartamento ▓ カプセルホテル hotel *m*. cápsula ▓ ラブホテル hotel *m*. de citas ▓ 1つ星ホテル hotel *m*. de una estrella ▓ 3つ星ホテル hotel *m*. de tres estrellas
《設備》
▓ ロビー vestíbulo *m*. ▓ フロント recepción *f*. ▓ クローク guardarropa *m*. ▓ レストラン restaurante *m*. ▓ 部屋 habitación *f*., (ツインの) habitación *f*. con dos camas, (シングルの) habitación *f*. individual, (ダブルの) habitación *f*. doble, (スイートの)《フランス語》 *suite f*., habitación *f*. *suite* ▓ エキストラベッド cama *f*. extra ▓ バス bañera *f*. ▓ シャワー ducha *f*. ▓ トイレ cuarto *m*. de baño ▓ エアコン aire *m*. acondicionado ▓ 暖房 calefacción *f*. ▓ テレビ televisor *m*. ▓ 冷蔵庫 frigorífico *m*., nevera *f*. ▓ コンセント enchufe *m*. ▓ 鍵 llave *f*. ▓ カードキー llave *f*. de tarjeta ▓ ベッド cama *f*. ▓ 枕 almohada *f*. ▓ シーツ sábana *f*. ▓ タオル toalla *f*. ▓ バスタオル toalla *f*. de baño ▓ ドライヤー secador *m*. ▓ トイレットペーパー papel *m*. higiénico ▓ 電話 teléfono *m*. ▓ 内線 extensión *f*.
《サービスなど》
▓ モーニングコール servicio *m*. de despertador ▓ 朝食付き desayuno *m*. incluido ▓ 夕食付き cena *f*. incluida ▓ ルームサービス servicio *m*. de habitaciones ▓ ランドリーサービス servicio *m*. de lavandería ▓ チェックイン entrada *f*.,《英語》 *check-in m*. ▓ チェックアウト salida *f*.,《英語》 *check-out m*. ▓ 勘定書 factura *f*. ▓ 会計 cuenta *f*.
《従業員など》
▓ ハウスキーパー ama *f*. de llaves ▓ ルームメイド camare*ro*[*ra*] *mf*. de piso ▓ コンシェルジュ conserje *com*. ▓ ベルボーイ botones *m*.[=*pl*.], mozo *m*. de equipajes ▓ ベルキャプテン jefe *m*. de botones ▓ ボーイ camarero *m*. ▓ ドアマン porte*ro*[*ra*] *mf*. de hotel ▓ 支配人 gerente *com*. ▓ 受付係 recepcionista *com*. ▓ クローク係 guardarropa *com*. ▓ メイド camarera *f*.

ホテル

ほてん　補塡
▶ 補塡する compensar, cubrir ‖ 赤字を補塡する compensar un déficit／損失を補塡する compensar las pérdidas

ほど　程 ❶ (約・およそ) aproximadamente, más o menos ‖ 10人ほど「aproximadamente [unas] diez personas／2年ほど前に hace unos dos años／会議はあと30分ほどで終わります La reunión terminará dentro de media hora「más o menos [aproximadamente].

❷ (程度・比較) ‖ 彼は一人で歩けないほど酔っていた Estaba tan borracho que no podía andar por sí mismo.／君が考えているほど編集の仕事はやさしくない El trabajo de redacción no es tan fácil como te imaginas.

／これほどうれしいことはない Nada me alegra tanto como esto.／満開の桜ほど美しいものはない No hay nada más bello que los cerezos en plena floración.／早ければ早いほどよい Cuanto antes, mejor.／彼女を知れば知るほど好きになる「Mientras [Cuanto] más la conozco, más la quiero.

ほどう 歩道　acera *f.*,《中南米》vereda *f.*
▣動く歩道 pasillo *m.* rodante
▣横断歩道 paso *m.* de cebra
▣遊歩道 paseo *m.*
▣歩道橋 pasarela *f.*, puente *m.* peatonal

ほどう 補導　orientación *f.*
▶補導する‖警察に補導される ser detenido[da] y amonestado[da] por la policía

ほどう 舗道　calle *f.* pavimentada, camino *m.* pavimentado

ほどく 解く　deshacer, desatar, soltar,（編み物・縫い物を）destejer, descoser‖靴のひもをほどく desatar los cordones de los zapatos／着物の帯をほどく desatar la faja del quimono／犬の鎖をほどく soltar la cadena de un perro／結び目をほどく「deshacer [desatar] un nudo, desanudar／荷物をほどく deshacer「el equipaje [la maleta]／糸をほどく（縫い物の）descoser la costura,（もつれた糸を）desenredar un hilo

ほとけ 仏　Buda;（死者）difun*to*[*ta*] *mf*, muer*to*[*ta*] *mf*;（仏像）imagen *f.* de Buda‖神や仏 todos los dioses y budas／仏の道に入る entrar en la vida religiosa, recibir el sacerdocio／仏のように優しい ser (como) *un*[*una*] san*to*[*ta*],《慣用》ser un alma de Dios
⦅慣用⦆仏になる fallecer, morir,《慣用》irse de este mundo
⦅慣用⦆仏造って魂入れず olvidarse de lo más importante de lo que se hace
⦅諺⦆仏の顔も三度まで《諺》Hasta los santos pierden la paciencia.
⦅諺⦆知らぬが仏 → しる（知る）

ほどける 解ける　deshacerse, desatarse, soltarse,（縫い物が）descoserse‖ズボンの裾がほどけてしまった Se me ha descosido el bajo de los pantalones.

ほどこし 施し　limosna *f.*, caridad *f.*‖施しを受ける recibir limosna／施しをする dar limosna／施しを求める pedir limosna, implorar la caridad

ほどこす 施す（与える）dar‖食べ物を施す dar comida《a》／金を施す dar dinero《a》／土地に肥料を施す abonar la tierra, echar abono en la tierra／応急手当てを施す realizar una cura de「urgencia [emergencia]／策を施す tomar medidas／手の施しようがない No se puede hacer absolutamente nada.

ほどとおい 程遠い　muy lejos‖工事の完成にはほど遠い Falta mucho para la conclusión de la obra.¦ La obra está muy lejos de concluir.

ほととぎす 時鳥/杜鵑（鳥類）cuco *m.* chico

ほどなく 程なく　dentro de poco, al poco tiempo ⇒まもなく‖この電車はほどなく目的地に着く Este tren llega a su destino dentro de poco.／彼はほどなくして現れた Él apareció al poco tiempo.

ほとばしる 迸る　chorrear‖蛇口から水がほとばしる Sale abundante agua del grifo.／ほとばしる情熱で con una oleada de pasión／ほとばしり出る salir a chorros, brotar／傷口から血がほとばしり出た「Salió [Brotó] por la herida un chorro de sangre.

ポトフ（料理）cocido *m.* (francés),《フランス語》*pot m. au feu*

ほとほと　totalmente, completamente‖ほとほと愛想が尽きる estar totalmente har*to*[*ta*] de ALGUIEN

ほどほど 程程
▶ほどほどに con moderación, moderadamente‖運動もほどほどにしなさい Haz ejercicio con moderación.／冗談もほどほどにしろ¡Basta de bromas!

ほとぼり‖ほとぼりが冷めるまで待ちましょう Vamos a esperar hasta que se calme la situación.

ボトムアップ
▶ボトムアップの/ボトムアップで de abajo arriba‖我が社ではほとんどの決定はボトムアップ（方式）でなされる En nuestra compañía se toman casi todas las decisiones de abajo arriba.

ほどよい 程良い/程好い　modera*do*[*da*]‖ほどよい運動をする hacer ejercicio moderado

ほとり 辺　orilla *f.*‖湖のほとり orilla *f.* de un lago／タホ川のほとりに a la orilla del Tajo

ボトル　botella *f.*‖ワインをボトルで注文する pedir una botella de vino
▣ボトルネック《慣用》cuello *m.* de botella

ほとんど　casi‖ほとんど毎日 casi todos los días／仕事はほとんど終わった El trabajo está casi terminado.
▶ほとんどの la mayor parte《de》, la mayoría《de》‖ほとんどの消費者 la mayoría de los consumidores
▶ほとんど～ない apenas‖車のガソリンがほとんど残っていない Apenas me queda gasolina en el coche.／私は勉強する時間がほとんどない Casi no tengo tiempo para estudiar.

ポニーテール　coleta *f.*, cola *f.* de「caballo [potro]‖ポニーテールにしている llevar「coleta [cola de caballo]／ポニーテールの女性

ほにゅう　哺乳
▱哺乳瓶　biberón m., 《中南米》mamadera f.
▱哺乳類　mamíferos mpl.

ぼにゅう　母乳　leche f. materna ‖ 母乳を与える《慣用》dar el pecho《a》／ 赤ん坊を母乳で育てる alimentar a un bebé con leche materna

ほね　骨　hueso m., (魚の) espina f. ‖ 傘の骨 varilla f. de paraguas ／ この魚はたくさん骨がある Este pescado tiene muchas espinas. ／ あいつは骨がある Es un hombre de firmes convicciones.
(慣用)骨が折れる　costar mucho trabajo
(慣用)骨と皮になる《慣用》quedarse en los huesos,《慣用》quedarse he*cho*[*cha*] un costal de huesos
(慣用)骨になる‖彼は骨になって家に帰ってきた Él volvió muerto a su casa.
(慣用)骨の折れる　espino*so*[*sa*], lle*no*[*na*] de dificultades ‖ これらの製品を作るには、骨の折れる労働が必要だ Se requiere un esfuerzo tremendo para fabricar estos productos.
(慣用)骨の髄まで《慣用》hasta la médula (de los huesos) ‖ 骨の髄まで冷える Hace un frío que「pela [corta].
(慣用)骨までしゃぶる《慣用》chupar la sangre《a》
(慣用)骨を埋める　quedarse a vivir para siempre《en》‖ スペインに骨を埋める覚悟で con la intención de pasar el resto de *su* vida en España
(慣用)骨を惜しまない　no「escatimar [ahorrar, regatear] esfuerzos
(慣用)骨を折る　(骨折する)「fracturarse [romperse] el hueso; (努力する) esforzarse
(慣用)骨を拾う　recoger las cenizas de ALGUIEN, (遺骨を拾う) recoger los huesos de un muerto
(慣用)骨を休める　descansar, tomarse un descanso, reposar

ほねおしみ　骨惜しみ
▶骨惜しみする　esforzarse lo menos posible
▶骨惜しみしない「no escatimar [ahorrar, regatear] esfuerzos

ほねおり　骨折り　esfuerzo m., (苦労) trabajos mpl.
(諺)骨折り損のくたびれもうけ Mucho trabajo para nada.

ほねおる　骨折る　esforzarse, hacer esfuerzos《por》

ほねぐみ　骨組み　(骸骨) esqueleto m.; (枠組) armazón m(f)., (構造) estructura f. ‖ 体の骨組み esqueleto m. (del cuerpo) ／ 建物の骨組み「armazón m(f). [esqueleto m.] de un edificio ／ 小説の骨組み estructura f. de una novela

ほねつぎ　骨接ぎ　coaptación f., (人) ensalma*dor*[*dora*] mf.

ほねなし　骨無し
▶骨なしの　deshuesa*do*[*da*]; (人が) flo*jo*[*ja*]

ほねぬき　骨抜き‖法案を骨抜きにする descafeinar un proyecto de ley

ほねばる　骨張る
▶骨ばった　huesu*do*[*da*] ‖ 骨ばった手 manos fpl. huesudas

ほねぶと　骨太
▶骨太の　hueso*so*[*sa*], de hueso gordo

ほねみ　骨身
(慣用)骨身にこたえる‖骨身にこたえる寒さだ Hace un frío que「pela [corta].
(慣用)骨身を惜しまず sin escatimar esfuerzos
(慣用)骨身をけずる　hacer mucho esfuerzo,《慣用》sudar「sangre [tinta]
(慣用)骨身に沁みる　penetrar hasta los huesos ‖ 彼の言葉が骨身に沁みた Sus palabras me llegaron hasta lo más profundo del alma.

ほねやすめ　骨休め　descanso m., reposo m., relajación f.
▶骨休めする　descansar, tomarse un descanso, reposar

ほのお　炎/焔　llama f. ‖ ろうそくの炎 llama f. de una vela ／ 怒りの炎 llama f. de ira ／ 炎を上げて燃える llamear, flamear, echar llamas ／ 情熱の炎を燃やす encender la llama de la pasión ／ 飛行機は炎に包まれた El avión quedó envuelto en llamas. ／ 炎が山全体をなめつくした Las llamas「arrasaron [destruyeron] todo el monte.

ほのか　仄か
▶ほのかな　débil, tenue, va*go*[*ga*], sutil ‖ ほのかな香り aroma m. sutil, olor m.「tenue [débil] ／ ほのかな光 luz f. tenue ／ ほのかな思い tierno [dulce] ／ ほのかな期待を抱く tener una vaga esperanza
▶ほのかに　vagamente, débilmente ‖ ほのかに見える verse vagamente ／ 花の香りがほのかに漂う Se percibe un suave aroma a flores.

ほのぐらい　仄暗い　sombrí*o*[*a*], oscu*ro*[*ra*]

ほのぼの
▶ほのぼのと‖夜がほのぼのと明ける Empieza a amanecer poco a poco. ／ ほのぼのとする enternecerse
▶ほのぼのとした‖ほのぼのとした愛情 amor m.「tierno [dulce] ／ ほのぼのとした雰囲気/ほのぼのとしたムード ambiente m. acogedor ／ ほのぼのとした感情 dulces sentimientos mpl. ／ ほのぼのとした映画 película f. enternecedora

ほのめかす　仄めかす　insinuar, dar a entender, aludir《a》‖ 決意をほのめかす dejar entrever *su* decisión ／ 内容をほのめかす

insinuar el contenido《de》/ それとなくほのめかす insinuar ALGO dando rodeos, lanzar una indirecta, dejar caer
▶ ほのめかし insinuación *f.*, alusión *f.*

ほばしら 帆柱　mástil *m.*, palo *m.*

ほはば 歩幅　longitud *f.* de un paso ‖ 人の平均歩幅 longitud *f.* media del paso de una persona / 歩幅を広げる alargar el paso

ぼひ 墓碑　lápida *f.* sepulcral
◪ 墓碑銘 epitafio *m.*

ポピュラー
▶ ポピュラーな popular
◪ ポピュラー音楽 música *f.* popular,（ポップミュージック）música *f.* pop
◪ ポピュラー歌手 cantante *com.* de música popular,（ポップスの）cantante *com.* de pop
◪ ポピュラーソング canción *f.* popular

ぼひょう 墓標　lápida *f.* sepulcral ‖ 墓標を建てる levantar una lápida sepulcral

ボビン　bobina *f.*, carrete *m.*

ほふ 保父　profesor *m.* de「guardería [jardín de infancia]

ボブスレー《英語》 *bobsleigh m.*,《英語》 *bob m.*

ポプラ　álamo *m.*, chopo *m.*

ほへい 歩兵　infante *com.*
◪ 歩兵隊 infantería *f.*

ほほ 頬 ⇒ほお

ほぼ（ほとんど）casi,（およそ）más o menos, aproximadamente,（事実上）prácticamente ‖ 給料のほぼ10分の1 casi una décima parte del sueldo / ほぼ中央に位置する estar situa*do*[*da*] más o menos en el centro《de》/ 工事はほぼ完了した Las obras están「casi [prácticamente] terminadas. / スタジアムはほぼ満席だ El estadio está casi lleno. / そのゴールでほぼ試合は決まった Ese gol prácticamente decidió el partido.

ほぼ 保母　profesora *f.* de「guardería [jardín de infancia]

ほほえましい 微笑ましい　risue*ño*[*ña*], simpát*ico*[*ca*], alegre ‖ ほほえましい姿 apariencia *f.* risueña / ほほえましい光景 escena *f.*「simpática [enternecedora]

ほほえみ 微笑み　sonrisa *f.* → びしょう（微笑）‖ かすかな微笑みを浮かべる esbozar una leve sonrisa, sonreír levemente

ほほえむ 微笑む　sonreír, esbozar una sonrisa ‖ にっこりほほえむ sonreír「afablemente [plácidamente] / ほほえみかける「lanzar [dedicar, regalar] una sonrisa《a》/ 勝利の女神が我がチームにほほえんだ La victoria sonrió a nuestro equipo.

ポマード　gomina *f.*, fijador *m.* ‖ 髪にポマードをつける（自分の）「echarse [ponerse] gomina en el pelo

ほまれ 誉れ　honor *m.*, gloria *f.*, honra *f.* ‖ 彼は名弁護士の誉れが高い Él tiene fama de ser un buen abogado.

ほめごろし 褒め殺し ‖ ほめ殺しにする prodigar elogios a ALGUIEN para comprometer*lo*

ほめちぎる 褒めちぎる　deshacerse en「elogios [alabanzas],《慣用》poner por las nubes a ALGUIEN

ほめる 褒める/誉める　elogiar, alabar, hacer elogios《de》, dedicar alabanzas《a》‖ 作品を褒める「elogiar [alabar] una obra / 君の行いは褒められたことではない Lo que has hecho no es「algo muy elogiable [digno de elogios].

ホモ ⇒ホモセクシュアル

ホモセクシュアル　homosexualidad *f.*,（人）homosexual *com.*,（男性）gay *m.* ‖ ホモセクシュアルである ser homosexual,《慣用》ser de la「acera de enfrente [otra acera]
▶ ホモセクシュアルの homosexual

ぼや 小火　pequeño incendio *m.*, conato *m.* de incendio ‖ ぼやが発生する declararse *un pequeño incendio* / ぼやを消す「sofocar [extinguir] un pequeño incendio / 昨夜ぼやが出た Anoche se registró un pequeño incendio.

ぼやく　quejarse《de》, refunfuñar, murmurar, gruñir

ぼやける　ponerse borro*so*[*sa*], desenfocarse, difuminarse ‖ ぼやけた風景 paisaje *m.* borroso / 色がぼやける difuminarse *el color* / 記憶がぼやける recordar vagamente, tener la memoria borrosa / 頭がぼやける atontarse, tener la mente aturdida / 文字がぼやけて見える Las letras se ven borrosas. / この写真はピントがぼやけている Esta foto está desenfocada.

ほやほや
▶ ほやほやの（温かい）caliente,（できたての）recién hec*ho*[*cha*] ‖ 焼き立てほやほやのパン pan *m.* recién「horneado [hecho] / 新婚ほやほやのカップル pareja *f.* de recién casados

ぼやぼや
▶ ぼやぼやする despistarse, distraerse
▶ ぼやぼやしている estar distra*ído*[*da*],《慣用》estar en las nubes

ほゆう 保有　posesión *f.*
▶ 保有する poseer, tener ‖ 株式を保有する poseer acciones / 核兵器を保有する poseer armas nucleares
◪ 保有国 核保有国 país *m.* con armas nucleares
◪ 保有者 ‖ 株の保有者「titular *com.* [propieta*rio*[*ria*] *mf.*] de acciones

ほよう 保養　（気晴らし）recreo *m.*, recreación *f.*,（病後の）convalecencia *f.*, recuperación *f.* ‖ この景色は目の保養になる Este

paisaje es un recreo para la vista. ／目の保養をする regalarse la vista《con》
▶保養する recrearse,（病後に）convalecer《de》, recuperarse《de》
◪保養所 casa f. de recreo,（病人用の）sanatorio m.
◪保養地「lugar m. [finca f.] de recreo

ほら ‖ほら見て ¡Mira! ／ほら言ったとおりだろ ¿Ves? Te lo dije.
ほら 法螺 （大言壮語）fanfarronada f., exageración f.,（でたらめ）cuento m., mentira f.
(慣用)ほらを吹く fanfarronear, contar cuentos, decir mentiras
◪ほら吹き fanfa*rrón[rrona]* mf., cuentista com., mentir*oso[sa]* mf.
◪ほら貝 caracola f. tritón,（学名）*Charonia tritonis*
ホラー terror m.
◪ホラー映画 （ジャンル）cine m. de terror,（作品）película f. de terror
ほらあな 洞穴 cueva f., caverna f. ‖ 洞穴に入る entrar en una cueva
ポラロイドカメラ 《商標》polaroid f. ‖ ポラロイドカメラで写真をとる hacer una foto con polaroid
ボランティア （人）volunta*rio[ria]* mf.,《集合名詞》voluntariado m. ‖ ボランティアを募る buscar voluntarios ／ ボランティアに加わる entrar a formar parte del voluntariado
▶ボランティアをする trabajar de volunta*rio[ria]*
◪ボランティア活動 actividad f. voluntaria
◪ボランティア組織 organización f. de voluntarios
◪ボランティア団体 grupo m. de voluntarios
ほり 堀/濠 foso m. ‖ 城は堀に囲まれている El castillo está rodeado de un foso.
ポリ （ポリエチレン）polietileno m.
◪ポリ製品 producto m. de polietileno
◪ポリバケツ《商標》cubo m. de plástico
◪ポリ袋 bolsa f. de plástico
◪ポリ容器 recipiente m. de「plástico [polietileno]
ほりあてる 掘り当てる encontrar, descubrir ‖ 石油を掘り当てる encontrar (un yacimiento de) petróleo ／ 金鉱を掘り当てる descubrir un yacimiento de oro
ポリープ pólipo m. ‖ ポリープを摘出する extirpar un pólipo
ポリエステル poliéster m.
ポリエチレン polietileno m.
ポリオ polio f., poliomielitis f.[=pl.]
◪ポリオワクチン vacuna f. contra la「polio [poliomielitis]
ほりおこす 掘り起こす （掘り返す）cavar, excavar,（土の中から取り出す）desenterrar, sacar ‖ 木の根を掘り起こす desenterrar la raíz de un árbol ／ 消費者の潜在需要を掘り起こす descubrir una demanda latente de los consumidores
ほりかえす 掘り返す cavar ‖ 鍬で土を掘り返す cavar la tierra con azada ／ 過去を掘り返す bucear en el pasado
ポリグラフ polígrafo m.,（うそ発見器）detector m. de mentiras
ほりさげる 掘り下げる cavar hondo, profundizar《en》, ahondar《en》‖ 問題を掘り下げる「profundizar [ahondar] en una cuestión
ほりだしもの 掘り出し物 ganga f., chollo m. ‖ 掘り出し物を見つける encontrar una ganga
ほりだす 掘り出す desenterrar,（採掘する）extraer ‖ 石炭を掘り出す extraer carbón ／ 化石を掘り出す excavar fósiles
ボリビア Bolivia
▶ボリビアの bolivia*no[na]*
▶ボリビア人 bolivia*no[na]* mf.
ポリフェノール 《化学》polifenol m.
ポリマー 《化学》（重合体）polímero m.
ほりもの 彫り物 （彫刻）escultura f.;（入墨）tatuaje m.
◪彫り物師 （彫刻家）escul*tor[tora]* mf.;（入れ墨の）tatua*dor[dora]* mf.
ほりゅう 保留 reserva f., reservación f.;（延期）aplazamiento m.
▶保留する reservar,（延期する）aplazar, posponer, postergar ‖ 回答を保留する reservarse la respuesta ／ 計画を保留する aparcar un proyecto ／ 私は意見を保留したい Prefiero reservarme mi opinión.
◪保留項目 cláusula f. pendiente
ボリューム volumen m. ‖ ボリュームを上げる「subir [aumentar] el volumen ／ ボリュームを下げる bajar el volumen
▶ボリュームのある volumin*oso[sa]*, abundante ‖ ボリュームのある料理 comida f. abundante ／ 君の髪はボリュームがある Tu pelo tiene mucho volumen.
ほりょ 捕虜 prisio*nero[ra]* mf. de guerra, pre*so[sa]* mf., cauti*vo[va]* mf. ‖ 捕虜の交換 canje m. de prisioneros ／ 捕虜を釈放する「liberar [poner en libertad] a los prisioneros ／ 捕虜になる「quedar [caer] prisio*nero[ra]* ／ 捕虜にする hacer prisio*nero* a ALGUIEN
◪捕虜収容所 campo m. de「concentración [prisioneros]
ほる 掘る cavar, excavar ‖ 土を掘る cavar la tierra ／ 井戸を掘る「cavar [excavar] un pozo ／ 穴を掘る「cavar [excavar] un hoyo ／ トンネルを掘る「excavar [perforar] un túnel ／ 石炭を掘る extraer carbón ／ ジャガ芋を掘る sacar las patatas de la tierra

ほる 彫る esculpir, tallar, labrar, (のみで) cincelar, (刻み込む) grabar ‖ 名前を彫る grabar el nombre ／ 仏像を彫る esculpir una imagen de Buda ／ 入れ墨を彫る tatuar, 「hacer [grabar] un tatuaje

ぼる 「timar [estafar] en el precio, cobrar más de lo justo ‖ 私はタクシーでぼられた El taxista me timó.

ボルシチ (ウクライナ料理) *borscht f.*, (説明ür) sopa *f.* rusa de remolacha

ポルチーニ (きのこ) seta *f.* (de) calabaza

ボルト ❶ (電圧の単位) voltio *m.* ‖ 220ボルトのコンセント toma *f.* de corriente de 220 voltios
❷ (ねじ) perno *m.* ‖ ボルトを締める apretar un perno ／ ボルトを緩める aflojar un perno
▣六角ボルト perno *m.* hexagonal

ポルノ pornografía *f.*, porno *m.*
▶ポルノの pornográfi*co*[*ca*], 《話》porno《性数不変》
▣児童ポルノ pornografía *f.* infantil
▣ポルノ映画 película *f.* 「porno [pornográfica]
▣ポルノ作家 escri*tor*[*tora*] *mf.*「porno [pornográ*ca*]
▣ポルノ雑誌 revista *f.* 「porno [pornográfica]
▣ポルノショップ tienda *f.* 「de sexo [porno]
▣ポルノ俳優 escri*tor*[*triz*] *mf.* porno

ホルマリン formalina *f.*, formol *m.* ‖ ホルマリンで固定された組織 tejido *m.* fijado en formalina

ホルムアルデヒド 《化学》formaldehído *m.*

ホルモン hormona *f.* ‖ ホルモンを調節する regular las hormonas ／ ホルモンを投与する hormonar, (自分に) hormonarse
▶ホルモンの hormonal
▣男性ホルモン hormona *f.* sexual masculina
▣女性ホルモン hormona *f.* sexual femenina
▣ホルモン剤 medicina *f.* hormonal
▣ホルモン焼き órganos *mpl.* de cerdo o ternera asados
▣ホルモン療法 hormonoterapia *f.*, tratamiento *m.* hormonal

ホルン trompa *f.*, corno *m.* francés ‖ ホルンを吹く／ホルンを演奏する tocar la trompa
▣ホルン奏者 trompa *com.*

ほれこむ 惚れ込む enamorarse 《de》,《話》chalarse 《de》‖ 私は彼の人柄に惚れ込んだ Me cautivó su personalidad.

ほれぼれ 惚れ惚れ
▶ほれぼれする quedarse fascina*do*[*da*] ‖ 彼女の美しい声にほれぼれした Me ha fascinado su preciosa voz.
▶ほれぼれするような fascinante, cautiva-

dor[*dora*], encanta*dor*[*dora*]
▶ほれぼれと／ほれぼれと景色をながめる 「contemplar [mirar] fascina*do*[*da*] el paisaje

ほれる 惚れる enamorarse《de》

ボレロ (舞踊・舞曲) bolero *m.*; (上着) bolero *m.*

ほろ 幌 (車の) capota *f.* plegable, (日よけ) toldo *m.* ‖ 幌付きの車 descapotable *m.*
▣幌馬車 galera *f.*

ぼろ 襤褸 (布) trapo *m.*, (服) andrajos *mpl.*, harapos *mpl.*; (欠点) defecto *m.* ‖ ぼろをまとう vestir harapos,《慣用》andar he*cho*[*cha*] un harapo
▶ぼろの vie*jo*[*ja*], gasta*do*[*da*], estropea*do*[*da*]
〔慣用〕ぼろを出す《慣用》descubrir la hilaza
▣ぼろ市 mercadillo *m.*
▣ぼろ布 trapo *m.*
▣ぼろ家 casa *f.* destartalada

ポロ 《スポーツ》polo *m.* ‖ ポロの選手 polista *com.*

ホロコースト holocausto *m.*

ポロシャツ polo *m.*

ほろにがい ほろ苦い 「ligeramente [un poco] amar*go*[*ga*] ‖ ほろ苦い思い出 un recuerdo algo amargo

ほろびる 滅びる／亡びる (絶滅する) extinguirse, desaparecer, aniquilarse, (破滅する) arruinarse, irse a la ruina,《慣用》venirse abajo ‖ 文明が滅びる extinguirse *una civilización* ／ 封建体制が滅びる 「venirse abajo [caer] *el régimen feudal* ／ 国が滅びる caer un país ／ いつか人類は滅びるだろう Algún día el ser humano se extinguirá.

ほろぼす 滅ぼす／亡ぼす (破壊する) destruir, (絶滅させる) extinguir, aniquilar, (破滅させる) arruinar ‖ 敵を滅ぼす 「destruir [aniquilar] a los enemigos ／ 国を滅ぼす destruir un país ／ 身を滅ぼす arruinarse ／ 部族を滅ぼす 「hacer desaparecer [destruir, extinguir] una tribu

ぼろぼろ
▶ぼろぼろの (服が) harapien*to*[*ta*], raí*do*[*da*], (使い古した) desgasta*do*[*da*], gasta*do*[*da*], soba*do*[*da*] ‖ ぼろぼろの服 ropa *f.* 「raída [harapienta] ／ ぼろぼろのビル un libro *m.* 「gastado [desgastado] ／ ぼろぼろのビル edificio *m.* destartalado
▶ぼろぼろと／涙をぼろぼろと流す llorar a 「chorros [lágrima viva] ／ 壁がぼろぼろと崩れ落ちた La pared se desmoronó.
▶ぼろぼろになる desgastarse ‖ 身も心もぼろぼろになる estar destroza*do*[*da*] tanto física como mentalmente,《慣用》estar he*cho*[*cha*] un trapo

ぼろもうけ ぼろ儲け
▶ぼろもうけする 「ganar [sacar] un buen

ほろよい ほろ酔い
▶ほろ酔い(気分)の ligeramente 「eb*rio* [ria][borra*cho*[cha]]
▶ほろ酔い気分になる achisparse, entonarse, emborracharse ligeramente

ほろり
▶ほろりとする/ほろりとなる enternecerse ‖ 彼の優しさにほろりとした Su amabilidad me llegó al alma. ／ほろりとさせる話 historia *f.* enternecedora

ホワイト blanco *m.*
☐ホワイトカラー trabaja*dor*[dora] *mf.* de cuello blanco
☐ホワイトクリスマス blanca Navidad *f.*, Navidad *f.* con nieve
☐ホワイトソース besamel *f.*, bechamel *f.*, salsa *f.* blanca ‖ホワイトソースを作る preparar una besamel
☐ホワイトチョコレート chocolate *m.* blanco

ホワイトハウス la Casa Blanca

ほん 本 ❶ (助数詞)‖ビール5本 cinco botellas *fpl.* de cerveza ／2本の道路 dos carreteras *fpl.*
❷ (この) es*te*[ta], (現在の) presente, actual, (主な) principal, (当面の) en cuestión, (本当の) real ‖本年度 el año en curso, el presente año
❸ (書籍) libro *m.* ‖本を読む leer un libro ／本を書く escribir un libro ／本を選ぶ elegir un libro ／本を借りる[tomar [pedir] prestado un libro, (図書館などで) sacar un libro en préstamo ／本にまとめる escribir en un libro *su* experiencia ／本を出す「publicar [editar] un libro ／本にめぐりあう encontrarse con un libro ／本との出会い encuentro *m.* con un libro ／本の虫, descubrimiento *m.* de un libro ／ものの本によると según la bibliografía de ese tema
[慣用]本の虫〈慣用〉*f.* [ratón *m.*] de biblioteca

ホン (音の単位) fonio *m.*, fon *m.*

ぼん 盆 ❶ (トレイ) bandeja *f.* ‖盆のような月 luna *f.* llena
❷ (仏教) fiesta *f.* budista de los difuntos ‖お盆に帰省する volver a *su* tierra natal en la época de la fiesta budista de los difuntos

ほんい 本位 ‖自分本位の性格 carácter *m.* egocéntrico ／当店は品質本位です En nuestra tienda la calidad es lo primero.
☐本位制 ‖金本位制 patrón *m.* oro ／銀本位制 estándar *m.* de plata

ほんい 本意 verdadera intención *f.*, verdadero propósito *m.* ‖本意を遂げる cumplir *su* verdadero propósito, llevar a término *su* propósito ／それは私の本意ではなかった Eso no fue mi verdadera intención.

ほんかいぎ 本会議 (国会の) sesión *f.* plenaria, (本式の) reunión *f.* oficial

ほんかく 本格
▶本格的な (本物の) real, auténti*co*[ca], verdade*ro*[ra] ‖本格的な夏 verano *m.* auténtico, pleno verano *m.* ／本格的なフランス料理 auténtica 「cocina *f.* [comida *f.*] francesa ／本格的な捜査を行う「realizar [hacer] pesquisas exhaustivas
▶本格的に en serio, de verdad, (大々的に) 「a [en] gran escala ‖本格的に取りかかる emprender ALGO en serio
▶本格派の auténti*co*[ca], (正統な) ortodo*xo*[xa], (伝統的な) tradicional ‖彼は本格派のサッカー選手だ Él es mucho futbolista.

ほんかん 本管 「tubería *f.* [conducto *m.*] principal ‖ガスの本管 tubería *f.* principal de gas

ほんかん 本館 edificio *m.* principal

ほんき 本気 ‖本気である ir en serio ／本気を出す(全力を出す)〈慣用〉sacar fuerzas de flaqueza
▶本気の se*rio*[ria] ‖本気の恋愛関係 relación *f.* amorosa seria
▶本気で en serio, seriamente, con seriedad ‖本気でやる hacer ALGO en serio ／本気で言う decir ALGO en serio ／本気で信じる tener fe ciega《en》／本気で勉強しないと、君は留年することになるよ Si no estudias en serio, vas a repetir el curso.
▶本気になる ponerse se*rio*[ria]
▶本気にする tomar ALGO en serio,〈慣用〉tomar(se) ALGO a pecho ‖警察は誘拐犯の脅しを本気にしなかった La policía no tomó en serio las amenazas del secuestrador.

ほんぎまり 本決まり decisión *f.* definitiva, (承認) aprobación *f.* definitiva
▶本決まりする 「decidirse [aprobarse] definitivamente ‖図書館の建設は本決まりになった La construcción de la biblioteca está aprobada definitivamente.

ほんきゅう 本給 「sueldo *m.* [salario *m.*] base

ほんぎょう 本業 profesión *f.* principal →ほんしょく(本職)

ほんきょく 本局 central *f.*, oficina *f.* 「central [principal] ‖郵便局の本局 central *f.* de correos

ほんきょち 本拠地 sede *f.*, base *f.*, centro *m.*, (スポーツ) casa *f.* ‖東京を本拠地にする「establecer [instalar] *su* sede en Tokio

ほんけ 本家 rama *f.* principal, (流派) linaje *m.* principal, (創始者) funda*dor*[dora] *mf.*, crea*dor*[dora] *mf.* ‖織田家の本家 la rama principal de la familia Oda ／タンゴの本家 origen *m.* del tango

ほんこう 本校 (分校に対して) escuela *f.* principal, (当校) esta escuela, nuestra es-

cuela
ほんごく 本国 país *m.* de origen, (母国) patria *f.*, (植民地からみた) madre *f.* patria ‖ 本国へ送還される ser devuel*to[ta]* al país de origen
▶本国政府 gobierno *m.* del país de origen

ほんごし 本腰
[慣用]本腰を入れる hacer un esfuerzo serio ‖ 地球温暖化に対処するため政府は本腰を入れている El gobierno trabaja con firmeza para hacer frente al calentamiento global.

ぽんこつ (車や機械など) cacharro *m.*, chatarra *f.*

ボンゴレスパゲッティ espaguetis *mpl.* con almejas

ホンコン 香港 Hong Kong
▶香港の(人) hongko*nés[nesa]* (*mf.*)

ぽんじ 凡字 [inteligencia *f.* [talento *m.*] mediocre, (人) persona *f.* mediocre

ぼんさい 盆栽 bonsái *m.*

ほんしき 本式
▶本式の auténti*co[ca]*, (正式な) formal, regular ‖ このレストランでは本式の日本料理を出す En este restaurante ponen auténtica comida japonesa.

ほんしつ 本質 esencia *f.*, sustancia *f.*, (核心) meollo *m.*, (根本) fondo *m.* ‖ 人間の本質 esencia *f.* del hombre / 問題の本質 meollo *m.* [del problema [de la cuestión] / 本質に触れる [conocer [percibir] la esencia《de》 / 本質を探る [ahondar [bucear] en la esencia《de》 / 本質を見極める reconocer lo esencial, averiguar la esencia《de》
▶本質的な esencial, sustancial
▶本質的に esencialmente, sustancialmente

ほんじつ 本日 día *m.* de hoy → きょう(今日) ‖ 本日開店いたしました Hoy hemos inaugurado la tienda. / 本日は晴天なり Hoy hace buen tiempo. ¦ (マイクテストで) Probando, probando. / 本日休業《掲示》 Hoy cerrado / 本日はお越しいただき誠にありがとうございます Le agradezco sinceramente que haya venido hoy.

ほんしゃ 本社 casa *f.* [matriz [central], sede *f.* central

ホンジュラス Honduras
▶ホンジュラスの hondure*ño[ña]*
▲ホンジュラス人 hondure*ño[ña]* *mf.*

ほんしょう 本性 verdadera naturaleza *f.*, verdadero carácter *m.*, (本心) verdadera intención *f.*, (正気) juicio *m.* ‖ 本性を現す mostrar *su* verdadera naturaleza,《慣用》[descubrir [enseñar] la oreja

ほんしょく 本職 (本業) [profesión *f.* [ocupación *f.*] principal, (専門家) profesional *com.*, especialista *com.*, exper*to[ta]* *mf.* ‖ 彼の本職は医者だ Su profesión principal es la medicina. / 本職に任せる dejar en manos de *un[una]* profesional
▶本職の ‖ 本職の女優 actriz *f.* profesional

ほんしん 本心 verdadera intención *f.*, (正気) juicio *m.* ‖ 本心を失う perder la cabeza, (気が狂う) volverse lo*co[ca]* / 本心を明かす [revelar [mostrar] *su* verdadera intención / 彼の本心が分からない No sé [qué [lo que] piensa él en el fondo.
▶本心(で)は en el fondo,《慣用》en *su* fuero interno

ぼんじん 凡人 persona *f.* [ordinaria [mediocre], mediocre *com.*

ポンず ポン酢《日本語》salsa *f. ponzu*, (説明訳) zumo *m.* de cítricos con vinagre
▲ポン酢醤油 salsa *f. ponzu* a la que se añade salsa de soja

ほんすじ 本筋 tema *m.* principal ‖ 本筋から外れる desviarse del tema principal, apartarse del asunto principal,《慣用》irse por los cerros de Úbeda / 本筋に戻す volver al tema principal / まず親に相談するのが本筋だろう Sería apropiado consultar a los padres antes que nada.

ほんせき 本籍 domicilio *m.* legal ‖ 本籍を移す [cambiar [trasladar] *su* domicilio legal / 本籍は高松にある tener *su* domicilio legal en Takamatsu
▲本籍地 municipio *m.* donde está registrado el domicilio legal

ほんせん 本線 (鉄道の) vía *f.* férrea principal, (車線の) carril *m.* principal

ほんそう 奔走 ‖ 彼はお嫁さんさがしに奔走中だ Él está buscando una mujer con la que casarse.
▶奔走する (動き回る) trajinar,《慣用》[ir [andar] de la Ceca a la Meca, (努力する) hacer esfuerzos《para》‖ プロジェクトの資金集めに奔走する hacer todas las gestiones posibles para conseguir un fondo para el proyecto

ほんたい 本体 (実体) sustancia *f.*; (機械の主要部) cuerpo *m.* ‖ この時計の本体はステンレス鋼でできている El cuerpo de este reloj está hecho de acero inoxidable.
▲本体価格 (付属品抜きの) precio *m.* sin accesorios, (税抜きの) precio *m.* sin impuestos
▲本体論《哲学》ontología *f.*

ほんだい 本題 [tema *m.* [materia *f.*] principal
▶本題に入る entrar en materia,《慣用》ir al grano ‖ それでは、本題に入ろう Vamos a entrar en materia.

ぼんたい 凡退
▶凡退する《野球》ser elimina*do[da]*, ser pues*to[ta]* out
▲三者凡退 ‖ 三者凡退にしとめる defender

terminando el *inning* con tres bateadores sin que salga ningún corredor

ほんたて 本立て （ブックエンド） sujetalibros *m*.[=*pl*.]

ほんだな 本棚 estantería *f*., librería *f*., biblioteca *f*.

ぼんち 盆地 cuenca *f*.

ほんちょうし 本調子‖本調子である estar en 「buena [plena] forma ／本調子になる coger el ritmo, (病後に) recuperarse del todo ／本調子に戻る recuperar el ritmo normal ／彼はまだ本調子ではない Él todavía no está bien del todo.

ほんてん 本店 casa *f*. central, oficina *f*. 「principal [central]

ほんでん 本殿 santuario *m*. principal

ほんど 本土 territorio *m*. principal (de un país), tierra *f*. firme, (本国) patria *f*.‖スペイン本土 España peninsular ／日本本土 islas *fpl*. principales de Japón

ぽんと‖ぽんと肩をたたく dar una palmada en la espalda de ALGUIEN ／ぽんと投げる tirar, lanzar ／彼女はぽんと大金を寄付した Ella donó un dineral como si nada.

ポンド （重量の単位） libra *f*.; （英国通貨） libra *f*. esterlina

ほんとう 本当 verdad *f*.‖その話が本当だったらなあ ¡Ojalá esa historia fuera verdad! ／体が本当でない no estar bien del todo ／本当ですか ¿Es「verdad [cierto]? ／その会社の財務問題の噂が本当だと分かった Se ha confirmado el rumor sobre el problema financiero de esa compañía.

▶本当の verdade*ro*[*ra*], real, （確かな） cier*to*[*ta*], （本物の） auténti*co*[*ca*], de verdad‖本当の話 historia *f*. real, verdadera historia *f*. ／本当の友達 verdade*ro*[*ra*] ami*go*[*ga*] *mf*., ami*go*[*ga*] *mf*. de verdad ／本当の年齢 edad *f*. real ／本当のことを言うと a decir verdad

▶本当に verdaderamente, realmente‖本当になる convertirse en realidad ／彼が無事に着いて本当によかった ¡Qué bien que él llegara sano y salvo! ／彼女は本当にすばらしい演奏家だ Ella es una intérprete realmente maravillosa.

▶本当は en realidad, la verdad es que『+直説法』／私は本当は行きたくない La verdad es que no me apetece ir.

ほんどう 本堂 edificio *m*. principal de un templo budista

ほんどおり 本通り calle *f*. principal

ほんにん 本人 （当事者） interesa*do*[*da*] *mf*., persona *f*. en cuestión, （名義人） titular *com*.‖本人の意思で por *su* propia「voluntad [decisión] ／願書は本人が記入しなければならない La solicitud la tiene que rellenar la persona interesada. ／学長(男性)本人が我々を出迎えてくれた El rector en persona nos recibió.

◩本人確認‖本人確認をする comprobar la identidad de ALGUIEN

ほんね 本音 verdadera intención *f*. ⇒ほんしん(本心)‖本音を吐く revelar *su* verdadera intención

ボンネット （車の） capó *m*.

ほんの solo, me*ro*[*ra*]‖ほんの少し solo un poco, un poquito ／彼女はまだほんの子供だEs todavía muy niña. ／彼女はほんの2、3分前にオフィスを出ました Ella ha salido de la oficina hace solo un par de minutos. ／ほんの偶然にすぎない Es una mera coincidencia.

ほんのう 本能 instinto *m*.‖本能が鈍る perder los instintos ／本能に身を任せる「dejarse llevar por [abandonarse a] *sus* instintos ／本能をコントロールする controlar *sus* instintos

▶本能的な instinti*vo*[*va*]‖本能的な恐怖 miedo *m*. instintivo ／本能的な反応 reacción *f*. instintiva

▶本能的に instintivamente, por instinto

◩動物的本能 instinto *m*. animal

◩母性本能 instinto *m*. maternal

ほんのう 煩悩 deseos *mpl*. mundanos

ほんのり ligeramente, suavemente‖ほんのり頬を染める「ruborizarse [sonrojarse] ligeramente

ほんば 本場 tierra *f*., meca *f*., (発祥地) cuna *f*.‖タンゴの本場 cuna *f*. del tango ／ワインの本場 tierra *f*. del vino ／アルペンスキーの本場 meca *f*. del esquí alpino

▶本場の auténti*co*[*ca*], genui*no*[*na*], legíti*mo*[*ma*]‖本場の味 sabor *m*. auténtico ／本場のジャズ *jazz m*. auténtico

◩本場仕込み‖彼のドイツ語は本場仕込みだ Su alemán lo aprendió en Alemania.

ほんばこ 本箱 estantería *f*., librería *f*.

ほんばん 本番 （映画・テレビの撮影） toma *f*., （翌日） representación *f*., actuación *f*.‖本番スタート (撮影で)¡Acción! ／ぶっつけ本番で sin ensayo previo, sin preparación

ほんぶ 本部 sede *f*., casa *f*. central‖本部に報告する informar a la sede

◩捜査本部 sede *f*. de investigación

◩本部長 direc*tor*[*tora*] *mf*. de la sede

ポンプ bomba *f*.‖ポンプでくむ bombear

ほんぶり 本降り‖雨が本降りになった Ha empezado a llover con ganas.

ほんぶん 本分 deber *m*., obligación *f*.‖本分を尽くす cumplir con *su* deber ／本分を怠る「abandonar [descuidar] *su* deber

ほんぶん 本文 texto *m*., (主要部分) cuerpo *m*.

ボンベ bombona *f*.

◩酸素ボンベ balón *m*. de oxígeno

ほんぽう 奔放
▶ 奔放な libre, bohe*mio*[*mia*] ‖ 奔放な生活 vida *f.* bohemia ／ 奔放な作品 obra *f.* liberal

▶ 奔放に libremente, 《慣用》a *sus* anchas, 《慣用》a *su* aire ‖ 奔放に生きる vivir a「*sus* anchas [*su* aire], llevar una vida bohemia

◪ **自由奔放** ‖ 彼はいつも自由奔放にふるまう Él actúa「como le da la gana [con entera libertad].

ぼんぼん (お坊ちゃん) señorito *m.*, 《慣用》hijo *m.* de papá

ボンボン bombón *m.*

ぽんぽん
▶ ぽんぽん(と) ‖ ぽんぽんと手を鳴らす dar palmadas ／ ポップコーンがぽんぽんと弾ける Revientan las palomitas de maíz. ／ ぽんぽんと売れる《慣用》venderse como rosquillas

ほんまつてんとう 本末転倒 ‖ 本末転倒である《慣用》empezar la casa por el tejado ¦《慣用》poner el carro delante de los bueyes

ほんみょう 本名 nombre *m.*「real [verdadero]

ほんめい 本命 favori*to*[*ta*] *mf.* ‖ (競馬などで) 本命に賭ける apostar por el favorito ／ 大統領選挙の本命に浮上する perfilarse como favori*to*[*ta*] en las elecciones presidenciales

ほんもう 本望 *su* deseo más anhelado ‖ 本望を遂げる「lograr [conseguir] *su* deseo más anhelado

ほんもの 本物 ‖ 本物と偽物 el original y la imitación, lo auténtico y lo falso ／ 本物そっくりの casi idén*tico*[*ca*] al original, prácticamente igual al original ／ この絵は本物そっくりだ Este cuadro parece auténtico. ／ この猫のぬいぐるみは本物のように動く Este gato de peluche se mueve como si fuese de verdad.

▶ 本物の auténti*co*[*ca*], genui*no*[*na*], verdade*ro*[*ra*], de verdad, (真正の) legíti*mo*[*ma*] ‖ 本物のダイヤ diamante *m.* auténtico ／ 本物の美しさ belleza *f.*「real [auténtica] ／ 本物のダリの作品 un Dalí「auténtico [legítimo] ／ 本物のよさを味わう disfrutar de lo auténtico de ALGO ／ 日本料理の本物の味を求める buscar el sabor auténtico de la comida japonesa

ほんや 本屋 librería *f.*, (人) libre*ro*[*ra*] *mf.*

ほんやく 翻訳 traducción *f.* ‖ 翻訳でスペイン語の作品を読む leer en traducción una obra escrita en español

▶ 翻訳する traducir, 「hacer [realizar] la traducción《de》, 《格式語》verter ‖ 小説をスペイン語に翻訳する traducir una novela al español ／ 日本語から英語に翻訳する traducir del japonés al inglés

◪ **機械翻訳** traducción *f.* automática
◪ **翻訳家** traduc*tor*[*tora*] *mf.*
◪ **翻訳権** derechos *mpl.* de traducción
◪ **翻訳書** traducción *f.*, libro *m.* traducido

ぼんやり vagamente ‖ ぼんやり雲を眺める mirar distraídamente las nubes ／ ぼんやり見える verse vagamente, verse borro*so*[*sa*] ／ ぼんやり覚えている recordar ALGO vagamente

▶ ぼんやりする distraerse, 《慣用》pensar en las musarañas ‖ 頭がぼんやりする tener la mente aturdida, atontarse ／ ぼんやりしている estar distraí*do*[*da*], estar atonta*do*[*da*] ／ ぼんやりしている暇があったら手伝ってよ Échame una mano si no haces nada.

▶ ぼんやりした (不明瞭な) borro*so*[*sa*], difu*so*[*sa*], (漠然とした) va*go*[*ga*], confu*so*[*sa*], (放心した) distraí*do*[*da*] ‖ ぼんやりした画像 imagen *f.* borrosa ／ ぼんやりした様子で con aire distraído

ほんらい 本来 (元来) originalmente, (本質的に) esencialmente, (生来) por naturaleza, (定義上) por definición

▶ 本来の (元来の) original, origina*rio*[*ria*], (生来の) inna*to*[*ta*], (固有の) pro*pio*[*pia*] ‖ 本来の仕事 trabajo *m.* principal ／ この言葉本来の意味では en el sentido propio de esta palabra ／ 本来の目的を見失う perder de vista el objetivo principal《de》／ 日本酒本来の性質 características *fpl.* propias del sake

ほんりゅう 本流 corriente *f.* principal

ほんりゅう 奔流 torrente *m.*, corriente *f.* impetuosa, (急流) rabión *m.*

ほんりょう 本領 (特性) característica *f.*, (実力) capacidad *f.*, (才能) talento *m.* ‖ 本領を発揮する「demostrar [desplegar] plenamente *su* capacidad

ほんるい 本塁 《英語》home *m.*

◪ **本塁打** (野球) jonrón *m.*

ほんろう 翻弄
▶ 翻弄する (もてあそぶ) jugar《con》, (波が船を) sacudir ‖ 波に翻弄される ser un juguete de las olas ／ 彼は運命に翻弄された El destino jugó con él. ¦ Él fue un juguete del destino.

ほんろん 本論 tema *m.* principal ⇒ ほんだい(本題) ‖ 本論に入る entrar en materia

ま

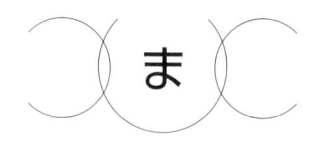

ま 真

❶ [真実]

[慣用] 真に受ける tomar(se) ALGO en serio, creerse ‖ 半分くれると言われて私はそれを真に受けてしまった Me han dicho que me van a dar la mitad y yo me lo he creído.

❷ 《接頭辞》(真実の) verdade*ro*[*ra*], (正確な) exac*to*[*ta*], (純粋な) pu*ro*[*ra*] ‖ 真正直な人 persona f. absolutamente honesta

ま 間 (部屋) habitación f.; (空間) espacio m., intervalo m., (時間) tiempo m., (中断の時間) pausa f., intervalo m. ‖ 三間の家 casa f. de tres habitaciones ／ あっという間に《慣用》en un abrir y cerrar de ojos ／ 私の知らぬ間にそこに家が建った Han hecho una casa ahí y ni siquiera me he dado cuenta. ／ よそ見している間にバッグを盗まれてしまった Me robaron el bolso mientras miraba a otro lado. ／ 寝る間もない no tener tiempo ni para dormir ／ 間を見計らう esperar el momento oportuno ／ 娘は大学に入って間がない Hace muy poco que mi hija ha entrado en la universidad. ／ 彼の演説は間の取り方がうまい Él utiliza las pausas inteligentemente en su discurso.

[慣用] 間がいい ser oportu*no*[*na*], (運がいい) tener suerte

[慣用] 間が悪い ser inoportu*no*[*na*], (気まずい) sentirse incómo*do*[*da*]

[慣用] 間の抜けた ‖ 間の抜けた顔 cara f. de ton*to*[*ta*]

[慣用] 間を置く (時間的) hacer una pausa, (空間) [dejar [abrir] un espacio, espaciar

[慣用] 間を持たす ocupar el tiempo libre ‖ 私たちは冗談を言って間を持たせた Matamos el tiempo contando chistes.

◪ 八畳間 habitación f. de ocho tatamis

ま 魔 の交差点 cruce m. peligroso

[慣用] 魔が差す tener un mal pensamiento ‖ 彼は魔が差して盗みを働いたと言った Él dijo que había cometido el robo por un impulso del momento.

まあ ‖ まあ座って Anda, siéntate. ／ まあそんなもんだろう Bueno, así son las cosas. ／ まあよくできたほうだと思う Creo que está bastante bien. ／ もう終わったの―まあね ¿Ya lo has terminado? - Más o menos. ／ まあ、なんてきれいなんでしょう ¡Huy, qué bonito!

まあい 間合い (間隔) distancia f., (頃合い) oportunidad f., ocasión f. ‖ ふさわしい間合い (距離) distancia f. adecuada, (時間) pausa f. oportuna ／ 間合いを見計らう esperar el momento oportuno

マーカー (筆記用具) rotulador m., 《中南米》marcador m.

◪ 腫瘍マーカー marcador m. tumoral

マーガリン margarina f.

マーガレット 《植物》margarita f.

マーキュロクロム mercromina f., mercurocromo m.

マーク (印) marca f., señal f., (ロゴ) logo m., (相手チームの選手への) marcaje m. ‖ 郵便のマーク logo m. de Correos ／ マークをつける poner una marca

▶ マークする (印をつける) señalar, marcar, (選手を) realizar un marcaje, marcar, (記録などを) establecer, (行動などを) vigilar ‖ 容疑者を徹底的にマークする vigilar intensamente「al sospechoso [a la sospechosa]／ 新記録をマークする establecer un nuevo récord

マークシート formato m. de hoja de respuestas ‖ マークシートを塗りつぶす rellenar la hoja de respuestas

▶ マークシート式(の) ‖ マークシート式の試験問題 examen m.「(de) tipo test [con hoja de respuestas]

マーケット mercado m. ‖ マーケットで買い物をする hacer la compra en el mercado ／ マーケットを拡げる ampliar el mercado ／ マーケットを開拓する buscar nuevos「mercados [clientes]

▶ マーケットシェア cuota f. de mercado ‖ 会社のマーケットシェアは30パーセントに落ちた La cuota de mercado de la empresa ha bajado al 30% (treinta por ciento).

▶ マーケットリサーチ「investigación f. [estudio m.] de mercado

マーケティング 《英語》*marketing* m., mercadotecnia f.

マージャン 麻雀 《中国語》*mahjong* m.

▶ 麻雀をする jugar al *mahjong*

◪ 麻雀卓 mesa f. de *mahjong*

◪ 麻雀パイ ficha f. de *mahjong*

◪ 麻雀屋 sala f. de *mahjong*

マージン (利ざや) margen m., (手数料) comisión f.; (余白) margen m. ‖ マージンを取る ganar margen

まあたらしい 真新しい completamente

nue*vo*[*va*], flamante
マーチ (行進曲) marcha *f*.
　◨ウエディングマーチ marcha *f*. nupcial
まあまあ ‖ 調子はどう—まあまあだよ ¿Qué tal? -Así, así. ／ 一人でまあまあやっていくよ Ya me apañaré so*lo*[*la*]. ／ ペドロはどう—まあまあやってるよ ¿Qué tal te va a Pedro? -Va tirando. ／ 値段はまあまあだ No está mal de precio.
　▶まあまあの (許容範囲の) aceptable, (理にかなった) razonable ‖ 今学期僕はまあまあの成績だった Este semestre he sacado notas más o menos buenas.
マーマレード mermelada *f*. ‖ マーマレードを塗ったパン pan *m*. untado con mermelada
まい ‖ あそこには二度と行くまい No volveré jamás a aquel sitio. ／ この天気では散歩をしている人もあるまい Con este tiempo no creo que haya nadie paseando. ／ 子供ではあるまいし, 自分の問題は自分で解決しなさい Ya no eres *un*[*una*] ni*ñ*o[*ñ*a]. Aprende a resolver tus problemas.
まい 枚 ‖ 紙2枚 dos hojas *fpl.* de papel ／ ハム2枚 dos lonchas *fpl.* de jamón ／ 3枚の皿 tres platos *mpl*. ／ 千円札1枚 un billete de mil yenes ／ 入場券を3枚お願いします Tres entradas, por favor.
まい 舞 danza *f*., baile *m*. ⇒おどり(踊り) ‖ 舞を舞う bailar, danzar
まいあがる 舞い上がる ‖ ほこりが舞い上がる levantarse *el polvo* ／ その知らせを聞いて彼はすっかり舞い上がった Él se puso eufórico al oír esa noticia.
まいあさ 毎朝 todas las mañanas, cada mañana
マイカー coche *m*. ⌈propio [particular] ‖ マイカーで通勤する ir al trabajo en (*su* propio) coche
まいかい 毎回 todas las veces, cada vez ‖ 彼は会議に毎回遅刻する Él siempre llega tarde a la reunión.
まいきょ 枚挙
　[慣用]枚挙にいとまがない ser innumerable ‖ このような交通事故は枚挙にいとまがない Hay muchísimos accidentes de tráfico como este. ⌈Son innumerables los accidentes de tráfico como este.
マイク micrófono *m*., micro *m*. ‖ 感度のいいマイク micrófono *m*. sensible ／ マイクを持つ [tomar [coger, agarrar] el micrófono ／ マイクに向かって話す hablar al micrófono ／ マイクに近付く acercarse al micrófono ／ マイクの前に立つ ponerse delante del micrófono
　◨ワイヤレスマイク micrófono *m*. inalámbrico
マイクロ

　◨マイクロチップ《IT》microchip *m*.
　◨マイクロバス microbús *m*.
　◨マイクロフィルム microfilm *m*., microfilme *m*.
　◨マイクロフォン →マイク
　◨マイクロメートル micrómetro *m*. (略 μ*m*)
　◨マイクロリーダー lector *m*. de microfilm
まいこ 舞子／舞妓 ⌈aprendiz *f*. [aprendiza *f*.] de geisha
まいご 迷子 ni*ñ*o[*ñ*a] *mf*. perdi*do*[*da*] ‖ 迷子のお知らせ anuncio *m*. de niños perdidos ／ 迷子の女の子を捜す buscar a la niña perdida ／ 迷子を保護する ⌈amparar [cuidar] a *un*[*una*] ni*ñ*o[*ñ*a] perdi*do*[*da*] ／ 迷子になる perderse, extraviarse
まいこつ 埋骨
　▶埋骨する enterrar ⌈las cenizas [los huesos]
まいこむ 舞い込む ‖ 風にのって花びらが部屋に舞い込んだ Los pétalos se metieron en la habitación llevados por el viento.
まいじ 毎時 por hora ‖ 毎時50キロで a 50 kilómetros por hora
まいしゅう 毎週 todas las semanas, cada semana ‖ 毎週月曜日 (todos) los lunes, cada lunes
　▶毎週の semanal ‖ 毎週のアクセス数 número *m*. de accesos semanales
まいしょく 毎食 cada comida *f*. ‖ 毎食後1錠飲んでください Tome una pastilla después de cada comida.
まいしん 邁進
　▶邁進する esforzarse, luchar ‖ 目標達成に向けて邁進する afanarse por alcanzar *su* meta
まいすう 枚数 (紙の) número *m*. de hojas ‖ 皿の枚数を数える contar el número de platos, contar los platos
まいせつ 埋設
　▶埋設する instalar ALGO bajo tierra
　◨埋設ケーブル cable *m*. instalado bajo tierra, cable *m*. enterrado
まいそう 埋葬 entierro *m*., inhumación *f*.
　▶埋葬する enterrar, sepultar, inhumar
　◨埋葬許可書 permiso *m*. de inhumación
まいぞう 埋蔵
　▶埋蔵する enterrar, sumir, (隠す) esconder ALGO bajo tierra
　◨埋蔵金 fortuna *f*. enterrada
　◨埋蔵物 objeto *m*. enterrado
　◨埋蔵量 reservas *fpl*. ‖ 石油の埋蔵量 reservas *fpl*. de petróleo
まいたけ 舞茸 hongo *m*. *maitake*, (学名) *Grifota frondosa*
まいちもんじ 真一文字
　▶真一文字に ‖ 真一文字に口を結ぶ apretar bien los labios ／ 目標に向かって真一文字に突き進む ir derecho al objetivo

まいつき 毎月 todos los meses, cada mes, mensualmente ‖ 会費を毎月払う pagar la cuota mensualmente
▶毎月の mensual ‖ 毎月の企画会議 reunión *f.* mensual de planificación

まいど 毎度 cada vez, todas las veces, (いつも) siempre ‖ (来店した客に) 毎度ありがとうございます Muchas gracias por su visita. / 彼は月曜日は毎度遅刻する Él siempre llega tarde los lunes. / 彼が外で飲み過ぎるのは毎度のことだ Cada vez que sale de copas, él bebe demasiado.

まいとし 毎年 todos los años, cada año ‖ 毎年のように、その店は赤字を出している Esa tienda arroja déficit todos los años.
▶毎年の anual ‖ 毎年の地域行事 evento *m.* anual del barrio / 毎年の健康診断 reconocimiento *m.* médico anual

マイナー (短調) tono *m.* menor
▶マイナーな (小規模な) menor, de poca importancia

マイナス menos *m.* ‖ マイナス3.5 menos tres coma cinco / 10マイナス4は6だ Diez menos cuatro「son [igual a] seis. / マイナス10度 diez grados bajo cero / 甘やかすのは子供にとってマイナスだ No le beneficia nada al niño mimarlo.
▶マイナスする quitar, descontar, 《数学》restar ‖ 消費税分をマイナスする「quitar [descontar] el impuesto sobre el consumo
▶マイナスになる ‖ 気温がマイナスになる Las temperaturas descienden por debajo de cero. ¦ El termómetro marca bajo cero. / 貯金残高がマイナスになる La cuenta se queda en números rojos. / その選手(男性)の不調はチームに大変マイナスになった El hecho de que ese jugador estuviera en mala forma resultó muy negativo para el equipo.
◾マイナスイオン「ion *m.* [ión *m.*] negativo
◾マイナスイメージ imagen *f.* negativa
◾マイナス記号 menos *m.*, signo *m.* menos
◾マイナス極 polo *m.* negativo, cátodo *m.*
◾マイナス思考 pensamiento *m.* negativo
◾マイナス成長 crecimiento *m.* negativo
◾マイナス面 aspecto *m.* negativo ‖ マイナス面ばかり強調してはいけない No hay que destacar solo los aspectos negativos.

まいにち 毎日 todos los días, cada día, a diario, diariamente ‖ その便は毎日あります Ese vuelo sale「a diario [todos los días, cada día, diariamente] ¦ Es un vuelo diario. / 私は毎日大学に行きます Voy a la universidad todos los días.
▶毎日の dia*rio*[*ria*], cotidia*no*[*na*] ‖ 毎日の犬の散歩 paseo *m.* diario con el perro / 毎日のくらし vida *f.* diaria

マイバッグ bolsa *f.* de la compra personal ‖ マイバッグを持参する llevar *su* propia bolsa
◾マイバッグ運動 campaña *f.* para fomentar el uso de una bolsa propia en las compras

まいばん 毎晩 todas las noches, cada noche ‖ 毎晩酒を飲む beber cada noche / 毎晩のように夢を見る soñar casi「cada noche [todas las noches]

まいびょう 毎秒 cada segundo ‖ その鳥は毎秒10メートルの速さで飛ぶ Esa ave vuela a diez metros por segundo.

マイペース ‖ 彼は何事もマイペースだ Él lo hace todo a *su* ritmo. / マイペースを保つ mantener *su* propio ritmo
▶マイペースで a *su* ritmo ‖ マイペースで仕事する trabajar a *su* ritmo

マイホーム casa *f.* propia, (家庭) *su* propio hogar *m.* ‖ マイホームを手に入れる comprar *su* propia casa / マイホームを夢見る soñar con tener *su* propia casa
◾マイホーム主義者 persona *f.* hogareña

まいぼつ 埋没
▶埋没する enterrarse, cubrirse →うまる(埋まる) ‖ 土砂崩れで家が埋没した La casa quedó enterrada por el derrumbamiento de tierra. ¦ El derrumbamiento de tierra enterró la casa. / 世に埋没した天才 genio *m.* no reconocido

まいもどる 舞い戻る volver, regresar ‖ 歴史の表舞台に舞い戻る volver al primer plano de la historia

まいよ 毎夜 todas las noches, cada noche →まいばん(毎晩)

まいる 参る (行く) ir, (来る) venir, (負ける) rendirse ‖ 神社に参る ir a rezar al santuario sintoísta / 私は精神的にまいっている Estoy mentalmente exhaus*to*[*ta*]. / 彼は仕事のストレスでまいっている Él está「agobiado [fastidiado] por el estrés del trabajo. / 彼はテレサにすっかりまいっている Él está locamente enamorado de Teresa. / どうだまいったか ¿Te rindes? / まいりました Me rindo.

マイル milla *f.*

マイルド
▶マイルドな suave ‖ マイルドな味 sabor *m.* suave / マイルドな口当たりの suave al paladar

マイレージ millaje *m.* ‖ マイレージを貯める「acumular [ganar] millas
◾マイレージサービス programa *m.* para viajeros frecuentes, programa *m.* de「millaje [millas]

マインドコントロール 「control *m.* [manipulación *f.*] mental
▶マインドコントロールする「controlar [manipular] mentalmente a ALGUIEN

まう 舞う （舞を）bailar, danzar, （空中を）revolotear‖神楽を舞う bailar una danza dedicada a las divinidades sintoístas ／風に舞う revolotear con el viento ／桜吹雪が舞っている Están cayendo los pétalos de flor de cerezo.

まうえ 真上
▶真上に justo encima 《de》‖頭の真上に justo encima de la cabeza ／滝の真上に月が上っている La luna está justo encima de la cascada.
▶真上の‖キッチンの真上の部屋 habitación *f.* que está justo encima de la cocina

まうしろ 真後ろ
▶真後ろに justo detrás 《de》‖駅の真後ろにショッピングモールがあります Hay un centro comercial justo detrás de la estación.

マウス ratón *m.*‖マウスをクリックする hacer un clic con el ratón ／マウスを使う usar el ratón
◪マウス操作「uso *m.* [manejo *m.*] del ratón
◪マウスパッド alfombrilla *f.* para el ratón
◪マウスポインタ cursor *m.* del ratón
◪マウスボタン botón *m.* del ratón

マウスピース （管楽器の）boquilla *f.*, （ボクシングの）protector *m.* bucal‖歯の矯正用のマウスピース férula *f.* [de descarga [dental]

マウンテンバイク bicicleta *f.* de montaña

マウンド 《野球》montículo *m.* del lanzador‖マウンドに立つ estar en el montículo ／マウンドを降りる retirarse del montículo

まえ 前 ❶（位置）
▶前に/前へ (hacia) adelante‖前に進む avanzar hacia adelante
▶〜の前に/〜の前へ delante 《de》, （正面に）enfrente 《de》‖カメラの前に立つ ponerse delante de la cámara ／駅の前にあるビル edificio *m.* que está enfrente de la estación ／大勢の人の前で話す hablar delante de mucha gente
▶前の delante*ro[ra]*, de delante‖一番前の車両 el primer vagón ／バスの前の方に座る sentarse en la parte delantera del autobús ／前の車を追い越す adelantar al coche que va delante
❷（時間）
▶前から‖彼は前から彼女が好きだった Él la quería desde hacía tiempo. ／どれくらい前からここに住んでいますか ¿Cuánto tiempo hace que vive usted aquí?
▶前に （以前に） antes‖前にどこかでお会いしましたよね Nos hemos visto antes en algún sitio, ¿no?
▶〜する前に antes de 〖+不定詞〗, antes de que 〖+接続法〗‖寝る前に antes de dormir ／暗くなる前にここを出発しましょう Vámonos de aquí antes de que oscurezca.
▶〜前に‖私の便の出発1時間前に空港が停電になった El aeropuerto quedó sin luz una hora antes de la salida de mi vuelo. ／いらっしゃるなら2日前に電話をください Si va a venir, llámeme dos días antes. ／6時ちょっと前に un poco antes de las seis ／3年前(に) hace tres años ／わが社は50年前に設立された Nuestra compañía fue fundada hace 50 años.
▶前の anterior‖私の前のメキシコ旅行 mi anterior viaje a México ／私の前の夫 mi ex esposo ／前の議題に戻ろう Volvamos al tema anterior.

まえあし 前足/前脚 pata *f.* delantera

まえいわい 前祝い
▶前祝いをする celebrar ALGO por adelantado

まえうけきん 前受金 señal *f.*

まえうしろ 前後ろ delante y detrás‖前後ろに着る ponerse ALGO al revés

まえうり 前売り venta *f.* anticipada
▶前売りする vender ALGO por anticipado
◪前売り券 entrada *f.* de venta anticipada‖前売り券を求める comprar una entrada de venta anticipada ／前売り券はありますか ¿Se puede comprar la entrada por anticipado?

まえおき 前置き preámbulo *m.*‖長すぎる前置き prolegómenos *mpl.* ／さて、前置きはこの程度にして本題に入りましょう Bueno, dejémonos de preámbulos y vayamos al grano.

まえかがみ 前屈み
▶前屈みになる inclinarse hacia delante
▶前屈みで inclina*do[da]* hacia delante‖前かがみ(の姿勢)で歩く andar agacha*do[da]*

まえがき 前書き prefacio *m.*, prólogo *m.*, preámbulo *m.*, proemio *m.*

まえかけ 前掛け delantal *m.*
▶前掛けをする ponerse un delantal

まえがし 前貸し
▶前貸しする‖給料を前貸しする pagar el sueldo por「adelantado [anticipado]

まえがみ 前髪 flequillo *m.*‖前髪を伸ばす[切る] [dejarse largo [cortar] el flequillo ／前髪を上げる[下ろす] [levantarse [soltarse] el flequillo ／前髪を分ける dividirse el flequillo ／前髪を横に流す ladearse el flequillo

まえがり 前借り cobro *m.* por「adelantado [anticipado]
▶前借りする‖給料を前借りする cobrar el sueldo por「adelantado [anticipado]

まえきん 前金 （手付金）señal *f.*, anticipo *m.*, pago *m.* por「adelantado [anticipado]‖前金は必要ですか ¿Hay que dejar una señal?

まえだおし 前倒し

まえば 前歯 diente *m.* (delantero),（上前歯）palas *fpl.*,《解剖》diente *m.* incisivo

まえばらい 前払い pago *m.* por「adelantado [anticipado]」‖ レンタル料金は前払いになります El pago del alquiler se efectúa por adelantado.
▶ 前払いする pagar por「adelantado [anticipado], adelantar, anticipar ‖ 給料の一部を前払いする adelantar a ALGUIEN una parte del sueldo
◪ 前払金 pago *m.* por「adelantado [anticipado], anticipo *m.*

まえぶれ 前触れ （徴候）indicio *m.*,（前兆）presagio *m.*, augurio *m.*,（予告）aviso *m.* ⇒ ぜんちょう（前兆）‖ 前触れもなく sin aviso previo ／ 地震の前触れ indicios *mpl.* de terremoto ／ 時代の前触れ heraldo *m.* de una nueva época ／ 死の前触れ presagio *m.* de muerte

まえむき 前向き
▶ 前向きな （積極的な）positiv*o*[va],（建設的な）constructiv*o*[va] ‖ 仕事に対する前向きな態度 actitud *f.* positiva hacia el trabajo
▶ 前向きに positivamente, en positivo ‖ 前向きに座る sentarse mirando hacia delante ／ 前向きに物事を考える pensar positivamente

まえもって 前もって con antelación, de antemano, con tiempo ‖ 前もって決めた期日 fecha *f.* previamente fijada ／ 前もって知らせる avisar de antemano ／ 将来について前もって考える pensar en el futuro con antelación

まえわたし 前渡し （品物の）entrega *f.* anticipada,（お金の）pago *m.* por「adelantado [anticipado]」
▶ 前渡しする ‖ 商品を前渡しする entregar la mercancía antes de recibir el importe

まがいもの 紛い物 imitación *f.*, falsificación *f.* ‖ まがい物の宝石 joya *f.* falsa

まがお 真顔 cara *f.* seria
▶ 真顔で con cara seria, con semblante serio ‖ 市長(男性)に真顔で現状を訴えた Le explicó al alcalde muy seriamente la situación actual.

まがし 間貸し alquiler *m.* de habitación
▶ 間貸しする alquilar una habitación

マガジン revista *f.*, magacín *m.*;（フィルムの）chasis *m.*[=*pl.*]
◪ マガジンラック revistero *m.*

まかす 負かす vencer, derrotar ‖ 強豪チームを負かす vencer a un equipo poderoso ／ 議論で負かす vencer a ALGUIEN en una discusión

まかせる 任せる encargar, confiar, encomendar ‖ 会社を任せる「encomendar [confiar] a ALGUIEN la dirección de la empresa ／ 会の運営を任せる dejar en manos de ALGUIEN la administración de la asociación ／ プロジェクトを任せる「encargar [confiar] a ALGUIEN el proyecto ／ ご想像にお任せします Lo dejo a su imaginación. ／ そのチームは金の力に任せて一流選手を集めた Ese equipo ha fichado a「fuerza [golpe] de talonario a deportistas de primer nivel.

まがった 曲がった encorvad*o*[da], curv*o*[va], (ねじれた) torcid*o*[da], (不正な) injust*o*[ta] ‖ 曲がった枝 rama *f.* torcida ／ 曲がった道 camino *m.* con curvas, curva *f.* ／ 腰の曲がった老女 anciana *f.* encorvada ／ 私は曲がったことが大嫌いだ Detesto la injusticia.

マカデミアナッツ nuez *f.* de macadamia

まかない 賄い （食事）comida *f.*,（人）cociner*o*[ra] *m.*
▶ 賄い付きの ‖ 賄い付きの下宿 casa *f.* con pensión completa

まかなう 賄う cubrir, arreglárselas ‖ 一家の生活を賄う cubrir los gastos de la familia, mantener a la familia ／ 小遣いで賄う「arreglárselas [apañárselas] con *su* dinero de bolsillo

まかふしぎ 摩訶不思議
▶ 摩訶不思議な muy extrañ*o*[ña], muy rar*o*[ra], muy misterios*o*[sa] ‖ 摩訶不思議な事件 suceso *m.* muy extraño

まがも 真鴨 ánade *m*(f).real (雄・雌)

まがり 曲がり curva *f.*, doblamiento *m.* ‖ 曲がりを直す enderezar, poner ALGO「rect*o* [derech*o*]」

まがり 間借り
▶ 間借りする alquilar una habitación
◪ 間借り人 inquilin*o*[na] *mf.* de una habitación

まがりかど 曲がり角 （道の）esquina *f.*;（変わり目）momento *m.* decisivo ‖ 2番目の曲がり角を右に曲がる「tomar [coger, girar en] la segunda (calle) a la derecha ／ 出版産業は曲がり角に来ている La industria editorial está en un momento crucial.

まがりくねる 曲がりくねる serpentear
▶ 曲がりくねった sinuos*o*[sa], serpenteante ‖ 曲がりくねった道 camino *m.* sinuoso

まかりとおる 罷り通る ⇒つうよう (⇒通用する) ‖ この国では汚職がまかり通っている En este país「consienten [se hace la vista gorda a] la corrupción.

まかりならぬ 罷りならぬ no estar permitid*o*[da] ‖ 会議室での喫煙はまかりならぬ Está estrictamente prohibido fumar en la sala de reuniones.

まがりなりにも 曲がりなりにも de alguna u otra manera, mal que bien, (辛うじて) a duras penas ‖ 彼は曲がりなりにも大学を卒業した Él terminó la carrera universitaria de alguna u otra forma.

まかりまちがう 罷り間違う ‖ まかり間違えば大事故になるところだった Faltó poco para que se produjera un desastre. ／まかり間違ってもそんなことは起こらない Es imposible que ocurra eso.

まがる 曲がる (道などが) girar, doblar, torcer, (物が) encorvarse ‖ 3番目の角を右に曲がる 「girar en [doblar en, tomar, coger] la tercera (calle) a la derecha ／ネクタイが曲がっている Tienes la corbata torcida. ／性格が曲がっている tener 「la mente retorcida [un carácter retorcido]
▷曲がった encorva*do*[*da*], cur*vo*[*va*], (ねじれた) torci*do*[*da*] ‖ 腰の曲がった老人 ancia*no*[*na*] mf. encorva*do*[*da*] ／曲がった道 camino m. con curvas ／私は何も曲がったことはしていません No he hecho nada malo.

マカロニ macarrones mpl. ‖ マカロニを茹でる cocer los macarrones
▣ マカロニウェスタン (映画) 《英語》 spaghetti western m.
▣ マカロニグラタン macarrones mpl. gratinados
▣ マカロニサラダ ensalada f. de macarrones

マカロン (お菓子) macarrón m.

まき 薪 leña f. ‖ 薪をくべる echar leña ／薪を積む apilar la leña ／薪を燃やす prender la leña ／薪を割る partir la leña

まき 巻き (巻いたもの) rollo m., (書物などの巻) volumen m., tomo m. ‖ ガムテープ一巻き un rollo de cinta americana
▣ 巻き寿司 sushi m. en rollo, rollito m. de arroz
▣ 右巻き ‖ 右巻きに en (el) sentido de las agujas del reloj
▣ 左巻き ‖ 左巻きに en (el) sentido contrario a las agujas del reloj

まきあげる 巻き上げる ‖ スクリーンを巻き上げる subir la pantalla ／金を巻き上げる quitar dinero a ALGUIEN, (だまして) estafar dinero a ALGUIEN, timar a ALGUIEN ／風が木の葉を巻き上げた El viento levantó las hojas.

まきおこす 巻き起こす causar, provocar, motivar ‖ センセーションを巻き起こす causar sensación
▷巻き起こる ‖ 彼のコメントに爆笑のうずが巻き起こった Su comentario produjo un estallido de carcajadas.

まきがい 巻き貝 caracol m., (大きい) caracola f.

まきかえし 巻き返し (反撃) contraataque m. ‖ 巻き返しを図る intentar recuperar(se) ／今のチームは後半に巻き返しに転じた Nuestro equipo recobró la fuerza en la segunda mitad. ／野党は今回の選挙で巻き返しを図っている Los partidos de la oposición están intentando resucitar en estas elecciones.

まきかえす 巻き返す recobrar, recuperar ‖ 勢力を巻き返す 「recuperar [recobrar] la fuerza

まきがみ 巻き紙 papel m. enrollado ‖ タバコの巻き紙 papel m. de fumar

まきげ 巻き毛 rizo m., pelo m. 「rizado [ensortijado], sortija f., bucle m., (長く下がった) tirabuzón m.

まきこむ 巻き込む enrollar; (事件などに) envolver, involucrar, implicar, enredar
▷巻き込まれる verse involucra*do*[*da*] ‖ 悪い事に巻き込まれる verse involucra*do*[*da*] en un lío ／私は交通渋滞に巻き込まれた Me quedé atrapa*do*[*da*] en el atasco.

まきじた 巻き舌
▷巻き舌で ‖ 巻き舌で話す hablar haciendo vibrar las erres; (強い調子で) hablar rápido con un tono fuerte

マキシマム (最大限) máximo m.

まきじゃく 巻き尺 cinta f. métrica, metro m.

まきぞえ 巻き添え ‖ 巻き添えを食う implicarse 《en》, envolverse 《en》, verse involucra*do*[*da*] 《en》
▷巻き添えにする implicar, involucrar

まきた 真北 norte m. exacto
▷真北に justo al norte

まきたばこ 巻きたばこ cigarrillo m.

まきちらす 撒き散らす esparcir, dispersar, desparramar, (液体・粉などを) derramar, (広める) divulgar, extender ‖ うわさを撒き散らす extender el rumor ／風が木の葉を撒き散らした El viento esparció las hojas de los árboles.

まきつく 巻き付く enroscarse, rodear, enrollarse, (つる植物が) trepar ‖ 蔦が柵に巻き付いた La hiedra ha trepado por la reja.

まきつける 巻き付ける enroscar, rodear, enrollar

まきとる 巻き取る devanar, bobinar, (糸玉にする) ovillar ‖ 糸を糸巻きに巻き取る devanar el hilo alrededor de una bobina

まきば 牧場 dehesa f., prado m., pradera f.

まきもどし 巻き戻し rebobinado m.

まきもどす 巻き戻す rebobinar ‖ テープを巻き戻す rebobinar la cinta

まきもの 巻き物 rollo m. de escritura ‖ 巻き物をひらく abrir el rollo ／巻き物を巻く hacer un rollo

まぎらす 紛らす （気持ちを）distraer, (ごまかす) disimular, esconder ‖ 退屈を紛らす matar el aburrimiento／悲しみをアルコールで紛らす ahogar *sus* penas en el alcohol

まぎらわしい 紛らわしい confu*so*[*sa*], ambi*guo*[*gua*] ‖ 紛らわしい標識 señal *f.* confusa

まぎれ 紛れ
▶〜紛れに ‖ 腹立ち紛れに por el enfado／どさくさ紛れに en medio de la confusión

まぎれこむ 紛れ込む perderse, mezclarse, confundirse ‖ 人ごみに紛れ込む「confundirse [perderse] entre la muchedumbre

まぎれもない 紛れもない inconfundible, inequívo*co*[*ca*], ob*vio*[*via*] ‖ 紛れもない事実 realidad *f.* inequívoca
▶紛れもなく inequívocamente, indudablemente, sin duda

まぎれる 紛れる perderse, confundirse, mezclarse, (気持ちが) distraerse ‖ 人ごみに紛れる「mezclarse [perderse, confundirse] entre la muchedumbre

まぎわ 間際
▶間際に justo antes《de》‖ 出発間際に justo antes de salir／死ぬ間際に justo antes de morir [*su* muerte]／始まる間際に justo antes de empezar／締め切り間際に justo antes de terminar el plazo／私が出かける間際にその荷物が着いた Llegó el paquete cuando (yo) estaba a punto de salir de casa.

まく 幕 (舞台の) telón *m.*, (覆いの布) cortina *f.*;（演劇の場面）acto *m.* ‖ 幕を張る「poner [extender] el telón／幕が上がる「subirse [levantarse] *el telón*／煙の幕 cortina *f.* de humo／君の出る幕じゃない No es asunto tuyo.
(慣用) 幕が開く (物事が始まる) empezar, comenzar
(慣用) 幕が下りる bajarse *el telón*, (物事が終わる) llegar a su fin, terminar, acabar
(慣用) 幕を開ける「subir [abrir] el telón, (物事を始める) dar comienzo《a》, comenzar, iniciar
(慣用) 幕を下ろす/幕を閉じる/幕を引く「bajar [cerrar] el telón,（終わりにする）poner el punto final《a》, terminar, acabar
(慣用) 幕を切って落とす empezar ALGO a lo grande
(慣用) 幕にする poner el punto final《a》, terminar
◪序幕 acto *m.* primero
◪第3幕 acto *m.* tercero

まく 膜 película *f.*, (表面の) capa *f.*,《解剖》membrana *f.* ‖ 厚い膜 capa *f.* gruesa／薄い膜 capa *f.*「fina [delgada]／膜で覆う cubrir ALGO con una película／膜が張る formarse *una capa*
▶膜状の membrano*so*[*sa*]
◪細胞膜 membrana *f.* celular

まく 巻く/捲く enrollar, arrollar, enroscar, bobinar, liar, (包む) envolver, cubrir ‖ 紙を巻く enrollar el papel／毛糸を巻く ovillar la lana／包帯を巻く poner la venda《en》／ターバンを巻く ponerse un turbante／時計のねじを巻く dar cuerda al reloj

まく 撒く esparcir, derramar, (霧状に) pulverizar, (尾行などを) despistar ‖ 水をまく regar／道路に砂を撒く echar arena en la carretera／追手を撒く despistar a los perseguidores

まく 播く/蒔く sembrar ‖ 種をまく sembrar semillas／畑に種をまく sembrar el campo／菜園にトウモロコシの種をまく sembrar maíz en la huerta／それは君が自分でまいた種だ Eso es un problema que tú mismo has provocado.
(諺) まかぬ種は生えぬ (諺) Quien no siembra no recoge.

まくあい 幕間 entreacto *m.*, intermedio *m.*, intervalo *m.*, (休憩) descanso *m.* ‖ 幕間に食事をとる comer「durante [en] el descanso
◪幕間劇 intermedio *m.*

まくあき 幕開き comienzo *m.*, apertura *f.*

まくあけ 幕開け ‖ 新しい時代の幕開け comienzo *m.* de una nueva era

マグカップ taza *f.* (alta) ‖ マグカップでミルクを飲む tomar la leche en una taza alta

まくぎれ 幕切れ final *m.*, fin *m.* ‖ あっけない幕切れ final *m.* sin emoción

まぐさ 秣 pasto *m.*, forraje *m.* ‖ まぐさを乾燥させる secar los pastos
◪まぐさ桶 pesebre *m.*

まくしたてる 捲し立てる hablar rápidamente y sin parar

まぐち 間口 (建物の) ancho *m.* de la fachada;（研究などの領域）campo *m.* ‖ この家は間口がとても広い Esta casa tiene la entrada muy ancha.／彼の専門は間口が広い Su campo de estudios es muy amplio.

マグニチュード magnitud *f.* ‖ マグニチュード7の地震 un terremoto de magnitud siete en la escala (de) Richter

マグネシウム 《化学》 magnesio *m.* 《記号 Mg》

マグネット imán *m.*
◪マグネットクリップ clip *m.* con imán

マグマ magma *m.*
▶マグマの magmátic*o*[*ca*]
◪マグマだまり cámara *f.* magmática

まくら 枕 almohada *f.* ‖ 低反発性の枕 mohada *f.* viscoelástica／話の枕 preámbulo *m.*／肘を枕にする apoyar la cabeza en la mano hincando el codo／この枕は私

に合わない No me sienta bien esta almohada.
[慣用] 枕を振る (落語など) hacer un exordio
[慣用] 枕を交わす acostarse con ALGUIEN
[慣用] 枕を高くして寝る《慣用》dormir a pierna ⌈suelta [tendida]
◪ 枕カバー funda f. de almohada, almohadón m.

まくらぎ 枕木 (鉄道の) traviesa f.
まくらもと 枕元
▶ 枕元に a la cabecera de la cama
まくる 捲る remangar, arremangar ‖ 袖をまくる remangarse (las mangas) / ズボンの裾をまくる (ar)remangarse los pantalones / 布団をまくる levantar el edredón
▶ ～しまくる no dejar de『+不定詞』‖ しゃべりまくる hablar sin parar
まぐれ 紛れ (偶然) casualidad f., azar m., carambola f., (幸運) suerte f., chiripa f.
▶ まぐれで por pura ⌈casualidad [suerte]
まくれる 捲れる levantarse, enrollarse ‖ 風で彼女のスカートが捲れた A ella se le levantó la falda con el viento.
マクロ 《IT》macro f(m)., macroinstrucción f.
▶ マクロの《接頭辞》macro-
◪ マクロ構造 macroestructura f.
◪ マクロ経済学 macroeconomía f.
◪ マクロコスモス macrocosmos m.[=pl.]
◪ マクロビオティック macrobiótica f., dieta f. macrobiótica ‖ マクロビオティックを実践する practicar la dieta macrobiótica
◪ マクロファージ macrófago m.
まぐろ 鮪 atún m. ‖ まぐろの缶詰 lata f. (de conserva) de atún / まぐろの刺身 sashimi m. de atún
まくわうり 真桑瓜 melón m. oriental
まけ 負け derrota f. ‖ 負けを認める reconocer la derrota / 私の負けだ Me has ganado. / 君の負けだ Has perdido.
◪ 負け投手 lanzador[dora] mf. perdedor[dora]
まげ 髷 moño m. samurái ‖ まげを結う recogerse el pelo en un moño / まげを落とす cortarse el moño
まけいくさ 負け戦 lucha f. perdida
まけいぬ 負け犬 perdedor[dora] mf.
[慣用] 負け犬の遠吠え ‖ 負け犬の遠吠えである justificar su incapacidad
まけおしみ 負け惜しみ ‖ 負け惜しみが強い ser un[una] mal[mala] perdedor[dora] f. / 負け惜しみを言う Tienes que aceptar tu derrota.
まけこす 負け越す tener más derrotas que victorias (en un torneo)
まけずおとらず 負けず劣らず ‖ 彼は兄に負けず劣らず賢い Él es tan inteligente como su hermano mayor.

まけずぎらい 負けず嫌い ‖ 彼は負けず嫌いだ A él no le gusta perder.
▶ 負けず嫌いな ‖ 負けず嫌いな人 persona f. muy competitiva
まける 負ける perder, sufrir una derrota, (屈する) rendirse《a》, sucumbir《a》, ceder《a》; (値引きする) hacer un descuento, rebajar ‖ 戦争に負ける perder la guerra / 試合に負ける perder el partido / 敵に負ける rendirse al enemigo / プレッシャーに負ける ceder ante la presión / 誘惑に負ける no resistir la tentación《de》 / 君は数学では誰にも負けない Nadie te gana en matemáticas. / 2000円にまける rebajar el precio a dos mil yenes, dejar ALGO en dos mil yenes / 魚を一匹まける dar un pescado de regalo
[慣用] 負けるが勝ち Quien pierde gana. ¦ Se gana perdiendo.
まげる 曲げる doblar, encorvar, curvar, (ねじる) torcer ‖ 指を曲げる doblar los dedos / 体を曲げる inclinar el cuerpo / 信念を曲げる renunciar a sus convicciones / それは事実を曲げて解釈している Es una interpretación torcida de la realidad.
まけんき 負けん気 ‖ 負けん気が強い tener un espíritu de emulación
まご 孫 nieto[ta] mf.
まご 馬子 cochero[ra] mf.
[諺] 馬子にも衣装《諺》El buen traje encubre el mal linaje.
まごころ 真心 cordialidad f., sinceridad f.
▶ 真心のこもった cordial, sincero[ra]
▶ 真心をこめて cordialmente, de todo corazón
まごつく desconcertarse, quedarse perplejo[ja], quedarse confuso[sa] ‖ 私は都会の人込みにまごついた La muchedumbre de la ciudad me dejó perplejo[ja].
まこと 誠/実/真 sinceridad f., sinceridad f. ‖ 誠の心 sinceridad f., buen corazón m. / 嘘と真 mentira f. y verdad f. / 誠を尽くす actuar con ⌈sinceridad [el corazón]
まことしやか 真しやか
▶ まことしやかな creíble, verosímil, falaz ‖ まことしやかな嘘 mentira f. creíble
▶ まことしやかに ‖ まことしやかに話す hablar como si fuese verdad
まことに 誠に/実に/真に (実に) realmente, verdaderamente, (非常に) muy, mucho ‖ まことに申し訳ありません Lo siento muchísimo. / お越しいただいた皆さま、まことにありがとうございます Quisiera expresar mi más sincero agradecimiento a todos los que han venido.
まごのて 孫の手 rascaespaldas m.[=pl.]
まごびき 孫引き cita f. de una cita
▶ 孫引きする citar una cita de otro escrito
まごまご

まごまごする desconcertarse, quedarse perple*jo[ja]*, （ぐずぐずする）entretenerse ‖ さあ、まごまごしている暇はないよ Venga, no hay tiempo para「perder [entretenerse].
マザーコンプレックス ⇒マザコン
マザーボード 《IT》placa *f.* madre, placa *f.* base
まさか ¡No me diga(s)! ¡¿Será posible? ‖ まさかの時 eventualidad *f.*, emergencia *f.* ／まさかの場合に備える prepararse para una emergencia ／まさか君がやったんじゃないだろうね No me digas que lo hiciste tú. 慣用 まさかの友は真の友《諺》Amigo en la adversidad es amigo de verdad.
まさかり 鉞 hacha *f.* (de guerra)
まさぐる manosear, tentar ‖ ポケットをまさぐる buscar ALGO en el bolsillo
マザコン complejo *m.* materno ‖ マザコンの男 hijo *m.* muy apegado a su madre
まさしく 正しく precisamente, exactamente, justamente, sin duda ‖ それこそまさしく私の言おうとしていたことだ Eso es justo lo que iba decir. ／これはまさしく彼の最高傑作だ Esta es, sin duda alguna, su mejor obra.
まさつ 摩擦 fricción *f.*, roce *m.*, frotamiento *m.*, rozamiento *m.* ‖ 市民との摩擦 roce *m.* con los ciudadanos ／AとBの間に摩擦が生じた Se produjo una fricción entre A y B. ／摩擦を避ける evitar roces《con》
▶**摩擦する** friccionar, rozar, frotar
◾ 乾布摩擦 masaje *m.* corporal con un paño seco
◾ 経済摩擦 fricción *f.* económica
◾ 摩擦音《音声》consonante *f.* fricativa
◾ 摩擦抵抗 resistencia *f.* de fricción
◾ 摩擦熱 calor *m.* por「rozamiento [fricción]
まさに 正に/将に precisamente, exactamente, justamente,（今にも）estar a punto de《＋不定詞》‖ まさにおっしゃる通りです Usted tiene toda la razón. ／まさにそれが私が考えていたことだ Eso es exactamente lo que yo estaba pensando. ／まさに列車が発車するところだった El tren estaba a punto de salir.
まざまざ
▶**まざまざと** claramente, vivamente, con todo detalle ‖ まざまざと思い浮かべる「imaginar [recordar] ALGO con toda claridad
まさゆめ 正夢 sueño *m.* profético
まさる 勝る/優る superar ‖ 彼女にスピードで勝る選手はいない No hay ninguna atleta que la supere en velocidad. ／山頂からの眺めは聞きしに勝る美しさだ La vista desde la cima es más bonita de lo que me habían dicho.

慣用 〜に勝るとも劣らない ser igual o mejor 《que》
まさる 増さる ⇒ます(増す)
まざる 混ざる/交ざる mezclarse → まじる (混じる/交じる)
まし
▶**ないよりましだ** Es mejor que nada. ¦《諺》Más vale algo que nada. ／いやな相手と一緒にいるぐらいなら一人の方がましだ《諺》Más vale estar solo que mal acompañado.
▶**ました** mejor, menos ma*lo[la]* ‖ 君はもっとましなことを言えないのか ¿No puedes decir nada mejor que eso? ／その格好ならましなほうだ Así no vas tan mal.
まし 増し ‖ 2割増し un veinte por ciento más
まじえる 交える ‖ 専門家を交えた調査委員会 comité *m.* investigador con especialistas ／彼はエピソードを交えて演説をした Él dio su discurso incluyendo algunas anécdotas. ／一戦を交える hacer una batalla,（スポーツで）「jugar [disputar] un partido《contra, con》
ましかく 真四角 cuadrado *m.*
▶**真四角の** cuadra*do[da]*
マジシャン ma*go[ga] mf.*, prestidigita*dor [dora] mf.*
ました 真下 ‖ 真下からスカイツリーを見上げる mirar la torre *Skytree* justo desde debajo
▶**真下に** justo debajo《de》‖ ビルの真下に公園が見える Se ve un parque justo debajo del edificio.
マジック （手品）magia *f.*,（ペン）rotulador *m.* ‖ マジックを使う「usar [utilizar] magia
◾ マジックコンピュータ《IT》copiador *m.* de ROM, cartucho *m. flash*
◾ マジックテープ《商標》velcro *m.*
◾ マジックナンバー número *m.* mágico
◾ マジックペン rotulador *m.* (indeleble)
◾ マジックミラー espejo *m.* unidireccional
まして más aún, menos aún ‖ 日本の土地（の価格）は高い、ましてや東京はもっと高い El terreno en Japón es caro, y más aún el de Tokio. ／彼は本を読むのが嫌いなのに、まして勉強が好きなはずがない No le gusta leer, y menos aún estudiar. ／彼は以前にもまして頑固になった Él tiene la cabeza aún más dura que antes.
まじない 呪い conjuro *m.*, hechizo *m.* ‖ まじないを唱える pronunciar un conjuro
◾ まじない師 hechice*ro[ra] mf.*
マジパン mazapán *m.*
まじまじ fijamente
▶**まじまじと** ‖ まじまじと見つめる mirar fijamente, no apartar los ojos《de》
まじめ 真面目
▶**まじめな** se*rio[ria]*,（誠実な）since*ro[ra]*,（正直な）hones*to[ta]* ‖ まじめな人柄で

ある tener un carácter sincero ／ まじめな顔で con cara seria ／ まじめな話、本当に君が行くのかい Hablando en serio, ¿vas tú de verdad?
❯まじめに seriamente, en serio, con sinceridad ‖ まじめに働く trabajar seriamente
❯まじめさ seriedad f.
❯まじめくさる ‖ 彼はまじめくさって冗談を言った Gastó una broma con semblante serio.

ましゃく 間尺
[慣用] 間尺に合わない ‖ この仕事は間尺に合わない Este trabajo no「merece [vale]」la pena.

まじゅつ 魔術 magia f. →まほう(魔法)
◪魔術師 ma*go*[ga] *mf*.

マシュマロ malvavisco *m*., nube *f*., esponjita *f*.

まじょ 魔女 bruja *f*., hechicera *f*.
◪魔女狩り caza *f*. de brujas
◪魔女裁判 juicio *m*. de brujas, (異端審問) Inquisición *f*.

ましょう 魔性
❯魔性の diaból*ico*[ca] ‖ 魔性の女《話》《軽蔑的に》vampiresa *f*.

ましょうめん 真正面
❯真正面に enfrente《de》, justo frente《a》‖ 消防署はその家の真正面にある El parque de bomberos está justo enfrente de la casa. ／真正面に富士山が見える Se ve el monte Fuji justo enfrente.

まじり 混じり/交じり ‖ 冗談まじりで言う decir medio en broma medio en serio ／雨まじりの風 viento *m*. con lluvia

まじりけ 混じり気
❯まじりけのない pur*o*[ra] ‖ まじりけのないひたむきな恋心 amor *m*. puro y fervoroso

まじる 混じる/交じる mezclarse《con, entre》, entremezclarse《con》‖ 塩に小さな石が混じっている Hay piedrecitas entremezcladas con la sal. ／群衆に混じる mezclarse entre la multitud ／子供に交じって遊ぶ jugar con los niños

まじわり 交わり relación *f*., (性交) coito *m*.

まじわる 交わる (交差する) cruzarse, (交際する) tratar《con》, relacionarse《con》‖ 2直線が互いに交わる Dos rectas se cruzan entre sí.

マシンガン ametralladora *f*.

ます 升/枡 (容器) recipiente *m*. cúbico de madera, (説明訳) recipiente *m*. japonés para medir el volumen

ます 鱒 trucha *f*.

ます 増す aumentar, crecer ‖ 勢いを増す aumentar *su* fuerza ／水かさが増す Crece el nivel del agua. ／木々が青さを増した El verdor de los árboles se ha puesto más intenso. ／以前にもまして父は元気になった Mi padre se encuentra mejor que antes.

まず (最初に) ante todo, primero, (当面) por el momento, (おそらく) tal vez, probablemente ‖ まず第一に en primer lugar ／何よりもまず antes que nada, lo primero de todo ／まずは一安心だ Nos quedamos tranquilos por el momento. ／明日雨が降ることはまず間違いない Es casi seguro que lloverá mañana.

ますい 麻酔 anestesia *f*. ‖ 麻酔をかける anestesiar, dormir a ALGUIEN (con anestesia), poner anestesia《a》／麻酔が切れる terminar *los efectos de la anestesia* ／麻酔から覚める despertarse de la anestesia
❯麻酔する anestesiar
❯麻酔の anestés*ico*[ca]
◪局部麻酔 anestesia *f*. local
◪全身麻酔 anestesia *f*.「general [total]」
◪麻酔医 anestesista *com*., anestesiól*ogo*[ga] *mf*.
◪麻酔学 anestesiología *f*.
◪麻酔銃 pistola *f*. de dardos tranquilizantes
◪麻酔薬 anestesia *f*.

まずい (味が) sos*o*[sa], insípid*o*[da]; (下手な) mal*o*[la]; (醜い) fe*o*[a] ‖ この魚料理はまずい Este plato de pescado no está bueno. ／まずいことに lo malo es que『+直説法』／まずい時に en un momento inoportuno ／まずいことになったな Nos hemos metido en una situación comprometida.

マスカット (ぶどうの品種) uva *f*. moscatel

マスカラ rímel *m*. ‖ マスカラをつける ponerse rímel

マスキングテープ cinta *f*. de「enmascarar [carrocero]」

マスク mascarilla *f*., máscara *f*., (防具) careta *f*., (顔立ち) facciones *fpl*. ‖ マスクをする ponerse una mascarilla ／甘いマスク facciones *fpl*. dulces

マスクメロン melón *m*., (学名) *Cucumis melo*

マスゲーム gimnasia *f*. masiva

マスコット mascota *f*.

マスコミ medios *mpl*. de comunicación (de masas) ‖ マスコミが報じるところによると según informan los medios de comunicación ／マスコミの影響 influencia *f*. de los medios de comunicación ／マスコミをにぎわす atraer a los medios de comunicación ／マスコミに追われる estar persegui*do*[da] por los medios de comunicación

ますざけ 升酒 sake *m*. servido en un recipiente cúbico de madera

まずしい 貧しい pobre, (控え目な) humilde ‖ 貧しい暮らしをする llevar una vida pobre, vivir en la pobreza ／貧しい家の出である ser de familia humilde ／才能の貧しい画

家 pin*tor*[*tora*] *mf*. con poco talento ／ 貧しい人々 los pobres
▶貧しさ pobreza *f*.
慣用 心の貧しい人は幸いである《聖書》Bienaventurados los pobres de espíritu.
ますせき 枡席　palco *m*.
マスター　(主人) dueño[ña] *mf*., propieta*rio*[*ria*] *mf*., (修士) máster *m*., 《中南米》maestría *f*. ‖ 喫茶店のマスター propieta*rio*[*ria*] *mf*. de una cafetería
▶マスターする dominar ‖ 英語をマスターする dominar el inglés
◪マスターキー llave *f*. maestra
◪マスターズ《スポーツ》《英語》 *masters m*.[=*pl*.]
◪マスタープラン plan *m*. maestro
マスタード　mostaza *f*. ‖ マスタードを塗る untar mostaza
◪マスタードガス gas *m*. mostaza
マスターベーション　masturbación *f*., 《俗語》paja *f*. → じい(自慰)
マスト　mástil *m*., palo *m*.
マスプロ　producción *f*. masiva, fabricación *f*. en serie
◪マスプロ教育 educación *f*. masiva
ますます　cada vez 〖+比較級〗‖ ますます難しくなる ser cada vez más difícil ／ 私は自由な時間がますます減っている Cada vez tengo menos tiempo libre.
まずまず
▶まずまずの así así, aceptable, pasable ‖ 結果はまずまずだ El resultado「no está mal [es aceptable]. ／ 今年の米はまずまずの出来だ La cosecha de arroz de este año「es muy aceptable [está bien].
ますめ 升目　cuadrado *m*., (チェス盤などの) casilla *f*., escaque *m*. ‖ 升目をうめる llenar los cuadros
マスメディア　medios *mpl*. de comunicación (de masas)
ますらお 益荒男　hombre *m*.「varonil [masculino], macho *m*.
マズルカ　《音楽》mazurca *f*.
まぜかえす 混ぜ返す　remover, revolver, mezclar ‖ 話を混ぜ返す liar la conversación
まぜこぜ　mezcla *f*., mezcolanza *f*.
▶まぜこぜにする mezclar ‖ あることないことまぜこぜにする mezclar hechos y ficciones
ませる　parecer mayor, ser precoz ‖ ませた口をきく hablar como *un*[*una*] adul*to*[*ta*] ／ ませた子供 niño[ña] *mf*. precoz
まぜる 混ぜる/交ぜる　mezclar, combinar, (かきまぜる) remover ‖ 小麦粉と水を混ぜる mezclar la harina y el agua [la harina con el agua] ／ 漢字とひらがなを交ぜて書く escribir combinando caracteres chinos con *hiragana* ／ パイをまぜる (麻雀で) remover las fichas de *mahjong* ／ 小銭も交ぜてください Incluya también dinero suelto, por favor.
マゼンタ　magenta *m*.
▶マゼンタ(色)の magenta
マゾヒズム　masoquismo *m*.
◪マゾヒスト masoquista *com*., 《話》masoca *com*.
また ❶ (再び) de nuevo, otra vez ‖ また間違えてしまった Me he equivocado「otra vez [de nuevo]. ／ また来ます Vendré「luego [más adelante]. ／ またの機会に行こう Iremos en otra ocasión. ／ またお会いしましょう Nos vemos. ‖ Hasta la vista.
❷ (同じく) también, 《否定文で》tampoco ‖ 彼もまた学生だ Él también es estudiante. ／ 彼の友人(男性)もまた来なかった Tampoco vino su amigo. ‖ No vino su amigo tampoco.
❸ (その上) además, (同時に) a la vez ‖ 彼は医者でありまた詩人でもある Es médico y poeta a la vez.
また 股/又　entrepierna *f*., horcajadura *f*., bragadura *f*. ‖ 股の付け根 ingle *f*. ／ 股をくぐる pasar por entre las piernas ／ 木の又 horcadura *f*.
慣用 股にかける ‖ 世界を股にかける recorrer todo el mundo ／ 世界を股にかけたビジネス negocio *m*. extendido por todo el mundo
まだ　todavía, aún ‖ 彼はまだ子供だ「Todavía [Solo] es un niño. ／ まだ彼に会ったことがない No lo he visto「todavía [aún]. ／ 地震がおきてからまだ1週間しかたっていない Hace solo una semana que ocurrió el terremoto. ／ 注文はこれからまだたくさんくるだろう Llegarán aún más pedidos.
まだい 真鯛　dorada *f*. del Japón, pargo *m*. japonés
またいとこ 又従兄弟/又従姉妹　pri*mo*[*ma*] *mf*. segun*do*[*da*]
またがし 又貸し　subarriendo *m*., subarrendamiento *m*.
▶又貸しする subarrendar, realquilar ‖ 彼は私が貸した本を人に又貸しした Él dejó a otra persona el libro que le presté.
◪又貸し人 subarrenda*dor*[*dora*] *mf*.
またがり 又借り　subarriendo *m*., subarrendamiento *m*.
▶又借りする subarrendar ‖ 私は友人(男性)のアパートを又借りしている Tengo subarrendado el piso de un amigo.
◪又借り人 subarrendata*rio*[*ria*] *mf*.
またがる 跨がる　montar a horcajadas《en, sobre》‖ 馬にまたがる montar a horcajadas sobre un caballo, cabalgar a horcajadas ／ 枝にまたがる ponerse a horcajadas en la rama ／ その国立公園は3県にまたがっている El parque nacional se extiende por tres prefecturas. ／ 2年にまたがる計画 proyecto

またぎき 又聞き información *f.* de segunda mano
▶又聞きする「oír [enterarse de] ALGO por terceros

またぐ 跨ぐ pasar por encima《de》, franquear ‖ 柵をまたぐ「sortear [saltar] una valla

またぐら 股座 entrepierna *f.*

またした 股下 pernera *f.*, pernil *m.*, pierna *f.* de las ingles hacia abajo ‖ 股下の丈を測る medir「la pernera [el largo de pierna]

またしても 又しても otra vez, de nuevo ‖ そのチームはまたしても優勝を逃した Ese equipo ha perdido la final otra vez.

まだしも encima, además ‖ 寒いだけならまだしも、お腹がすいてきた Si fuera solo frío, bueno, pero ahora, encima me ha entrado hambre. / 彼は遅れてきただけならまだしも、文句まで言う Él llegó tarde y encima se queja.

またずれ 股擦れ rozadura *f.* en (la parte interior de) los muslos
▶股擦れする tener rozaduras en los muslos

またせる 待たせる hacer esperar a ALGUIEN ‖ 30分も彼女を待たせてしまった La he hecho esperar media hora. / お待たせしました Ya estoy aquí. ¦ Perdón por hacerle esperar.

またたき 瞬き (目・光の) parpadeo *m.*, (光の) centelleo *m.*, destello *m.* ‖ 星の瞬き「centelleo *m.* [parpadeo *m.*] de las estrellas

またたく 瞬く (目・光が) parpadear, (光が) centellear, destellar, titilar ‖ 星が瞬く「Titilan [Parpadean] las estrellas. / 明かりが瞬く「Parpadean [Titilan] las luces. / 瞬く間に《慣用》en un abrir y cerrar de ojos,《慣用》en menos que canta un gallo,《慣用》en un santiamén

またたび 木天蓼 《植物》《学名》*Actinidia polygama*

またとない úni*co*[*ca*] ‖ またとないチャンスを逃す perder una「oportunidad [ocasión] única, perder una「oportunidad [ocasión] de oro

マタニティー
▣マタニティーウエア ropa *f.*「premamá [de maternidad]
▣マタニティードレス vestido *m.* de embarazada
▣マタニティーブルー depresión *f.* durante el embarazo

またのな またの名 ‖ またの名を〜という alias ..., también llama*do*[*da*] ...

または o,《o-, ho-で始まる語の前で》u ‖ AまたはB A o B / 7または8 siete u ocho

まだまだ ‖ おもしろい映画がまだまだある Hay muchas más películas interesantes. / ホテルまではまだまだだ Falta un buen trecho de camino para llegar al hotel.

マダム (既婚女性) señora *f.* ‖ バーのマダム「dueña *f.* [propietaria *f.*] de un bar
▣有閑マダム señora *f.* rica y ociosa

またもや ⇒また

まだら 斑 (色) desigualdad *f.* en el color, (斑点) mota *f.*
▶まだらの motea*do*[*da*] ‖ 白と黒のまだらの犬 perro *m.* blanco y negro
▶まだらに ‖ 皮膚が赤くまだらになる tener manchas rojas en la piel / 山に雪がまだらに残っている Aún quedan sitios nevados en la montaña.
▣まだらぼけ demencia *f.* parcial

まだるっこい len*to*[*ta*], exasperante, irritante ‖ 彼はまだるっこい話し方をする Él habla con muchos rodeos.

まち 町/街 ciudad *f.*, pueblo *m.*, villa *f.* ‖ 古い町 ciudad *f.* antigua / 町に出かける salir al centro / 町の人 ciudada*no*[*na*] *mf.* / 学生の街 ciudad *f.* estudiantil / 町で買い物をする hacer compras en el centro / 新しい町が誕生した Ha nacido una nueva ciudad. / 町中の人が行事に参加した Toda la vecindad participó en el acto.
▣町医者 médi*co*[*ca*] *mf.* que tiene su propia clínica
▣町役場 ayuntamiento *m.*

まち 襠 《服飾》nesga *f.* ‖ 襠をあてる coser una nesga

まちあいしつ 待合室 sala *f.* de espera

まちあぐむ 待ちあぐむ estar cansa*do*[*da*] de esperar

まちあわせ 待ち合わせ cita *f.* ‖ 待ち合わせの場所 lugar *m.* de la cita

まちあわせる 待ち合わせる quedar《con》, citarse《con》, concertar una cita《con》‖ 映画館の入口で2時に待ち合わせる Quedamos a las dos en la entrada del cine.

まちうけがめん 待ち受け画面 《IT》salvapantallas *m.*[=*pl.*] ‖ 待ち受け画面をダウンロードする descargar un salvapantallas

まちうける 待ち受ける esperar, aguardar ‖ 私たちには多くの困難が待ち受けている Nos esperan muchas dificultades.

まぢか 間近 ‖ 夏休みが間近に迫っている Las vacaciones de verano ya están a la vuelta de la esquina. / 頂上が間近だ Estamos muy cerca de la cima.
▶間近の próxi*mo*[*ma*], inminente

まちがい 間違い error *m.*, falta *f.*, equivocación *f.*, (失策) desliz *m.* ‖ 間違いだらけのlle*no*[*na*] de「errores [faltas] / 計算の間違い error *m.*「de cálculo [en el cálculo] / 綴りの間違い「falta *f.* [error *m.*] de ortografía / 間違いのない人 (信頼できる) persona *f.* de fiar / ささいな間違い error *m.* sin im-

まちがう 1016

portancia ／間違いを犯す equivocarse, cometer un error [una falta, una equivocación] ／間違いを指摘する señalar un error ／間違いを認める reconocer *sus* errores ／彼は自分の間違いを謝ることができない性格だ Su carácter le impide pedir perdón por sus errores. ／何か間違いが起こったのでなければいいが Espero que no le haya pasado nada malo.
▶〜に間違いない estar segu*ro*[*ra*] de que 『+直説法』¦ No hay duda de que 『+直説法』.
▶間違いなく sin duda (alguna) ‖ 競争の激化によって、利益は間違いなく減ってきている Está claro que han disminuido las ganancias por la intensificación de la competitividad.
🔲間違い電話 llamada *f.* equivocada

まちがえる 間違える equivocarse ⇒まちがえる(間違える) ‖ 間違った字 letra *f.* equivocada ／解答が間違っている La respuesta está equivocada.
▶間違った equivoca*do*[*da*], erróne*o*[*a*]
▶間違って por equivocación, por error ‖ 私はその領収書を間違って廃棄してしまった He tirado ese recibo sin querer. ／私は間違って別の列車に乗ってしまった Me he subido a otro tren por error.

まちがえやすい 間違えやすい fácil de confundirse

まちがえる 間違える equivocarse, cometer un error ‖ つり銭を間違える equivocarse con el cambio ／計算を間違える calcular mal, equivocarse en el cálculo ／電車［時間、道］を間違える equivocarse de [tren [hora, camino] ／方向を間違える equivocar el rumbo ／AをBと間違える confundir A con B ／私はどこをどう間違えたのかわからない No sé ni dónde ni cómo me he equivocado. ／ごめんなさい、間違えました（電話で） Perdón, me he equivocado (de número).

まちかど 街角/町角 esquina *f.* de la calle ‖ 街角からのリポート reportaje *m.* en la calle ／街角でインタビューする entrevistar a la gente en la calle

まちかねる 待ち兼ねる esperar impacientemente

まちかまえる 待ち構える ⇒まちうける(待ち受ける)

まちくたびれる 待ちくたびれる estar cansa*do*[*da*] de esperar

まちこがれる 待ち焦がれる esperar ALGO con「impaciencia [ansiedad]

まちじかん 待ち時間 tiempo *m.* de espera ‖ 私は次の電車までの待ち時間に葉書を書いた Escribí una postal mientras esperaba el siguiente tren.

まちどおしい 待ち遠しい esperar con「ilusión [impaciencia] ‖ 春が待ち遠しい Espero con ilusión (la llegada de) la primavera.

まちなか 町中/街中 centro *m.*, calle *f.*
▶街中で en la calle

まちなみ 町並み （通り） calles *fpl.*, （景観） paisaje *m.* urbano ‖ 町並みが美しい La ciudad tiene las calles hermosas. ¦ Las calles de la ciudad son hermosas.

マチネー sesión *f.* matinal, matiné *f.*

まちのぞむ 待ち望む esperar con「ganas [ilusión, impaciencia] ‖ 父親の帰りを待ち望む esperar la vuelta de *su* padre con mucha ilusión
▶待ち望んだ「largamente [ansiosamente] espera*do*[*da*] ‖ 待ち望んだ本 libro *m.* ansiosamente esperado

まちはずれ 町外れ
▶町外れに ‖ 町外れに住む vivir en las afueras de la ciudad

まちばり 待ち針 alfiler *m.* ‖ 待ち針でとめる sujetar ALGO con un alfiler

まちぶせ 待ち伏せ acecho *m.*, 《軍事》 emboscada *f.* ‖ 敵の待ち伏せに遭う caer en una emboscada del enemigo
▶待ち伏せする acechar, emboscarse, tender una emboscada ‖ 敵を待ち伏せする tender una emboscada al enemigo
▶待ち伏せしている estar al acecho

まちぼうけ 待ち惚け plantón *m.* ‖ 待ち惚けを食う quedarse planta*do*[*da*] ／待ち惚けを食わせる dar plantón a ALGUIEN ／僕は彼女に1時間待ち惚けを食わされた Ella me dejó plantado durante una hora.

まちまち ‖ 大きさがまちまちだ Hay diversos tamaños.
▶まちまちな/まちまちの distin*tos*[*tas*], diver*sos*[*sas*], diferentes ‖ まちまちの服装をしている Cada uno lleva ropa distinta.

まちわびる 待ち侘びる esperar impacientemente, esperar con ansia ‖ 大学入学を待ちわびる esperar impacientemente el ingreso en la universidad

まつ 松 pino *m.*
🔲松かさ/松ぼっくり piña *f.*
🔲松飾り decoración *f.* del Año Nuevo con ramas de pino
🔲松の実 piñón *m.*
🔲松葉 aguja *f.* de pino, pinocha *f.*
🔲松林 pinar *m.*
🔲松やに resina *f.* de pino

まつ 待つ esperar, aguardar ‖ 友人を待つ esperar a un[una] amigo[ga] ／春の訪れを待つ esperar la llegada de la primavera ／今後の研究を待たなければならないだろう Habrá que esperar futuras investigaciones. ／少々お待ち下さい Espere un momento, por favor. ／待ってましたとばかりに花がい

っせいに咲き始めた Las flores han empezado a florecer a la vez como si hubieran estado esperando este momento.
▶ ～するのを待つ「esperar [aguardar] a que『+接続法』∥子供たちはクリスマスが来るのを待っている Los niños esperan a que llegue la Navidad.
(慣用) 待ちに待った∥(私たちが)待ちに待った夏休みがやってきた Por fin han llegado las vacaciones de verano que tanto esperábamos.
(慣用) 待てど暮らせど∥待てど暮らせど列車はやって来なかった Estuvimos mucho tiempo esperando en vano la llegada del tren.
(諺) 待てば海路の日和あり《諺》A quien espera, su bien le llega. ¦《諺》Con paciencia todo se logra.

まつえい 末裔 descendiente *com*. ∥ 海賊の末裔 descendiente *com*. de piratas ／ 王族の末裔 descendiente *com*. de la familia real

まっか 真っ赤
▶ 真っ赤な completamente ro*jo*[*ja*], muy colora*do*[*da*] ∥ 真っ赤なりんご manzana *f*. roja brillante
▶ 真っ赤に∥顔が真っ赤になる ponerse completamente colora*do*[*da*], 《慣用》ponerse como un tomate
(慣用) 真っ赤な嘘 mentira *f*. 「total [gorda], mentira *f*. como una casa ∥ それは真っ赤な嘘だ Eso es completamente mentira.

まっき 末期 último período *m*., fase *f*. final, (病気) fase *f*. terminal ∥ 昭和の末期にen los últimos años de la era (de) Showa
◪ 末期医療 cuidados *mpl*. paliativos
◪ 末期がん cáncer *m*. (en fase) terminal
◪ 末期症状 síntomas *mpl*. de fase terminal

まっくら 真っ暗∥舞台は真っ暗だった El escenario estaba totalmente oscuro. ／ 私はお先真っ暗だ Mi futuro es negro.
▶ 真っ暗な「completamente [totalmente] oscu*ro*[*ra*], oscu*ro*[*ra*] como la boca de un lobo∥真っ暗な場所 lugar *m*. donde reina la oscuridad
▶ 真っ暗に∥真っ暗になる quedarse completamente a oscuras
◪ 真っ暗闇 oscuridad *f*. total

まっくろ 真っ黒
▶ 真っ黒な completamente ne*gro*[*gra*], ne*gro*[*gra*] como el carbón
▶ 真っ黒に∥真っ黒に日焼けする ponerse muy more*no*[*na*] ／ トーストが真っ黒に焦げた Las tostadas se quemaron y quedaron como el carbón.

まつげ 睫/睫毛 pestaña *f*. ∥ 長いまつげ pestañas *fpl*. largas
◪ 付けまつげ pestaña *f*. postiza ∥ 付けまつげをする ponerse pestañas postizas

まつご 末期 últimos momentos *mpl*. ∥ 末期の言葉 *sus* últimas palabras ／ 末期の水をとる mojar los labios「del recién fallecido [de la recién fallecida]

まっこう 真っ向 → ましょうめん(真正面)
▶ 真っ向から∥真っ向から対立する意見 opiniones *fpl*. diametralmente opuestas ／ 真っ向から反対する oponerse abiertamente

まっこうくじら 抹香鯨 cachalote *m*.

マッサージ masaje *m*.
▶ マッサージする dar masaje, masajear ∥ 首筋[全身]をマッサージしてもらう recibir masaje「en el cuello [por todo el cuerpo]
◪ マッサージチェア sillón *m*. de masaje
◪ マッサージ師 masajista *com*.

まっさいちゅう 真っ最中
▶ ～の真っ最中に en ple*no*[*na*]『+名詞』∥ 選挙戦の真っ最中に en plena campaña electoral

まっさお 真っ青∥顔が真っ青になる「quedarse [ponerse] páli*do*[*da*] como la cera
▶ 真っ青な completamente azul, (顔色が) páli*do*[*da*] como la cera ∥ 真っ青な空 cielo *m*. azul intenso

まっさかさま 真っ逆さま
▶ 真っ逆さまに totalmente al revés ∥ 真っ逆さまに落ちる caer(se) de cabeza

まっさかり 真っ盛り∥桜が真っ盛りだ La flor del cerezo está en「su máximo esplendor [plena floración]. ／ 今は夏の真っ盛りだ Estamos en pleno verano.

まっさき 真っ先
▶ 真っ先に (何よりも先に) antes que nada
▶ 真っ先に～する ser *el*[*la*] prime*ro*[*ra*] en『+不定詞』∥ 真っ先に駆けつける acudir *el*[*la*] prime*ro*[*ra*], acudir antes que nadie

まっさつ 抹殺 (消去) borradura *f*.
▶ 抹殺する (消す) borrar, eliminar, (無視する) ignorar∥反対意見を抹殺する ignorar las opiniones contrarias ／ 歴史から抹殺された事実 hecho *m*. borrado de la historia

まっしぐら
▶ まっしぐらに∥まっしぐらに走る correr a toda velocidad ／ 目標に向かってまっしぐらに進む ir lanza*do*[*da*] hacia la meta

まつじつ 末日 el último día ∥ 4月末日 el último día de abril

マッシュポテト puré *m*. de patatas
マッシュルーム champiñón *m*. común
まっしょう 末梢 (末端) punta *f*.
◪ 末梢神経 nervio *m*. periférico

まっしょう 抹消
▶ 抹消する borrar, tachar ∥ リストから名前を抹消する「borrar [tachar] el nombre de la lista

まっしょうじき 真っ正直
▶ 真っ正直な「absolutamente [extremadamente] hones*to*[*ta*]

まっしろ 真っ白

▶真っ白な「completamente [totalmente, inmaculadamente] blanco[ca], blanco[ca] como la nieve
▶真っ白に‖先生(男性)にその質問をされて、頭の中が真っ白になった Cuando el profesor me lo preguntó me quedé completamente en blanco.

まっすぐ
▶まっすぐな rec*to*[*ta*], dere*cho*[*cha*], （垂直の）vertical, （性格が）honra*do*[*da*], rec*to*[*ta*], hones*to*[*ta*]‖まっすぐな線 línea *f*. recta／まっすぐな気性 carácter *m*. recto
▶まっすぐ(に)（曲がらず）recto, derecho, （直接に）directamente‖杉の木がまっすぐ伸びる Los cedros crecen recto hacia arriba.／今日はまっすぐ帰ります Hoy vuelvo [directamente [derecho] a casa.／まっすぐに生きる llevar una vida honrada
▶まっすぐにする poner ALGO rec*to*, enderezar

まっせき 末席‖末席につく ocupar el último asiento
[慣用] 末席を汚す tener el honor de asistir《a》

まった 待った‖待った！¡Espera!｜¡Alto!／新計画に待ったが掛かった Quedó suspendida la realización del nuevo proyecto.／社長(男性)は工事に待ったを掛けた El presidente ordenó la suspensión temporal de la obra.
[慣用] 待ったなし Es ahora o nunca.

まつだい 末代‖末代まで名を残す inmortalizar *su* nombre／末代までの恥 vergüenza *f*. eterna

まったく 全く（完全に）completamente, totalmente, absolutamente, （本当に）realmente, verdaderamente‖まったく違った意見 opinión *f*. 「completamente [totalmente] distinta／まったくおかしな話だ Es una historia realmente extraña.／君の言うことはまったくその通りだ Tienes toda la razón.
▶まったく〜ない en absoluto‖彼のことはまったく知りません No sé absolutamente nada de él.／私にはあなたの行動がまったくわからない No entiendo en absoluto tu comportamiento.

まつたけ 松茸 hongo *m*. de pino, 《日本語》 *matsutake m*.

まっただなか 真っただ中‖嵐のまっただ中で en medio de la tormenta／その会社は財政危機のまっただ中にある Esa empresa está en plena crisis financiera.

まったん 末端 punta *f*., término *m*., extremo *m*.
◪末端価格 precio *m*. 「de venta al público [al por menor]
◪末端消費者 consumi*dor*[*dora*] *mf*. final
◪末端肥大症 acromegalia *f*.

マッチ（マッチ棒）cerilla *f*., fósforo *m*.; （試合）partido *m*.‖マッチを擦る encender una cerilla
▶マッチする「ir [combinar] bien 《con》, hacer juego《con》‖そのワンピースはこの靴にマッチする Ese vestido pega con estos zapatos.｜Este vestido hace juego con estos zapatos.
◪マッチ箱 caja *f*. de cerillas
◪マッチ棒 cerilla *f*.
◪マッチプレー《ゴルフ》《英語》 *match-play m*.
◪マッチポイント《スポーツ》「pelota *f*. [bola *f*.] de partido‖マッチポイントを握る tener una bola de partido

まっちゃ 抹茶 té *m*. verde en polvo

マッチング（グラフ）apareamiento *m*., （電気）adaptación *f*. de impedancias
◪パターンマッチング《IT》 comparación *f*. de patrones
◪マッチングデータ datos *mpl*. coincidentes

マット alfombrilla *f*., （体操用の）colchoneta *f*., （靴底用の）felpudo *m*., （小型の）esterilla *f*.‖マットを敷く extender una alfombrilla
◪バスマット alfombrilla *f*. de baño
◪マット運動 ejercicios *mpl*. de colchoneta

まっとう ⇒まとも

まっとうする 全うする cumplir, realizar, lograr‖任務を全うする cumplir la misión／天寿を全うする morir de muerte natural a una edad avanzada

マットレス colchón *m*.

マッハ （速度の単位）mach *m*. （略 M）‖マッハ5で飛ぶ volar a mach 5
◪マッハ数 número *m*. Mach（略 M）

まっぱだか 真っ裸 ⇒まるはだか(丸裸)

まつばづえ 松葉杖 muleta *f*.‖松葉杖をついて歩く andar con muletas

まつび 末尾 fin *m*., final *m*.‖手紙の末尾に al final de la carta

まっぴら‖まっぴらごめんだ ¡Ni hablar!｜《俗語》¡De coña!／こんな町に住むなんてまっぴらだ「Nunca jamás [De ninguna manera] viviría en una ciudad como esta.

まっぴるま 真っ昼間‖真っ昼間から酒を飲む ponerse a beber alcohol en pleno día
▶真っ昼間に en pleno día, 「a [en] plena luz del día

まっぷたつ 真っ二つ
▶真っ二つに en dos partes iguales‖りんごを真っ二つに割る partir la manzana「justo por la mitad [en dos partes iguales]／敵対する二派に真っ二つに分かれた Se han dividido completamente en dos bandos opuestos.

まつむし 松虫 grillo *m*., （学名）*Xenogryllus marmoratus*

まつよいぐさ 待宵草 onagra *f*.

まつり 祭り fiesta f., festividad f., festival m., (恒例の) feria f. ‖ 神社の祭り festival m. de un santuario sintoísta ／ 村祭り fiesta f. del pueblo ／ お祭り気分である estar de fiesta ／ 祭りを祝う celebrar una fiesta ／ 祭りを催す organizar una fiesta ／ 祭りに行く ir a una fiesta

[慣用] 後の祭り ‖ 今となってはもう後の祭りだ Ya es demasiado tarde.
▪ お祭り騒ぎ jaleo m., juerga f.
▪ 祭り太鼓 tambores mpl. de fiesta
▪ 祭り囃子 música f. de fiesta
▪ 祭り笛 flauta f. de fiesta

まつりあげる 祭り上げる erigir ‖ 皆は彼を議長に祭り上げた Todos lo erigieron (en) presidente.

まつる 祭る adorar, venerar, (神として) deificar, divinizar, (儀式を行う) rendir culto 《a》‖ 先祖の霊を祭る rendir culto a los antepasados

まつる 纏る coser con puntada ciega ‖ ズボンの裾をまつる coser el dobladillo de un pantalón con puntada ciega

まつろ 末路 fin m., últimos días mpl. ‖ 英雄の悲惨な末路 fin m. trágico de un héroe ／ あわれな末路をたどる terminar su vida miserablemente

まつわりつく 纏わり付く no despegarse 《de》, pegarse 《a》‖ スカートが彼女の足にまつわりついた A ella se le ha pegado la falda a las piernas. ／ その男の子は母親にまつわりついている El niño no se despega de la madre.

まつわる 纏わる ‖ 神々にまつわる話 cuento m. sobre los dioses ／ 戦争にまつわる体験 experiencia f. relacionada con la guerra ／ 伝説にまつわる場所 lugar m. concerniente a la leyenda

まで ❶ (時・場所) hasta, a ‖ 現在まで hasta el presente ／ 最後まで hasta el final ／ 3時から5時まで desde las tres hasta las cinco, de tres a cinco ／ 東京から横浜まで de Tokio a Yokohama, desde Tokio hasta Yokohama ／ 百歳まで生きる vivir hasta los cien años ／ 駅まで行く ir hasta la estación ／ 30人まで受け入れられる Se aceptan hasta 30 personas. ／ 出発まで30分ある Falta media hora para la salida. ／ 私はこの仕事が終わるまで帰宅できない No puedo volver a casa hasta que (no) termine este trabajo.
▶ までに para, antes de ‖ 5時までに antes de las cinco, para las cinco ／ それは明日までに必要です Lo necesito para mañana.
❷ (強意) incluso, hasta, (否定文で) ni; (〜だけ) solo ‖ 日曜まで働く trabajar ⌈incluso [hasta]⌋ los domingos ／ 市民まで攻撃の巻き添えになった Hasta los ciudadanos se han visto involucrados en el ataque. ／ 先月の売上の結果は説明するまでもない No hace falta ni explicar cómo han salido las ventas del mes pasado. ／ ただ聞いてみたまでだ Solo he preguntado.

マティーニ (カクテル) martini m.
まてがい 馬刀貝 navaja f., muergo m.
マテちゃ マテ茶 mate m., yerba f. mate ‖ マテ茶の容器 mate m. ／ マテ茶を入れる cebar mate ／ マテ茶を飲む tomar mate, 《南米》matear

まてんろう 摩天楼 rascacielos m.[=pl.]

まと 的 blanco m., (対象) objeto m., foco m., centro m. ‖ あこがれの的 objeto m. de admiración ／ 人気の的 objeto m. de popularidad ／ 非難の的 ⌈blanco m. [objeto m.]⌋ de la(s) crítica(s) ／ 的に当たる dar en el blanco, atinar al blanco, (中心に) hacer diana ／ 的を外す errar el blanco ／ 利用者に的を絞った戦略 estrategia f. centrada en los usuarios ／ その意見は的が外れている Esa opinión es desacertada.
[慣用] 的を射る acertar, atinar ‖ 的を射た質問をする hacer una pregunta acertada

まど 窓 ventana f., (小さな) ventanilla f., (大きな) ventanal m., (車の) vidrio m., cristal m. ‖ 高い窓 ventana f. alta ／ 窓を開ける[閉める] ⌈abrir [cerrar]⌋ la ventana ／ 窓を開けておく[閉めておく] dejar la ventana ⌈abierta [cerrada]⌋ ／ 窓の外に fuera de la ventana ／ 窓から首を出す asomarse a la ventana
▪ 窓明かり luz f. que entra por la ventana
▪ 窓ガラス ⌈cristal m. [vidrio m.]⌋ de la ventana
▪ 窓側 ‖ 窓側の席 asiento m. ⌈al lado de [junto a]⌋ la ventana ／ 窓側ですか、通路側ですか (列車・飛行機の座席) ¿Ventanilla o pasillo?
▪ 窓越し ‖ 窓越しに〜を見る ver ⌈por [a través de]⌋ la ventana

いろいろな窓

二重窓 ventana f. de doble cristal ／ 格子窓 celosía f., ventana f. enrejada ／ 丸窓 ventana f. redonda ／ 薔薇窓 rosetón m. ／ 横引き窓/引き違い窓 ventana f. corredera ／ 開き窓 ventana f. practicable ／ はめ殺し窓 ventana f. fija ／ 上げ下げ窓 ventana f. de guillotina ／ ルーバー窓/ジャロジー窓 ventana f. de ⌈celosía [lamas]⌋ ／ 突上げ窓 ventana f. basculante ／ 出窓 ventana f. saliente ／ 天窓 tragaluz m., claraboya f. ／ 腰窓 ventana f. baja ／ 掃き出し窓 ventanal m. ／ のぞき窓 mirilla f., ventanillo m. ／ 舷窓 ojo m. de buey

まとう 纏う　llevar, vestir
まどぎわ 窓際
▶窓際に「junto a [al lado de] la ventana
■窓際族　grupo *m.* de empleados a los que se les encarga trabajo de poca importancia
まどぐち 窓口　ventanilla *f.*, (切符・入場券の) taquilla *f.* ‖ 交渉の窓口 (交渉者) negoci*ador*[*dora*] *mf.*, persona *f.* de contacto／交渉の窓口を一つにする encargar a una persona hacer la negociación／窓口をさがす buscar la ventanilla
■受付窓口　ventanilla *f.* de recepción
■出納窓口　caja *f.*
■窓口係　taquill*ero*[*ra*] *mf.*
まとはずれ 的外れ
▶的外れの desacerta*do*[*da*] ‖ それは的外れの質問です Es una pregunta「desacertada [inoportuna].
まどべ 窓辺
▶窓辺に/窓辺で「junto a [al lado de] la ventana
まとまった 纏まった ‖ まとまった金 una importante suma de dinero
まとまり 纏まり　(統一) unidad *f.*, (関連) coherencia *f.* ‖ まとまりのある uni*do*[*da*], coherente／まとまりのない演説 discurso *m.* incoherente／まとまりの良いグループ grupo *m.*「muy unido [con mucha cohesión]
まとまる 纏まる　(集まる) juntarse, unirse, (統一される) unificarse, concertarse, (整理がつく) arreglarse, (結論がでる) llegar a una conclusión ‖ 話がまとまる llegar a un acuerdo／私は考えがまとまらない No puedo poner en orden mis ideas.
まとめ 纏め　resumen *m.*, sumario *m.*, (結論) conclusión *f.*
まとめやく 纏め役　(仲介者) media*dor*[*dora*] *mf.*, (調整役) coordin*ador*[*dora*] *mf.*, modera*dor*[*dora*] *mf.*
まとめる 纏める　(集める) reunir, juntar, (一つに) unificar, unir, (整理する) ordenar, poner ALGO en orden, (解決する) arreglar, (要点を) resumir ‖ 一か所にまとめる reunir ALGO en un sitio／人をまとめる「liderar [dirigir] un grupo de personas／縁談をまとめる concertar un matrimonio／意見をまとめる (自分の) formar *su* opinión, (さまざまな) unificar opiniones／考えをまとめる「formar [ordenar] las ideas／体系的にまとめる resumir ALGO sistemáticamente／彼女は荷物をまとめて出て行った Ella cogió sus cosas y se fue.
▶まとめて en conjunto, en bloque, (一括して) de una vez ‖ まとめて支払う pagar todo de una vez
まとも
▶まともな (まじめな) honra*do*[*da*], hones-

to[ta] ‖ まともな人間 persona *f.* honrada／まともな暮らしをする llevar una vida digna
▶まともに (正面から) de cara, de frente, (直接に) directamente, (まじめに) honradamente, dignamente ‖ 冗談をまともに受けとる tomar(se)「a pecho [en serio] una broma／私に風がまともに当たっている El viento me da de cara.
マドラー　mezclador *m.* de cóctel
まどり 間取り　distribución *f.* de una casa ‖ 間取りがよい[悪い]家 casa *f.*「bien [mal] distribuida
■間取り図　plano *m.* de la casa
マドレーヌ　magdalena *f.*, madalena *f.*
まどろむ 微睡む　dormitar, echar una cabezada ‖ 木陰でまどろむ dormitar a la sombra de un árbol
まどわく 窓枠　marco *m.* de ventana
まどわす 惑わす　(当惑させる) confundir, desconcertar, (だます) engañar, (誘惑する) seducir ‖ 人心を惑わす「confundir [desconcertar] a la gente／甘い[巧みな]言葉で惑わす seducir a ALGUIEN con「hermosas palabras [palabras ingeniosas]／私は彼の外見に惑わされた Su apariencia me engañó.
マトン　(羊肉) carne *f.* de carnero, (子羊の肉) carne *f.* de cordero
マドンナ　(聖母) Nuestra Señora, Virgen María, (像・絵画の) madona *f.*; (あこがれの対象) mujer *f.* admirada
マナー　modales *mpl.* ‖ マナーがよい[悪い] tener「buenos [malos] modales／マナーを守る respetar los modales／マナーを知らない no saber「estar [comportarse]
■テーブルマナー　modales *mpl.* de mesa
■マナーモード　modo *m.* silencio ‖ 携帯電話をマナーモードにする poner el「móvil [celular] en silencio, insonorizar el「móvil [celular]
まないた 俎/俎板　tabla *f.*「de [para] cortar
慣用 彼はまないたの上の鯉だ A él no le queda más alternativa que dejar su suerte a la decisión de otro.
まなざし 眼差し　mirada *f.* ‖ 熱いまなざし mirada *f.* apasionada／訴えるようなまなざし mirada *f.* recurrente／非難のまなざしを向ける lanzar una mirada de reproche《a》／やさしいまなざしを注ぐ dirigir una mirada tierna《a》
まなつ 真夏　pleno verano *m.*
▶真夏に en pleno verano
■真夏日　día *m.* con temperatura máxima superior a 30 grados
まなでし 愛弟子　discíp*ulo*[*la*] *mf.* favori*to*[*ta*], alum*no*[*na*] *mf.* favori*to*[*ta*]
まなぶ 学ぶ　aprender, (勉強する) estudiar ‖ 先人に学ぶ aprender de los predecesores／事実から学ぶ aprender de los hechos／

経験から学ぶ aprender por experiencia ／ 化学を学ぶ estudiar química
慣用 よく学び，よく遊べ Tanto estudiar como divertirse son necesarios.

マニア fanáti*co*[*ca*] *mf.*, maniáti*co*[*ca*] *mf.* ‖ 彼は鉄道マニアだ Él es un gran aficionado a los trenes.

まにあう 間に合う （時間が）llegar a tiempo,（足りている）bastar, ser suficiente ‖ 飛行機に間に合う llegar a tiempo para coger el avión ／ 私はバスに間に合わなかった Perdí el autobús. ／ 千円で間に合う Basta con mil yenes. ／ この本で間に合う Con este libro basta. ／ 仕事が締め切りに間に合わなかった No pude terminar el trabajo en el plazo fijado. ／ 願書の提出はまだ間に合いますか ¿Todavía estoy a tiempo de presentar la solicitud?

まにあわせ 間に合わせ
▶間に合わせの provisional, improvisa*do*[*da*] ‖ 間に合わせの対策 medidas *fpl.* provisionales ／ 私は間に合わせの材料で食事をつくった He preparado la comida con lo que había.

まにあわせる 間に合わせる （なんとかする）arreglárselas《con》, apañárselas《con》;（終わらせる）terminar ‖ 私は締切にそれを間に合わせなければならない Tengo que terminarlo antes del plazo fijado. ／ 明日の午前中までに間に合わせてください Hágalo para mañana por la mañana.

マニキュア manicura *f.*,（液）pintauñas *m.*[=*pl.*], esmalte *m.*
▶マニキュアをする pintarse las uñas

まにし 真西 oeste *m.* exacto
▶真西に justo al oeste

マニッシュ
▶マニッシュな《服飾》（男性的な）hombru*no*[*na*]

マニピュレーター （工学）manipulador *m.*

マニフェスト manifiesto *m.*, plataforma *f.* electoral ‖ 党のマニフェスト manifiesto *m.* del partido ／ マニフェストを発表する hacer público el manifiesto

マニュアル manual *m.* (de instrucciones) ‖ パソコンのマニュアル manual *m.* de ordenador ／ マニュアルに従って操作する manejar siguiendo el manual ／ マニュアルを作成する「hacer [escribir] un manual ／ 彼はマニュアルがないと何もできない Él no sabe hacer nada sin manual de instrucciones.
◨マニュアル車 coche *m.* manual

マニュファクチュア （工場制手工業）manufactura *f.*

まにんげん 真人間 hombre *m.* recto ‖ 真人間になる corregirse, reformarse

まぬがれる 免れる escapar《de》,（免除される）eximirse《de》, librarse《de》, evitar ‖ 責任を免れる eximirse de la responsabilidad ／ その家は延焼を免れた Esa casa se libró de la propagación del incendio. ／ 会社は倒産を免れない La quiebra de la empresa es inevitable.
▶～を免れた exen*to*[*ta*]《de》

まぬけ 間抜け
▶間抜けな ton*to*[*ta*], estúpi*do*[*da*], necio[*cia*], bo*bo*[*ba*], pa*vo*[*va*]

まね 真似 imitación *f.* ‖ 真似がうまい imitar bien ／ 死んだ真似をする hacerse *el*[*la*] muer*to*[*ta*] ／ 泣き真似をする fingir llorar,《慣用》llorar lágrimas de cocodrilo
▶真似する imitar
慣用 勝手な真似をする actuar por *su* cuenta
◨真似事 afición *f.*, imitación *f.* ‖ ほんの真似ごとです Es solo una afición.

マネー dinero *m.*
◨マネーサプライ「masa *f.* [oferta *f.*] monetaria
◨マネーロンダリング「blanqueo *m.* [lavado *m.*] de dinero

マネージメント administración *f.* →かんり（管理）・けいえい（経営）

マネージャー gerente *com.*, mánager *com.*,（芸能人の）representante *com.*, mánager *com.*

まねき 招き invitación *f.* →しょうたい（招待）‖ 招きに応じる aceptar la invitación ／ 招きを断る rechazar la invitación ／ お招きにあずかりありがとうございます Le agradezco que me haya invitado.
◨招き猫 gato *m.* de la suerte

マネキン
◨マネキン人形 maniquí *m.*
◨マネキンガール maniquí *f.*, modelo *f.*

まねく 招く invitar,（引き起こす）causar, provocar ‖ 専門家を招く「llamar [invitar] a un[una] exper*to*[*ta*] ／ 誤解を招く provocar un malentendido ／ 災いを招く provocar una desgracia ／ 私はパーティーに招かれた He recibido una invitación a una fiesta. ¦ Me han invitado a una fiesta.

まねる 真似る imitar, copiar,（物まね）remedar ‖ 話し方をまねる imitar la forma de hablar de ALGUIEN

まのあたり 目のあたり
▶目のあたりに ‖ 目のあたりにする ver con *sus* propios ojos ／ 交通事故を目のあたりにする presenciar un accidente de tráfico

まのび 間延び
▶間延びした（のろい）len*to*[*ta*],（退屈な）aburri*do*[*da*] ‖ 彼女は間延びした話し方をする Ella habla lentamente.

まばたき 瞬き parpadeo *m.*, pestañeo *m.*,（ウインク）guiño *m.* ‖ まばたきを合図に a la señal de un guiño

まばたきする parpadear, pestañear
まばたく 瞬く parpadear, pestañear
まばゆい 目映い/眩い deslumbra*dor*[*do-ra*], deslumbrante, cega*dor*[*dora*] ‖ まばゆいばかりの美しさ belleza *f*. deslumbrante
まばら 疎ら
▶ まばらな poco pobla*do*[*da*], poco espe*so*[*sa*], ra*lo*[*la*], cla*ro*[*ra*] ‖ まばらな髪 pelo *m*. 「ralo [claro] ／ まばらな拍手 escasos aplausos *mpl*. ／ 家がまばらだ Hay pocas casas. ／ 客席がまばらだ Hay pocos espectadores. ¦ Hay muchas localidades libres.
まひ 麻痺 《医学》parálisis *f*.[=*pl*.], entumecimiento *m*., (交通などの) colapso *m*.
▶ 麻痺する paralizarse, entumecerse, (機能が) colapsarse ‖ 寒さで私の指の感覚が麻痺した El frío me ha entumecido los dedos. ／ 火山灰の雲のため空の交通が麻痺した El tráfico aéreo quedó paralizado por una nube de ceniza volcánica.
▶ 麻痺させる paralizar, entumecer, (機能を) colapsar
▶ 麻痺した paraliza*do*[*da*], entumecido[*da*], colapsa*do*[*da*]
□ 顔面麻痺 parálisis *f*.[=*pl*.] facial
□ 小児麻痺 poliomielitis *f*.[=*pl*.], polio *f*.
□ 全身麻痺 parálisis *f*.[=*pl*.] general
まひがし 真東 este *m*. exacto
▶ 真東に justo al este
まびき 間引き
▶ 間引きする entresacar, (減らす) reducir
□ 間引き運転 servicio *m*. reducido ‖ その路線は間引き運転された Han reducido el servicio de esa línea.
まびく 間引く entresacar, (減らす) reducir
まひる 真昼 pleno día *m*., mediodía *m*.
▶ 真昼に en pleno día, 「a [en] plena luz del día
マフィア mafia *f*., (構成員) mafio*so*[*sa*] *mf*.
マフィン (カップケーキ) magdalena *f*.
□ イングリッシュマフィン mollete *m*. inglés
まぶか 目深
▶ 目深に ‖ 帽子を目深にかぶる「encasquetarse [calarse] un sombrero
まぶしい 眩しい deslumbrante, deslumbra*dor*[*dora*], (目がくらむ) cega*dor*[*dora*] ‖ 日差しがまぶしい El sol me deslumbra. ／ まぶしい光 luz *f*. deslumbrante ／ 新緑が目にまぶしい Resplandece el verdor de las nuevas hojas.
まぶす 塗す cubrir, espolvorear ‖ パン粉をまぶす pasar ALGO por pan rallado ／ 小麦粉をまぶす enharinar, espolvorear ALGO con harina
まぶた 瞼 párpado *m*. ‖ まぶたを閉じる cerrar los ojos ／ まぶたが腫れぼったい tener los párpados hinchados ／ まぶたに浮かぶ recordar ／ まぶたが重い Me pesan los párpados.
□ 一重まぶた párpado *m*. simple
□ 二重まぶた párpado *m*. doble
□ 上まぶた párpado *m*. superior
□ 下まぶた párpado *m*. inferior
まふゆ 真冬 pleno invierno *m*.
▶ 真冬に en pleno invierno
マフラー (服飾) bufanda *f*.;《自動車》silenciador *m*. ‖ マフラーを首に巻く ponerse una bufanda en el cuello
まほう 魔法 magia *f*., hechicería *f*., brujería *f*. ‖ 魔法の杖 [絨毯]「varita *f*. [alfombra *f*.] mágica ／ 魔法をかける hechizar, embrujar ／ 魔法を解く romper el hechizo ／ 魔法を使う utilizar la magia, hacer brujería
□ 魔法使い ma*go*[*ga*] *mf*., hechice*ro*[*ra*] *mf*., bru*jo*[*ja*] *mf*.
□ 魔法瓶 termo *m*.
マホガニー caoba *f*.
マホメット (イスラム教の創唱者) Mahoma
まぼろし 幻 visión *f*., espejismo *m*., aparición *f*., ilusión *f*., fantasma *m*. ‖ 幻の大陸 continente *m*. fantasma ／ 幻を追う seguir una 「visión [ilusión] ／ 幻を見る ver un fantasma
▶ 幻のような fantasmal, fantasmagóri*co*[*ca*]
▶ 幻のように como un fantasma ‖ 幻のように消える desaparecer como un fantasma
まま de vez en cuando, a veces ⇒ ときどき (時467) ‖ そういうことはままあるものだ Esas cosas pasan a veces.
まま 儘 ‖ 部屋をそのままにしておく dejar la habitación tal como está ／ 窓をあけたままにしておく dejar la ventana abierta ／ コートを着たままで con el abrigo puesto ／ それぞれが思いのままに描く Cada uno pinta como quiere.
ママ mamá *f*.
ままおや 継親 (継父) padrastro *m*., (継母) madrastra *f*.
ままこ 継子 hijas*tro*[*tra*] *mf*.
ままごと ‖ ままごとをする jugar a las 「casitas [mamás]
まちち 継父 padrastro *m*.
ままならない ‖ 人生はままならない En la vida las cosas no siempre salen como uno quiere.
ままはは 継母 madrastra *f*.
まみず 真水 agua *f*. dulce
まみなみ 真南 sur *m*. exacto
▶ 真南に justo al sur
まみれる 塗れる cubrirse 《de》‖ 血にまみれる cubrirse de sangre ／ 煙にまみれる cubrirse de humo
慣用 一敗地にまみれる sufrir una derrota aplastante

まむかい 真向かい
▶真向かいに justo enfrente 《de》

まむし 蝮 víbora *f.* (japonesa)(雄・雌) ‖ 蝮に咬まれる ser mordi*do*[*da*] por una víbora
◾蝮酒 licor *m.* de víbora

まめ 豆 (豆類) legumbre *f.* ‖ 豆をまく (畑に) sembrar, (節分で)「lanzar [tirar] semillas de soja
◾豆知識 pequeño conocimiento *m.*, (役に立たない) conocimiento *m.* trivial
◾豆台風 tifón *m.* pequeño
◾豆電球 bombilla *f.* pequeña
◾豆まき 《日本語》 *mamemaki m.*, (説明訳) evento *m.* que consiste en lanzar semillas de soja para ahuyentar el mal y atraer el bien en el día anterior al comienzo de la primavera

```
いろいろな豆
```

大豆 soja *f.* ／ 小豆 judía *f.* roja ／ いんげん豆 judía *f.*, 《中南米》 frijol *m.* ／ えんどう豆/グリーンピース guisante *m.*, 《南米》 arveja *f.* ／ 空豆 haba *f.* ／ ささげ caupí *m.*, chícharo *m.* salvaje ／ さやいんげん judía *f.* verde ／ ひよこ豆 garbanzo *m.* ／ レンズ豆 lenteja *f.* ／ 落花生 cacahuete *m.* ／ コーヒー豆 grano *m.* de café ／ カカオ豆 grano *m.* de cacao

まめ 肉刺 ampolla *f.*, vejiga *f.*, (胼胝や魚の目) callo *m.* ‖ まめがつぶれる reventar *la ampolla* ／ まめが固まる endurecerse *la ampolla* ／ (私は)足の指にまめができた Me ha salido una ampolla en un dedo del pie.

まめ 忠実
▶まめな (勤勉な) diligente, solíci*to*[*ta*], aplica*do*[*da*], (健康な) sa*no*[*na*]
▶まめに con diligencia, diligentemente ‖ まめに働く trabajar con diligencia ／ 彼女はまめに便りをくれる Ella me escribe a menudo.
◾筆まめ ‖ 彼は筆まめだ A él no le cuesta nada escribir.

まめたん 豆炭 briqueta *f.* oval

まめつ 摩滅/磨滅 desgaste *m.*
▶摩滅する desgastarse

まめでっぽう 豆鉄砲 taco *m.*
(慣用) 鳩が豆鉄砲を食ったよう(である) quedarse estupefac*to*[*ta*], quedarse mu*do*[*da*] de asombro ‖ 鳩が豆鉄砲を食ったような顔 cara *f.* estupefacta

まめでんきゅう 豆電球 bombilla *f.* pequeña

まめほん 豆本 libro *m.* en miniatura

まめまめしく con diligencia ‖ まめまめしく働く trabajar diligentemente

まもなく pronto, dentro de poco, dentro de nada, en breve ‖ 彼はまもなく来るだろう Él vendrá「pronto [dentro de nada]. ／ まもなく京都に着くよ Ya estamos llegando a Kioto. ／ 大学を中退してまもなく、彼は最初の会社を立ち上げた Poco después de dejar la carrera universitaria, él levantó su primera empresa.

まもの 魔物 diablo *m.*, demonio *m.*

まもり 守り defensa *f.* ‖ 守りを固める reforzar la defensa
◾守り神 dios *m.* tutelar, diosa *f.* tutelar
◾守り札 talismán *m.*

まもる 守る/護る defender, (自然を) proteger, conservar, (法律を) cumplir, respetar ‖ 国を守る defender a *su* país ／ 身を守る defenderse ／ 頭を守る protegerse la cabeza ／ 森林を守る「proteger [conservar] los bosques ／ 地位を守る mantenerse en el puesto ／ 法律を守る「cumplir [respetar] la ley ／ 沈黙を守る guardar silencio

まやく 麻薬 droga *f.*, estupefaciente *m.* ‖ 麻薬の密売 narcotráfico *m.*, tráfico *m.* de drogas ／ 麻薬の所持 tenencia *f.* de drogas ／ 麻薬を使用する usar drogas, (自分に) drogarse ／ 麻薬に手を出す meterse en las drogas
◾麻薬常用者 drogadic*to*[*ta*] *mf.*, droga*do*[*da*] *mf.*, toxicóma*no*[*na*] *mf.*
◾麻薬捜査官 inspec*tor*[*tora*] *mf.* de drogas, agente *com.* de la oficina de control de narcóticos
◾麻薬中毒 drogadicción *f.*, drogodependencia *f.*, toxicomanía *f.*
◾麻薬取締法 Ley *f.* de Control de Drogas
◾麻薬密売人 narcotraficante *com.*, (小売り の) camello *m.*

まゆ 眉 ceja *f.* ‖ 眉が濃い[薄い] tener las cejas「pobladas [poco pobladas] ／ 眉をかく「pintarse [maquillarse] las cejas ／ 眉を剃る afeitarse las cejas
(慣用) 眉に唾をつける 《慣用》 andar con ojo ‖ 彼の話には眉に唾をつけてかかりなさい Ten mucho cuidado con lo que dice él, que te puede engañar.
(慣用) 眉一つ動かさない ‖ 彼女は眉一つ動かさず、部下(男性)の報告を聞いた Ella escuchó el informe del subordinado sin alterarse en lo más mínimo.
(慣用) 眉を曇らす mostrar una preocupación
(慣用) 眉を吊り上げる mostrar enfado, enfadarse
(慣用) 眉をひそめる fruncir「el entrecejo [las cejas]
◾眉尻 extremo *m.* exterior de las cejas
◾眉根 extremo *m.* interior de las cejas

まゆ 繭 capullo *m.* ‖ 蚕が繭を作る Los gusanos de seda tejen sus capullos.

まゆげ 眉毛 ⇒まゆ(眉)
まゆずみ 眉墨 lápiz *m.* de cejas
まゆつば 眉唾 ‖その話は眉つばものだ Esa historia no es fiable.
まよい 迷い vacilación *f.*, indecisión *f.*, duda *f.* ‖ 迷い猫 gato *m.* perdido ／ 迷いから覚める desengañarse ／ 私はまだ迷いがある Aún estoy indec*iso*[*sa*].
まよう 迷う (道に) perderse, extraviarse, (ためらう) dudar, vacilar ‖ 返答に迷う no saber qué responder ／ 迷わず sin vacilar ／ 迷路に迷いこむ meterse en un laberinto ／ どうしていいか迷う no saber qué hacer ／ 彼は行くべきかどうか迷っている Él está dudando si ir o no.
慣用 迷える小羊 oveja *f.* 「perdida [descarriada]
まよけ 魔除け (お守り) amuleto *m.*, talismán *m.*
まよなか 真夜中 medianoche *f.*
▶真夜中に a medianoche
マヨネーズ mayonesa *f.*, mahonesa *f.* ‖ マヨネーズをかける echar mayonesa ／ マヨネーズを作る hacer mayonesa
まよわす 迷わす (だます) engañar, (当惑させる) desconcertar, confundir ‖ 迷わすなよ No me hagas dudar. ／ 外見に迷わされる ser engaña*do*[*da*] por las apariencias
マラカス maracas *fpl.* ‖ マラカスを鳴らす tocar las maracas
マラソン maratón *m*(*f*). ‖ マラソンを走る correr un maratón
▫マラソン選手／マラソンランナー corre*dor* [*dora*] *mf.* de maratón
マラリア malaria *f.*, paludismo *m.* ‖ マラリアを撲滅する erradicar la malaria ／ マラリアにかかる contraer (la) malaria
▫マラリア患者 paciente *com.* de malaria
▫マラリア熱 fiebre *f.* palúdica
まり 毬／鞠 balón *m.*, pelota *f.* ‖ 鞠をつく botar una pelota
マリーナ (ヨットなどの停泊所) puerto *m.* deportivo, marina *f.* (de yates)
マリオネット (人形) títere *m.*, marioneta *f.*, (人形劇) marionetas *fpl.*
マリネ 《料理》 adobo *m.*, escabeche *m.*, marinado *m.* ‖ 魚のマリネ pescado *m.* 「en adobo [marinado]
▶マリネする adobar, escabechar, marinar
マリファナ marihuana *f.*, mariguana *f.*, 《隠語》 maría *f.* ‖ マリファナを吸う fumar marihuana
まりょく 魔力 poder *m.* mágico, encanto *m.*
マリン
▫マリンスポーツ deportes *mpl.* 「náuticos [marinos]
▫マリンブルー azul *m.* 「marino [oscuro]
▫マリンリゾート complejo *m.* turístico costero
マリンバ marimba *f.* ‖ マリンバを叩く tocar la marimba
まる 丸 ❶ (円) círculo *m.*, circunferencia *f.*, redondel *m.* ‖ まん丸 círculo *m.* perfecto ／ 丸を書く 「trazar [dibujar] un círculo ／ 番号を丸で囲む rodear el número con un círculo ／ 該当するものすべてに○をつけてください Marque con un círculo todo lo que corresponda.
❷ (全部) ‖ まるのまま ente*ro*[*ra*] ／ りんごをまるのまま食べる comer una manzana 「sin cortarla [a mordiscos] ／ まる1週間 una semana 「entera [completa] ／ まる3日かかる tardar tres días enteros
まるあらい 丸洗い
▶丸洗いする ‖ 着物を丸洗いする lavar un quimono sin descoserlo
まるあんき 丸暗記 memorización *f.*
▶丸暗記する aprender (todo) de memoria, (理解せずに) memorizar sin entender
まるい 丸い／円い redon*do*[*da*], circular, (球の) esfér*ico*[*ca*] ‖ 丸い月 luna *f.* llena ／ 丸い顔 cara *f.* redonda ／ 四隅が丸い tener cuatro esquinas redondeadas
▶丸く／円く ‖ 丸く収める 「solucionar [arreglar] ALGO pacíficamete ／ 円く輪になって座る sentarse en círculo
▶丸くする redondear, hacer ALGO redon*do* ‖ 背中を丸くする encorvar la espalda ／ 目を丸くする 《慣用》quedarse con los ojos como platos
慣用 丸くなる ‖ 彼も人間が丸くなってきた Él se ha convertido en una persona más tolerante.
慣用 丸い卵も切りようで四角 Según como lo trate puede causar problemas.
まるうつし 丸写し copia *f.*, plagio *m.*
▶丸写しする copiar ALGO por completo, plagiar
まるえり 丸襟 cuello *m.* 「bebé [bobo], (丸首) cuello *m.* redondo
まるがお 丸顔 cara *f.* redonda ‖ 彼女は丸顔だ Ella tiene la cara redonda.
まるがかえ 丸抱え ‖ この旅行は会社丸抱えだ Este viaje lo 「paga todo [financia] la empresa.
まるかじり 丸齧り
▶丸かじりする ‖ りんごを丸かじりする comer una manzana entera a mordiscos
まるがり 丸刈り cabeza *f.* rapada ‖ 彼は丸刈りにしている Él 「tiene [lleva] la cabeza rapada.
▶(〜の頭を)丸刈りにする cortar el pelo al 「cero [rape] a ALGUIEN, rapar a ALGUIEN
マルガリータ (カクテル) margarita *m*(*f*).
まるき 丸木 tronco *m.*, leño *m.*

◨丸木橋 puente *m.* sencillo hecho de un solo tronco
◨丸木船 cayuco *m.*, piragua *f.*
マルクスしゅぎ マルクス主義 marxismo *m.*
◨マルクス主義者 marxista *com.*
まるくび 丸首 cuello *m.* redondo ‖ 丸首のセーター jersey *m.* (de) cuello redondo
まるごし 丸腰
▶丸腰で sin armas ‖ 丸腰で行く ir desarma*do*[da]
まるごと 丸ごと‖魚を丸ごと焼く asar un pescado entero
まるぞん 丸損 pérdida *f.*「total [completa]
▶丸損する perder「totalmente [completamente], sufrir una pérdida「total [completa]
まるた 丸太 tronco *m.*, leño *m.*
◨丸太小屋 cabaña *f.* de troncos
まるだし 丸出し‖僕の母は田舎者丸出しの話し方をする Es obvio que mi madre es de campo por su forma de hablar.
▶丸出しにする mostrar, no ocultar ‖ 彼は敵意を丸出しにした Él no ocultó su hostilidad.
マルチ
◨マルチ商法 venta *f.*「multinivel [piramidal]
◨マルチタレント artista *com.*「polifacéti*co*[ca] [multitalento]
◨マルチメディア multimedia *m.*[=*pl.*] ‖ マルチメディアを利用した utilizar multimedia
まるっきり 丸っきり completamente, en absoluto → まるで ‖ 私はまるっきり分からない No entiendo nada en absoluto.
まるつぶれ 丸潰れ‖地震で家が丸潰れになった La casa se derrumbó por completo por el terremoto.
まるで (完全に) completamente, totalmente, (否定で) en absoluto, (あたかも) como si『+接続法過去時制』‖ まるで知らない no saber nada en absoluto ／ これはまるで役に立たない Esto no sirve para nada. ／ 彼女はそのことをまるで気にしない A ella eso (no) le importa un「bledo [pimiento]. ／ 君はまるでパイロットのように見えるよ Pareces「todo un [un completo] piloto. ／ 彼女はそれをまるで自分自身で見たかのように私たちに話した Ella nos lo contó como si lo hubiera visto ella misma.
まるてんじょう 丸天井 bóveda *f.*
まるのこ 丸鋸 sierra *f.* circular
まるのみ 丸呑み
▶丸のみする tragar(se) sin mascar, engullir, (うのみにする) tragarse, (そっくり受け入れる) consentir sin rechistar ‖ 蛇はネズミを丸のみした La serpiente se tragó al ratón.
まるはだか 丸裸 desnudez *f.* completa
▶丸裸で/丸裸の completamente desnu*do*[da],《話》en cueros (vivos),《俗語》en pelotas
▶丸裸になる desnudarse「por completo [del todo],《話》quedarse en cueros
まるばつ ○× correcto o incorrecto, sí o no ‖ ○×式の試験 examen *m.* verdadero (o) falso ／ 次の問いに○×で答えなさい Contesta (a) las siguientes preguntas con sí o no.
マルひ マル秘 alto secreto *m.*, confidencia *f.* ‖ この情報はマル秘です Esta información es totalmente confidencial.
▶マル秘の confidencial, secre*to*[ta], clasifica*do*[da]
◨マル秘事項 información *f.* clasificada
まるぼうず 丸坊主 rapado *m.* al cero
▶丸坊主の rapa*do*[da] al cero
▶丸坊主にする raparse (el pelo) al cero, cortarse el pelo al rape
▶丸坊主にしている estar rapa*do*[da] al cero
まるぽちゃ 丸ぽちゃ
▶まるぽちゃの relleni*to*[ta],《話》regorde*te*[ta], gordi*to*[ta] ‖ まるぽちゃの顔 cara *f.* rellenita
まるまど 丸窓 ventana *f.* redonda
まるまる 丸まる redondearse, formar un círculo, (人・動物が) acurrucarse ‖ 丸まった背中 espalda *f.* encorvada ／ 猫が毛布の下で丸まっている El gato está acurrucado debajo de la manta.
まるまる 丸丸 redon*do*[da], (太っている) relleni*to*[ta], gordi*to*[ta]; (全部) ente*ro*[ra], por completo, completamente, totalmente, enteramente ‖ まるまるした赤ん坊 bebé *m.* rellenito ／ まるまる失う perder ALGO「completamente [totalmente] ／ まるまる1時間かかる tardar una hora entera ／ 儲けをまるまる受けとる recibir todas las ganancias
まるみ 丸み redondez *f.*
▶丸みのある redon*do*[da] ‖ 丸みのある声 voz *f.*「suave [dulce]
まるみえ 丸見え‖室内が丸見えだ Se ve todo dentro de la habitación.
まるめこむ 丸め込む (言いくるめる) engatusar, convencer con halagos ‖ 私は父を丸め込んで車を買ってもらった「Engatusé [Convencí] a mi padre para que me comprara un coche.
まるめる 丸める redondear, hacer una bola, (背中を) encorvarse, (体を) encogerse ‖ 粘土を丸める hacer una bola de arcilla ／ 頭を丸める raparse la cabeza, (出家する)《慣用》tomar el hábito
まるもうけ 丸儲け
▶丸儲けする‖百万円丸儲けする「obtener [embolsar] una ganancia neta de un millón

de yenes

まるやき 丸焼き ‖ 仔豚の丸焼き cochinillo *m.* asado／仔羊を丸焼きにする asar un cordero entero

まるやけ 丸焼け ‖ 家が丸焼けになった La casa se quemó por completo.

まるやね 丸屋根　cúpula *f.*, domo *m.*

マルゆう マル優　(小額貯蓄非課税制度) sistema *m.* de exención de impuestos para ahorros modestos

まれ 稀/希 ‖ 彼が来ないのはまれだ Es raro que no venga él.
▶ まれな ra*ro*[ra], poco común, (例外的な) excepcional ‖ まれな出来事 incidente *m.* poco habitual
▶ まれに raramente, rara vez ‖ まれにみる快挙 hazaña *f.* insólita／ごくまれに外国人がここを訪ねてくる Rara vez viene algún extranjero a visitar este lugar.

マロニエ　castaño *m.* de Indias

まろやか 円やか
▶ まろやかな (柔らかな) suave ‖ まろやかな味 sabor *m.* suave

マロン　castaña *f.* ⇒くり(栗)
◪ マロングラッセ castaña *f.*「confitada [glaseada]

まわし 回し/廻し　(相撲) cinturón *m.* de luchador de sumo ‖ まわしを締める ponerse el cinturón de sumo／その力士は相手のまわしをつかんだ Ese luchador agarró al adversario por el cinturón.
◪ 回し飲み ‖ 一本の缶ビールを回し飲みする beber una lata de cerveza entre varias personas
◪ 回し者 espía *com.* ⇒スパイ

まわす 回す/廻す　(回転させる) girar, dar vuelta(s) (a), (渡す) pasar, (ダイヤルを) marcar ‖ つまみを回す girar el botón／書類を回す hacer circular un documento／余ったお金を行楽費に回す destinar el dinero sobrante a los gastos de excursiones／彼は支店に回された Lo enviaron a una sucursal.

まわた 真綿　seda *f.* floja
(慣)真綿で首を締める「torturar [arruinar] poco a poco

まわり 回り/廻り ‖ 火のまわりが早かった El fuego se propagó rápido.／酒のまわりが早い emborracharse enseguida／北極回りでヨーロッパに行く ir a Europa vía Polo Norte／彼は僕よりひと回り年上だ Él me lleva 12 años.

まわり 周り　alrededor *m.*, contorno *m.* ‖ 目の周り contorno *m.* de ojos／家の周りは静かだ Los alrededores de la casa son muy tranquilos.
▶ ～の周りに/～の周りを alrededor 《de》, en torno 《a》 ‖ 池の周りに花を植える plantar flores alrededor del estanque／地球は太陽の周りを回る La Tierra gira alrededor del Sol.

まわりあわせ 回り合わせ　destino *m.*, sino *m.* ‖ 回り合わせがよい tener suerte

まわりくどい 回りくどい　pesa*do*[da] ‖ 回りくどい説明 explicación *f.* pesada／回りくどいあいさつ saludos *mpl.* innecesarios／回りくどい言い方はやめてください Déjese de rodeos.

まわりぶたい 回り舞台　escenario *m.* giratorio

まわりみち 回り道　rodeo *m.*, desvío *m.*
▶ 回り道をする dar un rodeo, tomar un desvío

まわりもち 回り持ち ‖ 町会の役員は回り持ちです Los directivos de la asociación de vecinos se eligen por turno.
▶ 回り持ちで por turno(s)

まわる 回る/廻る　(回転する) girar, rodar, dar vueltas ‖ 風車が回る El molinete gira.／月は地球の周りを回る La Luna gira alrededor de la Tierra.／南米を回る hacer una gira por América del Sur／私の順番が回ってきた Me ha llegado el turno.／裏口へ回る pasar a la puerta trasera／もう10時を回っている Ya son más de las diez.

まわれみぎ 回れ右 ‖ 回れ右をする dar media vuelta a la derecha

まん 万　diez mil *m.* ‖ 1万番目の diezmilési*mo*[ma]／1万分の1 un diezmilésimo／百万円 un millón de yenes／何万人もの学生 decenas de miles de estudiantes
(慣)万が一 ⇒まんいち(万一)
(慣)万に一つもない ser prácticamente imposible

まん 満 ‖ 母は1月に満で80歳になります Mi madre va a cumplir 80 años en enero.
(慣)満を持す esperar a que llegue el momento oportuno
◪ 満年齢 edad *f.*

まんいち 万一 ‖ 万一の場合 en caso de emergencia, (最悪の場合) en el peor de los casos／万一の場合はこのボタンを押してください En caso de emergencia pulse este botón.／万一の事故に備える prepararse para un posible accidente

まんいん 満員
▶ 満員の completamente lle*no*[na], comple*to*[ta], reple*to*[ta], 《慣用》de bote en bote ‖ 満員の劇場 teatro *m.* completamente lleno
◪ 満員御礼 (掲示) Lleno ¦ Completo ¦ Todas las localidades vendidas
◪ 満員電車 tren *m.*「lleno [abarrotado]

まんえつ 満悦 ‖ 彼女は至極ご満悦の様子だった Ella parecía extremadamente contenta.

まんえん 蔓延　propagación *f.*, extensión *f.*

まんえんする 蔓延する propagarse, extenderse ‖ 伝染病が国中に蔓延した La epidemia se「extendió [propagó] por todo el país.
まんが 漫画 manga *m*., cómic *m*., tebeo *m*., (風刺の) caricatura *f*. ‖ 漫画にする adaptar ALGO al manga／漫画を描く「dibujar [escribir] manga／漫画を読む leer un manga
◪風刺漫画 caricatura *f*.
◪4コマ漫画 manga *m*. de cuatro viñetas
◪連載漫画 manga *m*. en serie
◪漫画映画 película *f*. de dibujos animados
◪漫画家 dibujante *com*. de「manga [cómic], (風刺漫画の) caricaturista *com*.
◪漫画喫茶 manga café *m*.
◪漫画雑誌 revista *f*. de manga
◪漫画本 manga *m*., cómic *m*.
まんかい 満開 ‖ 桜が満開だ Los cerezos están en plena「floración [flor].
マンガン 《化学》 manganeso *m*. 《記号 Mn》
◪軟マンガン鉱 pirolusita *f*.
◪二酸化マンガン「óxido *m*. [dióxido *m*.] de manganeso
まんき 満期 vencimiento *m*.
▶満期になる‖保険が来月満期になる El seguro vence el mes que viene.
▶満期の vencido[da]
◪満期償還 amortización *f*. al vencimiento
◪満期日 fecha *f*. de vencimiento
◪満期保険金 pago *m*. al vencimiento (del seguro)
◪満期利回り rendimiento *m*. al vencimiento
まんきつ 満喫
▶満喫する「disfrutar [gozar] plenamente 《de》‖自然を満喫する「disfrutar [gozar] plenamente de la naturaleza
マングース mangosta *f*.(雄・雌)
マングローブ (木) mangle *m*., (林) manglar *m*.
まんげきょう 万華鏡 caleidoscopio *m*.
まんげつ 満月 luna *f*. llena, plenilunio *m*.
マンゴー (木・実) mango *m*.
まんさい 満載 carga *f*. completa ‖ 就職情報が満載の雑誌 revista *f*. llena de información sobre empleo
▶満載する (荷物などを) cargar completamente ‖ トラックは貨物を満載していた El camión iba cargado a tope.
まんざい 漫才 《日本語》 *manzai m*., (説明訳) diálogo *m*. cómico realizado por dos humoristas
◪漫才師 humorista *com*.
まんざら 満更 ‖ まんざら嘘ではない No es mentira del todo.／(私は)まんざら嫌でもない Tampoco me desagrada.／君のアイディアもまんざら捨てたものではない Tu idea no es mala del todo.

▶まんざらでもない‖父はプレゼントにまんざらでもない様子だった Mi padre no escondió su satisfacción al recibir el regalo.
まんじ 卍 esvástica *f*., cruz *f*. gamada
まんしつ 満室 《掲示》Completo ‖ 本日は満室です No quedan habitaciones para hoy.
まんじゅう 饅頭 《日本語》 *manju m*., (説明訳) pastel *m*. japonés relleno de pasta de judías dulces ‖ 饅頭を蒸す cocer al vapor los *manju*
◪肉饅頭 bollo *m*. relleno de carne
まんじょう 満場
▶満場の‖満場の拍手を受ける recibir aplausos de toda la sala
◪満場一致 unanimidad *f*. ‖ 満場一致の決定 decisión *f*. unánime／満場一致で承認される aprobarse por unanimidad
マンション (建物) bloque *m*. de「pisos [viviendas], (一戸)《スペイン》 piso *m*., apartamento *m*., 《中南米》 departamento *m*. ‖ マンションを借りる alquilar un piso／マンションに住む vivir en un piso／マンションを建てる construir un bloque de pisos
◪高層マンション torre *f*. de viviendas
◪賃貸マンション piso *m*. de alquiler
◪分譲マンション piso *m*. en venta
◪ワンルームマンション estudio *m*.
まんじり
▶まんじりともしない no dormir, no pegar ojo ‖ 私は心配でまんじりともせず一夜を明かした Pasé la noche sin pegar ojo por la preocupación.
まんしん 満身 todo el cuerpo ‖ 満身の力を込める「sacar [poner] todas *sus* fuerzas
◪満身創痍 満身創痍である tener heridas por todo el cuerpo
まんしん 慢心 engreimiento *m*.
▶慢心する engreírse, volverse engreído[da], vanagloriarse 《de》
まんすい 満水 ‖ 満水のダム presa *f*. llena
▶満水にする‖タンクを満水にする llenar el tanque de agua
まんせい 慢性
▶慢性になる volverse crónico[ca]
▶慢性の/慢性的(な) crónico[ca] ‖ 慢性の病気 enfermedad *f*. crónica／慢性的な睡眠不足 falta *f*. de sueño crónica
▶慢性的に crónicamente
▶慢性化‖インフレが慢性化した La inflación se ha vuelto crónica.
◪慢性疾患/慢性病 enfermedad *f*. crónica, afección *f*. crónica ‖ 慢性病の患者 paciente *com*. crónico[ca]
まんせき 満席 ‖ 今日は満席です Hoy la sala está llena. ¦ (窓口で) No quedan entradas para hoy.
▶満席になる‖その電車は満席になりました Se han agotado los billetes para ese tren.

まんせき
▶満席の lleno[na], completo[ta]

まんぜん 漫然
▶漫然と distraídamente, sin「objeto [propósito] alguno ‖ 漫然と日を過ごす pasar el día sin hacer nada ／ 漫然と話を聞く escuchar distraídamente

まんぞく 満足 satisfacción f., contento m.
▶満足する quedarse contento[ta], sentirse satisfecho[cha], sentir satisfacción ‖ 製品にご満足いただけない場合は返金いたします Si usted no se queda satisfecho con el producto, le devolveremos el dinero.
▶満足している estar contento[ta], estar satisfecho[cha] ‖ 私は自分の仕事に満足している Estoy contento[ta] con mi trabajo.
▶満足させる satisfacer, complacer ‖ 好奇心を満足させる satisfacer la curiosidad《de》／顧客を満足させる satisfacer a los clientes
▶満足な（満足のいく）satisfactorio[ria], (十分な) suficiente, (完璧な) perfecto[ta] ‖ 満足な結果 resultado m. satisfactorio
▶満足に debidamente,《慣用》como Dios manda ‖ 彼はあいさつも満足にできない Él ni siquiera sabe saludar como Dios manda.
◳満足感 sentimiento m. de satisfacción ‖ 満足感を味わう experimentar un sentimiento de satisfacción
◳満足度「grado m. [índice m.] de satisfacción

まんだら 曼荼羅 mándala m., mandala m.

まんタン 満タン ‖ 満タンでお願いします ¿Me llena el depósito, por favor? ¦ Lleno, por favor.
▶満タンにする ‖ ガソリンを満タンにする llenar el depósito de gasolina

まんだん 漫談 monólogo m. cómico
◳漫談家 monologuista com. cómico[ca]

まんちょう 満潮 pleamar f., marea f. alta ‖ 満潮は1日に2回起こる La pleamar se produce dos veces al día.
◳満潮時 ‖ 満潮時に en la pleamar

マンツーマン ‖ マンツーマンで指導する enseñar individualmente
◳マンツーマンディフェンス《スポーツ》defensa f. hombre a hombre, marcaje m. individual
◳マンツーマンレッスン clase f.「particular [individual]

まんてん 満天 ‖ 満天の星 cielo m. completamente estrellado

まんてん 満点 máxima calificación f., sobresaliente m. ‖ 100点満点の70点 70 puntos sobre cien
▶満点をとる sacar「la máxima calificación [un diez]
▶満点の（完璧な）perfecto[ta] ‖ 栄養満点の中華料理 comida f. china altamente nutritiva ／ スリル満点のジェットコースター montaña f. rusa de lo más emocionante

マント manto m., capa f. ‖ マントを着る ponerse un manto ／ マントに身を包む cubrirse con el manto

マンドリン mandolina f. ‖ マンドリンを奏でる tocar la mandolina

マントル《地学》manto m. terrestre

マントルピース （暖炉の上の飾り棚）repisa f. de chimenea

まんなか 真ん中 centro m., medio m. ‖ 道の真ん中で en plena calle ／ 髪を真ん中から分ける peinarse el pelo con la raya en medio ／ 的の真ん中に命中させる dar justo en el blanco, dar en la diana

まんにん 万人 todo el mundo, toda clase de personas
▶万人向きの ‖ 万人向きの映画 película f. (apta) para「todo público [todos los públicos]

マンネリ rutina f., (画風などの) amaneramiento m. ‖ マンネリに陥る caer en la rutina
▶マンネリの rutinario[ria]
▶マンネリ化する volverse rutinario[ria] ‖ 仕事がマンネリ化しないようにする evitar que el trabajo se haga rutinario

まんねんどこ 万年床 ‖ 万年床にしている dejar siempre el futon sin recoger, (ベッドメーキングをしない) dejar siempre la cama sin hacer

まんねんひつ 万年筆 pluma f. estilográfica ‖ 万年筆で書く escribir con la pluma estilográfica

まんねんゆき 万年雪 nieve f. perpetua

まんねんれい 満年齢 edad f. ‖ 満年齢を記入する escribir la edad

マンパワー mano f. de obra, recursos mpl. humanos ‖ マンパワーを確保する asegurar los recursos humanos

まんびき 万引き 「hurto m. [ratería f., robo m.] en tiendas, (人) ratero[ra] mf.
▶万引きする「ratear [hurtar, robar] en tiendas

まんびょう 万病 toda clase de enfermedades ‖ 万病に効く薬 panacea f.,《話》curalotodo m.
〔慣用〕風邪は万病のもと ⇒かぜ（風邪）

まんぷく 満腹 estómago m. lleno ‖ すっかり満腹だ Estoy lleno[na].
▶満腹になる tener「la barriga llena [el estómago lleno]

まんべんなく 満遍なく （全体に）por todas partes, (一様に) igualmente, (例外なく) sin excepción ‖ まんべんなく水をまく regar igualmente por todas partes

マンボ mambo m. ‖ マンボを踊る bailar mambo

まんぼう 翻車魚《魚類》pez m. luna

マンホール　registro *m*., pozo *m*. de visita, boca *f*. de alcantarilla ‖ マンホールのふた tapa *f*. de「registro [alcantarilla]

マンホール

まんぽけい　万歩計　《商標》podómetro *m*., cuentapasos *m*.[=*pl*.] ‖ 万歩計で歩数を測る contar el número de pasos con podómetro ／ 万歩計をつけて歩く llevar un podómetro, andar con podómetro

まんまえ　真ん前 ‖ 車の真ん前を通り過ぎる pasar justo delante del coche

まんまと　con éxito, completamente ‖ まんまと敵を欺く engañar al enemigo con éxito ／ 僕はまんまと一杯食わされた Me engañaron como a un tonto.

まんまる　真ん丸　redondez *f*. perfecta
▶**真ん丸な**　completamente　redon*do*[*da*] ‖ 真ん丸なお月さま luna *f*. completamente llena

まんまん　満満 ‖ 彼は自信満々だ Está completamente seguro de sí mismo. ／ 私はやる気満々です Tengo muchísimas ganas de hacerlo.
▶**満々と**　rebosante《de》, desbordante《de》 ‖ 満々と水をたたえている estar rebosante de agua

まんめん　満面 ‖ 満面に笑みをたたえる esbozar una sonrisa de oreja a oreja, sonreír de oreja a oreja

マンモグラフィー　mamografía *f*. ‖ マンモグラフィーによる乳がん検査を受ける hacerse una mamografía para prevenir el cáncer de mama

マンモス　mamut *m*.(雄・雌)
◪マンモス企業　megacompañía *f*., megaempresa *f*.
◪マンモス大学　megauniversidad *f*.
◪マンモスタンカー　superpetrolero *m*.
◪マンモス都市　megalópolis *f*.[=*pl*.], megaciudad *f*.
◪マンモスビル　megaedificio *m*.

まんゆう　漫遊　viaje *m*.,(諸国を巡る)《格式語》periplo *m*.
▶**漫遊する** ‖ 諸国を漫遊する recorrer diversos países, hacer un periplo

まんりき　万力　tornillo *m*. de banco ‖ 万力で締める apretar con un tornillo de banco

まんりょう　満了　expiración *f*., vencimiento *m*.
▶**満了する**　expirar, vencer, terminar ‖ 現大統領(女性)の任期は来月満了する El mandato de la actual presidenta expira el próximo mes.

まんるい　満塁　bases *fpl*. llenas
◪満塁ホームラン《野球》jonrón *m*. con las bases llenas,《英語》*grand slam m*.

み

み　身　❶（身体）cuerpo *m*. ‖ 身のこなしが機敏である ser ágil de movimiento ／ 身一つでリマに来る venir a Lima sin nada ／ 身も心も疲れ果てる estar agota*do*[*da*] tanto física como mentalmente ／ 身を屈める agacharse ／ 身をかわす esquivarse ／ 身を危険にさらす exponerse a un peligro ／ 身を震わせて怒る temblar de cólera ／ 窓から身を大きく乗り出す asomarse por la ventana sacando medio cuerpo ／ 身を乗り出して話を聞く escuchar con mucho interés a ALGUIEN
❷（自分自身）‖ 身を託す entregarse《a》／ 身を守る defenderse ／ 身の潔白を証明する demostrar *su* inocencia ／ 自由の身になる（釈放される）ser pues*to*[*ta*] en libertad
❸（肉）carne *f*. ‖ マグロの身 carne *f*. de atún ／ この魚は身が多い Este pescado tiene mucha carne.
❹《慣用表現》
[身が]
〔慣用〕身が軽い ser ágil
〔慣用〕身が入る concentrarse ‖ 身が入らない no poder concentrarse
〔慣用〕身が持たない no poder mantener la salud
[身から]
〔慣用〕身から出た錆だ《諺》Quien siembra vientos, recoge tempestades.
[身に]

〔慣用〕身に余る/身に過ぎる‖身に余る光栄です No merezco tanta atención.
〔慣用〕身に覚えがある‖身に覚えのない請求書が来た Me ha llegado una factura que no me suena de nada.
〔慣用〕身にしみる afectar,《慣用》llegar al alma《a》‖彼の優しい言葉が身にしみた Sus amables palabras me llegaron al alma.
〔慣用〕身につく adquirirse
〔慣用〕身につける (着る) ponerse, (着ている) llevar, (持つ) tener, (習得する) aprender
〔慣用〕身につまされる‖身につまされる話 historia f. conmovedora
〔慣用〕身になる (立場になる) ponerse en lugar de ALGUIEN‖私の身にもなってください Póngase en mi lugar.
[身の]
〔慣用〕身の置き所がない tener mucha vergüenza,《慣用》no saber dónde meterse‖私は恥ずかしくて身の置き所がなかった Hubiera preferido que me hubiera tragado la tierra.
〔慣用〕身の毛がよだつ →みのけ(身の毛)
〔慣用〕身の振り方‖身の振り方を考える pensar en *su* futuro
〔慣用〕身のほど知らず no conocerse a *sí mismo*[*ma*], no saber *su* capacidad
[身も]
〔慣用〕身も蓋もない‖それを言ったら身も蓋もない No llegaremos a ninguna parte si dices eso.
[身を]
〔慣用〕身を誤る descarriarse
〔慣用〕身を入れる entregarse《a》
〔慣用〕身を売る prostituirse
〔慣用〕身を起こす,《慣用》hacer carrera
〔慣用〕身を落とす caer en la miseria,《慣用》venir a menos
〔慣用〕身を隠す esconderse, (世間から隠れる) vivir apartado[da] del mundo
〔慣用〕身を固める casarse
〔慣用〕身を切る‖身を切る寒さだ Hace un frío que pela.
〔慣用〕身を切られる‖身を切られる思いだ sentir pena
〔慣用〕身を砕く/身を削る sufrir
〔慣用〕身を粉にする‖身を粉にして働く trabajar hasta el agotamiento
〔慣用〕身を捨てる sacrificarse
〔慣用〕身を立てる ganarse la vida, (出世する) triunfar en la vida
〔慣用〕身を投じる (打ち込む) entregarse《a》
〔慣用〕身を投げる suicidarse arrojándose desde una altura al vacío
〔慣用〕身を引く retirarse‖政界から身を引く retirarse del mundo político
〔慣用〕身を潜める (隠れる) esconderse, (世間から隠れる) vivir apartado[da] del mundo

〔慣用〕身を任せる entregarse《a》
〔慣用〕身を持ちくずす extraviarse
〔慣用〕身をもって知る‖身をもってマラソンを完走することの難しさを知る saber por experiencia lo difícil que es correr un maratón completo
〔慣用〕身を寄せる ser acogido[da] en casa de ALGUIEN

み 実 (果実) fruto m., (堅果) nuez f., (穀類) grano m., (実質) sustancia f., enjundia f.‖赤い実 fruto m. rojo／実がたくさんなる dar muchos frutos／実を捥{も}ぐ coger frutos／実が熟する madurar *los frutos*／実が落ちる caerse *los frutos*／実のたくさんなる木 árbol m. muy fructífero／実のある話 discurso m.「de mucho contenido [enjundioso]／実のない話 discurso m. sin contenido
〔慣用〕実を結ぶ fructificar,《慣用》dar fruto
ミ 《音楽》mi m.
みあい 見合い‖お見合いをする hacer una entrevista de presentación con vistas a concertar un matrimonio
▣ 見合い結婚 matrimonio m. concertado
みあう 見合う equivaler《a》, igualar‖そのセミナーは金額に見合った価値がある El seminario merece lo que vale.／収入に見合った生活 vida f. adaptada a los ingresos
みあきる 見飽きる cansarse de ver‖私はその写真は見飽きた Estoy cansado[da] de ver esa foto.
みあげる 見上げる alzar la vista, mirar hacia arriba‖空を見上げる alzar la vista al cielo／見上げるような大男 hombre m. altísimo
▶ 見上げた admirable, elogiable‖見上げた人物 persona f.「admirable [elogiable]
みあたらない 見当たらない‖家の鍵が見当たらない No encuentro la llave de mi casa.／ふさわしい人が見当たらない No encuentro a nadie adecuado.
みあわせる 見合わせる (中止する) suspender, (延期する) aplazar, posponer, (断念する) desistir《de》‖列車の運転を見合わせる suspender los servicios de tren／計画を見合わせる「aplazar el [desistir del] plan／外出を見合わせる desistir de salir, decidir no salir／彼らは驚いて顔を見合わせた Ellos cruzaron sus miradas a causa de la sorpresa.
みいだす 見出す encontrar, descubrir‖解決策を見いだす encontrar medidas de solución／才能を見いだす descubrir el talento
ミーティング reunión f.‖ミーティングを行う celebrar una reunión／ミーティングに出席する asistir a una reunión
ミート
▣ ミートソーススパゲッティ espaguetis

mpl. a la boloñesa
- ◪ミートパイ empanada *f.* de carne
- ◪ミートボール albóndiga *f.*
- ◪ミートローフ pastel *m.* de carne

ミーハー ‖ 彼はミーハーだ Él no es muy culto. ¦ A él le gusta todo lo que está de moda.

ミイラ momia *f.*
- ▶ミイラにする momificar
- ▶ミイラになる momificarse
- ▶ミイラ化 momificación *f.*
- 慣用 ミイラ取りがミイラになる《慣用》ir por la lana y volver trasquilado

みいり 実入り （収入）ingresos *mpl.*,（利益）beneficio *m.*, ganancia *f.*,（収穫）cosecha *f.* ‖ 実入りがある tener ingresos ／ 実入りのいい職 trabajo *m.* 「remunerativo [bien remunerado]

みいる 見入る 「mirar [ver] fijamente, fijar la mirada 《en》‖ 写真に見入る mirar la foto fijamente

みうける 見受ける ‖ お見受けしたところ por lo que veo ／ その会合では知った顔も見受けられた Se vieron caras conocidas en la reunión.

みうごき 身動き ‖ 車内が満員で身動きがとれなかった El vagón estaba tan abarrotado de gente que nadie podía moverse. ／ 借金で身動きができない estar endeuda*do*[*da*] hasta 「las cejas [los dientes] ／ 身動き一つしない quedarse quie*to*[*ta*], permanecer inmóvil

みうしなう 見失う 「perder de vista 《 》‖ 母の姿を見失う perder de vista a la madre ／ 自分を見失う perderse ／ 目的を見失う perder el objetivo

みうち 身内 familiar *m.*, pariente *com.*, los *suyos* ‖ 身内の不祥事 escándalo *m.* interno ／ 祖父の葬儀は身内で済ませた El funeral de mi abuelo se celebró en la intimidad familiar.
- ◪身内びいき favoritismo *m.* familiar

みうり 身売り
- ▶身売りする venderse ‖ その会社はフランスの会社に身売りした Esa empresa se vendió a una empresa francesa.

みえ 見栄 vanidad *f.*, ostentación *f.* ‖ 見栄を張る 「cubrir [guardar, salvar] las apariencias
- ▶見栄で por vanidad

みえ 見得
- 慣用 見得を切る（誇示する）ostentar, hacer alarde《de》,（歌舞伎で）adoptar una pose

みえかくれ 見え隠れ
- ▶見え隠れする aparecer y desaparecer

みえすく 見え透く
- ▶見え透いた evidente, ob*vio*[*via*], transparente ‖ 見え透いた嘘 mentira *f.* 「manifiesta [evidente] ／ 見え透いたお世辞 adulación *f.*, halago *m.* exagerado ／ 見え透いた言い訳をする dar una 「mala excusa [excusa poco creíble]

みえっぱり 見栄っ張り （人）vanido*so*[*sa*] *mf.*
- ▶見栄っ張りな vanido*so*[*sa*]

みえる 見える ❶ verse,（一部が）asomarse ‖ 目に見える ser visible ／ 目に見えない ser invisible ／ 肉眼でも見える ser visible incluso a simple vista ／ 遠くに城が見えた 「Se divisaba [Se veía a lo lejos] un castillo.

❷ （視力がある）‖ 目が見える poder ver ／ 目が見えない ser 「invidente [cie*go*[*ga*]]

❸ （〜のように見える） parecer ‖ 若く見える parecer joven ／ 彼はこの映画では老けて見える Él parece más viejo en esta película. ／ 彼に反省の色が見える Se le nota que está arrepentido.

❹ （来る）venir,（到着する）llegar ‖ 社長（男性）はまもなくお見えになります Pronto vendrá el director general.

みおくり 見送り despedida *f.* ‖ 見送りに出る salir a despedir a ALGUIEN ／ 盛大な見送りを受ける recibir una gran despedida

みおくる 見送る ❶ （誰かを送る）despedir ‖ 旅立ちを見送る despedir a ALGUIEN en *su* partida ／ 空港まで見送る acompañar a ALGUIEN hasta el aeropuerto

❷ （延期する）aplazar ‖ 法案を見送る dejar en suspenso un proyecto de ley ／ 今回は（人の）採用を見送る decidir no emplear a ALGUIEN esta vez ／ 彼の昇進は見送られた Su ascenso fue aplazado.

みおさめ 見納め ‖ この世の見納めに antes de dejar este mundo ／ これが今年の歌舞伎の見納めだ Esta va a ser la última vez que veo un espectáculo de *kabuki* este año.

みおとし 見落とし descuido *m.*, omisión *f.* ‖ 見落としに気づく darse cuenta del descuido

みおとす 見落とす no darse cuenta 《de》‖ 間違いを見落とす no darse cuenta de un error ／ 私は重大なミスをうっかり見落とした Se me escapó un error grave.

みおとり 見劣り
- ▶見劣りする ser inferior 《a》, desmerecer 《de, al lado de》, no lucir ‖ この絵はあの絵に比べて見劣りする Este cuadro desmerece al lado de aquel. ¦ Este cuadro no luce como aquel.

みおぼえ 見覚え ‖ 見覚えのある風景 paisaje *m.* familiar ／ 彼の顔には見覚えがある Me suena su cara.

みおも 身重 ‖ 身重になる quedarse embarazada ／ 彼女は6か月の身重だ Está embarazada de seis meses.

みおろす 見下ろす mirar (hacia) abajo, dominar,（軽蔑する）despreciar, desdeñar ‖ 3階から公園を見下ろす 「mirar [dominar] el parque desde la tercera planta

みかい　未開
▶未開の primitivo[va], incivilizado[da], salvaje, (未耕作の) inculto[ta] ‖ 未開の土地 tierras fpl. [salvajes [incultas] ／ 未開の社会 sociedad f. primitiva

みかいけつ　未解決 ‖ その誘拐事件は未解決だ Ese caso de secuestro está sin resolver.
▶未解決の sin [resolver [solucionar], no resuelto[ta], (懸案の) pendiente ‖ 未解決の問題 problema m. [sin [por] solucionar

みかいたく　未開拓
▶未開拓の inexplorado[da], salvaje ‖ 未開拓の土地 tierras fpl. [inexploradas [salvajes]

みかいはつ　未開発
▶未開発の inexplotado[da] ‖ 未開発の資源 recursos mpl. por explotar

みかえし　見返し (本の) guardas fpl.

みかえす　見返す (見ている人を) devolver la mirada《a》, (見直す) volver a ver, repasar, (仕返しをする) dar la revancha《a》‖ 今に見返してやる Ya verán quién soy yo.

みかえり　見返り recompensa f., contrapartida f. ‖ 見返りを求める [pedir [esperar] una recompensa
▶〜の見返りとして como recompensa《por, de》, como contrapartida《a》, (引き換えに) a cambio《de》
◪見返り資金 fondos mpl. de contraparte

みがき　磨き ‖ スペイン語に磨きをかける perfeccionar su español
◪磨き粉 polvo m. [pulidor [limpiador]

みかぎる　見限る dejar, abandonar ‖ 医者に見限られる ser desahuciado[da] por el médico ／ 世の中を見限る abandonar la sociedad

みかく　味覚 gusto m., paladar m. ‖ 味覚を楽しむ disfrutar del paladar ／ 味覚をそそる [despertar [avivar, estimular] el apetito ／ 秋は味覚の季節です El otoño es la estación del disfrute gastronómico.
◪味覚器官 órganos mpl. del gusto
◪味覚障害 trastornos mpl. del gusto

みがく　磨く pulir, pulimentar, bruñir ‖ 床を磨く pulir el suelo ／ 靴を磨く [dar [sacar] brillo a los zapatos, limpiar los zapatos ／ (自分の)歯を磨く [limpiarse [lavarse, cepillarse] los dientes ／ 腕を磨く mejorar su habilidad
㊂玉磨かざれば光なし Una gema no brilla si no se pule.

みかくにん　未確認
▶未確認の no identificado[da], no confirmado[da]
◪未確認情報 información f. no confirmada
◪未確認飛行物体 (UFO) objeto m. volador no identificado (略 ovni m.)

みかけ　見掛け apariencia f. ‖ 人を見かけで判断する juzgar a ALGUIEN por las apariencias ／ 人は見掛けによらない Las apariencias engañan. ／ 見掛けに似合わず pese a su apariencia
▶見掛けは aparentemente, por fuera

みかげいし　御影石 granito m., piedra f. berroqueña

みかける　見掛ける ver, alcanzar a ver, divisar ‖ よく見かける風景 paisaje m. [familiar [común] ／ めったに見かけない光景 escena f. rara ／ 最近は彼女の姿を見かけない No la veo últimamente. ¦ Ella no se deja ver últimamente.

みかこう　未加工
▶未加工の en bruto, bruto[ta], crudo[da], sin elaborar

みかた　見方 [modo m. [manera f.] de ver, (見方) opinión f., (観点) punto m. de vista ‖ 別の見方で con otro punto de vista ／ 客観的な見方をすれば desde un punto de vista objetivo ／ 見方を変える cambiar el punto de vista ／ 見方が違う ver ALGO de otro modo, tener otro punto de vista

みかた　味方 partidario[ria] mf., amigo [ga] mf., aliado[da] mf. ‖ 私はいつでもあなたの味方です Siempre estoy de su parte. ／ 自分の味方に引き入れる poner a ALGUIEN de su parte ／ 敵味方分かれる dividirse entre partidarios y enemigos ／ 会社側の味方になる ponerse del lado de la empresa
▶味方する apoyar

みかづき　三日月 luna f. creciente ‖ 三日月がかかる Se ve la luna creciente.
▶三日月形の en forma de luna creciente

みがって　身勝手
▶身勝手な egoísta, arbitrario[ria] ‖ 身勝手な振る舞い comportamiento m. [egoísta [caprichoso] ／ 身勝手な人 egoísta com.
▶身勝手に de manera egoísta, a su capricho, a su antojo

みかど　帝 ⇒てんのう(天皇)

みかねる　見兼ねる ‖ 見るに見兼ねる no poder quedarse indiferente《ante》／ 見兼ねて手を貸す no poder menos que ayudar a ALGUIEN

みがまえ　身構え postura f. ‖ 防御の身構え postura f. de defensa

みがまえる　身構える ponerse a la defensiva

みがら　身柄 ‖ 身柄を拘束する detener ／ 身柄を送検する enviar a ALGUIEN a la fiscalía ／ 身柄を引き受ける encargarse de ALGUIEN

みがる　身軽
▶身軽な ágil, ligero[ra], (気楽な) libre ‖ 身軽な服装 ropa f. ligera ／ 身軽な独身 soltero[ra] mf. sin compromiso
▶身軽に ágilmente, ligeramente ‖ 高い所か

ら身軽に飛び降りる saltar ágilmente de un sitio alto／身代になる《慣用》quitarse un peso de encima, liberarse

みかわす 見交わす‖彼らは目と目を見交わした Ellos cruzaron sus miradas.

みがわり 身代わり/身替わり （人）sustituto[ta] *mf*.,（スケープゴート）chivo *m*. expiatorio, cabeza *com*. de turco‖身代わりになる sustituir a ALGUIEN,（犠牲になる）sacrificarse《por》

みかん 未刊
▶未刊の inédito[ta], no publicado[da]

みかん 未完
▶未完の inacabado[da], incompleto[ta], sin terminar‖未完の小説 novela *f*. inacabada／未完の大器《慣用》diamante *m*. en bruto

みかん 蜜柑 （木）mandarino *m*.,（果実）mandarina *f*., clementina *f*.‖蜜柑を収穫する recoger mandarinas
　◳夏蜜柑 pomelo *m*. de verano japonés
　◳蜜柑畑 huerta *f*. de mandarinas

みかんせい 未完成
▶未完成の inacabado[da], incompleto[ta]
　◳未完成交響曲 sinfonía *f*. inacabada

みき 幹 tronco *m*.‖太い幹の木 árbol *m*. de tronco grueso
▶幹の troncal

みぎ 右 derecha *f*.‖右を見る mirar a la derecha
▶右の derecho[cha], de la derecha‖右の目 ojo *m*. derecho／右の通り相違ありません Certifico que es cierto lo arriba expuesto.
▶右に a la derecha‖教会の右に a la derecha de la iglesia／右に曲がる girar a la derecha
▶右上に en la parte superior a la derecha
▶右下に en la parte inferior a la derecha
▶右寄りの（右派の）derechista
〔慣用〕右から左へ‖給料が右から左へ消えてしまった Se me ha ido el sueldo en un santiamén.
〔慣用〕右に出る‖数学で彼女の右に出る者はいない No hay quien la supere en matemáticas.
〔慣用〕右の耳から左の耳‖彼は何を言っても右の耳から左の耳だ Todo lo que se le dice a él le entra por un oído y por el otro le sale.
〔慣用〕右へならえ‖右へならえする hacer lo mismo que los demás
〔慣用〕右も左もわからない no「saber [conocer]」nada
〔慣用〕右を見ても左を見ても en todas partes
　◳右ハンドル‖右ハンドルの車 coche *m*. con el volante a la derecha

みぎうで 右腕 brazo *m*. derecho‖彼は社長(男性)の右腕だ Él es el「brazo [ojo, ojito]」derecho del director general.

みぎかた 右肩 hombro *m*. derecho
　◳右肩上がり crecimiento *m*. progresivo‖右肩上がりで増え続ける seguir creciendo progresivamente

みぎがわ 右側 lado *m*. derecho‖道の右側を歩く andar por el lado derecho de la calle
　◳右側通行 circulación *f*. por la derecha‖右側通行する circular por la derecha

みきき 見聞き
▶見聞きする ver y escuchar‖私はあそこで見聞きしたことを彼に話した Le conté a él lo que había visto y escuchado allí.

みぎきき 右利き
▶右利きの(人) diestro[tra]（*mf*.）

みぎクリック 右クリック clic *m*. derecho
▶右クリックする hacer clic con el botón derecho

ミキサー batidora *f*., licuadora *f*.;（音量調節装置）mezcladora *f*. de audio,（人）operador[dora] *mf*. de audio‖野菜をミキサーにかける triturar las verduras en la batidora
　◳ミキサー車（コンクリートの）hormigonera *f*., camión *m*. mezclador

ミキシング mezcla *f*. de audio
　◳ミキシングコンソール mesa *f*. de mezcla de audio

みぎて 右手 mano *f*. derecha‖右手のけが herida *f*. de la mano derecha／右手に見えますのは lo que se ve a su derecha

みぎまわり 右回り
▶右回りに‖右回りに回転させる hacer girar ALGO en el sentido de las agujas del reloj

みきり 見切り‖見切りをつける renunciar《a》, abandonar
　◳見切り発車‖見切り発車する empezar prematuramente
　◳見切り品 saldo *m*.

みきわめる 見極める comprobar, verificar, averiguar, examinar ALGO a fondo‖正体を見極める comprobar el verdadero carácter《de》／状況を見極める「analizar [comprobar]」la situación

みくだす 見下す despreciar, desdeñar,《慣用》mirar a ALGUIEN por encima del hombro‖人を見下してはいけないよ No debes despreciar a la gente.

みくびる 見くびる menospreciar, despreciar‖相手を見くびる menospreciar a *su* rival／雪山を見くびる ignorar los peligros de una montaña nevada

みくらべる 見比べる comparar‖2つのデザインを見比べる comparar dos diseños／AとBを見比べる comparar A con B

みぐるしい 見苦しい feo[a], impresentable, vergonzoso[sa], desagradable para la vista ‖ 見苦しい態度 comportamiento *m*. feo ／ 見苦しい服装 ropa *f*. impresentable ／ 見苦しいところをお見せしました Siento que haya tenido que presenciar este desagradable suceso.

ミクロ
▶ミクロの 《接頭辞》 micro-
◨ミクロ構造 microestructura *f*.
◨ミクロ経済学 microeconomía *f*.
◨ミクロコスモス microcosmos *m*.[=*pl*.]

ミクロン (単位) micrón *m*., micra *f*.

みけいけん 未経験 inexperiencia *f*. ‖ 私はこの業界は未経験です No tengo experiencia en este sector.
▶未経験の inexper*to*[*ta*], novat*o*[*ta*]
◨未経験者 inexper*to*[*ta*] *mf*., persona *f*. sin experiencia, novat*o*[*ta*] *mf*.

みけつ 未決
▶未決の pendiente (de resolución), no decidid*o*[*da*], no resuel*to*[*ta*] ‖ 未決のままである estar「pendiente [sin resolver]
◨未決事項 asunto *m*.「pendiente [no decidido]
◨未決囚 pres*o*[*sa*] *mf*. preventiv*o*[*va*]
◨未決書類 documento *m*. pendiente

みけねこ 三毛猫 gat*o*[*ta*] *mf*. tricolor

みけん 眉間 entrecejo *m*. ‖ 眉間に皺を寄せる fruncir「el entrecejo [las cejas]

みこ 巫女 《日本語》 *miko f*., (説明訳)「doncella *f*. [médium *f*.] de santuario sintoísta

みこし 神輿/御輿 capilla *f*. portátil del sintoísmo ‖ 神輿を担ぐ llevar una capilla portátil en los hombros
(慣用)神輿を上げる (立ち上がる) levantarse, (去る) irse, (行動を起こす) entrar en acción, emprender

みこす 見越す prever ‖ 失敗を見越して en previsión de un fallo ／ 見越して株を買う comprar acciones con vistas al futuro

みごたえ 見応え ‖ 見応えのある映画だった Fue una película que mereció la pena ver.

みごと 見事 ‖ お見事 ¡Bravo!
▶見事な admirable, brillante, excelente, maravillos*o*[*sa*], espléndid*o*[*da*] ‖ 見事なプレー brillante jugada *f*.
▶見事に admirablemente, maravillosamente ‖ 見事に成功する tener un brillante éxito ／ 見事に失敗する fracasar estrepitosamente

みこみ 見込み (可能性) posibilidad *f*., probabilidad *f*., (望み) esperanza *f*., expectativa *f*., (予想) previsión *f*. ‖ 見込みのある青年 joven *m*.「con porvenir [prometedor] ／ 見込みのない人物 persona *f*. sin porvenir ／ 私はその職に就ける見込みがない No tengo expectativas de que me cojan para ese trabajo. ／ 回復の見込みがある「Hay [Existe la] posibilidad de recuperación. ／ 明日は天気になる見込みだ Se espera buen tiempo para mañana. ／ そのホテルは近々完成の見込みだ Está previsto terminar la construcción de ese hotel dentro de poco. ／ 見込みがはずれる no acertar en las previsiones
◨見込み違い desacierto *m*. ‖ 私の見込み違いだった Me he equivocado en mis previsiones.

みこむ 見込む (信用する) confiar 《en》, (期待する) esperar, (予想する) prever ‖ 上司に見込まれる ganarse la confianza de *su* superior ／ 増収を見込む esperar un aumento de ingresos ／ 君の才能を見込んで頼みがある Quiero pedirte un favor confiando en tu talento.

みごろ 見頃 ‖ 桜が見頃だ Las flores de cerezo están en su「esplendor [mejor momento].

みごろ 身頃 《服飾》 (前身頃) delantero *m*., (後身頃) espalda *f*.

みごろし 見殺し
▶見殺しにする dejar a ALGUIEN que se muera, 《慣用》dejar a ALGUIEN en la estacada

みこん 未婚
▶未婚の(人) solter*o*[*ra*] (*mf*.), 《格式語》célibe (*com*.) ‖ 未婚の母 madre *f*. soltera

ミサ misa *f*. ‖ ミサに行く ir a misa ／ ミサを行う「celebrar [decir] misa
◨ミサ曲 misa *f*.

ミサイル misil *m*. ‖ ミサイルを迎撃する interceptar misiles ／ ミサイルを発射する lanzar un misil
◨ミサイル開発 desarrollo *m*. de misiles
◨ミサイル基地 base *f*. de misiles
◨ミサイル攻撃 ataque *m*. con misiles
◨ミサイル発射 lanzamiento *m*. de misil

ミサイルの種類

短距離弾道ミサイル misil *m*. balístico de corto alcance ／ 中距離弾道ミサイル misil *m*. balístico de alcance intermedio ／ 長距離弾道ミサイル misil *m*. balístico de largo alcance ／ 巡航ミサイル misil *m*. de crucero ／ 対空ミサイル misil *m*. antiaéreo ／ 対艦ミサイル misil *m*. antibuque ／ 対戦車ミサイル misil *m*. antitanque ／ 地対空ミサイル misil *m*.「superficie-aire [tierra-aire] ／ 大陸間弾道ミサイル misil *m*. balístico intercontinental ／ 弾道弾迎撃ミサイル misil *m*. antibalístico ／ 誘導ミサイル misil *m*.「guiado [teledirigido] ／ 改良型ミサイル misil *m*. mejorado ／ 核ミサイル misil *m*. nuclear

---

みさかい 見境 ‖ 見境がなくなる perder el

みさき 岬 cabo *m*.∥灯台のある岬 cabo *m*. con un faro

みさげる 見下げる despreciar, desdeñar, 《慣用》mirar a ALGUIEN por encima del hombro∥見下げた態度をとる tratar a ALGUIEN con「aires de superioridad [desdén]／見下げた奴 ti*po*[*pa*] *mf*. despreciable

みさだめる 見定める comprobar, verificar, averiguar∥本心を見定める「verificar [averiguar] la verdadera intención de ALGUIEN／事の成り行きを見定める comprobar cómo se desarrolla el asunto

みじかい 短い cor*to*[*ta*], breve∥短い挨拶 saludo *m*. breve／短い髪型 peinado *m*. de pelo corto／短いメッセージを残す dejar un mensaje corto／冬は日が短い El día es corto en invierno.／寿命が短い tener una vida corta, ser efíme*ro*[*ra*]
▶短く brevemente∥話を短くまとめる resumir brevemente la historia
▶短くなる hacerse más cor*to*[*ta*]
▶短くする acortar, abreviar∥スカートを短くする acortar la falda
▶短さ（簡潔さ）brevedad *f*.
▶短めの un poco cor*to*[*ta*]∥短めのジャケット chaqueta *f*. un poco corta

みじたく 身支度∥身支度が早い arreglarse rápidamente／身支度が遅い tardar en arreglarse／身支度をする arreglarse

みしみし∥歩くと床がみしみし言う El suelo cruje al caminar.

みじめ 惨め
▶惨めな miserable, desgracia*do*[*da*], lastimo*so*[*sa*]∥惨めな思いをする sentirse「miserable [desgraciado*do*[*da*]]／惨めな暮らしをする llevar una vida miserable
▶惨めに miserablemente∥惨めに暮らす vivir miserablemente

みじゅく 未熟 inmadurez *f*., （技術の）inexperiencia *f*.∥トラックの運転が未熟である ser inexper*to*[*ta*] en conducir un camión
▶未熟な inmadu*ro*[*ra*], verde, （技術が）inexper*to*[*ta*]∥未熟な人 persona *f*. inmadura
◪未熟児 bebé *m*. prematuro
◪未熟者 inexper*to*[*ta*] *mf*., nova*to*[*ta*] *mf*., persona *f*. sin experiencia

みしらぬ 見知らぬ desconoci*do*[*da*]∥見知らぬ人 persona *f*. desconocida, desconoci*do*[*da*] *mf*.／見知らぬ世界 mundo *m*. desconocido

みじろぎ 身じろぎ∥身じろぎ一つしない permanecer inmóvil, quedarse quie*to*[*ta*], no moverse ni un poco

ミシン máquina *f*. de coser∥ミシンで縫う coser con máquina (de coser)
◪家庭用ミシン máquina *f*. de coser「doméstica [casera]
◪工業用ミシン máquina *f*. de coser industrial
▶ミシン糸 hilo *m*. para máquina de coser
▶ミシン針 aguja *f*. de máquina de coser

みじん 微塵
▶微塵に en pedazos∥木っ端微塵になる romperse en mil pedazos
▶微塵もない（誤り）error *m*., falta *f*.∥私は彼女への興味など微塵もない No tengo el menor interés en ella.／彼女は彼と結婚する気など微塵もない Ella no tiene la menor intención de casarse con él.
◪微塵切り en trozos muy pequeños／たまねぎを微塵切りにする picar una cebolla

みじんこ 微塵子 pulga *f*. de agua

ミス ❶（誤り）error *m*., falta *f*., equivocación *f*.∥ミスをする cometer「un error [una falta]／ミスを隠す ocultar el error
◪ミスジャッジ error *m*. arbitral
❷（未婚女性の敬称）señorita *f*. （略 Srta.）, 《英語》miss *f*.∥ミススペイン Miss *f*. España

みず 水 ❶ agua *f*.∥水道の水 agua *f*. del grifo
[水が]
∥水が用水路を流れる El agua corre por la acequia.／井戸の水が枯れてしまった El pozo se ha secado.¦ El pozo se ha quedado sin agua.／池の水が澄んでいる El agua del estanque está clara.／水が淀む estancarse, remansarse
[水に]
∥水に浸かる sumergirse en el agua／水に溶ける disolverse en agua
[水を]
∥花に水をやる regar las flores／風呂に水を入れる llenar la bañera／野菜の水を切る escurrir las verduras／（土地などに）水を引く irrigar／水を飲む beber agua／トイレの水を流す tirar de la cadena／水を1杯ください ¿Me puede dar un vaso de agua, por favor?
▶水の acuáti*co*[*ca*], hídri*co*[*ca*]
❷《慣用表現》
慣用 水が合わない no poder「aclimatarse [acostumbrarse]《a》∥私は海外の水が合わなかった No pude acostumbrarme a la vida en el extranjero.
慣用 水が引く bajar *el nivel de agua*
慣用 水で割る∥ウイスキーを水で割る mezclar *whisky* con agua
慣用 水と油∥水と油の関係 relación *f*. incompatible／その二人は水と油だ Los dos tienen caracteres opuestos.
慣用 水に流す《慣用》hacer borrón y cuenta nueva

[慣用]水も滴るいい女 mujer f.「muy atractiva [hermosísima]
[慣用]水も漏らさぬ‖水も漏らさぬ警戒態勢をとる extremar las medidas de precaución
[慣用]水をあける dejar a ALGUIEN atrás, aumentar la distancia
[慣用]水を打ったような《慣用》como una balsa de aceite‖水を打ったように静かだった Se escuchaba hasta el vuelo de una mosca.
[慣用]水を得た魚のよう《慣用》estar como pez en el agua
[慣用]水を差す aguar
[慣用]水を向ける (何かを聞き出そうとする) hacer hablar a ALGUIEN hábilmente
[諺]水清ければ魚棲まず Nadie se arrima a quien no tiene defectos.

みずあか 水垢 sarro m.
みずあげ 水揚げ (陸揚げ) descarga f., (漁獲高) captura f., (売上高) importe m. de ventas
▶水揚げする‖魚を水揚げする descargar pescado
みずあそび 水遊び‖小川で水遊びをする jugar en un arroyo
みずあび 水浴び baño m. de agua fría
▶水浴びする tomar un baño frío
みずあらい 水洗い lavado m. en agua
▶水洗いする lavar ALGO en agua
みすい 未遂 tentativa f.‖彼の自殺は未遂に終わった Su intento de suicidio terminó en fracaso.
◪強盗未遂「intento m. [tentativa f.] de atraco a mano armada
みずいらず 水入らず
▶水入らずで‖彼女は母と親子水入らずで旅行をした Ella hizo un viaje a solas con su madre.
みずいろ 水色 azul m.「claro [celeste]
▶水色の azul claro, celeste
みずうみ 湖 lago m.
みすえる 見据える mirar「fijamente [con fijeza], fijar la mirada‖遠くを見据える mirar fijamente a lo lejos / 将来を見据える pensar en el futuro / 現実を見据える observar la realidad
みずかき 水掻き membrana f. interdigital
▶水掻きのある (動物が) palmeado[da], (鳥が) palmípedo[da]
みずかけろん 水掛け論 discusión f.「infructuosa [interminable]‖水掛け論に終わった La discusión resultó vana.‖ La discusión no llegó a ninguna「parte [conclusión].
みずかさ 水嵩 volumen m. de agua‖川の水かさが増す Crece el río. ¦ Aumenta el volumen de agua del río.
みずかす 見透かす ⇒みぬく (見抜く)
みずがめざ 水瓶座 Acuario m.
▶水瓶座生まれの(人) acuario (com.)《性格不変》‖水瓶座の女性たち las mujeres acuario

みずから 自ら él[ella] mismo[ma], (直接に) personalmente, en persona‖自ら失敗を招く provocar su propio fracaso / 自ら進んで参加する asistir「por su propia voluntad [voluntariamente] / 社長(男性)自ら顧客を迎えた El director general en persona recibió a los clientes. / 彼は自ら責任を引き受けた Él asumió la responsabilidad voluntariamente.
みずぎ 水着 traje m. de baño, bañador m., (ビキニ) biquini m.‖競泳用の水着 bañador m. de competición
ミスキャスト「mal reparto m. [mala distribución f.] de papeles‖あの俳優はミスキャストだった Fue un error de distribución el darle el papel a ese actor.
みずきり 水切り
▶水切りをする (脱水する) escurrir; (石を投げて) hacer cabrillas‖野菜の水切りをする escurrir las verduras / 川で水切りをして遊ぶ jugar「haciendo cabrillas [a rebotar las piedras] en el río / 花の水切りをする cortar el tallo de una flor en el agua
みずぎわ 水際 borde m. del agua, orilla f.‖水際から飛び立つ echarse a volar desde el borde del agua
◪水際作戦 (説明訳) operación f. en el punto de entrada en el país para frenar una epidemia o para impedir el tráfico de artículos ilegales
みずぎわだつ 水際立つ destacarse
▶水際立った destacado[da], brillante
みずくさ 水草 planta f. acuática‖水草が増える proliferar las plantas acuáticas
みずくさい 水臭い distante‖水臭い態度を取る mostrarse distante / 遠慮するなんて水臭い Tenemos la suficiente confianza para que no te andes con reparos.
みずぐすり 水薬 jarabe m., medicamento m. líquido, poción f.‖水薬を飲む tomar un「jarabe [medicamento líquido]
みずけ 水気 (水分) agua f., (湿気) humedad f., (果物の) jugo m., zumo m.‖水気の多い果物 fruta f. jugosa / 水気の少ない seco[ca], poco jugoso[sa]
みずごけ 水苔 musgo m. esfagno
みすごす 見過ごす (見落とす) no darse cuenta (de), (黙認する)《慣用》pasar por alto ALGO‖危険を見過ごす no darse cuenta del peligro / 汚職を見過ごす pasar por alto un caso de corrupción / 私は重大なミスをうっかり見過ごした Se me escapó un error grave.
みずさいばい 水栽培 hidroponía f., cultivo m. hidropónico
みずさきあんない 水先案内 pilotaje m.

▶水先案内をする pilotar (un barco)
◪水先案内人 práctico m.
みずさし 水差し　jarra f.
みずしごと 水仕事
▶水仕事をする trabajar con agua
みずしぶき 水飛沫　salpicadura f. de agua, polvo m. de agua, agua f. pulverizada ‖ 水しぶきを上げる salpicar agua ／顔に水しぶきがかかった Me salpicó el agua a la cara.
みずしょうばい 水商売　(不安定な商売) negocio m. con altibajos ‖ 水商売で働く trabajar en un local de alterne
みずしらず 見ず知らず ‖ 見ず知らずの人 desconocid*o*[da] mf.
みずすまし 水澄まし　《昆虫》girino m.
ミスター　(男性への敬称) señor m. (略 Sr.)
みずだし 水出し
◪水出しコーヒー café m. preparado con agua fría
みずたま 水玉　(水滴) gota f.
◪水玉模様 lunares mpl. ‖ 水玉模様の服 vestido m. de lunares
みずたまり 水溜まり　charco m. ‖ あちこちに水たまりができている「Hay [Se ven] charcos aquí y allá.
みずっぽい 水っぽい　agua*do*[da], (水分の多い) acuo*so*[sa] ‖ この酒は水っぽい Este sake está aguado.
みずでっぽう 水鉄砲　pistola f. de agua ‖ 水鉄砲で遊ぶ jugar con una pistola de agua
ミステリー　(謎) misterio m.
◪ミステリー作家 escrit*or*[tora] mf. de novelas policíacas
◪ミステリー小説 novela f. policíaca
みすてる 見捨てる　abandonar, desamparar ‖ けが人を見捨てる abandonar a un[una] herid*o*[da]
みずどり 水鳥　ave f. acuática, pájaro m. acuático, (水鳥のある) palmípeda f. ‖ 水鳥を観察する observar pájaros acuáticos
みずに 水煮 ‖ 水煮にする cocer ALGO solo con agua ／まぐろの水煮 atún m. al natural
みずのあわ 水の泡　burbuja f. de agua ‖ 私の努力がすべて水の泡となった Todos mis esfuerzos se quedaron en vano. ¦ (慣用) Todos mis esfuerzos se quedaron en agua de borrajas.
みずのみば 水飲み場　fuente f. de agua potable, (家畜の) abrevadero m., aguadero m.
みずはけ 水捌け　drenaje m. ‖ 水捌けが[悪い] tener「buen [mal] drenaje ／水捌けのよい土地 terreno m.「permeable [bien drenado]
みずびたし 水浸し
▶水浸しになる inundarse, arriarse, anegarse ‖ 畑が水浸しになった El huerto quedó inundado.

みずぶくれ 水膨れ　《医学》ampolla f., vejiga f. ‖ やけどして水膨れになった Me salió una ampolla al quemarme.
みずぶそく 水不足　escasez f. de agua
ミスプリント　errata f., error m. de imprenta ‖ ミスプリントに気が付く darse cuenta de una errata
みずべ 水辺　orilla f. ⇒ みずぎわ(水際)
みずぼうそう 水疱瘡　varicela f. ‖ 水疱瘡にかかる coger la varicela
みすぼらしい 見窄らしい　miserable, pobre ‖ みすぼらしい身なりをしている estar pobremente vestid*o*[da] ／みすぼらしい様子の男 hombre m. de aspecto miserable
みずまき 水撒き　riego m.
▶水撒きをする regar
みずまくら 水枕　almohada f.「de hielo [fresca]
みずまし 水増し
▶水増しする ‖ 売上を水増しする maquillar la venta ／旅費を水増しして請求する solicitar más dinero de lo que se ha gastado realmente para el viaje
◪水増し入学 ‖ 水増し入学させる admitir a más estudiantes del cupo
みすみす　(目の前で) delante de sus propios ojos, (なす術もなく) sin poder hacer nada ‖ みすみすチャンスを逃す「dejar escapar [perder] una ocasión delante de sus propios ojos ／みすみす損をする sufrir una pérdida sin poder hacer nada
みずみずしい 瑞瑞しい　fresc*o*[ca], loza*no*[na], juvenil ‖ みずみずしい果物 fruta f. fresca ／みずみずしい木々の緑 verde m. vivo de los árboles ／みずみずしい感覚 sensaciones fpl. frescas ／みずみずしい心 espíritu m. sensible
▶みずみずしさ frescura f.
みずむし 水虫　pie m. de atleta ‖ 水虫になる coger el pie de atleta ／私は水虫なのでかゆい Me pica el pie porque tengo pie de atleta.
みずもれ 水漏れ　「escape m. [fuga f.] de agua
▶水漏れする escaparse el agua ‖ 水道管が水漏れする La cañería tiene un escape de agua.
ミスリーディングアプリ　《IT》 aplicación f. engañosa
みする 魅する　fascinar, cautivar, atraer ⇒ みりょう(→魅了する) ‖ 観客はその女優の演技に魅せられた Los espectadores quedaron fascinados por la actuación de la actriz.
みずわり 水割り ‖ ウイスキーの水割り whisky m. con agua
みせ 店　tienda f., comercio m., 《南米》negocio m. ‖ 店を出す「poner [montar] una tienda ／店をたたむ cerrar una tienda ／店

を開ける[閉める]「abrir [cerrar] una tienda ／彼は毎日店に立つ Él trabaja en la tienda todos los días. ／私は彼への贈り物を見つけようと何軒か店をまわった He recorrido varias tiendas para encontrar un regalo para él.
◪店構え‖ここは店構えが立派だ Esta tienda tiene buena fachada.

みせいねん 未成年 minoría *f.* de edad
▶未成年の menor (de edad)
◪未成年者 menor *com.* ‖ 未成年者の入場はお断りいたします《掲示》Prohibida la entrada a menores

みせかけ 見せ掛け apariencia *f.* ‖ falsa [engañosa]
▶見せ掛けの aparente, fingi*do*[da], falso [sa] ‖ 見せ掛けの幸福 aparente felicidad *f.* ／彼は見せかけだけの男です Él aparenta ser un hombre hecho y derecho pero no lo es.

みせかける 見せ掛ける aparentar, fingir, simular ‖ 病気に見せかける fingir estar enfer*mo*[ma] ／殺人を自殺に見せかける simular un suicidio para ocultar un asesinato

みせさき 店先 ‖ 店先を覗く echar un vistazo a la entrada de la tienda
▶店先に la entrada de la tienda

みせじまい 店仕舞い (閉店) cierre *m.* de tienda, (廃業) cierre *m.* de negocio
▶店じまいする (閉店する) cerrar la tienda, (廃業する) cerrar「el negocio [la tienda]」 ／ 今日は早く店じまいします Hoy cerramos temprano (la tienda).

みせしめ 見せしめ ejemplo *m.*, lección *f.* ‖ 見せしめに殺す matar a ALGUIEN para que sirva de advertencia

ミセス señora *f.* (略 Sra.)
◪ミセス雑誌 revista *f.* para señoras

みせつける 見せ付ける demostrar, hacer una demostración《de》‖ 圧倒的な強さを見せつける「demostrar [dejar claro] *su* poder abrumador

みせどころ 見せ所 ‖ 映画の見せ所 la escena más interesante de la película ／ここが君の腕の見せ所だぞ Ahora es el momento oportuno para demostrar tu capacidad.

みぜに 身銭 ‖ 身銭を切る pagar de *su* (propio) bolsillo

みせばん 店番 vende*dor*[dora] *mf.*, (店員) dependien*te*[ta] *mf.* ‖ 店番をする atender a los clientes en la tienda

みせびらかす 見せびらかす ostentar, hacer ostentación《de》, lucir, exhibir ‖ 新しい車を見せびらかす「ostentar [lucir] el coche nuevo

みせびらき 店開き
▶店開きする (開店する) abrir la tienda, (開業する)「inaugurar [abrir] la tienda ‖ 家の近くに本屋が店開きした Han abierto una librería cerca de mi casa.

みせもの 見世物 espectáculo *m.* ‖ みんなの見世物になる ser el blanco de todas las miradas
◪見世物小屋「barraca *f.* [caseta *f.*] de feria

みせる 見せる enseñar, mostrar, (展示する) exponer ‖ パスポートを見せる enseñar el pasaporte ／部屋を見せてください Enséñeme la habitación, por favor. ／私がやって見せましょう Le mostraré cómo se hace. ／姿を見せる aparecer ／若く見せる tratar de aparentar ser más joven de lo que es ／娘を医者に見せる llevar a *su* hija al médico ／必ず金メダルをとって見せる Juro que voy a ganar la medalla de oro.

みぜん 未然
▶未然に‖災害を未然に防ぐ prevenir desastres ／警察が暴動を未然に防いだ La policía previno la revuelta.

みそ 味噌 (調味料)《日本語》*miso m.*, pasta *f.* de soja fermentada; (良い所) lo bueno, (重要な点) punto *m.* importante
(慣用)味噌も糞も一緒にする mezclar todo
(慣用)味噌を付ける fallar, desprestigiarse
◪味噌味 sabor *m.* a *miso*
◪味噌麹 levadura *f.* de *miso*
◪味噌汁 sopa *f.* de *miso*
◪味噌漬け encurtido *m.* con *miso* ‖ 野菜を味噌漬けにする encurtir las verduras con *miso*
◪味噌煮 ‖ 魚を味噌煮にする guisar el pescado en *miso*

みぞ 溝 zanja *f.*, (畝) surco *m.*, (敷居の) corredera *f.*, (人との) abismo *m.* ‖ 溝を掘る「cavar [hacer] una zanja, zanjar ／溝をつける hacer un surco ／二人の間に溝ができた Se abrió un abismo entre los dos.

みぞう 未曽有
▶未曽有の sin precedentes, inaudi*to*[ta] ‖ 未曽有の大洪水 diluvio *m.*「sin precedentes [inaudito]

みぞおち 鳩尾 《解剖》epigastrio *m.*, boca *f.* del estómago

みそぎ 禊 ablución *f.*, purificación *f.*
▶禊をする hacer abluciones, purificarse con agua

みそこなう 見損なう (見逃す) perderse, (評価を誤る) juzgar mal ‖ 映画を見損なう perderse la película ／標識を見損なう no darse cuenta de la señal ／君を見損なった Me has decepcionado.

みそしき 未組織
▶未組織の no organiza*do*[da] ‖ 未組織の労働者 trabajadores *mpl.* no organizados

みそっぱ 味噌っ歯 dientes *mpl.* de leche cariados

みそめる 見初める enamorarse de AL

GUIEN a primera vista

みぞれ 霙 aguanieve *f*. ‖ みぞれが降っている Está cayendo aguanieve.

みたい ❶ (〜してみたい) querer 〖+不定詞〗‖ 私はスペイン語を話してみたい Me gustaría hablar español.

❷ (〜のような)

▶〜みたいな como ‖ 父親みたいな人 persona *f*. que es como un padre para ALGUIEN / 嘘みたいな話だが本当だ Aunque parezca mentira, es verdad.

▶〜みたいである parecer ‖ 君は子供みたいだ Pareces un niño. / 留守みたいだ Parece que no hay nadie en casa. / 大きな地震があったみたいだ Parece que ha habido un gran terremoto.

みだし 見出し (新聞の) titulares *mpl*., (標題) título *m*. ‖ 見出しを付ける poner los titulares

▣ 見出し語 (辞書の) entrada *f*.

みだしなみ 身嗜み [arreglo *m*. [cuidado *m*.] personal ‖ 身だしなみを整える arreglarse / 身だしなみに気を付ける cuidar *su* arreglo personal / 身だしなみに気を使う preocuparse por *su* cuidado personal

みたす 満たす (一杯にする) llenar, (満足させる) satisfacer ‖ コップを水で満たす llenar el vaso 「de [con] agua / 好奇心を満たす 「satisfacer [saciar] la curiosidad de ALGUIEN / 条件を満たす 「satisfacer [cumplir] las condiciones

みだす 乱す desordenar, perturbar, alterar ‖ 列を乱す 「desordenar [alterar] la cola / 秩序を乱す 「perturbar [alterar] el orden

みたてる 見立てる (選ぶ) elegir, (診断する) diagnosticar, (なぞらえる) comparar ‖ 服を見たてる elegir la ropa / 桜を雪と見たてる comparar las flores de cerezo con la nieve

みため 見た目 apariencia *f*., aspecto *m*. ‖ 見た目におとなしい少年 chico *m*. con un aspecto tranquilo / 見た目が若い parecer joven, tener un aspecto juvenil

みだら 淫ら

▶淫らな obsce*no*[na], lasci*vo*[va], indecente ‖ みだらな行為 acto *m*. obsceno / みだらな言葉 palabra *f*. obscena

みだり 妄り

▶妄りに (理由なく) sin razón, (許可なく) sin permiso ‖ みだりに立ち入るべからず《掲示》Prohibido entrar sin permiso / みだりに口出しするな No te metas donde no te llaman.

みだれ 乱れ desorden *m*., perturbación *f*., alteración *f*., (心の) turbación *f*., alteración *f*. ‖ 列の乱れ desorden *m*. de la 「cola [fila] / 服装の乱れ desaliño *m*. en el vestir / 言葉遣いの乱れ corrupción *f*. del lenguaje

▣ 乱れ髪 peinado *m*. deshecho, pelo *m*. revuelto

みだれる 乱れる desordenarse, deshacerse ‖ 言葉遣いが乱れる corromperse *el lenguaje* / 事故で列車のダイヤが乱れた El accidente causó un desajuste en el horario de trenes. / 髪が乱れる despeinarse / 心が乱れる turbarse / 風紀が乱れる desmoralizarse

▶乱れた desordena*do*[da], desarregla*do*[da] ‖ 乱れた生活 vida *f*. desordenada / 乱れた服装をする ir desaliña*do*[da]

みだれとぶ 乱れ飛ぶ ‖ 情報が乱れ飛ぶ Las informaciones se cruzan desordenadamente.

みち 道 camino *m*., (通り) calle *f*., (小道) senda *f*., (経路) ruta *f*., (方法) vía *f*. ‖ 今日は道が混んでいる Hay mucho tráfico hoy. / 駅に行く道で en el camino a la estación / 道に迷う perderse, extraviarse / その道に明るい ser experto[ta] en esa materia / 医学の道に進む seguir la carrera de Medicina / 人の道に背く ir en contra de la moralidad / 勝利への道は遠い Queda mucho camino para conseguir la victoria. / 工事を中止するしか道はない No hay más remedio que suspender la obra. / 道を急ぐ ir de prisa / 道を切り開く abrirse camino / 道を尋ねる preguntar el camino / 道をふさぐ 「impedir [cortar] el paso / 道を間違える equivocarse de camino / 道を譲る ceder el paso《a》, (引退する) retirarse / 私はわが道を行く Voy a seguir mi camino. / 道を説く dar lecciones《a》, indicar el camino《a》

(慣用) 道が開ける ‖ 失業問題解決への道が開けた Se ha encontrado una salida al problema del desempleo.

(慣用) すべての道はローマに通ず《諺》Todos los caminos llevan a Roma.

┌─────── いろいろな道 ───────┐

あぜ道 camino *m*. entre arrozales / 裏道 calle *f*. lateral, calleja *f*. / 帰り道 camino *m*. de vuelta / 獣道 camino *m*. de animales / 坂道 camino *m*. en cuesta, (坂) cuesta *f*. / 近道 atajo *m*. / 通り道 camino *m*., paso *m*. / 泥道 camino *m*. barroso / 並木道 alameda *f*. / 花道 (劇場) [pasillo *m*. [corredor *m*.] elevado que va desde el escenario hasta el fondo del teatro / 回り道 rodeo *m*., desvío *m*. / 山道 sendero *m*. 「de montaña [montañoso] / 雪道 camino *m*. (cubierto) de nieve / 横道 desvío *m*., carretera *f*. 「secundaria [vecinal] / 夜道 calle *f*. en la noche / 分かれ道 (岐路) encrucijada *f*., (枝道) ra-

みち mal *m.*,（二股の分岐）bifurcación *f.* / 脇道 desvío *m.*, desviación *f.*

みち 未知 lo desconocido
▶未知の desconoci*do*[da],《格式語》incógni*to*[ta] ‖ 未知の世界 mundo *m.* desconocido
▣未知数 incógnita *f.* ‖ 君の将来はまだ未知数だ Tu futuro aún es una incógnita.

みちあんない 道案内 guía *f.*, (人) guía *com.*
▶道案内をする enseñar el camino《a》

みぢか 身近
▶身近な cerca*no*[na], familiar, cotidia*no*[na] ‖ 身近な人 persona *f.* cercana / 身近な例を挙げれば sin ir más 「lejos [allá]
▶身近に cerca, a *su* alrededor ‖ 身近に迫る危機 crisis *f.*[=*pl.*] inminente / 私はスペイン料理を身近に感じる La comida española me resulta familiar.

みちがえる 見違える ‖ 部屋が見違えるほどきれいになった La habitación se ha quedado tan limpia que no la reconozco.

みちくさ 道草
[慣用]道草を食う ir dando rodeos, entretenerse en el camino

みちしお 満ち潮 pleamar *f.*, marea *f.* alta

みちじゅん 道順 ruta *f.*, itinerario *m.*, camino *m.* ‖ 駅までの道順を教えてください Dígame cómo se llega a la estación.

みちしるべ 道標 poste *m.* indicador, hito *m.*, pilar *m.*, (手引き) guía *f.* ‖ 道しるべを頼る seguir 「los postes indicadores [las señales] / 研究の道しるべとなる servir de guía para la investigación

みちすじ 道筋 ruta *f.*, recorrido *m.*, trayecto *m.* ‖ 和解への道筋をつける trazar un camino para la reconciliación

みちたりる 満ち足りる estar satisfe*cho*[cha] ‖ 結婚生活に満ち足りている estar satisfe*cho*[cha] con la vida matrimonial / 満ち足りた生活を送る llevar una vida plena, estar satisfe*cho*[cha] con *su* vida

みちづれ 道連れ compañero[ra] *mf.* 「viaje [camino] ‖ 母は息子を道連れに自殺した La madre se suicidó llevándose a su hijo consigo.

みちなり 道なり ‖ 道なりに進む seguir 「el camino [la calle]

みちのえき 道の駅 área *f.* de servicio en carretera

みちのり 道程 trayecto *m.*, distancia *f.*, camino *m.* ‖ 駅まで1キロの道のり un kilómetro de trayecto hasta la estación / 結婚までの長い道のり largo camino *m.* hasta el matrimonio

みちばた 道端 borde *m.* del camino ‖ 道端に座る sentarse al borde del camino

みちひ 満ち干 flujo *m.* y reflujo *m.* de la marea, marea *f.*

みちびく 導く (連れていく) conducir, guiar, llevar, (指導する) orientar, dirigir, (ある結果へ) conducir《a》‖ 川の水を導く conducir el agua del río / 案内人に導かれる ser guia*do*[da] por *un*[una] guía / 若者を導く orientar a los jóvenes / 事業を成功に導く llevar una empresa al éxito

みちみち 道道 ‖ 道々話をしよう Vamos a hablar en el camino.

みちる 満ちる llenarse ‖ 潮が満ちる La marea sube. / 月が満ちる La luna crece. / 彼女は自信に満ちている Ella está llena de confianza en sí misma.
▶満ちた lle*no*[na]《de》, reple*to*[ta]《de》‖ 喜びに満ちた顔 cara *f.* llena de alegría / 活気に満ちた町 ciudad *f.* llena de vida / 波乱に満ちた生涯 vida *f.* muy accidentada

みつ 密 ‖ 人口が密である tener una población densa
▶密な (隙間がない) den*so*[sa], (親密な) ínti*mo*[ma], (秘密の) secre*to*[ta] ‖ 密な計画を練る elaborar un plan detallado
▶密に estrechamente ‖ 連絡を密にする 「estar en [mantener un] contacto estrecho

みつ 蜜 miel *f.*, (花蜜) néctar *m.* (de las flores) ‖ りんごの蜜 vitrescencia *f.* en manzana / 蜜を吸う 「libar [chupar] el néctar

みつあみ 三つ編み trenza *f.* ‖ 髪を三つ編みにしている llevar trenzas

みっか 三日 día *m.* tres ‖ 3日間の旅行 viaje *m.* de tres días
[慣用]三日にあげず muy frecuentemente, casi todos los días
▣三日天下 reinado *m.* efímero
▣三日ばしか rubeola *f.*, rubéola *f.*
▣三日坊主 ‖ 彼は何をやっても三日坊主だ Él no tiene perseverancia para nada.

みっかい 密会 cita *f.* 「secreta [clandestina]
▶密会する encontrarse 「en secreto [clandestinamente]《con》

みつかる 見つかる ser halla*do*[da], ser encontra*do*[da], (発見される) ser descubier*to*[ta] ‖ 彼は警備員に見つからずに逃げた Él escapó sin ser descubierto por los vigilantes. / (私は)めがねが見つからない No encuentro mis gafas. / 私にいい仕事が見つかった He encontrado un buen trabajo.

みつぎ 密議 deliberación *f.* a puerta cerrada ‖ 密議をこらす celebrar una deliberación a puerta cerrada

みつぎもの 貢ぎ物 tributo *m.* ‖ 貢ぎ物を捧げる rendir tributo《a》

みっきょう 密教 budismo *m.* esotérico

みつぐ 貢ぐ tributar ‖ 朝廷に貢ぐ rendir tributo a la corte imperial / 男に貢ぐ mantener a un hombre

ミックス mezcla *f*.
▶ミックスする mezclar
■ミックスジュース zumo *m*. mixto
■ミックスサラダ ensalada *f*. mixta

みづくろい 身繕い arreglo *m*. personal
▶身繕いする arreglarse

みつくろう 見繕う elegir ALGO a *su* criterio ‖ プレゼントを見つくろう elegir un regalo 「a *su* criterio [que *le* parezca mejor]

みつげつ 蜜月 luna *f*. de miel
■蜜月期間 período *m*. de luna de miel

みつける 見付ける encontrar, hallar, (発見する) descubrir ‖ 偶然見つける encontrar ALGO por casualidad ／ 暇を見つける buscar un hueco (de tiempo) ／ 私は君がカンニングしているところを見つけた Te vi copiando en el examen.

みつご 三つ子 trillizos *mpl*., (女三人) trillizas *fpl*., (各自) trilli*zo*[*za*] *mf*.
▶三つ子の trilli*zo*[*za*]
[諺]三つ子の魂百まで 《諺》Genio y figura, hasta la sepultura.

みっこう 密航 embarque *m*. clandestino
▶密航する embarcarse clandestinamente
■密航者 poli*zón*[*zona*] *mf*.
■密航船 barco *m*. clandestino

みっこく 密告 delación *f*., denuncia *f*. secreta, 《話》chivatazo *m*., soplo *m*.
▶密告する delatar, 《話》chivar, chivatear, dar el 「soplo [chivatazo], soplar
■密告者 dela*tor*[*tora*] *mf*., denuncia*dor*[*dora*] *mf*., chiva*to*[*ta*] *mf*.

みっし 密使 emisa*rio*[*ria*] *mf*., envia*do*[*da*] *mf*. secre*to*[*ta*] ‖ 密使を送る enviar a *un*[*una*] emisa*rio*[*ria*]

みっしつ 密室 cuarto *m*. cerrado ‖ 密室に隠れる esconderse en un cuarto cerrado ／ 密室での協議 reunión *f*. 「a puerta cerrada [en un cuarto cerrado]
■密室殺人事件 asesinato *m*. en un cuarto cerrado con llave

みっしゅう 密集
▶密集する apiñarse, aglomerarse ‖ 人家が密集している Las casas están apiñadas. ／ 都市部は人口が密集している Las áreas metropolitanas tienen una población densa.
▶密集した conglomera*do*[*da*], apiña*do*[*da*], aglomera*do*[*da*]
■人口密集地帯 área *f*. densamente poblada

みっしょ 密書 (手紙) carta *f*. secreta, (文書) documento *m*. secreto

みっせい 密生
▶密生する espesarse, tupirse ‖ シダが密生している Los helechos crecen espesos.
▶密生した tupi*do*[*da*], espe*so*[*sa*], frondo*so*[*sa*]

みっせつ 密接
▶密接な estre*cho*[*cha*], ínti*mo*[*ma*] ‖ ～と密接な関係がある 「guardar [tener] estrecha relación 《con》
▶密接に estrechamente ‖ 密接に結び付く vincularse estrechamente 《con》

みっそう 密葬 funeral *m*. en la más estricta intimidad ‖ 密葬を行う celebrar un funeral en la más estricta intimidad

みつぞう 密造 fabricación *f*. 「clandestina [ilícita]
▶密造する 酒を密造する fabricar sake 「clandestinamente [ilícitamente]
■密造者 fabricante *com*. ilegal
■密造酒 alcohol *m*. clandestino

みつぞろい 三つ揃い ‖ 三つ揃いのスーツ traje *m*. de tres piezas, terno *m*.

みつだん 密談 conversación *f*. secreta
▶密談する conversar 「secretamente [a puerta cerrada] 《con》

みっちゃく 密着
▶密着する pegarse, adherirse ‖ 肌に密着する pegarse a la piel
■密着取材 ‖ 首相(男性)の訪米を密着取材する cubrir de cerca la visita del primer ministro a Estados Unidos

みっちり (十分に) mucho, suficientemente, (厳しく) severamente, con severidad, rigurosamente ‖ みっちり勉強する estudiar concienzudamente ／ みっちり鍛える entrenar a ALGUIEN con severidad

みっつ 三つ tres ⇒ さん(三) ‖ 三つ数える contar hasta tres

みっつう 密通 adulterio *m*.
▶密通する cometer adulterio

ミット (野球) 「guante *m*. [manopla *f*.] de béisbol, manilla *f*. ‖ ミットを構える colocar el guante (de béisbol) en posición
■ファーストミット guante *m*. de primera base
■キャッチャーミット guante *m*. del receptor

みつど 密度 densidad *f*. ‖ 密度が高い tener una densidad alta ／ 密度の濃い人生 vida *f*. densa
■人口密度 densidad *f*. 「demográfica [de población] ‖ 人口密度が低い tener una baja densidad demográfica

ミッドフィルダー 《サッカー》centrocampista *com*., mediocampista *com*.

みつどもえ 三つ巴 ‖ 三つ巴の争い 「lucha *f*. [rivalidad *f*.] entre tres personas

みっともない (醜い) fe*o*[*a*], (恥ずべき) vergonzo*so*[*sa*] ‖ みっともない格好をする ir mal vesti*do*[*da*] ／ 人の悪口を言うなんてみっともないよ Es feo que hables mal de la gente.

みつにゅうこく 密入国 entrada *f*. clan-

destina (al país)
- ▶密入国する entrar en un país「clandestinamente [ilegalmente]」
- ◪密入国者 inmigrante *com.* clandest*ino*[*na*]

みつば 三つ葉 perejil *m.* japonés, （学名）*Cryptotaenia japonica*

みつばい 密売 tráfico *m.*, venta *f.* clandestina
- ▶密売する traficar《con, en》, vender ALGO「clandestinamente [ilegalmente]」‖ 麻薬を密売する traficar con drogas
- ◪密売人 traficante *com.*

みつばち 蜜蜂 abeja *f.* ‖ みつばちの巣 panal *m.* / みつばちの巣箱 colmena *f.*

みっぷう 密封
- ▶密封する sellar herméticamente, precintar ‖ びんを密封する cerrar herméticamente una botella
- ◪密封容器「envase *m.* [recipiente *m.*]」hermético

みっぺい 密閉
- ▶密閉する cerrar ALGO herméticamente ‖ 密閉された空間 espacio *m.* cerrado herméticamente

みつめる 見詰める mirar fijamente, contemplar, （じっと）clavar los ojos《en》, fijar la mirada《en》‖ 事実を見つめる contemplar la verdad / 彼女は私の目をじっと見つめた Ella me miró fijamente a los ojos.

みつもり 見積もり presupuesto *m.*, estimación *f.*, cálculo *m.* previo ‖ 見積もりを立てる elaborar un presupuesto / 改装の見積もりをしてもらう pedir presupuesto para la reforma
- ◪見積価格 precio *m.* estimado
- ◪見積額 valor *m.* estimado
- ◪見積書 presupuesto *m.*

みつもる 見積もる presupuestar, estimar, valorar, evaluar ‖ 高く見積もる sobrestimar, supervalorar / 安く見積もる subestimar / 少なく見積もっても calculando por lo bajo

みつやく 密約 acuerdo *m.* secreto ‖ 密約を交わす firmar un acuerdo secreto / 2か国間に密約があった Hubo un acuerdo secreto entre ambos países.

みつゆ 密輸 contrabando *m.* ‖ 密輸のタバコ cigarrillos *mpl.* de contrabando / 密輸で逮捕される ser deten*ido*[*da*] por contrabando
- ▶密輸する contrabandear, hacer contrabando, pasar ALGO de contrabando, matutear ‖ 大麻を密輸する contrabandear marihuana
- ◪密輸業者 contrabandista *com.*
- ◪密輸品 contrabando *m.*,《集合名詞》alijo *m.*

みつゆしゅつ 密輸出 contrabando *m.*, exportación *f.*「ilegal [clandestina]」
- ▶密輸出する contrabandear, exportar ilegalmente

みつゆにゅう 密輸入 ⇒ みつゆ（密輸）
- ▶密輸入する importar ilegalmente

みつりょう 密猟 caza *f.* furtiva
- ▶密猟する cazar furtivamente
- ◪密猟者 caza*dor*[*dora*] *mf.* furti*vo*[*va*]

みつりょう 密漁 pesca *f.* furtiva
- ▶密漁する pescar furtivamente
- ◪密漁者 pesca*dor*[*dora*] *mf.* furti*vo*[*va*]
- ◪密漁船 barco *m.* furtivo

みつりん 密林 selva *f.*, jungla *f.*

みつろう 蜜蝋 cera *f.* estampada

みてい 未定 ‖ 結婚式の日取りは未定です La fecha de la boda no está fijada.
- ▶未定の indetermin*ado*[*da*], no fij*ado*[*da*]

ミディアム ‖ ステーキはミディアムにしてください Póngame el filete en su punto.

みてとる 見て取る percibir, （気づく）darse cuenta《de》‖ 君のやる気のなさが見て取れる Se nota que no tienes ganas.

みとう 未到/未踏
- ▶未到の/未踏の inexplor*ado*[*da*], virgen, igno*to*[*ta*] ‖ 人跡未踏の密林 selva *f.*「virgen [inexplorada]」/ 前人未到の偉業「éxito *m.* [logro *m.*]」inaudito

みとおし 見通し （視界）visibilidad *f.*, （展望）perspectivas *fpl.*, previsión *f.* ‖ 見通しがよい tener buena visibilidad / 見通しの悪いカーブ curva *f.* con poca visibilidad / この道路は見通しがきかない Esta carretera tiene「mala [poca]」visibilidad. / 景気回復の見通しが立たない No hay esperanza de que haya recuperación económica. / その計画が成功する見通しは暗い Hay pocas perspectivas de que ese plan tenga éxito. / 君のたくらんでいることはお見通しだ Sé lo que estás tramando.

みとおす 見通す （見抜く）adivinar, （予測する）prever ‖ 将来を見通す prever el futuro

みどころ 見所 （やま場）nudo *m.*, clímax *m.*[=*pl.*] ‖ そこが芝居の見どころです Esa es la mejor escena del teatro. / 見どころのある少年 chico *m.* prometedor

みとどける 見届ける （自分の目で見る）ver con *sus* propios ojos, （確かめる）comprobar, asegurarse《de》‖ 通りを渡る前に車が来ないことを見届けなさい Antes de cruzar la calle, asegúrate de que no viene ningún coche. / 死を見届ける acompañar a ALGUIEN en *su* lecho de muerte

みとめる 認める reconocer, admitir, （許可する）autorizar, （承認する）aprobar, （見る）ver, notar ‖ 才能を認める reconocer el talento de ALGUIEN / 失敗を認める reconocer *su* error / 世間に認められる ser recono*cido*[*da*] por el mundo / 闇に人影を認め

る ver una silueta en la oscuridad
みどり 緑 verde *m*. ‖ この町は意外に緑が多い Esta ciudad tiene más verde de lo que creen.
▶緑の verde ‖ 緑の草原 prado *m*. verde ／ 緑の黒髪 pelo *m*. negro azabache
▶緑がかった verd*oso[sa]*
◼緑の党 partido *m*. verde
みとりず 見取り図　「plano *m*. [planta *f*.] de un edificio ‖ 見取り図を描く dibujar un plano de un edificio
みどりのまどぐち みどりの窓口　ventanilla *f*. de Ferrocarriles de Japón
みとる 看取る　（看病する）cuidar ‖ 最期を看取る acompañar a ALGUIEN en *su* lecho de muerte
ミドル
◼ミドルエージ mediana edad *f*.
◼ミドルキック（キックボクシングの）patada *f*. media
◼ミドル級 peso *m*. medio
◼ミドルシュート（バスケットボール）lanzamiento *m*. desde media distancia
◼ミドルネーム segundo nombre *m*. (de pila)
みとれる 見とれる　mirar ALGO con admiración, quedarse embeles*ado[da]*, quedarse cautiv*ado[da]* ‖ 美しさに見とれる quedarse embeles*ado[da]* por la belleza《de》
ミトン　manopla *f*.
みな 皆　todo《中性代名詞》,（人）todo el mundo, todos *mpl*.,（物）todas las cosas ‖ 財産を皆失う perder todos *sus* bienes ／ それは皆知っている Eso lo sabe todo el mundo. ／ 私たちは皆スペイン人です Todos somos españoles. ¦（全員女性の時）Todas somos españolas.
みなおし 見直し　revisión *f*. ‖ 会議の目的は予算の見直しだ El objeto de la reunión es revisar el presupuesto.
みなおす 見直す　volver a mirar, repasar,（再検討する）revisar ‖ 提出前にレポートを見直す repasar el trabajo antes de entregarlo ／ 政策を見直す revisar la política ／ このことがあってから私は彼を見直している Ha mejorado mi opinión sobre él después de este asunto. ／ 私は娘の芸術的才能を見直した Yo la subestimaba en el talento artístico de mi hija.
みなぎる 張る　llenarse《de》, rebosar《de》 ‖ 闘志がみなぎっている estar rebosante de espíritu combativo ／ 若さみなぎる人々 gente *f*. rebosante de juventud
みなげ 身投げ
▶身投げする suicidarse arrojándose《a》‖ 彼は海に身投げした Él se suicidó arrojándose al mar.
みなごろし 皆殺し　exterminio *m*., masacre *f*.
▶皆殺しにする matar a todos, exterminar
みなさん 皆さん　皆さんによろしく Dales recuerdos a todos de mi parte. ／ 皆さんお元気ですか ¿Cómo están ustedes?
みなしご 孤児　huérf*ano[na] mf*.
みなす 見なす　considerar ‖ 冥王星を準惑星と見なす considerar Plutón como un planeta enano ／ 契約は無効とみなす considerar nulo el contrato ／ 法案は承認されたものと見なす dar por aprobado el proyecto de ley
みなと 港　puerto *m*. ‖ 港の見える丘 colina *f*. con vistas al puerto ／（船が）港に入る tomar puerto, entrar en el puerto ／（船が）港に停まる pararse en un puerto ／（船が）港を出る「salir [zarpar] del puerto
▶港の（港湾の）portu*ario*[*ria*]
◼港町 puerto *m*., ciudad *f*. portuaria
みなみ 南　sur *m*.（略 S）, mediodía *m*. ⇒ ほうい(方位)
▶南の del sur, austral, meridional, sure*ño[ña]* ‖ 南の空を仰ぐ mirar a los cielos [del sur [australes]
▶南に（～の）al sur《de》
▶南へ al sur, hacia el sur
▶南から del sur, desde el sur
◼南アメリカ América del Sur
◼南回帰線 trópico *m*. de Capricornio
◼南風 viento *m*. del sur,《文章語》austro *m*.
◼南側 lado *m*.「sur [meridional]
◼南十字星 Cruz *f*. del Sur
◼南太平洋 Pacífico *m*. (del) Sur
◼南半球 hemisferio *m*.「sur [austral]
◼南向き ‖ 南向きの部屋 habitación *f*. orientada al sur
みなもと 源　origen *m*., fuente *f*. ‖ アマゾン川はアンデス山脈に源を発する El Amazonas nace en los Andes. ／ フラメンコの源を探る「rastrear [buscar] el origen del flamenco
みならい 見習い　aprendizaje *m*.,　（人）apren*diz*[*diza*] *mf*.,（弁護士・医師の）pasante *com*.
◼見習い期間 ‖ 見習い期間を終える terminar el「aprendizaje [período de prácticas]
◼見習い工 apren*diz*[*diza*] *mf*. ‖ 見習い工として働く trabajar de apren*diz*[*diza*]
みならう 見習う　aprender ‖ 先生を見習う aprender de *su* profe*sor*[*sora*], imitar a *su* profe*sor*[*sora*]
みなり 身なり　manera *f*. de vestirse, porte *m*. ‖ 身なりが貧しい vestirse como un pobre ／ 身なりで判断する juzgar a ALGUIEN por su apariencia ／ 身なりに気を配る「cuidar [preocuparse por] *su* apariencia ／ 身なりを整える arreglarse
みなれる 見慣れる　acostumbrarse a ver ‖ 彼女は死体を見慣れている Está acostumbra-

da a ver cadáveres.
▶見慣れた familiar‖見慣れた風景 paisaje *m.* 「familiar [cotidiano] ／見慣れない顔 cara *f.* desconocida

ミニ
◪ミニカー（小型自動車）microcoche *m.*, (模型) coche *m.* en miniatura
◪ミニスカート minifalda *f.*‖ミニスカートを履く ponerse minifalda
◪ミニディスク minidisco *m.*
◪ミニバー minibar *m.*
◪ミニバイク minimoto *f.*
◪ミニバン monovolumen *m.*, monoespacio *m.*

みにくい 見にくい difícil de ver‖信号機が見にくい No se ve bien el semáforo. ／字が小さすぎて見にくい Las letras son tan pequeñas que me cuesta leer.

みにくい 醜い feo[a], antiestético[ca]‖醜い心 mal corazón *m.* ／醜い戦争 guerra *f.* sucia
▶醜さ fealdad *f.*

ミニチュア miniatura *f.*

みにつける 身に付ける (衣服を) ponerse, (知識などを) aprender‖護身術を身につける aprender defensa personal ／宝石を身につけている llevar puesta una joya

ミニマム mínimo *m.*

みぬく 見抜く (見破る) adivinar,《話》calar‖偽物を見抜く detectar falsificaciones ／うそを見抜く descubrir una mentira

みね 峰 cima *f.*, cumbre *f.*, pico *m.*, cresta *f.*, (刃物の) canto *m.*‖連なる峰々 sucesión *f.* de 「cumbres [crestas] ／雲の峰 cima *f.* de una nube ／包丁の峰 canto *m.* del cuchillo
慣用剣が峰‖剣が峰に立つ《慣用》encontrarse entre la espada y la pared

ミネストローネ《料理》《イタリア語》minestrone *f.*

ミネラル mineral *m.*
◪ミネラルウォーター agua *f.* mineral‖炭酸入り「なし」のミネラルウォーター agua *f.* mineral 「con [sin] gas

みのう 未納 falta *f.* de pago, (滞納) atraso *m.* en el pago‖彼は授業料を未納にしている Todavía él tiene pendiente el pago de la matrícula. ¦ Él está atrasado en el pago de la matrícula.
▶未納の no pagado[da]
◪未納金 atrasos *mpl.*

みのうえ 身の上 (境遇) circunstancia *f.*, situación *f.*, (運命) destino *m.*, suerte *f.*‖身の上を話す contar *su* vida a ALGUIEN
◪身の上相談欄 sección *f.* de consultas personales

みのがす 見逃す (見落とす) no darse cuenta 《de》,《慣用》pasar por alto ALGO, (大目に見る)《慣用》hacer la vista gorda‖誤字を見逃す no darse cuenta de una falta de ortografía ／今回は見逃してやる Esta vez haré la vista gorda. ／好機を見逃す dejar pasar una oportunidad ／私はその映画を見逃した Me perdí esa película.

みのけ 身の毛
慣用身の毛のよだつ‖身の毛のよだつような出来事 suceso *m.* espeluznante ／それを聞いて私は身の毛がよだった《慣用》Se me pusieron los pelos de punta al escucharlo.

みのしろきん 身代金 rescate *m.*‖身代金を要求する pedir rescate

みのたけ 身の丈 estatura *f.*, altura *f.*‖身の丈に合った生活をする vivir con lo que se tiene

みのほど 身の程‖身の程をわきまえる ser consciente de *su* 「capacidad [posición social] ／身の程を知らない no conocer *sus* limitaciones, no conocerse a *sí* mismo[ma]

みのまわり 身の回り *su* alrededor, *su* entorno‖身の回りの出来事 sucesos *mpl.* de *su* entorno ／身の回りの世話をする cuidar a ALGUIEN ／身の回りを整頓する poner *sus* cosas en orden

みのり 実り/稔り fruto *m.*, fructificación *f.*‖実りの多い fructífero[ra], fructuoso[sa] ／実りの秋 estación *f.* de cosechas ／実りの多い研修だった Ha sido un cursillo fructífero.

みのる 実る/稔る fructificar, dar fruto‖この木にりんごがたくさん実る Este árbol da muchas manzanas. ／君の努力が実った Tu esfuerzo ha dado fruto.

みばえ 見栄え‖見栄えがする ser 「aparente [vistoso[sa]] ／見栄えがよい tener una buena apariencia ／見栄えのしない de poca apariencia, no vistoso[sa]

みはからう 見計らう‖ころ合いを見計らう elegir el momento adecuado《para》, esperar un buen momento《para》

みはっけん 未発見
▶未発見の no descubierto[ta], (未踏査の) inexplorado[da], virgen

みはったつ 未発達
◪未発達の subdesarrollado[da]

みはっぴょう 未発表
▶未発表の inédito[ta], no publicado[da]‖未発表の作品 obra *f.* inédita

みはなす 見放す/見離す abandonar, dejar‖私は友達(男性)から見放された Mi amigo me abandonó. ¦ Mi amigo me dio la espalda. ／運に見放される ser abandonado[da] por la suerte ／医者に見放された患者 paciente *com.* desahuciado[da] (por el médico)

みはらい 未払い falta *f.* de pago, (滞納) atraso *m.* en el pago

みみ

▶未払いの pendiente de pagar, no pagado[da]
◪未払金 pago *m*. pendiente

みはらし 見晴らし vista *f*., perspectiva *f*. ‖ 見晴らしが良い tener buena「vista [perspectiva]
◪見晴らし台 mirador *m*.

みはらす 見晴らす ⇒みわたす(見渡す)

みはり 見張り vigilancia *f*., guardia *f*., (人) vigilante *com*. ‖ 見張りを置く poner「una guardia [vigilancia]／見張りに立つ hacer guardia
◪見張り台 torre *f*. de vigilancia

みはる 見張る/瞠る vigilar, custodiar ‖ 周囲を見張る vigilar *su* alrededor／荷物を見張る vigilar el equipaje／目をみはる abrir bien los ojos, (驚く) asombrarse, quedarse asombra*do*[*da*]

みびいき 身びいき predilección *f*., favoritismo *m*., (身内への) nepotismo *m*.
▶身びいきする tener predilección《por》

みひらき 見開き‖見開き2頁の記事 artículo *m*. a doble página

みぶり 身振り gesto *m*., ademán *m*., gesticulación *f*. ‖ 外国人の男性と身振り手振りで話す hablar mediante gestos con un extranjero

みぶるい 身震い escalofríos *mpl*., estremecimiento *m*., temblor *m*.
▶身震いする temblar, estremecerse ‖ 寒さに身震いする temblar de frío／恐怖に身震いする「temblar [estremecerse] de terror

みぶん 身分「posición *f*. [categoría *f*.] social, rango *m*., clase *f*. social ‖ 身分の高い人 persona *f*. de「condición elevada [alto rango]／身分の低い人 persona *f*. de condición humilde／身分を明かす revelar *su* identidad／結構なご身分ですね ¡Qué buena vida lleva usted!／身分の違い diferencia *f*. de clase social／身分相応な暮らしをする llevar una vida acorde con *su* posición social／身分を隠す ocultar *su* identidad
◪身分証明書 carné *m*. de identidad, 《中南米》cédula *f*. personal
◪身分制度 sistema *m*. de estratificación social

みぼうじん 未亡人 viuda *f*. ‖ 未亡人になる quedarse viuda, enviudar

みほん 見本 (サンプル) muestra *f*., (標本) espécimen *m*., (手本) ejemplo *m*., modelo *m*. ‖ よい見本 buen ejemplo *m*.／見本が並んでいる Las muestras están expuestas.／彼は正直の見本だ Él es un modelo de honestidad.
◪見本市 feria *f*. de muestras

みまい 見舞い visita *f*. a *un*[*una*] enfer*mo*[*ma*]‖見舞いに行く visitar a *un*[*una*] enfer*mo*[*ma*]
◪見舞い金 ayuda *f*. en metálico
◪見舞い状 carta *f*. de「simpatía [consolación]

みまう 見舞う (訪ねる) visitar, (襲う) azotar ‖ 病人を見舞う visitar a *un*[*una*] enfer*mo*[*ma*]／日本は2011年に大震災に見舞われた Un gran terremoto azotó Japón en 2011.／水害に見舞われる sufrir una inundación

みまもる 見守る observar con atención ‖ 大勢の人が見守る中で ante la mirada de mucha gente／成り行きを見守る「ver [observar] cómo van las cosas／娘の成長を見守る velar por el crecimiento de *su* hija

みまわす 見回す mirar alrededor ‖ あたりを見回す mirar a *su* alrededor

みまわる 見回る patrullar, rondar, hacer la ronda ‖ 警備員が見回る Los vigilantes hacen la ronda.

みまん 未満‖13歳未満入場無料《掲示》Entrada gratuita para menores de trece años
▶〜未満の menos《de》, menor《de》, inferior《a》‖ 千円未満の買物 compra *f*. inferior a mil yenes

みみ 耳 ❶ oreja *f*., (聴覚) oído *m*., (パンの) corteza *f*. del pan, cuscurro *m*. ‖ 耳の穴《解剖》orificio *m*. auditivo／耳がいい tener buen oído／耳が聞こえなくなる quedarse sor*do*[*da*], perder el oído／私は飛行機に乗ると耳が痛くなる Me duelen los oídos en el avión.／耳を動かす mover las orejas／耳をひっぱる tirar de la oreja a ALGUIEN
❷ ≪慣用表現≫
[耳が]
慣用 耳が痛い tener dolor de oído, (痛い所をつく)《慣用》「dar [tocar] en la herida a ALGUIEN ‖ 君の批判は耳が痛い Tus críticas me dan en la herida.
慣用 耳が肥える ‖ 彼女は耳が肥えている Ella tiene buen oído para la música.
慣用 耳が遠い ser du*ro*[*ra*] de oído
慣用 耳が早い enterarse enseguida de todo
[耳に]
慣用 耳に入れる ‖ お耳に入れておきたい大事な話があります Tengo algo importante que quiero que sepa.
慣用 耳にする ‖ 私はその話を耳にした Ha llegado a mis oídos ese rumor.
慣用 耳にたこができる estar har*to*[*ta*] de oír
慣用 耳につく ‖ 通りの騒音が耳につく Me molestan los ruidos de la calle.
慣用 耳に残る quedar graba*do*[*da*] a ALGUIEN en la cabeza
慣用 耳に挟む escuchar ALGO por casualidad
[耳を]
慣用 耳を疑う no dar crédito a (*sus*) oídos
慣用 耳を貸す ‖ 耳を貸さない no「dar [pres-

tar) oídos《a》,《慣用》hacer oídos sordos《a》
(慣用)耳を傾ける abrir los oídos, escuchar con atención ‖ 熱心に耳を傾ける《慣用》ser todo oídos
(慣用)耳を澄ます aguzar el oído
(慣用)耳を揃えて支払う「pagar [saldar, cancelar] todas las deudas
(慣用)耳をつんざく ensordece*dor*[*dora*] ‖ 耳をつんざく騒音 ruidos *mpl.* ensordecedores
(慣用)耳を塞ぐ taparse los oídos, cerrar los oídos

みみあか 耳垢 cera *f.* de los oídos, cerumen *m.*, tapón *m.* ‖ 耳垢を取る(自分で)limpiarse los oídos

みみあたらしい 耳新しい nue*vo*[*va*] ‖ それは彼には耳新しい話だった Eso era nuevo para él. ¦ Él no había escuchado nada parecido.

みみうち 耳打ち cuchicheo *m.*
▶耳打ちする cuchichear a ALGUIEN

みみかき 耳搔き mondaorejas *m.*[=*pl.*], mondaoídos *m.*[=*pl.*]
▶耳搔きをする limpiarse los oídos

みみがくもん 耳学問 conocimiento *m.* adquirido de oídas

みみかざり 耳飾り pendiente *m.*
▶耳飾りをする ponerse los pendientes

みみざわり 耳障り
▶耳障りな「desagradable [moles*to*[*ta*]] al oído ‖ 耳障りな音 sonido *m.* desagradable al oído, sonido *m.* discordante

みみず 蚯蚓 lombriz *f.* ‖ みみずが這ったような字 garabatos *mpl.*
◩みみず腫れ verdugón *m.*

みみずく 木菟 búho *m.*(雄・雌)

みみせん 耳栓 tapón *m.* para los oídos ‖ 耳栓をしている tener tapones en los oídos

みみたぶ 耳朶 [lóbulo *m.* [perilla *f.*] de la oreja ‖ 彼女は耳たぶが赤くなった A ella se le pusieron rojos los lóbulos de las orejas.

みみだれ 耳垂れ otorrea *f.*

みみっちい mezqui*no*[*na*], taca*ño*[*ña*] ‖ みみっちい考えを捨てる abandonar el pensamiento mezquino

みみなり 耳鳴り 「zumbido *m.* [pitido *m.*, silbido *m.*] en los oídos,《医学》acúfeno *m.*
▶耳鳴りがする tener un zumbido en los oídos

みみもと 耳元 ‖ 耳元でささやく cuchichear al oído

みみわ 耳環 zarcillo *m.*

みむき 見向き ‖ 見向きもしない no prestar ni la más mínima atención《a》

みめい 未明 madrugada *f.*
▶未明に de madrugada, antes de amanecer ‖ 台風は明日未明に四国に上陸すると見られる Se prevé que el tifón llegue a Shikoku en la madrugada de mañana.

みもと 身元/身許 identidad *f.* ‖ 身元を確認する comprobar la identidad de ALGUIEN, identificar a ALGUIEN ／ 身元が確かである tener una identidad「clara [sin fisuras]／身元を引き受ける「ser [salir] garante de ALGUIEN ／ 身元を調べる investigar la identidad de ALGUIEN ／ 身元が判明する identifica*do*[*da*]
◩身元照会先 referencias *fpl.*
◩身元不明「身元不明の no identifica*do*[*da*]
◩身元保証人 fia*dor*[*dora*] *mf.*

みもの 見物 ‖ 祭りの行列は見ものだ Merece la pena ver la procesión de las fiestas.

みや 宮 santuario *m.* sintoísta,(皇居)palacio *m.* imperial,(皇族)príncipe *m.*, princesa *f.*
◩宮家 familia *f.* imperial

みゃく 脈 pulso *m.*,(見込み)esperanza *f.* ‖ 患者(男性)の脈をとる tomar el pulso al paciente ／ 彼の脈が乱れた A él se le alteró el pulso.
(慣用)脈がある(見込みがある)Hay esperanza.

みゃくうつ 脈打つ palpitar, latir ‖ 心臓が速く脈打つ El corazón palpita rápido.

みゃくはく 脈拍 pulsación *f.* ‖ 脈拍を測る(誰かの)「tomar [medir] el pulso《a》,(自分の)「tomarse [medirse] el pulso
◩脈拍数 frecuencia *f.* del pulso

みゃくみゃく 脈脈
▶脈々と incesantemente, continuamente ‖ 伝統が脈々と受け継がれる La tradición se transmite de generación en generación.

みゃくらく 脈絡 (一貫性)coherencia *f.*,(つながり)conexión *f.*, enlace *m.* ‖ 脈絡のない説明 explicación *f.* incoherente

みやげ 土産 (贈り物)regalo *m.*,(旅の)recuerdo *m.*,《フランス語》*souvenir m.* ‖ みやげを買う comprar regalos ／ これは日本へ持ち帰るみやげです(税関検査で)Estos son unos regalos que llevo a Japón.
◩土産話「土産話をする hablar sobre *su* viaje, contar *su* viaje
◩土産物店 tienda *f.* de recuerdos

みやこ 都 capital *f.*, metrópoli *f.* ‖ 音楽の都ウィーン Viena, ciudad de la música
(慣用)住めば都 Una vez que te acostumbras, cualquier lugar te puede parecer bueno para vivir.

みやこおち 都落ち
▶都落ちする trasladarse de la capital a una ciudad menor

みやすい 見やすい fácil de ver,(読みやすい)fácil de leer ‖ 見やすい辞書 diccionario *m.* fácil de「ver [consultar]／見やすい画面 pantalla *f.* cómoda de ver ／ 見やすい席 asiento *m.* que permite ver bien el espectá-

culo
みやづかえ 宮仕え
▶宮仕えする（宮中に）servir en el Palacio Imperial, (役所に) trabajar como funciona-rio[ria], (企業に) trabajar como emplea-do[da]
みやびやか 雅やか
▶雅やかな elegante, fino[na]
▶雅やかに con elegancia
みやぶる 見破る adivinar, descubrir, percibir, 《話》calar ‖ 正体を見破る「arrancar [quitar] la máscara a ALGUIEN ／ 陰謀を見破る descubrir una conspiración
みやまいり 宮参り
▶お宮参りをする llevar a un[una] niño[ña] al santuario sintoísta al mes de su nacimiento
みやる 見遣る mirar a lo lejos, 「extender [tender] la mirada《a》
ミュージカル musical m. ‖ ロングランのミュージカル musical m. de larga permanencia en cartelera ／ ミュージカルの公演 función f. de un musical ／ ミュージカルを見に行く ir a ver un musical
ミュージシャン músico[ca] mf.
ミュージック música f.
◨ミュージックコンクレート música f. concreta
◨ミュージックホール sala f. de música
ミュータント (突然変異体) mutante m.
ミュール zapatos mpl. mule(s)
みょう 妙 (素晴らしさ) lo maravilloso, (不可思議) lo misterioso ‖ 自然の妙 lo maravilloso de la naturaleza ／ 言い得て妙である estar muy bien expresado[da]
▶妙な raro[ra], singular, extraño[ña] ‖ 妙な人 persona f. rara ／ 妙なことを言う decir cosas extrañas
▶妙に raramente, de modo extraño, curiosamente ‖ 部屋は妙に静まり返っていた La habitación se encontraba sumida en un extraño silencio.
みよう 見様 modo m. de ver ‖ 見様によっては según como se ve ／ 私は見よう見まねでテニスを学んだ Aprendí a jugar al tenis mirando jugar a los demás.
みょうあん 妙案 idea f. excelente, buena idea f. ‖ 私に妙案がある Tengo una idea excelente.
みょうぎ 妙技 excelente「destreza f. [habilidad f.], (音楽家の) virtuosismo m. ‖ 鉄棒の妙技を披露する hacer una excelente actuación en la barra fija
みょうごにち 明後日 pasado mañana
みょうじ 名字／苗字 apellido m., nombre m. de familia
みょうじょう 明星 (金星) Venus ‖ 明けの明星 estrella f. de la mañana, lucero m. del alba ／ 宵の明星 estrella f. vespertina, lucero m. de la tarde
みょうだい 名代 sustitución f., suplencia f., (人) sustituto[ta] mf. ‖ 父の名代として en lugar de mi padre, en nombre de mi padre
みょうちょう 明朝 mañana por la mañana ‖ 明朝早くホテルを発つ予定です Pienso dejar el hotel mañana por la mañana temprano.
みょうにち 明日 mañana → あした(明日)
みょうばん 明晩 mañana por la noche
みょうばん 明礬 alumbre m.
◨明礬石 alunita f.
みょうやく 妙薬 medicamento m. específico ‖ 恋に妙薬はない No hay medicina para el amor.
みょうれい 妙齢
▶妙齢の núbil ‖ 妙齢の婦人 mujer f. 「núbil [en edad de merecer]
みより 身寄り familia f., pariente com., familiar m. ‖ 身寄りがない no tener familia ／ 身寄りを探す buscar a un familiar
ミラー espejo m.
◨ミラーサーバー《IT》servidor m. espejo
◨ミラーサイト《IT》sitio m. espejo
◨ミラーボール bola f. de espejo
みらい 未来 futuro m., porvenir m. ‖ 人類の未来 futuro m. de la humanidad ／ 明るい未来 futuro m. prometedor ／ 子供たちには未来がある Los niños tienen futuro.
▶未来の futuro[ra] ‖ 未来の大スター gran estrella f. del futuro ／ 未来の車 coche m. del futuro ／ 未来のある con「futuro [porvenir]
◨近未来 futuro m. cercano
◨未来永劫 ‖ 未来永劫に eternamente, para siempre
◨未来学 futurología f.
◨未来学者 futurólogo[ga] mf.
◨未来形《文法》futuro m.
◨未来図 imagen f. del futuro
◨未来都市 ciudad f. del futuro
◨未来派《美術》futurismo m. ‖ 未来派の芸術家 futurista com.
ミリ mili-
◨ミリグラム miligramo m. (略 mg)
◨ミリ波 (EHF) frecuencia f. extremadamente alta
◨ミリメートル milímetro m. (略 mm)
◨ミリリットル mililitro m. (略 ml)
ミリオン millón m.
◨ミリオンセラー ‖ ミリオンセラーの本 libro m. con un millón de ejemplares vendidos
みりょう 魅了
▶魅了する fascinar, atraer, encantar ‖ コロニアル風の建築に魅了されて、多くの観光客がその都市を訪れる Muchos turistas visitan esa ciudad fascinados por su arquitectura

みりょく 魅力 atractivo *m.*, encanto *m.* ‖ 魅力のない sin atractivo(s) / 魅力あふれた lleno[na] de「atractivo(s) [encanto(s)]」/ 古典文学の魅力 encanto *m.* de la literatura clásica / 私はその電話のデザインに感じた Me sentí atraído[da] por el diseño de ese teléfono. / その車の魅力は簡潔なデザインだ El atractivo de ese coche está en su diseño sencillo.
▷**魅力的な** atractivo[va], encantador[dora] ‖ 魅力的な笑顔で con una sonrisa atractiva

みりん 味醂 《日本語》 *mirin m.*, (説明訳) sake *m.* dulce usado como condimento

みる 見る ❶ [目で] ver, (注視する) mirar, fijarse《en》, (熟視する) contemplar, (観察する) observar ‖ テレビを見る ver la tele / ちらっと見る echar un vistazo《a》/ じっと見る mirar fijamente / 景色を見る contemplar el paisaje / 反応を見る observar la reacción《de》/ 彼女は孫たちが公園を走り回っているのを見ている Ella está viendo a sus nietos correteando por el parque.
❷ [見物する] visitar, ver ‖ ここは見るべきものはなにもない Aquí no hay nada que ver.
❸ [調べる・読む] consultar, leer ‖ 辞書を見る consultar el diccionario / 今日の新聞を見ましたか ¿Ha leído usted el periódico de hoy?
❹ [判断する] juzgar ‖ 違った目で見る ver ALGO desde otro punto de vista / 私の見たところでは en mi opinión, a mi parecer
❺ [世話をする] cuidar, atender ‖ 娘の勉強を見る ayudar a *su* hija en los estudios / 病気の父親の面倒を見る cuidar a *su* padre enfermo
❻ [その他] ‖ スペイン語で話してみる intentar hablar en español / どう見ても se mire como se mire
❼ ≪慣用表現≫
(慣用) 見ての通り como pueden ver
(慣用) 見て見ぬ振りをする(知らんぷりをする)《慣用》hacerse *el*[*la*] sueco[ca], (大目に見る)《慣用》hacer la vista gorda
(慣用) 見も知らぬ desconocido[da] *mf.*
(慣用) 見る影もない ‖ 彼はもう見る影もない《慣用》Él ya no es ni sombra de lo que fue.
(慣用) 見ると聞くとは大違い Entre ver y escuchar hay una gran diferencia.
(慣用) 見るに忍びない ‖ 子供たちが苦しむのを見るに忍びない「No soporto [Me da pena] ver sufrir a niños.
(慣用) 見るに見かねる no poder quedarse indiferente《ante》
(慣用) 見る間に en un instante,《慣用》en un abrir y cerrar de ojos
(慣用) 見れば見るほど ‖ それは見れば見るほど不思議だ Mientras más lo veo, más extraño me parece.

みる 診る examinar ‖ 患者を診る examinar a *un*[*una*] paciente / 脈を診る「tomar [medir] el pulso《a》

ミルク leche *f.* ‖ ミルクを飲む「tomar [beber] leche / ミルクを温める calentar leche / コーヒーにミルクを入れる echar leche al café
◪ミルクキャラメル caramelo *m.* de leche
◪ミルクコーヒー cortado *m.*, café *m.* cortado, (カフェオレ) café *m.* con leche
◪ミルクセーキ batido *m.* de leche
◪ミルクチョコレート chocolate *m.* con leche
◪ミルクティー té *m.* con leche
◪ミルクパン (鍋) cazo *m.* de leche

ミルフィーユ milhojas *m.*[=*pl.*]

みるみる 見る見る
▷**みるみる(うちに)** muy rápidamente, a ojos vistas, (一瞬にして) en un instante ‖ みるみるうちに家が遠のいた La casa se alejó en un instante.

みるめ 見る目 (洞察力) perspicacia *f.* ‖ 新しい部長(男性)には人を見る目がある El nuevo director tiene buen ojo para las personas.

ミレニアム (千年紀) milenio *m.*

みれん 未練 apego *m.*, cariño *m.* ‖ 未練がある tener apego《a》, apegarse《a》/ 未練が残る「conservar [mantener] el apego / 未練を断つ quitarse el apego / 未練がましい apegarse mucho《a》, ser incapaz de pasar página

みわく 魅惑 fascinación *f.*, encanto *m.*, seducción *f.*
▷**魅惑する** fascinar, encantar, atraer, seducir
▷**魅惑的な** fascinante, encantador[dora], seductor[tora]

みわけ 見分け distinción *f.*, discernimiento *m.* ‖ 見分けのつく distinguible, discernible / その2台の車は見分けがつかない Esos dos coches「no se pueden distinguir [son indistinguibles].

みわける 見分ける distinguir, discernir ‖ 善悪を見分ける「discernir [distinguir] el bien del mal

みわたす 見渡す dominar, abarcar ‖ 丘から町全体が見渡せる Desde la colina se「domina [abarca] toda la ciudad. / 見渡す限り hasta donde alcanza la vista

みんい 民意 opinión *f.* pública, voluntad *f.* del pueblo ‖ 民意に基づいて basándose en la opinión pública / 民意を尊重する respetar la opinión pública / 民意を反映する reflejar la opinión pública

みんえい 民営

▶民営の privado[da]
▶民営化 privatización f. ‖ 民営化する privatizar ／ 民営化を進める「promover [llevar adelante] las privatizaciones
みんか 民家　casa f. particular
みんかん 民間
▶民間の priva*do*[da], （軍に対して）civil, （庶民の）popular
◽民間委託 subcontratación f. a empresas privadas
◽民間外交 diplomacia f. privada
◽民間航空 aviación f. civil
◽民間企業 empresa f. privada
◽民間資本 capital m. privado
◽民間人 civil com., ciudada*no*[na] mf.
◽民間信仰 creencia f. popular
◽民間伝承 folclore m.
◽民間放送 emisión f. privada
◽民間療法 remedio m. casero
ミンク　visón m. (雄・雌) ‖ ミンクのコート abrigo m. de visón
みんげい 民芸　artesanía f., (民芸品) producto m. de artesanía
◽民芸品店 tienda f. de artesanía
みんじ 民事
▶民事の《法律》civil
◽民事再生法 Ley f. de Rehabilitación Civil
◽民事裁判 juicio m. civil
◽民事事件 caso m. civil
◽民事訴訟「proceso m. [pleito m.] civil
◽民事訴訟法 Código m. de Procedimiento Civil
みんしゅ 民主
▶民主化 democratización f. ‖ 民主化する democratizar
▶民主的な democrático[ca] ‖ 非民主的な antidemocrático[ca]
▶民主的に de manera democrática, democráticamente
◽民主国家 país m. democrático
◽民主主義 democracia f. ‖ 民主主義的な democrático[ca]
◽民主主義者 demócrata com.
◽民主政治 democracia f.
◽民主党 partido m. democrático
みんじゅ 民需　demanda f. civil
◽民需産業 industria f. civil
みんしゅう 民衆　pueblo m., (大衆) masas fpl.
▶民衆の popular ‖ 民衆の声 opinión f. 「popular [del pueblo]
みんしゅく 民宿　pensión f., casa f. de huéspedes ‖ 民宿に泊まる alojarse en una pensión ／ 民宿を予約する reservar una pensión
みんせい 民生
◽民生委員 asistente com. social voluntario[ria]
みんぞく 民俗　folclore m., folclor m.
◽民俗音楽 música f. folclórica
◽民俗学 folclore m.
◽民俗学者 folclorista com.
◽民俗芸能 arte m. folclórico《複数形はartes fpl. folclóricasとなる》
みんぞく 民族　etnia f., (人種) raza f.
▶民族的(な) étnico[ca], racial
▶民族的に étnicamente
▶民族性 característica f. étnica
◽少数民族 minoría f. étnica
◽民族意識 conciencia f. 「racial [étnica]
◽民族衣装 traje m. 「étnico [tradicional]
◽民族音楽 música f. étnica
◽民族学 etnología f.
◽民族学者 etnólo*go*[ga] mf.
◽民族楽器 instrumento m. musical étnico
◽民族国家 estado m. nación
◽民族自決 autodeterminación f. ‖ 民族自決権 derecho m. de autodeterminación
◽民族主義 nacionalismo m. étnico
◽民族主義者 nacionalista com. étnico[ca]
◽民族浄化 limpieza f. étnica, etnocidio m.
◽民族紛争 conflicto m. étnico
ミンチ　carne f. picada
ミント　menta f.
◽ミントキャンディー caramelo m. de menta
◽ミントティー té m. de menta
みんな 皆 ⇒みな
みんぺい 民兵　milicia*no*[na] mf., 《集合名詞》milicia f.
みんぽう 民放　emisión f. privada
◽民放テレビ televisión f. privada
◽民放ラジオ radio f. privada
みんぽう 民法　derecho m. civil, (法典) Código m. Civil
◽民法学者 civilista com.
みんゆう 民有
▶民有の priva*do*[da], particular
◽民有地 propiedad f. privada
◽民有林 bosque m. particular
みんよう 民謡　canción f. 「popular [folclórica]
みんわ 民話　cuento m. popular

む

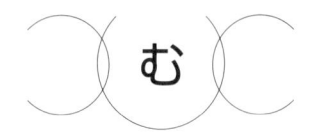

む 無 nada *f.*, cero *m.* ‖ 無から有を生み出す crear algo de la nada ／ 彼が就職できる見込みは無に等しい La posibilidad de que él encuentre un trabajo es prácticamente nula.
- 慣用 無に帰する／無になる quedarse en nada, 《慣用》quedarse en agua de borrajas ‖ 私の努力は無に帰した Mis esfuerzos 「se quedaron en nada [fueron en vano].
- 慣用 無にする desaprovechar ‖ 人の忠告を無にするな No eches en saco roto los consejos que te dan.

むい 無為 ociosidad *f.*, inactividad *f.*, haraganería *f.*
- 無為の ocio*so*[*sa*], inacti*vo*[*va*] ‖ 無為の時間 tiempo *m.* ocioso
- 無為に ociosamente ‖ 無為に日々を送る pasar los días ociosamente
- 無為徒食 ‖ 無為徒食する pasar el tiempo sin hacer nada útil
- 無為無策 ‖ 無為無策である no tener 「medidas [ideas] 《para》

むいか 六日 día *m.* seis ‖ 6日間の休暇 vacaciones *fpl.* de seis días

むいしき 無意識 inconsciencia *f.*, 《心理》 inconsciente *m.*
- 無意識の inconsciente, (思わず) involunta*rio*[*ria*] ‖ 無意識の状態が続く seguir inconsciente
- 無意識に inconscientemente, involuntariamente, sin querer ‖ 無意識に反応する reaccionar inconscientemente

むいそん 無医村 pueblo *m.* sin médico

むいちぶつ 無一物
- 無一物になる quedarse sin nada

むいちもん 無一文
- 無一文になる 《慣用》quedarse sin blanca
- 無一文である 《慣用》estar sin blanca, no tener ni un 「duro [centavo]

むいみ 無意味 (意味のないこと) sinsentido *m.*, (ばかげたこと) tontería *f.*, disparate *m.* ‖ それは無意味だ Eso no tiene sentido.
- 無意味な sin sentido, insignificante, (無駄な) inútil ‖ 無意味な行為 acto *m.* sin sentido ／ 無意味な人生 vida *f.* sin sentido

ムース 《料理》espuma *f.*, 《フランス語》mousse *f(m).*, 《整髪料》espuma *f.* para el cabello

ムード ambiente *m.*, atmósfera *f.*, clima *m.*, (動向) tendencia *f.* ‖ ムードを盛り上げる animar, dar ambiente a ALGO ／ ムードに弱い dejarse llevar por el ambiente fácilmente ／ ムードがある tener buen ambiente ／ ムードがない carecer de ambiente
- ムード音楽 música *f.* ambiental
- ムードメーカー anima*dor*[*dora*] *mf.*

ムールがい ムール貝 mejillón *m.*, 《南米》choro *m.*

むえき 無益
- 無益な inútil, va*no*[*na*] ‖ 無益な議論 discusión *f.* inútil

むえん 無煙
- 無煙の sin humo
- 無煙火薬 pólvora *f.* sin humo
- 無煙煙草 cigarrillo *m.* sin humo
- 無煙炭 antracita *f.*

むえん 無鉛
- 無鉛の sin plomo
- 無鉛化 ‖ ガソリンを無鉛化する eliminar el plomo de la gasolina
- 無鉛ガソリン gasolina *f.* sin plomo

むえん 無塩
- 無塩の sin sal
- 無塩バター mantequilla *f.* sin sal

むえん 無縁 ‖ 学問と無縁である estar aje*no*[*na*] a los estudios
- 無縁な／無縁の aje*no*[*na*] 《a》, extra*ño*[*ña*] 《a》, indiferente 《a》 ‖ 政治とは無縁な生活 vida *f.* ajena a la política
- 無縁墓 tumba *f.* abandonada
- 無縁仏 difun*to*[*ta*] *mf.* no reclama*do*[*da*]

むが 無我 ausencia *f.* de ego, insustancialidad *f.*, (アタラクシア) ataraxia *f.* ‖ 無我の境地に達する 「conseguir [llegar a] la ataraxia

むかい 向かい
- 向かいの de enfrente
- ～の向かいに enfrente 《de》
- 向かい風 viento *m.* en contra ‖ 向かい風が吹く Sopla viento en contra.

むがい 無害
- 無害な inofensi*vo*[*va*], ino*cuo*[*cua*], inocente ‖ 無害な薬品 medicamento *m.* inocuo
- 人畜無害 ‖ 人畜無害の totalmente ino*cuo*[*cua*] para personas y animales

むかいあう 向かい合う ponerse 「frente a frente [cara a cara] ‖ 向かい合って座る sentarse cara a cara

むかいがわ 向かい側 ‖ 通りの向かい側に al otro lado de la calle ／ 私の向かい側の席 asiento *m.* enfrente de mí

むかう 向かう orientarse, (行く) dirigirse

《a》, encaminarse《a, hacia》‖ 空港に向かう ir [dirigirse] al aeropuerto ／ 机に向かって座る sentarse a la mesa ／ 患者(男性)は快方に向かっている El paciente se va mejorando. ／ 解決に向かう encaminarse hacia soluciones ／ 敵に向かい 予 enfrentarse al enemigo ／ それが親に向かって言う言葉か ¿Qué manera es esa de hablar a tus padres? ／ 壁に向かって立つ ponerse de pie de cara a la pared ／ 駅に向かって右側 Mirando hacia la estación, a la derecha. ／ 生徒を乗せたバスが学校に向かっているときに事故が起きた El accidente ocurrió cuando el autobús trasladaba a los alumnos a la escuela.
- 慣用 向かうところ敵なし llevarse el mundo por delante, ser arrollador[dora] ‖ 彼は向かうところ敵なしだ No hay nadie que le gane.

むかえ 迎え ‖ 迎えに行く ir a「buscar [recoger] a ALGUIEN ／ 招待客を迎えに出る salir a recibir a los invitados

むかえいれる 迎え入れる recibir, aceptar ‖ 異質の文化を迎え入れる aceptar una cultura diferente ／ 彼女は私を快く迎え入れてくれた Ella me recibió con los brazos abiertos.

むかえうつ 迎え撃つ esperar y atacar ‖ 敵のミサイルを迎え撃つ interceptar los misiles del enemigo

むかえる 迎える recibir, acoger, (招く)invitar ‖ 招待客を迎える recibir a los invitados ／ 店長として迎えられる ser recibido[da] como gerente de la tienda ／ 私は行く先々で温かく迎えられた Me recibieron con los brazos abiertos en todos los lugares que visité. ／ 老いを迎える llegar a la vejez ／ 日本社会は人口減少時代を迎えている La sociedad japonesa está ante una época de descenso demográfico.

むがく 無学
- ▶無学の／無学な ignorante, inculto[ta], (非識字の) analfabeto[ta] ‖ 彼は無学だったが賢かった Él no tenía estudios pero era una persona inteligente.

むかし 昔 tiempo m. pasado, (遠い昔) época f. remota, (古代) antigüedad f. ‖ 昔を偲ぶ añorar el pasado ／ その町は昔のままである Esa ciudad está tal como era. ／ 昔昔… Érase una vez… ／ 彼は昔も今も貧乏だ Él sigue siendo tan pobre como antes.
- ▶昔ながらの ‖ 昔ながらの町並みを歩く andar por calles tradicionales
- ▶昔の antiguo[gua], de antaño, viejo[ja], (遠い昔の) lejano[na], remoto[ta] ‖ 昔の暮らし vida f. de antes ／ 昔の思い出 recuerdo m. del pasado
- ▶昔は／昔に antes, antiguamente, antaño, en otro(s) tiempo(s) ‖ 昔はここに井戸があった Antes había un pozo aquí.
- ▶昔から ‖ 私たちは昔からの知り合いだ Nos conocemos desde hace mucho tiempo.
- 慣用 十年ひと昔 →じゅうねん(十年)
- 慣用 昔取った杵柄 habilidades fpl. adquiridas en el pasado
- ◪昔気質 ‖ 昔気質の職人 artesano[na] mf. chapado[da] a la antigua
- ◪昔なじみ viejo[ja] amigo[ga] mf.

むかしばなし 昔話 cuento m. antiguo, (思い出) recuerdos mpl. ‖ 祖母は昔話ばかりする Mi abuela no habla más que de los recuerdos. ／ 子供たちに昔話を読んで聞かせる leer a los niños un cuento antiguo

むかつく (腹が立つ) enfadarse, (吐き気がする) sentir náuseas ‖ ささいなことにむかつくな No te enfades por nimiedades.

むかっぱら むかっ腹 ‖ むかっ腹を立てる indignarse, enfadarse, enojarse

むかで 百足／蜈蚣 ciempiés m.[=pl.]

むかむか
- ▶むかむかする (吐き気がする) sentir náuseas, tener ganas de vomitar, (怒りが込み上げる) sentir repugnancia《a, hacia》‖ 彼の自分勝手な態度にはむかむかする Me da coraje su actitud egoísta.

むがむちゅう 無我夢中
- ▶無我夢中で febrilmente, con todas sus fuerzas ‖ 無我夢中で逃げる huir a todo correr

むかん 無冠 ‖ シーズンを無冠で終える terminar la temporada sin título
- ▶無冠の ‖ 無冠の帝王 rey m. sin corona

むかんかく 無感覚 insensibilidad f. ‖ 寒さで指先が無感覚になる perder la sensibilidad de los dedos por el frío
- ▶無感覚な insensible, (しびれた) entumecido[da]

むかんけい 無関係 desconexión f. ‖ ～とはまったく無関係である no tener nada que ver《con》, no tener relación alguna《con》
- ▶無関係な／無関係の ajeno[na]《a》, independiente《de》‖ 私とは無関係なこと asunto m. ajeno a mí
- ▶無関係に independientemente《de》‖ 親の職とは無関係に好きな道を歩む elegir su camino al margen de la profesión de sus padres

むかんしん 無関心 indiferencia f., desinterés m., apatía f. ‖ 無関心を装う fingir indiferencia ／ 彼は他人に無関心だ Él siente「indiferencia [apatía] por los demás.
- ▶無関心な indiferente《a》

むき 向き (方向) dirección f., sentido m., rumbo m., (方位) orientación f. ‖ 南向きの部屋 habitación f. orientada al sur ／ 向きを変える cambiar la dirección ／ 風の向きが変わった El viento cambió de dirección.

Cambió la dirección del viento. ／ 人には向き不向きがある Cada uno tiene su punto fuerte y su punto débil.
▶ 〜向きの ‖ 子供向きの番組 programa *m.* para niños
慣用 向きになる（腹を立てる）enfadarse

むき 無期
▶ 無期の indefin*ido*[da]
◧ 無期延期 aplazamiento *m.* indefinido
◧ 無期懲役 cadena *f.* perpetua
◧ 無期停学 expulsión *f.* indefinida「de la escuela [del instituto, de la universidad]

むき 無機
▶ 無機の《化学》inorgán*ico*[ca]
◧ 無機化学 química *f.* inorgánica
◧ 無機化合物 compuesto *m.* inorgánico
◧ 無機質 sustancia *f.*「inorgánica [mineral]
◧ 無機肥料 abono *m.* inorgánico
◧ 無機物 materia *f.* inorgánica

むぎ 麦 （小麦）trigo *m.*,（大麦）cebada *f.*,（ライ麦）centeno *m.* ‖ 麦を収穫する「cosechar [recolectar] el trigo
◧ 麦茶 té *m.* de cebada
◧ 麦畑 trigal *m.*, campo *m.* de trigo

むきあう 向き合う ponerse「frente a frente [cara a cara], afrontar ‖ 現実に向き合う enfrentarse a la realidad ／ 向き合って座る sentarse frente a frente

むきげん 無期限
▶ 無期限の indefin*ido*[da], ilimit*ado*[da]
▶ 無期限に por tiempo「indefinido [ilimitado], indefinidamente
◧ 無期限スト huelga *f.* indefinida

むきず 無傷 ‖ 彼は事故に遭った列車に乗っていたが幸い無傷ですんだ Él viajaba en el tren accidentado, pero afortunadamente salió ileso del accidente.
▶ 無傷の（人が）ile*so*[sa], incólume,（物が）intac*to*[ta]

むきだし 剥き出し ‖ 感情を剥き出しにする exteriorizar *sus* sentimientos ／ 彼女は敵意が剥き出しだ A ella se le nota claramente la hostilidad.
▶ 剥き出しの descubier*to*[ta], desnu*do*[da] ‖ 剥き出しの背中 espaldas *fpl.*「desnudas [descubiertas]

むきだす 剥き出す ‖ 歯を剥き出して笑う mostrar los dientes al reírse

むきどう 無軌道
▶ 無軌道な disolu*to*[ta], libertin*o*[na], desenfrena*do*[da] ‖ 無軌道な生活を送る llevar una vida disoluta

むきなおる 向き直る volverse, darse la vuelta ‖ 私は声のする方へ向き直った Me volví hacia donde venía la voz.

むきみ 剥き身 ‖ あさりの剥き身 almejas *fpl.* sin concha ／ えびの剥き身 gambas *fpl.* peladas

むきめい 無記名 ‖ 無記名でけっこうです No es necesario「firmar [escribir su nombre].
▶ 無記名の sin firmar, sin firma, anónim*o*[ma]
◧ 無記名証券 valores *mpl.* al portador
◧ 無記名投票 votación *f.* secreta

むきゅう 無休
▶ 無休で sin vacaciones, sin descansar ‖ 年中無休で営業する abrir 365 días al año, abrir todos los días del año

むきゅう 無給
▶ 無給の no remuner*ado*[da]
▶ 無給で sin「cobrar [remuneración] ‖ 無給で働く trabajar sin「cobrar [remuneración]

むきょういく 無教育
▶ 無教育な ignorante, incul*to*[ta],（非識字の）analfabe*to*[ta]

むきょうそう 無競争
▶ 無競争で sin competencia

むきょうよう 無教養 incultura *f.* ‖ 無教養ぶりを晒す hacer evidente *su* incultura
▶ 無教養な incul*to*[ta]

むきりょく 無気力 apatía *f.*, atonía *f.*, inercia *f.* ‖ 彼は仕事に対して無気力だ Él siente apatía por el trabajo.
▶ 無気力な apátic*o*[ca], inerte ‖ 無気力な試合 partido *m.* apático

むぎわら 麦藁 paja *f.*
◧ 麦わら帽子 sombrero *m.* de paja

むきん 無菌
▶ 無菌の asépti*co*[ca], estéril
◧ 無菌状態 asepsia *f.*
◧ 無菌室 sala *f.* aséptica

むく 向く （〜の方を）mirar《hacia》,（面する）dar《a》,（適する）ser ap*to*[ta]《para》‖ 後ろを向く mirar hacia atrás ／ 部屋は南に向いている La habitación da al sur. ／ 君は教師に向いている Tienes dotes para la docencia. ／ 気が向いたら行くよ Iré si me apetece.

むく 剥く （皮を）pelar, mondar ‖ りんごの皮を剥く pelar una manzana

むく 無垢
▶ 無垢な/無垢の inocente, pu*ro*[ra], inmacula*do*[da] ‖ 無垢な心 corazón *m.* puro

むくい 報い （善行の）recompensa *f.*, pago *m.*,（罰）castigo *m.*, merecido *m.* ‖ 悪事の報い castigo *m.* de la maldad ／ 当然の報いを受ける recibir *su*「merecido [castigo]

むくいぬ 尨犬 per*ro*[rra] *mf.* lanu*do*[da]

むくいる 報いる recompensar, corresponder《a》‖ 親切に報いる corresponder a las atenciones recibidas ／ 君の努力は報いられるだろう Tus esfuerzos se verán recompensados.
慣用 一矢を報いる desquitarse un poco

むくち 無口 ‖ 彼女は父を亡くしてから無口になった Ella se ha vuelto「callada [taciturna]

desde que murió su padre.
▶無口な callado[da], silencioso[sa], (寡黙な) taciturno[na] ‖ 無口な人 persona f. callada
むくどり 椋鳥　estornino m.(雄・雌)
むくみ 浮腫　hinchazón f. ‖ 手のむくみ hinchazón f. de las manos
むくむ 浮腫む　hincharse, abotagarse ‖ 私は足がむくんでしまった Se me han hinchado las piernas.
▶むくんだ hinchado[da], abotagado[da]
むくむく
▶むくむくと ‖ むくむくと雲がわく Se amontonan las nubes. ／むくむくと太った赤ちゃん bebé m.「rollizo [regordete]
むくれる　enfadarse, 《話》mosquearse ‖ 彼女はすぐにむくれる Ella se mosquea con cualquier cosa.
むくわれる 報われる ‖ 彼の努力はやっと報われた Por fin quedaron recompensados sus esfuerzos. ／報われない仕事 trabajo m. poco valorado
むけ 向け
▶〜向け(の) destinado[da] 《a, para》‖ 輸出向けのワイン vino m. destinado a la exportación ／子供向け番組 programa m. para niños
むけい 無形
▶無形の inmaterial
◾無形文化財 patrimonio m. cultural「inmaterial [intangible]
むげい 無芸
(慣用)無芸大食 ‖ 彼は無芸大食だ Lo único que él sabe hacer bien es comer.
(諺)多芸は無芸 《諺》Aprendiz de todo, maestro de nada.
むけいかく 無計画
▶無計画な sin plan, sin「planear [planificar]‖ 無計画な一人旅 viaje m. improvisado en solitario
▶無計画に al azar ‖ 無計画に借金をしてはいけない No se deben contraer deudas a la ligera.
むけいこく 無警告
▶無警告で sin avisar, sin previo aviso
▶無警告解雇 despido m. sin previo aviso
むけつ 無血
▶無血の incruento[ta], sin derramamiento de sangre, pacífico[ca]
◾無血革命 revolución f.「incruenta [sin derramamiento de sangre]
むけっきん 無欠勤 ‖ 彼はこの3年間無欠勤だ Él no ha faltado al trabajo ni un solo día durante estos tres años.
むけっせき 無欠席 ‖ 彼女は1年間無欠席だった Ella no faltó a clase ni una sola vez durante un año.
むげに 無下に　rotundamente, con frialdad

‖ むげに断る rechazar ALGO「rotundamente [en redondo]
むける 向ける　(向かせる) dirigir ‖ 〜(の方)に目を向ける dirigir la mirada 《a, hacia》／銃を〜に向ける apuntar a ALGUIEN con el fusil ／母は窓に顔を向けて泣きはじめた Mi madre se puso a llorar de cara a la ventana.
むける 剥ける　pelarse ‖ 日焼けで皮が剥ける pelarse por quemadura de sol ／樹皮が剥ける descortezarse
むげん 無限　infinito m., infinidad f.
▶無限の infinito[ta], ilimitado[da] ‖ 無限の可能性 infinitas posibilidades fpl. ／無限の利用法 infinidad f. de usos
▶無限に infinitamente, sin límite(s), (永遠に) eternamente ‖ 無限に広がる extenderse infinitamente
◾無限軌道 oruga f.
◾無限級数 serie f. infinita
◾無限大 《数学》infinito m.
むげん 夢幻　fantasía f., ensueño m.
▶夢幻的な onírico[ca], fantasmal
むこ 婿　(娘の夫) yerno m., hijo m. político, (花婿) novio m.
◾婿入り ‖ 婿入りする entrar a formar parte de la familia de su esposa
◾婿取り ‖ 婿取り娘 hija f. heredera, primogénita f.
◾婿養子 yerno m. adoptado ‖ 婿養子になる ser adoptado como yerno
むごい 惨い/酷い　cruel, inhumano[na], despiadado[da], horrible, terrible ‖ むごい仕打ちをする tratar a ALGUIEN con crueldad ／むごい死に方をする「sufrir [tener] una muerte cruel
むこう 向こう　(向こう側) otro lado m., (あちら) allí, allá ‖ 向こう5年 durante cinco años a partir de ahora ／向こうの出方を待つ esperar la reacción de la parte contraria
▶向こうに/向こうへ allá, más allá《de》, al otro lado《de》‖ 通りの向こうに al otro lado de la calle
(慣用)向こうに回す ‖ 世論を向こうに回して con la opinión pública en contra
(慣用)向こうを張る rivalizar con ALGUIEN, competir con ALGUIEN
(慣用)向こう三軒両隣 vecindad f.
むこう 無効　invalidez f., nulidad f. ‖ その遺言は無効だ Ese testamento no「es válido [tiene validez].
▶無効の inválido[da], nulo[la]
▶無効にする anular, invalidar ‖ カードを無効にする anular la tarjeta ／判決を無効にする dejar sin efecto la sentencia
◾無効投票 voto m. nulo
むこういき 向こう意気 ‖ 向こう意気が強い tener un espíritu「de emulación [competitivo]

むこうがい 無公害
▶無公害の libre de contaminación
■無公害車 vehículo *m.* de「emisión cero [cero emisiones]

むこうがわ 向こう側 otro lado *m.* ‖ 川の向こう側へ渡る pasar al otro lado del río ／ 向こう側の言い分を聞く escuchar la versión de la otra parte implicada

むこうぎし 向こう岸 otra orilla *f.*, orilla *f.* de enfrente

むこうきず 向こう傷 herida *f.* en la parte frontal, (額の) herida *f.* en la frente

むこうずね 向こう脛 espinilla *f.* ‖ 向こう脛を打つ darse un golpe en la espinilla

むこうみず 向こう見ず
▶向こう見ずな temera*rio[ria]*, atrevi*do[da]*, arriesga*do[da]*

むこくせき 無国籍
▶無国籍の sin nacionalidad, apátrida
■無国籍者 apátrida *com.*
■無国籍船 barco *m.* sin「pabellón [nacionalidad]
■無国籍料理（多国籍料理）cocina *f.* fusión

むごたらしい 惨たらしい (残酷な) cruel, despiada*do[da]*, (悲惨な) horrible, terrible

むごん 無言
▶無言の silencio*so[sa]*, calla*do[da]*, mu*do[da]* ‖ 無言の圧力をかける presionar a ALGUIEN sin palabras
▶無言で en silencio, silenciosamente, sin decir ni una palabra ‖ 終始無言で通す permanecer calla*do[da]* todo el tiempo
■無言劇 pantomima *f.*

むざい 無罪 inocencia *f.*, 《法律》inculpabilidad *f.* ‖ 無罪になる ser declara*do[da]* inocente, salir absuel*to[ta]* ／ 無罪を言い渡す declarar「inocente [no culpable]」a ALGUIEN, absolver a ALGUIEN ／ 無罪を主張する declararse inocente, insistir en *su* inocencia
▶無罪の inocente, 《法律》inculpable, no culpable
■無罪判決《法律》absolución *f.*, sentencia *f.* absolutoria

むさく 無策 falta *f.* de medidas
■無為無策 ⇒ む（無為）

むさくい 無作為
▶無作為に al azar ‖ サンプルを無作為に抽出する escoger muestras al azar
■無作為抽出法「selección *f.* [muestreo *m.*] al azar

むさくるしい むさ苦しい (乱雑な) desordena*do[da]*, （だらしない）desaliña*do[da]*, （不潔な）desasea*do[da]* ‖ むさくるしい身なりの男 hombre *m.* de aspecto desaliñado ／ むさくるしい所ですが、お上がりください Pase por favor, y perdone el desorden.

むささび ardilla *f.* voladora gigante（雄・雌）

むさべつ 無差別
▶無差別に indiscriminadamente, sin「distinción [discriminación]」‖ 無差別に攻撃する atacar indiscriminadamente
■無差別級 (格闘技などの)「categoría *f.* [división *f.*] de peso abierto
■無差別テロ atentado *m.* indiscriminado
■無差別爆撃 bombardeo *m.* indiscriminado

むさぼる 貪る devorar ‖ 暴利を貪る sacar beneficios excesivos ／ 貪るように本を読む devorar los libros

むずむず
▶むずむずと fácilmente, sin resistencia, a la ligera ‖ むずむずと敵の罠にはまる caer fácilmente en la trampa del enemigo

むさん 無産
■無産階級 proletariado *m.*
■無産者 proleta*rio[ria]* *mf.*

むざん 無残/無惨
▶無残な (悲惨な) trági*co[ca]*, horrible, terrible, (残酷な) cruel, despiada*do[da]* ‖ 被災地の無残な光景 escena *f.* horrible de la zona siniestrada
▶無残に despiadadamente, sin piedad, cruelmente, con crueldad ‖ 無残にも二人の仲を引き離す separar sin piedad a los dos ／ 無残に破壊された橋 puente *m.* despiadadamente destruido

むし 虫 bicho *m.*, (昆虫) insecto *m.*, (ミミズなど) gusano *m.*, (寄生虫) parásito *m.*, (衣類につく) polilla *f.* ‖ 虫の声を楽しむ disfrutar del canto de los insectos ／ 私は虫に刺された Me ha picado un bicho. ／ 仕事の虫 adic*to[ta]* *mf.* al trabajo ／ 彼女は本の虫だ Ella es「un ratón [una rata]」de biblioteca.
(慣用) 虫がいい ser egoísta
(慣用) 虫が好かない ‖ 彼は虫が好かないやつだ Él es un tipo que no me cae bien.
(慣用) 虫がつく ‖ 娘に悪い虫がつかないかと心配だ Me preocupa que mi hija se enamore de un chico cualquiera.
(慣用) 虫の息 ‖ 虫の息である estar dando las últimas boqueadas, estar muriéndose
(慣用) 虫の居所 ‖ 虫の居所が悪い estar de mal humor
(慣用) 虫の知らせ corazonada *f.*, presentimiento *m.*
(慣用) 虫も殺さない ‖ 彼は虫も殺さない顔をしている《慣用》Él tiene cara de ser incapaz de matar una mosca.
■虫取り網 red *f.* para insectos
■虫除け repelente *m.* de insectos, (衣類の) antipolilla *m.*, bola *f.* de naftalina

むし 無私 abnegación *f.*
▶無私の desinteresa*do[da]*, abnega*do[da]*

むし 無視
▶無視する hacer caso omiso 《de》, no hacer (ni) caso《de》, ignorar ‖ 信号を無視する「saltarse [pasarse, no respetar] el semáforo / うわさを無視する no hacer caso del rumor

むじ 無地
▶無地の liso[sa], sin dibujo ‖ 無地のＴシャツ camiseta f. lisa

むしあつい 蒸し暑い bochornoso[sa] ‖ 今日は蒸し暑い Hoy hay bochorno. ¦ Hoy hace un calor bochornoso.
▶蒸し暑さ bochorno m., calor m. sofocante

むしかえす 蒸し返す ‖ 話を蒸し返す volver a tocar el tema

むしかく 無資格
▶無資格の no calificado[da], no diplomado[da], sin título ‖ 無資格の医師 médico[ca] mf. sin título
◪無資格者 persona f. no titulada

むじかく 無自覚 inconsciencia f.
▶無自覚な inconsciente

むしかご 虫籠 jaula f. para insectos
むしき 蒸し器 vaporera f.
むしくい 虫食い
▶虫食いの carcomido[da], apolillado[da], comido[da] por insectos ‖ 虫食いの木 árbol m. carcomido / 虫食いのセーター jersey m. apolillado
◪虫食い算（覆面算）criptoaritmo m.

むしくだし 虫下し （薬）vermífugo m., vermicida m. ‖ 虫下しを飲む tomar un vermífugo

むしけら 虫けら bicho m. ‖ 虫けら同然に扱う《慣用》tratar a ALGUIEN como「un trapo sucio [a un perro]

むしけん 無試験
▶無試験で sin examinarse ‖ 彼は無試験で大学に入学した Él fue admitido en la universidad sin examinarse.

むじこ 無事故 ‖ 彼はここ10年間無事故だ Él no ha tenido ningún accidente durante estos diez años.
◪無事故運転 conducción f. sin accidentes

むしず 虫酸 ‖ あいつの顔を見ただけで虫酸が走る Me pongo malo[la] solo con verlo. ¦ Me da asco verlo.

むしタオル 蒸しタオル toalla f. húmeda caliente ‖ 蒸しタオルで顔を拭く limpiarse la cara con una toalla húmeda caliente

むじつ 無実 inocencia f. ‖ 私は無実だ Soy inocente.
▶無実の inocente ‖ 無実の罪を着せられる ser injustamente acusado[da] por un crimen

むじな 狢 tejón m.（雄・雌）
慣用 同じ穴のむじな《慣用》ser lobos de la misma camada

むしに 蒸し煮 braseado m. ‖ 野菜を蒸し煮にする brasear verduras

むしば 虫歯 caries f.[=pl.], diente m.「picado [cariado]‖虫歯を治す curar las caries / 虫歯を予防する prevenir las caries / 私は虫歯が2本ある Tengo dos caries. ¦ （奥歯の）Tengo dos muelas picadas.
▶虫歯になる cariarse

むしばむ 蝕む corroer, minar, carcomer ‖ 癌に蝕まれる estar carcomido[da] por el cáncer / 心を蝕む carcomer el alma a ALGUIEN / 放射能は健康を蝕む La radiactividad「corroe [mina] la salud.

むじひ 無慈悲
▶無慈悲な despiadado[da], cruel, desalmado[da]

むしぶろ 蒸し風呂 baño m. de vapor, sauna f. ‖ 蒸し風呂に入る tomar un baño de vapor / 蒸し風呂のような暑さ calor m.「bochornoso [sofocante]

むしぼし 虫干し
▶虫干しする exponer ALGO al「aire [sol], airear ‖ 衣類を虫干しする poner la ropa al「aire [sol] / 本を虫干しする airear los libros

むしむし ‖ 今日は朝からむしむしする Hoy hay bochorno desde por la mañana.

むしめがね 虫眼鏡 lupa f. ‖ 虫眼鏡で見る ver ALGO con lupa

むしゃ 武者 samurái m.
◪武者人形 muñeco m. vestido de samurái
◪武者修行 ‖ 武者修行に出る salir fuera para perfeccionar「un oficio [una técnica]

むしやき 蒸し焼き cocción f. al vapor
▶蒸し焼きにする「cocer [asar] al vapor

むじゃき 無邪気 inocencia f., ingenuidad f., candor m.
▶無邪気な inocente, ingenuo[nua], cándido[da] ‖ 無邪気な表情 cara f.「ingenua [inocente], expresión f.「ingenua [inocente] / 無邪気ないたずら travesura f. inocente
▶無邪気に inocentemente, ingenuamente ‖ 無邪気に笑う reír inocentemente

むしゃくしゃ
▶むしゃくしゃする irritarse, sentir irritación

むしゃぶりつく pegarse《a》‖ 男の子は泣いて母親にむしゃぶりついた El niño se pegó a su madre llorando.

むしゃぶるい 武者震い
▶武者震いする temblar de emoción

むしゃむしゃ ‖ むしゃむしゃと食う（がつがつと）comer「ávidamente [con voracidad]

むしゅう 無臭
▶無臭の inodoro[ra], sin olor ‖ 無臭の気体 gas m. inodoro

むしゅうきょう 無宗教 irreligión *f.*
▶無宗教である no tener religión
▶無宗教の irreligio*so*[sa]
むしゅうにゅう 無収入 ausencia *f.* de ingresos
▶無収入である no tener ingresos
むじゅうりょく 無重力 ingravidez *f.*, gravedad *f.* cero
▶無重力の ingrávi*do*[da]
◪無重力状態 ingravidez *f.*, estado *m.* ingrávido
◪無重力飛行 vuelo *m.* ingrávido
むしゅみ 無趣味
▶無趣味である no tener「*hobby* [aficiones]」
むじゅん 矛盾 contradicción *f.* ‖ 現実との矛盾 contradicción *f.* con la realidad ／ 彼の証言には矛盾がある Hay contradicción en su testimonio. ／ 矛盾を見抜く「descubrir [desentrañar] contradicciones」
▶矛盾した contradicto*rio*[ria], incoherente, inconsecuente
▶矛盾する contradecir, contradecirse《con》, ser contradicto*rio*[ria]《con》, estar en contradicción《con》‖彼のやっていることは言っていることと矛盾する Lo que hace él contradice lo que dice. ¦ Hay contradicción entre lo que él dice y lo que hace.
むしょう 無償
▶無償の gratu*ito*[ta], sin recompensa ‖ 無償の奉仕 servicio *m.*「desinteresado [voluntario]」
▶無償で gratis, gratuitamente
むじょう 無上
▶無上の supre*mo*[ma], su*mo*[ma] ‖ 無上の喜び la「suma [mayor] alegría」
むじょう 無常 transitoriedad *f.*, mutabilidad *f.*, inestabilidad *f.* ‖ この世の無常 transitoriedad *f.* de la vida terrenal
▶無常な transito*rio*[ria], mudable, efímero[ra], incier*to*[ta] ‖ 無常な人の世 mundo *m.* transitorio
◪諸行無常 Nada es permanente. ¦ Todo fluye, todo cambia. ¦ Todo es transitorio.
◪無常観 visión *f.* de la vida como algo efímero
むじょう 無情
▶無情な/無情の sin「corazón [piedad], inhuma*no*[na], despiada*do*[da], cruel ‖ 無情な仕打ち tratamiento *m.*「inhumano [cruel]」／ 無情の雨 lluvia *f.* sin piedad
▶無情にも cruelmente
むじょうけん 無条件
▶無条件の incondicional ‖ 彼らは無条件の撤退を迫られた Les exigieron el retiro incondicional.
▶無条件で sin condiciones, incondicionalmente ‖ 無条件で許可する autorizar sin condiciones

◪無条件降伏 rendición *f.* incondicional
むしょうに 無性に mucho, tremendamente, sumamente ‖ 無性に腹が立つ rabiar, enfadarse mucho ／ 無性に買い物をしたくなった Me han entrado muchas ganas de ir de compras.
むしょく 無色
▶無色の incolo*ro*[ra] ‖ 無色の気体 gas *m.* incoloro
◪無色透明 無色透明な incolo*ro*[ra] y transparente
むしょく 無職 ‖ 無職になる quedarse「sin trabajo [en paro]」／ 私は3年間無職です Llevo tres años「sin trabajo [en paro]」.
▶無職の sin「profesión [empleo, trabajo]」, en paro
むしょぞく 無所属 ‖ その女性議員は無所属だ Esa parlamentaria no pertenece a ningún partido.
▶無所属の independiente ‖ 無所属の候補者 candida*to*[ta] *mf.* independiente
むしる 毟る pelar, arrancar, (羽を) desplumar ‖ 雑草を毟る「arrancar [sacar] las (malas) hierbas」／ 鶏の毛を毟る「desplumar [pelar] un pollo」
▶毟り取る arrancar
むじるし 無印
▶無印の sin marca
むしろ 筵/蓆 estera *f.* de paja ‖ 筵を敷く poner una estera de paja
むしろ más bien, antes, antes bien ‖ 彼女は作家というよりもむしろ政治家だ Más que escritora, es política. ／ 私としては他の人の意見よりむしろ彼の意見を採用したい Prefiero adoptar antes su opinión que la de los otros.
むしん 無心
▶無心に（無邪気に）inocentemente ‖ 無心に絵を描いている estar absor*to*[ta] en la pintura, estar totalmente concentra*do*[da] en la pintura
▶無心する pedir ‖ 小遣いを無心する pedir dinero de bolsillo《a》
むじん 無人
▶無人の deshabita*do*[da], inhabita*do*[da], desier*to*[ta]
◪無人駅 estación *f.* sin personal
◪無人店舗 tienda *f.* automatizada
◪無人島 isla *f.*「deshabitada [desierta]」
◪無人飛行機 vehículo *m.* aéreo no tripulado, avión *m.*「sin piloto [no tripulado]」
◪無人踏切 paso *m.* a nivel sin guarda
むしんけい 無神経
▶無神経な insensible, poco delica*do*[da], grose*ro*[ra] ‖ 彼の無神経な言葉に全員が気分を害した Sus palabras insensibles molestaron a todos.
むしんさ 無審査

無審査で sin inspección, sin someterse a examen ‖ 無審査でパスする ser aproba*do*[da] sin inspección previa
むじんぞう 無尽蔵
▶無尽蔵の inagotable, inextinguible ‖ 無尽蔵の資源 recursos *mpl.* inagotables
むしんろん 無神論 ateísmo *m.*
◧無神論者 ateo[a] *mf.*
むす 蒸す cocer ALGO al vapor ‖ 米を蒸す cocer arroz al vapor ／ タオルを蒸す calentar una toalla al vapor
むすい 無水
▶無水の《化学》anhi*dro*[dra]
◧無水アルコール alcohol *m.* absoluto
◧無水物《化学》anhídrido *m.*
むすう 無数
▶無数の innumerable, un「sinnúmero [sinfín]《de》‖ 無数の星 un「sinfín [sinnúmero] de estrellas, innumerables estrellas *fpl.*
▶無数に innumerablemente, incontablemente
むずかしい 難しい difícil, (複雑な) complic*ado*[da], complej*o*[ja], (厄介な) problemátic*o*[ca] ‖ 難しい用語 término *m.* difícil ／ 難しい立場 situación *f.*「difícil [delicada]／ 難しい病気 enfermedad *f.*「complicada [grave]／ 破るのが難しい記録 marca *f.*「difícil de superar [difícilmente superable]／ 難しい年頃である estar en una edad difícil ／ 難しい顔をしている tener cara de pocos amigos, estar malhumor*ado*[da]／ ノーと言うのは難しい Es difícil decir que no.／ 今日マドリードに到着するのは私にはむずかしい Me es difícil llegar hoy a Madrid.
▶難しさ dificultad *f.* ‖ 原発問題の難しさが浮き彫りになった Se ha puesto de relieve lo complicados que son los problemas de las centrales nucleares.
▶難しくする dificultar, complicar, hacer ALGO más「difícil [complic*ado*]
▶難しくなる hacerse más「difícil [complic*ado*[da]]
むずがゆい むず痒い sentir picazón ‖ 私は背中がむず痒い Me da picazón en la espalda.
むずかる ponerse de mal humor, (泣く) lloriquear
むすこ 息子 hijo *m.* ‖ 私は息子が2人いる Tengo dos hijos.
◧一人息子 hijo *m.* único
むすび 結び (結び目) nudo *m.*, (結論) conclusión *f.*, (結末) final *m.* ‖ 結びの言葉 palabras *fpl.*「finales [de cierre]／ 今日の結びの一番 el último combate (de sumo) del día
むすびあわせる 結び合わせる anudar, unir, (関連づける) relacionar ‖ 一見異なる2つの問題を結び合わせる relacionar dos problemas aparentemente distintos

むすびつき 結び付き (結合) unión *f.*, lazo *m.*, vínculo *m.*, (関係) relación *f.* ‖ 日本は米国との経済的結び付きが強い Japón tiene una estrecha relación económica con Estados Unidos.
むすびつく 結び付く (つながる) unirse《a, con》, vincularse《con》, (関係する) relacionarse《con》‖ 仕事に結び付く資格 título *m.* que tiene salida laboral
むすびつける 結び付ける atar, (結合させる) unir, (関係づける) relacionar ‖ AとBを結び付ける unir A「a [con, y] B, (関連づける) relacionar A con B ／ 共通の趣味が二人を結び付けた Un *hobby* en común unió a los dos.
むすびめ 結び目 nudo *m.* ‖ ネクタイの結び目 nudo *m.* de la corbata ‖ 結び目を作る hacer un nudo ／ 結び目をほどく「deshacer [desatar] el nudo, desanudar
むすぶ 結ぶ anudar, atar, (つなぐ) unir, conectar, (契約を) firmar, cerrar ‖ 靴のひもを結ぶ atarse los cordones de los zapatos ／ 本州と四国を結ぶ橋 puente *m.* que une Honshu con Shikoku ／ 契約を結ぶ「cerrar [firmar] un contrato《con》／ 彼と彼女は結ばれた Él y ella contrajeron matrimonio.
むずむず
▶むずむずする (かゆい) sentir picor(es), (何かしたくて) estar impaciente《por》‖ 私は鼻がむずむずする Siento picor en la nariz.¦ Me pica la nariz.／ 彼は発言したくてむずむずしている Él está impaciente por exponer su opinión.
むすめ 娘 hija *f.*, (女の子) niña *f.*, chica *f.* ‖ 私は娘が3人います Tengo tres hijas.
◧娘心 corazón *m.* sensible de una mujer joven
◧娘盛り ‖ あの子は娘盛りだ Ella está en la flor de la vida.
◧娘婿 yerno *m.*
むせい 無声
◧無声映画 cine *m.* mudo, película *f.* muda
◧無声音《音声》sonido *m.* sordo
むせい 無性
▶無性の asexual, asexua*do*[da], sin sexo
▶無性愛 asexualidad *f.*
◧無性生殖 reproducción *f.* asexual
むせい 夢精「polución *f.* [eyaculación *f.*] nocturna
▶夢精する tener una「polución [eyaculación] nocturna
むぜい 無税
▶無税の exen*to*[ta] de impuestos, libre de impuestos, franc*o*[ca] (de derechos)
◧無税品 artículo *m.* libre de impuestos
むせいげん 無制限 ‖ ホームページの容量は無制限です La página web no tiene límite de capacidad.
▶無制限の sin「límites [restricciones], ili-

mita*do*[*da*]
むせいふ 無政府
◪無政府主義 anarquismo *m*.
◪無政府主義者 anarquista *com*.
◪無政府状態 anarquía *f*., estado *m*. anárquico ‖ 無政府状態に陥る caer en la anarquía
むせいぶつ 無生物 ser *m*. inanimado
むせいらん 無精卵 huevo *m*. huero
むせかえる 噎せ返る （息苦しくなる）ahogarse,（泣く）sollozar ‖ たばこの煙にむせ返る ahogarse con el humo del tabaco ／ むせ返るようなユリの香り aroma *m*. sofocante de los lirios
むせきついどうぶつ 無脊椎動物 invertebrados *mpl*., animales *mpl*. invertebrados
むせきにん 無責任 irresponsabilidad *f*., falta *f*. de responsabilidad ‖ 無責任のそしりを免れない no poder escapar de ser acusa*do*[*da*] de irresponsable ／ 私にはそれは無責任極まりなく思える Eso me parece totalmente irresponsable.
▶無責任な irresponsable ‖ 無責任な男 hombre *m*. irresponsable
▶無責任に irresponsablemente ‖ 無責任に仕事を投げ出す abandonar irresponsablemente *su* trabajo
むせっそう 無節操 inconstancia *f*.
▶無節操な inconstante, sin「principios [convicciones]」‖ 無節操な人 persona *f*. sin principios
▶無節操に sin「principios [convicciones]」‖ 無節操にふるまう actuar sin principios
むせびなく 噎び泣く sollozar
むせぶ 噎ぶ/咽ぶ ahogarse, sollozar ‖ 感涙にむせぶ sollozar de emoción
むせる 噎せる/咽せる atragantarse, ahogarse, respirar con dificultad ‖ 煙にむせる ahogarse con el humo ／ スープにむせる atragantarse con la sopa
むせん 無線
▶無線の inalámbri*co*[*ca*], sin cables,（電波の）radioeléctri*co*[*ca*]
▶無線で por radio ‖ 無線で連絡を取る contactar con ALGUIEN por radio
◪無線操縦機 avión *m*.「teledirigido [a radiocontrol]」
◪無線タクシー radiotaxi *m*.
◪無線通信事業 sector *m*. de comunicaciones inalámbricas
◪無線電話（システム）radiotelefonía *f*.,（電話機）radioteléfono *m*., teléfono *m*. inalámbrico
◪無線呼び出し mensáfono *m*.
◪無線LAN red *f*. de área local inalámbrica, red *f*. inalámbrica de área local ‖ 無線LANを利用する utilizar una red (de área local) inalámbrica ／ 無線LAN接続 conexión *f*. a una red (de área local) inalámbrica

むせん 無銭
◪無銭飲食《話》sinpa *m*. ‖ 無銭飲食する irse (del restaurante) sin pagar
◪無銭乗車 ‖ 電車の無銭乗車をする subirse al tren sin pagar
むそう 夢想 ensueño *m*., fantasía *f*., quimera *f*.
▶夢想する soñar《con》, fantasear《sobre》‖ こんなことが起こるなんて夢想だにできなかった No podía ni siquiera soñar que ocurriría algo así.
◪夢想家 soña*dor*[*dora*] *mf*., visiona*rio* [*ria*] *mf*.
むそう 無双
▶無双の incomparable, sin igual, inigualable ‖ 無双の剣士 espadachín *m*.「consumado [sin igual]」
むぞうさ 無造作
▶無造作に（簡単に）fácilmente,（ぞんざいに）con descuido ‖ 無造作に答える「contestar [responder] a la ligera」
むだ 無駄 inutilidad *f*.,（浪費）desperdicio *m*. ‖ 無駄を省く eliminar lo innecesario ／ 私はやってみたが無駄だった「Traté de [Intenté] hacerlo en vano. ／ こんなことをしても時間の無駄だ Es una pérdida de tiempo hacer eso. ／ 彼に話しかけても無駄です Es inútil que le hable a él.
▶無駄な inútil, ocio*so*[*sa*], baldí*o*[*a*] ‖ 無駄な議論 discusión *f*.「inútil [ociosa]」／ 無駄な努力 esfuerzo *m*. en vano, esfuerzo *m*.「inútil [baldío]」／ 無駄な抵抗をする resistir(se) inútilmente ／ 私の給料では無駄な出費は許されない Mi modesto sueldo no me permite realizar gastos superfluos.
▶無駄に inútilmente, sin resultado, en vano ‖ 無駄にする desaprovechar, desperdiciar, no aprovechar ／ 時間を無駄にする perder el tiempo ／ 私は一刻も無駄にできない No puedo「malgastar [desperdiciar] ni un minuto. ／ 無駄になる resultar inútil, no servir
むだあし 無駄足 ‖ 無駄足を踏む ir「en vano [para nada]」／ 店が閉まっていたので無駄足になった Fui en vano porque la tienda estaba cerrada.
むだぐち 無駄口 parloteo *m*., palabreo *m*.
▶無駄口をたたく parlotear, hablar ociosamente, decir tonterías
むだげ 無駄毛 vello *m*. superfluo ‖ むだ毛の処理をする eliminar el vello superfluo
むだづかい 無駄遣い desperdicio *m*., derroche *m*., despilfarro *m*. ‖ それは自然資源の無駄遣いだ Eso es malgastar los recursos naturales.
▶無駄遣いする malgastar, desperdiciar, derrochar, despilfarrar

むだばなし 無駄話 conversación *f.* 「fútil [vacía]
▶無駄話をする mantener una conversación「fútil [vacía], hablar ociosamente

むだぼね 無駄骨‖無駄骨を折る hacer un esfuerzo en vano ／ 無駄骨に終わる resultar inútil, no servir para nada

むだめし 無駄飯‖無駄飯を食う vivir sin hacer nada de provecho, 《慣用》「rascarse [tocarse] la barriga

むだん 無断
▶無断で (許可なしに) sin「permiso [autorización], (予告なしに) sin previo aviso, sin avisar‖無断で借用する utilizar ALGO sin permiso ／ 彼は無断で2日欠勤した Él faltó al trabajo dos días sin avisar.
◪無断欠席 ausencia *f.* sin「permiso [aviso]
◪無断転載 reproducción *f.* no autorizada‖本書の無断転載を禁ず Queda prohibido reproducir el contenido del presente libro.

むたんぽ 無担保
▶無担保で sin garantía, sin prenda‖無担保で貸し付ける「prestar dinero [conceder un préstamo] sin garantía
◪無担保貸付 préstamo *m.* sin garantía

むち 鞭/笞 látigo *m.*, azote *m.*, (乗馬用の) fusta *f.*‖鞭をふるう blandir el látigo ／ 鞭がしなう encorvarse el látigo ／ 鞭で打つ azotar, dar azotes《a》
〔慣用〕愛の鞭 reprimendas *fpl.* por el bien de ALGUIEN, amor *m.* con mano dura
〔慣用〕飴と鞭 ⇒あめ(飴)
◪鞭打ち刑 flagelación *f.*

むち 無知 ignorancia *f.*‖無知をさらけ出す revelar *su* ignorancia ／ 無知につけ込む aprovecharse la ignorancia de ALGUIEN ／ 彼は音楽に無知だ Él es (un) ignorante「de [en] la música.
▶無知な/無知の ignorante‖放射線について無知な人が多い Hay mucha gente que no sabe nada de la radiación.
◪無知蒙昧‖無知蒙昧な ignorante y sin educación, totalmente ignorante

むちうちしょう 鞭打ち症「traumatismo *m.* [esguince *m.*] cervical‖衝突事故で鞭打ち症になる sufrir un traumatismo cervical en un accidente de colisión ／ 鞭打ち症の後遺症で苦しむ padecer las secuelas del traumatismo cervical

むちうつ 鞭打つ azotar, dar「latigazos [azotes]《a》, (馬を) fustigar‖罪人を鞭打ち azotar a un《una》criminal
〔慣用〕老骨に鞭打つ esforzarse mucho a pesar de *su* vejez

むちつじょ 無秩序 desorden *m.*, confusión *f.*, caos *m.*[=*pl.*]
▶無秩序な desordena*do*[*da*], confu*so*[*sa*], caó*tico*[*ca*]‖無秩序な都市開発 desarrollo *m.* desordenado de la ciudad

むちむち
▶むちむちと‖むちむちした太もも muslos *mpl.* regordetes

むちゃ 無茶 disparate *m.*, barbaridad *f.*‖無茶を言う decir disparates ／ 君一人でそれをするのは無茶だ Es absurdo que lo hagas tú solo.
▶無茶な irrazonable, imprudente, extravagante‖無茶な運転 conducción *f.* temeraria
◪無茶苦茶 ⇒めちゃくちゃ(滅茶苦茶)‖無茶苦茶な値段をつける poner un precio「abusivo [exorbitante] ／ アイデアは良いが彼のやり方が無茶苦茶だ La idea es buena pero su manera de llevarla a cabo no tiene ni pies ni cabeza.

むちゃくしょく 無着色‖この食品は無着色です Este alimento no contiene colorantes.
▶無着色の sin colorantes, sin color artificial

むちゃくりく 無着陸
◪無着陸飛行 vuelo *m.* sin escala(s)‖無着陸飛行をする realizar un vuelo sin escala(s), volar sin escala(s)

むちゅう 夢中
▶夢中である estar absor*to*[*ta*]《en》, apasionarse《con》‖彼は君に夢中だ Él está loco por ti.｜Él está locamente enamorado de ti.
▶夢中になる entusiasmarse《con, por》
▶夢中で/夢中になって con entusiasmo‖夢中になってしゃべる charlar con entusiasmo ／ 夢中で逃げる huir con todas *sus* fuerzas

むちん 無賃
◪無賃乗車 viaje *m.* sin「pagar [billete]‖無賃乗車をする viajar sin「pagar [billete]

むつ 鯥 《魚類》*scombrops m.*[=*pl.*], (学名) *Scombrops boops*

むつう 無痛
▶無痛の indolo*ro*[*ra*], sin dolor
◪無痛分娩 parto *m.* sin dolor

むっくり
▶むっくりした‖むっくりした体つき cuerpo *m.* regordete
▶むっくりと‖むっくりと起き上がる levantarse「lentamente [parsimoniosamente]

むっつ 六つ seis ⇒ろく(六)‖息子は来月六つになります Mi hijo va a cumplir seis años el mes que viene.

むっつり
▶むっつりした (無口な) call*ado*[*da*], tacitur*no*[*na*], (無愛想な) hos*co*[*ca*], antipáti*co*[*ca*]

むっと
▶むっとする disgustarse 《con, de, por》, ofenderse《por, de》‖この部屋の空気はむっとしている El aire de esta habitación está cargado.

むつまじい 睦まじい　bien avenido[da], íntimo[ma] ‖ 仲睦まじいカップル pareja *f.* bien avenida
むていけい 無定形　amorfía *f.*, amorfismo *m.*
▶無定形の　amorfo[fa]
◧無定形炭素　carbono *m.* amorfo
むていけん 無定見
▶無定見な　inconstante, veleidoso[sa], sin principios ‖ 無定見な政策 política *f.* sin [principios valores]
むていこう 無抵抗
▶無抵抗の（無防備の）indefenso[sa], (非暴力の) no violento[ta] ‖ 無抵抗な市民が爆撃に巻き込まれた Los ciudadanos indefensos se vieron envueltos en el bombardeo.
◧無抵抗主義 (非暴力主義) principio *m.* de (la) no violencia
むてき 無敵 ‖ 無敵を誇る estar orgulloso[sa] de ser invencible
▶無敵の　invencible, sin rival, (無比の) incomparable
◧無敵艦隊《歴史》(スペインの) Armada *f.* Invencible
むてき 霧笛　sirena *f.* de niebla ‖ 霧笛が聞こえる Se oye una sirena de niebla.
むてっぽう 無鉄砲　temeridad *f.*, imprudencia *f.* → むぼう (無謀) ‖ こんな悪天候の日に山へ行くなんて無鉄砲だ Es una「temeridad [locura] ir a la montaña con este tiempo.
▶無鉄砲な　temerario[ria], imprudente
むてんか 無添加 ‖ この食品は無添加です Este alimento no contiene aditivos.
▶無添加の　sin aditivos, natural ‖ 無添加の野菜ジュース zumo *m.* de verduras「sin aditivos [natural]
◧無添加食品　alimento *m.* natural
むとう 無糖
▶無糖の　sin azúcar
◧無糖ガム　chicle *m.* sin azúcar
むとうか 無灯火
▶無灯火で　sin「luz [luces] ‖ 無灯火で自転車に乗る ir en bicicleta sin luz
◧無灯火運転　conducción *f.* sin luz
むとうはそう 無党派層　votantes *mpl.* independientes ‖ 無党派層の票を集める conseguir los votos de votantes independientes
むとうひょう 無投票
▶無投票で　sin votación ‖ 無投票で当選するser elegido[da] sin votación
むどく 無毒
▶無毒の　no tóxico[ca], inocuo[cua], inofensivo[va]
むとくてん 無得点 ‖ 無得点に終わる terminar sin「puntos [goles] ／ 試合結果は無得点の引き分けだった El resultado del partido fue un empate a cero.
むとどけ 無届け
▶無届けで　sin avisar, sin previo aviso, (無許可で) sin autorización
◧無届け欠勤　ausencia *f.* en el trabajo sin avisar
むとんちゃく 無頓着 ‖ 彼は金や名誉に無頓着だ Él es indiferente al dinero y al honor.¦ no se preocupa del dinero ni del honor.
▶無頓着な　despreocupado[da], indiferente 《a》‖ 服装に無頓着な人 persona *f.* despreocupada en el vestir
むないた 胸板　pecho *m.*, tórax *m.*[=*pl.*] ‖ 厚い胸板 pecho *m.*「musculoso [muy desarrollado]
むなくそ 胸糞 ‖ 胸糞の悪い repugnante／あいつの偉そうな態度には胸くそが悪くなる Me dan asco sus aires de superioridad.
むなぐら 胸倉 ‖ 胸ぐらをつかむ「agarrar [coger] a ALGUIEN por el cuello (del quimono)
むなぐるしい 胸苦しい　sentir「opresión [presión] en el pecho
むなげ 胸毛　「pelo *m.* [vello *m.*] en el pecho
むなさわぎ 胸騒ぎ　(不安) inquietud *f.*, (予感) presentimiento *m.*
▶胸騒ぎがする　sentir una vaga inquietud, presentir, tener un presentimiento
むなざんよう 胸算用
▶胸算用をする　calcular mentalmente, hacer un presupuesto mentalmente
むなしい 空しい／虚しい　vano[na], (空虚な) vacío[a] ‖ 空しい言葉 palabras *fpl.*「vanas [vacías]／空しい夢 sueño *m.*「vano [vacío]
▶空しく　en vano, sin resultado ‖ 空しく時間を過ごす pasar el tiempo en vano／健闘空しく試合に負ける perder el partido a pesar de haber jugado bien
むなしさ 空しさ／虚しさ　vanidad *f.* ‖ 人生の空しさを感じる sentir「la vanidad [la futilidad] de la vida
むなもと 胸元　escote *m.*, pecho *m.* ‖ 胸元を見せる enseñar el escote
むに 無二
▶無二の　único[ca], inigualable, insustituible ‖ 私の無二の親友 mi mejor amigo[ga] *mf.*
ムニエル 舌平目のムニエル　lenguado *m.* a la「molinera [*meuniere*]
むにゃむにゃ ‖ むにゃむにゃ言う hablar entre dientes, murmurar
むにんしょ 無任所
◧無任所大臣　ministro[tra] *mf.* sin cartera
むね 旨　(主意) principio *m.*, (意向) intención *f.* ‖ 公正を旨とする tomar por principio la justicia／辞任する旨を伝える comunicar su intención de dimitir《a》

むね 胸 ❶《解剖》pecho *m*., (女性の) seno *m*., busto *m*., (心・心臓) corazón *m*. ‖ 胸のポケット bolsillo *m*. del pecho ／ 胸に聴診器を当てる auscultar el pecho con un estetoscopio ／ 私は胸がどきどきしている Me palpita el corazón. ／ 彼女は私に胸の内を明かした Ella me dijo lo que tenía en el corazón.
❷ ≪慣用表現≫
[胸が]
[慣用] 胸が痛む (悲しみなどで) afligirse《por》, (良心がとがめる) tener remordimientos ‖ 私はそのニュースに胸が痛んだ Esa noticia me ha dolido profundamente. ／ 彼に嘘をついたことに胸が痛む Siento remordimientos por haberle mentido.
[慣用] 胸が一杯になる ‖ 私は感動で胸が一杯だ Estoy tan emocionado[da] que se me ha hecho un nudo en la garganta.
[慣用] 胸が躍る/胸がはずむ ‖ 私は喜びに胸が躍った Mi corazón saltó de alegría. ¦ Di brincos de alegría.
[慣用] 胸が騒ぐ sentir una vaga inquietud, tener un presentimiento
[慣用] 胸が締めつけられる/胸がつぶれる sentir aflicción, afligirse《por》‖ 被災地の光景に私は胸が締めつけられる思いがした Me afectó mucho la escena de la zona siniestrada.
[慣用] 胸がすっとする/胸がすく sentirse aliviado[da]
[慣用] 胸が詰まる sentir una opresión en el pecho, (感情で) emocionarse, conmoverse
[慣用] 胸が(張り)裂ける ‖ 私は胸が張り裂ける思いで Siento que se me parte el corazón. ／ 彼女が泣く姿を見て胸が張り裂けそうだった Verla llorando me partió el alma.
[慣用] 胸が塞がる ponerse melancólico[ca]
[慣用] 胸が焼ける tener「acidez [ardor(es)] de estómago
[慣用] 胸が悪い (気分が悪い) sentir náuseas, (腹立たしい) dar asco a ALGUIEN ‖ そのことを思い出すだけで胸が悪くなる Me da asco solo recordarlo.
[胸に]
[慣用] 胸に一物がある estar tramando algo
[慣用] 胸に描く soñar
[慣用] 胸に聞く ‖ 自分の胸に聞く preguntarse a *sí* mis*mo*[*ma*]
[慣用] 胸に刻む guardar ALGO en la memoria
[慣用] 胸に応える《慣用》clavarse a ALGUIEN en el corazón
[慣用] 胸にしみる/胸に響く llegar a ALGUIEN al alma ‖ 父の言葉が私の胸にしみた Las palabras de mi padre me llegaron al alma.
[慣用] 胸に迫る conmovedor[dora] ‖ 胸に迫るドラマ drama *m*. conmovedor
[慣用] 胸に畳む guardar ALGO en el corazón
[慣用] 胸に手を当てる ‖ 胸に手を当ててよく考えなさい Piénsatelo bien.
[胸を]
[慣用] 胸を痛める preocuparse mucho《por》
[慣用] 胸を打つ《慣用》llegar a ALGUIEN a las telas del corazón ‖ 胸を打たれる quedarse impresionado[da]《por》
[慣用] 胸を躍らせる ilusionarse《con》, tener mucha ilusión《con》, estar emocionado[da]《de》‖ 彼女は新生活に胸を躍らせている Ella está ilusionada con su nueva vida.
[慣用] 胸を貸す ‖ 弟子に胸を貸してやる ayudar a *su* discípu*lo*[*la*] a entrenarse en la práctica
[慣用] 胸を借りる practicar con una persona más preparada
[慣用] 胸を焦がす (思いわずらう) preocuparse《por》, (思い焦がれる) anhelar
[慣用] 胸を突く (驚く) asustarse
[慣用] 胸を弾ませる ilusionarse《con》, emocionarse
[慣用] 胸をなで下ろす sentirse aliviado[da], sentir alivio
[慣用] 胸を張る《慣用》sacar pecho ‖ 胸を張って (堂々と)《慣用》con la frente「muy alta [levantada]
[慣用] 胸をふくらませる ‖ 希望に胸をふくらませる estar lleno[na] de esperanza
[慣用] 胸を病む padecer tuberculosis pulmonar

むね 棟 (建築) caballete *m*. ‖ 5棟 cinco「edificios *mpl*. [casas *fpl*.]
▱ 棟上げ ‖ 棟上げする colocar las parhileras,「terminar [levantar] la estructura de una casa
▰ 棟上げ式「ceremonia *f*. [fiesta *f*.] de cubrir aguas, (説明訳) ceremonia *f*. que se celebra al terminar de construir la estructura de una casa

むねあて 胸当て (防具) peto *m*., (衣類の) pechero *m*.

むねやけ 胸焼け 《医学》pirosis *f*.[=*pl*.], acidez *f*. ‖ 胸焼けがする tener「acidez [ardor(es)] de estómago

むねん 無念 despecho *m*. ‖ 無念を晴らす vengarse《de》／ 私は無念やるかたない No sé qué hacer con esta rabia que llevo.
▱ 無念の ‖ 無念の涙 lágrimas *fpl*.「de rabia [amargas]
▰ 無念無想 ‖ 無念無想の境地に至る llegar a la ataraxia

むのう 無能 incompetencia *f*., ineptitud *f*., incapacidad *f*. ‖ 無能ぶりをさらけ出す demostrar (*su*) incompetencia
▱ 無能な incompetente, inep*to*[*ta*], incapaz ‖ 無能な人間 persona *f*. incompetente

むのうやく 無農薬
▰ 無農薬野菜 verduras *fpl*. sin agroquímicos, verduras *fpl*. biológicas

むはい 無配‖今期は無配になった Esta temporada no se han repartido dividendos.
◩無配株 acción *f*. sin dividendos
むはい 無敗 imbatibilidad *f*.‖無敗を誇る estar orgullo*so*[*sa*] de *su* imbatibilidad／無敗を守る mantener *su* récord de imbatibilidad
ムハンマド (イスラム教の創唱者) Mahoma
むひ 無比
▶無比の incomparable, sin 「par [igual]
◩正確無比 precisión *f*. matemática
むひはん 無批判‖人の意見を無批判に受け入れる aceptar la opinion de otros sin cuestionarla
むひょう 霧氷 cencellada *f*. dura
むひょうじょう 無表情‖その知らせを聞いても彼は無表情だった Él no se inmutó al escuchar esa noticia.
▶無表情な／無表情の inexpresi*vo*[*va*]‖無表情な顔 cara *f*. 「inexpresiva [sin expresión]
むびょうそくさい 無病息災‖無病息災を祈願する desear salud
▶無病息災である estar sa*no*[*na*], estar he*cho*[*cha*] un roble
むふう 無風 calma *f*. chicha
◩赤道無風帯 zona *f*. de las calmas ecuatoriales
むふんべつ 無分別 insensatez *f*., (無思慮) imprudencia *f*., (軽率) indiscreción *f*.
▶無分別な insensa*to*[*ta*], (無思慮な) imprudente, irreflexi*vo*[*va*], (軽率な) indiscre*to*[*ta*], (無鉄砲な) temera*rio*[*ria*]‖無分別な言動を慎む ser prudente en las palabras y las acciones
▶無分別に imprudentemente, sin discreción, sin reflexionar‖無分別に振る舞う actuar 「con imprudencia [imprudentemente]
むほう 無法
▶無法な ilegal, injus*to*[*ta*]
◩無法状態 desorden *m*., caos *m*.[=*pl*.]
◩無法地帯 zona *f*. sin ley
◩無法者 persona *f*. fuera de la ley
むぼう 無謀
▶無謀な temera*rio*[*ria*], atrevi*do*[*da*], (思慮のない) imprudente‖無謀な計画 plan *m*. temerario
▶無謀にも imprudentemente, temerariamente
◩無謀運転 conducción *f*. temeraria
むほうしゅう 無報酬
▶無報酬の sin 「remuneración [retribución, recompensa], gratui*to*[*ta*], (自発的な) voluntario[*ria*]
▶無報酬で sin 「remuneración [retribución, recompensa], gratuitamente, gratis‖無報酬で働く trabajar sin remuneración
むぼうび 無防備‖テロに対して無防備だ estar indefen*so*[*sa*] ante el terrorismo

▶無防備の indefen*so*[*sa*], 《慣用》a pecho descubierto, (武器を持たない) inerme
◩無防備都市 ciudad *f*. abierta
むほん 謀反／謀叛 rebelión *f*., sublevación *f*., insurrección *f*., (裏切り) traición *f*.‖謀反を起こす rebelarse《contra》／謀反を企む 「conspirar [tramar una conspiración]《contra》
◩謀反人 rebelde *com*., insurgente *com*.
むみ 無味
◩無味乾燥‖無味乾燥な so*so*[*sa*], insípi*do*[*da*], insul*so*[*sa*]
◩無味無臭‖無味無臭の insípi*do*[*da*] e inodo*ro*[*ra*]
むめい 無名‖彼は無名だ Es desconocido.¦《慣用》Es muy conocido en su casa (y a la hora de comer).
▶無名の sin nombre, (有名でない) desconoci*do*[*da*], (匿名の) anóni*mo*[*ma*]‖無名の新人 debutante *com*. poco conoci*do*[*da*]
◩無名戦士 soldado *com*. desconoci*do*[*da*]
むめんきょ 無免許
▶無免許で／無免許の sin 「licencia [titulación, título, permiso, autorización]‖無免許で運転する conducir sin 「licencia [carné de conducir]
◩無免許医師 médi*co*[*ca*] *mf*. sin 「título [titulación]
◩無免許運転 conducción *f*. sin 「licencia [carné de conducir]
◩無免許営業 actividad *f*. comercial sin licencia
むもう 無毛
▶無毛の lampi*ño*[*ña*]
◩無毛症 atriquia *f*.
むやみ 無闇
▶むやみに imprudentemente, inmoderadamente, sin reflexionar, (過度に) excesivamente‖むやみに人を批判する criticar innecesariamente a otros／むやみに暑い Hace un calor excesivo.
▶むやみやたらに《慣用》a diestro y siniestro, excesivamente‖むやみやたらに水を飲む beber agua en exceso
むゆうびょう 夢遊病 sonambulismo *m*.
◩夢遊病者 sonámbu*lo*[*la*] *mf*.
むよう 無用‖他言は無用だ Que esto quede entre nosotros.／心配は無用です No es necesario preocuparse.
▶無用の (役に立たない) inútil, (不要の) innecesa*rio*[*ria*]‖無用の者立入り禁止《掲示》Prohibido el paso a toda persona ajena
《慣用》無用の用 importancia *f*. de lo inútil
《慣用》無用の長物 「objeto *m*. [cosa *f*.] inútil, estorbo *m*.
◩天地無用《表示》Este lado (hacia) arriba
むよく 無欲 desinterés *m*.
▶無欲な／無欲の desinteresa*do*[*da*], des-

prendi*do*[*da*] ‖ 無欲な人 persona *f*. desinteresada／無欲の勝利 victoria *f*. obtenida por no tener aspiración de ganar

むら 村 pueblo *m*., (小さな集落) aldea *f*. ‖ 私は長年住みなれた村を離れた Dejé el pueblo donde había vivido durante mucho tiempo.／村を追い出す expulsar a ALGUIEN del pueblo
- 芸術家村 colonia *f*. de artistas
- 村起こし revitalización *f*. de un pueblo ‖ 観光で村起こしをする revitalizar el pueblo a través del turismo
- 村外れ ‖ 村外れにある家 casa *f*. en las afueras del pueblo
- 村人 aldea*no*[*na*] *mf*.
- 村祭り fiesta *f*. del pueblo
- 村役場 alcaldía *f*.

むら 斑 desigualdad *f*. ‖ 品質にむらがある ser desigual en la calidad／気分にむらがある ser voluble, tener un carácter「voluble [inconstante]
- むらのある desigual, irregular
- むらのない igual, regular, uniforme
- むらなく ‖ 壁をむらなく塗る pintar la pared de manera uniforme

むらがる 群がる amontonarse, agolparse, aglomerarse, apiñarse, (虫が) pulular ‖ 人が広場に群がる La gente se amontona en la plaza.／砂糖に蟻が群がる Las hormigas se agolpan en el azúcar.

むらき 斑気 capricho *m*., veleidad *f*.
- むら気な caprichos*o*[*sa*], voluble, veleid*oso*[*sa*] ‖ むら気な性格 carácter *m*.「voluble [inconstante]

むらくも 群雲 aglomeración *f*. de nubes

むらさき 紫 morado *m*.
- 紫の morado[*da*], (薄紫の) lila, violeta
- 紫キャベツ col *f*. morada
- 紫水晶 amatista *f*.

むらす 蒸らす ‖ ご飯を蒸らす dejar reposar el arroz después de cocerlo

むらはちぶ 村八分 aislamiento *m*. social ‖ 村八分にする aislar socialmente a ALGUIEN

むらむら
- むらむらと bruscamente, de repente ‖ むらむらと怒りが込み上げた Me invadió una oleada de ira.

むり 無理 ‖ この旅程には無理がある Este itinerario es difícil de realizar.／私はもう無理が利かない Mi cuerpo ya no me permite trabajar más de lo normal.／無理とは言わないけど… No te voy a obligar a hacerlo, pero…／彼が怒るのも無理のないことだ Es normal que él se enfade.
- 無理(を)する (働きすぎる) trabajar en exceso

ejercicio en exceso.／無理なお願いかもしれないが、いっしょに来てくれませんか No sé si es demasiado pedir, pero ¿podría acompañarme?
- 無理に「a la [por] fuerza, forzosamente, contra *su* voluntad ‖ 無理に開けようとする intentar abrir ALGO a「la fuerza [lo bestia] 〘諺〙無理が通れば道理が引っこむ Donde reina la injusticia no se puede esperar nada justo.
- 無理式 expresión *f*. irracional
- 無理数 número *m*. irracional
- 無理方程式 ecuación *f*. irracional

むりおし 無理押し
- 無理押しする hacer ALGO「a la [por] fuerza

むりかい 無理解 incomprensión *f*., falta *f*. de comprensión ‖ 核エネルギーに対する社会の無理解 incomprensión *f*. por parte de la sociedad sobre la energía nuclear
- 無理解な incomprensi*vo*[*va*]

むりさんだん 無理算段 ‖ 無理算段をして金を作る reunir dinero a「duras penas [trancas y barrancas]

むりし 無利子
- 無利子で sin interés ‖ 無利子で金を貸す prestar dinero sin interés

むりじい 無理強い
- 無理強いする「forzar [coaccionar, obligar] a ALGUIEN a『+不定詞』‖ 上司(男性)は部下たちに酒を無理強いした El superior forzó a sus subordinados a beber.

むりしんじゅう 無理心中 homicidio-suicidio *m*., (一家心中) suicidio *m*. familiar
- 無理心中する ‖ 彼は病気の妻と無理心中した Él mató a su esposa enferma y se suicidó.

むりそく 無利息 →むりし(無利子)
- 無利息で sin interés

むりなんだい 無理難題 lo imposible ‖ 無理難題を吹っ掛ける pedir lo imposible, 《慣用》pedir la Luna

むりやり 無理矢理「a la [por] fuerza, forzosamente
- 無理やり〜させる「forzar [obligar] a ALGUIEN a『+不定詞』‖ 母親は息子に無理やり勉強をさせた La madre forzó a su hijo a estudiar.／私は朝早く無理やり起こされた Me hicieron levantarme temprano.

むりょう 無料 ‖ このパンフレットは無料です Este folleto es gratis.
- 無料で gratis, gratuitamente ‖ データベースを無料で公開する abrir gratis al público una base de datos／無料でサンプルをお送りいたします Le enviamos gratis una muestra.
- 無料の gratui*to*[*ta*], gratis ‖ 無料の観光案内地図 plano *m*. turístico gratuito
- 入場無料《掲示》Entrada libre

むりょく

- ☐ 無料バス autobús *m.* gratuito
- **むりょく 無力** impotencia *f.*, (技量のなさ) incompetencia *f.*, (弱さ) debilidad *f.* ‖ 無力をあざ笑う burlarse de la impotencia de ALGUIEN ／ 私たちは津波に対して無力だった No pudimos hacer nada ante el *tsunami*.
- ▶ 無力な impotente, débil ‖ 無力な首脳部 dirección *f.* incompetente
- ☐ 無力感「sensación *f.* [sentimiento *m.*] de impotencia ‖ 無力感にとらわれる estar pre*so*[*sa*] de una sensación de impotencia ／ 失業率が増加して若者たちに無力感が生じている El aumento de la tasa de desempleo ha creado un sentimiento de impotencia entre los jóvenes.
- **むるい 無類**
- ▶ 無類の inigualable, incomparable, sin 「par [igual]」 ‖ 彼は無類の音楽好きだ No hay nadie (al) que le guste tanto la música como a él. ／ 無類のお人好しだ ser *un*[*una*] bona*chón*[*chona*] sin igual
- **むれ 群れ** grupo *m.*, (群衆) muchedumbre *f.*, (動物の) manada *f.*, (羊の) rebaño *m.*, (鳥の) bandada *f.*, (魚の) banco *m.* ‖ 人の群れ muchedumbre *f.*, multitud *f.*, masa *f.* de gente ／ 反乱者の群れ grupo *m.* de rebeldes ／ 群れをなす formar una manada, agruparse ／ その鳥は群れをなして飛ぶ Esas aves vuelan en bandadas. ／ 一番強い狼が群れを率いる El lobo más fuerte dirige la manada.
- **むれる 群れる** aglomerarse, agruparse ‖ 鳥が群れる Se aglomeran las aves.
- **むれる 蒸れる** ‖ ご飯が蒸れたら大皿に移してください Una vez reposado el arroz, sáquelo a una fuente. ／ このブーツは足が蒸れる Estas botas no transpiran. ¦ Con estas botas sudan los pies.
- **むろん 無論** por supuesto, sin duda, naturalmente ⇒ もちろん ‖ 無論、彼の言い分は正しい Sin duda él tiene razón.
- **むんむん**
- ▶ むんむんする ser sofocante ‖ 草いきれでむんむんしている El aire está cargado con el olor a hierba. ／ 観客の熱気で会場がむんむんする En la sala se respira el entusiasmo de los espectadores.

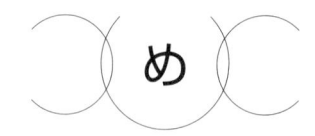

め

め 目/眼 ❶ (器官) ojo *m.* ‖ 大きな目 ojos *mpl.* grandes ／ 小さな目 ojos *mpl.* pequeños ／ 丸い目 ojos *mpl.* redondos ／ 切れ長の目 ojos *mpl.* rasgados ／ 窪んだ目 ojos *mpl.*「hundidos [escondidos]」／ 飛び出た目 (出目) ojos *mpl.* saltones ／ 彼女は大きな目をしている Ella tiene unos ojos grandes. ／ 私は時々目がかすむ A veces se me nubla la vista. ／ 目が充血している tener los ojos congestionados ／ 手で目をこする (自分の)「estregarse [restregarse]」los ojos con las manos ／ 目を開ける abrir los ojos ／ その知らせに彼は目をうるませた A él se le humedecieron los ojos al recibir la noticia. ／ 目をつぶる/目を閉じる cerrar los ojos ／ 泣き過ぎて彼女は目が腫れてしまった A ella se le hincharon los ojos de tanto llorar.

❷ (視力) vista *f.* ‖ 目がいい tener buena vista ／ 目が悪い tener mala vista ／ 目が見えなくなる perder la vista ／ 彼女は目が見えない Ella es「invidente [ciega]」. ／ 私は目が悪くなった Tengo la vista debilitada. ／ 自分の目で確かめる comprobar ALGO con *sus* ojos ／ 目に見えるものと目に見えないもの lo visible y lo invisible ／ 放射能汚染は目に見えない La contaminación radiactiva es invisible.

❸ (視線・目つき) mirada *f.*, vista *f.* ‖ 冷たい目で見る mirar a ALGUIEN con una mirada fría ／ 目が輝いている tener los ojos brillantes ／ 彼の目が輝いた A él le brillaron los ojos. ／ 目を上げる alzar la vista, levantar los ojos

❹ (見方) perspectiva *f.*, punto *m.* de vista ‖ 公平な目で見る ver ALGO imparcialmente ／ 専門家の目から見れば a los ojos de *un*[*una*] exper*to*[*ta*] ／ 長い目で見る tener una visión a largo plazo

❺ (眼識) perspicacia *f.* ‖ ものを見る目がある tener ojo 《para》

❻ (その他) ‖ さいころの目 puntos *mpl.* del dado ／ 碁盤の目 casilla *f.* del tablero de *go* ／ 台風の目 ojo *m.* del tifón ／ 網の目 malla *f.* ‖ 目の荒い「細かい」布 tela *f.*「calada [tupida]」

❼ 《慣用表現》

[目が]

慣用 目が合う ‖ 彼女と目が合った Mi mirada se encontró con la de ella.

慣用 目が利く tener ojo 《para》

慣用 目がくらむ deslumbrarse ‖ 欲に目がくらむ ofuscarse por la codicia

(慣用)目が肥えている/目が高い ser conocedor[dora]《de》
(慣用)目が冴える perder el sueño
(慣用)目が覚める（眠りから）despertarse, (迷いから)《慣用》caerse a ALGUIEN *la venda de los ojos*
(慣用)目が据わる‖彼女は酒が回って目が据わってきた Ella ha bebido tanto que no se le mueven los ojos.
(慣用)目が点になる（呆然とする）《慣用》quedarse con la boca abierta
(慣用)目が届く estar aten*to*[*ta*]《a》‖（私は）子ども全員には目が届かない No puedo estar encima de todos los niños.
(慣用)目が飛び出る ⇒めのたま（目の玉）
(慣用)目がない‖人を見る目がない no tener ojo para catalogar a la gente／彼女は甘いものに目がない Los dulces la vuelven loca.
(慣用)目が離せない no poder apartar los ojos《de》
(慣用)目が早い fijarse enseguida《en》
(慣用)目が光る vigilar estrechamente‖警察の目が光っている La policía mantiene una vigilancia estrecha.
(慣用)目が回る（めまいがする）marearse, (多忙である)《慣用》「ir [andar] de cabeza

【目から】
(慣用)目から鱗が落ちる‖私は目から鱗が落ちた Se me ha caído la venda de los ojos.
(慣用)目から鼻へ抜ける‖目から鼻へ抜けるような人 persona *f*. lista y perspicaz
(慣用)目から火が出る（激痛で）《慣用》ver las estrellas

【目で】
(慣用)目で見て口で言え Averigua bien antes de hablar.

【目と】
(慣用)目と鼻の先‖目と鼻の先にある estar a dos dedos《de》, estar a tiro de piedra《de》

【目に】
(慣用)目に遭う sufrir, experimentar‖ひどい目に遭う sufrir serios contratiempos,《慣用》pasar las de Caín
(慣用)目に余る ser intolerable, (度を越す)《慣用》pasar de castaño oscuro‖目に余る振る舞い comportamiento *m*. intolerable
(慣用)目に浮かぶ‖子どもたちの喜ぶさまが目に浮かぶ Me puedo imaginar lo contentos que estarán los niños.
(慣用)目に掛ける‖誰かを目にかける mirar a ALGUIEN con buenos ojos／お目にかける（見せる）mostrar ALGO a ALGUIEN
(慣用)目に角を立てる mirar con ojos furiosos a ALGUIEN
(慣用)目に障る ser desagradable a la vista
(慣用)目に染みる‖煙が目にしみる El humo me irrita los ojos.／目にしみるような青空だ El cielo está más azul que nunca.

(慣用)目にする verse‖よく目にする光景 escena *f*. 「que se ve con frecuencia [cotidiana]
(慣用)目に付く notarse,《慣用》llamar la atención
(慣用)目に留まる（目に付く）llamar la atención a ALGUIEN, (気に入る) gustar a ALGUIEN
(慣用)目に入る/目に触れる ofrecerse a la vista de ALGUIEN
(慣用)目には目を歯には歯を《諺》Ojo por ojo y diente por diente.
(慣用)目に見えて visiblemente,《慣用》a ojos vistas‖目に見えて痩せる adelgazar 「a ojos vistas [visiblemente]
(慣用)目にも留まらぬ‖目にも留まらぬ早業で《慣用》en un abrir y cerrar de ojos
(慣用)目に物見せる《慣用》dar una lección《a》
(慣用)目に焼き付く quedarse graba*do*[*da*] en la memoria《de》

【目の】
(慣用)目の色を変える‖目の色を変えて働き始める ponerse a trabajar con ahínco／目の色を変えて怒る《慣用》salirse de *sus* casillas
(慣用)目の上の瘤 estorbo *m*., obstáculo *m*.
(慣用)目の敵にする《慣用》「estar [llevarse] a matar con ALGUIEN,《慣用》tener entre ceja y ceja a ALGUIEN
(慣用)目の黒いうち ⇒めのたま（目の玉）
(慣用)目の覚めるような espectacular‖目の覚めるような美人 mujer *f*. de belleza espectacular
(慣用)目の付け所 punto *m*. de vista, perspectiva *f*.
(慣用)目の毒（である）ser demasiado tenta*dor*[*dora*]‖この宝石は目の毒だ Esta joya resulta tan tentadora que es mejor no verla.
(慣用)目の中に入れても痛くない querer a ALGUIEN como a la(s) niña(s) de *sus* ojos
(慣用)目の保養になる ser un 「regalo [placer] para la vista

【目は】
(慣用)目は口ほどに物を言う/目は心の鏡《諺》Los ojos son el espejo del alma.

【目も】
(慣用)目も当てられない‖目も当てられない光景 espectáculo *m*. lamentable
(慣用)目もくれない no mostrar ningún interés《por》, ignorar,《慣用》hacer caso omiso《de》

【目を】
(慣用)目を疑う no dar crédito a *sus* ojos
(慣用)目を奪われる‖私は湖の美しさに目を奪われた No pude quitar los ojos del lago por su belleza.
(慣用)目を覆う（手で）taparse los ojos con las manos‖現実に目を覆う cerrar los ojos ante la realidad

〖慣用〗目を掛ける ≫目に掛ける
〖慣用〗目をかすめる ≫目を盗む
〖慣用〗目を配る《慣用》estar en todo ‖ 商売がうまく行くよう君は目を配るべきだ Para la buena marcha del negocio, debes estar en todo.
〖慣用〗目をくらます engañar a ALGUIEN
〖慣用〗目を凝らす aguzar la vista, clavar los ojos《en》
〖慣用〗目を覚ます (眠りから) despertarse, (迷いなどから) abrir「los ojos [el ojo]」‖ 目を覚まさせる (比喩的に) abrir los ojos a ALGUIEN
〖慣用〗目を皿にする (見開く) pelar los ojos ‖ 目を皿にして探す buscar ALGO con los ojos bien abiertos
〖慣用〗目を三角にする mirar con ojos furiosos a ALGUIEN
〖慣用〗目を白黒させる poner ojos de asombro
〖慣用〗目を据える fijar la mirada《en》
〖慣用〗目を注ぐ mirar fijamente
〖慣用〗目を逸らす apartar [desviar] la mirada《de》, apartar los ojos《de》
〖慣用〗目を楽しませる deleitar la vista
〖慣用〗目を付ける poner los ojos《en》,《慣用》echar el ojo《a》
〖慣用〗目をつぶる cerrar los ojos《a》, (大目に見る)《慣用》hacer la vista gorda, tolerar
〖慣用〗目を転じる dirigir la vista《a, hacia》, (視点を変える)ver desde otro punto de vista
〖慣用〗目を通す echar una ojeada《a》,《慣用》pasar los ojos《por》‖ 書類に目を通す pasar los ojos por un escrito
〖慣用〗目を止める fijarse《en》
〖慣用〗目を盗む ‖ 生徒たちは先生の目を盗んでたばこを吸う Los alumnos fuman a escondidas de los profesores.
〖慣用〗目を離す perder ALGO de vista, quitar la vista《de》‖ 身の回り品から目を離さないでください No pierda de vista sus objetos personales.
〖慣用〗目を光らす vigilar estrechamente《a》
〖慣用〗目を引く llamar la atención《de》, atraer la mirada《de》‖ 顧客の目を引く斬新なデザインだ Es un diseño innovador que atrae la mirada de los clientes.
〖慣用〗目を開く (気づく) darse cuenta《de》‖ この本は人生の意味について私の目を開かせた Este libro me hizo comprender el significado de la vida.
〖慣用〗目を細める (軽く閉じる) entornar los ojos, (ほほえむ) esbozar una sonrisa
〖慣用〗目を丸くする《慣用》quedarse con los ojos como platos
〖慣用〗目を回す (気絶する) desmayarse, (多忙である)《慣用》ir [andar] de cabeza
〖慣用〗目を見張る quedarse maravillado[da]《con》
〖慣用〗目を剥く ‖ 目を剥いて怒る《慣用》echar fuego por los ojos
〖慣用〗目を向ける dirigir la vista《a, hacia》, echar la vista《a》
〖慣用〗目を遣る ver, dirigir la vista《a, hacia》

め 芽《植物》brote *m*., germen *m*., renuevo *m*., retoño *m*. ‖ じゃがいもの芽 brotes *mpl*. de patata ／ 芽の出たじゃがいも patata *f*. germinada ／ 芽を出す brotar, echar brotes, germinar
〖慣用〗芽が出る (草木の) brotar, (運が向く) empezar a tener suerte ‖ 私はなかなか芽が出ない La suerte no me acaba de sonreír.
〖慣用〗芽を摘む (芽を摘み取る) recoger brotes, (取り除く) eliminar ‖ 犯罪の芽を摘み取る eliminar el germen de la delincuencia

めあたらしい 目新しい novedoso[sa], nuevo[va], (独創的な) original ‖ 目新しい技術 técnica *f*. novedosa ／ それに何も目新しいことはない No hay nada novedoso en eso.
▶ **目新しさ** novedad *f*., originalidad *f*.

めあて 目当て (ねらい・目的) objetivo *m*., objeto *m*., fin *m*., finalidad *f*. ‖ 彼の目当ては彼女に会うことだった Su objetivo era verla. ／ 金目当てに結婚する casarse por dinero ／ 君のお目当てのレストランはここだよ Este es el restaurante al que querías venir.

めい 名 (名高い) célebre, famoso[sa], (優れた) excelente, gran『+単数名詞』‖ 名写真家「célebre [excelente] fotógrafo[fa] *mf*.

めい 姪 sobrina *f*. ‖ 血のつながった姪 sobrina *f*. carnal ／ 義理の姪 sobrina *f*. política

めい 銘 (石碑などの文) inscripción *f*., (作品の署名) signatura *f*. ‖ 銘を刻む grabar una inscripción
〖慣用〗座右の銘 máxima *f*., lema *m*.

めいあん 名案 buena idea *f*., idea *f*. genial ‖ 私に名案がある Tengo una buena idea. ／ 昨夜名案が浮かんだ Se me ocurrió una buena idea anoche.

めいあん 明暗 luz *f*. y sombra *f*., (幸と不幸) felicidad *f*. y adversidad *f*., (絵画・写真の) claroscuro *m*. ‖ 人生の明暗 lo bueno y lo malo de la vida
〖慣用〗明暗を分ける decidir el destino, ser decisivo[va] ‖ 一本のペナルティキックが試合の明暗を分けた Un penalti decidió el resultado del partido.

めいい 名医 buen[buena] médico[ca] *mf*., (有名な) médico[ca] *mf*. famoso[sa]

めいおうせい 冥王星 Plutón ‖ 冥王星は2006年まで太陽系の第9惑星だと見なされていた Plutón fue considerado el noveno planeta del sistema solar hasta el año 2006.

めいか 名家 「casa *f*. [familia *f*.] ilustre, familia *f*. distinguida

めいか 銘菓 dulce *m.* de marca de renombre

めいが 名画 (絵画)gran cuadro *m.*, obra *f.* maestra de la pintura, (映画) gran película *f.*, obra *f.* maestra del cine, clásico *m.* del cine ‖ 名画を鑑賞する apreciar「un gran cuadro [una gran película]
- 名画座 sala *f.* de cine de repertorio

めいかい 明快
- 明快な claro[ra] ‖ 明快な答え respuesta *f.* clara
- 明快に claramente, con claridad ‖ 明快に説明する explicar claramente

めいかく 明確
- 明確な preciso[sa], claro[ra], exacto[ta], definido[da] ‖ 明確な答弁 respuesta *f.* clara
- 明確に con precisión, claramente
- 明確にする precisar, aclarar, definir ‖ 自らの立場を明確にする definir *su* posición

めいがら 銘柄 (ブランド) marca *f.*, (株式の)acciones *fpl.* [valores *mpl.*] de una empresa ‖ 一流の銘柄 marca *f.* de primera línea, marca *f.* de prestigio
- 上場銘柄 acciones *fpl.* cotizadas en bolsa
- 銘柄品 artículo *m.* de marca

めいかん 名鑑 directorio *m.* ‖ スペイン俳優名鑑 directorio *m.* de actores españoles

めいき 明記
- 明記する escribir「claramente [precisamente], especificar ‖ 憲法に明記されているように tal como está especificado[da] en la Constitución

めいき 銘記
- 銘記する ‖ 心に銘記する grabar ALGO en「el corazón [la mente]

めいぎ 名義 nombre *m.* ‖ 名義を貸す prestar *su* nombre ((a))
- 名義の ‖ 妻の名義の土地 terreno *m.* registrado a nombre de mi esposa
- 名義上の nominal
- 名義人 titular *com.*

めいきゅう 迷宮 laberinto *m.*, dédalo *m.*
- 迷宮入り ‖ 迷宮入りの殺人事件 caso *m.* de homicidio no resuelto ／ その事件は迷宮入りのままだ Ese crimen sigue sin resolverse.

めいきょうしすい 明鏡止水 ‖ 明鏡止水の心境 estado *m.* de ánimo totalmente sereno

めいきょく 名曲 (歌) canción *f.* famosa, (曲) pieza *f.* musical maestra, obra *f.* maestra de la música

めいく 名句 buena frase *f.*, frase *f.*「célebre [famosa], (俳句の)「célebre [famoso] haiku *m.* ‖ 名句を引用する citar una frase famosa

メイク maquillaje *m.*
- メイクする maquillar a ALGUIEN, (自分で) maquillarse

- メイクアップアーティスト maquillador [dora] *mf.*
- メイクアップボックス caja *f.* de maquillaje
- メイク落とし desmaquillador *m.*

めいげつ 名月 ‖ 中秋の名月 luna *f.* de la cosecha, luna *f.* llena de otoño ／ 名月を鑑賞する「apreciar [ver] la luna de la cosecha

めいげん 名言 frase *f.* célebre, (格言) máxima *f.*, (的を射たことば) dicho *m.* acertado, frase *f.* acertada ‖ それは名言だ ¡Bien dicho!
- 名言集 antología *f.* de frases célebres

めいげん 明言 (言明) declaración *f.*
- 明言する declarar, afirmar

めいこう 名工 gran maestro[tra] *mf.*, gran artesano[na] *mf.* ‖ 彼は皮革製品の名工だ Es un gran artesano del cuero.

めいさい 明細 detalles *mpl.*
- 明細な detallado[da], minucioso[sa], especificado[da] ‖ 明細な報告 informe *m.* detallado
- 明細に detalladamente, minuciosamente
- 明細書 detalle *m.*, relación *f.* detallada, (仕様書) especificaciones *fpl.* ‖ 請求の明細書をください Deme una cuenta detallada.

めいさい 迷彩 《軍事》camuflaje *m.*, disfraz *m.*
- 迷彩服《軍事》uniforme *m.* [traje *m.*] de camuflaje

めいさく 名作 obra *f.* maestra ‖ ラテンアメリカ文学の名作を読む leer una obra maestra de la literatura latinoamericana

めいさつ 名刹 renombrado templo *m.*

めいさつ 明察
- 明察する adivinar, acertar ‖ ご明察の通りです Ha acertado usted.

めいさん 名産 producto *m.* famoso, especialidad *f.* ‖ 明石市の名産は何ですか ¿Cuál es el producto típico de la ciudad de Akashi?

めいし 名士 personalidad *f.*, personaje *m.*「importante [distinguido, ilustre], persona *f.* famosa ‖ 地元の名士 personaje *m.* importante del lugar

めいし 名刺 tarjeta *f.* de「visita [negocios] ‖ 名刺を交換する intercambiar tarjetas de visita 《con》／ 名刺を渡す「presentar [dar, entregar] la tarjeta de visita a ALGUIEN
- 名刺入れ tarjetero *m.*
- 名刺交換 intercambio *m.* de tarjetas de visita

めいし 名詞 nombre *m.*, sustantivo *m.*
- 名詞化 sustantivación *f.*, nominalización *f.* ‖ 名詞化する sustantivar, nominalizar
- 名詞的な nominal
- 名詞句「grupo *m.* [sintagma *m.*, frase *f.*] nominal

名詞の種類

固有名詞 nombre *m.* propio／集合名詞 nombre *m.* colectivo／普通名詞 nombre *m.* común／具体名詞 nombre *m.* concreto／抽象名詞 nombre *m.* abstracto／可算名詞 nombre *m.* contable／不可算名詞 nombre *m.* no contable／男性名詞 sustantivo *m.* masculino／女性名詞 sustantivo *m.* femenino

めいじ 明示
▶明示する aclarar, especificar, indicar claramente ‖ 条件を明示する indicar claramente las condiciones／ここには評価の基準が明示されていない No se aclaran aquí los criterios de evaluación.

めいじつ 名実
▶名実共に tanto de nombre como de hecho ‖ 名実共に音楽界の権威である ser una autoridad incuestionable en el mundo de la música

めいしゃ 目医者 oculista *com.*, oftalmólogo[ga] *mf.* →がんか(眼科) ‖ 目医者に行く ir al oftalmólogo

めいしゅ 名手 exper*to*[*ta*] *mf.*, maes*tro*[*tra*] *mf.*, (将棋などの) jugada *f.* excelente ‖ 乗馬の名手 jinete *com.*／射撃の名手 tira*dor*[*dora*] *mf.* excelente

めいしゅ 盟主 (人) líder *com.*, je*fe*[*fa*] *mf.*, (国家) 「país *m.* [nación *f.*] dirigente

めいしゅ 銘酒 「sake *m.* [vino *m.*] de renombre

めいしょ 名所 lugar *m.* 「famoso [célebre] ‖ 桜の名所 lugar *m.* famoso por sus cerezos
◨観光名所 lugar *m.* de interés turístico
◨名所旧跡 lugar *m.* famoso y de interés histórico

めいしょう 名称 nombre *m.*, denominación *f.* ‖ 名称をつける dar un nombre 《a》, denominar

めいしょう 名勝 lugar *m.* de belleza natural

めいじょう 名状
▶名状しがたい indescriptible, indecible

めいじる 命じる (命令する) ordenar, mandar, (任命する) nombrar, designar ‖ 国内からの退去を命じる dar la orden de salir del país《a》／良心の命じるところに従って行動する actuar según *su* conciencia／彼は委員長に命じられた Lo han nombrado presidente del comité.

めいじる 銘じる
[慣用] 肝に銘じる ⇒きも(肝)

めいしん 迷信 superstición *f.* ‖ 迷信を信じる creer en supersticiones／迷信にとらわれる dejarse 「llevar [guiar] por supersticiones
◨迷信深い supersticio*so*[*sa*]
◨迷信家 supersticio*so*[*sa*] *mf.*

めいじん 名人 maes*tro*[*tra*] *mf.*, exper*to*[*ta*] *mf.*
▶名人になる hacerse maes*tro*[*tra*]
◨名人芸 「arte *m.* [actuación *f.*] magistral
◨名人技 「arte *m.* [técnica *f.*] magistral

めいせい 名声 prestigio *m.*, renombre *m.*, fama *f.* ‖ 名声を築く forjar el prestigio／名声を高める 「aumentar [incrementar] el prestigio／名声を得る 「ganar [obtener, adquirir] prestigio／その医者(男性)の名声は全世界にとどろいた La fama del médico llegó a todas partes del mundo.
▶名声のある prestigio*so*[*sa*], de (mucho) 「renombre [prestigio], de (mucha) fama

めいせき 明晰
▶明晰な lúci*do*[*da*], cla*ro*[*ra*] ‖ 明晰な頭脳 inteligencia *f.* lúcida
▶明晰さ lucidez *f.*, claridad *f.*

めいそう 迷走
▶迷走する extraviarse, perderse, (さまよう) vagar ‖ 政治が迷走している La política va sin rumbo fijo.
◨迷走神経《医学》nervio *m.* 「vago [neumogástrico]

めいそう 瞑想 meditación *f.* ‖ 瞑想に耽る estar absor*to*[*ta*] en la meditación
▶瞑想する meditar

めいだい 命題 proposición *f.*
◨命題論理 lógica *f.* proposicional

めいちゃ 銘茶 té *m.* famoso, té *m.* de renombre

めいちゅう 命中
▶命中する dar en el blanco, acertar en la diana／ダーツは的に命中した El dardo dio en el blanco.

めいちょ 名著 libro *m.* excelente, (有名な作品) obra *f.* célebre

めいてい 酩酊 embriaguez *f.*
▶酩酊する emborracharse completamente,《話》estar como una cuba
◨酩酊状態 酩酊状態で運転する conducir en estado de embriaguez

めいてんがい 名店街 calle *f.* de tiendas famosas, galería *f.* comercial

めいど 明度 luminosidad *f.*

めいど 冥土／冥途 el otro mundo ‖ 冥土へ行く irse al otro mundo
▶冥土の ‖ 冥土の土産 recuerdo *m.* de esta vida

メイド (家政婦) sirvienta *f.*, muchacha *f.*, criada *f.*, (ホテルの) camarera *f.*,《南米》mucama *f.* ‖ 彼の家にはメイドがいる Él tiene una sirvienta en casa.
◨メイドカフェ café *m.* de sirvientas, *maid*

café m.

めいとう 名刀 （有名な刀）「espada f. [sable m.] célebre, (見事な刀)「espada f. [sable m.] excelente

めいとう 名答 respuesta f.「correcta [acertada] ‖ ご名答です Exactamente. ¦ Eso es.

めいにち 命日 aniversario m. de la muerte 《de》‖ 今日は父の命日だ Hoy es el aniversario de la muerte de mi padre.

めいば 名馬 （有名な馬） caballo m.「célebre [famoso], (優れた馬) caballo m. excelente

めいはく 明白 ‖ 当社が国際競争で敗北したのは明白だ Es obvio que nuestra compañía ha sido derrotada en la competencia internacional.

▶ 明白な claro[ra], evidente, obvio[via], manifiesto[ta], patente ‖ 明白な証拠 prueba f. evidente

▶ 明白に claramente, manifiestamente ‖ 明白に示す mostrar manifiestamente ／ 明白になる ponerse de manifiesto

めいひつ 名筆 （作品）「caligrafía f. [obra f. caligráfica] excelente, （人） calígrafo[fa] mf. excelente

めいひん 名品 （有名な品物） artículo m. famoso, (優れた品物) artículo m. excelente

めいびん 明敏

▶ 明敏な perspicaz, sagaz, agudo[da], penetrante, inteligente ‖ 明敏な頭脳 inteligencia f.「perspicaz [penetrante]

めいふく 冥福

▶ 〜の冥福を祈る「pedir [rezar, orar, rogar] por el descanso (eterno) del alma《de》‖ (故人の)ご冥福を祈ります Que en paz descanse.

めいぶつ 名物 (名産) especialidad f.,「artículo m. [producto m.] típico del lugar

▶ 名物になる ganar (mucha) fama, llegar a ser famoso[sa]

◾ 名物教授 catedrático[ca] mf. famoso[sa]

◾ 名物料理 ‖ この土地の名物料理はなんですか ¿Cuál es el plato típico de este lugar?

めいぶん 名文 prosa f.「bella [excelente]

◾ 名文家 estilista com.

めいぶんか 明文化

▶ 明文化する especificar, escriturar ‖ その違いは条項で明文化されていない La diferencia no está formalizada en el artículo.

めいぼ 名簿 lista f., nómina f., （登録簿） registro m. ‖ 名簿を作る hacer una lista de nombres ／ 私の名前は名簿に載っている Mi nombre figura en la lista.

◾ 会員名簿 lista f. de socios

◾ 名簿順(に) por orden de nombres inscritos en la lista

めいみゃく 命脈 ‖ 命脈を保つ sobrevivir, no estar muerto[ta], seguir vivo[va]

めいめい 命名

▶ 命名する denominar, poner nombre, bautizar ‖ 新しい列車は「はやぶさ」と命名された El nuevo tren ha sido denominado "Hayabusa".

めいめい 銘銘 cada uno[na] ‖ そのパーティーでは、出席者が銘々勝手に飲み食いしていた En la fiesta cada uno de los presentes se servía a discreción.

▶ 銘々の respectivo[va] ‖ 客たちは銘々の部屋で夕食をとった Los huéspedes cenaron en sus respectivas habitaciones.

◾ 銘銘皿 plato m. pequeño

めいめつ 明滅 parpadeo m., titileo m.

▶ 明滅する parpadear, titilar ‖ 明滅する明かり luz f. parpadeante ／ 明滅するネオン letrero m. de neón parpadeante

◾ 明滅信号 semáforo m. intermitente

めいもく 名目 nombre m., (口実) pretexto m. ‖ 調査旅行ということにすれば名目は立つ Decirles que es un viaje de investigación es un buen pretexto. ／ 彼は車を買うという名目で彼女にお金を借りた Él le pidió dinero a ella con la excusa de comprar un coche.

▶ 名目上の nominal

◾ 名目成長率 tasa f. de crecimiento nominal

◾ 名目賃金 sueldo m. nominal

◾ 名目論（唯名論） nominalismo m.

めいもん 名門 (優れた家柄・名家) alto linaje m.,「casa f. [familia f.] ilustre ‖ 彼は名門の出だ Él es de alto linaje.

◾ 名門校 escuela f.「prestigiosa [célebre, famosa]

めいやく 名訳「traducción f. [versión f.] excelente

めいやく 盟約 compromiso m.「firme [formal, solemne] ‖ 盟約を結ぶ contraer un compromiso formal

めいゆう 名優 actor[triz] mf. excelente, gran actor[triz] mf.

めいよ 名誉 honor m., honra f., (名声) fama f. ‖ 名誉の戦死 muerte f. gloriosa en la batalla ／ 名誉を受ける recibir (el) honor ／ 名誉を回復する recuperar el honor ／ 名誉を捨てる renunciar al honor ／ 名誉を傷つける「manchar [mancillar, perjudicar] el honor, deshonrar, manchar la honra ／ 名誉を守るために戦う luchar para「defender [guardar] el honor ／ それは名誉にかかわることだ Es una cuestión de honor. ／ 名誉にかけて誓う dar su palabra de honor, jurar por su honor ／ 今日ここにいられるのは私にとって大変名誉なことです Es un gran honor para mí poder estar aquí hoy.

▶ 名誉ある honorable, honroso[sa], glorioso[sa]

◾ 名誉会員 miembro com.「honorario[ria]

[honorífico[ca]], miembro *com.* de honor
- 名誉会長 presid*ente*[ta] *mf.* 「honor*ario* [ria] [honorífico[ca]], presid*ente*[ta] *mf.* de honor
- 名誉革命 (17世紀英国の) Revolución *f.* Gloriosa
- 名誉毀損 difamación *f.*
- 名誉教授 catedrát*ico*[ca] *mf.* emérit*o*[ta]
- 名誉市民 ciudad*ano*[na] *mf.* 「honor*ario* [ria] [honorífico[ca]]
- 名誉職 cargo *m.* 「honorario [honorífico]
- 名誉博士 doc*tor*[tora] *mf.* honoris causa

めいり 名利 (名声と利益) fama *f.* y 「provecho *m.* [dinero *m.*]

めいりょう 明瞭
▶明瞭な cla*ro*[ra], nítid*o*[da], (明らかな) evidente ‖ 明瞭な事実 hecho *m.* evidente／簡単明瞭な senc*illo*[lla], simple
▶明瞭に claramente, con 「claridad [nitidez] ‖ 明瞭に答える 「contestar [responder] claramente
▶明瞭さ claridad *f.*, nitidez *f.*

めいる 滅入る deprimirse, desanimarse, sentirse sin ánimos ‖ そんなことを考えると気が滅入ってしまう Me deprimo cuando pienso en esas cosas.
▶滅入るような (気の) deprimente

めいれい 命令 orden *f.*, mandato *m.*, instrucciones *fpl.*, (法による) decreto *m.* ‖ 軍の命令で por orden del ejército／命令を出す dar una orden／命令を受ける recibir una orden／命令に従う 「obedecer [seguir] una orden／命令に逆らう desobedecer la orden
▶命令する ordenar, mandar, dar una orden ‖ 船長(男性)は全員甲板に来るように命令した El capitán ordenó que se presentaran todos en la cubierta.
▶命令的な imperati*vo*[va]
▶命令的に imperativamente
- 命令口調 tono *m.* imperativo ‖ 命令口調で言う decir en tono imperativo
- 命令形 imperativo *m.*
- 命令文 oración *f.* 「imperativa [exhortativa]
- 命令法 imperativo *m.*, modo *m.* imperativo

めいろ 迷路 laberinto *m.*, dédalo *m.* ‖ 迷路に入りこむ 「adentrarse [internarse] en un laberinto／迷路から抜け出る 「salir [escapar] de un laberinto

めいろう 明朗
▶明朗な alegre, jovial, (ごまかしのない) honest*o*[ta], limp*io*[pia] ‖ 明朗な青年 joven *m.* alegre
- 明朗会計 cuenta *f.* honrada y transparente

めいわく 迷惑 molestia *f.*, fastidio *m.*, malestar *m.*, (不便) inconveniencia *f.* ‖ 迷惑をかける molestar, causar molestias／迷惑に感じる sentirse molest*o*[ta], sentir fastidio／もしご迷惑でなければ si no es molestia para usted／ご迷惑をおかけしてすみません Disculpe la molestia que le he causado.
▶迷惑な molest*o*[ta] ‖ それは迷惑な話だ Eso es molesto. ¡ Eso es una molestia.
▶迷惑する (迷惑に感じる) sentirse molest*o*[ta] ‖ 私は彼にとても迷惑している Él me molesta mucho.
- ありがた迷惑 favor *m.* no 「solicitado [pedido]
- 迷惑千万 extremadamente molest*o*[ta]
- 迷惑電話 llamada *f.* (telefónica) molesta
- 迷惑メール correo *m.* electrónico no solicitado, correo *m.* basura, 《英語》 *spam m.* ‖ 迷惑メールを削除する eliminar el correo basura

メイン lo principal, lo fundamental
▶メインの principal, fundamental
- メインイベント espectáculo *m.* principal, 《慣用》 plato *m.* fuerte, (競技などの) prueba *f.* reina
- メインストリート calle *f.* principal
- メインディッシュ plato *m.* principal, segundo plato *m.*
- メインテーブル mesa *f.* principal, mesa *f.* de honor ‖ 主賓(男性)をメインテーブルに案内する acompañar a la mesa principal al invitado de honor
- メインバンク banco *m.* principal

めうえ 目上 (立場が上の人) superior *m.*, (年上の人) mayor *com.*, persona *f.* más mayor ‖ 目上の人と敬語で話す hablar con cortesía con los mayores

めうし 雌牛 vaca *f.*

めうつり 目移り
▶目移りする ‖ この店には素敵なドレスがたくさんあって私は目移りしてしまう En esta tienda hay tantos vestidos bonitos que me es difícil decidirme por uno.

メーカー empresa *f.* 「fabricante [manufacturera], fabricante *com.* ‖ 価格についてメーカーに問い合わせる preguntar a la empresa fabricante sobre los precios／自動車メーカー fabricante *com.* de automóviles 《男性形での使用が多い》
- メーカー品 artículo *m.* de marca

メーキャップ ⇒メイク

メーター contador *m.*, 《中南米》 medidor *m.*, (長さの単位) metro *m.* (略 m) ‖ 電気のメーター contador *m.* de electricidad／タクシーのメーター taxímetro *m.*
- パーキングメーター parquímetro *m.*

メーデー Día *m.* del Trabajo

メートル metro *m.* (略 m) ‖ 30メートルの距

離 distancia *f.* de 30 metros
◪平方メートル metro *m.* cuadrado (略 m^2)
◪メートル法 sistema *m.* métrico
メープルシロップ [jarabe *m.* [sirope *m.*] de arce
メーラー 《IT》programa *m.* de correo electrónico, cliente *m.* de correo electrónico
メーリングリスト 《IT》lista *f.* de「correo electrónico [distribución]‖メーリングリストを開設する crear una lista de correo electrónico
メール 《IT》correo *m.* electrónico ⇒でんし(→電子メール)‖メールを書く escribir un correo electrónico ／ メールを受信する recibir un correo electrónico ／ メールを送信する enviar un correo electrónico
▶メールする「enviar [escribir] un correo electrónico
◪メールアカウント cuenta *f.* de correo electrónico
◪メールアドレス dirección *f.* de correo electrónico
◪メールサーバー servidor *m.* de correo (electrónico)
◪メール受信 recepción *f.* de correos electrónicos
◪メール送信 envío *m.* de correos electrónicos
◪メールソフト programa *m.* de correo electrónico
◪メールボックス buzón *m.*
◪メールマガジン revista *f.* electrónica, boletín *m.* informativo electrónico

──────────────
　　メールの表現
──────────────

添付ファイル archivo *m.* adjunto ／ 新規メールを作成する crear un nuevo mensaje ／ 個別にメールを送信する enviar un correo electrónico individualmente 《a》 ／ 一斉にメールを送信する enviar un correo electrónico simultáneamente 《a》 ／ メールに返信する responder a un correo electrónico ／ 全員にメールを返信する responder a todos ／ 送信箱 bandeja *f.* de salida ／ 受信箱 bandeja *f.* de entrada ／ 履歴付きで送信する enviar un correo electrónico con el texto del mensaje original ／ 添付ファイル付きで送信する enviar un correo electrónico con un archivo adjunto ／ HTML(インターネット形式)で送信する enviar un correo electrónico en el formato HTML ／ メールを削除する eliminar un correo electrónico ／ メールを転送する「reenviar [reexpedir] el correo a otra persona ／ メールをフォルダに分けて整理する organizar los mensajes de correo en carpetas ／ メールソフトがうまく作動しない El programa de correo electrónico no funciona bien. ／ 私は迷惑メールで困っている Los correos basura(s) me dan muchos problemas. ／ 迷惑メール対策のソフトを入れる instalar un programa *antispam*

──────────────
■■■ メールのやりとり ■■■
──────────────

‖よく使う表現
●メールがまだ届いていません Todavía no me ha llegado el correo.
●用件をメールでお送りください Envíeme el asunto por correo.
●このメールに返信してください Responda a este correo, por favor.
●データを添付ファイルで送ってください Envíeme los datos en el archivo adjunto.
●Ccで私にもメールをください Envíeme una copia del mensaje a mí también.
●メールアドレスを教えてください ¿Podría darme su dirección de correo?
●メールアドレスが間違っています La dirección (de correo) está equivocada.
●メールアドレスを変更しました He cambiado mi dirección de correo.
●添付ファイルが開けません No se puede abrir el archivo adjunto.
●メールの本文が文字化けして読めません No se puede leer el texto que se ha transformado en signos ilegibles.
●前のバージョンでファイルを送ってみてください ¿Podría enviarme el archivo en el formato anterior?
●テキストファイルにしてお送りください ¿Podría enviármelo como archivo de texto?

メーン ⇒メイン
めおと 夫婦 matrimonio *m.*, pareja *f.* casada
◪夫婦茶碗 (湯呑み) (説明訳) juego *m.* de una taza de té grande y otra pequeña para un matrimonio
めかくし 目隠し (布) venda *f.*‖これらの木は目隠しになる Estos árboles sirven para tapar.
▶目隠し(を)する「vendar [tapar] los ojos a ALGUIEN
◪目隠し鬼 (子供の遊び) gallina *f.* ciega
めかけ 妾 amante *f.*
めがける 目掛ける apuntar 《a, hacia》‖入口を目掛けて人々が殺到した La gente se agolpó a la entrada. ／ ゴール目掛けてシュートする disparar a portería
めがしら 目頭 lagrimal *m.*‖彼の話に感動

めかす して目頭が熱くなった Su historia fue tan conmovedora que se me humedecieron los ojos.

めかす vestir con elegancia, acicalarse, ponerse elegante ‖ めかしこむ engalanarse, (慣用)ponerse de punta en blanco

めかた 目方 peso *m.* ⇒おもさ(重さ)‖目方を量る pesar ／目方で売る vender ALGO 「por [al] peso

メカトロニクス mecatrónica *f.*, ingeniería *f.* mecatrónica

メカニズム mecanismo *m.*, mecánica *f.* ‖ 自動車の眼鏡の度数graduación *f.* de las gafas「mecanismo *m.* [mecánica *f.*] del automóvil ／流通のメカニズム mecanismo *m.* de (la) distribución

メカニック (機械工) mecánico[ca] *mf.*
▶メカニックな mecánico[ca]

めがね 眼鏡 gafas *fpl.*, 《中南米》anteojos *mpl.* ‖ 眼鏡の度数 graduación *f.* de las gafas ／度の強い眼鏡 gafas *fpl.* de muchas dioptrías ／度の弱い眼鏡 gafas *fpl.* de pocas dioptrías ／眼鏡のつる patilla *f.* ／眼鏡のフレーム montura *f.* ／鍋を開けると眼鏡が曇った Se me empañaron las gafas al abrir la olla. ／眼鏡をかける ponerse las gafas ／眼鏡をかけている人 persona *f.* con gafas ／眼鏡を外す quitarse las gafas ／眼鏡を拭く limpiar las gafas ／目にあった眼鏡 gafas *fpl.* graduadas ／眼鏡の具合はどうですか ¿Cómo le sientan las gafas?
(慣用)眼鏡が狂う equivocarse
(慣用)眼鏡にかなう ganarse la confianza de ALGUIEN
◩眼鏡入れ funda *f.* de gafas, (車の運転席などの)portagafas *m.*[=*pl.*]
◩眼鏡店 óptica *f.*

━━━━ いろいろな眼鏡 ━━━━
縁なし眼鏡 gafas *fpl.* sin montura ／鼻眼鏡 quevedos *mpl.* ／片眼鏡 monóculo *m.* ／近視用眼鏡 gafas *fpl.* de miope ／遠視用眼鏡 gafas *fpl.* para hipermetropía ／遠近両用眼鏡 gafas *fpl.* bifocales ／乱視用眼鏡 gafas *fpl.* para astigmatismo ／老眼鏡 gafas *fpl.* para présbita [vista cansada] ／水中眼鏡 gafas *fpl.*「submarinas [acuáticas] ／伊達眼鏡 gafas *fpl.* sin graduar ／金縁眼鏡 gafas *fpl.* con montura de oro ／色眼鏡 gafas *fpl.* de color, (サングラス)gafas *fpl.* de sol,《中南米》anteojos *mpl.* de sol ／虫眼鏡 lupa *f.*

メガバイト《IT》*megabyte m.* (略 MB), megaocteto *m.*
メガバンク banco *m.* gigantesco

メガビット《IT》megabitio *m.*, megabit *m.* (略 Mbit, Mb)
メガヘルツ megahercio *m.* (略 MHz)
メガホン megáfono *m.* ‖ メガホンを取る(映画を監督する) dirigir una película
めがみ 女神 diosa *f.* ‖ 自由の女神(米国の) Estatua *f.* de la Libertad ／私は幸運の女神に見放された Me abandonó la suerte.
メガロポリス megalópolis *f.*[=*pl.*]
めきき 目利き valoración *f.*, peritaje *m.*, (人) per*ito*[*ta*] *mf.*, conoce*dor*[*dora*] *mf.*
▶目利きをする valorar, peritar
メキシコ México
▶メキシコの mexica*no*[*na*]
◩メキシコ人 mexica*no*[*na*] *mf.*
◩メキシコシティ México D.F.

めきめき
▶めきめき(と) notablemente, considerablemente, a grandes pasos, (目に見えて明らかに)visiblemente, a ojos vistas ‖ めきめき(と)上達する hacer grandes progresos, progresar notablemente

めキャベツ 芽キャベツ col *f.* de Bruselas
めくじら 目くじら
(慣用)目くじらを立てる reprochar, criticar ‖ 目くじらを立てるほどのことでもない No es para ponerse así.

めぐすり 目薬 colirio *m.*, gotas *fpl.* para los ojos ‖ 目薬をさす「ponerse [echarse] colirio

めくばせ 目配せ guiño *m.*
▶目配せする guiñar (el ojo), hacer un guiño
めくばり 目配り atención *f.*, vigilancia *f.*
▶目配りする(慣用)estar en todo
めぐまれる 恵まれる (才能に) estar dota*do*[*da*]《de》‖ 健康に恵まれる gozar de buena salud ／私たちは天候に恵まれた El tiempo nos ha favorecido. ／その国は天然資源に恵まれている Ese país es rico en recursos naturales.
▶恵まれた favoreci*do*[*da*] ‖ 恵まれた家庭 familia *f.*「acomodada [rica, feliz] ／恵まれない人々 gente *f.*「desfavorecida [poco favorecida] ／恵まれた才能「mucho [abundante] talento *m.* ／自然に恵まれた地域 región *f.* rica en naturaleza
めぐみ 恵み favor *m.*, beneficio *m.*, gracia *f.* ‖ 恵みの雨 lluvia *f.* benéfica ／自然の恵み「beneficios *mpl.* [regalos *mpl.*] de la naturaleza ／神の恵み「gracia *f.* [bendición *f.*, merced *f.*] de Dios ／恵みを与える/恵みをもたらす beneficiar, hacer beneficios《a》／恵みを受ける recibir beneficios
めぐむ 芽ぐむ brotar, echar brotes, germinar ‖ 柳が芽ぐむ Brotan los sauces.
めぐむ 恵む dar limosna, dar ALGO por caridad ‖ 金を恵む dar dinero (por caridad)

めぐらす 巡らす (囲む) cercar, rodear ‖ 庭に柵をめぐらす cercar el jardín con una valla, rodear el jardín con una cerca ／ 策略をめぐらす urdir una estratagema ／ 計画をめぐらす「elaborar [idear] un plan

めぐり 巡り gira *f*., 《フランス語》 *tour m*., (循環) circulación *f*. ‖ 名所旧跡めぐり gira *f*. por los lugares famosos y de interés histórico ／ 血の巡りを良くする体操 ejercicio *m*. para mejorar la circulación sanguínea
[慣用]巡り巡って ‖ その本は巡り巡って私のところに戻ってきた Ese libro volvió a mí después de haber pasado de mano en mano.

めぐりあい 巡り合い encuentro *m*. 「inesperado [casual]

めぐりあう 巡り合う/巡り会う (偶然会う) encontrarse《con》, (再会する) reencontrarse《con》‖ 私は大学で私の妻に巡り会った Conocí a mujer en la universidad. ／ 本に巡り合う「encontrarse con [descubrir] un libro

めぐりあわせ 巡り合わせ destino *m*., suerte *f*. ‖ 皮肉な巡り合わせで por ironías del destino ／ 不思議な巡り合わせで por azar del destino, por (extraña) casualidad

めくる 捲る (ページを) pasar, (裏返す) dar la vuelta《a》, (剝がす) arrancar ‖ ページをめくる dar (la) vuelta a la página, pasar la página ／ アルバムをめくる hojear un álbum ／ カレンダーをめくる pasar la hoja del calendario

めぐる 巡る/回る/廻る girar, (周りを囲む) rodear, (巡回・循環する) circular ‖ 国の各地を巡る recorrer el país ／ 遺産を巡って争う disputar por la herencia ／ 季節が巡る Se repiten las estaciones.

めげる desanimarse, perder el ánimo, desalentarse ‖ めげている estar sin ánimo, estar b*ajo*[*ja*] de ánimo ／ 彼は失敗にめげず努力を続けている Él sigue haciendo esfuerzos pese a su fracaso.

めさき 目先 ‖ ある友人(男性)の顔が目先にちらつく Se me aparece la cara de un amigo. ／ 目先のことにこだわる preocuparse por lo inmediato
[慣用]目先が利く ser previs*or*[*sora*]
[慣用]目先の変わった ‖ 目先の変わった製品 producto *m*. novedoso
[慣用]目先を変える renovar la apariencia

めざし 目刺し pincho *m*. de sardinas secas ‖ 目刺しを焼く asar a la parrilla pinchos de sardinas secas

めざす 目指す/目差す (行く) dirigirse《a, hacia》, ir《a, hacia》, (目標にする) tener por objetivo『+不定詞』‖ ゴールを目指す pretender alcanzar la meta ／ 彼女は弁護士を目指している Ella aspira a ser abogada.

めざとい 目ざとい
▶目ざとく ‖ 目ざとく見つける「encontrar [descubrir] ALGO de un vistazo

めざまし 目覚まし (時計) despertador *m*. ‖ 私の目覚ましは5時に鳴る Mi despertador suena a las cinco. ／ 目覚ましを6時にかける poner el despertador a las seis ／ 目覚ましの音で起きる despertarse por el sonido del despertador ／ 目覚ましを止める parar el despertador
▣目覚まし時計 despertador *m*.

めざましい 目覚ましい (著しい) notable, espectacular, (驚くべき) sorprendente, (印象的な) impresionante ‖ 目覚ましい技術の進歩 espectacular avance *m*. tecnológico
▶目覚ましく notablemente, de manera sorprendente

めざめ 目覚め despertar *m*. ‖ 性の目覚め despertar *m*. de la sexualidad ／ 良心の目覚め despertar *m*. de la conciencia ／ 目覚めが早い despertarse temprano

めざめる 目覚める despertarse ‖ 深い眠りから目覚める despertarse de un sueño profundo ／ 現実に目覚める tener conciencia de la realidad ／ 私はドン・キホーテを読んで文学に目覚めた El Quijote me despertó el interés por la literatura.

めされる 召される
[慣用]天に召される fallecer, subir al cielo,《慣用》pasar a mejor vida

めざわり 目障り estorbo *m*., molestia *f*. ‖ あの建物が目障りだ Ese edificio tapa la vista.
▶目障りな ‖ 目障りな看板 letrero *m*. molesto ／ 目障りな奴だ Ese tipo es una molestia.

めし 飯 (ご飯) arroz *m*. 「blanco [cocido], (食事) comida *f*. ‖ そら飯だ Es la hora de comer! ¦ ¡A comer! ／ 飯を炊く cocer arroz ／ 飯の支度をする preparar la comida
[慣用]飯の食い上げ ‖ 私は飯の食い上げだ Me voy a quedar sin trabajo.
[慣用]飯の種 medio *m*. de vida
[慣用]飯を食う comer, (生計を立てる) ganarse la vida ‖ 彼は作家では飯が食えない Él no puede ganarse la vida como escritor.
▣飯粒 grano *m*. de arroz cocido

メシア mesías *m*.[=*pl*.], (イエス・キリスト) el Mesías

めしあがる 召し上がる tomar, (食べる) comer, (飲む) beber ‖ どうぞデザートを召し上がってください Sírvase el postre, por favor. ／ 何を召し上がりますか ¿Qué va a tomar usted?

めした 目下 (立場が下の人) inferior *com*., subordina*do*[*da*] *mf*., subalter*no*[*na*] *mf*., (年下の人) persona *f*. más joven

めしつかい 召使い cria*do*[*da*] *mf*., sirvien-

te[*ta*] *mf.* ‖ 召使いを呼ぶ llamar「al criado [a la criada]

めしべ 雌蕊　pistilo *m.*, (雌ずい群) gineceo *m.*

メジャー　(巻尺) cinta *f.* métrica, (長音階) modo *m.* mayor

▶ メジャーな fam*oso*[*sa*], grande, importante ‖ 私の息子はメジャーな企業に入った Mi hijo ingresó en una empresa importante.

◪ 石油メジャー (国際石油資本) Siete Hermanas *fpl.*

◪ メジャーカップ jarra *f.* medidora, vaso *m.* medidor

◪ メジャーリーグ (野球の) Grandes Ligas *fpl.* de béisbol, Ligas *fpl.* Mayores de béisbol

めじり 目尻　rabillo *m.* del ojo ‖ 目尻のしわ patas *fpl.* de gallo

慣用 目尻を下げる (うれしい表情をする) poner cara de「alegría [pascua(s)]

めじるし 目印　(印) señal *f.*, marca *f.*, (目標となる物) punto *m.* de referencia ‖ 目印をつける poner una señal, marcar

めじろ 目白　(鳥類) ojiblanco *m.* (japonés) (雄・雌)

めじろおし 目白押し ‖ 新企画が目白押しだ Hay un「mar [montón] de planes nuevos.

めす 雌/牝　hembra *f.*

▶ 雌の ‖ 雌のパンダ panda *m.* hembra ／ 2匹の雌の亀 dos tortugas *fpl.* hembra

◪ 雌犬 perra *f.*

めす 召す　(着る) ponerse ‖ お年を召した方 persona *f.* mayor ／ このコートはお気に召しましたか ¿Le ha gustado este abrigo?

メス　(医学) bisturí *m.*, escalpelo *m.*

慣用 メスを入れる meter el bisturí《en》, (思い切った手段をとる) tomar medidas drásticas ‖ 私たちは支出にメスを入れなければならない Tenemos que meter el bisturí en los gastos.

◪ 電気メス bisturí *m.* eléctrico

◪ レーザーメス bisturí *m.* láser

めずらしい 珍しい　ra*ro*[*ra*], poco común, (例外的な) excepcional ‖ 珍しい名前 nombre *m.* poco común ／ 珍しい雪 nevada *f.* excepcional ／ 珍しい客 visitante *com.* inespera*do*[*da*] ／ 珍しそうに見る mirar ALGO con curiosidad

▶ 珍しく ‖ 今日は珍しく早起きした Me he levantado temprano hoy, cosa que no hago normalmente.

メセナ　(活動) mecenazgo *m.*, (人) mecenas *m.*[*=pl.*]

メゾソプラノ　(声) mezzosoprano *f.*, (人) *mezzosoprano com.*

メゾネット　dúplex *m.*[*=pl.*]

めそめそ

▶ めそめそする lloriquear, gimotear

めだか 目高　pez *m. killi*, pez *m.* del arroz *m.*, *medaka f.*

めだしぼう 目出し帽　pasamontañas *m.*[*=pl.*]

めだつ 目立つ　llamar la atención, 《〜で》distinguirse《por》, hacerse notar《por》‖ 目立つ色 color *m.* llamativo ／ 目立たないように sin llamar la atención ／ 彼は目立つのが好きだ A él le gusta ser el blanco de todas las miradas. ¦ A él le gusta figurar.

▶ 目立った notable ‖ 目立った働きをする hacer un trabajo extraordinario, contribuir notablemente

めたて 目立て ‖ のこぎりの目立てをする triscar la sierra

メタノール　metanol *m.*

メタファー　(隠喩) metáfora *f.*

メタボ ‖ メタボになる tener el síndrome metabólico

メタボリックしょうこうぐん メタボリック症候群　síndrome *m.* metabólico

めだま 目玉　《解剖》globo *m.* ocular ‖ 大きな目玉 ojos *mpl.* grandes

慣用 目玉が飛び出る ⇒めのたま (目の玉)

◪ 目玉商品 artículo *m.* rebajado

◪ 目玉焼き huevo *m.* frito

メダリスト　medallista *com.*

◪ 金メダリスト medallista *com.* de oro

メダル　medalla *f.* ‖ メダルを取る「obtener [ganar] una medalla ／ メダルを逃す perder una medalla

◪ 金メダル medalla *f.* de oro

◪ 銀メダル medalla *f.* de plata

◪ 銅メダル medalla *f.* de bronce

メタン　《化学》metano *m.*

◪ メタンガス metano *m.*, gas *m.* metano

◪ メタンハイドレード hidrato *m.* de metano

めちゃくちゃ 滅茶苦茶 ‖ 君のせいでパーティーはめちゃくちゃだった La fiesta ha resultado un desastre por tu culpa. ／ あいつは言うことがめちゃくちゃだ Lo que dice ese no tiene ningún sentido. ／ ホールの中はめちゃくちゃだ Hay un desorden total en la sala. ／ めちゃくちゃおもしろい映画だよ Es una película superinteresante.

▶ めちゃくちゃな (道理に合わない) absur*do*[*da*], (つじつまの合わない) incongruente, (無鉄砲な) temera*rio*[*ria*] ‖ めちゃくちゃなことを言う decir un disparate

▶ めちゃくちゃに indiscriminadamente, al azar ‖ めちゃくちゃに壊す destrozar, hacer migas

めちゃめちゃ 滅茶滅茶 ‖ 計画がめちゃめちゃになって The plan ha vuelto un desastre.

メチルアルコール　《化学》alcohol *m.* metílico, metanol *m.*

メッカ　La Meca, (中心地) meca *f.* ‖ ブエノスアイレスはタンゴのメッカだ Buenos Aires

es la meca del tango.
めっき 鍍金　chapeado *m.*, baño *m.*
▶めっきをする　chapar, bañar, (電気めっきをする) galvanizar
[慣用] めっきが剥げる《慣用》quitarse la careta
◨ 金めっき　baño *m.* de oro ‖ 金めっきの指輪 sortija *f.* bañada en oro
◨ 銀めっき　baño *m.* de plata
めつき 目つき　mirada *f.* ‖ あの人は目つきが悪い Ese hombre tiene una mirada amenazante. ／ 詮索するような目つきで見る dirigir una mirada escrutadora
めっきり　notablemente, claramente, considerablemente, bastante ‖ めっきり年をとる envejecer mucho ／ めっきり涼しくなる Ya se nota mucho que ha empezado a hacer fresco.
めっきん 滅菌　esterilización *f.*
▶滅菌する　esterilizar
◨ 乾熱滅菌　esterilización *f.* por calor seco
◨ 滅菌ガーゼ　gasa *f.* esterilizada
メッセージ　mensaje *m.* ‖ メッセージを伝える transmitir el mensaje ／ メッセージを送る enviar un mensaje ／ 留守番電話にメッセージを残す dejar un mensaje en el contestador automático
◨ エラーメッセージ　mensaje *m.* de error
メッセンジャー　mensaje*ro*[*ra*] *mf.*
めっそう 滅相 ‖ 滅相もない ¡Ni hablar!
めった 滅多
▶めったな ‖ めったなことを言ってはならない Hay que tener mucho cuidado con lo que dices.
▶めったに ‖ めったにないチャンスだ Es una oportunidad única. ／ 仕事で海外に行けることはめったにない No es cosa de todos los días poder ir al extranjero por motivos de trabajo. ／ 彼はめったに遅刻しない Él raramente llega tarde. ／ 彼女はめったに来ない Apenas la viene. ¡ Ella no viene apenas.
◨ めった打ち ‖ 彼はめった打ちにされた Le dieron a él una tunda de golpes.
めっぽう 滅法　terriblemente, sorprendentemente ‖ 滅法強い terriblemente fuerte ／ 今日は滅法寒い Hoy hace un frío que pela.
めつぼう 滅亡　caída *f.*, hundimiento *m.* ‖ インカ帝国の滅亡 caída *f.* del Imperio incaico ／ 滅亡の道をたどる caminar hacia el hundimiento
▶滅亡する　destruirse, caer
メディア　medios *mpl.* de comunicación ‖ メディアに乗る salir en la prensa ／ メディアを利用する utilizar los medios de comunicación
◨ マスメディア　medios *mpl.* de comunicación (de masas)
◨ メディアリテラシー　alfabetización *f.* mediática
めでたい 目出度い　feliz ‖ めでたい出来事 feliz acontecimiento *m.* ／ おめでたい人 sim*plón*[*plona*] *mf.*
▶めでたく ‖ めでたく解決する solucionar ALGO felizmente
[慣用] めでたしめでたし (物語の最後の表現) Y colorín colorado este cuento se ha acabado. ‖ すべてうまく行ってめでたしめでたしだ Todo ha salido bien, así que es un final feliz.
めでる 愛でる　(愛する) amar, (賞賛する) admirar, apreciar ‖ 花を愛でる admirar las flores
めど 目処　(見通し) perspectiva *f.*, (目標) objetivo *m.* ‖ 年末をめどに工事を完了させる terminar las obras antes de fin de año
[慣用] めどが立つ／めどがつく ‖ プロジェクトの資金調達のめどがついた Tenemos perspectivas de reunir fondos para el proyecto.
めとる 娶る ‖ 妻を娶る casarse con una mujer,《慣用》tomar mujer
メドレー　《音楽》popurrí *m.* ‖ メドレーで歌う cantar un popurrí《de》
◨ 400メートル個人メドレー《競泳》400 metros *mpl.* estilos individuales
◨ メドレーリレー《競泳》relevo *m.* de estilos
メトロノーム　metrónomo *m.* ‖ 速度をメトロノームに合わせる regular la velocidad con el metrónomo
メトロポリス　metrópoli *f.*
メニエールびょう メニエール病　「síndrome *m.* [enfermedad *f.*] de Meniere
メニュー　carta *f.*, (献立) menú *m.*, (トレーニングなどの) programa *m.* ‖ 夕食のメニュー menú *m.* para cenar ／ 日本語のメニューはありますか ¿Tiene carta en japonés? ／ トレーニングのメニューを組む hacer un programa de entrenamiento

メニュー

メヌエット 《音楽》minué *m.*, minueto *m.*

めぬき 目抜き
◪目抜き通り calle *f.*「principal [central]

めのう 瑪瑙 ágata *f.*

めのこざん 目の子算（暗算）cálculo *m.* mental, （概算）cálculo *m.* aproximado

めのたま 目の玉 globo *m.* ocular
慣用 目の玉が飛び出る‖目の玉が飛び出るほど高い costar un ojo de la cara, tener un precio desorbitado
慣用 目の玉の黒いうち‖私の目の玉の黒いうちは mientras yo esté vi*vo*[*va*]

めのまえ 目の前
▶目の前で/目の前に en *su* presencia, delante de *sus* ojos, ante *sus* (propios) ojos, en *su* cara,《話》delante de *sus* narices‖見知らぬ男が私の目の前に現れた Apareció delante de mí un hombre desconocido. ／ 駅はすぐ目の前にある La estación está justo delante. ／ 目の前で交通事故があった Hubo un accidente de tráfico ante mis ojos. ／ 試験はもう目の前に迫っている El examen está「a la vuelta de la esquina [al caer].
慣用 目の前が真っ暗になる perder todas las esperanzas, quedarse「desconcerta*do*[*da*] [turba*do*[*da*], desorienta*do*[*da*]]

めばえ 芽生え brote *m.*, （誕生）nacimiento *m.*‖芽生えの季節 época *f.* en que brotan las plantas ／ 恋の芽生え「nacimiento *m.* [despertar *m.*] del amor

めばえる 芽生える nacer, brotar‖草木が芽生える Las plantas brotan. ／ 彼らの間に友情が芽生えた Una amistad nació entre ellos.

めはし 目端
慣用 目端が利く ⇒きてん（機転）

めはな 目鼻 ⇒めはなだち（目鼻立ち）
慣用 目鼻がつく tomar forma‖辞書の刊行にようやく目鼻がついた Por fin ha empezado a tomar forma la publicación del diccionario.
慣用 目鼻をつける dar forma《a》‖その計画の目鼻をつける dar forma al proyecto

めばな 雌花 flor *f.*「femenina [pistilada]

めはなだち 目鼻立ち facciones *fpl.*, rasgos *mpl.*‖目鼻立ちが整った顔 cara *f.* bonita, facciones *fpl.* bonitas ／ 彼女は目鼻立ちがはっきりしている Ella tiene rasgos bien definidos.

めばり 目張り/目貼り burlete *m.*, （アイライン）delineador *m.* de ojos‖目張りをする poner burletes《en》, （目に）delinear los ojos

めぶく 芽吹く brotar, echar brotes, germinar

めぶんりょう 目分量 medición *f.* a ojo (de buen cubero)‖目分量で砂糖を入れる echar azúcar a ojo

めべり 目減り pérdida *f.*, merma *f.*
▶目減りする mermar, disminuir‖インフレで私の貯蓄が目減りした Por la inflación ha disminuido el valor relativo de mis ahorros.

めぼし 目星‖窃盗犯の目星をつける encontrar al posible autor del robo

めぼしい importante, （価値のある）valio*so*[*sa*]‖めぼしい品（価値のある）artículo *m.* de valor ／ 彼はめぼしい働きはしていない Él no hizo nada importante.

めまい 目眩/眩暈 vértigo *m.*, vahído *m.*, mareo *m.*
▶めまいがする「tener [sentir] vértigo, marearse

めまぐるしい 目まぐるしい vertigino*so*[*sa*]‖目まぐるしい変化 vertiginosos cambios *mpl.* ／ 目まぐるしいスピード velocidad *f.* vertiginosa
▶目まぐるしく con velocidad vertiginosa, vertiginosamente

めめしい 女々しい afemina*do*[*da*], mujeril, poco「viril [varonil]‖めめしい振る舞い comportamiento *m.* afeminado

メモ nota *f.*, apunte *m.*‖メモを取る tomar 「notas [apuntes]
▶メモする tomar nota《de》, apuntar, anotar‖スピーチの要点をメモする apuntar lo esencial del discurso
◪メモ帳「libreta *f.* [bloc *m.*, cuaderno *m.*] de notas
◪メモ用紙 papel *m.* de「notas [apuntes]

めもと 目元/目許‖目元が涼しい人 persona *f.* con ojos claros

めもり 目盛り graduación *f.*, escala *f.*‖目盛りをつける graduar ／ 目盛りのついたカップ taza *f.* graduada ／ 目盛りを読む leer la escala

メモリ 《IT》memoria *f.*‖メモリを増やす aumentar la memoria ／ 私のパソコンはメモリが足りない A mi PC le falta memoria.
◪メモリカード tarjeta *f.* de memoria
◪メモリスティック memoria *f.*,《英語》*memory stick m.*
◪メモリ容量 capacidad *f.* de memoria

メモリ

仮想メモリ memoria *f.* virtual ／ キャッシュメモリ memoria *f.* caché, caché *f.* ／ ランダムアクセスメモリ memoria *f.* de acceso aleatorio, memoria *f.* RAM ／ 読み出し専用メモリ memoria *f.* de solo lectura, memoria *f.* ROM ／ 揮発性メモリ memoria *f.* volátil ／ 不揮発性メモリ memoria *f.* no volátil ／ フラッシュメモリ memoria *f. flash* / USBメモリ memoria *f.* USB, lápiz *m.* USB

めやす 目安 (見当) idea *f.* aproximada, (目標) objetivo *m.*, meta *f.* ‖判断の目安になる servir de punto de referencia para juzgar ［慣用］目安をつける formar una idea aproximada

めやに 目脂 legaña *f.* ‖目やにの多い目 ojos *mpl.* legañosos / 私は目やにが出る Me salen legañas.

メラニン melanina *f.*
▣メラニン色素 melanina *f.*

メラミン 《化学》melamina *f.*
▣メラミン樹脂 resina *f.* de melamina

めらめら
▶めらめらと‖めらめらと燃える llamear, (格式語) flamear

メリーゴーラウンド tiovivo *m.*, carrusel *m.*, caballitos *mpl.* ‖メリーゴーラウンドに乗る subir al tiovivo

メリケンこ メリケン粉 harina *f.* (de trigo)

めりこむ 減り込む hundirse 《en》‖足が雪にめり込んだ Mis pies se han hundido en la nieve.

メリット ventaja *f.* ‖メリットがある tener ventajas

めりはり (リズム) ritmo *m.*, (変化) variación *f.* ‖生活にめりはりを付ける variar la vida / めりはりの利いた文章 texto *m.* con ritmo

めりめり‖地震でめりめり音を立てて家が崩れた Por el terremoto se derrumbó la casa produciendo crujidos.

メリヤス tejido *m.* de punto

メリンス 《服飾》muselina *f.*

メルとも メル友 ami*go*[*ga*] *mf.* de *e-mail* ‖メル友になる hacerse ami*go*[*ga*] de *e-mail*

メルヘン cuento *m.* de hadas, fábula *f.*
▶メルヘンの/メルヘンチックな soña*dor*[*dora*], inocente, cándi*do*[*da*]

メルマガ ⇒メール(⇒メールマガジン)

メルルーサ 《魚類》merluza *f.*

メレンゲ 《菓子》《音楽》merengue *m.*

メロディー melodía *f.*

メロドラマ melodrama *m.*, (テレビの) telenovela *f.*, 《主にスペイン》(軽蔑的に) culebrón *m.*

めろめろ‖彼は孫たちにめろめろだ A él se le cae la baba con sus nietos. / 彼は酔っててめろめろだ Él está completamente borracho.

メロン melón *m.*

めん 面 cara *f.*, (お面) máscara *f.*, (表面) superficie *f.*, (領域) ámbito *m.* ‖さいころの6つの面 seis caras *fpl.* de un dado / 防具の面 (剣道などの) protector *m.* de la cabeza / 2面のテニスコート dos「canchas *fpl.* [pistas *fpl.*] de tenis / 新聞の第2面 segunda pági-

メロン

na *f.* del periódico / 栄養の面では en cuanto al valor nutritivo, desde el punto de vista nutritivo / 物事の良い面を探す buscar el lado bueno de las cosas / あらゆる面で en todos los aspectos

［慣用］面が割れる ser identifica*do*[*da*] ‖彼は面が割れている ［慣用］Él está fichado.

［慣用］面と向かって‖面と向かってはっきり言う ［慣用］decir ALGO a la cara 《a》, ［慣用］cantar las cuarenta 《a》

［慣用］面を打つ (能面を作る) fabricar una máscara de *noh*

［慣用］面をかぶる ponerse una máscara

［慣用］面を取る (剣道で) golpear en la frente del adversario, (丸みを付ける) redondear

めん 綿 algodón *m.* ‖綿100パーセントのワイシャツ camisa *f.* de algodón 100% (cien por cien) / 綿を摘む recoger algodón
▣綿織物 tela *f.* de algodón
▣綿製品 producto *m.* de algodón
▣綿素材 material *m.* de algodón

めん 麺 fideos *mpl.* ‖麺をゆでる cocinar fideos / 麺がゆですぎて柔らかくなってしまった Los fideos han quedado demasiado blandos.

めんえき 免疫 inmunidad *f.*
▶免疫がある tener inmunidad 《a, contra》, estar inmune 《a》
▶免疫ができる estar inmuniza*do*[*da*] 《contra》
▣免疫学 inmunología *f.*
▣免疫体 anticuerpo *m.*
▣免疫不全 inmunodeficiencia *f.*

めんか 綿花 algodón *m.* en rama
▣綿花栽培 cultivo *m.* de algodón
▣綿花畑 campo *m.* de algodón

めんかい 面会 visita *f.* ‖面会を求める「solicitar [pedir] una entrevista 《a》
▶面会する tener una entrevista 《con》, (会う) ver, (病人と) visitar
▣面会時間「horario *m.* [hora *f.*] de visita
▣面会謝絶 《掲示》No se admiten visitas

めんきょ 免許 licencia *f.*, carné *m.*, permi-

so *m*., (免状) diploma *m*., título *m*. ‖ 医者の免許 licencia *f*. para ejercer la medicina / 免許を取る「sacar [obtener] el carné, (免状を) obtener el「título [diploma] / 免許を停止する suspender「el carné [la licencia]
◨ 免許証 (車の)「carné *m*. [licencia *f*.] de conducir, permiso *m*. de conducción ‖ 免許証を更新する renovar el carné de conducir
◨ 免許停止 (車の) suspensión *f*. del carné de conducir

めんくい 面食い ‖ ホセは面食いだ A José le gustan las chicas guapas.

めんくらう 面食らう desconcertarse, quedarse perplej*o*[*ja*] ‖ 突然の彼の訪問に私は面食らった Su visita inesperada me pilló「desprevenid*o*[*da*] [de sorpresa].

めんざい 免罪 absolución *f*., remisión *f*.
◨ 免罪符 indulgencia *f*.

めんしき 面識 ‖ 面識がある conocer / 彼とは一面識もない No lo conozco de nada.

めんじょ 免除 exención *f*., (税金などの) franquicia *f*.
▶ 免除する「dispensar [eximir, excusar] a ALGUIEN《de》‖ 納税を免除されている estar exent*o*[*ta*] del pago de impuesto

めんじょう 免状 (卒業の) diploma *m*., título *m*., (証明書) certificado *m*. ‖ 免状をもらう obtener el「diploma [título]

めんしょく 免職 destitución *f*., despido *m*.
▶ 免職する destituir, despedir
◨ 懲戒免職処分 destitución *f*. disciplinaria

めんじる 免じる (免除する) dispensar, eximir, (免職にする) destituir, (許す) perdonar
▶ 〜に免じて en consideración《a》, teniendo en cuenta que『+ 直説法』‖ 私に免じてお願いします Hazlo por mí, por favor. / 若きに免じて彼を許してやってください Tenga en cuenta que es muy joven y perdónelo, por favor.

メンス (月経) menstruación *f*., periodo *m*., regla *f*.

めんする 面する dar《a》, mirar《a》‖ 湖に面した部屋 habitación *f*. que da al lago

めんぜい 免税 exención *f*. de impuestos
▶ 免税の「exent*o*[*ta*] [libre] de impuestos ‖ 免税の手続きを教えてください ¿Me podría decir cómo se hacen los trámites de exención de impuestos?
◨ 免税店 tienda *f*. libre de impuestos ‖ この空港内に免税店はありますか ¿Hay tiendas libres de impuestos en este aeropuerto?
◨ 免税品 artículo *m*. libre de impuestos

めんせき 免責 exención *f*. de responsabilidades
◨ 免責条項 cláusula *f*. de exención de responsabilidades
◨ 免責特権 fuero *m*. parlamentario

めんせき 面積 superficie *f*., extensión *f*. ‖ 面積を求める calcular la superficie / 私のマンションの面積は80平方メートルです Mi piso tiene una superficie de 80 metros cuadrados.
◨ 宅地面積 superficie *f*. construible
◨ 床面積 superficie *f*. del suelo

めんせつ 面接 entrevista *f*. ‖ 面接を受ける presentarse en una entrevista, tener una entrevista
▶ 面接する entrevistarse《con》, mantener una entrevista《con》
◨ 面接官 entrevista*dor*[*dora*] *mf*.
◨ 面接試験 examen *m*. oral, entrevista *f*.
◨ 面接者 entrevista*do*[*da*] *mf*.

めんぜん 面前
▶ 面前で ‖ 人の面前で「delante [en presencia] de ALGUIEN / 公衆の面前で en público

めんたいこ 明太子 《日本語》*mentaiko m*., (説明訳) huevas *fpl*. de abadejo marinadas con chile

メンタル
▶ メンタルな mental
◨ メンタルテスト prueba *f*. mental, (知能テスト) prueba *f*. de inteligencia
◨ メンタルトレーニング entrenamiento *m*. mental
◨ メンタルヘルス salud *f*. mental

めんだん 面談 entrevista *f*., charla *f*.
▶ 面談する tener una entrevista《con》

メンチ (挽肉) carne *f*. picada
◨ メンチカツ filete *m*. de carne picada empanado

メンツ 面子 honor *m*., dignidad *f*., orgullo *m*. ‖ メンツを失う perder「la honra [el honor] / メンツを立てる salvar el honor de ALGUIEN / メンツがつぶれる quedar humillad*o*[*da*], quedar desprestigiad*o*[*da*] / メンツにかかわる問題 cuestión *f*. de honor

めんてい 免停 suspensión *f*. del carné de conducir ‖ 彼女は免停になった A ella le suspendieron el carné de conducir.

メンテナンス mantenimiento *m*. ‖ ビルのメンテナンス mantenimiento *m*. del edificio

めんどう 面倒 molestia *f*., fastidio *m*. ‖ 面倒を起こす causar un problema / 面倒を見る cuidar / 面倒を掛ける molestar, causar molestias《a》/ 同じことを何度も繰り返すのは面倒だ Me molesta repetir lo mismo tantas veces. / ご面倒をおかけして申し訳ありませんでした Le pido perdón por las molestias que le he causado.
▶ 面倒な molest*o*[*ta*], difícil ‖ 面倒な問題 problema *m*.「engorroso [fastidioso]

めんどうくさい 面倒臭い engorros*o*[*sa*], fastidios*o*[*sa*] ‖ 面倒くさい計算 cálculo *m*. engorroso
▶ 〜は面倒くさい dar pereza a ALGUIEN ‖ そこまで行くのは面倒くさい Me da pereza ir

hasta allí.
めんとおし 面通し　reconocimiento *m*. en rueda de presos, rueda *f*. de identificación
メントール　mentol *m*.
▶メントール入りの　mentola*do*[*da*]
めんどり 雌鳥/雌鶏　gallina *f*.
メンバー　(構成員) miembro *com*., (会員) so*cio*[*cia*] *mf*., (選手) juga*dor*[*dora*] *mf*. ‖ メンバーになる hacerse miembro／サッカーをするにはメンバーが足りない Nos faltan personas para jugar al fútbol.
◪レギュラーメンバー juga*dor*[*dora*] *mf*. titular
◪メンバーズカード tarjeta *f*. de「miembro [socio]
◪メンバー制‖このチャットはメンバー制です Esta página de chat es solo para miembros registrados.
めんぷ 綿布　tela *f*. de algodón
めんぼう 綿棒　bastoncillo *m*. de algodón
めんぼう 麺棒　《料理》 rodillo *m*.
めんぼく 面目　honor *m*., honra *f*., dignidad *f*., (評判) reputación *f*. ‖ 面目を保つ salvar la cara／面目を一新する mejorar decisivamente *su* reputación
慣用 面目が立つ mantener el honor
慣用 面目がない sentir vergüenza
慣用 面目丸つぶれである perder la「cara [honra]‖これじゃ面目が丸つぶれだ He perdido la honra por completo.
慣用 面目を失う perder「la honra [el honor], humillarse
慣用 面目を施す (評判を高める) afianzar *su* reputación
◪面目躍如‖面目躍如の活躍をする hacer una actuación brillante
めんみつ 綿密
▶綿密な　minucio*so*[*sa*], meticulo*so*[*sa*], (詳細な) detalla*do*[*da*], (入念な) esmera*do*[*da*]‖綿密な検査 examen *m*. minucioso／綿密な仕事 trabajo *m*.「meticuloso [esmerado]
▶綿密に　minuciosamente, meticulosamente, detalladamente, cuidadosamente ‖綿密に分析する analizar meticulosamente／その件を綿密に捜査する investigar el caso minuciosamente
めんめん 面面　cada u*no*[*na*]‖サークルの面々が集まっている Están reunidos los miembros del círculo.
めんめん 綿綿
▶綿々と　interminablemente ‖綿々と語る hablar largo y tendido《de, sobre》
めんもく 面目　⇒めんぼく
めんよう 綿羊　oveja *f*.
めんるい 麺類　fideos *mpl*., pasta *f*.

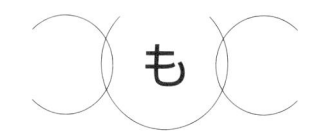

も

も ❶
▶AもBも　A y B, tanto A como B‖彼女はスペイン語も日本語も話せる Ella habla español y japonés. ¦ Ella habla tanto español como japonés.
▶AもBも～ない　ni A ni B《最初のniはその前にnoがあるときは省略可能》‖私は肉も魚も食べません No como (ni) carne ni pescado.／彼は歌も踊りも嫌いだ A él no le gusta (ni) cantar ni bailar.／君も私も勉強をしたくない Ni tú ni yo queremos estudiar.
❷ (～もまた) también, (～もまた～でない) tampoco ‖僕はサッカーが好きだ―私も Me gusta el fútbol. —A mí también.／僕は少しもうれしくない―私も No estoy nada contento. —(Ni) yo tampoco.
❸ (AだけではなくBもまた) no solo A, sino (también) B‖私はメキシコだけでなく, グアテマラにも行くつもりだ Pienso ir no solo a México, sino (también) a Guatemala.
❹ (数量や金額が予想外に大きいさま) nada menos que『+数字』‖このハンドバッグは10万円もした Este bolso me costó nada menos que cien mil yenes.
も 喪　luto *m*. ‖喪に服する「llevar [guardar] luto《por》, ponerse de luto／彼女は夫の喪に服している Ella está de luto por su difunto marido.／喪が明ける quitarse el luto
も 藻　alga *f*., (海藻)「alga *f*. [hierba *f*.] marina, (水草) planta *f*. acuática
もう ❶ (すでに) ya‖もう10時だよ Ya son las diez.／夕飯はもう済んだかい ¿Has cenado ya?／代金はもう払いましたよ El importe lo he pagado ya.／彼はもうここに住んでいない Él ya no vive aquí.／申し訳ございませんが, その商品はもう置いておりません Lo sentimos, pero ya no tenemos ese artículo.
❷ (まもなく) ahora, ya, pronto‖彼女はもうオフィスに戻ってくる頃だと思います Creo que ella va a volver a la oficina pronto.／もう荷物が届いてもよいころだ Ya va siendo hora de que llegue el paquete.
❸ (さらに) todavía ‖もう一度 otra vez／

もう一度言ってください ¿Puede repetirlo, por favor? ／ もう一泊したいのですが Me gustaría quedarme aquí「una noche más [otra noche]. ／ もう1杯いかがですか ¿Quiere usted tomar otra copa? ／ お茶をもう1杯飲みますか ¿Quiere usted beber otra taza de té?

❹ (もはや) ya‖減給されて、従業員たちはもう働く気がしない Los empleados ya no tienen ganas de trabajar porque les han bajado el sueldo. ／ 私たちにはもう時間がない Ya no nos queda tiempo. ／ もう結構です (食事で) Ya no quiero más. Gracias.

もうい 猛威 (自然現象などの) furia *f*., violencia *f*., (戦争や伝染病の) estragos *mpl*., (増殖) proliferación *f*.
▶猛威をふるう (火が) arder furiosamente, (嵐や海が) rugir, (ウィルスなどが) proliferar‖その当時ヨーロッパではペストが猛威をふるっていた En aquel entonces la peste hacía estragos en Europa. ／ ハリケーンはその地域全体で猛威をふるった El huracán azotó con furia toda esa región.

もうか 猛火 llamas *fpl*.「ardientes [violentas], (大火事) gran incendio *m*.‖猛火に包まれる quedar envuelto en llamas ardientes

もうがっこう 盲学校 escuela *f*. para invidentes

もうかる 儲かる rentable, lucrati*vo*[*va*], provecho*so*[*sa*]‖儲かる商売 negocio *m*.「rentable [lucrativo]

もうかん 毛管 (非常に細い管) tubo *m*. capilar, (毛細血管) capilar *m*. sanguíneo, vaso *m*. capilar
◪毛管現象 capilaridad *f*.

もうきん 猛禽 ave *f*. rapaz, ave *f*. de「rapiña [presa]
◪猛禽類 rapaces *fpl*.

もうけ 儲け ganancia *f*., beneficio *m*., provecho *m*., lucro *m*.‖一儲けする hacer una fortuna ／ 大儲けする obtener pingües ganancias ／ 儲けの少ない poco rentable ／ 儲けが多い Las ganancias son grandes. ／ 儲けが減るだろう Las ganancias se verán reducidas. ／ 儲けを折半する dividir las ganancias por la mitad
◪儲け口 buen negocio *m*.
◪儲け物 (買い物で) ganga *f*.

もうける 設ける (設置する) establecer, crear, formar, (準備する) preparar‖委員会を設ける「constituir [formar] una comisión ／ 規則を設ける establecer una「norma [regla] ／ シルバーシートを設ける proveer asientos para ancianos, discapacitados y embarazadas

もうける 儲ける obtener beneficios, ganar dinero, lucrarse‖金を儲ける ganar dinero ／ 労せずして儲ける ganar dinero sin hacer ningún esfuerzo ／ 子を儲ける tener hijos ／ この会社は儲けている Esta empresa obtiene beneficios.

もうけん 猛犬 perro *m*.「bravo [fiero]‖猛犬注意《掲示》 Cuidado con el perro

もうこ 蒙古 Mongolia
▶蒙古の mon*gol*[*gola*]
◪蒙古斑 mancha *f*. mongólica, 《医学》 melanocitosis *f*.[=*pl*.] dérmica congénita

もうこうげき 猛攻撃 ataque *m*.「feroz [violento]‖猛攻撃を行う／猛攻撃を加える lanzar un ataque feroz《contra》, atacar ferozmente

もうこん 毛根 raíz *f*. del pelo

もうさいけっかん 毛細血管 capilar *m*. sanguíneo, vaso *m*. capilar

もうしあげる 申し上げる decir, informar‖申し上げにくいのですが、それは本当です Lamento tener que decir que eso es verdad. ／ 心よりお礼申し上げます Le doy las gracias de todo corazón.

もうしあわせ 申し合わせ acuerdo *m*., convenio *m*.‖申し合わせに従う「seguir el [obedecer al] acuerdo ／ 申し合わせに従って según lo acordado
◪申し合わせ事項 puntos *mpl*. convenidos

もうしあわせる 申し合わせる acordar, convenir《en》‖協定の延長を申し合わせる acordar prorrogar el pacto ／ 私たちはそのことに言及しないと申し合わせた Convinimos en no mencionar eso.

もうしいれ 申し入れ (申し出) oferta *f*., ofrecimiento *m*., (提案) propuesta *f*., (請求) petición *f*., solicitud *f*.‖抗議の申し入れがあった Recibimos una reclamación. ／ 申し入れを行う「hacer [presentar] una propuesta

もうしいれる 申し入れる (申し出る) ofrecer, (提案する) proponer, (請求する) pedir, solicitar‖賃金アップを申し入れる pedir un aumento salarial ／ 苦情を申し入れる presentar una queja

もうしうける 申し受ける‖振込手数料を申し受けます Usted deberá abonarnos la comisión por transferencia.

もうしおくる 申し送る (伝える) comunicar

もうしかねる 申し兼ねる ⇒いいかねる(言い兼ねる)・いいにくい(言いにくい)

もうじき ⇒もうすぐ(もう直ぐ)

もうしご 申し子‖時代の申し子である ser「un hombre [una mujer] producto de su época

もうしこみ 申し込み (出願) solicitud *f*., petición *f*., (提案) proposición *f*., propuesta *f*., (登録) inscripción *f*., (予約) reserva *f*.‖奨学金の申し込みをする presentar una solicitud de beca ／ 結婚の申し込みをする ha-

もうしこむ　申し込む　(出願する) presentar una solicitud, solicitar, (提案する) proponer, (登録する) inscribirse《en》, matricularse《en》, (予約する) reservar ‖ 大学への入学を申し込む solicitar *su* admisión en una universidad ／結婚を申し込む proponer matrimonio《a》／試合を申し込む proponer un partido《a》／スポーツクラブに入会を申し込む inscribirse en un club deportivo ／講習会への参加を申し込む matricularse en un cursillo ／オンラインでホテルを申し込む hacer una reserva de hotel en línea

◨申込者 aspirante *com.*, candida*to[ta] mf.*
◨申込書／申込用紙 solicitud *f.*, formulario *m.* de solicitud

もうしたて　申し立て　declaración *f.*, alegación *f.* ‖ 虚偽の申し立てをする hacer una declaración falsa
◨異議申し立て ‖ 異議申し立てをする [presentar [hacer, poner] una objeción

もうしたてる　申し立てる　declarar, proponer ‖ 和解を申し立てる proponer una reconciliación

もうしつける　申し付ける　(命令する) ordenar ⇒めいじる(命じる)・めいれい(→命令する) ‖ 何なりとお申しつけください A sus órdenes. ¦ Estoy a su entera disposición.

もうしで　申し出　(提供) ofrecimiento *m.*, oferta *f.*, (提案) propuesta *f.* ‖ 申し出を受ける aceptar un ofrecimiento ／申し出を断る rechazar un ofrecimiento ／私たちに協力の申し出があった Hemos recibido una propuesta de colaboración.

もうしでる　申し出る　ofrecer, proponer, (~すると名乗り出る) ofrecerse a 『+不定詞』 ‖ 財政援助を申し出る ofrecer ayuda financiera ／プロジェクトへの参加を申し出る ofrecerse a colaborar en el proyecto ／希望者は申し出てください Que los aspirantes hagan su solicitud.

もうしひらき　申し開き　justificación *f.*, explicación *f.* ‖ 申し開きをする presentar una justificación, justificarse

もうしぶん　申し分
▶申し分のない perfec*to[ta]*, intachable, impecable, (満足のいく) satisfac*torio[ria]*, (理想的な) ideal ‖ 申し分のない先生 profe*sor[sora] mf.* perfec*to[ta]* ／ノートパソコンは会社の外で仕事をするのに申し分のない道具だ El ordenador portátil es una herramienta ideal para trabajar fuera de la oficina.

もうじゃ　亡者　(死者) muer*to[ta] mf.*, (とりつかれた人) escla*vo[va] mf.*《de》‖ 金の亡者である ser escla*vo[va]* del dinero

もうじゅう　盲従　obediencia *f.* 「ciega [absoluta]
▶盲従する obedecer ciegamente《a》

もうじゅう　猛獣　fiera *f.*, bestia *f.* 「feroz [fiera]
◨猛獣狩り caza *f.* de fieras
◨猛獣遣い doma*dor[dora] mf.* de fieras

もうしょ　猛暑　calor *m.* 「intenso [tremendo, abrasador, espantoso]
◨猛暑日 día *m.* con temperatura máxima superior a 35 grados

もうしわけ　申し訳　excusa *f.*, disculpa *f.*, (釈明) justificación *f.* ‖ これでは申し訳が立たない Esto no tiene perdón. ／申し訳程度のお金を謝礼として受けとる recibir como recompensa una cantidad simbólica de dinero
[慣用]申し訳ない no tener [perdón [excusa, disculpa] ‖ 申し訳ありません Le ruego que me perdone. ¦ Lo siento mucho. ／遅れて申し訳ありません Le pido disculpas por haber llegado tarde. ／メールへの返信が遅くなって申し訳ありません Siento haber tardado en responder a su correo electrónico.

もうしわたす　申し渡す　(通告する) notificar, (宣告する) sentenciar, condenar ⇒いいわたす(言い渡す) ‖ 判決を申し渡す dictar una sentencia ／規則遵守を申し渡す ordenar la observancia de las normas

もうしん　盲信　fe *f.* ciega
▶盲信する [creer [confiar, fiarse] ciegamente

もうしん　盲進
▶盲進する precipitarse ciegamente

もうしん　猛進
▶猛進する lanzarse [alocadamente [como un loco, temerariamente]

もうじん　盲人　invidente *com.*, cie*go[ga] mf.*

もうす　申す　(言う) decir ‖ 先ほど申しましたように… Como le(s) dije antes... ／私はペドロ・コルテスと申します Me llamo Pedro Cortés.

もうすぐ　もう直ぐ　pronto, dentro de poco ‖ 娘はもうすぐ小学生だ Mi hija va a ingresar pronto en la escuela primaria. ／(私は)もうすぐ20歳になります Cumplo veinte años dentro de poco.

もうすこし　もう少し　un poco más ‖ もう少し時間をください Deme un poco más de tiempo. ／もう少し詳しくご説明します Le voy a dar una explicación un poco más detallada. ／もう少し考えさせてください Déjeme pensar un poco más.

もう少しで ‖ 私はもう少しで飛行機に乗り遅れるところだった Estuve a punto de perder el avión.

もうせい 猛省 ‖ 猛省を促す incitar a ALGUIEN a reflexionar seriamente 《sobre》
- 猛省する hacer una reflexión seria 《sobre》

もうぜん 猛然
- 猛然たる furioso[sa], impetuoso[sa], violento[ta]
- 猛然と (激しく・勢いよく) furiosamente, impetuosamente, violentamente ‖ 猛然と襲いかかる atacar「violentamente [ferozmente]／猛然と反対する oponerse enérgicamente《a》／鷲は猛然と子羊に飛びかかった El águila se lanzó ferozmente sobre un cordero.

もうそう 妄想 quimera f., ilusión f., (強迫観念) obsesión f., manía f. ‖ 彼女は誰かに殺されるという妄想に取りつかれていた Ella tenía la obsesión de que iban a matarla.
- 妄想する forjarse ilusiones
- 誇大妄想 →こだい(誇大)

もうだ 猛打 bateo m. fuerte
- 猛打賞 (野球) premio m. a más de tres *hits*

もうちょう 盲腸 《解剖》intestino m. ciego, (虫垂) apéndice m. (「vermiforme [vermicular, cecal]) ‖ 盲腸を取る extirpar el apéndice
- 盲腸炎 (虫垂炎) apendicitis f.[=pl.] ‖ 父は盲腸炎の手術を受けた A mi padre le operaron de apendicitis.

もうでる 詣でる ir a rezar《a》‖出雲大社に詣でる visitar el Gran Santuario de Izumo para rezar

もうてん 盲点 《解剖》punto m. ciego, papila f., mancha f. ciega, (弱点) punto m. 「flaco [débil]」‖ 法の盲点 laguna f. de la ley, 「vacío m. [laguna f.] legal

もうとう 毛頭
- 毛頭〜ない de ningún modo, 《慣用》ni por asomo ‖ 私はこの取引から手を引くつもりは毛頭ない No tengo la (más) mínima intención de dejar esta transacción.

もうどうけん 盲導犬 perro m. 「guía [lazarillo]」‖ 盲導犬の訓練士 entrenador[dora] *mf.* de perros guía

もうどく 猛毒 veneno m. 「mortal [mortífero, violento]
- 猛毒ガス gas m. 「letal [mortífero]

もうばく 猛爆 bombardeo m. intenso
- 猛爆する bombardear intensamente

もうはつ 毛髪 (体毛・髪の毛) pelo m., (頭髪) cabello m.

もうひつ 毛筆 pincel m. de caligrafía
- 毛筆画 dibujo m. con pincel de caligrafía

もうひとつ もう一つ un*o*[na] más, otr*o*[tra] ‖ りんごをもう一つください Deme「una manzana más [otra manzana].／今日の午後にもう一つ会議がある Tengo otra reunión esta tarde.

もうふ 毛布 manta f. ‖ 毛布をかける (誰かに) poner una manta《a》, tapar a ALGUIEN con una manta／毛布にくるまる (自分が) envolverse en una manta／毛布が欲しいのですが (飛行機などで) ¿Me podría dar una manta?

もうまい 蒙昧 ignorancia f.
- 蒙昧な ignorante ‖ 蒙昧な大衆 masas *fpl.* ignorantes

もうまく 網膜 retina f.
- 網膜の retinian*o*[na]
- 網膜炎 retinitis f.[=pl.]
- 網膜剥離 desprendimiento m. de retina

もうもう 濛々 ‖ 部屋はたばこの煙でもうもうとしている La habitación está llena de humo de tabaco.／突風でもうもうと土ぼこりが上がった Una ráfaga de viento levantó una densa polvareda.

もうもく 盲目 ceguera f., cegueadad f.
- 盲目になる quedarse cieg*o*[ga], perder la vista
- 盲目の cieg*o*[ga], invidente
- 盲目的に ciegamente, 《慣用》a ciegas
- 《慣用》恋は盲目 El amor es ciego.

もうら 網羅
- 網羅的な exhaustiv*o*[va]
- 網羅的に exhaustivamente
- 網羅する「cubrir [comprender, englobar] la totalidad《de》‖ このリストには今年予定されている活動が網羅されている Esta lista incluye todas las actividades programadas para este año.

もうれつ 猛烈
- 猛烈な impetuos*o*[sa], violent*o*[ta], terrible ‖ 猛烈なスピードで a gran velocidad, a una velocidad vertiginosa／今日は猛烈な暑さだ Hoy hace un calor terrible.
- 猛烈に impetuosamente, violentamente, intensamente ‖ 猛烈に勉強する estudiar intensamente, matarse a estudiar

もうれんしゅう 猛練習 entrenamiento m. 「duro [intenso]
- 猛練習する entrenar(se) 「intensamente [duramente, a morir]

もうろう 朦朧 ‖ 意識がもうろうとしている「estar [encontrarse] semiinconsciente／頭がもうろうとしている tener la 「mente [cabeza] confusa

もうろく 耄碌 chochera f., chochez f., (老化) envejecimiento m.
- もうろくした choch*o*[cha]
- もうろくする chochear ‖ 祖父はもうろくしている Mi abuelo está chocho.

もえあがる 燃え上がる estallar en llamas,

もえあがる 燃え上がる inflamarse, llamear ‖ タンクローリーは木に衝突して燃え上がった El camión cisterna estalló en llamas al chocar con un árbol. ／ 突然火が燃え上がった De repente se levantó [alzó] una llamarada.

もえうつる 燃え移る propagarse《a》‖ 火は隣家に燃え移った El fuego se propagó [Las llamas se propagaron] a la casa contigua.

もえかす 燃え滓 (灰) ceniza *f*., (鉱滓) escoria *f*.

もえがら 燃え殻 ⇒もえかす(燃え滓)

もえぎいろ 萌黄色 verde *m*. primavera

もえきる 燃え切る quemarse「completamente [por completo]」

もえさかる 燃え盛る arder「intensamente [vivamente]」‖ 暖炉の炎が燃え盛っていた El fuego en la chimenea ardía intensamente.

もえさし 燃えさし tizón *m*., tizo *m*.

もえつきる 燃え尽きる quemarse「completamente [por completo]」, (消耗する) consumirse por completo ‖ 仕事で燃え尽きる quemarse por el trabajo

▣ 燃え尽き症候群 síndrome *m*. de「*burn-out*[desgaste profesional]」

もえでる 萌え出る (芽が) brotar, echar brotes

もえひろがる 燃え広がる propagarse《a》, extenderse《a, por, en》‖ 炎は四方八方に燃え広がった El fuego se extendió en todas direcciones.

もえる 萌える brotar, echar brotes

もえる 燃える arder, quemarse, (火事で)incendiarse ‖ 薪が暖炉で燃えていた La leña ardía en la chimenea. ／ 家が火事で燃えてしまった La casa se quemó en un incendio. ／ 怒りに燃える arder de「cólera [rabia]」／ 希望に燃えている estar lle*no*[*na*] de esperanza

▶ 燃える/燃えやすい《形容詞》(可燃性の) inflamable, combustible ‖ 燃えるごみ (可燃ごみ) basura *f*. combustible

▶ 燃えるような ardiente ‖ 燃えるような赤 rojo *m*. ardiente

モーション (動作) movimiento *m*.

[慣]モーションをかける (異性を誘う) cortejar, galantear

モーター motor *m*.

▣ モーターショー salón *m*. del automóvil
▣ モーターバイク motocicleta *f*., moto *f*.
▣ モーターボート lancha *f*.「motora [de motor]」

モータリゼーション motorización *f*.

モーテル motel *m*.

モード moda *f*.

モーニング

▣ モーニングコート chaqué *m*.
▣ モーニングコール servicio *m*. de despertador
▣ モーニングサービス/モーニングセット menú *m*. de desayuno

モール (織物) galón *m*.; (大型商店街) centro *m*. comercial ‖ モールで縁取る／モールで飾る galonear

モールス

▣ モールス信号 señales *fpl*. morse
▣ モールス符号 morse *m*.,「código *m*. [alfabeto *m*.] morse

もがく 踠く (あがく) forcejear, (身をよじる) retorcerse ‖ 起き上がろうともがく forcejear para levantarse ／ 痛みでもがき苦しむ retorcerse de dolor

もぎ 模擬

▣ 模擬国連 Modelo *m*. de Naciones Unidas
▣ 模擬試験 simulacro *m*. de examen, examen *m*. de prueba
▣ 模擬裁判 simulacro *m*. de juicio
▣ 模擬店 puesto *m*. de comida

もぎとる 捥ぎ取る arrebatar, arrancar ‖ 彼は警官(男性)からピストルをもぎ取った Él arrebató la pistola a un policía.

もく 目 (生物の分類) orden *m*., (碁の盤目) punto *m*. ‖ 三目勝つ (囲碁で) ganar por tres puntos (en el *go*)

もぐ 捥ぐ arrebatar, arrancar ‖ 木から実を捥ぐ recoger frutas de los árboles

もくぎょ 木魚 《日本語》*mokugyo m*., pez *m*. de madera

もくげき 目撃

▶ 目撃する presenciar, ser testigo 《de》 ‖ 昨日の事故を目撃した者はいなかった Nadie presenció el accidente de ayer.

▣ 目撃者 testigo *com*.「presencial [ocular]」

もぐさ 艾 moxa *f*.

もくざい 木材 madera *f*., (丸太) leño *m*., (角材) madero *m*.

もくさつ 黙殺

▶ 黙殺する hacer caso omiso 《de》, no hacer caso 《de》, ignorar ‖ 彼は我々の抗議を黙殺した Él no hizo caso de nuestra protesta.

もくさん 目算 cálculo *m*. aproximado, estimación *f*., (見込み) expectativas *fpl*., previsión *f*. ‖ 目算が外れる no acertar en las previsiones ／ 目算を立てる calcular aproximadamente, estimar

もくし 黙視

▶ 黙視する「estar [permanecer] indiferente《a》,《慣用》quedarse con los brazos cruzados

もくじ 目次 índice *m*., tabla *f*. de contenido

もくしろく 黙示録 (ヨハネの) Apocalipsis *m*. (de San Juan)

もくず 藻屑 ‖ 海の藻屑と消える hundirse hasta el fondo del mar

もくする 目する　ver, presenciar, (みなす) considerar, (予測・期待する) estimar
もくする 黙する　callar ⇒だまる(黙る)
もくせい 木星　Júpiter
もくせい 木製
▶木製の de madera ‖ 木製の椅子 silla *f.* de madera
もくぜん 目前
▶目前の inminente, próxi*mo*[*ma*]
▶目前で「ante [delante de] los ojos de ALGUIEN
▶目前に「死を目前にして ante la inminencia de *su* muerte ／ 日本では総選挙が目前に迫っている Japón está en vísperas de elecciones generales.
もくそう 黙想　meditación *f.*, contemplación *f.* ‖ 黙想にふける entregarse a la meditación
▶黙想する meditar, hacer meditación
もくぞう 木造
▶木造の de madera
◪木造家屋 casa *f.* de madera
◪木造建築 edificio *m.* de madera
もくぞう 木像　estatua *f.* de madera
もくそく 目測
▶目測では a ojímetro
▶目測する「calcular [medir] ALGO a ojo
もくたん 木炭　carbón *m.* 「vegetal [de leña], (デッサン用の) carboncillo *m.*
◪木炭画 dibujo *m.* al「carbón [carboncillo], carboncillo *m.*
もくちょう 木彫　escultura *f.* en madera
もくてき 目的　objeto *m.*, objetivo *m.*, finalidad *f.*, fin *m.*, meta *f.*, propósito *m.* ‖ 目的にかなう corresponder al objetivo ／ 目的のない/目的なく sin「objetivo [finalidad] ／ 旅行の目的は何ですか ¿Cuál es el motivo de su viaje? ／ 目的を達成する／目的を果たす「conseguir [lograr] un objetivo ／ 目的を持つ tener un objetivo
▶〜することを目的としている tener por objeto『+不定詞』
▶〜する目的で con el「objeto [fin] de『+不定詞』
◪目的意識 sentido *m.* de propósito
◪目的格 caso *m.* objetivo
◪目的語 objeto *m.*, complemento *m.* ‖ 直接目的語「complemento *m.* [objeto *m.*] directo
◪目的税 impuesto *m.* con fines específicos
◪目的地 destino *m.*
もくとう 黙禱　rezo *m.* silencioso, minuto *m.* de silencio
▶黙禱(を)する ‖ 犠牲者のために1分間の黙禱をする guardar un minuto de silencio por las víctimas
▶黙禱する rezar en silencio
もくどく 黙読　lectura *f.*「silenciosa [en silencio]
▶黙読する leer en silencio
もくにん 黙認　aprobación *f.* tácita, consentimiento *m.* tácito
▶黙認する aprobar ALGO tácitamente,《慣用》pasar por alto,《慣用》hacer la vista gorda
もくねじ 木螺子　tornillo *m.* para madera
もくば 木馬　caballo *m.* de madera ‖ トロイの木馬 caballo *m.* de Troya
もくはん 木版　(板) matriz *f.* de madera, (技術) xilografía *f.*
◪木版画 grabado *m.* en madera, xilografía *f.*
◪木版画家 xilógra*fo*[*fa*] *mf.*
もくひ 黙秘　silencio *m.*
▶黙秘する guardar silencio
◪黙秘権 derecho *m.*「al silencio [a guardar silencio] ‖ 黙秘権を行使する ejercer el derecho al silencio
もくひょう 目標　objetivo *m.*, meta *f.*, (射撃・攻撃の) blanco *m.* ‖ 目標を立てる establecer un objetivo ／ 目標を持つ tener un objetivo ／ 目標を達成する「alcanzar [lograr, conseguir] el objetivo ／ 目標を見失う perder el objetivo de vista
▶〜を目標にする/〜を目標に掲げる tener como meta『+不定詞』
もくへん 木片　「trozo *m.* [pedazo *m.*] de madera, astilla *f.*
もくめ 木目　「veta *f.* [vena *f.*] (de madera)
▶木目のある vetea*do*[*da*]
▶木目をつける vetear
もくもく
▶もくもくと abundantemente ‖ もくもくと湯気が出る El vapor sale a bocanadas.
もくもく 黙黙
▶黙々と en silencio, silenciosamente
もぐもぐ
▶もぐもぐ言う hablar entre dientes, (不平などを) murmurar entre dientes ‖ もぐもぐ食べる mascullar
もくやく 黙約　acuerdo *m.* tácito, promesa *f.* tácita
もくようび 木曜日　jueves *m.*[=*pl.*]
▶木曜日に el jueves ‖ 20日の木曜日に el jueves 20
もくよく 沐浴　baño *m.*,《宗教》ablución *f.*
▶沐浴する bañarse,《宗教》realizar la ablución
もぐら 土竜　topo *m.*(雄・雌)
もぐり 潜り　(潜水) buceo *m.*
▶もぐりの sin「licencia [permiso], no autoriza*do*[*da*], clandesti*no*[*na*], fal*so*[*sa*] ‖ もぐりの医者 médi*co*[*ca*] *mf.* fal*so*[*sa*] ／ もぐりの商売 comercio *m.* clandestino
◪素潜り buceo *m.*「libre [a pulmón]
もぐりこむ 潜り込む ‖ ベッドに潜り込む meterse en la cama ／ テロ組織に潜り込む

infiltrarse en una organización terrorista

もぐる 潜る bucear, sumergirse ‖ 海に潜る sumergirse en el mar／机の下に潜る meterse debajo de la mesa

もくれい 目礼 saludo *m.* con la mirada
▶目礼する saludar a ALGUIEN con la mirada

もくれい 黙礼
▶黙礼する hacer una reverencia en silencio 《a, ante》

もくれん 木蓮 (花) magnolia *f.*, (木) magnolio *m.*

もくろく 目録 catálogo *m.*, lista *f.*, (在庫などの) inventario *m.*

もくろみ 目論見 ⇒くわだて(企て)

もくろむ 目論む ⇒くわだてる(企てる)

もけい 模型 maqueta *f.*, modelo *m.* a escala reducida
◪模型飛行機 aeromodelo *m.*, maqueta *f.* de avión

もげる 捥げる caerse, romperse, desprenderse

モザイク mosaico *m.*, (画像処理) pixelización *f.* ‖ 画像にモザイクをかける pixelar una imagen
▶モザイクの mosaico[ca]
◪モザイク模様 diseño *m.* mosaico, mosaico *m.*

もさく 模索
▶模索する tratar de「encontrar [hallar] ALGO, buscar ALGO a tientas

もし ❶ [もし～ならば～です]《現在・未来についての単なる仮定》si『+直説法現在』、『直説法現在・直説法未来』‖ もし明日天気がよかったら出かけよう Si hace buen tiempo mañana,「salimos [saldremos].
❷ [もし～ならば～するのに]《現在の事実に反することを仮定する場合》si『+接続法過去』、『直説法過去未来』‖ もし天気がよかったら出かけるのに(今、天気が悪い) Si hiciera buen tiempo, saldríamos.
❸ [もし～だったならば～したのに]《過去の事実に反することを仮定する場合》si『+接続法過去完了』、『直説法過去未来完了』‖ もし天気がよかったら出かけていたのに Si hubiera hecho buen tiempo, habríamos salido.

もじ 文字 letra *f.*, caracteres *mpl.*, escritura *f.*
▶文字通り(に) literalmente,《慣用》a la letra,《慣用》al pie de la letra ‖ 文字通りに訳す traducir literalmente／君は私の言うことを文字通りに受け取る Tomas mis palabras al pie de la letra.
◪文字コード codificación *f.* de caracteres
◪文字多重放送 teletexto *m.*
◪文字化け visualización *f.* incorrecta de caracteres
◪文字盤 (時計・器の) esfera *f.*

もしかしたら ‖ もしかしたら日本はスペインに勝つかもしれない Puede que Japón gane a España.／もしかしたら今日雪が降るかもしれない Es posible que nieve hoy.／もしかしたらあなたは山本博士ではありませんか ¿No será usted el Dr. Yamamoto, por casualidad?

もしくは 若しくは ⇒または

もしも ⇒もし ‖ もしものことがあったら si ocurriera lo menos esperado／もしもの場合に備えて en prevención de una emergencia

もしもし (呼びかけ) ¡Oiga, por favor! ¦ Perdón. ¦ Disculpe. ¦ (電話を受けて)《スペイン》Dígame. ¦《メキシコ》Bueno. ¦《中南米》Aló. ‖ もしもし、田中さんをお願いします (電話で) Buenos días. ¿Me puede poner con el Sr. Tanaka?／(女性に)もしもし、メガネをお忘れですよ Oiga, señora, se ha dejado las gafas.

もじもじ
▶もじもじする vacilar, titubear

もしゃ 模写 copia *f.*, reproducción *f.*
▶模写する copiar

もしや ⇒もしかしたら

もじゃもじゃ
▶もじゃもじゃの ‖ もじゃもじゃのひげ barba *f.*「espesa [tupida]／もじゃもじゃの髪 pelo *m.* despeinado

もしゅ 喪主 responsable *com.* del duelo ‖ 喪主を務める presidir el duelo

モジュール módulo *m.*

もしょう 喪章 lutos *mpl.*, crespón *m.* negro ‖ 腕に喪章をつける llevar un brazalete de luto

もじり 捩り (パロディー) parodia *f.*

もじる 捩る parodiar

もず 百舌(鳥)/鵙 alcaudón *m.*(雄・雌)

モスク mezquita *f.*

モスグリーン color *m.* verde musgo, verde *m.* musgo

モスリン (織物) muselina *f.*

もぞう 模造/摸造 imitación *f.*
▶模造の de imitación, falso[sa]
▶模造する imitar
◪模造ダイヤ diamante *m.* falso
◪模造品 imitación *f.*

もぞもぞ ‖ もぞもぞ動く revolverse, moverse de un lado a otro／大きな虫が土からもぞもぞ這い出ていた Un bicho grande salía de la tierra arrastrándose.
▶もぞもぞする sentir hormigueo, hormiguear ‖ 背中がもぞもぞする Siento hormigueo en la espalda. ¦ Me hormiguea la espalda.

もだえ 悶え retorcimiento *m.*, (心の) agonía *f.*, angustia *f.*

もだえる 悶える sufrir enormemente, re-

もたげる torcerse, atormentarse ‖ 激痛にもだえる retorcerse de dolor intenso

もたげる 擡げる (持ち上げる) levantar, (台頭する) cobrar fuerza, crecer

もたせかける 凭せ掛ける apoyar ALGO (en) ‖ はしごを壁にもたせかける apoyar una escalera en la pared／体をドアにもたせかける apoyarse en la puerta

もたせる 持たせる (持って行かせる) hacer llevarse ALGO a ALGUIEN, (費用を負担させる) hacer pagar a ALGUIEN ‖ 母親は娘に傘を持たせた La madre le hizo a su hija llevarse el paraguas.／私はお金を給料日まで持たせなければならない Tengo que estirar el dinero hasta la próxima paga.／お勘定は私に持たせてください Déjeme pagar la cuenta.

もたつく ⇒もたもた(⇒もたもたする)

モダニズム modernismo *m.*

もたもた
▷もたもたする (～するのに) tardar en『+不定詞』‖ もたもたするな ¡No te entretengas! ¡Date prisa!

もたらす 齎す (持ってくる) traer, (引き起こす) causar, provocar, ocasionar ‖ 幸運をもたらす traer buena suerte／被害をもたらす causar daño, dañar

もたれかかる 凭れ掛かる ⇒よりかかる(寄り掛かる)

もたれる 凭れる (寄りかかる) apoyarse (en) ‖ 柱にもたれる apoyarse en una columna／肩にもたれる apoyarse en el hombro de ALGUIEN／胃にもたれる料理 comida *f.* pesada／食事が胃にもたれた Me ha sentado mal la comida.

モダン
▷モダンな moder*no*[*na*]
◪モダンジャズ jazz *m.* moderno
◪モダンバレエ ballet *m.* moderno

もち 餅 《日本語》 mochi *m.*, pastel *m.* de arroz cocido
◪餅肌 piel *f.* blanca y tersa

もち 持ち ‖ 交通費は会社持ちです Los gastos de transporte corren a cargo de la empresa.
▷持ちが良い durar mucho, ser durade*ro*[*ra*]
▷持ちが悪い durar poco, ser perecede*ro*[*ra*]

もちあう 持ち合う ‖ 今のところ需要と供給は持ち合っている De momento la oferta y la demanda están equilibradas.／費用を持ち合う compartir los gastos

もちあがる 持ち上がる levantarse, (生じる) surgir ‖ 地震で庭の地面が持ち上がった Debido al terremoto se levantó el suelo del jardín.／(私たちに)やっかいな問題が持ち上がった Nos ha surgido un problema complicado.／来学期は私の担任の先生(男性)が持ち上がる Me toca el mismo maestro de aula en el curso que viene.

もちあげる 持ち上げる levantar, elevar, (おだてる) adular, halagar ‖ 重い箱を持ち上げる levantar una caja pesada／人を持ち上げることが上手い者は貶めるのも上手い Quien sabe adular sabe calumniar.

もちあじ 持ち味 (食材の)「sabor *m.* [gusto *m.*] propio, (特性) característica *f.*, peculiaridad *f.* ‖ 食材の持ち味を生かす destacar el sabor propio de cada ingrediente／誠実さが彼の一番の持ち味だ La honestidad es su mayor cualidad.

もちあるく 持ち歩く llevar ALGO *consigo*, llevar ALGO encima ‖ 傘を持ち歩く llevar *consigo* un paraguas

もちあわせ 持ち合わせ ‖ 私は今持ち合わせがない No llevo dinero encima ahora.

もちいえ 持ち家 casa *f.* propia, casa *f.* de *su* propiedad ‖ この家は私の持ち家です Esta casa es de mi propiedad.

モチーフ motivo *m.*

もちいる 用いる (使う) emplear, utilizar, usar, (採用する) adoptar ‖ 道具を用いる utilizar un instrumento

もちうた 持ち歌 repertorio *m.* de canciones

もちかえり 持ち帰り ‖ 持ち帰りでお願いします Para llevar, por favor.
▷持ち帰り用(の) ‖ 持ち帰り用のハンバーガー hamburguesa *f.* para llevar

もちかえる 持ち帰る (持って行く) llevarse, (持って来る) traer ‖ 仕事を家に持ち帰る llevarse el trabajo a casa／メキシコから本を持ち帰る traer libros de México

もちかける 持ち掛ける proponer ‖ 私は父にその話を持ちかけた Le hice la propuesta a mi padre.

もちかぶ 持ち株 valores *mpl.* en cartera
◪持ち株制度 従業員持ち株制度 accionariado *m.* obrero, propiedad *f.* de acciones para los empleados
▷持ち株会社 sociedad *f.* de cartera,《英語》*holding m.*

もちきり 持ち切り ‖ 今日は彼女の話で持ちきりだ Hoy no hablan más que de ella.

もちぐされ 持ち腐れ
(慣用)宝の持ち腐れ ⇒たから(宝)

もちくずす 持ち崩す ‖ 身を持ち崩す extraviarse

もちこす 持ち越す aplazar, posponer, diferir ‖ 次の会議まで決定を持ち越そう Aplacemos la decisión hasta la próxima reunión.

もちこたえる 持ちこたえる aguantar, resistir ‖ 攻撃を持ちこたえる resistir el ataque／その病院は何の援助も受けずに何とか持ちこたえている El hospital se mantiene a duras penas sin recibir ninguna ayuda.

もちごま 持ち駒 （将棋の）pieza *f.* capturada,（手段）「medios *mpl.* [recursos *mpl.*] disponibles,（人材）recursos *mpl.* humanos disponibles

もちこみ 持ち込み ‖ 辞書持ち込み禁止 Prohibido traer diccionarios／機内持ち込み禁止品 artículos *mpl.* prohibidos a bordo

もちこむ 持ち込む traer, introducir, llevar ‖ 爆発物を機内に持ち込む introducir un artefacto explosivo en un avión／問題を持ち込む traer problemas

もちごめ 糯米 arroz *m.* glutinoso

もちさる 持ち去る llevarse ALGO,（持って逃げる）escaparse con ALGO ‖ 機密書類を持ち去る llevarse un documento confidencial／彼はその女性の財布を持ち去った Él se escapó con la cartera de la mujer.

もちじかん 持ち時間 ‖ 各発表者の持ち時間は15分です Cada ponente dispone de 15 minutos para la exposición.

もちだし 持ち出し ‖ これらの文献は図書館の外に持ち出しできない No se permite sacar estos documentos de la biblioteca.／交通費は持ち出しである El transporte corre por cuenta propia.

もちだす 持ち出す sacar ALGO《de》,（盗む）robar ‖ 会社の金を持ち出す sustraer dinero de la compañía／話を持ち出す hacer mención de un tema,《慣用》「sacar [traer] a colación un tema,《観葉植物を外に持ち出す sacar fuera las plantas de interior

もちつづける 持ち続ける ‖ ～を持ち続けている seguir teniendo ALGO, mantener／希望を持ち続ける mantener la esperanza

もちつもたれつ 持ちつ持たれつ ‖ 彼らは持ちつ持たれつだ《慣用》Ellos están a toma y daca.

もちてん 持ち点 （減点法での）puntos *mpl.* asignados,（事前に得た）puntos *mpl.* ganados

もちなおす 持ち直す ‖ 彼女は袋を右手から左手に持ち直した Ella pasó la bolsa de la mano derecha a la izquierda.／病人は少し持ち直した El enfermo se ha mejorado un poco.／この数年景気は持ち直している La situación económica se ha recuperado en los últimos años.

もちにげ 持ち逃げ
▶ 持ち逃げする huir con ALGO, escaparse con ALGO,（盗む）robar

もちぬし 持ち主 propieta*rio*[ria] *mf.*, due*ño*[ña] *mf.*

もちば 持ち場 puesto *m.* ‖ 持ち場を離れる dejar *su* puesto／持ち場を守る guardar *su* puesto／全員、持ち場につけ！¡Todos a vuestros puestos!

もちはこび 持ち運び ‖ 持ち運び可能な portátil／持ち運びに便利な fácil de llevar

もちはこぶ 持ち運ぶ llevar, transportar

もちぶん 持ち分 cuota *f.*, participación *f.*

モチベーション motivación *f.*

もちまえ 持ち前
▶ 持ち前の inn*ato*[ta], natural, de nacimiento ‖ 君の持ち前の明るさ tu alegría「innata [natural]

もちまわり 持ち回り ‖ 議長国は加盟国の持ち回りになっている La presidencia es desempeñada por un estado miembro con carácter rotatorio.

もちもの 持ち物 （所持品）pertenencias *fpl.*,「objetos *mpl.* [efectos *mpl.*] personales,（手回物）equipaje *m.*,（所有物）propiedad *f.*

もちゅう 喪中
▶ 喪中である estar de luto, llevar luto

もちよる 持ち寄る ‖ 食べ物や飲み物を持ち寄ってパーティーを開く organizar una fiesta, trayendo cada uno algo de comida o bebida para compartir

もちろん por supuesto, naturalmente, claro, desde luego ‖ 父はもちろんのこと母もその事を知っている Lo sabe no solo mi padre, sino también mi madre.
▶ もちろん～です「Por supuesto [Claro] que』『+直説法』.‖ もちろん僕は明日のパーティーに行くよ Por supuesto que voy a la fiesta de mañana.／君はこれに賛成ですか？－もちろん（賛成）です ¿Estás de acuerdo con esto?-「Por supuesto [Claro] que sí.

もつ 臓物 vísceras *fpl.*,（鳥の）menudillos *mpl.*,（牛豚の）mondongo *m.*
◨ もつ煮込み callos *mpl.*, mondongo *m.*

もつ 持つ ❶ tener, llevar,（つかむ）agarrar, coger ‖ 手に持つ「llevar [tener] ALGO en la mano／フライパンの把手を持つ agarrar el mango de la sartén／手に新聞を持って con un periódico en la mano

❷（所有する）tener, poseer,（備える）contar《con》, disponer《de》‖ ボールペンをお持ちですか ¿Tiene usted un bolígrafo?／家庭を持つ tener「hogar [familia]／最新技術を持つ contar con la tecnología más avanzada, disponer de las técnicas más avanzadas／この銀行は11の支社を持つ El banco cuenta con once sucursales.／世界記録を持っている poseer「la plusmarca [el récord] mundial

❸（持ちこたえる）aguantar, resistir ‖ この電池はあまり持たない Esta pila no dura mucho.／この時計は20年持った Este reloj funcionó durante veinte años.／私は（体が）持たない Mi cuerpo no aguanta.／病人（男性）は長くは持たないだろう El enfermo no va a poder aguantar mucho tiempo.

❹（その他）‖ 費用は会社が持つ La empresa corre con los gastos.／その男性の教師は週に4つの講義を持っている El profesor da cuatro clases por semana. ／ コーヒーをお持ちしましょうか ¿Le traigo un café? ¦ ¿Quiere tomar un café?

もっか 目下　por ahora,「de [por el] momento, actualmente‖目下の課題 problema m. actual

もっかんがっき 木管楽器　instrumento m. musical de viento de madera, (総称的に) madera f.

┌─── 木管楽器の種類 ───┐

ピッコロ flautín m. ／ フルート flauta f. ／ オーボエ oboe m. ／ ホルン corno m. ／ イングリッシュホルン corno m. inglés ／ クラリネット clarinete m. ／ ファゴット fagot m., fagote m. ／ サクソフォン saxófono m., saxofón m.

もっきん 木琴　xilófono m., xilofón m.
◨木琴奏者 xilofonista com.

もっけ 勿怪/物怪
慣用 もっけの幸い suerte f. inesperada

もっこう 木工　trabajo m. de madera
◨木工具 herramienta f. para trabajar la madera
◨木工所 taller m. de madera
◨木工品 artesanía f. en madera

もったいない 勿体ない‖～するのはもったいない Es una lástima『＋不定詞』. ／ 時間がもったいない Es un desperdicio de tiempo. ／ 彼女は君にはもったいない Ella es demasiado buena para ti. ／ 私にはもったいないお言葉です Gracias por los cumplidos, no me los merezco.

もったいぶる 勿体ぶる　(気取る) darse importancia‖もったいぶった口調 tono m. sentencioso ／ もったいぶって con afectación, sentenciosamente

モッツァレラ（チーズ）　queso m. mozzarella,《イタリア語》mozzarella f.

もって (～を用いて) con, por, (～の理由で) por, a causa《de》‖その結果は文書をもって通知される El resultado será informado por escrito. ／ 美しさをもって世界に知られる都市 ciudad f. conocida mundialmente por su belleza ／ 4月30日をもって当店は閉店いたします Cerramos nuestra tienda el 30 de abril.

もっていく 持って行く　llevarse, llevar ALGO *consigo*‖傘を持って行きなさい Llévate el paraguas.

もってうまれた 持って生まれた ⇒ うまれつき(生まれつき)‖持って生まれた性格 carácter m. innato

もってくる 持って来る　traer‖新聞を持ってきてください Tráigame el periódico, por favor.

もってこい 持って来い
▶持って来いの ideal, idóneo[a]‖ここはキャンプにもってこいの場所だ Este lugar es ideal para hacer *camping*. ／ そのポストにはもってこいの人物 persona f. idónea para el puesto

もってのほか もっての外
▶もってのほかの (馬鹿げている) absurdo[da], escandaloso[sa], (許し難い) inaceptable, inadmisible, imperdonable, inexcusable
▶もってのほかだ‖今増税するなどもってのほかだ Es absurdo subir los impuestos ahora. ／ 面接に遅刻するとはもってのほかだ Es imperdonable llegar tarde a una entrevista.

もってまわった 持って回った‖持って回ったような話し方をする「andarse con「rodeos[circunloquios]

もっと　más『＋形容詞・副詞』, (より多くの) más『＋名詞』‖もっと速い más rápido[da] ／ もっと遠くに más lejos ／ 私はもっとお金が欲しい Quiero más dinero. ／ もっとワインを飲みたい人は? ¿Quién quiere más vino?

モットー　lema m., principios mpl.

もっとも ❶ (当然)
▶もっともな razonable, justo[ta], legítimo[ma], natural‖もっともな意見 opinión f. razonable ／ ごもっともです Usted tiene razón.
▶もっともらしい‖もっともらしい嘘 mentira f. creíble ／ もっともらしい顔をする「poner [tener] cara de circunstancias
❷ (しかし) pero, aunque, sin embargo‖全部暗記しました、もっとも次の日は全部忘れましたが Lo aprendí todo de memoria, aunque al día siguiente lo olvidé todo.

もっとも 最も ❶ (形容詞の場合)『定冠詞/所有詞＋名詞＋形容詞の比較級』‖最も面白くない映画 la película menos interesante ／ アジアで最も高いビル el edificio más alto de Asia ／ 世界で最も古いホテル el hotel más antiguo del mundo ／ 彼の最もよい作品 su mejor obra ／ 有権者数が最も多い選挙区 el distrito electoral con mayor número de electores
❷ (副詞の場合)『関係節＋動詞＋副詞の比較級』《副詞の比較級が動詞の前にくることもある》‖部長(男性)が最も遅く出社する El director es el que llega a la oficina más tarde de todos. ／ ワインは私が最も好きな飲み物だ El vino es la bebida que más me gusta.

もっぱら 専ら　exclusivamente, con exclusividad, (主に) principalmente‖もっぱら家事に専念する dedicarse con exclusividad a las tareas domésticas
▶もっぱらの‖このところ財政スキャンダル

がもっぱらの噂だ Últimamente el escándalo financiero anda en boca de todos.

モップ fregona *f.*, mopa *f.* ‖ モップをかける pasar la fregona

もつれ 縺れ enredo *m.*, maraña *f.*, embrollo *m.* ‖ 糸のもつれを解く desenredar los hilos／感情のもつれ embrollo *m.* sentimental

もつれる 縺れる enredarse, complicarse, embrollarse ‖ 私の髪はすぐもつれます Mi pelo se enreda fácilmente.／話がもつれてしまった El asunto se ha complicado.／彼は歩く時足がもつれる A él se le enredan los pies al caminar.

もてあそぶ 弄ぶ/玩ぶ jugar con ALGO, juguetear con ALGO, (人を) burlarse de ALGUIEN ‖ 人の気持ちをもてあそぶ jugar con los sentimientos de ALGUIEN／運命にもてあそばれる ser juguete del destino

もてあます 持て余す ‖ 私は暇を持て余している No sé qué hacer con tanto tiempo libre.／彼は娘を持て余している Él no sabe qué hacer con su hija.

もてなし acogida *f.*, agasajo *m.*, hospitalidad *f.*, recibimiento *m.* ‖ 手厚いもてなしを受ける recibir una calurosa acogida／心からのもてなしをする dar una acogida cordial 《a》

もてなす acoger, atender, agasajar ‖ 温かくもてなす acoger calurosamente a ALGUIEN／冷たい飲み物でもてなす recibir a ALGUIEN con unos refrescos

もてはやす alabar encarecidamente, 《慣用》hacerse lenguas 《de》‖ 皆が彼の才能をもてはやしている Todos se hacen lenguas de su talento.

モデム 《IT》módem *m.* ‖ モデムを接続する conectar un módem 《a》

モデラート moderato *m.*
▶モデラートで moderato

もてる ser popular ‖ 彼女は男性にもてる Ella tiene éxito con los hombres.／僕は女性にもてない No tengo éxito con las mujeres. ¦ 《慣用》No me como una rosca.

モデル (型・手本) modelo *m.*, (人) modelo *com.* ‖ 実際の出来事をモデルに映画を作る hacer una película basada en un hecho real／画家のモデルになる posar para *un*[*una*] pin*tor*[*tora*]
▣ モデルガン réplica *f.* de pistola
▣ モデルケース caso *m.* 「ejemplar [modelo]
▣ モデルチェンジ cambio *m.* de modelo
▣ モデルルーム piso *m.* 「modelo [piloto]

もと 下/許 ‖ 両親のもとで暮らす vivir protegi*do*[*da*] por *sus* padres, vivir con *sus* padres／～の指導のもとで bajo 「la tutela [la dirección]《de》／我々は法の下に平等である Somos iguales ante la ley.

▶もとに ‖ 幸運の星のもとに生まれる nacer con buena estrella／彼は家族のもとに戻った Él volvió con su familia.

もと 元/基/本/素 (起源・原初) origen *m.*, principio *m.*, comienzo *m.*, inicio *m.*, (原因) causa *f.*, razón *f.*, (根元・土台) base *f.*, fundamento *m.* ‖ 農業は国の経済のもとである La agricultura es la base de la economía nacional.

▶もとで ‖ 銃弾による怪我がもとで死ぬ morir de una herida de bala

▶もとにしている basarse 《en》, estar basa*do*[*da*] 《en》‖ 実話をもとにした映画 película *f.* basada en un hecho real

▶元/もとの ex, anti*guo*[*gua*] ‖ 元大統領 ex presiden*te*[*ta*] *mf.*, expresiden*te*[*ta*] *mf.*／元の住所 dirección *f.* anterior／本をもとの場所に置く poner el libro donde estaba

▶もとは (元来・初め) originalmente, (以前) antes, antiguamente ‖ もとはと言えば君が悪い En principio la culpa es tuya.

▶もとをただす (原因を) aclarar la causa, (起源を) averiguar el origen

《慣用》もとが取れない no poder recuperar la inversión

《慣用》もとも子もない ‖ もとも子もなくす perder todo

《慣用》もとの鞘に収まる《慣用》Las aguas vuelven a su cauce.

《慣用》元の木阿弥 volver al punto de partida

もどかしい estar impaciente, impacientarse
▶もどかしそうに impacientemente

もときん 元金 ⇒がんきん

モトクロス 《英語》motocross *m.*

もどしげんぜい 戻し減税 「devolución *f.* [reembolso *m.*] de impuestos

もとじめ 元締め gerente *com.*, direc*tor* [*tora*] *mf.*, je*fe*[*fa*] *mf.*

もどす 戻す devolver, (吐く) vomitar ‖ 辞書を元の場所に戻してください Ponga el diccionario donde estaba.／話を元に戻す volver al tema／レンズ豆を水でもどす dejar lentejas en remojo

もとせん 元栓 llave *f.* ‖ ガスの元栓 llave *f.* del gas

もとちょう 元帳 libro *m.* mayor

もとづく 基づく basarse 《en》, estar basa*do*[*da*] 《en》‖ 相対性理論に基づいた研究 investigación *f.* basada en la teoría de la relatividad

▶～に基づいて de acuerdo 《con》, conforme 《a》, en base 《a》‖ 得られたデータに基づいて分析する hacer un análisis en base a los datos obtenidos

もとで 元手 capital *m.*, fondos *mpl.* ‖ 元手が要る necesitar fondos

もとどおり 元通り como antes ‖ 元取りにする restaurar, restablecer, reparar／何も

元通りにはならないだろう Nada volverá a ser como antes. ／私は元通りの生活がしたい Quiero vivir como antes.

もとね 元値 （原価）precio *m*. de coste ‖ 元値で売る vender ALGO a precio de coste

もとめ 求め petición *f*., solicitud *f*., (注文)pedido *m*. ‖ 求めに応じる acceder a la petición de ALGUIEN

▶ ～の求めにより a「petición [solicitud] de ALGUIEN

もとめる 求める （要求・請求する） pedir, solicitar, reclamar, (探す) buscar, (買う) comprar ‖ 説明を求める pedir una explicación《a》／支払いを求める reclamar el pago《a》／職を求める buscar「trabajo [empleo] ／事前に入場券を求める comprar entradas con antelación ／この仕事では正確さが求められる En este trabajo se requiere exactitud.

もともと 元元 （最初から）desde el principio, (元来) originalmente, (生まれつき) por naturaleza ‖ 私たちは失敗してもともとだ（失うものはない）No tenemos nada que perder. ／私はもともと彼が好きじゃなかった Él no me gustaba desde el principio. ／彼女はもともと痩せている Ella es delgada por naturaleza.

もとより 元より/固より/素より ‖ もとより失敗は覚悟の上だ Desde el principio, yo estaba dispues*to*[ta] a fracasar. ／スペインはもとより海外でも知られる歌手 cantante *com*. conoci*do*[da] no solo en España sino también en el extranjero

もとる 悖る ⇒はんする(反する)

もどる 戻る regresar, volver ‖ 調子が戻る recuperar el ritmo ／元に戻る volver al principio ／体調が戻る recuperar la salud ／私は20歳に戻りたい Quisiera volver a los veinte años. ／盗まれた私の財布が戻って来た Recuperé la cartera que me habían robado. ／家に戻る「volver [regresar] a casa ／席に戻る volver a *su* asiento ／来た道を戻る desandar「el camino [lo andado] ／すぐ戻ります Vuelvo enseguida.

モニター monitor *m*.

▫消費者モニター usua*rio*[ria] *mf*. de prueba

▫モニターテレビ televisor *m*. monitor

もぬけ 蛻け
〔慣用〕もぬけの殻 ‖ もぬけの殻である estar totalmente vací*o*[a]

もの ‖ いつかトレドに行ってみたいものだ Me gustaría ir a Toledo algún día. ／私は若い頃よくサッカーをしたものだ Yo jugaba mucho al fútbol cuando era joven.

もの 者 ‖ 私は田中という者です「Me llamo [Soy] Tanaka. ／運送会社の者です Soy (emplea*do*[da]) de una empresa de transporte.

もの 物 cosa *f*., (物品) objeto *m*., (品物) artículo *m*. ‖ 物がいい tener buena calidad ／物が悪い tener mala calidad ／不用な物を買う comprar cosas innecesarias ／物があふれている家 casa *f*. llena de cosas ／君が食べられない物 lo que no puedes comer ／私は何か温かい物を飲みたい Quiero tomar algo caliente. ／この車はペドロのものだ Este coche es de Pedro. ／物に憑かれたかのように como si estuviera poseí*do*[da]

〔慣用〕物がわかる ‖ 物がわかった人 persona *f*. comprensiva

〔慣用〕物ともしない ‖ 非難を物ともしない「hacer caso omiso [no hacer caso] de las críticas ／悪天候を物ともせず a pesar del mal tiempo

〔慣用〕物にする （習得する）dominar, (異性を) conquistar ‖ スペイン語を物にする dominar el español

〔慣用〕物に動じない 《慣用》estar cura*do*[da] de espantos, 《慣用》no tener sangre en las venas

〔慣用〕物になる ‖ 彼女は物になる Ella tendrá éxito.

〔慣用〕物の数ではない/物の数に入らない ser insignificante, tener poca importancia

〔慣用〕物のはずみで de forma impulsiva

〔慣用〕物は考えよう Todo depende del punto de vista. ¦ Todo depende de cómo se mire.

〔慣用〕物は相談 ‖ 物は相談だが君の車を貸してほしいんだ Tengo un favor que pedirte, ¿podrías prestarme tu coche?

〔慣用〕物は試し ‖ 物は試しだ Vamos a probar suerte.

〔慣用〕物を言う ‖ この仕事では経験が物を言う En esta profesión, lo más importante es la experiencia. ／金に物を言わせて a fuerza de dinero

ものいい 物言い （話し方）manera *f*. de hablar, (異議) objeción *f*. ‖ 物言いを付ける poner una objeción

ものいり 物入り ‖ 年の瀬はなにかと物入りだ Tenemos muchos gastos a fines de año.

ものいわぬ 物言わぬ ‖ 物言わぬ大衆 masas *fpl*.「mudas [silenciosas] ／物言わぬ証人 testigo *com*. mu*do*[da]

ものうい 物憂い lángui*do*[da], melancóli*co*[ca]

▶ 物憂げに melancólicamente, con languidez

ものうり 物売り vende*dor*[dora] *mf*. ambulante, buhone*ro*[ra] *mf*.

ものおき 物置 trastero *m*., depósito *m*. de trastos

ものおじ 物怖じ
▶ 物怖じする acobardarse ‖ この男の子は物怖じしない Este niño no es tímido.

ものおしみ 物惜しみ
▶物惜しみする ser taca*ño*[*ña*], ser ava-*ro*[*ra*]
▶物惜しみしない ser genero*so*[*sa*], ser dadivo*so*[*sa*]
▶物惜しみせずに generosamente

ものおと 物音 ruido *m*. ‖ 外で物音がする Se oye un ruido fuera.

ものおぼえ 物覚え ‖ 物覚えがいい tener buena memoria／物覚えが悪い tener mala memoria／僕は最近物覚えが悪くなっている Últimamente estoy olvidadizo.

ものおもい 物思い ‖ 物思いにふける／物思いに沈む「sumergirse [concentrarse] en *sus* pensamientos

ものかげ 物陰 ‖ 物陰に隠れる esconderse en la sombra

ものかげ 物影 figura *f*.

ものがたり 物語 historia *f*., (短篇) relato *m*., cuento *m*., (小説) novela *f*., (寓話) fábula *f*. ‖『源氏物語』Historia *f*. de Genji／『イソップ物語』Fábulas *fpl*. de Esopo
◪物語論／物語学 narratología *f*.

ものがたる 物語る narrar, relatar, contar, (示す) demostrar, indicar ‖ これらの遺跡はかつての街の姿を物語っている Estas ruinas muestran lo que fue la ciudad.

ものがなしい 物悲しい triste, melancóli*co*[*ca*], lastime*ro*[*ra*]

ものぐさ 懶／物臭
▶ものぐさな perezo*so*[*sa*], holga*zán*[*zana*], indolente

モノグラム monograma *m*.

モノクロ／モノクローム monocromía *f*.
▶モノクロの monocro*mo*[*ma*], en blanco y negro
◪モノクロ映画 película *f*. en blanco y negro

ものごい 物乞い mendicidad *f*., (人) men*digo*[*ga*] *mf*., pordiose*ro*[*ra*] *mf*.
▶物乞いする pedir limosna, mendigar, pordiosear

ものごころ 物心 ‖ 物心がつく tener uso de razón, 「llegar a [alcanzar] la edad de razón

ものごし 物腰 modales *mpl*. ‖ 彼女は物腰が上品である Ella tiene modales refinados.

ものごと 物事 cosa *f*., asunto *m*. ‖ 物事には限度がある Todas las cosas tienen un límite.／物事には順番がある Todo tiene un orden.

ものさし 物差し regla *f*., (基準) criterio *m*., pauta *f*. ‖ 1メートルの物差し regla *f*. de un metro／物差しで測る medir con la regla／彼は自分の物差しでしか物事を判断しない El no juzga las cosas sino con su criterio.

ものしり 物知り sa*bio*[*bia*] *mf*., doc*to*[*ta*] *mf*.

ものずき 物好き
▶物好きな curio*so*[*sa*], (気まぐれな) capricho*so*[*sa*] ‖ 彼は物好きなやつだ Él es un tipo curioso.

ものすごい 物凄い terrible, horrible, tremen*do*[*da*] ‖ ものすごい形相 rostro *m*. horrible／コンサート会場はものすごい人だった Había muchísima gente en el concierto.
▶ものすごく tremendamente, extremadamente ‖ ものすごく暑い Hace un calor tremendo.／ものすごく小さい extremadamente peque*ño*[*ña*], diminu*to*[*ta*]

ものたりない 物足りない ser insuficiente, dejar algo que desear ‖ この映画は少し物足りない Esta película deja algo que desear.

モノトーン
▶モノトーンの monóto*no*[*na*]

ものの ❶ (およそ・たかだか) como máximo, a lo más ‖ そのホテルはここからものの10分とかからない所にある El hotel está situado a menos de diez minutos a pie de aquí.
❷ 〜けれども・〜であるが) pero, aunque ‖ 私はコンピュータを買ったものの、何ができるのかよくわからない Me he comprado un ordenador, pero no sé qué se puede hacer con él.

もののけ 物の怪 fantasma *m*., espíritu *m*., espectro *m*.

ものほし 物干し (場所・綱) tendedero *m*., tendedor *m*.
◪物干し竿 barra *f*. para tender la colada

ものほしそう 物欲しそう
▶物欲しそうな codicio*so*[*sa*]
▶物欲しそうに ‖ 物欲しそうに見る mirar codiciosamente, 《慣用》echar el ojo 《a》

ものまね 物真似 imitación *f*., remedo *m*., mimetismo *m*.
◪物真似(を)する imitar, remedar
◪物真似芸人 artista *com*. imita*dor*[*dora*]

ものめずらしい 物珍しい ⇒めずらしい(珍しい)

ものもち 物持ち ‖ 彼女は大変な物持ちだ Ella es muy rica.／父は物持ちが良い Mi padre es cuidadoso con sus cosas.

ものものしい 物々しい (いかめしい) majestuo*so*[*sa*], solemne, (仰々しい) exagera*do*[*da*], pompo*so*[*sa*] ‖ 物々しい警備 vigilancia *f*. extrema／物々しいでたち porte *m*. solemne

ものもらい 物貰い (目の) orzuelo *m*. ‖ 私は左目に物もらいが出来た Me ha salido un orzuelo en el ojo izquierdo.

ものやわらか 物柔らか
▶物柔らかな (穏やかな) dulce, suave, (優しい) amable
▶物柔らかに suavemente, con suavidad, dulcemente

モノラル sonido *m*. monoaural

モノレール

▶モノラルの monoaural
モノレール monocarril *m.*, monorraíl *m.*, monorriel *m.*
◨懸垂式モノレール monorraíl *m.* suspendido
◨跨座式モノレール monorraíl *m.* sobre viga
モノローグ monólogo *m.*
ものわかり 物分かり ‖物分かりの良い comprensi*vo*[*va*] ／物分かりの悪い incomprensi*vo*[*va*]
ものわかれ 物別れ ‖物別れになる no llegar a un acuerdo ／交渉は物別れに終わった Se rompieron las negociaciones.
ものわすれ 物忘れ ‖最近僕は物忘れがひどい Últimamente estoy muy「olvidadizo [desmemoriado].
ものわらい 物笑い ‖物笑いの種にする「poner [dejar] a ALGUIEN en ridículo ／物笑いの種になる《慣用》quedar en ridículo, convertirse en un hazmerreír
モバイル
◨モバイルコンピューティング「informática *f.* [computación *f.*] móvil
もはや ‖もはや手遅れだ Ya es demasiado tarde. ／彼の政治生命ももはやこれまでだ Su vida política ya ha llegado al fin.
もはん 模範 ejemplo *m.*, modelo *m.*, pauta *f.* ‖模範とする seguir el ejemplo《de》, tomar como modelo ／模範となる servir de pauta ／模範を示す marcar la pauta, dar ejemplo
▶模範的な ejemplar, modél*ico*[*ca*] ‖模範的な母親 madre *f.*「ejemplar [modelo]
◨模範演技 demostración *f.*
◨模範回答 respuesta *f.* modelo
◨模範試合 partido *m.* de exhibición
◨模範生 estudiante *com.*「modelo [ejemplar]
もふく 喪服 vestido *m.* de luto, luto *m.* ‖喪服を着る ponerse de luto, vestir(se) de luto
モヘア《英語》mohair *m.*
もほう 模倣 imitación *f.*, copia *f.*
▶模倣する imitar, copiar
◨模倣犯 delincuente *com.* imita*dor*[*dora*]
◨模倣品 imitación *f.*
もまれる 揉まれる ser zarandea*do*[*da*], ser empuja*do*[*da*] ‖人ごみに揉まれる「sufrir [recibir] empujones entre la muchedumbre
もみ 籾 arroz *m.* con cáscara
◨もみ殻 barcia *f.*, ahechaduras *fpl.*
もみ 樅 (もみの木) abeto *m.*
もみあう 揉み合う empujarse, enfrentarse ‖学生が警察ともみ合った Los estudiantes se enfrentaron con la policía. ／双方でもみ合いはしたが殴り合いにはならなかった Ambos se empujaron sin llegar a golpearse.
もみあげ 揉み上げ patilla *f.* ‖もみ上げを伸ばす tener las patillas largas

もみくちゃ ‖紙をもみくちゃにする「estrujar [arrugar] una hoja de papel ／彼は記者達にもみくちゃにされた Él fue empujado y zarandeado por los periodistas.
もみけす 揉み消す ‖吸っているたばこをもみ消す aplastar la colilla ／事件をもみ消す ocultar un asunto,《慣用》echar tierra sobre un asunto
もみじ 紅葉 (カエデ) arce *m.*, (紅葉) hojas *fpl.* coloreadas ‖紅葉狩りに行く ir a ver las hojas coloreadas del otoño
もみで 揉み手 ‖もみ手をする (動作) frotarse las palmas de las manos ／もみ手をして頼み事をする rogar humildemente
もむ 揉む (紙などを) arrugar, estrujar, (体を) masajear, dar masajes ‖肩を揉む「masajear [dar masajes en] los hombros ／気を揉む inquietarse,《慣用》estar「en [sobre] ascuas《por》／キュウリを塩で揉む salar un pepino frotándolo con las manos
もめごと 揉め事 riña *f.*, roce *m.*, pelea *f.*, discordia *f.* ‖もめ事が起きた Surgió un problema. ／もめ事に巻き込まれる verse involucra*do*[*da*] en un lío
もめる 揉める complicarse, enredarse ‖交渉がもめる Se complican las negociaciones. ／また両親がもめた Mis padres han vuelto a discutir.
もめん 木綿 algodón *m.* ‖木綿の布 tela *f.* de algodón
◨木綿糸 hilo *m.* de algodón
もも 股/腿 muslo *m.* ‖ももが太い tener los muslos gruesos
◨もも肉 muslo *m.*, pierna *f.*
◨股引 calzoncillos *mpl.* largos
もも 桃 (実・木) melocotón *m.*, durazno *m.*, (木) melocotonero *m.*, duraznero *m.*
◨桃色 color *m.* rosa
ももんが 鼯鼠 ardilla *f.* voladora (雄・雌)
もや 靄 niebla *f.*, neblina *f.* ‖靄がかかる Cae la niebla. ／靄が晴れる Se desvanece la niebla.
▶靄のかかった nebul*oso*[*sa*], neblin*oso*[*sa*]
もやい 舫い綱 amarra *f.*
もやし brotes *mpl.* de soja
もやす 燃やす (物を) quemar, (火をつける) encender, prender ‖火を燃やす encender el fuego ／情熱を燃やす apasionarse《con, por》, sentir mucha pasión
もやもや
▶もやもやした va*go*[*ga*], confu*so*[*sa*], (滅入った) deprimi*do*[*da*] ‖もやもやした考え idea *f.* vaga
▶もやもやする ‖僕は気分がもやもやする Estoy un poco「deprimido [bajo de ánimo].
もよう 模様 dibujo *m.*, motivo *m.*, estampado *m.*, (様子・状況) circunstancia *f.*, situación *f.* ‖花柄の模様の布 tela *f.* estampa-

もよう da con flores／事故の模様 circunstancias *fpl.* del accidente／模様を付ける poner dibujos《en》／列車の到着は遅れる模様だ「Se supone [Parece] que el tren llega con retraso.
▶模様替え redecoración *f.* de la casa∥家の模様替えをする redecorar la casa

もよおし 催し acto *m.*,（集会）reunión *f.*,（儀式）ceremonia *f.*,（宗教上の）función *f.*
▶催し物 *m.*, espectáculo *m.*,（祭りの）festejos *mpl.*∥催し物会場（デパートなどの）área *f.* de eventos especiales

もよおす 催す celebrar, organizar∥展覧会を催す organizar una exposición／眠気を催す tener sueño／寒気を催す sentir frío

もより 最寄り
▶最寄りの *el*[*la*]『+名詞』más cerc*ano*[*na*], *el*[*la*]『+名詞』más próxi*mo*[*ma*]∥最寄りの駅 la estación más cercana

もらいご 貰い子 hij*o*[*ja*] *mf.* adopti*vo*[*va*], hij*o*[*ja*] *mf.* adopta*do*[*da*]

もらいて 貰い手∥犬のもらい手を探す buscar a alguien que quiera tener un perro

もらいなき 貰い泣き
▶もらい泣きする llorar contagia*do*[*da*] por el llanto de ALGUIEN,（同情で）llorar por compasión

もらいもの 貰い物 regalo *m.*
▶貰い物をする recibir un regalo

もらう 貰う recibir, obtener∥私は写真のコンクールで一等賞をもらった Me concedieron el primer premio en un concurso fotográfico.／彼女は両親から犬を一匹もらった A ella le regalaron sus padres un perro.／子供をもらう adoptar a *un*[*una*] niñ*o*[*ña*]／この靴をもらいます（買い物で）Me quedo con estos zapatos.／この勝負は私がもらった Ganaré este juego.／助言してもらう「aconsejarse [recibir (un) consejo] de ALGUIEN

もらす 漏らす／洩らす dejar escapar,（水・音・光などを）dejar filtrar∥ため息をもらす dejar escapar un suspiro／小便をもらす orinarse,《俗語》mearse／秘密をもらす「revelar [airear] un secreto／辞意をもらす dejar entrever *su* dimisión

モラトリアム moratoria *f.*

モラル moral *f.*, moralidad *f.*,（倫理）ética *f.*
▶モラリスト moralista *com.*
▶モラルハザード riesgo *m.* moral
▶モラルハラスメント acoso *m.*「psicológico [moral]」

もり 森/杜 bosque *m.*,（密林）selva *f.*

もり 銛 arpón *m.*∥銛を打ち込む arponear
▶銛打ち（人）arpone*ro*[*ra*] *mf.*

もりあがり 盛り上がり animación *f.*, entusiasmo *m.*,（隆起）levantamiento *m.*∥試合は盛り上がりに欠けた El partido careció de emociones.

もりあがる 盛り上がる animarse,（隆起する）levantarse∥気分が盛り上がる animarse／昨日のパーティーは盛り上がった La fiesta de ayer fue muy animada.／地面が盛り上がる Se levanta la tierra.

もりあげる 盛り上げる animar, alentar,（積む）acumular, amontonar∥土を盛り上げる「amontonar [acumular] tierra／祭りを盛り上げる animar la fiesta

もりあわせ 盛り合わせ∥鶏肉とジャガイモの盛り合わせ plato *m.* combinado de pollo y patatas／デザートの盛り合わせ surtido *m.* de postres

もりかえす 盛り返す recuperar, recobrar∥勢いを盛り返す「recuperar [recobrar] fuerzas

もりこむ 盛り込む incluir, incorporar∥携帯電話に新しい機能を盛り込む incorporar una nueva función al teléfono móvil／面白い話が盛り込まれた本 libro *m.* lleno de anécdotas divertidas

もりだくさん 盛り沢山∥今日はスポーツイベントが盛りだくさんだ Hoy se celebran muchos eventos deportivos.
▶盛りだくさんの un montón《de》, abundante

もりつける 盛り付ける∥料理を盛りつける「presentar [decorar] una comida

モリブデン 《化学》molibdeno *m.*（記号 Mo）

もりもり∥もりもり食べる comer con mucho apetito,《慣用》comer como una lima／筋肉がもりもりだ tener los músculos desarrollados

もる 盛る （積み上げる）acumular, amontonar,（料理を）poner, servir∥毒を盛る envenenar, poner veneno／土を盛る「amontonar [acumular] tierra／皿に料理を盛る「poner [servir] la comida en un plato

もる 漏る/洩る gotear,（容器が）salirse ⇒ もれる（漏れる/洩れる）

モル 《化学》mol *m.*
▶モル質量 masa *f.* molar
▶モル濃度 molaridad *f.*

モルタル argamasa *f.*, mortero *m.*

モルト （麦芽）malta *f.*
▶モルトウイスキー whisky *m.* de malta

モルヒネ morfina *f.*
▶モルヒネ中毒 morfinismo *m.*,（人）morfinóma*no*[*na*] *mf.*

モルモット conejillo *m.* de Indias, cobaya *f*(*m*).,（中南米）cuy *m.*∥モルモットとして利用する utilizar a ALGUIEN como conejillo de Indias

もれ 漏れ/洩れ escape *m.*, fuga *f.*,（脱け落ちること）omisión *f.*∥ガス漏れ「escape *m.* [fuga *f.*] de gas／リストには重大な記入漏れ

もれきく 漏れ聞く/洩れ聞く‖私は～だと漏れ聞いた Ha llegado a mis oídos que『+直説法』. /漏れ聞くところによれば según he oído decir, según ha llegado a mis oídos

もれなく 漏れなく sin excepción‖参加者全員にもれなく賞を差し上げます Todos los participantes ganarán un premio sin excepción.

もれる 漏れる/洩れる （気体・液体が）escaparse, （情報・秘密が）filtrarse, （容器が）salirse‖この洗濯機は水が漏れる Esta lavadora pierde agua. /蛇口から水が漏れている El grifo gotea. /扉の隙間から光が漏れている La luz se filtra por las rendijas de la puerta. /彼は選に漏れた Él no resultó seleccionado.

もろい 脆い frágil, quebradi*zo*[*za*]‖もろい地盤 suelo *m.* frágil /情にもろい人 persona *f.* sentimental /涙もろい ser de lágrima fácil

▶**もろくも** fácilmente‖私たちのチームはもろくも敗れ去った Nuestro equipo fue derrotado fácilmente

もろて 諸手‖諸手を挙げて賛成する dar *su* total aprobación《a》

もろとも 諸共‖死なばもろともだ Si hay que morir, moriremos juntos.

もろに （直接に）directamente‖影響をもろに受ける recibir una influencia directa

もろは 諸刃
〔慣用〕諸刃の剣《慣用》arma *f.* de「dos filos [doble filo]

もろもろ 諸諸 ⇒さまざま（様様）・いろいろ

もん 門 puerta *f.*, （鉄格子の） cancela *f.*,《生物》filo *m.*‖門が開く Se abre la puerta. /門が閉まる Se cierra la puerta. /門をくぐる atravesar una puerta /門を叩く golpear la puerta, （ノックする） llamar a la puerta /門を閉ざす cerrar una puerta
▣門構え‖立派な門構えの家 casa *f.* con una puerta suntuosa

もん 紋 ⇒もんしょう（紋章）・もよう（模様）
▣家紋 escudo *m.* familiar

もんえい 門衛 ⇒もんばん（門番）

もんか 門下‖その柔道家（男性）は嘉納門下だ Este yudoca es uno de los discípulos del maestro Kano.
▣門下生 alum*no*[*na*] *mf.*, discípu*lo*[*la*] *mf.*

もんがいかん 門外漢 profa*no*[*na*] *mf.*, le*go*[*ga*] *mf.*‖私はサッカーについてはまったくの門外漢です Soy totalmente profa*no*[*na*] en el fútbol.

もんきりがた 紋切り型 estereotipo *m.*
▶紋切り型の estereotipa*do*[*da*]

もんく 文句 frase *f.*, palabra *f.*, （不平・不満） queja *f.*, reclamación *f.*‖歌の文句「frases *fpl.* [palabras *fpl.*] de una canción /何か文句がありますか ¿Tiene algo que objetar? /文句を言う quejarse,《抗議する》「protestar [reclamar]《contra》
〔慣用〕文句をつける《慣用》poner peros《a》‖文句のつけようがない impecable, intachable, irreprochable
▣名文句 frase *f.* célebre

もんげん 門限 hora *f.* fijada de regreso a casa

もんこ 門戸‖門戸を閉ざす cerrar la puerta《a》/門戸を開く abrir la puerta
▣門戸開放政策 política *f.* de puertas abiertas

もんし 門歯 incisivo *m.*, diente *m.* incisivo

もんしょう 紋章 blasón *m.*, escudo *m.* de armas, emblema *m.*
▣紋章学 heráldica *f.*

もんしろちょう 紋白蝶 blanquita *f.* (de la col)

もんしん 問診
▶問診する preguntar sobre los síntomas
▣問診票 cuestionario *m.* sobre síntomas

もんじん 門人 ⇒もんか（⇒門下生）

モンスーン monzón *m.*

モンスター monstruo *m.*
▣モンスターペアレント hiperpadres *mpl.*, padres *mpl.* helicópteros, （父親）padre *m.* helicóptero, （母親）madre *f.* helicóptero

もんせき 問責
▶問責する censurar
▣問責決議 moción *f.* de censura

もんぜつ 悶絶
▶悶絶する desmayarse de dolor

もんぜんばらい 門前払い
▶門前払いする《慣用》dar con la puerta en las narices a ALGUIEN
▣門前町 ciudad *f.* templo, ciudad *f.* catedral

モンタージュ montaje *m.*
▣モンタージュ写真 fotomontaje *m.*, retrato *m.* robot

もんだい 問題 problema *m.*, （事柄）cuestión *f.*, asunto *m.*, （主題）tema *m.*‖やっかいな問題 problema *m.* 「espinoso [enrevesado] /身近な問題 problema *m.* cercano /問題なく sin problema(s), sin dificultad
[問題である][問題は～である]‖それは問題だ Eso es un problema. /それは時間の問題だ Es una cuestión de tiempo. /それとこれとは別問題だ Son cuestiones distintas. /問題は君の態度だ El problema es tu actitud. /値段が高くても問題（では）ない No me importa el precio aunque sea caro.
[問題が]‖健康上の問題がある tener un problema de salud /一つ問題が起こった Ha surgido un problema. /私には解決すべき問題がある Tengo un asunto que resolver.

[問題に] ‖問題に答える contestar (a) una pregunta／大臣(男性)の失言を問題にする cuestionar palabras inadecuadas del ministro／問題に取り組む「afrontar [abordar] un problema／水不足が深刻な問題になっている La escasez de agua constituye un grave problema.／騒音の問題に悩む sufrir el problema del ruido／問題にぶつかる/問題に直面する「encontrarse [tropezar] con un problema

[問題の] ‖問題の人物 persona *f.* en cuestión／問題のある problem*á*ti*co*[*ca*], con problemas／問題のある関係 relaciones *fpl.* problemáticas

[問題を] ‖問題を起こす「causar [crear, acarrear] un problema／問題を解決する「solucionar [resolver] un problema／問題を抱える tener un problema／算数の問題を出す「dar [presentar] un problema de aritmética, poner preguntas de aritmética／問題を提起する/問題を投げかける plantear un problema／英語の問題を解く resolver ejercicios de inglés／問題を掘り下げる profundizar en「un problema [una cuestión]／問題を蒸し返す reavivar el problema

▶問題化 problematización *f.* ‖問題化する problematizar

◪問題意識 ‖問題意識を持つ tomar conciencia del problema 《de》

◪問題外 ‖問題外である estar fuera de cuestión／それは問題外だ De eso ni hablar.

◪問題作 obra *f.* polémica ‖これが問題作の映画だ Esta es una película polémica.

◪問題視 ‖問題視する cuestionar, considerar ALGO problem*á*ti*co*, 《慣用》poner ALGO en tela de juicio

◪問題児 ni*ñ*o[*ña*] *mf.* problem*á*ti*co*[*ca*]

◪問題集 cuaderno *m.* de ejercicios

◪問題点 punto *m.* problemático,《話》busilis *m.*[=*pl.*] ‖問題点を確認する identificar los puntos problemáticos

◪問題用紙 cuestionario *m.* del examen

もんちゃく 悶着 ⇒もめごと(揉め事)

もんちゅう 門柱 「poste *m.* [pilar *m.*] de la puerta

もんてい 門弟 ⇒でし(弟子)

もんと 門徒 discípu*lo*[*la*] *mf.*,（信者）creyente *com.*, fiel *com.*

もんどう 問答 （質問と回答）pregunta *f.* y respuesta *f.*,（対話）diálogo *m.*, conversación *f.* ‖問答無用だ ¡Nada de discusiones!

もんどり 翻筋斗 ‖もんどりを打つ dar una voltereta

もんなし 文無し
▶文無しになる quedarse sin dinero,《慣用》「quedarse [estar sin] blanca

もんばつ 門閥 linaje *m.*

もんばん 門番 porte*ro*[*ra*] *mf.*, guar*dián* [*diana*] *mf.*

◪門番小屋 portería *f.*

もんぶ 文部
◪文部科学省 Ministerio *m.* de Educación, Cultura, Deportes, Ciencia y Tecnología
◪文部科学大臣 minis*tro*[*tra*] *mf.* de Educación, Cultura, Deportes, Ciencia y Tecnología
◪文部省 Ministerio *m.* de Educación

もんもう 文盲 analfabetismo *m.*,（人）analfabe*to*[*ta*] *mf.* ⇒ひしきじ(非識字)
▶文盲の analfabe*to*[*ta*]
▶文盲率「índice *m.* [tasa *f.*] de analfabetismo ⇒ひしきじ(→非識字率)

もんもん 悶悶
▶悶々とする atormentarse, angustiarse

もんよう 紋様/文様 ⇒もよう(模様)

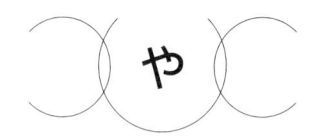

や (そして) y, (hi, iで始まる語の前で) e, (あるいは) o, (ho, oで始まる語の前で) u ‖ 赤や黄色の花 flores *fpl.* rojas y amarillas／トンボや蝶をとる cazar mariposas y libélulas

や 矢 flecha *f.*, saeta *f.* ‖ 弓と矢 arco *m.* y flecha *f.*／矢をつがえる cargar una flecha／矢を射る「disparar [arrojar, tirar] una flecha／矢のように速い ser (tan) rápid*o*[*da*] como una flecha
〔慣用〕白羽の矢が立つ ser elegid*o*[*da*] entre much*os*[*chas*] candidat*os*[*tas*]
〔慣用〕矢でも鉄砲でも持って来い Estoy dispues*to*[*ta*] a afrontar cualquier desafío.
〔慣用〕矢のごとし／光陰矢のごとし El tiempo pasa volando. ¡ El tiempo vuela.
〔慣用〕矢の催促／矢の催促をする apremiar constantemente
〔慣用〕矢も盾もたまらず morirse de ganas 《de》, estar ansios*o*[*sa*]《por》‖ 彼は試合に出たくて矢も盾もたまらなかった Él se moría de ganas de jugar en el partido.

やあ (呼びかけ) ¡Hola!, ¿Qué hay?

ヤード (長さの単位) yarda *f.*
▣ヤードポンド法 sistema *m.* anglosajón de unidades

やいば 刃 filo *m.*, (刃物) arma *f.* blanca
〔慣用〕刃を向ける desobedecer,《慣用》「mostrar [enseñar] los dientes《a》
〔慣用〕刃に掛ける matar a ALGUIEN con una espada

やいん 夜陰 oscuridad *f.*「nocturna [de la noche]‖ 夜陰に乗じて bajo el manto de la「noche [oscuridad]

やえ 八重 ‖ 八重咲きの花 flores *fpl.* dobles
▣八重桜 cerezo *m.* de flores dobles
▣八重歯 sobrediente *m.*

やえい 野営 campamento *m.*, vivac *m.*
▶野営する acampar, vivaquear, hacer vivac
▣野営地 vivac *m.*, vivaque *m.*

やおちょう 八百長 tongo *m.* ‖ 八百長をして負ける dejarse ganar haciendo tongo
▣八百長試合 partido *m.*「tramado [amañado]

やおもて 矢面 ‖ 非難の矢面に立つ ser objeto de censuras

やおや 八百屋 (店) verdulería *f.*, (人) verdule*ro*[*ra*] *mf.*

やかい 夜会 velada *f.*
▣夜会服（女性）「vestido *m.* [traje *m.*] de noche, (男性) traje *m.* de etiqueta, (タキシード) esmoquin *m.*

やがい 野外 ‖ 野外の催し evento *m.* al aire libre
▶野外で al aire libre
▣野外演習 (軍の) maniobras *fpl.* en el campo
▣野外劇場 teatro *m.* al aire libre
▣野外研究 estudio *m.* de campo
▣野外コンサート concierto *m.* al aire libre
▣野外集会 reunión *f.* al aire libre

やがく 夜学 escuela *f.* nocturna, (授業) clase *f.* nocturna ‖ 夜学に通う asistir a clases nocturnas
▣夜学生 estudiante *com.* de clases nocturnas

やかた 館 casa *f.* solariega, mansión *f.*, palacio *m.*

やかたぶね 屋形船 barco *m.* de recreo con techo

やがて (まもなく) pronto, dentro de poco, (結局) finalmente, al final ‖ 私たちが店を出してやがて3年になる Dentro de poco hará tres años que abrimos la tienda.／このまま原子力に頼っていると、やがては取り返しのつかないことになるだろう Si seguimos dependiendo de la energía nuclear, al final nos meteremos en una situación irreversible.

やかましい 喧しい (音がうるさい) ruidos*o*[*sa*], estrepitos*o*[*sa*], (厳しい) sever*o*[*ra*], estrict*o*[*ta*] ‖ やかましい笑い声 risa *f.* estrepitosa／彼は自分の子供たちの躾にやかましい Él es estricto con la educación de sus hijos.／食べ物にやかましい ser exigente en la comida／環境汚染に対してやかましい ser sensible a la contaminación medioambiental
▶やかましく ruidosamente, estrepitosamente, (何度も) repetidas veces, insistentemente ‖ 礼儀作法をやかましく教える enseñar modales repetidas veces／目覚ましがやかましく鳴る El despertador suena estrepitosamente.

やから 輩/族 banda *f.*, (一族) familia *f.*, clan *m.*

やかん 夜間 noche *f.*
▶夜間の noctur*no*[*na*] ‖ 夜間の外出を控える evitar salir por la noche
▶夜間に por la noche

- 夜間営業‖夜間営業の店 tienda *f.* abierta toda la noche
- 夜間演習 maniobras *fpl.* nocturnas
- 夜間外出禁止令 toque *m.* de queda
- 夜間金庫 buzón *m.* de depósitos nocturnos
- 夜間勤務 turno *m.* de noche
- 夜間試合 partido *m.* nocturno
- 夜間診療 servicio *m.* médico nocturno
- 夜間飛行 vuelo *m.* nocturno
- 夜間部 (大学などの) curso *m.* nocturno

やかん 薬缶 hervidor *m.*

やき 焼き (食べ物の) asación *f.*, (陶器などの) cocción *f.*, (金属の) temple *m.*‖このパイは少し焼きが足りない A esta tarta le falta un poco más de horneado.
- 焼きが回る perder *su* habilidad
- 焼きを入れる (人に) sancionar, castigar, (金属に) templar
- 伊万里焼 porcelana *f.* de Imari
- 焼き入れ templado *m.* del acero

やぎ 山羊 cabra *f.*, (雄) cabrón *m.*, macho *m.* cabrío, (子山羊) chivo[va] *mf.*‖山羊を飼う「tener [criar] cabras ／山羊が鳴く balar, dar balidos
- 山羊皮 [piel *f.* [cuero *m.*] de cabra
- 山羊乳 leche *f.* de cabra
- 山羊ひげ perilla *f.*, barba *f.* de chivo

やきあがる 焼き上がる (食べ物が) estar hecho[cha], (焼き魚などが) estar asado[da], (陶器が) estar cocido[da], (写真が) estar revelado[da]

やきあみ 焼き網 parrilla *f.*

やきいも 焼き芋 boniato *m.* asado‖ほかほかの焼き芋 boniato *m.* recién asado

やきいん 焼き印 marca *f.* de hierro candente‖焼き印を押す marcar con hierro candente, (家畜に) herrar

やきうち 焼き討ち ataque *m.* con fuego‖城を焼き討ちにする incendiar un castillo
- 焼き討ちする atacar con fuego, incendiar, prender fuego《a》

やきぐし 焼き串 pincho *m.*, broqueta *f.*, brocheta *f.*, asador *m.*

やきぐり 焼き栗 castañas *fpl.* asadas

やぎざ 山羊座 Capricornio *m.*
- 山羊座生まれの(人) capricornio (*com.* [=*pl.*])《性数不変》

やきざかな 焼き魚 pescado *m.* 「a la plancha [al horno, asado]

やきすてる 焼き捨てる quemar, echar ALGO al fuego

やきそば 焼き蕎麦 fideos *mpl.* fritos

やきたて 焼き立て
- 焼き立ての recién hecho[cha], recién horneado[da]‖焼き立てのパン pan *m.* recién 「hecho [salido del horno], pan *m.* reciente

やきつく 焼き付く (記憶が残る) quedarse grabado[da]‖恐ろしい光景が私の目に焼き付いた La imagen espantosa se me quedó grabada en la mente.

やきつくす 焼き尽くす quemar completamente‖火事は1000ヘクタール以上の牧草地を焼き尽くした El fuego arrasó más de mil hectáreas de pasto.／爆撃ですべてが焼き尽くされた Todo quedó reducido a cenizas por los bombardeos.

やきつけ 焼き付け (写真の) positivado *m.*, impresión *f.*, (陶器の) segunda cocción *f.*

やきつける 焼き付ける (写真を) imprimir, positivar, (記憶に) grabar ALGO en la memoria‖焼きつけるような夏の日ざし 「fuerte [potente] luz *f.* solar veraniega

やきとり 焼き鳥 「brocheta *f.* [pincho *m.*] de pollo‖焼き鳥をたれにつける poner salsa en la brocheta de pollo
- 焼き鳥屋 「restaurante *m.* [bar *m.*] de brochetas de pollo

やきなおし 焼き直し refundición *f.*, refrito *m.*‖これは前の人気ドラマの焼き直しだ Esta telenovela es un refrito de otra que tuvo mucho éxito.

やきなおす 焼き直す (再び焼く) volver a asar, (作り直す) refundir

やきなまし 焼きなまし recocido *m.*
- 焼きなましする recocer

やきにく 焼き肉 carne *f.* 「a la plancha [asada], asado *m.*
- 焼き肉屋 restaurante *m.* de carne a la plancha

やきのり 焼き海苔 láminas *fpl.* secas de alga asada

やきはたのうぎょう 焼き畑農業 agricultura *f.* de tala y quema

やきはらう 焼き払う abrasar, quemar por completo‖村を焼き払う incendiar un pueblo

やきぶた 焼き豚 carne *f.* de cerdo asada

やきまし 焼き増し copia *f.*
- 焼き増しする hacer copia de una foto

やきめし 焼き飯 arroz *m.* frito, arroz *m.* tres delicias

やきもき
- やきもきする inquietarse‖やきもきしながら娘の帰りを待つ esperar con inquietud la llegada de *su* hija
- やきもきしている estar 「inquieto[ta] [impaciente]

やきもち 焼き餅 (焼いた餅) pasta *f.* de arroz a la parrilla; (嫉妬) celos *mpl.*‖やきもちを焼く ponerse celoso[sa], tener celos
- やきもち焼き (人) celoso[sa] *mf.*

やきもの 焼き物 (陶器) cerámica *f.*, (磁器) porcelana *f.*, 《集合名詞》 loza *f.*; (料理) platos *mpl.* asados

- 焼き物師 alfare*ro*[*ra*] *mf*., ceramista *com*.

やきゅう 野球 béisbol *m*. ‖ 野球を観戦する ver un partido de béisbol / 野球の試合を中継する transmitir un partido de béisbol en directo
▶ 野球をする jugar al béisbol
- 硬式野球 béisbol *m*. con pelota dura
- 軟式野球 béisbol *m*. con pelota blanda
- プロ野球 béisbol *m*. profesional
- 野球場 estadio *m*. de béisbol
- 野球選手 juga*dor*[*dora*] *mf*. de béisbol
- 野球チーム equipo *m*. de béisbol
- 野球ファン aficiona*do*[*da*] *mf*. de béisbol
- 野球帽 gorra *f*. de béisbol

野球用語

試合
イニング entrada *f*. / 九回の裏 parte *f*. baja de la novena entrada / 九回の表 parte *f*. alta de la novena entrada / オープン戦 juego *m*. de exhibición

球場・道具
グラウンド campo *m*. de béisbol / ブルペン《英語》bull pen *m*. / ダッグアウト banquillo *m*., 《中南米》cueva *f*. / グローブ/ミット guante *m*. / ボール pelota *f*. / バット bate *m*. / マウンド montículo *m*. del lanzador / ホームベース《英語》home *m*. / 一塁 primera base *f*. / 二塁 segunda base *f*. / 三塁 tercera base *f*., antesala *f*. / 内野 cuadro *m*. interior, diamante *m*. / 外野 jardines *mpl*.

選手（守備）
バッテリー batería *f*. / ピッチャー/投手 lanza*dor*[*dora*] *mf*. / 先発投手 lanza*dor*[*dora*] *mf*. abri*dor*[*dora*] / リリーフ投手 lanza*dor*[*dora*] *mf*. de relevo, (火消し役) apagafuegos *com*.[=*pl*.] / 中継ぎ投手 relevista *com*. de medio juego / 救援投手 lanza*dor*[*dora*] *mf*. de relevo / キャッチャー recep*tor*[*tora*] *mf*. / 一塁手 primera base *com*., inicialista *com*. / 二塁手 segunda base *com*., intermediarista *com*. / 三塁手 tercera base *com*., antesalista *com*. / 内野手 juga*dor*[*dora*] *mf*. de cuadro interior / ショート para*dor*[*dora*] *mf*. en corto,《英語》shortstop *com*. / 外野手 jardine*ro*[*ra*] *mf*. central / ライト jardine*ro*[*ra*] *mf*. dere*cho*[*cha*] / レフト jardine*ro*[*ra*] *mf*. izquier*do*[*da*]

選手（打撃）
バッター batea*dor*[*dora*] *mf*. / 長打者 batea*dor*[*dora*] *mf*. de largo alcance / スイッチヒッター batea*dor*[*dora*] *mf*. 「ambidex*tro*[*tra*] [ambidies*tro*[*tra*]] /

ファーストランナー corre*dor*[*dora*] *mf*. de primera base / ピンチランナー corre*dor*[*dora*] *mf*. emergente

守備
トリプルプレー《英語》triple play *m*. / ダブルプレー doble matanza *f*. / ノータッチ sin toque / セーフ《英語》safe *m*. / アウト《英語》out *m*. / フォースアウト force-out *m*., out *m*. forzado

投球
牽制球 lanzamiento *m*. hacia la base ocupada / 変化球 bola *f*. quebrada / カーブ curva *f*. / ボーク《英語》balk *m*. / フォークボール bola *f*. de tenedor, bola *f*. recta de tres dedos / 暴投/ワイルドピッチ lanzamiento *m*. descontrolado / フォアボール base *f*. por bolas / ストライク《英語》strike *m*., bola *f*. / 三振 ponchado *m*., ponche *m*.,《英語》strike out *m*. / フルカウント cuenta *f*. completa / セットポジション posición *f*. fija / ノーヒットノーラン《英語》no-hitter *m*. / 完全試合 juego *m*. perfecto

攻撃
安打《英語》hit *m*., batazo *m*. bueno / 内野安打 hit *m*. en el cuadro interior / 二塁打 biangular *m*., doble *m*., dobletazo *m*. / 三塁打 triple *m*., tripletazo *m*. / フライ《英語》fly *m*., globo *m*. / 犠牲フライ fly *m*. de sacrificio / ライトフライ fly *m*. al jardín derecho / ホームラン jonrón *m*. / ソロホームラン 「jonrón *m*. [cuadrangular *m*.] de una carrera / サヨナラホームラン jonrón *m*. walk-off / ランニングホームラン jonrón *m*. 「de piernas [dentro del parque] / 犠牲バント toque *m*. de sacrificio / セーフティーバント toque *m*. de bola para ganar la primera base / 盗塁 robo *m*. de base / ダブルスチール doble robo *m*. de base / ヒットエンドラン《英語》hit-and-run *m*. / スイング《英語》swing *m*., abanico *m*. / 打撃 bateo *m*. / 残塁 quedado *m*. en base / 走塁 corrido *m*. de bases / スクイズ《英語》squeeze play *m*., jugada *f*. de cuña / フルベース bases *fpl*. llenas

やきん 冶金 metalurgia *f*.
▶ 冶金の metalúrgi*co*[*ca*]
- 冶金学 metalurgia *f*.
- 冶金技師 metalúrgi*co*[*ca*] *mf*., metalurgista *com*.

やきん 夜勤 「trabajo *m*. [turno *m*.] nocturno
▶ 夜勤をする trabajar de noche
- 夜勤手当 plus *m*. de trabajo nocturno

やく 厄 mala suerte *f*., (厄年) año *m*. climatérico ‖ 厄を祓う expulsar la mala suer-

te, exorcizar
やく 役 ❶ (役目) papel *m*., rol *m*., función *f*. ‖ 重要な役を果たす desempeñar un papel importante ／ 受付の役を引き受ける aceptar el trabajo de recepcionista ／ 彼女はその役にぴったりだ Ella es idónea para ese papel.
〔慣用〕役に立つ servir《para》, ser útil《para》‖ どんな物でもそれなりに役に立つ Cada cosa tiene su utilidad. ／ そんなことをしても何の役にも立たない No sirve para nada hacer eso. ／ 役に立つ情報 información *f*. útil ／ 役に立たない道具 herramienta *f*. inútil
〔慣用〕役を振る repartir papeles《entre》
❷ (地位) cargo *m*., puesto *m*. ‖ 会長の役を退く dimitir como presiden*te*[*ta*], abandonar el cargo de presiden*te*[*ta*] ／ 彼には理事の役は重すぎる A él le viene ancho el cargo de director. ／ 役がつく (トランプなどで) ganar puntos extras por tener「combinación [carta, pieza] especial
❸ (演劇などの) papel *m*. ‖ ドンファンの役を演じる interpretar el papel de don Juan ／ 彼に将軍の役が振り当てられた A él le asignaron el papel de general.
やく 約 aproximadamente, más o menos, u*nos*[*nas*]〖+数詞〗‖ 約2時間 unas dos horas
やく 訳 traducción *f*., versión *f*. ‖ 原文に忠実な訳 traducción *f*. fiel al original ／ スペイン語訳をつける traducir ALGO al español ／ 『ドンキホーテ』の日本語訳「traducción *f*. [versión *f*.] japonesa del *Quijote*
やく 妬く ponerse celo*so*[*sa*],「tener [sentir] celos
やく 焼く (燃やす) quemar, abrasar, (食べ物を) asar, (オーブンで) hornear ‖ 魚を焼く asar el pescado ／ パンを焼く (作る) cocer el pan ／ トーストを焼く tostar el pan ／ オーブンで鶏肉を焼く hornear el pollo ／ ステーキはよく焼いて下さい Póngame el filete bien hecho, por favor. ／ 肌を日に焼く broncear la piel ／ 遺体を焼く incinerar un cadáver ／ レンガを焼く cocer ladrillos ／ 炭を焼く hacer carbón ／ 赤く焼けた鉄 hierro *m*. candente ／ ゴミを焼く quemar basuras ／ やきもちを焼く「tener [sentir] celos, envidiar ／ 世話を焼く cuidar, atender
やぐ 夜具 ropa *f*. de cama
やくいん 役員 directi*vo*[*va*] *mf*. ‖ 役員を務める desempeñar el cargo de directi*vo*[*va*]
▰ 役員会 comité *m*. directivo, junta *f*. directiva
▰ 役員室 despacho *m*. de los directivos
▰ 役員報酬 remuneración *f*. de los directivos
やくがい 薬害 efecto *m*.「nocivo [perjudicial] causado por la medicación

▰ 薬害エイズ escándalo *m*. de los hemofílicos infectados con el VIH mediante hemoderivados contaminados
やくがく 薬学 farmacia *f*.
▰ 薬学博士 doc*tor*[*tora*] *mf*. en Farmacia
▰ 薬学部 Facultad *f*. de Farmacia
やくがら 役柄 papel *m*., (役目の性質) naturaleza *f*. del cargo ‖ 役柄を重んじる dar importancia al papel ／ 裁判官はその役柄上慎重な人物でなければならない Un juez, por la naturaleza del cargo que desempeña, debería ser una persona discreta.
やくご 訳語 traducción *f*., palabra *f*. traducida ‖ この語に対応するスペイン語の訳語がない Esta palabra no tiene traducción al español.
やくざ mafia *f*. japonesa, (人) mafio*so*[*sa*] *mf*.
▷ やくざな inútil, sin valor
▰ やくざ映画 película *f*. de「mafiosos [mafia]
やくざい 薬剤 fármaco *m*.
▰ 薬剤師 farmacéuti*co*[*ca*] *mf*., botica*rio*[*ria*] *mf*.
やくじ 薬事
▰ 薬事行政 administración *f*. farmacéutica
▰ 薬事法 Ley *f*. de Asuntos Farmacéuticos
やくしゃ 役者 (男優) actor *m*., (女優) actriz *f*. ‖ 役者になる hacerse ac*tor*[*triz*]
〔慣用〕役者が一枚上だ〔慣用〕tener más tablas que ALGUIEN, obrar con más táctica que ALGUIEN
〔慣用〕役者が揃う ‖ 役者が揃った Se han reunido todos los interesados.
▰ 喜劇役者 cómi*co*[*ca*] *mf*.
▰ 千両役者 gran ac*tor*[*triz*] *mf*.
▰ 花形役者 estrella *f*.
やくしゃ 訳者 traduc*tor*[*tora*] *mf*.
やくしょ 役所 oficina *f*.「pública [gubernamental] ‖ 役所に勤める trabajar en la oficina pública
▰ お役所仕事 burocracia *f*.
やくしょ 訳書 libro *m*. traducido, traducción *f*.
やくじょう 約定 ⇒けいやく (契約)
やくしょく 役職 cargo *m*. directivo ‖ 部長の役職にある ocupar el puesto de direc*tor*[*tora*] de sección ／ 役職に就く asumir el cargo directivo ／ 役職を退く dejar *su* cargo directivo
▰ 役職者 directi*vo*[*va*] *mf*.
▰ 役職手当 plus *m*. salarial de los directivos
やくしん 躍進 gran progreso *m*.
▷ 躍進する hacer grandes progresos,「avanzar [progresar] notablemente
やくす 約す (約分する) simplificar, reducir, (約束する) prometer, (要約する) resumir, abreviar

やくす 訳す traducir, verter ‖ スペイン語の文章を日本語に訳す traducir un texto español al japonés

やくすう 約数 divisor *m.*, parte *f.* alícuota

やくぜん 薬膳 cocina *f.* medicinal china
◪薬膳療法 terapia *f.* alimentaria china

やくそう 薬草 「hierba *f.* [planta *f.*] medicinal」‖ 薬草を煎じる hacer una infusión de hierbas medicinales
◪薬草園 jardín *m.* de plantas medicinales
◪薬草茶 infusión *f.*

やくそく 約束 promesa *f.*, (人と会う) cita *f.*, (決まり) norma *f.* ‖ 堅い約束 promesa *f.* firme ／約束を守る cumplir 「su promesa [*su* palabra, lo prometido] ／約束を破る 「romper [incumplir, quebrantar] *su* promesa, faltar a *su* palabra ／約束をすっぽかす dejar a ALGUIEN planta*do* ／約束を果たす cumplir con *su* promesa ／結婚の約束をする comprometerse《con》／約束の時間に a la hora 「acordada [fijada] ／それは約束が違うよ Eso no es en lo que habíamos quedado.
▶約束通り ‖ 約束通り彼はホテルのロビーに現れた Él vino al vestíbulo del hotel como 「me había prometido [habíamos quedado].
▶約束する prometer, (人と会う) quedar ‖ もう酒は決して飲まないと私は妻に約束した Prometí a mi mujer no beber nunca más. ／彼は将来が約束されている Él tiene asegurado su futuro.
◪約束事 (規則) regla *f.*, norma *f.*, (約束) promesa *f.*
◪約束手形 pagaré *m.*, letra *f.* de cambio ‖ 約束手形を振り出す girar un pagaré

やくだつ 役立つ servir《para》, ser útil《para》, tener utilidad《para》‖ 身を守るのに役立つ ser útil para protegerse

やくだてる 役立てる hacer (buen) uso de ALGO, aprovechar ‖ 日常生活に役立てる aprovechar ALGO para la vida cotidiana

やくちゅう 訳注 nota *f.* 「del traductor [de la traductora]

やくづくり 役作り caracterización *f.*
▶役作りをする profundizar en el 「rol [papel]

やくどう 躍動
▶躍動感 vitalidad *f.*, dinamismo *m.*
▶躍動的な dinámi*co*[*ca*] ‖ 躍動的な肉体表現 expresión *f.* corporal llena de vitalidad

やくとく 役得 beneficios *mpl.* del oficio

やくどし 厄年 año *m.* climatérico, (不運な年) año *m.* de mala suerte

やくにん 役人 servid*or*[*dora*] *mf.* públi*co*[*ca*], (公務員) funciona*rio*[*ria*] *mf.*, (官僚) burócrata *com.*, oficial *com.* ‖ 役人になる hacerse funciona*rio*[*ria*]
◪役人風 ‖ 彼は役人風を吹かせている Él siempre muestra su arrogancia de burócrata.
◪役人根性 formalismo *m.* burocrático

やくば 役場 ayuntamiento *m.*, oficina *f.* 「municipal [pública] ‖ 役場に勤める trabajar en el ayuntamiento
◪町役場/村役場 ayuntamiento *m.*

やくばらい 厄払い
▶厄払いをする expulsar la mala suerte, exorcizar

やくび 厄日 día *m.* 「funesto [de mala suerte] ‖ 今日はとんだ厄日だ Hoy tengo un día negro.

やくびょうがみ 疫病神 gafe *m.* ‖ あいつはまったく疫病神だ Ese siempre me trae mala suerte. ／私は今年疫病神に憑かれたみたいだ Parece que me ha mirado un tuerto este año.

やくひん 薬品 producto *m.* farmacéutico, fármaco *m.*, medicamento *m.*
◪化学薬品 sustancia *f.* química

やくぶつ 薬物 fármaco *m.*, medicamento *m.*, droga *f.* ‖ 薬物を検出する detectar la presencia de un fármaco
◪薬物アレルギー alergia *f.* a un medicamento
◪薬物依存症 drogodependencia *f.*, farmacodependencia *f.*
◪薬物検査 prueba *f.* de detección de drogas, control *m.* antidrogas
◪薬物使用 uso *m.* de drogas
◪薬物耐性 resistencia *f.* a los medicamentos
◪薬物療法 farmacoterapia *f.*

やくぶん 約分 「reducción *f.* [simplificación *f.*] de la fracción
▶約分する 「reducir [simplificar] una fracción ‖ 8分の6を約分すると4分の3になる La fracción seis octavos 「se simplifica como [se reduce a] tres cuartos.

やくぶん 訳文 traducción *f.*, texto *m.* traducido

やくまわり 役回り ⇒やく(役)

やくみ 薬味 (香辛料) especia *f.*, condimento *m.* ‖ 薬味を入れる poner especias
◪薬味入れ recipiente *m.* pequeño para especias

やくめ 役目 papel *m.*, (職務) cargo *m.*, función *f.*, (義務) deber *m.* ‖ 子供のしつけは親の役目だ Es deber de los padres educar a sus hijos. ／このソファはベッドの役目も果たす Este sofá sirve de cama también.

やくよう 薬用 uso *m.* medicinal
◪薬用の medicinal
◪薬用植物 planta *f.* medicinal
◪薬用石けん jabón *m.* medicinal

やくよけ 厄除け ‖ 厄除けのお守り talismán *m.*, amuleto *m.* ／厄除けをしてもらう exorcizar

やぐら 櫓　torre *f*., atalaya *f*. ‖ 櫓を組む construir una torre

やくりがく 薬理学　farmacología *f*.

やくわり 役割　papel *m*., rol *m*., función *f*. ⇒ やく（役）中心的な役割を担う「hacer [desempeñar] el papel principal ／ 祝賀会の役割を分担する repartir las tareas de la celebración

やけ 自棄
▶ 自棄になる dejarse llevar por la desesperación, entregarse a la desesperación
▶ 自棄になって desesperadamente
◪ 自棄酒 ‖ 自棄酒を飲む beber para ahogar *sus* penas

やけあと 焼け跡　「huellas *fpl*. [ruinas *fpl*.] del incendio

やけい 夜景　vista *f*. nocturna ‖ 夜景を楽しむ disfrutar de una vista nocturna

やけい 夜警　「ronda *f*. [vigilancia *f*.] nocturna, （人）vigilante *com*. nocturn*o*[*na*], sereno *m*.
▶ 夜警をする vigilar de noche

やけいし 焼け石
[諺] 焼け石に水である ser una gota de agua en el「desierto [mar, océano]

やけおちる 焼け落ちる ‖ 火事でビルが焼け落ちた El incendio derrumbó el edificio.

やけくそ 自棄糞　⇒やけ（自棄）

やけこげ 焼け焦げ　quemadura *f*. ‖ じゅうたんに焼け焦げがある Hay una quemadura en la alfombra.

やけしぬ 焼け死ぬ　morir「quema*do*[*da*] [calcina*do*[*da*]] ‖ 火事で焼け死ぬ「morirse [perecer] en un incendio

やけだされる 焼け出される　perder *su* casa por incendio

やけつく 焼け付く ‖ 焼け付くような日差し sol *m*. 「abrasador [infernal] ／ 焼け付くようなのどの渇き sed *f*. ardiente

やけど 火傷　quemadura *f*., （蒸気、湯による）escaldadura *f*. ‖ やけどの深さ grado *m*. de quemadura ／ Ⅱ度のやけど quemadura *f*. de segundo grado ／ やけどの跡 cicatriz *f*. de quemadura ／ やけどを治療する curar la quemadura
▶ やけどする quemarse, sufrir quemaduras ‖ 熱いスープで舌をやけどした Me he quemado la lengua con la sopa caliente.

やけに ‖ 今日はやけに寒い Hoy hace un frío excesivo. ／ 彼女はやけに機嫌がいい Ella está exagerada de buen humor.

やけのこる 焼け残る　quedar sin quemarse, salvarse del fuego

やけのはら 焼け野原　campo *m*. quemado ‖ 町は焼け野原になった La ciudad ha quedado reducida a cenizas.

やける 妬ける　「tener [sentir] celos ‖ あの二人は仲がよくて、まったく妬けるよ Me da verdadera envidia lo bien que se llevan los dos.

やける 焼ける　quemarse, abrasarse, arder, （肉などが）asarse, （パンが）cocerse, （肌が）tostarse, broncearse

やけん 野犬　perro *m*.「vagabundo [callejero]
◪ 野犬狩り captura *f*. de perros callejeros

やこう 夜光　fosforescencia *f*.
◪ 夜光の fosforescente, luminiscente
◪ 夜光虫 noctiluca *f*.
◪ 夜光塗料 pintura *f*. luminosa

やこう 夜行
◪ 夜行性 nocturnidad *f*. ‖ 夜行性の nocturn*o*[*na*], noctámbul*o*[*la*] ／ 夜行性動物 animales *mpl*. nocturnos
◪ 夜行バス autobús *m*. nocturno, 《スペイン》búho-bus *m*.
◪ 夜行列車 tren *m*. nocturno

やさい 野菜　verdura *f*., hortaliza *f*. ‖ 新鮮な野菜 verdura *f*. fresca ／ 野菜を作る cultivar verduras ／ 今は野菜が高い Las verduras están caras.

野菜

◪ 温野菜 verduras *fpl*. cocidas
◪ 生野菜 verduras *fpl*. crudas
◪ 野菜炒め verduras *fpl*. fritas
◪ 野菜栽培 cultivo *m*. de verduras
◪ 野菜サラダ ensalada *f*. verde
◪ 野菜ジュース「zumo *m*. [jugo *m*.] de verduras
◪ 野菜スープ sopa *f*. de verduras
◪ 野菜畑 huerta *f*., campo *m*. de verduras
◪ 野菜料理 plato *m*. de verduras

―― いろいろな野菜 ――

アスパラガス espárrago *m*. ／ アボカド aguacate *m*., 《南米》palta *f*. ／ アーティチョーク alcachofa *f*. ／ ウド（学名）*Aralia cordata* ／ エシャロット ajo *m*. chalote, chalote *m*. ／ えんどう豆 guisante *m*., 《中

南米》arveja *f.* / オクラ quingombó *m.* / かぶ rábano *m.* / かぼちゃ calabaza *f.*,《南米》zapallo *m.* / カリフラワー coliflor *f.* / キャベツ repollo *m.*, col *f.* / きゅうり pepino *m.* / 小松菜《日本語》*komatsuna m.*, espinaca *f.* japonesa / ごぼう bardana *f.*, lampazo *m.* / さやいんげん judía *f.* verde / さやえんどう guisante *m.* / さつまいも batata *f.*, boniato *m.*,《中南米》camote *m.* / さといも colocasia *f.*,(学名)*Colocasia esculenta* / ジャガイモ patata *f.*,《中南米》papa *f.* / ズッキーニー calabacín *m.* / セロリ apio *m.* / 大根 rábano *m.* japonés / たけのこ brotes *mpl.* de bambú / たまねぎ cebolla *f.* / トマト tomate *m.* / なす berenjena *f.* / にんじん zanahoria *f.* / にんにく ajo *m.* / 白菜 col *f.* china / ピーマン pimiento *m.* / ふき ruibarbo *m.* de ciénaga, petasite *m.* gigante / ブロッコリー brécol *m.*, brócoli *m.* / ほうれん草 espinaca *f.* / 芽キャベツ col *f.* de Bruselas / もやし brotes *mpl.* de soja / レタス lechuga *f.*

やさき 矢先
▶矢先に justo en el momento《de》‖ 私が家を出ようとした矢先に電話がかかってきた Cuando yo estaba a punto de salir de casa, sonó el teléfono.
やさしい 易しい fácil,(平易な)senci*llo [lla]*, simple ‖ 易しい文章 texto *m.*「senci*llo [simple]*」/ 操作がやさしい携帯電話 móvil *m.* fácil de manejar / 易しい言葉で説明する explicar con palabras sencillas / この仕事はとても易しい Este trabajo es muy sencillo.
▶易しく de forma sencilla ‖ 高度な内容を易しく話す explicar de forma sencilla un contenido muy sofisticado
やさしい 優しい amable,(柔和な)dulce, tier*no[na]*, blan*do[da]*, suave ‖ 優しい声で話す con voz「dulce [suave]」/ 優しいまなざし mirada *f.* tierna / 環境に優しい技術 tecnología *f.*「respetuosa [amigable]」con el medio ambiente
▶優しく con amabilidad, tiernamente ‖ 優しく微笑む sonreír con ternura
▶優しさ amabilidad *f.*, ternura *f.*
やし 椰子 palmera *f.*, palma *f.* ‖ 椰子の実(ココヤシの)coco *m.*
◨椰子油 aceite *m.* de coco
やし 香具師 charla*tán[tana] mf.*, vende*dor[dora] mf.* ambulante
やじ 野次/弥次 abucheo *m.* ‖ 野次の応酬 intercambio *m.* de abucheos / 野次を飛ばす abuchear
やじうま 野次馬/弥次馬 mir*ón[rona] mf.*, curio*so[sa] mf.*
◨野次馬根性で野次馬根性で por curiosidad
やしき 屋敷 mansión *f.*, residencia *f.*
◨武家屋敷 residencia *f.* de samuráis
◨屋敷町 zona *f.* residencial
やしなう 養う (養育する)criar,(扶養する)mantener, alimentar,(培う)cultivar ‖ 家族を養う mantener a la familia / 知性を養う cultivar la inteligencia
やしゃご 玄孫 tataranie*to[ta] mf.*
やしゅう 夜襲 ataque *m.* nocturno
▶夜襲する atacar de noche
やじゅう 野獣 bestia *f.*, fiera *f.*, animal *m.* salvaje
▶野獣の(ような)bestial
◨野獣派《美術》fovismo *m.*
やしょく 夜食 sobrecena *f.*, refrigerio *m.* de medianoche ‖ 夜食を取る sobrecenar, picar algo después de cenar
やじり 矢尻 punta *f.* de flecha
やじる 野次る abuchear
▶やじられる recibir abucheos
やじるし 矢印 flecha *f.* ‖ 道順を矢印で示す indicar el camino con flechas / 矢印の方向に進む seguir el sentido de la flecha
やしろ 社 santuario *m.* sintoísta
やしん 野心 ambición *f.*, aspiraciones *fpl.* ‖ 大統領になろうという野心を抱く tener la ambición de ser *el[la]* presiden*te[ta]* del país
▶野心的な ambicio*so[sa]* ‖ 野心的な政治家 polít*ico[ca] mf.* ambicio*so[sa]* / 野心的な試み intento *m.* ambicioso
◨野心家 ambicio*so[sa] mf.*
◨野心作 obra *f.* ambiciosa
やすあがり 安上がり ‖ タクシーよりバスの方が安上がりだ Te sale más barato coger autobús que taxi.
▶安上がりな/安上がりの econó*mico[ca]*, bara*to[ta]* ‖ 安上がりのパック旅行 viaje *m.* organizado económico
やすい 安い bara*to[ta]*,(経済的な)econó*mico[ca]* ‖ 物価が安い La vida es barata. / 今日はレタスが安い Hoy la lechuga está barata. / この店は安い Esta tienda es barata. / 安いホテルを探す buscar un hotel económico / 私は給料が安い Gano poco.
▶安く 安く買う comprar ALGO a bajo precio / 円が安くなった Ha bajado el yen. / もう少し安くなりませんか ¿No puede rebajarme un poco más el precio?
やすい 易い ‖ 手伝っていただけますか—おやすいご用です ¿Me puede ayudar? - Claro que sí. ¦ No hay ningún problema.
▶～やすい (容易である)fácil de 『+不定詞』,(傾向がある)ser propen*so[sa]*(a)‖ 読みやすい本 libro *m.* fácil de leer / 彼女は風邪を引きやすい Ella es propensa a resfriar-

se. ¦ Ella se resfría fácilmente.

やすうけあい 安請け合い
▶**安請け合いする** prometer ALGO a la ligera, aceptar ALGO sin reflexionar

やすうり 安売り rebajas *fpl.*, liquidación *f.*, oferta *f.* ‖ 安売りでシャツを買う comprar una camiseta en rebajas
▶**安売りする** rebajar, vender ALGO a precio rebajado ‖ 自分を安売りしてはいけないよ No te menosprecies.
◪**安売り合戦** guerra *f.* de precios
◪**安売り商品** 「artículo *m.* [producto *m.*] rebajado
◪**安売り店** tienda *f.* de descuento

やすっぽい 安っぽい (軽蔑的に) baratucho[cha] ‖ 安っぽいスーツ traje *m.* baratucho ／ 安っぽい人間 persona *f.* 「vulgar [frívola]

やすね 安値 precio *m.* 「barato [bajo] ‖ 安値で買う comprar ALGO bara*to*
◪**最安値** 最安値を記録する tocar el mínimo

やすぶしん 安普請 ‖ 安普請の家 casa *f.* mal construida

やすませる 休ませる descansar ‖ 目を休ませる descansar los ojos ／ 息子に学校を休ませる no permitir al hijo ir al colegio

やすまる 休まる (体が) descansar, (心などが) relajarse, tranquilizarse ‖ 私には心の休まる暇がない No tengo ningún momento de tranquilidad [alivio].

やすみ 休み (休憩) descanso *m.*, reposo *m.*, (ひと休み) respiro *m.*, pausa *f.*, alto *m.*, (休暇) vacaciones *fpl.*, (欠席) ausencia *f.* ‖ ちょっと休みを取ろう Vamos a descansar un poco. ／ 1週間の休みを取る 「tomar [coger] una semana de vacaciones ／ 今日は休みの生徒が多い Hoy faltan muchos alumnos.
▶**休みである** ‖ この店は火曜日が休みだ Esta tienda cierra los martes. ／ 今日は学校が休みだ Hoy no tenemos clase. ／ 彼は風邪で休みです Él no viene porque está resfriado.
▶**休みなく** sin descanso, sin parar ‖ 休みなくしゃべり続ける hablar sin parar
◪**休み明け** ‖ 休み明けに después de las vacaciones
◪**休み時間** hora *f.* de descanso, (学校で) recreo *m.* ‖ 休み時間中に durante el 「descanso [recreo]

やすみやすみ 休み休み ‖ 冗談も休み休みにしろ No me vengas con 「historias [cuentos]. ／ 階段を休み休み登る subir la escalera poco a poco

やすむ 休む descansar, reposar, (欠席する) ausentarse, faltar, (眠る) dormir, acostarse ‖ 休む暇もなく sin un momento de descanso, sin pausa ／ 喫茶店で少し休む descansar un poco en una cafetería ／ 今晩は早く休むとしよう Voy a acostarme pronto esta noche. ／ 仕事を休む faltar al trabajo ／ 私は風邪で3日間会社を休んだ Por un resfriado me he tomado tres días de descanso en el trabajo.
慣用 休め! ¡Descanso!
慣用 お休みなさい Buenas noches. ¦ Que descanse.

やすめる 休める descansar, reposar ‖ 気を休める tranquilizarse ／ 手を休める tomar un descanso

やすもの 安物 objeto *m.* barato, 《集合名詞》baratillo *m.* ‖ 安物の時計を買う comprar un reloj 「barato [baratuto]
諺 安物買いの銭失い 〈諺〉Lo barato sale caro.

やすやすと fácilmente ‖ やすやすと手に入れる conseguir ALGO fácilmente ／ やすやすと予選を突破する pasar las eliminatorias sin dificultad

やすらか 安らか
▶**安らかな** tranqui*lo*[*la*], sosega*do*[*da*], apacible ‖ 安らかな顔 rostro *m.* sereno ／ 彼は安らかな死を迎えた Él murió en paz. ¦ Él tuvo una muerte 「tranquila [dulce].
▶**安らかに** tranquilamente, en paz ‖ 安らかに眠る(故人が) descansar en paz ／ 安らかに暮らす vivir tranquilamente

やすらぎ 安らぎ paz *f.*, calma *f.*, descanso *m.* ‖ 安らぎを得る conseguir la paz ／ 安らぎに満ちた生活 vida *f.* llena de paz

やすらぐ 安らぐ tranquilizarse, relajarse ‖ 赤ん坊を見ていると心が安らぐ Mirar al bebé me 「tranquiliza [relaja].

やすり 鑢 lima *f.* ‖ やすりをかける limar
◪**紙やすり** papel *m.* de lija

やせ 痩せ ‖ 私は痩せの大食いだ Por mucho que coma no engordo.

やせい 野生
▶**野生の** salvaje, (植物が) silvestre ‖ 野生の馬 caballo *m.* salvaje
▶**野生する** vivir en estado salvaje
▶**野生化する** volverse salvaje
◪**野生植物** planta *f.* silvestre
◪**野生動物** animal *m.* salvaje

やせい 野性 「naturaleza *f.* [instinto *m.*] salvaje ‖ 野性に帰る regresar a la naturaleza
▶**野性的な** salvaje ‖ 野性的な少年 niño *m.* salvaje ／ 野性的な美しさ belleza *f.* salvaje
▶**野性味** carácter *m.* salvaje ‖ 野性味あふれる滝 catarata *f.* salvaje

やせおとろえる 痩せ衰える demacrarse, enflaquecerse ‖ 子牛は餌がなくて痩せ衰えてしまった Por falta de alimentación, el becerro se ha quedado 「demacrado [en los huesos].

やせ衰えた demacra*do*[da], enflaqueci*do*[da]

やせがまん 痩せ我慢
▶痩せ我慢する「aguantar [soportar] por orgullo, aguantar por amor propio,《慣用》La「procesión [música] va por dentro.

やせぎす 痩せぎす
▶痩せぎすの fla*co*[ca] y huesu*do*[da] ‖ 痩せぎすの女性 mujer f. flaca y huesuda

やせぐすり 痩せ薬 fármaco m. adelgazante

やせち 痩せ地 tierra f. estéril

やせほそる 痩せ細る quedarse「en los huesos [muy delga*do*[da]] ‖ 病気で痩せ細る quedarse en los huesos por una enfermedad

やせる 痩せる adelgazar, enflaquecer, quedarse fla*co*[ca], (土地が) volverse estéril ‖ 3 キロ痩せる「adelgazar [perder] tres kilos ／ 痩せてのっぽの (軽蔑的に) larguiru*cho*[cha]

▶痩せた delga*do*[da], fla*co*[ca], (土地が) estéril ‖ 痩せた犬 pe*rro*[rra] mf.「fla*co*[ca] [famélico[ca]] ／ 痩せた土地 tierra f. estéril ／ がりがりに痩せた《慣用》fla*co*[ca] como un palillo, famélico[ca]

[慣用]痩せても枯れても aunque de capa caída, aunque veni*do*[da] a menos

[慣用]痩せる思いをする pasar muchas penalidades

やせん 野戦 batalla f.「en el campo [campal]

◪野戦病院 hospital m. de campaña

やそう 野草「hierba f. [planta f.] silvestre ‖ 野草を摘む「recolectar [recoger] plantas silvestres ／ 野草を観察する observar las plantas silvestres

やそうきょく 夜想曲 nocturno m.

やたい 屋台 puesto m., tenderete m.,(食べ物の) chiringuito m. ‖ 屋台で飲む tomar unas copas en un chiringuito ／ 屋台を出す montar un chiringuito

屋台
やたいぼね 屋台骨 (家屋の骨組み) armazón m(f)., estructura f., (支え) apoyo m., soporte m. ‖ 会社の屋台骨がぐらついている Tiemblan los cimientos de la empresa.

やたら
▶やたらに／やたらと excesivamente, en exceso ‖ やたらに飲む beber sin「moderación [mesura] ／ やたらと眠い morirse de sueño

やちょう 野鳥 ave f. silvestre

◪野鳥観察 observación f. de aves ‖ 野鳥観察者 observa*dor*[dora] mf. de aves

◪野鳥保護 protección f. de aves ‖ 野鳥保護区「reserva f. [refugio m.] de aves silvestres

やちん 家賃 alquiler m., renta f., arriendo m. ‖ 家賃が高い「安い」El alquiler es「caro [barato]. ／ 家賃を上げる「下げる」「subir [bajar] el alquiler ／ 家賃を払う pagar el alquiler ／ 家賃を滞納する retrasar el pago del alquiler

やつ 奴 tipo m., individuo m., sujeto m. ‖ ペドロはいい奴だ Pedro es un buen tipo. ／ カルロスはいやな奴だ Carlos es un tipo desagradable.

やつあたり 八つ当たり
▶八つ当たりする descargar *su* mal humor 《en》, descargar *su* ira《en》

やっかい 厄介 ‖ 厄介をかける molestar, causar molestias《a》／ 私は息子の厄介になりたくない No quiero depender de mi hijo.

▶厄介な moles*to*[ta], complica*do*[da], embarazo*so*[sa] ‖ 厄介な仕事 trabajo m. complicado, ardua tarea f. ／ 厄介なことになった Se han complicado las cosas.

◪厄介払い ‖ 厄介払いする deshacerse《de》, desembarazarse《de》,《慣用》quitarse de encima

◪厄介者 persona f. molesta,《慣用》oveja f. negra, (居候) go*rrón*[rrona] mf.

やっかだいがく 薬科大学 escuela f. universitaria de farmacia

やっかん 約款 cláusula f., estipulación f. ‖ 条約の約款 cláusula f. del tratado

やっき 躍起
▶躍起になる intentar desesperadamente ‖ 昇進しようと躍起になる afanarse para conseguir un ascenso en *su* trabajo

▶躍起になって desesperadamente, afanosamente

やつぎばや 矢継ぎ早
▶矢継ぎ早に u*no*[na] tras o*tro*[tra] ‖ 矢継ぎ早に質問を浴びせる「acribillar [ametrallar] a preguntas a ALGUIEN

やっきょう 薬莢 cartucho m.

やっきょく 薬局 farmacia f., botica f.

◪当番薬局 farmacia f. de turno
◪調剤薬局 farmacia f.
◪薬局方 farmacopea f.

ヤッケ anorak m. ‖ ヤッケを着る ponerse un anorak

やっこう 薬効 efecto *m*. 「de fármacos [de medicinas, farmacológico]

やつす 窶す (姿を変える)disfrazarse 《de》‖恋に憂き身をやつす ser esclavo[va] del amor, consumirse por amor／商人に身をやつす disfrazarse de comerciante

やづつ 矢筒 aljaba *f*., carcaj *m*.

やっつけしごと やっつけ仕事 chapucería *f*., chapuza *f*.
▶やっつけ仕事をする chapucear, hacer una chapuza

やっつける (負かす)vencer, derrotar,《話》machacar‖悪い奴をやっつける vencer a los malos／私はこの仕事をさっさとやっつけなければならない Tengo que acabar de una vez este trabajo.

やっていく やって行く (何とかする)apañárselas‖親の助けがなくても何とかやっていくよ Me las arreglaré sin ayuda de mis padres.／友達と仲良くやっていく llevarse bien con los amigos／調子はどう？─どうにかやって行ってるよ ¿Qué tal? - Voy tirando.

やってくる やって来る venir《a》, (近づく)acercarse《a》‖サーカスがやって来た Ha venido el circo.／大型台風がやって来る Se aproxima un tifón gigantesco.

やってのける やって退ける conseguir, lograr‖彼は太平洋横断をやってのけた Él consiguió cruzar el océano Pacífico.

やってみる intentar, tratar de 『+不定詞』, probar a 『+不定詞』‖やってみる価値はある Vale la pena intentarlo.／やってみて損はない仕事だ No pierdes nada por intentar hacer ese trabajo.

やっと (ようやく)por fin, finalmente, (かろうじて)a duras penas‖やっと問題が解決した Por fin el problema está resuelto.／私たちはやっと列車に間に合った Llegamos justo a tiempo para coger el tren.／私の給料では食べていくのがやっとである Mi sueldo solo me alcanza para comer.

やっとこ (工具)tenazas *fpl*.

やっぱり‖やっぱり思った通りだ Ya me lo imaginaba.¦ Como me esperaba.／やっぱり家に帰る He cambiado de idea, me voy a casa.

やつめうなぎ 八つ目鰻 lamprea *f*.

やつら‖まったく悪いやつらだ ¡Cielos, vaya tipos!¦ ¡Diablos, qué mala gente!／やつらは何しに来たんだ ¿Para qué demonios han venido「ellos [esos hombres]?

やつれる 窶れる desgastarse
▶やつれた demacrado[da], demacrado[da]‖やつれた顔をしている tener el rostro desgastado

やど 宿 alojamiento *m*., albergue *m*.‖宿を探す buscar un alojamiento

⬜宿帳 registro *m*. de huéspedes

やといいれる 雇い入れる emplear

やといにん 雇い人 (被雇用者) empleado[da] *mf*.

やといぬし 雇い主 empleador[dora] *mf*.

やとう 野党 partido *m*. de la oposición‖野党と協議する「conversar [discutir] con el partido de la oposición

⬜野党議員 diputado[da] *mf*. de la oposición

⬜野党第一党 primer partido *m*. de la oposición

⬜野党連合 coalición *f*. de la oposición

やとう 雇う emplear‖コックを3人雇う emplear a tres cocineros／弁護士を雇う contratar a un abogado／私は1年契約で雇われた Me emplearon con un contrato de un año.

やどかり 宿借り/寄居虫 cangrejo *m*. ermitaño, paguro *m*.

やどす 宿す (妊娠する)quedarse embarazada‖心に悲しみを宿す abrigar la tristeza

やどなし 宿無し persona *f*. sin「techo [hogar], sin techo *com*.[=*pl*.]‖戦火で多くの人が宿無しになった Por culpa de la guerra mucha gente se ha quedado sin hogar.

やどや 宿屋 hostal *m*., alojamiento *m*., posada *f*.‖宿屋に泊る alojarse en un hostal

やどりぎ 寄生木 muérdago *m*. blanco, liga *f*., visco *m*.

やどる 宿る (その場に留まる)albergar, morar, (感情が)anidar《en》‖私の心に憎しみが宿る El odio anida en mi corazón.

やな 簗/梁 (魚捕りの仕掛け)encañizada *f*.

やなぎ 柳 sauce *m*.‖柳の小枝 mimbre *f*.／柳が風になびく El sauce se mece con el viento.

(慣用)柳に風‖質問を柳に風と受け流す sortear hábilmente las preguntas

(慣用)柳に雪折れなし Los sauces no se quiebran sino que solo se doblan bajo la nieve.¦ Lo flexible es más fuerte que lo rígido.

(慣用)柳の下にどじょう‖柳の下にいつもどじょうはいない La buena suerte no siempre se repite.

⬜柳細工 artículos *mpl*. de mimbre, (籠)cestería *f*. de mimbre

やに 脂 (樹脂)resina *f*., (タバコの)nicotina *f*.

やにょうしょう 夜尿症 enuresis *f*.[=*pl*.] nocturna

やにわに ⇒とつぜん(突然)

やぬし 家主 propietario[ria] *mf*., dueño[ña] *m*.

やね 屋根 tejado *m*., techumbre *f*., techo *m*.‖瓦葺きの屋根 tejado *m*. de tejas／家の屋根を瓦で葺く tejar una casa／屋根に上る

subir al tejado ／屋根伝いに逃げる huir por los tejados ／一つ屋根の下に暮らす vivir bajo el mismo techo
◪屋根裏 desván *m.*
◪屋根裏部屋 desván *m.*, buhardilla *f.*
◪屋根付 || 屋根付のバイク moto(cicleta) *f.* cubierta
◪屋根瓦 teja *f.*

やばい （危険な）arriesga*do*[*da*], peligro*so*[*sa*],《話》(すごく良い) muy bue*no*[*na*] || やばい仕事 trabajo *m.* peligroso ／（私たちは）見つかったらやばいぞ Nos meteremos en un buen lío si nos pillan.

やはり （同様に）igualmente, también, （否定文で）tampoco, （依然として）todavía, aún, （予想どおり）(tal) como se esperaba, （結局）finalmente || 私の父もやはり教師でした Mi padre también era maestro. ／彼女は今でもやはり人気が高い Ella todavía es muy popular. ¦ Ella sigue siendo muy popular. ／うわさはやはりデマだった El rumor era falso como me imaginaba. ／やはりスペインが勝った Como era de esperar, ganó España. ／私はやはり転職することにした Finalmente he decidido cambiar de trabajo.

やはん 夜半 || 夜半から早朝にかけて desde la medianoche hasta la madrugada ／夜半過ぎまで風が強かった El vendaval duró hasta pasada la medianoche.
▣夜半に a medianoche, en la medianoche

やばん 野蛮 barbarie *f.*, salvajismo *m.*
▶野蛮な bárba*ro*[*ra*], bru*to*[*ta*], salvaje, rebelde || 野蛮な行為 salvajada *f.* ／野蛮な人 bárba*ro*[*ra*] *mf.*, salvaje *com.*

やひ 野卑
▶野卑な vulgar, grose*ro*[*ra*] || 野卑な言葉を浴びせる soltar palabrotas

やぶ 藪 matorral *m.*, maleza *f.* || 藪を分けて進む avanzar entre los matorrales
[慣用]藪から棒に inesperadamente,《慣用》de sopetón
[慣用]藪の中 || 真相は依然藪の中だ La verdad es todavía un misterio.
[諺]藪をつついて蛇を出す despertar al perro que duerme

やぶいしゃ 藪医者 medicu*cho*[*cha*] *mf.*, (軽蔑的に) matasanos *com.*[=*pl.*]

やぶける 破ける romperse || （私の）紙袋が破けてしまった Se me ha roto la bolsa de papel.

やぶさか 吝か
▶やぶさかではない || 私は参加するにやぶさかではない Participaré con mucho gusto.

やぶにらみ 藪睨み estrabismo *m.* →しゃし（斜視）

やぶへび 藪蛇
▶藪蛇になる despertar al perro que duerme

やぶる 破る （裂く）rasgar, desgarrar, （壊す）romper || 手紙を破る romper una carta ／記録を破る batir un récord ／沈黙を破る romper el silencio ／敵を破る「derrotar [vencer] al enemigo ／約束を破る「romper [incumplir] *su* promesa

やぶれ 破れ （ほころび）descosido *m.*, （裂け目）desgarro *m.*, rasgón *m.*, rasgadura *f.* || ズボンの破れを繕う arreglar el descosido de los pantalones

やぶれかぶれ 破れかぶれ
▶破れかぶれの desespera*do*[*da*]
▶破れかぶれになる abandonarse a la desesperada
▶破れかぶれで desesperadamente

やぶれる 破れる （裂ける）rasgarse, desgarrarse, （壊れる）romperse || 破れた靴 zapato *m.* roto ／（私の）紙袋が破れてしまった Se me ha roto la bolsa de papel. ／恋に破れる perder *su* amor ／私の夢は破れた Se han frustrado mis sueños.

やぶれる 敗れる sufrir una derrota, ser derrota*do*[*da*], ser venci*do*[*da*] || 戦いに敗れる perder una batalla ／選挙に敗れる perder las elecciones

やぶん 夜分 || 夜分お訪ねしてすみません Siento venir a estas horas de la noche.

やぼ 野暮
▶野暮な （洗練されていない）rústi*co*[*ca*], poco「elegante [refina*do*[*da*]], (無粋な) tos*co*[*ca*], insensible || 野暮な男 hombre *m.* 「tosco [insensible] ／野暮なネクタイ corbata *f.* 「poco elegante [hortera]
◪野暮天 *f.* tosca
◪野暮用 || 野暮用で出かける salir por un asunto sin importancia

やぼう 野望 ambición *f.* || 野望を抱く tener ambición, ser ambicio*so*[*sa*]

やぼったい 野暮ったい poco elegante, hortera || 野暮ったい帽子 sombrero *m.* hortera

やま 山 ❶（山岳）monte *m.*, montaña *f.* || 浅間山 el monte Asama ／高い山 monte *m.* alto ／低い山 monte *m.* bajo ／山の幸 productos *mpl.*「de la montaña [del monte] ／山の裾野 falda *f.*「de la montaña [del monte] ／山の頂で en la cima del monte ／山のふもとで al pie「de la montaña [del monte] ／山の多い地域 zona *f.* montañosa ／山に登る subir「al monte [a la montaña] ／山を下りる bajar「del monte [de la montaña] ／山が堂々とそびえる La montaña se yergue majestuosamente.
❷（多くの物）公園はごみの山だ Hay un montón de basura acumulada en el parque. ／苦情が山と寄せられた Llegaron un montón de quejas. ／私は宿題が山ほどある Tengo un montón de deberes.

❸（頂点）clímax *m.*[=*pl.*], momento *m.* culminante ‖ 山を迎える llegar al momento culminante ／ 台風は明日が山だ Mañana será el día en que el tifón azote con más fuerza. ／ 人生は山あり谷ありだ La vida está llena de vicisitudes.
❹ ≪慣用表現≫
[慣用] 山が当たる acertar en el pronóstico
[慣用] 山が見える ‖ 賃上げ交渉も山が見えてきた Está cerca el final de la negociación salarial.
[慣用] 山が外れる equivocarse en el pronóstico
[慣用] 山を当てる（鉱脈を掘り当てる）descubrir un yacimiento,（的中する）acertar ‖ 競馬で山を当てる acertar en la quiniela hípica
[慣用] 山をかける adivinar ‖ 試験で山をかける adivinar los contenidos del examen
[慣用] 山を越す ‖ 病気も山を越した Ya ha pasado la fase crítica de la enfermedad. ／ 雨が山を越した Amainó la lluvia.
[慣用] 山をなす amontonarse ‖ 山をなす大波 olas *fpl.* gigantescas

やまあい 山間 ‖ 山間の集落 pueblo *m.* entre montañas
やまあらし 山荒し 《動物》puercoespín *m.*（雄・雌）
やまあるき 山歩き senderismo *m.*
▶山歩きをする pasear por la montaña, hacer senderismo
やまい 病 enfermedad *f.*, dolencia *f.*, padecimiento *m.* ⇒びょうき(病気) ‖ 心の病 enfermedad *f.* mental ／ 恋の病 mal *m.* de amores ／ 病に倒れる caer enfer*mo*[*ma*] ／ 不治の病に冒される sufrir una enfermedad incurable ／ 病に打ち克つ「vencer [superar] la enfermedad ／ 病の床にある estar en cama (por enfermedad) ／ 彼女は病を押して会議に出席した Aunque estaba enferma, ella asistió a la reunión.
[慣用] 病は気から La enfermedad comienza en la mente.
やまいも 山芋 ñame *m.* (japonés) ‖ 山芋をすり下ろす rallar ñame
やまおく 山奥 interior *m.* de la montaña, parte *f.* más profunda de la montaña ‖ 山奥に住む vivir en lo más profundo de la montaña
やまおとこ 山男 （登山家）montañero *m.*, alpinista *m.*,（山に住む人）hombre *m.* que vive en las montañas,（怪物）monstruo *m.* de las montañas
やまかじ 山火事 incendio *m.* forestal ‖ 山火事が起きる「ocurrir [producirse] *un incendio forestal*
やまかぜ 山風 viento *m.* de la montaña
やまがたな 山刀 machete *m.*
やまがり 山狩り

▶山狩りをする（動物を）cazar,（犯罪者を）buscar en la montaña
やまかん 山勘 conjetura *f.*, intuición *f.* ‖ 私の山勘が当たった Mi intuición ha acertado.
やまくずれ 山崩れ derrumbamiento *m.* de la montaña ‖ 山崩れが起きる derrumbarse *la montaña*
やまぐに 山国 país *m.* montañoso,（地域）región *f.* montañosa ‖ 日本は山国だ Japón es un país montañoso. ／ 山国に暮らす vivir en una región montañosa
やまごえ 山越え
▶山越えする「cruzar [atravesar] una montaña
やまごや 山小屋 cabaña *f.*「alpina [de montaña], refugio *m.* ‖ 山小屋に泊まる alojarse en una cabaña alpina
やまざくら 山桜 （木）cerezo *m.* silvestre,（花）flor *f.* de cerezo silvestre
やまざと 山里 aldea *f.* de montaña
やまし 山師 （投機家）especula*dor*[*dora*] *mf.*,（探鉱師）busca*dor*[*dora*] *mf.* de minas,（詐欺師）estafa*dor*[*dora*] *mf.*
やましい 疚しい ‖ やましい気持ち escrúpulo *m.*, sentido *m.* de culpabilidad ／ 私はやましいところはない Tengo la conciencia limpia.
▶やましさ culpabilidad *f.*
やますそ 山裾 falda *f.* de una montaña
‖ 山裾に a la falda de una montaña
やまたかぼう 山高帽 sombrero *m.* hongo, bombín *m.*
やまつなみ 山津波 ⇒どせきりゅう(土石流)
やまづみ 山積み ‖ 本を山積みにする amontonar los libros ／ 問題が山積みのままだ Todavía quedan sin solucionar un montón de problemas.
▶山積みする amontonar, apilar ‖ 大量の瓦礫が山積みされたままだ Queda amontonada una gran cantidad de escombros.
やまでら 山寺 templo *m.* de montaña, templo *m.* en la montaña
やまと 大和
◪ 大和絵 antigua pintura *f.* japonesa
◪ 大和魂 espíritu *m.* japonés
◪ 大和なでしこ japonesa *f.*
◪ 大和民族 raza *f.* japonesa
やまなみ 山並み/山脈 cadena *f.* de montañas
やまなり 山鳴り rugido *m.* de la montaña ‖ 山鳴りがする Se oye el rugido de la montaña.
やまねこ 山猫 gato *m.* montés
◪ 山猫スト huelga *f.* salvaje
やまのかみ 山の神 diosa *f.* de la montaña,（妻）esposa *f.*, mujer *f.*
やまのて 山の手 zona *f.* cercana a la montaña,（住宅地）「zona *f.* [distrito *m.*] resi-

dencial
やまのぼり 山登り montañismo *m*., alpinismo *m*.
▶山登りをする「subir a [escalar] la montaña
やまば 山場 momento *m*. 「decisivo [crucial], clímax *m*.[=*pl*.] ‖ 芝居の山場 clímax *m*.[=*pl*.] de una obra teatral ／ 山場を迎える llegar al momento crucial
やまはだ 山肌 superficie *f*. 「de la montaña [montañosa] ‖ 山肌は雪で覆われている La montaña está cubierta de nieve.
やまばと 山鳩 tórtola *f*., (雄) tórtolo *m*.
やまびこ 山彦 ⇒こだま(木霊)
やまひだ 山襞 pliegue *m*. de la montaña ‖ 山襞がくっきり見える Se ven claramente los pliegues de la montaña.
やまびらき 山開き comienzo *m*. de la temporada de montañismo
▶山開き(を)する abrir la temporada de montañismo
やまぶき 山吹 kerria *f*., rosa *f*. japonesa
◨山吹色 amarillo *m*. dorado
やまぶし 山伏 《日本語》*yamabushi m*., (説明訳) monje *m*. budista que practica el ascetismo en la montaña
やまみち 山道 sendero *m*. 「de montaña [montañoso]
やまもり 山盛り ‖ スプーン山盛り一杯の砂糖 una cuchara colmada de azúcar ／ サラダを山盛りにして出す servir la ensalada amontonada en un plato
やまやま 山々 ‖ 伊豆の山々 las montañas de Izu ／ 山々に積もった雪 nieve *f*. acumulada en las montañas
▶やまやまだ ‖ 車を買いたいのはやまやまだが金がない Me gustaría comprar un coche, pero no tengo dinero.
やまゆり 山百合 azucena *f*. japonesa
やまわけ 山分け
▶山分けする repartir ALGO a partes iguales
やみ 闇 oscuridad *f*., tenebrosidad *f*., tinieblas *fpl*. 「心の闇 oscuridad *f*. del corazón ／ 闇に紛れて逃げる huir amparado [da] en la oscuridad ／ 夜の闇に消える desaparecer en 「la oscuridad [las tinieblas] de la noche ／ 広場は闇に包まれていた La plaza estaba cubierta por la oscuridad. ／ 闇で手に入れる conseguir ALGO de estraperlo
(慣用) (闇から)闇に葬る (慣用)echar tierra《a, sobre》‖ スキャンダルを闇に葬る echar tierra sobre un escándalo
◨闇市/闇市場 mercado *m*. negro
◨闇カルテル cartel *m*. ilegal
◨闇商人 estraperlista *com*.
◨闇値 precio *m*. 「en el [del] mercado negro
◨闇夜 noche *f*. 「cerrada [oscura]

やみあがり 病み上がり (状態) convalecencia *f*., (人) convaleciente *com*. ‖ 彼はまだ病み上がりだ Él está convaleciente.
▶病み上がりの convaleciente, de convalecencia
やみうち 闇討ち ataque *m*. nocturno, (不意打ち) ataque *m*. 「sorpresa [inesperado] ‖ 闇討ちに遭う recibir un ataque inesperado en la oscuridad ／ 闇討ちをかける atacar en la oscuridad, (不意打ち) atacar por sorpresa
やみくも 闇雲
▶やみくもに imprudentemente, sin「pensar [reflexionar] ‖ やみくもに進む avanzar a lo loco ／ やみくもに反対する oponerse sin fundamento ／ やみくもに暗記しても効果は薄い No sirve de mucho memorizar sin más.
やみつき 病み付き
▶病み付きになる convertirse en *un[una]* adic*to[ta]* 《a》, engancharse 《a》‖ 彼はチャットに病み付きになった Él se ha enganchado al chat.
やみとりひき 闇取引 estraperlo *m*., comercio *m*. ilegal, negocio *m*. clandestino
▶闇取引をする estraperlear, negociar con productos de estraperlo
やむ 止む parar, cesar ‖ 雨が止んだ Dejó de llover. ／ 風が止んだ 「Cesó [Se calmó] el viento. ¦ Dejó de soplar el viento. ／ 頭痛が止んだ Se me ha calmado el dolor de cabeza.
(慣用) 止むに止まれず sin poder contenerse
(慣用) 止むに止まれぬ ‖ 止むに止まれぬ事情で por (causa de) fuerza mayor
やむ 病む sufrir《de》, padecer《de》‖ 心臓を病む sufrir del corazón
やむをえない 止むを得ない inevitable, ineludible, forzo*so[sa]*, (格式語)ineluctable ‖ やむを得ない場合は en caso de necesidad ／ やむを得ない事情で por 「razones [motivos] inevitables
▶止むを得ず ‖ やむを得ず退職する verse obliga*do[da]* a retirarse, no tener más remedio que dejar el trabajo
やめる 止める/已める dejar, 「poner [dar] fin 《a》, (断念する) abandonar, (中止する) suspender, cancelar ‖ 〜するのを止める dejar de 〖+不定詞〗／ たばこを止める abstenerse de fumar ／ 悪い習慣を止める abandonar el vicio ／ 冗談はやめてくれ ¡Déjate de bromas!
▶止めさせる (断念させる) disuadir, desanimar ‖ おしゃべりを止めさせる hacer callar a ALGUIEN ／ けんかを止めさせる detener la pelea《entre》
やめる 辞める dimitir《de》, renunciar《a》, (退職する) retirarse《de》, jubilarse ‖ 仕事を

辞める dejar *su* trabajo, renunciar a *su* empleo／彼は会長を辞めた Él dimitió de la presidencia.

やもうしょう 夜盲症 nictalopía *f.*, ceguera *f.* nocturna

やもめ 鰥夫/寡婦 《男性》viudo *m.*;《女性》viuda *f.*‖やもめ暮らし vida *f.* de viu*do[da]*, viudez *f.*

やもり 家守/守宮 《動物》geco *m.*, salamanquesa *f.*

やや 「un poco [algo]『+形容詞』』私にはやや大きめのシャツ camisa *f.* 「algo [un poco] grande para mí／今日はやや暑い Hoy hace un poco de calor.

ややこしい complica*do[da]*, enreda*do[da]*, enrevesa*do[da]*‖ややこしい手続き trámites *mpl.* 「engorrosos [complejos]
▶ややこしく話がややこしくなる Se complican las cosas.

ややもすると 「tender [tener tendencia] a 『+不定詞』, soler 『+不定詞』』人はややもすると利己的になりがちだ La gente tiende a ser egoísta.

やゆ 揶揄
▶揶揄する （からかう） gastar bromas,《慣用》tomar el pelo《a》,（あざける）ridiculizar a ALGUIEN, burlarse《de》

やら‖これを食べていいのやら悪いのやら No sé si puedo comerlo o no.／あのあやしい男はどこへやら行ってしまった Ese sospechoso se fue no sé adónde.／私はいつの間にやら眠ってしまった Sin darme cuenta me dormí.

やらせ 遣らせ montaje *m.*,（捏造）invención *f.*,（八百長）tongo *m.*‖事故の映像はやらせだった Las imágenes del accidente eran un montaje.

やられる 遣られる （被害を受ける）recibir daño,（負かされる）ser venci*do[da]*‖台風で作物が全部やられた El tifón arrasó toda la cosecha.／すっかり喉をやられた《話》Se me ha quedado la garganta hecha polvo.／これはこれは、君に一本やられたな Vaya, vaya, me has ganado.／彼のうまい言葉にやられた Sus tiernas palabras me han engañado.

やり 槍 lanza *f.*,（投げ槍）venablo *m.*,（槍投げの）jabalina *f.*‖槍で突く dar 「una lanzada [un lanzazo]／槍を投げる「lanzar [tirar] una lanza／槍を構える prepararse para tirar una lanza

やりあう 遣り合う pelearse, （口論する）discutir‖死刑をめぐってその2人は激しくやり合った Los dos discutieron acaloradamente sobre la pena de muerte.

やりがい 遣り甲斐‖やり甲斐のある仕事 trabajo *m.* gratificante, trabajo *m.* que merece la pena／やり甲斐のない仕事 trabajo *m.* poco gratificante

やりかえす 遣り返す （再び行う）volver a hacer;（言い返す）replicar

やりかけ 遣り掛け
▶遣り掛けの medio he*cho[cha]*, a medio terminar, a medias, inacaba*do[da]*‖やり掛けの仕事 trabajo *m.*「medio hecho [a medio terminar]

やりかた 遣り方 método *m.*, 「modo *m.* [manera *f.*] de hacer‖やり方がわからない no saber cómo se hace／やり方を変える cambiar de método／それは君のやり方次第だ Eso depende de cómo lo hagas.

やりきれない 遣り切れない （おわらない）no poder terminar,（がまんできない）ser inaguantable, ser insoportable‖やりきれない悲しみ tristeza *f.* insoportable／この暑さはやりきれない No puedo con este calor.

やりくり 遣り繰り
▶やりくりする arreglárselas‖家計を上手にやりくりする manejar sabiamente la economía familiar

やりこなす 遣りこなす terminar, hacer bien‖どんな仕事もやりこなす hacer bien cualquier trabajo

やりこめる 遣り込める vencer verbalmente a ALGUIEN,（議論で）vencer a ALGUIEN en una discusión

やりすぎる 遣り過ぎる pasarse, excederse, sobrepasarse‖何をやりすぎるのはよくない Es mejor no excederse en nada.
▶やり過ぎ‖それはやり過ぎだ Eso es demasiado.¦《話》Te estás pasando de la raya.

やりすごす 遣り過ごす dejar pasar‖この件をやり過ごすことはできない No se puede dejar este asunto sin resolver.／タクシーを1台やり過ごす dejar pasar un taxi

やりそこなう 遣り損なう （失敗する）fallar, fracasar, frustrarse‖仕事をやり損なう hacer mal el trabajo

やりだま 槍玉
慣用 やり玉に上げる（誰かを）「elegir [colocar] a ALGUIEN como blanco del ataque

やりつける 遣り付ける estar acostumbra*do[da]*《a》‖私はやりつけない仕事をした He hecho un trabajo al que no estoy acostumbra*do[da]*.

やりっぱなし 遣りっ放し‖やりっぱなしにする dejar ALGO a medio hacer／仕事をやりっぱなしにする dejar el trabajo「a medias [medio hecho]

やりて 遣り手‖農業のやり手がいない No hay gente que se dedique a la agricultura.
▶やり手の hábil, capaz‖彼はやり手の実業家だ Él es un empresario muy hábil.

やりとおす 遣り通す ⇒やりとげる(遣り遂げる)

やりとげる 遣り遂げる llevar a cabo AL-

GO, (任務などを) cumplir ‖ 彼はスピーチをうまくやり遂げた Él acabó su discurso con éxito.

やりとり 遣り取り intercambio *m*. ‖ 手紙のやり取りを行う escribirse, intercambiar cartas con ALGUIEN
▶やり取りする intercambiar ‖ 情報をやりとりする intercambiar información《con》

やりなおし 遣り直し (繰り返し) repetición *f*., (修正) corrección *f*. ‖ やり直しが利く poder volver a hacerse

やりなおす 遣り直す (再度やる) volver a hacer, rehacer ‖ 一からやり直す empezar [de nuevo [de cero] ／ 何度もやり直す hacer ALGO repetidas veces

やりなげ 槍投げ lanzamiento *m*. de jabalina ‖ 槍投げの選手 lanza*dor*[*dora*] *mf*. de jabalina
▶槍投げをする lanzar una jabalina

やりにくい 遣りにくい difícil de hacer ‖ やりにくい仕事 trabajo *m*. difícil de hacer

やりぬく 遣り抜く ⇒やりとげる(遣り遂げる)

やりのこす 遣り残す dejar ALGO sin「terminar [acabar] ‖ 私はやり残した仕事を片づけなくてはいけない Tengo que terminar el trabajo que dejé「pendiente [sin acabar].

やりば 遣り場 ‖ 私は何だか恥ずかしくて目のやり場に困った Me daba vergüenza ajena y no sabía para dónde mirar. ／ やり場のない怒りを覚える tener una ira incontrolable

やる 遣る (送る) enviar, mandar, (与える) dar, (行う) hacer, (演じる) interpretar, jugar ‖ 医者を呼びにやる mandar a ALGUIEN llamar a un médico ／ 兵士を戦場にやる enviar a los soldados al frente ／ 娘を大学にやる mandar a *su* hija a la universidad ／ ドアの方に目をやる dirigir la mirada hacia la puerta ／ 小遣いをやる dar un poco de dinero《a》／ スーツケースを持ってやる ayudar a ALGUIEN a llevar la maleta ／ やるべきことはちゃんとやりなさい Haz lo que「tienes [tengas] que hacer. ／ まあ一杯やりましょう Venga, tomemos una copa.

やるき 遣る気 (気力) ánimo *m*., ganas *fpl*., (士気) moral *f*., (動機) motivación *f*. ‖ やる気満々である tener mucho ánimo, tener la moral alta ／ やる気のある選手 juga*dor*[*dora*] *mf*. motiva*do*[*da*] ／ やる気がない carecer de voluntad, estar desanima*do*[*da*], (無気力)「ser [estar] apát*ico*[*ca*] ／ やる気が出る animarse《a》／ やる気を出しな

さい Venga, levanta el ánimo. ／ やる気を起こさせる animar ／ やる気をそぐ desanimar, 《慣用》「cortar [quebrar, recortar] las alas《a》／ やる気をなくす desmoralizarse, perder el ánimo

やるせない 遣る瀬無い inconsolable, desconsola*do*[*da*], desalenta*do*[*da*], desola*do*[*da*], deprimente ‖ やるせない表情を見せる poner cara triste

やれやれ (安堵) bueno, bien, (落胆) vaya, Dios mío ‖ やれやれ、やっと終わった Bueno, por fin se acabó. ／ やれやれ、これで一安心 Pues ya está, gracias a Dios. ／ やれやれ、困ったことだ Vaya, vaya, ¡qué problema!

やろう 野郎 ‖ この野郎 ¡Imbécil! ¦ 《俗語》¡Hijo de puta!

やわ 柔 ‖ 彼はそんなにやわじゃない Él no es tan débil.
▶やわな débil, enclenque, debilu*cho*[*cha*] ‖ やわな奴 debilu*cho*[*cha*] *mf*.

やわはだ 柔肌 piel *f*.「suave [tierna]

やわらかい 柔らかい/軟らかい blan*do*[*da*], tier*no*[*na*], (柔軟な) flexible, elást*ico*[*ca*] ‖ 柔らかいパン pan *m*. blando ／ 柔らかい肉 carne *f*. tierna ／ 柔らかい光 luz *f*. suave ／ 柔らかい物腰 modales *mpl*. suaves ／ 彼女は体が柔らかい Ella tiene el cuerpo flexible.
▶柔らかく (穏やかに) tiernamente, suavemente ‖ 柔らかくする ablandar, reblandecer, suavizar ／ 肉を柔らかく煮る (dejar) cocer la carne hasta que esté tierna
▶柔らかさ suavidad *f*., (柔軟性) flexibilidad *f*. ‖ 身体の柔らかさ flexibilidad *f*.「de cuerpo [corporal]

やわらぐ 和らぐ suavizarse, ablandarse, (痛みが) calmarse, aliviarse ‖ 風が和らいだ Ha amainado el viento. ／ 寒さが和らいだ Ha remitido el frío.

やわらげる 和らげる suavizar, ablandar, (痛みを) calmar, aliviar ‖ 緊迫した雰囲気を和らげる suavizar el clima de tensión

ヤンキー (アメリカ人の俗称) yanqui *com*.

やんちゃ
▶やんちゃな travie*so*[*sa*], revolt*oso*[*sa*] ‖ やんちゃな娘 niña *f*. traviesa
◪やんちゃ坊主 niño *m*. travieso

やんわり
▶やんわりと suavemente, con suavidad, dulcemente ‖ 申し出をやんわりと断る rechazar cordialmente la oferta

ゆ

ゆ 湯 ❶（湯）agua *f.* caliente ‖ 湯が冷めてしまった El agua se ha enfriado. ／摂氏100度で湯が沸く El agua hierve a 100 grados centígrados. ／湯で温める calentar ALGO con agua caliente,（湯煎にする）calentar ALGO al baño María ／湯で溶く disolver ALGO en agua caliente ／鍋で湯を沸かす hervir agua en una olla
❷（風呂）baño *m.* ‖ 湯に入る tomar un baño ／湯につかる（浴槽に）meterse en la bañera ／湯の町 pueblo *m.* balneario,（地域）zona *f.* balnearia

ゆあか 湯垢 sarro *m.* ‖ 浴槽の湯垢を取る quitar el sarro de la bañera

ゆあがり 湯上がり ‖ 湯上がりにビールを飲む tomar cerveza al salir del baño

ゆあたり 湯中り
▶湯中りする ‖ 彼女は長湯で湯あたりした Ella se mareó por tomar un baño muy largo.

ゆあつ 油圧 presión *f.* de aceite
◪油圧駆動システム sistema *m.* de accionamiento hidráulico
◪油圧計「manómetro *m.* [indicador *m.*] de presión de aceite
◪油圧式ブレーキ freno *m.* hidráulico

ゆいいつ 唯一
▶唯一の único[ca], solo[la] ‖ 唯一の救い único「consuelo *m.* [alivio *m.*] ／唯一の取柄 único mérito *m.*
◪唯一無二 唯一無二の único[ca] y sin igual

ゆいごん 遺言 testamento *m.*, última voluntad *f.* ‖ 遺言を残す dejar un testamento
▶遺言する hacer testamento, testar
◪遺言執行者 albacea *com.* (testamentario [ria], ejecutor[tora] *mf.* del testamento
◪遺言者 testador[dora] *mf.*
◪遺言状 testamento *m.* ‖ 遺言状を書く redactar el testamento

ゆいしょ 由緒 historia *f.*, origen *m.* ‖ 行事の由緒を尋ねる preguntar el origen del acto ／由緒ある家柄の出である provenir de una familia de abolengo ／由緒ある建物 edificio *m.* con una larga y distinguida historia

ゆいしんろん 唯心論 espiritualismo *m.*
◪唯心論者 espiritualista *com.*

ゆいのう 結納 intercambio *m.* de los regalos de esponsales ‖ 結納を交わす intercambiar los regalos de esponsales

◪結納式 ceremonia *f.* de esponsales al estilo japonés
◪結納品 regalo *m.* de esponsales

ゆいびしゅぎ 唯美主義 ⇒たんび（⇒耽美主義）

ゆいぶつ 唯物
▶唯物的な materialista
◪唯物史観 materialismo *m.* histórico
◪唯物弁証法 materialismo *m.* dialéctico

ゆいもの 唯物論 materialismo *m.*

ゆう 夕 ⇒ゆうがた（夕方）‖ 朝に夕にテレビでニュースを見る ver las noticias en la televisión por la mañana y por la tarde

ゆう 優 sobresaliente *m.* ‖ 物理で優を取る sacar un sobresaliente en Física

ゆう 結う（紐などで）anudar, atar ‖ 髪を結う「recogerse [atarse] el pelo

ユーアールエル URL 《IT》URL *m.*, localizador *m.* de recursos uniforme ‖ URLを取得する obtener el URL

ゆうあい 友愛 fraternidad *f.*, amistad *f.* ‖ 友愛の精神 espíritu *m.* de fraternidad

ゆうい 優位 superioridad *f.*
▶優位な superior ‖ 心理的に優位な状況 estado *m.* mentalmente superior
▶優位に ‖ 競合他社よりも優位に立つ「llevar [tener] ventaja sobre otras empresas competidoras

ゆういぎ 有意義
▶有意義な valioso[sa], importante, significativo[va], que merece la pena ‖ 有意義な時間を過ごす pasar un tiempo valioso
▶有意義に ‖ 時間を有意義に使う aprovechar bien el tiempo

ゆういん 誘因（動機）motivo *m.*,（原因）causa *f.*, origen *m.* ‖ 頭痛の誘因となる ser causante del dolor de cabeza

ゆううつ 憂鬱
▶憂鬱な triste, melancólico[ca], deprimido[da] ‖ 憂鬱な気分 humor *m.*「melancólico [deprimido] ／憂鬱な天気 tiempo *m.* deprimente ／憂鬱な午後 tarde *f.* melancólica
▶憂鬱である estar deprimido[da]
▶憂鬱になる deprimirse, ponerse melancólico[ca]

ゆうえい 遊泳
▶遊泳する nadar
◪遊泳禁止《掲示》Prohibido bañarse
◪遊泳術 ⇒しょせい（⇒処世術）

ユーエイチエフ UHF　frecuencia *f.* ultra alta
ゆうえき 有益
▶有益な provecho*so[sa]*, beneficio*so[sa]*, útil, (教育上ためになる) educati*vo[va]*, instructi*vo[va]* ‖ 有益な情報 información *f.* 「útil [beneficiosa]」
▶有益に ‖ 時間を有益に使う hacer buen uso del tiempo
ユーエスビー USB　《IT》USB *m.*
▫USB端子「conector *m.* [terminal *m.*]」USB
▫USBメモリ memoria *f.* USB, lápiz *m.* USB
ゆうえつかん 優越感　「complejo *m.* [sentimiento *m.*] de superioridad ‖ 優越感を覚える sentirse superior《a》／ 優越感を抱く tener complejo de superioridad ／ 優越感に浸る gozar de superioridad
ゆうえん 有鉛
▫有鉛ガソリン gasolina *f.* con plomo
ゆうえんち 遊園地　parque *m.* de atracciones
ゆうが 優雅
▶優雅さ elegancia *f.*, gracia *f.*
▶優雅な elegante, garbo*so[sa]* ‖ 優雅な生活 vida *f.* holgada, buena vida *f.* ／ 優雅な音楽 música *f.* elegante ／ 優雅な身のこなし gesto *m.* 「elegante [refinado]」
▶優雅に elegantemente, con elegancia ‖ 優雅に暮らす llevar una vida holgada ／ 優雅に舞う bailar con elegancia
ゆうかい 誘拐　secuestro *m.*, rapto *m.*
▶誘拐する secuestrar, raptar
▫誘拐事件 caso *m.* de secuestro, secuestro *m.* ‖ 誘拐事件が起きた Ocurrió un secuestro.
▫誘拐犯 secuestra*dor[dora]* *mf.*, rap*tor[tora]* *mf.*
ゆうかい 融解　fusión *f.*, (溶けること) derretimiento *m.* ‖ 氷河の融解 derretimiento *m.* de glaciares
▶融解する derretirse, fundirse
▫融解点 punto *m.* de fusión
▫融解熱 calor *m.* de fusión
ゆうがい 有害　‖ お酒の飲み過ぎは体に有害である Beber demasiado alcohol es perjudicial para la salud.
▶有害な noci*vo[va]*, 《para》, perjudicial 《para》‖ 人体に有害な物質 sustancia *f.* 「nociva [perjudicial]」para el cuerpo humano
▫有害サイト sitio *m.* web 「nocivo [peligroso]」‖ 有害サイトへのアクセスを制限する restringir el acceso a sitios web nocivos
▫有害食品 alimento *m.* 「nocivo [perjudicial]」
▫有害図書 libro *m.* perjudicial
▫有害廃棄物 residuos *mpl.* tóxicos
▫有害無益 ‖ 有害無益である ser perjudicial e inútil

ゆうがい 有蓋
▶有蓋の cubier*to[ta]*
▫有蓋車 furgón *m.*, vagón *m.* cubierto
ゆうがお 夕顔　(夜顔) (学名) *Ipomoea alba*, (ウリ科の植物) calabaza *f.* vinatera
ゆうかく 遊郭　barrio *m.* de burdeles
ゆうがく 遊学
▶遊学する ‖ マドリードに遊学する ir a estudiar a Madrid
ゆうかしょうけん 有価証券　valores *mpl.*, títulos *mpl.*, obligaciones *fpl.*
ゆうかぜ 夕風　brisa *f.* de la tarde
ゆうがた 夕方　atardecer *m.*, última hora *f.* de la tarde ‖ 私は明日の夕方出発します Saldré mañana 「a última hora de la tarde [al atardecer, al anochecer]. ／ 夕方6時に a las seis de la tarde ／ 夕方に雨が上がった Dejó de llover al atardecer.
ゆうがとう 誘蛾灯　trampa *f.* de luz
ユーカリ 《植物》eucalipto *m.*
ゆうかん 夕刊　edición *f.* vespertina, (夕刊紙) periódico *m.* 「vespertino [de la tarde]」
ゆうかん 有閑
▫有閑階級 clase *f.* acomodada
▫有閑マダム dama *f.* de clase acomodada
ゆうかん 有感
▫有感地震 terremoto *m.* perceptible
ゆうかん 勇敢
▶勇敢な valiente, valero*so[sa]*, bra*vo[va]* ‖ 勇敢な若者 joven *com.* valiente
▶勇敢に con 「valor [bravura]」, valientemente ‖ 悪者と勇敢に戦う luchar valientemente contra los malos ／ 彼は勇敢にも敵に立ち向かっていった Él tuvo la valentía de enfrentarse al enemigo.
▶勇敢さ valentía *f.*
ゆうき 有期
▫有期刑 pena *f.* de prisión durante un tiempo determinado
▫有期雇用契約 contrato *m.* laboral de duración determinada
ゆうき 有機
▶有機の orgáni*co[ca]*
▶有機的な orgáni*co[ca]* ‖ 組織の有機的な活動 actividades *fpl.* orgánicas de la organización
▶有機的に orgánicamente ‖ 都市機能が有機的に連携する Las funciones urbanas se relacionan orgánicamente.
▫有機化学 química *f.* orgánica
▫有機化合物 compuesto *m.* orgánico
▫有機栽培 cultivo *m.* orgánico
▫有機体 organismo *m.*
▫有機農業 agricultura *f.* orgánica
▫有機肥料 「abono *m.* [fertilizante *m.*]」orgánico
▫有機物 materia *f.* orgánica
▫有機野菜 verduras *fpl.* orgánicas

◪ 有機溶剤 disolvente *m.* orgánico

ゆうき 勇気 valentía *f.*, valor *m.*, coraje *m.* ‖ 勇気がある tener「valentía [valor]／私は彼に真実を告げる勇気がない No me atrevo a decirle la verdad a él.／勇気を出す armarse de valor／勇気を称える admirar la valentía de ALGUIEN／勇気をくじく desalentar／彼は勇気を奮い起して上司(男性)に賃上げを要求した Él hizo acopio de valor y le pidió aumento de sueldo al jefe.／彼と話すのは勇気がいる Hay que tener valentía para hablar con él.
▷ 勇気(の)ある valiente ‖ 勇気ある発言 palabras *fpl.* valientes
▷ 勇気づける alentar ‖ 人々を勇気づける歌 canción *f.* alentadora

ゆうぎ 遊技
◪ 遊技場 centro *m.* de diversión, sala *f.* de juegos

ゆうぎ 遊戯 (遊び) juego *m.* ‖ 子供たちはお遊戯をしていた Los niños bailaban y jugaban.

ゆうきゅう 有給
▷ 有給の pagado[da]
◪ 有給休暇 vacaciones *fpl.* pagadas ‖ 有給休暇を取る tomar vacaciones pagadas／私は年に20日間の有給休暇がもらえる Me dan 20 días de vacaciones pagadas al año.

ゆうきゅう 遊休
▷ 遊休の inactivo[va], sin usar
◪ 遊休資金 fondos *mpl.* inactivos
◪ 遊休資産 capital *m.* inactivo
◪ 遊休施設 instalaciones *fpl.* fuera de servicio
◪ 遊休地 terreno *m.* desocupado

ゆうきゅう 悠久
▷ 悠久の/悠久な eterno[na], perpetuo[tua] ‖ 悠久の歴史 historia *f.* inmemorial

ゆうぐ 遊具 juguete *m.*, (公園などの) mobiliario *m.* recreativo

ゆうぐう 優遇「trato *m.* [tratamiento *m.*] de favor
▷ 優遇する tratar「bien [favorablemente] a ALGUIEN ‖ 技術者を優遇する tratar bien a los técnicos, (給料面で) pagar bien a los técnicos
◪ 優遇措置 medidas *fpl.* preferenciales ‖ 税の優遇措置を受ける recibir trato fiscal preferencial

ユークリッドきかがく ユークリッド幾何学 geometría *f.* euclidiana
◪ 非ユークリッド幾何学 geometría *f.* no euclidiana

ゆうぐれ 夕暮れ anochecer *m.* ‖ 夕暮れが迫っている Está anocheciendo.／夕暮れ時に al anochecer

ゆうぐん 友軍 tropa *f.* aliada

ゆうぐん 遊軍 cuerpo *m.* de reserva

◪ 遊軍記者 periodista *com.* itinerante

ゆうけい 有形
▷ 有形の tangible, material
◪ 有形財産 bienes *mpl.*「tangibles [materiales]
◪ 有形文化財 patrimonio *m.* cultural tangible
◪ 有形資産 activo *m.*「tangible [material]

ゆうげき 遊撃
◪ 遊撃戦 (ゲリラ戦) guerra *f.* de guerrillas
◪ 遊撃隊 tropa *f.* móvil, cuerpo *m.* volante

ゆうげん 有言
◪ 有言実行 ‖ 彼は有言実行の人だ Él es de los que hacen lo que dicen.

ゆうげん 有限
▷ 有限な/有限の limitado[da], finito[ta] ‖ 有限な時間 tiempo *m.* limitado／有限な資源 recursos *mpl.* limitados
◪ 有限会社 sociedad *f.* (de responsabilidad) limitada (略 S.L.)
◪ 有限体《数学》cuerpo *m.* finito
◪ 有限責任 responsabilidad *f.* limitada

ゆうげん 幽玄
▷ 幽玄な/幽玄の misterioso[sa] y profundo[da]

ゆうけんしゃ 有権者 elector[tora] *mf.*,《集合名詞》electorado *m.*
◪ 有権者名簿 padrón *m.* electoral, lista *f.* de electores

ゆうこう 友好 amistad *f.* ‖ 両国間の友好を深める fomentar las relaciones de amistad entre ambos países
▷ 友好的(な) amistoso[sa] ‖ 友好的(な)態度 actitud *f.* amistosa
◪ 友好関係 relación *f.* amistosa ‖ 友好関係を維持する mantener relaciones amistosas《con》
◪ 友好国 país *m.* amigo
◪ 友好条約 tratado *m.* de amistad ‖ 友好条約を結ぶ firmar un tratado de amistad

ゆうこう 有効 (効き目) eficacia *f.*, (効力) validez *f.* ‖ パスワードは1年間有効です La contraseña es válida durante un año.
▷ 有効な válido[da], eficaz, efectivo[va] ‖ 3日間有効な válido[da] por tres días／新型インフルエンザに有効なワクチン vacuna *f.* efectiva contra la gripe A
▷ 有効に con eficacia ‖ 通勤時間を有効に使う aprovechar el tiempo de desplazamiento al trabajo／有効にする《IT》activar, permitir,《法律》validar, dar validez《a》／クッキーを有効にする《IT》activar *cookies*
▷ 有効性 validez *f.*, eficacia *f.* ‖ システムの有効性をチェックする comprobar la eficacia del sistema
◪ 有効期間「plazo *m.* [período *m.*] de validez
◪ 有効求人倍率 proporción *f.* entre la ofer-

ゆうごう

ta y la demanda de trabajo
- 有効需要 demanda f. efectiva
- 有効数字 cifras fpl. significativas
- 有効成分 ingrediente m. activo
- 有効票 voto m. válido

ゆうごう 融合　fusión f. ‖ 伝統性と現代性の融合 fusión f. entre la tradición y la modernidad
▶ 融合する fusionarse, fundirse
- 核融合 fusión f. nuclear

ゆうこく 夕刻　atardecer m.
▶ 夕刻に al atardecer, al anochecer, a última hora de la tarde

ユーザー　usuario[ria] mf. ‖ ユーザーを確認する confirmar al usuario
- ユーザーID identificación f. de usuario
- ユーザーアカウント cuenta f. de usuario
- ユーザー登録 registro m. de usuario
- ユーザー認証 autentificación f. de usuario
- ユーザー名 nombre m. de usuario

ゆうざい 有罪 ‖ 被告（男性）を有罪とする declarar culpable al acusado ／ 収賄罪で有罪になる ser declarado[da] culpable de aceptar sobornos
▶ 有罪の culpable
- 有罪判決 condena f. ‖ 有罪判決を下す dictar una sentencia condenatoria

ゆうさいしょく 有彩色　color m. cromático

ユーザビリティ　usabilidad f. ‖ ユーザビリティが良い tener una buena usabilidad

ゆうさんかいきゅう 有産階級　clase f. media acomodada, burguesía f.

ゆうさんそうんどう 有酸素運動 ⇒エアロビクス

ゆうし 有史 ‖ 有史以前の prehistórico[ca] ／ 有史以来初めての出来事 acontecimiento m. sin precedentes en la historia
- 有史時代 tiempos mpl. históricos

ゆうし 有志　voluntario[ria] mf. ‖ 有志を募る「reclutar [buscar] voluntarios

ゆうし 融資　（貸付）financiación f., （貸付金）préstamo m., crédito m. ‖ 融資を頼む pedir un「préstamo [crédito] ／ 融資を返済する devolver [pagar, saldar] el préstamo ／ 銀行から融資を受ける conseguir un préstamo del banco ／ 銀行はその会社への融資を打ち切った El banco ha cortado la financiación a esa empresa.
▶ 融資する conceder un「préstamo [crédito]《a》, financiar ‖ 新しい事業に融資する financiar el nuevo negocio
- 融資会社 compañía f. financiera
- 融資額 importe m. de la financiación
- 融資先 prestatario[ria] mf.
- 融資残高 saldo m. del préstamo
- 融資条件 condiciones fpl. del préstamo
- 融資制度 sistema m. de crédito

ゆうじ 有事　emergencia f. ‖ 有事に備える prepararse para casos de emergencia ／ 有事に対処する hacer frente a la emergencia
- 有事法制 legislación f. de emergencia

ゆうしかいひこう 有視界飛行　vuelo m. visual
- 有視界飛行方式 (VFR) Reglas fpl. de Vuelo Visual

ゆうしかく 有資格
▶ 有資格の titulado[da], cualificado[da], calificado[da]
- 有資格者 personal m. cualificado

ゆうしきしゃ 有識者　sabio[bia] mf., erudito[ta] mf., intelectual com., （専門家）experto[ta] mf., especialista com.

ゆうしてっせん 有刺鉄線　alambrada f., alambre m. de「espino [púas]

ゆうしゃ 勇者　「hombre m. [mujer f.] valiente, valiente com.

ゆうしゅう 有終 ‖ 有終の美を飾る「cerrar [terminar] con broche de oro

ゆうしゅう 憂愁　tristeza f., inquietud f., melancolía f. ‖ 憂愁の思い pensamientos mpl. melancólicos

ゆうしゅう 優秀
▶ 優秀な excelente, destacado[da], sobresaliente, brillante ‖ 優秀な成績を収める obtener una calificación「excelente [sobresaliente] ／ 優秀な学生 estudiante com.「excelente [sobresaliente]
▶ 優秀さ excelencia f. ‖ 日本車の優秀さは国際的に認められている La excelencia de los coches japoneses está reconocida internacionalmente.
- 優秀選手 mejor jugador[dora] mf.

ゆうじゅうふだん 優柔不断
▶ 優柔不断な indeciso[sa],《格式語》irresoluto[ta] ‖ 彼は優柔不断な男だ Es un hombre indeciso.

ゆうしょう 有償
▶ 有償の oneroso[sa]
▶ 有償で a título oneroso
- 有償契約 contrato m. oneroso

ゆうしょう 優勝　victoria f., （選手権での）campeonato m. ‖ 優勝を目指す「luchar por [aspirar a] la victoria ／ 優勝を争う「luchar [competir] por el campeonato ／ 優勝を逸する perder el「trofeo [campeonato]
▶ 優勝する proclamarse campeón[ona], ganar el campeonato ‖ ワールドカップで優勝する ganar la Copa Mundial
- 優勝カップ copa f. de「campeón [triunfo], trofeo m.
- 優勝旗 bandera f. del「triunfo [campeonato] ‖ 優勝旗を返還する devolver la bandera del triunfo
- 優勝決定戦 （プレーオフ） partido m. de

desempate, (相撲の) lucha f. de desempate
- 優勝候補 favorito[ta] mf.
- 優勝者 campeón[ona] mf., ganador[dora] mf.
- 優勝チーム equipo m. campeón‖リーグの優勝チーム campeón m. de (la) liga
- 優勝パレード desfile m.「del campeonato [de la victoria]

ゆうじょう 友情 amistad f.‖友情が芽生える nacer la amistad／友情を深める「estrechar [profundizar] la amistad／友情に厚い ser fiel a sus amigos／友情の絆で結ばれている estar unidos[das] por lazos de amistad／金銭問題で二人の友情は壊れた Un problema de dinero rompió la amistad de los dos.
- 友情出演 participación f. amistosa

ゆうしょく 夕食 cena f.‖夕食をとる tomar la cena, cenar／夕食を作る hacer la cena／夕食に魚を食べる cenar pescado／外で夕食を済ませる cenar fuera／夕食に友人を招く invitar a cenar a unos amigos／今日の夕食は何がいい ¿Qué quieres cenar hoy?／夕食は何かな ¿Qué hay「de cena [para cenar]?

ゆうしょく 有色
- 有色人種「raza f. / gente f.」de color
- 有色野菜 verduras fpl. de colores「intensos [vivos]

ゆうじん 友人 amigo[ga] mf., amistades fpl. ⇒ともだち(友達)‖多くの友人に囲まれる estar rodeado[da] de muchos amigos

ゆうじん 有人
▶ 有人の (乗り物が) tripulado[da]
- 有人衛星 satélite m. tripulado
- 有人(宇宙)飛行 vuelo m. (espacial) tripulado

ゆうしんろん 有神論 teísmo m.
- 有神論者 teísta com.

ゆうすう 有数
▶ 有数の (主要な) principal, (卓越した) destacado[da], (重要な) importante‖日本有数の米どころ importante zona f. arrocera de Japón／世界有数の油田の一つ uno de los campos petrolíferos más grandes del mundo

ゆうずう 融通
▶ 融通のきく flexible
▶ 融通のきかない inflexible, rígido[da]
▶ 融通する‖建築資金を融通する financiar la construcción
- 融通手形 letra f. de「favor [complacencia]
- 融通無碍‖融通無碍な libre y flexible

ゆうすずみ 夕涼み‖夕涼みをする disfrutar de la frescura del atardecer

ユースホステル albergue m. juvenil‖ユースホステルに泊る alojarse en un albergue juvenil

ゆうする 有する tener, contar《con》, (所有する) poseer‖巨大な財産を有する「poseer [tener] una fortuna inmensa／3万人の人口を有する「tener [contar con] una población de treinta mil habitantes／絶大な権力を有する tener un poder inmenso

ゆうせい 有性
- 有性生殖 reproducción f. sexual

ゆうせい 郵政 administración f. postal
- 郵政省 Ministerio m. de Correos y Telecomunicaciones
- 郵政民営化 privatización f. de Correos

ゆうせい 優生
- 優生学 eugenesia f.
- 優生手術 esterilización f. eugenésica

ゆうせい 優性 dominancia f.
- 優性遺伝 dominancia f. genética
- 優性遺伝子 gen m. dominante

ゆうせい 優勢 predominio m., superioridad f., ventaja f.‖優勢を保つ mantener el predominio／ドイツチームの方が優勢だ El equipo alemán tiene más ventaja.
▶ 優勢な predominante, superior
▶ 優勢に predominantemente‖試合を終始優勢に進める dominar todo el partido

ゆうぜい 遊説 gira f. política, (選挙の) campaña f. electoral
▶ 遊説する「hacer [realizar]」una gira política《por》

ゆうせいおん 有声音 sonido m. sonoro, sonora f.

ゆうせいらん 有精卵 huevo m. fecundado

ゆうせん 有線
▶ 有線の por cable
- 有線テレビ televisión f. por cable
- 有線放送「emisión f. / difusión f.」por cable
- 有線LAN red f. de área local por cable

ゆうせん 優先 prioridad f., preferencia f.
▶ 優先的な prioritario[ria], preferente‖予約者は優先的な扱いを受ける Los que han hecho reserva serán tratados con preferencia.
▶ 優先的に prioritariamente, preferentemente‖会員は優先的にチケットを購入できる Los socios tienen prioridad en la compra de billetes.
▶ 優先する dar「prioridad [preferencia]」《a》, priorizar‖仕事を優先する dar prioridad al trabajo
- 歩行者優先 prioridad f. a los peatones
- 優先株 acción f.「preferente [privilegiada]
- 優先権 prioridad f.‖優先権を持つ tener prioridad
- 優先順位 orden m. de prioridad‖優先順位をつける ordenar ALGO por prioridad

◳ 優先席　asiento *m.* reservado (para ancianos y discapacitados)
ゆうぜん　悠然
▶悠然たる/悠然とした　tranqui*lo*[*la*], sere*no*[*na*] ‖ 悠然とした態度　actitud *f.*「serena [tranquila]」
▶悠然と　tranquilamente, serenamente, en calma, sin prisa ‖ 悠然と構える　mantenerse en calma
ゆうそう　勇壮
▶勇壮な　bra*vo*[*va*], heroi*co*[*ca*] ‖ 勇壮な曲　música *f.* brava
ゆうそう　郵送　envío *m.* postal
▶郵送する　enviar ALGO por correo ‖ クリスマスカードを郵送する　enviar una tarjeta de Navidad por correo
◳ 郵送禁止物品　objetos *mpl.* prohibidos para enviar por correo
◳ 郵送無料　envío *m.* gratis, franqueo *m.*「gratis [libre]」
◳ 郵送料　franqueo *m.*, gasto *m.* de envío
ユーターン　Uターン　cambio *m.* de sentido, vuelta *f.* en U
▶Uターンする　dar la vuelta en U, virar en U, dar media vuelta ‖ 故郷にUターンして就職する　regresar a *su* pueblo natal para colocarse
◳ Uターン禁止　(表示) Cambio de sentido prohibido
◳ Uターン現象　(説明訳) fenómeno *m.* social en el que los jóvenes de la ciudad regresan a su pueblo natal para colocarse
ゆうたい　勇退　retiro *m.* voluntario
▶勇退する　retirarse voluntariamente
ゆうたい　優待　trato *m.* preferencial
▶優待する　dar trato preferencial《a》
◳ 優待券　(無料の)「billete *m.* [pase *m.*] de favor」, (割引きの) billete *m.* con descuento
ゆうだい　雄大
▶雄大さ　grandiosidad *f.*, majestuosidad *f.* ‖ 自然の雄大さ　grandiosidad *f.* de la naturaleza
▶雄大な　grandio*so*[*sa*], majestuo*so*[*sa*] ‖ 雄大な風景　paisaje *m.*「grandioso [majestuoso]」 / 雄大な構想　idea *f.* grandiosa
ゆうたいるい　有袋類　marsupiales *mpl.*
ゆうだち　夕立　aguacero *m.* (de la tarde), chaparrón *m.*, chubasco *m.* ‖ 昨日私は夕立に遭った　Ayer me「sorprendió [cogió]」un aguacero. / 夕立が去ったあとは空が晴れた　Después del chaparrón que ha caído se ha despejado el cielo.
◳ 夕立雲　cumulonimbo *m.*
ゆうだん　勇断 ‖ 勇断を下す　tomar una decisión valiente
ゆうち　誘致　invitación *f.*
▶誘致する　invitar, atraer ‖ オリンピックを誘致するための活動　campaña *f.* de la candidatura para albergar los Juegos Olímpicos
ゆうちょう　悠長
▶悠長な　pausa*do*[*da*], tranqui*lo*[*la*] ‖ そんな悠長なことを言っていられない　Ya no tenemos tiempo para perderlo en esas cosas.
▶悠長に　placenteramente, con calma ‖ 悠長に構える　tomarse las cosas con calma, 《慣用》quedarse tan an*cho*[*cha*]
ユーティリティ　《IT》utilidad *f.* ‖ ユーティリティを利用する　usar la utilidad
ゆうてん　融点　punto *m.* de fusión
ゆうでん　誘電　electricidad *f.* inducida
◳ 誘電体　dieléctrico *m.*
ゆうとう　優等　excelencia *f.* ‖ 彼は優等で大学を卒業した　Él terminó la carrera con「unas calificaciones sobresalientes [matrícula de honor, mención honorífica]」.
▶優等の/優等な　excelente ‖ 優等の成績　nota *f.* excelente
◳ 優等生　estudiante *com.*「excelente [sobresaliente]」
ゆうどう　誘導　guía *f.*, (電気) inducción *f.*
▶誘導する　guiar, conducir, llevar ‖ 安全な場所へ誘導する「guiar [encaminar] a ALGUIEN a un lugar seguro」
◳ 誘導尋問　interrogatorio *m.* capcioso ‖ 巧みな誘導尋問に合う　ser interroga*do*[*da*] de manera capciosa
◳ 誘導加熱　calentamiento *m.* por inducción
◳ 誘導装置　(ミサイルの) sistema *m.* de guía
◳ 誘導体　《化学》derivado *m.*
◳ 誘導灯　luz *f.* de guía
◳ 誘導ミサイル　misil *m.*「guiado [teledirigido]」
ゆうどく　有毒
▶有毒な　tóxi*co*[*ca*], veneno*so*[*sa*], deletére*o*[*a*] ‖ 有毒な食品添加物　aditivo *m.* alimenticio tóxico
◳ 有毒ガス　gas *m.*「venenoso [tóxico]」
◳ 有毒物質　sustancia *f.*「tóxica [venenosa]」
ユートピア　utopía *f.*
▶ユートピアの/ユートピア的な　utópi*co*[*ca*]
ゆうに　優に ‖ ゆうに2メートルある大男　hombre *m.* grande que mide fácilmente dos metros / 歩いて行けばゆうに2時間はかかる　Si vamos andando tardaremos dos horas largas.
ゆうのう　有能
▶有能な　eficiente, competente ‖ 有能な人　persona *f.* competente
ゆうはつ　誘発
▶誘発する　provocar, causar ‖ 事故を誘発する　provocar un accidente
◳ 誘発地震「terremoto *m.* [seísmo *m.*] inducido」
ゆうはん　夕飯　cena *f.*
ゆうひ　夕日　sol *m.* poniente ‖ 地平線に夕日

が沈む El sol se pone en el horizonte. ／ 木々が夕日に映える Los árboles brillan al sol poniente.

ゆうび 優美 elegancia *f.*, garbo *m.*
▶優美な elegante, garbo*so[sa]* ‖ 優美な装い vestimenta *f.* elegante
▶優美に elegantemente, con elegancia, con garbo ‖ 彼女は優美に舞った Ella bailó elegantemente.

ゆうびん 郵便 correo *m.*, (発送) envío *m.* ‖ 郵便で送る enviar ALGO por correo ／ 私に郵便が届いた Me ha llegado un correo. ／ 郵便を配達する「repartir [distribuir] el correo
▶郵便の postal
▫郵便受け buzón *m.*
▫郵便為替 giro *m.* postal
▫郵便切手 sello *m.*,《中南米》estampilla *f.*
▫郵便業務 servicio *m.* postal
▫郵便局 oficina *f.* de correos
▫郵便局員 emplea*do[da]* *mf.* de correos
▫郵便局長 je*fe[fa]* *mf.* de correos
▫郵便小包 paquete *m.* postal
▫郵便車 camión *m.* de correos
▫郵便制度 sistema *m.* postal
▫郵便貯金 ahorro *m.* postal
▫郵便配達 reparto *m.* del correo ‖ 郵便配達人 carter*o[ra]* *mf.*, reparti*dor[dora]* *mf.* de correo
▫郵便はがき postal *f.*, tarjeta *f.* postal
▫郵便番号 código *m.* postal
▫郵便物 correo *m.*, correspondencia *f.*
▫郵便ポスト buzón *m.*
▫郵便料金 franqueo *m.*
▫郵便列車 tren *m.* correo

――――――――――――――
　　　　郵便の用語
――――――――――――――
書留 certificado *m.* ／ 親展 carta *f.* confidencial ／ 局留め lista *f.* de correos, poste *m.* restante ／ 速達便 correo *m.* urgente ／ 航空便 correo *m.* aéreo ／ 船便 correo *m.* marítimo ／ 国内郵便物 correo *m.* nacional ／ 国際郵便物 correo *m.* internacional ／ 私書箱 apartado *m.*「de correos [postal] ／ 定形郵便物 correo *m.* de tamaño normalizado ／ 定形外郵便物 correo *m.* de tamaño no normalizado ／ 電子郵便 correo *m.* electrónico ／ 普通郵便 correo *m.* ordinario
万国郵便連合 Unión *f.* Postal Universal (略 UPU)

■■　郵便局にて　■■
‖ よく使う会話表現

●一番近い郵便局はどこですか ¿Dónde está la oficina de correos más cercana?
●切手はどの窓口で売っていますか ¿En qué ventanilla venden sellos?
●1ユーロ切手を5枚ください Cinco sellos de un euro, por favor.
●郵便葉書を10枚ください Deme diez postales, por favor.
●この郵便の料金はいくらですか ¿Cuánto es el franqueo de este envío?
●航空便[船便]でお願いします Por「avión [barco], por favor.
●この小包を日本へ送りたいのですが Quería enviar este paquete a Japón.
●この手紙を速達で送りたいのですが Quería enviar esta carta por correo urgente.
●郵便物を受け取りに来ました He venido para recoger un envío.
●通知書はお持ちですか ¿Tiene usted「el aviso [la notificación]?
●身分証明書はお持ちですか ¿Tiene usted el carné de identidad?

ユーブイ UV rayos *mpl.* ultravioleta(s)
▫UVカット corte *m.* ultravioleta
ユーフォー UFO ovni *m.* (objeto *m.* volador no identificado の略)
ゆうふく 裕福
▶裕福な ri*co[ca]*, adinera*do[da]*, pudiente ‖ 裕福な生活 vida *f.*「rica [holgada] ／ 彼は裕福な家庭に育った Él ha crecido en una familia「rica [adinerada].
▶裕福に ‖ 裕福に暮らす llevar una vida rica,《慣用》vivir en la abundancia
ゆうべ 夕べ atardecer *m.* ‖ ルンバの夕べ velada *f.* de rumba
ゆうべ 昨夜 anoche ‖ 昨夜、台風が通過した Anoche pasó un tifón.
ゆうへい 幽閉 encierro *m.*, confinamiento *m.*
▶幽閉する encerrar, confinar
ゆうべん 雄弁 elocuencia *f.* ‖ 雄弁をふるう hablar con elocuencia ／ 雄弁である《慣用》「tener [ser] un pico de oro
▶雄弁な elocuente
▶雄弁に con elocuencia, elocuentemente
▫雄弁家 ora*dor[dora]* *mf.* elocuente
▫雄弁術 oratoria *f.*
▫雄弁大会 concurso *m.* de oratoria
ゆうぼう 有望 ‖ 前途有望である tener un futuro prometedor
▶有望な promete*dor[dora]*, con「porvenir [futuro] ‖ 有望な政治家 políti*co[ca]* *mf.* promete*dor[dora]*
▫有望株 ‖ 彼はこのチームで一番の有望株だ Él es el jugador más prometedor de este equipo.

ゆうぼく　遊牧　nomadismo m.
- 遊牧の nómada
- 遊牧生活 nomadismo m., vida f. nómada ‖ 遊牧生活を送る llevar una vida nómada
- 遊牧民 pueblo m. nómada, nómada com.

ゆうほどう　遊歩道　paseo m. peatonal

ゆうめい　有名
- 有名な famoso[sa], conocido[da], renombrado[da], célebre ‖ 歴史上有名な人物 personaje m. famoso de la historia ／ この町はガラス製品で有名だ Esta ciudad es famosa por la producción de cristalería.
- 有名になる hacerse famoso[sa]
- 有名校 escuela f. de prestigio
- 有名人 celebridad f., famoso[sa] mf.
- 有名税 precio m. de la fama
- 有名ブランド marca f. prestigiosa
- 有名無実 ‖ 彼は首相として有名無実である Él no es más que un primer ministro [nominal [de nombre].

ゆうめい　勇名 ‖ 勇名を馳せる hacerse famoso[sa] por su valentía, ganarse la fama de ser valiente

ユーモア　humor m. ‖ ユーモアに富む（人が）ser muy gracioso[sa], tener mucho sentido del humor, (話などが) ser muy [humorístico[ca] [gracioso[sa]] ／ 彼女はユーモアに欠ける A ella le falta sentido del humor. ／ ユーモアを交えて話す hablar con humor ／ ユーモアを解する entender el humor
- ブラックユーモア humor m. negro
- ユーモア感覚 sentido m. del humor
- ユーモア小説 novela f. humorística

ゆうもう　勇猛
- 勇猛な bravo[va], audaz, intrépido[da] ‖ 勇猛な戦士 guerrero[ra] mf. bravo[va]

ユーモラス
- ユーモラスな humorístico[ca], cómico[ca], gracioso[sa] ‖ ユーモラスなスピーチ discurso m. humorístico ／ ユーモラスな手紙 carta f. graciosa
- ユーモラスに humorísticamente, con humor

ゆうもん　幽門　(解剖) píloro m.

ゆうやく　釉薬　barniz m., esmalte m., vidriado m. ⇒うわぐすり

ゆうやけ　夕焼け ‖ 空が夕焼けになる El cielo se pone rojo al atardecer.
- 夕焼け雲 arrebolada f., arreboles mpl.
- 夕焼け空 cielo m. rojo del atardecer

ゆうやみ　夕闇　crepúsculo m. vespertino, penumbra f. del atardecer ‖ 夕闇が迫る Se acerca la noche.

ゆうゆう　悠悠
- 悠々たる calmado[da], sereno[na], tranquilo[la] ‖ 悠々たる大河の流れ corriente f. serena del gran río
- 悠々と ‖ 鷲が悠々と飛んでいる Un águila vuela con aire majestuoso. ／ もうすぐ試験だというのに彼は悠々としている A pesar de que falta poco para el examen, él está totalmente tranquilo. ／ 私は悠々と開演に間に合った Llegué a la función con mucha antelación.
- 悠々閑々 ‖ 悠々閑々と日々を送る llevar una vida tranquila y despreocupada
- 悠々自適 ‖ 悠々自適に暮らす vivir a su aire

ゆうよ　猶予　aplazamiento m., (延長) prórroga f. ‖ 3日間の猶予を与える [conceder [dar]] una prórroga de tres días ／ 一刻の猶予も許されない No hay tiempo que perder.
- 猶予する aplazar, (延長する) prorrogar ‖ 刑の執行を猶予する aplazar la ejecución de la condena
- 執行猶予 suspensión f. de la ejecución de la condena
- 猶予期間 （支払いの）moratoria f., período m. de gracia

ゆうよう　有用
- 有用な útil, provechoso[sa], valioso[sa] ‖ 社会に有用な人材を育てる formar personas que contribuyan a la sociedad
- 有用性 utilidad f.

ユーラシア　Eurasia
- ユーラシアの eurasiático[ca], euroasiático[ca]
- ユーラシア大陸 continente m. eurasiático

ゆうらん　遊覧
- 遊覧する hacer una excursión
- 遊覧切符 billete m. turístico
- 遊覧船 barco m. de recreo
- 遊覧バス autobús m. turístico
- 遊覧飛行 vuelo m. turístico

ゆうり　有利　ventaja f. ‖ 形勢は我々に有利だ La situación es favorable para nosotros.
- 有利な ventajoso[sa] 《para》, provechoso[sa] 《para》, (好都合な) favorable 《para》 ‖ 有利な条件 condición f. favorable ／ 被告に有利な証言 testimonio m. a favor [del acusado [de la acusada]]
- 有利に ventajosamente, favorablemente ‖ 試合は日本チームに有利に進んだ El partido se desarrolló favorablemente para el equipo japonés.

ゆうり　有理
- 有理の (数学) racional
- 有理式 (数学) expresión f. racional
- 有理数 (数学) número m. racional

ゆうり　遊離　separación f.
- 遊離する separarse ‖ 現実から遊離した政策 política f. que dista mucho de la realidad

ゆうりょ　憂慮　preocupación f., inquietud f.
- 憂慮する preocuparse 《por》 ‖ 日本の将来

を憂慮する preocuparse por el futuro de Japón
▶憂慮すべき preocupante, inquietante,（深刻な）s*erio[ria]*
ゆうりょう 有料 ‖このサービスは有料です Este servicio es de pago.
▶有料の de pago
▶有料化する ‖高速道路を有料化する empezar a cobrar peaje por el uso de las autopistas
◪有料駐車場 aparcamiento *m*. de pago
◪有料道路 carretera *f*. de peaje
ゆうりょう 優良
▶優良な excelente, superior ‖優良な品質 calidad *f*. excelente
◪優良株《英語》*blue chip f*., acción *f. blue chip*
◪優良企業 empresa *f*. con buen estado financiero
◪優良物件（不動産の）inmuebles *mpl*. de calidad
ゆうりょく 有力 ‖首相（男性）交代説が有力になってきている La opinión de relevar al primer ministro se está volviendo mayoritaria.
▶有力な poderos*o[sa]*, influyente ‖有力な政治家 polític*o[ca] mf.* [influyente [poderos*o[sa]*] / 有力な証言 testimonio *m*. importante / 有力なライバル rival *com.* fuerte
◪有力者 pudiente *com.*,（集合的に）fuerzas *fpl*. vivas ‖実業界の有力者 persona *f*. poderosa (e influyente) en el mundo de los negocios
ゆうれい 幽霊 fantasma *m*., espectro *m*. ‖その城には幽霊が出る En ese castillo se aparecen fantasmas.
◪幽霊会社 empresa *f*. fantasma
◪幽霊人口 población *f*. fantasma
◪幽霊船 barco *m*. fantasma
◪幽霊都市 ciudad *f*. [fantasma [abandonada]
◪幽霊屋敷 casa *f*. [encantada [embrujada, fantasma]
ユーレイルパス Eurail *m*., pase *m. Eurail* ‖ユーレイルパスでヨーロッパを回る recorrer Europa con un pase *Eurail*
ゆうれつ 優劣 diferencia *f*. ‖優劣を競う competir por la superioridad / 二者の間には優劣がない No hay diferencia entre los dos. / どの作品も優秀で優劣をつけがたい Cada una de las obras es tan maravillosa que no se puede decir cuál es la mejor.
ユーロ（欧州連合の通貨単位）euro *m*.《記号 €》‖1ユーロ硬貨 moneda *f*. de un euro / 百ユーロ紙幣 billete *m*. de cien euros / 千ドルはユーロに換算するといくらですか ¿A cuántos euros equivalen mil dólares?
◪ユーロ円 euroyen *m*.
◪ユーロ圏 eurozona *f*.
◪ユーロ債 eurobono *m*.
◪ユーロ市場 euromercado *m*.
◪ユーロダラー eurodólar *m*.
ゆうわ 融和 armonía *f*., reconciliación *f*. ‖社員間の融和を図る intentar crear armonía entre los empleados
▶融和する armonizar, reconciliarse
ゆうわく 誘惑 tentación *f*.,（特に異性の）seducción *f*. ‖大都会は誘惑が多い La gran ciudad está llena de tentaciones. / 誘惑に勝つ vencer la tentación / 誘惑に負ける rendirse a la tentación, caer en la tentación / 誘惑に負けない人 persona *f*. muy íntegra / 誘惑に弱い ceder fácilmente a la tentación / 誘惑と戦う luchar contra la tentación
▶誘惑する tentar,（異性を）seducir
◪誘惑者 tent*ador[dora] mf.*, seduct*or[tora] mf*.
ゆうわせいさく 宥和政策 política *f*. de apaciguamiento
ゆえ 故 causa *f*., razón *f*. ‖故あって彼は仕事をすぐに辞めた Por alguna razón él dejó el trabajo inmediatamente. / この本がよく売れるのは理由なきことではない Si se vende mucho este libro, será por alguna razón. / 当時私は若さゆえの多くの過ちを犯した En aquella época cometí muchos errores por mi juventud.
ゆえに 故に luego, por consiguiente, por tanto
〖慣用〗我思う，故に我あり《慣用》Pienso, luego existo.
ゆえん 油煙 negro *m*. de humo
ゆえん 所以（理由）razón *f*. ‖彼が皆に好かれる所以は優しさにある La razón por la que él se gana la simpatía de todos es su amabilidad.
ゆか 床 suelo *m*., piso *m*. ‖床に座る sentarse en el suelo / 床を磨く pulir el suelo / 床が抜ける caerse *el suelo* / 床に絨毯を敷く alfombrar el suelo / 床に板を張る revestir el suelo con madera
◪床板 tabla *f*. del suelo
◪床運動（体操の）ejercicio *m*. de suelo
◪床暖房 calefacción *f*. [de [por] suelo radiante
◪床面積 superficie *f*. del suelo
ゆかい 愉快 ‖それは愉快だ ¡Qué divertido!
▶愉快な divertid*o[da]*, gracios*o[sa]*, agradable, alegre ‖愉快な体験談 experiencia *f*. divertida
▶愉快に alegremente, con alegría ‖愉快に飲む beber alegremente
ゆかうえ 床上 ‖床上5センチまで浸水した El agua llegó cinco centímetros por encima del suelo del piso bajo.

ゆがく 湯搔く escaldar ‖ ほうれん草を湯搔く escaldar las espinacas
ゆかげん 湯加減 temperatura *f.* del baño ‖ ちょうどよい湯加減です La temperatura del baño está muy bien.
ゆかしい (奥ゆかしい) modes*to*[*ta*], refina*do*[*da*], (懐かしい) añora*do*[*da*] ‖ ゆかしい人柄 carácter *m.* modesto
▶**ゆかしく** ‖ 古式ゆかしく結婚式が行われた Se celebró la boda de acuerdo con el ritual tradicional.
ゆかした 床下 ‖ 床下まで浸水する llenarse de agua hasta por debajo del nivel del suelo del piso bajo
ゆかた 浴衣 《日本語》*yukata m.*, (説明訳) quimono *m.* ligero de algodón usado en verano
ゆがみ 歪み (ねじれ) torsión *f.*, distorsión *f.*, (変形) deformación *f.*, (反り) alabeo *m.* ‖ 画面のゆがみ distorsión *f.* de la「imagen [pantalla] / 社会のゆがみ distorsión *f.* social / 心のゆがみ distorsión *f.* mental, retorcimiento *m.* / ゆがみを直す corregir la distorsión
ゆがむ 歪む torcerse, deformarse ‖ モニターの画面がゆがんでいる La imagen del monitor está distorsionada.
▶**ゆがんだ** torci*do*[*da*], retorci*do*[*da*] ‖ ゆがんだ性格 carácter *m.* retorcido
ゆがめる 歪める deformar, torcer, (事実などを) tergiversar ‖ 顔をゆがめる torcer el gesto / 事実をゆがめる tergiversar「los hechos [la verdad]
ゆかり 縁 vínculo *m.*, relación *f.* ‖ セルバンテスゆかりの土地 lugar *m.* estrechamente vinculado a Cervantes / ～とは縁もゆかりもない no tener nada que ver《con》
ゆき 雪 nieve *f.*, (降雪) nevada *f.*, (雪片) copo *m.* ‖ 雪の多い地域 zona *f.* nevosa / 雪に埋もれた車 coche *m.* enterrado en la nieve / 雪に覆われた山頂 cima *f.* cubierta de nieve / 雪が降る nevar, caer *la nieve* / 雪が降り出した Ha empezado a nevar. / 雪が止んだ Ha dejado de nevar. / 雪が舞っている Revolotean los copos de nieve. / 雪が解けた Se ha derretido la nieve. / 雪が積もった Ha cuajado la nieve. / 雪を搔く quitar la nieve

─────── 雪のいろいろ ───────

淡雪 nieve *f.* ligera / 粉雪 nieve *f.* en polvo / 小雪 nevisca *f.* / 残雪 restos *mpl.* de nieve / 積雪 acumulación *f.* de nieve / 初雪 primera nevada *f.* del año / 万年雪 nieve *f.* perpetua / 吹雪 tormenta *f.* de nieve, nevasca *f.* / 根雪 nieve *f.* persistente / 新雪 nieve *f.* fresca / 大雪 gran nevada *f.*

ゆき 行き ⇒いき
ゆきあかり 雪明かり reflejo *m.* de la nieve
ゆきあたりばったり 行き当たりばったり ⇒いきあたりばったり
ゆきおとこ 雪男 hombre *m.* de las nieves
ゆきおろし 雪下ろし/雪降ろし ‖ 屋根の雪下ろしをする quitar la nieve del tejado
ゆきおんな 雪女 mujer *f.* de las nieves
ゆきかう 行き交う ⇒いきかう
ゆきがかり 行き掛かり ⇒いきがかり
ゆきかき 雪搔き limpieza *f.* de la nieve
▶雪搔きをする quitar la nieve
ゆきがっせん 雪合戦 batalla *f.* de bolas de nieve
▶雪合戦をする jugar a la batalla de bolas de nieve
ゆきき 行き来 ⇒いきき
ゆきぐつ 雪靴 botas *fpl.* de nieve, (かんじき) raquetas *fpl.* de nieve
ゆきぐに 雪国 región *f.* de nieve
ゆきげしき 雪景色 paisaje *m.* nevado ‖ 雪景色をめでる admirar el paisaje nevado
ゆきげしょう 雪化粧
▶雪化粧する cubrirse de nieve ‖ 雪化粧した山々 montañas *fpl.* cubiertas de nieve
ゆきさき 行き先 ⇒いきさき・ゆくさき
ゆきすぎ 行き過ぎ ⇒いきすぎ
ゆきすぎる 行き過ぎる ⇒いきすぎる
ゆきずり 行きずり ‖ 行きずりの人 (通行人) transeúnte *com.*, (知らない人) desconoci*do*[*da*] *mf.* / 行きずりの恋 amor *m.* casual
ゆきだおれ 行き倒れ ‖ 吹雪で行き倒れになる caer muer*to*[*ta*] en una tormenta de nieve
ゆきだるま 雪達磨 muñeco *m.* de nieve ‖ 雪だるまを作る hacer un muñeco de nieve
◨雪だるま式 ‖ 借金が雪だるま式に増える La deuda crece como una bola de nieve.
ゆきちがい 行き違い (すれ違い) cruce *m.*, (誤解) malentendido *m.* ‖ 彼と行き違いになった Me crucé con él. / 本状と行き違いにお送りいただきました場合はご容赦ください Le rogamos (que) nos perdone si el presente documento se cruza con el suyo.
ゆきちがう 行き違う (すれ違う) cruzarse 《con》
ゆきつく 行き着く llegar 《a》‖ 君そんな堕落した生活をしていたら、行き着くところは犯罪だよ Si continúas con esa vida tan depravada, acabarás cometiendo un crimen.
ゆきつけ 行き付け ⇒いきつけ
ゆきづまり 行き詰まり ⇒いきづまり
ゆきづまる 行き詰まる ⇒いきづまる
ゆきどけ 雪解け deshielo *m.* ‖ 日中関係の雪解け deshielo *m.* en las relaciones entre

Japón y China
◨雪解け水 agua *f*. de deshielo
◨雪解け道 camino *m*. fangoso con nieve derretida
ゆきとどく 行き届く‖掃除の行き届いた家 casa *f*. muy limpia／このビルは管理が行き届いている Se proporciona un máximo cuidado en la administración del edificio.／行き届かない点がありましたらお許しください Les ruego (que) perdonen cualquier descuido que pueda producirse.
ゆきどまり 行き止まり callejón *m*. sin salida‖行き止まり《掲示》Calle cortada ¦ Calle sin salida／この道は行き止まりだ Esta calle no tiene salida. ¦ Esta calle termina aquí.
ゆきのした 雪の下 《植物》saxífraga *f*.
ゆきば 行き場‖行き場がない no tener a donde ir／私は怒りの持って行き場がない No tengo en quien descargar mi ira.
ゆきまつり 雪祭り 「fiesta *f*. [festival *m*.] de nieve
ゆきみ 雪見
▶雪見をする 「contemplar [admirar] el paisaje cubierto de nieve
◨雪見酒‖雪見酒を酌む beber sake admirando el paisaje nevado
ゆきみち 雪道 camino *m*. (cubierto) de nieve
ゆきもよう 雪模様‖空は雪模様だ Parece que va a nevar.
ゆきやけ 雪焼け
▶雪焼けする broncearse en la nieve‖私はスキーで雪焼けした Me he puesto moreno[na] esquiando.
ゆきやま 雪山 montaña *f*. cubierta de nieve‖雪山で遭難する tener un accidente en una montaña nevada
ゆきわたる 行き渡る ⇒いきわたる
ゆく 行く ⇒いく‖行く春を惜しむ echar de menos la primavera que se va
ゆく 逝く fallecer
ゆくえ 行方 paradero *m*.‖行方が分からない encontrarse en paradero desconocido／行方を突き止める localizar／行方をくらます desaparecer／試合の勝敗の行方を占う pronosticar el resultado del partido
◨行方不明‖行方不明の desaparecido[da]
◨行方不明者 desaparecido[da] *mf*.
ゆくさき 行く先 destino *m*., (将来) futuro *m*., porvenir *m*.‖兄は行く先を告げずに出て行った Mi hermano se fue sin decir a dónde iba.
▶行く先々‖彼は行く先々で歓迎を受けた Lo recibieron con los brazos abiertos dondequiera que fue.
ゆくすえ 行く末 futuro *m*., porvenir *m*.‖行く末を案じる preocuparse por el futuro

《de》／娘の行く末を見届けたい Espero ver qué le depara el porvenir a mi hija.
ゆくて 行く手‖牛が遮る Una vaca cierra el paso.／私たちの行く手に困難が待ち受けている Nos esperan dificultades.／吹雪が登山者たちの行く手を阻んでいる La tormenta de nieve dificulta los desplazamientos de los montañeros.
ゆくとし 行く年 año *m*. que se va‖ゆく年くる年 el año que se va y el que viene
ゆくゆく 行く行く (道すがら) por el camino; (将来) en el futuro, algún día‖ゆくゆく彼は大臣になるだろう En el futuro llegará a ser ministro.／ゆくゆくは息子に後を継がせたい Algún día quiero que me suceda mi hijo.
ゆげ 湯気 vapor *m*. (de agua)‖コーヒーが湯気を立てる El café humea.
[慣]湯気を立てて‖頭から湯気を立てて怒る enfadarse mucho,《慣用》estar que trina
ゆけつ 輸血 transfusión *f*. de sangre
▶輸血する hacer una transfusión de sangre
ゆけむり 湯煙 vapor *m*.‖温泉から立ちのぼる湯煙 vapor *m*. que emana de aguas termales
ゆさぶる 揺さぶる sacudir, agitar, (心を)conmover, impactar‖木を揺さぶる sacudir un árbol／スポーツ界を揺さぶるスキャンダル escándalo *m*. que sacude el mundo del deporte
ゆざまし 湯冷まし agua *f*. hervida y enfriada‖湯ざましを飲む tomar agua hervida y enfriada
ゆざめ 湯冷め
▶湯冷めする (説明訳) sentir frío después de tomar un baño
ゆさん 遊山 excursión *f*.‖遊山に出かける ir de excursión／遊山気分で en plan festivo
◨物見遊山‖物見遊山に鎌倉に行く ir de excursión a Kamakura
◨遊山客 excursionista *com*., turista *com*.
ゆし 油脂 aceite *m*. y grasa *f*.
◨食用油脂 aceite *m*. y grasa *f*. comestible
◨工業用油脂 aceite *m*. y grasa *f*. industrial
ゆしゅつ 輸出 exportación *f*.‖輸出が増える aumentar *la exportación*／輸出が減る bajar *la exportación*／輸出を増やす aumentar la exportación／輸出を減らす reducir la exportación／輸出を禁止する prohibir la exportación／輸出を許可する permitir la exportación
▶輸出する exportar
▶輸出可能な exportable
◨輸出価格 precio *m*. de exportación
◨輸出額 valor *m*. de las exportaciones
◨輸出業 comercio *m*. de exportación

ゆしゅつにゅう

◪ 輸出業者 (人) exporta*dor*[*dora*] *mf*., (会社) compañía *f*. exportadora
◪ 輸出競争 competencia *f*. en la exportación
◪ 輸出許可証 「permiso *m*. [licencia *f*.] de exportación
◪ 輸出禁止 embargo *m*. a las exportaciones
◪ 輸出港 puerto *m*. de exportación
◪ 輸出国 país *m*. exportador
◪ 輸出産業 industria *f*. exportadora
◪ 輸出自主規制 restricción *f*. voluntaria de exportaciones
◪ 輸出市場 mercado *m*. de exportación
◪ 輸出奨励策 política *f*. de fomento 「a [de] la exportación
◪ 輸出申告 declaración *f*. de exportación
◪ 輸出信用状 carta *f*. de crédito de exportación
◪ 輸出税 impuesto *m*. 「de [a la] exportación
◪ 輸出制限 「restricción *f*. [control *m*.] de las exportaciones
◪ 輸出超過 exceso *m*. de exportación sobre importación
◪ 輸出手続き procedimiento *m*. de exportación
◪ 輸出品 「artículos *mpl*. [productos *mpl*.] de exportación
◪ 輸出保険 seguro *m*. de exportación
◪ 輸出量 volumen *m*. de exportación
◪ 輸出割当 cuota *f*. de exportación

ゆしゅつにゅう 輸出入 exportación *f*. e importación *f*.
▶ 輸出入取引法 Ley *f*. de Comercio Exterior
◪ 輸出入貿易 comercio *m*. de exportación e importación

ゆず 柚子 《日本語》*yuzu m*., (説明訳) un tipo de cidra japonesa ‖ 柚子で香り付けする aromatizar con *yuzu*
◪ 柚子湯 baño *m*. perfumado con *yuzu*

ゆすぐ 濯ぐ enjuagar, aclarar ‖ 洗濯物をゆすぐ 「enjuagar [aclarar] la ropa ／ 口をゆすぐ enjuagarse la boca

ゆすり 強請 extorsión *f*., chantaje *m*., (人) extorsionista *com*., chantajista *com*. ‖ ゆすりを働く extorsionar, chantajear, hacer chantaje ／ ゆすりに遭う ser extorsiona*do*[*da*], ser chantajea*do*[*da*]

ゆずり 譲り ‖ 彼女の音楽の才能は父親譲りである Ella ha heredado el talento musical de su padre.

ゆずりあい 譲り合い ‖ 譲り合いの精神 espíritu *m*. de respeto mutuo ／ 席の譲り合いをする cederse mutuamente el asiento

ゆずりあう 譲り合う ‖ 道を譲り合う cederse el paso mutuamente

ゆずりうける 譲り受ける heredar, (買う) comprar ‖ 友人から車を安く譲り受ける (買う) comprar un coche a un amigo a buen precio ／ 私が父から譲り受けた土地 terreno *m*. heredado de mi padre

ゆずりわたす 譲り渡す traspasar, enajenar, ceder ‖ 財産を譲り渡す enajenar los bienes 《a》／ 権利を譲り渡す ceder los derechos 《a》／ 事業を譲り渡す traspasar el negocio 《a》

ゆする 揺する mecer, (体を) moverse, (強く) sacudir ‖ 子どもを揺すって起こす mover al niño para que se despierte ／ 音楽に合わせて体を揺する moverse al son de la música ／ 木を揺すって実を落とす sacudir el árbol para que caigan los frutos

ゆする 強請る hacer chantaje, chantajear, extorsionar ‖ 人気女優をゆすって金を出させる chantajear a una actriz popular y hacerle pagar dinero

ゆずる 譲る (与える) dar, (委譲する) transferir, traspasar, (売る) vender, (譲歩する) ceder, hacer concesiones ‖ 財産を譲る traspasar los bienes 《a》／ 権限を譲る transferir las competencias 《a》／ 安く譲る vender ALGO bara*to* ／ 席を譲る ceder el asiento 《a》／ 私はこれ以上は一歩も譲れない No puedo ceder ni un milímetro más. ／ 2人とも主張を譲らなかった Ninguno de los dos se hizo concesiones.

ゆせい 油井 pozo *m*. 「petrolífero [de petróleo]

ゆせい 油性 oleaginosidad *f*.
▶ 油性の oleagino*so*[*sa*], oleo*so*[*sa*]
◪ 油性塗料 pintura *f*. de aceite
◪ 油性溶液 solución *f*. oleosa

ゆせいかん 輸精管 conducto *m*. espermático

ゆせん 湯煎 baño *m*. María
▶ 湯煎する calentar ALGO al baño María

ゆそう 油送
◪ 油送管 (パイプライン) oleoducto *m*.

ゆそう 油槽 depósito *m*. de petróleo
◪ 油槽所 terminal *f*. petrolífera
◪ 油槽船 petrolero *m*., buque *m*. petrolero

ゆそう 輸送 transporte *m*.
▶ 輸送する transportar ‖ 貨物を輸送する transportar mercancías
◪ 遠距離輸送 transporte *m*. de larga distancia
◪ 海上輸送 transporte *m*. marítimo
◪ 航空輸送 transporte *m*. aéreo
◪ 大量輸送 transporte *m*. masivo
◪ 鉄道輸送 transporte *m*. 「ferroviario [por ferrocarril]
◪ 陸上輸送 transporte *m*. 「terrestre [por carretera]
◪ 輸送機 avión *m*. de transporte

- 輸送機関 medio *m.* de transporte
- 輸送船 buque *m.* de transporte
- 輸送費 coste *m.* de transporte
- 輸送網 red *f.* de transporte
- 輸送量 volumen *m.* de transporte
- 輸送力 capacidad *f.* de transporte

ゆたか 豊か
▶豊かである ser ri*co*[*ca*]《en》‖経済的に豊かである ser económicamente ri*co*[*ca*] / 彼は想像力が豊かである Él tiene mucha imaginación.
▶豊かな abundante, ri*co*[*ca*] ‖ 豊かな土地 tierra *f.* fecunda [fértil] / 豊かな才能 gran talento *m.* / 豊かな髪 pelo *m.* abundante / 豊かな社会 sociedad *f.* rica / 豊かな暮らしをする llevar una vida holgada
▶豊かに ricamente, abundantemente ‖ 小麦が豊かに実る El trigo crece abundantemente.
▶豊かにする enriquecer ‖ 個性を豊かにする enriquecer la personalidad de ALGUIEN

ゆだねる 委ねる confiar, encargar, encomendar ‖ 全権を委ねる otorgar plenos poderes 《a》/ 会社の経営を息子に委ねる encargar la administración de la compañía al hijo / 教育に身を委ねる「dedicarse [consagrarse] a la educación

ユダヤ
▶ユダヤの judí*o*[*a*]
- ユダヤ人 judí*o*[*a*] *mf.*
- ユダヤ教 religión *f.* judía

ゆだる 茹る cocerse ‖ 卵が茹った El huevo está cocido.

ゆだん 油断 descuido *m.* ‖ 油断のならない人 persona *f.* de cuidado / 油断もすきもない No se puede descuidar ni un momento. / 油断なく sin bajar la guardia / 一瞬の油断が事故につながった Un momento de descuido provocó el accidente.
▶油断する descuidarse ‖ 油断するなよ ¡Ándate con cuidado! ¦ ¡No te confíes mucho!
▶油断した descuida*do*[*da*], desprevení*do*[*da*] ‖ 油断した隙に en un momento de descuido
- 油断大敵《諺》Camarón que se duerme, se lo lleva la corriente.

ゆたんぽ 湯湯婆 calientapiés *m.*[=*pl.*]

ゆちゃく 癒着 adherencia *f.*, (裏でのつながり) connivencia *f.*, relación *f.* corrupta ‖ 政治家と企業の癒着 connivencia *f.* entre políticos y empresas / 手術後の癒着 adherencia *f.* pos(t)operatoria
▶癒着する adherirse, (裏でつながる) ponerse en connivencia ‖ 大企業と癒着している estar en connivencia con grandes empresas

ゆっくり despacio, lentamente ‖ ゆっくり休む descansar「tranqui*lo*[*la*] [tranquilamente] / ゆっくり考える pensar con tiempo / ゆっくり話す hablar despacio / どうぞごゆっくり ¡Póngase cómo*do*[*da*]!
▶ゆっくりした len*to*[*ta*], pausa*do*[*da*] ‖ ゆっくりした話し方を心がける procurar hablar despacio
▶ゆっくりする (くつろぐ) ponerse cómo*do*[*da*], (時間をかける) tomarse tiempo

ゆったり
▶ゆったりした cómo*do*[*da*], (服などが) holga*do*[*da*], an*cho*[*cha*], suel*to*[*ta*] ‖ ゆったりした気持ちである sentirse relaja*do*[*da*] / ゆったりした服 ropa *f.* holgada
▶ゆったりと cómodamente, tranquilamente ‖ ソファーにゆったりと座る sentarse cómodamente [arrellanarse] en el sofá

ゆでだこ 茹で蛸 pulpo *m.* cocido ‖ 怒ってゆで蛸のように赤くなる ponerse ro*jo*[*ja*] de furia

ゆでたまご 茹で卵 huevo *m.*「cocido [duro]」‖ 半熟の茹で卵 huevo *m.* pasado por agua [*mollet*] / 茹で卵を作る hacer un huevo duro, cocer [hervir] un huevo / 茹で卵の殻を剥く quitar la cáscara de un huevo cocido, pelar un huevo cocido

ゆでる 茹でる cocer, hervir ‖ 麺を茹でる cocer [hervir] los fideos

ゆでん 油田「yacimiento *m.* [campo *m.*]」petrolífero ‖ 油田を発見する descubrir un yacimiento de petróleo
- 海底油田 yacimiento *m.* petrolífero submarino
- 油田開発 explotación *f.* de un yacimiento de petróleo
- 油田探査 exploración *f.* del campo petrolífero
- 油田地帯「zona *f.* [región *f.*]」petrolífera

ゆどうふ 湯豆腐 tofu *m.* hervido

ゆどおし 湯通し escaldadura *f.*
▶湯通しする escaldar ‖ 魚を湯通しする escaldar el pescado

ゆとり (場所の) espacio *m.*「libre [disponible]」, (時間の) tiempo *m.*「libre [disponible]」‖ 心のゆとりを持つ tener la tranquilidad mental / 読書するゆとりができる tener tiempo libre para hacer una lectura / パーティー会場は広さにゆとりがある El salón de fiestas tiene un espacio suficiente. / 彼女は経済的にゆとりのある生活をしている Ella lleva una vida holgada. ¦ Ella vive con holgura. / 試験までに十分ゆとりがある Hay tiempo de sobra antes del examen.

ユニーク ‖ 彼は発想がユニークだ Su idea es original.
▶ユニークな úni*co*[*ca*], original ‖ ユニークな作品 obra *f.* original

ユニコード 《IT》《英語》*Unicode m.* ‖ ユニコードに変換する convertir ALGO en *Uni-*

code

ユニコーン (一角獣) unicornio *m*.

ユニセックス
▶ユニセックスの《服飾》unisex ‖ ユニセックスの服 ropa *f*. unisex

ユニセフ (国際連合児童基金) Fondo *m*. de las Naciones Unidas para la Infancia, Unicef *f(m)*.

ユニット unidad *f*.
▫ユニット家具 mueble *m*. modular

ユニバーサルデザイン diseño *m*. universal

ユニバーシアード
▫ユニバーシアード大会 Universiadas *fpl*., Juegos *mpl*. Universitarios

ユニフォーム uniforme *m*. ‖ 彼は白いユニフォームを着ている Él lleva un uniforme blanco.

ゆにゅう 輸入 importación *f*. ‖ 輸入のCD CD *m*. importado ／ 輸入が増える aumentar *la importación* ／ 輸入を減らす reducir la importación ／ 輸入に頼る depender de la importación
▶輸入する importar ‖ 原油を輸入する importar crudo
▶輸入した import*ado[da]*
▫並行輸入 importación *f*. paralela
▫輸入禁止 prohibición *f*. de importación
▫輸入関税 arancel *m*. de importación
▫輸入規制 control *m*. de las importaciones ‖ 輸入規制する controlar las importaciones
▫輸入業 comercio *m*. de importación
▫輸入業者 (人) import*ador[dora]* *mf*., (会社) compañía *f*. importadora
▫輸入港 puerto *m*. de importación
▫輸入国 país *m*. importador
▫輸入自由化 liberalización *f*. de las importaciones
▫輸入税 impuesto *m*. 「de [a la] importación
▫輸入制限 「restricción *f*. [control *m*.] de las importaciones ‖ 輸入制限する restringir las importaciones
▫輸入超過 exceso *m*. de importación sobre exportación
▫輸入品 「artículos *mpl*. [productos *mpl*.] de importación
▫輸入米 arroz *m*. importado
▫輸入量 volumen *m*. de importación
▫輸入割当 cuota *f*. de importación

ユネスコ Organización *f*. de las Naciones Unidas para la Educación, la Ciencia y la Cultura, Unesco *f*.

ゆのみ 湯飲み/湯呑み taza *f*. de té
▫湯呑茶碗 taza *f*. de té

ゆば 湯葉 《日本語》*yuba f*., 「nata *f*. [piel *f*.] de soja

ゆび 指 dedo *m*. ‖ 指の腹 yema *f*. del dedo ／ 指の先ほどの大きさ tamaño *m*. de la punta del dedo ／ 指で示す señalar con el dedo ／ 指でつまむ 「pinzar [coger] con los dedos ／ 指輪を自分の指にはめる ponerse el anillo en el dedo ／ 指を組んで祈る orar con las manos entrelazadas ／ 指を鳴らす chasquear los dedos, (ポキポキと) hacer crujir los dedos ／ 指をしゃぶる chuparse el dedo ／ 彼は喜劇役者として5本の指に入る Él es uno de los cinco mejores comediantes.
(慣用)指一本触れさせない ‖ 彼女には指一本触れさせない No dejo que nadie se le acerque a ella.
(慣用)指をくわえる ‖ 指をくわえて見る mirar ALGO con envidia
(慣用)指を詰める cortarse la punta de un dedo

┌─────────────────┐
│ 指の名称 │
└─────────────────┘

親指 pulgar *m*., dedo *m*. gordo ／ 人差し指 índice *m*. ／ 中指 medio *m*., corazón *m*. ／ 薬指 anular *m*. ／ 小指 meñique *m*.

ゆびおり 指折り ‖ スペイン留学の日を指折り数えて待つ esperar con impaciencia el día de la partida para estudiar en España
▶指折りの ‖ ここは東京でも指折りの日本料理店の一つだ Este es uno de los restaurantes japoneses más prestigiosos de Tokio.

ユビキタス
▫ユビキタスコンピューティング computación *f*. ubicua
▫ユビキタス社会 sociedad *f*. ubicua
▫ユビキタスネットワーク Internet *f(m)*. de las cosas

ゆびきり 指切り
▶指切りする hacer una promesa cruzando los meñiques

ゆびさき 指先 punta *f*. del dedo ‖ 指先が器用だ ser hábil con los dedos

ゆびさす 指差す apuntar con el dedo ‖ 地図上で目的地を指差す indicar con el dedo el destino en el mapa

ゆびずもう 指相撲 pulso *m*. chino, gallitos *mpl*.
▶指相撲をする jugar al pulso chino

ゆびづかい 指遣い manejo *m*. de los dedos ‖ ピアノの指遣いを覚える aprender a 「teclear [tocar] el piano

ゆびにんぎょう 指人形 marioneta *f*. de dedo, (手袋の) títere *m*. (de guante) ‖ 手袋で指人形を作る hacer un títere con un guante

ゆびぬき 指貫 dedal *m*. ‖ 指ぬきを使って縫う coser con dedal

ゆびぶえ 指笛 silbido *m*. con los dedos, chiflido *m*. ‖ 指笛を鳴らす silbar con los dedos, chiflar

ゆびわ 指輪 anillo *m.*, (宝石付きの) sortija *f.* ‖ 金の指輪 anillo *m.* de oro ／ 指輪をはめる ponerse el anillo ／ 指輪を外す quitarse el anillo ／ 指輪をしている llevar un anillo ／ 指輪を交換する intercambiar anillos《con》
▸ 結婚指輪 anillo *m.* de boda, alianza *f.*

ゆぶね 湯船/湯槽 bañera *f.* ‖ 湯船に浸る meterse en la bañera

ゆみ 弓 arco *m.* ‖ 弓に矢をつがえる colocar una flecha en el arco ／ 弓を引き絞る tensar el arco ／ 弓で矢を射る「tirar [disparar] una flecha con arco
▸ 弓形の arquea*do*[*da*] ‖ どこまでも続く弓形の砂浜 playa *f.* curvada interminable

ゆみず 湯水 ‖ 金を湯水のように使う《慣用》gastar dinero a manos llenas,《慣用》「tirar [echar] la casa por la ventana

ゆみなり 弓形
▸ 弓なりの arquea*do*[*da*] ‖ 弓なりの列島 archipiélago *m.* en forma de arco
▸ 弓なりに ‖ 弓なりに体を反らせる arquear el cuerpo ／ 弓なりになる arquearse

ゆみや 弓矢 arco *m.* y flecha *f.*

ゆめ 夢 ❶ (睡眠中の) sueño *m.*, (夢想) ensueño *m.*, ensoñación *f.* ‖ 夢を見る soñar ／ 昨夜悪い夢を見た Anoche tuve una pesadilla. ／ 母親の夢を見た He soñado con mi madre. ／ 夢から覚める despertarse del sueño ／ 夢に出る aparecer en sueños ／ 夢にも思わない no pensar ni en sueños ／ 世界一周なんて夢のようだ ¡Dar la vuelta al mundo! ¡Parece un sueño! ／ 夢のような como en un sueño, de ensueño,《格式語》oníri*co*[*ca*]
🔲 夢占い oniromancia *f.*
🔲 夢分析 interpretación *f.* de los sueños
❷ (希望) sueño *m.*, ilusión *f.* ‖ 将来の夢 sueño *m.* para el futuro ／ 夢の国 país *m.* de sueño ／ 彼の夢はサッカー選手になることだ Su sueño es ser futbolista. ／ 夢を持つ「abrigar [tener] un sueño ／ 夢を描く hacerse ilusiones ／ 夢を失う perder los sueños ／ 夢を追う perseguir *su* sueño ／ 私の夢が実現した/私の夢がかなった Mi sueño se ha hecho realidad. ¦ Mi sueño se ha cumplido. ／ 彼女はスペインに住む夢を捨てた Ella ha abandonado su sueño de vivir en España.

ゆめうつつ 夢現 ‖ 夢うつつの状態 estado *m.* medio dormido
▸ 夢うつつで medio dormi*do*[*da*], entre sueños ‖ 夢うつつで物音を聞く oír entre sueños un ruido

ゆめごこち 夢心地 ‖ 夢心地である「estar [sentirse] como en un sueño

ゆめまくら 夢枕 ‖ 夢枕に立つ aparecer en el sueño de ALGUIEN

ゆめみ 夢見 ‖ 夢見が良い tener un buen sueño
‖ 夢見がちな(人) soña*dor*[*dora*] (*mf.*)

ゆめみる 夢見る soñar, ensoñar ‖ 宇宙飛行士を夢見る soñar con ser astronauta ／ 小さなカフェを持つことを夢見る soñar con tener una cafetería pequeña

ゆめものがたり 夢物語 cuento *m.* de hadas ‖ それは夢物語にすぎない Eso no es más que un sueño.

ゆゆしい grave, se*rio*[*ria*] ‖ それはゆゆしい問題だ Es un problema grave. ／ ゆゆしい事態になった La situación se ha agravado.

ゆらい 由来 origen *m.*, procedencia *f.* ‖ 町名の由来を尋ねる preguntar el origen del nombre de la ciudad ／ この語の由来はなんですか ¿De dónde viene esta palabra?
▸ 由来する tener su origen《en》, proceder《de》

ゆらぎ 揺らぎ fluctuación *f.* ‖ 揺らぎの定理 teorema *m.* de fluctuación

ゆらぐ 揺らぐ oscilar, (物が) moverse, temblar, tambalearse, (考えなどが) vacilar ‖ 風に炎が揺らぐ La llama「oscila [se mueve] con el viento. ／ 日本経済の基盤が揺らぐ Tiemblan las bases de la economía japonesa.

ゆらす 揺らす mecer ‖ そよ風がカーテンを揺らす La brisa mece la cortina.

ゆらめく 揺らめく oscilar ‖ 揺らめく炎 llama *f.* oscilante ／ たばこの煙が揺らめく Oscila el humo del tabaco.

ゆられる 揺られる ‖ 私たちはバスにがたがた揺られて山奥の村に着いた Mecidos por el traqueteo del autobús, llegamos a un pueblo recóndito en las montañas.

ゆり 百合 lirio *m.*
🔲 百合根 bulbo *m.* de lirio

ゆりいす 揺り椅子 mecedora *f.*

ゆりうごかす 揺り動かす mecer, agitar, mover de un lado a otro, (激しく) sacudir, (心を) conmover

ゆりおこす 揺り起こす ‖ 彼女は子どもを揺り起こした Ella despertó al niño zarandeándolo.

ゆりかご 揺り籠 cuna *f.* ‖ ゆりかごを揺らす mecer la cuna ／ ゆりかごから墓場まで desde la cuna hasta la tumba

ゆりかもめ 百合鷗 gaviota *f.* reidora

ゆるい 緩い flo*jo*[*ja*], (規律が) poco estric*to*[*ta*], tolerante ‖ 緩い坂 cuesta *f.* suave ／ 緩い便 excremento *m.* blando ／ 緩い川の流れ corriente *f.* suave del río ／ 緩いテンポで a un ritmo lento ／ 緩い規律 disciplina *f.* poco estricta ／ 結び方が緩い El nudo está flojo.
▸ 緩くする/緩くなる aflojar/aflojarse
▸ 緩く sin fuerza, suavemente

ゆるがす 揺るがす estremecer,「producir

ゆるぎない [causar] un estremecimiento, sacudir ‖ 大地を揺るがす火山の噴火 erupción f. volcánica que hace temblar la tierra ／ 世間を揺るがした殺人事件 caso m. de homicidio que sacudió a la sociedad

ゆるぎない 揺るぎない firme, inquebrantable ‖ 揺るぎない信念 convicción f. inquebrantable

ゆるし 許し (容赦) perdón m., disculpa f., (許可) permiso m., autorización f. ‖ 罪の許し perdón m. del pecado, (告解における許し) absolución f. ／ 許しを請う pedir「perdón [disculpas] a ALGUIEN ／ 一人で行く許しを得る obtener permiso para ir solo[la] ／ 許しを得て con permiso ／ 許しを得ないで sin (tener) permiso

ゆるす 許す (容赦する) perdonar, disculpar, (許可する) permitir ‖ アクセスを許す permitir el acceso《a》／ 罪を許す perdonar el pecado, (宗教) absolver del pecado ／ 心を許す confiarse ／ ご無礼をお許し下さい Perdóneme el atrevimiento. ／ 弁解は一切許されません No se admite justificación alguna. ／ 時間の許す限り mientras dispongamos de tiempo, hasta agotar el tiempo disponible

▶許し合う perdonarse ‖ 私たちは心を許し合った仲である Tenemos total confianza el uno en el otro.

ゆるみ 緩み/弛み aflojamiento m., relajación f. ‖ 気の緩み descuido m. ／ ねじの緩み aflojamiento m. del tornillo

ゆるむ 緩む/弛む (結び目などが) aflojarse, (規律などが) relajarse ‖ ねじが緩む El tornillo se ha aflojado. ／ 雨で地盤が緩んだ La lluvia ablandó el suelo. ／ 寒さが緩んだ Ha amainado el frío. ／ 気が緩む relajarse, (油断する) descuidarse

ゆるめる 緩める/弛める aflojar, soltar, (規律などを) relajar ‖ ベルトを緩める aflojar el cinturón ／ 速度を緩める [reducir [disminuir, aminorar] la velocidad ／ 歩調を緩める aflojar el paso ／ 警戒を緩める aflojar la vigilancia, (慣用) bajar la guardia

ゆるやか 緩やか

▶緩やかな suave, (ゆっくりした) lento[ta] ‖ 緩やかな坂 cuesta f. suave ／ 緩やかなリズム ritmo m. suave ／ 緩やかな処分 sanción f. leve

▶緩やかに lentamente, suavemente ‖ 取り締まりを緩やかにする aflojar el control

ゆれ 揺れ balanceo m., oscilación f., sacudida f. ‖ バスの揺れ traqueteo m. del autobús ／ 心の揺れ vacilación f. ／ 地震の揺れを感じる sentir el temblor del terremoto

ゆれうごく 揺れ動く ‖ 揺れ動く世界経済 economía f. mundial en plena ebullición

ゆれる 揺れる mecerse, agitarse, moverse, (振動する) oscilar, temblar, (激しく) sacudirse, (列車が) traquetear, (船が) cabecear, (心が) vacilar ‖ 縦に揺れる moverse verticalmente ／ 横に揺れる moverse horizontalmente ／ 前後左右に揺れる moverse en las cuatro direcciones ／ 地震で家がぐらぐら揺れた El terremoto sacudió la casa. ／ 風に揺れる木々 árboles mpl. que se mecen con el viento ／ 産業界が揺れている El mundo industrial se encuentra en plena inestabilidad.

ゆわえる 結わえる anudar, atar ‖ 小包を紐で結わえる atar un paquete con un cordón

ゆわかしき 湯沸かし器 calentador m. de agua

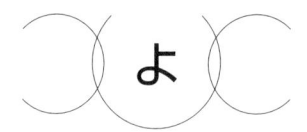

よ 世 mundo m. ‖ あの世《慣用》el otro mundo,《慣用》el más allá ／ 我が世の春を謳歌する gozar del mejor momento de la vida ／ 世に送り出す (売り出す) lanzar ALGO al mercado, (出版する) publicar ／ 世にもまれな出来事 suceso m. rarísimo ／ 世のため人のために「para [por] el bien de la humanidad ／ 世は携帯電話の時代である Actualmente vivimos en la época de la telefonía móvil.

(慣用) 世が世なら si los tiempos no hubieran cambiado, si fuera en tiempos mejores

(慣用) 世に聞こえる/世に知られる hacerse famoso[sa], darse a conocer

(慣用) 世に従う adaptarse a las circunstancias, dejarse llevar por la corriente de la época

(慣用) 世に出る salir a la luz, (有名になる) darse a conocer, hacerse famoso[sa]

(慣用) 世に問う someter ALGO a la opinión pública

(慣用) 世も末／世も末だ El fin del mundo está próximo.

(慣用) 世を挙げて todo el mundo

(慣用) 世を去る (死ぬ) morir,《慣用》irse de este mundo, (出家する) entrar en la vida religiosa

(慣用)世を忍ぶ‖世を忍んで生きる vivir「escondido[da] del mundo, vivir en secreto
(慣用)世を捨てる/世を逃れる（出家する）entrar en la vida religiosa
(慣用)世をはばかる vivir retirado[da]
(慣用)世を渡る ganarse la vida
よ 夜 noche *f.* ⇒ よる（夜）‖夜が明ける amanecer, alborear ／ 夜が更けるまで hasta el amanecer, hasta que amanezca
(慣用)夜も日も明けない‖彼は彼女なしでは夜も日も明けない Ella es todo para él. ¦ Él no puede vivir sin ella.
(慣用)夜を明かす trasnochar, pasar la noche sin dormir
(慣用)夜を徹する‖夜を徹して議論する discutir (durante) toda la noche
(慣用)夜を日に継ぐ‖夜を日に継いで働く trabajar de día y de noche
よあかし 夜明かし
▶夜明かしする trasnochar, pasar la noche sin dormir
よあけ 夜明け amanecer *m.*, madrugada *f.*, alba *f.*‖近代日本の夜明け amanecer *m.* del Japón moderno ／ 夜明けに al amanecer, de madrugada, al rayar el alba ／ 夜明け前に antes del amanecer ／ 夜明けを告げる anunciar el amanecer
よあそび 夜遊び noctambulismo *m.*, salidas *fpl.* (de juerga) por la noche
▶夜遊びをする salir de noche, andar de parranda por la noche,《慣用》correrla
よい 宵 宵の明星 lucero *m.* de la tarde, estrella *f.* de Venus ／ 宵の口に「a [en las] primeras horas de la noche
(慣用)宵越しの金は持たない gastar todo lo que se gana sin ahorrar
よい 酔い borrachera *f.*, embriaguez *f.*‖酔いが回っている estar bebido[da], estar ebrio[bria] ／ 私は酔いが覚めた Se me ha pasado la borrachera.
よい 良い/善い/好い/佳い bueno[na]‖良い子 niño[ña] *mf.* bueno[na] ／ 良い成績を取る sacar buenas notas ／ 頭が良い ser「inteligente [un cerebro]／ 条件が良い Las condiciones son buenas. ／ 調子が良い encontrarse bien, (機械などの) marchar「bien [sin problema] ／ 仲が良い llevarse bien, congeniar ／ 今日は天気がよい Hoy hace buen tiempo. ／ 全員無事でよかった Menos mal que todos estamos sanos y salvos. ／ 良いことと悪いことの区別がつかない no saber distinguir lo bueno de lo malo
▶～しても良い poder〖+不定詞〗‖私が出向いてもよい A mí no me importa acercarme.
▶～するほうが良い Es mejor〖+不定詞〗. ¦ Es mejor que〖+接続法〗.‖(君は)明日は試験だから、早く寝たほうが良い Mañana tienes un examen, así que es mejor que te acues-

tes pronto.
▶よかったら‖よかったら映画に行かない Si quieres, ¿por qué no vamos al cine?
▶良くなる mejorar(se)‖景気が大分良くなった La economía ha mejorado bastante.
よいしょ‖よいしょ！（力を入れるときのかけ声）¡Ahora!¦¡Venga, vamos!¦（重いものを持ちあげたりするとき）¡Upa!¦¡Aúpa!
▶よいしょする adular, halagar
よいしれる 酔い痴れる （酔い潰れる）emborracharse por completo,（心を奪われる）embelesarse, ponerse eufórico[ca]‖聴衆は大統領(男性)の演説に酔いしれた El público se puso eufórico con el discurso pronunciado por el presidente.
よいっぱり 宵っ張り trasnochador[dora] *mf.*‖彼は宵っ張りの朝寝坊だ Él se va muy tarde a la cama y se levanta tarde.
よいつぶれる 酔い潰れる embriagarse, emborracharse completamente
よいやみ 宵闇 crepúsculo *m.* vespertino‖宵闇が迫る anochecer
よいん 余韻 (鐘の) resonancia *f.*, (味わい) gustillo *m.*‖彼は勝利の余韻を味わっている El está saboreando el gustillo que le dejó la victoria.
よう‖休憩にしよう Vamos a hacer un「descanso [alto]. ／ さあ、食べよう Vamos a comer. ／ それは明日にしよう Lo dejaremos para mañana.
よう 用 recado *m.*, encargo *m.*, asunto *m.*‖急ぎの用 asunto *m.* urgente ／ 何の用なの ¿A qué vienes? ／ 用がある (用事が) tener unas cosas que hacer, (約束で) tener un compromiso ／ それなら電話で用が足りる Eso se puede arreglar por teléfono. ／ 君にはもう用がない Ya no te necesitamos. ／ 用を片付ける despachar un asunto pendiente
▶～用(の) para‖業務用の de uso industrial ／ 家庭用の de uso doméstico
(慣用)用を足す (用事を済ます) hacer un recado, hacer unas gestiones, (用便をする) hacer *sus* necesidades
(慣用)用をなさない no servir‖このコンピュータは用をなさない Este ordenador no me sirve.
よう 要 （大切な点）punto *m.* esencial
(慣用)要を得る‖社長(男性)のメッセージは明確で要を得ていた El mensaje del presidente de la compañía fue claro y conciso.
◪要介護者 persona *f.* que necesita「cuidados [atención]
◪要注意‖その問題は要注意だ Ese asunto requiere「cuidado [atención].
◪要注意人物 persona *f.* de cuidado
よう 様
▶～のような/～のように como‖ひまわりのような笑顔 cara *f.* sonriente como un gira-

sol／東京や大阪のような大都市 grandes ciudades fpl. como Tokio y Osaka／いつものように como de costumbre／このように書いてください Escriba así, por favor.／前にも(君に)言ったように como te dije antes

▶~のようだ（誰か・何かが）parecer 〖+名詞句〗; Parece que 〖+直説法〗., (~であるかのようだ) Parece que 〖+接続法〗.‖この男の子は天使のようだ Este niño parece un ángel.／明日は雨になるようだ Parece que mañana va a llover.／私たちが知り合ったのが昨日のことのようだ Parece que fuera ayer cuando nos conocimos.

▶まるで~のように como si 〖+接続法過去時制〗‖ペドロはまるで日本人のように日本語を話す Pedro habla japonés como si fuera japonés.／明るくてまるで昼間のようだ Hay tanta claridad como si fuera de día.

▶~するように（願望）¡Ojalá 〖+接続法〗!, (目的) para que 〖+接続法〗‖どうか試験に合格しますように ¡Ojalá apruebe el examen!／電車に間に合うように母が駅まで車で送ってくれた Mi madre me llevó en coche hasta la estación para que (yo) pudiera coger el tren.／飛行機に乗り遅れないように急ぎなさい Date prisa, no vayas a perder el vuelo.／私は医者に禁煙するように言われている El médico me aconseja que deje de fumar.

よう 酔う embriagarse, emborracharse, (乗り物に) marearse‖グラス一杯のワインで酔う emborracharse con una copa de vino／私は船に酔う El barco me marea.／ソプラノの美声に酔う quedarse 「embelesado[da] (maravillado[da]) con la bella voz de la soprano

▶酔った borracho[cha], ebrio[bria], embriagado[da]

ようい 用意 （準備）preparación f., preparativo m.‖用意ができている estar preparado[da], estar listo[ta]／位置について、用意、どん！（競走で）¡Preparados! ¡Listos! ¡Ya!／用意にかかる empezar a hacer los preparativos／訴訟の用意がある estar dispuesto[ta] a proceder

▶用意する preparar‖昼食を用意する preparar la comida

◼用意周到 用意周到な計画 plan m. cuidadosamente elaborado／用意周到な人 persona f. prevenida y cuidadosa

ようい 容易

▶容易な fácil, (簡単な) sencillo[lla]‖子を育てるのは容易なことではない Criar a los hijos no es una tarea fácil.／容易ならざる事態 situación f. grave

▶容易に fácilmente‖容易に操作できる ser fácilmente manejable, ser de fácil manejo

よういく 養育 crianza f.

▶養育する criar

◼養育費 gastos mpl. de crianza (del hijo)

よういん 要因 factor m., causa f.‖決定的な要因 factor m. decisivo／環境汚染の要因を分析する analizar las causas de la contaminación medioambiental

よういん 要員 personal m.‖警備の要員を確保する contratar al personal de seguridad

◼交代要員 relevo m.

ようえき 用益

◼用益権 usufructo m.‖用益権のある(人) usufructuario[ria] (mf.)

◼用益物件 objeto m. del usufructo

ようえき 溶液 solución f.‖溶液を作る preparar una solución

◼希薄溶液 solución f. diluida

ようえん 妖艶

▶妖艶な fascinante, encantador[dora]

ようか 八日 día m. ocho‖8日間の旅行 viaje m. de ocho días

ようか 沃化

◼沃化カリウム yoduro m. de potasio

◼沃化物 yoduro m.

ようが 洋画 （映画）película f. occidental, (絵画) pintura f. de estilo occidental

ようが 陽画 positivo m.

ようかい 妖怪 fantasma m., espectro m.

ようかい 溶解 disolución f., (融解) fundición f.

▶溶解する（溶かす）disolver, diluir, (溶ける) disolverse, diluirse‖鉄が溶解する Se funde el hierro.

◼溶解度 solubilidad f.

◼溶解熱 calor m. de disolución

ようがい 要害 fortaleza f., bastión m., baluarte m.‖天然の要害「fortaleza f. [baluarte m.] natural

ようがく 洋楽 música f. occidental‖洋楽に親しむ familiarizarse con la música occidental

ようがし 洋菓子 pastel m. occidental

◼洋菓子店 pastelería f.

ようがらし 洋芥子 mostaza f.

ようかん 羊羹 《日本語》yokan m., (説明訳) pasta f. de judías dulce y gelatinosa

ようかん 洋館 mansión f. de estilo occidental

ようがん 溶岩/熔岩 lava f.‖火山が溶岩を噴き出す El volcán arroja lavas.

◼溶岩ドーム domo m. de lava

◼溶岩流 corriente f. [torrente m.] de lava

ようき 妖気 ambiente m. espectral‖その家は妖気が漂っていた En esa casa reinaba un ambiente espectral.

ようき 容器 recipiente m., envase m., vasija f.‖ガラスの容器 「recipiente m. [envase m.] de cristal／使い捨ての容器 envase m. desechable／容器に入れる meter ALGO en un recipiente

◪原子炉格納容器 edificio *m.* de contención
◪ポリ容器 recipiente *m.* de「plástico [polietileno]」
ようき 陽気 (朗らかさ) alegría *f.*, (時候・天候) tiempo *m.*‖春の陽気だ Hace un día primaveral. ／今日は陽気がいい Hoy hace buen tiempo.
▶陽気な alegre, jovial‖陽気な性格 carácter *m.* alegre
▶陽気に alegremente, animadamente‖陽気に歌う cantar alegremente
ようぎ 容疑 sospecha *f.*‖私に容疑がかかった Las sospechas cayeron sobre mí. ／容疑を認める「confesar [reconocer] *su* culpabilidad」／彼は脱税の容疑で逮捕された Él fue detenido por sospecha de evasión de impuestos. ／容疑が晴れる librarse de una sospecha
◪容疑者 presun*to*[*ta*] au*tor*[*tora*] *mf.*, sospech*oso*[*sa*] *mf.*‖殺人の容疑者 presun*to* [*ta*] asesi*no*[*na*] *mf.*
ようきゅう 要求 exigencias *fpl.*, (権利として) reclamación *f.*, reivindicación *f.*‖時代の要求 exigencias *fpl.* del tiempo ／それは無理な要求だ Esas son exigencias imposibles de aceptar. ／要求に応じる「aceptar [atender] las exigencias」／要求を退ける rechazar las exigencias ／要求をのむ ceder a las exigencias ／要求の多い人 persona *f.* exigente
▶要求する exigir, reclamar, reivindicar‖賃金の改善を要求する reclamar una mejora salarial ／最低3年の経験が要求される Se requiere una experiencia mínima de tres años.
◪要求項目 puntos *mpl.* de una demanda
◪要求払い預金 depósito *m.* a la vista
ようぎょ 養魚 piscicultura *f.*
◪養魚場 criadero *m.* de peces, piscifactoría *f.*
ようぎょう 窯業 industria *f.* cerámica
◪窯業者 ceramista *com.*, alfare*ro*[*ra*] *mf.*
ようきょく 謡曲 cantos *mpl.* del (teatro) *no*(*h*)
ようきょく 陽極 ánodo *m.*, electrodo *m.* positivo
▶陽極の anódi*co*[*ca*]
◪陽極線 rayos *mpl.* anódicos
ようぎん 洋銀 alpaca *f.*, plata *f.* alemana, metal *m.* blanco
ようぐ 用具 utensilio *m.*, instrumento *m.*, herramienta *f.*, útiles *mpl.*,《集合名詞》reca-do *m.*
◪運動用具 equipos *mpl.* de deportes
◪実験用具 instrumento *m.* para (realizar) un experimento
◪台所用具 utensilios *mpl.* de cocina
◪筆記用具 útiles *mpl.* para escribir, recado *m.* de escribir
ようけい 養鶏 avicultura *f.*
◪養鶏業者 avicul*tor*[*tora*] *mf.*
◪養鶏場 granja *f.*「de pollos [avícola], criadero *m.* de pollos
ようけつ 溶血 hemolisis *f.*[=*pl.*], hemólisis *f.*[=*pl.*]
◪溶血性貧血 anemia *f.* hemolítica
ようけん 用件 asunto *m.*‖ご用件は何でしょうか¿Qué desea usted? ／ご用件を承ります Estoy a su disposición.
ようけん 要件 (大事な用事) asunto *m.* importante, (必要な条件) requisito *m.*‖要件を満たす「satisfacer [cumplir] los requisitos」
ようご 用語 término *m.*, lenguaje *m.*,《集合名詞》terminología *f.*, vocabulario *m.*‖用語を解説する「comentar [explicar] terminología」
◪学術用語 término *m.*「científico [académico]」
◪専門用語 terminología *f.* (técnica)
◪用語集 (巻末の) glosario *m.*, (書物) vocabulario *m.*
ようご 養護
◪養護学校 (特別支援学校) escuela *f.* para niños discapacitados
◪養護教諭 maes*tro*[*tra*] *mf.* de enfermería escolar
◪養護施設 centro *m.* de acogida para niños desamparados y maltratados
ようご 擁護 defensa *f.*, protección *f.*
▶擁護する defender, hacer una apología 《de》‖人権を擁護する defender los derechos humanos ／憲法を擁護する「defender [apoyar] la Constitución」
ようこう 要項 (案内書) guía *f.*, (規定) norma *f.*
◪募集要項 folleto *m.* de la convocatoria
◪入試要項 guía *f.* para el examen de admisión
ようこう 要綱 resumen *m.*, compendio *m.*
◪政策要綱 plataforma *f.* política
ようこうろ 溶鉱炉 alto horno *m.*
ようこそ‖ようこそ ¡Bienveni*do*[*da*]! ／皆さんようこそおいでくださいました Es un placer recibirlos a ustedes.
ようさい 洋裁 costura *f.*
◪洋裁学校 academia *f.* de corte y confección
◪洋裁店 tienda *f.* de costura
ようさい 要塞 fortaleza *f.*, fuerte *m.*‖要塞を築く construir una fortaleza
▶要塞化 fortificación *f.*‖要塞化する fortificar
◪要塞都市 ciudad *f.* fortificada
ようさい 葉菜 verdura *f.* de hoja
ようざい 用材 madera *f.*, (材料) material *m.*

ようざい

◳ 建築用材 madera *f.* de construcción
ようざい 溶剤 disolvente *m.*, diluyente *m.*
◳ 有機溶剤「disolvente *m.* [diluyente *m.*] orgánico
ようさん 葉酸 ácido *m.* fólico
ようさん 養蚕 sericultura *f.*, sericicultura *f.*
◳ 養蚕業者 seri(ci)cul*tor*[*tora*] *mf.*
ようし 用紙 papel *m.*, (所定の) formulario *m.*, impreso *m.* ‖ 用紙に記入する rellenar el「formulario [impreso]
◳ メモ用紙 papel *m.* de「notas [apuntes]
◳ 投票用紙 papeleta *f.* electoral
ようし 要旨 resumen *m.* ‖ 会議の要旨を説明する explicar los puntos importantes de la reunión ／ 講演の要旨をまとめる resumir una conferencia
ようし 容姿 figura *f.*, presencia *f.*, apariencia *f.* ‖ 容姿を気にする preocuparse por *su* presencia
◳ 容姿端麗 ‖ 彼女は容姿端麗である Ella tiene buena presencia.
ようし 陽子 protón *m.*
◳ 反陽子 antiprotón *m.*
◳ 陽子線 rayo *m.* de protones
◳ 陽子線治療 terapia *f.* de protones
◳ 陽子崩壊 desintegración *f.* de protones
ようし 養子 hi*jo*[*ja*] *mf.* adopti*vo*[*va*], hi*jo*[*ja*] *mf.* adopta*do*[*da*]
▶ 養子にする adoptar, prohijar
▶ 養子になる ser adopta*do*[*da*]
◳ 婿養子 yerno *m.* adoptado
◳ 養子縁組 adopción *f.*, prohijamiento *m.* ‖ 養子縁組をする adoptar a *un*[*una*] hi*jo*[*ja*]
◳ 養子先 familia *f.* adoptiva
ようじ 用事 recado *m.*, encargo *m.*, asunto *m.* ‖ 大切な用事 asunto *m.* importante ／ ちょっと用事があるので行って来ます Me voy a hacer unos recados. ／ 用事を言いつける mandar a ALGUIEN hacer un recado ／ 用事を済ます despachar un asunto pendiente
ようじ 幼児 ni*ño*[*ña*] *mf.* peque*ño*[*ña*] *mf.*, criatura *f.*
▶ 幼児の infantil
▶ 幼児化 infantilización *f.* ‖ 幼児化する infantilizarse
▶ 幼児性 infantilidad *f.*, puerilidad *f.*
◳ 幼児期 infancia *f.*, primera infancia *f.*
◳ 幼児語 lenguaje *m.* infantil
◳ 幼児虐待 maltrato *m.* infantil
◳ 幼児教育 educación *f.* preescolar
ようじ 幼時 niñez *f.*, infancia *f.* ‖ 幼時の記憶「memoria *f.* [recuerdo *m.*] de la niñez ／ 幼時を思い出す recordar *su*「niñez [infancia]
ようじ 楊枝/楊子 palillo *m.*, mondadientes *m.*[=*pl.*] ‖ 楊枝を使う usar un palillo

ようしき 洋式 estilo *m.* occidental ‖ 洋式の建物 edificio *m.* de estilo occidental
◳ 洋式トイレ retrete *m.* (de estilo) occidental
ようしき 様式 estilo *m.*, (書式) fórmula *f.* ‖ バロック様式の教会 iglesia *f.* de estilo barroco
▶ 様式化 estilización *f.* ‖ 様式化する estilizar
◳ 建築様式 estilo *m.* arquitectónico
◳ 生活様式 estilo *m.* de vida
◳ 行動様式 patrón *m.* de comportamiento
◳ 様式美 belleza *f.* de estilo
ようしつ 洋室 habitación *f.* (de estilo) occidental
ようしつ 溶質 (化学) soluto *m.*
ようしゃ 容赦 perdón *m.*, tolerancia *f.*, (手加減) indulgencia *f.*, miramiento *m.* ‖ 容赦はできない no poder permitir, ser inaceptable
▶ 容赦する perdonar, (手加減する) ser「indulgente [bené*vo*lo[*la*]] 《con》‖ 一度開封された商品の返品・交換はご容赦ください No se admite devolución ni cambio una vez abierto el envoltorio del producto.
▶ 容赦なく implacablemente, sin miramientos
ようしゅ 洋酒 licor *m.* occidental, bebida *f.* alcohólica occidental
ようじゅつ 妖術 brujería *f.*, hechicería *f.*
ようしょ 洋書 libro *m.* extranjero ‖ 洋書を読む leer un libro extranjero ／ この店は洋書を扱っている Esta librería vende libros publicados en el extranjero.
◳ 洋書コーナー sección *f.* de libros extranjeros
◳ 洋書店 librería *f.* de libros extranjeros
ようしょ 要所 punto *m.* importante, (戦略上の) punto *m.* estratégico ‖ 要所を固める「fortificar [fortalecer] los puntos estratégicos ／ 要所を押さえて説明する explicar los puntos claves《de》
ようじょ 幼女 niña *f.*
ようじょ 養女 hija *f.*「adoptiva [adoptada]
▶ 養女にする adoptar a una「chica [niña]
ようしょう 幼少 infancia *f.*, niñez *f.* ‖ (私の) 幼少の頃 en mi niñez, cuando yo era ni*ño*[*ña*]
ようしょう 要衝 punto *m.* estratégico ‖ 交通の要衝 nudo *m.* de comunicaciones
ようじょう 洋上 ‖ 洋上を漂う flotar en el océano
▶ 洋上の marí*ti*mo[*ma*]
◳ 洋上大学 universidad *f.* flotante
ようじょう 養生 cuidado *m.*; (コンクリートの) curado *m.*
▶ 養生する cuidarse, cuidar *su* salud, (回復

する) recuperarse, recobrar la salud ‖ コンクリートを養生する realizar el curado del hormigón ／ 壁を養生する（保護する）cubrir las paredes

◳ 養生テープ cinta *f.* de「enmascarar [carrocero], cinta *f.* adhesiva protectora

ようしょく 洋食 「comida *f.* [plato *m.*] occidental

◳ 洋食店 restaurante *m.* de comida occidental

ようしょく 要職 「puesto *m.* [cargo *m.*] importante ‖ 要職にある ocupar un cargo importante ／ 要職に就く asumir un cargo importante

ようしょく 容色 ‖ 容色が衰える perder belleza, marchitarse

ようしょく 養殖 cultivo *m.* ‖ 魚の養殖 piscicultura *f.* ／ ノリの養殖 cultivo *m.* de algas marinas

▶ 養殖の（魚の）piscícola

▶ 養殖する cultivar ‖ 真珠を養殖する cultivar perlas

◳ 養殖魚 pescado *m.* de criadero

◳ 養殖漁業 industria *f.* piscícola

◳ 養殖場 criadero *m.*, vivero *m.*, piscifactoría *f.*

◳ 養殖真珠 perla *f.* cultivada

ようじん 用心/要心 precaución *f.*, cuidado *m.* ‖ 日頃の用心が肝要だ Es importante no bajar la guardia. ¦ La alerta permanente es importante. ／ 用心を怠る descuidarse, 《慣用》bajar la guardia

▶ 用心(を)する tomar precauciones, tener cuidado 《con》‖ 用心するに越したことはない 《諺》Más vale prevenir que curar. ／ その男に用心しなさい Ten cuidado con ese hombre.

▶ 用心深い cau*to*[ta], cautelo*so*[sa], precavi*do*[da]

▶ 用心深く con「cautela [precaución]

慣用 火の用心 ¡Cuidado con el fuego!

◳ 用心棒 guardaespaldas *com.*[=*pl.*], escolta *com.*

ようじん 要人 persona *f.* importante, 《英語》vip *com.* ‖ 要人を警護する escoltar a *un* [*una*] vip

ようす 様子 （外見）aspecto *m.*, pinta *f.*, （成り行き）cariz *m.*,（状態）estado *m.* ‖ この様子では por el cariz que está tomando el asunto ／ 彼女は様子が変だ Ella tiene un comportamiento extraño. ／ ～の様子を観察する observar「el desarrollo [la evolución]《de》／ 被災地の様子を伝える informar de la situación de la zona siniestrada ／ 男性患者の様子が変わった Ha cambiado el estado del paciente. ／ その企画はうまくいきそうな様子だ Parece que ese proyecto va a salir bien.

ようすい 用水 agua *f.*

◳ 灌漑用水 agua *f.* de riego

◳ 工業用水 agua *f.* para uso industrial

◳ 防火用水 agua *f.* para (la extinción de) incendios

◳ 用水池 alberca *f.*, depósito *m.* de agua

◳ 用水路 canal *m.* de agua,（灌漑用の）canal *m.* de riego, acequia *f.*

ようすい 羊水 líquido *m.* amniótico ‖ 胎児は羊水の中で育つ El feto crece en el líquido amniótico.

◳ 羊水穿刺 amniocentesis *f.*[=*pl.*]

ようずみ 用済み

▶ 用済みの usa*do*[da] ‖ 用済みの書類 documentos *mpl.* que ya no sirven

▶ 用済みになる quedar inservible

ようする 要する necesitar, requerir ‖ 経済危機を脱却するには時間を要する Se necesita tiempo para salir de la crisis económica. ／ 成功するには努力を要する Se necesita un esfuerzo para tener un éxito. ／ これは正確さを要する仕事だ Este es un trabajo que requiere precisión.

ようする 擁する （持つ）disponer《de》, tener,（率いる）dirigir ‖ 資産を擁する poseer propiedades ／ 大軍を擁する「dirigir [estar al mando de] un gran ejército

ようするに 要するに en resumen, en definitiva ‖ 要するに計画を見直す必要がある「En definitiva [Resumiendo], es necesario reconsiderar ese proyecto.

ようせい 幼生 larva *f.*

ようせい 妖精 hada *f.* ‖ 森の妖精 hada *f.* del bosque

◳ 妖精物語 cuento *m.* de hadas

ようせい 要請 petición *f.*, solicitud *f.*, demanda *f.* ‖ 要請に応じる ceder a las peticiones《de》／ 政府の要請を受けて検査を行う realizar una inspección a petición del gobierno ／ 時代の要請に合わせる adaptarse a las exigencias de la época

▶ 要請する pedir, solicitar ‖ 緊急支援を要請する solicitar una ayuda urgente

ようせい 陽性 ‖ 私はツベルクリン検査で陽性になった He dado positivo en la prueba de tuberculina.

▶ 陽性の positi*vo*[va]

◳ 陽性反応 reacción *f.* positiva

ようせい 養成 formación *f.*, capacitación *f.* ‖ 教員の養成 formación *f.* de profesores

▶ 養成する formar, capacitar ‖ 専門家を養成する formar a expertos

◳ 養成所「escuela *f.* [academia *f.*] de formación

ようせき 容積 （容量）capacidad *f.*,（体積）volumen *m.* ‖ 内部の容積 volumen *m.* del espacio interior

ようせつ 夭折 muerte *f.* prematura

ようせつ

▶夭折する morir prematuramente
ようせつ 溶接 soldadura *f.*
　▶溶接する soldar
　◪アーク溶接 soldadura *f.* por arco
　◪スポット溶接 soldadura *f.* por puntos
　◪溶接機 máquina *f.* de soldadura
　◪溶接工 sold*ador*[*dora*] *mf.*
ようせん 傭船/用船 barco *m.* fletado
　▶傭船する fletar un barco
　◪傭船契約 contrato *m.* de fletamento
　◪傭船料 flete *m.*
ようそ 沃素/ヨウ素 《化学》yodo *m.* 《記号 I》
　◪ヨウ素液 solución *f.* yodada
ようそ 要素 elemento *m.*, factor *m.*, (構成要素) constituyente *m.* ‖ 生命にとって不可欠な要素 elemento *m.* indispensable para la vida／観光業は経済成長の重要な要素だ El turismo es un elemento importante para el crecimiento económico.
ようそう 洋装 vestido *m.* (de estilo) occidental
　▶洋装する vestir al estilo occidental
ようそう 様相 cariz *m.*, aspecto *m.* ‖ 事態は深刻な様相を呈していた La cosa「presentaba [tomaba] un aspecto grave.
ようたい 様態 estado *m.*, situación *f.* ‖ 社会の様態 estado *m.* de la sociedad
ようだい 容体/容態 estado *m.* de la enfermedad ‖ 女性患者の容体が急変した El estado de la paciente empeoró repentinamente.／父の容態は大分よくなった El estado de mi padre ha mejorado bastante.
ようたし 用足し/用達 ‖ 用足しに出かける salir a hacer「una gestión [un recado]
ようだてる 用立てる (役立てる) hacer servir《para》, (金を貸す) prestar dinero《a》
ようち 用地 terreno *m.* ‖ 用地を買収する adquirir un terreno
　◪建設用地 solar *m.*, terreno *m.* para edificar
ようち 幼稚
　▶幼稚な infantil, pueril, (未熟な) inmadu*ro*[*ra*] ‖ 幼稚な行動 comportamiento *m.*「infantil [pueril]／幼稚なしゃべり方をする hablar como un[una] ni*ño*[*ña*]
ようちえん 幼稚園 jardín *m.* de infancia, guardería *f.*, kindergarten *m.* ‖ 幼稚園に子供を連れて行く llevar a *su* ni*ño*[*ña*] al jardín de infancia
　◪幼稚園児 párvu*lo*[*la*] *mf.*, ni*ño*[*ña*] *mf.* del jardín de infancia
ようちゅう 幼虫 larva *f.*
ようつい 腰椎 《解剖》vértebra *f.* lumbar
ようつう 腰痛 dolor *m.* de riñones, 《医学》lumbago *m.* ‖ 腰痛がひどい tener un dolor fuerte de riñones
ようてん 要点 punto *m.*「clave [importante, esencial] ‖ 要点を押さえて話す hablar destacando los puntos importantes／講演の要点をつかむ「captar [comprender] los puntos esenciales de la conferencia
ようでんき 陽電気 electricidad *f.* positiva
ようでんし 陽電子 positrón *m.*, antielectrón *m.*
ようと 用途 uso *m.*, empleo *m.*, aplicación *f.* ‖ 用途が広い tener una amplia gama de usos, tener una aplicación versátil／用途が限られる tener usos limitados／用途に応じて dependiendo del uso
ようど 用土 「tierra *f.* [suelo *m.*] para jardinería
ようとう 羊頭
　◪羊頭狗肉《慣用》dar gato por liebre
ようどう 陽動
　◪陽動作戦 operación *f.* falsa
ようとん 養豚 porcicultura *f.*, cría *f.* de「ganado porcino [cerdos, puercos]
　◪養豚業者 porcicul*tor*[*tora*] *mf.*
　◪養豚場 granja *f.* porcina, (豚小屋) pocilga *f.*, porqueriza *f.*
ようなし 洋梨 (木) peral *m.*, (実) pera *f.*
ように ⇒よう(様)
ようにく 羊肉 carne *f.* de ovinos, (ラム) carne *f.* de cordero, (マトン) carne *f.* de carnero
ようにん 容認 admisión *f.*, permisión *f.*, tolerancia *f.*
　▶容認する consentir, admitir, permitir, tolerar ‖ 電気料金値上げは容認することはできない No podemos「admitir [tolerar] la subida de la tarifa eléctrica.
　▶容認しがたい inadmisible
ようねん 幼年
　◪幼年期/幼年時代 infancia *f.*, niñez *f.*
ようは 要は 要は、一刻も早く着くことだ Lo más importante es que lleguemos lo antes posible.
ようばい 溶媒 disolvente *m.*, solvente *m.*
ようび 曜日 día *m.* de la semana ‖ 今日は何曜日ですか ¿Qué día (de la semana) es hoy?
ようひし 羊皮紙 pergamino *m.*
ようひん 用品 artículos *mpl.*, utensilios *mpl.*
　◪家庭用品 artículos *mpl.*「del [para el] hogar
　◪事務用品 útiles *mpl.* de escritorio
　◪スポーツ用品 equipo *m.* de deportes
　◪台所用品 utensilios *mpl.* de cocina
ようひん 洋品
　◪洋品店 tienda *f.* de ropa, (ブティック)《フランス語》*boutique f.*, (紳士服店) sastrería *f.*
ようふ 養父 padre *m.* adoptivo
ようふう 洋風 estilo *m.* occidental

洋風の de estilo occidental
◪ **洋風建築** arquitectura *f.* de estilo occidental
◪ **洋風文化** cultura *f.* occidental
ようふく 洋服 ropa *f.*, vestido *m.*, traje *m.* ‖ 洋服を仕立ててもらう encargar (hacer) ropa a medida
◪ **洋服掛け** percha *f.*
◪ **洋服だんす** armario *m.*
◪ **洋服屋**（店）tienda *f.* de ropa,（ブティック）《フランス語》*boutique f.*,（紳士服店）sastrería *f.*,（仕立屋）sas*tre*[*tra*] *mf.*,（婦人物の）modista *com.*
ようふぼ 養父母 padres *mpl.* adoptivos
ようぶん 養分 elementos *mpl.* nutritivos, nutrimento *m.* ‖ 根から養分を吸収する「nutrir [alimentar] desde la raíz
▶ **養分の豊かな** nutriti*vo*[*va*]
ようへい 葉柄《植物》peciolo *m.*, pecíolo *m.*
ようへい 傭兵 mercena*rio*[*ria*] *mf.* ‖ 近隣の国々から傭兵を集める reclutar mercenarios de los países vecinos
◪ **傭兵部隊** tropa *f.* mercenaria
ようべん 用便 ‖ 用便を足す hacer *sus* necesidades, ir al baño
ようぼ 養母 madre *f.* adoptiva
ようほう 用法 uso *m.*, empleo *m.* ‖ 単語の用法を調べる averiguar el uso de una palabra ／ 形容詞の副詞的用法 uso *m.* adverbial de los adjetivos
ようほう 養蜂 apicultura *f.*
◪ **養蜂家** colmene*ro*[*ra*] *mf.*, apicul*tor*[*tora*] *mf.*
◪ **養蜂場** colmenar *m.*
ようぼう 要望 deseo *m.*, petición *f.* ‖ 要望に応じる acceder a la petición de ALGUIEN
▶ **要望する** desear, pedir
◪ **要望書** carta *f.* de petición
ようぼう 容貌 facciones *fpl.*, fisonomía *f.* ‖ 美しい容貌 facciones *fpl.* hermosas
ようま 洋間 habitación *f.* (de estilo) occidental
ようまく 羊膜《解剖》amnios *m.*[=*pl.*]
ようみゃく 葉脈《植物》nervadura *f.*
ようむいん 用務員 be*del*[*dela*] *mf.*, ordenanza *com.*
ようめい 用命 orden *f.*, pedido *m.* ‖ どうぞ私どもへご用命ください Estamos a su disposición. ¦ Estamos a su servicio. ¦ Estamos a sus órdenes. ／ ご用命あれば直ちに al recibo de su pedido
ようもう 羊毛 lana *f.*,（1頭分の）vellón *m.* ‖ 羊毛を刈る「esquilar [trasquilar] (una oveja)
◪ **羊毛産業** industria *f.* lanera
◪ **羊毛フェルト** fieltro *m.* de lana
ようもうざい 養毛剤 crecepelo *m.*, tónico *m.* para el cabello
ようやく por fin, a duras penas, muy apuradamente ‖ ようやく企画が通った Finalmente ha sido aprobado el proyecto. ／ ようやく私は彼と連絡がとれた Por fin, he podido comunicarme con él.
ようやく 要約 resumen *m.*
▶ **要約する** resumir, abreviar ‖ 長い文章を要約する resumir un texto largo
ようよう 要用 asunto *m.* importante ‖ まずは要用のみ (手紙で) Sin otro particular.
ようよう 洋洋
▶ **洋々たる** exten*so*[*sa*], infini*to*[*ta*] ‖ 洋々たる大海 océano *m.* inmenso ／ 彼の前途は洋々たるものだ Él tiene por delante un futuro「prometedor [brillante].
ようらん 要覧 (要約) resumen *m.*, compendio *m.*,（案内書）guía *f.*
◪ **学校要覧** guía *f.* de la escuela
ようらん 揺籃 cuna *f.* ‖ 文明揺籃の地 cuna *f.* de la civilización
◪ **揺籃期** ‖ 揺籃期にある estar en la primera fase, estar en los comienzos
ようりつ 擁立 apoyo *m.*, respaldo *m.*
▶ **擁立する** apoyar, respaldar, dar *su*「apoyo [respaldo]《a》‖ 新しい候補者を擁立する apoyar a *un*[*una*] nue*vo*[*va*] candida*to*[*ta*]
ようりょう 用量 cantidad *f.*,（薬の）dosis *f.*[=*pl.*] ‖ 処方された薬の用量を守る respetar la dosis recetada
ようりょう 要領 (手際) habilidad *f.*, tino *m.*,（こつ）truco *m.*, secreto *m.*, tranquillo *m.* ‖ 要領を心得ている conocer el truco ／ 要領を覚える coger el tranquillo
〔慣用〕**要領がいい** (手際がいい) ser expediti*vo*[*va*],（巧く立ち回る）saber actuar con astucia
〔慣用〕**要領を得ない** ‖ 要領を得ない説明 explicación *f.* confusa
ようりょう 容量 capacidad *f.*,（容積）volumen *m.* ‖ 容量が大きい tener mucha capacidad
ようりょく 揚力 sustentación *f.*
◪ **揚力係数** coeficiente *m.* de sustentación
ようりょくそ 葉緑素《植物》clorofila *f.*
ようりょくたい 葉緑体《植物》cloroplasto *m.*
ようれい 用例 ejemplo *m.* ‖ 用例を挙げる「poner [citar] un ejemplo
ようろ 要路 ruta *f.* importante, arteria *f.*,（要職）cargo *m.* importante
ヨーグルト yogur *m.* ‖ ヨーグルトを作る hacer yogur
◪ **飲むヨーグルト** yogur *m.* para beber
ヨーデル canto *m.* a la tirolesa ‖ ヨーデルで歌う cantar a la tirolesa
ヨード yodo *m.* →ようそ（沃素）
◪ **ヨードチンキ** tintura *f.* de yodo

ヨーヨー 1134

◪ **ヨードホルム** yodoformo *m*.
ヨーヨー yoyó *m*. ‖ ヨーヨーで遊ぶ jugar al yoyó
◪ 水風船ヨーヨー yoyó *m*. con globo de agua
ヨーロッパ Europa ⇒おうしゅう(欧州)
▶ ヨーロッパの europe*o*[*a*]
◪ ヨーロッパ人 europe*o*[*a*] *mf*.
よか 予価 precio *m*. estimado
よか 余暇 ocio *m*., tiempo *m*. libre ‖ 余暇を楽しむ disfrutar del tiempo libre ／ 余暇を利用する aprovechar el tiempo libre ／ 写真を撮って余暇を過ごす pasar ratos libres haciendo fotos
ヨガ yoga *m*. ‖ ヨガのポーズ postura *f*. de yoga
▶ ヨガをする「hacer [practicar] yoga
◪ ヨガ行者 yogui *com*.
よかく 与格 《文法》dativo *m*.
▶ 与格の dativ*o*[*va*]
よかぜ 夜風 viento *m*.「nocturno [de la noche], (そよ風) brisa *f*.「nocturna [de la noche] ‖ 夜風に当たる tomar el fresco de la noche
よからぬ 良からぬ mal*o*[*la*] ‖ よからぬことを図る「maquinar [planear, urdir] algo malo
よかれ 善かれ ‖ 私は皆のために善かれと思ってそうした Lo hice por el bien de todos.
よかれあしかれ 善かれ悪しかれ sea bue*no*[*na*] o (sea) ma*lo*[*la*], de todas「formas [maneras] ‖ 善かれ悪しかれ君の提案を受け入れるしかない De todas maneras no nos queda más remedio que aceptar tu propuesta.
よかん 予感 presentimiento *m*., corazonada *f*., premonición *f*.
▶ 予感がする tener「el presentimiento [la corazonada] de que 『+直説法』‖ 悪い予感がする tener mal presentimiento ／ 赤ちゃんが明日生まれそうな予感がする Tengo el presentimiento de que va a nacer nuestro bebé mañana.
よき 予期 expectativa *f*., (予想) previsión *f*.
▶ 予期する esperar, (予想) prever
▶ 予期した espera*do*[*da*], previs*to*[*ta*]
▶ 予期しない inespera*do*[*da*], imprevis*to*[*ta*] ‖ 予期しない答え respuesta *f*.「inesperada [imprevista]
よぎ 余技 afición *f*., hobby *m*. ‖ 余技にギターを弾く tocar la guitarra como *hobby*
よぎしゃ 夜汽車 tren *m*. nocturno
よぎない 余儀無い inevitable, ineludible, forz*oso*[*sa*] ‖ 余儀ない事情で por circunstancias inevitables
▶ 余儀なく ‖ 津波の被災者たちは町から避難することを余儀なくされた Los damnificados por el *tsunami* se vieron obligados a abandonar la ciudad donde vivían.
よきょう 余興 atracciones *fpl*., diversión *f*., entretenimiento *m*. ‖ 余興に手品をして見せる hacer juegos de manos para divertir
よぎる 過る pasar ‖ 鳥の影が窓をよぎった Pasó la sombra de un pájaro por la ventana. ／ 不安が一瞬私の心をよぎった Sentí por un instante una preocupación.
よぎり 夜霧 niebla *f*. nocturna
よきん 預金 depósito *m*. ‖ 銀行に10万円の預金がある tener cien mil yenes en la cuenta bancaria ／ 預金を引き出す「sacar [retirar] dinero del banco
▶ 預金する depositar dinero
◪ 定期預金 depósito *m*. a plazo fijo
◪ 当座預金 cuenta *f*. corriente
◪ 普通預金 depósito *m*. ordinario a la vista
◪ 預金金利 tasa *f*. de interés bancaria
◪ 預金口座 cuenta *f*. bancaria
◪ 預金残高 saldo *m*. de la cuenta
◪ 預金者 titular *com*. de la cuenta de ahorros, imposi*tor*[*tora*] *mf*., depositante *com*.
◪ 預金通帳 libreta *f*. de ahorros
よく 欲 deseo *m*., (貪欲) avidez *f*., codicia *f*., (金銭欲) avaricia *f*. ‖ 欲の深い avarici*oso*[*sa*], 欲のない gener*oso*[*sa*]
(慣用) 欲に目がくらむ ‖ 君は欲に目がくらんでいる Te ciega la codicia.
(慣用) 欲を言えば si se pudiera pedir más ‖ 欲を言えば彼にはもう少し身長が欲しい Solo desearía que él además tuviera un poco más de estatura.
◪ 権力欲「ambición *f*.「deseo *m*.] de poder
◪ 創作欲 impulso *m*.「creativo [creador]
◪ 知識欲 sed *f*. de conocimiento
よく 良く/能く/善く ❶ bien, (大いに) mucho ‖ よく知られた ser bien conoci*do*[*da*] ／ よくやった ¡Bien hecho! ／ よくわかりません Perdón, no le entiendo bien. ／ この子はよく食べる Este niño come mucho. ／ フライパンをよく加熱する calentar bien la sartén ／ 君はよくあの質問に答えられたね ¡Cómo has sabido responder a la pregunta! ／ よく言うよ ¿Cómo te atreves a decir eso?
▶ よくなる mejorar(se) ‖ 君が早くよくなりますように Que te mejores pronto.
❷ (しばしば) a menudo, con frecuencia ‖ 今年の春はよく雨が降った Ha llovido mucho esta primavera. ／ ここが学生たちがよく来るカフェテリアだ Esta es la cafetería a la que los estudiantes suelen venir. ／ それはよくあることだ《慣用》Eso es el pan nuestro de cada día.
よくあさ 翌朝 la mañana siguiente
▶ 翌朝に a la mañana siguiente
よくあつ 抑圧 opresión *f*., represión *f*. ‖ 政

治的な抑圧に堪える soportar una represión política
▶抑圧的な opresi*vo*[va], represi*vo*[va]
▶抑圧する oprimir, reprimir ‖ 自由を抑圧する「oprimir [reprimir] la libertad ／ 抑圧された少数民族 raza *f*. minoritaria oprimida

よくうつ 抑鬱 depresión *f*.
▶抑鬱の depresi*vo*[va]

よくげつ 翌月 el mes siguiente
▶翌月に al mes siguiente

よくし 抑止
▶抑止する frenar
◨抑止力 disuasión *f*., poder *m*. disuasorio ‖ 核の抑止力を強める reforzar la disuasión nuclear

よくしつ 浴室 cuarto *m*. de baño

よくじつ 翌日 el día siguiente
▶翌日に al día siguiente

よくしゅう 翌週 la semana siguiente
▶翌週に a la semana siguiente

よくじょう 浴場 baño *m*.
◨公衆浴場 baño *m*. público

よくじょう 欲情 deseo *m*.「carnal [sexual]」‖ 欲情にかられて por un impulso「carnal [sexual]」／ 欲情をそそる excitar el deseo

よくする 浴する beneficiarse 《de, con》‖ 自然の恩恵に浴する recibir los beneficios de la naturaleza

よくせい 抑制 contención *f*., control *m*.
▶抑制の利いた controla*do*[da]
▶抑制する controlar, (感情を) contener, reprimir ‖ インフレを抑制する「controlar [frenar, contener] la inflación ／ 感情を抑制する「reprimir [controlar, frenar] *sus* sentimientos

よくそう 浴槽 bañera *f*., 《中南米》 tina *f*., bañadera *f*. ‖ 浴槽を洗う「limpiar [lavar] la bañera

よくとく 欲得
▶欲得ずくの interesa*do*[da]
▶欲得のない desinteresa*do*[da]
▶欲得ずくで por interés propio, interesadamente

よくねん 翌年 el año siguiente
▶翌年に al año siguiente

よくばり 欲張り codicia *f*., avaricia *f*.
▶欲張りな(人) codicios*o*[sa] (*mf*.), avarici*oso*[sa] (*mf*.), ava*ro*[ra] (*mf*.)

よくばる 欲張る ser codicios*o*[sa], ser avarici*oso*[sa]

よくばん 翌晩 la noche siguiente
▶翌晩に a la noche siguiente

よくぼう 欲望 deseo *m*. ‖ 激しい欲望 ansia *f*., codicia *f*. ／ 欲望を感じる「sentir [tener] deseo ／ 欲望をかきたてる「incitar [excitar] el deseo ／ 欲望を抑える「controlar [contener, reprimir] el deseo ／ 欲望を満たす satisfacer el deseo

よくめ 欲目 ‖ 欲目で見る ver con favoritismo, valorar con buenos ojos ／ 親の欲目でわが子を見る mirar a *su* hij*o*[ja] con la parcialidad de los padres

よくも ‖ 君はよくも私にそんなことが言えたものだ ¿Cómo te atreves a decirme tal cosa?

よくよう 抑揚 entonación *f*., modulación *f*. ‖ 抑揚をつける acentuar más, modular ／ 抑揚のない sin entonación, monóton*o*[na]

よくよう 浴用 uso *m*. para baño
◨浴用石鹸 jabón *m*. de baño
◨浴用タオル toalla *f*. de baño

よくよく ‖ よくよく考えてみれば pensándolo bien ／ 今日はよくよくついていない ¡Qué mala suerte tengo hoy! ／ 彼女にはよくよくの事情があるのだろう Ella tendría「una imperiosa razón [alguna razón de peso].

よくよくじつ 翌翌日 ‖ 事故の翌々日に a los dos días del accidente, dos días después del accidente

よくりゅう 抑留 detención *f*., internamiento *m*., (船舶の) embargo *m*.
▶抑留する detener y recluir a ALGUIEN ‖ シベリアに抑留された人々 personas *fpl*. detenidas y recluidas en Siberia
◨抑留者 detenid*o*[da] *mf*.

よけい 余計 ‖ 余計である sobrar, estar de más ／ 2つ余計だ Sobran dos.
▶余計な (不要な) innecesa*rio*[ria], super*fluo*[flua] ‖ 余計なことはするな ¡No hagas cosas innecesarias!
▶余計に de más, excesivamente, más de lo necesario ‖ 100円余計に払う pagar cien yenes de más ／ 行くなと言われると余計に行きたくなる Cuanto más me dicen que no vaya, más ganas tengo de ir.
〔慣用〕余計なお世話 ‖ 余計なお世話だ ¡No te metas donde no te llaman!

よける 避ける/除ける esquivar, sortear ‖ 車を避ける esquivar un coche

よけん 予見 previsión *f*., vaticinio *m*.
▶予見する prever, pronosticar ‖ 国際経済の大混乱を予見する「prever [pronosticar] el caos en la economía mundial

よげん 予言/預言 predicción *f*., profecía *f*., vaticinio *m*. ‖ 予言が当たる acertar en la predicción 《de》／ 君の予言はまた外れた Tus predicciones han fallado de nuevo.
▶予言する predecir, profetizar, vaticinar ‖ 火山の噴火を予言する predecir la erupción de un volcán
◨予言者 profeta *m*., profetisa *f*., adivin*o*[na] *mf*.

よこ 横 (側面) lado *m*., (幅) ancho *m*., anchura *f*. ‖ 横を向く girar la cabeza ／ 横から口をはさむ「meterse [entrometerse, inmiscuirse] en ALGO, interferir, interrumpir ／ 横をもうすこし切ってください (美容院で) Cór-

teme los laterales un poco más.
- **▶横の** lateral, （水平の）horizontal‖企業間の横のつながり relaciones *fpl.* horizontales entre las empresas
- **▶横に** lateralmente, （水平に）horizontalmente, （〜の）al lado (de)‖横になる acostarse／ピアノの横に立つ ponerse「al lado del [junto al] piano／話が横に逸れてしまいました Me he desviado del tema.
- 〔慣用〕横から見ても縦から見ても‖この問題は横から見ても縦から見ても厄介だ Es un problema complicado lo mires como lo mires.
- 〔慣用〕横のものを縦にもしない no hacer nada,《慣用》no「dar [pegar] (ni) golpe,《慣用》no dar un palo al agua

よご 予後 （病気の見通し）pronóstico *m.*, （病後の経過）convalecencia *f.*‖予後を自宅で過ごす pasar la convalecencia en casa

よこいと 横糸 trama *f.*

よこう 予行 ensayo *m.*
- 🔲 予行演習 ensayo *m.* general‖卒業式の予行演習をする ensayar la ceremonia de graduación

よこがお 横顔 perfil *m.*‖少女の横顔のデッサン dibujo *m.* del perfil de una niña／候補者たちの横顔を紹介する presentar los perfiles de los candidatos

よこがき 横書き escritura *f.* horizontal
- **▶横書きする** escribir horizontalmente

よこかぜ 横風 viento *m.* lateral‖横風を受ける recibir un viento lateral

よこぎ 横木 travesaño *m.*

よこぎる 横切る atravesar, cruzar‖道を横切る cruzar la calle／川が町を横切っている El río atraviesa la ciudad.

よこく 予告 aviso *m.* previo, （番組などの）avance *m.*‖予告なしに sin previo aviso
- **▶予告する** avisar, anunciar‖誘拐を予告する anunciar el secuestro de ALGUIEN
- 🔲 解雇予告 preaviso *m.* de despido
- 🔲 予告編 ‖ 映画の予告編 avance *m.* de una película

よこぐみ 横組み‖本文を横組みにする componer un texto horizontalmente

よこぐるま 横車
- 〔慣用〕横車を押す imponer por la fuerza *su* voluntad

よこしま 邪/横しま maldad *f.*
- **▶よこしまな** malva*do[da]*, perver*so[sa]*, vil, malintenciona*do[da]*‖よこしまな考え idea *f.* perversa／よこしまな行為 comportamiento *m.* malintencionado

よこじま 横縞 rayas *fpl.* horizontales

よこす 寄越す （送る）enviar, mandar, （与える）dar‖息子が私に手紙をよこした Mi hijo me envió una carta.／全部よこせ ¡Dame todo!

よごす 汚す ensuciar, （染みで）manchar, （汚染する）contaminar‖服を汚す（自分の）「ensuciarse [mancharse] la ropa／空気を汚す contaminar el aire

よこすべり 横滑り deslizamiento *m.* lateral, （車のスリップ）derrape *m.*, derrapaje *m.*
- **▶横滑りする** deslizarse lateralmente, （車が）derrapar, （人事で）pasar a ocupar un cargo de la misma categoría
- 🔲 横滑り防止装置 （車の）control *m.* de estabilidad

よこせん 横線 línea *f.* horizontal‖横線を引く trazar una línea horizontal

よこたえる 横たえる acostar, tender‖身を横たえる acostarse, tenderse

よこだおし 横倒し
- **▶横倒しになる** caer「de lado [lateralmente]‖クレーンが車道に横倒しになった Una grúa cayó lateralmente sobre la calzada.

よこたわる 横たわる acostarse, tenderse‖草原に牛が横たわっている Hay vacas tumbadas en la pradera.／我々の前途に困難が横たわっている No esperan dificultades.

よこちょう 横町 callejón *m.*‖横町に入る meterse en un callejón

よこづけ 横付け
- **▶横付けする**‖船を岸に横付けする「atracar [abordar] el barco al muelle, acostar el barco en la orilla

よこっつら 横っ面‖横っ面をひっぱたく dar una bofetada (a)／横っ面を張られる recibir una bofetada

よこづな 横綱 （相撲）《日本語》*yokozuna m.*, gran campeón *m.* de sumo‖横綱になる subir al rango de *yokozuna*

よごと 夜毎
- **▶夜毎に** cada noche, （毎晩）todas las noches

よことび 横跳び salto *m.* lateral‖両足を揃えて横跳びをする realizar saltos laterales con las piernas juntas

よこどり 横取り
- **▶横取りする** quitar, quedarse indebidamente《con》, （盗む）robar, llevarse‖彼は姉が受け継ぐはずの遺産を横取りした Él se quedó indebidamente con la herencia que correspondía a su hermana mayor.

よこなが 横長
- **▶横長の** oblon*go[ga]*, apaisa*do[da]*

よこながし 横流し venta *f.* ilegal
- **▶横流しする** vender ALGO en el mercado negro, vender ALGO por vía ilegal, vender ilegalmente‖個人情報を横流しする vender los datos personales ilegalmente

よこなぐり 横殴り
- **▶横殴りの**‖横殴りの雨 fuerte lluvia *f.* horizontal

よこなみ 横波 ola *f.* lateral, 《物理》onda *f.*

よこばい 横這い ‖ 売り上げは横這いだ Las ventas están estancadas.

よこはば 横幅 ancho *m.*, anchura *f.* ‖ 横幅のある車 coche *m.* ancho

よこばら 横腹 costado *m.*, flanco *m.* ‖ 私は走ると横腹が痛む Me duele el costado al correr.

よこぶえ 横笛 flauta *f.* (travesera)

よこみち 横道 desvío *m.*, carretera *f.* 「secundaria [vecinal] ‖ 横道に入る tomar una desviación, salir de la carretera principal / すみません、話が横道に逸れてしまいました Perdón, me he desviado del tema.

よこむき 横向き
▶横向きの ‖ 横向きの写真 foto(grafía) *f.* de perfil
▶横向きに de lado, de costado, de perfil ‖ 横向きになる ponerse de costado

よこめ 横目
▶横目で de reojo, de soslayo, de refilón ‖ 横目で見る mirar de reojo

よこもじ 横文字 (西洋語) lengua *f.* occidental ‖ 私は横文字に弱い Soy nega*do*[*da*] para las lenguas occidentales.

よこやり 横槍 ‖ 横槍を入れる interrumpir, (口出しをする)《慣用》meter las narices《en》

よこゆれ 横揺れ oscilación *f.* horizontal, (船の) balanceo *m.* ‖ 地震の横揺れ movimiento *m.* horizontal del terremoto
▶横揺れする (船が) balancearse, (地震で) moverse de un lado a otro

よごれ 汚れ suciedad *f.*, (染み) mancha *f.*, (油汚れ) mugre *f.* ‖ 汚れがつく ensuciarse, mancharse / 汚れを取る eliminar la suciedad, quitar la mancha / 汚れがひどい estar muy su*cio*[*cia*] / 鏡の汚れが落ちた Se han quitado las manchas del espejo.
☑汚れ役 papel *m.* de *un*[*una*] margina*do*[*da*]

よごれる 汚れる ensuciarse, mancharse, (汚染する) contaminarse ‖ 私は手がペンキで汚れてしまった Me he ensuciado las manos de pintura. / 廃水で川が汚れる Las aguas residuales contaminan el río.
▶汚れた su*cio*[*cia*], mancha*do*[*da*], (汚染した) contamina*do*[*da*] ‖ 血で汚れたシャツ camisa *f.* manchada de sangre / 汚れた金を受け取る recibir dinero sucio

よこれんぼ 横恋慕
▶横恋慕する enamorarse de una persona comprometida

よさ 良さ mérito *m.*, virtud *f.* ‖ 素材の良さ buena calidad *f.* del material / この映画の良さ lo bueno de esta película

よざい 余罪 otro delito *m.* ‖ 余罪を追及する cuestionar otros delitos / 彼の余罪が発覚した Han quedado al descubierto otros delitos cometidos por él.

よさん 予算 presupuesto *m.* ‖ 予算に組み込む incluir ALGO en el presupuesto / 予算を作成する/予算を立てる hacer el presupuesto / 予算を超える pasar del presupuesto / 予算を確保する「garantizar [asegurar] el presupuesto / 予算を削減する recortar el presupuesto / 予算の範囲内で en el marco del presupuesto / ご旅行の予算はどのくらいですか ¿Qué presupuesto tiene para el viaje?
☑予算案 proyecto *m.* presupuestario ‖ 国家予算案 proyecto *m.* de ley de los presupuestos generales del Estado
☑予算委員会 comisión *f.* presupuestaria
☑予算編成 elaboración *f.* del presupuesto

よし 由 (理由) causa *f.*, razón *f.*, (手段) medio *m.* ‖ 知る由もない No hay manera de saber. / お元気な由、安心いたしました Estoy más tranqui*lo*[*la*] al saber que usted se encuentra bien.

よしあし 善し悪し ⇒ぜんあく(善悪)‖ 便利なのも善し悪しだ Lo práctico tiene sus pros y sus contras.

よじげん 四次元 cuarta dimensión *f.*, cuatro dimensiones *fpl.*
☑四次元空間 espacio *m.* de cuatro dimensiones

よしず 葦簀 「persiana *f.* [cañizo *m.*] de carrizo

よじのぼる 攀じ登る trepar《a, por》, escalar ‖ 木によじ登る trepar a un árbol

よしみ 誼 ‖ 昔のよしみで por la antigua amistad, por la amistad que nos une desde hace mucho tiempo / 友達のよしみで por amistad, por ser ami*gos*[*gas*]

よしゅう 予習 preparación *f.* de la lección (de la clase)
▶予習する preparar la lección ‖ きちんと予習して授業に出る asistir a clase bien prepara*do*[*da*]

よじょう 余剰 sobra *f.*, excedente *m.*, sobrante *m.*
☑余剰金 superávit *m.*
☑余剰在庫 existencias *fpl.* excedentes
☑余剰人員 personal *m.* 「excesivo [excedente]
☑余剰米 arroz *m.* excedente

よじる 捩る torcer, retorcer ‖ 身をよじって笑う「retorcerse [partirse, troncharse, desternillarse] de risa / 苦痛で身をよじる「retorcerse [doblarse, contorsionarse] de dolor

よじれる 捩れる torcerse, retorcerse ⇒ねじれる(捩れる)‖ ベルトがよじれている tener el cinturón torcido

よしん 予審 instrucción *f.*
☑予審判事 juez *com.* de instrucción

よしん　余震　réplica *f.* ‖ 大地震のあと多くの余震があった Tras el gran terremoto se produjeron muchas réplicas.

よす　止す　⇒やめる(止める)

よすいろ　余水路　(余水吐き) aliviadero *m.*, vertedero *m.* hidráulico

よすてびと　世捨て人　ermita*ño[ña] mf.* ‖ 世捨て人として暮らす vivir retira*do[da]* del mundo

よせ　寄席　(演芸場) teatro *m.* de variedades, (演芸) espectáculo *m.* de variedades ‖ 寄席を見に行く ir a ver un espectáculo de variedades

よせあつめ　寄せ集め　amasijo *m.*, mezcla *f.*, mezcolanza *f.*, revoltijo *m.*, miscelánea *f.* ‖ がらくたの寄せ集め「amasijo *m.* [revoltijo *m.*] de trastos

よせあつめる　寄せ集める　reunir, juntar, recoger ‖ エキストラを寄せ集める「reunir [convocar] extras

よせい　余生　resto *m.* de *su* vida [*sus* días] ‖ 静かに余生を過ごす pasar *su* 「ancianidad [vejez] en paz

よせい　余勢　ánimo *m.* desbordante ‖ 日本代表は初戦勝利の余勢を駆って決勝まで進んだ Animada con la victoria del primer partido, la selección japonesa pasó a la final.

よせうえ　寄せ植え　‖ 寄せ植えの鉢 maceta *f.* con varias plantas
▶ 寄せ植えする plantar varias plantas en una misma maceta

よせがき　寄せ書き　tarjeta *f.* con mensajes escritos entre todos
▶ 寄せ書きする escribir mensajes en una tarjeta entre todos

よせぎざいく　寄せ木細工　marquetería *f.*

よせつける　寄せ付ける　(近寄らせる) hacer acercarse a ALGUIEN hacia *sí*, (引き付ける) atraer ‖ 彼には人を寄せつけないところがある Él tiene un aire que aleja a los demás.

よせなべ　寄せ鍋　《日本語》 *yosenabe m.*, (説明訳) caldereta *f.* de ingredientes variados, como pollo, mariscos, y verduras, que se prepara en la mesa ‖ 寄せ鍋をつつく comer *yosenabe*

よせる　寄せる　(近づける) 「acercar [arrimar] ALGO 《a, hacia》, (動かす) mover, (集める) reunir ‖ 車を左側に寄せる arrimar el coche a la izquierda ／ スーツケースを隅に寄せる poner la maleta en el rincón ／ 浜辺に波が寄せる Las olas 「llegan [vienen] a la playa. ／ 期待を寄せる poner esperanza 《en》 ／ 意見を寄せる hacer llegar *su* opinión

よせん　予選　eliminatoria *f.*, prueba *f.* 「eliminatoria [clasificatoria]」‖ 予選を通過する「pasar [superar] la eliminatoria ／ 予選で敗退する quedar descarta*do[da]* en la eliminatoria
▶ 予選の eliminato*rio[ria]*
◨ 予選リーグ「ronda *f.* [etapa *f.*] eliminatoria

よそ　余所/他所　‖ よそを見る mirar a otro lado ／ 我々の心配をよそに aje*no[na]* a nuestra preocupación
▶ よその de fuera, (外部の) foráne*o[a]*, extra*ño[ña]*, (他の) o*tro[tra]* ‖ よその店はもっと安い Otras tiendas ofrecen unos precios más baratos.
▶ よそに/よそで en otro 「lugar [sitio], fuera ‖ よそに泊まる dormir fuera de casa

よそいき　余所行き　⇒よそゆき

よそう　予想　(予測) previsión *f.*, pronóstico *m.*, conjetura *f.*, (期待) expectativa *f.*, (見積もり) estimación *f.*, cálculo *m.* ‖ 予想のつかない imprevisible ／ 予想が当たる/予想通りになる acertar en el pronóstico ／ 予想が外れる「fallar [errar] en el pronóstico ／ 予想以上の más de lo previsto ／ 予想以上の結果を出す lograr mejor resultado del que se esperaba ／ 予想に反して en contra de lo previsto ／ 予想を裏切る「defraudar [decepcionar, traicionar] las expectativas de ALGUIEN ／ 予想を上回る「sobrepasar [superar, rebasar] lo previsto, superar las previsiones
▶ 予想する/予想を立てる prever, pronosticar, (見積もる) estimar ‖ 失業率の増加を予想する prever un aumento del índice de desempleo ／ 結果は私が予想したほどには悪くなかった El resultado no fue tan malo como me había imaginado.
▶ 予想外の inespera*do[da]*, imprevis*to[ta]* ‖ 予想外の展開になる tomar un rumbo inesperado
◨ 予想収益率 tasa *f.* de rentabilidad esperada
◨ 予想配当 dividendo *m.* 「esperado [previsto]
◨ 予想屋 pronostica*dor[dora] mf.*
◨ 予想利益 beneficios *mpl.* 「esperados [previstos]

よそう　装う　(飲食物を) servir ‖ 皆にご飯をよそう servir el arroz en cuencos para todos

よそおい　装い　vestimenta *f.*, atuendo *m.*, (飾り付け) decoración *f.* ‖ 春らしい装いをする ir vesti*do[da]* con ropa primaveral ／ 店の装いを新たにする renovar la decoración de la tienda

よそおう　装う　vestirse bien, (着飾る) acicalarse, (ふりをする) simular, fingir, aparentar ‖ 親切を装う「fingir [aparentar] amabilidad

よそく　予測　previsión *f.*, (予想) pronóstico *m.* ⇒よそう(予想)‖ 正確な予測 previsión

f. 「acertada [certera, exacta] / 予測がつくser 「previsible [deducible] / 予測のつかない天気 tiempo m. imprevisible / 予測に反する contradecir las previsiones / 予測を誤る errar en las previsiones / 専門家たちの予測では… Según las previsiones de los expertos... / 売上は予測にとどかなかった Las ventas no alcanzaron las previsiones.
▶ **予測する** prever, (予想する) pronosticar ‖ 日本の農業の将来を予測する prever el futuro de la agricultura japonesa
◾ **経済予測** previsiones fpl. económicas

よそごと 余所事 ⇒ひとごと(人事)

よそみ 余所見
▶ **よそ見する** mirar hacia 「otro lado [otra parte]
◾ **よそ見運転** conducción f. distraída ‖ よそ見運転をする conducir distra*ído*[da]

よそもの 余所者 foraster*o*[ra] mf., desconoci*do*[da] mf., extra*ño*[ña] mf., fora*neo*[a] mf.

よそゆき 余所行き
▶ **よそ行きの** formal ‖ よそ行きの格好をする ponerse ropa 「formal [de vestir] / よそ行きの言葉を使う usar el lenguaje formal, hablar con formalidad

よそよそしい 余所余所しい distante, frí*o*[a], (無関心な) indiferente, estira*do*[da] ‖ よそよそしい挨拶 saludo m. 「frío [distante, formal] / よそよそしい態度をとる adoptar una actitud distante

よぞら 夜空 firmamento m., cielo m. 「nocturno [de la noche] ‖ 夜空がきれいだ Se ve muy bonito el 「firmamento [cielo nocturno].

よたく 預託 depósito m.
▶ **預託する** depositar

よだつ 身の毛がよだつ ⇒み(身)

よたよた
▶ **よたよた(と)** ‖ よたよた(と)歩く caminar con paso tambaleante
▶ **よたよたする** tambalearse, perder el equilibrio

よだれ 涎 baba f., (唾液) saliva f. ‖ よだれを垂らす babear, babosear / よだれを拭く limpiar la baba《a》
〔慣用〕**よだれが出る** 〔慣用〕hacerse *la boca agua* a ALGUIEN ‖ ケーキを見ると私はよだれが出る Se me hace la boca agua al ver los pasteles.
◾ **よだれ掛け** babero m.

よだん 予断 ‖ 安易な予断は許されない No debemos hacer conjeturas a la ligera. / 原発事故の行方は予断を許さない Son difíciles de prever las consecuencias del accidente de la central nuclear.

よだん 余談 digresión f., inciso m. ‖ 余談になりますが… Si me permiten un inciso... / 余談はさておき、本題に戻りましょう Digresiones aparte, volvamos a nuestro tema.

よち 予知 predicción f., 《格式語》 precognición f., (予測) previsión f., (予想) pronóstico m.
▶ **予知する** predecir, (予測する) prever, (予想する) pronosticar ‖ 大地震を予知する 「pronosticar [predecir] un gran terremoto
◾ **予知能力** capacidad f. de 「predicción [precognición]

よち 余地 lugar m., espacio m., margen m. ‖ まだ議論の余地がある Aún hay puntos que discutir. / 再考の余地がない No hay lugar para reconsiderarlo. / 交渉の余地はない No hay margen para las negociaciones. / 弁解の余地はない no tener ninguna justificación

よちょう 予兆 presagio m., anticipo m. ‖ 大地震の予兆がある Hay presagios de que puede haber un gran terremoto.

よちょきん 預貯金 depósito m. y ahorro m. ⇒よきん(預金)・ちょきん(貯金)
◾ **預貯金口座** cuenta f. de ahorros

よちよち con paso inseguro ‖ よちよち歩く caminar con paso inseguro, hacer pinitos, anadear, caminar como un pato / 赤ん坊がよちよち歩き始める El bebé empieza a 「hacer pinitos [dar los primeros pasos].

よつあし 四つ足
▶ **四つ足の** cuadrúpe*do*[da] ‖ 四つ足の動物 cuadrúpedo m., animal m. cuadrúpedo

よつおり 四つ折り
▶ **四つ折りにする** 「doblar [plegar] ALGO en cuatro pliegues
▶ **四つ折りの** 「dobla*do*[da] [plega*do*[da]] en cuatro pliegues

よっか 四日 día m. cuatro ‖ 4日間のイベント evento m. de cuatro días (de duración)

よつかど 四つ角 cruce m., encrucijada f. ‖ 四つ角を右に曲がる 「girar [doblar] a la derecha en el cruce

よつぎ 世継ぎ heredero[ra] mf.

よっきゅう 欲求 deseo m., apetito m., ansiedad f., ganas fpl, (衝動) impulso m. ‖ 欲求がある tener un deseo / 欲求が強い tener un fuerte deseo / 欲求を満たす satisfacer el deseo / 欲求を募らせる alimentar un deseo
◾ **欲求不満** frustración f. ‖ 欲求不満を覚える sentirse frustra*do*[da], sentir frustración / 欲求不満を解消する desahogar la frustración

よつぎり 四つ切り
▶ **四つ切りにする** cortar ALGO en cuatro partes
▶ **四つ切りの** corta*do*[da] en cuatro partes

よつご 四つ子 cuatrillizos mpl., (全員女性の) cuatrillizas fpl., (四つ子の一人) cuatrilli-

よっつ 四つ cuatro m. ⇒よん(四)

ヨット velero m., barco m. de vela, yate m. ‖ヨットに乗る subir en un velero

▨ヨットパーカー「prenda f. [chaqueta f.] con capucha

▨ヨットハーバー puerto m. deportivo, dársena f. de yates, refugio m. para yates

▨ヨットレース「regata f. [carrera f.] de veleros

よっぱらい 酔っ払い borracho[cha] mf.

▨酔っ払い運転 conducción f. en estado de embriaguez ‖酔っ払い運転をする conducir en estado de embriaguez

よっぱらう 酔っ払う emborracharse, embriagarse ⇒よう(酔う)

▶酔っ払った borracho[cha], ebrio[bria], embriagado[da]

よつゆ 夜露 rocío m. de noche, relente m., sereno m. ‖夜露に濡れる mojarse con el rocío

よつんばい 四つん這い postura f. a cuatro patas ‖四つん這いになる ponerse a「cuatro patas [gatas], ponerse en postura a cuatro patas

よてい 予定 (計画) plan m., programa m. ‖ 旅行の予定「plan m. [programa m.] de viaje ／予定を立てる/予定を組む programar, planificar, hacer el plan ／予定を変更する cambiar el plan ／予定の時間に a la hora「programada [fijada] ／予定より1日早く[遅く] un día「antes [después] de lo previsto ／船荷は予定通りに到着します El cargamento llegará tal como está previsto. ／(私は)今日の午後に予定があります Tengo un compromiso esta tarde. ／(私は)今週は予定が一杯だ Esta semana tengo la agenda「completa [ocupada, apretada]. ／渋滞して私の予定が狂ってしまった El atasco me「estropeó [perturbó] los planes. ／来週のご予定はいかがですか ¿Qué planes tiene para la próxima semana? ／彼と会うことは予定に入れていません No tengo previsto verlo. ／来週サラマンカに行く予定です Tengo programado un viaje a Salamanca la próxima semana.

▶予定外の fuera del programa

▶予定する programar, planear ‖打ち合わせは明後日を予定しています La reunión preparatoria está programada para pasado mañana.

▨予定調和〈哲学〉armonía f. preestablecida

▨予定納税 pago m. anticipado de impuestos

▨予定日 día m.「previsto [programado] ‖ 出産の予定日はいつですか ¿Cuándo está previsto el alumbramiento?

▨予定表 programa m.

よとう 与党 partido m.「gobernante [gubernamental, en el poder]

▶与党になる「llegar a ser [convertirse en] el partido gobernante

よどおし 夜通し (durante) toda la noche ‖ 病人を夜通し看病する velar a un[una] enfermo[ma] durante toda la noche

よどみ 淀み/澱み estancamiento m. de agua, (淀んだ所) remanso m.

▶淀みなく sin estancarse, (すらすらと) fluidamente, con fluidez ‖淀みなくしゃべる hablar con「fluidez [soltura], hablar sin titubeos

よどむ 淀む/澱む estancarse, remansarse ‖川の水が淀んでいる El agua del río está estancada. ／この部屋は空気が淀んでいる En está habitación el aire está「cargado [viciado].

よなか 夜中 ‖夜中の2時に a las dos de la「madrugada [noche]

▶夜中に「a [en la] medianoche, a altas horas de la noche ‖夜中にトイレに起きる levantarse「a [para] orinar por la noche

よなが 夜長 ‖秋の夜長に読書を楽しむ disfrutar leyendo libros en las largas noches de otoño

よなき 夜泣き llanto m. durante la noche, 《医学》cólico m. del lactante

▶夜泣きする llorar por la noche

よなべ 夜なべ trabajo m.「de noche [nocturno]

▶夜なべをする trabajar durante la noche

よなれる 世慣れる/世馴れる tener mucha experiencia de la vida, tener mucho mundo ‖彼は世慣れている Él es un hombre de mundo.

よにげ 夜逃げ

▶夜逃げする fugarse「de [durante la] noche (para no pagar la deuda)

よにも 世にも (とりわけ) especialmente, particularmente ‖世にも不思議な話 historia f. insólita

よねつ 予熱 precalentamiento m.

▶予熱する precalentar

よねつ 余熱 calor m. residual

よねん 余念

(慣用)余念がない concentrarse《en》, (没頭する) enfrascarse《en》‖仕事に余念がない concentrarse en el trabajo

よのなか 世の中 (世間) mundo m., (社会) sociedad f., (時代) época f., tiempos mpl. ‖ 世の中の流れについて行く seguir la corriente de la sociedad ／世の中を渡る vivir en este mundo ／世の中を知らない (世間知らずである) no conocer el mundo ／私たちは日進月歩の世の中で暮らしている Vivimos en tiempos en los que los progresos son cada vez más rápidos. ／ それじゃ世の中通らないよ Así no puedes ir por la vida. ／ 世の中はこういうものだ Así es la vida.

[慣用]世の中は広いようで狭い《慣用》El mundo es un pañuelo.

よは 余波 efecto *m*. secundario,（間接的影響）「influencia *f*. [repercusión *f*.] indirecta ‖ 台風の余波を受ける sufrir la influencia indirecta del tifón

よはく 余白 （ページの）margen *m*.,（空欄）espacio *m*. en blanco ‖ ページの余白に書き込む escribir en el margen de la página ／ 段落間の余白を十分に取る dejar suficiente espacio en blanco entre los párrafos

よび 予備 reserva *f*., repuesto *m*. ‖ 予備とする dejar ALGO de「reserva [repuesto] ／ 予備に取っておく「tener [guardar] ALGO de reserva

▶ 予備の de reserva,（交換用の）de「repuesto [recambio]‖ 予備の電池 pila *f*. de repuesto ／ 予備のお金を取って置く guardar dinero de reserva

◪ 予備軍（軍隊）tropas *fpl*. de reserva

◪ 予備群 ‖ 成人病の予備群 personas *fpl*. con riesgo de padecer enfermedades de los adultos

◪ 予備校 escuela *f*. preparatoria

◪ 予備工作 maniobra *f*. previa

◪ 予備交渉 negociación *f*. previa

◪ 予備選挙 elecciones *fpl*. primarias

◪ 予備知識 conocimientos *mpl*. previos

◪ 予備調査「estudio *m*. [investigación *f*.] preliminar

◪ 予備費 fondo *m*. de reserva

よびあつめる 呼び集める reunir, congregar, convocar ‖ 生徒たちを校庭に呼び集める reunir a los alumnos en el patio de recreo

よびいれる 呼び入れる ⇒よびこむ（呼び込む）

よびおこす 呼び起こす despertar,（記憶などを）evocar ‖ 幼少の頃の記憶を呼び起こす「evocar [desenterrar] los recuerdos de la infancia

よびかけ 呼び掛け （呼ぶこと）llamada *f*.,（訴えかけ）llamamiento *m*. ‖ 呼び掛けに応じる responder al llamamiento de ALGUIEN

よびかける 呼び掛ける llamar,（訴える）hacer un llamamiento《a》‖ 市民に節電を呼びかける hacer un llamamiento a los ciudadanos para que ahorren electricidad

よびごえ 呼び声 llamada *f*. ‖ 彼は次期市長の呼び声が高い Él se perfila como máximo candidato「a [para] la próxima alcaldía.

よびこむ 呼び込む （引き付ける）atraer a ALGUIEN ‖ レストランに客を呼び込む llamar a los clientes al restaurante ／ ツキを呼び込む atraer la suerte

よびすて 呼び捨て ‖ 呼び捨てにする tratar de tú a tú a ALGUIEN,（敬称を使わないで話す）apear el tratamiento《a》

よびだし 呼び出し llamada *f*.,（召喚）citación *f*., emplazamiento *m*. ‖ （私に）裁判所から呼び出しがかかった Me han citado en el juzgado. ／ お客様のお呼び出しを申し上げます ¡Atención, por favor, señores clientes!

◪ 呼び出し音（電話）tono *m*. de llamada,（玄関などの）tono *m*. del timbre ‖ 呼び出し音を大きくする[小さくする]「subir [bajar] el volumen de llamada

◪ 呼び出し状 carta *f*. de citación, citación *f*.

◪ 呼び出しボタン botón *m*. de llamada

よびだす 呼び出す llamar, citar,（召喚する）emplazar ‖ 息子を喫茶店に呼び出す citar a *su* hijo en una cafetería ／ 電話でオフィスの父を呼びだしてもらった Llamé a la oficina de mi padre pidiendo que se pusiera al teléfono.

よびたてる 呼び立てる hacer venir a ALGUIEN, citar,（叫ぶ）gritar ‖ 急に呼び立てて申し訳ない Te pido perdón por haberte hecho venir tan urgentemente

よびつける 呼び付ける （来させる）「hacer [mandar] venir a ALGUIEN, citar,（呼ぶ）llamar

よびとめる 呼び止める 「pedir [decir] a ALGUIEN que se pare ‖ 私は散歩中に警官に呼び止められた Cuando paseaba, un policía me pidió que me parara.

よびな 呼び名 nombre *m*. corriente, apelativo *m*., alias *m*.[=*pl*.]

よびにやる 呼びに遣る mandar llamar a ALGUIEN ‖ 私は医者を呼びに遣った Mandé llamar al médico.

よびにゆく 呼びに行く ir a「buscar [llamar] a ALGUIEN ‖ 私は父を呼びに行きます Voy a「buscar [llamar] a mi padre.

よびね 呼び値 （競売の）puja *f*.,（商業）precio *m*. nominal

よびみず 呼び水 agua *f*. de cebado, agua *f*. para cebar una bomba (de agua),（刺激）estímulo *m*.,（動機）motivo *m*. ‖ フォワードの最初のゴールが呼び水となってチームは大量得点をとった El primer gol del delantero abrió la goleada al equipo.

よびもどす 呼び戻す （誰かを）「mandar [hacer] volver a ALGUIEN ‖ 妻を呼び戻す hacer volver a *su* esposa

よびもの 呼び物 atracción *f*. principal,《慣用》plato *m*. fuerte ‖ コンサートの呼び物 plato *m*. fuerte del concierto

よびょう 余病 complicaciones *fpl*. ‖ 余病を併発する tener complicaciones

よびよせる 呼び寄せる llamar a ALGUIEN a *su* lado, hacer venir a ALGUIEN,（呼び集める）congregar,（引き付ける）atraer ‖ 枕元に

子どもたちを呼び寄せる「llamar [reunir] a los niños a *su* cabecera ／ 観光客を呼び寄せる atraer a los turistas
よびりん 呼び鈴　timbre *m*. ‖ 呼び鈴を鳴らす tocar el timbre, llamar al timbre ／ 呼び鈴が鳴った Ha sonado el timbre.
よぶ 呼ぶ　llamar, (招待する) invitar, (引き起こす) provocar, causar ‖ 助けを呼ぶ pedir ayuda ／ 医者を呼ぶ llamar al médico ／ 友人たちをパーティーに呼ぶ invitar a los amigos a una fiesta ／ 議論を呼ぶ「levantar [desatar] una polémica ／ 批判を呼ぶ provocar críticas ／ タクシーを呼んでください ¿Puede llamar un taxi? ／ お呼びですか ¿Me ha llamado usted? ／ あだ名で呼ぶ llamar a ALGUIEN por el apodo ／ 彼は「大統領」と呼ばれていた A él lo llamaban *Presidente*.
よふかし 夜更かし
▶ 夜更かしする acostarse muy tarde, quedarse levanta*do*[*da*] hasta muy tarde por la noche, trasnochar
よふけ 夜更け ‖ そのバーは夜更けまで開いている Ese bar está abierto hasta「altas horas de [muy entrada] la noche.
▶ 夜更けに　a altas horas de la noche, muy「avanzada [entrada] la noche
よぶん 余分
▶ 余分な　sobrante, super*fluo*[*flua*], excedente ‖ 余分なお金はない No hay dinero「de sobra [sobrante].
▶ 余分に　de sobra ‖ 1冊余分にある Sobra un ejemplar. ／ 余分に食べる comer de más, comer demasiado
よほう 予報　previsión *f*., pronóstico *m*., predicción *f*. ‖ 予報が当たった El pronóstico acertó. ／ 予報が外れた El pronóstico falló.
▶ 予報する　prever, pronosticar
◰ **長期予報**　previsión *f*. a largo plazo
◰ **天気予報** →てんき（天気）
よぼう 予防　prevención *f*., (用心) precaución *f*., 《医学》 profilaxis *f*.[=*pl*.] ‖ 病気の予防に力を入れる dar prioridad a la prevención de enfermedades
▶ 予防の　preventi*vo*[*va*]
▶ 予防する　prevenir, (用心する) precaverse 《de, contra》 ‖ 風邪を予防する prevenir el resfriado
◰ **火災予防週間**　semana *f*. para la prevención de incendios
◰ **予防医学**　medicina *f*. preventiva, profiláctica *f*.
◰ **予防接種**　vacunación *f*., inoculación *f*. ‖ 予防接種を受ける vacunarse ／ インフルエンザの予防接種を受ける vacunarse contra la gripe ／ おたふくかぜの予防接種 vacunación *f*. contra la parotiditis ／ 破傷風の予防接種をする poner la vacuna antitetánica

◰ **予防接種証明書**　certificado *m*. de vacunación
◰ **予防線**　prevención *f*., precaución *f*. ‖ 予防線を張る tomar precauciones
◰ **予防措置/予防対策**　medidas *fpl*. preventivas, (病気の) profilaxis *f*.[=*pl*.] ‖ 予防措置をとる tomar medidas preventivas, tomar precauciones
よほど　(とても) muy, (ずっと) mucho 〖+比較級〗, (もう少しで) por poco ‖ 彼女はよほどうれしかったのだろう Ella debía de estar muy contenta. ／ 歌は妹の方が姉よりよほど上手だ La hermana menor canta mucho mejor que la hermana mayor. ／ 私はよほど欠席しようかと思った Estuve a punto de no asistir.
▶ よほどの ‖ 彼が来ないなんてよほどの事情があったに違いない Si él no ha venido es que debe de haberle surgido「alguna complicación [algo grave]. ／ よほどの事がない限り参加します Asistiré「a menos [salvo] que surja algún imprevisto.
よぼよぼ
▶ よぼよぼの　decrépi*to*[*ta*] ‖ よぼよぼの老人　ancia*no*[*na*] *mf*. decrépi*to*[*ta*]
▶ よぼよぼと ‖ よぼよぼと歩く caminar con paso「delicado [inseguro]
よみ 読み　(読むこと) lectura *f*., (見通し) perspectiva *f*. ‖ 読みが甘い ser demasiado optimista, tener una perspectiva optimista ／ 読みが深い人　persona *f*. perspicaz
よみあげる 読み上げる　leer en voz alta, (朗読する) recitar ‖ 自作の詩を読み上げる「leer en voz alta [recitar] *su* propio poema
よみおとす 読み落とす　saltarse, pasar ALGO por alto ‖ 私は一行読み落としてしまった Me he saltado un renglón.
よみおわる 読み終わる 「terminar [acabar] de leer ‖ 報告書を読み終わる「terminar [acabar] de leer el informe
よみかえす 読み返す　volver a leer, releer ‖ 問題文を何回も読み返す leer repetidas veces la pregunta ／ 小説を読み返す volver a leer una novela
よみがえる 蘇る/甦る　resucitar, revivir ‖ 死者が蘇るのは不可能だ Es imposible que un muerto resucite. ／ 彼女に笑顔が蘇った Ella recuperó la sonrisa. ／ 死の床にある父に幼少時の記憶が蘇った Mi padre recuperó la memoria de su infancia en el lecho de muerte.
よみかき 読み書き　leer y escribir ‖ 読み書きができる saber leer y escribir ／ 読み書きができない no saber leer ni escribir, (非識字者である) ser analfabe*to*[*ta*]
よみかけ 読み掛け ‖ 本を読みかけにする dejar un libro a medio leer ／ 読みかけの本がある Tengo un libro a medio leer.

よみかた 読み方 （解釈）lectura *f.*, （朗読の方法）manera *f.* de leer, （発音）pronunciación *f.* ‖ この単語の読み方が分からない No sé cómo se lee esta palabra.

よみきかせる 読み聞かせる ‖ 子どもたちに童話を読み聞かせる leer (en voz alta) un cuento infantil a los niños

よみきる 読み切る 「terminar [acabar] de leer, leer completamente ‖ 私はその小説を一晩で読み切った Terminé de leer esa novela en una noche.

よみごたえ 読み応え ‖ 読み応えがある小説（読む価値のある）novela *f.* 「que merece la pena leer [digna de leerse], （中身の濃い）novela *f.* sustanciosa

よみこなす 読みこなす leer y 「asimilar [digerir] ‖ 哲学書を読みこなす leer y asimilar un libro de filosofía

よみこむ 読み込む （熟読する）leer 「atentamente [con atención, cuidadosamente, detenidamente]，（メモリに取り入れる）copiar, introducir ‖ 資料を読み込む 「leer cuidadosamente [hacer una lectura cuidadosa de] los documentos ／ ファイルを読み込む 「copiar [introducir] un archivo《en》

よみせ 夜店 puesto *m.* nocturno (en la feria)

よみち 夜道 calles *fpl.* de noche ‖ 夜道は危ない Es peligroso caminar por la noche.

よみちがえる 読み違える leer mal, equivocarse en la lectura, （読み方を間違える）pronunciar mal, （誤解する）interpretar mal ‖ 名前を読み違える leer mal el nombre de ALGUIEN ／ 私たちは新商品の市場を読み違えた No acertamos con el mercado de los nuevos productos.

よみて 読み手 （ナレーター）narra*dor*[*dora*] *mf.*, （読者）le*ctor*[*tora*] *mf.*

よみとおす 読み通す leer ALGO 「por completo [completamente, de cabo a rabo] ‖ 『源氏物語』を読み通す leer todos los tomos de la *Historia de Genji*

よみとり 読み取り 《IT》lectura *f.*
◨ 読み取り装置《IT》lector *m.*

よみとる 読み取る leer, captar, （理解する）comprender ‖ 行間を読み取る leer entre líneas ／ 真意を読み取る 「comprender [captar] la verdadera intención《de》／ バーコードを読み取る leer el código de barras

よみながす 読み流す leer 「de pasada [por encima]，hojear, echar una ojeada《a》‖ 新聞を読み流す hojear el periódico, echar una ojeada al periódico

よみにくい 読みにくい difícil de leer, de difícil lectura, （判読しにくい）ilegible, indescifrable ‖ 君の字は読みにくい Tus letras son ilegibles.

よみびと 詠み人 au*tor*[*tora*] *mf.* ‖ 詠み人知らずの anóni*mo*[*ma*]

よみふける 読み耽る enfrascarse en la lectura《de》‖ 彼女は小説に読み耽っている Ella está 「absorta [enfrascada] en la lectura de una novela.

よみもの 読み物 lectura *f.*, （本）libro *m.* ‖ 何か読み物はありますか ¿Hay algo para leer?

よみやすい 読みやすい fácil de leer, de fácil lectura, （読むことのできる）legible ‖ この小説は読みやすい Esta novela 「se lee fácilmente [es fácil de leer]. ／ 読みやすい字で書く escribir con letra legible

よむ 詠む componer ‖ 短歌を詠む componer un 「tanka [poema japonés] ／ 情景を詠む describir con poesía una escena

よむ 読む leer, （察知する）percibir, adivinar, （予測する）prever ‖ 本を読む leer un libro ／ 人の心を読む leer el pensamiento de ALGUIEN ／ 声を出して読む leer en voz alta

よめ 嫁 （花嫁）novia *f.*, （息子の）nuera *f.*, hija *f.* política, （妻）esposa *f.*, mujer *f.* ‖ 嫁に行く（女性が）casarse《con》, contraer matrimonio《con》, hacerse esposa《de》／ 嫁をもらう（男性が）casarse《con》, contraer matrimonio《con》, tomar por esposa ／ 息子の嫁を探す buscar esposa para *su* hijo
◨ 嫁入り boda *f.*, casamiento *m.* ‖ 嫁入り道具 ajuar *m.* de novia

よめい 余命 tiempo *m.* que queda de vida a ALGUIEN ‖ 余命いくばくもない tener los días contados ／ 祖父の余命はどのくらいですか ¿Cuánto tiempo le queda de vida a mi abuelo?

よもぎ 蓬 artemisa *f.*, artemisia *f.* ‖ 蓬を摘む recoger artemisas
◨ 蓬餅 torta *f.* de arroz con artemisa

よもや （まさか）jamás ‖ よもやスペイン代表が初戦で負けるとは思わなかった「Ni se me había ocurrido [Jamás me habría imaginado] que la selección española perdiera el primer partido.

よもやまばなし 四方山話 charla *f.* trivial ‖ よもやま話をする charlar sobre trivialidades

よやく 予約 reserva *f.*, 《中南米》reservación *f.*, （雑誌の）suscripción *f.* ‖ 予約で一杯である（満席・満室である）estar comple*to*[*ta*] ／ 予約済み reserva*do*[*da*] ／ 予約をキャンセルする 「cancelar [anular] la reserva ／ 予約の変更をしたいのですが Quería hacer un cambio de la reserva. ／ あなたのお名前では予約は入っておりません No tenemos reserva a su nombre. ／ 飛行機の予約を確認したいのですが Quería confirmar la reserva de avión.

▶ **予約する/予約を取る** reservar, hacer la reserva《de》, hacer reserva, （病院・美容院

よゆう

を)pedir「hora [cita]」∥ホテルの部屋を予約する reservar una habitación en un hotel／診察時間を予約する pedir hora para consulta／加藤の名前でレストランを予約する reservar una mesa a nombre de Kato／インターネットで予約する reservar「a través de [por] Internet

◪ **予約外来** consulta *f*. con cita previa para pacientes externos
◪ **予約確認書** certificado *m*. de confirmación de reserva
◪ **予約客** cliente *com*. con reserva previa
◪ **予約金** depósito *m*.
◪ **予約コード** código *m*. de reserva
◪ **予約購読** suscripción *f*. ∥ 雑誌の予約購読をする「suscribirse [abonarse] a una revista
◪ **予約時間** hora *f*. 「citada [de reserva]
◪ **予約制**（雑誌などの）sistema *m*. de suscripción,（病院の）consulta *f*. con cita previa
◪ **予約席** asiento *m*. reservado, plaza *f*. reservada,（レストランなど)mesa *f*. reservada
◪ **予約取り消し** cancelación *f*. de la reserva
◪ **予約番号** número *m*. de reserva

よゆう 余裕（時間の）tiempo *m*. 「libre [disponible],（場所）espacio「libre [disponible],（落ち着き）calma *f*., tranquilidad *f*. ∥ 経済的な余裕 holgura *f*. económica／あと5人乗る余裕がある Caben cinco personas más.／〜する時間の余裕がない no tener tiempo para『+不定詞』／私は他人のことを考える余裕がない No estoy para pensar en cosas de otros.／少し余裕をみて出かける salir de casa con tiempo／余裕のある生活をする llevar una vida holgada, vivir con holgura／余裕しゃくしゃくである mostrarse despreocupa*do*[*da*] y tranqui*lo*[*la*],（慣用)quedarse tan an*cho*[*cha*]

より ❶（比較）∥私は彼より背が高い Soy más al*to*[*ta*] que él.／映画に行くより食事をしたい Prefiero comer que ir al cine.
❷（場所・時間の起点）de, desde, a partir《de》⇒**から**∥列車は3番ホームより出発する El tren sale del andén 3.／家より連絡があった Me han llamado de casa.

より 寄り ∥右寄りの新聞 diario *m*. de tendencia derechista／南寄りの風 viento *m*. principalmente del sur

より 縒り（糸の）torsión *f*., retorcimiento *m*.
慣用 よりを戻す reconciliarse,《慣用》hacer las paces

よりあい 寄り合い（会合）reunión *f*.
◪ **寄り合い所帯**（雑多な人々の集まり）grupo *m*. de gente「varopinta [heterogénea]
よりあつまる 寄り集まる reunirse, juntar-

se, congregarse
よりいと 撚り糸 hilo *m*. retorcido
よりかかる 寄り掛かる apoyarse《en》∥壁に寄りかかる apoyarse en la pared
よりごのみ 選り好み ∥ 選り好みが激しい ser muy「exigente [delica*do*[*da*]] para elegir, no conformarse con cualquier cosa
よりすぐる 選りすぐる seleccionar ALGO「cuidadosamente [escrupulosamente, rigurosamente]⇒**げんせん**（⇒**厳選する**）∥新鮮な材料を選りすぐる seleccionar cuidadosamente los ingredientes frescos
よりそう 寄り添う（付き添う）hacer compañía《a》,（近づく）arrimarse《a》∥寄り添って踊る bailar muy pega*do*[*da*] a ALGUIEN／恋人たちが寄り添って歩く Los novios caminan muy juntos.
よりつく 寄り付く（近づく）acercarse《a》∥同級生たちは誰も彼に寄りつかない Todos sus compañeros de clase lo rehúyen.
よりどころ 拠り所（支え）apoyo *m*., sostén *m*.,（根拠）fundamento *m*., base *f*. ∥心の拠り所 sostén *m*. 「moral [espiritual]／判断の拠り所となる servir de base para formar un juicio
よりどり 選り取り ∥選り取り見取りである escoger ALGO a *su* gusto
よりによって 選りに選って ∥よりによってサッカーの試合が始まる前にテレビが故障したし Se me estropeó la tele justo antes de empezar el partido de fútbol.
よりぬき 選り抜き
▶ **選り抜きの** selec*to*[*ta*], escogi*do*[*da*] ∥選り抜きのワイン vino *m*. selecto
よりみち 寄り道（回り道）rodeo *m*.
▶ **寄り道する** pasar de camino《por》,（回り道をする）dar un rodeo ∥帰宅途中に私は本屋に寄り道した De regreso a casa, pasé por una librería.
よりめ 寄り目（内斜視）estrabismo *m*. convergente, esotropía *f*.,（人）biz*co*[*ca*] *mf*. ∥ 寄り目をする ponerse biz*co*[*ca*], cruzar los ojos
よりよい より良い mejor ∥ より良い労働条件を求める pedir mejores condiciones laborales／より良い暮らしを探し求める buscar una vida mejor
▶ **より良く** mejor ∥ より良くする mejorar
よりょく 余力 reserva *f*. de energía, fuerza *f*. de sobra ∥彼女は会社帰りに英語学校に通う余力がある Ella todavía tiene fuerza para ir a la academia de inglés después del trabajo.
よりわける 選り分ける（分類する）clasificar,（選ぶ）seleccionar, escoger,《慣用》pasar ALGO por el tamiz
よる 夜 noche *f*. ∥昼も夜も de noche y de día／夜も眠れない no poder dormir ni por

la noche／(私が)朝起きてから夜寝るまで desde que me levanto hasta que me acuesto／夜遅く帰宅する volver a casa「entrada la noche [a las tantas]／夜遅くまで hasta「altas horas [las tantas] de la noche, hasta muy「avanzada [entrada] la noche／夜が更ける avanzar *la noche*／夜を過ごす pasar la noche／夜はまだ長い La noche es aún joven.

▶夜の noctur*no*[*na*], de noche‖夜の部 función *f*.「de noche [nocturna]／夜のメニュー menú *m*. de la cena／夜の暗やみ oscuridad *f*. de la noche／夜の勤め trabajo *m*.「de noche [nocturno]／夜の間に durante la noche／夜のとばりがおりた Ha caído la noche.

▶夜に por la noche‖明日の夜に mañana por la noche／金曜の夜に en la noche del viernes／夜(に)働く trabajar de noche

▶夜になる「caer [llegar] *la noche*, anochecer《動詞は3人称単数形》, hacerse de noche《動詞は3人称単数形》‖夜になって風雨が強まった Arreció el temporal por la noche.／夜にならないうちに antes del anochecer, antes de que anochezca

◪夜型‖夜型の noctámbu*lo*[*la*] *mf*., búho *m*.／私は夜型です Soy un búho.

よる 因る/拠る/依る/由る ❶(起因する)deberse《a》‖大気汚染は車両交通の増加による La contaminación atmosférica se debe al aumento del tráfico vial.／その航空機事故は天候不良により起きた El accidente aéreo se produjo debido al mal tiempo.／たばこの火による火災 incendio *m*. provocado por el fuego de un cigarrillo／洪水による被害 daños *mpl*. causados por una inundación

❷(~次第である)depender《de》‖この事業の成功は我々の努力いかんによる El éxito de este negocio depende de nuestros esfuerzos.／それは時と場合による Eso depende del momento y las circunstancias.／彼の出方によっては dependiendo de qué actitud vaya a tomar él／考えようによっては viendo las cosas desde otra perspectiva

❸(基づく)basarse《en》,(~によると/~によれば)según‖この結論は正確なデータによるものだ Esta conclusión se basa en datos precisos.／今日の新聞によれば según informa el periódico de hoy／聞くところによると según lo que me han contado, por lo que he oído

❹(その他)‖法律の定めるところによって conforme a lo establecido en la ley／未成年者の飲酒は法律により禁じられている La ley prohíbe a los menores de edad el consumo de bebidas alcohólicas.／年金によって生計を立てる人々 gente *f*. que vive de una pensión／書物によって得られた知識 conocimiento *m*. adquirido a través de los libros／言葉による伝達 comunicación *f*. a través del lenguaje, comunicación *f*. verbal

よる 寄る (接近する)acercarse《a》, arrimarse《a》,(立ち寄る)pasar《por》‖火のそばに寄る acercarse al fuego／脇に寄る「hacerse [echarse] a un lado／隅に寄る moverse hacia un rincón／明日君の家に寄ります Mañana paso por tu casa.

(慣用)寄ってたかって entre todos‖寄ってたかって物笑いにする poner a ALGUIEN en ridículo entre todos, tomar el pelo a ALGUIEN entre todos

(慣用)寄ると触ると(寄り集まると)cuando se reúnen,(機会さえあれば)cada vez que se presenta la ocasión

(諺)寄らば大樹の陰《諺》El que a buen árbol se arrima, buena sombra le cobija.

(諺)寄る年波には勝てぬ No se puede con la edad.¦La edad no engaña.

よる 縒る torcer, retorcer‖糸を縒る torcer un hilo

よるべ 寄る辺

▶寄る辺のない desvali*do*[*da*]‖寄る辺のない人々 gente *f*.「desamparada [desvalida, que no tiene a donde ir]

よれよれ

▶よれよれの arruga*do*[*da*], desgasta*do*[*da*], raí*do*[*da*]‖よれよれのズボン pantalones *mpl*.「desgastados [raídos]

▶よれよれになる(皺になる)arrugarse, ajarse,(使い古す)desgastarse, raerse

よろい 鎧 armadura *f*., arnés *m*.‖よろいを身に付ける ponerse una armadura

よろいど 鎧戸 persiana *f*., contraventana *f*. de lamas

よろける ⇒よろめく

よろこばしい 喜ばしい/悦ばしい agradable, gra*to*[*ta*], feliz,《格式語》faus*to*[*ta*],(満足な)satisfacto*rio*[*ria*]‖喜ばしい出来事 feliz acontecimiento *m*.／それは喜ばしい知らせだ Es una noticia que hay que celebrar.

よろこばせる 喜ばせる alegrar, complacer, agradar,(魅了する)encantar

よろこび 喜び/悦び/歓び/慶び alegría *f*., placer *m*.‖喜びにあふれる rebosar de alegría／会場は喜びに湧いた La sala de actos se llenó de alegría.¦La alegría envolvió la sala de actos.／それを聞いて喜びもひとしおです Mi alegría se multiplica al oírlo.／勝利の喜びを味わう saborear la alegría de la victoria conseguida／喜びを分かち合う compartir la alegría《con》／ご結婚をお慶び申し上げます Les doy mi más sincera enhorabuena por su casamiento.¦Les felicito por su boda.

よろこぶ 喜ぶ/悦ぶ/歓ぶ/慶ぶ alegrarse《de, por》, celebrar‖初めての本の出版を喜

ぶcelebrar la publicación de *su* primer libro
❭喜んでいる estar conten*to*[ta]《de, con》
❭喜んで con placer, con gusto ‖ 喜んでお手伝いいたします Es un placer para mí poder ayudarle. ／喜んで出席いたします Asistiré con mucho gusto. ／手を貸してくれるかい―喜んで ¿Me echas una mano? -Con mucho gusto.

よろしい 宜しい (結構) Muy bien. ¦ Está bien. ‖ これでよろしいですか ¿Está bien así? ／窓を開けてもよろしいですか ¿Puedo abrir las ventanas? ／よろしいですとも (もちろん) ¡Cómo no! ／君は行かなくてもよろしい No tienes que ir. ／どちらでもよろしい Da igual. ¦ Da lo mismo. ／よろしければ si usted quiere, si le parece bien ／ちょっとよろしいですか ¿Me permite un momento?

よろしく 宜しく ‖ 後はよろしくお願いします Voy a dejar el resto del trabajo en sus manos. ／初めまして、どうぞよろしくお願いします Mucho gusto. ¦ Encanta*do*[da]. ／息子をよろしくお願いします Dejo a mi hijo a su cargo.
❭よろしく伝える/よろしくと言う dar「saludos [recuerdos]《a》」ご両親にどうぞよろしくお伝えください Dé muchos「saludos [recuerdos]」a sus padres. ／ペドロによろしく言っておいてね Dale「saludos [recuerdos]」a Pedro. ／父からよろしくとのことです Le manda「saludos [recuerdos]」mi padre.

よろめく tambalearse, (バランスを失う) perder el equilibrio, desequilibrarse, (つまずく) tropezar, dar un traspié ‖ 彼女はよろめいて転んだ Ella perdió el equilibrio y se cayó.

よろよろ de manera tambaleante
❭よろよろする →よろめく

よろん 世論 opinión *f*. pública ‖ 世論によれば según la opinión pública ／世論に訴える apelar a la opinión pública ／世論に耳を傾ける hacer caso a la opinión pública ／世論を盛り上げる「animar [alentar] a la opinión pública
◪世論調査 sondeo *m*. de la opinión pública

よわい 弱い, flo*jo*[ja], (脆い) frágil, (耐える力が乏しい) poco resistente, vulnerable《a》‖ 弱い動物 animal *m*. débil ／弱いチーム equipo *m*.「débil [flojo]」／弱い雨 lluvia *f*. suave ／弱い日差し「débiles [tenues] rayos *mpl*. de sol ／体が弱い ser delica*do*[da] de salud, tener una salud frágil, (病弱な) ser enfermi*zo*[za] ／力が弱い tener poca「fuerza [potencia]」／歯が弱い tener la dentadura frágil ／乗り物に弱い marearse fácilmente en un vehículo ／私は暑さに弱い Aguanto mal el calor. ／彼は女性に弱い Él es débil con las mujeres.
❭弱く ligeramente, suavemente
❭弱くする →よわめる(弱める)
❭弱くなる →よわまる(弱まる)

よわき 弱気 debilidad *f*. de carácter;《株式》tendencia *f*.「a la baja [bajista]」
❭弱気な débil de carácter, (臆病な) pusilánime, (内気な) tími*do*[da]；(市場が) bajista
❭弱気になる flaquear, (臆病になる) mostrarse pusilánime ‖ そんな弱気になるな No seas tan pusilánime.
◪弱気市場《株式》mercado *m*.「a la baja [bajista]」
◪弱気筋《株式》bajista *com*.

よわごし 弱腰
❭弱腰な carente de firmeza, (臆病な) pusilánime, sin valentía
❭弱腰になる carecer de firmeza, (臆病になる) mostrarse pusilánime
◪弱腰外交 diplomacia *f*.「pusilánime [débil]」

よわさ 弱さ debilidad *f*., vulnerabilidad *f*. ‖ 精神的な弱さを克服する superar *su* debilidad mental

よわたり 世渡り ‖ 世渡りが上手い saber bien cómo desenvolverse en la vida

よわね 弱音 ‖ 弱音を吐く (不平を言う) quejarse, (弱気になる) mostrarse pusilánime, (悲観的になる) mostrarse pesimista

よわび 弱火 ‖ レンジの火を弱火にする bajar el fuego de la cocina
❭弱火で a fuego「lento [suave]」‖ 弱火で10分煮る cocer diez minutos a fuego lento

よわまる 弱まる debilitarse, (勢いがなくなる) perder fuerza, (風雨が) amainar ‖ 台風の勢力が弱まった El tifón「perdió fuerza [se debilitó]. ／やっと火事の勢いが弱まった Por fin「disminuyó [amainó, cedió] el fuego del incendio.

よわみ 弱み debilidad *f*., vulnerabilidad *f*., punto *m*.「débil [flaco], (慣用)」talón *m*. de Aquiles →じゃくてん(弱点) ‖ 弱みを見せる mostrar *su* debilidad ／弱みに付け込む aprovecharse「del punto débil [de la debilidad] de ALGUIEN ／弱みを握る conocer el punto débil de ALGUIEN

よわむし 弱虫 (臆病者) cobarde *com*.,《話》(軽蔑的に) gallina *com*., cagueta *com*. ‖ 俺は弱虫じゃないよ Yo no soy cobarde.

よわめる 弱める debilitar, bajar ‖ オーブンの火を弱める bajar el fuego del horno ／暖房を弱める bajar la calefacción ／競争力を弱める「reducir [restar, hacer perder] la competitividad

よわよわしい 弱々しい débil, tenue, delica*do*[da] ‖ 弱々しい声で con una voz「débil [apagada, quebradiza]／弱々しい冬の光

luz *f.* tenue del invierno

よわりはてる 弱り果てる （体力が） quedarse completamente exhaus*to*[*ta*], (困る) estar perdi*do*[*da*], no saber qué hacer ‖ 彼女は亭主の浮気に弱り果てている Ella no sabe qué hacer con la infidelidad de su marido.

よわりめ 弱り目
(諺)弱り目にたたり目 《諺》Las desgracias nunca vienen solas.

よわる 弱る debilitarse, decaer, (困る) tener problemas ‖ 精神的に弱る tener el ánimo decaído ／ 祖母は体が弱っている Mi abuela está delicada de salud. ／ この車は故障が多くて私は弱っている Estoy apaña*do*[*da*] con este coche, que se avería mucho.

よん 四 cuatro *m.* ‖ 4番目の cuar*to*[*ta*] ／ 4分の1 un cuarto ／ 4年の cuatrienal

◪4ヶ年計画 plan *m.* cuatrienal

よんじゅう 四十 cuarenta *m.* ‖ 40番目の cuadragési*mo*[*ma*] ／ 40分の1 un cuarentavo, un cuadragésimo

よんどころない 拠ん所無い ⇒やむをえない（止むを得ない）

よんびょうし 四拍子
▶四拍子の ‖ 四拍子の曲 pieza *f.* en compás de cuatro tiempos
▶四拍子で en compás de cuatro tiempos ‖ 4分の4拍子で al compás de cuatro por cuatro

よんりん 四輪 cuatro ruedas *fpl.*
◪四輪駆動 tracción *f.* 「en [a] las cuatro ruedas, tracción *f.* 「total [integral]
◪四輪駆動車 coche *m.* con tracción 「en las cuatro ruedas [total], coche *m.* cuatro por cuatro
◪四輪車 vehículo *m.* de cuatro ruedas

ら

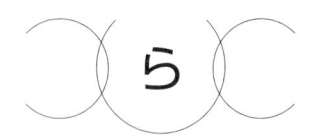

ら 等 y otros[tras] ‖ カメラマン、記者、アナウンサー等が開会式に参加した Fotógrafos, periodistas, locutores y otros asistieron a la inauguración.

ラ 《音楽》la m.

ラージヒル 《スキー》 trampolín m. largo, salto m. desde el trampolín de 120 metros

ラード manteca f. de cerdo

ラーメン 《日本語》ramen m., (説明訳) sopa f. de fideos chinos

らい 来 el[la] próximo[ma]『+名詞』
- 来シーズン la próxima temporada
- 来場所 (相撲の) el próximo torneo de sumo

らいう 雷雨 lluvia f. con tormenta eléctrica, tormenta f. de lluvia y truenos ‖ 私たちは山で激しい雷雨に襲われた Nos pilló una fuerte tormenta de lluvia y truenos en la montaña.

らいうん 雷雲 nubarrón m., nube f. de tormenta ‖ 空が雷雲に覆われた El cielo se cubrió de nubarrones.

ライオン león m., (雌) leona f.

らいきゃく 来客 visita f., invitado[da] mf. ‖ 来客がある tener visita ／ 来客中で手が離せない estar ocupado[da] con una visita

らいげつ 来月 el mes próximo, el próximo mes, el mes que viene

らいしゅう 来週 la semana próxima, la próxima semana, la semana que viene

らいしゅん 来春 la próxima primavera

らいじょう 来場 visita f. ‖ ご来場ありがとうございました Muchas gracias por su visita. ／ またのご来場をお待ち申し上げます Esperamos que nos visite de nuevo.
- 来場する visitar, venir 《a》

ライス arroz m.
- ライスカレー arroz m. 「al [con] curry
- ライスペーパー papel m. de arroz

らいせ 来世 el otro mundo, la otra vida ‖ 来世で会おう Nos vemos en la otra vida.

ライセンス licencia f., permiso m. ‖ ライセンスを取得する 「conseguir [obtener] una licencia

ライター ❶ (物書き) escritor[tora] mf.
- シナリオライター guionista com.
- フリーライター escritor[tora] mf. 「independiente [autónomo[ma]]
- ルポライター reportero[ra] mf.

❷ (たばこの) mechero m., encendedor m. ‖ ライターを点ける encender el mechero ／ ポケットからライターを取り出す sacar un mechero del bolsillo
- ガスライター encendedor m. de gas

ライト ❶ (野球) (右翼) jardín m. derecho, (右翼手) jardinero[ra] mf. derecho[cha] ‖ ライトを守る defender el jardín derecho
- ライトスタンド gradas fpl. del jardín derecho
- ライトフライ fly m. al jardín derecho

❷ 《ボクシング》
- ライト級 peso m. ligero

❸ (電灯) luz f.
- ライトアップ iluminación f. ‖ ライトアップされたアルハンブラ宮殿 la Alhambra iluminada

ライトバン (車) furgoneta f.

ライトプロテクト 《IT》 protección f. contra escritura

ライナー (打球) línea f., lineatazo m., (定期船) buque m. de línea, (着脱式の裏) forro m. de quita y pon

らいにち 来日 visita f. a Japón ‖ 来月、スペイン国王夫妻が来日する Los reyes de España 「visitan [vienen a] Japón el mes próximo.

らいねん 来年 el año próximo, el próximo año, el año que viene

ライバル rival com., competidor[dora] mf., 《集合名詞》competencia f. ‖ よきライバル buen rival m., buena rival f. ／ ライバルに勝つ vencer a 「la competencia [su rival] ／ ライバルがいない no tener rivales ／ 強力なライバルと対決する enfrentarse a un[una] rival poderoso[sa]
- ライバル意識 rivalidad f., 《話》 pique m.
- ライバル会社 empresa f. rival, (競争相手) competencia f.
- ライバル関係 rivalidad f.

らいひん 来賓 invitado[da] mf. ‖ 来賓の挨拶 discurso m. de invitados
- 来賓室 salón m. de invitados
- 来賓席 asiento mpl. para invitados

ライフ vida f.
- ライフサイクル ciclo m. vital
- ライフジャケット chaleco m. salvavidas
- ライフスタイル estilo m. de vida
- ライフセーバー (海水浴場などでの) socorrista com. acuático[ca]

◪ライフライン infraestructuras *fpl.* básicas para la calidad de vida: agua, electricidad, gas y comunicación ‖ ライフラインを確保する asegurar las infraestructuras básicas para la calidad de vida
◪ライフワーク obra *f.* de *su* vida
ライブ música *f.* en vivo, (生放送) transmisión *f.* en vivo
▶ライブの en vivo, (実況の) en directo
◪ライブコンサート concierto *m.* en「vivo [directo]
◪ライブハウス local *m.* de música en「vivo [directo]
◪ライブ盤 disco *m.* grabado en vivo
ライブラリー biblioteca *f.*
◪フィルムライブラリー filmoteca *f.*
ライフルじゅう ライフル銃 rifle *m.*
らいほう 来訪 visita *f.*
▶来訪する visitar
◪来訪者 visitante *com.*, visita *f.*
◪来訪者名簿 lista *f.* de visitantes
ライム lima *f.*
ライむぎ ライ麦 centeno *m.*
◪ライ麦畑 centenal *m.*, campo *m.* de centeno
◪ライ麦パン pan *m.* de centeno
らいめい 雷鳴 trueno *m.* ‖ 空に雷鳴がとどろいた Los truenos retumbaron en el cielo.
ライラック lila *f.*, lilo *m.*
◪ライラック色 lila *m.*, color *m.* lila
ライン línea *f.* ‖ 黄色いラインの内側でお待ちください Esperen detrás de la línea amarilla.
ラインアップ (出場選手の) alineación *f.* ‖ わが社の製品のラインアップ「gama *f.* [lista *f.*] de productos de nuestra empresa
ラインズマン juez *com.* de línea, jueza *f.* de línea
ラウンジ salón *m.*
ラウンド 《ボクシング》 asalto *m.*, 《ゴルフ》 recorrido *m.*
ラガービール cerveza *f. lager*
らがん 裸眼 simple vista *f.* ‖ 裸眼の視力 agudeza *f.* visual no corregida
らく 楽 ❶ (安楽)
▶楽な cómo*do[da]*, confortable ‖ 楽な暮らし vida *f.* cómoda
▶楽に ‖ 楽にする ponerse cómo*do[da]*, relajarse ／ 楽にしてください Póngase cómo*do[da]*. ／ 気が楽になる sentirse tranqui*lo[la]*
[諺]楽あれば苦あり (諺)No hay miel sin hiel.
❷ (容易)
▶楽な fácil ‖ 楽な仕事 trabajo *m.* fácil, 《話》chollo *m.*
▶楽に (簡単に) sin esfuerzo ‖ このチームは楽に勝てる相手ではない Este no es un equipo fácil de vencer.

らくいん 烙印 estigma *m.* ‖ 烙印を押すestigmatizar
[慣用]烙印を押される ‖ 彼は裏切り者の烙印を押された Lo「estigmatizaron [etiquetaron] como traidor.
らくえん 楽園 paraíso *m.* ‖ 野鳥の楽園 santuario *m.* de aves silvestres
らくがき 落書き garabato *m.*, (壁の) pintada *f.*
▶落書きする garabatear, hacer una pintada
◪落書き帳 cuaderno *m.* de dibujo
らくご 落伍/落後
▶落伍する rezagarse, quedarse rezaga*do[da]* ‖ 集団から落伍する (自転車レースで) quedarse rezaga*do[da]* del pelotón
◪落伍者 rezaga*do[da]* *mf.*
らくご 落語 《日本語》*rakugo m.*, (説明訳) monólogo *m.* humorístico tradicional de Japón
◪落語家 intérprete *com.* de *rakugo*
らくさ 落差 diferencia *f.* de altura, desnivel *m.* ‖ 50メートルの落差のある滝 cascada *f.* con una caída de 50 metros de altura／夢と現実の落差 diferencia *f.* entre el sueño y la realidad
らくさつ 落札 adjudicación *f.*
▶落札する adjudicarse ‖ ピカソの絵を落札する adjudicarse un cuadro de Picasso
◪落札者 pos*tor[tora] mf.*
◪落札価格 precio *m.* adjudicado
らくしょう 楽勝 victoria *f.*「cómoda [fácil, holgada]
▶楽勝する conseguir una victoria cómoda, ganar「cómodamente [holgadamente, fácilmente]
▶楽勝である (簡単である) ser muy fácil, 《慣用》ser pan comido, 《慣用》ser un paseo militar (para) ‖ 準決勝はスペイン代表の楽勝だった La semifinal fue un paseo militar para la selección española. ／ 今日の試験は楽勝だった El examen de hoy ha sido「muy fácil [pan comido].
らくせい 落成 finalización *f.*
▶落成する inaugurarse
◪落成式 acto *m.* de inauguración, inauguración *f.* ‖ 新しい図書館の落成式を行う celebrar el acto de inauguración de la nueva biblioteca
らくせき 落石 caída *f.* de「rocas [piedras], desprendimiento *m.* de「rocas [piedras]
◪落石注意《掲示》Atención: peligro de derrumbe
らくせん 落選 (選挙で)「derrota *f.* [fracaso *m.*] electoral
▶落選する (コンクールで) quedarse fuera de los premios, no ser premia*do[da]* ‖ 選挙で落選する perder las elecciones, sufrir una

derrota electoral
- 落選者 (選挙の) candida*to[ta]* *mf*. derrota*do[da]*, (コンクールなどの) aspirante *com*. no selecciona*do[da]*

らくだ 駱駝　camello *m*., (雌) camella *f*.
- ひと瘤駱駝 dromedario *m*. (雄・雌)

らくだい 落第　suspenso *m*.
- 落第する suspender, 《話》catear ‖ 化学の試験に落第する「suspender [catear] el examen de Química
- 落第生 repeti*dor[dora]* *mf*.
- 落第点 suspenso *m*. ‖ 落第点をとる sacar un suspenso

らくたん 落胆　desánimo *m*., decepción *f*., desilusión *f*.
- 落胆する desanimarse, decepcionarse, desalentarse, desilusionarse, deprimirse, llevarse un chasco

らくちゃく 落着　⇒けっちゃく(決着)
- 一件落着　⇒いっけん(一件)

らくちょう 落丁　falta *f*. de páginas
- 落丁する faltar *páginas* ‖ この本は落丁している A este libro le faltan páginas.
- 落丁本 libro *m*. al que le faltan páginas

らくてん 楽天
- 楽天的な optimista
- 楽天的に con optimismo ‖ 楽天的に物事を考える pensar con optimismo
- 楽天家 optimista *com*.
- 楽天主義 optimismo *m*.

らくのう 酪農　industria *f*. láctea
- 酪農場 granja *f*. lechera
- 酪農製品 producto *m*. lácteo
- 酪農地帯 zona *f*. lechera

らくばん 落盤　derrumbe *m*., desprendimiento *m*. ‖ 落盤が起こる derrumbarse
- 落盤事故 accidente *m*. de derrumbe

ラグビー　rugby *m*. ‖ ラグビーの試合 parti*do m*. de *rugby*
- ラグビー場 campo *m*. de *rugby*
- ラグビー選手 juga*dor[dora]* *mf*. de *rugby*
- ラグビーボール pelota *f*. de *rugby*

らくよう 落葉　caída *f*. de las hojas, (外的要因による) defoliación *f*., (落ちた葉) hoja *f*. caída
- 落葉性の caducifo*lio[lia]*, de hoja caduca
- 落葉樹 árbol *m*. de hoja caduca

らくらい 落雷　caída *f*. de un rayo

らくらく 楽楽
- 楽々と con mucha facilidad, sin esfuerzo ‖ 楽々とテストに合格する aprobar el examen con mucha facilidad ／ その走り高跳びの女子選手は楽々と2メートルのバーを越えた La saltadora de altura superó la barra de dos metros con suma facilidad.

ラクロス　《スポーツ》《英語》lacrosse *m*.

ラケット　raqueta *f*. ‖ テニスのラケット raqueta *f*. de tenis ／ ラケットを握る「agarrar [empuñar] la raqueta ／ ラケットでボールを打つ golpear la pelota con la raqueta

ラザーニャ　《イタリア料理》lasaña *f*.

ラジアルタイヤ　neumático *m*. radial

らしい　Parece que 『+直説法』. ‖ 彼女は疲れているらしい Parece que ella está cansada. ／ 病気らしく見せる simular una enfermedad ／ 彼女らしいやり方だ Es una forma de hacer propia de ella. ／ あすは雨が降るらしい Dicen que va a llover mañana.

ラジウム　《化学》radio *m*.《記号 Ra》
- ラジウム温泉 (放射能泉) aguas *fpl*. termales radiactivas
- ラジウム療法 radioterapia *f*.

ラジエーター　(自動車の) radiador *m*.

ラジオ　(放送) radio *f*., (受信機) radiorreceptor *m*., radio *f*., 《中南米》radio *m*. ‖ ラジオをかける/ラジオを付ける「poner [encender] la radio ／ ラジオを聞く escuchar la radio ／ ラジオで聞く escuchar ALGO por radio ／ ラジオを消す apagar la radio
- ラジオの radiofóni*co[ca]*, 《中南米》radial
- ラジオアイソトープ (物理) radioisótopo *m*.
- ラジオ講座 curso *m*. por radio ‖ スペイン語のラジオ講座 curso *m*. de español por radio
- ラジオゾンデ《気象》radiosonda *f*.
- ラジオ体操 programa *m*. radiofónico de calistenia
- ラジオ聴取者 radioyente *com*.
- ラジオドラマ radionovela *f*., serial *m*. radiofónico
- ラジオ番組 programa *m*. 「de radio [radiofónico]
- ラジオ放送 radiodifusión *f*. ‖ ラジオ放送局 emisora *f*. de radio

ラジカセ　radiocasete *m*., casete *m*.
- CDラジカセ radiocasete *m*. con CD

ラジコン　《商標》teledirección *f*. ‖ ラジコンの模型飛行機 aeromodelo *m*. teledirigido

らししょくぶつ 裸子植物　gimnospermas *fpl*.

らしゃ 羅紗　paño *m*. (de lana)

らしんばん 羅針盤　brújula *f*.

ラスト　final *m*.
- ラストの final, últi*mo[ma]*
- ラストオーダー último pedido *m*. (en el restaurante)
- ラストシーン escena *f*. final
- ラストスパート último「tirón *m*. [acelerón *m*.] ‖ ラストスパートをかける dar「un último tirón [el *sprint* final]
- ラストチャンス última oportunidad *f*.
- ラストネーム nombre *m*. de familia, apellido *m*.

◨ラストバッター último[ma] bateador[dora] mf.
ラズベリー frambuesa f.
◨ラズベリージャム mermelada f. de frambuesa
らせん 螺旋 espiral f.
▶螺旋状の espiral, espiroidal, helicoidal
◨螺旋階段 escalera f.「de caracol [espiroidal]
らたい 裸体 desnudez f.
▶裸体の desnudo[da]
◨裸体画 pintura f. desnuda, desnudo m.‖裸体画を描く pintar un desnudo
◨裸体像 escultura f. desnuda, desnudo m.
らち 埒
(慣用)埒もない incoherente, deshilvanado[da]‖埒もない話をする (慣用)hablar sin ton ni son
(慣用)埒が明かない no llegar a ninguna parte
らち 拉致 secuestro m.
▶拉致する secuestrar
◨拉致犯 criminal com. de un secuestro, secuestrador[dora] mf.
◨拉致被害者 víctima f. de un secuestro, secuestrado[da] mf.
◨拉致問題 problema m. del secuestro‖北朝鮮による日本人拉致問題 problema m. de los secuestros de japoneses por Corea del Norte
らっか 落下 caída f.
▶落下する caer(se)‖砂漠に隕石が落下した Cayó un meteorito en el desierto.
◨落下運動 (自由落下) caída f. libre
ラッカー laca f.‖ラッカーを塗る lacar
らっかさん 落下傘 paracaídas m.[=pl.] → パラシュート
◨落下傘部隊 fuerzas fpl. paracaidistas
らっかせい 落花生 cacahuete m., (中南米) maní m.
らっかん 楽観
▶楽観的な optimista
▶楽観的に con optimismo‖物事を楽観的にとらえる tomar las cosas con optimismo
▶楽観する ver ALGO con optimismo
◨楽観主義 optimismo m.
◨楽観主義者 optimista com.
ラッキー‖ラッキーだ (私は) ¡Qué suerte tengo!
▶ラッキーな feliz, afortunado[da]
▶ラッキーである tener buena suerte
らっきょう 辣韮 (《日本語》) rakkyo m., cebollino m. japonés, (学名) *Allium chinense*
ラック (棚) estante m.
ラッコ 猟虎 nutria f. marina (雄・雌)
ラッシュ (混雑) congestión f.
◨ラッシュアワー hora f. punta‖ラッシュアワーに遭う pillar la hora punta ／ ラッシュアワーを避ける evitar las horas punta
ラッセルしゃ ラッセル車 tren m. quitanieves
らっぱ 喇叭 trompeta f., clarín m., (軍隊の) corneta f.‖らっぱを吹く tocar la trompeta
◨らっぱ水仙 narciso m. de campanilla
◨らっぱズボン pantalones mpl. de campana
◨らっぱ飲み‖らっぱ飲みをする beber directamente de la botella,《慣用》《話》beber a morro
ラップ ❶《音楽》rap m.
◨ラップミュージック música f.「rap [rapera]
❷ (食品用の) film m. plástico adherente‖肉をラップで包む envolver la carne con film (plástico adherente)
❸ (陸上競技の1周) una vuelta
◨ラップタイム tiempo m. cronometrado de cada etapa
◨ラップトップコンピュータ ordenador m. portátil
◨ラップミュージシャン rapero[ra] mf.
ラディッシュ rábano m.
ラテン
▶ラテンの latino[na]
◨ラテンアメリカ América Latina, Latinoamérica‖ラテンアメリカの latinoamericano[na]
◨ラテン音楽 música f.「de América Latina [latinoamericana, latina]
◨ラテン語 latín m., lengua f. latina
◨ラテン民族 pueblos mpl. latinos
ラドン (化学) radón m. (記号 Rn)
ラニーニャ (気象現象) La Niña‖昨年、ラニーニャが発生した El año pasado「se produjo [ocurrió] el fenómeno de La Niña.
◨ラニーニャ現象 fenómeno m. de La Niña
らば 騾馬 mula f., (雄) mulo m.
ラビオリ 《イタリア料理》raviolis mpl.
ラフ
▶ラフな (粗雑な) tosco[ca], (荒っぽい) bronco[ca]‖ラフな格好をする vestirse「con ropa informal [informalmente]
◨ラフスケッチ croquis m.[=pl.], esbozo m. rápido
◨ラフプレー juego m.「sucio [bronco]‖ラフプレーをする jugar sucio
ラブ ❶ (愛) amor m.
◨ラブシーン escena f. de amor
◨ラブストーリー historia f. de amor
◨ラブソング canción f. de amor
◨ラブホテル hotel m. de citas
◨ラブレター carta f. de amor
❷《テニス》cero m.
◨ラブゲーム juego m. en blanco
ラベル etiqueta f.‖ラベルを張る「poner

[pegar] una etiqueta《a》／ラベルをはがす quitar la etiqueta《de, a》
ラベンダー lavanda *f.*, lavándula *f.*, espliego *m.*, alhucema *f.*
◰ ラベンダー畑 campo *m.* de lavandas
ラマきょう ラマ教 lamaísmo *m.*
▶ ラマ教の(信者) lamaísta (*com.*)
ラム (子羊) cordero *m.*;（ラム酒）ron *m.*;《IT》(ランダムアクセスメモリ RAM) memoria *f.* de acceso aleatorio, memoria *f.* RAM
◰ ラム肉 carne *f.* de cordero
ラムサールじょうやく ラムサール条約 Convenio *m.* de Ramsar
ラムネ bebida *f.* gaseosa y azucarada con sabor a limón
ラメ lamé *m.* ‖ ラメの衣装 vestido *m.* de lamé
ラリー (自動車競技)《英語》*rally m.*,（テニスなどの）peloteo *m.*
られつ 羅列 enumeración *f.* ‖ この報告書は数字の羅列にすぎない Este informe no es más que una enumeración de cifras.
▶ 羅列する enumerar, hacer una enumeración《de》
られる ⇒れる
ラワン lauan *m.*
◰ ラワン材 madera *f.* de lauan
らん 乱 (反乱) rebelión *f.*, revuelta *f.*
⟦諺⟧ 治にいて乱を忘れず No hay que bajar la guardia aun en tiempo de paz.
らん 欄 (新聞の) columna *f.*, sección *f.*,（記入用の）espacio *m.*, casilla *f.*
◰ コメント欄 espacio *m.* para comentarios
◰ スポーツ欄 sección *f.* de deportes
らん 蘭 orquídea *f.* ‖ 蘭を栽培する cultivar orquídeas
ラン LAN《IT》red *f.* de área local ‖ LANでコンピュータをつなぐ conectar ordenadores mediante una red de área local
◰ LANケーブル cable *m.* LAN
◰ 無線LAN red *f.* de área local inalámbrica, red *f.* inalámbrica de área local
◰ 有線LAN red *f.* de área local con cable
らんおう 卵黄 yema *f.* de huevo
らんがい 欄外 margen *m.* ‖ 欄外に注記を入れる poner una nota al margen
らんかいはつ 乱開発 explotación *f.* abusiva
▶ 乱開発する explotar ALGO abusivamente,「hacer [realizar] una explotación abusiva《de》
らんかく 乱獲/濫獲 (狩猟) sobrecaza *f.*, caza *f.*「excesiva [abusiva],（漁業）sobrepesca *f.*, pesca *f.*「excesiva [abusiva]
▶ 乱獲する「cazar [pescar] en exceso
らんかん 卵管 oviducto *m.*, trompa *f.*「uterina [de Falopio]
らんかん 欄干 barandilla *f.*,（手すり）pasamanos *m.*[=*pl.*]
らんぎり 乱切り corte *m.* en formas irregulares
▶ 乱切りする cortar ALGO en formas irregulares
らんきりゅう 乱気流 turbulencia *f.* ‖ 乱気流を通過する「atravesar [pasar por] una zona de turbulencias／飛行機は乱気流に巻き込まれた El avión se metió en una zona de turbulencias.
ランキング clasificación *f.*,《英語》*ranking m.* ‖ そのボクサー(男性)は世界ランキング10位だ El boxeador ocupa el décimo puesto en la clasificación mundial.／ランキングをつける clasificar
ランク rango *m.*, categoría *f.*
▶ ランクする clasificar ‖ 2位にランクされる clasificarse en el segundo「lugar [puesto]
らんこう 乱交
◰ 乱交パーティー orgía *f.* sexual
らんざつ 乱雑 desorden *m.*
▶ 乱雑な desordenado[da] ‖ 乱雑な部屋 habitación *f.* desordenada
▶ 乱雑に desordenadamente, en desorden ‖ 乱雑に積まれた本 libros *mpl.* amontonados en desorden
らんし 乱視 astigmatismo *m.* ‖ 乱視を矯正する corregir el astigmatismo
▶ 乱視の(人) astigmático[ca] (*mf.*)
▶ 乱視である tener astigmatismo, ser astigmático[ca]
らんし 卵子 óvulo *m.*
ランジェリー lencería *f.*
らんしゃ 乱射 disparo *m.* indiscriminado
▶ 乱射する disparar indiscriminadamente ‖ 犯人(男性)は大学構内で銃を乱射した El autor disparó indiscriminadamente en el recinto universitario.
らんじゅく 爛熟
▶ 爛熟する madurar demasiado
◰ 爛熟期 ‖ 江戸文化の爛熟期 apogeo *m.* de la cultura de Edo
らんすうひょう 乱数表 tabla *f.* de números aleatorios
らんせい 卵生 oviparidad *f.*
▶ 卵生の ovíparo[ra]
◰ 卵生動物 animal *m.* ovíparo
らんせん 乱戦 combate *m.* confuso,（スポーツの）(混戦) partido *m.*「confuso [movido],（接戦）partido *m.* reñido
らんそう 卵巣 ovario *m.*
▶ 卵巣の ovárico[ca]
◰ 卵巣腫瘍 tumor *m.* ovárico
◰ 卵巣ホルモン hormona *f.* ovárica
らんそううん 乱層雲 nimboestrato *m.*
らんたいせい 卵胎生 ovoviviparidad *f.*
▶ 卵胎生の ovovivíparo[ra]
ランダム

▶ランダムに al azar
◨ランダムアクセス《IT》 acceso *m.* aleatorio
◨ランダムアクセスメモリ《IT》 memoria *f.* de acceso aleatorio, memoria *f.* RAM
◨ランダムウォーク「paseo *m.* [camino *m.*] aleatorio
◨ランダムサンプリング muestreo *m.* aleatorio

ランチ almuerzo *m.*,《スペイン》comida *f.*;（小型の船）lancha *f.* ‖ ランチを取る almorzar, tomar el almuerzo,《スペイン》comer
◨ランチタイム hora *f.*「de la comida [del almuerzo]
◨ランチバイキング comida *f.* bufé (libre)
◨ランチメニュー（日替わりの定食） menú *m.* del día

らんちょう 乱丁 error *m.* de encuadernación
◨乱丁本 libro *m.* mal encuadernado

ランチョンマット mantel *m.* individual ‖ ランチョンマットを敷く poner un mantel individual

ランデブー cita *f.*,（宇宙船の）encuentro *m.* espacial
▶ランデブーする tener una cita《con》

らんとう 乱闘 pelea *f.* violenta, revuelta *f.*
▶乱闘する pelear violentamente《con》

らんどく 乱読 lectura *f.* abundante y aleatoria
▶乱読する leer indiscriminadamente cualquier libro

ランドセル mochila *f.* escolar

ランナー corre*dor*[*dora*] *mf.*
◨短距離ランナー corre*dor*[*dora*] *mf.* de corta distancia, velocista *com.*, esprínter *com.*
◨長距離ランナー corre*dor*[*dora*] *mf.* de「larga distancia [fondo], fondista *com.*
◨ピンチランナー《野球》 corre*dor*[*dora*] *mf.* emergente

らんにゅう 乱入 irrupción *f.* violenta,（侵入）invasión *f.*
▶乱入する irrumpir con fuerza《en》,（侵入する）invadir

ランニング correr *m.*, carrera *f.*, corrida *f.*
▶ランニングする correr,（ジョギングする）hacer *footing*
◨ランニングコスト gastos *mpl.* de operación,（維持費）gastos *mpl.* de mantenimiento
◨ランニングシャツ camiseta *f.* de tirantes
◨ランニングシューズ zapatillas *fpl.* para correr
◨ランニングホームラン《野球》 jonrón *m.*「de piernas [dentro del parque]

らんぱく 卵白 clara *f.*

らんぱつ 乱発/濫発 emisión *f.* excesiva
▶乱発する emitir en exceso ‖ 手形を乱発する emitir en exceso letras

らんはんしゃ 乱反射 reflexión *f.*「difusa [irregular]
▶乱反射する ‖ 光を乱反射する reflejar difusamente la luz

らんぴつ 乱筆 ‖ 乱筆をお許しください Le pido perdón por mi mala letra.

らんぶ 乱舞
▶乱舞する bailar「como *un*[*una*] lo*co*[*ca*] [desenfrenadamente]

ランプ （明かり）lámpara *f.*,（高速道路の出入り口）vía *f.* de acceso
◨ランプシェード pantalla *f.* de lámpara

らんぼう 乱暴 violencia *f.*, brutalidad *f.* ‖ 乱暴を働く「emplear [hacer uso de] la violencia, hacer violencia
▶乱暴な violen*to*[*ta*], bru*to*[*ta*], brutal ‖ 乱暴な振る舞い acción *f.* violenta, acto *m.* violento ／ 乱暴な運転 conducción *f.*「agresiva [imprudente, temeraria] ／ 乱暴な口調で en tono violento
▶乱暴に violentamente, con violencia, brutalmente ‖ 乱暴に扱う tratar「a patadas [con desconsideración] a ALGUIEN
◨乱暴者 persona *f.* violenta, bru*to*[*ta*] *mf.*

らんまん 爛漫 ‖ 桜が爛漫と咲き誇っている Los cerezos están en plena floración. ／ 春爛漫である Estamos en plena primavera.

らんみゃく 乱脈 ‖ 乱脈をきわめる estar totalmente desorganiza*do*[*da*]
◨乱脈経営 gestión *f.* irregular

らんよう 乱用/濫用 abuso *m.* ‖ 薬の乱用 uso *m.* abusivo de medicamentos
▶乱用する abusar《de》‖ 薬を乱用する abusar de medicamentos ／ 職権を乱用する abusar de *su*「autoridad [poder]

らんらん 爛々
▶爛々と ‖ 目が爛々と輝く tener los ojos relucientes
▶爛々たる reluciente, resplandeciente, brillante

らんりつ 乱立
▶乱立する ‖ 都心は高層ビルが乱立している En el centro de la ciudad hay muchos edificios altos. ／ 市議選で候補者が乱立した Se presentaron demasiados candidatos a las elecciones municipales.

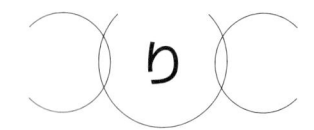

り 利 （利益）ganancia *f.*, beneficio *m.*, （利息）interés *m.* ‖ 利にさとい tener una mente muy calculadora, ser interesa*do*[*da*] ／ 地の利を得る（地形が有利である）tener ventaja geográfica ／ この戦い、利あらず En esta batalla no tenemos posibilidad de ganar.
[慣用] 利に走る pensar siempre en sacar beneficios

り 理 razón *f.*, lógica *f.* ‖ 自然の理 lógica *f.* de la naturaleza ／ 理にかなった razonable, lógic*o*[*ca*]
[慣用] 理の当然 ‖ 朝食を抜けば腹がすくのは理の当然だ Es lógico que tengas hambre si no desayunas.

リアスしきかいがん リアス式海岸 costa *f.* de rías

リアリスト realista *com.*

リアリズム realismo *m.*
▸ リアリズムの realista

リアリティー realidad *f.* ‖ リアリティーに富んだ映画 película *f.* llena de realidad

リアル
▸ リアルな real, realista ‖ リアルな描写 descripción *f.* realista
▸ リアルに ‖ 風景をリアルに描く pintar de manera realista un paisaje
▸ リアルタイム tiempo *m.* real ‖ リアルタイムの交通情報 información *f.* del tráfico en tiempo real
▸ リアルタイム処理 procesamiento *m.* en tiempo real

リーク filtración *f.*
▸ リークする filtrar, divulgar

リーグ liga *f.*
▸ リーグ戦 partido *m.* de liga
▸ リーグ優勝 victoria *f.* en la liga

リース 《英語》 *leasing m.*, arrendamiento *m.*
▸ リースする arrendar
▸ リース契約 contrato *m.* de 「*leasing* [arrendamiento]

リーズナブル
▸ リーズナブルな razonable ‖ リーズナブルな値段 precio *m.* razonable

リーダー líder *com.*, dirigente *com.*; （教材）libro *m.* de texto de lectura ‖ クラスのリーダー líder *com.* de clase
▸ リーダーシップ liderazgo *m.* ‖ リーダーシップを取る tomar liderazgo

リーチ alcance *m.* de los brazos ‖ リーチが長い tener los brazos largos

リード ventaja *f.*, delantera *f.*, （犬の引き綱）correa *f.*, （楽器の）lengüeta *f.* ‖ 3点のリードを奪う llevar tres「goles [puntos] de ventaja ／ リードを守る conservar la delantera
▸ リードする（導く）dirigir, conducir, （優位に立つ）aventajar
▸ リードギター guitarra *f.*「líder [principal]
▸ リードギタリスト guitarrista *com.*「líder [principal]
▸ リードボーカル cantante *com.*「líder [principal]

リーフレット folleto *m.*, panfleto *m.*

リール （フィルムなどの）bobina *f.*, （釣りの）carrete *m.*

リウマチ reumatismo *m.*, reuma *m(f).*, reúma *m(f).* ‖ リウマチを患う padecer reuma ／ リウマチを治す curar el reuma
▸ リウマチ患者 paciente *com.* reumátic*o*[*ca*]
▸ リウマチ熱 fiebre *f.* reumática

りえき 利益 lucro *m.*, ganancias *fpl.*, beneficios *mpl.*, provecho *m.* ‖ 公共の利益 interés *m.* público ／ 利益が薄い poco rentable ／ 利益になる lucrativ*o*[*va*], rentable ／ 利益を上げる obtener「ganancias [beneficios] ／ 利益を得る「sacar [obtener, ganar] beneficios ／ 利益を社会に還元する devolver los beneficios a la sociedad ／ 利益を追求する buscar beneficios ／ 利益をもたらす「dar [producir] beneficios
▸ 純利益 beneficio *m.* neto
▸ 利益配当 reparto *m.* de beneficios
▸ 利益率 tasa *f.* de beneficio

りえん 離縁 ⇒リこん（離婚）

りか 理科 （教科）conocimiento *m.* del medio, （自然科学）ciencias *fpl.* naturales
▸ 理科室 aula *f.* de ciencia

リカー licor *m.* fuerte

リカーシブ
▸ リカーシブの 《IT》 recursiv*o*[*va*]
▸ リカーシブコール 《IT》 llamada *f.* recursiva

りかい 理解 comprensión *f.*, entendimiento *m.* ‖ 理解が早い ser avispa*do*[*da*], ser espabila*do*[*da*] ／ 理解が遅い ser lent*o*[*ta*] en entender, ser tard*o*[*da*] de entendimiento ／ 理解できない incomprensible ／ 誰もが理解できるように説明する explicar de una manera comprensible para todos ／ 君のす

ることは理解に苦しむ Me「resulta difícil [cuesta] entender lo que haces. ／理解のある人 persona *f.* comprensiva ／彼女は理解のない人だ Ella es una persona incomprensiva. ／理解を示す mostrarse comprensi*vo*[va]《con》／理解を求める pedir la comprensión de ALGUIEN ／この件に関し、ご理解の程よろしくお願い申し上げます Respecto al tema, les ruego su comprensión.
▶理解する comprender, entender ‖ 作者(男性)のメッセージを理解する entender el mensaje del autor
▶理解力 capacidad *f.* de comprensión
■相互理解‖両国の相互理解を深める fomentar el mutuo entendimiento entre ambos países

りがい 利害 interés *m.* ‖ 我々と彼らの利害が一致する Nuestros intereses coinciden con los de ellos. ‖ Ellos y nosotros tenemos intereses en común. ／利害が絡んだ問題 asunto *m.* en el que están en juego los intereses ／AとBの利害が対立している Los intereses están enfrentados entre A y B. ／利害で動く actuar「interesadamente [por interés] ／利害を離れて desinteresadamente
■利害関係 relación *f.* de intereses
■利得失 ventajas *fpl.* y desventajas *fpl.*, ganancias *fpl.* y pérdidas *fpl.*

りかがく 理化学 física *f.* y química *f.*
りがく 理学 (自然科学) ciencias *fpl.* naturales, (物理学) física *f.*
■理学士 licencia*do*[da] *mf.* en Ciencias Naturales
■理学博士 doc*tor*[tora] *mf.* en Ciencias Naturales
■理学部 Facultad *f.* de Ciencias Naturales
■理学療法 fisioterapia *f.*
■理学療法士 fisioterapeuta *com.*

リカバリー《IT》recuperación *f.* del sistema
▶リカバリーする recuperar ‖ ファイルをリカバリーする recuperar el archivo

りかん 罹患
▶罹患する contraer una enfermedad, enfermar(se) ‖ インフルエンザに罹患する enfermar(se) de gripe, coger la gripe

りき 力 fuerza *f.*, potencia *f.* ‖ 力がある ten er fuerza ／十人力である tener la fuerza de diez personas

りき 利器 invento *m.* útil ‖ 文明の利器 producto *m.* de la civilización, comodidades *fpl.* de la vida moderna

りきえい 力泳
▶力泳する nadar「a tope [con todas *sus* fuerzas]

りきがく 力学 mecánica *f.*, dinámica *f.*
▶力学の dinámi*co*[ca]
■古典力学 mecánica *f.* clásica
■ニュートン力学 mecánica *f.* newtoniana
■熱力学 termodinámica *f.*
■量子力学 mecánica *f.* cuántica
■政治力学 dinámica *f.* política

りきさく 力作 obra *f.* laboriosa
りきし 力士 luchador *m.* de sumo
りきせつ 力説
▶力説する enfatizar, insistir《en》, hacer hincapié《en》‖ 武力によらない平和の実現の必要性を力説する hacer hincapié en la necesidad de conseguir la paz sin guerra

りきそう 力走
▶力走する correr「a tope [con todas *sus* fuerzas]

リキッド líquido *m.*
▶リキッドの líqui*do*[da]
■リキッドファンデーション base *f.* de maquillaje líquida

りきてん 力点 (支点) punto *m.* de apoyo ‖ 力点を置く dar prioridad《a》, poner énfasis《en》

りきとう 力投
▶力投する lanzar con todas *sus* fuerzas
りきむ 力む poner toda la fuerza, (力を入れ過ぎる) poner demasiada fuerza
りきゅう 離宮 villa *f.*「real [imperial]
リキュール licor *m.*
■リキュールグラス copa *f.* de licor
りきりょう 力量 capacidad *f.* ‖ 力量を試す probar la capacidad de ALGUIEN ／力量を発揮する demostrar *su* capacidad ／指導者としての力量を備えている tener capacidad como líder

りく 陸 tierra *f.* ‖ 陸に上がる desembarcar《en》／陸に住む動物 animal *m.* terrestre
▶陸の terrestre ‖ 陸の孤島 lugar *m.* aislado

りくあげ 陸揚げ desembarco *m.*, desembarque *m.*, descarga *f.*
▶陸揚げする desembarcar, descargar
■陸揚げ港 puerto *m.* de「descarga [desembarco]

りぐい 利食い toma *f.* de beneficios
リクープ recuperación *f.*
▶リクープする recobrar, recuperar
りくうん 陸運 transporte *m.*「por tierra [terrestre]
■陸運局「dirección *f.* general [oficina *f.*] de transporte terrestre

リクエスト petición *f.* ‖ リクエストに応える responder a la petición de ALGUIEN ／たくさんのリクエストが寄せられた Han llegado muchas peticiones.
▶リクエストする pedir, solicitar
■リクエスト曲 canción *f.* solicitada

りくぐん 陸軍 fuerzas *fpl.* terrestres, Ejército *m.* de Tierra
■陸軍士官 oficial *com.* militar
■陸軍士官学校 academia *f.* militar

りくじょう 陸上
- 陸上の terrestre, de tierra
- 陸上自衛隊 Fuerzas fpl. Terrestres de Autodefensa de Japón
- 陸上輸送 transporte m. 「por tierra [terrestre]

りくじょうきょうぎ 陸上競技 atletismo m. ‖ 陸上競技の選手 atleta com.
- 陸上競技場 estadio m. de atletismo

陸上競技種目

短距離走「carrera f. [prueba f.] de velocidad／中距離走 carrera f. de 「medio fondo [media distancia]／長距離走 carrera f. de fondo／ハードル carrera f. de vallas／障害 carrera f. 「de [con] obstáculos／リレー carrera f. de relevos／競歩 marcha f. atlética／マラソン maratón m(f).／跳躍 salto m.／走り高跳び salto m. de altura／棒高跳び salto m. con pértiga／走り幅跳び salto m. de longitud／三段跳び triple salto m.／投てき lanzamiento m.／砲丸投げ lanzamiento m. de 「peso [bala]／円盤投げ lanzamiento m. de disco／槍投げ lanzamiento m. de jabalina／ハンマー投げ lanzamiento m. de martillo／混合競技 prueba f. combinada／七種競技 heptatlón m.／十種競技 decatlón m.／近代五種競技 pentatlón m. moderno

---

りくせい 陸生
- 陸生の terrestre
- 陸生植物 planta f. terrestre
- 陸生動物 animal m. terrestre

りくち 陸地 tierra f.

りくつ 理屈 lógica f., razonamiento m., teórica f. ‖ 理屈に合った razonable, lógico [ca]／理屈に合わない irrazonable, ilógico [ca]／理屈をつける argumentar, argüir, razonar／なにかと理屈をつける poner peros a todo／理屈をこねる utilizar argucias／理屈の上では君が正しい En teoría tienes razón.
- 理屈抜きで ‖ 理屈抜きで面白い映画 película f. divertida sin pretensiones

りくつっぽい 理屈っぽい ‖ 理屈っぽい人 razonador[dora] mf., argumentador[dora] mf.

りくとう 陸稲 arroz m. de secano

リクライニング
- リクライニングシート asiento m. reclinable ‖ リクライニングシートを倒す reclinar el asiento

リクリエーション recreación f., recreo m., entretenimiento m.

リクルート (求人) reclutamiento m.

りくろ 陸路 vía f. terrestre
- 陸路で por vía terrestre, por tierra

りけい 理系 carrera f. de ciencias naturales ‖ 理系に進む estudiar la carrera de Ciencias Naturales／君は理系で僕は文系だ Eres de ciencias, y yo de letras.

りけん 利権 concesión f. (privilegiada) ‖ 利権が絡む工事 obra f. en la que hay un conflicto de intereses／利権を得る obtener una concesión privilegiada

りこ 利己
- 利己的な egoísta
- 利己主義 egoísmo m.
- 利己主義者 egoísta com.

りこう 利口
- 利口な inteligente, listo[ta], (抜け目のない) astuto[ta], sagaz ‖ 利口な動物 animal m. 「inteligente [listo]
- 利口に inteligentemente, con astucia ‖ 利口に立ち振るまう actuar inteligentemente／お利口にしてなさい ¡Pórtate bien!
- 利口ぶる presumir de inteligencia, 《話》(軽蔑的に) dárselas de listo[ta]

りこう 理工
- 理工学部 Facultad f. de Ciencias e Ingeniería

りこう 履行 cumplimiento m., desempeño m.
- 履行する cumplir ‖ 契約を履行する cumplir el contrato
- 不履行 ‖ 契約の不履行 incumplimiento m. del contrato

りごうしゅうさん 離合集散 ‖ 離合集散を繰り返す juntarse y disolverse 「repetidamente [reiteradamente]

リコーダー flauta f. 「de pico [dulce]
- ソプラノリコーダー flauta f. dulce soprano
- バロック式リコーダー flauta f. dulce de digitación barroca

リコール 《政治》destitución f. por votación popular, 《商業》retirada f. del mercado (de un producto)
- リコールする destituir, (欠陥商品を) retirar ‖ 欠陥商品をリコールする retirar los productos defectuosos del mercado

りこん 離婚 divorcio m. ‖ 離婚に同意する aceptar el divorcio／離婚を申請する solicitar el divorcio
- 離婚する divorciarse 《de》‖ 私は妻と離婚した Me divorcié de mi mujer.／彼は離婚している Está divorciado. ¦ Es divorciado.
- 協議離婚 divorcio m. consensual, divorcio m. 「de mutuo acuerdo [por mutuo consentimiento]
- 離婚訴訟 proceso m. de divorcio ‖ 離婚訴訟を起こす presentar la demanda de divor-

cio
◪ 離婚調停 mediación f. de divorcio
◪ 離婚手続き「procedimiento m. [trámite m.] de divorcio
◪ 離婚届 declaración f. de divorcio
◪ 離婚率 tasa f. de divorcio

リコンファーム reconfirmación f. ‖ 飛行機の予約のリコンファームをする reconfirmar el vuelo

リサーチ investigación f. ‖ 市場のリサーチを行う investigar el mercado

リザーブ reserva f.
▶ リザーブする reservar

りさい 罹災
▶ 罹災する sufrir un desastre, ser víctima de un desastre
◪ 罹災者 damnificado[da] mf., siniestrado[da] mf.
◪ 罹災地 zona f. 「damnificada [siniestrada]

リサイクル reciclaje m.
▶ リサイクルする reciclar
▶ リサイクル可能な reciclable
◪ 家電リサイクル法 Ley f. de Reciclaje de Electrodomésticos
◪ リサイクル運動 campaña f. de reciclaje
◪ リサイクルショップ tienda f. de 「ocasión [segunda mano]
◪ リサイクル識別表示マーク código m. de reciclaje
◪ リサイクル料金 tarifa f. de reciclaje

リサイタル recital m. ‖ ピアノのリサイタルをひらく「realizar [dar] un recital de piano

りざや 利鞘 margen m. (de beneficio(s)) ‖ 利鞘を稼ぐ obtener un margen

りさん 離散 dispersión f.
▶ 離散する dispersarse
▶ 離散した disperso[sa]
◪ 離散家族 familia f. dispersa

りし 利子 interés m. ‖ 高い利子で con alto interés / 年3パーセントの利子がつく tener un interés anual del 3% (tres por ciento) / 無利子で金を貸す prestar dinero sin interés
◪ 利子所得 ingresos mpl. por intereses

りじ 理事 consejero[ra] mf., directivo[va] mf., (学会などの) vocal com.
◪ 理事会 consejo m. de administración, junta f. directiva
◪ 理事長 presidente[ta] mf. del consejo de administración

りしゅう 履修
▶ 履修する cursar ‖ 彼女は必修科目をすべて履修した Ella cursó todas las asignaturas obligatorias.
◪ 履修単位 créditos mpl. matriculados
◪ 履修単位数 número m. de créditos matriculados
◪ 履修届 matrícula f., inscripción f. ‖ 履修届を提出する matricularse《en》, inscribirse《en》

りじゅん 利潤 lucro m., ganancias fpl., beneficios mpl., provecho m. ‖ 利潤を上げる obtener beneficios / 利潤を追求する buscar beneficios

りしょく 利殖 ‖ 利殖を計る intentar aumentar su fortuna, intentar lucrarse

りしょく 離職 baja f. laboral definitiva, retiro m. laboral
▶ 離職する darse de baja《en, de》, dejar el trabajo, (退職する) retirarse
◪ 離職者 retirado[da] mf.
◪ 離職率 tasa f. de bajas laborales definitivas

りす 栗鼠 ardilla f. (雄・雌)

りすい 利水 aprovechamiento m. del agua, (灌漑) irrigación f., riego m.
◪ 利水工事 obra f. de irrigación

リスク riesgo m. ‖ リスクの大きい de alto riesgo / リスクの小さい de bajo riesgo / リスクを避ける「evitar [eludir] el riesgo / リスクを伴う conllevar un riesgo / リスクを分散する diversificar riesgos
◪ リスクアセスメント evaluación f. de riesgos
◪ リスクプレミアム prima f. de riesgo
◪ リスクマネージメント gestión f. de riesgos

リスト lista f.; (手首) muñeca f. ‖ ワインのリスト「lista f. [carta f.] de vinos / リストに載る「aparecer [figurar] en una lista / リストを作る「hacer [confeccionar] una lista《de》
◪ リストアップ ‖ リストアップする hacer la lista《de》
◪ リストカット ‖ リストカットする autolesionarse la muñeca, (手首の静脈を切る) cortarse las venas de la muñeca
◪ リストバンド muñequera f.

リストラ reestructuración f., (人員整理) reducción f. de 「personal [plantilla] ‖ リストラによる解雇 despido m. por reestructuración
▶ リストラする (解雇する) despedir ‖ リストラされる ser despedido[da]

リスナー oyente com., escuchante com.

リスニング comprensión f. auditiva
◪ リスニングテスト「prueba f. [examen m.] de comprensión auditiva

リズミカル
▶ リズミカルな rítmico[ca]
▶ リズミカルに rítmicamente ‖ リズミカルに踊る bailar「cadenciosamente [rítmicamente]

リズム ritmo m., compás m. ‖ 速いリズム ritmo m. rápido / 遅いリズム ritmo m. lento / リズムが狂う perder el ritmo / 音楽の

リズムに合わせる seguir el ritmo de la música／生活のリズムを変える cambiar *su* ritmo de vida／リズムを取り戻す recuperar el ritmo
- ◰リズム感 sentido *m*. del ritmo

りせい 理性 razón *f*.∥理性に従う「obedecer [atenerse] a la razón／理性を失う perder la razón／理性を働かせる razonar／人間は理性の生き物である El hombre es un ser racional.
- ▶理性的な racional, razonable
- ▶理性的に racionalmente, razonablemente∥理性的に行動する actuar racionalmente

リセット 《IT》reinicio *m*.
- ▶リセットする reiniciar∥パソコンをリセットする reiniciar el ordenador／パスワードをリセットする cambiar la contraseña
- ◰リセットボタン《IT》「botón *m*. [tecla *f*.] de reinicio

りそう 理想 ideal *m*.∥彼女は理想が高い Ella tiene altos ideales.／理想を抱く「abrigar [tener] un ideal／理想を追い求める「perseguir [buscar] un ideal／理想と現実の差 distancia *f*. entre el ideal y la realidad／理想に近づく努力をする esforzarse para alcanzar el ideal
- ▶理想的な/理想の ideal
- ▶理想化 idealización *f*.∥理想化する idealizar
- ◰理想家 idealista *com*.
- ◰理想郷 utopía *f*.
- ◰理想主義/理想論 idealismo *m*.
- ◰理想主義者 idealista *com*.

リゾート complejo *m*. turístico, estación *f*. turística
- ◰リゾートウエア ropa *f*. de vacaciones
- ◰リゾート開発 desarrollo *m*. de un complejo turístico
- ◰リゾート客 turista *com*.
- ◰リゾートホテル hotel *m*. situado en un complejo turístico
- ◰リゾートマンション apartamento *m*. de vacaciones

りそく 利息 interés *m*. →りし(利子)

リゾット 《イタリア語》risotto *m*.

りた 利他
- ▶利他的な altruista
- ◰利他主義 altruismo *m*.
- ◰利他主義者 altruista *com*.

リターナブル retornable
- ◰リターナブル瓶 botella *f*. retornable

リターンキー tecla *f*. de retorno

リターンマッチ partido *m*. de vuelta

リタイア
- ▶リタイアする（退職する）retirarse,（競技を棄権する）abandonar

リダイヤル （機能）rellamada *f*.
- ▶リダイヤルする volver a marcar el número (de teléfono)
- ◰自動リダイヤル rellamada *f*. automática, marcación *f*. automática
- ◰リダイヤルボタン tecla *f*. de repetición de llamada

りだつ 離脱 separación *f*., marcha *f*.
- ▶離脱する abandonar, separarse《de》∥戦線から離脱する abandonar el frente (de batalla)／党籍を離脱する separarse del partido

りち 理知 inteligencia *f*.
- ▶理知的な inteligente, intelectual

リチウム 《化学》litio *m*.《記号 Li》
- ◰リチウム塩 sal *f*. de litio
- ◰リチウム電池 pila *f*. de litio

りちぎ 律義/律儀
- ▶律義な hones*to*[*ta*], honra*do*[*da*], since*ro*[*ra*]∥律義な人 persona *f*. honesta
- ▶律義に honradamente

りちゃくりく 離着陸 despegue *m*. y aterrizaje *m*.

りつ 率 índice *m*., tasa *f*.,（レート）tipo *m*.,（割合）porcentaje *m*., proporción *f*.∥率のよい仕事 trabajo *m*. rentable
- ◰投票率 índice *m*. de participación
- ◰失業率「tasa *f*. [índice *m*.] de desempleo
- ◰インフレ率「índice *m*. [tasa *f*.] de inflación
- ◰換算率「tipo *m*. [tasa *f*.] de cambio
- ◰得票率 porcentaje *m*. de votos obtenidos
- ◰租税負担率 proporción *f*. fiscal

りつあん 立案 planeamiento *m*., planificación *f*.
- ▶立案する「hacer [trazar] un plan, planear∥チャリティーショーを立案する planificar una fiesta benéfica
- ◰立案者（計画の）au*tor*[*tora*] *mf*. de un plan

りっか 立夏 primer día *m*. del verano

りっきゃく 立脚
- ▶立脚する basarse 《en》, fundamentarse 《en》∥ヒューマニズムに立脚した医療 medicina *f*. basada en el humanismo
- ◰立脚点 base *f*., fundamento *m*.

りっきょう 陸橋 viaducto *m*., paso *m*. elevado,《生物地理》puente *m*. de tierra

りっけん 立憲
- ◰立憲君主国 país *m*. de monarquía constitucional
- ◰立憲君主制 monarquía *f*. constitucional
- ◰立憲政治 gobierno *m*. constitucional, constitucionalismo *m*.

りっこうほ 立候補 candidatura *f*.∥立候補を届け出る presentar *su* candidatura／立候補を取り下げる retirar *su* candidatura
- ▶立候補する presentarse como candida*to*[*ta*]∥市議選に立候補する presentarse a las elecciones municipales

りっこうほしゃ 立候補者 candida*to*[ta] *mf.*
りっしゅう 立秋 primer día *m.* del otoño
りっしゅん 立春 primer día *m.* de la primavera
りっしょう 立証 prueba *f.*, demostración *f.*
▶立証する demostrar ‖ 身の潔白を立証する probar *su* inocencia
りっしょく 立食
▶立食する comer de pie
▫立食パーティー fiesta *f.* con bufé
りっしんしゅっせ 立身出世 triunfo *m.* [éxito *m.*] en la vida
▶立身出世する triunfar en la vida
りっすい 立錐
慣用 立錐の余地もない estar reple*to*[ta] de gente, 《慣用》no caber (ni) *un alfiler*《en》‖ 会場は満員で立錐の余地もなかった No cabía ni un alfiler en el recinto.
りっする 律する （管理する）controlar, （判断する）juzgar ‖ 己をきびしく律する ser estric*to*[ta] *consigo* mis*mo*[ma]
りつぜん 慄然
▶慄然とする sentir horror, estremecerse de horror ‖ 私は事故の重大さに慄然とした Me horrorizó la gravedad del accidente.
りつぞう 立像 estatua *f.* de pie
リッター litro *m.* ⇒リットル
りったい 立体 sólido *m.*, cuerpo *m.* geométrico
▫立体的な cúbi*co*[ca], （三次元の）de tres dimensiones, tridimensional ‖ 立体的な映像 imagen *f.* tridimensional
▶立体的に （三次元で）en tres dimensiones, （総合的に）desde todos los ángulos ‖ 建物を立体的に表示する mostrar el edificio en tres dimensiones ／ 現状を立体的に把握する entender la situación actual desde todos los ángulos
▫立体映画 película *f.* en tres dimensiones
▫立体音響 estereofonía *f.*
▫立体感 efecto *m.* cúbico ‖ 立体感のある tridimensional, （音が）estereofóni*co*[ca]
▫立体幾何学 geometría *f.* del espacio [espacial]
▫立体交差 paso *m.* a desnivel, （鉄道の）salto *m.* de carnero
▫立体駐車場 aparcamiento *m.* de varias plantas
▫立体図形 figura *f.* cúbica
▫立体模型地図 mapa *m.* en relieve
リッチ
▶リッチな ri*co*[ca], lujo*so*[sa], de lujo ‖ リッチな生活 vida *f.* de lujo
りっちじょうけん 立地条件 condiciones *fpl.* geográficas, situación *f.* geográfica ‖ 立地条件のとても良いホテル hotel *m.* muy bien situado
りっとう 立冬 primer día *m.* del invierno

りつどう 律動 ritmo *m.* ⇒リズム
▶律動的(な) rítmi*co*[ca] ‖ 律動的な舞踏 baile *m.* rítmico
リットル litro *m.* (略 l) ‖ 1リットル瓶 botella *f.* de un litro ／ 1バレルはおよそ159リットルである Un barril equivale a unos 159 litros.
りっぱ 立派
▶立派な excelente, maravillo*so*[sa], （賞賛すべき）admirable ‖ 立派な家 casa *f.* maravillosa ／ 立派な態度 actitud *f.* admirable ／ 僕は立派な大人だ Soy un adulto hecho y derecho. ／ 立派な経歴を持つ tener un currículo impecable ／ 飲酒運転は立派な犯罪だ La conducción en estado de embriaguez es, a todas luces, un delito.
▶立派に excelentemente, admirablemente ‖ 義務を立派に果たす cumplir con *su* deber perfectamente
リップ
▫リップクリーム bálsamo *m.* labial [de labios]
▫リップサービス ‖ リップサービスをする decir cumplidos
▫リップスティック barra *f.* de labios, pintalabios *m.*[=*pl.*]
りっぷく 立腹
▶立腹する enfadarse, enojarse
りっぽう 立方 cubo *m.*
▫立方根 raíz *f.* cúbica
▫立方体 cubo *m.*
▫立方メートル metro *m.* cúbico (略 m³) ‖ 10立方メートル diez metros *mpl.* cúbicos
りっぽう 立法 legislación *f.*
▫立法の legislati*vo*[va]
▫立法機関/立法府 órgano *m.* [organismo *m.*] legislativo
▫立法権 poder *m.* legislativo
りづめ 理詰め
▶理詰めの lógi*co*[ca]
▶理詰めで ‖ 理詰めで説得する convencer a ALGUIEN con razones
りつめんず 立面図 《建築》elevación *f.*, alzado *m.*
りていひょう 里程標 hito *m.*, mojón *m.*
リテールバンキング banca *f.* minorista
リテラシー alfabetización *f.*
▫コンピュータリテラシー alfabetización *f.* digital
▫情報リテラシー alfabetización *f.* informática
▫メディアリテラシー alfabetización *f.* mediática
りてん 利点 ventaja *f.* ‖ 利点と欠点 ventajas *fpl.* y desventajas *fpl.* ／ この車は燃費が良いという利点がある Este coche tiene la ventaja de gastar poca gasolina.
りとう 離党 separación *f.* del partido ‖ 離

党を表明する anunciar *su* separación del partido
▶離党する「dejar [separarse de] *su* partido
りとう 離島 isla *f.*「apartada [remota, alejada]
▶離島する「marcharse de [abandonar] la isla
りとく 利得 ganancia *f.*, beneficio *m.*, provecho *m.*
リトグラフ litografía *f.*
▶リトグラフの litográfi*co*[*ca*]
▫リトグラフ作家 litogra*fo*[*fa*] *mf.*
リトマス tornasol *m.*
▫リトマス試験紙 papel *m.* de tornasol
▫リトマス溶液 tintura *f.* de tornasol
リニアプログラミング programación *f.* lineal
リニアモーター motor *m.* lineal
▫リニアモーターカー（磁気浮上式の）tren *m.* de levitación magnética, tren *m. maglev*
りにゅう 離乳 destete *m.*
▶離乳させる destetar
▫離乳期 período *m.* de destete
▫離乳食 alimento *m.* para bebés
リニューアル renovación *f.*
▶リニューアルする renovar ‖ 店をリニューアルする renovar una tienda
りねん 理念 idea *f.* principal ‖ 平和の理念 idea *f.* de paz ／ 理念を貫く cumplir *su* idea
▫理念型《社会》tipo *m.* ideal
リネン （布地）lino *m.*, （製品）lencería *f.*
▫リネン室 cuarto *m.* de lencería
リノールさん リノール酸 ácido *m.* linoleico
リノリウム （建材）linóleo *m.*
リハーサル ensayo *m.* ‖ リハーサルに立ち会う presenciar el ensayo
▶リハーサルをする ensayar, hacer un ensayo
リバーサル inversión *f.*
▫リスクリバーサル《金融》inversión *f.* de riesgo
▫リバーサルフィルム diapositiva *f.*
リバーシブル
▶リバーシブルの reversible ‖ リバーシブルのコート abrigo *m.* reversible
リバイバル reestreno *m.*, reposición *f.*
▫リバイバル映画 película *f.* reestrenada
▫リバイバルソング canción *f.* reestrenada
リバウンド （ボールの）rebote *m.*
▶リバウンドする rebotar
▫リバウンド効果 efecto *m.* (de) rebote
りはつ 利発
▶利発な lis*to*[*ta*], inteligente
りはつ 理髪
▫理髪師 peluque*ro*[*ra*] *mf.*, barbe*ro*[*ra*] *mf.*
▫理髪店 peluquería *f.* de caballeros, barbería *f.*
りはば 利幅 margen *m.* de beneficio(s) ‖ 利幅が大きい El margen de beneficio es grande.
リハビリ rehabilitación *f.* ‖ リハビリに励む esforzarse en la rehabilitación
▶リハビリする hacer ejercicio de rehabilitación, rehabilitar
▫リハビリ施設 centro *m.* de rehabilitación
りばらい 利払い pago *m.* de intereses ‖ 利払いを停止する suspender el pago de intereses
りはん 離反 alejamiento *m.*, separación *f.*
▶離反する alejarse《de》, separarse《de》
リピーター （常連客）cliente *com.*「habitual [asi*duo*[*dua*]]
リビドー libido *f.*
りびょう 罹病
▶罹病する contraer una enfermedad, enfermar(se)
▫罹病率 morbilidad *f.*
リビング
▫リビングウィル testamento *m.* vital
▫リビングキッチン cocina-sala *f.* de estar
▫リビングルーム「sala *f.* [salón *m.*, cuarto *m.*] de estar,《英語》living *m.*
リブ （肋骨部の肉）costilla *f.*
リファンド （返済）devolución *f.*, reembolso *m.*
▶リファンドする devolver, reembolsar
▫タックスリファンド devolución *f.* de impuestos
リフォーム reforma *f.*, arreglo *m.*
▶リフォームする（家を）reformar, remodelar, （衣料を）arreglar, rehacer
りふじん 理不尽
▶理不尽な irrazonable, absur*do*[*da*], injus*to*[*ta*] ‖ 理不尽な要求 exigencia *f.* absurda
リフト （スキー場の）telesilla *m.*, telesquí *m.*, （貨物用の）montacargas *m.*[=*pl.*]
▫テールリフト（貨物自動車の）trampilla *f.* elevadora
▫ハンドリフト transpaleta *f.* manual
リフレーン 《音楽》estribillo *m.*
リフレクソロジー （足裏健康法）reflexología *f.*
リフレッシュ 《IT》refresco *m.*
▶リフレッシュする refrescarse
リベート reembolso *m.*, devolución *f.*, （手数料）comisión *f.*, （賄賂）soborno *m.* ‖ リベートを取る cobrar una comisión ／ リベートを渡す reembolsar, pagar una comisión
りべつ 離別 separación *f.*, （離婚）divorcio *m.*
▶離別する separarse《de》, （離婚する）divorciarse《de》
リベット remache *m.*, roblón *m.* ‖ リベットを打つ remachar

リベラリスト liberal *com.*
リベラリズム liberalismo *m.*
リベラル
▶ リベラルな liberal
リベロ （サッカーなどの）líbero *m.*, juga*dor* [*dora*] *mf.* líbero
りべん 利便
▶ 利便性 comodidad *f.*, conveniencia *f.* ‖ 利便性に優れた muy cómo*do*[*da*], muy prácti*co*[*ca*]
リベンジ venganza *f.*
▶ リベンジする vengarse 《de》, tomar venganza
リポーター reporte*ro*[*ra*] *mf.*, periodista *com.*
リポート （報告）informe *m.*, 《中南米》reporte *m.*, （課題）trabajo *m.*
リボかくさん リボ核酸 ácido *m.* ribonucleico （略 ARN）
◪ デオキシリボ核酸 ácido *m.* desoxirribonucleico （略 ADN）
リボルビングばらい リボルビング払い pago *m.* fraccionado (de una deuda) ‖ リボルビング払い用のクレジットカード tarjeta *f.* de crédito revolvente
▶ リボルビング払いローン crédito *m.* revolvente
リボン cinta *f.*, （結んである）lazo *m.* ‖ リボンで結ぶ atar ALGO con una cinta ／ リボンを結ぶ hacer un lazo ／ リボンをほどく deshacer un lazo
りまわり 利回り rendimiento *m.*, retorno *m.* ‖ 利回りのよい株 acciones *fpl.* rentables ／ 年7分の利回り interés *m.* anual del 7% (siete por ciento)
リミット límite *m.* ‖ タイムリミット límite *m.* de tiempo, plazo *m.* límite
リム （車輪の）llanta *f.*
リムジン limusina *f.*
◪ リムジンバス（空港・市内間の連絡バス）autobús *m.* de enlace entre el aeropuerto y el centro de la ciudad
リメイク nueva versión *f.*
▶ リメイクする rehacer, volver a hacer
りめん 裏面 dorso *m.*, （内幕）interioridades *fpl.* ‖ 裏面をご覧ください Véase al dorso.
◪ 裏面工作 trapicheo *m.*, componenda *f.*, maniobra *f.* oculta ‖ 裏面工作をする trapichear
◪ 裏面史 historia *f.* interior
リモートコントロール mando *m.* a distancia, control *m.* remoto
▶ リモートコントロールする controlar a distancia, teledirigir
リモコン ⇒ リモートコントロール ‖ リモコンで音量を変える cambiar el volumen con el mando

◪ リモコン操作 ‖ リモコン操作のおもちゃの飛行機 avión *m.* de juguete teledirigido
リヤカー remolque *m.* ‖ リヤカーを引く tirar de un remolque
りゃく 略 ⇒ しょうりゃく（省略）
りゃくご 略語 abreviatura *f.*, （頭字語）sigla *f.*, acrónimo *m.*
りゃくごう 略号 signo *m.* abreviado, （略称）abreviatura *f.* ‖ NRTは成田国際空港の略号である NRT es el código del Aeropuerto Internacional de Narita.
りゃくじ 略字 carácter *m.* simplificado
りゃくしき 略式
▶ 略式の simplifica*do*[*da*], informal, （司法の）suma*rio*[*ria*] ‖ 略式の服装 ropa *f.* informal
◪ 略式手続（裁判の）procedimiento *m.* sumario
りゃくしょう 略称 abreviatura *f.*
りゃくす 略す （簡略化する）simplificar, （短くする）abreviar, （省く）omitir ‖ 略して説明する explicar brevemente
りゃくず 略図 croquis *m.*[=*pl.*], esquema *m.* simplificado ‖ 駅から会社までの略図を書く dibujar un plano sencillo desde la estación hasta la compañía
りゃくする 略する ⇒ りゃくす（略す）
りゃくだつ 略奪/掠奪 saqueo *m.*, despojo *m.*, （兵士による）pillaje *m.*
▶ 略奪する saquear, despojar ‖ 金品を略奪する despojar de dinero y objetos personales a ALGUIEN
◪ 略奪者 saquea*dor*[*dora*] *mf.*
◪ 略奪品 botín *m.*, despojos *mpl.*
りゃくでん 略伝 「apunte *m.* [esbozo *m.*]」biográfico
りゃくれき 略歴 currículum *m.* vítae 「reducido [abreviado]」
リャマ （動物）llama *f.* （雄・雌）
りゅう 竜 dragón *m.*
りゅう 流 （流派）escuela *f.*, （やり方）método *m.*, （等級）categoría *f.*, clase *f.* ‖ 日本画の狩野派 escuela *f.* Kano de la pintura japonesa ／ 自己流で a *su* manera ／ 二流の作家 escri*tor*[*tora*] *mf.* 「de segunda categoría [mediocre]」
りゆう 理由 razón *f.*, （原因）causa *f.*, （動機）motivo *m.*, （口実）pretexto *m.* ‖ 理由を問いただす preguntar 「la razón [el motivo] ／ 理由を述べる exponer las razones ／ 彼女は多忙を理由にパーティーに行かなかった Ella no acudió a la fiesta con el pretexto de tener mucho trabajo. ／ 何かと理由をつけて inventando cualquier pretexto ／ 支払の遅れの理由を説明する explicar la causa del retraso en el pago ／ 理由は何であれ por cualquier razón que sea ／ これといった理由もなく sin razón aparente ／ 正当な理由

なしに警察は家宅捜索できない La policía no puede realizar un registro domiciliario sin razón justificada.

❯~の理由で‖一身上の理由で por razones personales／健康上の理由で por razones de salud

りゅうあん 硫安 (硫酸アンモニウム) sulfato *m*.「de amonio [amónico]

りゅうい 留意 atención *f*.
❯留意する prestar atención《a》‖健康に留意する cuidar la salud
◰留意点 punto *m*. importante

りゅういき 流域 cuenca *f*., valle *m*.‖エブロ川流域 valle *m*. del Ebro

りゅういん 溜飲
[慣用]溜飲が下がる sentirse desahoga*do*[*da*]

りゅうか 硫化 sulfuración *f*.
❯硫化する sulfurar
◰硫化鉄 sulfuro *m*. de hierro
◰硫化水素 hidrógeno *m*. sulfúrico
◰硫化物 sulfuro *m*.

りゅうかい 流会‖定足数に達しなかったので会議は流会となった Se suspendió la reunión por falta de quórum.

りゅうがく 留学
❯留学する estudiar en el extranjero‖スペインへ留学する ir a España a estudiar／娘をメキシコの大学に留学させる enviar a *su* hija a estudiar en una universidad mexicana
◰留学生 estudiante *com*. extranje*ro*[*ra*]‖私費留学生 estudiante *com*. extranje*ro*[*ra*] sin beca

りゅうかん 流感 gripe *f*. ⇒インフルエンザ
りゅうき 隆起 levantamiento *m*., elevación *f*.
❯隆起する elevarse
◰隆起海岸 costa *f*. elevada

りゅうぎ 流儀 estilo *m*., método *m*., (しきたり) costumbre *f*., tradición *f*.‖土地の流儀に従う seguir las costumbres del lugar／私の流儀では según mi modo de hacer

りゅうけい 流刑 destierro *m*., deportación *f*.‖流刑に処す desterrar, deportar
◰流刑地 lugar *m*. de destierro

りゅうけつ 流血 derramamiento *m*. de sangre
❯流血の sangrien*to*[*ta*]‖流血の惨事 tragedia *f*. sangrienta

りゅうげん 流言 bulo *m*., infundio *m*.‖流言を飛ばす hacer correr un bulo, difundir un bulo
◰流言飛語 bulo *m*.「sin fundamento [infundado], demagogia *f*.‖流言飛語が飛び交う「Circulan [Corren] bulos infundados.

りゅうこう 流行 moda *f*., (病気の) propagación *f*.‖流行が廃れる「pasar [amainar] *la moda*／流行に後れる quedarse atrás en moda／流行に流される dejarse llevar por la moda／流行を追う「seguir [ir a] la moda, adherirse a la moda／流行を取り入れる adoptar la moda／流行を先取りする「adelantarse [anticiparse] a la moda

❯流行する ponerse de moda, popularizarse, (大流行する)《慣用》hacer furor, (病気が) propagarse, extenderse

❯流行している estar de moda, estar en boga‖インフルエンザが流行している La gripe está extendida.

❯流行の de moda‖流行のヘアスタイル peinado *m*. de moda／流行の先端を行く estar a la vanguardia de la moda

❯流行遅れの pasa*do*[*da*] de moda
❯流行性の (病気が) epidémi*co*[*ca*]
◰流行性肝炎 hepatitis *f*.[=*pl*.] epidémica
◰流行性感冒 gripe *f*.
◰流行歌 canción *f*.「popular [de moda]
◰流行歌手 cantante *com*.「popular [de moda]
◰流行語 palabra *f*. de moda
◰流行作家 escri*tor*[*tora*] *mf* de moda
◰流行色 color *m*. de moda

りゅうこつ 竜骨 quilla *f*.
りゅうさ 流砂 arenas *fpl*. movedizas‖流砂にのまれる「ahogarse [hundirse] en arenas movedizas

りゅうさん 硫酸 ácido *m*. sulfúrico
❯硫酸化 sulfatación *f*.
◰硫酸アンモニウム sulfato *m*.「de amonio [amónico]
◰硫酸塩 sulfato *m*.
◰硫酸紙 papel *m*.「sulfurizado [de horno]
◰硫酸銅 sulfato *m*. de cobre
◰硫酸ニッケル sulfato *m*. de níquel
◰硫酸マグネシウム sulfato *m*. de magnesio

りゅうざん 流産 aborto *m*.「natural [involuntario, espontáneo]
❯流産する abortar, tener un aborto involuntario

りゅうし 粒子 partícula *f*., grano *m*.‖砂の粒子 grano *m*. de arena
◰粒子加速器 acelerador *m*. de partículas
◰粒子線 rayo *m*. de partículas

りゅうしつ 流失
❯流失する ser arrastra*do*[*da*] por el agua‖橋は川の増水で流失した La riada「se llevó [arrasó] el puente.

リュージュ《スポーツ》《フランス語》luge *m*.

りゅうしゅつ 流出 flujo *m*., salida *f*., vertido *m*.
❯流出する fluir, salirse, verterse‖タンカー事故で原油が海に流出した El accidente de un petrolero provocó un vertido de crudo en el mar.
◰資本流出 salida *f*. de capitales

▣ 頭脳流出 fuga *f.* de cerebros
りゅうじょう 粒状
▶ 粒状の granular, granula*do[da]*, en grano
▶ 粒状にする granular
りゅうすい 流水 agua *f.* corriente
りゅうせい 流星 estrella *f.* fugaz, exhalación *f.*
りゅうせい 隆盛 prosperidad *f.* ‖ 隆盛を極める alcanzar *su* apogeo, estar en *su* apogeo
▣ 隆盛期 período *m.* floreciente
りゅうぜつらん 竜舌蘭 pita *f.*, agave *m*(*f*)., maguey *m.*
りゅうせんけい 流線型 forma *f.* aerodinámica
▶ 流線型の aerodinámi*co[ca]* ‖ 流線型の車体 carrocería *f.* aerodinámica
りゅうそく 流速 velocidad *f.* de fluido
▣ 流速計 hidrómetro *m.*
りゅうたい 流体 fluido *m.*
▣ 流体力学 hidrodinámica *f.*, mecánica *f.* de fluidos
りゅうち 留置 detención *f.*, retención *f.*
▶ 留置する encerrar, retener
▣ 留置場 cuarto *m.* de detención, calabozo *m.*
▣ 留置線《鉄道》vía *f.* muerta
りゅうちょう 流暢
▶ 流暢な flui*do[da]* ‖ 流暢な英語 inglés *m.* fluido
▶ 流暢に con「fluidez [soltura]‖スペイン語を流暢に話す hablar español con「fluidez [soltura]
りゅうつう 流通 (商品の) distribución *f.*, (貨幣の) circulación *f.*, (空気の) ventilación *f.*
▶ 流通する circular
▶ 流通性《商業》negociabilidad *f.*
▣ 流通革命 revolución *f.* en la distribución
▣ 流通機構 estructura *f.* de la distribución
▣ 流通業 sector *m.* de la distribución
▣ 流通経路 canal *m.*「distribuidor [de distribución]
▣ 流通市場 mercado *m.* secundario
▣ 流通資本 capital *m.* circulante
▣ 流通証券「valor *m.* [título *m.*] negociable
▣ 流通センター centro *m.* de distribución
▣ 流通網 red *f.* de distribución
リュート (楽器) laúd *m.*
りゅうどう 流動
▶ 流動的な inestable
▶ 流動性 fluidez *f.*, liquidez *f.*
▣ 流動資産 activo *m.*「circulante [corriente]
▣ 流動資本 capital *m.* flotante
▣ 流動食 dieta *f.* líquida
▣ 流動体 fluido *m.*

▣ 流動負債 deuda *f.* flotante
りゅうとうだび 竜頭蛇尾 ‖ 竜頭蛇尾に終わる empezar bien para terminar mal
りゅうにゅう 流入 afluencia *f.* ‖ 外貨の流入 afluencia *f.* de divisas
▶ 流入する afluir 《a》, (川が) desembocar 《en》
りゅうにん 留任
▶ 留任する「seguir [continuar, permanecer] en *su* cargo
りゅうねん 留年 repetición *f.* del curso
▶ 留年する repetir curso
りゅうは 流派 escuela *f.*
りゅうび 柳眉 cejas *fpl.* finas
(慣用) 柳眉を逆立てる (女性が) enfadarse mucho
りゅうびじゅつ 隆鼻術 rinoplastia *f.*
りゅうひょう 流氷 hielo *m.* a la deriva, témpano *m.* de hielo flotante
りゅうほ 留保 reserva *f.*, reservación *f.*
▶ 留保する reservar, aplazar ‖ 回答を留保する reservar *su* respuesta
りゅうぼく 流木 madera *f.* flotante
リューマチ reumatismo *m.* → リウマチ
りゅうみん 流民 nómada *com.*, (難民) refugia*do[da]* *mf.*
りゅうよう 流用 uso *m.* para otro fin, (横領) malversación *f.*
▶ 流用する utilizar ALGO para otro fin, destinar ALGO a otro uso, (不正に) malversar ‖ 会議費を接待交際費に流用する destinar los gastos de reunión a los de representación
りゅうりゅう 隆隆 ‖ 筋肉が隆々としている tener una musculatura desarrollada, tener el cuerpo musculoso
りゅうりょう 流量 caudal *m.* (fluido)
▣ 流量計 flujómetro *m.*, caudalímetro *m.*
リュック(サック) mochila *f.* ‖ リュックを背負う llevar una mochila a *sus* espaldas
りょう 両/輛 ‖ 両の目で見る ver con los dos ojos／8両編成の列車 tren *m.* de ocho vagones
りょう 良 (成績) notable *m.* ‖ 良を取る sacar un notable
りょう 涼
(慣用) 涼を取る《慣用》tomar el fresco
りょう 陵 cementerio *m.* imperial
りょう 量 cantidad *f.*, volumen *m.* ‖ 大量に gran cantidad《de》／少量の pequeña cantidad《de》／仕事の量「cantidad *f.* [volumen *m.*] de trabajo／量が増える aumentar *la cantidad* 《de》／量が減る disminuir *la cantidad* 《de》／酒の量が過ぎる beber en exceso
(慣用) 量より質「Más vale [Es mejor] calidad que cantidad.
りょう 猟 caza *f.* ‖ 猟に行く ir de caza, ir a

りょう 猟　cazar／鹿の猟が解禁になった Se ha levantado la veda de la caza de ciervos.
- 猟期 temporada *f.* de caza

りょう 漁　pesca *f.*‖漁に出る ir de pesca, ir a pescar
▶漁をする pescar
- イワシ漁 pesca *f.* de sardinas
- 漁期 temporada *f.* de pesca

りょう 領　territorio *m.* ⇒ りょうど(領土)‖旧スペイン領 antiguo territorio *m.* español

りょう 寮　residencia *f.*‖寮に入っている vivir en una residencia
- 学生寮 residencia *f.* de estudiantes
- 社員寮 residencia *f.* para empleados
- 寮生 inter*no[na]* *mf.*
- 寮費 gastos *mpl.* de residencia, (料金) tarifa *f.* de la residencia

りょう 利用　utilización *f.*, aprovechamiento *m.*
▶利用する utilizar, usar, aprovechar‖通勤に電車を利用する「usar [tomar]」el tren para ir al trabajo／休みを利用して旅行する aprovechar las vacaciones para viajar／彼はいつも上司に利用されている Su jefe siempre se aprovecha de él.／地位を利用する「utilizar [aprovechar]」*su* cargo《para》
▶利用できる utilizable
- 再利用 reutilización *f.*, (リサイクル) reciclaje *m.*‖廃棄物の再利用 reciclaje *m.* de residuos
- 平和利用 utilización *f.* pacífica‖原子力の平和利用 utilización *f.* pacífica de la energía nuclear
- 利用価値 utilidad *f.*
- 利用者 usua*rio[ria]* *mf.*
- 利用法 modo *m.* de utilización

りょう 理容
- 理容学校 escuela *f.* de barbería
- 理容師 peluque*ro[ra]* *mf.*, barbe*ro[ra]* *mf.*
- 理容室 peluquería *f.*, barbería *f.*

りょうあし 両足/両脚　(両足)「los dos [ambos] pies,(両脚)「las dos [ambas] piernas

りょういき 領域　dominio *m.*, territorio *m.*, (分野) campo *m.*, ámbito *m.*‖未知の領域 territorio *m.* desconocido／研究の領域を広げる ampliar *su* campo de investigación／考古学の領域に属する pertenecer al campo de la arqueología
- 記憶領域 (IT) área *f.* de memoria
- 領域侵犯 violación *f.* del territorio

りょういん 両院　「las dos [ambas] cámaras‖法案は両院を通過した El proyecto de ley fue aprobado por las dos cámaras.
- 両院制 bicameralismo *m.*, sistema *m.* bicameral

りょううで 両腕　「los dos [ambos] brazos

りょうえん 良縁‖良縁に恵まれる tener buena suerte en el matrimonio

りょうか 良貨
(慣用)悪化は良貨を駆逐する La moneda mala desplaza a la buena.

りょうが 凌駕
▶凌駕する superar, aventajar

りょうかい 了解/諒解　(同意) consentimiento *m.*, (理解) entendimiento *m.*‖暗黙の了解「consentimiento *m.* [acuerdo *m.*] tácito／了解を得る obtener el consentimiento de ALGUIEN／了解を求める pedir el consentimiento de ALGUIEN／両親の了解なしに sin el consentimiento de los padres
▶了解する consentir, entender‖了解しました Entendido.｜Conforme.｜De acuerdo.

りょうかい 領海　aguas *fpl.* territoriales, mar *m.* territorial‖日本の領海で不審船が発見された Han encontrado un barco sospechoso en las aguas territoriales de Japón.
- 領海侵犯 violación *f.* de las aguas territoriales
- 領海線 límite *m.* de las aguas territoriales

りょうがえ 両替　cambio *m.*
▶両替する cambiar‖円をユーロに両替する cambiar yenes por euros
- 両替機 máquina *f.* de cambio
- 両替所「oficina *f.* [casa *f.*] de cambio

りょうがわ 両側
▶両側に「a [en] ambos lados《de》‖大通りの両側に数件のホテルがある Hay varios hoteles a ambos lados de la avenida.

りょうかん 量感　volumen *m.*‖量感のある volumino*so[sa]*／量感を出す dar una sensación de volumen

りょうがん 両岸
▶両岸に‖川の両岸に「a [en] ambas orillas del río

りょうがん 両眼　「los dos [ambos] ojos‖私は両眼とも近視です Tengo miopía en ambos ojos.

りょうき 猟奇
▶猟奇的な morbo*so[sa]*, maca*bro[bra]*‖猟奇的な犯罪 crimen *m.* macabro

りょうきょく 両極　「los dos [ambos] polos,(電気の)「los dos [ambos] electrodos

りょうきょくたん 両極端　dos extremos‖世論が両極端に分かれる La opinión pública se divide en dos extremos.／両極端の見解 opiniones *fpl.* diametralmente opuestas

りょうきん 料金　tarifa *f.*, (代金) importe *m.*, (価格) precio *m.*‖料金を払う pagar el importe／料金を上げる subir la tarifa／料金を下げる bajar la tarifa／ガス料金を改定する「modificar [revisar] las tarifas de gas／料金を請求する pasar la factura
- 料金所 (有料道路の) peaje *m.*
- 料金表 tarifa *f.*, tabla *f.* de precios, lista *f.* de tarifas

◪ 料金別納（郵便の）franqueo m. concertado

いろいろな料金

水道料金 tarifa f. del agua ／ 書留料金 tarifa f. del correo certificado ／ 貨物料金 porte m. de mercancías ／ タクシー料金 tarifas fpl. de taxi ／ 宿泊料金 hospedaje m., precio m. del hospedaje ／ 駐車料金 precio m. del aparcamiento ／ レンタル料金 precio m. de alquiler ／ 公共料金 tarifas fpl. de servicios públicos ／ 基本料金 cuota f. básica, (タクシーの) bajada f. de bandera ／ 子供料金 tarifa f. infantil ／ 深夜料金 tarifa f. nocturna ／ 超過料金 suplemento m., (荷物の) precio m.「por [del] exceso de equipaje ／ 割引料金 suplemento m., recargo m. ／ 割引料金 precio m.「rebajado [de descuento] ／ 一律料金 (単一の) tarifa f. única, (均一の) tarifa f. uniforme ／ 一般料金 tarifa f. plana ／ 一般料金 tarifa f.「normal [ordinaria] ／ 特急料金 suplemento m. del expreso ／ 高速料金 peaje m. de autopista

---

りょうくう 領空 espacio m. aéreo
◪ 領空侵犯 violación f. del espacio aéreo
りょうけ 良家 buena familia f. ‖ 彼女は良家の出だ Ella es de buena familia.
りょうけん 了見/料簡 (考え) pensamiento m., idea f., (意図) intención f., propósito m. ‖ けちな了見 idea f. mezquina ／ 了見の狭い人 persona f. de mentalidad estrecha
りょうけん 猟犬 perro m. de caza
りょうこう 良好 ‖ 視界は良好だ Hay buena visibilidad. ／ 手術後の経過は良好だ El curso po(s)t)operatorio es favorable.
▶ 良好な bueno[na] ‖ 両国間の良好な関係を維持する mantener una buena relación entre ambos países
りょうこう 良港 ‖ 天然の良港 buen puerto m. natural
りょうさいけんぼ 良妻賢母 ‖ 彼女は良妻賢母だ Ella es buena esposa y buena madre.
りょうさん 量産 producción f.「masiva [en serie]
▶ 量産する producir masivamente
◪ 量産品 artículo m. de producción masiva
りょうし 猟師 cazador[dora] mf.
りょうし 漁師 pescador[dora] mf.
りょうし 量子 《物理》cuanto m.
▶ 量子の cuántico[ca]
◪ 量子物理学 física f. cuántica
◪ 量子力学 mecánica f. cuántica
◪ 量子(理)論 teoría f. cuántica ‖ 場の量子論 teoría f. cuántica de campos

りょうじ 領事 cónsul com.
▶ 領事(館)の consular
◪ 総領事 cónsul com. general
◪ 副領事 vicecónsul com.
◪ 領事館 consulado m. ‖ 領事館員 personal m. consular
りょうしき 良識 sensatez f., sentido m. común ‖ 彼は良識がある Él tiene sentido común.
▶ 良識的な/良識のある sensato[ta] ‖ 良識のある行動 comportamiento m. sensato
▶ 良識のない insensato[ta]
◪ 良識の府（参議院）Cámara f.「Alta [de Senadores]
りょうしつ 良質 buena calidad f.
▶ 良質な/良質の de buena calidad ‖ 良質な紙 papel m. de buena calidad ／ 良質のチーズ queso m. de buena calidad
りょうしゃ 両者 ambas partes
▶ 両者の ambos[bas] ‖ 両者の意見を聞く escuchar la opinión de ambas partes
りょうしゅ 領主 señor m. feudal
りょうしゅう 領収 recepción f.
▶ 領収する recibir
◪ 領収書 recibo m., constancia f. de pago ‖ 領収書をください ¿Me puede dar un recibo?
りょうじゅう 猟銃 fusil m. de caza, escopeta f.
りょうしょう 了承 consentimiento m. ‖ 了承を得て con el consentimiento de ALGUIEN ／ 了承を得る obtener el consentimiento de ALGUIEN ／ 了承を求める pedir el consentimiento de ALGUIEN
▶ 了承する consentir, asentir 《a》
りょうしょく 糧食 víveres mpl., alimentos mpl.
りょうじょく 陵辱 ultraje m., vejación f., (性的な) violación f.
▶ 陵辱する ultrajar, vejar, violar
りょうしん 両親 padres mpl. ‖ 彼には両親がいない Él es huérfano. ／ 私の両親は健在です Mis padres se encuentran bien.
りょうしん 良心 conciencia f. ‖ 良心の呵責 remordimiento m. de conciencia, 《話》gusanillo m. de la conciencia ／ 約束を破って私は良心がとがめる Me remuerde la conciencia haber faltado a mi palabra. ／ それは私の良心が許さない Mi conciencia no me lo permite. ／ 良心に訴える apelar a la conciencia de ALGUIEN ／ 良心に従って行動する actuar según dicta la conciencia
▶ 良心的(な) concienzudo[da], honrado[da], fiel ‖ 良心的な価格 precio m. razonable ／ 良心的兵役拒否 objeción f. de conciencia
▶ 良心的に concienzudamente
りょうせい 両生/両棲

りょうせい 両生
- 両生の anfi*bio*[bia]
- 両生動物 animal *m.* anfibio
- 両生類 anfibios *mpl.*

りょうせい 両性　los dos sexos
- 両性(具有)の bisexual, hermafrodita,《化学》anfóte*ro*[ra]
- 両性具有 hermafroditismo *m.*
- 両性具有者 hermafrodita *com.*
- 両性物質《化学》sustancia *f.* anfótera

りょうせい 良性
- 良性の benig*no*[na]
- 良性腫瘍 tumor *m.* benigno

りょうせん 稜線　cresta *f.*, arista *f.*

りょうたん 両端「los dos [ambos] extremos」紐の両端を結ぶ「hacer un nudo con [anudar] los extremos de la cuerda

りょうち 領地　dominio *m.*, territorio *m.*

りょうて 両手「las dos [ambas] manos」両手で物を持つ con las manos / 両手を腰に当てて con las manos en la cintura / 両手を膝の上に置く ponerse las manos en las rodillas / 両手を広げる abrir los brazos
- 両手利きの(人) ambidies*tro*[tra]　(*mf.*), ambidex*tro*[tra] (*mf.*)
- 慣用 両手に花 (よいことが2つ重なる) tener dos cosas buenas a la vez, (美人にはさまれている) estar sentado entre dos bellezas

りょうてい 料亭　《日本語》*ryotei m.*, (説明訳) restaurante *m.* japonés de alta categoría

りょうてき 量的
- 量的な cuantitati*vo*[va]
- 量的に cuantitativamente
- 量的金融緩和政策 política *f.* monetaria de flexibilización cuantitativa

りょうてんびん 両天秤
- 慣用 両天秤にかける《慣用》nadar entre dos aguas

りょうど 領土　territorio *m.*‖領土を失う perder el territorio / 領土を侵略する invadir el territorio / 領土を拡げる「expandir [extender] el territorio / 領土を守る defender el territorio
- 領土の territorial
- 領土主権 soberanía *f.* territorial
- 領土問題「disputa *f.* [conflicto *m.*] territorial

りょうどうたい 良導体　(電気の) buen conductor *m.* eléctrico, (熱の) buen conductor *m.* térmico

りょうはんてん 量販店　tienda *f.* de gran superficie
- 家電量販店 gran tienda *f.* de electrodomésticos

りょうびらき 両開き‖両開きの戸 puerta *f.* de dos hojas

りょうぶん 領分　territorio *m.*, (なわばり) zona *f.* de influencia‖他人の領分を侵す invadir el territorio de otro(s)

りょうほう 両方　ambas partes, *los*[las] dos‖両方とも正しい Los dos tienen razón. / 私は和食も洋食も両方とも好きです Me gusta tanto la comida japonesa como la occidental. / 父も母も両方とも卒業式に出席できません Ninguno de mis padres puede asistir a la ceremonia de graduación. ¦ Ni mi padre ni mi madre pueden asistir a la ceremonia de graduación.
- 両方の am*bos*[bas]‖花婿と花嫁の両方の両親 los padres de ambos novios, los padres del novio y los de la novia

りょうほう 療法　terapéutica *f.*, terapia *f.*, tratamiento *m.* ⇒びょうき(病気)
- 対処療法 tratamiento *m.* sintomático
- 心理療法 psicoterapia *f.*
- 民間療法 remedio *m.* casero

りょうめん 両面「los dos [ambos] lados,「las dos [ambas] caras」‖心身両面の健康 salud *f.* mental y「física [corporal] / 紙の両面 las dos caras de una hoja de papel
- 両面性 ambivalencia *f.*‖両面性を持つ tener ambivalencia, ser ambivalente
- 両面印刷 impresión *f.* por ambas caras
- 両面コピー fotocopia *f.* por ambas caras
- 両面テープ cinta *f.* adhesiva de dos caras

りょうやく 良薬　buena medicina *f.*
- 諺 良薬口に苦し La buena medicina es amarga.

りょうゆう 両雄
- 諺 両雄並び立たず《諺》Mandar no quiere par.

りょうゆう 領有　posesión *f.*
- 領有する poseer

りょうよう 両用‖晴雨両用の傘 paraguas *m.*[=*pl.*] para sol y lluvia
- 水陸両用車 vehículo *m.* anfibio

りょうよう 療養　convalecencia *f.*, recuperación *f.*‖療養中である encontrarse en「recuperación [convalecencia]
- 自宅療養 convalecencia *f.* en「casa [el hogar]」‖自宅療養する convalecer en casa
- 療養所 casa *f.* de convalecencia, sanatorio *m.*

りょうり 料理　(行為) cocina *f.*, (食べ物) comida *f.*, (一皿の) plato *m.*‖彼は料理がうまい Él es un buen cocinero. ¦ Él sabe cocinar bien. / 料理を出す servir la comida / 料理を作る cocinar,「preparar [hacer] la comida / 料理を注文する pedir「platos [comidas] / おすすめ料理は何ですか ¿Qué platos nos recomienda? / 料理を習う aprender a cocinar
- 料理の culina*rio*[ria]‖料理の味 sabor *m.* de la comida / 料理の秘けつ truco *m.*「para cocinar [culinario]
- 料理する cocinar, guisar

▶料理用の‖料理用のワイン vino m. para cocinar
◪家庭料理「cocina f. [comida f.] casera
◪スペイン料理（調理）cocina f. española, （食べ物）comida f. española
◪中華料理店 restaurante m. chino
◪料理学校 escuela f. de cocina
◪料理教室 curso m. de cocina
◪料理長 chef com.
◪料理人 cocinero[ra] mf.
◪料理番組 programa m. culinario
◪料理法 arte m. culinario

料理のいろいろ

エスニック料理 cocina f. exótica ／ 郷土料理 cocina f. típica「de la región [regional]／ 名物料理 especialidad f. culinaria ／ 季節料理 comida f. de temporada ／ 懐石料理 comida f. de la ceremonia de té ／ 会席料理 comida f. de alta cocina japonesa ／ 精進料理 gastronomía f. [gastronomía f.] vegetariana ／ お節料理 comida f. tradicional japonesa de Año Nuevo ／ フルコース料理 menú m. completo ／ バイキング料理 comida f. de bufé libre ／ 1人前の料理 comida f. para una persona ／ 一品料理 plato m. a la carta ／ 手料理 plato m. casero, cocina f. casera ／ 肉料理 plato m. de carne ／ 魚料理 plato m. de pescado ／ 野菜料理 plato m. de verdura ／ 卵料理 plato m. de huevos ／ 西洋料理 cocina f.「europea [occidental]／ 中華料理 cocina f. china ／ 日本料理 cocina f. japonesa ／ あっさりした料理 comida f. no grasienta ／ こってりした料理 plato m. fuerte ／ あぶらっこい料理 grasienta ／ 胃にもたれる料理 comida f. pesada ／ 辛い料理 comida f. picante ／ 塩辛い料理/しょっぱい料理 comida f. salada ／ おいしい料理 comida f.「deliciosa [sabrosa, rica]／ まずい料理 comida f.「sosa [insípida]／ 食欲をそそる料理 plato m. apetitoso ／ 体に良い料理 comida f. saludable ／ スタミナ料理 comida f. energética ／ 凝った料理 plato m. sofisticado ／ 即席料理 comida f. instantánea ／ 出来合いの料理 plato m.「preparado [precocinado]

りょうりつ 両立 compatibilidad f., compaginación f.
▶両立する compaginarse, ser compatible
▶両立させる compaginar, conciliar‖仕事と家庭を両立させる「compaginar [conciliar] trabajo y familia

りょうりん 両輪‖自転車の両輪 las dos ruedas de bicicleta ／ 技術と人材が我が国の経済を支える両輪だ La tecnología y los recursos humanos son los dos pilares que sostienen la economía de nuestro país.
りょうわき 両脇‖両脇に包みをかかえて con un paquete debajo de cada brazo
りょかく 旅客 pasajero[ra] mf., viajero[ra] mf.
◪旅客運賃 tarifa f. de viaje
◪旅客機 avión m. de pasajeros
◪旅客名簿 lista f. de pasajeros
りょかん 旅館 hotel m. tradicional japonés
りよく 利欲 codicia f., avaricia f.‖利欲に走る dejarse arrastrar por la avaricia
りょくおうしょくやさい 緑黄色野菜 verduras fpl. ricas en betacaroteno
りょくち 緑地 espacio m. verde‖緑地を増やす「aumentar [ampliar] las zonas verdes
◪緑地帯 zona f. verde
りょくちゃ 緑茶 té m. verde
りょくないしょう 緑内障 glaucoma m.‖緑内障になる sufrir un glaucoma
りょけん 旅券 pasaporte m. ⇒パスポート
◪公用旅券 pasaporte m. oficial
◪旅券課 sección f. de pasaportes
りょこう 旅行 viaje m., （観光旅行）turismo m., （小旅行）excursión f.‖旅行に出かける salir de viaje ／ 旅行を楽しむ disfrutar del viaje ／ よいご旅行を ¡Buen viaje!
▶旅行する（〜を）viajar《por》,（〜へ）hacer un viaje《a》‖メキシコを旅行する viajar por México ／ チリへ旅行する hacer un viaje a Chile
▶旅行中である estar de viaje
◪旅行案内書 guía f. turística
◪旅行案内所 oficina f. de turismo
◪旅行記 diario m. de viaje
◪旅行先（行き先）destino m., （滞在地）lugar m. de estancia
◪旅行雑誌 revista f. de viajes
◪旅行シーズン temporada f.「turística [de turismo]
◪旅行者 viajero[ra] mf., （観光客）turista com.
◪旅行社/旅行代理店 agencia f. de viajes
◪旅行日程 programa m. del viaje, itinerario m.‖旅行日程を組む hacer el itinerario
◪旅行費用 gastos mpl. del viaje
◪旅行障害保険 seguro m. de viaje

いろいろな旅行

慰安旅行 viaje m. de recreo ／ 新婚旅行 luna f. de miel ／ 観光旅行 viaje m. turístico ／ 修学旅行 viaje m. de fin de curso

／見学旅行 viaje *m.* de estudios ／研修旅行 viaje *m.* de「formación [capacitación]」／団体旅行 viaje *m.* organizado ／グループ旅行 viaje *m.* en grupo ／海外旅行 viaje *m.* al extranjero ／世界一周旅行 vuelta *f.* al mundo ／宇宙旅行 viaje *m.* espacial,（観光の）turismo *m.* espacial

りょじょう 旅情‖旅情をそそる invitar al viaje a ALGUIEN

りょっか 緑化 plantación *f.* de árboles,（植林）forestación *f.*
▶緑化する plantar árboles
◼緑化運動 campaña *f.* de plantación de árboles

りょてい 旅程 「programa *m.* [itinerario *m.*]」del viaje

りょひ 旅費 gastos *mpl.* del viaje

リラ （花）lila *f.*,（木）lilo *m.*;（イタリアの旧通貨）lira *f.*

リラックス
▶リラックスした relaja*do*[*da*]
▶リラックスする relajarse

リリース puesta *f.*「en [a la] venta
▶リリースする poner ALGO「en [a la] venta

リリーフ 《野球》relevo *m.*
▶リリーフする relevar
◼リリーフ投手 relevista *com.*, lanza*dor*[*dora*] *mf.* de relevo

りりく 離陸 despegue *m.*
▶離陸する despegar
◼離陸体勢 posición *f.* de despegue‖離陸体勢をとる prepararse para el despegue

りりしい 凛凛しい gallar*do*[*da*], varonil, viril‖凛々しい姿 figura *f.* gallarda

りりつ 利率 tipo *m.* de interés‖利率の高い de alto interés ／利率の低い de bajo interés ／利率を上げる subir el tipo de interés ／利率を下げる bajar el tipo de interés

リレー 《スポーツ》relevos *mpl.*,《電気》relé *m.*, relevador *m.*
◼聖火リレー「recorrido *m.* [relevo *m.*]」de la antorcha olímpica
◼メドレーリレー《水泳》relevos *mpl.*「combinados [de estilos]」
◼リレー競走‖400メートルリレー競走 carrera *f.* de relevos de 400 metros
◼半導体リレー relé *m.* de estado sólido

りれき 履歴 historial *m.*,（経歴）carrera *f.*,（ウェブページの）historial *m.*‖着信はすべて履歴に残る Todas las llamadas entrantes quedan registradas.
◼着信履歴 registro *m.* de llamadas entrantes
◼履歴書 currículum *m.* vítae, currículo *m.*, historial *m.* personal‖履歴書を提出する entregar el currículum vítae

りろせいぜん 理路整然
▶理路整然と‖理路整然と説明する explicar 「coherentemente [razonadamente, lógicamente]」
▶理路整然とした lóg*ico*[*ca*],（筋道の通った）coherente

りろん 理論 teoría *f.*, teórica *f.*‖理論と実践 la teoría y la práctica ／理論をうち立てる formular una teoría ／理論を実践する poner en práctica una teoría
▶理論づける teorizar
▶理論的な teór*ico*[*ca*]‖理論的な思考 pensamiento *m.* teórico
▶理論上は en teoría, teóricamente
◼理論家 teór*ico*[*ca*] *mf.*
◼理論闘争 controversia *f.* teórica
◼理論物理学 física *f.* teórica

りん 燐 《化学》fósforo *m.*《記号 P》
▶燐の/燐を含む fosfór*ico*[*ca*]
◼燐化物 fosfuro *m.*

りんか 隣家 casa *f.* vecina

りんかい 臨海
▶臨海の coster*o*[*ra*], de la costa
◼臨海学校 colonia *f.* de vacaciones en la costa
◼臨海工業地帯 zona *f.* industrial costera

りんかい 臨界
▶臨界の crít*ico*[*ca*]
◼臨界温度 temperatura *f.* crítica
◼臨界事故 accidente *m.* de criticidad, excursión *f.* de potencia
◼臨界点 punto *m.* crítico‖臨界点に達する「alcanzar el [llegar al]」punto crítico
◼臨界前核実験 「ensayo *m.* [experimento *m.*]」nuclear subcrítico
◼臨界量 masa *f.* crítica

りんかいせき 燐灰石 apatita *f.*

りんかく 輪郭 contorno *m.*, perfil *m.*‖顔の輪郭 contorno *m.* facial ／輪郭のはっきりした de contornos precisos ／輪郭のはっきりしない de contornos imprecisos ／計画の輪郭を紹介する presentar el esbozo de un proyecto ／輪郭を描く「dibujar [trazar] el contorno」,《美術》recortar

りんがく 林学 silvicultura *f.*

りんかんがっこう 林間学校 colonia *f.* de vacaciones en el campo

りんぎ 稟議 petición *f.* de aprobación del planteamiento definitivo
◼稟議書 escrito *m.* de propuesta‖稟議書を回す hacer circular un escrito de propuesta

りんきおうへん 臨機応変
▶臨機応変の（適切な）oportu*no*[*na*],（柔軟な）flexible‖臨機応変の対策をとる tomar medidas oportunas en cada caso
▶臨機応変に oportunamente, según las circunstancias que se presenten‖臨機応変に対応する adaptarse a las circunstancias que se presenten

りんぎょう 林業 silvicultura f.
- 林業従事者 silvicul*tor*[*tora*] mf.

リンク 《IT》enlace m., (スケートの) pista f. de patinaje
- ソフトリンク《IT》enlace m. simbólico
- ハイパーリンク《IT》hiperenlace m., hipervínculo m.
- リンク機構《機械》acoplamiento m. mecánico

リング (輪・指輪) anillo m., (ボクシングの)《英語》ring m., cuadrilátero m. ‖ リングに上がる subir al「ring [cuadrilátero]」
- Oリング (オーリング)(ゴム製の) junta f. tórica
- リングサイド ‖ リングサイドで junto al「ring [cuadrilátero] ／ リングサイドの席 butaca f. de primera fila

りんげつ 臨月 mes m. del parto ‖ 臨月を迎える llegar al último mes de embarazo

リンゲル
- リンゲル液 solución f. de Ringer
- リンゲル注射 inyección f. de solución de Ringer

りんけん 臨検 inspección f. *in situ*
- 臨検する inspeccionar

りんご 林檎 (実) manzana f., (木) manzano m. ‖ リンゴをかじる morder una manzana ／ リンゴを剥く pelar una manzana
- 焼リンゴ manzana f. al horno
- リンゴ園 manzanar m., manzanal m.
- リンゴ酒 sidra f., licor m. de manzana
- リンゴ酢 vinagre m. de manzana

りんこう 燐光 fosforescencia f. ‖ 燐光を発する fosfore(s)cer, emitir fosforescencia
- 燐光性の fosforescente

りんこうせき 燐鉱石 roca f. fosfórica
りんごく 隣国 país m. vecino
りんさく 輪作 rotación f. de cultivos
- 輪作する alternar cultivos

りんさん 燐酸 ácido m. fosfórico
- 燐酸塩 fosfato m.
- 燐酸カルシウム fosfato m. de calcio
- 燐酸肥料 fertilizante m. de fosfato

りんし 臨死
- 臨死体験 experiencia f. cercana a la muerte

りんじ 臨時
- 臨時の especial, extraordina*rio*[*ria*], (一時的な) temporal, provisional
- 臨時に especialmente, temporalmente
- 臨時記号《音楽》accidente m.
- 臨時休業 cierre m. excepcional
- 臨時休校 cierre m. temporal de la escuela
- 臨時国会 sesión f. extraordinaria del Parlamento
- 臨時収入 ingresos mpl.「extraordinarios [imprevistos]」
- 臨時政府 gobierno m.「provisional [interino]」
- 臨時総会 asamblea f. general extraordinaria
- 臨時停車 parada f. imprevista
- 臨時ニュース flash m. informativo, noticia f. de última hora
- 臨時雇い empleo m.「temporal [provisional]」
- 臨時予算 presupuesto m. extraordinario
- 臨時列車 tren m. especial

りんしつ 隣室 habitación f.「contigua [de al lado]」

りんしもく 鱗翅目 lepidópteros mpl.

りんじゅう 臨終 hora f. de la muerte, hora f. suprema, momento m. supremo ‖ 臨終の言葉 últimas palabras fpl. ‖ 臨終を迎える llegar al umbral de la muerte ／ ご臨終です Ha fallecido.

りんしょう 輪唱 canon m.
- 輪唱する cantar en canon

りんしょう 臨床
- 臨床の clíni*co*[*ca*]
- 臨床医 médi*co*[*ca*] mf.
- 臨床医学 medicina f. clínica, clínica f.
- 臨床実験「ensayo m. [experimento m.]」clínico
- 臨床心理学 psicología f. clínica
- 臨床心理士 psicólo*go*[*ga*] mf. clíni*co*[*ca*]

りんじょう 臨場 asistencia f.
- 臨場感 ‖ この大画面でコンサート会場にいるような臨場感を味わえる Esta gran pantalla nos permite tener la sensación de estar asistiendo en vivo a un concierto.

りんじん 隣人 veci*no*[*na*] mf., próxi*mo*[*ma*] mf.,《集合名詞》vecindad f. ‖ よい隣人に恵まれる tener buenos vecinos
- 隣人愛 amor m. al prójimo

リンス suavizante m., acondicionador m.
- リンスする ‖ 髪にリンスする (自分で) ponerse suavizante en el pelo

りんせき 隣席 asiento m.「contiguo [de al lado]」

りんせき 臨席 asistencia f., presencia f. ‖ ご臨席を仰ぐ tener el honor de recibir a ALGUIEN
- 臨席する asistir 《a》, estar presente 《en》

りんせつ 隣接
- 隣接する lindar 《con》, limitar 《con》, colindar 《con》
- 隣接の contig*uo*[*gua*] (a),「lindante [limítrofe]《con》,《数学》adyacente
- 隣接行列《数学》matriz f. de adyacencia
- 隣接諸国 países mpl.「vecinos [colindantes]」

りんせん 臨戦
- 臨戦態勢 ‖ 臨戦態勢にある estar prepara*do*[*da*] para entrar en batalla,《慣用》estar en pie de guerra ／ 臨戦態勢を取る prepa-

rarse para entrar en batalla
リンチ linchamiento *m.* ‖ リンチを加える linchar ／ リンチを受ける ser linchado[da], sufrir linchamiento
りんてんき 輪転機 rotativa *f.* ‖ 輪転機を回す poner en marcha la rotativa
りんどう 林道 camino *m.* forestal
りんどう 竜胆 〔植物〕genciana *f.*
りんどく 輪読 lectura *f.* en grupo
りんね 輪廻 samsara *m.*, transmigración *f.*,（ギリシャ哲学の）metempsicosis *f.*[=*pl.*],（霊魂の再生）reencarnación *f.*
リンネル lino *m.*
リンパ linfa *f.*
▶ リンパの linfático[ca], linfoide
◪ リンパ管 vaso *m.* linfático
◪ リンパ器官 órganos *mpl.* linfáticos
◪ リンパ球 linfocito *m.*
◪ リンパ系 sistema *m.* linfático
◪ リンパ節「nodo *m.* [ganglio *m.*] linfático
◪ リンパ腺 glándula *f.* linfática
◪ リンパ浮腫 linfedema *m.*

りんばん 輪番
▶ 輪番で por「turnos [rotación]
◪ 輪番制 sistema *m.* de turnos rotativos
りんびょう 淋病 gonorrea *f.*, blenorragia *f.*
りんぶ 輪舞 danza *f.* en círculo
◪ 輪舞曲 rondó *m.*
りんぷん 鱗粉 escama *f.*
りんやちょう 林野庁 Agencia *f.* Forestal
りんり 倫理 ética *f.*,（道徳）moral *f.*
▶ 倫理的(な) ético[ca], moral
▶ 倫理的に éticamente, moralmente
◪ 企業倫理 ética *f.*「de los negocios [corporativa, empresarial]
◪ 政治倫理「ética *f.* [moral *f.*] política
◪ 倫理学 ética *f.*
◪ 倫理観 sentido *m.*「de ética [ético]
りんりつ 林立
▶ 林立する ‖ 林立する鉄塔 bosque *m.* de torres de alta tensión ／ ニューヨークは超高層ビルが林立している Se levantan numerosos rascacielos en Nueva York.

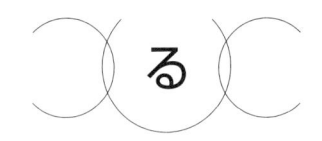

る

ルアー señuelo *m.*「para [de] pesca
◪ ルアーフィッシング pesca *f.* con señuelos
るい 累
〔慣用〕累を及ぼす（巻き込む）comprometer,（悪影響を及ぼす）afectar《a》,（迷惑をかける）causar molestias《a》‖ これは君の将来に累を及ぼすだろう Esto afectará a tu futuro.
るい 塁 fortaleza *f.*, fuerte *m.*, baluarte *m.*,（野球の）base *f.*
るい 類 clase *f.*, género *m.*, categoría *f.* ‖ その国の経済成長は他に類を見ない No hay nada parecido al crecimiento económico de ese país. ／ 誘拐とそれに類する犯罪 secuestros *mpl.* y otros delitos similares
〔慣用〕類がない sin precedentes,《慣用》sin par
〔慣用〕類は友を呼ぶ《諺》Cada oveja con su pareja.
るいぎご 類義語 sinónimo *m.*
るいけい 累計 suma *f.* total, total *m.* ‖ 赤字は累計で3億円になる El déficit suma un total de 300 millones de yenes.
▶ 累計する sumar, totalizar
るいけい 類型 tipo *m.*
▶ 類型的な típico[ca], estereotipado[da] ‖ 類型的な登場人物 personaje *m.* típico
▶ 類型化 tipologización *f.*, clasificación *f.* tipológica
◪ 類型学/類型論 tipología *f.*

るいご 類語 sinónimo *m.*
◪ 類語辞典 diccionario *m.* de sinónimos
るいじ 類似 semejanza *f.*, similitud *f.*, analogía *f.*
▶ 類似の/類似した semejante《a》, similar《a》, parecido[da]《a》, análogo[ga]《a》‖ 類似の現象 fenómenos *mpl.*「semejantes [parecidos]
▶ 類似する parecerse《a》, asemejarse《a》, tener afinidad《con》‖ この2つの語の意味は類似している Estas dos palabras tienen un significado parecido.
◪ 類似点 semejanza *f.*, punto *m.* semejante
◪ 類似品 productos *mpl.* de imitación, imitación *f.* ‖ 類似品が出回っている Circulan imitaciones en el mercado.
るいしょう 類焼 ‖ このビルは隣接するビルの火災による類焼を免れた Este edificio pudo librarse del incendio que se produjo en el edificio contiguo.
るいじょう 累乗 《数学》potenciación *f.*, elevación *f.* ‖ 10の累乗 potencias *fpl.* con base 10
◪ 累乗根 raíz *f.*,（*n*乗根）raíz *f.* enésima (de un número)
るいしん 累進 progresividad *f.*
▶ 累進する「aumentar [crecer] progresivamente

◪ 累進課税（税）impuesto *m.* progresivo, (制度) imposición *f.* progresiva
るいじんえん 類人猿 antropoide *m.*, si*mio* [*mia*] *mf.*
▶ 類人猿の antropoide, antropomo*rfo*[*fa*]
るいすい 類推 analogía *f.*, razonamiento *m.* analógico ‖ 原因と結果の類推 analogía *f.* de causa-efecto
▶ 類推する razonar por analogía
▶ 類推解釈《法律》interpretación *f.* analógica
◪ 類推(論)法 analogismo *m.*
るいせき 累積 acumulación *f.*
▶ 累積する acumularse ‖ 赤字が累積する Se acumulan los déficits.
◪ 累積赤字 déficit *m.* acumulado
◪ 累積債務 deuda *f.* acumulada
るいせん 涙腺 glándula *f.* 「lagrimal [lacrimal]
[慣用] 涙腺が緩い「ser de [tener la] lágrima fácil
るいはん 累犯 ⇒さいはん(再犯)
るいべつ 類別 clasificación *f.*, categorización *f.*
▶ 類別する clasificar, categorizar
ルイボスちゃ ルイボス茶 té *m.* (de) rooibos
るいれい 類例 caso *m.* similar
▶ 類例のない sin precedentes
ルー 《料理》《フランス語》*roux m.*
◪ カレールー「*roux m.* [cubitos *mpl.*] de *curry*
ルーキー nova*to*[*ta*] *mf.*
ルーク 《チェス》torre *f.*
ルージュ barra *f.* de labios → くちべに(口紅)
ルーズ
▶ ルーズな descuida*do*[*da*], negligente, (時間に) poco puntual ‖ お金にルーズな人 persona *f.* descuidada con el dinero ／ 時間にルーズな人 persona *f.* poco puntual
ルーズリーフ carpeta *f.* de anillos
ルーター 《IT》《英語》*router m.*, enrutador *m.*, encaminador *m.* ‖ パソコンをルーターに接続する conectar el ordenador al enrutador
◪ 無線ルーター enrutador *m.* inalámbrico
ルーチン rutina *f.*
▶ ルーチンの rutina*rio*[*ria*]
◪ サブルーチン《IT》subrutina *f.*, subprograma *m.*
◪ テクニカルルーチン（シンクロの）rutina *f.* técnica, ejercicio *m.* técnico
◪ フリールーチン（シンクロの）rutina *f.* libre, ejercicio *m.* libre
◪ ルーチンワーク trabajo *m.* rutinario
ルーツ （起源）origen *m.*, (祖先) raíces *fpl.* ‖ ルーツを探る buscar el origen de ALGO

ルート （道）camino *m.*, ruta *f.*, （平方根）raíz *f.* cuadrada ‖ ルート9は3である La raíz cuadrada de 9 es 3.
◪ 外交ルート ‖ 外交ルートを通じて por vía diplomática
◪ 密輸ルート ruta *f.* de contrabando
ルーフ （屋根）tejado *m.*, techo *m.*
◪ ルーフガーデン jardín *m.* en la azotea
◪ ルーフラック／ルーフキャリア《自動車》baca *f.*, portaequipajes *m.*[=*pl.*]
ループ 《IT》bucle *m.*
◪ ループアンテナ antena *f.* de espira
◪ ループタイ corbata *f.* de 「bolo [cordón]
ルーブル （ロシアの通貨単位）rublo *m.*
ルーペ lupa *f.* ⇒ むしめがね(虫眼鏡)
ルーム habitación *f.*
◪ ルームクーラー aire *m.* acondicionado
◪ ルームサービス servicio *m.* de habitaciones
◪ ルームチャージ precio *m.* de la habitación
◪ ルームミラー（車の）retrovisor *m.* interior
◪ ルームメイト compañe*ro*[*ra*] *mf.* de cuarto
ルーメン （光束の単位）lumen *m.* (略 lm)
ルール regla *f.*, reglamento *m.*, norma *f.* ‖ ルールを守る「respetar [observar] las reglas《de》／ ルールを破る「romper [violar, infringir] las reglas ／ ルールを設ける establecer una norma
◪ ルール違反 violación *f.* de las reglas
◪ ルールブック reglamento *m.*
ルーレット （ゲーム）ruleta *f.* ‖ ルーレットを回す girar la ruleta
▶ ルーレットをする jugar a la ruleta
◪ ロシアンルーレット ruleta *f.* rusa
ルクス （照度の単位）lux *m.*[=*pl.*] (略 lx)
◪ ルクス計 luxómetro *m.*
るす 留守 ausencia *f.* ‖ 留守である no estar en casa, estar ausente ／ 勉強がお留守になる despreocuparse de *sus* estudios
▶ 留守にする ‖ 私は出張で1週間留守にします Estaré fuera de casa una semana por trabajo.
▶ 留守中(に) en ausencia de ALGUIEN
◪ 留守番 ‖ 留守番をする cuidar la casa durante la ausencia「del dueño [de la dueña]
◪ 留守番電話 contestador *m.* automático
ルックス apariencia *f.*, presencia *f.* ‖ 彼はルックスがいい Él tiene buena presencia.
ルッコラ （葉野菜）rúcula *f.*
るつぼ 坩堝 《冶金》crisol *m.* ‖ 人種のるつぼ crisol *m.* de razas ／ スタジアムは興奮のるつぼと化した El estadio se convirtió en un hervidero de emociones.
ルテイン luteína *f.*
ルテチウム 《化学》lutecio *m.* 《記号 Lu》

ルテニウム 《化学》rutenio *m.*《記号 Ru》
るてん 流転 vicisitudes *fpl.*, avatares *mpl.*, cambio *m.* constante ‖ 流転の人生を送る tener una vida llena de vicisitudes
▶ **流転する** ‖ 万物は流転する Todo cambia, todo fluye y nada permanece.
ルネサンス 《歴史》Renacimiento *m.*
▶ **ルネサンスの** renacentista
ルバーブ 《植物》ruibarbo *m.*
ルビ carácter *m. ruby*, (ふりがな)《日本語》*furigana m.* ‖ 漢字にルビを振る indicar la pronunciación de los caracteres chinos con *hiragana* o *katakana*
ルビー rubí *m.* ‖ ルビーの指輪「sortija *f.* [anillo *m.*] de rubí
ルピー (インドなどの通貨単位) rupia *f.*
ルビジウム 《化学》rubidio *m.*《記号 Rb》
るふ 流布 divulgación *f.*, propagación *f.*
▶ **流布する** divulgarse, propagarse, extenderse ‖ その銀行の倒産のうわさが流布している Circula un rumor sobre una posible quiebra del banco.
ルポライター report*ero[ra] mf.*
ルポルタージュ reportaje *m.*
ルミネセンス 《物理》luminiscencia *f.*
ルミノール luminol *m.*
◨ **ルミノール反応** reacción *f.* del luminol
るり 瑠璃 (ラピスラズリ) lapislázuli *m.*
◨ **瑠璃色** color *m.* lapislázuli
ルレット (洋裁道具) ruleta *f.* de marcar puntadas
るろう 流浪 vagabundeo *m.*
▶ **流浪する** vagar《por》
▶ **流浪の** nómada, errante ‖ 流浪の民 pueblo *m.* 「errante [nómada]
ルンバ rumba *f.* ‖ ルンバを踊る bailar rumba

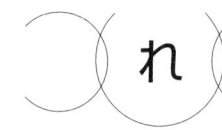

れ

レア ‖ ステーキはレアにしてください El bistec, poco hecho, por favor.
レアメタル metal *m.* raro
れい 礼 (謝意) agradecimiento *m.*, gratitud *f.*, (礼儀) cortesía *f.*, (お辞儀) reverencia *f.* ‖ 礼を言う dar las gracias《a》, agradecer, (expresar [manifestar] *su* agradecimiento《a》/ 私に礼を言うのは早すぎます Todavía no me des las gracias. / お礼に〜を贈る regalar ALGO en señal de agradecimiento / お礼には及びません No hay nada que agradecer. / お礼の申し上げようもありません No sé cómo agradecerle. / お礼の手紙を書く escribir una carta de agradecimiento / 礼をする (謝礼) retribuir, recompensar, (お辞儀) hacer una reverencia / 王に礼をする (おじぎ) hacer una reverencia al rey / 礼を尽くす tratar con cortesía a ALGUIEN / あの男性には失礼のないようにしてください Procure no faltarle al respeto a aquel señor.
れい 例 ejemplo *m.*, caso *m.*, (先例) precedente *m.*, (習慣) costumbre *f.*, hábito *m.* ‖ このような例が多い Hay muchos casos así. / 例がない No hay precedente(s). / 過去に例のない成長 crecimiento *m.* sin precedente(s) / 身近な例を挙げれば「poner [citar] un ejemplo / 〜の例にならう seguir el ejemplo《de》/ 例によって como de costumbre / 例にもれない no ser una excepción
▶ **例の** (問題の) en cuestión, (いつもの) de siempre ‖ 例の場所で en el lugar de siempre / 例の男 el hombre en cuestión
れい 零 cero *m.*
れい 霊 alma *f.*, ánima *f.*, espíritu *m.* ‖ 死者の霊 alma *f.* de *un[una]* difun*to[ta]* / 心に霊が宿る El alma se eleva hacia el corazón. / 先祖の霊をまつる rendir culto a los antepasados / 霊を慰める rezar por el descanso eterno de ALGUIEN / 死者たちの霊を呼び出す invocar a los difuntos
▶ **霊的な** espiritual
▶ **霊的に** espiritualmente
レイ 《英語》(首にかける花輪) lei *m.* hawaiano, corona *f.* de flores
レイアウト (部屋の) disposición *f.*, (紙面の) maqueta *f.* ‖ 部屋のレイアウトを変える cambiar la disposición de un cuarto
▶ **レイアウトする** ‖ ページをレイアウトする maquetar la página
れいあんしつ 霊安室 velatorio *m.*, (建物) tanatorio *m.*
れいえん 霊園 ⇒**ぼち**(墓地)
レイオフ despido *m.* temporal
▶ **レイオフする** ‖ 半数の従業員をレイオフする despedir temporalmente a la mitad de la plantilla
れいか 冷夏 verano *m.* 「frío [fresco]」‖ 今年はまれに見る冷夏だった Este año hemos tenido un verano inusualmente frío.
れいか 零下 ‖ 気温は零下3度だ La tempera-

tura es de tres grados bajo cero. ／真冬は零下20度まで気温が下がる En pleno invierno la temperatura desciende hasta 20 grados bajo cero.

れいがい 冷害 daños *mpl.*「causados [ocasionados] por el frío (en la cosecha)」‖柑橘類が深刻な冷害に見舞われる sufrir daños por el frío ／柑橘類が深刻な冷害に見舞われた El frío causó graves daños en la cosecha de cítricos.

れいがい 例外 excepción *f.*‖例外なく sin excepción ／例外のない規則はない No hay regla sin excepción. ／いくつかの例外を除いて「salvo [con la salvedad de] algunas excepciones ／例外を認める justificar una excepción
▶例外とする exceptuar, hacer excepción‖以下のケースを例外とする:… Se exceptúan los siguientes casos:…
▶例外的な excepcional
▶例外的に excepcionalmente

れいかん 霊感 inspiración *f.*, （芸術家の）numen *m.*, estro *m.*,（神仏の）inspiración *f.* divina‖霊感がある「tener la facultad [ser capaz] de percibir lo sobrenatural ／霊感を受ける inspirarse《en》／霊感が働いて彼女はこの小説を書いた A ella le llegó la inspiración para escribir esta novela.

れいき 冷気 aire *m.* frío‖冷蔵庫内の冷気 aire *m.* frío en el interior del frigorífico

れいぎ 礼儀 cortesía *f.*, urbanidad *f.*,（作法）etiqueta *f.*‖礼儀に反する／礼儀を欠く faltar a las reglas de「cortesía [urbanidad]／礼儀を守る respetar las reglas de「cortesía [urbanidad]／礼儀知らずの descortés, mal educa*do*[da] ／礼儀正しい cortés, bien educa*do*[da], cumpli*do*[da] ／礼儀正しく cortésmente, educadamente
諺親しき仲にも礼儀あり Las buenas cercas hacen buenos vecinos.
▣礼儀作法 normas *fpl.* de「cortesía [urbanidad], reglas *fpl.* de「cortesía [urbanidad]

れいきゃく 冷却 refrigeración *f.*, enfriamiento *m.*
▶冷却する refrigerar, enfriar
▣冷却器《化学》tubo *m.* refrigerante
▣冷却期間‖私たちは冷却期間をおいてもう一度話し合った Después de un período de reflexión nos hablamos de nuevo.
▣冷却剤 refrigerante *m.*
▣冷却水 agua *f.* de refrigeración
▣冷却装置 sistema *m.* de refrigeración

れいきゅうしゃ 霊柩車 coche *m.* fúnebre

れいきん 礼金 remuneración *f.*,（弁護士などへの）honorarios *mpl.*‖礼金を払う remunerar, pagar los honorarios

れいぐう 冷遇 tratamiento *m.* hostil, inhospitalidad *f.*
▶冷遇する tratar「mal [con hostilidad] a ALGUIEN, recibir con hostilidad a ALGUIEN‖冷遇されている estar mal trata*do*[da]

れいけつ 冷血
▶冷血の／冷血な insensible,（冷酷な）desalma*do*[da]
▣冷血漢 desalma*do*[da] *mf.*
▣冷血動物 animal *m.* de sangre fría,（人）persona *f.* inhumana

れいこう 励行
▶励行する hacer esfuerzos constantes,（厳守する）observar estrictamente‖早起きを励行する obligarse a madrugar

れいこく 冷酷
▶冷酷な cruel, despiada*do*[da], implacable, desalma*do*[da] ‖冷酷な人間 persona *f.* cruel ／冷酷な犯罪 crimen *m.*「atroz [a sangre fría]

れいこん 霊魂 alma *f.*, ánima *f.*, espíritu *m.*‖霊魂は不滅である El alma es inmortal.

れいさい 零細
▶零細な peque*ño*[ña]
▣零細企業 pequeña empresa *f.*, microempresa *f.*
▣零細農家 peque*ño*[ña] agricul*tor*[tora] *mf.*

れいじ 零時 cero horas *fpl.*‖ストは本日零時に開始された La huelga se ha iniciado a las cero horas de hoy. ／今零時10分だ Son las cero horas y diez minutos.

れいしょう 冷笑 burla *f.*, sonrisa *f.* sarcástica‖冷笑を浮かべて con una sonrisa sarcástica ／冷笑を買う ser objeto de burla
▶冷笑する burlarse《de》, mofarse《de》

れいしょう 例証 ejemplificación *f.*, ilustración *f.*
▶例証する ejemplificar, ilustrar, demostrar ALGO con ejemplos

れいじょう 令状 orden *f.* judicial‖令状を発する emitir una orden judicial
▣逮捕令状‖逮捕令状を提示する mostrar la orden de「arresto [detención]

れいじょう 令嬢 señorita *f.*‖ペレス氏のご令嬢 la hija del Sr. Pérez

れいじょう 礼状 carta *f.* de「agradecimiento [gratitud]‖礼状を書く escribir una carta de agradecimiento

れいすい 冷水 agua *f.* fría
▣冷水器／冷水機 refrigerador *m.* de agua
▣冷水摩擦‖冷水摩擦をする（自分に）frotarse con una toalla mojada en agua fría
▣冷水浴‖冷水浴をする「tomar un baño de [bañarse con] agua fría

れいせい 冷製 plato *m.* frío,（肉類の）fiambre *m.*
▣冷製スープ sopa *f.* fría
▣冷製パスタ pasta *f.* fría

れいせい 冷静
▶冷静な seren*o*[na], flemáti*co*[ca] ‖冷静

な判断を下す hacer un juicio sereno, juzgar con serenidad／冷静な態度を保つ mantener una actitud serena
▶冷静に con「calma [serenidad],《慣用》con sangre fría」‖冷静に話す hablar con calma
▶冷静さ serenidad f.,《慣用》presencia f. de ánimo‖冷静さを失う perder la「calma [serenidad],《慣用》perder「la cabeza [los estribos]」／冷静さを取り戻す recuperar la calma／冷静さを装う fingir「calma [serenidad]」／冷静さを保つ mantener la「calma [serenidad]」

れいせつ 礼節 →れいぎ(礼儀)‖礼節を重んじる respetar las reglas de「cortesía [urbanidad]」

れいせん 冷戦 guerra f. fría‖冷戦の時代 época f. de la guerra fría

れいぜん 霊前 ‖霊前に花を捧げる「depositar [poner] flores en el altar

れいそう 礼装 traje m. de「etiqueta [ceremonia]」→れいふく(礼服)

れいぞう 冷蔵 refrigeración f.
▶冷蔵する refrigerar, conservar ALGO en refrigeración
◨要冷蔵 (表示)「Consérvese [Manténgase] en refrigeración ¦ Consérvese en frío
◨冷蔵庫 frigorífico m., refrigerador m., nevera f.‖冷蔵庫で冷やす「refrigerar [enfriar] ALGO en la nevera／冷蔵庫で肉を保存する conservar la carne en la nevera
◨冷蔵室 cámara f. de refrigeración

れいそく 令息 ‖サントス氏のご令息 el hijo del Sr. Santos

れいだい 例題 ejercicio m.‖例題を解く resolver un ejercicio

れいたん 冷淡
▶冷淡な frío[a],（無関心な) indiferente, displicente‖冷淡な人 persona f. displicente
▶冷淡に fríamente,（無関心に) con「indiferencia [displicencia]」‖冷淡に扱う tratar con frialdad a ALGUIEN
▶冷淡さ frialdad f.,（無関心) indiferencia f., displicencia f.

れいだんぼう 冷暖房 climatización f.
◨冷暖房装置 aire m. acondicionado, acondicionador m. de aire, climatizador m.
◨冷暖房付き(の) con aire acondicionado, climatizado[da]‖冷暖房付きの部屋 habitación f.「con aire acondicionado [climatizada]」

れいちょう 霊長
(諺) 人間は万物の霊長である El hombre es el rey de la creación.
◨霊長類 primates mpl.
◨霊長類学 primatología f.

れいてん 零点 cero m.‖試験で零点を取る sacar un cero en el examen

れいど 零度 cero grados mpl.‖気温は零度だ La temperatura es de cero grados.

れいとう 冷凍 congelación f.
▶冷凍の congelado[da]
▶冷凍する congelar
◨冷凍血液 sangre f. congelada
◨冷凍庫 congelador m.
◨冷凍室 cámara f. de congelación
◨冷凍車 camión m. frigorífico
◨冷凍食品 alimentos mpl. congelados
◨冷凍保存 conservación f. en congelación

れいねん 例年‖例年通りに como todos los años／例年この時期は雨が少ない En esta época del año llueve poco.／この夏は例年になく暑い Este es un verano excepcionalmente caluroso.／例年の3倍の収穫がある tener tres veces más cosecha que en años normales

れいはい 礼拝 adoración f., culto m.,（儀式) oficio m.‖礼拝に出る asistir a un oficio
▶礼拝する adorar,「dar [rendir] culto《a》
◨礼拝者 participante com. en actos litúrgicos
◨礼拝堂 capilla f.

れいふく 礼服「traje m. de「etiqueta [ceremonia]」, vestido m. de etiqueta [ceremonia] →れいそう(礼装)‖結婚式に礼服で出席する ir (en traje) de etiqueta a una boda

れいぶん 例文 frase f. de ejemplo, ejemplo m.‖例文をあげて説明する citar un ejemplo para explicar

れいぼう 冷房 refrigeración f. de aire,（空調) climatización f.‖冷房をつける encender el aire acondicionado／冷房を止める／冷房を切る apagar el aire acondicionado／冷房を強くする subir el aire acondicionado／冷房を弱くする／冷房を下げる bajar el aire acondicionado／このホールは冷房が利き過ぎだ El aire acondicionado está puesto demasiado fuerte en esta sala.
▶冷房する refrigerar el aire,（空調する) climatizar
◨冷房車 (電車の) vagón m.「con aire acondicionado [climatizado]」
◨冷房装置 sistema m. de aire acondicionado
◨冷房病 malestar m. físico causado por el uso de aire acondicionado

れいめい 黎明（夜明け) amanecer m.,（萌芽期) albores mpl., aurora f.
◨黎明期‖民主主義の黎明期 los albores de la democracia

レインコート impermeable m.

レインシューズ botas fpl. de「agua [goma]」

レーサー piloto com. de carreras
◨F1レーサー piloto com. de Fórmula 1 (uno)

レーザー láser m.
- レーザー光線 rayo m. láser
- レーザーディスク disco m. láser
- レーザープリンタ impresora f. láser
- レーザーポインター puntero m. láser
- レーザーメス bisturí m. láser

レーシングカー [coche m. [automóvil m.] de carreras, bólido m.

レース ❶ (編み物) encaje m., puntilla f. ‖ レースのハンカチ pañuelo m. de encaje / レースのテーブルセンター tapete m. de ganchillo / レースを編む hacer encaje
- レース編み (手製の) encaje m. a mano, (機械の) encaje m. a máquina
- レース糸 hilo m. de encaje

❷ (競走など) carrera f. ‖ レースに参加する participar en una carrera / レースに勝つ ganar una carrera / レースに負ける perder una carrera

レーズン 《料理》pasa f.

レーダー radar m. ‖ レーダーで不審船を追う seguir con el radar a un barco sospechoso / レーダーがヘリコプターの残骸を探知した El radar detectó restos del helicóptero.
- レーダーアンテナ antena f. de radar
- レーダー基地 base f. de radares
- レーダー探知機 detector m. de radar
- レーダー網 red f. de radares

レート 《商業》tipo m., tasa f., cambio m. ‖ ドルの対ユーロレート cambio m. del dólar frente al euro
- 為替レート tipo m. de cambio
- プライムレート tasa f. de interés preferencial

レーヨン 《商標》rayón m., seda f. artificial
- レーヨン生地 tejido m. de rayón

レール raíl m., riel m., carril m. ⇒ せんろ(線路) ‖ レールを敷く colocar [raíles [rieles], (準備する) preparar el camino (para) / 親の敷いたレールに乗る seguir el camino preparado por los padres

レーン (車線) carril m., (競走・水泳の) calle f., (ボーリングの) pista f.
- バス専用レーン carril m. exclusivo para autobuses, carril m. bus

レオタード leotardo m. ‖ レオタードをはく ponerse unos leotardos

レガッタ (ボート競技) regata f.

れきし 歴史 historia f. ‖ 200年以上の歴史がある祭り fiesta f. con más de 200 años de historia / 歴史に残る pasar a la historia / 歴史に学ぶ aprender de historia / スペインの歴史を学ぶ aprender la historia de España / 古い歴史をもつ tener una larga historia / 国の歴史を知る conocer la historia de un país / 歴史をさかのぼる remontarse en la historia
- ▶歴史(上)の/歴史的な histórico[ca] ‖ 歴史の流れ curso m. de la historia / 歴史上の人物 personaje m. histórico / 歴史的な演説をする pronunciar un discurso histórico
- ▶歴史的に históricamente ‖ 歴史的に見ると desde el punto de vista histórico, históricamente hablando
- 〔諺〕歴史は繰り返す La historia se repite.
- 歴史家 historiador[dora] mf.
- 歴史観 visión f. de la historia
- 歴史書 historia f.
- 歴史小説 novela f. histórica

れきし 轢死 muerte f. por atropello
- ▶轢死する morir atropellado[da] por un [tren [coche]
- 轢死体 cadáver m. de una persona atropellada, (動物の) cadáver m. de un animal atropellado

れきぜん 歴然
- ▶歴然たる más que evidente ⇒めいはく(⇒明白な) ‖ 歴然たる事実 hecho m. más que evidente
- ▶歴然と ‖ 容疑者(男性)が真実を言わなかったのは歴然としている Es muy evidente que el presunto autor no dijo la verdad.

れきだい 歴代
- ▶歴代の sucesivos[vas] ‖ メキシコの歴代の大統領 sucesivos presidentes mpl. mexicanos

れきにん 歴任
- ▶歴任する ‖ 内務大臣, 防衛大臣のポストを歴任する ocupar sucesivamente los cargos de ministro del Interior y ministro de Defensa.

れきほう 歴訪
- ▶歴訪する ‖ アジアの国々を歴訪する visitar sucesivamente países asiáticos

レギュラー (正選手) titular com. ‖ レギュラーになる convertirse en titular
- レギュラーの titular, regular
- レギュラーガソリン gasolina f. normal
- レギュラー選手 jugador[dora] mf. [titular [regular]
- レギュラー番組 programa m. regular
- レギュラーメンバー miembro com. [titular [regular]

レクリエーション recreo m., recreación f.
- レクリエーション施設 instalaciones fpl. [de recreo [recreativas]

レゲエ 《英語》《音楽》reggae m.

レコーディング ⇒ろくおん(録音)

レコード ❶ (記録) récord m., marca f., registro m. ⇒きろく(記録)
- レコードホルダー (記録保持者) plusmarquista com., poseedor[dora] mf. de un récord

❷ (音楽) disco m. ‖ レコードをかける poner un disco / レコードを聴く escuchar un disco

レザー 1176

▶ **レコードの** discográfico[ca]
◪ **シングルレコード** disco m. 「sencillo [de corta duración]
◪ **レコード会社** 「empresa f. [casa f.] de discos」「empresa f. [casa f.] discográfica
◪ **レコードコンサート** concierto m. de discos
◪ **レコード針** aguja f. de disco
◪ **レコードプレーヤー** tocadiscos m.[=pl.]
◪ **レコードマニア** discófilo[la] mf.

レザー cuero m., piel f.
◪ **レザーコート** abrigo m. de piel

レジ caja f. ‖ レジを済ませる pagar ／ レジに並ぶ hacer cola en la caja ／ お支払いはレジでお願いします Pague en caja, por favor.
◪ **レジ係** cajero[ra] mf.

■■■ **レジにて** ■■■

‖ **よく使う会話表現**
● 全部で120ユーロです Son 120 euros en total.
● 200ユーロでお願いします Le doy 200 euros.
● おつりの80ユーロとレシートです Aquí tiene 80 euros de vuelta y el tique.
● 手持ちの現金が足りません No tengo suficiente efectivo.
● クレジットカードは使えますか ¿Se puede pagar con tarjeta?
● ビザとアメックス、それからマスターカードが使えます Puede pagar con VISA, Amex o Master Card.
● ここにサインをお願いします Firme aquí, por favor.
● こちらがお客様の控えになります Aquí tiene el resguardo de la compra.

レシート tique m., recibo m., 《中南米》tiquete m. ‖ レシートを渡す dar el tique《a》
レシーバー 《受信機》receptor m.
レシーブ 《テニスなど》recepción f.
▶ **レシーブする** recibir ‖ サーブをレシーブする recibir un saque
レジスター caja f. registradora, 《IT》 registro m.
レシピ 《料理》receta f.
レシピエント 《医学》《臓器移植の》receptor[tora] mf.
レジャー pasatiempo m., entretenimiento m., 《余暇》ocio m. ‖ レジャーを楽しむ disfrutar del ocio
◪ **レジャーガイド** guía f. del ocio
◪ **レジャー産業** industria f. del ocio
◪ **レジャー施設** instalación f. de ocio
レジュメ resumen m. ‖ レジュメを作る hacer un resumen《sobre, de》／ レジュメを提出する 「presentar [entregar] un resumen《sobre, de》

レスキューたい レスキュー隊 equipo m. de rescate
レストラン restaurante m. ‖ 家庭的なレストラン restaurante m. casero ／ 高くてまずいレストラン restaurante m. caro y malo ／ 安くておいしいレストラン restaurante m. barato y bueno ／ レストランを予約する reservar mesa en un restaurante ／ レストランに入る entrar en un restaurante ／ レストランで食事する comer en un restaurante ／ おいしいレストランをご存知ですか ¿Conoce usted algún restaurante donde se coma bien?
◪ **レストラン街** 「calle f. [barrio m., zona f.] de restaurantes
◪ **レストラン業** restauración f.

■■■ **レストランにて** ■■■

‖ **よく使う会話表現**
● 3名で予約をお願いします Quisiera reservar mesa para tres personas.
● 何名さまですか ¿Cuántos son ustedes?
● 5人です Somos cinco.
● コートをお預かりしましょう Vamos a guardar su abrigo.
● メニューを見せてください Tráiganos la carta, por favor.
● この店のおすすめは何ですか ¿Cuáles son las especialidades de la casa?
● どの料理がおすすめですか ¿Qué platos nos recomienda?
● 今日のスープは何ですか ¿Cuál es la sopa de hoy?
● (メニューを示して)これをください Voy a comer este plato.
● 食前酒にシェリーをお願いします Como aperitivo, una copa de jerez, por favor.
● 生ビールをください Una caña (de cerveza), por favor.
● ワインのリストを見せてください Tráigame la carta de vinos.
● この赤ワインをボトルでください Tráiganos una botella de este vino tinto.
● メインディッシュに舌ビラメの鉄板焼をください De segundo, lenguado a la plancha, por favor.
● デザートにアップルパイをください De postre, tarta de manzana, por favor.
● この料理はとてもおいしいです Está muy rico este plato.
● ごちそうさまでした Estaba muy rica la comida.
● お勘定をお願いします La cuenta, por favor.
● カードは使えますか ¿Puedo pagar con tarjeta?

◎現金で払います Voy a pagar en efectivo.

レズビアン (同性愛) lesbianismo *m*.
▶レズビアンの lésbico[ca] ‖ レズビアンの女性 lesbiana *f*.,《俗語》(軽蔑的に) tortillera *f*.
レスラー lucha*dor*[*dora*] *mf*.
レスリング lucha *f*. olímpica ‖ レスリングの試合 combate *m*. de lucha olímpica
▶レスリングをする luchar《con》
◱レスリング選手 lucha*dor*[*dora*] *mf*.
レセプション recepción *f*. ‖ レセプションに出席する asistir a una recepción / レセプションを行う celebrar una recepción
レター carta *f*.
◱レターセット juego *m*. para escribir cartas
◱レターヘッド membrete *m*.
レタス lechuga *f*.
れつ 列 fila *f*., (行列) cola *f*. ⇒ぎょうれつ (行列) filas *fpl*. y columnas *fpl*. de una tabla / 3列目の右端に en el extremo derecho de la tercera fila / 列に並ぶ ponerse a la「fila [cola] / 2列に並べる colocar en「dos filas [doble fila] / 列になる ponerse en fila / 列に割り込む colarse en la「fila [cola] / 列を作る hacer「fila [cola], formar「fila [cola] / 長蛇の列を作って待つ esperar en una cola interminable / 列を離れる apartarse de la「fila [cola] / 列に戻る volver a la「fila [cola] / すぐに車の列ができた Inmediatamente se formó una cola de coches.
▶列する (出席する) asistir《a》, (名をつらねる) figurar《en, entre》‖ 式に列する asistir a una ceremonia
れつあく 劣悪
▶劣悪な deficiente y ma*lo*[*la*] ‖ 劣悪な労働条件 condiciones *fpl*. de trabajo「deficientes [deplorables]
れっか 劣化 deterioro *m*., empeoramiento *m*.
▶劣化する deteriorarse, empeorar(se) ‖ 画質が劣化する (Se) empeora la calidad de imagen.
◱劣化ウラン uranio *m*. empobrecido
れっか 烈火 ‖ 烈火の如く怒る《慣用》echar fuego por los ojos
レッカーしゃ レッカー車 grúa *f*., remolque
れっきとした 歴とした (明白な) evidente, (本物の) auténtico[ca], (正式の) legítimo[ma] ‖ れっきとした証拠 prueba *f*.「evidente [irrefutable] / ペドロはれっきとした医師だ Pedro es un médico hecho y derecho. ¦ Pedro es todo un médico.
れっきょ 列挙 enumeración *f*.
▶列挙する enumerar, hacer una enumeración《de》‖ 町の魅力を列挙する enumerar los encantos de la ciudad
れっきょう 列強 ‖ 世界の列強 grandes potencias *fpl*. del mundo
れっこく 列国 ‖ 欧州列国 los países「europeos [de Europa]
れっしゃ 列車 tren *m*. ‖ マドリード行きの列車 tren *m*. con destino a Madrid / バレンシア発の列車 tren *m*. procedente de Valencia / 5両編成の列車 tren *m*. de cinco vagones / この列車はグラナダ行きですか ¿Este tren es para Granada? / 列車が30分遅れている El tren lleva media hora de retraso. / 列車が混んでいる El tren va lleno. / 列車が駅に着く El tren llega a la estación. / 列車が駅を出発する El tren sale de la estación. / 列車が不通になった El servicio de trenes quedó interrumpido. / 列車で行く ir en tren / 列車で旅行する viajar en tren / 列車で移動する trasladarse en tren / 列車に乗る subir al tren, tomar el tren / 列車を降りる bajar del tren / 列車を乗り換える cambiar de tren / 列車を逃す perder el tren / 列車を予約する reservar un asiento en el tren / 停電で列車のダイヤが乱れた El corte eléctrico alteró el servicio de trenes.
◱列車事故 accidente *m*. ferroviario
◱列車時刻表 horario *m*. de trenes

列車の種類

貨物列車 tren *m*. de mercancías / 高速列車 tren *m*. de alta velocidad / 寝台列車 tren *m*. coche cama / 長距離列車 tren *m*.「larga distancia [largo recorrido] / 近距離列車 tren *m*. de cercanías / 直通列車 tren *m*. directo / 特急列車 tren *m*. expreso / 上り[下り]列車 tren *m*.「ascendente [descendente] / 夜行列車 tren *m*. nocturno / 臨時列車 tren *m*. especial

---

れっしょう 裂傷 laceración *f*., desgarro *m*., desgarrón *m*. ‖ 裂傷を負う sufrir un desgarro
れっしん 烈震「terremoto *m*. [seísmo *m*.] violento, terremoto *m*. con una intensidad de 6 grados en la escala japonesa
レッスン lección *f*., clase *f*., (練習) práctica *f*. ‖ 歌のレッスン clase *f*. de canto / ギターのレッスンを受ける「tomar [recibir] clases de guitarra
れっせい 劣性 recesividad *f*.
▶劣性の recesi*vo*[*va*]
◱劣性遺伝 herencia *f*. recesiva
◱劣性遺伝子 gen *m*. recesivo

れっせい 劣勢 desventaja *f.*, inferioridad *f.* ‖ 劣勢に立つ「estar [encontrarse] en desventaja, (慣用)llevar「la peor parte [las de perder] ／ 劣勢を挽回する recuperarse de la desventaja ／ 劣勢をはねかえす「remontar [superar] la desventaja

れっせき 列席 presencia *f.* ‖ ご列席の皆様 (呼びかけ) Señoras y señores presentes ／ 今夜の閉会式に大使(男性)のご列席をたまわりました Esta noche el embajador nos honra con su presencia en la clausura.
▶列席する asistir《a》, presenciar
◪列席者 presente *com.*

レッテル etiqueta *f.*, rótulo *m.*, (格式語) marbete *m.* ⇒ラベル ‖ ワインのレッテル etiqueta *f.* de vino ／ ビールの瓶にレッテルを貼る「poner una etiqueta en [etiquetar] la botella de cerveza ／ 彼は間抜けのレッテルを貼られた Le han puesto la etiqueta de tonto.

れっとう 列島 archipiélago *m.*,「cadena *f.* [rosario *m.*] de islas
◪千島列島 islas *fpl.* Kuriles
◪日本列島 archipiélago *m.*「japonés [de Japón]

れっとう 劣等 inferioridad *f.* ⇒おとる(劣る)
◪劣等感 complejo *m.* de inferioridad ‖ 私は兄弟に劣等感がある Tengo un complejo de inferioridad con mis hermanos.／彼女は背が低いことに劣等感を持っている Ella tiene complejo por ser baja.
◪劣等生 estudiante *com.*「flo*jo*[*ja*] [mediocre]

レッドカード tarjeta *f.* roja ‖ レッドカードを出す sacar tarjeta roja《a》／ レッドカードを受ける recibir tarjeta roja

れっぷう 烈風 viento *m.* violento

レディー señora *f.*, dama *f.*
◪レディーファースト ‖ レディーファーストで Primero las damas.／レディファーストにする dar preferencias a las damas

レディーメード
▶レディーメードの de confección ‖ レディーメードの服「traje *m.* [prenda *f.*] de confección

レトルト (化学)(器具) retorta *f.*, (食品加工) pascalización *f.*
◪レトルト食品 alimento *m.* pascalizado

レバー ❶ (肝臓) hígado *m.*
◪レバーペースト paté *m.* de hígado
❷ (操作用取っ手) palanca *f.* ‖ レバーを引く tirar de la palanca ／ レバーを前に倒す empujar la palanca hacia adelante

レパートリー repertorio *m.* ‖ 歌のレパートリーが広い tener un「extenso [amplio] repertorio de canciones ／ 私の音楽のレパートリーは狭い Mi repertorio musical es「escaso [pequeño].／レパートリーを広げる「ampliar [enriquecer] el repertorio《de》

レバレッジ (経済)apalancamiento *m.*
◪レバレッジ効果 (経済)efecto *m.* de apalancamiento

レビュー (批評) crítica *f.*, (書評) reseña *f.*, (演芸) revista *f.*

レフェリー (スポーツ)árbi*tro*[*tra*] *mf.* ‖ レフェリーを務める「hacer [ejercer] de árbi*tro*[*tra*] ／ ワールドカップの決勝のレフェリーを務める arbitrar la final de la Copa Mundial

レフト (左) izquierda *f.*,(野球)(左翼) jardín *m.* izquierdo,(左翼手) jardine*ro*[*ra*] *mf.* izquier*do*[*da*]

レベル nivel *m.* ‖ レベルの高い[低い]試合 partido *m.* de「alto [bajo] nivel ／ 世界のレベルに達する「alcanzar el [llegar al] nivel mundial ／ 生活のレベルを上げる[下げる]「subir [bajar] el nivel de vida
◪レベルアップ「subida *f.* [ascenso *m.*] de nivel ‖ 英語のレベルアップする「subir [mejorar] el nivel del inglés
◪レベルダウン「bajada *f.* [descenso *m.*] de nivel

レポーター reporte*ro*[*ra*] *mf.*

レポート (報告) informe *m.*, (中南米) reporte *m.*, (課題) trabajo *m.* ‖ キューバの現状に関するレポート informe *m.* sobre la situación actual de Cuba ／ 数学のレポート trabajo *m.* de Matemáticas ／ レポートを書く「redactar [elaborar] un informe ／ レポートを提出する (課題) entregar un trabajo
▶レポートする informar a ALGUIEN《de》‖ 視聴者に選挙の結果をレポートする informar a los telespectadores de los resultados de las elecciones

レモネード limonada *f.*

レモン 檸檬 (果実・木) limón *m.*, (木) limonero *m.* ‖ レモンを搾る exprimir un limón ／ レモンを輪切りにする cortar en rodajas un limón ／ 紅茶にレモンを添えて出す servir té con una rodaja de limón
◪レモン色 color *m.* limón
◪レモン絞り器 exprimidor *m.*, estrujadora *f.*
◪レモンスカッシュ limonada *f.* gaseosa
◪レモンティー té *m.* con limón

レモングラス (植物)caña *f.* de limón, hierba *f.* limón, limoncillo *m.*

レモンバーム (植物)toronjil *m.*, melisa *f.*

れる ❶ (受身) ‖ あるジャーナリストによってその秘密は暴かれた El secreto **fue revelado** por un periodista.《ser『+他動詞の過去分詞』》／ この国では老人が尊敬される En este país **se respeta** a los ancianos.《se『+動詞の3人称単数形』》／ 会議では環境問題が議論された En la reunión **se discutieron** los problemas medioambientales. 《se〖+他動詞の3人称の活用〗》／私は昨日パスポートを盗まれた Me robaron el pasaporte ayer. 《動詞の3人称複数形の無主語文》

❷（可能）‖明日は来られますか ¿Puede usted venir mañana? 《poder〖+不定詞〗》

れんあい 恋愛 amor *m*., romance *m*. ‖ 熱烈な恋愛 amor *m*. apasionado ／ 恋愛中である estar enamora*do*[*da*]《de》
▶恋愛の amoro*so*[*sa*], de amor, sentimental
◰恋愛関係‖〜と恋愛関係にある tener relaciones「amorosas [sentimentales]《con》
◰恋愛感情 sentimiento *m*. de amor
◰恋愛結婚 matrimonio *m*. por amor ‖ 恋愛結婚をする casarse por amor
◰恋愛小説 novela *f*. de amor

れんか 廉価 precio *m*.「bajo [barato]‖廉価で売る vender ALGO a bajo precio ／ 廉価を提供する ofrecer un precio económico
▶廉価な bara*to*[*ta*], económi*co*[*ca*], módi*co*[*ca*]
◰廉価版 edición *f*. popular
◰廉価販売 rebajas *fpl*.
◰廉価品 producto *m*. barato

れんが 煉瓦 ladrillo *m*., （日干しの） adobe *m*. ‖ 煉瓦を積む poner ladrillos ／ 床に煉瓦を敷く enladrillar el suelo, revestir el suelo con ladrillos
◰煉瓦工場 ladrillar *m*.
◰煉瓦敷き ladrillado *m*., enladrillado *m*.
◰煉瓦職人 albañil *com*. de ladrillos
◰煉瓦製造者 ladrille*ro*[*ra*] *mf*.
◰煉瓦造り‖煉瓦造りの建物 edificio *m*. de ladrillos

れんきゅう 連休 días *mpl*. festivos seguidos, puente *m*. ‖ 5月の6連休 seis días *mpl*. festivos seguidos de mayo ／ 連休にする（休日間の平日を休みにして） hacer puente ／ 明日連休が始まる Mañana comienza el puente.

れんきんじゅつ 錬金術 alquimia *f*.
▶錬金術の alquími*co*[*ca*]
◰錬金術師 alquimista *com*.

れんげ 蓮華 （蓮の花） flor *f*. de loto → はす（蓮）,（中華料理のスプーン） cuchara *f*. china
◰蓮華草 astrágalo *m*., tragacanto *m*.

れんけい 連係 conexión *f*., relación *f*., vinculación *f*.
◰連係動作 movimientos *mpl*. encadenados
◰連係プレー jugada *f*. combinada

れんけい 連携 cooperación *f*., colaboración *f*. ‖ 連携を強める「incrementar [fortalecer] la colaboración《con》／ 連携を密にする estrechar la colaboración《con》, colaborar estrechamente《con》
▶連携する cooperar《con》, colaborar《con》

◰経済連携協定 acuerdo *m*. de asociación económica

れんけつ 連結 acoplamiento *m*., enganche *m*. ‖ 9両連結の電車 tren *m*. de nueve vagones acoplados
▶連結する acoplar ALGO《a》, conectar ALGO《a, con》
◰連結器 acoplamiento *m*., conector *m*.
◰連結決算 cuenta *f*. consolidada

れんこ 連呼
▶連呼する repetir ALGO en voz alta

れんこう 連行
▶連行する llevar‖窃盗の容疑者の男は警察署に連行された Llevaron al presunto autor del robo a la comisaría de policía.

れんごう 連合 unión *f*., asociación *f*., （同盟） federación *f*., alianza *f*., coalición *f*.
▶連合する unirse《a, con》, asociarse《a, con》, aliarse《con》‖地域の商店が連合した Se han asociado los comercios de la zona. ／ その二か国が連合する Los dos países forman una alianza.
◰連合艦隊 flota *f*. combinada
◰連合軍 fuerzas *fpl*. aliadas
◰連合国 países *mpl*. aliados,（世界大戦の） Aliados *mpl*.

れんごく 煉獄 purgatorio *m*.

れんこん 蓮根 raíz *f*. de loto

れんさ 連鎖 cadena *f*., encadenamiento *m*.
◰連鎖球菌 estreptococo *m*.
◰連鎖倒産 bancarrota *f*. en cadena
◰連鎖反応 reacción *f*. en cadena‖核分裂連鎖反応 reacción *f*. nuclear en cadena

れんざ 連座 implicación *f*.
▶連座する‖事件に連座する involucrarse en un caso
◰連座制（公職選挙法の） sistema *m*. de corresponsabilidad de un candidato con los participantes en su campaña electoral

れんさい 連載‖雑誌の連載 serial *m*. en una revista
▶連載する publicar ALGO「por partes [en folletín]‖新聞に記事を連載する tener una columna en un periódico
◰連載小説 novela *f*. de folletín, folletín *m*.
◰連載風刺漫画 caricatura *f*. de folletín

れんさく 連作 （テレビなどの） serial *m*., serie *f*.,《農業》 cultivo *m*. sucesivo de una misma especie en un lugar,（単作） monocultivo *m*.
▶連作する‖ジャガイモを連作する practicar el monocultivo de patata

れんざん 連山 cadena *f*. de montañas, cordillera *f*.

レンジ cocina *f*.
◰ガスレンジ cocina *f*. de gas

れんじつ 連日 día tras día,（日々） día por día‖連日の猛暑 tremendo calor *m*. de estos

días, ola *f.* de calor persistente
◪ 連日連夜 todos los días y (todas las) noches

れんしゅう 練習 práctica *f.*, ejercicio *m.*, (スポーツの) entrenamiento *m.*, (芝居などの) ensayo *m.* ‖ 厳しい練習に耐えるソポルタル un entrenamiento duro ／ 練習に励む「entrenarse [ensayar] intensamente ／ 練習を休む (さぼる) faltar al entrenamiento, (休息する) descansar del entrenamiento ／ 練習を続ける continuar con el entrenamiento ／ 練習を再開する volver a entrenarse ／ 練習を積む「entrenarse [practicar, ensayar] constantemente ／ 彼らは十分練習を積んでいる Ellos están bien entrenados.
▶ 練習(を)する entrenarse, practicar, ensayar ‖ ギターの練習をする practicar la guitarra
◪ 練習曲 estudio *m.*
◪ 練習試合 partido *m.* de preparación
◪ 練習場 sala *f.* de ensayo, 《スポーツ》campo *m.* de entrenamiento
◪ 練習生 estudiante *com.*
◪ 練習船 buque *m.* escuela
◪ 練習不足 falta *f.* de entrenamiento ‖ 練習不足である estar desentrena*do*[*da*]
◪ 練習問題 ejercicio *m.* ‖ 練習問題をする hacer ejercicios

れんしょ 連署 firmas *fpl.* 「conjuntas [colectivas], (副署) refrendo *m.*
▶ 連署する firmar conjuntamente, (副署する) refrendar

れんしょう 連勝 victorias *fpl.* 「consecutivas [sucesivas] ‖ 連勝を続ける mantener *su* imbatibilidad ‖ レアルマドリードのホームでの連勝がストップした El Real Madrid perdió su imbatibilidad en casa.
▶ 連勝する ganar sucesivamente ‖ 5連勝する conseguir cinco victorias consecutivas
◪ 連勝記録 récord *m.* de imbatibilidad ‖ 連勝記録を破る superar el récord de imbatibilidad 《de》

レンズ lente *f(m).*, (カメラの) objetivo *m.* ‖ 厚い「薄い」レンズ lente *f.* gruesa [delgada] ／ レンズを絞る diafragmar, reducir el diafragma ／ レンズを磨く pulir una lente ／ レンズを向ける dirigir la cámara 《a, hacia》
◪ 凸レンズ lente *f.* convexa
◪ 凹レンズ lente *f.* cóncava
◪ 拡大レンズ lente *f.* de aumento
◪ 広角レンズ objetivo *m.* gran angular
◪ 非球面レンズ lente *f.* asférica
◪ 二重焦点レンズ lente *f.* bifocal
◪ レンズ豆 lentejas *fpl.*

れんせん 連戦
▶ 連戦する jugar varios partidos seguidos
◪ 連戦連勝 una serie de 「triunfos consecutivos [victorias consecutivas] ‖ このチームは今週は連戦連勝だった Este equipo ganó todos los partidos que jugó esta semana.
◪ 連戦連敗 una serie de derrotas consecutivas ‖ 連戦連敗する sufrir varias derrotas consecutivas, ir de derrota en derrota

れんそう 連想 asociación *f.* de ideas, evocación *f.*
▶ 連想する asociar ‖ 私はスイカを見ると夏の到来を連想する Asocio la sandía con la llegada del verano.
▶ 連想させる evocar ‖ 私の幼年時代を連想させる映画 película *f.* que evoca mi infancia
◪ 連想ゲーム juego *m.* de asociación

れんぞく 連続 continuación *f.*, sucesión *f.*
▶ 連続する continuar, seguir
▶ 連続して ‖ 5日連続して雨が降った Llovió cinco días 「seguidos [consecutivos]. ／ 事故が2件連続して起きた Ocurrieron dos accidentes, uno tras otro.
▶ 連続した conti*nuo*[*nua*], segui*do*[*da*], suces*ivo*[*va*]
▶ 連続的な consecut*ivo*[*va*]
▶ 連続性 continuidad *f.*
◪ 連続殺人 asesinato *m.* en serie
◪ 連続殺人犯 asesi*no*[*na*] *mf.* en serie
◪ 連続上映 (映画館の) sesión *f.* continua
◪ 連続小説 novela *f.* en serie
◪ 連続テレビドラマ telenovela *f.*, serie *f.* de televisión

れんだ 連打 serie *f.* de puñetazos, paliza *f.*, (太鼓の) redoble *m.* ‖ 三連打を達成する《野球》lograr tres hits consecutivos ／ 両手で連打を浴びせる《ボクシング》dar puñetazos continuos con ambas manos 《a》 ／ 連打を浴びる《ボクシング》recibir una serie de puñetazos continuos
▶ 連打する 「pegar [dar] una paliza 《a》 ‖ 太鼓を連打する redoblar, tocar redobles de tambor

れんたい 連帯 solidaridad *f.* ‖ 連帯を呼びかける hacer un llamamiento a la solidaridad
▶ 連帯する solidarizarse 《con》
▶ 連帯して solidariamente, de modo solidario ‖ 連帯して闘う luchar en solidaridad 《con》
◪ 連帯感 sentido *m.* de solidaridad ‖ 連帯感を呼び起こす despertar el sentido de solidaridad
◪ 連帯責任 responsabilidad *f.* solidaria
◪ 連帯保証 garantía *f.* solidaria
◪ 連帯保証人 cofia*dor*[*dora*] *mf.*

れんたい 連隊 regimiento *m.*
◪ 連隊旗 bandera *f.* del regimiento
◪ 連隊長 comandante *com.* del regimiento
◪ 連隊本部 cuartel *m.* del regimiento

レンタカー coche *m.* de alquiler ‖ レンタカーを借りる alquilar un coche ／ レンタカー

を返す devolver el coche ／ レンタカーを予約する reservar un coche de alquiler
◪ レンタカー会社「empresa *f.* [agencia *f.*] de alquiler de coches

■■■ レンタカーを借りる ■■■
‖ よく使う会話表現
◉ この近くにレンタカーの営業所はありますか ¿Hay aquí cerca una agencia de alquiler de coches?
◉ レンタカーの車種は何がいいですか ¿Qué tipo de coche quiere?
◉ 運転者は誰ですか ¿Quién conduce?
◉ パスポートと免許証をお願いします Su pasaporte y carné de conducir, por favor.
◉ 契約書にサインしてください Ponga su firma en este contrato, por favor.
◉ 料金はどのようになりますか ¿Cuál es la tarifa?
◉ 午後6時までにレンタカーを返してください Devuelva el coche antes de las seis de la tarde.
◉ 返す時はガソリンを満タンにして返してください Devuelva el coche con el depósito lleno.

レンタル alquiler *m.*
▶ レンタルする alquilar, arrendar
◪ レンタルサービス servicio *m.* de alquiler
◪ レンタルDVD DVD *m.* de alquiler
◪ レンタルビデオ[DVD]店 videoclub *m.*
◪ レンタル料金 precio *m.* de alquiler
れんたん 練炭 briqueta *f.*, aglomerado *m.*
れんちゅう 連中 gente *f.* ‖ 楽しい連中 gente *f.* divertida ／ たちの悪い連中 (軽蔑的に) gente *f.* de mala calaña ／ あんな連中とはつきあうな No andes con esa gentuza.
れんどう 連動
▶ 連動する funcionar sincronizadamente 《con》, engranar ‖ 2つの歯車が連動する Engranan las dos ruedas dentadas entre sí.
◪ 連動装置 engranaje *m.*, 《鉄道》dispositivo *m.* de enclavamiento
レントゲン (X線) rayos *mpl.* X, (X線撮影) radiografía *f.* ‖ レントゲンを撮る tomar una radiografía 《de》
◪ レントゲン技師 radiól*ogo*[ga] *mf.*
◪ レントゲン検査 examen *m.* radiográfico ‖ レントゲン検査を受ける hacerse una radiografía
◪ レントゲン写真 radiografía *f.* ‖ レントゲン写真をとる radiografiar
れんぱ 連破 victorias *fpl.* consecutivas
▶ 連破する 「ライバルを連破する「vencer [derrotar] sucesivamente a *su* rival
れんぱ 連覇 conquista *f.* consecutiva 《de》
▶ 連覇する ganar consecutivamente ‖ リーグを連覇する ganar consecutivamente la liga ／ 世界選手権で3連覇する conquistar tres veces consecutivas el campeonato mundial
れんぱい 連敗 derrotas *fpl.* consecutivas
▶ 連敗する perder「sucesivamente [consecutivamente]‖ 3連敗する sufrir tres derrotas consecutivas
れんぱく 連泊 estancia *f.* de más de una noche
▶ 連泊する「alojarse [hospedarse] dos o más noches
れんぱつ 連発 (銃の) disparos *mpl.* repetitivos ‖ 6連発の銃 revólver *m.* de seis tiros
▶ 連発する ‖ 質問を連発する acribillar a preguntas a ALGUIEN ／ ピストルを連発する disparar repetidamente ／ ジョークを連発する contar「chistes uno tras otro [un chiste tras otro]
◪ 連発銃 fusil *m.* de repetición
れんばん 連番 números *mpl.* consecutivos ‖ 宝くじを連番で買う comprar billetes de lotería con números consecutivos
れんぽう 連邦 federación *f.*, estado *m.* federal
◪ 連邦の federal
◪ 連邦国家 estado *m.* federal
◪ 連邦準備銀行 (米国の) Banco *m.* de la Reserva Federal
◪ 連邦制度 sistema *m.* federal
◪ 連邦政府 gobierno *m.* federal
◪ 連邦捜査局 (米国の) Oficina *f.* Federal de Investigación
れんぽう 連峰 ⇒れんざん(連山)
れんめいで ‖ 連名で申請書を提出する presentar una solicitud conjunta
れんめい 連盟 federación *f.*, unión *f.*, liga *f.* ‖ 連盟に加入する inscribirse en una federación ／ 連盟を脱退する darse de baja en una federación ／ 連盟を結ぶ formar una「federación [unión, liga], federarse
れんや 連夜 (varias) noches seguidas
れんらく 連絡 contacto *m.*, (通知) aviso *m.*, (交通機関の) enlace *m.*, correspondencia *f.* ‖ 列車の連絡 enlace *m.* de tren ／ 連絡がよい「悪い」(交通の便) estar「bien [mal] comunic*ado*[da] ／ 連絡が届く llegar *la* noticia 《de》／ 連絡がつく lograr contactar 《con》／ 連絡が途絶える perder el contacto 《con》／ 連絡をとる contactar 《con》, ponerse en contacto 《con》, comunicarse 《con》／ 離婚後も彼は息子たちと連絡をとっている Él mantiene el contacto con sus hijos después del divorcio. ／ 携帯で連絡を取り合いましょう Vamos a comunicarnos por móvil. ／ 連絡を受ける recibir la noticia 《de》／ 到着が遅れると両親から連絡があった

Mis padres me comunicaron que llegarían con retraso.
▶連絡する comunicar, informar a ALGUIEN 《de》,（交通機関が）enlazar《con》, empalmar《con》‖いつごろその御連絡をいただけますか ¿Cuándo me lo podría comunicar? ／結果はできるだけ早くご連絡いたします Le comunicaremos el resultado lo antes posible. ／この電車はバルセロナで他の電車と連絡している Este tren enlaza con otro en Barcelona.
◨連絡駅 estación f. de「enlace [correspondencia]
◨連絡会議 reunión f. de información
◨連絡係 mensajero[ra] mf.
◨連絡切符 billete m. combinado
◨連絡先（住所）dirección f. de contacto, （電話）teléfono m. de contacto
◨連絡事務所 oficina f. de contacto‖緊急の連絡先（電話）teléfono m. de contacto en caso de emergencia
◨連絡船 transbordador m., *ferry* m.
◨連絡網 red f. de contactos‖連絡網を作る crear una red de contactos

れんりつ 連立 coalición f.
▶連立する formar una coalición
◨連立一次[二次]方程式 ecuaciones fpl. simultáneas de「primer [segundo] grado
◨連立内閣/連立政権 gobierno m. de coalición
◨連立与党 coalición f. de partidos gobernante, partidos mpl. gobernantes en coalición

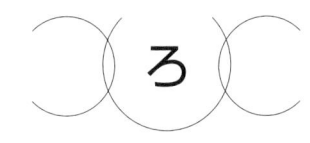

ろ

ろ 炉 horno m., (鍛冶屋の) fragua f.‖炉で焼く asar ALGO en el horno ／炉を囲む sentarse alrededor del fuego
ろ 櫓 remo m.‖櫓を漕ぐ remar
ロイヤルゼリー jalea f. real
ろう 牢 cárcel f., prisión f., calabozo m.‖牢に入れる encarcelar, meter a ALGUIEN en una cárcel ／牢に入っている estar encarcelado[da] ／牢を出る salir de「prisión [la cárcel] ／牢を破る「fugarse [escaparse] de una prisión
ろう 労 trabajo m., penas fpl.‖労に報いる recompensar ／労をいとわない/労を惜しまない no escatimar esfuerzos ／労を惜しまずに働く trabajar sin escatimar esfuerzos
▶～の労をとる tomarse la molestia de 『+不定詞』
ろう 蠟 cera f.‖蠟を引く encerar
◨蠟紙 papel m. encerado
◨蠟細工 obra f. de cera
◨蠟人形 figura f. de cera
◨蠟人形館 museo m. de cera
ろう 聾 sordera f.
▶聾の sordo[da]
◨聾者 sordo[da] mf.
◨聾学校 escuela f. de sordos
ろうあ 聾啞 sordomudez f.
▶聾啞の sordomudo[da]
◨聾啞者 sordomudo[da] mf.
◨聾啞学校 escuela f. de sordomudos
ろうえい 漏洩 （ガスの）fuga f., （機密の）filtración f., revelación f.‖機密の漏洩 filtración f. de un secreto

▶漏洩する filtrarse, revelarse‖企業秘密が漏洩した Se filtró el secreto empresarial. ／漏洩された外交文書 documento m. diplomático filtrado
ろうえき 労役 trabajo m. físico, （懲役）trabajo m. forzado‖労役を課する condenar a ALGUIEN a trabajos forzados
ろうか 老化 envejecimiento m., senescencia f., senilidad f.‖老化を防ぐ prevenir el envejecimiento ／老化を遅らせる retrasar el envejecimiento ／老化を早める acelerar el envejecimiento
▶老化する envejecer(se)
▶老化した envejecido[da]
◨老化現象「fenómeno m. [proceso m.] de envejecimiento
ろうか 廊下 pasillo m., corredor m.‖廊下を渡る cruzar el pasillo ／廊下を走ってはいけません No corran por los pasillos.
ろうかい 老獪‖老獪である《慣用》tener「el colmillo retorcido [los colmillos retorcidos]
▶老獪な astuto[ta],《格式語》taimado[da]
ろうかく 楼閣 castillo m.
《慣用》砂上の楼閣《慣用》castillo m. de arena
《慣用》空中楼閣を築く《慣用》「hacer [forjar] castillos en el aire
ろうがん 老眼 presbicia f., vista f. cansada‖老眼の人 présbita com. ／私はもう老眼になった Ya tengo la vista cansada.
◨老眼鏡 gafas fpl. para「presbicia [vista cansada]
ろうきゅう 老朽
▶老朽化する envejecer(se), desgastarse

▶老朽化した envejeci*do*[*da*], desgasta*do*[*da*]‖老朽化した建物 edificio *m.* vetusto

ろうきょう 老境‖老境に入る「entrar en [llegar a, alcanzar] la vejez

ろうく 労苦 ⇒ろう(労)‖労苦を共にする compartir las dificultades, compartir fatigas

ろうけつぞめ 臈纈染め batik *m.*

ろうご 老後 vejez *f.*, ancianidad *f.*‖老後に備える prepararse para la vejez／健康に老後を過ごす pasar la vejez sin problemas de salud／老後を楽しむ disfrutar la vejez

ろうごく 牢獄 cárcel *f.*, prisión *f.*, calabozo *m.* ⇒ろう(牢)

ろうさい 労災 accidente *m.*「de trabajo [laboral]‖労災と認定される ser reconoci*do*[*da*] como accidente de trabajo／企業は従業員の自殺を労災と認めた La empresa reconoció como accidente de trabajo el suicidio de uno de sus empleados.

◪労災保険 seguro *m.* de accidentes「de trabajo [laborales]

◪労災補償 indemnización *f.* por accidente(s) de trabajo

ろうさく 労作 obra *f.* laboriosa, trabajo *m.* laborioso‖この小説は労作だ Esta es una novela laboriosa.

ろうし 労使 la patronal y los trabajadores‖絶えず労使が対立する La empresa y los trabajadores se enfrentan constantemente.／労使の調停を行う mediar entre la patronal y「los trabajadores [los sindicatos]

◪労使関係 relaciones *fpl.* laborales

◪労使協調 cooperación *f.* entre la patronal y los trabajadores

◪労使交渉 negociaciones *fpl.* laborales

◪労使紛争 conflicto *m.* laboral (entre la empresa y sus trabajadores)

ろうじん 老人 persona *f.* anciana, ancia*no*[*na*] *mf.*,《話》vie*jo*[*ja*] *mf.*‖老人が増えている Va en aumento el número de personas mayores.／老人を介護する「atender [cuidar] a una persona mayor

◪老人医学 geriatría *f.*

◪老人介護 cuidado *m.* de personas mayores

◪老人学 gerontología *f.*

◪老人病 enfermedades *fpl.*「de la vejez [geriátricas]

◪老人病院 hospital *m.* geriátrico, geriátrico *m.*

◪老人福祉 bienestar *m.* para「la tercera edad [los ancianos]

◪老人ホーム「residencia *f.*[asilo *m.*]de ancianos, residencia *f.* de la tercera edad

ろうすい 老衰 decrepitud *f.*,《格式語》senilidad *f.*‖老衰で死ぬ morir de vejez,《話》morir de vie*jo*[*ja*]／祖母は99歳で老衰で死んだ Mi abuela murió de vieja a los 99 años.

▶老衰した senil, decrépi*to*[*ta*], cadu*co*[*ca*]

ろうすい 漏水「fuga *f.*[escape *m.*]de agua‖漏水がある／漏水している Hay una fuga de agua.／漏水を探知する detectar fugas de agua

ろうする 労する‖人手を労する requerir mucha mano de obra／労せずして sin hacer ningún esfuerzo, fácilmente

ろうそく 蠟燭 vela *f.*, candela *f.*‖蠟燭がついている La vela está encendida.／蠟燭の明かりで a la luz de una vela／蠟燭を点す[消す]「encender [apagar] una vela／蠟燭を立てる poner una vela

◪蠟燭立て candelero *m.*,（枝付き）candelabro *m.*

ろうちん 労賃 salario *m.*, sueldo *m.*,（日当）jornal *m.*

ろうでん 漏電 fuga *f.*「eléctrica [de electricidad],（ショート）cortocircuito *m.*‖ビルの内部で漏電が起きた Se produjo una fuga eléctrica en el interior del edificio.

ろうどう 労働 trabajo *m.*, labor *f.*‖厳しい労働に耐える soportar un trabajo duro／1日8時間労働 ocho horas diarias de trabajo／週40時間労働 40 horas semanales de trabajo

▶労働の laboral‖労働の喜び「alegría *f.* [placer *m.*]de trabajar／労働の体験 experiencia *f.* de trabajo

▶労働する trabajar

◪労働運動 movimiento *m.* obrero

◪労働基準監督署 oficina *f.* de inspección de normas laborales

◪労働基準法 Código *m.* de Normas Laborales

◪労働協約「convenio *m.*[contrato *m.*]colectivo de trabajo

◪労働契約 contrato *m.* de trabajo

◪労働コスト「coste *m.*[costo *m.*]laboral

◪労働時間 horas *fpl.* de trabajo‖労働時間短縮 reducción *f.* de las horas de trabajo

◪労働市場 mercado *m.* laboral

◪労働集約産業 industria *f.* intensiva en mano de obra

◪労働省 Ministerio *m.* de Trabajo

◪労働人口 población *f.* activa

◪労働生産性 productividad *f.* laboral

◪労働争議 conflicto *m.* laboral

◪労働大臣 minis*tro*[*tra*] *mf.* de Trabajo

◪労働日 día *m.* laborable

◪労働ビザ visado *m.* de trabajo

◪労働問題 problema *m.* laboral

◪労働力 mano *f.* de obra

ろうどうくみあい 労働組合 sindicato *m.*‖労働組合に入る afiliarse a un sindicato, sindicarse／労働組合を組織する formar un sindicato

☑ 労働組合員 miembro *com.* de un sindicato, sindicalista *com.*
☑ 労働組合主義 sindicalismo *m.*
☑ 労働組合法 Ley *f.* de Sindicatos
ろうどうしゃ 労働者 trabaja***dor***[*dora*] *mf.*, obre***ro***[*ra*] *mf.*,（日雇いの）jornale***ro***[*ra*] *mf.*
☑ 労働者階級 clase *f.* obrera, proletariado *m.*
☑ 労働者派遣業 agencia *f.* de trabajo temporal
ろうどく 朗読 lectura *f.* en voz alta,（詩の）recitación *f.*
▶朗読する leer en voz alta,（詩を）recitar, declamar ‖ 詩を朗読する「recitar [declamar] un poema
☑ 朗読者 recita***dor***[*dora*] *mf.*, declama***dor***[*dora*] *mf.*
ろうにゃくなんにょ 老若男女 hombres *mpl.* y mujeres *fpl.* de todas las edades ‖ 老若男女を問わず sin distinción de edad ni sexo
ろうにん 浪人 samurái *m.* sin amo;（学生）（説明訳）estudiante *com.* que habiendo suspendido el examen de ingreso a la universidad se prepara para repetir dicho examen
▶浪人する prepararse para repetir el examen de ingreso a la universidad
ろうねん 老年 vejez *f.*, ancianidad *f.*,《格式語》senectud *f.* ‖ 老年を迎える llegar a la「vejez [ancianidad]
ろうば 老婆 anciana *f.*, mujer *f.* anciana,《話》vieja *f.*
☑ 老婆心 老婆心ながら言わせていただきます Como soy más vie***jo***[*ja*] que usted, me permito darle un consejo.
ろうばい 狼狽 desconcierto *m.*, perplejidad *f.* ‖ 狼狽の色を隠せない no poder disimular su「desconcierto [perplejidad]
▶狼狽する desconcertarse, quedar(se) perple***jo***[*ja*] ‖ 彼の質問は私を狼狽させた Su pregunta me desconcertó.
▶狼狽した desconcerta***do***[*da*], perple***jo***[*ja*]
ろうはいぶつ 老廃物（体の）「desechos *mpl.* [residuos *mpl.*] del cuerpo
ろうひ 浪費 derroche *m.*, despilfarro *m.*, dilapidación *f.* ‖ エネルギーの浪費 derroche *m.* de energía ／ 時間の浪費 pérdida *f.* de tiempo
▶浪費する derrochar, despilfarrar, malgastar, desperdiciar, dilapidar ‖ 時間を浪費する「malgastar [dilapidar] el tiempo ／ 市長(男性)は市民に電気を浪費しないよう呼びかけた El alcalde pidió a la población no「malgastar [derrochar] electricidad.
☑ 浪費家 derrocha***dor***[*dora*] *mf.*, despilfa-
rra***dor***[*dora*] *mf.*
☑ 浪費癖 costumbre *f.*「de derrochar [derrochadora]
ろうほう 朗報 buena noticia *f.* ‖ 私に朗報が届いた Me llegó una buena noticia. ¦ Recibí una buena noticia. ／ あなたへ朗報です Tengo una buena noticia para usted.
ろうむ 労務 trabajo *m.*
☑ 労務管理 administración *f.* de「recursos humanos [personal]
☑ 労務者 trabaja***dor***[*dora*] *mf.*, obre***ro***[*ra*] *mf.*,（日雇の）jornale***ro***[*ra*] *mf.*
ろうや 牢屋 cárcel *f.*, prisión *f.*, calabozo *m.* ⇒ ろう(牢)
ろうりょく 労力 trabajo *m.*, esfuerzo *m.*,（労働力）mano *f.* de obra ‖ 労力が不足している Falta mano de obra. ／ 労力を提供する ofrecer mano de obra ／ 労力を惜しまない no escatimar esfuerzos ／ 労力を要する requerir mucho trabajo ／ がれきの撤去に我々は労力を費やした Nos costó trabajo remover los escombros.
ろうれい 老齢 edad *f.*「avanzada [senil], vejez *f.*, ancianidad *f.*
☑ 老齢化 envejecimiento *m.*
☑ 老齢者 persona *f.* de edad avanzada
☑ 老齢年金 pensión *f.* de vejez
ろうれん 老練
▶老練な（経験のある）experimenta***do***[*da*], vetera***no***[*na*],（熟練の）exper***to***[*ta*] ‖ 老練な兵士 soldado *com.* vetera***no***[*na*]
ろうろう 朗朗
▶朗々と con voz sonora ‖ 朗々と詩を吟じる「declamar [recitar] un poema
ろうろうかいご 老老介護 cuidado *m.* de ancianos por otros ancianos
ローカル
▶ローカルな local
☑ ローカルカラー color *m.* local
☑ ローカル紙 periódico *m.* local
☑ ローカル線（鉄道の）línea *f.* local (de ferrocarril), línea *f.* de cercanías
☑ ローカルニュース noticias *fpl.* locales
☑ ローカル放送 emisión *f.* local
ローション loción *f.* ‖ ローションを使う usar una loción ／ ローションを塗る／ローションをつける（自分に）aplicarse una loción
ロース lomo *m.*
☑ ロースハム jamón *m.* de lomo
ロースター asador *m.*
ロースト
▶ローストする asar
☑ ローストチキン pollo *m.* asado
☑ ローストビーフ rosbif *m.*
ローズマリー romero *m.*
ロータリー glorieta *f.*, rotonda *f.*
ロータリーエンジン motor *m.* rotativo
ロータリークラブ Club *m.* Rotario

ロータリークラブの(会員)　rota*rio*[*ria*] (*mf.*)

ローティーン　adolescente *com.* de trece o catorce años

ローテーション　rotación *f.*, turno *m.* ‖ ローテーションを組む「establecer [fijar, asignar] turnos

ロードショー　estreno *m.* ‖ ロードショーを見る ver una película de estreno
　▫ロードショー館 sala *f.* de estreno

ロードレース　carrera *f.* en carretera, (自転車の) ciclismo *m.* en 「ruta [carretera], (オートバイの) motociclismo *m.* de velocidad
　▫ロードレース世界選手権 (オートバイの) Campeonato *m.* del Mundo de Motociclismo

ロードローラー　(地ならし機) apisonadora *f.*,《中南米》aplanadora *f.*

ローヒール　tacón *m.* bajo ‖ ローヒールの靴 zapatos *mpl.* de tacón bajo

ロープ　cuerda *f.*, soga *f.* ‖ ロープで縛る atar ALGO con una cuerda ／ ロープを張る tensar una cuerda ／ ロープを木に結ぶ atar una cuerda a un árbol

ロープウェー　teleférico *m.*, (ゴンドラ式の) telecabina *f.* ‖ ロープウェーに乗る subir a un teleférico ／ ロープウェーで頂上まで上る subir en teleférico hasta la cima

ローマ　Roma
　諺 ローマは一日にして成らず《諺》Roma no se hizo en un día.
　▫ローマ字 letras *fpl.* romanas, alfabeto *m.* latino
　▫ローマ数字 número *m.* romano
　▫ローマ法王 Papa *m.*, Sumo Pontífice *m.*

ローラー　(印刷機の) rodillo *m.*, (ロードローラー) apisonadora *f.* ‖ 地面にローラーをかける apisonar el suelo

ローラーコースター　montaña *f.* rusa

ローラースケート　patinaje *m.* sobre ruedas
　▶ローラースケートをする patinar sobre ruedas

ローリエ　hoja *f.* de laurel

ロールキャベツ　rollos *mpl.* de 「col [repollo], repollo *m.* relleno, col *f.* rellena

ロールパン　panecillo *m.*

ローン　préstamo *m.*, crédito *m.* ‖ ローンを申し込む「solicitar [pedir] un crédito ／ ローンを組む tomar un crédito ／ ローンで買う comprar ALGO a 「plazos [crédito] ／ ローンを払う pagar el 「préstamo [crédito]

ろか　濾過　filtración *f.*
　▶濾過する filtrar ‖ 汚水を濾過する filtrar agua sucia
　▫濾過器 filtro *m.*, filtrador *m.*
　▫濾過水 agua *f.* filtrada
　▫濾過装置 unidad *f.* de filtración

ろかた　路肩　arcén *m.* ‖ 路肩に乗り上げる invadir el arcén ／ 路肩に注意 Cuidado con el arcén.

ろく　六　seis *m.* ‖ 6番目の sex*to*[*ta*] ／ 6分の1 un sexto

ログアウト
　▶ログアウトする salir, desconectar, cerrar la sesión

ログイン
　▶ログインする entrar, ingresar, iniciar la sesión

ログオフ　⇒ログアウト

ろくおん　録音　grabación *f.* de sonido
　▶録音する grabar ‖ CDに会見を録音する grabar una entrevista en CD
　▫デジタル録音 grabación *f.* digital de sonido
　▫録音機 grabadora *f.*, magnetófono *m.*
　▫録音技師 ingenie*ro*[*ra*] *mf.* de sonido
　▫録音室 sala *f.* de grabación
　▫録音テープ cinta *f.* magnetofónica
　▫録音放送 「transmisión *f.* [emisión *f.*] en diferido

ログオン　⇒ログイン

ろくが　録画　grabación *f.* de imágenes
　▶録画する ‖ DVDに番組を録画する grabar un programa en DVD
　▫録画放送 「transmisión *f.* [emisión *f.*] en diferido ‖ 会見は今日の午後に録画放送される La entrevista será televisada en diferido esta tarde.

ろくがつ　六月　junio *m.*
　▶6月に en (el mes de) junio

ろくじゅう　六十　sesenta *m.* ‖ 60番目の sexagési*mo*[*ma*] ／ 60分の1 un sesentavo ／ 60歳代の(人) sexagena*rio*[*ria*] (*mf.*),《話》sesen*tón*[*tona*] (*mf.*)

ろくしょう　緑青　cardenillo *m.*, verdín *m.*

ろくすっぽ　⇒ろくに

ろくでなし　desgracia*do*[*da*] *mf.*, canalla *com.*, (役立たず) inútil *com.*, (怠け者) va*go*[*ga*] *mf.* ‖ このろくでなし ¡Qué canalla eres!

ろくでもない ‖ ろくでもないことで por cosas sin importancia,《慣用》por un quítame allá esas pajas ／ ろくでもないことで人を振り回すな ¡Deja de molestarme con tus tonterías!

ろくな ‖ この店はろくなものを置いてない En esta tienda no hay artículos que valga la pena comprar. ／ 今週は私にろくなことがなかった Esta semana solo he pasado una racha de mala suerte. ／ 社員にろくな給料も払わずに sin pagar un sueldo digno a los empleados

ろくに ‖ 私はろくに夏休みもなかった「Apenas [Casi no] tuve vacaciones de verano. ／ そのことをろくに知りもしないで sin apenas

tener conocimiento de la materia
ログハウス cabaña *f.* de troncos
ろくまく 肋膜 《解剖》pleura *f.*
▶肋膜の pleural
■肋膜炎 pleuresía *f.*, pleuritis *f.*[=*pl.*]
ろくろ 轆轤 (陶芸の) torno *m.* de alfarero, (木工用の) torno *m.* de carpintería ‖ ろくろを回す hacer girar un torno
ろくろく ⇒ろくに
ロケ (映画) (撮影)「rodaje *m.* [filmación *f.*] en exteriores, (屋外シーン) exteriores *mpl.* ‖ ロケを行う rodar en exteriores
■ロケ地 exteriores *mpl.* ‖ 映画のロケ地を探す buscar exteriores para una película
■ロケハン búsqueda *f.* de exteriores
ロケーション (立地) localización *f.*, 《中南米》ubicación *f.*, (映画のロケーション) ⇒ロケ ‖ ロケーションに恵まれたホテル hotel *m.* bien 「localizado [ubicado, situado], hotel *m.* en buena ubicación
ロケット cohete *m.*; (首飾り) medallón *m.*, relicario *m.* ‖ ロケットを打ち上げる/ロケットを発射する lanzar un cohete
■三段式ロケット cohete *m.* de tres etapas
■ロケットエンジン motor *m.* de cohete
■ロケット工学 cohetería *f.*
■ロケット弾 proyectil *m.* de cohete
■ロケット発射台 plataforma *f.* de lanzamiento de cohetes
■ロケット砲 「artillería *f.* [lanzador *m.*] de cohetes, lanzacohetes *m.*[=*pl.*]
ろけん 露見/露顕 revelación *f.* ‖ 陰謀の露見 revelación *f.* de una conspiración
▶露見する revelarse, descubrirse, 《慣用》salir a la luz
ろこつ 露骨
▶露骨な direc*to*[*ta*], cru*do*[*da*] ‖ 露骨な嫌がらせを受ける「sufrir [ser víctima de] un acoso directo / 露骨な描写 descripción *f.* descarnada
▶露骨に abiertamente, directamente, crudamente ‖ 露骨に不快感を示す manifestar abiertamente *su* disgusto
ろし 濾紙 papel *m.* de filtro
ろじ 路地 callejón *m.*, calleja *f.* ‖ 狭い路地 callejón *m.* estrecho
■路地裏 ‖ 路地裏で育つ crecer entre callejones
ろしゅつ 露出 exhibición *f.*, (写真) exposición *f.*, (鉱物などの) afloramiento *m.*
▶露出する exhibir, exponer, mostrar, (鉱物が) aflorar ‖ 肌を露出する mostrar la piel
■露出オーバー exceso *m.* de exposición
■露出狂 exhibicionista *com.*
■露出計 exposímetro *m.*
■露出時間 tiempo *m.* de exposición
■露出度 ‖ 肌の露出度 (映画などでの) grado *m.* de destape / マスコミへの露出度 número *m.* de apariciones en los medios de comunicación
ろじょう 路上
▶路上で en la calle
■路上教習 práctica *f.* de conducción en la vía pública
■路上駐車 aparcamiento *m.* en la calle, 《中南米》estacionamiento *m.* en la calle
■路上生活者 persona *f.* sin hogar, sin techo *com.*[=*pl.*]
■路上ライブ actuación *f.* callejera, concierto *m.* callejero
ロス pérdida *f.* ⇒そんしつ(損失) ‖ ロスが大きい La pérdida es grande. / 時間のロスを防ぐ prevenir la pérdida de tiempo
▶ロスする perder
■ロスタイム tiempo *m.* perdido, tiempo *m.* de recuperación
ロゼワイン vino *m.* rosado, rosado *m.*
ろせん 路線 ruta *f.*, recorrido *m.*, línea *f.*, (方針) línea *f.* de conducta ‖ バスの路線 línea *f.* de autobús / 党の路線を変更する 「cambiar [modificar] la línea del partido
■路線図 plano *m.* de la red (de) ‖ 地下鉄の路線図 plano *m.* esquemático de la red de metro
■路線バス autobús *m.* urbano
ロッカー taquilla *f.*, armario *m.*
■ロッカールーム vestuario *m.*
ろっかく 六角
▶六角の sexángu*lo*[*la*], hexágo*no*[*na*], hexagonal
■六角形 hexágono *m.*, sexángulo *m.* ‖ 正六角形 hexágono *m.* regular
■六角柱 prisma *m.* hexagonal
ろっかんしんけい 肋間神経 nervios *mpl.* intercostales
■肋間神経痛 neuralgia *f.* intercostal
ロッキングチェア mecedora *f.*
ロック 《音楽》rock *m.* ‖ ロックを聴く escuchar *rock*
■オンザロック ‖ ウイスキーを(オンザ)ロックで飲む tomar *whisky* con hielo
■ロック歌手 cantante *com.* de *rock*, roque*ro*[*ra*] *mf.*
■ロックバンド banda *f.* de *rock*
ロックアウト 「cierre *m.* [paro *m.*] patronal
▶ロックアウトする hacer un cierre patronal ‖ 工場は経営陣によりロックアウトされた Los patronos cerraron la planta a los trabajadores.
ロッククライミング escalada *f.* en roca
▶ロッククライミングをする hacer escalada en roca
ロックンロール ⇒ロック
ろっこつ 肋骨 costilla *f.*, 《集合名詞》costillar *m.* ‖ 肋骨を折る fracturarse una costilla / 私は肋骨を2本骨折した Me fracturé dos

costillas.

ロッジ (山小屋)「cabaña *f*. [refugio *m*.] de montaña

ろっぽうぜんしょ 六法全書 colección *f*. de los seis códigos

ろてい 露呈
▶露呈する aflorar, revelarse, descubrirse, 《慣用》salir a la luz ‖ 数件の汚職が露呈した Salieron a la luz varios casos de corrupción.

ろてん 露天
▶露天の a cielo abierto, al aire libre
◪露天風呂 baño *m*. al aire libre
◪露天掘り mina *f*. a「cielo [tajo] abierto
◪露天商人 vende*dor*[*dora*] *mf*. calleje*ro*[*ra*]

ろてん 露店 puesto *m*., caseta *f*. ‖ 露店を出す poner un puesto

ろとう 路頭
〖慣用〗路頭に迷う《慣用》quedarse en la calle ‖ 家族を路頭に迷わせる dejar a *su* familia en la calle

ろば 驢馬 bu*rro*[*rra*] *mf*., as*no*[*na*] *mf*.

ロハス LOHAS estilo *m*. de vida saludable y sostenible

ろばた 炉端
▶炉端で/炉端に al amor de la lumbre, al lado de la chimenea ‖ 炉端に座る sentarse al amor de la lumbre

ロビー vestíbulo *m*.,《英語》hall *m*., (控え室) antesala *f*.
▶ロビーで ‖ ホテルのロビーで待ち合わせる quedar en el vestíbulo del hotel
◪ロビー活動 cabildeo *m*.,《英語》lobbying *m*. ‖ 新しい法案のためにロビー活動を行う「cabildear [hacer *lobby*] a favor de un nuevo proyecto de ley

ロビイスト cabilde*ro*[*ra*] *mf*.,《英語》lobbyista *com*., (集団) grupo *m*. de presión

ロブスター langosta *f*.

ロフト desván *m*.,《英語》loft *m*.

ロボット robot *m*., autómata *m*. ‖ ロボットを作る crear un robot
◪産業用ロボット robot *m*. industrial
◪ロボット工学 robótica *f*.

ロマ (ジプシー) romaní *com*., gita*no*[*na*] *mf*., cínga*ro*[*ra*] *mf*., (集合的に) pueblo *m*. gitano
▶ロマの gita*no*[*na*], cínga*ro*[*ra*]
◪ロマ語 romaní *m*., caló *m*.

ロマン (夢) sueño *m*.
◪ロマン主義 romanticismo *m*.
◪ロマン派 escuela *f*. románica, (人) romántic*o*[*ca*] *mf*. ‖ ロマン派音楽 música *f*. del romanticismo

ロマンス romance *m*.
◪ロマンスグレー ‖ ロマンスグレーの紳士 elegante caballero *m*. de pelo gris
◪ロマンス諸語《言語》lenguas *fpl*.「romances [románicas]

ロマンチスト románti*co*[*ca*] *mf*.

ロマンチック
▶ロマンチックな rom*á*nti*co*[*ca*]
▶ロマンチックに románticamente

ロム ROM《IT》memoria *f*. de solo lectura, memoria *f*. ROM

ろめん 路面 superficie *f*. de una calle ‖ アスファルトの路面 pavimento *m*.「de asfalto [asfáltico] / 路面が凍結している La calle está helada. / 路面が滑る La calle「resbala [está resbaladiza].
◪路面電車 tranvía *m*.

ろれつ 呂律 ‖ ろれつが回らない「articular mal [pronunciar confusamente] las palabras / 父は酔うとろれつが回らなくなる Cuando mi padre bebe mucho se le「enreda la lengua [traban las palabras].

ろん 論 (意見) opinión *f*., (論拠) argumento *m*., (論議) discusión *f*. ‖ 論を戦わす discutir acaloradamente / この件で論が分かれる Las opiniones divergen en este tema. / セルバンテス論 estudio *m*. sobre Cervantes
〖慣用〗論をまたない no admitir discusión, estar fuera de duda ‖ 自由なき民主主義が存在しないのは論をまたない Está fuera de duda que no existe democracia sin libertad.
〖諺〗論より証拠《諺》Los hechos hablan más que las palabras. ¦《諺》Los hechos dan testimonio, que las palabras corren por el viento.

ろんがい 論外 ‖ この件は論外におく (対象外) dejar este tema fuera de la discusión
▶論外である (問題外) estar fuera de cuestión ‖ それは論外だ De eso, ni hablar.
▶論外な (法外な) desorbita*do*[*da*] ‖ 論外な要求 petición *f*.「desmedida [desorbitada]

ろんぎ 論議 discusión *f*. ‖ 論議を呼ぶ suscitar discusiones
▶論議する discutir

ろんきゅう 論及
▶論及する referirse《a》, aludir《a》

ろんきょ 論拠 argumento *m*., razonamiento *m*. ‖ 確かな論拠 argumento *m*.「sólido [contundente] / 論拠に基づく basarse en un argumento / 論拠を示す「exponer [presentar] *su* argumento

ロング
◪ロングシュート tiro *m*. largo
◪ロングスカート falda *f*. larga
◪ロングセラー superventas *m*.[=*pl*.] de「largo recorrido [larga duración]
◪ロングヘア pelo *m*. largo
◪ロングライフ牛乳 leche *f*. de larga duración
◪ロングラン larga permanencia *f*. en cartel

ろんご　論語　Analectas *fpl.* de Confucio
🈚論語読みの論語知らず Leer las Analectas de Confucio sin ponerlas en práctica.

ろんこうこうしょう　論功行賞　recompensa *f.* por méritos

ろんし　論旨　argumento *m.* principal ‖ 明快な論旨 argumento *m.* claro ／論旨をつかむ「entender [captar] el argumento《de》／論旨を明確にする clarificar el argumento

ろんじゅつ　論述　exposición *f.*, disertación *f.*
▶論述する exponer ALGO, disertar《sobre, de》
◨論述式テスト prueba *f.* de disertación

ろんしょう　論証　argumentación *f.*, razonamiento *m.*, (立証) demostración *f.*
▶論証する argumentar, razonar, (立証する) demostrar
▶論証的な discursi*vo*[*va*], argumentati*vo*[*va*]
◨論証法 método *m.* discursivo

ろんじる　論じる　(議論する) discutir《de》, (扱う) tratar《de》,《格式語》versar《sobre, acerca de》, (論述する) disertar《sobre, de》, (述べる) explicar ‖ 政治を論じる「hablar [discutir] de política ／この本は倫理と哲学の関係を論じている Este libro versa sobre la relación entre la ética y la filosofía. ／発表者(男性)は財務状況を詳細に論じた El ponente explicó detalladamente la situación financiera.

ろんせつ　論説　(社説) editorial *m.*, (論文) artículo *m.* ‖ 新聞の論説「editorial *m.* [artículo *m.* de fondo] de un periódico
◨論説委員 editorialista *com.*
◨論説欄 columna *f.* editorial

ろんせん　論戦　polémica *f.*,《格式語》controversia *f.*, (討論) debate *m.* ‖ 論戦を展開する mantener una polémica

ろんそう　論争　(口論) disputa *f.*, (討論) discusión *f.*, debate *m.*, (舌戦) polémica *f.*,《格式語》controversia *f.* ‖ 激しい論争 discusión *f.*「acalorada [violenta], debate *m.*「acalorado [violento] ／論争に参加する「participar [tomar parte] en un debate ／論争の余地はありません No hay lugar a discusión. ／論争を封じる acallar una polémica ／論争を巻き起こす「levantar [provocar, suscitar] una polémica
▶論争する debatir, discutir,「mantener [sostener] un debate, (口論する) disputar
▶論争好きの polém*ico*[*ca*] ‖ 論争好きの人 discuti*dor*[*dora*] *mf.*

ろんだい　論題　tema *m.* de「debate [discusión], materia *f.* de「debate [discusión]

ろんだん　論壇　(言論界) mundo *m.* de la crítica, (報道界) mundo *m.* del periodismo

ろんちょう　論調　tono *m.* ‖ 激しい論調で en tono「severo [duro]

ろんてん　論点　tema *m.* central「del debate [de la discusión] ‖ 論点をはっきりさせる「precisar [clarificar] el tema central ／論点を外れる desviarse del tema central ／本日の会議は論点が多数ある En la reunión de hoy tenemos muchos temas que tratar.

ろんぱ　論破　refutación *f.*
▶論破する vencer a ALGUIEN en una discusión, (反論する) refutar, rebatir

ろんばく　論駁　refutación *f.*
▶論駁する rebatir, refutar

ろんぴょう　論評　crítica *f.*, comentario *m.*,《格式語》recensión *f.* ‖ 論評を避ける abstenerse de comentar
▶論評する comentar, criticar,《格式語》hacer una recensión《de》

ろんぶん　論文　trabajo *m.*, (雑誌の) artículo *m.*, (特定のテーマの) memoria *f.*, (卒業論文) tesina *f.* ‖ (学位論文) tesis *f.* ‖ 論文を書く「escribir [redactar] una tesis,「escribir [redactar] un artículo ／論文を学会で発表する presentar un trabajo en un congreso académico
◨論文式テスト prueba *f.* de disertación
◨論文集 colección *f.* de trabajos

ろんぽう　論法　razonamiento *m.*, argumentación *f.*, dialéctica *f.*

ろんり　論理　lógica *f.* ‖ 力の論理が世の中ではまかり通っている La lógica de la fuerza「prevalece [impera] en este mundo. ／君の論理は破綻している Tu lógica「falla [se derrumba]. ／論理を展開する desarrollar una lógica ／論理の進め方／論理の展開 razonamiento *m.* ／論理の飛躍がある Hay un salto en el razonamiento.
▶論理的な lóg*ico*[*ca*]
▶非論理的な iló*gico*[*ca*]
▶論理的に lógicamente ‖ 論理的に正しい lógicamente correc*to*[*ta*]
◨論理回路 circuito *m.* lógico
◨論理学 lógica *f.*
◨論理学者 lóg*ico*[*ca*] *mf.*

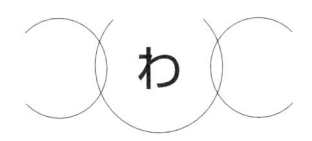

わ 羽‖3羽のつばめ tres golondrinas *fpl*.
わ 把 manojo *m*.‖アスパラ一把 un manojo de espárragos
わ 和 ❶（調和）armonía *f*.‖人の和 armonía *f*. humana／家族の和 armonía *f*. familiar／和を重んじる respetar la armonía／和を乱す「romper [alterar, perturbar] la armonía

❷（合計）suma *f*.‖3つの数字の和を求める encontrar la suma de tres números／2と3の和は5である La suma de 2 y 3 es 5.
わ 輪 （輪っか）aro *m*., anillo *m*., （人の輪）corro *m*., rueda *f*., （円）círculo *m*., （鎖の）eslabón *m*.‖土星の輪 anillos *mpl*. de Saturno／輪になる formar un círculo／輪になって踊る bailar en corro／輪を描く「dibujar [trazar] un círculo／友情の輪を広げる ampliar el círculo de amistades／人差し指と親指で輪を作る hacer un anillo con el dedo índice y el pulgar

[慣用] 輪をかける‖話に輪をかける exagerar las cosas, 《慣用》《話》「cargar [recargar] las tintas／彼は君に輪をかけたけちだ Tú eres tacaño, pero él aún más.

ワーカホリック adic*to*[*ta*] *mf*. al trabajo, trabajóli*co*[*ca*] *mf*. ⇒しごと（→仕事中毒）
ワーク
◪ ワークシェアリング「empleo *m*. [trabajo *m*.] compartido
◪ ワークショップ taller *m*.‖ワークショップに参加する participar en un taller
◪ ワークステーション《IT》estación *f*. de trabajo
◪ ワークブック cuaderno *m*. de ejercicios
◪ ワークライフバランス equilibrio *m*. trabajo-vida
ワースト ⇒さいてい（最低）・さいあく（最悪）
◪ ワースト記録 el peor registro, la peor marca‖ワースト記録を作る conseguir el peor registro
ワードローブ ropero *m*., armario *m*., 《南米》clóset *m*.
ワープロ 《IT》procesador *m*. de textos
◪ ワープロ機能 función *f*. de procesador de textos
◪ ワープロソフト programa *m*. de procesador de textos
ワーム 《IT》gusano *m*. informático
ワールド
◪ ワールドカップ mundial *m*., Copa *f*.「del Mundo [Mundial]
◪ ワールドシリーズ Serie *f*. Mundial
わあわあ ruidosamente, bulliciosamente‖わあわあ騒ぐ alborotar, （騒ぎを起こす）armar jaleo／わあわあ泣きわめく《慣用》llorar a moco tendido
ワイエムシーエー YMCA （キリスト教青年会）Asociación *f*. Cristiana de Jóvenes, YMCA *f*.
わいきょく 歪曲 tergiversación *f*.‖事実の歪曲 tergiversación *f*.「del hecho [de la realidad]
▶ 歪曲する tergiversar, distorsionar‖証言を歪曲する tergiversar「una declaración [un testimonio]
ワイシャツ camisa *f*.‖ワイシャツ姿で出かける salir en mangas de camisa
わいせつ 猥褻 obscenidad *f*., indecencia *f*.
▶ 猥褻な obsce*no*[*na*], indecente, 《慣用》subi*do*[*da*] de tono
◪ 強制猥褻罪 delito *m*. de atentado contra el pudor
◪ 猥褻行為 acto *m*. obsceno, indecencia *f*.
わいだん 猥談 chiste *m*.「verde [obsceno, subido de tono], cuento *m*. verde
▶ 猥談をする contar chistes verdes
ワイド
▶ ワイドな an*cho*[*cha*], grande
◪ ワイド番組 programa *m*. de variedades, magacín *m*.
◪ ワイドスクリーン pantalla *f*.「panorámica [ancha]
ワイナリー bodega *f*.
ワイパー limpiaparabrisas *m*.[=*pl*.]
ワイヤー （針金）alambre *m*., （電線）cable *m*.
◪ ワイヤーブラシ cepillo *m*.「metálico [de alambre]
◪ ワイヤーロープ cable *m*. de acero
ワイヤレス
▶ ワイヤレスの inalámbri*co*[*ca*]
◪ ワイヤレス接続 conexión *f*. inalámbrica, （ワイファイ）conexión *f*. Wi-Fi
◪ ワイヤレスマイク micrófono *m*. inalámbrico
ワイルド
▶ ワイルドな salvaje
◪ ワイルドカード《IT》carácter *m*. comodín, （トランプの）comodín *m*.

◪ ワイルドピッチ《野球》 lanzamiento m. descontrolado

わいろ 賄賂 soborno m., 《中米》mordida f., 《南米》coima f. ‖ 賄賂が利く《人が主語》dejarse sobornar, ser corrup*to*[*ta*] / 賄賂が利かない《人が主語》no dejarse sobornar, ser「insobornable [incorruptible]」/ 賄賂を贈る/賄賂を使う sobornar, hacer un soborno《a》,《慣用》untar la(s) mano(s)《a》/ 賄賂を受け取る aceptar un soborno

わいわい ruidosamente, bulliciosamente ‖ わいわい騒ぐ alborotar,(騒ぎを起こす)armar jaleo

ワイン vino m. ‖ 辛口［甘口］のワイン vino m.「seco [dulce]」/ おいしいワイン vino m. rico / まあまあのワイン vino m. bastante bueno / 安ワイン vino m. peleón / ワインを選ぶ elegir un vino / ワインを造る「producir [elaborar]」vinos / ワインを熟成させる envejecer el vino / ワインの味見をする catar un vino / ワインのコルクを抜く descorchar una botella de vino / この料理にはワインが合う Con este plato va bien un vino tinto. / ワインをボトルで注文する pedir una botella de vino

◪ ワイングラス copa f. de vino
◪ ワインセラー bodega f.
◪ ワインビネガー vinagre m. de vino

ワイン用語

ワインリスト carta f. de vinos / 白ワイン vino m. blanco / 赤ワイン vino m. tinto, tinto m. / ロゼワイン vino m. rosado, rosado m. / ハウスワイン vino m. de la casa / テーブルワイン vino m. de mesa / グラスワイン una copa de vino / ハーフボトル media botella f. / フルボトル una botella de vino / コルク抜き sacacorchos m.[=pl.], descorchador m.

わえいじてん 和英辞典 diccionario m. japonés-inglés

わおん 和音 acorde m.
◪ 協和音 consonancia f.
◪ 不協和音 disonancia f.

わか 和歌 《日本語》*waka* m.,（説明訳）poema m. japonés de cinco versos de cinco, siete, cinco, siete y siete sílabas, respectivamente ‖ 和歌を詠む componer un *waka*

わかい 和解 reconciliación f., arreglo m. ‖ 和解が成立する llegar a reconciliarse / 和解に応じる aceptar un arreglo / 和解のしるしに握手を交わす estrecharse las manos en señal de reconciliación

▶ 和解させる reconciliar, avenir ‖ 息子は両親を和解させた El hijo reconcilió a sus padres.

▶ 和解する reconciliarse《con》‖ 両者はようやく和解した Por fin se avinieron las dos partes.

わかい 若い joven,（未熟な）inmadu*ro* [*ra*],（数が）peque*ño*[*ña*] ‖ 若い女 mujer f. joven / 若いカップル pareja f. joven / 若い番号 número m. pequeño / 私が若い頃には cuando yo era joven, en mi juventud / 独立したばかりの若い国 país m. joven que acaba de independizarse / 君は私より2歳若い Eres dos años más joven que yo. / きみはまだ若い Aún eres joven. / 彼女はいくつになっても若い No pasan los años para ella. / 気が若い ser de mente joven / そんなこと言うなんて君もまだ若いね Estás todavía verde si dices una cosa así.

▶ 若く / 彼女は年の割に若く見える Ella parece joven para la edad que tiene. / 若くして死ぬ「morir [fallecer]」joven / 若くして世を去る irse de este mundo siendo joven

わがい 我が意 ‖ それこそ我が意を得たりだ Esto es exactamente lo que yo quería.

わかがえり 若返り rejuvenecimiento m. ‖ 役員の若返りを図る intentar rejuvenecer a los ejecutivos

▶ 若返らせる/若返る rejuvenecer / rejuvenecer(se) ‖ 若返ったような気になる sentirse rejuveneci*do*[*da*]

◪ 若返り法 forma f. de rejuvenecerse

わかくさ 若草 hierba f. joven

わかげ 若気 ‖ 若気の過ち error m. de juventud, error m. propio de la juventud / 若気の至りで por el ímpetu juvenil

わがこと 我が事 lo *suyo*, cosa *suya* ‖ 彼女は君の成功を我が事のように喜んだ Ella se alegró de tu éxito como si fuera suyo.

わかさ 若さ juventud f. ‖ 若さの秘訣 secreto m. para conservar la juventud / 若さに溢れている estar lle*no*[*na*] de juventud / 若さを保つ「conservar [mantener]」la juventud, conservarse joven / 若さを失う perder la juventud

わかさぎ 公魚 (キュウリウオ) eperlano m.,（学名）*Hypomesus nipponensis*

わがし 和菓子 dulce m. tradicional japonés, golosinas fpl. japonesas

わかじに 若死に muerte f. prematura
▶ 若死にする「morir [fallecer]」joven,「morir [fallecer] prematuramente」

わかしらが 若白髪 canas fpl. prematuras

わかす 沸かす (沸騰させる) hervir, (温める) calentar, (興奮させる) entusiasmar ‖ 湯を沸かす hervir agua / 風呂を沸かす preparar un baño (caliente) / 聴衆を沸かす entusiasmar a la audiencia

わかぞう 若造/若僧 (軽蔑的に) mocoso m., (軽蔑的に) jovenzuelo m.

わかちあう　分かち合う compartir ALGO《con》∥苦楽を分かち合う compartir alegrías y penas《con》

わかつ　分かつ（分ける）separar, dividir,（縁を切る）romper《con》∥善悪分かち難い Es difícil distinguir lo bueno de lo malo.

わかづくり　若作り
▶若作りする arreglarse para parecer más joven,（服装で）vestirse para parecer más joven

わかて　若手
▶若手の joven
◨若手研究者 investigador[dora] mf. joven

わかどり　若鶏 pollo m.∥若鶏の唐揚げ pollo m. frito

わかば　若葉 hojas fpl. nuevas, follaje m. nuevo∥春には若葉が萌え出る En primavera「brotan [nacen] hojas nuevas de las plantas.

わかはげ　若禿 calvicie f.「prematura [precoz]」,（脱毛症）alopecia f.「prematura [precoz]」

わがまま　我が儘 egoísmo m.∥わがままを通す《慣用》salirse con la *suya*
▶わがままな(人) egoísta (com.)∥わがままな所がある ser un poco egoísta
▶わがままに con egoísmo∥わがままに振る舞う actuar「con egoísmo [a *su* antojo]」

わがみ　我が身 ▶我が身を省みる reflexionar sobre *sí* mis*mo*[ma]
〔慣用〕明日は我が身 Mañana podría ser yo.

わかめ　若布 alga f. *wakame*

わかめ　若芽 ⇒しんめ(新芽)

わかもの　若者 joven com., mo*zo*[za] mf.,《集合名詞》juventud f., mocerío m.
◨若者言葉 lenguaje m. juvenil
◨若者文化 cultura f.「juvenil [de los jóvenes]」

わがものがお　我が物顔
▶わがもの顔で con entera libertad∥わがもの の顔で出入りする《慣用》entrar y salir como Pedro por su casa

わからずや　分からず屋 cabezota com. ⇒がんこ(→頑固者)∥この子は分からず屋だ(道理が分からない) Este niño no atiende a razones.

わかり　分かり
▶分かりのよい inteligente, avispa*do*[da], rápi*do*[da] de entendimiento
▶分かりの悪い torpe, ler*do*[da], cor*to*[ta] de entendimiento

わかりきった　分かり切った evidente, manifies*to*[ta], indiscutible
▶～は分かったことだ Salta a la vista que「+直説法」.｜Ni que decir tiene que「+直説法」.∥太郎が恋しているのは分かり切ったことだ Salta a la vista que Taro está enamorado. ／ それは分かりきったことだ Eso está

más claro que el agua.

わかりにくい　分かりにくい difícil de entender, incomprensible,（判読しがたい）ilegible∥分かりにくい字で en letras ilegibles ／ 私にはあなたの説明は分かりにくい Me cuesta entender su explicación.

わかりやすい　分かりやすい fácil de entender, comprensible∥この理論は分かりやすい Esta teoría es fácil de entender.
▶分かりやすく lisa y llanamente,（明解に）con claridad∥それをもっと分かりやすく説明してくれますか ¿Me lo puede explicar con más claridad?

わかる　分かる/判る（理解する）entender, comprender,（知る）saber, enterarse《de》,（気付く）ver, darse cuenta《de》,（明らかになる）descubrirse∥(私の説明が)お分かりになりますか ¿Me explico? ／ 英語が分かる「saber [entender] inglés」／ ～であることが分かった Se llegó a saber que『+直説法』. ／ものの分かる人 persona f. comprensiva ／ 私はどうすればよいか分からない No sé qué hacer. ／ 一瞬彼が誰だか分からなかった Por un momento no sabía quién era él. ／ 手に取るように分かる《慣用》conocer ALGO como la palma de la mano ／ 善し悪しが分かる saber distinguir lo bueno y lo malo ／ 死体の身元が分かった Se descubrió la identidad del cadáver.

わかれ　別れ despedida f., adiós m.,（離別）separación f.∥別れを惜しむ lamentar la despedida ／ 友人たちに別れを告げる「despedirse de [decir adiós a]」*sus* amigos
〔慣用〕会うは別れの始まり Encontrarse es el comienzo de la separación.
◨別れ話∥別れ話を持ち出す sacar a colación el tema de la separación

わかれみち　分かれ道（岐路）encrucijada f.,（枝道）ramal m.,（二股の分岐）bifurcación f.

わかれめ　分かれ目（岐路）encrucijada f.∥この試合の勝負の分かれ目の時が来た Llegó el momento decisivo de este partido.

わかれる　分かれる dividirse《en》,（分岐する）bifurcarse《en》,（枝分かれする）ramificarse∥道が3つに分かれる El camino se divide en tres ramales. ／ 意見が2つのグループに分かれている Las opiniones están divididas en dos grupos. ／ 一つのプレーで試合の勝負が分かれた Una jugada decidió el partido.
▶分かれた dividi*do*[da]∥2 グループに分かれた子供たち niños mpl. divididos en dos grupos

わかれる　別れる separarse《de》,（離婚する）divorciarse《de》,（縁を切る）romper《con》,（別れを告げる）despedirse《de》∥家族と別れて暮らす vivir separa*do*[da] de *su*

familia ／ 私が15歳の時に私の両親は別れた(離婚した) Mis padres se divorciaron cuando yo tenía quince años. ／ ロベルトは恋人と別れることにした Roberto ha decidido romper con su novia. ／ ここでお別れしましょう Aquí nos despedimos.
▶別れた separa*do[da]*, ex‖私の別れた妻 mi ex (mujer) ／ 私の別れた夫 mi ex (marido) ／ 私の別れた恋人 mi ex (no*vio*[*via*])

わかれわかれ 別れ別れ
▶別れ別れに separadamente‖別れ別れに暮らす vivir「por separado [separadamente] ／ 大地震で私の家族は別れ別れになった Mi familia se dispersó debido al gran terremoto que nos azotó.

わかわかしい 若若しい
juvenil, joven‖若々しい声で con una voz [juvenil [joven] ／ そのジャケットを着るとあなたは若々しいです Con esa chaqueta usted está más joven.
▶若々しく‖若々しく見せる mostrarse joven

わき 脇
lado *m*., costado *m*.‖駅の脇の書店 librería *f*. que está junto a la estación ／ 脇に新聞をはさむ llevar un periódico debajo del brazo ／ 脇に寄る (道を空ける) 「hacerse [echarse] a un lado ／ 話を脇に逸らす desviar la conversación ／ 話が脇に逸れる La conversación se desvía del tema principal. ／ 恥ずかしくて脇を向く apartar la mirada por vergüenza ／ 泥棒が私の脇をすり抜けた El ladrón se escurrió a mi lado.
▶〜の脇に al lado《de》, (そばに) junto《a》‖車を道の脇に止める parar el coche a un lado de la calle
(慣用)脇に置く‖意見の違いは脇に置いておきましょう Dejemos a un lado las diferencias de opinión.
(慣用)脇が甘い estar con la guardia bajada

わきあいあい 和気藹藹
▶和気藹々と‖和気あいあいとした雰囲気 ambiente *m*. relajado y amistoso ／ 和気あいあいとおしゃべりをする charlar「amistosamente [amigablemente]

わきあがる 沸き上がる
surgir, (湯が) hervir‖デモで独裁者(男性)に非難の声が上がった En la manifestación surgieron reproches contra el dictador.

わきおこる 沸き起こる
→わきあがる(沸き上がる)‖試合が終わると観客から拍手が沸き起こった El público estalló en una ovación al terminar el partido.

わきが 腋臭
olor *m*. de axilas, 《話》sobaquina *f*.‖わきがの臭いを嗅ぐ oler a「sobaco [sobaquina] ／ 腋臭の臭いをとる eliminar el (mal) olor de axilas

わきかえる 沸き返る
(沸騰する) hervir a borbotones, (熱狂する) entusiasmarse‖湯が沸き返っていた El agua hervía a borbotones ／ スタンドが沸き返っている El estadio está en plena「ebullición [efervescencia].

わきげ 腋毛
vello *m*. axilar,《話》pelo *m*. del sobaco

わきたつ 沸き立つ
→わきかえる(沸き返る)‖主演の女優が舞台に登場すると場内が沸き立った Al salir la protagonista al escenario se caldeó el ambiente en la sala.

わきでる 湧き出る/涌き出る
brotar, manar, salir a borbotones‖水が泉から湧き出る El agua「mana [brota] de la fuente.

わきのした 脇の下
axila *f*., sobaco *m*.‖脇の下で体温を計る tomar la temperatura en la axila

わきばら 脇腹
costado *m*., flanco *m*.‖私は脇腹が痛い Me duele el costado.

わきまえる 弁える
(自覚する) ser consciente《de》, saber‖礼儀をわきまえる comportarse como es debido ／ 善悪をわきまえる saber discernir lo bueno de lo malo ／ 場所柄をわきまえる ponerse a la altura de las circunstancias ／ 私は自分の立場をわきまえている Soy consciente de lo que soy.

わきみ 脇見
▶脇見する mirar hacia otro lado
▣脇見運転‖脇見運転をする conducir mirando hacia otro lado ／ 脇見運転をするな ¡No apartes la vista de la carretera cuando conduces!

わきみず 湧き水
agua *f*. (de) manantial

わきみち 脇道
desvío *m*., desviación *f*.‖脇道に入る tomar「un desvío [una desviación] (慣用)脇道にそれる desviarse‖話が脇道にそれる desviarse del tema, (脱線する) entrar en digresiones

わきめ 脇目
(慣用)脇目も振らず‖脇目も振らずに仕事をする dedicarse en cuerpo y alma a trabajar, estar absor*to*[*ta*] en *su* trabajo

わきやく 脇役
papel *m*. secundario‖脇役を演じる/脇役を務める「jugar [desempeñar] un papel secundario

わぎり 輪切り
rodaja *f*.‖玉ねぎを輪切りにする cortar una cebolla en rodajas

わく 枠
marco *m*., (型枠) bastidor *m*., (範囲) límite *m*., (割当) cuota *f*., cupo *m*.‖眼鏡の枠 montura *f*. de las gafas ／ 窓の枠 marco *m*. de la ventana ／ 予算の枠 cuota *f*. presupuestaria ／ 線画を枠で囲む enmarcar un dibujo ／ 年齢の枠を広げる ampliar los límites de edad ／ 枠をはみ出す salirse del marco《de》／ 枠を超える「rebasar [sobrepasar] el marco《de》
▶〜の枠内で‖法律の枠内で dentro del marco「jurídico [legal]
(慣用)枠をはめる (制限を加える) limitar
▣漁獲枠「cuota *f*. [cupo *m*.] de pesca

わく 沸く　hervir, bullir, (熱狂する) entusiasmarse‖お風呂が沸いたよ El baño está「listo [preparado]. ／最初のゴールで観衆が沸いた Los espectadores se entusiasmaron con el primer gol.

わく 湧く　manar, brotar, (発生する) surgir‖泉から水が湧く Del manantial mana agua. ／このあたりで温泉が湧いている Por aquí「salen [surgen] aguas termales. ／私にあるアイディアが湧いた Se me ha ocurrido una idea. ／彼女に再び希望が湧いた A ella le volvió a nacer una esperanza. ／その時私に一つ疑問が湧いた En ese momento me surgió una duda. ／息子の頭にしらみが湧いた Mi hijo tiene piojos en la cabeza.

わくぐみ 枠組み　marco *m*., (構成) estructura *f*., esquema *m*.‖論文の枠組み estructura *f*. de una tesis

わくせい 惑星　planeta *m*.
▶惑星の planeta*rio*[*ria*]
▣小惑星 asteroide *m*.
▣惑星探査 exploración *f*. planetaria

ワクチン　vacuna *f*.‖インフルエンザのワクチン vacuna *f*. contra la gripe ／ワクチンを接種する vacunar
▣三種混合ワクチン vacuna *f*. triple bacteriana, vacuna *f*. DTP
▣新三種混合ワクチン vacuna *f*. triple vírica
▣生ワクチン vacuna *f*. activa

わくわく
▶わくわくする estar impaciente, esperar con desasosiego‖彼女はスペイン留学を前にとてもわくわくしている Ella está impaciente porque pronto va a España a estudiar.

わけ 訳　porqué *m*., (理由) razón *f*., (動機) motivo *m*., (原因) causa *f*.‖訳もなく笑う reírse sin motivo aparente ／訳もなく怒る enfadarse sin ton ni son ／敗北の訳を考える pensar en las causas de la derrota ／私は遅刻してきた訳を彼に尋ねた Le pregunté a él por qué llegó tarde. ／あなたが訪ねてきた訳を話して下さい Dígame a qué se debe su visita. ／どういう訳か彼は来なかった No sé por qué, pero no vino él. ／(君が)何を言っているのか訳が分からないよ No entiendo nada de lo que estás diciendo. ／訳の分からない言葉を発する pronunciar palabras「incomprensibles [sin sentido] ／なるほど君が怒る訳だ Ahora entiendo por qué te enfadaste.
▶訳がある‖彼女が彼を助けるのは何か訳があるのだろう Si ella le ayuda, por algo será.
▶訳にはいかない‖働かない訳にはいかない No me queda más remedio que trabajar.
▶訳がない‖盗みがよい訳がない De ninguna manera robar es bueno. ／そんなことが起きる訳がない Es imposible que suceda tal cosa.
▶そういう訳で‖そういう訳で私は今ここにいます Es por esta razón por la que estoy aquí.

わけあう 分け合う　compartir‖皆で食事を分け合う compartir la comida entre todos

わけても 分けても　sobre todo, especialmente, en especial ⇒とくに(特に)

わけない 訳無い　fácil‖訳ない仕事だ Es un trabajo fácil. ／そんなの訳ないよ《慣用》Eso es coser y cantar.｜《慣用》Eso es pan comido.
▶訳なく fácilmente,《慣用》como si nada

わけへだて 分け隔て ⇒さべつ(差別)
▶分け隔てなく‖分け隔てなく人に接する tratar a todos「sin discriminación [imparcialmente]
▶分け隔てする (差別する) discriminar

わけまえ 分け前　reparto *m*., parte *f*.‖分け前にあずかる cobrar *su* parte ／分け前を要求する reclamar *su* parte

わけめ 分け目　línea *f*. de demarcación, (髪の) raya *f*., crencha *f*.‖髪の分け目は真ん中にしてください Péineme con raya al medio, por favor.
[慣用]天下分け目の戦い batalla *f*.「decisiva [crucial]

わける 分ける　(分割する) dividir, (分配する) repartir, distribuir, (分類する) clasificar, (分離する) separar‖ケーキを4つに分ける dividir la torta en cuatro ／財産を皆で分ける repartir los bienes entre todos ／髪を真ん中で分ける peinarse con raya al medio ／飴を子どもたちに分ける repartir caramelos「entre [a] los niños ／文を段落に分ける dividir el texto en párrafos ／映画をジャンル別に分ける clasificar las películas por género ／川が2つの町を分けている El río separa los dos pueblos.

わゴム 輪ゴム　goma *f*., anilla *f*. de caucho‖袋の口を輪ゴムで止める cerrar la bolsa con una goma

ワゴン　carrito *m*.
▣ワゴン車 furgoneta *f*., monovolumen *m*., ranchera *f*.

わざ 技　arte *m*(f). (複数形では女性), técnica *f*. ⇒ぎじゅつ(技術)‖柔道の技 técnica *f*. del yudo ／～する技がある tener arte《para》／技をかける (柔道で)「aplicar [realizar] una técnica《a》／技をみがく「perfeccionar [mejorar] una técnica ／技を競う competir en técnicas
▣投げ技 técnica *f*. de proyección

わざ 業　(行為) acto *m*., (仕業) obra *f*., (仕事) trabajo *m*., tarea *f*.‖～するのは容易な業ではないよ No es una tarea fácil.「+不定詞].
▣人間業‖人間業とは思えない演技 actuación *f*. sobrehumana

わさい 和裁　confección *f*. de quimonos

わざと adrede, a propósito, con intención, intencionadamente, 《話》a posta ‖ すみません、わざとした訳ではありません Perdón. Ha sido sin querer.
▶わざとらしい poco natural, afecta*do*[*da*]
わさび 山葵 （植物）《日本語》wasabi *m*., （香辛料） wasabi *m*., （説明訳） condimento *m*. picante de color verde
▶わさびの利いた (辛い) picante, (鋭い) agu*do*[*da*]
◨西洋わさび rábano *m*. picante
わざわい 災い/禍 (不幸) desgracia *f*., calamidad *f*., (不測の事態) contratiempo *m*. ‖ 災いを招く/災いをもたらす provocar una desgracia ／ 私たちに災いが降りかかろうとしていた Una desgracia se cernía sobre nosotros.
▶災いする‖性格が災いして por culpa de *su* carácter
諺 口は災いのもと《諺》Por la boca muere el pez.
諺 災い転じて福となす《諺》No hay mal que por bien no venga.
わざわざ ‖その映画はわざわざ映画館で見る必要はない No merece la pena ver esa película en el cine.
▶わざわざ～してくれる tomarse la molestia de 『+不定詞』, tener la deferencia de 『+不定詞』‖ 彼女はわざわざ私の携帯を家まで届けてくれた Ella se tomó la molestia de traerme mi móvil a casa. ／ わざわざ返事をくれてありがとう Gracias por la molestia de contestarme.
わし 鷲 águila *f*. (雄・雌)
◨わし鼻 nariz *f*. aguileña
わし 和紙 papel *m*. japonés
わしつ 和室 「habitación *f*. [cuarto *m*.] de estilo japonés
わしづかみ 鷲摑み
▶わしづかみにする agarrar ‖ 札束をわしづかみにする agarrar un fajo de billetes
わじゅつ 話術 arte *m*. de hablar, elocución *f*. ‖ 話術にたける saber hablar elocuentemente, ser *un*[*una*] ora*dor*[*dora*] elocuente,《話》tener mucha labia
わしょく 和食 comida *f*. japonesa

┌─── 和食器 ───┐

和食器 vajilla *f*. japonesa, （調理器具）utensilios *mpl*. de cocina japonesa ／ 大皿 plato *m*. grande ／ 小皿 plato *m*. pequeño ／ 取り皿 plato *m*. para servir ／ 醤油皿 plato *m*. salsero, salsero *m*. ／ 飯茶椀 tazón *m*. para arroz ／ 汁椀 cuenco *m*. owan ／ 丼 cuenco *m*. ／ 小鉢 cuenco *m*. pequeño ／ 箸 palillos *mpl*. ／ 箸置き posapalillos *m*.[=*pl*.] ／ 匙 cuchara *f*. ／ 楊枝 palillo *m*. de dientes

ワシントンじょうやく ワシントン条約 Convenio *m*. CITES, Convención *f*. sobre el Comercio Internacional de Especies Amenazadas de Fauna y Flora Silvestres
わずか 僅か ‖ わずか2秒の差で con solo dos segundos de diferencia ／ わずか3年間で en tres escasos años, en solo tres años ／ わずか5ユーロしか持っていない no tener más que cinco euros ／ 私たちには水がほんのわずかしか残っていない Nos queda muy poca agua.
▶わずかな escaso[sa], pequeño[ña], poco[ca] ‖ ほんのわずかな差で当選する salir elegi*do*[*da*] con una diferencia mínima ／ わずかな数の国際便「reducido [escaso] número de vuelos internacionales ／ わずかな収入がある tener escasos ingresos ／ 列車の到着にわずかな遅れが出ている Hay un pequeño retraso en la llegada de los trenes.
▶わずかに ligeramente, escasamente ‖ 消費が先月わずかに増加した El consumo 「aumentó ligeramente [experimentó un ligero aumento] en mayo.
わずらい 患い enfermedad *f*. ⇒ びょうき (病気) ‖ 長患いをしている estar enfer*mo*[*ma*] desde hace mucho tiempo ／ 長患いの後で亡くなる fallecer tras una larga enfermedad
わずらい 煩い inquietud *f*., preocupación *f*.
わずらう 患う sufrir《de》, (病気を) padecer, (身体の器官を) padecer《de》‖ ぜんそくを患う「sufrir de [padecer] asma ／ 肝臓を患う padecer del hígado
わずらう 煩う ⇒なやむ(悩む)・しんぱい(⇒心配する)
わずらわしい 煩わしい moles*to*[*ta*], fastidio*so*[*sa*], pesa*do*[*da*], (複雑な) complica*do*[*da*] ‖ 煩わしい手続き trámite *m*. 「complejo [engorroso] ／ 私は外出するのが煩わしい Me da pereza salir.
わずらわす 煩わす molestar, fastidiar ⇒ なやます(悩ます) ‖ 親を煩わす子供 niño[ña] *mf*. pesa*do*[*da*] ／ お手を煩わせません Siento mucho 「molestar*le* [molestar*la*].
わすれがたい 忘れ難い inolvidable, difícil de olvidar ‖ 忘れ難い思い出 recuerdo *m*. inolvidable
わすれっぽい 忘れっぽい olvidadi*zo*[*za*], desmemoria*do*[*da*], flaco[ca] de memoria ‖ 僕は最近どうも忘れっぽくてね Últimamente estoy olvidadizo.
わすれなぐさ 忘れな草 nomeolvides *m*(*f*).[=*pl*.]
わすれもの 忘れ物 objeto *m*. olvidado, (遺

失物) objeto m. perdido, (拾得物) objeto m. hallado ‖ 忘れ物が見つかる encontrar un objeto perdido ／ 教室に忘れ物をしないように No dejen nada en el aula.

わすれる 忘れる olvidar, olvidarse《de》‖ 済んだことは忘れよう Olvidemos lo pasado. ¦（水に流す）《慣用》Hagamos borrón y cuenta nueva. ／宿題をするのを忘れる olvidarse de hacer los deberes ／ 彼の電話番号を忘れた Se me ha olvidado su número de teléfono. ／ドアに鍵を掛けるのを忘れた Me olvidé de cerrar la puerta con llave. ／パスポートを家に忘れた Me dejé el pasaporte en casa. ／明日の会議を忘れないように、全員にメールを送ります Voy a mandar el correo electrónico a todos para recordarles que tenemos una reunión mañana. ／疲れを忘れる olvidar el cansancio ／苦悩を忘れるために飲む beber para ahogar sus penas
▶忘れられない inolvidable, difícil de olvidar,（記憶に残る）memorable

わせ 早生
▶早生の precoz, tempra*no[na]* ‖ 早生の果物 fruta f. temprana

わせ 早稲 arroz m. temprano

わせい 和声 armonía f.

わせい 和製
▶和製の he*cho[cha]* en Japón, fabrica*do[da]* en Japón
🔲和製英語 pseudoanglicismo m. usado solo en Japón

ワセリン vaselina f.

わた 綿 algodón m.,（詰め物用）guata f. ‖ クッションに綿を詰める rellenar un cojín de guata
▶綿のような algodono*so[sa]*
《慣用》綿のように疲れる agotarse, cansarse extremadamente,《慣用》estar he*cho[cha]* polvo
🔲綿飴／綿菓子 algodón m. dulce
🔲綿雲 nube f. algodonosa
🔲綿毛 vello m.,（植物の）lanosidad f.
🔲綿畑 algodonal m.
🔲綿ぼこり pelusa f.

わだい 話題 tema m., tópico m. ‖ 身近な話題 tema m. familiar ／目新しい話題 tema m. novedoso ／話題が尽きた Se「acabaron [agotaron] los temas de conversación. ／彼は話題が豊富だ Él es conocedor de muchos temas. ¦ Él tiene un amplio abanico de conocimientos. ／恋愛を話題にする sacar el tema del amor ／環境問題が話題になっている Se habla del problema medioambiental. ／政治の話題に触れる mencionar temas políticos ／話題を変える cambiar de tema,《慣用》cambiar el disco ／選挙が話題に上った Surgió el tema de las elecciones.

わだかまり 蟠り resentimiento m.,（不満）descontento m. ‖ わだかまりを抱く albergar resentimiento ／わだかまりを一掃する disipar el resentimiento
▶わだかまりなく sin resentimiento

わだかまる 蟠る estar resenti*do[da]* ‖ 心がわだかまる「guardar [albergar] resentimiento en el corazón

わたくし 私 ⇒わたし

わたくしごと 私事 asunto m.「privado [personal]‖ 私事で恐縮ですが Permítame hablarle de algo personal.

わたし 私 ‖ 私と一緒に conmigo ／息子は私より背が高い Mi hijo es más alto que yo. ／私（が君の立場）ならば、行くでしょう Yo que tú, iría. ¦ Yo en tu lugar, iría.
▶私は／私が yo ‖ 私が田中です Yo soy Tanaka.
▶私の mi『+名詞』,『名詞+』mí*o[a]* ‖ 私の夫 mi marido ／この車は私のものです Este coche es mío. ／私のために para mí
▶私に／を me ‖ 学生が私を訪ねてきた Un estudiante vino a verme.
🔲私自身 yo mism*o[ma]*

わたしたち 私達
▶私たちは／私たちが noso*tros[tras]* ‖ 私たちは家族です Nosotros somos familia.
▶私たちの nues*tro[tra]* 『+名詞』,『名詞+』nues*tro[tra]* ‖ 私たちの車 nuestro coche ／この家は私たちのものです Esta casa es nuestra.
▶私たちを／私たちに nos ‖ 彼らは私たちを招待した Ellos nos invitaron.
🔲私たち自身 noso*tros[tras]* mis*mos[mas]*

わたしぶね 渡し船 barco m. para cruzar el río,（大型の）transbordador m.,《英語》ferry m.

わたす 渡す（手渡す）entregar, dar, pasar,（譲る）ceder ‖ この手紙を彼女に渡してもらえますか ¿Puede entregarle esta carta a ella? ／次の走者にバトンを渡す pasar el testigo「al siguiente corredor [a la siguiente corredora]／船で乗客を川の向こう岸へ渡す llevar a los pasajeros en barco al otro lado del río ／小川の両岸にロープを渡す（張る）tender una cuerda entre las dos orillas del arroyo ／溝に板を渡す poner una pasarela sobre una zanja ／この家は決して誰にも渡しません Jamás dejaré esta casa a nadie.

わだち 轍 rodera f., rodada f., surco m. ‖ 轍のできた道 camino m. con roderas

わたり 渡り（鳥の）migración f.
《慣用》渡りをつける（話し合いをつける）llegar a un acuerdo previo,（交渉する）negociar《con》
《慣用》渡りに船 ‖ この求人は渡りに船だ《慣用》Esta oferta de trabajo me viene como「anillo al dedo [agua de mayo].

わたりあう　渡り合う　（戦う）luchar,（激しく議論する）「discutir [debatir] acaloradamente ‖ 互角に渡り合う luchar de igual a igual《con》

わたりあるく　渡り歩く　vagar ‖ 旅から旅へと渡り歩く viajar de un lugar a otro／仕事を渡り歩く cambiar continuamente de trabajo

わたりどり　渡り鳥　ave f.「migratoria [de paso],（渡り者）《慣用》ave f. de paso

わたりろうか　渡り廊下　pasillo m. de conexión

わたる　渡る　pasar,（横切る）cruzar, atravesar,（移住する）emigrar,（渡り鳥が）migrar ‖ 川を渡る cruzar un río／若葉を渡る風 viento m. que「pasa [corre] entre las hojas nuevas de los árboles／アルゼンチンへ渡る irse a Argentina,（移住する）emigrar a Argentina／私の家は人手に渡った Mi casa pasó a manos de otra persona.／世の中を渡る vivir en este mundo

わたる　亘る　‖ 長時間にわたる討論 debate m. maratoniano／この計画は3年にわたる Este proyecto tiene una duración de tres años.

ワックス　cera f. ‖ 居間の床にワックスをかける encerar el suelo del salón

わっと　‖ わっと泣き出す「echarse [romper] a llorar／わっと笑い出す「echarse [romper] a reír, estallar en risas／ファンが劇場の出口にわっと押し寄せた Los aficionados se agolparon a la salida del teatro.

ワット　vatio m. ‖ 60ワットの電球 bombilla f. de 60 vatios
▪ ワット計（電力計）vatímetro m.
▪ ワット時 vatio-hora m.
▪ ワット数 vataje m., cantidad f. de vatios

ワッフル　gofre m. ‖ ワッフルを焼く hacer gofres

ワッペン　emblema m.,（シール）pegatina f.,（紋章）escudo m. ‖ ワッペンを付ける poner un emblema

わな　罠　（仕掛け・計略）trampa f.,（仕掛け）lazo m., cepo m.,（計略）ardid m. ‖ 罠でうさぎを獲る cazar conejos con trampas
(慣用)罠に落ちる／罠にかかる caer en「la trampa [el lazo, la red],《慣用》「morder [tragar] el anzuelo
(慣用)罠をかける tender una trampa《a》,《慣用》echar el anzuelo《a》‖ 誰かが私たちに罠をかけた Alguien nos tendió una trampa.

わなげ　輪投げ　juego m. de aros
▶ 輪投げをする jugar a los aros

わなわな　‖ わなわな震える temblar visiblemente,《話》temblequear／恐怖でわなわな震える temblar como *un*[*una*] azoga*do*[*da*]

わに　鰐　cocodrilo m.(雄・雌), caimán m.(雄・雌)

わび　侘び　sobriedad f.

わび　詫び　disculpa f. ⇒ おわび（お詫び）・しゃざい（謝罪）‖ 詫びを入れる pedir disculpas《a》, disculparse
▪ 詫び状 carta f. de disculpa ‖ 詫び状を書く「redactar [escribir] una carta de disculpa

わびしい　侘びしい　（孤独な）solitar*io*[*ria*],（寂しい）triste,（貧しい）pobre,（惨めな）miserable ‖ わびしい夕暮れ triste anochecer m.／わびしい生活 vida f. triste y solitaria
▶ わびしく tristemente, pobremente,（惨めに）miserablemente

わびる　詫びる　pedir「disculpas [perdón]《a》, disculparse, excusarse ⇒ あやまる（謝る）‖ 口頭で詫びる pedir disculpas verbalmente／心から詫びる disculparse「de corazón [sinceramente]

わふう　和風　estilo m. japonés
▶ 和風の de estilo japonés, a la japonesa ‖ 和風のオムレツ tortilla f. a la japonesa
▪ 和風建築 arquitectura f. japonesa

わふく　和服　quimono m., traje m. tradicional japonés ‖ 和服を着こなす saber vestirse con quimono

わぶん　和文　texto m. japonés
▪ 和文西訳 traducción f. de japonés a español
▪ 和文フォント「tipos mpl. [fuentes fpl.] de letras japonesas

わへい　和平　paz f. ⇒ へいわ（平和）‖ 和平が成立した Se estableció la paz.／和平を提案する proponer la paz
▪ 和平会議 conferencia f.「de [por la] paz
▪ 和平交渉 negociaciones fpl.「de [por la] paz
▪ 和平条約 tratado m. de paz

わほう　話法　discurso m., estilo m.
▪ 直接話法 discurso m. [estilo m.] directo
▪ 間接話法 discurso m. [estilo m.] indirecto

わぼく　和睦　paz f., reconciliación f. ‖ 和睦を図る buscar la paz
▶ 和睦する reconciliarse《con》

わめく　喚く　gritar, dar gritos, vociferar

わやく　和訳　traducción f.「al japonés [japonesa]
▶ 和訳する ‖ 記事を和訳する traducir un artículo al japonés

わようせっちゅう　和洋折衷　estilo m. medio japonés, medio occidental ‖ 和洋折衷の家 casa f. japonesa medio occidental

わら　藁　paja f. ‖ 床に藁を敷く cubrir el suelo con paja
(慣用)藁にもすがる《慣用》agarrarse a un clavo ardiendo
▪ 藁人形 muñeco m. de paja
▪ 藁葺き屋根 tejado m. de paja

わらい　笑い　risa f. ‖ 笑いを引き起こす pro-

vocar la risa ／笑いをこらえる「contener [reprimir] la risa
[慣用]笑いが止まらない（満足している）estar muy cont*ento*[ta], 《慣用》no caber en *su* pellejo
[諺]笑いは百薬の長 Reírse es la mejor medicina.
◪思い出し笑い‖思い出し笑いをする reírse recordando algo

わらいがお 笑い顔 cara *f.* sonriente, semblante *m.* risueño

わらいぐさ 笑い種 motivo *m.* de risa, hazmerreír *m.*, (噂の種)《話》comidilla *f.* ‖笑い種になる ser el hazmerreír《de》, 《慣用》quedar en ridículo

わらいごえ 笑い声 risa *f.* ‖笑い声を上げる soltar una risa, (激しく) reírse a carcajadas ／子供たちの笑い声が聞こえる Se oyen las risas de los niños.

わらいごと 笑い事 broma *f.*, cosa *f.* de risa ‖笑い事ではない No es para reír.

わらいじょうご 笑い上戸 persona *f.* que ríe fácilmente ‖彼女は笑い上戸だ Ella tiene la risa fácil.

わらいだす 笑い出す「echarse [romper] a reír ‖そのジョークに観客はどっと笑い出した El público estalló en risas al escuchar el chiste.

わらいとばす 笑い飛ばす tomar ALGO a risa ‖祖父は首相(男性)の辞任の噂を笑い飛ばした Mi abuelo tomó a risa los rumores de la posible dimisión del primer ministro.

わらいばなし 笑い話 chiste *m.* ‖笑い話をする contar chistes／笑い話では済まない No es ningún chiste.

わらいもの 笑い物 hazmerreír *m.* ‖世間の笑いものになる convertirse en el hazmerreír del mundo
▶笑いものにする ridiculizar a ALGUIEN, 《慣用》poner en ridículo a ALGUIEN

わらう 笑う reír, (嘲笑する) reírse《de》, burlarse《de》‖くすっと笑う dejar escapar una risilla／げらげら笑う reírse a carcajadas, soltar una risotada／腹を抱えて笑う reírse a mandíbula batiente, 「morirse [troncharse, mondarse] de risa／笑わずにはいられない no poder por menos「de [que] reírse／君の目が笑っている Tus ojos ríen.／そんなことをしたら人に笑われるよ Todo el mundo se reirá de ti si haces semejante cosa.／他人の不幸を笑うものではない No está bien reírse de las desgracias ajenas.
[慣用]ひざが笑う（私の）Me tiemblan las rodillas.
[諺]笑う門には福来たる《諺》Alegría ten, y vivirás bien.

わらじ 草鞋 sandalias *fpl.* de paja
[慣用]二足の草鞋をはく compaginar dos trabajos

わらび 蕨 helecho *m.* águila

わらべうた 童歌 canción *f.* infantil ⇒どうよう(童謡)

わらわせる 笑わせる hacer reír《a》, (馬鹿げている) dar risa《a》‖あれがプロの歌手だなんて笑わせるよ Me da risa que ese sea un cantante profesional.

わり 割 ⇒わりあい(割合) ‖2割 20% (veinte por ciento)／喫煙者の何割が禁煙しますか ¿Qué porcentaje de fumadores dejan de fumar?
▶〜の割に‖祖母は年の割に元気です Mi abuela está bien para la edad que tiene.
[慣用]割が合う/割に合う ser rentable
[慣用]割が悪い/割に合わない（赤字になる）no ser benefici*oso*[sa], ser poco rentable
[慣用]割がいい（儲かる）benefici*oso*[sa], provech*oso*[sa]
[慣用]割を食う（損をする）salir perdiendo
◪部屋割り reparto *m.* de habitaciones‖部屋割りをする repartir las habitaciones

わりあい 割合 ❶ proporción *f.*, (比率) razón *f.*, (百分率) porcentaje *m.* ‖総人口に占める老人の割合 porcentaje *m.* de población anciana en el total de la población
▶割合で‖男性1人に対して女性2人の割合で en una proporción de un hombre frente a dos mujeres／月に20ユーロの割合で a razón de 20 euros al mes／5人に1人の割合で合格する Aprueba uno de cada cinco aspirantes.
❷（比較的）⇒わりと(割と)・わりに(割に) ‖ 天気は割合安定している El tiempo se mantiene relativamente estable.

わりあて 割り当て asignación *f.*, reparto *m.*
◪割り当て制 sistema *m.* de cupo
◪割り当て量 cupo *m.*, cuota *f.*, contingente *m.*

わりあてる 割り当てる asignar, destinar, repartir, distribuir ‖仕事を割り当てる asignar un trabajo《a》／体育館の建設に予算を割り当てる destinar un presupuesto a la construcción de un gimnasio

わりかん 割り勘
▶割り勘で a escote‖夕食代を割り勘で払う pagar a escote la cena

わりきる 割り切る（単純に考える）pensar de manera simple, ser simplista,（現実的に考える）pensar de manera realista ‖私は生活のためと割り切って仕事をしている Pienso de manera simple: trabajo para ganarme la vida.

わりきれる 割り切れる（数が）divisible‖12は3で割り切れる Doce es divisible por tres.／君の理屈はどうも割り切れない No me convence tu razonamiento.

わりこむ　割り込む　(列に) colarse 《en》, (話に) entrometerse 《en》‖列に割り込む colarse en una fila ／ 会話に割り込む entrometerse en la conversación, (中断させる) interrumpir la conversación ／ 上位10人に割り込む meterse entre los diez mejores

わりざん　割り算　división *f*.
▶割り算をする「hacer [efectuar] una división, dividir

わりだか　割高
▶割高な relativamente c*a*ro[ra]
▶割高になる salir más c*a*ro[ra]‖ホテルの電話予約はネット予約より割高になるよ Te sale más caro reservar el hotel por teléfono que hacerlo por Internet.

わりだす　割り出す　(算出する) calcular, (推断する) deducir, inferir‖窃盗の犯人を割り出す identificar al autor del robo

わりつけ　割り付け　maquetación *f*.‖新聞の紙面の割り付けをする maquetar un periódico ／ ホームページの割り付けをする maquetar la página web

わりと　割と　relativamente, más de lo previsto‖彼は割と元気だった Él se encontraba mejor de lo que me había imaginado.

わりに　割に　relativamente‖割に安い relativamente bar*a*to[ta] ／ 物価は割に安い La vida está relativamente barata.

わりばし　割り箸　palillos *mpl*. de madera desechables

わりびき　割引　descuento *m*., rebaja *f*.‖学生の割引はありますか ¿Hay descuento para estudiantes? ／ 1割引で売る vender ALGO con un 10% (diez por ciento) de descuento
▶割引する descontar, hacer「un descuento [una rebaja]‖この商品は割引されている Este artículo「lleva descuento [está rebajado].
▫割引運賃 tarifa *f*. reducida
▫割引券 cupón *m*. de descuento
▫割引セール rebajas *fpl*.
▫割引価格/割引料金 precio *m*.「rebajado [de descuento]

わりびく　割り引く　descontar, hacer un descuento‖10パーセント割り引いてくれた Me hicieron un descuento del 10% (diez por ciento). ／ 手形を割り引く descontar una letra ／ 彼女の言うことは割り引いて聞いた方がいいよ Es mejor no tomar al pie de la letra lo que dice ella.

わりふる　割り振る　⇒わりあてる(割り当てる)

わりまし　割り増し　suplemento *m*.
▫割り増し賃金 prima *f*., salario *m*. suplementario
▫割り増し料金 suplemento *m*., (追加料金) recargo *m*., coste *m*. adicional‖割り増し料金を支払う pagar un「suplemento [recargo, coste adicional] ／ お急ぎの注文には割り増し料金をいただきます Se aplicará un recargo para pedidos urgentes.

わりやす　割安
▶割安な relativamente bar*a*to[ta], económ*i*co[ca]
▫割安価格 precio *m*. económico

わる　割る　❶ (壊す) romper, cascar‖窓ガラスを割る romper los vidrios de la ventana ／ 卵を割る「cascar [romper] un huevo ／ くるみを割る cascar una nuez
❷ (分割する) partir, (割り算する) dividir‖薪を割る「cortar [partir] leña ／ 25を5で割る dividir 25 entre 5 ／ 着陸時に飛行機が2つに割れた El avión se partió en dos al aterrizar.
❸ (水などで薄める) aguar, diluir, rebajar, (混ぜる) mezclar‖ウイスキーを水で割る mezclar *whisky* con agua
❹ (下回る)‖過半数を割る perder la mayoría absoluta ／ 1ドルが90円台を割った El dólar se cotizó a menos de 90 yenes por dólar.

わるあがき　悪足掻き　resistencia *f*. inútil
▶悪あがきをする resistirse inútilmente 《a》

わるい　悪い　❶ (質・性質などが) m*a*lo[la], mal『+男性単数名詞』‖この布は質が悪い Esta tela es de mala calidad. ／ 彼は頭が悪い Él es poco inteligente. ／ 私の娘は成績が悪い Mi hija saca malas notas.
❷ (有害な) m*a*lo[la], perjudicial, noc*i*vo[va], dañ*i*no[na]‖悪い影響 mala influencia *f*. ／ 喫煙は体に悪い Fumar es「malo [perjudicial] para la salud.
❸ (体調が) encontrarse mal, (機械が) funcionar mal‖機械の調子が悪い La máquina no funciona bien. ／ 雨の影響で道が悪い La carretera está en malas condiciones por las lluvias.
❹ (天気が)‖今日は天気が悪い Hoy hace mal tiempo.
❺ (その他)‖悪い予感がする tener un mal presentimiento ／ 悪い時に来る venir en un momento inoportuno ／ 誰が悪いわけでもないよ Nadie tiene la culpa de lo que pasó. ／ 悪いけど先に行くからね Perdona, pero me voy antes. ／ 君に悪いようにはしないよ Te aseguro que no vas a perder nada. ／ いい時も悪い時もあるよ Hay momentos buenos y malos.
▶悪いことに～です Lo malo es que『+直説法』., Desgraciadamente『+直説法』.
▶悪く‖映画に行くのも悪くないね No es mala idea ir al cine. ／ 悪くすると en el peor de los casos ／ 悪く思わないでくれ No te lo tomes a mal.
▶悪くなる (腐る) pudrirse, (悪化する) empeorarse, deteriorarse

わるがしこい　悪賢い　ast*u*to[ta], p*í*caro

[ra]

わるぎ 悪気　malicia *f.*, mala intención *f.* ‖ 悪気があった訳ではありません No ha sido con mala intención.
▶ 悪気のない inocente, sin mala intención ‖ 悪気のない冗談 broma *f.* inocente

わるくち 悪口　murmuración *f.*,《格式語》maledicencia *f.*,《中傷》calumnia *f.* ‖ 悪口を言う hablar mal《de》, criticar,《話》《慣用》「echar [decir] pestes《de》,《形容詞》maldiciente ／ 悪口を言う人 maldiciente *com.*, persona *f.* maldiciente

わるだくみ 悪巧み　maquinación *f.*, trama *f.*, conspiración *f.*
▶ 悪巧みをする「tramar [maquinar] una conspiración, conspirar《contra》

わるぢえ 悪知恵　astucia *f.*, picardía *f.*,《悪意》mala idea *f.* ‖ 悪知恵を働かせる valerse de *su* astucia, actuar con picardía ／ 悪知恵をつける infundir malas ideas《a》

ワルツ　vals *m.*,《南米》valse *m.* ‖ ワルツを踊る bailar vals

わるのり 悪乗り
▶ 悪乗りする《慣用》pasar(se) de la raya,《慣用》pasarse de rosca

わるびれる 悪びれる　sentirse avergonza*do*[*da*] ‖ 悪びれる様子もまったくなく sin ningún asomo de vergüenza

わるふざけ 悪ふざけ　broma *f.*「pesada [de mal gusto]
▶ 悪ふざけする gastar una broma pesada

わるもの 悪者　ma*lo*[*la*] *mf.*, malva*do*[*da*] *mf.*,《映画などの悪役》villano *m.* ‖ 私は悪者にされた Me echaron la culpa ／ 悪者になる《慣用》quedar como el malo de la película
▣ 悪者小説 novela *f.* picaresca

わるよい 悪酔い
▶ 悪酔いする sentirse mal por beber ‖ 安いワインは悪酔いする El vino peleón es cabezón.

われ 我/吾　yo ⇒わたし(私) ‖ 我に返る volver en *sí* ／ 我にもなく involuntariamente ／ 我とわが身を心配する preocuparse de *sí* mis*mo*[*ma*] y *su* salud
▶ 我を忘れる olvidarse de *sí* mis*mo*[*ma*] ‖ 怒りで我を忘れる《慣用》perder los estribos ／ 我を忘れて読書する（夢中になる）enfrascarse totalmente en la lectura
[慣用] 我関せず ‖ 我関せずという態度を取る tomar una actitud indiferente, (成り行きに任せる)《慣用》dejar que ruede la bola

われがちに 我勝ちに ⇒われさきに(我先に)

われさきに 我先に ‖ 席を取ろうと我先に走り出す echarse a correr pugnando por conseguir asientos

われながら 我ながら ‖ 我ながら恥ずかしい Me avergüenzo de mí mis*mo*[*ma*]. ／ 我ながら良くやったと思う No es que quiera presumir, pero estoy orgullo*so*[*sa*] de lo que he conseguido.

われめ 割れ目　grieta *f.*, hendidura *f.*, fisura *f.*, raja *f.* ‖ 割れ目ができる agrietarse, abrirse *una grieta*

われもの 割れ物　objeto *m.* frágil ‖ 割れ物注意《表示》Frágil ¦ Manejar con cuidado

われやすい 割れやすい　quebradi*zo*[*za*], frágil

われら 我等 ⇒われわれ(我我)・わたしたち(私達)

われる 割れる　❶《壊れる》quebrarse, romperse,《ひびが入る》agrietarse ‖ グラスが床に落ちて割れた El vaso se rompió al caerse al suelo. ／ 地面が割れた（地割れする）Se abrieron grietas en la tierra. ¦ Se agrietó la tierra.
[慣用] 割れるよう ‖ 割れるような拍手 atronadora ovación *f.* ／ 頭が割れるように痛い tener un tremendo dolor de cabeza
❷《分裂する》dividirse ‖ その党は二派に割れた Ese partido político se dividió en dos facciones. ／ 票が2つに割れた Los votos se dividieron en dos.
❸《知られる》‖ 銀行強盗の犯人が割れた El autor del atraco al banco fue identificado.
❹《割り算で》‖ 偶数はすべて2で割れる Todos los números pares son divisibles por dos.

われわれ 我我　noso*tros*[*tras*] ⇒ わたしたち(私達) ‖ 我々日本人は nosotros los japoneses

わん 湾　bahía *f.*,《大きな》golfo *m.* ‖ 東京湾 bahía *f.* de Tokio ／ メキシコ湾 golfo *m.* de México ／ 船が湾の外に出る El barco sale fuera de la bahía.

わん 椀/碗　taza *f.*, tazón *m.*

わんがん 湾岸
▣ 湾岸戦争 Guerra *f.* del Golfo
▣ 湾岸道路 carretera *f.* costera

わんきょく 湾曲　curva *f.*
▶ 湾曲した curva*do*[*da*]
▶ 湾曲する curvarse, arquearse ‖ 背骨が湾曲している tener curvada la espina dorsal

ワンぎり ワン切り　broma *f.* telefónica consistente en llamar y colgar inmediatamente
▶ ワン切りする llamar y colgar sin hablar

わんさ
▶ わんさと en abundancia, en gran cantidad,《慣用》para dar y tomar ‖ 金がわんさとある tener dinero「en abundancia [a espuertas] ／ (私に)電子メールがわんさと来た Me llegaron mensajes electrónicos a raudales.

わんしょう 腕章　brazal *m.*, brazalete *m.*
▶ 腕章をする llevar un brazalete

ワンセグ　transmisión *f.* de televisión digital para「móviles [celulares]

ワンタッチ una pulsación ‖ ワンタッチで con solo pulsar un botón

わんぱく 腕白
▶ 腕白な travie*so*[*sa*], revolto*so*[*sa*], 《話》tremen*do*[*da*]
◪ 腕白坊主 niño *m.* travieso, demonio *m.*, 《話》diablillo *m.*

ワンパターン
▶ ワンパターンの repetiti*vo*[*va*], estereotipa*do*[*da*] ‖ ワンパターンの人《慣用》ser un disco rayado

ワンピース vestido *m.* (de una pieza)

ワンマン dicta*dor*[*dora*] *mf.*, autoritar*io*[*ria*] *mf.*, autócrata *com.* ‖ 我々の社長はワンマンだ Nuestro director general es un dictador.
◪ ワンマンカー（バス）autobús *m.* sin revisor
◪ ワンマン経営 dirección *f.* autoritaria
◪ ワンマンショー espectáculo *m.* con **un** [*una*] so*lo*[*la*] artista

わんりょく 腕力 fuerza *f.* de los brazos, (肉体的な力) fuerza *f.* física, (暴力) violencia *f.* ‖ 腕力がある tener fuerza física, ser fuerte／腕力に訴える recurrir a la「fuerza [violencia]／腕力をふるう「usar [hacer uso de] la fuerza física

ワンルームマンション estudio *m.*

わんわん (犬) perri*to*[*ta*] *mf.* ‖ (犬が) わんわん吠える ladrar, dar ladridos／わんわん鳴く《慣用》llorar a moco tendido

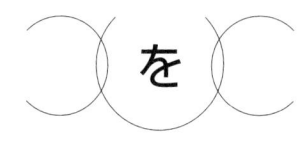

を

を ❶《他動詞では多くの場合直接目的語で表す》‖ 肉を食べる comer carne／車を運転する「conducir [manejar] un coche／夏休みを清里で過ごす pasar las vacaciones de verano en Kiyosato
❷《自動詞・再帰動詞の場合は前置詞(句)で表す》‖ 歩道を通行する transitar por la acera／駅前を通る pasar por delante de la estación／仕事を休む faltar al trabajo／7時に家を出る salir de casa a las siete／大学を卒業する graduarse en la universidad

世界の国々

国名	国名	形容詞	首都(地名形容詞)
アイスランド	Islandia	island*és*[*desa*]	Reikiavik
アイルランド	Irlanda	irland*és*[*desa*]	Dublín (dublin*és*[*nesa*])
アゼルバイジャン	Azerbaiyán	azervaiya*no*[*na*]	Bakú
アフガニスタン	Afganistán	afga*no*[*na*]	Kabul
アメリカ合衆国	Estados Unidos de América	estadounidense	Washington D. C. (washingtonia*no*[*na*])
アラブ首長国連邦	Emiratos Árabes Unidos	emiratí	Abu Dabi (abudabí)
アルジェリア	Argelia	argeli*no*[*na*]	Argel
アルゼンチン	Argentina	argenti*no*[*na*]	Buenos Aires (bonaerense, porte*ño*[*ña*])
アルバニア	Albania	alban*és*[*nesa*]	Tirana
アルメニア	Armenia	arme*nio*[*nia*]	Ereván
アンゴラ	Angola	angole*ño*[*ña*]	Luanda (luand*és*[*desa*])
アンティグア・バーブーダ	Antigua y Barbuda	antigua*no*[*na*]	Saint John's
アンドラ	Andorra	andorra*no*[*na*]	Andorra la Vieja
イエメン	Yemen	yemení	Saná
イギリス	Reino Unido, Inglaterra	británi*co*[*ca*], ingl*és*[*lesa*]	Londres (londinense)
イスラエル	Israel	israelí	Jerusalén (hierosolimita*no*[*na*])
イタリア	Italia	italia*no*[*na*]	Roma (roma*no*[*na*])
イラク	Irak	iraquí	Bagdad (bagdadí)
イラン	Irán	iraní	Teherán
インド	India	in*dio*[*dia*]	Nueva Delhi
インドネシア	Indonesia	indone*sio*[*sia*]	Yakarta
ウガンダ	Uganda	ugand*és*[*desa*]	Kampala
ウクライナ	Ucrania	ucrania*no*[*na*]	Kiev (kievense)
ウズベキスタン	Uzbekistán	uzbe*ko*[*ka*]	Taskent
ウルグアイ	Uruguay	urugua*yo*[*ya*]	Montevideo (montevidea*no*[*na*])
エクアドル	Ecuador	ecuatoria*no*[*na*]	Quito (quite*ño*[*ña*])
エジプト	Egipto	egip*cio*[*cia*]	El Cairo (cairota)
エストニア	Estonia	esto*nio*[*nia*]	Tallin
エチオピア	Etiopía	etíope	Adís Abeba
エリトリア	Eritrea	eritre*o*[*a*]	Asmara
エルサルバドル	El Salvador	salvadore*ño*[*ña*]	San Salvador (sansalvadore*ño*[*ña*])
オーストラリア	Australia	australia*no*[*na*]	Camberra (camberra*no*[*na*])

オーストリア	Austria	austria*co*[*ca*], austría*co*[*ca*]	Viena (vie*nés*[*nesa*])
オマーン	Omán	omaní	Mascate
オランダ	Países Bajos, Holanda	neerlan*dés*[*desa*], holan*dés*[*desa*]	Ámsterdam
ガーナ	Ghana	gha*nés*[*nesa*]	Accra
カーボヴェルデ	Cabo Verde	caboverdia*no*[*na*]	Praia
ガイアナ	Guyana	guya*nés*[*nesa*]	Georgetown
カザフスタン	Kazajistán	kaza*jo*[*ja*]	Astaná
カタール	Qatar	catarí, qatarí	Doha
カナダ	Canadá	canadiense	Ottawa
ガボン	Gabón	gabo*nés*[*nesa*]	Libreville
カメルーン	Camerún	cameru*nés*[*nesa*]	Yaundé
韓国	Corea del Sur	surcorea*no*[*na*]	Seúl
ガンビア	Gambia	gambia*no*[*na*]	Banjul
カンボジア	Camboya	camboya*no*[*na*]	Phnom Penh
北朝鮮	Corea del Norte	norcorea*no*[*na*]	Pyongyang
ギニア	Guinea	guinea*no*[*na*]	Conakry
ギニアビサウ	Guinea-Bissau	guinea*no*[*na*]	Bissau
キプロス	Chipre	chipriota	Nicosia
キューバ	Cuba	cuba*no*[*na*]	La Habana (habane*ro*[*ra*])
ギリシャ	Grecia	grie*go*[*ga*]	Atenas (ateniense)
キリバス	Kiribati	kiribatia*no*[*na*]	Tarawa
キルギス	Kirguistán	kirguís, kirgui*so*[*sa*]	Biskek
グアテマラ	Guatemala	guatemalte*co*[*ca*]	Ciudad de Guatemala
クウェート	Kuwait	kuwaití	Kuwait
クック諸島	Islas Cook	cookia*no*[*na*]	Avarua
グルジア	Georgia	georgia*no*[*na*]	Tiflis
グレナダ	Granada	granadi*no*[*na*]	Saint George
クロアチア	Croacia	croata	Zagreb (zagrebi*no*[*na*])
ケニア	Kenia	kenia*no*[*na*], keniata	Nairobi
コートジボワール	Costa de Marfil	marfile*ño*[*ña*]	Yamusukro
コスタリカ	Costa Rica	costarricense	San José (josefi*no*[*na*])
コソボ	Kosovo	kosovar	Pristina
コモロ	Comoras	comorense	Moroni
コロンビア	Colombia	colombia*no*[*na*]	Bogotá (bogota*no*[*na*])
コンゴ共和国	Congo	congole*ño*[*ña*]	Brazzaville
コンゴ民主共和国	República Democrática del Congo	congole*ño*[*ña*]	Kinshasa
サウジアラビア	Arabia Saudita, Arabia Saudí	saudí, saudita	Riad
サモア	Samoa	samoa*no*[*na*]	Apia
サントメ・プリンシペ	Santo Tomé y Príncipe	santotomense	Santo Tomé

ザンビア	Zambia	zambia**no**[na]	Lusaka
サンマリノ	San Marino	sanmarinense	San Marino
シエラレオネ	Sierra Leona	sierraleo**nés**[nesa]	Freetown
ジブチ	Yibuti	yibutia**no**[na]	Yibuti
ジャマイカ	Jamaica	jamaica**no**[na]	Kingston
シリア	Siria	si**rio**[ria]	Damasco (damasce**no**[na])
シンガポール	Singapur	singapurense	Singapur
ジンバブエ	Zimbabue	zimbabuense	Harare
スイス	Suiza	sui**zo**[za]	Berna (ber**nés**[nesa])
スウェーデン	Suecia	sue**co**[ca]	Estocolmo (estocol**més**[mesa]) (holmiense)
スーダン	Sudán	suda**nés**[nesa]	Jartum
スペイン	España	espa**ñol**[ñola]	Madrid (madrile**ño**[ña])
スリナム	Surinam	surina**més**[mesa]	Paramaribo
スリランカ	Sri Lanka	ceila**nés**[nesa], ceilan**dés**[desa]	Colombo
スロバキア	Eslovaquia	eslova**co**[ca]	Bratislava (bratislavense)
スロベニア	Eslovenia	eslove**no**[na]	Liubliana
スワジランド	Suazilandia	suazi	Mbabane
セーシェル	Seychelles	seychellense	Victoria
赤道ギニア	Guinea Ecuatorial	ecuatoguinea**no**[na]	Malabo
セネガル	Senegal	senega**lés**[lesa]	Dakar
セルビア	Serbia	ser**bio**[bia]	Belgrado (belgradense)
セントクリストファー・ネーヴィス	San Cristóbal y Nieves	sancristobale**ño**[ña]	Basseterre
セントビンセント及びグレナディーン諸島	San Vicente y Granadinas	sanvicenti**no**[na]	Kingstown
セントルシア	Santa Lucía	santalucense	Castries
ソマリア	Somalia	somalí	Mogadiscio
ソロモン諸島	las Islas Salomón	salomonense	Honiara
タイ	Tailandia	tailan**dés**[desa]	Bangkok
台湾	Taiwán	taiwa**nés**[nesa]	Taipéi
タジキスタン	Tayikistán	tayi**ko**[ka]	Dusambé
タンザニア	Tanzania	tanza**no**[na]	Dodoma
チェコ	República Checa	che**co**[ca]	Praga (praguense)
チャド	Chad	chadia**no**[na]	Yamena
中央アフリカ	República Centroafricana	centroafrica**no**[na]	Bangui
中国	China	chi**no**[na]	Pekín, Beijing (peki**nés**[nesa])
チュニジア	Túnez	tuneci**no**[na]	Túnez (tuneci**no**[na])
チリ	Chile	chile**no**[na]	Santiago de Chile (santiagui**no**[na])
ツバル	Tuvalu	tuvalua**no**[na]	Fongafale en Funafuti
デンマーク	Dinamarca	da**nés**[nesa]	Copenhague

ドイツ	Alemania	ale*mán*[*mana*]	Berlín (berli*nés*[*nesa*])
トーゴ	Togo	togo*lés*[*lesa*]	Lomé
ドミニカ国	Dominica	domini*qués*[*quesa*]	Roseau
ドミニカ共和国	República Dominicana	dominica*no*[*na*]	Santo Domingo
トリニダード・トバゴ	Trinidad y Tobago	trinitense	Puerto España
トルクメニスタン	Turkmenistán	turcoma*no*[*na*], turkme*no*[*na*]	Asjabad
トルコ	Turquía	tur*co*[*ca*]	Ankara (angorense)
トンガ	Tonga	tonga*no*[*na*]	Nukualofa
ナイジェリア	Nigeria	nigeria*no*[*na*]	Abuja
ナウル	Nauru	naurua*no*[*na*]	Yaren
ナミビア	Namibia	nami*bio*[*bia*]	Windhoek
ニカラグア	Nicaragua	nicaragüense	Managua (managüense)
ニジェール	Níger	nigeri*no*[*na*]	Niamey
日本	Japón	japo*nés*[*nesa*], ni*pón*[*pona*]	Tokio (tokiota)
ニュージーランド	Nueva Zelanda, Nueva Zelandia	neozelan*dés*[*desa*]	Wellington (wellingtonia*no*[*na*])
ネパール	Nepal	nepa*lés*[*lesa*]	Katmandú
ノルウェー	Noruega	norue*go*[*ga*]	Oslo (osle*ño*[*ña*]) (oslense)
バーレーン	Bahréin	bahreiní	Manama
ハイチ	Haití	haitia*no*[*na*]	Puerto Príncipe (principe*ño*[*ña*])
パキスタン	Paquistán	paquistaní	Islamabad
バチカン市国	Ciudad del Vaticano	vatica*no*[*na*]	Ciudad del Vaticano
パナマ	Panamá	paname*ño*[*ña*]	Panamá
バヌアツ	Vanuatu	vanuatuense	Port Vila
バハマ	Bahamas	bahame*ño*[*ña*]	Nassau
パプア・ニューギニア	Papúa Nueva Guinea	papú	Port Moresby
パラオ	Palaos	palaua*no*[*na*]	Melekeok
パラグアイ	Paraguay	paragua*yo*[*ya*]	Asunción (asunce*no*[*na*], asunce*ño*[*ña*])
バルバドス	Barbados	barbadense	Bridgetown
パレスチナ	Palestina	palesti*no*[*na*]	Jerusalén
ハンガリー	Hungría	húnga*ro*[*ra*]	Budapest (budapesti*no*[*na*])
バングラデシュ	Bangladés	bangladesí	Dacca
東ティモール	Timor Oriental	timorense	Dili
フィジー	Fiyi	fiyia*no*[*na*]	Suva
フィリピン	Filipinas	filipi*no*[*na*]	Manila (manilense)
フィンランド	Finlandia	finlan*dés*[*desa*], fi*nés*[*nesa*]	Helsinki (helsingui*no*[*na*])
ブータン	Bután	buta*nés*[*nesa*]	Timbu

プエルトリコ(米国の自治領)	Puerto Rico	puertorriqueño[ña]	San Juan (sanjuanero[ra])
ブラジル	Brasil	brasileño[ña], 《中南米》 brasilero[ra]	Brasilia (brasiliense)
フランス	Francia	francés[cesa]	París (parisino[na], parisiense)
ブルガリア	Bulgaria	búlgaro[ra]	Sofía (sofiota)
ブルキナファソ	Burkina Faso	burkinés[nesa]	Uagandugú
ブルネイ・ダルサラーム	Brunéi Darussalam	bruneano[na]	Bandar Seri Begawan
ブルンジ	Burundi	burundés[desa]	Buyumbura
ベトナム	Vietnam	vietnamita	Hanói
ベナン	Benín	beninés[nesa]	Porto Novo
ベネズエラ	Venezuela	venezolano[na]	Caracas (caraqueño[ña])
ベラルーシ	Bielorrusia	bielorruso[sa]	Minsk
ベリーズ	Belice	beliceño[ña]	Belmopán
ペルー	Perú	peruano[na]	Lima (limeño[ña])
ベルギー	Bélgica	belga	Bruselas (bruselense)
ポーランド	Polonia	polaco[ca]	Varsovia (varsoviano[na])
ボスニア・ヘルツェゴビナ	Bosnia y Herzegovina	bosnio[nia], bosnioherzegovino[na]	Sarajevo
ボツワナ	Botsuana	botsuano[na]	Gaborone
ボリビア	Bolivia	boliviano[na]	Sucre, La Paz (paceño[ña])
ポルトガル	Portugal	portugués[guesa]	Lisboa (lisboeta)
ホンジュラス	Honduras	hondureño[ña]	Tegucigalpa (tegucigalpense)
マーシャル諸島	Islas Marshall	marshalés[lesa]	Majuro
マケドニア(旧ユーゴスラビア)	Macedonia	macedonio[nia]	Skopie
マダガスカル	Madagascar	malgache	Antananarivo
マラウイ	Malaui	malauí	Lilongüe
マリ	Mali, Malí	maliense, malí	Bamako
マルタ	Malta	maltés[tesa]	La Valeta
マレーシア	Malasia	malasio[sia]	Kuala Lumpur
ミクロネシア連邦	Micronesia	micronesio[sia]	Palikir
南アフリカ	Sudáfrica	sudafricano[na]	Pretoria
南スーダン	Sudán del Sur	sursudanés[nesa]	Yuba
ミャンマー	Myanmar, Birmania	birmano[na]	Naipyidó
メキシコ	México	mexicano[na]	México D. F. (defeño[ña])
モーリシャス	Mauricio	mauriciano[na]	Port-Louis
モーリタニア	Mauritania	mauritano[na]	Nuakchot
モザンビーク	Mozambique	mozambiqueño[ña]	Maputo
モナコ	Mónaco	monegasco[ca]	Mónaco
モルディブ	Maldivas	maldivo[va]	Malé

モルドバ	Moldavia	molda**vo**[va]	Chisinau
モロッコ	Marruecos	marroquí	Rabat
モンゴル	Mongolia	mon**gol**[gola]	Ulán Bator
モンテネグロ	Montenegro	montenegri**no**[na]	Podgorica
ヨルダン	Jordania	jorda**no**[na]	Ammán
ラオス	Laos	laosia**no**[na]	Vientián
ラトビア	Letonia	le**tón**[tona]	Riga
リトアニア	Lituania	litua**no**[na]	Vilna
リビア	Libia	li**bio**[bia]	Trípoli (tripolita**no**[na])
リヒテンシュタイン	Liechtenstein	liechtensteinia**no**[na]	Vaduz
リベリア	Liberia	liberia**no**[na]	Monrovia
ルーマニア	Rumania, Rumanía	ruma**no**[na]	Bucarest (bucaresti**no**[na])
ルクセンブルク	Luxemburgo	luxembur**gués**[guesa]	Luxemburgo
ルワンダ	Ruanda	ruan**dés**[desa]	Kigali
レソト	Lesoto	lesotense	Maseru
レバノン	Líbano	liba**nés**[nesa]	Beirut (beirutí)
ロシア	Rusia	ru**so**[sa]	Moscú (moscovita)

主要参考文献

日本語文献
有本紀明他編『和西辞典』（改訂版）白水社, 2001
瓜谷良平監修/宮本博司編『現代和西辞典』大学書林, 1979
金森久男編『経済辞典』有斐閣, 2002
金田一京助他編『新選国語辞典』（第9版）小学館, 2011
金田一春彦編『学研現代新国語辞典』学習研究社, 2002
桑名一博他編『西和中辞典』（第1版）小学館, 1989
小池和良『スペイン語作文の方法・構文編』第三書房, 2002
小池和良『スペイン語作文の方法・表現編』第三書房, 2006
小谷卓也他編『日・英・西技術用語辞典』研究社, 1990
小林信明編『新選漢和辞典』（第8版）小学館, 2011
近藤いね子他編『プログレッシブ和英中辞典第4版』小学館, 2011
柴田武/山田進編『類語大辞典』講談社, 2002
新村出編『広辞苑』（第六版）岩波書店, 2008
高垣敏博監修『西和中辞典』（第2版）小学館, 2007
高垣敏博他編『ポケットプログレッシブ西和・和西辞典』小学館, 2003
恒川邦夫編『プチ・ロワイヤル和仏辞典』旺文社, 2010
並松征四郎編『スペイン語諺読本』駿河台出版社, 1987
堀内克明編『ラーナーズプログレッシブ和英辞典』小学館, 1997
松井栄一他編『日本国語大辞典』（第2版）小学館, 2000–2002
カルロス・ルビオ/上田博人他編『クラウン和西辞典』三省堂, 2004

スペイン語文献
Barberán, F., *Diccionario jurídico japonés-español, español-japonés*, Cizur Menor (Navarra): Aranzadi, 2004.
Bosque, I., *Diccionario combinatorio Práctico del español contemporáneo*, Madrid: SM, 2006.
Gutiérrez Cuadrado, J., *Diccionario Salamanca de la lengua española*, Madrid: Santillana, 1996.
Marsá, F., *Diccionario Planeta de la lengua española usual*, Barcelona: Planeta, 1982.
Moliner, M.ª, *Diccionario de uso del español*, 3.ª ed., Madrid: Gredos, 2007.
Real Academia Española, *Diccionario de la lengua española*, 22.ª ed., Madrid: Espasa Calpe, 2001.
Real Academia Española y Asociación de Academias de la Lengua Española, *Diccionario panhispánico de dudas*, Madrid: Santillana, 2005.
_____, *Nueva gramática de la lengua española*, Madrid: Espasa Libros, 2009.
_____, *Nueva gramática de la lengua española: Manual*, Madrid: Espasa Libros, 2010.
_____, *Ortografía de la lengua española*, Madrid: Espasa Libros, 2010.

利用した主なウェブサイト
朝日新聞デジタル <http://www.asahi.com>
ウィキペディア <http://ja.wikipedia.org/wiki/メインページ>
El País digital <http://elpais.com>
goo辞書 <http://dictionary.goo.ne.jp>
Google España <https://www.google.es>
Real Academia Española: Banco de datos (CREA) [en línea]. *Corpus de referencia del español actual*. <http://www.rae.es>
Refranero multilingüe <http://cvc.cervantes.es/lengua/refranero/>
weblio辞書 <http://www.weblio.jp>
Wikipedia（スペイン語版）<http://es.wikipedia.org/wiki/Wikipedia:Portada>
Yahoo España <http://es.search.yahoo.com/web/>
Yomiuri online <http://www.yomiuri.co.jp>
［参照期間は何れも2010年1月～2013年12月］

小学館　和西辞典

2014年2月22日　　初版第1刷発行

編集委員代表	小　池　和　良
編集委員	安　富　雄　平
	廣　康　好　美
	小　池　ゆ　か　り
発 行 者	星　野　守
発 行 所	［郵便番号　101-8001］ 東京都千代田区一ツ橋2-3-1 株式会社小　学　館 電話 編集 東京(03)3230-5169 　　 販売 東京(03)5281-3555
印 刷 所	共同印刷株式会社
製 本 所	株式会社若林製本工場

© Shogakukan Inc. 2014

造本には十分注意しておりますが、印刷、製本など製造上の不備がございましたら「制作局コールセンター」（フリーダイヤル0120-336-340）にご連絡ください。（電話受付は、土・日・祝休日を除く9:30〜17:30です）

R〈公益社団法人日本複製権センター委託出版物〉

本書を無断で複写（コピー）することは、著作権法上の例外を除き、禁じられています。本書をコピーされる場合は、事前に公益社団法人日本複製権センター(JRRC)の許諾を受けてください。
JRRC〈http://www.jrrc.or.jp　e-mail：jrrc_info@jrrc.or.jp　電話03-3401-2382〉

本書の電子データ化等の無断複製は著作権法上での例外を除き禁じられています。代行業者等の第三者による本書の電子的複製も認められておりません。

★小学館外国語辞典のホームページ
「小学館ランゲージワールド」
http://www.l-world.shogakukan.co.jp/

Printed in Japan　ISBN978-4-09-515531-9